fws 21.6.23

Casper/Terlau
Zahlungsdiensteaufsichtsgesetz

Zahlungsdienste- aufsichtsgesetz (ZAG)

Das Aufsichtsrecht des Zahlungsverkehrs und des E-Geldes

Kommentar

herausgegeben und bearbeitet von

Dr. Matthias Casper, Dipl.-Oec.
Professor an der Universität Münster

Dr. Matthias Terlau
Rechtsanwalt

bearbeitet von

Dr. Christian Bürger
Rechtsanwalt

Dr. Christopher Danwerth, LL.M.
Rechtsanwalt

Dr. Julia Gerhardus-Feld
Richterin

Finn Gerlach
Rechtsanwalt

Dr. Christian Koch
Rechtsanwalt

Marcus Nasarek
Senior Consultant

Wolfgang Otte
Rechtsanwalt und Wirtschaftsprüfer

Felix Pinkepank, LL.M.
Rechtsanwalt

Dr. Lea Maria Siering
Rechtsanwältin

Daniel Steinhoff
Rechtsanwalt

Dr. Christian Stelter
Rechtsanwalt

Dr. Marc Störing
Rechtsanwalt

Metehan Uzunçakmak, LL.M.
Rechtsanwalt

Dr. Daniel Walter
Rechtsanwalt

Dr. Kai Zahrte
Ministerialrat

3. Auflage 2023

C.H.BECK

Zitiervorschlag:
Casper/Terlau/Walter ZAG § 10 Rn. 1

www.beck.de

ISBN 978 3 406 78826 0

© 2023 Verlag C. H. Beck oHG
Wilhelmstraße 9, 80801 München

Druck und Bindung: Beltz Graphische Betriebe GmbH
Am Fliegerhorst 8, 99947 Bad Langensalza

Satz: Jung Crossmedia Publishing GmbH
Gewerbestr. 17, 35633 Lahnau

chbeck.de/nachhaltig

Gedruckt auf säurefreiem, alterungsbeständigem Papier
(hergestellt aus chlorfrei gebleichtem Zellstoff)

Vorwort

In den letzten drei Jahren seit Erscheinen der 2. Aufl. 2020 hat sich das Recht des Zahlungsverkehrs intensiv fortentwickelt. Der europäische Gesetzgeber war zwar im Kernbereich des Zahlungsrechtsverkehrsrechts eher zurückhaltend, dafür aber in den angrenzenden Gebieten umso intensiver tätig: Zu nennen sind die Verordnung zum Markt in Krypto-Assets (MiCAR) und die Verordnung über die Betriebsstabilität digitaler Systeme des Finanzsektors (DORA). Ähnlich der deutsche Gesetzgeber, der das für Auslagerungen wichtige Gesetz zur Stärkung der Finanzmarktintegrität (FISG) sowie das Recht auf Zugang zu technischen Infrastrukturleistungen (§ 58a ZAG) schuf. Seitens des EuGH und der deutschen Gerichte ergingen einige wichtige Entscheidungen auch zum Aufsichtsrecht (Zahlungsinstrumente, Einordnung von Bitcoin). Zudem prägt die Europäische Bankenaufsichtsbehörde (EBA) durch ihre Leitlinien und durch die Single Rulebook Q&A zunehmend auch das Zahlungsaufsichtsrecht. Hervorzuheben sind zudem die neugefassten Leitlinien zu Vorfallsmeldungen und die Leitlinien zur Ausnahme der beschränkten Netze. Dasselbe gilt für die zahlreichen Rundschreiben (insbesondere das Rundschreiben 11/2021 (BA) Zahlungsdiensteaufsichtliche Anforderungen an die IT, kurz ZAIT) sowie die Hinweise der deutschen Bundesanstalt für Finanzdienstleistungsaufsicht (BaFin) zum ZAG (neu gefasst am 14. 2. 2023), die in der Neuauflage noch in letzter Minute berücksichtigt werden konnten. Im Datenschutz wurden die Hinweise des Europäischen Datenschutzausschusses integriert. Nicht zuletzt haben die Autoren durchgängig das Schrifttum zum Zahlungsaufsichtsrecht, das mittlerweile einen recht ansehnlichen Umfang erreicht hat und durch einen weiteren Kommentar bereichert wurde, eingearbeitet. Alles dies erforderte es, die bisherige Kommentierung teilweise grundlegend zu überarbeiten und zu ergänzen; bei der Kreditvergabe (§ 3) und Kundengeldsicherung (§ 17) wurde auf Änderungsmöglichkeiten im Rahmen einer möglichen dritten Zahlungsdiensterichtlinie (PSD3) hingewiesen. Die Herausgeber freuen sich, dass sie für die Neuauflage vier neue Autoren hinzugewinnen konnten: Frau Dr. Lea Siering sowie die Herren Dr. Christian Bürger, Felix Pinkepank, LL.M., und Metehan Uzuncakmak, LL.M.

Die Herausgeber danken nicht nur allen Autoren für ihre wertvollen Beiträge; unser besonderer Dank gilt auch den vielen helfenden Händen im Hintergrund für ihre Unterstützung bei der Manuskripterstellung. Namentlich zu nennen sind Herr Daniel Ostrovski und Frau Buket Ipchizadeh Leilabadi in Köln sowie Frau Bernharde Herbert in Münster. Zu Dank sind die Herausgeber gleichermaßen der Lektorin, Frau Astrid Stanke, München, verpflichtet, die das Werk in bewährter Weise koordiniert hat.

Münster/Köln im Februar 2023   Matthias Casper/Matthias Terlau

V

Autorenverzeichnis

Dr. Christian Bürger
Rechtsanwalt Görg Partnerschaft von
Rechtsanwälten mbB

Prof. Dr. Matthias Casper, Dipl.-Oec.
Westfälische Wilhelms-Universität
Rechtswissenschaftliche Fakultät
Münster

Dr. Christopher Danwerth, LL.M.
Rechtsanwalt
Linus Digital Finance AG
Berlin

Dr. Julia Gerhardus-Feld
Richterin

Finn Gerlach
Rechtsanwalt
Deutscher Sparkassen- und
Giroverband e. V. Berlin

Dr. Christian Koch
Rechtsanwalt
Bundesverband der
Deutschen Volksbanken und
Raiffeisenbanken e. V. Berlin

Marcus Nasarek
Senior Consultant
mn strategy consulting Berlin

Wolfgang Otte
Rechtsanwalt und Wirtschaftsprüfer
BDO AG Leitung Fachbereich Banken
und Finanzdienstleistungen
Frankfurt am Main und Berlin

Felix Pinkepank, LL.M.
Rechtsanwalt
Görg Partnerschaft von Rechtsanwälten
Köln

Dr. Lea Maria Siering
Rechtsanwältin
Berlin

Daniel Steinhoff
Rechtsanwalt

Dr. Christian Stelter
Rechtsanwalt
Dolde Mayen & Partner
Bonn

Dr. Marc Störing
Rechtsanwalt
Osborne Clarke
Köln

Dr. Matthias Terlau
Rechtsanwalt
Görg Partnerschaft von Rechtsanwälten
Köln

Metehan Uzunçakmak, LL.M.
Rechtsanwalt
Görg Partnerschaft von Rechtsanwälten
Köln

Dr. Daniel Walter
Rechtsanwalt
Osborne Clarke
Köln

Dr. Kai Zahrte
Ministerialrat
Presse- und Informationsamt
der Bundesregierung
Berlin

Bearbeiterverzeichnis

Bearbeiter

Bearbeiter

Bearbeiter

Inhaltsverzeichnis

Einleitung ZAG

Gesetz über die Beaufsichtigung von Zahlungsdiensten (Zahlungsdiensteaufsichtsgesetz – ZAG)

Abschnitt 1. Allgemeine Vorschriften

Unterabschnitt 1. Begriffsbestimmungen, Anwendungsbereich, Aufsicht

Unterabschnitt 2. Durchsetzung des Erlaubnisvorbehalts

Unterabschnitt 3. Sofortige Vollziehbarkeit

Abschnitt 2. Erlaubnis, Inhaber bedeutender Beteiligungen

Unterabschnitt 1. Erlaubnis

Unterabschnitt 2. Inhaber bedeutender Beteiligungen

Abschnitt 3. Eigenmittel, Absicherung im Haftungsfall

Inhaltsverzeichnis

Inhaltsverzeichnis

Inhaltsverzeichnis

Abkürzungs- und Literaturverzeichnis

Abkürzungs- und Literaturverzeichnis

BaFin	Bundesanstalt für Finanzdienstleistungsaufsicht
BaFin-Merkblatt zur Inhaberkontrolle . . .	Merkblatt der Bafin „Merkblatt zur Inhaberkontrolle vom 27.11.2015"
Bafin Merkblatt ZAG	Merkblatt der Bafin „Hinweise zum Zahlungsdiensteaufsichtsgesetz (ZAG) vom 22.12.2011" (zuletzt geändert am 14.2.2023)
Bähre/Schneider . . .	Bähre/Schneider, KWG-Kommentar, 3. Aufl. 1986
BAKred	(früheres) Bundesaufsichtsamt für das Kreditwesen
Bank	Zeitschrift für Bankpolitik und Bankpraxis (Jahr, Seite)
Banken-aufsichts-VO	Verordnung (EU) Nr. 575/2013 des Europäischen Parlaments und des Rates vom 26. Juni 2013 über Aufsichtsanforderungen an Kredit-institute und Wertpapierfirmen und zur Änderung der Verordnung (EU) Nr. 646/2012 (ABl. 2013 L 176, 1)
Banken-RL 2000/12/EG	(frühere) Richtlinie 2000/12/EG des Europäischen Parlaments und des Rates vom 20. März 2000 über die Aufnahme und Ausübung der Tätigkeit der Kreditinstitute (ABl. 2000 L 126, 1)
Banken-RL	Richtlinie 2006/48/EG des Europäischen Parlaments und des Rates vom 14. Juni 2006 über die Aufnahme und Ausübung der Tätigkeit der Kreditinstitute (ABl. 2006 L 177, 1)
BAnz.	Bundesanzeiger
Basel II	Basel Committee on Banking Supervision: Basel II: International Convergence of Capital Measurement and Capital Standards: A Revised Framework – Comprehensive Version June 2006 (= Internationale Konvergenz der Eigenkapitalmessung und Eigenkapitalanforderungen Überarbeitete Rahmenvereinbarung Umfassende Version Juni 2006), jeweils zugänglich unter www.bis.org
Basel III	Basel Committee on Banking Supervision: Basel III: International framework for liquidity risk measurement, standards and monitoring, December 2010, zugänglich unter www.bis.org
Baumbach/ Hefermehl/Casper . .	Baumbach/Hefermehl/Casper, Kommentar zum Wechselgesetz, Scheckgesetz, Recht des Zahlungsverkehrs, 24. Aufl. 2020
Baumbach/Hueck . .	Baumbach/Hueck, Kommentar zum GmbH-Gesetz, 22. Aufl. 2019 (wurde zu: Noack/Servatius/Haas, GmbH-Gesetz, 23. Aufl. 2022)
BB	Betriebs-Berater (Jahr, Seite)
BBl	Betriebswirtschaftliche Blätter
BBank	Deutsche Bundesbank
BBankG	Gesetz über die Deutsche Bundesbank vom 26. Juli 1957 idF der Bekanntmachung vom 22. Oktober 1992 (BGBl. I 1782)
BBG	Bundesbeamtengesetz
BdB	Bundesverband deutscher Banken e.V.
BDSG	Bundesdatenschutzgesetz
BeckOGK	Gsell/Krüger/Lorenz/Reymann (Hrsg.), beck-online.GROSS-KOMMENTAR, 42. Ed. 2022
BeckOK	Beck'sche Online-Kommentare
BeckOK BGB	Haus/Poseck (Hrsg.), Beck'scher Online-Kommentar BGB, 63. Ed. 2022
BeckOK Wertpapier-handelsR	Seibt/Buck-Heeb/Harnos (Hrsg.), BeckOK Wertpapierhandelsrecht, 6. Ed. 2022

Abkürzungs- und Literaturverzeichnis

Abkürzungs- und Literaturverzeichnis

Abkürzungs- und Literaturverzeichnis

Delegierte Verordnung (EU) 2019/1997	Delegierte Verordnung (EU) 2019/1997 der Kommission vom 14. März 2019 zur Ergänzung der Richtlinie (EU) 2015/2366 des Europäischen Parlaments und des Rates durch technische Regulierungsstandards für Kriterien für die Benennung zentraler Kontaktstellen auf dem Gebiet der Zahlungsdienste und die Aufgaben dieser zentralen Kontaktstellen
Delegierte Verordnung (EU) 2020/1423	Delegierte Verordnung (EU) 2020/1423 der Kommission vom 14. März 2019 zur Ergänzung der Richtlinie (EU) 2015/2366 des Europäischen Parlaments und des Rates durch technische Regulierungsstandards für Kriterien für die Benennung zentraler Kontaktstellen auf dem Gebiet der Zahlungsdienste und die Aufgaben dieser zentralen Kontaktstellen (ABl. 2020 L 328, 1)
Delegierte Verordnung (EU) 2021/1722	Delegierte Verordnung (EU) 2021/1722 der Kommission vom 18.6.2021 zur Ergänzung der Richtlinie (EU) 2015/2366 des Europäischen Parlaments und des Rates durch technische Regulierungsstandards zur Festlegung der Rahmenbedingungen für die Zusammenarbeit und den Informationsaustausch zwischen den zuständigen Behörden des Herkunfts- und des Aufnahmemitgliedstaats im Zusammenhang mit der Beaufsichtigung von Zahlungsinstituten und E-Geld-Instituten, die grenzüberschreitend Zahlungsdienste erbringen (ABl. 2021 L 343, 1)
DepotG	Gesetz über die Verwahrung und Anschaffung von Wertpapieren (Depotgesetz) vom 4. Februar 1937 (RGBl. I, S. 171) idF der Bekanntmachung vom 11. Januar 1995 (BGBl. I 34)
dgl.	dergleichen
DÖV	Die öffentliche Verwaltung (Jahr, Seite)
Dreyling	Dreyling, Das Recht der Bankenwerbung nach dem Kreditwesengesetz, 1977
Drs.	Drucksache
DSGV	Deutscher Sparkassen- und Giroverband e. V.
DS-GVO	Verordnung (EU) 2016/679 des Europäischen Parlaments und des Rates vom 27. April 2016 zum Schutz natürlicher Personen bei der Verarbeitung personenbezogener Daten, zum freien Datenverkehr und zur Aufhebung der Richtlinie 95/46/EG (Datenschutz-Grundverordnung) (ABl. 2016 L 119, 1)
DStR	Deutsches Steuerrecht, Zeitschrift (Jahr, Seite)
DtA	Deutsche Ausgleichsbank
DVBl.	Deutsches Verwaltungsblatt (Jahr, Seite)
eV	eingetragener Verein
EBA	Europäische Bankaufsichtsbehörde (European Banking Authority)
EBA/CP/2016/18 . .	EBA Consultation Paper, Draft Guidelines on the information to be provided for the authorisation as payment institutions and e-money institutions and for the registration as account information service providers, 03/11/2016, EBA/CP/2016/18
EBA/CP/2017/04 . .	EBA Consultation Paper, Draft Guidelines on the security measures for operational and security risks of payment services under PSD2), 05/05/2017, EBA/CP/2017/04

Abkürzungs- und Literaturverzeichnis

EBA/CP/2018/11 .. EBA Consultation Paper, EBA Draft Guidelines on Outsourcing arrangements, 22/06/2018, EBA/CP/2018/11

EBA/DP/2015/03 .. EBA Discussion Paper on future Draft Regulatory Technical Standards on strong customer authentication and secure communication under the revised Payment Services Directive (PSD2), 8 December 2015, EBA/DP/2015/03

EBA/GL/2017/08 .. EBA Leitlinien zu den Kriterien für die Festlegung der Mindestdeckungssumme der Berufshaftpflichtversicherung oder einer anderen gleichwertigen Garantie gemäß Artikel 5 Absatz 4 der Richtlinie (EU) 2015/2366, 12/09/2017, EBA/GL/2017/08

EBA/GL/2017/09 .. EBA Leitlinien zu den Informationen, die für die Zulassung von Zahlungsinstituten und E-Geld-Instituten sowie für die Eintragung von Kontoinformationsdienstleistern gemäß Artikel 5 Absatz 5 der Richtlinie (EU) 2015/2366 zu übermitteln sind, 08/11/2017, EBA/GL/2017/09

EBA/GL/2017/10 .. EBA Leitlinien für die Meldung schwerwiegender Vorfälle gemäß der Richtlinie (EU) 2015/2366 (PSD2), 19/12/2017, EBA/GL/2017/10

EBA/GL/2017/17 .. EBA Leitlinien zu Sicherheitsmaßnahmen bezüglich der operationellen und sicherheitsrelevanten Risiken von Zahlungsdiensten gemäß der Richtlinie (EU) 2015/2366 (PSD2), 12/01/2018, EBA/GL/2017/17

EBA/GL/2019/02 .. EBA Final Report on EBA Draft Guidelines on outsourcing arrangements, 25 February 2019, EBA/GL/2019/02

EBA/OP/2018/04 .. EBA Opinion of the European Banking Authority on the implementation of the RTS on SCA and CSC, 13 June 2018, EBA-Op-2018-04

EBA/OP/2018/07 .. Opinion of the European Banking Authority on the use of eIDAS certificates under the RTS on SCA and CSC, 10.12.2018, EBA-Op-2018-7

EBA/OP/2019/03 .. Opinion of the European Banking Authority on the nature of passport notifications regarding agents and distributors under Directive (EU) 2015/2366 (PSD2), Directive 2009/110/EC (EMD2) and Directive (EU) 2015/849 (AMLD), 24.4.2019, EBA-Op-2019-03

EBA/OP/2019/06 .. Opinion of the European Banking Authority on the elements of strong customer authentication under PSD2, 21.6.2019, EBA-Op-2019-06

EBA/RTS/
2017/02 .... EBA Final Report, Draft Regulatory Technical Standards on Strong Customer Authentication and common and secure communication under Article 98 of Directive 2015/2366 (PSD2), 23/02/2017, EBA/RTS/2017/02

EBA/RTS/
2017/09 .... EBA Final Report, Draft regulatory technical standards on central contact points under Directive (EU) 2015/2366 (PSD2), 11/12/2017, EBA/RTS/2017/09

EBA/RTS/
2018/03 .... EBA Final Report, Draft Regulatory Technical Standards on cooperation between competent authorities in home and host Member States in the supervision of payment institutions operating on a cross-border basis under Article 29(6) of PSD2, 31/07/2018, EBA/RTS/2018/03

EBA-VO .... Verordnung (EU) Nr. 1093/2010 des Europäischen Parlaments und des Rates vom 24. November 2010 zur Errichtung einer Europäischen Aufsichtsbehörde (Europäische Bankenaufsichtsbehörde), zur Änderung des Beschlusses Nr. 716/2009/EG und zur Aufhebung des Beschlusses 2009/78/EG der Kommission (ABl. 2010 L 331, 12)

Abkürzungs- und Literaturverzeichnis

Abkürzungs- und Literaturverzeichnis

Abkürzungs- und Literaturverzeichnis

Abkürzungs- und Literaturverzeichnis

Abkürzungs- und Literaturverzeichnis

HRV	Verordnung über die Einrichtung und Führung des Handelsregisters (Handelsregisterverordnung – HRV) vom 12. August 1937 (DJ S. 1251)
Hs.	Halbsatz
Hübschmann/Hepp/ Spitaler	Walter Hübschmann/Ernst Hepp/Armin Spitaler (Hrsg.), Abgabenordnung, Finanzgerichtsordnung, Loseblatt-Kommentar, Stand: 2022
idF	in der Fassung
idR	in der Regel
iSd	im Sinne des/der
iSv	im Sinne von
iVm	in Verbindung mit
iW	im Wesentlichen
IAA	Internal Assessment Approach/Internes Einstufungsverfahren
IAIS	International Association of Insurance Supervisors
IAS	International Accounting Standards
IASB	International Accounting Standards Board
IASC	International Accounting Standards Committee
IAS-Verordnung . . .	Verordnung (EG) Nr. 1606/2002 des Europäischen Parlaments und des Rates vom 19. Juli 2002 betreffend die Anwendung internationaler Rechnungslegungsstandards (ABl. 2002 L 243, 1)
IDW	Institut der Wirtschaftsprüfer in Deutschland e. V.
IDW PH	IDW Prüfungshinweis
IDW PS	IDW Prüfungsstandard
IDW RS	IDW Stellungnahme zur Rechnungslegung
IFG	Gesetz zur Regelung des Zugangs zu Informationen des Bundes (Informationsfreiheitsgesetz – IFG) vom 5. September 2005, BGBl. I, S. 2722
IFRS	International Financial Reporting Standards
IG	Implementation Guidance
IKS	Internes Kontrollsystem
IMF	International Monetary Fund
InhKontrollV	Verordnung über die Anzeigen nach § 2c des Kreditwesengesetzes und § 17 des Versicherungsaufsichtsgesetzes vom 20. März 2009 (BGBl. I 562), Überschrift geänd. mWv 28. 12. 2022 durch VO v. 19. 12. 2022 (BGBl. I 2645)
InsO	Insolvenzordnung vom 5. Oktober 1994 (BGBl. I. 2866)
InvG	(ehemaliges) Investmentgesetz vom 15. Dezember 2003 (BGBl. I 2676)
IRBA	Internal Ratings Based Approach/auf internen Ratings basierender Ansatz
Jg.	Jahrgang
JZ	Juristenzeitung (Jahr, Seite)
KapitaladäquanzRL	Richtlinie 93/6/EWG des Rates vom 15. März 1993 über die angemessene Eigenkapitalausstattung von Wertpapierfirmen und Kreditinstituten (ABl. 1993 L 141, 1), neugefasst durch die Richtlinie 2006/49/EG des Europäischen Parlaments und des Rates vom 14. Juni 2006 über die angemessene Eigenkapitalausstattung von Wertpapierfirmen und Kreditinstituten (Neufassung) (ABl. 2006 L 177, 201)

Abkürzungs- und Literaturverzeichnis

Kaulbach/Bähr/
Pohlmann . . . . Kaulbach/Bähr/Pohlmann Versicherungsaufsichtsgesetz (VAG),
6. Aufl. 2019
KfW . . . . Kreditanstalt für Wiederaufbau
KG . . . . Kommanditgesellschaft; Kammergericht
KGaA . . . . Kommanditgesellschaft auf Aktien
KO . . . . (frühere) Konkursordnung
Koch . . . . Jens Koch, Aktiengesetz, Kommentar, 16. Aufl. 2022
KOM . . . . Kommission der Europäischen Gemeinschaften
Kommission, PSD2-
Entwurf 24.7.2013 . . Vorschlag für eine Richtlinie des Europäischen Parlaments und des
Rates über Zahlungsdienste im Binnenmarkt, zur Änderung der
Richtlinien 2002/65/EG, 2013/36/EU und 2009/110/EG sowie zur
Aufhebung der Richtlinie 2007/64/EG, 24.7.2013,
COM/2013/0547 final – 2013/0264 (COD)
Kommission,
Vorschlag für
5. Geldwäsche-RL . . Europäische Kommission, Vorschlag für eine Richtlinie des Euro-
päischen Parlaments und des Rates zur Änderung der Richtlinie (EU)
2015/849 zur Verhinderung der Nutzung des Finanzsystems zum
Zwecke der Geldwäsche und der Terrorismusfinanzierung und zur
Änderung der Richtlinie 2009/101/EG, 5.7.2016, COM(2016) 450
final – 2016/0208 (COD)
Konesny . . . . Konesny, Gesetz über das Kreditwesen, Kommentar, Loseblattsamm-
lung, Stand: 2008
KoR . . . . Zeitschrift für internationale und kapitalmarktorientierte Rechnungs-
legung (Jahr, Seite)
Kopp/Schenke . . . . Kopp/W.-R. Schenke, Verwaltungsgerichtsordnung, Kommentar,
28. Aufl. 2022
Krafka RegisterR . . . Alexander Krafka, Registerrecht, 11. Aufl. 2019
Krumnow/Sprißler/
Bellavite-Höver-
mann/Kemmer/
Alves/Brütting/
Lauinger/Löw/
Naumann/Paul/
Pfitzer/Scharpf . . . . Krumnow/Sprißler/Bellavite-Hövermann/Kemmer/Löw/
Naumann/Paul/Pfitzer/Scharpf (Hrsg.), Rechnungslegung der
Kreditinstitute. Kommentar zum deutschen Bilanzrecht unter
Berücksichtigung von IAS/IFRS, 2. Aufl. 2004
KStG . . . . Körperschaftssteuergesetz idF v. 15. Oktober 2002 (BGBl. I 4144)
Kümpel/Mülbert/
Früh/Seyfried Bank-/
KapMarktR . . . . . . Kümpel/Mülbert/Früh/Seyfried, Bank- und Kapitalmarktrecht,
6. Aufl. 2022
KWG . . . . Kreditwesengesetz (geltende Fassung) idF v. 9. September 1998
(BGBl. I 2776)
KWG 1934 . . . . . . Reichsgesetz über das Kreditwesen vom 5. Dezember 1934
(RGBl. I, S. 1203)
KWG 1939 . . . . . . Gesetz über das Kreditwesen vom 25. September 1939 (RGBl. I, S. 1955)
KWG 1961 . . . . . . Gesetz über das Kreditwesen vom 10. Juli 1961 (BGBl. I 881)
KWG-Novelle, 1. . . Gesetz zur Änderung des Gesetzes über das Kreditwesen vom
28. Dezember 1971 (BGBl. I 2139)

Abkürzungs- und Literaturverzeichnis

KWG-Novelle, 2. . . . Gesetz vom 24. März 1976 (BGBl. I 725)

KWG-Novelle, 3. . . . Drittes Gesetz zur Änderung des Gesetzes über das Kreditwesen vom 20. Dezember 1984 (BGBl. I 1693)

KWG-Novelle, 4. . . . Gesetz zur Änderung des Gesetzes über das Kreditwesen und anderer Vorschriften über Kreditinstitute vom 21. Dezember 1992 (BGBl. I 2211)

KWG-Novelle, 5. . . . Gesetz zur Änderung des Gesetzes über das Kreditwesen und anderer Vorschriften über Kreditinstitute vom 28. September 1994 (BGBl. I 2735)

KWG-Novelle, 6. . . . Art. 1 des Gesetzes zur Umsetzung von EG-Richtlinien zur Harmonisierung bank- und wertpapieraufsichtsrechtlicher Vorschriften vom 22. Oktober 1997 (BGBl. I 2518)

KWG-Novelle, 7. . . . Gesetz zur Umsetzung der neu gefassten Bankenrichtlinie und der neu gefassten Kapitaladäquanzrichtlinie vom 17. November 2006 (BGBl. I 2606)

KWG-Novelle, 8. . . . Gesetz zur Umsetzung der geänderten Bankenrichtlinie und der geänderten Kapitaladäquanzrichtlinie vom 19. November 2010 (BGBl. I 1592)

KWGWpIGVermV   Verordnung über die vertraglich gebundenen Vermittler und das öffentliche Register nach § 2 Abs. 10 Satz 6 des Kreditwesengesetzes (KWG-WpIG-Vermittlerverordnung – KWGWpIGVermV) vom 4. Dezember 2007 (BGBl. I 2785)

KYC . . . . Know Your Customer

KYCC . . . . Know Your Customer's Customers

Langenbucher/
Bliesener/Spindler . . Langenbucher/Bliesener/Spindler, Bankrechts-Kommentar, 3. Aufl. 2020

Langweg . . . . Langweg, GwG – Kommentar zum Geldwäschegesetz, 6. Aufl. 2007

LG . . . . Landgericht

Langenbucher/
Gößmann/Werner
Zahlungsverkehr-
HdB . . . . Langenbucher/Gößmann/Werner, Zahlungsverkehr-Handbuch zum Recht der Überweisung, Lastschrift, Kreditkarte und der elektronischen Zahlungsformen, 2004

Luz/Neus/Schaber/
Schneider/Wagner/
Weber . . . . Luz/Neus/Schaber/Schneider/Wagner/Weber, KWG und CRR: Kommentar zu KWG, CRR, SAG, FKAG, SolvV, GroMiKV, LiqV und weiteren aufsichtsrechtlichen Vorschriften, 4. Aufl. 2022

LiqV . . . . Verordnung über die Liquidität der Institute (Liquiditätsverordnung – LiqV) vom 14. Dezember 2006 (BGBl. I 3117)

M . . . . Maturity

mwN . . . . mit weiteren Nachweisen

MaComp . . . . . . ehemals Rundschreiben 4/2010 (WA) – Mindestanforderungen an die Compliance-Funktion und die weiteren Verhaltens-, Organisations- und Transparenzpflichten nach §§ 31 ff. WpHG für Wertpapierdienstleistungsunternehmen – MaComp, Gz. WA 31-Wp 2002–2009/0010 vom 7. Juni 2010, jetzt Rundschreiben 05/2018(WA), Gz. WA 31-Wp 2002–2017/0011 vom 19. April 2018 abgedr. bei Consbruch/Fischer G 45.10

Abkürzungs- und Literaturverzeichnis

Abkürzungs- und Literaturverzeichnis

Abkürzungs- und Literaturverzeichnis

Abkürzungs- und Literaturverzeichnis

Abkürzungs- und Literaturverzeichnis

Abkürzungs- und Literaturverzeichnis

Abkürzungs- und Literaturverzeichnis

Einleitung ZAG

Literatur: Anweiler, Die Auslegungsmethoden des Gerichtshofs der Europäischen Gemeinschaften, 1997; Baur/Boegl, Die neue europäische Finanzmarktaufsicht – Der Grundstein ist gelegt, BKR 2011, 177; Binder, Staatshaftung für fehlerhafte Bankenaufsicht gegenüber Bankeinlegern? – Verfassungs- und aufsichtsrechtliche Überlegungen nach der Entscheidung des Bundesgerichtshofs vom 20.1.2005 (WM 2005, 369) –, WM 2005, 1781; Bleckmann, Zu den Auslegungsmethoden des Europäischen Gerichtshofs, NJW 1982, 1177; Blomeyer, Der Einfluß der Rechtsprechung des EuGH auf das deutsche Arbeitsrecht, NZA 1994, 633; Böger, Neue Rechtsregeln für den Zahlungsverkehr: Zahlungskontengesetz und Zahlungsdiensterichtlinie II, Bankrechtstag 2016, 193; Buck-Heeb, Aufsichts- und zivilrechtliche Normen im Bank- und Kapitalmarktrecht: einheitliche oder gespaltene Auslegung?, WM 2020, 157; Burgard, Der Vorschlag der Kommission für eine Richtlinie über Zahlungsdienste im Binnenmarkt, WM 2006, 2065; Cahn, Probleme der Mitteilungs- und Veröffentlichungspflichten nach dem WpHG bei Veränderungen des Stimmrechtsanteils an börsennotierten Gesellschaften, AG 1997, 502; Cahn, Grenzen des Markt- und Anlegerschutzes durch das WpHG, ZHR 162 (1998), 1; Calliess/Ruffert, Das Verfassungsrecht der Europäischen Union mit Europäischer Grundrechtecharta, 5. Aufl. 2016 (zit.: Calliess/Ruffert/Autor, EUV/AEUV); Casper, Der Lückenschluß im Statut der Europäischen Aktiengesellschaft, FS Peter Ulmer, 2003, S. 51 (zit.: FS Ulmer/Casper 2003); Casper, Islamische Finanztransaktionen ohne Erlaubnis nach dem KWG?, ZBB 2010, 345; Danwerth, Finanztransfergeschäft als Zahlungsdienst, 1. Auflage 2017 (zit.: Danwerth Finanztransfergeschäft); Dauses/Ludwigs, Handbuch des EU-Wirtschaftsrechts, Band 1, 55. EL 2022 (zit.: HdB EU-WirtschR/Autor); Derleder/Knops/Bamberger, Deutsches und europäisches Bank- und Kapitalmarktrecht, Bd. II, 3. Aufl. 2017 (zit.: Derleder/Knops/Bamberger/Autor, Dt. und europ. Bank- und KapitalmarktR); Derleder/Knops/Bamberger, Dt. und europ. Bank- und Kapitalmarktrecht, Bd. II, 2. Aufl. 2009 (zit.: Derleder/Knops/Bamberger/Autor, Vorauflage Dt. und europ. Bank- und KapitalmarktR); Dinov, Europäische Bankenaufsicht im Wandel, EuR 2013, 593; Dippel/Lohmann/Peschke, SEPA, 2008; Ehlers/Fehling/Pünder, Besonderes Verwaltungsrecht, Band 1, 3. Auflage 2013 (zit.: Ehlers/Fehling/Pünder/Autor, Besonderes VerwR, Bd. 1); Everling, Rechtsvereinheitlichung durch Richterrecht in der Europäischen Gemeinschaft, RabelsZ 50 (1986), 193; Findeisen, „Underground Banking" in Deutschland – Schnittstellen zwischen illegalen „Remittance Services" iSv § 1 Abs. 1a Nr. 6 KWG und dem legalen Bankgeschäft –, WM 2000, 2125; Frank, Die Level-3-Verlautbarungen der ESMA – ein sicherer Hafen für den Rechtsanwender?, ZBB 2015, 213; Gebauer/Wiedmann, Europäisches Zivilrecht, 3. Auflage 2021; Geiger/Khan/Kotzur, EUV/AEUV, 6. Aufl. 2017; Glos/Hildner, Gesteigerte Relevanz des ZAG für Banken nach Umsetzung der PSD II, RdZ 2020, 84; Grieser/Diehl, Nebentätigkeitsprivileg als ungeschriebenes Tatbestandsmerkmal im Zahlungsdiensteaufsichtsgesetz, BB 2020, 1935; Gsell/Krüger/Lorenz/Reymann, Beck-Online Großkommentar Zivilrecht, Stand: 15.05.2022 (zit.: BeckOGK-BGB/Autor); Habersack/Mayer, Der Widerruf von Haustürgeschäften nach der „Heininger"-Entscheidung des EuGH, WM 2002, 253; Hartig/Helge, Aufsichtsbehördliche Leitlinien: Rechtsqualität und Rechtsschutz, VersR 2022, 665; Hingst/Lösing, Die geplante Fortentwicklung des europäischen Zahlungsdiensteaufsichtsrechts durch die Zweite Zahlungsdienste-Richtlinie, BKR 2014, 315; Hitzer/Hauser, ESMA – Ein Statusbericht, BKR 2015, 52; Hummel, Zum Anwendungsvorrang von EG-Richtlinien im Zivilrecht – Sinn und Zweck der EuGH-Vorlage des BGH zur Frage der Nutzungsentschädigung im Fall einer Ersatzlieferung an einen Verbraucher, EuZW 2007, 268; Lehmann/Manger-Nestler, Das neue Europäische Finanzaufsichtssystem, ZBB 2011, 2; Linardatos, Der Kommissionsvorschlag für eine Zahlungsdiensterichtlinie II – Ein Überblick zu den haftungsrechtlichen Reformvorhaben,

Einleitung

WM 2014, 300; Martens, Methodenlehre des Unionsrechts, 2013; Maunz/Dürig, Grundgesetz, 86. Ergänzungslieferung 2019 (zit.: Maunz/Dürig/Autor, GG); Mohn/Achtelik, Die Reform der europäischen Finanzaufsichtsstruktur: Auswirkungen auf die Europäischen Aufsichtsbehörden im Banken- und Kapitalmarktbereich, WM 2019 Heft 50, 2339; Nirk, Das Kreditwesengesetz, Einführung und Kommentar, 13. Auflage 2008 (zit.: Nirk, KWG); Poelzig, Die „gespaltene Auslegung" von Verhaltensnormen im Straf-, Aufsichts- und Zivilrecht oder wer gibt den Ton an?, ZBB 2019, 1; Rösler/Werner, Erhebliche Neuerungen im zivilen Bankrecht: Umsetzung von Verbraucherkredit- und Zahlungsdiensterichtlinie – Überblick über den Umsetzungsbedarf in der Bankpraxis anhand der vorliegenden Gesetzentwürfe, BKR 2009, 1; Schäfer, Die Auslegung von § 1 Abs. 1, 1a KWG durch die BaFin im Lichte der Rechtsprechung, FS Norbert Horn, 2006, 845 (zit.: FS Horn/Schäfer 2006); Schäfer/Lang, Die aufsichtsrechtliche Umsetzung der Zahlungsdiensterichtlinie und die Einführung des Zahlungsinstituts, BKR 2009, 11; Schenke/Ruthig, Amtshaftungsansprüche von Bankkunden bei der Verletzung staatlicher Bankenaufsichtspflichten, NJW 1994, 2324; Schulze, Auslegung europäischen Privatrechts und angeglichenen Rechts, 1999; Schulze, Kein Nutzungsersatz bei Ersatzlieferung: Anmerkung zu EuGH, Urteil vom 17.4.2008, C-404/06, GPR 2008, 128; Schwark/Zimmer, Kapitalmarktrechts-Kommentar, 5. Aufl. 2019; Schwarz, Europäisches Gesellschaftsrecht, 2000; Sonder, Rechtsschutz gegen Maßnahmen der neuen europäischen Finanzaufsichtsagenturen, BKR 2012, 8; Spindler/Zahrte, Zum Entwurf für eine Überarbeitung der Zahlungsdiensterichtlinie (PSD II), BKR 2014, 265; Teichmann, Die Einführung der Europäischen Aktiengesellschaft – Grundlagen der Ergänzung des europäischen Statuts durch den deutschen Gesetzgeber, ZGR 2002, 383; Terlau, 5 Jahre Zahlungsdiensteaufsichtsgesetz – Reform der Zahlungsdiensterichtlinie, ZBB 2014, 291; Terlau, Die zweite Zahlungsdiensterichtline – zwischen technischer Innovation und Ausdehnung des Aufsichtsrechts, ZBB 2016, 122; Terlau, Die Umsetzung der aufsichtsrechtlichen Vorgaben der Zweiten Zahlungsdiensterichtlinie in deutsches Recht, DB 2017, 1697; Veil, Aufsichtskonvergenz durch „Questions and Answers" der ESMA, ZBB 2018, 151; von Graevenitz, Mitteilungen, Leitlinien, Stellungnahmen – Soft Law der EU mit Lenkungswirkung, EuZW 2013, 169; Walla, Die Europäische Wertpapier- und Marktaufsichtsbehörde (ESMA) als Akteur bei der Regulierung der Kapitalmärkte Europas – Grundlagen, erste Erfahrungen und Ausblick, BKR 2012, 265; Weiß, Dezentrale Agenturen in der EU-Rechtssetzung, EuR 2016, 631; Zahrte, Änderungen im ZAG durch das SEPA-Begleitgesetz, WM 2013, 1207; Zuleeg, Die Auslegung des europäischen Gemeinschaftsrechts, EuR 1969, 97.

Inhaltsübersicht

I. Überblick und Zielsetzung

1. ZAG als „europäisches Recht"

Das Zahlungsdiensteaufsichtsgesetz vom 17.7.2017 (BGBl. I 2446) beinhaltet **1**
ganz überwiegend eine – teilweise wörtliche – Umsetzung der Definitionen und
Ausnahmeregelungen sowie der aufsichtsrechtlichen Vorschriften der zweiten Zahlungsdiensterichtlinie (PSD2), die gegenüber der ersten Zahlungsdiensterichtlinie
(PSD1) grundlegende Neuerungen enthält. Zudem setzt es die Zweite E-Geld-
RL um. Es ersetzt das ZAG aF vom 25.6.2009. Den zivilrechtlichen und den verbraucherschützenden Teil der PSD2 hat der deutsche Gesetzgeber in §§ 675c ff.
BGB in deutsches Recht umgesetzt (hierzu MüKoBGB/Casper Vor §§ 675c–676c
Rn. 1 ff.). Die auf dem SEPA-Begleitgesetz beruhenden Vorschriften des ZAG aF
wurden in die neue Fassung nicht übernommen. Sowohl die PSD2 als auch die
Zweite E-Geld-RL verpflichten die Mitgliedstaaten zur vollständigen Harmonisie-

Einleitung

rung, sog. **Vollharmonisierungsgebot** (Art. 107 Abs. 1 PSD2, Art. 16 Abs. 1 Zweite E-Geld-RL), sodass die Mitgliedstaaten eigenständige (strengere oder weniger strenge) Regelungen nur insoweit erlassen dürfen, als ihnen dies in den Richtlinien selbst gestattet ist (zum Vollharmonisierungsgebot → Rn. 45).

2   Solche „**eigenständigen**" **Regelungen** finden sich deshalb vor allem im Rahmen der gewerbepolizeilichen Eingriffsvorschriften (§§ 4 sowie 6–8, 19–21 sowie in § 27), die im Rahmen der Art. 22, 23 PSD2 nur ansatzweise harmonisiert sind. Eigenständig ist die Regelung über Monatsausweise in § 29; dasselbe gilt für die straf- und bußgeldrechtlichen Vorschriften. Sämtliche dieser Vorschriften hat der deutsche Gesetzgeber teilweise wortwörtlich den entsprechenden Vorbildern des KWG entnommen. Auch hier gilt das an die Gesetzgeber der Mitgliedstaaten gerichtete Gebot aus Art. 100 Abs. 2 PSD2, die Behörden mit effizienten und angemessenen Mitteln auszustatten, sowie aus Art. 103 Abs. 1 PSD2, wirksame, angemessene und abschreckende Sanktionen zu erlassen (zu letzterem Omlor WM 2018, 57 (58)).

2. Ziele der Richtlinien und des ZAG

3   Die ursprüngliche Fassung der Zahlungsdiensterichtlinie (PSD1) und die Zweite E-Geld-RL verfolgten vor allem das Ziel der Verwirklichung des europäischen Binnenmarktes im Hinblick auf die Regulierung des Zahlungsverkehrs (Erwägungsgründe Nr. 1–5 PSD1) und des E-Geld-Geschäfts (Erwägungsgründe Nr. 1–4 Zweite E-Geld-RL). Die Reform durch die PSD2 beabsichtigte, neben der Sicherstellung der Kontinuität im Markt, auch neuen Dienstleistern unter Nutzung technologischer Neuerungen unabhängig von ihrem Geschäftsmodell die Möglichkeit zu geben, ihre Dienste in einem klaren und harmonisierten Rechtsrahmen anzubieten (Erwägungsgrund Nr. 33 PSD2). Das ZAG hat demgemäß zum Ziel, den aufsichtsrechtlichen Teil des vereinheitlichten Rechtsrahmens der PSD2 und der Zweiten E-Geld-RL in deutsches Recht umzusetzen; die in Deutschland traditionelle Unterscheidung zwischen öffentlich-rechtlichen und privatrechtlichen Vorschriften lässt sich dabei vor dem Hintergrund der europäischen Richtlinienvorgaben, die diese Unterscheidung nicht in dieser Deutlichkeit kennen, nicht immer sauber umsetzen (dazu RegBegr. ZUG, BT-Drs. 18/11495, 79).

4   **a) Verwirklichung des Binnenmarktes.** Ziel des europäischen Gesetzgebers (zu dessen Umsetzung die Mitgliedstaaten gemäß Art. 288 Abs. 3 AEUV verpflichtet sind) ist die **Verwirklichung des Binnenmarktes für Zahlungsdienste** (Erwägungsgrund Nr. 1 PSD1); diese Ziele legt die PSD2 zugrunde (vgl. zB Erwägungsgrund Nr. 19 und 54 PSD2), ohne sie umfassend zu wiederholen. Die wesentlichen Zielsetzungen legte der Rat in der Agenda von Lissabon im März 2000 (abrufbar unter: http://www.europarl.europa.eu/summits/lis1_de.htm) fest; es ist das volkswirtschaftliche Anliegen der Union, die Verbraucherkosten für Zahlungsdienste zu senken (so auch Entwurf RL KOM(2005) 603 v. 1.12.2005, S. 2), die Sicherheit und Effizienz von Zahlungen zu gewährleisten (so auch Entwurf S. 2) und einen modernen sowie rechtlich kohärenten Zahlungsverkehrsraum im Binnenmarkt zu schaffen (Erwägungsgrund Nr. 4 PSD1; RegBegr. ZDUG 2009, BT-Drs. 16/11613, 1). Die PSD1 und die Zweite E-Geld-RL stellen wichtige Bausteine für die (vorläufige) Vollendung dieses Anliegens dar (RegBegr. Zweite E-Geld-RLUG, BT-Drs. 17/3023, 1). Dieses Bestreben fügt sich ein in die Maßnahmen der Europäischen Union, die grenzüberschreitende Tätigkeit von Banken zu erleichtern (hierzu Derleder/Knops/Bamberger/Micklitz/Böhnlein Dt. und eur.

Bank- und KapitalmarktR § 91). Ebenso wie im Bankaufsichtsrecht verfolgt der europäische Gesetzgeber das Ziel, eine einheitliche Zulassung für Zahlungs- und E-Geld-Institute mit Geltung in allen EU- und EWR-Staaten (Erwägungsgrund Nr. 9 PSD1) und mit einem einheitlichen Erlaubnisverfahren mit gleichen Aufsichtsinhalten zu verwirklichen (RegBegr. ZDUG 2009, BT-Drs. 16/11613, 1). Hierdurch will der europäische Gesetzgeber europaweit **gleiche Wettbewerbsbedingungen,** dh gleiche Marktzugangskriterien (einschließlich Zugang zu den technischen Diensten für die Infrastruktur der Zahlungssysteme – Erwägungsgrund Nr. 16 PSD1), gleiche Anforderungen für die Beaufsichtigung der Zahlungsinstitute (RegBegr. ZDUG 2009, BT-Drs. 16/11613, 1) und der E-Geld-Institute (RegBegr. Zweite E-Geld-RLUG, BT-Drs. 17/3023, 1) herstellen (vgl. auch Ellenberger/Findeisen/Nobbe/Böger/Findeisen Einl. § 1 Rn. 19; zu den parallelen Erwägungen im Bankaufsichtsrecht Derleder/Knops/Bamberger/Ohler Dt. und eur. Bank- und KapitalmarktR § 90 Rn. 11, 26). Durch Förderung des Wettbewerbs will der europäische Gesetzgeber **höhere Kosteneffizienz und Innovationskraft** im Zahlungsverkehr erzielen (Ellenberger/Findeisen/Nobbe/Böger/Findeisen Einl. § 1 Rn. 28). In demselben Bestreben vereinheitlichte er das Eigenkapitalrecht der Zahlungsinstitute und E-Geld-Institute (vgl. zum Bankeigenkapitalrecht: Ehlers/Fehling/Pünder/Ohler Besonderes VerwR Bd. 1 § 32 Rn. 4).

Bestimmte Sachverhalte will der europäische Gesetzgeber dagegen einheitlich **5** aus dem Anwendungsbereich der Richtlinien ausklammern; auch hierbei verliert er das Ziel nicht aus den Augen, einheitliche Wettbewerbsbedingungen, hier zwischen zugelassenen Zahlungsdienstleistern und ausgenommenen Unternehmen, zu schaffen (Begründung des Vorschlags für die PSD2 vom 24.7.2013).

Die PSD2 schärft hier nach. Sie befasst sich insbesondere mit der Schwierigkeit, **6** den europäischen Rechtsrahmen **einheitlich auszulegen.** Deshalb konkretisiert sie viele Regelungen (vgl. zB Erwägungsgrund Nr. 11 zur Handelsvertreterausnahme des Art. 3 lit. b PSD2) oder sieht die Meldepflicht für die Nutzung bestimmter Ausnahmebestimmungen vor (Erwägungsgrund Nr. 19 PSD2; Art. 37 Abs. 2 und Abs. 3 PSD2). Die umfangreichen und überwiegend sehr detaillierten Leitlinien der EBA zu den Anforderungen an Erlaubnisanträge (EBA/GL/2017/09, diese beruht auf Art. 5 Abs. 5 PSD2), zur Berufshaftpflichtversicherung oder gleichwertigen Garantie (EBA/GL/2017/08, diese beruht auf Art. 5 Abs. 4 PSD2), zur Auslegung des Art. 95 PSD2 (Management von IKT- und Sicherheitsrisiken) (EBA/GL/2019/04), zur Meldung von schwerwiegenden Vorfällen (EBA/GL/2021/03), zur Auslagerung (EBA/GL/2019/02) und über die Ausnahme für begrenzte Netze (EBA/GL/2022/02, beruht auf Art. 3 lit. k PSD2) sind Beispiele für das Bestreben des europäischen Gesetzgebers, der EZB und der nationalen Aufsichtsbehörden, eine gemeinsame Aufsichtskultur und eine Kohärenz der Aufsichtspraktiken (Art. 29 Abs. 1 EBA-VO) zu erzielen (vgl. auch Erwägungsgrund Nr. 107 PSD2). Dasselbe gilt in verstärktem Maße für die auf Basis der PSD2 erlassenen, unmittelbar in den Mitgliedstaaten verbindlichen technischen Regulierungsstandards in Form einer delegierten Verordnung der EU Kommission (PSD2-RTS).

b) Aufsichtsrechtliche Zielsetzungen. Die aufsichtsrechtlichen Zielsetzun- **7** gen des ZAG sind ganz überwiegend bestimmt durch vollharmonisierendes europäisches Richtlinienrecht; dies betrifft vor allem das Zulassungsrecht, die Kapitalausstattung und die Sicherung von Kundengeldern, zugelassene Tätigkeiten sowie die Auslagerung. Dasselbe gilt weitgehend auch für die Zielsetzungen der behördlichen Eingriffsbefugnisse, obschon die Richtlinien in Art. 22, 23 PSD2 und Art. 3

Einleitung

Abs. 1 Zweite E-Geld-RL Raum für spezifisch nationale Zielsetzungen und Ausgestaltungen eröffnen. Dementsprechend hat der deutsche Gesetzgeber die **Befugnisse der Aufsichtsbehörden** weitgehend angelehnt an das bekannte System der Missstandsaufsicht des KWG (vgl. hierzu auch Ellenberger/Findeisen/Nobbe/Böger/Findeisen Einl. § 1 Rn. 42). Flankiert werden diese Befugnisse von den eine gewisse Selbstregulierung der Institute fordernden, ebenfalls national geregelten **Organisationspflichten der Institute** zu einem eigenständigen Risikomanagement, wie es aus § 25a KWG bekannt ist. Hier hat die PSD2 eine eigenständige Regelung zum Risikomanagement für Zahlungsdienstleister (Art. 95 PSD2, umgesetzt in § 53), dh anwendbar auf Institute des ZAG nach § 1 Abs. 1 S. 1 genannte Zahlungsdienstleister, gebracht; der ebenfalls im Rahmen der PSD2 gesetzlich verankerte Rechtsrahmen für eine starke Kundenauthentifizierung (Art. 97, 98 PSD2, umgesetzt in § 55 und in den PSD2-RTS) ist eine Ausprägung hiervon. Veröffentlichungspflichten der Institute, die eine gewisse Markttransparenz gestatten, ähnlich § 26a KWG, kennt das ZAG dagegen nicht. Im KWG sprach man von einem „Drei-Säulen-Modell" der Bankaufsicht (vgl. Derleder/Knops/Bamberger/Ohler, HdB zum dt. und eur. Bankrecht, 2. Aufl. 2009, § 76 Rn. 3). Das ZAG verfolgt nach Maßgabe der Richtlinien eine **vereinfachte Aufsicht** und kennt nur zwei Säulen. Eine gewisse Eigenständigkeit, vor allem historisch erklärlich, nehmen insofern die Regelungen der Art. 65–67 PSD2 (umgesetzt vor allem in §§ 45–52) zu den sog. dritten Zahlungsdienstleistern (Emittenten kartengebundener Zahlungsinstrumente, Zahlungsauslösedienstleister und Kontoinformationsdienstleister) ein.

8   **aa) Vereinfachte Regulierung.** Der deutsche Gesetzgeber hat sich bewusst für eine Umsetzung der PSD1 (und in der Folge auch der Zweiten E-Geld-RL) nicht im Rahmen des hochkomplexen KWG, sondern in einem **eine angemessene, einfachere Regulierung** gestattenden Spezialgesetz entschieden (RegBegr. ZDUG 2009, BT-Drs. 16/11613, 26; Ellenberger/Findeisen/Nobbe/Böger/Findeisen Einl. § 1 Rn. 44). Diese Tradition wurde auch bei Umsetzung der PSD2 fortgesetzt (RegBegr. ZUG 2017, BT-Drs. 18/11495, 78). Dies basiert auf der Idee des europäischen Gesetzgebers für Zahlungsinstitute (und in der Folge auch für E-Geld-Institute) eine Regulierung zu finden, die den **(eingeschränkten) operationellen und finanziellen Risiken** dieser Institute gerecht wird; die Risiken dieser Institute sind enger und können leichter überwacht und gesteuert werden (Erwägungsgrund Nr. 11 PSD1). Die Begründung des Entwurfs der PSD1 stellte fest, dass kein besonderes Schutzbedürfnis bestehe, keine Einlagensicherung erforderlich sei und idR die Integrität und Stabilität des Finanzsystems durch Zahlungsinstitute nicht gefährdet sei (Vorschlag zur PSD1, KOM(2005) 603, S. 7). Dies drückt sich auch in dem Rundschreiben der BaFin 11/2021 (BA) in der Fassung vom 16.8.2021 mit dem Titel „Zahlungsdiensteaufsichtliche Anforderungen an die IT von Zahlungs- und E-Geld-Instituten (ZAIT)" aus, das vor allem die Leitlinien der EBA EBA/GL/2019/04 und EBA/GL/2019/02 umsetzt. Es enthält gegenüber den für Banken geltenden Rundschreiben der BaFin 10/2021 (BA) vom 16.8.2021 „Mindestanforderungen an das Risikomanagement – MaRisk" und Rundschreiben der BaFin 10/2017 (BA) in der Fassung vom 16.8.2021 „Bankaufsichtliche Anforderungen an die IT (BAIT)" vereinfachte Regelungen.

9   **bb) Gefahrenabwehr.** Die im ZAG geregelten Eingriffsbefugnisse der Aufsichtsbehörden dienen der Gefahrenabwehr oder, wie es die Generalklausel des § 4 Abs. 2 S. 1 Alt. 2 formuliert, „um Missstände in einem Institut zu verhindern oder zu beseitigen" (zum Begriff des Missstands vgl. → § 4 Rn. 35 ff.). Schutzgüter dieses

besonderen Polizei- und Ordnungsrechts sind die Sicherheit der dem Institut anvertrauten Vermögenswerte, die ordnungsgemäße Durchführung des Zahlungsverkehrs sowie der ordnungsgemäße Betrieb des E-Geld-Geschäfts.

Die den Instituten **anvertrauten Vermögenswerte** iSd § 4 Abs. 2 S. 1 Alt. 2 **10** sind solche Vermögenswerte, die Zahlungsdienstnutzer zur Durchführung von Zahlungsvorgängen und in besonderem Maße auch zur Ausgabe von E-Geld einem Institut übertragen haben. Der Schutz wird in §§ 17, 18 und 21 besonders ausgestaltet.

Weitere Schutzgüter sind gemäß § 4 Abs. 2 S. 1 Alt. 2 die ordnungsgemäße **11** Durchführung der Zahlungsdienste und das ordnungsgemäße Betreiben des E-Geld-Geschäfts. Damit ist zum einen das volkswirtschaftliche Interesse an der **Funktionsfähigkeit der Zahlungswirtschaft** gemeint. Dieses Ziel ist auch in § 13 Abs. 2 Nr. 4 angesprochen, wonach die BaFin die Erlaubnis aufheben kann, wenn die Fortsetzung der Erbringung von Zahlungsdiensten oder des Betreibens des E-Geld-Geschäfts die Stabilität des betriebenen Zahlungssystems gefährden würde. Im Zahlungsaufsichtsrecht ist das für die Volkswirtschaft wesentliche Funktionieren der Zahlungsabwicklung ein wichtiges Aufsichtsziel. Hier geht es vor allem um die Zuverlässigkeit einzelner Zahlungsdienstleister und um die auch durch die einzelnen Zahlungsdienstleister zu gewährleistende technische Sicherheit der Zahlungsabwicklung (ähnlich zum Bankaufsichtsrecht Ehlers/Fehling/Pünder/ Ohler Besonderes VerwR Bd. 1 § 32 Rn. 19). Ähnlich wie die sonstigen Finanzmärkte (Fischer/Schulte-Mattler/Fischer/Krolup Einl. Rn. 128 f.) kann auch ein Zahlungssystem nur funktionieren, wenn es das Vertrauen der Nutzer und anderer Marktteilnehmer genießt.

Zuletzt dürfte es heute (zur früheren Zurückhaltung im Rahmen der Bankenauf **12** sicht: Fischer/Schulte-Mattler/Fischer/Krolup Einl. Rn. 131) außer Frage stehen, dass auch der **Verbraucherschutz** ein Anliegen des Zahlungsaufsichtsrechts ist. Im ZAG wird dies aus den in Umsetzung von Art. 11 PSD2 und Art. 13 Zweite E-Geld-RL ergangenen Beschwerdevorschriften der §§ 60, 61 deutlich. Dahin tendiert auch die Rspr. (vgl. nur VG Frankfurt a. M. 29. 10. 2009 – 1 K 704/09.F). Dieselbe Zielsetzung verfolgt § 3 Abs. 4 S. 4, der auf der VerbraucherkreditRL beruht und – im volkswirtschaftlichen Interesse (Erwägungsgrund Nr. 28 VerbraucherkreditRL) und zumindest dem Verständnis des EuGH nach, das in den letzten Jahren auch die Literaturansicht geprägt hat, wohl auch zum Schutz des Verbrauchers selbst (zuletzt EuGH NJW 2020, 1199 Rn. 31 – POR-Finance sro/GK) – den Verbraucher vor übermäßiger Verschuldung bewahren will. Wesentlich ist, dass die BaFin öffentliche Aufsichtsbefugnisse wahrnimmt und nicht zur zivilrechtlichen Streitentscheidung berufen ist (BGHZ 162, 49 (62f.); BVerwG 15. 12. 2010 – 8 C 37/09 Rn. 17). Dies ist nun in § 4 Abs. 4 FinDAG geregelt (vgl. auch Fischer/ Schulte-Mattler/Schäfer § 6 Rn. 2; Ehlers/Fehling/Pünder/Ohler Besonderes VerwR Bd. 1 § 32 Rn. 14). Der einzelne Verbraucher hat also, auch aus §§ 60, 61, keinen Anspruch auf Einschreiten der Aufsichtsbehörde (vgl. RegBegr. ZDUG, BT-Drs. 16/11613, 55; BVerwG 31. 3. 1999 – 1 PKH 5/99 Rn. 5 ff.; vgl. → § 60 Rn. 37 ff.). Die Regelung des § 4 Abs. 4 FinDAG bewirkt weiterhin, dass dem einzelnen Verbraucher auch nicht wegen des Einschreitens oder wegen des Nichteinschreitens der Aufsichtsbehörde zivilrechtliche Amtshaftungsansprüche aus § 839 BGB iVm Art. 34 GG zustehen; dem stehen auch hM auch keine verfassungsrechtlichen (BGHZ 162, 49 ff.; Binder WM 2005, 1781 ff.; Nirk KWG S. 12; Derleder/ Knops/Bamberger/Ohler, HdB zum dt. und eur. Bankrecht, 2. Aufl. 2009, § 76 Rn. 3; aA Maunz/Dürig/Papier Art. 34 Rn. 190; Schenke/Ruthig NJW 1994,

Einleitung

2324 ff.) oder europarechtlichen (EuGH Slg. 2004, I-9425 Rn. 40 ff. – Peter Paul)
Bedenken entgegen.

13   **cc) Geldwäscheprävention, Terrorismusbekämpfung.** Ausweislich des
Erwägungsgrundes Nr. 11 PSD1 (bestätigt in Erwägungsgrund Nr. 37 PSD2) ist
die Bekämpfung der Geldwäsche und der Terrorismusfinanzierung ein weiteres we-
sentliches Ziel der europäischen Zahlungsregulierung und damit auch des ZAG. Im
Zweite E-Geld-RLUG hat der Gesetzgeber zudem die Empfehlungen des
Deutschlandberichts der FATF vom 18.2.2010 berücksichtigt (RegBegr. Zweite
E-Geld-RLUG, BT-Drs. 17/3023, 1). Institute des ZAG, Agenten (§ 1 Abs. 9) und
E-Geld-Agenten (§ 1 Abs. 10) sind Verpflichtete nach § 2 GwG. § 27 Abs. 2 erstreckt zudem zahlreiche geldwäscherechtliche Pflichten des KWG auf Institute
des ZAG und verschärft diese in § 27 Abs. 3 für Institute des ZAG und für Agenten.

3. Überblick über die Struktur und einzelne Regelungskomplexe

14   **a) Begriffsbestimmungen.** Im Aufbau ähnlich wie das KWG beinhaltet der
§ 1 zunächst Begriffsbestimmungen. Diese Begriffsbestimmungen beruhen auf den
Art. 1–4 PSD2 sowie Art. 1 und Art. 2 Zweite E-Geld-RL. Sie beinhalten die zentralen Definitionen der Zahlungsdienstleister (§ 1 Abs. 1 S. 1), der Zahlungsdienste
(§ 1 Abs. 1 S. 2), der E-Geld-Emittenten (§ 1 Abs. 2 S. 1) und des E-Geld-Geschäfts
(§ 1 Abs. 2 S. 2). Die ausgenommenen Regelungsbereiche finden sich nunmehr in
§ 2 Abs. 1 und – für das E-Geld-Geschäft – in § 1 Abs. 2 S. 3. Wesentlich ist, dass
diese Definitionen sowohl über die **aufsichtsrechtliche Erlaubnispflicht** für bestimmte Sachverhalte als auch gemäß § 675c Abs. 3 BGB über die **zivilrechtliche,
vertragstypologische Einordnung** entscheiden.

15   **b) Zahlungsinstitut, E-Geld-Institut.** Entscheidend ist weiterhin: Das ZAG
regelt – ganz überwiegend – nur die Tätigkeit der Zahlungsinstitute und der
E-Geld-Institute, zusammen Institute iSd § 1 Abs. 3. Deren Definition erfolgt jeweils **negativ:** Unternehmen, die gewerbsmäßig oder in einem Umfang, der einen
in kaufmännischer Weise eingerichteten Geschäftsbetrieb erfordert, Zahlungsdienste erbringen, ohne Zahlungsdienstleister im Sinne der § 1 Abs. 1 S. 1 Nr. 2–5
zu sein (zB CRR-Kreditinstitute iSd Art. 4 Abs. 1 Nr. 1 CRR), sind Zahlungsinstitute. Unternehmen, die das E-Geld-Geschäft betreiben, ohne unter den Begriff des
E-Geld-Emittenten im Sinne der § 1 Abs. 2 S. 1 Nr. 2–4 zu fallen (zB CRR-Kreditinstitute iSd Art. 4 Abs. 1 Nr. 1 CRR), sind E-Geld-Institute.

16   **c) Präventives Verbot mit Erlaubnisvorbehalt, Herkunftsmitgliedstaat.**
Wer im Inland gewerbsmäßig oder in einem Umfang, der einen in kaufmännischer
Weise eingerichteten Geschäftsbetrieb erfordert, als Zahlungsinstitut Zahlungsdienste (nunmehr einschließlich der Zahlungsauslösedienste und Kontoinformationsdienste) erbringt, bedarf hierzu einer Erlaubnis der BaFin gemäß § 10. Wer im
Inland das E-Geld-Geschäft als E-Geld-Institut betreibt, benötigt dazu eine Erlaubnis der BaFin nach § 11. Sofern die Voraussetzungen für die Erlaubnis gemäß § 10
oder § 11 und keine Versagungsgründe nach § 12 vorliegen, ist die Erlaubnis zu erteilen. Hierbei sind wesentliche Voraussetzungen die **Zuverlässigkeit** der Geschäftsleiter und Inhaber von wesentlichen Beteiligungen sowie die **fachliche Eignung** der Geschäftsleiter.

17   Institute mit Sitz in einem anderen Mitgliedstaat der EU oder in einem EWR-
Staat dürfen im Inland Zahlungsdienste erbringen oder E-Geld-Geschäft betreiben,

wenn sie über einen „**europäischen Pass**" gemäß § 39 verfügen (dazu → § 39 Rn. 2ff.).

Aus Art. 5 PSD2 und aus Art. 3 Abs. 1 Zweite E-Geld-RL folgt, dass ein Erlaub- **18** nisantrag bei den zuständigen Behörden des **Herkunftsmitgliedstaates** zu stellen ist. Der Herkunftsmitgliedstaat ist nach § 1 Abs. 4 S. 1 Alt. 1 in Umsetzung des Art. 4 Nr. 1 lit. a PSD2 der Staat, in dem das Institut seinen Sitz (vgl. Kommentierung zu → § 1 Rn. 280) hat. § 12 Nr. 8 verlangt allerdings, dass ein Institut seine Hauptverwaltung im Inland hat oder zumindest einen Teil seiner Zahlungsdienste oder seines E-Geld-Geschäfts im Inland betreibt (vgl. dazu Kommentierung zu → § 12 Rn. 29f.); anderenfalls wäre ein Antrag auf Erlaubnis zu versagen.

d) Kapitalausstattung. Institute müssen bei Antragstellung ein bestimmtes, in **19** § 12 Nr. 3 geregeltes **Anfangskapital** nachweisen und laufend eine ausreichende Eigenmittelausstattung gemäß § 15 iVm der ZIEV (abgedruckt im Anhang zu § 15) vorhalten. Allerdings sind die Eigenmittelvorschriften der Institute des ZAG nicht so komplex wie die des KWG; lediglich für die Begriffsbestimmung der Eigenmittel verweist § 1 Abs. 29 auf die CRR. Flankierend gelten die besonderen Vorschriften über den Jahresabschluss der Institute und dessen Prüfung sowie die Einreichung bei der Aufsichtsbehörde (§§ 22, 23, 24).

e) Verbot des Einlagengeschäfts und Kreditgeschäfts, Sicherungsanfor- 20 derungen. Soweit für die Tätigkeit der Institute des ZAG erforderlich, hat der Gesetzgeber in § 3 für Institute des ZAG die Annahme **unbedingt rückzahlbarer Gelder des Publikums** sowie die Kreditvergabe von den Verboten des KWG gemäß §§ 32, 1 Abs. 1 S. 2 Nr. 1 und Nr. 2 KWG freigestellt. Zwar hat der Gesetzgeber nach Maßgabe der Richtlinien darauf verzichtet, die Institute des ZAG den Einlagensicherungsvorschriften des EAEG zu unterstellen. Stattdessen sind Institute des ZAG den Sicherungsanforderungen der §§ 17, 18 unterworfen, wonach Gelder nach kurzer Frist (idR am Ende des auf den Eingang folgenden Geschäftstags) auf einem Treuhandkonto bei einem Kreditinstitut hinterlegt oder in sichere Aktiva investiert oder über eine Versicherung oder Garantie eines Kreditinstituts abgesichert werden müssen.

f) Organisationspflichten, Risikomanagement, Auslagerung. Ein Institut **21** ist gemäß § 27 zur ordnungsgemäßen Geschäftsorganisation und zur Einrichtung angemessener Kontrollmechanismen verpflichtet. Zudem unterliegen alle Zahlungsdienstleister (Institute des ZAG sowie andere Zahlungsdienstleister) den Pflichten zum Risikomanagement nach § 53. Hierin verwirklicht sich ein ähnlicher Ansatz wie der des deutschen Bankaufsichtsrechts der teilweisen Selbstregulierung der Institute (→ Rn. 7).

Bei Auslagerung gelten infolge der Vorgaben der PSD2 und der Zweiten **22** E-Geld-RL besondere Vorschriften für Agenten und E-Geld-Agenten. Auslagerungen gemäß §§ 25, 26 und 32 sind zuvor der Aufsichtsbehörde anzuzeigen; das gilt seit dem 1.1.2022 auch für Institute des KWG (§ 24 Abs. 1 Nr. 19 KWG nF).

g) Register, Anzeigen. Zahlungsinstitute sind gemäß § 43 in ein Zahlungs- **23** institutsregister einzutragen, das auf der Internetseite der BaFin geführt wird; dasselbe gilt für Agenten der Zahlungsinstitute. E-Geld-Institute sind gemäß § 44 in das auf der Internetseite der BaFin geführte E-Geld-Instituts-Register einzutragen; dasselbe gilt für Agenten von E-Geld-Instituten, nicht aber für E-Geld-Agenten.

24   Ähnlich wie Institute nach dem KWG haben auch ZAG-Institute wesentliche Geschäftsvorfälle (Bestellung, Abberufung von Geschäftsleitern uvm) der Bundesanstalt und der Bundesbank gemäß § 28 iVm der ZAGAnzV (abgedruckt im Anhang zu § 10) anzuzeigen. Hinzu kommen Monatsausweise gem. § 29 iVm der ZAGMonAwV (abgedruckt im Anhang zu § 29).

25   **h) Europäischer Pass.** Institute, die nach § 10 oder § 11 eine Erlaubnis innehaben, können in einem anderen Mitgliedstaat der EU oder einem EWR-Staat eine Niederlassung errichten, dort selbst oder über einen Agenten oder E-Geld-Agenten Zahlungsdienste oder E-Geld-Geschäft erbringen, wenn sie dies zuvor der BaFin nach § 38 iVm der ZAGAnzV angezeigt haben. Die Zulassung im Inland wirkt als „europäischer Pass" (siehe umfassend hierzu Kommentierung zu → § 38 Rn. 2 ff.). Dabei haben solche Institute zumindest einen Teil ihres Zahlungs- oder E-Geld-Geschäfts am Ort ihrer Hauptverwaltung und ihres Sitzes zu erbringen (Art. 11 Abs. 3 PSD2; vgl. auch Ellenberger/Findeisen/Nobbe/Böger/Findeisen Einl. § 1 Rn. 24).

26   Institute mit Sitz in einem anderen EU-Mitgliedstaat oder einem EWR-Staat können ohne weitere Zulassung im Inland eine Zweigniederlassung gründen oder selbst über Agenten oder E-Geld-Agenten Dienstleistungen erbringen, wenn sie in **ihrem Herkunftsmitgliedstaat** für die entsprechende Tätigkeit zugelassen sind und entsprechend beaufsichtigt werden. Zum „europäischen Pass" für Institute aus dem EU- oder EWR-Ausland siehe umfassend Kommentierung zu → § 39 Rn. 5 ff. Das ausländische Institut hat im Übrigen das Aufsichtsrecht seines Herkunftsstaates zu berücksichtigen; der BaFin stehen hier im Grundsatz nur ausnahmsweise Aufsichtsbefugnisse zu, nämlich wenn die **Herkunftslandsaufsicht versagt.** Diese Aufsichtsbefugnisse des Aufnahmemitgliedstaats wurden im Rahmen der PSD2 ausgedehnt (Terlau ZBB 2016, 122 (129)).

27   **i) Maßnahmen bei Gefahren, Herkunftslandsaufsicht.** Zur Gefahrenabwehr besitzen Aufsichtsbehörden umfangreiche Eingriffsbefugnisse für Anordnungen, Verbote und Tätigkeitsuntersagungen sowie Auskunfts-, Betretungs- und Besichtigungsrechte und Teilnahmebefugnisse. Den Insolvenzantrag über ein Institut darf nur die Bundesanstalt gemäß § 21 Abs. 5 S. 1 stellen.

28   Die BaFin übt gemäß § 38 Abs. 8 S. 1 die Aufsicht auch über ausländische Niederlassungen, Agenten, E-Geld-Agenten und Auslagerungsunternehmen eines Instituts mit inländischer Zulassung iSv §§ 10, 11 aus. Für Besichtigungen benötigt die BaFin die Zustimmung der ausländischen Behörden gemäß § 38 Abs. 8 S. 2.

II. Entstehungsgeschichte

1. Entstehung der PSD1 und ihre Umsetzung ins deutsche Recht

29   Die heutige PSD2 vom 25.11.2015 hat die PSD1 ersetzt. Deren Entwicklungsgeschichte ist kurz. Allerdings gibt es **Vorläufer** der Diskussion, die bis zur Jahrtausendwende zurückreichen. Die Verbesserung des Zahlungsverkehrs und die Sicherheit von Zahlungsinstituten ist überdies ein noch länger zurückreichendes Vorhaben der Kommission. Eine erste Empfehlung legte die Kommission bereits am 14.2.1990 mit der Transparenz der Bankkonditionen bei grenzüberschreitenden Banktransaktionen vor, auch wenn es sich insoweit um eine eher zivilrechtlich dominierte Initiative handelte (ABl. 1990 L 67, 39). Im November 1994 folgte

dann ein Richtlinienvorschlag über grenzüberschreitende Überweisungen, der im darauffolgenden Juni nochmals modifiziert und sodann am 27.1.1997 als Überweisungsrichtlinie (RL 97/5/EG) verabschiedet wurde (ABl. 1997 L 43, 25 ff.; zu ihr MüKoBGB/Casper, 5. Aufl. 2008, BGB Vor § 676a Rn. 10 ff.). Den nächsten Schritt bildete die Verordnung (EG) Nr. 2560/2001 vom 19.12.2001 über grenzüberschreitende Zahlungen in Euro (die Verordnung wurde durch eine Nachfolgeverordnung EG VO 924/2009 v. 16.9.2009 abgelöst, die auch Zahlungen in anderen Währungen als dem Euro erfasst; diese wiederum wurde zum 15.12.2019 durch VO 2019/518 geändert). Mit ihr nahm sich der europäische Gesetzgeber des sehr starken Gefälles zwischen den Gebühren für inländische Zahlungen und solchen für Zahlungen ins europäische Ausland an und ordnete deren Gleichbehandlung an, soweit die Zahlung in Euro erfolgt (ABl. 2001 L 344, 13 ff.)

Der eigentliche Startschuss zur Schaffung eines einheitlichen Europäischen Zahlungsverkehrsraums geht auf die Lissabon Agenda zurück, die im März 2000 entwickelt wurde und im Zusammenhang mit dem 1999 eingeführten Euro steht. Im Jahr 2002 führte diese Entwicklung zunächst dazu, dass die europäischen Kreditinstitute den **„European Payments Council"** (EPC) gründeten, um eine „Single Euro Payments Area" (SEPA) zu verwirklichen. Damit rückte auch vermehrt das Aufsichtsrecht in den Fokus, das zuvor eine rein nationale Domäne war. **30**

Kurze Zeit darauf verließ sich die Europäische Kommission aber nicht mehr auf eine Selbstregulierung, sondern wurde selbst tätig und stellte fest, dass das damalige Zahlungsverkehrssystem unzureichend sei und das Potential des Binnenmarktes so nicht voll ausgeschöpft werde. In einer Mitteilung vom 2.12.2003 ließ sie wissen, dass ein neuer Rechtsrahmen für den Zahlungsverkehr geschaffen werden sollte und veröffentlichte ein **Konsultationspapier** (KOM(2003) 718 endgültig). Das Konsultationsverfahren mündete in einen ersten **Richtlinienvorschlag,** den die Kommission im Dezember **2005** vorlegte (KOM(2005) 603 endgültig; vgl. dazu Burgard WM 2006, 2065 ff.). Schnell wurde deutlich, dass die RL einen zivilrechtlichen und einen aufsichtsrechtlichen Teil unter einem Dach vereint. Es schloss sich das weitere Europäische Gesetzgebungsverfahren an (Einzelheiten sind unter https://oeil.secure.europarl.europa.eu/oeil/popups/ficheprocedure.do?lang=en&r eference=2005/0245(COD, zuletzt aufgerufen am 5.9.2022, verfügbar), in das auch die EZB eingebunden wurde, die am 9.5.2006 eine befürwortende Stellungnahme abgab (Stellungnahme der EZB, ABl. 2006 C 109, 10 ff.). Am 24.4.2007 wurde die RL im Europäischen Parlament mit zahlreichen Änderungsvorschlägen und am 15.10.2007 vom Rat angenommen. Die endgültige Fassung der RL wurde am 13.11.2007 verabschiedet, trat am 25.12.2007 in Kraft und war bis zum 1.11.2009 umzusetzen. Eine Berichtigung der ursprünglich fehlerhaften Richtlinie wurde am 18.7.2009 veröffentlicht (ABl. 2009 L 187, 5); Art. 1 Abs. 1 lit. a wurde durch die RL 2009/111/EG des Europäischen Parlaments und des Rates vom 16.9.2009 (ABl. 2009 L 302, 97 (Änderung der Bankenrichtlinie (RL 2006/48/ EG)) an die geänderte Fassung der RL 2006/48/EG angepasst. **31**

Der **deutsche Gesetzgeber** entschloss sich, im Rahmen der Umsetzung den zivilrechtlichen Teil und das Aufsichtsrecht zu entkoppeln. Die zivilrechtlichen Vorgaben der PSD1 (Art. 51–78 RL) wurden in den **§§ 675c–676c BGB** umgesetzt (Details zu deren Entstehungsgeschichte siehe etwa MüKoBGB/Casper Vor § 675c Rn. 9). Die zum Teil kleinteiligen Informationsvorschriften im dritten Titel der PSD1 (Art. 30–50 RL) wurden vom deutschen Gesetzgeber regulatorisch geschickt mittels Verweis in § 675d BGB auf **Art. 248 §§ 1–19 EGBGB** im Einführungsgesetz zum BGB verankert (zu den Einzelheiten vgl. MüKoBGB/Casper **32**

Einleitung

§ 675d Rn. 1 ff. sowie die Erl. bei MüKoBGB/Casper EGBGB Art. 248). Demgegenüber wurde der aufsichtsrechtliche Teil der PSD1 (Art. 5–29 RL) in einem
eigenen Gesetz, dem **Zahlungsdiensteaufsichtsgesetz** (ZAG), umgesetzt (Art. 1
G zur Umsetzung der aufsichtsrechtlichen Vorschriften der PSD1 (ZDUG) vom
25.6.2009, BGBl. I 1506). Die nachträgliche Berichtigung der Richtlinie vom
18.7.2009 machte ebenfalls eine entsprechende Anpassung des der Umsetzung
dienenden Gesetzes erforderlich. Deshalb wurden mit dem Gesetz zur Umsetzung
der Verbraucherkreditrichtlinie vom 29.7.2009 kleinere Fehler in dem ZAG 2009
beseitigt; § 2 Abs. 3 S. 3–7 wurde neu eingefügt und § 35 Abs. 4 berichtigt. Das
ZAG verfolgt vor allem das Ziel, die Sicherheit des Zahlungsbetrages beim Durchlaufen der Zahlungskette bzw. der verschiedenen Zahlungsverkehrssysteme sicherzustellen und sieht dafür Mindestanforderungen an die Ausstattung, Zulassung
und Beaufsichtigungen von so genannten Zahlungsinstituten vor. Es dient auch
der Implementierung der Definitionsvorschriften der Art. 1–4 PSD1 ins deutsche
Recht, die vor allem in § 1 ZAG 2009 zu finden sind und über die Verweisung in
§ 675c Abs. 3 BGB auch für die zivilrechtliche Umsetzung der PSD1 eine zentrale
Rolle spielen. Die Umsetzung in den anderen Mitgliedsstaaten ist unterschiedlich
verlaufen und kann hier nicht dargestellt werden (ein Überblick zum Stand der
Umsetzung in den verschiedenen Mitgliedstaaten des EWR findet sich in dem Bericht: Directive 2007/64/EC – General report on the transposition by the Member States Version 2.0 – August 2011, abrufbar unter: https://ec.europa.eu/info/
sites/default/files/psd-transposition-study-report-31082011_en.pdf, Abrufdatum
21.6.20122).

2. Änderungen des ZAG seit 2009 im Überblick

33 Das ZAG 2009 wurde bis zu seiner Ersetzung durch das ZAG 2018 mehrfach
geändert. Im Mittelpunkt stand dabei die Umsetzung der Zweiten E-Geld-RL
(2009/110/EG), die zu einer erheblichen Ausdehnung des Anwendungsbereichs
des ZAG geführt hat (zu den Einzelheiten sogleich in → Rn. 34 ff.). Daneben hat
noch das Geldwäschepräventionsgesetz zu gewissen nennenswerten Änderungen geführt. Im Folgenden soll ein, wenn auch deutlich verkürzender, Überblick über die
Entstehungsgeschichte der jeweiligen Änderungen gegeben werden.

34 **a) Umsetzung der Zweiten E-Geld-RL.** Nach Vorläufern des E-Gelds in der
6. KWG-Novelle aus dem Jahre 1997 (vgl. RegE 6. KWG-Novelle BT-Drs.
13/7142) sowie einer erstmaligen Kodifikation des elektronischen Geldes in der
ersten E-Geld-RL (2000/46/EG) aus dem Jahre 2000 hatte der deutsche Gesetzgeber die Zweite E-Geld-RL bis zum 30.4.2011 in deutsches Recht umzusetzen.
Sie löste die alte E-Geld-RL aus dem Jahre 2000 vollständig ab. Der Regierungsentwurf datierte vom 27.9.2010 (RegE BT-Drs. 17/3023) und mündete mit einigen bedeutenden Änderungen, die auf eine Beanstandung der FATF vom
18.5.2010 zurückgingen (vgl. Beschlussempfehlung und Bericht des Finanzausschusses v. 1.12.2010, BT-Drs. 17/4047), in das am 30.4.2011 in Kraft getretene
Änderungsgesetz ein (Gesetz zur Umsetzung der Zweiten E-Geld-Richtlinie
sowie der Empfehlungen der FATF vom 1.3.2011, BGBl. I 288, die Änderung des
§§ 22 ZAG trat bereits am 9.3.2011 in Kraft). Auffällig war die enge Verzahnung
mit der Zahlungsdiensterichtlinie, an die die Zweite E-Geld-RL angelehnt ist, weshalb der deutsche Gesetzgeber diese Vorgaben gut in das bestehende ZAG integrieren konnte.

Diese Umsetzung der Zweiten E-Geld-RL führte zu zahlreichen **Änderungen** 35
im ZAG 2009. Neugeschaffen wurden die §§ 1a, 8a, 9a, 12a, 13a, 17a, sowie der
gesamte Abschnitt 4a mit den §§ 23a, 23b, 23c ZAG 2009. Ferner wurden die
§§ 28a, 30a, 30b, 36 neu hinzugefügt. Weiterhin wurden zahlreiche Vorschriften
modifiziert. Hierzu zählen die §§ 2, 3, 4, 5, 6, 8, 9, 10, 11, 12, 13, 14, 15, 16, 17,
18, 19, 20, 21, 22, 23, 24, 25, 26, 27, 29, 29a, 30, 31, 32, 34. Auf Einzelheiten
braucht an dieser Stelle nicht eingegangen werden, da viele Änderungen lediglich
redaktioneller Natur waren. Insoweit ist auf die Erläuterung bei den jeweiligen Ein-
zelnormen in der 1. Aufl. zu verweisen. Dies gilt insbesondere für das Herzstück der
Novelle in den §§ 1a, 8a, 23a–23c ZAG 2009.

b) Geldwäschepräventionsgesetz. § 22 Abs. 2 und 3 sowie § 32 ZAG 2009 **36**
wurden mit Wirkung zum 29.12.2011 durch das Geldwäschepräventionsgesetz
vom 22.12.2011 (BT-Drs. 17/6804, BGBl. I 2959) geändert, § 22 Abs. 3a ZAG
wurde neu hinzugefügt. Das Geldwäschepräventionsgesetz basiert nicht auf der
Geldwäsche-RL, sondern auf Empfehlungen im Deutschland-Bericht der FATF
vom 19.2.2010. Der erste Entwurf des Geldwäschepräventionsgesetzes (RegE
BT-Drs. 17/6804) sah noch keine Änderung des ZAG vor; die Änderung fand sich
erstmals im zweiten Bericht des Finanzausschusses vom 1.12.2011, vgl. BT-Drs.
17/8043, 17 f.

c) SEPA-Begleitgesetz. In Ergänzung zur SEPA-VO, mit der der Europäische **37**
Zahlungsverkehrsraum weiter vorangetrieben werden soll, indem nationale Zahlungsverfahren wie das deutsche Einzugsermächtigungsverfahren im Rahmen des
Lastschriftverkehrs auslaufen bzw. die IBAN verbindlich anstelle nationaler Systeme
wie Kontonummer und BLZ eingeführt wird, hat der deutsche Gesetzgeber das
SEPA-Begleitgesetz erlassen (vgl. dazu etwa Zahrte WM 2013, 1207 ff.). Mit ihm
wurden § 22 ZAG 2009 angepasst und §§ 7a–7c ZAG 2009 eingeführt, die kein
Aufsichtsrecht im engeren Sinne, sondern eher materielles Zahlungsverkehrsrecht
beinhalten. Wegen der Einzelheiten ist auf die Erl. zu den §§ 7a–7c in der 1. Aufl.
zu verweisen. Diese Vorschriften sind wegen ihres temporären Charakters nicht in
das ZAG 2018 überführt worden.

3. Reform der PSD1

Sowohl Art. 17 PSD1 wie auch Art. 17 Zweite E-Geld-RL sahen vor, dass die **38**
Kommission dem Europäischen Parlament, dem Rat und dem Europäischen Wirt-
schafts- und Sozialausschuss bis zum 1.11.2012 einen **Bericht über die Umsetzung und die Auswirkungen der jeweiligen Richtlinie** vorlegt und gegebenenfalls Änderungsvorschläge zur Beseitigung von aufgefundenen Mängeln
aufzeigt. Ausgangspunkt für eine Überarbeitung war die weiter voranschreitende
technische Entwicklung (BeckOGK-BGB/Köndgen § 675c Rn. 21), die 2011 in
ein Grünbuch der Kommission „Ein integrierter europäischer Markt für Karten-,
Internet- und mobile Zahlungen" mündete (COM(2011) 941 endgültig). Am
24.7.2013 legte die Kommission einen umfassenden Vorschlag für eine Richtlinie
über Zahlungsdienste im Binnenmarkt vor (COM(2013) 547 final – 2013/0264
(COD)). Der Vorschlag sah insbesondere vor, dass die Bestimmungen der PSD1
über Transparenz- und Informationspflichten auf alle Währungen und auf bestimmte Zahlungsvorgänge mit Drittstaaten erstreckt werden sollen. Des Weiteren
sollten die Ausnahmebestimmungen des Art. 3 PSD1 enger gefasst werden; dies betraf insbesondere die Regelung über Handelsagenten (Art. 3 lit. b PSD1), die Be-

Einleitung

stimmung über das begrenzte Netz (Art. 3 lit. k PSD1) sowie auch die Bestimmung über digitale Inhalte (Art. 3 lit. l PSD1). Die Sicherungsanforderungen des alten Art. 9 PSD1 wollte die Kommission auf jene Zahlungsinstitute begrenzen, die neben Zahlungsdiensten auch andere Dienstleistungen oder Produkte anbieten. Eine wesentliche Innovation war die Regulierung sog. „dritter Zahlungsdienstleister", die sich dadurch auszeichnen, dass sie ohne selbst Zahlungsvorgänge abzuwickeln und Gelder zu übertragen, Zahlungsauslösedienste und/oder Kontoinformationsprodukte anbieten. Es wurde angeregt, ihre Tätigkeit in den Katalog der Zahlungsdienste aufzunehmen und sie damit der Aufsichtspflicht zu unterstellen (vgl. näher zum damaligen Diskussionstand Terlau ZBB 2014, 291 ff.; Glos/Hildner RdZ 2020, 84).

39   Mit dem Bericht von 2013 waren bereits die wesentlichen Eckpunkte für die weitere Entwicklung abgesteckt, weshalb die **Vorgeschichte** bis zur Verabschiedung der **PSD2** weitgehend unspektakulär verlief. Dem ersten Entwurf der Kommission vom 24.7.2013 folgte die Stellungnahme des Wirtschafts- und Sozialausschusses, die kritisch ausfiel (vgl. Report on the proposal for a directive of the European Parliament and of the Council on payment services in the internal market and amending Directives 2002/65/EC, 2013/36/EU and 2009/110/EC and repealing Directive 2007/64/EC, Dok. Nr. A7−0169/2014 v. 11.3.2014), der EZB sowie des europäischen Datenschutzbeauftragten (Nachw. unter (COD)). Die erste Lesung im Europäischen Parlament fand sodann am 3.4.2014 statt (zu den Entwurfsfassungen vgl. näher Spindler/Zahrte BKR 2014, 265 ff. sowie Hingst/Lösing BKR 2014, 315 ff. und Linardatos WM 2014, 300 ff.). Nach der Befassung in den Ausschüssen und Abstimmung mit der Kommission verabschiedete das EP die jetzige Fassung am 8.10.2015. Der Rat nahm diese Fassung ohne Trilog-Verfahren am 16.11.2015 an, sodass die Veröffentlichung im Amtsblatt bereits am 23.12.2015 erfolgen konnte (ABl. 2015 L 337, 35). Daher konnte die PSD2 am 12.1.2016 in Kraft treten (Art. 116 PSD2). Die Mitgliedstaaten hatten bis zum 13.1.2018 Zeit, die PSD2 in nationales Recht umzusetzen (Art. 115 PSD2). Eine Überprüfung der Richtlinie stand bis zum 13.1.2021 an (Art. 108 PSD2). Die weitere Entwicklung hin zu einer PSD3 bleibt abzuwarten.

40   Die PSD2 wird auf europäischer Ebene ergänzt durch die Verordnung (EU) 2015/751 vom 29.4.2015 über Interbankenentgelt für kartengebundene Zahlungsvorgänge (MIF-VO) (ABl. 2015 L 123, 1), die sog. Zahlungskontenrichtlinie (RL 2014/92/EU, ABl. 2014 L 257, 214) sowie die SEPA-VO (EU 260/2012, ABl. 2009 L 266, 11) und die Überweisungs-VO (EG 924/2009, geändert durch VO 2019/518). Hinzutritt die auf Art. 98 Abs. 4 UAbs. 2 ZDRL 2015 gestützte Delegierte Verordnung (EU) 2018/389 der Kommission vom 27.11.2017 zur Ergänzung der Richtlinie (EU) 2015/2366 (…) durch **technische Regulierungsstandards** für eine starke Kundenauthentifizierung und für sichere offene Standards für die Kommunikation (COM(2017) 7782 final, ABl. 2018 L 69, 23; PSD2-RTS). Diese europäischen Normen werden durch die Zweite E-Geld-RL vom 19.1.2009 (RL 2009/110/EG) flankiert; deren Novellierung ist zu erwarten, steht aber bisweilen noch aus.

4. Umsetzung der PSD2 durch das ZAG 2018

41   Die **Umsetzung der PSD2** ist schnell skizziert. Der Referentenentwurf wurde Ende 2016 gemeinsam von BMF und BMJV erstellt. Er wurde den Verbänden kurz vor der Weihnachtspause am 19.12.2016 mit einer sehr kurzen Frist zur Stellungnahme übermittelt und erst am 12.1.2017 veröffentlicht (auffindbar unter https://www.bmjv.de/). Bereits am 8.2.2017 wurde der Regierungsentwurf vorgelegt (RegE BT-Drs. 18/11495), der sich kaum von dem Referentenentwurf unterschied. Nach der Anhörung im Finanzausschuss wurde dessen abschließender Bericht am 31.5.2017 vorgelegt, ohne dass sich noch gravierende Änderungen ergeben hätten (BT-Drs. 18/12568). Damit konnte das Gesetz nach der dritten Lesung am 1.6.2017 (BT-Prot. 18/237, 24169C) und Verzicht des Bundesrats auf einen Einspruch (BR-PlPr. 18/959, 345C, 345D) am 17.7.2017 im Bundesgesetzblatt verkündet werden (BGBl. 2017 I 2446).

Ausweislich des Art. 15 Abs. 4 ZDUG II, eines Artikelgesetzes, mit dem die Än- **42** derungen für die PSD2 ins deutsche Recht implementiert worden sind, ist das ZAG mit Wirkung zum 13.1.2018 in Kraft getreten. Eine Ausnahme sieht Art. 15 Abs. 1 für die §§ 45–52 sowie für § 55 ZAG vor, die Regelungen zu den „dritten" Zahlungsdiensten und zu starker Kundenauthentifizierung enthalten. Ihr Inkrafttreten ist mit einer Verzögerung von 18 Monaten an das **Inkrafttreten** der auf Art. 98 ZDRL gestützten PSD2-RTS gekoppelt. Insoweit kam es nach Art. 38 Abs. 1 PSD2-RTS auf den Tag nach der Verkündung im Amtsblatt der EU an; dies war der 13.3.2018, sodass die §§ 45–52, 55 ZAG zum 14.9.2019 in Kraft getreten sind (→ § 68 Rn. 5).

Wie bisher werden die aufsichtsrechtlichen Regelungen mit dem neugefassten **43** ZAG 2018, die zivilrechtlichen Vorgaben der PSD2 in den **§§ 675c–676c BGB** umgesetzt, während die zahlreichen Informationsvorschriften in Deutschland weiterhin in Art. 248 EGBGB ausgelagert werden. Dem gelegentlich unterbreiteten Vorschlag (MüKoBGB/Casper, 7. Aufl. 2017, Vor § 675c Rn. 10; sympathisierend auch Böger Bankrechtstag 2016, 193 (299f.)), die neue Zahlungsdiensterichtlinie unter Einbeziehung der bisherigen Vorschriften im BGB, des Art. 248 EGBGB sowie des ZKG und des ZAG in einem einheitlichen neuen Gesetz über Zahlungsdienste zu vereinen, das dann den Namen Zahlungsdienstegesetz (ZDG) oder auch kurz Zahlungsgesetz hätte tragen können, ist der deutsche Gesetzgeber nicht gefolgt (dazu, dass dies in der Anfangsphase der Umsetzung der ZDRL 2015 zumindest erwogen wurde, vgl. BeckOGK/Köndgen BGB § 675c Rn. 25.1).

Die Änderungen im ZAG 2018 gegenüber dem ZAG 2009 sind erheblich und **44** haben dazu geführt, dass die Paragraphen ganz neu durchgezählt worden sind. Auf die inhaltlichen Änderungen ist bei der Erläuterung der einzelnen Sachvorschriften einzugehen. An dieser Stelle soll nur eine Gegenüberstellung **(Synopse)** der einschlägigen Vorschriften erfolgen. Die ausgewiesenen Entsprechungen sind oftmals nicht wörtlicher Natur. Soweit die Neuerungen deutlich über redaktionelle Änderungen oder geringfügige inhaltliche Modifikationen hinausgehen, wurde die Vorgängernorm kursiv gesetzt.

Synopse

ZAG 2018	ZAG 2009
§ 1 Abs. 1 S. 1	§ 1 Abs. 1
§ 1 Abs. 1 S. 2 Nr. 1–6	zT § 1 Abs. 2
§ 1 Abs. 1 S. 2 Nr. 7, 8	keine Entsprechung
§ 1 Abs. 2	§ 1a Abs. 1–5
§ 1 Abs. 3	§ 1 Abs. 2a

Einleitung

ZAG 2018	ZAG 2009
§ 1 Abs. 4–6	keine Entsprechung
§ 1 Abs. 7	§ 1 Abs. 9
§ 1 Abs. 8	§ 1 Abs. 8
§ 1 Abs. 9	§ 1 Abs. 7
§ 1 Abs. 10	§ 1a Abs. 6
§ 1 Abs. 11	§ 1 Abs. 6
§ 1 Abs. 12, 13	keine Entsprechung
§ 1 Abs. 14	§ 1a Abs. 4
§ 1 Abs. 15, 16	keine Entsprechung
§ 1 Abs. 17	§ 1 Abs. 3
§ 1 Abs. 18, 19	keine Entsprechung
§ 1 Abs. 20	zT § 1 Abs. 5
§ 1 Abs. 21	§ 1 Abs. 4
§ 1 Abs. 22	keine Entsprechung
§ 1 Abs. 23	zT § 1 Abs. 5
§ 1 Abs. 24–29	keine Entsprechung
§ 1 Abs. 30	§ 1 Abs. 9a
§ 1 Abs. 31	§ 1 Abs. 9b
§ 1 Abs. 32–35	keine Entsprechung
§ 2 Abs. 1	§ 1 Abs. 10
§ 2 Abs. 2–6	keine Entsprechung
§ 3	§ 2
§ 4	§ 3
§ 5	keine Entsprechung
§ 6	§ 6
§ 7	zT § 4
§ 8 Abs. 1–6	§ 5
§ 9	§ 23
§ 10	§ 8
§ 11	§ 8a
§ 12	§§ 9, 9a
§ 13	§ 10
§ 14	§ 11
§ 15	§§ 12, 12a
§ 16	keine Entsprechung

Casper

ZAG 2018	ZAG 2009
§§ 17, 18	§§ 13, 13a
§ 19	§ 14
§ 20	§ 15
§ 21	§ 16
§ 22	§ 17
§ 23	§ 17a
§ 24	§ 18
§ 25	§ 19
§ 26	§ 20
§ 27	§ 22
§ 28	§ 29
§ 29	§ 29a
§ 30	§ 21
§ 31	§ 23a
§ 32	§ 23c
§ 33	§ 23b
§§ 34−37	keine Entsprechung
§ 38	zT § 25
§ 39	§ 26
§§ 40−41	keine Entsprechung
§ 42	§ 27
§§ 43, 44	§§ 30, 30a
§§ 45−56	keine Entsprechung
§ 57	zT § 7
§ 58 Abs. 1	keine Entsprechung
§ 58 Abs. 2−3	zT § 7a
§ 59	keine Entsprechung
§§ 60, 61	§§ 28, 28a
§ 62	keine Entsprechung
§ 63	§ 31
§ 64 Abs. 1−4	§ 32
§ 64 Abs. 5	§ 33
§ 65	§ 34
§§ 66−68	keine Entsprechung

Einleitung

5. Änderung des ZAG seit Umsetzung der PSD2

44a   Die Umsetzung der PSD2 hat für die Entwicklung des ZAG keinen Schlussstrich gesetzt. Seit 2019 wurde das ZAG bereits durch sieben Gesetze modifiziert. Überwiegend handelt es sich dabei um redaktionelle Änderungen. Eine kurze Darstellung der wichtigeren Änderungen soll hier im Überblick dennoch gewährt werden. Zunächst hat die Möglichkeit eines harten Brexit ein gesetzgeberisches Handeln mit § 39 Abs. 8 (eingeführt durch Art. 9 Brexit-StbG) erforderlich gemacht, um Risiken für deutsche Geschäftspartner britischer Geldinstitute zu begrenzen und insbesondere die Funktionsfähigkeit der Zahlungsverkehrsmärkte insgesamt zu sichern (vgl. BT-Drs. 19/7959, 38f.). Mit Art. 4 des Gesetzes zur Umsetzung der Änderungsrichtlinie zur Vierten EU-Geldwäscherichtlinie wurde in dem neu geschaffenen § 58a ein Anspruch auf Zugang zu technischen Infrastrukturdienstleistungen mit dem Ziel normiert, die finanztechnologische Innovation sowie den Wettbewerb auf dem Markt der Zahlungsdienste zu fördern (BT-Drs. 19/15196, 52). Durch Art. 6 des Finanzmarktintegritätsstärkungsgesetzes (FISG) wurde das ZAG durch Einfügung des § 1 Abs. 10a mit einer Definition von sog. Auslagerungsunternehmen ergänzt. Dies ist insbesondere im Zusammenhang mit den zugleich vorgenommenen Ergänzungen zu § 26 zu sehen, die bei arbeitsteiligen Unternehmensstrukturen, die auch ins Ausland verknüpft sind, die Aufsicht sowie das unternehmerische Risiko-Management stärken sollen (BT-Drs. 19/26966, 93). Zuletzt wurde das ZAG durch Art. 5 des Transparenzregister- und Finanzinformationsgesetzes geändert. Die darin enthaltenen, hauptsächlich klarstellenden Änderungen zu § 58a sind am 1.3.2022 in Kraft getreten.

III. Auslegung des ZAG

1. Europarechtliche Vorgaben

45   **a) Vollharmonisierungsgebot.** Die Zahlungsdiensterichtlinie folgt dem Konzept der Vollharmonisierung (Art. 107 Abs. 1 PSD2, Art. 16 Abs. 1 Zweite E-Geld-RL). Demgegenüber war die Überweisungsrichtlinie (97/5/EG) noch dem Grundsatz der Mindestharmonisierung verhaftet. Vollharmonisierung bedeutet, dass die nationalen Vorschriften weder strengere Vorgaben vorsehen, noch durch großzügigere Regeln nach unten von den Vorgaben der Richtlinie abweichen dürfen, sofern nicht einer der in Art. 107 Abs. 1 PSD2 oder Art. 16 Abs. 1 Zweite E-Geld-RL vorgesehenen Ausnahmetatbestände verwirklicht ist. Die Idee der Vollharmonisierung rechtfertigt sich mit Blick auf das zentrale Ziel der Richtlinie, einen einheitlichen Europäischen Zahlungsverkehrsraum (SEPA) zu schaffen. Die Richtlinie wird durch den Europäischen Zahlungsverkehrsrat, der einheitliche Zahlungsverkehrsprodukte wie die SEPA-Überweisung und die SEPA-Lastschrift geschaffen hat, unterstützt (zur SEPA-Überweisung vgl. Dippel/Lohmann/Peschke/Peschke, SEPA, Rn. 20, 36ff.; zur SEPA-Lastschrift vgl. Dippel/Lohmann/Peschke/Lohmann, SEPA, Rn. 20, 78ff.). Daneben existiert für den Bereich der Kartenzahlungen ein vereinheitlichendes Framework (vgl. dazu etwa ausführlich Dippel/Lohmann/Peschke/Dippel, SEPA, Rn. 20, 134ff.). Hauptziel ist es, innerhalb des Europäischen Binnenmarktes Zahlungsvorgänge mit derselben Schnelligkeit und Rechtssicherheit wie im Inland ausführen zu können. Damit soll auch ein grenzüberschreitender Wettbewerb zwischen den verschiedenen Zahlungsdienstleistern eröffnet werden (vgl. statt vieler Gebauer/Wiedmann/Schinkels, Europäisches Zivilrecht, Kap. 24 Rn. 8; Rösler/Werner BKR 2009, 1 (6); Schäfer/Lang BKR 2009, 11f.; Burgard WM 2006, 2065 (2066)). Das Vollharmonisierungsgebot bindet den nationalen Gesetzgeber und kann bei Umsetzungsdefiziten ein Vertragsverletzungsverfahren (Art. 258ff. AEUV) bzw. Staatshaftungsansprüche (vgl. ausführlich zum Ganzen nur Gebauer/Wiedmann/Schulze, Europäisches Zivilrecht, Kap. 19 Rn. 38ff. mwN, insbes. der Rspr. des EuGH) nach sich ziehen.

b) Richtlinienkonforme Auslegung. Die PSD2 und die Zweite E-Geld-RL **46** sind bei der Auslegung des ZAG in Gestalt der **richtlinienkonformen Auslegung** zu berücksichtigen (stRspr des EuGH seit EuGH NJW 1984, 2021; BGH NJW 2009, 427 (438)). Zur richtlinienkonformen Auslegung vgl. statt vieler Calliess/Ruffert/Ruffert AEUV Art. 288 Rn. 77ff. sowie Geiger/Khan/Kotzur/Kotzur AEUV Art. 288 Rn. 14ff.). Rechtsgrundlage für die richtlinienkonforme Auslegung sind das Umsetzungsgebot in Art. 288 AEUV sowie der Grundsatz der Gemeinschaftstreue (Art. 4 Abs. 3 EUV). Diese beiden Grundsätze gebieten es, unter voller Ausschöpfung des Beurteilungsspielraums des nationalen Rechts, dieses so nah wie möglich am Wortlaut und dem vor allem in den Erwägungsgründen zum Ausdruck gekommenen (sog. erwägungsgrundkonforme Auslegung, EuGH Slg. 2000, I-9305 Rn. 23f.; Slg. 2002, I-3901 Rn. 26; zu den Wirkungen von Erwägungsgründen Köndgen/Köndgen/Mörsdorf, Europäische Methodenlehre, 4. Aufl. 2021, § 6 Rn. 78 sowie Köndgen, Europäische Methodenlehre/Stolz, 4. Aufl. 2021, § 20 Rn. 17ff.) Zweck der jeweils zugrunde liegenden Richtlinie auszulegen, um das mit der Richtlinie verfolgte Ziel zu erreichen (statt aller BGH NJW 2009, 427 (428) mwN). Dies gilt in besonderem Maße auch für die Aufsichtsbehörden als Träger öffentlicher Gewalt, die dementsprechend bei der Anwendung des vereinheitlichten Rechts die Vorgaben und Ziele der Richtlinie(n) zu berücksichtigen haben (vgl. statt vieler EuGH NJW 1994, 2473 Rn. 26 – Faccini Dori).

Während früher verbreitet die Ansicht vertreten wurde, dass der klare Wortlaut **47** einer nationalen Vorschrift eine Auslegungsgrenze für die richtlinienkonforme Auslegung bilde, wird in der Rechtsprechung des EuGH und des BGH seit der Quelle-Entscheidung (EuGH NJW 2008, 1433; BGH NJW 2009, 427 (428); guter Überblick zum Beispiel bei Gebauer/Wiedmann, Europäisches Zivilrecht/Gebauer, Kap. 3 Rn. 333ff.) davon ausgegangen, dass sich im Einzelfall auch ein **Gebot zur richtlinienkonformen Rechtsfortbildung** ergeben kann. Voraussetzung hierfür ist, dass die nationale Vorschrift eine verdeckte Regelungslücke im Sinne einer planwidrigen Unvollständigkeit aufweist. Eine solche planwidrige Unvollständigkeit kann sich daraus ergeben, dass der Gesetzgeber meint, mit einer Norm das Gebot aus einer Richtlinie richtig umgesetzt zu haben, sich nachträglich aber herausstellt, dass die Richtlinie anders als das nationale Gesetz zu verstehen ist, etwa, weil der EuGH die Auslegung einer nationalen Vorschrift nach deren Inkrafttreten anders als zunächst erwartet vornimmt. Dieses Gebot zur richtlinienkonformen Auslegung verstößt nach Ansicht des BGH weder gegen das rechtsstaatliche Prinzip der Rechtssicherheit und des Vertrauensschutzes, noch führe es im Ergebnis eine unmittelbare horizontale Direktwirkung der RL herbei (BGH NJW 2009, 427 (430f.); aA etwa Hummel EuZW 2007, 268 (267); Habersack/Mayer WM 2002, 253 (257); Schulze GPR 2008, 128 (131)).

Ob diese zivilrechtliche Rechtsprechung zur richtlinienkonformen Rechtsfort- **48** bildung auch auf **aufsichtsrechtliche Sachverhalte** übertragen werden kann, bei denen einer Privatperson im Wege der hoheitsrechtlichen Eingriffsverwaltung öffentlich-rechtliche Pflichten auferlegt werden sollen, die sich bisher aus dem nationa-

Einleitung

len Recht nicht ergaben, ist zumindest zweifelhaft. Dies ist jedenfalls dann mit Blick auf das strafrechtliche Analogieverbot und den auch verfassungsrechtlich verbrieften Grundsatz nulla poena sine lege stricta bedenklich, wenn sich an den Verstoß gegen einen im Wege der richtlinienkonformen Rechtsfortbildung erzeugten Anwendungsbefehl ein Straftatbestand oder eine Ordnungswidrigkeit knüpft, wie dies im Aufsichtsrecht häufig der Fall ist. Dies gilt namentlich für die Frage, ob ein erlaubnispflichtiger Zahlungsdienst vorliegt. Bedeutung kommt dem Grundsatz der richtlinienkonformen Rechtsfortbildung also nur bei solchen Normen zu, die nicht durch ein Bußgeld oder einen Straftatbestand abgesichert sind. Eine gespaltene Auslegung (dazu noch sogleich → Rn. 53) kommt hier nicht in Betracht. Legt man die Rechtsprechung des BVerwG zur Auslegung aufsichtsrechtlicher Normen zugrunde, wäre eine richtlinienkonforme Rechtsfortbildung zumindest dann zulässig, wenn die Norm nur ein aufsichtsrechtliches Einschreiten erlaubt (BVerwG WM 2009, 1553 Rn. 56); konkret zur richtlinienkonformen Rechtsfortbildung hinsichtlich des Nebentätigkeitsprivilegs Grieser/Diehl BB 2020, 1935 (1936); dies ablehnend aber → § 1 Rn. 9. Eine parallel gelagerte Frage stellt sich bei einer möglichen teleologischen Reduktion der Ausnahmevorschriften in § 2 Abs. 1. Die BaFin spricht insoweit teilweise von einem **Missbrauchsvorbehalt,** wenn sie einzelne Ausnahmevorschriften wie § 2 Abs. 1 Nr. 4 wegen eines Missbrauchs nicht anwenden will. Auch dieser Herangehensweise ist mit Vorsicht zu begegnen und nur in ganz engen Grenzen beizupflichten (→ § 2 Rn. 6, 6a, 33 ff.). Dies leitet zu der Frage über, wie aufsichtsrechtliche Normen im Allgemeinen auszulegen sind (→ Rn. 50).

49   **c) Unmittelbare Wirkung von Richtlinienbestimmungen.** Daneben ist es heute allgemein anerkannt, dass Richtlinien iSd Art. 288 Abs. 3 AEUV nach Ablauf der Umsetzungsfrist unmittelbare Wirkung entfalten können, wenn der Mitgliedstaat sie nicht oder **unzutreffend umgesetzt** hat und wenn sie geeignet sind, dh inhaltlich unbedingt und hinreichend genau sind, um im innerstaatlichen Rechtsraum Wirkung zu erzeugen (EuGH Slg. 1982, 53 (71) – Becker; EuGH Slg. 1986, 723 – Marshall I; EuGH Slg. 1991, I-5357 – Francovich; Grabitz/Hilf/Nettesheim/Nettesheim AEUV Art. 288 Rn. 137 ff.). Im Zusammenhang mit der PSD2 und der Zweiten E-Geld-RL sowie dem ZAG sind insoweit jedoch keine Anwendungsbeispiele ersichtlich.

2. Auslegung von aufsichtsrechtlichen Normen

50   Aufsichtsrechtliche Normen sind grundsätzlich entsprechend des tradierten **vierstufigen Auslegungskanons** Wortlaut, Entstehungsgeschichte, Normzweck und Systematik auszulegen. Fraglich ist allerdings, ob der Wortlaut hier eine striktere Auslegungsgrenze bildet, also mit anderen Worten ein Gebot zur engen Auslegung besteht. Ansatzpunkt könnte hierfür zum einen das hoheitliche Handeln der Aufsichtsbehörden und das damit verbundene Über-/Unterordnungsverhältnis sein (→ Rn. 51). Zum anderen ist ein Gebot zur engen Auslegung aufsichtsrechtlicher Vorschriften zumindest dann denkbar, wenn der Verstoß gegen das enthaltene Gebot ordnungs- oder gar strafrechtliche Sanktionen nach sich zieht (→ Rn. 48).

51   Ein **generelles Gebot zur restriktiven Auslegung** allein aufgrund des hoheitlichen Tätigwerdens der BaFin bei Anwendung des ZAG wird zu Recht allgemein abgelehnt. Auch und gerade bei hoheitlichem Handeln muss eine am Normzweck orientierte Auslegung, die auch zu Erweiterungen des Anwendungsbereichs über den unmittelbaren Wortlaut hinausführen kann, möglich sein. Von

einer engen Auslegung ist allerdings das Bundesverwaltungsgericht (BVerwG) in seiner Begriffsbestimmung des § 1 Abs. 1 S. 2 Nr. 4 KWG ausgegangen, als es zu entscheiden hatte, ob die Anlage aus Indexzertifikaten im eigenen Namen und für eigene Rechnung ein Finanzkommissionsgeschäft darstellt (verneinend BVerwG 27.2.2008 – 6 C 11.07 u. 12.07, WM 2008, 1359 (1362ff., Rn. 26ff.); vgl. ferner etwa Schäfer FS Horn, 2006, 845ff.). Diese Tendenz zu einer engen Auslegung begründet das Gericht vor allem mit der Struktur des § 1 KWG, der von einem enumerativen Charakter geprägt ist. Dies könnte man prima vista auch auf das ZAG übertragen, das in § 1 Abs. 1 S. 2 ebenfalls mit einem abschließenden Katalog der aufsichtspflichtigen Zahlungsdienstleistungen aufwartet. Dagegen spricht aber der als Auffangtatbestand konzipierte § 1 Abs. 1 S. 2 Nr. 6 ZAG, der mit dem Finanztransfergeschäft den Anwendungsbereich des ZAG deutlich ausdehnt und somit gegen einen wirklichen enumerativen Katalog spricht. Selbst wenn man dies anders sehen würde, könnte allein aus dem Vorhandensein eines enumerativen Kataloges noch kein Gebot zu einer restriktiven Auslegung hergeleitet werden (vgl. näher im Zusammenhang mit islamischen Finanzierungsformen Casper ZBB 2010, 345 (349f.), der für eine funktionale Auslegung plädiert). Im Gegenteil stellt sich insoweit über die Frage nach einer teleologischen Reduktion in Einzelfällen (→ § 1 Rn. 136f.).

Auch das **strafrechtliche Bestimmtheitsgebot** zwingt nicht zu einer restriktiven Auslegung, wenn der Verstoß gegen eine Vorschrift des ZAG mit einem Bußgeld oder mit Strafe bewehrt ist (vgl. näher zum Ganzen Danwerth Finanztransfergeschäft S. 65ff. am Beispiel des alten § 1 Abs. 10 ZAG sowie mwN). Nach der Rechtsprechung des BVerwG zu §§ 32, 54 KWG, die insoweit auf das ZAG übertragen werden kann, unterfällt ein verwaltungsrechtlicher Erlaubnistatbestand, auf den eine strafrechtliche Norm Bezug nimmt, nur dann dem Bestimmtheitsgebot des Art. 103 Abs. 2 GG, soweit er zur Ausfüllung einer strafrechtlichen Blankettnorm herangezogen und damit selbst zum Teil der Strafrechtsnorm wird (BVerwG WM 2009, 1553 Rn. 56; NJW 2006, 3340 (3341)). Dient die Aufsichtsnorm hingegen einem anderen Zweck, wie zum Beispiel einer verwaltungsrechtlichen Untersagungsverfügung und nicht einem strafrechtlichen Verfahren, so gilt Art. 103 Abs. 2 GG und damit das Gebot einer restriktiven Auslegung nicht. **52**

Damit gelangt man zu einer **gespaltenen Auslegung** von Vorschriften, die prima facie unter dem Gesichtspunkt der Einheit der Rechtsordnung nicht unbedenklich ist. Gleichwohl wird man ihr im Ergebnis zustimmen können, da anderenfalls das Aufsichtsrecht wie auch viele Vorschriften im materiellen Kapitalmarktrecht (s. hierzu in Auseinandersetzung mit KG ZBB 2019, 63 eingehend Poelzig ZBB 2019, 1 (4ff.) m. umfangr. wN sowie aus dem älteren Schrifttum Cahn AG 1997, 502 (503); Cahn ZHR 1998, 1 (9ff.); aA zB Danwerth Finanztransfergeschäft S. 83ff.; Schwark/Zimmer/Schwark, Kapitalmarktrechts-Kommentar, WpHG Vor §§ 21ff. Rn. 13; teilw. abw. auch Buck-Heeb WM 2020, 157 (158ff.)) von einer bedenklichen, formalen Auslegung beherrscht würden und sie damit einer normzweckbezogenen Auslegung nicht mehr zugänglich wären. Die strafrechtlichen Sanktionsnormen oder die Bußgeldvorschriften sind oft nur Mittel zum Zweck und sollen der eigentlichen Norm zur Durchsetzung verhelfen. Außerhalb der Heranziehung in einem Strafverfahren, etwa bei Untersagungsverfügungen oder zivilrechtlichen Schadensersatzansprüchen, würde eine enge Auslegung allein mit dem Hinweis auf das strafrechtliche Bestimmtheitsgebot über das Ziel hinausschießen. Gleichwohl ist die gespaltene Auslegung unter dem Aspekt der Rechtssicherheit bedenklich, die ein hohes Gut für jeden Rechtsanwender wie Rechtsunterwor- **53**

Einleitung

fenen darstellt. Sie ist deshalb auf enge Ausnahmefälle zu beschränken und nicht zur Regel zu erheben.

54   Erst recht bleibt von der vorstehenden Diskussion die Möglichkeit zur **richtlinienkonformen Auslegung** unberührt (vgl. bereits → Rn. 46). Sie folgt aus dem Gebot der effektiven Umsetzung der europäischen Vorgaben. Akzeptiert man eine gespaltene Auslegung (→ Rn. 53), so ist das Ergebnis einer richtlinienkonformen Auslegung und Rechtsfortbildung des ZAG im Lichte der PSD2 und der Zweiten E-Geld-RL stets zu berücksichtigen, solange nicht ein Ordnungsgeld verhängt werden soll oder die Norm in einem Strafverfahren anwendbar ist. Entsprechendes muss dann umso mehr gelten, wenn man auf die oben (→ Rn. 47) skizzierte Möglichkeit zur richtlinienkonformen Rechtsfortbildung zusteuert. Eine gespaltene Auslegung dergestalt, dass eine nationale Norm nur dann richtlinienkonform auszulegen ist, wenn der Sachverhalt im konkreten Fall in den Anwendungsbereich der jeweiligen Norm fällt (sog. überschießendes nationales Recht), ist indes abzulehnen (statt aller vgl. nur Gebauer/Wiedmann/Gebauer, Europäisches Zivilrecht, Kap. 3 Rn. 43 f. mwN). Schützt eine Richtlinie zum Beispiel nur Verbraucher, differenziert die nationale Norm, die die Richtlinie umsetzt, hingegen nicht zwischen Unternehmern und Verbrauchern, so gilt die richtlinienkonforme Auslegung auch dann, wenn im konkreten Fall ein Unternehmer betroffen ist. Hinsichtlich der Vorlagepflicht an den EuGH ist auf Art. 267 AEUV zu verweisen. Aus dem aufsichtsrechtlichen Charakter des ZAG ergeben sich für die allgemeine Diskussion insoweit keine Besonderheiten.

3. Auslegung der Richtlinie

55   Die Auslegung der Richtlinie muss autonom anhand von europäischen Kriterien, also ohne Rückgriff auf das nationale Verständnis vorgenommen werden. Dies gilt auch dann, wenn ein Begriff in einer Richtlinie einer bestimmten Rechtsordnung entlehnt ist (Gebauer/Wiedmann/Gebauer, Europäisches Zivilrecht, Kap. 3 Rn. 14). Dabei kann auf die vom EuGH entwickelte Methodik zur Exegese des Sekundärrechts zurückgegriffen werden (vgl. dazu bereits Zuleeg EuR 1969, 97 ff.; Bleckmann NJW 1982, 1177 (1178 ff.); Everling RabelsZ 1986, 193 (210 f.); Schwarz, Europäisches Gesellschaftsrecht, Rn. 86 ff.; Schulze/Hommelhoff, Auslegung europäischen Privatrechts und angeglichenen Rechts, S. 29, 32 ff.; eingehend Anweiler, Die Auslegungsmethoden des Gerichtshofs der Europäischen Gemeinschaften, S. 25 ff. und passim). Auch bei der Auslegung europäischen Sekundärrechts kann auf den in der deutschen Methodenlehre entwickelten vierstufigen Auslegungskanon zurückgegriffen werden, wobei sich allerdings die Rangfolge der vier Stufen aufgrund der Besonderheiten des europäischen Rechts verschiebt (vgl. die vorstehend genannten und statt vieler Casper FS Ulmer, 2003, 51 (54 f.); Teichmann ZGR 2002, 383 (404 f.); Europäisches Zivilrecht, Kap. 3 Rn. 12 ff.). Dem **Wortlaut** erkennt der EuGH regelmäßig ein geringeres Gewicht als deutsche Gerichte zu (EuGH Slg. 1960, 1163 (1194); 1974, 201 (213 f.); 1978, 611(619)). Er bildet bei der Auslegung zwar den ersten Zugriff, stellt aber nicht zwangsläufig eine Auslegungsgrenze dar. Eine weitere Relativierung der Wortlautauslegung ergibt sich aus dem Umstand, dass alle Amtssprachen gleichrangig verbindlich sind (vgl. dazu und auch zu den Konsequenzen bei Divergenzen näher Gebauer/Wiedmann/Gebauer, Europäisches Zivilrecht, Kap. 3 Rn. 12). Der EuGH betont in seiner jüngeren Rechtsprechung gerade auch im Zusammenhang mit der PSD, die Gleichrangigkeit der verschiedenen Sprachfassungen (EuGH EuZW 2014, 434

Rn. 31 mwN – T-Mobile Austria; EuGH BKR 2021, 234 Rn. 70 – DenizBank).
Eine Divergenz sei dann nicht über den Wortlaut, sondern über eine systematische
oder teleologische Auslegung aufzulösen. Indes ist es wohl auch weiterhin legitim
für die Auslegung primär auf die englische Fassung zurückzugreifen, da diese in aller
Regel die Arbeitssprache im Gesetzgebungsverfahren ist. Auch kann man mehrere
Sprachfassungen miteinander vergleichen. Ergibt sich nur in einer Sprachfassung
eine Divergenz, so kann man in der Regel davon ausgehen, dass diese Abweichung
nicht gewollt ist, sondern auf eine Ungenauigkeit im Übersetzungsverfahren zurückzuführen ist (vgl. in diesem Sinne etwa EuGH NJW 2012, 2787 Rn. 43f. –
Getl/Daimler zur früheren Marktmissbrauchsrichtlinie, wo nur die deutsche Fassung von einer überwiegenden Wahrscheinlichkeit sprach, andere Sprachfassungen
aber nicht).

An zweiter Stelle ist auf eine **systematische Auslegung** zurückzugreifen, **56**
wenngleich der EuGH sie gelegentlich mit der teleologischen Auslegung in einem
Atemzug nennt oder nicht immer sauber zwischen beiden Auslegungsformen
trennt (vgl. die Darstellung bei Europäisches Zivilrecht, Kap. 3 Rn. 15ff. sowie Blomeyer NZA 1994, 633 (634); Anweiler, Die Auslegungsmethoden des Gerichtshofs
der Europäischen Gemeinschaften, S. 38f.). Die systematische Auslegung ist zunächst auf die jeweilige Richtlinie selbst zu begrenzen. Ein Rückgriff auf anderes
Sekundärrecht ist nur dann veranlasst, wenn die beiden Richtlinien in einem engen
sachlichen Zusammenhang stehen und eine ähnliche Terminologie verwenden
(vgl. bereits Casper FS Ulmer, 2003, 51 (55) mwN zur ähnlich gelagerten Problematik im Zusammenhang mit der Auslegung Europäischer Verordnungen). Systematische Auslegung ist allerdings nicht mit der Entwicklung allgemeiner europäischer Rechtsprinzipen zu verwechseln (Casper FS Ulmer, 2003, 51 (55)). Die
Erwägungsgründe sind als Bestandteil der Richtlinie eher der systematischen denn
der historischen Auslegung zuzuordnen (aA aber zB Gebauer/Wiedmann/Ge-
bauer, Europäisches Zivilrecht, Kap. 3 Rn. 13: historische Auslegung mwN zum
Diskussionsstand).

Zentrale Bedeutung kommt vor dem Hintergrund des Grundsatzes der binnen- **57**
marktfreundlichen Auslegung und des Effektivitätsgrundsatzes (effet utile) der **teleologischen Auslegung** zu. Der EuGH wählt regelmäßig diejenige Auslegungs-
alternative, die der Rechtsvereinheitlichung am besten zugutekommt (vgl. die
Darstellung bei Anweiler, Die Auslegungsmethoden des Gerichtshofs der Europäischen Gemeinschaften, S. 219ff.; Gebauer/Wiedmann/Gebauer, Europäisches Zivilrecht, Kap. 3 Rn. 18f.). Dies gilt umso mehr, wenn eine Richtlinie wie die PSD2
den Ansatz der Vollharmonisierung verfolgt. Die **historische Auslegung** wird
vom EuGH hingegen nur selten herangezogen und erst an letzter Stelle genannt
(vgl. etwa EuGH Slg. 1976, 163; 1976, 1665; 1977, 113 = NJW 1977, 2022;
EuGH Slg. 1979, 2701 sowie die Darstellung bei Anweiler, Die Auslegungsmethoden des Gerichtshofs der Europäischen Gemeinschaften, 1997, S. 252ff.). Dies hängt
damit zusammen, dass Gesetzesmaterialen, insbesondere Verhandlungsprotokolle
oder Entwurfsbegründungen, regelmäßig nicht vorhanden sind. Allerdings ist es
möglich, aus dem Weglassen oder der Änderung einzelner Vorschriften im Laufe
des langwierigen Gesetzgebungsverfahrens historische Schlussfolgerungen zu ziehen. Gleiches gilt, wenn aufgrund der Stellungnahme von Verbänden oder anderer
beteiligter Verkehrskreise eine Norm im Laufe des Gesetzgebungsverfahrens verändert oder beeinflusst wurde. Dennoch darf man Textänderungen im laufenden
europäischen Gesetzgebungsverfahren nicht überbewerten, da die Umformulierun-
gen oft das Ergebnis politischer Kompromisse darstellen und nicht zwingend einer

Einleitung

besseren rechtlichen Erkenntnis entsprungen sind, weshalb der Erkenntniswert der historischen Auslegung oftmals begrenzt sein dürfte (so zutr. Gebauer/Wiedmann/ Gebauer, Europäisches Zivilrecht, Kap. 3 Rn. 13; Teichmann ZGR 2002, 383 (404); etwas optimistischer noch Casper FS Ulmer, 2003, 51 (56) zur Auslegung der SE-VO).

IV. Normsetzung durch die Europäische Bankenaufsichtsbehörde

1. Die EBA

58   Im Jahr 2010 rief der europäische Gesetzgeber mit der EBA (Europäische Bankenaufsichtsbehörde) eine Institution ins Leben, die neben der BaFin und den anderen national zuständigen Behörden einen zusätzlichen, übernationalen Akteur im bankaufsichtsrechtlichen Gefüge verkörpert. Art. 114 AEUV stellt die primärrechtliche Grundlage dar; neben der EBA wurden für die Aufsicht auf Mikroebene die ESMA (Europäische Wertpapier- und Marktaufsichtsbehörde) und die EIOPA (Europäische Aufsichtsbehörde für das Versicherungswesen und die betriebliche Altersversorgung) errichtet (Hitzer/Hauser BKR 2015, 52). Alle drei Aufsichtsbehörden werden zusammen als European Supervisory Authorities (ESAs) bezeichnet. Der EBA kommt vor allem die Aufgabe zu, eine einheitliche Aufsichtspraxis sicherzustellen und die Zusammenarbeit der national zuständigen Behörden zu verbessern. Sie hat eine gemeinsame Aufsichtskultur zu schaffen, zwischen zuständigen Behörden bei Meinungsverschiedenheiten zu vermitteln und die Arbeit der Aufsichtsbehörden zu koordinieren (Baur/Boegl BKR 2011, 177 (181)).

59   Die Grundlage der Tätigkeit der drei ESAs bilden drei europäische Rechtsverordnungen (VO (EU) Nr. 1093/2010 (EBA-VO); VO (EU) Nr. 1094/2010 (EIOPA-VO); VO (EU) Nr. 1095/2010 (ESMA-VO)). Im Jahr 2017 wurde eine Überprüfung dieser Vorschriften (ESA-Review) durch die Kommission, den Rat und des Europäische Parlament vorgenommen, die am 16. 4. 2019 mit der Annahme eines Vorschlags zur Änderung der drei ESA-Verordnungen (VO (EU) 2019/2175 – ESA-Änderungs-VO) endete. Mit der aktualisierten Fassung, die vor allem Änderungen in den Bereichen der drei Eckpfeiler Befugnisse, Governance und Finanzen vornimmt, wurden vor allem auch einige Detailfragen in Bezug auf Rechtssetzungsakte der EBA beantwortet, sodass die Neufassung insbesondere der EBA-Verordnung (EBA-VO nF) entscheidend zu einer Konkretisierung von Rechtssetzungsakten der EBA beigetragen hat (Mohn/Achtelik WM 2019 Heft 50, 2339 (2345)).

60   Innerhalb der EBA trifft der **Rat der Aufseher** alle politischen Entscheidungen, zB über die Annahme von Entwürfen technischer Standards, Leitlinien, Stellungnahmen und Berichten (Art. 43 EBA-VO). Nach Art. 40 Abs. 1 EBA-VO besteht der Rat der Aufseher aus:

> *„a) dem nicht stimmberechtigten Vorsitzenden,*
>
> *b) dem Leiter der für die Beaufsichtigung von Kreditinstituten zuständigen nationalen Behörde jedes Mitgliedstaats, der mindestens zweimal im Jahr persönlich erscheint,*
>
> *c) einem nicht stimmberechtigten Vertreter der Kommission,*
>
> *d) einem nicht stimmberechtigten Vertreter, der vom Aufsichtsgremium der Europäischen Zentralbank ernannt wird,*
>
> *e) einem nicht stimmberechtigten Vertreter des ESRB,*

*f) je einem nicht stimmberechtigten Vertreter der beiden anderen Europäischen Aufsichts-
behörden. "*

2. Technische Regulierungs- und Durchführungsstandards

Die EBA-VO gibt der EBA gem. Art. 10, 15 EBA-VO die Befugnis („kann"), **61**
technische Regulierungs- und Durchführungsstandards zu entwerfen. Die PSD2
hat die EBA vor allem in ihrem Art. 98 hierzu verpflichtet. Solche delegierten
Rechtsakte und Durchführungsrechtsakte führte der europäische Gesetzgeber im
Rahmen der Reformation des Kommitologieverfahrens neu ein (Baur/Boegl
BKR 2011, 177 (182)). Regulierungs- und Durchführungsstandards dienen einer
einheitlichen Anwendung des europäischen Sekundärrechts durch die national zuständigen Behörden. Diese Befugnisnormen in der EBA-VO bzw. der Auftrag in
Art. 98 PSD2 sorgen dafür, dass die EBA in diesem Bereich unmittelbar in den Ge-
setzgebungsprozess eingebunden wird und so ihre Sachkunde einfließen lassen kann
(HdB EU-WirtschR/Burgard/Heimann E. IV. Rn. 48 f.).

Die EBA entwirft solche technischen Regulierungs- und Durchführungsstan- **62**
dards entsprechend den Vorgaben des zu konkretisierenden Sekundärrechtsakts (im
vorliegenden Zusammenhang: Art. 98 PSD2), hört alle maßgeblichen Akteure des
Marktes an (Art. 10 Abs. 1 UAbs. 3 EBA-VO, Art. 15 Abs. 1 UAbs. 2 EBA-VO,
Art. 98 Abs. 1 PSD2) und legt den Entwurf abschließend der Kommission zur Billigung bzw. Zustimmung vor. Die Entwürfe durchlaufen sodann ein Billigungs-
oder Zustimmungsverfahren und werden im Falle der technischen Regulierungsstandards als delegierter Rechtsakt iSd Art. 290 AEUV, im Falle der technischen
Durchführungsstandards als Durchführungsrechtsakt iSd Art. 291 AEUV in Form
von Verordnungen oder Beschlüssen der Kommission angenommen und im Amtsblatt verkündet, Art. 10 Abs. 4 bzw. Art. 15 Abs. 4 EBA-VO. Zur Historie der
PSD2-RTS vgl. → § 1 Rn. 475.

3. Leitlinien und Empfehlungen der EBA

a) Kompetenz zum Erlass von Leitlinien und Empfehlungen. Die Befug- **63**
nis der EBA zum Erlass von Leitlinien (engl. Guidelines) und Empfehlungen (engl.
Recommendations) regelt Art. 16 EBA-VO. Ihr Erlass dient einer Harmonisierung
der Aufsichts- und Unternehmenspraxis (für ESMA Hitzer/Hauser BKR 2015, 52
(55)). Die PSD2 beauftragt die EBA an zahlreichen Stellen (Art. 5 Abs. 4, Art. 5
Abs. 5, Art. 95 Abs. 3, Art. 96 Abs. 3, Art. 100 Abs. 6) mit dem Erlass von Leitlinien.
Beim Erlass von Leitlinien und Empfehlungen ist die EBA an die Rechtsakte, die
die Leitlinien und Empfehlungen konkretisieren sollen, gebunden, sodass sie im
Sinne der Verhältnismäßigkeit nicht über das hinausgehen darf, was zur vereinheit-
lichenden Konkretisierung im Rahmen der Leitlinie oder Empfehlung notwendig
ist (vgl. Art. 16 Abs. 1 UAbs. 2 VO (EU) 2019/2175 – ESA-Änderungs-VO sowie
Erwägungsgrund Nr. 5 ESA-Änderungs-VO).

Die **Definition** von Leitlinien und Empfehlungen und ihre Abgrenzung von **64**
anderen Instrumenten wie Stellungnahmen und sonstigen Verlautbarungen der
EBA fällt schwer. Zwar werden die Begriffe auch im Primärrecht verwendet
(Art. 288 Abs. 5 AEUV). Der Begriff der Leitlinie, zB in Art. 25 EUV iSv „Grundsätze" der Gemeinsamen Außen- und Sicherheitspolitik (Grabitz/Hilf/Nettes-
heim/Kaufmann-Bühler Das Recht der EU Art. 25 Rn. 7) und derjenige in Art. 16
EBA-VO haben jedoch nichts gemein. Für die Begriffe „Empfehlungen" und

Einleitung

„Stellungnahmen" hat sich im Primärrecht bisher keine Notwendigkeit einer Definition ergeben (Grabitz/Hilf/Nettesheim/Nettesheim Das Recht der EU Art. 288 Rn. 200). Aus der EBA-VO lässt sich schließen: Sowohl **Leitlinien** als auch **Empfehlungen** sind eigene Verlautbarungen der EBA; sie beinhalten in der Regel abstrakt-generelle Verwaltungsvorschriften (so auch Walla BKR 2012, 265 (267)). Eine Abgrenzung zu den gesondert geregelten **Stellungnahmen** (engl. Opinions) (→ Rn. 73) gelingt am besten über die Bezeichnung durch die EBA. Daraus folgt die Art des Zustandekommens, namentlich mit (Leitlinie und Empfehlung) oder ohne (Stellungnahme) Anhörung der Marktakteure und mit (Leitlinie und Empfehlung) oder ohne (Stellungnahme) Anwendung des Comply- or Explain-Prinzips des Art. 16 Abs. 3 EBA-VO. Stellungnahmen sind dabei häufig Reaktionen auf Äußerungen anderer EU-Organe oder von Marktteilnehmern (Grabitz/Hilf/Nettesheim/Nettesheim Das Recht der EU Art. 288 Rn. 201).

65   **b) Rechtsnatur und Wirkung.** Anders als die in der Regel durch delegierte Verordnungen der Kommission erlassenen technischen Regulierungs- und Durchführungsstandards (→ Rn. 61, 62) sind Leitlinien und Empfehlungen **keine rechtlich bindenden Außenrechtssätze** (HdB EU-WirtschR/Burgard/Heimann E. IV. Rn. 38; für ESMA: Hitzer/Hauser BKR 2015, 52 (55); Walla BKR 2012, 265 (267)). Der EuGH (BKR 2021, 650 Rn. 42 – Fédération bancaire française) misst Leitlinien und Empfehlungen der EBA vielmehr die in Art. 288 Abs. 5 AEUV angeordnete Wirkung von Empfehlungen der Unionsorgane zu: sie seien für ihre Adressaten unverbindlich (s. auch hier schon in der Voraufl.). Dies spiegelt sich auch darin wider, dass der Erlass von Leitlinien und Empfehlungen (auch in der PSD2) insbesondere für solche Bereiche vorgesehen ist, die nicht dem Regelungsregime der technischen Regulierungs- und Durchführungsstandards unterfallen (Erwägungsgrund Nr. 26 EBA-VO). Mit der Ermächtigung der EBA, Leitlinien und Empfehlungen herauszugeben, hat der Unionsgesetzgeber vielmehr der EBA die Befugnis verliehen, Anstöße zu geben und Überzeugungsarbeit zu leisten (s. EuGH BKR 2021, 650, Rn. 48).

66   Die Abgrenzung von Leitlinien und Empfehlungen zu formell bindenden Rechtsakten vollzieht sich dabei in erster Linie anhand einer Auslegung von Wortlaut und Zusammenhang. Leitlinien und Empfehlungen stellen oftmals schon ihren Formulierungen („sollte") nach klar, dass ein **formell bindender Rechtsakt nicht beabsichtigt** ist (von Graevenitz EuZW 2013, 169 (170)). Die tatsächliche Wirkung von Leitlinien und Empfehlungen entfaltet sich daher nicht schon durch deren Erlass, sondern erst im Wege der Umsetzung in der Aufsichtspraxis der nationalen zuständigen Behörden. Nach der Grimaldi-Rechtsprechung des EuGH (vgl. EuGH Slg. 1989, I-4407 = EuZW 1990, 95), die Empfehlungen der Kommission betrifft, sind innerstaatliche Gerichte insbesondere dann verpflichtet, Empfehlungen bei ihren Entscheidungen zu berücksichtigen, wenn diese geeignet sind, Aufschluss über die Auslegung anderer innerstaatlicher oder gemeinschaftlicher Bestimmungen zu geben, sie mithin eine **Interpretationshilfe** darstellen.

67   Hinzu kommt die auch vom EuGH nun so gekennzeichnete **Appellfunktion** (EuGH BKR 2021, 650 Rn. 43, 48 – Fédération bancaire française; vgl. auch schon Baur/Boegl BKR 2011, 177 (183)). Diese Appellfunktion äußert sich namentlich in der Pflicht der national zuständigen Behörden, innerhalb von zwei Monaten nach Veröffentlichung einer Leitlinie oder Empfehlung eine Erklärung und Begründung gegenüber der EBA abzugeben, wenn sie planen, eine Leitlinie oder Empfehlung nicht zu befolgen, Art. 16 Abs. 3 UAbs. 2 EBA-VO. Das sog. **comply or explain-**

Verfahren beinhaltet nicht nur die Pflicht zur Stellungnahme gegenüber der EBA, sondern räumt letzterer auch die Befugnis ein, die Entscheidung der national zuständigen Behörde – sowie, im Einzelfall, deren Begründung – zu veröffentlichen.

Wenngleich sich in der Praxis und im Schrifttum unter Hinweis auf den formell **68** nicht verbindlichen Charakter oftmals der Begriff soft law zur Umschreibung von Leitlinien und Empfehlungen wiederfindet (so etwa von Graevenitz EuZW 2013, 169 ff.; Walla BKR 2012, 265 (267); Hitzer/Hauser BKR 2015, 52 (55); Martens Methodenlehre S. 247 f.; vgl. auch allgemein kritisch zur mangelnden Verbindlichkeit der Befugnisse der EBA Dinov EuR 2013, 593 ff.), darf dies nicht darüber hinwegtäuschen, dass die Ausgestaltung der Anzeige- und Begründungspflicht bei Nichtbefolgung von Vorschlägen der EBA zu einer faktischen Bindungswirkung gegenüber den Mitgliedstaaten führt (HdB EU-WirtschR/Burgard/Heimann E. IV. Rn. 55). Deshalb dürften die Einordnungen von Leitlinien und Empfehlungen als „gehärtetes Soft Law" (so Hartig/Helge VersR 2022, 665 (666)) oder als Maßnahmen mit „normativem Charakter" (so etwa Sonder BKR 2012, 8 (9)) die Natur dieser Verlautbarungen nicht gänzlich unzutreffend umschreiben. Die faktische Bindungswirkung erklärt sich insbesondere damit, dass die durch die EBA öffentlich gemachte Nichtbefolgung von Leitlinien oder Empfehlungen durch die national zuständigen Behörden eine Wirkung erzeugt, die mitunter dem entspricht, was im Kapitalmarktrecht unter dem Begriff naming and shaming (vgl. hierzu §§ 123–125 WpHG) einen entscheidenden Einfluss auf die Aufsichtspraxis hat. Die Bekanntmachung stellt die nicht befolgende Behörde öffentlich an den Pranger (Lehmann/Manger-Nestler ZBB 2011, 2 (12)). Dem entspringt ein erheblicher Befolgungsdruck für die national zuständigen Behörden, der sich häufig in einer nahezu lückenlosen Umsetzung der Leitlinien und Empfehlungen durch die Aufsichtsbehörden niederschlägt.

Eine wesentliche Wirkung von Leitlinien und Empfehlungen besteht darin, dass **69** sie im Wege der Umsetzung durch die nationale Aufsichtsbehörde Teil ihrer Verwaltungspraxis werden und damit den Weg eröffnen zu einer **Selbstbindung der Verwaltung**, die nach Maßgabe des Art. 3 GG dazu führen kann, dass sich etwa beaufsichtigte Institute auf die durch Leitlinien und Empfehlungen geprägte Aufsichtspraxis berufen können (ausführlich Martens Methodenlehre S. 254 ff.). In Zusammenschau mit dem auch im Europarecht besonders bedeutsamen Grundsatz des **Vertrauensschutzes** erzeugen die Leitlinien und Empfehlungen der EBA – sofern Institute, die ihrem Aufsichtsregime unterfallen, den Vorgaben der Verlautbarungen nachkommen – für Institute einen verlässlichen Rahmen für die Erbringung ihres Geschäfts, innerhalb dessen regelmäßig von einer Rechtmäßigkeit des Marktverhaltens auszugehen ist (zum Ganzen bezogen auf die ESMA Frank ZBB 2015, 213 (218)). Sie können auch als generell ausgeübtes Ermessen bezeichnet werden (Martens Methodenlehre S. 255).

Im Hinblick auf Rechtsschutzmöglichkeiten gegen solche Instrumente verweist **70** der EuGH (BKR 2021, 650 Rn. 57) auf die Möglichkeit des Vorabentscheidungsverfahrens gem. Art. 267 AEUV. Die Möglichkeit einer Nichtigkeitsklage gem. Art. 263 AEUV wird mangels Verbindlichkeit der Leitlinien verneint. Eine solche Verbindlichkeit ist für ein Verfahren gem. Art. 267 AEUV nicht erforderlich (vgl. EuGH 25.3.2021 – C-501/18 Rn. 57 WM 2021, 826, 831). Ebensowenig ist eine unmittelbare und individuelle Betroffenheit des Einzelnen erforderlich (EuGH 25.3.2021 – C-501/18 Rn. 65 WM 2021, 826, 832).

Einleitung

71 **c) Entstehungsprozess von Leitlinien und Empfehlungen.** Die EBA ist angehalten, vor dem Erlass einer Leitlinie oder Empfehlung interessierte Parteien angemessen zu konsultieren und ihnen Gelegenheit zur Stellungnahme geben (Erwägungsgrund Nr. 48 EBA-VO; Art. 16 Abs. 2 EBA-VO); sie hat es zu begründen, wenn sie vor Erlass der Leitlinien und Empfehlungen keine Konsultation durchführt (HdB EU-WirtschR/Burgard/Heimann E. IV. Rn. 55). Dabei kann sich die EBA an eine Interessengruppe im Bankensektor wenden (Art. 37 EBA-VO). Dem Erlass einer Leitlinie oder Empfehlung kann eine vergleichende Analyse der zuständigen Behörden vorausgehen (Art. 30 EBA-VO).

72 **d) Aufsichtspraxis der BaFin.** Die Aufsichtspraxis der BaFin untermauert den tatsächlichen Einfluss, den die unverbindlichen Verlautbarungen der EBA haben. Die BaFin verschreibt sich ausdrücklich der europäischen Harmonisierung des Aufsichtsrechts und verweist darauf, bei etwa 180 Leitlinien **in nur wenigen Fällen** eine Übernahme **abgelehnt** zu haben. Sie veröffentlichte auf ihrer Internetseite (Rubrik „Recht&Regelungen", dort „Leitlinien und Q&As der ESAs", zuletzt abgerufen am 21.6.2022), dass sie in der Regel den Leitlinien, Empfehlungen und auch den Antworten auf Fragen (Q&A) der EBA folgen wird, wenn sie dies nicht ausdrücklich veröffentlicht. Im Wege der Aufnahme der Leitlinien und Empfehlungen in ihre Verwaltungspraxis verhilft die BaFin diesen Instrumenten zu einer Wirkung gegenüber den ihrer Aufsicht unterliegenden Instituten. Dabei ist im Hinblick auf die Selbstbindung der Verwaltung (→ Rn. 69) in der Praxis nicht immer klar, inwieweit die BaFin Leitlinien und Empfehlungen der EBA mit deren „Inkrafttreten" ihrer Aufsichtspraxis zugrunde legt oder ob sie, wie im Fall der Leitlinien EBA/GL/2019/04 (IKT-Management) und EBA/GL/2019/02 (Auslagerungen) geschehen, diese erst noch in ihre eigenen Verlautbarungen (MaRisk, BAIT, ZAIT) eingliedern will. Auch stellt sich für die Praxis die Frage, inwieweit die nicht in den BaFin-Verlautbarungen berücksichtigten Teile der Leitlinien dennoch der Aufsichtspraxis der Behörde zugrunde zu legen sind. Letzteres wird man, soweit nicht ausdrückliche gegenteilige Stellungnahmen der BaFin vorliegen, vor dem Hintergrund von Art. 16 Abs. 3 UAbs. 2 EBA-VO (**comply or explain**-Verfahren) bejahen.

4. Stellungnahmen (Opinions) der EBA an die zuständigen Behörden

73 Neben Leitlinien und Empfehlungen kommt Stellungnahmen (im englischen Verordnungstext „Opinions") der EBA an die zuständigen Behörden eine gewichtige Bedeutung zu.

74 **a) Rechtsgrundlage und Abgrenzung.** Im Rahmen ihrer Aufgabe, für eine gemeinsame Aufsichtskultur und kohärente Aufsichtspraktiken zu sorgen, steht der EBA gem. Art. 29 Abs. 1 S. 2 lit. a EBA-VO das Instrument der Stellungnahmen an die zuständigen Behörden zur Verfügung. Mit Stellungnahmen nimmt die EBA Einfluss auf die Aufsichtspraxis (Weiß EuR 2016, 631 (638)). Sie legt hierin ihr Verständnis und ihre Auslegung finanzaufsichtsrechtlicher Angelegenheiten dar.

75 Dieses Instrument gem. Art. 29 Abs. 1 S. 2 lit. a EBA-VO ist zu unterscheiden von (förmlichen) Stellungnahmen der EBA, die diese an die Organe der EU, insbesondere das Europäische Parlament, den Rat oder die Kommission, zu richten hat, wie sie insbesondere in Art. 16a EBA-VO nF vorgesehen sind. Die Stellungnahmen der EBA gem. Art. 29 Abs. 1 S. 2 lit. a EBA-VO sind auch nicht zu verwechseln mit förmlichen Stellungnahmen der Kommission im Rahmen des Verfahrens nach Art. 17 EBA-VO. In diesem Verfahren untersucht die EBA potentielle Verstöße oder unzulässige Fälle einer Nichtanwendung europäischer Vorschriften im Zusammenhang mit der Finanzaufsicht durch die national zuständigen Behörden. Dieses Verfahren ist an strenge Voraussetzungen geknüpft, die einer zu starken Beschränkung der nationalen Souveränität vorbeugen sollen (Baur/Boegl BKR 2011, 177 (183)).

b) Entstehungsprozess von Stellungnahmen. Stellungnahmen iSd Art. 29 **76** Abs. 1 S. 2 lit. a EBA-VO entspringen der internen Willensbildung und Erarbeitung durch die EBA und ihrer Organe. Zuständig für die Abgabe von Stellungnahmen ist gem. Art. 43 Abs. 2 EBA-VO der Rat der Aufseher. Der Inhalt derselben wird vorher von den verschiedenen Experten, Arbeitsgruppen und Komitees der EBA erarbeitet und dem Rat der Aufseher sodann zur Abstimmung vorgelegt. Dieser entscheidet mit einfacher Mehrheit, Art. 44 Abs. 1 UAbs. 1 S. 1 EBA-VO.

Eine Konsultation der Marktteilnehmer ist bei der Entstehung von Stellungnah- **77** men nicht vorgesehen. Das ist misslich, weil es die Autorität von Stellungnahmen als Instrument eines europäischen Aufsichtsapparats einschränkt (Veil ZBB 2018, 151 (164)). Das Ziel der harmonisierten Aufsicht wäre besser zu erreichen, wenn den beaufsichtigten Instituten und anderen Marktteilnehmern eine Mitwirkung im Vorfeld zugestanden würde.

c) Rechtsnatur von Stellungnahmen. Ebenso wie für Leitlinien und Emp- **78** fehlungen der EBA (→ Rn. 65 ff.) sollte auch für Stellungnahmen iSd Art. 29 Abs. 1 S. 2 lit. a EBA-VO gelten, dass diesen entsprechend Art. 288 Abs. 5 AEUV **keine unmittelbare Bindungswirkung** zukommt (Grabitz/Hilf/Nettesheim/ Nettesheim AEUV Art. 288 Rn. 200).

Mangels Rechtsbindung sollten deshalb Stellungnahmen iSd Art. 29 Abs. 1 S. 2 **79** lit. a EBA-VO ebenfalls als soft law einzuordnen sein. Ein comply or explain-Verfahren ist bei Stellungnahmen nicht vorgesehen; mithin entfällt für Stellungnahmen die hierdurch den Leitlinien und Empfehlungen innewohnende Selbstbindung der Verwaltung (→ Rn. 69).

Die Befugnis zum Erlass von Stellungnahmen ist Ausdruck der besonderen **80** Sachkenntnis der EBA sowie der im Rat der Aufseher versammelten Leiter der nationalen Aufsichtsbehörden auf dem Gebiet der Finanzaufsicht. Insofern können auch sie eine erhebliche Steuerungskraft entfalten (zu Stellungnahmen iSd Art. 288 AEUV vgl. Grabitz/Hilf/Nettesheim/Nettesheim AEUV Art. 288 Rn. 208). Über die Grundsätze der Gleichbehandlung und des Vertrauensschutzes kommt Stellungnahmen eine gewisse Außenwirkung zu (Frank ZBB 2015, 213 (216)). Dies dürfte nur dann nicht gelten, wenn eine Veröffentlichung der EBA den äußerlichen Anschein erweckt, eine „Lenkungswirkung" sei nicht beabsichtigt (von Graevenitz EuZW 2013, 169f.).

d) Stellungnahmen in der Aufsichtspraxis der BaFin. Eine generelle Er- **81** klärung der BaFin zur Übernahme von Stellungnahmen der EBA iSd Art. 29 Abs. 1 S. 2 lit. a EBA-VO gibt es nicht. Das Bekenntnis der BaFin auf ihrer Internetseite (Rubrik „Recht&Regelungen", dort „Leitlinien und Q&As der ESAs", zuletzt abgerufen am 21.6.2022) zu Leitlinien und Q&As der Europäischen Aufsichtsbehörden umfasst dieses Instrument nicht. Dennoch finden auch Stellungnahmen der EBA Eingang in die Aufsichtspraxis der BaFin.

Einleitung

5. Q&A-Tool der EBA

82 Über das Q&A-Tool der EBA können Marktakteure der EBA Fragen stellen, die diese anschließend auf ihrer Internetseite beantwortet.

83 **a) Das EBA Q&A-Tool im Lichte von Art. 29 EBA-VO. aa) Kompetenz für das Q&A-Tool.** Mit der Änderung der ESA-VO im Jahr 2019 wurden erstmals auch Q&As ausdrücklich geregelt (Art. 16b EBA-VO nF). Hier wird verdeutlicht, dass die Antworten nicht bindend sind (Abs. 2). Die Regelung sieht jedoch eine verpflichtende Veröffentlichung im Zuge eines webbasierten Tools vor (vgl. Abs. 3; umgesetzt durch das EBA Single Rule Book: https://www.eba.europa.eu/single-rule-book-qa/search).

84 Die über das Q&A-Tool gestellten Fragen beziehen sich überwiegend auf verbindliches europäisches Recht, Primär- und Sekundärrechtsakte. Zum Teil werden auch Fragen gestellt, für die weder eine europäische noch eine mitgliedstaatliche Regelung besteht. Die EBA wird damit zur Auslegung dieser Rechtsakte aufgefordert.

85 Die Europäische Kommission hat sich in der Vergangenheit zur **Interpretationsfunktion** der Europäischen Aufsichtsbehörden im Rahmen des Q&A-Tools kritisch geäußert; die ESAs haben nach ihrer Ansicht lediglich die Aufgabe, Vorschriften anzuwenden und nicht, sie zu interpretieren (Veil ZBB 2018, 151 (152 und 162)). Spätestens mit der Aufnahme von Art. 16b EBA-VO nF sollten diese Bedenken aber geklärt sein. Erwägungsgrund Nr. 12 ESA-VO nF stellt fest, dass Q&As ein „wichtiges Instrument der Konvergenz" sind, um die gemeinsamen Aufsichtskonzepte und -praktiken zu fördern und um Orientierungen zur Anwendung der ESA-spezifischen Rechtsakte der Union zu erteilen (im Ergebnis ähnlich, wenn auch kritisch unter der früheren Rechtslage Veil ZBB 2018, 151 (152 und 162); Weiß EuR 2016, 631 (638)).

86 **bb) Disclaimer bei einzelnen Antworten im Q&A-Tool.** Bei einigen Antworten, die im Q&A-Tool veröffentlicht werden, findet sich folgender Disclaimer: „This question goes beyond matters of consistent and effective application of the regulatory framework. A Directorate General of the Commission (Directorate General for Financial Stability, Financial services and Capital Markets Union) has prepared the answer, albeit that only the Court of Justice of the European Union can provide definitive interpretations of EU legislation. This is an unofficial opinion of that Directorate General, which the European Banking Authority publishes on its behalf. The answers are not binding on the European Commission as an institution. You should be aware that the European Commission could adopt a position different from the one expressed in such Q&As, for instance in infringement proceedings or after a detailed examination of a specific case or on the basis of any new legal or factual elements that may have been brought to its attention." (beispielsweise enthalten in EBA Q&A 2018_4042, zuletzt abgerufen am 21.6.2022). In abgewandeltem Wortlaut lässt sich der Disclaimer ebenfalls im Handbuch der EBA zu den Q&As finden (vgl. EBA, Additional background and guidance for asking questions, S. 1, zuletzt abgerufen am 21.6.2022).

87 Die Formulierungen „regulatory framework" und „consistent and effective application" lassen sich in der englischen Version der EBA-VO nicht ausfindig machen. Allerdings werden ähnliche Formulierungen wie beispielsweise „framework" oder „common, uniform and consistent application of Union law" in Art. 16 Abs. 1 EBA-VO im Hinblick auf Leitlinien und Empfehlungen verwendet. In der Praxis der Q&As zur PSD2 setzt die EBA den Disclaimer immer dann ein, wenn die **Frage eine Auslegung des Richtlinienrechts der PSD2,** insbesondere deren Anwendungsbereich, betrifft und nicht aus den PSD2-RTS oder den zur PSD2 ergangenen Leitlinien zu beantworten ist. Die Auslegung der PSD2 selbst wird der Kommission – Generaldirektion FISMA (Financial Stability, Financial Services and Capital Markets Union) – überlassen. Auf diese Weise ist die oben (→ Rn. 85) erörterte Streitfrage zwischen Kommission und EBA geklärt.

b) Entstehungsprozess der Q&As. Die EBA selbst beschreibt den Umgang **88** mit einer Frage folgendermaßen: „Once you have submitted your question, it will be subject to close analysis and review by EBA staff." (EBA, Additional background and guidance for asking questions, S. 6, abgerufen zuletzt am 21.6.2022). Hinsichtlich der Zweckmäßigkeit einer Frage holt die EBA ggf. weitere Informationen ein; sie fasst ggf. mehrere Fragen eines ähnlichen Themas zusammen (EBA, Additional background and guidance for asking questions, S. 6, abgerufen zuletzt am 21.6.2022). Der Entwurf der Antwort wird dem Rat der Aufseher der EBA vorgelegt, der durch einfache Mehrheit entscheidet, ob die Antwort im Q&A-Tool veröffentlicht werden soll (Veil ZBB 2018, 151 (162)). Zum Rat der Aufseher → Rn. 60.

c) Rechtsnatur des Q&A-Tools. Art. 16b Abs. 2 EBA-VO nF stellt fest, dass, **89** die im Rahmen des Q&A-Tools bereitgestellten Antworten keine rechtsverbindliche Wirkung haben. Für sie gilt ebenso wenig der Grundsatz comply or explain (https://eba.europa.eu/single-rule-book-qa, zuletzt abgerufen am 21.6.2022).

Deshalb lässt sich hier von soft law sprechen, was für sich genommen noch nicht **90** viel bedeutet. Allgemein ist im Bereich des soft law anerkannt, dass Faktoren wie die Art der Regelsetzung, die Umsetzungsmechanismen und die Qualität der Regeln entscheidende Bestimmungskriterien für die Rechtswirkung sind (Veil ZBB 2018, 151 (152 und 162)). Soft law lässt sich nach rechtsvorbereitendem, rechtsbegleitendem und rechtsersetzendem soft law unterscheiden (Veil ZBB 2018, 151 (159; Martens Methodenlehre S. 249 ff.). Relevant ist in diesem Kontext in der Regel das rechtsbegleitende soft law, welches sich auf verbindliches Recht bezieht und zu dessen übereinstimmender Anwendung beiträgt.

Zudem haben die Antworten im EBA Q&A-Tool Autorität, **wenn sie von der** **91** **EBA gegeben werden;** dann nämlich basieren sie auf einer Entscheidung des Rates der Aufseher (→ Rn. 88). Die Tatsache, dass sie nur in englischer Sprache veröffentlicht werden und nicht in allen Amtssprachen der EU, steht einer Berücksichtigungspflicht entgegen, nicht aber ihrer autoritativen Wirkung (anders Veil ZBB 2018, 151 (152): intransparentes Verfahren, deshalb sei nicht davon auszugehen, dass Q&A eine gemeinsame europäische Aufsichtspraxis begründen).

Entsprechend sollte den mit einem **„Disclaimer" versehenen Antworten** **92** (→ Rn. 86 f.), die im Rahmen des EBA Q&A-Tool von der Kommission vorbereitet wurden, eine solche autoritative Wirkung als Ankündigung eines zukünftigen Verwaltungshandelns der nationalen Aufsichtsbehörden nicht zukommen. Hier ist schon unklar, in welchem Verfahren diese Antworten zustande gekommen sind. Aus solchen Antworten ist keine Festlegung der europäischen Aufsichtsbehörden auf eine bestimmte Aufsichtspraxis erkennbar (ähnlich Veil ZBB 2018, 151 (152)).

Für Gerichte besteht in keinem Fall eine Vorlagepflicht an den EuGH, wenn **93** diese von den Antworten der EBA abweichen wollen. Von den Marktteilnehmern wird nicht verlangt, alle erforderlichen Anstrengungen zu unternehmen, um die in den Q&A festgeschriebenen Auslegungshinweise umzusetzen. Auch die nationalen

Einleitung

Aufsichtsbehörden müssen nicht, anders als im Rahmen der Leitlinien und Empfehlungen, gegenüber der EBA erläutern, weshalb sie einer von der EBA vorgegebenen Antwort nicht nachkommen wollen (Veil ZBB 2018, 151 (160f.)).

94   **d) Reaktion der BaFin.** Die BaFin betont in einer Mitteilung auf ihrer Website, dass sie im Interesse der europäischen Harmonisierung des Aufsichtsrechts, Leitlinien und Q&As aller ESAs grundsätzlich in ihre Verwaltungspraxis übernimmt (vgl. https://www.bafin.de/DE/RechtRegelungen/Leitlinien_und_Q_and_A_ der_ESAs/Leitlinien_und_Q_and_A_der_ESAs_node.html.)

95   Die BaFin will damit offenbar die Antworten auf die Q&A ohne Konsultation in ihre eigene Aufsichtspraxis übernehmen. Sie differenziert hierbei nicht zwischen Antworten der EBA und solchen, die von der Kommission vorbereitet werden. Aus der Veröffentlichung ist wohl auch zu entnehmen, dass die BaFin keine Übersetzungen der Antworten bereitstellen wird. Soweit also die BaFin nicht dem Inhalt einzelner Q&A widerspricht, begründen die Antworten der Q&A in beiden Formen die Selbstbindung der Verwaltung nach Art. 3 Abs. 1 GG und den Vertrauensschutz für Institute und sonstige Rechtsanwender.

Gesetz über die Beaufsichtigung von Zahlungsdiensten (Zahlungsdiensteaufsichtsgesetz – ZAG)

Vom 17. Juli 2017
(BGBl. I S. 2446)

Abschnitt 1. Allgemeine Vorschriften

Unterabschnitt 1. Begriffsbestimmungen, Anwendungsbereich, Aufsicht

§ 1 Begriffsbestimmungen

(1) [1]Zahlungsdienstleister sind

1. Unternehmen, die gewerbsmäßig oder in einem Umfang, der einen in kaufmännischer Weise eingerichteten Geschäftsbetrieb erfordert, Zahlungsdienste erbringen, ohne Zahlungsdienstleister im Sinne der Nummern 2 bis 5 zu sein (Zahlungsinstitute);

2. E-Geld-Institute im Sinne des Absatzes 2 Satz 1 Nummer 1, die im Inland zum Geschäftsbetrieb nach diesem Gesetz zugelassen sind, sofern sie Zahlungsdienste erbringen;

3. CRR-Kreditinstitute im Sinne des § 1 Absatz 3d Satz 1 des Kreditwesengesetzes, die im Inland zum Geschäftsbetrieb zugelassen sind, sowie die in Artikel 2 Absatz 5 Nummer 5 der Richtlinie 2013/36/EU des Europäischen Parlaments und des Rates vom 26. Juni 2013 über den Zugang zur Tätigkeit von Kreditinstituten und die Beaufsichtigung von Kreditinstituten und Wertpapierfirmen, zur Änderung der Richtlinie 2002/87/EG und zur Aufhebung der Richtlinien 2006/48/EG und 2006/49/EG (ABl. L 176 vom 27.6.2013, S. 338; L 208 vom 2.8.2013, S. 73; L 20 vom 25.1.2017, S. 1; L 203 vom 26.6.2020, S. 95), die zuletzt durch die Richtlinie (EU) 2019/2034 (ABl. L 314 vom 5.12.2019, S. 64) geändert worden ist, namentlich genannten Unternehmen, sofern sie Zahlungsdienste erbringen;

4. die Europäische Zentralbank, die Deutsche Bundesbank sowie andere Zentralbanken in der Europäischen Union oder den anderen Vertragsstaaten des Abkommens über den Europäischen Wirtschaftsraum, soweit sie außerhalb ihrer Eigenschaft als Währungsbehörde oder andere Behörde Zahlungsdienste erbringen;

5. der Bund, die Länder, die Gemeinden und Gemeindeverbände sowie die Träger bundes- oder landesmittelbarer Verwaltung, einschließlich der öffentlichen Schuldenverwaltung, der Sozialversicherungsträger und der Bundesagentur für Arbeit, soweit sie außerhalb ihres hoheitlichen Handelns Zahlungsdienste erbringen.

[2] Zahlungsdienste sind

1. die Dienste, mit denen Bareinzahlungen auf ein Zahlungskonto ermöglicht werden, sowie alle für die Führung eines Zahlungskontos erforderlichen Vorgänge (Einzahlungsgeschäft);

2. die Dienste, mit denen Barauszahlungen von einem Zahlungskonto ermöglicht werden, sowie alle für die Führung eines Zahlungskontos erforderlichen Vorgänge (Auszahlungsgeschäft);

3. die Ausführung von Zahlungsvorgängen einschließlich der Übermittlung von Geldbeträgen auf ein Zahlungskonto beim Zahlungsdienstleister des Nutzers oder bei einem anderen Zahlungsdienstleister durch

    a) die Ausführung von Lastschriften einschließlich einmaliger Lastschriften (Lastschriftgeschäft),

    b) die Ausführung von Zahlungsvorgängen mittels einer Zahlungskarte oder eines ähnlichen Zahlungsinstruments (Zahlungskartengeschäft),

    c) die Ausführung von Überweisungen einschließlich Daueraufträgen (Überweisungsgeschäft),

    jeweils ohne Kreditgewährung (Zahlungsgeschäft);

4. die Ausführung von Zahlungsvorgängen im Sinne der Nummer 3, die durch einen Kreditrahmen für einen Zahlungsdienstnutzer im Sinne des § 3 Absatz 4 gedeckt sind (Zahlungsgeschäft mit Kreditgewährung);

5. die Ausgabe von Zahlungsinstrumenten oder die Annahme und Abrechnung von Zahlungsvorgängen (Akquisitionsgeschäft);

6. die Dienste, bei denen ohne Einrichtung eines Zahlungskontos auf den Namen des Zahlers oder des Zahlungsempfängers ein Geldbetrag des Zahlers nur zur Übermittlung eines entsprechenden Betrags an einen Zahlungsempfänger oder an einen anderen, im Namen des Zahlungsempfängers handelnden Zahlungsdienstleister entgegengenommen wird oder bei dem der Geldbetrag im Namen des Zahlungsempfängers entgegengenommen und diesem verfügbar gemacht wird (Finanztransfergeschäft);

7. Zahlungsauslösedienste;

8. Kontoinformationsdienste.

(2) [1] E-Geld-Emittenten sind

1. Unternehmen, die das E-Geld-Geschäft betreiben, ohne E-Geld-Emittenten im Sinne der Nummern 2 bis 4 zu sein (E-Geld-Institute);

2. CRR-Kreditinstitute im Sinne des § 1 Absatz 3d Satz 1 des Kreditwesengesetzes, die im Inland zum Geschäftsbetrieb zugelassen sind, sowie die in Artikel 2 Absatz 5 Nummer 5 der Richtlinie 2013/36/EU namentlich genannten Unternehmen, sofern sie das E-Geld-Geschäft betreiben;

3. die Europäische Zentralbank, die Deutsche Bundesbank sowie andere Zentralbanken in der Europäischen Union oder den anderen Vertragsstaaten des Abkommens über den Europäischen Wirtschaftsraum, soweit sie außerhalb ihrer Eigenschaft als Währungsbehörde oder anderer Behörde das E-Geld-Geschäft betreiben;

4. der Bund, die Länder, die Gemeinden und Gemeindeverbände sowie die Träger bundes- oder landesmittelbarer Verwaltung, einschließlich der öffentlichen Schuldenverwaltung, der Sozialversicherungsträger und der Bundesagentur für Arbeit, soweit sie außerhalb ihres hoheitlichen Handelns das E-Geld-Geschäft betreiben.

[2]E-Geld-Geschäft ist die Ausgabe von E-Geld. [3]E-Geld ist jeder elektronisch, darunter auch magnetisch, gespeicherte monetäre Wert in Form einer Forderung an den Emittenten, der gegen Zahlung eines Geldbetrags ausgestellt wird, um damit Zahlungsvorgänge im Sinne des § 675f Absatz 4 Satz 1 des Bürgerlichen Gesetzbuchs durchzuführen, und der auch von anderen natürlichen oder juristischen Personen als dem Emittenten angenommen wird. [4]Kein E-Geld ist ein monetärer Wert,

1. der auf Instrumenten im Sinne des § 2 Absatz 1 Nummer 10 gespeichert ist oder

2. der nur für Zahlungsvorgänge nach § 2 Absatz 1 Nummer 11 eingesetzt wird.

(3) Institute im Sinne dieses Gesetzes sind Zahlungsinstitute und E-Geld-Institute.

(4) [1]Herkunftsmitgliedstaat ist der Mitgliedstaat der Europäischen Union (Mitgliedstaat) oder anderer Vertragsstaat des Abkommens über den Europäischen Wirtschaftsraum, in dem sich der Sitz des Instituts befindet, oder, wenn das Institut nach dem für ihn geltenden nationalen Recht keinen Sitz hat, der Mitgliedstaat oder Vertragsstaat, in dem sich seine Hauptverwaltung befindet. [2]Aufnahmemitgliedstaat ist jeder andere Mitgliedstaat oder Vertragsstaat, in dem das Institut einen Agenten oder eine Zweigniederlassung hat oder im Wege des grenzüberschreitenden Dienstleistungsverkehrs tätig ist.

(5) [1]Zweigniederlassung ist eine Geschäftsstelle, die nicht die Hauptverwaltung ist und die einen Teil eines Instituts bildet, keine eigene Rechtspersönlichkeit hat und unmittelbar sämtliche oder einen Teil der Geschäfte betreibt, die mit der Tätigkeit eines Instituts verbunden sind. [2]Alle Geschäftsstellen eines Instituts mit Hauptverwaltung in einem anderen Mitgliedstaat, die sich in einem Mitgliedstaat befinden, gelten als eine einzige Zweigniederlassung.

(6) Gruppe ist ein Verbund von Unternehmen, die untereinander durch eine in Artikel 22 Absatz 1, 2 oder 7 der Richtlinie 2013/34/EU des Europäischen Parlaments und des Rates vom 26. Juni 2013 über den Jahresabschluss, den konsolidierten Abschluss und damit verbundene Berichte von Unternehmen bestimmter Rechtsformen und zur Änderung der Richtlinie 2006/43/EG des Europäischen Parlaments und des Rates und zur Aufhebung der Richtlinien 78/660/EWG und 83/349/EWG des Rates (ABl. L 182 vom 29.6.2013, S. 19; L 369 vom 24.12.2014, S. 79), die zuletzt durch die Richtlinie 2014/102/EU geändert worden ist (ABl. L 334 vom 21.11.2014, S. 86), genannte Beziehung verbunden sind, oder Unternehmen im Sinne der Artikel 4, 5, 6 und 7 der Delegierten Verordnung (EU) Nr. 241/2014 der Kommission vom 7. Januar 2014 zur Ergänzung der Verordnung (EU) Nr. 575/2013 des Europäischen Parlaments und des Rates im Hinblick auf technische Regulierungsstandards für die Eigenmittelanforderungen an Institute (ABl. L 74 vom 14.3.2014, S. 8), die zuletzt durch die Delegierte Verordnung (EU) 2015/923 (ABl. L 150 vom 17.6.2015, S. 1) geändert worden ist, die untereinander durch eine in Artikel 10 Absatz 1 oder Artikel 113 Absatz 6 oder 7 der Verordnung (EU) Nr. 575/2013 des Europäischen Parlaments und des Rates vom 26. Juni 2013 über Aufsichtsanforderungen an Kreditinstitute und Wertpapierfir-

men und zur Änderung der Verordnung (EU) Nr. 648/2012 (ABl. L 176 vom 27.6.2013, S. 1; L 208 vom 2.8.2013, S. 68; L 321 vom 30.11.2013, S. 6; L 193 vom 21.7.2015, S. 166), die zuletzt durch die Verordnung (EU) 2016/1014 (ABl. L 171 vom 29.6.2016, S. 153) geändert worden ist, genannte Beziehung verbunden sind.

(7) [1]Eine bedeutende Beteiligung im Sinne dieses Gesetzes ist eine qualifizierte Beteiligung gemäß Artikel 4 Absatz 1 Nummer 36 der Verordnung (EU) Nr. 575/2013 in der jeweils geltenden Fassung. [2]Für das Bestehen und die Berechnung einer bedeutenden Beteiligung gilt § 1 Absatz 9 Satz 2 und 3 des Kreditwesengesetzes entsprechend.

(8) [1]Geschäftsleiter im Sinne dieses Gesetzes sind diejenigen natürlichen Personen, die nach Gesetz, Satzung oder Gesellschaftsvertrag zur Führung der Geschäfte und zur Vertretung eines Instituts in der Rechtsform einer juristischen Person oder Personenhandelsgesellschaft berufen sind. [2]In Ausnahmefällen kann die Bundesanstalt für Finanzdienstleistungsaufsicht (Bundesanstalt) auch eine andere mit der Führung der Geschäfte betraute und zur Vertretung ermächtigte Person widerruflich als Geschäftsleiter bestimmen, wenn sie zuverlässig ist und die erforderliche fachliche Eignung hat. [3]Beruht die Bestimmung einer Person als Geschäftsleiter auf einem Antrag des Instituts, so ist sie auf Antrag des Instituts oder des Geschäftsleiters zu widerrufen.

(9) [1]Agent im Sinne dieses Gesetzes ist jede natürliche oder juristische Person, die als selbständiger Gewerbetreibender im Namen eines Instituts Zahlungsdienste ausführt. [2]Die Handlungen des Agenten werden dem Institut zugerechnet.

(10) E-Geld-Agent im Sinne dieses Gesetzes ist jede natürliche oder juristische Person, die als selbständiger Gewerbetreibender im Namen eines E-Geld-Instituts beim Vertrieb und Rücktausch von E-Geld tätig ist.

(10a) Auslagerungsunternehmen im Sinne dieses Gesetzes sind Unternehmen, auf die ein Institut Aktivitäten und Prozesse zur Durchführung von Zahlungsdiensten, des E-Geld-Geschäfts sowie von sonstigen institutstypischen Dienstleistungen ausgelagert hat, sowie deren Subunternehmen bei Weiterverlagerungen von Aktivitäten und Prozessen, die für die Durchführung von Zahlungsdiensten, des E-Geld-Geschäfts sowie von sonstigen institutstypischen Dienstleistungen wesentlich sind.

(11) Zahlungssystem ist ein System zur Übertragung von Geldbeträgen auf der Grundlage von formalen und standardisierten Regeln und einheitlichen Vorschriften für die Verarbeitung, das Clearing oder die Verrechnung von Zahlungsvorgängen.

(12) Elektronische Kommunikationsnetze sind Übertragungssysteme und Vermittlungs- und Leitwegeinrichtungen sowie anderweitige Ressourcen einschließlich der nicht aktiven Netzbestandteile, die die Übertragung von Signalen über Kabel, Funk, optische oder andere elektromagnetische Einrichtungen ermöglichen, einschließlich Satellitennetze, feste (leitungs- und paketvermittelte, einschließlich Internet) und mobile terrestrische Netze, Stromleitungssysteme, soweit sie zur Signalübertragung genutzt werden, Netze für Hör- und Fernsehfunk sowie Kabelfernsehnetze, unabhängig von der Art der übertragenen Informationen.

(13) [1]Elektronische Kommunikationsdienste sind Dienste, die gewöhnlich gegen Entgelt erbracht werden und die ganz oder überwiegend in der Übertragung von Signalen über elektronische Kommunikationsnetze bestehen, einschließlich von Telekommunikations- und Übertragungsdiensten in Rundfunknetzen, jedoch ausgenommen von Diensten, die Inhalte über elektronische Kommunikationsnetze und -dienste anbieten oder eine redaktionelle Kontrolle über sie ausüben. [2]Keine elektronischen Kommunikationsdienste in diesem Sinne sind Dienste der Informationsgesellschaft im Sinne des Artikels 1 der Richtlinie (EU) 2015/1535 des Europäischen Parlaments und des Rates vom 9. September 2015 über ein Informationsverfahren auf dem Gebiet der technischen Vorschriften und der Vorschriften für die Dienste der Informationsgesellschaft (ABl. L 241 vom 17. 9. 2015, S. 1), die nicht ganz oder überwiegend in der Übertragung von Signalen über elektronische Kommunikationsnetze bestehen.

(14) Durchschnittlicher E-Geld-Umlauf ist der durchschnittliche Gesamtbetrag der am Ende jedes Kalendertages über die vergangenen sechs Kalendermonate bestehenden, aus der Ausgabe von E-Geld erwachsenden finanziellen Verbindlichkeiten, der am ersten Kalendertag jedes Kalendermonats berechnet wird und für diesen Kalendermonat gilt.

(15) Zahler ist eine natürliche oder juristische Person, die Inhaber eines Zahlungskontos ist und die Ausführung eines Zahlungsauftrags von diesem Zahlungskonto gestattet oder, falls kein Zahlungskonto vorhanden ist, eine natürliche oder juristische Person, die den Zahlungsauftrag erteilt.

(16) Zahlungsempfänger ist die natürliche oder juristische Person, die den Geldbetrag, der Gegenstand eines Zahlungsvorgangs ist, als Empfänger erhalten soll.

(17) Zahlungskonto ist ein auf den Namen eines oder mehrerer Zahlungsdienstnutzer lautendes Konto, das für die Ausführung von Zahlungsvorgängen genutzt wird.

(18) Kontoführender Zahlungsdienstleister ist ein Zahlungsdienstleister, der für einen Zahler ein Zahlungskonto bereitstellt und führt.

(19) Fernzahlungsvorgang im Sinne dieses Gesetzes ist ein Zahlungsvorgang, der über das Internet oder mittels eines Geräts, das für die Fernkommunikation verwendet werden kann, ausgelöst wird.

(20) Zahlungsinstrument ist jedes personalisierte Instrument oder Verfahren, dessen Verwendung zwischen dem Zahlungsdienstnutzer und dem Zahlungsdienstleister vereinbart wurde und das zur Erteilung eines Zahlungsauftrags verwendet wird.

(21) Lastschrift ist ein Zahlungsvorgang zur Belastung des Zahlungskontos des Zahlers, bei dem der Zahlungsvorgang vom Zahlungsempfänger aufgrund der Zustimmung des Zahlers gegenüber dem Zahlungsempfänger, dessen Zahlungsdienstleister oder seinem eigenen Zahlungsdienstleister ausgelöst wird.

(22) Überweisung ist ein auf Veranlassung des Zahlers ausgelöster Zahlungsvorgang zur Erteilung einer Gutschrift auf dem Zahlungskonto des Zahlungsempfängers zulasten des Zahlungskontos des Zahlers in Ausfüh-

rung eines oder mehrerer Zahlungsvorgänge durch den Zahlungsdienstleister, der das Zahlungskonto des Zahlers führt.

(23) Authentifizierung ist ein Verfahren, mit dessen Hilfe der Zahlungsdienstleister die Identität eines Zahlungsdienstnutzers oder die berechtigte Verwendung eines bestimmten Zahlungsinstruments, einschließlich der Verwendung der personalisierten Sicherheitsmerkmale des Nutzers, überprüfen kann.

(24) Starke Kundenauthentifizierung ist eine Authentifizierung, die so ausgestaltet ist, dass die Vertraulichkeit der Authentifizierungsdaten geschützt ist und die unter Heranziehung von mindestens zwei der folgenden, in dem Sinne voneinander unabhängigen Elementen geschieht, dass die Nichterfüllung eines Kriteriums die Zuverlässigkeit der anderen nicht in Frage stellt:
1. Kategorie Wissen, also etwas, das nur der Nutzer weiß,
2. Kategorie Besitz, also etwas, das nur der Nutzer besitzt oder
3. Kategorie Inhärenz, also etwas, das der Nutzer ist.

(25) Personalisierte Sicherheitsmerkmale sind personalisierte Merkmale, die der Zahlungsdienstleister einem Zahlungsdienstnutzer zum Zwecke der Authentifizierung bereitstellt.

(26) [1]Sensible Zahlungsdaten sind Daten, einschließlich personalisierter Sicherheitsmerkmale, die für betrügerische Handlungen verwendet werden können. [2]Für die Tätigkeiten von Zahlungsauslösediensten und Kontoinformationsdienstleistern stellen der Name des Kontoinhabers und die Kontonummer keine sensiblen Zahlungsdaten dar.

(27) Digitale Inhalte sind Waren oder Dienstleistungen, die in digitaler Form hergestellt und bereitgestellt werden, deren Nutzung oder Verbrauch auf ein technisches Gerät beschränkt ist und die in keiner Weise die Nutzung oder den Verbrauch von Waren oder Dienstleistungen in physischer Form einschließen.

(28) Zahlungsmarke ist jeder reale oder digitale Name, jeder reale oder digitale Begriff, jedes reale oder digitale Zeichen, jedes reale oder digitale Symbol oder jede Kombination davon, mittels dessen oder derer bezeichnet werden kann, unter welchem Zahlungskartensystem kartengebundene Zahlungsvorgänge ausgeführt werden.

(29) Eigenmittel sind Mittel im Sinne des Artikels 4 Absatz 1 Nummer 118 der Verordnung (EU) Nr. 575/2013 des Europäischen Parlaments und des Rates vom 26. Juni 2013 über Aufsichtsanforderungen an Kreditinstitute und Wertpapierfirmen und zur Änderung der Verordnung (EU) Nr. 648/2012 (ABl. L 176 vom 27.6.2013, S. 1; L 208 vom 2.8.2013, S. 68; ABl. L 321 vom 30.11.2013, S. 6; L 193 vom 21.7.2015, S. 166), die zuletzt durch die Verordnung (EU) 2016/1014 (ABl. L 171 vom 29.6.2016, S. 153) geändert worden ist, wobei mindestens 75 Prozent des Kernkapitals in Form von hartem Kernkapital nach Artikel 50 der genannten Verordnung gehalten werden müssen und das Ergänzungskapital höchstens ein Drittel des harten Kernkapitals betragen muss.

(30) Anfangskapital im Sinne dieses Gesetzes ist das aus Bestandteilen gemäß Artikel 26 Absatz 1 Satz 1 Buchstabe a bis e der Verordnung (EU) Nr. 575/2013 bestehende harte Kernkapital.

(31) [1]Sichere Aktiva mit niedrigem Risiko im Sinne dieses Gesetzes sind Aktiva, die unter eine der Kategorien nach Artikel 336 Absatz 1 der Verordnung (EU) Nr. 575/2013 fallen, für die die Eigenmittelanforderung für das spezifische Risiko nicht höher als 1,6 Prozent ist, wobei jedoch andere qualifizierte Positionen gemäß Artikel 336 Absatz 4 der Verordnung (EU) Nr. 575/2013 ausgeschlossen sind. [2]Sichere Aktiva mit niedrigem Risiko im Sinne dieses Gesetzes sind auch Anteile an einem Organismus für gemeinsame Anlagen in Wertpapieren, der ausschließlich in die in Satz 1 genannten Aktiva investiert.

(32) Bargeldabhebungsdienst ist die Ausgabe von Bargeld über Geldausgabeautomaten für einen oder mehrere Kartenemittenten, ohne einen eigenen Rahmenvertrag mit dem Geld abhebenden Kunden geschlossen zu haben.

(33) Zahlungsauslösungsdienst ist ein Dienst, bei dem auf Veranlassung des Zahlungsdienstnutzers ein Zahlungsauftrag in Bezug auf ein bei einem anderen Zahlungsdienstleister geführtes Zahlungskonto ausgelöst wird.

(34) Kontoinformationsdienst ist ein Online-Dienst zur Mitteilung konsolidierter Informationen über ein Zahlungskonto oder mehrere Zahlungskonten des Zahlungsdienstnutzers bei einem oder mehreren anderen Zahlungsdienstleistern.

(35) [1]Annahme und Abrechnung von Zahlungsvorgängen (Akquisitionsgeschäft) beinhaltet einen Zahlungsdienst, der die Übertragung von Geldbeträgen zum Zahlungsempfänger bewirkt und bei dem der Zahlungsdienstleister mit dem Zahlungsempfänger eine vertragliche Vereinbarung über die Annahme und die Verarbeitung von Zahlungsvorgängen schließt. [2]Die Ausgabe von Zahlungsinstrumenten beinhaltet alle Dienste, bei denen ein Zahlungsdienstleister eine vertragliche Vereinbarung mit dem Zahler schließt, um einem Zahler ein Zahlungsinstrument zur Auslösung und Verarbeitung der Zahlungsvorgänge des Zahlers zur Verfügung zu stellen.

Inhaltsübersicht

I. Regelungsgehalt, Funktion und Struktur der Norm

Zusammen mit dem Ausnahmekatalog in § 2 hat § 1 Abs. 1 und Abs. 2 die Auf- **1** gabe den persönlichen und sachlichen Anwendungsbereich des ZAG zu bestimmen. Daneben verfolgt § 1 Abs. 3–35 den Zweck, im Wege des Klammerprinzips wichtige Begriffe, die im ZAG immer wieder auftauchen, in Form eines Kataloges zu definieren, wenngleich auch den ersten beiden Absätzen des § 1 zum Teil **Definitionscharakter** zukommt. Mit der Bestimmung des möglichen Kreises der Zahlungsdienstleister in Abs. 1 S. 1 wird der **persönliche Anwendungsbereich** bestimmt (ebenso Schäfer/Omlor/Mimberg/Mimberg Rn. 2). Im Kontext hierzu steht auch Abs. 3, den der Begriff der Zahlungsinstitute um die E-Geld-Institute in Abs. 2 Nr. 1 erweitert.

Der **sachliche Anwendungsbereich** des Gesetzes wird durch den Katalog der **2** acht Zahlungsdienste in Abs. 1 S. 2 bestimmt, der im Zusammenhang mit § 2 Abs. 1 zu lesen ist, der wiederum Ausnahmebestimmungen hierzu enthält. Einige der den sachlichen Anwendungsbereich definierenden Zahlungsgeschäfte in Abs. 1 S. 2 werden im nachfolgenden Definitionskatalog näher beschrieben. So wird das in Abs. 1 S. 2 Nr. 3 lit. a erwähnte Lastschriftgeschäft in Abs. 21 näher definiert. Das in Abs. 1 S. 2 Nr. 3 lit. c angesprochene Überweisungsgeschäft wird in Abs. 22 ausdekliniert, während das Zahlungskartengeschäft in Abs. 1 S. 2 Nr. 3 lit. b ohne besondere Definitionsnorm auskommen muss, aber im unmittelbaren Zusammenhang mit den Definitionsnormen in Abs. 20 (Zahlungsinstrument) sowie Abs. 25 (personalisierte Sicherheitsmerkmale) und Abs. 26 (sensible Zahlungsdaten) steht. Das 2018 durch § 1 Abs. 1 S. 1 Nr. 5 erstmals zum Zahlungsdienst erhobene Akquisitionsgeschäft wird in Abs. 35 legal definiert. Der für alle Zahlungsgeschäfte bedeutsame Begriff des Zahlungskontos wird in Abs. 17 definiert. Die ebenfalls für Abs. 1 bedeutsamen Begriffe des Zahlers und des Zahlungsempfängers finden sich in Abs. 15 und Abs. 16.

Die **Reihung der Definitionsnormen** ab Abs. 4 folgt keiner besonderen Lo- **3** gik. Sie orientiert sich weder am Alphabet, noch an der erstmaligen Erwähnung des Begriffs im Gesetz, und auch nicht an der Reihung in der PSD2. Zentrale Bedeutung entfaltet die Vorschrift aber auch für das BGB. In **§ 675c Abs. 3 BGB** wird auf die Begriffsbestimmungen des ZAG verwiesen (ebenso Schäfer/Omlor/Mimberg/Mimberg Rn. 4). Dabei handelt es sich um eine dynamische Verweisung, mit der zugleich auch der sachliche und persönliche Anwendungsbereich der materiellen Vorschriften über den Zahlungsverkehr in §§ 675c–676c BGB abgesteckt wird. Über den Verweis in § 675c Abs. 3 BGB werden vor allem Abs. 1, 15–17, 20–25 und Abs. 33–35 ins BGB inkorporiert. Die übrigen Definitionen haben in erster Linie für das ZAG selbst Bedeutung.

Mit § 1 werden schließlich zentrale **Vorgaben der Zahlungsdiensterichtlinie 4** (EU 2015/2366 – im Folgenden kurz PSD2) umgesetzt. Auch die PSD2 enthält vorab in Art. 2 Vorgaben zum Anwendungsbereich, der durch Ausnahmevorschriften in Art. 3 PSD2 ergänzt wird, bevor in Art. 4 PSD2 ein umfangreicher Definitionskatalog folgt. Der Gesetzgeber hat sich wegen der durch die ZDRL beabsichtigten Vollharmonisierung (vgl. Art. 107 PSD2; MüKoBGB/Casper Vor § 675c Rn. 6) ganz weitgehend eins zu eins an die Vorgaben in der Richtlinie gehalten. Diese Funktion als Umsetzungsgesetz des aufsichtsrechtlichen Teils der ZDRL bringt das Gebot einer **richtlinienkonformen Auslegung** mit sich (→ Einl. Rn. 46).

5   § 1 ist durch die Neufassung des ZAG im Rahmen der Umsetzung der zweiten ZDRL erheblich redaktionell umgestaltet und ergänzt worden, ohne dass sich die Grundstruktur und Funktion der Norm wesentlich geändert hätte. Der alte Abs. 1 findet sich weitgehend unverändert im heutigen Abs. 1 S. 1, der nunmehr mit den Zahlungsinstituten in Nr. 1 beginnt, während dieser Auffangtatbestand im alten Recht systematisch stimmiger am Schluss im alten § 1 Abs. 1 Nr. 5 ZAG stand (wenig überzeugend deshalb RegE 18/11495, 102, die sich zur Begründung der neuen Reihung auf die Rechtsklarheit beruft). Inhaltlich geändert wurde vor allem Abs. 1 S. 1 Nr. 3 (vormals Abs. 1 Nr. 1), der nunmehr auf CCR-Institute begrenzt ist und zudem die KfW in den Anwendungsbereich aufnimmt (früher § 1 Abs. 12 ZAG 2009). Mit Blick auf die **Normentwicklung** ist weiterhin erwähnenswert, dass die Zahlungsgeschäfte sachlich praktisch unverändert sind. Entfallen ist nur das frühere Zahlungsauthentifizierungsgeschäft (→ 1. Aufl. 2014, § 1 Rn. 54 ff.), da das deutsche Recht auf diesen in der PSD2 nicht enthaltenen Begriff nunmehr verzichtet. Gestrichen wurde auch das frühere digitalisierte Zahlungsgeschäft (§ 1 Abs. 2 Nr. 4 ZAG 2009, → 1. Aufl. 2014, § 1 Rn. 63 ff.), das jedoch nicht ersatzlos entfallen ist. Vielmehr kann je nach Ausgestaltung der Zahlungsdienstleistung ein Akquisitionsgeschäft oder ein Finanztransfergeschäft, ausnahmsweise auch ein Zahlungskartengeschäft, ein E-Geld-Geschäft oder ein Zahlungsauslösedienst vorliegen (RegE 18/11495, 79). Hinzugekommen sind die Zahlungsauslöse- und Kontoinformationsdienste in § 1 Abs. 1 S. 2 Nr. 7 und Nr. 8, die erstmals mit der PSD II von 2015 in den Anwendungsbereich der Richtlinie einbezogen wurden und bis 2018 im deutschen Recht umzusetzen waren. Mit dem redaktionell neugestalteten Abs. 2 wurden die Regelungen zum E-Geld und zu E-Geld-Emittenten aus dem alten § 1a ZAG (eingefügt 2011) inhaltlich unverändert übernommen (RegE 18/11495, 102). Der Definitionskatalog ist erheblich angewachsen und in der Sache an die ZDRL II angepasst worden. Der Ausnahmekatalog im früheren § 1 Abs. 10 ZAG wurde sachlich weitgehend unverändert in § 2 Abs. 1 überführt. Wegen der weiteren Einzelheiten der Normentwicklung ist auf die Darstellung bei den einzelnen Teilvorschriften von §§ 1, 2 zu verweisen.

II. Zahlungsdienstleister (Abs. 1 S. 1)

Literatur zu Abs. 1 S. 1: Danwerth, Das Finanztransfergeschäft als Zahlungsdienst, 2017; Grieser/Dahl, Nebentätigkeitsprivileg als ungeschriebenes Tatbestandsmerkmal im Zahlungsdiensteaufsichtsgesetz, BB 2020, 1935; Hingst/Lösing, Zahlungsdiensteaufsichtsrecht, 2015, § 6: Erlaubnispflichtigkeit von Zahlungsdiensten; Meyer zu Schwabedissen, Die Erlaubnis zur Erbringung von Zahlungsdiensten, 2014; Schäfer/Lang, Die aufsichtsrechtliche Umsetzung der Zahlungsdiensterichtlinie und die Einführung des Zahlungsinstituts, BKR 2009, 11; Tuder, Grundsatzfragen des ZaDiG infolge der ZDRL II, 2019; vgl. im Übrigen die Angaben vor den jew. Abschnitten.

1. Überblick, Normentwicklung, Zweck der Norm

6   § 1 Abs. 1 S. 1 hat die Aufgabe, Art. 1 Abs. 1 PSD2 umzusetzen und somit den **persönlichen Anwendungsbereich** zu definieren, indem er festlegt, wer Zahlungsdienstleister sein kann, was mittels eines enumerativen Katalogs von gewerblich tätigen Unternehmen und Hoheitsträgern definiert wird. Der komplementäre Begriff des Zahlungsdienstenutzers wird hingegen nicht angesprochen. Insoweit

gilt, dass dies sowohl Verbraucher als auch Unternehmer sein können. Dies ist für den Regelungszweck des ZAG unerheblich (demgegenüber kann im materiellen Recht gegenüber Unternehmern von einigen der an sich zwingenden Vorgaben der §§ 675c–676c BGB abgewichen werden, vgl. § 675e Abs. 4 BGB). Die Vorschrift steht im unmittelbaren Zusammenhang mit § 10, der die Erlaubnispflicht regelt.

§ 1 Abs. 1 S. 1 fand sich im alten Recht in § 1 Abs. 1 ZAG 2009. Die Vorschrift **7** beginnt nunmehr mit den Zahlungsinstituten (früher Abs. 1 Nr. 5), gefolgt von den E-Geld-Instituten, die auch im alten Recht in Nr. 2 anzutreffen waren und sachlich an die neue E-Geld-Richtlinie angepasst wurden. An dritter Stelle folgen nunmehr die früher am Anfang (§ 1 Abs. 1 Nr. 1 ZAG 2009) platzierten Kreditinstitute, wobei nunmehr – neben der KfW – nur noch CRR-Institute iSd § 1 Abs. 3d S. 1 KWG erfasst werden (→ Rn. 17 f.). Die Zentralbanken firmieren weiterhin in Nr. 4, stehen aber nun vor den anderen Hoheitsträgern (Nr. 5, früher § 1 Abs. 2 Nr. 2 ZAG 2009). Gravierende sachliche Änderungen haben sich nicht ergeben (RegE 18/11495, 102). Auf einzelne Detailentwicklungen ist bei der **Normentwicklung** der jeweiligen Vorschrift zurückzukommen.

Die Gesetzesbegründung bezeichnet die drei in Abs. 1 S. 1 Nr. 3–5 definierten **8** Zahlungsdienstleister als **privilegierte Zahlungsdienstleister,** da sie keiner Erlaubnis nach § 10 bedürfen, um Zahlungsdienste anzubieten (RegE 18/11495, 102). Bei CRR-Kreditinstituten genügt insoweit die Erlaubnis nach dem KWG, was im alten ZAG in § 1 Abs. 11 ZAG 2009 noch klar zum Ausdruck gebracht wurde. Bei den in Nr. 4 genannten Zentralbanken bzw. den in Nr. 5 aufgelisteten Hoheitsträgern folgt diese Privilegierung aufgrund ihrer hoheitlichen Stellung. Aufsichtspflichtig sind also nur Institute iSd Abs. 3, der als Oberbegriff Zahlungsinstitute nach Abs. 1 S. 1 Nr. 1 und E-Geld-Institute nach Abs. 1 S. 1 Nr. 2 iVm Abs. 2 S. 1 Nr. 1 erfasst. Damit bezweckt die Vorschrift eine **qualitative Marktzugangskontrolle** (Ellenberger/Findeisen/Nobbe/Böger/Findeisen Rn. 94). Unklar ist, ob sich privilegierte Zahlungsdienstleister jedoch bei der BaFin nach § 34 Abs. 1 registrieren lassen müssen, wenn sie ausschließlich Kontoinformationsdienste erbringen. Die wird nicht nur selten praktisch, sondern ist mit Recht zu verneinen (Schäfer/Omlor/Mimberg/Mimberg Rn. 9; Schäfer/Omlor/Mimberg/Eckhold §§ 10, 11 Rn. 96; vgl. auch → § 10 Rn. 6, → § 34 Rn. 5 f.).

2. Zahlungsinstitute (Abs. 1 S. 1 Nr. 1)

Nr. 1 bildet trotz seiner systematisch wenig überzeugenden „Pole-Position" im **9** Verhältnis zu den Nr. 2–5 einen **Auffangtatbestand,** da die Definition in Nr. 1 am Ende formuliert: „ohne Zahlungsdienstleister im Sinne der Nummern 2 bis 5 zu sein". Zahlungsinstitute werden von Nr. 1 am Anfang dahin definiert, dass von einem Unternehmen Zahlungsdienste gem. § 1 Abs. 1 S. 2 gewerbsmäßig oder in einem solchen Umfang, der einen in kaufmännischer Weise eingerichteten Geschäftsbetrieb erfordert, erbracht werden. Der **Unternehmensbegriff** wird im ZAG nicht definiert. Die Begr. zum RegE verweist auf den Unternehmensbegriff des KWG (BT-Drs. 18/11495, 103), allerdings findet sich auch dort keine Definition (zur Auslegung im KWG vgl. BVerwG NJW 2012, 1241 Rn. 16: jeder Akteur). Der Unternehmensbegriff ist folglich weit gefasst, sodass er schon durch zielgerichtetes und planvolles Handeln erfüllt werden kann und es nicht zwingend äußerer Kriterien wie bspw. der Kaufmannseigenschaft bedarf (Ellenberger/Findeisen/ Nobbe/Böger/Findeisen Rn. 115; Schäfer/Omlor/Mimberg/Mimberg Rn. 17 f.;

ähnlich Hingst/Lösing Zahlungsdiensteaufsicht § 6 Rn. 14f.; vgl. auch BGH ZIP 2018, 1500 Rn. 11). Damit werden auch Unternehmen wie Telekommunikationsdienstleister erfasst, die nicht im traditionellen Finanzsektor angesiedelt sind, sofern sie Zahlungsdienste erbringen (Ellenberger/Findeisen/Nobbe/Böger/Findeisen Rn. 102). Auch auf ein subjektives Bewusstsein, Zahlungsdienste zu erbringen kommt es nicht an (so aber – eine wohl nicht verallgemeinerungsfähige – Entscheidung des VI. Zivilsenats, BGH ZIP 2018, 1500 Rn. 11, die wohl eher auf das strafrechtliche Vorsatzerfordernis abstellt). Allerdings muss eine Gewinnerzielungsabsicht oder zumindest ein entgeltliches Tätigwerden vorliegen (VGH Kassel NJOZ 2021, 917 Rn. 50 = BeckRS 2020, 28042; Details bei Ellenberger/Findeisen/Nobbe/Böger/Findeisen Rn. 114f. mwN; Schäfer/Omlor/Mimberg/Mimberg Rn. 20). Unerheblich ist auch, ob das Erbringen von Zahlungsdiensten den Schwerpunkt der Tätigkeit bildet oder nur eine untergeordnete Rolle spielt (so die ganz hM: VGH Kassel NJOZ 2021, 917 Rn. 50 = BeckRS 2020, 28042 Rn. 50; OLG Düsseldorf NJW 2021, 1963 Rn. 32; LG Köln WM 2012, 405 (406); Ellenberger/Findeisen/Nobbe/Böger/Tiemann Rn. 399; Schäfer/Omlor/Mimberg/ Mimberg Rn. 21; Bauerfeind WM 2018, 456 (460)). Es genügt zudem, dass nur einer der in Abs. 1 S. 2 genannten acht Zahlungsdienste in einem gewerblichen Umfang erbracht wird. Ein Nebentätigkeitsprivileg existiert nicht (aA aber Grieser/Dahl BB 2020, 1935 (1937ff.)). Die Gegenauffassung kann auch nicht Erwägungsgrund 6 PSD1 ins Feld führen (so aber Grieser/Dahl BB 2020, 1935 (1936f.); tendenziell auch EuGH BeckRS 2018, 3519 Rn. 36f.), da dieser Erwägungsgrund in der PSD2 gerade nicht fortgeführt worden ist (ebenso Schäfer/Omlor/Mimberg/Mimberg Rn. 21).

10   Der weite Unternehmensbegriff setzt nicht eine bestimmte **Rechtsform** voraus. Dass es sich bei einem Zahlungsdienstleister um ein einzelkaufmännisches Unternehmen oder Freiberufler handelt, ist anders als in § 2b Abs. 1 KWG nicht ausgeschlossen (Schäfer/Omlor/Mimberg/Mimberg Rn. 18; OLG Düsseldorf NJW 2021, 1963 Rn. 34: Rechtsanwältin; aA zum ZAG 2009 BGH NStZ-RR 2016, 15f. = WM 2016, 461 Rn. 6: nur jur. Personen und Personenhandelsgesellschaften mit unzutreffender Berufung auf BT-Drs. 16/11613, 32). Dies folgt neben einer systematischen Auslegung bereits aus Art. 11 Abs. 1, 33 Abs. 1 und 37 Abs. 1 ZDRL (RegE 18/11495, 103). Abs. 1 S. 1 Nr. 1 liegt also ein materieller Institutsbegriff zugrunde (RegE 18/11495, 102; zustimmend auch Schäfer/Omlor/Mimberg/Mimberg Rn. 19). Dass gem. § 12 Abs. 1 nur solchen Antragstellern die Genehmigung erteilt wird, die als juristische Person oder Personenhandelsgesellschaft organisiert sind, steht dieser Auffassung nicht entgegen (Schäfer/Omlor/Mimberg/Mimberg Rn. 18). Denn für § 1 kommt es noch nicht darauf an, ob eine Erlaubnis erteilt werden kann. Denn eine Aufgabe des Aufsichtsrechts ist es gerade, dass gegen Unternehmen, die unerlaubt Zahlungsdienste erbringen, eingeschritten werden kann. Die Eigenschaft als Zahlungsinstitut besteht also unabhängig davon, ob eine Erlaubnis zum Betreiben von Zahlungsgeschäften vorliegt (RegE 18/11495, 103; Ellenberger/Findeisen/Nobbe/Böger/Findeisen Rn. 111; Schäfer/Omlor/Mimberg/Mimberg Rn. 18). Freilich stellt das Erbringen von Zahlungsdiensten ohne Erlaubnis eine Straftat dar (§ 63 Abs. 1 Nr. 4). Ein **Unternehmen im aufsichtsrechtlichen Sinne** ist damit jede natürliche oder juristische Person bzw. Personengesellschaft, die Zahlungsdienste erbringt (BVerwGE 141, 262 Rn. 16; RegE 18/11495, 103). Damit die Qualifikation als Zahlungsinstitut eingreift, muss freilich ein gewerblicher Umfang der angebotenen Zahlungsdienste vorliegen, was nach § 1 HGB wieder zur zivilrechtlichen Qualifikation als einzelkaufmännisches Unternehmen führt.

Bedeutung hat die Einordnung als Zahlungsinstitut somit vor allem für den **11**
Erlaubnisvorbehalt des § 10 Abs. 1 S. 1 ZAG. Danach hat jeder, der im Inland
gewerbsmäßig Zahlungsdienste nach § 1 Abs. 1 S. 2 erbringen will, eine Erlaubnis
zur Erbringung von Zahlungsdiensten durch die BaFin einzuholen (vgl. zum Inlandsbegriff näher Hingst/Lösing Zahlungsdiensteaufsicht § 6 Rn. 4 ff.). Dabei gelten vor dem Inkrafttreten des ZAG zum 13.1.2018 erteilte Erlaubnisse nicht ohne
Weiteres fort. Vielmehr hatten die Zahlungsinstitute, die eine Erlaubnis nach § 8
ZAG 2007 erhalten hatten, nur ein halbes Jahr Bestandsschutz. Wollten diese Institute über diese Frist hinaus Zahlungsdienste erbringen, so mussten sie die Angaben
und Nachweise gemäß § 10 Abs. 2 S. 1 Nr. 6–10 sowie alle Angaben und Nachweise entsprechend § 10 Abs. 5 bei der BaFin und der Bundesbank einreichen, um
ihre Erlaubnis zu verlängern (zu den Details vgl. die Erl. zu § 66). Für E-Geld-Institute findet sich eine vergleichbare Übergangsregelung in § 67. Zu entsprechenden
Übergangsfragen beim Inkrafttreten des ZAG 2009. → 1. Aufl. 2014, § 1 Rn. 12
sowie → 2. Aufl. 2020, § 35 Rn. 2 ff.

Zahlungsinstitute sind nach § 43 in ein von der BaFin geführtes **Zahlungsinsti-** **12**
tutsregister nach § 43 ZAG einzutragen. Wegen der Einzelheiten ist auf die Erläuterungen zu § 43 ZAG zu verweisen. Stand 19.9.2022 sind dort 86 Unternehmen
als Zahlungsinstitut registriert, was gegenüber 48 Eintragungen im Juni 2019 fast
eine Verdoppelung darstellt.

3. E-Geld-Institute (Abs. 1 S. 1 Nr. 2)

Abs. 1 S. 1 Nr. 2 setzt **Art. 1 Abs. 1 lit. b PSD2** um und fand sich im **alten** **13**
Recht sachlich gleichlautend in § 1 Abs. 1 Nr. 2 ZAG 2009. Die Anpassungen bei
der Neufassung 2018 waren in erster Linie redaktioneller Natur (RegE 18/11495,
103). Durch die Änderung des ZAG 2009 mit Wirkung zum 30.4.2011 wurden
die E-Geld-Institute weitgehend an die Zahlungsinstitute isd Abs. 1 S. 1 Nr. 5 an-
geglichen (vgl. Gesetz zur Umsetzung der zweiten E-Geld-Richtlinie vom
1.3.2011, BGBl. I 288) und sind seither nicht mehr im KWG reguliert.

Als **E-Geld-Institute** (vgl. auch Art. 2 Nr. 1 RL 2009/110/EG) werden solche **14**
E-Geld-Emittenten isd § 1 Abs. 2 S. 1 Nr. 1 ZAG bezeichnet, die nicht schon von
§ 1 Abs. 2 S. 1 Nr. 2–4 erfasst sind. Voraussetzung ist also, dass das Unternehmen
E-Geld emittiert und damit E-Geld-Geschäfte betreibt (zum Begriff und der
Rechtsnatur des E-Geldes → Rn. 216 ff. (Terlau) sowie MüKoBGB/Casper § 675c
Rn. 28 ff.; § 675i Rn. 9 f.). Dass die E-Geld-Geschäfte einen gewerblichen Umfang
erreichen, wird von Abs. 1 S. 1 Nr. 2 anders als in Nr. 1 nicht vorausgesetzt. Hinsichtlich des Unternehmensbegriffs ist wie bei Nr. 1 auf einen materiellen, aufsichtsrechtlichen Rechtsbegriff abzustellen. Auf die Rechtsform des E-Geld-Emittenten kommt es also nicht an (→ Rn. 9 f.). Im Gegensatz zu Nr. 1 begrenzt Nr. 2
die Zulassung auf das Inland, also den Bereich der Bundesrepublik Deutschland.
Maßgeblich ist insoweit, dass der Vertrieb des E-Geldes zumindest auch im Inland
erfolgt.

Dadurch, dass Abs. 1 S. 1 Nr. 2 nur auf Abs. 2 S. 1 Nr. 1 verweist, kommt auch **15**
dieser Vorschrift eine **Auffangfunktion zu,** da nur solche Institute erfasst sind, die
nicht schon als CRR-Institut über eine Lizenz verfügen bzw. nach Abs. 2 S. 1 Nr. 3
bzw. Nr. 4 privilegiert sind. Abs. 3 schafft darüber hinaus mit der Bezeichnung
„Institut" einen Oberbegriff für beide Auffangtatbestände, ohne dass dieser Vorschrift eine materielle Bedeutung zukommen würde. E-Geld-Institute unterliegen
dem **Erlaubnisvorbehalt nach § 11** (vormals § 8a ZAG 2009), da sich das Zulas-

sungsverfahren in Teilen von dem anderer Zahlungsinstitute unterscheidet. Auch die übrigen aufsichtsrechtlichen Vorschriften für E-Geld-Institute unterscheiden sich nur in geringem Maße von denen für Zahlungsinstitute. Dies folgt daraus, dass sich das Aufsichtsrecht nicht nur nach den Vorgaben der PSD2, sondern auch nach denen der zweiten E-Geld-RL (RL 2009/110/EG) bestimmt (RegE 18/11495, 103). Wegen der weiteren Einzelheiten ist auf die Erläuterungen zu Abs. 2 sowie § 11 zu verweisen (vgl. ferner Diekmann/Wieland ZBB 2011, 297 (301 f.); Fett/Bentele WM 2011, 1352 (1357 ff.); Ellenberger/Findeisen/Nobbe/Böger/Findeisen Rn. 121 ff.).

16   E-Geld-Institute sind nach § 44 in ein gesondertes, von der BaFin zu führendes **E-Geld-Register** einzutragen. Wegen der Einzelheiten ist auf die Erläuterungen zu § 44 zu verweisen. Derzeit (Stand 20. 9. 2022) sind dort nur zwölf Institute verzeichnet.

4. CRR-Kreditinstitute (Abs. 1 S. 1 Nr. 3)

17   Die in der Praxis wichtigste Fallgruppe der Zahlungsdienstleister ist in Abs. 1 Nr. 3 geregelt. Mit dieser Vorschrift wird Art. 1 Abs. 1 lit. a PSD2 umgesetzt. Die jetzige Vorschrift fand sich zuvor in § 1 Abs. 1 Nr. 1 ZAG 2009 und wurde bei ihrer Übernahme ins heutige ZAG redaktionell, aber nicht inhaltlich, angepasst (RegE 18/11495, 103). Zum 29. 12. 2020 wurde die Norm abermals neu gefasst. Die Norm erfasst nunmehr **CRR-Kreditinstitute iSd § 1 Abs. 3d S. 1 KWG**, der seinerseits auf die europarechtliche Definition in Art. 4 Abs. 1 Nr. 1 VO (EU) Nr. 575/2013 (CRR-VO) verweist, während die alte Vorschrift vor 2018 noch die Vorgängernorm in Art. 4 Nr. 1 der Bankenrichtlinie (2006/48/EG) in Bezug nahm. Danach ist ein Kreditinstitut „ein Unternehmen, dessen Tätigkeit darin besteht, Einlagen oder andere rückzahlbare Gelder des Publikums entgegenzunehmen und Kredite für eigene Rechnung zu gewähren". Dies deckt sich eins zu eins mit der alten Definition in der alten Bankenrichtlinie.

18   Damit wird der **Begriff des Kreditinstituts** in Abs. 1 Nr. 3 nunmehr genauso eng gefasst wie in § 1 Abs. 3d KWG. Wie bereits im alten Recht muss ein CRR-Kreditinstitut das Einlage- und das Kreditgeschäft kumulativ betreiben (Ellenberger/Findeisen/Nobbe/Böger/Findeisen Rn. 147; Schäfer/Omlor/Mimberg/Mimberg Rn. 29; so zum alten Recht auch Brogl jurisPR-BKR 7/2009, Anm. 4; Schäfer/Lang BKR 2009, 11 (13)). Folglich muss das CRR-Institut sowohl über eine Erlaubnis für das Einlagengeschäft nach § 1 Abs. 1 S. 2 Nr. 3 KWG und über die Erlaubnis für mindestens ein weiteres Bankgeschäft verfügen, das im weitesten Sinne der Kreditgewährung zuzuordnen ist (RegE 18/11495, 103). Die Begründung zum Regierungsentwurf zählt hierzu das Kreditgeschäft, das Diskontgeschäft, das Revolvinggeschäft und/oder das Garantiegeschäft (RegE 18/11495, 103). Ein Institut, das nur deshalb als CRR-Institut zu qualifizieren ist, da es die Ausgabe von Inhaber- oder Orderschuldverschreibungen betreibt, kann sich nicht auf die Privilegierung nach § 1 Abs. 1 S. 1 Nr. 3 berufen, sondern müsste nach § 10 eine Erlaubnis als Zahlungsinstitut beantragen (RegE 18/11495, 103; Schäfer/Omlor/Mimberg/Mimberg Rn. 29; krit. Schwennicke/Auerbach/Schwennicke ZAG § 1 Rn. 13). Entsprechendes gilt erst recht für alle Kreditinstitute und Finanzdienstleister des KWG, welche nicht als CRR-Institute zu qualifizieren sind (Ellenberger/Findeisen/Nobbe/Böger/Findeisen Rn. 150 f.; so zum alten Recht auch bereits RegE BT-Drs. 16/11613, 32; Schäfer/Lang BKR 2009, 11 (13)). Auch sie benötigen eine Erlaubnis nach § 10 ZAG, wenn sie Zahlungsdienste erbringen wollen.

Die privilegierten CRR-Institute müssen im Inland zum Geschäftsbetrieb zugelassen sein. Diese Zulassung kann zum einen nach § 32 Abs. 1 KWG von der BaFin stammen. Zum anderen kann die Zulassung aber auch von der zuständigen Behörde ihres Herkunftsstaates erteilt werden, soweit diese über den EU-Pass auch in Deutschland gilt.

Pfandbriefbanken, die nach §§ 43, 44 PfandBG über eine Erlaubnis zum Betrieb von Bankgeschäften iSd § 1 Abs. 1 S. 2 Nr. 1–5 und 7–10 KWG verfügen, sind CRR-Instituten gleichzustellen, da sie über diejenige Erlaubnis verfügen, über die auch ein CRR-Institut verfügen muss (so zum alten Recht RegE BT-Drs. 16/11613, 32). An dieser Auslegung dürfte sich auch im neuen Recht nichts geändert haben (ebenso Ellenberger/Findeisen/Nobbe/Böger/Findeisen Rn. 148). **19**

Abs. 1 S. 1 Nr. 3 Alt. 2 privilegierte bis zum 29. 12. 2020 nur die **Kreditanstalt für Wiederaufbau (KfW),** sofern diese Zahlungsdienste erbringt, da der Gesetzgeber ihre besondere Rechtsstellung, die sich aus dem KfW-Gesetz ableitet, mit CRR-Instituten für gleichwertig erachtete. Demgegenüber hatte man sich im alten § 1 Abs. 12 ZAG 2007 mit der Fiktion beholfen, dass Zahlungsdienste der KfW keine Zahlungsdienste im Sinne des ZAG seien (kritisch Schäfer/Lang BKR 2009, 11 (13)). Mit dem Risikoreduzierungsgesetz wurde der Anwendungsbereich der Privilegierung auf sämtliche in Art. 2 Abs. 5 Nr. CRD IV genannten Förderbanken erweitert. Für Deutschland werden dort neben der KfW auch Unternehmen genannt, „die aufgrund des Wohnungsgemeinnützigkeitsgesetzes als Organe der staatlichen Wohnungspolitik anerkannt sind und nicht überwiegend Bankgeschäfte betreiben, sowie Unternehmen, die aufgrund dieses Gesetzes als gemeinnützige Wohnungsunternehmen anerkannt sind." Hierzu zählen etwa die Landwirtschaftliche Rentenbank sowie die Investitions- und Förderbanken der Länder wie die NRW.Bank (vollständige Aufzählung bei Schäfer/Omlor/Mimberg/Mimberg Rn. 30). **20**

5. Zentralbanken (Abs. 1 S. 1 Nr. 4)

Mit Abs. 1 S. 1 Nr. 4 wird der alte § 1 Abs. 1 Nr. 4 unverändert ins neue Recht übernommen und Art. 1 Abs. 1 lit. e ZDRL umgesetzt. Mit dieser Vorschrift werden die Europäische Zentralbank, die Deutsche Bundesbank (einschließlich ihrer Niederlassungen und Filialen) sowie andere Zentralbanken in der Europäischen Union oder den anderen Staaten des Abkommens über den EWR als Zahlungsdienstleister anerkannt, sofern sie nicht in ihrer Eigenschaft als Währungsbehörde oder andere Behörde handeln. Sie unterliegen ebenfalls nicht dem Erlaubnisvorbehalt gem. § 8 Abs. 1 ZAG. Normzweck ist auch hier eine **Privilegierung für nicht hoheitliches Handeln** eines Hoheitsträgers. Handeln die Zentralbanken dagegen hoheitlich im Rahmen ihrer währungspolitischen Befugnisse, fallen sie schon von vornherein nicht in den Anwendungsbereich des ZAG. Das gilt im Gegensatz zu den anderen Trägern öffentlicher Gewalt (§ 1 Abs. 1 S. 1 Nr. 5) unabhängig davon, ob die Deutsche Bundesbank oder die Europäische Zentralbank diese hoheitliche Aufgabe im Einzelfall in öffentlich- oder privatrechtlichen Bahnen erfüllt (RegE BT-Drs. 16/11613, 32; Ellenberger/Findeisen/Nobbe/Böger/Findeisen Rn. 156; Schäfer/Omlor/Mimberg/Mimberg Rn. 32; Schwennicke/Auerbach/Schwennicke ZAG § 1 Rn. 14). **21**

6. Öffentliche Hand (Abs. 1 S. 1 Nr. 5)

22   Nach Abs. 1 S. 1 Nr. 5, der Art. 1 Abs. 1 lit. f PSD2 umsetzt und früher sachlich identisch in § 1 Abs. 1 Nr. 3 ZAG enthalten war, können auch staatliche Stellen Zahlungsdienste erbringen. Nr. 5 nennt zum einen vier **Gebietskörperschaften** (Bund, Länder, Gemeinden und Gemeindeverbände) sowie zum anderen **Behörden,** definiert als Träger bundes- oder landesmittelbarer Verwaltungseinheiten. Die Neufassung der Nr. 5 nennt insoweit seit 2018 beispielhaft die öffentliche Schuldenverwaltung, die Sozialversicherungsträger sowie die Bundesagentur für Arbeit. Diese Aufzählung ist jedoch nicht abschließend zu verstehen (RegE 18/11495, 104).

23   Voraussetzung für die Privilegierung als Gebietskörperschaft oder Behörde iSd Abs. 1 S. 1 Nr. 5 ist jedoch, dass diese nicht hoheitlich handeln (statt aller Schwennicke/Auerbach/Schwennicke ZAG § 1 Rn. 15 f.). Dies hat den Hintergrund, dass hoheitliches Handeln schon gar nicht vom Anwendungsbereich der PSD2 erfasst ist. Liegt kein hoheitliches Handeln vor, erklärt Abs. 1 S. 1 Nr. 5 die öffentlichen Träger oder ihre Behörden zu Zahlungsdienstleistern. Dies hat wiederum zur Folge, dass sie keine Zahlungsinstitute iSd Nr. 1 sind und damit nicht dem Erlaubnisvorbehalt in §§ 10, 11 ZAG unterfallen. Die öffentliche Hand darf mithin auch außerhalb ihres hoheitlichen Tätigkeitsbereichs Zahlungsdienste erbringen. Damit unterliegt sie auch nicht den Aufsichtsvorschriften in §§ 13 ff. soweit diese an die Eigenschaft eines Zahlungsinstituts anknüpfen. Die Vorschrift bezweckt also eine **Privilegierung der öffentlichen Hand bei nicht hoheitlichem Handeln** (→ Rn. 210 ff.). Die Ausnahme von den aufsichtsrechtlichen Vorgaben gilt jedoch nicht für die zivilrechtlichen Anforderungen an die Zahlungsdienste in den §§ 675c–676c BGB.

24   Ein nicht in Nr. 5 genanntes Anwendungsbeispiel für die dort angeordnete Privilegierung ist eine Kommune, die durch einen Regie- oder Eigenbetrieb Zahlungsdienste erbringt (zust. Schwennicke/Auerbach/Schwennicke ZAG § 1 Rn. 16). Nicht vom Anwendungsbereich des Abs. 1 S. 1 Nr. 5 erfasst sind jedoch **privatrechtlich verfasste Unternehmen,** die mehrheitlich im Besitz der öffentlichen Hand stehen (RegE BT-Drs. 16/11613, 32; Ellenberger/Findeisen/Nobbe/Böger/Findeisen Rn. 160; Schwennicke/Auerbach/Schwennicke ZAG § 1 Rn. 16; Schäfer/Omlor/Mimberg/Mimberg Rn. 36). Dies gilt auch dann, wenn die öffentliche Hand 100% der Gesellschaftsanteile an der privatrechtlichen Gesellschaft hält und die Tätigkeit genauso gut durch einen Eigen- oder Regiebetrieb erbringen könnte. Handeln umgekehrt privatrechtlich verfasste Gesellschaften als Beliehene hoheitlich, greift das ZAG insgesamt nicht ein, da es für die Ausnahme hoheitlichen Handelns nicht erforderlich ist, dass eine öffentlich-rechtlich verfasste Organisation tätig wird (sog. funktionaler Verwaltungsträger; ebenso Ellenberger/Findeisen/Nobbe/Böger/Findeisen Rn. 158; Schäfer/Omlor/Mimberg/Mimberg Rn. 36). Kein Anwendungsfall des Abs. 1 S. 1 Nr. 5 ist die Tätigkeit der Deutschen Postbank AG, da diese seit vielen Jahren privatrechtlich verfasst ist und nicht hoheitlich tätig wird. Sie bedarf also einer Genehmigung nach dem KWG bzw. ZAG. Von der in Art. 1 Abs. 1 lit. c PSD2 vorgesehenen Möglichkeit zur Schaffung einer eigenständigen Kategorie von Zahlungsdienstleistern für Postscheckämter hat Deutschland keinen Gebrauch gemacht, da es nach der Postreform von 1999 keine Postscheckämter mehr gibt, sondern die Post vielmehr privatisiert wurde und sämtliche Zahlungsdienste in die Deutsche Postbank AG ausgegliedert wurden (vgl. näher zum Ganzen Ellenberger/Findeisen/Nobbe/Böger/Findeisen Rn. 161 ff.).

III. Zahlungsdienste (Abs. 1 S. 2)

1. Überblick, Funktion von Abs. 1 S. 2, Zahlungsvorgang und Zahlungsmittel

Abs. 1 S. 2 bildet zusammen mit Abs. 2 und § 2 ein Herzstück des ZAG, da er den **25** sachlichen Anknüpfungspunkt für die Anwendbarkeit des ZAG bestimmt und den zentralen **Begriff des Zahlungsdienstes** definiert, der über den Verweis in § 675c Abs. 3 BGB auch für den sachlichen Anwendungsbereich des materiellen Zahlungsverkehrsrechts zentrale Bedeutung entfaltet. Zu den Zahlungsdiensten zählen das Ein- und Auszahlungsgeschäft (Nr. 1 und Nr. 2), die Zahlungsgeschäfte mit und ohne Kreditgewährung (Nr. 3 und 4), untergliedert in Lastschriften, Kartenzahlungen und Überweisungen, das 2018 hinzugekommene Akquisitionsgeschäft (Nr. 5), der Auffangtatbestand des Finanztransaktionsgeschäfts (Nr. 6) sowie die 2018 erstmals eingeführten Dienste von Drittdienstleistern, die Zahlungsauslöse- (Nr. 7) und die Kontoinformationsdienste (Nr. 8).

Im Folgenden werden diese Einzelformen der Zahlungsgeschäfte jeweils kurz **26** beschrieben, gegeneinander abgegrenzt und es wird auf ihre wesentlichen zivilrechtlichen Rahmendaten hingewiesen. Es kann jedoch nicht **Aufgabe dieser Kommentierung** sein, das gesamte materielle Zahlungsverkehrsrecht, das in §§ 675c ff. BGB geregelt ist, darzustellen. Insoweit ist vielmehr auf die Erläuterungen zum BGB zu verweisen. In dieser dem ZAG gewidmeten Kommentierung ist nur auf solche Besonderheiten hinzuweisen, die aufsichtsrechtlich relevant werden können.

Zentraler Anknüpfungspunkt ist jeweils die **Durchführung oder die Unter- 27 stützung einer Zahlung** von einem Zahler an einen Zahlungsempfänger **durch einen Intermediär,** den Zahlungsdienstleister, auch wenn diese Funktion bei Kontoinformationsdienstleistern nur sehr mittelbar erkennbar ist (zum Versuch einer Kurzdefinition des Zahlungsdienstes vgl. auch BeckOGK/Foerster § 675c Rn. 168–178). Den Begriff der Zahlung definiert das Gesetz in § 675f Abs. 4 S. 1 BGB als Zahlungsvorgang (so auch BeckOGK/Foerster § 675c Rn. 172f.), Zahlung und Zahlungsvorgang sind also Synonyme. Das Gesetz hat aber zu Recht darauf verzichtet, von Zahlungsvorgangsdiensten zu sprechen (dies vorschlagend aber BeckOGK/Foerster § 675c Rn. 172).

Gemeinsam ist den Definitionen des Zahlungsdienstes, dass sie privatrechtliche **28** Dienstleistungen erfassen wollen, die es ermöglichen, dass ein Zahler einem Zahlungsempfänger einen Geldbetrag unbar oder zumindest halbbar zukommen lassen kann. Auf das zwischen Zahler und Zahlungsempfänger bestehende Grund- oder Valutaverhältnis kommt es dabei nicht an, da im bargeldlosen Zahlungsverkehr der Grundsatz gilt, dass die Zahlung sich unabhängig von der Wirksamkeit des zugrunde liegenden Valutaverhältnisses vollzieht – sog. **Neutralität bargeldloser Zahlungen** (vgl. statt aller RegE 18/11495, 104; MüKoBGB/Casper Vor § 675c Rn. 13; Ellenberger/Findeisen/Nobbe/Böger/Findeisen Rn. 179; Schwennicke/Auerbach/Schwennicke ZAG § 1 Rn. 23).

Ein bargeldloser Zahlungsvorgang, bei dem der Zahlungsdienstleister des Zah- **29** lers und der Zahlungsdienstleister des Zahlungsempfängers auseinanderfallen (sog. institutsübergreifender Zahlungsvorgang), ist durch **vier verschiedene Rechtsverhältnisse** geprägt, die streng voneinander zu trennen sind, aber in Teilaspekten gleichwohl aufeinander ausstrahlen. Das Verhältnis zwischen dem Zahler und sei-

nem Zahlungsdienstleister wird als Deckungsverhältnis bezeichnet, die Vertragsbeziehung zwischen dem Zahlungsempfänger und seinem Zahlungsdienstleister als
Inkassoverhältnis. Das Verhältnis zwischen den beiden Zahlungsdienstleistern und
das zu den ggf. dazwischengeschalteten Banken oder Zahlungsverkehrssystemen
nennt man das Interbankenverhältnis. Hinzutritt das schon erwähnte Valutaverhältnis zwischen dem Zahler und dem Zahlungsempfänger. Insoweit handelt es sich
aber nicht um ein konstitutives Tatbestandsmerkmal eines Zahlungsvorgangs (Schä-
fer/Omlor/Mimberg/Mimberg Rn. 43).

30   Der **Zahlungsvorgang (§ 675f Abs. 4 S. 1 BGB)** muss auf die Bereitstellung,
Übertragung (Transfer) oder Abhebung eines Geldbetrages gerichtet sein. In sachlicher Hinsicht erfasst § 675f Abs. 4 S. 1 BGB diese drei Fallgruppen. Bei Auszahlung kann es sich sowohl um Bar- wie um Buchgeld handeln. Mit der Bereitstellung von Bar- oder Buchgeld sind die Gutschrift von Buchgeld, die Auszahlung
von Bargeld aufgrund einer Weisung oder die Einzahlung gemeint (ausführlichere
Begründung bei BeckOGK/Foerster § 675f Rn. 67). Wichtigster Anwendungsfall
ist der Transfer. Infolge der Ausnahme in § 2 Abs. 1 Nr. 3 ist diese Alternative auf
Buchgeld begrenzt. Es geht also primär um die Umbuchung von Buchgeld von
einem Zahlungskonto auf ein anderes (ebenso BeckOGK/Foerster § 675f Rn. 68
mit zutreffender Kritik an der von Dieckmann BKR 2018, 276 (278) geäußerten
abw. Ansicht). Hierzu zählen vor allem die Überweisung und die Lastschrift, aber
auch die Kartenzahlung, bei der in der Abwicklungsphase ebenfalls Geld von einem
Konto auf ein anderes umgebucht wird. Mit der Abhebung eines Geldbetrages wird
die klassische Barauszahlung ebenso erfasst wie der Sortenkauf zulasten eines Kontos, das in einer anderen Währung geführt wird.

31   Der in der Definition des Zahlungsvorgangs (oder kurz der Zahlung) im Sinne
des ZAG verwendete **Begriff des Geldbetrags** wird weder im ZAG noch im
BGB, wohl aber in Art. 4 Nr. 25 PSD2 definiert. In Betracht kommen insoweit
nur gesetzliche Zahlungsmittel, sei es in Form von Bar- oder von regulärem Buchgeld (Giralgeld) oder E-Geld (Schwennicke/Auerbach/Schwennicke ZAG § 1
Rn. 20 f.). Erfasst sind sowohl Zahlungen in inländischen wie in ausländischen
Währungen, und zwar auch solche aus Drittstaaten (RegE BT-Drs. 16/11613, 32;
Ellenberger/Findeisen/Nobbe/Böger/Findeisen Rn. 182; Schäfer/Omlor/Mim-
berg/Mimberg Rn. 42). Dies ergibt sich nicht zuletzt aus Art. 4 Nr. 25 PSD2, der
„Geldbetrag" als Banknoten und Münzen, Giralgeld (Buchgeld) und E-Geld definiert. Der Weg, auf dem das Zahlungsmittel übermittelt wird, ist für die Anwen-
dung des ZAG unerheblich.

32   Nicht erfasst sind **„private Währungen"** wie privatrechtlich geschaffene Ver-
rechnungseinheiten, mit denen Dienstleistungen oder Lieferung von Waren verrechnet werden. Dies gilt insbesondere für virtuelle Währungen wie Bitcoins und
andere blockchain-gestützte Währungen (diese stellen auch kein E-Geld dar, einhM,
vgl. nur KG BKR 2018, 473 Rn. 19 ff.; Omlor ZIP 2017, 1836 (1837 f.); Schäfer/
Omlor/Mimberg/Mimberg Rn. 42, 219; Schwennicke/Auerbach/Schwennicke
ZAG § 1 Rn. 22; Danwerth Finanztransfergeschäft S. 183 ff.; Danwerth/Hildner
BKR 2019, 57 (59, 61); → Rn. 120 jew. mwN; vgl. zu Bitcoins auch bereits Sorge/
Krohn-Grimberghe DuD 2012, 479 ff.). Diesen kommt zwar dieselbe Tauschfunk-
tion wie Buch- oder E-Geld zu, allerdings besteht insoweit kein Anspruch auf Rücktausch in ein gesetzliches Zahlungsmittel gegen den Emittenten (für E-Geld vgl.
§ 33). Ebenso fehlt es an der für Währungen charakteristischen Verbindlichkeit, die
einem gesetzlichen Zahlungsmittel immanent ist. Auch für sog. Stable Coins, die
künftig durch die MiCAR (Markets in Cryto Assests Regulation) reguliert werden

sollen, gilt nichts anders, solange nicht ein Anspruch auf Rücktausch in ein gesetzliches Zahlungsmittel besteht.

Entsprechendes gilt auch für sog. **Tauschringe** oder Barter-Clubs, bei denen 33 Mitglieder verschiedene Waren oder Dienstleistungen nicht unmittelbar untereinander, sondern unter Vermittlung einer Zentralstelle tauschen, die eine Verrechnung in sog. eurogedeckten Regios (Regionalgeld) vornimmt (RegE BT-Drs. 16/11613, 32; BaFin Merkblatt ZAG v. 14.2.2023 sub B I 1; Ellenberger/Findeisen/Nobbe/Böger/Findeisen Rn. 196 ff.; Schäfer/Omlor/Mimberg/Mimberg Rn. 42). Typischerweise wird dabei ein Guthaben nur für Dienstleistungen oder Warenkäufe innerhalb des Clubs genutzt, das nicht in Euro ausgezahlt werden kann (RegE BT-Drs. 16/11613, 32 f.; zu weiteren Details vgl. www.regiogeld.de). Entsprechendes gilt für die Verrechnung von **Leistungen in sog. virtuellen Netzwerken** oder Computerwelten wie „Second Life" oder „Sansar". Insoweit wird meist schon die Ausnahme nach § 2 Abs. 1 Nr. 11 eingreifen (→ § 2 Rn. 119 ff.). Folglich setzt die Nichtanwendbarkeit des ZAG stets voraus, dass zu keinem Zeitpunkt ein Umtausch der virtuellen Währungen in eine gesetzliche Währung verlangt werden kann (BaFin Merkblatt ZAG v. 14.2.2023 sub B I 1) und der Kunde auch keine gesetzlichen Zahlungsmittel zum Erhalt der virtuellen Währung einzahlen muss. Eine Ein- oder Auszahlung zu Beginn oder zum Ende der Mitgliedschaft kann – vorbehaltlich des Eingreifens des § 2 Abs. 1 – bereits genügen, um das ZAG zur Anwendung zu bringen (RegE BT-Drs. 16/11643, 32 f.; Ellenberger/Findeisen/Nobbe/Böger/Findeisen Rn. 197).

2. Ein- und Auszahlungsgeschäfte (Abs. 1 S. 2 Nr. 1 und Nr. 2)

Literatur zu Abs. 1 S. 2 Nr. 1 und Nr. 2: Hingst/Lösing Zahlungsdiensteaufsichtsrecht, 2015, § 6 Rn. 38 ff.

a) Überblick. Abs. 1 S. 2 Nr. 1 und Nr. 2 setzen Art. 4 Nr. 3 iVm Anhang 1 34 Nr. 1 und Nr. 2 PSD2 um und überführen § 1 Abs. 2 Nr. 1 ZAG 2009 sachlich unverändert ins neue PSD2. Dort war allerdings das Ein- und Auszahlungsgeschäft in einem Atemzug geregelt. Die **Aufspaltung in zwei Nummern** begründet der Gesetzgeber damit, dass diese engere Orientierung am Wortlaut und der Systematik der ZDRL die Kommunikation mit der BaFin und anderen nationalen Behörden bei der Ausstellung eines europäischen Passes erleichtern würde (RegE 18/11495, 105; krit. BeckOGK/Foerster § 675c Rn. 181). Trotz der Plausibilität dieses verwaltungstechnischen Arguments soll im Folgenden das Ein- und Auszahlungsgeschäft als Einheit dargestellt werden, da sich sachlich stets identische Fragestellungen ergeben (so auch BaFin Merkblatt ZAG v. 14.2.2023, sub B I).

Gemeinsames Kennzeichen beider Zahlungsdienste ist, dass die Dienstleis- 35 tung, also die Einzahlung bzw. die Auszahlung, zugunsten bzw. zulasten eines **Zahlungskontos** aufgrund eines Zahlungsdiensterahmenvertrages erfolgt (letzteres unterscheidet sie von Bargeldabhebungsdiensten iSd Abs. 32). Damit geht es also einmal um die Erzeugung von Buchgeld durch Einzahlung von Bargeld auf ein Konto, im anderen Fall um den Rücktausch von Buchgeld in Bargeld (Auszahlung). Damit bewegt sich Abs. 1 S. 2 Nr. 1 und Nr. 2 an der „Schnittstelle zwischen Bargeld und Buchgeld" (BaFin Merkblatt ZAG v. 14.2.2023, sub B I; Hingst/Lösing Zahlungsdiensteaufsicht § 6 Rn. 39; Schwennicke/Auerbach/Schwennicke ZAG § 1 Rn. 27 f.). Daneben erfassen beide Nummern aber auch gleichlautend und somit redundant alle „für die Führung eines Zahlungskontos erforderlichen

Vorgänge" (krit. auch BeckOGK/Foerster § 675c Rn. 181: völlig überflüssig sowie Schäfer/Omlor/Mimberg/Mimberg Rn. 46). Insoweit handelt es sich um einen Auffangtatbestand, der nur dann eingreift, wenn nicht schon eine der beiden anderen Tatbestandsalternativen, Bareinzahlungen auf ein Zahlungskonto oder Barauszahlungen von einem Zahlungskonto, vorliegt (BaFin Merkblatt ZAG v. 14.2.2023, sub B I 2; Schäfer/Omlor/Mimberg/Mimberg Rn. 55). Neben der Einrichtung zählt zur Führung eines Zahlungskontos die Buchung von Zahlungsaufträgen, die Erstellung von Auszügen sowie Rechnungsabschlüssen, die Vornahme von Bareinzahlungen und Auszahlungen, die Durchführung von unbaren Inkassoaufträgen sowie die Vornahme von Storno- oder Berichtigungsbuchungen bei Fehlbuchungen. Damit erfassen § 1 Abs. 1 S. 2 Nr. 1 und Nr. 2 also drei Dienstleistungen: Einzahlungen auf ein Zahlungskonto, Auszahlungen zulasten eines Zahlungskontos und die Führung eines Zahlungskontos, und zwar unabhängig davon, ob das Zahlungskonto im Zusammenhang mit Ein- oder Auszahlungen genutzt wird. Damit wird das in Abs. 17 definierte Zahlungskonto zum zentralen Tatbestandmerkmal. Im Folgenden ist deshalb zunächst das Zahlungskonto und sodann die einzelnen Erscheinungsformen des Ein- und Auszahlungsgeschäft zu erläutern.

36   **b) Zahlungskonto (Abs. 17).** Ein **Zahlungskonto** iSd Abs. 17 bezeichnet ein Konto auf laufende Rechnung, das auf den Namen eines oder mehrerer Zahlungsdienstnutzer lautet und der Ausführung von Zahlungsvorgängen dient (vgl. Art. 4 Nr. 12 PSD2). Abs. 17 übernimmt die alte Formulierung in § 1 Abs. 3 ZAG 2009 zwar nicht wörtlich, aber sachlich unverändert (BaFin Merkblatt ZAG v. 14.2.2023, sub B I 1; BeckOGK/Foerster § 675c Rn. 183). Der Begriff des Zahlungskontos wird auch in Art. 2 Nr. 3 Zahlungskontorichtlinie (in Deutschland umgesetzt durch das ZKG) verwendet. Eine identische Definition wie in Abs. 17 findet sich in § 2 Abs. 8 ZKG. Beide Begriffe sind grundsätzlich gleich auszulegen (EuGH BKR 2018, 524 Rn. 26). Das Konto stellt die Forderungen und Verbindlichkeiten zwischen dem Zahlungsdienstnutzer und seinem Zahlungsdienstleister innerhalb der Geschäftsbeziehung buch- und rechnungsmäßig dar und bestimmt für den Zahlungsdienstnutzer dessen jeweilige Forderung (bzw. Schuld) gegenüber dem Zahlungsdienstleister (BaFin Merkblatt ZAG v. 14.2.2023, sub B I 1). Ein Zahlungskonto ist somit jede laufende Rechnung zwischen Zahlungsdienstleister und Zahlungsdienstnutzer zur Durchführung von Zahlungsvorgängen (EuGH BKR 2018, 524 Rn. 31, der insoweit von einem konstitutiven Tatbestandsmerkmal spricht; ebenso Danwerth Finanztransfergeschäft S. 123 ff., 131; RegE BT-Drs. 16/11613, 35; Hingst/Lösing Zahlungsdiensteaufsicht § 6 Rn. 25 f.; Schäfer/Omlor/Mimberg/Mimberg Rn. 362). Reine Einlagen- und Kreditkonten fallen somit nicht unter die Definition des Zahlungskontos (→ Rn. 38). Zu den für die Führung eines Zahlungskontos erforderlichen Tätigkeiten zählt insbesondere die Verbuchung der Zahlungsvorgänge, die Erstellung von Rechnungsabschlüssen sowie die Durchführung von Storno- oder Berichtigungsbuchungen (vgl. näher zum Ganzen BeckOGK/Foerster § 675c Rn. 186) und damit verbundene Kontroll- und Überwachungstätigkeiten (sog. Disposition). Letztere stellen für sich betrachtet jedoch keinen Zahlungsdienst dar, wenn nicht zugleich auch die Verbuchung von Zahlungsvorgängen und die Erstellung von Rechtsabschlüssen erfolgt (BGHZ 195, 298 Rn. 24 zum P-Konto; LG Bamberg BeckRS 2012, 24815; teilw. aA BeckOGK/Foerster § 675c Rn. 188 f.). Ein Pfändungsschutzkonto (P-Konto) iSd § 850k ZPO ist also ebenfalls ein Zahlungskonto (BGHZ 195, 298 Rn. 24). Demgegenüber ist die Ausführung von Zahlungsaufträgen eine Pflicht aus dem Zahlungsdienste-

rahmenvertrag (und somit ein Zahlungsdienst nach Abs. 1 S. 2 Nr. 3), nicht aber ein konstitutives Merkmal für das Führen eines Zahlungskontos (anders aber BeckOGK/Foerster § 675c Rn. 189 f., der sogar die Ablehnung eines Zahlungsauftrages unter Abs. 1 S. 2 Nr. 1 bzw. Nr. 2 Var. 2 subsumieren will). Auch Kreditkartenkonten zählen zu den Zahlungskonten (Schäfer/Omlor/Mimberg/Mimberg Rn. 365).

Ein **Girokonto** ist in der Regel auch zugleich ein Zahlungskonto (ausführlich **37** Danwerth Finanztransfergeschäft S. 128 ff.). Gleichwohl sind beide Begriffe nicht vollständig deckungsgleich, da das Girokonto zur Durchführung von Zahlungsvorgängen bspw. auch zum Wechsel- oder Scheckinkasso oder zur Einräumung eines Kontokorrentkredites genutzt wird (vgl. RegE BT-Drs. 16/11613, 35; Danwerth Finanztransfergeschäft S. 130; Hingst/Lösing Zahlungsdiensteaufsicht § 6 Rn. 31 ff.; Schäfer/Omlor/Mimberg/Mimberg Rn. 365). Es ist also zulässig, ein Zahlungskonto mit den weitergehenden Funktionen eines Girokontos zu verknüpfen. Deshalb wird das in der Regierungsbegründung zum ZAG 2009 (RegE BT-Drs. 16/11643, 36) angesprochene Verzinsungsverbot auch nur bei reinen Zahlungskonten zum Tragen kommen (zust. Danwerth Finanztransfergeschäft S. 129; vgl. ferner MüKoBGB/Casper EGBGB Art. 248 § 4 Rn. 11 f.). Eine Guthabenverzinsung bei einem Girokonto mit weitergehenden Funktionen ist hingegen unproblematisch, auch soweit sie sich auf Salden bezieht, die aus Zahlungsvorgängen resultieren. Voraussetzung ist jedoch, dass der Kontoführer eine Erlaubnis als Einlagenkreditinstitut hat (Ellenberger/Findeisen/Nobbe/Böger/Findeisen Rn. 747). Wegen der weiteren Einzelheiten der Kontoführung und des Rechts des Kontos ist auf das einschlägige materielle bankrechtliche Schrifttum zu verweisen (vgl. etwa MüKoHGB/Herresthal A Rn. 166 ff. Ellenberger/Bunte BankR-HdB/Joeres/Menges § 13 ff.; Derleder/Knops/Bamberger/Singer, Handbuch zum deutschen und europäischen Bankrecht, 3. Aufl. 2019, § 38).

Keine Zahlungskonten sind bankinterne Verrechnungskonten (insbesondere **38** sog. Konto pro Diverse), reine Kreditkonten und reine Einlagenkonten wie Spar- oder Festgeldkonten und erst recht nicht Depotkonten (RegE BT-Drs. 16/11613, 35; Hingst/Lösing Zahlungsdiensteaufsicht § 6 Rn. 34; Schäfer/Omlor/Mimberg/ Mimberg Rn. 367 f.; Danwerth Finanztransfergeschäft S. 131 f., der insoweit den Obergriff Bankkonto bildet, zu dem auch das Girokonto, nicht aber zwingend das Zahlungskonto zu zählen sei). Dies gilt auch für Sparkonten mit täglicher Fälligkeit, da diese nicht darauf ausgerichtet sind, Zahlungsaufträge abzuwickeln (EuGH BKR 2018, 524 Rn. 23 ff. unter Rückgriff auf den 12. ErwG der Zahlungskonto-RL). Ein **E-Geld-Konto** ist dann ein Zahlungskonto, wenn der Inhaber des E-Geldes über dieses durch Übertragung verfügen, sich das gespeicherte Geld als Bargeld auszahlen lassen oder das E-Geld in reguläres Buchgeld auf einem anderen Konto rückverwandelt werden kann (Schäfer/Omlor/Mimberg/Mimberg Rn. 366; ähnlich Danwerth Finanztransfergeschäft S. 132 f. für PayPal-Konten). Handelt es sich bei dem E-Geld hingegen um ein reines internes Verrechnungskonto („Schattenkonto, Börsenverrechnungskonto"), auf dem ein E-Geld-Guthaben vermerkt ist, mit dem E-Geld-Inhaber nur über eine Prepaid-Karte oder mittels Token, die auf seinem Rechner gespeichert sind, verfügen kann, liegt kein Zahlungskonto vor (so jetzt auch BaFin Merkblatt ZAG v. 14.2.2023 sub B I 1; zustimmend Schäfer/ Omlor/Mimberg/Mimberg Rn. 366; näher zum Ganzen → Rn. 235 ff.).

c) Varianten des Ein- und Auszahlungsgeschäfts. Gemeinsames Kenn- **39** **zeichen** aller Ein- und Auszahlungsgeschäfte besteht darin, dass es unerheblich ist, ob die Ein- oder Auszahlung an einer Kasse oder mittels einer Zahlungskarte an einem Geldausgabeautomaten erfolgt. Erforderlich ist allein, dass eine Umwandlung von Bar- in Buchgeld bzw. von Buch- in Bargeld erfolgt (Hingst/Lösing Zahlungsdiensteaufsicht § 6 Rn. 39; BeckOGK/Foerster § 675c Rn. 183; Schäfer/Omlor/Mimberg/Mimberg Rn. 48). Die Einzahlung muss nicht zwingend zugunsten, die Auszahlung nicht zulasten des eigenen Kontos des Zahlers bzw. des Zahlungsempfängers erfolgen (Schwennicke/Auerbach/Schwennicke ZAG § 1 Rn. 27). Aus einem Umkehrschluss zu Abs. 1 S. 2 Nr. 3, der abschließend die Zahlungsgeschäfte aufzählt und Nr. 1 und Nr. 2 nicht nennt, ergibt sich, dass das Ein- und Auszahlungsgeschäft nicht unter den Begriff des Zahlungsgeschäftes fällt. Dies erklärt sich daraus, dass der Zahlungsvorgang nicht vollständig bargeldlos ist, sondern am Anfang oder am Ende des Vorgangs eine bare Ein- bzw. Auszahlung liegt.

40   **Bareinzahlungen** können heute nicht nur an der Kasse, sondern auch über einen Geldautomaten erfolgen (BaFin Merkblatt ZAG v. 14.2.2023 sub B I 2; BeckOGK/Foerster § 675c Rn. 184; Hingst/Lösing Zahlungsdiensteaufsicht § 6 Rn. 42; Schwennicke/Auerbach/Schwennicke ZAG § 1 Rn. 32). Zu den Bareinzahlungen gehört neben der Umwandlung von Bargeld in Buchgeld auch die sog. **Barüberweisung,** die sowohl unter Abs. 1 S. 2 Nr. 1 wie unter Nr. 3 lit. c fällt (aA BeckOGK/Foerster § 675c Rn. 201: nur Einzahlungsgeschäft; Schäfer/Omlor/Mimberg/Mimberg Rn. 51: Finanztransfergeschäft). Davon spricht man, wenn der Überweisungsbetrag nicht zu Lasten des Girokontos des Überweisenden gebucht, sondern bar eingezahlt wird. Eine Bareinzahlung liegt in dem ersten Schritt, mit dem Bargeld auf ein Zwischenkonto bei der überweisenden Bank gebucht wird, von dem aus es dann an den Zahlungsempfänger im Namen des Zahlers überwiesen wird. Im Fall der Barüberweisung wird zwar für den Zahler kein Zahlungskonto geführt, wohl aber für den Zahlungsempfänger, was für die Anwendbarkeit der Nr. 1 genügen muss (Meyer zu Schwabedissen Zahlungsdienste/Dörner/Schenkel/Schenkel Rn. 11; Hingst/Lösing Zahlungsdiensteaufsicht § 6 Rn. 43; so im Ergeb. wohl auch Ellenberger/Findeisen/Nobbe/Böger/Findeisen Rn. 209, 219f., 314 für die Barüberweisung; vgl. zu § 1 Abs. 1 S. 2 Nr. 9 KWG aF auch VG Frankfurt a. M. 4.6.2009 − 1 K 4151/08.F, juris Rn. 22ff.). Die Einzahlung muss also mit anderen Worten nicht zwingend zugunsten des eigenen Kontos des Zahlers erfolgen (da es in Nr. 1 nicht „auf ein Zahlungskonto des Zahlers" lautet). Entsprechendes gilt für die **Baranweisung,** bei der das angewiesene Geld dem Empfänger in bar ausgezahlt wird (Schwennicke/Auerbach/Schwennicke ZAG § 1 Rn. 32; vgl. allg. zur Abgrenzung von Baranweisung und Überweisung etwa AnwK BGB/Hennrichs, 1. Aufl. 2005, § 676a aF Rn. 10; Bamberger/Roth/Schmalenbach, 2. Aufl., § 676a aF Rn. 5; aA Schäfer/Omlor/Mimberg/Mimberg Rn. 50f.). Auch insoweit liegt in der Barzahlung an den Empfänger ein Fall des Abs. 1 S. 2 Nr. 1 und im Übrigen eine Überweisung iSd des Abs. 1 S. 2 Nr. 2 lit. c vor (zust. Meyer zu Schwabedissen Zahlungsdienste/Dörner/Schenkel Rn. 13, 19). Die BaFin geht davon aus, dass auch die Überweisung des an sich bei einem Barkauf anfallenden Wechselgeldes auf das Konto des Käufers durch den Händler ein Bareinzahlungsgeschäft sei (BaFin Merkblatt ZAG v. 14.2.2023 sub B I 2; ebenso Meyer zu Schwabedissen Zahlungsdienste/Dörner/Schenkel Rn. 13; zu Recht kritisch hierzu: BeckOGK/Foerster § 675c Rn. 184, der allein Abs. 1 S. 2 Nr. 3 lit. c für anwendbar hält; demgegenüber will Schäfer/Omlor/Mimberg/Mimberg Rn. 52 auch insoweit auf das Finanztransfergeschäft zugreifen). Es fehlt gerade am Einsatz von Bargeld des Kunden, das in Buchgeld umgewandelt wird.

Bei der **Auszahlung von Bargeld** zulasten des Girokontos handelt es sich um **41** die Durchsetzung eines Anspruchs aus § 700 iVm § 488 Abs. 1 S. 2 Alt. 2 BGB, sofern man mit der zutreffenden überwiegenden Auffassung die Rechtsnatur von Einlagekonten als irregulärer Verwahrung qualifiziert (vgl. nur BGH NJW 1996, 190 (191); ZIP 2009, 1000 (1001); Ellenberger/Bunte BankR-HdB/Schmieder § 26 Rn. 1b mwN). Ebenfalls unter Nr. 2 ist die **Auszahlung am Geldautomaten** unter Einsatz einer Debit- oder einer Kreditkarte zu subsumieren, an der Rechtsnatur des Auszahlungsanspruchs ändert sich insoweit nichts. Es macht aus Sicht des das Zahlungskonto führenden Instituts auch keinen Unterschied, ob es sich um den Automaten des eigenen, kontoführenden Instituts oder eines fremden Instituts handelt (Schwennicke/Auerbach/Schwennicke ZAG § 1 Rn. 29; Meyer zu Schwabedissen Zahlungsdienste/Dörner/Schenkel Rn. 11; aA aber Schäfer/Omlor/Mimberg/Mimberg Rn. 61). Das fremde Institut erbringt gegenüber dem abhebenden Nichtkunden jedoch kein Barauszahlungsgeschäft, da es mit diesem nicht durch einen Zahlungsdiensterahmenvertrag verbunden ist. Aus seiner Sicht liegt nur ein **Barabhebungsdienst** nach Abs. 32 (→ Rn. 591 ff.) vor. In dem Moment, wo dieses Institut auch seinen eigenen Kunden die Bargeldabhebung an dem Automaten gestattet, liegt insoweit freilich auch wieder ein Bargeldauszahlungsdienst vor (aA Schäfer/Omlor/Mimberg/Mimberg Rn. 61).

§ 2 Abs. 1 Nr. 14 sieht jedoch eine Bereichsausnahme für die Aufstellung von **42** Geldausgabeautomaten durch sog. **„unabhängige Geldautomatenbetreiber"** vor. Hierunter sind solche Geldautomatenbetreiber zu verstehen, die außer dem Aufstellen und dem Bestücken von Geldautomaten keine sonstigen Zahlungsdienstleistungen erbringen und die auch keinen (Zahlungsdienste-)Rahmenvertrag mit dem jeweiligen Zahlungsempfänger abgeschlossen haben (vgl. BT-Drs. 16/11613, 40). Die Anzahl derartiger Betreiber ist jedoch gering und auf wenige Flughäfen oder andere Verkehrsknotenpunkte beschränkt. Daneben kommen unabhängige Geldautomaten als **Multifunktionsgeräte in Spielhallen** vor, also Geräte, mit denen zugleich Bargeld gewechselt werden kann oder aber Gutscheine oder Spielmünzen erworben werden können (EuGH EuZW 2018, 432 Rn. 32). Prima vista könnte man vermuten, dass unabhängige Geldautomatenbetreiber ohne die Ausnahme in § 2 Abs. 1 Nr. 14 unter Abs. 1 S. 2 Nr. 2 zu subsumieren wären. Dem ist der EuGH jedoch bereits unter Geltung der Zahlungsdiensterichtlinie 2007 zu Recht entgegengetreten (EuGH EuZW 2018, 432 Rn. 31 ff.; ebenso AG Nürtingen ZfWG 2015, 286 ff.; BeckOGK/Foerster § 675c Rn. 184). Solange der unabhängige Geldautomatenbetreiber diese nur mit Bargeld bestückt und aufstellt, die Abwicklung des Zahlungsvorgangs aber über einen dritten, nach § 1 Abs. 1 S. 2 Nr. 5 aufsichtspflichtigen, Netzbetreiber abgewickelt wird, liegt bereits kein Barauszahlungsgeschäft iSd Abs. 32 im enumerativen Katalog des § 1 Abs. 1 S. 2 gerade nicht genannt ist. Folglich hat § 2 Abs. 1 Nr. 14 allein klarstellende Natur. Dies gilt erst recht, wenn der Befüller die Geräte vom Netzbetreiber nur angemietet hat. Wegen der weiteren Details → § 2 Rn. 151 ff.

Von dem Begriff des Ein- und Auszahlungsgeschäfts ist weiterhin die **unmittel-** **43** **bare Barzahlung** ausgenommen, was § 2 Abs. 1 Nr. 1 ausdrücklich klarstellt (vgl. 6. Erwägungsgrund der ZDRL 2007 sowie Ellenberger/Findeisen/Nobbe/Böger/ Reschke § 2 Rn. 17). Es fehlt an der für Abs. 1 S. 2 Nr. 2 charakteristischen Umwandlung von Buch- und Bargeld. Ebenso ausgeklammert wird der bloße physische Transport von Bargeld (§ 2 Abs. 1 Nr. 3), also etwa als Bote wie dies bei Geldtransporten üblich ist. Soweit die Dienstleistung allerdings über den bloßen physischen Transport von Bargeld hinausgeht und letztlich in einer Einzahlung auf einem Konto bei dem Transporteur oder einem anderen Zahlungsdienstleister mündet (sog. Cash Recycling), ist der Anwendungsbereich des Abs. 1 S. 2 Nr. 1 eröffnet (Ellenberger/Findeisen/Nobbe/Böger/Findeisen Rn. 220).

44   Ebenfalls ein Auszahlungsgeschäft nimmt der Supermarktbetreiber bei einem sog. reverse payment **(umgekehrte Bargeldzahlung),** also der Auszahlung von Bargeld nach einer bargeldlosen Zahlung einer Ware oder Dienstleitung vor (statt aller VGH Kassel NJOZ 2021, 917 Rn. 47). Paradigmatisches Beispiel hierfür ist der Einkauf im Supermarkt über 150 Euro, wobei der Händler jedoch 200 Euro über die Karte des Kunden bucht und ihm diese Differenz von 50 Euro in bar auszahlt. Im Gegensatz zu den bloßen Befüllern von Multifunktionsgeräten, die schon gar nicht an dem Zahlungsvorgang beteiligt sind, da er über den Netzbetreiber abgewickelt wird (vgl. EuGH EuZW 2018, 432 Rn. 31ff.), folgt die Eigenschaft als Auszahlungsdienstleister hier aus dem Umstand, dass der Händler Zahlungsempfänger des überschüssigen Betrages iHv 50 Euro ist und diesen nach Buchung auf seinem Konto an den Kunden auszahlt. Jedoch macht auch insoweit eine Ausnahme in § 2 Abs. 1 Nr. 4. Teilweise werden diese Verfahren auch als Cash Up- oder Cash Back-Verfahren bezeichnet (vgl. Ellenberger/Findeisen/Nobbe/Böger/Reschke § 2 Rn. 72ff., dort auch zu weiteren Anwendungsbeispielen wie der „Dankord" in Dänemark). Von der Ausnahme nicht erfasst ist das umgekehrte Beispiel, dass der Kunde den Händler bei einer Barzahlung bittet, ihm das Wechselgeld nicht in bar auszuzahlen, sondern auf ein Zahlungskonto zu überweisen; insoweit ist nach Ansicht der BaFin Nr. 1 Alt. 1 einschlägig (BaFin Merkblatt ZAG v. 14.2.2023 sub B I 2; dazu kritisch → Rn. 40).

45   Ebenfalls ausgenommen sind **Geldwechselgeschäfte,** die in bar abgewickelt werden (§ 2 Abs. 1 Nr. 5). Mit dieser eher klarstellenden Ausnahme wird das bare Sortengeschäft aus dem Anwendungsbereich des ZAG aussortiert. Das Sortengeschäft ist jedoch als Finanzdienstleistung im Sinne von § 1 Abs. 1a S. 2 Nr. 7 KWG nach § 32 Abs. 1 KWG erlaubnispflichtig. Demgegenüber wird der Sortenankauf oder -verkauf zulasten bzw. zugunsten eines Zahlungskontos nicht von der Ausnahme in § 2 Abs. 1 Nr. 5 erfasst.

3. Zahlungsgeschäft (Abs. 1 S. 2 Nr. 3 und Nr. 4)

46   **a) Überblick.** Abs. 1 S. 2 Nr. 3 übernimmt inhaltlich unverändert § 1 Abs. 2 Nr. 3 ZAG 2009, gleicht allerdings die **Reihung** der einzelnen Zahlungsgeschäfte der europarechtlichen Vorgabe in Art. 4 Nr. 3 iVm Anh. I Nr. 3 PSD2 an (zur Kritik an der früheren Rechtslage → 1. Aufl. 2014, § 1 Rn. 27). Geregelt werden die **drei Formen des Zahlungsgeschäftes,** die Lastschrift, das Geschäft mit Zahlungskarten sowie die Überweisung. Warum die Richtlinie mit den beiden Pullzahlungen beginnt, bei denen die Zahlungsinitiative vom Zahlungsempfänger ausgeht bzw. über diesen ausgelöst wird, und nicht mit der Überweisung, die zu den Pushzahlungen zählt, ist wenig einsichtig. Gleichwohl wird auch diese Kommentierung dieser gesetzlichen Systematik folgen. Abs. 1 S. 2 Nr. 3 am Ende enthält die Einschränkung, dass es sich für Nr. 3 um Zahlungsgeschäfte ohne Kreditgewährung handeln muss. Allerdings stellt Abs. 1 S. 2 Nr. 4 sodann klar, dass auch sämtliche in Nr. 3 genannte Zahlungsgeschäfte mit Kreditgewährung ebenfalls vom Anwendungsbereich des ZAG erfasst werden, weshalb man – zumindest aus zivilrechtlicher Sicht – beide Fallgruppen genauso gut in einer Nummer hätte zusammenfassen können (zu möglichen Unterschieden mit Blick auf § 3 Abs. 4 S. 1 vgl. Schäfer/

Omlor/Mimberg/Mimberg Rn. 68). Diese Zweiteilung rechtfertigt sich allenfalls aus aufsichtsrechtlichen Gesichtspunkten, da für die Kreditgewährung weitere Erlaubnispflichten nach dem KWG eingreifen können (§ 3 Abs. 4 S. 1).

Die **Aufzählung** in Abs. 1 S. 2 Nr. 3 ist ausweislich der Begründung des Regie- **47** rungsentwurfs ZAG 2007 **nicht abschließend** (RegE BT-Drs. 16/11613, 33; ebenso Ellenberger/Findeisen/Nobbe/Böger/Findeisen Rn. 224; BeckOGK/ Foerster § 675c Rn. 192; Hingst/Lösing Zahlungsdiensteaufsicht § 6 Rn. 47; zwei- felnd hingegen Schäfer/Omlor/Mimberg/Mimberg Rn. 69, da diese Formulie- rung in den Gesetzesmaterialien zum ZAG 2018 nicht wiederholt wurde). Sowohl der Wortlaut des Anhangs der PSD2 wie der Nr. 3 legen prima vista allerdings eine abschließende Aufzählung nahe (Schäfer/Omlor/Mimberg/Mimberg Rn. 69). Für einen offenen Tatbestand streitet neben der historischen Auslegung allerdings auch im ZAG 2028 der Gesetzeszweck, wonach auch künftige, vergleichbare Zahlungs- verfahren, die heute noch nicht bekannt sind, durch das ZAG erfasst werden sollen, ohne dass dessen Wortlaut anzupassen ist (dies bestreitend aber Schäfer/Omlor/ Mimberg/Mimberg Rn. 69).

Alle Zahlungsgeschäfte verlangen schließlich einen **Zahlungsvorgang** (§ 675f **48** Abs. 4 S. 1 BGB). Dieser ist dadurch gekennzeichnet, dass ein Zahlungsbetrag von einem Zahlungskonto des Zahlers auf ein Zahlungskonto des Zahlungsempfängers übermittelt, also unbar verbucht wird. Halbbare Zahlungen, bei denen der Zahler oder der Zahlungsempfänger nicht über ein Zahlungskonto verfügen, sind sowohl unter Nr. 1 bzw. Nr. 2 wie unter Nr. 3 lit. c zu subsumieren (→ Rn. 40; Ellenber- ger/Findeisen/Nobbe/Böger/Findeisen Rn. 209, 219 f., 314, Meyer zu Schwabe- dissen Zahlungsdienste/Dörner/Schenkel Rn. 13, 19). Wie der Zahlungsvorgang und die Verbuchung im Einzelnen erfolgt, ob ein Zahlungssystem zwischen- geschaltet ist und dort ein Netting (Verrechnung) erfolgt, ist für die Anwendung der Nr. 3 unerheblich.

Damit die aufsichtsrechtlichen Regelungen des ZAG eingreifen, muss der Zah- **49** lungsvorgang vom jeweiligen Zahlungsdienstleister ausgeführt und nicht bloß an- gestoßen werden (BaFin Merkblatt ZAG v. 14.2.2023 sub B II). Die bloße Über- mittlung von Datensätzen zur Auslösung eines Zahlungsvorgangs begründet also keinen Zahlungsdienst nach Nr. 3, wohl aber einen Zahlungsauslösedienst nach Abs. 7. Ebenso ist die bloße Unterstützung bei der Übermittlung des Zahlungs- auftrags nicht ausreichend. Nicht genügend ist zB die bloße Einreichung der Lastschrift bei der Inkassostelle. Auch die Zwischenschaltung eines eigenen Bank- kontos des weiteren Dienstleisters, ohne dabei selbst ein multilaterales Verrech- nungssystem zu betreiben, genügt nicht, damit vom **Betreiben eines Zahlungs- dienstes** gesprochen werden kann. Voraussetzung hierfür ist vielmehr, dass der Beteiligte dergestalt in den Zahlungsvorgang involviert ist, dass seine Handlung nicht hinweggedacht werden kann, ohne dass der Zahlungsvorgang entfiele (BaFin Merkblatt ZAG v. 14.2.2023 sub B II). Weitere Dienstleister, die den Transfer von Buchgeld also lediglich **anstoßen,** wie etwa die sog. Overlayservices-Dienste- anbieter oder auch die sog. Acquirer für die Kreditkartenunternehmen, sind zumindest nicht nach dieser Vorschrift als Zahlungsdienstleister zu qualifizieren; die Acquiring-Unternehmen sind aber unter Abs. 1 S. 2 Nr. 5 zu subsumieren (→ Rn. 86 ff., 102).

b) Lastschriftgeschäft (Abs. 1 S. 2 Nr. 3 lit. a und Abs. 21)

Literatur zu Abs. 1 S. 2 Nr. 3 lit a: Hingst/Lösing Zahlungsdiensteaufsichtsrecht, 2015, § 6 Rn. 49 ff.; von Olshausen, Die SEPA-Lastschrift: Erfüllung – Aufrechnung – Insolvenz, 2015.

50   Die Lastschrift ist eine weit verbreitete Zahlungsform, die nach Stückzahlen der Überweisung deren über lange Jahre führende Rolle streitig gemacht hat, nach dem bewegten Volumen aber nach wie vor weit hinter der Überweisung liegt (zu den Rechtstatsachen vgl. MüKoBGB/Casper Vor § 675c Rn. 11 f.). Nach der **Legaldefinition** in Abs. 21 ist eine Lastschrift ein vom Zahlungsempfänger ausgelöster Zahlungsvorgang zur Belastung des Zahlungskontos des Zahlers, dem dieser gegenüber dem Zahlungsempfänger, dessen Zahlungsdienstleister oder seinem eigenen Zahlungsdienstleister zustimmt. Entscheidend ist also, dass die Initiative zur Zahlung nicht vom Schuldner, sondern vom Gläubiger ausgeht. Früher wurde häufiger auch von einer „rückläufigen Überweisung" gesprochen (BGHZ 69, 82 (84) = NJW 1977, 1916; OLG Düsseldorf WM 1982, 575 f.; Hopt HGB (7) BankGesch Rn. D/7; Schäfer/Omlor/Mimberg/Mimberg Rn. 400; Ellenberger/Findeisen/Nobbe/Böger/Findeisen Rn. 785), was jedoch insoweit irreführend ist, als dass die Risikoverteilung bei der Lastschrift eine ganz andere als bei der Überweisung ist. Denn der Zahler hat den Zahlungsvorgang nicht ausgelöst und muss daher kontrollieren, ob die Belastung wirklich von ihm gewollt ist. Auch die rechtlichen Beziehungen zwischen Lastschrift und Überweisung sind klar voneinander zu trennen.

51   Der **institutsübergreifenden Lastschrift** liegt ein **Vier-Personenverhältnis** zugrunde. Zu unterscheiden sind das Valutaverhältnis zwischen Gläubiger und Schuldner, das Deckungsverhältnis zwischen dem Schuldner und seiner Bank (Zahlstelle) sowie das Inkassoverhältnis zwischen dem Gläubiger und seiner Bank, der sog. ersten Inkassostelle. Das Verhältnis zwischen Zahlstelle und erster Inkassostelle sowie ggf. den weiteren zwischengeschalteten Banken wird als Interbankenverhältnis bezeichnet. Nur bei der Hauslastschrift bzw. der innerbetrieblichen Lastschrift fallen erste Inkassostelle und Zahlstelle zusammen, ein Interbankenverhältnis existiert dann also nicht. Gleichwohl ist es sinnvoll, auch hier zwischen Deckungs- und Inkassoverhältnis zu unterscheiden, wenngleich die Problemlage eine andere ist.

52   Die Lastschrift begegnete bis August 2014 bzw. in Resten bis Februar 2016 in drei Formen, dem **Abbuchungsauftrags-,** dem **Einzugsermächtigungsverfahren** und der **SEPA-Lastschrift,** die wiederum in zwei Ausprägungen, der SEPA-Basislastschrift und der SEPA-Firmenlastschrift existiert. Damit standen sich zwei nationale Verfahren (Einzugsermächtigungslastschrift und Abbuchungsauftrag) sowie die SEPA-Lastschrift als europäisches Verfahren gegenüber. Die nationalen Lastschriftverfahren mussten innerhalb des SEPA-Raums (die zugehörigen Länder und Territorien sind auf der Internetseite des European Payments Council abrufbar) im Rahmen der sogenannten SEPA Migration zum 1.8.2014 auf das europaweit einheitliche SEPA-Lastschriftverfahren umgestellt werden (Art. 6 Abs. 2 SEPA-VO (260/2012/EU)). Nur bei elektronischen Lastschriften durfte noch bis 2016 die konventionelle, nationale Einzugsermächtigungslastschrift verwendet werden (→ 1. Aufl. 2014, § 7a Rn. 4 ff.). Mit Ablauf der Übergangsfrist für das elektronische Lastschriftverfahren ist die Migration auf SEPA-Lastschriften in Deutschland seit dem 1.2.2016 abgeschlossen. Seither existiert nur noch die SEPA-Lastschrift als einheitliches europäisches Verfahren.

53   **Zentrales Kennzeichen** der **SEPA-Lastschrift** bildet ein Mandat mit einer doppelten Ermächtigung, also eine Autorisierung iSd § 675j gegenüber dem Gläubiger und der Zahlstelle in Gestalt der Einwilligung (zu den Details MüKoBGB/

Jungmann § 675j Rn. 80 ff.; Baumbach/Hefermehl/Casper/Casper E Rn. 162 ff.). Bei der SEPA-Basislastschrift wird neben der Ermächtigung an den Gläubiger, sich das Geld beim Schuldner zu holen, auch eine Ermächtigung an den Zahlungsdienstleister des Zahlers (die Zahlstelle) ausgesprochen, das Konto zu belasten. Diese Ermächtigung wird aber nicht unmittelbar gegenüber der Zahlstelle erteilt, sondern über die Zahlungskette mit der Lastschrift übermittelt. Folglich sieht § 675x Abs. 2–4 die Möglichkeit vor, dem Zahler ein achtwöchiges Erstattungsverlangen (untechnisch auch Widerspruchsrecht genannt, aber vom Widerrufsrecht nach § 675p Abs. 2 scharf zu unterscheiden) zu gewähren, wovon jedoch nur bei der SEPA-Basislastschrift Gebrauch gemacht wurde (Nr. 2.5 SB SEPA-Basislastschrift). Da bei der SEPA-Firmenlastschrift die Ermächtigung zur Kontobelastung auch vorab als Generalermächtigung der Zahlstelle erteilt und nicht nur im Einzelfall als Einzelermächtigung über die Zahlungskette übermittelt werden kann, ist konsequenterweise das Erstattungsverlangen nach § 675x Abs. 2, 4 ausgeschlossen (Nr. 2.5 SB SEPA-Firmenlastschrift). Folglich ist die „gefährlichere" SEPA-Firmenlastschrift auf Kunden beschränkt, die keine Verbraucher sind, während das SEPA-Basislastschriftverfahren von jedermann gewählt werden kann, auch wenn es nach seiner Konzeption für Zahlungspflichtige, die als Verbraucher zu qualifizieren sind, gedacht ist (vgl. nur Staub/Grundmann, Bankvertragsrecht, 3. Teil Rn. 235).

Wie bei der SEPA-Firmenlastschrift gab es beim **konventionellen Ab-** **54** **buchungsauftrag,** der ursprünglich vor allem für größere Beträge gedacht war, bereits seit eh und je eine Vorab-Autorisierung im Deckungsverhältnis. Dabei handelt es sich nach ständiger Rechtsprechung zum alten Recht um eine Generalweisung (BGHZ 69, 82 (85) = NJW 1977, 2143; BGHZ 79, 381 (385) = NJW 1981, 1669; BGH WM 1989, 52; OLG Nürnberg NJW-RR 1995, 114; Ellenberger/Bunte BankR-HdB/Bunte/Artz § 3 Nr. 9 Rn. 54). Der Schuldner ermächtigte seine Bank, die konkrete Lastschrift oder sich wiederholende Lastschriften zu denselben Bedingungen seinem Konto zu belasten. Ohne seine Einwilligung durfte die Lastschrift nicht eingelöst werden. Ein Erstattungsverlangen nach § 675x Abs. 2, 4 BGB existierte erst recht nicht.

Demgegenüber wurde bei dem einst für Massenzahlungen mit kleinen Beträgen **55** gedachten **Einzugsermächtigungsverfahren** (vgl. dazu statt vieler MüKoHGB/ Hadding/Häuser, 2. Aufl. 2009, ZahlungsV Rn. C. 10; ausführlich zur Entwicklung des Lastschriftverfahrens auch Ellenberger/Bunte BankR-HdB/Ellenberger § 36 Rn. 9 ff.) nach der lange Jahre vorherrschenden Genehmigungstheorie die Ermächtigung nur im Valutaverhältnis dem Zahlungsempfänger vom Zahlungspflichtigen erteilt (StRspr beginnend mit BGHZ 69, 82 (85) = NJW 1977, 1916; BGHZ 70, 177 (180) = NJW 1978, 758; BGH WM 1978, 819 f.; BGHZ 167, 171 (173 f.) = NJW 2006, 1965; BGH WM 1989, 520 (521), vor der Neuregelung des Zahlungsverkehrs zuletzt BGHZ 174, 84 Rn. 12 = NJW 2008, 63 mwN unter Rückgriff auf die grundlegenden Vorarbeiten von Hadding FS Bärmann, 1975, 375 (385 ff.). Da die Zahlstelle mangels direkter Anweisung nicht überprüfen konnte, ob der Zahlungsempfänger tatsächlich zum Einzug ermächtigt gewesen war, war die Zahlstelle vielmehr auf eine nachträgliche Genehmigung bzw. deren Fiktion angewiesen. Der Zahler hatte die Möglichkeit, die Lastschrift wegen Widerspruchs zurückzugeben. Die dadurch vor allem mit Blick auf die Erfüllung des Valutaverhältnisses und die Insolvenz ausgelösten Friktionen, hatten im Anschluss an ein Grundsatzurteil des Bundesgerichtshofes vom 20.7.2010 (BGHZ 186, 269 Rn. 37 ff. = NJW 2010, 3510) die deutsche Kreditwirtschaft zum 9.7.2012 zu einer Änderung der Sonderbedingungen für die Einzugsermächtigungslastschrift veranlasst, nach der die Erteilung einer Einzugsermächtigung gleichzeitig auch eine Ermächtigung der Zahlstelle zur Auszahlung bildete, wodurch das Einzugsermächtigungsverfahren rechtlich erheblich an die SEPA-Basislastschrift angenähert wurde, womit sich die Ermächtigungstheorie durchgesetzt hatte (vgl. näher zum Ganzen MüKoBGB/Casper § 675f Rn. 95 ff.).

56   Für die **aufsichtsrechtliche Qualifikation der Lastschrift** nach Abs. 1 S. 2 Nr. 3a iVm Abs. 21 kommt es auf diese zivilrechtliche Qualifikation allerdings nicht an. Entscheidend ist allein, dass die Zahlungsinitiative vom Zahlungsempfänger ausgeht und der Einzug über die erste Inkassostelle ausgelöst wird. Sollte also in Zukunft wieder den alten nationalen Verfahren vergleichbare Lastschriften geschaffen werden, würde dies an der Anwendbarkeit des ZAG nichts ändern. Derzeit existieren ohnehin nur noch SEPA-Lastschriften. Auch ist es für die aufsichtsrechtliche Qualifikation unerheblich, ob Lastschrift einmalig oder wiederholt ausgeführt wird (Schäfer/Omlor/Mimberg/Mimberg Rn. 71). Ebenso wenig spielt es eine Rolle, in welcher Form das Mandat (also der Zahlungsauftrag) erteilt wird (Schäfer/Omlor/Mimberg/Mimberg Rn. 408).

57   Eine **Besonderheit des SEPA-Lastschriftverfahrens,** unabhängig davon ob es als Basis- oder als Firmenlastschriftverfahren ausgestaltet ist, ergibt sich daraus, dass der gesamte Prozess an einem Belastungstag (Due-Date) ausgerichtet ist, während es sich bei dem Abbuchungsauftrags- wie auch bei dem Einzugsermächtigungsverfahren um „Sichtverfahren" handelte. Letzteres folgte daraus, dass die Belastung mit Vorlage der Lastschrift erfolgte (Werner BKR 2010, 9 (13)). Dagegen verlangt das SEPA-Verfahren gewisse Vorlauffristen. So muss für einen Lastschrifteinzug auf der Grundlage dieses Verfahrens der Zahlungspflichtige zwingend vorab durch den Zahlungsempfänger informiert werden (SDD Core Rulebook (Version 1.1 – Mai 2022) sowie SDD B2B Rulebook (Version 1.2 – Mai 2022), jew. Kap. 4.3.4). In dieser Vorabinformation müssen bereits der fällige Betrag und das Fälligkeitsdatum enthalten sein. Nicht vorgeschrieben ist, dass die Vorabinformation separat erteilt wird. Vielmehr kann die Information auch in einer Rechnung mit aufgeführt sein (Werner BKR 2010, 9 (13)).

58   Sofern zwischen Zahlungsempfänger und Zahlungspflichtigem nichts anderes vereinbart wird (zB durch AGB), ist der Zahlungsempfänger verpflichtet, die Vorabinformation spätestens 14 Kalendertage vor dem Fälligkeitstag an den Zahlungspflichtigen zu versenden (SDD Core Rulebook (Version 1.2) sowie SDD B2B Rulebook (Version 1.2), Kap. 4.3.1–4.3.4.). Nach **Versand der Vorabinformation** an den Zahlungspflichtigen, frühestens jedoch 14 Tage vor dem Fälligkeitstag, reicht der Zahlungsempfänger vorbehaltlich abweichender Vereinbarungen den Lastschriftdatensatz bei der Inkassostelle ein. Der Datensatz muss neben dem Fälligkeitstag und der Höhe des Zahlungsbetrages eine eindeutige Gläubiger-Identifikationsnummer (Details dazu bei Langenbucher/Bliesener/Spindler/Rigler, Bankrechts-Kommentar, 2. Aufl., 11. Kap. Rn. 118 f.), den Namen und BIC des Zahlungsdienstleisters des Zahlers sowie Namen und IBAN des Zahlungspflichtigen enthalten. Die Inkassostelle und die zwischengeschalteten Kreditinstitute leiten den Datensatz an die Zahlstelle, die Bank des Zahlungspflichtigen, weiter. Bei ein- oder erstmaliger Erteilung muss dieser Datensatz, der auch die Informationen aus dem dematerialisierten Mandat (auch E-Mandat genannt) enthält, spätestens einen Interbanken-Geschäftstag vor dem „Due-Date" (D-1) bei dem Zahlungsdienstleister des Zahlungspflichtigen eingegangen sein (SDD Core Rulebook Kap. 4.3.4.).

59   Die Zahlstelle führt die **Belastungsbuchung** auf dem Konto des Zahlungspflichtigen an dem im Datensatz enthaltenen Fälligkeitstag aus. Am gleichen Tag erfolgt der Zahlungsausgleich im Interbankenverhältnis (Settlement) durch die Weiterleitung des Einzugsbetrages an die Inkassostelle. Zu diesem Datum erfolgt auch die Gutschrift und Wertstellung des eingezogenen Lastschriftbetrages beim Zahlungsempfänger. Dies ergibt sich zwar nicht unmittelbar aus dem SEPA-Rulebook selbst, wohl aber aus einer Zusammenschau von Interbankenverhältnis und der Wertung des § 675t Abs. 1, der dem Zahlungsempfänger einen Anspruch auf valutagerechte Gutschrift gewährt, sobald der Zahlungsbetrag auf dem Konto des Zahlungsdienstleisters des Zahlungsempfängers eingeht, welches der Fälligkeitszeitpunkt (Due-Date) sein muss (SDD Core Rulebook (Version 1.1) sowie SDD B2B Rulebook (Version 1.2) Kap. 4.3.1 und Einsele WM 2015, 1123 (1130)). Sofern am Fälligkeitstag die Kontobelastung nicht vorgenommen werden kann, zB weil das Konto keine ausreichende Deckung aufweist, kann die Zahlstelle die Belastung auch zu einem späteren Zeitpunkt vornehmen. Sie muss jedoch beachten, dass die Lastschrift spätestens drei Interbanken-Geschäftstage nach dem Fälligkeitstag ausgeführt sein muss. Bis zu diesem Zeitpunkt kann sie die Lastschrift mangels Deckung zurückgeben (SDD Core Rulebook (Version 1.2) sowie SDD B2B Rulebook (Version 1.2), Kap. 4.3.2).

Mit der Belastungsbuchung ist die **Lastschrift eingelöst.** Die Zahlstelle setzt **60** damit zugleich gegen den Zahler ihren Aufwendungsersatzanspruch durch. Im Valutaverhältnis erlischt damit die Schuld. Da bei der SEPA-Basislastschrift der Zahler nach §§ 675x Abs. 2 und Abs. 4 BGB berechtigt ist, von seiner Bank binnen acht Wochen nach der Belastungsbuchung den im Wege der Lastschrift eingezogenen Betrag erstattet zu verlangen, steht die Erfüllung des Valutaverhältnisses unter einer auflösenden Bedingung (vgl. hierzu sowie zu weiteren zivilrechtlichen Details der Lastschrift nur MüKoBGB/Casper § 675f Rn. 90ff. mwN; v. Olshausen, Die SEPA-Lastschrift: Erfüllung – Aufrechnung – Insolvenz, 2015, S. 126ff.).

c) Zahlungskartengeschäft (Abs. 1 S. 1 Nr. 3 lit. b)

Literatur zu Abs. 1 S. 2 Nr. 3 lit b: Bitter Problemschwerpunkte des neuen Zahlungsdienstrechts, WM 2010, 1725, 1773; Casper in Baumbach/Hefermehl/Casper Wechselgesetz, Scheckgesetz, Recht des Zahlungsverkehrs, 24. Aufl. 2020; Abschnitt E; Gößmann in Langenbucher/Gößmann/Werner, Zahlungsverkehr, Handbuch zum Recht der Überweisung, Lastschrift, Kreditkarte und der elektronischen Zahlungsformen, 1. Aufl. 2004, § 3; Hingst/Lösing Zahlungsdiensteaufsichtsrecht, 2015, § 6 Rn. 56ff.; Koch/Vogel in Langenbucher/Gößmann/Werner, Zahlungsverkehr – Handbuch zum Recht der Überweisung, Lastschrift, Kreditkarte und der elektronischen Zahlungsformen, 2004; Nobbe Neuregelungen im Zahlungsverkehrsrecht – Ein kritischer Überblick, WM 2011, 961.

aa) Definition und Überblick. Mit Abs. 1 S. 2 Nr. 3 lit. b wird Art. 4 Nr. 3 **61**
PSD2 umgesetzt. Dabei überführt die Norm die gleichlautende Vorschrift in § 1 Abs. 2 Nr. 2 lit. c ZAG 2009. Eine eigene Definition für Zahlungskarten enthält weder das ZAG noch die Richtlinie. Bedeutung erlangen insoweit aber die Definitionen in Abs. 20 (Zahlungsinstrument) sowie in Abs. 25 (personalisierte Sicherheitsmerkmale). Selbst in der Begründung zum Regierungsentwurf sucht man eine **Definition** vergebens und findet nur eine narrative Beschreibung der bisher bekannten Kartenzahlungen. Eine Definition des Begriffs Zahlungskarte findet sich allerdings in Art. 2 Nr. 15 VO (EU) 2015/751 über Interbankenentgelte für kartengebundene Zahlungsvorgänge, wonach die Zahlungskarte „eine Zahlungsinstrumentenart [darstellt], die es dem Zahler ermöglicht, Debit- oder Kreditkartentransaktionen zu veranlassen", was jedoch nicht vielmehr als eine Tautologie ist. Sinnvollerweise wird man an der Definition des Zahlungsinstruments in Art. 4

Nr. 14 ZDRL bzw. § 1 Abs. 20 ZAG Maß nehmen können, wonach ein Zahlungsinstrument „jedes personalisierte Instrument und/oder jeden personalisierten Verfahrensablauf, das bzw. der zwischen dem Zahlungsdienstnutzer und dem Zahlungsdienstleister vereinbart wurde und zur Erteilung eines Zahlungsauftrags
verwendet wird", meint. Dies vor Augen kann man zunächst festhalten, dass der
Begriff des Zahlungskartengeschäfts in Abs. 1 S. 2 Nr. 3 lit. b weit gefasst wird und
somit über § 1 Abs. 1a Nr. 8 KWG aF hinausgeht. An dieser Stelle wird folgende
Definition vorgeschlagen: Bei Zahlungskarten handelt es sich um ein dem Zahlungsdienstnutzer vom Zahlungsdienstleister ausgehändigtes verkörpertes Zahlungsinstrument, mit dem der Zahlungsdienstnutzer mit oder ohne Einsatz von
personalisierten Sicherheitsmerkmalen über einen Dritten dem Zahlungsdienstleister Zahlungsaufträge erteilen oder in einem Zweipersonenverhältnis Zahlungsvorgänge auslösen kann. Wann der mit der Karte verfügte Betrag belastet wird oder ob
er vorausgezahlt wurde, ist unerheblich (BeckOGK/Foerster § 675c Rn. 198). Da
mit dem **Begriff der Zahlungskarte** auf einen körperlichen Gegenstand Bezug
genommen wird (zust. Schwennicke/Auerbach/Schwennicke ZAG § 1 Rn. 36;
Schäfer/Omlor/Mimberg/Mimberg Rn. 74; ähnlich Hingst/Lösing Zahlungsdiensteaufsicht § 6 Rn. 57), hat man die unkörperlichen personalisierten Verfah-
rensabläufe – wie zB das Onlinebanking – auszunehmen. Inwieweit derartige Verfahren unter den Begriff **„ähnliches Zahlungsinstrument"** fallen, ist unklar (für
einen Verzicht auf das Erfordernis der Körperlichkeit BeckOGK/Foerster § 675c
Rn. 199; Hingst/Lösing Zahlungsdiensteaufsicht § 6 Rn. 60; dafür aber Schäfer/
Omlor/Mimberg/Mimberg Rn. 74). Auch insoweit sprechen die besseren Gründe
für eine Verkörperung. Ausreichend dafür ist allerdings auch ein in einem Mobiltelefon eingebauter Chip, der die Funktionen einer klassischen Zahlungskarte erfüllt. Im Übrigen deutet die Wendung „ähnliches Zahlungsinstrument" vor allem
auf das Gebot einer weiten Auslegung hin, nicht aber zwingend auf einen Verzicht
der Körperlichkeit.

62   In Deutschland existieren derzeit **vier Formen der Kartenzahlungen:** Die
Zahlung mit einer Universalkreditkarte, mit einer Debitkarte im garantierten
Point-of-Sale-Verfahren sowie mit einer Debitkarte im Wege des elektronischen
Lastschriftverfahrens (ELV) und schließlich die Zahlung mit der Geldkarte. Daneben existieren Zahlungskarten, die auf ein Zweipersonenverhältnis begrenzt
sind. Bei ihnen besteht aber die Besonderheit, dass mit der Karte nur in einer Zweipersonenbeziehung gezahlt werden kann und somit keine Zahlungsaufträge iSd
§ 675f Abs. 4 S. 2 BGB erteilt werden können. Eine Beschränkung der Zahlungskarten auf ein Mehrpersonenverhältnis ist Abs. 1 S. 2 Nr. 3 lit. b hingegen nicht zu
entnehmen, da der Wortlaut nur auf die Ausführung von Zahlungsvorgängen und
nicht auch auf die Erteilung von Zahlungsaufträgen über einen Dritten abstellt (aA
die inzwischen hM, vgl. Hingst/Lösing Zahlungsdiensteaufsicht § 6 Rn. 62; Ellen-
berger/Findeisen/Nobbe/Böger/Findeisen § 1 Rn. 283; Schäfer/Omlor/Mim-
berg/Mimberg Rn. 90). Allerdings werden Kundenkarten, die durch eine bloße
Zweipersonenbeziehung gekennzeichnet sind, in § 2 Abs. 1 Nr. 10 wieder von den
Zahlungsdiensten ausgenommen. Entsprechendes gilt für reine Prepaidkarten (wie
Telefon- oder Mensakarten). Folglich sind in einer Zusammenschau mit der Ausnahmevorschrift nur solche Zahlungskarten erfasst, die bei einer Vielzahl von Zahlstellen eingesetzt werden können (sog. Universalkarten).

63   **bb) Kreditkartengeschäft.** Traditionelle Kreditkarten sind von Debitkarten
dadurch abzugrenzen, dass der Aufwendungsersatzanspruch nicht sofort, sondern

erst am Ende einer vereinbarten Rechnungsperiode (meist eines Monats) geltend gemacht wird, zuvor also gestundet ist (vgl. näher zur Abgrenzung von Debit- und Kreditkarten sowie zu deren Entwicklung Baumbach/Hefermehl/Casper Rn. 693 f. mwN). Einige Kreditkarten verwenden heute aber auch Prepaid- oder Debit-Verfahren und sind dann von Debitkarten kaum noch zu unterscheiden. Die von Abs. 1 S. 2 Nr. 3 lit. b erfassten tradierten **Universalkreditkarten** kennzeichnet eine Dreipersonenbeziehung, da der Karteninhaber die Karte bei einem Netz von Vertragshändlern – und nicht nur wie bei der reinen Kundenkarte beim kartenausgebenden Unternehmen – einsetzen kann. Das idealtypische Dreipersonenverhältnis wird in der Praxis allerdings meist zu einem Vier- oder Mehrpersonenverhältnis erweitert, indem nicht das Kartenunternehmen selbst die Kreditkarte emittiert, sondern die Bank des Karteninhabers als Lizenznehmerin auftritt, wobei MasterCard und Visa als Lizenzgeberinnen eine marktbeherrschende Stellung zukommt (weitere Details und graphische Übersicht bei Baumbach/Hefermehl/Casper/Casper E Rn. 697 ff.).

Die **Akquisition der Vertragsunternehmen** wird in aller Regel nicht von den 64 Banken oder dem Kartenunternehmen selbst, sondern von einem Acquiring-Unternehmen vorgenommen, das oftmals auch als Dienstleister für die Abwicklung der Zahlungstransaktionen auftritt und auch sonstige Serviceleistungen wie Antragserfassung, Kartenkontoführung, etc (das sog. Karten-Processing) übernimmt. Insoweit sind in Deutschland die B+S PayOne GmbH (2017 aus der Fusion von B+S Card Service GmbH und der Payone GmbH hervorgegangen) und die First Data Deutschland mit ihrer Tochtergesellschaft Telecash vorherrschend. Der Acquirer erbringt jedoch anders als das Kartenunternehmen keinen Zahlungsdienst iSd Abs. 1 S. 2 Nr. 3 lit. b (→ Rn. 49, BaFin-Merkblatt ZAG v. 14.2.2023 sub B II), fällt regelmäßig aber unter Abs. 1 S. 2 Nr. 5 (→ Rn. 86 ff., 102). Damit Abs. 1 S. 2 Nr. 3 lit. b anwendbar ist, muss das kartenausgebende Unternehmen sich allerdings nicht nur auf die Ausgabe der Karte (Emission) beschränken, sondern auch den mit der Kreditkarte angestoßenen Zahlungsvorgang ausführen. Wer die Kreditkarte nur ausgibt, ist ebenfalls allein nach Abs. 1 S. 2 Nr. 5 Alt. 1 aufsichtspflichtig (BaFin-Merkblatt ZAG v. 14.2.2023 sub B II; Ellenberger/Findeisen/Nobbe/Böger/Findeisen Rn. 259 f.; vgl. näher auch Schäfer/Omlor/Mimberg/Mimberg Rn. 82). Dies spielt vor allem bei dem sog. Co-Branding eine Rolle, bei dem die Hausbank die Karte ausgibt, während nur das Kreditkartenunternehmen nach Abs. 1 S. 2 Nr. 3 lit. b aufsichtspflichtig ist. Stellt allerdings die Hausbank die Kreditkarte zur Verfügung und gibt das Kartenunternehmen nur die Lizenz („das Branding"), fällt die Hausbank und nicht das Kartenunternehmen unter Nr. 3 lit. b (ebenso Ellenberger/Findeisen/Nobbe/Böger/Findeisen Rn. 273 mwN). In der Praxis spielt das freilich keine Rolle, da die die Karte emittierende Hausbank bereits über eine Lizenz nach dem KWG verfügen wird.

Wie bei jeder bargeldlosen Zahlung sind mindestens drei, regelmäßig aber **vier** 65 **vertragliche Beziehungen** zu unterscheiden. Das Verhältnis zwischen Kartenausgeber und Kartenunternehmen wird als Deckungs- oder Emissionsverhältnis bezeichnet. Die Beziehung zwischen Karteninhaber (Schuldner) und dem Vertragsunternehmen (Gläubiger), das die Karte akzeptiert, bildet das Valuta- oder Grundverhältnis. Die Beziehung zwischen Kartenausgeber und dem Vertragsunternehmen wird nicht wie bei der Lastschrift oder beim Scheck als Inkasso-, sondern typischerweise als Akquisitions- oder Vollzugsverhältnis bezeichnet. Es kann entweder zwischen dem Kartenausgeber und dem Händler oder zwischen dem Kartenunternehmen als Lizenzgeber des Kartenausgebers und dem Händler bestehen. Das Verhältnis zwischen Kartenunternehmen und den Händlern bzw. dem Acquirer und den Händlern wird als Clearingverhältnis bezeichnet.

66   Ziel der Zahlung mit einer Kreditkarte ist es, für das Vertragsunternehmen eine mit der Bargeldzahlung vergleichbare Situation zu schaffen. Dies wird als Bargeldersatzfunktion der Kreditkarte beschrieben (vgl. etwa BGHZ 150, 286 = NJW 2002, 2234; Langenbucher/Gößmann/Werner Zahlungsverkehr-HdB/Gößmann § 3 Rn. 4; Baumbach/Hefermehl/Casper ZV Rn. 781). Mit der **körperlichen Vorlage der Karte** beim Händler übernimmt dieser deren Daten, die in der Regel sofort online überprüft werden, und leitet sie zusammen mit dem Zahlungsbetrag aus dem Valutaverhältnis an das Kartenunternehmen weiter. Somit wird zugleich der Zahlungsauftrag des Karteninhabers an das Kartenunternehmen, den im Valutaverhältnis geschuldeten Betrag an den Vertragshändler auszuzahlen, übermittelt. Das Kartenunternehmen erstattet dem Händler den mit der Karte gezahlten Betrag, abzüglich eines Disagios, belastet das interne Konto des Karteninhabers, rechnet den Betrag idR einmal im Monat ab und macht damit seinen Aufwendungsersatzanspruch geltend. Das Kartenunternehmen kann die Zahlung nicht mangels Deckung verweigern, da es für den Fall eines ordnungsgemäßen Einsatzes der Karte im Präsenzverfahren ein **abstraktes Schuldversprechen** gegenüber dem Vertragshändler abgibt (so die heute ganz hM, vgl. nur BGHZ 150, 286 (291 ff.) = NJW 2002, 2234; BGHZ 152, 75 (80) = NJW 2002, 3698; BGHZ 157, 256 (261 ff.) = ZIP 2004, 402; BGH WM 2004, 426 (427 f.); DB 2005, 2072; vgl. aus dem Schrifttum grundlegend etwa Hadding FS Pleyer, 1986, 17 ff.; sowie zusammenfassend Martinek FS Hadding, 2004, 967 ff., MüKoBGB/Casper § 675f Rn. 121 f. mwN auch zu den Gegenauffassungen).

67   Die Kreditkartendaten werden heute verbreitet auch bei Einkäufen im Internet oder am Telefon eingesetzt. Dabei gibt der Karteninhaber lediglich seine Kartendaten an den Vertragshändler elektronisch weiter, eine körperliche Vorlage der Karte und ein Unterschriftenvergleich unterbleiben (sog. **Mail-Order-Verfahren**). Damit steigen die Risiken einer missbräuchlichen Verwendung (zu den hier nicht darzustellenden Einzelheiten, einschließlich der Unzulässigkeit von sog. Rückbelastungsklauseln vgl. nur BGHZ 150, 286 (295) = NJW 2002, 2234; BGHZ 157, 256 (263 ff.) = ZIP 2004, 402; BGH WM 2004, 426 (428); 2004, 1031 (1032); Baumbach/Hefermehl/Casper ZV Rn. 826 ff.; MüKoBGB/Casper § 675f Rn. 123 f.). Allerdings hält die ganz überwiegende Auffassung auch insoweit an der Qualifikation des Zahlungsvorgangs – wie in → Rn. 66 beschrieben – als abstraktes Schuldversprechen fest und lehnt eine Gleichsetzung mit dem Lastschriftverfahren, das bei der Debitkarte zum Einsatz kommen kann (→ Rn. 71), ab (vgl. nur Nobbe WM 2011, 961 (967); MüKoBGB/Casper § 675f Rn. 122, aA vor allem Bitter WM 2010, 1773 (1775 ff.) sowie ähnlich auch bereits Bitter ZBB 2007, 237 (249)).

68   **cc) Debitkarten.** Die klassische EC-Karte hat sich spätestens nach dem Wegfall des garantierten EC-Schecks im Jahre 2001 zur multifunktionalen **Debitkarte** (girocard, Bankkarte, Maestrocard) gewandelt. Darunter sind solche Karten zu verstehen, bei denen der im Valutaverhältnis zu entrichtende Betrag nach dem Clearing unmittelbar dem Konto des Karteninhabers belastet (debitiert) wird (sog. Paynow-Zahlungen). Damit ist bereits der wesentliche Unterschied zur traditionellen Universalkreditkarte beschrieben, bei der der Aufwendungsersatzanspruch des Kartenunternehmens zu zu einem im Voraus festgelegten Abrechnungstermin gestundet wird (sog. Pay-later-Zahlungen). Im Gegensatz zur sog. eindimensionalen Händlerkarte kennzeichnet die Debitkarte ebenso wie die Universalkreditkarte ein Drei- oder Vierpersonenverhältnis (→ Rn. 63), weshalb man sie auch als Universal-

debitkarte bezeichnen kann. Was die Anwendbarkeit des Abs. 1 S. 2 Nr. 3 lit. b bzw. die „bloße" Ausgabe iSd Nr. 5 anbelangt, ist beim in der Praxis üblichen Co-Branding auf die Überlegungen in → Rn. 64 zu verweisen (vgl. auch Schäfer/Omlor/ Mimberg/Mimberg Rn. 82, 87).

Debitkarten sind durch multifunktionale Einsatzmöglichkeiten gekennzeichnet. **69** Die von der Kreditwirtschaft emittierten ec-/Maestro-Karten (sog. girocard) können zum einen zur Abhebung von Bargeld auch an institutsfremden Geldautomaten eingesetzt werden (→ Rn. 41). Daneben dienen sie der Teilnahme am **POS-Verfahren** (Point of Sale). Hierbei wird ebenfalls wie bei der Bargeldabhebung eine PIN verwendet. Außerdem wird die Zahlung dem Händler garantiert. Das POS-Verfahren ist im Gegensatz zum früheren POZ-Verfahren bzw. dem heutigen, nicht von der Kreditwirtschaft initiierten elektronischen Lastschriftverfahren (ELV) durch eine **Zahlungsgarantie** der die Debitkarten emittierenden Bank gegenüber dem Vertragshändler gekennzeichnet. Der Zahlungsvorgang unterteilt sich in die Autorisierungsphase, bei der der Kunde seine PIN eingeben muss, und die Clearingphase (Details bei Baumbach/Hefermehl/Casper/Casper E Rn. 711, 715 f.).

Das POS-Verfahren ist durch die Kreditwirtschaft initiiert und basiert auf der **70** **Vereinbarung über das electronic cash–System** (abgedruckt und erläutert bei BuB/Werner Rn. 6/1526 ff.), die in erster Linie die Aufgabe hat, einheitliche technische Bedingungen und ein flächendeckendes Netz von POS-Kassen aufzustellen. Daneben verpflichten sich die Institute, gegenüber den Händlern mit der positiven Autorisierung ein Zahlungsversprechen abzugeben, das als abstraktes Schuldversprechen zu qualifizieren ist (BuB/Werner Rn. 6/1584; Hopt HGB (7) Bankgeschäfte Rn. F/23, ausführlichere Begründung bei Baumbach/Hefermehl/Casper ZV Rn. 757 f. während eine andere Auffassung eine Garantie bevorzugt, vgl. Bitter ZBB 2007, 246; Bitter ZBB 1996, 104 (120 ff.)).

Daneben ermöglichen die Debitkarten die Teilnahme am **Elektronischen 71 Lastschriftverfahren (ELV),** bei dem der Karteninhaber dem Kassenbetreiber eine Einzugsermächtigung erteilt. Dieses von der Kreditwirtschaft nur geduldete Verfahren hat das frühere, von ihr selbst betriebene POZ-Verfahren (POS ohne Zahlungsgarantie) vollständig ersetzt. Bei der Legitimation des Karteninhabers wird auf die Eingabe der PIN verzichtet. Stattdessen werden lediglich die Kontodaten aus der Karte ausgelesen und die Unterschrift auf der Karte mit der auf dem Lastschrifteinzugsbeleg verglichen. Dies senkt die Betriebskosten des Systems und macht es auch solchen Personen zugänglich, die ihre Geheimnummer nicht nutzen. Andererseits ist das Verfahren anfälliger für Missbrauch. Grundsätzlich wird keine Sperrdatei abgefragt, soweit der jeweilige Betreiber des Systems diese nicht im Einzelfall intern anbietet (vgl. ausf. zum ELV Baumbach/Hefermehl/Casper ZV Rn. 760 ff. mwN). Aufsichtsrechtlich handelt es sich insoweit jedoch nicht um ein Kartenzahlungsgeschäft iSd Abs. 1 S. 2 Nr. 3 lit. b, sondern um das Lastschriftgeschäft iSd Nr. 3 lit. a (ebenso Schäfer/Omlor/Mimberg/Mimberg Rn. 93 f.).

Beim elektronischen Lastschriftverfahren lag zumindest nach der bis 2012 vor- **72** herrschenden Interpretation der Einzugsermächtigungslastschrift (Genehmigungstheorie → Rn. 55) kein Zahlungsauftrag vor. Dies hat sich mit der nunmehr erforderlichen Vorabautorisierung geändert, da bei der jetzt verwendeten **SEPA-Lastschrift** (→ Rn. 57 ff.) sowohl ein Zahlungsauftrag vorliegt als auch ein personalisiertes Merkmal in Gestalt des Unterschriftsvergleichs zum Einsatz kommt (zur Unterschrift als personalisiertes Sicherheitsmerkmal → Rn. 448 f.). Zu den Ausnahmen bei Zahlungen bis 50 Euro → Rn. 73.

73   Die seit 2018 ausgegebenen Debitkarten verfügen meist über eine Near Field Communication-Funktion, kurz **NFC-Funktion.** Dies ermöglicht sowohl im POS-Verfahren wie im ELV die kontaktlose Verwendung der Debitkarte. Die Karte muss nun nicht mehr in das Kassenterminal eingeführt werden, sondern kann einfach auf das Terminal aufgelegt bzw. bis auf wenige Zentimeter an das Terminal herangeführt werden. Rechtlich ändert sich durch den Einsatz der NFC-Funktion nichts, es wird weiterhin ein Zahlungsauftrag nach § 675f Abs. 4 S. 2 BGB und eine Autorisierung iSd § 675j BGB erteilt (MüKoBGB/Jungmann § 675j Rn. 86). Allerdings sind die meisten Sonderbedingungen für Debitkarten so angepasst worden, dass es bei **Zahlungen bis 50 Euro** keiner Eingabe der PIN bzw. keiner Unterschrift mehr bedarf, also auf den Einsatz jeglicher personalisierter Sicherheitsmerkmale verzichtet werden kann (so bei VISA, Mastercard, während es bei girocard mit grundsätzlich dem ursprünglichen Betrag von 25 Euro sein Bewenden hat, wobei jedoch die Möglichkeit besteht, den Betrag auf 50 Euro erhöhen zu lassen). Spätestens nach fünf Transaktionen oder nach einer Gesamtsumme von 150 Euro müssen Kunden jedoch weiterhin erneut die PIN eingeben. Auch in dieser Konstellation wird ein Zahlungsauftrag durch Verwenden der Karte am Händlerterminal erteilt. Allerdings ist nicht zu verkennen, dass das Missbrauchsrisiko steigt, da zumindest denkbar ist, dass Betrüger mit eigenen Lesegeräten die in der Hosen- oder Handtasche befindliche Karte erkennen und einen Betrag bis zu 50 Euro abbuchen. Umstritten ist, ob insoweit die Haftungsfreizeichnung nach § 675v Abs. 4 BGB eingreift, wonach sowohl die verschuldensunabhängige wie die verschuldensabhängige Haftung nach § 675v Abs. 1 bzw. Abs. 3 BGB dann ausgeschlossen ist, wenn der Zahlungsdienstleister des Zahlers bzw. der Zahlungsempfänger oder sein Zahlungsdienstleister eine starke Authentifizierung nicht anbieten (→ § 55 Rn. 66 (Zahrte); Hoffmann VuR 2016, 243 (248); aA Omlor ZIP 2019, 105 (113); MüKoHGB/Linardatos Zahlungsverkehr 6 Rn. 147; BeckOK/Schmalenbach BGB § 675v Rn. 17). Nach richtiger Auffassung greift der Haftungsausschluss nach § 675v Abs. 4 BGB nur dann ein, wenn eine aufsichtsrechtliche Pflicht bestand, eine starke Kundenauthentifizierung zu verlangen. Im Fall des § 675v Abs. 4 S. 1 Nr. 2 BGB ist insoweit nicht auf die Warte des Zahlungsempfängers oder seines Zahlungsdienstleisters, sondern auf die des Zahlungsdienstleisters des Zahlers abzustellen. Dieser kann dann den Zahlungsempfänger oder dessen Zahlungsdienstleister auf Regress in Anspruch nehmen (zur näheren Begründung vgl. Casper FS Hopt, 2020, 117 (119 ff.); aA Jungmann ZBB 2020, 1 (3 ff.), jew. mwN).

74   Wegen der **weiteren Einzelheiten** des POS-Verfahrens bzw. des ELV ist auf das zahlungsverkehrsrechtliche Schrifttum zum BGB zu verweisen (vgl. etwa Baumbach/Hefermehl/Casper ZV Rn. 692–831; kürzer MüKoBGB/Casper § 675f Rn. 129 ff. sowie MüKoBGB/Zetzsche § 675v Rn. 46 ff.)

75   **dd) Geldkarte.** Bei der Geldkarte handelt es sich um eine sog. **Prepaidkarte,** bei der ein Geldbetrag auf einen Chip „geladen" wird, der sodann an zugelassenen elektronischen Kassen des Handels als elektronische Geldbörse eingesetzt werden kann (zu Zusatzanwendungen insbesondere für Altersmerkmale vgl. Baumbach/Hefermehl/Casper ZV Rn. 832f. sowie ausführlich Langenbucher/Gößmann/Werner Zahlungsverkehr-HdB/Koch/Vogel § 5 Rn. 103f.). Sie kann zusammen mit einer Debitkarte oder isoliert als sog. Whitecard ausgegeben werden. In rechtstatsächlicher Hinsicht sind drei verschiedene Vorgänge bei der Zahlung zu unterscheiden: Der Ladevorgang, der Bezahlvorgang und das anschließende Inkasso. Der Ladevorgang vollzieht sich in der Regel ähnlich wie die Auszahlung am Geldaus-

gabeautomaten bei Einsatz der Debitkarte. Statt der Auszahlung wird der geladene Betrag auf der Karte vermerkt. Bei dem Bezahlvorgang wird ein Teil des Guthabens auf das Konto des Händlers bzw. auf dessen Händlerkarte gebucht, der dann im Clearingverfahren anonymisiert das Börsenverrechnungskonto des Karteninhabers bei der kartenausgebenden Bank belastet, auf welches dieser das gesamte auf der Geldkarte eingezahlte Guthaben vorausgezahlt hatte (zu den weiteren Details bei BuB/Werner Rn. 6/1674f.; Baumbach/Hefermehl/Casper ZV Rn. 834ff.).

Obwohl die Geldkarte aus zivilrechtlicher Sicht prima vista als Zahlungskarte iSd **76** Abs. 1 S. 2 Nr. 3 lit. b zu qualifizieren zu sein scheint, die dann den Besonderheiten eines Kleinbetragszahlungsinstruments nach § 675i BGB unterliegt, ist sie aufsichtsrechtlich allein als **E-Geld iSv § 1 Abs. 2 S. 3** einzuordnen (statt Vieler vgl. nur Meyer zu Schwabedissen Zahlungsdienste/Dörner/Schenkel Rn. 29; Schwennicke/Auerbach/Schwennicke ZAG § 1 Rn. 36; Schäfer/Omlor/Mimberg/Mimberg Rn. 93; Ellenberger/Findeisen/Nobbe/Böger/Findeisen Rn. 293). Vor der Verabschiedung der §§ 675c ff. BGB wurde die Geldkarte sogar überwiegend unter den Begriff der Debitkarte subsumiert (so zB noch Langenbucher/Gößmann/Werner Zahlungsverkehr-HdB/Koch/Vogel § 5 Rn. 61). Dies ist spätestens seit Einführung des § 675i BGB überholt, konnte aber auch schon zuvor nicht überzeugen, da sie als Prepaidkarte ausgestaltet ist. Gerade dieser Charakter als Prepaidkarte und die Abwicklung der Zahlung über das auf der Karte vermerkte Guthaben, das auf dem Börsenverrechnungskonto gebucht ist, spricht dafür, aufsichtsrechtlich allein das darin enthaltene E-Geld in den Vordergrund zu stellen. Wegen der weiteren Einzelheiten ist deshalb auf → Rn. 214ff., 256 (Terlau) zu verweisen.

d) Überweisungsgeschäft (Abs. 1 S. 1 Nr. 3 lit. c, Abs. 22). Abs. 1 S. 2 Nr. 3 **77** lit. c entspricht dem bisherigen Abs. 2 Nr. 2 lit. b und setzt Art. 4 Nr. 3 iVm Anh. 1 Nr. 3 lit. c PSD2 um. Der dem Überweisungsgeschäft zugrundeliegende **Begriff der Überweisung** ist in Umsetzung von Art. 4 Nr. 24 PSD2 in Abs. 22 definiert. Danach ist eine Überweisung „ein auf Veranlassung des Zahlers ausgelöster Zahlungsvorgang zur Erteilung einer Gutschrift auf dem Zahlungskonto des Zahlungsempfängers zulasten des Zahlungskontos des Zahlers in Ausführung eines oder mehrerer Zahlungsvorgänge durch den Zahlungsdienstleister, der das Zahlungskonto des Zahlers führt". Ob diese in Papierform, mündlich, über ein Terminal oder im Wege des Onlinebanking erteilt wird, macht keinen Unterschied (ebenso Schäfer/Omlor/Mimberg/Mimberg Rn. 416).

Die institutsübergreifende Überweisung ist durch eine **Vier-Personenbezie-** **78** **hung** gekennzeichnet. Das zwischen dem Überweisenden und seinem Kreditinstitut bzw. Zahlungsdienstleister begründete Deckungsverhältnis ist als **Zahlungsauftrag (§ 675f Abs. 4 S. 2 BGB)** und nicht als Einzelzahlungsvertrag nach § 675f Abs. 1 BGB zu qualifizieren (vgl. nur MüKoBGB/Casper § 675f Rn. 29, 78 mwN), womit der Gesetzgeber zum Weisungsmodell vor 1999/2002 zurückgekehrt ist. Den Zahlungsdienstleister des Zahlers (also die überweisende Bank) trifft eine **Ausführungspflicht** innerhalb der Frist des § 675s BGB, sofern die Ausführungsvoraussetzungen iSd § 675o BGB vorliegen. Das Verhältnis zwischen der Empfängerbank und dem Zahlungsempfänger wird als Inkassoverhältnis bezeichnet und ist maßgeblich durch § 675t geprägt. Das Verhältnis zwischen dem Zahlungsdienstleister des Zahlers und demjenigen des Zahlungsempfängers, in das Zahlungsverkehrssysteme oder zwischengeschaltete Stellen einbezogen werden können, wird als Interbankenverhältnis bezeichnet. Das Verhältnis zwischen Zahler (Überweisendem) und Zahlungsempfänger nennt man üblicherweise Valutaverhältnis. Freilich ist auch die Hausüberweisung oder die Überweisung von einem Konto des Zahlers auf ein anderes, ebenfalls auf seinen Namen lautendes Konto bei einem anderen Kreditinstitut als Überweisung zu qualifizieren. Das Vorliegen des soeben skizzierten Vierpersonenverhältnisses ist also nur der Regelfall, nicht hingegen ein konstitutives Tatbestandsmerkmal des Abs. 22. Abzugrenzen sind Zahlungsauslösedienste, die eine Überweisung nur anstoßen, aber nicht ausführen. Sie sind nicht von Nr. 3 lit. c, sondern allein von Nr. 7 erfasst (→ Rn. 148 ff.).

79   Der der Überweisung zu Grunde liegende Zahlungsauftrag verpflichtet bei institutsübergreifenden Überweisungen das überweisende Kreditinstitut (also den Zahlungsdienstleister des Zahlers), den Überweisungsbetrag dem Zahlungsdienstleister des Empfängers zur Gutschrift zur Verfügung zu stellen. Nur ausnahmsweise bei der sog. Hausüberweisung oder institutsinternen Überweisung, also wenn Zahlungsdienstleister des Zahlers und des Zahlungsempfängers zusammenfallen, hat die überweisende Bank die Gutschrift selbst vorzunehmen (zur Qualifikation der Übertragung von E-Geld von einem PayPal-Konto auf ein anderes PayPal-Konto → Rn. 259 (Terlau)). Demgegenüber sind mehrgliedrige oder institutsübergreifende Überweisungen dadurch gekennzeichnet, dass neben dem Zahlungsdienstleister des Zahlers und dem des Empfängers noch weitere Institute in die Überweisungskette eingeschaltet sind, sofern die beiden Dienstleister nicht ausnahmsweise durch eine Kontoverbindung verbunden sind und die Überweisung hierüber abwickeln. Die überweisende Bank trifft in all diesen Fällen eine **Erfolgspflicht,** wie sich mittelbar aus §§ 675q, 675s, 675y BGB ergibt. Der Überweisungsbetrag ist ungekürzt weiterzuleiten (§ 675q Abs. 1 BGB). Diese Verpflichtung wird auch auf sämtliche zwischengeschaltete Kreditinstitute erstreckt. Eine deutliche Erleichterung gegenüber dem früheren Recht bildet § 675r BGB, wonach die Überweisung bei entsprechender Vereinbarung mit dem Kunden nur noch anhand der Kundenkennung erfolgen darf. Diese insoweit erforderliche Vereinbarung wurde durchweg per AGB (Sonderbedingungen für den Überweisungsverkehr) getroffen. Die **SEPA-VO** sieht seit dem 1.2.2014 zudem vor, dass Überweisungen nur noch anhand der **IBAN** (International Bank Account Number) ausgeführt werden dürfen (vgl. Art. 5 Abs. 1, 6 Abs. 1 SEPA-VO, ABl. 2012 L 94, 22). Die IBAN ist unstreitig eine taugliche Kundenkennung iSd § 675r BGB (Details dazu bei Baumbach/Hefermehl/Casper/Casper E Rn. 259 ff. sowie MüKoBGB/Jungmann § 675r Rn. 18 ff.) und hat die Wahrscheinlichkeit einer Fehlbuchung auf ein fremdes Konto deutlich verringert.

80   Bei der institutsübergreifenden Überweisung zieht die überweisende Bank entweder sog. zwischengeschaltete Kreditinstitute hinzu oder bedient sich eines Zahlungssystems (→ Rn. 78). Die Rechtsbeziehungen in diesen Systemen richten sich nach den Vereinbarungen der beteiligten Banken mit dem Betreiber und dessen AGB. Die Abwicklung einer Überweisung erfolgt heute fast durchweg über solche Zahlungssysteme. Die Beauftragung von zwischengeschalteten Banken im **Interbankenverhältnis** kommt nur noch ausnahmsweise bei sehr großen Beträgen oder bei Überweisungen in Drittstaaten vor. Das Interbankenverhältnis richtet sich dann nach den Kontobeziehungen zwischen den einzelnen Banken, die als Zahlungsdiensterahmenverträge zu qualifizieren sind. Auf eine besondere Regelung dieser Rechtsbeziehung – wie im alten Recht in Gestalt des § 676d BGB aF (Zahlungsvertrag) – hat das Zahlungsdiensterecht seit 2009 bewusst verzichtet. Entsprechendes gilt für die nur höchst ausnahmsweise vorkommende Beauftragung einer anderen Bank durch den Zahlungsdienstleister des Empfängers mit der Entgegennahme des Überweisungsbetrages (vgl. dazu § 676g Abs. 3 und Abs. 4 S. 2 BGB

aF). Wesentliche Rechtsquellen für das Interbankenverhältnis sind das Abkommen zum Überweisungsverkehr von 2011 (abgedruckt bei BuB/Escher-Weingart Rn. 6/146 ff.) und auf Ebene des Europäischen Zahlungsverkehrsraums (SEPA) das Credit Transfer Scheme Rulebook (Überblick dazu bei BeckOGK/Köndgen BGB § 675c Rn. 42).

Abs. 1 S. 2 Nr. 3 lit. c erwähnt als besondere Form der Überweisung auch den **81** **Dauerauftrag.** Entgegen der noch in der → 1. Aufl. 2014, Rn. 33 vertretenen Auffassung, handelt es sich insoweit nicht um einen Zahlungsdiensterahmenvertrag, sondern vielmehr um einen auf eine Vielzahl von Zahlungsvorgängen gerichteten Zahlungsauftrag, der infolge des Girovertrags erteilt wird (LG Frankfurt a. M. WM 2014, 1956; Langenbucher/Bliesener/Spindler/Herresthal, Bankrechts-Kommentar, 2. Kap., § 675f Rn. 14a; BeckOGK/Zahrte EGBGB Art. 248 § 3 Rn. 6; Schäfer/Omlor/Mimberg/Mimberg Rn. 98; für die Qualifikation als eigenständiger Zahlungsdiensterahmenvertrag wohl Rösler/Werner BKR 2009, 1 (7); Winkelhaus, Der Bereicherungsausgleich bei fehlerhafter Überweisung nach Umsetzung des neuen Zahlungsdiensterechts, 2012, 36 f.).

Die **SEPA-Überweisung** stellte mit Blick auf das Interbankenverhältnis **82** (→ Rn. 78) ursprünglich eine Sonderform der Überweisung dar, die zunächst für grenzüberschreitende Zahlungen entwickelt worden war, die zum 20. 1. 2008 eingeführt wurde. Seit Oktober 2014 kommt sie jedoch auch bei Inlandsüberweisungen flächendeckend zum Einsatz, sodass sie heute der Regelfall ist (vgl. Art. 1 SEPA-VO). Während reguläre Inlandsüberweisungen bis 3. 10. 2014 nur nach dem zwischen den Kreditinstituten auf Basis des zwischen den Spitzenverbänden der deutschen Kreditwirtschaft abgeschlossenen Überweisungsabkommen vom Dezember 2010 abgewickelt wurden, müssen SEPA-Überweisungen den Anforderungen des „SEPA Credit Transfer Scheme Rulebook" des European Payments Council genügen und nach dessen Vorgaben abgewickelt werden (Überblick zu den SEPA-Zahlungsformen bei Ellenberger/Bunte BankR-HdB/Haug § 30 Rn. 21 ff.). Die SEPA-Überweisung erfordert neben der Angabe der IBAN auch den BIC (Bank Identifier Code). Die Weiterleitung des übermittelten Betrages muss in voller Höhe erfolgen. Zudem werden dem „SEPA Credit Transfer Scheme Rulebook" gewisse Anforderungen an die technische Ausgestaltung der Überweisung und die Rückabwicklung bei Zurückweisung bzw. fehlender Ausführbarkeit gestellt. Die SEPA-Überweisung kann auf Euro oder andere Währungen lauten und ist inzwischen weit verbreitet. Sie wird zunehmend auch im Inland verwendet. Da die SEPA-Überweisung heute der Regelfall ist, hat die Kreditwirtschaft ein eigenes Interbankenabkommen, das Abkommen über die SEPA-Inlandsüberweisung, geschlossen, das zum 1. 2. 2014 in Kraft getreten ist (abgedruckt bei BuB/Escher-Weingart Rn. 6/146 ff.). Es trat zunächst neben das Überweisungsabkommen von 2010, bis es dieses 2014 vollständig abgelöst hat (MüKoHGB/Herrestahl BVR Rn. A. 137). Die Ausführung einer Überweisung als SEPA-Überweisung ändert nichts daran, dass die §§ 675c–676c BGB vollumfänglich anwendbar sind. Unstreitig ist auch die SEPA-Überweisung aufsichtsrechtlich eine Überweisung iSd Abs. 1 S. 2 Nr. 3 lit. c, Abs. 22.

Entsprechendes gilt auch für die zum 21. 11. 2017 eingeführte **SEPA–Echtzeit-** **83** **überweisung** (sog. Instant Payment), die inzwischen von einer Vielzahl von Banken, häufig gegen ein besonderes Entgelt, angeboten wird. Ziel ist es, dass ein Überweisungsbetrag bis 15.000 Euro innerhalb von 10 Sekunden nach Erteilung des Zahlungsauftrags via Online-Banking oder Smartphone-App auch beim Empfänger gutgeschrieben wird. Hierzu nehmen die Kreditinstitute an einem besonde-

ren Kommunikations- und Verrechnungssystem teil. Grundlage hierfür ist das
SEPA INSTANT CREDIT TRANSFER (SCT INST)-Abkommen, dessen Erreichbarkeit die teilnehmenden Banken rund um die Uhr an jedem Tag des Jahres
gewährleisten müssen (ausführlich zum Ganzen Casper RdZ 2020, 28 (29ff.,); Herresthal ZIP 2019, 895 (896ff.)). Anders als bei der regulären Überweisung erfolgt
die Gutschrift nicht erst dann, wenn der Zahlungsbetrag bei der Empfängerbank
eingegangen ist, sondern wird regelmäßig vorab gutgeschrieben und erst danach
im Wege des Clearings ausgeglichen (European Payment Service (EPC), Q&A On
the SEPA Instant Credit Transfer Scheme, Nov. 2017, Frage 10, verfügbar unter
www.europeanpaymentscouncil.eu). Dabei sind das Echtzeit-Clearing während
der Transaktion und die „Near-Instant"-Lösung im Nachgang zu unterscheiden
(Herresthal ZIP 2019, 895 (898, 903)). Aufsichtsrechtlich ändert dieser nachgelagerte Ausgleich nichts an der Qualifikation als Überweisung iSd Abs. 22, auch insoweit liegt also ein Überweisungsgeschäft nach Abs. 1 S. 2 Nr. 3 lit. c vor (Schäfer/
Omlor/Mimberg/Mimberg Rn. 425; so wohl auch Herresthal ZIP 2019, 895
(900)).

84   Auch **Überweisungen mit Zahlungsgarantie,** wie sie derzeit durch den Zahlungsauslösedienstleister GiroPay angeboten werden, stellen reguläre Online-Überweisungen iSd Abs. 22 dar, die der Zahler über dessen Zahlungsdienstleister an den
Zahlungsempfänger (Händler) auslöst. Die Besonderheit besteht darin, dass der
Händler unmittelbar nach Auslösung des Zahlungsdienstes nicht nur eine Mitteilung über die Ausführung der Überweisung wie bei anderen Zahlungsauslösedienst-
leistungen (zB Sofortüberweisungen) erhält, sondern zusätzlich eine Zahlungsgarantie des beauftragten Instituts (Zahlungsdienstleister des Zahlers) gegenüber
dem Empfänger abgegeben wird (zu weiteren Einzelheiten vgl. Baumbach/Hefer-
mehl/Casper/Casper E Rn. 608). Zu den Sonderformen der Überweisung zählen
nach umstrittener Auffassung auch **halbbare Überweisungsformen,** die sowohl
unter Nr. 1 wie unter Nr. 3 lit. c fallen, dazu vgl. bereits → Rn. 48.

4. Besonderheiten bei Zahlungsgeschäften mit Kreditgewährung (Abs. 1 S. 2 Nr. 4)

85   Abs. 1 S. 2 Nr. 4 setzt Art. 4 Nr. 3 iVm Anh. 1 Nr. 4 PSD2 um und entspricht § 1
Abs. 3 Nr. 3 ZAG 2009. Die Vorschrift stellt klar, dass es für das Vorliegen eines
Zahlungsgeschäftes nicht darauf ankommt, ob eine Kreditgewährung vorliegt oder
nicht. Fehlt sie, ist allein Abs. 1 S. 2 Nr. 3 anwendbar, liegt sie vor, greift zusätzlich
Nr. 4 ein (BaFin-Merkblatt ZAG v. 14.2.2023 sub B III. Die aufsichtsrechtlichen
Rechtsfolgen aus Sicht des ZAG ändern sich dadurch nicht, denkbar ist aber eine
Erlaubnispflicht nach dem KWG. Bedeutung erlangt die Vorschrift somit in erster
Linie mit Blick auf § 3 Abs. 4). § 3 Abs. 4 will unter gewissen Voraussetzungen Zahlungsinstitute privilegieren, die im Zusammenhang mit einem Zahlungsdienst
einen Kredit vergeben, aber nicht über eine Erlaubnis nach dem KWG verfügen
(→ § 3 Rn. 71g). Der Kreditbegriff wird weder im ZAG noch in der PSD2 definiert,
auch die CRR hilft insoweit nicht weiter (→ § 3 Rn. 66a). Einigkeit besteht darüber,
dass der **Kreditbegriff** iSd PSD2 bzw. des Abs. 1 S. 2 Nr. 4 nicht mit der entsprechenden zivilrechtlichen Terminologie, insbesondere nicht mit der des Darlehens-
begriffs, identisch ist, sondern weiter gefasst ist. Der Kreditbegriff ist also aufsichtsrechtlich und nicht zivilrechtlich zu bestimmen (ebenso BeckOGK/Foerster § 675c
Rn. 202; Meyer zu Schwabedissen Zahlungsdienste/Dörner/Schenkel Rn. 33;
Ellenberger/Findeisen/Nobbe/Böger/Findeisen Rn. 325; Schäfer/Omlor/Mim-

berg/Mimberg Rn. 1032f.; Hingst/Lösing Zahlungsdiensteaufsicht §6 Rn. 64; → §3 Rn. 66ff.).

Damit ist aber noch nicht geklärt, wie der Kreditbegriff bzw. der Kreditrahmen **86** im Einzelnen zu bestimmen. Aus dem Verweis in §3 Abs. 4 auf §19 KWG könnte man die Schlussfolgerung ziehen, dass neben Krediten iSd §1 Abs. 1 S. 2 Nr. 2 KWG auch **Kredite iSd des §19 KWG** (sog. Millionenkredite) erfasst sind. Terlau hat in dieser Kommentierung aber überzeugend gezeigt, dass dies weder mit der Richtlinie im Einklang steht noch sinnvoll ist (→ §3 Rn. 65f.; aA aber BaFin-Merkblatt ZAG v. 14.2.2023 sub B III; BeckOGK/Foerster §675c Rn. 202; Hingst/Lösing Zahlungsdiensteaufsicht §6 Rn. 64f.). Der Begriff des Kredits ist deswegen im Wege der autonomen Auslegung der Richtlinie zu entwickeln. Danach ist ein Kredit nicht nur das Darlehens und das Akzeptgeschäft, wie das deutsche Aufsichtsrecht zivilrechtsakzessorisch in §1 Abs. 1 S. 1 Nr. 2 KWG bestimmt, sondern weiter im Sinne der Überlassung von Kaufkraft auf Zeit zu definieren. Auf eine Entgeltlichkeit kommt es insoweit nicht an (überzeugend Schäfer/Omlor/Mimberg/Mimberg Rn. 105; anders noch Voraufl. → Rn. 85). Damit ist bei der aufsichtsrechtlichen Kreditbestimmung mehr auf eine **wirtschaftliche,** denn auf eine rechtliche **Betrachtung** abzustellen. Mit dem Begriff **„Kreditrahmen"** in Nr. 4 will der Gesetzgeber zum Ausdruck bringen, dass es für Nr. 4 nicht allein den gewährten, sondern bereits auf den eingeräumten Kredit ankommen kann. Gleichwohl bleibt dieser Begriff im Dunkeln, da Nr. 4 kaum eingreifen wird, wenn eine Überweisung vollständig zulasten eines Habensaldos ausgeführt wird, nur weil der Zahlungsdienstleister dem Zahler eine Kreditlinie für sein Zahlungskonto eingeräumt hat. Dies wird schon aus der Legaldefinition in Nr. 4 deutlich, der von Kreditgewährung spricht. Auch die PSD2 verlangt im Anh. I zu Art. 4 Nr. 3, dass „Beträge durch einen Kreditrahmen für einen Zahlungsdienstnutzer gedeckt sind", was ebenfalls für eine Begrenzung auf Zahlungen spricht, die wirklich durch einen in Anspruch genommenen Kredit abgedeckt sind. Folglich ergibt sich im Wege einer richtlinienkonformen Auslegung, dass es für die Anwendbarkeit der Nr. 4 nicht darauf ankommt, dass auch die Voraussetzungen für eine Privilegierung des Zahlungsdienstleisters vorliegen (überzeugend Schäfer/Omlor/Mimberg/Mimberg Rn. 102ff.).

Unstreitig liegt eine Deckung durch einen Kreditrahmen vor, wenn **eine Über- 87 weisung zulasten eines debitorischen Kontos** ausgeführt wird (RegE BT-Drs. 16/11613, 34; BeckOGK/Foerster §675c Rn. 202; Schäfer/Omlor/Mimberg/Mimberg Rn. 105) oder das Konto durch Verbuchung der Zahlung ganz oder teilweise in Soll gerät (ungenau insoweit Schäfer/Omlor/Mimberg/Mimberg Rn. 105). Entsprechendes gilt für eine Lastschrift, die zulasten eines im Soll befindlichen Kontos eingelöst wird (zu weiteren Anwendungsfällen vgl. Ellenberger/Findeisen/Nobbe/Böger/Findeisen Rn. 329). Nicht genügend ist hingegen, dass dem Zahler zwar ein Kreditrahmen eingeräumt ist, die Überweisung oder Lastschrift aber zulasten eines Habensaldos gebucht wird (→ Rn. 86; Schäfer/Omlor/Mimberg/Mimberg Rn. 102). Anwendbar ist Nr. 4 aber dann, wenn durch die Buchung erstmalig ein Sollsaldo entsteht. Zwischen Ausführung der Zahlung und der Kreditierung muss ein enger Zusammenhang bestehen (Hingst/Lösing Zahlungsdiensteaufsicht §6 Rn. 67). Umstritten ist, ob **Kreditkartenzahlungen** unter Nr. 3 oder auch unter Nr. 4 fallen. Solange der Aufwendungsersatzanspruch wie bei der Debitkarte sofort dem verbundenen Girokonto belastet wird (sog. charge-Karten), liegt unstreitig keine aufsichtsrechtliche Kreditbeziehung vor → §3 Rn. 68). Wird hingegen der Aufwendungsersatzanspruch bis zu einem gewissen

Betrag gestundet und muss dieser dann irgendwann durch den Kunden abbezahlt werden, liegt ebenfalls unstreitig eine aufsichtsrechtliche Kreditbeziehung vor; ebenso bei der Überführung eines gestundeten Aufwendungsersatzanspruchs in ein Vereinbarungsdarlehen (unstreitig → § 3 Rn. 68). Auch für den in Deutschland vorherrschenden Fall, dass der Aufwendungsersatzanspruch bis zum Ende einer Abrechnungsperiode unentgeltlich gestundet bzw. erst dann fällig gestellt wird, will die überwiegende Auffassung von einer aufsichtsrechtlichen Kreditbeziehung ausgehen (Schäfer/Omlor/Mimberg/Mimberg Rn. 105; Schäfer/Omlor/Mimberg/Schäfer § 3 Rn. 50; unklar Ellenberger/Findeisen/Nobbe/Böger/Findeisen Rn. 325). Dem ist entgegen der in der Vorauflage (Voraufl. → Rn. 85) vertretenen Auffassung zuzustimmen (aA jetzt aber → § 3 Rn. 68 (Terlau), wiederum in Abweichung zu → 2. Aufl. 2020, § 3 Rn. 68 (Terlau)). Zwar liegt in dieser Konstellation unstreitig keine zivilrechtliche Kreditbeziehung vor (und somit auch kein Kredit iSd § 1 Abs. 1 S. 1 Nr. 2 KWG), wohl aber ein technischer oder wirtschaftlicher Kredit (Schonung von Kaufkraft bis zur nächsten Abrechnung → Rn. 86). Die Anwendung der Nr. 4 und damit des § 3 Abs. 4 entspricht auch dem Normzweck, solche Zahlungsdienstleister zu privilegieren, die nicht über eine Lizenz nach dem KWG verfügen. Allerdings sind die praktischen Anwendungsfälle für Nr. 4 denkbar gering (Schäfer/Omlor/Mimberg/Mimberg Rn. 106). Hinsichtlich der Frage, wann beim Acquiringgeschäft ein Kreditgeschäft vorliegt, ist auf die Darstellung in → § 3 Rn. 71 ff. (Terlau) zu verweisen.

5. Akquisitionsgeschäft (Abs. 1 S. 2 Nr. 5, Abs. 20, Abs. 35)

88   **a) Überblick und Entwicklung.** Mit Abs. 1 S. 2 Nr. 5 wird die Vorgabe in Art. 4 Nr. 3 iVm Anh. I Nr. 5 PSD2 umgesetzt. Bereits diese europäische Vorgabe enthält zwei weitgehend disparate Dienste. Zum einen geht es um die Ausgabe von Zahlungsinstrumenten iSd Abs. 20 (also vor allem um die Emission von Zahlungskarten und anderer personalisierter Verfahren iSd Abs. 20) und zum anderen um die Annahme und Abrechnung von Zahlungsvorgängen, womit insbesondere die von Kreditkartenunternehmen beauftragen Dienstleister, die die Abwicklung der Zahlungen gegenüber den Vertragshändlern vornehmen, erfasst werden. Unklar ist, ob es sich bei dem Begriff **Akquisitionsgeschäft** um einen Oberbegriff für beide Alternativen handelt oder ob dieser für die zweite Variante reserviert ist. Auf europäischer Ebene spricht Art. 4 Nr. 3 iVm Anh. I Nr. 5 PSD2 von „Ausgabe von Zahlungsinstrumenten und/oder Annahme und Abrechnung („Acquiring") von Zahlungsvorgängen". Dies kann man zum einen durch das „und/oder" dahin verstehen, dass es sich auf beide Alternativen bezieht. Andererseits fällt auf, dass der Klammereinschub „Acquiring" direkt hinter Annahme und Abrechnung und vor den Zahlungsvorgängen steht, sodass es nur für diese zweite Tätigkeit reserviert sein könnte. Dafür streitet auch Art. 4 Nr. 44 PSD2, der das Acquiring allein im Zusammenhang mit der Annahme und Abrechnung von Zahlungsdiensten nennt, nicht aber in Nr. 45, der der Ausgabe von Zahlungsinstrumenten gewidmet ist. Entsprechend verfährt auch das deutsche Recht, dass den Begriff Akquisitionsgeschäft nur in Abs. 35 S. 1 erwähnt. Folglich ist das Akquisitionsgeschäft kein Oberbegriff für die beiden in Abs. 1 S. 2 Nr. 5 geregelten Fallgruppen (so auch Schäfer/Omlor/Mimberg/Mimberg Rn. 108; so wohl auch Conreder/Stolte BB 2700 (2704)).

89   Die erste Alternative von Nr. 5 ist eine materiell veränderte Fortschreibung des früheren **§ 1 Abs. 2 Nr. 4 Alt. 1 ZAG 2009,** der die Ausgabe von Zahlungs-

authentifizierungsinstrumenten zu Zahlungsgeschäften erklärte (→ 1. Aufl. 2014, § 1 Rn. 55 ff.). Dieser Begriff war eine deutsche Schöpfung. Bereits die PSD1 von 2007 sprach allein von Zahlungsinstrumenten. Mit der Neufassung hat der deutsche Gesetzgeber auf das Wortungetüm Zahlungsauthentifizierungsinstrument verzichtet und spricht nur noch von der Ausgabe von Zahlungsinstrumenten iSd Abs. 20. Diese müssen freilich auch wiederum ein personalisiertes Instrument oder Verfahren darstellen, womit auf die personalisierten Sicherheitsmerkmale iSd Abs. 26 Bezug genommen wird, die zum Zwecke der Authentifizierung bereitgestellt werden können. Folglich ist die sachliche Änderung durch die Neufassung begrenzt. Sie war aber deshalb notwendig geworden, da die Authentifizierung nicht mehr zwingend an das Zahlungsinstrument geknüpft ist. Letzteres zeigt sich gerade bei der starken Kundenauthentifizierung nach Abs. 24 iVm § 55 (RegE 18/11495, 110). Dabei können vom Zahlungsinstrument abgekoppelte Authentifizierungsverfahren eingesetzt werden, was die Sicherheit erhöht, weshalb der Gesetzgeber eine technologieunabhängige Definition schaffen wollte (RegE 18/11495, 110). Demgegenüber greift die zweite Alternative von Nr. 5 die bisherige Regelung in § 1 Abs. 2 Nr. 4 Alt. 2 ZAG 2009 auf, der ebenfalls bereits die Annahme und Abrechnung von Zahlungsvorgängen erfasste, allerdings nur solche, die durch ein Zahlungsauthentifizierungsinstrument ausgelöst worden waren. Insoweit ist die heutige Vorschrift weitergefasst. Sie fordert nicht einmal eine Begrenzung auf Zahlungsvorgänge, die durch ein Zahlungsinstrument ausgelöst worden sind (RegE 18/11495, 106; BeckOGK/Foerster § 675c Rn. 205; Schäfer/Omlor/Mimberg/Mimberg Rn. 116 dazu noch → Rn. 102 ff.).

b) Ausgabe von Zahlungsinstrumenten (Abs. 1 S. 2 Nr. 5 Alt. 1, Abs. 20, Abs. 35 S. 2). Zur Bestimmung des Anwendungsbereichs von Abs. 1 S. 2 Nr. 5 Alt. 1 sind zwei Tatbestandsmerkmale entscheidend. Zum einen muss ein Zahlungsinstrument nach Abs. 20 vorliegen (→ Rn. 91 ff.), zum anderen muss eine Ausgabe (sog. Issuing) dieses Zahlungsinstruments erfolgen, was in Abs. 35 S. 2 näher definiert wird (→ Rn. 99 ff.). **90**

aa) Vorliegen eines Zahlungsinstruments (Abs. 20). Abs. 20, der Art. 4 Nr. 14 PSD2 umsetzt, beinhaltet **drei Tatbestandsmerkmale**: Erstens muss ein personalisiertes Instrument oder Verfahren vorliegen. Dieses muss zweitens geeignet sein, um dem Zahlungsdienstleister des Zahlers Zahlungsaufträge zu erteilen. Drittens muss die Verwendung des Verfahrens oder Instruments zur Erteilung von Zahlungsaufträgen zwischen dem Nutzer und dem Dienstleister vereinbart worden sein. **91**

Zu den Begriffen **Instrument** und **Verfahren** ist auf die Darstellung in → Rn. 442 ff. → § 2 Rn. 60 ff. zu verweisen. Zwischen beiden Merkmalen besteht kein Ausschließlichkeitsverhältnis, sondern eine Schnittmenge. Da die Tatbestandsalternative Instrument aber eine Körperlichkeit voraussetzt, ist das Instrument nicht als Unterfall des Verfahrens zu begreifen (→ Rn. 442, 444 sowie → § 2 Rn. 61a (Terlau) mwN). Unstreitig ist, dass das Instrument häufig eingesetzt wird, um ein Verfahren auszulösen. **92**

Umstritten ist auch das **Attribut „Personalisiert".** Wegen Divergenzen in den unterschiedlichen Sprachfassungen der PSD2 geht der EuGH jetzt dagegen davon aus, dass es auch nicht personalisierte Verfahren gibt (EuGH WM 2020, 2218 Rn. 70 ff. – DenizBank; in Anschluss an EuGH WM 2015, 813 Rn. 31 ff. – T-Mobile Austria). Dies überzeugt nicht (nähere Begründung in → Rn. 446 ff.). Zur Auslegung des Attributs „Personalisiert" → Rn. 446 ff. sowie § 2 Rn. 61. **93**

94   Drittens muss schließlich die Verwendung des Zahlungsinstruments zur Erteilung von Zahlungsaufträgen zwischen dem Zahlungsdienstnutzer und dem Zahlungsdienstleister **vereinbart** sein. Dies kann durch AGB erfolgen, die in den zugrundeliegenden Zahlungsdiensterahmenvertrag einbezogen werden, was in der Praxis den Regelfall darstellt. Denkbar ist aber auch eine individualvertragliche Vereinbarung (zustimmend Schäfer/Omlor/Mimberg/Mimberg Rn. 393). Zu den Details vgl. → Rn. 450.

95   Folgende **Einzelfälle** für ein Zahlungsinstrument werden derzeit diskutiert: Unstreitig sind **Kredit- und Debitkarten** Zahlungsinstrumente (vgl. nur BaFin-Merkblatt ZAG v. 14.2.2023 sub B IV 1), da sie mit personalisierten Sicherheitsmerkmalen ausgestattet sind (PIN, Unterschrift). Daran ändert sich auch nichts, wenn sie über eine NFC-Funktion verfügen. Dass damit bei Beträgen unter 50 Euro ohne Einsatz eines personalisierten Sicherheitsmerkmals gezahlt werden kann, beeinflusst die Qualifikation als Zahlungsinstrument nicht (→ Rn. 73). Dies unterstellt, dass die Karte mit NFC-Funktion ein einheitliches Zahlungsinstrument ist (dies bestreitend aber EuGH WM 2020, 2218 Rn. 70 ff. – DenizBank; in Anschluss an EuGH WM 2015, 813 Rn. 31 ff. – T-Mobile Austria → Rn. 441, vgl. auch → § 2 Rn. 61 ff. (Terlau)).

96   Ebenfalls einhelliger Auffassung entspricht es, die Zulassung zum **Onlinebanking** als Zahlungsinstrument in Gestalt eines Verfahrens zu qualifizieren (statt aller EuGH WM 2015, 813 Rn. 40 ff.), bei dem sich der Kunde regelmäßig durch eine PIN anmeldet und Zahlungsaufträge wie Überweisungen durch Transaktionsnummer (TAN) oder mittels einer gesonderten App freigibt, die ihrerseits zugangsgesichert ist (zu den verschiedenen TAN-Verfahren vgl. nur MüKoBGB/Jungmann § 675l Rn. 68 ff.). Entsprechendes gilt für die Vereinbarung, dass Zahlungsaufträge im Wege des sog. **Telefonbanking** erteilt werden können, bei dem ebenfalls eine Zugangs-PIN und meist auch ein TAN-Verfahren zum Einsatz kommt (BaFin-Merkblatt ZAG v. 14.2.2023 sub B IV 1). Demgegenüber wäre die Abrede, dass der Kunde der Bank telefonisch Zahlungsaufträge erteilen kann, wenn der Sachbearbeiter seine Stimme erkennt, mangels Einsatzes eines personalisierten Sicherheitsmerkmals kein Zahlungsinstrument in Gestalt eines Verfahrens. Demgegenüber ist die Vereinbarung, dass Überweisungsaufträge durch die **Verwendung von Überweisungsbelegen** mit Unterschrift erteilt werden können, als Zahlungsinstrument einzuordnen, da der Abgleich der Unterschrift mit der in der Kontoakte oder im EDV-System hinterlegten Unterschrift ein personalisiertes Sicherheitsmerkmal darstellt (EuGH WM 2015, 813 Rn. 39, 44; ebenso zum alten Recht BGH NJW 2021, 1458 Rn. 40 ff.; zustimmend auch Zahrte ZBB 2021, 131 (136 f.) mit Hinweisen zu den Besonderheiten des im Fall des BGH streitgegenständlichen Faxes).

97   Demgegenüber ist die **Geldkarte kein Zahlungsinstrument** (Staudinger/ Omlor BGB § 675c Rn. 16; aA Schäfer/Omlor/Mimberg/Mimberg Rn. 392: sie sei zumindest ein nicht personalisiertes Verfahren; ebenso BeckOK BGB/Schmalenbach § 675j Rn. 18; noch anders Schwennicke/Auerbach/Schwennicke Rn. 188: personalisiertes Verfahren). Zwar wird bei der Auslösung eines Zahlungsvorgangs eine Autorisierung gegenüber der die Karte ausgebende Bank abgegeben (MüKoBGB/Casper § 675i Rn. 18), jedoch fehlt es an dem Einsatz eines personalisierten Sicherheitsmerkmals. Entsprechendes gilt für jegliche Formen von Prepaidkarten, mit denen bei mehreren Händlern bezahlt werden kann, erst recht für eine Prepaid-Kundenkarte. Soweit zur Auslösung eines Zahlungsvorgangs ein mobiles Endgerät eingesetzt wird (Überblick zu den Formen des **Mobilebankings** bei MüKoBGB/

Casper § 675f Rn. 147 ff.) liegt regelmäßig ein Zahlungsinstrument vor, da die Auslösung des Zahlungsvorgangs durch eine App typischerweise den Einsatz eines personalisierten Sicherheitsmerkmals voraussetzt. Entsprechendes gilt, wenn das mit einem Chip ausgestattete Mobiltelefon wie eine Debitkarte genutzt wird. Soweit dieser aber wie bei einer Geldkarte nur aufgeladen wird, fehlt es an einem Zahlungsinstrument.

Die vorstehende Aufzählung von Beispielen ist nicht abschließend, sondern **98** exemplarisch zu verstehen, da die Definition in Abs. 20 **technologieneutral** ausgestaltet worden ist und für zukünftige technische Innovationen offen sein will (BaFin-Merkblatt ZAG v. 14.2.2023 sub B IV 1). Auch künftig noch zu entwickelnde Verfahren, die ohne technisches Gerät oder Instrument auskommen und allein auf biometrischen Verfahren wie Gesichts-, Iriserkennung bzw. Fingerabdruck oder Stimmenerkennung (zumindest wenn technisch ein vergleichbarer Sicherheitsstandard zu den anderen biometrischen Verfahren sichergestellt ist) basieren, können als Zahlungsinstrument in der Variante des Verfahrens einzuordnen sein (BaFin-Merkblatt ZAG v. 14.2.2023 sub B IV 1). Zur Einordnung als personalisiertes Sicherheitsmerkmal iSd Abs. 25 → Rn. 535.

bb) Ausgabe des Zahlungsinstruments (Abs. 35 S. 2). Nach Abs. 35 S. 2 **99** beinhaltet die Ausgabe von Zahlungsinstrumenten alle Dienste, bei denen ein Zahlungsdienstleister mit einem Zahler eine Vereinbarung schließt, um diesem ein Zahlungsinstrument zur Auslösung und Verarbeitung der Zahlungsvorgänge des Zahlers zur Verfügung zu stellen. Mit Abs. 35 S. 2 wird Art. 4 Nr. 45 PSD2 umgesetzt. **Sinn und Zweck** der Norm liegt darin, Kartenunternehmen zu erfassen, die nicht zugleich Zahlungsdienste außerhalb eines Zahlungsabwicklungssystems anbieten, da sonst die Bereichsausnahme des § 2 Abs. 1 Nr. 7 eingreifen würde und diese Kartenunternehmen keinerlei Aufsicht unterliegen würden (so zum alten Recht auch BT-Drs. 16/11613, 34; sowie ferner Ellenberger/Findeisen/Nobbe/Böger/Findeisen Rn. 338). Gibt das Kartenunternehmen (wie American Express) seine Karten unmittelbar an den Karteninhaber selbst aus (sog. Issuing), ist Abs. 1 S. 2 Nr. 5 iVm Art. 35 S. 2 zwar einschlägig, aber praktisch wenig bedeutsam, da das Kartenunternehmen bereits nach Abs. 1 S. 2 Nr. 2 lit. b aufsichtspflichtig ist. Hintergrund der Regelung ist das sog. Co-Branding bei Kredit- und Debitkarten. Das eigentliche Kartenunternehmen sucht sich keine Kunden oft nicht selbst, sondern beauftragt hiermit andere Dienstleister. Dies sind regelmäßig die Hausbanken des Karteninhabers, die allerdings regelmäßig bereits über eine Erlaubnis nach dem KWG verfügen. Einen praktischen **Anwendungsbereich** hat die Norm also vor allem dann, wenn der Issuer selbst noch nicht aufsichtspflichtig ist (zustimmend Schäfer/Omlor/Mimberg/Mimberg Rn. 610). Die Norm ist freilich nicht auf die Ausgabe von Zahlungskarten begrenzt, sondern erfasst jegliche Zahlungsinstrumente. Jenseits des Mobile Payments dürfte sie aber vor allem bei Zahlungskarten zum Tragen kommen (vgl. näher Schäfer/Omlor/Mimberg/Mimberg Rn. 609).

Voraussetzung für das Eingreifen von Abs. 35 S. 2 ist eine **vertragliche Verein- 100 barung** mit dem Zahler (Karteninhaber). Diese wird regelmäßig als Zahlungsdiensterahmenvertrag (§ 675f Abs. 4 S. 2 BGB) zu qualifizieren sein. Dabei kann es sich um einen weiteren Zahlungsdiensterahmenvertrag (sog. Kartenvertrag) oder um eine Abrede in einem bereits bestehenden Zahlungsdiensterahmenvertrag handeln, der auch auf die Führung eines Girokontos gerichtet ist. Die Einzelheiten zur Nutzung des Zahlungsinstruments werden typischerweise durch AGB bestimmt.

101   Schließlich muss das ausgegebene Zahlungsinstrument dazu geeignet sein, Zahlungsvorgänge auszulösen, die der Issuer auch verarbeitet. Die Qualifikation als Ausgeber von Zahlungsinstrumenten wird allerdings nicht dadurch ausgeschlossen, dass der Issuer die **tatsächliche Datenverarbeitung** nicht selber durchführt, sondern auf ein weiteres Unternehmen (einen sog. Issuing Processor) auslagert (RegE 18/11495, 113; BeckOGK/Foerster § 675c Rn. 204; Schäfer/Omlor/Mimberg/Mimberg Rn. 611). Letztere betreiben aufgrund der Ausnahme in § 2 Abs. 1 Nr. 9 selber keinen Zahlungsdienst (zu den Details → § 2 Rn. 42 ff.).

102   **c) Akquisitionsgeschäft: Annahme und Abrechnung von Zahlungsvorgängen (Abs. 1 S. 2 Nr. 5 Alt. 2, Abs. 35 S. 1).** Die Annahme und Abrechnung von Zahlungsaufträgen war bereits im alten Recht erfasst (§ 1 Abs. 2 Nr. 4 Alt. 2 ZAG 2009), allerdings auf solche Zahlungsvorgänge begrenzt, die mittels eines Zahlungsauthentifizierungsinstruments angenommen wurden. Mit der Neufassung im ZAG 2018 ist der **Anwendungsbereich** somit erweitert worden, da nunmehr jeder Zahlungsvorgang genügt und es nicht mehr auf das Vorliegen eines Zahlungsinstruments ankommt (RegE 18/11495, 112). Mit Abs. 35 S. 1, der als Definitionsnorm heranzuziehen ist, wird Art. 4 Nr. 44 PSD2 umgesetzt, eine vergleichbare Definition fand sich im alten Recht nicht. Mit der Vorschrift werden in erster Linie sog. **Acquiring-Unternehmen,** die nur das Händlernetz organisieren und die hierfür erforderlichen Verträge mit den Händlern schließen und den über die Karte gezahlten Betrag an den Empfänger weiterleiten, erfasst (BT-Drs. 16/11613, 34; Ellenberger/Findeisen/Nobbe/Böger/Findeisen Rn. 349; Schäfer/Omlor/Mimberg/Mimberg Rn. 116, 605 f.). Auf die zahlreichen Details in diesem Zusammenhang, auch große Plattformen, muss hier nicht näher eingegangen werden, da diese Einzelheiten aufsichtsrechtlich nicht relevant sind (Überblicke dazu bei Glos/Hildner RdZ 2022, 90 ff.; Denga/Böttcher RdZ 2020, 156 (157 f.) jew. mit Blick auf Plattformen; Jünemann/Wirtz/Förster RdZ 2021, 164 (165 f.). mit einem Fokus auf Franchise-Strukturen; weiterführend zum Ganzen auch Herresthal ZBB 2019, 353 ff.) Dabei werden sowohl die kaufmännischen wie die technischen Dienstleister erfasst, die nach außen auftreten (→ Rn. 103; BaFin-Merkblatt ZAG v. 14.2.2023 sub B IV 2). Voraussetzung dafür ist aber, dass diese in die Weiterleitung des Zahlungsbetrags eingebunden sind, da anderenfalls die Ausnahme nach § 2 Abs. 1 Nr. 9 eingreifen kann (vgl. dazu näher → § 2 Rn. 44 ff.).

103   Erfasst sind jegliche Verträge, die eine Zahlung mit einer Karte oder ein sonstiges auf die Auslösung eines Zahlungsvorgangs ausgerichtetes Verfahren beinhalten. Der Acquirer verbindet bildlich gesprochen den Händler mit den Zahlungsdienstleistern seiner Kunden. Der Acquirer kann auch für mehrere Zahlungsdienstleister tätig werden, was mit Blick auf die Marktdurchdringung und den Aufbau breiter Netze sinnvoll sein kann (ErwG 10 PSD2; RegE 18/11495, 113; BeckOGK/Foerster § 675c Rn. 206). Für die Einordung als Acquirer ist es unerheblich, ob dieser die tatsächliche Datenverarbeitung selber durchführt oder aber auf einen sog. Acquiring Processor auslagert, was in der Praxis häufig vorkommt (RegE 18/11495, 113; Schäfer/Omlor/Mimberg/Mimberg Rn. 607). Voraussetzung ist aber, dass der Acquirer die Zahlungsvorgänge auch selbst annimmt und verarbeitet. **Rein technische Dienstleistungen** wie die „reine Verarbeitung und Speicherung von Daten oder das Betreiben von Terminals" sollen nach dem Erwägungsgrund 10 der PSD2 nicht erfasst sein, sodass der Acquiring Processor regelmäßig nicht aufsichtspflichtig ist, sondern der Acquirer, der die Verträge abschließt und somit nach außen Verantwortung übernimmt. Insbesondere sind die Händler, die ein Kartenlesegerät aufstellen, nicht selbst aufsichtspflichtig (BaFin-Merkblatt ZAG v. 14.2.2023 sub B IV 2; Schäfer/Omlor/Mimberg/Mimberg Rn. 607). Verallgemeinernd wird man sagen können, dass auch der technische Dienstleister, der anderen ein Netz zur Verfügung stellt und mit diesen eine Vereinbarung schließt, aufsichtspflichtig ist, während derjenige, der nur für einen nach außen auftretenden Acquirer intern als Gehilfe tätig wird, aufsichtsfrei ist. Dies folgt mittelbar auch aus der Ausnahmevorschrift in § 2 Abs. 1 Nr. 9 (→ § 2 Rn. 46).

Im Übrigen ist die Definition **technologieneutral** ausgestaltet und soll auch 104 für neue Geschäftsmodelle jenseits des traditionellen Akquisitionsgeschäft von Kartenunternehmen offen sein (RegE 18/11495, 112; BeckOGK/Foerster § 675c Rn. 206). Erfasst sind also – anders als im alten Recht (→ Rn. 102) – auch die Übertragung von Geldbeträgen zum Zahlungsempfänger durch Überweisungen, Lastschriften, E-Geld-Zahlungen oder anderen alternativen Bezahlverfahren einschließlich von Diensten, die auf die Annahme von Bargeld gerichtet sind (BaFin-Merkblatt ZAG v. 14.2.2023 sub B IV 2). Gerade in den zuletzt genannten Fällen, gibt es Überschneidungen zu dem Finanztransfergeschäft (Nr. 6). Soweit bereits der Tatbestand des Akquisitionsgeschäfts nach Nr. 5 erfüllt ist, geht dieser der Nr. 6 als speziellere Vorschrift vor (RegE 18/11495, 106; Schäfer/Omlor/Mimberg/Mimberg Rn. 117).

6. Finanztransfergeschäfte (Abs. 1 S. 2 Nr. 6)

Literatur: Bauerfeind, Ein Resümee zum Finanztransfergeschäft – Das Zahlungsdiensterecht in der Praxis, WM 2018, 456ff.; Danwerth, Das Finanztransfergeschäft als Zahlungsdienst, 2017; Danwerth, Überraschende Änderungen beim Finanztransfergeschäft: Endliche Klarheit? – Überlegungen zu § 1 Abs. 1 Satz 2 Nr. 6 ZAG-E, ZBB 2017, 14ff.; Danwerth, Anmerkung zu BGH, Beschl. v. 2.6.2021 – 3 StR 61/21, BKR 2021, 723f.; Glos/Hildner, Erlaubnispflichtige Zahlungsdienste in der Plattformökonomie, RdZ 2022, 90ff.; Hingst/Lösing, Zur Erlaubnispflichtigkeit von Finanztransfergeschäften nach dem Zahlungsdiensteaufsichtsgesetz: Hohe Anforderungen an die Betreiber von Internetplattformen mit Bezahlsystemen, BKR 2012, 334ff.; Lackhoff, Ist der Forderungseinzug durch den Originator einer True-Sale-ABS-Transaktion ein Finanztransfergeschäft?, Kreditwesen 2012, 503f.; Limmer/Frey, Auswirkungen des Zahlungsdiensteaufsichtsgesetzes auf die Tätigkeit von Steuerberatern, DStR 2010, 1153f.; Meyer zu Schwabedissen, Die Erlaubnis zur Erbringung von Zahlungsdiensten nach § 8 Abs. 1 ZAG, 2014; Mimberg, Das unentdeckte Finanztransfergeschäft als Auslöser deliktischer Schadensersatzhaftung – zugleich Besprechung von OLG Düsseldorf, Beschl. v. 1.9.2020, 24 U 137/19, BKR 2021, 185ff.; S. Müller, Hawala: An Informal Payment System and Its Use to Finance Terrorism, 2006; Reimer, Rechtsfragen zum Finanztransfergeschäft – Der Zahlungsverkehr über Alternative Remittance-Systeme, 2007; Reimer/Wilhelm, Aktuelle Entwicklungen des Finanztransfergeschäfts, BKR 2008, 234ff.; Ruppert, Keine Anwendbarkeit des Zahlungsdiensteaufsichtsgesetzes auf Steuerberater, DStR 2010, 2053f.; Terlau Kommentar zu: LG Köln, Urteil vom 29.9.2011 – 81 O 91/11; K&R 2011, 814, 815; Tiemann, BGH: Hawala-System als Finanztransfergeschäft, RdZ 2022, 124; Ultsch, Zur Notwendigkeit einer Erlaubnis der BaFin bei Online-Zahlungen im E-Commerce, WuB 2012, 593ff.; Venn, Anmerkung zur Entscheidung des BGH, Beschluss vom 2.6.2021 (3 StR 61/21) – Zur Einordnung einer das Hawala-System betreibenden Organisation als kriminelle Vereinigung, ZWH 2022, 18ff.; Warius, Das Hawala-Finanzsystem in Deutschland, 2009; Weiß, Unerlaubtes Erbringen von Zahlungsdiensten als Straftat, RdZ 2022, 98ff.; Winheller/Auffenberg, Benötigen gemeinnützige Mittelbeschaffungskörperschaften eine BaFin-Erlaubnis? – Finanztransfergeschäfte durch Förderkörperschaften, DStR 2015, 589ff.

105   **a) Zusammenfassung der Regelung, Normentwicklung, Zweck und Struktur der Norm. aa) Zusammenfassung des Regelungsinhalts.** Ausgehend von ErwG 9 S. 1 PSD2 ist der Finanztransfer „ein einfacher Zahlungsdienst, der in der Regel auf Bargeld beruht, das der Zahler einem Zahlungsdienstleister übergibt, der den entsprechenden Betrag beispielsweise über ein Kommunikationsnetz an einen Zahlungsempfänger oder an einen anderen, im Namen des Zahlungsempfängers handelnden Zahlungsdienstleister weiterleitet." In einigen Mitgliedstaaten bieten Supermärkte, Groß- und Einzelhändler ihren Kunden eine entsprechende Dienstleistung für die Bezahlung von Rechnungen von Versorgungsunternehmen und anderen regelmäßigen Haushaltsrechnungen (ErwG 9 S. 2 PSD2). Zusammenfassend beschreibt Abs. 1 S. 2 Nr. 6 das Finanztransfergeschäft als die Übermittlung von Geldbeträgen, ohne dass eine kontenmäßige Verbindung zwischen Zahler, Zahlungsdienstleister und Zahlungsempfänger besteht. In Betracht kommen damit neben dem klassischen Geschäft der sog. money remittance agencies (etwa Western Union oder MoneyGram) auch **vielfältige Tätigkeiten im Bereich des Buchgeldtransfers** (BaFin-Merkblatt ZAG v. 14.2.2023, B.V., zu den Anwendungsfällen noch → Rn. 133 ff.). Auch der Gesetzgeber konstatiert, dass das Finanztransfergeschäft ursprünglich allein den Bargeldtransfer erfasst, sich aber im Verlauf der Zeit erweitert hat (RegE BT-Drs. 18/11495, 106). Mit Blick auf die zahlungskontogebundenen Zahlungsdienste des Abs. 1 S. 2 Nr. 1–5 stellt das Finanztransfergeschäft einen **Auffangtatbestand** für die auftragsgemäße Übermittlung von Geldern dar (ErwG 9 PSD2; BaFin-Merkblatt ZAG v. 14.2.2023, B.V.; KG BeckRS 2021, 24301; BankR-HdB/Allgayer § 11 Rn. 761; Danwerth Finanztransfergeschäft S. 92 ff.; Hingst/Lösing Zahlungsdiensteaufsichtsr § 6 Rn. 84; Schäfer/Omlor/Mimberg/Mimberg Rn. 119; Terlau K&R 2011, 814 (815); Ellenberger/Findeisen/Nobbe/Böger/Tiemann Rn. 376, 379; aA BeckOGK/Foerster BGB § 675c Rn. 210).

106   Bereits der Wortlaut der Norm – 56 nur durch zwei Kommata getrennte Wörter – zeigt die Schwierigkeit den Tatbestand einzugrenzen. Er ist außerordentlich weit angelegt und umfasst sowohl den Kontakt des Zahlungsdienstleisters mit seinem Auftraggeber als auch mit dem Zahlungsempfänger sowie die Entgegennahme, Übermittlung und Verfügbarmachung von baren, aber auch unbaren Geldbeträgen. Auf welche Weise der Geldbetrag vom Zahler zum Empfänger transferiert wird, ist – bis auf die Vorgabe, dass der Transfer ohne Einrichtung eines Zahlungskontos zu erfolgen hat – nicht weiter spezifiziert (Danwerth Finanztransfergeschäft S. 5). Insbesondere ist die **Einzahlung von Bargeld nicht Tatbestandsvoraussetzung** (BaFin-Merkblatt ZAG v. 14.2.2023, B.V.). Hinzu kommt, dass die Judikative nicht an die Exekutivpraxis der BaFin gebunden ist, etwaige Beschränkungen des Finanztransfergeschäfts also nicht auf die Rechtsprechung durchschlagen müssen (vgl. OLG Düsseldorf BKR 2021, 232 ff.; zur „gespaltenen Auslegung": Buck-Heeb WM 2020, 157 (158, 161 ff.); Poelzig ZBB 2019, 1 (3 ff.); Danwerth Finanztransfergeschäft S. 82 ff.). Die hinreichende Unbestimmtheit des Tatbestands sorgt seit seiner Einführung vor allem bei Unternehmen aus dem Nichtfinanzsektor für berechtigte Unsicherheit (ebenso Mimberg BKR 2021, 185 (185)). Neben dem klassischen stationären Einzelhandel kommt auch jede App oder Webseite, die irgendeine Art der Zahlungsabwicklung anbietet, als potenzieller und unbewusster Erbringer von Finanztransfergeschäften in Betracht.

107   **bb) Normentwicklung, Historie.** Das Finanztransfergeschäft fand in Gestalt des Abs. 2 Nr. 6 aF am 31.10.2009 mit Inkrafttreten des ZAG Einzug in die deutsche Rechtsordnung. Damit wurde Art. 4 Nr. 13 PSD1 und Nr. 6 ihres Anhangs umgesetzt. Mit Wirkung vom 13. 1. 2018 trat das Zahlungsdiensteumsetzungsgesetz (BGBl. 2017 I 2446 ff.) in Kraft, das den Tatbestand in Abs. 1 S. 2 Nr. 6 überführte und erstmals auch den Wortlaut änderte.

Das in Abs. 1 S. 2 Nr. 6 geregelte Finanztransfergeschäft dient der Umsetzung **108** von **Art. 4 Nr. 22 PSD2** iVm **Anhang I Nr. 6.** Diese Legaldefinition entspricht nahezu buchstäblich dem Wortlaut der Richtlinienvorgabe. Abweichend stellt Abs. 1 S. 2 Nr. 6 lediglich auf die Tatbestandsmerkmale „zur Übermittlung" statt „zum Transfer" (dazu noch → Rn. 125) sowie auf „oder" statt „und/oder" (dazu noch → Rn. 119) ab. Die Definition des Finanztransfers der PSD2 weicht von der Vorgängerfassung der PSD1 allein hinsichtlich des Tatbestandsmerkmals „nur" ab, das den Terminus „ausschließlich" ersetzt hat. Materiell sind damit allerdings keine Änderungen verbunden (Danwerth ZBB 2017, 14 (17); dem zustimmend Bauerfeind WM 2018, 456 (457)).

Abs. 1 S. 2 Nr. 6 unterscheidet sich nur marginal von der **Vorgängerregelung** **109** **in Abs. 2 Nr. 6 aF.** Einige unglückliche Vorschläge des RefE (dazu Danwerth ZBB 2017, 14 (16 f.)) konnten im Gesetzgebungsverfahren noch korrigiert werden. In Übereinstimmung mit der Revision der PSD1 wurde sodann auch in der aktuellen Fassung der Legaldefinition des Finanztransfergeschäft „ausschließlich" durch „nur" ersetzt. Des Weiteren wurden zwei unbestimmte durch bestimmte Artikel („des" statt „eines Zahlers" bzw. „eines Zahlungsempfängers") und ein bestimmter durch einen unbestimmten Artikel ersetzt („einen" statt „den Zahlungsempfänger"). Materielle Änderungen ergeben sich auch daraus nicht (Danwerth ZBB 2017, 14 (16); dem zustimmend Bauerfeind WM 2018, 456 (457)).

Vor der Regelung im ZAG fand eine Legaldefinition des Finanztransfer- **110** geschäft in § 1 Abs. 1a S. 2 Nr. 6 KWG aF, der durch diese Vorschrift abgelöst wurde (zum **Finanztransfergeschäft unter der Ägide des KWG** vgl. Reischauer/Kleinhans/Brogl KWG § 1 Rn. 224 ff.; Danwerth Finanztransfergeschäft S. 26 ff.; Findeisen WM 2000, 2125 ff.; Reimer/Wilhelm BKR 2008, 234 ff.; Ellenberger/Findeisen/Nobbe/Böger/Tiemann Rn. 368 ff.). § 1 Abs. 1a S. 2 Nr. 6 KWG aF wurde mit Wirkung zum 1. 1. 1998 im Zuge der 6. KWG-Novelle ohne expliziten europäischen Antrieb auf Initiative des Bundesaufsichtsamts für das Kreditwesen (BAKred) in Reaktion auf ein sich entwickelndes grenzüberschreitendes Schattenbanksystem eingeführt. Das KWG definierte das Finanztransfergeschäft denkbar übersichtlich als „die gewerbsmäßige Besorgung von Zahlungsaufträgen" und verfolgte das Ziel der Bekämpfung des Schattenbanksystems und der Geldwäsche (BT-Drs. 13/7142, 66; Findeisen WM 2000, 2125 (2130); Stichwort „underground banking"). Beide Tatbestände weichen mit Blick auf Wortlaut und Umfang stark voneinander ab, verfolgen zudem nicht nur divergierende Schutzzwecke (→ Rn. 111) und blicken auf eine nicht vergleichbare Entstehungsgeschichte zurück, sondern regeln auch materiell unterschiedliche Sachverhalte (Danwerth Finanztransfergeschäft S. 30 f.). Die Finanztransfergeschäftstatbestände sind folglich **nicht vergleichbar** (Schäfer/Omlor/Mimberg/Mimberg Rn. 125; zurückhaltender Ellenberger/Findeisen/Nobbe/Böger/Tiemann Rn. 374 (nicht vollständig übertragbar)).

cc) Zweck der Norm. Ziel der Umsetzung der PSD2 ist die Schaffung eines **111** effizienten, modernen, kohärenten, stabilen sowie rechtssicheren Binnenmarktes für Zahlungsvorgänge mit hoher Wettbewerbsfähigkeit und angemessenem Verbraucherschutz, damit der Kunde vor den Risiken „einfacher" und meist halbbarer Zahlungsverkehrssysteme geschützt wird (Danwerth Finanztransfergeschäft S. 11 ff.;

aA Hingst/Lösing ZahlungsdiensteaufsichtsR § 6 Rn. 110). Diese Ziele sprechen für einen denkbar weiten Geltungsanspruch der PSD2 – begleitet von einer einheitlichen Aufsicht mit dem Ziel der Gefahrenabwehr – zur möglichst lückenlosen Erfassung aller Zahlungsdienstleistungen im Binnenmarkt. Dies ist bei der Auslegung des Finanztransfergeschäfts – insbesondere vor dem Hintergrund dessen Auffangcharakters – stets zu berücksichtigen. Die PSD2 ist dagegen (anders als § 1 Abs. 1a S. 2 Nr. 6 KWG aF) **nicht** vom Schutzzweck der **Geldwäscheprävention** getragen, sodass eine daran orientierte, enge oder teleologisch reduzierende Auslegung bei mangelnder Geldwäschegefahr nicht in Betracht kommt (BT-Drs. 16/11613, 35; BaFin-Merkblatt ZAG v. 14.2.2023, B.V.; VG Frankfurt a.M. BeckRS 2015, 45686; Ellenberger/Findeisen/Nobbe/Böger/Tiemann Rn. 375; aA KG BeckRS 2021, 24301 Rn. 36; wohl Hingst/Lösing ZahlungsdiensteaufsichtsR § 6 Rn. 109; Bauerfeind WM 2018, 456 (458); vgl. schon Hingst/Lösing BKR 2012, 334 (336f.)). Letztlich wäre eine entsprechende Auslegung auch vor dem Hintergrund einer gemeinschaftsrechtlich vorgegebenen Vollharmonisierung des Zahlungsdiensterechts nicht länger zulässig (BaFin-Merkblatt ZAG v. 14.2.2023, B.V.).

112   **dd) Struktur der Norm.** Aufbauend auf der Verwaltungspraxis der BaFin (BaFin-Merkblatt ZAG v. 14.2.2023, B.V.) und der Regierungsbegründung zur Umsetzung der PSD2 (BT-Drs. 18/11495, 107) werden für die Zwecke der Kommentierung **zwei Tatbestandsalternativen** des Abs. 2 Nr. 6 unterschieden (differenzierter Danwerth Finanztransfergeschäft S. 105ff.). Einer initiativ-orientierten Einordnung folgend, werden zum einen Fälle erfasst, bei denen ohne Einrichtung eines Zahlungskontos ein Geldbetrag des Zahlers ausschließlich zur Übermittlung an den Zahlungsempfänger oder einen für ihn handelnden Dienstleister übermittelt wird **(Zahlerfinanztransfer, Nr. 6 Alt. 1).** Die zwei normierten Anwendungsfälle des Zahlerfinanztransfers unterscheiden sich dadurch, dass dem Zahlungsempfänger im zweiten Fall der Geldbetrag nicht unmittelbar, sondern (mittelbar) an einen für ihn handelnden Zahlungsdienstleister übermittelt wird. Zum anderen sollen auch solche Fallkonstellationen erfasst werden, bei denen „der Geldbetrag im Namen des Zahlungsempfängers entgegengenommen und diesem verfügbar gemacht wird" **(Zahlungsempfängerfinanztransfer, Nr. 6 Alt. 2).** Dabei handelt es sich nicht nur um die spiegelbildliche Seite der ersten Alternative, sondern um einen eigenständigen Tatbestand, der bei weiter Auslegung auch Inkassoleistungen bzw. den Einzug von Forderungen erfassen kann (vgl. → Rn. 135ff.). Demgegenüber steht bei der ersten Tatbestandsalternative die Übermittlung von Geld ähnlich wie bei einer Überweisung im Vordergrund. Der Unterschied der beiden Tatbestandsalternativen des Abs. 2 Nr. 6 lässt sich mit demselben Ergebnis auch derart beschreiben, dass der Zahlungsdienstleister entweder im Lager des Zahlers oder des Zahlungsempfängers steht (so Schäfer/Omlor/Mimberg/Mimberg Rn. 126; Ellenberger/Findeisen/Nobbe/Böger/Tiemann Rn. 391).

113   Neben dem Finanztransfergeschäft sind alle Zahlungsdienste in Abs. 1 S. 2 im unmittelbaren Zusammenhang mit dem **negativen Tatbestand des § 2 Abs. 1** zu lesen, der Art. 3 PSD2 umsetzt. Dort findet sich ein umfangreicher und enumerativer Katalog von 15 Tatbeständen, die den sachlichen Anwendungsbereich der Zahlungsdienste einschränken. Im Zusammenhang mit dem Finanztransfergeschäft sind insbesondere die Handelsvertreterausnahme (Nr. 2) sowie das Konzernprivileg (Nr. 13) beachtenswert. § 1 Abs. 2 und § 2 Abs. 1 sind trotz der systematisch verfehlten Spaltung **einheitlich zu betrachten** (Danwerth Finanztransfergeschäft S. 108). Bejaht man ein Finanztransfergeschäft nach Abs. 2 Nr. 6, so ist gleichwohl noch

nach § 2 Abs. 1 zu prüfen, ob ggf. eine Dienstleistung vorliegt, die vom Anwendungsbereich des Gesetzes ausgenommen ist.

Die Verwendung des Begriffs „**Geschäft**" im Klammerzusatz des Abs. 1 S. 2 **114** Nr. 6 ist in der PSD2 nicht vorgesehen und hat allein beschreibenden Charakter. Im Rückgriff auf das Zivilrecht ist die „Tätigkeit des Finanztransfers" gemeint (Danwerth Finanztransfergeschäft S. 113 f.). Es handelt sich damit lediglich um eine durch Auslegung auszufüllende Hülle der als „Finanztransfergeschäft" betitelten Legaldefinition. Eine darüberhinausgehende rechtliche Bedeutung kommt dem Wortteil dagegen nicht zu (Danwerth Finanztransfergeschäft S. 114).

b) Gemeinsame Tatbestandsmerkmale beider Alternativen des Finanz- 115 transfergeschäfts. Beide Alternativen des Finanztransfergeschäfts verbindet, dass ein Geldbetrag ohne Einrichtung eines **Zahlungskontos** iSd Abs. 17, dessen Legaldefinition materiell dem bisherigen Abs. 3 aF entspricht und lediglich den Wortlaut von Art. 4 Nr. 12 PSD2 übernimmt (BT-Drs. 18/11495, 110), auf den Namen eines Zahlers oder eines Zahlungsempfängers entgegengenommen wird. Ein Zahlungskonto dient der Ausführung von Zahlungsvorgängen (→ Rn. 36 ff., 428 f. sowie Danwerth Finanztransfergeschäft S. 117 ff.). Es setzt in Anlehnung an § 154 Abs. 2 AO eine laufende Geschäftsbeziehung sowie das Vorhandensein eines Verfügungsberechtigten voraus. Das Zahlungskonto ist ein kundenbezogenes Konto, sodass bankinterne Konten vom Anwendungsbereich des Abs. 17 ausgenommen sind. Die interne Verbuchung auf einem Poolkonto der am Zahlungsnetz beteiligten Händler lässt das Finanztransfergeschäft also nicht entfallen (Ellenberger/Findeisen/Nobbe/ Böger/Tiemann Rn. 379; Terlau K&R 2011, 814 (815)). Das Zahlungskonto ist zudem nicht mit dem Girokonto gleichzusetzen. Beide Konten stehen vielmehr nebeneinander, können aber in einer Schnittmenge übereinstimmen (illustrativ Danwerth Finanztransfergeschäft S. 131). Dabei enthält regelmäßig jedes Girokonto Elemente eines Zahlungskontos. Das von einem Zahlungsinstitut geführte Zahlungskonto ist dagegen in aller Regel kein Girokonto. Ein **PayPal-Konto** erfüllt alle Voraussetzungen eines Zahlungskontos (Danwerth Finanztransfergeschäft S. 132 f.).

Die **Einrichtung** eines Zahlungskontos muss ausgehend vom Sinn und Zweck **116** des Abs. 1 S. 2 Nr. 6 und in Abgrenzung zu anderen Zahlungsdiensten – insbesondere dem Überweisungsgeschäft gemäß Abs. 1 S. 2 Nr. 3 lit. c – weit im Sinne einer **Einschaltung** verstanden werden und umfasst nicht nur die Errichtung, sondern auch das **Führen** eines Zahlungskontos (Danwerth Finanztransfergeschäft S. 133 ff.; so auch BeckOGK/Foerster BGB § 675c Rn. 210). Der Wortlaut des Finanztransfergeschäfts („ohne Einrichtung eines Zahlungskontos") lässt erkennen, dass im Fall der Einrichtung (bzw. Einschaltung im Sinne von Führen → Rn. 122) eines Zahlungskontos die Annahme eines Finanztransfergeschäfts entfallen muss. Es handelt sich um echtes Tatbestandsmerkmal, sodass ein Finanztransfergeschäft nicht vorliegt, wenn ein Zahlungskonto eingeschaltet wird. Gleichwohl soll nach Auffassung der BaFin das Finanztransfergeschäft „nicht voraussetzen", dass ein Zahlungskonto geführt wird (BaFin-Merkblatt v. 14. 2. 2023, B. V.). So (miss)verstanden, schlösse das Führen eines Zahlungskontos das Finanztransfergeschäft aber gerade nicht zwingend aus. Wird bei der Abwicklung eines Zahlungsvorgangs ein beim abwickelnden Zahlungsdienstleister geführtes Zahlungskonto eines beteiligten Zahlungsdienstnutzers eingeschaltet, ist das Finanztransfergeschäft schon tatbestandlich nicht gegeben (KG BeckRS 2021, 24301). Überweist der Zahler allerdings im Deckungsverhältnis unter Zuhilfenahme eines (mittelbaren) Zahlungsdienstleisters den Geldbetrag auf ein Konto des das Finanztransfergeschäft ausführenden Zahlungsdienstleisters, wird unmittelbar kein Zahlungskonto eingeschaltet (Danwerth Finanztransfergeschäft S. 138, 167 f.). Demnach wird kein Zahlungskonto eingeschaltet, wenn der Zahlungsdienstleister ein Zahlungskonto im eigenen Namen unterhält und einen zu transferierenden Geldbetrag darauf im Wege einer Überweisung des Zahlers entgegennimmt (Schäfer/Omlor/Mimberg/Mimberg Rn. 132). Nur wenn im Deckungsverhältnis eine direkte Kontoverbindung besteht, die für die konkrete Zahlung verwendet wird, ist das Finanztransfergeschäft ausgeschlossen. Spiegelbildliches gilt für das Inkassoverhältnis zwischen dem Zahlungsempfänger und seinem Zahlungsdienstleister. Dieser These tritt die BaFin entgegen: Danach knüpft die Zahlungsabwicklung definitionsgemäß auch dann an ein Zahlungskonto an, wenn dieses zur Zahlungsabwicklung genutzt wird, aber nicht vom das Finanztransfergeschäft besorgenden Zahlungsdienstleister geführt wird (BaFin-Merkblatt ZAG v. 14. 2. 2023, B. V.). Diese Verwaltungspraxis wirft sodann die diffizile Frage auf, wie der Zahler seinem Zahlungsdienstleister im Rahmen des Finanztransfergeschäfts den zu übermittelnden Geldbetrag nach einhelliger Meinung auch per Überweisung oder Lastschrift, also mittels eines Zahlungskontos, zukommen lassen kann (→ Rn. 121), wenn doch eine derartige Abwicklung über ein Zahlungskonto das Finanztransfergeschäft zugleich entfallen ließe.

117   In Umsetzung von Art. 4 Nr. 8 PSD2 wird der **Zahler** nunmehr in Abs. 15 definiert (auch → Rn. 423 f.). Insoweit hat der deutsche Gesetzgeber die Vorlage der PSD2 begrüßenswert übernommen und somit die Lücke einer fehlenden Legaldefinition geschlossen. Zahler ist demnach eine natürliche oder juristische Person, die Inhaber eines Zahlungskontos ist und von diesem einen Zahlungsauftrag gestattet. Andernfalls – falls kein Zahlungskonto vorhanden ist – ist der Zahler eine Person, die den Auftrag für einen Zahlungsvorgang erteilt. Der Terminus „Auftrag für einen Zahlungsvorgang" beschreibt exklusiv die nicht kontogebundene Abwicklung eines Zahlungsvorgangs (Danwerth Finanztransfergeschäft S. 153 f.). Zusammengefasst ist der Zahler damit eine Person, die – unabhängig von der Einschaltung eines Zahlungskontos – einen eigenen Zahlungsauftrag erteilt oder einen fremden Zahlungsauftrag von ihrem Zahlungskonto gestattet (Danwerth Finanztransfergeschäft S. 139 ff.). Weitergehend und in Vorgriff auf das Tatbestandsmerkmal der „Entgegennahme" (dazu → Rn. 121) folgert auch die BaFin, dass der Zahler nicht nur derjenige ist, der tatsächlich dem Zahlungsdienstleister einen Geldbetrag überweist oder in bar übergibt, sondern auch derjenige, der von dem Dienstleister die Auszahlung eines Geldbetrags verlangen kann und statt der Auszahlung an sich die Weisung zur Zahlung an einen Dritten erteilt (BaFin-Merkblatt ZAG v. 14. 2. 2023, B. V.).

118   Die Legaldefinition des **Zahlungsempfängers** findet sich nunmehr in Umsetzung von Art. 4 Nr. 9 PSD2 in Abs. 16 (auch → Rn. 425 f.). Wie beim Begriff des Zahlers hat der deutsche Gesetzgeber die Vorlage der PSD2 übernommen und eine Lücke mangelnder Legaldefinitionen geschlossen. Der Zahlungsempfänger ist eine Person, die den Geldbetrag, der Gegenstand eines Zahlungsvorgangs ist, als Empfänger erhalten soll. Aus der Vorgabe „erhalten soll" ist zu schließen, dass das ZAG den Zahlungsempfänger nicht tatsächlich, sondern subjektiv, nach der Intention des Zahlers bestimmt. Für die aufsichtsrechtliche Perspektive ist allein maßgeblich, wen der Zahler mit dem Transfer eines Geldbetrags begünstigen will und nicht wer den Betrag tatsächlich erhalten hat (KG BeckRS 2021, 24301 Rn. 32; LG Lübeck BeckRS 2022, 33368 Rn. 21; Danwerth Finanztransfergeschäft S. 155 ff.). Nicht erfasst sind daher Fälle, in denen von Anfang an beabsichtigt wird, verein-

nahmte Gelder pflichtwidrig anderweitig zu verwenden („vorgespiegelte Scheingeschäfte" (KG BeckRS 2021, 24301 Rn. 32; LG Lübeck BeckRS 2022, 33368
Rn. 21). Zahler und Zahlungsempfänger können darüber hinaus personenidentisch
sein (siehe Art. 4 Nr. 10 PSD2; BaFin-Merkblatt ZAG v. 14.2.2023, B.V.). Dies ist
etwa der Fall, wenn eine Person einen Geldbetrag mit einem Anbieter von Bargeldtransfers vorab an das Reiseziel transferiert, um dort über den Betrag in Landeswährung verfügen zu können.

Oder iSd Abs. 1 S. 2 Nr. 6 ist als **weder noch** zu verstehen. Damit ist das Fi-   **119**
nanztransfergeschäft nur zu bejahen, wenn der den Transfer besorgende Zahlungsdienstleister weder ein von ihm für den Zahler noch für den Zahlungsempfänger
geführtes Zahlungskonto einschaltet. Dies ergibt sich systematisch aus dem Bedürfnis der klaren Abgrenzung gegenüber anderen Zahlungsdiensten und teleologisch
aus dem Auffangcharakter des Finanztransfergeschäfts (Danwerth Finanztransfergeschäft S. 155 ff.).

Der entgegengenommene **Geldbetrag** des Zahlers kann nicht nur aus Bargeld,   **120**
sondern auch aus Buchgeld oder E-Geld bestehen (vgl. Art. 4 Nr. 25 PSD2; Danwerth Finanztransfergeschäft S. 243; Ellenberger/Findeisen/Nobbe/Böger/Tie-
mann Rn. 411; Schäfer/Omlor/Mimberg/Mimberg Rn. 157). Digitale oder virtuelle Währungen sowie Kryptowerten iSd § 1 Abs. 11 S. 4 KWG − insbesondere
Bitcoins − stellen dagegen keinen Geldbetrag iSd Abs. 1 S. 2 Nr. 6 ZAG dar (KG
NJW 2018, 3734 (3736); Danwerth Finanztransfergeschäft S. 183 ff.; Danwerth/
Hildner BKR 2019, 57 (61); Schäfer/Omlor/Mimberg/Mimberg Rn. 128; Omlor
ZHR 183 (2019), 294 (308 f.); Spindler/Bille WM 2014, 1357 (1360)). Auch wenn
es nach dem Telos der PSD2 sinnvoll erscheinen mag, den „Geldbetrag des Zahlers"
funktional zu bestimmen, setzt der klare Wortlaut der Legaldefinition hier eine un-
überschreitbare Grenze.

Der Geldbetrag des Zahlers ist entgegengenommen, wenn die bewusste Zu-   **121**
griffsmöglichkeit des Zahlungsdienstleisters auf den Geldbetrag des Zahlers jedenfalls für eine juristische Sekunde besteht. Die **Entgegennahme** ist rein tatsächlich
und nicht als Willenserklärung zu verstehen, sodass entscheidend ist, dass der Zahlungsdienstleister des Zahlers faktisch auf den Geldbetrag des Zahlers zugreifen
kann (Danwerth Finanztransfergeschäft S. 187 ff.; KG BeckRS 2021, 24301
Rn. 35; LG Mannheim BeckRS 2020, 50512 Rn. 112). Ihre Form ist irrelevant, sodass insbesondere die Einzahlung von Bargeld nicht Tatbestandsvoraussetzung ist;
der Zahler kann seinem Zahlungsdienstleister den Betrag vielmehr auch per Überweisung, Lastschrift, Scheck, Kartenzahlung, E-Geld oder mittels alternativer Bezahlverfahren (etwa PayPal) einschließlich Diensten zur Annahme von Barzahlungen zukommen lassen (BaFin-Merkblatt ZAG v. 14.2.2023, B.V.; RegE BT-Drs.
18/11495, 107; LG Köln WM 2012, 405 (406)). Auch eine Aufrechnung kommt
als Entgegennahme in Betracht (BT-Drs. 18/11495, 107). Die BaFin nimmt an,
dass ein Geldbetrag auch dann entgegengenommen wird, wenn ein Dienstleister
ein Zahlungskonto einbindet mittels einer ihm vom Zahlungsdienstnutzer oder
Dritten (!) eingeräumten **Vollmacht,** sofern diese eine eigenständige Befugnis für
die Durchführung von Geldtransfers begründet („vermittelte Einwirkungsmög-
lichkeit", BaFin-Merkblatt v. 14.2.2023, B.V.; instruktiv: Ellenberger/Findeisen/
Nobbe/Böger/Tiemann Rn. 381 f.). Die Verwaltungspraxis differenziert nach Art,
Umfang bzw. Reichweite der Vertretungsmacht. Der Finanztransfergeschäftstat-
bestand soll teleologisch reduziert werden (dazu Danwerth, ZfPW 2017, 230 ff.),
wenn lediglich eine Vertretung mit gebundener Marschroute bzw. eine sog. Vertretung in der Erklärung (anders als bei der bloßen Botenschaft wird hier im eigenen

Namen anstelle des Vertretenen die vorgegebene fremde Willenserklärung abgegeben, BGH NJW 1952, 744) vorliegt (BaFin-Merkblatt v. 14.2.2023, B.V.). Die BaFin nimmt daher kein Finanztransfergeschäft an, wenn der Dienstleister belegen kann, dass die (i) Vollmacht bedingungslos und jederzeit widerruflich ist, (ii) Verfügungsmacht des Vollmachtgebers über das Konto unbeschränkt bleibt, (iii) Vollmacht hinreichend konkret und abschließend die Dienstleistungen benennt, die mit dem Zahlungsvorgang in unmittelbarem zeitlichen und sachlichen Zusammenhang stehen, (iv) Vollmacht bei wirtschaftlicher Betrachtungsweise kein allgemeines Bezahlverfahren etabliert und (v) Dienstleistung offenkundig nicht geldwäsche- oder terrorismusfinanzierungsrelevant ist (BaFin-Merkblatt v. 14.2.2023, B.V.). Diese Voraussetzungen sind bei der praktisch so wichtigen Transportvollmacht „T" im EBICS-Zahlungsverfahren gegeben. Ein Banking-Software-Anbieter erbringt demnach in aller Regel eine rein technische Dienstleistung und damit kein Finanztransfergeschäft.

122   Die BaFin betont mit Blick auf den Gesetzeswortlaut und die Regierungsbegründung, dass der Zahlungsdienstleister **nicht den gesamten Zahlungsfluss** vom Zahler zum Empfänger bewirken muss (Einzelaktsbetrachtung). Richtig ist zunächst, dass die Einzelakte des gesamten Zahlungsflusses, namentlich das Deckungs- und Inkassoverhältnis, auch für sich genommen jeweils einen Zahlungsdienst begründen können. So ist denkbar, dass das Finanztransfergeschäft aufgrund eines Zahlungsflusses zwischen Zahler und Zahlungsempfänger gegeben ist, im Deckungs- oder Inkassoverhältnis aber ebenfalls Zahlungsdienste – etwa das Zahlungsgeschäft – verwirklicht sind. Im Hinblick auf die letztgenannte Konstellation lässt sich vom „Zahlungsdienst im Zahlungsdienst" sprechen (Danwerth Finanztransfergeschäft S. 97 ff.). Im Übrigen beschreibt das Finanztransfergeschäft indes ein **Drei- oder Mehrpersonenverhältnis.** Danach umfasst auch der zweite Anwendungsfall des Zahlerfinanztransfers („Dienste, bei denen (…) ein Geldbetrag (…) nur zur Übermittlung (…) an einen anderen, im Namen des Zahlungsempfängers handelnden Zahlungsdienstleister entgegengenommen (…) werden.") den gesamten Zahlungsfluss vom Auftrag des Zahlers bis zur Auszahlung beim Empfänger und geht regelmäßig von vier Personen aus. Dies folgt aus einer systematischen Auslegung des § 675t Abs. 1 S. 1 BGB, wonach der Zahlungsdienstleister des Zahlungsempfängers verpflichtet ist, den entgegengenommenen Geldbetrag dem Zahlungsempfänger unverzüglich verfügbar zu machen. Insoweit ergibt sich schon aus dem gesetzlichen Rahmen, dass der Transfer nicht beim Zahlungsdienstleister des Empfängers endet, sondern zwangsläufig erst mit Verfügbarmachung beim Zahlungsempfänger seinen Abschluss finden kann (Danwerth Finanztransfergeschäft S. 106 f., 238 ff.). Wenn es an einer Verpflichtung zur Übermittlung oder Verfügbarmachung fehlt, liegt dementsprechend auch kein Finanztransfergeschäft vor. So erbringen etwa **Fördermittelkörperschaften** regelmäßig kein Finanztransfergeschäft, wenn sie über die Zuwendung vom Spender entgegengenommener Gelder im von ihrer Satzung vorgegebenen Rahmen frei entscheiden können (BaFin-Merkblatt ZAG v. 14.2.2023, B.V.).

123   Eine zwingende **zeitliche Abfolge von Entgegennahme und Übermittlung** bzw. Verfügbarmachung (BaFin-Merkblatt ZAG v. 14.2.2023, B.V.; so schon Danwerth Finanztransfergeschäft S. 199 f.; aA BeckOGK/Foerster BGB § 675c Rn. 209; Schäfer/Omlor/Mimberg/Mimberg Rn. 136 unter Verweis auf § 3 Abs. 3) oder die Notwendigkeit einer internen Verbuchung ist dem Tatbestand des Finanztransfergeschäfts nicht zu entnehmen. Aus teleologischen Gesichtspunkten würde die zwingende Reihenfolge von Entgegenahme und Übermittlung die Möglichkeit einer missbrauchenden Gestaltung erhöhen (Danwerth Finanztrans-

fergeschäft S. 199). Tatbestandsmäßig ist der Geldfluss daher auch dann gegeben, wenn der Dienstleister das Geld zunächst an den Zahlungsempfänger auszahlt und dieser vorstreckende Zahlungsdienstleister sich den Geldbetrag später vom Zahler zurückholt (BaFin-Merkblatt ZAG v. 14.2.2023, B.V.).

c) Zahlerfinanztransfer, Nr. 6 Alt. 1 (Übermittlung eines Geldbetrags). 124
Typischerweise läuft das Finanztransfergeschäft im Sinne der ersten Alternative ähnlich wie eine Barüberweisung ab. Allerdings wird dem Zahlungsempfänger der angewiesene Betrag regelmäßig nicht auf einem Konto gutgeschrieben, sondern ebenfalls in bar ausgezahlt. Oft erfolgt keine förmliche Verbuchung (Ellenberger/ Findeisen/Nobbe/Böger/Tiemann Rn. 369; zustimmend Hingst/Lösing BKR 2012, 334 (337)), was Skepsis mit Blick auf Untergrundbankwesen und Terrorfinanzierung ausgelöst hat. Die Auszahlung an den Empfänger erfolgt oft schon bevor der Dienstleister das Geld selber erhalten hat (→ Rn. 123). Meist wird die Auszahlung an den Empfänger bereits aufgrund einer bloßen Mitteilung des Dienstleisters des Zahlers veranlasst, dass dieser das Geld vereinnahmt hat.

Die **Übermittlung** ist das Spiegelbild der Entgegennahme und dementsprechend ebenfalls rein tatsächlich (→ Rn. 121) zu verstehen (Danwerth Finanztransfergeschäft S. 193ff.). In Betracht kommen etwa Brief, Telefon, Fax, E-Mail, aber auch SMS oder sonstige Telekommunikation (RegE BT-Drs. 18/11495, 107; BaFin-Merkblatt ZAG v. 14.2.2023, B.V.). Unerheblich ist auch, ob der Dienstleister das Geschäft durch einen tatsächlichen Geldfluss (die Überbringung von Bargeld oder die Weiterleitung von Buchgeld) oder aber durch Verrechnung ausführt, zum Beispiel über ein System der zwei Töpfe ("Hawala") (BaFin-Merkblatt ZAG v. 14.2.2023, B.V.; BGH 28.6.2022 – 3 StR 403/20 Rn. 23 [Rn. bzw. Tz. des BGH in amtl. Entscheidung], BeckRS 2022, 20799). Denkbar ist daher auch, dass der Dienstleister mit einer ihm gegen den Zahlungsempfänger zustehenden Forderung aufrechnet (BaFin-Merkblatt ZAG v. 14.2.2023, B.V.). Die Übermittlung muss aber auf das Bewusstsein des entgegennehmenden Zahlungsdienstleisters zurückgehen. Der vom Zahler vorgesehene Zahlungsempfänger muss durch die Übermittlung Zugriff auf oder die Möglichkeit der Verfügung über den Geldbetrag bekommen. Beabsichtigt ein Dienstleister vereinnahmte Gelder pflichtwidrig anderweitig zu verwenden und zweckwidrig an Dritte zu transferieren, liegen vorgespiegelte Scheingeschäfte, nicht aber tatsächlich betriebene, grundsätzlich erlaubnisfähige Finanztransfergeschäfte vor (KG BeckRS 2021, 24301 Rn. 32).

In Anlehnung an den Rechtsgedanken des § 120 BGB setzt die Übermittlung 126
einen **fremden Geldbetrag** voraus, sodass bei der Weitergabe von eigenen Geldern des Zahlungsdienstleisters nicht von einer Übermittlung gesprochen werden kann (Danwerth Finanztransfergeschäft S. 196f.). So ließen sich die Privilegierungen von Fördermittelkörperschaften (→ Rn. 20) und Treuhandservices (→ Rn. 137) erklären. Die BaFin hat das Differenzierungskriterium eigener und fremder Gelder allerdings mit Blick auf die Verwaltungspraxis zum Factoring nicht überzeugt (BaFin-Merkblatt ZAG v. 14.2.2023, B.V.). Die Übermittlung muss nicht zwingend zeitlich nach der Entgegennahme erfolgen (→ Rn. 123).

Entsprechender Geldbetrag meint im Sinne einer wirtschaftlichen Gesamt- 127
betrachtung nicht die exakte, vollständig dem Geldbetrag der Entgegennahme entsprechende Übermittlung, sondern lediglich den vom Zahler ausgehenden Betrag (Danwerth Finanztransfergeschäft S. 197ff.). Nicht erforderlich ist, dass wie bei der Überweisung exakt der übermittelte Betrag ausgezahlt wird, da oft eine Umrechnung in die Währung des Empfängerstaates erfolgt. Es geht also weniger um die

Höhe des tatsächlich ausgezahlten Betrags, sondern vielmehr um die Richtung aus der das Geld entgegengenommen wird. Die Entgegennahme muss der Übermittlung zeitlich nicht zwingend vorausgehen (→ Rn. 21).

128   Für die BaFin weist das Tatbestandsmerkmal **nur** auf die Funktion des Finanztransfergeschäfts als Auffangtatbestand zu den zahlungskontogebundenen Zahlungsdiensten des Abs. 1 S. 2 Nr. 1–5 hin (BaFin-Merkblatt ZAG v. 14.2.2023, B.V.). Es diene damit allein der Abgrenzung gegenüber den anderen Tatbeständen des Abs. 1 S. 2 (Ellenberger/Findeisen/Nobbe/Böger/Tiemann Rn. 401 f.). Das muss freilich bezweifelt werden. Schon der Blick auf die englische und französische Sprachfassung („sole purpose", „à la seule fin") vergegenwärtigt, dass die Auslegung der BaFin zu kurz greift und sich hinter „nur" deutlich mehr verbergen muss als der erste Blick offenbart (BeckOGK/Foerster BGB § 675c Rn. 213). Der These des Verf. Erteilen Regierungsbegründung und BaFin dennoch eine klare Absage: Der Tatbestand des Finanztransfergeschäfts sei auch dann erfüllt, wenn neben der reinen Übermittlung des Geldbetrags noch weitere (zB vertragliche) Ziele verfolgt werden (BT-Drs. 18/11495, 107; BaFin-Merkblatt ZAG v. 14.2.2023, B.V.; aA Danwerth Finanztransfergeschäft S. 201 ff.; BeckOGK/Foerster BGB § 675c Rn. 220; Hingst/Lösing ZahlungsdiensteaufsichtsR § 6 Rn. 8494; Schäfer/Omlor/Mimberg/Mimberg Rn. 144). Richtigerweise – aber entgegen der Verwaltungspraxis – ist hier genauer zu differenzieren. „Nur" kommt eine zentrale Bedeutung im Rahmen des Abs. 1 S. 2 Nr. 6 zu (instruktiv Danwerth Finanztransfergeschäft S. 201 ff.). In diesem Zusammenhang ist **grundsätzlich** eine **Einzelbetrachtung** anzustellen. Der zur Übermittlung an den Zahlungsempfänger bestimmte Teil des entgegengenommenen Geldbetrags des Zahlers ist von der Vergütung einer etwaigen Tätigkeit im Rahmen des Deckungsverhältnisses zu unterscheiden. Nur der tatsächlich an den Zahlungsempfänger übermittelte Betrag begründet ein Dreipersonenverhältnis und kommt für das Vorliegen eines Finanztransfergeschäfts in Betracht. Demnach ist zu ergründen, ob mit der Entgegennahme übermittlungsfremde Zwecke verfolgt werden, die nicht allein die Übermittlung ermöglichen oder deren Durchführung sicherstellen. Im Rahmen der Einzelbetrachtung wird das Merkmal „nur" daher (wenn auch nicht für den gesamten vom Zahler abgehenden Betrag) regelmäßig erfüllt sein. **Ausnahmsweise** ist jedoch eine **Gesamtbetrachtung** geboten, sofern Grundgeschäft und Zahlungsabwicklung derart untrennbar miteinander verbunden sind, dass sie sich gegenseitig bedingen (zustimmend Schäfer/Omlor/Mimberg/Mimberg Rn. 145, der daneben noch Wertungsgesichtspunkte berücksichtigt). Will der Zahlungsdienstleister mit dem Finanztransfer dann zumindest auch seine Pflichten aus dem Grundgeschäft erfüllen, ist regelmäßig davon auszugehen, dass die Entgegennahme nicht ausschließlich zur Übermittlung erfolgt (BeckOGK/Foerster BGB § 675c Rn. 214 stellt insoweit auf die Beteiligung an der Wertschöpfung ab; ebenso: Hingst/Lösing ZahlungsdiensteaufsichtsR § 6 Rn. 49). Ist die Zahlungsabwicklung das maßgebende Motiv zur Mandatierung des Dienstleisters, ist dies ein Indiz für die Notwendigkeit der Gesamtbetrachtung.

129   Der zweite Anwendungsfall des Zahlerfinanztransfers kommt zur Anwendung, wenn zwischen dem Zahlungsdienstleister des Zahlers und dem des Zahlungsempfängers keine direkte Geschäftsbeziehung besteht und der Finanztransfer dann über einen weiteren Dienstleister abgewickelt wird, mit dem beide Zahlungsdienstleister eine Geschäftsbeziehung unterhalten. Dieser **„andere Zahlungsdienstleister"** ist jeder Zahlungsdienstleister, der im Namen des Zahlungsempfängers, nicht aber als dessen Stellvertreter tätig wird und nicht zugleich der entgegennehmende und übermittelnde Zahlungsdienstleister ist (Danwerth Finanztransfergeschäft S. 213 ff.).

Die Eigenschaft eines Zahlungsdienstleisters erfordert nicht, dass der Dienstleister für mehrere Zahlungsempfänger tätig wird (OLG Hamm BeckRS 2018, 759 Rn. 23 im Zusammenhang mit der Emittentin einer Kryptowährung). Einer expliziten Regelung des zweiten Anwendungsfalls des Zahlerfinanztransfers hätte es nicht bedurft. Entgegen der Verwaltungspraxis der BaFin (→ Rn. 116), folgt aus der Auslegung des Tatbestandsmerkmals „Übermittlung" (→ Rn. 125), dass allein ein Zahlungskonto im Verhältnis zwischen einem Zahlungsdienstnutzer und dem Zahlungsdienstleister des Zahlers das Finanztransfergeschäft entfallen lässt. Das Vorliegen eines Finanztransfergeschäfts ist dagegen nicht ausgeschlossen, wenn eine kontomäßige Abwicklung zwischen dem Zahlungsempfänger und seinem Zahlungsdienstleister erfolgt (Danwerth Finanztransfergeschäft S. 217).

Der Ausgleich zwischen den beiden Zahlungsdienstleistern (das sog. **Clea-** **130** **ring**) beim zweiten Anwendungsfall des Zahlerfinanztransfers ist von der Übermittlung abzugrenzen und vollzieht sich ganz unterschiedlich. Teilweise wird das Geld körperlich übermittelt (vgl. RegE BT-Drs. 16/11613, 35, in dem von dem Transport des Geldes mittels Linienbussen in den Kosovo berichtet wird, sowie VG Frankfurt a. M. 4.6.2009 – 1 K 4151/08.F, BeckRS 2009, 141770), oder mittels einer konventionellen Lastschrift beim Zahlungsdienstleister des Zahlers eingezogen. Ebenso ist denkbar, dass bei einer zwischengeschalteten Stelle eine Verrechnung (Netting) verschiedener gegenläufiger Positionen erfolgt (BaFin-Merkblatt ZAG v. 14.2.2023, B. V.; Ellenberger/Findeisen/Nobbe/Böger/Tiemann Rn. 411, 437). Dies kommt namentlich bei dem sog. Zwei-Töpfe-Modell der Hawala (→ Rn. 125) vor (Ellenberger/Findeisen/Nobbe/Böger/Tiemann Rn. 437; Terlau K&R 2011, 814 (815); vgl. auch BaFin-Merkblatt ZAG v. 14.2.2023, B. V.).

d) Zahlungsempfängerfinanztransfer, Nr. 6 Alt. 2 (Entgegennahme 131 eines Geldbetrags im Namen des Zahlungsempfängers). Die zweite Alternative des Abs. 1 S. 2 Nr. 6 erfasst Finanztransferdienste, bei denen der Zahlungsdienstleister „im Lager" des Zahlungsempfängers steht (BaFin-Merkblatt ZAG v. 14.2.2023, B. V.). Insoweit ist stets das Akquisitionsgeschäft (Abs. 1 S. 2 Nr. 5) mitzudenken, das dem Finanztransfergeschäft als spezfeillerer Tatbestand vorgeht (BT-Drs. 18/11495, 106; im Detail: Ellenberger/Findeisen/Nobbe/Böger/Tiemann Rn. 387). **Verfügbarmachen** iSd Alt. 2 und Übermittlung iSd Alt. 1 sind rein tatsächlicher Natur und damit im Ergebnis gleichbedeutend. Beide Tatbestandsmerkmale ließen sich unter dem Oberbegriff der Weiterleitung zusammenzufassen (Danwerth Finanztransfergeschäft S. 244). Ausweislich der Verwaltungspraxis der BaFin soll es nicht darauf ankommen, dass die Gelder ausdrücklich **im Namen des Zahlungsempfängers** entgegengenommen und weitergeleitet werden. Entscheidend sei vielmehr, dass der Geldbetrag für einen Dritten angenommen wird und somit bei wirtschaftlicher Betrachtung ein Bezahlverfahren etabliert wird, bei dem der gewollte Empfänger schlussendlich das Geld erhält (BaFin-Merkblatt ZAG v. 14.2.2023, B. V.; Ellenberger/Findeisen/Nobbe/Böger/Tiemann Rn. 411; Schäfer/Omlor/Mimberg/Mimberg Rn. 157). Ausgehend vom recht klaren Wortlaut der Alt. 2 („im Namen") ist aber zu fordern, dass der Zahlungsdienstleister des Zahlungsempfängers im Sinne des **Offenkundigkeitsprinzips** kenntlich machen muss, dass er für den Zahlungsempfänger handelt. Daraus ist sodann aber nicht zu folgern, dass der Wille im fremden Namen zu handeln ausdrücklich erklärt werden müsse (vgl. § 164 Abs. 1 S. 2 BGB). Vielmehr genügt es, wenn der entsprechende Wille durch die Umstände der Zahlungsabwicklung deutlich wird, was typischerweise, aber nicht notwendigerweise der Fall ist (Danwerth Finanztransfergeschäft S. 214 f.).

132   Entgegen der Verwaltungspraxis der BaFin, ist auch in den Zahlungsempfänger-finanztransfer das Tatbestandsmerkmal „**nur**" des Abs. 1 S. 2 Nr. 6 Alt. 1 hineinzulesen (→ Rn. 128; zustimmend MüKoBGB/Casper § 675c Rn. 51; Schäfer/Omlor/Mimberg/Mimberg Rn. 158; aA Ellenberger/Findeisen/Nobbe/Böger/Tiemann Rn. 404, 416). Im Ergebnis erweist sich Abs. 1 S. 2 Nr. 6 Alt. 2 damit als Spiegelbild des Zahlerfinanztransfers. Beide Tatbestände unterscheiden sich allein durch die Initiative des Zahlungsdienstnutzers. Einer ausdrücklichen Normierung hätte es nicht bedurft (Danwerth Finanztransfergeschäft S. 287). Konsequenterweise kommt es − wie beim Zahlerfinanztransfer (→ Rn. 123) − nicht auf die zeitliche Abfolge von Entgegennahme und Übermittlung an (aA Schäfer/Omlor/Mimberg/Mimberg Rn. 159).

133   **e) Praktische Anwendungsfälle des Finanztransfergeschäfts. aa) Anwendungsfälle des Zahlerfinanztransfers, Nr. 6 Alt. 1.** Hauptanwendungsbeispiele für Finanztransfergeschäfte in Gestalt des Abs. 1 S. 2 Nr. 6 Alt. 1 (Zahlerfinanztransfers) sind Bargeldtransfers (sog. **money remittances**). Der globale (Wachstums-)Markt für derartige Übermittlungen betrug im Jahr 2020 rd. USD 700 Mrd. und wird maßgebend von ausländischen Arbeitskräften durch Geldtransfers in die jeweiligen Heimatländer bestimmt (vgl. Remittance Market by Application, Remittance Channel and End User: Global Opportunity Analysis and Industry Forecast, 2021−2030, kostenpflichtig abrufbar unter: https://www.alliedmarket research.com/remittance-market). Zu den wichtigsten Akteuren auf dem globalen Remittance-Markt gehören neben klassischen Banken wie Bank of America, Citigroup, JPMorgan Chase oder Wells Fargo auch auf entsprechende Transfers spezialisierte Unternehmen wie MoneyGram, RIA, TransferWise (Wise), UAE Exchange, Western Union oder XOOM (zu den Marktanteilen der jeweiligen Anbieter vgl. https://www.saveonsend.com/blog/sowie Remittance Market By Application, Remittance Channel and End User: Global Opportunity Analysis and Industry Forecast, 2021−2030, abrufbar unter: https://www.alliedmarketresearch.com/remit tance-market). Laut einer Erhebung der Weltbank werden im globalen Durchschnitt 6,01 % des transferierten Geldbetrags als Gebühr fällig (Remittance Prices Worldwide Quarterly, Issue 42, Juni 2022 auf Basis eines Geldbetrags in Höhe von USD 200, abrufbar unter: https://remittanceprices.worldbank.org/resources). Die USA und Saudi-Arabien sind die betragsmäßig größten Sendeländer wohingegen Indien, Mexiko und die Philippinen die betragsmäßig größten Empfängerländer darstellen (basierend auf Weltbank/IMF-Daten aus dem Jahr 2020, abrufbar unter: https://databank.worldbank.org/home.aspx).

134   Ein weiterer Anwendungsfall des Zahlerfinanztransfers ist das aus dem islamischen Rechtskreis bekannte **Hawala** (BGH 28. 6. 2022 – 3 StR 403/20 Rn. 23 [Rn. bzw. Tz. des BGH in amtl. Entscheidung], BeckRS 2022, 20799; NJW 2021, 2979 (mAnm Danwerth BKR 2021, 721 ff.); ausführlich LG Düsseldorf 23. 11. 2021 − 014 KLs 2/21, BeckRS 2021, 55636; vgl. dazu näher Warius, Das Hawala-Finanzsystem in Deutschland, 2009, S. 120 ff.; S. Müller, Hawala: An Informal Payment System and Use to Finance Terrorism, 2006, S. 18 ff.; Reimer/Wilhelm BKR 2008, 234 ff.; Eggers/van Cleve NZWist 2020, 426 (427); Taheri BKR 2020, 133 (134 f.)). Hawala beruht maßgeblich auf Vertrauen und führt meist zur Auszahlung des Zahlungsbetrags an den Empfänger ohne vorherige Übermittlung des Betrags (zu den verschiedenen Formen des Clearings vgl. ausführlich die Publikation von IMF und

Weltbank in El Qorchi/Maimbo/Wilson, Informal Funds Transfer Systems: An Analysis of the Informal Hawala System, 2003, S. 14 ff.). Im Einzelnen: Der Zahler übergibt der ersten Korrespondenzstelle einen Bargeldbetrag ohne ein Zahlungskonto einzurichten. Zweck der Entgegennahme durch den Zahlungsdienstleister (Hawaladar) ist die Übermittlung an den Zahlungsempfänger. Dabei ist unerheblich, ob der Betrag durch eine Provisionszahlung gekürzt wird (→Rn. 127). Nach der Entgegennahme übermittelt der erste Hawaladar den Geldbetrag nicht unmittelbar an den Zahlungsempfänger, sondern schaltet die zweite Korrespondenzstelle ein, die ihrerseits die Auszahlung an den Zahlungsempfänger besorgt (sog. mittelbarer Zahlerfinanztransfer, dazu: Danwerth Finanztransfergeschäft S. 213 ff.; (→Rn. 116)). Der zweite Hawaladar wird auf Seiten und im Namen des Zahlungsempfängers tätig. Unerheblich ist schließlich, dass beim Hawala-Banking das Geschäft nicht durch einen tatsächlichen Geldfluss (die Überbringung von Bargeld oder die Weiterleitung von Buchgeld mit Hilfe eines eigenen Sammelkontos bei einem Kreditinstitut), sondern durch Verrechnung ausgeführt wird. Nach der Verwaltungspraxis der BaFin ist das wirtschaftliche Ergebnis des Finanztransfers maßgebend (BaFin, Merkblatt ZAG, v. 14.2.2023, B.V.). Schließlich legitimiert der Sinn und Zweck der Regelung des Abs. 1 Satz 2 Nr. 6 die Erlaubnispflicht derartiger Geschäfte: Auch wenn das Hawala-System bislang nicht durch betrügerische Handlungen zulasten der Zahlungsdienstnutzer aufgefallen ist (Eggers/van Cleve NZWist 2020, 426 (427)), „ermöglicht [es] Terrorismusfinanzierung, Geldwäsche und den Transfer von Geldern aus Schleuserkriminalität und organisierter Kriminalität ins Ausland" (BaFin Jahresbericht 2019, 129).

Vereinnahmt ein als Makler oder Vermittler tätiges Unternehmen über einen **135** sog. **Online Payment Service** wie PayPal oder „sofortüberweisung.de" Zahlungsbeträge der Besteller und leitet es diese dann an den Verkäufer oder Dienstleiter weiter, kann ebenfalls ein Finanztransfergeschäft iSd Abs. 1 S. 2 Nr. 6 Alt. 1 vorliegen, sofern der Vermittler nicht unter die Ausnahmevorschrift in § 2 Abs. 1 Nr. 2 (Handelsvertreter oder Zentralregulierer, vgl. →Rn. 9 ff.) zu subsumieren ist (LG Köln WM 2012, 405 (406) – Lieferheld.de; vgl. dazu auch Terlau K&R 2011, 814 (815 ff.); Ultsch WuB I 3 § 8 ZAG 1.12; Hingst/Lösing BKR 2012, 334 (335 ff.) sowie Danwerth Finanztransfergeschäft S. 167 ff.).

Abzugrenzen ist das Finanztransfergeschäft in seinen beiden Alternativen von **136** dem reinen **physischen Bargeldtransport,** der nach § 2 Abs. 1 Nr. 3 ausgenommen ist. Bei dem im Regierungsentwurf geschilderten Busbeispiel (RegE BT-Drs. 16/11613, 35) wird es also darauf ankommen, ob wirklich das mittels eines Fernbusses in den Kosovo transportierte Geld dort auch physisch wieder ausgezahlt wird (dann § 2 Abs. 1 Nr. 3), oder ob der Busunternehmer nur verpflichtet ist, einen entsprechenden Gegenwert an den kosovarischen Empfänger auszuzahlen (dann Abs. 1 S. 2 Nr. 6 Alt. 1).

bb) Anwendungsfälle des Zahlungsempfängerfinanztransfers, Nr. 6 **137** **Alt. 2. (1) Nachnahme und Inkasso.** Unklar ist vor allem die Reichweite des Zahlungsempfängerfinanztransfers. Der Gesetzgeber und die BaFin wollen einer uferlosen Weite dieses Tatbestandsmerkmals zunächst dadurch vorbeugen, dass die sog. **Nachnahmezahlung** im Versandhandel, bei der der Paketzusteller das Inkasso des Rechnungsbetrags übernimmt, um eine Zug-um-Zug-Leistung zu simulieren, kein Finanztransfergeschäft begründen sollen (RegE BT-Drs. 18/11495, 107; BaFin-Merkblatt ZAG v. 14.2.2023, B.V.). Das Nachnahmeprivileg der Verwaltungspraxis lässt sich allein dadurch erklären, dass die Nachnahmezahlung bereits vor Inkrafttreten der PSD1 keine Aufsichtspflicht auslöste. Methodisch lassen sich für eine derartige teleologische Reduktion des Abs. 1 S. 2 Nr. 6 Alt. 2 weder die mangelnde Relevanz für die Gefahren der Geldwäsche und Terrorismusfinanzierung (→ Rn. 111) noch die lediglich ersetzende Funktion eines Platzgeschäfts, noch der treuhänderische Charakter der Nachnahme oder die Neutralität des Zahlungsvorgangs überzeugend geltend machen (so bereits Danwerth Finanztransfergeschäft S. 256 ff.; insoweit zustimmend Schäfer/Omlor/Mimberg/Mimberg Rn. 163). Ein Privileg der Nachnahme im Rahmen des Finanztransfergeschäfts ist daher abzulehnen.

138   Gesetzgebung und Verwaltungspraxis wollen daneben auch das **Eintreiben nicht bezahlter (zahlungsgestörter) Forderungen,** mithin **Inkassotätigkeiten** nicht in den Anwendungsbereich des Finanztransfergeschäfts fallen lassen (RegE BT-Drs. 18/11495, 105; BaFin-Merkblatt ZAG v. 14.2.2023, B.V.). Im Merkblatt zum ZAG vom 22.12.2011 privilegierte die BaFin noch „Inkassotätigkeiten, mit denen Forderungen im Rahmen einer ausgelagerten Debitorenbuchhaltung oder im Sinne einer Inkassobeitreibung eingezogen werden". Die BaFin hat nicht nur den Zusatz der ausgelagerten Debitorenbuchhaltung gestrichen, sondern auch alle übrigen erläuternden (einschränkenden) Angaben zum Inkassoprivileg des alten Merkblatts, die auf die Regierungsbegründung des Umsetzungsgesetzes zur PSD1 zurückgingen (RegE BT-Drs. 16/11613, 35). Insbesondere betont die BaFin nicht weiter, dass „nicht jede Tätigkeit, die im weiteren Sinn als Inkasso bezeichnet werden kann, weil dabei Forderungen eingezogen werden" aus dem Anwendungsbereich des Abs. 1 S. 2 Nr. 6 auszunehmen ist. Die Änderung des Merkblatts ist auf die Regierungsbegründung zur Umsetzung der PSD2 zurückzuführen. Dort heißt es, dass die „Eintreibung nicht bezahlter (zahlungsgestörter) Forderungen" mit einem typischen Zahlungsdienst nicht vergleichbar sei (RegE BT-Drs. 18/11495, 105). Die im Rahmen der Revision des BaFin-Merkblatts zum ZAG im Jahr 2017 stark gekürzten Ausführungen können jedoch nicht dahingehend verstanden werden, dass die Aufsichtsbehörde Inkassodienstleistungen umfangreicher als zuvor privilegieren möchte – dies macht die überarbeitete Fassung des Merkblatts v. 14.2.2023 deutlich. Die sog. „Inkasso-Ausnahme" soll demnach unter „Eintreibung" bzw. „Betreibung" von Forderungen allein Mahn- und Vollstreckungsaktivitäten sowie die gerichtliche Geltendmachung von zahlungsgestörten Forderungen erfassen (BaFin-Merkblatt v. 14.2.2023, B.V.). Zugleich verwehrt sich die BaFin dem für die Praxis wichtigen Einziehen hilfreicher Leitplanken und betont stattdessen die Maßgeblichkeit des jeweiligen Einzelfalls (BaFin-Merkblatt v. 14.2.2023, B.V.). Dogmatisch steht die Verwaltungspraxis weiter auf wackeligen Beinen. Sauber ließe sich das Inkassoprivileg durch die vom Verf. vorgeschlagene Auslegung des Tatbestandsmerkmals „nur" begründen, der die BaFin indes eine Absage erteilt hat (→ Rn. 128; insoweit zustimmend Schäfer/Omlor/Mimberg/Mimberg Rn. 167 f., aA aber mit Blick auf die bloße Einziehung offener Forderungen; vgl. auch Ellenberger/Findeisen/Nobbe/Böger/Tiemann Rn. 409, 417). Allerdings machte auch das VG Frankfurt a. M. deutlich, dass in Umsetzung der vollharmonisierend konzipierten PSD1, das nationale Recht, das zudem die Vorgaben der Richtlinie im Falle des Finanztransfergeschäfts wortwörtlich übernehme, nicht von den Richtlinienvorgaben abweichen könne, sodass das vorgeschriebene Inkassoprivileg unstatthaft sei (5.10.2012 – 9 L 2833/12.F, BeckRS 2012, 58784). Abseits der hier vertretenen Auffassung ließe sich die Verwaltungspraxis der BaFin allenfalls – sofern tatsächlich alle forderungsbezogenen Inkassodienstleistungen kein Finanztransfergeschäft begründen sollen können – mit der fehlenden Neutralität des bargeldlosen Zahlungsvorgangs beim Inkasso erklären (so Casper in → 1. Aufl. 2014, § 1 Rn. 73). Die Einordnung der Inkassotätigkeit im Rahmen des Abs. 1 S. 2 ist für das Vorliegen einer Inkassodienstleistung gemäß § 2 Abs. 2 RDG irrelevant und muss separat geprüft werden (Ellenberger/Findeisen/Nobbe/Böger/Tiemann Rn. 405).

(2) Treuhänderische und vergleichbare Dienstleistungen. Das Finanz- **139** transfergeschäft kann bei **Treuhandservices** relevant werden, die sich insbesondere im e-commerce einer gewissen Beliebtheit erfreuen. Dabei übermittelt der Käufer einen Geldbetrag an einen Dienstleister („Treuhänder"), der den Verkäufer über den Geldeingang informiert. Letzterer veranlasst sodann die Lieferung an den Zahler und erhält nach der käuferseitigen Bestätigung mangelfreier Lieferung den Kaufpreis. Das so begründete Finanztransfergeschäft tritt allerdings hinter dem regelmäßig mitverwirklichten Akquisitionsgeschäft (Abs. 1 S. 2 Nr. 5 iVm Abs. 35) zurück (BaFin-Merkblatt ZAG v. 14. 2. 2023, B. V.). Auch entfällt das Finanztransfergeschäft, wenn sich der Dienstleister aus seiner zahlungsabwickelnden Funktion emanzipiert und selbst am Valutaverhältnis unter Eingehung unternehmerischen Risikos dergestalt beteiligt ist, dass er die Ware vom Verkäufer ankauft und an den Käufer weiterverkauft, sodass im Rahmen des gesamten Zahlungsflusses zwei Kaufverträge verwirklicht sind (BaFin-Merkblatt ZAG v. 14. 2. 2023, B. V.). Vor dem Hintergrund der auch im Aufsichtsrecht geltenden Neutralität des bargeldlosen Zahlungsvorgangs (dazu Danwerth Finanztransfergeschäft S. 23 f.) lässt sich die Verwaltungspraxis dogmatisch nur darauf stützen, dass es für die Weiterleitung an einem tatbestandsbegründenden fremden Geldbetrag fehlt (→ Rn. 126). Insoweit klammert die BaFin wiederum Geschäfte aus, bei denen der Kaufvertrag mit dem Endabnehmer nur formal zur Umgehung des Finanztransfergeschäfts geschlossen wird, wirtschaftlich betrachtet aber ein Kaufvertrag zwischen Zahler und Zahlungsempfänger geschlossen wird (BaFin-Merkblatt ZAG v. 14. 2. 2023, B. V.).

Auf Grundlage dieser großzügigeren Verwaltungspraxis lässt sich nun auch er- **140** klären, dass Angehörige **freier Berufe,** nur „außerhalb der berufstypischen in den Berufsordnungen festgelegten Tätigkeiten" ein Finanztransfergeschäft erbringen können (BaFin-Merkblatt ZAG v. 14. 2. 2023, B. V.). Andernfalls werden berufstypische Tätigkeiten privilegiert. Damit hält die BaFin an ihrer für **Steuerberater** entwickelten Verwaltungspraxis fest (Schreiben der BaFin v. 20. 9. 2010 – 3-QF 5100–2010/0036; ebenso Feiter NWB 2010, 2466 (2467); Ruppert DStR 2010, 2053 f.; Terlau K&R 2011, 814 (815); Lackhoff Kreditwesen 2012, 503 (504); aA aber Linner/Frey DStR 2010, 1153 (1154), jedoch unter Rückgriff auf Abs. 2 Nr. 2). Für Rechtsanwälte und Notare sind für berufstypische Tätigkeiten insbesondere die § 43a Abs. 7 BRAO bzw. § 23 BnotO, § 57f BeurkG in den Blick zu nehmen (Mimberg BKR 2021, 185 (189)). Nach Auffassung des OLG Düsseldorf (BKR 2021, 232 (Tz. 32, 34)) erbringt ein Rechtsanwalt, der „mehrere Millionen EUR" als „Zahlstelle" im Rahmen eines von einer Mandantin betriebenen Kapitalanlagemodells über ein „Treuhandkonto" vereinnahmt und weiterleitet ein erlaubnispflichtiges Finanztransfergeschäft (ausführlich Mimberg BKR 2021, 185 (188 f.)). Das Geschäftsmodell der **privatärztlichen Abrechnungsstellen** begründet kein Finanztransfergeschäft (BaFin-Merkblatt ZAG v. 14. 2. 2023, B. V.; ausführlich Schäfer/Omlor/Mimberg/Mimberg Rn. 169 ff.).

(3) Mittelverwendungskontrolle. Das Anlegerschutzstärkungsgesetz aus 2021 **141** (BGBl. 2021 I 2570 ff.) sieht für das Vermögensanlagegesetz ua die Einführung einer Mittelverwendungskontrolle vor. Auf Grundlage von § 5c VermAnlG muss für bestimmte Vermögensanlagen bei Investitionen zum Zwecke (i) des Erwerbs eines Sachgutes oder eines Rechts an einem Sachgut oder (ii) der Pacht eines Sachgutes eine unabhängige Mittelverwendungskontrolle durch einen Dritten (zB durch Rechtsanwälte, Wirtschaftsprüfer oder Steuerberater) erfolgen. Die Bestellung eines Mittelverwendungskontrolleurs soll die zweckgebundene und planmäßige Verwendung der Anlegergelder sicherstellen und eine höhere Transparenz für den Anleger schaffen (BT-Drs. 19/28166, 30). Der Mittelverwendungskontrolleur ist nach § 5c Abs. 2 VermAnlG verpflichtet, ein Mittelverwendungskonto zu führen. Darauf werden die eingewendeten Anlegergelder eingezahlt und nach Durchführung der Mittelverwendungskontrolle freigegeben. Um eine „hinreichende Beaufsichtigung" der Mittelverwendungskontrolleure sicherzustellen, soll hierzu ausweislich der Begründung des Regierungsentwurfs „in der Regel eine Erlaubnis nach dem Zahlungsdiensteabwicklungsgesetz [sic!] erforderlich" sein (BT-Drs. 19/28166, 30). Die Tätigkeit des Mittelverwendungskontrolleurs erinnert an treuhänderische Dienstleistungen im Sinne der Ausübung oder Verwaltung fremder Rechte durch eine dazu bevollmächtigte Person, namentlich der Entgegennahme und Freigabe von Zahlungen Dritter. Es stellt sich die Frage, ob Mittelverwendungskontrolleure Finanztransfergeschäfte erbringen (bejahend Ellenberger/Findeisen/Nobbe/Böger/Tiemann Rn. 432). Befähigte Professionen sollen nach der Gesetzesbegründung insbes. Rechtsanwälte, Wirtschaftsprüfer oder Steuerberater sein. Angehörige freier Berufe erbringen allerdings nur „außerhalb der berufstypischen in den Berufsordnungen festgelegten Tätigkeiten" ein Finanztransfergeschäft (→ Rn. 138). Die Behandlung Rechtsanwälten anvertrauter Vermögenswerte ist dagegen explizit in § 43a Abs. 7 BRAO adressiert. Jedenfalls ein Finanztransfergeschäft dürfte bei der Tätigkeit eines Rechtsanwalts als Mittelverwendungskontrolleur demnach regemäßig nicht vorliegen. Zudem wäre andernfalls der Kreis der geeigneten Mittelverwendungskontrolleure stark eingeschränkt, da nur juristische Personen und Personenhandelsgesellschaften gemäß § 12 Nr. 1 ZAG erlaubnisfähig sind (Hille/Bauerfeind GWR 2021, 155 (157); kritisch insoweit aber OLG Düsseldorf NJW 2021, 1963 Rn. 30 ff.).

142   **(4) Factoring.** Auch das **Factoring** ist nach Ansicht der BaFin ein möglicher Anwendungsfall des Finanztransfergeschäfts. Insbesondere aus einem Umkehrschluss zu § 32 Abs. 6 KWG iVm § 1 Abs. 1a Nr. 9 KWG soll sich ergeben, dass bei **echtem Factoring** auch der Einzug der abgetretenen, nun eigenen Forderungen ein Anwendungsfall des Abs. 1 S. 2 Nr. 6 darstellen könne (zur Abgrenzung: LG Düsseldorf BeckRS 2022, 11025 Rn. 26 f.). Danach muss ein Institut, das über eine ZAG-Lizenz verfügt, wegen § 1 Abs. 1a Nr. 9 KWG nicht noch eine Erlaubnis nach § 32 KWG beibringen. Nach Ansicht der BaFin kommt es für „das Vorliegen des Finanztransfergeschäfts (…) demnach in Fällen der Forderungsabtretung darauf an, ob die Dienstleistung nach wirtschaftlicher Betrachtung auf die **Zahlungsabwicklung** und nicht auf die Finanzierung des Vertragspartners abzielt." (BaFin-Merkblatt ZAG v. 14.2.2023, B.V.). Für die BaFin liegt der Schwerpunkt in der Regel auf der Zahlungsabwicklung, wenn das dem Zahlungsempfänger zustehende Entgelt für die verkaufte Forderung erst nach Vereinnahmung durch den Zahlungsdienstleister ausgekehrt wird oder Forderungen ohne detaillierte Bonitätsprüfungen angekauft werden (so auch: LG Frankfurt a. M. 19.11.2020 – 2-24 O 99/19 Rn. 18 = BeckRS 2020, 32499). Andernfalls steht die Finanzierungsfunktion im Vordergrund. Sofern kein Delkredererisiko durch den Factor übernommen wird

(unechtes Factoring), läge eher eine Zahlungsdienstleistung vor, da der Zahlungsempfänger den Betrag erst dann ausgeschüttet bekomme, wenn das Inkassounternehmen es vereinnahmt habe. Auf dieser Linie liegt auch eine Entscheidung des VG Frankfurt a. M. v. 5.10.2012 (BeckRS 2012, 58784), die wohl ein unechtes Factoring dergestalt betraf, dass die dem Factor abgetretenen Forderungen mittels Lastschrift eingezogen wurden (der Sachverhalt ist in der Entscheidung nicht vollständig wiedergegeben). Ein im Sinne des RegE erlaubnisfreies Inkasso läge nicht vor, da in dem dort zu entscheidenden Fall bei Forderungsausfällen lediglich ein Mahnschreiben verschickt wurde, jedoch auf weitere Maßnahmen zur Beitreibung verzichtet wurde. Somit lägen keine über die Zahlungsdienstleistung hinausgehenden Dienstleistungen vor, die eine Freistellung von der Erlaubnispflicht im Sinne des Regierungsentwurfs rechtfertigen würde. Diese Grundsätze sollen auch gelten, wenn ein sog. **Finetrading** oder **Ankaufsfactoring** betrieben wird. Dabei steht der Dienstleister im Lager des Forderungsschuldners und zahlt auf dessen Schuld. Ein Finanztransfergeschäft soll nur dann nicht vorliegen, wenn der „Dienstleister in vollem Umfang mit allen Rechten und Pflichten als Käufer in den Kaufvertrag mit dem Verkäufer eintritt, die Ware selber erwirbt, und diese aufgrund eines weiteren Vertrags mit dem Enderwerber, wiederum unter Übernahme aller Rechte und Pflichten in vollem Umfang, weiterverkauft" (BaFin-Merkblatt ZAG v. 14.2.2023, B.V.). Eine stille Zession, namentlich die Abtretung einer Forderung an einen Dritten ohne deren Offenlegung gegenüber dem Schuldner, begründet dagegen kein Finanztransfergeschäft (Lackhoff Kreditwesen 2012, 503 (504); Ellenberger/Findeisen/Nobbe/Böger/Tiemann Rn. 424).

Für eine **Stellungnahme** ist die Überzeugungskraft dieser Argumentation zu **143** bezweifeln. Zur Beurteilung, ob Factoring ein Finanztransfergeschäft begründen kann, ist zunächst zwischen echtem und unechtem Factoring zu unterscheiden (aA Schäfer/Omlor/Mimberg/Mimberg Rn. 175; Ellenberger/Findeisen/Nobbe/Böger/Tiemann Rn. 423). Beim **echten Factoring** trägt der Factor das Delkredererisiko und hat daher keine Möglichkeit seinen Kunden in Regress zu nehmen. Er agiert gegenüber dem Zahler maßgeblich als Gläubiger, der aus eigenem Interesse den Einzug der Forderung betreibt und übermittelt daher keinen fremden Geldbetrag (→ Rn. 126), sodass auch kein Finanztransfergeschäft gem. Abs. 1 S. 2 Nr. 6 ZAG vorliegen kann (LG Frankfurt a. M. 19.11.2020 – 2/24 O 99/19 Rn. 18 = BeckRS 2020, 32499). Auch handelt sich hier um eine Finanzierung und nicht um Zahlungabwicklung (BeckOGK/Foerster BGB § 675c Rn. 216). Beim **unechten Factoring** ist zunächst das Verhältnis zu § 1 Abs. 1a S. 2 Nr. 9 KWG zu klären. Aus § 32 Abs. 6 KWG folgt, dass Factoring iSd KWG klar von dem als Finanztransfergeschäft iSd ZAG zu verstehenden Factoring abzugrenzen ist. Beide Rechtsinstitute schließen sich demnach gegenseitig aus, sodass der Konkurrenzregelung des § 32 Abs. 6 KWG vornehmlich klarstellende Bedeutung zukommt (instruktiv Danwerth Finanztransfergeschäft S. 274 ff.; aA Ellenberger/Findeisen/Nobbe/Böger/Tiemann Rn. 423). Factoring im Sinne einer Finanzdienstleistung muss dem Zweck der Finanzierung dienen. Nur wenn dieser Zweck vollständig entfällt, kann das Factoring iSd ZAG gegeben sein, das im Rahmen einer **wirtschaftlichen Betrachtung** allein dem Zweck der **Zahlungsabwicklung** dient (vgl. auch BaFin-Merkblatt ZAG v. 14.2.2023, B.V.). Richterweise muss es für die Abgrenzung der beiden Zweckbestimmungen zuvorderst auf die Fälligkeit der Gegenleistung aus dem Valutaverhältnis ankommen (Danwerth Finanztransfergeschäft S. 276 ff.). Zahlt der Factor dem Kunden vor Fälligkeit den durch die abgetretene Forderung verkörperten Geldbetrag aus, ist der Finanzierungszweck des KWG grundsätzlich erfüllt. Dies ist nur dann zu verneinen, wenn der Factor den Geldbetrag des Schuldners bereits tatsächlich entgegengenommen hat und lediglich an seinen Kunden weiterleitet. Spiegelbildlich dazu ist bei einer Auszahlung des Geldbetrags nach Fälligkeit, die Finanzierungsfunktion des Factorings grundsätzlich zu verneinen. Dies gilt jedoch nicht, wenn der Factor – in welchem Maße auch immer – das Adressenausfallrisiko trägt. Die **Delkrederefunktion** – und damit die Unterscheidung zwischen echtem und unechtem Factoring – wird also erst auf einer zweiten Stufe relevant, kann das Finanztransfergeschäft insoweit aber nicht begründen, da kein fremder Geldbetrag weitergeleitet wird. Hat der Kunde dem Factor die gesamte Debitorenbuchhaltung übertragen, erfolgt die Entgegennahme des Geldbetrags nicht „nur" (→ Rn. 128) aus Gründen der Weiterleitung des Geldbetrags an den Zahlungsempfänger, sondern zumindest auch zur Befriedigung der vielfältigen Ansprüche aus dem Factoring(rahmen)vertrag mit dem Zahler. Damit wäre auch das unechte Factoring richtigerweise aus dem Anwendungsbereich des Abs. 1 S. 2 Nr. 6 ZAG zu entlassen.

144   Des Weiteren kann der von der BaFin angeführte Rückschluss aus § 32 Abs. 6 KWG zumindest dann nicht überzeugen, wenn noch überhaupt keine Erlaubnis erteilt ist. Benötigt ein Factor nur eine Genehmigung nach § 32 KWG iVm § 1 Abs. 1a S. 2 Nr. 9 KWG als Finanzdienstleister, ist dies der weniger schwerwiegende Eingriff, „da die Erlaubnisanforderungen an die Finanzdienstleistung des Factoring erheblich niedriger ausgestaltet sind als die Anforderungen an eine Erlaubnis im Sinne des § 8 Abs. 1 ZAG" (vgl. so bereits Bericht des Finanzausschusses, BT-Drs. 16/12487, 9). Daneben bestehen hinsichtlich der Verwaltungspraxis der BaFin auch teleologische Bedenken, die Beaufsichtigung des Factoring grundsätzlich dem ZAG zu unterstellen. Tritt der Dienstleister in Vorleistung besteht für den Kunden kein Weiterleitungsrisiko und dem Dienstleister werden keine Vermögenswerte anvertraut, die es zu schützen gilt. Bei einer normalen Zahlungsdienstleistung vertraut der Zahler bzw. bei der Pullzahlung der Zahlungsempfänger darauf, dass der Zahlungsdienstleister sein Geld ordentlich überbringt bzw. einzieht. Es macht wenig Sinn, von der Erlaubnispflicht des ZAG zu befreien, nur weil der Zahlungsdienstleister noch zusätzliche Dienstleistungen erbringt. Beim Factoring (ebenso wie beim Inkasso) fehlt es zudem an der Neutralität der bargeldlosen Zahlung sowie gerade auch an der typischen Interessenkonfliktlage zwischen Zahler und Zahlungsdienstleister. Auch ist die Verhandlungssituation zwischen den Parteien typischerweise eine ganz andere. Mit der Forderungsabtretung tritt der Dienstleister „in das Lager" des Verkäufers ein und verhält sich nicht mehr wie ein typischer Zahlungsdienstleister. Er handelt primär aus eigenem Interesse und nicht wie ein Zahlungsdienstleister im fremdnützigen Interesse des Zahlungsdienstnutzers. Eine Ausnahme ist allenfalls dann anzuerkennen, wenn die Forderungsabtretung nur vorgeschoben ist, um den Anwendungsbereich des ZAG zu umgehen.

145   **(5) Leasing.** Auch bei Leasing-Verträgen mit Serviceleistungen (Fuhrparkmanagement; Full-Service-Leasing) geht die BaFin davon aus, dass der Tatbestand des Finanztransfergeschäfts erfüllt sei, wenn bei wirtschaftlicher Betrachtung ein Zahlungsdreieck zwischen Leasing-Gesellschaft, Leasingnehmer und einem Dritten ohne Kontoführung vorliege. Laut BaFin soll dies je nach vertraglicher Ausgestaltung etwa die Abwicklung von Zahlungen im Bereich Kfz-Steuer- und Rundfunkbeträgen, Wartungs- und Instandhaltungsverträge oder das Schadensmanagement betreffen. Auch insoweit sei die Chronologie der Zahlungsvorgänge unerheblich

(BaFin-Merkblatt ZAG v. 14.2.2023, B. V.; bereits → Rn. 123; weitergehend Forst-
mann/Hanten/Maier RdZ 2020, 76 (80 ff.); Schäfer/Omlor/Mimberg/Mimberg
Rn. 154). Tatsächlich besteht aber auch bei dieser Art der Zahlungsabwicklung wie
beim Factoring kein Weiterleitungsrisiko für den Kunden und dem Institut werden
keine Vermögenswerte anvertraut, die es zu schützen gilt. Der Tatbestand des Abs. 1
S. 2 Nr. 6 ZAG ist nach Auffassung der BaFin hingegen dann nicht erfüllt, wenn die
Zahlungsströme entlang der Vertragsbeziehungen verlaufen, was sich freilich in der
Praxis nicht immer abbilden lässt. Insgesamt besteht insoweit eine große Rechtsunsicherheit, die im Einzelfall die Abstimmung mit der BaFin erforderlich macht,
um die scharfen (auch strafrechtlichen) Rechtsfolgen des ZAG abzuwenden. In diesem Zusammenhang sei insbesondere auf die sog. Handelsvertreterausnahme gem.
§ 2 Abs. 1 Nr. 2 verwiesen (dazu → § 2 Rn. 9 ff.).

f) Finanztransferleistungen im gewerblichen Umfang. Voraussetzung da- **146**
für, dass eine auf Abs. 1 S. 2 Nr. 6 gestützte **Erlaubnispflicht** entsteht, ist, dass das
Finanztransfergeschäft **gewerblich** erbracht wird (Ellenberger/Findeisen/Nobbe/
Böger/Tiemann Rn. 388, auch zu grenzüberschreitenden Sachverhalten). Da der
Begriff des Gewerbes nicht näher definiert wird, ist auf die allgemeine Diskussion
um den Gewerbebegriff zurückzugreifen, wobei man sich schwerpunktmäßig an
der entsprechenden Diskussion im KWG (vgl. dazu etwa Boos/Fischer/Schulte-
Mattler/Schäfer § 1 Rn. 21 f.; Beck/Samm/Kokemoor/Reschke KWG/CRR § 1
Rn. 47 ff.) orientieren sollte (Danwerth Finanztransfergeschäft S. 41; Ultsch WuB I
l 3 § 8 ZAG 1.12, S. 593 (596)). Einzeltransaktionen im Familien- oder Freundes-
kreis, die in der Regel ohne Entgelt und Dauerhaftigkeit ausgeführt werden, sind
folglich nicht erfasst. Von der in Art. 32 PSD2 vorgesehenen Option, Anbieter von
Finanztransfergeschäften mit einem durchschnittlichen Monatsumsatz von bis zu
3 Millionen Euro von der Erlaubnispflicht zugunsten einer bloßen Registrierung
auszunehmen, hat Deutschland keinen Gebrauch gemacht. Dass die Erbringung
des Finanztransfergeschäfts die Haupttätigkeit des Zahlungsdienstleisters ist, setzt
Abs. 1 S. 2 Nr. 6 hingegen nicht voraus; es genügt auch, wenn das Finanztransfergeschäft in einem gewerblichen Umfang als Nebendienstleistung erbracht wird, da
ein allgemeines **Nebendienstleistungsprivileg** insbesondere nach Streichung des
Erwägungsgrunds 6 der PSD1 nicht existiert (RegE BT-Drs. 18/11495, 107;
BaFin-Merkblatt ZAG v. 14.2.2023, B. V.; BGH 11.6.2015 – 1 StR 368/14
Rn. 95 [Rn. bzw. Tz. des BGH in amtl. Entscheidung], NZWiSt 2016, 281
= BeckRS 2015, 13331; OLG Düsseldorf BKR 2021, 232 Rn. 32; LG Köln WM
2012, 405 (406); Danwerth Finanztransfergeschäft S. 204 ff.; Ellenberger/Find-
eisen/Nobbe/Böger/Tiemann Rn. 398 f.; Ultsch WuB I l 3 § 8 ZAG 1.12, S. 593
(596); Zahrte ZBB 2017, 367 (368); zweifelnd Terlau K&R 2011, 814 (815); Bauerfeind WM 2018, 456 (458 f.)).

Dass die BaFin in ihrem Schreiben vom 20.9.2010 (GW3-QF-5100- **147**
2010/0036) mit Blick auf die Freistellung der Abwicklung von Lohnzahlungen
oder der Abführung von Lohnsteuer durch Steuerberater damit begründet hatte,
dass es sich um „eine Nebendienstleistung zu einer berufstypischen Tätigkeit des
Steuerberaters handele", steht diesem Ergebnis nicht entgegen, da es insoweit schon
am Tatbestand des Abs. 2 Nr. 6 fehlt und eine insoweit sachnähere Abgrenzung zwischen
Haupt- und Nebentätigkeit kaum möglich ist. „Gelegentliche Nebenleistungen"
(so die BaFin mit Blick auf die Steuerberater → Rn. 138) sind über das Merkmal
„gewerblich" auszusondern. Insoweit ist dann allerdings maßgeblich, ob die Zahlungsdienstleistung (im Sinne der Nebentätigkeit) in einem gewerblichen Umfang

erbracht wird. Dass alleine eine andere Haupttätigkeit in einem gewerblichen Umfang vorliegt, ist unerheblich, solange nicht auch die Zahlungsdienstleistung in einem gewerblichen Umfang erbracht wird; es ist also eine isolierte Betrachtung maßgeblich (vgl. auch BaFin-Merkblatt ZAG v. 14.2.2023, B.V.). Weiterhin steht der Ablehnung eines allgemeinen Nebendienstleistungsprivilegs auch nicht die Entscheidung des EuGH v. 22.3.2018 entgegen (BeckRS 2018, 3519 Rn. 30ff.). Die Entscheidung nahm maßgebend auf Erwägungsgrund 6 PSD1 Bezug, dessen möglicherweise für ein Nebendienstleistungsprivileg streitende Formulierung (Anwendungsbereich „sollte [...] auf Zahlungsdienstleister beschränkt werden, deren Haupttätigkeit darin besteht, für Zahlungsdienstnutzer Zahlungsdienste zu erbringen.") in der PSD2 keine Entsprechung gefunden hat (Mimberg BKR 2021, 185 (188); vgl. auch Grieser/Diehl BB 2020, 1935ff.).

7. Zahlungsauslösedienste (Abs. 1 Satz 2 Nr. 7)

Literatur: Baumann, Die Umsetzung der Payment Services Directive 2 – Chance oder Risiko für Finanzdienstleister?, GWR 2017, 275; Conreder, Neue Zahlungsdienste nach dem Entwurf des neuen Zahlungsdiensteaufsichtsgesetzes und deren Ausnahmen – Wen geht es an?, BKR 2017, 226; Conreder/Schneider/Hausemann, Gesetz zur Umsetzung der Zweiten Zahlungsdiensterichtlinie – Besonderheiten und Stolpersteine für Unternehmen, DStR 2018, 1722; Dörner, Massenzahlungsverkehr im Onlinehandel, K&R 2017, 749; Elteste, Das neue Zahlungsdiensteaufsichtsgesetz – Player und Regelungen, CR 2018, 98; Gunkel/Richter, Banken im Spannungsfeld regulatorischer Anforderungen und der Weiterentwicklung ihrer Geschäftsmodelle – Bericht über den Bankrechtstag am 24. Juni 2016 in Frankfurt a.M., WM 2016, 1517; Harman, Neue Instrumente des Zahlungsverkehrs: PayPal & Co., BKR 2018, 457; Hellmich/Hufen, Datenschutz bei mobilen Bezahlsystemen (Mobile Payment), K&R 2015, 688; Hingst/Lösing, Die geplante Fortentwicklung des europäischen Zahlungsdiensteaufsichtsrechts durch die Zweite Zahlungsdienste-Richtlinie, BKR 2014, 315; Hoeren/Kairies, Anscheinsbeweis und chipTAN, ZBB 2015, 35; Hofmann, Das neue Haftungsrecht im Zahlungsverkehr, BKR 2018, 62; Jestaedt, Kontoinformationsdienste – neue Online-Services unter Regulierung, BKR 2018, 445; Kaetzler, Geldwäscheprävention bei „Dritten Zahlungsdienstleistern", RdZ 2022, 106; Klebeck/Dobrauz-Saldapenna, FinTechs im Lichte und Schatten des Aufsichtsrechts – quo vadis EU?, RdF 2015, 276; Köndgen, Jenseits des Relativitätsprinzips: Haftungsstrukturen im neuen Zahlungsdiensterecht, ZBB 2018, 141; Kunz, Die neue Zahlungsdiensterichtlinie (PSD II): Regulatorische Erfassung „Dritter Zahlungsdienstleister" und anderer Leistungsanbieter – Teil 1, CB 2016, 416; Lutz, Regulatorische Herausforderung von Bezahlsystemen: PayPal & Co, ZVglRWiss 2017, 177; Malatidis, Organisationspflichten für Zahlungsauslösedienste gemäß § 27 ZAG, Vorteil für den Binnenmarkt oder intransparente Überregulierung?, BKR 2021, 484; Omlor, Aktuelles Gesetzgebungsvorhaben: Umsetzung der zweiten Zahlungsdiensterichtlinie, JuS 2017, 626; Omlor, Die zweite Zahlungsdiensterichtlinie: Revolution oder Evolution im Bankvertragsrecht?, ZIP 2016, 558; Omlor, E-Geld im reformierten Zahlungsdiensterecht, ZIP 2017, 1836; Omlor, Zahlungsdiensteaufsichtsrecht im zivilrechtlichen Pflichtengefüge, WM 2018, 57; Omlor, Der Zugang zum Zahlungskonto nach deutschem und europäischem Zahlungsdienste- und Wettbewerbsrecht, ZEuP 2021, 821; Sander, DS-GVO vs. PSD2: Was dürfen die Betreiber von Kontoinformationsdiensten?, BKR 2019, 66; Siering/Jenke, PSD III – Open Banking wird erwachsen, RdZ 2022, 82; Söbbing, Neue Zahlungsdienstrichtlinie PSD II – Werden IT-Provider zu Zahlungsdienstleistern?, ITRB 2017, 178; Spindler/Zahrte, Zum Entwurf für eine Überarbeitung der Zahlungsdiensterichtlinie (PSD II), BKR 2014, 265; Terlau, Die zweite Zahlungsdiensterichtlinie – zwischen technischer Innovation und Ausdehnung des Aufsichtsrechts, ZBB 2016, 122; Terlau, Die Umsetzung der aufsichtsrechtlichen Vorgaben der Zweiten Zahlungsdiensterichtlinie in deutsches Recht, DB 2017, 1697; Werner, Neue Möglichkeiten für Zahlungsdienstnutzer im Recht der

Zahlungsdienste nach Umsetzung der PSD II, ZBB 2017, 345; Werner, Wesentliche Änderungen des Rechts der Zahlungsdienste durch Umsetzung der Zweiten EU-Zahlungsdiensterichtlinie in deutsches Recht, WM 2018, 449; Zahrte, Mindestanforderungen an die Sicherheit von Internetzahlungen (MaSI) – Rechtsfolgen für die Praxis, ZBB 2015, 410; Zahrte, Neuerungen im Zahlungsdiensterecht, NJW 2018, 337; Zahrte, Aktuelle Entwicklungen im Zahlungsdiensterecht (2019–2020), BKR 2021, 79; Zahrte, Aktuelle Entwicklungen im Zahlungsdiensterecht (2020–2021), BKR 2022, 69.

a) Überblick. aa) Entstehungsgeschichte. Nr. 7 basiert auf Ziffer 7 **148** Anhang I zur PSD2. Dieser wiederum verweist auf die Definition in Art. 4 Nr. 15 PSD2, welcher in § 1 Abs. 33 umgesetzt wurde.

(1) Der Regulierung von Zahlungsauslösediensten als erlaubnispflichtige Zah- **149** lungsdienste ging eine **lange Diskussion schon im Vorfeld** des ersten Entwurfs der PSD2 vom 24. 7. 2013 (COM(2013) 547 final) voraus. Insbesondere der Schutz der personalisierten Sicherheitsmerkmale (PIN und TAN) in den von allen deutschen Banken nahezu einheitlich verwendeten Online-Banking-Bedingungen, die auf einem Vorschlag der DK basierten und das darin enthaltene Verbot der Weitergabe an Dritte waren Gegenstand von heftigen Diskussionen und Rechtsstreitigkeiten zwischen etablierten Banken und neuen Dienstleistern, die ihre Dienste basierend auf der Möglichkeit des Kontozugriffs über PIN und TAN des Nutzers entwickelt hatten (vgl. Baumann GWR 2017, 275 f.). Das **Bundeskartellamt** bezeichnete die Klauseln in seinem Beschluss vom 29. 6. 2016 (BKartA WuW 2016, 548) als Wettbewerbsbeschränkung (BKartA WuW 2016, 548 Rn. 293 ff.) und stufte sie als rechtswidrig ein (BKartA WuW 2016, 548 Rn. 1–4 sowie Rn. 274). Dem Argument der DK, dass die Sorgfaltspflichten nicht dem Zweck dienen würden, den Wettbewerb zu beschränken, sondern Sicherheit im Online-Banking herzustellen (BKartA WuW 2016, 548 Rn. 261), folgte das Bundeskartellamt nicht. Die Beschwerden gegen den Beschluss des Bundeskartellamtes wies das OLG Düsseldorf am 30. 1. 2019 (OLG Düsseldorf NZKart 2019, 164) als unzulässig ab, da eine materielle Beschwer nicht mehr bestehe, wenn die angefochtene kartellbehördliche Verfügung aufgrund einer geänderten Gesetzeslage (hier: Neufassung von § 675f BGB durch das ZDUG II) gegenstandslos geworden sei; die Rechtsbeschwerde hiergegen wurde nicht zugelassen (OLG Düsseldorf NZKart 2019, 164 (165)). Der BGH wies schließlich die Nichtzulassungsbeschwerde sowie die eingelegte Rechtsbeschwerde am 7. 4. 2020 ab (BGH BKR 2021, 52) und bestätigte damit die Ansicht des OLG Düsseldorf sowie des Bundeskartellamts. Diese Sichtweise wird in der Lit. mit dem obigen Argument der DK, dass ein Diskriminierungsvorsatz nicht bestanden habe, kritisiert (vgl. Zahrte BKR 2021, 79 (84)). Die beanstandeten Regelungen der Online-Banking-AGB wurden bereits zum 13. 1. 2018 aufgehoben und durch neue Regelungen ersetzt. Der Pflicht zur Geheimhaltung der personalisierten Sicherheitsmerkmale beim Online-Banking wird danach auch dann entsprochen, wenn ein Teilnehmer diese an einen Zahlungsauslöse- oder Kontoinformationsdienstleister übermittelt (OLG Düsseldorf NZKart 2019, 164 (166); ähnlich Werner WM 2018, 449 (451)). Bis dahin ordnete der BGH (NJW 2017, 3289 Rn. 28 ff.) den Zahlungsauslösedienst „Sofortüberweisung" noch als unzumutbar iSd § 312a Abs. 4 Nr. 1 BGB ein (Hinweis bei Omlor ZEuP 2021, 821 (824)).

(2) Die nunmehr in der PSD2 geregelte Erlaubnispflicht und die sonstige Re- **150** gulierung in Art. 66 PSD2 (für Zahlungsauslösedienste) sowie in Art. 67 PSD2 (für Kontoinformationsdienste) waren das **Ergebnis eines Kompromisses**

hierzu auf EU-Ebene. Gem. Art. 97 Abs. 5 PSD2 muss der kontoführende Zahlungsdienstleister (definiert in Abs. 18) dem Zahlungsauslösedienstleister (und dem Kontoinformationsdienstleister) gestatten, sich auf das vom kontoführenden Zahlungsdienstleister ausgegebene Authentifizierungsverfahren zu stützen; dies wurde in § 55 Abs. 4 umgesetzt. Man kann demnach das Normengefüge zur Regulierung von Zahlungsauslösediensten bzw. Kontoinformationsdiensten als ein „Mehr" an Regulierung zur Herstellung der Wettbewerbsgleichheit zwischen der „alten" und der „neuen" Finanzwelt bezeichnen (so Klebeck/Dobrauz-Saldapenna RdF 2015, 276 (277, 282)); die PSD2 erscheint deshalb jedenfalls wie ein Ersatz für eine wettbewerbsrechtliche Verhaltensregulierung (so Werner ZBB 2017, 345 (346); auch Omlor ZEuP 2021, 821 (837): „wettbewerbsrechtliche Einfärbung"), denn alleine mit dem herkömmlichen und dem an die Digitalisierung des Marktes angepassten, wettbewerbsrechtlichen Instrumentarium (in Deutschland §§ 19, 19a GWB) lässt sich der Konflikt nicht lösen (Omlor ZEuP 2021, 821 (838 ff.)).

151   **bb) Rechtstatsachen.** Mit den Zahlungsauslösediensten reguliert die PSD2 nunmehr ein **Internet-Zahlungsverfahren,** das wegen des Aufkommens von Instant Payments (SEPA Instant Credit Transfer (SCT Inst)) auch im stationären Einzelhandel (POS-Geschäft) Bedeutung gewinnen könnte. Durch die sofortige Finalität der Überweisung ist das Verfahren für den Händler attraktiv (Zahrte NJW 2018, 337 (338); ähnlich Omlor ZEuP 2021, 821 (824)). Es ermöglicht nahezu eine Zug-um-Zug-Abwicklung im elektronischen Handel und demnächst ggf. auch im stationären Einzelhandel. De facto leistet der Kunde als Zahler vor und gewährleistet so die Verlässlichkeit für den Händler als Zahlungsempfänger (Hofmann BKR 2018, 62 (69); ähnlich Omlor ZEuP 2021, 821 (824); ähnlich Spindler/Zahrte BKR 2014, 265 (267)). Im Vergleich zur SEPA-Basislastschrift läuft der Händler nicht Gefahr, dass der Kunde innerhalb von acht Wochen von seinem Erstattungsanspruch nach § 675x Abs. 2 BGB Gebrauch macht (Omlor ZEuP 2021, 821 (824)). Aus Kundensicht ermöglichen Zahlungsauslösedienste den Zugang zum Internethandel, ohne dass der Kunde einer Kreditkarte bedürfte – in Deutschland hat sich diese (noch) nicht im gleichen Maße durchgesetzt wie Überweisungen oder Lastschriften (vgl. Omlor ZEuP 2021, 821 (824)). Auch im Geschäftsverkehr können Zahlungsauslösedienste Bedeutung gewinnen, wenn sie zB in eine Buchhaltungssoftware eingebaut werden und so dem Unternehmer direkt aus der Buchhaltungssoftware ermöglichen, Überweisungen auszuführen und diese im Kassenbuch automatisiert zu dokumentieren (Malatidis BKR 2021, 484 (484); vgl. dazu auch Kontoinformationsdienste → Rn. 166).

152   **cc) Ziel der Spezialvorschriften. Ziel der Spezialvorschriften** zu dritten Zahlungsdienstleistern ist es, den **Konflikt zwischen etablierten Banken und neuartigen Zahlungsdienstleistern** durch Beaufsichtigung zu lösen.

153   **(1) Drittdienstleister** unterliegen der **Zulassung bzw. Registrierung** und verpflichten sich damit, die **technischen und organisatorischen Vorgaben** der Regulierung (insbesondere auch die Art. 28 ff. PSD2-RTS) einzuhalten. Nur dann sollen sie auf Zahlungskonten (definiert in Abs. 17) zugreifen dürfen. Die Regularien enthalten zahlreiche Auflagen für solche Drittdienstleister, ua zur Identifizierung und zur sicheren Kommunikation. Diese sollen die Sicherheit und Integrität der Schnittstellen und des Zugriffs auf Zahlungskonten gewährleisten.

154   **(2)** Die Lösung wurde in weiten Teilen als **spezielles Datenschutzrecht** für dritte Zahlungsdienstleister (Zahlungsauslösedienstleister und Kontoinformationsdienstleister) (vgl. §§ 48–51) ausgestaltet. Aus Sicht der etablierten Banken bestand nämlich das Risiko, dass die sog. dritten Zahlungsdienstleister Einblick in die gesamten Umsatzdaten des Zahlers erhalten und dadurch Risiken für das Bankgeheimnis und den Datenschutz entstehen könnten (Zahrte NJW 2018, 337 (338) mwN; ähnlich Omlor ZEuP 2021, 821 (825)).

(3) Durch das Inkrafttreten der nationalen Umsetzungsgesetze zur PSD2, insbes. deren Art. 97 Abs. 5 PSD2 (§ 55 Abs. 4), ist es dem kontoführenden Zahlungsdienstleister in dessen Online-Banking-Bedingungen nicht mehr gestattet, die **Weitergabe der persönlichen Sicherheitsmerkmale** an Zahlungsauslösedienstleister (bzw. Kontoinformationsdienstleister) zu verbieten (RegBegr BT-Drs. 18/11495, 141 u. 154; Omlor ZIP 2016, 558 (562); Hofmann BKR 2018, 62 (69); vgl. auch Omlor ZEuP 2021, 821 (828 ff.), der auch die wettbewerbsrechtliche Perspektive beleuchtet). **155**

(4) Letztlich geht es dem Gesetzgeber auch darum, **nicht autorisierte Zahlungsvorgänge** zu minimieren (BaFin-Merkblatt ZAG v. 14.2.2023 sub 2f). Durch die Regulierung wird zum einen die Sicherheit der Abwicklung der Zahlungsauslösedienste (und Kontoinformationsdienste) durch die Finanzaufsicht überwacht und zum anderen können kontoführende Zahlungsdienstleister gem. § 52 bei Missbrauchsfällen den Kontozugang verweigern. **156**

b) Zahlungsauslösedienst als Zahlungsdienst. aa) Grundsätzlich sind auf Zahlungsauslösedienste die **Regelungen über Zahlungsdienste des ZAG und des BGB anwendbar.** Natürliche oder juristische Personen, die Zahlungsauslösedienste anbieten, unterliegen der Erlaubnispflicht nach § 10 Abs. 1 als Zahlungsinstitut, wenn sie nicht Zahlungsdienstleister iSv § 1 Abs. 1 S. 1 Nr. 2–5 sind. **157**

bb) Nicht alle Regelungen sind jedoch **anwendbar. (1)** Für Zahlungsdienstleister, die Zahlungsauslösedienste anbieten, bestehen zahlreiche Sonderregelungen. Kernstück sind die §§ 48, 49 und 52, die flankiert werden von Art. 28 ff. PSD2-RTS, welche sehr detailliert die Pflichten von kontoführenden Zahlungsdienstleistern und von Zahlungsauslösedienstleistern im Hinblick auf die Erbringung von Zahlungsauslösediensten regeln. Diese Regelungen traten erst am 14.9.2019 in Kraft (Art. 15 Abs. 1 S. 1 ZDUG II; Art. 38 Abs. 2 PSD2-RTS). In §§ 48 und 52 finden sich die wesentlichen Regelungen für kontoführende Zahlungsdienstleister, wonach sie den Zugang zu online geführten Zahlungskonten zu gewähren und mit dem Zahlungsauslösedienstleister sicher zu kommunizieren haben (§ 48). Die Pflichten des Zahlungsauslösedienstleisters, mit den Daten des Zahlungsdienstnutzers, insbes. mit seinen personalisierten Sicherheitsmerkmalen, sorgfältig umzugehen, sicher zu kommunizieren und sich zu identifizieren, sind verankert in § 49. Die Art. 28 ff. PSD2-RTS beinhalten ausführliche Regelungen für die sichere Kommunikation, insbes. über von kontoführenden Zahlungsdienstleistern bereitgestellte Schnittstellen; für diese Schnittstellen existieren verschiedene Verfahren, namentlich das Verfahren der sog. Berlin Group (abrufbar unter https://www.berlin-group.org/psd2-access-to-bank-accounts). Zudem traten am 14.9.2019 die Regelungen in § 55 Abs. 3 und Abs. 4 in Kraft, wonach sich Zahlungsauslösedienstleister (und Kontoinformationsdienstleister) auf die Authentifizierungsverfahren stützen dürfen, die der kontoführende Zahlungsdienstleister dem Zahler bzw. Zahlungsdienstnutzer überlassen hat. **158**

(2) Das Recht des Zahlungsdienstnutzers, Zahlungsauslösedienste zu nutzen, hatte der Gesetzgeber bereits mit Wirkung zum 13.1.2018 in § 675f Abs. 3 BGB **159**

verankert. Dies gilt auch für vor dem 13.1.2018 abgeschlossene Zahlungsdiensterahmenverträge über Zahlungskonten (Art. 229 § 45 Abs. 4 EGBGB).

160   **(3)** Flankierend hat der Gesetzgeber die Haftung für nicht autorisierte Zahlungsvorgänge gem. den Vorgaben der PSD2 umgesetzt. Hiernach haftet in erster Linie der kontoführende Zahlungsdienstleister (§ 675u S. 5 BGB, § 675y Abs. 1 S. 3, Abs. 3 S. 3 BGB); dieser kann den Zahlungsauslösedienstleister bei dessen Verschulden in Regress nehmen (§ 676a BGB). Dafür hat der Gesetzgeber dem Zahlungsauslösedienstleister gem. § 16 (und dem Kontoinformationsdienstleister gem. § 34) die Pflicht auferlegt, eine Berufshaftpflichtversicherung oder ähnliche Sicherung zu unterhalten. Kritik an dieser Regressstruktur wird insbes. mit Blick auf das Prinzip der Vertragsrelativität geäußert: Der kontoführende Zahlungsdienstleister muss das Insolvenzrisiko des Zahlungsauslösedienstleisters übernehmen, obwohl ein (Zahlungsdienste-) Vertrag regelmäßig nur zwischen dem Zahlungsdienstnutzer und dem Zahlungsauslösedienstleister besteht, nicht aber zwischen letzterem und dem kontoführenden Zahlungsdienstleister; gleichzeitig hat der kontoführende Zahlungsdienstleister wegen § 48 auch gar keine Möglichkeit den Zugriff des Zahlungsauslösedienstleisters (aus Solvenzgründen) abzuwehren (krit. insbes. Köndgen ZBB 2018, 141 (149f.); BeckOGK/Köndgen BGB § 675y Rn. 39ff.; vgl. auch MüKoBGB/Zetsche § 676a Rn. 9 und MüKoBGB/Zetsche § 675y Rn. 18). Fraglich ist unter dem gleichen Gesichtspunkt auch, ob jegliche direkte Haftung des Zahlungsauslösedienstleisters gegenüber dem Zahlungsdienstnutzer im Außenverhältnis ausgeschlossen ist (so die RegBegr. BT-Drs. 18/11495, 171; aA BeckOGK/Köndgen BGB § 675y Rn. 39ff.; auch MüKoBGB/Zetsche § 675y Rn. 19).

161   **(4)** Besondere Übergangsvorschriften hat der Gesetzgeber in § 68 erlassen, wonach vor allem solche Unternehmen, die bereits vor dem 12.1.2016 (Inkrafttreten der PSD2) auf dem Markt tätig waren, erst mit Geltung der §§ 45−52 und § 55 einer Erlaubnis gem. § 10 Abs. 1 bedürfen (Terlau ZBB 2016, 122 (134); dazu auch → § 68 Rn. 4ff.). **(5)** Ausgenommen sind Zahlungsauslösedienstleister von den Sicherungsanforderungen des § 17, da sie im Zusammenhang mit der Erbringung von Zahlungsauslösediensten zu keiner Zeit Gelder des Zahlenden halten dürfen.

162   **(6)** Stillschweigend ausgenommen sind Zahlungsauslösedienstleister nach Ansicht des deutschen Gesetzgebers (RegBegr ZDUG II, BT-Drs. 18/11495, 149f.) vom Abschluss eines Zahlungsdiensterahmenvertrages dem Zahlungsdienstnutzer, sodass Zahlungsauslösedienstleister gem. § 675d Abs. 2 S. 1 BGB iVm Art. 249 § 13 Abs. 1−3 und § 13a EGBGB auch nur einzelvertragliche Informationspflichten erfüllen müssen (vgl. auch BeckOGK/Zahrte BGB § 675d Rn. 58). Dabei dürfte der Abschluss eines Zahlungsdiensterahmenvertrages auch bei Zahlungsauslösediensten in Betracht kommen, wenn der Zahlungsauslösedienstleister zB ermöglicht ein „Kundenkonto" einzurichten, das die wiederholte Nutzung vereinfacht (vgl. BeckOGK/Zahrte BGB § 675d Rn. 59; so auch Omlor ZEuP 2021, 821 (825)). Die zweifelhafte Prämisse des deutschen Gesetzgebers wird aber abgemildert durch den Verweis von Art. 248 § 13 Abs. 3 EGBGB auf die Informationspflichten nach Art. 248 § 4 Abs. 1 EGBGB, die ergänzend zur Verfügung zu stellen sind, wenn sie für den Einzelzahlungsvertrag erheblich sind (BeckOGK/Zahrte BGB § 675d Rn. 59; MüKoBGB/Casper § 675d Rn. 10).

163   **(7)** Im Grundsatz sind auch Zahlungsinstitute, die nur Zahlungsauslösedienste oder die nur Kontoinformationsdienste erbringen, **geldwäscherechtlich Verpflichtete** gem. § 2 Abs. 1 Nr. 3 GwG. Der europäische Gesetzgeber der 4. GeldwäscheRL und der 5. GeldwäscheRL waren hier nicht bereit, eine Ausnahme zu regeln (Kaetzler RdZ 2022, 106 (108f.)). Da die Risikoexposition und Einwir-

kungsmöglichkeit auf Zahlungsvorgänge und Zahlungskonten aber bei Zahlungs-auslösedienstleistern (noch deutlicher bei Kontoinformationsdienstleistern) gering sind, hat die Verwaltungspraxis der BaFin die geldwäscherechtlichen Pflichten der dritten Zahlungsdienstleister eingeschränkt (ausführlich und umfassend Kaetzler RdZ 2022, 106 (110 ff.)).

c) Reform der PSD2. Am 24. 9. 2020 hat die EU-Kommission im Rahmen **164** des „Digital Finance Package" unter anderem die „Retail Payments Strategy" (COM(2020) 592 final) vorgestellt. Dort hat die EU-Kommission eine umfassende Überprüfung der Anwendung und der Auswirkungen der PSD2 angekündigt (S. 20 COM(2020) 592 final) und damit die Diskussion um eine mögliche PSD3 angestoßen. Nach einem „Call for Advice" der EU-Kommission an die EBA (ab-rufbar unter https://ec.europa.eu/info/sites/default/files/business_economy_euro/banking_and_finance/documents/211018-payment-services-calls-advi ce-eba_en.pdf, zuletzt abgerufen am 27.4.2022) hat diese umfangreiche Ände-rungsvorschläge zur PSD2 veröffentlicht (EBA v. 23. 6. 2022, EBA/Op/2022/06). In Bezug auf Drittdienstleister wie Zahlungsauslösedienstleister und Kontoinfor-mationsdienste, wird insbes. der Schritt vom „Open Banking" hin zum **„Open Fi-nance"** diskutiert: Künftig könnten also Drittdienstleister nicht nur auf Zahlungs-kontodaten zugreifen, sondern auch auf andere Finanzdaten, wie zB Sparkonten, Depotkonten oder auch Versicherungen (EBA/Op/2022/06 Tz. 35 und Tz. 409 ff.; vgl. auch Siering/Jenke RdZ 2022, 82 (85 f.)). Ebenfalls wird diskutiert, einen **ein-heitlichen EU–weiten Standard** zu schaffen für die **Zugangsschnittstelle,** zu deren Einrichtung kontoführende Zahlungsdienstleister nach Art. 30 ff. PSD2-RTS verpflichtet sind (vgl. Siering/Jenke RdZ 2022, 82 (86); ähnlich Zahrte BKR 2022, 69 (77); EBA/Op/2022/06, Tz. 33 und Tz. 367 ff.). Nicht zuletzt wird vor-geschlagen, dass die Nutzung der Konteninfrastruktur (ähnlich Telekommunika-tions-, Strom- oder Schienennetze) für die dritten Zahlungsdienstleister **entgelt-pflichtig** werden sollte (Omlor ZEuP 2021, 821 (826)).

8. Kontoinformationsdienste (Abs. 1 Satz 2 Nr. 8)

Literatur: s. Literatur zu Zahlungsauslösediensten (Abs. 1 Satz 2 Nr. 7).

a) Überblick. aa) Entstehungsgeschichte. Nr. 8 basiert auf Ziff. 8 Anhang I **165** zur PSD2. Dieser wiederum verweist auf die Definition in Art. 4 Nr. 16 PSD2, wel-cher in Abs. 34 umgesetzt wurde. Die Entwicklung der Vorschriften zu Konto-informationsdiensten ist eng verknüpft mit der Diskussion über Zahlungsauslöse-dienste. Letztere standen im Vorfeld des Entwurfs der PSD2 allerdings deutlich stärker im Fokus der politischen Diskussionen (COM(2013) 547 final). Dennoch sind die Streitpunkte hier im Wesentlichen dieselben, sodass auf die Kommentie-rung unter → Rn. 149 f. verwiesen wird.

bb) Erscheinungsbilder. Die Erscheinungsbilder des Kontoinformations- **166** dienstes sind mannigfaltig. Ihnen ist allen gemeinsam, dass sie nicht den Transport von Geld zum Gegenstand haben, sondern Informationsverarbeitung im Zentrum der Leistungserbringung steht (vgl. Omlor ZEuP 2021, 821 (825)). Hierzu könnte die Banking-App der Hausbank gehören, die Zahlungskonten anderer Banken (sowie – nicht von der Definition des Abs. 34 erfasste – Sparkonten, Kreditkarten-konten und Depots; siehe Jestaedt BKR 2018, 445 (446)) integriert. Des Weiteren könnte der Betreiber eines Buchhaltungs- oder Unternehmensplanungs-Portals,

der dem Nutzer die Buchführung durch automatisierten Abruf der Kontoinforma-
tionen erleichtern will, dem unterfallen. Anwendungsfälle sind auch mit Hilfe von
Kontoinformationen erstellte Bonitätsanalysen von Privat- oder Firmenkunden zur
Vergabe von Krediten und zur Auswertung von bestimmten Kostenpositionen (Ge-
sundheitsausgaben, Fahrtkosten etc) für einen besseren Finanzüberblick oder für die
Verwaltung solcher Kosten bzw. der dazugehörigen Verträge. Eingesetzt werden
Kontoinformationsdienste auch im Rahmen von Kontowechseldiensten (Staudin-
ger/Omlor BGB § 675c Rn. 34).

167   **cc) Ziel der Spezialvorschriften.** Siehe hierzu die Kommentierung zu Abs. 1
S. 2 Nr. 7 (→ Rn. 152 ff.).

168   **b) Kontoinformationsdienst als Zahlungsdienst.** Das Gesetz definiert hier
zwar den Kontoinformationsdienst als Zahlungsdienst; es gelten hier jedoch zahlreiche Besonderheiten gegenüber anderen Zahlungsdiensten.

169   **aa) Eingeschränkte Anwendung der Vorschriften des ZAG, falls nur Erbringung von Kontoinformationsdiensten.** Unternehmen, die nur Kontoinformationsdienste erbringen, unterliegen lediglich einer eingeschränkten Anwendung der Vorschriften des ZAG. Anders als für sonstige Zahlungsinstitute ist
kein Erlaubnisverfahren gem. § 10 Abs. 1 erforderlich, sondern nur ein Registrierungsverfahren nach § 34. Für die Registrierung bedarf es insbes. keiner Inhaberkontrolle (vgl. dagegen § 10 Abs. 2 Nr. 13) und keines Mindestanfangskapitals; die
Sicherungsanforderungen von § 17 müssen nicht erfüllt werden (vgl. § 2 Abs. 6). Erforderlich ist nur eine Haftpflichtversicherung. § 2 Abs. 6 nimmt Zahlungsinstitute,
die als Zahlungsdienst nur den Kontoinformationsdienst anbieten, von den Vorschriften der §§ 10–18, 25 und seit dem 29.12.2020 (BGBl. 2020 I 2773) § 21
Abs. 1 und 3–5 sowie seit dem 1.1.2022 (BGBl. 2021 I 1534) § 23 Abs. 1 S. 3 aus;
siehe dazu die Kommentierung unter → § 2 Rn. 169 ff. und vgl. auch Sander BKR
2019, 66 (67)). Die Regelungen über den europäischen Pass (§§ 38–42) gelten auch
für Zahlungsinstitute, die nur Kontoinformationsdienste erbringen.

170   **bb) Zahlungsinstitute, die nicht nur Kontoinformationsdienste anbieten.** Diese Zahlungsinstitute bedürfen dagegen der Erlaubnis nach § 10 Abs. 1. Für
diese finden sämtliche Regelungen des ZAG über Zahlungsinstitute Anwendung.
Zusätzlich haben Zahlungsinstitute, die auch Kontoinformationsdienste erbringen,
im Rahmen der Erlaubnis eine Absicherung im Haftungsfall gem. § 36 vorzuwei-
sen. Für solche Institute gilt im Grundsatz auch die Regelung über Agenten gem.
§ 25, selbst wenn der Agent für das Institut nur Kontoinformationsdienste durchführt. Dasselbe gilt wohl auch für die Auslagerungsregelungen des § 26 (vgl. auch
§ 2 Abs. 6), obschon die PSD2 diese Norm nicht auf Kontoinformationsdienste anwenden wollte (dazu → § 2 Rn. 172).

171   **cc) Zahlungsdienstleister, die nicht Zahlungsinstitute sind.** Solche Zahlungsdienstleister dürfen ebenfalls Kontoinformationsdienste erbringen. Für sie gelten die Regelungen des ZAG nur soweit, wie sämtliche Zahlungsdienstleister angesprochen sind. Dies betrifft insbesondere §§ 50–52 (Sonderregelungen zu
Kontoinformationsdiensten) sowie §§ 53–62 (Risikomanagement, Vorfallsmeldungen ua). Sie unterliegen dagegen nicht den Vorschriften zur Absicherung für den
Haftungsfall gem. § 36.

172   **dd) Zivilrecht.** Zivilrechtlich sind Verträge über die Erbringung von Kontoinformationsdiensten von den Vorschriften über Zahlungsdienste im Wesentlichen

ausgenommen (§ 675c Abs. 4 BGB). Dies gilt nicht für die Informationspflichten gem. § 675d Abs. 2 S. 2 BGB.

ee) Schutz personalisierter Sicherheitsmerkmale. Die Art. 28 ff. PSD2- 173
RTS sehen des Weiteren **besondere Vorschriften** für die **Kommunikation** sowie für den Umgang mit **personalisierten Sicherheitsmerkmalen** vor, die für Kontoinformationsdienstleister Anwendung finden (siehe hierzu die Kommentierungen unter §§ 50, 51).

ff) Geldwäscherechtlichen Pflichten. Zu den **geldwäscherechtlichen** 174
Pflichten von Kontoinformationsdienstleistern → Rn. 163.

c) Reform der PSD2. Zu der Debatte über eine mögliche PSD3 und die Aus- 175
weitung des „Open Banking" hin zum „Open Finance" → Rn. 164.

IV. E-Geld-Regulierung (Abs. 2)

Literatur: Appelt, Rechtliche Anforderungen an Bonuskartensysteme, NJW 2016, 1409; Auffenberg, E-Geld auf Blockchain-Basis, BKR 2019, 341; Baumann/Hefermehl/Casper; Wechselgesetz, Scheckgesetz, Recht des Zahlungsverkehrs, 24. Aufl. 2020; Baur, MiCA („Regulation on Markets in Crypto-Assets") – Ein europäischer Rechtsrahmen für Kryptowerte kommt, jurisPR-BKR 9/2021 Anm. 1; Behrendt, Das Mindestreservesystem des ESZB und elektronisches Geld, EuZW 2002, 364; Bibow/Wichmann, Elektronisches Geld: Funktionsweise und wirtschaftspolitische Konsequenzen, Berlin 1998 (zit.: Bibow/Wichmann E-Geld); Brauneck, Neuer digitaler Euro, neue digitale Geldpolitik – EU-Währungsverfassung in Gefahr?, WM 2022, 453; Dannenberg/Ulrich, E-Payment und E-Billing, Elektronische Bezahlsysteme für Mobilfunk und Internet, Wiesbaden 2004 (zit.: Dannenberg/Ulrich E-Payment); Danwerth/Hildner, Nach dem Pyrrhussieg vor dem KG Berlin – Neue Lösungsansätze zur Regulierung von Bitcoins – zugleich eine Besprechung des Urteils des KG Berlin v. 25. 9. 2018 – (4) 161 Ss 28/18 (35/18), BKR 2018, 473, BKR 2019, 57; Diekmann/Wieland, Der neue aufsichtsrechtliche Rahmen für das E-Geld-Geschäft, ZBB 2011, 297; Escher, Bankrechtsfragen des elektronischen Geldes im Internet, WM 1997, 1173; Escher, Bankaufsichtsrechtliche Änderungen im KWG durch das Vierte Finanzmarktförderungsgesetz, BKR 2002, 652; Europäische Zentralbank, Report on electronic money, August 1998; Feger/Gollasch, MiCAR – Ein erster Überblick für Compliance-Beauftragte zur Krypto-Regulierung, CB 2022, 248; Fett/Bentele, Der E-Geld-Intermediär im Visier der Aufsicht – Das Gesetz zur Umsetzung der Zweiten E-Geld-Richtlinie und seine Auswirkungen auf E-Geld-Agenten, BKR 2011, 403; Fett/Bentele, E-Geld-Aufsicht Light? – Das Gesetz zur Umsetzung der Zweiten E-Geld-RL und seine Auswirkungen auf E-Geld-Institute, WM 2011, 1352; Figatowski, Steuerliche Behandlung von Krypto-Token – Umsatzsteuerliche Konsequenzen, MwStR 2021, 712; Gramlich, Elektronisches Geld – Gefahr für Geldpolitik und Währungshoheit?, CR 1997, 11; Gramlich, „Elektronisches Geld" im Recht, DuD 1997, 383; Grohe, MiCAR und Zahlungsrecht auf Kollisionskurs, RdZ 2021, 148; Groß, Rechtliche Aspekte zum System „Geldkarte", in: FS Schimansky, 1999, S. 165; Hahn/Häde, Währungsrecht, 2. Aufl. 2010; Harman, Neue Instrumente des Zahlungsverkehrs: PayPal & Co., BKR 2018, 457; Heise, Online-Recht, Dritte Ergänzungslieferung 2011; Hildner, Bitcoins auf dem Vormarsch: Schaffung eines regulatorischen Level Playing Fields?, BKR 2016, 485; Hingst/Lösing, Die geplante Fortentwicklung des europäischen Zahlungsdiensteaufsichtsrechts durch die Zweite Zahlungsdienste-Richtlinie, BKR 2014, 315; Hladjk, E-Geld auf dem Vormarsch? Rechtliche Rahmenbedingungen elektronischen Geldes, MMR 2011, 731; Hoenike/Szodruch, Rechtsrahmen innovativer Zahlungssysteme für Multimediadienste, MMR 2006, 519; Hoeren, Rechtsfragen des Internet – Ein Leitfaden für die Praxis, RWS-Skript 295, Köln 1998; Hofmann, Die Zahlungsverpflichtung des Kartenemittenten gegenüber dem Unternehmer – ec-Karte, Geldkarte und Kreditkarte im Vergleich, BKR 2003, 321; Hofmann, Die GeldKarte – Die elektronische Geldbörse der deutschen Kreditwirtschaft, 2001 (zit.: Hofmann, Die GeldKarte); Jenkouk, Die digitale Transformation von Zahlungsmitteln, DSRITB 2018, 327; Keding, Die aufsichtsrechtliche Behandlung von Machine-to-Machine-Zahlungen unter Rückgriff auf Peer-to-Peer-Netzwerke, WM 2018, 64; Knops/Wahlen, Evolution des Zahlungsverkehrs durch Mobile Payment – am Beispiel von M-Pesa, BKR 2013, 240; Koch, ec-Kassen und POS-System (Point of Sale) Geldkarte in Bankrechts-Handbuch § 68; Kokemoor, Aufsichtsrechtliche Rahmenbedingungen für die Vertragsgestaltung bei der Ausgabe und Verwaltung von elektronischem Geld, BKR 2003, 859; Koller, Der Vorschuss bei der Giroüberweisung, der Geldkarte und dem Netzgeld, in: FS Schimansky, 1999, S. 209; Kümpel, Rechtliche Aspekte der neuen GeldKarte als elektronische Geldbörse, WM 1997, 1037; ders., Rechtliche Aspekte des elektronischen Netzgeldes (Cybergeld), WM 1998, 365; ders., Elektronisches Geld (cyber coins) als Bankgarantie, NJW 1999, 313; Langenbucher, Die Risikozuordnung im bargeldlosen Zahlungsverkehr, 2001; Langenbucher/Gößmann/Werner, Zahlungsverkehr, 2004; Lerch, Bitcoin als Evolution des Geldes: Herausforderungen, Risiken und Regulierungsfragen, ZBB 2015, 190; Lerner, Mobile Payment, Technologien, Strategien, Trends und Fallstudien, Wiesbaden 2013; Leschik, Mobile Payment, Techniken – Umsetzung – Akzeptanz, 2012; Lorenz, Die finanzaufsichtsrechtliche Einordnung von digitalen Zahlungstoken, Hält das „alte" Recht noch mit der finanztechnologischen Innovation Schritt?, ZIP 2019, 1699; Lösing, Das neue Gesetz zur Umsetzung der Zweiten E-Geld-RL, ZIP 2011, 1944; Luckey, Ein europarechtlicher Rahmen für das elektronische Geld, WM 2002, 1529; Meder/Grabe, PayPal – Die „Internet-Währung" der Zukunft?, BKR 2005, 467; Meier/Kotovskaia, Das Machtpotenzial der Kryptowährungen von BigTEchs, Finanzmarktregulatorische, währungs- und wettbewerbsrechtliche Problemstellungen, BKR 2021, 348; Neumann, Bezahlverfahren elektronischer Marktplätze in Kilian/Heussen, Computerrechts-Handbuch – Informationstechnologie in der Rechts- und Wirtschaftspraxis, Teil 11: Schnittstellen zu anderen Rechtsgebieten; dies., Die Rechtsnatur des Netzgeldes – Internetzahlungsmittel ecash, München 2000; Neumann/Bauer, Rechtliche Grundlagen für elektronische Bezahlsysteme – Mobile Payment, MMR 2011, 563; Omlor, E-Geld im reformierten Zahlungsdiensterecht, ZIP 2017, 1836; ders., Kryptowährungen im Geldrecht, ZHR 2019, 294; ders., Kundenbindung per Zahlungsdienst? – Grund und Grenzen der E-Geld-Regulierung bei Treuepunkteprogrammen – Teil I –, WM 2020, 951; ders., Kundenbindung per Zahlungsdienst? – Grund und Grenzen der E-Geld-Regulierung bei Treuepunkteprogrammen – Teil II –, WM 2020, 1003; Omlor/Birne, Digitales Zentralbankgeld im Euroraum, RDi 2020, 1; Partsch, Bundesarchivgesetz, 1. Auflage, 2019 (zit.: Partsch BArchG/Bearbeiter); Patz, Überblick über die Regulierung von Kryptowerten und Kryptowertedienstleistern, BKR 2021, 725; Pfefferle, Die Zwangsvollstreckung in Netzgeldbestände – ein heißes Eisen, CR 2001, 200; Pfeiffer, Die Geldkarte – Ein Problemaufriss, NJW 1997, 1036; Pichler, Rechtsnatur, Rechtsbeziehungen und zivilrechtliche Haftung beim elektronischen Zahlungsverkehr im Internet, Münster 1998 (zit.: Pichler Zahlungsverkehr im Internet); Rennig, FinTech-Aufsicht im künftigen EU-Recht, ECSP-VO und MiCA-VO-E als eigenständiges Aufsichtsregime, ZBB 2020, 385; Shmatenko/Möllenkamp, Digitale Zahlungsmittel in einer analog geprägten Rechtsordnung, MMR 2018, 495; Spallino, Rechtsfragen des Netzgeldes, WM 2001, 231; Spindler/Bille, Rechtsprobleme von Bitcoins als virtuelle Währung, WM 2014, 1357; Terlau, 5 Jahre Zahlungsdiensteaufsichtsgesetz – Reform der Zahlungsdiensterichtlinie, ZBB 2014, 291; ders., Die zweite Zahlungsdiensterichtlinie – zwischen technischer Innovation und Ausdehnung des Aufsichtsrechts, ZBB 2016, 122; ders., Zahlungsabwicklung bei Kundenkarten, Geschenkgutscheinen und Rabattsystemen – die Ausnahme des begrenzten Netzes im Sinn der Zahlungsdiensterichtlinie, BB 2013, 1996; Tröger/Milione, Erbringung erlaubnispflichtiger Zahlungsdienste; Zahlungsinstitut an Unternehmen; leichtfertige Geldwäsche, WuB 2018, 327; Ukrow, Libra im Lichte des Europarechts, vom digitalen Binnenmarkt zum digitalen Währungskondominium? – Teil 1, EuZW 2019, 726; Wand, Zahlung mittels elektronischer Geldbörse („GeldKarte"), in: Kartengesteuerter Zahlungsverkehr, außergerichtliche

Streitschlichtung, Bankrechtstag 1998, S. 97; Weber, Zahlungsverfahren im Internet: Zahlung mittels Kreditkarte, Lastschrift und Geldkarte, 2002; dies., Recht des Zahlungsverkehrs: Überweisung – Lastschrift – Scheck – ec- und Kreditkarte – Internet – Insolvenz, 4. Auflage, 2004 (zit.: Weber Recht des Zahlungsverkehrs); Wellerdt, Die Digital Finance Strategy der Europäischen kommission – ein erster Schritt in die richtige Richtung, EuZW 2021, 52; ders., FinTech Regulierung – Wie werden innovative Geschäftsmodelle beaufsichtigt?, WM 2021, 1171.

1. Allgemeine Zusammenfassung der Regelung, Normentwicklung, Zweck der Norm

a) Zusammenfassung des Regelungsinhalts. Die Norm des § 1 Abs. 2 ent- **176** hält die Begriffsbestimmungen für das E-Geld-Geschäft. Diese Definitionen gelten nicht nur für das ZAG, sondern die Norm ist zugleich auch zentraler Bezugspunkt für die Vorschriften über Zahlungsdienste in §§ 675c ff. BGB (MüKoBGB/Casper § 675c Rn. 28 f.), für die Vorschriften des KWG, insbes. § 25i KWG, sowie für die Vorschriften des GwG, insbes. § 2 Abs. 1 Nr. 3–5 GwG. Die Definition von E-Geld und die Abgrenzung bzw. Überschneidung mit E-Geld-Token spielt zudem eine zentrale Bedeutung im Rahmen der MiCAR (zur Überschneidung mit der E-Geld-Regulierung: Patz BKR 2021, 725) → Rn. 260.

b) Normentwicklung, Historie, Ausblick. Der Gesetzgeber hatte die Vor- **177** gängervorschrift des § 1a ZAG aF durch das Zweite E-Geld-RLUG in das ZAG eingefügt; die Vorschrift trat am 30. 4. 2011 (BGBl. 2011 I 288) in Kraft; die Regelung ist mit dem ZDUG II nahezu (Änderungen unter → Rn. 207 ff.) unverändert in § 1 Abs. 2 sowie § 1 Abs. 10 (E-Geld-Agent) und § 1 Abs. 14 (E-Geld-Umlauf) aufgegangen. Der Gesetzgeber hat damit Art. 1, 2 und 3 Abs. 4 S. 1 der Zweiten E-Geld-RL umgesetzt. Infolge des **Vollharmonisierungsgebotes** gemäß Art. 16 Abs. 1 Zweite E-Geld-RL ist dies nahezu wortgleich mit der Zweiten E-Geld-RL erfolgt. Von der Ausnahmemöglichkeit gem. Art. 9 der Zweiten E-Geld-RL hat der deutsche Gesetzgeber keinen Gebrauch gemacht. Danach können Mitgliedstaaten Unternehmen mit geringem durchschnittlichem E-Geld-Umlauf (höchstens 5 Mio. EUR) von der Erlaubnispflicht freistellen, wenn deren für die Leitung oder den Betrieb verantwortlichen natürlichen Personen nicht wegen eines Verstoßes gegen Vorschriften zur Bekämpfung der Geldwäsche oder Terrorismusfinanzierung oder wegen anderer Finanzstraftaten verurteilt sind. Ebenso ist es nach Art. 9 der Zweiten E-Geld-RL erlaubt, für diese Betreiber von E-Geld-Geschäften auf Sicherungsmaßnahmen sowie auf einzelne Aufsichtsregelungen zu verzichten. Der deutsche Gesetzgeber hat aus aufsichtsrechtlichen Gründen und aus Interessen des Gläubigerschutzes davon abgesehen, von dieser Ausnahmeregelung Gebrauch zu machen (RegBegr Zweite E-Geld-RLUG, BT-Drs. 17/3023, 33).

Der Aufnahme in das ZAG ging eine fast 13 Jahre dauernde Historie der Regu- **178** lierung von E-Geld im KWG voraus. Zuletzt setzte sich die Einsicht durch, dass die früheren Anforderungen des KWG, insbes. an Eigenmittel- und Risikomanagement, die Emittenten von E-Geld unverhältnismäßig stark belasteten (RegBegr Zweite E-Geld-RLUG, BT-Drs. 17/3023, 4; Entwurf Zweite E-Geld-RL v. 9. 10. 2008, KOM(2008) 627, S. 2). Erstmalig fügte der deutsche Gesetzgeber mit § 1 Abs. 1 S. 2 Nr. 11 KWG (aF) das Geldkartengeschäft und § 1 Abs. 1 S. 2 Nr. 12 KWG (aF) das Netzgeldgeschäft im Rahmen der 6. KWG-Novelle 1998 (Fischer/Schulte-Mattler/Schäfer KWG § 1 Rn. 120 f.) in das KWG ein. Er griff hiermit der wenig später folgenden ersten E-Geld-RL v. 18. 9. 2000 vor. Im Rahmen des 4. FinanzmarktfördG setzte der deutsche Gesetzgeber die erste E-Geld-

RL um; in § 1 Abs. 3g S. 4 KWG aF erkannte der Gesetzgeber Spezialkreditinstitute an, die lediglich das E-Geld-Geschäft betrieben. Jedoch zeichneten sich die Regelungen des KWG insgesamt durch hohe Eingangsvoraussetzungen aus; zudem war es den Spezialkreditinstituten nach § 1 Abs. 3g S. 4 KWG aF nicht erlaubt, Zahlungsdienste zu erbringen (BR-Drs. 482/10, 3). Weiterhin bestanden sprachliche Abweichungen zwischen den Definitionen des KWG und der RL; in der Folge kam es zu unterschiedlichen Auslegungen der RL durch die verschiedenen Mitgliedstaaten, insbes. Großbritannien (zur unterschiedlichen Auslegung des E-Geld-Begriffs vgl. Meder/Grabe BKR 2005, 467 (471)).

179   Die **Zweite E-Geld-RL** hatte deshalb das Ziel, zum einen das Regelungsregime in Anlehnung an die PSD1 zu vereinfachen, den Weg für **neue innovative und sichere E-Geld-Dienstleistungen** zu ebnen, neuen Unternehmen den Marktzugang zu eröffnen und echten Wettbewerb zu ermöglichen (Erwägungsgründe der Zweiten E-Geld-RL) (zu den Zielen des ZAG und der RL allgemein vgl. → Einl. Rn. 3 ff.). Im Besonderen befasste sich der RL-Geber auch mit der Anwendbarkeit der E-Geld-RL auf Mobilfunkanbieter (vgl. auch Commission Staff Working Document on the Review of the E-Money-Directive (2000/46/EC) v. 19.7.2006, SEC(2006) 1049). **Anzahl der Institute:** Per Juli 2022 gibt es gemäß EUCLID-Register (abrufbar unter euclid.eba.europa.eu) der EBA 726 Zahlungsinstitute und 273 E-Geld-Institute im EWR, davon 74 Zahlungsinstitute und 10 E-Geld-Institute in Deutschland; vgl. auch die Zahlen im Bericht der Kommission v. 25.1.2018, COM(2018) 41 final, Anhang 1.

180   Art. 17 der Zweiten E-Geld-RL sieht eine **Überprüfung der Richtlinie** und einen Bericht der Kommission bis zum 1.11.2012 vor; die Kommission veröffentlichte den Bericht letztlich erst am 25.1.2018 (EU-Kommission v. 25.1.2018, Bericht der Kommission an das Europäische Parlament und den Rat über die Umsetzung und die Auswirkungen der Richtlinie 2009/110/EG und insbes. über die Anwendung der aufsichtsrechtlichen Anforderungen an E-Geld-Institute, COM (2018) 41 final). Grund für die Verzögerung war die verspätete Umsetzung der Zweiten E-Geld-RL durch einige Mitgliedstaaten und in der Folge nicht ausreichende praktische Erfahrung im E-Geld-Markt um eine aussagekräftige Wertung vorzunehmen (EU-Kommission, COM(2018) 41 final, S. 1). Der Bericht kommt grundsätzlich zu einem positiven Ergebnis hinsichtlich des Abbaus von Marktzutrittsschranken (zum Problem vgl. → Rn. 178 f.; EU-Kommission, COM(2018) 41 final, S. 9 f.). Der Bericht stellt aber auch bestimmte Probleme in der Anwendung der E-Geld-RL fest, insbes. in Bezug auf Abgrenzungen zwischen Zahlungsdiensten und E-Geld-Produkten (EU-Kommission COM(2018) 41 final, S. 4, 9). Im Rahmen der Konsultation zur Reform der PSD2 hat sich die EBA für eine Zusammenführung der PSD2 und der Zweite E-Geld-RL ausgesprochen (EBA, EBA/REP/2022/14, Question 4 Tz. 97; ebenso schon EU-Kommission, COM(2018) 41 final, S. 5). **Reformbedarf** wird insbes. bei der Einordnung von E-Geld-Konten, bei Eigenmittelvorschriften, bei Sicherung von Kundengeldern und bei der Regulierung von Intermediären gesehen (EBA, EBA/REP/2022/14, Question 4 Tz. 98).

181   Die EZB führt aktuell ein Projekt durch, in dem die Möglichkeiten der Einführung eines von der Zentralbank emittierten digitalen Euro zur Nutzung für Verbraucher (sog. **Retail Central Bank Digital Currency** oder Retail CBDC) geprüft werden. Dieser digitale Euro wird aber, das wird man bereits jetzt als feststehend erachten können, nicht auf Basis der E-Geld-Regulierung emittiert werden, sondern die Rechtsgrundlage wird voraussichtlich in Art. 128 Abs. 1

AEUV verortet sein (Brauneck WM 2022, 453 (455); Omlor/Birne RDi 2020, 1 Rn. 13 ff.). Der digitale Euro wird – sofern er realisiert wird – damit neben die auf Grundlage von § 1 Abs. 2 oder (zukünftig) auf Basis der MiCAR (dazu unten) geschaffenen privaten „Währungen" treten.

Neue Entwicklungen haben sich auch durch das vom US-amerikanischen Face- **182** book-Konzern initiierte Projekt unter dem Namen **„Libra"**, später **„Diem"** ergeben. Es spricht viel dafür, dass „Libra" (jetzt „Diem") im EWR als E-Geld hätte eingeordnet werden müssen (Ukrow EuZW 2019, 726 (730 ff.)), obschon der Binnenmarkt zur Erfassung von Libra uÄ einen „regulatorischen Nachsteuerungsbedarf" hätte (Ukrow EuZW 2019, 726 (731)). Die Europäische Kommission reagierte mit dem Vorschlag zu MiCAR (COM(2020) 593 final) **(„MiCAR-Entwurf")**, der ua Erlaubnispflichten für die Emission von sog. wertreferenzierten (asset-referenced) Token vorsieht (Überblick bei Wellerdt WM 2021, 1171 (1173 ff.); Baur jurisPR-BKR 9/2021 Anm. 1). Mit MiCAR will der europäische Gesetzgeber Gefahren für die Preisstabilität von hoheitlichen Währungen, insbes. des Euro, durch wertreferenzierte Token begegnen (vgl. Erwägungsgrund Nr. 25, 29 MiCAR-Entwurf, vgl. auch Art. 19 Abs. 2 lit. c MiCAR-Entwurf; dazu auch Ukrow EuZW 2019, 726 (729 f.): zum G7-Treffen in Chantilly). Durch Kryptowährungen, die aufgrund ihres Bezugs zu einer einzigen Währung E-Geld sind, wird eine solche Destabilisierung zwar nicht erwartet, weil sie sich im Grunde kaum von Buchgeld unterscheiden (Erwägungsgrund Nr. 48 MiCAR-Entwurf; Meier/Kotovskaia BKR 2021, 348 (351)). Sind jedoch mehrere Währungen im Rahmen eines E-Geld-Token beteiligt, so können geldpolitische Risiken entstehen. Die Zielrichtung der MiCAR ist eine andere als diejenige der Zweiten E-Geld-RL. MiCAR reguliert – in Anlehnung an MiFID I u. II – auch Dienstleistungen für Kryptowerte als Kryptodienstleistungen; hierdurch können sich Überschneidungen für die im ZAG geregelten Dienstleistungen der Agenten und derjenigen von E-Geld-Agenten ergeben, die zukünftig teilweise auch von MiCAR erfasst werden (Überblick bei Wellerdt WM 2021, 1171 (1176 f.); Baur jurisPR-BKR 9/2021 Anm. 1). Mit dem Inkrafttreten von MiCAR, voraussichtlich Anfang 2023 (Versionen 2020/0265/COD), läuft eine Übergangsfrist von 18 Monaten.

c) Zweck der E-Geld-Aufsicht. Zweck der E-Geld-Aufsicht ist es, wie auch **183** schon bei der erstmaligen Einführung des E-Geld-Tatbestandes im Rahmen der 6. KWG-Novelle 1998, die Funktionsfähigkeit des Zahlungsverkehrs in E-Geld-Systemen, deren Preisstabilität sowie den Schutz der Einlagen der Verbraucher zu gewährleisten und hierdurch Gefahren für die Volkswirtschaft zu minimieren (RegBegr Zweite E-Geld-RLUG, BT-Drs. 17/3023, 39; BaFin-Merkblatt ZAG v. 14.2.2023, Abschn. D; Ellenberger/Findeisen/Nobbe/Böger/Findeisen § 1 Rn. 497, 502, 534). Es soll das Vertrauen in das E-Geld-System geschützt werden, indem das Management der Geldflüsse, die Sicherheit gegen Fälschungen sowie die Verhinderung technischer Fehler bei der Übermittlung von E-Geld überwacht wird (RegBegr Zweite E-Geld-RLUG, BT-Drs. 17/3023, 39; BaFin-Merkblatt ZAG v. 14.2.2023, Abschn. D; EZB, Report on E-Money, 1998, S. 14; so auch schon RegBegr zu 6. KWG-Novelle 1998, BT-Drs. 13/7142, 63 f.). Daneben dient die jederzeitige Rücktauschverpflichtung der Kopplung an Zentralbankgeld und damit der Preisstabilität (EZB, Report on E-Money, 1998, S. 13; Behrendt EuZW 2002, 364 (366)); ob hiermit auch ein Verbot der Ausgabe von E-Geld auf Kredit einhergeht (so wohl EZB, Report on E-Money, 1998, S. 13; Behrendt EuZW 2002, 364 (366)), erscheint heute fraglich (→ Rn. 246). In die Mindestreservepflicht sind E-Geld-Institute dagegen nicht einbezogen (die Mindestreservepflicht erstreckt sich gem. Art. 1 EZB-MindestreservepflichtVO nur auf Kreditinstitute iSd Art. 4 Abs. 1 CRR). Die Aufsicht dient auch der Überwachung der Bonität des Emittenten von E-Geld (BT-Drs. 17/3023, 39), wodurch die Preisstabilität des E-Geldes gesichert wird (vgl. EZB, Report on E-Money, 1998, S. 14; Ellenberger/ Findeisen/Nobbe/Böger/Findeisen § 1 Rn. 502). Nicht zuletzt dient die Aufsicht dem Schutz der Einlagen der Verbraucher und damit der Stabilität des gesamten Finanzmarktes und der Volkswirtschaft (BT-Drs. 17/3023, 39); wirtschaftlich ist E-Geld-Geschäft als Einlagengeschäft zu betrachten (EZB, Report on E-Money, 1998, S. 14f.).

184   E-Geld war zudem in den letzten Jahren Gegenstand von zahlreichen gesetzgeberischen Aktivitäten zur Geldwäschebekämpfung. Während die 4. GeldwäscheRL, auf der insbes. § 25i KWG basiert, ein differenziertes Bild zeichnete (Möslein/Omlor FinTech-HdB/Terlau § 34 Rn. 189), lenkte die Financial Action Task Force on Money Laundering (FATF) zeitgleich mit dem Inkrafttreten der 4. GeldwäscheRL am 25.6.2015 in ihrem Bericht zu virtuellen Währungen (FATF, Guidance for a Risk-Based Approach on Virtual Currencies, June 2015, Tz. 23, sowie Tz. 14 und 15) stärker auf die Gefahren für Geldwäsche und Terrorismusfinanzierung von E-Geld und insbes. auf konvertierbare, dezentralisiert emittierte, virtuelle Währungen. Geprägt auch von den Hintergründen der Terroranschläge in Paris am 13.11.2015 und in Brüssel am 22.3.2016 verabschiedete das Europäische Parlament im Jahr 2016 eine Warnung gegen virtuelle Währungen zum Einsatz bei Geldwäsche und Terrorismusfinanzierung (Europäisches Parlament, „European Parliament resolution of 26 May 2016 on virtual currencies" (2016/2007 (INI))). Am 5.7.2016 veröffentlichte die Europäische Kommission einen Vorschlag für eine Änderung der Vierten Geldwäscherichtlinie (Kommission, Vorschlag für 5. Geldwäsche-RL; dazu auch EBA/OP/2016/07), der schließlich am 9.7.2018 als 5. GeldwäscheRL verabschiedet wurde. Dabei geht es insbes. um Lückenschließung im Rahmen von virtuellen Währungen und Fiatgeld (Erwägungsgründe Nr. 8ff. 5. GeldwäscheRL), Drittländern mit hohem Risiko bei wesentlichen Schwachstellen im System zur Bekämpfung von Geldwäsche und Terrorismusfinanzierung (Erwägungsgrund Nr. 12 5. GeldwäscheRL) sowie anonymen Guthabenkarten (Erwägungsgründe Nr. 14f. 5. GeldwäscheRL). Im Rahmen der anonymen Guthabenkarten wird allerdings anerkannt, dass „[…] gleichzeitig jedoch den Bedürfnissen der Verbraucher in Bezug auf für die allgemeine Verwendung bestimmte Zahlungsinstrumente auf Guthabenbasis Rechnung zu tragen und sicherzustellen [ist], dass die Nutzung derartiger Zahlungsinstrumente für die Förderung der sozialen und finanziellen Inklusion nicht verhindert wird" (Erwägungsgrund Nr. 14 5. GeldwäscheRL). Die 5. GeldwäscheRL wurde durch das Gesetz zur Umsetzung der Änderungsrichtlinie zur Vierten EU-Geldwäscherichtlinie vom 12.12.2019 in deutsches Recht umgesetzt (BGBl. 2019 I 2602).

185   Auch seither haben sich FATF und Kommission laufend mit der Geldwäscheprävention bei virtuellen Währungen und virtuellen Werten befasst. Die FATF hat seit ihrem Bericht zu virtuellen Währungen 2015 zahlreiche Berichte und Hinweise zu virtuellen Werten („virtual assets") und Dienstleistern im Zusammenhang mit solchen Werten („virtual asset service providers") veröffentlicht (insbes. die FATF, Guidance for a Risk-based Approach to Virtual Assets and Virtual Asset Service Providers, zuletzt aktualisiert Oktober 2021). Zudem wies die FATF ausdrücklich auf Geldwäsche-Gefahren im Zusammenhang mit sog. „Stablecoins", also wertstabilisierten Kryptowährungen (vgl. zB zu Facebooks „Diem" → Rn. 182), hin, die sich auch bei „traditionellen" Instituten (also auch E-Geld-Instituten) verwirklichen könnten (vgl. FATF vom 18.10.2019, Money Laundering risks from „stablecoins" and other emerging assets, abrufbar unter https://www.fatf-gafi.org/publications/fatfgeneral/documents/statement-virtual-assets-global-stablecoins.html). Diesen Gefahren will die EU durch eine Neufassung der GeldtransferVO begegnen, die künftig auch den Transfer von Kryptowerten erfassen soll (vgl. Kommission v. 20.7.2021, COM(2021) 422 final). Im Juli 2021 hat die EU-Kommission zudem einen Verordnungsvorschlag veröffentlicht, durch den eine eigenständige EU-Behörde zur Bekämpfung der Geldwäsche und Terrorismusfinanzierung eingerichtet werden soll, deren Zuständigkeit sich auf die „risikoreichsten, grenzüberschreitend tätigen Verpflichteten des Finanzsektors", einschließlich entsprechender E-Geld-Institute, erstrecken soll (EU-Kommission vom 20.7.2021, COM(2021) 421 final).

Entscheidend für die Auslegung sollte nicht zuletzt sein, dass der Gesetzgeber mit **186** den Vorschriften über das E-Geld-Geschäft auf Basis der Zweiten E-Geld-RL eine „weniger anspruchsvolle" (RegBegr Zweite E-Geld-RLUG, BT-Drs. 17/3023, 34) Regulierung bieten wollte, als es das KWG für Kreditinstitute vorsah (RegBegr Zweite E-Geld-RLUG, BT-Drs. 17/3023, 33; Ellenberger/Findeisen/Nobbe/Böger/Findeisen § 1 Rn. 502f.). Die Anforderungen an Eigenmittel und Liquidität sollten deshalb weniger komplex sein als diejenigen für Kreditinstitute und wurden dem für Zahlungsinstitute geltenden Regime angenähert (RegBegr Zweite E-Geld-RLUG, BT-Drs. 17/3023, 33). Hierdurch sollten Marktzutrittsschranken beseitigt und die Aufnahme und Ausübung der E-Geld-Ausgabe erleichtert werden (RegBegr Zweite E-Geld-RLUG, BT-Drs. 17/3023, 3, 32). Die Rechtsvereinheitlichung mit Hilfe der Zweiten E-Geld-RL, die dem Vollharmonisierungsgebot (Art. 16 Abs. 1 Zweite E-Geld-RL) folgend den Mitgliedstaaten nur geringste Umsetzungsspielräume belässt, sollte zu einer tatsächlich einheitlichen Aufsicht in allen EU- und EWR-Staaten führen (RegBegr Zweite E-Geld-RLUG, BT-Drs. 17/3023, 32).

d) Rechtstatsachen. In der Praxis hat E-Geld, die dritte Form des Geldes **187** neben Bargeld und Buchgeld, in den letzten Jahren eine gewisse Bedeutung erlangt (Bericht der Kommission v. 25.1.2018, COM/2018/041 final); allerdings hat laut den Zahlungsverkehrs- und Wertpapierabwicklungsstatistiken der Deutschen Bundesbank von Juli 2022 die Anzahl abgewickelter E-Geld-Transaktionen in Deutschland seit 2017 abgenommen (vgl. dort S. 17). Der Blick der Öffentlichkeit wurde stärker auf Blockchain-basierte, dezentral emittierte Währungen wie Bitcoin, Bitcoin Cash, Ethereum, Ripple etc. gelenkt (dazu Ellenberger/Bunte BankR-HdB/Terlau § 35 Rn. 6ff., 178ff.; Möslein/Omlor FinTech-HdB/Terlau § 34 Rn. 1ff.).

Den ersten Versuchen von E-Geld in Form der **Geldkarte** war kein Erfolg be- **188** schieden. Bei der Geldkarte handelt es sich um einen elektronischen Speicherchip mit einem Mikroprozessor (Bibow/Wichmann E-Geld S. 6), der herkömmlich in die EC-Karte, aber auch in andere Bankkarten integriert ist. Auf diesem Chip kann der Nutzer elektronische, geldwerte Einheiten speichern (Bibow/Wichmann E-Geld S. 6; Dannenberg/Ulrich E-Payment S. 146). Das die elektronischen, geldwerten Einheiten ausgebende Institut ist mit einer sog. Börsenevidenzzentrale verbunden, die für das ausgebende Institut ein Schattenkonto für jede einzelne Geldkarte führt, über die alle Zahlungen mit der Geldkarte gebucht werden (Wand Bankrechtstag 1998, 101f. (149); Kißling, Zahlungen mit elektronischen Werteinheiten, 2003, S. 46; Dannenberg/Ulrich E-Payment S. 149f.). Die Abbuchung von der Geldkarte kann dabei vollständig offline erfolgen; Transaktionen werden auf der Karte gespeichert und die Buchung erfolgt später (Dannenberg/Ulrich E-Payment S. 150).

189   Dagegen zeichnet sich das sog. **Netzgeld** dadurch aus, dass „elektronische Münzen" auf einem Rechner oder Server gespeichert werden. Diese elektronischen, geldwerten Einheiten sind mit einem Code mit blinder digitaler Signatur und Seriennummer versehen (Pfefferle CR 2001, 200; Dannenberg/Ulrich E-Payment S. 139), um das Double Spending, dh das Kopieren, zu vermeiden. Dabei sind die elektronischen Einheiten sowohl auf dem Rechner des Kunden als auch auf dem Rechner des Anbieters speicherbar (Hoenicke/Szodruch MMR 2006, 519 (524)). Sobald die elektronische Einheit den Rechner des Zahlers verlassen hat, ist sie nicht mehr mit dem Zahler verknüpfbar (Dannenberg/Ulrich E-Payment S. 140).

190   Eine weitere Ausprägung des E-Geldes ist in den letzten Jahren hinzugekommen, die sog. **Prepaid-Produkte** (zur Einordnung unter den E-Geld-Begriff → Rn. 225 ff.). Hierbei werden Werteinheiten weder auf einer Karte noch auf einem Kundenrechner gespeichert. Vielmehr führt das ausgebende Institut lediglich ein bisweilen sog. „virtuelles" Konto über das voreingezahlte Guthaben. Die häufig unter einer Lizenz einer Kreditkartenorganisation ausgegebenen sog. „Prepaid-Kreditkarten" sind zwar mit einem Chip ausgestattet; dieser dient jedoch lediglich der Authentifizierung und nicht etwa als Träger von geldwerten, elektronischen Einheiten (vgl. auch Schäfer/Omlor/Mimberg/Mimberg Rn. 216; Jenkouk DSRITB 2018, 327 (331 f.)). Diese Karten sind sowohl online als auch offline nutzbar.

191   Der Nutzen von E-Geld wird weitgehend im Online-Handel gesehen. So ist es nicht überraschend, dass die ersten E-Geld-Produkte Ende der 90er Jahre auf den Markt kamen; dies entsprach der Stimmung der Internetgemeinde (Dannenberg/Ulrich E-Payment S. 21). Die EZB wies 1998 erstmalig in ihrem Bericht auf den Bedarf aufsichtsrechtlicher Überwachung hin (EZB, Report on E-Money, 1998, S. 13 ff.). Die Entsubstantialisierung des Geldverkehrs durch E-Geld (so Gramlich CR 1997, 11) sollte den elektronischen Handel über das Internet unterstützen. Zudem ist das Verlustrisiko gering und E-Geld ermöglicht, wie Bargeld, eine anonyme Zahlung, zieht aber weniger Kosten nach sich. Der deutsche Gesetzgeber erkennt den Nutzen an und weist zudem auf den Vorteil des begrenzten Verlustrisikos auch bei Zahlungen mittels E-Geld im Ausland hin (RegBegr Zweite E-Geld-RLUG, BT-Drs. 17/3023, 3).

2. E-Geld-Emittenten (§ 1 Abs. 2 S. 1)

192   **a) Allgemeines.** Der Begriff **E-Geld-Emittenten** des § 1 Abs. 2 S. 1 bildet den Oberbegriff. E-Geld-Institute (§ 1 Abs. 2 S. 1 Nr. 1) sind hiervon umfasst. Die Normenstruktur ist dieselbe wie in § 1 Abs. 1 S. 1, in dem der Oberbegriff „Zahlungsdienstleister" definiert wird; die Systematik folgt Art. 1 Abs. 1 Zweite E-Geld-RL. Das ZAG regelt vor allem die Aufsicht über E-Geld-Institute (RegBegr Zweite E-Geld-RLUG, BT-Drs. 17/3023, 39) und über Zahlungsinstitute. Die Aufsicht über andere E-Geld-Emittenten ist in Spezialgesetzen, namentlich dem KWG, dem Bundesbankgesetz, dem Gesetz über die KfW ua geregelt. Nur einzelne Vorschriften des ZAG gelten auch für andere E-Geld-Emittenten: § 1 Abs. 2 (Begriffsbestimmungen), § 33 (Verpflichtungen des E-Geld-Emittenten bei der Ausgabe und dem Rücktausch von E-Geld), §§ 53–55 (Risiken, Vorfälle, Kundenauthentifizierung), §§ 56–58 (Zugang zu Konten und Zahlungssystemen), § 61 (Beschwerden über E-Geld-Emittenten) und ziehen (zB für Bund, Länder und Gemeinden) die Aufsicht der BaFin nach sich (RegBegr Zweite E-Geld-RLUG, BT-Drs. 17/3023, 39). Im Übrigen sind die Vorschriften des ZAG nicht auf E-Geld-Emittenten anwendbar; dies gilt auch für die Vorschriften über E-Geld-Agenten (Fett/Bentele BKR 2011, 403 (405)), die im KWG keine Entsprechung haben.

Zwar ist Abs. 2 Satz 1 dem Wortlaut nach nur eine Begriffsdefinition; aus dem **193** Zusammenhang mit Abs. 2 Satz 1 Nr. 1 sowie mit § 11 Abs. 1 S. 1 wird jedoch deutlich, dass § 1 Abs. 2 S. 1 für die in Abs. 2 Satz 1 Nr. 2–4 genannten E-Geld-Emittenten gleichzeitig die **Berechtigung zur Ausgabe von E-Geld** regelt (das stellt nun § 11 Abs. 1 S. 1 klar; so auch RegBegr Zweite E-Geld-RLUG, BT-Drs. 17/3023, 39; Schäfer/Lang BKR 2009, 11 (13), zur Parallelvorschrift für Zahlungsdienstleister in § 1 Abs. 1 S. 1). CRR-Kreditinstitute isv Abs. 2 Satz 1 Nr. 2, die im Inland zum Geschäftsbetrieb berechtigt sind, die KfW, sowie die in Abs. 2 Satz 1 Nr. 3 und 4 genannten Körperschaften und Anstalten bedürfen deshalb **keiner zusätzlichen Erlaubnis** für den Betrieb des E-Geld-Geschäfts. Eine Erlaubnispflicht sieht § 11 Abs. 1 S. 1 allein für Personen vor, die das E-Geld-Geschäft betreiben, ohne E-Geld-Emittent isv § 1 Abs. 2 S. 1 Nr. 2–4 zu sein.

Trotz der unterschiedlichen Regelungsregime für E-Geld-Institute einerseits **194** und für CRR-Kreditinstitute andererseits betont Erwägungsgrund Nr. 14 der Zweiten E-Geld-RL, dass es wesentlich sei, für beide Institutsgruppen gleiche Wettbewerbsbedingungen bei der Ausgabe von E-Geld zu schaffen. Den Ausgleich für die erleichterten aufsichtsrechtlichen Bestimmungen für E-Geld-Institute wolle deshalb die Zweite E-Geld-RL durch höhere Anforderungen an die Sicherung der eingelegten Gelder schaffen.

b) E-Geld-Institute (Nr. 1). Alle Unternehmen, die nicht unter die Begriffs- **195** bestimmungen des § 1 Abs. 2 S. 1 Nr. 2–4 fallen, und die das E-Geld-Geschäft betreiben, werden als E-Geld-Institute definiert. Ob „Unternehmen" iSd § 1 Abs. 2 S. 1 Nr. 1 auch natürliche Personen und jegliche Personengesellschaften sein können (so Ellenberger/Findeisen/Nobbe/Findeisen, 2. Aufl. 2013, § 1a Rn. 33 zu § 1a ZAG aF), war nach der Entscheidung des BGH (WM 2016, 461 Rn. 5 f.; Tröger WuB 2018, 327 ff.) fraglich. Mit dem ZDUG II hat der Gesetzgeber das **staatliche Verbot mit Erlaubnisvorbehalt** der §§ 10 und 11 gegenüber §§ 8 und 8a ZAG aF neu gefasst; danach sind neben juristischen Personen auch natürliche Personen und Personenvereinigungen von der Erlaubnispflicht erfasst (RegBegr BT-Drs. 18/11495, 121). Entsprechendes hat deshalb auch für den Begriff des „Unternehmens" in § 1 Abs. 2 S. 1 Nr. 1 zu gelten, der nun jedenfalls natürliche Personen erfasst. Dies gilt ungeachtet der Tatsache, dass nur juristischen Personen oder Personenhandelsgesellschaften eine Erlaubnis erteilt werden kann (§ 12 Nr. 1); dies wird auch als „materieller Institutsbegriff" bezeichnet (Ellenberger/Findeisen/Nobbe/Böger/Findeisen § 1 Rn. 531; Schäfer/Omlor/Mimberg/Mimberg § 1 Rn. 195). Für solche E-Geld-Institute gilt der Erlaubnisvorbehalt nach § 11.

Nicht erforderlich ist hierbei ein **gewerbsmäßiges Handeln** oder ein Umfang **196** der Tätigkeit, der einen kaufmännisch eingerichteten Gewerbetrieb erfordert. Es sollen jegliche E-Geld-Aktivitäten aufsichtsrechtlich erfasst werden, um Gefahren für die Volkswirtschaft im Zusammenhang mit der Generierung elektronischen Geldes abzuwenden und das Vertrauen des Publikums zu schützen (BT-Drs. 17/3023, 39, 44; Diekmann/Wieland ZBB 2011, 297 (301)); vgl. im Einzelnen auch die Kommentierung zu → § 11 Rn. 9.

197   Von der Ausnahmemöglichkeit für Kleinemittenten gemäß Art. 9 Abs. 1 Zweite
E-Geld-RL hat der deutsche Gesetzgeber keinen Gebrauch gemacht (hierzu
→ Rn. 2). Die einzigen Ausnahmevorschriften bestehen deshalb gemäß § 1 Abs. 2
S. 4, wonach bestimmte monetäre Werte nicht als E-Geld anzusehen sind. Die Aus-
nahmebestimmung des § 2 Abs. 5 KWG aF wurde mit Wirkung zum 29. 4. 2011
aufgehoben; eine Möglichkeit, dass die BaFin im Einvernehmen mit der BBank
von der Anwendbarkeit einzelner aufsichtsrechtlicher Bestimmungen auf E-Geld-
Institute absieht, gibt es seitdem nicht mehr.

198   Sämtliche E-Geld-Institute werden in das E-Geld-Instituts-Register (§ 44) eingetragen, das auf der Internetseite der BaFin geführt wird. Die Informationen zu
den zugelassenen E-Geld-Instituten finden sich zudem auch im öffentlichen EU-
CLID-Register der EBA. Die BaFin ist gem. Art. 3 Abs. 1 Zweite E-Geld-RL iVm
Art. 15 Abs. 2, Art. 14 PSD2 verpflichtet, die Daten des E-Geld-Instituts-Registers
an die EBA zu übermitteln. Interessanterweise hat der deutsche Gesetzgeber diese
Verpflichtung der BaFin – anders als die parallele Verpflichtung für Zahlungsinstitute in § 43 Abs. 3 – nicht in das ZAG aufgenommen.

199   E-Geld-Institute sind auch Zahlungsdienstleister gem. § 1 Abs. 1 S. 1 Nr. 2 und
bedürfen deshalb nicht der zusätzlichen Erlaubnis gem. § 10 für die Erbringung
von Zahlungsdiensten (so nun deutlich § 10 Abs. 1 S. 1). E-Geld-Institute werden
ebenso wie Zahlungsinstitute gemeinsam als Institute iSd § 1 Abs. 3 definiert. Dies
bedeutet, dass die große Mehrheit der Vorschriften des ZAG auf beide Arten von
Instituten gleichermaßen anwendbar ist (vgl. auch RegBegr Zweites E-Geld-
RLUG, BT-Drs. 17/3023, 38).

200   **c) CRR-Kreditinstitute und KfW (Nr. 2).** Ein **CRR-Kreditinstitut** iSd § 1
Abs. 3d S. 1 KWG ist ein Kreditinstitut iSd Art. 4 Abs. 1 Nr. 1 CRR, mithin ein
Unternehmen, dessen Tätigkeit darin besteht, Einlagen oder andere rückzahlbare
Gelder des Publikums entgegenzunehmen und Kredite für eigene Rechnung zu
gewähren. Ein CRR-Kreditinstitut ist also ein Unternehmen, das sowohl das Ein-
lagen- als auch das Kreditgeschäft betreibt und hierfür die entsprechende Erlaubnis
hat; eines von beiden reicht hierzu nicht aus (zu § 1 Abs. 1 Nr. 1: RegBegr ZDUG,
BT-Drs. 16/11613, 31; Schäfer/Lang BKR 2009, 11 (13)). Dies entspricht dem
Verweis in § 1a Abs. 1 Nr. 1 ZAG aF auf den Begriff der Einlagenkreditinstitute iSv
§ 1 Abs. 3d S. 1 KWG aF. Die „Ausgabe von E-Geld" findet sich auch in Anhang I
von CRD IV in der Liste der Tätigkeiten, für die die gegenseitige Anerkennung
gilt. Die Möglichkeit der Befreiung eines Kreditinstituts, das nur das E-Geld-Geschäft betreibt, von einem großen Teil der Aufsichtsvorschriften des KWG, besteht
seit Inkrafttreten des Zweiten E-Geld-RLUG nicht mehr (s. § 2 Abs. 5 KWG aF).
Für CRR-Kreditinstitute, die E-Geld emittieren, gelten die für alle E-Geld-Emittenten anwendbaren Vorschriften des ZAG → Rn. 192. Zur Einlagensicherung vgl.
→ § 17 Rn. 36a ff.

201   Dies (→ Rn. 186) bedeutet, dass nicht alle Kreditinstitute iSv § 1 Abs. 1 KWG als
E-Geld-Emittenten erfasst sind; Kreditinstitute, die lediglich eine Zulassung für
Teile des Katalogs des KWG über Bankgeschäfte (Teilbanken bzw. Spezialkreditinstitute) haben, zB nach § 1 Abs. 1 S. 2 Nr. 4 oder Nr. 10 KWG (zB CRR-Wert-
papierfirmen iSd § 1 Abs. 3d S. 2 KWG), fallen nicht hierunter. **Spezialkreditinstitute** mit einer nach § 32 Abs. 1 S. 1 KWG auf einzelne Bankgeschäfte iSv § 1
Abs. 1 S. 2 KWG beschränkten Erlaubnis bedürfen deshalb zusätzlich einer Erlaubnis nach § 11 Abs. 1 S. 1, um das E-Geld-Geschäft betreiben zu dürfen. Zwar gilt für
diese das ZAG gemäß § 2 Abs. 7 nur eingeschränkt (→ § 2 Rn. 178); die speziellen

Regelungen für E-Geld-Institute hat der Gesetzgeber dort aber nicht für unanwendbar erklärt.

Erforderlich ist in jedem Fall, dass die genannten CRR-Kreditinstitute **im In-** **202** **land zum Geschäftsbetrieb berechtigt** sind. Dies ist der Fall bei CRR-Kreditinstituten isv § 1 Abs. 3d S. 1 KWG, die eine Erlaubnis nach § 32 Abs. 1 S. 1 KWG innehaben. Dasselbe gilt für CRR-Kreditinstitute aus anderen Mitgliedstaaten des EWR, die nach den Regeln über den Europäischen Pass zum Geschäftsbetrieb im Inland zugelassen sind (§ 53b Abs. 1 KWG).

Erwägungsgrund Nr. 25 Satz 4 der Zweiten E-Geld-RL weist klarstellend dar- **203** auf hin, dass im Interesse der Erhaltung gleicher Wettbewerbsbedingungen Kreditinstitute alternativ die Möglichkeit haben sollten, das E-Geld-Geschäft über **Tochterunternehmen** nach den aufsichtsrechtlichen Bestimmungen der Zweiten E-Geld-RL statt der Banken-RL (jetzt: CRD IV) auszuüben. Solche Tochterunternehmen bedürften jedoch einer eigenen Erlaubnis nach § 11 Abs. 1 S. 1.

Art. 1 Abs. 1 lit. a der Zweiten E-Geld-RL bestimmt als anzuerkennende **204** E-Geld-Emittenten ebenfalls die innerhalb der Gemeinschaft lokalisierten Niederlassungen eines **Kreditinstituts, das seinen Sitz außerhalb der Gemeinschaft** hat, dies jedoch nur im Einklang mit einzelstaatlichem Recht. Die entsprechende Ausführungsbestimmung des deutschen Gesetzgebers findet sich in § 42.

§ 1 Abs. 2 S. 1 Nr. 2 Hs. 2 wurde durch Gesetz v. 9.12.2020 (BGBl. I 2773) ge- **205** ändert, indem nun auf Art. 2 Abs. 5 Nr. 5 CRD IV verwiesen wird. Neben der KfW werden damit weitere regionale Förderbanken in Deutschland zu E-Geld-Emittenten, die keiner gesonderten Erlaubnis nach § 11 Abs. 1 S. 1 bedürfen. Der Gesetzgeber hat damit von der (nunmehr dynamisch auf die CRD IV verweisenden) Ermächtigung in Art. 1 Abs. 3 und Art. 2 Nr. 3 Zweite E-Geld-RL Gebrauch gemacht. Die KfW und die Förderbanken werden danach wie CRR-Kreditinstitute behandelt (BT-Drs. 17/3023, 39); § 1 Abs. 12 ZAG aF, wonach die Zahlungsdienste der KfW von der Aufsicht über Zahlungsdienste ausgenommen waren, ist nach dem ZDUG II ersatzlos entfallen. Die KfW untersteht nach § 12 KredAnst-WiAG der Aufsicht des Bundesministeriums der Finanzen. Von der KfW und von in den Verweis einbezogenen Förderbanken sind jedoch die für alle E-Geld-Emittenten anwendbaren Vorschriften zu beachten, wenn sie E-Geld emittieren → Rn. 192.

d) Zentralbanken (Nr. 3). § 1 Abs. 2 S. 1 Nr. 3 nimmt die EZB, die BBank **206** und andere Zentralbanken in der Europäischen Union und anderen Vertragsstaaten des EWR von der Erlaubnispflicht aus, wenn sie nicht in ihrer Eigenschaft als Währungsbehörde oder andere Behörde handeln. Insoweit setzt das ZAG wörtlich Art. 1 Abs. 1 lit. d Zweite E-Geld-RL um. Nur in diesem Fall ist es gerechtfertigt, die aufsichtsrechtlichen Vorschriften des ZAG über E-Geld-Emittenten auf sie anzuwenden. Sollten sie nämlich als Währungsbehörde oder andere Behörde handeln und E-Geld ausgeben, bedürfte es hierfür aufgrund des Gesetzesvorbehalts einer gesetzlichen Ermächtigung und es wäre dem jeweils zuständigen Gesetzgeber überlassen, für eine weitergehende Regulierung und ggf. Beaufsichtigung einer solchen Tätigkeit Sorge zu tragen.

e) Bestimmte staatliche Institutionen (Nr. 4). In Nr. 4 sind bestimmte staat- **207** liche Institutionen als E-Geld-Emittenten benannt und damit von der Erlaubnispflicht ausgenommen. In Ausführung von Art. 1 Abs. 1 lit. e Zweite E-Geld-RL sind dies **Bund, Länder, Gemeinden** und **Gemeindeverbände.** Die Ausnahme bezieht sich jeweils auf die Rechtsperson, sodass die jeweils eigene Verwaltung, dh

für den Bund die bundeseigene Verwaltung isd Art. 87 Abs. 1 GG, die selbst keine
eigene Rechtspersönlichkeit hat (DHS/Ibler, 97. EL, GG Art. 87 Rn. 49), einbezogen ist. Entsprechendes gilt auch für Länder, Gemeinden und Gemeindeverbände.

208   § 1 Abs. 2 S. 1 Nr. 4 bezieht zudem die **Träger bundes- oder landesmittelbarer Verwaltung** ein. Zur bundesmittelbaren Verwaltung gehören zum einen die
bundesunmittelbaren juristischen Personen des öffentlichen Rechts, wie zB die Sozialversicherungsträger, deren Zuständigkeitsbereich sich über das Gebiet eines Landes hinaus erstreckt (Art. 87 Abs. 2 GG), wie zB die Bundesagentur für Arbeit, die
Deutsche Rentenversicherung Bund sowie die Berufsgenossenschaften (DHS/Ibler,
97. EL, GG Art. 87 Rn. 159). Ebenfalls hierzu zählen bundesunmittelbare Anstalten
des öffentlichen Rechts, wie die Rundfunkanstalten des Bundes, namentlich die
„Deutsche Welle" (Partsch/Partsch BArchG § 1 Rn. 43, 47). Zur bundesmittelbaren
Verwaltung gehört auch die nach Art. 88 GG errichtete BBank, die aber für Zwecke
des ZAG nicht in § 1 Abs. 2 S. 1 Nr. 4, sondern in § 1 Abs. 2 S. 1 Nr. 3 erfasst wird.
Zur bundesmittelbaren Verwaltung zählen zudem bestimmte Beliehene sowie privatrechtlich organisierte juristische Personen, die Bundesverwaltung durchführen
(DHS/Ibler, 97 EL, GG Art. 87 Rn. 261 iVm Rn. 256). Die wichtigsten Träger landesmittelbarer Verwaltung sind die Kommunen, die aber bereits selbständig in Nr. 4
genannt sind. Daneben gehören zur landesmittelbaren Verwaltung eine große Anzahl von Körperschaften, Anstalten und Stiftungen des öffentlichen Rechts sowie
ebenfalls Beliehene und auch privatrechtlich organisierte juristische Personen (HSV
GVwR I/Jestaedt § 14 Rn. 32). Hiervon umfasst sind auch die Kammern auf Lan-
desebene (Ärztekammern, Rechtsanwaltskammern, Industrie- und Handelskammern, Handwerkskammern, Landwirtschaftskammern etc) (Detterbeck AllgVerwR
Rn. 223ff.; vgl. auch DHS/Ibler, 97. EL, GG Art. 87 Rn. 267). Des Weiteren gehören hierzu die Versicherungsträger des Landes, die öffentlich-rechtlichen Bank- und
Kreditinstitute (zB die Landesbanken und Girozentralen) – soweit diese nicht bereits
in § 1 Abs. 2 S. 1 Nr. 2 für Zwecke des ZAG erfasst sind. Träger landesmittelbarer
Verwaltung sind auch die Hochschulen (Detterbeck AllgVerwR Rn. 223). Zuletzt
sind Träger landesmittelbarer Verwaltung auch Beliehene (zB Notare, der TÜV, öffentlich bestellte Vermessungsingenieure etc) sowie bestimmte privatrechtlich organisierte juristische Personen (vgl. Maurer/Waldhoff AllgVerwR/Maurer/Waldhoff
§ 23 Rn. 58). Der deutsche Gesetzgeber eröffnet damit einer großen Vielzahl von
natürlichen und juristischen Personen des öffentlichen und privaten Rechts die
Erlaubnis zur Ausgabe von E-Geld ohne ein besonderes staatliches Genehmigungsverfahren.

209   Hierin dürfte ein Verstoß gegen Art. 1 Abs. 1 lit. e Zweite E-Geld-RL liegen,
wonach als E-Geld-Emittenten nur anzuerkennen sind: „die Mitgliedstaaten oder
ihre regionalen bzw. lokalen Gebietskörperschaften" (dasselbe Problem stellt sich
für § 1 Abs. 1 S. 1 Nr. 5 im Hinblick auf Art. 1 Abs. 1 lit. f ZDRL). Nach den Begriffsbestimmungen des deutschen Verwaltungsrechts sind „Gebietskörperschaften"
Bund, Länder, Gemeinden und Gemeindeverbände, dh solche Körperschaften des
öffentlichen Rechts, bei denen sich die Mitgliedschaft aus dem Wohnsitz (natürliche Personen) oder Sitz (juristische Personen) im Gebiet der Körperschaft ergibt
und die mit Gebietshoheit ausgestattet sind (vgl. BVerfGE 52, 95 – Schleswig-Holsteinische Ämter; vgl. auch Art. 78 Abs. 1 Nordrhein-Westfälische Verfassung;
Art. 9ff. Bayerische Verfassung). Nach dem Verständnis des deutschen Staats- und
Verwaltungsrechts erfasst der Begriff der „Gebietskörperschaft" außer den Gemeinden und Gemeindeverbänden, nicht sämtliche Träger bundes- oder landesmittel-

barer Verwaltung (vgl. BVerfGE 52, 95 – Schleswig-Holsteinische Ämter). Dass der Begriff „Gebietskörperschaften" für Zwecke der Zweiten E-Geld-RL autonom anders auszulegen (zur Auslegung des ZAG vor dem Gebot der Vollharmonisierung vgl. → Einl. Rn. 45 ff.) und damit möglicherweise auf einige oder alle der vorgenannten Träger bundes- oder landesmittelbarer Verwaltung auszudehnen wäre, ist nicht ersichtlich.

Die genannten staatlichen Institutionen sind als E-Geld-Emittenten nur anzuer- **210** kennen, soweit sie außerhalb ihres hoheitlichen Handelns das E-Geld-Geschäft betreiben. Dabei dürfte der autonom auszulegende Begriff **„Behörde"** aus Art. 1 Abs. 1 lit. e Zweite E-Geld-RL oder der Begriff **„hoheitlich"** in § 1 Abs. 2 S. 1 Nr. 4 ebenso zu verstehen sein wie in § 1 Abs. 4 VwVfG (Bund), wonach gilt: „Behörde […] ist jede Stelle, die Aufgaben der öffentlichen Verwaltung wahrnimmt."

Ansonsten widerspricht die neue Formulierung des ZDUG II dem Art. 1 Abs. 1 **211** lit. e Zweite E-Geld-RL, wo es heißt „wenn sie in ihrer Eigenschaft als Behörden handeln". In § 1a Abs. 1 Nr. 2 ZAG aF war dies noch wörtlich so umgesetzt mit „soweit sie als Behörde handeln". Die Fassung des ZDUG II dürfte dennoch richtig sein; der letzte Halbsatz in Art. 1 Abs. 1 lit. e Zweite E-Geld-RL dürfte ein Redaktionsversehen darstellen. Die neue Regelung stimmt in diesem Teil sowohl mit § 1 Abs. 1 S. 1 Nr. 4 und Nr. 5 als auch – entsprechend für Zentralbanken – mit § 1 Abs. 2 S. 1 Nr. 3 überein. Auch in der ansonsten gleichlautenden Vorschrift des § 1 Abs. 1 S. 1 Nr. 5 sind dieselben staatlichen Institutionen nur als Zahlungsdienstleister erfasst und von der Erlaubnispflicht ausgenommen, **soweit sie nicht hoheitlich handeln;** in Art. 1 Abs. 1 lit. f PSD2 heißt es, „wenn sie nicht in ihrer Eigenschaft als Behörde handeln". Ausweislich der Gesetzesbegründung hatte der deutsche Gesetzgeber den Widerspruch übersehen; die deutsche RegBegr zu § 1a Abs. 1 Nr. 2 kommentiert: „E-Geld-Emittenten sind […] staatliche Institutionen außerhalb ihres hoheitlichen Handelns […]" (BT-Drs. 17/3023, 39; s. auch Fett/Bentele WM 2011, 1352 (1357)) – ohne auf den genau gegenteilig lautenden Wortlaut einzugehen (ebenso Ellenberger/Findeisen/Nobbe/Findeisen, 2. Aufl. 2013, § 1a Rn. 25).

Tragender Grund der Unterscheidung nach hoheitlichem und nicht hoheit- **212** lichem Handeln in § 1 Abs. 2 S. 1 Nr. 4 sowie des Art. 1 Abs. 1 lit. e Zweite E-Geld-RL dürfte der Gesetzesvorbehalt sein; danach dürften die genannten staatlichen Institutionen E-Geld als Teil ihres hoheitlichen Handelns nur emittieren, wenn hierfür eine ausreichende gesetzliche Grundlage vorläge. Soweit sie nicht hoheitlich handeln, unterliegen sie der eingeschränkten Aufsicht für alle E-Geld-Emittenten. Zwar findet der Erlaubnisvorbehalt des § 11 Abs. 1 S. 1 keine Anwendung (Schäfer/Omlor/Mimberg/Mimberg Rn. 204); die **für alle E-Geld-Emittenten anwendbaren Vorschriften** sind jedoch zu beachten, wenn diese staatlichen Institutionen E-Geld emittieren → Rn. 192.

Ob ein insoweit privilegierter Rechtsträger einer Zulassung nach dem KWG **213** bspw. wegen des Betreibens von Einlagengeschäften nach § 1 Abs. 1 S. 2 Nr. 1 KWG, bedarf, ist gesondert nach dem KWG zu entscheiden; die Ausnahmen hiervon richten sich insbes. nach § 2 KWG.

3. E-Geld-Geschäft und E-Geld (Satz 2 und Satz 3)

a) Allgemeines. § 1 Abs. 2 S. 2 ersetzt das frühere Bankgeschäft des § 1 Abs. 1 **214** S. 2 Nr. 11 KWG aF. Das Tatbestandsmerkmal des § 1 Abs. 1 S. 2 Nr. 11 KWG aF der **„Verwaltung"** von E-Geld ist entfallen (BT-Drs. 17/3023, 39). § 1 Abs. 2 S. 3

ZAG ersetzt die Definition des § 1 Abs. 14 KWG aF und ist mit diesem nahezu identisch. Durch § 1 Abs. 2 S. 2 wird das vom Verbot mit Erlaubnisvorbehalt erfasste und nach dem ZAG beaufsichtigte Geschäft definiert. Für CRR-Kreditinstitute iSv § 1 Abs. 2 S. 1 Nr. 2 kennzeichnet der Begriff den Umfang der Tätigkeit, die von der Erlaubnis nach § 32 Abs. 1 KWG bzw. nach § 53b Abs. 1 KWG umfasst ist. Die Zweite E-Geld-RL verwendet den zusammenfassenden Begriff des E-Geld-Geschäfts nicht; ebenso Anhang I CRD IV. Sie spricht an allen Stellen immer ausführlich von „Ausgabe von E-Geld" (vgl. Art. 1 Abs. 1, Art. 2 Nr. 1 Zweite E-Geld-RL).

215   § 1 Abs. 2 S. 3, die Definition von E-Geld, ist im Wortlaut identisch mit Art. 2 Nr. 2 Zweite E-Geld-RL. Es gibt keine Unterscheidung mehr zwischen Netz-Geld und Geldkarten, wie sie im KWG bis 2002 (bis zum 4. FinFöG) bestand. Es ist gleichgültig, ob die Werteinheit auf einer Geldkarte, auf dem PC des Inhabers (früher Netz-Geld, dazu → Rn. 257) oder sonst wie gespeichert ist; das in der deutschen Gesetzesbegründung geprägte Begriffspaar heißt „**kontogebunden/kontoungebunden**" (BT-Drs. 17/3023, 40); dazu → Rn. 229 ff.

216   **b) Rechtsnatur von E-Geld.** Das Aufsichtsrecht kann die zivilrechtlichen Strukturen beim E-Geld-Begriff, beim Begriff der „Ausgabe" (→ Rn. 260 ff.) und bei dem Begriff des „Vertriebs" (→ Rn. 349) nicht gänzlich außer Acht lassen. Immerhin entscheidet der Begriff der Ausgabe über die Qualifizierung eines Unternehmens als E-Geld-Emittent (so zu recht Ellenberger/Findeisen/Nobbe/Böger/Findeisen § 1 Rn. 535). Die zivilrechtliche Einordnung von E-Geld ist sehr umstritten. E-Geld wird teilweise als ein dem Inhaberschuldverschreibungen vergleichbares Instrument eingestuft (Escher WM 1997, 1173 (1180 f.); dagegen bereits Pfeiffer NJW 1997, 1036 (1037)). Eine andere Ansicht vertritt die Einordnung von E-Geld als Anweisung iSd §§ 783 ff. BGB (Neumann, Die Rechtsnatur des Netzgeldes, 2000, S. 128 ff.: Anweisung im weiteren Sinne). Die wohl hM ist der Auffassung, dass E-Geld zivilrechtlich lediglich als Geschäftsbesorgungsverhältnis iSv §§ 675, 663 ff. BGB mit der Besonderheit der garantierten Ausführung der Weisung iSv § 666 BGB zu qualifizieren ist (Kümpel WM 1997, 1037 (1038); Pfeiffer NJW 1997, 1036 (1037); Pichler, Zahlungsverkehr im Internet, S. 20 ff.; Hoeren InternetR Rn. 726; Langenbucher, Die Risikozuordnung im bargeldlosen Zahlungsverkehr, S. 308 ff., 312: mit „abstrakt-genereller Gesamtweisung"; BeckOGK/Köndgen BGB § 675c Rn. 118) oder mit der zusätzlichen Besonderheit, dass die Weisung von jedermann erteilt werden kann (Werner BuB Rn. 6/1761). Eine andere Ansicht meint (Omlor ZIP 2017, 1836 (1837)), bei E-Geld handele es sich um elektronisch gespeichertes Buchgeld. Der Gesetzgeber selbst und der Richtlinien-geber scheinen dagegen einem eher sachenrechtlichen Ansatz zuzuneigen, wonach E-Geld dem Bargeld vergleichbar ist (Erwägungsgrund Nr. 13 der Zweiten E-Geld-RL: „E-Geld als elektronischer Ersatz für Münzen"; Kißling, Zahlung mit elektronischen Werteinheiten, 2003, S. 191 ff.; Kokemoor BKR 2003, 859 (863); dagegen Kümpel WM 1998, 365 (371 f.)).

217   Seit dem 10. 6. 2021 (BGBl. I 1423) kommt auch die Einordnung von E-Geld als elektronisches Wertpapier iSd § 2 eWpG in Betracht. Allerdings scheitert dies schon an dem formellen Erfordernis der Eintragung in ein elektronisches Wertpapierregister (§§ 2 Abs. 1, 24 ff. eWpG).

218   Zwar lassen sich den bestehenden aufsichtsrechtlichen und zivilrechtlichen Vorschriften, sowie den Vorschriften infolge der Zweiten E-Geld-RL, keine konkreten Hinweise entnehmen, die für die eine oder andere Auffassung sprächen. Entschei-

dend ist, dass E-Geld als umlauffähiges System mit einem ähnlichen Gutglaubens-
schutz ausgestattet sein muss wie Bargeld (Kokemoor BKR 2003, 859 (863)). Deshalb spricht auf den ersten Blick viel für eine sachenrechtliche Auffassung, der auch
der Richtliniengeber zuneigt (s. auch schon Erwägungsgrund Nr. 3 sowie Art. 1
Abs. 3 lit. a Erste E-Geld-RL).

Die Erfassung der elektronischen Werteinheiten als Sache isd § 90 BGB bereitet **219**
allerdings Schwierigkeiten. Die Sacheigenschaft von elektronischen Daten und
Computerprogrammen ist sehr umstritten und nach hA (Grüneberg/Ellenberger
§ 90 Rn. 2; MüKoBGB/Stresemann § 90 Rn. 25; anders OLG Stuttgart NJW
1989, 2635; Erman/Schmidt BGB § 90 Rn. 3; Marly BB 1991, 435) dann zu verneinen, wenn sie nicht auf einem Datenträger verkörpert sind; wenn verkörpert,
dann ist der Datenträger eine Sache (BGH NJW 1988, 406; Grüneberg/Ellenber-
ger § 90 Rn. 2; MüKoBGB/Stresemann § 90 Rn. 25 mwN). Im Übrigen ist die
sachenrechtliche Auffassung nur schwer in der Lage, die Rechtsbeziehungen des
Emittenten zum Inhaber zu erklären oder das sog. kontogebundene E-Geld (zB
Prepaid-Karten, dazu → Rn. 233, 258) zu erfassen. Die dem sachenrechtlichen Ansatz nahestehende Überlegung, die elektronischen Werteinheiten als Inhaberschuldverschreibung zu erklären, ist schon aufgrund des Urkundenbegriffs des
§ 793 BGB, der die Schriftform (mindestens Faksimile-Unterschrift; Erman/Wil-
helmi BGB § 793 Rn. 5) verlangt, problematisch. Ähnliches gilt aufgrund der Re-
gisterpflicht für die Erfassung als elektronische Wertpapiere (→ Rn. 217). Auch die
nicht für den Umlauf, sondern nur für Einmalgeschäfte (zB „Gutscheine" mit
Drittakzeptanz) bestimmten elektronischen Werteinheiten lassen sich so nicht erklären (Langenbucher, Die Risikozuordnung im bargeldlosen Zahlungsverkehr,
S. 307 f.). Für eine analoge Anwendung der Vorschriften über die (papierhafte) Inhaberschuldverschreibung fehlt es an der Ähnlichkeit zwischen einem Schriftstück
und der elektronischen Datei (Kümpel WM 1998, 365 (373); Langenbucher, Die
Risikozuordnung im bargeldlosen Zahlungsverkehr, S. 308).

Das Modell der zivilrechtlichen Geschäftsbesorgung erklärt am besten die **220**
Rechtsbeziehungen des E-Geldes. Zu einem ähnlichen Ergebnis gelangt auch
die Ansicht vom elektronisch gespeicherten Buchgeld (Omlor ZIP 2017, 1836
(1837)); denn letzteres lässt sich zivilrechtlich als abstrakter Zahlungsanspruch gegen einen Zahlungsdienstleister definieren (statt aller MüKo BGB/Grundmann
§ 245 Rn. 8) auf Basis eines Geschäftsbesorgungsvertrages, der dem Inhaber der
Buchgeldforderung die Weisung zur Weiterleitung des Buchgeldes gestattet. Dabei
stellt sich aber die Frage, ob die elektronischen Werteinheiten jeweils eine Einzel-
weisung „verkörpern" (so die wohl hM Kümpel WM 1998, 365 (368); Pfeifer
NJW 1997, 1036 (1037); Pichler, Zahlungsverkehr im Internet, S. 20 ff.), namentlich eine Weisung des Zahlenden an den Emittenten, die von dem Zahlungsempfänger als Boten überbracht wird. Richtiger erscheint die Auffassung von Langenbucher (Die Risikozuordnung im bargeldlosen Zahlungsverkehr, S. 309 ff.),
wonach bereits bei der „Ausgabe" der elektronischen Werteinheiten zwischen dem
Emittenten und dem ersten Inhaber vereinbart wird, dass der **Emittent immer an
den jeweiligen Inhaber der elektronischen Werteinheit, der diese zur Einlösung vorlegt,** zahlt. Langenbucher (Die Risikozuordnung im bargeldlosen Zahlungsverkehr, S. 309 Fn. 1392) weist selbst auf die Ähnlichkeit mit der Weisung des
Wechselausstellers an den Akzeptanten des Wechsels hin. Das Prinzip der Einzel-
weisung wirkt konstruiert, wenn man sich auf Geldkarten gespeicherte elektronische Einheiten vorstellt, die das ausgebende Institut anonym über die Börsenver-
rechnungsstelle (→ Rn. 256) zur Einlösung einreicht, oder beim Netzgeld, bei dem

mit blinder digitaler Signatur versehene Cybercoins ggf. nach unzähligen Übertragungen im Internet dem Emittenten zum Rücktausch vorgelegt werden (ähnlich Langenbucher, Die Risikozuordnung im bargeldlosen Zahlungsverkehr, S. 310; Escher WM 1997, 1173 (1179)). Der Abschluss des Geschäftsbesorgungsvertrages mit abstrakt-genereller Weisung ist der Begebung eines Wertpapiers nachgebildet (Langenbucher, Die Risikozuordnung im bargeldlosen Zahlungsverkehr, S. 311) und hat deshalb den Vorzug, die zivilrechtliche Struktur des E-Geldes problemlos erfassen zu können, unabhängig davon, ob es zum Umlauf bestimmt ist oder nicht.

221   Zwar kann die zivilrechtliche Einordnung die aufsichtsrechtliche Erfassung von E-Geld nicht beschränken (Kokemoor BKR 2003, 859 (863), zur KWG-Vorgängervorschrift des jetzigen § 33 Abs. 1 S. 2 und 3), jedoch ist für die Erklärung der verschiedenen Begriffe des Sondergewerberechts zum E-Geld-Geschäft die zivilrechtliche Struktur an verschiedenen Stellen erheblich (zB → Rn. 260 ff. zum Begriff „Ausgabe").

222   **c) E-Geld-Definition. aa) Allgemeines.** Satz 3 beinhaltet die Definition des E-Geldes.

223   **aaa) Begriff oder Typos.** Die BaFin (Merkblatt ZAG 14. 2. 2023, Abschnitt D) sieht in dem E-Geld-Begriff des § 1 Abs. 2 S. 3 einen rechtstechnischen Begriff, der **typologisch** lediglich bestimmte Teile des wirtschaftlichen Phänomens des elektronischen Geldes abbildet (ähnlich Ellenberger/Bunte BankR-HdB/Allgayer § 11 Rn. 800). Erwägungsgrund Nr. 7 der Zweiten E-Geld-RL besagt: „Der Begriff ‚E-Geld' sollte eindeutig definiert werden [...]". Folgt man der Ansicht der BaFin, so hieße dies, dass § 1 Abs. 2 S. 3 als Typos die Merkmale des E-Geldes nicht abschließend festlegt (vgl. Larenz, Methodenlehre, 6. Auflage 1991, S. 303). Die das E-Geld kennzeichnenden „Züge" wären dann wenigstens zum Teil solche, die in unterschiedlichen Stärkegraden auftreten und sich bis zu einem gewissen Grade wechselseitig vertreten können (Larenz, Methodenlehre, 6. Auflage 1991, S. 303). Nach den Erwägungsgründen Nr. 7 und 8 der Zweiten E-Geld-RL soll zwar einerseits die Definition „technisch neutral" sein und andererseits auch weit genug, um technologische Innovationen nicht zu behindern und nicht nur alle schon heute im Markt verfügbaren E-Geld-Produkte, sondern auch solche Produkte zu erfassen, die in Zukunft noch entwickelt werden könnten. Bei aller Weite der Definition geht jedoch der Richtliniengeber nach den Erwägungsgründen Nr. 7 und 8 der Zweiten E-Geld-RL davon aus, dass immer alle Merkmale des § 1 Abs. 2 S. 3 (Art. 2 Nr. 2 Zweite E-Geld-RL) vollständig vorliegen müssen, um E-Geld annehmen zu können; E-Geld iSd Abs. 3 ist deshalb Begriff und nicht Typos iSd rechtswissenschaftlichen Methodenlehre.

224   **bbb) Rechtspolitische Kritik.** Der E-Geld-Begriff des § 1 Abs. 2 S. 3 soll einerseits den aufsichtswürdigen Sachverhalt erfassen und andererseits die dritte Art des Geldes, nämlich neben dem Bargeld und dem Buchgeld, das E-Geld definieren. Die **rechtspolitisch** unerwünschte Folge ist, dass Satz 3 den aufsichtswürdigen Sachverhalt teilweise nur unvollständig erfasst und teilweise zu weit geht. So fallen bestimmte Werteinheiten durch die enge Definition, insbes. wegen des Kopplungsgebots („Ausgabe gegen Zahlung"), aus der aufsichtsrechtlichen Erlaubnispflicht; die BaFin (BaFin-Merkblatt ZAG v. 14. 2. 2023, Abschn. D. I. 1 sub „Ausstellung gegen Zahlung eines Geldbetrages"; vgl. auch KG NJW 2018, 3734 Rn. 18 ff.) sowie der deutsche Gesetzgeber (BT-Drs. 17/3023, 40) stellen bspw. übereinstim-

mend fest, dass **Bitcoins** wirtschaftlich die gleiche Funktion wie E-Geld haben und unter Geldschöpfungsgesichtspunkten das eigentliche Potential privat generierter Zahlungsmittel stellen. Eine Ausdehnung des E-Geld-Tatbestandes auf dieses und ähnliche Phänomene verbietet sich jedoch wegen der Auslegungsgrenzen des Verbotstatbestands mit Erlaubnisvorbehalt (vgl. auch → Einl. Rn. 50; im Ergebnis auch KG NJW 2018, 3734 Rn. 18 ff.). Eine einschränkende Auslegung wäre dagegen angezeigt in den Fällen, in denen lediglich die **zu einem Konzern gehörigen Unternehmen** die geldwerten Einheiten als Zahlungsmittel akzeptieren (vgl. → Rn. 253). Da hierdurch die Sicherheit des Zahlungsverkehrs, insbes. das Vertrauen der Akzeptanzstellen auf die Zahlungseinheiten, nicht in aufsichtsrechtlich nennenswerter Weise gefährdet erscheint, sollte der E-Geld-Tatbestand an dieser Stelle eingeschränkt werden. Problematisch ist auch der Überschneidungsbereich der E-Geld-Regulierung mit der **MiCAR** (hierzu → Rn. 263).

bb) Jeder monetäre Wert. Der Begriff „monetärer Wert" ist in der deutschen **225** Gesetzgebung neu. Die Vorgängervorschrift des § 1 Abs. 14 KWG aF sprach von „Werteinheiten". Allerdings fand sich der Begriff des „monetären Wertes" bereits in Art. 1 Abs. 3 lit. a der Ersten E-Geld-RL sowie auch in Art. 2 Nr. 2 Zweite E-Geld-RL. Erwägungsgrund Nr. 7 der Zweiten E-Geld-RL spricht von „geldwerte[n] Einheiten". Entscheidend ist, dass es sich um die dritte Form des Geldes, neben Bargeld und Buchgeld, handelt (Behrendt EuZW 2002, 364 (365)), wobei es von den ersteren zu unterscheiden ist. Geld wird dabei durch seine Funktionen als Tausch- und Zahlungsmittel, Wertaufbewahrungsmittel und als Recheneinheit definiert (Hahn/Häde WährungsR § 1 Rn. 34), wobei im rechtlichen Sinn und deshalb auch im Rahmen des § 1 Abs. 2 S. 3 entscheidend ist, dass es als **Tausch- bzw. Zahlungsmittel** fungiert (VG Frankfurt a. M. BeckRS 2021, 41165 Rn. 22; Hahn/Häde WährungsR § 3 Rn. 10; Omlor ZHR 2019, 294 (306); Omlor WM 2020, 951 (953 f.)). Die Funktion als **Recheneinheit** ist beim E-Geld durch § 33 Abs. 1 S. 1 gewährleistet, weil der E-Geld-Emittent E-Geld stets zum Nennwert des entgegengenommenen Geldbetrags auszugeben hat. Die **allgemeine oder universelle Akzeptanz** (dies scheint Hahn/Häde WährungsR § 1 Rn. 34 f. und § 3 Rn. 10 für die Funktion als Zahlungsmittel zu fordern) kann dagegen im Rahmen des Begriffsmerkmals „monetärer Wert" des § 1 Abs. 2 S. 3 **nicht gefordert werden,** da die Akzeptanz in § 1 Abs. 2 S. 3 in einem gesonderten Merkmal geregelt ist (aA Omlor ZHR 2019, 294 (306); Omlor WM 2020, 951 (953 f.): „das Eingreifen geldrechtlicher Regeln setzt ein Mindestniveau an gesellschaftlich-volkswirtschaftlicher und damit letztlich auch rechtlicher Relevanz voraus"; mit der Forderung, dass eine „generelle Akzeptanz als Solutionsmittel für Geldschulden im Wirtschaftsverkehr" bestehen müsse, Omlor WM 2020, 951 (955)). Damit würde der Bogen wohl überspannt; der Gesetzgeber will gerade verhindern, dass eine private Währung unreguliert zu einem universellen Tauschmittel heranwächst (→ Rn. 183). Aus der Systematik des ZAG folgt, dass es auf die allgemeine Akzeptanz schon deshalb nicht ankommen kann, weil anderenfalls die Beschränktheit der Akzeptanz iSd Ausnahmebestimmung des Abs. 2 S. 4 iVm § 2 Abs. 1 Nr. 10 lit. a keinen Anwendungsbereich hätte (vgl. auch die Hinweise in Erwägungsgrund Nr. 5 (die letzten beiden Sätze) Zweite E-Geld-RL und Erwägungsgrund Nr. 13 PSD2); dasselbe gilt für das Postulat, ein monetärer Wert liege nicht vor, wenn nur „eine limitierte Gruppe von Gütern im Tausch erlangt werden kann" (Omlor WM 2020, 951 (955)); diese Frage ist auf der Ebene der Ausnahmebestimmung des Abs. 2 S. 4 iVm § 2 Abs. 1 Nr. 10 lit. b zu klären und nicht im Rahmen des Tatbestands des Abs. 2 S. 3; in der Praxis dürfen deshalb keine allzu hohen Anforderungen an den „monetären Wert" gestellt werden. Auch ist nicht erheblich, wenn wegen hoher Volatilität eine **Wertaufbewahrungsfunktion** (praktisch) nicht in Betracht kommt (VG Frankfurt a. M. BeckRS 2021, 41165 Rn. 23); Kryptowährungen müssen nicht zwingend „wertstabil" sein, um als E-Geld anerkannt zu werden (VG Frankfurt a. M. BeckRS 2021, 41165 Rn. 23), auch wenn dies aufgrund der Ausgabe gegen Geld und aufgrund des Rücktauschanspruchs in der Praxis dennoch der Fall sein wird.

226   Solche Recheneinheiten können „Coins" oder „Credits" genannt werden; sie können aber auch schlicht auf Euro lauten. Entscheidend ist auch nicht, ob der einzelne monetäre Wert (zB die mit einer digitalen und einer Seriennummer versehene Geldeinheit; vgl. Dannenberg/Ulrich E-Payment S. 139) selbst umlauffähig ist oder – aus Sicherheitsgründen – jeweils nur für einen einzelnen Zahlungsvorgang verwendet werden kann und sodann vom ausgebenden Institut durch eine neue Einheit ersetzt wird.

227   Allerdings kann nicht schon die Ausgabe eines Trägermediums (E-Geld-Träger iSd § 25i Abs. 2 KWG) zur Speicherung der einzelnen, für Zahlungsvorgänge bestimmten Einheit selbst als monetärer Wert angesehen werden (sehr weitgehend deshalb BaFin-Merkblatt v. 20.4.2012, Sorgfalts- und Organisationspflichten beim E-Geld-Geschäft, Abschn. II. 3., im Hinblick auf geldwäscherechtliche Pflichten).

228   **cc) Elektronisch, darunter auch magnetisch, gespeichert. aaa) Allgemeines.** Der Terminus E-Geld bezieht das „E" auf die Art der Speicherung der monetären Werte. Jedoch weist der Richtliniengeber in Erwägungsgrund Nr. 7 der Zweiten E-Geld-RL (und ihm folgend der deutsche Gesetzgeber, RegBegr Zweite E-Geld-RLUG, BT-Drs. 17/3023, 40) darauf hin, dass der Begriff E-Geld „technisch neutral" sei. Nach Erwägungsgrund Nr. 8 der Zweiten E-Geld-RL soll der Begriff sämtliche monetären Werte erfassen, unabhängig davon, ob sie auf einem im Besitz des E-Geld-Inhabers befindlichen Datenträger oder räumlich entfernt auf einem Server gespeichert sind oder vom E-Geld-Inhaber über ein bestimmtes Zahlungskonto für E-Geld verwaltet werden (ebenso RegBegr Zweite E-Geld-RLUG, BT-Drs. 17/3023, 40; Schwennicke/Auerbach/Schwennicke Rn. 113). Auch die Speicherung auf einer Vielzahl von Rechnern bei Nutzung von Distributed Ledger Technology reicht aus (Auffenberg BKR 2019, 341 (342f.); Schwennicke/Auerbach/Schwennicke Rn. 113). Die frühere Unterscheidung zwischen „karten- und serverbasiertem" E-Geld sowie die Unterscheidung zwischen „Kartengeld und Netzgeld" (Kokemoor BKR 2003, 859 (863); Hingst/Lösing Zahlungsdiensteaufsicht § 7 Rn. 9; vgl. auch BaFin, Merkblatt ZAG v. 14.2.2023, Abschn. D) wird damit aufgegeben. Der deutsche Gesetzgeber führt lediglich das Begriffspaar „kontogebunden und kontoungebunden" ein (RegBegr Zweites E-Geld-RLUG, BT-Drs. 17/3023, 40), was aber keine Auswirkung auf die Auslegung der Tatbestandsmerkmale des Begriffs hat.

229   **bbb) Elektronische Speicherung.** Erforderlich ist eine **elektronische Speicherung** der monetären Werte.

230   **(1) Art des elektronischen Speichers.** Dabei ist die **Art des elektronischen Speichers** gleichgültig. Es kann sich hierbei um den Rechner des E-Geld-Inhabers, den Server der ausgebenden Stelle oder um eine mit einem Mikro-Prozessor versehene Speicherkarte, wie zB die Geldkarte, handeln. Es kommen die Festspeicher (ggf. mit Secure Elements ausgestattet) oder die SIM-Karten von Mobiltelefonen ebenso in Betracht wie die von Smartphones oder von Tablet-Computern (vgl.

BaFin, Merkblatt ZAG v. 14.2.2023, Abschn. D.I.1 sub. „Elektronisch gespeichert".

Zu unterscheiden ist hier jeweils der Speicherort von der **Zugangsberechti-** 231 **gung;** während der Zugang über einen auf einem Stück Papier, Pappe oder Plastik eingeprägten QR-Code oder eine Zahlenfolge (zB auf sog. Vouchers), einen elektronisch auf dem Magnetstreifen oder dem Mikro-Prozessor einer Plastikkarte gespeicherten Zahlencode oder durch PIN-Verfahren stattfinden kann (früher ähnlich Ellenberger/Findeisen/Nobbe/Findeisen, 2. Aufl. 2013, ZAG § 1a aF Rn. 40; anders wohl nun Ellenberger/Findeisen/Nobbe/Böger/Findeisen Rn. 540), mag die Speicherung der Guthaben über einen zentralen Server erfolgen (vgl. auch Reg-Begr Zweites E-Geld-RLUG, BT-Drs. 17/3023, 40). Nach dem Wortlaut der Definition erfüllt zudem die Speicherung auf dem **Magnetstreifen** einer Plastikkarte den Tatbestand. Grundsätzlich wäre danach auch die zentrale Speicherung auf Magnetbändern, wie sie früher im Giroverkehr zum Einsatz kam, zulässig. EC-, Bankkunden- oder Kreditkarten stellen aber selbst kein E-Geld dar; sie können entweder den Zugang zu zentral auf einem Server gespeichertem E-Geld ermöglichen oder mittels in die Karte integriertem Mikro-Prozessor oder auf einem Magnetstreifen geldwerte Einheiten speichern (Kokemoor BKR 2003, 859 (860); Schwennicke/Auerbach/Schwennicke Rn. 112).

(2) **Art und Weise der Speicherung.** Die **Art und Weise der Speicherung** 232 ist unerheblich. So kann die Speicherung, wie bei der Geldkarte üblich, „**konto-ungebunden**" auf einem Datenträger des E-Geld-Inhabers als Gesamtbetrag oder aber in einzelnen, digital signierten und durchnummerierten Einheiten (vgl. Dannenberg/Ulrich E-Payment S. 139) erfolgen. Dasselbe gilt bei der Speicherung auf einem Server der ausgebenden Stelle oder einer sonstigen zentralen Stelle; dort können sämtliche ausgegebene Einheiten insgesamt gespeichert werden, wenn nur in einer Kontoführung (**„kontogebunden"**) festgehalten wird, wem oder welcher Kontonummer (oder sonstigen Kennung) welche Beträge jeweils zustehen (BaFin, Merkblatt ZAG v. 14.2.2023, Abschn. B.I.1; Hingst/Lösing Zahlungsdiensteaufsicht § 7 Rn. 6). Dasselbe gilt für eine **dezentrale Speicherung** unter Nutzung von Distributed Ledger Technology (DLT), zB bei auf Blockchain basierenden Systemen (Auffenberg BKR 2019, 341 (342f.); Schwennicke/Auerbach/Schwennicke Rn. 113; Schäfer/Omlor/Mimberg/Mimberg Rn. 215). Der Name des E-Geld-Inhabers muss nicht gespeichert werden; es reicht vielmehr eine Nummer oder im Fall von DLT ein Pseudonym, unter der die verschiedenen E-Geld-Guthaben zugeordnet werden können (BaFin, Merkblatt ZAG v. 14.2.2023, Abschn. D.I.1 sub „Elektronisch gespeichert"; Schwennicke/Auerbach/Schwennicke Rn. 114).

(3) **Elektronische Übertragung.** Inwieweit die **Übertragung elektronisch,** 233 dh mittels Rechnerdialogs oder durch Abruf der Daten von einem Datenträger, erfolgen muss (dafür früher zu § 1 Abs. 14 KWG aF Kokemoor BKR 2003, 859 (865f.); LGW Zahlungsverkehr-HdB/Escher Rn. 206ff., 209f.; Hoenike/Szodruch MMR 2006, 524; BSK/Kokemoor, 151. Akt. 6/2011, § 1 Rn. 1140; Schwennicke/Auerbach/Schwennicke Rn. 115), ist streitig. Zwar soll im Fall einer Prepaid-Karte für die Zahlung auch die telefonische Übermittlung der Kartennummer ausreichen, solange die Karte selbst elektronisch eingelesen werden kann und das Guthaben direkt von Rechner zu Rechner oder durch Einlesen eines portablen Datenträgers übertragen werden (Schwennicke/Auerbach/Schwennicke Rn. 115). Das erscheint als eine folgerichtige Ableitung aus dem Erfordernis der elektronischen Speicherung. Denn kontogebundenes E-Geld (→ Rn. 232; zB im Fall eines voreingezahlten **Pay-**

Terlau

Pal-Kontos oder im Fall der **Prepaid-Produkte,** die oftmals auf Basis einer Mastercard- oder Visa-Lizenz herausgegeben werden) erfordert die elektronische Übertragung von Rechner zu Rechner oder innerhalb des Rechners des Emittenten; die E-Geld-Eigenschaft sollte nicht fraglich sein (Schwennicke/Auerbach/Schwennicke Rn. 115; aA Kokemoor BKR 2003, 859 (866): Kontozugangsprodukte). Kontoungebundenes E-Geld kann auf einem Datenträger (zB **Geldkarte**) gespeichert, transportiert und von dort übertragen werden. Kontoungebundenes E-Geld könnte auch in Form von Token (zB **E-Geld-Token** iSd Art. 3 Abs. 1 Nr. 4 **MiCAR**) bestehen, die unabhängig vom Speichermedium existieren, die aber dennoch elektronisch übertragen werden müssen.

234   Die Erfassung von Prepaid-Produkten als E-Geld könnte jedoch dann problematisch sein, wenn dem Inhaber des Produktes eine **„Kontoüberziehung"** möglich wäre. In dem Fall wäre das Tatbestandsmerkmal der Vorauszahlung (vgl. → Rn. 246 ff.) nicht mehr erfüllt. Auch die BaFin ging unter der Geltung des § 1 Abs. 14 KWG aF davon aus, dass der Inhaber durch Zugriff auf den Datenträger nur so lange Bezahlvorgänge vornehmen kann, bis seine Werteinheiten aufgebraucht sind (BaFin-Merkblatt v. 9.1.2009 (aufgehoben), Abschn. 1.d). In den allgemeinen Geschäftsbedingungen der Herausgeber von Prepaid-Produkten sind solche „Kontoüberziehungen" verboten und durch den laufenden Abgleich des auf der Karte selbst gespeicherten Guthabens mit dem bei der ausgebenden Stelle geführten „virtuellen Konto" kann eine „Überziehung" nicht stattfinden, mit Ausnahme der Fälle, in denen dem Inhaber, der sein Guthaben vollständig ausgenutzt hat, zusätzliche Gebühren in Rechnung gestellt werden können. Das Entstehen der Gebührenforderung der ausgebenden Stelle ist jedoch nicht Ausgabe von E-Geld iSv § 1 Abs. 2 S. 2; hierbei handelt es sich um eine sonstige, aus dem E-Geld-Verhältnis zwischen ausgebender Stelle und E-Geld-Inhaber erwachsene Forderung, deren freiwillige oder unfreiwillige Kreditierung nicht dem Vorauszahlungserfordernis des § 1 Abs. 2 S. 3 entgegensteht.

235   **(4) E-Geld-Konto als Zahlungskonto iSd § 1 Abs. 17.** Es spricht vieles dafür, dass die kontomäßige Verbuchung von kontogebundenem E-Geld als Zahlungskonto iSd § 1 Abs. 17 einzuordnen ist, nämlich als ein auf den Namen eines oder mehrerer Zahlungsdienstnutzer lautendes Konto, das für die Ausführung von Zahlungsvorgängen genutzt wird. Die BaFin (BaFin, Merkblatt ZAG v. 14.2.2023, Abschn. B.I.1) bezeichnet das E-Geld-Konto zwar bisweilen als „Schattenkonto"; dabei ist jetzt klar, dass sie diese Aussage vor allem auf kontoungebundenes E-Geld (wie zB bei der Geldkarte (vgl. Wand Bankrechtstag 1998, 101 f. (149); wN → Rn. 187) erstrecken will (BaFin, Markblatt ZAG v. 14.2.2023 Abschn. B.I.1). In der RegBegr Zweite E-Geld-RL-UmsetzG (BT-Drs. 17/3023, 40) heißt es: „[…] eine Frage des Einzelfalls […], ob tatsächlich ein Zahlungskonto für die Verbuchung von E-Geld geführt wird […]." Ähnlich der EuGH (NJW 2018, 3697 Rn. 31 f.): „[…] die Möglichkeit, von einem Konto Zahlungsvorgänge an Dritte bzw. von Dritten auszuführen und zu empfangen, [sei] ein konstitutives Merkmal des Begriffs ‚Zahlungskonto'".

236   Die EBA ordnet dagegen in den Materialien zu den PSD2-RTS ausdrücklich die Übertragung von E-Geld als Überweisung ein (EBA, EBA/RTS/2017/02, Chapter 2.2.1, Ziffer 13: „credit transfers include e-money transfers"). So ist anerkannt, dass die Ausnahme von der starken Kundenauthentifizierung gemäß Art. 18 ff. PSD2-RTS (Transaktionsrisikoanalyse) auch auf E-Geld-Transfers Anwendung findet; Art. 18 PSD2-RTS beschränkt den Anwendungsbereich aber auf „karten-

gebundene elektronische Fernzahlungsvorgänge" und „elektronische Überweisungen über einen Fernzugang". Der Tatbestand der Überweisung des § 1 Abs. 22 setzt das Vorliegen eines Zahlungskontos voraus.

Die Literatur ist uneinheitlich (Schwennicke/Auerbach/Schwennicke § 1 **237** Rn. 178: „Keine Zahlungskonten sind auch sog. Schattenkonten, […] sofern diese Konten nicht auf den Namen des Berechtigten geführt werden"; BeckOGK/Köndgen BGB § 675c Rn. 117: kein Zahlungskonto bei kontogebundenem E-Geld; anders Danwerth Finanztransfergeschäft S. 117 ff.: „materielle Anforderungen an ein Zahlungskonto liegen vor"; BeckOGK/Foerster BGB § 675c Rn. 281: Paypal unterhält „E-Geld-Zahlungskonten"; ebenso BeckOGK/Foerster BGB § 675i Rn. 26; Casper → Rn. 38: „wenn der Inhaber des E-Geldes über dieses durch Übertragung verfügen" kann, nicht wenn reines „Verrechnungskonto"; Omlor WM 2020, 951 (954 f.): Zahlungskonto unter Verweis auf Wortlaut von Art. 63 Abs. 3 S. 1 PSD2, § 675i Abs. 3 S. 1 BGB: „Zahlungskonto, auf dem das E-Geld gespeichert ist"; ebenso Omlor ZIP 2017, 1836 (1839); ähnlich BeckOGK ZKG/Böger § 2 Rn. 34 mit Verweis auf Erwägungsgrund Nr. 12 letzter Satz der Zahlungskonten-RL: „Sollten diese Konten jedoch auf täglicher Basis für Zahlungsvorgänge genutzt werden und sollten sie sämtliche der vorstehend genannten Funktionen umfassen, so fallen sie in den Anwendungsbereich dieser Richtlinie"; Forstmann/Kurth RdZ 2021, 156 (159): Sicht des Kunden entscheidend; die britische FCA, PERG 15.3 Q&A 16: „e-money accounts" können Zahlungskonten sein, abrufbar unter https://www.handbook.fca.org.uk/handbook/PERG.pdf).

Richtigerweise ist von der Definition des § 1 Abs. 17 auszugehen. Bei Prepaid- **238** Karten oder bei PayPal-E-Geld-Konten handelt es sich um Konten iSd § 355 HGB. Das dürfte selbst bei den im Hintergrund der Geldkarte geführten Verrechnungskonten der Fall sein. Weiterhin ist erforderlich, dass dieses Konto für die Ausführung von Zahlungsvorgängen genutzt wird. Das ist bei dem sog. kontoungebundenen E-Geld **(Geldkarte)** nicht der Fall, weil die Übertragung der auf der Geldkarte gespeicherten Einheiten getrennt und unabhängig von dem Verrechnungskonto, lediglich auf Basis des auf dem Chip der Karte gespeicherten Guthabens, stattfindet (Wand Bankrechtstag 1998, 101 f. (149)). Dagegen ist für die Übertragung von „Guthaben" auf **PayPal-Konten** eine Verfügung über das Konto unerlässlich (PayPal-Nutzungsbedingungen (Stand 1.8.2022) unter dem Stichwort „PayPal-Guthaben": „Wenn Sie unseren Zahlungsdienst nutzen, um einen anderen Nutzer zu bezahlen, weisen Sie uns an, das Geld von Ihrem PayPal-Guthaben auf das Konto des Empfängers zu überweisen.") (vgl. auch jetzt BaFin, Merkblatt ZAG v. 14.2.2023, Abschn. B. 1). Dasselbe ist auch bei **PrePaid-Kreditkarten** der Fall (zB Ziffer 4.2 der AGB von PaySafeCard per 8/2022: „Mit der Eingabe der paysafecard PIN erteilen Sie unwiderruflich die Ermächtigung zur sofortigen Abbuchung des Zahlungsbetrags für das jeweilige Produkt bzw. die jeweilige Dienstleistung von Ihrer paysafecard. Gleichzeitig ermächtigen Sie uns unwiderruflich, die Durchführung dieser Abbuchung und die Überweisung an den Webshop zu veranlassen."). Auch hier besteht die für das Zahlungskonto konstitutive Möglichkeit (EuGH NJW 2018, 3697 Rn. 31 f.), „von einem Konto Zahlungsvorgänge an Dritte bzw. von Dritten auszuführen und zu empfangen". Letztlich entscheidet das dritte Tatbestandsmerkmal, dass das Konto auf den Namen eines oder mehrerer Zahlungsdienstnutzer lauten muss (Schwennicke/Auerbach/Schwennicke Rn. 178). Bei anonymen Prepaid-Kreditkarten dient häufig nur die Kartennummer zur Identifizierung des Inhabers. Dies dürfte für § 1 Abs. 17 nicht ausreichen. PayPal-Konten sind dagegen idR voll nach geldwäscherechtlichen Anforderungen identifizierte Konten, die auf den Namen des Nutzers geführt werden.

239   Die Folgen dieser Einordnung im Fall von dem Namen des Inhabers zugeordnetem, kontogebundenem E-Geld sind vielfältig: E-Geld-Institute führen Zahlungskonten iSd § 1 Abs. 1 S. 2 Nr. 1 und Nr. 2 (→ Rn. 36) (sie verfügen über die für die Kontoführung notwendige Lizenz (§ 11 Abs. 1 S. 2 Nr. 1) (→ § 11 Rn. 13)); Transfers von E-Geld sind in dem Fall als Überweisung iSd § 1 Abs. 22 einzuordnen (→ Rn. 38, → Rn. 453); das eröffnet den Anwendungsbereich der Ausnahme von der starken Kundenauthentifizierung gem. Art. 18 ff. PSD2-RTS (→ Anh. § 55 Rn. 40, → Rn. 96 ff.); E-Geld-Institute dürfen im Zusammenhang mit dem Transfer unter den Voraussetzungen des § 3 Abs. 4 Kredite gewähren (→ § 3 Rn. 71); E-Geld-Institute dürften im Hinblick auf E-Geld-Konten als kontoführende Zahlungsdienstleister iSd §§ 45 ff. einzuordnen sein.

240   **(5) Nicht-elektronische Speicherung.** Die Forschung arbeitet bereits seit vielen Jahren an Datenspeichern aus Kunststoffen, sog. holographischen Speichern, bestehend aus Polymeren (vgl. die Welt v. 19.8.1998, abgerufen unter www.welt. de/625192 am 7.10.2022). Andere, nicht-elektronische Datenspeicher erscheinen möglich. Zwar sind sich Richtliniengeber und deutscher Gesetzgeber einig, dass die Definition des E-Geldes weit genug sein sollte, um technologische Innovationen nicht zu behindern und auch solche Produkte zu erfassen, die in Zukunft noch entwickelt werden könnten (Erwägungsgrund Nr. 8 der Zweiten E-Geld-RL; RegBegr Zweite E-Geld-RLUG, BT-Drs. 17/3023, 40). Mit dem rechtsstaatlichen Bestimmtheitsgebot dürfte aber eine solche, über den Wortlaut („jeder elektronisch, darunter auch magnetisch, gespeicherte monetäre Wert") hinausgehende Auslegung der Vorschrift nicht vereinbar sein (zustimmend Schäfer/Omlor/Mimberg/Mimberg Rn. 214). Selbst wenn man die gespaltene Auslegung – als Teil einer Strafnorm (hier: § 63 Abs. 1 Nr. 5 einerseits) und als aufsichtsrechtliche Erlaubnis- und Ermächtigungsnorm andererseits – der Aufsichtsnormen vertritt (s. BVerwG WM 2009, 1553; → Einl. Rn. 50 ff.) und deshalb nicht § 1 StGB (Analogieverbot) als Grenze ansähe, muss dennoch der Wortsinn eines Katalogtatbestandsmerkmals als Grenze gelten (so auch BVerwG WM 2009, 1553).

241   **dd) In Form einer Forderung gegenüber dem Emittenten.** Nach der gesetzlichen Definition des Abs. 2 Satz 3 muss die elektronisch gespeicherte monetäre Werteinheit eine **Forderung gegen den Emittenten** der Werteinheit verkörpern. Ob diese Forderung **geschäftsbesorgungsrechtlich** einzuordnen ist (zu den verschiedenen zivilrechtlichen Erklärungsansätzen für E-Geld → Rn. 216 ff.; so auch BeckOGK/Köndgen BGB § 675c Rn. 117) oder lediglich den zahlungsaufsichtsrechtlichen **Rücktauschanspruch** nach § 33 Abs. 1 S. 2 in Bezug nimmt, ist streitig (für letztere Ansicht Omlor ZIP 2017, 1836 (1837); Baumbach/Hefermehl/Casper/Casper E Rn. 60; wohl auch Ellenberger/Findeisen/Nobbe/Böger/Findeisen Rn. 580). Die Definition durch die Rechtsfolge führt aber zu einem methodischen Problem, nämlich zu einem Zirkelschluss (VG Frankfurt a.M. BeckRS 2021, 41165 Rn. 26). Der richtige Hinweis, der Anspruch nach § 33 Abs. 1 S. 2 sei nicht abdingbar (Ellenberger/Findeisen/Nobbe/Böger/Findeisen Rn. 580), macht es noch deutlicher: ein findiger Emittent würde genau dies regeln: er bedingt einen Rücktauschanspruch ab, nach der auf § 33 Abs. 1 S. 2 abstellenden Ansicht läge dann kein E-Geld vor, die zwingende Rechtsfolge des § 33 Abs. 1 S. 2 würde nach dieser Ansicht gar nicht eintreten können und der Emittent würde damit der E-Geld-Regulierung entgehen. Es greift zudem zu kurz, wenn man den

Anspruchsinhalt iSd Abs. 2 S. 3 auf den Rücktausch zum Nennwert in gesetzliche Zahlungsmittel beschränkt. Für die Entstehung von E-Geld würde es auch ausreichen, wenn der Emittent sich nicht gegenüber dem ersten E-Geld-Nehmer, sondern ausschließlich gegenüber einer oder mehreren Akzeptanzstellen zum Rücktausch verpflichtet (BaFin, Merkblatt ZAG v. 14. 2. 2023, Abschn. D. 2). Der Anspruch kann auch dahin gehen, eine Zahlungsforderung eines Dritten (einer Akzeptanzstelle iSd Abs. 2 S. 3) in gleicher Höhe zu befriedigen; er kann auf Übertragung von Coins in eine Wallet gerichtet sein oder – wenn dafür Geld eingezahlt wird (→ Rn. 244) – auf einen Umtausch in eine Krypto-Währung (VG Frankfurt a. M. BeckRS 2021, 41165 Rn. 26).

Keine Forderung gegen einen Emittenten besteht bei über Distributed Ledger **242** Technology von potentiell allen Teilnehmern selbst geschaffenen (geschürften) Kryptowerten wie Bitcoin, Bitcoin Cash, Litecoin, Digibyte, Ethereum, Tether, Binance Coin und Ripple. Diese Kryptowährungen zeichnen sich dadurch aus, dass es keinen zentralen Emittenten gibt. Eine Erfassung unter § 1 Abs. 2 S. 3 ZAG scheidet deshalb (und auch aus anderen Gründen → Rn. 245) aus, auch wenn derartige Kryptowerte wirtschaftlich ähnliche Funktionen erfüllen wie E-Geld (BT-Drs. 17/3023, 40; BaFin, Merkblatt ZAG v. 14. 2. 2023, Abschn. D. I. 1 sub „Ausstellung gegen Zahlung eines Geldbetrages"); Ellenberger/Findeisen/Nobbe/Böger/Findeisen Rn. 556 ff.). Umfassend zur Regulierung von solchen Kryptowerten Ellenberger/Bunte BankR-HdB/Terlau § 35 Rn. 178 ff.). Wegen der ähnlichen Funktion solcher Kryptowerte werden diese künftig ggf. als „E-Geld-Token" von der MiCAR gem. Art. 3 Abs. 1 Nr. 4 MiCAR erfasst. Die MiCAR fingiert bei E-Geld-Token das Vorliegen von E-Geld, auch wenn die Voraussetzungen von § 1 Abs. 2 S. 3 nicht vorliegen (näheres zu E-Geld-Token in der MiCAR → Rn. 260).

Sind alle anderen Merkmale von E-Geld gemäß Abs. 2 Satz 3 erfüllt, so kann der **243** Emittent der Werteinheiten nicht durch Ausschluss des Rücktauschanspruchs der Qualifikation als E-Geld entgehen; der Ausschluss des Rücktauschanspruchs (§ 33 Abs. 1 S. 2, Abs. 5) in AGB würde einen Verstoß gegen zwingendes Recht darstellen.

ee) Der gegen Zahlung eines Geldbetrages ausgestellt wird. aaa) Gegen **244** **Geldbetrag.** Zahlung eines **Geldbetrages** liegt vor bei Austausch gegen gesetzliche Zahlungsmittel (RegBegr Zweite E-Geld-RLUG, BT-Drs. 17/3023, 40). Möglich ist auch der Austausch gegen von privater Hand emittierte Zahlungsmittel in Form von **E-Geld** (BaFin, Merkblatt ZAG v. 14. 2. 2023, Abschn. D. I. 1 sub „Ausstellung gegen Zahlung eines Geldbetrags"; Ellenberger/Findeisen/Nobbe/Böger/Findeisen Rn. 552). Hiermit und mit der in § 33 Abs. 1 S. 2 verankerten Rücktauschverpflichtung wird die umfassende Kopplung an Zentralbankgeld und damit die Preisstabilität gewährleistet (EZB, Report on E-Money, 1998, S. 13; Behrendt EuZW 2002, 364 (366)). Erfolgt die Ausgabe nicht gegen gesetzliche Zahlungsmittel oder gegen E-Geld, sondern gegen **realwirtschaftliche Leistungen** (private oder gewerbliche Warenlieferungen oder Dienstleistungen in Barterclubs), so liegt nach dem Wortlaut des Gesetzes kein E-Geld vor (BaFin, Merkblatt ZAG v. 14. 2. 2023, Abschn. D. I. 1 sub „Ausstellung gegen Zahlung eines Geldbetrags"; RegBegr Zweite E-Geld-RLUG, BT-Drs. 17/3023, 40; Ellenberger/Findeisen/Nobbe/Böger/Findeisen Rn. 553). Die Einzahlung von dezentral geschürften Krypto-Währungen wie Bitcoin, Bitcoin Cash, Ethereum, Ripple etc. erfüllt ebenfalls nicht das Kriterium des Geldbetrages iSd Definition des Abs. 2 Satz 3 (aA VG Frankfurt a. M. BeckRS 2021, 41165 Rn. 28); diese Krypto-Währungen sind mangels Anspruchs gegen einen Emittenten (→ Rn. 243) und mangels Einzahlung eines Geldbetrages (→ Rn. 245) weder als E-Geld zu qualifizieren noch kann damit selbst das Erfordernis des Abs. 2 Satz 3 „gegen Zahlung eines Geldbetrages" erfüllt werden. Dasselbe gilt für die **unentgeltliche** Ausgabe (→ Rn. 248). Die einzelnen Abwicklungsvorgänge eines solchen Bonus- oder Rabattsystems können jedoch den Tatbestand des Finanztransfergeschäfts gemäß § 1 Abs. 1 S. 2 Nr. 6 erfüllen.

245   Die Internetwährung **Bitcoin** erfüllt ebenfalls nicht den Tatbestand des E-Geldes (KG NJW 2018, 3734 Rn. 18 ff.). Hierbei handelt es sich um dezentral durch umfangreiche Rechenleistung (selbst) erzeugte Einheiten, dh die Ausgabe erfolgt nicht gegen einen Geldbetrag. Bitcoins werden an Internettauschbörsen gehandelt und unterliegen zum Teil hohen (Preis- oder) Währungsschwankungen. Es wird hierdurch auch keine Forderung gegen einen Emittenten begründet, da es keinen zentralen Emittenten von Bitcoins gibt. Eine Erfassung unter Abs. 2 Satz 3 scheidet deshalb aus (hierzu RegBegr Zweite E-Geld-RLUG, BT-Drs. 17/3023, 40; BaFin, Merkblatt ZAG v. 14.2.2023, Abschn. D.I.1 sub „Ausstellung gegen Zahlung eines Geldbetrags"; KG NJW 2018, 3734 Rn. 23; Lerch ZBB 2015, 190 (200); Shmatenko/Möllenkamp MMR 2018, 495 (496); Ellenberger/Findeisen/Nobbe/Böger/Findeisen Rn. 562; Schwennicke/Auerbach/Schwennicke Rn. 111; Schäfer/Omlor/Mimberg/Mimberg Rn. 219). Die BaFin sieht für diesen Aspekt privater Geldschöpfung ein Regulierungsbedürfnis, wenn sie darauf hinweist, dass gem. § 1 Abs. 1 S. 2 Nr. 12 KWG in der Fassung der 6. KWG-Novelle „die Schaffung und die Verwaltung von Zahlungseinheiten in Rechnernetzen (Netz-Geld-Geschäft)" Bitcoins wohl E-Geld gewesen wären (BaFin, Merkblatt ZAG v. 14.2.2023, Abschn. D.I.1 sub „Ausstellung gegen Zahlung eines Geldbetrags"); de lege lata scheidet eine Erfassung als E-Geld aus. Die noch hM (BaFin, Merkblatt ZAG v. 14.2.2023, Abschn. D.I.1 sub „Ausstellung gegen Zahlung eines Geldbetrags"; BaFin-Merkblatt v. 20.12.2011, geändert zum 26.7.2018, Hinweise zu Finanzinstrumenten nach § 1 Abs. 11 S. 1 Nr. 1–7 KWG, Abschn. 2.b)hh); differenzierend, aber im Grundsatz bestätigend: BaFin, Hinweisschreiben (WA), GZ: WA 11-QB 4100−2017/0010, vom 20.2.2018, Abschnitt 4; Münzer BaFin Journal 2014, 26 (27); Spindler/Bille WM 2014, 1357 (1362); Djazayeri jurisPR-BKR 6/2014, Anm. 1, D.II.3.; Beck NJW 2015, 580 (581); Hingst/Lösing, Zahlungsaufsichtsrecht, § 18 Rn. 79; Möslein/Omlor FinTech-HdB/Terlau § 34 Rn. 97 ff.; Ellenberger/Bunte BankR-HdB/Terlau § 35 Rn. 217 ff.; Lorenz ZIP 2019, 1699 (1700 f.); Danwerth/Hildner BKR 2019, 57 (62); Ellenberger/Findeisen/Nobbe/Böger/Findeisen Rn. 567) ist allerdings der Ansicht, dass selbst unentgeltlich oder gegen realwirtschaftliche Leistungen ausgegebene Werteinheiten als Recheneinheiten iSv § 1 Abs. 11 KWG und damit als Finanzinstrument zu qualifizieren sind. Diese Ansicht wurde durch die Entscheidung des Kammergerichts aus dem Jahre 2018 in Frage gestellt (KG NJW 2018, 3734 Rn. 8 ff., insbes. Rn. 13 ff.; anders schon früher Auffenberg NVwZ 2015, 1184 (1186 f.); dem KG folgend Klöhn/Parhofer ZIP 2018, 2093 (2096 f.); Omlor ZHR 2019, 294 (315 f.)). Die besseren Argumente sprechen nach wie vor für die Einordnung von Bitcoins und anderen dezentral emittierten, Blockchain-basierten virtuellen Währungen als Finanzinstrumente (ausführlich Möslein/Omlor FinTech-HdB/Terlau § 34 Rn. 97 f.; Ellenberger/Bunte BankR-HdB/Terlau § 35 Rn. 217 ff.). Folgt man dieser Ansicht, die dann möglicherweise auch Auswirkungen auf den Transfer und Handel von E-Geld hätte (→ Rn. 360), so könnte der Handel mit solchen privaten Werteinheiten (zB auch Bitcoins) als Finanzkommissionsgeschäft (§ 1 Abs. 1 S. 2 Nr. 4 KWG), als Emissionsgeschäft (§ 1 Abs. 1 S. 2 Nr. 10 KWG) oder als Finanzdienstleistung, nämlich Anlagenvermittlung (§ 1 Abs. 1a S. 2 Nr. 1 KWG) oder Eigenhandel (§ 1 Abs. 1a S. 2 Nr. 4 lit. c KWG), erfasst werden (im Einzelnen dazu Ellenberger/Bunte BankR-HdB/Terlau § 35 Rn. 178 ff.); für E-Geld-Institute und E-Geld-Agenten verdrängt § 1 Abs. 2 ZAG die Erfassung von E-Geld als Finanzinstrument nach dem KWG (lex specialis); einer Zulassung als Finanzdienstleistungsinstitut bedarf es hier deshalb nicht (zu E-Geld-Agenten → Rn. 360). Den Meinungsstreit hat die Aufnahme des Kryptoverwahrgeschäfts in § 1 Abs. 1a Satz 2 Nr. 6 KWG (BGBl. 2019 I 2602) einschließlich der Definition der Kryptowerte in § 1 Abs. 11 S. 1 Nr. 10 und Satz 3 KWG als Finanzinstrumente entschärft, die zum 1.1.2020 in Kraft getreten ist. Ausdrücklich ausgenommen aus der Definition ist E-Geld (§ 1 Abs. 11 S. 4 KWG), sodass sich hier keine Überschneidungen ergeben.

bbb) Gegen Zahlung. (1) Voreinzahlung. Der Tatbestand des E-Geldes be- **246** dingt eine Zahlung des notwendigen Geldbetrages (hierzu → Rn. 244) **Zug um Zug** gegen Ausstellung der Werteinheiten oder **vorher** (vgl. auch § 3 Abs. 2 S. 1, dazu → § 3 Rn. 36). Eine Einzahlung **nach** Ausgabe der Werteinheiten erfüllt den Tatbestand nicht. Nach Ansicht der britischen FCA (FCA Handbook/PERG/3A/3, Q 10, Stand 23.10.2015) darf die Voreinzahlung mittels **Kreditkarte** erfolgen (zustimmend Schäfer/Omlor/Mimberg/Mimberg Rn. 224); zudem könne der Empfänger des auszugebenden E-Geldes dieses über ein zuvor eingedecktes **Darlehen** bezahlen. Dieser Sichtweise ist zuzustimmen (→ § 3 Rn. 71; → § 18 Rn. 6). Der Gesetzgeber setzt die Einzahlung per Kreditkarte in § 18 („Sofern Geldbeträge zum Zweck der Ausgabe von E-Geld durch Zahlung mittels eines Zahlungsinstruments entgegengenommen werden") voraus. Die erforderliche Koppelung an Zentralbankgeld (vgl. hierzu EZB, Report on E-Money, 1998, S. 13) wird auch nicht dadurch in Frage gestellt, dass sich der Empfänger des auszugebenden E-Geldes die erforderlichen Einzahlungsbeträge zuvor per Kredit oder auf sonstige Weise beschafft (→ § 3 Rn. 71; anders möglicherweise Schwennicke/Auerbach/Schwennicke Rn. 109; anders zu § 1 Abs. 14 KWG aF BaFin, Merkblatt v. 9.1.2009 (aufgehoben); Kokemoor BKR 2003, 861 f.). Auch die Zahlung des notwendigen Geldbetrages per **Lastschriftverfahren** ist hier, ungeachtet der Widerrufsmöglichkeit und des Erstattungsanspruches gemäß § 675x BGB, als zulässig zu erachten (zustimmend Schäfer/Omlor/Mimberg/Mimberg Rn. 224). Die Frage, wie sich der Empfänger des auszugebenden E-Geldes die für die Voreinzahlung erforderlichen Mittel beschafft, ist allein zwischen ihm und dem Institut, das die Mittel zur Verfügung stellt, zu klären. Es kann sich hier nicht um eine Frage der Definition von E-Geld handeln; dies folgt schon aus Gründen des Verkehrsschutzes, da der dritte Akzeptant des E-Geld-Betrages, der dieses im Rahmen eines Zahlungsvorganges entgegennimmt, keinerlei Möglichkeit hat, die Art und Weise der Voreinzahlung zu prüfen.

Ob das E-Geld ausgebende Institut Kredit gewähren darf, ist demgemäß nicht **247** eine Frage des E-Geld-Tatbestandes, sondern des Umfangs der aufsichtsrechtlich erteilten Erlaubnis des E-Geld-Emittenten (ähnlich auch BaFin, Merkblatt v. 9.1.2009 (aufgehoben), Abschn. 1.c); BaFin, Merkblatt ZAG v. 14.2.2023, Abschn. D.2). E-Geld-Instituten ist eine solche Kreditgewährung nur in den Grenzen des § 3 Abs. 4 erlaubt (vgl. → § 3 Rn. 71). Erfolgt die Einzahlung langfristig vor der Ausgabe der Werteinheiten, so stellt das auch nicht den E-Geld-Tatbestand in Frage; die Einzahlung bzw. die Entgegennahme von Geldern des Publikums auf diese Weise kann aber möglicherweise als Einlagengeschäft iSv § 1 Abs. 1 S. 2 Nr. 1 KWG zu qualifizieren sein. E-Geld-Instituten wäre dies gem. § 3 Abs. 2 S. 1 und S. 2 aufsichtsrechtlich verboten, wo es in Satz 1 heißt, dass entgegengenommene

Gelder „unverzüglich in E-Geld umzutauschen" sind und in Satz 2 Nr. 1 die Befreiung vom Einlagentatbestand nur zugestanden wird, wenn die Ausgabe des E-Geldes „gleichzeitig oder unverzüglich nach der Entgegennahme" des einzuzahlenden Geldbetrages erfolgt. Für ein ebenfalls als E-Geld-Emittent in Betracht kommendes CRR-Kreditinstitut liegt hierin ein erlaubtes Geschäft. Die Entstehung von E-Geld kann ein solches Verfahren also nicht behindern.

248   **(2) Geschenkte Bonus- oder Rabattpunkte.** Für **Bonus- oder Rabattsysteme** ist die Frage von besonderer Relevanz, ob gerade der Kunde (Rabattnehmer) die Zahlung des zur Ausstellung erforderlichen Geldbetrags vornehmen muss oder ob auch Zahlungen **von Dritten** (zB Einzelhändlern) an zentrale Abwickler oder eine Systemgesellschaft für den E-Geld-Tatbestand ausreichen. Die Diskussion rührt aus der Zeit der Umsetzung der Ersten E-Geld-RL her, dh aus dem Vorfeld des 4. FinFöG (vgl. Schreiben des BMF 7.7.2003 – VII B 1-WK 5708–32/03; dazu auch Escher BKR 2002, 651 (652); Kokemoor BKR 2003, 859 (861)). Im Anschluss an Äußerungen im damaligen Gesetzgebungsverfahren (Parl. Staatssekr. BMF Dr. Barbara Hendricks am 17.4.2002, BT-Drs. 14/8944, 13f.) geht die Praxis und die wohl hM in Rspr. und Literatur davon aus, dass die **Zahlung unmittelbar** durch den ersten Inhaber erfolgen müsse, sonst liege eine **Schenkung** vor (so jetzt auch BaFin, Merkblatt ZAG v. 14.2.2023, Abschn. D.I. und D.II.; Schwennicke/Auerbach/Schwennicke Rn. 109; Hingst/Lösing Zahlungsdiensteaufsicht § 7 Rn. 13; Omlor WM 2020, 951 (956f.); Omlor WM 2020, 1003 (1004); Schäfer/Omlor/Mimberg/Mimberg Rn. 222; Ellenberger/Findeisen/Nobbe/Böger/Findeisen Rn. 553; jeweils zu § 1 Abs. 14 KWG aF Escher BKR 2002, 652 (653); Kokemoor BKR 2003, 859 (861f.); unklar RegBegr Zweite E-Geld-RLUG, BT-Drs. 17/3023, 41; zu Miles&More: OLG Köln BeckRS 2013, 596 Rn. 36 (nicht vollst. abgedruckt unter NJW 2013, 1454)). Die BaFin (Merkblatt ZAG v. 29.11.2017, Abschn. 4.b (aufgehoben)) erörterte die Frage im Rahmen der Bereichsausnahmen (zustimmend (Bereichsausnahme) Ellenberger/Findeisen/Nobbe/Böger/Findeisen Rn. 600); nun aber wird die Frage der Schenkung im Tatbestand diskutiert (BaFin Merkbblatt ZAG v. 14.2.2023, Abschn. D.I. sub „Ausstellung gegen Zahlung eines Geldbetrages"). Die Gegenansicht (→ 2. Aufl. 2020, § 1 Rn. 227; Appelt NJW 2016, 1409 (1411)) ließ es ausreichen, dass ein **ein Dritter**, zB der an das Rabattsystem angebundene Einzelhändler, eine Einzahlung für die auf seinen Einkauf gewährten Rabattpunkte leistet. **Stellungnahme:** Dem Wortlaut des Abs. 2 Satz 3 ist kein Hinweis zu der Frage zu entnehmen, wer den Geldbetrag einzuzahlen hat (zustimmend Schäfer/Omlor/Mimberg/Mimberg Rn. 222; aA Omlor WM 2020, 951 (956)). Auch aus der in § 33 Abs. 1 S. 2 geregelten „Rück"-Tauschverpflichtung des Emittenten kann nicht darauf geschlossen werden, dass die Einzahlung immer „unmittelbar" von dem empfangenden E-Geld-Inhaber zu erfolgen habe (so aber Kokemoor BKR 2003, 859 (862) zu § 22a KWG aF, später § 22p KWG aF; Omlor WM 2020, 1003 (1006) für die Fälle, in denen es keinen „Umrechnungskurs" gibt). Entscheidend dürfte aber sein, dass aus Sicht des die Rabattpunkte empfangenden Kunden ein unentgeltlicher Erwerb stattfindet (so auch OLG Köln BeckRS 2013, 596 Rn. 36; Kokemoor BKR 2003, 859 (862)); ob der Einzelhändler an den Rabattsystemanbieter ein Entgelt zahlt, ist dem Kunden nicht transparent. Der Kunde erhält die Punkte geschenkt. Häufig löst er die Rabattpunkte auch nicht ein, sodass sie verfallen. Auch auf der Händlerseite sind die Rabattpunkte nicht immer 1:1 den vom Einzelhändler dafür eingezahlten Beträgen zuzuordnen. Eine Qualifizierung als E-Geld kommt auch dann nicht in Betracht, wenn solche Rabattpunkte **nicht**

von Dritten als Zahlungsmittel akzeptiert werden (Kokemoor BKR 2003, 859 (861); Ellenberger/Findeisen/Nobbe/Böger/Findeisen Rn. 553). Anders mag es liegen, wenn der **Endkunde die Wahl** hat, entweder die Rabattpunkte zu akzeptieren oder aber stattdessen eine Preisreduzierung auf die eingekaufte Ware zu erlangen; in dem Fall bezahlt er indirekt die Rabattpunkte und es liegt E-Geld vor (Schwennicke/Auerbach/Schwennicke Rn. 109).

ccc) Ausgabe zum Nennwert. Das sog. „Nominalprinzip" ist verankert in **249** § 33 Abs. 1 S. 1, wonach der E-Geld-Emittent das E-Geld stets zum Nennwert des entgegengenommenen Geldbetrages auszugeben hat. Auch der Rücktauschanspruch gemäß § 33 Abs. 1 S. 2 bezieht sich auf den Nennwert. Eine Ausgabe von E-Geld „unter pari" kommt deshalb nicht in Betracht. Hierin wird ein wesentliches geldpolitisches Ziel der Geldwertstabilität verwirklicht (vgl. EZB, Report on E-Money, 1998, S. 13).

ff) Um damit Zahlungsvorgänge durchzuführen. Der in Abs. 2 Satz 3 **250** in Bezug genommene § 675f Abs. 4 S. 1 BGB definiert den Zahlungsvorgang als „[…] jede Bereitstellung, Übermittlung oder Abhebung eines Geldbetrags, unabhängig von der zugrunde liegenden Rechtsbeziehung zwischen Zahler und Zahlungsempfänger". Nach dem Wortsinn des Finalsatzes („um […] durchzuführen") muss es sich dabei um Zahlungsvorgänge nach der Ausstellung der Werteinheit handeln, während die Ausstellung selbst allerdings auch als Zahlungsvorgang iSv § 675f Abs. 4 S. 1 BGB zu erfassen wäre. Dabei kann es gleichgültig sein, ob die Werteinheit nach Ausstellung „umlauffähig", dh unzählige Male wiederverwendbar, ist oder ob die Werteinheit nach Ausstellung nur für einen einzigen Zahlungsvorgang verwendet werden kann (zustimmend Schäfer/Omlor/Mimberg/Mimberg Rn. 227). Aus Sicherheitsgründen mag der Emittent ein System unterhalten, bei dem die Werteinheit nach jedem Zahlungsvorgang durch eine neue Werteinheit ersetzt wird, um somit das Risiko des Kopierens zu vermeiden; dies stellt die E-Geld-Eigenschaft nicht in Frage (vgl. → Rn. 226). Für die E-Geld-Eigenschaft reicht es auch aus, dass lediglich die Absicht des Emittenten besteht, die Einheiten für Zahlungsvorgänge bereit zu stellen; sie müssen noch nicht zum Einsatz gekommen sein (VG Frankfurt a. M. BeckRS 2021, 41165 Rn. 31: mit Verweis auf den Präventionszweck des § 7).

gg) Von anderen natürlichen oder juristischen Personen als dem Emit- 251 tenten angenommen. aaa) Andere natürliche oder juristische Personen. Dies sind solche, die von dem Emittenten rechtlich verschieden sind.

(1) Personengesellschaften. Dabei dürften auch **Personengesellschaften** als **252** andere Personen in Betracht kommen; immerhin handelt es sich hierbei nach deutschem Verständnis um teilrechtsfähige Einheiten (BGH NJW 2001, 1056; Henssler/Strohn/Servatius BGB § 705 Rn. 67). E-Geld liegt aber dann nicht vor, wenn zB **Telefonkarten, Kaufhauskarten** oder anderweitige **Kundenkarten** nur von der ausgebenden Rechtsperson angenommen werden (Boos/Fischer/Schulte-Mattler/Schäfer, 3. Aufl. 2008, KWG § 1 Rn. 112 zu § 1 Abs. 14 KWG aF). Dasselbe gilt auch für Gutschriften, Guthaben oder Gewährung von Vorteilen innerhalb einer laufenden Geschäftsbeziehung, selbst wenn diese elektronisch verbucht oder ausgenutzt werden (Schwennicke/Auerbach/Schwennicke Rn. 119). Ebenso wenig erfasst sind **elektronische Gutscheine,** sofern diese nur bei der ausgebenden Stelle eingelöst werden können (Schwennicke/Auerbach/Schwennicke Rn. 119).

253   **(2) Konzerne.** Eine Identität von Emittent und der das E-Geld als Zahlungsmittel akzeptierenden Person liegt dagegen nicht vor, wenn Emittent und akzeptierende Stelle eigenständige Rechtssubjekte sind, jedoch zu demselben **Konzern** gehören (BaFin, Merkblatt v. 9.1.2009 (aufgehoben), Abschn. 1d) zu § 1 Abs. 14 KWG aF; BaFin, Merkblatt ZAG v. 14.2.2023, Abschn. D.I.1 sub „Von dem Emittenten verschiedene Akzeptanten"; so auch Ellenberger/Findeisen/Nobbe/Böger/Findeisen Rn. 574; Schäfer/Omlor/Mimberg/Mimberg Rn. 231). Die Konzernprivilegierung des § 2 Abs. 1 Nr. 13 ist in diesen Fällen nicht verfügbar, da einerseits § 1 Abs. 2 S. 4 auf diesen Ausnahmetatbestand nicht verweist. Die Konzernausnahme wäre aber auch nur dann einschlägig, wenn lediglich Zahlungsvorgänge **innerhalb eines Konzerns** stattfänden. Dies ist aber bei Ausgabe einer Kundenkarte oder einer Gutscheinkarte an Kunden eines Konzerns schon deshalb nicht gegeben, weil Zahlungsvorgänge des Kunden betroffen sind (vgl. allgemein zur Konzernausnahme Ellenberger/Findeisen/Nobbe/Böger/Reschke § 2 Rn. 223ff.; auch → § 2 Rn. 149c). Allerdings mag man über eine solche, auf Konzerngesellschaften als Akzeptanzstellen beschränkte Situation de lege ferenda dennoch anders nachdenken; es handelt sich nämlich um Sachverhalte, die idR ähnlich wenig aufsichtswürdig sind wie die zuvor behandelten Zwei-Personen-Verhältnisse. Tragender Grund der Nicht-Regulierung von Zwei-Personen-Verhältnissen ist das im Vergleich geringere Risiko für den Zahlungsverkehr als solchen bei Ausfall des Emittenten (ähnlich Ellenberger/Findeisen/Nobbe/Böger/Findeisen Rn. 576). Im Zwei-Personen-Verhältnis können keine weiteren Akzeptanten in Mitleidenschaft gezogen werden; die Situation ist ähnlich, wenn die Akzeptanzstellen auf einen Nachordnungskonzern iSv § 290 Abs. 2 HGB beschränkt sind, insbes. wenn die Einlösung der ausgegebenen Karten vom Mutterkonzern garantiert wird. In vielen Fällen wird eine Erfassung unter der Ausnahme des beschränkten Netzes (→ § 2 Rn. 80) in Betracht kommen.

254   **(3) Zwei natürliche oder juristische Personen gemeinsam.** Eine ähnliche Situation stellt sich, wenn **zwei natürliche oder juristische Personen gemeinsam** monetäre Werteinheiten herausgeben, zB im Rahmen einer Kooperation. Sind diese beiden natürlichen oder juristischen Personen gemeinsam die einzigen Akzeptanzstellen, bspw. in einer Verbundenheit als Gesellschaft bürgerlichen Rechts, so liegt ein Zwei-Personen-Verhältnis vor und der E-Geld-Tatbestand scheidet aus (RegBegr. 6. KWG-Novelle 1997, BT-Drs. 13/7142, 64f.; zustimmend Schäfer/Omlor/Mimberg/Mimberg Rn. 231 in der Fn. 386). Akzeptieren beide jeweils gesondert die von beiden gemeinsam herausgegebenen monetären Werteinheiten, so liegt eine Akzeptanz durch eine von der Emittentin verschiedene natürliche oder juristische Person vor. Nach Sinn und Zweck der aufsichtsrechtlichen Norm erscheint aber auch hier eine Beaufsichtigung als E-Geld-Geschäft verzichtbar, da hier eine dem echten Zwei-Personen-Verhältnis analoge Situation vorliegt (aA BaFin, Merkblatt ZAG v. 14.2.2023, Abschn. D.I.1 sub „Von dem Emittenten verschiedene Akzeptanten"; Schäfer/Omlor/Mimberg/Mimberg Rn. 231). Dass die Kunden im Rahmen des Zwei-Personen-Verhältnisses dem Emittenten der Kundenkarte eine größere Menge Geldes anvertrauen, hat der Gesetzgeber im Grundsatz hingenommen, soweit dieser Sachverhalt nicht unter dem Tatbestand des Einlagengeschäfts gem. § 1 Abs. 1 S. 2 Nr. 1 KWG (dazu → § 2 Rn. 110. und → § 3 Rn. 17ff.) aufsichtsrechtlich erfasst wird. Zur Ausnahme des beschränkten Netzes → § 2 Rn. 72ff.

255   **bbb) Annahme des monetären Wertes durch Dritte.** Entscheidend ist, dass Dritte die monetären Werteinheiten als Zahlungsmittel tatsächlich akzeptieren.

Dann ist ihr Vertrauen in die Funktionsfähigkeit und Sicherheit dieses Zahlungsmittels schützenswert. Erforderlich ist, dass der Dritte ggü. dem Emittenten, ggü. dem Inhaber oder ggü. Dritten verpflichtet ist, die Werteinheiten anzunehmen. In dem Zeitpunkt, in dem ein Dritter die monetären Werteinheiten erstmalig als Zahlungsmittel annimmt (BaFin, Merkblatt v. 9.1.2009 (aufgehoben), Abschn. 1.d) zu § 1 Abs. 14 KWG aF) oder aber sich zur Annahme der monetären Werteinheiten verpflichtet hat, werden die angegebenen monetären Werteinheiten zu E-Geld.

hh) Einzelfälle:. aaa) Geldkarte. Bei der Geldkarte handelt es sich um eine **256** elektronische Speicherung von Werteinheiten, da der Saldobetrag des Guthabens auf einer Smartcard/Mikro-Prozessor, der sich auf einer Girocard/EC-Karte befindet, elektronisch gespeichert wird (Dannenberg/Ulrich E-Payment S. 148). Zwar wird der Saldo der Karte jeweils zusätzlich auf einem sog. „Schattenkonto" über eine Börsen-/Händler-Evidenzzentrale geführt (Schäfer/Omlor/Mimberg Rn. 236; Dannenberg/Ulrich E-Payment S. 150; Wand Bankrechtstag 1998, 103 ff.). Entscheidend ist aber der Wert auf der Karte. Auch → Rn. 228 ff.

bbb) Netz-Geld. Auch bei dem sog. Netz-Geld handelt es sich um elektro- **257** nisch gespeicherte Werteinheiten. Netz-Geld besteht idR aus elektronischen Zahlungseinheiten, die jeweils mit einer Seriennummer und einer blinden, digitalen Signatur des Emittenten versehen werden (Dannenberg/Ulrich E-Payment S. 139) und die sodann auf dem Server des Emittenten (für den Inhaber) oder auf dem Rechner des Inhabers gespeichert werden können. Die übrigen Merkmale des Abs. 2 Satz 3 müssen erfüllt sein. Auch → Rn. 228 ff.

ccc) Prepaid-Karten. Sog. Prepaid-Karten können kontogebundenes E-Geld **258** (zu diesem Ausdruck vgl. BT-Drs. 17/3023, 40) sein, wenn es sich um ein echtes vorausbezahltes Produkt handelt (vgl. → Rn. 233 ff.; s. auch Schäfer/Omlor/Mimberg/Mimberg Rn. 216, 238). Dies kann – je nach Gestaltung – ausscheiden, wenn die Prepaid-Karte nicht nur vorausbezahlt nutzbar ist, sondern auch, jeweils nach dem Zahlungsvorgang, über das Girokonto des Inhabers „nachgeladen" werden kann. Hier kann ein Lastschriftgeschäft iSv § 1 Abs. 1 S. 2 Nr. 3 lit. a oder ein Zahlungskartengeschäft gem. § 1 Abs. 1 S. 2 Nr. 3 lit. b oder aber die Ausgabe von Zahlungsinstrumenten gem. § 1 Abs. 1 S. 2 Nr. 5 Hs. 1 vorliegen.

ddd) PayPal. PayPal ermöglicht es seinen Nutzern, ein PayPal-Konto zu eröff- **259** nen, mit dem sie „Geld senden", „Geld empfangen" und „Geld anfordern" können. Gem. den PayPal-Nutzungsbedingungen ermächtigt der Nutzer, der mit PayPal zahlt oder sein PayPal-Konto auflädt, PayPal Geld von einer seiner Standard-Zahlungsquellen zu verwenden. Hierbei handelt es sich, je nach Einrichtung des Kontos, um PayPal-Guthaben, Lastschrift, Kreditkarte, Giropay oder Banküberweisung. PayPal erläutert sodann in den PayPal-Nutzungsbedingungen, dass der Nutzer daraufhin von PayPal E-Geld zum gleichen Betrag ausgegeben wird und dieses entsprechend der Anweisung des Nutzers entweder dem PayPal-Konto des Zahlungsempfängers oder dem PayPal-Konto des Nutzers gutgeschrieben wird (weitere Erläuterungen bei Meder/Grabe BKR 2005, 467 (469 f.); Heise OnlineR/Krügel, Dritte EL 2011, Kap. 3.3.1.1; Hoenicke/Szodruch MMR 2006, 519 (520 f.); Harman BKR 2018, 457 (458)). Unter der Geltung der Ersten E-Geld-RL sowie unter § 1 Abs. 14 KWG aF wurde vielfach angezweifelt, ob es sich den Guthaben, die PayPal auf seinen PayPal-Konten verwaltet, bzw. bei den über PayPal abgewickelten Zahlungsvorgängen um E-Geld bzw. Zahlungsvorgänge mit Hilfe von E-Geld handelt (Leible/Sosnitza Versteigerung/Freitag

Rn. 441; wohl auch Meder/Grabe BKR 2005, 467 (471); dagegen auch Hoenicke/
Szodruch MMR 2006, 519 (524), diese aber wohl zu eng: E-Geld nur bei „Verkörperung aufgeladener Beträge" und nur bei Transfer von einem Speichermedium auf
ein anderes; s. nun sehr deutlich Harman BKR 2018, 457 (458 u. 462f.)). Die britische FCA (früher: Financial Services Authority) hatte PayPal kurz nach Umsetzung
der Ersten E-Geld-RL in Großbritannien eine Lizenz als E-Geld-Institut erteilt
(Meder/Grabe BKR 2005, 467 (471)). Der extensiven Auslegung des E-Geld-Tatbestandes durch die FCA sind der Richtliniengeber und der deutsche Gesetzgeber
gefolgt. Erwägungsgrund Nr. 8 der Zweiten E-Geld-RL und die RegBegr zum
Zweiten E-Geld-RLUG (BT-Drs. 17/3023, 40) sprechen übereinstimmend davon,
dass „kontogebundenes" E-Geld auch umfasst sei, wenn dieses räumlich entfernt
auf einem Server gespeichert ist und vom E-Geld-Inhaber über ein bestimmtes
Zahlungskonto für E-Geld verwaltet wird (so nun auch BGH WM 2021, 872
Rn. 43, ungeachtet der Tatsache, ob erst später die Einziehung per Lastschrift oder
Kreditkarte erfolgt; auch → Rn. 47). Kontogebundenes E-Geld liegt deshalb auf
einem PayPal-Konto vor, wenn hierauf eine Einzahlung des Nutzers selbst oder
eines Dritten eingeht, der dem PayPal-Nutzer gezahlt hat (zustimmend auch
Schäfer/Omlor/Mimberg/Mimberg Rn. 237). Auch → Rn. 228ff. Nach richtiger
Ansicht kommt es auch nicht darauf an, ob die Voreinzahlung vor Ausgabe des
E-Geldes durch Bargeld, Überweisung, Kreditkarte, Lastschrift oder gar über einen
parallel abgeschlossenen Kreditvertrag erfolgt (→ Rn. 246; so auch Schäfer/Omlor/
Mimberg/Mimberg Rn. 237). Auch muss die Voreinzahlung nicht durch den
E-Geld-Inhaber selbst erfolgen, sondern kann von einem Dritten stammen
(→ Rn. 248).

260   **d) E-Geld-Token nach MiCAR. aa) Begriff des E-Geld-Tokens.** Die Mi-
CAR führt den Begriff des **„E-Geld-Tokens"** in Art. 3 Abs. 1 Nr. 4 MiCAR ein.
E-Geld-Token ist (in der Fassung der MiCAR nach dem Trilog-Verfahren, Rat v.
5.10.2022 – 13198/22) ein Kryptowert, der die Absicht verfolgt, Wertstabilität zu
erreichen, indem er eine **offizielle Währung** (also die Währung eines Staates, die
von der jeweiligen Zentralbank oder jeweiligen entsprechenden Währungsbehörde
emittiert wird, Art. 3 Abs. 1 Nr. 3a MiCAR) als Bezugsgrundlage verwendet
(„means a type of crypto-asset that purports to maintain a stable value by referencing
to the value of one official currency"). Ein Kryptowert ist dabei eine **digitale Darstellung von Werten oder Rechten,** die unter Verwendung der **Distributed-
Ledger-Technologie** oder einer **ähnlichen Technologie elektronisch übertragen** und **gespeichert** werden kann, Art. 3 Abs. 1 Nr. 2 MiCAR. Mit E-Geld-Token
sind damit im Wesentlichen Kryptowerte gemeint, die vorrangig als Zahlungsmittel
eingesetzt werden (vgl. Erwägungsgrund Nr. 9 MiCAR; s. auch Rennig ZBB 2020,
385 (393)), auch wenn die im ursprünglichen MiCAR-Entwurf verwendete Einschränkung hinsichtlich der Verwendung des E-Geld-Tokens als „Tauschmittel" in
der Definition nach dem Trilog-Verfahren nicht mehr vorhanden ist.

261   **bb) E-Geld und E-Geld-Token im Vergleich.** Entsprechend wird es sich bei
E-Geld-Token stets um **monetäre Werte** (zum Begriff → Rn. 225) handeln, da
sie, wie auch E-Geld, als Ersatz für Münzen und Banknoten eintreten (ähnlich
Grohé RdZ 2021, 148 (149f.); vgl. auch Erwägungsgrund Nr. 9 MiCAR). Die
Speicherung der E-Geld-Token muss **elektronisch,** unter Verwendung einer
„Distributed-Ledger-Technologie" (also regelmäßig einer Blockchain) oder einer
ähnlichen Technologie erfolgen können; eine Speicherung ohne die Verwendung
einer solchen Technologie (also zB eine serverbasierte zentrale Speicherung) reicht

dagegen für die Qualifikation als E-Geld-Token nicht aus (Grohé RdZ 2021, 148 (149)). Anders als beim E-Geld ist für E-Geld-Token die **verwendete Speicher-technologie entscheidend** (bei E-Geld → Rn. 228); von einer „Technologie-Neutralität" (die normalerweise Leitlinie EU-gesetzgeberischer Aktivität ist, vgl. zB Erwägungsgrund Nr. 6 MiCAR) kann hier nicht mehr gesprochen werden (so aber Rennig ZBB 2020, 385 (387)). Zudem muss bei E-Geld-Token auch eine **elektronische Übertragung** möglich sein, während die Definition des E-Geldes nach str. Ansicht keine Aussage zum Übertragungsweg macht (→ Rn. 233). Ähnlich dem E-Geld (vgl. → Rn. 251 ff.), kommt es bei E-Geld-Token darauf an, dass diese **an Dritte übertragen** werden können; können ausgegebene Token nur an den Emittenten übertragen werden, liegt schon kein Kryptowert vor (vgl. Erwägungsgrund Nr. 8a MiCAR; aA Grohè RdZ 2021, 148 (150)). Entscheidender Unterschied zwischen E-Geld-Token und E-Geld dürfte aber sein, dass das E-Geld-Token **keine Forderung gegen den Emittenten** des E-Geld-Tokens voraussetzt. Dies war schon vor der MiCAR einer der Hauptgründe, warum eine Einordnung von Kryptowährungen als E-Geld scheiterte (vgl. ausführlich bereits → Rn. 242; ebenso Grohé RdZ 2021, 48 (150 f.); Erwägungsgrund Nr. 10 MiCAR). Auch wenn für die Definition des E-Geld-Tokens die solche Forderung nicht erforderlich ist, wird sie wiederum in der Rechtsfolge als Voraussetzung für die Zulässigkeit des E-Geld-Tokens geregelt, Art. 44 Abs. 2 MiCAR. Im Übrigen muss ein E-Geld-Token **nicht gegen Zahlung eines Geldbetrags ausgegeben** werden (so auch Grohé RdZ 2021, 148 (150)) und **muss nicht der Ausführung von Zahlungsvorgängen** dienen (auch wenn das E-Geld-Token regelmäßig Zahlungszwecken dienen wird, Erwägungsgrund Nr. 9 MiCAR; die Eingrenzung auf die Verwendung als „Tauschmittel" ist in der Definition des E-Geld-Token in der MiCAR-Fassung nach Abschluss des Trilogs nicht mehr vorhanden).

Konstitutives Abgrenzungsmerkmal des E-Geld-Tokens von anderen Krypto-   **262** werten nach der MiCAR ist die Verwendung einer offiziellen Währung als Bezugsgrundlage. Die „Verwendung einer Bezugsgrundlage" liegt vor, wenn der Umtauschwert des E-Geld-Tokens in einem festen Verhältnis zu einer offiziellen Währung steht (so wohl auch Baur jurisPR-BKR 9/2021 Anm. 1: „eine einzelne Währung für den elektronischen Verkehr substituieren und daher nur an diese eine Währung angebunden sind"). Nicht gemeint ist dabei die Art und Weise, in der der Emittent des E-Geld-Tokens die Wertstabilität herstellt (vgl. Erwägungsgrund Nr. 26 MiCAR). Von der Definition des E-Geld-Tokens können daher auch solche Kryptowerte erfasst werden, deren Wertstabilität nicht durch hinterlegte Währungseinheiten gewährleistet wird (sog. „gedeckte Stablecoins"; vgl. Figatowski MwStR 2021, 712 (13)), sondern zB algorithmisch durch eine Veränderung der Token-Menge im Markt entsprechend Angebot und Nachfrage nach der Währung (ausdrücklich zu algorithmisch stabilisierten Token Erwägungsgrund Nr. 26 Mi-CAR; aA (zur ursprünglichen Fassung der MiCAR) Patz BKR 2021, 725 (734)). Die Bezugsgrundlage wird aber vor allem durch den Anspruch des E-Geld-Token-Inhabers, das E-Geld-Token jederzeit zum Nennwert („par value") rücktauschen zu können (Art. 44 Abs. 4 MiCAR) gewährleistet. Dieses feste Verhältnis ermöglicht die Bestimmung des Nennwerts des E-Geld-Tokens.

cc) Verhältnis von MiCAR und ZAG. E-Geld-Token werden häufig auch   **263** den Tatbestand des § 1 Abs. 2 S. 3 ZAG (E-Geld) erfüllen. Sollte das nicht der Fall sein, so stellt Art. 43 Abs. 1a UAbs. 1 MiCAR klar: Erfüllt ein Kryptowert nur die Definition des E-Geld-Tokens, nicht aber die des E-Geldes, wird das Vorliegen von E-Geld fingiert. Deshalb wird sich bei tatbestandlich ähnlichen Regelungen des ZAG und der MiCAR die Frage der Abgrenzung der Anwendungsbereiche stellen. Dies ist in der MiCAR nicht (mehr) geregelt. Der Kommissions-Entwurf der MiCAR (COM(2020) 593 final) nahm gem. Art. 2 Abs. 2 lit. b MiCAR-Entwurf vom Anwendungsbereich aus „E-Geld im Sinne von Artikel 2 Nummer 2 der Richtlinie 2009/110/EG [Zweite E-Geld-RL], es sei denn, es handelt sich um E-Geld-Token im Sinne dieser Verordnung" (dazu, insofern überholt: Grohé RdZ 2021, 148 (153); Wellerdt EuZW 2021, 52 (56)). Für Spezialität der MiCAR spricht zum einen Erwägungsgrund Nr. 10 MiCAR: Dort wird darauf verwiesen, dass E-Geld-Token Kryptowerte sind und daher (Krypto-) spezifische Risiken aufweisen, also über sonstiges E-Geld hinausgehende Risiken. Richtiger Weise wird, sofern im Einzelfall der Gesetzgeber nicht das Verhältnis bestimmt hat (wie zB in Art. 44 MiCAR), für jeden einzelnen Konfliktfall nach Sinn und Zweck der Regelungen das Verhältnis zwischen MiCAR und ZAG/Zweite E-Geld-RL zu bestimmen sein (zum E-Geld-Agenten → Rn. 266).

264   **dd) Ausnahmetatbestände.** Art. 43 Abs. 2b MiCAR verweist auf die Ausnahmen vom Anwendungsbereich der Zweiten E-Geld-RL, die in § 1 Abs. 2 S. 4 Nr. 1 und 2 umgesetzt sind, also namentlich die „Limited Loop Ausnahme" und die Ausnahme für telekommunikationsspezifische Zahlungsvorgänge (zu den Ausnahmen → Rn. 272 ff.). Zudem gilt gem. Art. 43 Abs. 2a MiCAR auch die Ausnahme nach Art. 9 Abs. 1 Zweite E-Geld-RL, die jedoch in Deutschland nicht umgesetzt wurde (vgl. zur Kleinemittenten-Ausnahme → Rn. 292). In jedem Fall gilt sowohl für die Ausnahme nach Art. 43 Abs. 2a als auch Abs. 2b MiCAR die Pflicht zur Erstellung eines „Whitepapers" (dazu näher → Rn. 265), vgl. Art. 43 Abs. 2c MiCAR. Mit Blick auf die Anforderungen nach der MiCAR entbinden die Ausnahmen daher nur von dem mittelbaren Erlaubnisvorbehalt nach Art. 43 Abs. 1 MiCAR (zu diesem → Rn. 265).

265   **ee) Überblick über Regelungen der MiCAR.** Liegt ein E-Geld-Token vor, so richten sich die Anforderungen und Pflichten an den Emittenten nach der MiCAR. Diese verweist größtenteils auf die Zweite E-Geld-RL. Die MiCAR statuiert keinen eigenen **Erlaubnisvorbehalt für die Emission von E-Geld-Token,** sondern verbietet die Emission anderen Personen als zugelassenen CRR-Kreditinstituten und E-Geld-Instituten iSv Art. 2 Abs. 1 Zweite E-Geld-RL, vgl. Art. 43 Abs. 1 MiCAR. Die Erlaubnis nach § 11 ist auch dann erforderlich, wenn ein E-Geld-Token nicht alle Merkmale des E-Geld-Begriffs nach Abs. 2 Satz 3 erfüllt (Art. 43 Abs. 1a UAbs. 1 MiCAR; → Rn. 263). Zum anderen sind die Vorschriften von Titel II und Titel III der Zweiten E-Geld-RL anwendbar, wenn sich nichts Anderes aus den Vorschriften der MiCAR ergibt, Art. 43 Abs. 1b MiCAR (Grohé RdZ 2021, 148 (151)). Ein Unterschied liegt zB darin, dass abweichend von Art. 11 Zweite E-Geld-RL (umgesetzt in § 33) grundsätzlich keine Entgelte für den **Rücktausch des E-Geld-Tokens** zulässig sind (Art. 44 Abs. 6 MiCAR; anders noch in der Fassung der Kommission, COM(2020) 593 final). Die MiCAR beinhaltet Anforderungen und Pflichten, die über die Zweite E-Geld-RL hinausgehen, insbes. die **Pflicht, ein „Whitepaper"** an die zuständige Behörde zu notifizieren und auf der Website des Emittenten zu veröffentlichen (Art. 43 Abs. 1 lit. c MiCAR). Diese Pflicht lehnt sich stark an die Prospektpflicht der ProspektVO an (auch wenn es sich ausdrücklich nicht um ein Prospekt iSd ProspektVO handelt, vgl. Feger/Gollasch CB 2022, 248 (249)). Die Inhalte und Anforderungen an das Whitepaper ergeben sich aus Art. 46 MiCAR. Die

Whitepaper-Pflicht besteht auch, wenn Ausnahmen von der Erlaubnispflicht eingreifen (→ Rn. 264).

MiCAR regelt einen Katalog von **Krypto-Dienstleistungen** in Art. 3 Abs. 9 **266** MiCAR und knüpft in Art. 53 Abs. 1, Art. 54 MiCAR eine **Erlaubnispflicht** an die Erbringung. Ähnliche Erlaubnispflichten galten schon nach bisheriger Rechtslage für Kryptowerte isd § 1 Abs. 11 S. 1 Nr. 10 KWG und für sonstige Kryptowährungen, wenn man diese als Rechnungseinheit isd § 1 Abs. 11 S. 1 Nr. 7 Alt. 2 KWG einordnete (str.; vgl. dazu → Rn. 241, 243; vgl. dazu auch BaFin, Merkblatt ICOs v. 16. 8. 2019, S. 11 ff.). Die MiCAR geht aber soweit anderen nationalen und europäischen Vorschriften vor, als nicht ein Ausnahmetatbestand nach Art. 2 Abs. 3 MiCAR vorliegt, der die Anwendung der MiCAR ausschließen würde (so zB wenn ein betroffener Kryptowert ein Finanzinstrument nach MiFID II darstellen würde; näher vgl. Rennig ZBB 2020, 385 (396 f.)). Erleichterungen bestehen insofern, als ein Dienstleister, der bereits Dokumente nach Zweiter E-Geld-RL, MiFID II, PSD2 oder nationalem Recht eingereicht hat, diese nicht erneut einreichen muss, Art. 54 Abs. 3 MiCAR.

Problematisch könnte sich das Verhältnis zwischen den **erlaubnispflichtigen 267 Krypto-Dienstleistern** der MiCAR einerseits und den erlaubnisfreien **E-Geld-Agenten** andererseits gestalten. Grundsätzlich sind die Bestimmungen zum E-Geld-Agenten, die in Titel II Zweite E-Geld-RL enthalten sind, auch nach der MiCAR für E-Geld-Token anwendbar, Art. 43 Abs. 1b MiCAR. Dies gilt insoweit, als nichts anderes in Titel IV der MiCAR (über E-Geld-Token) geregelt ist. Die Annahme und Übermittlung von Aufträgen über Kryptowerte für Dritte (Art. 3 Abs. 1 Nr. 9 lit. g MiCAR) als Krypto-Dienstleistung dürfte sich zwar mit der Vertriebstätigkeit des E-Geld-Agenten überschneiden (Grohé RdZ 2021, 148 (155)). Durch die Bezugnahme auf die Zweite E-Geld-RL in Art. 43 Abs. 1b MiCAR dürften die Vorschriften der E-Geld-RL aber vorrangig sein, sodass ein „E-Geld-Token-Agent" auch nach der MiCAR erlaubnisfrei bleiben dürfte. Die MiCAR geht nämlich den in Bezug genommenen Titeln der E-Geld-RL nur insoweit vor, als es sich um Vorschriften „dieses Titels" der MiCAR, also des Titels zu E-Geld-Token, nicht aber zu Krypto-Dienstleistern, handelt. Nur insoweit Krypto-Dienstleistungen über die Vertriebstätigkeit des „E-Geld-Token-Agenten" hinausgehen, wäre wiederum eine Erlaubnis nach der MiCAR erforderlich.

e) Begriff der Ausgabe (Satz 2). § 1 Abs. 2 S. 2 definiert das E-Geld-Geschäft **268** als die Ausgabe von E-Geld. Der Begriff der „Ausgabe" ist unklar. Der Richtliniengeber und im Anschluss daran die deutsche RegBegr sprechen von „bereitstellen" von geldwerten Einheiten (Erwägungsgrund Nr. 7 der Zweiten E-Geld-RL; BT-Drs. 17/3023, 39). In der Literatur (Lösing ZIP 2011, 1944 (1945); Hingst/Lösing Zahlungsdiensteaufsicht § 7 Rn. 24; zustimmend Ellenberger/Findeisen/Nobbe/Böger/Findeisen Rn. 538) wird die Ausgabe definiert als „Übertragung der elektronischen Werteinheiten von der ausgebenden Stelle auf denjenigen, der sie zu Zahlungszwecken einsetzen möchte". Diese Ansicht vermag – ähnlich wie die sachenrechtliche Betrachtung der Rechtsnatur des E-Geldes (→ Rn. 218 f.) – allerdings nicht zu erklären, wie und wann die Verpflichtung des E-Geld ausgebenden Instituts im Rahmen der „Ausgabe" entsteht. Stellt man auf die „Übertragung von elektronischen Werteinheiten" als „Ausgabe" ab, so setzt dies solche elektronischen Werteinheiten, die eine Forderung gegen die ausgebende Stelle begründen, denknotwendig bereits voraus. Eine ähnliche Sichtweise geht mit dem Begriff „Bereitstellen von geldwerten Einheiten", wie es die Zweite E-Geld-RL formuliert, einher. Die

Abgrenzung zwischen Ausgabe und Vertrieb (hierzu → Rn. 349) lässt sich mit dieser Definition nur schwer bewerkstelligen. Die wohl hM formuliert deshalb im Anschluss an das zu § 1 Abs. 14 KWG aF ergangene Merkblatt der BaFin (BaFin, Merkblatt v. 9. 1. 2009 (aufgehoben), Abschn. 1. e)), dass „Ausgabe" die „Eingehung der Verpflichtung zur Leistung der E-Geld ausgebenden Stelle ggü. dem Berechtigten oder der akzeptierenden Stelle" sei (Diekmann/Wieland ZBB 2011, 297 (299); Fett/Bentele BKR 2011, 403 (406); Schwennicke/Auerbach/Schwennicke Rn. 99; ähnlich auch Ellenberger/Findeisen/Nobbe/Böger/Findeisen Rn. 538; zustimmend Schäfer/Omlor/Mimberg/Mimberg Rn. 235). Dieser Ansicht ist zuzugeben, dass sie richtigerweise den Begriff der „Ausgabe" mit dem Entstehen der rechtsgeschäftlichen Verpflichtung der ausgebenden Stelle gleichsetzt. Die vorstehende Ansicht erklärt jedoch nicht, wie die Verpflichtung entsteht. Unklar ist insbes., wie die Verpflichtung der E-Geld ausgebenden Stelle für einen bestimmten E-Geld-Betrag ggü. einem Dritten, nämlich der akzeptierenden Stelle, entstehen soll.

269   Vertritt man im Rahmen der Diskussion zur Rechtsnatur von E-Geld (→ Rn. 220 f.) die Ansicht, dass es sich dabei idR um einen entgeltlichen Geschäftsbesorgungsvertrag iSv §§ 662 ff., 675 BGB mit einer generell-abstrakten Zahlungsanweisung, ähnlich derjenigen des Wechselausstellers an den Akzeptanten, handelt (→ Rn. 220), so ergeben sich daraus verschiedene Rückschlüsse für den Begriff der „Ausgabe". Obschon das E-Geld nicht als Wertpapier zu qualifizieren ist (→ Rn. 217 ff.), ist dann die Ausgabe von E-Geld vergleichbar mit der rechtsgeschäftlichen Einordnung der Begebung eines Wechsels (Langenbucher Zahlungsverkehr S. 311) nach der im Wertpapierrecht ganz herrschenden, sog. modifizierten Vertragstheorie (Baumbach/Hefermehl/Casper/Casper A Rn. 31 ff., 33). Nach der modifizierten Vertragstheorie im Wertpapierrecht ist für die Entstehung einer Wechselforderung neben der Unterzeichnung des Wechsels, dem sog. Skripturakt, der einen Realakt darstellt, der Abschluss eines Begebungsvertrags zwischen dem Geber der Wechselverpflichtung und deren Nehmer oder der Rechtsschein des Abschlusses eines solchen Begebungsvertrages erforderlich (statt aller vgl. Baumbach/Hefermehl/Casper/Casper A Rn. 31 ff.). Bei der Ausgabe von E-Geld ist es naheliegend, – zB im Falle von Cybercoins – in der Erstellung verschlüsselter, mit einer digitalen Signatur versehener und durchnummerierter Datensätze einen ähnlichen Realakt, wie den im Wertpapierrecht erforderlichen Skripturakt zu sehen. Ähnlich ist die Situation, wenn lediglich ein Datensatz, der einen bestimmten Betrag verkörpert, auf den Mikro-Prozessor oder den Magnetstreifen einer Plastikkarte gespeichert wird, die sämtliche Daten zur Identifizierung der ausgebenden Stelle (BLZ, BIC, IBAN und ggf. zusätzlich sonstige Kennungen) enthält. Sodann ist entsprechend dem Abschluss eines wechselrechtlichen Begebungsvertrags im Falle von E-Geld der Abschluss eines Geschäftsbesorgungsvertrags iSv §§ 662, 675 BGB oder aber – wie in den meisten Fällen – bei Bestehen eines Rahmenvertrages die Vereinbarung der abstrakt-generellen Weisung zwischen ausgebender Stelle und dem Nehmer des E-Geldes erforderlich, wonach sich die ausgebende Stelle verpflichtet, an jeden Inhaber der ausgegebenen, monetären Werteinheit zu zahlen, der diese der ausgebenden Stelle vorlegt (Langenbucher Zahlungsverkehr S. 309). Im Falle der Einschaltung von Vertriebsunternehmen oder bei „Ausgabe" von E-Geld über Automaten wird die Erklärung der ausgebenden Stelle entweder in Botenschaft oder in Stellvertretung durch das Vertriebsunternehmen abgegeben. Zivilrechtlich käme auch eine Ausgabe an das Vertriebsunternehmen in Betracht, das sodann die geldwerten Einheiten weiter veräußert (Eigenhändler- oder Kommissionärs-Modell) (dazu vgl.

aber → Rn. 361 zur Ansicht der BaFin, dass der Handel mit Recheneinheiten verschiedene KWG-Tatbestände erfüllt).

Sollte der Geschäftsbesorgungsvertrag oder die abstrakt-generelle Weisung zivil- **270** rechtlich fehlerhaft sein, etwa weil ein nicht zur Vertretung oder Verfügung Berechtigter oder ein Minderjähriger die Geldkarte auflädt, stellt sich die Frage, ob für eine Verpflichtung der ausgebenden Stelle ggü. einem Zweiterwerber der digitalen monetären Werteinheit der zurechenbare Rechtschein der wirksamen Begebung genügt und was ihn trägt. Im Wechselrecht bilden der Besitz der Urkunde und eine ununterbrochene Kette von Indossamenten die Grundlage des Gutglaubensschutzes gemäß Art. 16 Abs. 2 WG (Baumbach/Hefermehl/Casper/Casper WG Art. 16 Rn. 13). Ob eine solche Legitimationsfunktion de lege lata, mittels analoger Anwendung des Art. 16 Abs. 2 WG, bereits einer elektronischen Recheneinheit zukommen könnte, erscheint nicht unproblematisch (zweifelnd auch Langenbucher Zahlungsverkehr S. 308, wobei sie das Fälschungsrisiko der elektronischen Werteinheit ggü. dem der Urkunde wohl zu Unrecht übergewichtet). Vergleicht man aber die in der Literatur bestehende Überzeugung zum Gutglaubenserwerb gemäß § 68 Abs. 2 S. 1 AktG iVm Art. 16 Abs. 2 WG der blankoindossierten, girosammelverwahrten Namensaktie (vgl. nur MüKoAktG/Bayer § 68 Rn. 23 ff. mwN) mit der hier betrachteten Situation der idR auf Schattenkonten geführten und immerhin elektronisch „verkörperten" Recheneinheit, so liegt eine Analogie durchaus nahe. Eine beschränkte, allerdings für die Umlauffähigkeit nicht befriedigende Rechtsscheinhaftung lässt sich bereits de lege lata aus den Vertretungsregeln (§§ 172 ff. BGB) ableiten, wenn eine vollmachtlose oder eine die Vollmacht überschreitende Verfügung über Recheneinheiten stattfindet und diese auf einer Herausgabe der Zugangsdaten (PIN uä) beruht (Langenbucher Zahlungsverkehr S. 322).

Ausgabe bedeutet dementsprechend die Übertragung der die monetäre Wert- **271** einheit beinhaltenden digitalen Datensentenz mitsamt einer den Aussteller bezeichnenden Kennung und Abschluss eines die Verpflichtung der ausgebenden Stelle begründenden Geschäftsbesorgungsvertrages mit abstrakt-genereller Weisung oder Hervorrufen des zurechenbaren Rechtsscheins desselben.

4. Ausnahmetatbestände (Satz 4)

a) Allgemeines, Systematik. Abs. 5 beinhaltet eine nahezu wortlautgetreue **272** Umsetzung von Art. 1 Abs. 4 und Abs. 5 der Zweiten E-Geld-RL. Abs. 2 Satz 4 Nr. 1 verweist auf die Ausnahmebestimmung des § 2 Abs. 1 Nr. 10 und Abs. 2 S. 4 Nr. 2 verweist auf § 2 Abs. 1 Nr. 11. Auch hierbei handelt es sich um die nahezu wortlautgetreue Umsetzung des Verweises der Zweiten E-Geld-RL – kraft dynamischer Verweisung – nunmehr auf Art. 3 lit. k und 3 lit. l PSD2. Mit den Erwägungsgründen Nr. 5 und 6 der Zweiten E-Geld-RL hatte der Richtliniengeber der Zweiten E-Geld-RL den Ausnahmebestimmungen recht umfangreiche Erläuterungen hinzugefügt. Diese werden nunmehr ergänzt durch die entsprechenden Erwägungsgründe der PSD2. Zuletzt erfuhren die Ausnahmetatbestände des Art. 3 lit. k PSD2 eine weitere Konkretisierung durch Leitlinien der EBA (EBA v. 24. 2. 2022, EBA/GL/2022/02; näheres → § 2 Rn. 49 ff.).

Die Möglichkeit der anderweitigen Freistellung im Ermessen der BaFin, die frü- **273** her nach § 2 Abs. 5 KWG aF bestand, ist ersatzlos entfallen. Über Abs. 2 Satz 4 hinausgehende Ausnahmen gibt es deshalb nicht.

274　　Die Technik der Regelung ist es, dass bei Vorliegen des Ausnahmetatbestandes nicht nur die Erlaubnispflicht nach § 11 nicht vorliegt; vielmehr entfällt – trotz Vorliegens aller Voraussetzungen des Abs. 2 Satz 3 – der Tatbestand des E-Geldes. Dies hat zum einen zur Folge, dass auch die Regelung des § 3 nicht mehr anwendbar ist, sodass in den Fällen des Ausnahmetatbestands des Abs. 2 Satz 4 auch die Fiktion des § 3 Abs. 2 S. 2 nicht eingreift und in der Folge der Tatbestand des **Einlagengeschäfts** gemäß § 1 Abs. 1 S. 2 Nr. 1 des KWG einschlägig sein kann (hierzu → § 2 Rn. 110). Auch besteht in diesem Fall nicht die Erlaubnis zur Erbringung von Zahlungsdiensten iSv § 11 Abs. 2; jedoch dürfte die Erbringung von Zahlungsdiensten idR gem. § 1 Abs. 10 Nr. 10 oder Nr. 11 ebenfalls freigestellt sein. **Zivilrechtlich** hat dies zur Folge, dass für die Ausgabe der unter die Ausnahme fallenden elektronischen Werteinheiten und für Zahlungsvorgänge hiermit die Regelungen über Zahlungsdienste der §§ 675c ff. BGB nicht zur Anwendung gelangen (vgl. § 675c Abs. 2 und Abs. 3 BGB).

275　　**b) Abs. 2 Satz 4 im Einzelnen.** Für die Kommentierung auch der Ausnahme zum E-Geld-Tatbestand gemäß Abs. 2 Satz 4 Nr. 1 iVm § 1 Abs. 1 Nr. 10 wird auf → § 2 Rn. 105 ff. und für Abs. 2 Satz 4 Nr. 2 iVm § 1 Abs. 1 Nr. 11 wird auf → § 2 Rn. 143 ff. verwiesen.

V. Der Institutsbegriff in Abs. 3

276　　Die Definitionsnorm des Abs. 3 entspricht Abs. 2a im ZAG 2009. Dort war sie nachträglich durch das Gesetz zur Umsetzung der Zweiten E-Geld-Richtlinie (BGBl. 2011 I 288) mit Wirkung zum 30. 4. 2011 in das ZAG eingefügt worden. Die Vorschrift steht in systematischem Zusammenhang mit Abs. 1 und Abs. 2 ist nunmehr systematisch stimmig eingeordnet worden (zur Kritik am alten Recht → 1. Aufl. 2014, § 1 Rn. 106). **Zweck der Vorschrift** ist es, unter Rückgriff auf das Regelungsvorbild in § 1 Abs. 1b KWG, für die Zwecke des ZAG eine gemeinsame Kategorie eines Instituts bestehend aus Zahlungsinstituten (Abs. 1 S. 1 Nr. 1) und E-Geld-Instituten (Abs. 2 S. 1 Nr. 1) zu bilden (so bereits zum alten Recht RegE BT-Drs. 17/3023, 38; ebenso Schäfer/Omlor/Mimberg/Mimberg Rn. 243 f.). „Institut im Sinne dieses Gesetzes" wird damit zum Oberbegriff dieser beiden Anwendungsfälle. § 2 Abs. 1 Nr. 3 GWG nimmt auf diese Definition Bezug. Wegen der weiteren Einzelheiten des Begriffs des Zahlungsinstituts und des E-Geld-Instituts vgl. → Rn. 9 ff., 13 ff.

VI. Herkunftsmitgliedstaat; Aufnahmemitgliedstaat (Abs. 4)

1. Normentwicklung und Systematik

277　　Abs. 4 enthält jeweils eine Legaldefinition zu den Begriffen Herkunfts- (S. 1) sowie Aufnahmemitgliedstaat (S. 2). Die Vorschrift hat die Aufgabe, **Art. 4 Nr. 1 und Nr. 2 PSD2** umzusetzen. Anders als die Richtlinie hat sich der deutsche Gesetzgeber dazu entschieden, die Begriffe Herkunfts- und Aufnahmemitgliedstaat in einem Absatz zu definieren. Abs. 4 S. 1 enthält zudem eine Definition des Begriffs „Mitgliedstaat", die sich so nicht in der Richtlinie findet. Erfasst sind von diesem Begriff die Mitgliedstaaten der EU. Gleichstellt werden die Mitgliedsstaaten des EWR, die jedoch zur besseren Abgrenzung als Vertragsstaaten bezeichnet werden (missverständlich Vorauf. Rn. 252). Mit dieser unter dem Aspekt der Vollharmonisierung (Art. 107 Abs. 1, 3 PSD2) unproblematischen Erweiterung des Anwendungsbereiches hat der deutsche Gesetzgeber die Übernahme der ZDRL durch die Mitgliedsstaaten des EWR vorweggenommen.

Das **ZAG 2009** kannte anders als die ZDRL 2007 (PSD1) keine Definition der   278
Begriffe Herkunfts- und Aufnahmemitgliedstaat (vgl. Art. 4 Nr. 1, 2 ZDRL 2007/64/EG). Die damalige Gesetzesbegründung verwendet den Terminus „Herkunftsstaat" und setzt diesen mit „Sitzstaat" gleich (RegE BT-Drs. 16/11613, 31), der Begriff „Aufnahmemitgliedstaat" fand keine Erwähnung. Die Definitionen der PSD1 waren jedoch bereits unter der Ägide des ZAG 2009 im Rahmen einer richtlinienkonformen Auslegung (dazu → Einleitung Rn. 46) zu berücksichtigen. Demnach entsprechen die neu in das ZAG aufgenommenen Definitionen laut Gesetzesbegründung zur Umsetzung der Zweiten ZDRL „der geltenden Rechtslage" (RegE BT-Drs. 18/11495, 108; vgl. auch Schäfer/Omlor/Mimberg/Mimberg Rn. 247).

Abs. 4 steht systematisch in einem engen Zusammenhang mit dem in Abs. 5 de-   279
finierten Begriff der „Zweigniederlassung", da die Termini Herkunfts- und Aufnahmemitgliedstaat vor allem bei der Gründung einer Zweigniederlassung Relevanz entfalten, sodass auch ein enger Bezug zu §§ 38, 39 besteht. Eine parallele Definition zum Herkunftsmitgliedsstaat enthält § 1 Abs. 19 Nr. 19, 20 KAGB für OGAW- bzw. AIF-Verwaltungsgesellschaften. Demgegenüber knüpft die für das KWG maßgebliche Definition an die Zulassung an (§ 1 Abs. 35 KWG, Art. 4 Abs. 1 Nr. 43 VO (EU) Nr. 575/2013), weswegen diese Vorschrift im Wege einer **systematischen Auslegung** nicht ohne weiteres herangezogen werden kann.

2. Regelungsgehalt der Norm

Nach Abs. 4 S. 1 richtet sich der **Herkunftsmitgliedstaat** primär nach dem   280
Satzungssitz des Instituts. Nur für den Fall, dass ein Satzungssitz nicht existiert, ist subsidiär auf den Ort der Hauptverwaltung zurückzugreifen. Dass mit „Sitz" nur der **Satzungssitz** gemeint sein kann, ergibt sich bereits aus dem Umkehrschluss zu Abs. 4 S. 1 Alt. 2 und wird durch die englische sowie französische Sprachfassung der Richtlinie („registered office", „siège statutaire") bestätigt. Die **Hauptverwaltung** ist die Zentrale eines Zahlungsinstituts, bei der sich die Verwaltung befindet und wo die wesentlichen Leitungsentscheidungen getroffen werden. Die sprachlich missglückte zweite Alternative bezieht sich auf Institute in einer Rechtsform, für die nach nationalem Recht kein Satzungssitz vorgeschrieben ist und deren Gesellschaftsvertrag keinen Satzungssitz vorsieht (Schäfer/Omlor/Mimberg/Mimberg Rn. 250). Ein Anwendungsbeispiel für das deutsche Recht bilden Personengesellschaften nach bisherigem Recht. Dieser Deutung entspricht Art. 11 Abs. 3 PSD2. Dort heißt es: „Zahlungsinstitute, die gemäß dem nationalen Recht ihres Herkunftsmitgliedsstaats einen Sitz haben müssen, müssen ihre Hauptverwaltung in demselben Mitgliedstaat haben, in dem sich dieser Sitz befindet, (…)", sodass denklogisch zur Gegengruppe Institute zählen, die nach dem nationalen Recht keinen Sitz haben müssen.

Satz 2 hat die Aufgabe den **Aufnahmestaat** zu definieren und stellt dabei zu-   281
gleich klar, dass grenzüberschreitendes Tätigwerden eines Instituts durch eine **Zweigniederlassung,** über einen **Agenten** oder im Wege des **grenzüberschreitenden Dienstleistungsverkehrs** erfolgen kann. Nicht erfasst sind also rechtlich selbständige Tochtergesellschaften, da diese eine eigene Zulassung benötigen.

Demgegenüber ist eine Zweigniederlassung iSd Abs. 5 rechtlich nicht selbständig, sondern nur eine Organisationseinheit des Instituts im Herkunftsstaat (→ Rn. 287). An dieser organisationsrechtlichen Verselbständigung fehlt es, wenn das Institut Zahlungsdienstleistungen ohne Zweigniederlassung oder Einschaltung eines Agenten im Wege eines Europäischen Passes (→ Rn. 257) unmittelbar aus dem Herkunftsstaat heraus anbietet (zB im Wege des Direktvertriebs oder über das Internet). Zwischen Zweigniederlassung und grenzüberschreitendem Dienstleistungsverkehr steht der Vertrieb über einen Agenten. Dieser wird nach Abs. 9 als „jede natürliche oder juristische Person, die als selbständiger Gewerbetreibender im Namen eines Instituts Zahlungsdienste ausführt" definiert (zu den Details → Rn. 329 ff.).

282   Die Definitionen des Abs. 4 weisen insbesondere für die in §§ 38 und 39 ZAG enthaltenen, auf alle drei Formen des **grenzüberschreitenden Tätigwerdens** bezogenen Regelungen Bedeutung auf. Einbezogen wird sowohl das grenzüberschreitende Tätigwerden inländischer Institute in einem anderen Mitgliedstaat der EU oder des EWR, dh in dem Aufnahmemitgliedstaat (sog. outgoing institutions, § 38 ZAG), als auch das Tätigwerden von Instituten im Inland, die nicht im Inland, sondern in einem anderen Herkunftsmitgliedstaat ansässig sind (sog. incoming institutions, § 39 ZAG). Im zuletzt genannten Fall wird die Zulassung im Herkunftsmitgliedstaat für die Erbringung von Zahlungsdiensten in anderen Mitglieds- und EWR-Staaten anerkannt (§ 39 Abs. 1 ZAG, sog. **„Europäischer Pass"**, vgl. Erwägungsgrund 41 PSD2). Außerdem erfolgt eine Zusammenarbeit zwischen Herkunfts- und Aufnahmemitgliedstaat bei der Aufsicht, deren Erfolg va durch gegenseitigen Informationsaustausch sichergestellt werden soll (Erwägungsgrund 41 PSD2; §§ 38 Abs. 3 f., 7, 39 Abs. 2, 6 ZAG). Wegen der weiteren Einzelheiten ist auf die Erläuterungen zu §§ 38, 39 zu verweisen.

VII. Zweigniederlassung (Abs. 5)

1. Normentwicklung und Systematik

283   Abs. 5 enthält eine Definition des Begriffs der **Zweigniederlassung** und setzt Art. 4 Nr. 39 PSD2 praktisch wörtlich um, zerlegt die Definition in der Richtlinie allerdings in zwei Sätze. Art. 4 Nr. 39 PSD2 entspricht im Wesentlichen Art. 4 Nr. 29 PSD1. Gleichwohl hatte der deutsche Gesetzgeber im ZAG 2009 noch auf eine Übernahme dieser Definition verzichtet, verwies in der Gesetzesbegründung aber bereits auf diese europäische Vorgabe (vgl. RegE BT-Drs. 16/11613, 56, die zudem auf die KWG-rechtliche Aufsichtspraxis hinwies). Das deckt sich mit dem Befund, dass die Gesetzesbegründung zum ZAG 2018 im Hinblick auf Abs. 5 von einem Gleichlauf mit „der geltenden Rechtslage" ausgeht (RegE BT-Drs. 18/11495, 108).

284   § 1 Abs. 19 Nr. 38 KAGB bestimmt den Terminus der Zweigniederlassung weitgehend ähnlich wie Abs. 5, wenn auch weniger ausführlich. Gleiches gilt für die mangels KWG-Legaldefinition genutzte Definition in Art. 4 Nr. 3 BankenRL Nr. 2006/48/EG (Fischer/Schulte-Mattler/Braun KWG § 24a Rn. 36 f.). Eine ähnliche Definition findet sich in der Kapitaladäquanzverordnung (VO (EU) Nr. 575/2013) in Art. 4 Abs. 1 Nr. 17. Der Begriff der Zweigniederlassung wird überdies in den §§ 13 ff. HGB vorausgesetzt. Im Wege der systematischen Auslegung kann auf die Erkenntnis aus der Auslegung dieser Vorschriften zurückgegriffen werden, wobei allerdings im Einzelfall die unterschiedliche Stoßrichtung der verschiedenen Vorschriften zu berücksichtigen ist.

2. Regelungsgehalt der Norm

Die Errichtung einer Zweigniederlassung stellt eine der Formen grenzüber- **285** schreitenden Tätigwerdens dar, die den Instituten über die **Europäischen Grundfreiheiten,** konkret in der sekundären Niederlassungsfreiheit nach Art. 49 Abs. 1 S. 2, 54 AEUV, zugesichert werden (zu den relevanten Grundfreiheiten vgl. auch Erwägungsgrund 41 PSD1). Abs. 5 wird ebenso wie Abs. 4 va im Rahmen der §§ 38 ff. ZAG relevant (→ Rn. 282). Abs. 5 erfasst nach seinem Wortlaut inländische wie ausländische Zweigniederlassungen; Bedeutung entfaltet er aber vor allem für ausländische Zweigniederlassungen.

Eine Zweigniederlassung ist von einer bloß grenzüberschreitenden Dienstleis- **286** tung oder dem Tätigwerden über einen Agenten abzugrenzen. Zwar beziehen sich die §§ 38, 39 ZAG auf alle drei Formen des grenzüberschreitenden Tätigwerdens (vgl. → Rn. 282), sodass insoweit eine Abgrenzung nicht zwingend erforderlich ist. Unterschiede ergeben sich im Hinblick auf **§ 41 ZAG,** wodurch die Pflicht, eine zentrale Kontaktperson im Inland zu benennen, für ein Tätigwerden in einer anderen Form als über eine Zweigniederlassung normiert wird (→ § 41 Rn. 10 ff.). Abs. 5 setzt zunächst voraus, dass es sich um „eine Geschäftsstelle, die nicht die Hauptverwaltung ist", handelt. Damit wird eine auf gewisse Dauer angelegte physische Präsenz in räumlicher Trennung von der Hauptverwaltung gefordert (→ § 39 Rn. 10 f.; vgl. auch Emde/Dornseifer/Dreibus/Hölscher/Nietsch KAGB § 49 Rn. 7 f.), worin einer der Unterschiede zur Erbringung grenzüberschreitender Dienstleistungen besteht (dazu → § 39 Rn. 14 sowie → § 41 Rn. 12). Die Forderung nach einer von der Niederlassung zu unterscheidenden Hauptverwaltung ist im Kontext mit § 10 Nr. 17 bzw. Art. 11 Abs. 3 PSD2 zu lesen. Zumindest aus einer richtlinienkonformen Auslegung ergibt sich ein **Kopplungsgebot** von Satzungssitz und Hauptverwaltung. Die Hauptverwaltung darf folglich nicht in das Land der ausländischen Niederlassung verlegt werden (dazu ausführlich Fischer/Schulte-Mattler/Vahldiek KWG § 53b Rn. 58; im Ergeb. ebenso Schäfer/Omlor/Mimberg/Mimberg Rn. 259).

Voraussetzung für das Vorliegen einer Zweigniederlassung ist weiter, dass sie **287** einen „Teil eines Instituts bildet und unmittelbar sämtliche oder einen Teil der Geschäfte betreibt, die mit der Tätigkeit des Instituts verbunden sind", ihr folglich eine gewisse **Eigenverantwortung und Entscheidungshoheit** übertragen wird (Mitteilung der EU-Kommission zu Auslegungsfragen über den freien Dienstleistungsverkehr und das Allgemeininteresse in der Zweiten Bankenrichtlinie, ABl. 1997 C 209, 12). Mit dem Zusatz, dass sie über keine eigene Rechtspersönlichkeit verfügen darf, wird die Abgrenzung zur Tochtergesellschaft vorgenommen (→ Rn. 281).

Die Zweigniederlassung ist ferner von einer **Zweigstelle** isd § 42 abzugrenzen. **288** Unter einer Zweigstelle versteht man die Nebenstelle eines Instituts mit Sitz in einem Drittstaat (→ § 42 Rn. 6). Die Zweigstelle gilt nach § 42 im Gegensatz zur Zweigniederlassung als eigenes Institut.

Abs. 5 **S. 2** ordnet schließlich an, dass ein Institut, das **mehrere Geschäftsstel- 289 len** in einem Aufnahmemitgliedstaat unterhält, nur über eine ausländische Zweigniederlassung im rechtlichen Sinne in diesem Aufnahmemitgliedstaat verfügt. Damit soll vermieden werden, dass unter mehreren Geschäftsstellen im Aufnahmemitgliedstaat eine Hierarchiebeziehung gebildet werden muss. Ferner soll keine erneute Anzeigepflicht nach § 38 Abs. 1 S. 1 ausgelöst werden. Bei Satz 2 handelt es sich um eine Fiktion (ebenso Schäfer/Omlor/Mimberg/Mimberg Rn. 260).

VIII. Gruppe (Abs. 6)

1. Normentwicklung und Systematik

290   Abs. 6 setzt **Art. 4 Nr. 40 PSD2** um und hatte im ZAG 2009 keinen Vorläufer, obwohl die PSD1 bereits in Art. 4 Nr. 30 eine – wenn auch schlichtere – Definition der Gruppe enthielt, die für die Auslegung des Begriffs „Gruppe" in den § 12 Abs. 2 sowie § 13 Abs. 1 S. 2 Nr. 2 ZAG aF herangezogen wurde (vgl. → 1. Aufl. 2014, § 12 Rn. 11 (Otte), → § 13 Rn. 28 (Terlau)). Diese Definition ist in der neuen, ausführlicheren Definition aufgegangen (dazu → Rn. 293 ff.).

291   Abs. 6 ist im Gegensatz zu seiner Vorgabe in der Richtlinie **sprachlich verunglückt** (zustimmend Schäfer/Omlor/Mimberg/Mimberg Rn. 264), da er anders als die Richtlinie die vollständigen Richtlinien- und Verordnungsbezeichnungen mit allen Änderungen aufnimmt, statt diese in Fußnoten zu verbannen. Außerdem tragen die zahlreichen Verweisungen auf andere Vorschriften nicht gerade zur Transparenz bei. Vereinfacht lässt sich der Aussagegehalt von Abs. 6 wie folgt formulieren: „Gruppe ist ein Verbund von Unternehmen, die untereinander durch eine in Art. 22 Abs. 1, 2 oder 7 der RL 2013/34/EU genannte Beziehung verbunden sind, oder Unternehmen im Sinne der Art. 4, 5, 6 und 7 der Delegierten Verordnung (EU) Nr. 241/2014, die untereinander durch eine in Art. 10 Abs. 1 oder Art. 113 Abs. 6 oder 7 der Verordnung (EU) Nr. 575/2013 genannte Beziehung verbunden sind."

292   Das **Bankenaufsichtsrecht** enthält in § 10a KWG Definitionen unterschiedlicher Gruppen (Institutsgruppen, Finanzholding-Gruppen und gemischten Finanzholding-Gruppen), die nur wenig Ähnlichkeit mit der Definition im ZAG aufweisen, so dass sie für die Auslegung von Abs. 6 nicht herangezogen werden können. Im KAGB wird der Begriff Gruppe nicht verwendet.

2. Regelungsgehalt der Norm

293   Im Einklang mit der Systematik des Abs. 6 ist hinsichtlich der Gruppenzugehörigkeit zwischen nicht näher definierten **Unternehmen (Alt. 1)**, die im Sinne der Bilanz-RL verbunden sind, sowie **Unternehmen im Sinne der Art. 4, 5, 6 und 7 der Delegierten Verordnung (EU) Nr. 241/2014 (Alt. 2)**, die im Sinne der Kapitaladäquanzverordnung verbunden sind, zu differenzieren.

294   Der Unternehmensbegriff ist in beiden Alternativen ebenso wie in Abs. 1 Nr. 1 weit zu verstehen (vgl. dazu → Rn. 9). Durch den Verweis auf **Art. 22 RL 2013/34/EU** (der sog. Bilanz-Richtlinie) bilden ein Mutterunternehmen und seine Tochterunternehmen, auf die das Mutterunternehmen über eine Mehrheitsbeteiligung oder über andere dort genannte Möglichkeit beherrschenden Einfluss (beispielsweise Kontrolle über die Zusammensetzung des Verwaltungs-, Leitungs- und Aufsichtsrates durch einen entsprechenden Vertrag oder eine Satzungsbestimmung) oder die Kontrolle ausüben kann, eine Gruppe (Abs. 1, 2). Gleiches gilt nach Abs. 7 für das Mutterunternehmen und seine nicht untereinander in einer Abhängigkeitsbeziehung stehenden Tochterunternehmen, sofern jene aufgrund eines Unternehmensvertrags oder einer Satzungsbestimmung einer einheitlichen Leitung unterstehen oder bei denen in den Verwaltungs-, Leitungs- oder Aufsichtsorganen Personenidentität besteht (Abs. 7). Der Aussagegehalt des Art. 22 Abs. 7 RL 2013/34/EU entspricht Art. 12 Abs. 1 der alten Bilanzrichtlinie (RL 83/249/EWG), auf den in der zweiten Alternative Bezug genommen wird.

Mit **Unternehmen iSd Delegierten Verordnung (EU) Nr. 241/2014** wer- 295
den Genossenschaften (Art. 4), Sparkassen (Art. 5), Gegenseitigkeitsgesellschaften
(Art. 6) sowie ähnliche Institute (Art. 7) erfasst. Die Gruppenzugehörigkeit dieser
Unternehmen richtet sich nach den Vorgaben der **Kapitaladäquanzverordnung
(VO (EU) Nr. 575/2013).** Diese schließt erstens Institute ein, die im selben Mitgliedstaat niedergelassen und einer sie beaufsichtigenden Zentralorganisation
ständig zugeordnet sind (Art. 10 Abs. 1). Zweitens werden dadurch ein Mutterunternehmen, seine Tochterunternehmen, Tochterunternehmen des Mutterunter-
nehmens und Unternehmen, die untereinander durch eine Beziehung iSd Art. 12
Abs. 1 RL 83/349/EWG verbunden sind, als Gruppe erfasst (Art. 113 Abs. 6).
Art. 12 Abs. 1 RL 83/249/EWG deklariert Unternehmen als gruppenzugehörig,
die entweder aufgrund eines Vertrages oder einer Satzungsbestimmung einer einheitlichen Leitung unterstehen oder bei denen in den Verwaltungs-, Leitungs- oder
Aufsichtsorganen Personenidentität besteht. Art. 113 Abs. 6 ähnelt der noch in Art. 4
Nr. 30 PSD1 verwandten Begriffsbestimmung. Drittens bezieht die Kapitaladäquanzverordnung Unternehmen ein, die ein institutsbezogenes Sicherungssystem
gebildet, dh eine vertragliche oder satzungsmäßige Haftungsvereinbarung geschlossen haben, welche das Institut absichert und insbesondere bei Bedarf die Liquidität
und Solvenz sicherstellt, um einen Konkurs zu vermeiden (Art. 113 Abs. 7).

Echte **Unterschiede** hinsichtlich der Gruppenzugehörigkeit zwischen **Unter-** 296
nehmen iSd **Var. 1** und Unternehmen iSd Delegierten Verordnung **(Var. 2)**
ergeben sich nur im Hinblick auf die Verweise auf Art. 10 Abs. 1 (Zugehörigkeit zu
einer Zentralorganisation) und Art. 113 Abs. 7 (institutsbezogenes Sicherungssystem) VO (EU) Nr. 575/2013. Art. 22 RL 2013/34/EU und Art. 113 Abs. 6 VO
Nr. 575/2013 divergieren inhaltlich hinsichtlich der erfassten Fälle kaum, Art. 22
RL 2013/34/EU listet jene in Abweichung von Art. 113 Abs. 6 VO 575/2013 explizit auf (zustimmend Schäfer/Omlor/Mimberg/Mimberg Rn. 269).

Bedeutung erlangt die Definition der Gruppe für die Vorgaben hinsichtlich 297
Eigenkapitalausstattung und **Absicherung der entgegengenommenen Geld-**
beträge. Bezüglich der geforderten Eigenkapitalausstattung der Institute ist sicherzustellen, dass die Bestandteile, die für die Berechnung der Eigenmittel in Frage kommen, bei gruppenangehörigen Unternehmen nicht mehrfach angesetzt werden (**§ 15**
Abs. 1 ZAG, ausführlich dazu → § 15 Rn. 4 ff.). Die Versicherung oder Garantie für
einen Geldbetrag darf nicht bei einem Versicherungsunternehmen oder Kreditinstitut, das zur selben Gruppe gehört wie das entgegennehmende Institut, erfolgen (**§ 17**
Abs. 1 S. 2 Nr. 2 ZAG, vgl. dazu → § 17 Rn. 38, 40). Weiterhin normiert **§ 57**
Abs. 3 ZAG für gruppenangehörige Zahlungsdienstleister eine Ausnahme vom für
den Zugang zu Zahlungssystemen geltenden Behinderungs-, Ungleichbehand-
lungs- und Beschränkungsverbot (§ 57 Abs. 1 ZAG).

Schließlich kann die Gruppenzugehörigkeit ggf. für eine Ausnahme vom An- 298
wendungsbereich des ZAG Relevanz entfalten. Nach **§ 2 Abs. 1 Nr. 13 ZAG,** der
Art. 3 lit. n PSD2 umsetzt, gelten Zahlungsvorgänge und damit verbundene Dienste
innerhalb eines Konzerns oder zwischen den Mitgliedern einer kreditwirtschaftlichen Verbundgruppe nicht als Zahlungsdienste. Ausweislich des Erwägungsgrundes 17 der PSD2 soll die Bereichsausnahme die Einrichtung von Zahlungszentralen
einer Gruppe unterstützen, bei denen Zahlungsvorgänge gebündelt abgewickelt
werden. Durch die gegenüber der Richtlinienvorgabe vorgenommene Präzisierung
auf **Konzerne und kreditwirtschaftliche Verbundgruppen** bedarf es keines
Rückgriffs auf die allgemeinere Definition der Gruppe in Abs. 6. Für den Konzernbegriff ist vielmehr auf § 271 Abs. 2 iVm §§ 290 ff. HGB abzustellen (vgl. BaFin-

Merkblatt ZAG v. 14.2.2023, sub C XIII; Schäfer/Omlor/Mimberg/Mimberg
Rn. 263g → § 2 Rn. 149).

IX. Bedeutende Beteiligung (Abs. 7)

Literatur zu Abs. 7 iVm § 33 ff. WpHG: Dusemond, Die Abgrenzung des Konsolidierungs-
kreises im engeren und weiteren Sinne, DB 1994, 1733; Hippeli, Stiftungen und Trusts als Zu-
rechnungsmittler von Stimmrechten, AG 2014, 147; Nartowska, Stimmrechtsmeldepflichten
und Rechtsverlust eines Legitimationsaktionärs nach §§ 21 ff. WpHG, NZG 2013, 124;
Nietsch, Kapitalmarktrechtliche Beteiligungstransparenz bei Treuhandverhältnissen, WM
2012, 2217; Schürnbrand, Wider den Verzicht auf die gespaltene Auslegung im Kapitalmarktrecht, NZG 2011, 1213; ders., Die sog. gespaltene Rechtsanwendung im Kapitalmarktrecht –
erörtert am Beispiel der §§ 21 ff. WpHG, ZGR 2015, 84.

1. Allgemeine Zusammenfassung der Regelung, Normentwicklung, Zweck der Norm

299   Abs. 7 definiert den Begriff der „bedeutenden Beteiligung". Im Gegensatz zum
ZAG kannte schon die PSD1 und nun auch die PSD2 lediglich den Terminus der
„qualifizierten Beteiligung", auf den Abs. 7 sodann auch Bezug nimmt. Dass
das deutsche Recht auf „bedeutend" statt unmittelbar auf „qualifiziert" rekurriert,
ist der Historie des ZAG geschuldet, im Ergebnis aber eine unnötig verwirrende
deutsche Sonderheit. Dieser Begriff lehnt sich an die Transparenzrichtlinie
(Richtlinie 88/627/EWG) an. Vor Umsetzung des PSD2 sah Abs. 9 aF eigene Kriterien vor, um die Bedeutung einer Beteiligung zu beurteilen, die anzunehmen
war, wenn mindestens 10 Prozent des Kapitals oder ein entsprechender Prozentsatz
der Stimmrechte eines dritten Unternehmens im Eigen- oder Fremdinteresse gehalten wurden oder wenn auf die Geschäftsführung eines anderen Unternehmens
ein maßgeblicher Einfluss ausgeübt werden konnte. Letztere Tatbestandsmerkmale
hat der deutsche Gesetzgeber der Legaldefinition des Art. 4 Nr. 11 der Bankenrichtlinie (Richtlinie 2006/48/EG) entnommen. Die Bankenrichtlinie wurde aus
Gründen der Klarheit und Kohärenz, also einem zusammenhängenden, einheitlichen und geschlossenen Rahmen für Zahlungsdienste auf Gemeinschaftsebene
(vgl. Danwerth Finanztransfergeschäft S. 13 f.) in die CRR (Verordnung (EU)
575/2013) überführt, sodass sich die Legaldefinition der „qualifizierten Beteiligung" nunmehr dort in Art. 4 Abs. 36 wiederfindet. Trotz der faktischen Verkür-
zung des Wortlauts zugunsten einer Verweisung auf höherrangiges europäisches Sekundärrecht, hat sich der Regelungsgehalt in der Sache nicht geändert.

300   Relevanz gewinnt die Legaldefinition des Abs. 7 maßgeblich für den zweiten
Abschnitt des ZAG, der mit „Erlaubnis; Inhaber bedeutender Beteiligungen" überschrieben ist. Namentlich für die notwendigen Angaben des Erlaubnisantrags gem.
§ 10 Abs. 2 Nr. 13 oder als Grund der möglichen Versagung der Erlaubnis, ein Institut betreiben zu dürfen gem. § 12 Nr. 4 wird auf die Definition Bezug genommen.
Den Inhaber einer bedeutenden Beteiligung treffen die besonderen Pflichten aus
§ 14 sowie Anzeigenpflichten gegenüber den Aufsichtsbehörden gem. § 28 Abs. 1
Nr. 4 iVm § 11 ZAGAnzV.

301   Durch den insgesamt sehr weit gefassten Begriff der bedeutenden Beteiligung
soll eine wirksame, nicht allein an formalen Beteiligungsverhältnissen orientierte
Inhaberkontrolle (§ 14 ZAG) sichergestellt werden (so auch Ellenberger/Find-

eisen/Nobbe/Böger/Findeisen Rn. 635). Mit Blick auf die CRR-VO ist deshalb nur auf den ersten Blick verwunderlich, dass die „qualifizierte Beteiligung" weniger voraussetzt als die „Beteiligung" gem. Art. 4 Abs. 35 CRR-VO, die auf das direkte oder indirekte Halten von mindestens 20 Prozent der Stimmrechte oder des Kapitals abstellt.

Die Definition im ZAG entspricht der Legaldefinition in **§ 1 Abs. 9 S. 1 KWG,** 302 die im KWG zunächst durch die 4. KWG-Novelle eingefügt, sodann durch das 3. FinFöG neu gefasst und schließlich durch das CRD IV-Umsetzungsgesetz novelliert wurde. Durch die Verweisung in Abs. 7 S. 2 auf die Parallelvorschrift des § 1 Abs. 9 S. 2 und 3 KWG wird die Ähnlichkeit der beiden Vorschriften in aller Deutlichkeit sichtbar (vgl. Boos/Fischer/Schulte-Mattler/Schäfer § 1 Rn. 271 ff.).

2. Tatbestandsmerkmale

Eine bedeutende Beteiligung meint eine qualifizierte Beteiligung gemäß Art. 4 303 Abs. 1 Nr. 36 CRR-VO, also (a) das direkte oder indirekte Halten von mindestens 10% des Kapitals oder (b) der Stimmrechte eines Unternehmens oder (c) eine andere Möglichkeit der Wahrnehmung eines maßgeblichen Einflusses auf die Geschäftsführung dieses Unternehmens:

a) 10%ige Kapitalbeteiligung. Nach Umsetzung der PSD2 in Abs. 7 liegt 304 eine bedeutende Beteiligung vor, wenn unmittelbar oder mittelbar über ein oder mehrere Tochterunternehmen oder im Rahmen eines gleichartigen Verhältnisses oder im Zusammenwirken mit anderen Personen oder Unternehmen **10% des Kapitals** eines dritten Unternehmens – des Instituts – gehalten werden. Direktes Halten bestimmt sich nach der zivilrechtlichen Eigentumszuordnung (Boos/Fischer/Schulte-Mattler/Schäfer KWG § 1 Rn. 272). Indirektes Halten erfolgt über Tochtergesellschaften iSv Art. 4 Abs. 1 Nr. 16 CRR und damit einschließlich sog. Enkelgesellschaften. Da es unerheblich ist, ob das Kapital im Eigen- oder im Fremdinteresse gehalten wird, wird treuhänderisch gehaltener Anteilsbesitz sowohl dem Treuhänder als auch dem Treugeber zugerechnet (vgl. Ellenberger/Findeisen/Nobbe/Böger/Findeisen Rn. 641).

b) Halten von 10% der Stimmrechte. Eine bedeutende Beteiligung liegt 305 zum Zweiten auch dann vor, wenn direkt oder indirekt mindestens **10% der Stimmrechte** eines dritten Unternehmens gehalten werden. Durch den Verweis auf § 1 Abs. 9 S. 2 KWG gelten für die Berechnung der Stimmrechtsanteile die dort genannten Zurechnungsvorschriften. So erfolgt die Berechnung der Stimmrechtsanteile auch im Rahmen des ZAG nach § 33 Abs. 1 WpHG iVm einer Rechtsverordnung nach Abs. 3, § 34 Abs. 1 und 2 WpHG, § 35 Abs. 1–3 WpHG iVm einer Rechtsverordnung nach Abs. 6 und § 36 WpHG entsprechend. Damit werden insbesondere auch Stimmrechte eines Dritten dem beteiligenden Unternehmen zugerechnet, auf deren Ausübung **rechtlich oder faktisch Einfluss** besteht oder genommen werden kann (vgl. Schwennicke/Auerbach/Schwennicke § 1 Rn. 231). Der durch das Transparenzrichtlinien-Umsetzungsgesetz mit Wirkung zum Januar 2007 in seinem Anwendungsbereich erheblich erweiterte § 22 WpHG aF/§ 33 WpHG, hat damit auch bei der Stimmrechtsberechnung Einfluss auf das Vorliegen einer bedeutenden Beteiligung. Zu den Einzelheiten der in diesem Zusammenhang insbesondere interessierenden Zurechnung von Stimmrechten bei Vorliegen einer Finanzportfolioverwaltung vgl. Assmann/Schneider/Mülbert/U. H. Schneider, Wertpapierhandelsrecht, WpHG § 34 Rn. 33; MüKo-

AktG WpHG/Bayer § 34 Rn. 10ff.; Nartowska NZG 2013, 124; Nietsch WM 2012, 2217; Schürnbrand NZG 2011, 1213.

306   Gem. Abs. 7 S. 2 iVm § 1 Abs. 9 S. 3 KWG sind von der Stimmrechtsberechnung jedoch solche Stimmrechte **ausgenommen**, die Institute im Rahmen des Emissionsgeschäfts (§ 1 Abs. 1 S. 2 Nr. 10 KWG) erworben und nur **vorübergehend und ohne Ausübung unternehmerischen Einflusses** auf die Beteiligungsgesellschaft gehalten werden. Hierzu findet sich eine **Rückausnahme** in § 1 Abs. 9 S. 3 KWG aE, wonach jedoch solche Stimmrechte hinzugerechnet werden, bei denen die **Haltefrist ein Jahr** übersteigt.

307   c) **Ausübung maßgeblichen Einflusses auf die Geschäftsführung.** Schließlich liegt eine bedeutende Beteiligung dann vor, wenn auf die Geschäftsführung unabhängig von der Höhe der Beteiligung oder der Anzahl an Stimmrechten ein **maßgeblicher Einfluss** ausgeübt werden kann. Auch auf die Beteiligungsabsicht und die Beteiligungsdauer kommt es nicht an (Boos/Fischer/Schulte-Mattler/Schäfer KWG § 1 Rn. 274). Ein maßgeblicher Einfluss wird jedenfalls in Anlehnung an § 311 Abs. 1 S. 2 HGB dann vermutet, wenn ein Unternehmen bei einem anderen Unternehmen mindestens 20% der Stimmrechte der Gesellschafter innehat, sodass auch eine „Beteiligung" iSd Art. 4 Abs. 35 CRR-VO gegeben wäre. Im Rahmen der Berechnung der Stimmrechte sind daher auch solche Anteile zu berücksichtigen, die das einflussausübende Unternehmen nicht unter dem Bilanzposten „Beteiligungen" oder „Anteile an verbundenen Unternehmen" ausgewiesen hat (vgl. BAKred 27.5.1994 – 3–271–12/93, abgedruckt bei Reischauer/Kleinhaus, KWG, § 1).

308   Auch wenn das einflussnehmende Unternehmen weniger oder sogar gar keine Stimmrechte innehat, kann sich jedoch ein **maßgeblicher Einfluss aufgrund personeller Verflechtungen, finanzieller oder technologischer Abhängigkeit** ergeben. Insoweit reicht die Möglichkeit der Ausübung aus. Einer tatsächlichen Ausübung bedarf es dagegen im Gegensatz zu § 311 Abs. 1 S. 2 HGB nicht (zutreffend Ellenberger/Findeisen/Nobbe/Böger/Findeisen Rn. 642; aA Dusemond DB 1994, 1733 (1736)).

X. Geschäftsleiter (Abs. 8)

Literatur zu Abs. 8: Dürr, Bankleiterqualifikation, ZIP 1987, 1289; ders., Bankgeschäftsleiter – Risikoerfahrung contra Stabserfahrung, WM 1993, 1918; Habbe/Köster, Neue Anforderungen an Vorstand und Aufsichtsrat von Finanzinstituten, BB 2011, 265; Kust, Zur Sorgfaltspflicht und Verantwortlichkeit eines ordentlichen und gewissenhaften Geschäftsleiters, WM 1980, 758; Zerwas/Hanten, Zulassung zum Geschäftsbetrieb für Kredit- und Finanzdienstleistungsinstitute, BB 1998, 2481.

1. Regelungsgehalt und Normzweck, Normentwicklung

309   Abs. 8 enthält eine **Definition** des Begriffs des Geschäftsleiters, wobei sie sich auf Geschäftsleiter von Instituten (§ 1 Abs. 3), also Zahlungs- und E-Geld-Instituten, beschränkt. Für andere Zahlungsdienstleister, insbesondere Kreditinstitute, gelten dagegen abschließende Regelungen im KWG. Der Absatz besteht aus drei Sätzen, wobei S. 2 und 3 eine Einheit bilden. **S. 3 bezieht sich nicht auf S. 1.** Letzterer definiert den **„geborenen Geschäftsleiter"**, während S. 2 den **„gekorenen Geschäftsleiter"** näher beschreibt. Geborene Geschäftsleiter (S. 1) sind diejenigen natürlichen Personen, die nach Gesetz, Satzung oder Gesellschaftsvertrag zur Führung

der Geschäfte des Institutes und zu dessen Vertretung ermächtigt sind. Demgegenüber werden gekorene Geschäftsleiter (S. 2) durch die BaFin im Wege eines Verwaltungsakts mit ihren Aufgaben betraut. „Gekorene Geschäftsleiter" sind nur in
Ausnahmefällen zu bestimmen. Abs. 8 beinhaltet etwas versteckt auch die Legaldefinition der Bundesanstalt für Finanzdienstleistungsaufsicht, auf die im Weiteren
nur noch als „Bundesanstalt" Bezug genommen wird (so auch § 1 Abs. 4 S. 1 KWG).

Die Definition des Geschäftsleiters hat keine Entsprechung in der **PSD2**, ob- 310
wohl der Begriff des Geschäftsleiters in Art. 5 Abs. 1 lit. n und Art. 19 Abs. 1 lit. c
PSD2 auch dort verwendet wird. Der deutsche Gesetzgeber entschied sich bereits
aus Klarstellungsgründen für eine eigene Definition. Zumindest Abs. 8 S. 1 lehnt
sich aber nahezu wortgleich an die Definition des Geschäftsleiters in § 1 Abs. 2
KWG an. Nach der Streichung von § 1 Abs. 2 S. 2–4 KWG im Jahr 2017, kommt
der Legaldefinition im ZAG sodann aber erhebliche eigenen Bedeutung zu, da der
Gleichlauf zwischen KWG und ZAG insoweit auseinanderfällt. Im Rahmen der
Umsetzung der PSD2 wurde zwar der Wortlaut des Abs. 8 marginal angepasst, inhaltliche Änderung will der Gesetzgeber damit aber nicht verbunden wissen, BT-
Drs. 18/11495, 108. Vielmehr erkennt auch Abs. 8 nunmehr die Legaldefinition
des Instituts in Abs. 3 an und tituliert das Bestimmungsrecht der BaFin – in Abkehr
vom euphemistischen „bezeichnen" – auch als solches.

2. Gemeinsamkeiten bei „geborenen" und „gekorenen" Geschäftsleitern

a) Geschäftsleiter. Mit dem **Begriff des Geschäftsleiters** werden natürliche 311
Personen erfasst, die aufgrund ihrer Organstellung oder auf andere Weise zur Führung der Geschäfte des Institutes und zu dessen Vertretung ermächtigt sind. Sie sind
für das Institut verantwortlich und müssen besondere Anforderungen erfüllen (vgl.
Boos/Fischer/Schulte-Mattler/Schäfer KWG § 1 Rn. 209; Ellenberger/Findeisen/
Nobbe/Böger/Findeisen Rn. 646). Wesentlich für die Erteilung (§ 10 Abs. 2 Nr. 14
bzw. § 11 Abs. 2 Nr. 5), Versagung (§ 12 Nr. 5) oder Aufhebung (§ 13 Abs. 2 Nr. 3)
der Erlaubnis eines Instituts ist die **Zuverlässigkeit** und die **fachliche Eignung
des Geschäftsleiters**. Fachliche Eignung setzt voraus, dass „in ausreichendem
Maße theoretische und praktische Kenntnisse und Fähigkeiten in den betreffenden
Geschäften und Leitungserfahrung vorhanden sind" (§ 12 Nr. 5 Hs. 2). Durch die
weite Definition des Geschäftsleiters können sämtliche leitende Personen von Zah-
lungs- und E-Geld-Instituten gleich welcher Rechts- oder Organisationsform erfasst werden, soweit sie für die Aufsicht von Interesse sind. In diesem Zusammenhang ist auch auf die Möglichkeit der Abberufung von Geschäftsleitern gem. § 20
Abs. 1 iVm § 13 Abs. 2 Nr. 3–5 hinzuweisen.

Die Geschäftsleiter müssen über eine **uneingeschränkte Geschäfts- und Ver-** 312
tretungsbefugnis verfügen. Entscheidungsvorbehalte zugunsten Dritter, beispielsweise zugunsten des Aufsichtsrates oder der Anteilseigner sind mit diesem Grundsatz nicht vereinbar (zutreffend: Boos/Fischer/Schulte-Mattler/Schäfer KWG § 1
Rn. 210; Ellenberger/Findeisen/Nobbe/Böger/Findeisen Rn. 648). Das gilt ebenfalls für den Eingriff in diese Befugnis durch einen Beherrschungsvertrag iSd § 291
AktG, der die Erteilung von Weisungen gegenüber dem Geschäftsleiter zulässt (vgl.
Boos/Fischer/Schulte-Mattler/Schäfer KWG § 1 Rn. 210; Ellenberger/Findeisen/
Nobbe/Böger/Findeisen Rn. 649). Die **Weisungsunabhängigkeit** des Vorstandes
bei Aktiengesellschaften (§ 76 Abs. 1 KWG) und bei Kreditinstituten (§ 1 Abs. 2
KWG) gilt daher auch für Zahlungs- und E-Geld-Institute.

313   **b) Verantwortliche Personen für die Führung des Zahlungsdienstegeschäftes.** Nach der Gesetzesbegründung sind Geschäftsleitern den für die **Führung des Zahlungsdienstegeschäftes verantwortlichen Personen** gleichgestellt, sofern das Unternehmen neben der Erbringung von Zahlungsdiensten anderen Geschäftsaktivitäten nachgeht (BT-Drs. 16/11613, 37). Diese Begründung leuchtet auf den ersten Blick nicht sofort ein. So beschränkt sich die Definition des S. 1 schon dem Wortlaut nach auf Geschäftsleiter von Zahlungs- und E-Geld-Instituten. Zu weit gehend erscheint, dass insbesondere auch Führungskräfte auf der der Geschäftsleitung nachgelagerten Ebene unter die Definition des Geschäftsleiters subsumiert werden könnten. Wäre dem so, könnte die BaFin auch dann eine Erlaubnis versagen oder eine bereits erteilte Erlaubnis wieder aufheben, sofern die für das Zahlungsdienstegeschäft zuständige Führungskraft der zweiten Führungsebene möglicherweise unzuverlässig ist, der Geschäftsleiter selbst aber eine weiße Weste vorweisen kann. Dadurch könnte die BaFin in einem sehr hohen Ausmaß in die Führungsstruktur des Unternehmens eingreifen.

314   Die von Winkelhaus in der 1. Aufl. vorgeschlagene Lösung (→ Rn. 143), dass Institute, die neben Zahlungsdienstleistungen noch andere Geschäftsaktivitäten verfolgen, dann **zwei natürliche Personen als Führungskräfte** bestimmen müssen, die jeweils den Anforderungen an Zuverlässigkeit und fachlicher Eignung entsprechen müssen, kann nicht gefolgt werden. Das Gesetz geht schon im Grundsatz gem. § 10 Abs. 2 S. 5 bzw. § 11 Abs. 2 S. 4 vom Erfordernis zweiter Geschäftsleiter aus. Einem Unternehmen geringer Größe, das neben Zahlungsdienstleistungen andere Geschäfte anbietet, die Privilegierung gem. § 10 Abs. 2 S. 5 Hs. 2 bzw. § 11 Abs. 2 S. 4 Hs. 2 zu versagen, widerspricht dem klaren Gesetzeswortlaut, der eine derartige Einschränkung nicht vorsieht. Auch das Prinzip der begrenzten Einzelermächtigung (Art. 2 Abs. 1 AEUV) kann vorliegend nicht zur Hilfe gerufen werden, da der nationale Gesetzgeber grundsätzlich überschießend erweiternd umsetzen darf, wenn eine entsprechende Regelung in der Richtlinie fehlt (vgl. Danwerth Finanztransfergeschäft S. 144 ff.).

315   Das scheinbare Dilemma ist vielmehr dahingehend aufzulösen, dass die Gesetzesbegründung schlicht nicht der Weisheit letzter Schluss, sondern lediglich Auslegungshilfe ist (vgl. Fleischer, Mysterium „Gesetzesmaterialien", 2013, S. 1, 19 ff.; Danwerth Finanztransfergeschäft S. 223, 267). Maßgeblich ist der Wortlaut des Gesetzes als Akt der Legislative, der allein auf die Zuverlässigkeit und fachliche Eignung der Geschäftsleiter abstellt. Für eine entsprechende Prüfung der zweiten Führungsebene besteht schlicht **keine gesetzliche Grundlage.**

316   Der Wortlaut des Art. 5 Abs. 1 lit. n PSD2, der den Plural verwendet, legt nahe, dass **grundsätzlich mindestens zwei Geschäftsleiter erforderlich** ist. Die Gesetzesbegründung zur Umsetzung der PSD1 aus dem Jahr 2009 hat dies sogar ausdrücklich und entgegen § 8 Abs. 3 Nr. 9 S. 3 aF bzw. § 8a Abs. 3 Nr. 5 S. 3 aF vorausgesetzt (BT-Drs. 16/11613, 37). Es ergibt sich nunmehr aus § 10 Abs. 2 S. 5 bzw. § 11 Abs. 2 S. 4, dass Institute grundsätzlich mindestens zwei Geschäftsleiter zu bestellen haben. Nur im Ausnahmefall dürfen Unternehmen mit geringer Größe nur einen Geschäftsleiter bestellen.

3. Geborene Geschäftsleiter (Abs. 8 S. 1)

317   Die Führung der Geschäfte und die Vertretung des Instituts obliegen den Geschäftsleitern. Geborene Geschäftsleiter im Sinne dieses Gesetzes sind diejenigen, die hierzu kraft Gesetzes, Satzung oder Gesellschaftsvertrag berufen sind. Ohne Bedeutung für die Eigenschaft als Geschäftsleiter ist, ob diese haupt- oder nebenberuflich, ehrenamtlich oder als Stellvertreter tätig sind. Sie können gem. § 20 Abs. 1 iVm § 13 Abs. 2 Nr. 3–5 abberufen oder verwarnt werden. **Keine Geschäftsleiter** sind insbesondere **Prokuristen** (§ 48 HGB), **Generalbevollmächtigte, Handlungsbevollmächtigte** (§ 54 HGB) oder anders Bevollmächtigte (vgl. Boos/Fischer/Schulte-Mattler/Schäfer KWG § 1 Rn. 212). Aus § 21 Abs. 2 Nr. 2, der Geschäftsleiter und Inhaber nebeneinander nennt, ergibt sich, dass die Inhaber eines Instituts – mit Ausnahme der oHG – keine Geschäftsleiter sind (Schäfer/Omlor/Mimberg/Mimberg Rn. 281). Auch Einzelkaufleute sind keine Geschäftsleiter, da Abs. 8 S. 1 nur auf juristische Personen und Personenhandelsgesellschaften anwendbar ist (Schäfer/Omlor/Mimberg/Mimberg Rn. 281). Dies gilt auch im Falle der unechten Gesamtvertretung, wenn Prokuristen gemeinsam mit einem Organ die Gesellschaft vertreten (§ 125 Abs. 3 HGB, § 78 AktG). Auch die Mitglieder eines gesetzlich eingerichteten Aufsichtsrates sind nicht Geschäftsführer (vgl. Schwennicke/Auerbach/Schwennicke § 1 Rn. 164). Und schließlich auch die für die Leitung **Führung des Zahlungsdienstegeschäftes verantwortlichen Personen,** sofern das Unternehmen neben der Erbringung von Zahlungsdiensten anderen Geschäftsaktivitäten nachgeht, keine Geschäftsleiter (→ Rn. 313).

318 Von der Definition des Geschäftsleiters sind daher insbesondere erfasst (vgl. Boos/Fischer/Schulte-Mattler/Schäfer KWG § 1 Rn. 212; Ellenberger/Findeisen/Nobbe/Böger/Findeisen Rn. 652):

a) Der Geschäftsführer einer **GmbH** (§§ 35 ff. GmbHG)
b) alle Mitglieder des Vorstands (auch stellvertretende Mitglieder) einer **AG** (§§ 70 ff., 94 AktG)
c) alle Gesellschafter einer **OHG** (§§ 114 Abs. 1, 125 Abs. 1 HGB), sofern sie nicht durch den Gesellschaftsvertrag von der Geschäftsführung (§ 114 Abs. 2 HGB) oder Vertretung (§ 125 Abs. 1 HGB) ausgeschlossen sind oder sofern ihnen nicht die Geschäftsführungs- oder Vertretungsbefugnis rechtskräftig entzogen wurde (§§ 117, 127 HGB).
d) die persönlich haftenden Gesellschafter der **KG** (§§ 161 Abs. 2, 164, 170 HGB) unter den gleichen Einschränkungen wie bei der OHG. Ein Kommanditist kann nicht geborener Geschäftsleiter sein, weil ihm nicht die organschaftliche Vertretungsbefugnis übertragen werden kann.
e) die Geschäftsführer einer Komplementär-GmbH bei einer **GmbH & Co. KG**

319 Andere als die oben genannten Gesellschaftsformen, die bei Kreditinstituten noch von Bedeutung sind (bspw. Sparkassen, Genossenschaften), spielen ebenso wie Einzelkaufleute für Zahlungs- und E-Geld-Institute keine Rolle. Zumal den Zahlungs- und E-Geld-Instituten die Rechtsform der Sparkasse nicht zur Verfügung steht (vgl. → Rn. 295).

320 Nach dem aktuellen Stand des Zahlungsinstituts-Registers (vgl. § 43, Stand: 3.9.2022) sind als Zahlungsinstitute – mit Ausnahme von zwei Gesellschaften, die als GmbH & Co. KG firmieren – nur Gesellschaften mit der Rechtsform der GmbH oder der AG zugelassen. Alle zwölf zugelassenen E-Geld-Institute sind als GmbH organisiert (vgl. § 44, Stand: 3.9.2022).

321 Beabsichtigt ein Institut die Bestellung oder das Ausscheiden eines Geschäftsleiters, ist diese Information der BaFin und der Deutschen Bundesbank unverzüglich gem. § 28 Abs. 1 Nr. 1, 2 anzuzeigen.

4. „Gekorene" Geschäftsleiter (Abs. 8 S. 2, 3)

322　Die BaFin kann nach Satz 2 neben den oder anstelle der geborenen Geschäftsleiter andere mit der Führung der Geschäfte betraute und zur Vertretung ermächtigte Personen als Geschäftsleiter bestimmen (sog. **gekorene Geschäftsleiter**). Voraussetzung für die Bestimmung sind außer der tatsächlichen Innehabung umfassender Geschäfts- und Vertretungsbefugnisse entsprechend eines Prokuristen (§ 48 HGB) oder eines Handlungsbevollmächtigten (§ 54 HGB), das **Vorliegen von Zuverlässigkeit und fachlicher Eignung** (vgl. Schwennicke/Auerbach/Schwennicke § 1 Rn. 165). Die fachliche Eignung ist in der Regel durch eine dreijährige leitende Tätigkeit bei einem Institut von ähnlicher Größe und Geschäftsart nachzuweisen.

323　Die **Befugnisse des gekorenen Geschäftsleiters** müssen sich nicht mit denen des geborenen Geschäftsleiters decken, ihnen aber in etwa entsprechen (vgl. Boos/Fischer/Schulte-Mattler/Schäfer KWG § 1 Rn. 218). Durch die Benennung zum gekorenen Geschäftsleiter werden die Befugnisse der Person nicht erweitert. Der zum Geschäftsleiter ernannte Prokurist hat weiterhin nur die Befugnisse eines Prokuristen. Allerdings wird der gekorene Geschäftsleiter aufsichtsrechtlich wie ein geborener Geschäftsleiter behandelt.

324　Die Möglichkeit der BaFin, gekorene Geschäftsleiter zu bestimmen, ist allerdings auf **Ausnahmefälle** beschränkt. Denkbare Beispiele sind etwa das unvorhergesehene Ausscheiden oder eine längere Krankheit eines geborenen Geschäftsleiters. Für die Bejahung eines Ausnahmefalles müssen demnach gewichtige Gründe vorliegen, die eine anderweitige Ernennung eines geborenen Geschäftsleiters nicht möglich erscheinen lassen.

325　Die Bestimmung als Geschäftsleiter durch die BaFin ist ein **mitwirkungsbedürftiger Verwaltungsakt** iSd § 35 S. 1 VwVfG. Dieser bedarf namentlich der Mitwirkung und Zustimmung des gekorenen Geschäftsleiters, da niemand zur Übernahme einer Geschäftsleiterposition gezwungen werden kann (ebenso Ellenberger/Findeisen/Nobbe/Böger/Findeisen Rn. 657). Weil mit der Übernahme der Geschäftsleitereigenschaft nicht unerhebliche Pflichten verbunden sind, hat der Verwaltungsakt sowohl begünstigende als auch belastende Wirkung. Der Erlass des Verwaltungsakts steht im Ermessen der BaFin. Es besteht kein Rechtsanspruch auf dessen Erlass, jedoch ein Anspruch auf ermessensfehlerfreie Entscheidung (vgl. Boos/Fischer/Schulte-Mattler/Schäfer KWG § 1 Rn. 216).

326　Der **„gekorene" Geschäftsleiter** kann **nicht** gem. § 20 Abs. 1 iVm § 13 Abs. 2 Nr. 3–5 **abberufen** werden. Auch eine Untersagung nach § 20 Abs. 1 kommt nicht in Betracht. Die BaFin ist auf das Mittel der Rücknahme bzw. des Widerrufs nach §§ 48, 49 VwVfG beschränkt. Gegen den Widerruf von Amts wegen kann das beschwerte Institut Widerspruch und im Falle eines abschlägigen Widerspruchsbescheides Anfechtungsklage erheben. § 68 Abs. 1 S. 2 Nr. 1 VwGO greift nicht, da die BaFin keine oberste Bundesbehörde, sondern eine selbstständige Bundesoberbehörde nach Art. 87 Abs. 3 GG ist (vgl. Kopp/Schenke/Schenke VwGO § 68 Rn. 19).

327　Daneben kann die BaFin gem. § 21 Abs. 2 S. 2 Nr. 2 **ausnahmsweise** jedoch die Tätigkeit auch eines gekorenen Geschäftsleiters **untersagen oder beschränken,** wenn die Erfüllung der Verpflichtungen eines Instituts, insbesondere die Sicherheit der ihm anvertrauten Vermögenswerte, gegenüber seinen Gläubigern gefährdet ist oder der begründete Verdacht besteht, dass eine wirksame Aufsicht nicht möglich ist.

328　Die **Bestimmung** als gekorener Geschäftsleiter iSd Abs. 8 S. 2 kann **auf Antrag** des Instituts oder **von Amts wegen** durch die BaFin vorgenommen werden. Wird sie auf Antrag vorgenommen, ist sie auch auf Antrag des Geschäftsleiters oder des

Instituts zu widerrufen (Abs. 8 **S. 3**). Insoweit handelt es sich dann um eine **gebundene Entscheidung.** Wird die BaFin zum Widerruf wegen eines Antrages verpflichtet, besteht für sie gleichwohl mit Zustimmung des Geschäftsleiters die Möglichkeit, einen neuen Verwaltungsakt mit dem Inhalt zu erlassen, dass die Person nun von Amts wegen als Geschäftsleiter bestimmt wird. Erfolgt die Bestimmung als gekorener Geschäftsleiter von Amts wegen steht der Widerruf im pflichtgemäßen Ermessen der BaFin. Das Ermessen ist jedoch auf Null reduziert, sofern die Voraussetzungen für die Bestimmung (Befugnisse, Zuverlässigkeit, fachliche Eignung) entfallen sind (zutreffend Boos/Fischer/Schulte-Mattler/Schäfer KWG § 1 Rn. 219).

XI. Agent (Abs. 9)

Literatur zu Abs. 9: Danwerth, Das Finanztransfergeschäft als Zahlungsdienst, 2017, S. 52 ff.; Fett/Bentele, Der E-Geld-Intermediär im Visier der Aufsicht – Das Gesetz zur Umsetzung der Zweiten E-Geld-Richtlinie und seine Auswirkungen auf E-Geld-Agenten, BKR 2011, 403; Lehr/Wolf, Das Haftungsdach vertraglich gebundener Vermittler gemäß § 2 Absatz 10 KWG in der Praxis unter besonderer Berücksichtigung aufsichtsrechtlicher Anforderungen, BKR 2009, 497; Müller/Starre, Der E-Geld-Agent – Zwischen Legaldefinition, gesetzgeberischer Vorstellung und Wirklichkeit, BKR 2013, 149.

1. Regelungszweck, Zusammenfassung, Historie

Abs. 9 führte im Jahr 2009 (Abs. 7 aF) einen neuen Begriff in das deutsche Recht 329 ein, während in vielen anderen europäischen Staaten der Begriff des Agenten im Finanzdienstleistungsaufsichtsrecht bereits bekannt war. Der Agent ist das aufsichtsrechtliche Spiegelbild zur zivilrechtlichen **„offenen Stellvertretung".** Satz 1 enthält eine Legaldefinition des Agenten. Die Vorschrift setzt Art. 4 Nr. 38 PSD2 – insoweit unverändert zur PSD1 – um. Danach **führt** ein Agent, eine natürliche oder juristische Person, aber auch eine Personenhandelsgesellschaft (so Schäfer/Omlor/Mimberg/Mimberg Rn. 296; vgl. bereits Danwerth Finanztransfergeschäft S. 149), **im Namen eines Zahlungsinstituts Zahlungsdienste aus.** Man spricht insoweit auch vom sog. Zahlungsdiensteagent (vgl. Danwerth Finanztransfergeschäft S. 52). Gem. Art. 3 Abs. 5 S. 2 iVm Art. 6 Abs. 1 lit. a Zweite E-Geld-RL dürfen seit 30.4.2011 auch E-Geld-Institute über Agenten Zahlungsdienste anbieten. Wenngleich Agenten, genauso wie E-Agenten, keiner Erlaubnis durch die BaFin bedürfen, ist vor Tätigwerden eine Registrierung durch das Zahlungsinstitut erforderlich (§ 43 Abs. 1 Nr. 4).

Von der Definition des Agenten in Art. 4 Nr. 38 PSD2 weicht die deutsche Um- 330 setzung in Abs. 9 S. 1 insoweit ab, als sie festlegt, dass der Agent ein **selbständiger Gewerbetreibender** sein muss, der allerdings auch im Namen eines E-Geld-Institutes auftreten darf. Abzugrenzen ist der Agent von dem E-Geld-Agenten des § 1 Abs. 10, der nach der dortigen Definition jede natürliche oder juristische Person erfasst, die als selbständiger Gewerbetreibender im Namen eines E-Geld-Institutes beim Vertrieb und Rücktausch von E-Geld tätig ist. Vgl. hierzu näher → Rn. 342.

Abs. 9 S. 2, der Art. 20 Abs. 2 PSD2 umsetzt, regelt – systematisch verfehlt im 331 Rahmen einer Norm zur Begriffsbestimmung – zugleich die Haftungsfrage (vgl. schon Danwerth Finanztransfergeschäft S. 53), namentlich, dass Zahlungs- oder E-Geld-Instituten Handlungen ihrer Agenten zugerechnet werden. Vgl. hierzu näher → Rn. 341.

332   Die Umsetzung der PSD2 brachte für Abs. 9 nur sprachlich Neues. Durch (i) die Streichung des einleitenden unbestimmten Artikels, (ii) das Vertauschen von „natürlicher" und „juristischer" Person sowie (iii) die Verwendung des „Instituts" als Oberbegriff für Zahlungs- und E-Geld-Institute gem. § 1 Abs. 3 ZAG ergeben sich keine materiellen Änderungen.

333   Die **Definition** des Abs. 9 bildet insbesondere die Grundlage für § 25, der einem Institut organisatorische Pflichten auferlegt, falls dieses sich eines Agenten für die Ausführung seiner Zahlungsdienste bedient. Dazu gehört insbesondere die Pflicht des Institutes, die Zuverlässigkeit und fachliche Eignung des Agenten zu prüfen und der BaFin anzuzeigen (näher hierzu: vgl. die Erl. zu → § 25 Rn. 9 ff.). Zudem ist hervorzuheben, dass Agenten gemäß Abs. 9 **Verpflichtete iSd Geldwäschegesetzes** sind (vgl. § 2 Abs. 1 Nr. 4 GWG, der auch im November 2019 noch auf § 1 Abs. 7, § 1a Abs. 6 ZAG aF verwies). Bedeutung erlangt Abs. 9 auch für die Auslegung der §§ 38 ff., da das Tätigwerden von Agenten ein grenzüberschreitendes Tätigwerden von Instituten begründen kann (Schäfer/Omlor/Mimberg/Mimberg Rn. 292).

2. Abgrenzung des Agenten von Kommissionären und Handelsvertretern

334   Abzugrenzen ist der Agent als jemand, der erkennbar für das Zahlungsinstitut handelt und seine Stellvertretung gegenüber dem Zahlungsdienstnutzer auch offenlegt, von dem **Kommissionär.** Kommissionäre handeln im eigenen Namen für fremde Rechnung (vgl. MüKoHGB/Häuser HGB § 383 Rn. 18) und erbringen selbst eigene Zahlungsdienste, während Agenten gerade in einem „fremden" Zahlungsvorgang zwischen Zahlungsdienstnutzer und Zahlungsdienstleister involviert sind.

335   Abzugrenzen ist der Agent auch von reinen **Handelsvertretern,** die lediglich vermittelnde Tätigkeiten zur Unterstützung des Vertriebs des Instituts verrichten. Wenn die Handelsvertreter lediglich vermittelnd auftreten, sind sie gerade nicht in den Zahlungsvorgang involviert, sondern fungieren zumeist lediglich als Abschlussvermittler des zugrunde liegenden Zahlungsdiensterahmenvertrags. Wenn jedoch der Handelsvertreter auch in den Zahlungsvorgang selbst involviert ist, gestaltet sich die Abgrenzung zwischen Agent und Handelsvertreter schwieriger. Dann kommt es entscheidend darauf an, ob der Handelsvertreter die Abschlussvermittlung des Zahlungsdiensterahmenvertrags übernommen hat, im Übrigen aber nur eine Botenfunktion übernimmt. Leitet der Handelsvertreter die Zahlungsaufträge oder andere Weisungen an das Zahlungsinstitut weiter, ohne hierbei im eigenen Namen aufzutreten, fungiert er als Bote, sodass er nicht als Agent iSd Abs. 9 gilt.

336   Schließlich ist der Zahlungsdiensteagent auch vom **Handelsvertreter iSd § 2 Abs. 1 Nr. 2** abzugrenzen, der nicht im Namen des Zahlungsinstituts, sondern im Namen des Zahlungsdienstnutzers tätig wird (vgl. bereits → Rn. 12 ff.). Der Handelsvertreter ist befugt, den Verkauf oder Kauf von Waren oder Dienstleistungen im Namen des Zahlers oder Zahlungsempfängers auszuhandeln oder abzuschließen und wickelt als Nebendienstleistung auch die mit dem Grundgeschäft korrespondieren Zahlungsvorgänge ab. Der Handelsvertreter wird folglich entweder im Lager des Zahlers oder im Lager des Zahlungsempfängers tätig, und gibt damit die einem Zahlungsdiensteagenten oder einem Zahlungsinstitut immanente Stellung eines neutralen Dienstleisters auf (so schon Danwerth Finanztransfergeschäft S. 55).

3. Abgrenzung des Agenten gemäß Abs. 9 von dem E-Geld-Agenten gem. Abs. 10

Begrifflich zu unterscheiden ist der in Abs. 9 definierte **Agent von dem** 337 **E-Geld-Agenten** des Abs. 10 ZAG. Zwischen diesen beiden Begriffen besteht ein **Aliud-Verhältnis**, auch wenn die Ähnlichkeit zunächst etwas anderes andeuten mag (so zutreffend Fett/Bentele BKR 2011, 403 (404); Ellenberger/Findeisen/ Nobbe/Findeisen Rn. 663; ferner Danwerth Finanztransfergeschäft S. 53). Ein Agent iSd ZAG ist folglich entweder Zahlungsagent oder E-Geld-Agent; die jeweilige Tätigkeit schließt die andere aus.

Schon **systematische Erwägungen** sprechen gegen die Ansicht, dass jeder 338 E-Geld-Agent auch ein Agent iSd Abs. 9 ist. So trifft § 25 Abs. 1 Anzeigeverpflichtungen des Zahlungs- bzw. E-Geld-Instituts gegenüber der BaFin und der Deutschen Bundesbank. Sollte jeder E-Geld-Agent gleichzeitig Agent sein, wäre er über § 25 Abs. 1 bereits direkt verpflichtet. Einer Verweisung in § 32 Abs. 1 S. 2 auf § 25 Abs. 1 hätte es dann nicht bedurft. Zudem spricht für die strikte Trennung zwischen E-Geld-Agenten und Zahlungsdiensteagenten, dass Agenten in das E-Geld-Instituts-Register (§ 44) eingetragen werden müssen, sofern sie im Namen des E-Geld-Instituts Zahlungsdienste ausführen (§ 44 Abs. 2 iVm § 43 Abs. 1 Nr. 3). Dagegen unterliegen E-Geld-Agenten iSd Abs. 10 nicht der Eintragungspflicht (vgl. → § 43 Rn. 5). Letztlich differenziert der Gesetzgeber in § 19 Abs. 1 S. 1 sowie §§ 38 Abs. 2 Nr. 3, Abs. 8; 39 selbst zwischen Agenten und E-Geld-Agenten.

Entscheidend für die hier vertretene Ansicht des Aliud-Verhältnisses spricht bereits der unterschiedliche **Wortlaut**, wobei zuzugeben ist, dass sich die Definitionen auf den ersten Blick sehr ähneln: Der E-Geld-Agent ist nach der Legaldefinition des Abs. 10 jede natürliche oder juristische Person, die als selbständiger Gewerbetreibender im Namen eines E-Geld-Instituts beim Vertrieb und Rücktausch von E-Geld tätig ist (vgl. → Rn. 344 ff.). Dagegen führt der Agent iSd Abs. 9 Zahlungsdienste im Namen des Zahlungs- oder des E-Geld-Instituts aus, wobei er als selbständiger Gewerbetreibender tätig wird. Trotz der Ähnlichkeiten unterscheiden sich die beiden Definitionen damit doch in einem entscheidenden Punkt:

Der **E-Geld-Agent unterstützt** das Institut **beim Vertrieb und Rücktausch** 340 **von E-Geld** (vgl. § 32 Abs. 1 S. 1). Daraus lässt sich aber – wie noch Winkelhaus in Vorauf. (→ Rn. 136 f.) – nicht folgern, dass der E-Geld-Agent, der beim Vertrieb oder Rücktausch von E-Geld tätig wird, nicht zugleich Zahlungsdienste erbringt (so Danwerth Finanztransfergeschäft S. 53; Meyer/Dörner/Schenkel zu Schwabedissen, Die Erlaubnis zum Betreiben des E-Geld-Geschäfts, 2015, Rn. 82, 93). Insbesondere erscheint es möglich, dass in dem Rücktausch von E-Geld durch die Entgegennahme von Bar- und Buchgeld zugleich ein Finanztransfergeschäft, mithin ein Zahlungsdienst, gem. § 1 Abs. 1 S. 2 Nr. 6 zu sehen ist. Eine gesonderte Erlaubnis ist insoweit jedoch nicht erforderlich, da ein E-Geld-Institut gem. § 1 Abs. 1 S. 1 Nr. 2 ZAG iVm § 10 Abs. 1 Zahlungsdienste ohne zusätzliche Erlaubnis erbringen darf (Danwerth Finanztransfergeschäft S. 54; → Rn. 199). Aufgrund der Inkompatibilität ist der Zahlungsdienste erbringende E-Geld-Agent aber nicht zugleich sog. Zahlungsdiensteagent iSd Abs. 9. Nur wenn daneben Tätigkeiten erbracht werden, die sich nicht im Vertrieb oder Rücktausch von E-Geld erschöpfen, ist die Tätigkeit als Agent gem. Abs. 9 denkbar (Danwerth Finanztransfergeschäft S. 54; → Rn. 353).

4. Haftung bei Handlungen des Agenten

341   Gem. Abs. 9 S. 2 werden Handlungen des Agenten dem Zahlungs- oder E-Geld-Institut zugerechnet. Da bereits aus allgemeinen zivilrechtlichen Regelungen das Institut für Handlungen des Agenten haftet, verzichtete der deutsche Gesetzgeber auf eine zusätzliche Haftungsvorschrift im ZAG (vgl. BT-Drs. 16/11613, 37), obwohl Art. 20 Abs. 2 PSD2 (= Art. 18 Abs. 2 PSD1) vorschreibt, dass Zahlungs- und E-Geld-Institute ua für Handlungen des Agenten uneingeschränkt haften. Die Begründung des Gesetzgebers, Abs. 9 S. 2 als reine Zurechnungsvorschrift auszugestalten, erscheint einleuchtend. Die jeweilige Haftung bedarf einer **zivilrechtlichen Grundlage**. Mögliche **Anspruchsgrundlagen** für Haftungsansprüche des Zahlungsdienstnutzers sind §§ 675u ff. BGB. Führt der Agent, der im Namen des Institutes handelt, den Zahlungsvorgang fehlerhaft aus, **haftet das Institut** nach den benannten zivilrechtlichen Anspruchsgrundlagen auch **für das Fehlverhalten des Agenten uneingeschränkt.** Eine zusätzliche Kodifizierung dieser Haftung im ZAG ist daher nicht notwendig, sodass der deutsche Gesetzgeber mit einer reinen Zurechnungsvorschrift in Abs. 9 S. 2 den Vorgaben des europäischen Gesetzgebers Genüge getan hat. Eine vergleichbare Zurechnungsvorschrift findet sich in § 2 Abs. 10 S. 2 KWG, die die Zurechnung der Tätigkeiten eines vertraglich gebundenen Vermittlers zum Kreditinstitut bzw. zum Wertpapierunternehmen regelt (vgl. dazu näher Boos/Fischer/Schulte-Mattler/Schäfer KWG § 2 Rn. 122 ff. sowie Lehr/Wolf BKR 2009, 497 (498)).

XII. E-Geld-Agent (Abs. 10)

Literatur: s. Literatur zu § 1 Abs. 2.

1. Allgemeines

342   **a) Begriff „Agent".** Der Begriff „Agent" wird nicht in dem Definitionenkatalog von Art. 2 der Zweiten E-Geld-RL, sondern in deren Art. 3 Abs. 4 S. 1 und in Erwägungsgrund Nr. 10 definiert und in Art. 3 Abs. 5 S. 1 und S. 2 jeweils vorausgesetzt. Den Begriff „E-Geld-Agent" gibt es in der Zweiten E-Geld-RL nicht; hierbei handelt es sich um eine eigene Wortschöpfung des deutschen Gesetzgebers. Die Definition des Abs. 10 steht dabei im Einklang mit der Definition in Erwägungsgrund Nr. 10 Satz 1 der Zweiten E-Geld-RL. **Andere Vertriebsformen** (→ Rn. 361 ff.) sieht die Zweite E-Geld-RL nicht vor.

343   **b) Systematik.** Die Systematik des deutschen Gesetzes zu Agenten ist anders als diejenige zu dem Begriff „Institut". Während ein Institut iSv Abs. 3 als Oberbegriff sowohl Zahlungsinstitute als auch E-Geld-Institute umfasst, definiert Abs. 9 den Begriff „Agent" als eine Person, die im Namen eines Zahlungsinstituts oder E-Geld-Instituts Zahlungsdienste ausführt. Demgegenüber ist ein E-Geld-Agent eine Person, die im Namen eines E-Geld-Instituts beim Vertrieb und Rücktausch von E-Geld tätig ist. Einen Oberbegriff für beiderlei Agenten-Tätigkeiten sieht das ZAG nicht vor (kritisch Fett/Bentele BKR 2011, 403 (404)). Entsprechend gelten die Vorgaben für die Inanspruchnahme von Agenten in § 25 nur für die Ausführung von Zahlungsdiensten durch Dritte; das Pendant ist § 32, der in eingeschränktem Umfang auf § 25 verweist.

2. Definition E-Geld-Agent

a) Eine andere Rechtsperson. Wesentliches Merkmal des E-Geld-Agenten 344
ist, dass es sich hierbei um eine natürliche oder juristische Person handelt, die als
selbstständiger Gewerbetreibender tätig wird. Ein E-Geld-Agent ist also definitionsgemäß eine andere Rechtsperson als das E-Geld-Institut; eine Zweigstelle oder
Zweigniederlassung des E-Geld-Instituts kann nicht E-Geld-Agent sein; ebenso
wenig eine natürliche Person, die bei einem E-Geld-Institut angestellt ist. Die Erfassung von natürlichen und juristischen Personen ist nicht streng nach der deutschen
zivil- und gesellschaftsrechtlichen Dogmatik zu verstehen. Insofern können auch
Personenhandelsgesellschaften E-Geld-Agent sein (Schäfer/Omlor/Mimberg/
Mimberg Rn. 307 und Schäfer/Omlor/Mimberg/Mimberg Rn. 296 zu Abs. 9).

Unklar ist die Bedeutung des Merkmals „Gewerbetreibender", das auch für den 345
Agenten nach Abs. 9 vorausgesetzt wird. Sowohl die Begriffsdefinition des „Agenten" in Art. 4 Nr. 38 PSD2 als auch Erwägungsgrund Nr. 10 bzw. Art. 3 Abs. 4 S. 1
Zweite E-Geld-RL sprechen nur von „natürlichen oder juristischen Personen"
ohne eine Einschränkung auf eine gewerbliche Tätigkeit. Gleichwohl scheint eine
Einschränkung des Tatbestands auf „Gewerbetreibende" zumindest beim Agenten
nach Abs. 9 sinnvoll; Zahlungsdienstleister selbst sind regulatorisch erst erfasst,
wenn sie Zahlungsdienste „gewerbsmäßig" erbringen, vgl. Abs. 1 S. 1. Für das
E-Geld-Geschäft gilt eine solche Einschränkung aber gerade nicht (→ § 11 Rn. 9).
Im Hinblick auf das Vollharmonisierungsgebot in Art. 16 Zweite E-Geld-RL erscheint es daher richtlinienkonform notwendig, dem Begriff des „Gewerbetreibenden" keine große Bedeutung zuzumessen. Eine nur im Einzelfall erfolgende Tätigkeit dürfte die Stellung als E-Geld-Agent zwar nicht begründen (Schäfer/Omlor/
Mimberg/Mimberg Rn. 308). Eine Gewinnerzielungsabsicht, wie sie von der BaFin
für die „Gewerbsmäßigkeit" iSv § 10 Abs. 1 ZAG vorausgesetzt wird (BaFin-Merkblatt ZAG v. 14.2.2023, Abschn. F. I.), dürfte aber wohl nicht gefordert werden (aA
Schäfer/Omlor/Mimberg/Mimberg Rn. 308). Die eingeschränkte Auslegung dieses Begriffs in der handelsrechtlichen Literatur, die für den Gewerbebegriff bereits
eine „entgeltliche Tätigkeit" ausreichen lässt (vgl. statt aller MüKoHGB/K.Schmitt
§ 1 Rn. 31), dürfte in den meisten Fällen erfüllt sein (so wohl auch Ellenberger/
Findeisen/Nobbe/Böger/Findeisen Rn. 114, zu Abs. 1 Nr. 1). Der Verweis (Ellen-
berger/Findeisen/Nobbe/Böger/Findeisen Rn. 114) auf die Ausnahme nach § 2
Abs. 1 Nr. 15 (Bargeldentgegennahme für gemeinnützige Zwecke ua) greift zu
kurz, da das mögliche Tätigkeitsspektrum des Agenten und des E-Geld-Agenten
weit über den Anwendungsbereich von § 2 Abs. 1 Nr. 15 hinausgehen.

b) Handeln im Namen. Der E-Geld-Agent handelt im Namen des ihn beauf- 346
tragenden E-Geld-Instituts. Dies ist das wesentliche, die Stellung des E-Geld-
Agenten im System der E-Geld-Regulierung begründende und rechtfertigende
Element. Entscheidend ist, dass der E-Geld-Agent (ebenso wie der Agent iSv
Abs. 9) in Stellvertretung für das E-Geld-Institut handelt (RegBegr ZDUG BT-
Drs. 16/11613, 37; Ellenberger/Findeisen/Nobbe/Böger/Findeisen Rn. 667, zu
Abs. 9). Dabei soll nach der Gesetzesbegründung zum ZDUG eine offene Stellver-
tretung, dh das Handeln des Agenten erkennbar für das Institut erforderlich sein;
dieser müsse zivilrechtlich seine Stellvertretung offenlegen (RegBegr. ZDUG BT-
Drs. 16/11613, 37; Ellenberger/Findeisen/Nobbe/Böger/Findeisen Rn. 667, zu
Abs. 9). Hier dürften die zivilrechtlichen Grundsätze im Sinn des deutschen Offen-
kundigkeitsprinzips (vgl. statt aller MüKoBGB/Schubert § 164 Rn. 17) jedenfalls

teilweise zur Anwendung gelangen; entscheidend ist, dass der E-Geld-Agent immer dann, wenn er E-Geld vertreibt oder rücktauscht, deutlich macht, dass er im Namen des konkreten E-Geld-Instituts handelt. Dass er im Hinblick auf andere, von ihm getätigte Geschäfte für sich selbst oder auch für vierte und fünfte Personen handelt, ist unschädlich. Dagegen dürfte ein Handeln „unter" dem Namen des E-Geld-Instituts aufsichtsrechtlich unzulässig sein, auch wenn das ZAG einen speziellen Bezeichnungsschutz wie §§ 39 ff. KWG für die Bezeichnung „Bank" etc nicht vorsieht; die Unzulässigkeit folgt daraus, dass in dem Fall ein E-Geld-Agent vorgeben würde, im eigenen Namen E-Geld auszugeben, zu vertreiben und zurückzutauschen und damit dem Verbot des § 11 Abs. 1 und des § 31 unterfallen würde.

347   **c) Eines E-Geld-Instituts.** Der E-Geld-Agent muss im Namen eines E-Geld-Instituts iSv § 1 Abs. 2 S. 1 Nr. 1 handeln. Erfasst sind auch Institute mit Sitz in einem anderen Mitgliedstaat der EU oder des EWR iSv § 39 Abs. 1; dies ist insbesondere auch für die geldwächerechtliche Anknüpfung entscheidend (→ Rn. 355). Selbständige Gewerbetreibende, die im Namen eines anderen E-Geld-Emittenten iSv Abs. 2 S. 1 Nr. 2–4 tätig werden, sind jedoch vom Wortlaut der Definition des Abs. 10 nicht erfasst. Zwar spricht die Gesetzesbegründung zu Abs. 10 (§ 1 Abs. 6 ZAG aF) jeweils von „E-Geld-Emittenten" (RegBegr. E-Geld-RLUG, BT-Drs. 17/3023, 41); hierbei dürfte es sich jedoch um ein Versehen handeln. Eine erweiternde Auslegung des Begriffs auf alle E-Geld-Emittenten über den Wortlaut des Abs. 10 hinaus kommt nicht in Betracht (so auch Schwennicke/Auerbach/Schwennicke Rn. 138; Schäfer/Omlor/Mimberg/Mimberg Rn. 309). Folge der Erfassung als E-Geld-Agent ist bspw., dass dieser bußgeldbewehrten Auskunfts- und Duldungspflichten unterliegt (§§ 19 Abs. 1, 64 Abs. 3 Nr. 1 und 2) (hierauf weisen auch Fett/Bentele BKR 2011, 403 (405), hin). Die für die erweiternde Auslegung erforderliche, planwidrige Regelungslücke dürfte auch deshalb nicht vorliegen, weil der Gesetzgeber des GeldwäschePrävOptG (BGBl. 2011 I 2959) und des 4. Geldwäsche-RLUG (BGBl. 2017 I 1822) es für notwendig erachtet hat, in das GwG neben der Verpflichtung der E-Geld-Agenten auch einen eigenen Tatbestand für Vertriebsunternehmen von Einlagenkreditinstituten aufzunehmen (§ 2 Abs. 1 Nr. 5 GwG) (so auch Fett/Bentele BKR 2011, 403 (406); vgl. auch BaFin-Merkblatt E-Geld v. 20.4.2012, sub II.1. Aufzählungspunkt 6).

348   **d) Tätigkeitsbereiche des E-Geld-Agenten.** Die Tätigkeitsbereiche des E-Geld-Agenten sind gemäß Definition auf den Vertrieb und Rücktausch von E-Geld beschränkt. Beide Merkmale müssen jedoch nicht kumulativ vorliegen; es reicht, wenn der E-Geld-Agent entweder beim Vertrieb oder beim Rücktausch tätig wird (Erwägungsgrund Nr. 10 der Zweiten E-Geld-RL; so auch Fett/Bentele BKR 2011, 403 (404); ebenso Ellenberger/Findeisen/Nobbe/Böger/Findeisen Rn. 682).

349   **aa) Vertrieb.** Das Merkmal des **Vertriebs** ist von der **Ausgabe** von E-Geld **abzugrenzen.** Dabei wurde oben (→ Rn. 268 ff.) Ausgabe definiert als Abschluss eines Geschäftsbesorgungsvertrages mit abstrakt-genereller Weisung zwischen dem E-Geld-Emittenten und dem ersten E-Geld-Nehmer einschließlich vom E-Geld-Emittenten jeweils privatautonom festgelegter „Verkörperung" bzw. Erstellung der die monetäre Werteinheit repräsentierenden Datensequenz. Vertrieb ist das im Namen des E-Geld-Instituts erfolgende In-Verkehr-Bringen des bereits ausgegebenen E-Geldes (Hingst/Lösing Zahlungsdiensteaufsicht § 13 Rn. 47; Schwennicke/Auerbach/Schwennicke Rn. 139). Dies ist der Fall bei einer bereits aufgeladenen und sofort einsetzbaren Prepaid-Karte. Kauft der Kunde jedoch bei dem E-Geld-Agenten (Tankstelle, Einzelhandelsunternehmen) lediglich **Voucher** zum Aufladen seiner Prepaid-Karte im Internet, so handelt es sich hierbei technisch nicht um ausgegebenes E-Geld, sondern die Ausgabe erfolgt erst, wenn der Kunde den Voucher zB im Internet zum Aufladen seiner Prepaid-Karte einsetzt (RegBegr. Zweite E-Geld-RLUG, BT-Drs. 17/3023, 41, 70). Lädt der Kunde dagegen an einem Automaten des E-Geld-Agenten (Tankstelle oä) seine Prepaid-Karte auf, weil der Automat online mit dem E-Geld-Institut verbunden ist, so findet dabei Ausgabe von E-Geld durch Vermittlung des E-Geld-Agenten statt. § 31, der Art. 3 Abs. 5 S. 1 Zweite E-Geld-RL umsetzt, und der die Ausgabe über natürliche und juristische Personen, die im Namen des E-Geld-Instituts handeln, verbietet, widerspricht dem nur scheinbar. Entscheidend ist, dass nur E-Geld-Institute (oder andere E-Geld-Emittenten) aufgrund einer Ausgabe von E-Geld zur Leistung verpflichtet werden sollen (Fett/Bentele BKR 2011, 403 (406)). Der zugrunde liegende Art. 3 Abs. 5 S. 1 Zweite E-Geld-RL formuliert entsprechend: „unbeschadet von Abs. 4" emittieren E-Geld-Institute elektronisches Geld nicht über Agenten. In Abs. 4 ist der Vertrieb von E-Geld genannt. Auch Erwägungsgrund Nr. 10 der Zweite E-Geld-RL formuliert, dass es anerkannt sei, dass „E-Geld-Institute über natürliche oder juristische Personen, die in ihrem Namen handeln (…), E-Geld ausgeben." Im weiteren Text des Erwägungsgrundes wird sodann auch die „Aufladung von E-Geld-Produkten" erwähnt. Die Formulierung des § 31 erscheint demgegenüber unpassend (so auch Fett/Bentele BKR 2011, 403 (406)) – zumal die Strafvorschrift des § 63 Abs. 2 Nr. 2 (vgl. dazu → § 63 Rn. 18 ff.) droht – und soll auch nach Ansicht des deutschen Gesetzgebers (RegBegr. Zweites E-Geld-RLUG, BT-Drs. 17/3023, 41) die vermittelnde Tätigkeit der E-Geld-Agenten bei der Ausgabe von E-Geld nicht hindern.

350 Vertrieb kann neben dem In-Verkehr-Bringen von E-Geld auch in Randaktivitäten, wie Werbung und sonstigen absatzfördernden Maßnahmen, bestehen (so auch Ellenberger/Findeisen/Nobbe/Böger/Findeisen Rn. 681). Es erscheint allerdings fraglich, ob auch eine **isolierte absatzfördernde Tätigkeit wie Werbung, zB durch Bereitstellung einer schlicht werbenden Internetseite,** bereits den Vertriebsbegriff des Abs. 10 ausfüllen kann. Als Folge bestünde zum einen die Anzeigepflicht der §§ 32 Abs. 1 S. 2, 25 Abs. 1 bereits dann, wenn ein E-Geld-Institut einen Dritten isoliert mit solchen Marketing- und sonstigen absatzfördernden Maßnahmen beauftragt. Darüber hinaus unterläge ein solches Vertriebs- und Marketing-Unternehmen, wenn es als E-Geld-Agent qualifiziert würde, umfassenden Pflichten nach dem GwG, insbesondere umfassenden internen Organisationspflichten nach § 6 GwG; eine solche Folge erscheint nicht sachgerecht (so auch Hingst/Lösing Zahlungsdiensteaufsicht § 13 Rn. 47; Schäfer/Omlor/Mimberg/Mimberg Rn. 315; aA wohl Ellenberger/Findeisen/Nobbe/Böger/Findeisen Rn. 681). Die aufsichtsrechtliche Zielsetzung der besonders strengen Überwachung (gemäß §§ 32 Abs. 1 S. 2, 25 Abs. 1) der Erbringung von regulierten Tätigkeiten (Ausgabe und Rücktausch von E-Geld) durch Dritte im Namen des E-Geld-Instituts ist im Falle einfacher Absatzförderung einschließlich der Vermittlung von Neukunden nicht berührt. Der Zweck der Einlagensicherung und der Schutz des Vertrauens in den Geld- und Zahlungsverkehr sind nicht betroffen, da und wenn solche schlicht werbenden Unternehmen nicht in Geldflüsse des eigentlichen E-Geld-Geschäfts eingebunden sind.

351 Ob auch die aktive **Vermittlung von Neukunden an ein E-Geld-Institut** im Sinn von Überbringen von deren Interesse an einer E-Geld-Ausgabe an das Institut oder – weitergehend – das Überbringen von deren Vertragsangebot zum Abschluss eines E-Geld-Emissionsvertrages im Sinn einer Nachweismaklertätigkeit Vertrieb im Sinn des § 1 Abs. 10 ist (so wohl Ellenberger/Findeisen/Nobbe/Böger/Findeisen Rn. 681: „Bereitstellung eines Vertriebskanals"), erscheint ebenfalls fraglich. Hier liegt zwar eine der Anlagenvermittlung im Sinn des § 1 Abs. 1a S. 2 Nr. 1 KWG vergleichbare Tätigkeit vor. Diese ist aber gemäß § 2 Abs. 6 S. 1 Nr. 8 lit. a KWG von der Erlaubnispflicht des § 32 Abs. 1 KWG und mithin von der Geldwäscheaufsicht freigestellt, wenn der Vermittler nicht befugt ist, „sich bei der Erbringung dieser Finanzdienstleistungen Eigentum oder Besitz an Geldern (…) von Kunden zu verschaffen". Dieser Gedanke trägt auch für die Auslegung des Vertriebsbegriffs in Abs. 10. Die Definition der Anlagevermittlung und die Ausnahmebestimmung beruhen auf europäischen Richtlinien (vgl. Schwennicke/Auerbach/Schwennicke Rn. 82; sowie zu § 2 Schwennicke/Auerbach/Schwennicke § 2 Rn. 53); der Gedanke des § 2 Abs. 6 S. 1 Nr. 8 lit. a KWG lässt sich deshalb auch im Rahmen der Auslegung der Zweiten E-Geld-RL, auf der Abs. 10 beruht, fruchtbar machen. Die Zielsetzungen der Zweiten E-Geld-RL sind nicht betroffen, wenn der Vermittler nicht in den Geldfluss bei Ausgabe und Rücktausch von E-Geld eingebunden ist.

352   Von dem Vertriebsbegriff erfasst wird nach Ansicht der BaFin auch der Vertrieb von **noch nicht aufgeladenen E-Geld-Trägern** iSd § 25i Abs. 3 und Abs. 4 KWG (vgl. zur Vorgängerfassung der Vorschrift BaFin, Merkblatt – Sorgfalts- und Organisationspflichten beim E-Geld-Geschäft v. 20. 4. 2012, Abschnitt II.3.). Dies mag unter geldwäscherechtlichen Gesichtspunkten zutreffend sein; für den Vertriebsbegriff des Abs. 10 ginge diese Auslegung über den vom europäischen Gesetzgeber intendierten Zweck der Regulierung hinaus, sofern hierbei kein Geldfluss zur Ausgabe (bzw. Rücktausch) von E-Geld stattfindet (aA die hLit: Ellenberger/Findeisen/Nobbe/Böger/Findeisen Rn. 681; Schwennicke/Auerbach/Schwennicke Rn. 139; wohl auch Schäfer/Omlor/Mimberg/Mimberg Rn. 314).

353   **bb) Rücktausch.** Rücktausch ist die Umwandlung des E-Geldes zum Nennwert und die anschließende Auszahlung der Geldbeträge auf Anweisung des E-Geld-Inhabers (EuGH BeckRS 2019, 85 Rn. 27: unten Kommentierung zu → § 33 Rn. 8). Der Rücktausch erfolgt an jeglichen Inhaber des E-Geldes und zwar jeweils im Namen des E-Geld-Institutes. Rücktausch dürfte zudem auch die Einlösung von Ansprüchen der jeweiligen Akzeptanzstellen (Stellen, die das E-Geld im Rahmen eines Zahlungsvorgangs angenommen haben) durch Vermittlung der Zahlung der E-Geld ausgebenden Stelle sein (zum alten Recht des § 1 Abs. 1 S. 2 Nr. 11 KWG „Verwaltung von E-Geld": BaFin-Merkblatt v. 9. 1. 2009 (aufgehoben), Abschn. 1.c; Beck/Samm/Kokemoor/Kokemoor Vorauflage Rn. 500).

354   **cc) Erbringung von Zahlungsdiensten.** Die Erbringung von Zahlungsdiensten ist Teil der Tätigkeit von E-Geld-Agenten, wenn sie bei dem Vertrieb von E-Geld und bei dessen Rücktausch tätig werden. Die Entgegennahme von Bar- oder Buchgeld im Namen des E-Geld-Instituts zwecks Aufladung von E-Geld-Instrumenten erfüllt bspw. den Tatbestand des Finanztransfergeschäfts gemäß Abs. 1 S. 2 Nr. 6. Solche Tätigkeiten sind begrifflich vom Vertrieb und Rücktausch umfasst und stellen Tätigkeiten eines E-Geld-Agenten dar. Erbringt jedoch derselbe selbständige Gewerbetreibende Zahlungsdienste im Namen des E-Geld-Instituts, die nicht mit der Ausgabe, dem Vertrieb und dem Rücktausch von E-Geld zusammenhängen, so liegt tatbestandlich eine Tätigkeit eines **Agenten iSv Abs. 9** vor.

Dies kann durchaus zu unterschiedlichen Rechtsfolgen führen (§§ 25, 43 einerseits, § 32, 44 andererseits).

3. Folge der Einordnung als E-Geld-Agent

a) Regelungsrahmen für E-Geld-Agenten. Wer unter die Definition des **355** E-Geld-Agenten fällt, ist gemäß § 19 Abs. 1 der Bundesanstalt zu Auskünften verpflichtet und unterliegt der Aufsicht gemäß §§ 4–9. § 44 Abs. 2 verlangt keine Eintragung in das E-Geld-Instituts-Register; dort werden nur Agenten iSd Abs. 9 und nicht E-Geld-Agenten von der Eintragungspflicht erfasst (→ § 44 Rn. 5). Ein E-Geld-Agent ist zudem Verpflichteter gemäß § 2 Abs. 1 Nr. 4 GwG. Zivilrechtlich wird er häufig als Handelsvertreter iSd §§ 84 ff. HGB anzusehen sein, wenn er von dem E-Geld-Institut ständig betraut ist.

b) Erlaubnispflicht für die Agententätigkeit. Gemäß § 32 Abs. 1 S. 2 iVm **356** § 25 Abs. 1 hat das E-Geld-Institut den E-Geld-Agenten bei der BaFin und bei der BBank zu registrieren, wenn es beabsichtigt, für den Vertrieb und den Rücktausch von E-Geld einen E-Geld-Agenten einzuschalten (vgl. → § 32 Rn. 7 ff.). Einer gesonderten Erlaubnis bedarf der E-Geld-Agent darüber hinausgehend nicht (so auch Fett/Bentele WM 2011, 1352 (1356); auch → Rn. 360); der frühere Tatbestand der „Verwaltung von E-Geld" des § 1 Abs. 1 S. 2 Nr. 11 KWG aF besteht nicht mehr. Vor der Registrierung ist dem E-Geld-Agenten aber die Tätigkeit iSd Abs. 10 nicht erlaubt (§§ 32 Abs. 1 S. 2, 25 Abs. 1 S. 3) (vgl. → § 25 Rn. 31 und → § 32 Rn. 7).

c) Erbringung von Zahlungsdiensten durch E-Geld-Agenten. Im Rah- **357** men ihrer Tätigkeit bei Vertrieb und bei Rücktausch von E-Geld erbringen E-Geld-Agenten im Namen des E-Geld-Instituts Zahlungsdienste, wenn sie Bar- oder Buchgeld beim Verkauf von E-Geld-Produkten entgegennehmen oder bei Rücktausch ausgeben. Dies ist ihnen – einschließlich der Entgegennahme von Bargeld – als ausgelagerter Stelle des E-Geld-Instituts aufgrund ihrer Registrierung gemäß § 32 Abs. 1 S. 2 iVm § 25 Abs. 1 gestattet (so auch RegBegr. Zweite E-Geld-RLUG, BT-Drs. 17/3023, 41, 51; Fett/Bentele BKR 2011, 403 (405)). Beabsichtigt dagegen ein E-Geld-Institut einen selbständigen Gewerbetreibenden einzuschalten, um anderweitige Zahlungsdienste, jenseits der Ausgabe, des Vertriebs und des Rücktausches von E-Geld zu erbringen, so hat es ihn zunächst gemäß § 25 Abs. 1 als Agenten iSd § 1 Abs. 9 zu registrieren.

d) Zurechnung des Handelns. Abs. 9 S. 2 sieht vor, dass Handlungen des **358** Agenten dem Zahlungsinstitut oder E-Geld-Institut zugerechnet werden. Eine entsprechende Vorschrift für E-Geld-Agenten gibt es nicht. Allerdings folgt die Zurechnung von Handlungen und die Haftung des E-Geld-Instituts dafür bereits aus allgemeinen zivilrechtlichen Regeln (zB §§ 164 ff., 278 BGB) (so auch RegBegr. ZDUG, BT-Drs. 16/11613, 37; Schäfer/Omlor/Mimberg/Mimberg Rn. 317; ähnlich Ellenberger/Findeisen/Nobbe/Böger/Findeisen Rn. 671 zu Abs. 9).

e) Aufsicht über E-Geld-Agenten. Die Aufsicht über E-Geld-Agenten er- **359** folgt über die Regelung des § 32 Abs. 2 iVm § 25 mittelbar über die Beaufsichtigung des E-Geld-Instituts. Im Einzelnen vgl. → § 32 Rn. 3 und zu → § 25 Rn. 6.

f) E-Geld-Agenten sind kein Finanzdienstleistungsinstitut. Nach der **360** umstrittenen (vgl. dazu näher → Rn. 245) Ansicht der BaFin stellen sonstige monetäre Einheiten (zB Bitcoins, Ethereum, Ripple) – und deshalb, so muss man rückfolgern, auch E-Geld (vgl. auch Ellenberger/Findeisen/Nobbe/Böger/Findeisen Rn. 572: „alle privaten Komplementärwährungen") – Rechnungseinheiten iSv § 1 Abs. 11 S. 1 Nr. 7 KWG dar (BaFin-Merkblatt ZAG v. 14. 2. 2023, Abschn. D. I. 1.). Dementsprechend könnte prima facie – aus Sicht der BaFin – die Tätigkeit von E-Geld-Agenten den Tatbestand einer Finanzdienstleistung gemäß § 1 Abs. 1a KWG erfüllen. E-Geld-Agenten iSv Abs. 10 bedürfen jedoch nicht einer Zulassung als Finanzdienstleistungsinstitut gemäß §§ 32 Abs. 1 iVm § 1 Abs. 1a S. 2 Nr. 1 KWG zB wegen Anlagevermittlung. Die BaFin hat sich der in der ersten Auflage (→ 1. Aufl. 2014, § 1a Rn. 110) geäußerten Ansicht nunmehr angeschlossen, dass die Regelungen des ZAG **für den E-Geld-Agenten eine abschließende aufsichtsrechtliche Spezialregelung** darstellen (BaFin-Merkblatt ZAG v. 14. 2. 2023, Abschn. D. I. 2.). Im Ergebnis bedürfen deshalb E-Geld-Agenten für ihre Tätigkeit im Zusammenhang mit Vertrieb und Rücktausch von E-Geld keiner Zulassung nach dem KWG, sofern die Notifizierung gemäß §§ 32 Abs. 1 S. 2, 25 Abs. 1 und die Registrierung nach § 44 Abs. 2 erfolgt sind.

4. Weitere Vertriebsarten

361   Der Begriff des E-Geld-Agenten umfasst nicht die Tätigkeit von solchen selbständigen Gewerbetreibenden, die E-Geld im eigenen Namen vertreiben (Ellenberger/Findeisen/Nobbe/Böger/Findeisen Rn. 680). Anders als der englische Gesetzgeber, der in Rule 33 (1) der E-Money-Regulations 2011 sog. „Distributors" erfasst, stellt das ZAG keine ausdrücklichen Regelungen für solche Eigenhändler oder Kommissionäre auf; auch die Zweite E-Geld-RL beinhaltet keine Regelungen für Wiederverkäufer. Dies bedeutet, dass solche selbständigen Gewerbetreibenden, die im eigenen Namen E-Geld vertreiben wollen, eine Erlaubnis als Zahlungsinstitut erwerben müssen, wenn sie im Rahmen dieser Tätigkeit Zahlungsdienste erbringen (FCA Handbook/PERG/3A/4 Q22, Stand 13/09/2017; ähnlich Ellenberger/Findeisen/Nobbe/Böger/Findeisen Rn. 680). Alternativ könnten sie die Tätigkeit auch im Namen eines E-Geld-Instituts erbringen und sich als E-Geld-Agent registrieren lassen.

362   Der oben (→ Rn. 360) für den E-Geld-Agenten festgestellte Befund, dass die Vorschriften des ZAG eine abschließende Spezialregelung begründen, findet für den das E-Geld im eigenen Namen weiterveräußernden Kommissionär oder Eigenhändler keine Anwendung. Für ihn gelten die Verbote (mit Erlaubnisvorbehalt) nach § 32 Abs. 1 S. 1 iVm § 1 Abs. 1 S. 2 Nr. 4 (Finanzkommissionsgeschäft) oder § 1 Abs. 1a S. 2 Nr. 4c (Eigenhandel) KWG (BaFin-Merkblatt ZAG v. 14. 2. 2023, Abschn. D. I. 2.). Das ZAG erfasst den Vertrieb im eigenen Namen von bereits ausgegebenem E-Geld weder als E-Geld-Geschäft („Ausgabe von E-Geld") noch als Vertrieb iSd Abs. 10, der ja stets „im Namen eines E-Geld-Instituts" erfolgt. Ob deshalb die Weiterveräußerung von E-Geld gemäß § 11 Abs. 1 S. 1 als E-Geld-Geschäft verboten ist, erscheint fraglich. Auch dürfte darin idR nicht die Erbringung eines Zahlungsdienstes gemäß § 1 Abs. 1 S. 2 zu sehen sein. Das Ergebnis befremdet: Der das E-Geld im eigenen Namen vertreibende Eigenhändler benötigt eine Erlaubnis als Finanzdienstleistungsinstitut (so nun auch BaFin-Merkblatt ZAG v. 14. 2. 2023, Abschn. D. I. 2.), der Kommissionär eine Erlaubnis als Kreditinstitut; dem das E-Geld ausgebenden E-Geld-Institut reicht dagegen eine unter einfacheren Voraussetzungen erhältliche Erlaubnis nach § 11 Abs. 1 (so BaFin-Merkblatt ZAG v. 14. 2. 2023, Abschn. D. I. 2.): ZAG entfaltet „keine Sperrwirkung"). Richtiger Weise sollte man – jedenfalls de lege ferenda – von dem

E-Geld-Eigenhändler oder –Kommissionär auch nur eine Erlaubnis nach § 11 Abs. 1 verlangen (aA Ellenberger/Findeisen/Nobbe/Böger/Findeisen Rn. 680: bereits nach geltendem Recht sei eine Erlaubnis nach § 11 Abs. 1 ausreichend); diese müsste dann – als ein Minus gegenüber der Ausgabe – auch den Erwerb und die Weiterveräußerung von E-Geld im eigenen Namen für eigene oder fremde Rechnung umfassen; insoweit müsste das ZAG eine abschließende Spezialregelung darstellen, sodass der insoweit zugelassene E-Geld-Eigenhändler oder –Kommissionär keiner weiteren Zulassung gemäß § 32 Abs. 1 S. 1 KWG bedürfte.

Allerdings muss es dem E-Geld-Institut gestattet sein, einen Eigenhändler oder **363** Kommissionär im Rahmen einer **Auslagerung gemäß § 26 Abs. 1** zu beauftragen. Die Weiterveräußerung von (bereits ausgegebenem) E-Geld wird häufig eine wesentliche betriebliche Aufgabe des E-Geld-Instituts iSd § 26 Abs. 2 S. 2 darstellen, sodass eine Anzeige an die BaFin erforderlich ist. Eigene geldwäscherechtliche Pflichten des Eigenhändlers bzw. Kommissionärs dürften dagegen gemäß § 2 Abs. 1 Nr. 5 GwG nur dann eingreifen, wenn der auslagernde E-Geld-Emittent ein Kreditinstitut iSd CRR ist. In dem Fall einer wirksamen Auslagerung im Rahmen der Erlaubnis des auslagernden E-Geld-Instituts ist – ebenso wie bei der Auslagerung an einen E-Geld-Agenten – anzunehmen, dass im ZAG eine aufsichtsrechtliche Spezialregelung vorliegt, die andere Erlaubnispflichten nach Bankaufsichtsrecht verdrängt (anders möglicherweise BaFin-Merkblatt ZAG v. 14.2.2023, Abschn. D.I.2.): ZAG entfaltet „keine Sperrwirkung").

XIII. Auslagerungsunternehmen (Abs. 10a)

Literatur: Boehm, Herausforderungen von Cloud Computing-Verträgen: Vertragstypologische Einordnung, Haftung und Eigentum an Daten, ZEup 2016, 358; Bräutigam, IT-Outsourcing und Cloud-Computing, 4. Aufl. 2019; Dürselen/Schulte-Mattler, Die 5. MaRisk-Novelle im Überblick – Teil I, WM 2018, 1237; Erichsen/Ehlers, Allgemeines Verwaltungsrecht, 14. Aufl. 2010; Grabitz/Hilf, Das Recht der Europäischen Union, 40. Aufl. 2009; Krimphove, Was ist Proportionalität?, BKR 2017, 353; Krimphove, Die neue MaRisk (BA) 10/2021, BKR 2021, 597; Lins/Raschauer, Cloud-Computing – Die Finanzbranche in der Wolke – Teil I, WM 2018, 2301; Lins/Raschauer, Cloud-Computing – Die Finanzbranche in der Wolke – Teil II, WM 2018, 2345; Martens, Methodenlehre des Unionrechts, 2013; Maunz/Dürig, Kommentar zum Grundgesetz, 86. EL 2019; Möslein/Omlor, Die europäische Agenda für innovative Finanztechnologien (Fintech), BKR 2018, 236; Nägele/Jacobs, Rechtsfragen des Cloud Computing, ZUM 2010, 281; Niemann, Rechtsfragen des Cloud Computing, 1. Aufl. 2014; Reimer/Doser, Neue Vorgaben an die Informationstechnik von Zahlungs- und E-Geld-Instituten – Konsultation der ZAIT, RdZ 2021, 97; Söbbing, Die bankaufsichtsrechtliche Zulässigkeit von Cloud Computing, ZBB 2013, 364; Tezel, Cloud Computing: SaaS, PaaS & IaaS einfach erklärt, ZD-Aktuell 2016, 05026; Zerwas/Hanten, Outsourcing bei Kredit- und Finanzdienstleistungsinstituten, WM 1998, 1110.

1. Allgemeines

Die Legaldefinition des Auslagerungsunternehmens wurde im Rahmen des Ge- **364** setzes zur Stärkung der Finanzmarktintegrität („FISG", BGBl. 2021 I 1543) als Abs. 10a eingefügt. Abs. 10a findet seine Entsprechung in dem in Kraft getretenen § 1 Abs. 10 KWG (BT-Drs. 19/26966, 93). Das ZAG sah vor dem FISG keine ausdrückliche Definition des Auslagerungsunternehmens vor, sondern setzte diese in § 26 voraus. Die EBA Leitlinien zu Auslagerungen enthalten eine ähnliche Definition; dort wird der Begriff des „Dienstleisters" verwendet (EBA/GL/2019/02, GL 2 Tz. 12).

365   Die Legaldefinition des Abs. 10a beschränkt sich auf den Anwendungsbereich des ZAG („im Sinne dieses Gesetzes"). Zudem gelten Legaldefinition und die daran anknüpfenden Folgen (→ Rn. 337 aF) nach dem Wortlaut nur für Institute iSv Abs. 3, nicht also für die privilegierten Zahlungsdienstleister in Abs. 1 S. 1 Nr. 2–5 und die privilegierten E-Geld-Emittenten in Abs. 2 S. 1 Nr. 2–4.

366   Die Legaldefinition erfasst, abweichend vom dem § 26 zuvor zugrundeliegenden Begriff des Auslagerungsunternehmens, nicht nur direkte Auslagerungen durch das auslagernde Institut, sondern auch wesentliche Auslagerungen durch ein Auslagerungsunternehmen an Sub-Auslagerungsunternehmen. Dies dient ausweislich der Regierungsbegründung der Sicherstellung der regulatorischen Erfassung von Subunternehmen sowie der Klarstellung der Befugnisse der BaFin (BT-Drs. 19/26966, 90 zu § 1 Abs. 10 KWG). Damit geht eine erhebliche Erweiterung der Befugnisse der BaFin einher (→ Rn. 337 aF).

2. Definition Auslagerungsunternehmen

367   Auslagerungsunternehmen sind nach Abs. 10a Unternehmen, auf die ein Institut Aktivitäten und Prozesse zur Durchführung von Zahlungsdiensten, des E-Geld-Geschäfts sowie von sonstigen institutstypischen Dienstleistungen ausgelagert hat, sowie deren Subunternehmen bei Weiterverlagerungen von Aktivitäten und Prozessen, die für die Durchführung von Zahlungsdiensten, des E-Geld-Geschäfts sowie von sonstigen institutstypischen Dienstleistungen wesentlich sind. Ausgehend von der Legaldefinition ist zu unterscheiden zwischen Haupt-Auslagerungen durch das Institut und Weiterverlagerungen durch das Hauptauslagerungsunternehmen. Die Tatbestandsvoraussetzungen unterscheiden sich einzig am Erfordernis der „Wesentlichkeit" der Auslagerung, die tatbestandlich nur für die regulatorische Erfassung von Subauslagerungen vorausgesetzt wird.

368   **a) Tatbestandsmerkmale des Auslagerungsbegriffs. aa) Herleitung.** Der Begriff der Auslagerung ist nach wie vor im ZAG nicht definiert (so auch Hingst/Lösing Zahlungsdiensteaufsicht § 13 Rn. 5), ebenso wenig in der PSD2 oder in der PSD1. Die sowohl für Zahlungsinstitute als auch für E-Geld-Institute anwendbaren (EBA/GL/2019/02, GL2 Tz. 7) EBA Leitlinien zu Auslagerungen definieren eine Auslagerung als eine „Vereinbarung gleich welcher Form zwischen einem (…) Zahlungsinstitut oder E-Geld-Institut und einem Dienstleister, in deren Rahmen der Dienstleister ein Verfahren abwickelt, eine Dienstleistung erbringt oder eine Tätigkeit ausführt, das/die (…) das Zahlungsinstitut oder E- Geld-Institut ansonsten selbst übernähme" (EBA/GL/2019/02, GL2 Tz. 12; wortgleich Art. 2 Nr. 3 MiFID-DV 2017; ähnlich auch MaRisk AT 9 Tz. 1: ZAIT II. 9, Tz. 9.4).

369   **bb) Vereinbarung.** Einer Auslagerung liegt stets eine Vereinbarung zwischen Institut und Auslagerungsunternehmen bzw. Auslagerungsunternehmen und Subauslagerungsunternehmen zugrunde. Häufig wird es sich um Dienstverträge iSv § 611 BGB handeln; möglich sind jedoch auch Werkverträge iSv § 631 BGB bzw. Geschäftsbesorgungsverträge mit dienst- oder werkvertraglichem Charakter. Denkbar wäre auch eine gesellschaftsrechtliche Vereinbarung, wie zB die Erbringung von Dienstleistungen durch einen Gesellschafter zur Erfüllung seiner Einlageverpflichtung (Schäfer/Omlor/Mimberg/Möslein § 26 Rn. 18). Auch bei einer „Ausgliederung" von Unternehmensteilen, zB auf eine Tochtergesellschaft, ist im Einzelfall zu betrachten, ob mit dem neuen Rechtsträger eine Auslagerungsvereinbarung über eine bestimmte Tätigkeit geschlossen wird (Schäfer/Omlor/Mimberg/Möslein § 26 Rn. 18). Für die aufsichtsrechtliche Einordnung und Beurteilung sind weder die zivilrechtlichen Vertragstypen, die Terminologie oder die Bezeichnung durch die Parteien entscheidend (vgl. auch BaFin, Konsultation 03–14 zu MaComp, Tz. 21 f.; Schäfer/Omlor/Mimberg/Möslein § 26 Rn. 18). Für die Begriffsdefinition der Auslagerung kommt es auch nicht auf eine bestimmte Form der Vereinbarung an; die Schriftform kann aber eine aufsichtsrechtliche Pflicht darstellen, vgl. § 26 Abs. 1 S. 6 (→ § 26 Rn. 60). Es kommt auch nicht auf das Vorliegen eines rechtsförmlich bindenden Vertrags iSd §§ 145 ff. BGB an, sondern darauf das eine Vereinbarung tatsächlich geschlossen wurde (Schäfer/Omlor/Mimberg/Möslein § 26 Rn. 18). Der Begriff der Vereinbarung ist daher weit zu verstehen. Zu den inhaltlichen Anforderungen an die Vereinbarung vgl. → § 26 Rn. 62 ff.

cc) Unterscheidung Auslagerung und Nichtvorliegen einer Auslagerung (sonstiger Fremdbezug). Ob eine Vereinbarung als Auslagerung zu **370** qualifizieren ist, müssen Institute selbst entscheiden (EBA/GL/2019/02, GL 3 Tz. 26). In der Terminologie der MaRisk AT 9, die auf Institute des ZAG nicht anwendbar sind, deren Überlegungen aber teilweise übertragbar sind (näher zur Heranziehung der MaRisk → § 26 Rn. 11), werden Vereinbarungen, die nicht als Auslagerung zu qualifizieren sind, als „sonstiger Fremdbezug von Leistungen" bezeichnet (BaFin, MaRisk AT 9, Erläuterung Tz. 1; genauso ZAIT II Ziff. 9 Erläuterung Tz. 9.4). Aufgrund der Weite des Begriffs der Auslagerung sind sowohl die Auslagerung von Teil- als auch Gesamtprozesse und Aktivitäten erfasst (Krimphove BKR 2021, 597 (598)).

(1) Wiederholend oder laufend. Als Auslagerung wird eine Funktion (dh ein **371** Verfahren, eine Dienstleistung oder eine Tätigkeit; vgl. Definitionen unter EBA/ GL/2019/02, GL2, Tz. 12) in der Regel nur qualifiziert, wenn sie wiederholend oder laufend erbracht wird (EBA/GL/2019/02, GL3 Tz. 26; Schäfer/Omlor/ Mimberg/Möslein § 26 Rn. 20; ähnlich BaFin, MaRisk AT 9 Erläuterung Tz. 1: Sonstiger Fremdbezug bei einmaliger oder gelegentlichem Fremdbezug von Gütern oder Dienstleistungen). Der einmalige bzw. isolierte Bezug von Hard- und Software ist deshalb in der Regel nicht als Auslagerung, sondern als sonstiger Fremdbezug einzustufen (Final Report, EBA/GL/2019/02, Summary of Responses, S. 88; → Rn. 263 ff.; BaFin, MaRisk AT 9 Erläuterung Tz. 1; ZAIT II Ziff. 9 Erläuterung Tz. 9.4).

(2) Funktionen, die das Institut ansonsten selbst übernähme. Hierbei **372** geht es um Funktionen, die das Institut realistischerweise selbst übernehmen könnte (EBA, EBA/GL/2019/02, GL3, Tz. 26). Nicht entscheidend ist deshalb, ob das Institut diese Funktionen in der Vergangenheit jemals ausgeführt hat (EBA/GL/2019/02, GL3, Tz. 26). **Dienstleistungen** oder Tätigkeiten, die das Institut typischerweise nicht übernähme, sind beispielsweise Beratungen durch einen Architekten, Rechtsberatung, Vertretung vor Gerichten oder Behörden, ärztliche Leistungen, Reinigungsdienste, Datenarbeiten oder Gebäudewartung, Dienstleistungen im Hinblick auf den Fuhrpark des Instituts, Catering, Verkaufsmaschinen für Getränke etc, Schreibdienste, Reisedienstleistungen, Postdienstleistungen, Empfang, Sekretariate oder Telefonzentrale. Zu **Waren**, die ein Institut typischerweise nicht selbst herstellt, gehören zB Plastikkarten, Kartenlesegeräte, Bürozubehör, Personal-Computer und Möbel.

373   Auch die Bereitstellung von **Versorgungsleistungen** fallen nicht typischerweise unter Leistungen eines Instituts: zB Strom, Gas, Wasser oder Telefonleitungen (sämtliche Beispiele wörtlich aus EBA/GL/2019/02, Gl3, Tz. 28 lit. g.). Neben den von der EBA Genannten dürften auch Versorgungsleistungen wie Datenkommunikation bzw. die Bereitstellung der Datenleitungen sowie E-Mail- und Fax- und andere Kommunikationsdienstleistungen als sonstiger Fremdbezug einzustufen sein (so auch Schäfer/Omlor/Mimberg/Möslein § 26 Rn. 22). Dies sollte auch bei dem Bezug solcher Waren wie Standardbürosoftware zutreffen (EBA, Final Report, EBA/GL/2019/02, Summary of Responses, Seite 88). Sofern die von einem Dritten zu erbringenden Dienstleistungen oder Aktivitäten Elemente der Auslagerung sowie auch Elemente des sonstigen Fremdbezugs enthalten, sollte **insgesamt** die Vereinbarung als Auslagerung zu qualifizieren sein (ähnlich EBA/GL/2019/02, GL3, Tz. 27, wonach sämtliche Aspekte der Vereinbarung zusammen zu würdigen sind).

374   **(3) Funktionen, die nach anwendbarem Recht ein Dritter übernehmen muss.** Nicht Auslagerung sind: Funktionen, die nach anwendbarem Recht ein Dritter übernehmen muss, zB Abschlussprüfung, Marktinformations- oder Rating-Dienstleistungen (zB Bloomberg, Moody's, Standard & Poor's, Fitch), Dienstleistungen durch Netzwerke (zB Visa, Mastercard), Clearing- und Settlement-Vereinbarungen zwischen Clearinghäusern, zentralen Gegenparteien oder Abwicklungsinstituten und ihren Mitgliedern, globale Finanznachrichten, Infrastrukturdienstleistungen, die von zuständigen Aufsichtsbehörden beaufsichtigt werden, sowie Korrespondenzbankdienstleistungen (Aufzählung bei EBA/GL/2019/02, GL 3 Tz. 28a.–f.; BaFin, MaRisk AT 9 Erläuterung Tz. 1). Insgesamt sollten Leistungen, die typischerweise von beaufsichtigten Unternehmen bezogen und aufgrund tatsächlicher Gegebenheiten oder rechtlicher Vorgaben nicht vom Institut selbst erbracht werden können, keine Auslagerung darstellen (BaFin, MaRisk AT 9 Erläuterung Tz. 1). Hierzu gehören neben den Vorgenannten auch Zentralbankfunktionen, sowie die Inanspruchnahme von Liquiditätslinien (BaFin, MaRisk AT 9 Erläuterung Tz. 1). Hier bestehen in der Regel keine auslagerungstypischen Risiken (BaFin, MaRisk AT 9 Erläuterung Tz. 1). Daraus darf aber keine Verallgemeinerung derart gezogen werden, dass generell beaufsichtigte Unternehmen nicht dem Auslagerungsbegriff unterliegen; auch beaufsichtigte Unternehmen können als Auslagerungsunternehmen von Abs. 10a erfasst sein (so RegBegr. FISG, BT-Drs. 19/26966, 90 zu § 1 Abs. 10 KWG; aA Schäfer/Omlor/Mimberg/Möslein § 26 Rn. 25).

375   **(4) IT-Systeme.** § 26 Abs. 1 S. 1 erwähnt gesondert IT-Systeme als Auslagerung von Aktivitäten und Prozessen auf ein anderes Unternehmen. Dies beruht auf Art. 19 Abs. 6 UAbs. 2 PSD2. Semantisch lässt allerdings sowohl der Text des ZAG als auch die zugrundeliegende Richtlinie offen, was genau im Zusammenhang mit IT-Systemen die Auslagerung darstellen soll. Es ist deshalb davon auszugehen, dass der Gesetzgeber IT-Systeme wegen ihrer besonderen Bedeutung für moderne Zahlungsdienstleistungen gesondert betont hat, ohne die Definition der Auslagerung ändern zu wollen. In Abs. 10a hat der Gesetzgeber IT-Systeme nicht in die Legaldefinition aufgenommen. Gleichwohl sind diese aufgrund ihrer besonderen Bedeutung im Zusammenhang mit der Legaldefinition zu erläutern. Mit dem Begriff IT-Systeme sind zunächst sowohl Software als auch Hardware gemeint, die zusammen ein „IT-System" darstellen können (vgl. ZAIT II Ziff. 9 Erläuterung Tz. 9.4).

376   Zweifelhaft dürfte allerdings sein, ob bereits der reine Bezug von Software und/oder Hardware durch das Institut eine Auslagerung ist, selbst wenn es sich dabei um

Systeme für Kontrollfunktionen oder für wesentliche Kernbereiche des Zahlungs- oder E-Geld-Geschäfts handeln sollte. Der Bezug selbst ist eine einmalige Aktivität, die nicht als Auslagerung zu erfassen sein sollte (→ Rn. 371; EBA, Final Report, EBA/GL/2019/02, Summary of Responses, S. 88 f.; so wohl auch Dürselen/Schulte-Mattler WM 2018, 1237 (1245), zu MaRisk 2017). Auch die Nutzung von Funktionalitäten dritter Technologie-Unternehmen für die Durchführung der starken Kundenauthentifizierung (Apple Pay, Google Pay, Samsung Pay) muss nicht Auslagerung sein (→ Rn. 495).

Dagegen sollte der **Betrieb von Software** durch Dritte Auslagerung darstellen, **377** wenn diese zur Identifizierung, Beurteilung, Steuerung, Überwachung und Kommunikation von Risiken eingesetzt wird oder wenn diese für die Durchführung von bankgeschäftlichen Aufgaben von wesentlicher Bedeutung ist (BaFin, MaRisk AT 9 Erläuterung Tz. 1; vgl. Schäfer/Omlor/Mimberg/Möslein § 26 Rn. 23, der darauf hinweist, dass nicht allein die Bezugsdauer entscheidend ist, sondern eben auch inhaltliche Aspekte der Software). Eine Auftragsverarbeitung von Kundendaten des Instituts durch einen Dritten wird zumeist eine Auslagerung darstellen (Reimer/Doser RdZ 2021, 97 (102)).

Nach der Neufassung der MaRisk 2017 soll eine Auslagerung bei **Unterstüt-** **378** **zungsleistungen** Dritter beim Bezug der vorgenannten Software vorliegen (BaFin, MaRisk AT 9 Erläuterung Tz. 1; genauso BaFin, ZAIT II. Ziff. 9 Erläuterung Tz. 9.4). Solche Unterstützungsleistungen können bestehen in: Anpassung der Software an die Erfordernisse des Kreditinstituts, die entwicklungstechnische Umsetzung von Änderungswünschen (Programmierung), das Testen, die Freigabe und die Implementierung der Software in die Produktionsprozesse beim erstmaligen Einsatz und bei wesentlichen Veränderungen insbesondere von programmtechnischen Vorgaben, Fehlerbehebungen (Wartung) gemäß der Anforderungs-/Fehlerbeschreibung des Auftraggebers oder Herstellers sowie in sonstigen Unterstützungsleistungen, die über die reine Beratung hinausgehen (BaFin, ZAIT II Ziff. 9 Erläuterung Tz. 9.4; BaFin, MaRisk AT 9 Erläuterung Tz. 1). Diese Sichtweise sollte auch für das Verständnis des Abs. 10a und die Interpretation des Begriffs „IT-Systeme" iRv § 26 zugrunde gelegt werden. Schon in der so einbezogenen Implementierungsphase, in der die Software an die individuellen Prozesse und Bedürfnisse des Instituts angepasst wird, können wesentliche Risiken und Fehler der Software entstehen, die selbst beim Eigenbetrieb durch das Institut oft deutlich später erst sichtbar werden. Hier erscheint eine risiko-angemessene Auslagerungsüberwachung richtig.

Der Bezug von oder die Unterstützungsleistungen bei **Software, die nicht** **379** **bank- oder zahlungsgeschäftliche Prozesse oder Kontrollfunktionen betrifft,** stellt dagegen auch unter Abs. 10a und § 26 keine Auslagerung dar (vgl. BaFin, ZAIT II Ziff. 9 Erläuterungen Tz. 9.4).

(5) Cloud Services. (a) Definition. Nach den Empfehlungen der EBA zur **380** Auslagerung von Cloud-Diensten (EBA/REC/2017/03), den EBA Leitlinien zu Auslagerungen (EBA/GL/2019/02) und dem BaFin-Merkblatt zu Auslagerungen an Cloud-Anbieter sind Cloud-Dienste solche Dienste, die mithilfe von Cloud-Computing erbracht werden, dh in einem Modell, das ortsunabhängigen, komfortablen und bedarfsgesteuerten Netzwerkzugriff auf einen gemeinsamen Pool konfigurierbarer Rechenressourcen ermöglicht (wie Netzwerke, Server, Speicher, Anwendungen und Services) und sich schnell sowie mit einem Mindestmaß an Verwaltungsaufwand oder Interaktion des Dienstleisters implementieren und freischalten lässt.

Nach BaFin, ZAIT II 9 Tz. 9.2 sind Cloud-Dienstleistungen solche IT-Dienstleistungen, die dem Institut durch ein Dienstleistungsunternehmen über ein Netz bereitgestellt werden (zB Rechenleistung, Speicherplatz, Plattformen oder Software) und deren Angebot, Nutzung und Abrechnung dynamisch und an den Bedarf angepasst über definierte technische Schnittstellen sowie Protokolle erfolgen (vgl. Boehm ZEup 2016, 358 (359); Bräutigam/Bräutigam/Thalhofer, IT-Outsourcing und Cloud-Computing, Teil 14 Rn. 1; Lins/Raschauer WM 2018, 2301 (2302); Nägele/Jacobs ZUM 2010, 281; Söbbing ZBB 2013, 364). Unterschieden wird zudem zwischen einer **öffentlichen Cloud,** eine solche Cloud-Infrastruktur, die von der Öffentlichkeit frei genutzt werden kann, einer **Private-Cloud,** eine Cloud-Infrastruktur, die ausschließlich von einem einzelnen Institut genutzt werden kann, einer **Community-Cloud,** nämlich einer Cloud-Infrastruktur, die ausschließlich von einer konkreten Institutsgemeinschaft genutzt werden kann, einschließlich mehrerer Institute innerhalb einer Gruppe, sowie einer **Hybrid-Cloud,** nämlich eine Cloud-Infrastruktur, die sich aus zwei oder mehreren Cloud-Infrastrukturen zusammensetzt (alle Definitionen aus EBA/REC/2017/03 wortgleich in EBA/GL/2019/02 und in BaFin, Merkblatt Orientierungshilfe zu Auslagerungen an Cloud-Anbieter; vgl. Nägele/Jacobs ZUM 2010, 281 (282); Niemann/Paul/Niemann, Rechtsfragen des Cloud-Computing, Kapitel 4 Rn. 10ff.; Söbbe ZBB 2013, 364 (365); Tezel ZD-Aktuell 2016, 05026). Zum Einfluss vom Cloud Service Providern auf den Finanzmarkt ausführlich Arkat/Müller BKR 2021, 424 (426f.).

381   **(b) Wesentliche Risiken des Cloud Outsourcing.** Die EBA weist vor allem darauf hin, dass die Bereitstellung und Qualität der Dienstleistung des Cloud-Dienstleisters und die Höhe des operationellen Risikos, das diese Dienstleistung für ein Institut verursachen mag, im Wesentlichen von der Fähigkeit des Cloud-Dienstleisters abhängen, in angemessener Weise die Vertraulichkeit, Integrität und Verfügbarkeit von Daten (während eines Übertragungsvorgangs oder am Speicherort) und der Systeme und Prozesse, die für die Verarbeitung, Übertragung und Speicherung der Daten genutzt werden, zu gewährleisten (EBA, Final Report, EBA/GL/2019/02, Background, Tz. 40; vgl. auch Arkat/Müller BKR 2021, 424 (425, 427)). Hierbei seien auch angemessene Mechanismen zur Nachverfolgung von technischen und geschäftlichen Vorgängen wesentlich, um missbräuchliche Versuche, die Sicherheit der Daten oder Systeme zu beeinträchtigen, aufzudecken. Zudem sei wesentlich, dass Cloud-Dienstleister oft mit einer geografisch sehr verteilten Rechner-Infrastruktur arbeiten, sodass die Datenverarbeitung und -speicherung regional und global verteilt sein kann (EBA, Final Report, EBA/GL/2019/02, Background, Tz. 41). Zudem sei es hier wesentlich, die Bedingungen für eine Unterauslagerung durch einen Cloud-Dienstleister genau festzulegen, da diesbezüglich Cloud-Computing deutlich dynamischer als traditionelle Auslagerung (EBA, Final Report, EBA/GL/2019/02, Background, Tz. 42).

382   Die Einschaltung eines Cloud-Dienstleisters durch ein Institut stellt **nicht per se eine Auslagerung** dar (vgl. Lins/Raschauer WM 2018, 2301 (2309); Möslein/Omlor BKR 2018, 236 (242)). Vielmehr ist die einzelne Dienstleistung dahingehend zu untersuchen, ob es sich nach den oben genannten Kriterien (→ Rn. 370 ff.) um eine Auslagerung oder einen sonstigen Fremdbezug handelt (ähnlich EBA, Final Report, EBA/GL/2019/02, Summary of Responses, S. 101: „assessment of the criticality or importance is required"; Bräutigam/Ferstl, IT-Outsourcing und Cloud-Computing, Teil 9 Rn. 19). Gleichwohl wird man annehmen können, dass es sich bei Cloud-Dienstleistungen „in der Regel" um Auslagerungen handelt (BaFin, Merkblatt Orientierungshilfe zu Auslagerungen an Cloud Anbieter, S. 5; wohl auch Schäfer/Omlor/Mimberg/Möslein § 2 Rn. 24). Auch die Frage der Wesentlichkeit (Critical or Important Functions) ist im Einzelfall zu entscheiden; dabei sind allerdings die vorstehenden Risikoerwägungen zu berücksichtigen (Bräutigam/Bräutigam/Thalhofer, IT-Outsourcing und Cloud-Computing, Teil 14 Rn. 120; Lins/Raschauer WM 2018, 2301 (2309); Lins/Raschauer WM 2018, 2345 (2349); Söbbing ZBB 2013, 364 (366)). Für Cloud-Auslagerungen hat die Europäische Kommission Standardvertragsklauseln vorgeschlagen (Europäische Kommission, Consultation meeting for Financial Institutions on standard contractual clauses for cloud use in the financial sector, 25.3.2020, https://beck-link.de/fp4ph; kritisch dazu Arkat/Müller BKR 2021, 424 (428)).

(c) Regularien; Übergangsregelungen. Die bis zum 30.9.2019 gültigen **383** Empfehlungen der EBA zur Auslagerung an Cloud-Anbieter (EBA/REC/2017/03; EBA/GL2019/02, 3. Umsetzungsfrist, Tz. 17) wurden durch die EBA Leitlinie zu Auslagerungen (EBA/GL/2019/02) abgelöst. Bis zum 31.12.2021 sollten Auslagerungsverträge entsprechend angepasst werden (EBA/GL/2019/02, 3. Umsetzungsfrist, Tz. 13 ff.). Zur Rechtsnatur von Leitlinien und Empfehlungen der EBA vgl. im Übrigen → Einl. Rn. 65 ff.

Im Übrigen enthalten die EBA Leitlinien zu Auslagerungen zahlreiche spezielle **384** Regelungen für Cloud-Auslagerungen. Dies betrifft insbes. das zu führende Auslagerungs-Register (GL 11 Tz. 54 lit. h EBA/GL/2019/02) sowie die Vertragsgestaltung (GL 13.2 Tz. 83 EBA/GL/2019/02: Besondere Informationssicherheitsanforderungen; GL 13.3 Tz. 97: Besondere Fähigkeiten des internen oder externen Revisors). Spezielle Regelungen zu Auslagerungen an Cloud-Anbieter finden sich auch im BaFin-Merkblatt Orientierungshilfe zu Auslagerungen an Cloud Anbieter.

(d) Voice-Banking. Das im Aufstreben befindliche Voice Banking (zu Voice **385** Payment vgl. FinTech-HdB/Kilian § 20 Rn. 120) über die „sprechenden" Lautsprecherboxen Alexa oder Google Home kann ebenfalls eine Auslagerung an einen Cloud-Dienstleister darstellen. Die Infrastruktur für die „sprechenden Boxen" sind nämlich gigantische Serverfarmen von amerikanischen Technologieunternehmen (AWS und Google Inc.). Sie arbeiten mit vernetzten Rechnern und intelligenter Datenspeicherung. Die Lautsprecher übertragen dorthin alles, was sie hören (vgl. nur Mitteldeutsche Zeitung vom 15.1.2017). Ob hier im Einzelfall lediglich ein Kommunikationsdienst im Sinne von Abs. 13 oder durch Daten- und Sprachverarbeitung mithilfe künstlicher Intelligenz eine wesentliche Auslagerung erbracht wird, ist anhand der Einzelheiten der erbrachten Dienstleistung, der Verschlüsselung von Daten, insbes. Sprachdaten, auf dem Transportweg, der Verarbeitung von (Sprach-)Daten durch den Voice-Dienstleister sowie der im Übrigen eingesetzten Infrastruktur des Instituts zu entscheiden.

(6) Agenten iSd Abs. 9. Das Gesetz ordnet nicht ausdrücklich an, dass Agen- **386** ten iSd Abs. 9 **als Auslagerungsunternehmen** anzusehen sind. Anders als bei IT-Systemen ist der Begriff des Agenten oder eine Referenz weder in dem neuen § 1 Abs. 10a, noch in § 26 enthalten. Es spricht jedoch dennoch alles dafür, dass ein Agent als Auslagerungsunternehmen iSd § 1 Abs. 10a anzusehen ist. Denn bereits in der Gesetzesbegründung zu § 19 aF wurde klargestellt, dass es sich bei der Inanspruchnahme eines Agenten um eine Sonderform der Auslagerung handelt, die nur der Übersichtlichkeit halber in einem gesonderten Paragrafen geregelt ist (Reg-Begr. ZDUG, BT-Drs. 16/11613, 51 f.; vgl. auch → § 25 Rn. 5; Möslein RdZ

2021, 35 (37); Schäfer/Omlor/Mimberg/Möslein § 25 Rn. 3). Dies folgt auch aus
der Art. 19 PSD2, der die Inanspruchnahme von Agenten im selben Atemzug mit
Auslagerungen regelt (→ § 25 Rn. 5). Die Regulierung des Agenten gem. § 25 ist
mithin lex specialis gegenüber §§ 26, 27, die aber subsidiär eingreifen können
(→ § 25 Rn. 5; so auch nun Schäfer/Omlor/Mimberg/Möslein § 25 Rn. 3).

387   Der Agent ist also Auslagerungsunternehmen iSd Abs. 10a. Er erbringt „im
Namen des Instituts Zahlungsdienste", also institutstypische Leistungen (→ Rn. 329).
Der Agent führt Zahlungsdienstleistungen in offener Stellvertretung für das Institut
aus (→ Rn. 329; vgl. auch Ellenberger/Findeisen/Nobbe/Böger/Findeisen Rn. 667;
Schäfer/Omlor/Mimberg/Mimberg Rn. 295; Schwennicke/Auerbach/Schwen-
nicke Rn. 135). Er wird damit im Kernbereich der institutstypischen Leistungen
tätig (→ § 25 Rn. 3; so auch Schäfer/Omlor/Mimberg/Möslein § 25 Rn. 3, 5;
vgl. auch Möslein RdZ 2021, 35 (37)).

388   **(7) E-Geld-Agenten iSd Abs. 10.** Auch wenn sich der E-Geld-Agent nach
Abs. 10 begrifflich an den Agenten anzulehnen scheint, handelt es sich bei dem
Agentenbegriff keinesfalls um einen Oberbegriff (→ Rn. 335). Vielmehr ist in der
Begriff des E-Geld-Agenten ein Aliud gegenüber demjenigen des Agenten (vgl.
ausführlich → Rn. 329 ff.; → Rn. 335; so auch Fett/Bentele BKR 2011, 403 (404);
Schäfer/Omlor/Mimberg/Möslein § 25 Rn. 5), weshalb sich die Ausführungen
zum Agenten nicht ohne Weiteres übertragen lassen.

389   Jedoch erbringt auch der E-Geld-Agent iSd Abs. 10 institutstypische Leistungen.
Er wird „im Namen eines E-Geld-Instituts" tätig (→ Rn. 335); es liegt eine offene
Stellvertretung vor (→ Rn. 337; vgl. auch Schäfer/Omlor/Mimberg/Mimberg
Rn. 309). Im Unterschied zum Agenten iSd Abs. 9 erbringt der E-Geld-Agent
zwar keine Zahlungsdienste oder die Ausgabe von E-Geld; dennoch ist auch der
E-Geld-Agent im Kernbereich des regulierten E-Geld-Geschäfts tätig, nämlich bei
dem Vertrieb und dem Rücktausch von E-Geld (→ § 25 Rn. 3). Dies sind zwar
Hilfstätigkeiten, jedoch sehr bedeutsame. So ist das Tätigkeitsfeld des E-Geld-Agenten, der gem. § 2 Abs. 1 Nr. 4 GwG selbst den geldwächerechtlichen Anforderungen unterworfen ist, mit dem des Vertriebshelfers nach § 2 Abs. 1 Nr. 5 GwG weitgehend identisch (Ellenberger/Findeisen/Nobbe/Böger/Findeisen Rn. 683). Auch
in diesem Bereich sind ähnliche auslagerungstypische Risiken, zB Fehler bei der
durchaus wesentlichen Pflicht des Rücktausches, zu erwarten. Auch beim Vertrieb
von E-Geld, beispielsweise beim Onboarding neuer Kunden, können gravierende
Fehler (fehlerhafte Bewertung des Geschäftszwecks) auftreten, also auslagerungstypische Risiken. Deshalb sind E-Geld-Agenten ebenfalls Auslagerungsunternehmen iSv Abs. 10a.

390   **b) Institut iSd ZAG.** Das die Dienste des Auslagerungsunternehmens in
Anspruch nehmende Unternehmen muss ein Institut iSv Abs. 3 sein, dh ein Zahlungsinstitut oder E-Geld-Institut. Zu Abs. 3 → Rn. 276, zum persönlichen Anwendungsbereich von § 26 → § 26 Rn. 17.

391   **c) Ein anderes Unternehmen (externe Delegation).** Anders als § 26 Abs. 1
S. 1 spricht Abs. 10a nicht von „anderen Unternehmen", sondern nur von „Unter-
nehmen". Damit soll aber keine inhaltliche Unterscheidung einhergehen. Die
Regierungsbegründung stellt zwar auf eine inhaltliche Erweiterung des Begriffs ab,
bezieht diese aber nur auf die Erfassung auch „nicht wesentlicher Auslagerungen"
(BT-Drs. 19/26966, 90 zu § 1 Abs. 10 KWG). Der Art. 19 Abs. 8 PSD2 spricht von
„Stellen, an die Tätigkeiten ausgelagert werden", Art. 16 Abs. 5 UAbs. 1 MiFID II

spricht von „Rückgriff auf Dritte". Wer dritte Partei ist, wird jedoch nicht definiert. Die EBA Guidelines on Outsourcing befassen sich zwar mit Auslagerungen innerhalb von Konzernen (EBA/GL/2019/02, GL6, Tz. 39 lit. c., GL7, Tz. 43 lit. c.), definieren jedoch den Begriff „Dienstleister" („Service Provider") oder dritte Partei nicht. Richtigerweise wird man in Anlehnung an das alte BAKred Rundschreiben 11/2001 v. 6.12.2001 (aufgehoben) (so auch Schäfer/Omlor/Mimberg/Möslein § 26 Rn. 19; Hingst/Lösing Zahlungsdiensteaufsicht § 13 Rn. 6) wie folgt differenzieren müssen:

aa) Unternehmen mit eigener, vom Institut zu unterscheidender 392 **Rechtspersönlichkeit.** Unternehmen mit eigener, vom Institut zu unterscheidender Rechtspersönlichkeit sind Dritte. Dies sind juristische Personen, auch dann, wenn sie Tochtergesellschaften des Instituts sind oder der Unternehmensgruppe des Instituts angehören (vgl. EBA/GL/2019/02, GL 6, Tz. 39 lit. c., GL 7, Tz. 43 lit. c.; so auch RegBegr FISG, BT-Drs. 19/26966, 90 zu § 1 Abs. 10 KWG). Hierzu gehören auch Personenmehrheiten wie zB BGB-Gesellschaften. Natürliche Personen können Dritte in diesem Sinne sein, wenn sie nicht in einem Anstellungsverhältnis zum Institut stehen.

bb) Unternehmen ohne gesonderte, eigene Rechtspersönlichkeit. Einzelne Funktionseinheiten oder Abteilungen eines Instituts sind selbst dann nicht als „Dritte" iSd Auslagerungsregulierung anzusehen, wenn sie räumlich getrennt sind (BAKred, Rundschreiben 11/2001 (aufgehoben), Abschnitt II, Tz. 6). Auch unselbständige inländische Zweigniederlassungen oder Zweigniederlassungen in einem anderen EU- oder EWR-Staat eines inländischen Instituts sind keine anderen Unternehmen. Wegen der auf der europäischen Richtlinie beruhenden Herkunftslandkontrolle besteht hier ein unmittelbarer Zugriff der Aufsicht, sodass für Auslagerungsaufsicht kein Raum bleibt (Zerwas/Hanten WM 1998, 1110 (1113f.)). Dasselbe sollte auch für Zweigstellen eines inländischen Instituts in einem Drittstaat gelten (so zu § 25b KWG BFS/Wolfgarten KWG § 25b Rn. 23; aA Zerwas/Hanten WM 1998, 1110 (1113f.)). Dagegen sollten Zweigstellen iSv § 42 Abs. 1 S. 1 und deren ausländische Hauptstelle eines Drittstaateninstituts aufgrund der Fiktion des § 42 Abs. 1 S. 1 („gilt die Zweigstelle als Institut i. S. d. Gesetzes") als rechtlich selbständige Unternehmen behandelt werden, sodass Dienstleistungen der Hauptstelle für die inländische Zweigstelle als Auslagerung der inländischen Zweigstelle iSv § 26 anzusehen sind (ähnlich für Institute des KWG: BFS/Wolfgarten § 25b Rn. 23; ebenso Hingst/Lösing Zahlungsdiensteaufsicht § 13 Rn. 6; Schäfer/Omlor/Mimberg/Möslein § 26 Rn. 19).

d) Subauslagerungen; Wesentlichkeit. Abs. 10a Hs. 2 erfasst auch Unternehmen, auf die durch ein Auslagerungsunternehmen eine wesentliche Auslagerung in Bezug auf ausgelagerten Tätigkeiten des Instituts vorgenommen wird. Auf die Tatbestandsmerkmale kann insofern entsprechend nach oben verwiesen werden (→ Rn. 368 ff.). Das Subauslagerungsunternehmen ist nur erfasst, wenn die auf das Subunternehmen ausgelagerten Tätigkeiten im Verhältnis zum Institut wesentlich sind (vgl. auch BaFin, ZAIT II Ziff. 9 Tz. 9.15 und MaRisk AT 9 Tz. 14). Die Wesentlichkeit der Auslagerung bestimmt sich nach einer individuellen Risikoanalyse des jeweiligen Instituts (BT-Drs. 19/26966, 90 zu § 1 Abs. 10 KWG).

aa) Bedeutung des Begriffs „wesentlich". Die „Wesentlichkeit" einer Auslagerung entscheidet im Rahmen der Definition des Auslagerungsunternehmens einzig über die aufsichtsrechtliche Erfassung von Weiterverlagerungen durch die

Terlau 173

Hauptauslagerungsunternehmen auf ein Subauslagerungsunternehmen. Subunternehmen, auf die nur unwesentliche Aufgaben ausgelagert werden, stellen kein Auslagerungsunternehmen iSd ZAG dar. Die Unterscheidung zwischen wesentlichen und unwesentlichen Aufgaben spielt darüber hinaus eine Rolle für die Pflichten des auslagernden Instituts bei der Auslagerung (dazu → § 26 Rn. 40 ff.).

396   **bb) Kriterien für die Ermittlung der Wesentlichkeit.** Abs. 10a definiert den Begriff der „Wesentlichkeit" nicht. Zurückzugreifen ist daher auf § 26 Abs. 2 S. 2. Auf die dortige Kommentierung wird verwiesen (→ § 26 Rn. 19 ff.).

3. Folgen der Einordnung

397   Praktische Bedeutung hat die neue Legaldefinition der Auslagerungsunternehmen insbesondere für § 26 (Schäfer/Omlor/Mimberg/Mimberg Rn. 319). § 26 ist die zentrale Vorschrift für Auslagerungen durch Institute des ZAG. Während vor Einführung des Abs. 10a Adressat der Vorschrift allein das Institut war (→ 2. Aufl. 2020, § 26 Rn. 29), erhält die BaFin in Folge des FISG Ermächtigungsgrundlagen in § 26 Abs. 3a und § 27 Abs. 3 S. 3 zum direkten Durchgriff auf das Auslagerungsunternehmen (näheres → § 26 Rn. 120 ff. und → § 27 Rn. 140a ff.). Die Institute werden gem. § 26 Abs. 1 S. 7 verpflichtet, durch vertragliche Abreden zu gewährleisten, dass Auslagerungsunternehmen mit Sitz in einem Drittstaat einen inländischen Zustellungsbevollmächtigten benennen; in Folge des Abs. 10a werden die Institute also auch für Subauslagerungsunternehmen in die Pflicht genommen. Die Institute müssen ein Auslagerungsregister über sämtliche (wesentlichen und unwesentlichen) Auslagerungen führen – dort sind auch wesentliche Weiterverlagerungen an Subauslagerungsunternehmen aufzunehmen (BaFin, MaRisk AT 9, Tz. 14; ZAIT II Ziff. 9 Tz. 9.15; so wohl auch Schäfer/Omlor/Mimberg/Mimberg Rn. 319).

398   Durch die erweiterte Legaldefinition in Abs. 10a werden auch die bisher nicht erfassten Subauslagerungsunternehmen zu Auskünften und Duldungen gegenüber der BaFin und ggf. der Deutschen Bundesbank nach § 19 Abs. 1 verpflichtet. Dies gilt auch für (Sub-) Auslagerungsunternehmen mit Sitz in einem anderen Staat des EWR, vgl. § 38 Abs. 8.

XIV. Zahlungssysteme (Abs. 11)

Literatur zu Abs. 11: Bank für internationalen Zahlungsausgleich, Grundprinzipien für Zahlungsverkehrssysteme, die für die Stabilität des Finanzsystems bedeutsam sind, Bericht der Task Force für Grundsätze und Praktiken in Zahlungsverkehrssystemen, Januar 2001; Langenbucher in Langenbucher/Gößmann/Werner, Zahlungsverkehr, Handbuch zum Recht der Überweisung, Lastschrift, Kreditkarte und der elektronischen Zahlungsformen, 1. Aufl. 2004, § 7; Schmieder, Bankrechts-Handbuch, 6. Aufl. 2022, § 25; Watzinger, Rechtliche Probleme der Ausgestaltung von Zahlungsverkehrssystemen in der Europäischen Wirtschafts- und Währungsunion, 2016.

1. Regelungszweck, Zusammenfassung, Historie

399   Abs. 11 dient der Umsetzung von Art. 4 Nr. 7 PSD2. Dieser enthält eine **Legaldefinition** des Zahlungssystems, das regelmäßig auch als Zahlungsverkehrssystem bezeichnet wird (vgl. etwa § 675p Abs. 5 BGB). Die Klarstellung des Abs. 6 S. 2 aF,

dass Teilnehmer an dem Zahlungssystem nur Zahlungsdienstleister isd Abs. 1 sein können, wurde im Zuge der Umsetzung der PSD2 gestrichen. Auch ansonsten hat die Umsetzung der PSD2 die Definition des Zahlungssystems im ZAG aufgelockert, leichter verständlich gemacht und den Vorgaben der PSD2 wieder angenähert (kritisch hingegen Ellenberger/Findeisen/Nobbe/Böger/Findeisen Rn. 690). Änderungen in der Sache dürften damit gleichwohl kaum verbunden sein, auch wenn nicht mehr – wie bisher – ausdrücklich auf die Voraussetzung von drei Teilnehmern rekurriert wird (Ellenberger/Findeisen/Nobbe/Böger/Findeisen Rn. 690, 697, 702; Schwennicke/Auerbach/Schwennicke KWG/ZAG § 1 Rn. 104; vgl. auch Schäfer/Omlor/Mimberg/Mimberg Rn. 325). Typische Beispiele für solche Zahlungssysteme sind die Vier-Parteien-Kartensysteme sowie die wichtigsten Überweisungs- und Lastschriftsysteme (so Erwägungsgrund 49 zur PSD2), die jedenfalls aus mindestens drei Teilnehmern bestehen. Die Definition in Abs. 11 wird flankiert von § 57, der den Zahlungssystembetreibern vorschreibt, allen registrierten Zahlungsdienstleistern Zugang zu gewähren (vgl. hierzu die Erl. bei → § 57 Rn. 6 ff.). Wer Zahlungssysteme nach Maßgabe des § 57 gewerbsmäßig oder in einem Umfang, der eines in kaufmännischer Weise eingerichteten Geschäftsbetrieb erfordert, betreibt, bedarf gem. § 10 Abs. 1 Nr. 2 bzw. § 11 Abs. 1 Nr. 4 der Erlaubnis der BaFin.

Die Systeme für den unbaren Zahlungsverkehr transportieren und verarbeiten **400** in elektronische Datensätze umgewandelte Zahlungsnachrichten (vgl. Deutsche Bundesbank, Monatsbericht März 2009, 51 (58)). Sie werden in drei verschiedene **Zahlungssystemtypen** unterteilt: dem Echtzeit-Bruttoausgleichssystem, dem System mit aufgeschobenem Netto-Zahlungsausgleich und Hybridsystemen (näher zu den Einzelheiten: → Rn. 408 sowie LGW/Langenbucher § 7 Rn. 2 ff.; Watzinger, Rechtliche Probleme der Ausgestaltung von Zahlungsverkehrssystemen in der Europäischen Wirtschafts- und Währungsunion, 2016, S. 165 ff.).

Grundlage für die Definitionen sowohl in der PSD1 aus dem Jahr 2007 als auch **401** in der deutschen Umsetzung aus dem Jahr 2009 waren die Berichte der Bank für Internationalen Zahlungsausgleich, die sich mit der Sicherheit und Zuverlässigkeit der Zahlungssysteme auseinandersetzten. Um die dort aufgezeigten Risiken zu begrenzen, legte 1998 die **Zahlungssicherungs-RL** (RL 98/26/EG; auch Finalitäts-RL genannt) gewisse Sicherheitsstandards fest. Im deutschen Recht wurde die Vorschrift über Zahlungsverkehrssysteme maßgeblich in § 1 Abs. 16 und § 24b KWG umgesetzt. Eine der Vorgaben der Richtlinien war, dass Zahlungsaufträge und durchgeführte Aufrechnungen rechtlich wirksam bleiben, das heißt weder widerrufen werden können noch aufgrund der Eröffnung des Insolvenzverfahrens rückwirkend nichtig werden (vgl. LGW/Langenbucher § 7 Rn. 25). Um diesen Richtlinienvorgaben zu entsprechen, wurde im deutschen Recht zunächst die Unkündbarkeit von Überweisungsverträgen gem. § 676a Abs. 3 S. 2 und Abs. 4 S. 2 BGB aF an die Vorgaben der Zahlungsverkehrssysteme gekoppelt. Auch im neuen Zahlungsdiensterecht findet sich eine entsprechende Vorgabe in § 675p Abs. 5 BGB, wonach eine Unwiderruflichkeit des Zahlungsauftrags (§ 675f Abs. 3 S. 2 BGB) ebenfalls an die Regeln der Zahlungssysteme geknüpft wird (vgl. MüKo-BGB/Jungmann BGB § 675p Rn. 60; BeckOK BGB/Schmalenbach § 675p Rn. 14).

Im Lichte der Zahlungssicherungs-RL (nunmehr geändert durch Richt- **402** linie 2009/44/EG, aber inhaltlich im Wesentlichen unverändert) ist auch die Definition des Zahlungssystems zu sehen. Gründe, die darauf schließen lassen könnten, dass Zahlungssysteme nach der PSD2 nicht den in der Zahlungssicherungs-RL vorgegebenen Sicherheitsstandards entsprechen sollten, sind wohl nicht ersichtlich und auch weder vom deutschen noch vom europäischen Gesetzgeber gewollt. Daher müssen Zahlungssysteme nach Abs. 11 ebenfalls dafür Sorge tragen, dass Zahlungsaufträge und durchgeführte Aufrechnungen rechtlich wirksam bleiben.

2. Legaldefinition des Zahlungssystems

403 **Art. 4 Nr. 7 PSD2** definiert „Zahlungssystem" unverändert gegenüber der PSD1 als ein „System zum Transfer von Geldbeträgen mit formalen und standardisierten Regeln unter Einhaltung einheitlicher Vorschriften für die Verarbeitung, das Clearing und/oder die Verrechnung von Zahlungsvorgängen". Ergänzt wird die Definition durch Art. 35 Abs. 1 PSD2, wonach Zahlungssystembetreiber den Zugang für zugelassene und registrierte Zahlungsdienstleister nicht beschränken dürfen. Daraus ergibt sich zumindest mittelbar, dass nur Zahlungsdienstleister Zugang zu den Zahlungssystemen haben dürfen.

404   Abs. 11 setzt die Vorgabe des Art. 4 Nr. 7 PSD2 – von einigen Umstellungen im Satzbau einmal abgesehen – wortlautgetreu um. Recht lapidar gibt der hiesige Gesetzgeber die bisher schwer händelbare Abweichung zwischen der europäischen Richtlinienvorgabe und der deutschen Umsetzung in Abs. 6 S. 1 aF (vgl. Winkelhaus in → 1. Aufl., Rn. 116) auf, vgl. BT-Drs. 18/11495, 109.

405   Indem Zahlungssysteme die transaktionsbezogene Infrastruktur für unbare Zahlungsvorgänge bieten, sind sie von nicht zu unterschätzender Bedeutung für den gesamten Finanzsektor. Daher müssen sie zuverlässig und schnell arbeiten. Auch wenn die erhöhten Anforderungen des deutschen Gesetzgebers an ein Zahlungssystem – so Winkelhaus in → 1. Aufl., Rn. 118 – vor diesem Hintergrund begrüßenswert gewesen sein mögen, ist die Annäherungen an den Wortlaut der europäischen Vorlage vor dem Hintergrund des Vollharmonisierungsgebots des Art. 107 PSD2 nationalen Alleingängen vorzuziehen. Gerade ein Zahlungssystem im europäischen SEPA-Raum macht an der Grenze der Bundesrepublik nicht halt.

3. Betreiber

406   Betreiber ist derjenige, der die juristische Verantwortung für das System trägt, unabhängig davon, ob er die für das System erforderlichen technischen Komponenten selbst bereitstellt, von anderen Anbietern bezieht oder sogar nur den Abschluss von Verträgen zur Nutzung dieser Komponenten durch die Teilnehmer vermittelt (so auch Ellenberger/Findeisen/Nobbe/Böger/Findeisen Rn. 701). Neben der Deutschen Bundesbank oder anderen Zentralbanken in der Europäischen Union bieten auch **private Banken** Zahlungssysteme an. Diese sog. **Clearingsysteme** werden genauso von der Definition des Abs. 11 umfasst wie die Vier-Parteien-Kreditkartensysteme (MasterCard und VISA; vgl. auch Erwägungsgrund Nr. 49 zur PSD2).

4. Teilnehmer

407   Teilnehmer an den Zahlungssystemen dürfen nur Zahlungsdienstleister sein. Teilnehmer haben die Erlaubnis, Zahlungsvorgänge in das System des Betreibers einzuleiten. Generell wird zwischen **direkten und indirekten Teilnehmern** unterschieden. Während direkte Teilnehmer unmittelbar Vertragspartner des Betreibers sind, gilt dies für indirekte Teilnehmer gerade nicht. Indirekte Teilnehmer erhalten ihre Berechtigung zur Einleitung von Zahlungsvorgängen in das Zahlungssystem

durch Vereinbarungen mit direkten Teilnehmern. **Indirekte Teilnehmer** können im Gegensatz zu direkten **keine Rechte aus** § 57 herleiten.

5. Verschiedene Zahlungsverkehrssysteme in Deutschland

Zahlungsverkehrssysteme in Deutschland lassen sich grob in drei Verfahrens- **408** arten, **Brutto-, Netto- und Hybridverfahren** aufteilen (vgl. auch Bankrechts-Kommentar/Langenbucher § 675p-Überweisung Rn. 14; Watzinger, Rechtliche Probleme der Ausgestaltung von Zahlungsverkehrssystemen in der Europäischen Wirtschafts- und Währungsunion, 2016, S. 151 ff.).

Sofern jeder einzelne Zahlungsvorgang individuell und in Echtzeit ausgeführt **409** wird, wird von einem **Echtzeit-Bruttoverfahren** oder auch Echtzeit-Bruttoausgleichssystem gesprochen. Der Vorteil dieses Systems liegt in der sofortigen Ausführung des Vorgangs und bewirkt eine rasche Endgültigkeit der Gutschrift auf dem Konto der Empfängerbank. Zudem wird ein Zahlungsvorgang ausschließlich dann ausgeführt, wenn genügend Deckung auf dem Konto des auftraggebenden Zahlungsdienstleisters vorhanden ist (Bankrechts-Handbuch/Schmieder § 25 Rn. 9). Dies führt zu einer hohen Systemstabilität und Sicherheit. Ein prominenter Vertreter dieses Bruttozahlungssystems ist **TARGET2,** das Echtzeit-Brutto-Clearingsystem des Eurosystems. Dieses System wickelt auch grenzüberschreitend auf einer einheitlichen technischen Plattform – der sog. Single Shared Platform (SSP) – Zahlungsvorgänge in Zentralbankgeld ab. Es wird von der Deutschen Bundesbank, der Banca d'Italia und der Banque de France betrieben. Aufgrund der hohen Anzahl an Teilnehmern dieses Systems (ca. 1.000 direkte und ca. 54.000 adressierbare Banken einschließlich Zweigstellen und Tochtergesellschaften) ist eine sehr hohe Erreichbarkeit gegeben. Nachteil dieses Systems ist die Notwendigkeit der Bereithaltung von Mindestliquiditätsreserven sowie die relativ teure Abwicklung. Daher wird das TAR-GET2-System nahezu ausschließlich für Großbetragszahlungen und eilbedürftige Transaktionen genutzt und wickelt täglich durchschnittlich rund 340.000 Zahlungen im Wert von ca. 1,7 Billionen Euro ab (Broschüre der Deutschen Bundesbank zu TARGET2 – ein einheitliches Europa für Individualzahlungen, März 2017, S. 2 f.; Watzinger, Rechtliche Probleme der Ausgestaltung von Zahlungsverkehrssystemen in der Europäischen Wirtschafts- und Währungsunion, 2016, S. 235 ff.).

Das Gegenstück dieses soeben beschriebenen Bruttoverfahrens ist das **Nettosys-** **410** **tem.** Dabei werden die einzelnen Zahlungsvorgänge zunächst erfasst und nicht einzeln verbucht. Vielmehr wird an einem vorher in den Bedingungen festgelegten Zeitpunkt – meistens einmal täglich – festgestellt, welcher Netto-Saldo sich für die einzelnen Teilnehmer an dem Verfahren aus der Verrechnung der einzelnen Posten ergibt (sog. **Netting**). Nur der sich durch die Verrechnung ergebende, überschießende Betrag (sog. Spitzenbetrag) wird dann ausgeglichen. Durch diese Variante **verringert sich** der **Liquiditätsbedarf** der Zahlungsdienstleister deutlich, da Liquidität nur einmal täglich und nur in Höhe des verbleibenden Spitzenbetrags durch die angeschlossenen Teilnehmer zur Verfügung gestellt werden muss. Nachteilig an diesem Nettosystem ist die Tatsache, dass erst zum Zeitpunkt des Saldoausgleichs die Zahlungsvorgänge endgültig werden. Daraus resultiert ein **hohes systemimmanentes Stabilitätsrisiko.** Fehlt einem der Teilnehmer die Bereitstellung der notwendigen Liquidität für den Spitzenbetrag, tangiert dieses unter Umständen sämtliche Zahlungsvorgänge (zutreffend Bankrechts-Handbuch/Schmieder § 25 Rn. 10). Daher ist das Nettingverfahren hauptsächlich für Kleinzahlungen im Massenzahlungsverkehr geeignet.

411   **Hybridsysteme** versuchen die Vorteile der Bruttoverfahren mit denen der Nettoverfahren zu verbinden und die Nachteile zu minimieren. Bei diesem System werden **Zahlungen** zwar **früh endgültig; aber die Teilnehmer müssen keine hohe Innertagesliquidität** vorhalten. Dazu werden Zahlungen in einer zentralen Warteschleife gesammelt und laufend oder in häufigen Abständen gegen die Zahlungen anderer Teilnehmer verrechnet. Wenn die daraus resultierenden Nettosollpositionen voll gedeckt sind, können Zahlungen sofort ausgeglichen und damit endgültig werden. Zahlungen, die nicht ausgeglichen werden können, verbleiben bis zum nächsten Aufrechnungs- und Zahlungsausgleichszyklus in der Warteschlange. Zumeist erfolgt am Ende des Tages eine abschließende Verrechnung mit anschließendem Saldenausgleich, sodass verbliebene Zahlungen abschließend ausgeglichen werden. Zu den näheren Einzelheiten vgl. Bank für internationalen Zahlungsausgleich, Grundprinzipien für Zahlungsverkehrssysteme, 2001, Kapitel 7.3.14, Kasten 8.

XV. Elektronische Kommunikationsnetze (Abs. 12)

Literatur: Baumann, Die Umsetzung der Payment Services Directive 2 – Chance oder Risiko für Finanzdienstleister?, GWR 2017, 275; Berger, Netzbetreiber und Zusammenschaltung im Telekommunikationsrecht, CR 1999, 222; Conreder/Schild, Die Zahlungsdiensterichtlinie II (PSD II) – Auswirkungen auf die Realwirtschaft, BB 2016, 1162; Freitag, Privatrechtsangleichung auf Kosten Privater, EuR 2009, 796; Grünwald/Nüßing, Kommunikation over the Top – Regulierung für Skype, WhatsApp oder Gmail?, MMR 2016, 91; Hingst/Lösing, Die geplante Fortentwicklung des europäischen Zahlungsdiensteaufsichtsrechts durch die Zweite Zahlungsdienste-Richtlinie, BKR 2014, 315; Kühling/Schall, WhatsApp, Skype & Co. – OTT-Kommunikationsdienste im Spiegel des geltenden Telekommunikationsrechts, CR 2015, 641; Kunz, Die neue Zahlungsdiensterichtlinie (PSDII) – Regulatorische Erfassung „Dritter Zahlungsdienstleister" und anderer Leistungsanbieter – Teil 2, CB 2016, 457; Säcker, Telekommunikationsgesetz – TKG, 3. Auflage 2013; Scheurle/Mayen, Kommentar zum Telekommunikationsgesetz – TKG, 3. Auflage 2018; Schuster, E-Mail-Dienste als Telekommunikationsdienste?, CR 2016, 173; Terlau, Die zweite Zahlungsdiensterichtlinie – zwischen technischer Innovation und Ausdehnung des Aufsichtsrechts, ZBB 2016, 122; Volkmann, Rechtmäßigkeit von Sperrungsverfügungen gegen Access-Provider, CR 2005, 893; Wieland/Enderle, Rechtsprobleme der Netzzusammenschaltung – Zum Spannungsverhältnis zwischen Gemeinschaftsrecht und Verfassungsrecht, MMR 1999, 379; Zimmer, Wireless LAN und das Telekommunikationsrecht, CR 2003, 893.

1. Einleitung

412   **a) Entstehungsgeschichte der Norm.** Abs. 12 setzt Art. 4 Nr. 41 PSD2 um, der auf Art. 2 lit. a RL 2002/21/EG verweist. Das ZDUG II hat folgerichtig den Text der Definition aus Art. 2 lit. a RL 2002/21/EG nahezu wörtlich in das ZAG übernommen. Damit entspricht der Wortlaut demjenigen von § 3 Nr. 65 TKG.

413   **b) Systematik.** Der Begriff ist im ZAG allein relevant im Rahmen der Ausnahmebestimmung des § 2 Abs. 1 Nr. 11. Danach dürfen Anbieter von elektronischen Kommunikationsnetzen erlaubnisfrei bestimmte Zahlungsvorgänge abwickeln (siehe hierzu Bauer/Glos DB 2016, 456 (458); Baumann GWR 2017, 275 (276); Conreder/Schild BB 2016, 1162 (1164); Hingst/Lösing BKR 2014, 315 (320); Kunz CB 2016, 457 (459); Terlau ZBB 2016, 122 (127f.)). Verwiesen wird auf die Kommentierung hierzu (→ § 2 Rn. 114ff.).

2. Die Tatbestandsmerkmale der Definition

Ein Telekommunikationsnetz ist die Gesamtheit der technischen Einrichtungen, **414** die die Übertragung von Signalen ermöglichen. Der Gesetzgeber beabsichtigte, die Definition technologieneutral zu formulieren, um für zukünftige Entwicklungen offen zu sein (RegBegr., BT-Drs. 18/11495, 109). Stets notwendig sind Übertragungssysteme; es können Vermittlungs- und Leitwegeinrichtungen hinzutreten (Schäfer/Omlor/Mimberg/Mimberg § 1 Rn. 333); hierzu zählen auch IP-Router, wenn man sie nicht bereits als Vermittlungseinrichtungen ansieht, sodass auch IP-basierte Netze Telekommunikationsnetze sind (vgl. auch BT-Drs. 15/2316, 58; BNetzA 28.8.2006 – BK 4c-06-001/R; zur alten Rechtslage vgl. RegTP 26.2.2003 – BK 4c-02-047/Z 19.12.02; Scheurle/Mayen/Lünenbürger/Stamm TKG § 3 Rn. 77). Abweichend von der Definition des Art. 2 lit. a RL 2002/21/EG hat der Gesetzgeber des ZAG (wie auch in § 3 Nr. 65 TKG) nicht-aktive Netzbestandteile inkludiert, dh alle Netzkomponenten, die in dem jeweiligen Netz unabdingbar sind, um eine Signalübertragung zu ermöglichen; das ist folgerichtig, weil sie für ein Telekommunikationsnetz unabdinglich zur aktiven Technik hinzugehören. Dazu zählen zB Übertragungswege und unbeschaltete Kabel (Scheurle/Mayen/Lünenbürger/Stamm TKG § 3 Rn. 77).

Ein Telekommunikationsnetz für Sprachtelefondienste liegt erst vor, wenn min- **415** destens eine Vermittlungsstelle mit drei Übertragungswegen vorhanden ist („nach dem damaligen Stand der Technik": RegTP, ABl. RegTP 1999, 739 (759) = MMR 1999, 430 (432); kritisch Berger CR 1999, 222 (227); Wieland/Enderle MMR 1999, 379 (380)). Daraus lässt sich ableiten, dass die für das Vorliegen eines Telekommunikationsnetzes mindestens notwendigen technischen Einrichtungen nach dem Zweck des jeweiligen Netzes zu bestimmen sind (Scheurle/Mayen/Lünenbürger/Stamm TKG § 3 Rn. 79). Bei IP-basierter Konfiguration, in der keine Leitweglenkung vorgenommen wird, sondern der Verkehr ohne Leitweglenkung durch feste Verbindungen geführt wird, ist deshalb zweifelhaft, ob ein Telekommunikationsnetz vorliegt (Scheurle/Mayen/Lünenbürger/Stamm TKG § 3 Rn. 79; aA Säcker/Säcker TKG § 3 Rn. 72).

XVI. Elektronische Kommunikationsdienste (Abs. 13)

Literatur: S. Literatur zu § 1 Abs. 12.

1. Einleitung

a) Entstehungsgeschichte der Norm. Abs. 13 setzt Art. 4 Nr. 42 PSD2 um, **416** der auf Art. 2 lit. c RL 2002/21/EG verweist. Das ZDUG II hat folgerichtig den Text der Definition aus Art. 2 lit. c RL 2002/21/EG nahezu wörtlich in das ZAG übernommen. Die Definition entspricht in ihrem Wortlaut vom Teilen dem Wortlaut von § 3 Nr. 61 TKG. Die Begriffsbestimmung des „Telekommunikationsdienstes" in § 3 Nr. 61 TKG wurde in Umsetzung des Art. 2 Nr. 4 Richtlinie (EU) 2018/1972 aufgrund der Weiterentwicklung von Telekommunikationsdiensten und der hierfür genutzten technischen Mittel grundlegend überarbeitet (RegBegr. Telekommunikationsmodernisierungsgesetz BT-Drs. 19/26108, 237).

b) Systematik. Der Begriff ist im ZAG allein relevant im Rahmen der Ausnah- **417** mebestimmung des § 2 Abs. 1 Nr. 11. Danach dürfen Anbieter von elektronischen

Kommunikationsdiensten erlaubnisfrei bestimmte Zahlungsvorgänge abwickeln (siehe hierzu Bauer/Glos DB 2016, 456 (458); Baumann GWR 2017, 275 (276); Conreder/Schild BB 2016, 1162 (1164); Hingst/Lösing BKR 2014, 315 (320); Kunz CB 2016, 457 (459); Terlau ZBB 2016, 122 (127 f.)). Verwiesen wird auf die Kommentierung hierzu (→ § 2 Rn. 114 ff.).

2. Die Tatbestandsmerkmale der Definition

418   **a) Gewöhnlich gegen Entgelt.** Eine Entgeltlichkeit ist auch dann gegeben, wenn der Dienst durch indirekte Einnahmen (zB aus Werbung) finanziert wird (VG Köln MMR 2016, 141 (142 f.) – „Gmail"; offengelassen durch OVG Münster MMR 2020, 347 Rn. 29 ff.; kritisch Grünwald/Nüßing MMR 2016, 91 (93)).

419   **b) Überwiegend Übertragung von Signalen über elektronische Kommunikationsnetze.** Telekommunikationsdienste müssen nicht ausschließlich Transport- bzw. Übertragungsleistungen sein. Es reicht aus, dass ein Dienst „überwiegend" in der Übertragung von Signalen über Telekommunikationsnetze besteht; der Dienst darf auch eine inhaltliche Komponente aufweisen. Auch die **Gegenausnahme** in Satz 1 Hs. 2 der Definition („jedoch ausgenommen von Diensten") für Dienste, die Inhalte über elektronische Kommunikationsnetze und -dienste anbieten oder eine redaktionelle Kontrolle über sie ausüben, ist nicht ausschließlich zu verstehen, sondern zusammen mit „ganz oder überwiegend" zu lesen, dh es ist „nur" ein Schwerpunkt bei der Übertragungsleistung erforderlich (RegBegr. ZDUG II, BT-Drs. 18/11495, 109). Dasselbe gilt für Satz 2 der Definition, der inhaltlich kraft dynamischer Verweisung mit Satz 2 des Art. 2 lit. c RL 2002/21/EG übereinstimmt; er muss insoweit als Klarstellung begriffen werden, dass keine elektronischen Kommunikationsdienste Dienste der Informationsgesellschaft iSd Art. 1 lit. c der RL (EU) 2015/1535 sind, wenn sie nicht ganz oder überwiegend in der Übertragung von Signalen über elektronische Kommunikationsnetze bestehen.

420   **Internetzugangsprovider (Access-Provider),** die den Zugang zum Internet (einschließlich Konnektivität) umfassen und die die telekommunikationstechnische Voraussetzung für die Nutzung schaffen, dürften solche Dienste sein, die überwiegend durch die Signalübertragung geprägt sind und nicht so sehr durch inhaltliche Leistungen (RegBegr. EIGVG, BT-Drs. 16/3078, 13; OVG Münster MMR 2003, 348 (351); VG Köln CR 2016, 131 Rn. 53; LG Darmstadt GRUR-RR 2006, 173 (173); RegTP MMR 1999, 557 (565); Volkmann CR 2005, 893 (894); aA VG Düsseldorf MMR 2003, 205 (206)). Auch das Angebot von **Wireless Local Area Network (WLAN)** sollte als ein solcher Telekommunikationsdienst anzusehen sein (dazu Zimmer CR 2003, 893 ff.). Auch **Voice over IP (VoIP)** sollte hierunter fallen (Säcker/Säcker TKG § 3 Rn. 64; Scheurle/Mayen/Lünenbürger/Stamm TKG § 3 Rn. 66).

421   Internetbasierte E-Mail-Dienste wie „Gmail", die keinen Internetzugang vermitteln (sog. Webmail-Dienste) waren nach hM keine elektronischen Kommunikationsdienste, weil sie nicht ganz oder überwiegend in der Signalübertragung über elektronische Kommunikationsnetze bestehen (EuGH MMR 2019, 514 (515 f.); OVG Münster MMR 2020, 347 Rn. 29 ff.; Schuster CR 2016, 173 (178 ff.); Schuster MMR 2020, 347 (348 ff.); anders VG Köln MMR 2016, 141 (143 ff.); Kühling/Schall CR 2015, 641 (645 ff.)). Durch die RL (EU) 2018/1972 und Umsetzung durch das TKModG ist § 3 Nr. 61 TKG jedoch um Internetzugangsdienste erweitert worden. Insoweit sind nach § 3 Nr. 61 lit.a TKG nun auch **E-Mail-Dienste,** wie „Gmail", die ihre Leistungen IP-basiert über das offene Internet erbringen, erfasst. Die Signalübertragung bleibt zwar weiterhin ein relevanter Parameter für die Bestimmung eines Telekommunikationsdienstes, für den Endnutzer ist es allerdings wenig relevant, ob der Anbieter selbst die Signalübertragung vornimmt oder ob die Kommunikation über einen Internetzugangsdienst übermittelt wird (vgl. ErwG. Nr. 15 RL (EU) 2018/1972; RegBegr. TKModG, BT-Drs. 19/26108, 236). Die in Abs. 13 enthaltene Definition entspricht in ihrem ersten Halbsatz dem Wortlaut von § 3 Nr. 24 TKG aF. Konsequenterweise müsste die Auslegung des Begriffs der „elektronischen Kommunikationsdienste" entsprechend der Rspr. zu § 3 Nr. 24 TKG aF erfolgen, da eine Erweiterung im ZAG nicht stattgefunden hat. Damit würde das ZAG von der im Wege der dynamischen Verweisung auf RL (EU) 2018/1972 erweiterten Definition des Art. 4 Nr. 42 PSD2 abweichen; denn RL (EU) 2018/1972 stellt ausweislich ihres Erwägungsgrundes Nr. 1 eine Neufassung der RL 2002/21/EG dar. Zwar dürfte aktuell der Wortlaut von Abs. 13 diesem weiten Verständnis der Einbeziehung von E-Mail-Diensten entgegenstehen. Nach der Rspr. des BGH (NJW 2009, 427 Rn. 21 ff.; zustimmend Freitag EuR 2009, 796 (798)) verlangt aber das Gebot der richtlinienkonformen Auslegung insbesondere im Fall einer sich ändernden, zugrunde liegenden Richtlinie die Vornahme einer richtlinienkonformen Rechtsfortbildung. Dies gilt umso mehr, als die Erwägungsgründe, mit denen im Rahmen des TKG eine Erweiterung des Begriffs vorgenommen wurde, sich auch auf das ZAG übertragen lassen. Denn auch hier ist es für den Endnutzer wenig relevant, ob der Anbieter selbst die Signalübertragung vornimmt oder ob dies über einen Internetzugangsdienst erfolgt. Dementsprechend ist die Definition des Abs. 13 nunmehr so zu verstehen, dass sie auch E-Mail-Dienste umfasst.

XVII. Durchschnittlicher E-Geld-Umlauf (Abs. 14)

Literatur: S. Literatur zu § 1 Abs. 2.

Abs. 14 setzt Art. 2 Nr. 4 Zweite E-Geld-RL um. Er ist im Zusammenhang zu **422** lesen mit § 9 ZIEV, der gemeinsam mit anderen Regelungen der ZIEV Art. 5 der Zweiten E-Geld-RL umsetzt. Verwiesen wird auf die Kommentierung zu → § 15 Rn. 56 f.

XVIII. Zahler (Abs. 15)

Literatur: Billing/Kirsch, Hinweispflicht, Internetmandat und SEPA-Firmen-Lastschrift – Zu drei praxisrelevanten Themen der SEPA-Lastschrift, ZVertriebsR 2015, 14; Keding, Die aufsichtsrechtliche Behandlung von Machine-to-Machine-Zahlungen unter Rückgriff auf Peer-to-Peer-Netzwerke, WM 2018, 64; Kunz, Rechtliche Rahmenbedingungen für Mobile Payment – Ein Blick auf die Anforderungen zur starken Kundenauthentifizierung, CB 2018, 393.

Abs. 15 setzt Art. 4 Nr. 8 PSD2 um. Der Begriff „Zahler" ist ein zentraler Begriff **423** des gesamten öffentlich- und zivilrechtlichen Zahlungsrechts. Der in Abs. 15 verwendete Begriff des Zahlungsauftrags ist definiert in § 675f Abs. 4 S. 2 BGB. Der Begriff Zahlungskonto ist definiert in § 1 Abs. 17.

424   Zahler ist die den Zahlungsauftrag gestattende oder erteilende natürliche oder juristische Person. Der Gesetzgeber hat die Definition der PSD2 übernommen und somit den Wortlaut auf natürliche oder juristische Personen beschränkt. Eine strenge Deutung im Sinne der deutschen zivil- bzw. gesellschaftsrechtlichen Dogmatik würde jedoch dem weiten Verständnis in § 675f Abs. 1 BGB widersprechen (Schäfer/Omlor/Mimberg/Mimberg Rn. 344; verweisend auf Danwerth Finanztransfergeschäft S. 140ff.). Zahler können deshalb auch Personengesellschaften oder anderweitige Personenmehrheiten sein (ähnlich BeckOGK/Foerster BGB § 675f Rn. 18, 20).

425   Der Zahler wird entweder aktiv tätig, indem er selbst (oder unter Nutzung der Dienste eines Zahlungsauslösedienstleisters gemäß § 675f Abs. 3 S. 1 BGB) einen Zahlungsauftrag erteilt (für den Fall, dass die Zahlung unmittelbar durch Maschinen ausgelöst wird: Keding WM 2018, 64 (65f.)). Dies ist der Fall bei **Überweisungen** oder bei Zahlungen über **Zahlungsinstrumente,** zB Kreditkarten. Bei **Lastschriften** erteilt nicht der Zahler, sondern der Zahlungsempfänger den Zahlungsauftrag (MüKoBGB/Jungmann § 675j Rn. 50); in welcher Weise der Zahler den mittels Lastschrift beauftragten Zahlungsvorgang **„gestattet",** hängt von der Art des Lastschriftverfahrens ab. Bei der SEPA-Lastschrift liegt eine Zustimmung iSd § 675j Abs. 1 BGB vor (MüKoBGB/Jungmann § 675j Rn. 50). Bei Lastschriftermächtigungen, die ohne Beteiligung des Zahlungsdienstleisters des Zahlers an den Zahlungsempfänger erteilt werden, gibt es eine „Zustimmung" iSd § 675j Abs. 1 BGB nicht. Dennoch sollte diejenige Partei, die die Lastschrift dem Zahlungsempfänger „gestattet", auch als Zahler gekennzeichnet werden (so auch Kunz CB 2018, 393 (394); Billing/Kirsch ZVertriebsR 2015, 14 (15)). In diesem Fall wird der „Zahler" iSd des 1. Hs. der Definition passiv tätig, indem er die Ausführung eines Zahlungsauftrags, in dem Fall des Zahlungsempfängers, von seinem (des Zahlers) Zahlungskonto „gestattet".

XIX. Zahlungsempfänger (Abs. 16)

Literatur: Keding, Die aufsichtsrechtliche Behandlung von Machine-to-Machine-Zahlungen unter Rückgriff auf Peer-to-Peer-Netzwerke, WM 2018, 64; Kunz, Die neue Zahlungsdiensterichtlinie (PSDII): Regulatorische Erfassung „Dritter Zahlungsdienstleister" und anderer Leistungsanbieter – Teil 1, CB 2016, 416; Zahrte, Neuerungen im Zahlungsdiensterecht, NJW 2018, 337.

426   Abs. 16 setzt Art. 4 Nr. 9 PSD2 um. Der Begriff „Zahlungsempfänger" ist ein zentraler Begriff des gesamten öffentlich- und zivilrechtlichen Zahlungsrechts (vgl. zB Zahrte NJW 2018, 337 ff.). Der in Abs. 16 verwendete Begriff des Zahlungsvorgangs ist definiert in § 675f Abs. 4 S. 1 BGB. Geldbetrag ist definiert in Art. 4 Nr. 25 PSD2 als Banknoten, Münzen, Giralgeld oder E-Geld.

427   Die Definition knüpft an den Gegenstand eines Zahlungsvorgangs an; dies ist gem. § 675f Abs. 4 S. 1 BGB jede Bereitstellung, Übermittlung oder Abhebung eines Geldbetrags, ungeachtet der dem Verhältnis von Zahler und Zahlungsempfänger zugrunde liegenden Verpflichtung. Zahlungsempfänger ist die durch den Vorgang begünstigte natürliche oder juristische Person (Schäfer/Omlor/Mimberg/Mimberg Rn. 351f.; Keding WM 2018, 64 (65f.)). Der Gesetzgeber hat die Definition der PSD2 übernommen und somit den Wortlaut auf natürliche oder juristische Personen beschränkt. Eine strenge Deutung im Sinne der deutschen

zivil- bzw. gesellschaftsrechtlichen Dogmatik würde jedoch dem weiten Verständnis in § 675f Abs. 1 BGB widersprechen (Schäfer/Omlor/Mimberg/Mimberg Rn. 351). Nach der Formulierung in § 675f Abs. 1 BGB können Zahlungsempfänger auch Personengesellschaften oder anderweitige Personenmehrheiten sein (BeckOGK/Foerster BGB § 675f Rn. 21). Bei Bereitstellung oder Abhebung eines Geldbetrages wird häufig der Zahler iSd Abs. 15 und der Zahlungsempfänger, der den Geldbetrag als Empfänger erhalten soll, dieselbe Person sein (siehe auch Schäfer/Omlor/Mimberg/Mimberg Rn. 354; BeckOGK/Foerster BGB § 675f Rn. 21). Der Zahlungsempfänger kann auch Zahlungsdienstnutzer (definiert in § 675f Abs. 1 BGB: „die Person, die einen Zahlungsdienst als Zahler, Zahlungsempfänger oder in beiden Eigenschaften in Anspruch nimmt") sein, zB im Rahmen des Akquisitionsgeschäfts (Abs. 35 Satz 1 iVm § 1 Abs. 1 S. 2 Nr. 5 Hs. 2).

XX. Zahlungskonto (Abs. 17)

Literatur zu Abs. 17: Hingst/Lösing, Zahlungdiensteaufsichtsrecht, 2015, § 6 Rn. 23 ff.; Joeres/Menges in Ellenberger/Bunte, Bankrechts-Handbuch, 6. Auflage 2022, § 13 ff.; Singer in Derleder/Knops/Bamberger, Handbuch zum deutschen und europäischen Bankrecht, 3. Aufl. 2017, § 38; MüKoHGB/Herresthal, Band 6, 4. Aufl. 2021, Abschnitt A.

Abs. 17 hat die Aufgabe den Begriff des Zahlungskontos zu definieren. Damit **428** wird Art. 4 Nr. 17 PSD2 umgesetzt. Die Definition fand sich zuvor in § 1 Abs. 3 ZAG 2009, ohne dass sich sachlich Änderungen ergeben hätten. Eine identische Definition wie in Abs. 17 findet sich in § 2 Abs. 8 ZKG, der Art. 2 Nr. 3 Zahlungskontorichtlinie umsetzt. Beide Vorschriften sind grundsätzlich identisch auszulegen (EuGH BKR 2018, 524 Rn. 26). Die Definition steht in unmittelbarem Zusammenhang mit Abs. 1 S. 2 Nr. 1 und Nr. 2. Diese erfassen neben dem Ein- und Auszahlungsgeschäft auch alle für das Führen eines Zahlungskontos erforderlichen Tätigkeiten als Zahlungsdienst. Zudem wird angeordnet, dass Einzahlungen zugunsten und Auszahlungen zulasten eines Zahlungskontos erfolgen müssen, um als Zahlungsdienst nach dem ZAG aufsichtspflichtig zu sein. Auszahlungen zulasten anderer Konten wie zB zulasten eines Sparkontos genügen nicht. **Bedeutung** entfaltet die Norm darüber hinaus auch für Abs. 1 S. 2 Nr. 3, da alle dort definierten Zahlungsgeschäfte die Ausführung zulasten und zugunsten eines Zahlungskontos voraussetzen. Dies gilt somit mittelbar auch für die Zahlungsauslösedienste nach Abs. 1 S. 2 Nr. 7 und schließlich auch für die Kontoinformationsdienste nach Abs. 1 S. 2 Nr. 8, da mit Konto iSd Nr. 8 ebenfalls ein Zahlungskonto gemeint ist. Schließlich hat der Begriff des Zahlungskontos Bedeutung für das Finanztransfergeschäft nach Abs. 1 S. 2 Nr. 6, das als negative Voraussetzung vorsieht, dass kein Zahlungskonto eingerichtet sein darf.

Wegen der **Einzelheiten** der Definition eines Zahlungskontos ist auf die Dar- **429** stellung im Zusammenhang mit dem Ein- und Auszahlungsgeschäft (→ Rn. 35 ff.) zu verweisen.

XXI. Kontoführender Zahlungsdienstleister (Abs. 18)

430   Abs. 18 hat die **Aufgabe,** den kontoführenden Zahlungsdienstleister zu definieren und setzt damit Art. 4 Nr. 17 PSD2 um. Eine entsprechende Vorschrift war im alten Recht weder in der PSD1 noch im ZAG 2009 enthalten. Die Norm steht in engem Zusammenhang mit Abs. 17 und geht von der Selbstverständlichkeit aus, dass es bei einem Zahlungsvorgang mehrere Zahlungsdienstleister gibt, von denen nur einer das Zahlungskonto des Zahlers führt. Die Vorschrift ist mithin auf die Unterscheidung zwischen kontoführenden und nichtkontoführenden Zahlungsdienstleistern anlegt. Bedeutung entfaltet diese Unterscheidung vor allem für den 10. Abschnitt des ZAG (demgegenüber geht Ellenberger/Findeisen/Nobbe/Böger/Findeisen Rn. 763 von einer Bedeutungslosigkeit für die Praxis aus). Dort wird zB in §§ 45, 46 zwischen dem kontoführenden Zahlungsdienstleister und kartenausgebenden Zahlungsdienstleister unterschieden. Dies hat das Co-Branding bei Debit- und Kreditkarten vor Augen (vgl. dazu näher MüKoBGB/Casper § 675f Rn. 115). Wegen der weiteren Einzelheiten ist auf die Erläuterungen zu den §§ 45, 46 zu verweisen.

431   Daneben entfaltet die Vorschrift **Bedeutung** im Verhältnis zwischen dem kontoführenden Zahlungsdienstleister und Zahlungsauslösedienstleistern. Um den Zahlungsauslösediensten ihr Geschäftsmodell zu ermöglichen, werden dem kontoführenden Zahlungsdienstleister im Verhältnis zum Zahlungsdiensteauslöser in § 48 Pflichten gegenüber dem Auslösedienst auferlegt, der umgekehrt nach § 49 seinerseits Pflichten auferlegt bekommt, zB sicherere Kommunikationswege zu wählen oder keine sensiblen Kundendaten zu speichern. Entsprechendes gilt im Verhältnis des kontoführenden Zahlungsdienstleisters zu Kontoinformationsdienstleistern (§§ 50–52). Ferner wird der kontoführende Zahlungsdienstleister in § 55 Abs. 4 im Zusammenhang mit der starken Kundenauthentifizierung erneut im Verhältnis zum Zahlungsauslösedienstleister und zum Kontoinformationsdienstleister adressiert. Wegen der Einzelheiten ist jeweils auf die Erläuterung der jeweiligen Vorschriften im Sachzusammenhang zu verweisen.

432   Abs. 18 definiert den kontoführenden Zahlungsdienstleister wortgleich mit Art. 4 Nr. 17 PSD2 als den Zahlungsdienstleister, der das Zahlungskonto für den Zahler bereitstellt und führt. Zum Begriff des Zahlungskontos (→ Rn. 35 ff.), des Zahlers (→ Rn. 423 ff.) und des Zahlungsdienstleisters (→ Rn. 6 ff.) kann auf die obigen Ausführungen verwiesen werden. Letzterer muss das Zahlungskonto bereitstellen und führen. Beides ist kumulativ erforderlich. Die **Kontoführung** beinhaltet vor allem das Verbuchen von Zahlungseingängen (Gutschriften) und Abflüssen, die Ausführung von Zahlungsvorgängen und das Erstellen von Kontoauszügen bzw. die Verfügbarmachung von Kontoinformationen. Wegen der Einzelheiten kann auf die Darstellung in → Rn. 35 verwiesen werden. Unter **Bereitstellung** wird man die Kontoeröffnung zu verstehen haben, die die Einrichtung des Zahlungskontos und die damit erforderlichen gesetzlichen Vorgaben wie die Identitätsprüfung (§ 154 AO) etc erfasst (ähnlich Schäfer/Omlor/Mimberg/Mimberg Rn. 374). Dass Kontoeinrichtung und Kontoführung auseinanderfallen, ist nicht denkbar. Dass zwei Zahlungsdienstleister ein Zahlungskonto für einen Zahler gemeinsam führen, ist zwar theoretisch vorstellbar, kommt praktisch aber kaum vor. In diesem Fall wären die kontoführenden Zahlungsdienstleister Gesamtschuldner im Verhältnis zum Zahler sowie zu Zahlungsauslöse- und Kontoinformationsdienstleistern.

XXII. Fernzahlungsvorgang (Abs. 19)

Literatur: Baumann, Die Umsetzung der Payment Services Directive 2 – Chance oder Risiko für Finanzdienstleister?, GWR 2017, 275; Baumann, Mobile Payment – neuer Wein in alten Schläuchen?, GWR 2014, 493; Baumbach/Hefermehl/Casper, Wechselgesetz, Scheckgesetz, Recht des Zahlungsverkehrs, 24. Aufl. 2020; Borges, Identitätsmissbrauch im Online-Banking und die neue Zahlungsdiensterichtlinie (PSD2), ZBB 2016, 249; Brandenburg/Leuthner, Local Commerce – Einsatz von Mobile Payment-Lösungen – Neue Zahlungsmethoden für den stationären Handel, ZD 2015, 111; Busch, Mobile Payment -Rechtliche und technische Rahmenbedingungen für Innovationen im Zahlungsverkehr, WiVerw 2014, 148; Conreder/Schneider/Hausemann, Gesetz zur Umsetzung der Zweiten Zahlungsdiensterichtlinie – Besonderheiten und Stolpersteine für Unternehmen, DStR 2018, 1722; Danwerth, Mobile Payment – Innovation des Zahlungsverkehrs oder unkalkulierbares Risiko?, ZBB 2015, 119; Dörner, Massenzahlungsverkehr im Onlinehandel, K&R 2017, 749; Harman, Neue Instrumente des Zahlungsverkehrs: PayPal & Co., BKR 2018, 457; Jünemann, Neuheiten im elektronischen Zahlungsverkehr, DB 2017, 1952; Kunz, Rechtliche Rahmenbedingungen für Mobile Payment – Ein Blick auf die Anforderungen zur starken Kundenauthentifizierung, CB 2018, 393; Lutz, Regulatorische Herausforderung von Bezahlsystemen: PayPal & Co., ZVglRWiss 2017, 177; Omlor, Online-Banking unter Geltung der Zweiten Zahlungsdiensterichtlinie (PSD II), BKR 2019, 105; Omlor, Starke Kundenauthentifizierung zwischen BGB, ZAG und RTS, RdZ 2020, 20; Söbbing, Mobile Zahlungssysteme – Die rechtlichen Herausforderungen bei Zahlungen via Smartphone, Tablet, Watch, etc. –, WM 2016, 1066; Terlau, Die zweite Zahlungsdiensterichtlinie – zwischen technischer Innovation und Ausdehnung des Aufsichtsrechts, ZBB 2016, 122; Terlau, SEPA Instant Payment – POS- und eCommerce-Abwicklung über Zahlungsauslösedienste und technische Dienstleister nach der Zweiten Zahlungsdiensterichtlinie (Payment Services Directive 2, PSD2), jurisPR-BKR 2/2016, Anm. 1.

Abs. 19 setzt Art. 4 Nr. 6 PSD2 um. Der Begriff „Fernzahlungsvorgang" findet **433** ausschließlich Verwendung im Rahmen der Vorschriften zur starken Kundenauthentifizierung in § 55 Abs. 2 (der auf Art. 97 Abs. 2 PSD2 beruht), wonach verschärfte Anforderungen gelten, wenn der Zahler einen elektronischen Zahlungsvorgang auslöst (Fall des § 55 Abs. 1 S. 1 Nr. 2), bei dem es sich um einen Fernzahlungsvorgang handelt (Conreder/Schneider/Hausemann DStR 2018, 1722 (1726); Jünemann DB 2017, 1952 (1955); Terlau ZBB 2016, 122 (135)). Grund für die verschärften Anforderungen an die starke Kundenauthentifizierung ist das Betrugs- und Missbrauchsrisiko bei dem jeweiligen Fernzahlungsvorgang (vgl. Baumann GWR 2017, 275 (277); Borges ZBB 2016, 249 (256); Dörner K&R 2017, 749 (752); Lutz ZVglR 2017, 177 (186); Omlor BKR 2019, 105 (110)).

Die Definition des Abs. 19 nennt in ihrer ersten Alternative Zahlungsvorgänge, **434** die über das Internet ausgelöst werden. Sie soll vor allem Zahlungsvorgänge im Distanzgeschäft, also im elektronischen Geschäftsverkehr (e-commerce), erfassen (Baumbach/Hefermehl/Casper/Casper Abschn. E Rn. 785; ebenso EBA, EBA/OP/2019/06, Tz. 37). Hierzu gehören Zahlungen für Waren und Dienstleistungen innerhalb von Online-Shops von Händlern oder im Online-Banking.

Die zweite Alternative, die Auslösung mittels eines Geräts, das für die Fernkom- **435** munikation verwendet werden kann, betrifft sowohl Mobiltelefone, Smartphones, Tablet-Computer als auch stationäre Computer, die mit dem Internet verbunden sind (zu sog. „digital wallets" siehe Lutz ZVglRWiss 2017, 177 (179)). Hierzu zählen nach Ansicht der EBA nicht Geldautomaten (EBA, EBA/OP/2019/06, Tz. 37); das erscheint folgerichtig, weil es sich hier ähnlich einem Zahlungsterminal im stationären Handel um geschlossene eigene Automatensysteme der Banken oder anderen Zahlungsdienstleister handelt, bei denen die Gefahrenlage geringer ist als bei Einsatz von mobilen Endgeräten des Zahlers. Entsprechendes gilt auch im Fernabsatzrecht: auch dort werden Selbstbedienungsterminals nicht als Fernkommunikationsmittel eingeordnet (Ellenberger/Findeisen/Nobbe/Böger/Findeisen Rn. 769).

436   Zweifelhaft erscheint allerdings, ob jeglicher Zahlungsvorgang des **Mobile Payment** ein Fernzahlungsvorgang ist, bloß weil er mit einem Mobiltelefon ausgeführt wird, das „auch" – wie es Abs. 19 besagt – für die Fernkommunikation verwendet werden kann. Wenn nämlich ein Zahlungsvorgang des Mobile Payment im stationären Handel über **Near Field Communication** (NFC) mit dem Kassenterminal, **Bluetooth** oder über einen im Display des Mobiltelefons erscheinenden **QR-Code,** der an der stationären Kasse eingescannt wird, abgewickelt wird, handelt es sich in dem Fall nicht mehr um einen Vorgang der Fernkommunikation (etwa „Apple Pay" o. „Alipay"; hierzu: Baumann GWR 2014, 493 ff.; Harman BKR 2018, 457 (459); Söbbing WM 2016, 1066 (1067); Danwerth ZBB 2015, 119 (120)). Allerdings ist unbestreitbar, dass hier jeweils ein Gerät eingesetzt wird, nämlich ein Mobiltelefon oder Tablet, das (auch) für die Fernkommunikation verwendet werden kann, im konkreten Fall aber als Nahkommunikationsmittel eingesetzt wird (Brandenburg/Leuthner ZD 2015, 111 (112)) und dadurch als ein zur Fernkommunikation geeignetes Gerät prinzipiell auch eine Angriffsfläche für Eingriffe von außen bietet, sodass auch Zahlungen im stationären Handel mit solchen Geräten unsicherer sein können (ErwGr Nr. 3 VO (EU) 2018/389; Schäfer/Omlor/Mimberg/Mimberg Rn. 380); allerdings trifft dieses Argument auch auf Kreditkarten zu. Anders ist dies bei Fernzahlungen, die an jedem beliebigen Ort ausgelöst werden, sog. mobile Fernzahlungen bzw. remote payments (siehe Busch WiVerw 2014, 148 (149); Harmann BKR 2018, 457 (459); Kunz CB 2018, 393 (394)).

437   Der **Wortlaut** des Abs. 19 in der 2. Alt. dürfte **zu weit geraten** sein. Zwar ist der Begriff der Fernkommunikation nicht definiert; Art. 4 Nr. 34 PSD2 kennt den Begriff des Fernkommunikationsmittels, der jedoch nur für die Informationspflichten des Art. 44 Abs. 2 PSD2 (Art. 248 § 4 Abs. 2 EGBGB) und Art. 51 Abs. 2 PSD2 (Art. 248 § 4 Abs. 2 EGBGB) eingesetzt wird und im Rahmen von Abs. 19 nicht zur Anwendung gelangt (Terlau jurisPR-BKR 2/2016, Anm. 1). Jedoch spricht der zu Art. 97 PSD2 gehörige Erwägungsgrund 95 Satz 4 PSD2 von „Zahlungsdiensten, die über das Internet oder über andere Fernkommunikationskanäle angeboten werden und nicht davon abhängig sind, an welchem Ort sich das für die Auslösung des Zahlungsvorgangs verwendete Gerät oder das verwendete Zahlungsinstrument tatsächlich befinden". Das ist deutlich enger. Ebenso spricht Erwägungsgrund 3 der PSD2-RTS von „elektronischen Fernzahlungsvorgängen" und Art. 3 Abs. 3 lit. a PSD2-RTS von „Fernzugriff". Der europäische Gesetzgeber wollte offenbar vor allem das Risiko der Zahlung unter Abwesenden erfassen (so auch sehr deutlich RegBegr. ZDUG II, BT-Drs. 18/11495, 140: „[…] handelt es sich in der Regel nicht um einen Fernzahlungsvorgang bei einer Zahlung vor Ort […]"). Die für elektronische Fernzahlungsvorgänge geltenden erhöhten Sicherungsanforderungen (→ § 55 Rn. 16 ff.) basieren teleologisch auf den spezifischen Risiken, die aus der räumlichen Distanz resultieren und die über die Standardrisiken bei elektronischen Zahlungsvorgängen hinausgehen (Omlor RdZ 2020, 20 (23)). Aus alle dem folgt, dass solche Zahlungsvorgänge von der Definition des Abs. 19 nicht erfasst sind, bei denen das mobile und zur Fernkommunikation geeignete Gerät **als Nahkommunikationsmittel eingesetzt** wird.

XXIII. Zahlungsinstrument (Abs. 20)

1. Überblick, Struktur und Streitfragen des Abs. 20

Abs. 20 hat die **Aufgabe,** den Begriff des Zahlungsinstruments zu definieren. **438** Damit wird Art. 4 Nr. 14 PSD2 umgesetzt. Eine identische Vorschrift war im alten Recht nicht enthalten. Vielmehr sprach § 1 Abs. 5 ZAG 2009 von Zahlungsauthentifizierungsinstrumente. Damit waren die heute in Abs. 20 und Abs. 23 gesondert definierten Begriffe zu einem Wortungetüm zusammengefasst worden. Dieses Vorgehen widersprach zwar nicht der PSD1 (→ 1. Aufl. 2014, § 1 Rn. 56; Casper/Pfeifle WM 2009, 2343f.). Der Umsetzungsgesetzgeber der PSD2 hat sich nunmehr zu Recht entschieden, diese Kombination aufzugeben und der Systematik der Richtlinie, die in Art. 4 Nr. 14 und Nr. 29 PSD2 ebenfalls zwischen Zahlungsinstrument und Authentifizierung unterscheidet, zu folgen.

Auf die Legaldefinition in Abs. 20 wird an verschiedenen Stellen im BGB (so zB **439** in §§ 675j Abs. 1 S. 4, 675k, 675l, 675m, 675v, 675w BGB) und an zahlreichen Stellen im ZAG Bezug genommen. Dieser Norm kommt deshalb schon mit Blick auf die zivilrechtliche Haftung zentrale Bedeutung zu, da § 675v BGB den Einsatz eines Zahlungsinstruments verlangt. In § 1 ZAG ist insoweit zum einen Abs. 35 S. 2 zu nennen, der die Ausgabe von Zahlungsinstrumenten behandelt (→ Rn. 647) sowie **Abs. 1 S. 2 Nr. 5,** der die Ausgabe von Zahlungsinstrumenten zum Zahlungsdienst erklärt. Wegen der Einzelheiten dieser Vorschriften kann auf die obigen Erläuterungen zu Abs. 1 S. 2 Nr. 5 verwiesen werden (→ Rn. 88ff.). Im Folgenden steht allein die Definition eines Zahlungsinstruments im Vordergrund.

Nach der wenig klaren Definition handelt es sich bei einem Zahlungsinstrument **440** um jedes personalisierte Instrument oder Verfahren, dessen Verwendung zwischen den Parteien vereinbart wurde und das zur Erteilung eines Zahlungsauftrags verwendet wird. Der Begriff Instrument wird mit seiner Erweiterung „Zahlung" zum Zahlungsinstrument als Oberbegriff verwendet, während das „schlichte" Instrument neben dem Verfahren eine der beiden Tatbestandsalternativen bildet. Insgesamt ergeben sich **drei Tatbestandsmerkmale:** Erstens muss ein Instrument oder ein Verfahren vorliegen. Zweitens muss dieses personalisiert sein. Nach dem EuGH gilt das aber nur für das Instrument, nicht hingegen auch für das Verfahren. Drittens muss die Verwendung des Zahlungsinstrumentes zwischen dem Zahlungsdienstnutzer und -leister vereinbart sein. Diese Verwendung muss der Erteilung von Zahlungsaufträgen dienen.

Bei der Begriffsbestimmung sind derzeit vor allem **drei Fragestellungen** um- **441** stritten bzw. bedürfen gesonderter Betrachtung. Erstens bezieht sich das Attribut „personalisiert" auf beide Tatbestandsalternativen oder nur auf das Instrument, mit der Folge, dass es auch nicht personalisierte Verfahren geben kann? Zweitens ist umstritten, ob personalisiert dahin auszulegen ist, dass ein personalisiertes Sicherheitsmerkmal iSd Abs. 25 zum Einsatz kommen muss bzw., dass dies zumindest abstrakt möglich ist. Sieht man dies so, wäre das Attribut „personalisiert" im Wesentlichen als Verweis auf Abs. 25 zu verstehen. Lehnt man einen derartigen Gleichlauf ab, muss man begründen, ob es Fälle von personalisierten Verfahren oder personalisierte Instrumente gibt, die zwar der Identifikation des Zahlers dienen, aber nicht zugleich personalisierte Sicherheitsmerkmale iSd Abs. 25 sind. Drittens ist die Begriffsbestimmung der Tatbestandsalternativen umstritten, wobei sich insbesondere die Frage stellt, ob Instrumente, die auch besondere Verfahren enthalten, isoliert zu betrachten sind. Pars pro toto steht die Zahlungskarte mit NFC-Funktion. Eine Auffassung sieht hierin ein einheitliches Instrument, während namentlich der EuGH beide Funktionen trennt und in der NFC-Funktion ein gesondertes Verfahren sieht, sodass zwei Zahlungsinstrumente vorliegen.

2. Körperlichkeit des Instruments

442   Der Begriff des Instruments wird weder im ZAG noch in der PSD2 oder in anderen zahlungsverkehrsrechtlichen Normtexten definiert. Der Begriff ist in den meisten anderen Sprachfassungen der PSD2 ähnlich, während die englische Sprachfassung hingegen nicht von instrument, sondern von device spricht, was sich am ehesten mit Gerät oder Vorrichtung übersetzen lässt. Beiden Begriffen ist im Deutschen wie im Englischen und auch in andere Sprachfassungen eine Verkörperung, also eine **Sacheigenschaft,** immanent. Ein Instrument ist folglich ein verkörperter Gegenstand, mit dem ein Zahlungsvorgang ausgelöst werden kann. Diese folgt auch aus einem Umkehrschluss zum Begriff des Verfahrens, das zwar verkörpert sein kann, aber nicht muss. Typischer Anwendungsfall für ein Instrument ist die **Zahlungskarte,** es kann sich aber auch um einen anderen Gegenstand handeln. Ein bloßer Chip wird überwiegend als Verfahren qualifiziert (RegE 18/11495, 110 f., der NFC-Chips unter den Begriff des Verfahrens subsumiert).

3. Begriff des Verfahrens

443   Der Begriff des Verfahrens (engl. set of procedures) ist der weitere Begriff, der auch **körperlich nicht verfestigte Vorgänge** wie das Telefon- oder Online-Banking erfasst, mit dem der Zahlungsauftrag übermittelt wird (ähnlich BeckOGK/Köndgen § 675j Rn. 53, der Verfahren mit Prozess als planmäßige Abfolge von Handlungen umschreibt; Schäfer/Omlor/Mimberg/Mimberg Rn. 388). Ein Verfahren kann isoliert ohne ein Zahlungsinstrument vorliegen (Bsp. Telefonbanking oder Online-Banking). Dass bei einem solchen Verfahren ein Gegenstand wie ein Telefon oder ein PC zum Einsatz kommt, ist unerheblich, da anders als beim Instrument (Bsp. Zahlungskarte) ein beliebiges Telefon oder ein beliebiger PC eingesetzt werden kann.

444   Zwischen beiden Begriffen besteht **kein Ausschließlichkeitsverhältnis.** Ein Instrument kann mit einem Verfahren kombiniert werden, wofür die Zahlungskarte mit NFC-Funktion pars pro toto steht. Dies folgt bereits aus der Richtlinie, die das Zahlungsinstrument als Verfahren und/oder (engl. and/or) beschreibt. Allerdings dürfte regelmäßig nur bei einem Instrument auch ein Verfahren zum Einsatz kommen und nicht umgekehrt (ähnlich Schäfer/Omlor/Mimberg/Mimberg Rn. 387, der das Instrument sogar als Unterfall des Verfahrens begreift). Es gibt also eine Schnittmenge von Instrumenten, die auch ein Verfahren beinhalten. Insgesamt bleibt allerdings festzuhalten, dass eine wirklich trennscharfe Abgrenzung zwischen beiden Begriffspaaren nicht ohne weiteres möglich ist (noch strenger BeckOGK/Köndgen § 675c Rn. 53: der Begriff des Verfahrens sei konturlos). Richtig ist auch der Hinweis, dass ein Instrument zur Auslösung eines Verfahrens eingesetzt werden kann, wofür die Zahlung mit der Karte mit NFC-Funktion pars pro tot steht (BeckOGK/Köndgen § 675c Rn. 53 f.; Schäfer/Omlor/Mimberg/Mimberg Rn. 387; vgl. dazu auch Becker/Baranowski BB 2020, 1672 (1674 f.)).

4. Gesamt- oder Einzelbetrachtung

Hat man ein Instrument, dass auch ein Verfahren beinhaltet, liegt es prima vista **445** nahe, auf den Schwerpunkt der Zahlung abzustellen. Bei einer Karte mit NFC-Funktion macht es auch aufsichtsrechtlich keinen Unterschied, ob der Kunde die Karte in das Händlerterminal einführt und die Daten über den Chip oder den Magnetstreifen ausgelesen werden und das Verfahren somit im Terminal zum Einsatz kommt oder ob die Karte auf das Terminal aufgelegt oder kurz darüber in die Luft gehalten wird, und die Auslesung über die NFC-Funktion erfolgt. Gleichwohl trennt der EuGH – wenig überzeugend – den einheitlichen Zahlungsvorgang in den Einsatz eines personalisierten Zahlungsinstruments (Zahlungskarte) und in ein nicht personalisiertes Verfahren in Gestalt der NFC-Funktion auf (EuGH WM 2020, 2218 Rn. 71, 73 f., 75 – DenizBank). Die besseren Gründe sprechen für eine **Gesamtbetrachtung** (wie hier Habersack EuZW 2020, 767 (768 f.); zumindest im Ansatz kritisch auch Linardatos BKR 2021, 665 (666), der im Ergebnis dann aber dem EuGH beipflichtet). Denn es ergäbe wenig Sinn, bei einer Zahlungskarte, die mit einer NFC eines externen Betreibers ausgestattet wird, diesen Anbieter und nicht den Emittenten der Zahlungskarte, über den letztlich der Zahlungsvorgang ausgelöst wird, der Aufsichtspflicht zu unterwerfen. Die viel beschworene Ermöglichung einer anonymisierten Auslösung eines Zahlungsvorgangs ist gerade auf die Konstellation in § 675i Abs. 2 BGB (Art. 63 Abs. 1 PSD2) begrenzt, mit der Folge, dass dann E-Geld und kein Zahlungsinstrument mehr vorliegt.

5. Worauf bezieht sich das Attribut personalisiert?

Weitgehend ungeklärt ist auch das **Attribut „Personalisiert"**. Es bezieht sich **446** ausweislich der deutschen Sprachfassung auf beide Tatbestandsmerkmale (vgl. Art. 4 Nr. 14 PSD2), also Instrumente wie Verfahren (OLG Celle BKR 2021, 114 (116); BeckOGK/Köndgen § 675j Rn. 54.1; Schwennicke/Auerbach/Schwennicke § 1 Rn. 190; aA Schäfer/Omlor/Mimberg/Mimberg Rn. 390 ff.; BeckOK BGB/Schmalenbach § 675j Rn. 18). Wegen Divergenzen in den unterschiedlichen Sprachfassungen der PSD2 geht der EuGH jetzt dagegen davon aus, dass es auch nicht personalisierte Verfahren gibt (EuGH WM 2020, 2218 Rn. 70 ff. – DenizBank; in Anschluss an EuGH WM 2015, 813 Rn. 31 ff. – T-Mobile Austria). Als Beispiel nennt der EuGH die Zahlung mittels NFC-Funktion und Debitkarte (EuGH WM 2020, 2218 Rn. 71, 73 f., 75 – DenizBank) und trennt dabei, wie → Rn. 444 f. gezeigt, ein Zahlungsinstrument in ein Instrument und ein Verfahren auf. Auch dies überzeugt aus den oben genannten Gründen nicht (vgl. auch → § 2 Rn. 61).

6. Was heißt personalisiert? Gibt es Unterschiede zu Abs. 25?

Auch wenn man dem EuGH folgt, bleibt die Bedeutung des Attributs „personalisiert" zu klären. Prima Vista könnte man darin einen **Verweis auf Abs. 25** sehen. **447** Dann läge ein Zahlungsinstrument nur vor, wenn es ein personalisiertes Sicherheitsmerkmal aufweist, das zur Authentifizierung des Zahlers eingesetzt werden kann (in diesem Sinn wohl OLG Celle BKR 2021, 114 (116), dagegen von Schäfer/Omlor/Mimberg/Mimberg Rn. 389 ff.; sowie BeckOGK/Foerster § 675c Rn. 197; BeckOGK/Köndgen § 675j Rn. 55 f.; Linardatos BKR 2021, 665 (666); Staudinger/Omlor BGB § 675c Rn. 22; → § 2 Rn. 61 (Terlau); sowie nunmehr nach Drucklegung auch BaFin-Merkblatt v. 14.2.2023 sub B IV 1 am Ende; und zum alten Recht auch BGH NJW 2021, 1458 Rn. 39 ff., 42). Dem wird auch vom EuGH entgegengehalten, dass die Richtlinie auch nicht personalisierte Autorisierungen kenne, bei denen der Zahler anonym bleiben könne (so EuGH WM 2015, 813 Rn. 34 unter Verweis auf Art. 53 PSD1, heute Art. 63 PSD2). Soweit das Attribut „personalisiert" überhaupt eine Funktion haben soll, wird man zumindest fordern müssen, dass mit dem Zahlungsinstrument eine Identifikation des Zahlers möglich ist (zumindest in diesem Sinne gleichsinnig Schäfer/Omlor/Mimberg/Mimberg Rn. 389).

448   Akzeptiert man, dass auch die auf einem Zahlungsinstrument hinterlegte Unterschrift, die mit der vom Zahler bei der Auslösung des Zahlungsvorgangs geleisteten Unterschrift abgeglichen wird, bzw. biometrische Merkmale ein **personalisiertes Sicherheitsmerkmal** sind (ausführlichere Begründung → Rn. 534 f.), dann sprechen die besseren Gründe dafür, dass ein personalisiertes Zahlungsinstrument nur dann vorliegt, wenn es zumindest auch ein personalisiertes Sicherheitsmerkmal enthält, dieses erzeugen oder in Kombination damit eingesetzt werden kann (damit wird den Erwägungen im RegE 18/11495, 110, dass die Authentifizierung vom Medium abgekoppelt wird, hinreichend Rechnung getragen; aA Schäfer/Omlor/Mimberg/Mimberg Rn. 389). Denn es sind vor allem die Fälle des Unterschriftsabgleichs und der biometrischen Merkmale, die die Gegenauffassung als Anwendungsbeispiele für ein personalisiertes Verfahren ins Feld führen, bei denen kein personalisiertes Sicherheitsmerkmal vorliegen soll. Wer hingegen den ebenfalls tautologischen bis konturlosen Begriff des personalisierten Sicherheitsmerkmals, definiert als „personalisierte Merkmale, die der Zahlungsdienstleister einem Zahlungsdienstnutzer zum Zwecke der Authentifizierung bereitstellt", weit auslegt, wird zu einem Gleichlauf kommen.

449   Damit ist andererseits nicht gesagt, dass eine Autorisierung nur mittels des Einsatzes eines personalisierten Sicherheitsmerkmals möglich ist. Sie muss aber eine mögliche Option des Zahlungsinstruments sein. Dies lässt sich am Beispiel der Kreditkarte (→ Rn. 63 ff.) verdeutlichen. Zahlt der Kunde mit der Kreditkarte, indem er seine Geheimnummer eingibt oder den Leistungsbeleg unterschreibt, den der Händler dann mit der auf der Karte hinterlegten Unterschrift abgleicht, so liegt eine Autorisierung unter Einsatz eines personalisierten Sicherheitsmerkmals vor (BaFin-Merkblatt ZAG v. 14.2.2023, sub B IV 1). Die Kreditkarte ist also ein Zahlungsinstrument, da die Autorisierung mit einem persönlichen Sicherheitsmerkmal möglich ist. Andererseits kann mit der Kreditkarte auch ohne Einsatz eines persönlichen Sicherheitsmerkmals gezahlt werden. Wird die Kreditkarte im sog. Mail-Orderverfahren eingesetzt und wird der Zahlungsvorgang dadurch ausgelöst, dass nur der auf der Karte vermerkte Name, die Kartennummer und die drei- oder vierstellige Prüfziffer auf der Rückseite bei der Bestellung angegeben werden müssen, liegt kein Einsatz eines personalisierten Sicherheitsmerkmals vor (näher Begründung bei → Rn. 534). Gleichwohl liegt eine Autorisierung nach § 675j Abs. 1 bzw. eine Authentifizierung nach Abs. 23 vor, der die Verwendung eines Zahlungsinstruments einschließlich personalisierter Sicherheitsmerkmale nur als eine von zwei Optionen nennt. Lehnt man hingegen die Qualifikation der Unterschrift als personalisiertes Sicherheitsmerkmal ab, so liegt es nahe, das Vorliegen eines Zahlungsinstruments nicht von dem Vorhandensein eines personalisierten Sicherungsmerkmals abhängig zu machen. Bei der Zahlung mit der Geldkarte, wird zwar ebenfalls ein Zahlungsvorgang autorisiert. Dies geschieht anonymisiert. Autorisiert wird hier aber gerade die Verfügung über E-Geld. Rückschlüsse zum Begriff des Zahlungsinstruments sind insoweit also nicht veranlasst.

7. Vereinbarung der Verwendung, zur Erteilung von Zahlungsaufträgen, Abgrenzung zur Autorisierung

Schließlich muss die Verwendung des Zahlungsinstruments zur Erteilung von **450** Zahlungsaufträgen zwischen dem Zahlungsdienstnutzer und dem Zahlungsdienstleister **vereinbart** sein. Diese Vereinbarung kann durch AGB erfolgen, die in den zugrundeliegenden Zahlungsdiensterahmenvertrag einbezogen werden, was in der Praxis den Regelfall darstellt. Denkbar ist aber auch eine individualvertragliche Vereinbarung (zustimmend Schäfer/Omlor/Mimberg/Mimberg Rn. 393). In beiden Fällen gelten die allgemeinen Vorschriften über den Vertragsschluss und ggf. die Einbeziehung von AGB (§§ 305 ff. BGB). Die Vereinbarung muss darauf gerichtet sein, dass ein **Zahlungsauftrag isd § 675c Abs. 1 BGB** erteilt wird. Das Zahlungsinstrument muss also dazu bestimmt sein, dass der Zahlungsauftrag durch das Instrument oder das Verfahren dem Zahlungsdienstleister des Zahlers übermittelt wird, wobei die Zwischenschaltung weiterer Personen möglich ist. Dies ist nicht mit der Autorisierung isd § 675j BGB gleichzusetzen, da diese auch nachträglich erteilt werden kann. Auch wenn beide Vorgänge in der Praxis oft zeitlich zusammenfallen, sind sie rechtlich doch zu trennen (vgl. näher statt vieler Baumbach/ Hefermehl/Casper/Casper E Rn. 140, 162 mwN).

Zu möglichen **Anwendungsbeispielen** für den Einsatz von Zahlungsinstru- **451** menten ist auf die Darstellung im Zusammenhang mit Abs. 1 S. 2 Nr. 5 zu verweisen (→ Rn. 95–98).

XXIV. Lastschrift (Abs. 21)

Abs. 21 definiert in Umsetzung von **Art. 4 Nr. 23 PSD2** den Begriff der Last- **452** schrift als ein vom Zahlungsempfänger ausgelöster Zahlungsvorgang zur Belastung des Zahlungskontos des Zahlers, dem dieser gegenüber dem Zahlungsempfänger, dessen Zahlungsdienstleister oder seinem eigenen Zahlungsdienstleister zustimmt. Entscheidend ist also, dass die Initiative zur Zahlung nicht vom Schuldner, sondern vom Gläubiger ausgeht. Eine leicht abweichende Definition findet sich in Art. 2 Nr. 2 SEPA-VO (VO (EU) 260/2012), die allerdings für die Begriffsbestimmung im ZAG nicht maßgeblich ist (BeckOGK/Foerster § 675c Rn. 193). Entscheidend ist allein die Definition in Abs. 21, die sich sachlich unverändert bereits in § 1 Abs. 4 ZAG aF fand. Sie steht in unmittelbarem sachlichen Zusammenhang mit **Abs. 1 S. 2 Nr. 3 lit. a,** der die Lastschrift als eines der drei dort geregelten Zahlungsgeschäfte definiert. Wegen aller weiteren Einzelheiten ist deshalb auf die Darstellung in → Rn. 50 ff. zu verweisen.

XXV. Überweisung (Abs. 22)

Abs. 22 enthält eine Legaldefinition der Überweisung, wodurch **Art. 4 Nr. 24** **453** **PSD2** umgesetzt wird. Eine entsprechende Definition war im ZAG 2009 noch nicht enthalten. Danach ist eine Überweisung „ein auf Veranlassung des Zahlers ausgelöster Zahlungsvorgang zur Erteilung einer Gutschrift auf dem Zahlungskonto des Zahlungsempfängers zulasten des Zahlungskontos des Zahlers in Ausführung eines oder mehrerer Zahlungsvorgänge durch den Zahlungsdienstleister, der das Zahlungskonto des Zahlers führt". Dies entspricht der Definition in Art. 2 Nr. 1 SEPA-VO (EU) 260/2012. Wie die Überweisung erteilt wird ist unerheblich, ebenso wie das Vorhandensein mehrerer Empfänger oder Zahler, soweit diese über ein- und dasselbe Zahlungskonto (zB in Gestalt eines Und- bzw. eines Oder-Kontos) verbunden sind. Der Überweisung liegt ein **Zahlungsauftrag iSd § 675f Abs. 4 S. 2 BGB** zugrunde. Daran ändert sich auch nichts, wenn ein Zahlungsdienstleister mehrere Zahlungsaufträge zu einer Überweisung zusammenfasst, was in Abs. 22 ausdrücklich klargestellt wird. Hierzu wird der Zahlungsdienstleister im Deckungsverhältnis jedoch regelmäßig wegen des Grundsatzes der Auftragsstrenge nicht berechtigt sein, sofern der Überweisende seine Bank nicht ausdrücklich angewiesen hat, mehrere, zB zu unterschiedlichen Zeitpunkten jenseits der Öffnungszeiten der Bank erteilte Überweisungsaufträge (§ 675f Abs. 4 S. 2 BGB) in einer Überweisung zusammenzufassen.

454   Bedeutung erlangt die Definition der Überweisung vor allem für das **Überweisungsgeschäft iSd Abs. 1 S. 2 Nr. 3 lit. c,** einem der zentralen Formen der Zahlungsgeschäfte. Die Überweisung ist im Gegensatz zur Lastschrift und Kartenzahlung eine sog. Push-Zahlung, bei der die Zahlungsinitiative vom Zahler und nicht von Zahlungsempfänger ausgeht und auch nicht über diesen ausgelöst wird. Daran ändert sich auch nichts, wenn der Zahler die Überweisung mit Hilfe eines Zahlungsauslösedienstes (→ Rn. 148 ff.) auf der Homepage des Händlers beim Online-Shopping auslöst. Die Tätigkeit des Auslösedienstes fällt allerding allein unter Abs. 1 S. 2 Nr. 7 und erfüllt nicht die Anforderungen für die Überweisung, da es an der Ausführung des Zahlungsvorgangs fehlt. Wegen der weiteren Einzelheiten der Überweisung und ihrer Sonderformen ist auf die Erläuterungen in → Rn. 77 ff. sowie → Rn. 236 zu verweisen.

XXVI. Authentifizierung (Abs. 23)

Literatur: Bauer/Glos, Die zweite Zahlungsdiensterichtlinie – Regulatorische Antwort auf Innovation im Zahlungsverkehrsmarkt, DB 2016, 456; Baumann, Die Umsetzung der Payment Services Directive 2 – Chance oder Risiko für Finanzdienstleister?, GWR 2017, 275; Baumbach/Hefermehl/Casper, Wechselgesetz, Scheckgesetz, Recht des Zahlungsverkehrs, 24. Aufl. 2020; Borges, Identitätsmissbrauch im Online-Banking und die neue Zahlungsdiensterichtlinie (PSD2), ZBB 2016, 249; Conreder/Schneider/Hausemann, Gesetz zur Umsetzung der Zweiten Zahlungsdiensterichtlinie – Besonderheiten und Stolpersteine für Unternehmen, DStR 2018, 1722; Dörner, Massenzahlungsverkehr im Onlinehandel, K&R 2017, 749; Hingst/Lösing, Die geplante Fortentwicklung des europäischen Zahlungsdienstaufsichtsrechts durch die Zweite Zahlungsdienste-Richtlinie, BKR 2014, 315; Hoeren/Kairies, Der Anscheinsbeweis im Bankenbereich, WM 2015, 549; Hoffmann, Kundenhaftung unter Neufassung der Zahlungsdiensterichtlinie, VuR 2016, 243; Jestaedt: Kontoinformationsdienste – neue Online-Services unter Regulierung, BKR 2018, 445; Kahlert, Neue Regelwerke für den Online-Zahlungsverkehr: Auswirkungen von MASI und PSDII auf Verbraucher, Zahlungsdienstleister und die Fintech-Branche, DSRITB 2016, 579; Kunz, Rechtliche Rahmenbedingungen für Mobile Payment – Ein Blick auf die Anforderungen zur starken Kundenauthentifizierung, CB 2018, 393; Lutz, Regulatorische Herausforderung von Bezahlsystemen: PayPal & Co, ZVglRWiss 2017, 177; Oechsler, Die Haftung nach § 675v BGB im kreditkartengestützten Mailorderverfahren, WM 2010, 1381; Omlor, Online-Banking unter Geltung der Zweiten Zahlungsdiensterichtlinie (PSD II), BKR 2019, 105; ders., Starke Kundenauthentifizierung zwischen BGB, ZAG und RTS, RdZ 2020, 20; Terlau, Die zweite Zahlungsdiensterichtlinie – zwischen technischer Innovation und Ausdehnung des Aufsichtsrechts, ZBB 2016, 122; Zahrte, Haftungsverteilung im Zahlungsdiensterecht beim CEO-Fraud, BKR 2019, 126; ders., Mindestanforderungen an die Sicherheit von Internetzahlungen (MaSI) – Rechtsfolgen für die Praxis, ZBB

2015, 410; ders., Neuerungen im Zahlungsdiensterecht, NJW 2018, 337; ders., die „zweite Stufe" der PSD-2-Umsetzung, Änderungen der Sonderbedingungen für Online- und Kartenzahlungen zum 14.9.2019, BKR 2019, 484; Weichert, Die Payment Service Directive 2 und der Datenschutz, BB 2018, 1161.

1. Einleitung

a) Entstehungsgeschichte der Norm. Abs. 23 setzt Art. 4 Nr. 29 PSD2 um. **455** Die Norm wurde gegenüber ihrer Vorläufervorschrift Art. 4 Nr. 19 PSD1 neu gefasst. So geht es nunmehr nicht nur um die Überprüfung der Nutzung eines Zahlungsinstruments, sondern um die Überprüfung der „berechtigten" Verwendung. Zudem kann nach dem neuen Wortlaut eine Authentifizierung auch die Überprüfung der Identität eines Zahlungsdienstnutzers sein.

b) Systematik. Nach dem früheren Rechtszustand der PSD1 kam der Defini- **456** tion der Authentifizierung lediglich im Rahmen des Art. 59 PSD1 Bedeutung zu, nämlich beim Nachweis der Authentifizierung und Ausführung von Zahlungsvorgängen. Diese Vorschrift und die Nachfolgeregelung des Art. 72 Abs. 2 PSD2 wurden in § 675w BGB umgesetzt. Deshalb hatte die Authentifizierung bisher vor allem haftungsrechtliche Bedeutung im Rahmen der Beweislast in den Fällen, in denen der Zahler bestritt, einen Zahlungsvorgang autorisiert zu haben (vgl. MüKo-BGB/Zetsche § 675w Rn. 3; Zahrte NJW 2018, 337 (340)). Die infolge der PSD2 eingeführten Änderungen dieser Norm, die nach wie vor in § 675w Abs. 1 BGB umgesetzt ist, waren rein sprachlicher Natur (BeckOGK/Hofmann BGB § 675w Rn. 3).

Infolge der PSD2 ist die Authentifizierung auch die Grundlage eines aufsichts- **457** rechtlichen Gebots, in bestimmten Fällen eine sichere Kundenauthentifizierung zu gewährleisten. Die Authentifizierung iSd Abs. 23 ist ein Tatbestandsmerkmal der Definition der starken Kundenauthentifizierung in Abs. 24 (so auch Omlor RdZ 2020, 20). Auch in sonstigen Fällen kann auf die Definition zurückgegriffen werden, zB im Rahmen von Berechtigungskonzepten iSd Ziffer 6.8 ZAIT bzw. Ziffer 5 Tz. 30 BAIT oder bei Benutzeridentifizierung nach Ziffer 7.8 ZAIT oder Ziffer 6 Tz. 38 BAIT.

Zur Einordnung des Begriffs „Authentifizierung" ist dabei ganz entscheidend, **458** dass **drei Phasen des Zahlungsvorgangs** (insbes. bei Push-Zahlungen, wie zB Kartenzahlungen) unterschieden werden (vgl. auch zu den Begriffen Autorisierung, Authentisierung und Authentifizierung → § 55 Rn. 2f.). Die erste Phase besteht darin, den Zahler zu authentifizieren. Dies ist der Anwendungsbereich der Definition des Abs. 23, nämlich die Feststellung der Identität des Zahlers oder seiner Berechtigung, ein bestimmtes Zahlungsmittel einzusetzen. Die zweite Phase ist hiervon sorgfältig zu unterscheiden, nämlich die Autorisierung des Zahlungsvorgangs, selbst, wenn sie, wie häufig, gleichzeitig mit der Authentifizierung stattfindet. Die Autorisierung des Zahlungsvorgangs unterliegt den Vorgaben des § 675j BGB. In der dritten Phase findet häufig eine sog. Autorisierung durch den Zahlungsdienstleister des Zahlers statt, zB durch den Kartenemittenten oder durch den kontoführenden Zahlungsdienstleister bei Online-Überweisungen („online" umfasst hier alle Geräte, mit denen der Nutzer eine Verbindung zum Bankkonto herstellt, die den Nachrichtenaustausch zwischen Gerät und Netzwerk, auf welchem sich die Kontodaten befinden, ermöglicht; s. Terlau ZBB 2016, 122 (131)). Diese läuft typischerweise im Hintergrund ab. Im Fall der Kartenzahlung erhält der Zahlungsempfänger vermittelt durch seinen Zahlungsdienstleister (den Acquirer) den

Autorisierungscode vom Zahlungsdienstleister des Zahlers (Emittent oder Issuer). Dieser Autorisierungscode unterliegt den internen Absprachen im Rahmen des jeweiligen Zahlungsverfahrens und ist nicht zu verwechseln mit dem Authentifizierungscode, der nunmehr in Art. 4 PSD2-RTS detailliert geregelt ist.

459   Der Wortlaut der Definition wurde in der PSD2 gegenüber der Definition der PSD1 geändert. Bisher ging es um die Prüfung der „Nutzung eines Zahlungsinstruments". Die Ergänzung des Adjektivs „berechtigte" stellt sich allerdings lediglich als Klarstellung dar, da es auch bisher schon nicht darum ging festzustellen, ob ein Zahlungsinstrument überhaupt eingesetzt wurde, sondern die Berechtigung des Einsatzes. Die Hinzufügung der Alternative der Prüfung der Identität des Zahlungsdienstnutzers beruht auf dem Kommissionsvorschlag zur PSD2 v. 24.7.2013 (COM (2013) 547 final).

460   Der deutsche Gesetzgeber hatte im ZAG vor 2018 die Definition in § 1 Abs. 5 aF umgesetzt, indem er die Begriffe „Zahlungsinstrument" und „Authentifizierung" in „Zahlungsauthentifizierungsinstrument" zusammenfasste. Diese als unglücklich zu bezeichnende Verbindung der beiden Begriffe (vgl. auch → 1. Aufl. 2014, Rn. 56) stellte zwar wohl noch eine richtlinienkonforme Umsetzung dar; in der praktischen Rechtsanwendung wurden jedoch die beiden Begriffe gedanklich getrennt (→ 1. Aufl. 2014, Rn. 56). Die Verbindung hat der deutsche Gesetzgeber bei Umsetzung der PSD2 aufgegeben (RegE BT-Drs. 18/11495, 110; Omlor BKR 2019, 105 (107); Baumann GWR 2017, 275 (277)). Mit der begrifflichen Anpassung soll keine materielle Änderung einhergehen (Zahrte BKR 2019, 126 (130)).

2. Gegenstand der Prüfung der Authentifizierung

461   **a) Begriff der Authentifizierung.** Nach dem Wortlaut des Abs. 23 ist die Authentifizierung ein Verfahren, das auf zwei verschiedene Prüfungsziele gerichtet ist, namentlich die Feststellung der Identität des Zahlungsdienstnutzers oder die berechtigte Verwendung eines bestimmten Zahlungsinstruments. Beide Alternativen stehen gemäß dem Wortlaut gleichberechtigt nebeneinander. Dabei sieht die erste Alternative die volle Identitätsprüfung vor, während bei Feststellung der berechtigten Nutzung eines Zahlungsinstruments die Identität nach dem Wortlaut keine Rolle spielt. Die Verwendung der personalisierten Sicherheitsmerkmale (Definition in Abs. 25) stellt sich des Weiteren als Unterpunkt der berechtigten Verwendung eines Zahlungsinstruments dar; gemäß Definition der personalisierten Sicherheitsmerkmale werden diese „zum Zwecke der Authentifizierung bereitgestellt". Nicht richtig dürfte es sein, dass die zweite Alternative immer auch die erste impliziert oder einer Berechtigungsprüfung eine Identitätsprüfung inhärent sei, wenn der Zahler selbst (und nicht sein Vertreter) einen Zahlungsauftrag erteilt (so aber Omlor RdZ 2020, 20), denn aus der (hier allein maßgeblichen) Perspektive des authentifizierenden Zahlungsdienstleisters reicht nach Abs. 23 die Feststellung der Berechtigung nach der 2. Alt. aus; eine Identifizierung iSd 1. Alt. ist nicht erforderlich.

462   Die **Methode der Authentifizierung** muss der Zahlungsdienstleister innerhalb der beiden Alternativen selbst wählen, sofern nicht gesetzliche Vorgaben bestehen (OLG Dresden BeckRS 2014, 5445). Wesentliche gesetzliche Vorgaben sind dabei § 55 Abs. 1 und Abs. 2, die eine starke Kundenauthentifizierung, ggf. mit dynamischer Verknüpfung (§ 55 Abs. 2), vorschreiben. Dabei wird gem. Abs. 24 die Heranziehung von mindestens zwei Elementen verlangt (vgl. → Rn. 491 ff.). Dem müsste also das Authentifizierungsverfahren in Form der Identitätsprüfung oder der Prüfung der berechtigten Verwendung genügen. Ansonsten steht das Verfahren im Ermessen des Zahlungsdienstleisters (Erman/v. Westphalen BGB § 675w Rn. 5; EBA Single Rulebook Q&A, Question ID 2020_5673: das gilt auch, wenn von einer starken Kundenauthentifizierung aufgrund einer Ausnahme nach den PSD2-RTS abgesehen wird), wobei die Verwendung der personalisierten Sicherheitsmerkmale im Zahlungsdiensterahmenvertrag mit dem Zahlungsdienstnutzer zu vereinbaren ist (BeckOGK/Hofmann BGB § 675w Rn. 24). Dabei ist es dem Zahlungsdienstleister nicht verwehrt, auch zusätzliche Methoden, die über Identitätsprüfung und Prüfung der berechtigten Verwendung hinausgehen, zu nutzen. Dies können zusätzliche Verifizierungen sein, zB eine Prüfung, ob die Kreditkarte an zwei anderen Orten innerhalb eines kaum erklärbaren Zeitrahmens eingesetzt wird (BeckOK BGB/Schmalenbach § 675w Rn. 10).

Der Zahlungsdienstleister hat die **Sicherheit des Authentifizierungsverfah-** **463** **rens** zu gewährleisten. Dies ergibt sich zum einen aus § 55 Abs. 1 S. 2, wonach der Zahlungsdienstleister angemessene Sicherheitsvorkehrungen treffen muss, um die Vertraulichkeit und die Integrität der personalisierten Sicherheitsmerkmale des Zahlungsdienstnutzers zu schützen (so auch Zahrte ZBB 2015, 410 (412)). Dies folgt zum anderen auch aus Art. 22 PSD2-RTS, wonach der Zahlungsdienstleister die personalisierten Sicherheitsmerkmale zu schützen hat, gleichgültig, ob eine starke Kundenauthentifizierung oder eine einfache Authentifizierung vorliegt (EBA, Single Rulebook Q&A, Question ID 2018_4039). Weiterhin fordert Art. 2 Abs. 1 PSD2-RTS den Einsatz von „Transaktionsüberwachungsmechanismen" zur Erkennung nicht autorisierter oder betrügerischer Zahlungsvorgänge (näheres → Rn. 519). Der Verweis in Art. 2 Abs. 1 UAbs. 1 PSD2-RTS auf die Zwecke in Art. 1 Buchst. a und b PSD2-RTS, namentlich also die Voraussetzungen und Ausnahmen der starken Kundenauthentifizierung, scheint die Anwendung von „Transaktionsüberwachungsmechanismen" auf die starke Kundenauthentifizierung zu beschränken (so auch Schäfer/Omlor/Mimberg/Mimberg Rn. 435). Gleichwohl wollen Teile der Literatur Art. 2 PSD2-RTS auch auf die einfache Authentifizierung anwenden (BeckOGK/Hofmann BGB § 675w Rn. 26; Baumbach/Hefermehl/Casper/Casper Abschn. E Rn. 416).

Weitere Vorgaben zum Schutz der Sicherheit des Authentifizierungsverfahrens **464** folgen aus den in Ausführung von § 53 bzw. Art. 95 PSD2 erlassenen EBA Leitlinien für das Management von IKT- und Sicherheitsrisiken vom 28.11.2019, EBA/GL/2019/04.

b) Verfahren zur Identitätsprüfung (Alt. 1). Zahlungsdienstnutzer können **465** natürliche oder juristische Personen sein. Die Definition enthält keine Vorgabe, wie die Identität zu prüfen ist. Solche Vorgaben gibt es im Geldwäscherecht, namentlich in **§ 11 Abs. 4 und § 12 Abs. 1 und Abs. 2 GwG.** Danach sind Angaben über die zu identifizierende natürliche oder juristische Person zu erheben sowie zu überprüfen. Hier wird man bei **natürlichen Personen** die Überprüfung mittels eines amtlichen Ausweisdokuments (§ 12 Abs. 1 Nr. 1 GwG), mittels eines elektronischen Identitätsnachweises (§ 12 Abs. 1 Nr. 2 GwG), mittels einer qualifizierten elektronischen Signatur nach Art. 3 Nr. 12 eIDAS-VO (§ 12 Abs. 1 Nr. 3 GwG) oder mittels eines Verfahrens, das nach Art. 8 Abs. 2c iVm Art. 9 der eIDAS-VO auf Sicherheitsniveau „hoch" notifiziert ist (§ 12 Abs. 1 Nr. 4 GwG), als zulässig erachten müssen. Man wird aber auch jegliche andere Identifizierung auf Basis von Art. 13 Abs. 1 lit. a 4. GeldwäscheRL in der Fassung der 5. GeldwäscheRL anerkennen. Deshalb können auch Kopien von Ausweisdokumenten oder Stromrechnun-

gen oder sonstige Referenzen in elektronischer Form als Identitätsnachweis anerkannt werden (vgl. hierzu Herzog/Figura GwG § 12 Rn. 13). Bei **juristischen
Personen** wird man eine Überprüfung von Dokumenten verlangen können, wie
sie § 12 Abs. 2 GwG vorsieht. Hiernach bedarf es eines Auszugs aus dem Handels-
oder Genossenschaftsregister oder eines vergleichbaren amtlichen Registers oder
Verzeichnisses, von Gründungsdokumenten oder gleichwertigen beweiskräftigen
Dokumenten oder einer eigenen dokumentierten Einsichtnahme des Verpflichteten in die Register- oder Verzeichnisdaten.

466   Im Grundsatz stellen die Vorschriften, die vom Zahlungsdienstleister eine Au-
thentifizierung oder eine starke Authentifizierung verlangen, die Wahl der Methoden in das Ermessen des Zahlungsdienstleisters. Weder § 55 Abs. 1 noch Art. 10 ff.
PSD2-RTS verlangen eine Identitätsprüfung iSd Alt. 1 (aA für § 55 Abs. 1 S. 1
Nr. 1, aber ohne Begründung Schäfer/Omlor/Mimberg/Mimberg Rn. 438; der
Verweis auf Zahrte BKR 2019, 484 (486) geht fehl). Die Verwendung des in
Abs. 24 geregelten Verfahrens lässt nicht – allenfalls mittelbar bei rechtsgeschäftlichem Verbot der Weitergabe der Authentifizierungsmerkmale – den Rückschluss
auf die Identität des Zahlungsdienstnutzers zu (aA Schäfer/Omlor/Mimberg/Mim-
berg Rn. 438). Eine Identitätsprüfung ist erst recht nicht im Rahmen der Ausnahmen der Art. 10 ff. PSD2-RTS vorgeschrieben (aA Schäfer/Omlor/Mimberg/
Mimberg Rn. 439 f.).

467   **c) Verfahren zur Prüfung der berechtigten Verwendung eines Zahlungsinstruments (Alt. 2). aa)** Der Begriff **Zahlungsinstrument** ist in Abs. 20 definiert (→ Rn. 438 f.). Dabei ist auch die Unterscheidung des EuGH (EuGH WM
2015, 813 Rn. 34; BKR 2021, 234 Rn. 70) nach personalisierten und nicht personalisierten Zahlungsinstrumenten bedeutsam. So gibt es Zahlungsinstrumente,
die anonym genutzt werden oder bei denen der Zahlungsdienstleister aus anderen
Gründen, die dem Zahlungsinstrument immanent sind, nicht nachweisen kann,
dass ein Zahlungsvorgang autorisiert war (Art. 42 Abs. 1 lit. c ii, 63 Abs. 1 lit. b
PSD2). Bei solchen anonymen Zahlungsinstrumenten gibt es per definitionem
keine Authentifizierung iSv Abs. 23 Alt. 2, dh ein Verfahren, mit dessen Hilfe der
Zahlungsdienstleister die berechtigte Verwendung eines bestimmten Zahlungsinstruments überprüfen kann. Solche Zahlungsinstrumente sind also von Abs. 23 nicht
erfasst (MüKoBGB/Jungmann § 675j Rn. 39; MüKo/Casper § 675i Rn. 19).

468   **bb) Prüfung der berechtigten Verwendung, einschl. Prüfung der personalisierten Sicherheitsmerkmale,** erscheint zunächst als Verdoppelung, da
nach altem Recht die Authentifizierung gleichgesetzt wurde mit der Überprüfung
der personalisierten Sicherheitsmerkmale (MüKoBGB/Zetsche § 675w Rn. 8).
Nach der Definition der personalisierten Sicherheitsmerkmale in Abs. 25 werden
diese vom Zahlungsdienstleister einem Zahlungsdienstnutzer zum Zwecke der Authentifizierung bereitgestellt. In der Praxis werden häufig personalisierte Sicherheitsmerkmale zum Einsatz kommen, da diese einen effizienten Nachweis der Authentifizierung erlauben (Schäfer/Omlor/Mimberg/Mimberg Rn. 434). Jedoch
kann eine Authentifizierung auch ohne personalisierte Sicherheitsmerkmale erfolgen, zB über Inhärenzmerkmale („etwas, das nur der Nutzer ist", so Hingst/Lösing
BKR 2014, 315 (321); siehe auch Hoffmann VuR 2016, 243 (248); Bauer/Glos DB
2016, 456 (460); Schäfer/Omlor/Mimberg/Mimberg Rn. 444), die nicht der Zahlungsdienstleister bereitstellt; hier bietet der Zahlungsdienstleister nur das Verfahren
ihrer Überprüfung an. Dabei muss auch im Rahmen der Definition des Abs. 23 als
Ziel der Prüfung die Maxime des Art. 98 Abs. 2 lit. a PSD2 gelten, namentlich **die**

Sicherstellung eines angemessenen Sicherheitsniveaus (wobei hierunter auch der Datenschutz fällt, s. Weichert BB 2018, 1161 (1166)) für Zahlungsdienstnutzer und Zahlungsdienstleister. Für die „einfache" Authentifizierung iSv Abs. 23 können nämlich nicht höhere Sicherheitsanforderungen verlangt werden als diejenigen, die für die starke Kundenauthentifizierung iSv Abs. 24 gem. Art. 98 Abs. 2 PSD2 gelten; dies gilt ungeachtet der strengen Haftung des Zahlungsdienstleisters nach Art. 72 Abs. 1 PSD2 (umgesetzt in § 675w BGB).

cc) Beispiele: Kreditkarte im Präsenzgeschäft: Kreditkarte im Präsenz- **469** geschäft mit Unterschrift, gleichgültig, ob man die Unterschrift als personalisiertes Sicherheitsmerkmal einordnet (so wohl die hM Jungmann ZBB 2020, 1 (2); MüKo BGB/Jungmann § 675j Rn. 49; Baumbach/Hefermehl/Casper/Casper Abschn. E Rn. 415; in BeckOGK/Hofmann BGB § 675w Rn. 22 mwN in Fn. 34; Staudinger/Omlor § 675w Rn. 21; aA Schäfer/Omlor/Mimberg/Mimberg Rn. 444; zum Streit über die Unterschrift als personalisiertes Sicherheitsmerkmal → Rn. 449; str. ist auch, ob die Unterschrift ein Inhärenzmerkmal darstellt, dazu → Rn. 508). Kreditkarte mit PIN wäre als starke Authentifizierung iSd Abs. 24 einzuordnen (→ Rn. 515; aA Schäfer/Omlor/Mimberg/Mimberg Rn. 444). **Kreditkarte MoTo (mail order telephone order):** Wenn von der Kreditkarte lediglich die Karten-Nr., Verfalldatum und Prüfnr. angegeben wird, dann liegt zwar – aufgrund der Karten-AGB – ggf. eine Autorisierung iSd § 675j BGB vor; allerdings ist ein Nachweis der Autorisierung in der Regel schwierig (ähnlich Linardatos Haftungssystem S. 319: „Nicht haftungsauslösend"); dies ist aber keine Authentifizierung, da die Berechtigung zur Verwendung nicht ausreichend sicher festgestellt werden kann (Langenbucher/Bliesener/Spindler/Jungmann § 675w Kreditkarte Rn. 7; Schäfer/Omlor/Mimberg/Mimberg Rn. 445; aA BeckOGK/Hofmann BGB § 675w Rn. 24; EBA/OP/2018/04 vom 13. 6. 2018, Tz. 35; Oechsler WM 2010, 1381). **Kreditkarte online mit 3D-Secure-Verfahren:** PIN und TAN; in dem Fall kommen personalisierte Sicherheitsmerkmale zum Einsatz; oder PIN und Inhärenz.

§ 55 Abs. 1 S. 1 fordert in bestimmten Fällen eine starke Kundenauthentifizie- **470** rung, dh eine Authentifizierung iSv Abs. 23, in denen kein Zahlungsinstrument iSd Abs. 20 Verwendung findet. Dies gilt zB für einige Fälle des § 55 Abs. 1 S. 1 Nr. 1 und in zahlreichen von § 55 Abs. 1 Nr. 3 erfassten Sachverhalten (vgl. → § 55 Rn. 35 ff.). Hier kommt eine entsprechende Anwendung von Alt. 2 der Definition des Abs. 23 in Betracht: **Prüfung der berechtigten Verwendung des betroffenen Verfahrens,** zB Kontostandsabruf in einer App. Es wäre unverhältnismäßig, hier jeweils eine Identifizierung iSv Alt. 1 des Abs. 23 zu verlangen. Dies würde Erwägungsgrund 96 S. 1 PSD2 widersprechen, wonach Sicherheitsmaßnahmen dem Risikoniveau des Zahlungsdienstes angemessen sein sollten. Auch im Hinblick auf den Gedanken des Art. 98 Abs. 2 lit. a PSD2 wäre dies unverhältnismäßig. Diese Unklarheit zwischen § 55 Abs. 1 S. 1 und § 1 Abs. 23 darf auch nicht zu einer Aufweichung der Anforderungen an die Identitätsprüfung iSd 1. Alt. führen. Ein Verfahren, dass den Zahlungsdienstnutzer nur iSe „Rückschlusses" auf dessen Identität identifiziert, genügt den Anforderungen des § 1 Abs. 23 Alt. 1 nicht (aA Schäfer/Omlor/Mimberg/Mimberg Rn. 438 ff.).

3. Überprüfung durch den Zahlungsdienstleister

Die Definition des Abs. 23 nennt als den **Authentifizierenden** den Zahlungs- **471** dienstleister. Sie lässt allerdings offen, ob es sich hierbei um den Zahlungsdienstleister des Zahlers oder denjenigen des Zahlungsempfängers handelt. Sofern das Merkmal Authentifizierung im Rahmen von § 675w BGB Bedeutung erlangt (hierzu → Rn. 456), ist derjenige Zahlungsdienstleister gefordert, der Ansprüche auf Aufwendungsersatz aus §§ 675c, 670 BGB oder Schadensersatz nach § 676v BGB geltend macht. Dies ist der Zahlungsdienstleister des Zahlers. Im Übrigen kommt zum Tragen, dass personalisierte Sicherheitsmerkmale nur (Erwägungsgrund 30 S. 1 PSD2: „in der Regel") vom ausgebenden Zahlungsdienstleister (zB dem kontoführenden Zahlungsdienstleister) geprüft werden können; zwar kann der ausgebende Zahlungsdienstleister sowohl Bereitstellung als auch Überprüfung der personalisierten Sicherheitsmerkmale auslagern (vorbehaltlich der Anforderungen an eine Auslagerung, dazu → § 26 Rn. 16 ff.); die Verantwortung trägt aber weiter der ausgebende Zahlungsdienstleister (EBA, Single Rulebook Q&A, Question-ID 2020_5643 und Question-ID 2021_6141). Die Identität eines Zahlungsdienstnutzers könnte hingegen auch ein Dritter, zB der Zahlungsdienstleister des Zahlungsempfängers, prüfen. Ob dies in Frage kommt, bestimmt sich nicht nach Abs. 23, sondern nach der die Authentifizierung gebietenden Norm (zB § 55 Abs. 1 S. 1).

472   Das **Ziel der Authentifizierung** ist nur in Alt. 1 die Feststellung der Identität des Zahlungsdienstnutzers, der nach der Definition des § 675f Abs. 1 BGB (Art. 4 Nr. 10 PSD2) sowohl Zahler als auch Zahlungsempfänger sein kann. In Alt. 2 wird nur die Berechtigung zur Verwendung eines Zahlungsinstruments oder von personalisierten Sicherheitsmerkmalen geprüft. Keineswegs ist damit zwingend die Identifizierung des Zahlungsdienstnutzers verbunden (aA aber wohl Schäfer/Omlor/Mimberg/Mimberg Rn. 504), auch wenn die AGB des Zahlungsdienstleisters die Geheimhaltung insbes. der personalisierten Sicherheitsmerkmale anordnen. Denn diese durchaus übliche vertragliche Ausgestaltung indiziert nicht die Handhabung der aufsichtsrechtlichen (Authentifizierungs-)Regelungen (s. auch → Rn. 529; aA Schäfer/Omlor/Mimberg/Mimberg Rn. 444); die Praxis vor allem im europäischen Ausland geht nämlich dahin, dass personalisierte Sicherheitsmerkmale durchaus von mehreren Personen genutzt werden können. Auch für das Ziel der Authentifizierung ist die Norm entscheidend, die die Authentifizierung gebietet.

XXVII. Starke Kundenauthentifizierung (Abs. 24)

Literatur: Bauer/Glos, Die zweite Zahlungsdiensterichtlinie – Regulatorische Antwort auf Innovation im Zahlungsverkehrsmarkt, DB 2016, 456; Baumann, Die Umsetzung der Payment Services Directive 2 – Chance oder Risiko für Finanzdienstleister?, GWR 2017, 275; Baumbach/Hefermehl/Casper, Wechselgesetz, Scheckgesetz, Recht des Zahlungsverkehrs, 24. Aufl. 2020; Borges, Identitätsmissbrauch im Online-Banking und die neue Zahlungsdiensterichtlinie (PSD2), ZBB 2016, 249; Conreder/Schneider/Hausemann, Gesetz zur Umsetzung der Zweiten Zahlungsdiensterichtlinie – Besonderheiten und Stolpersteine für Unternehmen, DStR 2018, 1722; Doser, Die Einführung der starken Kundenauthentifizierung gem. PSD2, K&R 2019, 617; Dörner, Massenzahlungsverkehr im Onlinehandel, K&R 2017, 749; Hingst/Lösing, Die geplante Fortentwicklung des europäischen Zahlungsdiensteaufsichtsrechts durch die Zweite Zahlungsdienste-Richtlinie, BKR 2014, 315; Hoeren/Kairies, Der Anscheinsbeweis im Bankenbereich, WM 2015, 549; Hoffmann, Kundenhaftung unter Neufassung der Zahlungsdiensterichtlinie, VuR 2016, 243; Hoffmann/Rastegar, Kontaktlose Zahlungen im Privatrecht, WM 2021, 957; Jestaedt: Kontoinformationsdienste – neue Online-Services unter Regulierung, BKR 2018, 445; Jungmann, Das System der Haftung beim missbräuchlichen Kreditkarteneinsatz ohne starke Kundenauthentifizierung, Ein Beitrag zum Verständnis von § 675v Abs. 4 BGB, ZBB 2020, 1; Kahlert, Neue Regelwerke für den Online-Zahlungsverkehr: Auswirkungen von MASI und PSDII auf Verbraucher, Zahlungsdienstleister und die Fintech-Branche, DSRITB 2016, 579; Korschinowski, Auto-technisches Device zum Bezahlen und Datensammeln, RdZ 2020, 66; Kunz, Die neue Zahlungsdiensterichtlinie (PSD II) – Regulatorische Erfassung „Dritter Zahlungsdienstleister" und anderer Leistungsanbieter – Teil 2, CB 2016, 457; Kunz, Rechtliche Rahmenbedingungen für Mobile Payment – Ein Blick auf die Anforderungen zur starken Kundenauthentifizierung, CB 2018, 393; Linardatos, Rollende Kreditkarten – zahlungsdiensterechtliche Fragen bei In-Car-Payments, RdZ 2020, 36; Linardatos, Kontaktloses Zahlen im Zahlungsdiensterecht, Ein Überblick über die zivil- und aufsichtsrechtlichen Regeln, BKR 2021, 665; Lutz, Regulatorische Herausforderung von Bezahlsystemen: PayPal & Co, ZVglRWiss 2017, 177; Omlor, E-Geld im reformierten Zahlungsdiensterecht, ZIP 2017, 1836; Omlor, Online-Banking unter Geltung der Zweiten Zahlungsdiensterichtlinie (PSD II), BKR 2019, 105; Omlor, Starke Kundenauthentifizierung zwischen BGB, ZAG und RTS, RdZ 2020, 20; Spindler/Zahrte, Zum Entwurf für eine Überarbeitung der Zahlungsdiensterichtlinie (PSD II), BKR 2014, 265; Strassmair-Rainshagen, Starke Kundenauthentifizierung – Neue Pflicht wirkt sich auf Online-Banking und Bezahlen im Internet aus, BaFin Journal 6/2018, S. 20; Terlau, Die zweite Zahlungsdiensterichtlinie – zwischen technischer Innovation und Ausdehnung des Aufsichtsrechts, ZBB 2016, 122; Zahrte, Mindestanforderungen an die Sicherheit von Internetzahlungen (MaSI) – Rechtsfolgen für die Praxis, ZBB 2015, 410; Zahrte, Neuerungen im Zahlungsdiensterecht, NJW 2018, 337; Weichert, Die Payment Service Directive 2 und der Datenschutz, BB 2018, 1161.

1. Einleitung

a) Entstehungsgeschichte der Norm. Abs. 24 ist eine nahezu wörtliche **473** Übernahme von Art. 4 Nr. 30 PSD2. Zusammen mit § 55 sowie Art. 4 ff. PSD2-RTS, die auf Art. 97, 98 PSD2 beruhen, hat der Europäische Gesetzgeber damit erstmals das Konzept der starken Kundenauthentifizierung gesetzlich verpflichtend verankert. Vgl. hierzu auch → § 55 Rn. 8 ff.

aa) In der PSD1 findet sich **kein Vorläufer dieser Regelung.** Vorherge- **474** gangen sind hingegen die SecuRe Pay Empfehlungen der EZB für Internetzahlungen (ECB/SecuRePay Internet vom 31.1.2013, online abrufbar unter dem Link https://www.ecb.europa.eu/pub/pdf/other/recommendationssecurityinternet paymentsoutcomeofpcfinalversionafterpc201301en.pdf) sowie die darauf fußenden EBA Leitlinien zur Sicherheit von Internetzahlungen, EBA/GL/2014/12_Rev1, vom 19.12.2014, die in Deutschland als Mindestanforderungen an die Sicherheit von Internetzahlungen (MaSI) (Rundschreiben 4/2015 der BaFin vom 5.5.2015) umgesetzt wurden. Diese bildeten bereits den ersten Harmonisierungsansatz (Kunz CB 2016, 457 (461)). Der Anwendungsbereich von § 55 geht deutlich über diese Vorgaben hinaus (Omlor ZIP 2017, 1836 (1840 f.); vgl. → § 55 Rn. 24 ff.). Schon die SecuRe Pay Empfehlungen enthielten das Konzept der starken Kundenauthentifizierung, für das zwei Faktoren gefordert wurden (dazu auch Spindler/Zahrte BKR 2014, 265 (270)). Diese wurden zuvor im sog. SecuRe Pay Forum, das aus den nationalen Zentralbanken und Aufsichtsbehörden zusammengesetzt war, verabschiedet. Die EZB veröffentlichte zudem vertiefende technische Anleitungen zur Umsetzung (ECB Assessment guide for the security of internet payments von Februar 2014, online abrufbar unter https://www.ecb.europa.eu/pub/pdf/other/as sessmentguidesecurityinternetpayments201402en.pdf). Die ebenfalls im Jahr 2012 im Entwurf zur Konsultation vorgelegten Recommendations for the security of mobile payments (ECB/SecuRePay Mobile von November 2013, online abrufbar unter https://www.ecb.europa.eu/paym/cons/pdf/131120/recommendationsfort hesecurityofmobilepaymentsdraftpc201311en.pdf) sowie die Final recommendations for the security of payment account access services following the public consultation (ECB/SecuRePay Access Provider von Mai 2014, online abrufbar unter https://www.ecb.europa.eu/pub/pdf/other/pubconsultationoutcome201405secu ritypaymentaccountaccessservicesen.pdf), die in den genannten Bereichen eine starke Kundenauthentifizierung etablieren sollten, wurden nie final veröffentlicht. Die SecuRe Pay Empfehlungen der EZB hatten zudem nicht den Charakter von bindenden Rechtsnormen, sondern verfolgten das Prinzip des Comply or Explain, sodass die betroffenen Zahlungsdienstleister hiervon abweichen konnten. Die EBA Leitlinien von 2014 stellen eine nahezu wörtliche Übernahme der SecuRe Pay Empfehlungen zur Sicherheit von Internetzahlungen dar. Sie folgen demselben Prinzip des Comply or Explain (vgl. Art. 16 Abs. 4 EBA-Verordnung).

475   **bb)** Bereits **vor Inkrafttreten der PSD2** am 12.1.2016 begann die EBA ihren Auftrag gem. Art. 98 PSD2 umzusetzen, namentlich technische Regulierungsstandards für die starke Kundenauthentifizierung (und Ausnahmen hiervon) und sichere Kommunikation zu entwerfen. Am 8.12.2015 legte sie ein Discussion Paper, EBA/DP/2015/03, vor. Daraus entwickelte die EBA einen ersten Entwurf der RTS, den sie als Consultation Paper, EBA/CP/2016/11 vom 12.8.2016, veröffentlichte. Das Ergebnis der Konsultation sowie die von der EBA kommentierten Anmerkungen der Industrie veröffentlichte sie als Final Report, EBA/RTS/2017/02 vom 23.2.2017. Die EU-Kommission, der durch Art. 98 Abs. 4 S. 2 PSD2 die Befugnis übertragen worden war, die technischen Regulierungsstandards als delegierte Verordnung zu erlassen, beanstandete zunächst am 23.5.2017 verschiedene von der EBA vorgeschlagene Regelungen, insbes. diejenigen zur sicheren Kommunikation. In der Folge begann die Kommission damit, sowohl die Regelungen der RTS zu den Ausnahmen von der starken Kundenauthentifizierung als auch die Regelungen zur sicheren Kommunikation zu ergänzen und veröffentlichte die RTS als delegierte Verordnung der Kommission, PSD2-RTS, am 27.11.2017 (MEMO/17/4961). Diese trat bereits am 14.3.2018 in Kraft (Art. 38 Abs. 1 PSD2-RTS), entfaltete jedoch gem. Art. 38 Abs. 2 PSD2-RTS erst ab dem 14.9.2019 Geltung (dh 18 Monate nach Inkrafttreten, Art. 115 Abs. 4 PSD2).

476   **cc) Das Inkrafttreten des § 55 ZAG** verschob sich demgemäß über den 13.1.2018 hinaus bis zum 14.9.2019 (vgl. Art. 15 Abs. 1 S. 1 ZDUG II). Vgl. zum Inkrafttreten auch die Kommentierung zu §§ 67, 68.

477   **dd)** Die EU Kommission veröffentlichte am 16.8.2022 ihren Vorschlag vom 3.8.2022 (infolge einer Empfehlung der EBA, EBA/RTS/2022/03) zur **Änderung der PSD2-RTS,** wonach der 90 Tage betragende Zeitrahmen für einen Verzicht auf eine starke Kundenauthentifizierung für den Zugriff auf ein Zahlungskonto gem. dem aktuellen Art. 10 PSD2-RTS auf 180 Tage ausgedehnt werden soll. Gleichermaßen sollen kontoführende Zahlungsdienstleister zukünftig verpflichtet sein, die 180 Tage-Periode für den Zugriff durch Kontoinformationsdienstleister anzuwenden.

478   **b) Systematik. aa)** § 55 fordert die in Abs. 24 definierte starke Kundenauthentifizierung in den in § 55 Abs. 1 genannten Fällen. § 55 konkretisiert das Risikomanagement der Zahlungsdienstleister, dessen Generalnorm § 53 darstellt. Letzterer wird durch Leitlinien der EBA ergänzt. Die Art. 3–21 PSD2-RTS formen § 55 weiter aus und ergänzen diesen: Art. 4–9 PSD2-RTS konkretisieren die Definitionen und Anforderungen der starken Kundenauthentifizierung. Art. 10–21 PSD2-RTS regeln die Ausnahmen (vgl. hierzu zB Baumann GWR 2017, 275 (277) oder auch Jestaedt BKR 2018, 445 (448f.)). Auch im Rahmen der Ausnahmen von der starken Kundenauthentifizierung kann eine (einfache) Authentifizierung (Abs. 23) gem.

§ 53 iVm ZAIT/BAIT bzw. den EBA Leitlinien zu Sicherheitsrisiken, erforderlich sein. Ermächtigungsgrundlage für die Regelungen der PSD2-RTS ist Art. 98 Abs. 1 lit. a PSD2.

Bei grenzüberschreitenden Transaktionen kommt die starke Kundenauthentifizierung zur Anwendung, wenn einer der beteiligten Zahlungsdienstleister im EWR ansässig ist (Art. 2 Abs. 4 PSD2) (sog. „one leg transactions"), und zwar in Bezug auf die Teile der Zahlungstransaktion, die innerhalb des EWR ausgeführt werden (EBA Single Rulebook Q&A Question ID 2018_4233). Im Falle einer kartenbasierten Zahlung bedeutet dies: Ist der kartenausgebende Zahlungsdienstleister im EWR ansässig, wird er regelmäßig den außerhalb des EWR ansässigen Acquirer (bei „one-leg out transactions") nicht zur starken Kundenauthentifizierung verpflichten können und kann ggf. die Zahlung ablehnen oder, wie in der Praxis üblicherweise entschieden wird (→ § 55 Rn. 31), ohne starke Kundenauthentifizierung akzeptieren; grds. zur Haftung des kartenausgebenden Zahlungsdienstleister in → Rn. 481. Im umgekehrten Fall, dh der Issuer sitzt außerhalb des EWR, der Acquirer dagegen innerhalb (sog. „one-leg in transactions"), ist nur der Acquirer verpflichtet, die Vorkehrungen zur Akzeptanz einer starken Kundenauthentifizierung zu treffen. Bei one-leg out Überweisungsvorgängen ist der im EWR ansässige kontoführende Zahlungsdienstleister in vollem Umfang den Regeln der starken Kundenauthentifizierung unterworfen (EBA Single Rulebook Q&A Question ID 2018_4233). **479**

bb) Im Begriffsgefüge des ZAG stellt sich die Definition der starken Kundenauthentifizierung wie folgt dar: Es handelt sich um eine Authentifizierung gem. Abs. 23. Die einzelnen Elemente der starken Kundenauthentifizierung können personalisierte Sicherheitsmerkmale iSv Abs. 25 sein, soweit es sich um personalisierte Merkmale handelt, die der Zahlungsdienstleister zum Zwecke der Authentifizierung bereitgestellt hat. Die Elemente hingegen, die für die starke Kundenauthentifizierung benötigt werden, sind nicht jeweils ein eigenes Zahlungsinstrument iSv Abs. 20. Ein Zahlungsinstrument ist erst die Gesamtheit der einzelnen Elemente, der es gem. Vereinbarung mit dem Zahlungsdienstleister bedarf, um einen Zahlungsauftrag zu erteilen (→ Rn. 88 ff., → Rn. 439). Das einzelne Element iSv Abs. 24 kann damit lediglich ein Teil eines Zahlungsinstruments sein, nicht jedoch für sich ein eigenes Zahlungsinstrument (anders wohl BeckOGK/Hofmann BGB § 675v Rn. 99). **480**

cc) Die zivilrechtliche **Haftung des Zahlers** wird in § 675v Abs. 4 S. 1 Nr. 1 BGB (Art. 74 Abs. 2 PSD2) stark beschränkt, wenn ein Zahlungsdienstleister eine starke Kundenauthentifizierung nicht verlangt. Diese Haftungsbeschränkung knüpft an die aufsichtsrechtliche Pflicht zur starken Kundenauthentifizierung in § 55 Abs. 1 an. Die Haftungsnorm unterliegt der Auslegung durch die Zivilgerichte. Dasselbe dürfte für die Vorfrage gelten, ob eine starke Kundenauthentifizierung im Einzelfall erforderlich war, wenn diese Frage einmal in einem Zivilrechtsstreit zu beurteilen wäre; dies dürfte selbst dann gelten, wenn die Pflicht eines Zahlungsdienstleisters nach § 55 Abs. 1 für sich gesehen als öffentlich-rechtliche Norm der Verwaltungsgerichtsbarkeit unterliegt. Dies führt für Zahlungsdienstleister zu einem Dilemma: Selbst wenn die für sie zuständige Aufsichtsbehörde oder ein Verwaltungsgericht zu der Erkenntnis gelangt, dass eine starke Kundenauthentifizierung in bestimmten Fällen (zB bei einer nur an den Zahlungsempfänger erteilten Lastschriftautorisierung; vgl. BaFin, Schreiben vom 17.4.2019 zu elektronischen Lastschrift-Mandat: PSD2/ZAG – Anwendung der Starken Kundenauthentifizierung bei Lastschriften im Internet) nicht erforderlich ist, könnten die Zivilgerichte hier eine andere Sichtweise einnehmen. Nach einem Teil der Lit. (Hoffmann VuR **481**

2016, 243 (247)) geht die Beschränkung der Haftung des Zahlers sogar weiter als die aufsichtsrechtliche Pflicht zur starken Kundenauthentifizierung, namentlich erstrecke sich der Haftungsausschluss zugunsten des Zahlers auch auf nicht-elektronische Zahlungen (zu MoTo → Rn. 469), wenn der Zahlungsdienstleister hier keine starke Kundenauthentifizierung verlangt. Dies dürfte aufgrund des historischen Zusammenhangs der Einführung der aufsichtsrechtlichen Pflicht zur starken Kundenauthentifizierung und der Haftungsnorm zweifelhaft sein. Ob im Fall des Eingreifens und der Nutzung von Ausnahmevorschriften (Art. 10 ff. PSD2-RTS) ebenfalls gem. § 675v Abs. 4 S. 1 Nr. 1 BGB die Haftung des Zahlers ausgeschlossen ist, erscheint fraglich (so aber Hoffmann VuR 2016, 243 (250); BeckOK BGB/ Schmalenbach § 675v Rn. 17; aA Terlau ZBB 2016, 122 (133)). Der Inhalt der Haftungsnorm des § 675v Abs. 4 S. 1 Nr. 1 BGB ist vielmehr bei Eingreifen von Ausnahmebestimmungen teleologisch zu reduzieren (Terlau ZBB 2016, 122 (133); Omlor BKR 2019, 105 (113); MüKo HGB/Linardatos G Rn. 147; Baumbach/ Hefermehl/Casper/Casper Abschnitt E Rn. 389; Schäfer/Omlor/Mimberg/Mimberg Rn. 451; dagegen Jungmann ZBB 2020, 1 (7); BeckOK BGB/Schmalenbach § 675v Rn. 13). Die Ausnahmevorschriften wurden schließlich erst später als die Regelung des Art. 74 Abs. 2 PSD2 erlassen (Omlor BKR 2019, 105 (113)). Die Ausnahmebestimmungen dienen der benutzerfreundlichen Abwicklung von Zahlungsvorgängen (Erwägungsgründe 10 ff. PSD2-RTS). Dies gilt ganz besonders für die vom Zahler initiierte Ausnahme des vertrauenswürdigen Zahlungsempfängers (Art. 13 PSD2-RTS) (Baumbach/Hefermehl/Casper/Casper Abschnitt E Rn. 389; aA Jungmann ZBB 2020, 1 (7)). **dd)** Zum Zusammenspiel der **drei Phasen des Zahlungsvorgangs** → Rn. 458.

482   **c) Ziel der Norm.** Das Ziel der Norm ist zum einen die Definition der starken Kundenauthentifizierung. Zum anderen war es die Absicht der den Entwurf der PSD2-RTS vorbereitenden EBA, die Norm möglichst technologie-neutral zu formulieren (EBA/RTS/2017/02 vom 23.2.2017, S. 8 Tz. 17). Im Zusammenspiel mit § 55 ergibt sich das Anliegen, die Sicherheit elektronischer Zahlungen zu erhöhen (Erwägungsgrund Nr. 95 PSD2). Hierbei geht es primär um explizite Vorgaben für das Risikomanagement der Zahlungsdienstleister, daneben auch um Verbraucher- und Datenschutz (→ Rn. 487 f.; Ellenberger/Findeisen/Nobbe/Böger/ Findeisen Rn. 847).

483   **d) Inkrafttreten, Migration zur starken Kundenauthentifizierung.** Die aufsichtsrechtliche Pflicht zur starken Kundenauthentifizierung nach § 55 Abs. 1 trat gem. Art. 15 Abs. 1 S. 1 ZDUG II (Gesetz vom 17.7.2017, BGBl. I 2446) erst mit Beginn der Geltung der PSD2-RTS, also gem. Art. 38 Abs. 2 PSD2-RTS am 14.9.2019, in Kraft. Nach § 68 Abs. 4 erfolgte die starke Kundenauthentifizierung bis zum Inkrafttreten des § 55 nach Maßgabe des Rundschreibens der BaFin 4/2015 zu den Mindestanforderungen an die Sicherheit von Internetzahlungen (MaSI) vom 5.5.2015 (am 4.11.2021 aufgehoben). Eine Verschiebung des Inkrafttretens der Definition des Abs. 24 ordnete das Gesetz allerdings weder in Art. 15 Abs. 1 S. 1 ZDUG II (Gesetz vom 17.7.2017, BGBl. I 2446) noch in § 68 Abs. 4 an. Dies dürfte bedeuten, dass sich zwar die Pflicht zur starken Kundenauthentifizierung bis zum 13.9.2019 einschl. aus den MaSI ableitete, die Definition hingegen dem § 1 Abs. 24 ZAG zu entnehmen war (aA Schäfer/Omlor/Mimberg/Mimberg Rn. 459). Dies hatte insbes. Bedeutung für die Frage, ob unter den zwei Elementen, die auch in Abs. 24 gefordert sind, eines nicht wiederverwendbar sein darf, wie es in Ziff. I.12. MaSI gefordert ist. Die Definition des Abs. 24 enthält dazu selbst keine Vorgaben;

die Einmaligkeit des Authentifizierungscodes und weitere Konkretisierungen der Definition ergeben sich vielmehr aus Art. 4–9 PSD2-RTS, die jedoch erst mit dem 14.9.2019 (Art. 38 Abs. 2 PSD2-RTS) Geltung beanspruchen. Die Normsetzung ist an dieser Stelle missglückt; der redaktionelle Fehler des PSD2-Umsetzungsgesetzgebers hätte dahingehend behoben werden müssen, dass nicht nur die Geltung des § 55, sondern auch die Geltung des § 1 Abs. 24 bis zum 14.9.2019 aufgeschoben wird.

Mit Pressemitteilung vom 21.8.2019 gab die BaFin bekannt, vorerst bei Kredit- **484** kartenzahlungen im Internet das Fehlen der starken Kundenauthentifizierung nach dem 14.9.2019 nicht zu beanstanden (vgl. BaFin, Pressemitteilung vom 21.9.2019, abrufbar unter https://www.bafin.de/dok/12885674); damit folgte sie einem Vorschlag der EBA an die nationalen Aufsichtsbehörden (EBA/OP/2019/06 vom 21.6.2019, Tz. 13). Die Abweichung begründete die BaFin damit, dass Kreditkartenzahlungen weiter im Internet möglich sein sollten: Nach Einschätzung der BaFin (und der EBA, EBA/OP/2019/06 vom 21.6.2019, Tz. 11 ff.) waren die kartenausgebenden Zahlungsdienstleister zwar auf die starke Kundenauthentifizierung vorbereitet, nicht jedoch die E-Commerce-Händler als Zahlungsempfänger. Zunächst befristete die BaFin die Abweichung bis zum 31.12.2020 (BaFin vom 17.10.2019, abrufbar unter https://www.bafin.de/dok/13130548). Ab Beginn des Jahres 2021 galt sodann mit Billigung der BaFin eine weitere Migrationsphase zur Einführung der starken Kundenauthentifizierung bis März 2021 (ähnlich Schäfer/Omlor/Mimberg/Mimberg Rn. 460).

2. Authentifizierung als Element der Definition

Die starke Kundenauthentifizierung ist eine besondere Form der Authentifizie- **485** rung. Die Authentifizierung als solche ist in Abs. 23 definiert; auf die Erläuterungen hierzu wird verwiesen (→ Rn. 455 ff.).

3. Vertraulichkeit der Authentifizierungsdaten

a) Eigenes Definitionsmerkmal. Nach der Formulierung des Abs. 24 ist das **486** Authentifizierungsverfahren so auszugestalten, dass die Vertraulichkeit der Authentifizierungsdaten geschützt ist (vgl. auch Bauer/Glos DB 2016, 456 (460)). Es erscheint allerdings fraglich, ob bei mangelndem Schutz der Authentifizierungsdaten die Rechtsfolge darin besteht, dass ein solches Verfahren nicht mehr als definitionsgemäß, mithin nicht als starke Kundenauthentifizierung, anzusehen wäre. Zwar räumt die PSD2 gem. den Erwägungsgründen 94 und 96 S. 4 dem Schutz der Privatsphäre, dem Datenschutz und dem Schutz der personalisierten Sicherheitsmerkmale einen hohen Stellenwert ein. Jedoch sollte nicht jegliche Verletzung der Vertraulichkeit der Authentifizierungsdaten, die auch in einem kleineren Datenleck liegen kann, dazu führen, dass die Definition nicht mehr erfüllt ist. Ein einzelnes Datenleck kann auch im Rahmen der Beweiswürdigung nach § 675w BGB Konsequenzen haben, sollte aber nicht dazu führen, dass einem Verfahren insgesamt die Anerkennung als starke Kundenauthentifizierung abgesprochen wird (zustimmend nun auch Schäfer/Omlor/Mimberg/Mimberg Rn. 450; MüKoHGB/Linardatos BankvertragsR K Rn. 27).

b) Zielrichtung der Anforderung. aa) Vertraulichkeit. Dieses Merkmal **487** umfasst nach der Definition der EBA Leitlinien zur Meldung schwerwiegender Vorfälle (EBA/GL/2017/10) die Eigenschaft, dass Informationen unbefugten Personen, Stellen oder Prozessen nicht zugänglich gemacht und diesen nicht offengelegt werden. Dieser Schutz der Vertraulichkeit der Authentifizierungsdaten ist ausgeformt in den Detailregelungen zu den einzelnen Authentifizierungselementen in Art. 6–8 PSD2-RTS. Die isolierte Betrachtung der Vertraulichkeit in Abs. 24 sowie die Betonung in den Erwägungsgründen 94 und 96 S. 4, dass die Privatsphäre des Nutzers geschützt wird und dieser sich darauf verlassen kann, sprechen zudem dafür, dass an dieser Stelle der Datenschutz des Zahlungsdienstnutzers neben dem Risikomanagement des Zahlungsdienstleisters Ziel der Regelung ist (vgl. auch Weichert BB 2018, 1161 (1166)).

488   **bb) Schutz der Vertraulichkeit.** Verlangt ist, dass die vom Zahlungsdienstleister genutzten Kommunikationswege für die Übermittlung der Authentifizierungsdaten gegen unberechtigten Zugriff abgesichert sind (Hoffmann VuR 2016, 243 (249): zu eng, weil er nur auf die „personalisierten Sicherheitsmerkmale" abstellt). Hierzu gehört es auch, dass Abläufe eingerichtet werden, die es nicht erforderlich machen, die personalisierten Sicherheitsmerkmale einem Dritten, zB dem Zahlungsempfänger oder dessen Mitarbeitern, bekannt zu geben. Auch im eigenen Verantwortungsbereich des Zahlungsdienstleisters (insbes. ggü. eigenen Mitarbeitern) kann der Schutz der Vertraulichkeit erfordern, die Offenlegung auf ein absolut erforderliches Maß zu begrenzen (Schäfer/Omlor/Mimberg/Mimberg Rn. 489; vgl. dahingehend einen wertungsmäßigen Gleichlauf mit dem im deutschen Zivilrecht zwischen Kunde und Bank geltenden „inneren" Bankgeheimnis; dazu Ellenberger/Bunte BankR-HdB/Bunte § 7 Rn. 9). Generell ist der Schutz vor Offenlegung, Aufdeckung, Verwendung und dem Zugriff durch Unbefugte, wie in Art. 6–8 PSD2-RTS im Detail geregelt, zu gewährleisten.

489   **c) Authentifizierungsdaten.** Gegenstand des Schutzes der Vertraulichkeit sind die Authentifizierungsdaten. Dieser Begriff wird nicht definiert. Er taucht nur noch einmal in Art. 4 Abs. 3 lit. c PSD2-RTS auf. Hierunter sollten deshalb alle während des Authentifizierungsverfahrens generierten Daten verstanden werden, gleichgültig ob sie vom Zahlungsdienstnutzer stammen oder vom Zahlungsdienstleister generiert wurden; hierzu gehören die personalisierten Sicherheitsmerkmale iSd Abs. 25 (zB bereitgestellte PIN und TAN) sowie auch die vom Zahlungsdienstleister gemäß Art. 4 PSD2-RTS generierten Authentifizierungscodes (vgl. Art. 22 Abs. 1 PSD2-RTS). Dabei ist allerdings das Lastschriftverfahren weder Zahlungsinstrument (anders als zB das Online-Banking) noch personalisiertes Sicherheitsmerkmal (BeckOGK/Hofmann BGB § 675v Rn. 97) und unterfällt deshalb nicht dem Schutz der Vertraulichkeit des Authentifizierungsverfahrens. Zu den Authentifizierungsdaten sollten jedoch auch die nicht vom Zahlungsdienstleister bereitgestellten Daten gehören, wie zB die vom Zahlungsdienstleister zur Darstellung von Besitz- oder Inhärenzmerkmalen gespeicherten Daten des Zahlungsdienstnutzers. Dies gilt im Hinblick auf Besitz zB auch für die Mobiltelefonnummer des Nutzers, aber auch für die vom Nutzer selbst erstellte PIN. Im Hinblick auf Inhärenzmerkmale wie zB Fingerabdruck, Gesichtserkennung oder Iris-Scan, wären die dazu vom Zahlungsdienstleister gespeicherten oder entgegengenommenen Daten als Authentifizierungsdaten erfasst. Nicht dagegen sollten die Inhärenz-Merkmale selbst, also der Fingerabdruck, die Iris oder das Gesicht des Nutzers, als Authentifizierungsdaten angesehen werden, da deren Vertraulichkeit unmöglich vom Zahlungsdienstleister gewährleistet werden kann.

490   **d) Verhältnis zum Schutz der personalisierten Sicherheitsmerkmale gem. Art. 22–27 PSD2-RTS.** In Art. 22ff. PSD2-RTS geht es zwar um die Vertraulichkeit und die Integrität der personalisierten Sicherheitsmerkmale. Die Definition des Abs. 24 spricht allerdings nur von Vertraulichkeit, sodass der Aspekt der Integrität hier auszuklammern ist. Die Integrität iSe Schutzes der Korrektheit und Vollständigkeit von Vermögenswerten, einschl. Daten, ist hier keine Anforderung. Sie ist aber Gegenstand des Schutzes nach § 55 Abs. 1 S. 2 sowie Art. 22ff. PSD2-RTS. Die Anforderung der Definition des Abs. 24 und die Art. 6–8 sowie § 55 Abs. 1 S. 2 und Art. 22ff. PSD2-RTS weisen deshalb Überschneidungen auf, sind aber im Anwendungsbereich nicht gleichzusetzen.

4. Authentifizierung und Heranziehung von mindestens zwei Elementen

a) Allgemeines. Nach der Definition müssen zur Authentifizierung mindestens zwei Elemente herangezogen werden; es dürfen **auch mehr Elemente** sein. Auch dürfen neben der Prüfung der zwei Elemente weitere Prüfungen stattfinden, zB eine Schlüssigkeitsprüfung im Hinblick auf das frühere Verhalten des Zahlungsdienstnutzers (Belastung einer Kreditkarte in kurzem zeitlichen Abstand an zwei weit auseinanderliegenden Orten) oder **andere „intelligente" Lösungen** (EBA, Single Rulebook Q&A, Question ID 2020_5621). Irrelevant ist auch der Zeitpunkt der Authentifizierung – eine auf eine zukünftige Zahlung gerichtete starke Kundenauthentifizierung verfällt nicht etwa nach 90 Tagen, vorbehaltlich der Vereinbarung zwischen Zahlungsdienstleister und Zahlungsdienstnutzer (EBA, Single Rulebook Q&A, Question ID 2019_4795 und 2018_4440). Ein Authentifizierungselement kann innerhalb eines Vorgangs auch mehrfach benutzt werden (EBA, Single Rulebook Q&A, Question ID 2020_5516, 2018_4141 und 2019_4783; dazu auch EBA/OP/2019/06 vom 21.6.2019, Tz. 1). **491**

Die Elemente müssen aus den drei in Abs. 24 festgelegten Kategorien stammen; es existieren keine weiteren Kategorien (Hingst/Lösing BKR 2014, 315 (321)). Nach der aufsichtsrechtlichen Praxis sind Zahlungsdienstleister verpflichtet, die **beiden Elemente aus zwei unterschiedlichen Kategorien** auszuwählen (EBA, Single Rulebook Q&A, Question ID 2020_5619; EBA/OP/2019/06 vom 21.6.2019, Tz. 37; EBA/OP/2018/04 vom 13.6.2018, Tz. 33 und 34; so auch Ellenberger/Findeisen/Nobbe/Böger/Dietze § 55 Rn. 763). Dagegen ist ein Teil der Literatur der Ansicht, der Wortlaut des Abs. 24 verbiete nicht die Nutzung von zwei Elementen derselben Kategorie (Hoffmann VuR 2016, 243 (249); BeckOGK/Hofmann BGB § 675v Rn. 98; Borges ZBB 2016, 249 (256); MüKoHGB/Linardatos BankvertragsR K Rn. 29; wohl auch Schäfer/Omlor/Mimberg/Mimberg Rn. 463). Dazu wird auch angeführt, dass zwei Elemente der Kategorie Inhärenz oder der Kategorie Wissen in der Praxis ein höheres Sicherheitsniveau erreichen könnten, als eine Kombination mit einem Element der Kategorie Besitz, da dieses abhandenkommen könnte (Schäfer/Omlor/Mimberg/Mimberg Rn. 463; BeckOGK/Hofmann BGB § 675v Rn. 98f.). Dagegen dürfte allerdings schon der deutsche Wortlaut sprechen, der „mindestens zwei der folgenden […] Elemente" fordert. Auch im Hinblick auf die Unabhängigkeit der Elemente (→ Rn. 512) wird man die Elemente aus unterschiedlichen Kategorien auswählen müssen (insofern zutreffend Schäfer/Omlor/Mimberg/Mimberg Rn. 463). Letztlich dürfte der Zweck der starken Kundenauthentifizierung, die Sicherheit des Authentifizierungsverfahrens zu erhöhen (vgl. auch Erwägungsgrund 95 S. 3 PSD2), es gebieten, die zwei Elemente aus unterschiedlichen Kategorien auszuwählen. **492**

Die **Auswahl der Elemente,** die für den Authentifizierungsvorgang erforderlich sind, trifft der authentifizierende Zahlungsdienstleister. Dieser stellt das Verfahren **493** seinem Zahlungsdienstnutzer zur Verfügung. Dabei ist es dem Zahlungsdienstleister möglich, ihm aber aktuell nicht vorgeschrieben, Verfahren für Zahlungsdienstnutzer ohne Smartphone anzubieten (EBA, Single Rulebook Q&A, Question ID 2020_5325; zum Reformbedarf EBA, EBA/REP/2022/14, Issue 15.1: Berücksichtigung vulnerabler Bevölkerungsgruppen).

494   Die Authentifizierung hat in dem **von § 55 vorgegebenen Zeitpunkt** zu erfolgen. Die dauerhafte Authentifizierung zB über den Besitz eines Zahlungsdienstnutzers einer **Smartwatch (wearable)** bei gleichzeitiger dauernder Überprüfung von dessen Herzschlag (als Inhärenzelement) ist nur dann anzuerkennen, wenn das Gerät in der Lage ist, im Zeitpunkt der zu authentifizierenden Handlung (insbes. elektronische Zahlungsauslösung) zuverlässig ein dynamisches Authentifizierungselement zu generieren (EBA, Single Rulebook Q&A, Question ID 2018_4049) (→ Rn. 507).

495   Der Zahlungsdienstleister kann zwar die Verantwortung über die Authentifizierung nicht abgeben, ihm ist es aber gestattet für die Authentifizierung auf die **Technologie dritter Parteien** (wie zB bei **Apple Pay, Google Pay** oder **Samsung Pay**) zurückzugreifen (EBA, Single Rulebook Q&A, Question ID 2018_4047, bestätigend Question ID 2019_4651 und 2019_4937) (→ Rn. 504). So sind bei vielen mobilen Endgeräten die zur Sicherung des mobilen Endgeräts eingesetzten biometrischen Anmeldeinformationen auf dem Secure Element des mobilen Endgeräts gespeichert. Die Authentifizierung wird in dem Fall durch das Betriebssystem des mobile Endgeräts selbst verarbeitet; der Zahlungsdienstleister hat keinen Zugang zu den biometrischen Daten, sondern erhält lediglich die positive oder negative Rückmeldung zum Erfolg der Authentifizierung. Keine App kann auf das Secure Element zugreifen. Sofern ein Zahlungsdienstleister lediglich auf diese Technologie zurückgreift, um das eigene Authentifizierungsverfahren zu unterstützen, liegt keine Auslagerung vor. Dies gilt selbst dann, wenn dasselbe mobile Endgerät von mehreren Nutzern genutzt wird, wenn sichergestellt ist, dass diese jeweils unterschiedliche Authentifizierungsprofile besitzen (EBA, Single Rulebook Q&A, Question ID 2019_4560). Der Zahlungsdienstleister hat aber sicherzustellen, dass die eingesetzte Technologie einen **ausreichenden Grad an Sicherheit,** insbes. gem. Art. 9 PSD2-RTS, bietet (EBA, Single Rulebook Q&A, Question ID 2018_4047, bestätigend Question ID 2019_4651; dies stellen Hoffmann/Rastegar WM 2021, 957 (959) in Frage). Gem. Art. 3 PSD2-RTS hat der Zahlungsdienstleister die Implementierung der Sicherheitsmaßnahmen zu dokumentieren, sie periodisch zu testen, zu bewerten und in Übereinstimmung mit den anwendbaren Rechtsvorschriften durch kompetente und unabhängige Prüfer zu prüfen (EBA, Single Rulebook Q&A, Question ID 2018_4047). Auch die **Registrierung des Zahlungsinstruments in der Wallet** bedarf der starken Kundenauthentifizierung durch den kartenausgebenden Zahlungsdienstleister (→ § 55 Rn. 46; EBA, Single Rulebook Q&A, Question ID 2019_4937); er hat die Registrierung des Zahlungsinstruments zu bestätigen. Gleichzeitig kann dabei der Zahlungsdienstnutzer die Sicherheitselemente des mobilen Endgeräts, die später für die Zahlungen erforderlich sein sollen, beim Zahlungsdienstleister registrieren. Es ist sicherzustellen, dass ausschließlich der Zahlungsdienstnutzer berechtigt ist, seine Identifizierungs- und Autorisierungsmethode festzulegen oder später zu ändern. Ein Zahlungsdienstleister kann **die Authentifizierung auslagern;** dann muss er die Anforderungen an Auslagerungen (dazu → § 26 Rn. 16ff.) einhalten (EBA, Single Rulebook Q&A, Question-ID 2020_5643 und Question-ID 2021_6141). Eine Auslagerung an den Zahler wäre ihm aber untersagt, da es Ziel der Authentifizierung ist, gerade dessen Identität oder Berechtigung zu prüfen (EBA, Single Rulebook Q&A, Question-ID 2019_4937). Eine Auslagerung an den Zahlungsempfänger (Händler) kommt dagegen nach aktueller Rechtslage (kritisch für die Zukunft EBA, EBA/REP/2022/14, Issue 13.1 Tz. 310: Risikokonzentration) sehr wohl in Betracht.

Aus § 55 Abs. 4 sowie dem Gleichbehandlungsgrundsatz in §§ 48 Abs. 1 Nr. 3, **496** 50 Abs. 1 Nr. 2 folgt, dass diese Methoden auch zur Verfügung stehen müssen, wenn der Zahlungsdienstnutzer einen **Zahlungsauslösedienst oder Kontoinformationsdienstleister** nutzen will (EBA/OP/2018/04, Tz. 50).

Die risikomindernden Maßnahmen, die Zahlungsdienstleister für den **497** Schutz der einzelnen Elemente gem. Art. 6–9 PSD2-RTS zu ergreifen haben, unterliegen ebenfalls dem in Art. 98 Abs. 2 lit. a formulierten Angemessenheitsgrundsatz. Es sollte deshalb ausreichen, dass Zahlungsdienstleister risikomindernde Maßnahmen ergreifen, die international anerkannten Standards genügen (zB NIST Special Publication 800–63B on Authentication and Lifestyle Management; EMV-Co Standards; Payment Card Industrie Data Security Standards (PCI DSS)). Die nachfolgend wiedergegebenen Regelungen in Art. 6–8 PSD2-RTS waren ursprünglich (in EBA/CP/2016/11 vom 12.8.2016) **detaillierter formuliert;** die EBA hat die detaillierten Anforderungen zugunsten einer technisch-neutraleren, stärker auf das Ergebnis fokussierten Anforderung geändert (EBA/RTS/2017/02 vom 23.2.2017, Ch. 4.3.3 Summary of Responses, Comments 16ff., 20, 22); die Anforderungen des Entwurfs (EBA/CP/2016/11 vom 12.8.2016) mögen dennoch Hinweise für die technische Umsetzung geben; sie sind nun überwiegend in Erwägungsgrund 6 der PSD2-RTS wiedergegeben.

Die maßgeblichen Bestimmungen zu PSD2-RTS lauten (zu Art. 9 PSD2-RTS **498** → Rn. 512ff., zu Art. 4 + 5 PSD2-RTS → Rn. 516ff.):

Artikel 6 Anforderungen an die Elemente der Kategorie Wissen

(1) Die Zahlungsdienstleister ergreifen Maßnahmen zur Minderung des Risikos, dass die in die Kategorie Wissen fallenden Elemente der starken Kundenauthentifizierung von Unbefugten aufgedeckt oder diesen gegenüber offengelegt werden.

(2) Für die Verwendung dieser Elemente durch den Zahler sind risikomindernde Maßnahmen zu treffen, um ihre Offenlegung gegenüber Unbefugten zu verhindern.

Artikel 7 Anforderungen an die Elemente der Kategorie Besitz

(1) Die Zahlungsdienstleister ergreifen Maßnahmen zur Minderung des Risikos, dass die in die Kategorie Besitz fallenden Elemente der starken Kundenauthentifizierung von Unbefugten verwendet werden.

(2) Für die Verwendung dieser Elemente durch den Zahler sind Maßnahmen zu treffen, um ihre Nachbildung zu verhindern.

Artikel 8 Anforderungen an Geräte und Software in Verbindung mit Elementen der Kategorie Inhärenz

(1) Die Zahlungsdienstleister ergreifen Maßnahmen zur Minderung des Risikos, dass die in die Kategorie Inhärenz fallenden Authentifizierungselemente, die von den dem Zahler bereitgestellten Zugangsgeräten und der Zugangssoftware gelesen werden, von Unbefugten aufgedeckt werden. Als Mindestanforderung gewährleisten die Zahlungsdienstleister, dass für diese Zugangsgeräte und die Software eine sehr geringe Wahrscheinlichkeit besteht, dass ein Unbefugter als Zahler authentifiziert wird.

(2) Für die Verwendung dieser Elemente durch den Zahler sind Maßnahmen zu treffen, die sicherstellen, dass diese Geräte und die Software bei einem unbefugten Zugriff auf sie die unbefugte Verwendung der Elemente nicht zulassen.

499 **b) Kategorie Wissen. aa) Etwas, das nur der Nutzer weiß.** Dies bedeutet nicht, dass nur der Nutzer es wissen kann, sondern, dass nur der Nutzer **es wissen darf** (so auch Hoffmann VuR 2016, 243 (248)). Nutzer kann nur eine konkret zu identifizierende Person sein, sodass ein Wissenselement, das auf „Unternehmensebene" genutzt wird, nicht Abs. 24 genügt (EBA, Single Rulebook Q&A, Question ID 2020_5626). Eine PIN verliert den Status als Wissenselement nicht, wenn sie einem Dritten (zB Zahlungsauslösedienstleister, Kontoinformationsdienstleister) bekannt gemacht wird (Hoffmann VuR 2016, 243 (248)); die Definition „Wissen" hindert zudem nicht, dass der Zahlungsdienstnutzer das personalisierte Sicherheitsmerkmal auch in anderer Umgebung als derjenigen des kontoführenden Zahlungsdienstleisters verwendet (ähnlich auch EBA/RTS/2017/02 vom 23.2.2017, Ch. 4.3.3 Summary of Responses, Comment 8ii). Auch im Übrigen muss für das Wissenselement wissen „darf" anstatt wissen „kann" gelten, da sonst jeglicher Missbrauch durch einen Dritten einer PIN oder einem sonstigen Merkmal die Eigenschaft als Wissenselement nehmen würde (Hoffmann VuR 2016, 243 (248), mit dem Hinweis, dass ansonsten die Haftungsregelungen in § 675v Abs. 4 BGB (Art. 74 Abs. 2 PSD2) obsolet wären). Ebenso unschädlich sollte es sein, dass Mitarbeiter eines Zahlungsdienstleisters von einem Wissensmerkmal Kenntnis nehmen, sollte dies einmal ausnahmsweise im Rahmen der bestimmungsgemäßen Tätigkeit dieser Mitarbeiter notwendig werden; dies gilt ungeachtet der Tatsache, dass Art. 35 Abs. 5 UAbs. 1 PSD2-RTS dies verbietet und die meisten Industrieregularien (zB PCI DSS) eine solche Kenntnisnahme selbst durch Mitarbeiter ausschließen. Eine PIN bleibt auch dann ein anzuerkennendes Wissenselement, wenn es offline kontrolliert wird (EBA, Single Rulebook Q&A, Question ID 2019_4740 und 2018_4055); andererseits ist es nicht erforderlich, dass ein Wissenselement immer auch offline kontrolliert werden kann, so bei bestimmten EMV-Chips (EBA, Single Rulebook Q&A, Question ID 2018_4052).

500 Merkmale, die einer regelmäßigen Kenntnis der Mitarbeiter des Zahlungsdienstleisters oder auch Dritter unterliegen, wie zB die Transaktionshistorie, scheiden als Wissensmerkmale aber aus (EBA, Single Rulebook Q&A Question ID 2020_5215). Nach ganz hM können bei Kreditkarten **die Kartennummer, der CVV oder das Ablaufdatum der Kreditkarten kein Wissensmerkmal** sein (EBA/OP/2019/06 vom 21.6.2019, Tz. 28; vorher bereits EBA/OP/2018/04 vom 13.6.2018, Tz. 35; EBA Single Rulebook Q&A Question ID 2019_4671; so auch Strassmair-Rainshagen BaFin Journal 6/2018, 21; ebenso Hoffmann VuR 2016, 243 (248); EBA und BaFin wohl folgend Ellenberger/Findeisen/Nobbe/Böger/ Dietze § 55 Rn. 762). Die Karte kann auch kein Besitzelement sein; anders der EMV-Chip in der Karte (→ Rn. 507). Eine NutzerID oder ein Nutzername können dagegen nicht Wissenselement sein, wenn diese nicht nur dem Nutzer bekannt sind (EBA/OP/2019/06 vom 21.6.2019, Tz. 34; EBA/RTS/2017/02 vom 23.2.2017, Ch. 4.3.3 Summary of Responses, Comment 21). Ein versendetes Einmal-Passwort stellt ebenfalls kein Wissenselement dar, sondern dient der Konzeptionierung des Besitzelements (→ Rn. 505); Besitz- und Wissenselement unterscheiden sich insofern nach dem Zeitpunkt der Entstehung des Codes (vor der Zahlungsinitiierung: Wissenselement, nach der Zahlungsinitiierung: Besitzelement; vgl. EBA/OP/2019/06 vom 21.6.2019, Tz. 35). Erst Recht kein Wissenselement stellen Geburtsdatum oder Geburtsort des Zahlungsdienstnutzers dar (EBA, Single Rulebook Q&A, Question ID 2021_5821). Weitere, nicht abschließende Beispiele finden sich in der EBA/OP/2019/06 vom 21.6.2019, Tz. 36 Table 3.

bb) Verhinderung der Aufdeckung durch Unbefugte; risikomindernde 501 **Maßnahmen zur Verhinderung der Offenlegung (Art. 6 Abs. 1 und Abs. 2 PSD2-RTS).** Ein Zahlungsdienstleister, der Zahlungsinstrumente ausgibt, muss sowohl technische als auch vertragliche Maßnahmen vornehmen, sodass Wissensmerkmale nicht gegenüber Unbefugten offengelegt werden. Im Konsultationsentwurf der PSD2-RTS (EBA/CP/2016/11 vom 12.8.2016, S. 31 Art. 3) wurden diesbezüglich noch genannt: Länge, Komplexität, Verfallzeit und die Nutzung von nicht wiederholbaren Zeichen (s. auch Erwägungsgrund 6 PSD2-RTS, hierzu auch → Rn. 491). Des Weiteren sollte ein Zahlungsdienstleister für Wissenselemente eine angemessene Sicherheitsrichtlinie haben, diese sollte auch umgesetzt und durchgesetzt werden (diese und weitere Hinweise in: ECB Assessment guide for the security of internet payments von Februar 2014, Recommendation 7, Ch. 7.0.5, der zwar nicht unmittelbar anwendbar ist, jedoch wertvolle Hinweise auf die aufsichtsbehördliche Sichtweise gibt). Weitere Hinweise zur Konzeption des Wissenselements lassen sich finden in: BSI, IT-Grundschutz-Kompendium-Edition 2018, ORP.4; ISO 270001, ISO 270002; US Department of Commerce, National Institute of Standards and Technology, Special Publication (SP) 800–63B Document; konkrete Hinweise auch in Vorentwurf der RTS in EBA, EBA/CP/2016/11, Art. 3–5; auch in EBA/GL/2014/12_Rev1 vom 19.12.2014, S. 11 Tz. 12 – Begriffsbestimmungen; sowie die Hinweise in EBA/RTS/2017/02 vom 23.2.2017, Ch. 4.3.3 Summary of Responses, Comments 16–24. Verantwortlich für Maßnahmen zur Verhinderung der Offenlegung iSv Art. 6 Abs. 2 PSD2-RTS ist der **Zahlungsdienstleister, der das Zahlungsinstrument** ausgibt. Maßnahmen zur Verhinderung der Offenlegung gegenüber Unbefugten iSv Art. 6 Abs. 2 PSD2-RTS können auch darin bestehen, dem Zahlungsdienstnutzer in **Vertragsbedingungen** Pflichten zur Geheimhaltung aufzuerlegen (wobei solche Pflichten wegen § 55 Abs. 4 Zahlungsauslösedienste und Kontoinformationsdienstleister ausklammern müssen) sowie auf Gefahren hinzuweisen, die durch unbefugte Kenntnisnahme entstehen können (am Geldautomaten, Kenntnisnahme im Einzelhandel oder im E-Commerce). **Technische Maßnahmen** kommen insbes. auch bei der Übertragung der Wissenselemente in Betracht, wie zB die Nutzung von HTTPS-Protokollen und zertifizierten digitalen Signaturen oder eine die Einsichtnahme von außen verhindernde drucktechnische Gestaltung beim postalischen Versand (Schäfer/Omlor/Mimberg/Mimberg Rn. 469). Für die Verhinderung der Aufdeckung durch Unbefugte gem. Art. 6 Abs. 1 PSD2-RTS dürfte auch der **Zahlungsdienstleister des Zahlungsempfängers** verantwortlich sein – die Norm spricht lediglich von „die Zahlungsdienstleister", ohne den Zahlungsdienstleister des Zahlungsempfängers auszunehmen. Dieser sollte deshalb nach Art. 6 Abs. 1 PSD2-RTS auch verpflichtet sein, zB Maßnahmen im Einzelhandel (POS) zu ergreifen oder die Zahlungsschnittstelle in einer E-Commerce-Webseite des Zahlungsempfängers vor Hackerangriffen zu schützen.

c) Kategorie Besitz. aa) Etwas, das nur der Nutzer besitzt. Die Anfor- 502 derungen an das Besitzelement, das nur der Nutzer besitzt, finden sich auch in Art. 7 Abs. 1 PSD2-RTS, wonach der Zahlungsdienstleister Vorkehrungen dagegen zu treffen hat, dass Elemente von Unbefugten verwendet werden. Genauer muss es deshalb auch hier heißen, dass die erfassten Gegenstände nur der Zahlungsdienstnutzer **besitzen „darf"**. So kommt Besitz an einem Mobiltelefon, genauer gesagt an der darin befindlichen und durch eine Mobiltelefonnummer gekennzeichneten SIM-Karte oder im Hinblick auf einen PC (Personal Computer) in Betracht. Allerdings ist nicht ausgeschlossen, dass ein für den Faktor Besitz maßgebliches Endgerät von mehreren Personen genutzt wird (EBA/RTS/2017/02 vom 23.2.2017, Ch. 4.3.3 Summary of Responses, Comment 26; EBA, Single Rulebook Q&A, Question ID 2019_4560). Entscheidend wäre dann, dass nur der Zahlungsdienstnutzer selbst eine Kennung generieren kann, die für den authentifizierenden Zahlungsdienstleister den Besitz nachweist (EBA/OP/2018/04 vom 13.6.2018, Tz. 35; EBA, Single Rulebook Q&A, Question ID 2019_4651). In dem Fall wäre Besitz auch nicht das schwächste Element einer Authentifizierung, weil das Abhandenkommen eines Geräts noch nicht bedeutet, dass der Dieb/Finder auch in der Lage ist, ein Besitzelement zu erzeugen (aA BeckOGK/Hofmann BGB § 675v Rn. 99; anders wohl auch Schäfer/Omlor/Mimberg/Mimberg Rn. 463). Die Sicherung, zB durch Passwörter oä, der den Besitz manifestierenden Geräte ist nämlich Gegenstand der Anforderungen an Besitzmerkmale des Art. 7 PSD2-RTS. Alternativ könnte der Zahlungsdienstleister auch, wie häufig in AGB festgeschrieben, dem Zahlungsdienstnutzer im Rahmen der Grenzen des AGB-Rechts und im Rahmen der Grenzen des § 675l Abs. 2 BGB die Weitergabe des Besitzelements an Dritte untersagen. Ein Besitzelement verliert seinen Status auch dann nicht, wenn es dem Nutzer abhandenkommt und sich im Besitz eines Dritten befindet (Hoffmann VuR 2016, 243 (248)); hier gelten dieselben Erwägungen wie oben zum Merkmal „Wissen" (→ Rn. 499).

503   Ein „Token", also ein nicht-körperlicher Datensatz, zB ein Token einer Zahlungskarte, der als verschlüsselter Datensatz an die Stelle der Karte tritt, kann ein Besitzelement sein. Der Wortsinn des Begriffs „Besitz", wie er auch in der Art. 4 Nr. 30 PSD2 genutzt wird, legt zwar eine Anknüpfung an körperliche Gegenstände nahe, auf die eine tatsächliche Sachherrschaft ausgeübt werden kann. Auch in anderen Sprachfassungen der PSD2 (englisch: „posses", französisch: „possède") ergibt sich die gleiche Wertung: nur körperliche Gegenstände lassen sich ieS besitzen (Omlor RdZ 2020, 20 (21)). Bereits die MaSi nannten aber als Beispiel für das Element des Besitzes in Ziff. 12 ein Token. Einem solchen Verständnis folgen auch die PSD2-RTS in Erwägungsgrund Nr. 6, wenn sie „Algorithmusspezifikationen, Schlüssellänge und Informationsentropie" als Beispiele für Besitzelemente aufzählen (Schäfer/Omlor/Mimberg/Mimberg § 1 Rn. 474; genauso Schwennicke/Auerbach/Schwennicke Rn. 207). Insofern kann auch ein „Token" Besitzelement sein (Ellenberger/Findeisen/Nobbe/Böger/Findeisen Rn. 852), auch wenn es als solches nicht im direkten Sinne verkörpert wird (bestätigt durch EBA/OP/2019/06 vom 21.6.2019, Tz. 24; aA Omlor RdZ 2020, 20 (21)). Daher können zB tokenisierte Zahlungskarten Besitzelement sein (EBA, Single Rulebook Q&A, Question ID 2019_4827), die in einem „Wallet" wie zB Apple Pay oder Google Pay abgelegt werden (so auch Schäfer/Omlor/Mimberg/ Mimberg Rn. 474).

504   Im Übrigen hindert die Definition von „Besitz" nicht, dass der Zahlungsdienstnutzer ein Besitzmerkmal auch in anderer Umgebung als derjenigen des kontoführenden Zahlungsdienstleisters verwendet (ähnlich auch EBA/RTS/2017/02 vom 23.2.2017, Ch. 4.3.3 Summary of Responses, Comment 8ii). Bei der Konzeptionierung von Besitzmerkmalen kommen insbesondere auch die Maßgaben von Art. 9 PSD2-RTS, insbes. dessen Abs. 2 und Abs. 3, zum Tragen (hierzu → Rn. 512ff.). § 1 Abs. 24 erfordert nicht, dass das Element vom Zahlungsdienstleister zur Verfügung gestellt wird. Ein Gegenstand, der bereits in (Eigentum und) Besitz des Zahlungsdienstnutzers steht, kann zu einem Besitzelement des Abs. 24 gewidmet werden (Omlor RdZ 2020, 20 (21 f.); Schäfer/Omlor/Mimberg/Mimberg Rn. 475). Eine gehobene Rolle spielt dies zB für die Authentifizierung von Zahlungen mittels des Smartphones als Besitzelement (Schäfer/Omlor/Mimberg/Mimberg Rn. 475) (→ Rn. 495).

bb) Konzeptionierung des Besitzelements. Der Besitzgegenstand muss **505** selbst ausreichenden Schutz aufweisen. Im Entwurf der RTS in der Fassung des Konsultationsentwurfs (EBA/CP/2016/11, S. 31, Art. 4) werden Algorithmusspezifikationen, Schlüssellänge und Informationsentropie genannt (vgl. nun auch Erwägungsgrund 6 PSD2-RTS). Im Konsultationsentwurf heißt es zudem: Die Nutzung von Besitzelementen soll Maßnahmen gegen Nachbildung der Besitzelemente, einschl. Anti-Cloning-Maßnahmen, unterworfen werden (EBA/CP/2016/11, S. 31 Art. 4). In der Konzeptionierung haben die Zahlungsdienstleister die gesamte Infrastruktur um das Besitzelement zu prüfen, so zB auch den Erhalt des Gegenstands, beispielsweise den Bezug einer neuen SIM-Karte durch den Mobilfunknetzbetreiber. Dabei ist auch zu berücksichtigen, dass der Zahlungsdienstleister diese Infrastruktur in der Regel nicht beherrscht oder überwachen kann. Der Zahlungsdienstleister muss sich gem. Art. 24 PSD2-RTS davon überzeugen können, dass das jeweilige Element auch tatsächlich im Besitz des Nutzers ist (so auch Schäfer/Omlor/Mimberg/Mimberg Rn. 472). Davon sind, wegen § 55, regelmäßig Vorgänge unter körperlich Abwesenden erfasst, sodass die Kontrolle durch technische Maßnahmen erfolgen muss, wie zB durch Einsatz des Photo-TAN- oder eines QR-TAN-Verfahrens oder auch die Generierung eines Einmal-Passworts (EBA/OP/2019/06 vom 21.6.2019, Tz. 25 ff.; EBA, Single Rulebook Q&A, Question ID 2020_5650, 2019_4984; Schäfer/Omlor/Mimberg/Mimberg Rn. 472). Für Besitzelemente ist zudem ein Schutz gegen Abfangen (Interception) erforderlich (EBA/RTS/2017/02 vom 23.2.2017, Ch. 4.3.3 Summary of Responses, Comment 25). Auch der Abgleich der Mobiltelefonnummer bei einem Telefonanruf kann als Besitzelement anerkannt werden (EBA, Single Rulebook Q&A, Question ID 2020_5215).

cc) Nachbildung von Besitzmerkmalen. Eine Nachbildung von Besitz- **506** merkmalen hat der Zahlungsdienstleister zu verhindern; dagegen muss er Maßnahmen treffen (Art. 7 Abs. 2 PSD2-RTS). Der Zahlungsdienstleister hat sich zB zu vergewissern, dass ein Kopierschutz für die SIM-Karte ein angemessenes (iSd Art. 98 Abs. 2 lit. a PSD2) Sicherheitsniveau aufweist. Hier können auch die (nicht mehr unmittelbar anwendbaren) Hinweise der EZB zu den SecuRe Pay Empfehlungen hilfreich sein (ECB Assessment guide for the security of internet payments vom Februar 2014, Recommendation 7, Ch. 7.0.3, auch zu Einmalpasswörtern zum Schutz eines Besitzelements).

dd) Beispiele: Mobiltelefone bzw. **SIM-Karten, PC, TAN-Generator** (zu **507** den vorstehenden auch EBA/GL/2014/12_Rev1 vom 19.12.2014, S. 11 Tz. 12 Begriffsbestimmungen), Zahlungskarten (hierzu aA EBA/OP/2018/04 vom 13.6.2018, Tz. 35, vgl. aber → Rn. 499). Die Generierung eines **Einmalpassworts (OTP)** per SMS, E-Mail oder sonst wie auf einem Mobiltelefon oder über einen TAN-Generator ist Besitzmerkmal; hier ist die der Mobiltelefonnummer zugehörige SIM-Karte oder der TAN-Generator das Besitzelement (EBA, Single Rulebook Q&A, Question ID 2018_4039 und Question ID 2018_4315). Der **EMV-Chip** auf einer Zahlungskarte kann ein Besitzmerkmal darstellen, wenn der Chip eine dynamische Authentifizierung gestattet (DDA) (EBA/RTS/2017/02 vom 23.2.2017, Ch. 4.3.3, Comment 272(2); EBA/OP/2019/06 vom 21.6.2019, Tz. 28; EBA, Single Rulebook Q&A, Question ID 2018_4235, 2018_4135). Nach Ansicht der EBA ist aber eine Zahlkarte, wenn der Magnetstreifen verwendet wird, kein taugliches Besitzelement, da hieraus kein dynamischer Authentifizierungscode generiert wird und die dazugehörige PIN ebenso statisch ist (EBA/RTS/2017/02 vom 23.2.2017, Ch. 4.3.3, Comment 272(6)). Eine **Smartwatch (wearable)** kann ein Besitzelement darstellen, wenn sie in der Lage ist, im Zeitpunkt der zu authentifizierenden Handlung (insbes. elektronische Zahlungsauslösung) zuverlässig ein dynamisches Authentifizierungselement zu generieren (EBA, Single Rulebook Q&A, Question ID 2018_4049). Weitere, nicht abschließende, Beispiele finden sich bei EBA/OP/2019/06 vom 21.6.2019, Tz. 30 Table 2.

508   **d) Kategorie Inhärenz. aa) Etwas, das der Nutzer ist.** Hier geht es um körperanhaftende (biometrische) Merkmale oder Eigenschaften des Nutzers. Das kann ein **Fingerabdruck,** eine **Gesichtserkennung,** ein **Iris-Scan** oder auch eine **Stimmenerkennung** sein (EBA/OP/2019/06 vom 21.6.2019, Tz. 19; EBA/OP/2018/04 vom 13.6.2018, Tz. 34; EBA/GL/2014/12_Rev1 vom 19.12.2014, Abschnitt I.12 Begriffsbestimmungen). Zur Nutzung der Technologie Dritter → Rn. 495. Denkbares biometrisches Merkmal ist auch die **Herzrate,** zB durch Messung beim Tragen einer sog. „Smartwatch", soweit diese eine konkrete Identifizierung des Zahlungsdienstnutzers ermöglicht (EBA/OP/2019/06 vom 21.6.2019, Tz. 19; EBA, Single Rulebook Q&A, Question ID 2018_4049) und nicht lediglich feststellt, dass eine Person gerade die „Smartwatch" trägt (EBA, Single Rulebook Q&A, Question ID 2019_4783). Auch die Auswertung des Verhaltens eines Nutzers, zB dessen Tipp-Verhalten bei einer Tastatur oder dessen Bewegungen im Internet bzw. auf einer bestimmten E-Commerce-Webseite, können Inhärenzmerkmale sein, wenn sie ausreichend sicher sind (zum sog. **Behavioural Scoring** EBA/OP/2018/04 vom 13.6.2018, Tz. 34; bestätigend auch EBA, Single Rulebook Q&A, Question ID 2020_5620; unklarer EBA, Single Rulebook Q&A, Question ID 2020_5353; anders noch EBA/RTS/2017/02 vom 23.2.2017, Ch. 4.3.3 Summary of Responses, Comments 22f). Nicht ausreichend als Inhärenzmerkmal ist dagegen ein **Nutzerverhalten-basiertes Protokoll,** welches den Aufenthaltsort des Nutzers, Zahlungsverhalten, Transaktionshistorie und genutzte Geräte des Nutzers auswertet (zB das EMV 3-D Secure version 2.0 Protokoll; so EBA Single Rulebook Q&A Question ID 2019_4671; EBA, EBA/REP/2022/14, Issue 13.3, Tz. 326; aA Jungmann ZBB 2020, 1 (3)); solche Erkenntnisse können jedoch im Rahmen der Transaktionsüberwachung nach Art. 2 PSD2-RTS eingesetzt werden (EBA, EBA/REP/2022/14, Issue 13.3, Tz. 326). Eine **Unterschrift** auf einem digitalen Tablet-Computer oder einem iPad ist ein akzeptables Inhärenzmerkmal (EBA/RTS/2017/02 vom 23.2.2017, Ch. 4.3.3, Comment 27 (4)). Die die „(elektronische) Unterschrift" ablehnende Gegenansicht unterscheidet zwischen erlernten und sonstigen Verhaltensweisen (Omlor RdZ 2020, 20 (22); Schäfer/Omlor/Mimberg/Mimberg Rn. 480). Soweit sie aber zB ein Tippmuster als Inhärenzmerkmal zulässt (Omlor RdZ 2020, 20 (22); Schäfer/Omlor/Mimberg/Mimberg Rn. 479), erscheint die Differenzierung willkürlich, weil ein solches ebenfalls „angeeignet, veränder- und imitierbar" (so Omlor RdZ 2020, 20 (22) zur Unterschrift) ist. Soweit eine Unterschrift elektronisch auf einem Tablet-Computer oder iPad erfolgt, kann dort, genauso wie beim Tippverhalten, nicht nur das Ergebnis der Eingabe, sondern gerade die Ausführung der Unterschrift (zB Schreibdruck, Schreibgeschwindigkeit, Schreibbeschleunigung) überprüft werden. Die „elektronische" Unterschrift ist folglich nicht pauschal als Inhärenzmerkmal abzulehnen, sondern nach der konkreten Konzeption zu qualifizieren (EBA, Single Rulebook Q&A, Question ID 2018_4238; dahingehend wohl auch im Umkehrschluss die EBA zu verstehen, Single Rulebook Q&A, Question ID 2018_4342). Ähnlich ist daher auch bei **Wischmustern auf einem Touchdisplay** zu unterscheiden. Regelmäßig wird bei diesen aber – vergleichbar mit einer PIN-Eingabe – nicht die Eingabe selbst kontrolliert (damit das Verhalten), sondern nur das Ergebnis der Eingabe; ein Inhärenzmerkmal liegt dann nicht vor, denkbar ist aber das Vorliegen eines Wissensmerkmals (EBA/OP/2019/06 vom 21.6.2019, Tz. 20 und 32; iErg Schäfer/Omlor/Mimberg/Mimberg Rn. 481). Eine **Unterschrift auf Papier** ist jedoch wohl kein Inhärenzmerkmal, da § 55 Abs. 1 auf den elektronischen Zugriff abstellt und Papier nicht elektronisch ist (vgl. auch Erwägungsgrund Nr. 95 S. 3 PSD2; so auch BaFin BafinJournal Juni 2018, 21; anders aber BeckOGK/Hofmann BGB § 675w Rn. 22; bestätigend auch EBA, Single Rulebook Q&A, Question ID 2018_4342 und 2018_4237, die zusätzlich darauf verweisen, dass die Unterschrift kein Wissenselement darstellt).

bb) Schutz vor Aufdeckung der Authentifizierungsmerkmale (Art. 8 **509** **Abs. 1 S. 1 PSD2-RTS).** Zwar spricht Art. 8 Abs. 1 S. 1 PSD2-RTS davon, dass Authentifizierungselemente nicht von Unbefugten aufgedeckt werden dürfen. Diese Elemente sind jedoch oft öffentlich (zB das Gesicht des Nutzers) oder jedenfalls zugänglich (Unbefugte könnten zB bei geschickter Umsetzung einen Fingerabdruck oder einen Iris-Scan eines Nutzers erlangen). Für Zahlungsdienstleister geht es deshalb vor allem um den Schutz der Geräte und der Software, die Inhärenzmerkmale „lesen" sollen (Art. 8 Abs. 1 S. 2 PSD2-RTS). Danach muss für Zugangsgeräte und Software, die Inhärenzmerkmale erfassen, eine geringe Wahrscheinlichkeit bestehen, dass ein Unbefugter als Zahler authentifiziert wird. Dieser Schutz kann über Algorithmusspezifikationen, biometrische Sensoren oder Funktionen für den Schutz biometrischer Templates erfolgen (Erwägungsgrund 6 PSD2-RTS; ebenso Entwurf der RTS in der Fassung EBA/CP/2016/11, S. 31, Art. 5). Biometrische Templates sind eingespeicherte Datensätze, welche ein vom entsprechenden Gerät gelesenes biologisches Merkmal eindeutig verschlüsseln, jedoch umgekehrt keinen Rückschluss auf die Beschaffenheit dieses biologischen Merkmals erlauben (Kunz CB 2018, 393 (396)). Dies und Art. 24 Abs. 1 PSD2-RTS schließen nicht grundsätzlich aus, dass ein Zugangsgerät oder eine Software, die Inhärenzmerkmale erfassen, nicht auch von mehr als einer Person genutzt werden darf, wenn das Authentifizierungsverfahren ansonsten so konzipiert wird, dass eine fehlerhafte Authentifizierung ausgeschlossen ist (→ Rn. 495).

cc) Maßnahmen gegen unbefugten Zugriff (Art. 8 Abs. 2 PSD2-RTS). **510** Allgemein haben Zahlungsdienstleister demnach Maßnahmen zu treffen, die sicherstellen, dass Geräte und Software bei einem unbefugten Zugriff auf sie die unbefugte Verwendung der Elemente nicht zulassen. Hier geht es um ausreichende Verschlüsselung der zur Verifizierung des Inhärenzmerkmals gespeicherten Daten, sodass ein Rückschluss auf das Inhärenzmerkmal nicht möglich ist. Dabei kann jedoch das Wort „sicherstellen" in Art. 8 Abs. 2 PSD2-RTS nicht eine Garantiehaftung des Zahlungsdienstleisters bedeuten; dagegen spräche auch die Ermächtigungsgrundlage für die PSD2-RTS in Art. 98 Abs. 2 lit. a PSD2, wonach lediglich ein „angemessenes Sicherheitsniveau" gefordert ist. Zur Überprüfung von Inhärenzmerkmalen durch mobile Endgeräte kritisch Hoffmann/Rastegar WM 2021, 957 (959) (dazu auch → Rn. 495).

511   **dd) Weitere Hinweise zur Konzeption des Inhärenzelements.** US Department of Commerce, National Institute of Standards and Technology, special publication (SP) 800–63B; konkrete Hinweise auch in Vorentwurf der RTS in EBA/ CP/2016/11, Art. 5; sowie Hinweise in EBA/RTS/2017/02 vom 23.2.2017, Ch. 4.3.3, Comments 27 ff.; auch ECB Assessment guide for the security of internet payments vom Februar 2014, Recommendation 7, Ch. 7.0.2. Eine nicht abschließende Tabelle findet sich zudem in EBA/OP/2019/06 vom 21.6.2019, Tz. 22 Table 1.

5. Unabhängigkeit der Elemente (Abs. 24 iVm Art. 9 PSD2-RTS)

Artikel 9 Unabhängigkeit der Elemente

(1) Die Zahlungsdienstleister gewährleisten, dass für die Verwendung der in den Artikeln 6, 7 und 8 genannten Elemente der starken Kundenauthentifizierung Maßnahmen gelten, die sicherstellen, dass hinsichtlich Technologie, Algorithmen und Parametern bei Verletzung eines der Elemente die Zuverlässigkeit der anderen Elemente nicht beeinträchtigt wird.

(2) Wenn eines der Elemente der starken Kundenauthentifizierung oder der Authentifizierungscode selbst von einem Mehrzweckgerät verwendet wird, sehen die Zahlungsdienstleister Sicherheitsmaßnahmen zur Minderung des Risikos vor, das aus der missbräuchlichen Verwendung eines solchen Mehrzweckgeräts erwachsen würde.

(3) Für die Zwecke des Absatzes 2 beinhalten die Risikominderungsmaßnahmen alle folgenden Komponenten:
a) Nutzung getrennter sicherer Ausführungsumgebungen durch die im Mehrzweckgerät installierte Software;
b) Mechanismen, mit denen sichergestellt wird, dass die Software oder das Gerät vom Zahler oder einem Dritten nicht verändert wurde;
c) sofern Veränderungen stattgefunden haben, Mechanismen zur Eindämmung von deren Folgen.

512   **a) Grundsatz.** Die Elemente müssen gem. der Definition des Abs. 24 derart unabhängig voneinander sein, dass die Nichterfüllung eines Kriteriums die Zuverlässigkeit der anderen nicht in Frage stellt. Dabei muss die deutsche Übersetzung des Richtlinientexts als unglücklich gelten; im englischen Text heißt es demgegenüber in Erwägungsgrund 6 PSD2-RTS verständlicher: „Independent, so that the breach of one does not compromise the reliability of the others." (so auch Hoffmann VuR 2016, 243 (249)). Danach ist wesentlich, dass die Überwindung des auf einem Element beruhenden Schutzmechanismus die Zuverlässigkeit des auf dem anderen Element beruhenden Schutzmechanismus nicht in Frage stellt; die Überwindung beider Mechanismen muss einen vollständig voneinander getrennten Aufwand erfordern (Hoffmann VuR 2016, 243 (249); BeckOGK/Hofmann BGB § 675v Rn. 107; Ellenberger/Findeisen/Nobbe/Böger/Findeisen Rn. 853). Dies ist nicht gegeben, wenn die Manipulation zur Überwindung des einen Mechanismus zugleich zur Überwindung des zweiten Mechanismus beiträgt (BeckOGK/Hofmann BGB § 675v Rn. 107). Dabei geht es jedoch um die Konzeptionierung durch den Zahlungsdienstleister; die Unabhängigkeit wird nicht durch vertragswidriges Verhalten des Nutzers (zB Weitergabe von PIN oder Notiz von PIN auf Zahlkarte) in Frage gestellt (Schäfer/Omlor/Mimberg/Mimberg Rn. 485).

b) Mehrzweckgeräte (Art. 9 Abs. 2 und Abs. 3 PSD2-RTS). aa) Defini- 513
tion Mehrzweckgerät. Die PSD2-RTS definieren diesen Begriff nicht selbst. Jedoch findet sich eine solche Definition in Erwägungsgrund 6 PSD2-RTS, wonach
es sich um Geräte wie ein Tablet oder ein Mobiltelefon handelt, die sowohl für die
Erteilung der Anweisung zur Ausführung der Zahlung als auch für den Authentifi-
zierungsprozess verwendet werden können. Die Nennung von **Tablet** und **Mobiltelefon** ist eine beispielhafte Aufzählung; auch PCs und andere Geräte, die gleichzeitig für den Zahlungsvorgang und die Authentifizierung eingesetzt werden,
können hierunter fallen (BeckOGK/Hofmann BGB §675v Rn. 107). Das gilt
auch für in Kfz für **In–Car–Payments** installierte mobile Endgeräte, über die sowohl der Zahlungsvorgang als auch die Authentifizierung erfolgt (Linardatos RdZ
2020, 36 (41); Korschinowski RdZ 2020, 66 (68)). Bei **Chipkartenlesegeräten**
hingegen, die im ChipTAN-Verfahren verwendet und ohne Internetzugang nur
zur TAN-Erzeugung eingesetzt werden können, handelt es sich nicht um Mehrzweckgeräte (Omlor BKR 2019, 105 (109)).

bb) Sicherheitsmaßnahmen. Die Unabhängigkeit eines solchen Mehr- 514
zweckgeräts wäre dann gefährdet, wenn eine Manipulation des Geräts (zB Instal-
lation einer Schadsoftware) genügen würde, um beide Schutzmechanismen zu
umgehen (EBA/DP/2015/03 vom 8.12.2015, S. 13 Tz. 35). Nach Art. 9 Abs. 2
PSD2-RTS haben Zahlungsdienstleister Sicherheitsmaßnahmen zur Minderung
des Risikos zu ergreifen, das aus der missbräuchlichen Verwendung eines Mehrzweckgeräts erwächst. Hier stellt Art. 9 Abs. 3 insbes. auf die **Software** ab, **die in
einem Mehrzweckgerät installiert ist.** Dem ging eine lange Diskussion unter
dem Stichwort „Kanaltrennung" voraus, wonach die Zahlung selbst über einen separaten und unabhängigen Kanal, dh unabhängig von dem für das Authentifizierungsverfahren genutzten Kanal, ausgelöst wird (ECB, Assessment guide for the
security of internet payments vom Februar 2014, Recommendation 7, Ch. 7.0.4;
EBA/DP/2015/03 vom 8.12.2015, S. 13 Tz. 32; EBA/CP/2016/11 vom
12.8.2016, S. 11 Tz. 26, ähnlich S. 12 Tz. 30, 31 und Frage Q2). Auch in dem ursprünglichen Entwurf in Art. 2 Abs. 2 lit. b RTS-Entwurf des EBA/CP/2016/11
vom 12.8.2016 fand sich das Erfordernis der sog. segregation of channel (Kanaltrennung), wobei wortwörtlich verlangt wurde: „The channel, device or mobile
application through which the information linking the transaction to a specific
amount and a specific payee is displayed shall be independent or segregated from
the channel, device or mobile application used for initiating the electronic payment
transaction". Das Konzept wurde in der finalen Fassung ersetzt durch Art. 9 Abs. 1
lit. a PSD2-RTS „separated secure execution environments through the software
installed inside the multi-purpose devise". Hierbei spielte vor allem auch eine
Rolle, dass ein Zahlungsdienstleister die Hardware der jeweils genutzten Endgeräte
nicht kontrollieren kann, sondern nur in der Lage ist, die darin zu installierende
Software (Applikation bzw. App) zu konzipieren und zu überwachen (EBA/RTS/
2017/02 vom 23.2.2017, Ch. 4.3.3 Summary of Responses, Comment 8i sowie
Comments 8iv, 10 und 11, 35 ff.). Dabei dürfte es bei solchen getrennten sicheren
Ausführungsumgebungen häufig um die Nutzung verschiedener Betriebssysteme
gehen, die in dem Endgerät installiert sind, insbes. um die zusätzliche Nutzung
eines Secure Elements. Daneben hat ein Zahlungsdienstleister generell festzustellen,
ob die Hardware und das genutzte Betriebssystem eines Endgeräts für die Verwendung gem. Art. 9 Abs. 2 und Abs. 3 PSD2-RTS ausreichend Sicherheit bieten; ist
das nicht der Fall, so muss er die Installierung seiner Zahlungs-App auf diesem End-

gerät unterbinden (zu den Gefahren des Banking allein mit dem Smartphone Hemkemeier RdZ 2020, 138 (139)). Zudem hat ein Zahlungsdienstleister sicherzustellen, dass die Software und das Gerät nicht von einem Dritten oder dem Zahler verändert worden sind, oder jedenfalls solche Veränderungen festzustellen und die Folgen davon einzudämmen (Art. 9 Abs. 3 lit. b und lit. c PSD2-RTS). Wichtig ist die Implementierung von Mechanismen, mit denen Folgen von unbefugten Änderungen in Grenzen gehalten werden (EBA, Single Rulebook Q&A, Question ID 2018_4047 und Question ID 2019_4637; siehe auch Kunz CB 2018, 393 (397); Hemkemeier RdZ 2020, 138 (139)). Allgemein können weitere Risikominderungsmaßnahmen in der Anwendung von Malware-Erkennung bestehen, wobei die EBA jedoch betont, diese Erkennungsmaßnahmen seien ohnehin Teil der allgemeinen Überwachung, um Risiken im Rahmen von Art. 2 PSD2-RTS zu identifizieren (siehe Hinweise in EBA/RTS/2017/02 vom 23.2.2017, Ch. 4.3.3, Comment 29).

515   **cc) Sonderfall Kartentransaktion mit Chip.** Auch eine Zahlkarte (zB Kreditkarte) mit einem EMV-Chip stellt ein Mehrzweckgerät iSv Art. 9 Abs. 2 PSD2-RTS dar. Die Karte wird nämlich sowohl für die Auslösung des Zahlungsauftrags als auch (gleichzeitig) für die Authentifizierung genutzt. Nach Ansicht der EBA kann eine Kartentransaktion, die mit einem EMV-Chip autorisiert wird, eine starke Kundenauthentifizierung mit dem Chip als Besitzelement darstellen, wenn der Chip DDA-fähig (Dynamic Data Authentication) ist (EBA/RTS/2017/02 vom 23.2.2017, Ch. 4.3.3 Summary of Responses, Comment 272(2)). Ein SDA-Chip würde hierfür nicht ausreichen (EBA/RTS/2017/02 vom 23.2.2017, Ch. 4.3.3, Comment 272(6)). Dahingegen kann ein geeigneter Chip auch für Offline-Transaktionen genutzt werden, wenn das Terminal den Chip und die PIN ausreichend verifiziert (EBA/RTS/2017/02 vom 23.2.2017, Ch. 4.3.3, Comment 273(3)). Dies liegt dann nicht vor, wenn die Karte lediglich über den Magnetstreifen gelesen wird (EBA/RTS/2017/02 vom 23.2.2017, Ch. 4.3.3, Comment 272(6)), da hieraus kein dynamischer Authentifizierungscode generiert wird und die dazugehörige PIN statisch ist (EBA/RTS/2017/02 vom 23.2.2017 Ch. 4.3.3 Comment 272 (6)).

6. Generierung eines Authentifizierungscodes und Sicherheitsmaßnahmen (Art. 4 und 5 PSD2-RTS)

Artikel 4 Authentifizierungscode

(1) Wenn Zahlungsdienstleister gemäß Artikel 97 Absatz 1 der Richtlinie (EU) 2015/2366 eine starke Kundenauthentifizierung verlangen, muss die Authentifizierung auf mindestens zwei Elementen der Kategorien Wissen, Besitz und Inhärenz basieren und die Generierung eines Authentifizierungscodes nach sich ziehen.

Der Authentifizierungscode wird vom Zahlungsdienstleister nur einmalig akzeptiert, wenn der Zahler diesen Code für den Online-Zugriff auf sein Zahlungskonto, für die Auslösung eines elektronischen Zahlungsvorgangs oder für die Ausführung einer Handlung über einen Fernzugang, die das Risiko eines Betrugs im Zahlungsverkehr oder eines anderen Missbrauchs in sich birgt, verwendet.

(2) Für die Zwecke des Absatzes 1 ergreifen Zahlungsdienstleister Sicherheitsmaßnahmen, die gewährleisten, dass alle folgenden Anforderungen erfüllt sind:
a) Aus der Offenlegung des Authentifizierungscodes können keine Informationen über eines der in Absatz 1 genannten Elemente abgeleitet werden.

b) Aufgrund der Kenntnis eines zuvor generierten anderen Authentifizierungscodes kann kein neuer Authentifizierungscode generiert werden.

c) Der Authentifizierungscode kann nicht gefälscht werden.

(3) Die Zahlungsdienstleister stellen sicher, dass die Authentifizierung durch Generierung eines Authentifizierungscodes alle folgenden Sicherheitsmaßnahmen umfasst:

a) Wenn bei der Authentifizierung für den Fernzugriff, für elektronische Fernzahlungsvorgänge und für Handlungen über einen Fernzugang, die das Risiko eines Betrugs im Zahlungsverkehr oder eines anderen Missbrauchs in sich bergen, die Generierung eines Authentifizierungscodes für die Zwecke des Absatzes 1 fehlgeschlagen ist, darf nicht ermittelt werden können, welches der in jenem Absatz genannten Elemente falsch war.

b) Die Anzahl der möglichen aufeinanderfolgenden fehlgeschlagenen Authentifizierungsversuche, nach der die in Artikel 97 Absatz 1 der Richtlinie (EU) 2015/2366 aufgeführten Handlungen vorübergehend oder permanent gesperrt werden, darf innerhalb einer bestimmten Zeitspanne nicht mehr als fünf betragen.

c) Die Kommunikationssitzungen sind gegen den Zugriff auf die während der Authentifizierung übertragenen Authentifizierungsdaten und gegen die Manipulation durch Unbefugte entsprechend den Anforderungen in Kapitel V geschützt.

d) Die maximale Zeitspanne ohne Aktivität, nachdem der Zahler für den Online-Zugriff auf sein Zahlungskonto authentifiziert wurde, darf nicht mehr als fünf Minuten betragen.

(4) Wenn die Sperrung nach Absatz 3 Buchstabe b vorübergehend ist, werden die Dauer dieser Sperrung und die Anzahl der erneuten Versuche auf Grundlage der Merkmale des dem Zahler bereitgestellten Dienstes sowie aller damit verbundenen relevanten Risiken festgelegt, wobei mindestens die in Artikel 2 Absatz 2 genannten Faktoren zu berücksichtigen sind.

Der Zahler erhält eine Warnung, bevor die Sperrung dauerhaft wird.

Bei einer dauerhaften Sperrung wird ein sicheres Verfahren eingerichtet, das es dem Zahler ermöglicht, die Nutzung der gesperrten elektronischen Zahlungsinstrumente wiederzuerlangen.

Artikel 5 Dynamische Verknüpfung

(1) Wenn Zahlungsdienstleister gemäß Artikel 97 Absatz 2 der Richtlinie (EU) 2015/2366 eine starke Kundenauthentifizierung verlangen, müssen sie zusätzlich zu den in Artikel 4 der vorliegenden Verordnung genannten Auflagen Sicherheitsmaßnahmen ergreifen, die alle folgenden Anforderungen erfüllen:

a) Zahlungsbetrag und Zahlungsempfänger werden dem Zahler angezeigt.

b) Der generierte Authentifizierungscode gilt speziell für den Zahlungsbetrag und den Zahlungsempfänger, denen der Zahler beim Auslösen des Vorgangs zugestimmt hat.

c) Der vom Zahlungsdienstleister akzeptierte Authentifizierungscode entspricht dem ursprünglichen spezifischen Zahlungsbetrag und der Identität des Zahlungsempfängers, denen der Zahler zugestimmt hat.

d) Jede Änderung beim Betrag oder Zahlungsempfänger zieht die Ungültigkeit des generierten Authentifizierungscodes nach sich.

(2) Für die Zwecke des Absatzes 1 sehen die Zahlungsdienstleister Sicherheitsmaßnahmen vor, die die Vertraulichkeit, die Authentizität und die Integrität aller folgenden Angaben gewährleisten:

a) Zahlungsbetrag und Zahlungsempfänger in allen Phasen der Authentifizierung;

b) Angaben, die dem Zahler in allen Phasen der Authentifizierung, einschließlich der Generierung, Übertragung und Verwendung des Authentifizierungscodes, angezeigt werden.

(3) Für die Zwecke des Absatzes 1 Buchstabe b sowie wenn Zahlungsdienstleister gemäß Artikel 97 Absatz 2 der Richtlinie (EU) 2015/2366 eine starke Kundenauthentifizierung verlangen, muss der Authentifizierungscode folgende Anforderungen erfüllen:

a) Bei einem kartengebundenen Zahlungsvorgang, für den der Zahler nach Artikel 75 Absatz 1 der oben genannten Richtlinie seine Zustimmung zu der genauen Höhe des zu blockierenden Geldbetrags erteilt hat, gilt der Authentifizierungscode speziell für den Betrag, für dessen Blockierung der Zahler seine Zustimmung erteilt hat und dem er beim Auslösen des Zahlungsvorgangs zugestimmt hat.

b) Bei Zahlungsvorgängen, für die der Zahler der Ausführung eines Satzes elektronischer Fernzahlungsvorgänge zugunsten eines oder mehrerer Zahlungsempfänger zugestimmt hat, gilt der Authentifizierungscode speziell für den Gesamtbetrag des Satzes und für die angegebenen Zahlungsempfänger.

516   **a) Generierung eines Authentifizierungscodes.** In den Fällen, in denen eine starke Kundenauthentifizierung erforderlich ist (§ 55 Abs. 1, Art. 97 Abs. 1 PSD2), verlangt Art. 4 PSD2-RTS die Generierung eines Authentifizierungscodes. Dies gilt sowohl für im Präsenzgeschäft (POS–Geschäft) stattfindende Zahlungsvorgänge, sofern diese dem § 55 Abs. 1 S. 1 Nr. 2 unterfallen, als auch für Fernzahlungsvorgänge iSv § 1 Abs. 19, die den zusätzlichen Anforderungen nach § 55 Abs. 2 und Art. 5 PSD2-RTS unterliegen. Der Authentifizierungscode wird dabei nicht unbedingt in dem Zahlungsinstrument erzeugt, sondern in der Regel durch das Terminal oder durch das Backend des Zahlungsdienstleisters, der die beiden Authentifizierungselemente entgegennimmt. Im häufigen Fall der Verwendung von Karten im Präsenzgeschäft kommt es über die Kommunikation der in der Plastikkarte eingebetteten Chipkarte, die Eingabe der PIN des Nutzers sowie die dadurch ausgelöste DDA (Dynamic Data Authentication) zur Generierung eines Authentifizierungscodes (ebenso EBA/RTS/2017/02 vom 23.2.2017, Ch. 4.3.3, Comment 272(2); EBA, Single Rulebook Q&A, Question ID 2018_4410; Schäfer/Omlor/Mimberg/Mimberg Rn. 495). Im Fall der Nutzung von Fingerabdruck und PIN über eine App des kontoführenden Zahlungsdienstleisters wird der Authentifizierungscode von der App des Zahlungsdienstleisters oder im Backend des Zahlungsdienstleisters erzeugt; sofern es sich um einen Fernzahlungsvorgang handelt, muss zudem gem. § 55 Abs. 2 der Authentifizierungscode mit dem Zahlbetrag und dem Zahlungsempfänger verknüpft werden (vgl. Art. 5 Abs. 1 PSD2-RTS; dazu die Kommentierung von § 55 Abs. 2 → § 55 Rn. 57 f.).

517   **b) Prüfung des Authentifizierungscodes.** Der Zahlungsdienstleister hat nicht nur die gem. Abs. 24 geforderten Elemente vom Zahlungsdienstnutzer zu verlangen und einen Authentifizierungscode zu generieren, sondern er muss diesen auch prüfen. Erst die erfolgreiche Prüfung des Authentifizierungscodes beendet das Authentifizierungsverfahren (ähnlich Hoffmann VuR 2016, 243 (249), dies insbes. im Hinblick auf die Haftung gem. § 675v Abs. 3 BGB, Art. 74 Abs. 2 PSD2).

518   **c) Sicherheitsmaßnahmen für Authentifizierungscodes (Art. 4 Abs. 2–4 PSD2-RTS).** Die Art. 4 Abs. 2–4 PSD2-RTS enthalten zahlreiche Sicherheitsmaßnahmen, die ein Zahlungsdienstleister bei der Konzeptionierung und Durchführung des Authentifizierungsverfahrens zu beachten hat. So sollte es nicht möglich sein, aufgrund der Kenntnis irgendeines früher einmal erstellten Authentifizierungscodes einen weiteren Authentifizierungscode zu erstellen (Art. 4 Abs. 2 lit. b PSD2-RTS). Die Nachricht „fehlerhafte PIN" darf dem Zahlungsdienstnutzer nur dann zugestellt werden, wenn es sich nicht um einen Fernzahlungsvorgang handelt; bei Fernzahlungsvorgängen ist dies nach Art. 4 Abs. 3 lit. a PSD2-RTS verboten (EBA/RTS/2017/02 vom 23.2.2017, Ch. 4.3.3, Comment 5). An die Länge eines Authentifizierungscodes stellt die PSD2-RTS jedoch keine Anforderungen. So gab die EBA kund, dass auch ein Code mit drei Dezimalstellen genügen kann, sofern die sonstigen Sicherheitsanforderungen eingehalten werden (EBA Single Rulebook Q&A, Question ID 2018_4053, jedoch mit dem einschränkenden Hinweis, dass ein dreistelliger Code lediglich 1.000 verschiedene Kombinationen beinhaltet). Vor allem muss der Code selbst fälschungssicher sein. Auch bei Offenlegung eines oder mehrerer der Elemente, durch die der Code generiert wird, muss Fälschungssicherheit gewährleistet sein. Allerdings besteht bei dieser geringen Anzahl an Stellen auch eine höhere Wahrscheinlichkeit, den Code mit den verbleibenden Versuchen zu erraten (siehe hierzu EBA, Single Rulebook Q&A, Question ID 2018_4053). Darüber hinaus darf der Nutzer vom Zahlungsdienstleister nicht darüber informiert werden, welcher Authentifizierungsfaktor inkorrekt war im Falle eines fehlgeschlagenen Authentifizierungsversuchs (EBA, Single Rulebook Q&A, Question ID 2018_4041 und 2019_4875). Bei mehr als fünf aufeinanderfolgenden fehlgeschlagenen Authentifizierungsversuchen innerhalb einer „bestimmten Zeitspanne", muss der Zahlungsdienstleister Vorgänge iSv § 55 Abs. 1 vorübergehend oder dauerhaft sperren, Art. 4 Abs. 3 lit. b PSD2-RTS. Die Festlegung der „bestimmten Zeitspanne" obliegt dem Zahlungsdienstleister, basierend auf seiner Risikoabwägung (EBA Single Rulebook Q&A, Question ID 2019_4662). Die Festlegung der Dauer der vorübergehenden Sperre obliegt ebenfalls dem Zahlungsdienstleister (EBA Single Rulebook Q&A, Question ID 2019_4662). Schließlich hat ein Zahlungsdienstleister die Kommunikationssitzungen im Rahmen der Authentifizierung gegen Zugriff auf Authentifizierungsdaten und gegen Manipulation zu schützen. Hier fand sich im Entwurf zu Art. 4 Abs. 3 lit. c PSD2-RTS noch der Hinweis auf „HTTP bzw. HTTPS oder TLS". Diese Hinweise wurden gestrichen, um den Gesetzestext technisch-neutral zu gestalten und für zukünftige Entwicklungen offen zu halten (EBA/RTS/2017/02 vom 23.2.2017, Ch. 4.3.3, Comment 6 sowie EBA/CP/2016/11 Erwägungsgrund 69 lit. c). Zu den Sicherheitsrisiken Hemkemeier RdZ 2020, 138 (139).

7. Transaktionsüberwachungsmechanismen und regelmäßige Prüfung der Sicherheit (Art. 2 und 3 PSD2-RTS)

Artikel 2 Allgemeine Anforderungen an die Authentifizierung

(1) Die Zahlungsdienstleister verfügen über Transaktionsüberwachungsmechanismen, die ihnen für den Zweck der Umsetzung der in Artikel 1 Buchstaben a und b genannten Sicherheitsmaßnahmen die Erkennung nicht autorisierter oder betrügerischer Zahlungsvorgänge ermöglichen.

Diese Mechanismen basieren auf der Analyse von Zahlungsvorgängen unter Berücksichtigung der Elemente, die für den Zahlungsdienstnutzer im Rahmen einer normalen Verwendung der personalisierten Sicherheitsmerkmale typisch sind.

(3) Die Zahlungsdienstleister stellen sicher, dass die Transaktionsüberwachungsmechanismen zumindest alle nachstehend genannten risikobasierten Faktoren einbeziehen:
a) Liste der missbräuchlich verwendeten oder gestohlenen Authentifizierungselemente;
b) Betrag eines jeden Zahlungsvorgangs;
c) bekannte Betrugsszenarien bei der Erbringung von Zahlungsdienstleistungen;
d) Anzeichen für eine Malware-Infektion in einer Phase des Authentifizierungsverfahrens;
e) falls das Zugangsgerät oder die Zugangssoftware vom Zahlungsdienstleister bereitgestellt wird, ein Protokoll über die Nutzung des Zugangsgeräts oder der Zugangssoft-

ware, die dem Zahlungsdienstnutzer zur Verfügung gestellt werden, sowie über die ungewöhnliche Nutzung dieses Geräts oder der Software.

Artikel 3 Überprüfung der Sicherheitsmaßnahmen

(1) Die Umsetzung der in Artikel 1 genannten Sicherheitsmaßnahmen wird dokumentiert, regelmäßig getestet, bewertet und von Prüfern mit Fachwissen auf dem Gebiet der IT-Sicherheit und des Zahlungsverkehrs, die innerhalb des Zahlungsdienstleisters oder von diesem operativ unabhängig sind, gemäß dem geltenden Rechtsrahmen des Zahlungsdienstleisters geprüft.

(2) Die Zeiträume zwischen den nach Absatz 1 durchzuführenden Prüfungen werden gemäß dem für den Zahlungsdienstleister geltenden maßgeblichen Rechnungslegungs- und Abschlussprüfungsrahmenwerk festgelegt.

Für Zahlungsdienstleister, die die Ausnahme nach Artikel 18 in Anspruch nehmen, wird mindestens einmal jährlich eine Prüfung der Methodik, des Modells und der gemeldeten Betrugsraten durchgeführt. Der diese Prüfung vornehmende Prüfer verfügt über Fachwissen auf dem Gebiet der IT-Sicherheit und des Zahlungsverkehrs und ist innerhalb des Zahlungsdienstleisters oder von diesem operativ unabhängig. Diese Prüfung wird im ersten Jahr der Inanspruchnahme der Ausnahme nach Artikel 18 sowie im Anschluss daran mindestens alle drei Jahre – oder auf Verlangen der zuständigen Behörde häufiger – von einem unabhängigen, qualifizierten externen Prüfer durchgeführt.

(3) Als Ergebnis dieser Prüfung werden eine Bewertung und ein Bericht erstellt, aus denen hervorgeht, ob die Sicherheitsmaßnahmen des Zahlungsdienstleisters die in dieser Verordnung dargelegten Anforderungen erfüllen.

Der Gesamtbericht wird den zuständigen Behörden auf Verlangen zur Verfügung gestellt.

519   Art. 2 PSD2-RTS verpflichtet Zahlungsdienstleister zur Einführung von „Transaktionsüberwachungsmechanismen" als Umsetzung der in Art. 1 lit. a und b PSD2-RTS genannten Sicherheitsmaßnahmen. Art. 3 PSD2-RTS ordnet die Überprüfung der in Art. 1 PSD2-RTS genannten Sicherheitsmaßnahmen, insbesondere also auch der „Transaktionsüberwachungsmechanismen", an. Hierzu gehört auch das Verfahren zur starken Kundenauthentifizierung insgesamt (Art. 1 lit. a PSD2-RTS).

520   **a) Transaktionsüberwachungsmechanismen.** Zur Konzeptionierung der starken Kundenauthentifizierung (zur Anwendbarkeit bei der „einfachen" Authentifizierung nach Abs. 23 vgl. → Rn. 463) hat der Zahlungsdienstleister nach Art. 2 PSD2-RTS „Transaktionsüberwachungsmechanismen" einzuführen, die die Erkennung nicht autorisierter oder betrügerischer Zahlungsvorgänge ermöglichen sollen. Dem Mechanismus soll eine Analyse von normalen Zahlungsvorgängen zugrunde liegen, um untypische bzw. verdächtige Zahlungsvorgänge identifizieren zu können. Die Pflicht Transaktionsüberwachungsmechanismen einzusetzen, besteht unabhängig von der Nutzung der Ausnahme nach Art. 18 PSD2-RTS (Doser K&R 2019, 617 (619)). Daraus folgt auch, dass der Transaktionsüberwachungsmechanismus keine Echtzeitanalyse iSe einer Transaktionsanalyse vor der Autorisierung und Ausführung eines Zahlungsvorgangs, wie in Art. 18 Abs. 2 lit. c PSD2-RTS, erfordert (EBA, Single Rulebook Q&A, Question ID 2018_4090; anders wohl noch BaFin früher in MaSi Titel II Ziff. 10; aA wohl auch Lindardatos BKR 2021, 665 (675)). Als Mindestmaß listet Art. 2 Abs. 2 PSD2-RTS Faktoren auf, die der risikobasierten Analyse dienen sollen. Dazu gehört der Abgleich mit einer Sperrdatei über missbräuchlich verwendete oder gestohlene Authentifizierungselemente, der Vergleich mit bekannten Betrugsszenarien, die Beachtung von

Anzeichen für eine Malware-Infektion bei der Authentifizierung sowie die Erstellung von Protokollen über die Nutzung von vom Zahlungsdienstleister bereitgestellten Zugangsgeräten oder Zugangssoftware und die Erfassung einer ungewöhnlichen Nutzung dieser anhand der Protokolle. Zudem ist der „Betrag eines jeden Zahlungsvorgangs" heranzuziehen; damit ist wohl die Ermittlung von Abweichungen vom üblichen Zahlungsverhalten des konkreten Zahlungsdienstnutzers zu verstehen (Schäfer/Omlor/Mimberg/Mimberg Rn. 498). Generell kommt das Verhalten des Zahlungsdienstnutzers zwar auch als Inhärenzmerkmal in Betracht (→ Rn. 508); die EBA empfiehlt aber einen intensiveren Einsatz im Rahmen der Transaktionsüberwachung gemäß Art. 2 PSD2-RTS (EBA, EBA/REP/2022/14, Issue 13.3 Tz. 326).

b) Grundsatz. Art. 3 Abs. 1 PSD2-RTS enthält folgende Grundsätze: Im Hinblick auf Sicherheitsmaßnahmen haben Zahlungsdienstleister Dokumentationspflichten, Testpflichten, Bewertungs- sowie Prüfungspflichten einzuhalten. Die Prüfungen müssen dabei nicht von zertifizierten Prüfern oder gar von Behörden durchgeführt werden (vgl. demgegenüber noch RTS-Entwurf in der Fassung EBA/CP/2016/11). Es reicht aus, wenn interne Prüfer des Zahlungsdienstleisters, zB dessen interne Revision, mit ausreichender operativer Unabhängigkeit und Fachwissen auf dem Gebiet der IT-Sicherheit und des Zahlungsverkehrs diese Prüfungen durchführen. Der **Prüfungsmaßstab** ist die Erfüllung der Maßgaben der delegierten Verordnung PSD2-RTS. Bei deren Auslegung und Anwendung ist jedoch das Angemessenheitsgebot der Ermächtigungsgrundlage des Art. 98 Abs. 2 lit. a PSD2 nicht aus den Augen zu verlieren. **521**

c) Zeitraum für Prüfungen (Art. 3 Abs. 2 PSD2-RTS). Für die Zeiträume verweist Art. 3 Abs. 2 PSD2-RTS auf die maßgeblichen Rechnungslegungs- und Abschlussprüfungsrahmenwerke. Dies könnte darauf hindeuten, dass zumindest eine jährliche Prüfung erforderlich ist. Allerdings sind die Sicherheitsmaßnahmen gem. Art. 1 PSD2-RTS nicht regelmäßiger Gegenstand der Abschlussprüfung eines Zahlungsinstituts oder E-Geld-Instituts nach § 24. Dies sollte den Rückschluss zulassen, dass auch ein Turnus von mehr als einem Jahr zulässig ist. Die jährliche Prüfung ist bei Inanspruchnahme der Ausnahme des Art. 18 PSD2-RTS erforderlich (Art. 3 Abs. 2 UAbs. 1 S. 1 PSD2-RTS). **522**

d) Prüfungsbericht (Art. 3 Abs. 3 PSD2-RTS). Sowohl im Fall einer internen als auch bei einer externen Prüfung ist ein Prüfungsbericht zu erstellen, ob die Sicherheitsmaßnahmen des Zahlungsdienstleisters die Anforderungen der PSD2-RTS erfüllen. Dieser Prüfungsbericht ist auf Verlangen der Aufsichtsbehörde zur Verfügung zu stellen. **523**

XXVIII. Personalisierte Sicherheitsmerkmale (Abs. 25)

Literatur zu Abs. 25: Hofmann, Das neue Haftungsrecht im Zahlungsverkehr, BKR 2018, 62; ders., Haftung im Zahlungsverkehr, BKR 2014, 105; Jungmann, Das System von Haftung beim missbräuchlichen Kreditkarteneinsatz ohne starke Kundenauthentifizierung – Ein Beitrag zum Verständnis von § 675v Abs. 4 BGB, ZBB 2020, 1; Linardatos, Kontaktloses Zahlen im Zahlungsdiensterecht – Ein Überblick über die zivil- und aufsichtsrechtlichen Regeln, BKR 2021, 665; Omlor, Online-Banking unter Geltung der Zweiten Zahlungsdiensterichtlinie (PSD II), BKR 2019, 105; Scheibengruber, Zur Zulässigkeit und Sinnhaftigkeit der Verlagerung des Missbrauchsrisikos bei Zahlungsdiensten auf die Nutzer – Ein Beitrag zur Analyse der Umsetzung der Zahlungsdiensterichtlinie in das BGB und die AGB der Banken, BKR 2010, 15; Zahrte, Mindestanforderungen an die Sicherheit von Internetzahlungen (MaSi), ZBB 2015, 410; ders., Aktuelle Entwicklungen beim Pharming – Neue Angriffsmethoden auf das Online-Banking, MMR 2013, 207.

1. Zweck und Bedeutung der Norm

524   Abs. 25 hat die Aufgabe, den wortgleichen Art. 4 Nr. 31 PSD2 umzusetzen und den Begriff des personalisierten Sicherheitsmerkmals zu definieren. Die Vorschrift ist erstmalig mit der Umsetzung der PSD2 ins ZAG aufgenommen worden und hat keinen unmittelbaren Vorläufer im alten Recht. Allerdings sprach bereits § 1 Abs. 5 ZAG 2009 im Zusammenhang mit dem Zahlungsauthentifizierungsinstrument von personalisierten Sicherheitsmerkmalen, ohne den Begriff aber näher zu definieren (Scheibengruber BKR 2010, 15 (17)). Die Norm hat im Zusammenspiel mit Abs. 26 die Aufgabe, den Zahlungsdienstnutzer einerseits vor der missbräuchlichen Verwendung seines Geldes und seiner Daten zu schützen. Deshalb wird in §§ 49 Abs. 2 S. 2, 51 Abs. 2 S. 2 oder § 55 Abs. 1 S. 2 den Zahlungsdienstleistern und sowie den Zahlungsauslöse- wie Kontoinformationsdienstleistern die Pflicht auferlegt, die Daten bzw. Merkmale des Kunden, die als personalisiertes Sicherheitsmerkmal dienen, zu schützen. In allen drei Vorschriften wird deshalb auf den Begriff in Abs. 25 Bezug genommen. Andererseits soll dieser Schutz aber auch nicht so weit getrieben werden, dass der Zahlungsdienstnutzer davon abgehalten wird, Zahlungsdienste einschließlich der Auslöse- wie Informationsdienste zu nutzen (Erwägungsgründe 69 und 96 PSD2). Innerhalb dieses Spagats hat sich die Auslegung des Abs. 25 zu bewegen.

525   Abs. 25 steht ferner im unmittelbaren Zusammenhang mit **Abs. 23,** der im Rahmen der Definition der Authentifizierung auf den Begriff personalisierte Sicherheitsmerkmale Bezug nimmt. Danach ist die Authentifizierung ein „Verfahren, mit dessen Hilfe der Zahlungsdienstleister die Identität eines Zahlungsdienstnutzers oder die berechtigte Verwendung eines bestimmten Zahlungsinstruments, einschließlich der Verwendung der personalisierten Sicherheitsmerkmale des Nutzers, überprüfen kann" (Hervorhebung durch den Verf.). Auch wenn bei der Authentifizierung regelmäßig personalisierte Sicherheitsmerkmale zum Einsatz kommen, ist dies für die Authentifizierung nicht zwingend (→ Rn. 449).

526   Im materiellen Recht erlangt die Definition in Abs. 25 vor allem im Zusammenhang mit **§ 675l und § 675m BGB** Bedeutung. Nach § 675l BGB ist der Zahlungsdienstnutzer verpflichtet, Zahlungsinstrumente und personalisierte Sicherheitsmerkmale unmittelbar nach Erhalt vor unbefugtem Zugriff zu schützen. Ein Verstoß gegen diese Pflicht kann zu einer Haftung nach § 675v Abs. 3 S. 2 BGB führen, sofern dem Zahlungsdienstnutzer grobe Fahrlässigkeit oder Vorsatz zur Last gelegt werden kann. Den Verlust eines Zahlungsinstruments und der damit verbundenen personalisierten Sicherheitsmerkmale hat der Zahlungsdienstnutzer dem ausgebenden Zahlungsdienstleister unmittelbar anzuzeigen. Auch dies ist mit Blick auf die Haftung relevant, da der Kunde nach Anzeige des Verlusts nicht mehr haftet (§ 675v Abs. 5 S. 1 BGB). Umgekehrt ist der Zahlungsdienstleister nach § 675m BGB verpflichtet, dem Zahlungsdienstnutzer personalisierte Sicherheitsmerkmale zur Verfügung zu stellen und sicherzustellen, dass – vorbehaltlich der Verpflichtung des Nutzers nach § 675l – diese Merkmale nur der zur Nutzung berechtigten Person zugänglich sind. Ferner trägt der Zahlungsdienstleister das Verlust- und Missbrauchsrisiko der personalisierten Sicherheitsmerkmale auf dem Versandwege. We-

gen der weiteren Einzelheiten der §§ 675l, 675m BGB ist auf die einschlägigen Erläuterungen dieser Vorschriften zu verweisen (vgl. zB MüKoBGB/Jungmann § 675l Rn. 12 ff., § 675m Rn. 10 ff.).

2. Versuch einer abstrakten Definition

Die **Definition** in Abs. 25 ist mit Recht als nur „beschränkt hilfreich" (MüKo- **527** BGB/Jungmann § 675j Rn. 67) bezeichnet worden. Man kann es auch deutlicher formulieren: Sie mutet **tautologisch** an (BeckOGK/Köndgen § 675j Rn. 64; zustimmend Schäfer/Omlor/Mimberg/Mimberg Rn. 503). Denn der Definition sind personalisierte Sicherheitsmerkmale personalisierte Merkmale. Eine Definition erfolgt allein durch den Hinweis in Abs. 25, dass diese Merkmale die Aufgabe haben, eine Authentifizierung des Zahlungsdienstnutzers zu ermöglichen. Auch die Delegierte Verordnung (EU) 2018/389 mit technischen Regulierungsstandards für eine starke Kundenauthentifizierung und für sichere offene Standards für die Kommunikation enthält keine nähere Beschreibung, sondern setzt eine Definition des Begriffs personalisierte Sicherheitsmerkmale voraus (vgl. Art. 1 lit. c und Art. 21 ff. VO). Selbst die Gesetzesmaterialien zu Abs. 25 hüllen sich in ein beredtes Schweigen (RegE BT-Drs. 18/11495, 111; auch im BaFin-Merkblatt ZAG v. 14.2.2023 wird der Begriff nur einmal erwähnt, aber nicht definiert, vgl. sub B IX 2). Demgegenüber hatte die Begründung zu § 1 Abs. 5 aF, der den Begriff des Zahlungsauthentifizierungsinstruments als jedes personalisierte Instrument oder Verfahren, das der Erteilung von Zahlungsaufträgen dient, definierte, immerhin noch mit Beispielen operiert (BT-Drs. 16/11613, 36). Genannt wurden TAN und PIN im Online-Banking (bestätigt durch BGHZ 215, 292 Rn. 29 = NJW 2017, 3222; LG Kiel BeckRS 2018, 12792), die PIN im Telefonbanking oder der Einsatz von Debit-, Charge- und Kreditkarten (vgl. auch BeckOGK/Köndgen § 675j Rn. 64 f. unter Hinweis auf die Beschreibung in der SB Online-Banking). Dass hierzu auch die Unterschrift insbesondere beim Einsatz der Kreditkarte im Präsenzverfahren zählte, wenn sie mit der auf der Karte hinterlegten Unterschrift graphologisch verglichen werden kann, hatte sich im weiteren Verlauf der Diskussion weitgehend durchgesetzt (vgl. bereits → Rn. 95 und ausführlich noch → Rn. 534). Demgegenüber galt der bloße Einsatz der Daten auf der Kreditkarte im Internet im sog. Mail-Order-Verfahren gerade nicht als derartiges personalisiertes Instrument (statt Vieler Casper/Pfeifle WM 2009, 2343 (2344)). Da mit der Definition in Abs. 25 wohl keine materielle Änderung beabsichtigt war, kann auch auf die Auslegung im alten Recht zurückgegriffen werden (BeckOGK/Hofmann § 675l Rn. 34, der zudem zu Recht darauf hinweist, dass zwar jedes personalisierte Sicherheitsmerkmal ein Authentifizierungsverfahren, aber nicht umgekehrt jedes Authentifizierungsverfahren auch ein personalisiertes Sicherheitsmerkmal darstellt).

Versucht man sich deshalb allein an einer vom Wortlaut und Zweck der Vor- **528** schrift gesteuerten Auslegung, kann man zunächst festhalten, dass der Begriffsbestandteil des **Merkmals** weit auszulegen ist. Nach allgemeinem semantischen Verständnis lässt es sich als jedes Zeichen bzw. jede Eigenschaft beschreiben, an der man jemanden (hier also den Zahlungsdienstnutzer) erkennen kann. Eine Verkörperung wie bei dem Begriff des Instruments im Rahmen des Abs. 20 (→ Rn. 92 ff.) ist gerade nicht erforderlich. Mit dem **Attribut „Sicherheit"** wird der Begriff des Merkmals eingeschränkt. Das Merkmal muss geeignet sein, das Risiko einer missbräuchlichen Verwendung zu reduzieren, zB indem es vom Zahlungsdienstnutzer geheim gehalten werden kann. Mit dem **Attribut „persona-**

lisiert" wird demgegenüber zum Ausdruck gebracht, dass das Sicherheitsmerkmal einer Person individualisiert zugeordnet werden kann (zum personalisierten Instrument oder Verfahren → Rn. 93; wie hier auch Schäfer/Omlor/Mimberg/Mimberg Rn. 504).

529   Geht man von dieser semantisch-teleologischen Auslegung aus, erweist sich die wohl überwiegende Auffassung als zutreffend, wonach ein personalisiertes Sicherheitsmerkmal regelmäßig ein Datenschlüssel oder eine Zeichenabfolge, insbesondere ein Codewort, darstellt, das geheim gehalten werden kann und nicht reproduzierbar ist (vgl. etwa MüKoBGB/Jungmann § 675j Rn. 70; Scheibengruber BKR 2010, 15 (17); ähnlich BeckOGK/Köndgen § 675j Rn. 65; Schäfer/Omlor/Mimberg/Mimberg Rn. 504). Voraussetzung ist weiterhin, dass diese Merkmale dem Zahlungsdienstnutzer exklusiv zur Kenntnis gebracht werden, sodass das Innehaben genau dieser Informationen die Berechtigung des Zahlungsdienstnutzers gegenüber dem Zahlungsdienstleister indiziert (MüKoBGB/Jungmann § 675j Rn. 70 mwN). Dem ist aber gleichzustellen, dass der Zahlungsdienstnutzer selbst eine Zeichenfolge, ein Codewort oder biometrische Merkmale festlegt, die diese Funktion erfüllen und der Zahlungsdienstleister nur ein Verfahren anbietet, mit dem der Abgleich erfolgt. Dazu zählt nach richtigem Verständnis (→ Rn. 534f.) auch der Einsatz von biometrischen Daten oder die Unterschrift des Zahlungsdienstnutzers im Rahmen eines Verfahrens zum Unterschriftenabgleich, auch wenn Letztere durch Dritte mit einem gewissen Aufwand und krimineller Energie reproduzierbar ist. Insgesamt ist diese Definition der personalisierten Sicherheitsmerkmale offen für technologische Innovationen auszugestalten (BeckOGK/Köndgen § 675j Rn. 68; Schäfer/Omlor/Mimberg/Mimberg Rn. 508). Ferner wird zu Recht darauf hingewiesen, dass die AGB des Zahlungsdienstleisters die Definition zugelassener personalisierter Sicherheitsmerkmale für das jeweilige Vertragsverhältnis ausgestalten können, ohne dass dies Rückschlüsse auf die gesetzliche Definition zulässt (BeckOGK/Köndgen § 675j Rn. 69ff.).

3. Ausgewählte Anwendungsbeispiele

530   Ein klassisches Anwendungsbeispiel ist die nur dem Kunden mitgeteilte **Geheimnummer (PIN** für Personal Identification Number). Bei ihr handelt es sich um eine mindestens vier-, heute bisweilen auch eine fünf- bis sechsstellige Zahl, mit der sich der Kunde bei der Abhebung von Bargeld am Geldautomaten, bei Einsatz der Debitkarte am POS-Terminal oder beim Einloggen ins Internetbanking legitimiert. Denkbar sind auch alphanumerische Kombinationen, die auch Sonderzeichen berücksichtigen können (diese Möglichkeit ist derzeit aber technisch – etwa am POS-Terminal – kaum umsetzbar, zutreffend Schäfer/Omlor/Mimberg/Mimberg Rn. 510). Hinsichtlich der Anforderungen an die sichere Verwahrung der Geheimnummer iSd § 675l Abs. 1 S. 1 BGB ist auf die Erläuterungen zu dieser Vorschrift zu verweisen (vgl. etwa MüKoBGB/Jungmann § 675l Rn. 62ff.).

531   Die **Transaktionsnummer (TAN)** ist von der Struktur her einer Geheimnummer vergleichbar, meist handelt es sich um eine sechsstellige, rein numerische Ziffernfolge. Der entscheidende Unterschied zur PIN liegt darin begründet, dass sie nur einmal für die Autorisierung einer ganz bestimmten Transaktion eingesetzt werden kann, die dem Zahlungsdienstnutzer heute in der Regel auch erst im Zusammenhang mit der jeweiligen Transaktion übermittelt wird und nur für eine kurze Zeit gültig ist. Dies war bei dem heute nicht mehr praktizierten einfachen TAN-Verfahren der ersten Generation anders, bei dem den Kunden eine Vielzahl

von Transaktionsnummern im Vorfeld in Papierform übermittelt wurde, von denen sie dann eine beliebige TAN einsetzen konnten. Demgegenüber wurde beim iTAN-Verfahren (Verfahren der zweiten Generation) jeder TAN eine laufende Nummer zugeordnet. Bei der Abfrage der TAN wurde dann die laufende Nummer genannt, so dass eine bestimmte und nicht nur eine beliebige TAN eingesetzt werden musste. Diese Verfahren werden wegen Sicherheitsrisiken heute nicht mehr verwendet (vgl. zum Ganzen bereits Zahrte ZBB 2015, 410 (412f.)), da sie den Anforderungen nach Art. 23 Delegierten VO (EU) 2018/389 nicht mehr genügen. Danach muss der Zahlungsdienstleister die „Erstellung … personalisierte(r) Sicherheitsmerkmale in einer sicheren Umgebung" gewährleisten.

Vielmehr erfolgt die Übermittlung der TAN heute über ein Zweikanalsystem. **532** Dabei wird die TAN an einem Gerät (in der Regel dem PC) bzw. einem Kanal dieses Gerätes abgefragt und auf einem anderen Gerät oder Kanal generiert und übermittelt. Etabliert haben sich insoweit die Übermittlung der TAN als SMS auf das Mobiltelefon des Zahlers (mTAN-Verfahren, zu den Gefahren vgl. aber Zahrte BKR 2016, 315 (319)), das sog. Chip-TAN-Verfahren (teilweise auch Smart-TAN-Verfahren genannt), bei dem der Kunde den Chip auf seiner Debitkarte in ein spezielles Lesegerät (TAN-Generator) einführt, das sodann einen über den PC übermittelten Code dechiffriert und mittels des Chips auf der Karte die TAN generiert, die dann auf dem Lesegerät angezeigt wird. Daneben findet das sog. Push-TAN-Verfahren Verwendung, bei dem die TAN auf das Smartphone des Kunden übermittelt wird. Anders als beim mTAN-Verfahren wird dafür jedoch keine SMS, sondern eine besonders geschützte App eingesetzt. Eine besondere Variante dieses Verfahrens stellt das sog. Photo-TAN-Verfahren dar. Dafür öffnet der Kunde ebenfalls eine App auf seinem Smartphone und fotografiert bzw. scannt unter Verwendung dieser App ein am PC angezeigtes, in der Regel gepunktetes Piktogramm (QR-Code) ab, woraufhin in der App die TAN ermittelt und angezeigt wird. All diese modernen **TAN-Verfahren der dritten Generation** (zu ihnen BV 8 MaSI → § 55 Rn. 24ff.; Zahrte MMR 2013, 207f.) genügen den Anforderungen in Art. 22ff. der Delegierten VO (EU) 2018/389. Wegen weiterer Einzelheiten vgl. MüKoBGB/Jungmann § 675l Rn. 62ff., dort auch zu den Sorgfaltsanforderungen des Zahlungsdienstnutzers mit Blick auf § 675l BGB.

Eine Fortentwicklung des Push-TAN-Verfahrens stellen sog. **Secure-App-** **533** **Verfahren** dar. Dabei öffnet der Kunde nach der Eingabe des Zahlungsauftrages im Onlinebanking eine App auf seinem Smartphone und erhält den Zahlungsauftrag mit allen Daten nochmals angezeigt, um ihn sodann in der App gesondert freizugeben. Diese Freigabe, bei der es sich um die Autorisierung iSd § 675j Abs. 1 BGB handelt, wird über die App an den Zahlungsdienstleister übermittelt, der dann die im PC erfolgte Freigabe des Zahlungsauftrages freigibt, was dem Kunden zuletzt auf seinem PC angezeigt wird. Die Funktionsweise ist also weitgehend dieselbe wie beim Push-TAN-Verfahren, verzichtet wird aber auf eine Erstellung einer TAN und deren Eingabe im Onlinebanking. Der Kunde kann die App zur Freigabe nur öffnen, wenn er vorher eine nur ihm bekannte Geheimnummer eingegeben hat. Teilweise wird hingegen erst die Freigabe von der Eingabe einer PIN oder eines biometrischen Merkmals (zB des Fingerabdrucks in der VR SecureGO plus App) abhängig gemacht (so derzeit im VR-Bereich). Auch insoweit handelt es sich um ein personalisiertes Sicherheitsmerkmal. Der Vorteil liegt dabei darin, dass die Gefahr eines Pharming-Angriffs auf die eingegebene TAN entfällt. Ein ähnliches Verfahren wird heute auch bei Kreditkartenzahlungen im Internet eingesetzt (sog. MasterCard Secure Code- oder Verified by Visa-Verfahren). Dabei wird der Kunde

nach der Eingabe seiner Kreditkartendaten zum Online-Banking seiner Hausbank
weitergeleitet und muss sodann nachdem er sich dort ordnungsgemäß registriert
hat, mittels Secure App oder TAN-Verfahren die Zahlung mit der Kreditkarte freigeben (vgl. näher zum Ganzen auch Jungmann ZBB 2020, 1 (2)). Da diese starke
Authentifizierung heute zwingend ist, weist das Mail-Order-Verfahren eine ganz
andere Risikostruktur als früher auf → Rn. 67, 449).

534   Ob auch die **auf der Karte hinterlegte Unterschrift** des Zahlungsdienstnutzers, die beim Einsatz der Karte im Präsenzgeschäft mit der dort vom Karteninhaber
geleisteten Unterschrift vom Händler als Boten des kartenausgebenden Unternehmens graphologisch abgeglichen wird, ein personalisiertes Sicherheitsmerkmal darstellt, ist umstritten (bejahend Casper/Pfeifle WM 2009, 2343 (2344); Scheibengruber BKR 2010, 15 (17); Danwerth ZBB 2015, 119 (124); Jungmann ZBB
2020, 1 (2); MüKoBGB/Casper, 6. Aufl. 2012, § 675v Rn. 14 und § 675j Rn. 28 f.;
MüKoBGB/Jungmann § 675j Rn. 71 f.; Langenbucher/Bliesener/Spindler/Her-
resthal Kap. 3 § 675j Rn. 10; Ellenberger/Findeisen/Nobbe/Frey, BGB, 2. Aufl.
2013, § 675l Rn. 5; verneinend BeckOGK/Hofmann § 675l Rn. 38 ff.; Hofmann
BKR 2018, 62 (65); BeckOK BGB/Schmalenbach Rn. 3; Grüneberg/Sprau § 675j
Rn. 7; BeckOGK/Köndgen § 675j Rn. 71 f.; Ellenberger/Findeisen/Nobbe/
Böger/Frey/Ahmedi BGB § 675l Rn. 6; Schäfer/Omlor/Mimberg/Mimberg
Rn. 518 f.; offenlassend OLG Celle BKR 2021, 114 (116)). Auch der BGH hat in
einer Entscheidung zum ZAG 2007 anerkannt, dass die Unterschrift sowie der damit verbundene Abgleich ein Zahlungsauthentifizierungsinstrument sei (BGH
NJW 2021, 1458 Rn. 41 f.). Im Ausgangspunkt ist festzuhalten, dass die bloße Unterschrift als solche kein personalisiertes Sicherheitsmerkmal darstellt. Dies gilt erst
Recht für sonstige Aufdrucke auf Zahlungskarten, wie den Namen des Karteninhabers, die Konto- oder Kartennummern, das Verfallsdatum oder die Prüfziffer auf
der Rückseite (sog. Verifizierungscode, CVV, CVC – vgl. nur BeckOGK/Hof-
mann § 675l Rn. 36; aA zuletzt Oechsler WM 2010, 1381 (1382)). Den Kritikern
ist auch unumwunden zuzugeben, dass die Unterschrift leichter fälschbar ist als andere personalisierte Sicherheitsmerkmale (darauf hinweisend etwa BeckOGK/
Köndgen § 675j Rn. 59 f.; Schäfer/Omlor/Mimberg/Mimberg Rn. 521). Auch ist
es prima vista zutreffend, dass die Unterschrift auf der Karte nicht geheim gehalten
werden kann (so zB der Einwand von BeckOGK/Hofmann § 675l Rn. 71). Dies
verkennt aber, dass das Sicherheitsmerkmal nicht allein in der Unterschrift auf der
Karte, sondern in dem Vergleich mit der erneut durch den Karteninhaber geleisteten Unterschriftsprobe beim Einsatz der Kreditkarte liegt. Letztere kann ebenso
wie die Karte als solches geheim gehalten werden. Die bloße Fälschbarkeit der Unterschrift ist auch deshalb kein Argument, da auch andere Sicherheitsmerkmale ge-
oder verfälscht werden können. Für die hier vertretene Auffassung streitet zudem,
dass diese Form bereits in der Gesetzesbegründung zur Umsetzung der ersten Zahlungsdiensterichtlinie (Begr. RegE BT-Drs. 16/11643, 106) genannt worden ist.
Die immer wieder ins Feld geführte Haftungsgefahr (so zB BeckOGK/Hofmann
§ 675l Rn. 39) hat sich erledigt, da es sich bei dem Unterschriftenvergleich selbstredend nicht um eine starke Authentifizierung iSd § 675v Abs. 4 BGB iVm § 1
Abs. 24 ZAG handelt (dies anerkennend auch Hofmann BKR 2018, 62 (65), der
dies allerdings als Beleg für die Gegenauffassung wertet).

535   Um personalisierte Sicherheitsmerkmale handelt es sich auch beim **Einsatz von
biometrischen Merkmalen.** Denkbar ist vor allem der Einsatz eines Finger- oder
Handrückenabdrucks sowie ein Scan der Iris. Dabei wird typischerweise unter Einsatz einer App auf dem Smartphone der Fingerabdruck oder die Iris gescannt und

dann mit den beim Zahlungsdienstleister hinterlegten Daten abgeglichen. Dieses Verfahren gilt als besonders sicher, da auch der Dieb des Smartphones ohne diese biometrischen Daten keinen Missbrauch betreiben kann, während er zB bei einer Secure-App nur das Zugangspasswort zum Onlinebanking und für die App benötigt, sofern diese nicht ihrerseits durch ein biometrisches Merkmal gesichert ist. ISd § 55 handelt es sich um eine starke Authentifizierung isd Seins-Kategorie (→ § 55 Rn. 6). Die Einordnung als personalisiertes Sicherheitsmerkmal ist aber neuerdings bestritten worden, da der Fingerabdruck nicht geheim gehalten werden könne (BeckOK BGB/Schmalenbach § 675l Rn. 3; Omlor BKR 2019, 105 (107 f.); Schäfer/Omlor/Mimberg/Mimberg Rn. 520; wie hier Abs. 25 bejahend dagegen Scheibengruber BKR 2010, 15 (17); Danwerth ZBB 2015, 119 (124); Ellenberger/Findeisen/Nobbe/Böger/Frey/Ahmedi BGB § 675l Rn. 6; Langenbucher/Bliesener/Spindler/Herresthal Kap. 3 § 675j Rn. 10; im Ergeb. auch Linardatos RdZ 2020, 36 (41 mit Fn. 37); Linardatos BKR 2021, 665 (671)). Dem ist folgende Überlegung entgegenzuhalten: Wie auch bei der auf der Karte vermerkten Unterschrift kann der Zahlungsdienstnutzer die biometrischen Daten nur dann zum Einsatz bringen, wenn er einen Zahlungsvorgang auslösen will. Die Bank wird dabei in einem automatisierten Verfahren das gescannte biometrische Merkmal mit der hinterlegten Probe abgleichen. Dies entspricht dem Vorgang bei einer Unterschriftenprobe. Ebenso wenig kann dagegen eingewandt werden, dass der Zahlungsdienstleister die biometrischen Daten nicht bereitstellen kann (so aber Omlor BKR 2019, 105 (108); Schäfer/Omlor/Mimberg/Mimberg Rn. 520). Ausreichend isd Abs. 25 ist vielmehr, dass er das Verfahren bereitstellt, mit dem er eine gespeicherte Kopie mit dem bei Auslösung des Zahlungsvorgangs durch den Kunden gescannten biometrischen Merkmal abgleicht. Wenn der Kunde die ausgeteilte PIN in eine eigene Kombination ändern darf, wie dies zumindest im Onlinebanking regelmäßig vorkommt, zweifelt auch niemand daran, dass die PIN von dem Zahlungsdienstleister bereitgestellt wurde. Erst recht überzeugt der Einwand nicht, dass das biometrische Merkmal nicht nach Art. 27 lit. a Delegierte VO (EU) 2018/389 gelöscht werden kann (Omlor BKR 2019, 105 (107 f.)). Denn gelöscht wird die für den Abgleich erforderliche gescannte Kopie des biometrischen Merkmals.

XXIX. Sensible Zahlungsdaten (Abs. 26)

Literatur zu Abs. 26: Omlor, Online-Banking unter Geltung der Zweiten Zahlungsdiensterichtlinie (PSD II), BKR 2019, 105; Zahrte, Mindestanforderungen an die Sicherheit von Internetzahlungen (MaSi), ZBB 2015, 410.

1. Regelungsgehalt, Bedeutung und Normzweck

Abs. 26 ist ohne Regelungsvorbild im alten Recht und hat die Aufgabe, den **536** praktisch wortgleichen **Art. 4 Nr. 32 PSD2** umzusetzen. Der Begriff sensible Zahlungsdaten ist – wie der Wortlaut der Vorschrift klar herausstreicht – weiter als der der personalisierten Sicherheitsmerkmale nach Abs. 25. Folglich sind alle personalisierten Sicherheitsmerkmale stets auch sensible Zahlungsdaten (RegE BT-Drs. 18/11495, 111; Omlor BKR 2019, 105 (108)). Darüber hinaus können aber auch andere Zahlungsdaten, die gerade nicht unter Abs. 25 zu subsumieren sind, in den Anwendungsbereich des Abs. 26 fallen. Als Paradebeispiele gelten der Name des Zahlers und die IBAN, wie sich aus einem Umkehrschluss zu Abs. 26 S. 2 ergibt (zu den Details sogleich → Rn. 544). Im Verhältnis zum Zahlungsauslöse- wie zum Kontoinformationsdienstleister – also bei zwei zentralen Anwendungsfällen der Norm – sind diese Daten nach Satz 2 aber ausgenommen.

537   **Bedeutung** erlangt die Definition im ZAG vor allem für §§ 10, 34 Abs. 1, 49 Abs. 4 und 51 Abs. 1. Dem Zulassungsantrag nach § 10 Abs. 1 ist nach dessen Abs. 2 S. 1 Nr. 7 „eine Beschreibung der vorhandenen Verfahren für die Erfassung, Überwachung, Rückverfolgung sowie Beschränkung des Zugangs zu sensiblen Zahlungsdaten" beizufügen. Entsprechendes gilt nach § 34 Abs. 1 S. 2 Nr. 5 für Kontoinformationsdienste, die zwar keiner Zulassung, wohl aber einer Registrierung bedürfen und dafür ebenfalls einen Registrierungsantrag stellen müssen. Beide Normen wirken also präventiv bei der Zulassung bzw. Registrierung. Dem materiellen Recht ist § 49 Abs. 4 S. 1 gewidmet, wonach der Zahlungsauslösedienstleister sensible Zahlungsdaten nach Abschluss des Zahlungsvorgangs nicht speichern darf. Etwas weiter geht § 51 Abs. 1 S. 3, wonach der Kontoinformationsdienstleister „keine sensiblen Zahlungsdaten anfordern (darf), die mit den Zahlungskonten in Zusammenhang stehen". Vor Umsetzung der PSD2 hatte der Begriff bereits im Zusammenhang mit den Mindestanforderungen an die Sicherheit von Internetzahlungen (MaSI) (BaFin Rundschreiben 4/2015 (BA) v. 5.5.2015) beim Zugriffsschutz (Nr. II.7.2.) und bei der Verschlüsselung (Nr. II.11.2.) als Anknüpfungspunkt für die Vorwegnahme der starken Kundenauthentifizierung beim Onlinebanking Bedeutung erlangt (vgl. näher dazu Zahrte ZBB 2015, 410ff.). Allerdings war der Begriff auch dort nicht definiert worden, sondern wurde erst im Q&A-Katalog der BaFin zur MaSI vom 24.6.2016 in Antwort 1g näher erläutert.

538   Der **Normzweck** des Abs. 26 besteht darin, den Missbrauch mit sensiblen Zahlungsdaten zu verhindern. Dies ergibt sich unmittelbar aus der Wendung, dass diese Daten für „betrügerische Handlungen verwendet werden können". Damit dient die Norm der Bekämpfung des Missbrauchs von Zahlungsdienstleistungen und hat vor allem dritte Zahlungsdienstleister vor Augen (Omlor BKR 2019, 105 (108)).

2. Versuch einer abstrakten Definition

539   Ob eine **abstrakte Definition** gelingen kann, ist unklar, da sowohl die Begründung zum Regierungsentwurf wie die Verlautbarungen der BaFin davon sprechen, dass je „nach Regelungskontext und angebotenem Zahlungsdienst ... unterschiedliche Daten unter diesen Begriff fallen" können (RegE 18/11495, 111; ähnlich BaFin, Fragen und Antworten zu den Mindestanforderungen an die Sicherheit von Internetzahlungen (MaSI) vom 24.6.2016, Frage 1g). Allerdings deutet die Regierungsbegründung an, dass diese Differenzierung vor allem im Verhältnis zwischen Satz 1 und Satz 2 eingreifen soll. Demgegenüber sind die Q&A der BaFin zur MaSI weiter gefasst. Sie stellen auf den Einzelfall ab. Liest man allerdings allein die Abs. 26 zugrundeliegende Vorschrift in der PSD2, so liegt eine abstrakte Definition nahe, die in Einzelfällen eingeschränkt werden mag.

540   Dies vor Augen, fällt zunächst auf, dass die Vorschrift von Daten spricht. Dieser Begriff ist weit auszulegen. Erfasst sind sowohl verschriftlichte wie auch digitale **Daten,** die aus numerischen oder alphanumerischen Kombinationen oder nur aus Buchstaben bestehen können. Im Übrigen fordert Abs. 26 allein, dass diese Daten mit einer betrügerischen Absicht verwendet werden können. Eine Begrenzung auf Zahlungsvorgänge ergibt sich nur mittelbar aus der einleitenden Formulierung Zahlungsdaten. Der Terminus **„betrügerische Absicht"** wird in der PSD2 wiederholt an ganz verschiedenen Stellen verwendet (vgl. zB Art. 74 Abs. 3 UAbs. 2

PSD2, umgesetzt durch § 675v Abs. 3 Nr. 1 BGB). Ob insoweit ein einheitlicher Rechtsbegriff oder eher eine narrative Umschreibung vorliegt, muss hier nicht abschließend geklärt werden. Zumindest mit Blick auf Abs. 26 wird man davon ausgehen können, dass die betrügerische Absicht mit der Ermöglichung einer missbräuchlichen Verwendung von Zahlungsaufträgen gleichzusetzen ist. Zusammenfassend ist Abs. 26 S. 1 wie folgt zu lesen: Sensibel sind Daten im Zusammenhang mit einem Zahlungsvorgang dann, wenn sie dazu geeignet sind, die missbräuchliche Verwendung von Zahlungsdiensten zu befördern. Dieses Verständnis streitet unter Berücksichtigung des Normzwecks (→ Rn. 538) für eine potentiell weite Auslegung. Eine Begrenzung auf Internetzahlungen – wie in der MaSI – ist nicht veranlasst (so noch Q&A-Katalog der BaFin zur MaSI vom 24.6.2016 in Antwort 1g).

Versucht man potentielle **Beispiele zu systematisieren,** so kommen zunächst **541** Daten in Betracht, die dazu dienen, einen Zahlungsvorgang auszulösen. Ferner ist an Daten zu denken, die der Authentifizierung des Kunden dienen. Schließlich können auch solche Daten erfasst sein, die zur Bestellung von Zahlungsinstrumenten benötigt werden. Ferner kann sich die Eigenschaft als sensible Zahlungsdaten auch erst aus der **Kombinationsmöglichkeit mit anderen Daten** ergeben, auch wenn die Einzeldaten für sich betrachtet nicht sensibel sind (Q&A-Katalog der BaFin zur MaSI vom 24.6.2016 in Antwort 1g).

3. Anwendungsbeispiele für sensible Zahlungsdaten iSd Satz 1

Die folgende beispielhafte Aufzählung beschränkt sich auf solche Zahlungsdaten, **542** die nicht schon personalisierte Sicherheitsmerkmale sind (zu ihnen vgl. bereits → Rn. 524ff.). Zu dem Bereich der sensiblen Zahlungsdaten, mit denen der Kunde einen **Zahlungsvorgang auslösen** kann, zählen Kontonummer (ob diese als IBAN oder traditionell ausgestaltet ist, macht keinen Unterschied), sein Name bzw. seine Kundenkennung bzw. sein LogIn-Name, da diese in Kombination mit einem Passwort oder einem anderen personalisierten Sicherheitsmerkmal eingesetzt werden können, um einen Zahlungsvorgang auszulösen (Q&A-Katalog der BaFin zur MaSI vom 24.6.2016, Antwort 1g; Schäfer/Omlor/Mimberg/Mimberg Rn. 530; für den Namen mit Blick auf § 675r BGB einschränkend aber Omlor BKR 2019, 105 (108)). Entsprechendes gilt für die auf einer Zahlungskarte vermerkten Daten wie Kartennummer, Verfallsdatum und Prüfziffer (Verifizierungscode, CVC, CVV), da diese ebenfalls in Kombination im sog. Mail-Order-Verfahren dazu benutzt werden können, einen Zahlungsvorgang auszulösen (Q&A-Katalog der BaFin zur MaSI vom 24.6.2016, Antwort 1g; Omlor BKR 2019, 105 (108); Schäfer/Omlor/Mimberg/Mimberg Rn. 530). Zählt man entgegen der hier vertretenen Auffassung die Unterschrift bzw. biometrische Daten nicht zu den personalisierten Sicherheitsmerkmalen (→ Rn. 534f.), wären auch diese als sensible Zahlungsdaten zu nennen (Schäfer/Omlor/Mimberg/Mimberg Rn. 529; Omlor BKR 2019, 105 (108)).

Die zuvor genannten Daten können ebenfalls dazu genutzt werden, eine **Au-** **543** **thentifizierung** auszulösen. Gerade im Bereich des Telefonbankings kommen aber weitere Daten hinzu, wie die Telefonnummer, das Geburtsdatum, vorab festgelegte geheime Fragen (zB „in welcher Straße haben Sie als Kind gelebt?"), Zurücksetzungspasswörter oder spezielle Zertifikatsdateien, die zur Kundenidentifizierung benutzt werden, wobei Letztere regelmäßig bereits ein personalisiertes Sicherheitsmerkmal darstellen dürften. Ferner nennt die BaFin (Q&A-Katalog zur MaSI vom 24.6.2016, Antwort 1g), auch solche Daten, die Internetzahlungen verifizieren oder die Möglichkeit geben, einen Online-Account zu kontrollieren und – wenn sie verändert werden – die Möglichkeiten des jeweiligen legitimierten Kunden beeinflussen. Hierzu zählen sog. weiße Listen, die Zahlungslimits definieren. Erfasst man mit der BaFin (Q&A-Katalog der BaFin zur MaSI vom 24.6.2016, Antwort 1g) auch Daten, die zur **Versendung von Zahlungsinstrumenten** genutzt werden, zählen hierzu auch die postalische Anschrift des Kunden sowie seine Email-Adresse (so auch Schäfer/Omlor/Mimberg/Mimberg Rn. 531).

4. Bedeutung der Ausnahme in Satz 2

544   Satz 2 ordnet an, dass der Name des Zahlungsdienstleisters und seine Kontonummer im Verhältnis zu Zahlungsauslöse- und Kontoinformationsdienstleistern keine sensiblen Zahlungsdaten darstellen. **Sinn und Zweck** dieser **Privilegierung** ist der Umstand, dass diese Dienstleister gerade die Kontonummer und den Namen als zentrales Identifikationsmittel für ihre Dienstleistungen benötigen und für Folgeaufträge auch speichern müssen. Satz 2 kommt also eine Ermöglichungsfunktion für Drittdienstleister zu, weshalb eine weite Auslegung geboten ist (Schäfer/Omlor/Mimberg/Mimberg Rn. 534, der insoweit insbes. auf die strengen Vorgaben des § 51 Abs. 1 S. 3 verweist). Gerade bei Kontoinformationsdienstleistern stellt diese Privilegierung eine erhebliche Erleichterung dar. Entsprechendes gilt aber auch für solche Zahlungsauslösedienstleister, bei denen sich die Kunden bei jedem Vorgang erneut anmelden müssen. Ob es sich bei der Kontonummer um eine IBAN oder eine traditionelle Kontonummer handelt, ist unerheblich. Auch der dazugehörige BIC dürfte mit in die Ausnahme fallen (Omlor BKR 2019, 105 (108)). Eine teleologische Auslegung gebietet es zudem, Satz 2 auch auf vom Kunden selbst generierte Nutzer- oder LogIn-Namen anzuwenden (zustimmend Schäfer/Omlor/Mimberg/Mimberg Rn. 536). Mit dem Begriff des Namens ist also nicht nur der bürgerliche Name des Zahlungsdienstnutzers oder die Firma eines gewerblichen Kunden gemeint. Die Ausnahmevorschrift findet aber nicht nur auf Kontoinformationsdienstleister, sondern auch auf Zahlungsauslösedienstleister Anwendung, die somit sowohl Daten des Zahlers wie des Zahlungsempfängers speichern dürfen (näher zum Ganzen vgl. Schäfer/Omlor/Mimberg/Mimberg Rn. 535).

XXX. Digitale Inhalte (Abs. 27)

Literatur: S. Literatur zu § 2 Abs. 1 Nr. 11

545   Abs. 27 setzt Art. 4 Nr. 43 PSD2 wörtlich um. Zahlungsvorgänge für digitale Inhalte werden unter den weiteren Anforderungen der Ausnahmebestimmung für Anbieter elektronischer Kommunikationsnetze oder -dienste des § 2 Abs. 1 Nr. 11 lit. a (→ § 2 Rn. 119 ff.) von der Erlaubnispflicht des § 10 Abs. 1 ausgenommen; auch E-Geld-Geschäft kann über Abs. 2 S. 4 iVm § 2 Abs. 1 Nr. 11 von der Erlaubnispflicht des § 11 Abs. 1 ausgenommen sein. Die Definition enthält drei Merkmale: Herstellung/Bereitstellung in digitaler Form, Nutzung/Verbrauch auf technisches Gerät beschränkt, Nutzung/Verbrauch in physischer Form ausgeschlossen.

546   Sowohl die **Herstellung** als auch die **Bereitstellung** der Waren oder Dienstleistungen muss in digitaler Form erfolgen. Ausscheiden will die Definition körperlich greifbare Waren oder Dienstleistungen (Begr. RegE. BT-Drs. 18/11495, 111: Straßenkarte in Papierform nicht, dagegen Straßenkarte als App wohl erfasst). Die digitale Bereitstellung liegt auch nicht vor, wenn ein physischer Gegenstand im eCommerce erworben wird. Fraglich erscheint die Herstellung und Bereitstellung auf einem physischen Datenträger (zB DVD). Hier wird man wohl nicht von digitaler Bereitstellung sprechen (unklar Begr. RegE. BT-Drs. 18/11495, 111: Papierstraßenkarte mit der „beigefügten CD/DVD" nicht). Für diese Tatsache spricht auch, dass es sich bei solchen Datenträgern um Sachen gem. § 90 BGB handelt (Schwennicke/Auerbach/Schwennicke Rn. 218; MüKoBGB/Wendehorst § 312f Rn. 21). Andererseits ist ein digitaler Inhalt zu unterscheiden von einem ggf. zu seiner Speicherung verwendeten Datenträger (vgl. RegBegr. zu § 327 Abs. 2 S. 1 BGB nF, BT-Drs. 19/27653, 39).

Umfasst sind digitalisierte Produkte, die auf ein technisches Endgerät per SMS **547** (Short Message Service), USSD (Unstructured Supplementary Service Data), HSCSD (High Speed Circuit Switched Data), GPRS (General Packet Radio Service) oder als Datei übertragen werden. Solche digitalen Waren oder Dienstleistungen können sein: Software, Filme, Klingeltöne, Hintergrundbilder, Musik (RegBegr. Zweites E-Geld-RLUG, BT-Drs. 17/3023, 41; BaFin-Merkblatt v. 14.2.2023, Abschn. C.XI). In Betracht kommen auch Computerspiele, digitale Zeitungen bzw. Nachrichtendienste (RegBegr. ZDUG, BT-Drs. 16/11613, 39; ähnlich Ellenberger/Findeisen/Nobbe/Böger/Findeisen Rn. 869, 871; Schäfer/Omlor/Mimberg/Mimberg Rn. 538).

Nutzung oder **Verbrauch** der Waren oder Dienstleistungen ist auf ein tech- **548** nisches Gerät beschränkt. Das wird in der Regel bereits aufgrund der Herstellung und Bereitstellung in digitaler Form der Fall sein müssen. Eine Nutzung oder Verbrauch, die nicht über ein digitales Gerät, sondern **in physischer Form** stattfindet, ist nicht erfasst (Straßenkarte in Papierform ausgeschlossen) (BT-Drs. 18/11485, 111).

XXXI. Zahlungsmarke (Abs. 28)

Literatur: S. Literatur zu § 2 Abs. 1 Nr. 10

Abs. 28 setzt Art. 4 Nr. 47 PSD2 um. Der Begriff „Zahlungsmarke" ist zum **549** einen bedeutsam im Rahmen der Informationspflichten der Zahlungsdienstleister (gemäß Art. 248 § 4 Abs. 1 lit. g EGBGB; Umsetzung von Art. 52 Abs. 2 lit. g PSD2). Auch findet sich der Begriff im Recht auf „Co-Badging" (mehrere Zahlungsmarken auf einer Karte) iSd Art. 8 Abs. 2 S. 1 MIF-VO. Zudem spielt die Zahlungsmarke wegen Erwägungsgrund Nr. 13 PSD2 eine Rolle bei der Definition der Ausnahmebestimmung des begrenzten Netzes iSd § 2 Abs. 1 Nr. 10 lit. a Alt. 2.

Die PSD2 schafft einen eigenen Markenbegriff für Zahlungsmarken. Marken **550** können danach aus **Namen, Begriffen, Zeichen, Symbolen** oder einer Kombination daraus bestehen. Dies ist sprachlich enger als der Begriff der Marke des nationalen oder des europäischen Markenrechts. So schließt beispielsweise § 3 Abs. 1 MarkenG als Marke jegliche Zeichen ein, die geeignet sind, Waren oder Dienstleistungen eines Unternehmens von denjenigen anderer Unternehmen zu unterscheiden. Dies schließt auch Hörzeichen, dreidimensionale Gestaltungen einschließlich der Form einer Ware oder ihrer Verpackung sowie sonstige Aufmachungen einschließlich Farben und Farbzusammenstellungen ein. Die Begr. des RegE. des ZDUG II (BT-Drs. 18/11495, 112) sieht jedoch auch im Rahmen von Abs. 28 neben Buchstaben, Zeichen, Wörtern, Namen, Slogans, Symbolen, Bildern auch Farben, Klänge, Klangfolgen, Muster, visuelle Anordnungen als erfasst an.

551   Die Gegenüberstellung **„real"** und **„digital"**. In der englischen Fassung heißt es „material or digital". Entscheidend dürfte sein, dass es auf die Form der Darstellung, gedruckt auf Papier, auf Plastik, auf sonstigem Untergrund, als digitaler Schriftzug oder in Form einer anderen Darstellung, nicht ankommt. Nach Begr. des RegE. des ZDUG II (BT-Drs. 18/11495, 112) kommt auch eine akustische Darstellung in Betracht, was mit dem Adjektiv „digital" vereinbar sein sollte.

552   Die Marke muss dagegen für den Empfänger, im vorliegenden Fall den Zahlungsdienstnutzer, dh Zahler und Zahlungsempfänger, eine gewisse Unterscheidungskraft, einen **Erkennungswert,** haben in Bezug auf das Produkt oder die Dienstleistung des Zahlungsdienstleisters (Begr. RegE. ZDUG II, BT-Drs. 18/11495, 112). Im Übrigen kann es im Rahmen von Abs. 28 auf eine **Eintragung,** eine **Verkehrsgeltung** oder eine **notorische Bekanntheit** im Sin der Pariser Verbandsübereinkunft, anders als im Rahmen des § 4 MarkenG, **nicht** ankommen.

553   Die im Rahmen des Art. 8 Abs. 1 S. 2 MIF-VO und mithin im Rahmen der **Informationspflichten** nach Art. 248 § 4 Abs. 1 lit. g EGBGB (Art. 52 Abs. 2 lit. g PSD2) angesprochene Zahlungsmarke muss der Kennzeichnung dienen, unter welchem Zahlungskartensystem kartengebundene Zahlungsvorgänge ausgeführt werden. Dies sind idR Symbole der Kreditinstitute und sonstigen Emittenten von Zahlungskarten, Logos der Kreditkartenorganisationen, Symbole der Debitkartenanbieter ua (Begr. RegE. ZDUG II, BT-Drs. 18/11495, 112). Die Begriffe **„Zahlungskartensystem"** und **„kartengebundene Zahlungsvorgänge"** sind in Art. 2 MIF-VO definiert. Diese Definitionen sind auch für das ZAG bzw. die PSD2 maßgeblich (EuGH WM 2018, 314 Rn. 56 – Amex I und EuGH WM 2018, 321 Rn. 44 – Amex II).

554   Der Begriff „Zahlungsmarke" spielt daneben im Zusammenhang mit der **Ausnahmebestimmung des begrenzten Netzes** gemäß § 2 Abs. 1 Nr. 10 lit. a Alt. 2 eine Rolle. Er bildet zwar kein Tatbestandsmerkmal der genannten Regelung, aber er kommt über die Auslegungshinweise des Erwägungsgrundes Nr. 13 PSD2 zum Tragen. Danach spricht für ein begrenztes Netz, „wenn die beteiligten Stellen unmittelbar durch eine gewerbliche Vereinbarung verbunden sind, in der beispielsweise die Verwendung einer einheitlichen Zahlungsmarke vorgesehen ist, und diese Zahlungsmarke in den Verkaufsstellen verwendet wird und – nach Möglichkeit – auf dem dort verwendbaren Zahlungsinstrument aufgeführt ist". Dabei können Zahlungsmarken in diesem Sinn auch Handels-Marken, Logos und dergleichen von Einzelhändlern sein, die eine Akzeptanz unter einem einheitlichen Markenauftritt gewährleisten (BaFin-Merkblatt v. 14. 2. 2023, Abschn. X. 1.a)bb) sub „Einheitlicher Marktauftritt"; Terlau ZBB 2016, 122 (126)). Hier kommen die in Abs. 28 verwendeten Begriffe **„Zahlungskartensystem"** und **„kartengebundene Zahlungsvorgänge"** nur in entsprechender Anwendung zum Einsatz (zustimmend Schäfer/Omlor/Mimberg/Mimberg Rn. 545). In dem Fall ist der kartengebundene Zahlungsvorgang gleichzusetzen mit dem Zahlungsvorgang mittels des von der Ausnahme erfassten Zahlungsinstruments; dieses sollte entsprechend die Zahlungsmarke tragen. Der Begriff „Zahlungskartensystem" ist in dem Fall die gewerbliche Vereinbarung, mit der die beteiligten Stellen unmittelbar verbunden sind.

XXXII. Eigenmittel (Abs. 29)

1. Allgemeine Zusammenfassung der Regelung, Normentwicklung, Zweck der Norm

§ 1 Abs. 29 enthält die **Begriffsbestimmung der Eigenmittel** und verweist **555** dazu auf die für Institute iSd § 1 Abs. 1b KWG seit dem 1.1.2014 geltende CRR (Verordnung (EU) Nr. 575/2013). Mit dem Verweis geht eine Harmonisierung der Eigenmittelanforderungen für Institute im Sinne von § 1 Abs. 1b KWG (Kredit- und Finanzdienstleistungsinstitute) und für Institute iSd § 1 Abs. 3 ZAG (Zahlungs- institute und E-Geld-Institute) einher. § 1 Abs. 29 setzt Artikel 4 Nummer 46 der PSD2 um (vgl. RegBegr. Zweites Zahlungsdienste-RLUG (ZUG), BT-Drs. 18/11495, 112).

Über § 1 Abs. 29 haben auch ZAG-Institute zur Abdeckung ihrer eingegan- **556** genen Risiken entsprechende Eigenmittel vorzuhalten. Die Eigenmittel sind in der CRR (Verordnung (EU) Nr. 575/2013) geregelt und bestehen in abnehmender Qualität aus dem harten Kernkapital (Art. 26 ff. CRR), dem zusätzlichen Kernkapi- tal (Art. 51 ff. CRR) und dem Ergänzungskapital (Art. 62 ff. CRR). § 1 Abs. 29 gibt erstmals Mindestquoten für die Zusammensetzung der Eigenmittel vor; diese be- standen in der PSD1 noch nicht.

Der Bezug zur CRR besteht auch für Regelungen des ZAG zum Anfangskapital **557** (§ 1 Abs. 30), das sich mit Ausnahme des Fonds für allgemeine Bankrisiken gemäß § 340f HGB (Art. 26 Abs. 1f CRR) aus dem Kernkapital gemäß CRR zusammen- setzen muss.

Hilfestellung bei Auslegungsfragen zur CRD, CRR, BRRD, DGSD und **558** PSD2 bietet auch der Q&A Prozess der Europäischen Bankenaufsichtsbehörde (EBA) https://www.eba.europa_eu/single-rule-book-qa, zuletzt abgerufen am 27.2.2023.

2. Eigenmittel

Für die Zwecke der CRR und des ZAG bezeichnet der Ausdruck „**Eigenmit- 559 tel**" die Summe aus hartem und zusätzlichem **Kernkapital** und **Ergänzungs- kapital** (Artikel 4 Abs. 1 Nummer 118). Neben der Bestimmung des Begriffs „Ei- genmittel" legt der § 1 Abs. 29 auch Mindestquoten für das Verhältnis von hartem Kernkapital (Artikel 50), zusätzlichem Kernkapital (Artikel 51) und Ergänzungs- kapital (Art. 62) fest. Danach müssen mindestens 75 Prozent des Kernkapitals in Form von hartem Kernkapital gehalten werden und das Ergänzungskapital darf höchstens ein Drittel des harten Kernkapitals betragen.

a) Kernkapital. Details zur Qualifikation von Finanzinstrumenten als **Kern- 560 kapital** finden sich in den Artikeln 25–61 CRR, wobei nachfolgend nur Art. 25 CRR (Kernkapital) und in Auszügen Art. 26 (Posten des harten Kernkapitals) wiedergegeben wird. Die entsprechende Relevanz für ZAG-Institute ergibt sich aus § 1 Abs. 29, in dem explizit Bezug auf die Eigenmittel der CRR genommen wird.

561 Artikel 25 – Kernkapital

Das Kernkapital eines Instituts besteht aus der Summe des harten Kernkapitals und des zusätzlichen Kernkapitals.

Artikel 26 – Posten des harten Kernkapitals

(1) Das harte Kernkapital eines Instituts umfasst folgende Posten:

a) Kapitalinstrumente, die die Voraussetzungen des Artikels 28 CRR, oder ggf. des Artikels 29 CRR erfüllen,

b) das mit den Instrumenten nach Buchstabe a verbundene Agio,

c) einbehaltene Gewinne,

d) das kumulierte sonstige Ergebnis,

e) sonstige Rücklagen,

f) den Fonds für allgemeine Bankrisiken.

562   Unter Kapitalinstrumente gemäß Buchstabe a fallen das gezeichnete Eigenkapital bzw. das Stammkapital eines Instituts und sonstige Kapitalinstrumente, die die Voraussetzungen der Artikel 28 und ggf. 29 CRR erfüllen. Unter diese Voraussetzungen fallen das Bestehen einer direkten Emission nach voriger Zustimmung der Eigentümer oder des Leitungsorgans, die vollständige Einzahlung des Kapitals ohne Finanzierung des emittierenden Instituts, der separate Ausweis in der Bilanz des emittierenden Institutes, die zeitlich unbefristete Bereitstellung, die erstrangige Übernahme von Verlusten und die nachrangige Bedienung gegenüber allen anderen Ansprüchen bei Insolvenz oder Liquidation.

563   Die unter den Buchstaben c–f genannten Posten werden nur dann als hartes Kernkapital anerkannt, wenn sie dem Institut uneingeschränkt und unmittelbar zur sofortigen Deckung von Risiken oder Verlusten zur Verfügung stehen.

564   Im kumulierten sonstigen Ergebnis (Buchstabe d) sind Rücklagen nach IFRS (International Financial Reporting Standards) enthalten. Der Fonds für allgemeine Bankrisiken gemäß § 340f HGB erlaubt die Bildung von Vorsorgereserven nach vernünftiger, kaufmännischer Beurteilung für ua Kredite und betrifft ZAG-Institute, die Adressenausfallrisiken eingehen.

565   (2) Institute dürfen vor dem offiziellen Beschluss zur Bestätigung ihres endgültigen Jahresergebnisses Zwischengewinne oder Gewinne zum Jahresende nur nach vorheriger Erlaubnis der BaFin für die Zwecke von Absatz 1 Buchstabe c zum harten Kernkapital rechnen. Die BaFin gibt die Erlaubnis, vorausgesetzt

a) die Gewinne wurden durch Personen überprüft, die vom Institut unabhängig und für dessen Buchprüfung zuständig sind. Bei diesen Personen handelt es sich um externe Abschlussprüfer, die bspw. durch prüferische Durchsichten Zwischenabschlüsse bestätigen

b) das Institut hat den zuständigen Behörden hinreichend nachgewiesen, dass alle vorhersehbaren Abgaben oder Dividenden von dem Gewinnbetrag abgezogen wurden. Eine Überprüfung der Zwischengewinne oder Jahresendgewinne des Instituts muss in angemessenem Maße gewährleisten, dass diese Gewinne im Einklang mit den Grundsätzen des geltenden Rechnungslegungsrahmens ermittelt wurden. Dabei sind insbesondere Bewertungs- und Periodisierungsgrundsätze zu beachten.

566   (3) Die zuständigen Behörden bewerten, ob die Emission von Instrumenten des harten Kernkapitals den Kriterien des Artikels 28 CRR oder ggf. des Artikels 29 CRR genügt. Die entsprechende Relevanz für ZAG-Institute ergibt sich aus § 1 Abs. 29, in dem explizit Bezug auf die Eigenmittel gemäß CRR genommen wird. Nach dem 28. Juni 2013 begebene Kapitalinstrumente werden gemäß den Anforderungen der CRR nur dann als Instrumente des harten Kernkapitals eingestuft, wenn die zuständigen Behörden, gegebenenfalls nach Konsultation der EBA, zuvor die Erlaubnis gegeben haben.

b) Ergänzungskapital. Details zur Qualifikation von Finanzinstrumenten als 567
Ergänzungskapital finden sich in den Artikeln 62–71 CRR, wobei nachfolgend
nur Art. 62 CRR (Posten des Ergänzungskapitals) wiedergegeben wird. Die entsprechende Relevanz für ZAG-Institute ergibt sich aus § 1 Abs. 29, in dem explizit
Bezug auf die Eigenmittel der CRR genommen wird.

Artikel 62 – Posten des Ergänzungskapitals 568

Posten des Ergänzungskapitals bestehen aus:

a) **Kapitalinstrumenten** und **nachrangigen Darlehen,** die die Voraussetzungen des Artikels 63 CRR erfüllen,

b) dem **Agio,** das mit unter Buchstabe a genannten Instrumenten verbunden ist,

c) für Institute, die risikogewichtete Positionsbeträge gemäß dem Kreditrisiko-Standard-
ansatz (Art. 111 ff. CRR) berechnen, die **allgemeinen Kreditrisikoanpassungen** – vor
Abzug von Steuereffekten – bis zu 1,25 % der gemäß Kreditrisiko-Standardansatz be-
rechneten risikogewichteten Positionsbeträge. Aufgrund des Anwendungsbereichs der
CRR im § 15 Abs. 4 ist diese Position nur für ZAG-Institute, die eine Erlaubnis nach § 32
KWG benötigen, relevant.

d) für Institute, die risikogewichtete Positionsbeträge gemäß dem fortgeschrittenen IRBA-
Ansatz unter Nutzung von Ausfallwahrscheinlichkeiten und Verlustquoten berechnen
(Art. 142 ff. CRR), der **Wertberichtigungsüberschuss** – vor Abzug von Steuereffekten –
gemäß Art. 158 und 159 CRR bis zu 0,6 % der gemäß dem IRBA-Ansatz berechneten
risikogewichteten Positionsbeträge. Der Wertberichtigungsüberschuss ist der Überschuss der gebildeten Risikovorsorge über den mit Hilfe von Ausfallwahrscheinlichkeiten und Verlustquoten berechneten erwarteten Verlust (Expected Loss). Aufgrund des
Anwendungsbereichs der CRR im § 15 Abs. 4 ist diese Position nur für ZAG-Institute,
die eine Erlaubnis nach § 32 KWG benötigen, relevant.

XXXIII. Anfangskapital (Abs. 30)

1. Allgemeine Zusammenfassung der Regelung, Normentwicklung, Zweck der Norm

Abs. 30 wurde als Abs. 9a aF durch das Gesetz zur Umsetzung der Zweiten 569
E-Geld-RL nachträglich eingefügt. Er enthält eine Definition über das Anfangskapital. Die Notwendigkeit eines Anfangskapitals soll ausweislich des 11. Erwägungsgrundes zur Zweiten E-Geld-RL einen angemessenen Verbraucherschutz
und eine solide und umsichtige Geschäftsführung von E-Geld-Instituten gewährleisten. Dieses Regelungsbedürfnis schien schon in der amtlichen Begründung der
6. KWG-Novelle (BT-Drs. 13/7142, 64) auf und gilt im Rahmen des ZAG sowohl für Zahlungsinstitute als auch für E-Geld-Institute. Relevanz besitzt die Definition für die Erteilung der Erlaubnis bzw. die Aufhebung eben dieser für Zah-
lungs- und E-Geld-Institute (§§ 10–13). Die **Notwendigkeit** der nachträglichen
Einfügung der Definition ergab sich aus dem Umstand, dass es in der praktischen
Anwendung des **§ 12 Nr. 3** (§ 9 Nr. 3 aF) zu Missverständnissen kam, welche Vermögenswerte in das Anfangskapital einzubeziehen sind (BT-Drs. 17/3023, 38 f.).
Durch die Aufnahme der Legaldefinition wurden diese Missverständnisse endgültig ausgeräumt.

Vor der Umsetzung der PSD2 in deutsches Recht sah § 9 Nr. 3 aF einen Verweis 570
auf § 10 Abs. 2a S. 1 Nr. 2, 3 oder § 6 KWG aF vor. Letztere Regelung wurde durch
das Inkrafttreten der CRR (Verordnung (EU) Nr. 575/2013) ihres Anwendungs-

bereichs beraubt. §§ 10 ff. KWG sieht nunmehr allein Detailregelungen zur weiteren Ausgestaltung der CRR vor. § 1 Abs. 28 KWG definiert das harte Kernkapital durch einen umfassenden Verweis auf Art. 26 der CRR-Verordnung. Die konkreten Anforderungen an das Anfangskapital finden sich in § 33 Abs. 1 Nr. 1 KWG, der in Verbindung mit Art. 26 Abs. 1 S. 1 lit. a–e CRR zu lesen ist. Zu beachten ist jedoch, dass lediglich hinsichtlich der Definition des Anfangskapitals, nicht jedoch hinsichtlich der Höhe auf die CRR verwiesen wird. Anders als § 10 KWG in der bis zum 31.12.2013 geltenden Fassung trifft Art. 26 CRR selbst keine Aussage zur Erforderlichkeit der Angemessenheit der Eigenmittelausstattung, diese ist in den Art. 92 ff. geregelt.

571   Auch die Legaldefinition in Abs. 30 beschränkt sich darauf, auf die entsprechenden **Definitionen des harten Kernkapitals** in Art. 26 Abs. 1 S. 1 lit. a–e CRR zu verweisen. Insoweit erreicht der Gesetzgeber, dass die Erlaubnis bzw. deren Versagung für Zahlungs- und E-Geld-Institute an die gleichen Kriterien hinsichtlich der Definition des Anfangskapitals anknüpfen, wie bei der Erteilung der Erlaubnis bzw. deren Versagung für Kreditinstitute, die eine Erlaubnis gem. § 32 KWG erlangen möchten. Selbstredend müssen Zahlungs- und E-Geld-Institute Anfangskapital in anderer Höhe vorweisen als diejenigen Institute, die eine Erlaubnis nach § 32 KWG zum Betrieb von Bankgeschäften und zum Erbringen von Finanzdienstleistungen erhalten wollen (zu den Einzelheiten vgl. die Erl. zu → § 12 Rn. 6 ff.). So benötigen beispielsweise Zahlungsinstitute eine deutlich geringere Kernkapitalausstattung als Einlagenkreditinstitute.

572   Aufgrund des unmittelbaren Bezugs des Art. 30 auf die Vorgaben der CRR lassen sich alte Erkenntnisse aus dem Verweis ins KWG nach Abs. 9a aF nicht mehr verwerten. Das betrifft insbesondere die Abhängigkeit der Höhe des Anfangskapitals von der Rechtsform des Instituts.

2. Vorgaben der CRR

573   Das Anfangskapital umfasst gem. **Art. 26 Abs. 1 S. 1 der CRR**
(a) Kapitalinstrumente, die die Voraussetzungen des Art. 28, oder gegebenenfalls des Art. 29 der Verordnung (EU) Nr. 575/2013 erfüllen,
(b) das mit den Instrumenten nach lit. a verbundene Agio,
(c) einbehaltene Gewinne,
(d) das kumulierte sonstige Ergebnis sowie
(e) sonstige Rücklagen.

574   Dabei umfasst das Anfangskapital nur einen oder mehrere der dort aufgeführten Bestandteile (Boos/Fischer/Schulte-Mattler/Dürselen CRR Art. 4 Rn. 168). Da der Verweis nicht Art. 26 Abs. 1 S. 1 lit. f CRR erfasst, zählt der Fonds für allgemeine Bankrisiken, der regelmäßig bei einem Institut nach Abs. 3 CRR auch nicht vorhanden sein wird, nicht zum Anfangskapital gem. Abs. 30. Unabhängig davon ist auch insoweit ein **Gleichlauf mit dem KWG** zu erkennen, der im Rahmen des § 33 Abs. 1 Nr. 1 KWG ebenfalls einen Verweis auf Art. 26 Abs. 1 S. 1 lit. f CRR auslässt.

575   Die unter den Buchstaben c–f genannten Posten werden nur dann als hartes Kernkapital anerkannt, wenn sie dem Institut uneingeschränkt und unmittelbar zur sofortigen Deckung von Risiken oder Verlusten zur Verfügung stehen, Art. 26 Abs. 1 S. 2 CRR. Damit soll gewährleistet werden, dass die als hartes Kernkapital angerechneten Beträge bei Bedarf tatsächlich als Verlustdeckungsmasse zur Verfügung stehen (Boos/Fischer/Schulte-Mattler/Konesny/Glaser CRR Art. 26

Rn. 2). Der Terminus „Anfangskapital" wird in der CRR – außer in Erwägungsgrund 6 – insbesondere in den Anfangskapitalanforderungen der Art. 93 und 96 verwendet.

Die CRR weicht insoweit vom Ansatz des Basler Ausschusses ab, der die Definition des harten Kernkapitals abhängig von der Rechtsform fasste und auch in Gestalt des § 10 KWG aF umgesetzt wurde und dadurch auch im ZAG vor Umsetzung der PSD2 seinen Niederschlag fand (vgl. dazu Winkelhaus in → 1. Aufl. 2014, Rn. 165 ff.). Zum harten Kernkapital zählen daher sämtliche Instrumente, die die Kriterien in Art. 28 CRR-VO erfüllen und ggf. durch Art. 29 CRR-VO mit Blick auf Kapitalinstrumente von Gegenseitigkeitsgesellschaften, Genossenschaften, Sparkassen und ähnlichen Instituten modifiziert werden, **unabhängig von der Rechtsform** des Instituts. **576**

Auch bei Erfüllung sämtlicher Kriterien der Art. 28 f. CRR sind nach dem 28. 6. 2013 – dem Inkrafttreten der CRR – begebene Instrumente nur dann als hartes Kernkapital anerkennungsfähig, wenn die zuständigen Behörden der Mitgliedstaaten ihre Erlaubnis dazu gegeben haben. Diese haben in Zweifelsfällen die **EBA** zu konsultieren. Sofern die EBA die Beurteilung der Kriterien als „äußerst schwierig" festzustellen einstuft, müssen die nationalen Aufsichtsbehörden ihre Entscheidung der EBA gegenüber begründen. Mangels weiterer Vorgaben scheint die EBA diese Einstufung nach eigenem Ermessen vornehmen zu dürfen (Boos/Fischer/Schulte-Mattler/Konesny/Glaser CRR Art. 26 Rn. 20). Auf Basis der Informationen der zuständigen nationalen Behörden veröffentlicht die EBA ein **Verzeichnis,** das sämtliche Arten von **Kapitalinstrumenten** auflistet, die in den jeweiligen Mitgliedstaaten als Instrumente des harten Kernkapitals akzeptiert werden. Die im Jahr 2014 erstmals veröffentlichte Liste wurde zuletzt am 8. 12. 2021 aktualisiert und kann unter https://www.eba.europa.eu/eba-updates-monitoring-cet1-capital-instruments angerufen werden. **577**

3. Bezugnahme auf die Legaldefinition des Anfangskapitals

In zu § 33 Abs. 1 Nr. 1 KWG vergleichbarer Systematik, sieht § 12 Nr. 3 vor, dass die Erlaubnis zur Erbringung von Zahlungsdiensten oder zum Betreiben des E-Geld-Geschäfts zu versagen ist, sofern die zum Geschäftsbetrieb erforderlichen Mittel, insbesondere ein ausreichendes Anfangskapital, im Inland nicht zur Verfügung stehen (§ 10 Abs. 2 Nr. 3; § 11 Abs. 2 Nr. 2). Hinsichtlich der konkreten Höhe des Anfangskapitals wird auf § 12 Nr. 3 und die entsprechende Kommentierung verwiesen (→ § 12 Rn. 6 ff.). **578**

Auf das Anfangskapital iSd Abs. 30 wird sodann noch in § 15 Abs. 1 Bezug genommen. Nach dessen S. 1 hat ein Institut jederzeit ein angemessenes Eigenkapital vorzuhalten, das zu keinem Zeitpunkt unter den Betrag des Anfangskapitals nach § 12 Nr. 3 sinken darf. Ein Institut verfügt über angemessenes Eigenkapital, wenn es jederzeit Eigenkapital in einer Höhe vorhält, die den Vorgaben der Berechnungsmethode gem. § 1 ZAG-Instituts-Eigenkapitalverordnung (ZIEV) entspricht. **579**

XXXIV. Sichere Aktiva mit niedrigem Risiko (Abs. 31)

1. Regelungsgehalt und Normzweck, Historie des Absatzes

580   Abs. 31 wurde als Abs. 9b aF mit dem Umsetzungsgesetz zur Zweiten E-Geld-RL eingeführt. Es enthält eine Legaldefinition über sichere Aktiva mit niedrigem Risiko. Sie entspricht im Wesentlichen den Richtlinienvorgaben des Art. 7 Abs. 2 UAbs. 1 f. Zweite E-Geld-RL. Abs. 31 definiert sichere Aktiva mit niedrigem Risiko entsprechend den europarechtlichen Vorgaben der angemessenen Eigenkapitalausstattungen von Wertpapierfirmen und Kreditinstituten. Entscheidend kommt es für die Auslegung des Abs. 31 auf den Erwägungsgrund Nr. 14 zur Zweiten E-Geld-RL an, wonach für E-Geld-Institute **strengere Anforderungen an** die **Sicherung** der Geldbeträge der E-Geld-Inhaber zu stellen sind, als dies bei Kreditinstituten der Fall ist. Primäres Ziel für die strengeren Anforderungen des Abs. 31 liegt in einem Wettbewerbsausgleich für die gegenüber Kreditinstituten weniger belastenden aufsichtsrechtlichen Regelungen der E-Geld-Institute.

581   Die Legaldefinition in Abs. 31 entfaltet Relevanz im Rahmen der Sicherungsanforderungen für die Entgegennahme von Geldbeträgen zur Ausgabe von E-Geld iSd § 18. Ob die Definition in Abs. 31 auch im Rahmen der Sicherungsanforderungen bei der Erbringung von Zahlungsdiensten iSd § 17 Abs. 1 S. 2 Nr. 1 lit. b zugrunde gelegt werden sollte, wenn dort von sicheren liquiden Aktiva gesprochen wird, ist dagegen nicht eindeutig. Vgl. hierzu sogleich → Rn. 590.

2. Sichere Aktiva mit niedrigen Risiko iSd CRR gem. Abs. 31 S. 1

582   Abs. 9b aF verwies in S. 1 entsprechend der Richtlinienvorgaben auf die Tabelle 1 des Anhangs I Nr. 14 der KapitaladäquanzRL (RL 2006/49/EG). Mit Wirkung zum 1.1.2014 wurde die KapitaladäquanzRL durch Art. 163 der Richtlinie 2013/36/EU vom 26.6.2013 (ABl. 2013 L 176, 338) aufgehoben. Nunmehr ist für die Frage, ob sichere Aktiva mit niedrigem Risiko gem. Abs. 31 S. 1 vorliegen, allein eine der vier Kategorien nach Art. 336 Abs. 1 der CRR (Verordnung (EU) Nr. 575/2013) maßgebend. Ergänzt wird die CRR durch die CRD IV (Richtlinie 2013/36/EU, sog. Eigenkapitalrichtlinie).

583   *Kategorie 1 der Tabelle 1 von Art. 336 Abs. 1 der CRR*
Schuldverschreibungen, bei denen gemäß dem Standardansatz für Kreditrisiken ein Risikogewicht von 0% anzusetzen ist.

584   *Kategorie 2 der Tabelle 1 von Art. 336 Abs. 1 der CRR*
Schuldverschreibungen, bei denen gemäß dem Standardansatz für Kreditrisiken ein Risikogewicht von 20% oder 50% anzusetzen ist, und andere qualifizierte Positionen gemäß Absatz 4.

585   Schuldverschreibungen, bei denen gemäß dem Standardansatz für Kreditrisiken ein Risikogewicht von 100% (Kategorie 3) oder 150% (Kategorie 4) anzusetzen ist, unterliegen Eigenkapitalanforderungen von 8% (Kategorie 3) bzw. 12% (Kategorie 4) und übersteigen damit die Obergrenze von 1,6%, sodass sie keine sicheren Aktiva mit niedrigem Risiko iSd Abs. 31 darstellen.

Ausgeschlossen sind zukünftig andere qualifizierte Positionen gemäß Art. 336 **586**
Abs. 4 CRR, sofern für die entsprechenden Kauf- und Verkaufspositionen in Wertpapieren eine Kreditbewertung durch eine anerkannte externe Ratingagentur nicht
verfügbar ist, die also kein externes Rating besitzen. Sind ausreichende Liquidität,
gute Bonität sowie ein geregelter Markt vorhanden, gelten derartige Positionen als
qualifiziert gem. Art. 336 Abs. 4 CRR. Daneben können Kauf- und Verkaufspositionen als qualifizierte Positionen eingestuft werden, wenn diese von Instituten ausgegeben wurden und von den betreffenden Instituten als ausreichend liquide angesehen werden. Von Instituten ausgegebene Wertpapiere können auch dann als
qualifizierte Positionen gelten, wenn (i) deren Kreditqualität entweder mit der Kreditqualität als gleichwertig angesehen wird, die nach den Bestimmungen über die
Risikogewichtung von Forderungen an Institute der Bonitätsstufe 2 entspricht,
oder als höher angesehen wird und (ii) die aufsichtlichen und regulatorischen Vorschriften unterliegen, die CRR und der CRD IV (Richtlinie 2013/36/EU) vergleichbar sind. (vgl. Boos/Fischer/Schulte-Mattler/Schulte-Mattler CRR Art. 336
Rn. 9 ff. für weitere Details).

__Andere qualifizierte Positionen gemäß Art. 336 Abs. 4 der CRR-VO__ **587**
Andere qualifizierte Positionen sind
a) Kauf- und Verkaufspositionen in Vermögenswerten, für die eine Bonitätsbeurteilung
durch eine benannte ECAI nicht verfügbar ist und die sämtliche der folgenden Bedin-
gungen erfüllen:
  i) Sie werden von dem betreffenden Institut als ausreichend liquide angesehen;
  ii) ihre Anlagequalität ist nach institutseigener Einschätzung zumindest der Anlage-
  qualität der in Tabelle 1 Zeile 2 genannten Vermögenswerte gleichwertig;
  iii) sie werden zumindest an einem geregelten Markt in einem Mitgliedstaat oder an der
  Börse eines Drittlandes gehandelt, vorausgesetzt, diese Börse wird von den zustän-
  digen Behörden des entsprechenden Mitgliedstaats anerkannt;
b) Kauf- und Verkaufspositionen in Vermögenswerten, die von den Instituten vorbehalt-
lich der Eigenmittelanforderungen im Sinne dieser Verordnung begeben wurden und
von den betreffenden Instituten als ausreichend liquide angesehen werden und deren
Anlagequalität nach institutseigener Einschätzung zumindest der Anlagequalität der
in Tabelle 1 Zeile 2 genannten Vermögenswerte gleichwertig ist;
c) von Instituten begebene Wertpapiere, deren Kreditqualität der Bonität als gleichwertig
angesehen wird, der nach dem Standardansatz für Kreditrisiken für Risikopositionen
eines Instituts eine Bonitätsstufe von 2 zugeordnet wird, oder als höher angesehen
wird, und die aufsichtlichen und rechtlichen Vorschriften unterliegen, die denen dieser
Verordnung und der Richtlinie 2013/36/EU vergleichbar sind.

Aufgrund der hier genannten Regelungen fallen unter die Definition der siche- **588**
ren Aktiva mit niedrigem Risiko jedenfalls Inhaberschuldverschreibungen und andere Wertpapiere, die von deutschen Kreditinstituten, der EZB oder den Zentralbanken der Mitgliedsstaaten ausgegeben werden, sofern die Forderungen nicht
nachrangig gegenüber anderen Forderungen sind. Darüber hinaus gelten auch von
Deutschland oder anderen Mitgliedstaaten mit ausreichender Bonität ausgegebene
Wertpapiere als sichere Aktiva mit niedrigem Risiko. Nicht notwendig ist es, dass
die sicheren Aktiva sofort liquidierbar sind. Dies ergibt sich bereits aus einer Abgrenzung zu dem in § 17 Abs. 1 S. 2 Nr. 1 lit. b verwendeten Begriff der sicheren liquiden Aktiva. Vgl. zur Abgrenzung auch → Rn. 590.

3. Sichere Aktiva mit niedrigen Risiko gem. Abs. 31 S. 2

589   Gem. Abs. 31 S. 2 gelten auch Anteile an einem Organismus für gemeinsame Anlagen in Wertpapieren, der ausschließlich in die in Abs. 31 S. 1 genannten Aktiva investiert, als sichere Aktiva mit niedrigem Risiko. Ein Organismus für gemeinsame Anlagen in Wertpapieren (OGAW) beschreibt einen Investmentfonds, der in Übereinstimmung mit der OGAW-RL (Richtlinie 85/611/EWG) errichtet wurde und in die gesetzlich definierten Arten von Wertpapieren und anderen Finanzinstrumenten investiert (sog. Wertpapierfonds). Die deutsche Umsetzung der OGAW-RL findet sich seit Juli 2013 im Kapitalanlagegesetzbuch (KAGB). Abs. 31 S. 2 erfasst einen Wertpapierfonds, der ausschließlich in die in Abs. 31 S. 1 genannten sicheren Aktiva mit niedrigem Risiko investiert.

4. Abgrenzung der sicheren Aktiva von sicheren liquiden Aktiva gem. § 17 Abs. 1 S. 2 Nr. 1 lit. b

590   Der in § 17 Abs. 1 S. 2 Nr. 1 lit. b verwendete Begriff der **sicheren liquiden Aktiva** mit niedrigem Risiko ist von dem hier definierten Begriff der **sicheren Aktiva** mit niedrigem Risiko abzugrenzen. Es besteht **keine Deckungsgleichheit.** Dies ergibt sich bereits aus dem klaren Wortlaut und gesetzessystematischen Überlegungen. Allein in § 17 bemüht der Gesetzgeber den Begriff der sicheren liquiden Aktiva ohne explizit auf die Legaldefinition des Abs. 31 Bezug zu nehmen. Aufgrund des insoweit abweichenden Wortlauts kann auf die Legaldefinition des Abs. 31 ohne Anordnung dessen entsprechender Anwendbarkeit nicht zurückgegriffen werden. In § 17 Abs. 1 S. 2 Nr. 1 lit. b Hs. 2 wird der BaFin sodann gestattet, nach pflichtgemäßem Ermessen im Einzelfall nach Abs. 31 grundsätzlich erfasste Aktiva auszuschließen, wenn die kategorische Einordnung als sichere liquide Aktiva mit niedrigem Risiko mit Rücksicht auf die objektive Werthaltigkeit der Sicherheit sachlich nicht gerechtfertigt erscheint. Daraus muss folgen, dass der Begriff der sicheren liquiden Aktiva auf die Legaldefinition des Art. 31 rekurriert, diese aber um das Erfordernis der Liquidität erweitert. Der Anwendungsbereich der sicheren liquiden Aktiva dürfte demnach enger sein als der in Abs. 31 vorgesehene, der insoweit auch sichere illiquide Aktiva erfasst. Daneben unterscheiden sich die sicheren liquiden Aktiva auch von den sonstigen sicheren Aktiva, indem der BaFin nur hinsichtlich erstgenannter ein Ausschlussrecht zukommt, das in ihrem Ermessen steht (§ 17 Abs. 1 S. 2 Nr. 1 lit. b Hs. 2). Näher zu dem Begriff der sicheren liquiden Aktiva vgl. → § 17 Rn. 11 f.

XXXV. Bargeldabhebungsdienst (Abs. 32)

1. Allgemeine Zusammenfassung der Regelung, Zweck der Norm, Normentwicklung

591   Die Definition des sog. Bargeldabhebungsdienstes ist im Zuge der Umsetzung der PSD2 neu in das ZAG aufgenommen worden und setzt Art. 3 lit. o PSD2 um. Er ist insbesondere für die Anknüpfung der entsprechenden Bestimmungen im BGB erforderlich (BT-Drs. 18/11495, 112). Im ZAG wird auf die Legaldefinition allein in § 2 Abs. 1 Nr. 14 Bezug genommen.

592   Der Bargeldabhebungsdienst beschreibt die Ausgabe von Bargeld über Geldausgabeautomaten (GAA) für einen oder mehrere Kartenemittenten, ohne einen eigenen Rahmenvertrag mit dem Geld abhebenden Kunden geschlossen zu haben. Das erfasst in erster Linie **klassische Drittanbieter,** wie zB den Geldausgabeautomatenbetreiber Euronet, die mit dem Kunden gerade nicht in ständiger Geschäftsbeziehung stehen. Auch Spielhallenbetreiber, die Geldautomaten aufstellen und mit Bargeld befüllen, um ihre Kunden mit Bargeld zu versorgen und so den Spielbetrieb zu fördern, erbringen regelmäßig Bargeldabhebungsdienste (vgl. EuGH 22.3.2018 – C-568/16 Rn. 30ff., EuZW 2018, 432; VGH München 6.6.2018 – 21 CS 18.658 Rn. 16, BeckRS 2018, 11875; VG Frankfurt a.M. BeckRS 2015, 125901).

Dass die **Legaldefinition** des Bargeldabhebungsdienstes in das ZAG und nicht **593** ins BGB, in dem er maßgeblich Bedeutung entfaltet, Einzug erhalten hat, lässt sich anhand der **Gesetzessystematik** erklären. Ein allgemeiner Definitionskatalog ähnlich § 1 ZAG ist dem BGB aus historischen Gründen fremd. Das Voranstellen von Definitionen vor den materiellen Regelungsgehalten ist vielmehr Sinnbild jüngerer Gesetzestexte. Aufgrund der gespaltenen Umsetzung der PSD1 in BGB und neu geschaffenes ZAG, bot sich für den Gesetzgeber die Aufnahme der Legaldefinition des Abs. 32 in den vorhandenen Definitionskatalog des § 1 an.

2. Voraussetzungen des Abs. 32

Zunächst ist das Tatbestandsmerkmal **„Bargeld"** von Buchgeld und E-Geld ab- **594** zugrenzen, die gemeinsam einen Geldbetrag begründen, wie er etwa bei § 1 Abs. 1 S. 2 Nr. 6 ZAG Verwendung findet (vgl. Danwerth Finanztransfergeschäft S. 181ff.). Bargeld wird (i) in Form von Banknoten und Münzen ausgegeben, die als bewegliche Sachen mit Geldzeichen versehen, in Rechnungseinheiten zerstückelt und einem Nominalwert versehen sind und (ii) darf vom Gläubiger nicht abgelehnt werden, sodass es durch die Eigenschaft als gesetzliches Zahlungsmittel (§ 14 Abs. 1 S. 2 BBankG; Art. 128 Abs. 1 S. 3 AEUV iVm Art. 10 S. 2, Art. 11 S. 2 VO (EG) Nr. 974/98) geprägt ist (Staudinger/Omlor, Neubearbeitung 2021, vor §§ 244ff. Rn. A 18).

Der Bargeldanhebungsdienst erfasst allein die **Ausgabe** von Bargeld **am Geld- 595 automaten.** Eine Auszahlung am Schalter einer Bank, eines Finanzdienstleisters oder eines anderen Dritten kann die Voraussetzungen des Abs. 32 nicht erfüllen. Multifunktionsgeräte, also Automaten, die neben der Geldausgabe auch weitere Dienstleistungen ermöglichen, etwa das Wechseln von Bargeld oder die Eingabe von Überweisungen, können – isoliert betrachtet – Geldausgabeautomat sein (→ § 2 Rn. 152; Schäfer/Omlor/Mimberg/Mimberg Rn. 558).

Die Legaldefinition enthält den Zusatz, dass der Bargeldabhebungsdienst die **596** Bargeldauszahlung **„für einen oder mehrere Kartenemittenten"** voraussetzt. Dies entspricht zwar dem derzeitigen technischen Stand, steht aber mit dem technologieneutralen Ansatz der Regulierung von Zahlungsinstrumenten im Widerspruch (so Schäfer/Omlor/Mimberg/Mimberg Rn. 558). Damit ist nicht etwa gemeint, dass der Kartenemittent Empfänger des ausgezahlten Bargeldes ist. Vielmehr wird auf die vertragliche Beziehung des GAA-Betreibers zum Kartenemittenten verwiesen. Nur wenn der GAA-Betreiber mit einem Kartenemittenten – regelmäßig von den großen Kreditkartenunternehmen lizensierte Banken – einen Vertrag über die Auszahlung von Bargeld an die Kunden des Kartenemittenten geschlossen hat, liegt ein Bargeldabhebungsdienst vor.

Der deutsche Gesetzgeber hat die Legaldefinition der PSD2 in Art. 3 lit. o nicht **597** vollständig in Abs. 32 übernommen. So fehlt der zweite Halbsatz „vorausgesetzt, dass diese Dienstleister keine anderen der in Anhang I genannten Zahlungsdienste erbringen". Eine Abweichung von der PSD2 ist damit in der Sache aber nicht verbunden, da sich diese Vorgabe der PSD2 im Ausnahmekatalog des § 2, konkret in Abs. 1 Nr. 14 wiederfindet und damit der vorhandenen Systematik des ZAG folgt.

598   Ein Bargeldabhebungsdienst liegt nur vor, wenn der Dienstleister **keinen** eigenen **Rahmenvertrag** mit dem Geld abhebenden Kunden geschlossen hat. Gemeint ist insoweit der Zahlungsdiensterahmenvertrag des § 675f Abs. 2 S. 1 BGB. Sofern der die Bargeldauszahlung begehrende Kunde nur mit dem Kartenemittenten in vertraglicher Verbindung steht, nicht aber mit dem GAA-Betreiber, kann ein Bargeldabhebungsdienst vorliegen.

3. Abgrenzung des Bargeldabhebungsdienstes von Zahlungsdiensten

599   Anders als der Wortlaut („Dienst", vgl. zum Begriff Danwerth Finanztransfergeschäft S. 115f.) vermuten lässt, stellt der Bargeldabhebungsdienst gerade **keinen Zahlungsdienst** dar. Dies ergibt sich zum einen daraus, dass der Bargeldabhebungsdienst im Katalog der Zahlungsdienste des § 1 Abs. 1 S. 2 nicht aufgeführt wird, zum anderen daraus, dass er gem. § 2 Abs. 1 Nr. 14 explizit ausgenommen ist, sofern der Bargeldabhebungsdienstleister keine anderen Zahlungsdienste erbringt. Nur wenn der Dienstleister neben der Bargeldabhebung Dienste anbietet, die in den Anwendungsbereich des § 1 Abs. 1 S. 2 fallen – etwa das Zahlungsgeschäft – ist der Anwendungsbereich des ZAG eröffnet. Da dies ohnehin gilt, kommt **§ 2 Abs. 1 Nr. 14** nur **klarstellende Bedeutung** zu. Die Vorschrift ist daher obsolet, weil der Katalog des § 1 Abs. 1 S. 2 enumerativ und abschließend ist. Ein nicht in § 1 Abs. 1 S. 2 aufgeführter Zahlungsdienst kann den Anwendungsbereich des ZAG nicht eröffnen (instruktiv Danwerth Finanztransfergeschäft S. 62ff.).

600   Dass es eine Legaldefinition des Bargeldabhebungsdienstes und die Regelung des § 2 Abs. 1 Nr. 14 überhaupt gibt, lässt sich mit einem Auslegungsproblem des PSD1 erklären. So war bis zur Verabschiedung der PSD2 unklar, ob Spielhallenbetreiber, die ihren Kunden mittels in den Spielhallen aufgestellten multifunktionalen Terminals Bargeld auszahlen, einen Zahlungsdienst iSd PSD1 anbieten, wenn der Betreiber keine die Zahlungskonten dieser Kunden betreffenden Vorgänge abwickelt, sondern sich darauf beschränkt, Auszahlungsterminals zur Verfügung zu stellen und mit Bargeld zu befüllen. Schon vor Inkrafttreten der PSD2 wurde den Bargeldabhebungsdiensten herrschend die Eigenschaft als Zahlungsdienst abgesprochen (vgl. EuGH EuZW 2018, 11875). § 2 Abs. 1 Nr. 14 räumt in Umsetzung des Art. 3 lit. o PSD2 nunmehr jede Unklarheit aus.

601   Augenscheinlich ist die **Nähe** der Legaldefinition des Bargeldabhebungsdienstes **zum** Zahlungsdienst des **Auszahlungsgeschäftes** gem. § 1 Abs. 1 S. 2 Nr. 2. Letzteres erfasst Dienste, mit denen Barauszahlungen von einem Zahlungskonto ermöglicht werden sowie alle für die Führung eines Zahlungskontos erforderlichen Vorgänge. Abs. 32 und § 1 Abs. 1 S. 2 Nr. 2 unterscheidet letztlich nicht die technische Umsetzung der Auszahlung, da auch das Auszahlungsgeschäft selbstredend die Ausgabe von Bargeld über Geldausgabeautomaten erfasst, sondern vielmehr die vertragliche Verbindung des Auszahlungswilligen mit dem Dienstleister. Nur wenn der Dienstleister zugleich Vertragspartner des Zahlungsdiensterahmenvertrags mit dem die Auszahlung begehrenden Kunden gem. § 675f Abs. 2 S. 1 BGB ist, liegt ein Zahlungsdienst, andernfalls ein Bargeldabhebungsdienst vor. Demnach begrün-

det das Geldabheben an einem Automaten, der nicht von der kontoführenden Stelle betrieben wird (sog. Fremdautomat), allein einen Bargeldabhebungsdienst, nicht aber das Zahlungsgeschäft. Dies gilt auch, wenn der GAA-Betreiber mit dem kontoführenden Institut besonders vertraglich verbunden ist und dem Kunden dadurch Vorteile erwachsen, wie dies etwa bei der Sparkassen-Finanzgruppe oder der Cash-Group, einem Zusammenschluss privater Banken, der Fall ist. Allerdings handelt es sich bei derartigen Dienstleistern um CRR-Kreditinstitute und damit um Zahlungsdienstleister gem. § 1 Abs. 1 S. 1 Nr. 3, für die die Unterrichtungspflichten des Art. 248 EGBGB gem. § 675d Abs. 1 BGB unmittelbar gelten. Auf § 2 Abs. 1 Nr. 14 kommt es daher auch in diesem Fall nicht an, sodass die lediglich klarstellende Bedeutung der Vorschrift erneut deutlich wird.

4. Bedeutung der Legaldefinition des Abs. 32 im Zahlungsverkehrsrecht

602 Praktische Bedeutung kommt Abs. 32 daher nur außerhalb des ZAG zu. Der Begriff des Bargeldabhebungsdienstes findet in § 675d Abs. 5 S. 1 BGB unter Verweis auf Art. 248 § 17a EGBGB Verwendung. Danach ist ein Dienstleister, der Bargeldabhebungsdienste erbringt, verpflichtet, den Kunden über alle Entgelte für eine Geldabhebung entsprechend §§ 13 Abs. 1 und 3, 14, 15 sowie § 17 Abs. 1 sowohl vor der Abhebung als auch auf der Quittung nach Erhalt des Bargelds zu unterrichten. Die entsprechenden europarechtlichen Grundlagen finden sich in Art. 45 (Informationen und Vertragsbedingungen), Art. 48 (Informationen an den Zahler nach Eingang des Zahlungsauftrags), Art. 49 (Informationen an den Zahlungsempfänger nach Ausführung des Zahlungsvorgangs) und Art. 59 PSD2 (Währung und Währungsumrechnung).

603 Im bisherigen Recht hatten die Betreiber unabhängiger Geldausgabeautomaten nur hinsichtlich der Gebühren zu informieren (siehe MüKoBGB/Casper, 6. Aufl. 2015, EGBGB Art. 248 § 18 Rn. 2). Mit § 17a werden die unabhängigen Betreiber seit dem 13.1.2018 deutlich weitergehenden Informationspflichten unterworfen, indem sie Zahlungsdienstleistern insoweit praktisch gleichgestellt werden. Mit § 17a soll vorrangig die Entgeltpraxis für Bargeldabhebungen von sog. unabhängigen Geldautomatenbetreibern transparenter gemacht werden (MüKoBGB/Casper EGBGB Art. 248 § 17a Rn. 2). Unter der Ägide der PSD1 mussten Geldautomatenbetreiber, die keine Zahlungsdienstleister sind, ihre Kunden nur gem. Art. 248 EGBGB § 18 aF über anfallende Entgelte informieren. Wegen Art. 248 EGBGB § 17a kommt nunmehr die Pflicht hinzu, nach Beendigung der Transaktion eine Quittung auszugeben.

XXXVI. Zahlungsauslösedienst (Abs. 33)

Literatur: Conreder, Neue Zahlungsdienste nach dem Entwurf des neuen Zahlungsdiensteaufsichtsgesetzes und deren Ausnahmen – Wen geht es an?, BKR 2017, 226; Elteste, Das neue Zahlungsdiensteaufsichtsgesetz – Player und Regelungen, Welche Zahlungsdienste und aufsichtsrechtlichen Besonderheiten kommen hinzu?, CR 2018, 98; Först/Haß, EU-Zahlungsverkehr: PSD beinhaltet viele neue Baustellen, diebank 6/2014, 26; Gunkel/Richter, Banken im Spannungsfeld regulatorischer Anforderungen und der Weiterentwicklung ihrer Geschäftsmodelle – Bericht über den Bankrechtstag am 24. Juni 2016 in Frankfurt a. M. –, WM 2016, 1517; Göbel, Geldbörse im Smartphone – vertragliche Rahmenbedingungen für das kartenbasierte Mobile Payment im stationären Handel, RdZ 2021, 27; Harman, Neue Instrumente des Zahlungsverkehrs: PayPal & Co., BKR 2018, 457; Hildner/Rätz, Open Banking und das Verhältnis von Banken zu FinTechs und BigTechs, CF 2020, 351; Jünemann, Neuheiten im elektronischen Zahlungsverkehr, DB 2017, 1952; Kociok/Dietrich, Neues Giropay – Funktionsweise und Rechtsrahmen des novellierten Online-Bezahlverfahrens, RdZ 2021, 188; Kunz, Die neue Zahlungsdiensterichtlinie (PSD II): Regulatorische Erfassung „Dritter Zahlungsdienstleister" und anderer Leistungsanbieter – Teil 1, CB 2016, 416; Malatidis, Organisationspflichten für Zahlungsauslösedienste gemäß § 27 ZAG, BKR 2021, 484; Omlor, Der Zugang zum Zahlungskonto nach deutschem und europäischem Zahlungsdienste- und Wettbewerbsrecht, ZEuP 2021, 821; Scheurle/Mayen, Telekommunikationsgesetz, 3. Aufl. 2018 (zit.: Scheurle/Mayen TKG); Schmalenbach, Die Digitalisierung des Zahlungswesens: Innovative Bezahlverfahren im Lichte des novellierten Zahlungsdiensterechts, 2019; Spindler/Zahrte, Zum Entwurf für eine Überarbeitung der Zahlungsdiensterichtlinie (PSD II), BKR 2014, 265; Terlau, Die Umsetzung der aufsichtsrechtlichen Vorgaben der Zweiten Zahlungsdiensterichtlinie in deutsches Recht, DB 2017, 1697; Terlau, Die zweite Zahlungsdiensterichtlinie – zwischen technischer Innovation und Ausdehnung des Aufsichtsrechts, ZBB 2016, 122; Terlau, SEPA Instant Payments – POS- und eCommerce-Abwicklung über Zahlungsauslösedienste und technische Dienstleister nach der Zweiten Zahlungsdiensterichtlinie (Payment Services Directive 2, PSD2), jurisPR-BKR 2/2016, Anm. 1; Weichert, „Trojanische Pferd" Kontoinformationsdienst?, Anwendung des Datenschutzrechts auf Zahlungsdienstedienstleister, ZD 2021, 134; Weichert, Kontoinformationsdienst und Datenschutz, VuR 2021, 257; Werner, Wesentliche Änderungen des Rechts der Zahlungsdienste durch Umsetzung der Zweiten EU-Zahlungsdiensterichtlinie in deutsches Recht, WM 2018, 449; Zahrte, Neuerungen im Zahlungsdiensterecht, NJW 2018, 337.

1. Einleitung

604   **a) Entstehungsgeschichte der Norm.** Zu Entstehung, Ziel der Regelung und System siehe Kommentierungen zu Abs. 1 S. 2 Nr. 7 (→ Rn. 148 ff.).

605   **b) Umsetzung der Richtlinie.** Der Wortlaut der Definition des Abs. 33 weicht von den Vorgaben des Art. 4 Nr. 15 PSD2 leicht ab. Statt der Formulierung der PSD2 „auf Antrag des Zahlungsdienstnutzers" (engl.: „at the request of the payment service user") formuliert das ZAG „auf Veranlassung des Zahlungsdienstnutzers". In der Sache dürfte hierin kein Unterschied liegen (→ Rn. 614 ff.).

2. Tatbestandsmerkmale der Definition

606   **a) Dienst.** Definiert wird die (regulierte) Dienstleistung; die dies gewerblich ausführende Person ist **Zahlungsauslösedienstleister** (Art. 4 Nr. 18 PSD2). Herausgestellt wird hiermit der Dienstleistungscharakter: Der Selbstzugriff durch den Zahlungsdienstnutzer bzw. den Zahler wäre also nicht erfasst. Auch der Zugriff auf ein Konto über Angestellte eines Unternehmens ist nicht erfasst. Ob auch sonstige Vertreter oder Erfüllungsgehilfen des Zahlers ausgenommen sind, ist unklar: Soweit Vertreter bzw. Erfüllungsgehilfen **Kontovollmacht** haben, sollten sie ausgenommen sein, weil sie „im Lager des Zahlungsdienstnutzers" stehen (andeutungsweise so wohl auch Werner WM 2018, 449; ähnlich Schäfer/Omlor/Mimberg/Mimberg Rn. 578 der darauf verweist, dass Bevollmächtigte sich „in der Regel […] eines eigenen Online-Zugangs bedienen"). Ob auch **Steuerberater** (ohne Kontovollmacht) aufgrund ihrer Nähe zu einem Unternehmen bzw. ihrem Klienten derart in die Sphäre des Kunden eingegliedert sind, dass sie nicht als Dritte anzusehen wären, erscheint zweifelhaft (ähnlich zweifelnd Zahrte NJW 2018, 337 (338); Först/

Haß die bank 6/2014, 26 (28); ebenso Jünemann DB 2017, 1952 (1954); anders aber wohl Kunz CB 2016, 416 (419f.)). Zwar nimmt die BaFin in ihrer Verwaltungspraxis wohl Steuerberater vom Tatbestand des Finanztransfergeschäfts aus, soweit diese „berufstypischen in den Berufsordnung festgelegten Tätigkeiten" folgen (vgl. BaFin-Merkblatt ZAG v. 14.2.2023, Abschn. B.V.); so auch Schäfer/Omlor/Mimberg/Mimberg Rn. 152). Dagegen spricht aber im Rahmen der reinen Zahlungsauslösung das Verbot der Weitergabe der personalisierten Sicherheitsmerkmale an Dritte, die nicht Zahlungsauslösedienstleister oder Kontoinformationsdienstleister sind (ähnlich Zahrte NJW 2018, 337 (338) mit weiterem Verweis auf den BSI-Grundschutzkatalog; aA Schäfer/Omlor/Mimberg/Mimberg Rn. 578; dagegen unter Verweis auf die Vertreterstellung auch BeckOGK/Foerster BGB § 675c Rn. 214). Man hätte wohl auch vom Gesetzgeber mindestens in der Regierungsbegründung zum ZDUG II diesbezüglich einen Hinweis erwarten müssen, wenn der Kontozugriff durch andere, nahestehende Personen vom Begriff des Zahlungsauslösedienstes bzw. Kontoinformationsdienstes hätte ausgenommen werden sollen.

b) Konto online zugänglich (§ 675f Abs. 3 S. 1 Hs. 2 BGB). Dieses Tat- **607** bestandsmerkmal findet sich nicht in Abs. 33. Der deutsche Gesetzgeber hat die Anforderung des Art. 66 Abs. 1 S. 1 PSD2 in § 675f Abs. 3 S. 1 Hs. 2 BGB umgesetzt. Das Merkmal ist jedoch Teil der Definition des Zahlungsauslösedienstes (ebenso wie des Kontoinformationsdienstes, Abs. 34) (so auch Zahrte NJW 2018, 337 (338); Schäfer/Omlor/Mimberg/Mimberg Rn. 571). Ein Konto ist online zugänglich, wenn dem eine Vereinbarung zwischen dem Zahlungsdienstnutzer und dem kontoführenden Zahlungsdienstleister über die Nutzung des electronic banking zugrunde liegt (vgl. RegBegr BT-Drs. 18/11495, 133). Allerdings reicht es nicht aus, dass das Konto generell online zugänglich ist, zB nur für Kontostandsabfragen. Im Rahmen der Definition des Abs. 33 ist vielmehr erforderlich, dass der Kontozugang gerade auch den online erfolgenden Zahlungsauftrag ermöglichen muss (vgl. RegBegr BT-Drs. 18/11495, 133; Terlau DB 2017, 1697 (1701)). Ein Zahlungskonto, das lediglich die Erteilung von Zahlungsaufträgen mittels des für Unternehmen entwickelten Verfahrens E-BICS ermöglicht, stellt dagegen für Abs. 33 kein ausreichend online zugängliches Konto dar (RegBegr BT-Drs. 18/11495, 133f.; Terlau DB 2017, 1697 (1701)).

c) Auslösung eines Zahlungsauftrags. aa) Zahlungsauftrag. Ein **Zah- 608 lungsauftrag** ist definiert in § 675f Abs. 4 S. 2 BGB (Art. 4 Nr. 13 PSD2). Dies ist jeder Auftrag, den ein Zahler seinem Zahlungsdienstleister zur Ausführung eines Zahlungsvorgangs entweder unmittelbar oder mittelbar über einen Zahlungsauslösedienstleister oder den Zahlungsempfänger erteilt. Die Definition des Zahlungsvorgangs wiederum ist in § 675f Abs. 4 S. 1 BGB enthalten.

bb) Auslösung. Die **Auslösung** des Zahlungsauftrags ist wesentlicher Be- **609** standteil des Zahlungsauslösedienstes (Terlau ZBB 2016, 122 (133)).

(1) Begriff. Was genau **Auslösen** bedeutet, ist unklar. Auslösen lässt sich vom **610** Wortsinn her nur ein Zahlungsvorgang; ein Zahlungsauftrag lässt sich dagegen nur erteilen (Omlor ZEuP 2021, 821 (823)). Die BaFin erklärt im BaFin-Merkblatt ZAG v. 14.2.2023, Abschn. B.V.: „Der Zahlungsauslösedienstleister führt den Zahlungsvorgang nicht selbst aus, sondern stößt ihn bei einem kontoführenden Zahlungsdienstleister an." (Spindler/Zahrte BKR 2014, 265 (267): „Zahlungsauftragsübermittlungsdienst"). Nach Erwägungsgrund Nr. 27 PSD2 ist der Zahlungsauslösedienstleister eine „Softwarebrücke" zwischen Händler und kontoführendem Zahlungsdienstleister. Er kann sich selbst und dem Zahlungsempfänger Gewissheit darüber verschaffen, dass der Zahlungsauftrag übermittelt wurde und dass der Zahlungsauftrag ausgeführt wurde (weil der kontoführende Zahlungsdienstleister verpflichtet ist, ihm dies mitzuteilen, siehe § 48 Abs. 1 Nr. 2); die Mitteilung oder Mitteilungspflicht an Zahlungsempfänger ist dabei nicht Teil der Definition. Nach **hiesiger Auffassung** dürfte Auslösung mehr bedeuten als technisches „Übermitteln" des Zahlungsauftrags; es sollte so zu verstehen sein, dass der Zahlungsauslösedienstleister alles Erforderliche bewirkt, damit der kontoführende Zahlungsdienstleister die Weisung in seinem Empfangsbereich erhält. Somit ist es Teil des Auftrags des Zahlungsauslösedienstleisters, den Zugang des Zahlungsauftrags beim kontoführenden Zahlungsdienstleister sicherzustellen, dh die Weisung einschl. der personalisierten Sicherheitsmerkmale zu übermitteln, so als ob der Zahler selbst den Überweisungsauftrag erteilt hätte (Terlau ZBB 2016, 122 (133); Terlau jurisPR-BKR 2/2016, Anm. 1; dem folgend Kunz CB 2016, 416 (418); Conreder BKR 2017, 226 (227); ähnlich BeckOK BGB/Schmalenbach § 675f Rn. 57; ähnlich auch Ellenberger/Findeisen/Nobbe/Böger/Findeisen Rn. 463, der zwar auf die Übermittlung des Zahlungsauftrags abstellt, diese aber von der reinen Autorisierungsanfrage abgrenzt). Die Tätigkeit des Zahlungsauslösedienstleisters dürfte deshalb gegenüber dem Zahler in der Regel als Botenstellung einzuordnen sein und nicht als Stellvertretung, da der Dienstleister keinerlei Gestaltungsspielraum hat (OLG München WM 2020, 736 (738); Terlau jurisPR-BKR 2/2016, Anm. 1; Schäfer/Omlor/Mimberg/Mimberg Rn. 580; aA MüKoHGB/Linardatos BankvertragsR K Rn. 287; anders auch Jünemann DB 2017, 1952 (1954), aber ohne Begr.).

611   **(2) Zugriff auf Kontozugangsdaten des Zahlers.** Der **Zugriff auf die Kontozugangsdaten** des Zahlers ist das entscheidende Kriterium des Zahlungsauslösedienstleisters (und Kontoinformationsdienstleisters). Es ist die Rechtfertigung für die Regulierung des Zahlungsauslösedienstes (und des Kontoinformationsdienstes), dass ein solcher Dienstleister (theoretisch) ungehinderten Zugriff auf das Zahlungskonto des Nutzers (Zahlers) hat (vgl. Erwägungsgrund Nr. 32 PSD2; RegBegr BT-Drs. 18/11495, 107; BeckOK BGB/Schmalenbach § 675f Rn. 57; Schmalenbach EIW Bd. 61, 2019, S. 163; wie hier auch Ellenberger/Findeisen/Nobbe/Böger/Tiemann § 1 Rn. 463 zu § 1 Abs. 1 S. 2 Nr. 7). Einen solchen Zugriff hat der Zahlungsauslösedienstleister (und der Kontoinformationsdienstleister), wenn er die personalisierten Sicherheitsmerkmale unverschlüsselt erhält; damit unterscheidet er sich vom technischen Dienstleister des Zahlungsempfängers, der lediglich verschlüsselte Daten durchleitet ohne Zugriff auf das Zahlungskonto (BaFin-Merkblatt ZAG v. 14.2.2023, Abschn. B. V.). Dabei reicht ein **mittelbarer** Zugriff; dies bestätigt Erwägungsgrund Nr. 32 PSD2, wonach ein Zahlungsauslösedienst darauf beruht, dass ein unmittelbarer oder mittelbarer Zugang des Zahlungsauslösedienstleisters zu den Konten des Zahlers besteht. **Technischer Dienstleister** und nicht Zahlungsauslösedienstleister ist, wer aufgrund der technischen Ausgestaltung keinerlei Zugriff auf das Zahlungskonto hat (BaFin-Merkblatt ZAG v. 14.2.2023, Abschn. B. V.; zustimmend Ellenberger/Findeisen/Nobbe/Böger/Tiemann § 1 Rn. 463f.). Erwägenswert scheint es zusätzlich zu fragen (so Ellenberger/Findeisen/Nobbe/Böger/Tiemann Rn. 464), ob der Dienstleister einen **Teil des Zahlungsvorgangs „kontrolliert";** wenn also ein technischer Dienstleister zwar technisch den Zugriff auf das Zahlungskonto hat, diesen

Zugriff jedoch auf Geheiß eines Auftraggebers, zB eines kontoführenden Zahlungs-dienstleisters ausübt, der das Vertragsverhältnis zum Zahlungsdienstnutzer hält, so ist ersterer nur technischer Dienstleister. Kein Zahlungsauslösedienstleister wäre ein technischer Dienstleister, zB ein **Netzbetreiber,** der aufgrund seines Vertragsver-hältnisses zum Zahlungsempfänger dem ausdrücklichen Verbot unterliegt, die per-sonalisierten Sicherheitsmerkmale zu verwenden, obschon er de facto hierauf zu-greifen könnte (Ellenberger/Findeisen/Nobbe/Böger/Tiemann § 1 Rn. 465 f.; anders aber wohl Kunz CB 2016, 416 (418): Von der Regulierung erfasst, wenn sich allein das Risiko von unautorisierten Zahlungsvorgängen bzw. anderweitigem Missbrauch von „kontorelevanten Daten" „strukturell" erhöht). Insbesondere sollte jedoch der **technische Dienstleister des kontoführenden Zahlungsdienstleis-ters,** der für diesen das Authentifizierungsverfahren übernimmt oder auch nur die personalisierten Sicherheitsmerkmale durchleitet, vom Begriff des Zahlungsauslöse-dienstleisters ausgenommen sein. Dieser unterliegt aufgrund vertraglicher (Auslage-rungs-)Vereinbarung mit dem kontoführenden Zahlungsdienstleister ausreichenden Sicherheitsvorschriften und Maßgaben, sodass Missbrauchsrisiken angemessen eli-miniert sind, und steht in dessen Lager (im Ergebnis ebenso Ellenberger/Findeisen/Nobbe/Böger/Tiemann § 1 Rn. 463 f.).

(3) Kein Zugriff auf Kontozugangsdaten. So ist es auch mit Diensten, die **612** nicht den Zugriff auf die personalisierten Sicherheitsmerkmale des Zahlers erhalten und den Zahler selbst diese Merkmale in sein Online-Banking eingeben lassen; in dem Fall ist dieser Dienstleister kein Zahlungsauslösedienstleister (dies würde zB in Deutschland den Betreiber von **giropay** betreffen, dazu auch → Rn. 623) (so Terlau jurisPR-BKR 2/2016, Anm. 1; Terlau ZBB 2016, 122 (133); Harmann BKR 2018, 457 (460); Schäfer/Omlor/Mimberg/Mimberg Rn. 576; Malatidis BKR 2021, 484 (495); BeckOK BGB/Schmalenbach § 675f Rn. 57; Hildner/Rätz CF 2020, 351 (354); Elteste CR 2018, 98 (101); aA MüKoHGB/Linardatos Bank-vertragsR K Rn. 267 ff. der ua auf die „Study on the impact of Directive 2007&64/EC on Payment Services in the internal market and on the application of Regula-tion (EC) No 924/2009 on corss-border payments in the community", Contract MARKT/2011/120/H3/ST/OP verweist, die aber gerade den Zugriff auf per-sonalisierte Sicherheitsmerkmale („credentials") als Wesensmerkmal des Zahlungs-auslösedienstleisters definiert, vgl. S. 106; dagegen wohl auch Ellenberger/Find-eisen/Nobbe/Böger/Tiemann Rn. 449; zweifelnd Kunz CB 2016, 416 (418), unter Berufung auf Fact Sheet der Kommission zur PSD, frequently ask questions vom 8.10.2015 (MEMO/15/5793)). Hintergrund der Regulierung war gerade auch die Konfliktauflösung zwischen kontoführenden Zahlungsdienstleistern und dritten Dienstleistern, aufgrund des Zugriffs der dritten Dienstleister auf die per-sonalisierten Sicherheitsmerkmale des Zahlers (zu dem Konflikt → Rn. 152 ff.). Ein solches Konfliktpotential entfällt aber bei Dienstleistern, die einen solchen Zugriff gar nicht erhalten. Auch ist nicht ersichtlich, inwiefern die Weiterleitung auf das Online-Banking durch einen dritten Dienstleister eine Missbrauchsgefahr (durch den dritten Dienstleister) erhöhen sollte (so aber MüKoHGB/Linardatos Bankver-tragsR K Rn. 270). Auch die §§ 48, 49 deuten darauf hin, dass der Gesetzgeber gerade den Zugriff auf die personalisierten Sicherheitsmerkmale des Zahlers als Regulierungsgrund im Blick hatte; dafür spricht zB die Pflicht des Zahlungsaus-lösedienstleisters zum Schutz der personalisierten Sicherheitsmerkmale des Zah-lungsdienstnutzers (aA MüKoHGB/Linardatos BankvertragsR K Rn. 270). Anders als zum Teil befürchtet, entsteht dadurch auch keine unklare Regulierung: Im Gegenteil kann so eine rechtssichere Abgrenzung zwischen Diensten erfolgen, die lediglich auf das Online-Banking des kontoführenden Zahlungsdienstleisters weiterleiten und Zahlungsauslösedienstleistern, die Zugriff auf das Konto des Zahlers erhalten (aA MüKoHGB/Linardatos BankvertragsR K Rn. 270); nur letztere sind den Rechten und Pflichten des ZAG und damit auch den §§ 675c ff. BGB unterworfen. Der § 675f Abs. 3 S. 1 BGB soll den oben beschriebenen Konflikt zwischen dritten Dienstleistern und kontoführendem Zahlungsdienstleister lösen. Erhält der dritte Dienstleister aber keinen Zugriff auf personalisierte Sicherheitsmerkmale des Zahlungsdienstnutzers oder überhaupt auf das Konto, besteht auch kein Konflikt. Der Zahlungsdienstnutzer ist auf § 675f Abs. 3 S. 1 BGB gar nicht angewiesen. Schließlich spricht auch das Haftungsregime in § 676a Abs., 2 und 3 BGB gegen eine Erfassung von dritten Dienstleistern, die lediglich auf das Online-Banking des kontoführenden Zahlungsdienstleisters weiterleiten. Würden auch diese als Zahlungsauslösedienstleister erfasst werden, müssten sie Nachweise liefern, die einzig im Verantwortungsbereich des kontoführenden Zahlungsdienstleisters lägen (so wohl auch BeckOK BGB/Schmalenbach § 675f Rn. 57).

613   **(4) Art und Weise des Zugriffs auf die Kontozugangsdaten.** Dies wird scheinbar dadurch in Frage gestellt, dass Art. 32 Abs. 3 PSD2-RTS drei Möglichkeiten des Kontozugriffs eröffnet, namentlich redirection, embedded approach oder decoupled approach (bzw. eine Kombination davon) (EBA/OP/2018/04, Tz. 48 f.). Alle Möglichkeiten des Kontozugriffs werden gleichberechtigt nebeneinander genannt. Dabei bezeichnet **„redirect approach"** die Weiterleitung des Zahlers zu seinem Online-Banking-Account beim kontoführenden Zahlungsdienstleister, sodass der Zahler dort, ohne Zutun des Zahlungsauslösedienstleisters, seine personalisierten Sicherheitsmerkmale selbst eingibt. Der **„decoupled approach"** bedeutet, dass die Authentifizierung geteilt wird, namentlich ein Faktor (häufig ein statisches Passwort) an den Zahlungsauslösedienstleister zur Weiterleitung übergeben wird, während ein weiterer Faktor (zB ein Fingerabdruck) über eine in einem mobilen Endgerät installierte App des kontoführenden Zahlungsdienstleisters eingegeben, übertragen und geprüft wird. Der sog. **„embedded approach"** bezeichnet die Eingabe der Authentifizierungsmerkmale des Zahlers auf einer Internetseite des Zahlungsauslösedienstleisters. Allerdings stellt Art. 32 Abs. 3 PSD2-RTS klar, dass selbst „redirect" nicht dazu führen darf, dass dies zum Hindernis für Zahlungsauslösedienstleister oder Kontoinformationsdienstleister wird, ihre Dienstleistungen gegenüber dem Zahlungsdienstnutzer zu erbringen. Der Zahlungsauslösedienstleister (und Kontoinformationsdienstleister) darf nämlich nach Art. 32 Abs. 3 PSD2-RTS nicht gezwungen werden, auf die Authentifizierungs- und andere Funktionen des kontoführenden Zahlungsdienstleisters zurückgreifen zu müssen. Dies würde auch Art. 97 Abs. 5 PSD2 widersprechen, wonach sich Zahlungsauslösedienstleister und Kontoinformationsdienstleister auf die Authentifizierungsverfahren des kontoführenden Zahlungsdienstleisters stützen dürfen. Dies bedeutet wohl, dass nur wenige Verfahren des „redirect approach" denkbar sind, die Art. 32 Abs. 3 PSD2-RTS und Art. 97 Abs. 5 PSD2 entsprechen. Im Gegenschluss bestätigt dies die Auffassung, dass ein Dienstleister, der den Zahler lediglich zum Online-Banking-Account seines kontoführenden Zahlungsdienstleisters weiterleitet, damit dieser dort die Überweisung auslöst, kein Zahlungsauslösedienstleister, sondern lediglich ein technischer Dienstleister ist. Auch Art. 30 Abs. 2 UAbs. 2 lit. b PSD2-RTS, der Kommunikationssitzungen zwischen kontoführendem Zahlungsdienstleister und Zahlungsauslösedienstleister (bzw. Kontoinformationsdienstleister) schützt, spricht hierfür; danach dürfte ein redirect approach nur dann zulässig sein, wenn die Kommunikationssitzung zwischen dem kontoführenden Zahlungsdienstleister und dem Zahlungsauslösedienstleister während des redirect erhalten bleibt.

d) Auf Veranlassung des Zahlungsdienstnutzers. aa) Zahlungsdienste- **614** **nutzer.** Der Zahlungsdienstenutzer ist in § 675f Abs. 1 BGB legal definiert (in Umsetzung von Art. 4 Nr. 10 PSD2) als natürliche oder juristische Person, die einen Zahlungsdienst als Zahler oder Zahlungsempfänger oder in beiden Eigenschaften in Anspruch nimmt.

bb) Auf Veranlassung des Zahlungsdienstnutzers. (1) Auslegung. Was **615** genau der Gesetzgeber mit dieser Formulierung meinte, ist unklar. Es spricht wenig dafür, dass es sich hierbei um die **Zustimmung des Zahlers** iSv § 48 Abs. 1 (Art. 66 Abs. 2 PSD2) handelt. Diese Zustimmung iSv § 48 Abs. 1 hat zwei Bedeutungen, namentlich die Zustimmung zum Zahlungsvorgang iSv § 675j Abs. 1 BGB (dies macht der Verweis auf Art. 64 Abs. 1 PSD2 in Art. 66 Abs. 2 PSD2 klar) sowie die Zustimmung zur Nutzung des Zahlungsauslösedienstes bzw. zum Zugriff auf das Konto. Gegen die Gleichsetzung der „Zustimmung" in § 48 Abs. 1 und der „Veranlassung" in Abs. 33 spricht aber bereits, dass die Zustimmung iSv § 48 (Art. 66 Abs. 2 PSD2) dezidiert vom Zahler gefordert wird, während die Definition des Abs. 33 (ebenso Art. 4 Nr. 15 PSD2) im Hinblick auf die „Veranlassung" auf den Zahlungsdienstnutzer abstellt, der eine vom Zahler abweichende Person, namentlich der Zahlungsempfänger, sein kann. Die Gegenansicht stellt dagegen eine Beziehung zwischen den Begriffen des „Zahlungsdienstnutzers" und des „anderen Zahlungsdienstleisters" her und folgert daraus, dass der Zahlungsdienstnutzer „als die Person [zu verstehen ist], für die der „andere Zahlungsdienstleister" jenes Zahlungskonto führt, von dem aus die ausgelöste Zahlung erfolgt" (Schäfer/Omlor/Mimberg/Mimberg Rn. 579). Nach der Gegenansicht könnte eine „Veranlassung" also nur vom Zahler iSv Abs. 15 ausgehen – einem solchen Verständnis steht aber der klare Wortlaut von ZAG und PSD2, unter Bezugnahme auf die systematisch eindeutige Nutzung des Begriffs „Zahlungsdienstnutzer" als Oberbegriff für Zahler und Zahlungsempfänger entgegen. Die von der Gegenansicht ins Feld geführte Beziehung des Zahlungsdienstnutzers zum „anderen Zahlungsdienstleister" stellt der Wortlaut der Definition gerade nicht her.

(2) Begriff „Veranlassung". Der Begriff „Veranlassung" (Abs. 33) bzw. „An- **616** trag" (Art. 4 Nr. 15 PSD2) sollte deshalb als **Beauftragung des Zahlungsauslösedienstleisters** verstanden werden. Häufig, jedenfalls in der bisherigen Praxis der Zahlungsauslösedienste (Sofort, Trustly und InstantTransfer), besteht kein Vertragsverhältnis zwischen Zahler und Zahlungsauslösedienstleister (Terlau ZBB 2016, 122 (133f.); ebenso BeckOK BGB/Schmalenbach § 675f Rn. 58; zweifelnd Kunz CB 2016, 416 (418); anders auch BaFin-Merkblatt ZAG v. 14.2.2023, Abschn. B.VI., die von einem Vertrag zwischen dem Zahlungsauslösedienst und dem Kunden ausgeht). Häufig besteht das **grundlegende Vertragsverhältnis** zwischen dem Zahlungsauslösedienstleister und dem **Zahlungsempfänger (Händler)**. Hierbei mag dieses Vertragsverhältnis als Vertrag zugunsten Dritter, namentlich des Zahlers, verstanden werden. Danach ist dieser (auf Grundlage des Vertrages zwischen dem Zahlungsauslösedienstleister und dem Zahlungsempfänger) befugt, den Zahlungsauslösedienstleister als Boten (→ Rn. 610) zur Übermittlung seines

Zahlungsauftrags zu nutzen (Terlau jurisPR-BKR 2/2016, Anm. 1; Terlau ZBB 2016, 122 (133f.); dem folgend Schmalenbach EIW Bd. 61, 2019, S. 167; BeckOK BGB/Schmalenbach § 675f Rn. 57). Dem Zahler fehlt es nämlich häufig an einer Kontrahierungsabsicht (BeckOK BGB/Schmalenbach § 675f Rn. 58). Dagegen sprechen nicht die Informationspflichten des Zahlungsauslösedienstleisters nach § 675d Abs. 2 S. 1 BGB; diese setzen keinen Vertragsschluss mit dem Zahler voraus. Zudem wird man den darin verwendeten Begriff „Zahler" richtlinienkonform als „Zahler oder Zahlungsdienstnutzer" auslegen müssen, weil die zugrunde liegenden Richtlinienbestimmungen der Art. 45, 46 PSD2 nur teilweise den Zahler, überwiegend aber den Zahlungsdienstnutzer (ergo: Zahler oder Zahlungsempfänger) als Adressaten der Informationspflichten nennen. **Möglich ist hingegen beides,** dh ein Vertragsverhältnis zwischen Zahlungsempfänger und Zahlungsauslösedienstleister oder eben ein Vertragsverhältnis zwischen Zahler und Zahlungsauslösedienstleister. Denkbar ist darüber hinaus auch ein Vertragsverhältnis jeweils mit beiden. In allen diesen Fällen wäre jedenfalls das Merkmal „Veranlassung durch den Zahlungsdienstnutzer" erfüllt. Dass ein Zahlungsauslösedienstleister ausschließlich durch den kontoführenden Zahlungsdienstleister beauftragt wird, dürfte eher selten vorkommen. Das Gesetz stellt ausdrücklich klar, dass ein solches Vertragsverhältnis für die Erbringung von Zahlungsauslösediensten jedenfalls nicht erforderlich ist (§ 48 Abs. 2; § 675f Abs. 3 S. 2 BGB). In Betracht kommt jedoch auch die **Beauftragung** des Zahlungsauslösedienstleisters **durch einen Dritten,** der nicht Zahlungsdienstnutzer, dh weder Zahlungsempfänger noch Zahler, ist. Dies können zB Anbieter von Buchhaltungs-Systemen oder sonstigen Unternehmensplanungs-Systemen (ERP) sein, die ihren Kunden Zahlungsauslösedienste (zB für laufende Lohn- oder Steuerzahlungen) aus dem System heraus anbieten wollen.

617   **e) In Bezug auf ein Zahlungskonto.** Der Begriff Zahlungskonto ist definiert in Abs. 17 (→ Rn. 428 f.). Dies bedeutet, dass **Kreditkartenkonten** oder **Sparkonten,** wenn sie nicht ausnahmsweise Zahlungskonten iSv Abs. 17 sind (dazu → Rn. 428 f.), nicht in den Anwendungsbereich der Definition des Abs. 33 fallen. Dasselbe gilt für **Wertpapierdepots.** Anders gewendet: Die Auslösung von Transaktionen durch einen Dritten in Bezug auf solche anderen Konten stellt keinen Zahlungsauslösedienst dar. Anders aber ein auf den Namen des Inhabers lautende **E-Geld-Konto** bei kontogebundenem E-Geld → Rn. 220; hier ist auch ein Zahlungsauslösedienst in Bezug auf das E-Geld-Konto denkbar. Zum Merkmal „online zugänglich" siehe oben (→ Rn. 607). Zum Merkmal „Auslösen" siehe Kommentierung oben (→ Rn. 610) und für den Begriff „Zugriff" auf das Zahlungskonto siehe Kommentierung oben (→ Rn. 611).

618   **f) Bei einem anderen Zahlungsdienstleister geführt.** Ein Zahlungsauslösedienst kommt nur in Betracht, wenn die mit der Auslösung des Zahlungsauftrags beauftragte Person nicht mit dem kontoführenden Zahlungsdienstleister identisch ist. Anderenfalls würde sich der Auftrag zur Auslösung eines Zahlungsauftrags lediglich als Weisung gegenüber dem kontoführenden Zahlungsdienstleister im Rahmen des zwischen diesem und dem Zahler bestehenden Zahlungsdiensterahmenvertrags darstellen.

3. Abgrenzungen

a) Technischer Dienstleister. Ein Zahlungsauslösedienst ist keine technische **619** Dienstleistung iSv § 2 Abs. 1 Nr. 9, wie dieser ausdrücklich klarstellt. Im Rahmen der PSD2 und deren Bestrebungen zur Regulierung des Zahlungsauslösedienstes musste diese Gegenausnahme in die Ausnahmebestimmungen des technischen Dienstleisters eingefügt werden. Die Grenzlinie verläuft über das Merkmal „Auslösen" des Zahlungsauftrags, dh über den dafür notwendigen Zugriff auf das Zahlungskonto (dazu → Rn. 611).

b) Netzbetreiber. Der Netzbetreiber (dazu auch → Rn. 611), der für Zah- **620** lungsempfänger (Händler) **Girocard-Zahlungen** oder elektronische Lastschriften abwickelt, ist ebenfalls kein Zahlungsauslösedienstleister. Zwar gibt ein Zahler seine personalisierten Sicherheitsmerkmale (häufig die Karten-PIN) in ein Terminal des Netzbetreibers ein. Dieser wickelt aber nicht die Zahlung über einen Zugang zum Konto ab (BaFin-Merkblatt ZAG v. 14. 2. 2023, Abschn. B. V.). Dem Netzbetreiber ist idR aufgrund der technischen Ausgestaltung der Zugriff auf das Zahlungskonto nicht möglich. Ausreichend sollte es aber auch sein, wenn lediglich aufgrund der vertraglichen Vereinbarungen dem Netzbetreiber ein solcher Zugriff nicht erlaubt wäre. Voraussetzung ist, dass es dem Netzbetreiber nicht gestattet ist, Zugriff auf das Zahlungskonto zu nehmen (häufig ist dies schon deshalb nicht möglich, weil der Kunde nicht seine Konto-Zugangsdaten, sondern seine Karten-Zugangsdaten verwendet). Der Netzbetreiber darf die persönlichen Sicherheitsmerkmale nur durchleiten. Diese muss er verschlüsseln, sodass nur der kontoführende Zahlungsdienstleister die personalisierten Sicherheitsmerkmale entschlüsseln kann. Auch darf der Netzbetreiber keinen Zugriff auf das Zahlungskonto in Form von Besitz oder Verfügungsbefugnis über Kundengelder haben (BaFin-Merkblatt ZAG v. 14. 2. 2023, Abschn. C. V.). Das vorstehend Gesagte gilt auch für das elektronische **Lastschriftverfahren (ELV),** bei dem der Zahlungsempfänger (nicht der Zahler) den Zahlungsvorgang auslöst. Der Netzbetreiber darf als technischer Dienstleister lediglich die elektronischen Lastschriftdateien an den kontoführenden Zahlungsdienstleister übertragen. Er darf nicht über die personalisierten Sicherheitsmerkmale des Zahlers, sofern diese ausnahmsweise für das Lastschriftmandat benötigt werden, Zugriff auf das Zahlungskonto nehmen (BaFin-Merkblatt ZAG v. 14. 2. 2023, Abschn. B. V.; zustimmend Ellenberger/Findeisen/Nobbe/Böger/Tiemann Rn. 468).

c) E-BICS. Zahlungskonten – dies wird nur für den Zahlungsverkehr von **621** Unternehmen angeboten –, über die lediglich E-BICS-Zahlungen (E-BICS = Electronic Banking Internet Communication Standard) ausgelöst werden können, gelten im Rahmen der Definition des Abs. 33 nicht als „online zugänglich" (→ Rn. 607; zustimmend Ellenberger/Findeisen/Nobbe/Böger/Tiemann § 1 Rn. 467).

d) Elektronisches Lastschriftverfahren. Obschon die Definition des Abs. 33 **622** es gestatten würde, wird die Ausführung einer elektronischen Lastschrift auf Veranlassung des Zahlungsempfängers nicht als Zahlungsauslösedienst angesehen. Dabei würde der Zahlungsempfänger auch unter den in der Definition des Abs. 33 genannten Begriff des Zahlungsdienstnutzers fallen. Der europäische Gesetzgeber wollte jedoch augenscheinlich nur Überweisungen und nicht auch Lastschriften von diesem Tatbestand erfasst sehen (vgl. Erwägungsgrund Nr. 27 Satz 2 PSD2). Es entspricht offenkundig nicht dem Willen des europäischen Gesetzgebers, sämtliche

Lastschriften ausführende Zahlungsdienstleister als Zahlungsauslösedienstleister zu erfassen. Die Gegenansicht (vgl. BeckOGK/Foerster BGB § 675c Rn. 215; MüKo-BGB/Casper § 675f Rn. 40) verkennt, dass Lastschriften ausführende Zahlungsdienstleister üblicherweise auch nicht den für Zahlungsauslösedienstleister konstitutiven Zugriff auf das Zahlungskonto des Zahlers haben (→ Rn. 611; so auch Schäfer/Omlor/Mimberg/Mimberg Rn. 577; gegen Pull-Zahlungen auch Staudinger/Omlor BGB § 675c Rn. 29, 32; Omlor ZEuP 2021, 821 (830 f.)). Zudem dürfte der Tatbestand des Abs. 1 S. 2 Nr. 7 (Zahlungsauslösedienste) gegenüber dem Tatbestand des Abs. 1 S. 2 Nr. 3 lit. a (Lastschriftgeschäft) subsidiär sein.

623   **e) Paydirekt und Giropay.** Bei dem paydirekt-Verfahren der paydirekt GmbH (seit 2021 betrieben unter der Marke „Giropay") handelte es sich um eine Lastschrift mit Zahlungsversprechen der Zahlstelle. Um das paydirekt-Verfahren zu nutzen, muss der Kunde (und der Händler) sich bei paydirekt registrieren; nach der Registrierung wird der paydirekt-Zugang und die paydirekt-Funktion unmittelbar beim kontoführenden Zahlungsdienstleister verknüpft (MüKoHGB/Linardatos BankevertragsR K Rn. 273). Bei Auswahl von paydirekt als Zahlungsmittel auf der Händlerseite wird der Zahler auf die paydirekt-Website weitergeleitet um dort Benutzername und Passwort seines Online-Banking-Zugangs einzugeben; alternativ findet diese Eingabe in der paydirekt-App statt. Das weitere Sicherheitsmerkmal zur Authentifizierung wird entweder auf der paydirekt-Website, in der paydirekt-App oder im Online-Banking des Zahlers eingegeben (paydirekt, Bedingungen für Zahlungen mittels paydirekt, Stand 28.7.2019, https://www.paydirekt.de/agb/medien/paydirekt_teilnahmebedingungen.pdf). Bei positiver Autorisierung, entsprechender Kontodeckung und Vorliegen der Ausführungsbedingungen spricht der kontoführende Zahlungsdienstleister eine Zahlungsgarantie zugunsten des Händlers aus. Durch Zahlung mit paydirekt wird eine Überweisung auf ein Eigenkonto des kontoführenden Zahlungsdienstleisters des Kunden ausgelöst; auf dieses Konto zieht dann – bei Vorliegen der Voraussetzungen – der Händler eine Lastschrift (vgl. MüKoBGB/Casper § 675f Rn. 112 f.). Paydirekt wird – ohne den Zahlungsbetrag zu erhalten – kausal für die Zahlung des Zahlers an den Zahlungsempfänger, indem paydirekt die Weisung des Zahlers übermittelt. Paydirekt erhält dabei auch Zugriff auf Kontozugangsdaten. Zum Teil wird Paydirekt daher in der Literatur als Zahlungsauslösedienstleister qualifiziert (MüKoBGB/Casper § 675f Rn. 112; Baumbach/Hefermehl/Casper/Casper E Rn. 688; Harmann BKR 2018, 457 (460); Kociok/Dietrich RdZ 2021, 188 (191)). Richtigerweise übt paydirekt diese Funktionen als technischer Dienstleister des kontoführenden Zahlungsdienstleisters aus und ist deshalb nicht Zahlungsauslösedienstleister (→ Rn. 611, 525; zustimmend MüKoHGB/Linardatos BankvertragsR K Rn. 274; KMFS Bank-/Kap-MarktR/Werner Abschn. 10 Rn. 4.993; Werner, Bankrechtstag am 24.6.2016, vgl. Gunkel/Richter WM 2016, 1517 (1527)).

624   Anders läuft das (ursprüngliche) giropay-Verfahren ab (welches seit 2021 ebenfalls von der paydirekt GmbH betrieben wird). Giropay leitet den Zahler von der Händlerseite lediglich auf das Online-Banking des kontoführenden Zahlungsdienstleisters des Zahlers. Dort gibt der Zahler seine Kontodaten ein. Mangels Zugriffs auf die Kontozugangsdaten des Zahlers, bietet die paydirekt GmbH im Rahmen von giropay keinen Zahlungsauslösedienst an (im Detail → Rn. 612). Im Grundsatz hat sich auch durch die Übernahme von giropay durch die paydirekt GmbH daran nichts geändert (Kociok/Dietrich RdZ 2021, 188 (191)).

f) Wallet Anbieter. Sog. Wallet Anbieter bieten ihren Kunden die Möglichkeit 625
eine Debit- oder Kreditkarte virtuell in ihr Smartphone einzubinden, um damit
kontaktlose Zahlungen mit dem Smartphone am POS, ohne Nutzung einer physischen Karte, ausführen zu können. Populäre Beispiele solcher Dienste sind **Apple
Pay, Google Pay** und **Samsung Pay.** Bei der Einbindung der Zahlungskarte in die
Wallet muss der Zahlungsdienstnutzer sich beim kartenausgebenden Zahlungsdienstleister authentifizieren (starke Kundenauthentifizierung iSv Abs. 24, vgl. auch
EBA, Single Rulebook Q&A, Question ID 2021_6141 und 2019_4910). Der kartenausgebende Zahlungsdienstleister erstellt dann eine gerätespezifische Geräteaccountnummer, verschlüsselt diese und sendet sie zusammen mit anderen Daten
(wie dem Schlüssel zur Erzeugung einmaliger dynamischer Sicherheitscodes für
jede Transaktion) an den Wallet Anbieter. Die Geräteaccountnummer kann vom
Wallet Anbieter nicht entschlüsselt werden. Zahlt der Kunde am POS unter Nutzung der virtuellen Karte, muss er die Zahlung auf dem Smartphone autorisieren.
Das Smartphone sendet dann verschlüsselte Daten an das POS-Terminal, welches
die Daten weiterleitet (vgl. zum genauen Ablauf zB die Angaben von Apple, abrufbar unter https://support.apple.com/de-de/HT203027, zuletzt abgerufen am
3.3.2023). Der Wallet-Anbieter kennt nur den Schlüssel zur Erzeugung des
Sicherheitscodes; er erhält während des gesamten Vorgangs keinen Zugriff auf das
Konto oder die Karte des Karteninhabers.

Zum Teil wird die Auffassung vertreten, dass solche Wallet Anbieter als Zah- 626
lungsauslösedienstleister einzuordnen seien, da sie kausal für die Auslösung der Zahlung werden (BeckOGK/Foerster BGB § 675c Rn. 219f.; Harman BKR 2018, 457
(461)). Dem ist jedoch entgegenzuhalten, dass es bereits in der Regel an dem Tatbestandsmerkmal des Zahlungskontos mangelt (→ Rn. 617); denn die meisten Wallets basieren auf kartengebundenen Zahlungsinstrumenten. Zudem erhält der Wallet-Anbieter selbst im Rahmen der Provisionierung der Karte in die Wallet keinen
Zugriff auf Kontozugangsdaten (zur Erforderlichkeit → Rn. 611) des Zahlers.
Daher handelt es sich bei Wallet-Anbietern regelmäßig nicht um Zahlungsauslösedienstleister (so auch die BReg in einer kleinen Anfrage der FDP, BT-Drs. 19/8104,
4; BeckOGK/Koendgen BGB § 675c Rn. 126.1; Göbel RdZ 2021, 27 (33)). Der
Wallet Anbieter hat zu keinem Zeitpunkt Zugriff auf ein Zahlungskonto des Karteninhabers, sondern leitet lediglich verschlüsselte Daten durch.

g) Sprachdienste oder Voice-Banking. Ob Sprachdienste (zB Google 627
Home, Amazon Alexa, Apple Siri ua) dann, wenn über sie Überweisungsaufträge
übermittelt werden, Zahlungsauslösedienste sind, ist nicht einfach zu beantworten.
Insbesondere dann, wenn der kontoführende Zahlungsdienstleister für die Nutzung
des **Voice-Bankings eigene personalisierte Sicherheitsmerkmale** zur Authentifizierung des Nutzers vergibt (zB eine Voice-PIN), kommt in Bezug auf die
Sprachdienste die Qualifizierung als Zahlungsauslösedienst in Betracht. Dies gilt
besonders dann, wenn die Voice-PIN aufgrund der verwendeten Technologie unverschlüsselt an den Betreiber des Sprachdienstes (zB Google Inc. bzw. Amazon
Web Services) durchgeleitet und im Aktivitätenprotokoll der Sprachdienste sogar
gespeichert wird. Ein solches Verfahren würde wohl allerdings ebenfalls Art. 22
PSD2-RTS widersprechen, wonach der Zahlungsdienstleister die **Vertraulichkeit
und Integrität der personalisierten Sicherheitsmerkmale** zu gewährleisten
hat. Auch ein Konflikt mit Art. 28 Abs. 2 PSD2-RTS (Pflicht des Zahlungsdienstleisters, die Risiken einer Fehlleitung der Kommunikation an Unbefugte einzudämmen) könnte bestehen. Vertretbar erscheint es allerdings, die Sprachdienste

deshalb nicht als Zahlungsauslösedienst (und/oder Kontoinformationsdienst) einzuordnen, weil diese die personalisierten Sicherheitsmerkmale (insbesondere die
Voice-PIN) nicht nutzen dürfen (vgl. dazu → Rn. 517 f.). Sie leiten diese jeweils
nur an den kontoführenden Zahlungsdienstleister durch. Insofern haben sie eine
ähnliche Stellung wie der Telefonnetzbetreiber im Telefon-Banking. Deshalb mögen zum einen vertragliche Pflichten der Betreiber der Sprachdienste, wonach diesen der Zugriff auf das Zahlungskonto verboten ist, sowie zum anderen eine entsprechende Anwendung des Fernmeldegeheimnisses gemäß § 3 Abs. 2 TTDSG
(vgl. die Debatte um E-Mail-Betreiber, Messenger Dienste sowie Arbeitgeber als
Verpflichtete nach § 3 Abs. 2 TTDSG; hierzu statt aller: Taeger/Gabel/Munz
TTDSG § 3 Rn. 14 ff.) dazu führen, dass diese Sprachdienste vom Anwendungsbereich des Zahlungsauslösedienstes **ausgenommen** sind.

XXXVII. Kontoinformationsdienst (Abs. 34)

Literatur: Conreder, Neue Zahlungsdienste nach dem Entwurf des neuen Zahlungsdiensteaufsichtsgesetzes und deren Ausnahmen – Wen geht es an?, BKR 2017, 226; Först/Haß,
EU-Zahlungsverkehr: PSD beinhaltet viele neue Baustellen, diebank 6/2014, 26; Jestaedt,
Kontoinformationsdienste – neue Online-Services unter Regulierung, BKR 2018, 445; Jünemann, Neuheiten im elektronischen Zahlungsverkehr, DB 2017, 1952; Kunz, Die neue Zahlungsdiensterichtlinie (PSD II): Regulatorische Erfassung „Dritter Zahlungsdienstleister" und
anderer Leistungsanbieter – Teil 1, CB 2016, 416; Omlor, Digitaler Zahlungsverkehr, JuS 2019,
289; Omlor, Online-Banking unter Geltung der Zweiten Zahlungsdiensterichtlinie (PSD II),
BKR 2019, 105; Sander, DS-GVO vs. PSD2: Was dürfen die Betreiber von Kontoinformationsdiensten?, BKR 2019, 66; Terlau, Die Umsetzung der aufsichtsrechtlichen Vorgaben der
Zweiten Zahlungsdiensterichtlinie in deutsches Recht, DB 2017, 1697; Werner, Wesentliche
Änderungen des Rechts der Zahlungsdienste durch Umsetzung der Zweiten EU-Zahlungsdiensterichtlinie in deutsches Recht, WM 2018, 449; Zahrte, Neuerungen im Zahlungsdiensterecht, NJW 2018, 337.

1. Einleitung

628   **a) Zur Entstehungsgeschichte.** Vgl. die Kommentierung zu Abs. 1 S. 2 Nr. 8
(→ Rn. 165) zur Entstehungsgeschichte, zum Ziel der Regelung und zur Systematik. Abs. 34 setzt Art. 4 Nr. 16 PSD2 um. Dies geschieht nahezu wortwörtlich.

2. Definition

629   **a) Ein Online-Dienst.** Die Definition erfasst die (regulierte) Dienstleistung;
die diese Dienstleistung gewerblich erbringende Person ist ein Kontoinformationsdienstleister (Art. 4 Nr. 19 PSD2; vgl. auch Zahrte NJW 2018, 337 (338)).

630   **aa) Dienst.** Tatbestandsmerkmal der Definition ist die Dienstleistung durch
einen Dritten. Der Selbstzugriff durch den Inhaber des Zahlungskontos ist nicht
tatbestandsmäßig. Deshalb ist auch die Bereitstellung von Software, die ausschließlich im Verfügungsbereich des Zahlungsdienstnutzers offline läuft, nicht vom Tatbestand der Definition erfasst (BaFin-Merkblatt ZAG v. 14.2.2023, Abschn. B. VII.;
BeckOGK/Foerster BGB § 675c Rn. 226). Dies sollte auch für Angestellte eines
Unternehmens gelten, die aufgrund von Kontovollmacht oder im Rahmen ihrer
auftragsgemäßen Tätigkeit auf ein Zahlungskonto eines Unternehmens zugreifen
(so auch Werner WM 2018, 449 (451)). Anders dürfte dies für sonstige Erfüllungs-

gehilfen des Zahlungsdienstnutzers sein (Werner WM 2018, 449 (451)). Hier sollte das oben (→ Rn. 606) im Rahmen der Definition des Zahlungsauslösedienstes Gesagte gelten.

bb) Online-Dienst. Erforderlich ist der Kontozugriff über eine Online-Schnittstelle des kontoführenden Zahlungsdienstleisters (BaFin-Merkblatt ZAG v. 14.2.2023, Abschn. B. VII.). Sofern ein Dritter zB mit der Bankkarte des Zahlungsdienstnutzers über einen Kontoauszugsdrucker auf dessen Kontoauszüge zugreift, sollte der Tatbestand nicht erfüllt sein. Auch der Zugriff eines Dritten auf ausgedruckte Kontoauszüge ist kein Kontoinformationsdienst. Hierzu im Übrigen → Rn. 634 ff.

cc) Dienstleistungsempfänger. Die Definition regelt nicht, wer der Empfänger der Dienstleistung ist. In der Praxis wird häufig der Kontoinhaber selbst der alleinige Vertragspartner des Kontoinformationsdienstleisters sein. Dies ist aber nach der Definition nicht zwingend. Auch ein Dritter, zB der Wirtschaftsprüfer oder Steuerberater des Kontoinhabers, könnte Auftraggeber für den Abruf der Daten der Zahlungskonten des Kontoinhabers sein. Nach § 51 Abs. 1 S. 1 muss der Zahlungsdienstnutzer seine ausdrückliche Zustimmung erteilen, die in den Zugriff einbezogenen Zahlungskonten bezeichnen und dem Kontoinformationsdienstleister die personalisierten Sicherheitsmerkmale und sonstigen Authentifizierungsmerkmale übergeben (hierzu → Rn. 643, → § 51 Rn. 4 ff. und vgl. auch Sander BKR 2019, 66 (69); ähnlich Schäfer/Omlor/Mimberg/Mimberg Rn. 594). Da Zahlungsdienstnutzer deshalb hier mit Kontoinhaber gleichzusetzen ist (→ Rn. 643), sollte der Kontoinhaber zumindest Mitauftraggeber, dh Vertragspartner des Kontoinformationsdienstanbieters sein.

b) Konto online zugänglich (§ 675f Abs. 3 S. 1 Hs. 2 BGB). Dieses Tatbestandsmerkmal (online zugängliches Konto) findet sich nicht in Abs. 34. Der deutsche Gesetzgeber hat die Anforderung des Art. 67 Abs. 1 S. 2 PSD2 in § 675f Abs. 3 S. 1 Hs. 2 BGB umgesetzt. Dieses Merkmal ist jedoch Teil der Definition des Kontoinformationsdienstes (so auch Werner WM 2018, 449 (452); Schäfer/Omlor/Mimberg/Mimberg Rn. 584). Erforderlich (und ausreichend) ist hier, dass der kontoführende Zahlungsdienstleister dem Kontoinhaber nach Maßgabe der vertraglichen Abrede (zB Online-Banking oder Digital-Banking-Vereinbarung) die Möglichkeit eingeräumt hat, Kontoinformationen online abzurufen (vgl. RegBegr BT-Drs. 18/11495, 136; BeckOGK/Foerster BGB § 675f Rn. 57). Ob der Kontoinhaber davon tatsächlich Gebrauch macht, ist nicht entscheidend. Nicht erforderlich wäre es im Rahmen von Abs. 34, dass über das Konto auch online Zahlungsaufträge erteilt werden können (vgl. auch Terlau DB 2017, 1697 (1701)). Grundsätzlich sollte eine Vermutung bestehen, dass das Konto für den Zahlungsdienstnutzer online zugänglich ist (BeckOGK/Foerster BGB § 675f Rn. 58).

c) Zugriff auf das Zahlungskonto. aa) Zugriff. Ebenso wie in der Definition des Zahlungsauslösedienstes (→ Rn. 611) ist auch in Abs. 34 ungeschriebenes Tatbestandsmerkmal, dass der Dienstleister über die Kontozugangsdaten der Zahlungsdienstnutzers einen **eigenen Zugriff** auf das Zahlungskonto hat (Erwägungsgrund Nr. 32 PSD2; vgl. auch RegBegr BT-Drs. 18/11495, 108; vgl. auch Werner WM 2018, 449 (451); so auch Schäfer/Omlor/Mimberg/Mimberg Rn. 592). Ein Kontoinformationsdienst ist auch dann gegeben, wenn ein Dienstleister wiederum einen anderen Dienstleister einschaltet, um auf das Konto zuzugreifen; in diesem

631

632

633

634

Fall sind beide Kontoinformationsdienstleister, wenn beide auf das Konto zugreifen
können (und vertraglich dürfen) (Omlor JuS 2019, 289 (293); so auch BaFin-
Merkblatt ZAG v. 14.2.2023, Abschn. B. VII.: „selbst oder durch einen anderen
Kontoinformationsdienstleister"; Schäfer/Omlor/Mimberg/Mimberg Rn. 601;
aA Möslein/Omlor FinTech-HdB/Conreder Teil 2 Kap. 1 Rn. 44f.; anders würde
auch Ellenberger/Findeisen/Nobbe/Böger/Tiemann Rn. 464 entscheiden, mangels „Kontrolle" durch den anderen Dienstleister; dazu auch → Rn. 611). Zugriff
auf das Zahlungskonto des Zahlungsdienstnutzers hat nur, wer dessen Kontozugangsdaten erhält. Kontozugangsdaten sind personalisierte Sicherheitsmerkmale
iSd Abs. 25, dh personalisierte Merkmale, die der Zahlungsdienstleister einem Zahlungsdienstnutzer zum Zwecke der Authentifizierung bereitstellt. Hierzu gehören
Passwörter für den Kontozugang (PIN) und Authentifizierungsverfahren (zB
TAN-Verfahren). Sonstige Kontozugangsdaten sind zB Kennung von registrierten
Geräten (als Besitzelemente) oder registrierte Körpermerkmale (Fingerabdruck,
Iris-Scan) (Inhärenzmerkmale).

635   **bb) Kein eigener Zugriff.** Ein eigener Zugriff ist dann nicht gegeben und somit liegt ein Kontoinformationsdienst iSv Abs. 34 **nicht** vor, wenn ein Dienstleister
nur den Zugang zu dem Zahlungskonto herstellt, aber aufgrund der technischen
Ausgestaltung **keinen eigenen Zugriff** auf das Konto hat (RegBegr BT-Drs.
18/11495, 108), sondern nur der Zahlungsdienstnutzer (Kontoinhaber) selbst auf
das Konto zugreift und Informationen sammelt (so auch Conreder BKR 2017, 226
(228)). Ziel der Regulierung ist nämlich der Schutz von zahlungskontenbezogenen
Nutzerdaten vor unautorisiertem Zugriff (BaFin-Merkblatt ZAG v. 14.2.2023,
Abschn. B. VII.). Die Bereitstellung von Software an den Zahlungsdienstnutzer ist
schließlich nicht tatbestandsmäßig, wenn diese ausschließlich im Verfügungsbereich
des Zahlungsdienstnutzers läuft, sodass dieser selbst (und nicht der Kontoinformationsdienstleister) auf seine Zahlungskonten zugreift (BaFin-Merkblatt ZAG v.
14.2.2023, Abschn. B. VII.). Im Übrigen wird auf die Diskussion zum Zahlungsauslösedienst (→ Rn. 611f.) verwiesen.

636   **cc) Technischer Dienstleister.** Ein Zugriff auf das Zahlungskonto ist auch
dann nicht gegeben, wenn **ein technischer Dienstleister** lediglich für den kontoführenden Zahlungsdienstleister die personalisierten Sicherheitsmerkmale des
Zahlungsdienstnutzers entgegennimmt und ggf. sogar selbst, aber im Auftrag des
kontoführenden Zahlungsdienstleisters, prüft. Hierbei handelt es sich um eine
Auslagerung des Authentifizierungsverfahrens durch den kontoführenden Zahlungsdienstleister, wodurch der technische Dienstleister nicht selbst Kontoinformationsdienstleister wird. Dasselbe gilt erst recht, wenn der technische Dienstleister
nur die verschlüsselten personalisierten Sicherheitsmerkmale an den kontoführenden Zahlungsdienstleister durchleitet. Vgl. im Einzelnen auch → Rn. 611 zu
Abs. 33.

637   **dd) Reine Entgegennahme von Kontoinformationen.** Ebenso wenig ist
die **reine Entgegennahme von Kontoinformationen** und sonstigen Daten ein
Kontoinformationsdienst iSv Abs. 34. So ist die Auswertung von abgerufenen Kontodaten zur Bonitätsbeurteilung nicht tatbestandsmäßig (BaFin-Merkblatt ZAG v.
14.2.2023, Abschn. B. VII.; ähnlich Staudinger/Omlor BGB § 675c Rn. 39; Ellen-
berger/Findeisen/Nobbe/Böger/Tiemann Rn. 484). Ebenso wenig ist die Auswertung der Daten für Rechnungswesen oder Personalwirtschaft im Unternehmen tatbestandsmäßig, soweit Daten nicht über einen Zugang zum Online-Banking-Konto

ausgetauscht werden (BaFin-Merkblatt ZAG v. 14.2.2023, Abschn. B. VII.; Ellenberger/Findeisen/Nobbe/Böger/Tiemann Rn. 484). Deshalb sind Buchhalter, Steuerberater, Wirtschaftsprüfer, Rating-Agenturen oder Unternehmen, die Bonitätsbewertungen erstellen, nicht Kontoinformationsdienstleister, wenn sie nicht selbst auf das Zahlungskonto zugreifen, sondern lediglich die abgerufenen Daten entgegennehmen. Zum Zugriff auf das Zahlungskonto durch Steuerberater ua vgl. jedoch → Rn. 606.

d) Zur Mitteilung konsolidierter Informationen. aa) Informationen. **638** Hierbei kann es sich zum einen um einen Gesamtüberblick über das gesamte Zahlungskonto und zum anderen über die Zahlungsvorgänge eines bestimmten Zeitraums handeln (MüKoBGB/Casper § 675f Rn. 41; im Wesentlichen so auch BaFin-Merkblatt ZAG v. 14.2.2023, Abschn. B. VII.). Dies können jedoch auch Einzelinformationen zu bestimmten Geschäftsvorgängen sein, zB Einkommensübersichten (Gehaltseingänge einschl. sonstiger Zuwendungen des Arbeitgebers), Gesundheitsinformationen (zB alle Aufwendungen für gesundheitliche Fragen), Bonitätsauswertungen (sämtliche für die Beurteilung der Bonität relevanten Kontoinformationen), buchhalterische Auswertungen (Zuordnung von Kontobuchungen zu bestimmten internen Kosten eines ERP-Systems) oder Vertragsmanagement (Auswertungen zur Überwachung von laufenden Verträgen für Versicherungen, Kredite, Abonnements). Zur **datenschutzrechtlichen Problematik** solcher Abfragen Weichert VuR 2021, 257 (259ff.); Weichert ZD 2021, 134 (136ff.); vgl. auch Kommentierung zu § 51. **Keine Kontoinformationen** sind solche zur Identität des Kontoinhabers, zB dessen Anschrift, Geburtsdatum oder Sozialversicherungsnummer (EBA/OP/2018/04, Tz. 27). Ob auch der **Name des Kontoinhabers** nicht zu den Kontoinformationen gehört, ist streitig (EBA/OP/2018/04, Tz. 18 und 27: Identität des Zahlungsdienstnutzers keine Kontoinformation). Die EBA begründet dies damit, dass diese Informationen keine Daten seien, die notwendigerweise abgefragt werden müssen, um nach der PSD2 eine Zahlung auszuführen oder Kontoinformationen einzusehen (EBA/OP/2018/04, Tz. 27). Abs. 26, wonach der „Name des Kontoinhabers" für die Tätigkeit von Zahlungsauslösediensleistern und Kontoinformationsdienstleistern keine sensiblen Zahlungsdaten (vgl. zum Begriff → Rn. 536ff.) sind, spricht wohl weder dafür noch dagegen, den Namen als Kontoinformation einzuordnen. Gestützt auf Art. 36 Abs. 1 PSD2-RTS wird von verschiedenen FinTech-Unternehmen die Ansicht vertreten, dass der Name des Kontoinhabers eine Kontoinformation darstelle. Hierfür streitet insbesondere Art. 36 Abs. 1 lit. a PSD2-RTS, wonach kontoführende Zahlungsdienstleister den Kontoinformationsdienstleistern dieselben Informationen zu Zahlungskonten und Zahlungsvorgängen bereitstellen, die sie auch dem Zahlungsdienstnutzer zukommen lassen. In der Regel wird der kontoführende Zahlungsdienstleister dem Nutzer auch seinen Namen anzeigen.

bb) Mitteilung. Neben dem Zugriff auf das Zahlungskonto (→ Rn. 634ff.) ist **639** weitere Tatbestandsvoraussetzung, dass der Dienstleister die Kontoinformationen auch **abruft** und **mitteilt.** Allerdings sind aufgrund der Zielsetzung der Regelung (→ Rn. 167 und → Rn. 628) bereits solche Dienste als tatbestandsmäßig anzusehen, die auf ein Zahlungskonto mittels der Kontozugangsdaten zugreifen und Informationen abrufen und mitteilen **können** (so auch Schäfer/Omlor/Mimberg/Mimberg Rn. 598). Lediglich solche technischen Dienstleister, die dem Kontoinhaber selbst den ausschließlich eigenen Zugriff auf sein Zahlungskonto ermöglichen, werden hier nicht erfasst (siehe auch früher noch Conreder BKR 2017, 226 (228);

Möslein/Omlor FinTech-HdB/Conreder Teil 2 Kap. 1 Rn. 41, plädiert nun unter Verweis auf die BaFin für eine weite Auslegung, die auch den aktiven Abruf durch den Kunden erfasst). Dienstleister, die lediglich Informationen mittteilen, ohne selbst auf das Konto zugreifen zu können, sind ebenfalls nicht tatbestandsmäßig (so auch Ellenberger/Findeisen/Nobbe/Böger/Tiemann Rn. 484).

640   **cc) Mitteilungsempfänger.** Der Mitteilungsempfänger ist im Rahmen der Definition unerheblich. Dies kann der Zahlungsdienstnutzer, dh insbesondere der Kontoinhaber, sein (dazu auch → Rn. 632). Es kommen jedoch auch Dritte, zB Steuerberater, Wirtschaftsprüfer, Buchhalter oder Kreditinstitute in Betracht, die die Daten mit Einwilligung des Kontoinhabers erhalten (so auch die EBA, Single Rulebook Q&A, Question ID 2018_4098; Schäfer/Omlor/Mimberg/Mimberg Rn. 598; aA Staudinger/Omlor BGB § 675c Rn. 39). Vgl. zu Fragen des Datenschutzes die Kommentierung zu § 51.

641   **dd) Bearbeitung der Kontoinformationen.** Eine Bearbeitung der Kontoinformationen ist nicht erforderlich. Auch der Zugriff und anschließende Weiterleitung von Informationen von einem einzigen Zahlungskonto wäre tatbestandsmäßig. Ansonsten würde der Schutzzweck unterlaufen, nämlich der Schutz vor unautorisiertem Zugriff auf das Konto (so zu Recht Kunz CB 2016, 416 (417); sich anschließend Conreder BKR 2017, 226 (228); siehe auch BaFin-Merkblatt ZAG v. 14.2.2023, Abschn. B. VII.; iErg Staudinger/Omlor BGB § 675c Rn. 37). Der Wortlaut der Definition („konsolidierte Kontoinformationen") sowie die Hinweise in Erwägungsgrund 28 PSD2 („aggregierte Online-Informationen", „in Echtzeit Gesamtüberblick über seine finanzielle Situation") sind insoweit lediglich als Beschreibung eines möglichen Ziels der Dienstleistung, nicht aber als zwingende Voraussetzung anzusehen (ebenso Kunz CB 2016, 416 (417)). Irreführend ist auch der Hinweis in Erwägungsgrund 28 PSD2, dass der Überblick „in Echtzeit" zu erfolgen hat, was ebenso wenig Tatbestandsmerkmal sein kann (so auch Kunz CB 2016, 416 (417)).

642   **e) Über ein Zahlungskonto oder mehrere Zahlungskonten.** Nur auf **Zahlungskonten** (iSv Abs. 17) bezogene Dienste sind erfasst. Dies ist nicht gegeben bei anderen Konten (BaFin-Merkblatt ZAG v. 14.2.2023, Abschn. B. VII.). Der Zugriff auf **Wertpapierdepots** oder **Kreditkartenkonten,** wenn diese nicht ausnahmsweise (zB aufgrund von Überweisungsfunktionen) Zahlungskonten sind (siehe hierzu die Kommentierung zu → Rn. 428 f.), ist nicht tatbestandsmäßig. Ebenso wenig sind **Sparkonten** erfasst, wenn diese nicht ausnahmsweise als Zahlungskonten anzusehen sind (EuGH BKR 2018, 524). Der Zugriff auf **E-Geld-Konten,** die auf den Namen des Inhabers lauten, kann dagegen tatbestandsmäßig sein, sofern solche Konten den Tatbestand des Abs. 17 ausfüllen → Rn. 235.

643   **f) Zahlungskonten des Zahlungsdienstnutzers.** Im Rahmen der Definition des Kontoinformationsdienstes ist nicht klar, wer Zahlungsdienstnutzer ist. Dieser Begriff wird in § 675f Abs. 1 BGB definiert als eine Person, die einen Zahlungsdienst als Zahler, Zahlungsempfänger oder in beiden Eigenschaften in Anspruch nimmt. Im Rahmen des Kontoinformationsdienstes gibt es jedoch keinen Zahler oder einen Zahlungsempfänger, sondern nur einen Inhaber eines Zahlungskontos oder eine Person, die den Zahlungsdienst des Kontoinformationsdienstes, nicht als Zahler oder Zahlungsempfänger, sondern als Mitteilungsempfänger in Anspruch nimmt (→ Rn. 632). Die Gesetzesfassung (des ZAG und der PSD2) ist demnach zu-

mindest unglücklich, und zwar durchgehend (vgl. auch § 51 sowie § 675d Abs. 2 S. 2 BGB). Aus den zitierten Regelungszusammenhängen folgt, dass der Kontoinhaber gemeint ist und nicht der vom Kontoinhaber ggf. abweichende Mitteilungsempfänger (dazu → Rn. 640). Die Bezeichnung „Zahlungskonto (…) des Zahlungsdienstnutzers" in Abs. 34 passt nur auf den Kontoinhaber; ebenso das (ua datenschutzrechtlich zu verstehende) Erfordernis der Zustimmung in § 51 Abs. 1 S. 1 und andere Regelungen. Deshalb wird man den Begriff „Zahlungsdienstnutzer" im Rahmen der Vorschriften zum Kontoinformationsdienst abweichend von § 675f Abs. 1 BGB als „Kontoinhaber" auszulegen haben.

g) Bei einem anderen Zahlungsdienstleister geführt. Ein Kontoinforma- **644** tionsdienst kommt nur in Betracht, wenn die mit dem Zugriff auf das Zahlungskonto beauftragte Person nicht mit dem kontoführenden Zahlungsdienstleister identisch ist (vgl. auch Werner WM 2018, 449 (450)). Anderenfalls würde sich die Informationsanforderung lediglich als Erfüllung einer Pflicht aus dem Geschäftsbesorgungsvertrag mit dem kontoführenden Zahlungsdienstleister darstellen.

3. Abgrenzungen

a) Technische Dienstleister. Zur Abgrenzung gegenüber **technischen** **645** **Dienstleistern** → Rn. 636 sowie auch die Hinweise unter Abs. 33 (→ Rn. 611 und → Rn. 619).

b) Sprachdienste. (Voice-Banking): Vgl. hierzu die Ausführungen unter **646** → Rn. 627.

XXXVIII. Akquisitionsgeschäft, Ausgabe von Zahlungsinstrumenten (Abs. 35)

Mit Abs. 35 S. 1, der den Begriff des Akquisitionsgeschäfts definiert, wird Art. 4 **647** Nr. 44 PSD2 umgesetzt, eine vergleichbare Definition fand sich im alten Recht nicht. Demgegenüber erfasst Abs. 35 S. 2 die Ausgabe von Zahlungsinstrumenten und setzt Art. 4 Nr. 45 PSD2 um. Auch diese Definition war im ZAG 2009 nicht enthalten. Der Begriff des Zahlungsinstruments wird in Abs. 20 definiert (→ Rn. 440 f.). **Acquiring und Issuing** werden also gesondert definiert, der Begriff des Akquisitionsgeschäfts ist nicht der Oberbegriff zu beiden Fallgruppen (→ Rn. 88). Beide Definitionen stehen im unmittelbaren Zusammenhang mit Abs. 1 S. 2 Nr. 5, der in seiner ersten Variante die Ausgabe von Zahlungsinstrumenten und in seiner zweiten Alternative das Akquisitionsgeschäft als Zahlungsdienst einordnet. Wegen der weiteren Einzelheiten ist deshalb auf die Erläuterungen zu Abs. 1 S. 2 Nr. 5 zu verweisen (→ Rn. 88–104).

§ 2   Ausnahmen; Verordnungsermächtigung

(1) Als Zahlungsdienste gelten nicht

1. Zahlungsvorgänge, die ohne zwischengeschaltete Stellen ausschließlich als unmittelbare Bargeldzahlung vom Zahler an den Zahlungsempfänger erfolgen;

2. Zahlungsvorgänge zwischen Zahler und Zahlungsempfänger über einen Zentralregulierer oder Handelsvertreter, der aufgrund einer Vereinbarung befugt ist, den Verkauf oder Kauf von Waren oder Dienstleistungen nur im Namen des Zahlers oder nur im Namen des Zahlungsempfängers auszuhandeln oder abzuschließen;

3. der gewerbsmäßige Transport von Banknoten und Münzen einschließlich ihrer Entgegennahme, Bearbeitung und Übergabe;

4. Dienste, bei denen der Zahlungsempfänger dem Zahler Bargeld im Rahmen eines Zahlungsvorgangs aushändigt, nachdem ihn der Zahlungsdienstnutzer kurz vor der Ausführung eines Zahlungsvorgangs zum Erwerb von Waren oder Dienstleistungen ausdrücklich hierum gebeten hat;

5. Geldwechselgeschäfte, die bar abgewickelt werden;

6. Zahlungsvorgänge, denen eines der folgenden Dokumente zugrunde liegt, das auf den Zahlungsdienstleister gezogen ist und die Bereitstellung von Geldern an einen Zahlungsempfänger vorsieht:

   a) ein Scheck in Papierform im Sinne des Scheckgesetzes oder ein vergleichbarer Scheck in Papierform nach dem Recht eines anderen Mitgliedstaates oder eines anderen Vertragsstaates des Abkommens über den Europäischen Wirtschaftsraum,

   b) ein Wechsel in Papierform im Sinne des Wechselgesetzes oder ein vergleichbarer Wechsel in Papierform nach dem Recht eines anderen Mitgliedstaates oder eines anderen Vertragsstaates des Abkommens über den Europäischen Wirtschaftsraum,

   c) ein Gutschein in Papierform,

   d) ein Reisescheck in Papierform oder

   e) eine Postanweisung in Papierform im Sinne der Definition des Weltpostvereins;

7. Zahlungsvorgänge, die innerhalb eines Zahlungs- oder Wertpapierabwicklungssystems zwischen Zahlungsausgleichsagenten, zentralen Gegenparteien, Clearingstellen oder Zentralbanken und anderen Teilnehmern des Systems und Zahlungsdienstleistern abgewickelt werden;

8. Zahlungsvorgänge im Zusammenhang mit der Bedienung von Wertpapieranlagen, die durchgeführt werden von den unter Nummer 7 fallenden Unternehmen oder von

   a) Kreditinstituten und Finanzdienstleistungsinstituten im Rahmen ihrer Erlaubnis nach dem Kreditwesengesetz

   b) Kapitalverwaltungsgesellschaften im Rahmen ihrer Erlaubnis nach dem Kapitalanlagegesetzbuch oder

   c) Wertpapierinstituten im Rahmen ihrer Erlaubnis nach dem Wertpapierinstitutsgesetz;

9. Dienste, die von technischen Dienstleistern erbracht werden, die zwar zur Erbringung der Zahlungsdienste beitragen, jedoch zu keiner Zeit

in den Besitz der zu übertragenden Gelder gelangen; hierzu zählen die Verarbeitung und Speicherung von Daten, vertrauensbildende Maßnahmen und Dienste zum Schutz der Privatsphäre, Nachrichten- und Instanzenauthentisierung, Bereitstellung von Informationstechnologie- und Kommunikationsnetzen sowie Bereitstellung und Wartung der für Zahlungsdienste genutzten Endgeräte und Einrichtungen; jeweils mit Ausnahme von Zahlungsauslösediensten und Kontoinformationsdiensten;

10. Dienste, die auf Zahlungsinstrumenten beruhen, die
   a) für den Erwerb von Waren oder Dienstleistungen in den Geschäftsräumen des Emittenten oder innerhalb eines begrenzten Netzes von Dienstleistern im Rahmen einer Geschäftsvereinbarung mit einem professionellen Emittenten eingesetzt werden können,
   b) für den Erwerb eines sehr begrenzten Waren- oder Dienstleistungsspektrums eingesetzt werden können, oder
   c) beschränkt sind auf den Einsatz im Inland und auf Ersuchen eines Unternehmens oder einer öffentlichen Stelle für bestimmte soziale oder steuerliche Zwecke nach Maßgabe öffentlich-rechtlicher Bestimmungen für den Erwerb der darin bestimmten Waren oder Dienstleistungen von Anbietern, die eine gewerbliche Vereinbarung mit dem Emittenten geschlossen haben, bereitgestellt werden;

11. Zahlungsvorgänge, die von einem Anbieter elektronischer Kommunikationsnetze oder -dienste zusätzlich zu elektronischen Kommunikationsdiensten für einen Teilnehmer des Netzes oder Dienstes bereitgestellt werden, und die
   a) im Zusammenhang stehen mit dem Erwerb von digitalen Inhalten und Sprachdiensten, ungeachtet des für den Erwerb oder Konsum des digitalen Inhalts verwendeten Geräts, und die auf der entsprechenden Rechnung abgerechnet werden, oder
   b) von einem elektronischen Gerät aus oder über dieses ausgeführt und auf der entsprechenden Rechnung im Rahmen einer gemeinnützigen Tätigkeit oder für den Erwerb von Tickets abgerechnet werden,
   sofern der Wert einer Einzelzahlung 50 Euro nicht überschreitet und der kumulative Wert der Zahlungsvorgänge eines einzelnen Teilnehmers monatlich 300 Euro nicht überschreitet;

12. Zahlungsvorgänge, die zwischen Zahlungsdienstleistern, ihren Agenten oder Zweigniederlassungen auf eigene Rechnung ausgeführt werden;

13. Zahlungsvorgänge und damit verbundene Dienste innerhalb eines Konzerns oder zwischen Mitgliedern einer kreditwirtschaftlichen Verbundgruppe;

14. Bargeldabhebungsdienste, vorausgesetzt, dass dieser Dienstleister keine anderen Zahlungsdienste erbringt;

15. die nicht gewerbsmäßige Entgegennahme und Übergabe von Bargeld im Rahmen einer gemeinnützigen Tätigkeit oder einer Tätigkeit ohne Erwerbszweck.

(2) ¹Übt ein Unternehmen eine Tätigkeit nach Absatz 1 Nummer 10 Buchstabe a oder Buchstabe b aus und überschreitet der Gesamtwert der Zahlungsvorgänge der vorangegangenen zwölf Monate den Betrag von

1 Million Euro, hat es diese Tätigkeit der Bundesanstalt anzuzeigen und in einer Beschreibung der angebotenen Dienstleistung anzugeben, welche Ausnahme nach Absatz 1 Nummer 10 Buchstabe a oder Buchstabe b in Anspruch genommen wird. ²Auf Grundlage dieser Anzeige entscheidet die Bundesanstalt, ob die Voraussetzungen des Absatzes 1 Nummer 10 Buchstabe a oder Buchstabe b vorliegen. ³Entspricht die Tätigkeit des Unternehmens nicht den Voraussetzungen des Absatzes 1 Nummer 10 Buchstabe a oder Buchstabe b, setzt die Bundesanstalt es hiervon in Kenntnis.

(3) Übt ein Unternehmen eine Tätigkeit nach Absatz 1 Nummer 11 aus, hat es diese Tätigkeit der Bundesanstalt anzuzeigen und ihr in einem jährlichen Bestätigungsvermerk mitzuteilen, dass die Tätigkeit die in Absatz 1 Nummer 11 festgelegten Obergrenzen nicht überschreitet.

(4) ¹Die Bundesanstalt hat die Europäische Bankenaufsichtsbehörde über die Anzeigen nach den Absätzen 2 und 3 unter Angabe der jeweils in Anspruch genommenen Ausnahme zu unterrichten. ²Die Bundesanstalt hat die Informationen, die ihr nach den Absätzen 2 und 3 angezeigt werden, in dem Zahlungsinstituts-Register oder, soweit die Ausnahme über § 1 Absatz 2 Satz 4 anwendbar ist, in dem E-Geld-Instituts-Register öffentlich zugänglich zu machen; die Europäische Bankenaufsichtsbehörde unterrichtet sie gesondert.

(5) ¹Das Bundesministerium der Finanzen wird ermächtigt, durch Rechtsverordnung, die nicht der Zustimmung des Bundesrates bedarf, nähere Bestimmungen über Inhalt, Art und Umfang der Angaben, Nachweise und Unterlagen zu treffen, die eine Anzeige nach den Absätzen 2 und 3 enthalten muss. ²Diese kann insbesondere nähere Bestimmungen enthalten zu:
1. der Ausgestaltung der Beschreibung der angebotenen Dienstleistungen im Falle der Inanspruchnahme einer Ausnahme nach Absatz 1 Nummer 10 Buchstabe a oder Buchstabe b,
2. dem Bestätigungsvermerk im Falle der Inanspruchnahme der Ausnahme nach Absatz 1 Nummer 11,
3. den zulässigen Datenträgern, Übertragungswegen und Datenformaten und über zu verwendende und anzuzeigende Zusatzinformationen zu den Hauptinformationen, etwa besondere Rechtsträgerkennungen sowie Angaben zu deren Aktualität oder Validität.

³Das Bundesministerium der Finanzen kann in der Rechtsverordnung die Anzeigepflichten durch die Pflicht zur Erstattung von Sammelanzeigen und zur Einreichung von Sammelaufstellungen ergänzen, soweit dies zur Erfüllung der Aufgaben der Bundesanstalt erforderlich erscheint, auch um einheitliche Unterlagen zur Beurteilung der unter diesen Bereichsausnahmen durchgeführten Geschäfte zu erhalten. ⁴Die Rechtsverordnung kann auch nähere Bestimmungen zur Unterrichtung der Europäischen Bankenaufsichtsbehörde und zur öffentlichen Zugänglichmachung der Informationen in dem Zahlungsinstituts-Register und dem E-Geld-Instituts-Register regeln. ⁵Das Bundesministerium der Finanzen kann die Ermächtigung durch Rechtsverordnung auf die Bundesanstalt übertragen. ⁶Vor Erlass der Rechtsverordnung sind die Spitzenverbände der Institute anzuhören.

(6) **Auf Zahlungsinstitute, die als Zahlungsdienst nur den Kontoinformationsdienst anbieten, sind die §§ 10 bis 18, 21 Absatz 1 und 3 bis 5, § 23 Absatz 1 Satz 3 und § 25 nicht anzuwenden.**

(7) **Auf Institute, die eine Erlaubnis nach § 32 Absatz 1 Satz 1 des Kreditwesengesetzes haben, sind die §§ 14, 19, 20, 22, 23, 26, 28 und 30 nicht anzuwenden, soweit das Kreditwesengesetz eine inhaltsgleiche Regelung enthält.**

Inhaltsübersicht

I. Allgemeines

1. Vorgaben in der PSD2

Mit dem enumerativen Ausnahmekatalog in § 2 Abs. 1 setzt das ZDUG II **Art. 3** **1**
PSD2 weitgehend wörtlich um. Zuvor waren die Bereichsausnahmen in § 1
Abs. 10 ZAG aF verortet. Ziel der PSD2 war es, die bisher teilweise als wenig konturiert befundenen und in den Mitgliedstaaten unterschiedlich angewendeten Ausnahmebestimmungen (Erwägungsgrund 4, 11 PSD2; dazu auch Terlau ZBB 2016,
122 (125)), insbesondere die Handelsvertreterausnahme (jetzt § 2 Abs. 1 Nr. 2)
sowie die Ausnahme des begrenzten Netzes (jetzt § 2 Abs. 1 Nr. 10), klarer zu fas-
sen. Zudem galt es, die Regelungen so zu beschränken, dass nicht erhebliche Volumina und Werte von Zahlungen der Regulierung entgehen (Erwägungsgrund 13
PSD2). Zudem führen § 2 Abs. 2–4 (in Umsetzung von Art. 37 Abs. 2–4 PSD2)
Anzeigepflichten bei Nutzung bestimmter Ausnahmebestimmungen innerhalb von
§ 2 Abs. 1 Nr. 10 und Nr. 11 ein.

2. Systematik und Funktion des § 2 Abs. 1

Die Regelungstechnik des § 2 Abs. 1 geht dahin, dass bei Vorliegen des Ausnah- **2**
metatbestandes – trotz Vorliegens der Tatbestandsmerkmale eines oder mehrerer
Zahlungsdienste gemäß Abs. 1 S. 2 – die Tätigkeit nicht als Zahlungsdienst gilt, mithin keine Erlaubnispflicht nach § 10 vorliegt. Dies hat zum einen zur Folge,
dass auch die Regelung des § 3 nicht mehr anwendbar ist, sodass in den Fällen der
Ausnahmetatbestände auch die Fiktion des § 3 Abs. 3 S. 3 nicht eingreift und in der
Folge der Tatbestand des **Einlagengeschäfts** gemäß § 1 Abs. 1 S. 2 Nr. 1 des KWG
einschlägig sein kann (VGH Kassel NJOZ 2021, 917 Rn. 40; Schäfer/Omlor/Mim-
berg/Mimberg Rn. 7; ähnlich Ellenberger/Findeisen/Nobbe/Böger/Reschke
Rn. 6; abl. aber Janßen RdZ 2022, 92; hierzu → Rn. 110 ff.). **Zivilrechtlich** hat
dies zur Folge, dass für die Ausgabe der unter die Ausnahme fallenden elektronischen Werteinheiten und für Zahlungsvorgänge die Regelungen über Zahlungsdienste der §§ 675c ff. BGB nicht zur Anwendung gelangen (vgl. § 675c Abs. 2 und
Abs. 3 BGB).

3. Zielsetzung, Auslegung und Analogie

Die Zielsetzungen der Ausnahmevorschriften sind sehr **unterschiedlich** (vgl. **3**
Terlau ZBB 2014, 291 (294 ff.)). Bei Abs. 1 Nr. 1, Nr. 3 und Nr. 5 mag das Ziel der
PSD2, wie auch ihrer Vorgängerin, vor allem unbare und elektronische Zahlungen
zu erfassen, Pate gestanden haben, sodass bargeldgestützte Zahlungsformen sowie
dokumentenbasierte Zahlungsvorgänge auszusondern waren; bei diesen ist die vorgesehene Beschleunigung des Zahlungsverkehrs im Europäischen Binnenmarkt
a priori nicht zu erreichen (Ellenberger/Findeisen/Nobbe/Findeisen, 2. Aufl.

2013, § 1 Rn. 472). Im Detail sind die Zielsetzungen im Rahmen der Einzelkommentierungen zu erörtern.

4   Auch die Ausnahmebestimmungen werden vom Vollharmonisierungsgebot des Art. 107 Abs. 1 PSD2 erfasst. Die darin enthaltenen unbestimmten Rechtsbegriffe, insbesondere die Begriffe „eines sehr begrenzten Waren- oder Dienstleistungsspektrums" sowie „eines begrenzten Netzes von Dienstleistern" in § 2 Abs. 1 Nr. 10, unterliegen deshalb den Geboten der **richtlinienkonformen Auslegung** (hierzu → Einl. Rn. 46). Deshalb wird die Auslegung dieser Bestimmungen durch das letztinstanzliche Gericht häufig dessen Pflicht zur Vorlage an den EuGH gemäß Art. 267 Abs. 3 EGV auslösen (hierzu vgl. EuGH NJW 1983, 1257 (1258)); der frz. Conseil d'Etat verneinte in seiner Entscheidung vom 24. 4. 2013 diese Vorlagepflicht (vgl. hierzu Terlau BB 2013, 1996 (1999 f.)).

5   Bei der Aufzählung in Abs. 1 handelt es sich um einen **enumerativen Katalog** (Ellenberger/Findeisen/Nobbe/Böger/Reschke Rn. 2; einschränkend aber Danwerth Finanztransfergeschäft S. 64 ff.; aA Schäfer/Omlor/Mimberg/Mimberg Rn. 9). Gegen einen nicht abschließenden Katalog streitet schon das Vollharmonisierungsgebot in Art. 107 PSD2. Zwar folgt daraus nicht unmittelbar ein Gebot zur engen Auslegung oder ein Analogieverbot (Terlau K&R 2011, 814 (815); Ultsch WuB I 1 3 § 8 ZAG 1.12, S. 593 (595 f.) mwN; → 1. Aufl. 2014, § 1 Rn. 78 (Casper); Schäfer/Omlor/Mimberg/Mimberg Rn. 9; Janßen RdZ 2020, 92 (93); ausführlich zum Ganzen Danwerth Finanztransfergeschäft S. 64 ff.; aA LG Köln WM 2012, 405 (406); dem folgend wohl auch Hingst/Lösing BKR 2012, 334 (337)). Allerdings ist die Aufsicht bemüht, die Ausnahmetatbestände eng einzugrenzen (vgl. vor allem BaFin-Merkblatt v. 14. 2. 2023, Abschn. C II sowie C X und XI); Begr. RegE., BT-Drs. 18/11495, 113: „keine unangemessene rechtliche Gestaltung").

6   Zudem deutet die Regierungsbegründung an, dass der Ausnahmekatalog im Wege einer teleologischen Reduktion nicht zur Anwendung gelangen kann, wenn ein sog. **Gestaltungsmissbrauch** vorliegt (RegE BT-Drs. 18/11495, 113; ebenso BaFin-Merkblatt ZAG v. 14. 2. 2023, sub C). Ausnahmevorschriften sollen also nur eingreifen, sofern „der Betreiber keine unangemessene rechtliche Gestaltung wählt, die sich in der Gesamtschau als missbräuchlich darstellt; rechtliche Konstruktionen, die offenkundig nur den Zweck verfolgen, den Erlaubnisvorbehalt zu umgehen, erfüllen nicht die Voraussetzungen um als Zahlungsdienst disqualifiziert zu werden" (RegE BT-Drs. 18/11495, 113). Die BaFin nennt insoweit als Beispiel, dass eine Vielzahl von Kleinbetragsinstrumenten ausgegeben wird, die je für sich genommen wegen des Eingreifens eines „begrenzten Netzes" nach Nr. 10 lit. a an sich erlaubnisfrei wären. Wird durch die Vielzahl von Kleinbetragsinstrumenten ein so großes Zahlungsvolumen aufgebaut, dass nicht mehr von einem begrenzten Netz gesprochen werden kann, kann ein Gestaltungsmissbrauch vorliegen (BaFin-Merkblatt ZAG v. 29. 11. 2017, sub 3).

6a   Diese Sichtweise ist im Schrifttum mit Blick auf den strafrechtlichen Bestimmtheitsgrundsatz, das in Art. 107 Abs. 1 PSD2 verankerte **Vollharmonisierungsgebot** und den Aspekt der Einheit der Rechtsordnung auf Kritik gestoßen (vgl. Schäfer/Omlor/Mimberg/Mimberg Rn. 11 f.). In dem wichtigsten Beispielfall, in dem die BaFin einen Gestaltungsmissbrauch mit Blick auf Abs. 1 Nr. 4 bei reversen Bargeldauszahlungen in Spielhallen angenommen hat, hat sie – auch mit Blick auf das Vollharmonisierungsgebot – Schiffbruch erlitten (die Entscheidung der BaFin ablehnend VGH Kassel NJOZ 2021, 917 Rn. 51 ff. = BeckRS 2020, 28042; VG Frankfurt a. M. 9. 9. 2015 – 7 K 3025/14.F, juris; näher zum Ganzen → Rn. 33 f.).

Gleichwohl dürfte ein Gestaltungsmissbrauch nicht per se ausscheiden. Allerdings muss der Normzweck der Ausnahme in der konkreten Gestaltung offensichtlich verfehlt werden, sodass eine Umgehung vorliegt. Auf eine Umgehungsabsicht kommt es hingegen nicht an. Die Bestimmung des verfehlten Normzwecks muss europarechtlich abgesichert werden. Nationale Alleingänge sind also nicht möglich. Die teleologische Reduktion der Ausnahme muss sich bereits auch für die jeweils in Rede stehende Fallgruppe in Art. 3 PSD2 ergeben und somit in ganz Europa gelten. Nur dann ist das Vollharmonisierungsgebot gewahrt. Dass Art. 107 Abs. 1 PSD2 aber einer teleologischen Reduktion von Ausnahmevorschriften grundsätzlich entgegenstehen würde (so in der Tendenz Schäfer/Omlor/Mimberg/Mimberg Rn. 11) kann aber nicht behauptet werden. Auch der strafrechtliche Bestimmtheitsgrundsatz steht einer Analogie oder einer teleologischen Reduktion nur insoweit entgegen, als es um die unmittelbare Anwendung strafrechtlicher Vorschriften oder solcher Normen geht, die dem OWiG zuzuordnen sind (→ Einl. Rn. 50 ff.); gebietet aber eine restriktive Vorgehensweise. Dass die Ausnahmevorschriften sowohl von Verwaltungs- wie von Zivilgerichten ausgelegt werden, ist ebenfalls kein Gegenargument (so aber Schäfer/Omlor/Mimberg/Mimberg Rn. 12), da es sich insoweit um allgemeines Problem des ZAG und des § 675c Abs. 3 BGB handelt. Eine gespaltene Auslegung ist soweit wie möglich zu vermeiden (insoweit gleichsinnig Schäfer/Omlor/Mimberg/Mimberg Rn. 12; ebenso bereits Terlau ZBB 2014, 291 (293 f.)), lässt sich aber mit Blick auf das strafrechtliche Bestimmtheitsgebot nicht immer gewährleisten (→ Einl. Rn. 53).

4. Nationale Regulierung im Rahmen der Ausnahmebestimmungen

Während die Ausnahmebestimmungen selbst dem **Vollharmonisierungs-** 7 **gebot** des Art. 107 Abs. 1 PSD2 unterliegen, sind die hiervon erfassten Sachverhalte von der Harmonisierung durch die PSD2 ausgenommen (EU-Kommission, Question No. 378 v. 11.5.2010/14.6.2010 zu Art. 3 (k) der PSD2, abrufbar unter: http://ec.europa.eu/internal_market/payments/framework/transposition/faq_en. pdf). Für den von der Ausnahmebestimmung erfassten Sachverhalt steht es deshalb den Mitgliedstaaten frei, diesen einer Regulierung nach nationalen Bestimmungen zu unterwerfen. Der französische Gesetzgeber hatte – ähnlich dem jetzigen § 2 Abs. 2 – bspw. bereits unter der PSD1 in Art. L.521-3 Code monétaire et financier die Inanspruchnahme einer Ausnahmebestimmung an die Pflicht zur Anzeige der Inanspruchnahme bei der Aufsichtsbehörde (Autorité de contrôle prudentiel) und deren Widerspruchsrecht geknüpft. Der frz. Conseil d'Etat ging in seiner Entscheidung v. 24.4.2013 (vgl. hierzu Terlau BB 2013, 1996 f.) noch einen Schritt weiter: Der Aufsichtsbehörde sei es zudem gestattet, im Rahmen der Ausnahmebestimmungen Auflagen (zB Führung der eingenommenen Gelder auf Treuhandkonten) vorzusehen.

II. Unmittelbare Bargeldzahlungen (Abs. 1 Nr. 1)

Abs. 1 Nr. 1 setzt Art. 3 lit. a PSD2 um und fand sich im alten Recht sachlich 8 unverändert in § 1 Abs. 10 Nr. 1 ZAG 2009. Die Norm bringt die Selbstverständlichkeit zum Ausdruck (BaFin-Merkblatt ZAG v. 14.2.2023 sub C I; ähnlich bereits RegE BT-Drs. 16/11613, 37: folge aus der Natur der Sache; BeckOGK/

Foerster § 675c Rn. 235; Schwennicke/Auerbach/Schwennicke ZAG Rn. 8; Schäfer/Omlor/Mimberg/Mimberg Rn. 13; Ellenberger/Findeisen/Nobbe/Böger/Reschke Rn. 17; Hingst/Lösing Zahlungsdiensteaufsicht § 8 Rn. 2), dass direkte Bargeldzahlungen wie beim Kaufvertrag mit Barzahlung nicht in den Anwendungsbereich des ZAG fallen sollen. Entsprechendes gilt aber auch, wenn der A dem B Geld ohne causa oder mit causa donandi übereignet. Die Bargeldzahlung nach Abs. 1 Nr. 1 ist dadurch gekennzeichnet, dass der Zahler dem Zahlungsempfänger den Zahlungsbetrag unmittelbar als Bargeld übereignet. Ob es sich um eine in- oder eine ausländische Währung handelt, ist unerheblich (zustimmend Schäfer/Omlor/Mimberg/Mimberg Rn. 14). Unschädlich für die Ausnahme ist es auch, wenn das Bargeld dem Zahlungsempfänger durch einen **Boten** physisch übermittelt wird, da ein Bote dann nicht als zwischengeschaltete Stelle iSd Nr. 1 zu qualifizieren ist (Schwennicke/Auerbach/Schwennicke ZAG § 2 Rn. 8; zweifelnd Schäfer/Omlor/Mimberg/Mimberg Rn. 15). Die Unmittelbarkeit der Bargeldzahlung steht nicht entgegen, solange der Bote genau die vom Zahler ausgehändigten Scheine und Münzen an den Zahlungsempfänger übergibt (aA wohl Schäfer/Omlor/Mimberg/Mimberg Rn. 15, der auf das fehlende Gewerbe des (privaten) Boten ausweichen will). Soweit aber nur ein Anspruch des Zahlungsempfängers auf Auszahlung einer bestimmten Geldsumme gegen den Boten besteht und nicht genau das vom Zahler übermittelte Bargeld ausgezahlt wird, liegt bereits ein Finanztransfergeschäft (→ § 1 Rn. 105 ff.) vor. Erst recht greift die Ausnahme nach Nr. 1 nicht ein, wenn das Bargeld auf dem Transportweg in Buchgeld umgewandelt wird und nur am Ende der Zahlungskette dem Zahlungsempfänger wiederum in bar ausgezahlt wird (zustimmend BeckOGK/Foerster § 675c Rn. 235). Selbstredend fällt die Ein- oder Auszahlung von Bargeld auf ein Konto des Zahlers unter § 1 Abs. 1 S. 2 Nr. 1 oder Nr. 2 und nicht unter die Ausnahme in Abs. 1 Nr. 1 (BGH NJW 2015, 1440 Rn. 15; OLG Bamberg ZIP 2013, 1855 (1856); Hingst/Lösing Zahlungsdiensteaufsicht § 8 Rn. 7; Schwennicke/Auerbach/Schwennicke ZAG § 2 Rn. 8; Schäfer/Omlor/Mimberg/Mimberg Rn. 16; Ellenberger/Findeisen/Nobbe/Böger/Reschke Rn. 18).

III. Handelsvertreter und Zentralregulierer (Abs. 1 Nr. 2)

Schrifttum: Conreder/Schneider/Hausemann, Gesetz zur Umsetzung der Zweiten Zahlungsdiensterichtlinie – Besonderheiten und Stolpersteine für Unternehmen. DStR 2018, 1722; Danwerth, Finanztransfergeschäft, 2017, S. 169 ff.; Denga/Böttcher, Zahlungsabwicklung durch digitale Handelsplattformen, RdZ 2020, 156; Glos/Hildner, Erlaubnispflichtige Zahlungsdienste in der Plattformökonomie, RdZ 2022, S. 90; Janßen, Bereichsausnahme des ZAG – Gesteigerte Rechtssicherheit bei Handelsvertreter- und Konzernausnahme ...?, RdZ 2022, 92; Jünemann/Wirtz/Förster, Franchisestrukturen und Zahlungsdienste, RdZ 2021, 164; Terlau, 5 Jahre Zahlungsdiensteaufsichtsgesetz – Die Reform der Zahlungsdiensterichtlinie, ZBB 2014, 291; Winheller/Auffenberg, Benötigen gemeinnützige Mittelbeschaffungskörperschaften eine BaFin-Erlaubnis?, DStR 2015, 589.

1. Entwicklung der Vorschrift und Normzweck

9   Abs. 1 Nr. 2 legt fest, dass Zahlungsvorgänge zwischen Zahler und Zahlungsempfänger über einen Handelsvertreter oder Zentralregulierer, der aufgrund einer Vereinbarung befugt ist, den Kauf bzw. Verkauf von Waren oder den Vertrieb von

Dienstleistungen nur im Namen des Zahlers oder nur des Zahlungsempfängers aus-zuhandeln oder abzuschließen, keine Zahlungsdienste nach Abs. 1 S. 1 darstellen. Mit der Ausnahmevorschrift wird **Art. 3 lit. b PSD2** umgesetzt. Dieser wurde wie Erwägungsgrund 11 zum Ausdruck bringt, gegenüber Art. 3 lit. b PSD1 leicht ver-ändert (vgl. näher hierzu Janßen RdZ 2020, 92 (94)). Es wurde klargestellt, dass der Handelsvertreter entweder nur im Auftrag des Zahlers oder nur des Zahlungs-empfängers tätig sein dürfe. Entsprechend wurde auch Abs. 1 Nr. 2 gegenüber § 1 Abs. 10 Nr. 2 ZAG 2009 angepasst und zweimal um das Wort „nur" ergänzt. Er-wägungsgrund 10 weist darauf hin, dass die Umsetzung in den verschiedenen Mit-gliedsstaaten sehr unterschiedlich gewesen sei und häufig auch Plattformen zu-gelassen wurden, bei denen der Handelsvertreter für beide Seiten tätig war.

Führt man sich vor Augen, dass der Handelsvertreter Geld für den Prinzipal **10** überträgt, zu dem er in einem besonderen Vertrauensverhältnis steht und dem-gegenüber er zur Rücksichtnahme und zur Wahrung von dessen Interessen ver-pflichtet ist, fehlt es an der für Zahlungsvorgänge **notwendigen Neutralität des Zahlungsdienstes gegenüber dem Valutageschäft** (ebenso Danwerth Finanz-transfergeschäft S. 55, 180; Winheller/Auffenberg DStR 2015, 589 (593); Glos/ Hildner RdZ 2022, 90 (95); Janßen RdZ 2022, 92 (93 f.); Schäfer/Omlor/Mim-berg/Mimberg Rn. 18). Vielmehr ist der Handelsvertreter in das Valutaverhältnis mit eingebunden, steht also im „Lager" des Prinzipals (zustimmend Janßen RdZ 2022, 92 (93 f.) sowie Schäfer/Omlor/Mimberg/Mimberg Rn. 18). Der Norm-zweck liegt also zum einen in der Erwägung, dass der Prinzipal weniger Schutz im Vergleich zu einem externen Dienstleister benötigt, da er den Handelsvertreter steuern kann und dieser ihm gegenüber rechenschaftspflichtig ist (ausführlich zum Ganzen Terlau ZBB 2014, 291 (296)). Zum anderen verfolgt die Ausnahme aber auch den Zweck, den Handelsvertreter zu schützen, da dieser anderenfalls mit der Nebentätigkeit der Entgegennahme von Geldern schnell in den Anwendungs-bereich des Finanztransfergeschäfts (→ § 1 Rn. 105 ff.) fallen kann, obwohl er eine erlaubnisfreie Haupttätigkeit erbringt (Schwennicke/Auerbach/Schwennicke ZAG § 2 Rn. 9). Allerdings setzt auch dort die Qualifikation als Zahlungsdienstleis-ter eine Neutralität des Zahlungsvorgangs gegenüber dem Valutageschäft voraus. Zudem soll der Handelsvertreter nicht mit der Erlaubnispflicht belastet werden, da die Entgegennahme von Geld nur eine von mehreren Tätigkeiten für den Prinzipal darstellt (ähnlich Ellenberger/Findeisen/Nobbe/Böger/Reschke Rn. 23: Neben-dienstleistungsprivileg).

Daneben dürfte bei der Privilegierung eine Rolle gespielt haben, dass das auf- **11** sichtsrechtliche Ziel der **Geldwäscheprävention,** welches bei der Regulierung des Finanztransfergeschäfts zumindest mitgespielt hat (vgl. näher zum Ganzen Dan-werth Finanztransfergeschäft S. 18 ff.), beim Handelsvertreter keine Rolle spielt (nä-her zum Ganzen Terlau ZBB 2014, 291 (297 f.)).

2. Begriff des Handelsvertreters und des Zentralregulierers

Aus deutscher Sicht liegt es nahe, zur Bestimmung des Begriffs des Handelsver- **12** treters auf § 84 HGB zurückzugreifen. Danach gilt als Handelsvertreter, „wer als selbständiger Gewerbetreibender ständig damit betraut ist, für einen anderen Un-ternehmer (Unternehmen) Geschäfte zu vermitteln oder in dessen Namen abzu-schließen. Selbständig ist, wer im Wesentlichen frei seine Tätigkeit gestalten und seine Arbeitszeit bestimmen kann." Ein schlichter Rückgriff auf § 84 HGB scheidet aber schon deshalb aus, da der **Begriff** mit Blick auf die PSD2 **europarechtlich**

autonom zu bestimmen ist (vgl. nur Terlau ZBB 2014, 293 (295); Ultsch WuB I 1 3 § 8 ZAG 1.12, S. 593 (595); Danwerth Finanztransfergeschäft S. 171 ff.). Die Richtlinie spricht in Art. 3 lit. b PSD2 nur von Handelsagenten (commercial agents) und nicht von Handelsvertretern (freilich hat das deutsche Recht bis 1953 ebenfalls von Handelsagenten und nicht von Handelsvertretern gesprochen). Der vom deutschen Gesetzgeber eingeführte Begriff des Zentralregulierers wird in der Richtlinie hingegen nicht genannt. Bereits dies streitet dafür, dass auch der deutsche Gesetzgeber bei der Umsetzung von einer weiteren Auslegung des Begriffs Handelsagent ausgegangen ist, als dies der Rückgriff auf § 84 HGB erlauben würde.

13   Überwiegend wird im Schrifttum zur Begriffsbestimmung auf **Art. 1 Abs. 1 Handelsvertreterrichtlinie** (RL 86/653/EWG) zurückgriffen (Terlau ZBB 2014, 293 (295); Danwerth Finanztransfergeschäft S. 173 f.; Schäfer/Omlor/Mimberg/Mimberg Rn. 19; ebenso, wenn auch ohne Begründung Ultsch WuB I 1 3 § 8 ZAG 1.12, S. 593 (595); weitergehend aber Winheller/Auffenberg DStR 2015, 589 (593 f.); aA Janßen RdZ 2020, 92 (94 f.)). Danach gilt als Handelsvertreter, wer als selbständiger Gewerbetreibender ständig damit betraut ist, für eine andere Person (Unternehmer) den Verkauf oder den Ankauf von Waren zu vermitteln oder diese Geschäfte im Namen und auf Rechnung des Unternehmers abschließt. Dafür streitet, dass die englische Fassung der Handelsvertreterrichtlinie ebenfalls wie diejenige der PSD2 von einem commercial agent spricht, sodass die Übersetzung in der deutschen Fassung mit Handelsagent statt mit Handelsvertreter letztlich ein Übersetzungsfehler sein dürfte (so auch Terlau ZBB 2014, 293 (295); ähnlich Danwerth Finanztransfergeschäft S. 174: eine deutsche, hausgemachte Besonderheit). Der Handelsvertreter muss selbständig tätig sein, wobei die Tätigkeit als Handelsvertreter eine Nebentätigkeit seiner gewerblichen Tätigkeit sein kann (Terlau ZBB 2014, 293 (295)). Nur eine Eingliederung in die Organisation des Prinzipals, zB als abhängiger Beschäftigter oder Scheinselbständiger, scheidet aus. Dann stellt sich freilich auch kein Bedürfnis mehr für eine Privilegierung, da der Prinzipal das Geld dann direkt entgegennehmen würde und somit kein aufsichtspflichtiges Finanztransfergeschäft vorliegen kann. Mit dem Rückgriff auf die Handelsvertreterrichtlinie gelangt man freilich zumindest mittelbar wieder zu § 84 HGB, der der Richtlinie als Vorbild gedient hat (Danwerth Finanztransfergeschäft S. 173 f.).

14   Es werden also alle Personen erfasst, die Verträge für eine andere Partei aushandeln oder in deren Namen, also im Wege der offenen Stellvertretung, abschließen dürfen (zu den Einzelheiten → Rn. 18 ff.). Damit scheidet die mittelbare Stellvertretung ebenso wie die Kommission und erst recht der Vertragsschluss durch einen bevollmächtigten Angestellten des Geschäftsherrn aus (Schwennicke/Auerbach/Schwennicke ZAG § 2 Rn. 10, 14; Schäfer/Omlor/Mimberg/Mimberg Rn. 19). Nicht zulässig ist es zudem, dass der Handelsvertreter für beide Seiten (also für den Zahler wie den Zahlungsempfänger) tätig ist, da Abs. 1 Nr. 2 gerade die ausschließliche Tätigkeit für den Verkäufer oder den Käufer fordert (Schäfer/Omlor/Mimberg/Mimberg Rn. 21). Während die Handelsvertreterrichtlinie in Art. 1 Abs. 2 eine ständige Betreuung des Handelsvertreters voraussetzt, wird man mit Blick auf Abs. 1 Nr. 2 nur das **Tätigwerden in einer Vielzahl von Fällen** fordern müssen, nicht hingegen eine dauerhafte Tätigkeit (Terlau ZBB 2014, 293 (295)). Eine nur einmalige Tätigkeit als Handelsvertreter ist indes auch nicht ausreichend. Um als Handelsvertreter qualifiziert zu werden, muss den Vertreter eine Interessenwahrungspflicht gegenüber dem Prinzipal treffen (Terlau ZBB 2014, 293 (295 f.); weiter wohl Schäfer/Omlor/Mimberg/Mimberg Rn. 19 in Anschluss an Janßen RdZ 2022, 92 (95): Näheverhältnis bzw. Treuepflicht sei nicht erforderlich). Es ist jedoch

nicht erforderlich, dass der Handelsvertreter überwiegend oder ausschließlich für den Prinzipal tätig wird. Er kann also auch für mehrere Prinzipale tätig werden. Nur ein gleichzeitiges Tätigwerden für Zahler und Zahlungsempfänger ist ausgeschlossen (ausführlich dazu Schäfer/Omlor/Mimberg/Mimberg Rn. 21, 27). Dies hat seinen Hintergrund darin, dass in anderen Mitgliedsstaaten vor Umsetzung der PSD2 bei Online-Handelsplattformen sich der Betreiber von beiden Seiten zum Handelsvertreter ernennen ließ, ohne wirklich für beide Seiten tätig zu werden, um der Aufsichtspflicht nach der PSD zu entgehen (Schäfer/Omlor/Mimberg/Mimberg Rn. 21).

Die **Begriffe Verkauf oder Ankauf von Waren bzw. Dienstleistungen** sind **15** ebenfalls autonom anhand der Zielsetzung der Richtlinie auszulegen. Insoweit ist auch nicht auf Art. 1 Abs. 2 der Handelsvertreterrichtlinie zurückzugreifen, sondern vielmehr eine eigenständige Auslegung mit Blick auf die Erfordernisse der PSD2 vorzunehmen. Diese streitet für einen weite Auslegung. Aus deutscher Perspektive ist es also nicht erforderlich, dass die privilegierten Verträge Kaufverträge oder Werkverträge iSd §§ 433, 631 BGB sind. Auch Geschäftsbesorgungsverträge sind denkbar. Ferner ist auch keine Entgeltlichkeit dieser Verträge erforderlich, sondern die Tätigkeit des Dienstleisters kann auch auf die unentgeltliche, altruistische Erbringung von Dienstleistungen gerichtet sein, soweit seine Tätigkeit einem tradierten Handelsvertreter vergleichbar ist (zu gemeinnützigen Mittelbeschaffungskörperschaften vgl. ausführlich Winheller/Auffenberg DStR 2015, 589 (592ff.)).

Abzugrenzen ist der Handelsvertreter von **Agenten iSd § 1 Abs. 9.** Während **16** der Agent für einen Zahlungsdienstleister handelt (→ § 1 Rn. 329, 335 f.), ist der Handelsvertreter für den Zahler oder den Zahlungsempfänger tätig und wirkt beim Verkauf oder Kauf von Waren bzw. dem Erbringen von Dienstleistungen mit (vgl. auch Danwerth Finanztransfergeschäft S. 55).

Hauptanwendungsfall für den explizit genannten **Zentralregulierer** ist eine **17** zentrale Gegenpartei bei Wertpapier- oder Warenterminbörsen oder anderen multilateralen Handelssystemen. Ferner werden Abrechnungs- oder Zahlungsverkehrssysteme erfasst. Kennzeichnend ist, dass sie den gesamten Zahlungsverkehr gegenüber den angeschlossenen Mitgliedern (häufig als Abschlusshäuser bezeichnet) übernehmen. Meist wird im Vorfeld mittels eines Rahmenvertrages vereinbart, dass bei bestimmten Lieferanten zu im Voraus festgelegten Konditionen über den Zentralregulierer abzurechnen ist (Schwennicke/Auerbach/Schwennicke ZAG § 2 Rn. 12; Ellenberger/Findeisen/Nobbe/Böger/Reschke Rn. 28). Angesichts der klaren Vorgabe in der Richtlinie, wonach sie die Tätigkeit nur für eine Seite erfasst, wird man diese Exklusivität auch auf den Zentralregulierer übertragen müssen (so auch RegE BT-Drs. 18/11495, 114; ausführlich zum Ganzen auch Schäfer/Omlor/Mimberg/Mimberg Rn. 27). Auch wenn Zentralregulierer mit Handelsvertretern nicht deckungsgleich sind, liegt doch eine im Wesentlichen vergleichbare Situation vor, sodass die Ergänzung durch den deutschen Gesetzgeber auch mit Blick auf das Vollharmonisierungsgebot zulässig ist (Danwerth Finanztransfergeschäft S. 172).

3. Aushandeln oder Abschließen

a) Gemeinsame Grundsätze. Das ZAG begreift das Aushandeln und das **18** Abschließen als zwei voneinander zu trennende Tatbestandsalternativen, während in der Handelsvertreter-Richtlinie das Abschließen als Unterfall des Aushandelns angesehen wird (Danwerth Finanztransfergeschäft S. 176; Hopt/Hopt § 84 Rn. 26

mwN). Beide Alternativen können **kumulativ oder alternativ** vorliegen (Danwerth Finanztransfergeschäft S. 17; Hingst/Lösing Zahlungsdiensteaufsicht § 8 Rn. 11). Aushandeln wie Abschließen beziehen sich auf das Valutaverhältnis und nicht etwa auf den Zahlungsdienst (statt aller Ellenberger/Findeisen/Nobbe/Böger/Reschke Rn. 42f.).

19   **b) Aushandeln.** Der **Umfang des Aushandels** blieb bereits in der Regierungsbegründung zum ZAG 2009 vage. Dort heißt es, dass die Konditionen „grundsätzlich" ausgehandelt werden müssen. „Es ist nicht erforderlich, dass sie (die Handelsvertreter) sich in jeden einzelnen Vertragsschluss reinhängen (sic!). Andererseits darf das Verhandlungsmandat nicht nur auf dem Papier stehen; es muss in der Praxis gelebt werden." (RegE BT-Drs. 16/11613, 37). Dies wird man dahin zu konkretisieren haben, dass regelmäßig ein substantieller Teil des Vertrages durch den Vertreter ausgehandelt werden kann (Terlau ZBB 2014, 291 (297); Janßen RdZ 2020, 92 (96); Ellenberger/Findeisen/Nobbe/Böger/Reschke Rn. 42; ähnlich Denga/Böttcher RdZ 2020, 156 (158): genuiner Spielraum des Vertreters). Der Handelsvertreter muss also zentrale Punkte des Vertrags wie die wesentlichen Vertragsbestandteile ernsthaft in den Verhandlungen zur Disposition stellen können und nicht nur einem Boten vergleichbar die wesentlichen Rahmendaten des Vertrages, die der Prinzipal gestellt hat, durchleiten können (Glos/Hildner RdZ 2022, 90 (95)). Allerdings muss sich das Verhandlungsmandat des Handelsvertreters nicht zwingend auf alle wesentlichen Vertragsbestanteile beziehen.

20   Entscheidend für die praktische Rechtsanwendung ist aber, ob diese Verhandlungsmacht nur rechtlich bestehen oder aber in jedem Einzelfall ausgeübt werden muss. Es genügt nach dem oben Gesagten (→ Rn. 19) die abstrakte Verhandlungsmöglichkeit (so auch BaFin-Merkblatt ZAG v. 14.2.2023 sub C II; Danwerth Finanztransfergeschäft S. 176; Schäfer/Omlor/Mimberg/Mimberg § 2 Rn. 23). Anderseits fordert sowohl die Regierungsbegründung (RegE BT-Drs. 16/11613, 37) wie die BaFin (Merkblatt ZAG v. 14.2.2023 sub C II), dass diese abstrakte Möglichkeit nicht nur auf dem Papier stehen, sondern auch „gelebt werden muss". Dies wird man im konkretisierenden Zugriff dahin zu präzisieren haben, dass eine Ausübung der Verhandlungsmacht durch den Handelsvertreter nicht in der Mehrzahl der Fälle, wohl aber in einer signifikanten Anzahl vorliegen muss. Auch diese Frage ist aber nicht im Einzelfall empirisch zu messen, sondern anhand von generell-abstrakten Kriterien zu beurteilen. Wer also nur Angebot und Nachfrage zu standardisierten Bedingungen zusammenführt, kann sich nicht auf die Privilegierung berufen. Andererseits hat man sich vor Augen zu führen, dass es grundsätzlich wenig sinnvoll ist, Handelsvertreter, die Geldbeträge an den Prinzipal durchleiten, dem Erlaubniserfordernis nach dem ZAG zu unterwerfen, weshalb die rechtliche Möglichkeit zur Einflussnahme auf wesentliche Vertragsbestandteile bereits dann genügen muss, wenn dies in der Praxis auch häufiger vorkommt, ohne dass dies die Regel sein muss. Gerade bei einfachen Kaufgeschäften mit wenig Gestaltungsspielraum, sind die Anforderungen nicht zu hoch zu hängen (überzeugend Terlau ZBB 2014, 291 (297); im Anschluss an diesen ebenso Schäfer/Omlor/Mimberg/Mimberg § 2 Rn. 23).

21   Würde man diese Kriterien eins zu eins auf **Zentralregulierer** übertragen, die regelmäßig gerade nach standardisierten Bedingungen arbeiten, würde diese Fallgestaltung praktisch leerlaufen. Deshalb ist mit der Regierungsbegründung davon auszugehen, dass es ausreichend ist, wenn der „Zentralregulierer für den Verkauf oder Kauf von Waren und Dienstleistung für die in ihrem Verbund zusammengeschlossenen Unternehmen die Konditionen mit den Abnehmern und Lieferanten grundsätzlich aushandeln" (RegE BT-Drs. 18/11495, 114) kann. Insoweit genügt also, dass dieses Aushandeln beim Abschluss eines Rahmenvertrages, der den Einzelverträgen zugrunde liegt, erfolgt (so auch Ellenberger/Findeisen/Nobbe/Böger/Reschke Rn. 42).

c) Abschließen. Noch unklarer ist die Auslegung der Tatbestandsvariante **22** „Abschließen". Unstreitig fällt hierunter die Bevollmächtigung zum Abschluss des Vertrags. Auf ein Formerfordernis kommt es insoweit weder für den Abschluss noch für die Erteilung der Vollmacht an (Schäfer/Omlor/Mimberg/Mimberg Rn. 20; zu gegenläufigen, aber nicht weiterverfolgten Bestrebungen während der Novellierung der zweiten ZDRL vgl. Terlau ZBB 2014, 291 (297)). Allerdings muss dem Abschlussvertreter auch insoweit ein **Gestaltungsspielraum** zukommen (RegE 18/11495, 114; BaFin-Merkblatt ZAG v. 14.2.2023 sub C II; Terlau ZBB 2014, 291 (297); Danwerth Finanztransfergeschäft S. 176 f.; Janßen RdZ 2020, 92 (96); so wohl auch Hingst/Lösing Zahlungsdiensteaufsicht § 8 Rn. 12; einschränkend Winheller/Auffenberg DStR 2015, 589 (594 f.)). Soll dieser sich nicht allein auf das Verhandeln erstrecken, womit das Abschließen doch zu einer Unterfallgruppe des Aushandelns würde, wird man insoweit an die Auswahl des Vertragspartners anknüpfen müssen. Dass sich die Vollmacht auch auf Vertragsabwicklung erstreckt, ist üblich, aber als solches nicht hinreichend, damit Abs. 1 Nr. 2 eingreift (Danwerth Finanztransfergeschäft S. 176 f.).

Aber auch insoweit ist eine normzweckorientierte Auslegung geboten, die zu **23** einer Begrenzung der **Reichweite des Abschließens** führen kann. Auch die Ausnahme in Nr. 2 Alt. 2 basiert auf einem Nähe- und Vertrauensverhältnis zwischen Prinzipal und Agenten und hat nicht zuletzt auch die Aufgabe, das zu weit geratene Finanztransfergeschäft wieder einzufangen. Nur dann fehlt es an der für Zahlungsvorgänge eigenen Neutralität der bargeldlosen Vorgänge, die prägendes Merkmal der Ausnahme in Nr. 2 ist (→ Rn. 10). Wird der Handelsvertreter (zB die Interhandelsplattform) aber nur pro forma als Abschlussvertreter zwischengeschaltet, um eine Subsumtion unter § 1 Abs. 1 S. 2 Nr. 6 Alt. 2 zu vermeiden, kann die Ausnahme in Abs. 1 Nr. 2 nicht eingreifen (ähnlich Hingst/Lösing Zahlungsdiensteaufsicht § 8 Rn. 12).

4. Einzelfälle

Würde zB bei einer **Internethandelsplattform** wie Ebay, Vinted oder Hood **24** der Betreiber bei jedem Vertragsschluss zum Vertreter des Verkäufers oder des Käufers gemacht (was die derzeitigen AGB jedoch gerade nicht vorsehen), ohne jedoch substantiell, über die technische Abwicklung hinausgehend zum Vertragsschluss beizutragen, wäre die Ausnahme in Abs. 1 Nr. 2 nicht erfüllt, da kein Aushandeln mehr vorläge (Glos/Hildner RdZ 2022, 90 (96)). Erst recht ist die bloße Vermittlung von Angebot und Annahme als Abschlussmakler oder Vermittler einer Internetplattform wie „lieferheld.de" nicht ausreichend, um ein Aushandeln zu begründen (LG Köln WM 2011, 405 (406), wenn auch mit zu kryptischer Begründung; Hingst/Lösing Zahlungsdiensteaufsicht § 8 Rn. 15).

Unstreitig erfasst sind **klassische Handelsvertreter,** die über Land fahren und **25** Produkte für einen Prinzipal als Handelsvertreter verkaufen und dabei auch Barzahlungen entgegennehmen. **Reisebüros,** die als Vertragshändler organisiert sind, können ebenfalls in den Anwendungsbereich fallen, wenn sie wirklich den Vertrag gestalten können und nicht nur die Reisezeit des Kunden und die Anzahl der reisenden Personen an den Prinzipal durchleiten. Regelmäßig werden Reisebüros diesen Anforderungen nicht genügen. Dies gilt vor allem für Online-Reisebüros, die in der Regel Angebote undifferenziert durchleiten. Unproblematisch sind Reisebüros, die als **Vertragshändler** organisiert sind, da sie im eigenen Namen Verträge schließen und somit das Geld auch für sich entgegennehmen und dann die bei Händlern bezogenen Leistungen im eigenen Namen bezahlen. Bei anderen **Online-Vertriebsplattformen,** die als Handelsvertreter arbeiten, wird die erforderliche Verhandlungsmacht oftmals nicht vorliegen (Conreder/Schneider/Hausemann DStR 2018, 1722 (1723f.); sowie ausführlich zu ihnen Glos/Hildner RdZ 2022, 90 (96) und Denga/Böttcher RdZ 2020, 156 (158f.); vgl. ferner auch Ellenberger/Findeisen/Nobbe/Böger/Reschke Rn. 58f.).

26   Dem Vernehmen nach will die Aufsicht auch **Tankstellenpächter,** die als Handelsvertreter arbeiten, unter Abs. 1 Nr. 2 subsumieren. Dass diese eine ernsthafte Verhandlungsmacht haben, wird man regelmäßig nicht behaupten können, da der Preis in der Regel von den Mineralölunternehmen vorgegeben wird. Auch suchen die Pächter die Kunden typischerweise nicht aus, sondern schließen mit jeder Person, die mit dem Tankvorgang begonnen hat, einen Vertrag. Eine Privilegierung lässt sich nur mit einer abstrakten Betrachtung und einer normzweck-orientierten Auslegung rechtfertigen, dass die Pächter im Einzelfall den Vertragsschluss doch noch verweigern können. Diese Auslegung wäre dann aber auch auf vergleichbare Fälle übertragbar. Letztlich wird man um eine gründliche Einzelfallbetrachtung nicht umhinkommen. Dies gilt verallgemeinernd auch für sämtliche Franchisestrukturen. Auch insoweit wird der Franchisenehmer regelmäßig nicht als Handelsvertreter einzuordnen sein (vgl. näher zum Ganzen Jünemann/Wirtz/Förster RdZ 2021, 164 (166f.).

IV. Werttransportunternehmen/Wertdienstleister (Abs. 1 Nr. 3)

27   In Umsetzung von Art. 3 lit. c PSD2 ordnet Abs. 1 Nr. 3 an, dass der gewerbsmäßige Transport von Banknoten und Münzen einschließlich ihrer Entgegennahme, Bearbeitung und Übergabe nicht unter den Begriff der Zahlungsdienstleistungen zu subsumieren ist. Die Norm ist also auf den **physischen Transport von Bargeld** beschränkt (vgl. bereits → § 1 Rn. 136 in Abgrenzung zum Finanztransfergeschäft nach § 1 Abs. 1 S. 2 Nr. 6 sowie BGH WM 2016, 421f. Rn. 11). Sie will vor allem solche Dienstleistungen ausnehmen, die das Bargeld eines Kunden von dessen Geschäftslokal zu einer Filiale der Deutschen Bundesank transportieren und dort auf ein Konto des Kunden einzahlen, da diese Tätigkeit an sich von § 1 Abs. 1 S. 2 Nr. 1 erfasst wäre (BaFin-Merkblatt ZAG v. 14.2.2023 sub C III). Die Ausnahme greift auch bei der Abwicklung des Barzahlungsverkehrs im nicht-kontogebundenen Verfahren bei der Deutschen Bundesbank ein (sog. **NiKo-Einzahlungsverfahren; vgl. näher dazu Bundesbank** Rundschreiben Nr. 47/2006 v. 20.12.2006, verfügbar unter https://www.bundesbank.de/de/startseite/abwicklung-des-barzahlungsverkehrs-ueber-konten-und-im-nicht-kontogebundenen-verfahren-bei-der-deutschen-bundesbank-671886). Dabei wird das Bargeld auf sog. Dotationskonten, die als Einzel- oder Sammelkonten ausgestaltet sein können, im Namen des Kunden eingezahlt. Es dürfen jedoch im Vertrag zwischen Dienstleister und Kunden keine weitergehenden Verpflichtungen, die über den bloßen

Transport hinausgehen, übernommen werden. Ebenso greift die Ausnahme, wenn die Zielstelle des Bargelds ein Kreditinstitut ist, bei dem für den Auftraggeber ein Konto geführt wird, sofern der Transporteur das Geld dort im Namen des Kunden einzahlt (Meyer zu Schwabedissen Zahlungsdienste/Dörner/Schenkel Rn. 92; Ellenberger/Findeisen/Nobbe/Böger/Reschke Rn. 60 f.; Schäfer/Omlor/Mimberg/Mimberg Rn. 32; so wohl auch BeckOGK/Foerster § 675c Rn. 237). Denn es ist wenig einsichtig, dass die Einzahlung als Bote bei der Bundesbank privilegiert sein soll, während die Einzahlung auf dem Zahlungskonto des Zahlungsempfängers ein aufsichtspflichtiges Finanztransfergeschäft sein soll, da sich sachlich kein Unterschied ergibt und keine abweichende Gefahrenlage besteht, die einen Aufsichtspflicht rechtfertigen würde (vgl. auch Schwennicke/Auerbach/Schwennicke ZAG § 2 Rn. 23).

Die Ausnahmevorschrift in Nr. 3 setzt also voraus, dass sich das Unternehmen auf **28** den reinen Transport des Geldes beschränkt. Erfolgt ein sog. **Cashrecycling,** bei dem das Geld auf eigene Konten (bzw. auf den Namen des Wertdienstleisters geführte **(Sammel-)Treuhandkonten)** eingezahlt wird und dann von dort aus an die Hausbank des Kunden oder eine andere Filiale etc weitergeleitet wird, liegt eine aufsichtspflichtige Zahlungsdienstleistung vor (RegE BT-Drs. 16/11613, 38; BaFin-Merkblatt ZAG v. 14. 2. 2023 sub C III; Meyer zu Schwabedissen Zahlungsdienste/Dörner/Schenkel Rn. 92; Hingst/Lösing Zahlungsdiensteaufsicht § 8 Rn. 23; Schäfer/Omlor/Mimberg/Mimberg Rn. 33; Schwennicke/Auerbach/Schwennicke ZAG § 2 Rn. 23). Je nach Ausgestaltung im Einzelnen handelt es sich dann um ein Ein- oder Auszahlungsgeschäft (§ 1 Abs. 1 S. 2 Nr. 1 und Nr. 2), ein Überweisungsgeschäft (§ 1 Abs. 1 S. 2 Nr. 3c) oder ein Finanztransfergeschäft (§ 1 Abs. 1 S. 2 Nr. 6). Dies gilt auch dann, wenn das auf ein eigenes Konto eingezahlte Bargeld unmittelbar an den Auftraggeber des Wertdienstleisters überwiesen wird, wofür nicht zuletzt ein Umkehrschluss aus Art. 4 Nr. 10 PSD2 spricht, wonach ein Zahlungsdienst auch dann vorliegt, wenn Zahler und Zahlungsempfänger identisch sind (RegE BT-Drs. 16/11613, 38; Ellenberger/Findeisen/Nobbe/Böger/Reschke Rn. 61).

Neben der Entgegennahme und Übergabe wird jedoch auch die **„Bearbei- 29 tung"** privilegiert. Darunter ist Bearbeitung des Bargeldes im Sinne einer bankmäßigen Aufbereitung (zB das Rollen von Münzen oder das Bündeln von Banknoten) zu verstehen. Ebenfalls privilegiert ist der Umtausch der Münzen in Papiergeld oder andere Stückelungen aus Beständen des Transportunternehmens. Insoweit ist es unerheblich, ob dieser Umtausch aufgrund der von der Deutschen Bundesbank vorgegebenen Einzahlungsbedingungen oder im eigenen Interesse erfolgt, etwa, weil der Wertdienstleister selbst Bedarf an einer bestimmten Stückelung hat, zB um anderen Kunden bedarfsgerecht versorgen zu können, sog. **„Münzgeldrecycling"** (BaFin-Merkblatt ZAG v. 14. 2. 2023 sub C III). Auch darf der Wertdienstleister Beträge des Kunden um bis zu 4,99 Euro aufstocken, um im Einzelfall die Einzahlungsbedingungen der Bundesbank erfüllen zu können.

Schließlich erfordert Nr. 3, dass der Werttransporteur **gewerblich** tätig sein **30** muss, um unter die Ausnahmevorschrift zu fallen. Insoweit ist auf die allgemeine Diskussion um den Gewerbebegriff im Handelsrecht und im KWG zu verweisen (vgl. bereits → § 1 Rn. 9, 146 sowie Fischer/Schulte-Mattler/Schäfer § 1 Rn. 18), die trotz des Erfordernisses der autonomen Auslegung der zugrundeliegenden Richtlinie sinngemäß herangezogen werden kann. Andererseits liegt bei einem nicht gewerbsmäßigen Transport von Bargeld auch kein Zahlungsdienst vor, da es bereits an der Eigenschaft des Transporteurs als Zahlungsdienstleister mangelt (vgl.

§ 1 Abs. 1 S. 1 Nr. 1, der ausdrücklich das Erbringen von Zahlungsdienst in gewerblichen Umfang voraussetzt).

V. Reverse Bargeldzahlungen (Abs. 1 Nr. 4)

31   Die Ausnahmevorschrift in Abs. 1 Nr. 4 befreit vor allem Einzelhändler von dem Ein- und Auszahlungsgeschäft iSd § 1 Abs. 1 S. 2 Nr. 1 bzw. Nr. 2 (vgl. bereits → § 1 Rn. 23) und setzt Art. 4 lit. e PSD2 um. Der Wortlaut ist gegenüber der Vorgängervorschrift in § 1 Abs. 10 Nr. 4 ZAG 2009 unverändert geblieben. Erfasst werden in erster Linie **Bargeldauszahlungen an der Ladenkasse (Cash-back services provided by merchants at point of sales),** also solche Bargeldauszahlungen, bei denen der Kunde zunächst bargeldlos seine Schuld aus dem Valutaverhältnis begleicht, dabei aber eine höheren als den geschuldeten Betrag zahlt. Der die aus dem Valutaverhältnis geschuldete Summe übersteigende Betrag wird sodann in bar an den Kunden ausgezahlt. Typischerweise zahlt der Kunde mit seiner Debitkarte im POS-Verfahren mehr als er schuldet. Im elektronischen Lastschriftverfahren (ELV) kommt die reverse Bargeldzahlung seltener vor, da der Händler hier nicht sicher sein kann, dass die Lastschrift auch eingelöst wird (missverständlich deshalb RegE BT-Drs. 16/11613, 38; zur aufsichtsrechtlichen Problematik beim ELV vgl. noch sogleich → Rn. 32). Bei einer Kaufsumme von beispielsweise 143 Euro werden mit der Karte 200 Euro von Konto abgebucht, wobei die 57 Euro bar ausgezahlt werden.

32   Damit gewährt der Händler dem Kunden beim Einsatz der Karte im **ELV** zugleich einen **unverzinslichen Kredit** in Höhe von 57 Euro, da er diesem Betrag erst später bei Einlösung der Lastschrift erhält (LG Stuttgart 7.3.2013 – 6 Qs 2/13, juris Rn. 20; Hingst/Lösing Zahlungsdiensteaufsicht § 8 Rn. 25; Schwennicke/Auerbach/Schwennicke ZAG § 2 Rn. 29; Schäfer/Omlor/Mimberg/Mimberg Rn. 37 f.). Von der insoweit nach § 1 Abs. 1 S. 2 Nr. 2 KWG erforderlichen Erlaubnis könnte die BaFin nach § 2 Abs. 4 KWG befreien. Bei Einsatz der Karte im POS-Verfahren mit Zahlungsgarantie stellt sich diese Frage nicht, da allenfalls durch die die Debitkarte ausgebende Bank dem Karteninhaber im Inkassoverhältnis ein Kredit gewährt wird, während sich der auszahlende Händler im Deckungsverhältnis auf die Zahlungsgarantie berufen kann und somit im Valutaverhältnis keinen Kredit gewährt (Ellenberger/Findeisen/Nobbe/Reschke Rn. 75; Meyer zu Schwabedissen Zahlungsdienste/Dörner/Schenkel Rn. 97; Schäfer/Omlor/Mimberg/Mimberg Rn. 38). Entsprechendes gilt beim Einsatz einer Kreditkarte mit der PIN. In ihrem jetzigen Merkblatt hat die BaFin dies bestätigt und zugleich zu Recht betont, dass beim Einsatz der Debitkarte im ELV oder bei einer Kreditkarte ohne PIN in der reversen Bargeldauszahlung eine unerlaubte aufsichtspflichtige Kreditgewährung vorläge (BaFin-Merkblatt ZAG v. 14.2.2023 sub C IV, während im 1. Aufl. noch eine Befreiungsmöglichkeit angedeutet war; vgl. → 1. Aufl. 2014, § 1 Rn. 87; Meyer zu Schwabedissen Zahlungsdienste/Dörner/Schenkel Rn. 97). Damit lässt sich nach aktueller Aufsichtspraxis die Ausnahme nach Abs. 2 Nr. 4 nur noch im **POS-Verfahren** erlaubnisfrei fruchtbar machen (Hingst/Lösing Zahlungsdiensteaufsicht § 8 Rn. 25 f.). Ob die Karte dabei an einer Self-Scanning-Kasse eingesetzt wird oder an einer klassischen Kasse mit Kassierer, ist unerheblich (Hingst/Lösing Zahlungsdiensteaufsicht § 8 Rn. 24; Schäfer/Omlor/Mimberg/Mimberg Rn. 36; Ellenberger/Findeisen/Nobbe/Böger/Reschke Rn. 72).

33   Abs. 1 Nr. 4 greift nur dann ein, wenn zwischen der bargeldlosen Bezahlung des Umsatzgeschäftes (Warenkauf) und der Auszahlung des überschüssigen Betrages ein enger zeitlicher und sachlicher Zusammenhang besteht (LG Stuttgart 7. 3. 2013 – 6 Qs 2/13, juris Rn. 21; Schwennicke/Auerbach/Schwennicke ZAG Rn. 25; so wohl auch Schäfer/Omlor/Mimberg/Mimberg Rn. 36: an das Tatbestandsmerkmal „kurz" seinen keine übertrieben strenge Anforderungen zu stellen). Anhaltspunkte dafür, dass der Anwendungsbereich des Abs. 1 Nr. 4 auf den Einsatz in Supermärkten oder auf Warenverkäufe als zugrundeliegendes Valutaverhältnis begrenzt wäre, finden sich weder im Wortlaut der deutschen Umsetzungsvorschrift, noch in der zugrunde liegenden Zahlungsdiensterichtlinie (VGH Kassel NJOZ 2021, 917 Rn. 53 = BeckRS 2020, 28042). Daher gilt Abs. 1 Nr. 4 auch, wenn im Valutaverhältnis ein Dienstvertrag besteht (Ellenberger/Findeisen/Nobbe/Böger/Reschke § 2 Rn. 76; BeckOGK/Foerster § 675c Rn. 238). Ebenso wenig finden sich Ansatzpunkte für einen gewissen **Mindestumsatz,** sei es in absoluter Höhe oder im relativen Verhältnis zum später ausgezahlten Barbetrag (Schwennicke/Auerbach/Schwennicke ZAG § 1 Rn. 125; Hingst/Lösing Zahlungsdiensteaufsicht § 8 Rn. 24; Schäfer/ Omlor/Mimberg/Mimberg Rn. 35). Gleichwohl hat die BaFin reverse Bargeldzahlungen, die im Rahmen des Erwerbsvorgangs von Speisen, Getränken oder niedrigpreisiger Waren in einer **Spielhalle** vorgenommen wurden, indes nicht unter die Ausnahme in Nr. 4 subsumiert (BaFin-Merkblatt ZAG v. 22. 12. 2011/29. 11. 2017, sub 3d; vgl. auch den Nachw. bei Ellenberger/Findeisen/Nobbe/Findeisen, 2. Aufl., § 1 Rn. 507 mit Fn. 438). Die Begründung zum Regierungsentwurf ist dieser Sichtweise beigetreten, ohne jedoch den Gesetzeswortlaut zu ändern (BT-Drs. 18/11495, 114; ebenso auch BeckOGK/Foerster § 675c Rn. 238; für die Sichtweise der BaFin Partei ergreifend auch Ellenberger/Findeisen/Nobbe/Böger/Reschke Rn. 88 ff.).

Diese Sichtweise ist zu Recht auf **Kritik** gestoßen und vom VGH Kassel sowie 34 zunächst vom VG Frankfurt a. M. verworfen worden (VGH Kassel NJOZ 2021, 917 Rn. 51 ff. = BeckRS 2020, 28042; VG Frankfurt a. M. 9. 9. 2015 – 7 K 3025/14.F, juris). Zum einen ist eine bestimmte Mindestsumme des Erwerbs gesetzlich nicht vorgegeben (dies anerkennend auch BaFin-Merkblatt ZAG v. 14. 2. 2023 sub C IV). Auch lässt sich der Vorschrift nicht ansatzweise entnehmen, dass das abgehobene Geld anderswo als beim auszahlenden Zahlungsempfänger werden muss (so aber BT-Drs. 18/11495, 114; dem folgend BeckOGK/Foerster § 675c Rn. 230; so aber wohl Ellenberger/Findeisen/Nobbe/Böger/Reschke Rn. 85). Nach der Gegenansicht würde der Supermarkt aufsichtspflichtig, wenn der Kunde am nächsten Tag mit dem Geld dort wieder einkaufen käme. Zum anderen muss der der Bargeldauszahlung vorgelagerte Erwerb von Waren oder Dienstleistungen nicht den Kern der Geschäftstätigkeit des Auszahlenden ausmachen, sondern kann eine reine Nebendienstleistung zur Kundenbindung darstellen (VG Frankfurt a. M. 9. 9. 2015 – 7 K 3025/14.F, juris Rn. 42; aA Ellenberger/Findeisen/Nobbe/Böger/Reschke Rn. 91). Die Auffassung, die eine Qualifikation der reversen Bargeldauszahlung als Nebengeschäft fordert (Ellenberger/Findeisen/Nobbe/Böger/Reschke Rn. 91), schafft praktisch nicht zu lösende Abgrenzungsschwierigkeiten (zutreffend Schäfer/ Omlor/Mimberg/Mimberg Rn. 40). Es bleibt offen, wenn ein solches Nebengeschäft vorliegen soll: muss mindestens die Hälfte der Kartenzahlung für das Bargeschäft verwendet, oder nur 25 % bzw. 10 %? Man weiß es nicht, das Gesetz gibt hier keinen Anhaltspunkt.

Dennoch will die BaFin dort eine Grenze setzen, wo der Vertrieb von Waren 35 nur vorgeschoben sei, vgl. BaFin-Merkblatt ZAG v. 14. 2. 2023 sub C IV. Aber auch für einen solchen **Missbrauchsvorbehalt** (allg. dazu bereits (→ Rn. 6 f.) beinhaltet Nr. 4 keinen Ansatzpunkt (zutreffend Schäfer/Omlor/Mimberg/Mimberg

Rn. 41). Die BaFin ist deshalb zu Recht abermals mit ihrem Feldzug gegen Spielhallenbetreiber vor dem VGH Kassel gescheitert (vgl. VGH Kassel NJOZ 2021,
917 Rn. 51 ff. = BeckRS 2020, 28042). Erst recht ist Abs. 1 Nr. 4 **keine sozial-
politische Lenkungsnorm**, sodass gewerberechtliche Erwägungen für die Anwendbarkeit des Ausnahmetatbestands im Rahmen des ZAG keine Bedeutung erlangen dürfen (VG Frankfurt a. M. 9.9.2015 – 7 K 3025/14.F, juris Rn. 43; der
Sache nach auch LG Trier NJW-RR 2017, 349 f.; Schäfer/Omlor/Mimberg/Mim-
berg Rn. 41). Wer die Verfügbarkeit von Bargeld in Spielhallen beschränken will,
wofür rechtspolitisch gute Gründen streiten, muss das Glücksspiel- bzw. Gewerberecht der Betreiber von Spielhallen ändern. Dass die **Begründung des RegE**
zur Umsetzung der zweiten ZDRL der Auffassung der BaFin beigetreten ist (RegE
BT-Drs. 18/11495, 1114), ist zwar ein Argument im Rahmen der historischen Auslegung, kann aber letztlich die vorstehenden teleologischen Überlegungen und den
klaren Wortlaut nicht überflügeln (so im Ergeb. auch VGH Kassel NJOZ 2021, 917
Rn. 55 ff. = BeckRS 2020, 28042). Hierfür hätte der Gesetzgeber den Wortlaut der
Norm ändern müssen, was mit Blick auf die Richtlinie aber gerade zu Recht nicht
geschehen ist (VGH Kassel NJOZ 2021, 917 Rn. 60 = BeckRS 2020, 28042).
Auch dann müsste eine einschränkende Auslegung, die eine sektorspezifische Gegenausnahme schafft, noch mit dem Vollharmonisierungsgebot vereinbar sein (dies
bezweifelnd VGH Kassel NJOZ 2021, 917 Rn. 57 ff. = BeckRS 2020, 28042). Für
die Praxis dürfte sich die Frage auch deshalb erledigt haben, da der EuGH (EuZW
2018, 432 Rn. 31 ff.) mit Recht entschieden hat, dass das Aufstellen und Befüllen
von angemieteten Multifunktionsgeräten, die neben Bargeldwechsel auch die Auszahlung von Bargeld mit der Debitkarte ermöglichen, schon kein Zahlungsdienst
nach § 1 Abs. 1 S. 2 Nr. 2 darstellt, wenn ihre Abwicklung der Auszahlung allein
von dem Netzbetreiber verantwortet wird (dieser kann wiederum unter die Ausnahme des Abs. 1 Nr. 14 fallen). Ein Bedürfnis für reverse Bargeldauszahlungen besteht in diesen Fällen also nicht mehr.

VI. Geldwechselgeschäfte (Abs. 1 Nr. 5)

36   Die Bereichsausnahme in Abs. 1 Nr. 5 hat eher **klarstellende Natur** (zustimmend Meyer zu Schwabedissen Zahlungsdienste/Dörner/Schenkel Rn. 98; Schä-
fer/Omlor/Mimberg/Mimberg Rn. 42; ähnlich Ellenberger/Findeisen/Nobbe/
Böger/Reschke Rn. 93: Geldwechselgeschäft schon rein begrifflich kein Zahlungsdienst) und erfasst Geldwechselgeschäfte, die bar abgewickelt werden (Sortenankauf
und -verkauf). Damit wird Art. 3 lit. f PSD2 umgesetzt. Im Vergleich zum ZAG
2009 hat sich keine sachliche Änderung ergeben. Dass insoweit kein Zahlungsdienst
vorliegt, wird schon dadurch deutlich, dass überhaupt kein Buchgeld bewegt wird,
sondern inländisches gegen ausländisches Bargeld getauscht wird, wobei der Kunde
meist eine Gebühr zu entrichten hat oder einen ungünstigeren Wechselkurs als bei
unbarer Währungsumrechnung zu zahlen hat. Das Sortengeschäft bleibt allerdings
gem. § 1 Abs. 1a S. 2 Nr. 7 KWG erlaubnispflichtig. Aus dem Umkehrschluss zu
Abs. 1 Nr. 5 können Geldwechselgeschäfte, die über ein Zahlungskonto abgewickelt werden, als Zahlungsdienste iSd § 1 Abs. 1 S. 2 Nr. 1 oder Nr. 2 ZAG
einzustufen sein (vgl. bereits → § 1 Rn. 45; ebenso BaFin-Merkblatt ZAG v.
14.2.2023 sub C V; BeckOGK/Foerster § 675c Rn. 239; Hingst/Lösing Zahlungsdiensteaufsicht § 8 Rn. 27; Schäfer/Omlor/Mimberg/Mimberg Rn. 44). Der Umtausch von nationalen Währungen bei Einführung des Euro war nach überwiegen-

der Auffassung weder ein Zahlungsdienst noch nach dem KWG erlaubnispflichtig (Ellenberger/Findeisen/Nobbe/Findeisen, 2. Aufl. 2013, § 1 Rn. 512f. mwN).

VII. Zahlungen mittels Scheck, Wechsel, Gutscheinen, Reiseschecks oder Postanweisungen (Abs. 1 Nr. 6)

Literatur: Casper, Der Bankier in Art. 54 SchG: ein überholtes Relikt aus einer anderen Zeit?, ZBB 2017, 170.

Eine bedeutsame Ausnahme stellt Abs. 1 Nr. 6 dar, der Art. 3 lit. g PSD2 umsetzt **37** und gegenüber § 1 Abs. 10 Nr. 6 ZAG 2009 keine Änderungen erfahren hat. Die Vorschrift nimmt zahlreiche papiergebundene Zahlungsformen wie den **Scheck** iSd § 1 ScheckG oder den **Wechsel** iSd § 1 WG vom Anwendungsbereich des ZAG und damit auch der §§ 675c ff. BGB aus (Abs. 1 Nr. 6 lit. a, b). Die Betonung, dass es sich für das Eingreifen der Ausnahme um einen Scheck bzw. Wechsel in Papierform handeln muss, ist wenig überzeugend, da das ScheckG bzw. das WG dies bereits als konstitutives Merkmal vorsehen. Gleichgestellt werden vergleichbare Schecks und Wechsel aus der EU bzw. den übrigen Vertragsstaaten des EWR. Dass der jeweilige Mitgliedsstaat dem Einheitlichen Scheckabkommen von 1931 bzw. dem Einheitlichen Wechselabkommen von 1930 beigetreten ist (aus der EU/dem EWR nicht beigetreten sind: Bulgarien, Estland, Island, Lettland, Liechtenstein, Rumänien, Slowakei, Slowenien, Spanien, Tschechien; vgl. Übersicht bei Baumbach/Hefermehl/Casper/Casper Anh. 1 WG bzw. Anh. 5 SchG.), wird für die Ausnahme nicht vorausgesetzt (BT-Drs. 16/11613, 38 sowie Art. 3 lit. g ii bzw. lit. g iv ZDRL). Sollte ein formnichtiger Scheck bzw. Wechsel in eine kaufmännische oder bürgerlich-rechtliche Anweisung umgedeutet werden (vgl. dazu etwa Baumbach/Hefermehl/Casper/Casper WG Art. 2 Rn. 11 mwN zum Streitstand), ändert dies aufgrund einer teleologischen Auslegung des Abs. 1 Nr. 6 nichts an dem Eingreifen des Ausnahmetatbestandes (aA aber Ellenberger/Findeisen/Nobbe/Böger/Reschke Rn. 101). Dass der Bezogene (insbesondere beim Wechsel) stets ein Zahlungsdienstleister sein muss, wie der Wortlaut der Nr. 6 glauben machen will, ist nicht erforderlich. Dies ergibt sich aus einer richtlinienkonformen Auslegung des Art. 3 lit. g, der dieses Erfordernis gerade nicht statuiert (überzeugend erstmals Meyer zu Schwabedissen Zahlungsdienste/Dörner/Schenkel Rn. 101; zust. Schwennicke/Auerbach/Schwennicke ZAG § 2 Rn. 34; Schäfer/Omlor/Mimberg/Mimberg § 2 Rn. 46f.). Vielmehr heißt es in ErwG 22 PSD2, dass Papiere ausgenommen sind, „die auf einen Zahlungsdienstleister oder eine andere Partei gezogen sind". Ein Scheck muss nach Art. 3 iVm Art. 54 SchG allerdings auf einen Bankier gezogen werden. Dieser überholte Begriff (zu seiner Auslegung vgl. näher Casper ZBB 2017, 170 (172ff.)) deckt sich zumindest in der Regel mit dem Begriff des Zahlungsdienstleisters. Nach richtiger Auffassung sind alle Zahlungsdienstleister passiv scheckfähig, auch wenn diese nicht zugleich ein Kreditinstitut sind (nähere Begründung bei Casper ZBB 2017, 170 (175f.); aA Meyer zu Schwabedissen Zahlungsdienste/Dörner/Schenkel Rn. 102 und wohl auch Schwennicke/Auerbach/Schwennicke ZAG § 2 Rn. 34).

Abs. 1 Nr. 6 lit. c–e ZAG nimmt weiterhin **Gutscheine, Reiseschecks und 38 Postanweisungen** in Papierform aus. Die genaue Funktion des Gutscheins ist ebenso unklar wie dessen begriffliche Eingrenzung. Auch wenn dieser aufgrund der Vorgabe in der Richtlinie europarechtskonform zu bestimmen ist, wird man an der Diskussion im deutschen Recht für die Auslegung von Abs. 1 Nr. 6 lit. c Maß nehmen können. Bei Gutscheinen handelt es sich regelmäßig um Inhaberkarten oder -marken iSd § 807 BGB (vgl. dazu näher MüKoBGB/Habersack § 807 Rn. 12; Baumbach/Hefermehl/Casper Rn. A 50). Ob ein Gutschein in Papierform oder als Plastikkarte begeben wird, ist unerheblich (Schäfer/Omlor/Mimberg/ Mimberg Rn. 61; Ellenberger/Findeisen/Nobbe/Böger/Reschke Rn. 105). Einschlägig sind allerdings nur solche Gutscheine, die einen Anspruch auf die Auszahlung eines entsprechenden Geldbetrages verbriefen (ähnlich LG Stuttgart 7.3.2013 – 6 Qs 2/13, juris Rn. 22f.; Hingst/Lösing Zahlungsdiensteaufsicht § 8 Rn. 33; BeckOGK/Foerster § 675c Rn. 240 unter Rückgriff auf ErwG 22 PSD2; vgl. auch Meyer zu Schwabedissen Zahlungsdienste/Dörner/Schenkel Rn. 107; Schäfer/Omlor/Mimberg/Mimberg § 2 Rn. 60; aA Schwennicke/Auerbach/ Schwennicke ZAG § 2 Rn. 40). Dass andere Gutscheine keinen Zahlungsdienst begründen, ergibt sich aus der Natur der Sache und bedarf keiner Klarstellung durch Abs. 1 Nr. 4 (so wohl auch BeckOGK/Foerster § 675c Rn. 240). Beim Reisescheck handelt es sich nicht um einen Scheck iSd Scheckgesetzes, sondern nach zutreffendem, überwiegendem Verständnis um eine Legitimationsurkunde (Baumbach/ Hefermehl/Casper Einl. SchG Rn. 9 mwN; aA Schwennicke/Auerbach/Schwennicke ZAG § 2 Rn. 42). Mit der Ausnahme von Postanweisungen im Sinne des Weltpostvereins wird die im früheren Recht in Art. 228 Abs. 4 EGBGB verankerte Ausnahme aufgegriffen und Art. 3 lit. g vii PSD2 umgesetzt (zum Begriff der Postanweisung vgl. auch Meyer zu Schwabedissen Zahlungsdienste/Dörner/Schenkel Rn. 105). Die Ausnahme ist letztlich eine Klarstellung völkerrechtlicher Abkommen und nimmt auf den 1994 in Seoul abgeschlossenen Weltpostvertrag Bezug, der das frühere Postzahlungsdienste-Übereinkommen abgelöst hat (aA Schäfer/ Omlor/Mimberg/Mimberg Rn. 68: dynamische Verweisung). Dieses wurde auf dem Weltpostkongress 1999 in Peking als Zusatzprotokoll zum Weltpostvertrag neu beschlossen und durch Art. 1 des Gesetzes vom 18.6.2002 in deutsches Recht umgesetzt (Gesetz zu den Verträgen vom 15.9.1999 des Weltpostvereins vom 18.6.2002, BGBl. II 1446; ausführlich zur Historie auch Schäfer/Omlor/Mimberg/Mimberg Rn. 68).

39   Der **Katalog** in Abs. 1 Nr. 6 **ist abschließender Natur** (RegE BT-Drs. 16/11613, 38; ebenso BaFin-Merkblatt ZAG v. 14.2.2023 sub C VI; dass Erwägungsgrund 22 PSD2 auch noch Schuldscheine nennt, ändert hieran nichts; teilw. abw. aber Meyer zu Schwabedissen Zahlungsdienste/Dörner/Schenkel Rn. 106; zweifelnd auch Schäfer/Omlor/Mimberg/Mimberg Rn. 49). Insbesondere werden elektronisch eingeleitete Transaktionen, die erst im Laufe des Zahlvorgangs bestimmungsgemäß auf Papier umgestellt werden, nicht erfasst (BaFin-Merkblatt ZAG v. 14.2.2023 sub C VI; Schäfer/Omlor/Mimberg/Mimberg Rn. 48). Das **Scheckinkasso** ist ebenfalls nicht von Nr. 6 erfasst, sondern bildet vielmehr ein nach § 1 Abs. 1 S. 2 Nr. 9 KWG erlaubnispflichtiges Bankgeschäft (BaFin-Merkblatt ZAG v. 14.2.2023 sub C VI). Die Ausgabe von Reiseschecks ist nach hM ebenfalls nach dieser Vorschrift erlaubnispflichtig (Ellenberger/Findeisen/Nobbe/ Böger/Reschke § 2 Rn. 106; Schwennicke/Auerbach/Schwennicke ZAG § 2 Rn. 43).

VIII. Zahlungsvorgänge innerhalb von Zahlungs- und Wertpapierabwicklungssystemen (Abs. 1 Nr. 7)

Mit der Ausnahmevorschrift in Abs. 1 Nr. 7, die Art. 3 lit. h PSD2 umsetzt und **40** gegenüber der alten Rechtslage keine Änderungen erfahren hat, sollen **Zahlungsvorgänge innerhalb von Clearingsystemen** ausgenommen werden (möglich Beispiele bei Meyer zu Schwabedissen Zahlungsdienste/Dörner/Schenkel Rn. 109; Schwennicke/Auerbach/Schwennicke ZAG § 2 Rn. 45; Schäfer/Omlor/Mimberg/ Mimberg Rn. 70). Es ist nicht sinnvoll, den Zahlungsaustausch eines Unternehmens, das ausschließlich mit lizensierten Kreditinstituten, Wertpapierhandelsunternehmen oder Zahlungsinstituten, die selbst in den Zahlungsvorgang eingebunden sind, in vertraglichen Beziehungen steht, den Vorgaben des ZAG und der §§ 675c ff. BGG zu unterwerfen. Hintergrund ist, dass dieser Bereich bereits über die Finalitätsrichtlinie (98/26/EG) reguliert ist. Der Anwendungsbereich ist folglich auf Zahlungsvorgänge innerhalb des Zahlungsverkehrssystems begrenzt. Tritt der Betreiber des Clearingsystems dagegen unmittelbar mit dem Zahler oder dem Zahlungsempfänger im Rahmen eines Zahlungsvorgangs in vertragliche Beziehungen, so greift Nr. 7 nicht ein (BaFin-Merkblatt ZAG v. 14.2.2023 sub C VII; Hingst/Lösing Zahlungsdiensteaufsicht § 8 Rn. 38; Schäfer/Omlor/Mimberg/Mimberg Rn. 72).

IX. Zins- und Dividendenzahlungen von Instituten oder Kapitalanlagegesellschaften nach dem KWG oder KAGB (Abs. 1 Nr. 8)

In Umsetzung von Art. 3 lit. i PSD2 ordnet Abs. 1 Nr. 7 an, dass Zahlungsvor- **41** gänge im Zusammenhang mit der Bedienung von Wertpapieranlagen, die von den unter Nr. 7 fallenden Unternehmen oder von Kreditinstituten, Finanzdienstleistungsinstituten oder Kapitalanlagegesellschaften im Rahmen ihrer Erlaubnis nach dem Kreditwesengesetz oder dem Kapitalanlagegesetzbuch durchgeführt werden (vollzählige Aufzählung bei Meyer zu Schwabedissen Zahlungsdienste/Dörner/ Schenkel Rn. 115), vom Anwendungsbereich des ZAG ausgenommen sind. Wie bei Nr. 7 besteht kein Sachgrund für ein Eingreifen der Vorschriften des ZAG bzw. der §§ 675c ff. BGB. Die Zahlungsvorgänge müssen mit der Bedienung von Wertpapieranlagen in Zusammenhang stehen, hierzu zählen vor allem Dividendenzahlungen oder die Ausschüttung sonstiger Erträge, die zB im Zusammenhang mit der Einlösung der Vermögensanlage stehen (ebenso Hingst/Lösing Zahlungsdiensteaufsicht § 8 Rn. 38; Schäfer/Omlor/Mimberg/Mimberg Rn. 74). Die BaFin wendet diese Bereichsausnahme auf alle Typen von Investmentvermögen an (BaFin Merkblatt v. 14.2.2023 sub C VIII).

X. Technische Infrastrukturdienstleistungen (Abs. 1 Nr. 9)

1. Entwicklung, Normzweck und Überblick

Abs. 1 Nr. 9 setzt **Art. 3 lit. j PSD2** um. Die Vorschrift wurde gegenüber der **42** Vorgängernorm in § 1 Abs. 10 Nr. 9 ZAG 2009 geringfügig geändert. Die Ergänzung bezog sich auf die Klarstellung, dass die Privilegierung sich nicht auf Zahlungsauslöse- und Kontoinformationsdienste bezieht, deren Tätigkeit nunmehr nach § 1 Abs. 1 S. 2 Nr. 7 und Nr. 8 als Zahlungsdienstleistung erfasst ist. Nr. 9 verfolgt das Ziel, technische Dienstleister, die Hilfsleistungen für den Betrieb von Zahlungssystemen oder Zahlungsvorgängen erbringen, von dem Anwendungsbereich der PSD2 auszunehmen. Damit wird vor allem die Verarbeitung, Speicherung bzw. Weiterleitung von Daten durch Dienstleister für die Zahlungssysteme und Clearinghäuser erfasst. Voraussetzung ist jedoch, dass der Dienstleister **zu keiner Zeit in den Besitz des übermittelnden Geldes** gelangen darf (→ Rn. 47).

43   Erfasst werden also Service-Rechenzentren ohne kontenmäßige Verbuchung, wie Telecity oder DATEV), die von der deutschen Kreditwirtschaft zugelassenen technischen Netzbetreiber im electronic cash-System oder das SWIFT-Nachrichtensystem (näher dazu Ellenberger/Findeisen/Nobbe/Findeisen, 2. Aufl. 2013, § 1 Rn. 528 f.; vgl. ferner Meyer zu Schwabedissen Zahlungsdienste/Dörner/Schenkel Rn. 119; Schwennicke/Auerbach/Schwennicke ZAG § 2 Rn. 50). Unter die Ausnahme fallen auch die Issuing Processor und Acquiring Processor im Zahlungskartengeschäft (Meyer zu Schwabedissen Zahlungsdienste/Dörner/Schenkel Rn. 120). Oft sind die technischen Dienstleister Unternehmen, auf die der Zahlungsdienstleister einen Teil seiner Tätigkeit auslagert (Ellenberger/Findeisen/Nobbe/Böger/Reschke § 2 Rn. 119, 125).

2. Die Tatbestandsvoraussetzungen im Einzelnen

44   Damit die Ausnahme nach Nr. 9 eingreift, müssen also **drei Voraussetzungen** vorliegen: (1) Es muss eine technische Dienstleistung im Sinne der Nr. 9 angeboten werden. (2) Der technische Dienstleister darf zu keinem Zeitpunkt im Besitz der zu übertragenden Gelder sein und (3) es darf sich bei dem technischen Dienstleister schließlich nicht um einen Zahlungsauslöse- oder Kontoinformationsdienstleister handeln.

45   **a) Technischer Dienstleister.** Weder Art. 3 lit. j PSD2 noch Abs. 1 Nr. 9 enthält eine abstrakte Definition des Begriffs technischer Dienstleister. Stattdessen arbeiten beide Vorschriften mit **nicht abschließenden Beispielskatalogen,** die sich nicht eins zu eins decken. In der deutschen Fassung werden genannt: „Verarbeitung und Speicherung von Daten, vertrauensbildende Maßnahmen und Dienste zum Schutz der Privatsphäre, Nachrichten-und Instanzenauthentisierung, Bereitstellung von Informationstechnologie- und Kommunikationsnetzen sowie Bereitstellung und Wartung der für Zahlungsdienste genutzten Endgeräte und Einrichtungen", etwa von ec-Kartenterminals. Der Begriff der Daten ist insoweit weit auszulegen. Das Merkblatt der BaFin betont mit Recht, dass trotz des Wortlauts, der nur von der Verarbeitung und Speicherung von Daten spricht, hierzu auch die bloße **Weiterleitung von Daten** zählen kann, solange das Weiterleiten der Daten nicht dazu führt, dass ein Zahlungsdienst ausgelöst wird, wie dies bei Zahlungsauslösediensten der Fall ist (BaFin-Merkblatt ZAG v. 14.2.2023 sub C IX; Meyer zu Schwabedissen Zahlungsdienste/Dörner/Schenkel Rn. 118; Ellenberger/Findeisen/Nobbe/Böger/Reschke § 2 Rn. 125; Schäfer/Omlor/Mimberg/Mimberg Rn. 79; vgl. a. Glos/Hildner RdZ 2022, 90 (96 f.)). Allerdings ist die Formulierung „zur Erbringung von Zahlungsdiensten" zu weit geraten, da es sicherlich nicht sinnvoll ist, den Stromversorger des Zahlungsdienstleisters mit zu erfassen (so das treffende Beispiel bei Schäfer/Omlor/Mimberg/Mimberg Rn. 77), da dann schon gar kein Zahlungsdienst vorliegt. Deshalb muss die Tätigkeit unmittelbar auf die Er-

bringung des Zahlungsdienstes bezogen sein (Schäfer/Omlor/Mimberg/Mimberg Rn. 77).

Verallgemeinernd lässt sich festhalten, dass die technische Dienstleistung stets nur **46** unterstützenden Charakter für den eigentlichen Zahlungsdienstleister entfalten (BaFin-Merkblatt ZAG v. 14.2.2023 sub C IX 1) und nie für den Zahlungsdienstnutzer erbracht werden darf (Schäfer/Omlor/Mimberg/Mimberg Rn. 80; so wohl auch Ellenberger/Findeisen/Nobbe/Reschke Rn. 124: regelmäßig gegenüber dem Zahlungsdienstleister erbracht). Die Ausnahme greift allerdings auch dann ein, wenn der Dienstleister unmittelbar mit dem Zahler am Anfang oder dem Zahlungsempfänger am Ende einer Geldtransferkette in vertragliche Beziehungen tritt (RegE BT-Drs. 18/11495, 115). Er darf jedoch keine kaufmännischen Tätigkeiten mit Blick auf den Zahlungsdienst übernehmen (RegE BT-Drs. 16/11613, 39). Die Ausnahme greift jedoch auch dann noch ein, wenn der Dienstleister seine **vertragliche Beziehung zu den Zahlungsdienstnutzern** auf die Vermietung oder den Verkauf und die Wartung der Zahlungsverkehrsterminals und die Weiterleitung der Transaktionsdaten von den Zahlungsverkehrsterminals an einen technischen Dienstleister beschränkt. Der **Vertrieb technischer Infrastrukturleistungen** soll also weiterhin erlaubnisfrei sein, was vor allem für Prozessoren bei Kartenzahlungen von Bedeutung ist (RegE BT-Drs. 18/11495, 115). Soweit allerdings, was bei Kartenprozessoren häufig der Fall ist, der technische Dienstleister auch die Abwicklung der Zahlungsvorgänge übernimmt, wird er gleichwohl als Zahlungsinstitut zu qualifizieren sein und einer Erlaubnis nach § 10 Abs. 1 ZAG bedürfen (BaFin-Merkblatt ZAG v. 14.2.2023 sub C IX 1). Soweit der Dienstleister jedoch gegenüber seinen Kunden im Rahmen eines Zahlungsvorgangs kaufmännische Dienste übernimmt, wie beispielsweise die Abwicklung und Abrechnung von Zahlungsvorgängen, kann er sich nicht mehr auf die Ausnahme in Nr. 9 berufen (BaFin-Merkblatt ZAG v. 14.2.2023 sub C IX 1; Ellenberger/Findeisen/Nobbe/Böger/Reschke § 2 Rn. 129 f.; Schäfer/Omlor/Mimberg/Mimberg § 2 Rn. 81; näher zum Ganzen auch Meyer zu Schwabedissen Zahlungsdienste/Dörner/Schenkel Rn. 122; Hingst/Lösing Zahlungsdiensteaufsicht § 8 Rn. 41 f.). Nach Ansicht der BaFin kann sich der technische Dienstleister, der die Daten von einem kaufmännischen Dienstleister erhält, nur dann auf die Freistellung nach Nr. 9 berufen, wenn er sich auf die bloße Weiterleitung der Daten beschränkt und nicht selbst auch die Abwicklung der Zahlungsdienste übernimmt (BaFin-Merkblatt ZAG v. 14.2.2023 sub C IX 1; Schwennicke/Auerbach/Schwennicke ZAG § 2 Rn. 51).

b) Zu keiner Zeit im Besitz der zu übertragenden Gelder. Die Vorausset- **47** zung, dass der technische Dienstleister zu keinem Zeitpunkt im Besitz der zu übertragenden Gelder sein darf, ist definitiv verfehlt, wenn damit gemeint wäre, dass der Dienstleister keinen Besitz am Bargeld iSd §§ 854 ff. BGB erlangen darf (zu Recht kritisch zum Begriff des Besitzes deshalb Hingst/Lösing Zahlungsdiensteaufsicht § 8 Rn. 40; s. auch Schäfer/Omlor/Mimberg/Mimberg Rn. 83). Da die Ausnahmevorschrift aber bargeldlose Zahlungsvorgänge erfasst, ist Besitz regelmäßig als Verfügungsbefugnis an dem Buchgeld auszulegen (BaFin-Merkblatt ZAG v. 14.2.2023 sub C IX 2; Hingst/Lösing Zahlungsdiensteaufsicht § 8 Rn. 40; Schäfer/Omlor/Mimberg/Mimberg Rn. 83). Dies liegt unstreitig dann vor, wenn das Buchgeld über ein **Eigenkonto** des Dienstleisters fließt. Schädlich ist aber auch die Weiterleitung über ein **Fremdkonto,** für das der Dienstleister Kontovollmacht oder gegenüber dem ausführenden Zahlungsdienstleister eine ausschließlich Weisungsbefugnis hat (RegE BT-Drs. 18/11495, 115; BaFin-Merkblatt ZAG v. 14.2.2023 sub C IX 2;

ähnlich Ellenberger/Findeisen/Nobbe/Böger/Reschke § 2 Rn. 127; Schäfer/
Omlor/Mimberg/Mimberg Rn. 84; Denga/Böttcher RdZ 2020, 156 (160); relati-
vierend Meyer zu Schwabedissen Zahlungsdienste/Dörner/Schenkel Rn. 121: nur
dann, wenn der Dienstleister auch das Bilanzrisiko trägt). Denkbar ist sogar, dass der
technische Dienstleister diese Befugnis über eine vertragliche Beziehung zum kaufmännischen Dienstleister erlangt (BaFin-Merkblatt ZAG v. 14.2.2023 sub C IX 2).
Allerdings kommt es für die Verfügungsbefugnis nicht auf das rechtliche dürfen, sondern auf das faktische können an (zutreffend Schäfer/Omlor/Mimberg/Mimberg
Rn. 83).

48   **c) Kein Zahlungsauslöse- oder Kontoinformationsdienst.** Die Voraussetzung, dass der technische Dienstleister kein Zahlungsauslöse- bzw. Kontoinformationsdienstleister sein darf, wurde mit der Umsetzung der PSD2 in das Gesetz aufgenommen, da beide eine **gemeinsame Schnittmenge** mit den technischen
Dienstleistern iSd Nr. 9 aufweisen. Mit dieser Klarstellung soll deutlich gemacht
werden, dass die Erlaubnis- bzw. Registrierungspflicht nach § 1 Abs. 1 S. 2 Nr. 7
und Nr. 8 vorrangig ist. Hinsichtlich der Einordnung einer Dienstleistung als
Zahlungsauslöse- bzw. Kontoinformationsdienst ist auf die Darstellung in → § 1
Rn. 144 ff. zu verweisen.

XI. Begrenzte Netze (Abs. 1 Nr. 10)

Literatur: Bauer/Glos, Die zweite Zahlungsdiensterichtlinie – Regulatorische Antwort auf
Innovation im Zahlungsverkehrsmarkt, DB 2016, 456; Baumbach/Hefermehl/Casper, WG,
ScheckG, Recht des Zahlungsverkehrs, 24. Aufl. 2020; Behrendt, Die Ausgabe elektronischen
Geldes, 2007; Behrens/Schadtle, Erlaubnispflichten für Bank- und Finanzdienstleistungen im
Zusammenhang mit Kryptowerten nach Umsetzung der Fünften EU-Geldwäscherichtlinie,
WM 2019, 2099; Conreder, Neue Zahlungsdienste nach dem Entwurf des neuen Zahlungs-
diensteaufsichtsgesetzes und deren Ausnahmen – Wen geht es an?, BKR 2017, 226; Conreder/
Hausemann, EBA-Leitlinien zu Ausnahmen für begrenzte Netze – quo vadis?, RdZ 2022, 76;
Conreder/Schneider/Hausemann, Gesetz zur Umsetzung der Zweiten Zahlungsdienstericht-
linie – Besonderheiten und Stolpersteine für Unternehmen, DStR 2018, 1722; Conreder/
Stolte, Tank- und Servicekarten im Lichte des neuen ZAG: Auswirkungen aus dem Blickwinkel der Anbieter, BB 2017, 2700; Diekmann/Wieland, Der neue aufsichtsrechtliche Rahmen
für das E-Geld-Geschäft, ZBB 2011, 297; Fett/Bentele, E-Geld-Aufsicht light? – Das Gesetz
zur Umsetzung der Zweiten E-Geld-Richtlinie und seine Auswirkungen auf E-Geld-Institute,
WM 2011, 1352; Glos/Hildner, Erlaubnispflichtige Zahlungsdienste in der Plattformökonomie, RdZ 2022, 90; Goldbeck, von/Nörenberg/Siedler, NFTs – Ausgewählte aufsichts- und
schuldrechtliche Aspekte, ZdiW 2021, 470; Hagebölling/Linardatos, Untersagung der Entgelt-
erhebung durch Mobilfunkbetreiber für die Nutzung eines Zahlungsinstruments, Anm. zu
EuGH, Urt. v. 9.4.14 (C-616/11 – T-Mobile Austria), EuZW 2014, 467; Herberger/Marti-
nek/Rüßmann/Werth/Würdinger, juris Praxiskommentar BGB, 10. Aufl. 2023; Jaeckel, Die
Zulässigkeit digitaler Geschäftsmodelle von Uber, Bitcoin, Libra &Co, GewArch 2020, 128;
Jünemann, Neuheiten im elektronischen Zahlungsverkehr, DB 2017, 1952; Jünemann/
Wirtz/Förster, Franchisestrukturen und Zahlungsdienste, RdZ 2021, 164; Juretzek, Irrefüh-
render Hinweis auf Verrechnung von Einkaufsgutscheinen bei teilweiser Rücksendung bestell-
ter Ware, GRUR-Prax 2014, 487; Knöfel, Gift Cards (Geschenkkarten) im Einzelhandel, WM
2017, 833; Kunz, Die neue Zahlungsdiensterichtlinie (PSD II) – Regulatorische Erfassung
„Dritter Zahlungsdienstleister" und anderer Leistungsanbieter – Teil 2, CB 2016, 457; Lösing,
Das neue Gesetz zur Umsetzung der Zweiten E-Geld-Richtlinie, ZIP 2011, 1944; Mey
Omlor, Zahlungsauftrag, Zahlungsinstrument, Zahlungsauthentifizierungsinstrument und per-

sonalisiertes Sicherheitsmerkmal – eine begriffliche Quadratur des Kreises?, GPR 2014, 282; Omlor, Kundenbindung per Zahlungsdienst? Grund und Grenzen der E-Geld-Regulierung bei Treuepunkteprogrammen, Teil II, WM 2020, 1003; Terlau, Kommentar zu: LG Köln, Urteil vom 29.9.2011 – 81 O 91/11, K&R 2011, 814; Terlau, Zahlungsabwicklung bei Kundenkarten, Geschenkgutscheinen und Rabattsystemen – die Ausnahme des begrenzten Netzes im Sinn der Zahlungsdiensterichtlinie, BB 2013, 1996; Terlau, 5 Jahre Zahlungsdiensteaufsichtsgesetz – Reform der Zahlungsdiensterichtlinie, ZBB 2014, 291; Terlau, Die zweite Zahlungsdiensterichtlinie – zwischen technischer Innovation und Ausdehnung des Aufsichtsrechts, ZBB 2016, 122; Terlau, Die Umsetzung der aufsichtsrechtlichen Vorgaben der Zweiten Zahlungsdiensterichtlinie in deutsches Recht, DB 2017, 1697; Tiemann, Die Zeit läuft, BaFin-Journal 4/2022 v. 19.4.2022, 17; Zahrte, Haftungsverteilung im Zahlungsdiensterecht beim CEO-Fraud, BKR 2019, 126.

1. Allgemeines

a) Entstehungsgeschichte, Systematik. Nr. 10 setzt überwiegend den Wortlaut von Art. 3 lit. k PSD2 um. Die Ausnahme für begrenzte Netze war Gegenstand einer langen und intensiven Debatte im Rahmen des zweieinhalb Jahre dauernden **Gesetzgebungsverfahrens der PSD2** (zu den Anfängen der Debatte Terlau ZBB 2014, 291 ff.). Die Regelung des Art. 3 lit. k PSD1 wurde als wenig präzise empfunden (Erwägungsgrund Nr. 4 PSD2; Ellenberger/Findeisen/Nobbe/Findeisen, 2. Aufl. 2013, § 1a Rn. 76f.: Konturenlosigkeit; immer BaFin-Anfrage erforderlich). Es gab hierzu Beschwerden von Aufsichtsbehörden und vermutlich auch von Marktteilnehmern über die beträchtlichen Volumina von Zahlungstransaktionen, die unter dieser Ausnahmebestimmung – wohl aufgrund extensiver Auslegung in einigen Mitgliedstaaten – gehandelt wurden (Erwägungsgrund Nr. 13 PSD2; bestätigend Ellenberger/Findeisen/Nobbe/Böger/Reschke Rn. 133). Hierdurch seien für die Nutzer der Zahlungsdienste erhebliche Risiken entstanden und für die beaufsichtigten Akteure am Markt Wettbewerbsnachteile (Erwägungsgrund Nr. 13 PSD2). Der europäische Gesetzgeber bemühte sich deshalb um Restriktion (Ellenberger/Findeisen/Nobbe/Böger/Reschke Rn. 133). Das Ergebnis der politischen Diskussion ist eine Regelung, die im Wortlaut gegenüber der PSD1 in einzelnen Teilen, aber insgesamt nur in begrenztem Umfang verändert wurde. Jedoch finden sich nun in den Erwägungsgründen Nr. 13 und 14 der PSD2 zahlreiche präzisierende Auslegungshinweise. Zudem hat die deutsche Finanzaufsicht in ihrem Merkblatt zum ZAG ihre bisherigen Überlegungen zu diesen beiden Ausnahmebestimmungen deutlich präzisiert und an einigen Stellen eine gewisse Offenheit erkennen lassen (BaFin-Merkblatt ZAG v. 29.11.2017, Abschnitt 3.j; BaFin-Merkblatt ZAG v. 14.2.2023, Abschn. C.X.; insofern ist die Vermutung von Terlau ZBB 2016, 122 (125) zu einer gewissen Öffnung eingetreten).

Am 24.2.2022 veröffentlichte die Europäische Bankenaufsichtsbehörde (EBA) **49a** ihre Leitlinien über die Ausnahme für begrenzte Netze gemäß der PSD2 (EBA/GL/2022/02), die zwar – ebenso wie die Merkblätter der BaFin – keine für Institute des ZAG verbindlichen Rechtssätze enthalten (→ Einl. Rn. 65), die aber die Aufsichtspraxis der Aufsichtsbehörden konkretisieren und damit zu einer einheitlichen Umsetzung der Regelung des Art. 3 lit. k PSD2 (umgesetzt in Abs. 1 Nr. 10) beitragen. Insbesondere nennen die Leitlinien relevante Kriterien und Indikatoren für ein begrenztes Netz von Dienstleistern und ein sehr begrenztes Spektrum von Waren und Dienstleistungen. Ebenso behandeln sie die Erwartungen der EBA hinsichtlich der Verwendung von Zahlungsinstrumenten innerhalb eines begrenzten Netzes, die Anwendung der Ausnahme für begrenzte Netze durch regulierte Zahlungsdienstleister und E-Geld-Emittenten. Sie enthalten zudem umfangreiche Hinweise für Meldungen gemäß Abs. 2. Die Leitlinien gelten ab dem 1.6.2022. Die BaFin kommentierte dazu (BaFin, Schreiben vom 19.4.2022), dass die Leitlinien die deutsche Verwaltungspraxis der BaFin bereits weitestgehend abbilden. Damit sollte für die Praxis davon auszugehen sein, dass die Hinweise der BaFin in ihrem Merkblatt zum ZAG vom 29.11.2017 weiterhin als veröffentlichte Verwaltungspraxis der BaFin Bestand hatten, soweit die EBA-Leitlinien dem nicht widersprachen. (so auch Tiemann BaFin-Journal 4/2022, 17). Tatsächlich stimmte die Aussage der BaFin ("bilden weitestgehend ab") nicht durchgehend: die Aufgabe des sog. "Spiegelbildprinzips" und die Neueinreichung der Anzeigen nach § 2 Abs. 2 mit zusätzlichen Inhalten sind darunter die wichtigsten Änderungen (ähnlich Conreder/Hausemann RdZ 2022, 76 (78ff.)). Zwischenzeitlich veröffentlichte die BaFin eine neuere Fassung des Merkblatts ZAG v. 14.2.2023 und strich auch das "Spiegelbildprinzp" (→ Rn. 84).

50   Die Ausnahme des Nr. 10 hat über § 1 Abs. 2 S. 4 (der Art. 1 Abs. 4 der Zweiten E-Geld-RL umsetzt) erhebliche Bedeutung auch im Rahmen der **E-Geld-Regulierung.** § 1 Abs. 2 S. 4 Nr. 1 verweist auf die Ausnahmebestimmung des § 2 Abs. 1 Nr. 10. Auch hierbei handelt es sich um die nahezu wortlautgetreue Umsetzung des Verweises der Zweiten E-Geld-RL – kraft dynamischer Verweisung – nunmehr auf Art. 3 lit. k PSD2. Mit den Erwägungsgründen Nr. 5 und Nr. 6 der Zweiten E-Geld-RL hatte bereits der Richtliniengeber der Zweiten E-Geld-RL den Ausnahmebestimmungen recht umfangreiche Erläuterungen hinzugefügt. Diese werden nunmehr ergänzt durch die entsprechenden Erwägungsgründe der PSD2. Im Folgenden wird zusammen die Bereichsausnahme für **Zahlungsdienste und für E-Geld-Geschäft** (dh der Verweis aus § 1 Abs. 2 S. 4 Nr. 1) **kommentiert** und jeweils auf die Besonderheiten des E-Geld-Geschäfts hingewiesen. Die Ausnahme gilt ebenfalls gem. § 1 Abs. 11 S. 5 Nr. 2 KWG für Kryptowerte, dh für Werte gemäß § 2 Abs. 11 S. 4 KWG, für die bei Vorliegen der Ausnahme des Abs. 1 Nr. 10 die Eigenschaft als Kryptowert entfällt (Behrens/Schadtle WM 2019, 2099 (2101)).

51   Zur Technik der Regelung, wonach die Erlaubnispflicht nach § 10 (bei E-Geld nach § 11) entfällt; vgl. → Rn. 2. Insbesondere im Rahmen von Nr. 10 ist hier bedeutsam, dass auch die Regelung des § 3 nicht mehr anwendbar ist, sodass in der Folge der Tatbestand des **Einlagengeschäfts** gemäß § 1 Abs. 1 S. 2 Nr. 1 des KWG einschlägig sein kann (hierzu → Rn. 2 sowie → Rn. 110ff. Zu den **zivilrechtlichen Folgen** → Rn. 2).

52   **b) Auslegung.** Generelle Überlegungen zur **Auslegung** der Ausnahmetatbestände → Rn. 3–6a. Auch die Ausnahmebestimmungen der Nr. 10 werden vom Vollharmonisierungsgebot des Art. 16 Abs. 1 der Zweiten E-Geld-RL und des Art. 107 Abs. 1 PSD2 erfasst. Die darin enthaltenen unbestimmten Rechtsbegriffe, insbesondere die Begriffe "eines sehr begrenzten Waren- oder Dienstleistungsspektrums" sowie "begrenztes Netz von Dienstleistern" in Abs. 2 Satz 4 Nr. 1 iVm § 1 Abs. 1 Nr. 10, unterliegen deshalb den Geboten der richtlinienkonformen Auslegung (hierzu → Einleitung Rn. 46, → Rn. 4ff.). Deshalb wird die Auslegung dieser Bestimmungen durch das letztinstanzliche Gericht häufig dessen Pflicht zur Vorlage an den EuGH gemäß Art. 267 Abs. 3 AEUV auslösen (hierzu vgl. EuGH NJW 1983, 1257 (1258)); der frz. Conseil d'Etat verneinte in seiner Entscheidung vom 24.4.2013 diese Vorlagepflicht (vgl. hierzu Terlau BB 2013, 1996 (1999f.)).

52a   Die Begriffe "eines sehr begrenzten Waren- oder Dienstleistungsspektrums" sowie des "begrenzten Netzes" wurden bisher von den nationalen Aufsichtsbehörden als **Typos** und nicht als fest definierte Begriffe behandelt (vgl. hierzu auch → § 1 Rn. 223; zustimmend Omlor WM 2020, 1003 (1007)). Nach Ansicht der BaFin entschied das Gesamtbild der regionalen Begrenzung und der Anzahl der mit einem bestimmten Instrument bezahlbaren Produkte (so in der früheren Fassung: BaFin, Merkblatt ZAG v. 22.12.2011, Abschn. 4.c)aa) Gruppe 3; diese Überlegungen finden sich nicht mehr im BaFin, Merkblatt ZAG v. 29.11.2017, Abschn. 3.j) vgl. Merkblatt ZAG v. 14.2.2023, Abschn. C.X.). Nach der früheren Ansicht der britischen FCA (FCA Handbook/PERG/15/5 Q41, Stand 19.12.2018 (aufgehoben)) war das Gesamtbild aus verschiedenen Faktoren zu gewichten. In eine ähnliche Richtung ging ursprünglich der Entwurf der Leitlinien der EBA (Final Report Tz. 23, EBA/GL/2022/02), in denen die nationalen Aufsichtsbehörden aufgefordert wurden, verschiedene Umstände zu berücksichtigen, die aber keinen festen Kriterienkatalog lieferten; nunmehr wird klargestellt, dass die verschiedenen **Indikatoren** der Leitlinien **ein gleiches Gewicht** besitzen („equally important" and „have the same weight") (Final Report Tz. 23). Allerdings darf diese Aussage nicht darüber hinwegtäuschen, dass die einzelnen Indikatoren tatsächlich teilweise stärker und teilweise weniger stark ausgeprägt sein können; so wird gerade in GL 2 zum begrenzten Netz von Dienstleistern deutlich, dass die in GL 2.1 genannten Kriterien, die „alle" zu „berücksichtigen" sein sollen, entweder notwendiges Tatbestandsmerkmal sind (GL 2.1a) Vereinbarung mit dem Emittenten) oder graduell unterschiedlich bewertet werden können (GL 2.1b) Höchstzahl der Anbieter; welches ist die Höchstzahl?) oder aber gemäß Erwägungsgrund Nr. 13 PSD2 nur indikatives, aber weder hinreichendes, noch notwendiges Tatbestandsmerkmal (GL 2.1c) gemeinsame Marke) sind. Deutlich in Richtung der **typologischen Betrachtung** geht die EBA sodann GL 2.2, wonach „alle zusätzlichen Indikatoren" zu „berücksichtigen" sein sollen. Die PSD2 folgte in diesem Bereich dem Wunsch der Aufsichtspraxis, die Ausnahmetatbestände stärker zu konkretisieren (RegBegr BT-Drs. 18/11495, 115; dazu auch Terlau ZBB 2014, 291 (293); Terlau ZBB 2016, 122 (125)). Jenseits der Änderungen im Richtlinientext der Art. 3 lit. k und lit. l PSD2, liefert dieser im Rahmen der Erwägungsgründe Nr. 13−16 umfangreiche Konkretisierungen und Auslegungshinweise. Die BaFin ist dazu übergegangen, klar konturierte Fallgruppen, insbesondere für die Ausnahme des § 2 Abs. 1 Nr. 10 zu schaffen (BaFin-Merkblatt ZAG v. 14.2.2023, Abschn. C.X.). Die neuen Leitlinien der EBA (EBA v. 24.2.2022, Leitlinien über die Ausnahme für begrenzte Netze gemäß der PSD2, EBA/GL/2022/02; → Rn. 49a), bewegen sich aber insgesamt auf einem abstrakteren Niveau.

c) Regelungszwecke. aa) Regelungszweck von Nr. 10 lit. a (Geschäfts- 53 **räume, begrenztes Netz).** Tragender Grund der Ausnahmebestimmung des Nr. 10 lit. a dürfte die aufsichtsrechtlich geringere Schutzbedürftigkeit sein (vgl. ausführlich Terlau ZBB 2014, 291 (300ff.)). In einem begrenzten Netz ist nicht die Funktionsfähigkeit des Zahlungsverkehrs als solcher betroffen (Behrendt, Die Ausgabe elektronischen Geldes, 2007, S. 54f.; zustimmend Omlor WM 2020, 1003 (1007)); die Situation ähnelt vielmehr dem 2-Parteien-Verhältnis, wenn Emittent und Akzeptanzstelle vertraglich oder konzernrechtlich verbunden sind.

Die Ausnahme der Nutzung „in den Geschäftsräumen" oder in einem „be- 54 grenzten Netz von Dienstleistern" dürfte zum einen auf der Möglichkeit des Akzeptanten beruhen, dieses Vertrauen dem Aussteller entgegenbringen zu können (Terlau ZBB 2014, 291 (300f. u. 304f.); zustimmend Omlor WM 2020, 1003 (1007)). Anders gewendet: Die akzeptierende Stelle muss im Rahmen der Ausnahmebestimmung des Nr. 10 lit. a Alt. 1 und Alt. 2 durch eigene Prüfungen selbst für den Schutz sorgen, den ihr sonst die Finanzaufsicht im Rahmen des ZAG bieten würde. Ist der Akzeptant nicht in der Lage, die Bonität und Zuverlässigkeit des Ausstellers zu prüfen oder ggf. dessen sichere Verwahrung der eingezahlten Gutscheingelder auf einem Treuhandkonto (dies war im Fall Printemps gegeben, hierzu Terlau BB 2013, 1996 ff.) zu verifizieren, muss er von der Akzeptanz der Geschenk-/ Gutscheinkarte absehen. Durch Erwähnung der Shop-in-Shop Konzepte (Erwägungsgrund Nr. 5 der Zweiten E-Geld-RL; RegBegr. Zweite E-Geld-RLUG, BT-Drs. 17/3023, 40) dürfte der Gesetzgeber dabei durchaus in Rechnung gestellt haben, dass bisweilen eine Marktmacht des Ausstellers (zB eines großen Warenhausbetreibers) gegenüber den einzelnen Shops bestehen kann, die einen indirekten Zwang zur Akzeptanz der Geschenk-/Gutscheinkarte durch den Shop nach sich zieht. Solange aber eine solche Bonitäts- und Zuverlässigkeitsprüfung durch den akzeptierenden Shop oder der Nachweis der sicheren Aufbewahrung der Kundengelder gegenüber der akzeptierenden Stelle (Shop) nicht praktisch unmöglich ist, ist die Ausnahmebestimmung nutzbar. Diese Zwecksetzung dient daher zugleich als begrenzender Faktor.

55   Der Schutz des Kunden ist dadurch zu bewerkstelligen, dass die ihm bei Erwerb der Gutschein-/Geschenkkarte genannten Akzeptanzstellen durch eine Rahmenvereinbarung – so jetzt Art. 3 lit. k i PSD2 und § 2 Abs. 1 Nr. 10 lit. a (s. auch bereits RegBegr. Zweite E-Geld-RL-UG, BT-Drs. 17/3023, 40) – während der auf dem Gutschein genannten Gültigkeitsdauer (vgl. BGH ZIP 2001, 1418 = NJW 2001, 2635 (2636 f.) – Telefonkarten; umfangreiche Nachw. der Rspr. bei Terlau ZBB 2014, 291 (300 f. u. 304 f.); Knöfel WM 2017, 833 (837 ff.); Juretzek GRUR-Prax 2014, 487) zur Annahme verpflichtet bleiben. Erforderlich ist zum Schutz des Kunden die rechtsverbindliche Verpflichtung der akzeptierenden Stelle gegenüber der ausgebenden Stelle zur Annahme während der für die Gutschein-/Geschenkkarte in rechtlich wirksamer Weise festgelegten Gültigkeitsdauer. Zudem ist die Verpflichtung der ausgebenden Stelle gegenüber der akzeptierenden Stelle zur Einlösung der genutzten Gutscheine bzw. Geschenkkarten oder zur Einlösung der mit den Zahlkarten bewirkten Zahlungen erforderlich.

56   **bb) Regelungszweck von Nr. 10 lit. b (sehr begrenztes Waren- oder Dienstleistungsspektrum).** Der Gesetzgeber sieht die Zahlungsabwicklung (per Gutschein, Zahlkarte oder einfach über zentrale Konten eines Mittlers) dann nicht als aufsichtsrechtlich gefährlich iSd ZAG an, wenn nur wenige Produkte oder Dienstleistungen abgewickelt werden können (Terlau ZBB 2014, 291 (302)). Dabei ist es nicht erforderlich, dass auch die Zahl der Akzeptanzstellen oder die Zahl der Nutzer in diesem Fall beschränkt sind (Begr. RegE. ZDUG II, BT-Drs. 18/11495, 116: Tankkarten).

57   Allerdings dürfte es durchaus aus Sicht der Geldwäscheprävention (zur Prävention von Geldwäsche und Terrorismusfinanzierung als Ziel der PSD und des ZAG vgl. → Einl. Rn. 13) einen Unterschied machen, ob eine Gutscheinkarte oder eine Zahlkarte vielfältig oder nur für wenige Produkte einsetzbar ist. Die Begrenzung der Produkt- und Dienstleistungsauswahl dürfte deshalb auch geldwäscherechtliche Ziele verfolgen (Terlau ZBB 2014, 291 (302)).

58   **cc) Regelungszweck von Nr. 10 lit. c (soziale oder steuerliche Zwecke).** Zweck der Ausnahmebestimmung der Nr. 10 lit. c ist es (ausweislich ihres Wortlautes), bestimmte Instrumente für soziale oder steuerliche Zwecke zu privilegieren. Dies ist eine Entscheidung des Gesetzgebers, die sozialen und steuerlichen Zielsetzungen nicht durch die Mühen der Erlaubnispflicht und sonstiger zahlungsaufsichtsrechtlicher Auflagen zu gefährden (vgl. Erwägungsgrund 14 PSD2).

d) Die vier Ausnahmebestimmungen der Nr. 10. Die vier in Nr. 10 verankerten Ausnahmebestimmungen sind nach der Verwaltungspraxis der BaFin **nur alternativ, nicht kumulativ** einsetzbar (BaFin, Merkblatt ZAG, 14.2.2023, Abschn. C.X.; Ellenberger/Findeisen/Nobbe/Böger/Reschke Rn. 138; GL 1.11 EBA/GL/2022/02; zustimmend Tiemann BaFin-Journal 4/2022, 17); dies soll auch dann gelten, wenn ein Sachverhalt eventuell mehrere Tatbestände gleichzeitig verwirklicht (so könnte eine Karte in einem begrenzten Netz und nur für wenige Produkte einsetzbar sein und die Karte könnte zudem auch noch gesetzlich geregelten sozialen oder steuerlichen Zwecken dienen, zB für steuerfreie Sachbezüge in Form von Essensgutscheinen nach § 8 Abs. 2 Nr. 11 EStG einsetzbar sein). Allerdings spricht nichts dagegen, dass der Emittent der Karte sich bei einer entsprechenden Anfrage der oder an die Aufsichtsbehörde kumulativ, ggf. hilfsweise, auf mehrere Ausnahmen beruft; war zuvor die Betragsschwelle des Abs. 2 erreicht, dann musste allerdings der Emittent sich im Hinblick auf die Anzeige(pflicht) zwischen einer der Ausnahmebestimmungen entscheiden (im Beispiel bei Abstellen auf steuerliche Zwecke wäre die Anzeige sogar entbehrlich). Das sollte aber selbst in dem Fall nicht dagegensprechen, dass sich der Emittent später auf eine andere Ausnahmebestimmung im Rahmen von Nr. 10 beruft, selbst wenn er damit – sofern Vorsatz oder Leichtfertigkeit vorliegt – die Möglichkeit eines Bußgeldes (§ 64 Abs. 2 Nr. 1) in Kauf nehmen müsste. **58a**

Die Aufsichtsbehörde lehnt zudem eine **Cross-Akzeptanz** zwischen verschiedenen Zahlungsinstrumenten, die jeweils Ausnahmen in Anspruch nehmen, ab (BaFin, Merkblatt ZAG, 14.2.2023, Abschn. C.X.; Ellenberger/Findeisen/Nobbe/Böger/Reschke Rn. 139). Damit will sie verhindern, dass der Karteninhaber des Netzes A die Karte im Netz B einsetzt. Diese Überlegung lässt sich dann rechtfertigen, wenn die Akzeptanz eines Instruments in einem „anderen" Netz dazu führt, dass dieses Instrument eben nicht mehr ausreichend beschränkt ist oder das sehr begrenzte Waren- oder Dienstleistungsspektrum überschritten wird und damit die Ausnahme entfällt. Möglich soll es jedoch sein, dass ein Emittent eine physische Karte oder eine App herausgibt, worin sich im Sinn eines CoBadging mehrere Instrumente befinden, die unterschiedliche Bereichsausnahmen erfüllen (so auch Ellenberger/Findeisen/Nobbe/Böger/Reschke Rn. 139). **58b**

Inwieweit die Grenze des beschränkten Netzes oder des sehr begrenzten Produkt- und/oder Dienstleistungsspektrums überschritten ist, wenn das Instrument zur allgemeinen Verwendung einsetzbar ist, sollte nicht generell, sondern anhand der Kriterien für die einzelnen Ausnahmeregelungen ermittelt werden (anders wohl Ellenberger/Findeisen/Nobbe/Böger/Reschke Rn. 140, der dadurch **Gestaltungsmissbrauch** erfassen will; kritisch → Rn. 6; kritisch auch Schäfer/Omlor/Mimberg/Mimberg Rn. 94); ob eine Instrument „in der Gesamtschau missbräuchlich erscheint" (so wohl RegBegr ZDUG, BT-Drs. 18/11495, 113; Ellenberger/Findeisen/Nobbe/Böger/Reschke Rn. 140) entzieht sich der nachprüfbaren Beurteilung, schafft eine (zusätzliche) erhebliche Rechtsunsicherheit für die Praxis und überantwortet in rechtsstaatlich fragwürdiger Weise die Einzelfallbeurteilung der Aufsichtsbehörde. Anders dürfte die Frage zu beurteilen sein, ob ein Emittent mit einem Instrument **„systemrelevante Volumina"** aufbaut (hierzu BaFin-Merkblatt ZAG v. 29.11.2017, Abschn. 3; BaFin-Merkblatt ZAG v. 14.2.2023, Abschn. C „beträchtliche […] Zahlungsvolumina"; Ellenberger/Find- **58c** eisen/Nobbe/Böger/Reschke Rn. 140); der Regelungszweck der Ausnahmebestimmungen (→ Rn. 53 ff.) kann dann überschritten sein und eine Beschränkung kann sachgerecht erscheinen, wenn die Überwachung der Funktionsfähigkeit des Zahlungsverkehrs zur Rede steht. Hier wird es sowohl auf das Gesamtvolumen als auch auf das Volumen je Nutzer und die konkrete Nutzung (zB im Rahmen einer Stadionkarte, wo 7-stellige Gesamtbeträge der üblichen Nutzung an einem Wochenende entsprechen und deshalb hinzunehmen sind) ankommen; auch kann die konkrete Ausgestaltung, zB die vorhandene oder nicht vorhandene Sicherung voreingezahlter Gelder über Treuhandkonten, die Notwendigkeit der umfassenden Beaufsichtigung entfallen lassen (vgl. im Beispiel der Printemps-Entscheidung des frz. Conseil d'Etat, dazu Terlau BB 2013, 1996 (2000)).

58d   Im Rahmen der Ausnahmebestimmungen – und dies ist im besonderen Maße für die Ausnahmen nach Nr. 10 relevant – gibt es **keinen europäischen Pass** entsprechend §§ 38, 39 (Ellenberger/Findeisen/Nobbe/Böger/Reschke Rn. 136, 185, 191; ausführlich Ellenberger/Findeisen/Nobbe/Böger/Reschke Rn. 6). Zwar sollte die Auslegung der Ausnahmebestimmungen durch die verschiedenen Aufsichtsbehörden der EWR-Mitgliedstaaten aufgrund des **Vollharmonisierungsprinzips** identisch sein (ähnlich Ellenberger/Findeisen/Nobbe/Böger/Reschke Rn. 185, 191); da die Ausnahmebestimmungen aber den Anwendungsbereich der Richtlinie beschränken und für den Ausnahmebereich gerade nicht die Regulierung der Richtlinie gilt, wäre es den nationalen Gesetzgebern oder Aufsichtsbehörden sogar erlaubt im Rahmen der Ausnahmen **zusätzliche nationale Regelungen** vorzusehen (→ Rn. 7). Im Einzelfall kann sich eine Anzeigepflicht in dem jeweiligen, anderen Mitgliedstaat entsprechend der nationalen Umsetzungsvorschrift zu Art. 37 Abs. 2 PSD2 ergeben (zur internationalen Zuständigkeit → Rn. 160c).

58e   Es war auch bisher in Deutschland schon Praxis, dass **beaufsichtigte Institute** iSd KWG oder des ZAG Instrumente herausgaben, die unter eine der Ausnahmen der Nr. 10 fielen. Die EBA stellt dies nun für Zahlungsdienstleister aus Sicht aller europäischen Aufsichtsbehörden klar (GL 5.1 EBA/GL/2022/02). Erforderlich soll es aber sein, dass diese Emittenten klar und leicht verständlich die nicht-regulierten Dienstleistungen als solche kennzeichnen, zB durch bestimmte visuelle Darstellungen (GL 5.2, 5.3 EBA/GL/2022/02). Anders als ein nicht-beaufsichtigter Emittent kommen also auf Institute hier zusätzliche Anforderungen zu. Auch dürfen sich regulierte und nicht-regulierte Instrumente auf demselben Träger befinden; begründet wird dieses Erfordernis mit Transparenz- und Verbraucherschutzerwägungen (Tiemann BaFin-Journal 4/2022, 17). Diese „Diskriminierung" von regulierten Zahlungsdienstleistern dürfte sich dadurch rechtfertigen, dass ansonsten bei Kunden beispielsweise der falsche Eindruck entstünde, dass die gemäß Nr. 10 emittierten Instrumente dem Schutz der Regulierung unterlägen, also für vorausbezahlte Instrumente zB nicht dem Schutz der Kundengeldsicherung nach §§ 17, 18. In der Folge wären dann wohl auch (mangels institutstypischer Leistungen) die Vorschriften über **Auslagerungen** (§ 26) wie auch (mangels Geschäftsbeziehung über eine institutstypische Leistung) die Sorgfaltspflichten nach dem **Geldwäscherecht** nicht anwendbar (so auch Ellenberger/Findeisen/Nobbe/Böger/Reschke Rn. 171: sonst bestünde Ungleichbehandlung; ebenso Herzog/Figura GwG Rn. 27).

58f   Zur Anzeigepflicht nach Abs. 2 für die Ausnahmen nach lit. a und lit. b vgl. → Rn. 157 ff.

2. Nur begrenzt verwendbare Zahlungsinstrumente

Art. 3 lit. k PSD2 greift ein bei „Diensten, die auf bestimmten, nur begrenzt ver- **59** wendbaren Zahlungsinstrumenten beruhen". § 2 Abs. 1 Nr. 10 ZAG spricht nur von „Diensten, die auf Zahlungsinstrumenten beruhen". Die Einfügung der Wörter „begrenzt verwendbar" ist Ausfluss des Willens des europäischen Gesetzgebers, die Vorschrift weiter einzuschränken. Erwägungsgrund Nr. 13 PSD2 gibt hier vor: Die Verwendung darf **nicht in mehr als einem** begrenzten Netz erfolgen. Zudem darf das Instrument nicht zum Erwerb eines **unbegrenzten** Waren- oder Dienstleistungsspektrums verwendet werden können. Im Rahmen der richtlinienkonformen Auslegung (→ Einl. Rn. 46 ff.) ist der Text der Richtlinie hier gegenüber dem ZAG vorrangig.

Der Begriff **„Zahlungsinstrumente"** in § 2 Abs. 1 Nr. 10 ZAG (vorgegeben in **60** Art. 3 lit. k PSD2) ist gegenüber der PSD1 neu. In der PSD1 und in § 1 Abs. 10 Nr. 10 ZAG aF hieß es „Instrumente". Auch im Rahmen des § 2 Abs. 1 Nr. 10 ZAG (Art. 3 lit. k PSD2) gilt die Definition des Zahlungsinstruments gem. § 1 Abs. 20 (Art. 4 Nr. 14 PSD2) (GL 1.1 EBA/GL/2022/02); danach ist ein Zahlungsinstrument jedes personalisierte Instrument oder Verfahren, dessen Verwendung zwischen dem Zahlungsdienstnutzer und dem Zahlungsdienstleister vereinbart wurde und das zur Erteilung eines Zahlungsauftrags verwendet wird. Die Verwendung des Begriffs „Zahlungsinstrument" stellt sich als dogmatisch unsauber dar, weil das Vorliegen der Ausnahmebestimmung gerade zur Folge hat, dass kein Zahlungsdienst besteht (Kommission, PSD2-Entwurf 24.7.2013, S. 38 sprach demgemäß von „Instrumente") (vgl. auch Terlau ZBB 2014, 291 (298 f.)). Man wird dies aber als Willen des Gesetzgebers verstehen müssen, auf eine bestehende Definition verweisen zu können.

Dabei ist eine **Personalisierung** eines Zahlungsinstruments nach der Rspr. des **61** EuGH (EuGH EuZW 2014, 464 Rn. 35, 43; bestätigend: EuGH WM 2020, 2218 Rn. 72) nicht erforderlich, wenn die zweite Alternative der Definition des Zahlungsinstruments genutzt wird, namentlich das „Verfahren". In verschiedenen anderen Sprachfassungen der PSD2 (und der PSD1) findet sich nämlich in der Definition des Zahlungsinstruments bei dem Merkmal „Verfahren" nicht das Attribut „personalisiert"; dieses wird dort lediglich in der 1. Alt. dem „Instrument" vorangestellt (dies ist aus Sicht des EuGH in EuZW 2014, 464 Rn. 31, ganz entscheidend; bestätigend: EuGH WM 2020, 2218 Rn. 72; in der PSD2 wurde diese Abweichung der Sprachfassungen zwar nicht behoben. Aufgrund des unveränderten Wortlautes der Definition (worauf der EuGH in EuZW 2014, 464 Rn. 31 entscheidend abstellt) sollte die EuGH-Entscheidung jedoch auch im Rahmen der PSD2 Bestand haben (so auch EuGH WM 2020, 2218 Rn. 72, zur PSD2). Es ist danach **keine Verwendung von personalisierten Sicherheitsmerkmalen** (MüKoBGB/Jungmann BGB § 675j Rn. 39) und es ist auch **keine Personalisierung des Verfahrensablaufs** erforderlich (wie hier: Zahrte BKR 2019, 126 (130); MüKoBGB/Zetzsche § 675v Rn. 17; Omlor GPR 2014, 282 (283); im Ergebnis wohl auch Herberger/Martinek/Rüßmann/Weth/Würdinger/Schwintowski jurisPK-BGB § 675j Rn. 13; MüKo-HGB/Linardatos G. Zahlung mittels Kreditkarte Rn. 35; zustimmend auch Ellenberger/Findeisen/Nobbe/Böger/Reschke Rn. 142; dagegen: Schwennicke/Auerbach/Schwennicke ZAG § 1 Rn. 186 f.; Baumbach/Hefermehl/Casper/Casper Teil E. Recht des Zahlungsverkehrs Rn. 175; BeckOGK/Köndgen BGB § 675j Rn. 54.1). Der deutsche Gesetzgeber des § 1 Abs. 20 verzichtet auf das Adjektiv „personalisiert" vor dem Verfahrensablauf, obschon der deutsch-sprachige Richtlinientext des Art. 4 Nr. 14 PSD2 das Wort „personalisiert" auch dem „Verfahren" zuordnet; die Gesetzesbegründung betont in diesem Zusammenhang die richtlinienkonforme Umsetzung (RegBegr. ZDUG, BT-Drs. 18/11495, 112 f.). Denn der Schutz der PSD2 (zB durch die Erlaubnis- oder die Haftungstatbestände) darf nicht von einer Personalisierung des Zahlungsinstruments abhängen (so zurecht MüKoBGB/Zetzsche § 675v Rn. 17). Selbst die BaFin nennt in diesem Zusammenhang nicht-personalisierte Verfahren wie: „Verfahren des berührungslosen (Nahfelderkennung) oder des auf einen maschinell lesbaren Code basierenden Bezahlens" (BaFin-Merkblatt ZAG v. 14. 2. 2023, Abschn. B. IV. 1.).

61a   Viele Anwendungen lassen sich deshalb unter den Begriff **„Verfahren"**, dh die 2. Alt. der Definition des Zahlungsinstruments, subsumieren. Instrumente im Sinn der 1. Alt. wären sie zwar, wenn **Karten (Prepaid Cards)** ausgestellt würden (zu eng allerdings BeckOGK/Köndgen BGB § 675j Rn. 51: „Instrument meint physischen Gegenstand"); ein auf einer (Plastik-) Karte basierendes Zahlverfahren ist aber auch ein „Verfahrensablauf" iSd 2. Alt. der Definition, so dass auch hier eine Personalisierung nicht erforderlich ist (so auch Hagebölling/Linardatos EuZW 2014, 467 (468); vgl. auch BeckOGK/Köndgen BGB § 675j Rn. 53: Verfahrensablauf ist Auffangtatbestand). Der Begriff des Zahlungsinstruments ist **technologieneutral** (EBA/GL/2022/02). Neben Karten oder anderen digitalen Datenträgern, die mit Magnetstreifen, NFC-Chips etc ausgestattet sind, sind auch **optisch auszulesende Datenträger,** wie in **Papierform** verkörperte Strich- oder QR-Zahlungscodes, etc oder aber digitale Datenträger, zB als **Applikation** auf einem Smartphone oÄ erfasst (Terlau ZBB 2016, 122 (125 ff.); Ellenberger/Findeisen/Nobbe/ Böger/Reschke Rn. 143). Ausreichend ist zudem, ähnlich wie das Online-Banking, ein **„User Account"** (Terlau ZBB 2016, 122 (125 ff.); Ellenberger/Findeisen/ Nobbe/Böger/Reschke Rn. 143; Jünemann/Wirtz/Förster RdZ 2021, 164 (167)).

61b   Die Ausgabe des Zahlungsinstruments hat an den Nutzer zu erfolgen; eine Ausgabe an die Akzeptanzstelle reicht nicht aus (Jünemann/Wirtz/Förster RdZ 2021, 164 (167)). Es nützt deshalb nichts, wenn der Emittent **Nutzerkonten** nur für die Akzeptanzstellen einrichtet. Erforderlich ist vielmehr, dass dem Nutzer ein (im Sinn von Nr. 10) begrenzt einsetzbares Verfahren zur Erteilung eines Zahlungsauftrags an den Emittenten an die Hand gegeben wird. Der Nutzer muss beispielsweise auf der Online-Plattform für sehr begrenzte Leistungsangebote (zB Reiseleistungen, Tiernahrung) dem Betreiber der Online-Plattform über sein Nutzerkonto den Auftrag erteilen können, an den Anbieter der Leistung die Zahlung zu erbringen.

61c   Der Emittent muss die Nutzung des Zahlungsinstruments **technisch und vertraglich beschränken;** ausschließlich vertragliche Nutzungsbeschränkungen reichen nicht aus (GL 1.4 EBA/GL/2022/02); erforderlich sind technische Beschränkungen auf die Akzeptanzstellen bei Nutzung der Ausnahme von lit. a Alt. 2, für das Spektrum von Waren u. Dienstleistungen bei Nutzung der Ausnahme von lit. b, geografische Beschränkungen bei Nutzung der Ausnahme von lit. c (GL 1.5 EBA/ GL/2022/02). Dagegen entscheidet die **Rücktauschbarkeit** von voreingezahlten Geldern nicht über die Subsumtion unter Nr. 10 (GL 1.9 EBA/GL/2022/02); dies kann jedoch für die Prüfung, ob bankaufsichtsrechtliches Einlagengeschäft vorliegt, erheblich sein → Rn. 110 ff.

61d   Ein Zahlungsträger (Karte, App, Wallet oder anderes **„Trägermedium"**) darf mehrere Zahlungsinstrumente **(Co-Badging)** beinhalten und dabei jeweils eine der Ausnahmebestimmungen nach Nr. 10 in Anspruch nehmen (GL 1.6 EBA/GL/ 2022/02; zustimmend Tiemann BaFin-Journal 4/2022, 17). Damit geht es einher, dass ein Emittent mehrere Zahlungsinstrumente unter der Bereichsausnahme der

Nr. 10 (Art. 3 lit. k PSD2) ausgeben kann (GL 1.8 EBA/GL/2022/02; zustimmend Conreder/Hausemann RdZ 2022, 76 (77)). Allerdings darf er nach Ansicht der EBA für jedes Zahlungsinstrument nur eine der Ausnahmen nutzen (GL 1.11 EBA/GL/2022/02; zustimmend Tiemann BaFin-Journal 4/2022, 17); dagegen → Rn. 58a. Dagegen sollen **regulierte und nicht regulierte Instrumente** in einer App, einer Karte, einer Wallet oder einem anderen „Trägermedium" nicht zusammengefasst werden dürfen (GL 1.7 EBA/GL/2022/02; wohl zustimmend Conreder/Hausemann RdZ 2022, 76 (77)). Hier ist aber nicht ersichtlich, wie die EBA dies aus der PSD2 ableitet; eine rechtliche Begründung gibt sie nicht. Insbesondere würde dies wohl auch für App- oder Wallet-Lösungen (zB Apple-, Google-, Samsung-Pay) zu einer erheblichen, über die bisherige Praxis hinausgehenden Restriktion führen, die nicht gerechtfertigt erscheint. Wenn hierfür Verbraucherschutzgründe angeführt werden, so ist bereits fraglich, ob dieser im Rahmen der Erlaubnispflichten, von denen ja Nr. 10 zunächst ausnehmen will, eine Rolle spielt. Auch erscheint der Verbraucher nicht beeinträchtigt zu sein, wenn in einer Wallet oder auf einer Karte regulierte und nicht-regulierte Instrumente zusammen angeboten werden. In der Wallet (digitale „Brieftasche") weiß der Verbraucher sehr wohl zu unterscheiden, ob er hier eine regulierte Kreditkarte oder ein jedenfalls nicht vom ZAG erfasstes Airline- oder Busticket oder eine Geschenkkarte gespeichert hat. Auch Karten werden gerade im Mineralölbereich mit zahlreichen Badges (zB E-Geld- oder Flottenkarten) gleichzeitig ausgegeben (das hat keine Cross-Akzeptanz zur Folge; dazu Ellenberger/Findeisen/Nobbe/Böger/Reschke Rn. 189f.) und der Verbraucher oder der kommerzielle Nutzer müssen wegen der unterschiedlichen Akzeptanz an den Tankstellen sehr genau unterscheiden.

61e Die Ausnahmevorschrift gestattet dem Emittenten die **Ausgabe** (tatbestandlich Zahlungsdienst nach Abs. 1 S. 2 Nr. 5 Alt. 1 oder E-Geld-Geschäft nach Abs. 2 S. 2) sowie die **Zahlungsabwicklung** (tatbestandlich Zahlungsgeschäft nach Abs. 1 S. 2 Nr. 3) sämtlicher mit dem Zahlungsinstrument zusammenhängender Zahlungen, dh den Transfer von Zahlungen auf das Zahlungsinstrument (vor oder nach der Nutzung zum Waren- oder Dienstleistungserwerb) und die Bezahlung der Akzeptanzstellen, dh der gesamte Geldtransfer ist befreit (Ellenberger/Findeisen/Nobbe/Böger/Reschke Rn. 135, Rn. 165). Sofern die Ausgabe nicht durch den Emittenten, sondern durch Dritte, zB die Akzeptanzstellen (bei (Geschenk-)Gutscheinen üblich) erfolgt, dann liegt ggf. ein gesonderter Zahlungsdienst (tatbestandlich idR Abs. 1 S. 2 Nr. 6 Alt. 2) vor; dieser ist nicht von der für den Emittenten geltenden Ausnahme erfasst (GL 1.3 EBA/GL/2022/02; zustimmend Conreder/Hausemann RdZ 2022, 76 (77)); in dem Fall können aber andere Ausnahmevorschriften, zB die Ausnahme des Handelsvertreters nach Nr. 2 eingreifen.

3. Die einzelnen Ausnahmebestimmungen der Nr. 10

62 **a) In den Geschäftsräumen des Emittenten (Nr. 10 lit. a Alt. 1).** Die **1. Alternative** des Nr. 10 lit. a nimmt Dienste aus, die für den Erwerb von Waren oder Dienstleistungen nur in den Geschäftsräumen des Emittenten eingesetzt werden können.

63 **aa) Erwerb von Waren oder Dienstleistungen.** Die Begrifflichkeit „**für den Erwerb von Waren oder Dienstleistungen**" erscheint klar. Die über das Zahlungsinstrument (→ Rn. 60f.) angebotenen Zahlungsdienste dürfen nur für den Erwerb eingesetzt werden.

64   **Im Rahmen der E-Geld-Regulierung (§ 1 Abs. 2 S. 4)** wäre die Ausnahme aber ausgeschlossen, wenn die elektronischen Werteinheiten auch erworben werden könnten zu Zwecken der Geldanlage, ggf. gegen Verzinsung; hierzu vgl. auch die Ausführungen unten zum Einlagengeschäft (→ Rn. 110 ff. sowie → § 3 Rn. 12 ff.). Die Ausnahmebestimmung wäre nach Ansicht der BaFin auch überschritten, wenn die Recheneinheiten selbst zum Handelsgegenstand auf etwaigen privaten Handelsplattformen würden (zu Bitcoins vgl. → § 1 Rn. 245). Die **geschenkweise** Weitergabe der monetären Werteinheiten von einem Kunden an einen anderen Kunden ist jedoch nach der Intention des Richtlinien-Gebers und des Gesetzgebers erfasst unter dem Begriff „Gutscheine" und im Rahmen der Ausnahmebestimmung zulässig (Erwägungsgrund Nr. 5 Zweite E-Geld-RL; RegBegr. Zweite E-Geld-RLUG, BT-Drs. 17/3023, 40).

65   **bb) In den Geschäftsräumen.** Der Terminus „in den Geschäftsräumen des Emittenten" bereitet dagegen Schwierigkeiten. Gemeint ist zunächst **lediglich** (s. Art. 3 lit. k) i) Alt. 1 PSD2) **in den Geschäftsräumen**, dh nicht außerhalb (BaFin-Merkblatt ZAG v. 14.2.2023, Abschn. C.X.; Begr. RegE. ZDUG II, BT-Drs. 18/11495, 115: „lediglich"); der Gesetzeswortlaut des ZDUG II hat dieses Adverb versehentlich ausgelassen.

66   Einigkeit besteht darüber, dass die Verwendung bei solchen Einzelhändlern den Ausnahmetatbestand erfüllt, die lediglich einzelne Verkaufsflächen **(shop-in-shop-Lösungen)** innerhalb eines Gebäudes des Ausstellers nutzen (Erwägungsgrund 5 der Zweiten E-Geld-RL; RegBegr. Zweite E-Geld-RLUG, BT-Drs. 17/3023, 40; Begr. RegE. ZDUG II, BT-Drs. 18/11495, 115; BaFin-Merkblatt ZAG v. 14.2.2023, Abschn. C.X.): „Hauskarte"; FCA Handbook/PERG/3A/5 Q27, Stand 13/01/2018). Die deutsche Finanzaufsicht erlaubt es, den Ausnahmetatbestand auch auf **„Einkaufszeilen"**, gemeint sind wohl nach vorne offene Gebäudesituationen, auszudehnen, solange „alles unter einem Dach" sei (BaFin-Merkblatt ZAG v. 14.2.2023, Abschn. C.X.; zustimmend Ellenberger/Findeisen/Nobbe/Böger/Reschke Rn. 147: „prägende Gebäudesituation" entscheidet). Ähnlich sollen Karten eines einzelnen Tankstellenbetreibers erfasst werden, mit denen der Kunde Mineralöl, das der Betreiber im Namen der Mineralölgesellschaft verkauft, und Shopware des Tankstellenbetreibers bezahlen kann (Ellenberger/Findeisen/Nobbe/Böger/Reschke Rn. 148).

67   Nach dem Wortlaut der Vorschrift würde „in den Geschäftsräumen des Ausstellers" auch den Sachverhalt eines Einkaufszentrums (ggf. auch als **„Shopping Mall"** bezeichnet) erfassen (so auch FCA Handbook/PERG/3A/5 Q27, Stand 13/01/2018 – wobei unentschieden bleibt, ob die Ausnahme der Nr. 10 lit. a Alt. 1 oder Alt. 2 eingreift –; ähnlich Fett/Bentele WM 2011, 1352 (1354); ähnlich Schäfer/Omlor/Mimberg/Mimberg Rn. 98; aA Conreder/Hausemann RdZ 2021, 76 (79)). Die BaFin (BaFin-Merkblatt ZAG v. 14.2.2023, Abschn. C.X.: „shop-in-shop-Lösung typologisch nicht mehr gegeben"; ähnlich Ellenberger/Findeisen/Nobbe/Böger/Reschke Rn. 150: „nicht automatisch") **lehnt diese Auslegung ab und** meint, dass das Merkmal „in den Geschäftsräumen des Ausstellers" nur vorliege, wenn es sich um ein **Shop-in-Shop-Konzept** handele. Die beiden Richtlinien sind hier unklar: Art. 3 lit. k PSD2 spricht in der englischen Fassung von „in the premises" (= „Betriebsgelände"), was auf ein sehr weites Verständnis hindeutet. Die deutsche – gleichberechtigte – Fassung spricht dagegen von „in den Geschäftsräumen", was sehr viel enger ist. Erwägungsgrund Nr. 5 der Zweiten E-Geld-RL spricht wiederum von „Geschäftsräumen des Ausstellers" und in der englischen Fassung in Satz 3 von „in a specific store". Nach dem Wortlaut der Regelungen sowie den Erwägungsgründen der Richtlinie spricht deshalb einiges dafür, dass eine Shopping Mall, die aus zahlreichen Geschäftsräumen besteht („Shop-next-to-Shop-Konzept"), nicht unter Nr. 10 lit. a Alt. 1 fällt; von der 2. Alt. dürfte sie jedoch häufig erfasst sein (→ Rn. 70ff., 78). Kritische Fälle bedürfen sicherlich einer Einzelfallbetrachtung der jeweiligen räumlichen Situation (weiter gehend Schäfer/Omlor/Mimberg/Mimberg Rn. 97: immer Einzelfallbetrachtung). Tragender Grund für die Ausnahme ist der räumliche Zusammenhang, so dass der Kunde den Eindruck eines einzigen, ihm gegenüberstehenden Vertragspartners gewinnt (so auch Ellenberger/Findeisen/Nobbe/Böger/Reschke Rn. 146ff.).

In den Anwendungsbereich der 1. Alt. fallen weiterhin Karten zur Nutzung in **68** einer **Kantine** des Emittenten (Arbeitgebers), wenn dritte Personen Kantinenbetreiber sind (FCA Handbook/PERG/15/5 Q40, Stand 19/12/2018). Zweifelhaft könnte nach den vorstehenden Erwägungen zu Shopping Malls (→ Rn. 67) die Einordnung unter Nr. 10 lit. a Alt. 1 von **Clubkarten** eines Reiseveranstalters sein, die ausschließlich in dem Areal des Urlaubsorts des Reiseveranstalters (zB Club Med) genutzt werden können (für Anwendbarkeit der Ausnahmebestimmung aber: Ellenberger/Findeisen/Nobbe/Böger/Reschke Rn. 149; FCA Handbook/PERG/15/5 Q40, Stand 19/12/2018: „tour operator cards").

cc) Online-Shop ist kein „Geschäftsraum". Eine Erstreckung der Aus- **69** nahme der Nr. 10 lit. a Alt. 1 auf Online-Shops (Webshops) verbietet sich wohl aus dem Gesetzeswortlaut (s. auch BaFin-Merkblatt ZAG v. 14.2.2023, Abschn. C.X. sub „aa) Erster Anwendungsfall: shop-in-shop-Lösung, Hauskarte" am Ende; GL 3.1 EBA/GL/2022/02 GL 3.1). Ein „Geschäftsraum" oder im engl Text „premises" sind physische Verkaufsräume (s. auch ausführlich Terlau ZBB 2014, 291 (301); anders FCA Handbook/PERG/15/5 Q40 „Storecard", Stand 19/12/2018). Online-Geschäfte sind davon nicht erfasst (Ellenberger/Findeisen/Nobbe/Böger/Reschke Rn. 151; Schäfer/Omlor/Mimberg/Mimberg Rn. 96). Eine analoge Anwendung dürfte mangels Regelungslücke nicht in Betracht kommen.

dd) Geschäftsvereinbarung. Obschon der Wortlaut der Nr. 10 lit. a dies auch **70** für die erste Alternative („in den Geschäftsräumen") nahelegt, sollte aus regulatorischer Sicht eine Geschäftsvereinbarung zwischen Emittenten und Akzeptanzstellen nicht erforderlich sein (Bauer/Glos DB 2016, 456 (459); Ellenberger/Findeisen/Nobbe/Böger/Reschke Rn. 152), auch wenn diese in der Praxis ratsam und häufig anzutreffen ist.

b) Begrenztes Netz von Dienstleistern (Nr. 10 lit. a Alt. 2). Nach der **71** Nr. 10 lit. a Alt. 2 liegt ein Ausnahmetatbestand dann vor, wenn das Zahlungsinstrument – oder im Rahmen der E-Geld-Regulierung – die monetären Einheiten nur für den Erwerb von Waren oder Dienstleistungen innerhalb eines begrenzten Netzes von Dienstleistern eingesetzt werden können.

aa) Dienstleister. Ein begrenztes Netz von **Dienstleistern** liegt auch dann vor, **72** wenn es um die Bezahlung von **Warenabgabe** geht; der erste Richtlinienvorschlag der Kommission zur PSD1 erwähnte Warenhandelsunternehmen noch ausdrücklich (Richtlinienvorschlag KOM(2005) 603, S. 22). Erwägungsgrund Nr. 5 der Zweiten E-Geld-RL sowie die RegBegr. zum Zweiten E-Geld-RLUG (BT-Drs. 17/3023, 40f.) machen jedoch deutlich, dass auch Einzelhandelsunternehmen trotz des beschränkten Wortlauts weiterhin erfasst sein sollen (so auch der frz. Conseil d'Etat in seiner Entscheidung v. 24.4.2013, hierzu Terlau BB 2013, 1996ff.).

73   **bb) Begrenztes Netz.** Auch hier wurde der Wortlaut der Vorschrift durch die PSD2 kaum verändert. Das Tatbestandsmerkmal „begrenztes Netz" ist **ein unbestimmter Rechtsbegriff** (kritisch zur unklaren Fassung EZB ABl. 2009 C 30, 7 Ziff. 5.1; Hinweis bei Fett/Bentele WM 2011, 1352 (1354); kritisch auch Lösing ZIP 2011, 1944 (1946): Wortlaut „unergiebig"). Bei der Auslegung gerade des „begrenzten Netzes" wird man weiterhin (auch nach Erlass der Leitlinien der EBA, EBA/GL/2022/02) von einer typologischen Betrachtung auszugehen haben, wonach einzelne Merkmale eventuell gar nicht oder aber mehr oder weniger stark ausgeprägt sein können und eine Gesamtschau entscheidet (→ Rn. 52a). Die EBA/GL/2022/02 nennen in der zweiten Leitlinie (GL 2) eine Aufzählung von Kriterien und Indikatoren, die für das Vorliegen eines begrenzten Netzwerks sprechen (zB das geographische Gebiet, die maximal Anzahl an auszugebenden Zahlungsmitteln, etc). Neu ist, dass die nationalen Aufsichtsbehörden nun neben qualitativen Informationen auch **quantitative** Angaben zum Geschäftsmodell verlangen und bewerten müssen. Die präzisierende Erläuterung der Ausnahmebestimmung des begrenzten Netzes in Erwägungsgrund Nr. 13 Satz 4 Hs. 1 PSD2 bleibt aber nach wie vor höchst bedeutsam.

74   **(1) Begrenzung des Netzes.** Die Begrenzung des Netzes kann in verschiedener Hinsicht bestehen. Den nach dem Wortsinn möglichen Auslegungen im Sinne einer **begrenzten Anzahl der angeschlossenen Händler** (Meyer zu Schwabedissen/Dörner/Schenkel Rn. 133; Schwennicke/Auerbach/Schwennicke Rn. 66) oder einer **räumlichen Begrenzung** (zur ausschließlichen Begrenzung auf das Inland → Rn. 89) fügte die BaFin in ihrem ursprünglichen Auslegungsschreiben zum ZAG (BaFin-Merkblatt ZAG v. 22.12.2011, Abschn. 4.c) aa) Gruppe 3; ähnlich bereits RegBegr. Zweites E-Geld-RLUG, BT-Drs. 17/3023, 40f.) ein weiteres Element, nämlich die **begrenzte Anzahl der Produkte,** hinzu. In Erwägungsgrund Nr. 13 Satz 4 Hs. 1 PSD2 sowie in dem aktuellen Auslegungsschreiben der BaFin (BaFin-Merkblatt ZAG v. 14.2.2023, Abschn. C.X. sub „bb) Zweiter Anwendungsfall: begrenztes Netzwerk, limited network"; vgl. auch bereits Begr. RegE. ZDUG II, BT-Drs. 18/11495, 116 und nun auch EBA/GL/2022/02 Leitlinie 2.1 lit. c) wird das begrenzende Element der **Zahlungsmarke** betont: „wenn die beteiligten Stellen unmittelbar durch eine gewerbliche Vereinbarung verbunden sind, in der beispielsweise die Verwendung einer einheitlichen **Zahlungsmarke** vorgesehen ist, und diese Zahlungsmarke in den Verkaufsstellen verwendet wird und – nach Möglichkeit – auf dem dort verwendbaren Zahlungsinstrument aufgeführt ist."

75   **(2) Gemeinsame Zahlungsmarke.** Unter die von der Zweiten E-Geld-RL ausdrücklich genannten Karten für **Ladenketten** (Erwägungsgrund Nr. 5 der Zweiten E-Geld-RL) dürften **Ladenkarten** von Händlern fallen, die unter derselben Zahlungsmarke, jedoch von jeweils selbständigen Rechtspersonen akzeptiert werden (so nunmehr BaFin-Merkblatt ZAG v. 14.2.2023, Abschn. C.X. sub „bb) Zweiter Anwendungsfall: begrenztes Netzwerk, limited network"; FCA Handbook/PERG/15/5 Q40 „Storecard", Stand 19/12/2018; ähnlich auch Lösing ZIP 2011, 1944 (1946); anders früher BaFin-Merkblatt ZAG v. 22.12.2011, Abschn. 4.c) aa) Gruppe 3: „strenge, grundsätzlich lokale Begrenzung"). Dies ist typisch für **Franchisestrukturen** (Ellenberger/Findeisen/Nobbe/Böger/Reschke Rn. 161; Jünemann/Wirtz/Förster RdZ 2021, 164 (168); dazu auch → Rn. 81a). Dazu gehören auch **Karten von Ketten von Elektronikanbietern** sowie Karten von **Genossenschafts- oder Konzernverbunden** (BaFin-Merkblatt ZAG v. 14.2.2023, Abschn. C.X.).

Entscheidend ist hier nach Erwägungsgrund Nr. 13 Satz 4 Hs. 1 PSD2 die ge- **76** meinsame Verwendung einer **Zahlungsmarke.** Dabei ist die Verwendung der gemeinsamen Zahlungsmarke weder ein erforderliches noch ein hinreichendes Merkmal (abweichend Glos/Hildner RdZ 2022, 90 (96): „erforderlich"; wie hier Ellenberger/Findeisen/Nobbe/Böger/Reschke Rn. 161 ff.); auch ohne gemeinsame Marke ist ein begrenztes Netz denkbar; und wenn eine gemeinsame Zahlungsmarke existiert, ist dies aus Sicht der PSD2 ein sehr starkes Indiz für eine hinreichende Begrenzung des Netzwerks (GL 2.1c EBA/GL/2022/02; Ellenberger/ Findeisen/Nobbe/Böger/Reschke Rn. 161).

Allerdings besteht zur **Definition** des Merkmals „**Marktauftritt**" und „**Zah-** **76a** **lungsmarke**" eine durchaus **nicht unerhebliche Diskrepanz** zwischen Erwägungsgrund Nr. 13 PSD2, § 1 Abs. 28 und der EBA Leitlinie. Die PSD2 spricht davon, dass die Zahlungsmarke Teil der Vereinbarung mit dem Emittenten, ist, diese in den Verkaufsstellen verwendet wird und – nach Möglichkeit – auf dem Zahlungsinstrument aufgeführt wird und § 1 Abs. 28 die Zahlungsmarke dadurch kennzeichnet, dass mittels dessen oder derer bezeichnet werden kann, unter welchem Zahlungskartensystem kartengebundene Zahlungsvorgänge ausgeführt werden. Die EBA Leitlinie (GL 2.1c) EBA/GL/2022/02) weicht davon stark ab: Danach ist erheblich, ob der Anbieter Waren und Dienstleistungen unter einer gemeinsamen Marke anbietet und dies gegenüber dem Nutzer des Zahlungsinstruments visuell dargestellt wird. Während man Erwägungsgrund Nr. 13 PSD2 sowie auch die BaFin (BaFin-Merkblatt ZAG v. 29.11.2017, Abschn. 3.j, vgl. a. v. 14.2.2023, Abschn. C.X.) so verstehen musste, dass es auf die Kennzeichnung des Zahlungsinstruments und die Verwendung dieser Kennzeichnung in der Verkaufsstellen als Hinweis auf das Zahlungsinstrument ankommt (so wie es bei der Kreditkartenakzeptanz vertraglich verpflichtend ist, auf die Akzeptanz die jeweiligen Card Schemes hinzuweisen), verlangt nun die EBA darüber weit hinausgehend (ähnlich Conreder/Hausemann RdZ 2022, 76 (78): Begriff der Zahlungsmarke bei der EBA weiter), dass auch Waren und Dienstleistungen unter dieser Marke angeboten werden. Ähnlich wird auch in Teilen der Literatur davon gesprochen, dass „der Kunde bei oberflächlicher Betrachtung den Eindruck" habe, „es mit ein und demselben Unternehmen zu tun zu haben" (Ellenberger/Findeisen/Nobbe/Böger/Reschke Rn. 161, unter Berufung auf BaFin-Merkblatt ZAG v. 29.11.2017, Abschn. 3.j).

Die **EBA dürfte ihre Kompetenz überschreiten,** wenn sie derart weit über **76b** das Verständnis der PSD2 hinauszieht. Denn während die PSD2 in Erwägungsgrund Nr. 13 immer nur von einer Zahlungsmarke spricht und diese in Art. 4 Nr. 47 PSD2 vor allem zu diesem Zweck (→ § 1 Rn. 549) definiert, bezieht die EBA die Marke auf den gesamten, gemeinsamen Marktauftritt der Akzeptanzstellen. Selbst die BaFin hat den „Marktauftritt" immer nur auf die Verwendung der „einheitlichen Zahlungsmarke gem. § 1 Abs. 28" bezogen (BaFin-Merkblatt ZAG v. 14.2.2023, Abschn. C.X.; insofern ist der Hinweis bei Ellenberger/Findeisen/ Nobbe/Böger/Reschke Rn. 161 nicht korrekt), aber nicht auf den Verkauf der Produkte. Denn die EBA sollte nicht über die eigene Auslegung des Gesetzgebers der Richtlinie in Erwägungsgrund Nr. 13 PSD2 hinausgehen. Der europäische Gesetzgeber hat gerade nicht verlangt, dass alle Akzeptanzstellen unter der gemeinsamen Marke ihre Waren und Dienstleistungen anbieten, sondern nur das Zahlungsinstrument iSd Nr. 10 (darauf stellt auch Begr. RegE. ZDUG II, BT-Drs. 18/11495, 116 ab). Die Zahlungsmarke ist in § 1 Abs. 28 definiert; auf die Kommentierung hierzu (→ § 1 Rn. 549 ff.) wird verwiesen. Die „Zahlungsmarke" kann sich zB – so empfiehlt es („nach Möglichkeit") Erwägungsgrund Nr. 13 PSD2 – auf der Kundenkarte, dem Gutschein oder in der Applikation für Smartphones befinden. Zusätzlich ist in dem Fall erforderlich, dass Emittent und Akzeptanzstellen durch eine betriebliche Vereinbarung, die ua die Nutzung der Zahlungsmarke vorsieht (Schäfer/Omlor/Mimberg/Mimberg Rn. 104), verbunden sind; dazu → Rn. 86 ff. Die Zahlungsmarke sollte zudem in den Akzeptanzstellen verwendet und sichtbar sein (Erwägungsgrund 13 Satz 4 Hs. 1 PSD2; Begr. RegE. ZDUG II, BT-Drs. 18/11495, 116; BaFin-Merkblatt ZAG v. 14.2.2023, Abschn. C.X.).

77   **(3) Geografische Beschränkung.** Nicht als alleinige, aber dennoch als prägende Beschränkung beziehen sich verschiedene Zahlungsinstrumente auf ein begrenztes räumliches Gebiet (Ellenberger/Findeisen/Nobbe/Böger/Reschke Rn. 157). Dazu gehören Zahlungsinstrumente oder vorausbezahlte Karten (tatbestandlich E-Geld) für den Gebrauch in **Fußball- oder Eventstadien** (Ellenberger/Findeisen/Nobbe/Böger/Reschke Rn. 157; Schäfer/Omlor/Mimberg/Mimberg Rn. 107) oder auf einem **Universitätscampus** (BaFin-Merkblatt ZAG v. 14.2.2023, Abschn. C.X. sub „bb) Zweiter Anwendungsfall: begrenztes Netzwerk, limited network"; so auch die frühere Aufsichtspraxis: BaFin-Merkblatt ZAG v. 22.12.2011, Abschn. 4.c aa) Gruppe 3). Unter diese Kategorie fallen auch Zahlungsinstrumente oder vorausbezahlte Karten (die tatbestandlich E-Geld wären) auf einem **Werksgelände**, einem **Krankenhaus- oder Heimgelände**, einer **Strafvollzugsanstalt**, einer **Halle** oder einer **Bühne**, einer **Ferienanlage** (BaFin-Merkblatt ZAG v. 14.2.2023, Abschn. C.X. sub „bb) Zweiter Anwendungsfall: begrenztes Netzwerk, limited network"; Ellenberger/Findeisen/Nobbe/Böger/Reschke Rn. 157; vgl. auch Erwägungsgrund 14 Satz 1 PSD2 sowie Erwägungsgrund 5 Satz 1 Zweite E-Geld-RL).

78   Dementsprechend fallen Karten für Einkaufszentren, Malls, Outlet-Villages **(Shopping-Center-Karten)** ebenso unter die Ausnahme (so ausdrücklich BaFin-Merkblatt ZAG v. 14.2.2023, Abschn. C.X. sub „bb) Zweiter Anwendungsfall: begrenztes Netzwerk, limited network"; Ellenberger/Findeisen/Nobbe/Böger/Reschke Rn. 157; ähnlich Diekmann/Wieland ZBB 2011, 297 (300); Lösing ZIP 2011, 1944 (1946)). Ausgenommen sind solche Instrumente aber nur, wenn sie auf **ein einzelnes Shopping-Center** begrenzt sind (so ausdrücklich FCA Handbook/PERG/3A/5 Q27, Stand 13/01/2018; zustimmend Schäfer/Omlor/Mimberg/Mimberg Rn. 107); dann ist die Nutzung solcher Karten lokal sehr begrenzt, dasselbe gilt für die Zahl der Akzeptanzstellen.

79   Für **City-Karten** oder Verfahren für **städtische Einkaufs- oder Dienstleistungsverbünde** hat die Finanzaufsicht entschieden, dass diese jeweils territorial beschränkt die jeweils unmittelbar angrenzenden 2-stelligen PLZ-Bezirke abdecken dürfen (BaFin-Merkblatt ZAG v. 14.2.2023, Abschn. C.X. sub „bb) Zweiter Anwendungsfall: begrenztes Netzwerk, limited network"; Ellenberger/Findeisen/Nobbe/Böger/Reschke Rn. 159 f.) (zB City-Card Hannover mit PLZ 30 würde PLZ 29 und 31 einschließen). Dabei werden Berlin (PLZ 10, 12, 13, zT 14) Hamburg (PLZ 20, 22, zT 21), Frankfurt a.M. (PLZ 60, 65) und München (PLZ 80, 81), die jeweils zwei oder mehr PLZ umfassen, als eine PLZ behandelt, so dass die angrenzenden Gebiete entsprechend größer ausfallen; dies wird man vom Wortsinn des „beschränkten Netzes" durchaus noch als gedeckt ansehen können, denn letztlich ist es eine wertende Betrachtung, was „beschränkt" bedeutet (zweifelnd Ellenberger/Findeisen/Nobbe/Böger/Reschke Rn. 160; ebenfalls zweifelnd, aber ohne nähere Begründung: Schäfer/Omlor/Mimberg/Mimberg Rn. 108). Wie hier urteilt auch GL 2.2 EBA/GL/2022/02, die ein „betreffendes geografisches Gebiet" als

Indikator für ein begrenztes Netz betrachtet. Eine grenzüberschreitende Betrachtung (etwa für sog. Euregio Räume wie die Euregio Maas-Rhein) scheidet dabei nach Auffassung der BaFin zwar aus (BaFin, Merkblatt ZAG v. 14.2.2023, Abschn. C.X.); mit dem Binnenmarktgedanken und der Schaffung grenzüberschreitend einheitlicher Bedingungen durch die PSD ist diese Beschränkung nur schlecht zu vereinbaren.

(4) Unterschiedliche Begrenzungsmerkmale. Anders als stationäre **80** Shopping-Center sollen **Internet-Marktplätze** laut BaFin dagegen nicht von Nr. 10 lit. a Alt. 2 erfasst sein (BaFin-Merkblatt ZAG v. 14.2.2023, Abschn. C.X. sub „bb) Zweiter Anwendungsfall: begrenztes Netzwerk, limited network"; Tiemann BaFin-Journal 4/2022, 17; Ellenberger/Findeisen/Nobbe/Böger/Reschke Rn. 163; Schwennicke/Auerbach/Schwennicke Rn. 67; Schäfer/Omlor/Mimberg/Mimberg Rn. 105; Glos/Hildner RdZ 2022, 90 (96); ähnlich, aber differenzierend Jaeckel GewArch 2020, 128 (129)); hier sei das Warenangebot nicht mit einem stationären Angebot identisch. Solche Netze seien auf Wachstum angelegt und die Zahl der Teilnehmer sei nur schwierig zu bestimmen (Conreder/Hausemann RdZ 2022, 76 (78)). Die Begründungen überzeugen nicht; man wird Internet-Marktplätze deshalb und dann nicht in den Genuss der Ausnahmebestimmung der Nr. 10 lit. a Alt. 2 kommen lassen, wenn sich dort eine unbegrenzte oder jedenfalls sehr große Anzahl von Akzeptanzstellen als Marktplatzteilnehmer zusammenfinden. Sofern, wie bei **Spezial-Marktplätzen** häufig, dort nur eine begrenzte Zahl von Teilnehmern und ggf. auch eine begrenzte Auswahl von Produkten (zu der Begrenzung → Rn. 92ff.) zu finden ist (zustimmend Jaeckel GewArch 2020, 128 (129)), spricht nichts dagegen, etwaige Zahlungsinstrumente des Marktplatzbetreibers nach Nr. 10 lit. a Alt. 2 oder nach Nr. 10 lit. b auszunehmen.

Die Ausnahmebestimmung der Nr. 10 lit. a Alt. 2 sollte auch auf **Konzernver-** **81** **bünde,** dh wenn Emittent und Akzeptanzstellen innerhalb eines Konzerns verbunden sind, Anwendung finden, selbst wenn diese nicht eine gemeinsame Zahlungsmarke (Zahlungsmarke; dazu → Rn. 76a f.) führen. Unter der Überlegung, dass der Zahlungsverkehr durch die Aufsicht immer in mindestens zwei Richtungen zu schützen ist, dh neben dem Schutz der Kundeneinlagen auch im Hinblick auf das Vertrauen der Akzeptanzstellen, so entfällt beim Konzernverbund das letztere Argument (Terlau ZBB 2014, 291 (304ff.); hierzu auch → § 1 Rn. 253f.). Aus Sicht des Kunden besteht hier eine ähnliche Lage wie bei einer Kundenkarte im 2-Personen-System (vgl. auch Terlau BB 2013, 1996 (1999f.)). Dies resultiert nicht zuletzt auch aus einer **sehr engen Verbindung** zwischen den Akzeptanzstellen, die in der Regel langfristig ist, die eine Kooperation zB bei Marketing, bei IT-Sicherheit, bei Markennutzungen untereinander sicherstellt (Omlor WM 2020, 1003 (1008) unter Hinweis auf die Entscheidung des frz. Conseil d'Etat v. 24.4.2013, vgl. Terlau BB 2013, 1996ff.).

Aus denselben Erwägungen der **engen Geschäftsbeziehung** sind auch in **81a** **Franchisesystemen** (dazu auch → Rn. 75) verwendete Zahlungsinstrumente von Nr. 10 lit. a Alt. 2 erfasst und von der Erlaubnispflicht freizustellen. In Franchiseverträgen sind in der Regel langfristige Beziehungen angelegt, in denen Kooperation, gemeinsame Markenverwendung, koordiniertes Marketing, Qualifikation der Mitarbeiter sowie Mindeststandards für IT und sonstige Zusammenarbeit vereinbart werden (Omlor WM 2020, 1003 (1008) unter Hinweis auf die Entscheidung des frz. Conseil d'Etat v. 24.4.2013; Jünemann/Wirtz/Förster RdZ 2021, 164 (168)).

82   Von Nr. 10 lit. a Alt. 2 sollten auch **Mitgliedschaftskarten** erfasst sein (bspw. Mitgliedschaften in einem **Bücherclub**), selbst wenn die im Rahmen des Clubs angeschlossenen Akzeptanzstellen jeweils selbständige juristische Personen sind (sowohl Erwägungsgrund Nr. 5 der Zweiten E-Geld-RL als auch die RegBegr. zum Zweiten E-Geld-RLUG, BT-Drs. 17/3023, 40, erwähnen Mitgliedschaftskarten; ebenso FCA Handbook/PERG/15/5 Q40 „Membership Card", Stand 19/12/2018; BaFin-Merkblatt ZAG v. 14.2.2023, Abschn. C.X. sub „bb) Zweiter Anwendungsfall: begrenztes Netzwerk, limited network", dürfte über „Clubkarten" zu demselben Ergebnis gelangen).

83   **Rabattsysteme** (hierzu auch → § 1 Rn. 244) will die BaFin ausnehmen, wenn Bonuspunkte gratis beim Einkauf von Waren oder Dienstleistungen hinzugegeben werden (dazu auch → § 1 Rn. 244) (vgl. BaFin-Merkblatt ZAG v. 14.2.2023, Abschn. D.I.). Eine lokale oder regionale Begrenzung ist nicht mehr erforderlich (so noch RegBegr. Zweites E-Geld-RLUG, BT-Drs. 17/3023, 41; BaFin-Merkblatt ZAG v. 22.12.2011, Abschn. 4.c) aa) Gruppe 3). Auch wollte die BaFin (alte Fassung BaFin-Merkblatt ZAG v. 22.12.2011, Abschn. 4.c) aa) Gruppe 3) Rabattsysteme dann von der Ausnahmevorschrift erfasst wissen, wenn Akzeptanzstellen vorhanden sind, die Rabattpunkte lediglich annehmen, nicht aber selbst solche ausgeben. Anders war dies nur, wenn der Zukauf von Werteinheiten oder Punkten ermöglicht werde (BaFin-Merkblatt ZAG v. 29.11.2017, Abschn. 4.b. so auch schon RegBegr. Zweites E-Geld-RLUG, BT-Drs. 17/3023, 41; BaFin-Merkblatt ZAG v. 22.12.2011, Abschn. 4.c) aa) Gruppe 3). Richtigerweise ist bei Rabattsystemen, die Punkte gratis ausgeben, bereits der E-Geld-Tatbestand nicht verwirklicht (→ Rn. 223), so dass für die Prüfung der Ausnahmevorschrift kein Raum bleibt (missverständlich deshalb BaFin-Merkblatt ZAG v. 14.2.2023, Abschn. D.I.). Je nach Gestaltung können aber auch Rabattsysteme, die den E-Geld-Tatbestand verwirklichen, zB solche die den Zukauf von Werteinheiten erlauben oder die ihre Punkte nicht (vollständig) gratis ausgeben, eine der Ausnahmebestimmungen des § 2 Abs. 1 Nr. 10 verwirklichen (vgl. jetzt BaFin-Merkblatt ZAG v. 14.2.2023, Abschn. D.I.).

84   **(5) Ladenlokal und eCommerce gleichzeitig.** Bisher kam es nach Ansicht der BaFin (BaFin-Merkblatt ZAG v. 29.11.2017, Abschn. 3.j) sub „(2) Zweiter Anwendungsfall: begrenztes Netzwerk, limited network") bei gleichzeitiger Nutzung der Zahlungskarte, der Gutscheinkarte, der Applikation oder des Voice Commerce Skill im Ladenlokal und im eCommerce (sog. Multi-Channel- oder Omni-Channel-Vertrieb) darauf an, dass im Internet nur die Offline angebotenen Waren und/oder Dienstleistungen verfügbar sind. Dies wurde auch asl „Spiegelbildprinzip" bezeichnet. Mit Erlass der Leitlinien der EBA zur Auslegung von Art. 3 lit. k PSD2 (EBA/GL/2022/02) hat auch die BaFin dieses Erfordernis aufgegeben (BaFin-Merkblatt ZAG v. 14.2.2023, Abschn. C.X. sub „bb) Zweiter Anwendungsfall: begrenztes Netzwerk, limited network"; so auch Tiemann BaFin-Journal 4/2022, 17; so auch Conreder/Hausemann RdZ 2022, 76 (79)) (Ellenberger/Findeisen/Nobbe/Böger/Reschke Rn. 163; Schäfer/Omlor/Mimberg/Mimberg Rn. 105, behandeln noch die nun überholte Verwaltungsauffassung). Die EBA stellt in GL 2.4 (EBA/GL/2022/02) fest, dass nicht zwischen der Art der Geschäfte unterschieden werden soll und nicht verlangt werden kann, dass die Art der in Online-Shops angebotenen Waren und Dienstleistungen von der Art der in physischen Geschäften angebotenen Waren und Dienstleistungen abhängig ist und umgekehrt.

(6) Nur ein einziges Netz. Der Definition der Ausnahmebestimmung ist es 85 immanent, dass nicht mehrere Netze gebündelt werden können; sie spricht von „innerhalb eines Netzes von Dienstleistern". Sobald also das Zahlungsinstrument außerhalb des einen Netzes akzeptiert würde, müsste die Ausnahme mangels begrenzten Netzes entfallen (Erwägungsgrund Nr. 13 Satz 3 PSD2; BaFin–Merkblatt ZAG v. 14.2.2023, Abschn. C.X. sub „bb) Zweiter Anwendungsfall: begrenztes Netzwerk, limited network"; so auch nun GL 2.5 EBA/GL/2022/02; so auch Ellenberger/Findeisen/Nobbe/Böger/Reschke Rn. 154; Schäfer/Omlor/Mimberg/Mimberg Rn. 101).

cc) Geschäftsvereinbarung mit einem professionellen Emittenten. Wei- 86 terhin verlangt diese Ausnahmebestimmung, dass eine Geschäftsvereinbarung mit einem „professionellen Emittenten" vorliegt. Das Verständnis von „professionell" als „erfahren" könnte weiter dadurch konkretisiert werden, dass der Schutzzweck der Vorschrift ein Vertrauen in den Emittenten erfordert, dass dieser die Zahlungen mit dem Instrument **ordnungsgemäß abwickelt** und die häufig voreingezahlten **Gelder sorgfältig verwaltet** (so bereits Terlau ZBB 2014, 291 (301); dem folgt nun RegBegr. ZDUG II, BT-Drs. 18/11495, 115f.; BaFin–Merkblatt ZAG v. 14.2.2023, Abschn. C.X. sub „bb) Zweiter Anwendungsfall: begrenztes Netzwerk, limited network"). Er muss die **kaufmännischen und technischen Voraussetzungen** für die Aufgabe erfüllen (RegBegr. ZDUG II, BT-Drs. 18/11495, 115f.; BaFin–Merkblatt ZAG v. 14.2.2023, Abschn. C.X.). Der professionelle Emittent muss nicht (zugelassener) Zahlungsdienstleister sein, da er ja eben im Rahmen der Ausnahmebestimmung des Nr. 10 lit. a tätig wird. Er muss auch nicht mit den Akzeptanzstellen gesellschaftsrechtlich (zB in einem Konzern) verbunden sein (Ellenberger/Findeisen/Nobbe/Böger/Reschke Rn. 167). Auch kann er mehrere Zahlungsinstrumente unter der Ausnahme der Nr. 10 herausgeben (Ellenberger/Findeisen/Nobbe/Böger/Reschke Rn. 168).

Zudem fordert die Gesetzesbegründung, dass der professionelle Emittent ein 87 **„Dritter"** sein muss (RegBegr. ZDUG II, BT-Drs. 18/11495, 116; BaFin–Merkblatt ZAG v. 14.2.2023, Abschn. C.X.); hierbei dürfte aber lediglich gemeint sein, dass wenigstens eine Akzeptanzstelle vorhanden sein muss, die von dem Emittenten personenverschieden ist (vgl. BaFin–Merkblatt ZAG v. 14.2.2023, Abschn. C.X.). Eine gesonderte Gesellschaft, die etwa ausschließlich für die Emission des Zahlungsinstruments iSd § 2 Abs. 1 Nr. 10 lit. a Alt. 2 zuständig ist, sollte nicht erforderlich sein (zweifelnd Conreder BKR 2017, 226 (228)). Der Emittent darf auch gleichzeitig als Akzeptanzstelle auftreten (wie hier nun Schäfer/Omlor/Mimberg/Mimberg Rn. 103; BeckOGK/Foerster § 675c Rn. 252; Jünemann DB 2017, 1952 (1953); offen Conreder BKR 2017, 226 (228)); wenn er die einzige Akzeptanzstelle ist, liegt kein Zahlungsdienst oder E-Geld vor.

Die abzuschließende Geschäftsvereinbarung ist **inhaltlich** im ZAG nicht und in 88 Erwägungsgrund Nr. 13 PSD2 nur dahingehend definiert, als eine Zahlungsmarke, wenn es sie geben soll, dort vereinbart werden sollte (so auch Schäfer/Omlor/Mimberg/Mimberg Rn. 104). Inhaltlich ist die Geschäftsvereinbarung **Geschäftsbesorgungsvertrag** iSd § 675 BGB. Sie sollte also mindestens die Pflicht des Emittenten zur Herausgabe der Zahlungsinstrumente und dessen wesentliche Merkmale (Einsatzmöglichkeit, betragliche Beschränkungen, Kreis der Akzeptanzstellen) regeln sowie die Abwicklungsverpflichtung des Emittenten. Des Weiteren sollte darin die Zusage der Bezahlung des Emittenten an die Akzeptanzstelle im Sinn eines abstrakten Schuldversprechens enthalten sein, wenn die Akzeptanzstelle das Zahlungsinstrument als Zahlung (erfüllungshalber, § 364 Abs. 2 BGB) annimmt. Zudem wird die Geschäftsvereinbarung in der Regel die Pflicht der Akzeptanzstellen zur Annahme des Zahlungsinstruments regeln. Falls die Akzeptanzstelle auch im Rahmen der Ausgabe tätig werden soll, finden sich in der Geschäftsvereinbarung idR auch handelsvertreterrechtliche Elemente, da dann die Akzeptanzstellen dauerhaft für den Emittenten den Vertrieb übernehmen; das gibt ihnen idR gleichzeitig die Möglichkeit, erlaubnisfrei unter der Ausnahme des § 2 Abs. 1 Nr. 2 (Handelsvertreter; → Rn. 9) die Gelder der Inhaber der Zahlungsinstrumente entgegenzunehmen und an den Emittenten auszukehren. In der Regel wird der Emittent jeweils **bilaterale Vereinbarungen** mit den einzelnen Akzeptanzstellen abschließen (GL 2.1a EBA/GL/2022/02); diese Vereinbarung darf auch durch einen Dritten, zB ein Konzernmutterunternehmen, in **Stellvertretung** für den Emittenten abgeschlossen werden (GL 2.6 EBA/GL/2022/02; Conreder/Hausemann RdZ 2022, 76 (79)). Eine Vereinbarung der **Akzeptanzstellen untereinander** wird man nicht verlangen (missverständlich früher Vorauflage Rn. 88; missverständlich auch BaFin-Merkblatt ZAG v. 29.11.2017, Abschn. 3.j) sub „(2) Zweiter Anwendungsfall: begrenztes Netzwerk, limited network"; RegBegr. ZDUG II, BT-Drs. 18/11495, 115 f.; so auch bereits Erwägungsgrund 13 Satz 4 Hs. 1 PSD2).

89   **dd) Grenzüberschreitend oder nur im Inland.** Obschon dies weder in § 2 Abs. 1 Nr. 10 lit. a noch in Art. 3 lit. k (i) PSD2 zum Ausdruck kommt (Terlau ZBB 2016, 122 (126)), fordert die Finanzaufsicht, dass die Ausnahme des begrenzten Netzes iSd Nr. 10 lit. a Alt. 2 nur im Inland genutzt werden kann (BaFin-Merkblatt ZAG v. 14.2.2023, Abschn. C.X.), Einleitung vor Buchstabe a, „bestimmungsgemäß ausschließlich im Inland"; zustimmend Ellenberger/Findeisen/Nobbe/Böger/Reschke Rn. 136), dh Verfahren, die grenzüberschreitend eingesetzt werden sollen, können sich nicht auf diese Ausnahme stützen. Dies ergebe sich aus der Notwendigkeit der Begrenzung. Dem ist zu widersprechen: Auch ein über zwei Mitgliedstaaten erstrecktes Netz von (zB) zwei Akzeptanzstellen wäre sehr begrenzt und würde dem Telos der Ausnahme (→ Rn. 53 ff.) genügen (vgl. auch Terlau ZBB 2016, 122 (126)). Erwägungsgrund Nr. 5 Zweite E-Geld-RL stellt klar, dass das Vorliegen eines begrenzten Netzes „unabhängig vom geografischen Standort der Verkaufsstelle" sei (Terlau ZBB 2014, 291 (304 f.)). Auch die Leitlinien der EBA (EBA/GL/2022/02) fordern keine Begrenzung auf das Inland. Zwar ist danach das geografische Gebiet zu berücksichtigen (GL 2.2.a EBA/GL/2022/02); in der Anzeige (nach § 2 Abs. 2) sind „andere Mitgliedstaaten" anzugeben, in denen der Emittent die Dienstleistung nach Art. 3 lit. k PSD2, die Gegenstand der Anzeige ist, erbringt (GL 6.4.b EBA/GL/2022/02); die Leitlinien weisen jedoch nicht auf eine Beschränkung auf das Inland hin. Das Ziel der Regelung, eine Begrenzung des Netzes der Dienstleister, kann sowohl durch Begrenzung auf eine bestimmte grenzüberschreitende Städte-Region (Euregio oder Euregio Maas-Rhein) oder durch Begrenzung auf wenige in- und ausländische offline- und online-Akzeptanzstellen zB eines europäischen Konzerns erreicht werden (ähnlich Omlor WM 2020, 1003 (1007)). Weiterhin erscheint die Annahme der BaFin, ein begrenztes Netz könne nur im Inland bestehen, vor dem Hintergrund der in den Art. 56 ff. AEUV garantierten Dienstleistungsfreiheit im Binnenmarkt zweifelhaft (Schäfer/Omlor/Mimberg/Mimberg Rn. 92).

90   **c) Sehr begrenztes Waren- oder Dienstleistungsspektrum (Nr. 10 lit. b).** Die lit. b der Ausnahmebestimmung liegt dann vor, wenn die Zahlungsinstrumente oder (im Fall der E-Geld-Regulierung, § 1 Abs. 2 S. 4) die monetären Werteinheiten nur für „den Erwerb eines sehr begrenzten Waren- oder Dienstleistungsspektrums" eingesetzt werden können. Die bis zur Umsetzung der PSD2 unter § 1 Abs. 10 Nr. 10 Alt. 3 ZAG aF als „begrenzte Auswahl" gekennzeichnete Ausnahmevorschrift ist restriktiv neu gefasst worden. Die Überlegungen zu § 1 Abs. 10 Nr. 10 Alt. 3 ZAG aF gelten deshalb nicht mehr.

aa) Allgemeines. Für das im Rahmen der PSD2 eingefügte Wort „**Spek- 91 trum**" ist entscheidend, so der europäische Gesetzgeber, dass der Verwendungszweck des Zahlungsinstruments wirksam auf eine feste Zahl funktional verbundener Waren oder Dienstleistungen begrenzt ist (Erwägungsgrund Nr. 13 Satz 4 Hs. 2 PSD2; RegBegr. ZDUG II, BT-Drs. 18/11495, 116; GL 4.1 EBA/GL/2022/02). Dabei dürfte es weniger auf die Gesamtzahl aller tatsächlich damit zu erwerbenden Gegenstände ankommen, sondern vielmehr auf eine feste Zahl von „funktional verbundenen" Waren oder Dienstleistungen, also Waren- oder Dienstleistungskategorien (Erwägungsgrund Nr. 13 Satz 3 PSD2; dies betont auch BaFin-Merkblatt ZAG v. 14.2.2023, Abschn. C.X., sub „b) Sehr begrenztes Waren- und Dienstleistungsspektrum, very limited range"). GL 4.3 EBA/GL/2022/02 legt darüber hinaus fest, dass eine funktionale Verbindung auch zwischen physischen und digitalen Waren und/oder Dienstleistungen bestehen kann. Weiterhin nennt GL 4.4 EBA/GL/2022/02 zusätzliche Indikatoren (Volumen und Wert der mit dem Zahlungsinstrument jährlich zu tätigenden Zahlungsvorgänge, Höchstbetrag der Gutschrift auf die Zahlungsinstrumente, maximale Anzahl der auszugebenden Zahlungsinstrumente sowie die Risiken, denen der Kunde bei der Nutzung des betreffenden Zahlungsinstruments ausgesetzt ist) zur Feststellung eines begrenzten Waren- und Dienstleistungsspektrums. Dennoch wird man weiter von der bisherigen Verwaltungspraxis der BaFin, wie sie im BaFin-Merkblatt ZAG v. 29.11.2017, Abschn. 3. j), grundgelegt wurde, ausgehen können (Tiemann BaFin-Journal 4/2022, 17; Conreder/Hausemann RdZ 2022, 76 (80)).

Dabei ist das Spektrum **vom Emittenten festzulegen.** Ähnlich drückt es **91a** GL 4.2 EBA/GL/2022/02 aus: Der Emittent hat „eine bestimmte Kategorie von Waren und/oder Dienstleistungen mit einem gemeinsamen Zweck" festzulegen. Hierbei handelt es sich um die **„alles, was … dient"**-Qualifikation, die die deutschen Gesetzesmaterialien anlegen (RegBegr. ZDUG II, BT-Drs. 18/11495, 116; Ellenberger/Findeisen/Nobbe/Böger/Reschke Rn. 172; kritisch dazu Schäfer/Omlor/Mimberg/Mimberg Rn. 110: nicht so klar, wie gewünscht). Das Wort „**sehr**" beantwortet die Frage, wie begrenzt ein solches Waren- oder Dienstleistungsspektrum sein muss. Im Hinblick auf den Wortbestandteil „-spektrum" geht es hier darum, dass jeweils lediglich wenige Arten von Waren- oder Dienstleistungen durch ein solches Instrument erworben werden können. Damit drückt das Wort „sehr" wiederum die Zielsetzung des europäischen Gesetzgebers aus, mit den Ausnahmevorschriften nicht einen übermäßig großen Bereich nicht beaufsichtigter Tätigkeit entstehen zu lassen, durch den die beaufsichtigten Akteure am Markt Wettbewerbsnachteile erleiden (Erwägungsgrund Nr. 13 Satz 2 aE PSD2.; kritisch hierzu Schäfer/Omlor/Mimberg/Mimberg Rn. 110: zu unbestimmt).

Die Aufsichtsbehörden wollen bei der Prüfung, ob ein sehr begrenztes Spektrum **92** vorliegt, neben qualitativen Angaben auch quantitative Informationen zum Geschäftsmodell berücksichtigen (GL 4.4 EBA/GL/2022/02). Im Rahmen von Anfragen nach § 4 Abs. 4 hat das Unternehmen deshalb Angaben zu der geografischen Ausdehnung des Netzes, der erwarteten Zahl der jährlichen Zahlungsvorgänge, den erwarteten Zahlungsvolumina, dem Höchstbetrag der Gutschrift auf einem Gutschein, erwartete Gesamtzahl der auszugebenden Zahlungsinstrumente (GL 4.4 EBA/GL/2022/02) und den damit einhergehenden Risiken darzulegen (Tiemann BaFin-Journal 4/2022, 17). Für die Bewertung dieser Indikatoren enthalten die Leitlinien der EBA keine Vorgaben oder Anhaltspunkte. Allerdings wird man angesichts der vorhandenen Präzedenzfälle (Tankkarten, diverse Arten von Geschenkgutscheinen) sowohl bei der Anzahl der Zahlungsvorgänge als auch bei der räumlichen Ausdehnung (einschließlich Online-Verfügbarkeit → Rn. 100) großzügig sein müssen, solange das Produktspektrum auf Tankfüllungen für Kfz, Blumen, Schmuck, Kosmetik etc beschränkt ist.

93   **bb) Fallgruppen. Tankkarten** sind ein wichtiger Anwendungsfall der Ausnahme des Nr. 10 lit. b auch in der neuen, begrenzten Fassung (Erwägungsgrund Nr. 14 Satz 1 PSD2; RegBegr. ZDUG II, BT-Drs. 18/11495, 116; BaFin-Merkblatt ZAG v. 14.2.2023, Abschn. C.X., sub „b) Sehr begrenztes Waren- und Dienstleistungsspektrum, very limited range"; FCA Handbook/PERG/15/5/Q40, Stand 19/12/2018: „fuel cards (including pan-European cards)"), und **ein guter Beispielsfall** für die generelle Anwendung der Bestimmung. Das gilt trotz der Praxis, in der Emittenten von Tankkarten häufig selbst als Verkäufer gegenüber dem Inhaber der Tankkarte auftreten, nachdem sie die Ware (Tankfüllung oder Shopware, soweit letztere inkludiert ist) im Rahmen desselben Vorgangs zuvor von der Mineralölgesellschaft oder dem Tankstellenbetreiber erworben haben (zu dieser Praxis Ellenberger/Findeisen/Nobbe/Böger/Reschke Rn. 186 ff.). Werden Tankkarten unter der Ausnahme der Nr. 10 lit. b emittiert, wirkt sich die Begrenzung des Tatbestands durch die PSD2 intensiv gegenüber der vorherigen Rechtslage aus. Früher konnten Tankkarten auch für den damit zusammenhängenden Reiseproviant und Zeitschriften in den Tankstellen genutzt werden, nicht jedoch für Hotelleistungen an Autobahnraststätten oder Abschleppdienste (BaFin-Merkblatt ZAG v. 22.12.2011, Abschn. 4.c) aa) Gruppe 2). Nunmehr ist der funktionale Zusammenhang mit dem Fahren (**„alles, was das Auto bewegt"**) erforderlich, um innerhalb des sehr begrenzten Waren- oder Dienstleistungsspektrums zu bleiben (BaFin-Merkblatt ZAG v. 14.2.2023, Abschn. C.X., sub b); so wohl auch Kunz CB 2016, 457 (459); Ellenberger/Findeisen/Nobbe/Böger/Reschke Rn. 175). Erfasst sind dabei Kraft- und Schmierstoffe, Zusatzprodukte (zB „Ad Blue"), Zubehör (zB Scheibenwischer), Fahrzeugwäschen, Reparaturen sowie Mauten und Fähr- und Parkgebühren (BaFin-Merkblatt ZAG v. 14.2.2023, sub b; Ellenberger/Findeisen/Nobbe/Böger/Reschke Rn. 175; kritisch Schäfer/Omlor/Mimberg/Mimberg Rn. 113). Hierzu dürften auch Karten oder sonstwie gespeicherte Guthaben für die Bezahlung von **Straßen- und Lkw-Maut** (Ellenberger/Findeisen/Nobbe/Böger/Findeisen, 2. Aufl. 2013, § 1 Rn. 541, zu § 1 Abs. 10 Nr. 10 ZAG aF) gehören, weil sie ausreichend beschränkt sind. **„Was den Menschen bewegt"** ist davon nicht erfasst (RegBegr. ZDUG II, BT-Drs. 18/11495, 116), zB Reiseproviant, Zeitschriften, Zeitungen und sonstige Shopware.

94   Eine weitere wichtige Fallgruppe der Nr. 10 lit. b sind **Verbundzahlungssysteme im öffentlichen Personennah- und -Fernverkehr** (BaFin-Merkblatt ZAG v. 14.2.2023, Abschn. C.X., sub b). Während allerdings früher sämtliche Beförderungsleistungen im ÖPNV zusammen mit Reisebedarf eine begrenzte Auswahl von Waren oder Dienstleistungen darstellten (RegBegr. ZDUG, BT-Drs. 16/11613, 39; RegBegr. Zweite E-Geld-RLUG, BT-Drs. 17/3023, 40; BaFin-Merkblatt ZAG v. 22.12.2011, Abschn. 4c) aa) Gruppe 2), wird jetzt nur noch erfasst, **„was die Fahrt betrifft"**, namentlich Fahrtkosten, Zugrestaurant und Park

& Ride-Parkgelegenheiten, nicht jedoch Waren- und Dienstleistungen an Bahnhöfen oÄ (BaFin-Merkblatt ZAG v. 14.2.2023, Abschn. C.X., sub b; Ellenberger/ Findeisen/Nobbe/Böger/Reschke Rn. 175f.). Weshalb hier beispielsweise Speisen im Zug, nicht aber im Bahnhof zu erwerbende Zeitschriften und Literatur für die Reise erfasst sein sollen, erschließt sich zwar nicht sofort (kritisch auch Schäfer/ Omlor/Mimberg/Mimberg Rn. 113). Letztlich ist die Aufsicht aber bemüht, klare Grenzen zu ziehen.

Im Bereich **Bekleidung** werden Zahlungsinstrumente, einschließlich vorein- **95** gezahlte Instrumente (§ 1 Abs. 2 S. 4 Nr. 1), zusammengefasst und ausgenommen, sofern die damit zu erwerbenden Gegenstände und Leistungen der „**Erscheinung einer Person**" dienen (BaFin-Merkblatt ZAG v. 14.2.2023, Abschn. C.X., sub b). In solche der Erscheinung einer Person dienenden Instrumente dürfen zudem Schuhe, Accessoires, Taschen, Schmuck, Kosmetika und Düfte einbezogen werden (Ellenberger/Findeisen/Nobbe/Böger/Reschke Rn. 178). Beautykarten und andere Instrumente sind hier ausgenommen, wenn sie der Hautpflege, Makeup, Frisur und Ähnlichem dienen (BaFin-Merkblatt ZAG v. 14.2.2023, Abschn. C.X., sub b; zustimmend Ellenberger/Findeisen/Nobbe/Böger/Reschke Rn. 178). In ähnlicher Weise werden **Fitnesskarten** (Bezahlung des Besuchs von Trainingsstätten, dort angebotene Getränke und Zusatzprodukte wie Sportkleidung, -nahrung und Trainingszubehör) ausgenommen (BaFin-Merkblatt ZAG v. 14.2.2023, Abschn. C.X., sub b; zustimmend Ellenberger/Findeisen/Nobbe/Böger/Reschke Rn. 178).

Ähnlich definiert die Aufsicht **Kinokarten** (Besuch des Kinos einschl. darin an- **96** gebotener Genussmittel), **Freizeitparkkarten** (Besuch des Freizeitparks einschl. der darin angebotenen Speisen, Getränke und – möglicherweise auch – Souvenirs), **Video- und Musik-Streaming-Instrumente, Printmedien-Instrumente** für Zeitungen und Zeitschriften, **Bücherkarten** (für gedruckte und digitale Bücher, aber offenbar nicht Zeitungen und Zeitschriften), Instrumente für **Tierbedarf** und -nahrung, **Kantinenkarten** für Beschäftigte innerhalb eines Konzernverbundes (zu allen vorstehenden Beispielen: BaFin-Merkblatt ZAG v. 14.2.2023, Abschn. C.X., sub b; dazu auch → Rn. 77, 80). Zur Definition des Zwecks durch den Emittenten → Rn. 91a.

Denkbar ist, dass unter Nr. 10 lit. b je nach Sachverhaltsgestaltung auch aus- **97** genommen sind Karten, Instrumente, Gutscheine für bestimmte Waren oder Dienstleistungen von Händlern im Rahmen eines **Franchise-Systems** (Diekmann/Wieland ZBB 2011, 297 (300); Jünemann/Wirtz/Förster RdZ 2021, 164 (169ff.); hierzu vgl. auch Art. L.521-3 Abs. 1 des französischen Code monétaire et financier, der Franchisesysteme ausdrücklich als von der Ausnahme erfasst ansieht) oder Bezalkarten in der **Systemgastronomie** (Diekmann/Wieland ZBB 2011, 297 (300); vgl. aber auch Terlau Kommentar zu: LG Köln K&R 2011, 814ff. – Lieferheld). Hier kommt es auf die ausreichende Beschränkung des Waren- oder Dienstleistungsspektrums, zB auf Angebote eines Cafés oder eines Bistros, an.

Gutscheine für Sozialleistungssysteme oder **Kinderbetreuungsgut- 98 scheine** sowie **Bildungsgutscheine** (Erwägungsgrund Nr. 5 der Zweiten E-Geld-RL; BaFin-Merkblatt ZAG v. 22.12.2011, Abschn. 4c) aa) Gruppe 2); Diekmann/ Wieland ZBB 2011, 297 (300), jeweils zu § 1 Abs. 10 Nr. 10 ZAG aF) könnten auch unter Nr. 10 lit. b fallen; hierfür wäre aber häufig Nr. 10 lit. c spezieller, wenn eine entsprechende gesetzgeberische Grundlage vorliegt (dazu → Rn. 101ff.).

Bei einer Emission von Crypto Assets, die einmalige, nicht untereinander aus- **98a** tauschbare Unikate darstellen (sog. Non-Fungible Token, NFT) kann es erforderlich werden, dass der Emittent zunächst Gutscheine oder weitere NFTs zum Erwerb solcher NFT gegen Geld vertreibt. In dem Fall sollten diese Gutscheine unter die Alternative der Nr. 10 lit. b fallen. Ein NFT, der als Gutschein für ein bestimmtes digitales Gut fungiert und den Zugang zu diesem erschließt, sollte einen monetären Wert nach Nr. 10 lit. b darstellen, da er nicht nur dem Erwerb eines sehr begrenzten Waren- oder Dienstleistungsspektrums dient, sondern vielmehr dem Erwerb eines einmaligen Inhalts (Goldbeck/Nörenberg/Siedler ZdiW 2021, 470 (472)).

99   **cc) Keine geographische Beschränkung.** Eine geographische Beschränkung der Einsatzmöglichkeit des für ein sehr begrenztes Spektrum einsetzbaren Instruments besteht nicht (Erwägungsgrund Nr. 13 Satz 4 Hs. 2 PSD2; Terlau ZBB 2014, 291 (303); Terlau DB 2017, 1697 (1700); Ellenberger/Findeisen/Nobbe/Böger/Reschke Rn. 137, 175, 176, 185). Bereits der europäische Gesetzgeber der Zweiten E-Geld-RL hatte in seinem Erwägungsgrund Nr. 5 darauf hingewiesen, dass die Ausnahmebestimmung in Art. 3 lit. k ii PSD1 „unabhängig vom geographischen Ort der Verkaufsstelle" gilt. Dem folgt inzwischen auch die deutsche Finanzaufsicht (BaFin-Merkblatt ZAG v. 14.2.2023, Abschn. C.X., sub b). Zur Nutzung der Ausnahmebestimmungen im europäischen Ausland → Rn. 58 d.

100   **dd) Im Ladenlokal und im eCommerce.** Das unter der Ausnahme der Nr. 10 lit. b herausgegebene Zahlungsinstrument darf sowohl für physische als auch digitale Ware sowie sowohl im Ladenlokal als auch online einsetzbar sein (GL 4.3 EBA/GL/2022/02). Das früher von der BaFin ins Feld geführte sog. „Spiegelbildprinzip", wonach die Bezahlmöglichkeit für das Online-Angebot nicht über das im Ladenlokal damit bezahlbare Waren- oder Dienstleistungsspektrum hinausgehen durfte (BaFin-Merkblatt ZAG v. 29.11.2017, Abschnitt 3.j. Buchst. b.; auch → Rn. 84), ist damit obsolet (vgl. auch BaFin-Merkblatt ZAG v. 14.2.2023, Abschn. C.X.). Es fand auch im Gesetz keine Stütze (Jünemann/Wirtz/Förster RdZ 2021, 164 (169); ähnlich Schäfer/Omlor/Mimberg/Mimberg Rn. 115).

101   **d) Instrumente zu sozialen oder steuerlichen Zwecken (Nr. 10 lit. c).** Instrumente nach Nr. 10 lit. c ZAGmüssen bestimmten sozialen oder steuerlichen Zwecken dienen. Sie müssen örtlich auf die Verwendung in einem einzigen Mitgliedstaat beschränkt sein, sie unterliegen den Vorschriften einer nationalen oder regionalen öffentlichen Stelle und dienen dem Erwerb bestimmter Waren oder Dienstleistungen. Als Beispiele zu nennen sind Essensgutscheine und Gutscheine für bestimmte Dienstleistungen in einem steuer- oder arbeitsrechtlichen Rahmen (Erwägungsgrund Nr. 14 Satz 1 PSD2; (BaFin-Merkblatt ZAG v. 14.2.2023, Abschn. C.X., sub „c) Instrumente zu sozialen oder steuerlichen Zwecken"; Ellenberger/Findeisen/Nobbe/Böger/Reschke Rn. 194). Die über das Instrument zu beziehenden Leistungen müssen technisch und vertraglich (BaFin-Merkblatt ZAG v. 14.2.2023, Abschn. C.X.) auf die in der zugrundeliegenden Rechtsvorschrift genannten Leistungen beschränkt sein (Finanzausschuss, BT-Drs. 18/12568, 157; zB § 3 Nr. 34 EStG: Gesundheitsleistungen; Schäfer/Omlor/Mimberg/Mimberg Rn. 118).

102   Eine in Nr. 10 lit. c vorausgesetzte **„Regelung durch eine nationale oder regionale öffentliche Stelle"** liegt schon dann vor, wenn bestimmte soziale oder steuerliche Zwecke in gesetzlichen oder untergesetzlichen (zB Steuerrichtlinien) Regelungen nur vorgesehen, begünstigt oder auch nur ermöglicht sind (vgl. RegBegr. ZDUG II, BT-Drs. 18/11495, 116; BaFin-Merkblatt ZAG v. 14.2.2023, Abschn. C.X., sub c). Darunter fallen auch Sachzuwendungen nach R.19.6 Abs. 1 Lohnsteuer-Richtlinien (BaFin-Merkblatt ZAG v. 14.2.2023, Abschn. C.X.; Schä-

fer/Omlor/Mimberg/Mimberg Rn. 118), Asylbewerberkarten nach § 3 AsylbLG (BaFin-Merkblatt ZAG v. 14.2.2023, Abschn. C.X.) oder Zweckkarten für Essen und Trinken in öffentlichen Einrichtungen oder für Besuch beim Arzt oder für Reha-Maßnahmen (Finanzausschuss, BT-Drs. 18/12568, 158; vgl. BaFin-Merkblatt ZAG v. 14.2.2023, Abschn. C.X.). Es bedarf dazu nicht einer Ermächtigungsgrundlage und/oder eines ausgefeilten öffentlich-rechtlichen Regimes für das jeweilige Instrument (zustimmend Schäfer/Omlor/Mimberg/Mimberg Rn. 118). Bei Ausgabe durch öffentliche Stellen bedarf es häufig nicht der Ausnahme nach Nr. 10 lit. c, sondern diese können hier idR als privilegierte Zahlungsdienstleister (§ 1 Abs. 1 S. 1 Nr. 5) oder E-Geld-Emittenten (§ 1 Abs. 2 S. 1 Nr. 5) agieren.

103 Die Aufsicht sieht einen Vorrang dieser Ausnahme nach Nr. 10 lit. c als **Spezialfall** gegenüber derjenigen des sehr begrenzten Waren- oder Dienstleistungsspektrums nach Nr. 10 lit. b. Nicht ganz klar ist, welche Ableitungen sich daraus ergeben sollen. Letztlich spricht nichts dagegen, ein bestimmtes, sozialen Zwecken dienendes Instrument, zB für bestimmte Zuwendungen des Arbeitgebers an den Arbeitnehmer (zB nun 50-Euro-Leistungen – gem. § 8 Abs. 2 EStG), unter der Ausnahme des Nr. 10 lit. b als erlaubnisfrei anzusehen, wenn die Voraussetzungen des Nr. 10 lit. c nicht erfüllt sind. So könnte es beispielsweise an der in Nr. 10 lit. c verlangten „Regelung durch eine nationale oder regionale öffentliche Stelle" mangeln. Es ist nicht ersichtlich, dass in diesem Fall die Ausnahme des Nr. 10 lit. c eine Ausschlusswirkung entfaltet (missverständlich insofern BaFin-Merkblatt ZAG v. 29.11.2017, Abschnitt 3.j.) sub Buchst. c): „geht als speziellere Regelung dem dritten Anwendungsfall (lic. Nr. 10 lit. b)) vor"). Im Fall unbestimmter Anzahl verschiedener Produkte mit zusammengenommen betrieblichen Zahlungsvolumen, etwa bei weiteren Leistungen oder nicht hinreichender Begrenzung durch das öffentlich-rechtliche Regelwerk soll es sich nicht mehr um eine Zweckkarte handeln (so BaFin-Merkblatt ZAG v. 14.2.2023, Abschn. C.X., sub c).

104 **e) Verwendet werden können.** Der Ausgeber hat sicherzustellen, dass die ausgegebenen monetären Werteinheiten nur für solche Verwendungszwecke eingesetzt werden können, die die Ausnahmebestimmungen der Nr. 10 erfüllen. Für eine Shopping-Center-Karte bedeutet dies, dass der Aussteller der Karte die Einsatzmöglichkeiten außerhalb des Shopping-Centers technisch unterbinden muss. Ändert sich die Einsatzmöglichkeit der ausgegebenen monetären Einheiten später, so kann trotz ursprünglichen Bestehens einer Ausnahme dieses Instrument in die Erlaubnispflicht hineinwachsen (zum alten Recht: BaFin-Merkblatt ZAG v. 22.12.2011, Abschn. 4.c) aa)). Nach Ansicht der BaFin reicht **eine einzige Akzeptanzstelle,** die die Ausnahme nicht erfüllt, aus, damit die Ausnahme insgesamt entfällt (BaFin-Merkblatt ZAG v. 29.11.2017, Abschn. 4.c); vgl. Fassung v. 14.2.2023, Abschn. C.X.).

105 **f) Besonderheiten für E-Geld.** Die Ausführungen zu § 2 Abs. 1 Nr. 10 gelten im Grundsatz auch für **monetäre Werte** iSd § 1 Abs. 2 S. 3 (so auch ausdrücklich BaFin-Merkblatt ZAG v. 14.2.2023, Abschn. D.II.): „können (…) Ausführungen (…) unter Abschnitt C.X. herangezogen werden") die unter den Voraussetzungen des § 1 Abs. 2 S. 4 Nr. 1 iVm § 2 Abs. 1 Nr. 10 nicht E-Geld sind und deren Ausgabe deshalb nicht der Erlaubnispflicht nach § 11 Abs. 1 S. 1 unterfällt. Hierfür gelten jedoch folgende Besonderheiten:

106 **aa) Die 250 Euro-Grenze.** Nach Ansicht der Finanzaufsicht (BaFin-Merkblatt ZAG v. 14.2.2023, Abschn. C.X.) am Ende sub „Vorausbezahlte Karten/E-Geld-

Guthaben") setzt die Inanspruchnahme der Ausnahme des § 1 Abs. 2 S. 4 Nr. 1 iVm § 2 Abs. 1 Nr. 10, und zwar in jeder Variante, „im Regelfall" voraus, dass je Zahlungsinstrument der gespeicherte Betrag 250 Euro nicht übersteigt, bei wiederaufladbaren Instrumenten 250 Euro im Monat (zustimmend Ellenberger/Findeisen/Nobbe/Böger/Reschke Rn. 196). Hierbei handelt es sich um einen Kompromiss, den die Aufsicht mit der Industrie erzielt hat. Dabei hat die Aufsicht sicherlich sowohl solvenzaufsichtliche Ziele (zu den Zwecken der E-Geld-Aufsicht → § 1 Rn. 183) als auch das Ziel der Geldwäscheprävention im Blick (zu den Zwecksetzungen der Ausnahmen der Nr. 10 → Rn. 53 ff.). Ob die (trotz des Einschubs „im Regelfall") recht starr anmutende Grenze glücklich gewählt ist, mag zweifelhaft sein. Hierdurch werden voreingezahlte Instrumente zB gegenüber Kundenkarten (→ Rn. 75), die unbeschränkt für Zahlungsvorgänge innerhalb des begrenzten Netzes nutzbar sind, unnötig und pauschal beschränkt. Die BaFin (BaFin-Merkblatt ZAG v. 14.2.2023, Abschn. C.X. am Ende) schweigt über den Hintergrund. Teile der Literatur (Ellenberger/Findeisen/Nobbe/Böger/Reschke Rn. 196; Ellenberger/Findeisen/Nobbe/Böger/Findeisen § 1 Rn. 602) meinen unter Verweis auf Erwägungsgründe Nr. 15 und 16 PSD2, dass hierdurch soll sichergestellt werden solle, dass nur Kleinstbetragszahlungen stattfinden. Aber zum einen erwähnt das BaFin-Merkblatt diese nicht und zum anderen behandeln diese Erwägungsgründe ausschließlich die TK-Ausnahme, aber nicht Art. 3 lit. k PSD2; die PSD2 mit ihren einschlägigen Erwägungsgründen Nr. 13 und Nr. 14 verlangt nicht, dass vorausgezahlte Instrumente im Anwendungsbereich von Art. 3 lit. k PSD2 ausschließlich Kleinbetragsinstrumente sein müssen. Die BaFin könnte die 250 Euro-Maßgabe rechtfertigen, wenn sie hiermit Regelgrenzen zur Vermeidung des Einlagengeschäfts iSd § 1 Abs. 1 S. 2 Nr. 1 KWG festlegen will. Denn bei Annahme von Geldern im Zusammenhang mit oder zur Vorbereitung einer Vielzahl von Geschäftsbesorgungsverträgen kommt es nach der Verwaltungspraxis (→ Rn. 113) auf eine Einschätzung an, ob diese Gelder in absehbarer Zeit verbraucht werden (anders Jünemann/Wirtz/Förster RdZ 2021, 164 (169): geldwäscherechtliche Gründe; s. aber auch Ellenberger/Findeisen/Nobbe/Böger/Reschke Rn. 197; Schäfer/Omlor/Mimberg/Mimberg Rn. 127). Vor diesem Hintergrund und mit dieser Maßgabe wäre es denkbar, dass Emittenten die 250 Euro-Grenze im Einzelfall überschreiten (→ Rn. 113).

107   **bb) Besonderheiten für Rabattsysteme.** Rabattsysteme erfüllen je nach Gestaltung bereits nicht den Tatbestand des E-Geld-Begriffs iSd § 1 Abs. 2 S. 3 (dazu → § 1 Rn. 244 und → § 2 Rn. 83). In dem Fall bedarf es nicht der Anwendung einer der Ausnahmebestimmungen gemäß § 1 Abs. 2 S. 4 (missverständlich insoweit zuvor BaFin-Merkblatt ZAG v. 29.11.2017, Abschn. 4.b); ebenso Ellenberger/Findeisen/Nobbe/Böger/Findeisen § 1 Rn. 600). Es bedarf dann nicht der Erörterung, ob solche nicht den E-Geld-Tatbestand erfüllenden Systeme über den Einzugsbereich einer Stadt hinausgehen oder nicht (missverständlich BaFin-Merkblatt ZAG v. 29.11.2017, Abschn. 4.b); ebenso Ellenberger/Findeisen/Nobbe/Böger/Findeisen § 1 Rn. 600).

108   Der **Zukauf von Werteinheiten** innerhalb von Rabattsystemen kann dagegen das Merkmal der E-Geld-Definition „Ausgabe gegen Zahlung von Geld" erfüllen (vgl. Kommentierung zu → § 1 Rn. 248; → Rn. 83; BaFin-Merkblatt ZAG v. 14.2.2023, Abschn. D.I. und II.; ebenso Ellenberger/Findeisen/Nobbe/Böger/Findeisen § 1 Rn. 601). In diesem Fall käme es auf das Vorliegen der Anforderungen an die Ausnahme der Nr. 10 (oder der Nr. 11) an.

Dasselbe soll der Fall sein, wenn in Rabattsystemen Akzeptanzstellen vorhanden **109** sind, die sich **ausschließlich der Einlösung** von Rabattpunkten widmen (BaFin-Merkblatt ZAG v. 14.2.2023, Abschn. D.I.). Hier ist aber nicht ganz klar, weshalb durch eine solche Einlösungspraxis das Rabattsystem von dem Tatbestand des E-Geldes iSd § 1 Abs. 2 S. 3 erfasst sein soll und deshalb Raum für die Prüfung von Ausnahmebestimmungen wäre. Zu E-Geld iSd § 1 Abs. 2 S. 3 wird nämlich ein monetärer Wert durch die Art und Weise der Ausgabe (zB weil er gegen Zahlung eines Geldbetrages ausgegeben wird) (vgl. Kommentierung zu → § 1 Rn. 244 ff.); die Art und Weise der Einlösung eines nicht den E-Geld-Tatbestand erfüllenden monetären Wertes kann ihn nicht zu E-Geld machen; allenfalls können hierbei andere Zahlungsdienste verwirklicht werden, zB das Finanztransfergeschäft gemäß § 1 Abs. 1 S. 2 Nr. 6.

cc) Einlagengeschäft bei Bestehen einer Ausnahme. (1) Hinweise des **110** **deutschen Gesetzgebers.** Im Zusammenhang mit der Erläuterung der Ausnahmebestimmungen des § 1a Abs. 5 ZAG aF, jetzt § 1 Abs. 2 S. 4, wies die deutsche Gesetzesbegründung (RegBegr. Zweites E-Geld-RLUG, BT-Drs. 17/3023, 41) jeweils darauf hin, dass nach Lage des Falles die Annahme von Geldern im Rahmen einer Ausnahmebestimmung als Einlagengeschäft iSv § 1 Abs. 1 S. 2 Nr. 1 KWG zu werten sein kann (so auch jetzt BaFin-Merkblatt ZAG v. 14.2.2023, Abschn. C.X. am Ende: „§ 1 Abs. 1 Satz 2 Nr. 1 KWG bleibt unberührt"). Ein Emittent von geldwerten Einheiten, die unter die Ausnahmebestimmung des § 1 Abs. 2 S. 4 fallen und der damit nicht einer Erlaubnis als E-Geld-Institut gemäß § 11 Abs. 1 S. 1 bedarf, kann für die Ausgabe der geldwerten Einheiten eine Zulassung als Kreditinstitut gemäß § 32 Abs. 1 KWG benötigen (anders Ellenberger/Findeisen/Nobbe/Böger/Findeisen § 1 Rn. 614: § 1 Abs. 2 S. 4 ist „immer lex specialis zum Einlagengeschäft"). Weiterhin wies der deutsche Gesetzgeber (RegBegr. Zweites E-Geld-RLUG, BT-Drs. 17/3023, 41) auf § 3 Nr. 3 KWG hin, wonach Einlagengeschäft verboten ist, wenn ausgeschlossen oder erheblich erschwert ist, über die Einlagen durch Barabhebung zu verfügen. In der Literatur haben diese Hinweise für Irritationen gesorgt (Diekmann/Wieland ZBB 2011, 297 (300): „erscheint verfehlt"; Fett/Bentele WM 2011, 1352 (1355): „paradox anmutender Befund"). Zwar findet sich in den Protokollen über die Beratungen des Finanzausschusses des Bundestages (BT-Drs. 17/4047, 6) der ausdrückliche Hinweis, dass Prepaid-Mobilfunk-Guthaben kein Einlagengeschäft darstellen sollen; dies war dort aber verbunden mit dem fälschlichen Hinweis auf die Freistellung nach § 2 Abs. 1a ZAG aF (jetzt § 3 Abs. 3), der gerade dann nicht eingreift, wenn die ausgegebenen monetären Einheiten gemäß der Fiktion des § 1 Abs. 2 S. 4 kein E-Geld im Rechtssinne darstellen.

(2) Vermeidung der Erlaubnispflicht nach § 32 KWG. Die Erlaubnispflicht **111** ist gemäß § 32 Abs. 1 iVm § 1 Abs. 1 S. 2 Nr. 1 KWG gegeben, wenn ein Unternehmen entweder gewerbsmäßig oder in einem Umfang, der einen in kaufmännischer Weise eingerichteten Gewerbebetrieb erfordert (§ 1 Abs. 1 S. 1 KWG), unbedingt rückzahlbare Gelder des Publikums entgegennimmt. Sie scheidet aus, wenn entgegengenommene Gelder nicht unbedingt rückzahlbar sind. Ob diese Umstände vorliegen, ist unter Berücksichtigung der Verkehrsauffassung zu entscheiden; ergänzend ist die Sicht des Anlegers und das werbliche Auftreten des Unternehmens heranzuziehen (BGH ZIP 2001, 1503; BVerwG WM 1984, 1364 (1367); OVG Berlin WM 1984, 865 (867); VGH Kassel BeckRS 2009, 35846; 2007, 28376; VG Berlin DB 1999, 1377 (1379); RegBegr. 6. KWG-Novelle, BT-Drs. 13/7142, 63; anders Schwennicke/Auerbach/Schwennicke § 1 Rn. 26).

112   **(a) Rückzahlbar.** Nach der Definition des einschlägigen BaFin-Merkblatts im Grundsatz (BaFin-Merkblatt Einlagengeschäft v. 20.8.2021, Abschn. I.4.) sind Gelder nur **rückzahlbar,** wenn ein zivilrechtlicher Anspruch auf ihre Rückzahlung besteht. Dies ist aber auch dann gegeben, wenn die Rückzahlung erst nach Ablauf einer bestimmten Frist oder nach Kündigung (zB nach § 489 BGB) erfolgen muss. Die BaFin nimmt solch eine Rückzahlbarkeit auch an, wenn für unbestimmt viele zukünftige Käufe der Käufer das Geld vorschießt (BaFin-Merkblatt Einlagengeschäft v. 20.8.2021, Abschn. I.4), wie dies zB bei **Kundenkarten** von Kaufhäusern oder bei Geschenkgutscheinen der Fall wäre. Nicht rückzahlbar wären solche Gelder, wenn bei Annahme die Rückzahlung ausgeschlossen wird und damit nur bei Scheitern des Vertrages ein Rückforderungsanspruch besteht (BaFin-Merkblatt Einlagengeschäft v. 20.8.2021, Abschn. I.4.; zustimmend Ellenberger/Findeisen/Nobbe/Böger/Findeisen § 1 Rn. 614). Dieser Weg mag in der Praxis für einzelne Konstellationen sinnvoll erscheinen (Empfehlung bei Fett/Bentele WM 2011, 1352 (1355)), zB bei **Geschenkgutscheinen.** Für vorausbezahlte Stadionkarten oder Kundenkarten erscheint dieser Weg nicht gangbar.

113   **(b) Unbedingt.** Sind die eingelegten Gelder zwar rückzahlbar, ist indes der Rückzahlungsanspruch nicht **„unbedingt",** so entfällt ebenfalls der Tatbestand des Einlagengeschäfts. Nach Auffassung der BaFin sind Vorschussleistungen in Fällen der bürgerlich-rechtlichen Geschäftsbesorgung nicht unbedingt rückzahlbar und können damit im Einzelfall vom Einlagentatbestand ausgenommen sein (BaFin-Merkblatt v. 20.8.2021, Abschn. I.5.d) „Geschäftsbesorgungsvertrag"). Folgt man der hier zur zivilrechtlichen Einordnung des E-Geldes befürworteten Auffassung (→ § 1 Rn. 216ff.), so liegt eine bürgerlich-rechtliche Geschäftsbesorgung mit abstrakt-genereller Anweisung vor, so dass diese Fallgruppe einschlägig wäre. Vorliegend würde es sich um eine unbestimmte Vielzahl von Aufträgen zur Ausführung von Zahlungsvorgängen im untechnischen Sinne mittels der ausgegebenen geldwerten Einheiten handeln. Im Falle einer Vielzahl von Geschäftsbesorgungsaufträgen macht die BaFin die Erfassung als Einlagengeschäft abhängig von einer Wertung auf Grundlage einer umfassenden Würdigung aller relevanten Umstände des Einzelfalls (BaFin-Merkblatt Einlagengeschäft v. 20.8.2021, Abschn. I.5.d). Entscheidend kann in einem solchen Fall sein, dass bspw. eine **Stadionkarte** nur in Höhe eines solchen Betrages aufladbar ist, den der durchschnittliche Fan im Rahmen einer Bundesligasaison oÄ typischerweise verbraucht (ähnlich für „Warengenossenschaften" BaFin-Merkblatt Einlagengeschäft v. 20.8.2021, Abschn. I.5.c).

113a   **g) Besonderheiten für Kryptowerte.** Die Ausführungen zu Nr. 10 gelten im Grundsatz auch für digitale Darstellungen von Werten iSd § 1 Abs. 11 S. 1 Nr. 10, S. 5 KWG; dieser Ausschluss beruht auf der 5. Geldwäsche-RL (Behrens/Schadtle WM 2019, 2099 (2101)). Das betrifft sowohl Currency Token als auch Investment Token, die in geschlossenen Nutzerkreisen mit beschränkten Akzeptanzstellen emittiert werden (Schwennicke/Auerbach/Schwennicke § 1 Rn. 256, 258). Bedeutung hat dieser Ausnahmetatbestand für die Erlaubnispflicht nach § 32 Abs. 1 KWG für Kryptoverwahrgeschäft (§ 1 Abs. 1a S. 2 Nr. 6 KWG), die dann entfällt (Schäfer/Omlor/Mimberg/Mimberg Rn. 128).

XII. Telekommunikationsspezifische Zahlungsvorgänge (Abs. 1 Nr. 11)

Literatur: Bauer/Glos, Die zweite Zahlungsdiensterichtlinie – Regulatorische Antwort auf Innovation im Zahlungsverkehrsmarkt, DB 2016, 456; Baumann, Die Umsetzung der Payment Services Directive 2 – Chance oder Risiko für Finanzdienstleister?, GWR 2017, 275; Behrens/Schadtle, Erlaubnispflichten für Bank- und Finanzdienstleistungen im Zusammenhang mit Kryptowerten nach Umsetzung der Fünften EU-Geldwäscherichtlinie, WM 2019, 2099; Conreder/Schneider/Hausemann, Gesetz zur Umsetzung der Zweiten Zahlungsdiensterichtlinie – Besonderheiten und Stolpersteine für Unternehmen, DStR 2018, 1722; Kunz, Die neue Zahlungsdiensterichtlinie (PSDII) – Regulatorische Erfassung „Dritter Zahlungsdienstleister" und anderer Leistungsanbieter – Teil 2, CB 2016, 457; Lösing, Das neue Gesetz zur Umsetzung der Zweiten E-Geld-Richtlinie, ZIP 2011, 1944; Scheurle/Mayen, Kommentar zum Telekommunikationsgesetz – TKG, 3. Auflage 2018; Terlau, Die zweite Zahlungsdiensterichtlinie – zwischen technischer Innovation und Ausdehnung des Aufsichtsrechts, ZBB 2016, 122.

1. Einleitung

a) Entstehungsgeschichte, Systematik. Nr. 11 setzt überwiegend (mit Aus- **114** nahme des letzten Spiegelstrichs) den Wortlaut von Art. 3 lit. l PSD2 um. Hierdurch wird die Bereichsausnahme für telekommunikationsspezifische Zahlungsvorgänge konkretisiert sowie beschränkt (Conreder/Schneider/Hausemann DStR 2018, 1722 (1724)). Auch diese Ausnahmebestimmung war Gegenstand langer Debatten im Rahmen des **Gesetzgebungsverfahrens der PSD2**. Die Ausnahmebestimmung wurde dabei intensiv umgestaltet, erweitert (siehe auch Terlau ZBB 2016, 122 (127)) und Unklarheiten bei der Auslegung der bisherigen Ausnahmevorschrift § 1 Abs. 10 Nr. 11 ZAG aF beseitigt (Baumann GWR 2017, 275 (276)). Der PSD2-Entwurf der Kommission (Kommission, PSD2-Entwurf 24.7.2013) war noch geprägt von der Vorgängerregelung des Art. 3 lit. l PSD1 und enthielt lediglich betragliche Obergrenzen. Das Resultat der Debatten geht weit darüber hinaus. Die Neuregelung geht auch über die Zielsetzungen der **Zweiten E-Geld-RL** hinaus. Der Gesetzgeber (RegBegr. Zweites E-Geld-RLUG, BT-Drs. 17/3023, 3, 34) hatte nur betont, dass die Zweite E-Geld-RL Prepaid-Karten von Telefongesellschaften von ihrem Anwendungsbereich ausnehmen wolle (kritisch Lösing ZIP 2011, 1944 (1946); ähnlich Ellenberger/Findeisen/Nobbe/Findeisen, 2. Aufl. 2013, § 1 Rn. 553: „Interventionen der europäischen Telekommunikationsindustrie"). Nun ist (auch im Gegensatz zur aF) nicht mehr notwendig, dass erworbene Waren oder Dienstleistungen über ein Telekommunikations-, Digital- oder IT-Gerät genutzt werden (siehe auch Terlau ZBB 216, 122 (127); Conreder/Schneider/Hausemann DStR 2018, 1722 (1725)).

Die Ausnahme des Nr. 11 hat über § 1 Abs. 2 S. 4 Nr. 2 (der Art. 1 Abs. 5 der **115** Zweiten E-Geld-RL umsetzt) erhebliche Bedeutung auch im Rahmen der **E-Geld-Regulierung.** Der Verweis der Zweiten E-Geld-RL bezieht sich nun – kraft dynamischer Verweisung – auf den neugefassten Art. 3 lit. l PSD2. Die Erwägungsgründe der Zweiten E-Geld-RL zu Art. 1 Abs. 5 der Zweiten E-Geld-RL sind deshalb nur noch beschränkt einschlägig. Im Folgenden wird zusammen die Bereichsausnahme für **Zahlungsdienste und für E-Geld-Geschäft** (dh der Verweis aus § 1 Abs. 2 S. 4 Nr. 2) **kommentiert** und jeweils auf die Besonderheiten des E-Geld-Geschäfts hingewiesen. Nr. 11 ist auch bedeutsam für die Definition der **Kryptowerte** gem. § 1 Abs. 11 S. 1 Nr. 10 KWG, denn Werte iSd Nr. 11 sind von der Definition gem. § 1 Abs. 11 S. 5 Nr. 2 Alt. 2 KWG ausgenommen (Behrens/Schadtle WM 2019, 2099 (2101)).

116   Zur Technik der Regelung, wonach die Erlaubnispflicht nach § 10 (bei E-Geld nach § 11) entfällt; vgl. → Rn. 2. Insbesondere im Rahmen von Nr. 10 ist hier bedeutsam, dass auch die Regelung des § 3 nicht mehr anwendbar ist, so dass in der Folge der Tatbestand des **Einlagengeschäfts** gemäß § 1 Abs. 1 S. 2 Nr. 1 des KWG einschlägig sein kann (hierzu → Rn. 2 sowie → Rn. 110 ff.). Zu den **zivilrechtlichen Folgen** → Rn. 2.

117   **b) Auslegung.** Generelle Überlegungen zur **Auslegung** unter → § 1 Rn. 272 ff.

118   **c) Regelungszweck.** Tragender Grund auch der Ausnahmebestimmung der Nr. 11 dürfte die aufsichtsrechtlich geringere Schutzbedürftigkeit sein, die sich zudem in den nun eingerichteten Betragsgrenzen manifestiert; vgl. zu den Schutzzwecken der Nr. 10 auch → Rn. 53 ff. Zudem sollen offenbar elektronische Tickets sowie Spendensammeln für gemeinnützige Zwecke hiermit gefördert werden (RegBegr. ZDUG II, BT-Drs. 18/11495, 117).

2. § 2 Abs. 1 Nr. 11

119   **a) Allgemeine Voraussetzungen. aa) Anbieter elektronischer Kommunikationsnetze oder -dienste.** Die Ausnahme der Nr. 11 ist personell beschränkt. Der Begriff elektronische Kommunikationsnetze ist in § 1 Abs. 12 definiert (auf die Kommentierung in → § 1 Rn. 412 ff. wird verwiesen) und der Begriff elektronische Kommunikationsdienste in § 1 Abs. 13 (auf die Kommentierung in → § 1 Rn. 416 ff. wird verwiesen).

120   Der Begriff **Anbieter** dürfte weiter sein als der im TKG verwandte Begriff „Betreiber" (§ 3 Nr. 7 TKG). Erfasst sind in § 2 Abs. 1 Nr. 11 auch sog. Aggregatoren, wenn diese elektronische Kommunikationsdienste erbringen (BaFin-Merkblatt ZAG v. 14. 2. 2023, Abschn. C. XI. am Ende). Im Rahmen des § 3 Nr. 65 TKG werden reine Wiederverkäufer („Reseller") ohne jede eigene Netzinfrastruktur, dh auch ohne eigene Vermittlungseinrichtung, nicht als Netzbetreiber eingeordnet (Scheurle/Mayen/Lünenbürger/Stamm TKG § 3 Rn. 78); als „Anbieter" gemäß § 2 Abs. 1 Nr. 11 dürften diese aber erfasst sein.

121   **bb) Zusätzlich zu elektronischen Kommunikationsdiensten, Mehrwert.** Zuletzt ist erforderlich, dass der Anbieter nicht ausschließlich als zwischengeschaltete Stelle zwischen dem Zahlungsdienstnutzer und dem Lieferanten der Ware oder Dienstleistung tätig ist (Erwägungsgrund Nr. 15 PSD2; so auch schon Erwägungsgrund Nr. 6 der Zweiten E-Geld-RL; RegBegr. Zweites E-Geld-RLUG, BT-Drs. 17/3023, 41; Ellenberger/Findeisen/Nobbe/Findesien, 2. Aufl. 2013, § 1 Rn. 557). Allerdings stellen weder der Richtliniengeber noch der Gesetzgeber an einen „zusätzlichen immanenten Wert" (Ellenberger/Findeisen/Nobbe/Findeisen, 2. Aufl. 2013, § 1a Rn. 94) allzu hohe Anforderungen; es soll schon ausreichen, dass der Netzbetreiber die Übertragung der Daten vornimmt, indem er etwa die Telekommunikationsleitung bereitstellt (Erwägungsgrund Nr. 6 der Zweiten E-Geld-RL; RegBegr. Zweites E-Geld-RLUG, BT-Drs. 17/3023, 41; Ellenberger/Find-

eisen/Nobbe/Findeisen, 2. Aufl. 2013 § 1 Rn. 557; zustimmend Schäfer/Omlor/
Mimberg/Mimberg Rn. 138).

cc) Für andere Anbieter von Mehrwertdiensten. Die Ausnahme ist nur 122
dann erforderlich, wenn der Anbieter (→ Rn. 120) die Abrechnung von Mehrwertdiensten nicht nur für eigene Angebote, sondern auch für Angebote anderer
Veranstalter durchführt (zustimmend Schäfer/Omlor/Mimberg/Mimberg
Rn. 138). Insofern kommt es zum zahlungstypischen Dreiecksverhältnis und es
kann zB der Tatbestand des Finanztransfergeschäfts (§ 1 Abs. 1 S. 2 Nr. 6) einschlägig
sein.

b) Digitale Inhalte und Sprachdienste (Nr. 11 lit. a). aa) Erfasste Mehr- 123
wertdienste. Der Zahlungsdienst darf gemäß Nr. 11 lit. a (unter den weiteren Voraussetzungen der Nr. 11) erlaubnisfrei für den Erwerb digitaler Inhalte oder für
Sprachdienste erbracht werden. Der Begriff **„digitale Inhalte"** ist in § 1 Abs. 27
definiert (Kommentierung → § 1 Rn. 545 ff.). Der nicht definierte Begriff der
Sprachdienste umfasst ua die Unterhaltung (zB Chats), Auskunftsdienste (zB Wet-
ter-, Sport- oder Börsenansagen, Weckrufe) und Leistungsangebote (gesprächs-
therapeutische Leistungen, Telefonseelsorge, Rechtsberatung und ärztliche Diagnosen
per Telefon oder Videokonferenz) (so auch Ellenberger/Findeisen/Nobbe/Böger/
Reschke Rn. 214) sowie die Teilnahme an Fernseh- und Radiosendungen wie Abstimmungen, Wettbewerbe und Live-Feedback (Erwägungsgrund Nr. 15 Satz 3
PSD2; RegBegr. ZDUG II, BT-Drs. 18/11495, 117; Ellenberger/Findeisen/
Nobbe/Böger/Reschke Rn. 214). Ausgeschlossen ist die Übermittlung von Daten
an einen 3-D-Drucker, da dessen Produktionsergebnis nicht auf einem die Nutzung und der Verbrauch eben nicht auf einem technischen Gerät iSd § 1 Abs. 27
stattfindet (ebenso Ellenberger/Findeisen/Nobbe/Böger/Reschke Rn. 216).

bb) Im Zusammenhang mit dem Erwerb digitaler Inhalte oder Sprach- 124
dienste; entsprechende Rechnung. Diesem Tatbestandsmerkmal dürfte keine
wesentliche Bedeutung zukommen. Ein Zusammenhang besteht schon darin, dass
der Anbieter iSd Nr. 11 (→ Rn. 120) sie über die „entsprechende" Rechnung,
nämlich die Telekommunikationsrechnung, abrechnet.

cc) Ungeachtet des Geräts. Nach dem Wortlaut der Nr. 11 lit. a ist es nicht 125
entscheidend, ob für den **Erwerb** des digitalen Inhalts oder des Sprachdienstes ein
digitales Gerät eingesetzt wird. Allerdings verlangt dies die Definition des digitalen
Inhalts nach § 1 Abs. 27 („Nutzung und Verbrauch auf ein digitales Gerät beschränkt") (vgl. die Kommentierung unter → § 1 Rn. 548). Deshalb gilt der Ein-
schub „ungeachtet des Geräts" nur für die **Nutzung** von Sprachdiensten. Nur hier
ist die Art des Geräts unbeachtlich. In der Praxis mag die Bedeutung dieser Regelung gering sein. Entscheidend ist aber, dass die Leistung elektronisch übermittelt
wird (Ellenberger/Findeisen/Nobbe/Böger/Reschke Rn. 215).

Auch der **Zahlungsvorgang** im Rahmen der Nr. 11 lit. a sollte – anders als im 126
Rahmen von Nr. 11 lit. b (dazu → Rn. 129) – „ungeachtet des digitalen Geräts"
möglich sein. Der Zahlungsvorgang ist also nicht an ein bestimmtes elektronisches
Gerät gebunden, obschon er in der Praxis zumeist darüber stattfinden wird.

c) Gemeinnützige Tätigkeit oder elektronische Tickets (Nr. 11 lit. b). 127
aa) Gemeinnützige Tätigkeit. Nr. 11 lit. b Alt. 1 nimmt Zahlungsvorgänge im
Rahmen einer gemeinnützigen Tätigkeit aus. Damit sind Spenden an gemeinnützige Organisationen über die Kommunikationsdienst- oder -netzrechnung mög-

lich. Von der Anregung in Erwägungsgrund 15 Satz 6 PSD2, diese Ausnahme auf registrierte gemeinnützige Organisationen zu beschränken, hat der deutsche Gesetzgeber keinen Gebrauch gemacht.

128   **bb) Elektronische Tickets.** Gegenüber der früheren Bereichsausnahme ist nun nach Nr. 11 lit. b Alt. 2 (unter den weiteren Voraussetzungen der Nr. 11) auch ausgenommen ein Zahlungsvorgang für den Erwerb von Tickets. Damit können hier bis zu den neuen Betragsgrenzen Parktickets, Veranstaltungstickets, Tickets für Personenbeförderung uä über die Abrechnung für die Nutzung des Kommunikationsnetzes oder -dienstes bezahlt werden (Erwägungsgrund Nr. 16 Satz 3 PSD2; RegBegr. ZDUG II, BT-Drs. 18/11495, 117; Bauer/Glos DB 2016, 456 (458)). Warenkäufe sowie auch Tickets für Warenkäufe sind hiervon jedoch nicht abgedeckt (Erwägungsgrund Nr. 16 Satz 3 PSD2; kritisch dazu Kunz CB 2016, 457 (459)).

129   **cc) Zahlungsvorgang von elektronischem Gerät oder über dieses.** Anders als im Rahmen von Nr. 11 lit. a ist bei Nr. 11 lit. b nach wie vor maßgeblich, dass die Zahlungsvorgänge ausschließlich von einem elektronischen Gerät aus oder über dieses ausgeführt werden. Dies gilt nicht lediglich für Mobilfunkgeräte, sondern dies umfasst sämtliche Computer, Laptops sowie interaktive Fernseher (zum alten Recht, aber nach wie vor gültig: RegBegr. Zweites E-Geld-RLUG, BT-Drs. 17/3023, 41). Die Zahlung muss unmittelbar an den Dienst- oder Netzanbieter geleistet werden (zum alten Recht: Erwägungsgrund Nr. 6 Satz 2 der Zweiten E-Geld-RL; RegBegr. Zweite E-Geld-RLUG, BT-Drs. 17/3023, 41).

130   Wird mittels vorausbezahlter Guthaben die Zahlung an diesen erbracht – selbst wenn damit Waren oder Dienstleistungen von Drittanbietern bezahlt werden –, dann liegt für E-Geld nicht die gemäß § 1 Abs. 2 S. 3 geforderte Drittakzeptanz der monetären Werteinheiten vor; der Netzbetreiber würde allerdings wohl Zahlungsdienste gem. § 1 Abs. 2 erbringen, die ggf. gemäß Nr. 11 von der Erlaubnispflicht befreit sind.

131   Die Ausnahmebestimmung der Nr. 11 greift aber nicht ein, wenn das digitale Gerät lediglich als Zugangsmittel zu einem anderen Zahlungsinstrument (Konto, Kreditkarte, Netzgeld, das nicht vom Netzbetreiber ausgegeben wurde, oder anderes), genutzt wird (Ellenberger/Findeisen/Nobbe/Findeisen, 2. Aufl. 2013, § 1 Rn. 560).

132   Nicht erforderlich ist nach Nr. 11 in der neuen Fassung die **Nutzung der elektronischen Tickets** oder – im Rahmen gemeinnütziger Aktivitäten – **anderweitige Betätigungen über das elektronische Gerät.** Anders noch § 1 Abs. 10 Nr. 11 ZAG aF: Die bezahlten Waren oder Dienstleistungen müssen an ein Telekommunikations-, ein Digital- oder ein IT-Gerät geliefert werden (RegBegr. ZDRLUG, BT-Drs. 16/11613, 39). Der klare Wortlaut der Nr. 11 lit. b verlangt diesen Konnex nur für den Zahlungsvorgang.

133   **dd) Entsprechende Rechnung.** Auch im Rahmen von Nr. 11 lit. b dürfte mit „entsprechende Rechnung" die Rechnung für das Kommunikationsnetz oder den -dienst gemeint sein, die der Anbieter des Kommunikationsnetzes oder -dienstes an seinen Kunden richtet. Der Wortlaut ist insoweit missverständlich.

134   **d) Betragsgrenzen (Nr. 11 Hs. 2).** Für sämtliche Alternativen der Nr. 11 gelten die Betragsgrenzen von 50 EUR pro Zahlungsvorgang sowie kumulativ 300 EUR monatlich als Maximalgrößen. Die Beträge verstehen sich **brutto** bezogen auf den Zahlungsvorgang, dh sie schließen Umsatzsteuer und ggf. gleichzeitig abgerechnete Versand- und sonstige Nebenkosten ein.

aa) 50 EUR je Zahlungsvorgang. Es gilt zunächst die **Grenze von 50 EUR** 135 je Zahlungsvorgang. Bei Tickets für Beförderungsvorgänge, zB Taxifahrten, muss deshalb feststehen, dass der Zahlungsbetrag 50 EUR nicht überschreitet. Zulässig wäre es zwar wohl, den überschießenden Betrag anderweitig zu bezahlen; das lässt sich aber in der Praxis wohl nicht umsetzen.

bb) 300 EUR-Betragsgrenze je Monat. Die Industrie hat sich mit der Be- 136 rechnung der 300 EUR-Betragsgrenze von Anfang an sehr schwer getan. Darauf basiert der mit der BaFin (BaFin-Merkblatt ZAG v. 14.2.2023, Abschn. C.XI.; Ellenberger/Findeisen/Nobbe/Böger/Reschke Rn. 204f.) gefundene Kompromiss. Für die Berechnung der **300-EUR-Betragsgrenze** gestattet die BaFin (BaFin-Merkblatt ZAG v. 14.2.2023, Abschn. C.XI.) demnach eine **statistische Betrachtungsweise** auf Grundlage valide ermittelter historischer Abrechnungsdaten. Auf dieser Grundlage sei die Berechnung je **Teilnehmerrufnummer**, dh nicht notwendig je Teilnehmer, durchzuführen. Hierbei sei ein **Konfidenzniveau** über das Kalenderjahr von mindestens 99% zu gewährleisten (BaFin-Merkblatt ZAG v. 14.2.2023, Abschn. C.XI.; Ellenberger/Findeisen/Nobbe/Böger/Reschke Rn. 210).

(1) Festnetz. Beim Festnetz ist gemäß BaFin (BaFin-Merkblatt ZAG v. 137 14.2.2023, Abschn. C.XI.), insofern wird nachfolgend im Wesentlichen wörtlich der gefundene Kompromiss dargestellt) über alle Teilnehmerrufnummern (sog. A-Rufnummern), die offline abgerechnete Dienste anderer Anbieter in Anspruch genommen haben, der durchschnittliche monatliche Offline-Billing-Umsatz für jedes Kalenderjahr und der prozentuale Anteil der A-Rufnummern, welche die Obergrenze (Schwellenwert) von 300,00 Euro im Monat überschreiten, über die Monate eines Kalenderjahres gemittelt, zu ermitteln.

Dies geschieht – bezogen auf den durchschnittlichen Umsatz je A-Rufnummer 138 pro Kalenderjahr – in der Weise, dass zunächst für jeden Monat (beginnend mit der Abrechnung für den Januar 2018) der durchschnittliche monatliche Offline-Billing-Umsatz aller A-Rufnummern ermittelt wird. Anschließend werden alle Monatsdurchschnitte des zurückliegenden Kalenderjahres addiert und durch 12 geteilt.

Zur Berechnung des prozentualen Anteils der A-Rufnummern pro Jahr, welche 139 den Schwellenwert überschreiten, wird monatlich (beginnend mit dem Januar 2018) die Anzahl aller A-Rufnummern, die den Schwellenwert überschreiten, durch die Gesamtzahl aller A-Rufnummern, über die offline-abgerechnete Dienste genutzt wurden, geteilt. Die Darstellung erfolgt in Prozent. Anschließend werden alle monatlichen Prozentanteile addiert und durch 12 geteilt.

(2) Mobilfunk. Beim Mobilfunk ist gemäß BaFin ((BaFin-Merkblatt ZAG v. 140 14.2.2023, Abschn. C.XI.), insofern wird nachfolgend im Wesentlichen wörtlich der gefundene Kompromiss dargestellt) für alle Teilnehmerrufnummern (sog. MSISDN) der durchschnittliche monatliche Umfang der im Wege des Factoringmodells angekauften und abgerechneten Forderungen anderer Anbieter für jedes Kalenderjahr und der prozentuale Anteil der MSISDN, welche die gesetzliche Obergrenze (Schwellenwert) von 300,00 Euro (incl. MwSt.) im Monat überschreiten, über die Monate eines Kalenderjahres gemittelt, zu ermitteln.

Dies geschieht – bezogen auf den durchschnittlichen Umsatz je MSISDN pro 141 Kalenderjahr – in der Weise, dass zunächst für jeden Monat (beginnend mit dem Januar 2018) der durchschnittliche Umsatz aller Teilnehmerrufnummern, die aus dem Mobilfunk angekaufte und abgerechnete Forderungen aus Diensten anderer Anbieter in Anspruch genommen haben, ermittelt wird. Anschließend werden alle

Monatsdurchschnitte des zurückliegenden Kalenderjahres addiert und durch 12 geteilt.

142   Zur Berechnung des prozentualen Anteils aller MSISDN pro Kalenderjahr, welche den Schwellenwert überschreiten, wird monatlich (beginnend mit dem Januar 2018) die Anzahl aller MSISDN, die den Schwellenwert überschreiten, durch die Gesamtzahl aller MSISDN, für die Forderungen aus Diensten anderer Anbieter angekauft und abgerechnet wurden, geteilt. Die Darstellung erfolgt in Prozent. Anschließend werden alle monatlichen Prozentanteile addiert und durch 12 geteilt.

143   **e) Besonderheiten für E-Geld.** Die Ausführungen zu § 2 Abs. 1 Nr. 11 gelten im Grundsatz auch für **monetäre Werte** iSd § 1 Abs. 2 S. 3 (so auch ausdrücklich BaFin-Merkblatt ZAG v. 14.2.2023, Abschn. D.II.: „können (…) Ausführungen (…) unter den Voraussetzungen des § 1 Abs. 2 S. 4 Nr. 1 iVm § 2 Abs. 1 Nr. 11 nicht E-Geld sind und deren Ausgabe deshalb nicht der Erlaubnispflicht nach § 11 unterfällt. Hierfür gelten jedoch folgende Besonderheiten:

144   **aa) Prepaid-Guthaben beim Mobilfunkanbieter.** Im Voraus bei einem Anbieter eines Kommunikationsnetzes oder -dienstes eingezahltes Guthaben kann E-Geld iSd § 1 Abs. 2 S. 3 darstellen, wenn es auch von anderen Stellen als dem Anbieter selbst akzeptiert wird (vgl. → Rn. 122 sowie → Rn. 127). Werden damit allerdings die in Nr. 11 genannten Waren oder Dienstleistungen unter den weiteren darin genannten Voraussetzungen erworben, besteht keine Erlaubnispflicht des Anbieters nach § 11. Auch hierbei sind allerdings die Grenzen des Nr. 11 genau einzuhalten; der Erwerb von Getränkedosen oÄ am Automaten würde deshalb nicht unter Nr. 11 fallen (BaFin-Merkblatt ZAG v. 14.2.2023, Abschn. D.II. am Ende); die Erlaubnispflicht würde nur dann nicht bestehen, wenn eine anderen Ausnahme gegeben wäre.

145   **bb) Einlagengeschäft bei Bestehen einer Ausnahme.** Die Erwägungen → Rn. 110 ff. gelten auch hier.

145a   **f) Besonderheiten für Kryptowerte.** Nr. 11 gilt auch für digitale Darstellungen von Werten iSd § 1 Abs. 11 S. 1 Nr. 10, S. 5 KWG: **Kryptowerte.** Der Ausschluss beruht auf der 5. Geldwäsche-RL (Behrens/Schadtle WM 2019, 2099 (2101)). Weitere Einzelheiten bei → Rn. 113a.

XIII. Zahlungsvorgänge unter Zahlungsdienstleistern (Abs. 1 Nr. 12)

146   In Umsetzung von Art. 3 lit. m PSD2 werden in Abs. 1 Nr. 12, der gegenüber der Vorgängernorm in § 1 Abs. 10 Nr. 12 ZAG 2009 unverändert ist, Zahlungsvorgänge, die von Zahlungsdienstleistern oder von ihren Agenten oder Zweigniederlassungen untereinander auf eigene Rechnung ausgeführt werden, ausgenommen. Die Ausnahme wird in Nr. 13 auf Interbanken-Zahlungen innerhalb eines Konzerns oder zwischen Mitgliedern derselben kreditwirtschaftlichen Verbandsgruppe erstreckt. Mit beiden Vorschriften soll eine **Bereichsausnahme für den Interbankenverkehr** geschaffen werden. Damit verfolgt Nr. 12 dieselbe Zielrichtung wie Nr. 7, wobei es eine große gemeinsame Schnittmenge des Anwendungsbereichs gibt (BaFin-Merkblatt ZAG v. 14.2.2023 sub C XII). Allerdings ist die Ausnahme in Nr. 12 weiter, sodass dieser Vorschrift im Verhältnis zu Nr. 7 nicht

allein klarstellende Bedeutung zukommt (so aber Hingst/Lösing Zahlungsdiensteaufsicht § 8 Rn. 68; wie hier wohl Meyer zu Schwabedissen Zahlungsdienste/Dörner/Schenkel Rn. 142, die auf die weitergefasste englische Sprachfassung von Art. 3 lit. m PSD2 verweisen).

Diese Bereichsausnahme rechtfertigt sich daraus, dass eine Anwendung des ZAG **147** und vor allem auch der §§ 675c ff. BGB überflüssig ist, wenn beispielsweise ein beaufsichtigtes Kreditinstitut an ein anderes, ebenfalls der Bankenaufsicht unterliegendes Institut eine Überweisung tätigt (BaFin-Merkblatt ZAG v. 14.2.2023 sub C XII). Der **Normzweck** liegt also in der Befreiung des Interbankenzahlungsverkehrs vom starren, teils zwingenden Korsett der §§ 675c ff. BGB und ermöglicht es den Banken, ihre Zahlungsvorgänge untereinander nach eigenen, passgenaueren vertraglichen Regelungen auszugestalten. Voraussetzung für die Anwendbarkeit der Nr. 12 ist es aber, dass kein Bezug des jeweiligen Zahlungsvorgangs zu einem Zahlungsdienstnutzer, der nicht zur Institutsgruppe gehört, vorliegt (Ellenberger/Findeisen/Nobbe/Reschke Rn. 220; Hingst/Lösing Zahlungsdiensteaufsicht § 8 Rn. 68). Folglich müssen Zahler wie Zahlungsempfänger potentielle Zahlungsdienstleister sein, die jeweils auf eigene Rechnung handeln.

XIV. Zahlungsvorgänge innerhalb einer Konzern- oder Verbundgruppe (Abs. 1 Nr. 13)

Schrifttum: Janßen, Bereichsausnahmen des ZAG – Gesteigerte Rechtssicherheit bei Handelsvertreter- und Konzernausnahme durch Novellierung des Zahlungsdiensteaufsichtsrechts?, RdZ 2020, S. 92; Tiemann, Konzernausnahme des Zahlungsdiensteaufsichtsgesetzes im Spannungsfeld von Richtlinienumsetzung und Gefahrenabwehr, RdZ 2021, S. 12

Die Bereichsausnahme für den Interbankenzahlungsverkehr aus Nr. 12 wird in **148** Nr. 13, der Art. 3 lit. n PSD2 umsetzt, auf Zahlungsvorgänge innerhalb eines **Nichtbanken-Konzerns** (Alt. 1) oder zwischen Mitgliedern einer kreditwirtschaftlichen Verbundgruppe (Alt. 2) ausgedehnt (vgl. zum Normzweck bereits → Rn. 147). Die Norm ist gegenüber der Vorgängerregelung in § 1 Abs. 10 Nr. 13 ZAG 2009 unverändert geblieben.

Diese Bereichsausnahme für „Zahlungsvorgänge innerhalb eines Konzerns" setzt **149** das Bestehen eines Über-/Unterordnungskonzerns voraus. Gleichordnungskonzerne iSd § 18 Abs. 2 AktG sind nicht erfasst (BaFin-Merkblatt ZAG v. 14.2.2023 sub C XIII; Hingst/Lösing Zahlungsdiensteaufsicht § 8 Rn. 72; Meyer zu Schwabedissen Zahlungsdienste/Dörner/Schenkel Rn. 149; Schäfer/Omlor/Mimberg/Mimberg Rn. 160; Janßen RdZ 2020, 92 (98); Tiemann RdZ 2021, 12 (13)). Dies folgt nicht zuletzt aus einer richtlinienkonformen Auslegung, da Art. 3 lit. n PSD2 nur von Mutter- und Tochtergesellschaften spricht, was einen Gleichordnungskonzern ausschließt (Hingst/Lösing Zahlungsdiensteaufsicht § 8 Rn. 73; Schäfer/Omlor/Mimberg/Mimberg Rn. 160). Folglich steht der etwas weiter gefasste Wortlaut der deutschen Vorschrift diesem Ergebnis nicht entgegen. Es gilt der **handelsrechtliche Konzernbegriff,** wie er den §§ 271 Abs. 2, 290 ff. HGB iVm § 16 Abs. 2–4 AktG zugrunde gelegt ist (BaFin-Merkblatt ZAG v. 14.2.2023 sub C XIII; Schäfer/Omlor/Mimberg/Mimberg Rn. 160; ähnlich Hingst/Lösing Zahlungsdiensteaufsicht § 8 Rn. 70; Schwennicke/Auerbach/Schwennicke ZAG § 2 Rn. 89; Ellenberger/Findeisen/Nobbe/Böger/Reschke Rn. 223; Meyer zu Schwabedissen Zahlungsdienste/Dörner/Schenkel Rn. 146). Zahler und Zahlungsempfänger müssen grundsätzlich derselben Konzerngruppe angehören (BaFin-Merkblatt ZAG v. 14. 2. 2023 sub C XIII; für die Lastschrift weitergehend Hingst/Lösing Zahlungsdiensteaufsicht § 8 Rn. 71 sowie Meyer zu Schwabedissen Zahlungsdienste/Dörner/Schenkel Rn. 148, wonach der Zahler der Lastschrift auch außerhalb des Konzerns stehen könne). Mit dieser Bereichsausnahme für Konzerne werden vor allem sog. Cash-Poolsysteme bzw. sog. Payment Factories begünstigt (Schwennicke/Auerbach/Schwennicke ZAG § 2 Rn. 91; Schäfer/Omlor/Mimberg/Mimberg Rn. 159; Tiemann RdZ 2021, 12 (13)).

149a Die BaFin war vor der Umsetzung des PSD2 allerdings davon ausgegangen, dass auch **Transaktionen außerhalb eines Konzerns** begünstigt werden, bei denen entweder der Zahler oder der Zahlungsempfänger nicht der Konzerngruppe angehören (BaFin-Merkblatt ZAG v. 22. 12. 2011, sub 3m). Insoweit sollte die Privilegierung in der Vorgängerfassung auch eingreifen, sofern der „Dienstleistungsempfänger" und der materiell-rechtliche Zahlungsdienstleister innerhalb des Konzerns stehen, wobei offenblieb, was mit dem Dienstleistungsempfänger gemeint war (zur Diskussionsstand vor der PSD2 vgl. näher Janßen RdZ 2020, 92 (98 f.); Schäfer/Omlor/Mimberg/Mimberg Rn. 161). Damit wurden also auch Zahlungen in den Konzern hinein und aus dem Konzern hinaus erfasst, da bei großen Payment Factories bzw. Shared Service Centers häufig Lösungen aus einer Hand angeboten werden. Mit der Umsetzung der PSD2 hatte die BaFin ihre weite Auslegung der Nr. 13 dann zunächst aufgegeben (BaFin-Merkblatt ZAG v. 29. 11. 2017, sub 3m). Nach harscher Kritik aus der Industrie gerade mit Blick auf Cash-Poolsysteme unter Beteiligung eines externen Dienstleisters, ist die BaFin zunächst für diese Konstellation wieder zurückgerudert und hatte angekündigt, die Beteiligung konzernexterner Dienstleister genügen zu lassen (vgl. Börsen-Zeitung v. 14. 8. 2018, S. 18; eine offizielle Verlautbarung gibt es nicht; berichtend auch Janßen RdZ 2020, 92 (99); Schäfer/Omlor/Mimberg/Mimberg Rn. 163 f.; sowie aus der privaten Sicht eines BaFin-Mitarbeiters Tiemann RdZ 2022, 12 (17 f.)).

149b Nach dieser moderaten Ansicht können **gruppenexterne Zahlungsvorgänge** ausnahmsweise unter vier Voraussetzungen nach Nr. 13 privilegiert sein, die die Bundesanstalt unter Rückgriff auf Erwägungsgrund 17 der PSD2 entwickelt (Darstellung nach Tiemann RdZ 2022, 12 (17 f.), vgl. ferner auch Schäfer/Omlor/Mimberg/Mimberg Rn. 163).

(1) Erstens muss der Betreiber einer Payment Factory für die Erbringung auch externer Zahlungsvorgänge mit allen Gesellschaften innerhalb der Gruppe entsprechende Verträge abschließen, die dies legitimieren.

(2) Muss der Betreiber der Payment Factory alle Zahlungsvorgänge sorgfältig dokumentieren und jederzeit transparent verfügbar halten, damit die sprichwörtliche „Papierspur" aus dem Bereich der Geldwäsche und Terrorismusfinanzierung jederzeit gewährleistet sei.

(3) Drittens hat der Betreiber einheitliche Vorgaben bzw. Richtlinien für den gesamten Konzern zur Wahrung der zahlungsverkehrsrechtlichen Vorgaben, insbesondere auch denen des AWG, aufzustellen, die insbesondere die Vermeidung von Geldwäsche und Terrorfinanzierung in den Blick nehmen.

(4) Viertens ist die Einhaltung dieser Richtlinie durch in konzerninterne Compliance oder andere interne Kontrollsysteme regelmäßig durch „geeignete System- und Prozessprüfungen" sicherzustellen.

Diese moderatere Auffassung hat trotz entsprechender Verlautbarungen auch aus dem Kreis der Mitarbeiter der BaFin (freilich mit dem üblichen Zusatz, dass der Aufsatz nur seine private Meinung wiedergibt, vgl. Tiemann RdZ 2022, 12) wider

Erwarten keinen Eingang in den aktuellen Leitfaden vom 14.2.2023 gefunden. Die entsprechende Passage zu Nr.13 ist gegenüber der Fassung von 2017 unverändert geblieben (vgl. BaFin Merkblatt ZAG v. 29.11.2017 sub 3m sowie Merkblatt ZAG v. 14.2.2023 sub C XIII). Folglich ist nicht damit zu rechnen, dass die BaFin ihre Verwaltungspraxis entsprechend anpassen wird. Vielmehr wird abermals ausdrücklich betont, dass die Erfassung von: „Zahlungsvorgänge[n] in den Konzern hinein oder aus dem Konzern heraus … im Wortlaut der Vorschrift keine Stütze [findet] und … von der Bereichsausnahme daher nicht erfasst" ist (BaFin Merkblatt ZAG v. 14.2.2023 sub C XIII).

149c Die moderate Auffassung ist zwar nicht vom Wortlaut der Vorschrift sowie von den Vorgaben in der Richtlinie gedeckt, aber insoweit vertretbar, als in **Erwägungsgrund 17** zumindest eine Privilegierung von Zahlungen aus dem Konzern heraus oder in ihn hinein angedeutet ist. Im dritten Satz heißt es: „Der Einzug von Zahlungsaufträgen im Namen der Gruppe durch ein Mutterunternehmen oder sein Tochterunternehmen für die Weiterleitung an einen Zahlungsdienstleister sollte nicht als Zahlungsdienst im Sinne dieser Richtlinie gelten." Auch diese Aussage ist indes missverständlich, da der Cash-Poolführer oder die Payment Factory in der Regel Forderungen nicht im Namen der Gruppe, sondern im Namen der einzelnen, rechtlich selbstständigen Konzerngesellschaften einzieht. Allerdings kommt darin wohl zum Ausdruck, dass der Zahlungsfluss nicht hermetisch auf den Konzern begrenzt sein muss. Berücksichtigt man zudem das Telos der Konzernausnahme, ist diese Erweiterung in eng begrenzten Bahnen zumindest europarechtlich vertretbar. Letztlich sprechen aber die besseren Gründe für die restriktivere Auffassung. Eine geänderte Verwaltungspraxis hätte vorausgesetzt, dass zumindest ein Bezug der Zahlung aus dem Konzern hinaus bzw. in ihn hinein erkennbar gewesen wäre. Ob Zahlungen mit Konzernbezug von konzernneutralen Zahlungen rechtssicher abgegrenzt werden können, scheint zweifelhaft. Auch der Hinweis, dass die Aufsicht weiterhin jederzeit einschreiten könnte, wenn ein derartiger Konzernbezug fehlt (so Tiemann RdZ 2022, 12 (18) kann nicht überzeugen. Letztlich wäre die Erweiterung des Konzernprivilegs die Aufgabe für die Reform der PSD II.

149d Ebenfalls kontrovers wird die Frage diskutiert, ob das Konzernprivileg auch dann noch eingreift, wenn ein Konzernmitglied eine **Kontovollmacht** für das Konto eines konzernexternen Dritten nutzt (vgl. Schäfer/Omlor/Mimberg/Mimberg Rn.165 und Tiemann RdZ 2022, 12 (18). In der Ausnutzung einer Kontovollmacht liegt grundsätzlich kein Finanztransfergeschäft (Tiemann RdZ 2022, 12 (18)). Allerdings muss es sich um eine konkret auf einen bestimmten oder mehrere bestimmte Vorgänge begrenzte Vollmacht handeln. Eine Generalvollmacht wäre nicht zulässig. Die Vollmacht muss zudem bedingungslos und jederzeit widerruflich sein (Tiemann RdZ 2022, 12 (18)).

150 Die zweite Alternative der Nr.13 erweitert die Ausnahme auf Zahlungsvorgänge „zwischen Mitgliedern einer kreditwirtschaftlichen Verbundgruppe", auch wenn die **Mitglieder der Verbundgruppe** keinen Konzern bilden, wobei insoweit schon häufig die Ausnahme nach Nr.12 greifen dürfte. Beispielshaft sei auf die S-Finanzgruppe oder den Volks- und Raiffeisenbankenverbund verwiesen (Schwennicke/Auerbach/Schwennicke ZAG §2 Rn.92; Schäfer/Omlor/Mimberg/Mimberg Rn.166). Die noch engere Fassung im Regierungsentwurf zur Umsetzung der ersten Zahlungsdiensterichtlinie (RegE BT-Drs. 16/11613, 8, 40), die noch von institutsbezogenen Sicherungssystemen iSd §10c aF KWG sprach, und nicht durch die Vorgabe im heutigen Art. 3 lit. n PSD2 vorgegeben war, wurde im Laufe des Gesetzgebungsverfahrens auf Initiative des Bundesrats fallen gelassen (vgl. Bericht des Finanzausschusses BT-Drs. 16/12487, 6). Darauf, dass die beteiligten Institute ein- und demselben Sicherungssystem angehören, kommt es also nicht an (Schwennicke/Auerbach/Schwennicke ZAG § 2 Rn. 93).

XV. Bankautomaten unabhängiger Betreiber (Abs. 1 Nr. 14)

151   Mit der Regelung in Abs. 1 Nr. 14 wird eine Ausnahme von der Erlaubnispflicht nach § 1 Abs. 1 S. 2 Nr. 2 für solche Auszahlungsdienstleister statuiert, die keinen Zahlungsdiensterahmenvertrag mit den Kunden geschlossen haben und keine weiteren Zahlungsdienste anbieten. Die Vorschrift hat vor allem sog. unabhängige Aufsteller von Geldautomaten vor Augen. Die entsprechende Vorgabe findet sich in **Art. 3 lit. o PSD2** und begrenzt den **Anwendungsbereich** auf Geldautomaten, weshalb man im Wege der richtlinienkonformen Auslegung ebenfalls nur Geldautomatenaufsteller und nicht jegliche Auszahlungsdienstleister wird erfassen können. Gegenüber der Vorgängernorm in § 1 Abs. 10 Nr. 14 ZAG 2009 wurde zwar der Wortlaut von Abs. 1 Nr. 14 neugefasst und deutlich vereinfacht. Eine Änderung der materiellen Rechtslage soll hiermit aber nicht verbunden sein (RegE BT-Drs. 18/11495, 118). Überlegungen im Laufe des europäischen Gesetzgebungsverfahrens, Art. 3 lit. o aufzuheben (dazu Meyer zu Schwabedissen Zahlungsdienste/Dörner/Schenkel Rn. 156; Hingst/Lösing Zahlungsdiensteaufsicht § 8 Rn. 78), haben sich nicht durchgesetzt.

152   Mit Nr. 14 werden folglich wie im alten Recht auch die **Aufsteller sog. unabhängiger Geldautomaten** (sog. „White-Label-Automaten") privilegiert. Voraussetzung hierfür ist zum einen, dass der Aufsteller nicht mit den Nutzern seiner Geldautomaten (Zahlungsempfängern) durch einen Zahlungsdiensterahmenvertrag verbunden ist. Darüber hinaus darf er auch nicht mit den Zahlungsdienstleistern der Nutzer einen Rahmenvertrag abgeschlossen haben, dass diese seine Geldautomaten nutzen dürfen (RegE BT-Drs. 16/11613, 40; Ellenberger/Findeisen/Nobbe/Findeisen, 2. Aufl. 2013, § 1 Rn. 565 ff., dort auch zum Begriff des Betreibers). In Deutschland finden sich von unabhängigen Betreibern aufgestellte Geldautomaten eher selten, sie sind vor allem an Flughäfen und Bahnhöfen anzutreffen. Bedeutung erlangt die Vorschrift aber auch für den Betrieb sog. **Multifunktionsgeräte,** wie sie häufig in Spielhallen aufgestellt werden. Diese Geräte dienen neben der Auszahlung von Geld im Wege des Einsatzes der Debitkarte mit Eingabe der PIN auch dem Bargeldwechsel (meist Scheine in Münzen) sowie teilweise auch dem Erwerb von Gutscheinen, die zum Spielen oder zum Verzehr von Getränken oder anderen Waren in der Spielhalle eingesetzt werden können. Reine Servicedienstleister wie die Betreiber der Spielhalle, die etwa Geldautomaten lediglich warten oder mit Geld befüllen, sind nicht erfasst, da sie schon von vornherein kein Auszahlungsdienst nach § 1 Abs. 1 S. 2 Nr. 2 erbringen (EuGH EuZW 2018, 432 Rn. 31, 33 zu einem Multifunktionsgeräte anmietenden Betreiber einer Spielhalle). Dies gilt auch dann, wenn sie das Multifunktionsgerät anmieten und in ihren Geschäftsräumen aufstellen und damit andere Dienstleistungen wie den Erwerb von Waren, die nicht als Zahlungsdienst zu qualifizieren sind, anbieten (EuGH EuZW 2018, 432 Rn. 32 f.; Schäfer/Omlor/Mimberg/Mimberg Rn. 168 f.; aA wohl noch BGH NZWiSt 2016, 281 f. Rn. 31).

153   Enger scheint allerdings die **BaFin** den Tatbestand der Nr. 14 auszulegen, wenn sie in ihrem Merkblatt zum ZAG schreibt: „Diese Bereichsausnahme privilegiert nur **rein manuelle Servicetätigkeiten** und erfasst dabei die Fälle, in denen ein

Dienstleister für ein zugelassenes Kredit- oder Zahlungsinstitut Geldautomaten aufstellt, diese wartet und mit Bargeld bestückt, ohne darüberhinausgehende Zahlungsdienste zu erbringen." (BaFin-Merkblatt ZAG v. 14.2.2023 sub C XIV – Hervorhebung im Original; im Anschluss hieran Ellenberger/Findeisen/Nobbe/Böger/Reschke Rn. 234). Dieses Verständnis würde nur das Aufstellen und Betreiben im Namen eines anderen Zahlungsdienstleisters erfassen. Gründe für diese enge Auslegung sind jedoch nicht ersichtlich (zustimmend Meyer zu Schwabedissen Zahlungsdienste/Dörner/Schenkel Rn. 154f.; Hingst/Lösing Zahlungsdiensteaufsicht § 8 Rn. 76; Schäfer/Omlor/Mimberg/Mimberg Rn. 168). Die Auslegung der BaFin passt auch nicht mehr zum neugefassten Wortlaut des Abs. 1 Nr. 14. Weder in der deutschen Neufassung, noch in Art. 3 lit. o PSD2 ist von „aufstellen" oder „betreiben" die Rede, sondern allein von dem Fehlen eines Zahlungsdiensterahmenvertrages (Art. 3 lit. o PSD2) bzw. dem fehlenden Erbringen weiterer Zahlungsdienstleistungen (Abs. 1 Nr. 14), was gerade den selbständigen Betrieb eines Geldautomaten voraussetzt.

Allerdings kann das Aufstellen von Geldautomaten zu einer **Erlaubnispflicht** **154** **nach** § 1 Abs. 1 S. 2 Nr. 2 **KWG** führen, wenn das elektronische Lastschriftverfahren zum Einsatz kommt (Überblick im BaFin-Merkblatt ZAG v. 14.2.2023 sub C XIV; Schwennicke/Auerbach/Schwennicke ZAG § 2 Rn. 99; Schäfer/Omlor/Mimberg/Mimberg Rn. 170; s. auch Ellenberger/Findeisen/Nobbe/Böger/Reschke § 2 Rn. 239). Die Privilegierung wirkt also nur hinsichtlich der Erfordernisse nach dem ZAG und gegenüber den Vorgaben in §§ 675c ff. BGB.

XVI. Entgegennahme und Übergabe von Bargeld innerhalb einer gemeinnützigen Einrichtung (Abs. 1 Nr. 15)

Literatur: Winheller/Auffenberg, Benötigen gemeinnützige Mittelbeschaffungskörperschaften eine BaFin-Lizenz? DStR 2015, 589.

In Umsetzung von Art. 3 lit. d PSD2 schafft Abs. 1 Nr. 15 schließlich eine Be- **155** reichsausnahme für die ausschließlich physische Entgegennahme und Übergabe von Bargeld im Rahmen einer gemeinnützigen Tätigkeit oder einer Tätigkeit ohne Erwerbszweck. Die Norm ist gegenüber der Vorgängerfassung in § 1 Abs. 10 Nr. 15 ZAG unverändert. Ausweislich der ursprünglichen Gesetzesbegründung (RegE BT-Drs. 16/11613, 40) ist das **Spendensammelwesen** im öffentlichen Raum auf der Grundlage von einschlägigen Gesetzen der Bundesländer ein wichtiges Anwendungsbeispiel für diese Bereichsausnahme (Beispiele bei Schäfer/Omlor/Mimberg/Mimberg Rn. 172).

Die **Weiterleitung der Spendengelder über ein Konto** ist nach dem Wort- **156** laut der Vorschrift ebenso wenig erfasst wie das Einsammeln von Spenden durch gewerbsmäßig tätige Unternehmen zugunsten karitativer Einrichtungen, das sog. fundraising (BaFin-Merkblatt ZAG v. 14.2.2023 sub C XV); Ellenberger/Findeisen/Nobbe/Böger/Reschke § 2 Rn. 240f.; Schwennicke/Auerbach/Schwennicke ZAG § 2 Rn. 101; Schäfer/Omlor/Mimberg/Mimberg Rn. 173; Meyer zu Schwabedissen Zahlungsdienste/Dörner/Schenkel Rn. 158; Hingst/Lösing Zahlungsdiensteaufsicht § 8 Rn. 80; Winheller/Auffenberg DStR 2015, 589 (590)). Zumindest der Ausschluss des Spendensammelns über ein Konto ist im heutigen Zeitalter geradezu anachronistisch. Insoweit besteht dringender rechtspolitischer Reformbedarf (ausführlich zum Ganzen Winheller/Auffenberg DStR 2015, 589ff.).

auch zur Gestaltungsmöglichkeiten de lege lata). Auch die Weiterleitung von durch den Kunden aufgerundete Geldbeträge an eine gemeinnützige Organisation durch Einzel- oder Onlinehändler ist somit nicht erfasst (Schäfer/Omlor/Mimberg/ Mimberg Rn. 173; Ellenberger/Findeisen/Nobbe/Böger/Rescheke Rn. 245; s. dazu auch Winheller/Auffenberg DStR 2015, 589)).

XVII. Anzeigepflicht für Tätigkeit nach Nr. 10 (Abs. 2)

Literatur: Baumann, Die Umsetzung der Payment Services Directive 2 – Chance oder Risiko für Finanzdienstleister?, GWR 2017, 275; Conreder, Neue Zahlungsdienste nach dem Entwurf des neuen Zahlungsdiensteaufsichtsgesetzes und deren Ausnahmen – Wen geht es an?, BKR 2017, 226; Conreder/Schild, Die Zahlungsdiensterichtlinie II (PSD II) – Auswirkungen auf die Realwirtschaft, BB 2016, 1162; Conreder/Hausmann, EBA-Leitlinien zu Ausnahmen für begrenzte Netze – quo vadis?, RdZ 2022, 76; Conreder/Stolte, Tank- und Servicekarten im Lichte des neuen ZAG: Auswirkungen aus dem Blickwinkel der Anbieter, BB 2017, 2700; Glos/Hildner, Erlaubnispflichtige Zahlungsdienste in der Plattformökonomie, RdZ 2022, 90; Terlau, Die zweite Zahlungsdiensterichtlinie – zwischen technischer Innovation und Ausdehnung des Aufsichtsrechts, ZBB 2016, 122; Terlau, Zahlungsabwicklung bei Kundenkarten, Geschenkgutscheinen und Rabattsystemen – die Ausnahme des begrenzten Netzes im Sinn der Zahlungsdiensterichtlinie, BB 2013, 1996.

1. Allgemeines

157   Abs. 2 setzt Art. 37 Abs. 2 PSD2 um. Die Vorschrift gilt bei Inanspruchnahme der Ausnahme des § 2 Abs. 1 Nr. 10 lit. a und lit. b, dh nicht für § 2 Abs. 1 Nr. 10 lit. c ZAG (soziale oder steuerliche Zwecke). Bei der Schwelle hatte der nationale Gesetzgeber aufgrund der Vorgabe des Art. 37 Abs. 2 PSD2 keinen Umsetzungsspielraum (Ellenberger/Findeisen/Nobbe/Böger/Reschke Rn. 249, vgl. auch Conreder/Schild BB 2016, 1162 (1164); Conreder/Hausemann RdZ 2022, 76 (80); so wohl auch Schäfer/Omlor/Mimberg/Mimberg Rn. 175). Dass der europäische Gesetzgeber eine Meldepflicht anordnet für etwas, was vom Anwendungsbereich der Richtlinie ausgenommen ist, erscheint dagegen hinnehmbar (kritisch Schäfer/Omlor/Mimberg/Mimberg Rn. 175). Die unterbliebene, die nicht rechtzeitige (hierzu auch Conreder/Stolte BB 2017, 2700 (2703), die den Zeitpunkt der Anzeige betonen), nicht richtige oder unvollständige Anzeige kann als **Ordnungswidrigkeit** nach § 64 Abs. 2 Nr. 1 geahndet werden (Conreder BKR 2017, 226 (228); Ellenberger/Findeisen/Nobbe/Böger/Reschke Rn. 255; Schäfer/Omlor/ Mimberg/Mimberg Rn. 177). Die Anzeige befreit nicht von der **Erlaubnispflicht,** sollten die Voraussetzungen des § 2 Abs. 1 Nr. 10 tatsächlich nicht vorliegen.

2. Voraussetzungen der Anzeigepflicht (Satz 1)

158   **a) Ausübung der Tätigkeit nach Abs. 1 Nr. 10 lit. a oder lit. b.** Die Formulierung entspricht der Richtlinie. Sie ist aber irreführend. Es kommt im Wesentlichen darauf an, dass sich ein Unternehmen **auf eine der genannten Ausnahmevorschriften stützt** Ist die Tätigkeit bereits unter einer anderen Ausnahmebestimmung (zB § 2 Abs. 1 Nr. 2) erlaubnisfrei, so ist eine Anzeige ebenfalls nicht erforderlich.

b) Anwendbarkeit auf E-Geld-Regulierung. Ob eine Anzeigepflicht auch **159** im Fall von monetären Einheiten gilt, die gemäß § 1 Abs. 2 S. 4 von der **E-Geld-Regulierung** ausgenommen werden sollen, ist zunächst nicht offensichtlich. § 1 Abs. 2 S. 4 verweist nicht auf § 2 Abs. 2. Auch in Art. 111 PSD2 (Änderung der Zweiten E-Geld-RL) ist Art. 37 PSD2 nicht erwähnt. § 2 Abs. 4 S. 2 sowie die Aufsichtsbehörde gehen aber von der Anwendbarkeit aus (BaFin-Merkblatt ZAG v. 14. 2. 2023, Abschn. G. IV.: „soweit die Ausnahme vom E-Geld-Begriff nach § 1 Abs. 2 Satz 4 ZAG anwendbar ist"; zustimmend auch Schäfer/Omlor/Mimberg/Mimberg Rn. 178; Glos/Hildner RdZ 2022, 90 (96)).

c) Anzeigepflicht von zugelassenen Zahlungsdienstleistern oder E-Geld- 159a Emittenten. GL 5.1 der EBA/GL/2022/02 stellt klar, dass die Ausnahmen nach Art. 3k PSD2 von zugelassenen Zahlungsdienstleistern und E-Geld-Emittenten in Anspruch genommen werden können; das war schon bisher so gängige Praxis (ähnlich wohl auch Conreder/Hausemann RdZ 2022, 76 (80)). In der Folge ist auch die Anzeigepflicht des Abs. 2 auf solche Unternehmen anwendbar, wenn die übrigen Voraussetzungen, insbesondere die Überschreitung des Schwellenwerts, erfüllt werden.

d) Gesamtwert über 1 Million Euro. Die Anzeigepflicht gilt, wenn der Ge- **160** samtwert der in den vorangegangenen **zwölf Monaten abgewickelten Zahlungsvorgänge** den Betrag von **1 Mio. EUR** überschreitet (siehe auch Baumann GWR 2017, 275 (276); Conreder/Hausemann RdZ 2022, 76 (80); Schäfer/ Omlor/Mimberg/Mimberg Rn. 180). Ein Zahlungsvorgang ist nach § 675f Abs. 4 S. 1 BGB „Bereitstellung, Transfer oder Abhebung eines Geldbetrags". Der Gesamtwert der Zahlungsvorgänge erfasst alle Ansprüche der Nutzer bzw. Akzeptanzstellen gegen den Dienstleister, dh alle erloschenen Ansprüche sowie solche, die noch bestehen, dh deren Zahlungsvorgang noch nicht abschließend verbucht worden ist (BaFin-Merkblatt ZAG v. 14. 2. 2023, Abschn. G. I.; vgl. auch Ellenberger/ Findeisen/Nobbe/Böger/Reschke Rn. 250; Schäfer/Omlor/Mimberg/Mimberg Rn. 183). Bei vorausbezahlten Karten wie Gutscheinkarten stellen sowohl das Aufladen, als auch die Nutzung jeweils Zahlungsvorgänge dar, die bei der Berechnung zu addieren sind (Terlau ZBB 2016, 122 (127); Ellenberger/Findeisen/Nobbe/Böger/Reschke Rn. 250). Auf die BaFin stellt bei der Berechnung des Betrachtungszeitraums auf Kalendermonate ab, um den Handel nicht mit einem rollierendem System auf Tagesbasis zu belasten (Ellenberger/Findeisen/Nobbe/Böger/Reschke Rn. 251; so auch Schäfer/Omlor/Mimberg/Mimberg Rn. 183).

Die Berechnung des Schwellenbetrages soll nach GL 6.8 EBA/GL/2022/02 un- **160a** ter Einbeziehung **aller Zahlungsinstrumente eines Emittenten** erfolgen, die dieser unter einer der Ausnahmen nach Art. 3 lit. k Ziffer i und/oder ii PSD2 (§ 2 Abs. 1 Nr. 10 lit. a und lit. b) emittiert (ebenso schon bisher Ellenberger/Findeisen/ Nobbe/Böger/Reschke Rn. 253). Die bisher veröffentlichte Verwaltungspraxis der BaFin (BaFin-Merkblatt ZAG v. 14. 2. 2023, Abschn. G. V.) konnte auch anders interpretiert werden (Schwelle auf Basis jedes einzelnen Instruments; vgl. auch Schäfer/Omlor/Mimberg/Mimberg Rn. 184; anders schon bisher Ellenberger/Findeisen/Nobbe/Böger/Reschke Rn. 253).

Unklar ist die **Einbeziehung von im Ausland abgewickelten Zahlungs- 160b vorgängen.** Nach GL 6.1 und GL 6.8 EBA/GL/2022/02 sind nur die „in dem jeweiligen Mitgliedstaat" ausgeführten Zahlungsvorgänge in die Schwellenberechnung einzubeziehen. In der Literatur wird teilweise differenziert: Zu erfassen seien bei Unternehmen mit Sitz im Ausland nur die Umsätze, die mit Personen im Inland gemacht werden. Wohingegen es bei Unternehmen mit Sitz im Inland auf sämtliche Umsätze des Unternehmens ankomme (Jünemann/Wirtz/Förster RdZ 2021, 164 (170). Der Text der Richtlinie kennt keine Differenzierung nach In- und Ausland. Allerdings ist es der Zweck des Art. 37 Abs. 2 PSD2, den jeweiligen nationalen Mitgliedstaaten das Maß der Inanspruchnahme der Ausnahmen in ihrer Jurisdiktion zu verdeutlichen. Vor dem Hintergrund lässt sich möglicherweise vertreten, die Schwellewerte pro Mitgliedstaat zu messen.

3. Anzeigepflicht (Satz 1)

160c   **a) Zuständige Behörde.** Zuständige Behörde nach Abs. 2 ist die BaFin, wenn die Tätigkeit gemäß Abs. 1 Nr. 10 lit. a oder lit. b im Inland ausgeübt wird. Dieser Zusammenhang folgt auch aus § 10 Abs. 1 S. 1, der die im Inland erbrachten Zahlungsdienste unter den Erlaubnisvorbehalt stellt. Dementsprechend ist es folgerichtig, dass GL 6.1 EBA/GL/2022/02 darauf hinweist, die Anzeige sie bei der zuständigen Behörde jedes Mitgliedstaates eingereicht werden, in dem die Nutzer des Zahlungsinstruments ansässig sind und in dem der Schwellenwert überschritten wird. Darin findet sich ein Versuch der EBA einer Bestimmung der **örtlichen Zuständigkeit** der zuständigen Behörden, dh eine Definition von „im Inland" iSd § 10 Abs. 1 S. 1, für den Zahlungsdienst des Emissionsgeschäfts (§ 1 Abs. 1 S. 2 Nr. 5 Alt. 1) und des E-Geld-Geschäfts (§ 1 Abs. 2 S. 3).

161   **b) Anzeigeinhalt.** Der Dienstleister (der europäische Gesetzgeber spricht auch von „potentiellem Zahlungsdienstleister" – Erwägungsgrund Nr. 14 Satz 4 PSD2) hat die Ausnutzung der entsprechenden Ausnahmebestimmung der Finanzaufsicht anzuzeigen. Er kann sich hierzu Hilfspersonen bedienen (Ellenberger/Findeisen/Nobbe/Böger/Reschke Rn. 256). Die Anzeige hat inhaltlich zu enthalten: die Beschreibung der jeweiligen Waren und/oder Dienstleistungen, Nennung anderer Mitgliedstaaten, in denen die Dienstleistung nach Art. 3 lit. k PSD2 von demselben Emittenten erbracht wird sowie alle sonstigen für die Behörde zur Prüfung erforderlichen Informationen (GL 6.3, 6.4 EBA/GL/2022/02). Die BaFin hat hierfür ein Formular auf ihrer Internetseite zur Verfügung gestellt, das die von ihr als „Beschreibung der angebotenen Dienstleistung" iSd Abs. 2 geforderten Angaben bezeichnet. Gem. dem letzten Halbsatz des Abs. 2 ist bei der Beschreibung der angebotenen Dienstleistung anzugeben, welche der Bereichsausnahmen in Anspruch genommen wird (vgl. auch Schäfer/Omlor/Mimberg/Mimberg Rn. 180).

161a   **c) Einreichungsweg.** Das BaFin-Merkblatt ZAG v. 29.11.2017, Abschnitt 7.b. enthielt hierzu in seiner Anlage eine Liste von Verbänden, über die eine Anzeige auch von Nichtmitgliedern eingereicht werde können. Dieser Weg kann seit dem 19.4.2022 nicht mehr verwendet werden (Tiemann BaFin-Journal 4/2022, 17). Die Einreichung hat nunmehr über ZAG-Neuanzeigen@bafin.de zu erfolgen (Tiemann BaFin-Journal 4/2022, 17; BaFin-Merkblatt ZAG v. 14.2.2023, Abschn. G. II).

161b   **d) Anzeigefrist.** Die Frist beginnt mit Überschreiten des Schwellenwertes. Dies kann auch bereits vor Ablauf von 12 Monaten der Fall sein (GL 6.2 EBA/GL/2022/02). Sobald der Schwellenwert überschritten ist, sollte, obschon dies nicht ausdrücklich geregelt ist (Schäfer/Omlor/Mimberg/Mimberg Rn. 187), der Emittent die Anzeige **unverzüglich** erstatten (Ellenberger/Findeisen/Nobbe/Böger/Reschke Rn. 252). Hierbei wird man dem Emittenten eine gewisse Überwachungspflicht im Hinblick auf das Einhalten des Schwellenwertes auferlegen müssen. Sobald er dies feststellt, hat der Emittent ohne schuldhaftes Zögern (§ 121 Abs. 1 BGB) zu handeln; die vorherige Einholung von Rechtsrat wird ihm dabei nicht vorwerfbar sein. Bei Verzögerung der Anzeige kommt Bußgeldpflicht in Betracht → Rn. 157.

Punkt 3.13 der EBA-Leitlinien über die Ausnahme für begrenzte Netzwerke gemäß der PSD2 (EBA/GL/2022/02) beinhaltet die Übergangsregelung, dass alle zuvor vorgenommenen Anzeigen gem. Art. 37 Abs. 2 PSD2 unter Berücksichtigung der Bestimmungen der Leitlinien bis zum 1.9.2022 erneut zu übermitteln waren.

e) Wiederholung/Erneuerung der Anzeige. Bei Überschreiten des Schwellwertes reicht grundsätzlich eine einmalige Anzeige; danach sind keine weiteren Anzeigen erforderlich (BaFin-Merkblatt ZAG v. 14.2.2023, Abschn. G. I.; Schwennicke/Auerbach/Schwennicke Rn. 104; Schäfer/Omlor/Mimberg/Mimberg Rn. 187). GL 6.5 EBA/GL/2022/02 verlangt nunmehr eine erneute Anzeigeübermittlung, wenn sich die Informationen in Bezug auf das in der ursprünglichen Anzeige genannte Zahlungsinstrument wesentlich geändert haben. Hierzu gehören gem. GL 6.6 EBA/GL/2022/02 (a) Beendigung der Erbringung der Dienstleistung, (b) bei Inanspruchnahme der Ausnahme nach Abs. 1 Nr. 10 lit. a. die Absicht, die Zahl der Akzeptanzstellen zu erhöhen, oder die Absicht, das betreffende geografische Gebiet zu erweitern, (c) in jedem Fall bei Absicht, ein neues, bisher nicht angezeigtes Instrument zu emittieren, (d) bei Inanspruchnahme der Ausnahme nach Abs. 1 Nr. 10 lit. b. die Änderung der Kategorie der Waren und/oder Dienstleistungen. Auch sollen die Behörden jederzeit den Emittenten zu einer erneuten Anzeige auffordern können. Aus dem Gesetzes- und Richtlinienwortlaut lassen sich diese Pflichten kaum herleiten. Diesem ist, nimmt man den Wortlaut ernst, die Pflicht zu einer einzigen Anzeige bei Schwellenüberschreitung zu entnehmen; solange die Schwelle überschritten bleibt, sollte daraus keine erneute Anzeigepflicht resultieren (so auch bisher ausdrücklich BaFin-Merkblatt ZAG v. 14.2.2023, Abschn. G. I.). Dagegen streitet der in Erwägungsgrund Nr. 19 S. 4 PSD2 zum Ausdruck kommende Zweck der Regelung, wonach den Aufsichtsbehörden (wohl jederzeit) eine Prüfung der Einhaltung der Ausnahmebestimmung möglich sein muss. Letztlich könnte die deutsche Aufsichtsbehörde in vielen Fällen auch von ihren Rechten nach § 8 Gebrauch machen, so dass die über den Wortlaut hinausgehende Auslegung des Art. 37 Abs. 2 PSD2 (und in der Folge der nationalen Umsetzungsvorschriften) gerechtfertigt erscheint.

4. Entscheidung (Satz 2) und Notifizierung durch die Bundesanstalt (Satz 3)

Die Aufsichtsbehörde prüft die Angaben des Dienstleisters, ob die Inanspruch- **162** nahme der Ausnahmebestimmung anerkannt wird und setzt den Dienstleister hiervon in Kenntnis. Von der Anerkennung will die BaFin regelmäßig aufgrund der Bestätigung des anzeigenden Unternehmens ausgehen, sodass bei einer vollständigen Anzeige deren Eingang und die Einhaltung der Bereichsausnahme automatisch bestätigt werden (vgl. auch Schäfer/Omlor/Mimberg/Mimberg Rn. 196).

Eine Frist für die Prüfung durch die Aufsichtsbehörde besteht nicht. Eine fiktive **163** Genehmigungswirkung hat (deshalb) die unterbleibende Notifizierung durch die Aufsichtsbehörde – anders als in der französischen Ausführungsbestimmung zur PSD1, in Art. L. 521-3 Code monétaire et financier (dazu Terlau BB 2013, 1996 ff.), sowie im PSD2-Vorschlag der EU-Kommission (Kommission, PSD2-Entwurf 24.7.2013) – nicht (zustimmend Schäfer/Omlor/Mimberg/Mimberg Rn. 196).

XVIII. Anzeigepflicht für Tätigkeit nach Nr. 11 (Abs. 3)

1. Allgemeines

164   Abs. 3 setzt Art. 37 Abs. 3 PSD2 um. Die unterbliebene, die nicht rechtzeitige, nicht richtige oder unvollständige Anzeige kann als Ordnungswidrigkeit nach § 64 Abs. 2 Nr. 1 geahndet werden (Ellenberger/Findeisen/Nobbe/Böger/Reschke Rn. 260). Die Anzeige befreit nicht von der Erlaubnispflicht, sollten die Voraussetzungen des § 2 Abs. 1 Nr. 11 tatsächlich nicht vorliegen. Die Vorschrift ist vor allem für Betreiber elektronischer Kommunikationsnetze oder -dienste von Bedeutung, die Teilnehmern die Abwicklung von Zahlungsvorgängen anbieten (Schäfer/Omlor/Mimberg/Mimberg Rn. 188).

2. Anzeigepflicht

165   **a) Ausübung der Tätigkeit nach Abs. 1 Nr. 11.** Auch hier entspricht die Formulierung der Richtlinie. Sie ist aber irreführend. Es kommt im Wesentlichen darauf an, dass sich ein Unternehmen **auf die genannte Ausnahmevorschrift stützt.** Ist die Tätigkeit bereits unter einer anderen Ausnahmebestimmung (zB § 2 Abs. 1 Nr. 2) erlaubnisfrei, so ist eine Anzeige nicht erforderlich.

166   **b) Anwendbarkeit auf E-Geld-Regulierung.** Auch im Rahmen von § 1 Abs. 2 S. 4, dh der **E-Geld-Regulierung,** sollte die Anzeigepflicht nach § 2 Abs. 3 gelten. Die Argumentation ist dieselbe wie im Rahmen von § 2 Abs. 2. Hierauf wird verwiesen (→ Rn. 158).

167   **c) Kein Schwellenwert.** Einen Schwellenwert für die Anzeige nach § 2 Abs. 3 gibt es nicht. Diese ist also in jedem Fall der Inanspruchnahme der Ausnahme des § 2 Abs. 1 Nr. 11 zu erstatten (Ellenberger/Findeisen/Nobbe/Böger/Reschke Rn. 259; Schäfer/Omlor/Mimberg/Mimberg Rn. 189).

168   **d) Jährliche Anzeige bzw. Bestätigungsvermerk.** Der Dienstleister hat die Ausnutzung der entsprechenden Ausnahmebestimmung der Finanzaufsicht anzuzeigen. Er kann sich hierzu Hilfspersonen bedienen. Die deutsche Finanzaufsicht hat hierfür ein Formular (Excel-Datei), dessen Verwendung sie fordert, und eine besondere Email-Adresse eingerichtet; die Übermittlung ist nur mittels DE-Mail (entsprechend dem De-Mail-Gesetz) gestattet (zum Ganzen: BaFin-Merkblatt ZAG v. 14.2.2023, Abschn. G. II.)). Die Anzeige hatte erstmals bis zum **31.5.2019** zu erfolgen und sodann jährlich bis zum **30.4. eines Kalenderjahres** (BaFin-Merkblatt ZAG v. 29.11.2017, Abschn. 7.c)). Sofern ein Unternehmen die Tätigkeit während eines Kalenderjahres aufnimmt, dürfte nach dem genannten Merkblatt die Anzeige erst bis zum 30.4. des Folgejahres fällig werden (missverständlich insoweit: BaFin-Merkblatt ZAG v. 29.11.2017, Abschn. 7.c)).

169   Der **Bestätigungsvermerk beinhaltet** die Bestätigung, dass die Tätigkeit die in Abs. 1 Nr. 11 festgelegten Obergrenzen nicht überschreitet (vgl. Schäfer/Omlor/Mimberg/Mimbeg Rn. 190). Die Berechnung der Obergrenzen, insbesondere des monatlichen 300 EUR-Betrages erfolgt nach den Vorgaben des Merkblatts (→ Rn. 136 ff.).

Fraglich ist, ob ein Bezug zum Bestätigungsvermerk nach § 322 HGB besteht und die Erstellung der Bestätigung deshalb durch einen neutralen Prüfer erfolgen muss. Die Formulierung der Vorschrift wird unmittelbar aus der deutschen Fassung des Art. 37 PSD2 entnommen. Es ist jedoch nicht ersichtlich, dass der Richtliniengeber die Formulierung am Normtext des deutschen HGB orientiert hat. Zudem werden von der BaFin auch solche Bestätigungsvermerke akzeptiert, die das jeweilige Unternehmen selbst erstellt hat. Ein Bezug zu § 322 HGB und die damit verbundene Pflicht zur Bestellung eines neutralen Prüfers wird in der Literatur verneint (Ellenberger/Findeisen/Nobbe/Böger/Reschke Rn. 262; Luz/Neus/Schaber/Schneider/Wagner/Weber/Heuke Rn. 66; Schäfer/Omlor/Mimberg/Mimberg Rn. 191).

3. Entscheidung und Notifizierung durch die Bundesanstalt

Eine dem § 2 Abs. 2 S. 2 und S. 3 entsprechende Regelung gibt es in § 2 Abs. 3 **170** nicht. Nach Wortlaut und Systematik ist der Anwendungsbereich dieser Regelungen auf Anzeigen von Betreibern beschränkter Netze (§ 2 Abs. 2 S. 1) beschränkt. Dennoch steht der Aufsichtsbehörde auch im Rahmen von § 2 Abs. 3 dieselbe Prüfungs- und Notifizierungsbefugnis zu (vgl. BaFin-Merkblatt ZAG v. 14.2.2023, Abschn. G. V.)). Dies folgt aus dem mit den Anzeigepflichten des Abs. 2 und 3 einheitlich verfolgten Regelungskonzept (Schwennicke/Auerbach/Schwennicke Rn. 111; Schäfer/Omlor/Mimberg/Mimberg Rn. 195). Auf die Kommentierung oben (→ Rn. 161 f.) wird insoweit verwiesen.

XIX. Unterrichtung der EBA, Eintragung in das Register (Abs. 4)

Die BaFin hat die EBA über die Anzeigen nach § 2 Abs. 2 und Abs. 3 zu unter- **171** richten. Dies dient einer zentralen Erfassung und Transparenz der Inanspruchnahme der wichtigen Ausnahmebestimmungen des § 2 Abs. 1 Nr. 10 lit. a und lit. b und Nr. 11. Zudem hat die BaFin die Informationen im Zahlungsinstituts-Register und, soweit die Ausnahme über § 1 Abs. 2 S. 4 anwendbar ist, in dem E-Geld-Instituts-Register öffentlich zugänglich zu machen (vgl. auch Ellenberger/Findeisen/Nobbe/Böger/Reschke Rn. 265; Schäfer/Omlor/Mimberg/Mimberg Rn. 198).

XX. Verordnungsermächtigung Abs. 5

Das Bundesministerium für Finanzen ist ermächtigt, eine Rechtsverordnung zur **172** Konkretisierung der Anzeigepflichten der Abs. 2 und Abs. 3 zu erlassen. Davon wurde bisher kein Gebrauch gemacht. Die Praxis orientiert sich mithin maßgeblich an den von der BaFin im Merkblatt zum ZAG vom 14.2.2023 aufgestellten Anforderungen (Schäfer/Omlor/Mimberg/Mimberg Rn. 201). Bei der potentiellen Rechtsverordnung handelt es sich um eine Konkretisierungsverordnung, die Anzeigepflichten bestehen also unabhängig davon, ob die Rechtsverordnung erlassen wird, oder nicht (Ellenberger/Findeisen/Nobbe/Böger/Reschke Rn. 266; vgl. auch Schäfer/Omlor/Mimberg/Mimberg Rn. 202).

XXI. Auf Kontoinformationsdienste unanwendbare Bestimmungen (Abs. 6)

Literatur: Baumann, Die Umsetzung der Payment Services Directive 2 – Chance oder Risiko für Finanzdienstleister?, GWR 2017, 275; Sander, DS-GVO vs. PSD2: Was dürfen die Betreiber von Kontoinformationsdiensten?, BKR 2019, 66; Schäfer, Zivilrechtliche Folgen unerlaubter Zahlungsdienste oder unerlaubten E-Geld-Geschäfts, RdZ 2021, 43.

1. Allgemeines

173   Abs. 6 setzt Art. 33 Abs. 1 PSD2 um. Die ursprüngliche Fassung des Abs. 6 nach dem ZDUG II wurde mit mWv 29.12.2020 durch das Risikoreduzierungsgesetz (G v. 9.12.2020, BGBl. I 2773) geändert. Er betrifft nur Zahlungsinstitute, die als Zahlungsdienst **ausschließlich** den Kontoinformationsdienst iSd § 1 Abs. 34 anbieten (zustimmend Schäfer/Omlor/Mimberg/Mimberg Rn. 207). Auf diese finden (auch wenn ein Kontoinformationsdienstleister zu den Instituten iSd ZAG zählt) gemäß Abs. 6 die Vorschriften des ZAG nur eingeschränkt Anwendung (das betont auch Sander BKR 2019, 66 (67); Schäfer RdZ 2021, 43). Zur zivilrechtlichen Behandlung von Kontoinformationsdiensten vgl. → § 1 Rn. 172.

2. Eingeschränkte Anwendung des ZAG

174   Gemäß § 2 Abs. 6 finden die Vorschriften über die **Erlaubnispflicht** gem. § 10 Abs. 1 S. 1 keine Anwendung. Ein Anfangskapital iSd § 12 Nr. 3 ist deshalb für diese Institute nicht vorgesehen. Es besteht dagegen die Registrierungspflicht gemäß § 34 Abs. 1 S. 1 (siehe auch Baumann GWR 2017, 275 (276); Schäfer/Omlor/Mimberg/Mimberg Rn. 207). Auch die Vorschriften über **Inhaber einer bedeutenden Beteiligung** finden keine Anwendung. Dies gilt sowohl für das Registrierungsverfahren gemäß § 34 Abs. 1 als auch danach (§§ 2 Abs. 6, 14). Ebenso wenig gelten die Vorschriften über **Eigenmittel** (§ 15). Die Vorschriften über die **Absicherung für den Haftungsfall** gemäß § 16 sind ausgeschlossen, da § 36 für solche Institute eine Spezialregelung enthält. Die §§ 17, 18 zu **Sicherungsanforderungen** für Kundengelder finden für solche Institute keine Anwendung, weil sie in ihrer Eigenschaft als Kontoinformationsdienstleister nicht befugt sind, Kundengelder zu halten (auch wenn das in § 51, anders als in § 49 Abs. 1 S. 2, nicht ausdrücklich so geregelt ist; so auch Schäfer/Omlor/Mimberg/Mimberg Rn. 207).

174a   Konsequent ist es deshalb, dass nun durch das Risikoreduzierungsgesetz auch die in § 21 Abs. 1 und Abs. 3–5 enthaltenen Vorgaben, einschließlich des Insolvenzantragsbefugnis der BaFin, für unanwendbar erklärt wurden. Die allgemeinen Befugnisse des § 21 Abs. 2 bleiben der BaFin jedoch erhalten, sodass sie die dort (ua zum Schutz von Gläubigern) genannten Maßnahmen ergreifen kann, wenn das betreffende Institut die zum ordentlichen Geschäftsbetrieb erforderlichen Mittel im Rahmen einer ordnungsgemäßen Geschäftsorganisation nicht vorhält (Schäfer/Omlor/Mimberg/Mimberg Rn. 207). Indem Abs. 6 den § 23 Abs. 1 S. 3 für unanwendbar erklärt, ist die Pflicht zum Wechsel des Abschlussprüfers nach 10 Jahren entfallen.

175   Ausgenommen sind auch die Regelungen über **Agenten** gemäß § 25, dh ein Zahlungsinstitut iSd § 2 Abs. 6 kann nicht seinen Zahlungsdienst, namentlich den

Kontoinformationsdienst, über selbständige Dritte erbringen, die im Namen des Instituts handeln.

Der Verweis in Art. 33 Abs. 1 PSD2 erfasst allerdings den gesamten Art. 19 **176** PSD2, der im Übrigen noch **Zweigniederlassungen** und **Auslagerungen** (Art. 19 Abs. 6 und Abs. 8 PSD2) eines Zahlungsinstituts regelt. Die Errichtung von Zweigniederlassungen von Instituten iSd § 2 Abs. 6 hat der deutsche Gesetzgeber zu Recht in § 38 Abs. 1 erlaubt. Den Ausschluss der Auslagerungsregulierung hat der deutsche Gesetzgeber nicht umgesetzt, weder in Abs. 6 noch an anderer Stelle im ZAG (Schäfer/Omlor/Mimberg/Mimberg Rn. 208). Es ist fraglich, ob deshalb im Rahmen einer richtlinienkonformen Anwendung des § 2 Abs. 6 infolge Art. 33 Abs. 1 PSD2 auch die Anwendbarkeit der Vorschrift des § 26 auszuschließen ist, sodass Auslagerungen eines Zahlungsinstituts, das ausschließlich Kontoinformationsdienste erbringt, nicht der Auslagerungsregulierung unterfallen. Dass solche Auslagerungen im Lichte von §§ 50, 51 statthaft sind, wird dort gezeigt ($\rightarrow$ § 49 Rn. 16, $\rightarrow$ § 51 Rn. 32). Es spricht indes viel dafür, dass es sich hier um ein Redaktionsversehen des europäischen Gesetzgebers der PSD2 handelt. Es wäre nicht einzusehen, dass Auslagerungen von Kontoinformationsdiensten durch ein Zahlungsinstitut dann dem § 26 unterfallen, wenn dieses auch andere Zahlungsdienste erbringt, während es dem § 26 entgeht, wenn es ausschließlich Kontoinformationsdienste erbringt (zustimmend Schäfer/Omlor/Mimberg/Mimberg Rn. 208).

XXII. Auf Institute mit Erlaubnis nach § 32 KWG unanwendbare Bestimmungen (Abs. 7)

1. Allgemeines

Abs. 7 wurde erst durch das Risikoreduzierungsgesetz (RiG) mit Wirkung zum **177** 29.12.2020 eingeführt. Die Ausnahmevorschrift bezweckt die Entlastung solcher Unternehmen, die Institute iSd ZAG sind und gleichzeitig über eine Erlaubnis nach § 32 Abs. 1 S. 1 KWG verfügen, denn solche Unternehmen unterliegen bereits aufgrund ihrer Beaufsichtigung nach dem KWG bestimmten aufsichtsrechtlichen Pflichten, weshalb sie die in Abs. 7 genannten Anforderungen des ZAG nicht zu erfüllen haben, „soweit das KWG eine inhaltsgleiche Regelung enthält": Insoweit wird gewährleistet, dass das ZAG nicht hinter den Aufsichtsanforderungen zurückbleibt, die die PSD2 dem nationalen Umsetzungsgesetzgeber vorgibt (Schäfer/Omlor/Mimberg/Mimberg Rn. 209). Der Anwendungsbereich der Vorschrift ist nach dem Wortlaut folgerichtig auf Institute iSd ZAG beschränkt.

2. Eingeschränkte Anwendung des ZAG

Grundsätzlich kann davon ausgegangen werden, dass bei Vorliegen einer Er- **178** laubnis nach § 32 Abs. 1 S. 1 KWG die in § 2 Abs. 7 genannten Ausnahmen greifen, da die Anforderungen bereits durch die Erlaubnis nach dem KWG erfüllt sind: Gemäß Abs. 7 findet § 14 für entsprechende Institute keine Anwendung, denn bereits die Anforderungen des § 2c KWG gewährleisten eine umfassende aufsichtsrechtliche Inhaberkontrolle. Dies gilt umso mehr, da sich § 14 Abs. 1 inhaltlich ohnehin weitestgehend auf einen Verweis auf § 2c KWG beschränkt. ($\rightarrow$ § 14 Rn. 3). Dasselbe gilt für § 19, der den aufsichtsbehördlichen Auskunfts- und Prüfungspflichten aus § 44 KWG entspricht. Die Vorschriften über die Abberufung von Geschäfts-

leitern und Mitgliedern des Verwaltungs- und Aufsichtsorgans sowie der Übertragung von Organbefugnissen auf Sonderbeauftragte gemäß § 20 sind ausgeschlossen, da §§ 36, 45c KWG entsprechende Vorgaben enthalten. Gemäß § 2 Abs. 7
ausgenommen sind auch die Vorschriften zur Pflicht des Unternehmens bezüglich
der Vorlage des Jahresabschlusses und der Abschlussprüferbestellung gemäß §§ 22,
23, da sich entsprechende Regelungen in §§ 26, 28 KWG finden. Hinsichtlich der
Anforderungen an die Auslagerung werden die Anforderungen bereits durch § 25b
KWG erfüllt, sodass § 26 für Institute iSd Abs. 7 ausgenommen werden kann. Die
Anzeigepflichten aus § 28 ergeben sich parallel aus § 24 KWG, dasselbe gilt für die
Aufbewahrungspflichten gem. § 30, die bereits aus § 25a Abs. 1 S. 6 Nr. 2 KWG
folgen.

§ 3   Für Institute zugelassene Tätigkeiten und verbotene Geschäfte

(1) **Ein Institut darf außerhalb der Vorgaben der Absätze 2 und 3 und
seiner Erlaubnis nach § 10 Absatz 1 Satz 1 oder § 11 Absatz 1 Satz 1 nicht
gewerbsmäßig oder in einem Umfang, der einen in kaufmännischer Weise
eingerichteten Geschäftsbetrieb erfordert, Einlagen oder andere rückzahlbare Gelder des Publikums entgegennehmen.**

(2) **¹Gelder, die ein E-Geld-Institut zum Zwecke der Ausgabe von
E-Geld entgegennimmt, hat es unverzüglich in E-Geld umzutauschen.
²Solche Gelder gelten nicht als Einlagen oder andere rückzahlbare Gelder
des Publikums im Sinne des § 1 Absatz 1 Satz 2 Nummer 1 des Kreditwesengesetzes, sofern**
1. **die Ausgabe des E-Geldes gleichzeitig oder unverzüglich nach der Entgegennahme der im Austausch gegen die Ausgabe des E-Geldes einzuzahlenden Gelder erfolgt und**
2. **das E-Geld und das Guthaben, das durch die Ausgabe des E-Geldes entsteht, nicht verzinst werden und dem Inhaber auch sonst keine Vorteile
gewährt werden, die mit der Länge der Haltedauer in Zusammenhang
stehen.**

(3) **¹Soweit ein Institut im Rahmen seiner Erlaubnis nach § 10 Absatz 1
Satz 1 oder § 11 Absatz 1 Satz 1 Zahlungskonten für Zahlungsdienstnutzer
führt, darf es über diese Zahlungskonten ausschließlich die Abwicklung
von Zahlungsvorgängen vornehmen. ²Guthaben auf Zahlungskonten, die
bei dem Institut geführt werden, dürfen nicht verzinst werden. ³Die Gelder, die ein Institut von den Zahlungsdienstnutzern ausschließlich bestimmt für die Durchführung von Zahlungsvorgängen entgegennimmt,
gelten nicht als Einlagen oder andere unbedingt rückzahlbare Gelder des
Publikums im Sinne des § 1 Absatz 1 Satz 2 Nummer 1 des Kreditwesengesetzes oder als E-Geld.**

(4) **¹Ein Institut darf im Rahmen seiner Erlaubnis nach § 10 Absatz 1
Satz 1 oder § 11 Absatz 1 Satz 1 Zahlungsdienstnutzern im Zusammenhang mit Zahlungsdiensten nach § 1 Absatz 1 Satz 2 Nummer 4 oder 5
Kredite im Sinne des § 19 des Kreditwesengesetzes nur unter der Voraussetzung gewähren, dass**
1. **die Gewährung des Kredits als Nebentätigkeit und ausschließlich im
Zusammenhang mit der Ausführung eines Zahlungsvorgangs erfolgt,**

2. im Kreditvertrag eine Laufzeit von nicht mehr als zwölf Monaten vereinbart und das Darlehen innerhalb von zwölf Monaten vollständig zurückzuzahlen ist und
3. der Kredit nicht aus den für den Zweck der Ausführung eines Zahlungsvorgangs oder aus der Ausgabe von E-Geld entgegengenommenen oder gehaltenen Geldern gewährt wird.

[2]Satz 1 gilt für die Ausgabe von E-Geld entsprechend mit der Maßgabe, dass der Kredit auch nicht aus den im Austausch für die Ausgabe von E-Geld angenommenen Geldern gewährt werden darf. [3]Eine Kreditgewährung durch ein Institut im Sinne dieses Gesetzes, die die Voraussetzungen des Satzes 1 erfüllt, gilt nicht als Kreditgeschäft im Sinne des § 1 Absatz 1 Satz 2 Nummer 2 des Kreditwesengesetzes. [4]In diesem Fall prüft das Zahlungsinstitut vor Abschluss eines Verbraucherdarlehensvertrags oder eines Vertrags über eine entgeltliche Finanzierungshilfe die Kreditwürdigkeit des Verbrauchers; § 18a Absatz 1 bis 10 des Kreditwesengesetzes gilt entsprechend.

Literatur: Ady/Paetz, Die Umsetzung der Verbraucherkreditrichtlinie in deutsches Recht und besondere verbraucherpolitische Aspekte, WM 2009, 1061; Canaris, Bankvertragsrecht (Großkommentar HGB), 5. Auflage 2016; Canaris, Der Zinsbegriff und seine rechtliche Bedeutung, NJW 1978, 1891; Canaris, Die Ausgabe von Namensgewinnschuldverschreibungen an Arbeitnehmer in bankaufsichtsrechtlicher Sicht, BB 1978, 227; Derleder, Die vollharmonisierende Europäisierung des Rechts der Zahlungsdienste und des Verbraucherkredits, NJW 2009, 3195; Fett/Bentele, E-Geld-Aufsicht Light? – Das Gesetz zur Umsetzung der Zweiten E-Geld-Richtlinie und seine Auswirkungen auf E-Geld-Institute, WM 2011, 1352; Loritz, Stille Beteiligungen und Einlagenbegriff des Kreditwesengesetzes, ZIP 2001, 309; Reifner, Die Deregulierung der Kreditkartenkredite in Deutschland, VuR 2009, 170; Rösler/Werner, Erhebliche Neuerungen im zivilen Bankrecht: Umsetzung von Verbraucherkredit- und Zahlungsdiensterichtlinie – Überblick über den Umsetzungsbedarf in der Bankpraxis anhand der vorliegenden Gesetzesentwürfe, BKR 2009, 1; Rühl, Weitreichende Änderungen im Verbraucherdarlehensrecht und Recht der Zahlungsdienste, DStR 2009, 2256; Schäfer/Lang, Die aufsichtsrechtliche Umsetzung der Zahlungsdiensterichtlinie und die Einführung des Zahlungsinstituts, BKR 2009, 11; Schürnbrand, Die Neuregelung des Verbraucherdarlehensrechts, ZBB 2008, 383.

Inhaltsübersicht

I. Allgemeines

1. Zusammenfassung des Regelungsinhalts und Zweck der Norm

a) Zweck. § 3 (bisher § 2 ZAG aF) bezweckt im ersten Teil den Schutz des Pu- **1** blikums vor dem Verlust der E-Geld-Instituten oder Zahlungsinstituten anvertrauten Mittel, will aber andererseits für Institute iSd ZAG die Erbringung des Einlagengeschäfts, soweit für die im ZAG geregelten Zahlungsdienste und E-Geld-Dienste erforderlich, öffnen (vgl. Erwägungsgrund Nr. 11 der PSD1). Ziel des Gesetzgebers und des Richtliniengebers ist es, das hohe Schutzniveau von Einlagen nicht zu beeinträchtigen (Erwägungsgrund Nr. 11 PSD1; Ellenberger/Findeisen/Nobbe/Böger/Findeisen Rn. 3).

Der zweite Regelungskomplex des § 3 bezweckt, zu verhindern, dass ein Institut **2** iSd ZAG durch die Vergabe von Krediten in Schwierigkeiten gerät. Es öffnet deshalb die grundsätzlich allein dem Kreditinstituten nach KWG (und sonstigen im KWG freigestellten Rechtspersonen) erlaubte Kreditvergabe für ZAG-Institute, soweit dies für die Erbringung der Zahlungsdienste (und E-Geld-Dienste) des ZAG erforderlich ist (Erwägungsgrund Nr. 13 PSD1). Die Kreditvergabe ist demgemäß auf „technische" Kredite beschränkt. Solche als Kreditgeschäft iSv § 1 Abs. 1 S. 2 Nr. 2 KWG zu erfassenden Kreditierungen, die im Zusammenhang mit der Erbringung von Zahlungsdiensten und (hier ist die Kreditvergabe in der Praxis weniger relevant) E-Geld-Diensten erforderlich werden, will § 3 freistellen.

3   Die Vorschrift des § 3 Abs. 4 S. 4 ergänzt die Regelung zu technischen Krediten und verpflichtet Institute des ZAG, die aufsichtsrechtlichen Regelungen des § 18a KWG zum Kreditgeschäft, die in Umsetzung von Art. 18 VerbraucherkreditRL ergangen sind, zu beachten. Diese Vorschrift verpflichtet (auch) die Institute des ZAG zur Erforschung der Kreditwürdigkeit des Verbrauchers vor Vergabe eines Kredits. Zweck der Vorschrift ist, im öffentlichen Interesse die verantwortungsvolle Vergabe von Krediten sicherzustellen sowie – als Reflex – den Verbraucher vor leichtsinniger Verschuldung zu schützen (Erwägungsgründe Nr. 26 ff. VerbraucherkreditRL).

4   **b) Systematik.** Die Systematik des § 3 ist so angelegt, dass in Abs. 1 das für die Institute des ZAG grundsätzlich geltende Verbot der Erbringung des Einlagengeschäfts iSv § 1 Abs. 1 S. 2 Nr. 1 KWG wiederholt (Ellenberger/Findeisen/Nobbe/Böger/Findeisen Rn. 12: „keine echte Verbotsnorm", kritisch hierzu Schäfer/Omlor/Mimberg/Schäfer Rn. 9) sowie in Abs. 4 das Verbot der Erbringung des Kreditgeschäfts gemäß § 1 Abs. 1 S. 2 Nr. 2 KWG vorausgesetzt (Abs. 4 spricht von Kreditgewährung „nur" in dem dort abgesteckten Rahmen) wird. Sodann gestattet § 3 unter einzelnen, eng definierten und eng auszulegenden Voraussetzungen den Instituten des ZAG in Abs. 2, Abs. 3 und Abs. 4 Satz 1–3 Ausnahmen davon. § 3 stellt dagegen nicht einen generellen Ausnahmerahmen für sämtliche Zahlungsdienstleister (vgl. § 1 Abs. 1: dazu gehören auch Kreditinstitute, Gebietskörperschaften etc) und E-Geld-Emittenten (Schwennicke/Auerbach/Schwennicke Rn. 3) auf. Für Zahlungsdienstleister iSd § 1 Abs. 1 S. 1 Nr. 3 bzw. § 1 Abs. 2 S. 1 Nr. 2, nämlich CRR-Kreditinstitute iSv § 1 Abs. 3d S. 1 KWG, bedarf es einer solchen Ausnahmebestimmung nicht, da diese definitionsgemäß eine Erlaubnis für das Einlagen- und Kreditgeschäft halten. Wenn sonstige Zahlungsdienstleister oder E-Geld-Emittenten Zahlungsdienste erbringen oder E-Geld emittieren, dann muss jeweils im Einzelfall geprüft werden, ob für diese eine entsprechende Ausnahmebestimmung nach dem KWG besteht. Über eine sog. negative Fiktion (Ellenberger/Findeisen/Nobbe/Böger/Findeisen Rn. 11) regelt das Gesetz sodann in Abs. 2 Satz 2, in Abs. 3 Satz 3 sowie in Abs. 4 Satz 3, dass die erlaubten Tätigkeiten kein Einlagen- bzw. Kreditgeschäft darstellen. Sämtliche Vorschriften stehen in einem engen Zusammenhang mit dem Umfang der Erlaubnis eines Zahlungsinstituts gemäß § 10 Abs. 2 bzw. eines E-Geld-Instituts gemäß § 11 Abs. 2.

5   § 18a Abs. 1–11 KWG findet entsprechende Anwendung nur für die Prüfung der Kreditwürdigkeit von Verbrauchern (§ 3 Abs. 4 S. 4) durch Zahlungsinstitute. Die entsprechende Anwendung (ähnlich § 2 Abs. 3 S. 4–9 ZAG aF) ist nicht für E-Geld-Institute vorgesehen. Für sonstige Zahlungsdienstleister iSv § 1 Abs. 1 S. 1 sowie für sonstige E-Geld-Emittenten iSv § 1 Abs. 2 S. 1 kann § 18a KWG unmittelbar zur Anwendung gelangen.

2. Normentwicklung und europarechtlicher Hintergrund

6   **a) Zahlungsdiensterichtlinie.** Die aufsichtsrechtlichen Ausnahmetatbestände des § 3 gehen zurück auf das ZDUG, das mit Wirkung zum 25.6.2009 in Kraft trat, und Art. 16 PSD1, jetzt Art. 18 PSD2, umsetzte, sowie auf das Zweite E-Geld-RLUG, das am 30.4.2011 in Kraft trat und Art. 6 der Zweiten E-Geld-

RL umsetzte. Das ZDUG II hat die Vorschrift inhaltlich nahezu unverändert belassen, sie dagegen redaktionell überarbeitet (RegBegr. ZDUG II, BT-Drs. 18/11495, 118). Der Verweis auf das Datenschutzrecht in § 2 Abs. 3 S. 8 ZAG aF findet sich nun in § 18a Abs. 9 KWG, der entsprechend anwendbar ist.

b) VerbraucherkreditRL. § 3 Abs. 4 S. 4 setzt Art. 8 Abs. 1 der Verbraucher- **7** kreditRL um. Wortgleich wurde § 18 aF KWG im Rahmen des VKRLUG durch einen Abs. 2 ergänzt. Art. 16 Abs. 5 PSD1 (jetzt Art. 18 Abs. 6 PSD2) sieht zugunsten der VerbraucherkreditRL ausdrücklich eine Öffnung vom Vollharmonisierungsgebot des Art. 86 Abs. 1 PSD1 (jetzt Art. 107 Abs. 1 PSD2) vor. Mit dem Gesetz zur Umsetzung der Wohnimmobilienkreditrichtlinie und zur Änderung handelsrechtlicher Vorschriften vom 11.3.2016 (BGBl. I 396) mit Wirkung zum 21.3.2016 wurde § 18 Abs. 2 KWG in § 18a KWG überführt und die Regelung zu Verbraucherdarlehen wurde erheblich erweitert. Auf dieser Änderung beruht die erhebliche redaktionelle Neufassung von § 3 Abs. 4 S. 4 gegenüber der Vorgängervorschrift.

3. Folgen eines Verstoßes

a) Verstoß gegen die Ausnahmen vom Einlagen- und Kreditgeschäft. **8**
Ein Zahlungsinstitut oder ein E-Geld-Institut, das die Grenzen der Ausnahmebestimmungen des § 3 Abs. 2, Abs. 3 und Abs. 4 S. 1–3 überschreitet, handelt ohne die erforderliche öffentlich-rechtliche Erlaubnis und verstößt gegen das Verbot des § 32 Abs. 1 Nr. 2 iVm § 1 Abs. 1 S. 2 Nr. 1 und Nr. 2 KWG.

aa) Strafbarkeit. § 63 Abs. 1 Nr. 1–3 sehen bei Überschreiten der Grenzen des § 3 Abs. 1, § 3 Abs. 2 S. 1 und Abs. 4 S. 1 die **Strafbarkeit** vor. Gleichzeitig ist der Tatbestand des § 54 Abs. 1 Nr. 2 KWG verwirklicht. Allerdings dürfte § 63 Abs. 1 Nr. 1–3, der die Strafbarkeit allein für Institute des ZAG regelt, ggü. § 54 Abs. 1 Nr. 2 KWG, der sich auf die Strafbarkeit von Unternehmen ohne eine entsprechende Erlaubnis bezieht, lex specialis sein (Ellenberger/Findeisen/Nobbe/Böger/ Findeisen Rn. 97; aA Schwennicke/Auerbach/Schwennicke Rn. 9: Idealkonkurrenz gem. § 52 StGB; BGH NJW 2021, 2979 Rn. 20ff. musste das nicht entscheiden). Der Gesetzgeber des Zweiten E-Geld-RLUG hat durch Erhöhung des Strafmaßes für Vorsatztaten in § 31 ZAG aF (jetzt § 63) von drei auf fünf Jahre die Bedeutung dieser Vorschrift noch einmal unterstrichen (RegBegr. Zweites E-Geld-RLUG, BT-Drs. 17/3023, 55). Bei Verstoß gegen § 3 Abs. 3 S. 1 (Zahlungskonten nur zur Abwicklung von Zahlungsvorgängen), wofür § 63 ZAG keine Strafbarkeit anordnet, kann eine Strafbarkeit nach § 54 Abs. 1 KWG in Betracht kommen, wenn die Überschreitung zB als Einlagengeschäft nach § 1 Abs. 1 S. 2 Nr. 1 KWG einzuordnen ist (Schäfer/Omlor/Mimberg/Schäfer Rn. 64).

bb) Gefahrenabwehr. Der BaFin stehen in diesem Fall die aufsichtsrechtlichen Eingriffsbefugnisse der §§ 4, 5 sowie §§ 37 und 44c KWG zu.

cc) Zivilrechtliche Folgen. Zivilrechtlich hat ein Verstoß gegen die Grenzen **9** des § 3 nicht in jedem Fall die Nichtigkeit des mit dem Kunden abgeschlossenen zivilrechtlichen Geschäftes gemäß § 134 BGB zur Folge. Gemäß § 134 BGB ist jeweils im Einzelfall festzustellen, ob sich aus dem verletzten gesetzlichen Verbot „ein anderes ergibt". Auch die Gerichte haben hier in den entschiedenen Einzelfällen klargemacht, dass die Nichtigkeitsfolge jeweils von der konkreten Ausgestaltung der einzelnen Übertretung abhängt und nicht allein von der jeweiligen Norm (so auch MüKoBGB/Armbrüster BGB § 134 Rn. 96). Bei einem ohne aufsichtsbehördliche

Erlaubnis abgeschlossenen Darlehensvertrag hat der BGH die Nichtigkeit verneint (BGH WM 1978, 1268 (1269); zust. Canaris, Bankvertragsrecht, Rn. 1286; vgl. auch BGH NJW 2005, 1784 (1785); 2011, 3024 (3025); zust. auch MüKoBGB/ Armbrüster BGB § 134 Rn. 96). Zum Schutz eines Sparers hat dagegen das OLG Stuttgart (NJW 1980, 1798 (1799f.)) einen Sparvertrag als verbotenes Einlagengeschäft für nichtig erklärt (anders OLG Karlsruhe BeckRS 2011, 4853 bei fehlender Erlaubnis als Finanzdienstleistungsinstitut); bei Verstoß gegen § 3 Abs. 1 käme also wohl Nichtigkeit in Betracht (Schwennicke/Auerbach/Schwennicke Rn. 10).

10　**b) Rechtsfolgen eines Verstoßes gegen die Vorschriften zur Prüfung der Kreditwürdigkeit.** Rechtsfolgen eines Verstoßes gegen die Vorschriften zur Prüfung der Kreditwürdigkeit des Verbrauchers sind folgende:

aa) Straf- oder bußgeldrechtliche Folgen. Weder ein Bußgeld noch eine Strafbarkeit ist vorgesehen für Verstöße gegen die Vorschriften des § 3 Abs. 4 S. 4. Auch § 18a KWG ist nicht bußgeldbewehrt, da § 56 Abs. 2 Nr. 5 KWG einen Verstoß gegen § 18a KWG nicht erfasst.

11　**bb) Zivilrechtliche Folgen.** Zivilrechtlich wurde den Vorschriften über die Kreditwürdigkeitsprüfung des § 3 Abs. 4 S. 4 ein **drittschützender** Charakter iSv § 823 Abs. 2 BGB lange Zeit nicht zugesprochen (so Schürnbrand ZBB 2008, 383 (388f.); Derleder NJW 2009, 3195 (3199f.); Rühl DStR 2009, 2256 (2261); Rösler/Werner BKR 2009, 1 (3); Ellenberger/Findeisen/Nobbe/Böger/Findeisen Rn. 120; dafür aber: Ady/Paetz WM 2009, 1061 (1067)). Eine im Vordringen befindliche Auffassung verweist insbes. im Anschluss an die Rspr. des EuGH iS Crédit Lyonnais (WM 2014, 1528 Rn. 42f.; zuletzt EuGH NJW 2020, 1199 Rn. 31 – POR-Finance sro/GK) auf den zusätzlich verbraucherschützenden Charakter der Kreditwürdigkeitsprüfung (Ellenberger/Findeisen/Nobbe/Böger/Findeisen Rn. 120f. mwN; Schäfer/Omlor/Mimberg/Schäfer Rn. 56). Die überwiegende Meinung zu dem im Wortlaut dem § 18a KWG ähnlichen §§ 505a–505e BGB geht dort von einem verbraucherschützenden Charakter aus (Dauner-Lieb/ Langen/Krämer/Mallmann BGB § 505a Rn. 2; BeckOK BGB/Möller § 505a Rn. 2; BT-Drs. 18/5922, 62), während dies für § 18a KWG abgelehnt wird (Schwennicke/Auerbach/Schwennicke § 18a Rn. 63f.). Hier wird insbesondere darauf verwiesen, dass §§ 505a–505c BGB eine abschließende verbraucherschutzrechtliche Regelung darstellen, so dass für § 18a KWG ein verbraucherschützender Charakter nicht in Betracht komme (Schwennicke/Auerbach/Schwennicke § 18a Rn. 65). Dagegen spricht auch § 4 Abs. 4 FinDAG, wonach die BaFin ihre Befugnisse allein im öffentlichen Interesse wahrnimmt (ähnlich Ellenberger/Findeisen/ Nobbe/Böger/Findeisen Rn. 119; Schwennicke/Auerbach/Schwennicke Rn. 36). Es sprechen deshalb die besseren Argumente dafür, den drittschützenden Charakter von § 3 Abs. 4 S. 4 ebenfalls abzulehnen.

II. Verbot des Einlagengeschäfts (Abs. 1)

1. Allgemeines

12　**a) Normentwicklung und europarechtlicher Hintergrund.** Abs. 1 setzt Art. 16 Abs. 4 PSD1(jetzt Art. 18 Abs. 5 PSD2) um, der auf Art. 9 CRD IV verweist. Mit dem Zweiten E-Geld-RLUG wurde Abs. 1 in Ausführung von Art. 6 Abs. 2 Zweite E-Geld-RL auf E-Geld-Institute erstreckt.

b) Systematik. In der Systematik ist auffallend, dass Abs. 1 den Tatbestand des **13** § 1 Abs. 1 S. 2 Nr. 1 KWG (Einlagengeschäft) nur unvollständig wiederholt. Der Gesetzgeber wollte hierdurch offenbar die Gegenausnahme in § 1 Abs. 1 S. 2 Nr. 1 KWG, nämlich die darin erlaubte Ausgabe von Inhaber- oder Orderschuldverschreibungen, modifizieren für Institute des ZAG (so ausdrücklich RegBegr. ZDUG, BT-Drs. 16/11613, 41). Durch den Verweis in Abs. 1 auf die Erlaubnistatbestände des § 10 Abs. 1 S. 1 und § 1 Abs. 1 S. 1 bezieht der Gesetzgeber den Umfang der Erlaubnis als Zahlungsinstitut oder als E-Geld-Institut, insbesondere auch § 10 Abs. 2 und § 11 Abs. 2 mit ein, in deren Rahmen die Ausnahmetatbestände des § 3 Abs. 2 und § 3 Abs. 3 den Umfang und die Umstände der erlaubten Einlagetätigkeit konkretisieren. Abs. 1 gilt ausschließlich für Institute des ZAG, dh für Zahlungsinstitute und E-Geld-Institute. **Sonstige Zahlungsdienstleister** iSv § 1 Abs. 1 S. 1 oder sonstige E-Geld-Emittenten iSv § 1 Abs. 2 S. 1 sind hier nicht angesprochen (Schwennicke/Auerbach/Schwennicke Rn. 3).

2. Einlagen oder andere rückzahlbare Gelder des Publikums entgegennehmen

a) Allgemeines. Die Formulierung des Abs. 1 ist in mehrfacher Hinsicht mit § 1 **14** Abs. 1 S. 2 Nr. 1 KWG nicht identisch. Letzterer spricht von „fremden Geldern" und nicht nur von Geldern. Sodann sind in der KWG-Norm neben Einlagen andere „unbedingt" rückzahlbare Gelder angesprochen. Das Wort „unbedingt" fehlt ebenfalls in Abs. 1. Sodann fehlt die Gegenausnahme: „sofern der Rückzahlungsanspruch nicht in Inhaber- oder Orderschuldverschreibungen verbrieft wird". Wenn Findeisen (Ellenberger/Findeisen/Nobbe/Böger/Findeisen Rn. 12) davon spricht, dass es sich hierbei nicht um eine „echte Verbotsnorm" handelt, so will er der Norm offenbar lediglich **Verweischarakter** zusprechen. Auch aus der Gesetzesbegründung (RegBegr. ZDUG, BT-Drs. 16/11613, 41; RegBegr. Zweites-E-Geld-RLUG, BT-Drs. 17/3023, 42) lässt sich entnehmen, dass **sämtliche das Einlagengeschäft qualifizierenden Tatbestandsmerkmale** des § 1 Abs. 1 S. 2 Nr. 1 KWG auch für Institute des ZAG Anwendung finden sollen; die Gegenannahme der Emission von Inhaber- oder Orderschuldverschreibungen wollte der Gesetzgeber nur modifizieren, nicht aber in Gänze abbedingen (→ Rn. 21 ff.).

b) Fremde Gelder. Fremde Gelder sind Bargeld, Buchgeld und E-Geld **15** (Fischer/Schulte-Mattler/Schäfer KWG § 1 Rn. 37; Art. 4 Nr. 25 PSD2). Private Zahlungsmittel, wie Bitcoin, rechnen nicht dazu; sie sind auch kein E-Geld (vgl. → § 1 Rn. 245). Mit dem Merkmal „fremd" wird zum Ausdruck gebracht, dass die Gelder nicht zum endgültigen Verbleib bei dem Unternehmen bestimmt sind, wie dies zB bei der Einlage von Gesellschaftern der Fall ist (BaFin-Merkblatt Einlagengeschäft v. 20.8.2021, Abschn. I.4.; Boos/Fischer/Schulte-Mattler/Schäfer KWG § 1 Rn. 44; BGH NZG 2010, 587 (588)).

c) Entgegennehmen. Das Wort „entgegennehmen" verweist wohl auf das Tat- **16** bestandsmerkmal „Annahme" in § 1 Abs. 1 S. 2 Nr. 1 KWG. Eine Annahme stellt bei Bargeld die tatsächliche Übergabe dar, bei Buchgeld die Umbuchung auf ein Konto des Instituts (BaFin-Merkblatt Einlagengeschäft v. 20.8.2021, Abschn. I.2.). Fraglich kann das Tatbestandsmerkmal Annahme dann sein, wenn dem Institut das Geld als Bote übergeben wird. Hier wird man aber wohl lediglich bei Bargeld im Falle einer Besitzdienerschaft iSv § 855 BGB das Tatbestandsmerkmal der „Annahme" ausschließen (ähnlich Fischer/Schulte-Mattler/Schäfer KWG § 1 Rn. 39).

Bei einem Transfer von Buchgeld erlangt das Institut die tatsächliche Sachherrschaft über das Geld, selbst wenn es als Bote tätig wird; hierdurch erfüllt es auch den Tatbestand des Finanztransfergeschäfts (§ 1 Abs. 1 S. 2 Nr. 6). Auf Gesellschaftskonten stehen gelassene Gewinne von Gesellschaftern nimmt dagegen das Institut nicht an in diesem Sinne (Schwennicke/Auerbach/Schwennicke § 1 Rn. 28).

17   **d) Andere rückzahlbare Gelder.** Aufgrund des Charakters von Abs. 1 als Verweisnorm (→ Rn. 13) ist hier auch das in § 1 Abs. 1 S. 2 Nr. 1 KWG enthaltene qualifizierende Merkmal „unbedingt" hineinzulesen. Aus dem Wortlaut des § 1 Abs. 1 S. 2 Nr. 1 KWG „Einlagen oder anderer unbedingt rückzahlbarer Gelder des Publikums" ergibt sich zudem, dass auch das Merkmal „Einlagen" durch das Adjektiv „unbedingt rückzahlbar" zu qualifizieren ist (Reischauer/Kleinhans/Brogl § 1 Rn. 53; RegBegr. FinanzkonglomerateG, BT-Drs. 15/3641, 36). Anders Schäfer/Omlor/Mimberg/Schäfer Rn. 11, 22, der meint, dass § 3 das Verbot des § 32 iVm § 1 Abs. 1 S. 2 Nr. 1 KWG erweitere; das widerspricht aber wohl der Intention des Gesetzgebers (RegBegr. ZDUG, BT-Drs. 16/11613, 41; RegBegr. Zweites-E-Geld-RLUG, BT-Drs. 17/3023, 42; auch → Rn. 14).

18   **aa) Rückzahlbar.** Rückzahlbar sind Gelder, auf die zivilrechtlich ein Anspruch auf Rückzahlung besteht (Bafin-Merkblatt Einlagengeschäft v. 20.8.2021, Abschn. I.4.). Ein Kündigungserfordernis oder eine Befristung der Überlassung hindern die Annahme der Rückzahlbarkeit nicht. Aufgrund des unabdingbaren Anspruchs gemäß § 33 Abs. 1 S. 2 und S. 3 ist E-Geld jederzeit rückzahlbar. Werden Gelder im Rahmen eines Austauschvertrages entgegengenommen, so entfällt die Rückzahlbarkeit. Dies gilt auch dann, wenn die Gegenleistung für den Kaufpreis erst sehr viel später erbracht wird (BaFin-Merkblatt Einlagengeschäft v. 20.8.2021, Abschn. I.4.). Die spätere, nicht-planmäßige Rückabwicklung des Vertrages führt nicht dazu, dass der Kaufpreis als rückzahlbar iSd aufsichtsrechtlichen Bestimmung anzusehen ist (Fischer/Schulte-Mattler/Schäfer KWG § 1 Rn. 46). Die Ausgabe von E-Geld gegen Bezahlung stellt allerdings keinen derartigen Austauschvertrag dar (RegBegr. Zweites E-Geld-RLUG, BT-Drs. 17/3023, 42). Vgl. im Übrigen die Ausführungen unter → § 1 Rn. 244 ff.

19   **bb) Unbedingt.** Ein Einlagengeschäft liegt nur vor, wenn die Gelder „unbedingt" rückzahlbar sind. Unbedingt ist die Rückzahlbarkeit, wenn die Rückzahlung nicht vom Eintritt eines zukünftigen, ungewissen Ereignisses abhängig gemacht wird (VG Berlin DB 1999, 1377 (1380); RegBegr. zur 6. KWG-Novelle, BT-Drs. 13/7142, 63; Loritz ZIP 2001, 309 (313); BaFin-Merkblatt Einlagengeschäft v. 20.8.2021, Abschn. I.5.). Hierbei kommt es nach umstr. Ansicht auch auf die Sicht des Kunden an und die werbliche Darstellung (oben Kommentierung zu → § 2 Rn. 111). Die **Refinanzierung** eines Zahlungsinstituts oder eines E-Geld-Instituts über Mezzanine-Kapital, Nachrangdarlehen, partiarische Darlehen, stille Gesellschaften, Genussrechte oder Gesellschafterdarlehen oder über stehen gelassene Guthaben auf Verrechnungskonten bei Personenhandelsgesellschaften ist deshalb dann kein Einlagengeschäft iSv § 1 Abs. 1 S. 2 Nr. 1 KWG, wenn die Rückzahlung je nach Fallgestaltung aufgrund eines qualifizierten Rangrücktritts, einer Verlustbeteiligung oder sonstwie nicht „unbedingt" ist (VGH Kassel WM 2009, 1889 (1891); VG Berlin DB 1999, 1377 (1380); Loritz ZIP 2001, 309 (313); RegBegr. FinanzkonglomerateG, BT-Drs. 15/3641, 36; BaFin-Merkblatt Einlagengeschäft v. 20.8.2021, Abschn. I.5.). Ausgenommen vom Tatbestand des Einlagengeschäfts sind mangels unbedingter Rückzahlbarkeit auch verschiedene Gestaltungen von

Geschäftsbesorgungsverträgen. Nach Ansicht der BaFin schließen sich die bürgerlich-rechtliche Geschäftsbesorgung und das Einlagengeschäft aus, wenn die Geldverwahrung nur ein Teilaspekt des Geschäftsbesorgungsvertrages ist (BaFin-Merkblatt Einlagengeschäft v. 20.8.2021, Abschn. I.5.d. „Geschäftsbesorgungsverträge"). Da es sich bei dem Zahlungsdienstevertrag um einen Sonderfall des Geschäftsbesorgungsvertrages handelt (RegBegr. ZDRLUG, BT-Drs. 16/11643, 102; Erman/v. Westphalen BGB § 675f Rn. 2; MüKoBGB/Casper BGB § 675f Rn. 7), könnten sämtliche Zahlungsdienstleistungen iSv § 1 Abs. 2 aus der Definition des Einlagengeschäfts herausfallen. Gelder in Geschäftsbesorgungsverhältnissen sollen nämlich auch dann nicht unbedingt rückzahlbar sein, wenn „der Geschäftsherr sich – rechtzeitig – umbesinnt" (Bafin-Merkblatt Einlagengeschäft v. 20.8.2021, Abschn. I.5.d.), sodass die nach dem Zivilrecht bestehenden Widerrufsmöglichkeiten (zB § 675x BGB) nicht schädlich wären. Die BaFin will jedoch „Zahlungsverkehrsdienstleistungen, die außerhalb der eigentlichen Geschäftsbesorgung stehen", als Einlagengeschäft ansehen (BaFin-Merkblatt Einlagengeschäft v. 20.8.2021, Abschn. I.5.d.); RegBegr. ZDUG, BT-Drs. 16/11613, 41 f., setzt das Vorliegen von einem Einlagengeschäft im Falle der Erbringung von Zahlungsdiensten schlicht voraus). Dagegen soll (BaFin-Merkblatt Einlagengeschäft v. 20.8.2021, Abschn. I.5.d.) – unbeschadet des möglichen Vorliegens eines Finanztransfergeschäfts iSv § 1 Abs. 2 Nr. 6 – in sog. Weiterleitungsfällen im Zusammenhang mit einem abgeschlossenen Kaufvertrag kein Einlagengeschäft zu sehen sein, wenn eine dritte Partei den Kaufpreis auf einem Treuhandkonto entgegennimmt und diesen bei Bestätigung der Mangelfreiheit der Ware durch den Käufer an den Verkäufer weiterleitet. Richtigerweise wird man differenzieren müssen: Werden Gelder im Rahmen eines Zahlungsdienstevertrages iSv § 675f BGB an den Zahlungsdienstleister übermittelt, so ist eine vom Willen des Auftraggebers abhängige, also eine unbedingte Rückzahlbarkeit der Gelder, so lange gegeben, wie keine Unwiderruflichkeit der Rückzahlung gemäß §§ 675p, 675s BGB eingetreten ist. Ist kraft Gesetzes oder einer im Rahmen von § 675e gestatteten Vereinbarung die Widerruflichkeit des Zahlungsauftrags ausgeschlossen, so ist die Rückzahlbarkeit nicht mehr „unbedingt". Ungeachtet dessen entfällt für ein Institut iSd ZAG kraft der Fiktion des Abs. 3 Satz 3 der Tatbestand des Einlagengeschäfts.

e) Einlage. Bei dem Begriff der „Einlage" handelt es sich um einen bankwirtschaftlichen Begriff, der unter Berücksichtigung der bankwirtschaftlichen Verkehrsauffassung zu konkretisieren ist (BGH NJW 1995, 1494 (1495); Canaris BB 1978, 227 (228)). Danach soll ein Einlagengeschäft gegeben sein, „wenn von einer Vielzahl von Geldgebern aufgrund typisierter Verträge darlehensweise oder in einer ähnlichen Weise Gelder entgegengenommen werden" (OVG Berlin E-SLG. 12, 217 (219); BGH NJW 1995, 1494 (1495); Reischauer/Kleinhans/Brogl KWG § 1 Rn. 37; SBL BR-HdB/Schürmann § 69 Rn. 5). Weitere Voraussetzung für das Vorliegen einer Einlage ist, dass die Annahme ohne banktübliche Besicherung stattfindet (BGH NJW 1995, 1494 (1495), mwN). Die Absicht, ein Mittel für eigene Zwecke zu nutzen, kann ein Indiz für das Vorliegen einer Einlage sein (BGH NJW 1995, 1494 (1495); Fischer/Schulte-Mattler/Schäfer KWG § 1 Rn. 40). Einlagen sind danach sog. **Sichteinlagen** (ohne Vereinbarung einer Laufzeit oder Kündigungsfrist), **Festgelder** (befristet überlassene Einlagen) oder **Spareinlagen** (§ 21 Abs. 4 RechKredV; BGH WM 2010, 928 (929)). Auch die Annahme von Treuhandgeldern ist Einlagengeschäft (VG Kassel BeckRS 2011, 45418; OVG Berlin WM 1984, 865). Dies soll jedoch nicht gelten für Gelder auf Anderkonten von No-

20

taren oder Rechtsanwälten, die zur Erfüllung von Verträgen, Unternehmenskauf-
verträgen, Grundstückskaufverträgen oa an Dritte weiterzuleiten sind (BaFin-
Merkblatt Einlagengeschäft v. 20.8.2021, Abschn. I.5.; Fischer/Schulte-Mattler/
Schäfer KWG § 1 Rn. 43).

21   **f) Nicht in Inhaber- oder Orderschuldverschreibungen verbrieft.** Obschon diese Gegenausnahme im Rahmen von Abs. 1 nicht erwähnt ist, gilt sie auch
für Institute iSd ZAG, dies allerdings unter gewissen Einschränkungen (RegBegr.
ZDUG, BT-Drs. 16/11613, 41; BaFin-Merkblatt Einlagengeschäft v. 20.8.2021,
Abschn. II.).

22   **aa) Inhaberschuldverschreibungen. Inhaberschuldverschreibungen** sind
Wertpapiere iSd § 793 BGB. Entscheidend ist, dass der Anspruch zur Rückzahlung
der eingelegten Gelder nur dem zusteht, der das Papier innehat, dh das Recht aus
dem Papier folgt dem Recht an dem Papier (Baumbach/Hefermehl/Casper/Casper
WPR Rn. 34 ff.; Erman/Wilhelmi BGB vor § 793 Rn. 6). Bei Orderschuldverschreibungen kommt hinzu, dass die Urkunde nur durch Indossament übertragen
werden kann (Erman/Wilhelmi BGB vor § 793 Rn. 5). Diese Ausnahme gilt jedoch
nicht für Namensschuldverschreibungen (so BGH ZIP 2001, 1503 (1504); BaFin-
Merkblatt Einlagengeschäft v. 20.8.2021, Abschn. II.), die im Wege der Abtretung
gemäß § 398 BGB zu übertragen sind (Baumbach/Hefermehl/Casper/Casper
WPR Rn. 63 ff.; Erman/Wilhelmi BGB vor § 793 Rn. 4). Ausländischem Recht
unterstehende Wertpapiere müssen in ihrer rechtlichen Struktur der Art sein, dass
sie – unterstünden sie deutschem Recht – als Inhaber- oder Orderschuldverschreibungen einzuordnen wären (BaFin-Merkblatt Einlagengeschäft v. 20.8.2021, Abschn. II.). Aus der Formulierung des Gesetzestextes, der von einer Mehrzahl von Inha-
ber- oder Orderschuldverschreibungen spricht, schlussfolgert die BaFin (BaFin-
Merkblatt Einlagengeschäft v. 20.8.2021, Abschn. II.), dass diese Teil einer Emission
von Schuldverschreibungen am Kapitalmarkt sein müssen, um unter die Bereichsausnahme zu fallen. Zwar wird man zugestehen müssen, dass eine einzelne, individuell ausgestellte Inhaberschuldverschreibung den Sinn und Zweck der Ausnahmebestimmung nicht erfüllt (so auch Fischer/Schulte-Mattler/Schäfer KWG § 1
Rn. 47). Ausreichend dürfte aber auch eine Privatplatzierung iSv § 3 Abs. 2 WpPG
sein, wenn die Emission in diesem Rahmen einer Vielzahl von Personen angeboten
wird (ähnlich Fischer/Schulte-Mattler/Schäfer KWG § 1 Rn. 47). Auf eine Notie-
rung an der Börse oder eine Einbeziehung in den Freiverkehr kann es hierbei nicht
ankommen.

23   **bb) Beschränkung für ZAG-Institute.** Die Aufsicht (BaFin-Merkblatt ZAG
v. 14.2.2023, Abschn. E.7) will hier nach Zahlungsinstituten und E-Geld-Instituten
differenzieren. Die Begebung von Inhaber- oder Orderschuldverschreibungen soll
einem Zahlungsinstitut grundsätzlich gestattet sein; nur dann, wenn es im Rahmen
des § 3 Abs. 4 Kredite gewährt hat, darf es keine Inhaber- oder Orderschuldverschreibungen ausgeben (RegBegr. ZDUG, BT-Drs. 16/11613, 41; BaFin-Merkblatt ZAG v. 14.2.2023, Abschn. E.7). Umgekehrt darf ein Zahlungsinstitut, das In-
haber- oder Orderschuldverschreibungen emittiert hat, so lange keine Kredite iSv
§ 3 Abs. 4 ausreichen, wie nicht alle Inhaber- oder Orderschuldverschreibungen zurückgeführt sind (vgl. BaFin-Merkblatt ZAG v. 14.2.2023, Abschn. E.7). Ein Verstoß hiergegen hätte zur Folge, dass die ausgegebenen Inhaber- oder Orderschuldverschreibungen als Einlagen iSv § 1 Abs. 1 S. 2 Nr. 1 KWG anzusehen wären. Eine
gleichzeitige Ausgabe von Krediten und Inhaber- oder Orderschuldverschreibun-

gen würde, so RegBegr. und BaFin (RegBegr. ZDUG, BT-Drs. 16/11613; BaFin-Merkblatt ZAG v. 14.2.2023, Abschn. E.7) dazu führen, dass ein solches Institut als Kreditinstitut anzusehen wäre. Zum Kredit-Begriff iSv § 3 Abs. 4 → Rn. 65ff. Für E-Geld-Institute soll die Ausgabe von Inhaber- oder Orderschuldverschreibungen generell verboten sein (BaFin-Merkblatt ZAG v. 14.2.2023, Abschn. E.7). Begründet wird dies damit, dass § 3 Abs. 1 die Bereichsausnahme für Inhaber- oder Orderschuldverschreibungen nicht vorsehe. Dann aber macht die Differenzierung keinen Sinn, da § 3 Abs. 1 für beiderlei Institute gilt. Richtigerweise muss man berücksichtigen, dass der dem § 3 Abs. 1 zugrunde liegende Art. 16 Abs. 4 PSD1 (jetzt Art. 18 Abs. 5 PSD2) auf Art. 9 CRD IV verweist, der wiederum in seinem Abs. 2 „die im nationalen Recht (…) ausdrücklich genannten Fälle" ausnimmt. Auch deshalb wird man davon ausgehen müssen, dass der Gesetzgeber § 3 Abs. 1 als Verweisnorm auf sämtliche das Einlagengeschäft qualifizierenden Tatbestandsmerkmale des § 1 Abs. 1 S. 2 Nr. 1 KWG (→ Rn. 14) konzipiert hat und somit für Institute des ZAG, auch für E-Geld-Institute, die Ausgabe von Inhaber- oder Orderschuldverschreibungen ermöglichen wollte, wenn sie nicht Kredite im Sinn des § 3 Abs. 4 begeben.

g) Bestellung banküblicher Sicherheiten. Nach dem Willen des Gesetzgebers **24** (RegBegr. FinanzkonglomerateG, BT-Drs. 15/3641, 36) entfällt der Tatbestand des Einlagengeschäfts auch dann, wenn für die Einlagen der Art nach **bankübliche Sicherheiten** bestellt werden (zustimmend BaFin-Merkblatt Einlagengeschäft v. 20.8.2021, Abschn. III.). Erforderlich ist hierfür eine Bankgarantie oder ein gleichwertiges Einstandsversprechen eines im Inland zum Geschäftsbetrieb zugelassenen Kreditinstituts oder die Unterlegung der Einlage mit einem verpfändeten Festgeld (BaFin-Merkblatt Einlagengeschäft v. 20.8.2021, Abschn. III.).

3. Nicht gewerbsmäßig, kaufmännischer Geschäftsbetrieb

Das Einlagengeschäft steht nur unter Erlaubnisvorbehalt, wenn es gewerbsmäßig **25** oder in einem Umfang, der einen in kaufmännischer Weise eingerichteten Geschäftsbetrieb erfordert, durchgeführt wird.

a) Gewerbsmäßig. Von beiden Alternativen reicht das Tatbestandsmerkmal **26** gewerbsmäßig sehr viel weiter. Ein gewerbsmäßiger Betrieb von Einlagengeschäft liegt dann vor, wenn dieses auf gewisse Dauer angelegt ist und die Absicht der Gewinnerzielung vorliegt (BGH DB 2006, 2061 (2062); VGH Kassel WM 2009, 1889 (1892); RegBegr. ZDUG, BT-Drs. 16/11613, 41). Das Einlagengeschäft wäre dann nicht auf gewisse Dauer angelegt, wenn nur einzelne solcher Geschäfte betrieben werden und keine Wiederholungsabsicht besteht (RGZ 66, 48 (51); zur Bagatellgrenze s. unten). Die Gewinnerzielungsabsicht beim Einlagengeschäft, das zunächst für das Institut vor allem Kosten auslöst, kann sich nur aus der Reinvestitionsabsicht ergeben, sodass in diesem Fall das Merkmal kaufmännischer Geschäftsbetrieb im Vordergrund steht (→ Rn. 27). Hier mag man deshalb statt auf die Gewinnerzielungsabsicht auf die Entgeltlichkeit der Geschäfte abstellen (hierzu die handelsrechtliche Literatur, statt aller: MüKoHGB/Schmidt HGB § 1 Rn. 31; aA Schäfer/Omlor/Mimberg/Schäfer Rn. 27. Einlage impliziert Gewinnerzielungsabsicht, Entgeltlichkeit kann dahinstehen).

b) Kaufmännisch eingerichteter Geschäftsbetrieb. Das Einlagengeschäft **27** des Instituts stünde auch unter Erlaubnisvorbehalt, wenn es einen kaufmännisch eingerichteten Geschäftsbetrieb erfordert. Sofern ein Institut kraft Rechtsform (§ 6

HGB) oder infolge seiner Eintragung in das Handelsregister (§§ 2, 5 HGB) verpflichtet ist, gemäß §§ 238 ff. HGB Handelsbücher zu führen und einen Jahresabschluss aufzustellen, so läge schon allein deshalb ein kaufmännischer Geschäftsbetrieb vor. Vor allem maßgeblich ist aber, ob der Geschäftsbetrieb nach der bankwirtschaftlichen Verkehrsauffassung die Einrichtung eines Geschäftsbetriebs objektiv erfordert (BaFin-Merkblatt Einlagengeschäft v. 20.8.2021, Abschn. V.). Dies kann bei gleichzeitigem Betreiben mehrerer Bankgeschäfte auch bei vergleichsweise geringem Umfang der Fall sein (BaFin-Merkblatt Einlagengeschäft v. 20.8.2021, Abschn. V.). Abzustellen ist aber vor allem auf die Anzahl der Geschäfte sowie den Umsatz hiermit; daneben sind auch die Anzahl der Mitarbeiter, die in dieses Geschäft involviert sind, Ertrag, die Einrichtungen des Unternehmens für dieses jeweilige Bankgeschäft sowie weitere Kriterien heranzuziehen (BGH WM 1960, 935; OLG Celle BKR 2004, 484). Für das Einlagengeschäft hat sich auf der Basis eines Schreibens der BAKred, der Rechtsvorgängerin der BaFin (BAKred 7.9.1982 – I2-151-14/82, abgedruckt in: Reischauer/Kleinhans KWG Band 2 Abschn. Kza. 281 Nr. 1, bestätigt in: BaFin-Merkblatt Einlagengeschäft v. 20.8.2021, Abschn. V.; hierzu auch Ellenberger/Findeisen/Nobbe/Findeisen, 2. Aufl. 2013, § 2 Rn. 25), eine Verwaltungsübung zu einer **Bagatellgrenze** gebildet, die auch der Gesetzgeber des ZDUG aufgreift (RegBegr. ZDUG, BT-Drs. 16/11613, 41) und die überschritten ist:

– bei mehr als 25 Einlagen (Stückzahlgrenze) oder
– bei mehr als fünf Einzeleinlagen, die in Summe 12.500,00 EUR überschreiten (BaFin-Merkblatt Einlagengeschäft v. 20.8.2021, Abschn. V.)

28   Beide Kriterien müssen gleichzeitig erfüllt sein. 25 Einzeleinlagen sind deshalb nur dann erlaubnisfrei, wenn sie einen Gesamtbetrag von 12.500,00 EUR unterschreiten (vgl. auch VG Frankfurt a. M. ZIP 2007, 1203 (1205): 18 Einlagen mit Gesamtvolumen von 1,09 Mio. EUR; vgl. auch BGH DStR 2006, 1847 ff.). Laut Findeisen (Ellenberger/Findeisen/Nobbe/Böger/Findeisen Rn. 27) soll in einer Einzelfallbetrachtung das Einlagengeschäft auch bei weniger als 6 Einlagen und weniger als 12.500,00 EUR Gesamtvolumen in Betracht kommen (vgl. zur Einzelfallbetrachtung LG Hamburg BeckRS 2015, 3063 I.2.a; zum Begriff des Einlagengeschäfts generell BGH WM 2013, 874 (876 f.)).

4. Ausnahme für ZAG-Institute

29   Selbst wenn ein gewerbsmäßig betriebenes oder einen kaufmännischen Geschäftsbetrieb erforderndes Einlagengeschäft iSv § 1 Abs. 1 S. 2 Nr. 1 KWG vorliegt, wird dem mit einer Erlaubnis nach § 10 Abs. 1 S. 1 oder § 11 Abs. 1 S. 1 ausgestatteten Instituten des ZAG das Einlagengeschäft in den Grenzen des Abs. 2 und Abs. 3 erlaubt.

III. E-Geld-Institut – Grenzen des erlaubten Einlagengeschäfts (Abs. 2)

1. Allgemeines

30   **a) Europäische Richtlinie.** Abs. 2 Satz 1 und Satz 2 Hs. 1 setzen Art. 6 Abs. 3 Zweite E-Geld-RL um. Abs. 2 Satz 3 setzt Art. 12 Zweite E-Geld-RL um. Die Vorschrift gilt ausschließlich für E-Geld-Institute; sie ergänzt und konkretisiert den Umfang der erlaubten Tätigkeiten und soll die Verwendung von E-Geld zu Spar-

zwecken verhindern (Erwägungsgrund Nr. 13 der Zweiten E-Geld-RL; RegBegr. Zweite E-Geld-RLUG, BT-Drs. 17/3023, 42).

b) Überblick. In der Regel wird die Ausgabe von E-Geld den Tatbestand des 31 Einlagengeschäfts iSd § 1 Abs. 1 S. 2 Nr. 1 KWG erfüllen, der in Abs. 1 in Bezug genommen ist (RegBegr. Zweite E-Geld-RLUG, BT-Drs. 17/3023, 42). Deshalb haben Richtliniengeber und deutscher Gesetzgeber Ausnahmen vorgesehen, unter denen die Ausgabe von E-Geld und der sonstige Betrieb des E-Geld-Geschäfts kein Einlagengeschäft darstellen. Die dabei zu berücksichtigenden Grenzen und Erfordernisse sind in Abs. 2 geregelt. Sollte im Einzelfall das E-Geld-Geschäft nicht gewerbsmäßig oder in einem Umfang betrieben werden, der einen kaufmännischen Geschäftsbetrieb erfordert, so wären wohl auch diese Grenzen und Voraussetzungen des Abs. 2 so nicht anwendbar.

Die Ausnahme vom Einlagentatbestand rechtfertigt sich aus Sicht des Gesetz- 32 gebers und des Richtliniengebers daraus, dass E-Geld nicht zu Sparzwecken und lediglich zur Bezahlung von Kleinbeträgen verwendet wird (Erwägungsgrund Nr. 13 Zweite E-Geld-RL; RegBegr. Zweites E-Geld-RLUG, BT-Drs. 17/3023, 42). Richtliniengeber und Gesetzgeber haben hieraus die Konsequenz gezogen, E-Geld-Institute **keinem Einlagensicherungsmechanismus** zu unterwerfen (vgl. § 1 EinSiG sowie § 1 Abs. 1 AnlEntG; vgl. auch Erwägungsgrund Nr. 34 EinlagensicherungsRL; → § 17 Rn. 36e); stattdessen unterliegen diese dem Regime der §§ 17, 18. Die Vorschrift des Abs. 2 gliedert sich in drei Teile: Satz 1 enthält das Umtauschgebot, Satz 2 die Fiktion, dass E-Geld-Geschäft unter bestimmten weiteren Voraussetzungen kein Einlagengeschäft darstellt, und Satz 3 das Verbot der Verzinsung und der sonstigen Vorteilsgewährung.

2. Umtauschgebot (Satz 1)

a) Allgemeines. Satz 1 stellt das Gebot auf, zum Zwecke der Ausgabe von 33 E-Geld entgegengenommene Gelder unverzüglich umzutauschen. Die Änderung von „entgegengenommen hat" (§ 2 Abs. 1a idF des Zweiten E-Geld-RLUG) in „entgegennimmt" (§ 3 Abs. 2 idF des ZDUG II) sollte keine inhaltlichen Auswirkungen haben (RegBegr., BT-Drs. 18/11495, 118). Die Fiktion des Satz 2 knüpft allerdings wiederum daran an, dass die Ausgabe des E-Geldes „gleichzeitig oder unverzüglich nach der Entgegennahme der Gelder" zu erfolgen habe. Das Zusammenspiel der beiden Normen scheint sprachlich nicht geglückt. Richtigerweise wird man annehmen müssen, dass die Erfüllung des Umtauschgebotes iSv Satz 1 die Fiktion des Satz 2 auslöst, sodass die Voraussetzungen jeweils dieselben sind.

b) Zum Zwecke der Ausgabe von E-Geld entgegengenommene Gelder. 34 Zum Zweck der Ausgabe von E-Geld entgegengenommene Gelder sind solche, die der Kunde im Rahmen eines Zahlungsdienstevertrages gemäß § 675c Abs. 2 BGB dem E-Geld-Institut zur Erfüllung seiner Zahlungspflichten aus diesem Vertrag überlassen hat.

c) Das Merkmal „Umtauschen". Das Merkmal „Umtauschen in E-Geld" ist 35 zu verstehen als **Ausgabe** von E-Geld iSv § 1 Abs. 2 S. 2. Dies folgt daraus, dass Satz 2 allein von „Ausgabe" spricht (so auch RegBegr. Zweite E-Geld-RLUG, BT-Drs. 17/3023, 42). Auf die Ausführungen hierzu (→ § 1 Rn. 268ff.) wird verwiesen.

36　　**d) Gleichzeitig und unverzüglich.** Die Ausgabe hat **gleichzeitig** oder **unverzüglich** nach Entgegennahme der Gelder stattzufinden. Dabei bedeutet unverzüglich ohne schuldhaftes Zögern iSv § 121 Abs. 1 BGB. Hier wird man sich an den Regeln zur **Verfügbarkeit** von Geldbeträgen gemäß § 675t BGB orientieren können. Bei Einzahlung von Bargeld durch einen Verbraucher ist diesem der Betrag auf seinem Zahlungskonto unverzüglich, dh in der Regel an demselben Geschäftstag, verfügbar zu machen (Erman/v. Westphalen BGB § 675t Rn. 14; MüKoBGB/Jungmann § 675t Rn. 54). Dieselbe Frist dürfte auch bei Bargeldeinzahlungen für das Verfügbarmachen von E-Geld gelten. Bei Verfügbarmachung eines Geldbetrages gilt gemäß § 675t Abs. 1 BGB die Pflicht zur Wertstellung am Geschäftstag des Eingangs bei dem Zahlungsinstitut des Zahlungsempfängers (Erman/v. Westphalen BGB § 675t Rn. 14; MüKoBGB/Jungmann § 675t Rn. 54). Wird die E-Geld-Ausgabe über den Verkauf von **Vouchers** abgewickelt, so hat das E-Geld-Institut idR – allerdings abhängig von der konkreten Ausgestaltung – bereits alles getan, um dem Kunden das E-Geld verfügbar zu machen. Dieser muss idR selbst durch Internetregistrierung ua die letzten Schritte zur Ausgabe des E-Geldes besorgen. Die Unverzüglichkeit wird nicht dadurch gehindert, dass zwischen Verkauf des Vouchers und der tatsächlichen Einlösung des Vouchers durch den Kunden uU ein erheblicher Zeitraum verstreicht (vgl. FCA Handbook/PERG/3A/2 Q4, Stand 01/01/2021: zu Scratch Cards).

3. Kein Einlagengeschäft bei Ausgabe von E-Geld (Satz 2 Nr. 1)

37　　Sofern die Voraussetzungen von Satz 2 erfüllt sind, stellen die zwecks Ausgabe von E-Geld entgegengenommenen Gelder keine Einlagen dar.

38　　**a) Voraussetzungen.** Erforderlich ist zum einen, dass von dem E-Geld-Institut das Gebot des unverzüglichen Umtausches gemäß Satz 1 eingehalten wurde (Satz 2 Nr. 1). Auch das Verzinsungsverbot gemäß Satz 2 Nr. 2 ist Teil der Voraussetzungen der Fiktion (BaFin-Merkblatt ZAG v. 14.2.2023, Abschn. E. II); hierzu → Rn. 41 ff.). Dies wurde durch die Zusammenfassung der bisherigen Sätze 2 und 3 des § 2 Abs. 1a ZAG aF im Rahmen des ZDUG II deutlicher herausgearbeitet, ohne eine inhaltliche Veränderung zu bewirken.

39　　**b) Rechtsfolge.** Rechtsfolge ist, dass ein E-Geld-Institut trotz Vorliegens der Voraussetzungen des Einlagengeschäfts gemäß § 1 Abs. 1 S. 2 Nr. 1 KWG keiner Erlaubnis als Kreditinstitut nach § 32 Abs. 1 S. 1 KWG bedarf, sofern die vorstehend genannten Voraussetzungen erfüllt sind. Gemäß § 1 Abs. 1 EAEG muss ein E-Geld-Institut auch nicht einem Einlagensicherungsmechanismus angehören (RegBegr. zum Zweiten E-Geld-RLUG, BT-Drs. 17/3023, 42; BaFin-Merkblatt v. 14.2.2023, Abschn. E. II). Die Einlagensicherung für E-Geld-Institute erfolgt ausschließlich über §§ 17, 18.

40　　**c) Nicht rückzahlbare Gelder.** Der Tatbestand des Einlagengeschäfts gemäß § 1 Abs. 1 S. 2 Nr. 1 KWG entfällt darüber hinaus, wenn es sich im Einzelfall bei den im Rahmen der E-Geld-Ausgabe angenommenen Geldern nicht um unbedingt rückzahlbare Gelder des Publikums oder nicht um Einlagen handelt (→ Rn. 15 ff.). Hiervon betroffen sind sämtliche Gebührenforderungen des E-Geld-Instituts im Zusammenhang mit der Ausgabe von E-Geld.

4. Verbot der Verzinsung (Satz 2 Nr. 2)

a) Allgemeines. Das Zinsverbot des Satzes 2 Nr. 2 ist Teil des Gebotes der **41** Zweckbindung des E-Geldes (RegBegr. Zweites E-Geld-RLUG, BT-Drs. 17/3023, 42; BaFin-Merkblatt ZAG v. 14.2.2023, Abschn. E.III); so auch schon RegBegr. ZDUG, BT-Drs. 16/11613, 41 f. zu § 2 Abs. 2). Die Einhaltung des Zinsverbotes ist wesentliche Voraussetzung der Fiktion des Satzes 2 (→ Rn. 38). Sie dient der Vermeidung der Einlagen- und Sparfunktion des E-Geldes (RegBegr. Zweites E-Geld-RLUG, BT-Drs. 17/3023, 42).

b) Zinsen und andere Vorteile. Verboten ist es, Zinsen und sonstige Vorteile, **42** die mit der Länge der Haltedauer im Zusammenhang stehen, zu gewähren.

aa) Zinsbegriff. Der Zinsbegriff ist weder im ZAG noch in den beiden maßgeblichen Richtlinien definiert. Im BGB unterscheidet man den engeren und den weiteren Zinsbegriff: Zinsen ieS sind danach Ansprüche, die sich laufzeitabhängig prozentual aus einem Kapitalstock berechnen (BGH NJW 1979, 540 (541); NJW-RR 1992, 591 (592); Canaris NJW 1978, 1891 (1892); MüKoBGB/Grundmann BGB § 246 Rn. 5). Zinsen iwS würden zusätzlich laufzeitabhängige Kosten und Gebühren erfassen (vgl. MüKoBGB/Grundmann BGB § 246 Rn. 5). In Abs. 2 Satz 2 Nr. 2 Alt. 1 ist der engere Zinsbegriff zugrunde zu legen, da sonstige laufzeitabhängige Vorteile bereits über den Auffangbegriff der Abs. 2 Satz 2 Nr. 2 Alt. 2 erfasst sind. Zinsen iSv Abs. 2 Satz 2 Nr. 2 Alt. 1 sind deshalb solche Vorteile, die laufzeitabhängig prozentual aus dem Betrag des zur E-Geld-Ausgabe überlassenen Geldes oder aus dem Betrag des E-Geldes selbst (beides kommt als Grundlage in Betracht: vgl. Schwennicke/Auerbach/Schwennicke Rn. 15) berechnet werden.

bb) Sonstige Vorteile. Sonstige Vorteile, die mit der Länge der Haltedauer in **43** Zusammenhang stehen, sind Entgelte, die nicht prozentual aus dem Kapitalstock des E-Geldes des für das E-Geld hingegebenen Geldes berechnet werden. Hierbei kann es sich um all jenes handeln, was spiegelbildlich im Rahmen der Kreditvergabe durch Banken üblich ist (Kreditgebühren, Bearbeitungs- oder Vermittlungsgebühren, Disagio). Entscheidend ist, dass es mit der Länge der Überlassung des Geldes im Zusammenhang steht. Denkbar wären auch Beteiligungen am Umsatz oder am Gewinn, den das Institut mit dem überlassenen Geld erwirtschaftet, soweit es dies im Rahmen seiner Erlaubnis und im Rahmen von §§ 17, 18 (vgl. insbes. Komm. → § 17 Rn. 32) überhaupt dürfte; solche Umsatz- oder Gewinnbeteiligungen wären nach Satz 2 Nr. 2 verboten. Erlaubt ist es dem E-Geld-Institut dagegen schon, die eingelegten Gelder in **Treuhandsammelverwahrung** bei einem Kreditinstitut zu geben (§§ 17 Abs. 1 Nr. 1b, 18) und die daraus entstehenden Zinsen an den Kunden weiterzureichen (RegBegr. ZDUG, BT-Drs. 16/11613, 41 f.; BaFin-Merkblatt ZAG v. 14.2.2023, Abschn. E.III.4; Ellenberger/Findeisen/Nobbe/Findeisen, 2. Aufl. 2013, § 2 aF Rn. 41; bestätigend Schäfer/Omlor/Mimberg/Schäfer Rn. 34). Allerdings ist es dem Institut verboten, hieraus selbst Zinsen zu ziehen oder Anteile der Zinsen einzunehmen (BaFin-Merkblatt ZAG v. 14.2.2023, Abschn. E.III.4). Hierbei handelt es sich um eine teleologische Reduktion des Zinsverbotes in Satz 2 Nr. 2, die sich so aus dem Wortlaut der Vorschrift nicht ergibt, die aber zu billigen ist. Ebenfalls zulässig ist es, dem E-Geld-Inhaber eine Preisreduktion bei einem Einkauf in E-Geld zu gewähren (so auch RegBegr. Zweites E-Geld-RLUG, BT-Drs. 17/3023, 42); solche Vorteile werden unabhängig von der Laufzeit der Geldüberlassung gewährt. Verboten wäre dagegen die Gewährung eines **Disagios** auf den für die Ausgabe von E-Geld einzuzahlenden Betrag; dies mag zum einen – je nach Fallgestaltung – ein laufzeitabhängiger Vorteil sein; hierin läge zudem ein Verstoß gegen das Nominalprinzip des § 33 Abs. 1 S. 1.

44   **c) Gegenstand des Zinsverbotes.** Gegenstand des Zinsverbotes ist sowohl das ausgegebene E-Geld selbst wie auch nach dem Wortlaut das für die Ausgabe des E-Geldes eingezahlte Geld (so auch Schwennicke/Auerbach/Schwennicke Rn. 15).

44a   **d) Exkurs: Verwahrentgelte.** Das Zins- und Vorteilsgewährungsverbot steht der Vereinbarung von Verwahrentgelten nicht entgegen. Stehen diese im Zusammenhang mit einem Treuhandkonto iSd § 17 Abs. 1 S. 2 Nr. 1 lit. b, so sind allerdings die dortigen Beschränkungen zu beachten.

IV. Annahme von Geldern zu Zahlungszwecken; Abgrenzung zum Einlagengeschäft (Abs. 3)

1. Allgemeines

45   **a) Umsetzung von Europäischen Richtlinien.** Abs. 3 Satz 1 beruht auf Art. 16 Abs. 2 Hs. 1 PSD1 (jetzt Art. 18 Abs. 2 PSD2), Abs. 3 Satz 3 setzt Art. 16 Abs. 2 Hs. 2 PSD1 (jetzt Art. 18 Abs. 3 PSD2) um. Das Verzinsungsverbot des Satz 2 ist dagegen nicht in der PSD1 oder PSD2 ausdrücklich geregelt; anders Art. 12 Zweite E-Geld-RL sowie Erwägungsgrund Nr. 13 der Zweiten E-Geld-RL. Durch das Zweite E-Geld-RLUG wurde § 2 Abs. 2 ZAG aF (jetzt § 3 Abs. 3) auf E-Geld-Institute erstreckt und setzt damit Art. 6 Abs. 4 Zweite E-Geld-RL um. Das ZDUG II hat in Satz 2 ohne die Wörter „ausschließlich bestimmt" eingefügt; dies bewirkt keine inhaltliche Änderung.

46   **b) Institute.** Abs. 3 gilt für **Institute** iSv § 1 Abs. 3, dh Zahlungsinstitute und E-Geld-Institute. Er ergänzt und konkretisiert den Umfang der erlaubten Tätigkeiten und steht deshalb im unmittelbaren Zusammenhang mit § 10 Abs. 1 und Abs. 2 und § 11 Abs. 1 und Abs. 2.

47   **c) Überblick.** Abs. 3 Satz 1 regelt die Beschränkung der Verwendung von Zahlungskonten. In Satz 2 folgt das Verzinsungsverbot für entgegengenommene Gelder, während Satz 3 fingiert, dass die Entgegennahme von Geldern zur Durchführung von Zahlungsvorgängen bei Beachtung des Verzinsungsverbots kein Einlagengeschäft iSv § 1 Abs. 1 S. 2 Nr. 1 KWG darstellt.

48   **d) Zweck.** Zweck der Norm ist es wiederum, das **Trennungsprinzip** umzusetzen. Entgegengenommene Gelder sind von einem Institut iSd ZAG insolvenzrechtlich und vollstreckungsrechtlich von eigenen Geldern zu trennen (RegBegr. ZDUG, BT-Drs. 16/11613, 41 f.). Solche entgegengenommenen Gelder sollen im weitesten Sinne wirtschaftliches Eigentum des Zahlungsdienstnutzers bleiben (RegBegr. ZDUG, BT-Drs. 16/11613, 41 f.). Es besteht deshalb ein enger Zusammenhang mit den Sicherungsanforderungen der §§ 17, 18.

2. Beschränkung der Verwendung von Zahlungskonten (Satz 1)

a) Zahlungskonten. Die Beschränkung des Satz 1 greift ein, wenn ein Institut **49** (§ 1 Abs. 3) Zahlungskonten iSv § 1 Abs. 17 für Zahlungsdienstnutzer einrichtet. Eine solche Kontoeinrichtung kommt bei nahezu allen Zahlungsdiensten iSv § 1 Abs. 1 S. 2 in Betracht, mit Ausnahme, je nach Einzelfall, bei einem Finanztransfergeschäft (§ 1 Abs. 1 S. 2 Nr. 6) sowie auch nicht bei Zahlungsauslösediensten (§ 1 Abs. 1 S. 2 Nr. 7) und Kontoinformationsdiensten (§ 1 Abs. 1 S. 2 Nr. 8). Auf die Kommentierung zum Begriff des Zahlungskontos wird verwiesen (→ § 1 Rn. 428 f.).

b) Annahme von Geldern von Kunden. Weitere Voraussetzung für das Ein- **50** greifen der Beschränkungen des Abs. 3 ist, dass ein Institut Gelder von Kunden annimmt. Allerdings ist diese Annahme von Geldern beschränkt auf solche Gelder, die ein Institut für Zahlungszwecke, dh in Abwicklung eines Zahlungsdienstevertrages gemäß § 675f Abs. 1 oder Abs. 2 BGB, entweder von dem Zahlungsdienstnutzer, dh dem Inhaber des Zahlungskontos, oder aber zur Gutschrift auf dem Zahlungskonto entgegennimmt. Andere unbedingt rückzahlbare Gelder darf das Institut keinesfalls annehmen (RegBegr. ZDUG, BT-Drs. 16/11613, 41 f.). Von dem Zahlungsdienstnutzer zu leistende **Gebühren** und **Kostenerstattungen** sind dagegen ohne weiteres über das Zahlungskonto abwickelbar.

c) Gebot der strengen Zweckbindung. Das Institut darf über die einge- **51** richteten Zahlungskonten ausschließlich Zahlungsvorgänge abwickeln. Es gilt das **Gebot der strengen Zweckbindung** (BaFin-Merkblatt ZAG v. 14.2.2023, Abschn. E.III.2), das sich aus dem Trennungsprinzip (→ Rn. 48, → Rn. 75) ableitet (RegBegr. ZDUG, BT-Drs. 16/11613, 41 f.; BaFin-Merkblatt ZAG v. 14.2.2023, Abschn. E.III.2). Insbesondere darf das Zahlungskonto nicht als Sparkonto eingesetzt werden; das Zinsverbot des Satzes 2 ist insofern unmittelbarer Ausfluss des Gebotes der Zweckbindung (RegBegr. ZDUG, BT-Drs. 16/11613, 41 f.; BaFin-Merkblatt ZAG v. 14.2.2023, Abschn. E.III.2). Eine weitere Beschränkung des Zahlungskontos leitet sich ab aus Abs. 4, den Einschränkungen der Kreditgewährung. Hierzu → Rn. 61.

d) Grundsatz der freien Verfügbarkeit. Aus dem Gebot der strengen **52** Zweckbindung im Zusammenhang mit dem Trennungsprinzip leitet sich der **Grundsatz der freien Verfügbarkeit** des Guthabens auf Zahlungskonten für den Zahlungsdienstnutzer ab (BaFin-Merkblatt ZAG v. 14.2.2023, Abschn. E.III.1). Dieses Erfordernis folgt nicht zuletzt aus dem Begriff des Zahlungskontos (BaFin-Merkblatt ZAG v. 14.2.2023, Abschn. E.III.1; → § 1 Rn. 428 f.). Das Institut darf deshalb nicht mit dem Zahlungsdienstnutzer vereinbaren oder sonstwie festlegen, dass die auf das Zahlungskonto eingezahlten Gelder auf bestimmte Zeit festliegen (RegBegr. ZDUG, BT-Drs. 16/11613, 41; BaFin-Merkblatt ZAG v. 14.2.2023, Abschn. E.III.1; Ellenberger/Findeisen/Nobbe/Findeisen, 2. Aufl. 2013, § 2 Rn. 35). Selbst wenn der Zahlungsdienstnutzer erklärt, er wolle eine Zeit lang auf die Auszahlung der Gelder freiwillig verzichten, ist er hieran nicht gebunden und das Institut muss ihm jederzeit den Zugriff auf die Gelder erlauben (RegBegr. ZDUG, BT-Drs. 16/11613, 41; BaFin-Merkblatt ZAG v. 14.2.2023, Abschn. E.III.1; Ellenberger/ Findeisen/Nobbe/Findeisen, 2. Aufl. 2013, § 2 aF Rn. 35). Einen Barausgleich bzw. eine Barauszahlung darf das Institut dagegen ausschließen (RegBegr. ZDUG, BT-Drs. 16/11613, 41; BaFin-Merkblatt ZAG v. 14.2.2023, Abschn. E.III.1; bestätigend Schäfer/Omlor/Mimberg/Schäfer Rn. 40).

3. Verzinsungsverbot (Satz 2)

53   **a) Zweck.** Zweck des Verzinsungsverbotes ist es ebenfalls, das Trennungsprinzip, aus dem sich das Gebot der strengen Zweckbindung ableitet, zu verwirklichen (RegBegr. ZDUG, BT-Drs. 16/11613, 41 f.; BaFin-Merkblatt ZAG v. 14.2.2023, Abschn. E.III).

54   **b) Verzinsungsverbot.** Instituten des ZAG (§ 1 Abs. 3) ist die Verzinsung von Guthaben auf Zahlungskonten verboten. Verboten ist dabei auch die Gewährung von Zinsen über Diskonte, indem bspw. für einen Überweisungsauftrag nicht der volle Zahlbetrag einzuzahlen wäre (RegBegr. ZDUG, BT-Drs. 16/11613, 41 f.). Das Zinsverbot gilt auch für Guthaben auf Kreditkartenkonten (Ellenberger/Findeisen/Nobbe/Böger/Findeisen Rn. 44). Allerdings wird der Zinsbegriff des Abs. 3 Satz 2 nicht näher definiert. Fraglich ist deshalb, ob der Zinsbegriff ieS, dh ein laufzeitabhängiges Entgelt, das sich prozentual aus einem Kapitalstock berechnet (→ Rn. 42), zugrunde zu legen ist. Grundsätzlich käme auch in Betracht, den Zinsbegriff iwS zu interpretieren, der auch sonstige laufzeitabhängige Vorteile erfasst (wie auch Abs. 2 Satz 2 Nr. 2 Alt. 2, dazu → Rn. 42; zu den verschiedenen Zinsbegriffen vgl. auch MüKoBGB/Grundmann BGB § 246 Rn. 5 f.). Aus der ZDRL (PSD1 und PSD2) lässt sich hierzu nichts entnehmen. Aus der Tatsache, dass der Gesetzgeber des Zweiten E-Geld-RLUG durch die Erwähnung der anderen Vorteile in Abs. 2 dort einen weiten Zinsbegriff verankert hat, könnte man sogar rückschließen, dass Abs. 3 Satz 2, der im Rahmen des Zweiten E-Geld-RLUG und im ZDUG II insoweit unangetastet blieb, den engen Zinsbegriff zugrunde legen will. Das Gebot der strengen Zweckbindung des für Zahlungszwecke eingebrachten Geldes legt es allerdings nahe, auch die anderweitige, laufzeitabhängige Vorteilsgewährung zu verbieten. Intention des Gesetzgebers und des Richtliniengebers ist es, den Einlagentatbestand für Institute des ZAG nur so weit zu öffnen, wie es für Zwecke der Abwicklung von Zahlungsdiensten oder E-Geld-Geschäften erforderlich ist. Würde man die anderweitige Vorteilsgewährung im Rahmen von Abs. 3 Satz 2 zulassen, so würde dies Sinn und Zweck des Ausnahmetatbestandes überschreiten (die Erwähnung von Diskonten in RegBegr. ZDUG, BT-Drs. 16/11613, 41 f. und BaFin-Merkblatt ZAG v. 14.2.2023, Abschn. E.III.4 spricht dafür; ebenso Schäfer/Omlor/Mimberg/Schäfer Rn. 34).

55   **c) Ausnahmen vom Verzinsungsverbot.** Vom Verzinsungsverbot ist es nicht erfasst, wenn ein Institut Gelder, die es in Treuhandsammelverwahrung an ein Kreditinstitut gibt (vgl. §§ 17 Abs. 1 Nr. 1b, 18), von diesem Kreditinstitut verzinsen lässt und die Zinsen vollständig an seine Kunden weiterreicht (hierzu → Rn. 43; Schwennicke/Auerbach/Schwennicke Rn. 15; Schäfer/Omlor/Mimberg/Schäfer Rn. 34). Verboten ist es dem Institut allerdings, hieraus selbst Zinsen zu ziehen oder einen Anteil der Zinsen für sich zu vereinnahmen (BaFin-Merkblatt ZAG v. 14.2.2023, Abschn. E.III.4). Verzinsung ist einem Institut iSd ZAG auch erlaubt, sofern es sich im Einzelfall nicht um unbedingt rückzahlbare Gelder des Publikums iSv § 1 Abs. 1 S. 2 Nr. 1 KWG handelt (hierzu → Rn. 17 ff.). Zu **Verwahrentgelten** → Rn. 44a.

4. Kein Einlagengeschäft und nicht E-Geld (Satz 3)

56   **a) Für Zahlungsvorgänge entgegengenommene Geldbeträge. aa) Geldbeträge.** Zur Erörterung des Merkmals der **Geldbeträge,** die ein Institut vom Zahlungsdienstnutzer ausschließlich bestimmt für die Durchführung von Zahlungsvorgängen entgegennimmt → Rn. 49 ff.

bb) Einhaltung der zivilrechtlichen Ausführungsvorschriften. In der **57** Literatur wird neben dem Merkmal „für Zahlungsdienste entgegengenommen" zusätzlich gefordert, dass die zivilrechtlichen Ausführungsvorschriften für Zahlungsdienstverträge (§§ 675c ff. BGB) im Wesentlichen einzuhalten sind (Ellenberger/Findeisen/Nobbe/Böger/Findeisen Rn. 48 f.; zust. Schwennicke/Auerbach/ Schwennicke Rn. 21). Dies betrifft insbesondere Fristenregelungen, aber auch Ansprüche auf Gutschrift und Weiterleitung. In diesem Zusammenhang ist allerdings zunächst klarzustellen, dass die Fristenregelungen der §§ 675s, 675t BGB dem Interesse (des Verbrauchers und der sonstigen Zahlungsdienstnutzer) an einer zügigeren gemeinschaftsweiten Abwicklung von Zahlungen dienen (Erwägungsgrund Nr. 43 der PSD1) und nicht Aufsichtsziele verfolgen. Auch die Gesetzesbegründung zur Umsetzung der zivilrechtlichen Vorschriften der ZDRL (BT-Drs. 16/11643, 111 ff.) gibt keinen Aufschluss über eine solche Intention des Gesetzgebers. Andererseits liegt es nahe, dass durch die zivilrechtlichen Ausführungsvorschriften nicht nur das volkswirtschaftliche Anliegen der Beschleunigung des Zahlungsverkehrs umgesetzt, sondern auch die Leitlinie verwirklicht werden sollte, so dass für Zahlungszwecke bereitgestellte Gelder (iwS) im wirtschaftlichen Eigentum des Zahlungsdienstnutzers bleiben (RegBegr. ZDUG, BT-Drs. 16/11613, 41 f.). Zwar sind Verstöße gegen zivilrechtliche Ausführungsvorschriften zunächst Vertragsverstöße und können nicht als solche jeweils aufsichtsrechtliche Konsequenzen haben. Nur solche Institute, die systematisch die Ausführungsfristen verletzen, um hierdurch jeweils länger im Besitz der eingelegten Gelder zu bleiben, nehmen dann Gelder nicht mehr „zu Zahlungszwecken" entgegen. Hierdurch kann im Einzelfall die Ausnahme des Satz 3 entfallen (ähnlich Ellenberger/Findeisen/Nobbe/Böger/ Findeisen Rn. 50: Indiz für unerlaubtes Einlagengeschäft; bestätigend: Schwennicke/Auerbach/Schwennicke Rn. 21; Schäfer/Omlor/Mimberg/Schäfer Rn. 42).

cc) Einhaltung der Sicherungsanforderungen. Nach einer Ansicht in der **58** Literatur (Ellenberger/Findeisen/Nobbe/Böger/Findeisen Rn. 51) soll die Fiktion von Satz 3 auch entfallen, wenn die **Sicherungsanforderungen der §§ 17, 18** nicht eingehalten wurden. Dies erscheint allerdings fraglich. Zwar ist es unbestritten, dass die Sicherungsanforderungen der §§ 17, 18 in engem Zusammenhang mit dem in Abs. 3 verfolgten Trennungsprinzip stehen. Beide Regelungskomplexe haben die Zielsetzung, den Kunden vor insolvenzrechtlichen und vollstreckungsrechtlichen Gefahren des Instituts zu schützen (RegBegr. ZDUG, BT-Drs. 16/11613, 41 f.). Allerdings verwirklichen beide Regelungskomplexe diese Zielsetzung jeweils auf eigene Art. Abs. 3 gewährt Instituten des ZAG zur Durchführung von Zahlungsvorgängen Ausnahmen von dem ansonsten zum Schutz des Kunden geltenden Verbot der Annahme von Einlagen. Bei Überschreitung der Ausnahmevorschriften liegt Strafbarkeit iSv § 63 Abs. 1 Nr. 1 vor. Dieser Straftatbestand korreliert mit § 54 Abs. 1 Nr. 2 KWG, der das unerlaubte Betreiben von Bankgeschäften unter Strafe stellt. Demgegenüber stellt sich die nicht ordnungsgemäße Absicherung von Kundengeldern gemäß §§ 17, 18 als fehlerhafte Durchführung des Zahlungsdienstgeschäfts und damit als Verstoß gegen aufsichtsrechtliche Normen dar, nicht aber als grundsätzlich unerlaubter Betrieb von Einlagengeschäft. Solche Verstöße gegen die Sicherungsvorschriften der §§ 17, 18 auch als Verstoß gegen § 2 Abs. 1 und § 2 Abs. 3 S. 3 zu werten, dürfte jedenfalls keine strafrechtlichen Folgen nach sich ziehen, da sie, zumal §§ 17, 18 weder in § 63 (Strafvorschriften) noch in § 64 (Bußgeldvorschriften) erwähnt sind, die zulässige Wortsinn-Auslegung, die im Rahmen der Strafnorm des § 63 Abs. 1 Nr. 1 erforderlich ist (hierzu → Einl.

Rn. 52), überschreiten würde. Auch die Gesetzesbegründung zum ZDUG II spricht dafür, dass durch den Hinweis auf die „teilweise weitergehenden Vorgaben von § 13" (ZAG aF, heute § 17) darauf verwiesen wird, dass Verstöße gegen §§ 17, 18 keinen Einfluss auf die Fiktion von Abs. 3 S. 3 haben sollen (Schäfer/Omlor/Mimberg/Schäfer Rn. 43).

59   **b) Nicht Einlagen und nicht E-Geld.** Soweit der Tatbestand erfüllt ist, dass es sich um Geldbeträge handelt, die ein Institut von Zahlungsdienstnutzern ausschließlich bestimmt für die Durchführung von Zahlungsvorgängen entgegengenommen hat, liegt weder **Einlagengeschäft** noch E-Geld vor. Zum Tatbestand des Einlagengeschäfts → Rn. 14 ff.

60   Dass es sich bei Geldbeträgen, die ein Zahlungs- oder E-Geld-Institut zur Durchführung von Zahlungsdiensten entgegennimmt, **nicht um E-Geld handelt,** bedarf der Erläuterung. Durch diese, bereits im Rahmen des ZDUG eingefügte Rechtsfolge der Fiktion des Abs. 3 Satz 3 sollen nicht die von Abs. 3 Satz 3 ebenfalls erfassten Zahlungsinstitute von der Erlaubnispflicht für den Betrieb des E-Geld-Geschäfts befreit werden (vgl. auch Erwägungsgrund Nr. 9 PSD1). Diesen soll es lediglich erlaubt sein, Zahlungsvorgänge mittels E-Geld vorzunehmen. Im Rahmen der zugrunde liegenden Richtlinien wird nämlich E-Geld als Geld behandelt (vgl. zB Art. 4 Nr. 25 PSD2), so dass Zahlungsvorgänge mittels E-Geld bereits über die Erlaubnis eines Zahlungsinstituts nach § 10 Abs. 1 und Abs. 2 erfasst sind (vgl. auch Erwägungsgrund Nr. 9 PSD1). Diesem ist es erlaubt, Zahlungsvorgänge mit bereits ausgegebenem E-Geld durchzuführen, nicht aber, dieses auszugeben (so auch Schäfer/Omlor/Mimberg/Schäfer Rn. 45; zur Ausgabe von E-Geld vgl. → § 1 Rn. 268 ff.).

V. Kreditgewährung (Abs. 4 Satz 1–3)

1. Allgemeines

61   **a) Umsetzung von Europäischen Richtlinien.** Abs. 4 Satz 1–3 setzen Art. 18 Abs. 4 lit. a–c PSD2 um und erlauben damit Instituten iSd § 1 Abs. 3 in beschränktem Maße die Kreditgewährung. Die Transformation von Art. 18 Abs. 4 lit. d PSD2 findet sich in § 15 Abs. 1 S. 2. Im Rahmen des Zweiten E-Geld-RLUG wurde die Vorgängerregelung aus Art. 16 Abs. 3 lit. a–c PSD1 in Ausführung von Art. 6 Abs. 1 Zweite E-Geld-RL auf E-Geld-Institute erstreckt und erweitert. Die Neufassung durch das ZDUG II in § 3 Abs. 4 S. 1–3 bewirkt inhaltlich kaum eine Veränderung; der Verweis in Satz 1 auf das im Rahmen der PSD2 stark erweiterte Akquisitionsgeschäft (§ 1 Abs. 1 S. 2 Nr. 5 Alt. 2) führt dazu, dass Institute des ZAG, die diese Erlaubnis halten, nun im größeren Umfang Kredit gewähren dürfen. Abs. 4 Satz 4 behandelt dagegen den andersartigen Regelungskomplex der Bonitätsprüfung von Verbrauchern bei der im Rahmen des ZAG eingeschränkt möglichen Kreditvergabe; dies in Ausführung von Art. 8 Abs. 1 VerbraucherkreditRL (hierzu die Verweise in Art. 18 Abs. 6 PSD2 sowie in Art. 6 Abs. 1 UAbs. 1b Zweite E-Geld-RL).

62   **b) Institute.** Abs. 4 ergänzt für Institute des ZAG (§ 1 Abs. 3), dh für Zahlungsinstitute und E-Geld-Institute (ähnlich Schwennicke/Auerbach/Schwennicke Rn. 24 f.), deren Erlaubnisumfang gemäß § 10 Abs. 1 und Abs. 2 sowie § 1 Abs. 1 und Abs. 2.

c) Systematik. Die Systematik des Abs. 4 zeichnet sich, anders als der Aufbau 63
von Abs. 1, Abs. 2 und Abs. 3, nicht dadurch aus, dass das Verbot der betroffenen
Geschäfte iSd KWG, hier insbes. des Kreditgeschäfts des § 1 Abs. 1 S. 2 Nr. 2
KWG, wiederholt wird. Die Formulierung „ein Institut darf … Kredite im Sinne
des § 19 KWG nur unter der Voraussetzung gewähren, dass …" setzt nicht am
KWG-Erlaubnistatbestand an, sondern am sog. volkswirtschaftlichen Kreditbegriff.
Satz 1 und Satz 2 konkretisieren den Rahmen der ZAG-Instituten erlaubten Kreditgewährung. Satz 3 spricht die Fiktion aus, dass solche Geschäfte nicht als Kredit-
geschäft iSv § 1 Abs. 1 S. 2 Nr. 2 KWG gelten.

d) Hintergrund und Zweck der Norm. Insbesondere, aber nicht ausschließ- 64
lich, im Rahmen von Kreditkartengeschäft kann es zur Kreditgewährung kommen.
Im Rahmen des ZAG sollen die unterschiedlichen Arten der Kreditkarten, dh sowohl sog. Charge Cards mit monatlicher Abrechnung als auch echte Credit Cards
mit Kreditrahmen erfasst werden (Ellenberger/Findeisen/Nobbe/Böger/Findeisen
Rn. 69f.). Die Vergabe von technischen oder sonst kurzfristigen Krediten hierbei
hatte der Gesetzgeber vor Augen. Auch sonstige Zahlungsvorgänge sollten erfasst
werden, sobald die Gewährung sogenannter „technischer" Kredite in Betracht
kommt.

2. Beschränkte Erlaubnis der Kreditgewährung (Satz 1 und Satz 2)

a) Kreditbegriff. aa) Kreditbegriff des § 19 KWG. Nach dem Wortlaut des 65
Abs. 4 Satz 1 darf ein Institut unter den weiteren Voraussetzungen des § 3 Abs. 4 S. 1
und S. 2 „Kredite gemäß § 19 KWG" gewähren. § 19 KWG enthält die Definition
des Kredites für Zwecke der Millionenkreditmeldungen (§ 14 KWG) **(volkswirt-
schaftlicher Kreditbegriff).** Kredite iSd § 19 KWG sind gemäß § 19 Abs. 1 S. 1
KWG Bilanzaktiva, Derivate mit Ausnahme der Stillhalteverpflichtungen aus Kauf-
optionen sowie die dafür übernommen Gewährleistungen und andere außer-
bilanzielle Geschäfte. Der Kreditbegriff des § 19 KWG ist deutlich weiter als der erlaubnisrechtliche Begriff des § 1 Abs. 1 S. 2 Nr. 2 KWG, der lediglich Gelddarlehen
und Akzeptkredite umfasst.

bb) Verweis auf § 19 KWG systemwidrig. Der Verweis in Abs. 4 S. 1 ist zu- 65a
nächst überraschend, denn § 19 KWG und in dem Zusammenhang § 14 KWG
(Millionenkreditmeldungen) sollen es der Aufsicht ermöglichen, einen Einblick in
die Kreditstruktur der Institute, genauer: deren Bilanzaktiva, zu nehmen und
gleichzeitig die ins Meldeverfahren einbezogenen Kreditgeber über die Verschuldung ihrer Großkunden zu informieren, um so die Konzentration von Kreditrisiken eines einzelnen KWG-Instituts zu kontrollieren (statt aller Fischer/Schulte-
Mattler/Groß KWG § 14 Rn. 1). Ausweislich der Gesetzesbegründung des ZDUG
(BT-Drs. 16/11613, 42) will jedoch Abs. 4 S. 1 eine Ausnahme von dem Erlaubnisvorbehalt des § 1 Abs. 1 S. 1 Nr. 2 KWG iVm § 32 Abs. 1 Nr. 2 KWG schaffen. Sowohl die Überschrift des § 3 (Für Institute zugelassene Tätigkeiten und verbotene
Geschäfte), die Verweise in § 3 Abs. 1–3 auf den erlaubnisrechtlichen Tatbestand
des Einlagengeschäfts gemäß § 1 Abs. 1 S. 2 Nr. 1 KWG als auch der Zusammenhang mit Satz 3, der letztendlich auf den Kreditbegriff des § 1 Abs. 1 S. 2 KWG abstellt, sprechen dafür, dass auch in Abs. 4 Satz 1 und Satz 2 jeweils ein erlaubnis-
rechtlicher Kreditbegriff angewendet werden sollte (ähnlich auch Schäfer/Omlor/
Mimberg/Schäfer Rn. 16f., 48; aA Ellenberger/Findeisen/Nobbe/Böger/Find-

eisen Rn. 68, der ohne dahingehende Erläuterung auf den Wortlaut von § 3 Abs. 4 ZAG abstellt, und Ellenberger/Findeisen/Nobbe/Böger/Findeisen § 1 Rn. 325: umfasst jedes Adressenausfallrisiko; ebenso nun auch BaFin, Merkblatt ZAG v. 14.2.2023, Abschn. B. III.). § 19 KWG ist der Solvenzaufsicht der Kreditinstitute zuzuordnen (Fischer/Schulte-Mattler/Sprengard/Waßmann § 13 Rn. 1) und stellt deshalb im Rahmen von § 3 einen Fremdkörper dar (anders wohl Ellenberger/ Findeisen/Nobbe/Böger/Findeisen § 1 Rn. 325 u. § 3 Rn. 68: eindeutiger Wortlaut; anders auch BaFin, Merkblatt v. 14.2.2023, Abschn. B. III.).

66   **cc) Europarechtlicher Kreditbegriff, Vollharmonisierung.** Vor dem Hintergrund von Art. 107 Abs. 1 PSD2 (Vollharmonisierung) und Art. 16 Abs. 1 Zweite E-Geld-RL (Vollharmonisierung), die für Art. 18 Abs. 4 PSD2 bzw. Art. 6 Zweite E-Geld-RL keine Ausnahme aussprechen, sind die zugrundeliegenden Richtlinienvorschriften des Art. 18 Abs. 4 PSD2 (Vorgänger: Art. 16 Abs. 3 PSD1) und Art. 6 Zweite E-Geld-RL maßgeblich und umzusetzen. Es gibt auch kein Anzeichen, dass die PSD2 in dem Verweis auf den Verbraucherschutz in Erwägungsgrund Nr. 40 S. 3 PSD2 und in Art. 18 Abs. 6 PSD2 eine Ausnahme vom Vollharmonisierungsgrundsatz für die Kreditvergabe der Institute des ZAG generell regeln wollte und das Ausmaß dieser Kreditvergabe den Mitgliedstaaten freigestellt hätte (anders Ellenberger/Findeisen/Nobbe/Böger/Findeisen Rn. 80). Denn dort lockert die PSD2 die Harmonisierung lediglich für die „Bedingungen für die Gewährung von Krediten an Verbraucher", nicht aber für die Erlaubnis zur Kreditvergabe.

Für die Auslegung der Richtlinien PSD2 und Zweite E-Geld-RL gilt der Grundsatz der **Autonomie des Unionsrechts** (EuGH Slg. 1963, 3 – van Gend en Loos; Martens, Methodenlehre des Unionsrechts, S. 335f.). Es gibt, wie eben festgestellt, in PSD2 und Zweite E-Geld-RL keinen Anlass zu der Annahme, dass der europäische Gesetzgeber die Definition des Kreditbegriffs dem nationalen Recht jedes einzelnen Mitgliedstaats überlassen wollte. Denn die Vorschrift des Art. 18 PSD2 mit der Überschrift „Tätigkeiten" regelt den Umfang der Erlaubnis der Zahlungsinstitute und verweist vielfältig auf europäische Rechtsakte; nur in Art. 18 Abs. 6 PSD2 – nicht aber in Art. 18 Abs. 4 PSD2 – macht sie hiervon eine Ausnahme durch ausdrücklichen Verweis auf „einschlägige nationale Maßnahmen".

66a   Allerdings enthalten Art. 18 Abs. 4 PSD2 bzw. Art. 6 Zweite E-Geld-RL keine **europarechtliche Definition des Begriffs „Kredit".** Auch der dazu gehörige Erwägungsgrund Nr. 40 PSD2 lässt die Definition offen. Die Verweise auf die Verbraucherkreditrichtlinie (2008/48/EG) in Erwägungsgrund Nr. 40 PSD2 und in Art. 18 Abs. 6 PSD2 geben ebenfalls keine Anknüpfung für eine Definition. Ein Blick in verwandte europarechtliche Vorschriften mag hilfreich sein: Zwar definiert Art. 4 Abs. 1 Nr. 1 CRR als „Kreditinstitut" ein Unternehmen, dessen Tätigkeit darin besteht, Einlagen oder andere rückzahlbare Gelder des Publikums entgegenzunehmen und Kredite für eigene Rechnung zu gewähren". Eine Definition des Kredits findet sich dort nicht. Auch in der CRD IV ist der Kreditbegriff nicht ausdrücklich definiert. Allerdings findet sich im Anhang I zur CRD IV in der Liste der Tätigkeiten, für die die gegenseitige Anerkennung der Tätigkeiten von Einlagenkreditinstituten gilt, folgendes: „2. Darlehensgeschäfte, insbesondere Konsumentenkredite, Kreditverträge im Zusammenhang mit Immobilien, Factoring mit und ohne Rückgriff, Handelsfinanzierung (einschließlich Forfaitierung); 3. Finanzierungsleasing;"

66b   Es dürfte also viel dafür sprechen, dass der **europäische erlaubnisrechtliche bzw. anerkennungsrechtliche Kreditbegriff** der CRR und CRD IV alle in

Ziffer 2. und 3. des Anhang I CRD IV genannten Tätigkeiten inkludiert. Der Begriff des Finanzierungsleasings ist nicht in Ziffer 2 unmittelbar genannt; er steht aber in unmittelbarer Nähe zu den „Darlehensgeschäften". Finanzierungsleasing bedeutet de facto Kreditierung an den Leasingnehmer. Deshalb sollte auch das Finanzierungsleasing in den europäischen erlaubnisrechtlichen bzw. anerkennungsrechtlichen Kreditbegriff einzubeziehen sein.

dd) Auslegung des Kreditbegriffs nach § 3 Abs. 4. Für den durch den deut- **66c** schen Gesetzgeber umzusetzenden Kreditbegriff bedeutet dies folgendes: Der erlaubnis- und auch anerkennungsrechtliche Hintergrund des Art. 18 Abs. 4 PSD2 und des Art. 6 Zweite E-Geld-RL gebietet es, mangels eigener (autonomer) Definition des Kreditbegriffs in der PSD2 und der 2EMD, auf den erlaubnis- und anerkennungsrechtlichen Kreditbegriff der CRD IV zurückzugreifen. Das Gebot der Vollharmonisierung in Art. 107 Abs. 1 PSD2 verbietet dem deutschen Gesetzgeber eine Abweichung durch Verweis auf den deutlich weiteren § 19 KWG (dies verkennt BaFin, Merkblatt ZAG v. 14.2.2023, Abschn. B. III). Deshalb sollte der Verweis des deutschen Gesetzgebers auf Kreditbegriff des § 19 KWG so einschränkend ausgelegt werden, dass er den Vorgaben der Richtlinien (→ Rn. 66) genügt. Bei dem Verweis auf § 19 KWG dürfte es sich um ein Redaktionsversehen des Gesetzgebers handeln. Gleichzeitig bedeutet dies, dass der Begriff „Kredit" iSd § 3 Abs. 4 ZAG weiter zu verstehen sein sollte als der Kreditbegriff des § 1 Abs. 1 S. 2 Nr. 2 KWG und insbesondere auch aufsichtsrechtliches Factoring und wohl auch Finanzierungsleasing inkludiert. Ob diese so verstandene Vorgabe des Art. 18 Abs. 4 PSD2 iVm Art. 107 Abs. 1 PSD2 (Vollharmonisierungsgebot) bereits (teilweise) umgesetzt ist, wenn man neben § 3 Abs. 4 auch § 32 Abs. 6 KWG (für ZAG-Institute keine zusätzliche Erlaubnispflicht für Factoring) berücksichtigt, kann an dieser Stelle nicht beantwortet werden (vgl. aber → Rn. 77a).

ee) Kreditgeschäft gemäß § 1 Abs. 1 S. 2 Nr. 2 KWG. So (→ Rn. 66) ver- **67** standen umfasst der europarechtliche Kreditbegriff den nationalen Begriff des § 1 Abs. 1 S. 2 Nr. 2 KWG, auch wenn ersterer über den nationalen Begriff hinausgeht. Nach dem nationalen erlaubnisrechtlichen Begriff liegt Kreditgeschäft iSd § 1 Abs. 1 S. 2 Nr. 2 KWG vor, wenn Gelddarlehen oder Akzeptkredite gewährt werden. (1) **Gelddarlehen** sind Darlehen iSv § 488 BGB (oder entsprechendem ausländischem Recht). Entscheidend ist also die Pflicht des Darlehensgebers, Geld zur Verfügung zu stellen bzw. die tatsächliche Zurverfügungstellung von Geld (vgl. zum Handdarlehen MüKoBGB/Berger vor § 488 Rn. 25 f.), die ggf. vereinbarte Verzinsungspflicht sowie die Pflicht zur Rückzahlung durch den Darlehensnehmer. Gelder, die nicht rückzahlbar sind, zB verlorene Zuschüsse, sind nicht Darlehen iSv § 1 Abs. 1 S. 2 Nr. 2 KWG (VG Berlin WM 1997, 218 (223); BaFin-Merkblatt Kreditgeschäft v. 2.5.2016, Abschn. 1. a) aa)). Eine Pflicht zur Verzinsung ist dagegen nicht entscheidend (VG Berlin WM 1997, 218 (223); BaFin-Merkblatt Kreditgeschäft v. 2.5.2016, Abschn. 1. a) aa), ebenso wenig irgendeine Besicherung oder auch die Frage, ob das Gelddarlehen aus Einlagen iSv § 1 Abs. 1 S. 2 Nr. 1 KWG oder aber aus eigenen Mitteln (BVerwG WM 2009, 1553 (1555); VG Berlin WM 1997, 218 (223); VG Frankfurt a. M. WM 2005, 503 (506 f.)) gewährt wird (BaFin-Merkblatt Kreditgeschäft v. 2.5.2016, Abschn. 1. a) aa). **Kontokorrentkredite** sind deshalb Kredite iSv § 1 Abs. 1 S. 2 Nr. 2 KWG. Ein Gelddarlehen liegt auch vor, wenn E-Geld unter Vereinbarung der Rückzahlbarkeit überlassen wird (vgl. Art. 4 Nr. 25 PSD2), nicht dagegen bei der Überlassung von Wertpapieren. Die Stundung eines Kaufpreises im Rahmen von **Absatzfinanzierung** von eigenen Warenverkäufen ist ebenfalls kein Kreditgeschäft; dagegen stellt die Absatzfinanzierung durch einen Dritten für diesen ein Kreditgeschäft dar. Ein Kreditgeschäft kommt je nach Ausgestaltung auch in Betracht, wenn ein Laden (Einzelhandel, Tankstellen) an der Kasse Bargeld durch Belastung von Kundenkarten oder von Kreditinstituten auszahlt (VG Berlin WM 1994, 2238; BaFin-Merkblatt Kreditgeschäft v. 2.5.2016, Abschn. 1. a) bb) (2)). Der Kauf von Kreditforderungen oder sonstigen Forderungen (letzteres ist Factoring) ist grundsätzlich kein Darlehensgeschäft (zum Kauf von Kreditforderungen vgl. Fischer/Schulte-Mattler/Schäfer KWG § 1 Rn. 57; zum Factoring: BGH NJW 1980, 1394; 1987, 1878f.; Fischer/Schulte-Mattler/Schäfer KWG § 1 Rn. 62). Durch die Prolongation einer gekauften Kreditforderung kann dies jedoch für den Käufer auch ein Gelddarlehen iSv § 1 Abs. 1 S. 1 Nr. 2 KWG darstellen (BaFin-Merkblatt Kreditgeschäft v. 2.5.2016, Abschn. 1. a) bb) (4)).

68   **Kreditkartengeschäft** ist dagegen nicht ohne weiteres verbunden mit einem Darlehen iSv § 1 Abs. 1 S. 2 Nr. 2 KWG. Kreditkarten, die wie Kundenkarten nur zum Erwerb von Waren des Emittenten der Kreditkarte eingesetzt werden können, stellen jedenfalls kein Kreditgeschäft dar (Fischer/Schulte-Mattler/Schäfer KWG § 1 Rn. 62; Schäfer/Omlor/Mimberg/Schäfer Rn. 49). Bei einem Drei-Personen-Verhältnis, wie es üblicherweise bei Kreditkarten besteht, wird man unterscheiden müssen: Bei einer Kreditkarte, die zur Zahlungsabwicklung eingesetzt wird und deren Emittent den Aufwendungsersatzanspruch gegen den Karteninhaber umgehend einzieht, kommt eine Kreditgewährung nicht in Betracht (ebenso Fischer/Schulte-Mattler/Schäfer KWG § 1 Rn. 62; Beck/Samm/Kokemoor/Reschke KWG § 1 Rn. 280f.). Anders liegt es selbst dann nicht, wenn der Aufwendungsersatzanspruch erst für alle Kreditkartenzahlungen eines Monats jeweils am Monatsende geltend gemacht wird; darin liegt wirtschaftlich gesehen ein technischer Kredit, der jedoch nicht den Kreditbegriff des § 1 Abs. 1 S. 2 Nr. 2 KWG erfüllt (unklar: BaFin-Merkblatt ZAG v. 14.2.2023, Abschn. E.IV.); wie hier: Ellenberger/Findeisen/Nobbe/Böger/Findeisen Rn. 71; Beck/Samm/Kokemoor/Reschke KWG § 1 Rn. 281: kein Darlehen oder darlehnsähnliches Geschäft iSd § 1 Abs. 1 S. 2 Nr. 1 KWG; ebenso Schäfer/Omlor/Mimberg/Schäfer Rn. 59; anders dagegen Schäfer/Omlor/Mimberg/Mimberg § 1 Rn. 105). Denn die (technische) Kreditierung erfolgt hier allein aus Gründen der gesammelten Abrechnung und nicht zur Bereitstellung von liquiden Mitteln; wollte man dies als erlaubnisrechtliches Kreditgeschäft erfassen, müsste jede Zahlung auf Rechnung beim Forderungsinhaber die Erlaubnispflicht auslösen. Ein Kreditgeschäft gemäß § 1 Abs. 1 S. 2 Nr. 2 KWG liegt aber vor, wenn mit einer Kreditkarte ein revolvierender Kredit des Emittenten an den Karteninhaber verbunden ist (Ellenberger/Findeisen/Nobbe/Böger/Findeisen Rn. 74; ebenso Schäfer/Omlor/Mimberg/Schäfer Rn. 50).

69   Anerkannt ist dagegen, dass Einlagen bei einem lizensierten Kreditinstitut, selbst wenn es sich hierbei zivilrechtlich um Darlehen iSv § 488 Abs. 1 BGB handelt, auf der Seite des Einlegers nicht als Kreditgeschäft zu werten sind (BaFin-Merkblatt Kreditgeschäft v. 2.5.2016, Abschn. 1. a) cc) (3)). Gelder, die ein Zahlungsinstitut oder ein E-Geld-Institut gemäß § 17 Abs. 1 Nr. 1 lit. b bei einem Kreditinstitut auf einem Treuhandkonto hinterlegt, sind deshalb ebenfalls tatbestandlich vom Kreditbegriff ausgenommen. Die zweite Alternative des Tatbestands von § 1 Abs. 1 S. 2 Nr. 2 KWG, der **Akzeptkredit**, liegt vor, wenn ein Unternehmen sich verpflichtet, einen von einem Dritten ausgestellten Wechsel anzunehmen und ihn am Fälligkeitstag einzulösen (BaFin-Merkblatt Kreditgeschäft v. 2.5.2016, Abschn. 1.b.).

ff) Gewerbsmäßig oder kaufmännischer Geschäftsbetrieb. Das Kredit- **70** geschäft ist nur dann erlaubnispflichtig nach § 32 Abs. 1 S. 1 KWG, wenn es gewerbsmäßig oder in einem Umfang betrieben wird, der einen in kaufmännischer Weise eingerichteten Geschäftsbetrieb erfordert. Zu dem Merkmal gewerbsmäßig vgl. → Rn. 26. Sofern das Merkmal „gewerbsmäßig" bei einem Institut iSd ZAG ausnahmsweise nicht erfüllt sein sollte, ist es möglich, dass auch die Alternative des **kaufmännischen Geschäftsbetriebs** wegen Unterschreitens bestimmter Bagatellgrenzen nicht eingreift. Die Bagatellgrenzen liegen, wenn lediglich das Kreditgeschäft betroffen ist, vor, wenn ein Institut (1) höchstens eine Zahl von 100 Darlehen oder (2) eine Zahl von höchstens 20 Darlehen mit einem Gesamtdarlehensvolumen von höchstens 500.000,00 EUR vergeben hat (BaFin-Merkblatt Kreditgeschäft v. 2.5.2016, Abschn. 2.). Bei gleichzeitigem Betrieb von Diskont- und/oder Garantiegeschäft werden alle drei Geschäftsarten wie Kreditgeschäft gewertet und die Zahlen werden addiert (BaFin-Merkblatt Kreditgeschäft v. 2.5.2016, Abschn. 2). Betreibt ein Institut gleichzeitig Einlagen- und Kreditgeschäft, so liegt die Bagatellgrenze bei (1) 25 Fällen (wobei die BaFin Kreditfälle mit 25% auf die Grenze anrechnet) oder (2) bei einem Kredit- und Einlagengesamtvolumen von 12.500,00 EUR (wobei das Kreditgesamtvolumen mit 2,5% auf diese Grenze angerechnet wird) (BaFin-Merkblatt Kreditgeschäft v. 2.5.2016, Abschn. 2).

b) Als Nebentätigkeit und im Zusammenhang mit Zahlungsdiensten **71** **iSd § 1 Abs. 1 S. 2 Nr. 4 oder Nr. 5 (Nr. 1). aa) Im Zusammenhang mit Zahlungsdiensten iSd § 1 Abs. 1 S. 2 Nr. 4 oder Nr. 5.** Die Formulierung in Nr. 1 und im ersten Hs. von Satz 1 ist in der Weise zusammenzulesen (im Ergebnis so auch Ellenberger/Findeisen/Nobbe/Böger/Findeisen Rn. 52), dass Kreditgewährung überhaupt nur für Zahlungsinstitute mit einer Lizenz gemäß § 1 Abs. 1 S. 2 Nr. 4 oder 5 und für E-Geld-Institute in Betracht kommt. Abs. 4 Satz 1 ist insofern eine nahezu wortgetreue Umsetzung von Art. 18 Abs. 4 PSD2.

Der Zusammenhang mit dem sog. **Zahlungsgeschäft mit Kreditgewährung** **71a** in § 1 Abs. 1 S. 2 Nr. 4 ist dabei gewahrt, wenn ein Institut Überweisungen, Lastschriften oder Zahlungsvorgänge mittels einer Zahlungskarte oder eines ähnlichen Zahlungsinstruments ausführt, die durch einen Kreditrahmen für einen Zahlungsdienstnutzer gedeckt sind. Darunter sollte also die Gewährung von Kredit an den Zahler fallen, auf dessen Zahlungskonto Überweisungen oder Lastschriften belastet werden, obschon das Zahlungskonto nicht die dafür erforderliche Deckung aufweist (ähnlich, aber zu eng: Schäfer/Omlor/Mimberg/Mimberg § 1 Rn. 105: „im Soll befindlichen Zahlungskonto"). Dasselbe gilt, wenn das Institut Überweisungen, Lastschriften oder Kartenzahlungen für einen Zahler ausführt, ohne für diesen ein sofort zu belastendes Zahlungskonto zu führen, und der Aufwendungsersatzanspruch gemäß §§ 675c Abs. 1, 670 BGB aufgrund eines Kreditrahmens gestundet wird; das wäre auch der Fall, wenn Kartenzahlungen dem Kredit- oder Debitkarten(-verrechnungs-)konto des Zahlers belastet werden und der Saldo dieses Kontos nicht sofort oder zum Monatsende beim Zahler eingezogen, sondern ihm eine Teilzahlung gestattet wird (missverständlich Schäfer/Omlor/Mimberg/Mimberg § 1 Rn. 105: Buchung zulasten eines im Soll befindlichen Zahlungskontos).

In die Ausführung (ggf. deren Kreditierung) von Zahlungsvorgängen mittels **71b** einer Zahlungskarte oder eines ähnlichen Zahlungsinstruments und in die Ausführung von Lastschriften sind auch häufig **Zahlungsdienstleister des Zahlungsempfängers** (als Acquirer im Kartengeschäft oder als sog. erste Inkassostelle im Lastschriftverfahren) eingebunden. Der Wortlaut von Anhang I Nr. (3) PSD2 („einschließlich des Transfers von Geldbeträgen auf ein Zahlungskonto beim Zahlungsdienstleister des Nutzers") spricht dafür, dass es sich hier auch jeweils um Zahlungsgeschäft (iSv § 1 Abs. 1 S. 2 Nr. 3a und Nr. 3b) handelt (ebenso Ellenberger/ Findeisen/Nobbe/Böger/Findeisen § 1 Rn. 323, 327; offen gelassen in Schäfer/ Omlor/Mimberg/Mimberg § 1 Rn. 70 f., Rn. 72−95); dasselbe mag für die „vorschussweise Überlassung noch nicht gutgeschriebener Überweisungsbeträge an den Überweisungsempfänger" gelten (Ellenberger/Findeisen/Nobbe/Böger/Findeisen § 1 Rn. 329); gleichzeitig werden diese Tätigkeiten der Zahlungsdienstleister im Rahmen des Kartengeschäfts und des Lastschriftgeschäfts als Akquisitionsgeschäft (iSv § 1 Abs. 1 S. 2 Nr. 5 Alt. 2) zu erfassen sein (Ellenberger/Findeisen/Nobbe/ Böger/Findeisen § 1 Rn. 358), da sowohl Acquirer als auch erste Inkassostelle die Annahme und Abrechnung von Zahlungsvorgängen für den Zahlungsempfänger durchführen (vgl. § 1 Abs. 35). Eine Gutschrift von Zahlungsvorgängen beim Zahlungsempfänger vor Einziehung beim Zahler erfüllt also den Tatbestand des § 1 Abs. 1 S. 2 Nr. 4.

71c Folgt man der Ansicht, dass die **Übertragung von (kontogebundenem) E-Geld** von dem E-Geld-Konto des Zahlers auf das E-Geld-Konto des Zahlungsempfängers als Überweisung iSd § 1 Abs. 22 anzusehen ist (→ § 1 Rn. 235), ist auch eine Kreditgewährung an den Zahler oder den Zahlungsempfänger im Zusammenhang mit dem Transfer von E-Geld von § 1 Abs. 1 S. 2 Nr. 4 zu erfassen.

71d Eine Kreditgewährung im Zusammenhang mit Zahlungsdiensten nach § 1 Abs. 1 S. 2 Nr. 5 Alt. 1 **(Ausgabe von Zahlungsinstrumenten)** besteht, wenn der Kartenherausgeber dem Karteninhaber die Teilzahlung von nach Ausführung von Kartenzahlungen entstandenen Aufwendungsersatzansprüchen ermöglicht.

71e Im Zusammenhang mit Zahlungsdiensten nach § 1 Abs. 1 S. 2 Nr. 5 Alt. 2 **(Annahme und Abrechnung von Zahlungsvorgängen)** iVm § 1 Abs. 35 kommt eine **Kreditgewährung an den Zahlungsempfänger** in Betracht, indem das Institut im Rahmen des Akquisitionsgeschäfts dem Zahlungsempfänger Kartenzahlungen oder Lastschriften bereits gutschreibt, bevor es den entsprechenden Zahlbetrag über den Zahlungsdienstleister des Zahlers eingezogen hat.

71f Gewährt nun das **Akquisitionsgeschäft** ausführende Institut – nicht dem Zahlungsempfänger, sondern – **dem Zahler einen Kredit**, so sollte auch dies im Zusammenhang mit dem Akquisitionsgeschäft stehen. Denn im Rahmen der Abwicklung von online-Käufen oder Käufen am POS erwerben häufig Institute des ZAG die Forderung des Händlers gegen den Endkunden zur Einziehung. Dies kann nach wirtschaftlicher Betrachtungsweise (BaFin, Merkblatt ZAG, v. 14.2.2023, Abschnitt B.V.) Stichwort „Factoring/Forderungsabtretung") der BaFin als Akquisitionsgeschäft iSd § 1 Abs. 1 S. 2 Nr. 5 Alt. 2 einzustufen sein; daneben mag Factoring iSd § 1 Abs. 1a S. 2 Nr. 9 KWG vorliegen, obschon bei echtem Factoring häufig wegen der Übernahme des Delcredere der Tatbestand des Zahlungsgeschäfts entfällt (BaFin, Merkblatt ZAG, v. 14.2.2023, Abschnitt B.V.) Stichwort „Factoring/Forderungsabtretung"). Häufig soll diese Forderung gegen den Zahler durch das ZAG-Institut in ein Darlehen umgeschuldet werden. Hier sollte die Kreditgewährung „im Zusammenhang" mit dem Zahlungsdienst iSd § 1 Abs. 1 S. 2 Nr. 5 Alt. 2 stehen. Denn das zugrundeliegende Akquisitionsgeschäft ist sowohl der Anlass als auch der Grund der Kreditgewährung. Auch stellt der Kredit ein Hilfsgeschäft im Rahmen der Ausführung des Zahlungsdienstes des Akquisitionsgeschäfts dar und wird nicht nur gelegentlich dessen gewährt (dies fordert BaFin, Merkblatt ZAG, v. 14.2.2023, Abschnitt E.IV.).

Hier steht auch nicht entgegen, dass § 3 Abs. 4 S. 1 textiert: „darf […] **Zah-** 71g
lungsdienstnutzern im Zusammenhang mit Zahlungsdiensten […] Kredit […]
gewähren". Denn der Wortlaut des § 3 Abs. 4 S. 1 **setzt** den zugrundeliegenden
Art. 18 Abs. 4 PSD2 nicht wörtlich um. Der Wortlaut des Art. 18 Abs. 4 PSD2
setzt lediglich voraus, dass „Zahlungsinstitute Kredite im Zusammenhang mit den
in Anhang I Nummer 4 oder Nummer 5 [= § 1 Abs. 1 Satz 2 Nr. 4 oder 5] […] gewähren […]". Eine Beschränkung dahingehend, dass die Kredite nur an einen Zahlungsdienstnutzer der in Anhang I genannten Dienste gewährt werden darf, besteht
nach dem eindeutigen Wortlaut des Art. 18 Abs. 4 PSD2 nicht. Soweit § 3 Abs. 4
hier strengere Voraussetzungen aufstellt, indem die Gewährung von Krediten nur
an die Zahlungsdienstnutzer erfolgen darf, deutet viel darauf hin, dass diese Vorschrift gegen das Vollharmonisierungsgebot des Art. 107 Abs. 1 PSD2 verstößt.
Auch der einschlägige Erwägungsgrund Nr. 40 PSD2 beschränkt die Kreditvergabe
nicht auf Zahlungsdienstnutzer; hier geht es allein darum, dass der Kredit „eng mit
den Zahlungsdiensten verbunden ist". Der Telos der Norm gebietet ebenfalls eine
solche Einschränkung nicht; denn es geht darum, einem Zahlungsinstitut die typischerweise mit Zahlungsvorgängen verbundenen Kredite zu ermöglichen. Das aber
ist beispielsweise bei einer Prolongation, einer der typischen Fälle des Zahlungspro-
dukts „Buy Now Pay Later", der Fall. Die Kreditgewährung stellt sich somit als ein
Fall der Herstellung eines Level Playing Field zwischen allen Zahlungsdienstleistern
gem. Erwägungsgrund Nr. 34 S. 4 PSD2 dar; denn Kreditinstitute erbringen seit jeher ihre Zahlungsdienste in engem Zusammenhang mit der Gewährung von Dis-
positionskrediten oder eben auch Prolongationen an Verbraucher. Der so verstandene Art. 18 Abs. 4 PSD2 ist demnach in § 3 Abs. 4 fehlerhaft umgesetzt. Im Wege
der richtlinienkonformen Auslegung bzw. im Wege der richtlinienkonformen teleologischen Reduktion des § 3 Abs. 4 S. 1 wird man die Nennung des Zahlungsdienstnutzer nur als Beispiel für mögliche Adressaten der Kreditgewährung auslegen dürfen. § 3 Abs. 4 darf die Zulässigkeit der Gewährung eines Kredits nicht
davon abhängig machen, dass der Kredit an den Zahlungsdienstnutzer der Zahlungsdienste iSd § 1 Abs. 1 S. 2 Nr. 4 oder Nr. 5 vergeben wird.

Umstritten ist, ob auch die in § 1 Abs. 1 S. 2 Nr. 2 geregelte **Barauszahlung** von 71h
einem Zahlungskonto für Institute von dem Erlaubnisvorbehalt des § 1
Abs. 1 S. 2 Nr. 2 KWG freigestellt angesehen werden sollte. Dasselbe gilt für Bargeldauszahlungen gegen Kredit- oder Debitkarten (die nach der Verwaltungspraxis der BaFin-Merkblatt ZAG, v. 14.2.2023, Abschn. B.I.2, auch Auszahlungsgeschäft iSd § 1 Abs. 1 S. 2 Nr. 2 darstellt). Solche Barauszahlungsvorgänge können
Kredite iSd KWG-Erlaubnistatbestandes darstellen (BaFin-Merkblatt Kreditgeschäft v. 2.5.2016, Abschn. 1.a) bb) (2) „Bargeldauszahlungen gegen Kundenkarten"). Zwar verweisen weder § 3 Abs. 4 noch Art. 18 Abs. 4 PSD2 auf diesen Tatbestand. Allerdings könnte es sich hierbei um ein gesetzgeberisches Versehen
gehandelt haben, solche „technischen" Kreditgewährungen nicht ebenfalls von der
Ausnahme des Abs. 4 Satz 1 zu erfassen (so im Ergebnis wohl Schäfer/Lang BKR
2009, 11 (14); Schwennicke/Auerbach/Schwennicke Rn. 27; krit. Reifner VuR
2009, 175; aA Schäfer/Omlor/Mimberg/Schäfer Rn. 49 mit Verweis auf den
Wortlaut von Art. 18 Abs. 4 PSD2).

bb) Im Zusammenhang, Nebentätigkeit. Der Kredit darf zudem nur im 72
Zusammenhang mit einem Zahlungsvorgang gewährt werden. Dabei sind aber
nicht nur die sog. „technische Kredite" erfasst, die als Hilfsgeschäft anfallen, zB
weil die Kreditkartenabrechnung jeweils nur zum Monatsende erfolgt (Ellenber-

ger/Findeisen/Nobbe/Böger/Findeisen Rn. 63). Erlaubt ist es auch, im Zusammenhang mit einer Kreditkarte einen revolvierenden Kredit (sog. „echte Kreditkarte") einzuräumen (Ellenberger/Findeisen/Nobbe/Böger/Findeisen Rn. 90f.), sofern nur die Zahlungsfunktion der Kreditkarte weiterhin **im Vordergrund** steht (Ellenberger/Findeisen/Nobbe/Böger/Findeisen Rn. 63, krit. Reifner VuR 2009, 175). Der notwendige Zusammenhang sollte gewahrt sein, wenn der Zahlungsvorgang sowohl den Anlass als auch den Grund der Kreditgewährung bildet und der Kredit ein Hilfsgeschäft im Rahmen der Ausführung des Zahlungsdienstes darstellt und nicht nur gelegentlich dessen gewährt wird (BaFin-Merkblatt ZAG, v. 14.2.2023, Abschnitt E.IV.).

73   Eine **Nebentätigkeit** iSv Nr. 1 ist dann anzunehmen, wenn die Zahlungsabwicklung und die Zahlungsfunktion des jeweiligen Instruments im Vordergrund steht und die Kreditgewährung lediglich untergeordnete Funktion hat (BaFin-Merkblatt ZAG v. 14.2.2023, Abschn. E.IV.; Ellenberger/Findeisen/Nobbe/Böger/Findeisen Rn. 54).

74   **c) Laufzeit von zwölf Monaten (Nr. 2).** Der Kreditvertrag darf höchstens eine Laufzeit von zwölf Monaten vorsehen und das Darlehen ist innerhalb der zwölf Monate **vollständig zurückzuzahlen (Nr. 2).** Der – zB mit einer Kreditkarte verbundene – Kreditvertrag muss die zwölfmonatige Laufzeit selbst regeln. Kommt der Kunde nach Ablauf der zwölf Monate in Zahlungsschwierigkeiten und kann tatsächlich nicht sofort zurückzahlen, so ist dies im Rahmen des Nr. 2 unschädlich (Ellenberger/Findeisen/Nobbe/Böger/Findeisen Rn. 54; Schäfer/Omlor/Mimberg/Mimberg Rn. 51 – zumindest bis zur Grenze des Umgehungsverbots); eine dahingehende Vereinbarung, zB eine Stundung, eine Prolongation oÄ über den Zwölf-Monats-Zeitraum hinaus ist dem Institut jedoch untersagt. Eine Umschuldung im Rahmen der Zwölf-Monats-Frist ist dagegen erlaubt (Ellenberger/Findeisen/Nobbe/Findeisen, 2. Aufl. 2013, ZAG § 2 aF Rn. 69; Schwennicke/Auerbach/Schwennicke Rn. 28). Eine Kreditkarte mit Teilzahlungsfunktion oder mit revolvierender Kreditlinie über einen Zeitraum von zwölf Monaten hinaus kommt nicht in Betracht (Ellenberger/Findeisen/Nobbe/Böger/Findeisen Rn. 54, 91). Ebenso wenig ist eine Zahlungskarte mit einem Verfügungsrahmen, mit dem Rückzahlungen über mehr als zwölf Monate kreditiert werden, oder eine Abrechnung, die später als zwölf Monate nach dem Zahlungsvorgang erfolgt, gestattet (Ellenberger/Findeisen/Nobbe/Böger/Findeisen Rn. 91; Schwennicke/Auerbach/Schwennicke Rn. 29). Ob Zinsen, ggf. auch versteckte Zinsen über eine Kreditkartengebühr, gezahlt werden oder nicht, ist für die Einordnung als Kredit unerheblich (→ Rn. 64).

75   **d) Nicht aus Geldern, die der Zweckbindung unterliegen (Satz 1 Nr. 3, Satz 2).** ZAG-Institute dürfen Kredite nicht aus den für den Zweck der Ausführung eines Zahlungsvorgangs entgegengenommenen und gehaltenen Geldbeträgen gewähren; für E-Geld-Institute erstreckt sich dieses Verbot auf die für die Ausgabe von E-Geld entgegengenommenen und gehaltenen Geldbeträge. Es gilt das strikte Trennungsgebot, das zusammen mit den Vorschriften der §§ 17, 18 die anvertrauten Kundengelder gegen die Insolvenz sowie den vollstreckungsrechtlichen Zugriff der Gläubiger des Instituts schützen will (RegBegr. ZDUG, BT-Drs. 16/11613, 41f.; BaFin-Merkblatt ZAG v. 14.2.2023, Abschn. E.IV.; Ellenberger/Findeisen/Nobbe/Böger/Findeisen Rn. 54). Dieses Trennungsgebot ist der maßgebliche Unterschied zwischen den Instituten des ZAG und Kreditinstituten iSv § 1 Abs. 3d S. 1 KWG; die zur Durchführung von Zahlungsvorgängen oder zur Ausgabe von E-Geld entgegengenommenen Gelder sind eben nicht von einer Erlaubnis zum Betrieb des Einlagengeschäfts gedeckt – sondern nur Kraft (Abs. 2 Satz 2, Abs. 3 Satz 3) hiervon ausgenommen – und dürfen deshalb nicht für Refinanzierungszwecke des Instituts verwendet werden.

e) Ungeschriebenes Tatbestandsmerkmal: keine Inhaber- oder Order- 76 **schuldverschreibungen ausgegeben.** Neben den ausdrücklich normierten Voraussetzungen der Ausnahme vom Verbot der Kreditgewährung hält die deutsche RegBegr. es für erforderlich, eine weitere, im Gesetzestext nicht niedergelegte Voraussetzung aufzustellen. Eine Kreditgewährung ist Instituten des ZAG (in den vorbeschriebenen Schranken der Nr. 1–3 des Abs. 4 Satz 1 und Satz 2) nur erlaubt, wenn nicht zum Zeitpunkt der Kreditgewährung gleichzeitig Inhaber- oder Orderschuldverschreibungen ausstehen (RegBegr. ZDUG, BT-Drs. 16/11613, 41; BaFin-Merkblatt ZAG v. 14.2.2023, Abschn. E.II. und IV.). Der Grund für diese zusätzliche Voraussetzung liegt wohl in Folgendem: man könnte bei Inhaber- und Orderschuldverschreibungen von Einlagen im „materiellen Sinne" sprechen, nämlich von unbedingt rückzahlbaren Geldern des Publikums, die lediglich deshalb keine Einlagen iSd § 1 Abs. 1 S. 2 Nr. 1 KWG darstellen, weil hier eine geschriebene Gegenausnahme besteht (die aber gemäß Art. 16 Abs. 2 Hs. 2 PSD1 u. Art. 18 Abs. 3 PSD2 iVm Art. 9 Abs. 2 CRD IV – Verweis auf Ausnahmen vom Einlagenbegriff nach nationalem Recht – auch Instituten des ZAG zusteht). Zur Sicherstellung der Solvabilität der Institute des ZAG sollen also Kredite ausschließlich aus Eigenkapital oder aus eigenkapitalähnlichen Instrumenten (zB Genussrechten mit qualifiziertem Nachrang) gewährt werden. Allerdings kann sich die Finanzaufsicht auf Art. 16 Abs. 3 lit. d PSD1 (jetzt Art. 18 Abs. 4 lit. d PSD2) stützen, wonach „die Eigenmittel des Zahlungsinstituts (…) nach Auffassung der Aufsichtsbehörden jederzeit in einem angemessenen Verhältnis zum Gesamtbetrag der gewährten Kredite" stehen müssen. Deshalb sollte die Maßgabe des Verbots der Kreditgewährung bei gleichzeitigem Ausstehen von Inhaber- oder Orderschuldverschreibungen richtlinienkonform sein (so auch Ellenberger/Findeisen/Nobbe/Böger/Findeisen Rn. 67: „Ausschöpfung der Auslegungsspielräume der ZDRL"; zweifelnd noch Terlau in → 1. Aufl. 2014, § 2 Rn. 1 ff.).

3. Fiktion des Nicht-Vorliegens von Kreditgeschäft (Satz 3); Freistellung nach § 32 Abs. 6 KWG

Sofern Institute des ZAG in dem vorstehend → Rn. 71 ff. beschriebenen, sehr 77 begrenzten Umfang Kredite gewähren, nimmt Abs. 4 Satz 3 diese Kreditgewährungen vom Verbot des Kreditgeschäfts gemäß §§ 1 Abs. 1 S. 2 Nr. 2, 32 Abs. 1 S. 1 KWG aus. Diese Ausnahme gilt nur, sofern das Institut des ZAG die Bedingungen von Abs. 4 Satz 1 und Satz 2 einhält (Ellenberger/Findeisen/Nobbe/Böger/Findeisen Rn. 58). In dem Fall, dass ein Institut des ZAG gleichzeitig über eine beschränkte Erlaubnis gemäß §§ 1 Abs. 1 S. 2 Nr. 2, 32 Abs. 1 S. 1 KWG (Nicht-Einlagen-Kreditinstitut) verfügt (Institut iSd § 2 Abs. 7; vgl. → § 2 Rn. 177 f.), ist diesem das Kreditgeschäft ohne Beachtung der Schranken des Abs. 4 Satz 1 und Satz 2 erlaubt und die Fiktion des Abs. 4 Satz 3 wird nicht benötigt (Ellenberger/Findeisen/Nobbe/Findeisen, 2. Aufl. 2013, § 2 Rn. 54; so auch iE Fett/Bentele WM 2011, 1352 (1359)). Eine Überschreitung der erlaubten Ausnahmen ist mit Strafe gemäß § 63 Abs. 1 Nr. 3 bewehrt (→ Rn. 8). Zivilrechtlich dürften solche Geschäfte dennoch wirksam sein (Ellenberger/Findeisen/Nobbe/Böger/Findeisen

Rn. 101; Schwennicke/Auerbach/Schwennicke Rn. 33). Im Übrigen vgl. zu den Rechtsfolgen → Rn. 8 ff.

77a Vor dem Hintergrund des weiten europarechtlichen Kreditbegriffs (→ Rn. 66) ist auch § 32 Abs. 6 KWG (Freistellung von ZAG-Instituten von der Erlaubnispflicht nach § 32 Abs. 1 S. 1 KWG für Factoring iSd § 1 Abs. 1a S. 2 Nr. 9 KWG) zu sehen, denn ZAG-Institute dürfen gemäß Art. 18 Abs. 4 PSD2 bei Erfüllung der darin genannten Anforderungen Kredit iSd weiten europarechtlichen Kreditbegriffs (→ Rn. 66) gewähren. Es spricht viel dafür (vgl. → Rn. 66), dass in § 32 Abs. 6 auch das Finanzierungsleasing (§ 1 Abs. 1a S. 2 Nr. 10 KWG) hätte inkludiert werden müssen.

VI. Prüfung der Kreditwürdigkeit des Verbrauchers (Abs. 4 Satz 4)

1. Allgemeines

78 **a) Europäische Richtlinien und Gesetzeshistorie, Systematik.** Satz 4 wurde im Rahmen des ZDUG II neu gefasst; die bisherigen Sätze 5–8 des § 2 Abs. 3 wurden gestrichen. Sie waren durch das VKRLUG v. 29.7.2009 in Umsetzung von Art. 8 Abs. 1 VerbraucherkreditRL in das ZAG eingeführt worden, um die Regelungslücke zu schließen, die sich aus der fehlenden Anwendbarkeit des § 18 Abs. 2 KWG auf nicht dem KWG unterliegende Institute ergab (Schwennicke/Auerbach/Schwennicke Rn. 34). Früher war die Vorschrift nahezu wortgleich mit § 18 Abs. 2 KWG aF. § 18 Abs. 2 KWG aF ist mit dem Gesetz zur Umsetzung der Wohnimmobilienkreditrichtlinie und zur Änderung handelsrechtlicher Vorschriften vom 11.3.2016 (BGBl. I 396) mit Wirkung zum 21.3.2016 in § 18a KWG aufgegangen, auf den nun § 3 Abs. 4 S. 4 umfassend verweist.

79 **b) Zweck.** Die Vorschrift des Abs. 4 S. 4 hat aufsichtsrechtlichen Charakter. Sie soll das volkswirtschaftliche Anliegen einer vorsichtigen Kreditvergabe an Verbraucher verwirklichen (Erwägungsgründe Nr. 27 ff. VerbraucherkreditRL). Zur Frage, ob Abs. 4 S. 4 drittschützenden Charakter hat, → Rn. 11.

Zu den Rechtsfolgen von Verstößen gegen Abs. 4 Satz 4, insbesondere den zivilrechtlichen Folgen, vgl. → Rn. 10 f.

2. Verbraucherdarlehensvertrag oder Vertrag über eine entgeltliche Finanzierungshilfe

80 **a) Persönlicher Anwendungsbereich.** § 3 Abs. 4 S. 4 nennt nur Zahlungsinstitute als Normadressaten, dh nach seinem Wortlaut ist er, anders als § 3 Abs. 4 S. 1, nicht auf E-Geld-Institute anwendbar (Schäfer/Omlor/Mimberg/Schäfer Rn. 47). Dabei dürfte es sich um ein Redaktionsversehen handeln, denn zum einen ist die VerbraucherkreditRL (vgl. deren Art. 3 lit. a) nicht auf bestimmte Arten von Instituten beschränkt. Zudem gilt nach den Grundsätzen der dynamischen Verweisung von Richtlinien gemäß Art. 6 Abs. 1 Zweite E-Geld-RL die Neufassung in Art. 18 Abs. 6 PSD2 auch für E-Geld-Institute (deshalb kritisch Schäfer/Omlor/Mimberg/Schäfer Rn. 47). Bei europarechtskonformer Auslegung gilt der Verweis also für den Abschluss von Verbraucherdarlehensverträgen oder von Verträgen über eine entgeltliche Finanzierungshilfe zwischen jeglichem Institut des ZAG und

einem Verbraucher (aA Schäfer/Omlor/Mimberg/Schäfer Rn. 47; Ellenberger/
Findeisen/Nobbe/Böger/Findeisen Rn. 131).

b) Verbraucherdarlehensvertrag. Gemäß **§ 491 Abs. 1 BGB** ist ein Verbrau- **81**
cherdarlehensvertrag ein entgeltlicher Darlehensvertrag zwischen einem Unternehmer als Darlehensgeber und einem Verbraucher als Darlehensnehmer. Die Definition entspricht dem ersten Teil der Definition des Kreditvertrags von Art. 3 lit. c der
VerbraucherkreditRL (MüKoBGB/Schürnbrand/Weber BGB § 491 Rn. 5). Sie ist
deshalb auch für Zwecke des § 3 Abs. 4 S. 4 iVm § 18a KWG zugrunde zu legen
(ebenso für § 18a KWG Schwennicke/Auerbach/Schwennicke § 18a Rn. 4f.). Gemäß § 491 BGB sind bestimmte Verträge von dem Begriff Verbraucherdarlehensvertrag ausgenommen. Auch diese Regelung entspricht der VerbraucherkreditRL und
ist damit für Zwecke des § 3 Abs. 4 S. 4 iVm § 18a KWG zugrunde zu legen (zu § 18
Abs. 2: RegBegr. VKRLUG, BT-Drs. 16/11643, 240; Grüneberg/Weidenhaff BGB
§ 491 Rn. 12; MüKoBGB/Schürnbrand § 491 Rn. 71; Schwennicke/Auerbach/
Schwennicke § 18a Rn. 5ff.). Nach § 491 Abs. 2 BGB sind keine Verbraucherdar-
lehensverträge Verträge, 1. bei denen der Nettodarlehensbetrag (Art. 247 § 3 Abs. 2
des EGBGB) **weniger als 200,00 EUR** beträgt, 2. bei denen sich die Haftung des
Darlehensnehmers auf eine dem Darlehensgeber **zum Pfand übergebene Sache**
beschränkt, 3. bei denen der Darlehensnehmer das Darlehen **binnen drei Monaten
zurückzuzahlen** hat und nur geringe Kosten vereinbart sind, 4. die von **Arbeitgebern mit ihren Arbeitnehmern** als Nebenleistung zum Arbeitsvertrag zu
einem niedrigeren als dem marktüblichen effektiven Jahreszins (§ 6 PAngV) abgeschlossen werden und anderen Personen nicht angeboten werden, 5. die nur mit
einem **begrenzten Personenkreis** aufgrund von Rechtsvorschriften in öffentlichem Interesse abgeschlossen werden, wenn im Vertrag für den Darlehensnehmer
günstigere als marktübliche Bedingungen und höchstens der marktübliche Sollzins-
satz vereinbart sind. Der Begriff des **Verbrauchers** ist in § 13 BGB definiert als jede
natürliche Person, die ein Rechtsgeschäft zu einem Zweck abschließt, der weder
ihrer gewerblichen noch ihrer selbständigen beruflichen Tätigkeit zugerechnet werden kann; diese Definition entspricht Art. 3 lit. a VerbraucherkreditRL.

c) Vertrag über eine entgeltliche Finanzierungshilfe. Der Begriff „entgelt- **82**
liche Finanzierungshilfe" geht ebenfalls auf Art. 3 lit. c iVm Art. 8 Abs. 1 VerbraucherkreditRL zurück und ist ebenso zu verstehen wie der Anwendungsbereich des
§ 506 Abs. 1 BGB, der mit Art. 3 lit. c der VerbraucherkreditRL von Zahlungsauf-
schub oder sonstiger Finanzierungshilfe eines Unternehmers an einen Verbraucher
spricht (Schwennicke/Auerbach/Schwennicke § 18a Rn. 4). Erforderlich ist die
Stundung der Gegenleistung des Verbrauchers oder die Verpflichtung des Anbieters
zur Vorleistung (MüKoBGB/Schürnbrand/Weber § 506 Rn. 4; BeckOK-BGB/
Möller § 506 Rn. 5f.). Die sonstige Finanzierungshilfe ist zu definieren als die zeit-
weilige Überlassung von Kaufkraft an den Verbraucher für konsumtive oder inves-
tive Zwecke (MüKoBGB/Schürnbrand/Weber § 506 Rn. 24).

d) Anwendungsfälle. Anwendungsfälle im Rahmen des ZAG könnten, je **83**
nach Ausgestaltung, **Kreditkarten** sein. Nach Erwägungsgrund Nr. 13 der VerbraucherkreditRL handelt es sich bei Kartengeschäften zumindest um ein naheliе-
gendes Beispiel für einen kurzfristigen Kredit mit lediglich geringen Kosten, der
dem Ausnahmetatbestand des Art. 2 lit. f VerbraucherkreditRL unterfiele. Aktuell
gibt es auch in Deutschland eine ganze Reihe von Kreditkarten, die mit einem
echten (revolvierenden) Kredit gekoppelt sind (das war vor 15 Jahren noch eher

die Ausnahme: Ellenberger/Findeisen/Nobbe/Böger/Findeisen Rn. 88; Reifner VuR 2009, 170 (171 f., 173 f.)). Diese fallen typischerweise weder unter die Bagatellgrenze des § 491 Abs. 2 S. 2 Nr. 1 BGB noch unter die Ausnahme der kurzfristigen Darlehen (3 Monate) mit geringen Kosten (§ 491 Abs. 2 S. 2 Nr. 3 BGB); die hierfür verlangten Zinsen (idR mehr als 10% p. a. effektiver Jahreszins) können nicht als geringfügig eingestuft werden. Vielfach erfolgt allerdings eine faktische Kreditierung durch **Abrechnung erst am Monatsende.** Darin liegt in den meisten Fällen von Kreditkarten **keine entgeltliche Stundungsabrede,** da hierfür kein zusätzliches Entgelt anfällt. Das jährliche Kartenentgelt zahlt der Kunde für die Nutzung der Karte als Zahlungsmittel und nicht für die Kreditierung des Aufwendungsersatzanspruchs (MüKoBGB/Schürnbrand/Weber § 506 Rn. 16). Einen (allerdings durchaus üblichen) (Reifner VuR 2009, 170 (173)) **Überziehungskredit** dürfte ein Kreditkartenemittent mit Zahlungsinstituts-Lizenz nur anbieten, wenn dieser im Zusammenhang mit der Zahlungsabwicklung steht und lediglich untergeordnete Bedeutung hat (→ Rn. 73; dies wäre ein Anwendungsfall für Satz 4). Keinen Fall des Satz 4 stellen **Debitkarten** (EC-Karte. Girocard, Maestro) dar; eine hinausgeschobene Bezahlung des Aufwendungsersatzanspruchs findet hier in der Regel nicht statt; ein zusätzlicher **Dispositionskredit** (auch dieser bei Kreditinstituten durchaus üblich) (Reifner VuR 2009, 170 (173)) kommt aber in den Grenzen des § 3 Abs. 4 Nr. 1 (im Zusammenhang mit Zahlungsvorgang und lediglich untergeordnet; → Rn. 71 ff.) in Betracht. Eine Finanzierungshilfe kann aber vorliegen bei einer – ggf. nachträglich vereinbarten – verzinsten, ratierlichen Zahlung (**Teilzahlung** iSd § 506 Abs. 3 BGB) oder einer **verzinsten Stundung** (in den Grenzen des § 3 Abs. 4 S. 1) des Aufwendungsersatzanspruchs des Kartenemittenten oder des Emittenten von sonstigen Karten (MüKoBGB/Schürnbrand/Weber § 506 Rn. 12).

3. Prüfung der Kreditwürdigkeit des Verbrauchers

84   Nach § 18a KWG gilt, dass sich das Kreditinstitut ein **zutreffendes Bild von der wirtschaftlichen Situation und der Kapitaldienstfähigkeit** eines Kreditnehmers zu machen hat (risikobewusste Kreditvergabe) (zu § 18 KWG aF Fischer/Schulte-Mattler/Bock KWG § 18 Rn. 1). Hierbei sollte das Institut die am 30.6.2021 in Kraft getretenen EBA-Leitlinien zur Kreditvergabe und –überwachung v. 29.5.2020 (EBA/GL/2020/06) berücksichtigen (abrufbar unter https://eba.europa.eu). Nach § 18a Abs. 1 S. 2 KWG muss aus der Kreditwürdigkeitsprüfung hervorgehen, dass bei einem Allgemein-Verbraucherdarlehensvertrag keine erheblichen Zweifel an der Kreditwürdigkeit bestehen. Die Anforderungen dürfen nicht überspannt werden; dem Institut steht ein Ermessen bei der Auswahl und der Bewertung der zugrunde zu legenden Informationen zu (EuGH EuZW 2015, 189 Rn. 36 f. – CA Consumer Finance/Bakkaus ua). Nach § 18a Abs. 3 KWG können Grundlage für die Kreditwürdigkeitsprüfung Auskünfte des Darlehensnehmers und erforderlichenfalls Auskünfte von Stellen sein, die geschäftsmäßig personenbezogene Daten, die zur Bewertung der Kreditwürdigkeit von Verbrauchern genutzt werden dürfen, zum Zwecke der Übermittlung erheben, speichern, verändern oder nutzen. Das Institut ist verpflichtet, die Informationen in angemessener Weise zu überprüfen, soweit erforderlich auch durch Einsichtnahme in unabhängig nachprüfbare Unterlagen. Die **Selbstauskünfte des Verbrauchers** können in dessen eigener Aufstellung seiner Einkommens- und Vermögensverhältnisse, seinen Lohn- und Gehaltsabrechnungen sowie seinen Steuererklärungen und –bescheiden bestehen. Das Institut hat in diesem Fall zu entscheiden, ob die An-

gaben aussagekräftig und zweifelsfrei sind, so dass es dann ggf. keiner weiteren Erhebungen bedarf. Anderenfalls wird es erforderlich, Auskünfte von **Stellen** einzuholen, **die geschäftsmäßig personenbezogene Daten,** die zur Bewertung der Kreditwürdigkeit von Verbrauchern genutzt werden dürfen (§ 18a Abs. 3 S. 1 Alt. 2 KWG), bereitstellen. Hier kommen sowohl Auskünfte der Schufa, der Creditreform oder anderer Institutionen in Betracht. Das Institut hat zudem eigene Erkenntnisse aus früheren Geschäftsbeziehungen mit dem Verbraucher zu berücksichtigen, wenn es diese unter Berücksichtigung von Datenschutzbestimmungen auswerten darf. Die Datenbestände anderer Gesellschaften eines Konzerns, etwa eines Handelskonzerns, dem das Institut angehört, dürfen ebenfalls nur dann ausgewertet werden, wenn dies dem Datenschutzrecht entspricht; eine Pflicht hierzu besteht nach Abs. 4 Satz 4 iVm § 18a KWG nicht.

4. Aktualisierungs-, Neubewertungsgebot

Das Institut hat die Kreditwürdigkeit nicht nur bei der erstmaligen Vergabe eines **85** Kredites zu prüfen, sondern zu aktualisieren, wenn sich der Nettodarlehensbetrag ändert (Abs. 4 Satz 4 iVm § 18a Abs. 2 KWG). Nach Art. 247 § 3 Abs. 2 S. 2 EGBGB ist der Nettodarlehensbetrag der Höchstbetrag, auf den der Darlehensnehmer aufgrund des Darlehensvertrags Anspruch hat. Bei erheblicher Erhöhung dieses Nettodarlehensbetrages ist die Kreditwürdigkeit des Verbrauchers vollständig neu zu bewerten. Eine erhebliche Erhöhung ist eine Erhöhung um 10% oder mehr (Schwennicke/Auerbach/Schwennicke § 18a Rn. 19; zu § 18 KWG aF Fischer/Schulte-Mattler/Bock § 18 Rn. 109 mit Verweis auf die Verwaltungspraxis der BaFin). Die Pflicht zur jährlichen Prüfung der Kreditwürdigkeit nach MaRisk BTO 1.2.2. Tz. 2 gilt für Institute des ZAG nicht.

5. Beachtung datenschutzrechtlicher Vorschriften

Der Verweis in Abs. 4 Satz 4 iVm § 18a Abs. 9 KWG stellt auch für Institute des **86** ZAG klar, dass die Prüfung der Kreditwürdigkeit und die Erhebung der personenbezogenen Daten des Verbrauchers nur unter Wahrung seiner Rechte nach datenschutzrechtlichen Vorschriften, dh insbesondere der DSGVO, erlaubt ist.

§ 4 Aufgaben und allgemeine Befugnisse der Bundesanstalt, Entscheidung in Zweifelsfällen

(1) **Die Bundesanstalt übt die Aufsicht über die Zahlungsdienstleister und E-Geld-Emittenten nach den Vorschriften dieses Gesetzes aus.**

(2) **¹Die Bundesanstalt kann im Rahmen der ihr gesetzlich zugewiesenen Aufgaben gegenüber den Instituten und ihren Geschäftsleitern die Anordnungen treffen, die geeignet und erforderlich sind, um Verstöße gegen aufsichtsrechtliche Bestimmungen zu verhindern oder zu unterbinden oder um Missstände in einem Institut zu verhindern oder zu beseitigen, die die Sicherheit der dem Institut anvertrauten Vermögenswerte gefährden können oder die ordnungsgemäße Durchführung der Zahlungsdienste oder E-Geld-Geschäfte beeinträchtigen. ²Die Befugnis nach Satz 1 schließt die Behebung von Missständen bei der Werbung der Institute ein. ³Vor all-**

gemeinen Maßnahmen nach Satz 2 sind die Spitzenverbände der Institute und des Verbraucherschutzes anzuhören.

(3) ¹Die Bundesanstalt und die Deutsche Bundesbank arbeiten nach Maßgabe dieses Gesetzes zusammen. ²§ 7 des Kreditwesengesetzes gilt entsprechend.

(4) ¹Die Bundesanstalt entscheidet in Zweifelsfällen, dass ein Unternehmen den Vorschriften dieses Gesetzes unterliegt. ²Als Zweifelsfall gilt insbesondere jeder Fall, bei dem die Einstufung als Institut, Zahlungsdienstleister oder E-Geld-Emittent zwischen dem Betreiber und der Bundesanstalt oder einer anderen Verwaltungsbehörde streitig ist. ³Ihre Entscheidungen binden die anderen Verwaltungsbehörden.

Literatur: Beck/Samm/Kokemoor, Kreditwesengesetz, Loseblattwerk, 223. EL Stand 2021; Becker, Die Reform der Finanzmarktaufsicht, DÖV 2010, 909 ff.; Ellenberger/Findeisen/Nobbe/Böger, Kommentar zum Zahlungsverkehrsrecht, 3. Auflage 2020Gärditz, Verwaltungsgerichtsordnung, Kommentar, 2. Aufl. 2018; Kalkbrenner, Zur Errichtung von Bundesoberbehörden nach Art. 87 Abs. 3 GG, JZ 1963, 210 ff.; Luz/Neus/Schaber/Schneider/Wagner/Weber, Kreditwesengesetz, 3. Aufl. 2015; Pewestorf/Söllner/Tölle, Polizei- und Ordnungsrecht, 2. Aufl. 2017; Riesenhuber/Köndgen, Europäische Methodenlehre, 3. Aufl. 2015; Schlette, Die Neustrukturierung der Kapitalmarktaufsicht – am Beispiel des Wertpapierhandelsrechts in Grote/Härtel/Hain/Schmidt/Schmitz/Schuppert/Winterhoff (Hrsg.), Die Ordnung der Freiheit, Festschrift für Christian Starck, 2007, 405 ff.; Szagunn/Haug/Ergenzinger, Gesetz über das Kreditwesen, Kommentar, 6. Aufl. 1997; Walla, Kapitalmarktrechtliche Normsetzung durch Allgemeinverfügung – Hat die BaFin mit den Verboten für ungedeckte Leerverkäufe und bestimmte Kreditderivate vom 18. Mai 2010 ihre Kompetenzen überschritten?, DÖV 2010, 853 ff.; Zeitler, Internationale Entwicklungslinien der Bankenaufsicht – der Baseler Eigenkapitalübereinkunft, WM 2001, 1397 ff.

Inhaltsübersicht

I. Allgemeines

1. Wesentlicher Regelungsgehalt

§ 4 ist eine klassische aufsichtsrechtliche Vorschrift, die Aufgaben und Eingriffs- **1** befugnisse der BaFin festlegt. § 4 ist nicht die einzige Norm im Rahmen des ZAG, die der BaFin Eingriffsbefugnisse einräumt. Vielmehr finden sich an zahlreichen anderen Stellen des Gesetzes spezielle Eingriffstatbestände, die zur **Generalklausel** des § 4 Abs. 2 hinzutreten.

Die Vorschrift wurde durch das Gesetz zur Umsetzung der Zweiten Zahlungs- **2** dienstrichtlinie (BGBl. 2017 I 2446ff., dazu Terlau *Der Betrieb* 2017, 1697) in ihrem wesentlichen Gehalt nur geringfügig geändert. Die Änderungen gehen im Wesentlichen auf die allgemeine Ausweitung des Anwendungsbereichs des Gesetzes und der Integration des § 30b aF zurück. § 3 aF entspricht § 4 im Wesentlichen.

a) Aufgaben: § 4 Abs. 1. § 4 Abs. 1 legt die Aufgaben der BaFin in Bezug auf **3** die Aufsicht über die dem ZAG unterworfenen Zahlungsdienstleister (§ 1 Abs. 1 S. 1) und E-Geld-Emittenten (§ 1 Abs. 2 S. 1) fest. Die BaFin wird im Rahmen des ZAG **als besondere Gewerbeaufsichtsbehörde** und damit – noch allgemeiner gefasst – polizeirechtlich tätig (Ellenberger/Findeisen/Nobbe/Böger/Findeisen Rn. 12, Schäfer/Omlor/Mimberg/Tiemann Rn. 4). Sie trifft ihre Entscheidungen im Anwendungsbereich des ZAG unmittelbar und ohne Vorentscheidung anderer Instanzen und wird bundesweit tätig. Insoweit entspricht ihre Tätigkeit nach dem ZAG derjenigen des früheren BAKred, die das BVerfG im Hinblick auf das KWG aF verfassungsrechtlich ausdrücklich gebilligt hat (BVerfGE 14, 197 (211 f.) = NJW 1962, 1670; zu dieser Entscheidung Kalkbrenner JZ 1963, 210 ff.; Heinze DVBl 1962, 786 ff.).

4   **b) Befugnisse: § 4 Abs. 2.** § 4 Abs. 2 S. 1 enthält eine **Generalbefugnisnorm**, nach welcher die BaFin ggü. den ihr im Rahmen des ZAG unterworfenen Instituten (§ 1 Abs. 3: Zahlungsinstitute und E-Geld-Institute) und den Geschäftsleitern (§ 1 Abs. 8 S. 1) Anordnungen treffen kann, die geeignet und erforderlich sind, um Verstöße gegen aufsichtsrechtliche Bestimmungen zu unterbinden oder um Missstände in einem Institut zu verhindern oder zu beseitigen (zust. Schäfer/Omlor/Mimberg/Tiemann Rn. 5; aA Ellenberger/Findeisen/Nobbe/Böger/Findeisen Rn. 12, Rn. 43, dort § 4 Abs. 1 S. 1 als Generalbefugnisnorm). Die übrigen Eingriffstatbestände des ZAG stehen in einem **Spezialitätsverhältnis** zu § 4 Abs. 2 S. 1. Auf der Grundlage von § 4 Abs. 2 S. 1 kann die BaFin Verwaltungsakte erlassen. Die Norm steht damit in der Tradition polizeirechtlicher Generalklauseln, die ihrerseits Grundlage für § 6 Abs. 3 S. 1 KWG waren, dem wiederum § 4 Abs. 2 S. 1 entspricht. § 4 Abs. 2 S. 2 und 3 ist neu ggü. § 3 Abs. 2 aF und entspricht im Wesentlichen § 30b aF.

5   **c) Zusammenarbeit mit der BBank: § 4 Abs. 3.** Der ggü. § 3 Abs. 3 ZAG aF unveränderte § 4 Abs. 3 betrifft die Zusammenarbeit der BaFin und der BBank. Diese ist erforderlich, weil die der BaFin nach dem ZAG übertragenen hoheitlichen Aufgaben **ohne Mittel- und Unterbau** erfüllt werden müssen. Eine wirksame Aufsicht über die Institute wäre ohne Hinzutreten weiterer Sach- und Personalressourcen, die die BBank bereithält, nicht möglich (ähnlich Schäfer/Omlor/Mimberg/Tiemann Rn. 8). Das Zusammenwirken ist auch im Anwendungsbereich des ZAG von Verfassungs wegen nicht zu beanstanden (Entscheidung des BVerfG zum KWG BVerfGE 14, 197 (211 f.) = NJW 1962, 1670).

6   **d) Entscheidung über Gesetzesunterworfenheit eines Instituts: § 4 Abs. 4.** § 4 Abs. 4 S. 1 räumt der BaFin eine Entscheidungsbefugnis im Hinblick auf die Frage ein, ob ein Unternehmen den Vorschriften des ZAG unterliegt.

7   **e) Weitestgehende Kongruenz mit Vorschriften des KWG.** Generell ist im Hinblick auf die Regelungen des § 4 festzustellen, dass sie den einschlägigen Normen des KWG bis auf den Anwendungsbereich betreffende Anpassungen inhaltlich vollständig entsprechen. § 4 Abs. 1 findet seine Entsprechung in § 6 Abs. 1 KWG, § 4 Abs. 2 S. 1 entspricht § 6 Abs. 3 S. 1 KWG, § 4 Abs. 3 hat sein Gegenstück in § 7 Abs. 1 S. 1 KWG und § 4 Abs. 4 S. 1 schließlich geht auf § 4 KWG zurück. Aus diesem Grund können Erkenntnisse, die zu den genannten Normen des KWG gewonnen wurden, oftmals auf entsprechende Fallgestaltungen im Anwendungsbereich des ZAG **übertragen** werden.

2. Unionsrechtliche Grundlagen

8   Das ZAG insgesamt und auch § 4 sind **unionsrechtlich determiniert.** Obwohl die PSD2 (RL (EU) 2015/2366 des Europäischen Parlaments und des Rates vom 25. 11. 2015 über Zahlungsdienste im Binnenmarkt, zur Änderung der Richtlinien 2002/65/EG, 2009/110/EG, 2013/36/EU und der Verordnung (EU) Nr. 1093/2010 sowie zur Aufhebung der Richtlinie 2007/64/EG (ABl. 2015 L 337, 35; 2016 L 169, 18; Zweite Zahlungsdiensterichtlinie), zu dieser Terlau ZBB/JBB 2016, 122 ff.) auf dem Prinzip der Vollharmonisierung beruht (Art. 107 Abs. 1 PSD2), enthält die RL nur wenige materielle Vorgaben für die Ausgestaltung der gesetzlichen Vorgaben im Hinblick auf die Grundsätze und die Durchführung der Aufsicht über Zahlungsdienste durch die zuständigen Behörden.

Im Kontext des § 4 sind Art. 22 und 23 PSD2 maßgeblich.   **9**

a) Art. 22 Abs. 1 PSD2. Gemäß (dem sprachlich höchst unglücklichen)   **10** Art. 22 Abs. 1 UAbs. 1 PSD2 sind als zuständige Behörden für die Zulassung und Beaufsichtigung der Zahlungsinstitute, denen die Wahrnehmung der Aufgaben gemäß den Vorgaben der PSD2 obliegt, entweder Behörden oder Stellen zu benennen, die durch innerstaatliches Recht oder von gesetzlich ausdrücklich hierzu befugten Behörden, einschließlich der nationalen Zentralbanken, anerkannt worden sind. Gemäß Art. 22 Abs. 1 UAbs. 2 S. 1 PSD2 muss die Unabhängigkeit der zuständigen Behörden von der Wirtschaft gewährleistet sein, um Interessenkonflikte zu vermeiden. Zahlungsinstitute, Kreditinstitute, E-Geld-Institute oder Postscheckämter dürfen nicht als zuständige Behörden benannt werden. Diese unionsrechtlichen Vorgaben **determinieren den jeweiligen Mitgliedstaat nur sehr zurückhaltend** bei der Umsetzung der Zahlungsdienste-bezogenen Richtlinienvorgaben. Trotz des Grundsatzes der Vollharmonisierung verbleiben den Mitgliedstaaten damit Spielräume, um nationale Besonderheiten bei dem Erlass der gesetzlichen Vorschriften gebührend zu berücksichtigen. Insbesondere ist die Vorgabe zur **Unabhängigkeit der zuständigen Behörden** gemäß Art. 22 Abs. 1 UAbs. 2 S. 1 PSD2 sehr zurückhaltend. Sie bezieht sich allein auf die Unabhängigkeit „von der Wirtschaft" und statuiert damit nicht – wie in anderen richtlinienrechtlichen Vorgaben wie bspw. Art. 8 Abs. 1 der RL (EU) 2018/1972 v. 11.12.2018 (sog. Kodex für die elektronische Kommunikation) vorgesehen – die Unabhängigkeit von anderen Stellen der Exekutive mit der Folge, dass von vorgeordneten Stellen keine Weisungen übernommen werden dürfen (so ausdrücklich Art. 8 Abs. 1 S. 1 des Kodex für die elektronische Kommunikation). Art. 22 Abs. 1 UAbs. 2 S. 2 PSD2 stellt sicher, dass nicht dem Anwendungsbereich der PSD2 unterworfene Rechtspersönlichkeiten oder Behörden selbst die Aufsicht ausüben und sich damit im Ergebnis selbst kontrollieren müssten.

b) Art. 22 Abs. 2 PSD2. Der bei der Interpretation der Vorgaben der Richt- **11** linie zu beachtende Erwägungsgrund 41 der PSD2 (sog. erwägungsgrundkonforme Auslegung, EuGH Slg. 2000, I-9305 Rn. 23 f.; Slg. 2002, I-3901 Rn. 26; zu den Wirkungen von **Erwägungsgründen** Riesenhuber EurMethodenlehre-HdB/ Köndgen § 6 Rn. 51) konturiert die in Art. 22 PSD2 beschriebenen Aufgaben und in Art. 22 Abs. 2 PSD2 als notwendig angesehenen Befugnisse der Behörden dahingehend, dass der zuständigen Einheit jedenfalls **„Kontrollen"** und der **„Entzug von Zulassungen"** möglich sein müssen (Erwägungsgrund 41 Satz 1; Schäfer/ Omlor/Mimberg/Tiemann Rn. 25 sieht weder durch diesen noch durch den ergänzend herangezogenen Erwägungsgrund 14 der PSD I über den Regelungstext hinausgehende Erkenntnisse, folgert weitgehende Gestaltungsfreiheit für Mitgliedstaaten).

c) Art. 22 Abs. 3 PSD2. Unter Zugrundelegung der Umsetzungssystematik in   **12** der Bundesrepublik Deutschland nicht von Bedeutung ist die in Art. 22 Abs. 3

PSD2 vorgesehene Möglichkeit, die Aufgaben im Hinblick auf Zahlungsdienste auf mehrere Behörden aufzuteilen, die dann effektiv zusammenarbeiten müssen.

13   **d) Art. 22 Abs. 4 PSD2.** Art. 22 Abs. 4 PSD2 normiert das **Herkunftsland-prinzip.** Dies bedeutet, dass die Wahrnehmung der Aufsichtsaufgaben den Behörden desjenigen Mitgliedstaats obliegt, in welchem das zu beaufsichtigende Unternehmen seinen Sitz hat (allgemein zum Herkunftslandprinzip: EuGH Slg. 1981, 3305 Rn. 17 = NJW 1982, 1203).

14   **e) Art. 23 PSD2.** Von Bedeutung für die Interpretation der Generalbefugnis-norm des § 4 Abs. 2 und der speziellen Eingriffstatbestände des ZAG sind schließlich die Regelungen des Art. 23 PSD2. Zu benennen sind hier insbesondere die in Art. 23 Abs. 1 UAbs. 2 Buchstabe a–d PSD2 als zwingend vorausgesetzten Befugnisse der nationalen Behörden im Hinblick auf die Anforderung von Informationen, auf Inspektionen vor Ort, auf den Erlass von Empfehlungen, Leitlinien und verbindlichen Verwaltungsvorschriften und die Aussetzung und den Entzug der Zulassung in den in Art. 13 PSD2 genannten Fällen (hierzu näher Schäfer/Omlor/Mimberg/Tiemann Rn. 19 ff.).

3. Ziel der gesetzlichen Regelung

15   Ziele der gesetzlichen Regelung sind die **Sicherheit und die Zuverlässigkeit der in § 1 Abs. 1 S. 2 genannten Zahlungsdienste.** Erwägungsgrund 7 Satz 3 der PSD2 benennt als Ziel der Richtlinienregelung genau diese Prinzipien.

16   Bedeutsam sind in diesem Zusammenhang noch die Vorgaben von § 4 Abs. 4 des Gesetzes über die Bundesanstalt für Finanzdienstleistungsaufsicht **(FinDAG)** v. 22. 4. 2002. Nach dieser Regelung, die auch im Anwendungsbereich des ZAG zu beachten ist, nimmt die BaFin ihre Aufgaben und Befugnisse **nur im öffentlichen Interesse** wahr. Dies bedeutet, dass das genannte Ziel des ZAG im öffentlichen Interesse zu erreichen ist. Der BGH hat nach Vorlage der entsprechenden Frage an den EuGH entschieden, dass die in § 4 Abs. 4 FinDAG getroffene Regelung gemeinschafts- bzw. unionsrechtlich nicht zu beanstanden ist (BGHZ 162, 49 Rn. 22 = NJW 2005, 742 unter Bezugnahme auf EuGH Slg. 2004, I-9425 = NJW 2004, 3479). Dies bedeutet im Ergebnis, dass Ziel der gesetzlichen Regelung jedenfalls nicht unmittelbar der Schutz der die Zahlungsdienste in Anspruch nehmenden Kunden ist. In der Kommentarliteratur wird zu Recht hervorgehoben, dass dies nicht ausschließt, dass Vorschriften des ZAG dennoch als **Schutzgesetze** iSd § 823 Abs. 2 BGB gelten (Ellenberger/Findeisen/Nobbe/Böger/Findeisen Rn. 16).

II. Ausübung der Aufsicht durch die Bundesanstalt (§ 4 Abs. 1)

1. Aufsicht über Zahlungsdienstleister und E-Geld-Emittenten

17   Gemäß § 4 Abs. 1 übt die BaFin die Aufsicht über die Zahlungsdienstleister und E-Geld-Emittenten nach den Vorschriften des ZAG aus. Der Begriff des Zahlungsdienstleisters ist in § 1 Abs. 1 S. 1 definiert. E-Geld-Emittenten sind in § 1 Abs. 2 S. 1 genannten Einrichtungen. Der ggü. § 3 Abs. 1 aF erweiterte Anwendungsbereich (zu der dortigen Einschränkung →2. Aufl. 2020, § 3 Rn. 16) soll ausweislich der Begründung des Gesetzentwurfs dazu dienen, eine richtlinienkonforme

Umsetzung sicherzustellen (BT-Drs. 18/11495, 118f.). Geschäftsleiter sind die in § 1 Abs. 8 genannten natürlichen Personen (→ § 1 Rn. 309 ff.).

2. Aufsicht nach den Vorschriften des ZAG: Keine allgemeine öffentlich-rechtliche Aufsicht

Die Aufsicht ist gemäß § 4 Abs. 1 „nach den Vorschriften dieses Gesetzes" auszu- **18** üben. Dies begrenzt die Aufgaben – und dementsprechend auch die Befugnisse – der BaFin dahingehend, dass **keine allgemeine öffentlich-rechtliche Aufsicht** über die Institute durch die BaFin ausgeübt wird (zum entsprechenden § 6 Abs. 1 KWG Schwennicke/Auerbach/Habetha/Schwennicke § 6 Rn. 3).

3. Nur Aufgabenzuweisung, keine Befugnisnorm

Gesetzessystematisch handelt es sich bei § 4 Abs. 1 um eine generelle Aufgaben- **19** zuweisungsnorm, die der BaFin inhaltlich gewerbeaufsichtsrechtliche Aufgaben zu-weist (ähnlich Ellenberger/Findeisen/Nobbe/Böger/Findeisen Rn. 11 mwN).

Bei § 4 Abs. 1 handelt es sich um **keine Ermächtigungsgrundlage für An-** **20** **ordnungen** in Form von Verwaltungsakten durch die BaFin (zust. Schäfer/Omlor/Mimberg/Tiemann Rn. 36ff.). Zwar ist in Bezug auf die inhaltlich iden-tische Norm des § 6 Abs. 1 KWG unter Bezugnahme auf die diesbezügliche Geset-zesbegründung (BT-Drs. 3/1114, 30) angenommen worden, die Norm räume dem damaligen BAKred auch die Befugnis zum Erlass (belastender) Verwaltungsakte ein. Jedoch besteht im Hinblick auf § 4 Abs. 1 (wie auch im Hinblick auf § 6 Abs. 1 KWG) zwischenzeitlich eine signifikant abweichende gesetzliche Lage, die zu dem zwingenden Ergebnis führt, dass auf der Grundlage von § 4 Abs. 1 keine belasten-den Verwaltungsakte erlassen werden dürfen. Die herrschende Meinung in der Literatur geht demgegenüber davon aus, § 4 Abs. 1 wie auch § 6 Abs. 1 KWG seien als Grundlagen für den Erlass von Verwaltungsakten nur „obsolet" bzw. „ohne Anwendungsbereich" geworden (Ellenberger/Findeisen/Nobbe/Böger/Findeisen Rn. 43; Schwennicke/Auerbach/Habetha/Schwennicke § 6 Rn. 14; Luz/Neus/Schaber/Schneider/Wagner/Weber/Dominik Müller-Feyen/David Müller-Feyen KWG § 6 Rn. 3 ff.; Reischauer/Kleinhans KWG/Albert § 6 Rn. 3, 17; Fischer/Schulte-Mattler/Schäfer KWG § 6 Rn. 7). Bereits der Wortlaut des § 4 Abs. 1 KWG, der die Vorschrift eindeutig als aufgabenzuweisungsbezogene Norm aus-weist, spricht dafür, dass die Norm nicht Grundlage belastender Verwaltungsakte sein kann. Gerade vor dem Hintergrund des Vorbehalts des Gesetzes bedarf es einer **hinreichend bestimmten Grundlage für den Erlass von Verwaltungsakten.** Diesem Einwand war bereits die ursprüngliche Interpretation des § 6 Abs. 1 KWG aF ausgesetzt. In systematischer Hinsicht ist sowohl im Hinblick auf § 4 Abs. 1 als auch im Hinblick auf den gleichlautenden § 6 Abs. 1 KWG (beim letztgenannten: zwischenzeitlich) zu berücksichtigen, dass eine Generalklausel besteht, die es der BaFin ermöglicht, die ihr nach § 4 Abs. 1 bzw. § 6 Abs. 1 KWG zugewiesenen Auf-gaben durch den Erlass belastender Verwaltungsakte umzusetzen. Denn bei § 4 Abs. 2 handelt es sich – was noch darzulegen sein wird (→ Rn. 25) – um eine Gene-ralanordnungsbefugnis, die der Sache nach eine Generalklausel darstellt und die speziellen Eingriffsbefugnisse nach dem ZAG ergänzt. Die Existenz einer derartigen Regelung führt dazu, dass zur Begründung einer Anordnungsbefugnis auf Grund-lage von § 4 Abs. 1 nicht mehr darauf Bezug genommen werden kann, die BaFin könne ihre Aufgaben nur erfüllen, wenn ihr die erforderlichen Eingriffsmöglichkeiten dadurch zur Verfügung gestellt werden, dass man § 4 Abs. 1 im Sinne einer Generalanordnungsbefugnis auslegt (so der Gedanke von BT-Drs. 3/1114, 30).

21 Die Frage der korrekten Auslegung des § 4 muss nicht – wovon die soeben zitierte Literatur auszugehen scheint – rein theoretischer Natur bleiben. Von Bedeutung ist das Fehlen einer Anordnungsbefugnis nach § 4 Abs. 1 dann, wenn die Voraussetzungen für ein Eingreifen aufgrund der Generalklausel des § 4 Abs. 2 ebenso wenig erfüllt sind wie diejenigen der speziellen Eingriffstatbestände des ZAG. Insoweit ist zu berücksichtigen, dass nach § 4 Abs. 2 Verwaltungsakte nur ggü. Zahlungsdienstleistern und E-Geld-Emittenten bzw. Geschäftsleitern erlassen werden dürfen, nicht aber – wie bei speziellen Eingriffstatbeständen des ZAG – zB gegenüber den Beschäftigten des Unternehmens (§ 8 Abs. 1 und 2). Sind in einer derartigen Konstellation die sachlichen Voraussetzungen für das Eingreifen nach dem Spezialtatbestand nicht erfüllt und begehrt die BaFin ein Vorgehen gegen einen Beschäftigten, kann weder nach diesem Spezialtatbestand noch nach § 4 Abs. 2 vorgegangen werden. (Auch) in einem solchen Fall ist der Rückgriff auf § 4 Abs. 1 ausgeschlossen. In der Literatur wird teilweise angenommen, ein Rückgriff sei jedenfalls dann nicht ausgeschlossen, wenn im Gesetz spezielle Pflichten geregelt sind, aber eine diesbezügliche Eingriffsbefugnis fehlt (Schwennicke/Auerbach/Habetha/Schwennicke § 6 Rn. 14 mwN). Dem ist aus den genannten Gründen nicht zuzustimmen (so auch Schäfer/Omlor/Mimberg/Tiemann Rn. 38).

4. Keine Grundlage für den Erlass von Rechtsverordnungen

22 § 4 Abs. 1 ist keine Grundlage für den Erlass von **Rechtsverordnungen** durch die BaFin. Ein derartiger Erlass von Rechtsverordnungen durch die BaFin kommt gemäß Art. 80 Abs. 1 S. 4 GG nur dann in Betracht, wenn eine Subdelegation auf gesetzlicher Grundlage vorliegt. Derartige Subdelegationsmöglichkeiten enthält das ZAG an anderer Stelle.

5. Verwaltungsvorschriften

23 Im Anwendungsbereich des § 4 Abs. 1 kann die BaFin (norminterpretierende, normkonkretisierende oder ermessenslenkende) Verwaltungsvorschriften erlassen. Diese sind ggü. den dem ZAG unterworfenen Unternehmen nicht (außen-)verbindlich (s. hierzu BVerwGE 122, 264 (265 f.) = NVwZ 2005, 602 mwN zu Ausnahmen; SBS/Schmitz VwVfG § 1 Rn. 212), erlangen aber über den **Grundsatz der Selbstbindung der Verwaltung**, der auf Art. 3 Abs. 1 GG zurückgeht, Bedeutung für das behördliche Tätigwerden (hierzu SBS/SchmitzVwVfG § 1 Rn. 215). Ohne sachlichen Grund darf von der durch die Verwaltungsvorschrift abgebildeten Verwaltungspraxis nicht abgewichen werden. Gleiches gilt auch für schlichtes Verwaltungshandeln anderer Art (zB in Form unverbindlicher Stellungnahmen, Verlautbarungen etc, hierzu: Schwennicke/Auerbach/Habetha/Schwennicke § 6 Rn. 16 f.; Schäfer/Omlor/Mimberg/Tiemann Rn. 40).

24 Auf der Grundlage von § 4 Abs. 3 iVm § 7 Abs. 2 KWG kann die BaFin **Richtlinien** erlassen, die die BBank zu beachten hat. Auch bei diesen Richtlinien handelt es sich um Verwaltungsvorschriften, die im Anwendungsbereich des § 4 Abs. 1 erlassen werden (Fischer/Schulte-Mattler/Schäfer KWG § 6 Rn. 15).

III. § 4 Abs. 2

1. Normzusammenhang

Die Regelung des § 4 Abs. 2 ist vor dem **unionsrechtlichen Hintergrund des** 25
Art. 22 Abs. 2 PSD2 zu sehen. Die Mitgliedstaaten haben sicherzustellen, dass die
für die Beaufsichtigung der Zahlungsinstitute iSd Art. 22 Abs. 1 UAbs. 1 PSD2 zuständigen Behörden „mit allen zur Erfüllung ihrer Aufgaben notwendigen Befugnissen ausgestattet sind". Unionsrechtlich erforderlich ist daher eine nationale Umsetzung, die die zuständige Behörde in die Lage versetzt, die ihr übertragenen
Aufsichtsaufgaben **effektiv** durchzuführen. Eine Umsetzung allein in Form der im
ZAG im Übrigen enthaltenen Einzelbefugnisse der BaFin hätte diesen unionsrechtlichen Vorgaben nicht genügt, da diese auch in Summe noch keine effektive Aufgabenwahrnehmung sicherstellen. Daher war der Gesetzgeber unter Zugrundelegung seines Regelungskonzeptes der Normierung einzelner Anordnungsbefugnisse
unionsrechtlich gezwungen, einen Auffangtatbestand zu schaffen, der die BaFin
dann in die Lage versetzt einzugreifen, wenn die Einzelbefugnisnormen nicht einschlägig sind, das Unionsrecht aber ein Eingreifen erfordert.

Vor diesem unionsrechtlichen Hintergrund konnte der Gesetzgeber auf das be- 26
reits § 6 Abs. 3 KWG zugrundeliegende Konzept zurückgreifen. Er hat es bis auf wenige Modifikationen übernommen. § 6 Abs. 3 KWG ist wiederum vergleichbar mit
anderen aufsichtsrechtlichen Vorschriften wie bspw. § 3 Abs. 5 S. 2 BörsG (hierzu
Schwark/Zimmer/Beck, Kapitalmarktrechtskommentar, BörsG § 3 Rn. 58).

Auffällig ist, dass eine **§ 6 Abs. 2 KWG** entsprechende Vorschrift **nicht in das** 27
ZAG aufgenommen worden ist. Nach § 6 Abs. 2 KWG hat die BaFin Missständen
im Kredit- und Finanzdienstleistungswesen entgegenzuwirken, welche die Sicherheit der den Instituten anvertrauten Vermögenswerte gefährden, die ordnungsgemäße Durchführung der Bankgeschäfte oder Finanzdienstleistung beeinträchtigen oder erhebliche Nachteile für die Gesamtwirtschaft herbeiführen können (zu
dieser Norm Schwennicke/Auerbach/Habetha/Schwennicke § 6 Rn. 30 ff.). Jedenfalls für Zwecke der Aufsicht über Zahlungsdienste bedurfte es der Übernahme
nicht. Zurecht wird darauf hingewiesen, das in § 6 Abs. 2 KWG vorgesehene Prinzip der konkreten Missbrauchsaufsicht werde konsequent erst in § 6 Abs. 3 KWG
mit eigener Anordnungsbefugnis der BaFin durchgeführt (Schwennicke/Auer-
bach/Habetha/Schwennicke § 6 Rn. 30). Bereits § 4 Abs. 2 stellt sicher, dass die
BaFin die ihr übertragenen Aufsichtsaufgaben effizient und den unionsrechtlichen
Vorgaben genügend ausüben kann.

2. Grundlage für den Erlass von Verwaltungsakten

§ 4 Abs. 2 S. 1 räumt der BaFin die Befugnis ein, Anordnungen zu treffen. Dies 28
ist dahingehend auszulegen, dass die BaFin auf Grundlage von § 4 Abs. 2 S. 1 **belastende Verwaltungsakte erlassen** kann.

Der Erlass von Verwaltungsakten kommt nur „im Rahmen der BaFin gesetz- 29
lich zugewiesenen Aufgaben" in Betracht. Dies bedeutet, dass die BaFin nicht zum
Erlass von Verwaltungsakten befugt ist, die auf eine allgemeine öffentlich-rechtliche
Aufsicht hinauslaufen.

Zu Recht wird die Existenz einer ausdrücklichen gesetzlichen Regelung zum 30
Erlass von Verwaltungsakten dahingehend interpretiert, dass damit **informelle**

Einflussmöglichkeiten der BaFin zurückgedrängt werden sollten (so Schwennicke/Auerbach/Habetha/Schwennicke § 6 Rn. 49; Schäfer/Omlor/Mimberg/Tiemann Rn. 46 zust., verweist jedoch auf die Vorteile informeller Kommunikation im Vorfeld). Denn wie die Regierungsbegründung zur 6. KWG-Novelle, die wegen des identischen Wortlauts der Vorschriften auch hier von Relevanz ist, ausführt (BT-Drs. 13/7142, 74), liegt der Erlass von Verwaltungsakten ggü. dem betroffenen Institut und seinen Geschäftsleitern auch und gerade im Interesse der Betroffenen. Bei der Ausübung informeller Einflussmöglichkeiten besteht stets die Gefahr von Rechtsschutzdefiziten. Bei Erlass eines Verwaltungsaktes kann eine verbindliche gerichtliche Entscheidung auf eine Anfechtungsklage hin erreicht werden. Bei informellem Handeln können sich hingegen schnell Fragen der Statthaftigkeit entsprechender Klage stellen.

3. Tatbestandsvoraussetzungen des § 4 Abs. 2 S. 1

31　　Gemäß § 4 Abs. 2 S. 1 kann die BaFin Anordnungen treffen, um Verstöße gegen aufsichtsrechtliche Bestimmungen zu verhindern oder zu unterbinden – 1. Variante – oder um Missstände in einem Institut zu verhindern oder zu beseitigen, die die Sicherheit der dem Institut anvertrauten Vermögenswerte gefährden können oder die ordnungsgemäße Durchführung der Zahlungsdienste oder der E-Geld-Geschäfte beeinträchtigen – 2. Variante.

32　　**a) Unterbindung von Verstößen gegen aufsichtsrechtliche Bestimmungen (1. Variante).** In der 1. Variante kommt der Erlass von Anordnungen in Betracht, um **Verstöße gegen aufsichtsrechtliche Bestimmungen zu verhindern oder zu unterbinden.** Der Begriff der Unterbindung ist dahingehend auszulegen, dass ein Eingreifen der BaFin in dieser Variante nur dann in Betracht kommt, wenn bereits ein konkreter Verstoß gegen eine aufsichtsrechtliche Bestimmung vorliegt (so auch Ellenberger/Findeisen/Nobbe/Böger/Findeisen Rn. 55; zust. Schäfer/Omlor/Mimberg/Tiemann Rn. 52). Der ggü. § 3 aF neue Begriff der Verhinderung zielt offenbar auf ein früheres, in gewisser Hinsicht präventives Vorgehen. Die Begründung des Gesetzentwurfs verhält sich zu dem Merkmal nicht.

33　　Bei dem Verstoß muss es sich um einen Verstoß gegen aufsichtsrechtliche Bestimmungen handeln. Dies bedeutet einerseits, dass diese Verstöße nicht zwingend solche gegen Normen des ZAG sein müssen, wie der Vergleich mit dem Wortlaut des § 4 Abs. 1 zeigt, der ausdrücklich die „Vorschriften dieses Gesetzes" in Bezug nimmt. Andererseits kommen auch nur Verstöße gegen Gesetze mit (finanz-)aufsichtsrechtlicher Bedeutung in Betracht, die eine zukünftige Gefährdung der Schutzgüter des ZAG als möglich erscheinen lassen. Die jüngeren Ereignisse in Bezug auf den Missbrauch von E-Payment-Diensten, die vor allem Ermittlungsmaßnahmen auf dem Gebiet der Vereinigten Staaten von Amerika ausgelöst haben, zeigen, dass insoweit insbesondere Verstöße gegen **Geldwäsche**-bezogene Vorschriften, dh im Wesentlichen gegen das GwG, im Rahmen des § 4 Abs. 2 von Relevanz sind (so auch Ellenberger/Findeisen/Nobbe/Böger/Findeisen Rn. 54). Insoweit kommt ein Vorgehen nach dem ZAG allerdings nur dann in Betracht, wenn die Regelung des anderen aufsichtsrechtlichen Gesetzes den zuständigen Behörden keine Möglichkeit zum Einschreiten einräumen; ist dies der Fall, gehen diese nach dem Spezialitätsprinzip vor (so auch Schwennicke/Auerbach/Habetha/Schwennicke § 6 Rn. 5 ff. mwN zu den insoweit in Betracht kommenden Normen und zur Kommentarliteratur).

b) Missstandsverhinderung und -beseitigung (2. Variante). In der 2. Vari- 34
ante des § 4 Abs. 2 S. 1 kommt ein Vorgehen der BaFin in Betracht, um Missstände
in einem Institut zu verhindern oder zu beseitigen, die die Sicherheit der dem Institut anvertrauten Vermögenswerte gefährden können oder die ordnungsgemäße
Durchführung der Zahlungsdienste oder der E-Geld-Geschäfte beeinträchtigen.

aa) Begriff des Missstands. Zentrale „Stellschraube" für ein Eingreifen auf der 35
Grundlage der 2. Variante des § 4 Abs. 2 S. 1 ist der **Begriff des Missstands.** Dieser
ist weder im Rahmen des ZAG noch im Rahmen des inhaltsgleichen KWG legaldefiniert. In Anbetracht der bedeutenden rechtlichen Folgen, die mit dem Erlass
eines belastenden Verwaltungsaktes auf Grundlage von § 4 Abs. 2 verbunden sind,
wäre es vorzuziehen gewesen, wenn der Gesetzgeber den Begriff des Missstands definiert oder zumindest – ganz in Analogie zu zahlreichen anderen Vorschriften des
ZAG – die Möglichkeit zum Erlass einer Rechtsverordnung zur Konkretisierung
des Begriffs geschaffen hätte. An dieser Stelle hätte der Erlass einer konkretisierenden Rechtsverordnung einen tatsächlichen Mehrwert mit sich gebracht.

Zur näheren Konkretisierung des Begriffs des Missstands muss § 4 Abs. 2 Hs. 2 in 36
den Blick genommen werden, der sich auf die Gefährdung der Sicherheit der dem
Institut anvertrauten Vermögenswerte oder die ordnungsgemäße Durchführung
der Zahlungsdienste bzw. der E-Geld-Geschäfte bezieht. Jedenfalls die Bezugnahme auf ein Eingreifen in dem Fall, in welchem der Missstand die Sicherheit der
dem Institut anvertrauten Vermögenswerte gefährden kann, zeigt, dass ein Missstand bereits dann angenommen werden kann, wenn der Eintritt des Vermögens-
schadens sich noch als relativ unwahrscheinlich darstellt (Findeisen spricht insoweit
von einer „potentiellen" Gefahr, was terminologisch zumindest missverständlich ist,
Ellenberger/Findeisen/Nobbe/Böger/Findeisen Rn. 57; zur latenten oder potentiellen Gefahr Lisken/Denninger PolR-HdB/Denninger Teil D Rn. 67 mwN).
Auch insoweit ist der allgemeine und aus dem Verhältnismäßigkeitsprinzip abgeleitete **Grundsatz** zu berücksichtigen, **dass ein Eingreifen bei einem nur sehr un-
wahrscheinlichen Schadenseintritt nur dann in Betracht kommt, wenn bedeutende Vermögensgüter in Rede stehen.** Anders gewendet muss sich die
Realisierung der Gefahr bei nur relativ unbedeutenden Vermögenswerten als hinreichend wahrscheinlich darstellen (BVerwGE 45, 51 (61) = NJW 1974, 807;
BVerwGE 47, 31 (40) = NJW 1975, 130; BVerwGE 62, 36 (39) = BeckRS 1981,
106119; hierzu auch Lisken/Denninger PolR-HdB/Denninger Teil D Rn. 53
mwN; PST PolR/Pewestorf ASOG § 1 Rn. 15; zust. Schäfer/Omlor/Mimberg/
Tiemann Rn. 57 ff.).

Bei der Definition des Begriffs des Missstands sind die sonstigen Rahmenvor- 37
gaben des ZAG und insbesondere die Ziele des Gesetzes zu berücksichtigen. Insoweit besteht eine Parallele zu **§ 298 Abs. 1 S. 2 VAG,** nach welchem Missstand jedes Verhalten ist, das den Aufsichtszielen (§ 294 Abs. 1 VAG) widerspricht. Legt
man dies zugrunde, so kann der Missstand iSd § 4 Abs. 2 S. 1 als eine bedeutende
andauernde oder wiederholte Verletzung staatlich gesetzter Vorgaben definiert werden. Unter diese Definition sind jedenfalls Verstöße gegen Gesetze und unter-
gesetzliche Rechtsvorschriften zu subsumieren.

Verstöße gegen **internationale Standards** (sog. best practices) begründen für 38
sich genommen hingegen **keinen Missstand** iSd § 4 Abs. 2 S. 1 (ausdrücklich abweichend: Ellenberger/Findeisen/Nobbe/Böger/Findeisen Rn. 70 ff.). In der (zu
weit reichenden) Annahme, ein Missstand sei ein Abweichen vom Standard (Fi-
scher/Schulte-Mattler/Schäfer KWG § 6 Rn. 35), werden diese internationalen

Standards zB in Standards des Basler Ausschusses für Bankenaufsicht als Ausschuss der internationalen Organisation „Bank für Internationalen Zahlungsausgleich" oder in Standards der FATF betreffend die Geldwäsche gesehen. Bei den insoweit beschlossenen Regelwerken handelt es sich aus völkerrechtlichem Blickwinkel um sog. „soft law" (Zeitler WM 2001, 1397 (1400)), das nicht einmal die an dem Erlass der Regelwerke beteiligten Staaten bindet. Dies schließt es aus, Verstöße gegen derartige „Standards" als Missstand iSd § 4 Abs. 2 S. 1 anzusehen und damit im Ergebnis als Grundlage für den Erlass eines belastenden Verwaltungsaktes. Im Ergebnis bedeutet eine abweichende Sichtweise, dass der BaFin die Befugnis eingeräumt wurde, solche Standards im Wege des Erlasses von Verwaltungsakten durchzusetzen, die die Bundesrepublik Deutschland im jeweiligen Gremium entweder nicht akzeptiert hat bzw. denen sie bei Beschluss des jeweiligen Regelwerks nur deswegen „zugestimmt" hat, gerade weil es sich um die Bundesrepublik Deutschland als Völkerrechtssubjekt nicht bindende Vorgaben handelt. Dies ist mit dem Grundsatz des Vorbehalts des Gesetzes unvereinbar. Etwas anderes gilt nur dann, wenn – wie bspw. im Fall der Basel-I-, Basel-II- und der Basel-III-Vorschriften (zu letzteren s. VO (EU) Nr. 575/2013, ABl. 2013 L 176, 1 ff. und RL 2013/36/EU, ABl. 2013 L 176, 338 ff.) – eine inhaltliche Übernahme bzw. Umsetzung in Unions- bzw. in das nationale Recht erfolgt ist. Denn dann handelt es sich gerade nicht mehr um bloße internationale Standards im Sinne von soft law, sondern um bindendes Recht im Sinne der o. g. Definition.

39   Einen Missstand im eben definierten Sinn können Verstöße gegen verbindliche Vorgaben in Form eines **Verwaltungsaktes** darstellen. Insoweit ist allerdings zu berücksichtigen, dass Verwaltungsakte, die der Vollstreckung zugänglich sind, zunächst von der BaFin vollstreckt werden müssen. Erst wenn nach Vornahme der vollstreckungsrechtlichen Maßnahmen die aufsichtsrechtliche Notwendigkeit des weiteren Eingreifens besteht, kommt in Betracht, die Nichtbeachtung des Verwaltungsaktes als Missstand iSd § 4 Abs. 2 S. 1 zu verstehen. Dies kommt insbesondere dann in Betracht, wenn es sich um wiederholte Verstöße gegen Verwaltungsakte handelt bzw. Maßnahmen des Verwaltungszwangs (zB wegen Uneinbringlichkeit des Zwangsgeldes) erfolglos bleiben (zust. Schäfer/Omlor/Mimberg/Tiemann Rn. 60).

40   Bei Verstoß gegen **gesetzliche Normen,** die sich außerhalb des ZAG bzw. des KWG befinden, kommt die Annahme eines Missstands nur dann in Betracht, wenn der jeweilige Gesetzesverstoß es als möglich erscheinen lässt, dass die Ziele des ZAG gefährdet sind. Dies kommt bspw. bei einem Verstoß eines Geschäftsleiters gegen strafrechtliche Vorschriften in Betracht, die dem Schutz des Vermögens dienen (ähnlich: Ellenberger/Findeisen/Nobbe/Böger/Findeisen Rn. 79). Kenntnis hiervon kann die BaFin dadurch erlangen, dass die Strafverfolgungsbehörde eine Mitteilung gemäß der MiStra an die BaFin macht (MiStra Nr. 25, das KWG und das ZAG betreffend). Durch Zivilgerichte rechtskräftig festgestellte Pflichtverletzungen aus einem Schuldverhältnis iSd §§ 675c ff. BGB kommen nur dann als Indiz für einen Missstand in Betracht, wenn es sich um eine bedeutende Anzahl handelt.

40a   § 4 Abs. 1 S. 1 Var. 2 erlaubt es der BaFin nicht allgemein, zu Zwecken des Verbraucherschutzes einzugreifen. Verstöße gegen allgemeine Normen des Verbraucherschutzes sind noch per se ein Missstand im Sinne der Vorschrift. Vielmehr kommt als Rechtsgrundlage für ein Handeln der BaFin im Sinne des kollektiven Verbraucherschutzes § 4 Abs. 1a FinDAG in Betracht. Nach Satz 1 der Vorschrift ist die BaFin innerhalb ihres gesetzlichen Auftrages auch dem Schutz der kollektiven Verbraucherinteressen verpflichtet. § 4 Abs. 1a S. 2 FinDAG bestimmt, dass die

BaFin unbeschadet weiter Befugnisse nach anderen Gesetzen gegenüber den Instituten und anderen Unternehmen, die ua nach dem ZAG beaufsichtigt werden, alle Anordnungen treffen, die geeignet und erforderlich sind, um verbraucherschutzrelevante Missstände zu verhindern oder zu beseitigen, wenn eine generelle Klärung im Interesse des Verbraucherschutzes geboten erscheint. Ein Missstand im Sinn dieser Vorschrift ist ein erheblicher, dauerhafter oder wiederholter Verstoß gegen ein Verbraucherschutzgesetz, der nach seiner Art oder seinem Umfang die Interessen nicht nur einzelner Verbraucherinnen oder Verbraucher gefährden kann oder beeinträchtigt (§ 4 Abs. 1a S. 3 FinDAG). Die Begriffsbestimmung des Missstandes in § 4 Abs. 1a S. 3 FinDAG gilt ausdrücklich nur für § 4 Abs. 1a S. 2 FinDAG und findet daher unmittelbar, aber auch analog keine Anwendung im Kontext des § 4 (ZAG). Zwar lässt das Wort „unbeschadet" erkennen, dass der Gesetzgeber ein Einschreiten der BaFin auch nach dem Fachgesetz, dem ZAG, zu verbraucherschutzrechtlichen Zwecken nicht für ausgeschlossen hält. In Anbetracht der Reichweite des § 4 Abs. 1a FinDAG bedarf es allerdings keiner extensiven Interpretation des § 4 Abs. 2. So geht auch überwiegend die übrige Kommentarliteratur davon aus, dass eine allgemeine Befugnis der BaFin zum Einschreiten im Sinne des Verbraucherschutzes nach dem KWG bzw. dem ZAG nicht besteht (Ellenberger/Findeisen/Nobbe/Böger/Findeisen Rn. 56, 77; s. auch Schäfer/Omlor/Mimberg/Tiemann Rn. 59).

41 Liegt keine Gefährdung von Vermögenswerten iSd § 4 Abs. 2 S. 1 Hs. 2 vor, ist Voraussetzung für das Vorliegen eines Missstands eine konkrete **„Beeinträchtigung"** der ordnungsgemäßen Durchführung der Zahlungsdienste oder der E-Geld-Geschäfte. Insoweit genügt keine Gefährdung, sondern es muss eine **Beeinträchtigung vorliegen.** Dies ist zB dann der Fall, wenn die Zahlungsdienste zwar unzuverlässig, nicht aber vermögensgefährdend durchgeführt werden.

42 Bezüglich der Frage, ob ein Missstand vorliegt, kommt der BaFin **kein Beurteilungsspielraum** zu, der nur einer eingeschränkten gerichtlichen Kontrolle unterläge (zust. Schäfer/Omlor/Mimberg/Tiemann Rn. 67; Walla DÖV 2010, 853 (854) zur inhaltsgleichen Frage im Rahmen des § 4 Abs. 1 S. 3 WpHG; zum Beurteilungsspielraum BVerfG NVwZ 2011, 1062 (1064f.) = NVwZ 2011, 1062; BVerwGE 131, 41 Rn. 21= BeckRS 2008, 35754).

43 **bb) Verhinderung oder Beseitigung.** Mit den Begriffen der Verhinderung und der Beseitigung des Missstands stellt der Gesetzgeber (nochmals) klar, dass der Missstand nicht bereits eingetreten sein muss. Die Verhinderung des Missstands zielt auf die Abwehr lediglich möglicher, zukünftiger Nachteile.

44 **c) Adressaten.** Anordnungen dürfen nur ggü. Instituten (§ 1 Abs. 3) und Geschäftsleitern (§ 1 Abs. 8) ergehen. § 4 Abs. 2 S. 1 ist damit − bewusst (s. BT-Drs. 18/11495, 119) − enger gefasst als § 4 Abs. 1. Insbesondere kann ggü. CRR-Kreditinstituten nur nach § 6 Abs. 3 KWG vorgegangen werden.

45 **d) Ermessen.** Die Entscheidung über das Eingreifen der BaFin nach § 4 Abs. 2 S. 1 liegt im Ermessen der Behörde („kann Anordnungen treffen"). Dieses **Ermessen** hat die BaFin nach allgemeinen verwaltungsrechtlichen Vorgaben entsprechend dem Zweck der Ermächtigung auszuüben und die gesetzlichen Grenzen des Ermessens einzuhalten (§ 40 VwVfG). Auf der Grundlage von § 4 Abs. 2 S. 1 erlassene Verwaltungsakte unterliegen der verwaltungsgerichtlichen Kontrolle, die sich auch auf die ordnungsgemäße Ausübung des Ermessens bezieht. Der BaFin kommt ein **Entschließungs- (Frage des Ob) und ein Auswahlermessen (Frage des Wie)** zu.

46   **e) Verhältnismäßigkeitsgrundsatz.** § 4 Abs. 2 S. 1 statuiert ausdrücklich, dass die Anordnungen „geeignet und erforderlich" sein müssen. Ohne dass dafür eine zwingende rechtliche Notwendigkeit bestanden hätte, wird damit der bereits aus grundrechtlichen Vorgaben resultierende **Verhältnismäßigkeitsgrundsatz** unterstrichen, den die BaFin bei dem Erlass ihrer belastenden Verwaltungsakte zu berücksichtigen hat. Insbesondere müssen die Anordnungen nach § 4 Abs. 2 S. 1 einem legitimen gesetzlichen Ziel, das sich aus dem ZAG ergibt, zu dienen bestimmt sein, zur Erreichung dieses Ziels geeignet, iSd mildesten Mittels erforderlich und im Übrigen auch angemessen, dh verhältnismäßig im engeren Sinn, sein.

4. § 4 Abs. 2 S. 2 und 3 (Missstände bei Werbung)

47   **a) Allgemeines.** § 4 Abs. 2 S. 2 und 3 sind neu in den Kontext des § 4 Abs. 2 (bzw. des § 3 Abs. 2 aF) aufgenommen worden. Der Regelungsgehalt entspricht im Wesentlichen § 30b aF. § 4 Abs. 2 S. 2 erweitert die Anordnungskompetenz nach § 4 Abs. 2 S. 1 in Bezug auf Missstände bei der Werbung der Institute (§ 1 Abs. 3).

48   **b) Werbung iSd § 4 Abs. 2 S. 2.** Zentraler Begriff des § 4 S. 2 und 3 ist der der Werbung. Werbung im Sinne dieser Vorschrift liegt dann vor, wenn das Auftreten des Instituts gerade darauf zielt, dass der Kunde die Zahlungsdienste gerade des Werbenden in Anspruch nehmen soll (→ 1. Aufl. 2014, § 30b Rn. 5 zu § 30b aF). Zur weiteren Konkretisierung des Begriffs der Werbung kann auf die zu § 23 KWB entwickelten Grundsätze zurückgegriffen werden.

    Abzugrenzen ist der Begriff der Werbung von der bloßen Bereitstellung von Informationen, wozu das jeweilige Institut auch aufgrund gesetzlicher Vorschriften verpflichtet sein kann (Art. 248 EGBGB).

49   **c) Missstand iSd § 4 Abs. 2 S. 2.** Der Begriff des Missstands in § 4 Abs. 2 S. 2 ZAG ist anhand der Grundsätze auszulegen, die im Hinblick auf § 4 Abs. 2 S. 1 gelten.

50   **d) § 4 Abs. 2 S. 3.** Gemäß § 4 Abs. 2 S. 3 sind vor allgemeinen Maßnahmen nach § 4 Abs. 2 S. 2 die Spitzenverbände der Institute und des Verbraucherschutzes anzuhören. Hieraus folgt zweierlei: Einerseits wird deutlich, dass § 4 Abs. 2 S. 2 iVm S. 1 auch zu allgemeinen Maßnahmen berechtigt. Konkret damit gemeint ist der Erlass von Allgemeinverfügungen (§ 35 S. 2 VwVfG). Nur in diesem Fall gilt das Erfordernis der Anhörung der Spitzenverbände der Institute und des Verbraucherschutzes. Geht es hingegen um Einzelverfügungen im Sinne eines Verwaltungsaktes gemäß § 35 S. 1 VwVfG, darf eine Anhörung der genannten Verbände nicht stattfinden.

5. Rechtschutz

51   Bei Anordnungen iSv § 4 Abs. 2 S. 1 handelt es sich um belastende Verwaltungsakte, gegen die nach den Vorgaben der VwGO **Anfechtungsrechtschutz** gegeben ist. Ist ein Verwaltungsakt zu Lasten eines Instituts bzw. eines Geschäftsleiters ergangen, ist hiergegen Widerspruch nach §§ 68 ff. VwGO zu erheben. Einzulegen ist der Widerspruch bei der BaFin, die, da die nächsthöhere Behörde eine oberste Bundesbehörde ist (§ 73 Abs. 1 S. 2 Nr. 2 VwGO), auch selbst über den Widerspruch entscheidet. Nach Vorliegen der Widerspruchsentscheidung kann im Wege der Anfechtungsklage vorgegangen werden.

Widerspruch und Klage haben keine aufschiebende Wirkung (§ 9). Deswegen 52
findet einstweiliger Rechtschutz in den Bahnen des **§ 80 Abs. 4 S. 1, Abs. 5 S. 1
Alt. 1 VwGO** statt (hierzu näher Schäfer/Omlor/Mimberg/Tiemann Rn. 80).

IV. § 4 Abs. 3

Nach § 4 Abs. 3 S. 1 arbeiten die BaFin und die BBank nach Maßgabe des ZAG 53
zusammen. Gemäß § 4 Abs. 3 S. 2 gilt § 7 KWG entsprechend. Im Ergebnis wird
durch diese gesetzlichen Vorgaben ein **Gleichlauf mit § 7 KWG** erreicht.

Die Zusammenarbeit von BaFin und BBank auf der Grundlage von § 4 Abs. 3 54
S. 1 geht zurück auf die vor der Einführung der Allfinanzaufsicht gesetzlich vorgesehene Zusammenarbeit des früheren BAKred und der BBank gemäß § 7 KWG
aF. Diese Zusammenarbeit zwischen dem BAKred, das im Jahr 1962 gemäß § 5
Abs. 1 KWG aF als Bundesoberbehörde im Geschäftsbereich des Bundesministers
für Wirtschaft mit Sitz in Berlin errichtet worden war, ist Gegenstand eines Urteils
des BVerfG auf den abstrakten Normenkontrollantrag mehrerer Bundesländer
(BVerfGE 14, 197 ff.). Diese Entscheidung des BVerfG gibt in wesentlichen Teilen
für die nunmehrige Zusammenarbeit von BaFin und BBank Maß, auch wenn es sich
bei der BaFin im Gegensatz zum BAKred um eine bundesunmittelbare, rechtsfähige
Anstalt des öffentlichen Rechts handelt (§ 1 Abs. 1 S. 1 FinDAG). Das BVerfG hat
angenommen, die Zusammenarbeit des BAKred und der BBank sei verfassungsrechtlich nicht zu beanstanden. Insbesondere sah es die Vorgaben des Art. 87 GG als
gewahrt an. Da eine selbständige Bundesoberbehörde wie das BAKred nach den
entscheidungstragenden Annahmen des BVerfG nicht mit Mittel- und Unter-
behörden errichtet werden darf, war das BAKred zur effizienten Wahrnehmung der
ihm gesetzlich übertragenen Aufgaben darauf angewiesen, auf Kenntnisse „aus der
Fläche" zurückzugreifen, die es selbst nicht oder jedenfalls nicht in hinreichendem
Umfang gewinnen konnte. Hierbei ist zu berücksichtigen, dass auch die Verwaltungsbehörden der Länder durch die selbständige Bundesoberbehörde – außer für
reine Amtshilfe – nicht in Anspruch genommen werden durften (BVerfGE 14, 197
(211)). Das BVerfG ist davon ausgegangen, das BAKred könne die ihm übertragenen
hoheitlichen Aufgaben zentral ohne Mittel- und Unterbau erfüllen, da es sämtliche
Entscheidungen unmittelbar und ohne Vorentscheidung anderer Instanzen treffe.
Andererseits könne das BAKred eine wirksame Aufsicht über die Kreditinstitute
ohne die „Mitwirkung der Deutschen Bundesbank" nicht ausüben. „Mit gutem
Grund" habe das KWG die BBank in die Bankenaufsicht eingeschaltet und ihr eine
Reihe von unterstützenden Funktionen nicht obrigkeitlicher Art übertragen
(BVerfGE 14, 197 (212) = NJW 1962, 1670).

Diese Maßgaben des BVerfG sind auch **bei dem Tätigwerden der BaFin zu** 55
beachten. Denn auch wenn die BaFin im Gegensatz zum BAKred mit eigener
Rechtspersönlichkeit ausgestattet ist (insoweit ist der Begriff der „selbständigen"
Bundesoberbehörde für das frühere BAKred missverständlich, s. hierzu Schlette
FS Stark, 2007, 405 ff. (412)), entspricht es einer **verfassungsrechtlichen Notwendigkeit,** dass auch Anstalten wie die BaFin nicht mit eigenem Verwaltungsmit-
tel- und -unterbau ausgestattet sind (vgl. hierzu ausführlich Maunz/Dürig/Ibler
Art. 87 Rn. 264). Dies bedeutet maW, dass auch die BaFin nicht mit eigenen Ver-
waltungsuntereinheiten ausgestattet werden dürfte. Dann aber sprechen die „guten
Gründe", die für eine Zusammenarbeit des BAKred mit der BBank gesprochen haben, auch für die Zusammenarbeit der BBank und der BaFin. Jedenfalls sind bei dem

Tätigwerden der BaFin die Maßstäbe und Grenzen zu beachten, die das BVerfG für das Tätigwerden des BAKred in der zitierten Entscheidung entwickelt hat.

1. Zusammenarbeit isd § 4 Abs. 3 S. 1

56   Bei § 4 Abs. 3 S. 1 handelt es sich um eine sog. Blankettnorm, die die Zusammenarbeit von BaFin und BBank generalklauselartig gesetzlich festschreibt und auf Ausfüllung der Zusammenarbeit durch konkretisierende Normierung in anderen, spezielleren Tatbeständen angelegt ist (ähnlich: Schwennicke/Auerbach/Habetha § 7 Rn. 2; vgl. auch Ellenberger/Findeisen/Nobbe/Böger/Findeisen Rn. 90, 91; Schäfer/Omlor/Mimberg/Tiemann Rn. 82).

57   Der Gesetzgeber hat es – im Einklang mit den zitierten Erwägungen des BVerfG – ausweislich des § 4 Abs. 3 als sinnvoll angesehen, dass BaFin und BBank bei der Wahrnehmung der Aufsicht über Zahlungsinstitute zusammenarbeiten (zur Zusammenarbeit Becker DÖV 2010, 909 (911)). Neben den Verwaltungsunterbau-bezogenen Erwägungen ist auch zu berücksichtigen, dass die BBank aufgrund der ihr durch Art. 88 GG übertragenen Aufgaben als Währungs- und Notenbank (zu diesen: Becker DÖV 2010, 909 (910 f.)) über **besondere Sachkenntnisse** verfügt, die bei der Ausübung der Aufsicht über Zahlungsinstitute sinnvoll und ggf. sogar notwendig sind (vgl. zu diesem Aspekt auch Ellenberger/Findeisen/Nobbe/Böger/Findeisen Rn. 90 ff.).

2. Entsprechende Geltung von § 7 KWG (§ 4 Abs. 3 S. 2)

58   Die weiteren Vorgaben für die Zusammenarbeit von BaFin und BBank ergeben sich aus der Verweisung in § 4 Abs. 3 S. 2 auch für die Aufsicht nach dem ZAG aus den Regelungen des § 7 Abs. 1 S. 2–4, Abs. 1a–5 KWG. Diese sind entsprechend, dh mit der Maßgabe anzuwenden, dass die BaFin gemäß dem ZAG nicht im gleichen Umfang zum Eingreifen in die Rechtspositionen der Gesetzesunterworfenen befugt ist wie auf Grundlage des KWG. Knüpfen Vorgaben des § 7 KWG an derartige weitergehende Eingriffsbefugnisse der BaFin nach dem KWG an, sind sie nicht oder nur entsprechend reduziert anzuwenden.

59   **a) § 7 Abs. 1 S. 2–4, Abs. 1a KWG.** Gemäß § 7 Abs. 1 S. 2 KWG umfasst die Zusammenarbeit zwischen BaFin und BBank auch im Rahmen des ZAG die „laufende Überwachung der Institute". Der Begriff der laufenden Überwachung wird auch in § 7 Abs. 1 S. 4 KWG aufgegriffen. Ein inhaltlicher Unterschied zu der „laufenden Aufsicht" iSd § 7 Abs. 2 S. 2 KWG, an die die Befugnis zum Erlass von Richtlinien gemäß § 7 Abs. 2 S. 1 und 2 KWG „dabei", dh bei der Zusammenarbeit zwischen BaFin und BBank gemäß § 7 Abs. 1 KWG, besteht (im Ergebnis ebenso: Ellenberger/Findeisen/Nobbe/Böger/Findeisen Rn. 100). Gemäß § 7 Abs. 1 S. 3 KWG beinhaltet die **laufende Überwachung** insbesondere die Auswertung der von den Instituten eingereichten Unterlagen der Prüfungsberichte und der Jahresabschlussunterlagen sowie der Durchführung und Auswertung der bankgeschäftlichen Prüfung zur Beurteilung der angemessenen Eigenkapitalverzinsung und Risikosteuerungsverfahren der Institute und das Bewerten der Prüfungsfeststellungen. Insoweit ist zu berücksichtigen, dass die nach dem ZAG vorzulegenden Prüfungsberichte in § 22 Abs. 1 S. 3 geregelt sind. Die der BBank nach § 7 Abs. 1 S. 3 zufallenden Aufgaben können dahingehend zusammengefasst werden, dass die BBank **auszuwerten** und das Ausgewertete (Prüfungsfestgestellte) zu **be-**

werten hat. Diese Kernaufgaben der BBank im Rahmen des ZAG kehren – sprachlich nur leicht nuanciert – in § 7 Abs. 2 S. 6 KWG wieder, wo von „Prüfungs-feststellungen" und „Bewertungen" die Rede ist, die die BaFin ihren aufsichts-rechtlichen Maßnahmen in der Regel zugrunde zu legen hat. Zutreffend wird diese Zusammenarbeit auch vor dem Hintergrund der Verwaltungsökonomie als positiv bewertet (Ellenberger/Findeisen/Nobbe/Findeisen Rn. 104). **Zu weitreichend ist es allerdings anzunehmen,** die BBank übe auf diese Weise eine **Filterfunk-tion** aus (so Ellenberger/Findeisen/Nobbe/Böger/Findeisen Rn. 104 § 7 Abs. 1 S. 2 KWG verpflichtet die BBank im Rahmen der Zusammenarbeit mit der BaFin zur Auswertung und Bewertung. Dies bedeutet aber nicht, dass als unwesentlich Bewertetes (im Sinne einer Filterfunktion) nicht an die BaFin weiterzureichen wäre (zust. Schäfer/Omlor/Mimberg/Tiemann Rn. 90). Diese Interpretation miss-achtet, dass die BaFin an die Prüfungsfeststellungen und Bewertungen gemäß § 7 Abs. 2 S. 6 KWG eben nur „in der Regel" gebunden ist. Damit kann auch der Fall eintreten, dass die BaFin etwas als durch die BBank unwesentlich Bewertetes davon abweichend als wesentlich bewertet. Diese abweichende Einschätzung kann die BaFin aber nur dann vornehmen, wenn ihr die Informationen „ungefiltert" vor-liegen.

Gemäß § 7 Abs. 1 S. 4 KWG erfolgt die laufende Überwachung durch die **60** BBank in der Regel durch ihre **Hauptverwaltungen** (§ 8 Abs. 1 BBankG). Dies bedeutet eine dezentrale Wahrnehmung der Aufgaben, die die Zusammenarbeit mit der BaFin betreffen. § 7 Abs. 1 S. 4 KWG schließt es nicht aus, dass auch Filia-len, die der zuständigen Hauptverwaltung gemäß § 10 BBankG unterstehen, tätig werden.

§ 7 Abs. 1a KWG dürfte im Kontext des ZAG regelmäßig nicht von Bedeutung **61** sein.

b) § 7 Abs. 2 KWG. § 7 Abs. 2 KWG betrifft die nähere Ausgestaltung der Zu- **62** sammenarbeit zwischen BaFin und BBank. An nicht prominenter Stelle findet sich die wesentliche und verfassungsrechtlich zwingend gebotene Vorgabe: Gemäß § 7 Abs. 2 S. 4 KWG trifft die BaFin ggü. den der Aufsicht (im Rahmen der Verweisung des § 4 Abs. 3 S. 2: nach dem ZAG) unterworfenen Instituten die aufsichtsrecht-lichen Maßnahmen, insbesondere Allgemeinverfügungen und Verwaltungsakte einschließlich Prüfungsanordnungen. Nach dem geschilderten verfassungsrecht-lichen Maßstab ist es erforderlich, dass die BaFin sämtliche Entscheidungen **unmit-telbar und ohne Vorentscheidung** anderer Instanzen treffen kann (BVerfGE 14, 197 (211 aE)). Die vom Gesetzgeber gewählte Konstruktion ist daher nur solange verfassungskonform, wie auch nur die BaFin im Außenverhältnis verbindlich Ver-waltungsakte erlässt. Die Mitwirkung der BBank an der Aufsicht nach dem ZAG ist nach diesen verfassungsrechtlichen und einfachgesetzlichen Vorgaben nur hel-fender, gewissermaßen **akzessorischer,** aber eben **nicht vorentscheidender oder gar entscheidender Natur.**

Im Zusammenhang damit ist die gesetzliche Vorgabe des § 7 Abs. 2 S. 1 KWG zu **63** sehen, nach welcher die BBank die **Richtlinien** der BaFin bei der laufenden Über-wachung der Institute zu beachten hat. Bei den Richtlinien handelt es sich – wie bereits dargelegt (→ Rn. 23) – um Verwaltungsvorschriften, die zwar nicht das dem ZAG unterworfene Institut, wohl aber die BBank binden. Aufgrund dieser Bindungswirkung sieht § 7 Abs. 2 S. 2 KWG vor, dass die Richtlinien im Einver-nehmen mit der BBank, die diese zu beachten hat, ergehen. Einvernehmen bedeu-tet, dass die BBank sich mit den beabsichtigten Richtlinien einverstanden erklären muss. Da abstrakt-generelle Regelungen für die Ausübung der laufenden Überwachung im Innenverhältnis unerlässlich sind, musste der Gesetzgeber des Weiteren eine Regelung treffen, die den Erlass von Richtlinien auch in dem Fall ermöglicht, in welchem das Einvernehmen nicht herzustellen ist. Diesem Zweck dient § 7 Abs. 2 S. 4 KWG, welcher in diesem Fall den Erlass durch das BMF (als Rechts- und Fachaufsichtsbehörde gemäß § 2 FinDAG) vorsieht, wobei insoweit nur ein Benehmen mit der BBank erforderlich ist. Dies bedeutet, dass sich das BMF und die BBank ins Benehmen setzen müssen, dass sich aber das BMF im Streitfall durchsetzen kann (hierzu Luz/Neus/Schaber/Schneider/Wagner/Weber/Dominik Müller-Feyen KWG § 7 Rn. 19; Schwennicke/Auerbach/Habetha § 7 Rn. 18 f.; Schäfer/Omlor/Mimberg/Tiemann Rn. 92). Die derart erlassenen **Richtlinien binden BaFin und BBank.** Derzeit gilt die Aufsichtsrichtlinie in der Fassung v. 21. 5. 2013, geändert am 19. 12. 2016 („Richtlinie zur Durchführung und Qualitätssicherung der laufenden Überwachung der Kredit- und Finanzdienstleistungsinstitute durch die Deutsche Bundesbank (Aufsichtsrichtlinie)"), die im Einvernehmen zwischen BaFin und BBank erlassen wurde. Bei einer Vorgänger-Richtlinie (v. 10. 10. 2003) war hingegen eine Entscheidung des BMF im Benehmen mit der BBank erforderlich. Zu Recht wird angenommen, die Zuständigkeit des BMF setze keine Verweisung von der BaFin voraus, vielmehr könne das BMF die Zuständigkeit nach objektiver Sachlage an sich ziehen (Schwennicke/Auerbach/Habetha § 7 Rn. 20; Schäfer/Omlor/Mimberg/Tiemann Rn. 92). Erfolgen darf dies aber erst, wenn ein angemessener Zeitraum verstrichen ist, innerhalb dessen sich BaFin und BBank nicht haben einigen können (Fischer/Schulte-Mattler/Lindemann KWG § 7 Rn. 48). Die Dauer dieses Zeitraums hängt davon ab, welchen Inhalt und welches objektive Gewicht diejenigen Gesichtspunkte haben, über die (zunächst) keine Einigung zu erzielen ist.

64   Die aktuelle geltende Aufsichtsrichtlinie hat folgenden Wortlaut:

Aufsichtsrichtlinie

Datum: 21. 5. 2013, geändert am 19. 12. 2016

Richtlinie zur Durchführung und Qualitätssicherung der laufenden Überwachung der Kredit- und Finanzdienstleistungsinstitute durch die Deutsche Bundesbank (Aufsichtsrichtlinie)

Präambel

Die BaFin übt als zuständige Verwaltungsbehörde gemäß § 6 Abs. 1 KWG und Art. 4 Abs. 1 der Richtlinie 2013/36/EU (CRD IV) die Aufsicht über die Institute nach Maßgabe des KWG aus. Sie ist außerdem nationale zuständige Behörde gemäß Art. 2 Nr. 2 der Verordnung (EU) Nr. 1024/2013 des Rates vom 15. Oktober 2013 zur Übertragung besonderer Aufgaben im Zusammenhang mit der Aufsicht über Kreditinstitute auf die Europäische Zentralbank (SSM-Verordnung – SSM-VO). Die Bundesbank ist zuständige Stelle gemäß Art. 4 Abs. 1 CRD IV in dem in § 7 KWG definierten Umfang. Durch die SSM-VO werden die Verantwortlichkeiten und Befugnisse der nationalen Behörden nicht berührt, soweit sie nicht auf die EZB übertragen wurden (Art. 1 Abs. 5 SSM-VO, Art. 2 Nr. 9 Satz 2 bis 4 der Verordnung (EU) Nr. 468/2014 der Europäischen Zentralbank (SSM-Rahmenverordnung)).

§ 7 Abs. 1 KWG regelt die Zusammenarbeit zwischen der BaFin und der Bundesbank bei der laufenden Überwachung der Institute durch die Bundesbank. Diese hat nach § 1 des Gesetzes zur Überwachung der Finanzstabilität (FinStabG) u. a. laufend die für die Finanzstabilität maßgeblichen Sachverhalte zu analysieren (makroprudentielle Überwachung).

Gemäß § 7 Abs. 2 Satz 2 KWG ergehen die Richtlinien der BaFin zur laufenden Aufsicht im Einvernehmen mit der Bundesbank. Diese Richtlinien und damit auch die Aufsichtsrichtlinie sollen die Einheitlichkeit und Qualität bankaufsichtlichen Handelns sowie eine transparente und möglichst überschneidungsfreie Aufgabenabgrenzung sicherstellen und sind von der Bundesbank und der BaFin bei der Durchführung der laufenden Aufsicht zu beachten.

Am 4. November 2014 hat die Europäische Zentralbank (EZB) die ihr durch die SSM-VO übertragenen Aufgaben übernommen. Seitdem übt sie insbesondere die direkte Aufsicht über die bedeutenden Institutsgruppen mit Sitz in Deutschland und der Eurozone aus und nimmt die Aufsichtsfunktion über die nationalen Aufsichtsbehörden des SSM zum Zweck der Sicherstellung einer harmonisierten und qualitativ hochwertigen Aufsicht über weniger bedeutende Institute wahr. Um ein einheitliches und widerspruchsfreies Handeln der deutschen Bankenaufsicht im SSM sicherzustellen, sind klare Strukturen in der Zusammenarbeit von BaFin und Bundesbank zu schaffen.

Hierzu grenzt die Aufsichtsrichtlinie die Schnittstellen zwischen den Aufgaben der BaFin und den Aufgaben der Bundesbank so ab, dass die Verantwortlichkeiten klar zugeordnet und der für die Aufgabenerfüllung erforderliche Informationsfluss gewährleistet wird.

1 Definition „bedeutende Institute" und „weniger bedeutende Institute"

Die Aufgabenteilung zwischen BaFin und Bundesbank unterscheidet sich je nach Einstufung der Institute und Institutsgruppen gemäß der SSM-VO in bedeutende und weniger bedeutende Institute und Institutsgruppen.

1.1 Bedeutende Institute

(1) Bedeutende Institute im Sinne dieser Richtlinie sind Institute und Institutsgruppen, die von der EZB als bedeutend eingestuft werden und gemäß den Kriterien in Art. 6 Abs. 4 und Art. 6 Abs. 5b) der SSM-VO in Verbindung mit den Artikeln 39–42 und 50–66 der SSM-Rahmenverordnung definiert werden.

(2) Bundesbank und BaFin werden über die Beteiligung an den gemeinsamen Aufsichtsteams (Joint Supervisory Team – JST) in die Aufsicht der EZB über bedeutende Institute einbezogen. Die BaFin ernennt gem. Artikel 3 Absatz 1 und 4, Absatz 1 der SSM-Rahmenverordnung den NCA-Unterkoordinator des jeweiligen JSTs. Die Bundesbank fungiert als National Central Bank (NCB) i. S. d. Artikel 2 Nr. 9 SSM-Rahmenverordnung und stellt im JST einen eigenen Unterkoordinator.

1.2 Weniger bedeutende Institute

(1) Weniger bedeutende Institute im Sinne dieser Richtlinie sind alle Institute und Institutsgruppen, die von der EZB als weniger bedeutend („less significant") eingestuft wurden und nicht unter Abschnitt 1.1. dieser Richtlinie fallen. Dabei wird gemäß Abschnitt 5.4.1 des Aufsichtshandbuchs der EZB nach Instituten mit niedriger, mittlerer und hoher Priorität unterschieden.

(2) Kreditinstitute, die keine CRR-Kreditinstitute sind, sowie Finanzdienstleistungsinstitute und Zahlungsinstitute werden in Bezug auf die Zusammenarbeit mit der Bundesbank grundsätzlich wie weniger bedeutende Institute behandelt. Dabei ist zu berücksichtigen, dass die EZB bei diesen Institutionen keine Aufsichtsfunktion wahrnimmt.

1.3 Wechsel von Instituten

Der Übergang eines Institut in die direkte Aufsicht der EZB oder aus der EZB-Aufsicht in die nationale Verantwortung setzt einen etwa einjährigen Übergangsprozess voraus (Teil 5.2, Abschnitt 1.3 und 1.4 des Aufsichtshandbuchs der EZB). Alle Verfahrensschritte zur Gründung bzw. Beendigung eines dafür neu einzurichtenden JSTs stimmen Bundesbank und BaFin zunächst untereinander und im Weiteren mit der EZB ab.

2 Grundlagen der Zusammenarbeit

2.1 Aufgaben und Zuständigkeiten bei der Aufsicht über bedeutende Institute

(1) Die Regelungen der SSM-VO sowie der auf dieser beruhenden von der EZB erlassenen SSM-Rahmenverordnung und Arbeitsanweisungen (Instructions, unter anderem das „Aufsichtshandbuch der EZB") sehen eine gemeinsame Teilnahme von BaFin und Bundesbank am einheitlichen Aufsichtsmechanismus vor, die sich nach der auf nationaler Ebene getroffenen Zuständigkeitsverteilung gemäß §§ 6 und 7 KWG richtet. Die Vorbereitung und Durchfüh-

rung von Rechtsakten in Bezug auf Kreditinstitute gemäß Art. 6 Abs. 3 SSM-VO obliegt allein der BaFin. Hierzu gehören insbesondere Erlaubnisverfahren, die Prüfung bedeutender Beteiligungen, die Eignung von Geschäftsleitern und Mitgliedern von Aufsichtsgremien, die Zulassung interner Risikomessverfahren sowie Verfahren zu Sanierungs- und Abwicklungsplänen. Die BaFin arbeitet unter Berücksichtigung der Beiträge durch die Bundesbank der EZB zu.

(2) Die EZB nimmt im Rahmen der gemeinsamen Aufsichtseinheiten (Joint Supervisory Teams, JST) die direkte Beaufsichtigung der bedeutenden Institute wahr.

(3) Die Tätigkeit von BaFin und Bundesbank im Rahmen der gemeinsamen Aufsichtsteams ist durch den Grundsatz der vertrauensvollen Zusammenarbeit geprägt. Beide Institutionen sollen zu jeder Zeit über den gleichen Informationsstand verfügen.

(4) BaFin und Bundesbank streben an, gegenüber der EZB eine einheitliche Position in Bezug auf Vorschläge für aufsichtsrechtliche Ermessensentscheidungen und Bewertungen zu kommunizieren. Sollte sich im Einzelfall, trotz vorheriger Eskalation auf dem Dienstweg, keine gemeinsame Position von BaFin und Bundesbank ergeben, legt der BaFin-Unterkoordinator die Position der Mitarbeiter von BaFin und Bundesbank im JST fest, die dann deren Grundlage der weiteren Arbeit im JST wird. Dies schließt eine vorausgehende, offene Diskussion unterschiedlicher Standpunkte unter Einbeziehung des EZB-Koordinators nicht aus.

2.2 Aufgaben und Zuständigkeiten bei der Aufsicht über weniger bedeutende Institute

2.2.1 Rolle der EZB

Die EZB nimmt eine Aufsichtsfunktion über die nationalen Aufsichtsbehörden des SSM zum Zweck der Sicherstellung einer harmonisierten und qualitativ hochwertigen Aufsicht über weniger bedeutende Institute wahr. Die Verantwortung für die Beaufsichtigung dieser Institute verbleibt bei der BaFin, vorbehaltlich der Befugnisse der EZB nach Art. 4 Abs. 1 lit. a) und lit. c) SSM-VO. Die EZB kann zudem zu jeder Zeit entscheiden, die Aufsichtsverantwortung zu übernehmen, wenn sie dies für die Sicherstellung der kohärenten Anwendung hoher Aufsichtsstandards für erforderlich hält.

2.2.2 Aufsicht durch die BaFin

(1) Die BaFin beurteilt abschließend zusammenfassend und zukunftsgerichtet,

- ob den von den Instituten eingegangenen Risiken Regelungen, Strategien, Verfahren und Mechanismen gegenüberstehen, die ein solides Risikomanagement und eine solide Risikoabdeckung gewährleisten und
- ob das Institut sichergestellt hat, dass den eingegangenen Risiken eine angemessene Liquiditäts- und Eigenmittelausstattung gegenübersteht.

Maßgebliche Grundlage für die Beurteilung ist das Risikoprofil des Instituts.

(2) Unbeschadet der Befugnis der Bundesbank zur Bewertung der Prüfungsfeststellungen obliegt der BaFin die abschließende Beurteilungs- und Entscheidungsbefugnis bei allen aufsichtsrechtlichen Maßnahmen und Auslegungsfragen. Dabei stützt sich die BaFin bei ihren Entscheidungen in der Regel auf die Bewertungen der Bundesbank.

(3) Die BaFin trifft aufgrund ihrer Beurteilung sämtliche Entscheidungen über aufsichtsrechtliche Maßnahmen. Dies sind insbesondere Allgemeinverfügungen und Verwaltungsakte einschließlich sämtlicher Prüfungsanordnungen sowie die Festlegung aufsichtlicher Anforderungen. Auf Grundlage der aufsichtlichen Erkenntnisse, Vorgaben, Warnungen und Empfehlungen der relevanten europäischen Stellen und des Ausschusses für Finanzstabilität sowie unter Berücksichtigung der Ergebnisse des Risikokomitees und des Gremiums laufende Aufsicht legt die BaFin außerdem im Benehmen mit der Bundesbank die Aufsichtsstrategie und Aufsichtsplanung fest und passt sie ggf. unterjährig an. Im Vorfeld und bei der Durchführung gravierender aufsichtsrechtlicher Maßnahmen findet eine enge Abstimmung bezüglich der bankaufsichtlichen Tätigkeiten zwischen der BaFin und der Bundesbank statt.

(4) Die BaFin gibt den Instituten rechtsverbindliche Auskünfte zur Anwendung des KWG, den auf dessen Grundlage erlassenen Verordnungen und den Rundschreiben der BaFin sowie den einschlägigen EU-Normen.

2.2.3 Laufende Überwachung durch die Bundesbank

(1) Die Bundesbank nimmt die Aufgaben der laufenden Überwachung bei weniger bedeutenden Instituten, mit Einschränkung nach 2.2.4 dieser Richtlinie, im Rahmen von § 7 Abs. 1 KWG wahr. Die laufende Überwachung umfasst insbesondere die Sachverhaltsaufklärung, die Auswertung der eingehenden und zu erhebenden Informationen, die darauf aufbauende Bewertung aktueller und potentieller Risiken sowie die Bewertung von Prüfungsfeststellungen. Hierbei berücksichtigt sie die makroprudentiellen Erkenntnisse aus ihrer Tätigkeit nach dem FinStabG, Vorgaben, Warnungen und Empfehlungen der relevanten europäischen Stellen sowie des Ausschusses für Finanzstabilität und beachtet die inhaltlichen Vorgaben der BaFin.

(2) Die Ergebnisse und Bewertungen aus der laufenden Überwachung stellt die Bundesbank der BaFin unverzüglich zur Verfügung, damit diese eine abschließende Beurteilung und Entscheidung über die Sachverhalte vornehmen kann; sie fließen zudem in das Risikoprofil nach Abschnitt 3.2.1 ein. Unstimmigkeiten im Hinblick auf die regelmäßig einzureichenden Unterlagen klärt die Bundesbank selbständig mit den Instituten, ggf. im Rahmen des Auskunftsrechts nach § 44 Abs. 1 S. 1 KWG.

(3) Auswertung im Sinne dieser Richtlinie bedeutet, dass eingegangene Informationen zusammengefasst und entsprechend ihrer Bedeutung für die Aufgaben der Bankenaufsicht aufbereitet werden. Als Bewertung wird im Folgenden die Einschätzung der Auswirkungen eines Sachverhalts für das jeweilige Institut und dessen Bedeutung für die Bankenaufsicht bezeichnet. Die durch die Bundesbank im Rahmen der laufenden Überwachung auszuwertenden und zu bewertenden Informationen sind insbesondere diejenigen, die in den von den Instituten eingereichten Unterlagen, den Prüfungsberichten nach § 26 KWG und den Jahresabschlussunterlagen enthalten sind. Ferner sind die Informationen aus den Aufsichtsgesprächen und der Durchführung und Auswertung der bankgeschäftlichen Prüfungen zu bewerten.

2.2.4 Probleminstitute, aufsichtsintensive Institute und potenziell systemgefährdende Institute

(1) Als Probleminstitute sind solche Institute anzusehen, bei denen die wirtschaftliche Situation Anlass zu besonderer Besorgnis gibt, gravierende aufsichtliche Feststellungen getroffen wurden oder bankaufsichtliche Eingriffe vorzubereiten oder einzuleiten sind.

(2) Aufsichtsintensive Institute sind regelmäßig solche, bei denen sich aus den aufsichtlich verfügbaren Informationen negative Entwicklungsmöglichkeiten erkennen lassen. Eine entsprechende Einordnung eines Institutes ist auch möglich, wenn aufgrund seiner nicht unerheblichen Bedeutung für den Gesamt- oder einen relevanten Teilmarkt ein besonderes aufsichtliches Interesse besteht oder ein tieferer Einblick für vergleichende Zwecke gewonnen werden soll.

(3) Ein Institut ist nach § 20 Absatz 1 Satz 3 des Sanierungs- und Abwicklungsgesetzes (SAG) potentiell systemgefährdend, wenn es entweder ein global systemrelevantes Institut nach § 10f KWG (G-SRI) oder ein anderweitig systemrelevantes Institut nach § 10g KWG (A-SRI) ist oder wenn für dieses Institut keine vereinfachten Anforderungen gemäß den Kriterien nach § 19 Absatz 2 SAG festgesetzt werden können. Die Einstufung der Institute nimmt die BaFin im Einvernehmen mit der Deutschen Bundesbank vor.

(4) Aufgrund der gebotenen Intensivierung der Aufsichtstätigkeit bei den unter (1) bis (3) angeführten Instituten ist eine enge Zusammenarbeit zwischen Bundesbank und BaFin erforderlich. Reichen die vorliegenden Informationen für eine abschließende Beurteilung nicht aus, kann die BaFin die Bundesbank jederzeit mit der zusätzlichen Sachverhaltsaufklärung betrauen und vertiefende Analysen der Bundesbank anfordern.

3 Instrumente der Aufsicht zur Risikoerkennung

3.1 Der bankaufsichtliche Überprüfungs- und Evaluierungsprozesses für bedeutende Institute

(1) Gemäß Artikel 4 Abs. 1 Ziff. (f) SSM-VO ist bei bedeutenden Instituten ausschließlich die EZB für die Durchführung von aufsichtlichen Überprüfungen zuständig. Auf dieser Grundlage darf sie zusätzliche Eigenmittelanforderungen, besondere Offenlegungspflichten, besondere Liquiditätsmaßnahmen und sonstige Maßnahmen festlegen. Zu diesem Zweck wird ein SSM-eigener Supervisory Review and Evaluation Process (SREP) entwickelt.

(2) Details der Zusammenarbeit regeln Bundesbank und BaFin einvernehmlich, wenn sich aus der Tätigkeit im SSM Regelungsbedarf ergibt.

3.2 Der bankaufsichtliche Überprüfungs- und Evaluierungsprozess für weniger bedeutende Institute
Der bankaufsichtliche Überprüfungs- und Evaluierungsprozess bei weniger bedeutenden Instituten umfasst
(i)   die Sachverhaltsaufklärung,
(ii)   die Auswertung und zukunftsgerichtete Bewertung aktueller und potentieller Risiken aufgrund der ermittelten Sachverhalte,
(iii) eine zusammenfassende und zukunftsgerichtete Beurteilung aller Informationen,
(iv)   die auf der Grundlage der Beurteilung getroffenen Entscheidungen über aufsichtsrechtliche Maßnahmen und deren Durchführung sowie
(v)   die risikoorientierte Aufsichtsplanung.

3.2.1 Risikoprofil
(1) Das Risikoprofil umfasst eine Bewertung aller Risiken des Instituts, seiner Organisation und internen Kontrollverfahren sowie seiner Risikotragfähigkeit. Die Bundesbank bewertet zukunftsgerichtet und risikoorientiert die erhobenen Sachverhalte unter Abwägung aller Risiken aus der Geschäftstätigkeit des Institutes und seines Risikomanagements im Risikoprofil und macht in Abstimmung mit der BaFin Vorschläge für aufsichtliches Handeln; sie berücksichtigt dabei ihre institutsrelevanten Daten und makroprudentiellen Erkenntnisse und die Vorgaben an den aufsichtlichen Überprüfungs- und Evaluierungsprozess. Die Erstellung des Risikoprofils erfolgt auf der Grundlage der hierzu von Bundesbank und BaFin einvernehmlich entwickelten Struktur und Bewertungssystematik. Das Risikoprofil wird mindestens einmal jährlich bis spätestens zum 30. September von der Bundesbank erstellt und der BaFin zur Abstimmung und Entscheidung zugeleitet. Darüber hinaus nimmt die Bundesbank bei wesentlichen zusätzlichen Informationen, insbesondere wenn sich dadurch die Bewertung des Instituts in wesentlichen Teilbereichen oder die Risikoklassifizierung ändert oder nach Aufforderung durch die BaFin, eine unterjährige Aktualisierung vor.
(2) Die von der Bundesbank vorgenommenen Bewertungen und Einstufungen müssen es der BaFin ermöglichen, auf der Grundlage des Risikoprofils des Instituts den bankaufsichtlichen Handlungsbedarf oder weiteren Informationsbedarf angemessen zu beurteilen. Die BaFin ergänzt das Risikoprofil um Erkenntnisse aus weiteren Quellen (bspw. Verbandsgesprächen), eine Einstufung als Probleminstitut/aufsichtsintensives Institut, eine abschließende Würdigung, Handlungsvorschläge sowie um die Risikoeinstufung der EZB.
(3) Der in Absatz 1 aufgeführte Termin steht unter dem Vorbehalt möglicher Änderungen der Vorgaben der EZB.

3.2.2 Aufsichtsplanung
(1) Die Aufsichtsplanung umfasst Aufsichtshandlungen, wie zB die Auswertung der Prüfungsberichte, die Aufsichtsgespräche, die Prüfungen nach § 44 KWG, aufsichtliche Stresstests und ggf. das Setzen von Prüfungsschwerpunkten nach § 30 KWG. Sie legt die Schwerpunkte der aufsichtlichen Tätigkeiten fest. Die Prüfungsplanung spezifiziert dabei, welche Institute einschließlich Zweigstellen und Tochtergesellschaften in anderen Mitgliedsstaaten geprüft werden sollen. Die Aufsichtsstrategie des SSM muss berücksichtigt werden.
(2) Die Vorschläge für die Aufsichts- und Prüfungsplanung für das Folgejahr müssen bis zum 15. November zwischen beiden Häusern abgestimmt sein.
(3) Die endgültige Aufsichtsplanung legt die BaFin bis zum 15. Dezember eines jeden Jahres fest. Die Planung berücksichtigt die verfügbaren Ressourcen bei Bundesbank und BaFin, mit der Zielsetzung einer möglichst gleichmäßigen Auslastung im Jahresverlauf. Anlassbezogene Abweichungen von der Aufsichtsplanung können von der BaFin in Abstimmung mit der Bundesbank vorgenommen werden.

3.2.3 Bekanntgabe aufsichtlicher Entscheidungen

(1) Die BaFin trifft abschließende Aussagen zur Vereinbarkeit konkreter oder abstrakter Sachverhalte mit den jeweils maßgeblichen nationalen, europäischen oder internationalen Rechtsnormen, Verlautbarungen, Rundschreiben oder sonstigen bankaufsichtlicher Regelungen im Benehmen mit der Bundesbank. Die bei der Aufsicht über weniger bedeutende Institute gegenüber der EZB bestehenden Anzeige- und Berichtspflichten nach Art. 6 Abs. 6 3. UA und Abs. 7 der SSM-VO obliegen der BaFin.

(2) Die von der Bundesbank im Rahmen der laufenden Überwachung getroffenen Prüfungsfeststellungen und Bewertungen legt die BaFin im Regelfall ihren Aufsichtsmaßnahmen zugrunde.

(3) Die Aufforderungen gegenüber den Instituten zur Beseitigung festgestellter Mängel werden von der BaFin getroffen. Der BaFin obliegt dabei insbesondere die Festlegung der Inhalte und des Zeitrahmens der Mängelbeseitigung. Dies gilt unabhängig davon, ob die Mängel bei der Jahresabschlussprüfung, bei bankgeschäftlichen oder sonstigen Prüfungen gemäß § 44 KWG oder durch andere Quellen festgestellt wurden.

(4) Die Bekanntgabe und Erläuterung der abschließenden Beurteilung des Instituts mit Hilfe des Risikoprofils erfolgt bei problematischen oder aufsichtsintensiven Instituten in Anlassgesprächen, die grundsätzlich unter Leitung der BaFin stattfinden. In anderen Fällen kann die Bekanntgabe und Erläuterung des zwischen BaFin und Bundesbank abgestimmten Risikoprofils auch in Routinegesprächen erfolgen.

3.3 Instrumente der Erkenntnisgewinnung bei bedeutenden Kreditinstituten

(1) Die Zusammenarbeit in den gemeinsamen Aufsichtsteams erfolgt anhand der Vorgaben des Aufsichtshandbuchs der EZB und der im Abschnitt 2.1 aufgestellten Grundsätze.

(2) Der Bundesbank obliegt die Federführung bei der Durchführung von Sonderprüfungen im SSM, soweit sie von der EZB hierzu beauftragt wird. Bundesbank und BaFin steht das im Aufsichtshandbuch der EZB verankerte Beitrittsrecht zu eigenen Prüfungen der EZB zu. Die Bundesbank teilt der BaFin Auffälligkeiten im Rahmen der Prüfungsdurchführung mit. Den Prüfungsbericht übersendet die Bundesbank zeitgleich der EZB und der BaFin.

(3) Die Bundesbank ist federführend bei der Auswertung von Sonderprüfungsberichten Dritter im SSM.

(4) Die Bundesbank wertet die bei ihr eingehenden Jahresabschlüsse und Prüfungsberichte nach § 26 KWG aus. Sie wendet dabei grundsätzlich zur Sicherstellung eines hohen Qualitätsstandards – soweit erforderlich – die von der BaFin und der Bundesbank gemeinsam entwickelten einheitlichen Auswertungskriterien an.

3.4 Instrumente der Erkenntnisgewinnung bei weniger bedeutenden Instituten

3.4.1 Aufsichtsgespräche

(1) Aufsichtsgespräche werden routinemäßig oder anlassbezogen durchgeführt. Bei der Häufigkeit, Dauer und Intensität der Aufsichtsgespräche ist der Grundsatz der Proportionalität zu beachten.

(2) Routinemäßige Aufsichtsgespräche mit den einzelnen Instituten dienen insbesondere der regelmäßigen Erörterung der wirtschaftlichen Entwicklung, der Risikolage sowie der allgemeinen Geschäftslage der Institute auf Grundlage der ausgewerteten Jahresabschlussunterlagen und der abgestimmten Risikoprofile. Sie können nach Abstimmung mit der BaFin auch das Abstellen von festgestellten Mängeln zum Gegenstand haben, für die das Ergreifen von Maßnahmen nicht erforderlich erscheint. Sie werden von der Bundesbank grundsätzlich jährlich durchgeführt; insbesondere bei kleinen Instituten, deren Solvenz gesichert ist und die bankaufsichtlich unauffällig sind, kann auf eine jährliche Durchführung von Aufsichtsgesprächen verzichtet werden. Die BaFin hat das Recht zur Teilnahme. Routinemäßige Aufsichtsgespräche werden von der Bundesbank so rechtzeitig geplant, dass die BaFin teilnehmen kann. Verzichtet sie auf eine Teilnahme, wird sie von den Ergebnissen zeitnah unterrichtet.

(3) Anlassbezogene Aufsichtsgespräche haben Sachverhalte oder Themen zum Gegenstand, die aufgrund bedeutender Entwicklungen beim Institut eine besondere bankaufsichtliche Wür-

digung erfordern. Die Initiative zu anlassbezogenen Aufsichtsgesprächen kann von der Bundesbank oder der BaFin ausgehen; sie sind jeweils zwischen BaFin und Bundesbank abzustimmen. Die Leitung obliegt grundsätzlich der BaFin. Wird auf eine Teilnahme verzichtet, ist eine zeitnahe Unterrichtung über die Ergebnisse sicherzustellen (vgl. 2.2.4).

3.4.2 Gespräche mit Dritten
Für Gespräche mit Wirtschaftsprüfern oder sonstigen Dritten über einzelne Institute gilt Abschnitt 3.4.1 Abs. 2 oder Abs. 3 sinngemäß.

3.4.3 Auswertung der Jahresabschlüsse und Prüfungsberichte nach § 26 KWG
(1) Die Bundesbank wertet die bei ihr eingehenden Jahresabschlüsse und Prüfungsberichte nach § 26 KWG aus und fertigt für jedes Institut einen Auswertungsbericht an. Sie wendet dabei zur Sicherstellung eines hohen Qualitätsstandards die von der BaFin und der Bundesbank gemeinsam entwickelten einheitlichen Auswertungskriterien an. Die BaFin kann bei Bedarf Auswertungsschwerpunkte vorgeben, die einer besonders intensiven Betrachtung bedürfen. Das Ergebnis der Auswertung geht in das Risikoprofil des Instituts ein.

(2) In Einzelfällen kann die BaFin von der Bundesbank die Anfertigung eines Kurzvermerks statt eines Auswertungsberichtes oder im Vorfeld eines Auswertungsvermerks zunächst die Übermittlung eines Kurzvermerks anfordern. Falls sie dies für angemessen erachtet, kann die Bundesbank der BaFin ebenfalls die Ausfertigung eines Kurzvermerks statt eines Auswertungsberichtes vorschlagen.

(3) Die Reihenfolge der Auswertungen durch die Bundesbank soll anhand der voraussichtlichen Dringlichkeit der Fälle und in Abhängigkeit von der Risikosituation des Instituts sowie der Schwere der Feststellungen in vorangegangenen Prüfungsberichten erfolgen. Einzelheiten werden in der Aufsichtsplanung festgelegt, die ggf. unterjährig angepasst wird.

3.4.4 Auskunftsersuchen
Bei Auskunftsersuchen, die mehrere Institute betreffen, stimmen sich BaFin und Bundesbank über Notwendigkeit und Inhalt der Erhebung dieser Informationen ab. Die Bundesbank oder die BaFin können nach vorheriger Abstimmung die Informationen erheben und auswerten. Die Befugnis der Bundesbank zu Informationserhebungen im Hinblick auf ihre Verantwortung im Bereich der Finanzstabilität bleibt unberührt (vgl. Artikel 127 Abs. 5 AEUV und § 6 FinStabG).

3.4.5 Anordnung und Auswertung von Prüfungen nach § 44 KWG; sonstige Prüfungen
(1) Die BaFin ordnet Prüfungen gemäß § 44 Abs. 1 Satz 2 KWG und § 44b Abs. 2 Satz 1 KWG bei den Instituten an und richtet den Prüfungsauftrag, sofern es sich um eine Prüfung durch die Bundesbank handelt, an die Zentrale der Bundesbank, die über die für das betroffene Institut zuständige Hauptverwaltung das Institut über die Zusammensetzung des Prüfungsteams unterrichtet. Die Zusammensetzung des Prüfungsteams obliegt dabei der Bundesbank.

(2) Sofern der Prüfungsauftrag an Dritte geht, unterrichtet die BaFin die Bundesbank durch Übersendung einer Kopie des Prüfungsauftrags und stellt sicher, dass eine Kopie des Prüfungsberichts nach dessen Fertigstellung unverzüglich auch der Bundesbank zugeht.

(3) Über die Durchführung der Auswertung der Prüfungsberichte von Prüfungen aus besonderem Anlass findet zwischen BaFin und der Bundesbank eine Abstimmung statt. Alle anderen Prüfungsberichte – einschließlich der Berichte über Prüfungen der öffentlich-rechtlichen und privaten Einlagensicherungseinrichtungen werden – von der Bundesbank ausgewertet. Bei der Notwendigkeit des Erlasses von aufsichtsrechtlichen Maßnahmen auf Grund von gravierenden Feststellungen kann die BaFin vertiefende eigene Analysen vornehmen. Die Bundesbank stellt der BaFin die Auswertungsberichte regelmäßig innerhalb von zwei Monaten nach Eingang der Prüfungsberichte zur Verfügung.

(4) Die Bundesbank stellt der BaFin bei Prüfungen, welche die Bundesbank durchgeführt hat, den Prüfungsbericht innerhalb von zwei Monaten nach Abschluss der Prüfungshandlungen im Institut zur Verfügung. In kritischen Einzelfällen kann mit der BaFin eine kürzere Einreichungsfrist abgestimmt werden.

(5) Die Information der EZB über die Ergebnisse von Prüfungen, mit denen sie die Bundesbank beauftragt hat, obliegt der Bundesbank unter zeitgleicher Information der BaFin.

3.4.6 Bankgeschäftliche Prüfungen und Prüfungsteilnahme BaFin

(1) Zu den Prüfungen gemäß § 44 KWG gehören bankgeschäftliche Prüfungen (§ 7 Abs. 1 KWG) zur Beurteilung der angemessenen Eigenkapitalausstattung und der Risikosteuerungsverfahren der Institute. Dies sind Prüfungen zur Einhaltung der §§ 25a und 25b KWG, orientiert am Maßstab der Mindestanforderungen an das Risikomanagement (MaRisk), die auf die Sicherstellung der ordnungsgemäßen Geschäftsorganisation und die Angemessenheit des Risikomanagements gerichtet sind, sowie Prüfungen zur aufsichtlichen Zulassung und zur laufenden Kontrolle (Nachschau) bankinterner Risikomessverfahren (derzeit: IRBA, AMA, Marktrisiko, Liquiditätsmodelle). Bankgeschäftliche Prüfungen sind nicht Prüfungen der Werthaltigkeit von Forderungen und dafür bestellter Sicherheiten sowie der Risikovorsorge im Kreditgeschäft, wie sie Wirtschaftsprüfer bei Prüfungen des Jahresabschlusses oder bei Sonderprüfungen vornehmen.

(2) Die bankgeschäftlichen Prüfungen obliegen gemäß § 7 Abs. 1 KWG als Teil der laufenden Überwachung der Bundesbank und werden im Regelfall durch ihre Hauptverwaltungen durchgeführt. Die BaFin kann diese in besonders begründeten Ausnahmefällen auch selbst durchführen oder im Benehmen mit der Bundesbank Dritte mit der Durchführung bankgeschäftlicher Prüfungen beauftragen. Das Recht der EZB zur Durchführung von Prüfungen bei weniger bedeutenden Instituten bleibt unberührt

(3) Die BaFin kann sich an Prüfungen der Bundesbank beteiligen; dabei können Mitarbeiter der BaFin in Abstimmung mit der Bundesbank Prüfungshandlungen vornehmen und im Rahmen des Prüfungsauftrages einzelne Prüfungsfelder prüfen. Die Regelung gilt entsprechend in Fällen der Prüfungsdurchführung durch die BaFin gemäß Absatz 2 Satz 2.

(4) Auffälligkeiten, die im Rahmen der Durchführung einer bankgeschäftlichen Prüfung festgestellt werden, sind unverzüglich an die BaFin und an die zuständige Hauptverwaltung der Bundesbank zu melden. Den Prüfungsbericht übersendet die Bundesbank der BaFin in der Regel innerhalb von 2 Monaten nach Abschluss der bankgeschäftlichen Prüfung.

3.4.7 Stresstests

Bei der Durchführung von aufsichtlichen Stresstests i. S. d. § 6b Abs. 3 KWG und nach Vorgaben der Europäischen Bankenaufsichtsbehörde nach Artikel 32 der Verordnung (EU) Nr. 1093/2010 arbeiten die BaFin und die Bundesbank eng zusammen. Zusätzliche Stresstests führt die Bundesbank regelmäßig gemäß der Aufsichtsplanung durch, oder wenn sich aus ihren Erkenntnissen die Notwendigkeit solcher Tests ergibt.

3.5 Melde- und Anzeigewesen

3.5.1 Übermittlung von Meldungen an die EZB

Die Übermittlung eingehender Datensätze, Dokumente und Informationen zum Melde- und Anzeigenwesen sowie zur Datenverarbeitung an die EZB obliegt der Bundesbank. Sie stellt dabei sicher, dass die BaFin unmittelbar Zugriff auf die eingegangenen Daten, Dokumente und Informationen erhält.

3.5.2 Melde- und Anzeigewesen weniger bedeutende Institute

(1) Meldungen nach dem KWG und auf dessen Grundlage erlassener Rechtsverordnungen bearbeitet die Bundesbank. Sie klärt erforderlichenfalls die Sachverhalte weiter auf, bewertet sie und legt sie der BaFin zeitnah dar. Über besondere Auffälligkeiten und über kritische Entwicklungen informiert sie die BaFin unverzüglich. Die Bundesbank kann in diesem Zusammenhang gegenüber der BaFin Stellung nehmen und Vorschläge zum weiteren Vorgehen unterbreiten. Die abschließende bankaufsichtliche Beurteilung und Entscheidung des Sachverhalts obliegt der BaFin.

(2) Bei der Bearbeitung einzelner Anzeigetatbestände stimmen sich BaFin und Bundesbank wegen der besonderen Eilbedürftigkeit der ihnen zugrunde liegenden Sachverhalte, insbesondere bei den §§ 2c, 28 Abs. 1 oder 29 Abs. 3 KWG, bereits bei Eingang der Anzeige über die

weitere Vorgehensweise ab. Die abschließende bankaufsichtliche Entscheidung liegt bei der BaFin.

3.6 Datenverarbeitung

(1) Die Bundesbank nimmt die zeitnahe Erfassung und Auswertung aller Anzeigen, Meldungen sowie der Inhalte der Jahresabschlüsse, Prüfungsberichte und Ausweise nach § 25 KWG in die EDV vor. Sie stellt die uneingeschränkte und direkte Zugriffsmöglichkeit der BaFin auf alle erfassten von der Bankenaufsicht benötigten Datensätze und Informationen sicher; hierzu gehören auch die im Rahmen der monatlichen Bilanzstatistik erhobenen Angaben.

(2) Die technischen Rahmenbedingungen werden zwischen der BaFin und der Bundesbank abgestimmt. Einzelheiten werden einvernehmlich entschieden.

4 Grundsatz- und Querschnittsaufgaben

(1) Bei Grundsatz- und Querschnittsaufgaben obliegt die abschließende Auslegung grundsätzlich der BaFin. Zuständigkeiten der EZB bleiben hiervon unberührt

(2) Zur Vermeidung von Doppelarbeit sind Vorhaben und Projekte von grundsätzlicher Bedeutung für die Aufsicht zwischen Bundesbank und BaFin abzustimmen. Grundsätzliche Bedeutung haben diese Vorhaben und Projekte insbesondere dann, wenn sie der Weiterentwicklung des Aufsichtsrechts und/oder des aufsichtlichen Instrumentariums dienen.

5 Strategie- und Risikoausschuss der BaFin und Gremium laufende Aufsicht

(1) Die BaFin verfügt über einen geschäftsbereichsübergreifenden Strategie- und Risikoausschuss. Die BaFin richtet eine externe Schnittstelle zur Bundesbank ein.

(2) Die Bankenaufsicht der Bundesbank und der BaFin richten ein Gremium laufende Aufsicht ein. Es tritt in der Regel vierteljährlich im Wechsel bei Bundesbank und BaFin zusammen, bei aktuellem Anlass auch kurzfristig zwischen zwei turnusmäßigen Sitzungen.

(3) Das Gremium laufende Aufsicht dient der strategischen und operativen Ausrichtung der Tätigkeit von Bundesbank und BaFin im Bereich der Bankenaufsicht sowie dem Austausch zu risikoorientierten Fragestellungen. Die gewonnenen Erkenntnisse fließen in die Aufsichtsstrategie und Aufsichtsplanung ein, die der EZB zur Kenntnis gegeben werden.

6 Schlussbestimmungen
6.1 Grundsätzliche Fragen zur Anwendung der Aufsichtsrichtlinie

(1) Einzelfragen grundsätzlicher Bedeutung zur Anwendung dieser Aufsichtsrichtlinie werden zwischen BaFin und Bundesbank regelmäßig erörtert. Weitergehende Regelungen zu den aufsichtlichen Prozessen und Schnittstellen zwischen BaFin und Bundesbank wird die BaFin im Einvernehmen mit der Bundesbank bedarfsgerecht festlegen.

(2) Im Rahmen der JST für die bedeutenden Institute finden über diese Aufsichtsrichtlinie hinaus ggf. weitere Abstimmungen und die Vereinbarung weiterer Richtlinien der Zusammenarbeit zwischen BaFin und Bundesbank statt.

6.2 Beilegung von Meinungsverschiedenheiten

Meinungsverschiedenheiten zwischen BaFin und Bundesbank im Rahmen der laufenden Überwachung sollen einvernehmlich beigelegt werden. Dies geschieht in den regelmäßigen Treffen zwischen den Leitungen der Bankenaufsicht in Bundesbank und BaFin. Wird dort bei Meinungsverschiedenheiten von erheblicher Bedeutung keine Einigung erzielt, gilt § 4a Satz 2 FinDAG.

6.3 Inkrafttreten

Diese Aufsichtsrichtlinie tritt mit sofortiger Wirkung in Kraft. Sie ersetzt die Richtlinie vom 21. Mai 2013.

Bonn und Frankfurt, den 19.12.2016

Gemäß § 7 Abs. 2 S. 6 KWG legt die BaFin die von der BBank getroffenen   65
Prüfungsfeststellungen und Bewertungen „in der Regel" ihren aufsichtsrechtlichen Maßnahmen zugrunde. Dies bedeutet, dass der BaFin ein Abweichen möglich ist, da sie an die Feststellung und Bewertung eben nicht gebunden ist.
Ursprünglich war im Rahmen des KWG eine Bindung der BaFin an die Feststellungen und „Entscheidung" der BBank vorgesehen (BT-Drs. 14/7733, 44; hierzu
auch Schwennicke/Auerbach/Habetha § 7 Rn. 22). Von der Aufnahme einer derartigen Regelung ist aus verfassungsrechtlicher Perspektive zu Recht abgesehen
worden, da der BaFin unter Zugrundelegung der gewählten gesetzlichen Konstruktion das Entscheidungsrecht verbleiben muss. Dies schließt eine Bindung an
„Feststellungen" oder gar „Entscheidungen" der BBank aus. Die zuletzt genannte
Formulierung berücksichtigt des Weiteren nicht, dass die BBank keine außenver-
bindlichen Entscheidungen zu treffen hat.

c) § 7 Abs. 3 KWG. § 7 Abs. 3 KWG betrifft den **Informationsaustausch**   66
zwischen BaFin und BBank im Rahmen der Zusammenarbeit gemäß § 7 Abs. 1
S. 1 KWG, § 4 Abs. 3 S. 1. Nach § 7 Abs. 3 S. 1 KWG haben BaFin und BBank ein-
ander Beobachtungen und Feststellungen mitzuteilen, die für die Erfüllung ihrer
Aufgaben erforderlich sind.

Diese Verpflichtung tritt ergänzend zu den Spezialtatbeständen des ZAG, die   67
Mitteilungspflichten vorsehen. Sie schränkt das die BBank bindende **Bankgeheimnis** ein. Das Bankgeheimnis besteht in der Pflicht der Bank bzw. des Kreditinstituts zur Verschwiegenheit über kundenbezogene Tatsachen und Wertungen,
die ihm aufgrund, aus Anlass oder im Rahmen der Geschäftsbeziehung zu Kunden
bekannt geworden sind und die der Kunde geheim zu halten wünscht (BGHZ 27,
241 (246) = BeckRS 1958; BGHZ 166, 84 (94 f.) = NJW 2006, 830; BGHZ 171,
180 Rn. 17 = NJW 2007, 2106; BGHZ 183, 60 Rn. 18 = NJW 2010, 361; hierzu
auch Nobbe WM 2005, 1537). Dieses **Bankgeheimnis bindet auch Anstalten
des öffentlichen Rechts** (implizit: BGHZ 183, 60 Rn. 15 ff. = NJW 2010, 361),
so dass keine Gründe dafür ersichtlich sind, die BBank nicht an dieses Bankgeheimnis zu binden (so im Ergebnis auch Schwennicke/Auerbach/Habetha § 7 Rn. 32
mwN zur Herleitung des Bankgeheimnisses). Die Bindung der BBank an das Bankgeheimnis ist nicht unumstritten (Reischauer/Kleinhans KWG/Becker § 7 Rn. 67;
Szagunn/Haug/Ergenzinger KWG § 7 Rn. 5; Schäfer/Omlor/Mimberg/Tiemann
Rn. 109).

Beobachtungen sind das Ergebnis der Wahrnehmung von Sachverhalten   68
und Feststellungen das Ergebnis der Überprüfung von Sachverhalten (Fischer/
Schulte-Mattler/Lindemann KWG § 7 Rn. 8; Schwennicke/Auerbach/Habetha
§ 7 Rn. 25). Grenze der Verpflichtung zur Mitteilung nach § 7 Abs. 3 S. 1 KWG
ist die Schwelle, unterhalb derer nur von bloßen unfundierten Annahmen bzw.
Vermutungen auszugehen ist (hierzu Schwennicke/Auerbach/Habetha § 7 Rn. 26
mwN zur Literatur; Luz/Neus/Schaber/Schneider/Wagner/Weber/Dominik
Müller-Feyen KWG § 7 Rn. 20; Schäfer/Omlor/Mimberg/Tiemann Rn. 101).
Unterhalb dieser Schwelle besteht keine Verpflichtung zur Mitteilung (ergänzend
weist Schäfer/Omlor/Mimberg/Tiemann Rn. 101 darauf hin, dass die Übermittlung jedoch nicht untersagt ist und im Einzelfall sogar geboten sein kann).

Von besonderer Bedeutung im Außenverhältnis ist die Eingrenzung gemäß § 7   69
Abs. 3 S. 1 Hs. 2 KWG, nach welcher nur das mitzuteilen ist, was für die Erfüllung
der Aufgaben nach dem ZAG **erforderlich** ist. Diese Regelung war vor dem Hintergrund des Bankgeheimnisses und seiner grundrechtlichen Fundierung (→ § 6

Rn. 28) angezeigt, wenn auch nicht zwingend erforderlich, da ohnehin schon bereits aufgrund dieser grundrechtlichen Vorgaben zu beachten. Geboten ist damit eine **strikte Begrenzung der auszutauschenden Informationen nach dem Zweck der gesetzlichen Vorgaben.** Dies schließt es nicht aus, dass bei der Entscheidung über die Mitteilung eine Prognose darüber anzustellen ist, ob die Mitteilung für die Erfüllung der Aufgaben erforderlich ist bzw. sein wird (so zu Recht auch Schwennicke/Auerbach/Habetha § 7 Rn. 25 mwN; Luz/Neus/Schaber/ Schneider/Wagner/Weber/Dominik Müller-Feyen KWG § 7 Rn. 20). Der Informationsaustausch auf Grundlage von § 7 Abs. 3 S. 1 KWG erfolgt im Gegensatz zur Erfüllung etwaiger Pflichten zur Amtshilfe ohne das Vorliegen einer entsprechenden Bitte der jeweils anderen Institution oder eines entsprechenden Antrags bzw. Ersuchens (hierzu Schwennicke/Auerbach/Habetha § 7 Rn. 28).

70   Gemäß § 7 Abs. 3 S. 2 KWG zählen zu den mitzuteilenden Tatsachen auch die Angaben, die aufgrund **statistischer Erhebungen** nach § 18 BBankG durch die BBank erlangt worden sind. Auch bei dieser Mitteilung sind die Grenzen des § 7 Abs. 3 Hs. 2 KWG (Erforderlichkeit zur Aufgabenerfüllung) zwingend zu beachten, so dass Angaben, die nach § 7 Abs. 3 S. 1 KWG nicht mitgeteilt werden dürfen, auch dann nicht übermittelt werden dürfen, wenn sie Bestandteil einer statistischen Erhebung nach § 18 BBankG sind (hierzu auch: Schwennicke/Auerbach/Habetha § 7 Rn. 29). Gemäß § 7 Abs. 3 S. 3 KWG hat die BBank die BaFin vor Anordnung einer statistischen Erhebung anzuhören (§ 18 S. 5 BBankG). Auch hierbei handelt es sich der Sache nach um eine Eingrenzung der Erhebungsbefugnis vor dem Hintergrund des **Verhältnismäßigkeitsgrundsatzes.** Die Regelung stellt sicher, dass Daten, die die BaFin bereits zur Erfüllung ihrer Aufgaben nicht erforderlich ansieht, gar nicht erst erhoben werden.

71   **d) § 7 Abs. 4 KWG.** § 7 Abs. 4 KWG regelt **datenschutzrechtliche** Aspekte der Zusammenarbeit zwischen BaFin und BBank im Wege der Mitteilungen. § 7 Abs. 4 S. 1 KWG stellt heraus, dass die Zusammenarbeit nach § 7 Abs. 1 KWG, § 4 Abs. 3 und der Austausch von Mitteilungen nach § 7 Abs. 3 S. 1 KWG die Übermittlung der zur Erfüllung der Aufgaben der empfangenden Stelle erforderlichen personenbezogenen Daten einschließt (Vorrangregelung iSd § 1 Abs. 3 BDSG). Die Regelung geht zurück auf die 6. KWG-Novelle. Aus der diesbezüglichen Regierungsbegründung ergibt sich, dass der Gesetzgeber mit der Regelung die Übermittlung personenbezogener Daten im Rahmen des KWG – gleiches gilt aufgrund des Verweises auch dann für das ZAG – sowie den Abruf gespeicherter Daten im automatisierten Verfahren auf eine gesicherte Grundlage stellen wollte (BT-Drs. 13/7142, 74; hierzu auch Schwennicke/Auerbach/Habetha § 7 Rn. 31). Auch insoweit ist zu berücksichtigen, dass nach den ausdrücklichen gesetzlichen Vorgaben die Übermittlung personenbezogener Daten strikt daran gebunden ist, dass die Übermittlung der Daten zur Erfüllung der Aufgaben der empfangenden Stelle erforderlich sein muss. Gemäß § 7 Abs. 4 S. 2 KWG kann ein Abruf der gespeicherten Daten im automatisierten Verfahren erfolgen. Die Regelungen des § 7 Abs. 4 S. 3–7 KWG sollen sicherstellen, dass es bei dem Austausch der Daten nicht zu Verstößen gegen datenschutzrechtliche Vorgaben kommt bzw. dass derartige Verstöße nachvollzogen und abgestellt werden können.

72   **e) § 7 Abs. 5 KWG.** Die Einrichtung **gemeinsamer Dateien** im Rahmen des Anwendungsbereichs des §§ 4, 7 KWG ist Regelungsgegenstand von § 7 Abs. 5 KWG. Diese gemeinsamen Dateien können sich unter dem Gesichtspunkt der Effizienz als vorzugswürdig darstellen, soweit Mitteilungen in Rede stehen. Anderer-

seits muss bei der Einrichtung und bei der Arbeit mit diesen gemeinsamen Dateien sichergestellt werden, dass das vom Gesetzgeber als notwendig erachtete **Schutzniveau** gemäß § 7 Abs. 4 KWG auch im Fall der Einrichtung einer gemeinsamen Datei oder gemeinsamer Dateien beachtet und aufrechterhalten wird (zu diesem Gesichtspunkt auch Schwennicke/Auerbach/Habetha § 7 Rn. 39; Ellenberger/Findeisen/Nobbe/Böger/Findeisen Rn. 122).

V. § 4 Abs. 4

Nach § 4 Abs. 4 S. 1 entscheidet die BaFin in Zweifelsfällen, dass ein Unterneh- 73 men den Vorschriften dieses Gesetzes unterliegt. § 4 Abs. 4 S. 2 regelt, wann ein Zweifelsfall „insbesondere" vorliegt. Gemäß § 4 Abs. 4 S. 3 binden ihre Entscheidungen die sonstigen Verwaltungsbehörden.

Diese Norm entspricht § 4 KWG. Ziel der gesetzlichen Regelung ist es, zu 74 Gunsten der dem ZAG möglicherweise unterfallenen Unternehmen durch rechtsmittelfähigen Bescheid zu klären, ob das Unternehmen den Vorschriften des ZAG unterliegt. Die Gesetzesbegründung geht davon aus, dass eine Feststellung auch von Amts wegen getroffen werden dürfe (BT-Drs. 18/11495, 119). Dies ist zweifelhaft, da der BaFin entsprechende Eingriffsbefugnisse zur Verfügung stehen, wenn sie davon ausgeht, dass ein Unternehmen dem ZAG unterfällt und die entsprechenden Vorgaben nicht beachtet.

1. Anwendungsbereich

Dem Wortlaut nach kommt eine Entscheidung nach § 4 Abs. 4 S. 1 nur in Be- 75 tracht, wenn Zweifelsfälle bestehen, **dass ein Unternehmen den Vorschriften dieses Gesetzes unterliegt.** Derartige Zweifelsfälle im Hinblick auf den Anwendungsbereich des ZAG können bspw. im Hinblick auf die Einschlägigkeit des § 1 Abs. 1 S. 2 bestehen (Definition des Zahlungsdienstes), im Hinblick auf die Frage, ob ein Unternehmen gewerbsmäßig oder in einem Umfang, der einen in kaufmännischer Weise eingerichteten Geschäftsbetrieb erfordert, handelt (§ 3 Abs. 1) bzw. ob Ausnahmetatbestände gemäß § 2 einschlägig sind oder ob die Voraussetzungen des § 1 Abs. 2 im Zusammenhang mit E-Geld-Geschäften gegeben sind.

Ebenfalls einen Zweifelsfall iSd § 4 Abs. 4 S. 1 stellt die Frage dar, ob ein von dem 76 Unternehmen beabsichtigtes Geschäft unter die **Verbote des § 3** fällt. Die Klärung dieser Frage kann bereits unter den Wortlaut des § 4 Abs. 4 subsumiert werden (anders: Ellenberger/Findeisen/Nobbe/Böger/Findeisen Rn. 124). Jedenfalls aber sprechen Sinn und Zweck der gesetzlichen Regelung dafür, auch die Reichweite der Verbotstatbestände im Hinblick auf das konkrete Unternehmen zu klären (Luz/Neus/Schaber/Schneider/Wagner/Weber/Dominik Müller-Feyen/David Müller-Feyen KWG § 4 Rn. 5; Schäfer/Omlor/Mimberg/Tiemann Rn. 117). Andernfalls müsste das betroffene Unternehmen erst die „Probe aufs Exempel" unternehmen und das Geschäft betreiben. Dies ist nicht zumutbar, zumal Verstöße gegen § 3 Abs. 1, Abs. 2 S. 1 und Abs. 4 S. 1 gem. § 63 Abs. 1 Nr. 1–3 strafbewehrt sind (zu diesem Gesichtspunkt im Rahmen des § 4 S. 1 KWG VG Berlin NJW-RR 1997, 808; im gleichen Sinn auch Ellenberger/Findeisen/Nobbe/Böger/Findeisen Rn. 125; Schwennicke/Auerbach/Süßmann § 4 Rn. 3; Fischer/Schulte-Mattler/Schäfer KWG § 4 Rn. 3).

77　　Ein **Zweifelsfall** liegt dann vor, wenn ein an der Sache Beteiligter bei objektiver Betrachtung ernsthafte Zweifel daran hat, ob ein Unternehmen dem ZAG und seinen Verbotstatbeständen unterfällt (VG Berlin NJW-RR 1997, 808). Unmaßgeblich ist, ob die BaFin Zweifel an der Anwendbarkeit des ZAG hat. Das Verwaltungsgericht Berlin hat zu § 4 KWG zu Recht entscheidungstragend angenommen, dass die BaFin nach entsprechender Prüfung stets eine aus ihrer Sicht klare und eindeutige Interpretation der Geschäftstätigkeit haben wird. Die Sichtweise der BaFin kann für die Frage, ob ein Zweifelsfall iSd § 4 Abs. 4 vorliegt, nicht maßgeblich sein (so auch Luz/Neus/Schaber/Schneider/Wagner/Weber/Dominik Müller-Feyen/David Müller-Feyen KWG § 4 Rn. 1; Schäfer/Omlor/Mimberg/Tiemann Rn. 118).

78　　Gem. § 4 Abs. 4 S. 2 gilt als Zweifelfall jeder Fall, bei dem die Einstufung als Institut (§ 1 Abs. 3), Zahlungsdienstleister (§ 1 Abs. 1 S. 1) oder E-Geld-Emittent (§ 1 Abs. 2 S. 1) zwischen dem Betreiber und der Bundesanstalt oder einer anderen Verwaltungsbehörde streitig ist. In diesen Fällen steht das Vorliegen eines Zweifelfalls (zugunsten des Unternehmens) unwiderleglich fest.

2. Anspruch auf Entscheidung bei berechtigtem Interesse

79　　Besteht ein berechtigtes Interesse an einer Entscheidung nach § 4 Abs. 4 S. 1 und sind die übrigen Tatbestandsvoraussetzungen erfüllt, so hat das betroffene Unternehmen einen **Anspruch auf Entscheidung** nach § 4 Abs. 4 S. 1 (sog. Negativtestat, vgl. zu diesem Begriff VG Berlin NJW-RR 1997, 808; aA Luz/Neus/Schaber/Schneider/Wagner/Weber/Dominik Müller-Feyen/David Müller-Feyen KWG § 4 Rn. 11; zweifelnd für Negativtestate aber iE zust. Schäfer/Omlor/Mimberg/Tiemann Rn. 127, 132). Ein Ermessen der Behörde besteht nicht (VG Berlin NJW-RR 1997, 808; Ellenberger/Findeisen/Nobbe/Findeisen Rn. 128; Fischer/Schulte-Mattler/Schäfer KWG § 4 Rn. 11; differenzierend: BSK/Reschke KWG § 4 Rn. 43 f.). Dem steht § 4 Abs. 4 FinDAG, nach welchem die BaFin ihre Aufgaben nur im öffentlichen Interesse ausübt, nicht entgegen. Denn insoweit enthält § 4 Abs. 4 S. 1 eine vorrangige Regelung, die dahingehend auszulegen ist, dass ein Anspruch des dem ZAG möglicherweise Unterworfenen besteht.

3. Entscheidung der BaFin durch Verwaltungsakt

80　　Die Entscheidung nach § 4 Abs. 4 S. 1 ergeht durch (feststellenden) **Verwaltungsakt** (so auch BT-Drs. 18/11495, 119). Dies ist bereits deswegen erforderlich, weil die Entscheidung andere Verwaltungsbehörden bindet (§ 4 Abs. 4 S. 3). Diese Bindungswirkung kann nur durch rechtsmittelfähigen Bescheid, nicht aber durch einfache schriftliche Mitteilung erreicht werden. Die Entscheidung ist auch dann in Form eines Verwaltungsaktes zu erlassen, wenn das Unternehmen nicht ausdrücklich einen Bescheid beantragt, sich aber aus den Umständen ergibt, dass jedenfalls eine Entscheidung nach § 4 Abs. 4 S. 1 begehrt ist. Eine **einfache schriftliche Mitteilung** ist **nur dann statthaft,** wenn das beantragende Unternehmen **ausdrücklich** um Nichterlass eines Verwaltungsaktes bittet (abweichend Ellenberger/Findeisen/Nobbe/Böger/Findeisen Rn. 126; Schäfer/Omlor/Mimberg/Tiemann Rn. 129; s. auch BSK/ReschkeKWG § 4 Rn. 20, 41). Dieser Zwang zum Erlass eines Verwaltungsaktes im Regelfall gereicht auch den betroffenen Unternehmen zum Vorteil, da dieses von den positiven Wirkungen einer Feststellung, dass der Anwendungsbereich in Bezug auf das Unternehmen nicht eröffnet ist, nur dann (vollumfänglich) profitiert, wenn dies in Form eines Bescheids rechtsförmlich festgestellt wird.

4. Beschränkte Bindungswirkung

Gemäß § 4 Abs. 4 S. 3 binden die Entscheidungen der BaFin nach § 4 Abs. 4 S. 1 **81** die **sonstigen Verwaltungsbehörden.** Als insoweit durch die Tatbestandswirkung des Verwaltungsaktes gebundene Behörden kommen insbesondere die BBank und Finanzbehörden (zu diesen insbesondere: BSK/ReschkeKWG § 4 Rn. 47 ff.) in Betracht.

Ausweislich des eindeutigen Wortlauts **nicht gebunden** werden **Gerichte oder** **82** **Staatsanwaltschaften** (so ausdrücklich Ellenberger/Findeisen/Nobbe/Böger/ Findeisen Rn. 133; Fischer/Schulte-Mattler/Schäfer KWG § 4 Rn. 16). Bedeutungslos ist ein Negativtestat im strafrechtlichen Bereich dennoch nicht. Denn hat die BaFin die Anwendbarkeit des ZAG oder die Einschlägigkeit der Verbotstatbestände verneint, entfällt jedenfalls der Vorsatz bezüglich der Straftatbestände des ZAG (Fischer/Schulte-Mattler/Schäfer KWG § 4 Rn. 17; ähnlich BSK/Reschke KWG § 4 Rn. 50).

5. Rechtsbehelfe

Entscheidungen der BaFin auf Grundlage von § 4 Abs. 4 S. 1 in Bezug auf das **83** Negativtestat kann das betroffene Unternehmen im Klagewege angreifen. Regelmäßig wird sich die Lage dergestalt darstellen, dass das Unternehmen bei der BaFin einen Antrag auf Feststellung gestellt hat, dass das Unternehmen dem ZAG nicht unterfällt bzw. dass die Verbotstatbestände nicht gelten. Unabhängig davon, ob die BaFin ihren Bescheid dahingehend abfasst, dass dieser Antrag abgelehnt werde, weil das Unternehmen dem Anwendungsbereich des ZAG unterfällt, oder ob die BaFin positiv feststellt, dass das Unternehmen dem Anwendungsbereich unterfällt, liegt das **Rechtschutzziel** des Unternehmens bei den Rechtsbehelfen darin, seinen **Anspruch auf Erlass des Negativtestats** durchzusetzen. Dann ist die **Verpflichtungsklage** das Mittel der Wahl (aA Schäfer/Omlor/Mimberg/Tiemann Rn. 142 bei Negativtestat Feststellungsklage). Allein mit Anfechtungswiderspruch und Anfechtungsklage ist nur der Bescheid zu beseitigen und wird (nur) den Entscheidungsgründen des Urteils zu entnehmen sein, dass das Unternehmen dem Anwendungsbereich des ZAG nicht unterfällt. Gerade vor dem Hintergrund der Wirkung des § 4 Abs. 4 S. 3, die eben nur durch Bescheid, nicht aber durch gerichtliches Urteil, das die übrigen Behörden nicht bindet, erreicht wird, muss das Rechtschutzziel des betroffenen Unternehmens in der Regel in einer Verpflichtung der Behörde zum Erlass des Negativtestats liegen. Daher sind Verpflichtungswiderspruch und Verpflichtungsklage die vorzugswürdigen Rechtsbehelfe zu dieser prozessualen Konstellation (auch VG Berlin NVwZ-RR 1997, 808). In Betracht kommt bei besonderer Eilbedürftigkeit auch die Stellung eines Antrags von § 123 VwGO.

Da einer Verpflichtungsklage (bzw. einem Verpflichtungswiderspruch) regel- **84** mäßig keine aufschiebende Wirkung zukommt (Eyermann/Hoppe VwGO § 80 Rn. 15; zu den Ausnahmen Gärditz VwGO/Windthorst § 80 Rn. 110), der Verwaltungsakt der BaFin aber eine andere Behörden bindende Wirkung hat, kann es angezeigt sein, ausnahmsweise neben dem Verpflichtungsantrag auch ausdrücklich einen Aufhebungs- und damit Anfechtungsantrag zu stellen. Zwar beinhaltet ein Verpflichtungsantrag implizit auch einen Aufhebungsantrag in Bezug auf den ent-

gegenstehenden Verwaltungsakt; diese impliziten Wirkungen lösen aber nicht die
aufschiebende Wirkung aus, so dass die Gefahr bestünde, dass andere Behörden bis
zur rechtskräftigen Entscheidung über die Verpflichtungsklage an den Inhalt des
Verwaltungsaktes gemäß § 4 Abs. 4 S. 3 gebunden sind. Diese Anfechtungsklage
hätte wegen der Nichtnennung des § 4 Abs. 4 in § 9 aufschiebende Wirkung.

85   Hat die BaFin von Amts wegen einen Verwaltungsakt auf Grundlage von § 4
Abs. 4 erlassen, der feststellt, dass ein Unternehmen dem ZAG unterliegt (sog.
Positivtestat) so kann der Betroffene Anfechtungswiderspruch und Anfechtungs-
klage erheben.

§ 5   Zusammenarbeit mit anderen Behörden

**¹Die Bundesanstalt und die Deutsche Bundesbank arbeiten bei der
Aufsicht über Institute, Zahlungsdienstleister und E-Geld-Emittenten,
die in einem anderen Mitgliedstaat oder Vertragsstaat des Abkommens
über den Europäischen Wirtschaftsraum Zahlungsdienste erbringen oder
das E-Geld-Geschäft betreiben, mit den zuständigen Behörden des anderen Staates und den zuständigen europäischen Behörden zusammen; dies
schließt die §§ 60 und 61 ein. ²Die §§ 7a bis 8a des Kreditwesengesetzes gelten entsprechend.**

Inhaltsübersicht

I. Allgemeines

§ 5 setzt für Zahlungsinstitute Art. 26 PSD2 um und für E-Geld-Institute Art. 3 **1**
Zweite E-Geld-RL, soweit er auf Art. 24 PSD1, jetzt Art. 26 PSD2, verweist. § 5
wurde im Rahmen des ZDUG II umgestaltet, insbesondere durch den Verweis auf
§§ 7a–8a KWG.

Der Regelungsgehalt des § 5 erstreckt sich im Wesentlichen auf einen Verweis
auf §§ 7a–8a KWG, die hierdurch entsprechend auf Institute iSd ZAG sowie mit
dem ZDUG II auf alle Zahlungsdienstleister (hierzu → § 1 Rn. 6 ff.) und alle
E-Geld-Emittenten (hierzu → § 1 Rn. 192 ff.) anwendbar sind. Zudem wird die
Zusammenarbeit im Beschwerdemanagement über den Verweis auf §§ 60, 61 gestärkt.

Während der § 5 S. 1 Hs. 1 den Grundsatz der Zusammenarbeit zwischen deutschen und ausländischen Behörden regelt, füllt § 5 S. 2 diesen Grundsatz mit dem
Verweis auf §§ 7a–8a KWG näher aus. Soweit § 5 nunmehr alle Zahlungsdienstleister und alle E-Geld-Emittenten einbezieht, finden diese Regelungen bereits unmittelbar Anwendung – ohne dass es des § 5 bedürfte – auf Zahlungsdienstleister
iSd § 1 Abs. 1 S. 1 Nr. 3 und auf E-Geld-Emittenten iSd § 1 Abs. 2 S. 1 Nr. 2, mit
Ausnahme der KfW (§ 2 Abs. 1 Nr. 2 KWG).

II. Zusammenarbeit mit ausländischen Behörden (§ 5 S. 1 Hs. 1)

1. An der Zusammenarbeit beteiligte deutsche Behörden

Nach § 5 S. 1 Hs. 1 arbeiten **BaFin** und Bundesbank bei der Aufsicht über Insti- **2**
tute, Zahlungsdienstleister und E-Geld-Emittenten mit ausländischen Behörden
zusammen. Dies bedeutet, dass die Zusammenarbeit nur soweit reicht, wie die beiden genannten Behörden für die Aufsicht über diese Unternehmen zuständig sind.

2. Anlass der Zusammenarbeit

Anlass für die Zusammenarbeit muss die **Aufsicht über inländische Institute,** **3**
Zahlungsdienstleister und E-Geld-Emittenten sein, die in einem anderen Mitglied-
staat oder in einem anderen Staat des EWR Zahlungsdienste erbringen oder das
E-Geld-Geschäft betreiben. Ein Erbringen von Zahlungsdiensten oder ein Betrei-
ben des E-Geld-Geschäfts in einem anderen Mitgliedstaat oder einem Staat des
EWR liegt vor, wenn zu diesem Zwecke eine Niederlassung errichtet, ein Tochter-

unternehmen gegründet oder grenzüberschreitende Dienstleistungen erbracht werden (vgl. hierzu Kommentierung zu § 39). Die Behörden müssen sich darüber abstimmen, ob im Falle des grenzüberschreitenden Dienstleistungsverkehrs das von der BaFin angewandte Kriterium des „zielgerichteten Ansprechens" des ausländischen Marktes (BaFin-Merkblatt grenzüberschreitend betriebene Geschäfte v. 11.3.2019) oder ein von der zuständigen ausländischen Behörde angewandtes Kriterium für die Frage, ob ein Institut in einem anderen Staat Zahlungsdienste erbringt oder das E-Geld-Geschäft betreibt, maßgeblich ist.

3. Zusammenarbeit mit zuständigen ausländischen und europäischen Behörden

4   Die Zusammenarbeit erfolgt mit denjenigen ausländischen und europäischen Behörden, die nach dem jeweils eigenen nationalen Recht oder dem Recht der EU oder des EWR für die Beaufsichtigung von Instituten, Zahlungsdienstleistern und E-Geld-Emittenten zuständig sind (Schäfer/Omlor/Mimberg/Tiemann § 5 Rn. 10). Die Regeln über die Zusammenarbeit sind gegenüber allgemeinen Amtshilferegeln abschließend, die Verschwiegenheitspflicht nach § 9 KWG dürfte aufgrund des Verweises in § 6 anwendbar bleiben (Schäfer/Omlor/Mimberg/Tiemann § 5 Rn. 2; aA Ellenberger/Findeisen/Nobbe/Böger/Findeisen § 5 Rn. 24).

III. Zusammenarbeit im Beschwerdemanagement (Satz 1 Hs. 2: Verweis auf §§ 60, 61)

5   Durch Satz 1 Hs. 2 sollen die §§ 60, 61 eingeschlossen werden. Nicht ganz klar ist die gesetzgeberische Aussage, da §§ 60, 61 lediglich das Recht von Zahlungsdienstnutzern, E-Geld-Inhabern und bestimmten benannten Stellen zur Beschwerde beinhalten. Wenn Satz 1 Hs. 2 den Austausch der BaFin und BBank mit den nationalen und europäischen Behörden der anderen Mitgliedstaaten und des EWR über Beschwerden iSd §§ 60, 61 hätte bezwecken wollen, hätte es wohl mindestens noch zusätzlich einer ausdrücklichen Ermächtigung zum Datenaustausch bedurft, da ansonsten die Voraussetzungen des Art. 6 Abs. 3 lit. b DSGVO nicht eingehalten sein dürften. Es ist deshalb nicht ersichtlich, dass die Zusammenarbeit bezüglich Beschwerden über den Austausch anonymisierter Daten hinausgehen kann (ebenso Schäfer/Omlor/Mimberg/Tiemann § 5 Rn. 15).

IV. Entsprechende Anwendung von §§ 7a–7d KWG

6   Satz 2 will insbesondere §§ 7a–7d KWG entsprechend anwenden. Die §§ 7a–7d KWG wurden im Rahmen des Gesetzes zur Umsetzung der RL 2010/78/EU zur Errichtung des Europäischen Finanzaufsichtssystems (BGBl. 2011 I 2427) teilweise neu geordnet (§ 7a KWG, dieser war zuvor unter § 53e KWG zu finden), teilweise neu erlassen (§§ 7b, 7c KWG). § 7d KWG wurde durch das CRD IV in das KWG aufgenommen. Sie dienen vor allem der makroprudenziellen Aufsicht. § 8 stellt die Kernnorm der Zusammenarbeit der nationalen Aufsichtsbehörden in den Mitgliedstaaten und im EWR dar; während § 8 Abs. 2 KWG steuerstrafrechtliche Ziele verfolgt, dienen § 8 Abs. 3–9 dem Informationsaustausch im Rahmen der Finanzaufsicht.

1. Meldepflichten an die Europäische Kommission (§ 5 S. 2 iVm § 7a KWG)

Nach § 7a unterliegt die BaFin der Pflicht zu bestimmten Meldungen an die **7** Kommission. Teilweise überschneiden sich diese Meldepflichten mit den Meldepflichten an die EBA gemäß § 43 Abs. 3. Zu melden ist (§ 7a Abs. 1 Nr. 1 KWG analog) das Erlöschen oder die Aufhebung einer Erlaubnis nach § 13, (§ 7a Abs. 1 Nr. 2 KWG analog) die Erteilung einer Erlaubnis nach §§ 42 Abs. 1, 10, 11 an eine Zweigstelle eines Unternehmens iSd § 42 mit Sitz außerhalb des EWR, (§ 7a Abs. 1 Nr. 3 KWG analog) die Anzahl und die Art der Fälle, in denen die Errichtung einer Zweigniederlassung in einem anderen Staat des EWR nicht zustande gekommen ist, (§ 7a Abs. 1 Nr. 4 KWG analog) die Anzahl und Art der Fälle, in denen Maßnahmen nach § 39 Abs. 6 S. 2 ergriffen wurden, (§ 7a Abs. 1 Nr. 6 KWG analog) den Erlaubnisantrag des Tochterunternehmens eines Unternehmens mit Sitz in einem Drittstaat, sofern die Kommission die Meldung solcher Antragseingänge verlangt hat. Zudem unterrichtet die BaFin die Europäische Kommission (§ 7a Abs. 2 Nr. 2 KWG analog) über die Grundsätze, die sie im Einvernehmen mit den anderen zuständigen Stellen im Europäischen Wirtschaftsraum in Bezug auf die Überwachung von gruppeninternen Transaktionen und Risikokonzentrationen anwendet. Die übrigen Meldepflichten nach § 7a Abs. 2 KWG dürften im Rahmen von § 5 nicht einschlägig sein. Die Übermittlungspflicht entsprechend § 7a Abs. 3 KWG für Verzeichnisse von Finanzholding-Gesellschaften kommt ggf. in Betracht, soweit ein ZAG-Institut, ein Zahlungsdienstleister oder ein E-Geld-Emittent beteiligt ist (Schäfer/Omlor/Mimberg/Tiemann § 5 Rn. 21).

2. Zusammenarbeit mit der EBA (§ 5 S. 2 iVm § 7b KWG)

§ 7b KWG setzt – soweit hier relevant – im Wesentlichen auch die EBA-VO um **8** und wiederholt deren Regelungen teilweise. Die Beteiligung der BBank wird dort verankert (§ 7b Abs. 1 S. 2 KWG). In § 7b Abs. 1 S. 4 und S. 5 werden die Comply or Explain-Grundsätze des Art. 16 der EBA-VO wiederholt. Die BaFin übernimmt grundsätzlich die Leitlinien und Fragen und Antworten der EBA in ihre Verwaltungspraxis (vgl. https://www.bafin.de/DE/RechtRegelungen/Leitlinien_und_Q_and_A_der_ESAs/Leitlinien_und_Q_and_A_der_ESAs_node.html). Der Verweis auf § 7b Abs. 2 Nr. 1 und Nr. 2 überschneidet sich für Zahlungsinstitute weitgehend mit § 43 Abs. 3, für E-Geld-Institute wirkt er konstitutiv, für Zahlungsdienstleister iSd § 1 Abs. 1 S. 1 Nr. 3 und E-Geld-Emittenten iSd § 1 Abs. 2 S. 1 Nr. 2, mit Ausnahme der KfW (§ 2 Abs. 1 Nr. 2 KWG), gilt er unmittelbar. Die Meldepflichten nach § 7b Abs. 2 Nr. 3–10 KWG, die auf dem CRD IV-UmsetzungsG beruhen, dürften für Zahlungsinstitute und für E-Geld-Institute nicht relevant sein. Nach § 7b Abs. 3, 3a KWG bestehen Unterrichtungs- und Meldepflichten gegenüber der EBA im Zusammenhang mit der Aufsicht über Finanzholding-Gruppen oder gemischten Finanzholding-Gruppen, soweit ZAG-Institute, Zahlungsdienstleister oder E-Geld-Emittenten eingebunden sind (Schäfer/Omlor/Mimberg/Tiemann § 5 Rn. 26).

Die bislang nach § 5 S. 2 iVm § 7c KWG aF vorgesehene Mitteilungspflicht an **9** den Europäischen Bankenausschuss ist mit Aufhebung des § 7c KWG mit Risikoreduzierungsgesetz (RiG) entfallen (vvgl. BT-Drs. 19/22786, 152).

3. Zusammenarbeit mit dem Europäischen Ausschuss für Systemrisiken (§ 5 S. 2 iVm § 7d KWG)

10   § 5 S. 2 erklärt auch § 7d KWG über Meldungen an den Europäischen Ausschuss für Systemrisiken (European Systemic Risk Board = ESRB) für entsprechend anwendbar. Danach hat die BaFin die Warnungen und Empfehlungen des ESRB auch im Rahmen der Aufsicht nach dem ZAG (hierzu gehört auch die Aufsicht über das Risikomanagement aller Zahlungsdienstleister, § 53) zu berücksichtigen. Soweit § 7d S. 2 KWG auf Kapitalpuffer gemäß § 10d KWG verweist, dürfte der Verweis für Zahlungsinstitute und E-Geld-Institute ins Leere gehen, da für diese ein solcher Kapitalpuffer nicht verlangt ist. Für Zahlungsdienstleister iSd § 1 Abs. 1 S. 1 Nr. 3 und E-Geld-Emittenten iSd § 1 Abs. 2 S. 1 Nr. 2, mit Ausnahme der KfW (§ 2 Abs. 1 Nr. 2 KWG), gilt § 7d KWG unmittelbar.

V. Entsprechende Anwendung von § 8 KWG

11   § 8 KWG bezieht sich unmittelbar auf Institute iSd KWG. Diese sind als Zahlungsdienstleister iSd § 1 Abs. 1 S. 1 Nr. 3 und E-Geld-Emittenten iSd § 1 Abs. 2 S. 1 Nr. 2, mit Ausnahme der KfW (§ 2 Abs. 1 Nr. 2 KWG), hiervon unmittelbar erfasst. Für Institute iSd § 1 Abs. 3 stellt sich die Frage, wie die Regelungen des § 8 KWG zu interpretieren sind. Dabei dürfte § 8 Abs. 10 KWG (Verstöße gegen die Verordnung (EU) 2017/2402 über Verbriefungen) im Rahmen des ZAG nicht relevant werden.

1. Auskunftsrecht in Steuerstrafverfahren (§ 5 Hs. 2 iVm § 8 Abs. 2 KWG)

12   Gemäß § 8 Abs. 2 KWG stehen die Vorschriften über das Steuergeheimnis gemäß § 30 AO der Weitergabe von Informationen im Rahmen des § 5 unter bestimmten Voraussetzungen nicht entgegen. Der Zweck der Vorschrift besteht darin, der BaFin und der BBank sowie den zuständigen ausländischen Aufsichtsbehörden Informationen zu verschaffen, die bei der Beurteilung der Zuverlässigkeit einer Person relevant sind oder eine schwierige wirtschaftliche Lage offenbaren können (Beck/Samm/Kokemoor/Schmieszek § 8 Rn. 26). Da die Steuerbehörden aufgrund von § 8 Abs. 2 KWG Informationen an die BaFin und die BBank weitergeben dürfen, dürfen BaFin und BBank aufgrund der Verweisung in § 5 die Informationen an die zuständigen ausländischen Behörden weitergeben (vgl. hierzu § 65). Ebenso dürfen Gerichte, Strafverfolgungs- und Strafvollstreckungsbehörden Informationen unter gewissen Umständen weitergeben (Beck/Samm/Kokemoor/Schmieszek § 8 Rn. 38). Solche Informationen können auch für ausländische zuständige Aufsichtsbehörden von Relevanz sein, so dass die Weitergabe auch Bestandteil der Zusammenarbeit der Behörden bei der Aufsicht ist.

13   § 8 Abs. 2 KWG erfasst Informationen über ein Steuerstrafverfahren (sobald dieses eingeleitet ist oder aufgrund einer Selbstanzeige gemäß § 371 AO unterbleibt) von Inhabern, Geschäftsleitern (s. § 1 Abs. 8), Inhabern bedeutender Beteiligungen (s. § 14), gesetzlichen oder satzungsmäßigen Vertretern oder persönlich haftenden Gesellschaftern eines Instituts.

14   Während § 8 Abs. 2 KWG auf Institute iSv § 1 Abs. 1b KWG abstellt, ist aufgrund der Verweisung in § 5 Institut iSv § 1 Abs. 3 sowie sämtliche anderen Zahlungsdienstleister iSd § 1 Abs. 1 S. 1 und E-Geld-Emittenten iSd § 1 Abs. 2 S. 1 zu verstehen. Daneben dürfen Informationen über Steuerstrafverfahren gegen Personen weitergegeben werden, die die Geschäfte einer Finanzholding-Gesellschaft oder einer gemischten Finanzholding-Gesellschaft tatsächlich führen. Der Verweis durch § 5 S. 2 auf Finanzholding-Gesellschaften und gemischte Finanzholding-Gesellschaften läuft nicht ins Leere. Denn aus der Definition der Finanzholding-Gesellschaft geht unmittelbar hervor, dass Institute iSv § 1 Abs. 3 das Vorliegen einer Finanzholding-Gesellschaft (mit-)begründen können. Ebenso können Institute iSv § 1 Abs. 3 eine gemischte Finanzholding-Gesellschaft begründen, da sie der Banken- und Wertpapierdienstleistungsbranche bzw. Finanzbranche gemäß § 1 Abs. 19 Nr. 1 KWG angehören und damit ein Finanzkonglomerat gemäß § 1 Abs. 20 KWG (mit-)begründen können, was wiederum Voraussetzung für die Annahme einer gemischten Finanzholding-Gesellschaft ist.

Die Informationsweitergabe ist schließlich gestattet, wenn sich das Verfahren ge- **15** gen Personen richtet, die das Vergehen **als Bediensteter** des Instituts oder eines Inhabers einer bedeutenden Beteiligung an einem Institut begangen haben, dh wenn sie sich um die steuerlichen Angelegenheiten des Instituts gekümmert haben (Beck/Samm/Kokemoor/Schmieszek § 8 Rn. 32). Für **Inhaber, Geschäftsleiter und an einem Institut bedeutend Beteiligten** spielt es hingegen keine Rolle, ob das Steuerstrafverfahren aufgrund von Handlungen im privaten Bereich in die Wege geleitet wurde (Beck/Samm/Kokemoor/Schmieszek § 8 Rn. 32; Schäfer/Omlor/Mimberg/Tiemann § 5 Rn. 34).

2. Inhalt und Verfahren der Zusammenarbeit (§ 5 S. 2 iVm § 8 Abs. 3, 4 KWG)

§ 5 S. 2 iVm § 8 Abs. 3 KWG regelt den Inhalt und das Verfahren der Zusammen- **16** arbeit zwischen Aufsichtsbehörden, soweit sie im Rahmen des ZAG tätig werden, und gestattet den gegenseitigen Austausch von Informationen. § 8 Abs. 3 S. 1 KWG entspricht seinem Regelungsgehalt nach im Wesentlichen § 5 S. 1, geht aber auch darüber hinaus. Neben der Aufsicht über Institute gemäß § 1 Abs. 3 sowie andere Zahlungsdienstleister und andere E-Geld-Emittenten erfasst § 8 Abs. 3 S. 1 KWG aber auch die Zusammenarbeit bei der Aufsicht über Institutsgruppen und Finanzholding-Gruppen, welche durch Institute gemäß § 1 Abs. 3, andere Zahlungsdienstleister oder andere E-Geld-Emittenten (mit-)begründet werden können. § 8 Abs. 4 KWG enthält eine Spezialregelung für die Weitergabe von Informationen, wenn ein EU-Mutterinstitut oder Institute, die von einer EU-Mutterfinanzholding-Gesellschaft kontrolliert werden, durch die BaFin und deren Tochtergesellschaft von der ausländischen Behörde beaufsichtigt werden. Im Gegensatz zu Abs. 3 regelt Abs. 4 nur die Weitergabe von Informationen durch BaFin, nicht aber den gegenseitigen Austausch von Informationen.

§ 8 Abs. 3 S. 2 KWG ist die Rechtsgrundlage für die Zusammenarbeit zwischen **17** Behörden bei Durchführung des **Anzeigeverfahrens** anlässlich eines grenzüberschreitenden Erwerbs einer bedeutenden Beteiligung **gemäß § 2c KWG.** Aufgrund der entsprechenden Anwendung des § 8 KWG ist hiermit das Anzeigeverfahren gemäß § 14 gemeint. Die Norm gestattet die Zusammenarbeit, wenn der Anzeigepflichtige ein Einlagenkreditinstitut, ein Wertpapierhandelsunternehmen, ein Erst- oder Rückversicherungsunternehmen oder eine OGAW-Verwaltungsgesellschaft ist, sowie bei Mutterunternehmen dieser Gesellschaften und Personen, die eine solche Gesellschaft kontrollieren. § 5 S. 22 iVm § 8 Abs. 3 S. 2 KWG findet daher Anwendung, wenn Absichtsanzeigen gemäß § 14 Abs. 1 S. 2 iVm § 2c Abs. 1 KWG im Hinblick auf ein Institut des ZAG in Rede stehen. Bei Absichtsanzeigen gemäß § 2c Abs. 1 KWG für davon erfasste andere Zahlungsdienstleister und andere E-Geld-Emittenten gilt § 8 Abs. 3 S. 2 KWG unmittelbar. Der mit dem Risikoreduzierungsgesetz neu eingefügte § 8 Abs. 3 S. 3 KWG dient der Anpassung an das neu eingeführte Genehmigungsverfahren für Finanzholding-Gesellschaften und gemischte Finanzholding-Gesellschaften an der Spitze einer Gruppe (BT-Drs. 19/22786, 152).

18 § 8 Abs. 3 S. 4–10 KWG regelt den **Umfang des Informationsaustauschs** zwischen den Behörden. Im Rahmen des § 5 S. 2 iVm § 8 Abs. 3 S. 4–6 KWG ist Institut jeweils als Institut gemäß § 1 Abs. 3 ZAG sowie als von § 2c Abs. 1 KWG erfasste andere Zahlungsdienstleister und andere E-Geld-Emittenten zu verstehen. Bei der Informationsweitergabe sind ggf. § 25 BDSG, Art. 44 ff. DSGVO zu beachten. Die Informationen müssen zweckdienlich und grundlegend sowie für die Durchführung der Aufsicht erforderlich sein (§ 8 Abs. 3 S. 4 KWG). **Grundlegend** sind Informationen, die Einfluss auf die Beurteilung der Finanzlage eines Instituts in dem betreffenden Staat des EWR haben können (§ 8 Abs. 3 S. 5, 6 KWG). Aus der beispielhaften Aufzählung in § 8 Abs. 3 S. 6 KWG ist zu schließen, dass der Anlass für gemäß § 8 Abs. 3 S. 6 KWG weitergegebene Informationen von vergleichbarem Gewicht sein muss (Luz/Neus/Schaber/Schneider/Wagner/Weber/Müller-Feyen, 2019, § 8 Rn. 8). Die weitergebende Behörde kann grundlegende Informationen nach eigenem Ermessen auch ohne vorherige Anforderung der ausländischen Behörde weitergeben (§ 8 Abs. 3 S. 5 KWG). **Zweckdienlich** sind Informationen, die die Beurteilung der finanziellen Solidität eines Instituts in einem anderen Staat des EWR wesentlich beeinflussen können (Beck/Samm/Kokemoor/Schmieszek § 8 Rn. 70). Zweckdienliche Informationen werden nur auf konkrete Anfrage der ausländischen Behörde weitergegeben (Beck/Samm/Kokemoor/Schmieszek § 8 Rn. 71). Die Weitergabe der Informationen muss schließlich für die Durchführung der Aufsicht erforderlich sein.

19 Nach § 5 S. 2 iVm § 8 Abs. 3 S. 9, 10 KWG kann sich die zuständige ausländische Behörde an die EBA wenden, wenn die BaFin oder die BBank angeforderte Informationen nicht übermittelt.

3. Zusammenarbeit bei Überwachung, Prüfung oder Ermittlung (§ 5 S. 2 iVm § 8 Abs. 3a KWG)

20 § 5 S. 2 iVm § 8 Abs. 3a KWG sieht einen Sonderfall der Zusammenarbeit zwischen Behörden vor. Nach § 8 Abs. 3a S. 1 KWG kann die zuständige ausländische Behörde die BaFin um Zusammenarbeit bei einer Überwachung, einer Prüfung oder Ermittlung ersuchen. Während § 8 Abs. 3 KWG vornehmlich den Austausch von Informationen vorsieht, regelt § 8 Abs. 3a KWG die Zusammenarbeit durch Unterstützung bei einer Überwachung, Prüfung oder Ermittlung. Die BaFin kann gemäß § 8 Abs. 3a S. 1 KWG nur auf Ersuchen der ausländischen Behörde tätig werden. Nach § 5 S. 2 iVm § 8a Abs. 3a S. 2 KWG macht die BaFin bei solchen Ersuchen von ihr gesetzlich zustehenden Befugnissen Gebrauch, um die Einhaltung des ZAG und der ausländischen Bestimmungen, wegen deren Einhaltung die ausländische Aufsichtsbehörde die BaFin um Zusammenarbeit ersucht hat, zu erreichen. Die BaFin macht von ihren Befugnissen aber nur Gebrauch, soweit dies geeignet und erforderlich ist. Die Prüfung der Geeignetheit und Erforderlichkeit nimmt die BaFin selbst vor. Die BaFin kann dem Ersuchen etwa dadurch nachkom-

men, dass sie die Maßnahmen, die Gegenstand des Ersuchens sind, selbst ergreift oder der ersuchenden Behörde, Wirtschaftsprüfern oder Sachverständigen die Durchführung der Überprüfung oder Ermittlung gestattet (Beck/Samm/Kokemoor/Schmieszek § 8 Rn. 66; Ellenberger/Findeisen/Nobbe/Werner ZAG § 24 aF Rn. 13). Nach § 8 Abs. 3a S. 3 KWG kann die BaFin die Zusammenarbeit verweigern, wenn dadurch die Souveränität, die Sicherheit oder öffentliche Ordnung Deutschlands beeinträchtigt werden könnte (Nr. 1) oder gegen die betroffene Person aufgrund desselben Sachverhalts bereits ein gerichtliches Verfahren eingeleitet wurde oder eine unanfechtbare Entscheidung ergangen ist (Nr. 2). Der letzte Verweigerungsgrund soll eine Doppelbestrafung vermeiden (Luz/Neus/Schaber/Schneider/Wagner/Weber/Müller-Feyen, 2019, § 8 Rn. 9). Will die BaFin einem Ersuchen einer ausländischen Aufsichtsbehörde nicht nachkommen, muss sie dies der Behörde mitteilen und ihr gegenüber begründen (§ 8 Abs. 3a S. 4 KWG).

4. Zusammenarbeit bei Verhinderung der Nutzung des Finanzsystems zum Zweck der Geldwäsche und der Terrorismusfinanzierung (§ 5 S. 2 iVm § 8 Abs. 3b KWG)

Der neu eingefügte § 8 Abs. 3b KWG setzt den neuen Art. 17 Abs. 5 CRD um **21** und regelt die Zusammenarbeit mit den Zentralen Meldestellen und zuständigen Behörden gemäß der Geldwäsche-RL zur Verhinderung der Nutzung des Finanzsystems zum Zwecke der Geldwäsche und der Terrorismusfinanzierung. Die BaFin stellt dazu den zentralen Meldestellen und genannten Behörden die für die Wahrnehmung ihrer Aufgaben relevanten Informationen bereit, sofern dadurch keine laufenden Ermittlungen gefährdet werden. Soweit diese Informationen personenbezogene Daten iSd DSGVO beinhalten sind die Informationen zu übermitteln, soweit sie für die Wahrnehmung von Aufgaben nach der Richtlinie 2013/36/EU, der Verordnung (EU) Nr. 575/2013 oder Geldwäsche-RL erforderlich sind. Die BaFin prüft die Erforderlichkeit für die jeweilige Aufgabenwahrnehmung; bejaht sie dies, müssen die Informationen übermittelt werden, insoweit besteht kein Ermessen.

5. Verwendung von Mitteilungen der Behörden eines anderen Staates (§ 5 S. 2 iVm § 8 Abs. 5 KWG)

§ 5 S. 2 iVm § 8 Abs. 5 KWG legt fest, dass die BaFin und die BBank Mitteilun- **22** gen der zuständigen Behörden im Ausland nur für bestimmte, im Einzelnen aufgeführte Zwecke verwenden dürfen. § 8 Abs. 5 KWG bezieht sich auf nach § 8 Abs. 3 KWG gelieferte Informationen (Fischer/Schulte-Mattler/Lindemann § 8 Rn. 43). **Zulässige Verwendungszwecke** sind vor allem Zwecke zur Erfüllung aufsichtsrechtlicher Vorgaben (Nr. 1–4) sowie die Weitergabe an Gerichte und die Staatsanwaltschaft (Nr. 5) (siehe auch Beck/Samm/Kokemoor/Schmieszek § 8 Rn. 73). § 8 Abs. 5 KWG erstreckt sich nach seinem Wortlaut nicht auf die Erfüllung aufsichtsrechtlicher Vorgaben nach dem KWG, sondern erfasst auch andere Aufsichtsgesetze, wie das ZAG (Beck/Samm/Kokemoor/Schmieszek § 8 Rn. 74; Fischer/Schulte-Mattler/Lindemann § 8 Rn. 43). Daher hat der Verweis in § 5 S. 2 vor allem den weitergehenden Regelungsgehalt, dass die Beschränkung der Verwendung sich auch auf Informationen über Institute gemäß § 1 Abs. 3 und andere Zahlungsdienstleister und E-Geld-Institute, für die § 8 KWG nicht unmittelbar gilt, erstreckt.

6. Anhörung von ausländischen Behörden durch die BaFin (§ 5 S. 2 iVm § 8 Abs. 6 KWG)

23   § 8 Abs. 6 KWG regelt, dass die BaFin vor bestimmten Entscheidungen, die auch Auswirkungen auf ausländische Gesellschaften haben können, die Behörden des betreffenden Staates anhören muss, sofern die Entscheidung von Bedeutung für deren Aufsichtstätigkeit ist. Das ist „regelmäßig" der Fall bei Änderungen der Struktur der Inhaber und der Organisation oder der Geschäftsleitung gruppenangehöriger Institute, die der Zustimmung der BaFin bedürfen (§ 8 Abs. 6 S. 1 Nr. 1 KWG). Dazu zählt nicht die Untersagung des Erwerbs einer bedeutenden Beteiligung gemäß § 14 Abs. 1 iVm § 2c Abs. 1b KWG, da der BaFin in diesem Fall nur ein Interventionsrecht zusteht (zu § 2c KWG siehe Beck/Samm/Kokemoor/Schmieszek § 8 Rn. 77). In diesem Fall besteht aber eine Konsultationspflicht gemäß § 8 Abs. 3 S. 2 KWG (Fischer/Schulte-Mattler/Lindemann § 8 Rn. 46; Luz/Neus/ Schaber/Schneider/Wagner/Weber/Müller-Feyen, 2019, § 8 Rn. 12). Nach § 8 Abs. 6 S. 1 Nr. 2 KWG muss die BaFin vor der Entscheidung über schwerwiegende oder außergewöhnliche Maßnahmen nicht nur regelmäßig, sondern stets zumindest die für die Aufsicht auf zusammengefasster Basis zuständige Stelle anhören, sofern die Zuständigkeit nicht bei der BaFin liegt. Nach § 8 Abs. 6 S. 3, 4 KWG kann die BaFin von einer vorherigen Anhörung absehen, wenn Gefahr im Verzug ist oder die Anhörung die Wirksamkeit der Maßnahme gefährden könnte. In diesem Falle kann die BaFin auch bei schwerwiegenden und außergewöhnlichen Maßnahmen von der eigentlich „stets" durchzuführenden vorherigen Anhörung absehen. Durch den Verweis in § 5 S. 2 wird die Anhörungspflicht auch auf Entscheidungen im Hinblick auf Institute gemäß § 1 Abs. 2 sowie alle anderen Zahlungsdienstleister und E-Geld-Emittenten, für die § 8 KWG nicht unmittelbar gilt, erstreckt.

7. Innerstaatliche Information in Krisensituationen (§ 5 S. 2 iVm § 8 Abs. 7 KWG)

24   § 8 Abs. 7 KWG regelt eine Pflicht zur Informationsweitergabe der BaFin an die BBank, das BMF, die EBA, den ESRB sowie die Zentralregierungen der anderen Mitgliedstaaten, sofern sie betroffen sind. Die Informationspflicht besteht in Fällen, in denen die BaFin für die Aufsicht über eine Institutsgruppe oder Finanzholding-Gruppe auf zusammengefasster Basis zuständig ist und setzt eine Krisensituation voraus. Eine **Krisensituation** liegt nach § 8 Abs. 7 S. 1 KWG insbesondere vor bei widrigen Entwicklungen an den Finanzmärkten, die eine Gefahr für die Marktliquidität und die Stabilität des Finanzsystems eines Staates des EWR darstellen, in dem eines der gruppenangehörigen Unternehmen seinen Sitz hat. Hieraus ist zu schließen, dass der Begriff der Krisensituation im Übrigen andere Entwicklungen von vergleichbarem Gewicht meint. Der Zweck der Vorschrift besteht darin, eine schnelle Koordinierung von potentiellen Interventionen der Zentralbanken zu ermöglichen sowie höchste Entscheidungsebenen einzubeziehen (Beck/Samm/ Kokemoor/Schmieszek § 8 Rn. 84).

8. Unterrichtung der Behörden des Aufnahmestaates über zu ergreifende Maßnahmen (§ 5 S. 2 iVm § 8 Abs. 8 KWG)

25   Nach § 8 Abs. 8 S. 1 KWG muss die BaFin den zuständigen Behörden des Aufnahmemitgliedstaates die Maßnahmen mitteilen, die sie ergreifen wird, um Verstöße eines Instituts gegen die Rechtsvorschriften des Aufnahmemitgliedstaates zu beenden. Die Vorschrift setzt voraus, dass die BaFin als zuständige Behörde des Herkunftsstaates tätig ist (Beck/Samm/Kokemoor/Samm §8 Rn. 87) und sie zuvor von den zuständigen Behörden des Aufnahmestaates über die Verstöße des Instituts unterrichtet worden ist. Der Verweis in §5 S. 2 erstreckt die Mitteilungspflicht auf Institute iSd §1 Abs. 3 sowie sämtliche Zahlungsdienstleister und E-Geld-Emittenten, für die §8 nicht ohnehin unmittelbar gilt.

9. Wechselseitige Unterrichtung bei Anhaltspunkten über Gesetzesverstöße (§5 S. 2 iVm §8 Abs. 9 KWG)

Nach §5 Hs. 2 iVm §8 Abs. 9 S. 1 KWG muss die BaFin, wenn sie hinreichende **26** Anhaltspunkte dafür hat, dass ein Verstoß gegen Vorschriften des ZAG oder gegen Vorschriften eines Staates des EWR vorliegt, den zuständigen Behörden dieser Staaten eine entsprechende Mitteilung machen. Die Vorschrift bezieht sich auf Fälle, in denen keine Aufsichtsbeziehung zwischen der BaFin als meldender Behörde und dem entsprechend in Erscheinung getretenen Institut besteht (Beck/Samm/Kokemoor/Schmieszek §8 Rn. 95; Fischer/Schulte-Mattler/Lindemann §8 Rn. 42). Sofern die BaFin umgekehrt eine entsprechende Mitteilung von einer zuständigen Behörde eines anderen Staates erhalten hat, muss sie diese über die Ergebnisse der eingeleiteten Untersuchungen unterrichten (§8 Abs. 9 S. 2 KWG).

10. Weitere Unterrichtungspflichten (§5 S. 2 iVm §8 Abs. 10, 11 KWG)

Weitere Unterrichtungspflichten der BaFin bestehen gem. §5 S. 2 iVm §8 **27** Abs. 10 bei hinreichenden Anhaltspunkten für bestimmte Verstöße gegen die Verordnung (EU) 2017/2402, die Regelungen für Verbriefungen enthält; insoweit ist der Verweis in §5 S. 2 derzeit ohne praktische Relevanz (Schäfer/Omlor/Mimberg/Tiemann §5 Rn. 52). Der mit dem Risikoreduzierungsgesetz eingeführte §8 Abs. 11 KWG sieht bei Verdacht der Geldwäsche oder Terrorismusfinanzierung Informationspflichten der BaFin gegenüber den zuständigen Stellen vor, die für die Aufsicht nach der Geldwäsche-RL zuständig sind. Beseteht der Verdacht auf ein erhöhtes Risiko für Geldwäsche oder Terrorismusfinanzierung und ist die BaFin zuständige Behörde, nimmt sie gemeinsam mit der beaufsichtigenden Behörde Kontakt mit der EBA auf um die gemeinsame Bewertung zu übermitteln und ergreift die erforderlichen Maßnahmen.

VI. Entsprechende Anwendung von §8a KWG

Zwar erklärt §5 S. 2 auch §8a KWG für entsprechend anwendbar. Für die Auf- **28** sicht über die in §5 S. 1 angesprochenen Unternehmen dürfte jedoch §8a KWG, Aufsicht auf zusammengefasster Basis, vor allem für solche Zahlungsdienstleister und E-Geld-Emittenten relevant werden, für die §8a KWG auch unmittelbar gilt.

§ 6 Verschwiegenheitspflicht

[1]**Die Bediensteten der Bundesanstalt und der Deutschen Bundesbank, die nach diesem Gesetz bestellten Aufsichtspersonen und Abwickler und die nach § 4 Absatz 3 des Finanzdienstleistungsaufsichtsgesetzes beauftragten Personen dürfen die ihnen bei ihrer Tätigkeit bekannt gewordenen Tatsachen, deren Geheimhaltung im Interesse des Instituts, Zahlungsdienstleisters oder E-Geld-Emittenten, der zuständigen Behörden oder eines Dritten liegt, insbesondere Geschäfts- und Betriebsgeheimnisse, nicht unbefugt offenbaren oder verwerten.**[2] **§ 9 des Kreditwesengesetzes gilt entsprechend.**

Literatur: Ellenberger/Findeisen/Nobbe/Böger, Kommentar zum Zahlungsverkehrsrecht, 3. Aufl. 2020; Gurlit, Gläserne Banken- und Kapitalmarktaufsicht? – Zur Bedeutung des Informationsfreiheitsgesetzes des Bundes für die Aufsichtspraxis –, WM 2009, 773 ff.; Kloepfer, Informationsrecht, 2002, § 3; Klüwer/Meister, Forderungsabtretung und Bankgeheimnis, WM 2004, 1157 ff.; Luz/Neus/Schaber/Schneider/Wagner/Weber, Kreditwesengesetz, 3. Aufl. 2015; Nobbe, Bankgeheimnis, Datenschutz und Abtretung von Darlehensforderungen, WM 2005, 1537 ff.; Schoch, Aktuelle Fragen des Informationsfreiheitsrechts, NJW 2009, 2987 ff.; Schwintowski, Bankrecht, 5. Aufl. 2018; Sichtermann/Feuerborn, Das Bankgeheimnis, 7. Auflage 1987; Toth-Feher/Schick, Distressed Opportunities – Rechtliche Probleme beim Erwerb notleidender Forderungen von Banken, ZIP 2004, 491 ff.

Inhaltsübersicht

I. Zusammenfassung des Regelungsgehalts; unionsrechtliche Grundlagen

1. Wesentlicher Regelungsgehalt

§ 6 normiert ausweislich der amtlichen Überschrift eine Verschwiegenheits- **1** pflicht, die in § 6 S. 1 aE dahingehend konkretisiert wird, dass geschützte Informationen nicht offenbart oder verwertet werden dürfen. § 6 S. 1 statuiert die **Verschwiegenheitspflicht** mit dem Ziel, Institute, Zahlungsdienstleister oder E-Geld-Emittenten, aber auch deren Kunden vor der unbefugten Weitergabe relevanter Informationen zu schützen (Luz/Neus/Schaber/Schneider/Wagner/ Weber/Dominik Müller-Feyen KWG § 9 Rn. 1). § 6 S. 1 entspricht inhaltlich weitgehend § 9 Abs. 1 S. 1 KWG. Da § 6 S. 2 im Übrigen auf § 9 KWG verweist, wird ein weitestgehender Gleichlauf beider die Verschwiegenheit betreffenden Vorschriften erreicht. Umgekehrt bezweckt § 6 auch, die für die BaFin im weitesten Sinne tätigen Personen – aber auch die BaFin selbst – dazu anzuhalten, die zur Kenntnis gelangenden Informationen ausschließlich zu den gesetzlich vorgesehenen Zwecken einzusetzen und von den dienstlich erlangten Kenntnissen über die inneren Verhältnisse der Gesetzesunterworfenen keinen unbefugten Gebrauch zu machen (hierzu Ellenberger/Findeisen/Nobbe/Böger/Findeisen Rn. 1 mwN; Schäfer/Omlor/Mimberg/Tiemann Rn. 1, ähnlich: Luz/Neus/Schaber/Schneider/Wagner/Weber/Dominik Müller-Feyen KWG § 9 Rn. 1). Eine inhaltliche Nähe besteht zu § 12 WpIG.

Der Sache nach handelt es sich bei § 6 demzufolge – wie auch bei § 30 VwVfG – **2** um einen **Geheimhaltungsanspruch mit Offenbarungsvorbehalt** (zu diesem SBS/Kallerhoff/Mayen VwVfG § 30 Rn. 5 ff.). Die Vorschrift wurde durch das Gesetz zum Umsetzung der Zweiten Zahlungsdiensterichtlinie (BGBl. 2017 I 2446 ff., dazu Terlau Der Betrieb 2017, 1697) geringfügig modifiziert.

2. Hintergrund: Schutz grundrechtlicher Positionen

Das in § 6 normierte Gebot zur Verschwiegenheit ist vor dem Hintergrund **3** grundrechtlich geschützter Positionen zu sehen. Von besonderer Bedeutung ist insoweit zum einen der Anspruch des Bürgers auf **informationelle Selbstbestimmung,** den das BVerfG im Volkszählungsurteil aufgestellt hat (BVerfGE 65, 1 (41 ff.) = NJW 1984, 419; hierzu: SBS/Kallerhoff/Mayen VwVfG § 30 Rn. 2). Dieser Anspruch ist auch und gerade im Rahmen des § 6 von Bedeutung, da es insoweit auch um den Schutz der Interessen Dritter geht. Dritte in diesem Sinne können auch Individuen sein, die sich auf das Grundrecht auf informationelle Selbstbestimmung, das in § 2 Abs. 1 iVm § 1 Abs. 1 GG verankert ist, berufen können.

Ebenfalls bedeutsam für die Auslegung des § 6 ist der grundrechtlich verankerte **4** Schutz von **Betriebs- und Geschäftsgeheimnissen.** Das BVerfG hat entschieden, dass Betriebs- und Geschäftsgeheimnisse dem Schutz des § 12 Abs. 1 GG (und ggf. auch des Art. 14 Abs. 1 GG) unterfallen, so dass sich die Geheimnisträger auf Grundlage von Art. 12 Abs. 1 GG gegen die Offenbarung von Betriebs- und Geschäftsgeheimnissen wenden können (BVerfGE 115, 205 (229 ff.) = NVwZ 2006, 1041).

5   Schließlich ist auch das **Bankgeheimnis** im Rahmen des § 6 von Bedeutung (→ Rn. 28), das auf Verfassungsrecht fußt (hierzu auch Luz/Neus/Schaber/Schneider/Wagner/Weber/Dominik Müller-Feyen KWG § 9 Rn. 8 mwN).

3. Unionsrechtlicher Rahmen

6   Unionsrechtlich geht die Regelung in § 6 auf **Art. 24 Abs. 1 PSD2** zurück. Nach dieser Richtlinienvorgabe haben die Mitgliedstaaten sicherzustellen, dass alle Personen, die für die zuständigen Behörden tätig sind oder waren, sowie die von diesen Behörden beauftragten Sachverständigen der beruflichen Geheimhaltungspflicht unterliegen, dies unbeschadet der Fälle, die unter das Strafrecht fallen.

7   Inhaltlich entspricht Art. 24 Abs. 1 PSD2 Art. 54 Abs. 1 S. 1 RL 2004/39/EG, auch wenn dort das Berufsgeheimnis im Gegensatz zur beruflichen Geheimhaltungspflicht geregelt wird. Art. 54 dieser RL ist in Form des § 9 KWG umgesetzt worden. Art. 54 Abs. 1 S. 2 Hs. 1 RL 2004/39/EG enthält im Gegensatz zu der PSD2 die konkretisierende Vorgabe, dass die dem Geheimnis Unterworfenen vertrauliche Informationen, die sie in beruflicher Eigenschaft erhalten haben, an keine Person oder Behörde weitergeben dürfen. Zu Art. 54 RL 2004/39/EG liegen zwischenzeitlich zwei Entscheidungen des EuGH vor, die wegen der strukturellen Vergleichbarkeit beider Normen und va des Umstandes, dass der Gesetzgeber § 6 und § 9 KWG nahezu gleich gefasst hat, auch für § 6 von Bedeutung sind (EuGH ABl. 2015 C 16, 3 = ZIP 2014, 2307 = NVwZ 2015, 46 – Altmann; EuGH ECLI:EU:C:2018:464 = NVwZ 2018, 1386).

8   Art. 24 Abs. 2 PSD2 regelt darüber hinausgehend, dass der Informationsaustausch nach Art. 26 PSD2 dem **„uneingeschränkten Berufsgeheimnis"** unterliegt, um den Schutz der Rechte von Privatpersonen und Unternehmen zu gewährleisten. Damit ist auch im Rahmen des Unionsrechts herausgestellt, dass sowohl Unternehmen als juristische Personen des privaten Rechts als auch natürliche Personen den durch die Richtlinie angeordneten Schutz beanspruchen können. Es besteht demnach eine ähnliche Lage wie unter Zugrundelegung der Vorschriften des GG.

II. Regelung des § 6 S. 1

9   Gemäß § 6 S. 1 dürfen die Bediensteten der BaFin und der BBank, die nach dem ZAG bestellten Aufsichtspersonen und Abwickler und die nach § 4 Abs. 3 FinDAG beauftragten Personen, die ihnen bei ihrer Tätigkeit bekannt gewordenen Tatsachen, deren Geheimhaltung im Interesse des Instituts, Zahlungsdienstleisters oder E-Geld-Emittenten oder eines Dritten liegt, insbesondere Geschäfts- und Betriebsgeheimnisse, nicht unbefugt offenbaren oder verwerten. Insoweit stellen sich Fragen insbesondere zum Kreis der zur Verschwiegenheit verpflichteten Personen und Institutionen, zum Kreis der geschützten Personen, zum Umfang der Verschwiegenheitspflicht und zum Verhältnis zu anderen gesetzlichen Vorschriften.

1. Zur Verschwiegenheit verpflichtete Personen und Institutionen

§ 6 S. 1 liegt im Gegensatz zu anderen, die Geheimhaltung betreffenden Vor- **10** schriften wie insbesondere § 30 VwVfG, **ein personen- und kein behörden-bezogener Ansatz** zu Grunde. Nach dem Wortlaut der Vorschrift sind (nur) die dort näher bezeichneten natürlichen Personen zur Einhaltung der Verschwiegenheit verpflichtet. Die Auslegung nach Sinn und Zweck der Norm ergibt aber, dass **auch die hinter diesen Personen stehenden Anstellungskörperschaften und anderen juristischen Personen** (des öffentlichen und des privaten Rechts) Verpflichtete im Sinne der Vorschrift sind.

a) **Zur Verschwiegenheit verpflichtete Personen.** Dem Gebot zur Ver- **11** schwiegenheit nach § 6 S. 1 unterliegen diejenigen in § 6 S. 1 benannten natürlichen Personen, die im Zusammenhang mit der Aufsicht tätig sind und deswegen Kenntnis von vertraulichen und in den Anwendungsbereich des § 6 S. 1 fallenden Informationen erhalten können (so ausdrücklich Schwennicke/Auerbach/Brocker § 9 Rn. 3).

aa) **Bedienstete.** Verpflichtet sind zunächst die **Bediensteten** der BaFin und **12** der BBank. Insoweit sind alle im Rahmen der Aufsicht bei der BaFin und der BBank tätig werdenden Personen erfasst, dies losgelöst von der Hierarchieebene und von der rechtlichen Ausgestaltung des Tätigwerdens (insbesondere **unabhängig** von der Frage, ob es sich um **Beamte oder Angestellte** handelt). Der Wortlaut des § 6 S. 1 („Bedienstete") ist vor dem Hintergrund des Zwecks **13** der gesetzlichen Regelung zwingend weit auszulegen (so auch Schwennicke/Auerbach/Brocker § 9 Rn. 3).

bb) **Nach dem ZAG bestellte Aufsichtsperson und Abwickler.** Verpflich- **14** tet sind des Weiteren die **nach dem ZAG bestellten Aufsichtspersonen.** Im Rahmen des § 21 Abs. 2 S. 2 Nr. 3 kann die BaFin die Bestellung einer Aufsichtsperson vornehmen, wenn die Erfüllung der Verpflichtungen eines Instituts ggü. den Gläubigern gefährdet ist (hierzu → § 21 Rn. 16). Von der Verpflichtung erfasst sind des Weiteren **die nach § 7 Abs. 1 S. 2 Nr. 2** **15** **bestellten Abwickler,** die dann tätig werden, wenn unerlaubt Zahlungsdienste oder E-Geld-Geschäfte erbracht bzw. betrieben wurden (hierzu → § 7 Rn. 32 ff.).

cc) **Nach § 4 Abs. 3 FinDAG Beauftragte.** Ebenfalls erfasst von der Ver- **16** pflichtung sind die **nach § 4 Abs. 3 FinDAG beauftragten Personen.** Nach § 4 Abs. 3 FinDAG kann sich die BaFin bei der Durchführung ihrer Aufgaben anderer Personen und Einrichtungen bedienen. Insoweit sind insbesondere Wirtschaftsprüfer von Bedeutung, wenn und soweit sich die BaFin – im Rahmen der gesetzlichen Vorschriften – dieser zur Durchführung von Prüfungen iSv § 19 Abs. 1 S. 3 bedient (so auch Ellenberger/Findeisen/Nobbe/Böger/Findeisen Rn. 13; ebenso für das KWG: Fischer/Schulte-Mattler/Lindemann KWG § 9 Rn. 5).

dd) **Notwendigkeit ergänzender Auslegung.** § 6 S. 1 bedarf der **ergänzen-** **17** **den Auslegung.** Aus Sinn und Zweck der Norm und aus dem systematischen Zusammenhang ergibt sich zum einen, dass auch **Sonderbeauftragte,** die gemäß § 20 Abs. 2 tätig werden (hierzu → § 20 Rn. 16 ff.), der Pflicht zur Verschwiegenheit unterliegen (so auch Ellenberger/Findeisen/Nobbe/Böger/Findeisen Rn. 13, der allerdings nicht auf das Fehlen einer diesbezüglichen gesetzlichen Regelung eingeht). Zum anderen ist § 6 S. 1 teleologisch in dem Sinn auszulegen, dass der Pflicht zur Verschwiegenheit auch diejenigen **Bediensteten des BMF** unterliegen, die an der Rechts- und Fachaufsicht über die BaFin nach § 2 FinDAG mitwirken (so ausdrücklich in Bezug auf § 8 KWG aF BT-Drs. 3/1114, 24; hierzu Reischauer/Kleinhans KWG/Becker § 9 Rn. 1, 11; Ellenberger/Findeisen/Nobbe/Böger/Findeisen Rn. 13; zust. Schäfer/Omlor/Mimberg/Tiemann Rn. 25).

18   **ee) Informationsempfänger.** Des Weiteren gilt die Pflicht zur Verschwiegenheit über § 6 S. 2, § 9 Abs. 1 S. 5 KWG auch für diejenigen Stellen und die dort beschäftigten Personen, die die Informationen im Rahmen von § 6 S. 2, § 9 Abs. 1 S. 4 KWG erhalten.

19   **b) Verpflichtete Institutionen.** Zur Einhaltung der Verschwiegenheitspflicht sind nicht nur die genannten natürlichen Personen, sondern auch die „hinter" diesen Personen stehenden **Anstellungskörperschaften** bzw. juristischen Personen verpflichtet. Zwar beruht § 6 S. 1 wie dargelegt (→ Rn. 10) zumindest nach seinem Wortlaut auf einem personen- und nicht behördenbezogenen Ansatz, wie dies bei § 30 VwVfG der Fall ist. Dennoch ist die Vorschrift nach Sinn und Zweck dahingehend auszulegen, dass auch die Behörden selbst von der Pflicht zur Verschwiegenheit erfasst sind (VG Frankfurt a. M. NVwZ 2008, 1384 (1386); VGH Kassel BeckRS 2010, 48167; BeckRS 2010, 49021; so auch: Ellenberger/Findeisen/Nobbe/Böger/Findeisen Rn. 15; Fischer/Schulte-Mattler/Lindemann KWG § 9 Rn. 6; Luz/Neus/Schaber/Schneider/Wagner/Weber/Dominik Müller-Feyen KWG § 9 Rn. 3; Schäfer/Omlor/Mimberg/Tiemann Rn. 18). Diese Auslegung ist zwingend durch Sinn und Zweck der Norm geboten. Die Vorschrift soll sicherstellen, dass die zu schützenden Informationen der Institute und der betroffenen Privatpersonen bei der Ausübung der Verwaltungstätigkeit durch die Behörde nicht unbefugt weitergereicht werden. Dann muss eine an den jeweiligen Amtswalter anknüpfende Betrachtungsweise zwingend auch **auf die handelnde Behörde als solche ausgedehnt** werden. Die Person handelt nicht im eigenen, privaten, sondern im staatlichen Interesse.

2. Kreis der geschützten Personen/Institutionen

20   Durch § 6 S. 1 KWG werden Institute (§ 1 Abs. 3, dazu Elteste CR 2018, 98 (100)), Zahlungsdienstleister (§ 1 Abs. 1 S. 1), E-Geld-Emittenten (§ 1 Abs. 2 S. 1) und Dritte geschützt. Durch Art. 7 WplGEG sind in den Kreis der Geschützten auch „die zuständigen Behörden" aufgenommen worden. Dritter iSd Vorschrift ist jeder, dessen Geheimnisse oder Betriebs- und Geschäftsgeheimnisse der Behörden und den Amtswaltern bekannt geworden sind (in diesem Sinn zu § 30 VwVfG SBS/Kallerhoff/Mayen VwVfG § 30 Rn. 6a).

3. Umfang der Verschwiegenheitspflicht

21   Nach § 6 S. 1 dürfen die von der Verschwiegenheitsverpflichtung erfassten Personen und Institutionen die ihnen bei ihrer Tätigkeit bekannt gewordenen Tatsachen, deren Geheimhaltung im Interesse des Instituts, Zahlungsdienstleisters oder E-Geld-Emittenten oder eines Dritten liegt, insbesondere Betriebs- und Geschäftsgeheimnisse, nicht unbefugt offenbaren oder verwerten.

22   **a) Geheimzuhaltende Tatsachen.** Die Pflicht zur Verschwiegenheit bezieht sich auf Tatsachen, deren Geheimhaltung im Interesse des Instituts, Zahlungsdienstleisters oder E-Geld-Emittenten oder eines Dritten liegt, insbesondere auf Betriebs-

und Geschäftsgeheimnisse. Dieser gesetzlichen Konstruktion liegt die Annahme zugrunde, dass Geschäfts- und Betriebsgeheimnisse (oder besser und der Terminologie des BVerfG entsprechend: Betriebs- und Geschäftsgeheimnisse, vgl. BVerfGE 115, 205 (229) = NVwZ 2006, 1041) den Großteil derjenigen Tatsachen ausmachen, deren Geheimhaltung im Interesse des Geschützten liegt.

aa) Betriebs- und Geschäftsgeheimnisse. Betriebs- und Geschäftsgeheimnisse genießen nach der Rechtsprechung des BVerfG – wie dargelegt – grundrechtlichen Schutz auf Grundlage von Art. 12 Abs. 1 GG. Dem liegt die Annahme zugrunde, Art. 12 Abs. 1 GG schütze das berufsbezogene Verhalten einzelner Personen oder Unternehmen am Markt. Werden im Rahmen des Tätigwerdens der Verwaltung **Betriebs- und Geschäftsgeheimnisse** durch den Staat offengelegt oder verlangt eine staatliche Institution deren Offenlegung, ist Art. 12 Abs. 1 GG in seinem Schutzbereich berührt. Grund hierfür ist, dass die Ausschließlichkeit der Nutzung des betroffenen Wissens für den eigenen Erwerb im Rahmen beruflicher Betätigung beeinträchtigt werden kann. Behindert eine den Wettbewerb beeinflussende staatliche Maßnahme den Betroffenen in seiner beruflichen Tätigkeit, so stellt dies eine Beschränkung des Freiheitsrechts aus Art. 12 Abs. 1 GG dar (BVerfGE 115, 205 (230) = NVwZ 2006, 1041 unter Verweis auf BVerfGE 86, 28 (37) = NJW 1992, 2621). Als Betriebs- und Geschäftsgeheimnisse werden in der Rechtsprechung des BVerfG „**alle auf ein Unternehmen bezogenen Tatsachen, Umstände und Vorgänge verstanden, die nicht offenkundig, sondern nur einem begrenzten Personenkreis zugänglich sind und an deren Nichtverbreitung der Rechtsträger ein berechtigtes Interesse hat**". Betriebsgeheimnisse umfassen iW technisches Wissen im weitesten Sinne; Geschäftsgeheimnisse betreffen vornehmlich kaufmännisches Wissen. Zu derartigen Geheimnissen werden etwa Umsätze, Ertragslagen, Geschäftsbücher, Kundenlisten, Bezugsquellen, Konditionen, Marktstrategien, Unterlagen zur Kreditwürdigkeit, Kalkulationsunterlagen, Patentanmeldungen und sonstige Entwicklungs- und Forschungsprojekte gezählt, durch welche die wirtschaftlichen Verhältnisse eines Betriebs maßgeblich bestimmt werden können (BVerfGE 115, 205 (230f.) = NVwZ 2006, 1041 unter Verweis auf SBS/Bonk/Kallerhoff, VwVfG, 6. Aufl. 2001, § 30 Rn. 13 mwN und auf Immenga/Mestmäcker/K. Schmidt, GWB, 3. Aufl. 2001, § 56 Rn. 12 mwN).

Diese Begriffsdefinition ist auch im Rahmen des § 6 S. 1 heranzuziehen, auch **24** wenn der Gesetzgeber die Begrifflichkeiten in umgekehrter Reihenfolge verwendet. Eine inhaltliche Modifikation ist damit nicht verbunden und war dem Gesetzgeber aufgrund der verfassungsrechtlich geprägten Maßstäbe auch nicht möglich.

Unter Zugrundelegung dieser Definition ist begriffliche Voraussetzung für das **25** Vorliegen eines Betriebs- und Geschäftsgeheimnisses das Vorliegen eines berechtigten Interesses an der Nichtverbreitung. Inhaltlich besteht kein Unterschied zu der ausdrücklichen gesetzlichen Regelung des ZAG, nach welcher an der Geheimhaltung der Tatsachen (zu denen die Betriebs- und Geschäftsgeheimnisse als Unterfall zählen) ein Interesse des Geschützten liegen muss. Für ein berechtigtes Interesse an der Nichtverbreitung ist ausreichend, dass ein **objektiv schutzwürdiges Interesse** vorliegt. Dies ist dann der Fall, **wenn die betreffenden Unterlagen nach dem bekundeten Willen des Betriebs- und Geschäftsgeheimnisinhabers geheimzuhalten sind und deren Kenntnis durch Außenstehende dem Geheimnisträger zum Nachteil gereichen kann** (so ausdrücklich zum insoweit inhaltgleichen § 136 TKG Scheurle/Mayen/Mayen TKG § 136 Rn. 7 mwN). Zu berücksichtigen ist die – in der Sache falsche, weil die (Unions-)Grundrechte in ihrer

Reichweite verkennende – Rechtsprechung des EuGH, nach welcher Informationen, die zu einem bestimmten Zeitpunkt Geschäftsgeheimnisse waren, wenn sie mindestens fünf Jahre alt sind, aufgrund des Zeitablaufs grundsätzlich als nicht mehr aktuell und deshalb als nicht mehr vertraulich anzusehen sind, es sei denn, die Partei, die sich auf die Vertraulichkeit beruft, weist ausnahmsweise nach, dass die Informationen trotz ihres Alters immer noch wesentliche Bestandteile ihrer eigenen wirtschaftlichen Stellung oder der von betroffenen Dritten sind (EuGH ECLI:EU:C:2018:464 = NVwZ 2018, 1386 Rn. 54 mwN).

26   **bb) Andere Tatsachen.** Liegt ein Betriebs- und Geschäftsgeheimnis nach dieser Definition nicht vor, kommt das Eingreifen des § 6 S. 1 vor dem Hintergrund des Auffangtatbestandes des Schutzes von „Tatsachen, deren Geheimhaltung im Interesse des Instituts, Zahlungsdienstleisters oder E-Geld-Emittenten oder eines Dritten liegt", in Betracht. Unter **Tatsachen** in diesem Sinn sind alle konkreten gegenwärtigen oder vergangenen Geschehnisse oder Zustände sowie Verhaltensmotive zu verstehen, die sinnlich wahrnehmbar, empirisch überprüfbar und damit, anders als reine Werturteile und Meinungskundgaben, dem Beweis zugänglich sind (Schwennicke/Auerbach/Brocker § 9 Rn. 9 unter Bezugnahme auf Schönke/Schröder/Lenckner StGB § 186 Rn. 3; ähnlich Luz/Neus/Schaber/Schneider/Wagner/Weber/Dominik Müller-Feyen KWG § 9 Rn. 4). Werturteile und Schlussfolgerungen, die Meinungen wiedergeben, können der Schweigepflicht gleichwohl unterliegen. Dies gilt dann, wenn sie zugleich auf bestimmte Tatsachen schließen lassen und diese mit der Meinungswiedergabe offenbaren (so auch Ellenberger/Findeisen/Nobbe/Böger/Findeisen Rn. 17). Im Hinblick auf diese Tatsachen kommt der ausdrücklichen gesetzlichen Einschränkung, dass die Geheimhaltung der Tatsachen im Interesse des Instituts oder eines Dritten liegen muss, besondere Bedeutung zu.

27   Der Begriff der Tatsache ist ggü. den Begriffen des Betriebs- und Geschäftsgeheimnisses **wesentlich weiter gefasst.** Dies spricht für eine sorgfältige Überprüfung, ob an der Geheimhaltung dieser Tatsache ein berechtigtes Interesse besteht. In Anbetracht der Weite des Begriffs der Tatsache ist ein strengerer Maßstab anzulegen als bei den Betriebs- und Geschäftsgeheimnissen.

28   Unter Zugrundelegung der Rechtsprechung des BVerwG zu § 9 KWG ist auch § 6 teleologisch extensiv in dem Sinn auszulegen, dass die Vorschrift – über ihren Wortlaut hinaus – Angaben und Informationen schützt, deren Geheimhaltung allein im Interesse der BaFin liegt (BVerwG VersR 2016, 511 Rn. 19 f.). Die maßgeblichen Richtlinienvorgaben sind vergleichbar, im Übrigen sind § 6 und § 9 KWG nahezu wortlautidentisch. Der EuGH hat diesen Ansatz des BVerwG zu § 9 KWG bestätigt (ECLI:EU:C:2018:464 = NVwZ 2018, 1386 Rn. 31). Als vertraulich einzustufen sind auch im Kontext des ZAG die der BaFin vorliegenden Informationen, die erstens nicht öffentlich zugänglich sind und bei deren Weitergabe zweitens die Gefahr einer Beeinträchtigung der Interessen der natürlichen oder juristischen Person, die sie geliefert hat, oder der Interessen Dritter oder des ordnungsgemäßen Funktionierens des Systems zur Überwachung der Tätigkeit der Gesetzesunterworfenen besteht (EuGH ECLI:EU:C:2018:464 = NVwZ 2018, 1386 Rn. 46).

29   **cc) Berechtigtes Interesse.** Das Vorliegen eines **berechtigten Interesses** als Merkmal des Begriffs der Betriebs- und Geschäftsgeheimnisse und als gesetzliche Tatbestandvoraussetzung ist von **keiner Abwägung** zwischen Geheimhaltungsanspruch auf der einen und Offenbarungsanspruch auf der anderen Seite abhängig (so ausdrücklich Scheurle/Mayen/Mayen TKG § 136 Rn. 8; zust. Schäfer/Omlor/

Mimberg/Tiemann Rn. 37; hierzu im Zusammenhang mit § 9 KWG VG Frankfurt a. M. BeckRS 2008, 37834).

Eine Einschränkung des berechtigten Interesses an der Wahrung des Betriebs- **30** und Geschäftsgeheimnisses bzw. der Tatsachen in dem Sinn, dass die Schutzbedürftigkeit schon dann entfällt, wenn der Verdacht besteht, dass mit der Zurückhaltung der Informationen Straftaten oder rechtswidriges Verhalten verschleiert werden kann, ist nicht angezeigt (in diesem Sinn aber VG Frankfurt a. M. NVwZ 2008, 1384 (1387); differenzierend dieselbe Kammer des VG Frankfurt a. M. im Urteil v. 12. 3. 2008 (BeckRS 2008, 37834), wonach Verstöße, die gleichzeitig tragende Grundsätze der Rechtsordnung berühren, das berechtigte Interesse entfallen lassen sollen). Dem hat der VGH Kassel zu Recht entgegengehalten, die über § 6 S. 2 anwendbare Vorschrift des § 9 Abs. 1 S. 4 Nr. 1 KWG zeige, dass in diesen Fällen die BaFin zur Offenbarung nur ggü. Strafverfolgungsbehörden oder für Straf- und Bußgeldsachen zuständigen Gerichten verpflichtet sei. Ein genereller Wegfall des berechtigten Interesses (mit der Folge, dass die Information bspw. einem Zugriff nach § 1 IFG ausgesetzt wäre) besteht nicht (VGH Kassel BeckRS 2010, 49021).

b) Folge: Offenbarungs- und Verwertungsverbot. aa) Offenbarungs- **31** **verbot.** § 6 S. 1 konkretisiert den Umfang der Verschwiegenheitspflicht dahingehend, dass dem Anwendungsbereich der Norm unterfallende Tatsachen nicht unbefugt offenbart oder verwertet werden dürfen. **Offenbarung** in diesem Sinn ist die ausdrückliche oder sinngemäße, gezielte oder ungezielte, gewollte oder ungewollte Information oder sonstige Bekanntgabe an einen Dritten, dem das Geheimnis nicht bekannt ist (so zu § 30 VwVfG SBS/Kallerhoff/Mayen VwVfG § 30 Rn. 14f.).

bb) Verwertungsverbot. Verwertung ist das Ausnutzen der Informationen **32** zu Zwecken, die nicht in der Wahrnehmung der Aufsicht über Institute besteht (zB für eigene Zwecke, so: Reischauer/Kleinhans/Becker KWG § 9 Rn. 17).

cc) Fehlende Befugnis. Untersagt ist nach § 6 S. 1 nur die **„unbefugte"** **33** Offenbarung bzw. Verwertung. Unbefugt ist eine Offenbarung bzw. Verwertung dann nicht, wenn eine gesetzliche Befugnis zur Offenbarung besteht. Insoweit ist insbesondere die Vorschrift des § 6 S. 2 iVm **§ 9 Abs. 1 S. 4 KWG** von Bedeutung (dazu näher → Rn. 43). Nach dieser Vorschrift liegt ein unbefugtes Offenbaren oder Verwerten bei Weitergabe an die dort genannten Behörden und Organe nicht vor. Darüber hinaus ist dann nicht von einer unbefugten Offenbarung bzw. Verwertung auszugehen, wenn die **Zustimmung** des Geschützten vorliegt (SBS/Kallerhoff/Mayen VwVfG § 30 Rn. 17; hierzu auch Schwennicke/Auerbach/Brocker § 9 Rn. 18; Fischer/Schulte-Mattler/Lindemann KWG § 9 Rn. 28). In der Regel muss die Zustimmung des Berechtigten, sofern er über seine Daten frei verfügen kann, vor der Offenbarungs- bzw. Verwertungshandlung vorliegen (Einwilligung, vgl. § 183 S. 1 BGB) und grds. durch Verzicht oder Einverständnis erteilt werden (SBS/Kallerhoff/Mayen VwVfG § 30 Rn. 17). Eine nachträgliche Zustimmung (Genehmigung, vgl. § 184 Abs. 1 BGB) kommt prinzipiell in Betracht, wenn die Offenbarung ausdrücklich auch für die zurückliegende Zeit gebilligt wird (SBS/Kallerhoff/Mayen VwVfG § 30 Rn. 17; ebenso Schäfer/Omlor/Mimberg/Tiemann Rn. 58).

c) Zeitliche Dauer der Verschwiegenheitsverpflichtung. Auch wenn § 6 **34** S. 1 im Gegensatz zu § 6 S. 1 aF nicht mehr ausdrücklich festlegt, dass die Verschwiegenheitsverpflichtung die Verpflichteten auch dann trifft, wenn sie nicht mehr im Dienst sind oder ihre Tätigkeit beendet ist, endet die Pflicht nicht mit dem Ende des Bedienstetenstatus (näher Schäfer/Omlor/Mimberg/Tiemann Rn. 57). § 6 S. 1 aF stellte nur deklaratorisch das ohnehin Geltende klar. In dieser Auslegung entspricht die Vorschrift der beamtenrechtlichen Regelung des § 67 Abs. 1 S. 2 BBG und einschlägigen Regelungen in den Verträgen der Angestellten.

4. Verhältnis zu anderen Vorschriften

35   **a) IFG des Bundes. aa) Bei der BaFin vorliegende Informationen als Gegenstand eines Auskunftsverlangens nach § 1 Abs. 1 S. 1 IFG.** Von besonderer Bedeutung ist das Verhältnis des § 6 zu den Regelungen des Informationsfreiheitsgesetzes des Bundes (IFG). Nach § 1 Abs. 1 S. 1 IFG hat jeder nach Maßgabe des **IFG** ggü. den Behörden einen Anspruch auf Zugang zu amtlichen Informationen (hierzu Schoch NJW 2009, 2987 ff.). Bei den § 6 S. 1 unterfallenden Informationen kann es sich jedenfalls um amtliche Informationen iSd § 1 Abs. 1 S. 1, § 2 Nr. 1 IFG handeln. Dies bedeutet, dass es jedenfalls dem Grunde nach ein **Spannungsverhältnis** zwischen dem auf den Schutz der Information angelegten § 6 und dem Informationszugangsanspruch nach § 1 Abs. 1 S. 1 IFG geben kann (zum Ganzen Gurlit WM 2009, 773 ff.). Bei der BaFin handelt es sich um eine Behörde iSd § 1 Abs. 1 S. 1 IFG, da sie eine bundesunmittelbare rechtsfähige Anstalt des öffentlichen Rechts ist. Sie ist daher nach dem IFG auskunftsverpflichtet (Schoch NJW 2009, 2987 (2929), vgl. hierzu auch Tolkmitt/Schomerus NVwZ 2009, 568; Luz/Neus/Schaber/Schneider/Wagner/Weber/Dominik Müller-Feyen KWG § 9 Rn. 12).

36   **bb) Berücksichtigung der Verschwiegenheitspflicht gemäß § 6 im Rahmen der Ausnahmetatbestände des IFG.** In der Rechtsprechung des BVerwG ist geklärt, dass mit dem IFG die bereichsspezifischen Verschwiegenheitsvorschriften (zu denen neben § 6 S. 1 auch § 8 WpHG und § 9 KWG zählen) nicht außer Kraft gesetzt wurden, sondern vielmehr nach **§ 3 Nr. 4 IFG** als Ausnahmegründe für den Zugangsanspruch in das IFG integriert worden sind (BVerwG VersR 2016, 511 Rn. 15 mwN). § 3 Nr. 4 IFG ist in Anbetracht zweier Urteile des EuGH (ABl. 2015 C 16, 3 = ZIP 2014, 2307 = NVwZ 2015, 46 – Altmann; ECLI:EU: C:2018:464 = NVwZ 2018, 13864) dahingehend auszulegen, dass im Anwendungsbereich einer richtlinienbedingten Geheimhaltungsverpflichtung wie Art. 54 RL 2004/39/EG ein Verbot besteht, am konkreten Verfahren unbeteiligten Dritten Berufsgeheimnisse zu offenbaren, also Informationen zu erteilen oder zugänglich zu machen, wenn keine in den einschlägigen Richtlinien genannten besonderen Ausnahmegründe vorliegen (VGH Kassel WM 2015, 1750 Rn. 49). Die § 6 S. 1 zugrunde liegende Vorgabe des Art. 24 Abs. 1 PSD2 ist mit der genannten Richtlinienvorgabe im Wesentlichen identisch, so dass die rechtlichen Maßstäbe übertragen werden können (näher Schäfer/Omlor/Mimberg/Tiemann Rn. 14).

37   **Soweit es hiernach noch der separaten Prüfung von Betriebs- und Geschäftsgeheimnissen** bedarf, die – wie dargelegt – jedenfalls einen Teilbereich des Anwendungsbereichs des § 6 S. 1 ausmachen, genießen diese des Weiteren den Schutz nach **§ 6 S. 2 IFG** und sind vom Informationszugang auch nach dieser Vorschrift ausgenommen. § 6 S. 2 IFG tritt in dieser Konstellation ergänzend zum Ausschlusstatbestand des § 3 Nr. 4 IFG. Darüber hinaus kommen als Ausschlusstatbestände auch **§ 3 Nr. 1 Buchst. d** und **§ 3 Nr. 7 IFG** in Betracht; auf diese dürfte es regelmäßig nicht mehr ankommen.

cc) Prozessuales. In Verfahren, die auf Verpflichtung der BaFin zur Gewäh- 38
rung des Informationszugangs nach § 1 Abs. 1 S. 1 IFG gerichtet sind, hat das Gericht daher regelmäßig zu prüfen, ob die Informationen, bezüglich derer Informationszugang beansprucht wird, dem Anwendungsbereich des § 6 S. 1 unterfallen.
Dabei ist zu berücksichtigen, dass dem zur Entscheidung über den Informationszugangsanspruch berufenen Gericht die entsprechenden Verwaltungsvorgänge
nicht vorliegen, da in Verfahren, die Informationszugang betreffen, vom VG regelmäßig zunächst nur die das IFG-Ersuchen als solches betreffenden Verwaltungsvorgänge, nicht aber die Verwaltungsvorgänge, die die Informationen selbst beinhalten,
angefordert werden und werden können. In einer derartigen Konstellation hat das
zur Entscheidung berufene Gericht zu prüfen, ob die Frage der Einschlägigkeit des
§ 6 entscheidungserheblich ist.

Ist dies der Fall, so muss das in **§ 99 Abs. 2 VwGO** geregelte sogenannte 39
Zwischenverfahren durchgeführt werden, wenn das Gericht der Hauptsache die
BaFin zur Vorlage der die Informationen selbst beinhaltenden Verwaltungsvorgänge
aufgefordert und das BMF als nach § 99 Abs. 1 VwGO, § 2 FinDAG zuständige
Aufsichtsbehörde (VGH Kassel WM 2015, 1750 Rn. 6) die Vorlage von Urkunden
oder Akten gem. § 99 Abs. 1 S. 2 VwGO verweigert hat (hierzu auch Luz/Neus/
Schaber/Schneider/Wagner/Weber/Dominik Müller-Feyen KWG § 9 Rn. 14 ff.).
Im Verfahren nach § 99 Abs. 2 VwGO ist sodann zu entscheiden, ob die Verweigerung der Vorlage der Urkunden oder Akten, der Übermittlung der elektronischen Dokumente oder der Erteilung von Auskünften (Sperrerklärung) rechtmäßig ist (VGH Kassel WM 2015, 1750 Rn. 48 f.).

b) § 30 VwVfG. § 6 S. 1 ist **lex specialis** zu § 30 VwVfG. Dies ergibt sich aus 40
§ 1 Abs. 1 Hs. 2 VwVfG (vgl. hierzu SBS/Kallerhoff/Mayen VwVfG § 30 Rn. 4).

III. § 6 S. 2: Verweis auf § 9 KWG

Gemäß § 6 S. 2 gilt § 9 KWG entsprechend. Der Gesetzgeber hat sich (wie zB 41
auch im Kontext des § 3) bei § 6 dazu entschieden, die Einzelheiten der Verschwiegenheitspflicht nicht gänzlich neu zu regeln, sondern auf die Vorgaben des KWG zu
verweisen.

1. Verweis auf § 9 KWG

a) § 9 Abs. 1 S. 2 und 3 KWG. Gemäß § 9 Abs. 1 S. 2 KWG bleiben die von 42
den beaufsichtigten Instituten und Unternehmen zu beachtenden Bestimmungen
des **BDSG** unberührt. Damit wird klargestellt, dass die bankaufsichtsrechtliche Verschwiegenheitspflicht die beaufsichtigten Institute und Unternehmen nicht von ihren Pflichten nach dem BDSG entbindet (so ausdrücklich Schwennicke/Auerbach/
Brocker § 9 Rn. 2, zust. Schäfer/Omlor/Mimberg/Tiemann Rn. 39). Hintergrund
dieser Regelung ist, dass BDSG einerseits und KWG bzw. ZAG andererseits gänzlich andere Schutzrichtungen haben. Das BDSG zielt darauf ab, die Daten der
(End-)Kunden der beaufsichtigten Institute zu schützen, wohingegen die Verschwiegenheitspflicht gemäß § 6 gerade auf den Schutz von beaufsichtigten Instituten und Unternehmen und von deren Endkunden ggü. der Aufsichtsbehörde zielt.
§ 9 Abs. 1 S. 3 KWG erstreckt diese Grundsätze auf andere Personen, die durch
dienstliche Berichterstattung Kenntnis von den gemäß § 6 S. 1 geschützten Tatsachen erhalten haben.

43   **b) § 9 Abs. 1 S. 4 KWG.** § 9 Abs. 1 S. 4 KWG definiert, wann ein **unbefugtes Offenbaren** oder Verwerten im Sinne von § 6 S. 1 nicht vorliegt. Es wird damit ein Tatbestandsmerkmal des § 6 S. 1 bzw. des § 9 Abs. 1 S. 1 KWG aufgegriffen und im Sinne einer nicht abschließenden (hierzu Ellenberger/Findeisen/Nobbe/Böger/ Findeisen Rn. 39, zust. Schäfer/Omlor/Mimberg/Tiemann Rn. 40) Aufzählung einer näheren Konkretisierung zugeführt. Darüber hinaus ist zu berücksichtigen, dass eine nicht unbefugte Offenbarung bzw. Verwertung auch dann vorliegt, wenn die Zustimmung bzw. Einwilligung des Geschützten besteht. § 9 Abs. 1 S. 4 KWG ist derart aufgebaut, dass der Gesetzgeber festlegt, dass eine Weitergabe von Tatsachen iSv § 6 S. 1 bzw. § 9 Abs. 1 S. 1 KWG keine unbefugte Offenbarung oder Verwertung darstellt, wenn sie an näher bezeichnete Behörden bzw. Organe erfolgt.

44   **aa) Von der Norm erfasste Stellen.** (1) Keine unbefugte Offenbarung oder Verwertung liegt in der Weitergabe von Tatsachen an Strafverfolgungsbehörden oder für Straf- und Bußgeldsachen zuständige Gerichte. Hinter dieser gesetzlichen Regelung steht die Erwägung, dass eine effektive Strafverfolgung nicht durch die Verschwiegenheitspflicht erschwert bzw. vereitelt werden soll. (2) Von Bedeutung ist diese Regelung aber nicht nur wegen ihres positiven Inhalts, sondern auch deswegen, weil **Zivilgerichte gerade nicht in § 9 Abs. 1 S. 4 Nr. 1 KWG aufgenommen** wurden. Dies bedeutet, dass die Weitergabe von Tatsachen zur Verfolgung zivilrechtlicher Ansprüche im Rahmen des Anwendungsbereichs der Verschwiegenheitspflicht nicht in Betracht kommt. Dies gilt auch dann, wenn die Weitergabe der Tatsachen nicht unmittelbar an die Parteien des Zivilrechtsstreits, sondern an das zur Entscheidung über den Zivilrechtsstreit berufene Gericht erfolgt (so ausdrücklich auch Fischer/Schulte-Mattler/Lindemann KWG § 9 Rn. 29; s. a. Ellenberger/Findeisen/Nobbe/Böger/Findeisen Rn. 25). Die Verschwiegenheitspflicht erstreckt sich auch auf **Aussagen der** von § 6 S. 1 erfassten Personen **als Zeugen** des Zivilprozesses. Eine Aussagegenehmigung nach § 376 ZPO, §§ 67 f. BBG darf nicht erteilt werden, da Tatsachen im Zivilprozess auch nicht im Wege der Zeugenaussage offenbart werden dürfen (so auch Ellenberger/Findeisen/ Nobbe/Böger/Findeisen Rn. 25). (3) **§ 9 Abs. 1 S. 4 Nr. 2 KWG** betrifft die Weitergabe von Tatsachen an Kraft Gesetzes oder im öffentlichen Auftrag mit der Überwachung von Instituten oder ähnlichen Unternehmen betraute Stellen sowie von diesen beauftragte Personen. Gestattet ist damit die Weitergabe nur an Behörden und von diesen beauftragten Personen, die zum Zwecke der Überwachung tätig werden. (4) **§ 9 Abs. 1 S. 4 Nr. 3 KWG** betrifft diejenige Situation, in der ein Institut liquidiert wird bzw. sich im Insolvenzverfahren befindet. In diesem Fall können Tatsachen an mit dem entsprechenden Verfahren befasste Stellen weitergegeben werden. Hauptanwendungsfall ist die Weitergabe an das Insolvenzgericht. (5) **§ 9 Abs. 1 S. 4 Nr. 4 KWG** zielt auf die Weitergabe von Tatsachen an mit der gesetzlichen Prüfung der Rechnungslegung von Instituten – oder: im Zusammenhang des ZAG nicht relevant: Finanzunternehmen – beauftragte Personen sowie Stellen, welche die vorgenannten Personen beaufsichtigen. (6) Des Weiteren kommt eine Weitergabe von Tatsachen an eine Einlagensicherungseinrichtung oder Anlegerentschädigungseinrichtung in Betracht **(§ 9 Abs. 1 S. 4 Nr. 5 KWG).** Insoweit bedarf es der Einschränkung, dass diese Einrichtungen durch oder aufgrund eines Gesetzes errichtet worden sein müssen. Zu bezweifeln ist, ob dieser Verweis im Zusammenhang mit dem ZAG von Relevanz ist, da es insoweit nicht um Einlagen geht. Dies dürfte auch für **§ 9 Abs. 1 S. 4 Nr. 6 und Nr. 8 KWG** gelten. Gemäß § 9 Abs. 1

S. 4 Nr. 7 KWG ist die Weitergabe von Tatsachen an Zentralnotenbanken nicht unbefugt. **§ 9 Abs. 1 S. 4 Nr. 9 KWG** betrifft die Weitergabe von Tatsachen an zuständige Stellen in anderen Staaten des EWR sowie in Drittstaaten, mit denen die BaFin im Rahmen von Aufsichtskollegien nach § 8e KWG zusammenarbeitet. Die Weitergabe von Daten an die EZB und vergleichbare Einrichtungen ist in **§ 9 Abs. 1 S. 4 Nr. 10 KWG** geregelt. **§ 9 Abs. 1 S. 4 Nr. 11 KWG** ist durch das Zweite E-Geld-RLUG in das Gesetz eingefügt worden (s. auch BT-Drs. 17/3023, 58). Im Rahmen der Verweisung des ZAG dürfte diese Vorschrift nicht von Bedeutung sein. § 9 Abs. 1 S. 4 Nr. 12–14 betreffen die Weitergabe an Parlamentarische Untersuchungsausschüsse, das BVerfG und den Bundesrechnungshof. Nr. 15 bezieht sich auf die Weitergabe an Verwaltungsgerichte mit der bedeutenden Ausnahme von IFG-Verfahren. Die Nr. 16–22 dürften im Kontext des ZAG nicht von Bedeutung sein. Nr. 23 betrifft das BSI, Nr. 24 zuständige Behörden iSv Art. 2 Abs. 1 Buchst. R VO 2020/1503.

bb) Eingrenzung. In sachlicher Hinsicht ist die Befugnis zur Weitergabe dahingehend eingegrenzt, dass die Informationen bei den jeweiligen Stellen zur Erfüllung der Aufgaben benötigt werden. Insoweit ist in Anbetracht der Weite des Katalogs von Stellen ein strenger Maßstab für die Erforderlichkeit („benötigen") anzulegen. **45**

cc) Einbeziehung weiterer Stellen. Die Aufzählung des § 9 Abs. 1 S. 4 KWG **46** ist nicht abschließend, was sich aus der gesetzlichen Formulierung (**„insbesondere"**) ergibt. Auch insoweit bedarf es einer engen Auslegung des Gesetzes. Erforderlich ist bei anderen Stellen ein **enger Zusammenhang** mit der Aufsicht über Zahlungsdienste, der qualitativ demjenigen Zusammenhang entsprechen muss, der das Verhältnis der ausdrücklich genannten Stellen zur BaFin prägt (zust. Schäfer/Omlor/Mimberg/Tiemann Rn. 42).

c) § 9 Abs. 1 S. 5 KWG. § 9 Abs. 1 S. 5 KWG zieht die notwendige Kon- **47** sequenz aus der begrenzt zulässigen Weitergabe von Tatsachen an Stellen iSd § 9 Abs. 1 S. 4 KWG. Auch diese Stellen sind an die Verschwiegenheitspflicht gebunden, wobei sich das Gesetz ausdrücklich auf die Verschwiegenheitspflicht der dort beschäftigten Personen und der von diesen Stellen beauftragten Personen bezieht. Dieser personenbezogene Ansatz entspricht dem Regelungskonzept des § 6 S. 1 (und des § 9 Abs. 1 S. 1 KWG) und bedarf aus den dort genannten Gründen (→ Rn. 19) der erweiternden Auslegung im Hinblick auf die Stellen bzw. Behörden selbst. Die Vorschrift stellt sicher, dass die Weitergabe an jenen § 9 Abs. 1 S. 4 KWG genannten Stellen nicht Ausgangspunkt einer „unbegrenzten" Weitergabe ist. Bei den in § 9 Abs. 1 S. 4 genannten Stellen ist damit rechtlich der **gleiche Sicherheitsmaßstab** anzulegen wie bei der BaFin.

d) § 9 Abs. 1 S. 6 und 7 KWG (Weitergabe an ausländische Stellen). § 9 **48** Abs. 1 S. 6 und 7 KWG betreffen die im Fall der **Weitergabe an eine ausländische Stelle** zu beachtenden Maßstäbe. An diese dürfen Tatsachen nur weitergegeben werden, wenn die bei den ausländischen Stellen Beschäftigten und die von diesen ausländischen Stellen beauftragten Personen einer Verschwiegenheitspflicht unterliegen, die § 6 S. 1 (bzw. § 9 Abs. 1 S. 1 KWG) „entspricht". Mit dieser Entsprechung ist ein **materieller Standard** angesprochen, der nicht unterhalb des Standards des § 6 S. 1 bzw. § 9 Abs. 1 S. 1 KWG liegen darf. Hat die BaFin an der Erfüllung dieser Voraussetzung Zweifel, darf die Weitergabe nicht erfolgen. Die ausländische Stelle ist darauf hinzuweisen, dass sie Informationen nur zu dem

Zweck verwenden darf, zu deren Erfüllung sie ihr übermittelt werden (§ 9 Abs. 1 S. 7 KWG). Insoweit ist es bei der Weitergabe der Informationen geboten, dass die BaFin hinreichend konkretisiert, zu welchem Zweck die Informationen übermittelt wurden.

48a   **e) § 9 Abs. 1 S. 8 und 9 KWG.** Diese Sätze enthalten spezifische Vorgaben für eine Weitergabe an Stellen iSv Satz 4 Nr. 16 und 17 (hierzu BT-Drs. 19/22786, 153 ff.).

49   **f) § 9 Abs. 1 S. 10 KWG.** Die in § 9 Abs. 1 S. 8 KWG getroffene Regelung betrifft die „umgekehrte" Konstellation, in der die BaFin oder andere der Verschwiegenheitspflicht unterfallende deutsche Behörden oder Stellen Informationen **aus einem anderen Staat erhalten** haben. Diese Informationen dürfen nur mit ausdrücklicher Zustimmung der zuständigen ausländischen Stellen, die diese Informationen mitgeteilt haben, und nur für solche Zwecke weitergegeben werden, denen diese Stellen zugestimmt haben.

2. § 9 Abs. 2–4

50   § 9 Abs. 2 und 4 dürften im Kontext des ZAG nicht von Relevanz sein. Abs. 3 ordnet die Anwendbarkeit des BDSG im Falle der Weitergabe personenbezogener Daten an.

3. § 9 Abs. 5 KWG (Tatsachenweitergabe an Finanzbehörden)

51   **a) Kontext der Regelung.** § 9 Abs. 5 KWG regelt das Verhältnis der in § 9 Abs. 1 KWG bezeichneten Personen (und Behörden) zu den Finanzbehörden, soweit die Erteilung von Auskünften und damit die Mitteilung von Tatsachen iSd § 6 S. 1 betroffen ist.

52   Insoweit hatte der Gesetzgeber bei der Ausgestaltung der Verschwiegenheitspflicht nach § 6 S. 1 bzw. nach § 9 KWG zu berücksichtigen, dass nach der Abgabenordnung (AO) Auskunftspflichten und Urkundsvorlagepflichten auch von solchen Personen bestehen, die nicht am steuerrechtlichen Verfahren beteiligt sind (§§ 93, 97 AO). In § 105 Abs. 1 AO ist ausdrücklich festgelegt, dass die Verpflichtung der Behörden und sonstiger Stellen einschließlich der BBank, der Staatsbanken und der Schuldenverwaltungen sowie der Organe und Bediensteten dieser Stellen zur Verschwiegenheit nicht für die Auskunfts- und Vorlagepflicht ggü. den Finanzbehörden gilt. Die die Schweigepflichten einschränkende Vorschrift des § 105 Abs. 1 AO gilt im Hinblick auf Amtshilfeleistungen gemäß § 111 Abs. 5 AO entsprechend. § 116 Abs. 1 AO betrifft die Anzeige von Steuerstraftaten.

53   **b) Verschwiegenheitspflicht im Steuerkontext (§ 9 Abs. 5 KWG).** Auf dieses bereits vor dem Inkrafttreten des ZAG (und auch des KWG) bestehende Regelungsgefüge hat der Gesetzgeber dahingehend reagiert, dass er gemäß § 9 Abs. 5 S. 1 KWG ausdrücklich anordnet, dass die §§ 93, 97 und 105 Abs. 1, § 111 Abs. 5 iVm § 105 Abs. 1 und § 116 Abs. 1 AO nur gelten, soweit die Finanzbehörden die Kenntnisse für die Durchführung eines Verfahrens wegen einer Steuerstraftat sowie eines damit zusammenhängenden Besteuerungsverfahrens benötigen. Damit gilt im Bereich des ZAG im **Grundsatz** die **Verschwiegenheitspflicht** auch ggü. den Steuerbehörden.

54   Grund für diese Regelung ist, dass die „Kooperationswilligkeit" der beaufsichtigten Institute gesteigert werden soll, indem diese im Regelfall nicht zu befürchten haben, dass an die Aufsicht übergebene Informationen an die Finanzbehörden gelangen (ähnlich: Luz/Neus/Schaber/Schneider/Wagner/Weber/Dominik Müller-Feyen KWG § 9 Rn. 21, Schäfer/Omlor/Mimberg/Tiemann § 6 Rn. 53). Die Institutsaufsicht dient damit nicht mittelbar auch dem Zweck der Steuerermittlung (so auch Fischer/Schulte-Mattler/Lindemann KWG § 9 Rn. 32).

Aus der genannten gesetzlichen Formulierung ergibt sich, dass allein die Not- **55** wendigkeit der Durchführung eines Besteuerungsverfahrens nicht ausreicht, um die Verschwiegenheitspflicht entfallen zu lassen. Zwingend hinzutreten muss stets „die Durchführung eines Verfahrens wegen einer Steuerstraftat". Dies bedeutet, dass bei der Steuerbehörde ein Verfahren geführt werden muss, das eine Steuerstraftat zum Gegenstand hat oder in Zukunft mit an Sicherheit grenzender Wahrscheinlichkeit haben wird.

§ 9 Abs. 5 S. 2 KWG grenzt die Weitergabe von Informationen für zwei dort ge- **56** regelte Fälle ein.

Die **Darlegungslast** für das Vorliegen der Tatbestandsvoraussetzungen liegt **bei** **57** **den Finanzbehörden** (so auch Ellenberger/Findeisen/Nobbe/Böger/Findeisen § 9 Rn. 50; Luz/Neus/Schaber/Schneider/Wagner/Weber/Dominik Müller-Feyen KWG § 9 Rn. 22). Diejenige Stelle, bei der die Informationen vorliegen, hat aufgrund der Darlegungen der Finanzbehörden unter Zugrundelegung eines strengen Maßstabs zu prüfen, ob die tatbestandlichen Voraussetzungen des § 9 Abs. 5 S. 1 KWG tatsächlich gegeben sind.

IV. Rechtsfolgen eines Verstoßes gegen die Pflicht zur Verschwiegenheit

1. Strafrecht

Die Verletzung der Verschwiegenheitspflicht nach § 6 kann eine **Straftat** iSd **58** §§ 203, 204 StGB darstellen. Insoweit maßgeblich sind die tatbestandlichen Voraussetzungen der genannten Straftatbestände. Allein der Verstoß gegen § 6 indiziert nicht, dass eine strafbare Handlung im Sinne der Vorschriften des StGB vorliegt. Nach **§ 203 Abs. 2 S. 1 Nr. 1 und 2 StGB** wird bestraft, wer unbefugt ein fremdes Geheimnis, namentlich ein zum persönlichen Lebensbereich gehörendes Geheimnis oder ein Betriebs- oder Geschäftsgeheimnis, offenbart, das ihm als Amtsträger (Nr. 1) oder für den öffentlichen Dienst besonders Verpflichteten (Nr. 2) anvertraut worden oder sonst bekannt geworden ist. Nach **§ 204 Abs. 1 StGB** macht sich strafbar, wer unbefugt ein fremdes Geheimnis, namentlich ein Betriebs- oder Geschäftsgeheimnis, zu dessen Geheimhaltung er nach § 203 StGB verpflichtet ist, verwertet. Hervorzuheben ist, dass es bei beiden Straftatbeständen gemäß § 205 Abs. 1 S. 1 StGB eines Antrags bedarf, da die Tat nur auf Antrag verfolgt wird. Antragsberechtigt ist der Verletzte (§ 77 Abs. 1 StBG), dh im Anwendungsbereich des § 6 idR der Inhaber des Betriebs- und Geschäftsgeheimnisses. In Betracht kommt des Weiteren eine Strafbarkeit wegen der Verletzung des Dienstgeheimnisses gemäß **§ 353b StGB**.

2. Zivilrechtliche und staatshaftungsrechtliche Ansprüche

Bei einer Verletzung der Verschwiegenheitspflicht kommt ein Anspruch aus **59** **§ 823 Abs. 2 BGB** in Betracht. § 6 ist ein **Schutzgesetz** im Sinne dieser Vorschrift

(so auch Fischer/Schulte-Mattler/Lindemann KWG § 9 Rn. 49; Ellenberger/Find-
eisen/Nobbe/Böger/Findeisen Rn. 69; Schwennicke/Auerbach/Brocker § 9
Rn. 29; Schäfer/Omlor/Mimberg/Tiemann Rn. 60). Gemäß § 823 Abs. 2 BGB
kommt ein Schadensersatzanspruch sowohl bei vorsätzlichen als auch bei fahrlässigen Verstößen gegen die Verschwiegenheitspflicht in Betracht. Insoweit unterscheiden sich die zivilrechtlichen Haftungsvoraussetzungen von den genannten
Straftatbeständen, die Vorsatz erfordern.

60   Ein Verstoß gegen die Verschwiegenheitspflicht nach § 6 kann **Amtshaftungsansprüche** gemäß § 839 BGB iVm Art. 34 GG auslösen. Es ist davon auszugehen, dass
ein Verstoß gegen § 6 regelmäßig die Verletzung einer Amtspflicht darstellt, da die
in § 6 S. 1 in Bezug genommenen Personen in aller Regel ein öffentliches Amt ausüben (so ausdrücklich Ellenberger/Findeisen/Nobbe/Böger/Findeisen Rn. 70;
Fischer/Schulte-Mattler/Lindemann KWG § 9 Rn. 49). Besteht gemäß § 839
Abs. 1 BGB iVm Art. 34 GG ein Staatshaftungsanspruch gegen die hinter dem
Handelnden stehende Körperschaft, so verdrängt dieser Anspruch auch den gegen
den jeweils Handelnden bestehenden Anspruch. Gemäß Art. 34 S. 2 GG besteht
bei Vorsatz und grober Fahrlässigkeit die Möglichkeit des Regresses der Körperschaft (im Fall der BaFin des Bundes). Zur Entscheidung über das Bestehen von
Staatshaftungsansprüchen sind die Zivilgerichte in Form der Staatshaftungskam-
mern der Landgerichte berufen.

Unterabschnitt 2. Durchsetzung des Erlaubnisvorbehalts

§ 7   Einschreiten gegen unerlaubte Zahlungsdienste und
E-Geld-Geschäfte

(1) [1]**Werden ohne die nach § 10 Absatz 1 erforderliche Erlaubnis oder
die nach § 34 Absatz 1 erforderliche Registrierung Zahlungsdienste erbracht (unerlaubte Zahlungsdienste) oder wird ohne die nach § 11 Absatz 1
erforderliche Erlaubnis das E-Geld-Geschäft betrieben (unerlaubtes
E-Geld-Geschäft), kann die Bundesanstalt die sofortige Einstellung des
Geschäftsbetriebs und die unverzügliche Abwicklung dieser Geschäfte gegenüber dem Unternehmen sowie gegenüber seinen Gesellschaftern und
den Mitgliedern seiner Organe anordnen. [2]Sie kann
1. für die Abwicklung Weisungen erlassen und
2. eine geeignete Person als Abwickler bestellen.**

[3]**Sie kann ihre Maßnahmen nach den Sätzen 1 und 2 bekannt machen; personenbezogene Daten dürfen nur veröffentlicht werden, soweit dies zur
Gefahrenabwehr erforderlich ist. [4]Die Befugnisse der Bundesanstalt nach
den Sätzen 1 bis 3 bestehen auch gegenüber dem Unternehmen, das in die
Anbahnung, den Abschluss oder die Abwicklung dieser Geschäfte einbezogen ist, sowie gegenüber seinen Gesellschaftern und den Mitgliedern
seiner Organe.**

(2) [1]**Ordnet die Bundesanstalt die Einstellung des Geschäftsbetriebs
oder die Abwicklung der unerlaubten Geschäfte an, so stehen ihr bei juristischen Personen und Personenhandelsgesellschaften auch die in § 38
Absatz 1 und 2 des Kreditwesengesetzes genannten Rechte zu. [2]Absatz 1
Satz 3 gilt entsprechend.**

(3) Der Abwickler ist zum Antrag auf Eröffnung eines Insolvenzverfahrens über das Vermögen des Unternehmens berechtigt.

(4) [1]Der Abwickler erhält von der Bundesanstalt eine angemessene Vergütung und Ersatz seiner Auslagen entsprechend den Regeln über die Vergütung des Insolvenzverwalters. [2]Die gezahlten Beträge sind der Bundesanstalt von dem betroffenen Unternehmen gesondert zu erstatten und auf Verlangen der Bundesanstalt vorzuschießen. [3]Die Bundesanstalt kann das betroffene Unternehmen anweisen, den von der Bundesanstalt festgesetzten Betrag im Namen der Bundesanstalt unmittelbar an den Abwickler zu leisten, wenn dadurch keine Beeinflussung der Unabhängigkeit des Abwicklers zu besorgen ist.

Literatur: Kischel, Formelle und materielle Illegalität im Recht der Gefahrenabwehr, DVBl. 1996, 185; Mai, Die Abwicklung unerlaubt betriebener Einlagengeschäfte – zugleich Anmerkung zum Urteil des BVerwG vom 15.12.2010 – 8 C 37.09, BKR 2011, 199

Inhaltsübersicht

I. Einleitung

1. Regelungsinhalt

1   § 7 statuiert die Befugnis der BaFin, gegen ohne Erlaubnis betriebene und nach § 10 erlaubnispflichtige Zahlungsdienste, nach § 34 registrierungspflichtige Zahlungsdienste ohne Registrierung bzw. nach § 11 erlaubnispflichtige E-Geld-Geschäfte, die ohne Erlaubnis betrieben werden, vorzugehen und den Erlaubnisvorbehalt (bzw. die Registrierungspflicht) in der Praxis wirksam durchzusetzen (vgl. zur vorherigen entsprechenden Regelung in § 4 ZAG aF BT-Drs. 16/11613, 43). § 7 entspricht nahezu dem Wortlaut des § 37 KWG (vgl. BR-Drs. 827/08, 72f.). Damit werden für Zahlungs- und E-Geld-Institute einerseits und den dem KWG unterliegenden Instituten andererseits parallele Aufsichtsregelungen geschaffen (vgl. zur entsprechenden vorherigen Regelung in § 4 ZAG aF BT-Drs. 16/11613, 27).

2   Die Regelung in § 7 schließt als spezielle gewerbepolizeiliche Befugnis ein Vorgehen auf Grundlage der allgemeinen Befugnis in § 15 Abs. 2 GewO aus (vgl. allgemein Pielow/Leisner, Beckscher Onlinekommentar, GewO, Stand 1.1.2022, § 15 Rn. 19) und geht über die im allgemeinen Gewerberecht geltenden Befugnisse hinaus: Die Untersagungsbefugnis besteht nicht nur gegenüber dem betroffenen Unternehmen und seinen Gesellschaftern und Vertretern, sondern erstreckt sich auch auf solche Unternehmen, die in die Anbahnung, den Abschluss und die Abwicklung der jeweiligen Geschäfte einbezogen sind. Ferner kann die BaFin nicht nur den weiteren Geschäftsbetrieb für die Zukunft untersagen, sondern auch die Abwicklung der jeweiligen in der Vergangenheit getätigten Geschäfte. Sie kann die die Abwicklung der Geschäfte durch einen Abwickler verfügen (Abs. 1 Satz 2); bei juristischen Personen und Personenhandelsgesellschaften kann sie von den in § 38 Abs. 1 und 2 KWG genannten Befugnissen zur Abwicklung eines Instituts Gebrauch machen und ein Institut damit ganz vom Markt nehmen (Abs. 2; BT-Drs. 18/11495, 120). Ein vom Gericht auf Antrag der BaFin zu bestellender Abwickler hat (im Unterschied zum Abwickler nach Abs. 1 S. 2) nicht nur das unerlaubte Geschäft, sondern das Unternehmen insgesamt abzuwickeln (BT-Drs. 18/11495, 120). Der Abwickler hat gegenüber der BaFin einen Anspruch auf angemessene Vergütung und Erstattung seiner Aufwendungen. Die Kosten muss im Ergebnis das betroffene Unternehmen tragen (Abs. 4).

3   Aus Gründen der Gefahrenabwehr kann die BaFin die von ihr ergriffenen Maßnahmen öffentlich bekannt machen. Besondere formale Anforderungen an die Bekanntgabe werden nicht vorgegeben. Soweit es zur Gefahrenabwehr erforderlich ist, darf sie auch personenbezogene Daten veröffentlichen. Die Befugnis zur Bekanntgabe soll die Effektivität der Aufsicht verstärken (vgl. Schäfer/Omlor/Mimberg/Tiemann § 7 Rn. 2).

2. Normentwicklung

4   § 7 entspricht weitgehend der Vorgängerregelung in § 4 ZAG aF (BT-Drs. 18/11495, 120), die weitgehend dem ursprünglichen Gesetzentwurf der Bundesregierung zur Umsetzung der aufsichtsrechtlichen Vorschriften der PSD1 (ZDUG1) vom 7.8.2011 (BR-Drs. 827/08). Die späteren Änderungen betreffen die Ausweitung der Befugnisse auf E-Geld-Geschäfte und auf nunmehr nach § 34

registrierungspflichtige Zahlungsdienste, die Befugnis zur Abwicklung des Instituts (nicht nur der unerlaubten Geschäfte) sowie die Vergütung des Abwicklers: Mit dem Gesetz zur Umsetzung der zweiten E-Geld-RL vom 1.3.2011 (BGBl. I 288ff.; BT-Drs. 17/3023, 9f.) erstreckte der Gesetzgeber die Untersagungsbefugnis für unerlaubte Geschäfte auf das Betreiben von E-Geld-Geschäften ohne die erforderliche Erlaubnis. Mit dem Gesetz zur Umsetzung der PSD2 vom 17.7.2017 (BGBl. I 2446) wurden die Befugnisse nach Abs. 1 auf nicht registrierte, aber gemäß § 34 Abs. 1 registrierungspflichtige Zahlungsdienste ausgeweitet. Ferner führte der Gesetzgeber mit diesem Gesetz die Befugnis der BaFin ein, juristische Personen oder Personenhandelsgesellschaften, die unerlaubte Zahlungsdienste erbringen oder unerlaubt das E-Geld-Geschäft betreiben, insgesamt (nicht nur die jeweils unerlaubten Geschäfte) entsprechend § 38 Abs. 1 und 2 KWG abzuwickeln (Abs. 2). Die Regelungen zur Vergütung des Abwicklers in Abs. 4 (§ 4 Abs. 3 aF) wurden ursprünglich mit Art. 7 Nr. 1 des Gesetzes zur Stärkung der Finanzmarkt- und Versicherungsaufsicht vom 29.7.2009 (BGBl. I 2305) eingeführt um klarzustellen, dass dem Abwickler ein Vergütungsanspruch und der BaFin ein Erstattungsanspruch gegenüber dem betroffenen Unternehmen zusteht (Beschlussempfehlung und Bericht des Finanzausschuss vom 1.7.2009, BT-Drs. 16/13684, 33). Mit dem Gesetz zur Umsetzung der PSD2 vom 17.7.2017 (BGBl. I 2446) wurde in Bezug auf die angemessene Vergütung des Abwicklers zur Klarstellung die bisherige Verwaltungspraxis (die eine Vergütung entsprechend der Regeln über die Vergütung des Insolvenzverwalters vorsah) in Abs. 4 Satz 1 übernommen (BT-Drs. 18/11495, 120).

3. Normzweck

Die wirksame Erfüllung der Aufsichtsaufgaben erfordert, dass die BaFin die **Erlaubnispflicht im Verwaltungsweg durchsetzen** kann, unabhängig von möglichen Strafverfahren (Schäfer/Omlor/Mimberg/Tiemann § 7 Rn. 2; Ellenberger/Findeisen/Nobbe/Reschke/Ernst § 8 Rn. 11). Als Maßnahme der Gefahrenabwehr ist es für das Einschreiten der BaFin unerheblich, ob der Betroffene schuldhaft gehandelt hat (Schäfer/Omlor/Mimberg/Tiemann § 7 Rn. 23; vgl. zu § 37 KWG Reischauer/Kleinhans/Albert, Erg.-Lfg. 3-22, § 37 Rn. 1ff.; Ellenberger/Findeisen/Nobbe/Reschke/Ernst § 8 Rn. 11). Die Untersagung ergeht als Verwaltungsakt und ist Grundlage für die Anwendung von Verwaltungszwang nach § 17 FinDAG iVm VwVG (vgl. zu § 37 KWG Schwennicke/Auerbach/Schwennicke § 37 Rn. 1). § 7 stellt eine Spezialbefugnis gegenüber der Generalklausel in § 4 Abs. 2 dar (zur Generalklausel siehe Stelter → § 4 Rn. 25ff.).

Die Durchsetzung der Erlaubnispflicht (bzw. Registrierungspflicht) dient der **Umsetzung der europarechtlichen Vorgaben** in Art. 23ff. der PSD2 sowie – hinsichtlich des Betreibens von E-Geld-Geschäften – der Umsetzung von Art. 3 Zweite E-Geld-RL iVm Art. 23 PSD2 (vgl. BT-Drs. 17/3023, 42 zu § 4 Abs. 3 aF; BT-Drs. 18/11495, 1). Die Vorgaben und Ziele der Richtlinie sind bei der Auslegung zu berücksichtigen, die BaFin hat als Träger öffentlicher Gewalt bei der Anwendung des ZAG die Richtlinien zu berücksichtigen (vgl. zur richtlinienkonformen Auslegung statt vieler EuGH NJW 1994, 2473 Rn. 26 – Faccini Dori).

Das Einschreiten gegen unerlaubte Zahlungsdienste und unerlaubte E-Geld-Geschäfte kann sich zwar mittelbar zugunsten der Kunden auswirken. Das führt aber weder dazu, dass dem Kunden ein Anspruch auf Einschreiten der BaFin zusteht, noch dazu, dass die BaFin im Rahmen ihrer Ermessensentscheidung über die Abwicklungsanordnung die konkreten subjektiven Interessen der Kunden ermitteln und gewichten muss (Vgl. Schäfer/Omlor/Mimberg/Tiemann § 7 Rn. 8f.). Das BVerwG hat mit der Entscheidung vom 15.12.2010 zur entsprechenden Regelung in § 37 KWG festgestellt, dass der mit der Norm auch bezweckte Anlegerschutz nicht darauf gerichtet sei, konkrete subjektive Interessen einzelner Anleger zu berücksichtigen (BVerwG BKR 2011, 208 Rn. 14ff., ebenso BVerwG BeckRS 2012, 46318 Rn. 16ff., **aA** zuvor VGH Kassel BeckRS 2009, 35846 Rn. 74). Der objektivierte, (mittelbare) Schutz der Kunden durch die Aufsichtstätigkeit der BaFin erfolgt nach § 4 Abs. 4 FinDAG **ausschließlich im öffentlichen Interesse.** Das effektive und schnelle Einschreiten gegen unerlaubte Geschäfte wäre beeinträchtigt, wenn die BaFin zunächst die Kundeninteressen umfassend ermitteln und bewerten müsste (BVerwG BKR 2011, 208 Rn. 21).

II. Einschreiten gegen unerlaubte Zahlungsdienste und unerlaubtes Betreiben des E-Geld-Geschäfts (Abs. 1 und 2)

1. Voraussetzungen

9   Ein Einschreiten der BaFin nach § 7 Abs. 1 setzt voraus, dass ohne die nach § 10 Abs. 1 erforderliche Erlaubnis bzw. die nach § 34 Abs. 1 erforderliche Registrierung Zahlungsdienste erbracht werden oder ohne die nach § 11 Abs. 1 erforderliche Erlaubnis das E-Geld-Geschäft betrieben wird. Erlaubnispflichtig ist das gewerbsmäßige Erbringen von Zahlungsdiensten als Zahlungsinstitut, registrierungspflichtig das gewerbsmäßige Erbringen von Kontoinformationsdiensten als Zahlungsdienst. Dem steht es gleich, wenn ein Zahlungsinstitut in einem Umfang Zahlungsdienste erbringt/erbringen will, der einen in kaufmännischer Weise eingerichteten Geschäftsbetrieb erfordert (vgl. entsprechend § 34 Abs. 1). Bei E-Geld-Geschäften kommt es nach § 11 nicht auf ein gewerbsmäßiges Handeln an.

10   **a) Fehlende Erlaubnis oder fehlende Registrierung.** Ein Einschreiten nach § 7 Abs. 1 ist zulässig, wenn Zahlungsdienste erbracht oder das E-Geld-Geschäft betrieben werden, ohne dass die erforderliche Erlaubnis vorliegt. Hat ein Unternehmen weder eine Erlaubnis nach §§ 10, 11, noch eine Erlaubnis nach § 32 KWG und erbringt es nicht nur Zahlungsdienste bzw. betreibt das E-Geld-Geschäft, sondern auch nach § 3 Abs. 1, 3 verbotene Tätigkeiten, so ist die richtige Eingriffsgrundlage § 37 KWG, weil nach § 32 KWG erlaubnispflichtige Bankgeschäfte betrieben werden (Ellenberger/Findeisen/Nobbe/Findeisen Vorauflage § 4 Rn. 8). Bei E-Geld-Instituten soll ein Vorgehen nach § 7 auch dann zulässig sein, wenn diese gegen die Verbotsnorm des § 31 verstoßen (vgl. zur Vorgängerregelung in § 23a ZAG aF BT-Drs. 17/3023, 42f.). Dies geht aus Abs. 1 nicht hinreichend deutlich hervor und sollte angesichts der mit den Maßnahmen nach § 7 verbundenen Folgen klargestellt werden. Bei Kontoinformationsdiensten ist nach Maßgabe des § 34 Abs. 1 nur eine Registrierung erforderlich. Fehlt es an der erforderlichen Registrierung, kann die BaFin entsprechend nach § 7 vorgehen.

11   **b) Eingeschränkte Erlaubnis:.** Weiter kann die BaFin die jeweilige Tätigkeit untersagen, wenn eine eingeschränkte Erlaubnis für das Erbringen von Zahlungsdiensten **(§ 10 Abs. 4 S. 2)** vorliegt und andere erlaubnispflichtige Geschäfte erbracht werden, die nicht von der Erlaubnis abgedeckt sind (vgl. Fischer/Schulte-Mattler/Fischer/Krolop § 37 Rn. 3 zur entsprechenden Regelung im KWG; Schäfer/Omlor/Mimberg/Tiemann § 8 Rn. 34). Werden Geschäfte getätigt, die nicht

von der Erlaubnis erfasst sind, soll es nicht auf den Umfang dieser Geschäfte ankommen (Schäfer/Omlor/Mimberg/Tiemann § 8 Rn. 34). Für das Betreiben des E-Geld-Geschäfts ist eine eingeschränkte Erlaubnis nicht vorgesehen (§ 11 Abs. 3), ebensowenig eine eingeschränkte Registrierung für Kontoinformationsdienste (§ 34).

aa) Auflagen. Keine eingeschränkte Erlaubnis liegt vor, wenn die BaFin die **12** Erlaubnis für das Erbringen von Zahlungsdiensten oder das Betreiben des E-Geld-Geschäfts bzw. die Registrierung unter **Auflagen (§ 10 Abs. 4 S. 1, § 11 Abs. 3 S. 1, § 34 Abs. 3)** erteilt hat: Als Nebenbestimmung tritt die Auflage als selbstständige Verpflichtung zur Erlaubnis hinzu. Verstößt ein Unternehmen gegen die Auflage, wirkt sich dies nicht auf die Wirksamkeit der Erlaubnis aus, das Erbringen von Zahlungsdiensten bzw. das Betreiben des E-Geld-Geschäfts bleibt erlaubt. Ein Einschreiten der BaFin gestützt auf § 7 ist nicht zulässig (Schäfer/Omlor/Mimberg/Tiemann § 8 Rn. 35). Wegen des Verstoßes gegen die Auflage kann die BaFin aber gestützt auf die Generalklausel in § 4 Abs. 2 S. 1 Maßnahmen ergreifen und ggf. nach § 13 Abs. 2 S. 1 iVm § 49 Abs. 2 Nr. 2 VwVfG die **Erlaubnis widerrufen.** Missachtet ein Unternehmen den Widerruf und erbringt weiter Zahlungsdienste oder betreibt weiter das E-Geld-Geschäft, kann die BaFin nach § 7 vorgehen.

bb) Verstoß gegen Verbote. Schließlich erfasst § 7 Abs. 1 den Fall, dass zwar **13** eine Erlaubnis nach §§ 10, 11 vorliegt, das Unternehmen aber entgegen der Verbote in § 3 Abs. 1, 3 in unzulässigem Umfang Einlagen oder andere rückzahlbare Gelder des Publikums entgegennimmt oder Kredite gewährt (Ellenberger/Findeisen/Nobbe/Findeisen Vorauflage § 4 Rn. 8).

c) Erbringen von Zahlungsdiensten/Betreiben des E-Geld-Geschäfts. 14 Welche Tätigkeiten für das Erbringen von Zahlungsdiensten/das Betreiben des E-Geld-Geschäfts erforderlich sind, ist entscheidend für die Frage, unter welchen Voraussetzungen die BaFin – ggf. vorbeugend – die jeweilige Geschäftstätigkeit untersagen darf.

aa) Werbende Tätigkeit. Entsprechend dem allgemeinen gewerberechtlichen **15** Verständnis und dem Ziel einer effizienten Aufsicht erfasst das Erbringen von Zahlungsdiensten/das Betreiben des E-Geld-Geschäfts nicht nur rechtsgeschäftliches Handeln, sondern auch unternehmerisch-werbende Tätigkeiten. Erfasst sind alle für die Vorbereitung und das Zustandekommen des konkreten Geschäfts wesentlichen Schritte, jedenfalls die Aufforderung zur Abgabe von Angeboten (BVerwGE 133, 358 (362ff.) zu § 37 KWG; Schäfer/Omlor/Mimberg/Tiemann § 7 Rn. 37); auch werbende Tätigkeiten vor Beginn der Geschäftstätigkeit (VG Frankfurt a. M. BeckRS 2021, 41165).

bb) Vorbereitende Maßnahmen. Unter Verweis auf das Ziel, unerlaubte Tä- **16** tigkeiten frühzeitig zu ahnden, wird ein unerlaubtes Erbringen bereits angenommen, wenn ein Unternehmen Vorbereitungen für die Durchführung von Zahlungsdiensten trifft und seine Absicht erklärt, solche Geschäfte unbeschränkt zu seinem Zweck zu machen; eine **„vorbeugende" Untersagung** sei zulässig, wenn ein Unternehmer bereits in der Vergangenheit unerlaubt Zahlungsdienste erbracht hat und eine Wiederholung zu befürchten ist (näher Schäfer/Omlor/Mimberg/Tiemann § 7 Rn. 38; Schwennicke/Auerbach/Schwennicke § 37 Rn. 4 jeweils mVa VG Berlin Beckmann/Bauer § 37 Nr. 2; OVG Berlin Beckmann/Bauer § 37 Nr. 3).

17   Entscheidend ist, ob im Einzelfall konkrete Umstände vorliegen, die die Annahme rechtfertigen, dass der Adressat das unerlaubte Geschäft (auch) in Zukunft betreiben wird, so dass es nur durch eine Untersagung verhindert werden kann. In den Entscheidungen des VG Berlin vom 19.3.1970 und des OVG Berlin vom 23.7.1970 (→ Rn. 16) hatte der Unternehmer jeweils mitgeteilt, dass er beabsichtige, die erlaubnispflichtigen Geschäfte in unbeschränktem Umfang zu betreiben. Derartige konkrete Umstände können auch dann vorliegen, wenn unerlaubte Geschäfte in der Vergangenheit betrieben wurden und nicht wegen besonderer Anhaltspunkte davon ausgegangen werden kann, dass die Fortsetzung der Tätigkeit in der Zukunft nicht mehr zu erwarten ist (VG Frankfurt a.M. 19.6.2008 – 1 E 2566/07, BeckRS 2008, 37118 Rn. 18 insgesamt bestätigt VGH Kassel BeckRS 2011, 54803). Geschäfte werden betrieben, bis sie vollständig abgewickelt sind (VG Frankfurt a.M. 21.2.2008 – 1 E 5085/06, BeckRS 2008, 35389 Rn. 58 f.).

18   **cc) Inlandsbezug.** Geschäfte werden auch dann im **Inland** betrieben, wenn über einen gerade an deutsche Kunden gerichteten Internetauftritt und die Einbeziehung inländischer Vermittler ein Vertragsschluss mit einem ausländischen Unternehmen angestrebt wird (BVerwGE 133, 358 (362 ff.) zu § 37 KWG), eine physische Präsenz im Inland ist nicht erforderlich (VG Frankfurt a.M. BKR 2007, 341 (345); die Auffassung ist europarechtskonform, Anm. Ohler zu EuGH EuZW 2006, 689 ff. mwN, erhebliche Bedenken noch VGH Kassel BKR 2005, 160 f.). Erforderlich und ausreichend ist, dass im Inland wesentliche zum Vertragsschluss hinführende Schritte vorgenommen werden, sei es durch Dritte oder durch Telekommunikationsmedien (BVerwGE 133, 358 (366) zu § 37 KWG; Reischauer/Kleinhans/Albert, Stand 5-18, § 37 Rn. 10; vgl. Schäfer/Omlor/Mimberg/Tiemann § 7 Rn. 39).

19   **dd) Gewerbsmäßigkeit.** Ein Einschreiten nach § 7 gegen unerlaubte Zahlungsdienste ist nur zulässig, soweit diese in **gewerbsmäßigem Umfang** betrieben werden (OVG Berlin NJW 1967, 1052 zu § 37 KWG; Schwennicke/Auerbach/Schwennicke § 37 Rn. 6), oder in einem Umfang, der einen **in kaufmännischer Weise eingerichteten Gewerbebetrieb** erfordert, erbracht werden, § 10. Entsprechendes gilt nach § 34 in Bezug auf registrierungspflichtige Zahlungsdienste. Das entspricht den Definitionen der Zahlungsdienste und der Kontoinformationsdienstleister in Art. 4 Nr. 3, 19 PSD2. Dagegen ist das Betreiben des E-Geld-Geschäfts unabhängig vom Umfang erlaubnispflichtig, § 11 setzt kein gewerbsmäßiges Handeln voraus. Ein gewerbsmäßiger Betrieb liegt unabhängig vom Erfordernis eines in kaufmännischer Weise eingerichteten Betriebs vor, wenn der Betrieb auf eine gewisse Dauer angelegt ist und der Betreiber den Betrieb mit Gewinnerzielungsabsicht ausübt (BaFin-Merkblatt ZAG, 6. Erlaubnispflicht für Zahlungsinstitute (§ 10 Abs. 1 S. 1). Für die Annahme einer Gewinnerzielungsabsicht ist es wie im allgemeinen Gewerberecht irrelevant, ob tatsächlich ein Gewinn erzielt wird (BVerwG BeckRS 2012, 46318 Rn. 14 zu § 37 KWG). Für das objektive Erfordernis eines in kaufmännischer Weise eingerichteten Betriebs kommt es auf die (zahlungsdienstwirtschaftliche) Verkehrsauffassung an, nicht auf das tatsächliche Vorhandensein eines in kaufmännischer Weise eingerichteter Geschäftsbetriebs (BaFin-Merkblatt ZAG, 6. Erlaubnispflicht für Zahlungsinstitute (§ 10 Abs. 1 S. 1 ZAG). Objektiv erforderlich kann ein solcher Geschäftsbetrieb wegen der Höhe der jeweiligen Beträge oder Häufigkeit der Geschäftsvorgänge sein (VG Frankfurt a.M. 8.1.2004 – 9 G 6091/03, BeckRS 2004, 21135 Rn. 7 zu § 37 KWG) oder wenn gleichzeitig mehrere Zahlungsdienste betrieben werden, auch bei vergleichsweise geringem Umfang (ausführlich Walter → § 10 Rn. 15).

2. Rechtsfolge: Ermessen

Liegen die Voraussetzungen vor, steht es gemäß § 40 VwVfG im pflichtgemäßen **20** Ermessen der BaFin, ob (Erschließungsermessen) und mit welchen Maßnahmen (Auswahlermessen) sie einschreitet, etwa durch schlicht hoheitliches Handeln oder den Erlass von Verwaltungsakten gemäß § 7 (vgl. Schäfer/Omlor/Mimberg/Tiemann § 7 Rn. 49). Die Ermessensentscheidung muss sich an Sinn und Zweck der Norm orientieren, also der Durchsetzung des Erlaubnisvorbehalts nach §§ 10, 11 (bzw. der Registrierungspflicht nach § 34) mit dem Ziel, die ordnungsgemäße Durchführung von Zahlungsdiensten bzw. das ordnungsgemäße Betreiben des E-Geld-Geschäfts sicherzustellen und damit auch die Sicherheit der dem Institut anvertrauten Vermögenswerte (so zu § 37 KWG BVerwG BeckRS 2012, 46318 Rn. 16; BKR 2011, 208 Rn. 14).

a) Entschließungsermessen:. Das **Entschließungsermessen** der BaFin ist **21** bei Vorliegen der Voraussetzungen des § 7 regelmäßig reduziert. Die BaFin muss berücksichtigen, dass sie nach ihrer Aufgabenstellung dafür zu sorgen hat, dass unerlaubte Geschäfte verhindert bzw. unerlaubt getätigte Geschäfte abgewickelt werden (siehe jeweils zur entsprechenden Regelung in § 37 KWG VG Frankfurt a. M. 10.1.2007 – 1 G 5083/06, BeckRS 2007, 21308 Rn. 68f.; VG Frankfurt a. M. 21.2.2008 – 1 E 5085/06, BeckRS 2008, 35389 Rn. 66f.; vgl. BVerwGE 122, 29 (49); allgemein Kischel DVBl 1996, 185 (189ff.); Schäfer/Omlor/Mimberg/ Tiemann § 7 Rn. 58ff.).

Für ein Vorgehen gegen unerlaubte Zahlungsdienste/E-Geld-Geschäfte spre- **22** chen auch die europarechtlichen Vorgaben in Art. 23ff. PSD2 iVm Art. 3 Zweite E-Geld-RL. Nach Art. 23 Abs. 2 PSD2 sollen die Aufsichtsbehörden bei Verstößen gegen die Rechts- und Verwaltungsvorschriften für Zahlungsinstitute Sanktionen verhängen oder Maßnahmen ergreifen können, damit die festgestellten Verstöße abgestellt oder ihre Ursachen beseitigt werden. Bei richtlinienkonformer Auslegung wird sich die Untätigkeit regelmäßig als fehlerhaft erweisen. Die Richtlinie gibt aber nicht vor, mit welchen Maßnahmen die Behörden einschreiten sollen.

b) Auswahlermessen. Bei der Auswahl der Maßnahme muss die BaFin ins- **23** besondere den Verhältnismäßigkeitsgrundsatz beachten; als im Vergleich zur Einstellungsanordnung mildere Maßnahmen kommen folgende in Betracht:
- Hinweis auf Betreiben unerlaubter Geschäfte und Aufforderung, die unerlaubte Tätigkeit einzustellen, ggf. in Verbindung mit der Möglichkeit des Betroffenen zur Stellungnahme (§ 28 VwVfG) und der Androhung einer Untersagungsverfügung (zur entsprechenden Regelung im KWG Schwennicke/Auerbach/Schwennicke § 37 Rn. 9 mVa VG Berlin Beckmann/Bauer KWG § 37 Nr. 4; vgl. VG Frankfurt a. M. BKR 2011, 427 Rn. 44; VGH Kassel BeckRS 2009, 35846; VG Frankfurt a. M. 21.2.2008 – 1 E 5085/06, BeckRS 2008, 353189 Rn. 69; vgl. zur Pflicht zur Berücksichtigung milderer Maßnahmen VGH Kassel BeckRS 2006, 24464; Fischer/Schulte-Mattler/Fischer/Krolop § 37 Rn. 9),
- Aufforderung zur Abgabe einer Unterlassungserklärung und Ankündigung weiterer formeller Maßnahmen (zu § 37 KWG Schwennicke/Auerbach/Schwen-

nicke § 37 Rn. 9 mVa VG Berlin Beckmann/Bauer KWG § 37 Nr. 2; Fischer/
Schulte-Mattler/Fischer/Krolop § 37 Rn. 9),
– Aufforderung, bestimmte Geschäfte zu ändern oder abzustellen (zu § 37 KWG
Schwennicke/Auerbach/Schwennicke § 37 Rn. 9),
– Aufforderung, unverzüglich einen Erlaubnisantrag zu stellen (zum vorstehenden
Ellenberger/Findeisen/Nobbe/Findeisen Vorauflage § 4 Rn. 24; Schäfer/Omlor/
Mimberg/Tiemann § 7 Rn. 61 ff.; Fischer/Schulte-Mattler/Fischer/Krolop § 37
Rn. 11).

24   **aa) Untersagung der Geschäftstätigkeit.** Ein Einschreiten der BaFin im
Wege der Untersagungsverfügung ist vorgezeichnet, wenn unerlaubt erlaubnispflichtige (bzw. registrierungspflichtige) Geschäfte betrieben werden und der Betroffene dem Ersuchen, die Tätigkeit einzustellen, nicht nachkommt (BVerwGE
122, 29 (49) zu § 37 KWG; siehe auch VG Frankfurt a. M. BeckRS 2011, 56161).
Eine Untersagung kann ermessensfehlerfrei sein, wenn die Auskunft des Betroffenen über die (angebliche) Einstellung unschlüssig ist (VG Frankfurt a. M.
19.6.2008 – 1 E 2566/07, BeckRS 2008, 37118 Rn. 19 zu § 37 KWG). Bei (nur)
formeller Illegalität ist ein Einschreiten nicht grundsätzlich ermessensfehlerhaft; etwas anderes kann gelten, wenn die ohne Erlaubnis betriebenen Geschäfte (offensichtlich) erlaubnisfähig sind und bereits ein Antrag gestellt wurde oder die Antragstellung unmittelbar bevorsteht (Ellenberger/Findeisen/Nobbe/Reschke/Ernst § 7
Rn. 51; vgl. Schäfer/Omlor/Mimberg/Tiemann § 7 Rn. 51): Der Antragsteller hat
einen Anspruch auf die Erlaubniserteilung, wenn die Anforderungen der §§ 10, 11
erfüllt werden und nicht einer der in § 12 genannten Gründe vorliegt; es wäre im
Hinblick auf seine Rechte aus Art. 12 GG jedenfalls unverhältnismäßig, die Abwicklung der Geschäfte anzuordnen; im Einzelfall kann auch die Untersagung für
die Zwischenzeit unterbleiben, wenn keine Missstände zu erwarten sind (Ellenber-
ger/Findeisen/Nobbe/Findeisen Voraufl. § 4 Rn. 24 unter lit. d). Entsprechendes
gilt hinsichtlich der Erteilung der Registrierung nach § 34.

25   In gleichliegenden Fällen muss die BaFin aufgrund Art. 3 Abs. 1 GG iVm dem
Grundsatz der **Selbstbindung der Verwaltung** nach denselben, aus sachlichen
Gründen ggf. wandelbaren, Grundsätzen vorgehen (Ellenberger/Findeisen/Nobbe/
Findeisen Voraufl. § 4 Rn. 23). Die sonstige (erlaubte bzw. nicht erlaubnispflich-
tige) gewerbliche Tätigkeit darf grundsätzlich nicht berührt werden (Schäfer/
Omlor/Mimberg/Tiemann § 7 Rn. 74; vgl. Luz/Neus/Schaber/Schneider/Wag-
ner/Weber/Fohrmann, 2019, § 37 Rn. 14). Das schließt aber nicht aus, dass einer
natürlichen Person nicht nur für die Tätigkeit für ein bestimmtes Unternehmen,
sondern die entsprechende Betätigung für andere Gesellschaften untersagt wird
(BVerwGE 122, 29 (34) zu § 37 KWG).

26   **bb) Untersagung der Werbung.** Bei unerlaubten Zahlungsdiensten und
E-Geld-Geschäften darf die BaFin auch die Werbung dafür untersagen; ein konkreter Nachweis der Werbung ist nicht erforderlich, weil davon auszugehen ist, dass
derjenige, der entsprechende Geschäfte betreibt auch in irgendeiner Form dafür
wirbt (VG Frankfurt a. M. 19.6.2008 – 1 E 2566/07, BeckRS 2008, 37118
Rn. 20, bestätigt VGH Kassel BeckRS 2011, 54803; BVerwGE 122, 29 (51) jeweils
zu § 37 KWG; Schäfer/Omlor/Mimberg/Tiemann § 8 Rn. 69; vgl. VG Frankfurt
a. M. 16.11.2004 – 9 G 3823/04, BeckRS 2004, 151796 Rn. 21).

27   **cc) Abwicklung.** Soweit eine förmliche Untersagung ermessensfehlerfrei
ergehen kann, darf die BaFin auch die **Abwicklung der unerlaubt betriebenen**

Geschäfte anordnen (vgl. VGH Kassel BeckRS 2012, 47843; vgl. BVerwG BeckRS 2012, 46318 Rn. 17; VG Frankfurt a. M. 21. 2. 2008 – 1 E 5085/06, BeckRS 2008, 35389 Rn. 67, 70). Zivilrechtliche Vereinbarungen zwischen Anlegern und Unternehmen, das unerlaubte Geschäfte betrieben hat, stellen grundsätzlich keine Alternative zur Abwicklung der Geschäfte dar (VGH Kassel BeckRS 2014, 56294 Rn. 14; 2013, 58602). Eine alternative Abwicklung durch Umstellung der unerlaubt betriebenen Geschäfte auf erlaubte durch Vertragsgestaltung kommt nur ausnahmsweise aus Gründen der Verhältnismäßigkeit in Betracht, wenn die Umstellung ebenso wirksam den gesetzmäßigen Zustand erreichen kann wie die vollständige Rückabwicklung (VG Frankfurt a. M. 21. 2. 2008 – 1 E 5085/06, BeckRS 2008, 35389 Rn. 69; VG Frankfurt a. M. 18. 9. 2006 – 1 G 2815/06, BeckRS 2007, 21307 Rn. 47; VG Frankfurt a. M. 5. 8. 2005 – 1 G 5800/04, juris Rn. 45 unter Hinweis auf die Verwaltungspraxis der BaFin)). Bei der Abwicklungsanordnung muss die BaFin nicht das konkrete subjektive Interesse einzelner Kunden in ihre Ermessenserwägungen einstellen (BVerwG BeckRS 2012, 46318; BKR 2011, 208 Rn. 14 ff.; VGH Kassel BeckRS 2011, 54803 unter Aufgabe seiner bisherigen Rechtsprechung (dazu VGH Kassel BeckRS 2009, 35846)). Eine Abwicklungsanordnung ist auch dann nicht unverhältnismäßig, wenn das Betroffene Unternehmen nicht über die notwendigen Mittel zur vollständigen Rückzahlung verfügt (BVerwG BeckRS 2012, 46318 Rn. 24, vgl. BVerwG BKR 2011, 208 Rn. 28). Maßgeblicher Zeitpunkt für die Beurteilung der Rechtmäßigkeit einer auf Dauer angelegten Abwicklungsanordnung ist der Zeitpunkt der gerichtlichen Entscheidung (VGH Kassel BeckRS 2011, 54803; 2009, 35846).

Nach Abs. 2 ist die BaFin befugt, nicht nur die Abwicklung der unerlaubt betriebenen Geschäfte anzuordnen, sondern auch ein **Unternehmen insgesamt abzuwickeln.** Diese neue Befugnis dient der effektiven Durchsetzung der Erlaubnis- und Registrierungspflichten. Sie zielt auf Unternehmen, die neben den unerlaubt betriebenen Zahlungsdiensten oder unerlaubt betriebenen E-Geld-Geschäften keine nennenswerte legale Geschäftstätigkeit entfalten oder andauernd gegen den Erlaubnisvorbehalt (bzw. die Registrierungspflicht) verstoßen (BT-Drs. 18/11495, 120).

3. Adressaten

a) Unternehmen:. Adressaten der Untersagungsverfügung sind das Unternehmen, seine Gesellschafter und die Mitglieder seiner Organe. Der Begriff des Unternehmens ist weit und funktional zu verstehen, erfasst wird jedes ziel- und planvolle unternehmerische Handeln, ohne dass es auf äußerliche Kriterien wie organisatorische Einheit, Kaufmannseigenschaft uä ankommt (Ellenberger/Findeisen/Nobbe/Reschke/Ernst § 7 Rn. 17 ff.; Schäfer/Omlor/Mimberg/Tiemann § 8 Rn. 50 ff.; VG Frankfurt a. M. 8. 12. 2003 – 9 G 4437/03, BeckRS 2004, 21132 Rn. 9; vgl. VG Frankfurt a. M. 8. 11. 2007 – 1 E 2256/05, BeckRS 2008, 31443 Rn. 45), erfasst werden auch teilrechtsfähige Personengesellschaften wie eine GbR (BVerwG NZG 2011, 114 Rn. 19). § 7 erfasst i auch Gesellschafter (Schäfer/Omlor/Mimberg/Tiemann § 7 Rn. 52). Ziel ist, die Erlaubnispflicht gegenüber den verantwortlichen Personen durchsetzen zu können (Ellenberger/Findeisen/Nobbe/Reschke/Ernst § 7 Rn. 17 ff.; Schäfer/Omlor/Mimberg/Tiemann § 8 Rn. 50 ff.). Die Abwicklungsanordnung in Bezug auf das Unternehmen insgesamt nach Abs. 2 ist auf juristische Personen und Personenhandelsgesellschaften beschränkt.

28

29   **b) Einbezogene Unternehmen:.** Um die Aufklärungseffizienz zu erhöhen
kann die BaFin auch gegen Unternehmen, die in die Anbahnung, den Abschluss
oder die Abwicklung unerlaubter Geschäfte einbezogen sind, deren Gesellschafter
und Organmitglieder vorgehen (Ellenberger/Findeisen/Nobbe/Reschke/Ernst
§ 7 Rn. 20). Mit dieser Erweiterung werden etwa Vermittler, Treuhänder, Inter-
net-Provider erfasst (Ellenberger/Findeisen/Nobbe/Reschke/Ernst § 7 Rn. 22;
BT-Drs. 14/8017 zu § 37 KWG, Fischer/Schulte-Mattler/Fischer/Krolop § 37
Rn. 7). Das Ziel, die Aufklärungseffizienz zu erhöhen spricht dafür, dass auch ein
Vorgehen gegen Agenten (§ 1 Abs. 9) und E-Geld-Agenten (§ 1 Abs. 10) zulässig
sein kann. Auf willentliche Mitwirkung kommt es aus Sicht des Gefahrenabwehr-
rechts nicht an (Ellenberger/Findeisen/Nobbe/Reschke/Ernst § 7 Rn. 20; Schä-
fer/Omlor/Mimberg/Tiemann § 7 Rn. 55; zu § 37 KWG VG Frankfurt a. M.
4. 3. 2004 – 9 G 7028/03, BeckRS 2004, 152140 Rn. 5) es genügt, dass sich ein
Dritter im Geschäftsverkehr des einbezogenen Unternehmens objektiv bedient
bzw. bewusst zur Erreichung oder Förderung seiner geschäftlichen Interessen den
Rechtsschein einer Einbeziehung des Unternehmens in die Anbahnung, den
Abschluss oder die Abwicklung erzeugt (zu § 37 KWG VG Frankfurt a. M.
8. 12. 2003 – 9 G 4437/03, BeckRS 2004, 21132 Rn. 15). Ob die Einbeziehung
dem einbezogenen Unternehmen zurechenbar ist, hat Bedeutung für die Ge-
bührenerhebung (zu § 37 KWG VG Frankfurt a. M. 8. 12. 2003 – 9 G 4437/03,
BeckRS 2004, 21132 Rn. 25). Eine Verfügung gegen einbezogene Unternehmen
setzt nicht voraus, dass die Verfügung gegen das verdächtige Unternehmen rechtskräftig ist (zu § 37 KWG VG Frankfurt a. M. 16. 1. 2003 – 9 G 4795/02, BeckRS
2008, 37416 Rn. 4).

4. Zivilrechtliche Folgen

30   Die Abwicklungsanordnung lässt den Bestand der zivilrechtlichen Vereinbarung
unberührt, auch wenn sie zur Folge haben kann, dass die ursprünglichen Leistungs-
ansprüche sich in Sekundäransprüche umwandeln (BVerwG BKR 2011, 208
Rn. 26 f.; BeckRS 2012, 46318 Rn. 17 ff. jeweils zu § 37 KWG). Nach Auffassung
des VGH Kassel sind die ohne Erlaubnis vorgenommenen Geschäfte nicht gemäß
§ 134 BGB unwirksam, ggf. seien vertragliche Kündigungsfristen einzuhalten
(VGH Kassel NJW-RR 2007, 492 (493); BeckRS 2009, 35846 jeweils zu § 37
KWG). Entsprechend geht die Kommentarliteratur überwiegend davon aus, dass
das Rechtsgeschäft wegen Verstoß gegen ein nur einseitiges Verbot wirksam und
die Kunden nicht zur vorzeitigen Beendigung verpflichtet seien (Ellenberger/Find-
eisen/Nobbe/Reschke/Ernst § 8 Rn. 57). Für diese Auffassung spricht, dass nach
ständiger Rechtsprechung des BGH die Erlaubnispflicht des KWG nicht zur
Nichtigkeit der ohne Erlaubnis abgeschlossenen Darlehensverträge führt (BGH
NJW 2011, 3024 Rn. 20 mwN). Dagegen geht das VG Frankfurt a. M. weiterhin
von einer (Teil-) Nichtigkeit im Hinblick auf die Fälligkeit der Rückzahlung aus
(VG Frankfurt a. M. 19. 6. 2008 – 1 E 2566/07, BeckRS 2008, 31443 Rn. 24 f.;
VG Frankfurt a. M. 21. 2. 2008 – 1 E 5085/06, BeckRS 2008, 35389 Rn. 73 f.; VG
Frankfurt a. M. BeckRS 2010, 48633). Eine schematische Beurteilung kommt
nicht in Betracht; im Einzelfall kann ein Rechtsgeschäft nichtig sein, wenn an-
sonsten der Zustand eintreten würde, den das Verbotsgesetz gerade verhindern will
(OLG Stuttgart NJW 1980, 1798 (1800); MüKoBGB/Armbrüster § 134 Rn. 69).

5. Weisungen

Die BaFin kann Weisungen zur Abwicklung sowohl gegenüber dem Betroffe- 31
nen als auch gegenüber dem Abwickler erlassen. Sie muss abwägen, ob Weisungen
(gegenüber dem Betroffenen) im Hinblick auf die zügige Abwicklung erforderlich
sind (vgl. VGH Kassel NJW-RR 2005, 1643 (1644) zu § 37 KWG). Im Hinblick
auf die selbstständige Stellung des Abwicklers (dazu unten) ist eine Weisung auch
dann hinreichend bestimmt (§ 37 VwVfG), wenn die BaFin vom Abwickler
durchzuführenden Maßnahmen nicht im Einzelnen vorgibt (VG Frankfurt a. M.
8. 11. 2007 – 1 E 2256/05, BeckRS 2008, 31443 Rn. 52; es genügt etwa die beispielhafte Aufzählung verschiedener Befugnisse (Schäfer/Omlor/Mimberg/Tie-
mann § 7 Rn. 80; Luz/Neus/Schaber/Schneider/Wagner/Weber/Fohrmann,
2019, § 37 Rn. 17 mVa VGH Kassel NJW-RR 2005, 1643 (1644); **aA** noch VG
Frankfurt a. M. 16. 11. 2004 – 9 G 3823/04, BeckRS 2004, 151796 Rn. 26 f., VG
Frankfurt a. M. 15. 11. 2004 – 9 G 4708/04, BeckRS 2004, 151798 Rn. 27 ff.; krit.
dazu Fischer/Schulte-Mattler/Fischer/Krolop § 37 Rn. 12 f.). **Laufende Kontrollmaßnahmen** im Rahmen der Abwicklung können auf § 19 gestützt werden
(vgl. BVerwGE 122, 29 (52) zur entsprechenden Regelung in § 44c KWG; ebenso
VGH Kassel BeckRS 2011, 54803; BVerwG BKR 2011, 208 Rn. 29, **aA** zu § 37
KWG VG Frankfurt a. M. 21. 2. 2008 – 1 E 5085/06, BeckRS 2008, 35389 Rn. 79
und 10. 1. 2007 – 1 G 5083/06, BeckRS 2007, 21308 Rn. 77: richtige Rechtsgrundlage ist § 37 KWG).

6. Bestellung eines Abwicklers

a) Bestellung. Die BaFin kann nach Abs. 1 S. 2 nach pflichtgemäßem Ermessen 32
geeignete Personen als Abwickler bestellen (vgl. zum Auswahlermessen Ellen-
berger/Findeisen/Nobbe/Reschke/Ernst § 7 Rn. 77). Dahinter steht die Überlegung, dass es in kritischen Fällen erforderlich sein kann, das Einhalten der Anordnungen zur Abwicklung der unerlaubt betriebenen Geschäfte vor Ort zu
überwachen, die BaFin selbst dafür aber nicht genügend Personal hat (siehe zu
§ 37 KWG, BT-Drs. 13/7142, 91). Maßgeblich ist, ob sie zum Zeitpunkt der Bestellung Anlass zur Annahme hat, das betroffene Unternehmen werde seinen Verpflichtungen zur Abwicklung nicht nachkommen (VG Frankfurt a. M. 8. 11. 2007 –
1 E 2256/05, BeckRS 2008, 31443 Rn. 54; VG Frankfurt a. M. 4. 3. 2004 –
9 G 7028/03, BeckRS 2004, 152140 Rn. 11; Reischauer/Kleinhans/Albert,
Lfg. 5-18, § 37 Rn. 33, jeweils zu § 37 KWG). Als Abwickler kommen nach dem
„Merkblatt Tätigkeit als Abwickler" (zu § 37 Abs. 1 S. 2 KWG) der BaFin vom
13. 6. 2007, geändert am 13. 9. 2018, abrufbar unter www.bafin.de, aufgrund des
Aufgabenbildes eines Abwicklers vor allem Rechtsanwälte, die sich als Insolvenzverwalter bewährt haben, in Betracht. Entsprechend kann die BaFin nach Abs. 2
Abwickler für die Abwicklung des Unternehmens bestellten.

b) Befugnisse des Abwicklers. Der Umfang der Befugnisse des Abwicklers 33
hängt von dem Bestellungsakt und der im Ermessen der BaFin stehenden Abwicklungsanordnung ab (Ellenberger/Findeisen/Nobbe/Reschke/Ernst § 7 Rn. 72;
Fischer/Schulte-Mattler/Fischer/Krolop § 37 Rn. 14 ff.). Die Abwicklungsbefugnis
nach Abs. 1 S. 2 bezieht sich nur auf die unerlaubt betriebenen Geschäfte. Mit der
Bestellung wird der Abwickler anstelle des Unternehmens für die Abwicklung zuständig. Insoweit ist das Unternehmen zur Duldung der Abwicklungshandlungen
des Abwicklers verpflichtet (VGH Kassel BeckRS 2005, 27802). Der Abwickler ist

nicht nur Vollstreckungshilfe der Behörde, sondern er soll selbstständig überprüfen, ob entsprechend den behördlichen Vorgaben abgewickelt wird, ihm können die Komptenzen eines Geschäftsführers übertragen werden (VGH Kassel
BeckRS 2005, 27802, Ellenberger/Findeisen/Nobbe/Reschke/Ernst § 7 Rn. 73;
BT-Drs. 13/7142, 91 zu § 37 KWG); dies ist nur dann verhältnismäßig, wenn die
ordentlichen Geschäftsführer eine ordnungsgemäß Abwicklung nicht gewährleisten
(Schäfer/Omlor/Mimberg/Tiemann § 7 Rn. 88). Überschreitet der Abwickler
seine Befugnisse, muss die BaFin ggf. Weisungen erlassen, das betroffene Unternehmen kann dies beantragen (VGH Kassel NJW-RR 2005, 1643 (1645) zum Rechtsschutz → Rn. 38 f.). Die Bestellung als Abwickler kann in das Handelsregister eingetragen werden (OLG Hamm DNotZ 2007, 313; aA die Vorinstanz LG Essen
8.2.2006 – 41 T 1/06, BeckRS 2006, 2697).

34   Nach teilweise vertretener Auffassung ist der Abwickler Beliehener, soweit ihm
hoheitliche Befugnisse eingeräumt werden (vgl. Fischer/Schulte-Mattler/Fischer/
Krolop § 37 Rn. 14). Beliehene sind mit hoheitlichen Befugnissen betraute Private
(wie etwa Notare, Bezirksschornsteinfeger etwa bei der Bauabnahme), die der Exekutive zuzuordnen sind; dagegen agieren Verwaltungshelfer ohne eigene hoheitliche Befugnisse im Auftrag und nach (genauer)Weisung einer Behörde (als „verlängerter Arm" der öffentlichen Verwaltung, MüKo BGB/Papier/Shirvani, 8. Aufl.
2002, § 839 Rn. 187; Dürig/Herzog/Scholz/Herdegen, GG Stand Juli 2021, GG
Art. 1 Abs. 3 Rn. 127; Stelkens/Bonk/Sachs/Schmitz, VwVfG, 9. Aufl. 2018, § 1
Rn. 246). Nicht zu den Beliehenen gehören die Träger eines privaten Amtes wie
etwa Testamentsvollstrecker, Nachlass- und Insolvenzverwalter (Ossenbühl/Cor-
nils, Staatshaftungsrecht, 6. Aufl. 2013, 2. Teil Die Amtshaftung S. 17 f.; MüKo
BGB/Papier/Shirvani, 8. Aufl. 2020, § 839 Rn. 185). Der Abwickler wird zwar im
Regelfall seine Aufgaben eigenverantwortlich (und nicht wie ein Verwaltungshelfer
nur eine Hilfsfunktion) wahrnehmen, andererseits werden ihm regelmäßig keine
hoheitlichen Befugnisse übertragen, soweit die grundsätzlichen Entscheidungen
die BaFin trifft; er ist eher einem Insolvenzverwalter vergleichbar (Ellenberger/
Findeisen/Nobbe/Reschke/Ernst § 7 Rn. 85 ff.; Schäfer/Omlor/Mimberg/Tiemann
§ 7 Rn. 87).

7. Gesamtabwicklung

35   Im Unterschied zur Abwicklungsanordnung nach Abs. 1 S. 2 dient die mit dem
Gesetz zur Umsetzung der PSD2 in Abs. 2 eingeführte Befugnis zur Abwicklungsanordnung entsprechend § 38 Abs. 1, 2 KWG dazu, das Unternehmen insgesamt
abzuwickeln (BT-Drs. 18/11495, 120). Nach § 38 Abs. 1 KWG darf die BaFin die
Abwicklung von Instituten anordnen. Die Entscheidung wirkt wie ein Auflösungs-
beschluss, ist dem Registergericht mitzuteilen und von diesem mit Handels- oder
Genossenschaftsregister einzutragen. Diese Befugnis ist nach Abs. 2 S. 1 auf juristische Personen und Personenhandelsgesellschaften beschränkt. Entsprechend § 38
Abs. 2 KWG kann die BaFin für die Abwicklung eines Instituts Weisungen erlassen
und einen Abwickler bestellen.

Die Entscheidung über die Anordnung zur Abwicklung eines Unternehmens,
das unerlaubte Zahlungsdienste erbringt oder unerlaubt das E-Geld-Geschäft betreibt, hat die BaFin nach pflichtgemäßem Ermessen (§ 40 VwVfG) zu treffen. Sie
muss insbesondere unter dem Gesichtspunkt der Verhältnismäßigkeit prüfen, ob
eine auf die unerlaubte Geschäfte beschränkte Abwicklungsanordnung den mit
§ 7 verfolgten Schutzzweck genügt (vgl. zur entsprechenden Regelung in § 38

KWG Fischer/Schulte-Mattler/Fischer/Krolop § 38 Rn. 4, 10). Weiter können bei der Entscheidung insbes. folgende Gesichtspunkte zu berücksichtigen sein: Anteil der unerlaubten Geschäfte iSd § 7 am Geschäftsbetrieb insgesamt; ggf. Gründe, die zum Entzug einer Erlaubnis (§§ 10, 11) geführt haben (vgl. zur entsprechenden Regelung in § 38 KWG Fischer/Schulte-Mattler/Fischer/Krolop § 38 Rn. 10 f.).

8. Bekanntgabe

Die BaFin hat nach pflichtgemäßem Ermessen zu entscheiden, ob und wie sie die **36** von ihr nach § 7 Abs. 1 S. 1, 2 getroffenen Maßnahmen bekannt macht (Ellenberger/Findeisen/Nobbe/Reschke/Ernst § 7 Rn. 98; vgl. VGH Kassel BeckRS 2014, 56294). Ziel der Bekanntgabe ist, betroffene/potentielle Kunden zu warnen, das Betreiben unerlaubter Geschäfte zu erschweren und Dritte vom Betreiben unerlaubter Geschäfte abzuschrecken um das Aufsichtsrecht effektiv durchzusetzen (zur entsprechenden Vorgängerregelung BT-Drs. 10/1441, 50 zu § 37 KWG, Ellenberger/Findeisen/Nobbe/Reschke/Ernst § 7 Rn. 97). In Betracht kommen Pressemitteilungen der BaFin und/oder Warnungen auf der Internetseite sowie die Bekanntgabe zusammengefasster Entscheidungen (Schäfer/Omlor/Mimberg/Tiemann § 7 Rn. 92, Ellenberger/Findeisen/Nobbe/Reschke/Ernst § 7 Rn. 98). Eine Unterrichtung der Investoren durch das Unternehmen dürfte wegen der Warnfunktion der Veröffentlichung für potentielle Kunden regelmäßig nicht ausreichen (VGH Kassel BeckRS 2014, 56294). Personenbezogene Daten dürfen nur veröffentlicht werden, wenn dies aus Gründen der Gefahrenabwehr erforderlich ist. Ist ein Unternehmen, das unerlaubte Geschäfte betreibt, eine natürliche Person, wird eine Bekanntgabe des Namens ggf. zulässig sein. Personenbezogene Daten natürlicher Personen, die (unbewusst) einbezogen wurden, werden regelmäßig nicht veröffentlicht werden dürfen.

9. Durchsetzung

Die von der BaFin durch Verwaltungsakt getroffenen Anordnungen kann sie **37** nach § 17 FinDAG iVm §§ 9 ff. VwVG zwangsweise durchsetzen. Geeignetes Zwangsmittel ist regelmäßig die Verhängung eines Zwangsgeldes (Schäfer/Omlor/Mimberg/Tiemann § 7 Rn. 93). Abweichend von § 11 Abs. 3 VwVG kann die Höhe des Zwangsgeldes gemäß § 17 Abs. 1 S. 4 FinDAG bis zu 2.500.000,00 EUR betragen.

III. Antrag auf Eröffnung des Insolvenzverfahrens durch Abwickler, Abs. 3

Der Abwickler ist nach § 7 Abs. 3 befugt, einen Antrag auf Eröffnung des Insol- **38** venzverfahrens zu stellen. Ohne eine entsprechende Antragsbefugnis des Abwicklers wäre die wirkungsvolle Unterbindung wesentlich erschwert (BGH BKR 2003, 757 (758); NJW-RR 2006, 1423 Rn. 10 zu § 37 KWG; Luz/Neus/Schaber/Schneider/Wagner/Weber/Fohrmann, 2019, § 37 Rn. 21; Schäfer/Omlor/Mimberg/Tiemann § 7 Rn. 99). Ein Insolvenzantrag des Abwicklers ist auch dann zulässig, wenn das Unternehmen nicht nur die unerlaubten, sondern auch weitere zulässige Geschäfte betreibt – denn der Abwickler muss die Gläubiger der unerlaubten

Geschäfte befriedigen, soweit das Vermögen des Unternehmens nicht ausreiche, müsse Insolvenzantrag gestellt werden (Fischer/Schulte-Mattler/Fischer/Krolop § 37 Rn. 16 mVa BGH BKR 2003, 757 (758)). Zum Insolvenzantrag vgl. im Übrigen Kommentierung zu → § 21 Rn. 26 f.

IV. Vergütung des Abwicklers, Abs. 4

39   Der Abwickler hat gegenüber der BaFin einen Anspruch auf angemessene Vergütung und Ersatz seiner Aufwendungen. Aus der Regelung in § 7 geht nicht hervor, welche zusätzlichen Aufwendungen gesondert erstattet werden. Nach Sinn und Zweck des Aufwendungsersatzes kommen vermögenswerte Leistungen (außer Dienstleistungen, die ein Abwickler üblicherweise iRd Abwicklung zu erbringen hat) in Betracht, vorausgesetzt, diese sind objektiv angemessen und erforderlich (vgl. zu § 37 KWG Beck/Samm/Kokemoor/Reschke § 37 Rn. 90). Nach der bisherigen Verwaltungspraxis orientierte sich die Vergütung des Abwicklers am gesetzlichen Vergütungssystem der Insolvenzrechtlichen Vergütungsverordnung (InsVV) und § 63 Abs. 1 InsO; dies ist nun in Abs. 4 Satz 1 ausdrücklich geregelt (BT-Drs. 18/11495, 120). Die BaFin hat einen entsprechenden Erstattungsanspruch gegenüber dem Unternehmen und kann verlangen, dass dieses die Kosten vorschießt.

V. Rechtsschutz

40   Gegen die von der BaFin nach § 7 Abs. 1 verfügten Anordnungen sind Widerspruch und Anfechtungsklage statthaft. Sie haben nach § 9 keine aufschiebende Wirkung. Zuständig für den Widerspruchsbescheid ist gemäß § 73 Abs. 1 Nr. 2 VwGO die BaFin. Für Anfechtungsklagen und gerichtlichen Eilrechtsschutz ist gemäß § 52 Nr. 2 VwGO, § 1 Abs. 3 FinDAG im Regelfall erstinstanzlich das VG Frankfurt a. M. zuständig. Betroffene können bei der BaFin bzw. bei Gericht die Anordnung der aufschiebenden Wirkung beantragen (§ 80 Abs. 4, 5 VwGO). Die Ermessensentscheidung der BaFin kann gemäß § 114 VwGO gerichtlich auf Ermessensfehler überprüft werden, also den Ermessensausfall, den fehlerhaften Ermessensgebrauch (etwa Berücksichtigung sachfremder Erwägungen, Verstoß gegen den Verhältnismäßigkeitsgrundsatz) oder die Ermessensüberschreitung (vgl. Fehling/Kastner/Störmer/Schwarz, Verwaltungsrecht, 5. Aufl. 2021, VwGO § 114 Rn. 44 ff.; Schoch/Schneider/Riese, VwGO, 41. EL 2021, VwGO § 114 Rn. 51 ff.).

41   Will ein Unternehmen die Vergütung des Abwicklers angreifen, muss es gegen den der Zahlungsaufforderung zugrunde liegenden Verwaltungsakt (nach Durchführung des Widerspruchsverfahrens) Anfechtungsklage erheben (Fischer/Schulte-Mattler/Krolop § 37 Rn. 26). Überschreitet ein Abwickler seine Befugnisse, kann das Unternehmen den Erlass entsprechender Weisungen bei der BaFin beantragen und ggf. Verpflichtungsklage erheben oder im Eilfall den Erlass einer einstweiligen Anordnung nach § 123 VwGO beantragen (VG Frankfurt a. M. 8. 11. 2007 – 1 E 2256/05, BeckRS 2008, 31443 Rn. 52; VGH Kassel NJW-RR 2005, 1643 (1645) jeweils zum KWG). Gegen informelle Maßnahmen der BaFin kommt als Rechtsbehelf eine Unterlassungsklage (allgemeine Leistungsklage) oder eine Feststellungsklage nach § 43 VwGO in Betracht.

§ 8 **Verfolgung unerlaubter Zahlungsdienste und E-Geld-Geschäfte**

(1) [1]Steht es fest oder rechtfertigen Tatsachen die Annahme, dass ein Unternehmen unerlaubt Zahlungsdienste erbringt oder unerlaubt das E-Geld-Geschäft betreibt oder dass es in die Anbahnung, den Abschluss oder die Abwicklung unerlaubter Zahlungsdienste oder E-Geld-Geschäfte einbezogen ist oder war, haben sowohl das Unternehmen als auch die Mitglieder der Organe, die Gesellschafter und die Beschäftigten eines solchen Unternehmens der Bundesanstalt sowie der Deutschen Bundesbank auf Verlangen Auskünfte über alle Geschäftsangelegenheiten zu erteilen und Unterlagen vorzulegen. [2]Ein Mitglied eines Organs, ein Gesellschafter oder ein Beschäftigter hat auf Verlangen auch nach seinem Ausscheiden aus dem Organ oder dem Unternehmen Auskunft zu erteilen und Unterlagen vorzulegen. Die Bundesanstalt kann den in Satz 1 genannten Unternehmen und Personen Weisungen zur Sicherung von Kundengeldern, Daten und Vermögenswerten erteilen.

(2) [1]Soweit dies zur Feststellung der Art oder des Umfangs der Geschäfte oder Tätigkeiten erforderlich ist, kann die Bundesanstalt Prüfungen in Räumen des Unternehmens sowie in den Räumen der nach Absatz 1 auskunfts- und vorlegungspflichtigen Personen und Unternehmen vornehmen; sie kann die Durchführung der Prüfungen der Deutschen Bundesbank übertragen. [2]Die Bediensteten der Bundesanstalt und der Deutschen Bundesbank dürfen hierzu diese Räume innerhalb der üblichen Betriebs- und Geschäftszeiten betreten und besichtigen. [3]Zur Verhütung dringender Gefahren für die öffentliche Ordnung und Sicherheit sind diese Räume auch außerhalb der üblichen Betriebs- und Geschäftszeiten sowie Räume, die auch als Wohnung dienen, zu betreten und zu besichtigen; das Grundrecht des Artikels 13 des Grundgesetzes wird insoweit eingeschränkt.

(3) [1]Die Bediensteten der Bundesanstalt und der Deutschen Bundesbank dürfen die Räume des Unternehmens sowie der nach Absatz 1 auskunfts- und vorlegungspflichtigen Personen und Unternehmen durchsuchen. [2]Im Rahmen der Durchsuchung dürfen die Bediensteten auch die auskunfts- und vorlegungspflichtigen Personen zum Zwecke der Sicherstellung von Gegenständen im Sinne des Absatzes 4 durchsuchen. [3]Das Grundrecht des Artikels 13 des Grundgesetzes wird insoweit eingeschränkt. [4]Durchsuchungen von Geschäftsräumen und Personen sind, außer bei Gefahr im Verzug, durch das Gericht anzuordnen. [5]Durchsuchungen von Räumen, die als Wohnung dienen, sind durch das Gericht anzuordnen. [6]Zuständig ist das Amtsgericht, in dessen Bezirk sich die Räume befinden. [7]Gegen die gerichtliche Entscheidung ist die Beschwerde zulässig; die §§ 306 bis 310 und 311a der Strafprozessordnung gelten entsprechend. [8]Über die Durchsuchung ist eine Niederschrift zu fertigen. [9]Sie muss die verantwortliche Dienststelle, Grund, Zeit und Ort der Durchsuchung und ihr Ergebnis und, falls keine gerichtliche Anordnung ergangen ist, auch Tatsachen, welche die Annahme einer Gefahr im Verzuge begründet haben, enthalten.

(4) Die Bediensteten der Bundesanstalt und der Deutschen Bundesbank können Gegenstände sicherstellen, die als Beweismittel für die Ermittlung des Sachverhaltes von Bedeutung sein können.

(5) ¹Die Betroffenen haben Maßnahmen nach den Absätzen 2 und 3 Satz 1 und 2 sowie Absatz 4 zu dulden. ²Der zur Erteilung einer Auskunft Verpflichtete kann die Auskunft auf solche Fragen verweigern, deren Beantwortung ihn selbst oder einen der in § 383 Absatz 1 Nummer 1 bis 3 der Zivilprozessordnung bezeichneten Angehörigen der Gefahr strafgerichtlicher Verfolgung oder eines Verfahrens nach dem Gesetz über Ordnungswidrigkeiten aussetzen würde.

(6) Die Absätze 1 bis 5 gelten entsprechend für andere Unternehmen und Personen, sofern

1. Tatsachen die Annahme rechtfertigen, dass sie in die Anbahnung, den Abschluss oder die Abwicklung von Zahlungsdiensten oder des E-Geld-Geschäfts einbezogen sind, die in einem anderen Staat entgegen einem dort bestehenden Verbot erbracht oder betrieben werden, und

2. die zuständige Behörde des anderen Staates ein entsprechendes Ersuchen an die Bundesanstalt stellt.

(7) ¹Soweit und solange Tatsachen die Annahme rechtfertigen oder feststeht, dass ein Unternehmen unerlaubt Zahlungsdienste erbringt oder unerlaubt das E-Geld-Geschäft betreibt, kann die Bundesanstalt die Öffentlichkeit unter Nennung des Namens oder der Firma des Unternehmens über den Verdacht oder diese Feststellung informieren. ²Satz 1 ist entsprechend anzuwenden, wenn ein Unternehmen die unerlaubten Zahlungsdienste zwar nicht erbringt oder das E-Geld-Geschäft nicht betreibt, aber in der Öffentlichkeit einen entsprechenden Anschein erweckt. ³Vor der Entscheidung über die Veröffentlichung der Information ist das Unternehmen anzuhören. ⁴Stellen sich die von der Bundesanstalt veröffentlichten Informationen als falsch oder die zugrunde liegenden Umstände als unrichtig wiedergegeben heraus, so informiert die Bundesanstalt die Öffentlichkeit hierüber in der gleichen Art und Weise, in der sie die betreffende Information zuvor bekannt gegeben hat.

Literatur: Bärlein/Pananis/Rehmsmeier, Spannungsverhältnis zwischen der Aussagefreiheit im Strafverfahren und den Mitwirkungspflichten im Verwaltungsverfahren, NJW 2002, 1825; Böse, Aufsichtsrechtliche Vorermittlungen in der Grauzone zwischen Strafverfolgung und Gefahrenabwehr, ZStW 2006, 848; Häde, Bankenaufsicht und Grundgesetz, JZ 2001, 105; Hartung, Zum Umfang des Auskunftsverweigerungsrechts nach § 44 IV KWG, NJW 1988, 1070; Herdegen, Bundesbank und Bankenaufsicht: Verfassungsrechtliche Fragen, WM 2000, 2121; Sachs, Behördliche Nachschaubefugnisse und richterliche Durchsuchungsanordnung nach Art. 13 II GG, NVwZ 1987, 560; Schröder/Hansen, Die Ermittlungsbefugnisse der BaFin nach § 44c KWG und ihr Verhältnis zum Strafprozess, ZBB 2003, 113; Szesny, § 4 Abs. 3 WpHG: Mitwirkungspflicht trotz Selbstbelastungsgefahr?, BB 2010, 1995; Thiel, Auskunftsverlangen und Nachschau als Instrumente der Informationsbeschaffung im Rahmen der Gewerbeaufsicht, GewArch 2001, 403, Voßkuhle, Behördliche Betretungs- und Nachschaurechte, DVBl. 1994, 611

Inhaltsübersicht

I. Einleitung

1. Regelungsinhalt

1   § 8 regelt über die für die Gewerbeaufsicht typischen Betretungs- und Besichtigungsrechte hinausgehende Ermittlungsbefugnisse der BaFin und der BBank für
den Fall, dass Unternehmen unerlaubt Zahlungsdienste erbringen oder unerlaubt
das E-Geld-Geschäft betreiben. Der unerlaubte Geschäftsbetrieb muss nicht feststehen, für die Ermittlungsbefugnisse genügt es, wenn ein auf Tatsachen gegründeter
Verdacht besteht. Die Regelung ist der in § 44c KWG nachgebildet (Ellenberger/
Findeisen/Nobbe/Reschke/Ernst § 8 Rn. 2). Den gewerbepolizeilichen Befugnissen von BaFin und BBank stehen entsprechende Duldungs- und Mitwirkungspflichten der Betroffenen gegenüber (Schäfer/Omlor/Mimberg/Tiemann § 8 Rn. 3).

2   Die betroffenen Unternehmen, ihre Vertreter, Gesellschafter und Beschäftigten
müssen der BaFin und der BBank auf Verlangen Auskunft erteilen (Abs. 1). Darüber
hinaus dürfen die BaFin und die BBank im Einzelfall Prüfungen in den Geschäftsräumen und den Räumen der auskunftspflichtigen Personen vornehmen (Abs. 2).
Sie sind außerdem berechtigt, die Geschäftsräume ebenso wie die Räume der auskunftspflichtigen Personen zu durchsuchen (Abs. 3) und Gegenstände sicherzustellen, soweit diese als Beweismittel für die Sachverhaltsermittlung von Bedeutung
sein können (Abs. 4). Die Betroffenen können von ihrem Aussageverweigerungsrecht Gebrauch machen, soweit die Beantwortung der Fragen der BaFin sie selbst
oder einen Angehörigen iSd § 383 Abs. 1 Nr. 1–3 ZPO der Gefahr strafgerichtlicher Verfolgung oder eines Verfahrens wegen Ordnungswidrigkeiten aussetzen
würde (Abs. 5). Im Übrigen obliegt ihnen eine Duldungspflicht. Die Befugnisse
der BaFin und der BBank bestehen auch gegenüber den Unternehmen und Personen, bei denen Tatsachen die Annahme rechtfertigen, dass sie in die Anbahnung,
den Abschluss oder die Abwicklung unerlaubter Zahlungsdienste oder unerlaubter
E-Geld-Geschäfte einbezogen sind, die in einem anderen Staat verbotswidrig erbracht werden und die zuständige Behörde ein entsprechendes Ersuchen an die
BaFin stellt (Abs. 6). Soweit unerlaubte Zahlungsdienste oder E-Geld-Geschäfte erbracht werden oder ein entsprechender Verdacht besteht, ist die BaFin nunmehr befugt, die Öffentlichkeit darüber zu informieren (Abs. 7). Ist die veröffentlichte Information unzutreffend oder gibt die zugrunde liegenden Umstände unrichtig
wieder, ist die BaFin verpflichtet, darüber in der gleichen Art und Weise zu informieren.

2. Normentwicklung

3   Der Gesetzeswortlaut in Abs. 1–6 entspricht nach Inkrafttreten des Gesetzes zur
Umsetzung der PSD2 bis auf redaktionelle Anpassungen in Abs. 1 weitgehend
dem Gesetzesentwurf der BReg (Entwurf ZDUG), (vgl. BT-Drs. 18/11495, 120, 121,
BR-Drs. 827/08, BT-Drs. 16/11613). Der Gesetzgeber hat die Ermittlungs- und
Prüfungsbefugnisse von BaFin und BBank mit Art. 1 Nr. 7 Zweite E-Geld-RLUG
auf das unerlaubte Betreiben von E-Geld-Geschäften ausgeweitet (BT-Drs. 17/3023,

43). Mit dem Zweite E-Geld-RLUG hat der Gesetzgeber ferner klargestellt, dass die Ermittlungskompetenzen (§ 5 ZAG aF) auch dann bestehen, wenn der Sachverhalt bereits soweit geklärt ist, dass zur Überzeugung der Aufsichtsbehörde feststeht, dass unerlaubte Geschäfte betrieben werden (BT-Drs. 17/3023, 43). Schließlich hat der Gesetzgeber BaFin und BBank das Recht eingeräumt, im Rahmen einer Durchsuchung auch Personen zu durchsuchen, wobei die Anordnung außer bei Gefahr im Verzug dem Richter vorbehalten werden soll (BT-Drs. 17/3023, 43). Mit dem Gesetz zur Umsetzung der PSD2 hat der Gesetzgeber in Abs. 7 die Befugnis der BaFin eingeführt, die Öffentlichkeit über das Erbringen unerlaubter Zahlungsdienste oder das unerlaubte Betreiben des E-Geld-Geschäfts bzw. über einen entsprechenden Verdacht zu informieren; die Norm ist § 308 Abs. 7 VAG nachgebildet (BT-Drs. 18/11495, 121). Mit dem Risikoreduzierungsgesetz (RiG) wurden die Weisungsrechte in Abs. 1 erweitert (BT-Drs. 19/22786, 197 f.).

Im Übrigen entspricht § 8 weitgehend der entsprechenden Regelung in § 44c **4** KWG und baut auf die Erfahrungen mit den Ermittlungsbefugnissen nach dem KWG auf (vgl. BT-Drs. 16/11613, 44; E/F/N/Reschke/Ernst § 8 Rn. 2). Die maßgeblichen Erwägungen für die Änderung des § 44c KWG gelten daher auch für § 8. Die über das Auskunftsrechte hinausgehenden Ermittlungsbefugnisse hatte der Gesetzgeber ins KWG eingeführt, weil diese nicht genügten um unerlaubte Geschäfte effektiv zu bekämpfen (BT-Drs. 13/7142, 93). Mit dem 4. Finanzmarktförderungsgesetz hat er klargestellt, dass die Ermittlungsbefugnisse auch gegenüber Instituten mit einer Teilerlaubnis gelten, die unerlaubt Geschäfte tätigen, die nicht von der Teilerlaubnis gedeckt sind (BT-Drs. 14/8017, 127 f.). Mit dem Finanzkonglomeraterichtlinie-Umsetzungsgesetz hat der Gesetzgeber die Befugnisse gegenüber einbezogenen Unternehmen auf die BBank erstreckt; dies sei folgerichtig, weil die Dienststellen der BBank ohnehin in die Verfolgung von unerlaubten Geschäften einbezogen seien (BT-Drs. 15/3641, 49). Die Änderung des § 44c Abs. 1 KWG durch das Finanzmarkt-Richtlinie-Umsetzungsgesetz – statt die Geschäftsangelegenheiten heißt es nun alle – dient der redaktionellen Klarstellung (BT-Drs. 16/4028, 98).

3. Normzweck

Ziel der Regelung des § 8 ist, die Aufsichtsbehörden mit den nach § 44c KWG **5** im Bankaufsichtsrecht bewährten Ermittlungs- und Prüfungsbefugnissen auszustatten (BT-Drs. 16/11613, 44). Damit hat der Gesetzgeber berücksichtigt, dass sich im Rahmen der Bankenaufsicht die alte Regelung, nach der nur die Staatsanwaltschaft Vor-Ort-Prüfungen, Durchsuchungen und Beschlagnahmen durchführen konnte, als unzureichend erwiesen hatte (dazu BT-Drs. 13/7142, 93; Reischauer/Kleinhans/Bitterwolf KWG § 44c Rn. 1; Fischer/Schulte-Mattler/Lindemann § 44c Rn. 4 f.). Mit den Befugnissen nach § 8 sollen die Sachverhaltsgrundlagen für Maßnahmen nach § 7 bzw. § 4 Abs. 2 geschaffen werden. § 8 greift im Vorfeld des § 7 ein (vgl. BVerwGE 122, 29 (52) zu § 44c KWG mVa BT-Drs. 13/7142, 93; Ellenberger/Findeisen/Nobbe/Reschke/Ernst § 8 Rn. 5). Entsprechend der bankaufsichtsrechtlichen Regelung hat der Gesetzgeber die Eingriffsschwelle für sämtliche Ermittlungsbefugnisse auf die durch Tatsachen gerechtfertigte Annahme des Betreibens unerlaubter Geschäfte herabgesenkt, um eine umfassende Sachverhaltsaufklärung sicherzustellen (BT-Drs. 16/11613, 44).

§ 8 dient ferner der Umsetzung der Vorgaben aus Art. 23 PSD2 (iVm Art. 3 **6** Zweite-E-Geld-RL (vgl. zur entsprechenden Vorgängerregelung BT-Drs. 17/3023, 43). Nach Art. 23 Abs. 1 PSD2 stellen die Mitgliedstaaten sicher, dass die Kontrollen der zuständigen Behörden, mit denen sie die laufende Einhaltung der Bestimmungen des Titels II der PSD2 überprüfen – dazu zählt ua auch die Zulassungspflicht – verhältnismäßig, geeignet und den Risiken von Zahlungsinstituten angemessen sind. Dazu sind die Aufsichtsbehörden insbesondere befugt, Angaben anzufordern, die zur Überprüfung der Einhaltung der Aufsichtsbestimmungen notwendig sind und Inspektionen vor Ort durchzuführen (Art. 23 Abs. 1 lit. a, b PSD2). Dahinter steht das Ziel einer effektiven Aufsicht. Die Maßnahmen sind in der PSD2 nicht abschließend aufgelistet. Die BaFin ist als Träger öffentlicher Gewalt verpflichtet, bei der Auslegung und Anwendung des ZAG die Richtlinienvorgaben zu berücksichtigen (vgl. zur richtlinienkonformen Auslegung statt vieler EuGH NJW 1994, 2473 Rn. 26 – Faccini Dori).

7   Umstritten ist, inwieweit die Ermittlungsbefugnisse nach § 8 mittelbar auch der Sachverhaltsermittlung für die Strafverfolgung dienen (vgl. Schäfer/Omlor/Mimberg/Tiemann § 8 Rn. 5; dagegen Schwennicke/Auerbach/Schwennicke § 44c Rn. 2; Fischer/Schulte-Mattler/Lindemann § 44c Rn. 3). Bei formaler Betrachtung sind weder BaFin noch BBank für die Strafverfolgung zuständig. Die Ermittlungsbefugnisse dienen als gewerbepolizeiliche Maßnahmen der Gefahrenabwehr (vgl. Ellenberger/Findeisen/Nobbe/Reschke/Ernst § 8 Rn. 14). Nach § 6 S. 2 ZAG, § 9 Abs. 1 S. 4 Nr. 1 KWG dürfen BaFin und BBank die ihnen bei ihrer Tätigkeit bekannt gewordenen Tatsachen ua den Strafverfolgungsbehörden mitteilen. Entscheidend ist daher, ob die Weitergabe unbeschränkt möglich ist bzw. inwieweit den Betroffenen bereits gegenüber den Maßnahmen von BaFin und BBank die Rechte von Beschuldigten/Zeugen nach der StPO zustehen und/oder die von BaFin und BBank ermittelten Sachverhalte im Strafprozess nicht verwertet werden dürfen (dazu → Rn. 58 ff.).

II. Gemeinsame Voraussetzungen für ein Vorgehen nach § 8

1. Zuständigkeit von BaFin und BBank

8   **a) Zusammenarbeit.** Auskunfts- und Vorlagepflichten bestehen kraft Gesetzes gegenüber BaFin und BBank (Abs. 1); Vor-Ort-Prüfungen kann die BaFin der BBank übertragen; für Durchsuchungen und Sicherstellungen sind die Bediensteten von BaFin und BBank zuständig (Abs. 3, 4). § 8 grenzt die Zuständigkeiten von BaFin und BBank nicht eindeutig ab. Nach der Gesetzesbegründung steht der BBank das Auskunfts- und Vorlageersuchen nach dem Muster des § 44c KWG auch aus eigener Initiative zu; die Inanspruchnahme weitergehender Kompetenzen nach Abs. 2–5 müssten wegen der Grundrechtsintensität der **Abstimmung mit der BaFin** vorbehalten bleiben (BT-Drs. 16/11613, 44). Die Einbeziehung der BBank trägt dem Bedürfnis der Praxis Rechnung, dass für die effektive Aufsicht die dezentrale Organisationsstruktur der BBank mit bundesweit neun Hauptverwaltungen und nachgeordneten Filialen erforderlich ist – insbesondere weil Zahlungsdienste und E-Geld-Geschäfte leicht ohne Geschäftslokal abgewickelt werden können und regionale Tätigkeiten auf zentraler Ebene nicht leicht bekannt werden (Ellenberger/Findeisen/Nobbe/Reschke/Ernst § 8 Rn. 5; Fischer/Schulte-Mattler/Lindemann § 44c Rn. 4 f.). Anders als die BBank durfte die BaFin aufgrund der Vorgaben des Art. 87 Abs. 3 GG nur ohne eigenen Verwaltungsunterbau errichtet werden (so die überwiegende Auffassung, siehe Maunz/Dürig/Herzog/Ibler, GG, 84. EL 2018, Art. 87 Rn. 264).

b) Verfassungsrechtliche Bedenken. Umstritten ist, ob und in welchem 9 Umfang der BBank gewerbepolizeiliche Befugnisse übertragen werden dürfen (Fischer/Schulte-Mattler/Lindemann § 44c Rn. 6 ff.; Herdegen WM 2000, 2121 (2123 ff.); Häde JZ 2001, 105 (108 ff.); Häde in Bonner Kommentar zum GG, Stand 12/2012, Art. 88 Rn. 149 jeweils zum KWG). Hintergrund ist die Frage der zulässigen Inanspruchnahme der Bundesverwaltungskompetenz nach Art. 87 Abs. 3 GG und Art. 88 GG. Die BaFin ist zulässigerweise auf Grundlage des Art. 87 Abs. 3 S. 1 GG als Anstalt öffentlichen Rechts errichtet worden. Die Zulässigkeit hat das BVerfG für die Errichtung des BAKred festgestellt (BVerfGE 14, 197 (210 ff.)). Die auf Grundlage des Art. 87 Abs. 3 S. 1 GG zulässige Errichtung eine Anstalt, die ihre Aufgaben für das ganze Bundesgebiet ohne Mittel- und Unterbau und ohne Inanspruchnahme von Verwaltungsbehörden der Länder erfüllen kann, schließt nicht aus, dass diese auf die Zusammenarbeit mit anderen Bundesoberbehörden oder Anstalten des öffentlichen Rechts angewiesen ist (vgl. BVerfGE 14, 197 (211)). Vor diesem Hintergrund ist es nicht zu beanstanden, dass die BaFin auf die Zusammenarbeit mit der auf Grundlage des Art. 88 GG errichteten BBank angewiesen ist (vgl. BVerfGE 14, 197 (211 ff.)). Voraussetzung für die Übertragung weiterer Aufgaben auf die BBank ist aber, dass diese in deren Geschäftskreis als Währungs- und Notenbank fallen. Das hat das BVerfG für die im KWG 1961 der BBank übertragenen Aufgaben – einschließlich Auskunftsrechten über Geschäftsangelegenheiten – bejaht, zugleich aber darauf abgestellt, dass die BBank keine obrigkeitlichen Befugnisse habe und nur das BAKred Entscheidungen treffe und Zwangsmittel anwenden könne (BVerfGE 14, 197 (215 ff.); kritisch zu dieser Kompetenzabgrenzung Fischer/Schulte-Mattler/Lindemann § 44c Rn. 11).

Die Vorgaben der Entscheidung des BVerfG sind in Bezug auf die Tätigkeit der 10 BaFin zu berücksichtigen (ausführlich Stelter § 4 Rn. 54). Nach § 4 Abs. 3 S. 2 ZAG, § 7 Abs. 2 S. 5 KWG (iVm Art. 3 Abs. 3 AufsichtRL) trifft die BaFin sämtliche aufsichtsrechtliche Maßnahmen gegenüber den Instituten, insbesondere Verwaltungsakte und Prüfungsanordnungen. Ob Maßnahmen nach den Abs. 2–5 durchgeführt werden, muss danach die BaFin entscheiden und ggf. gegenüber Betroffenen anordnen (vgl. Fischer/Schulte-Mattler/Lindemann § 44c Rn. 6). Möglich bleiben informelle Maßnahmen der BBank Schäfer/Omlor/Mimberg/Tiemann § 8 Rn. 21). Die BBank ist bei Ermittlungsmaßnahmen nach § 8 an Vorgaben der BaFin gebunden (vgl. Ellenberger/Findeisen/Nobbe/Reschke/Ernst § 8 Rn. 19, 37 f.; zu § 37 KWG Fischer/Schulte-Mattler/Lindemann § 44c Rn. 6; Luz/Neus/Schaber/Schneider/Wagner/Weber/Schmitz § 44c Rn. 17 f.).

2. Verdacht des Betreibens unerlaubter Geschäfte

a) Tatsächliche Anhaltspunkte. Voraussetzung für Maßnahmen nach § 8 ist, 11 dass zumindest Tatsachen die Annahme rechtfertigen, dass unerlaubt Zahlungsdienste erbracht werden oder unerlaubt das E-Geld-Geschäft betrieben wird. Unzureichend sind bloße Vermutungen. Vielmehr müssen auf Tatsachen gegründete konkrete Anhaltspunkte bestehen; die Anforderungen entsprechen etwa § 152 Abs. 2 StPO (Luz/Neus/Schaber/Schneider/Wagner/Weber/Schmitz, 2019, § 44c Rn. 6), liegen jedenfalls aber nicht höher als der strafrechtliche Anfangsverdacht (E/F/N/Reschke/Ernst § 8 Rn. 13). Maßgeblich ist ob auf Basis der **ex-ante Prognose** vom Vorliegen unerlaubter Geschäfte ausgegangen werden kann. § 8 greift auch, wenn ein Zahlungsinstitut die auf bestimmte Zahlungsdienste beschränkte Erlaubnis überschreitet (vgl. Fischer/Schulte-Mattler/Lindemann § 44c Rn. 20 f.).

12   Ob bereits bei einem bekannt gewordenen Geschäftsvorfall ein auf Tatsachen gegründeter Verdacht vorliegen kann (vgl. VG Frankfurt a. M. 12.7.2004 – 9 G 2472/04, BeckRS 2004, 151941 Rn. 6; Fischer/Schulte-Mattler/Lindemann § 44c Rn. 16: VG Berlin Beckmann/Bauer KWG § 44 aF Nr. 30) wird entscheidend davon abhängen, ob daraus im Einzelfall auf das unerlaubte Betreiben erlaubnispflichtiger Geschäfte geschlossen werden kann; bei Zahlungsdiensten muss also auch ein Verdacht hinsichtlich des Erbringens in gewerbsmäßigem Umfang oder in einem Umfang, der einen in kaufmännischer Weise eingerichteten Gewerbebetrieb erfordert, bestehen. Hinreichende tatsächliche Anhaltspunkte für einen Verdacht können sich aus der Werbung eines Unternehmens (Reischauer/Kleinhans/Bitterwolf, Lfg. 2-18, § 44c Rn. 2), dem Druck typischer Formulare/Geschäftspapiere (Luz/Neus/Schaber/Schneider/Wagner/Weber/Schmitz, 2019, § 44c Rn. 7 mVa VG Berlin Beckmann/Bauer KWG § 44 aF Nr. 27; OVG Berlin Beckmann/Bauer KWG § 44 aF Nr. 6; vgl. VG Frankfurt a. M. 29.10.2004 – 9 G 3706/04, BeckRS 2004, 151855 Rn. 3; Ellenberger/Findeisen/Nobbe/Reschke/Ernst § 8 Rn. 13; Fischer/Schulte-Mattler/Lindemann § 44c Rn. 17), oder Medienberichten über eine entsprechende Tätigkeit (VG Berlin Beckmann/Bauer KWG § 44 aF Nr. 25) ergeben.

13   **b) Feststehen unerlaubter Geschäfte.** Ein Vorgehen von BaFin und BBank nach § 8 ist auch zulässig, wenn feststeht, dass unerlaubte Geschäfte betrieben werden. Der Gesetzgeber hat mit dem mit Gesetz zur Umsetzung der 2. E-Geld-Richtlinie geänderten Wortlaut klargestellt, dass aus der Absenkung der Eingriffsschwelle für Ermittlungsmaßnahmen nach § 8 nicht im Umkehrschluss folgt, dass entsprechende Maßnahmen unzulässig seien, wenn der Sachverhalt bereits soweit geklärt ist, dass die Behörde vom Betreiben unerlaubter Geschäfte überzeugt ist (BT-Drs. 17/3023, 43). Soweit die Ermittlungsmaßnahmen dazu dienen, die tatsächliche Grundlage für ein Vorgehen nach § 7 zu schaffen (→ Rn. 5), können die Ermittlungen etwa bei Zweifeln über den Umfang der Geschäfte greifen (Schwennicke/Auerbach/Schwennicke § 8 Rn. 3).

3. Verhältnis der Maßnahmen

14   Die einzelnen Maßnahmen nach § 8 stehen nach dem Wortlaut nicht in einem Stufenverhältnis. Die Aufsichtsbehörden sind aber verpflichtet, ihre Befugnisse nach Maßgabe des Verhältnismäßigkeitsgrundsatzes auszuüben. Sie müssen die Ermittlungsbefugnisse auswählen, die den Betroffenen am wenigsten belasten, aber gleichermaßen geeignet sind, den Untersuchungszweck zu erreichen (Schäfer/Omlor/Mimberg/Tiemann § 8 Rn. 33; ebenso zum KWG Fischer/Schulte-Mattler/Lindemann § 44c Rn. 24). Soweit der Einsatz eines milderen Mittels von vornherein nicht möglich oder aussichtslos ist, darf die BaFin zu stärker belastenden Maßnahmen (Abs. 3, 4) greifen (Schwennicke/Auerbach/Schwennicke § 44c Rn. 3). Voraussetzung ist, dass diese Annahme auf tatsächlichen Anhaltspunkten beruht.

4. Adressaten

15   Adressaten der Ermittlungsmaßnahmen nach § 8 sind das Unternehmen selbst, andere Unternehmen, die in die unerlaubten Tätigkeiten einbezogen sind sowie die Mitglieder der Organe, Gesellschafter und Beschäftigte eines solchen Unternehmens. Anders als nach dem Wortlaut des § 44c Abs. 1 KWG sind nach dem Wortlaut § 8 nicht nur Organmitglieder, Gesellschafter und Beschäftigte des verdächtigen Unternehmens, sondern auch die des einbezogenen Unternehmens erfasst. Dafür spricht auch die Gesetzesbegründung, nach der jeweils die Organmitglieder, Gesellschafter und Beschäftigten des einen oder anderen Unternehmens nach § 8 verpflichtet werden können (BT-Drs. 16/11613, 44; siehe zu § 44c VG Frankfurt a. M. 8.12.2003 – 9 G 4437/03, BeckRS 2004, 21132 Rn. 22; zur möglichen faktischen Ausweitung des Adressatenkreises aufgrund neuer Geschäftsmodelle und technischer Innovationen vgl. E/F/N/Reschke/Ernst § 8 Rn. 9). Die genannten Personen bleiben auch dann verpflichtet, wenn sie aus dem Organ oder dem Unternehmen ausgeschieden sind (Abs. 1 Satz 2, siehe die Gesetzesbegründung zu § 44c KWG, BT-Drs. 13/7142, 93).

a) Unternehmen. Für Maßnahmen nach § 8 gilt ein funktionaler Unter- **16** nehmensbegriff (vgl. E/F/N/Reschke/Ernst § 8 Rn. 6; Schäfer/Omlor/Mimberg/Tiemann § 8 Rn. 35). Wie bei § 7 kommt es nicht auf eine bestimmte Rechtsform an (→ § 7 Rn. 28). Erfasst ist jeder auf Dauer angelegte organisatorisch verselbstständigte Verbund zu wirtschaftlichen Zwecken, (vgl. Ellenberger/Findeisen/Nobbe/Reschke/Ernst § 8 Rn. 6, Fischer/Schulte-Mattler/Lindemann § 44c Rn. 14; VG Frankfurt a. M. 7.3.2008 – 1 L 198/08. F., BeckRS 2008, 34411 Rn. 19).

b) Organmitglieder, Gesellschafter, Beschäftigte. Die Ausweitung des **17** Adressatenkreises auf Organmitglieder, Gesellschafter und Beschäftigte trägt dem Umstand Rechnung, dass – insbesondere bei betrügerisch tätigen Unternehmen – die internen Zuständigkeiten nicht eindeutig abgegrenzt und auch nicht aus dem Handelsregister ersichtlich sind (Schwennicke/Auerbach/Schwennicke § 44c Rn. 6, siehe die Gesetzesbegründung zu § 44c KWG, BT-Drs. 13/7142, 93). Bei Maßnahmen gegen Gesellschafter kommt es nach dem Wortlaut nicht darauf an, ob diese geschäftsführend oder nur kapitalmäßig beteiligt sind (Schwennicke/Auerbach/Schwennicke § 8 Rn. 4).

Beschäftigte sind alle Personen, die **abhängig für das Unternehmen tätig** **18** werden, ob als Arbeiter, Angestellte, ggf. Beamte, aber auch Angehörige von Fremdfirmen wie etwa beim Werkschutz können als Beschäftigte im aufsichtsrechtlichen Sinn einbezogen sein (E/F/N/Reschke/Ernst § 8 Rn. 23; Schäfer/Omlor/Mimberg/Tiemann § 8 Rn. 43). Darüber hinaus wird davon ausgegangen, dass als Beschäftigte auch extern Beschäftigte wie Steuerberater, Wirtschaftsprüfer oder Rechtsanwälte erfasst seien, wobei die Reichweite der berufsrechtlichen Verschwiegenheitspflichten umstritten ist (Ellenberger/Findeisen/Nobbe/Reschke/Ernst § 8 Rn. 8; Schäfer/Omlor/Mimberg/Tiemann § 8 Rn. 44, zu den Verschwiegenheitspflichten → Rn. 20). Der Normzweck (→ Rn. 5) spricht zunächst für ein weites Begriffsverständnis des Adressatenkreises. Allerdings dürften unter Berücksichtigung des Verhältnismäßigkeitsgrundsatzes auch tatsächliche Anhaltspunkte dafür erforderlich sein, dass der Adressat in die unerlaubten Geschäfte einbezogen ist (vgl. Reischauer/Kleinhans/Bitterwolf § 44c Rn. 2). Erfasst werden darüber hinaus auch **ausgeschiedene** Organmitglieder, Gesellschafter und Beschäftigte. Damit soll verhindert werden, dass die Sachverhaltsaufklärung durch die kurzfristige Kündigung von Beschäftigungsverhältnissen erschwert wird (Reischauer/Kleinhans/Bitterwolf, Lfg. 2-18, § 44c Rn. 2; Fischer/Schulte-Mattler/Lindemann § 44c Rn. 27).

c) Einbezogene Unternehmen. Verpflichtet sind auch die Unternehmen, bei **19** denen Tatsachen die Annahme rechtfertigen oder bei denen feststeht, dass sie in die Anbahnung, den Abschluss oder die Abwicklung unerlaubter Zahlungsdienste oder des unerlaubten Betreibens des E-Geld-Geschäfts einbezogen sind oder waren. Es kommt darauf an, dass die Unternehmen/Personen objektiv einen Beitrag zur Anbahnung, zum Abschluss oder zur Abwicklung unerlaubter Zahlungsdienste oder unerlaubter E-Geld-Geschäfte geleistet haben. Diese Anforderungen können auch bei Agenten (§ 1 Abs. 9) und E-Geld-Agenten (§ 1 Abs. 10) vorliegen. Für Inspektionen vor Ort sieht Art. 23 Abs. 1 lit. b PSD2 ein Vorgehen gegen Agenten ausdrücklich vor. Bei den einbezogenen Unternehmen muss sowohl ein auf Tatsachen gegründeter Verdacht in Bezug auf das Betreiben unerlaubter Geschäfte des anderen Unternehmen als auch in Bezug auf das Einbezogensein in diese Geschäfte bestehen (Schäfer/Omlor/Mimberg/Tiemann § 8 Rn. 39; VG Frankfurt a. M. 3. 6. 2005 – 1 G 1403/05, BeckRS 2005, 19033 Rn. 36 f.; Ellenberger/Findeisen/Nobbe/Reschke/Ernst § 8 Rn. 7). Will die Behörde dagegen klären, ob überhaupt andere Unternehmen einbezogen sind, kann sie das Verlangen, Auskunft über alle Geschäftspartner zu erteilen, auf § 19 stützen (VG Frankfurt a. M. 3. 6. 2005 – 1 G 1403/05, BeckRS 2005, 19033 Rn. 37 zu § 44 KWG).

20   **d) Berufsrechtliche Verschwiegenheitspflichten.** Soweit davon ausgegangen wird, dass externe Steuerberater oder Rechtsanwälte als Beschäftigte auskunfts- und vorlagepflichtig sind, wird in der Lit. zT darauf verwiesen, dass vertraglich vereinbarte Verschwiegenheitspflichten hinter den gesetzlichen Auskunftsansprüchen zurückstehen (Ellenberger/Findeisen/Nobbe/Reschke/Ernst § 8 Rn. 8). Dieses Verständnis wird dem einfachgesetzlich (etwa durch § 43a Abs. 2 BRAO) und durch Art. 12 GG geschützten Vertraulichkeitsverhältnis zum Mandanten nicht gerecht (vgl. Schäfer/Omlor/Mimberg/Tiemann § 8 Rn. 44). Richtigerweise muss im Einzelfall abgewogen werden, ob ein Auskunfts-/Vorlageersuchen mit Blick auf Art. 12 GG verhältnismäßig ist.

21   **aa) Rechtsprechung.** Über die Verhältnismäßigkeit hat das BVerwG für ein Auskunftsverlangen nach dem KWG entschieden (BVerwG NJW 2012, 1241 Rn. 24 ff.; aA noch VGH Kassel DStRE 2011, 716 (718); VGH Kassel LKRZ 2008, 431 nun geändert: VGH Kassel NJOZ 2013, 1425 (1426)). In dem vom BVerwG entschiedenen Fall war ein Rechtsanwalt in die Abwicklung möglicher Bankgeschäfte oder Finanzdienstleistungen der Auftrag gebenden Gesellschaft einbezogen, er hatte Geldbeträge verschiedener Zahlungsanweiser unter dem Betreff „S.Portfolio" entgegengenommen und später für den Erwerb von Wertpapieren verwendet. Das BVerwG führt aus, dass das Auskunfts- und Vorlageersuchen dem Schutz der Integrität der Finanzmärkte sowie dem Ein- und Anlegerschutz und damit Zielen des gemeinen Wohls diene, die geeignet seien, Art. 12 GG einzuschränken. Die Aufsichtsbehörden müssen dem berufsrechtlichen Verschwiegenheitspflichten und der Berufsfreiheit im Rahmen des Ermessens Rechnung tragen und prüfen, ob als milderes, die Verschwiegenheitspflicht weniger beeinträchtigendes Mittel, etwa ein Einschreiten gegen den Auftraggeber möglich ist. Das BVerwG betont, dass die anwaltliche Verschwiegenheit nicht nur im Interesse und im Rahmen des Aussageverweigerungsrechts des Mandanten bestehe (BVerwG NJW 2012, 1241 (Rn. 21), Rn. 29, aA noch VG Frankfurt a. M. BeckRS 2009, 34895). Soweit ein Einschreiten gegen den Auftraggeber offensichtlich erfolglos ist – etwa weil der Aufsichtsbehörde die Auftraggeber nicht bekannt ist – und das Vorgehen gegen den Rechtsanwalt die einzige Möglichkeit darstellt, die Aufsichtsbefugnisse effektiv wahrzunehmen, muss die Aufsichtsbehörde allerdings nicht schrittweise vorgehen und zunächst ihr Auskunftsersuchen auf die Benennung von Namen und Anschrift beschränken (BVerwG NJW 2012, 1241 Rn. 32).

bb) Fazit. Festzuhalten ist: Aufgrund der bloßen Beratungstätigkeit eines 22
Steuerberaters/Rechtsanwalts kann die BaFin keine Maßnahmen nach § 8 ergreifen, weil diese nach hier vertretener Auffassung nicht Beschäftigte, sondern im Einzelfall einbezogene Unternehmen sein können. Erforderlich ist, dass feststeht oder Tatsachen die Annahme rechtfertigen, dass diese objektiv in die unerlaubten Geschäfte einbezogen sind. Im zweiten Schritt muss die BaFin unter Berücksichtigung des Art. 12 GG prüfen, ob ein Ersuchen an den Steuerberater/Rechtsanwalt im Einzelfall geeignet, erforderlich und angemessen ist.

e) Auswahl. Nach dem Wortlaut des § 8 ist keine Reihenfolge der Maßnahmen 23
oder ein Vorrang bestimmter Adressaten vorgegeben. BaFin und BBank müssen die Auswahl der Adressaten von Maßnahmen nach § 8 entsprechend dem Verhältnismäßigkeitsgrundsatzes an Eignung, Erforderlichkeit und Zweckmäßigkeit orientieren; Auskunftsersuchen sind daher regelmäßig an die Gesellschafter und Beschäftigten zu richten, bei denen davon auszugehen ist, dass sie aufgrund ihrer Tätigkeit über entsprechende Kenntnisse verfügen (Schäfer/Omlor/Mimberg/Tiemann § 8 Rn. 34).

III. Auskunfts- und Vorlagepflicht, Weisungsrechte Abs. 1

BaFin und BBank können nach dem Wortlaut des § 8 Abs. 1 Auskünfte über alle 24
Geschäftsangelegenheiten und die Vorlage von Unterlagen verlangen. Maßgeblicher Zeitpunkt für die Beurteilung der Rechtmäßigkeit eines Auskunfts- und Vorlageersuchens ist der Zeitpunkt der letzten behördlichen Entscheidung. Das Auskunfts- und Vorlageersuchen nach § 8 ist nicht auf eine laufende Kontrolle angelegt, sondern erschöpft sich darin, dem Adressaten die angewiesene Erfüllung bestimmter Verhaltenspflichten aufzuerlegen (BVerwG NJW 2012, 1241 Rn. 15 zur entsprechenden Regelung in § 44c KWG). Mit dem RiG wurden in Abs. 1 S. 3 Weisungsrechte eingeführt, die dazu dienen, Kundengelder, Daten und Vermögenswerte möglichst frühzeitig zu sichern und damit insbesondere die Abwicklungsbefugnis effektiver zu gestalten (BT-Drs. 19/22786, 197 f.).

1. Umfang der Auskunfts- und Vorlagepflicht

Der Wortlaut spricht zunächst für eine umfassende Auskunfts- und Vorlage- 25
pflicht. Nach der Gesetzesbegründung soll sich die Ermittlungsbefugnis auf „alle Geschäftsangelegenheiten" beziehen, weil dies zur umfassenden Sachverhaltsaufklärung erforderlich sei; nur auf diese Weise könnten sich die BaFin und die BBank ein möglichst klares und realistisches Bild von Umfang und Art der Geschäfte machen, Widersprüchen nachgehen und Dokumente auf Verfälschungen prüfen (BT-Drs. 16/11613, 44). Es wäre praxisfremd, die Ermittlungsbefugnisse auf gezielte Fragen zu beschränken; die BaFin werde mangels Erforderlichkeit nach pflichtgemäßem Ermessen keine Auskünfte und Unterlagen anfordern, die ersichtlich keine Rolle spielen (BT-Drs. 16/11613, 44).

Die Norm ist mit Blick auf das Ziel, die Sachverhaltsgrundlage für das Vorgehen 26
nach § 7 zu ermitteln, unter Berücksichtigung des Verhältnismäßigkeitsgrundsatzes auszulegen (vgl. VGH Kassel NVwZ-RR 2006, 300 zu § 44c KWG). Auch wenn die Ermittlungsbefugnisse nicht auf konkrete Fragen beschränkt sind, werden pauschale Auskunftsverlangen regelmäßig unverhältnismäßig sein. Es kommt zwar nicht darauf an, ob die Unterlagen aus Sicht des Adressaten relevant sind (E/F/N/

Reschke/Ernst § 8 Rn. 25). Das Auskunftsverlangen muss aber die Vorlage von Unterlagen gerade in Bezug auf unerlaubte Geschäfte betreffen. § 8 vermittelt nicht die Befugnis zur Ausforschung der gesamten Geschäftstätigkeit oder aller Geschäftspartner, vielmehr müssen auch hinsichtlich der einbezogenen Unternehmen Anhaltspunkte vorliegen, dass eine Verbindung zu unerlaubten Geschäften besteht (vgl. VGH Kassel NVwZ-RR 2006, 300 zu § 44c KWG). Gegen die Befugnis, Auskunft und Vorlage „aller Geschäftsunterlagen" zu fordern, spricht der Umstand, dass unvollständige Auskünfte und Vorlagen bußgeldbewährt sind (§ 64 Abs. 3 Nr. 1). Das bedeutet aber nicht, dass sich ein Unternehmen durch die bloße Behauptung, das Auskunftsverlangen betreffe Geschäftstätigkeiten ohne Bezug zu Zahlungsdiensten oder E-Geld-Geschäften entziehen kann (vgl. VGH Kassel NVwZ-RR 2006, 300 zu § 44c KWG). Gibt ein Unternehmen nicht nachvollziehbare Erläuterungen, kann das Auskunftsersuchen auf alle Geschäftsunterlagen erstreckt werden (Schwennicke/Auerbach/Schwennicke § 44c Rn. 10 mVa VG Frankfurt a. M. 12.7.2004 – 9 G 2472/04, BeckRS 2004, 151991 Rn. 4ff.).

2. Gegenstand der Auskunfts- und Vorlagepflicht

27   In diesem Rahmen erstreckt sich die Auskunftspflicht auf äußere und innere Tatsachen (wie etwa bestimmte Absichten in Bezug auf die Geschäftsausübung) (vgl. Ellenberger/Findeisen/Nobbe/Reschke/Ernst § 8 Rn. 25 f.). Die Auskunft muss richtig, vollständig und rechtzeitig erfolgen, ein Verstoß dagegen kann mit einem Bußgeld von bis zu 300.000,00 EUR geahndet werden (§ 64 Abs. 3 Nr. 1, Abs. 4). (zum Auskunftsverweigerungsrecht → Rn. 51 ff.). Vorzulegen sind sämtliche Unterlagen inkl. magnetische/elektronische Datenträger (Ellenberger/Findeisen/ Nobbe/Reschke/Ernst § 8 Rn. 27). Unterlagen müssen richtig, vollständig und rechtzeitig vorgelegt werden (Schäfer/Omlor/Mimberg/Tiemann § 8 Rn. 49). (Zur Frage des Verwertungsverbotes im Strafprozess → Rn. 58). Die Vorlage muss grundsätzlich beim Verpflichteten erfolgen, die Behörden können die Vorlage bei der Aufsichtsbehörde nur aus wichtigem Grund verlangen (zT unter Verweis auf § 811 BGB Luz/Neus/Schaber/Schneider/Wagner/Weber/Schmitz, 2019, § 44c Rn. 15; Fischer/Schulte-Mattler/Lindemann § 44c Rn. 41).

3. Weisungsrechte

Die mit dem RiG in Abs. 1 S. 3 eingeführten Weisungsrechte sollen im Interesse der vorläufigen Sicherung von Kundengeldern bereits im Ermittlungsstadium greifen (BT-Drs. 19/22786, 198, 164). Ob und welche Weisungen die BaFin erteilt steht im Ermessen der BaFin („kann"), sie hat es entsprechend § 40 VwVfG nach dem Ermächtigungszweck und im Rahmen der gesetzlichen Grenzen auszuüben. Unter Berücksichtigung des Verhältnismäßigkeitsgrundsatzes dürften regelmäßig der Verdachtsgrad (feststehender Verstoß, hinreichender Verdacht), die ggf. zeitlich beschränkte Beeinträchtigung (etwa wenn sich ex-post ein Verdacht nicht bestätigt) und das Regelungsziel des frühzeitigen Verbraucherschutzes zu berücksichtigen sein.

4. Verfahren

Für das Verfahren gelten mangels spezieller Regelungen im ZAG die Bestim- **28** mungen des VwVfG (vgl. zur Anhörung nach § 28 VwVfG bei § 44c KWG VG Frankfurt a. M. 8. 1. 2004 – 9 G 6091/03, BeckRS 2004, 21135; VG Frankfurt a. M. BeckRS 2011, 46348). Ob die Behörde im Rahmen der unverbindlichen Vorermittlung ein nicht förmliches Auskunftsersuchen an den Betroffenen richtet oder diesen mit einem Verwaltungsakt zur Auskunft und Vorlage von Unterlagen auffordert, ist durch Auslegung (§ 133 BGB analog) zu ermitteln; Anhaltspunkte sind etwa die Bezeichnung als Bescheid, Verfügung und das Beifügen einer Rechtsbehelfsbelehrung (Stelkens/Bonk/Sachs/Stelkens, VwVfG, 9. Aufl. 2018, § 35 Rn. 71 ff.). Soweit im Vorfeld einer Anordnung Vorermittlungen angestellt und Betroffene aufgefordert werden, auf freiwilliger Basis Auskunft zu erteilen, gibt dies Betroffenen Gelegenheit zur Stellungnahme entsprechend § 28 VwVfG. Auch derartige Vorermittlungen setzen tatsächliche Anhaltspunkte für das Betreiben unerlaubter Geschäfte voraus.

IV. Prüfungen vor Ort, Abs. 2

§ 8 Abs. 2 regelt Betretungs- und Besichtigungsrechte für Unternehmen, die un- **29** erlaubt Zahlungsdienste erbringen oder das E-Geld-Geschäft betreiben. Die Betretungs- und Besichtigungsrechte gelten nicht nur gegenüber den Unternehmen selbst, sondern gegenüber allen auskunfts- und vorlagepflichtigen Personen und Unternehmen, also auch den einbezogenen Unternehmen und jeweils den Organen, Gesellschaftern und Beschäftigten der Unternehmen.

1. Erforderlichkeit

Voraussetzung für die Anordnung einer Vor-Ort-Prüfung ist, dass diese zur **30** Feststellung der Art oder des Umfangs der Geschäfte erforderlich ist. Das Tatbestandsmerkmal der Erforderlichkeit unterliegt als unbestimmter Rechtsbegriff grundsätzlich der vollen gerichtlichen Kontrolle (vgl. zur Erforderlichkeit von Auskunftsersuchen im allgemeinen Gewerberecht Ennuschat/Wank/Winkler/Winkler, GewO, 9. Aufl. 2020, § 29 Rn. 21; Landmann/Rohmer/Marcks, 86. EL Feb. 2021, § 29 Rn. 7; Pielow/Meßerschmidt, Beckscher Onlinekommentar, GewO, Stand 1. 6. 2021, § 29 Rn. 12). Die Anordnung einer Vor-Ort-Prüfung stellt einen im Vergleich zum Auskunfts-/Vorlageersuchen nach Abs. 1 schwereren Eingriff dar; soweit aufgrund tatsächlicher Anhaltspunkte davon auszugehen ist, dass der Betroffene jegliche Kooperation verweigern wird (und Verdunkelungsgefahr besteht), kann die BaFin abhängig vom Einzelfall Maßnahmen nach Abs. 3, 4 anordnen (vgl. zu § 44c KWG Beck/Samm/Kokemoor/Reschke (Vorauflage) § 44c Rn. 75).

Die Erforderlichkeit legt den Umfang der Prüfung fest; aus der Prüfungsanord- **31** nung muss gemäß § 37 VwVfG hinreichend klar hervorgehen, was Gegenstand der Prüfung ist (vgl. Luz/Neus/Schaber/Schneider/Wagner/Weber/Schmitz, 2019, § 44c Rn. 38). Der Prüfungsgegenstand ist im Rahmen des § 8 Abs. 2 auf die Aufklärung eventuell unerlaubt erbrachter Zahlungsdienste oder E-Geld-Geschäfte beschränkt, aufgrund des Regelungszwecks (→ Rn. 5 f.) kann es genügen, dass ein Gegenstand zur Aufklärung beitragen kann (Ellenberger/Findeisen/Nobbe/

Reschke/Ernst § 8 Rn. 46). Für die Bestimmtheit ist der objektiv erklärte Wille maßgeblich, wie ihn der Adressat unter Berücksichtigung von Treu und Glauben verstehen konnte und durfte; Unklarheiten gehen zu Lasten der BaFin (vgl. BVerwGE 41, 305 (306); Fehling/Kastner/Störmer/Schwarz, Verwaltungsrecht, 5. Aufl. 2021, VwVfG § 37 Rn. 8 ff. mwN).

2. Betretungs- und Besichtigungsrecht

32   Die Bediensteten der BaFin und der BBank dürfen Geschäftsräume und Räume der auskunftspflichtigen Personen betreten und besichtigen. Die Befugnisse sind im Rahmen des Abs. 2 auf die Feststellung von Sachverhalten beschränkt, die beim Betreten ohne weitere (Durchsuchungs-) Maßnahmen erkennbar sind. Durchsuchungen – also auch das Öffnen von Schränken oder anderen verschlossenen Behältnissen – oder die Sicherstellung von Unterlagen, Datenträgern etc sind nur unter den strengeren Voraussetzungen nach Abs. 3, 4 zulässig (Ellenberger/Findeisen/Nobbe/Reschke/Ernst § 8 Rn. 50; Schäfer/Omlor/Mimberg/Tiemann § 8 Rn. 55; Voßkuhle DVBl 1994, 616).

33   **a) Geschäftsräume.** Geschäftsräume von Unternehmen oder einbezogenen Unternehmen dürfen die Mitarbeiter der BaFin und der BBank **während der üblichen Geschäftszeiten** betreten. Geschäftsräume unterliegen zwar auch dem Schutz des Art. 13 GG (BVerfG NJW 1971, 2299). Im Gegensatz zu Wohnungen im engeren Sinne dienen Geschäftsräume aber gerade der „Öffnung nach außen", insoweit gilt ein gegenüber privaten Wohnräumen geringeres Schutzniveau (BeckOK GG/Kluckert, Stand 15.2.2022, Art. 13 Rn. 3; BVerfG NJW 1971, 2299). Für Geschäftsräume und Wohnungen gelten nach der Rechtsprechung des BVerfG unterschiedliche Schutzanforderungen. Danach sind die gewerbeaufsichtsrechtlich üblichen Betretungs- und Besichtigungsrechte in Geschäftsräumen nicht ausgeschlossen, wenn

– eine besondere gesetzliche Vorschrift zum Betreten der Räume ermächtigt,

– das Betreten der Räume, die Vornahme von Besichtigungen und Prüfungen einem erlaubten Zweck dienen und für dessen Erreichung erforderlich sind,

– das Gesetz den Zweck des Betretens, den Gegenstand und Umfang der zugelassenen Besichtigung und Prüfung deutlich erkennen lässt,

– das Betreten der Räume und die Vornahme der Besichtigung und Prüfung nur in den Zeiten statthaft sind, zu denen die Räume normalerweise für die jeweilige geschäftliche oder betriebliche Nutzung zur Verfügung stehen (BVerfG NJW 1971, 2299 (2301 f.); NVwZ 2007, 1049).

34   Diese Betretungs- und Besichtigungsrechte sind bei Wohnräumen ausgeschlossen, ebenso bei geschäftlich und privat genutzten Räumen (BVerfG NJW 1971, 2299 (2300 f.)). Die Kommentarliteratur verweist hinsichtlich der Betretungsrechte bei Geschäftsräumen überwiegend auf die branchenüblichen Öffnungszeiten um eine gleichmäßige Anwendung des Aufsichtsrechts sicherzustellen (Schäfer/Omlor/Mimberg/Tiemann § 8 Rn. 54; Fischer/Schulte-Mattler/Lindemann § 44c Rn. 49). Aus der Rechtsprechung des BVerfG lässt sich das so nicht ableiten. Sie verweist auf die Zeiten, zu denen die Räume normalerweise für die jeweilige geschäftliche oder betriebliche Nutzung zur Verfügung stehen (BVerfG NJW 1971, 2299 (2301)).

35   **Außerhalb der üblichen Öffnungszeiten** dürfen Geschäftsräume aufgrund der Anforderungen des Art. 13 Abs. 7 GG nur zur Verhütung dringender Gefahren

für die öffentliche Ordnung und Sicherheit betreten und besichtigt werden. Eine dringende Gefahr liegt vor, wenn „eine Sachlage oder ein Verhalten bei ungehindertem Ablauf des objektiv zu erwartenden Geschehens mit hinreichender Wahrscheinlichkeit ein wichtiges Rechtsgut schädigen wird" (BVerwGE 47, 31 (40)). Ein Schaden für die vom ZAG (§ 4) geschützten Rechtsgüter ist bei Verstößen gegen aufsichtsrechtliche Bestimmungen, eine nicht ordnungsgemäße Durchführung von Zahlungsdiensten oder E-Geld-Geschäften oder die Gefährdung der Sicherheit der anvertrauten Vermögenswerte denkbar; die drohende Rechtsgutsverletzung müssen im Einzelfall konkrete tatsächliche Anhaltspunkte vorliegen (Schäfer/ Omlor/Mimberg/Tiemann § 8 Rn. 57; bspw. wenn der dringende Verdacht besteht, dass wesentliche aufsichtsrelevante Unterlagen beseitigt werden sollen Luz/ Neus/Schaber/Schneider/Wagner/Weber/Schmitz, 2019, § 44c Rn. 44).

b) Gewerblich-privat genutzte Räume und Wohnungen im engeren 36
Sinne. Räume, die auch als Wohnung dienen, dürfen aufgrund der Anforderungen des Art. 13 Abs. 7 Var. 3 GG ebenfalls nur zur Verhütung dringender Gefahren für die öffentliche Sicherheit und Ordnung betreten werden.

3. Zulässigkeit von Auskunfts- und Vorlagepflichten während der Prüfung

§ 8 Abs. 2 schließt es nicht aus, dass BaFin und BBank auch während einer Vor- 37
Ort-Prüfung Auskünfte und/oder die Vorlage weiterer Unterlagen verlangen (Ellenberger/Findeisen/Nobbe/Reschke/Ernst § 8 Rn. 45). Gegen eine Mitwirkungspflicht könnte sprechen, dass Betroffene Maßnahmen nach Abs. 2 „nur" dulden müssen (§ 8 Abs. 5 S. 1). Andererseits würde dies dazu führen, dass BaFin und BBank anlässlich einer Vor-Ort-Prüfung eine Durchsuchung durchführen könnten, soweit sie zur Klärung des Sachverhalts weiterer Unterlagen bedürfen. Der Grundsatz der Verhältnismäßigkeit spricht dafür, bei einer Vor-Ort-Prüfung statt einer Durchsuchung ein Auskunftsersuchen und/oder die Vorlage weiterer Unterlagen zuzulassen.

V. Durchsuchung, Abs. 3

1. Begriff der Durchsuchung

Durchsuchung ist das „ziel- und zweckgerichtete Suchen staatlicher Organe 38
nach Personen oder Sachen oder zur Ermittlung eines Sachverhalts, um etwas aufzuspüren, was der Inhaber der Wohnung von sich aus nicht offen legen oder herausgeben will" (BVerwGE 121, 345 (349); BVerfGE 51, 97 (106 f.); 75, 318 (327)). Der Begriff der Wohnung als räumlich geschützte Privatsphäre (BVerfGE 65, 1 (40)) ist weit auszulegen (BVerfG NJW 1971, 2299) Wegen der Einbeziehung von Geschäftsräumen in den Schutzbereich des Art. 13 GG dürfen Durchsuchungen solcher Räume grundsätzlich nur durch den Richter angeordnet werden (BVerfG NJW 1971, 2299 (2300); zum Verfahren → Rn. 40). Der Gesetzgeber hat die Durchsuchungsbefugnis auch auf Personen erstreckt, um die Möglichkeit, relevante Unterlagen und Datenträger am Körper zu verbergen, zu unterbinden. Hintergrund war die im Rahmen der Ermittlungsbefugnisse im KWG konstatierte Gesetzeslücke (BT-Drs. 17/3023, 43; zur Einführung im KWG Fischer/Schulte-Mattler/Lindemann § 44c Rn. 55).

2. Voraussetzungen

39   **a) Materielle Voraussetzungen.** § 8 Abs. 3 nennt keine materiellen Voraussetzungen für die Zulässigkeit einer Durchsuchung. Nach der Gesetzesbegründung sollen BaFin und BBank die nach dem Vorbild und der bewährten Konzeption des § 44c KWG zulässigen Durchsuchungskompetenzen erhalten (BT-Drs. 16/11613, 44). Die Einführung der Durchsuchungsbefugnisse im KWG hat der Gesetzgeber damit begründet, dass die im Vergleich zu § 44 Abs. 2 KWG aF weiterreichenden Befugnisse erforderlich seien, um erfolgreich gegen unerlaubte Geschäfte vorgehen zu können (BT-Drs. 13/7142, 93). Bei verfassungskonformer Auslegung, insbesondere unter Berücksichtigung der Anforderungen von Art. 13 GG iVm dem Verhältnismäßigkeitsgrundsatz, ist materielle Voraussetzung, dass die Durchsuchung zur Feststellung von Art und Umfang der Geschäfte oder Tätigkeiten erforderlich ist, also Auskunfts-/Vorlagepflichten (Abs. 1) und die Befugnisse nach Abs. 2 zur Sachverhaltsermittlung ausgeschlossen sind oder erfolglos waren, etwa wenn ein Verpflichteter die erforderlichen Unterlagen nicht zur Verfügung stellt (Schäfer/Omlor/Mimberg/Tiemann § 8 Rn. 60; Schröder/Hansen ZBB 2003, 113 (115) zu § 44c KWG).

40   **b) Verfahren.** Durchsuchungen von Geschäftsräumen, Wohnungen und Personen bedürfen grundsätzlich der **richterlichen Anordnung.** Damit wird der Anforderung des Art. 13 Abs. 2 GG und dem Ziel der vorbeugenden Kontrolle durch eine unabhängige und neutrale Instanz (dazu BVerfGE 103, 142 (151); zur Kontrollfunktion der richterlichen Anordnung BVerfG BeckRS 2018, 26668) Rechnung getragen. Zuständig ist das Amtsgericht, in dessen Bezirk sich die Räume befinden. § 8 Abs. 3 regelt nicht ausdrücklich, ob nur die BaFin oder auch die BBank antragsbefugt sind. Für eine Antragsbefugnis von beiden spricht, dass beide die Durchsuchung durchführen dürfen; in der Praxis der Bankenaufsicht stellt die BaFin den Antrag und leitet die Durchsuchung, die BBank unterstützt, die Unterstützung von Vollzugsbeamten der Kriminal- oder Schutzpolizei, Zoll- oder Steuerfahndung ist zulässig und jedenfalls bei Ausübung unmittelbaren Zwangs geboten (Schäfer/Omlor/Mimberg/Tiemann § 8 Rn. 64, Ellenberger/Findeisen/Nobbe/Reschke/Ernst § 8 Rn. 57).

41   **aa) Ausnahme für Geschäftsräume.** Bei Gefahr im Verzug dürfen **Geschäftsräume und Personen** auch ohne richterliche Anordnung durchsucht werden. Entsprechend der Vorgabe des Art. 13 Abs. 2 GG handelt es sich um eine Ausnahme, die eng auszulegen ist (zur Auslegung des Art. 13 Abs. 2 GG BVerfGE 103, 142 (153 ff.)). Die Aufsichtsbehörden dürfen eine Gefahr im Verzug annehmen, „wenn die vorherige Einholung der richterlichen Anordnung den Erfolg der Durchsuchung gefährden würde" (BVerfGE 103, 142 (154)), etwa wenn es (zumindest) wahrscheinlich ist, dass aufsichtsrelevante Unterlagen entfernt/vernichtet werden (Verdunkelungsgefahr) (Ellenberger/Findeisen/Nobbe/Reschke/Ernst § 8 Rn. 65). Unzureichend sind reine Spekulationen oder fallunabhängige Vermutungen (BVerfGE 103, 142 (155)). Die Durchsuchung muss nicht schriftlich angeordnet werden. Das kann sich aber anbieten, weil die zwangsweise Durchsetzung ohne vorherige schriftliche Androhung nur ausnahmsweise zulässig ist (§§ 6 Abs. 2, 13 Abs. 1 VwVG).

42   **bb) Privat (und geschäftlich) genutzte Räume. Räume, die dem Wohnen dienen,** dürfen nach dem eindeutigen Wortlaut des § 8 Abs. 3 nur nach richterlicher Anordnung durchsucht werden. Für **gemischt geschäftlich-privat genutzte Räume** enthält § 8 Abs. 3 keine eindeutige Regelung. Unter Verweis auf die Änderung des § 44c Abs. 3 KWG – mit dem 4. Finanzmarktförderungsgesetz hat der Gesetzgeber in der Formulierung Räume, die auch dem wohnen dienen das Wort auch gestrichen (BT-Drs. 14/8017, 50, 128) – wird vertreten, dass bei gemischt genutzten Räumen eine richterlicher Anordnung bei Gefahr im Verzug nicht erforderlich sei (Schäfer/Omlor/Mimberg/Tiemann § 8 Rn. 63; Fischer/Schulte-Mattler/Lindemann § 44c Rn. 57; **aA** Schwennicke/Auerbach/Schwennicke § 44c Rn. 14; wohl auch Ellenberger/Findeisen/Nobbe/Reschke/Ernst § 8 Rn. 66). Gegen dieses Verständnis spricht aber die Gesetzesbegründung: Die ursprüngliche Fassung des § 44c KWG sollte einen über die Vorgaben des Art. 13 Abs. 2 GG hinausgehenden Schutz einfachgesetzlich vorschreiben (BT-Drs. 13/7142, 93). Die Änderung durch das 4. Finanzmarktförderungsgesetz sollte klarstellen, „dass sich das Durchsuchungsrecht auf richterliche Anordnung auch auf Räumlichkeiten erstreckt, von denen nicht zweifelsfrei feststeht, dass sie nur zu Wohnzwecken dienen. Der bisherige Wortlaut wird in diesem Sinne den an einen derart intensiven Grundrechtseingriff zu stellenden Anforderungen nicht gerecht." (BT-Drs. 14/8017, 128). Der Gesetzgeber sollte klarstellen, welche Anforderungen für gemischt genutzte Räume gelten.

c) Niederschrift. Über die Durchsuchung ist eine Niederschrift zu fertigen, **43** die die verantwortliche Dienststelle, Grund, Zeit und Ort der Durchsuchung sowie ihr Ergebnis enthält. Die Niederschrift muss weiter die Tatsachen nennen, welche die Annahme der Gefahr im Verzug begründet haben. Damit wird sichergestellt, dass die Durchsuchungsanordnung und auch die Annahme der Gefahr im Verzug später einer gerichtlichen Kontrolle zugeführt werden können (BVerfGE 103, 142 (151 ff.); zum Rechtsschutz → Rn. 66).

3. Zulässigkeit von Auskunfts- und Vorlagepflichten während der Durchsuchung

Die Auskunfts- und Vorlagepflichten sind nach zutreffender Auffassung während **44** der Durchsuchung suspendiert (Ellenberger/Findeisen/Nobbe/Findeisen Vorauflage § 5 Rn. 60; Fischer/Schulte-Mattler/Lindemann § 44c Rn. 54; **aA** Luz/Neus/Schaber/Schneider/Wagner/Weber/Schmitz, 2019, § 44c Rn. 54 f.). Die Duldungspflicht (§ 8 Abs. 5 S. 1) spricht im Rahmen der Durchsuchung gegen die Zulässigkeit von Auskunfts- und Vorlagepflichten. Die Durchsuchung dient gerade dazu, die Weigerung der freiwilligen Vorlage zu überwinden (Fischer/Schulte-Mattler/Lindemann § 44c Rn. 54 zur entsprechenden Regelung in § 44c). Durchsuchungen setzen auch im allgemeinen Gefahrenabwehrrecht keine Mitwirkung der Betroffenen voraus.

VI. Sicherstellung, Abs. 4

1. Begriff und Gegenstand der Sicherstellung

BaFin und BBank können zum Zwecke der Beweissicherung Gegenstände si- **45** cherstellen. Sicherstellung bedeutet die vorübergehende Überführung eines Gegenstandes in amtlichen Gewahrsam (Schäfer/Omlor/Mimberg/Tiemann § 8 Rn. 66; Reischauer/Kleinhans/Bitterwolf, Lfg. 3 2022, § 44c Rn. 5). Gegenstände iSv § 8 Abs. 4 sind bewegliche Sachen – also Unterlagen inklusive Datenträger, Magnetbänder iSv Abs. 1 – und unbewegliche Sachen, die als Beweismittel für die Ermittlung des Sachverhalts von Bedeutung sein können (Schäfer/Omlor/ Mimberg/Tiemann § 8 Rn. 67). Soweit sich relevante Daten auf einem eingebauten Zentralspeicher befinden, könnten auch Teile des Gebäudes sichergestellt werden; Betroffene können den Aufsichtsbehörden das Überspielen auf mobile Datenträger gestatten (Fischer/Schulte-Mattler/Lindemann § 44c Rn. 63). Die Sicherstellung von Zufallsfunden ist mangels ausdrücklicher Regelung unzulässig (Schäfer/Omlor/Mimberg/Tiemann § 8 Rn. 68; Ellenberger/Findeisen/Nobbe/ § 5 Rn. 75; Schwennicke/Auerbach/Schwennicke § 44c Rn. 17).

46   Nach der Gesetzesbegründung zur entsprechenden Regelung in § 44c KWG soll der Begriff Sicherstellung der klaren Abgrenzung von strafprozessualen Maßnahmen dienen (BT-Drs. 13/7142, 93) Ob dieses Ziel erreicht wird, ist fraglich. Auch die Strafprozessordnung kennt den Begriff der Sicherstellung (§ 94 StPO). Eine Sicherstellung ist nach der StPO nur bei freiwilliger Herausgabe möglich, ansonsten bedarf es der Beschlagnahme (§ 94 Abs. 2 StPO). Die Sicherstellung nach Abs. 4 ist auch gegen den Willen des Betroffenen möglich, er muss die Sicherstellung dulden, Abs. 5 Satz 1.

2. Verfahren

47   **a) Richterliche Anordnung.** Die Sicherstellung kann die BaFin anordnen, eine richterliche Anordnung ist nach § 8 Abs. 4 nicht erforderlich. Weil die Wirkungen der Sicherstellung nach Abs. 4 nicht hinter denen der strafprozessualen Beschlagnahme zurückbleiben, die – zum Schutz der Rechte des Betroffenen und aus Gründen der Verhältnismäßigkeit – außer bei Gefahr im Verzug der richterlichen Anordnung (§ 98 Abs. 1 StPO) bedarf, wird vertreten, dass eine richterliche Anordnung aus Gründen der Rechtssicherheit und zur Vermeidung der Rechtswegspaltung geboten sei, wenn im Rahmen einer Durchsuchung eine Sicherstellung geplant sei (Fischer/Schulte-Mattler/Lindemann § 44c Rn. 65; weitergehend Schröder/Hansen ZBB 2003, 113 (115f.); Schwennicke/Auerbach/ Schwennicke § 44c Rn. 16). Nach anderer Auffassung fehlt es an der für eine entsprechende Anwendung des Abs. 3 bzw. den Regeln über die strafprozessuale Beschlagnahme erforderlichen Regelungslücke (vgl. Ellenberger/Findeisen/Nobbe/ Reschke/Ernst § 8 Rn. 72). Die richterliche Anordnung würde den Schutz der Rechte des Betroffenen durch eine unabhängige Kontrolle stärken. Zwingend erforderlich ist dies im Rahmen der Gefahrenabwehr nicht; de lege lata ist die BaFin für die Anordnung zuständig. (Zur Frage ob im Einzelfall zum Schutz der Rechte des Betroffenen ein Verwertungsverbot im Strafverfahren in Betracht kommt, → Rn. 58)

48   **b) Beendigung.** Die Beendigung der Sicherstellung ist nicht gesetzlich geregelt. Es besteht eine Rückgabepflicht, wenn die Gegenstände nicht mehr zu Beweiszwecken benötigt werden (Ellenberger/Findeisen/Nobbe/Reschke/Ernst § 8 Rn. 73; Schäfer/Omlor/Mimberg/Tiemann § 8 Rn. 69; vgl. BGHZ 72, 302 u.w. N; vgl. VGH München 16.9.2011 – 16b DC 11 1037, BeckRS 2011, 33899 Rn. 15; Fischer/Schulte-Mattler/Lindemann § 44c Rn. 64).

49   **c) Verhältnis zur Auskunfts- und Vorlagepflicht.** Ob im Rahmen der Sicherstellung Mitwirkungspflichten des Betroffenen bestehen, ist nicht ausdrücklich geregelt. Aus Abs. 5 folgt eine Duldungspflicht. Die Sicherstellung wird

sich regelmäßig an Maßnahmen nach Abs. 1 anschließen – insoweit ist der Betroffene verpflichtet, Unterlagen zugänglich zu machen (zur entsprechenden Regelung im KWG Luz/Neus/Schaber/Schneider/Wagner/Weber/Schmitz, 2019, § 44c Rn. 74) – oder an die Durchsuchung anschließen, so dass keine Mitwirkungspflichten bestehen.

VII. Duldungspflicht und Aussageverweigerungsrecht

1. Duldungspflicht

§ 8 Abs. 5 S. 1 legt ausdrücklich fest, dass die Betroffenen Prüfungen vor Ort **50** nach Abs. 2, Durchsuchungen nach Abs. 3 und Sicherstellungen nach Abs. 4 dulden müssen. Ein Verstoß gegen die Duldungspflicht ist eine Ordnungswidrigkeit, die mit einem Bußgeld von bis zu 300.000,00 EUR geahndet werden kann, § 64 Abs. 3 Nr. 2, Abs. 4.

2. Aussageverweigerungsrecht

Personen, die nach Abs. 1 auskunftspflichtig sind, dürfen die Auskunft auf solche **51** Fragen verweigern, deren Beantwortung sie selbst oder einen der in § 383 Abs. 1 Nr. 1–3 ZPO genannten Angehörigen der Gefahr strafgerichtlicher Verfolgung oder eines Verfahrens nach dem Gesetz über Ordnungswidrigkeiten aussetzen würde. Das unerlaubte Erbringen von Zahlungsdiensten und das unerlaubte Betreiben des E-Geld-Geschäfts können mit einer Freiheitsstrafe von bis zu fünf Jahren oder Geldstrafe bestraft werden (§ 63 Abs. 1 Nr. 4, 5). Im Fall der Fahrlässigkeit beträgt das Strafmaß bis zu drei Jahren Freiheitsstrafe oder Geldstrafe, § 63 Abs. 3. Die Ordnungswidrigkeiten sind in § 64 aufgelistet.

a) Belehrungspflicht. Nach dem Gesetzeswortlaut müssen BaFin und BBank **52** Betroffene nicht über ihr Auskunftsverweigerungsrecht belehren. Weil BaFin und BBank gemäß § 6 S. 2 ZAG iVm § 9 Abs. 1 S. 4 Nr. 1 KWG die ihnen bei ihrer Tätigkeit bekannt gewordenen Tatsachen den Strafverfolgungsbehörden mitteilen dürfen, ist fraglich, ob auch im Fall der unterbliebenen Belehrung die Auskünfte des Betroffenen im Strafverfahren oder im Verfahren wegen Ordnungswidrigkeiten verwertet werden dürfen.

aa) Strafrecht. Im Strafrecht führt die unterbliebene Belehrung des Beschuldigten über sein Aussageverweigerungsrecht zu einem Verwertungsverbot (BGH **53** NJW 1992, 1463 (1464); Meyer-Goßner/Schmitt/Schmitt, StPO, 60. Aufl. 2017, § 136 Rn. 20). Das Recht des Einzelnen, nicht gegen sich selbst aussagen zu müssen, gehört zu den Prinzipien des Strafverfahrens. Es schützt die Persönlichkeitsrechte aus Art. 2 Abs. 1, Art. 1 Abs. 1 GG und ist notwendiger Bestandteil des Rechts auf ein faires Verfahren (BGH NJW 1992, 1463 (1464 f.)). Ausnahmsweise besteht kein Verwertungsverbot, wenn dem Beschuldigten sein Aussageverweigerungsrecht bekannt ist oder der (anwaltlich vertretene oder vom Vorsitzenden belehrte) Angeklagte in der Hauptverhandlung der Verwertung ausdrücklich zustimmt (BGH NJW 1992, 1463 (1465 f.)). Verfassungsrechtlich ist es nicht zu beanstanden, dass bei einem Verstoß gegen die Vorschriften zur Beweiserhebung die Frage der Zulässigkeit der Verwertung im Strafprozess nach Art des Verbotes und Gewicht des Verstoßes nach Abwägung der Interessen an der Strafverfolgung und der Interessen des Beschuldigten entschieden wird (BVerfG NJW 2008, 3053).

54   **bb) Ermittlung von BaFin und BBank.** Die Belehrungspflicht gilt gegenüber Beschuldigten, also Personen gegen die ein förmliches Ermittlungsverfahren eingeleitet wurde oder gegen die die Strafverfolgungsbehörden Maßnahmen ergreifen, die erkennbar darauf abzielen, gegen sie wegen einer Straftat strafrechtlich vorzugehen (Meyer-Goßner/Schmitt, StPO, 60. Aufl. 2017, Einl. Rn. 76, BGH BeckRS 1985, 31103763; NStZ 1997, 398 ff.). BaFin und BBank sind keine Strafverfolgungsbehörden, die Maßnahmen nach § 8 dienen der Gefahrenabwehr. Wegen der Möglichkeit von BaFin und BBank, ihre Erkenntnisse den Strafverfolgungsbehörden mitzuteilen, könnten die Beschuldigtenrechte insbesondere dann umgangen werden, wenn parallel zu Maßnahmen nach § 8 die Strafverfolgungsbehörden Ermittlungen aufnehmen. Eine unterbliebene Belehrung kann im Einzelfall zu einem Verwertungsverbot der Aussage im Strafprozess führen (dafür VG Frankfurt a. M. 4.6.2009 − 1 K 4060/08.F, BeckRS 2009, 141768 Rn. 23; zum Verwertungsverbot im Strafprozess bei gesetzlich nicht normierten Aussageverweigerungsrecht BVerfGE 56, 37 (50 f.)).

55   Entsprechend kann auch die unterbliebene Belehrung im Einzelfall ein Verwertungsverbot im Verfahren wegen Ordnungswidrigkeiten zur Folge haben. Zuständig für die Verfolgung von Ordnungswidrigkeiten ist die BaFin §§ 33, 36 Abs. 1 Nr. 1 OWiG.

56   **b) Bedeutung des Aussageverweigerungsrechts für die Vorlagepflicht.** Das Aussageverweigerungsrecht bezieht sich nach dem Wortlaut nur auf die Auskunftspflicht, nicht auf die Pflicht, aufsichtsrelevante Unterlagen vorzulegen.

57   **aa) Erweiternde Auslegung.** Eine erweiternde Auslegung wird überwiegend abgelehnt (Schäfer/Omlor/Mimberg/Tiemann § 8 Rn. 75; Reischauer/Kleinhans/Bitterwolf, Lfg. 3−2022, § 44c Rn. 6; Fischer/Schulte-Mattler/Lindemann § 44c Rn. 80 ff.; VG Berlin NJW 1988, 1105 (1106 ff.) zur Vorlagepflicht nach § 44 Abs. 2 KWG aF; **aA** Szesny BB 2010, 1995 (1997 f.) zur vergleichbaren Regelung im WpHG). Für diese Auffassung spricht, dass an anderer Stelle ausdrücklich Vorlageverweigerungsrechte geregelt werden (etwa in § 342b Abs. 4 S. 2 HGB) und eine analoge Anwendung dieser Vorschriften am Fehlen einer planwidrigen Regelungslücke scheitert (Szesny BB 2010, 1995 (1997 f.) in Bezug auf die vergleichbare Vorlagepflicht § 4 Abs. 3 WpHG). Auch im Zusammenhang mit anderen Vorlagepflichten im (Wirtschafts-) Verwaltungsrecht lehnt die Rechtsprechung die Ausdehnung des Aussageverweigerungsrechts auf die Vorlagepflicht ab (BVerwG NVwZ 1984, 376 ff. − Vorlage von Arbeitszeitnachweisen nach Fahrpersonalgesetz; BVerfG NJW 1981, 1987 f. − Vorlagepflichten nach Binnenschiffsverkehrsgesetz).

58   **bb) Verwertungsverbot.** Fraglich ist, ob ein **Verwertungsverbot** im Strafverfahren oder im Verfahren wegen Ordnungswidrigkeiten gilt. Im Strafverfahren dürfen gem. § 95 Abs. 2 S. 2 StPO (analog) Zeugnisverweigerungsberechtigte und Beschuldigte nicht mit Zwangsmitteln zur Herausgabe von Beweisgegenständen angehalten werden, bei Verstößen wird zT ein Verwertungsverbot angenommen (Meyer-Goßner/Schmitt, StPO, 60. Aufl. 2017, § 95 Rn. 11). Es ist umstritten, ob ein Verwertungsverbot bereits deshalb ausscheiden soll, weil die Weitergabe der Informationen an die Strafverfolgungsbehörden nach § 6 S. 2 ZAG iVm § 9 Abs. 1 S. 4 Nr. 1 KWG ausdrücklich zulässig ist (zur entsprechenden Regelung im KWG;

Schwennicke/Auerbach/Schwennicke § 44c Rn. 19; Fischer/Schulte-Mattler/Lindemann § 44c Rn. 87) oder im Einzelfall in Betracht kommt (Schäfer/Omlor/Mimberg/Tiemann § 8 Rn. 75).

(1) Im weiteren Schrifttum werden unterschiedliche Lösungsansätze vertreten. **59** Gallandi schlägt vor, nach dem Schwerpunkt der Maßnahme – Aufsicht oder Strafverfolgung – zu differenzieren; bei ersterem genüge ein Verwertungsverbot zum Schutz der Persönlichkeitsrechte, soweit der Verdacht schwerer Wirtschaftskriminalität im Raum stehe, sollte das aufsichtsrechtliche Verfahren ruhen (Gallandi wistra 1987, 127 (129) zur Regelung im KWG aF). Nach anderer Auffassung soll das Verwertungsverbot greifen, wenn man zu Strafverfolgungszwecken Ermittlungen führen (Schröder/Hansen ZBB 203, 113 (121); ähnlich Bärlein/Pananis/Rehmsmeier NJW 2002, 1825 (1828 ff.), die ein umfassendes Schweige- und Vorlageverweigerungsrecht mit Beginn des strafrechtlichen Ermittlungsverfahrens fordern). Nach anderer Auffassung spricht etwa die Möglichkeit der Beschlagnahme im Strafprozess gegen ein generelles Verwertungsverbot (Hartung NJW 1988, 1070 (1072)).

(2) Der VGH Kassel hat in einer Entscheidung die Frage des Verwertungsverbotes offen gelassen (VGH Kassel NJOZ 2013, 1425 (1426 f.). Im Zusammenhang **60** mit anderen (öffentlich-rechtlichen) Vorlagepflichten gilt kein generelles Verwertungsverbot (gegen ein Verwertungsverbot bei nicht sanktionsbewährter Auskunftspflicht BGH NStZ 1990, 186 f.; vgl. Schröder/Hansen ZBB 2003, 113 (120) mwN aus der Rechtsprechung; für eine Verwertung im Ordnungswidrigkeitenverfahren bei sanktionsbewährter Vorlagepflicht OLG Hamm NZV 1992, 159 (160) – Fahrtenschreiberschaublätter. Das OLG Hamm begründet dies ua mit dem Gemeinschuldnerbeschluss des BVerfG, nach dem passive Mitwirkungspflichten – das BVerfG nennt als Beispiel die Duldung von Untersuchungen nach §§ 81a ff. StPO – weniger in die Persönlichkeitsrechte eingreifen als eine aktive Aussagepflicht (BVerfGE 56, 37 (42 f.)). Ob das durch Art. 6 Abs. 1 EMRK geschützte Recht auf ein faires Verfahren zu einem Verwertungsverbot führt, ist nach Prüfung der Gesamtumstände zu entscheiden (vgl. EGMR NJW 2006, 3117 Rn. 101; BVerfG NJW 2012, 907 Rn. 122 mwN). Es verletzt das Recht des Einzelnen, sich nicht selbst beschuldigen zu müssen, wenn er mit Bußgeldern zur Vorlage von Unterlagen in einem Steuerhinterziehungsverfahren angehalten wird (EGMR NJW 2002, 499 Rn. 64 ff.).

(3) Dass § 6 ZAG iVm § 9 KWG grundsätzlich die Verwertung zulassen, überzeugt mit Blick auf die Rechte aus Art. 1, 2 Abs. 1 GG, Art. 6 Abs. 1 EMRK nicht. **61** Allerdings dienen die Vorlagepflichten nach § 8 primär dazu, die Sachverhaltsgrundlage für Maßnahmen nach § 7 zu schaffen. Ein grundsätzliches Verwertungsverbot im Strafverfahren ist nach der genannten Rechtsprechung von BVerfG und EGMR nicht geboten. Etwas anderes kann gelten, wenn BaFin und Strafverfolgungsbehörden parallel ermitteln und die Befugnisse nach § 8 eingesetzt würden, um die Beschuldigtenrechte im Strafverfahren zu umgehen (Schäfer/Omlor/Mimberg/Tiemann § 8 Rn. 76). Maßgeblich ist eine Abwägung zwischen Aufklärungsinteresse und den Rechten des Beschuldigten im Einzelfall.

VIII. Zusammenarbeit mit Aufsichtsbehörden anderer Staaten, Abs. 6

62   Abs. 6 stattet BaFin und BBank entsprechend der Regelung in § 44c Abs. 6 KWG mit den für die Zusammenarbeit mit ausländischen Aufsichtsbehörden (aus Drittstaaten) erforderlichen Befugnissen aus, für die Zusammenarbeit mit anderen Aufsichtsbehörden anderer EU-Mitgliedstaaten gelten zudem die §§ 5, 38 ff. (zur Orientierung an § 44c KWG BT-Drs. 16/11613, 44; BT-Drs. 15/3641, 49 f.). Dahinter steht die Überlegung, dass die BaFin, um auf entsprechende Auskünfte von Aufsichtsbehörden aus anderen Staaten zurückgreifen zu können, im Gegenzug diesen Aufsichtsbehörden Amtshilfe leistet (BT-Drs. 15/3641, 49 f.). Abs. 6 nimmt Hilfstätigkeiten in den Blick, die unterhalb der Schwelle des Betreibens unerlaubter Geschäfte liegen und auch keine Teilakte darstellen (und insoweit mangels Erlaubnispflichtigkeit im Inland nicht der Ermittlungsbefugnis von BaFin und BBank unterliegen), allerdings einen ermittlungsbedürftigen Beitrag liefern (Schäfer/Omlor/Mimberg/Tiemann § 8 Rn. 77).

63   Voraussetzung für ein Vorgehen nach Abs. 6 ist, dass
– erstens ein anderes Unternehmen in einem anderen Staat entgegen einem dort bestehenden Verbot unerlaubt Zahlungsdienste erbringt oder das E-Geld-Geschäft betreibt,
– zweitens ein auf Tatsachen gegründeter Verdacht besteht, dass Unternehmen oder Personen in Deutschland in die Anbahnung, den Abschluss oder die Abwicklung der Geschäfte, die im Ausland verbotswidrig erbracht werden, einbezogen sind und
– drittens die zuständige Aufsichtsbehörde des anderen Staates ein Ersuchen an die BaFin stellt.

Die Voraussetzungen müssen kumulativ erfüllt sein (Schäfer/Omlor/Mimberg/Tiemann § 8 Rn. 80).

64   Der Wortlaut „entgegen einem dort bestehenden Verbot erbracht werden" legt nahe, dass das verbotswidrige Erbringen von Zahlungsdiensten bzw. das verbotswidrige Betreiben des E-Geld-Geschäfts im Ausland feststehen müssen. Allerdings wird es der BaFin kaum möglich sein, dies festzustellen, insoweit darf sie von den tatsächlichen Angaben der ausländischen Aufsichtsbehörde ausgehen, soweit sie keine Anhaltspunkte für das Gegenteil hat und die Angaben schlüssig sind (Ellenberger/Findeisen/Nobbe/Reschke/Ernst § 8 Rn. 82). Der auf Tatsachen gegründete Verdacht der Einbeziehung in verbotswidrige Geschäfte kann außer auf eigene Kenntnisse von BaFin und BBank auch auf die Erkenntnisse der ersuchenden Behörde gestützt werden, soweit diese im Amtshilfeersuchen mitgeteilt werden (Schäfer/Omlor/Mimberg/Tiemann § 8 Rn. 78). Ausreichend dürfte es sein, wenn die unerlaubten Geschäfte im Ausland sachlich dem ZAG zuzuordnen sind, ohne dass alle tatbestandlichen Voraussetzungen des § 1 Abs. 1 S. 2, Abs. 2 erfüllt sein müssen und die ersuchende Behörde nach ihrem nationalen Recht zuständig für die Ermittlungen ist (Schäfer/Omlor/Mimberg/Tiemann § 8 Rn. 78 f., Ellenberger/Findeisen/Nobbe/Reschke/Ernst § 8 Rn. 81, 86).

IX. Information der Öffentlichkeit, Abs. 7

Voraussetzung für eine Information der Öffentlichkeit gemäß Abs. 7 ist, dass fest- **65** steht oder der Verdacht besteht, das ein Unternehmen unerlaubt Zahlungsdienste erbringt oder unerlaubt das E-Geld-Geschäft betreibt (dazu → §7 Rn. 9 ff.). Die Information der Öffentlichkeit dient dem kollektiven Verbraucherschutz und soll gewährleisten, dass die Öffentlichkeit bereits zu einem möglichst frühen Zeitpunkt über potentiell unerlaubte Tätigkeiten informiert werden kann, um einen möglichen Schaden für den Finanzplatz Deutschland möglichst gering zu halten (BT-Drs. 18/11495, 121). Andererseits kann eine entsprechende Information der BaFin erhebliche Auswirkungen auf die Geschäftstätigkeit des betroffenen Unternehmens haben. Insoweit muss die BaFin eine Abwägungsentscheidung zwischen den genannten geschützten Rechtsgütern und den Rechten des betroffenen Unternehmens (aus Art. 12 Abs. 1, 3 Abs. 1 GG) treffen. Dabei ist zu berücksichtigen, dass die BaFin die Öffentlichkeit in gleicher Weise informieren muss, wenn sich die Informationen als falsch herausstellen oder die zugrunde liegenden Umstände unrichtig wiedergegeben werden. Es ist aber fraglich, ob eine solche korrigierte Information einen möglichen Reputationsschaden stets adäquat beheben wird. Angesichts des mit Abs. 7 bezweckten Schutzes einerseits und den Rechten der betroffenen Unternehmen andererseits, spricht viel dafür, aus Gründen der Verhältnismäßigkeit im Regelfall wie folgt zu differenzieren: Soweit feststeht, dass unerlaubte Zahlungsdienste erbracht bzw. unerlaubte E-Geld-Geschäfte betrieben werden, wird die Information der Öffentlichkeit regelmäßig rechtmäßig sein. Steht dies dagegen nicht fest, sondern besteht „nur" ein Verdacht, dass unerlaubte Zahlungsdienste erbracht oder unerlaubtes E-Geld-Geschäft betrieben werden, spricht aus Gründen der Verhältnismäßigkeit einiges dafür, dass nur ein auf konkrete Tatsachen gegründeter Verdacht (ähnlich dem dringenden Tatverdacht iSd StPO) die Information der Öffentlichkeit rechtfertigt (vgl. Laars/Both, VAG, 4. Online-Aufl. 2017, § 308 Rn. 3; VG Frankfurt a. M. 30.4.2020 – 7 L 759/20.F, BeckRS 2020, 12544 Rn. 27).

X. Rechtsschutz

1. Maßnahmen nach Abs. 1, 2, 4

Gegen Anordnungen der BaFin nach Abs. 1, 2, 4 sind Widerspruch und Anfech- **66** tungsklage statthafte Rechtsbehelfe, die allerdings nach §9 keine aufschiebende Wirkung haben. Das gilt entsprechend für Androhung und Festsetzung von Zwangsmitteln. Betroffene können bei der BaFin bzw. bei Gericht die Anordnung der aufschiebenden Wirkung gemäß § 80 Abs. 4, 5 VwGO beantragen. Soweit sich die begehrte Anordnung wegen der Durchführung der Ermittlungsmaßnahme bereits erledigt hat, kann der Betroffene ggf. mittels der Fortsetzungsfeststellungsklage die Feststellung der Rechtswidrigkeit der Maßnahme beantragen (VG Frankfurt a. M. 4.6.2009 – 1 K 4060/08.F, BeckRS 2009, 141768 Rn. 17 f. zur mündlichen Prüfungsanordnung nach §44c KWG). Wird die Sicherstellung zusammen mit der Durchsuchung vom Amtsrichter angeordnet, kann gegen die Anordnung Beschwerde nach §§306 ff. StPO eingelegt werden (Ellenberger/Findeisen/Nobbe/Reschke/Ernst § 5 Rn. 68).

2. Durchsuchung

67　　Gegen die richterliche Durchsuchungsanordnung ist nach Abs. 3 Satz 7 die Beschwerde zulässig; die §§ 306 ff. StPO gelten entsprechend. Die Beschwerde ist bei dem Amtsgericht einzulegen, das die Durchsuchung angeordnet hat. Sie hat nach § 307 Abs. 1 StPO keine aufschiebende Wirkung. Soweit das Gericht der Beschwerde nicht abhilft, hat es die Beschwerde spätestens vor Ablauf von drei Tagen dem Beschwerdegericht vorzulegen (§ 306 Abs. 2 StPO). Die weitere Beschwerde ist nicht zulässig, die Durchsuchung gehört nicht zu den in § 310 Abs. 1 StPO abschließend aufgeführten Gegenständen.

68　　Hat die BaFin wegen Gefahr im Verzug die Durchsuchung angeordnet, so kann gemäß § 98 Abs. 2 S. 2 StPO analog ein Antrag auf richterliche Entscheidung gestellt werden; gegen die Anordnung- und Duldungsverfügung der BaFin kann Anfechtungsklage erhoben werden (Fischer/Schulte-Mattler/Lindemann § 44c Rn. 60 zur entsprechenden Regelung in § 44c KWG). Soweit die Durchsuchung bereits durchgeführt wurde, können Betroffene ggf. (Fortsetzungs-)Feststellungsklage erheben oder Amtshaftungsansprüche vor dem zuständigen Landgericht (§ 71 Abs. 2 Nr. 1 GVG) geltend machen (Fischer/Schulte-Mattler/Lindemann § 44c Rn. 60).

3. Maßnahmen nach Abs. 7

69　　Da es sich bei Informationen nach Abs. 7 um tatsächliches Verwaltungshandeln handelt, kommen die allgemeine Feststellungsklage (bspw. gerichtet auf die Feststellung einer rechtswidrigen Information der Öffentlichkeit oder eine unzureichende korrigierte Information nach Abs. 7 Satz 2) bzw. eine allgemeine Leistungsklage (bspw. gerichtet auf die Veröffentlichung einer korrigierten Information nach Abs. 7 Satz 2) in Betracht. Im Wege des Eilrechtsschutzes kann gem. § 123 VwGO der Erlass einer einstweiligen Anordnung beantragt werden, etwa die Löschung einer bestimmten Information auf der Webseite der BaFin bis zur Entscheidung in der Hauptsache zu löschen (vgl. VG Frankfurt a. M. 30. 4. 2020 – 7 L 759/20.F, BeckRS 2020, 12544). Klage- bzw. antragsbefugt sind die betroffenen Unternehmen, nicht aber Verbraucher, da die Norm nicht dem individuellen Verbraucherschutz dient.

XI. Abgrenzung zu § 19

70　　Nach der Gesetzesbegründung bleiben die Rechte der BaFin nach § 19 von den Befugnissen nach § 8 unberührt, sie bestehen unabhängig davon, ob ein Unternehmen Zahlungsdienste (bzw. das E-Geld-Geschäft) mit oder ohne Erlaubnis erbringt (zur entsprechenden Vorgängerregelung BT-Drs. 16/11613, 44). Bei § 19 muss feststehen, dass Zahlungsdienste erbracht bzw. das E-Geld-Geschäft betrieben wird. Dagegen setzen Maßnahmen nach § 8 „nur" den auf Tatsachen gegründeten Verdacht voraus, dass unerlaubte Geschäfte betrieben werden; die parallele Anwendbarkeit bei feststehen des Betreibens unerlaubter Geschäfte dürfte angesichts des nach § 8 im Vergleich zu § 19 weiteren Instrumentariums in der Praxis geringe Bedeutung haben (Schäfer/Omlor/Mimberg/Tiemann § 8 Rn. 4).

Unterabschnitt 3. Sofortige Vollziehbarkeit

§9 Sofortige Vollziehbarkeit

Widerspruch und Anfechtungsklage gegen Maßnahmen der Bundesanstalt, einschließlich der Androhung und Festsetzung von Zwangsmitteln, auf der Grundlage des § 4 Absatz 2, der §§ 7, 8, § 13 Absatz 2 Nummer 2 bis 5 oder § 14 Absatz 1 in Verbindung mit § 2c Absatz 1b Satz 1 bis 3, Absatz 2 Satz 1 und Absatz 2a des Kreditwesengesetzes, auf der Grundlage des § 15 Absatz 1 Satz 3 und 4, der §§ 19 bis 21, diese auch in Verbindung mit § 17 Absatz 3 Satz 3, § 23 Absatz 1, § 24 Absatz 4 oder auf der Grundlage des § 25 Absatz 3, des § 26 Absatz 3 und 3a oder des § 27 Absatz 3 Satz 1 und 3 oder Absatz 4 Satz 2 oder des § 32 Absatz 2 oder des § 39 Absatz 8 haben keine aufschiebende Wirkung.

Literatur: BeckOK VwGO, Passer/Wolf (Hrsg.), 64. Ed. 2023; Sodan/Ziekow VwGO, 5. Aufl. 2018.

I. Vorbemerkung

§ 9 regelt, dass Widerspruch oder Anfechtungsklage gegen bestimmte Maßnah- **1** men der BaFin keine aufschiebende Wirkung haben und damit auch während des Widerspruchs- oder Klageverfahrens durchgesetzt werden können. Mit dem Gesetz zur Umsetzung der Zweiten E-Geld-Richtlinie vom 1. 3. 2011 wurde klargestellt, dass auch die Androhung und Festsetzung von Zwangsmitteln im Zusammenhang mit Verwaltungsakten der in § 23 ZAG aF (jetzt § 9) genannten Maßnahmen bei Widerspruch und Anfechtungsklage nicht ausgesetzt werden. Dies war erforderlich, damit eilbedürftige Maßnahmen der Aufsicht nicht durch zeitliche Verzögerungen gegenstandslos werden (Ellenberger/Findeisen/Nobbe/Werner ZAG § 23 aF Rn. 2). Durch das ZDUG II wurde die sofortige Vollziehbarkeit deutlich erweitert und erstreckt auf § 4 Abs. 2 (§ 3 Abs. 2 ZAG aF), § 14 Abs. 1 (§ 11 Abs. 1 ZAG aF), § 15 Abs. 1 S. 3 und 4 (§ 12 Abs. 4 ZAG aF), § 24 Abs. 4 (§ 18 Abs. 4 ZAG aF). § 26 Abs. 3 (§ 20 Abs. 3 ZAG aF), § 27 Abs. 3 S. 1 oder Abs. 4 S. 2 (Organisation) (§ 22 Abs. 3 ZAG aF), § 32 Abs. 2 (früher § 23c Abs. 2 ZAG aF) oder des § 39 Abs. 8. Mit dem Gesetz zur Umsetzung der Richtlinien (EU) 2019/878 und (EU) 2019/879 zur Reduzierung von Risiken und zur Stärkung der Proportionalität im Bankensektor (Risikoreduzierungsgesetz – RiG) wurde der Katalog namentlich in Folge der Änderung des § 2c KWG erweitert (BT-Drs. 19/22786, 198).

II. Rechtsmittel gegen Maßnahmen der BaFin

Maßnahmen der BaFin nach dem ZAG stellen für die Adressaten regelmäßig **2** **belastende Verwaltungsakte** dar. Gegen diese kann auf dem Verwaltungsrechtsweg Rechtsschutz erlangt werden. Das nähere Verfahren ist in der Verwaltungsgerichtsordnung **(VwGO)** geregelt.

Danach ist bei einem belastenden Verwaltungsakt zunächst ein **Widerspruchs-** **3** **verfahren** nach §§ 68 ff. VwGO durchzuführen. Innerhalb eines Monats nach Zustellung des belastenden Verwaltungsaktes muss das betroffene Institut schriftlich, in elektronischer Form nach § 3a Abs. 2 VwVfG oder zur Niederschrift (§ 70 VwGO) bei der BaFin Widerspruch einlegen. Die Rechtsmittelfrist beginnt nach § 58 Abs. 1 VwGO nur zu laufen, wenn der Beteiligte über den Rechtsbehelf, die Verwaltungsbehörde (oder das Gericht), bei denen der Rechtsbehelf anzubringen ist, den Sitz und die einzuhaltende Frist schriftlich oder elektronisch belehrt worden ist; bei fehlender oder unrichtiger Belehrung greift nach § 58 Abs. 2 VwGO eine Jahresfrist. Die BaFin überprüft daraufhin im Widerspruchsverfahren die **Recht- und Zweckmäßigkeit** ihrer Maßnahme. Dabei kann sie dem Widerspruch abhelfen (§ 72 VwGO) oder ihn im Rahmen eines Widerspruchsbescheides nach § 73 VwGO zurückweisen. Hierbei ist § 73 Abs. 1 S. 2 Nr. 2 VwGO maßgeblich. Da nächsthöhere Behörde über der BaFin das Bundesministerium der Finanzen ist und dieses eine oberste Bundesbehörde darstellt, wird der **Widerspruchsbescheid von der BaFin selber** erlassen.

4   Soweit ein Widerspruchsbescheid erlassen wurde und damit dem belastenden Verwaltungsakt nicht oder nur teilweise abgeholfen wurde, steht dem Institut als Rechtsmittel die **Anfechtungsklage** gemäß § 42 Abs. 1 Alt. 1 VwGO zur Verfügung. Diese ist ebenfalls einen Monat nach Zustellung des Widerspruchsbescheides beim zuständigen Verwaltungsgericht einzulegen. Dieses ist gemäß § 52 Nr. 2 VwGO iVm § 1 Abs. 3 S. 1 FinDAG das **Verwaltungsgericht Frankfurt am Main**. Die Klage ist gemäß § 81 VwGO schriftlich zu erheben, sie kann zu Protokoll des Urkundsbeamten der Geschäftsstelle erhoben werden. Die Erhebung in elektronischer Form wird von § 81 VwGO erfasst (BVerwG 25.1.2021 – 9 C 8/19, NVwZ 2021, 1061 Rn. 29f.). Gemäß § 55d VwGO besteht eine Pflicht zur Einreichung der Klage in elektronischer Form ua für Rechtsanwälte.

III. Aufschiebende Wirkung

5   Nach § 80 Abs. 1 VwGO haben Widerspruch und Anfechtungsklage grundsätzlich aufschiebende Wirkung. Dies bedeutet, dass bis zu einer endgültigen Entscheidung die von der BaFin angeordnete Maßnahme nicht vollzogen werden darf (dh eine Vollziehungs-, nicht aber eine Wirksamkeitshemmung eintritt, BeckOK VwGO/Gersdorf § 80 Rn. 25) und somit auch nicht befolgt werden muss. Hiervon macht § 80 Abs. 2 VwGO einige Ausnahmen. So entfällt die aufschiebende Wirkung bei der Anforderung von **öffentlichen Abgaben und Kosten** (§ 80 Abs. 2 S. 1 Nr. 1 VwGO). Denn in diesem Fall ist der beim Adressaten des Verwaltungsaktes eintretende Schaden im Falle der Stattgabe des Widerspruches oder der Anfechtungsklage regelmäßig nicht irreparabel, da er durch Rückzahlung der geleisteten Beträge so gestellt wird wie vor Erlass des Verwaltungsaktes. Ebenso führen Widerspruch und Anfechtungsklage dann nicht zu einer Aufschiebung, wenn eine **sofortige Vollziehung im öffentlichen Interesse oder im überwiegenden Interesse eines Beteiligten** ist und die den Verwaltungsakt erlassende Behörde die sofortige Vollziehung angeordnet hat (§ 80 Abs. 2 S. 1 Nr. 4 VwGO). In diesem Fall muss nach Maßgabe des § 80 Abs. 3 S. 1 VwGO das besondere Interesse an der sofortigen Vollziehung von der Behörde schriftlich begründet werden, soweit keine Gefahr im Verzug ist. Eine aufschiebende Wirkung entfällt gemäß § 80 Abs. 2 S. 1 Nr. 3 VwGO auch dann, wenn dies **durch Bundes- oder Landesgesetz vorgeschrieben** ist. § 9 stellt ein solches Bundesgesetz dar (Ellenberger/Findeisen/Nobbe/Werner ZAG § 23 aF Rn. 13). In den dort genannten Fällen

geht der Gesetzgeber davon aus, dass der Schutz der Gläubiger oder die Verhinderung von Missständen, also das öffentliche Interesse an einem sofortigen Vollzug der Maßnahme, das Individualinteresse des Institutes an der Aussetzung überwiegt. Anderenfalls könnte der Vollzug der genannten Maßnahmen durch Widerspruch und Anfechtungsklage so lange verzögert werden, dass ein effektiver Gläubigerschutz oder eine zeitnahe Beseitigung von Missständen nicht möglich wäre.

IV. Fälle des sofortigen Vollzuges

Nach § 9 haben Widerspruch und Anfechtungsklage gegen die folgenden Maß- **6** nahmen der BaFin keine aufschiebende Wirkung:

- Anordnungsbefugnis der BaFin (§ 4 Abs. 2)
- Einschreiten gegen unerlaubte Zahlungsdienste sowie das unerlaubte Betreiben des E-Geld-Geschäfts (§ 7)
- Verfolgung unerlaubter Zahlungsdienste sowie des unerlaubten Betreibens des E-Geld-Geschäfts (§ 8)
- Aufhebung der Erlaubnis für Zahlungsinstitute und E-Geld-Institute bei Erlangung der Erlaubnis aufgrund falscher Tatsachen oder durch sonstige unrechtmäßige Handlungen (§ 13 Abs. 2 Nr. 2)
- Aufhebung der Erlaubnis für Zahlungsinstitute und E-Geld-Institute bei Bekanntwerden von Tatsachen, nach denen die Erlaubnis zu versagen wäre oder gegen die Mitteilungspflichten nach § 10 Abs. 5 oder § 11 Abs. 4 verstoßen wird (§ 13 Abs. 2 Nr. 3)
- Aufhebung der Erlaubnis für Zahlungsinstitute und E-Geld-Institute bei Gefährdung der Stabilität des betriebenen Zahlungssystems oder das Vertrauen darin (§ 13 Abs. 2 Nr. 4)
- Aufhebung der Erlaubnis für Zahlungsinstitute und E-Geld-Institute bei schwerwiegendem, wiederholtem oder systematischem Verstoß gegen § 27, gegen das Geldwäschegesetz, gegen die Geldtransfer-VO oder gegen die zur Durchführung dieser Vorschriften erlassenen Verordnungen oder vollziehbaren Anordnungen (§ 13 Abs. 2 Nr. 5)
- Untersagung des Erwerbs der bedeutenden Beteiligung oder ihrer Erhöhung, wenn Tatsachen die Annahme rechtfertigen, dass ein Anzeigepflichtiger bzw. dessen gesetzlicher oder satzungsmäßiger Vertreter bzw. Gesellschafter nicht zuverlässig ist oder aus anderen Gründen nicht den im Interesse einer soliden und umsichtigen Führung des Instituts zu stellenden Ansprüchen genügt (§ 14 Abs. 1 S. 1 iVm § 2c Abs. 1b S. 1 KWG)
- Untersagung des Erwerbs oder der Erhöhung der Beteiligung, wenn die Angaben nach § 2c Abs. 1 S. 2, S. 6 KWG oder die Informationen nach § 2c Abs. 1a S. 3 KWG unrichtig oder unvollständig sind bzw. nicht den Anforderungen der Rechtsverordnung nach § 24 Abs. 4 entsprechen (§ 14 Abs. 1 S. 1 iVm § 2c Abs. 1b Satz 2 KWG)
- in den Fällen des § 2c Abs. 1b S. 1 statt den beabsichtigten Erwerb der bedeutenden Beteiligung oder ihre beabsichtigte Erhöhung zu untersagen, sowie in den Fällen des § 2c Abs. 1 S. 7 innerhalb des Beurteilungszeitraums Anordnungen gegenüber dem Anzeigepflichtigen treffen, die geeignet und erforderlich sind, um das Eintreten der in § 2c Abs. 1b S. 1 Nr. 1–6 KWG genannten Untersagungsgründe auszuschließen (§ 14 Abs. 1 S. 1 iVm § 2c Abs. 1b S. 3 KWG)

- Untersagung der Ausübung der Stimmrechte bzw. Anordnung eines Zustimmungserfordernis bei Verfügung über dieselben unter den Voraussetzungen des § 2c Abs. 2 S. 1 KWG (§ 14 Abs. 1 S. 1 iVm § 2c Abs. 2 S. 1 KWG)
- in den Fällen des § 2c Abs. 2 KWG gegenüber einem die bedeutende Beteiligung begründenden Unternehmen anordnen, Weisungen des Inhabers einer bedeutenden Beteiligung, der an dem begründenden Unternehmen beteiligt ist, nicht zu befolgen (§ 14 Abs. 1 iVm § 2c Abs. 2a KWG)
- Maßnahmen zur Verhinderung der mehrfachen Nutzung von Bestandteilen, die zur Berechnung der Eigenmittel in Frage kommen bzw. Festsetzung von Korrekturposten auf die Eigenmittel nach § 15 Abs. 1 S. 1, wenn deren rechnerische Größe die tatsächliche Eigenmittelbasis nicht angemessen abbildet (§ 15 Abs. 1 S. 3 und 4)
- Auskunftsersuchen, Anforderung von Unterlagen und Prüfungen bei Instituten, Zweigniederlassungen, Agenten und Auslagerungsunternehmen (§ 19 Abs. 1)
- Abberufung von Geschäftsleitern (§ 20 Abs. 1 und 3)
- Übertragung von Organbefugnissen auf Sonderbeauftragte (§ 20 Abs. 2)
- Untersagung von Ausschüttungen und Anordnung von Maßnahmen zur Reduzierung von Risiken (§ 21 Abs. 1)
- Anweisungen für die Geschäftsführung und Bestellung von Aufsichtspersonen (§ 21 Abs. 2)
- Verhängung eines Moratoriums (§ 21 Abs. 3)
- Stellung eines Insolvenzantrages (§ 21 Abs. 4)
- Bestellung eines anderen Abschlussprüfers (§ 23 Abs. 1 S. 2)
- Treffen von Bestimmungen über den Inhalt der Prüfung im Rahmen der Jahresabschlussprüfung bzw. Festlegung der Schwerpunkte der Prüfung (§ 24 Abs. 4)
- Untersagung der Beauftragung von Agenten (§ 25 Abs. 3)
- Treffen von erforderlichen Anordnungen zur Beseitigung der Beeinträchtigung bzw. zur Vorbeugung künftiger Beeinträchtigungen der Prüfungsrechte und Kontrollmöglichkeiten der Bundesanstalt (§ 26 Abs. 3)
- Treffen von Anordnungen gegenüber Auslagerungsunternehmen, um Verstöße gegen aufsichtsrechtliche Bestimmungen zu verhindern oder zu unterbinden oder um Missstände in einem Institut zu verhindern oder zu beseitigen, welche die Sicherheit der dem Institut anvertrauten Vermögenswerte gefährden könnte oder die ordnungsgemäße Durchführung von Zahlungsdiensten, des E-Geld-Geschäfts oder von sonstigen nach diesem Gesetz institutstypischen Dienstleistungen beeinträchtigen (§ 26 Abs. 3a)
- Treffen von erforderlichen Anordnungen, um Anforderungen an eine ordnungsgemäße Geschäftsorganisation zu erfüllen (§ 27 Abs. 3 S. 1), auch gegenüber Auslagerungsunternehmen, soweit ausgelagerte Aktivitäten und Prozesse betroffen sind (§ 27 Abs. 3 S. 3)
- Treffen von erforderlichen Anordnungen, um Verstöße gegen die Pflichten nach den Verordnungen nach § 27 Abs. 1 zu verhindern bzw. zu unterbinden (§ 27 Abs. 4 S. 2)
- Untersagung der Einbindung von E-Geld-Agenten in das E-Geld-Institut (§ 32 Abs. 2)
- Anordnungsbefugnisse der BaFin im Fall des Brexit (§ 39 Abs. 8)
- Anordnung der entsprechenden Anwendung von § 39 Abs. 1–7 auf Unternehmen mit Sitz in Großbritannien oder Nordirland (§ 39 Abs. 8)
  Diese Regelungen gelten auch für Zweigniederlassungen und Agenten eines Unternehmens mit Sitz in einem anderen Staat des EWR.

V. Aussetzung des sofortigen Vollzuges

Gemäß § 80 Abs. 4 S. 1 VwGO kann die BaFin die **sofortige Vollziehung** der 7
ergriffenen Maßnahme **aussetzen.** Eine solche Aussetzung kommt insbesondere
dann in Betracht, wenn ausnahmsweise das Individualinteresse des Institutes das öffentliche Interesse an der Vollziehung der Maßnahme überwiegt. Das kommt analog § 80 Abs. 4 S. 3 VwGO in Betracht, wenn ernstliche Zweifel an der Rechtmäßigkeit der Maßnahme bestehen (BeckOK VwGO/Gersdorf § 80 Rn. 126).

Auch das Verwaltungsgericht kann nach § 80 Abs. 5 S. 1 VwGO die **aufschie-** 8
bende Wirkung des Widerspruchs bzw. der Klage **anordnen.** Hierzu ist ein entsprechender Antrag des Institutes erforderlich. Dieser kann bereits vor Erhebung
der Anfechtungsklage gestellt werden. Soweit die Maßnahme schon vollzogen ist,
kann das Gericht auch die Aufhebung ihrer Vollziehung anordnen. Bei der Entscheidung über den Antrag prüft das Verwaltungsgericht zunächst summarisch die
Erfolgsaussichten in der Hauptsache. Bei überwiegenden Erfolgsaussichten, also
ernsthaften Zweifeln an der Rechtmäßigkeit der von der BaFin ergriffenen Maßnahme, wird es die aufschiebende Wirkung des Widerspruchs bzw. der Klage anordnen. Bei offenen Erfolgsaussichten wird das Gericht im Regelfall der gesetzlichen Risikoverteilung folgen, wonach generell ein Vollzugsvorrang besteht
(Sodan/Ziekow/Puttler VwGO § 80 Rn. 148) und den Antrag ablehnen, wenn
nicht ausnahmsweise besondere Umstände vorliegen, aufgrund derer das Individualinteresse des Institutes auf Aussetzung das öffentliche Interesse an der unmittelbaren Durchführung der Maßnahme überwiegt. Ist ein solcher Ausnahmefall gegeben, wird das Gericht dem Antrag stattgegeben.

Abschnitt 2. Erlaubnis, Inhaber bedeutender Beteiligungen

Unterabschnitt 1. Erlaubnis

§ 10 Erlaubnis für das Erbringen von Zahlungsdiensten; Verordnungsermächtigung

(1) [1]Wer im Inland gewerbsmäßig oder in einem Umfang, der einen in kaufmännischer Weise eingerichteten Geschäftsbetrieb erfordert, Zahlungsdienste erbringen will, ohne Zahlungsdienstleister im Sinne des § 1 Absatz 1 Satz 1 Nummer 2 bis 5 zu sein, bedarf der schriftlichen Erlaubnis der Bundesanstalt. [2]Über die Erbringung von Zahlungsdiensten hinaus sind von der Erlaubnis umfasst

1. die Erbringung betrieblicher und eng verbundener Nebendienstleistungen; Nebendienstleistungen sind die Sicherstellung der Ausführung von Zahlungsvorgängen, Devisengeschäfte, Dienstleistungen für die Sicherstellung des Datenschutzes sowie die Datenspeicherung und -verarbeitung und Verwahrungsleistungen, soweit es sich nicht um die Entgegennahme von Einlagen handelt;

2. der Betrieb von Zahlungssystemen nach Maßgabe des § 57;

3. Geschäftstätigkeiten, die nicht in der Erbringung von Zahlungsdiensten bestehen, wobei das geltende Unionsrecht und das jeweils maßgebende einzelstaatliche Recht zu berücksichtigen sind.

(2) [1]Der Erlaubnisantrag muss folgende Angaben und Nachweise enthalten:

1. eine Beschreibung des Geschäftsmodells, aus der insbesondere die Art der beabsichtigten Zahlungsdienste hervorgeht;

2. einen Geschäftsplan mit einer Budgetplanung für die ersten drei Geschäftsjahre, aus dem hervorgeht, dass der Antragsteller über geeignete und angemessene Systeme, Mittel und Verfahren verfügt, um seine Tätigkeit ordnungsgemäß auszuführen;

3. den Nachweis, dass der Antragsteller über das erforderliche Anfangskapital nach § 12 Nummer 3 verfügt sowie für Zahlungsauslösedienste und Kontoinformationsdienste den Nachweis über die Absicherung im Haftungsfall unter den Voraussetzungen der §§ 16 und 36;

4. eine Beschreibung der Maßnahmen zur Erfüllung der Sicherungsanforderungen nach § 17;

5. eine Beschreibung der Unternehmenssteuerung und der internen Kontrollmechanismen des Antragstellers einschließlich der Verwaltungs-, Risikomanagement- und Rechnungslegungsverfahren, aus der hervorgeht, dass diese Unternehmenssteuerung, Kontrollmechanismen und Verfahren verhältnismäßig, angemessen, zuverlässig und ausreichend sind;

6. eine Beschreibung der vorhandenen Verfahren für Überwachung, Handhabung und Folgemaßnahmen bei Sicherheitsvorfällen und sicherheitsbezogenen Kundenbeschwerden, einschließlich eines Me-

chanismus für die Meldung von Vorfällen, der die Meldepflichten nach
§ 54 berücksichtigt;

7. eine Beschreibung der vorhandenen Verfahren für die Erfassung,
Überwachung, Rückverfolgung sowie Beschränkung des Zugangs zu
sensiblen Zahlungsdaten;

8. eine Beschreibung der Regelungen zur Geschäftsfortführung im Krisenfall, einschließlich klarer Angabe der maßgeblichen Abläufe, der
wirksamen Notfallpläne und eines Verfahrens für die regelmäßige
Überprüfung der Angemessenheit und Wirksamkeit solcher Pläne;

9. eine Beschreibung der Grundsätze und Definitionen für die Erfassung
statistischer Daten über Leistungsfähigkeit, Geschäftsvorgänge und
Betrugsfälle;

10. eine Beschreibung der Sicherheitsstrategie, einschließlich einer detaillierten Risikobewertung der erbrachten Zahlungsdienste und eine
Beschreibung von Sicherheitskontroll- und Risikominderungsmaßnahmen zur Gewährleistung eines angemessenen Schutzes der Zahlungsdienstnutzer vor den festgestellten Risiken, einschließlich Betrug
und illegaler Verwendung sensibler und personenbezogener Daten;

11. eine Beschreibung der internen Kontrollmechanismen, die der Antragsteller eingeführt hat, um die Anforderungen der §§ 27 und 53 zu
erfüllen;

12. eine Darstellung des organisatorischen Aufbaus des Antragstellers, gegebenenfalls einschließlich einer Beschreibung der geplanten Inanspruchnahme von Agenten und Zweigniederlassungen und von
deren Überprüfungen vor Ort oder von außerhalb ihres Standorts erfolgenden Überprüfungen, zu deren mindestens jährlicher Durchführung der Antragsteller sich verpflichtet, sowie einer Darstellung der
Auslagerungsvereinbarungen und eine Beschreibung der Art und
Weise seiner Teilnahme an einem nationalen oder internationalen Zahlungssystem;

13. die Namen der Inhaber einer bedeutenden Beteiligung, die Höhe ihrer
Beteiligung sowie den Nachweis, dass sie den im Interesse der Gewährleistung einer soliden und umsichtigen Führung des Antragstellers zu
stellenden Ansprüchen genügen; § 2c Absatz 1 Satz 4 des Kreditwesengesetzes gilt entsprechend;

14. die Namen der Geschäftsleiter und, soweit es sich um Unternehmen
handelt, die neben der Erbringung von Zahlungsdiensten anderen Geschäftsaktivitäten nachgehen, der für die Führung der Zahlungsdienstgeschäfte des Antragstellers verantwortlichen Personen;

15. gegebenenfalls die Namen der Abschlussprüfer des Jahresabschlusses
und des Konzernabschlusses;

16. die Rechtsform und die Satzung oder den Gesellschaftsvertrag des Antragstellers;

17. die Anschrift der Hauptverwaltung oder des Sitzes des Antragstellers.

[2]Mit den Unterlagen nach Satz 1 Nummer 4 bis 6 und 12 hat der Antragsteller eine Beschreibung seiner Prüfmodalitäten und seiner organisatorischen Vorkehrungen für das Ergreifen aller angemessenen Maßnahmen
zum Schutz der Interessen seiner Nutzer und zur Gewährleistung der
Kontinuität und Verlässlichkeit der von ihm erbrachten Zahlungsdienste

vorzulegen. [3]In der Beschreibung der Sicherheitsstrategie gemäß Satz 1 Nummer 10 ist anzugeben, auf welche Weise durch diese Maßnahmen ein hohes Maß an technischer Sicherheit und Datenschutz gewährleistet wird; das gilt auch für Software und IT-Systeme, die der Antragsteller oder die Unternehmen verwenden, an die der Antragsteller alle oder einen Teil seiner Tätigkeiten auslagert. [4]Der Antrag muss den Nachweis enthalten, dass die in Satz 1 Nummer 14 genannten Personen zuverlässig sind und über angemessene theoretische und praktische Kenntnisse und Fähigkeiten, einschließlich Leitungserfahrung, zur Erbringung von Zahlungsdiensten verfügen. [5]Der Antragsteller hat mindestens zwei Geschäftsleiter zu bestellen; bei Unternehmen mit geringer Größe genügt ein Geschäftsleiter. [6]Die Bundesanstalt kann im Einzelfall zu den Angaben nach den Sätzen 1 bis 5 nähere Angaben und Nachweise verlangen, soweit dies erforderlich erscheint, um ihren gesetzlichen Auftrag zu erfüllen.

(3) Die Bundesanstalt teilt dem Antragsteller binnen drei Monaten nach Eingang des Antrags oder bei Unvollständigkeit des Antrags binnen drei Monaten nach Übermittlung aller für die Entscheidung erforderlichen Angaben mit, ob die Erlaubnis erteilt oder versagt wird.

(4) [1]Die Bundesanstalt kann die Erlaubnis unter Auflagen erteilen, die sich im Rahmen des mit diesem Gesetz verfolgten Zweckes halten müssen. [2]Sie kann im Rahmen dieses Zweckes die Erlaubnis auch auf einzelne Zahlungsdienste beschränken. [3]Geht das Zahlungsinstitut zugleich anderen Geschäftstätigkeiten nach, kann die Bundesanstalt ihm auferlegen, dass es diese Geschäfte abzuspalten oder ein eigenes Unternehmen für das Zahlungsdienstgeschäft zu gründen hat, wenn diese Geschäfte die finanzielle Solidität des Zahlungsinstituts oder die Prüfungsmöglichkeiten beeinträchtigen oder beeinträchtigen könnten.

(5) Das Zahlungsinstitut hat der Bundesanstalt unverzüglich jede materiell und strukturell wesentliche Änderung der tatsächlichen oder rechtlichen Verhältnisse mitzuteilen, soweit sie die Richtigkeit der nach Absatz 2 vorgelegten Angaben und Nachweise betreffen.

(6) Die Bundesanstalt hat die Erteilung der Erlaubnis im Bundesanzeiger bekannt zu machen.

(7) Soweit für das Erbringen von Zahlungsdiensten eine Erlaubnis nach Absatz 1 erforderlich ist, dürfen Eintragungen in öffentliche Register nur vorgenommen werden, wenn dem Registergericht die Erlaubnis nachgewiesen ist.

(8) [1]Das Bundesministerium der Finanzen wird ermächtigt, durch Rechtsverordnung, die nicht der Zustimmung des Bundesrates bedarf, im Benehmen mit der Deutschen Bundesbank nähere Bestimmungen über Art, Umfang und Form der nach dieser Vorschrift vorgesehenen Antragsunterlagen zu erlassen. [2]Das Bundesministerium der Finanzen kann diese Ermächtigung im Einvernehmen mit der Deutschen Bundesbank durch Rechtsverordnung auf die Bundesanstalt übertragen. [3]Vor Erlass der Rechtsverordnung sind die Spitzenverbände der Institute anzuhören. [4]Das Bundesamt für Sicherheit in der Informationstechnik ist anzuhören, soweit die Sicherheit informationstechnischer Systeme betroffen ist.

Inhaltsübersicht

I. Allgemeines

§ 10 befindet sich im Unterabschnitt 1 von Abschnitt 2 des ZAG, der Regelun- **1** gen zur Erlaubnis nach den Vorschriften des ZAG trifft. § 10 entspricht in Aufbau und Struktur weithin dem vorherigen § 8 aF (BT-Drs. 18/11495, 121). Unterabschnitt 1 von Abschnitt 2 des ZAG regelt die Erteilung, die Versagung, das Erlöschen und die Aufhebung von Erlaubnissen nach dem ZAG. Während § 10 sich nur auf die Erlaubnis für die Erbringung von Zahlungsdiensten bezieht, regelt § 11 die Erlaubnis für das Betreiben des E-Geld-Geschäfts. § 12 regelt die Gründe für die Versagung der Erlaubnis sowohl für die Erbringung von Zahlungsdiensten als auch für das Betreiben des E-Geld-Geschäfts. Dabei ist sowohl § 10 als auch § 11 stets im Zusammenhang mit § 12 zu lesen. Da §§ 10, 11 die Voraussetzungen der Erlaubnispflicht und die Inhalte des Erlaubnisantrages regeln und § 12 die Umstände, aufgrund derer die jeweilige Erlaubnis zu versagen ist, müssen Antragsteller für Zahlungsdienste oder das E-Geld-Geschäft bereits zum Zeitpunkt der Vorbereitung des Erlaubnisantrages nicht nur die Zusammenstellung der nach §§ 10, 11 einzureichenden Unterlagen und Informationen beachten, sondern auch, ob ein Erlaubnisversagungsgrund nach § 12 vorliegen könnte, der zu einer Ablehnung des Erlaubnisantrages führen würde. § 13 wiederum regelt das nachträgliche Erlöschen oder die Aufhebung der Erlaubnis für Zahlungsinstitute und E-Geld-Institute.

§ 10 setzt Art. 5, 11, 12, 13, 16, 18 PSD2 um. § 10 wurde zuvor als § 8 aF im We- **2** sentlichen durch das ZDUG1 ins ZAG eingefügt und durch das Zweite E-Geld-RLUG sowie durch das SEPA-Begleitgesetz (BGBl. 2013 I 610) leicht angepasst. Im Rahmen der Umsetzung der PSD2 durch das ZDUG2 wurden insbesondere die Anforderungen an den Erlaubnisantrag in § 10 Abs. 2 ergänzt und im Ergebnis nicht unerheblich erhöht (Conreder/Schneider/Hausemann DStR 2018, 1722 (1725)), insbesondere, um den gestiegenen Anforderungen an die IT-Sicherheit Rechnung zu tragen (Kunz CB 2016, 457 (461), Bauer/Glos DB 2016, 456 (459)). Die in Abs. 1 S. 1 statuierte Erlaubnispflicht für Zahlungsdienste findet ihre Entsprechung für das E-Geld-Geschäft in Art. 11 Abs. 1 PSD2. Der in Abs. 1 S. 2 geregelte Umfang der Erlaubnis geht auf Art. 18 Abs. 1 PSD2 zurück. Die Angaben und Nachweise, die der Erlaubnisantrag nach Abs. 2 enthalten muss, hat der Gesetzgeber weitgehend wörtlich aus Art. 5 Abs. 1 PSD2 übernommen. Gemäß Art. 5 Abs. 5 PSD2 war die EBA beauftragt, **Leitlinien** gemäß Art. 16 EBA-VO für die Informationen herauszugeben, die den zuständigen Behörden in dem Antrag auf Zulassung von Zahlungsinstituten zu übermitteln sind. Hierzu hat die EBA die EBA/GL/2017/09 entwickelt. Abs. 3 geht auf Art. 12 PSD2 zurück. Abs. 4 S. 3 geht auf Art. 11 Abs. 5 PSD2 zurück. Abs. 4 S. 1, 2 hat in der PSD2 keine Entsprechung. Nach Auffassung des deutschen Gesetzgebers ist eine Beschränkung gemäß Abs. 4 S. 1, 2 nur zulässig, wenn sie eine Grundlage in der PSD1 hat (BR-Drs. 827/08, 80). Abs. 5 geht auf Art. 16 PSD2 zurück. Abs. 7 soll nach dem Willen des Gesetzgebers die Regelung des § 43 KWG auf Zahlungsinstitute spiegeln (BR-Drs. 482/10, 71). Abs. 8 ist durch das ZDUG2 neu eingefügt worden.

§ 10 statuiert die Erlaubnispflicht für die Erbringung von **Zahlungsdiensten.** **3** Für das Betreiben des **E-Geld-Geschäfts** gilt die in § 11 geregelte Erlaubnispflicht. Vor Inkrafttreten des ZDUG1 gab es im KWG die erlaubnispflichtigen Tatbestände des Girogeschäfts (gemäß § 1 Abs. 1 S. 2 Nr. 9 KWG aF), des Finanztransfergeschäfts (gemäß § 1 Abs. 1a S. 2 Nr. 6 KWG aF) sowie des Kreditkartengeschäfts (gemäß § 1

Abs. 1a S. 2 Nr. 8 KWG aF). Mit dem ZDUG1 hatte der Gesetzgeber diese Erlaubnistatbestände aus dem KWG entfernt und als erlaubnispflichtige Tatbestände in das ZAG integriert, da die Tatbestände gemeinsame Schnittmengen mit den im Anhang der PSD1 aufgeführten Zahlungsdiensten haben (BR-Drs. 827/08, 103).

II. Erlaubnispflicht (Abs. 1 S. 1)

4   Gemäß Abs. 1 S. 1 bedarf einer schriftlichen Erlaubnis der BaFin, wer im Inland gewerbsmäßig oder in einem Umfang, der einen in kaufmännischer Weise eingerichteten Gewerbebetrieb erfordert, Zahlungsdienste erbringen will, ohne ein Zahlungsdienstleister isd § 1 Abs. 1 S. 1 Nr. 2–5 zu sein. Abs. 1 S. 1 setzt Art. 11 Abs. 1 S. 1 PSD2 um. Die Pflicht zur Einführung eines **Verbots mit Erlaubnisvorbehalt** geht auf Art. 37 Abs. 1 PSD2 zurück. Die Regelungen zum Erlaubnisvorbehalt stellen eine spezielle Form der finanzaufsichtsrechtlichen Gefahrenabwehr dar (Hingst/ Lösing Zahlungsdiensteaufsicht § 5 Rn. 30) und dient auch dem Verbraucher- bzw. allgemeinen Gläubigerschutz (Schäfer/Omlor/Mimberg/Eckhold §§ 10, 11 Rn. 23). Die Erlaubnis nach § 10 ersetzt nicht Genehmigungen und Erlaubnisse aus anderen Gesetzen; insbesondere bleiben die Erlaubnispflichten für Bankgeschäfte und Finanzdienstleistungen sowie die gewerberechtlichen Anzeige- und Erlaubnispflichten bestehen (Ellenberger/Findeisen/Nobbe/Böger/Walz § 10 Rn. 13).

1. Zahlungsdienste

5   Zahlungsdienste sind die in § 1 Abs. 1 S. 2 genannten Dienste, sofern die Voraussetzungen des § 2 nicht vorliegen. Mit dem ZDUG2 sind neben den bisher erfassten Zahlungsdiensten mit dem Zahlungsauslösedienst gemäß § 1 Abs. 1 S. 2 Nr. 7, Abs. 33 sowie dem Kontoinformationsdienst gemäß § 1 Abs. 1 S. 2 Nr. 8, Abs. 34 zwei neue Kategorien von Zahlungsdiensten erfasst worden. Der Antrag des Antragstellers und die Erlaubnis der BaFin können sich auf sämtliche, aber auch nur auf einzelne Zahlungsdienste erstrecken. Dies hat etwa Auswirkungen auf das nach § 12 Nr. 3 zur Verfügung zu stellende Anfangskapital. Unabhängig davon, ob nur einzelne oder sämtliche Zahlungsdienste Gegenstand der Erlaubniserteilung sind, erstreckt sich die Erlaubnis zudem auf die in Abs. 1 S. 2 aufgeführten Tätigkeiten. Aus der Formulierung von Erwägungsgrund 6 der PSD1 wurde vereinzelt der Schluss gezogen, es sei erforderlich, dass die Zahlungsdienste als Hauptgeschäftstätigkeit erbracht werden, mit der Folge, dass als **Nebentätigkeiten** erbrachte Zahlungsdienste die Erlaubnispflicht nach § 8 aF nicht auslösen sollten (so Beckmann/ Buchsteiner DVBl 2016, 675 (677); Meyer zu Schwabedissen Rn. 167). Ein solches Nebendienstleistungsprivileg ergibt sich jedoch weder aus dem Wortlaut des ZAG noch dem von PSD1 oder PSD2 und wurde auch nicht in der aufsichtlichen Praxis der BaFin oder in der Rechtsprechung so angenommen (so auch Bauerfeind WM 2018, 456 (460) mwN; Weiß WM 2016, 1774 (1776); Schäfer/Omlor/Mimberg/ Eckhold §§ 10, 11 Rn. 37).

6   Wer als Zahlungsdienst **ausschließlich Kontoinformationsdienste** erbringen will, muss entgegen dem Wortlaut des Abs. 1 S. 1 keine Erlaubnis gemäß § 10 bei der BaFin beantragen, sondern das in §§ 34 ff. vorgesehene Registrierungsverfahren durchführen. Wer neben der Erbringung von Kontoinformationsdiensten noch die Erbringung weiterer Zahlungsdienste beabsichtigt, muss hingegen einen Erlaubnisantrag gemäß Abs. 2 stellen, der sich auch auf die Erbringung von Kontoinforma tionsdiensten erstreckt (so auch EBA/GL/2017/09 Ziff. 4.1 Leitlinie 1.1). Wer nur Zahlungsauslösedienste gemäß § 1 Abs. 1 S. 2 Nr. 7 erbringen will, benötigt ebenfalls eine Erlaubnis gemäß Abs. 1 S. 1. Für Zahlungsauslösedienste gelten im Erlaubnisverfahren weniger weitgehende Anforderungen als für Zahlungsdienste gem. § 1 Abs. 1 S. 2 Nr. 1–6. Grund dafür ist der Umstand, dass diese nicht in den Besitz von Kundengeldern kommen (Kunz CB 2016, 457460).

2. ohne Zahlungsdienstleister iSd § 1 Abs. 1 S. 1 Nr. 2−5 zu sein

Nach den Vorschriften des ZDUG1 unterlag der Erlaubnispflicht nur, wer Zah- 7 lungsdienste als Zahlungsinstitut erbrachte. Das Merkmal „als Zahlungsinstitut" ersetzte der Gesetzgeber durch das Merkmal „ohne Zahlungsdienstleister im Sinne des § 1 Abs. 1 S. 1 Nr. 2 bis 5 zu sein". Der BGH hatte in seinem Urteil vom 8. 10. 2015 (NStZ-RR 2016, 15 ff.), die Auffassung vertreten, dass eine Strafbarkeit aufgrund unerlaubter Erbringung von Zahlungsdiensten voraussetze, dass der Täter diese Zahlungsdienste in seiner Funktion als Geschäftsführer einer GmbH oder einer anderen juristischen Person oder Personengesellschaft unter deren Einbindung ausübe. Diesen Schluss zog der BGH aus einer Interpretation des § 8 aF ZAG dahingehend, dass Normadressat nur juristische Personen und Personengesellschaften seien. Die BaFin nahm am 17. 2. 2016 hierzu Stellung und vertrat den Standpunkt, dass **Normadressat** des Erlaubnisvorbehalts in § 8 ZAG aF **auch natürliche Personen** seien, so dass die BaFin auch bei durch natürliche Personen erbrachten Zahlungsdiensten ohne Erlaubnis von ihren Eingriffsbefugnissen Gebrauch machen werde (s. hierzu die Stellungnahme zum BGH-Beschluss). Mit der Streichung des Merkmals „als Zahlungsinstitut" in § 10 wollte der Gesetzgeber klarstellen, dass der Erlaubnisvorbehalt und damit in der Folge auch die strafrechtliche Bewehrung in § 63 Abs. 1 Nr. 4 sowohl für natürliche als auch juristische Personen und Personenvereinigungen begründet wird (BT-Drs. 18/11495, 121). Normadressaten sind daher diejenigen, die die unter Erlaubnisvorbehalt stehenden Tätigkeiten auf eigene Rechnung und unter eigener Verantwortlichkeit mit Risikoübernahme ausüben, nicht hingegen die Nutzer der Zahlungsdienste (Schäfer/Omlor/Mimberg/Eckhold §§ 10, 11 Rn. 26).

Zahlungsdienstleister iSd § 1 Abs. 1 S. 1 Nr. 2−5 sind insbesondere **CRR-** 8 **Kreditinstitute und E-Geld-Institute.** Diese Zahlungsdienstleister benötigen keine gesonderte Erlaubnis für die Erbringung von Zahlungsdiensten. CRR-Kreditinstitute sind gemäß § 1 Abs. 3d S. 1 KWG Kreditinstitute im Sinne von Art. 4 Nr. 1 der CRR. Das sind Unternehmen, deren Tätigkeit darin besteht, Einlagen oder andere rückzahlbare Gelder des Publikums entgegenzunehmen und Kredite für eigene Rechnung zu gewähren, sog. Einlagenkreditinstitute. Sonstige Kredit- und Finanzdienstleistungsinstitute, soweit sie Zahlungsdienste erbringen, benötigen hingegen eine Erlaubnis nach Abs. 1, da sie nicht unter § 1 Abs. 1 S. 1 Nr. 3 fallen (→ § 1 Rn. 18). Auch E-Geld-Institute gemäß § 1 Abs. 1 S. 1 Nr. 2 benötigen keine Erlaubnis nach Abs. 1. Dies ergibt sich auch daraus, dass die Erlaubnis zum Betrieb des E-Geld-Geschäfts die Erbringung von Zahlungsdiensten umfasst (vgl. § 11 Abs. 1 S. 2 Nr. 1; → § 11 Rn. 13).

3. Im Inland

Erlaubnispflichtig ist nur die Erbringung von Zahlungsdiensten im Inland. Die 9 Frage, wann eine Leistung im Inland erbracht wird, stellt sich insbesondere bei vom Ausland aus agierenden Unternehmen. Nach dem Willen des Gesetzgebers ist der Inlandsbegriff in Abs. 1 so auszulegen wie der des § 32 KWG (BR-Drs. 827/08, 78). Danach wird im Inland tätig, wer im Inland seinen Sitz hat oder im Inland eine Zweigniederlassung im handelsrechtlichen Sinne oder eine andere Zweigstelle errichtet und von dieser aus Zahlungsdienste im In- oder Ausland anbietet oder wer Zahlungsdienste über im Inland errichtete Konten abwickelt (BR-Drs. 827/08, 77f.; kritisch zur Fallgruppe der im Inland errichteten Konten Ellenberger/Findeisen/Nobbe/Böger/Walz § 10 Rn. 8). Zur Interpretation des Merkmals „im Inland" dürfte daher insbesondere das BaFin-Merkblatt v. 1.4.2005 heranzuziehen sein. Danach wird **im Inland** insbesondere nach § 10 erlaubnispflichtig tätig, wer, ohne im Besitz eines Europäischen Passes zu sein, und ohne Sitz und ohne Errichtung einer anderen physischen Präsenz im Inland seine Dienste **zielgerichtet an den inländischen Markt** richtet. Darüber hinaus dürfte die einschlägige Rechtsprechung des BVerwG (insbesondere BVerwGE 133, 358) zur Auslegung des Inlandsbegriffs heranzuziehen sein. Auf dieser Grundlage können verschiedene Handlungen die Erlaubnispflicht des Abs. 1 S. 1 auslösen, wobei die BaFin im Grundsatz eine Einzelfallbeurteilung vornimmt. Relevant sind dabei insbesondere die folgenden Konstellationen:

10   Wesentliche zum Vertragsschluss mit einem Unternehmen ohne Sitz oder anderer physischer Präsenz im Inland hinführende Schritte werden durch im Inland tätige Dritte **(Vermittler)** vorgenommen (BVerwGE 133, 358 Rn. 36). Dies kann etwa durch den Aufbau und die Nutzung einer **Vertriebsorganisation** durch inländische Institute oder freie Mitarbeiter zur Gewinnung neuer Kunden im Inland geschehen (BaFin-Merkblatt v. 1.4.2005). Ein zielgerichtetes Wenden an den inländischen Markt läge danach vor, wenn die vertraglichen Bindungen oder die tatsächliche Ausgestaltung der Geschäftsbeziehung zwischen ausländischem Unternehmen und Vermittler darauf schließen lassen, dass das ausländische Unternehmen den inländischen Vermittler als Vertriebsnetz für die angebotenen Dienstleistungen nutzt. Indikatoren hierfür sieht die BaFin unter anderem darin, dass eine Vielzahl von Vermittlern ausschließlich für das ausländische Unternehmen tätig ist, Kunden bewirbt oder das ausländische Unternehmen Provisionen an die inländischen Vermittler zahlt (BaFin-Merkblatt v. 1.4.2005).

11   Wesentliche zum Vertragsschluss hinführende Schritte werden mittels **Kommunikationsmedien** vorgenommen (BVerwGE 133, 358 Rn. 36). Hierdurch werden Kontaktaufnahmen durch telefonisches oder persönliches Ansprechen von möglichen Kunden im Inland, aber auch das Angebot von Diensten über das Internet erfasst. Gleiches gilt für die Kontaktaufnahme per Brief, Telefax oder E-Mail (BaFin-Merkblatt v. 1.4.2005). Während im Falle der telefonischen Ansprache ein zielgerichtetes Ansprechen des inländischen Marktes ohne Weiteres zu bejahen ist (BaFin-Merkblatt v. 1.4.2005), hängt die Beantwortung dieser Frage im Falle eines Angebotes von Diensten über eine **Internetseite** vom Einzelfall ab. Das Fehlen eines Disclaimers, die Verwendung der deutschen Sprache und des Euro als Zahlungswährung auf der Internetseite sprechen für ein zielgerichtetes Ansprechen des inländischen Marktes (BVerwGE 133, 358 Rn. 42), ebenso Domainkennzeichnung, Produktbeschreibung, Finanz- oder sonstige länderspezifische Kundeninformationen, rechtliche Rahmenbedingungen, Preisangaben oder Zahlungsmodalitäten und der tatsächliche Absatz im inländischen Markt (BaFin-Merkblatt v. 1.4.2005). Ob der Zuschnitt der Internetseite im Übrigen auf den inländischen Markt ausgerichtet ist, ist im Wege einer Gesamtbetrachtung zu ermitteln (BaFin-Merkblatt v. 1.4.2005).

Ebenso ist ein zielgerichtetes Ansprechen des inländischen Marktes nach Auffas- 12
sung der BaFin anzunehmen, wenn Zahlungsinstitute zur Durchführung von Zahlungsdiensten **Konten im Inland** einrichten (BaFin-Merkblatt v. 1.4.2005; s.
hierzu aber Ellenberger/Findeisen/Nobbe/Böger/Walz § 10 Rn. 8).

Keine Erlaubnispflicht ergibt sich in diesem Zusammenhang im Rahmen der 13
passiven Dienstleistungsfreiheit, dh wenn der Zahlungsdienstnutzer aus eigener
Initiative Leistungen eines ausländischen Anbieters nachfragt (BaFin-Merkblatt v.
1.4.2005). Dann ist auch die weitere Ansprache des Zahlungsdienstnutzers nach
einer solchen Begründung der Geschäftsbeziehung erlaubnisfrei. Dies gilt allerdings
nur, sofern das Zahlungsinstitut sich nicht zuvor zielgerichtet an den inländischen
Markt gewendet hat. Bei einer etwa im Rahmen der passiven Dienstleistungsfreiheit begründeten Geschäftsbeziehung löst die Versorgung der so gewonnenen
Kunden mit Informationen über die Produktpalette hingegen keine Erlaubnispflicht aus (BaFin-Merkblatt v. 1.4.2005). Hieraus darf aber nicht der Schluss gezogen werden, dass die Erbringung von Zahlungsdiensten auf Grundlage der passiven
Dienstleistungsfreiheit in unbegrenzter Höhe ohne Beantragung einer Erlaubnis
nach § 10 möglich ist. Je höher der tatsächliche Absatz einer Dienstleistung gegenüber inländischen Kunden ist, umso eher nimmt die BaFin eine zielgerichtete
Marktansprache an (s. auch BaFin-Merkblatt v. 1.4.2005, Abschnitt „Internet-
angebote").

4. Wille der Erbringung von Zahlungsdiensten

Die Formulierung „Zahlungsdienste erbringen will" macht deutlich, dass nicht 14
erst die tatsächliche Erbringung des Zahlungsdienstes die Erlaubnispflicht auslöst,
sondern bereits der Wille hierzu genügt, so dass auch Vorbereitungshandlungen, soweit sie sich nicht auf die Erfüllung der Antragsvoraussetzungen beschränken, erfasst
sind. Im Anwendungsbereich des KWG haben sich das BVerwG und die BaFin zu
den die Erlaubnispflicht auslösenden Vorbereitungshandlungen geäußert, die auf
das Erbringen von Zahlungsdiensten nach dem ZAG zu übertragen sind. Danach
begründet insbesondere das Verbreiten von Werbung für die Zahlungsdienste die
Erlaubnispflicht nach Abs. 1 S. 1. Die BaFin hält die allgemeine Bewerbung eines
Zahlungsinstituts noch nicht für einen Ausdruck des Willens zur Erbringung von
Zahlungsdiensten. Sofern in der Werbung aber konkrete Zahlungsdienste angeboten werden, soll die Erlaubnispflicht bestehen (vgl. BaFin-Merkblatt v. 1.4.2005).
Daneben nimmt das BVerwG ein Betreiben von erlaubnispflichtigen Geschäften
an, wenn die wesentlichen zum Vertragsschluss hinführenden Schritte vorgenom-
men werden (BVerwGE 133, 358 Rn. 25). Das ist der Fall, wenn ein Zahlungsinstitut dem möglichen Zahlungsdienstnutzer eine angebotsgleich konkretisierte Aufforderung zur Abgabe von Angeboten zugänglich macht (vgl. BVerwGE 133, 358
Rn. 29; so auch Luz/Neus/Schaber/Schneider/Wagner/Weber/Heucke ZAG § 10
Rn. 7). Hiermit ist letztlich der zivilrechtliche Begriff der invitatio ad offerendum
umschrieben (Seebach WM 2010, 733 (736)). Sofern ein Zahlungsinstitut etwa die
Erbringung von Zahlungsdiensten über eine Internetseite anbietet, auf der bereits
das Verfahren des Vertragsschlusses, der Vertragsgegenstand und die allgemeinen
Geschäftsbedingungen geregelt sind, ist nach dieser Rechtsprechung von einer hinreichenden Absicht zur Erbringung von Zahlungsdiensten auszugehen (so auch
Hingst/Lösing Zahlungsdiensteaufsicht § 6 Rn. 123; Luz/Neus/Schaber/Schnei-
der/Wagner/Weber/Heucke ZAG § 10 Rn. 7). In einem kürzlich im Zusammenhang mit der Zuständigkeitsverteilung gemäß § 74c GVG ergangenen Beschluss

vertrat das Kammergericht die Auffassung, dass eine Person, die Dritten die Entgegennahme und Weiterleitung von Geldbeträgen verspricht, diese aber in betrügerischer Absicht einbehalten will, nicht unter den Erlaubnisvorbehalt des § 10 falle, da es mithin an einer Absicht zur Erbringung von Zahlungsdiensten, nämlich der Weiterleitung des Geldbetrages im Rahmen eines Finanztransfergeschäfts mangle (KG BeckRS 2021, 24301). Abgesehen von den evidenten Wertungswidersprüchen, die eine Interpretation des § 10, nach der eine Person durch einen gravierenden Verstoß gegen eine Vielzahl zahlungsdiensterechtlicher Pflichten gerade das zum Schutz der Zahlungsdienstenutzer geschaffene Gefahrenabwehrrecht aushebeln könnte, nach sich zöge (so Mimberg RdZ 2022, 12 (15)), dürfte die BaFin kaum eine entsprechende Verwaltungspraxis etablieren. Dies ist nicht nur deshalb zu erwarten, da die BaFin bereits in der Vergangenheit die Übernahme von Erwägungen der Rechtsprechung im Bereich des Strafrechts in ihrer Verwaltungspraxis abgelehnt hat (Mimberg RdZ 2022, 12 (17) mwN), sondern vor allem, da das Angebot des Täters in der vorliegenden Fallgestaltung ohne Weiteres den Willen des Erbringens von Zahlungsdiensten gem. § 10 belegen dürfte. Dieser folgt nämlich bereits aus einer werblichen Ansprache, durch die eine Person anderen die Erbringung von Zahlungsdiensten, hier des Finanztransfergeschäfts, anbietet. Ein dahinterstehender Wille ist bei diesem objektiven Erscheinungsbild der Tätigkeit unbeachtlich.

5. Gewerbsmäßig oder in einem Umfang, der einen in kaufmännischer Weise eingerichteten Gewerbebetrieb erfordert

15   Erlaubnispflichtig ist die Erbringung von Zahlungsdiensten nur, wenn sie gewerbsmäßig erfolgt oder in einem Umfang, der einen in kaufmännischer Weise eingerichteten Gewerbebetrieb erfordert. Die Erlaubnispflicht entsteht bereits dann, wenn entweder Gewerbsmäßigkeit oder der erforderliche Umfang vorliegt. Die Begriffe sind so auszulegen wie in § 1 Abs. 1 S. 1 KWG (BR-Drs. 827/08, 77 f.). Zahlungsdienste werden danach gewerbsmäßig erbracht, wenn sie auf eine gewisse Dauer angelegt sind und mit der Absicht der Gewinnerzielung erbracht werden (Beck/Samm/Kokemoor/Reschke § 1 Rn. 54; so auch Hingst/Lösing Zahlungsdiensteaufsicht § 6 Rn. 15). Gewerbsmäßiges Handeln setzt ein entgeltliches Handeln voraus (Ellenberger/Findeisen/Nobbe/Böger/Findeisen § 1 Rn. 138 f.) oder aber jedenfalls einen gegebenenfalls durch einen Dritten zugewandten wirtschaftlichen Vorteil für die erbrachten Zahlungsdienste (Schäfer/Omlor/Mimberg/Eckhold §§ 10, 11 Rn. 54; ähnlich Klebeck/Dobrauz/Aschenbeck/Drefke 5. Kapitel Rn. 241; für die Annahme der Gewerbsmäßigkeit selbst bei defizitärer Erbringung von Zahlungsdiensten Ellenberger/Findeisen/Nobbe/Böger/Rieg § 34 Rn. 74), so dass unentgeltlich erbrachte Zahlungsdienste nicht als gewerbsmäßig einzustufen sind. Insbesondere in diesen Fällen kommt dem Erfordernis eines kaufmännischer Weise eingerichteten und ausgeübten Gewerbebetriebs eine eigenständige Bedeutung zu. Ob der Umfang der Erbringung der Zahlungsdienste einen in kaufmännischer Weise eingerichteten Gewerbebetriebe erfordert, ist eine Frage des Einzelfalls (BaFin-Merkblatt ZAG v. 22.12.2011, Stand: November 2017, Abschn. 6a). Zieht man die bisher bei anderen nach dem KWG erlaubnispflichtigen Geschäften von der BaFin angegebenen Bagatellgrenzen vergleichsweise heran (beim Einlagengeschäft Einlagen von höchstens 12.500 Euro bei mehr als fünf Einlagen oder insgesamt höchstens 25 Einlagen, s. BaFin-Merkblatt Einlagengeschäft v. 4.8.2011, Stand: März 2014, unter V.; beim Garantiegeschäft höchstens 500.000 Euro Gesamtgarantiesumme bei mindestens 21 Einzelgarantien oder insgesamt höchstens 100 Einzelgarantien, s. BaFin-Merkblatt Garantiegeschäft v. 8.1.2009, unter 2), ist anzunehmen, dass die BaFin das Erfordernis eines in kaufmännischer Weise eingerichteten Gewerbebetriebes nur bei der Ausübung von Zahlungsdiensten in einem sehr geringen Umfang verneinen wird. Insbesondere gibt es grundsätzlich keine Abweichungen hiervon für Fintechs oder Start-Ups im Wege sogenannter „Regulatory Sandboxes" (Schäfer/Omlor/Mimberg/Eckhold §§ 10, 11 Rn. 32).

III. Träger und Umfang der Erlaubnis

1. Träger der Erlaubnis

Als Träger der Erlaubnis kommen nur **juristische Personen oder Personen-** 16 **handelsgesellschaften** in Betracht (so auch Hingst/Lösing Zahlungsdiensteaufsicht § 9 Rn. 23,), daneben im Falle des § 42 auch Zweigstellen von Unternehmen in Drittstaaten (Schäfer/Omlor/Mimberg/Eckhold §§ 10, 11 Rn. 28). Dies ergibt sich nach Auffassung des Gesetzgebers aus Art. 4 Nr. 4 und Art. 11 Abs. 1 S. 2 PSD2 (vgl. BR-Drs. 827/08, 77). Die genannten Bestimmungen erwähnen zwar nur juristische Personen. Der deutsche Gesetzgeber versteht den Begriff jedoch sinngemäß und will alle rechtsfähigen Gesellschaften und damit auch Personenhandelsgesellschaften erfassen (BR-Drs. 827/08, 81). Dass der Erlaubnisvorbehalt des Abs. 1 S. 1 auch für natürliche Personen gilt (vgl. → Rn. 7), steht dem nicht entgegen. Natürliche Personen unterliegen daher zwar dem Erlaubnisvorbehalt, können jedoch keine Erlaubnis nach Abs. 1 S. 1 erhalten (BT-Drs. 18/11495, 121; Klebeck/Dobrauz/Aschenbeck/Drefke 5. Kapitel Rn. 452; unklar Luz/Neus/Schaber/Schneider/Wagner/Weber/Heucke ZAG § 10 Rn. 10 einerseits, § 12 Rn. 2f. andererseits).

Der Träger der Erlaubnis muss darüber hinaus seinen **Sitz in der Bundesrepu-** 17 **blik** haben. Dieses Merkmal ergibt sich nicht unmittelbar aus der Fassung des § 10. Allerdings gibt Art. 5 Abs. 1 S. 1 PSD2 vor, dass die Zulassung als Zahlungsinstitut bei den zuständigen Behörden des **Herkunftsmitgliedstaates** zu beantragen ist. Herkunftsmitgliedstaat ist der Mitgliedstaat, in dem sich der Sitz des Zahlungsdienstleisters befindet und, mangels eines solchen Sitzes, der Mitgliedstaat, in dem sich seine Hauptverwaltung befindet (Art. 4 Nr. 1 PSD2, § 1 Abs. 4 S. 1). An einigen Stellen des ZAG lässt sich ableiten, dass auch der deutsche Gesetzgeber dieses Verständnis teilt. So werden gemäß § 43 Abs. 1 S. 1 Nr. 1 nur inländische Zahlungsinstitute in das Zahlungsinstituts-Register eingetragen. Darüber hinaus ist die Erlaubnis zu versagen, wenn ein Institut seine Hauptverwaltung nicht im Inland hat (§ 12 Nr. 8). Schließlich wäre auch wegen des Territorialprinzips eine Aufsicht allein durch die BaFin über ein Institut nicht wirksam möglich, wenn dieses seinen Sitz außerhalb der Bundesrepublik hätte.

2. Sachlicher Umfang der Erlaubnis (Abs. 1 S. 2)

Abs. 1 S. 2 dient der Umsetzung von Art. 18 PSD2 und führt dort abschließend 18 die Leistungen auf, die ein Zahlungsinstitut über die Zahlungsdienste hinaus, für die es eine Erlaubnis erhalten hat, erbringen darf. Der deutsche Gesetzgeber versteht die Aufzählung als abschließend (BR-Drs. 827/08, 78 f., aA Schäfer/Omlor/Mimberg/Eckhold §§ 10, 11 Rn. 83; wegen Abs. 1 S. 2 Nr. 3 dürften sich hieraus allerdings im Ergebnis keine Unterschiede ergeben). Abs. 1 Satz. 2 wurde durch das ZDUG1 (§ 8 Abs. 2 aF) in das ZAG eingefügt und durch das ZDUG2 inhaltlich nicht verändert. Entgegen dem Eindruck, den die Formulierung von Abs. 1 S. 2 erweckt, sind die meisten der in Abs. 1 S. 2 genannten Tätigkeiten ohnehin erlaubnisfrei, so dass die Aufzählung zum großen Teil deklaratorisch ist und insbesondere klarstellt, dass ein Zahlungsinstitut seine Geschäftstätigkeit grundsätzlich nicht ausschließlich auf die Erbringung von Zahlungsdiensten beschränken muss.

19   **a) Erbringung betrieblicher und eng verbundener Nebendienstleistungen (Abs. 1 S. 2 Nr. 1).** Die Bestimmung setzt Art. 18 Abs. 1 lit. a PSD2 um. Die Vorschrift bezweckt sicherzustellen, dass Instituten nicht durch einzelstaatliche Vorschriften, die die Einholung weiterer Erlaubnisse für Nebentätigkeiten zu den Zahlungsdiensten vorschreiben, die Möglichkeit der Erbringung von Zahlungsdiensten erschwert wird (zust. Luz/Neus/Schaber/Schneider/Wagner/Weber/Heucke ZAG § 10 Rn. 12). Erlaubnisfrei sind daher solche Dienstleistungen, die üblicherweise für die Durchführung von Zahlungsdiensten erforderlich sind (so auch Hingst/Lösing Zahlungsdiensteaufsicht § 9 Rn. 26). Die Aufzählung einzelner Dienstleistungen in Nr. 1 ist abschließend. Der Begriff Nebendienstleistungen legt nahe, dass der Umfang der in Nr. 1 genannten Leistungen nicht so groß sein darf, dass diese Leistungen die Haupttätigkeit des Instituts ausmachen (so wohl auch BR-Drs. 827/08, 78 f.). Darüber hinaus müssen die Nebendienstleistungen im Zusammenhang mit der Erbringung von Zahlungsdiensten erbracht werden.

20   **aa) Sicherstellung der Ausführung von Zahlungsvorgängen.** Bei der Sicherstellung der Ausführung von Zahlungsvorgängen wird es sich häufig um Nebenleistungen handeln, zu denen das Institut ohnehin gemäß § 27 im Rahmen der Unternehmenssteuerung verpflichtet ist. Solche Leistungen können einerseits Sicherheitsvorkehrungen sein, um Manipulationen an den Zahlungen auszuschließen (s. hierzu BuB/Escher-Weingart Abschn. 6 Rn. 111 ff.). Auf der anderen Seite ist unter Leistungen zur Sicherstellung der Ausführung von Zahlungsvorgängen das Bereitstellen der technischen Infrastruktur – insbesondere beim bargeldlosen Zahlungsverkehr – zu verstehen.

21   **bb) Devisengeschäfte.** Ebenfalls erlaubnisfrei ist die Ausführung von Devisengeschäften. Mit dieser Regelung ist tatsächlich eine Erweiterung der Erlaubnis eines Zahlungsinstituts auf weitere erlaubnispflichtige Tätigkeiten verbunden. Unter Devisengeschäften sind der An- und Verkauf von Fremdwährungen zu verstehen (Callies/Ruffert/Häde EUV/AEUV Art. 127 Rn. 43). Devisengeschäfte, die betrieblich eng mit der Ausführung von Zahlungsdiensten verbunden sind, dürften insbesondere **sog. Devisenkassageschäfte** sein. Die Durchführung eines Devisenkassageschäfts kann bei der Durchführung von Überweisungen und Lastschriften in einer Fremdwährung (sog. Fremdwährungsauftrag) erforderlich sein (Bankrechts-Handbuch/Schefold § 99 Rn. 73; Luz/Neus/Schaber/Schneider/Wagner/Weber/Heucke ZAG § 10 Rn. 14). Sofern der Kunde einen Geldbetrag in einer Währung überweisen möchte, die nicht der Währung entspricht, in der sein Konto geführt wird, bedarf die Ausführung der Überweisung der Bereitstellung eines Geldbetrages in dieser fremden Währung (Bankrechts-Handbuch/Schefold § 99 Rn. 73). In diesem Fall kauft die Bank vor Ausführung einer Überweisung zu Lasten des Kundenkontos den zu überweisenden Wert in fremder Währung ein (Bankrechts-Handbuch/Schefold § 99 Rn. 74). Devisen sind Finanzinstrumente gemäß § 1 Abs. 11 S. 1 Nr. 7 KWG. Da die Bank die Devisen im eigenen Namen für fremde Rechnung kauft, begründet sie damit den Tatbestand des Finanzkommissionsgeschäfts gemäß § 1 Abs. 1 S. 2 Nr. 4 KWG und unterfällt daher der Erlaubnispflicht des § 32 KWG (Schwenicke/Auerbach/Schwennicke KWG § 1 Rn. 45). Sofern das Zahlungsinstitut diese Dienste im Zusammenhang mit einer Fremdwährungsüberweisung für den Zahlungsdienstnutzer durchführt, ist die Befugnis hierzu von der Erlaubnis gemäß § 10 erfasst. Gleiches gilt, wenn im Zusammenhang mit Lastschriften oder der Nutzung von Kreditkarten ein Devisenkassageschäft erforderlich wird. Die Grenze der von der Erlaubnis nach Abs. 1 S. 1 erfassten Devisengeschäfte ist allerdings dort zu ziehen, wo das Devisengeschäft keine enge Verbindung mehr zu einem erbrachten Zahlungsdienst aufweist. Dies dürfte etwa bei Termingeschäften und Swapgeschäften, die sich auf Devisen beziehen, der Fall sein, da diese Geschäfte in der Regel nicht der Durchführung eines Zahlungsdienstes, sondern der Risikoabsicherung dienen dürften.

cc) Dienstleistungen für die Sicherstellung des Datenschutzes sowie 22
Datenspeicherung und –verarbeitung. Die Freistellung dieser Leistungen von Erlaubnispflichten ist deklaratorisch, da Stellen, die selbst oder im Auftrag personenbezogene Daten erheben, verarbeiten oder nutzen, nicht nur keine Erlaubnis für den Schutz der Daten benötigen, sondern gemäß Art. 28, 32 DSGVO bzw. Art. 32 DSGVO sogar verpflichtet sind, die technischen und organisatorischen Maßnahmen hierfür zu treffen. Auch § 59 enthält Sonderregelungen zum Datenschutz für Zahlungsdienstleister, die diese beachten müssen, ohne hierfür eine Erlaubnis zu benötigen.

dd) Verwahrungsleistungen. Verwahrungsleistungen erbringt ein Institut bei 23
der Durchführung von Zahlungsdiensten im Falle der Entgegennahme von Geld. Die Verwahrung dieser Gelder ist von der Erlaubnis zur Erbringung von Zahlungsdiensten erfasst. Eine Einschränkung der Erlaubnis enthält Nr. 1 insoweit, als Verwahrungsleistungen nicht in die Entgegennahme von Einlagen münden dürfen, da dies Zahlungsinstituten aufgrund von § 3 Abs. 1, der Art. 18 Abs. 5 PSD2 umsetzt, untersagt ist. Das Verbot greift aber erst ein, wenn Einlagen in einem Umfang entgegengenommen werden, der eine Erlaubnispflicht nach § 1 Abs. 1 S. 2 Nr. 1 KWG auslösen würde (vgl. Art. 18 Abs. 5 PSD2). Hierbei ist zu beachten, dass nach § 3 Abs. 2, Abs. 3 bestimmte, materiell Einlagengeschäft darstellende Vorgänge erlaubt sind, so dass die nach § 3 Abs. 2, Abs. 3 für Institute zulässigen Tätigkeiten auch nach Nr. 1 zulässige Verwahrungsleistungen sind. Bei Instituten, die Zahlungsauslösedienste oder Kontoinformationsdienste erbringen und für diese Dienste im Zusammenhang mit der Durchführung der Zahlungsdienste bestimmungsgemäß nicht mit Kundengeldern in Berührung kommen, dürfte die Norm daher insoweit keinen Anwendungsbereich haben (Luz/Neus/Schaber/Schneider/Wagner/Weber/Heucke ZAG § 10 Rn. 16).

b) Betrieb von Zahlungssystemen (Abs. 1 S. 2 Nr. 2). Die Bestimmung 24
setzt Art. 18 Abs. 1 lit. b PSD2 um. Zahlungsinstitute sind berechtigt, Zahlungssysteme iSv § 1 Abs. 11 zu betreiben. Bei dem Betrieb müssen sie aber verschiedene Vorgaben des ZAG einhalten. Sofern die Fortsetzung der Erbringung von Zahlungsdiensten die Stabilität des betriebenen Zahlungssystems oder das Vertrauen darin gefährden würde, kann die BaFin gemäß § 13 Abs. 2 Nr. 4 die einem Institut erteilte Erlaubnis aufheben. Gemäß § 57 muss der Betreiber eines Zahlungssystems

Zahlungsdienstleistern, Zahlungsdienstnutzern und gleichartigen Zahlungssystemen Zugang zu dem betriebenen Zahlungssystem gewähren und darf sie weder unmittelbar noch mittelbar nachteilig behandeln. Zudem ist der Betreiber eines Zahlungssystems in dieser Eigenschaft auch den Datenschutzregelungen in § 59 verpflichtet.

25   **c) Sonstige Geschäftstätigkeiten (Abs. 1 S. 2 Nr. 3).** Die Bestimmung setzt Art. 18 Abs. 1 lit. c PSD2 um. Zahlungsinstitute dürfen danach auch andere Tätigkeiten als Zahlungsdienste ausführen. Aus der Aufzählung in Abs. 1 S. 2 lässt sich im Wege einer systematischen Auslegung der Schluss ziehen, dass Tätigkeiten gemäß Abs. 1 S. 2 Nr. 3 nur solche sind, die nicht unter Abs. 1 S. 2 Nr. 1 oder Abs. 1 S. 2 Nr. 2 fallen. Die Bestimmung gestattet dem Zahlungsinstitut, im Rahmen des ZAG neben Zahlungsdienstleistungen zusätzlich andere Dienstleistungen zu erbringen. Die Bestimmung ersetzt hingegen nicht Erlaubnispflichten aufgrund anderer Gesetze, wie etwa gewerberechtliche Anzeige- und Erlaubnispflichten (Ellenberger/Findeisen/Nobbe/Böger/Walz § 10 Rn. 13). Als Regelungszweck der Abs. 1 S. 2 Nr. 3 zugrunde liegenden Richtlinienbestimmung kommt in Betracht, den Staaten des EWR, so auch der Bundesrepublik, zu gestatten, für sonstige Geschäftstätigkeiten gesonderte Erlaubnispflichten zu bestimmen. Die BaFin kann dem Antragsteller gemäß § 10 Abs. 4 S. 3 ZAG auferlegen, dass die Geschäftstätigkeiten unter Nr. 3 abzuspalten sind, → Rn. 81. Der Gesetzgeber bezeichnet den Dienstleister im Rahmen des Erlaubnisantrages nunmehr als Antragsteller und im Übrigen als Zahlungsinstitut. Da Abs. 4 S. 3 auf ein Zahlungsinstitut Bezug nimmt, kann eine Abspaltung nach Abs. 4 S. 3 bereits im Rahmen eines laufenden Erlaubnisantrages, aber auch noch nach Erteilung der Erlaubnis verlangt werden (so auch Ellenberger/Findeisen/Nobbe/Böger/Walz § 10 Rn. 42).

26   **d) Factoring (§ 32 Abs. 6 S. 1 KWG).** Gemäß § 32 Abs. 6 S. 1 KWG benötigt ein Zahlungsinstitut mit einer Erlaubnis nach § 10 Abs. 1 S. 1 ZAG keine weitere Erlaubnis zur Durchführung des Factorings gemäß § 1 Abs. 1a S. 2 Nr. 9 KWG. Da Zahlungsinstitute bei der Abwicklung von Kartenzahlungen und anderen elektronischen Zahlungen häufig die Forderungen des Zahlungsempfängers gegen die Zahlungspflichtigen ankaufen und damit erlaubnispflichtiges Factoring gemäß § 1 Abs. 1a S. 2 Nr. 9 KWG betreiben, wollte der Gesetzgeber hiermit vermeiden, dass das Zahlungsinstitut hierfür zusätzlich eine Erlaubnis nach dem KWG beantragen muss (BT-Drs. 16/12487, 8 f.). Auf Factoring im Zusammenhang mit Kartenzahlungen ist der Wortlaut des § 32 Abs. 6 S. 1 KWG jedoch nicht beschränkt, sondern erfasst sämtliche Geschäfte gem. § 1 Abs. 1a S. 9 KWG. Die BaFin und Teile der Literatur fordern hingegen einen Zusammenhang zwischen der Forderungsabtretung und der Erbringung des jeweiligen Zahlungsdienstes (BaFin-Merkblatt ZAG v. 30.11.2017 sub 3e; Schäfer/Omlor/Mimberg/Eckhold §§ 10, 11 Rn. 89 mwN). Es mag sein, dass der Gesetzgeber bei der Gestaltung des § 32 Abs. 6 KWG eine Situation vor Augen hatte, in der die Forderungsabtretung in Zusammenhang mit der Durchführung eines Zahlungsauftrages zusammenfällt. Eine Beschränkung des Anwendungsbereichs des § 32 Abs. 6 KWG auf diese Fälle ist dem Wortlaut der Norm nicht zu entnehmen und wäre daher nur zulässig, sofern die Voraussetzungen einer teleologischen Reduktion vorliegen. Dem steht jedoch das Fehlen einer planmäßigen Regelungslücke entgegen. Aus der Gesetzesbegründung lässt sich nicht nur nicht entnehmen, dass eine Beschränkung der Norm auf Fälle des Zusammenfallens von Abtretung und Zahlungsdienst gewollt war. Vielmehr deutet der Hinweis des Gesetzgebers auf die gemäß §§ 10, 11 erheblich höheren Erlaubnisanforderungen im Vergleich zu den Anforderungen an eine Erlaubnis für das Factoring gemäß § 1 Abs. 1a S. 2 Nr. 9 KWG darauf hin, dass er in Fällen des Vorliegens einer Erlaubnis nach §§ 10, 11 eine weitere Erlaubnis für das Factoring für entbehrlich hält (BT-Drs. 16/12487, 8 f.).

e) Gewährung von Krediten (§ 3 Abs. 4). Von der Erlaubnis ist ebenfalls die 27 Gewährung von Krediten im Umfang von § 3 Abs. 4 erfasst, auch wenn diese Berechtigung nicht ausdrücklich in § 10 Abs. 1 S. 2 aufgeführt ist. Dies ergibt sich daraus, dass § 3 Abs. 4 Instituten die Gewährung von Krediten im dort geregelten Umfang gestattet. Zum Inhalt der Berechtigung siehe die Kommentierung dort.

3. Geographischer Umfang der Erlaubnis

Die Erlaubnis gilt unionsweit und nach Maßgabe der entsprechenden Überlei- 28 tungsbestimmungen auch in den anderen Staaten des EWR (s. §§ 38 ff.).

IV. Inhalt des Erlaubnisantrages (Abs. 2)

Abs. 2 regelt den Inhalt des Erlaubnisantrages. Der Gesetzgeber übernimmt in 29 Abs. 2 im Wesentlichen inhaltlich die Vorgaben von Art. 5 Abs. 1 PSD2 und setzt sie um. Der Gesetzgeber hat durch das ZDUG2 die Nr. 6–10 neu eingefügt. Nr. 3 wurde im Hinblick auf Zahlungsauslösedienste und Kontoinformationsdienste ergänzt. Andere Anforderungen an den Erlaubnisantrag wurden im Wesentlichen allenfalls redaktionell überarbeitet.

Bisher hatte nur § 2 ZAGAnzV den Inhalt des Erlaubnisantrages erläutert und er- 30 gänzt. Daneben konkretisieren nunmehr die EBA/GL/2017/09 die Inhalte an den Erlaubnisantrag ebenfalls näher. Nach Art. 5 Abs. 5 PSD2 war die EBA beauftragt, nach Anhörung aller maßgeblichen Akteure, einschließlich jener des Zahlungsverkehrsmarktes, und unter Berücksichtigung der Interessen aller Beteiligten, **Leitlinien für die Informationen herauszugeben, die den zuständigen Behörden in dem Antrag auf Zulassung von Zahlungsinstituten zu übermitteln** sind. Diese Leitlinien sollte die EBA gemäß Art. 16 der EBA-VO herausgeben. Nach Art. 16 Abs. 3 S. 1 EBA-VO müssen die zuständigen Behörden alle erforderlichen Anstrengungen unternehmen, um Leitlinien der EBA nachzukommen. Kommt eine zuständige Behörde der Leitlinie oder Empfehlung nicht nach oder beabsichtigt sie nicht, dieser nachzukommen, kann sie dies der EBA unter Angabe der Gründe mitteilen. Im Grundsatz folgt aus der Herausgabe der EBA-Leitlinien damit ein comply-or-explain-Prinzip, das es den einzelstaatlichen Behörden gestattet, von den jeweiligen Leitlinien abzuweichen. Folglich sind von der EBA herausgegebene Leitlinien für die Mitgliedstaaten nicht bindend (Lutz ZVglRWiss 2017, 188). Die BaFin hat sich aber dazu entschieden, die Anforderungen aus den EBA/GL/ 2017/09 in ihre Aufsichtspraxis zu übernehmen (EBA/GL/2017/09 Anhang 1). In der Zulassungsübersicht zu § 10 nimmt die BaFin zudem ohne Einschränkung auf die EBA/GL/2017/09 Bezug. Die Herausgabe der EBA/GL/2017/09 trägt dazu bei, die Zulassungsanforderungen in den einzelnen Mitgliedstaaten zu vereinheitlichen.

Nicht ganz klar ist das Verhältnis zwischen den Bestimmungen der ZAGAnzV, 31 die weiterhin in Kraft sind, und den EBA/GL/2017/09. Die BaFin hat sich in der Zulassungsübersicht zu § 10 dahingehend geäußert, dass die formalen Anforderungen an den Erlaubnisantrag bisher in der ZAGAnzV geregelt seien, wohingegen sie sich hinsichtlich der materiellen Anforderungen ausschließlich an den EBA/GL/ 2017/09 orientiert. Da die EBA/GL/2017/09 eine erheblich größere Detailtiefe aufweisen als die entsprechenden Regelungen in § 2 ZAGAnzV, reichen die Anforderungen der EBA/GL/2017/09 im Wesentlichen weiter als die der ZAGAnzV. Die ZAGAnzV ist auch nicht als abschließende Regelung hinsichtlich der Anforderungen an den Erlaubnisantrag zu verstehen und verbietet daher auch nicht weitergehende Anforderungen aufgrund anderer Regelungen. Sollte ein Konflikt zwischen den Regelungen der EBA/GL/2017/09 und der ZAGAnzV auftreten, hätte die ZAGAnzV als unmittelbar geltende nationale Verordnung trotz des im Grundsatz vollharmonisierenden Charakters der PSD2 Vorrang. In der Praxis sollten bei der Gestaltung der Erlaubnisanträge aus Gründen der Vorsicht die Anforderungen der EBA/GL/2017/09 und der ZAGAnzV kumulativ abgebildet werden.

32   Grundlage für die Regelungen der ZAGAnzV ist die Ermächtigung in Abs. 8. Nach dem ZDUG1 war Ermächtigungsgrundlage für die nähere Bestimmung der Antragsunterlagen in der ZAGAnzV § 29 Abs. 2 aF. Nach § 29 Abs. 2 aF konnte das BMF im Benehmen mit der BBank durch Rechtsverordnung nähere Bestimmungen über Art, Umfang, Zeitpunkt und Form „der nach diesem Gesetz vorgesehenen Anzeigen und Vorlagen von Unterlagen" erlassen. Abs. 8 gestattet es nunmehr sachlich exakter, „nähere Bestimmungen über Art, Umfang und Form der nach dieser Vorschrift vorgesehenen Antragsunterlagen" zu erlassen. Durch solche Rechtsverordnungen sollen Regelungen zu Umfang und Form der nach § 10 vorgesehenen Antragsunterlagen erlassen werden können (BT-Drs. 18/11495, 122). Auch die EBA/GL/2017/09 konnten so in deutsches Recht umgesetzt werden (BT-Drs. 18/11495, 122). Gleichwohl hat die BaFin die EBA/GL/2017/09 auch ohne Erlass einer Rechtsverordnung gemäß Abs. 8 in ihre Verwaltungspraxis übernommen.

1. Allgemeine Anforderungen an den Erlaubnisantrag

33   Der Antrag ist an die BaFin zu richten und mit allen erforderlichen Angaben und Nachweisen in zweifacher Ausfertigung einzureichen (BBank Merkblatt ZAG, v. 23.11.2009 (Stand: Juni 2015) Ziff. 2.4). Im Antrag sind die Firmenbezeichnung, der Geschäftszweck, die Organe und deren Zusammensetzung sowie der voraussichtliche Zeitpunkt der Geschäftsaufnahme zu nennen. Ferner ist anzugeben, für welche der in § 1 Abs. 1 S. 2 genannten Zahlungsdienste die Erlaubnis beantragt wird. Darüber hinaus ist anzugeben, ob und welche Tätigkeiten im Sinne des Abs. 1 Satz 2 erbracht werden sollen. (BBank Merkblatt ZAG, v. 23.11.2009 (Stand: Juni 2015) Ziff. 2.4). Neben den folgenden Auskünften und Unterlagen muss der Antragsteller auf Verlangen der BaFin weitere Auskünfte erteilen und Unterlagen vorlegen, soweit dies für die Beurteilung erforderlich ist, dass keine Gründe für die Versagung der beantragten Erlaubnis bestehen (§ 10 Abs. 2 S. 6 ZAG).

2. Geschäftsmodell (Abs. 2 S. 1 Nr. 1 iVm § 2 Abs. 3 ZAGAnzV iVm EBA/GL/2017/09 Ziff. 4.1 Leitlinie 3)

34   Abs. 2 S. 1 Nr. 1 setzt Art. 5 Abs. 1 lit. a PSD2 um. Die EBA/GL/2017/09 sehen in Ziff. 4.1 Leitlinie 3 ebenfalls Anforderungen an die Beschreibung des Geschäftsmodells vor. Der Erlaubnisantrag muss eine Beschreibung des Geschäftsmodells enthalten, aus dem gemäß Abs. 2 S. 1 Nr. 1 insbesondere die Art der beabsichtigten Zahlungsdienste hervorgehen muss. Das ZDUG2 hat Abs. 3 Nr. 1 aF im Wesentlichen beibehalten.

Die Beschreibung des **Geschäftsmodells** muss insbesondere die Art der be- 35 absichtigten Zahlungsdienste und die beabsichtigte Ausgabe von E-Geld sowie sonstige Tätigkeiten im Sinne des Abs. 1 S. 2 und des § 11 Abs. 1 S. 2 enthalten und jeweils deren Abwicklung erläutern (§ 2 Abs. 3 ZAGAnzV). Die beabsichtigten Zahlungsdienste und deren Abwicklung sind zu erläutern (§ 2 Abs. 3 ZAGAnzV). Aus der Formulierung von § 2 Abs. 3 ZAGAnzV und der Aufzählung der Angaben in Ziff. 4.1 Leitlinie 3.1 EBA/GL/2017/09 folgt, dass der Antragsteller sich nicht auf die allgemeine Beschreibung der beabsichtigten Zahlungsdienste beschränken darf, sondern **detaillierte Angaben zur konkreten Durchführung dieser Zahlungsdienste** machen muss. Hierzu ist eine Schritt-für-Schritt-Beschreibung der Art der beabsichtigten Zahlungsdienste erforderlich sowie eine Angabe, in welche Kategorien von Zahlungsdiensten gemäß § 1 S. 2 die Tätigkeiten und Vorgänge fallen (EBA/GL/2017/09 Ziff. 4.1 Leitlinie 3.1 lit. a). Die Detailgenauigkeit – insbesondere dieser Beschreibung – sollte sich an Größe und Organisation des Antragstellers sowie an Art, Umfang, Komplexität und Risikobehaftung der beabsichtigten Dienste orientieren (EBA/GL/2017/09 Ziff. 4.1 Leitlinie 1.2).

Darüber hinaus sind auch **Muster von Kundenverträgen und allgemeinen** 36 **Geschäftsbedingungen** (§ 2 Abs. 3 S. 2 ZAGAnzV) bzw. des Zahlungsdiensterahmenvertragsentwurfs (EBA/GL/2017/09 Ziff. 4.1 Leitlinie 3.1 lit. d) sowie Entwürfe von Verträgen zwischen allen an der Erbringung von Zahlungsdiensten beteiligten Parteien (EBA/GL/2017/09 Ziff. 4.1 Leitlinie 3.1 lit. c iii) vorzulegen.

Der Antragsteller muss Angaben dazu machen, ob er in den Besitz von **Kunden-** 37 **geldern** kommt (EBA/GL/2017/09 Ziff. 4.1 Leitlinie 3.1 lit. b). Hierbei ist die Auslegung der BaFin hinsichtlich des Besitzes von Geldern zu beachten (BaFin-Merkblatt ZAG v. 30.11.2017 sub 3i)). Dies ist insbesondere vor dem Hintergrund der neu eingeführten besitzlosen Zahlungsdienste des Kontoinformationsdienstes und des Zahlungsauslösediensts von Bedeutung sowie für die Frage, ob die Entgegennahme der Gelder sich in dem nach § 3 zulässigen Rahmen bewegt.

Die erforderliche Angabe, ob und innerhalb welcher Grenzen der Antragsteller 38 **Kredite** gewähren möchte (EBA/GL/2017/09 Ziff. 4.1 Leitlinie 3.1 lit. g), dient auch der Überprüfung, ob sich diese Kredite im Rahmen von § 3 Abs. 4 bewegen.

Neu ist schließlich auch die Angabe zu den Kriterien, anhand derer sich bei 39 Zahlungsauslösediensten und Kontoinformationsdiensten die Mindestdeckungssumme der Berufshaftpflichtversicherung gemäß §§ 16, 36 berechnet (EBA/GL/2017/09 Ziff. 4.1 Leitlinie 3.1 lit. j).

3. Geschäftsplan (Abs. 2 S. 1 Nr. 2 iVm § 2 Abs. 4 ZAGAnzV iVm EBA/GL/2017/09 Ziff. 4.1 Leitlinie 4)

Abs. 2 S. 1 Nr. 2 setzt Art. 5 Abs. 1 lit. b PSD2 um. Die entsprechenden Angaben 40 in den EBA/GL/2017/09 finden sich in Ziff. 4.1 Leitlinie 4. Der Antragsteller muss einen **Geschäftsplan mit einer Budgetplanung** für die ersten drei Geschäftsjahre vorlegen, aus dem hervorgeht, dass er über geeignete und verhältnismäßige Systeme, Mittel und Verfahren verfügt, um seine Tätigkeit auszuführen. Das ZDUG2 hat Abs. 3 Nr. 2 aF im Wesentlichen beibehalten.

Die Konkretisierung der Anforderungen an die Budgetplanung in § 2 Abs. 4 41 ZAGAnzV und in den EBA/GL/2017/09 Ziff. 4.1 Leitlinie 4.1 lit. c decken sich inhaltlich überwiegend, unterscheiden sich aber vom Wortlaut her nicht unerheblich und sollten daher kumulativ im Antrag abgebildet werden. Die Eigenkapitalanforderungen sind anhand der Vorgaben der ZIEV zu berechnen (vgl. EBA/GL/

2017/09 Ziff. 4.1 Leitlinie 4.1 lit. d, § 2 Abs. 4 S. 1 ZAGAnzV). Die Begriffe Systeme, Mittel und Verfahren sind in Verbindung mit dem Geschäftsplan bzw. der Budgetplanung zu verstehen. Zu den **Mitteln** zählen daher etwa Kapital, Betriebsmittel und Personal. **Systeme** kann man verstehen als die abstrakten Regeln für die Entwicklung und Erstellung des Geschäftsplans und **Verfahren** als Regeln für die Umsetzung des Geschäftsplans. Im Rahmen des Geschäftsplans ist dem Antrag nunmehr auch ein Marketingplan beizufügen (EBA/GL/2017/09 Ziff. 4.1 Leitlinie 4.1a)). Nach dem Willen des Gesetzgebers soll mit den Anforderungen sichergestellt werden, dass nur diejenigen Antragsteller eine Erlaubnis beantragen, die ernsthaft beabsichtigen, Zahlungsdienste zu erbringen (BR-Drs. 827/08, 79). Dies sei angesichts der steigenden Bedeutung der Zahlungsinstitute auch sachgerecht (BR-Drs. 827/08, 79). Sofern Systeme, Ressourcen und Verfahren geeignet und verhältnismäßig sind, dürfte regelmäßig auch eine ernsthafte Absicht zur Erbringung von Zahlungsdiensten vorliegen.

4. Nachweis über das Anfangskapital (Abs. 2 S. 1 Nr. 3 iVm § 2 Abs. 5 ZAGAnzV iVm EBA/GL/2017/09 Ziff. 4.1 Leitlinie 6)

42   Abs. 2 S. 1 Nr. 3, soweit er sich auf das Anfangskapital bezieht, setzt Art. 5 Abs. 1 lit. c PSD2 um. Die entsprechenden Angaben in den EBA/GL/2017/09 finden sich in Ziff. 4.1 Leitlinie 6. Das ZDUG2 hat Abs. 3 Nr. 3 aF im Wesentlichen beibehalten.

43   Der Antragsteller muss einen Nachweis vorlegen, dass er über das gemäß § 12 Nr. 3 **erforderliche Anfangskapital** verfügt (zum Begriff → § 12 Rn. 5 ff.). Nr. 3 erfasst im Hinblick auf das Anfangskapital auch Zahlungsauslösedienste und Kontoinformationsdienste. § 12 Nr. 3 wie auch Art. 7 PSD2 sehen für Kontoinformationsdienste kein Anfangskapital vor.

44   Der Nachweis kann durch eine Bestätigung eines Einlagenkreditinstituts mit Sitz in einem Mitgliedstaat der EU oder einem anderen Staat des EWR, dass das Anfangskapital eingezahlt, frei von Rechten Dritter ist und zur freien Verfügung der Geschäftsleiter steht, erbracht werden (§ 2 Abs. 5 ZAGAnzV; so auch EBA/GL/2017/09 Ziff. 4.1 Leitlinie 6.1 lit. a, b). Bei bereits bestehenden Unternehmen wird der Nachweis erbracht durch die schriftliche Bestätigung eines Prüfers, der im Falle der Erlaubniserteilung zur Prüfung des Jahresabschlusses des Instituts berechtigt wäre, über das Vorhandensein von Eigenmitteln, nach den für Institute geltenden Grundsätzen ermittelt worden sind (s. § 2 Abs. 5 S. 2 ZAGAnzV). Nach EBA/GL/2017/09 Ziff. 4.1 Leitlinie 6.1 lit. a ist allerdings ein geprüfter Rechnungsabschluss oder ein Auszug eines öffentlichen Registers zur Bescheinigung der Höhe des Kapitals erforderlich. Aufgrund der nicht identischen Anforderungen in den EBA/GL/2017/09 Ziff. 4.1 Leitlinie 6 und § 2 Abs. 5 ZAGAnzV sollte die konkrete Form des Nachweises mit der BaFin abgestimmt werden.

5. Absicherung im Haftungsfall (Abs. 2 S. 1 Nr. 3 iVm § 2 Abs. 5 ZAGAnzV iVm EBA/GL/2017/09 Ziff. 4.1 Leitlinie 18)

45   Abs. 2 S. 1 Nr. 3 setzt, soweit er sich auf die Absicherung im Haftungsfall bezieht, hinsichtlich Zahlungsauslösediensten Art. 5 Abs. 2 PSD2 und hinsichtlich Kontoinformationsdiensten Art. 5 Abs. 3 PSD2 um. Entsprechend verweist Nr. 3 im Zu-

sammenhang mit der **Absicherung im Haftungsfall von Zahlungsauslösediensten und Kontoinformationsdiensten** auf §§ 16, 36. Die entsprechenden
Angaben in den EBA/GL/2017/09 finden sich in Ziff. 4.1 Leitlinie 18. Die Anforderung an den Erlaubnisantrag wurde durch das ZDUG1 in Nr. 3 eingefügt. Nach
§ 2 Abs. 5 S. 3 ZAGAnzV sind als Nachweis für die Absicherung für den Haftungsfall für Zahlungsauslöse- und Kontoinformationsdienste die Berechnung der Mindestdeckungssumme und ein Versicherungsvertrag oder ein Dokument zum Nachweis einer gleichwertigen Garantie einzureichen.

Der Antragsteller muss einen Versicherungsvertrag oder ein gleichwertiges Do- **46**
kument zum Nachweis einer Berufshaftpflichtversicherung oder einer gleichwertigen Garantie für die relevanten Haftungsverpflichtungen aus der Geschäftstätigkeit vorlegen (EBA/GL/2017/09 Ziff. 4.1 Leitlinie 18 lit. a). Darüber hinaus muss
der Antragsteller dokumentieren, wie er die Mindestdeckungssumme berechnet
hat (EBA/GL/2017/09 Ziff. 4.1 Leitlinie 18 lit. b). Die Berechnung muss anhand
der EBA/GL/2017/08 erfolgen.

6. Sicherungsanforderungen (Abs. 2 S. 1 Nr. 4 iVm Abs. 2 S. 2 iVm § 2 Abs. 6 ZAGAnzV iVm EBA/GL/2017/09 Ziff. 4.1 Leitlinie 7)

Abs. 2 S. 1 Nr. 4 setzt Art. 5 lit. d PSD2 um. Das ZDUG2 hat § 8 Abs. 2 Nr. 4 aF **47**
unverändert beibehalten. Die entsprechenden Angaben in den EBA/GL/2017/09
finden sich in Ziff. 4.1 Leitlinie 7. Weitere Konkretisierungen finden sich in § 2
Abs. 6 ZAGAnzV. Die Anforderung ist letztlich darauf zurückzuführen, dass Zahlungsinstitute keinem Sicherungssystem unter dem Einlagensicherungssystem zugeordnet sind und daher der Verlust der Kundengelder auf anderem Wege verhindert werden soll (Hanten RdZ 2021, 20 (25)).

Der Antragsteller muss eine Beschreibung der **Maßnahmen zur Erfüllung der** **48**
Sicherungsanforderungen des § 17 vorlegen. Nach § 17 muss ein Zahlungsinstitut von seinen Zahlungsdienstnutzern zur Ausführung von Zahlungsdiensten entgegengenommene Geldbeträge mit einem in § 17 genannten Verfahren absichern.
Nach § 2 Abs. 6 ZAGAnzV ist anzugeben, mit welchen Kreditinstituten oder Versicherungen in diesem Zusammenhang Vereinbarungen geschlossen werden. In der
Beschreibung ist zudem anzugeben, wie die weiteren Pflichten des § 17 erfüllt werden. Unklar war bisher, welche Anforderungen an die Beschreibung der Maßnahmen nach § 17 zu stellen sind. Die Gesetzgebungsmaterialien zum ZDUG1 erwähnten in diesem Zusammenhang einen Nachweis (BR-Drs. 827/08, 79).
Daraus ließ sich der Schluss ziehen, dass etwa die Nennung verhandlungsbereiter
Kreditinstitute oder Versicherungen nicht ausreicht, sondern endverhandelte oder
durch die Erteilung der Erlaubnis aufschiebend bedingte vertragliche Vereinbarungen vorzulegen sind. Die EBA/GL/2017/09 und § 2 Abs. 6 S. 2 ZAGAnzV halten
aber die Kopie eines Entwurfs eines Vertrages mit dem Kreditinstitut bzw. des Versicherungsvertrages für ausreichend. Im Falle der Hinterlegung der Geldbeträge bei
einem Kreditinstitut sind nach den EBA/GL/2017/09 (Ziff. 4.1 Leitlinie 7.1) zudem Angaben zu Investitionsstrategie, Anlagepolitik und den Personen, die Zugang
zum Treuhandkonto haben, zu machen. Im Falle der Absicherung durch eine Versicherung untersagen die EBA/GL/2017/09 (Ziff. 4.1 Leitlinie 7.2 lit. a), dass die
Versicherung von einem Unternehmen derselben Unternehmensgruppe wie der
des Antragstellers stammt.

Mit den Unterlagen nach Abs. 2 S. 1 Nr. 4 hat der Antragsteller gemäß Abs. 2 S. 2 eine Beschreibung seiner Prüfmodalitäten und seiner organisatorischen Vorkehrungen für das Ergreifen aller angemessenen Maßnahmen zum Schutz der Interessen seiner Nutzer und zur Gewährleistung der Kontinuität und Verlässlichkeit der von ihm erbrachten Zahlungsdienste vorzulegen.

7. Beschreibung der Unternehmenssteuerung und interner Kontrollmechanismen (Abs. 2 S. 1 Nr. 5 iVm Abs. 2 S. 2 iVm § 2 Abs. 7 ZAGAnzV iVm EBA/GL/2017/09 Ziff. 4.1 Leitlinie 8)

49   Abs. 2 S. 1 Nr. 5 setzt Art. 5 lit. e PSD2 um. Das ZDUG2 hat § 8 Abs. 2 Nr. 5 aF unverändert beibehalten. Der Antragsteller muss die **Unternehmenssteuerung und internen Kontrollmechanismen** beschreiben. Dies beinhaltet Verwaltungs-, Risikomanagement- und Rechnungslegungsverfahren. Diese Pflichten konkretisiert § 27 Abs. 1 Nr. 1–3 zum Teil näher. Aus der Beschreibung muss zudem hervorgehen, dass die Unternehmenssteuerung, Kontrollmechanismen und Verfahren verhältnismäßig, angemessen, zuverlässig und ausreichend sind. Es genügt daher nicht jede Beschreibung der Maßnahmen. Vielmehr muss für die BaFin daraus plausibel hervorgehen, dass die zu treffenden Vorkehrungen tatsächlich verhältnismäßig, angemessen, zuverlässig und ausreichend sind. Dazu zählt nach den EBA/GL/ 2017/09, Ziff. 4.1 Leitlinie 8.1c) auch, dass die Risiken in regelmäßigen festgelegten Intervallen kontrolliert werden, sowie die Vorlage der Lebensläufe der für die Kontrolle verantwortlichen Personen. Die Angaben zu Überwachung und Kontrolle müssen sich auch auf ausgelagerte Aufgaben, Agenten und Zweigniederlassungen erstrecken.

50   Mit den Unterlagen nach Abs. 2 S. 1 Nr. 5 hat der Antragsteller gemäß Abs. 2 S. 2 eine Beschreibung seiner Prüfmodalitäten und seiner organisatorischen Vorkehrungen für das Ergreifen aller angemessenen Maßnahmen zum Schutz der Interessen seiner Nutzer und zur Gewährleistung der Kontinuität und Verlässlichkeit der von ihm erbrachten Zahlungsdienste vorzulegen.

8. Beschreibung der Verfahren bei Sicherheitsvorfällen und sicherheitsbezogenen Kundenbeschwerden (Abs. 2 S. 1 Nr. 6 iVm § 2 Abs. 8 ZAGAnzV iVm Abs. 2 S. 2 iVm EBA/GL/ 2017/09 Ziff. 4.1 Leitlinie 9)

51   Abs. 2 S. 1 Nr. 6 wurde durch das ZDUG2 erstmalig ins ZAG aufgenommen und setzt Art. 5 lit. f PSD2 um. § 53 verpflichtet Institute nunmehr ausdrücklich dazu, wirksame Verfahren für die Behandlung von Störungen im Betriebsablauf, auch zur Aufdeckung und Klassifizierung **schwerer Betriebs- und Sicherheitsvorfälle,** vorzusehen. § 54 ZAG verpflichtet Institute zur Meldung schwerwiegender Betriebs- und Sicherheitsvorfälle bei der BaFin. Abs. 2 S. 1 Nr. 6 soll sicherstellen, dass die Maßnahmen für die Überwachung von Sicherheitsvorfällen sowie Verfahren der Meldung von Sicherheitsvorfällen bereits bei Beginn der Geschäftstätigkeit eingerichtet sind. In der Beschreibung sind die vorhandenen Verfahren für die Überwachung, Handhabung und Folgemaßnahmen bei Sicherheitsvorfällen und sicherheitsbezogenen Kundenbeschwerden im Einzelnen anzugeben (§ 2 Abs. 8 S. 1 ZAGAnzV). Hierbei sind auch die Anforderungen der ZAIT, insbesondere von Ziff. II. 4 ZAIT abzubilden. Diese Angaben umfassen auch die organisatorischen Maßnahmen und Verfahren zur Betrugsprävention, die Berichtswege in Betrugsfällen und die verwendeten Überwachungsinstrumente für Sicherheitsrisiken sowie vorhandene Folgemaßnahmen und Verfahren zu deren Verhinderung (§ 2 Abs. 8 S. 2 ZAGAnzV).

Die Darstellung der Mechanismen für die Meldung von Vorfällen ist aber nicht **52** zwingend auf die Meldepflichten gemäß § 54 ZAG beschränkt. Insbesondere Meldepflichten gemäß § 8b Abs. 4 BSIG iVm § 7 Abs. 1 Nr. 1–3 BSI-KritisV könnten, sofern anwendbar, hier dargestellt werden. Verfahren bei sicherheitsbezogenen Kundenbeschwerden meint die Verfahren zur Erfüllung der Pflichten in §§ 60–62. Die Angaben müssen sich auch darauf beziehen, wie bei einem Sicherheitsvorfall Abhilfe zu schaffen ist und wie Meldungen an zuständige Behörden zu erfolgen haben. Zu den Meldeverfahren hat die EBA die Leitlinien EBA/GL/2017/10 veröffentlicht. Zu Einzelheiten s. § 54.

Mit den Unterlagen nach Abs. 2 S. 1 Nr. 6 hat der Antragsteller gemäß Abs. 2 S. 2 **53** eine Beschreibung seiner Prüfmodalitäten und seiner organisatorischen Vorkehrungen für das Ergreifen aller angemessenen Maßnahmen zum Schutz der Interessen seiner Nutzer und zur Gewährleistung der Kontinuität und Verlässlichkeit der von ihm erbrachten Zahlungsdienste vorzulegen.

9. Beschreibung der vorhandenen Verfahren für die Erfassung, Überwachung, Rückverfolgung sowie Beschränkung des Zugangs zu sensiblen Zahlungsdaten (Abs. 2 S. 1 Nr. 7 iVm § 2 Abs. 9 ZAGAnzV iVm EBA/GL/2017/09 Ziff. 4.1 Leitlinie 10)

Abs. 2 S. 1 Nr. 7 wurde durch das ZDUG2 erstmalig ins ZAG aufgenommen und **54** setzt Art. 5 lit. g PSD2 um. Der Antragsteller muss eine Beschreibung der vorhandenen Verfahren für die Erfassung, Überwachung, Rückverfolgung sowie Beschränkung des Zugangs zu **sensiblen Zahlungsdaten** vorlegen, § 2 Abs. 9 S. 1 ZAGAnzV. Gemäß Art. 4 Nr. 32 PSD2 und § 1 Abs. 26 sind sensible Zahlungsdaten Daten, einschließlich personalisierter Sicherheitsmerkmale, die für betrügerische Handlungen verwendet werden können. Es sind Verfahren zur Autorisierung des Zugangs zu sensiblen Zahlungsdaten zu beschreiben, § 2 Abs. 9 S. 2 ZAGAnzV. Konkret muss der Antragsteller darlegen, wie er mit sensiblen Zugangsdaten wie zB PIN, TAN, Fingerabdrücken und anderen sensiblen Daten, wie etwa deren Speicherung und Übermittlung an Zahlungsdienstnutzer, umgeht (Luz/Neus/Schaber/Schneider/Wagner/Weber/Heucke ZAG § 10 Rn. 34). Für die Tätigkeiten von Zahlungsauslösedienstleistern und Kontoinformationsdienstleistern stellen der Name des Kontoinhabers und die Kontonummer allerdings keine sensiblen Zahlungsdaten dar. Zum Begriff der sensiblen Zahlungsdaten → § 1 Rn. 536 ff.

Nähere Details sehen die EBA/GL/2017/09 Ziff. 4.1 Leitlinie 10 vor. Der **55** Antragsteller muss unter anderem darstellen, wie er den personellen Zugriff auf sensible Zahlungsdaten kontrolliert sowie welche technischen Sicherungsmaßnahmen er ergreift.

10. Beschreibung der Regelungen zur Geschäftsfortführung im Krisenfall (Abs. 2 S. 1 Nr. 8 iVm Abs. 2 S. 2 iVm § 2 Abs. 10 ZAGAnzV iVm EBA/GL/2017/09 Ziff. 4.1 Leitlinie 11)

56   Abs. 2 S. 1 Nr. 8 wurde durch das ZDUG2 erstmalig ins ZAG aufgenommen und setzt Art. 5 lit. h PSD2 um. Der Antragsteller muss eine Beschreibung der Regelungen zur **Geschäftsfortführung im Krisenfall,** einschließlich klarer Angaben der maßgeblichen Abläufe, der wirksamen Notfallpläne und eines Verfahrens für die regelmäßige Überprüfung der Angemessenheit und Wirksamkeit solcher Pläne vorlegen. Die Pflicht zu Erstellung von Notfallplänen jedenfalls für IT-Systeme ergibt sich aus § 27 Abs. 1 S. 2 Nr. 3. Zu Einzelheiten → § 27 Rn. 37 f.

57   Nach § 2 Abs. 10 ZAGAnzV ist zudem die Nennung der maßgeblichen Abläufe, der Notfallpläne und des Verfahrens zur regelmäßigen Überprüfung der Angemessenheit und Wirksamkeit solcher Pläne, sowie eine Analyse über die Auswirkungen des Krisenfalls auf die Geschäftstätigkeit beizufügen. Der Begriff der **Krise** wird weder in der PSD2, noch im ZAG, noch in den EBA/GL/2017/09 definiert. In Anlehnung an § 8 Abs. 7 S. 1 KWG kann man hierunter eine widrige Entwicklung auf dem Zahlungsverkehrsmarkt, die eine Gefahr für die Marktliquidität und die Stabilität des Zahlungsverkehrssystems darstellt, ansehen können. Nähere Details sehen die EBA/GL/2017/09 Ziff. 4.1 Leitlinie 11 vor. Daraus geht hervor, dass der Begriff der Krise zudem wesentliche Beeinträchtigungen kritischer Systeme, insbesondere IT-Systeme, aber auch Geschäftsprozesse oder den Verlust von Daten, Personen und den Zugang zu Geschäftsräumen meint. In diesem Zusammenhang sollten auch die Vorgaben von Ziff. II. 10 ZAIT abgebildet werden.

11. Beschreibung der Grundsätze und Definitionen für die Erfassung statistischer Daten über Leistungsfähigkeit, Geschäftsvorgänge und Betrugsfälle (Abs. 2 S. 1 Nr. 9 iVm § 2 Abs. 11 ZAGAnzV iVm EBA/GL/2017/09 Ziff. 4.1 Leitlinie 12)

58   Abs. 2 S. 1 Nr. 9 wurde durch das ZDUG2 erstmalig ins ZAG aufgenommen und setzt Art. 5 lit. i PSD2 um. Der Antragsteller muss eine Beschreibung der Grundsätze und Definitionen für die Erfassung statistischer Daten über Leistungsfähigkeit, Geschäftsvorgänge und Betrugsfälle vorlegen. Gemäß § 54 Abs. 5 muss ein Zahlungsdienstleister der BaFin mindestens einmal jährlich statistische Daten zu Betrugsfällen in Verbindung mit den unterschiedlichen Zahlungsmitteln vorlegen, die die BaFin sodann der EBA und EZB in aggregierter Form zur Verfügung stellt.

59   Nähere Details sehen die EBA/GL/2017/09 Ziff. 4.1 Leitlinie 12 vor. Danach muss der Antragsteller angeben, welche Arten von Daten und in welchem Umfang der Antragsteller Daten im Zusammenhang mit dem Angebot konkreter einzelner Produkte erfassen will, einschließlich unter Beteiligung von Zweigniederlassungen oder Agenten und unter Angabe von Art, Zweck und Häufigkeit der Erfassung.

12. Beschreibung der Sicherheitsstrategie (Abs. 2 S. 1 Nr. 10 iVm Abs. 2 S. 3 iVm § 2 Abs. 12 ZAGAnzV ivm EBA/GL/2017/09 Ziff. 4.1 Leitlinie 13)

Abs. 2 S. 1 Nr. 10 wurde durch das ZDUG2 erstmalig ins ZAG aufgenommen **60** und setzt Art. 5 lit. j PSD2 um. Der Antragsteller muss eine Beschreibung der Sicherheitsstrategie, einschließlich einer detaillierten Risikobewertung der erbrachten Zahlungsdienste und eine Beschreibung von Sicherheitskontroll- und Risikominderungsmaßnahmen zur Gewährleistung eines angemessenen Schutzes der Zahlungsdienstnutzer vor den festgestellten Risiken, einschließlich Betrug und illegaler Verwendung sensibler und personenbezogener Daten, vorlegen. Bei der Beschreibung ist auf die jeweiligen konkreten Produkte einzugehen. Zu jedem einzelnen Produkt ist eine Risikoanalyse beizufügen sowie eine Beschreibung der Maßnahmen, wie der Eintritt der Risiken zu verhindern ist. Die ausdrückliche Nennung der illegalen Verwendung sensibler und personenbezogener Daten zeigt die Bedeutung, die der Gesetzgeber dem Schutz von Daten, insbesondere Kundendaten, zumisst.

Zusätzlich ist Abs. 2 S. 3 zu beachten. Danach muss in der Beschreibung der Si- **61** cherheitsstrategie angegeben werden, auf welche Weise durch diese Maßnahmen ein hohes Maß an technischer Sicherheit und Datenschutz gewährleistet wird. Dies soll auch für Software und IT-Systeme gelten, die der Antragsteller oder die Unternehmen verwenden, an die der Antragsteller alle oder einen Teil seiner Tätigkeiten auslagert. Da die Sicherheitsstrategie in der Praxis typischerweise noch nicht angewendet wurde, wird sich der Antragsteller auf eine eher theoretische Darstellung der Sicherheitsstrategie beschränken müssen (Hanten RdZ 2021, 20 (25)).

Nähere Details sehen die EBA/GL/2017/09 Ziff. 4.1 Leitlinie 13 vor. Daraus **62** geht hervor, dass der Antragsteller auch eine detaillierte Beschreibung seiner IT-Architektur vorlegen muss, inwieweit von außen auf die Systeme zugegriffen werden kann und welche logischen und physischen Sicherheitsmaßnahmen vorgesehen sind. Zudem muss der Antragsteller angeben, inwieweit er seine IT-Systeme durch Arbeitsanweisungen schützen will. Zur Darstellung der Sicherheitsstrategie zählen zudem die Verfahren der Kundenauthentifizierung. Der Antragsteller muss hier vor allem darlegen, wie er die Anforderungen an die **starke Kundenauthentifizierung** gem. § 55 erfüllt. Ziff. II.1. ZAIT enthalten weitere Vorgaben zur Darstellung der IT-Strategie.

13. Beschreibung der internen Kontrollmechanismen (Abs. 2 S. 1 Nr. 11 iVm § 2 Abs. 13 ZAGAnzV ivm EBA/GL/2017/09 Ziff. 4.1 Leitlinie 14)

Abs. 2 S. 1 Nr. 11 setzt Art. 5 lit. k PSD2 um. Der Antragsteller muss eine Be- **63** schreibung der internen Kontrollmechanismen, die der Antragsteller eingeführt hat, um die Anforderungen der §§ 27 und 53 zu erfüllen, vorlegen. Sofern der Antragsteller noch nicht mit der Durchführung der Zahlungsdienste begonnen hat, kann er nur die künftig einzurichtenden Kontrollmechanismen beschreiben. Die Vorschrift nennt die Anforderungen des § 27 und des § 53. § 27 beschreibt die generellen Organisationspflichten, während § 53 sich auf den Teilbereich der Überwachung von operationellen und sicherheitsrelevanten Risiken beschränkt. Vorgaben zur Einhaltung der §§ 27, 53 im Zusammenhang mit dem Einsatz von Informationstechnik enthalten die ZAIT. Die Anwendungsbereiche von § 27 und § 53 überschneiden sich teilweise, wobei § 27 einen erheblich größeren Anwendungsbereich hat. Hatte der Gesetzgeber zunächst in Abs. 3 Nr. 6 aF bewusst nicht auf interne Verfahren und Kontrollsysteme zur Einhaltung der Verordnungen (EU) 260/2012 und (EU) 924/2009 verwiesen, da in diesem Falle die Einhaltung der Verordnungen entgegen den Vorschriften der vollharmonisierenden PSD1 Antragsvoraussetzung wäre (BT-Drs. 17/11395, 17), ist die Einhaltung dieser Verordnungen nunmehr aufgrund des Verweises auf § 27 Abs. 1 Nr. 4 Antragsvoraussetzung. Nach § 2 Abs. 13 ZAGAnzV sind Arbeitsanweisungen für Mitarbeiter und Agenten und nunmehr auch für E-Geld-Agenten und zentrale Kontaktpersonen beizufügen.

64   Nähere Details sehen die EBA/GL/2017/09 Ziff. 4.1 Leitlinie 14 vor. Es ist darzustellen, wie der Antragsteller Geldwäsche und Terrorismusfinanzierung im Zusammenhang mit seiner Geschäftstätigkeit verhindern will. Dazu zählen auch Maßnahmen, die sicherstellen, dass Zweigniederlassungen, Agenten und eigenes Personal zur Verhinderung von Geldwäsche und Terrorismusfinanzierung beitragen. Weiter ist ein Geldwäschebeauftragter zu benennen (Ziff. 4.1. Leitlinie 14 lit. e EBA/GL/2017/09) und ein Geldwäschehandbuch einzureichen.

14. Darstellung des organisatorischen Aufbaus, der Inanspruchnahme von Agenten, Zweigniederlassungen, Auslagerungsvereinbarungen und Teilnahme an Zahlungssystemen (Abs. 2 S. 1 Nr. 12 iVm Abs. 2 S. 2 iVm § 2 Abs. 14 ZAGAnzV iVm EBA/GL/2017/09 Ziff. 4.1 Leitlinie 5)

65   Abs. 2 S. 1 Nr. 12 setzt Art. 5 lit. l PSD2 um. Im Rahmen der Darstellung des organisatorischen Aufbaus ist eine umfassende Darstellung der Unternehmensverfassung vorzulegen. Zur **Darstellung des organisatorischen Aufbaus** gehören auch die Zuständigkeiten der Geschäftsleiter und die Geschäftsordnungen der Organe der Gesellschaft (§ 2 Abs. 14 S. 2 Nr. 1 ZAGAnzV) und der Zweigniederlassungen. Zweck der Vorschrift ist, dass die BaFin sich ein Bild über den organisatorischen Aufbau des Instituts machen kann (BR-Drs. 827/08, 79 f.). Sofern das Institut Agenten (§ 1 Abs. 9) einsetzen möchte, sind hierzu Muster der Agenturverträge beizufügen (§ 2 Abs. 14 S. 2 Nr. 2 ZAGAnzV). Weiter sind eine Beschreibung der beabsichtigten Vorkehrungen gemäß § 26 Abs. 1 S. 1 und Entwürfe der Auslagerungsverträge gemäß § 26 Abs. 1 S. 6 vorzulegen (§ 2 Abs. 14 Nr. 3, 4 ZAGAnzV). In diesem Zusammenhang sollten auch die Maßnahmen zur Erfüllung von Ziff. II. 9 ZAIT dargestellt werden. Mit der Beschreibung der Art und Weise der Teilnahme an einem Zahlungssystem sind Zahlungssysteme gemäß § 1 Abs. 11 gemeint. Die Beschreibungen sollten in einem Umfang erfolgen, dass daraus hervorgeht, dass die jeweiligen aufsichtsrechtlichen Anforderungen erfüllt werden. Gemäß Abs. 2 S. 2 muss mit den Unterlagen nach Abs. 2 S. 1 eine Beschreibung der Prüfmodalitäten des Antragstellers und seiner organisatorischen Vorkehrungen für das Ergreifen aller angemessenen Maßnahmen zum Schutz der Interessen seiner Nutzer und zur Gewährleistung der Kontinuität und Verlässlichkeit der von ihm erbrachten Zahlungsdienste vorgelegt werden.

66   Nähere Details sehen die EBA/GL/2017/09 Ziff. 4.1 Leitlinie 5 vor. Hierzu zählen insbesondere detaillierte Angaben zu Geschäftsbereichen und Abteilungen des Antragstellers, eine Prognose hinsichtlich der Entwicklung der Mitarbeiterzahlen sowie Angaben zu Auslagerungen und dem Einsatz von Agenten und Zweigniederlassungen.

15. Inhaber einer bedeutenden Beteiligung (Abs. 2 S. 1 Nr. 13 iVm § 2 Abs. 15 ZAGAnzV iVm EBA/GL/2017/09 Ziff. 4.1 Leitlinie 15)

Abs. 2 S. 1 Nr. 13 setzt Art. 5 lit. m PSD2 um. Nach Abs. 2 S. 1 Nr. 13 sind die **67** Namen der Inhaber einer bedeutenden Beteiligung, die Höhe ihrer Beteiligung sowie der Nachweis, dass sie den im Interesse der Gewährleistung einer soliden und umsichtigen Führung des Antragstellers zu stellenden Ansprüchen genügen, anzugeben. Zum Begriff der **bedeutenden Beteiligung** s. § 1 Abs. 7; zu den Pflichten der Inhaber einer bedeutenden Beteiligung s. § 14. Die Angaben sollen der BaFin die Möglichkeit geben zu beurteilen, ob die Anteilseigner den an eine solide und umsichtige Führung des Zahlungsinstituts zu stellenden Ansprüchen genügen (BR-Drs. 827/08, 79f.). § 2 Abs. 15 ZAGAnzV konkretisiert die Anforderungen des Abs. 2 S. 1 Nr. 13. Daneben soll § 2c Abs. 1 S. 4 KWG entsprechend gelten. Danach muss der Antragsteller die für die Beurteilung der Zuverlässigkeit seiner gesetzlichen oder satzungsmäßigen Vertreter oder persönlich haftenden Gesellschafter wesentlichen Tatsachen angeben.

§ 2 Abs. 15 ZAGAnzV erklärt zudem verschiedene Bestimmungen der Inhkon- **68** trollV für entsprechend anwendbar. Es sind „mindestens" die in § 8 Nr. 1–5 und in den §§ 9–11, 13 und 14 InhkontrollV genannten Erklärungen und Unterlagen beizufügen und auf Verlangen der BaFin weitere Auskünfte zu erteilen. Außerdem sollen die §§ 4, 5 und 16 InhkontrollV entsprechend anzuwenden sein.

Dem Erlaubnisantrag sind daher insbesondere die folgenden Unterlagen und Er- **69** klärungen beizufügen:
– Die Unterlagen und Erklärungen gemäß § 8 Nr. 1–5 InhKontrollV. Dies sind insbesondere Nachweise über die Identität der Inhaber bedeutender Beteiligungen, bei Gesellschaften Registerauszüge, Gründungsdokumente, Gesellschaftsverträge, Gesellschafterliste, eine Liste der Vertretungsberechtigten und der Personen, unter deren Kontrolle der Inhaber der bedeutenden Beteiligung steht; außerdem ist eine Darstellung der geschäftlichen Aktivitäten des Inhabers der bedeutenden Beteiligung beizufügen; für die Berechnung der Kapital- oder Stimmrechtsanteile ist § 5 InhKontrollV zu berücksichtigen (§ 2 Abs. 15 S. 3 ZAGAnzV).
– Erklärungen und Unterlagen gemäß § 9 InhKontrollV zur Zuverlässigkeit des Inhabers einer bedeutenden Beteiligung. Es sind Angaben zu machen über Strafverfahren, Ordnungswidrigkeitsverfahren, Insolvenzverfahren, die Abgabe eidesstattlicher Versicherungen, sonstige aufsichtsrechtliche Verfahren, die mit einer Sanktion abgeschlossen wurden oder die frühere Versagung von Eintragungen, Erlaubnissen oder Mitgliedschaften. Die vorgenannten Angaben sind nicht nur in Bezug auf den Inhaber einer bedeutenden Beteiligung abzugeben, sondern zusätzlich in Bezug auf persönlich haftende Gesellschafter und Vertretungsberechtigte des Inhabers der bedeutenden Beteiligung, eines zukünftig für den Antragsteller beabsichtigten Geschäftsleiters und, sofern der Inhaber der bedeutenden Beteiligung eine natürliche Person ist, in Bezug auf sämtliche jemals von ihm geleitete Unternehmen, sofern der Inhaber einer bedeutenden Beteiligung keine natürliche Person ist, in Bezug auf Unternehmen, über die er die Kontrolle hat. Darüber hinaus sind Verfahren und Sanktionen zu erläutern und Urteile, Beschlüsse und andere Sanktionen in beglaubigter Kopie vorzulegen.
– Eigenhändig unterschriebene Lebensläufe jeweils mit den Angaben gemäß § 10 Abs. 2 InhKontrollV des Inhabers einer bedeutenden Beteiligung, wenn dieser eine natürliche Person ist, die Lebensläufe sämtlicher persönlich haftender Ge-

sellschafter und der Vertretungsberechtigten des Inhabers der bedeutenden Beteiligung und eines beabsichtigten künftigen Geschäftsleiters des Antragstellers. Zu verwenden sind hierbei die Formulare in Anlage 4, 5 und 6 zur ZAGAnzV.

– Nach § 11 InhKontrollV muss der Inhaber einer bedeutenden Beteiligung verschiedene Angaben zu Beteiligungsverhältnissen, Konzernzugehörigkeit und sonstigen Einflussmöglichkeiten machen.

– Nach § 14 InhKontrollV muss der Inhaber einer bedeutenden Beteiligung Nachweise über das Vorhandensein und die wirtschaftliche Herkunft der Eigen- und Fremdmittel, die für den Erwerb des Antragstellers eingesetzt wurden, und die in diesem Zusammenhang getroffenen Vereinbarungen vorlegen.

– § 16 Abs. 2 InhKontrollV sieht für verschiedene Inhaber bedeutender Beteiligungen Erleichterungen vor, die auch im Erlaubnisverfahren Anwendung finden, hierzu → § 14 Rn. 30.

70   Daneben enthält Ziff. 4.1 EBA/GL/2017/09 Leitlinie 15 einen umfangreichen Katalog von Angaben und Unterlagen, die dem Erlaubnisantrag beizufügen sind. Sofern die anwendbaren Anforderungen der InhkontrollV und Ziff. 4.1 der EBA/GL/2017/09 Leitlinie 15 nicht deckungsgleich sind, empfiehlt es sich, in einem Erlaubnisantrag die Anforderungen beider Regelwerke abzubilden.

16. Geschäftsleiter (Abs. 2 S. 1 Nr. 14 iVm Abs. 2 S. 4, 5 iVm § 2 Abs. 16 ZAGAnzV iVm EBA/GL/2017/09 Ziff. 4.1 Leitlinie 16)

71   Abs. 2 S. 1 Nr. 14 setzt Art. 5 lit. n PSD2 um. Nach Abs. 2 S. 1 Nr. 14 muss der Antrag die Namen der Geschäftsleiter und, soweit es sich um Unternehmen handelt, der, neben der Erbringung von Zahlungsdiensten anderen Geschäftsaktivitäten nachgehen, der für die Führung der Zahlungsdienstgeschäfte des Antragstellers verantwortlichen Personen, enthalten. Zudem muss der Antrag den Nachweis enthalten, dass die Geschäftsleiter zuverlässig sind und über angemessene theoretische und praktische Kenntnisse und Fähigkeiten, einschließlich Leitungserfahrung, zur Erbringung von Zahlungsdiensten verfügen, Abs. 2 S. 4. Sofern das Institut nicht nur eine geringe Größe hat, sind mindestens zwei Geschäftsleiter erforderlich, ansonsten genügt ein Geschäftsleiter (Abs. 2 S. 5).

72   Für den Nachweis der **Zuverlässigkeit** und der angemessenen theoretischen und praktischen Kenntnisse gilt § 2 Abs. 16 ZAGAnzV iVm § 10 ZAGAnzV. Daneben stellt EBA/GL/2017/09 Ziff. 4.1 Leitlinie 16 weitere Anforderungen an die Informationen über Geschäftsleiter. Im Merkblatt zu den Geschäftsleitern gemäß KWG, ZAG und KAGB (vom 4. 1. 2016, zuletzt geändert am 24. 6. 2021) konkretisiert die BaFin die Anforderungen an die Zuverlässigkeit und fachliche Eignung von Geschäftsleitern. Danach sind die folgenden Unterlagen einzureichen:

– Eigenhändig unterzeichnete Erklärung über Vorstrafen und andere staatliche Verfahren gemäß § 10 Abs. 1 iVm Anlage 4 ZAGAnzV, EBA/GL/2017/09 Ziff. 4.1 Leitlinie 16.1 lit. d;

– Eigenhändig unterzeichneter Lebenslauf einschließlich Angaben zur beruflichen Qualifikation mit dem Inhalt gemäß § 10 Abs. 2 ZAGAnzV, EBA/GL/2017/09 Ziff. 4.1 Leitlinie 16.1 lit. c. Sofern der Geschäftsleiter zuvor Nebentätigkeiten ausgeführt hat oder eine unmittelbare Beteiligung von mindestens 25 Prozent der Anteile am Institut hält, sind die Formulare in den Anlagen 5 und 6 zur ZAGAnzV ausgefüllt einzureichen;

- Führungszeugnis, § 10 Abs. 3 ZAGAnzV, EBA/GL/2017/09 Ziff. 4.1 Leitlinie 16.1 lit. d;
- Auszug aus Gewerbezentralregister, § 10 Abs. 4 ZAGAnzV;
- Anstellungsvertrag, § 10 Abs. 5 ZAGAnzV;
- umfassende Personalien, EBA/GL/2017/09 Ziff. 4.1 Leitlinie 16.1 lit. a;
- Eignungsbeurteilung durch den Antragsteller, EBA/GL/2017/09 Ziff. 4.1 Leitlinie 16.1 lit. b.

Fachliche Eignung zur Leitung eines Institutes bedeutet nach Auffassung der **73** BaFin (Merkblatt zur Zuverlässigkeit von Geschäftsleitern, S. 25), dass ein Geschäftsleiter in ausreichendem Maße **theoretische und praktische Kenntnisse** in den betreffenden Geschäften sowie **Leitungserfahrung** hat. Die Anforderungen an die fachliche Eignung sollen sich an der Größe und Struktur des Instituts sowie der Art und Vielfalt der von dem Institut betriebenen Geschäfte bemessen.

Daher sollte bei der Beurteilung der fachlichen Eignung des Geschäftsleiters be- **73a** rücksichtigt werden, für welche Zahlungsdienste der Antragsteller eine Erlaubnis beantragt hat und in welchem wirtschaftlichen Umfang diese Zahlungsdienste voraussichtlich erbracht werden. Da aufgrund der Auslegung der Tatbestände des § 1 Abs. 1 S. 2 durch die BaFin und Rechtsprechung auch Unternehmen, die schwerpunktmäßig keine nach dem ZAG erlaubnispflichtigen Leistungen erbringen, von der Erlaubnispflicht erfasst werden können, und einzelne Zahlungsdienste nur als Nebenleistung zu ihrer eigentlichen schwerpunktmäßigen Tätigkeit und in verhältnismäßig geringem Umfang erbringen (s. im Einzelnen BaFin-Merkblatt ZAG v. 29. 11. 2017, insbesondere Ziff. 2f; LG Köln WM 2011, 405 (406); auch → § 1 Rn. 9, 309 ff.), sollte man die beruflichen Qualifikationen, die üblicherweise an Geschäftsleiter von Unternehmen mit vergleichbarer Größe und wirtschaftlicher Ausrichtung gestellt werden, für die Geschäftsleiter solcher Institute ausreichen lassen. Anders wäre zu entscheiden, wenn das Institut die geschäftliche Ausrichtung ändert und in größerem wirtschaftlichem Umfang und schwerpunktmäßig mehrere oder alle Zahlungsdienste erbringt.

Die BaFin nimmt stets eine Einzelfallbeurteilung eines konkreten Geschäfts- **73b** leiters für ein konkretes Institut vor. Die vom Gesetz geforderten Kriterien müssen jedoch nicht nur zum Zeitpunkt der Bestellung, sondern auch während der gesamten Tätigkeit des Geschäftsleiters erfüllt sein. Die BaFin überprüft dies regelmäßig anhand der Berichterstattung des Jahresabschlussprüfers.

Bei der Beurteilung geht die BaFin zunächst von einer **Regelvermutung** aus: **73c** Wenn ein Geschäftsleiter mindestens drei Jahre bei einem Institut leitend tätig war, ist die Person fachlich regelmäßig geeignet zur Leitung eines Instituts vergleichbarer Größe und Geschäftsart (Merkblatt zur Zuverlässigkeit von Geschäftsleitern, S. 25 f.). In diesem Fall beurteilt sie die theoretischen und praktische Kenntnisse sowie die Leitungserfahrung im Einzelnen nicht vertieft. Die vergleichbare Größe des bisherigen Instituts bemisst sich beispielsweise nach Bilanzsumme, Anzahl der Mitarbeiter oder Kundenzahl.

Sofern die Regelvermutung die fachliche Eignung nicht belegt, sind theoreti- **73d** schen Kenntnisse, praktische Kenntnisse und Leitungserfahrung positiv nachzuweisen.

So können ausreichende **theoretische Kenntnisse** durch abgeschlossene Be- **73e** rufsausbildungen, Studiengänge und Lehrgänge mit volkswirtschaftlichem, betriebswirtschaftlichem, steuerrechtlichen, allgemeinrechtlichen und bankwirtschaftlichen Inhalten nachgewiesen werden. Die BaFin nennt als Beispiele eine Berufsausbildung als Bankkaufmann und ein Studium der Betriebs- oder Volkswirtschaft. Aber auch eine hinreichend breit angelegte Berufspraxis kann grundsätzlich die theoretischen Kenntnisse vermitteln (Merkblatt zur Zuverlässigkeit von Geschäftsleistern, S. 26).

73f   **Praktische Kenntnisse** meint praktische Erfahrungen in Zahlungsdiensten oder dem E-Geld-Geschäft. Berufserfahrung im Risikomanagement sollen dabei nach Auffassung der BaFin unverzichtbar sein (Merkblatt zur Zuverlässigkeit von Geschäftsleistern, S. 26). Dabei muss es sich um herausgehobene, dh entsprechend hierarchisch hoch angesiedelte, mit entsprechenden Kompetenzen versehene, Tätigkeiten handeln. Nicht ganz klar ist, ob die praktischen Erfahrungen zwingend in einem Institut gesammelt werden müssen. Da man solche praktischen Kenntnisse etwa auch im Rahmen einer Tätigkeit als technischer Dienstleister oder als Auslagerungsdienstleister eines Instituts erwerben kann, sollte eine solche Tätigkeit im Grundsatz auch als ausreichende Grundlage für den Erwerb praktischer Kenntnisse dienen können.

73g   Die notwendige **Leitungserfahrung** erfordert nach Auffassung der BaFin schließlich (Merkblatt zur Zuverlässigkeit von Geschäftsleistern, S. 26), dass der Geschäftsleiter in seinem bisherigen Berufsleben Unternehmen geleitet hat oder ihm die Leitung von Organisationseinheiten, in denen ihm Mitarbeiter unterstellt waren, übertragen wurde und er Eigenverantwortung mit Entscheidungskompetenz ausgeübt hat. Bei den Unternehmen muss es sich aber nicht zwingend um Institute handeln. Die BaFin beurteilt anhand der Größe der Unternehmen, der Anzahl der unterstellten Mitarbeiter und der eingeräumten und auch ausgeübten Kompetenzen, inwieweit die erworbene Leitungserfahrung ausreichend für die Leitung des anzeigenden Instituts anzusehen ist.

73h   Daneben überprüft die BaFin auch, ob der Geschäftsleiter einem Interessenkonflikt unterliegt. Interessenkonflikte sind dann gegeben, wenn persönliche Umstände oder die eigene wirtschaftliche Tätigkeit geeignet sind, den Geschäftsleiter in der Unabhängigkeit seiner Tätigkeit und seiner Verpflichtung, zum Wohle des Instituts tätig zu sein, beeinträchtigen (Merkblatt zur Zuverlässigkeit von Geschäftsleistern, S. 28).

17. Abschlussprüfer (Abs. 2 S. 1 Nr. 15 iVm EBA/GL/2017/09 Ziff. 4.1 Leitlinie 17)

74   Die Vorschrift setzt Art. 5 lit. o PSD2 um. Der Antragsteller muss die Namen der Abschlussprüfer des Jahresabschlusses und des Konzernabschlusses angeben. Dies bedeutet, dass auch Zahlungsinstitute, die nicht bereits nach den Vorschriften des HGB prüfungspflichtig sind, als Zahlungsinstitut prüfungspflichtig werden (vgl. § 22 Abs. 1 S. 2). Nach EBA/GL/2017/09 Ziff. 4.1 Leitlinie 17 müssen die vom Antragsteller zu übermittelnden Angaben zur Identität von Abschlussprüfern und Prüfungsgesellschaften im Sinne der Richtlinie 2006/43/EG gegebenenfalls die Namen, Anschriften und Kontaktangaben der Prüfer umfassen.

18. Rechtsform, Satzung, Gesellschaftsvertrag (Abs. 2 S. 1 Nr. 16 iVm § 2 Abs. 17 ZAGAnzV iVm EBA/GL/2017/09 Ziff. 4.1 Leitlinie 2)

75   Die Vorschrift setzt Art. 5 lit. p PSD2 um. Der Antragsteller muss die Rechtsform angeben und die Satzung bzw. den Gesellschaftsvertrag in beglaubigter Form (§ 2 Abs. 17 ZAGAnzV) einreichen.

19. Hauptverwaltung oder Sitz (Abs. 2 S. 1 Nr. 17 iVm EBA/GL/2017/09 Ziff. 4.1 Leitlinie 2)

Die Vorschrift setzt Art. 5 lit. q PSD2 um. Anzugeben ist die Hauptverwaltung **76** oder der Sitz des Antragstellers. Hauptverwaltung ist die Zentrale des Antragstellers, bei der sich die Leitung und die Verwaltung befinden (so auch Schäfer/Omlor/Mimberg/Eckhold §§ 10, 11 Rn. 239). Sitz ist der Ort des Sitzes nach der Satzung. Die Angabe des Sitzes ist erforderlich, da ein Institut mit Sitz in einem anderen Staat nicht Träger der Erlaubnis nach § 10 sein kann (→ Rn. 17). Die Angabe der Hauptverwaltung ist erforderlich, da die Erlaubnis zu versagen ist, wenn sich die Hauptverwaltung des Instituts nicht im Inland befindet (§ 12 Nr. 8).

20. Sonstige Angaben und Unterlagen (Abs. 2 S. 6 iVm EBA/GL/2017/09 Ziff. 4.1 Leitlinie 1.4)

Nach Abs. 2 S. 6 kann die BaFin weitere Angaben und Unterlagen verlangen, so- **77** weit dies aus ihrer Sicht erforderlich erscheint, um ihren gesetzlichen Auftrag zu erfüllen.

V. Auflagen, Beschränkungen und Abtrennung sonstiger Geschäftstätigkeiten (Abs. 4)

Abs. 4 gibt der BaFin in den dort aufgeführten Fällen die Möglichkeit, die **78** Erlaubnis zur Erbringung von Zahlungsdiensten einzuschränken. Das ZDUG2 hat Abs. 5 aF inhaltlich unverändert beibehalten.

1. Erlaubnis unter Auflage (Abs. 4 S. 1)

Nach Abs. 4 S. 1 kann die BaFin die Erlaubnis unter Auflagen erteilen. **Auf- 79 lagen** sind alle dem Verwaltungsakt beigefügten Nebenbestimmungen, durch die dem Begünstigten ein Tun, Dulden oder Unterlassen vorgeschrieben wird (Beck/Samm/Kokemoor/Müller-Grune § 32 Rn. 92 zur Erlaubnisnorm des § 32 KWG). Zulässig sind unter Abs. 4 S. 1 aber nur solche Auflagen, die sich im Rahmen des mit dem ZAG verfolgten Zweckes halten. Das bedeutet, dass Auflagen ihre rechtliche Grundlage in den Vorschriften der PSD2 selbst haben müssen, da die PSD2 eine vollharmonisierende Richtlinie ist (BR-Drs. 827/08, 80 noch zu PSD1). Unzulässig sind Auflagen, die zu einer Verschärfung der Anforderungen führen, die die PSD2 vorsieht (Ellenberger/Findeisen/Nobbe/Böger/Walz § 10 Rn. 40). Zulässig ist etwa die Auflage, einen weiteren Geschäftsleiter zu bestellen, sofern die bisher bestellten Geschäftsleiter nicht zuverlässig sind oder nicht die erforderlichen Kenntnisse und Fähigkeiten aufweisen (so auch Schwennicke/Auerbach/Schwennicke ZAG § 10 Rn. 79).

2. Beschränkung der Erlaubnis auf einzelne Zahlungsdienste (Abs. 4 S. 2)

Abs. 4 S. 2 gibt der BaFin die Möglichkeit, die Erlaubnis auf einzelne Zahlungs- **80** dienste, nicht aber auf einzelne Varianten eines Zahlungsdienstes (so aber Ellenberger/Findeisen/Nobbe/Walz § 10 Rn. 41; Schäfer/Omlor/Mimberg/Eckhold

§§ 10, 11 Rn. 99) zu beschränken (Schwennicke/Auerbach/Schwennicke ZAG § 10 Rn. 80). Da die Erlaubnis wie beantragt zu erteilen ist, sofern keine Versagungsgründe gemäß § 12 vorliegen, kann eine Einschränkung nur bei Vorliegen eines Versagungsgrundes vorgenommen werden. Dies ergibt sich ebenfalls aus der durch die PSD2 bezweckten Vollharmonisierung (BR-Drs. 827/08, 80). Denkbar ist etwa eine Beschränkung nach Abs. 4 S. 2, wenn das vorliegende Anfangskapital nicht den für sämtliche beantragten Zahlungsdienste erforderlichen Umfang hat. Sofern man für verschiedene Zahlungsdienste unterschiedliche Qualifikationen der Geschäftsleiter verlangt, kann auch eine nicht ausreichende Qualifikation des Geschäftsleiters für sämtliche Zahlungsdienste eine Beschränkung der Erlaubnis auf einzelne Zahlungsdienste rechtfertigen.

3. Auflage zur Abspaltung von Geschäften (Abs. 4 S. 3)

81   Nach Abs. 4 S. 3 kann die BaFin die **Abspaltung** von anderen Geschäftstätigkeiten als Auflage verlangen. Dies ist aber nur zulässig, wenn die Geschäfte die finanzielle Solidität des Zahlungsinstituts oder die Prüfungsmöglichkeiten der BaFin beeinträchtigen. Die Befugnis ergibt sich aus Art. 11 Abs. 5 PSD2. Anlass für eine Entscheidung nach Abs. 4 S. 3 dürfte etwa eine Gefährdung der Eigenkapitalanforderungen gemäß § 15 oder der Sicherungsanforderungen gemäß § 17 sein (Ellenberger/Findeisen/Nobbe/Böger/Walz § 10 Rn. 42). Zu berücksichtigen ist, dass nach dem Wortlaut des Abs. 4 S. 3 nur andere Geschäftstätigkeiten infolge einer Auferlegung durch die BaFin abzuspalten sind. Das sind nur solche Tätigkeiten gemäß Abs. 1 S. 2 Nr. 3. Nicht Gegenstand einer Abspaltung können daher die in Abs. 1 S. 2 Nr. 1, 2 genannten Geschäftstätigkeiten sein (aA Ellenberger/Findeisen/ Nobbe/Böger/Walz § 10 Rn. 42; wohl auch Schäfer/Omlor/Mimberg/Eckhold §§ 10, 11 Rn. 260 soweit die Nebendienstleistungen für die Erbringung von Zahlungsdiensten nicht unverzichtbar sind). Die Abspaltung der in Abs. 1 S. 2 Nr. 1, 2 genannten Geschäfte dürfte auch regelmäßig sachlich nicht gemäß Abs. 4 S. 3 gerechtfertigt sein, da das Institut auf sie typischerweise nicht verzichten kann. Ebenfalls nicht Gegenstand einer Abspaltung nach Abs. 4 S. 3 sind die in § 3 Abs. 3, 4 genannten Tätigkeiten (Ellenberger/Findeisen/Nobbe/Böger/Walz § 10 Rn. 42; Schäfer/Omlor/Mimberg/Eckhold §§ 10, 11 Rn. 260).

VI. Mitteilung von Änderungen (Abs. 5)

82   Abs. 5 entspricht § 8 Abs. 6 aF und setzt Art. 16 PSD2 (BT-Drs. 18/11495, 122) um. Es handelt sich nach dem Willen des Gesetzgebers um eine zentrale Anzeigepflicht des Gesetzes, die der Aufsicht die fortlaufende Überprüfung ermöglichen soll, dass der Fortbestand der Erlaubnis noch berechtigt ist (BT-Drs. 18/11495, 122). Ein Verstoß gegen die Anzeigepflicht kann die Aufhebung der Erlaubnis nach Maßgabe von § 13 Abs. 2 Nr. 3 rechtfertigen (BT-Drs. 18/11495, 122). Die Mitteilungspflicht gilt auch bereits bei Änderungen während des Antragsverfahrens (EBA/GL/2017/09 Ziff. 4.1 Leitlinie 1.4). Der Antragsteller muss der BaFin jede **materiell und strukturell wesentliche Änderung** der tatsächlichen und rechtlichen Verhältnisse mitteilen, soweit sie die Richtigkeit der nach Abs. 2 vorgelegten Angaben und Nachweise betreffen, wie etwa Änderungen der Rechtsform, Satzung, Änderungen bei Inhabern von bedeutenden Beteiligungen, am Geschäftsplan, der Budgetplanung, der Unternehmenssteuerung oder interner Kontroll-

mechanismen (Lösing ZIP 2011, 1944 (1947) mit weiteren Bsp.). Die Richtigkeit der nach Abs. 2 vorgelegten Angaben und Nachweise ist betroffen, wenn und soweit andere Angaben gemacht werden müssten oder andere Nachweise vorgelegt werden müssten, wenn der Erlaubnisantrag zum Zeitpunkt des Vorliegens der Angabe oder des Nachweises gestellt würde. Die Pflicht ist jedoch auf materiell und strukturell wesentliche Änderungen der tatsächlichen und rechtlichen Verhältnisse zu beschränken. Materiell und strukturell wesentlich ist eine Änderung jedenfalls dann, wenn die Änderung eine Aufhebung der Erlaubnis nach § 13 rechtfertigen kann (Ellenberger/Findeisen/Nobbe/Böger/Walz § 10 Rn. 45; Schäfer/Omlor/Mimberg/Eckhold §§ 10, 11 Rn. 261; Luz/Neus/Schaber/Schneider/Wagner/Weber/Heucke ZAG § 10 Rn. 59; aA Schwennicke/Auerbach/Schwennicke ZAG § 10 Rn. 89, der eine Mitteilungspflicht zeitlich nur bis zur Bestandskraft der Erlaubnis bejaht). Dieses Ergebnis lässt sich mit dem der Norm zugrunde liegenden Art. 16 PSD2 rechtfertigen, der die Überschrift „Fortbestand der Zulassung" trägt.

Sofern die BaFin ihre Entscheidung über eine Rücknahme der Erlaubnis nach **83** § 13 auf Änderungen gemäß Abs. 5 stützen will, ist allerdings zu beachten, dass die Entscheidung der BaFin gemäß § 13 Abs. 2 eine Ermessensentscheidung ist, bei der beispielsweise eine Rolle spielt, ob die Geschäftsleiter oder Inhaber einer bedeutenden Beteiligung weiterhin zuverlässig sind oder interne Kontrollmechanismen verhältnismäßig, angemessen, zuverlässig und ausreichend sind. Außerdem bezweckt die zugrunde liegende PSD2 Vollharmonisierung und Art. 16 PSD2 ist im Gegensatz zu Abs. 5 nicht auf materiell und strukturell wesentliche Änderungen beschränkt. Daher sollte der BaFin jede Änderung der beim Erlaubnisantrag mitgeteilten Angaben und eingereichten Nachweise mitgeteilt werden, es sei denn, es bestehen beim Zahlungsinstitut keinerlei Zweifel, dass die Angabe oder der Nachweis für die Entscheidung der BaFin nicht relevant ist (zust. Schäfer/Omlor/Mimberg/Eckhold §§ 10, 11 Rn. 263).

VII. Verfahrensfragen

Bei dem Erlaubnisverfahren handelt es sich um ein Verwaltungsverfahren im **84** Sinne von § 9 VwVfG. Sowohl der Erlaubnisbescheid als auch der Bescheid, mit dem eine beantragte Erlaubnis versagt wird, sind Verwaltungsakte im Sinne von § 35 VwVfG. Bei der Entscheidung handelt es sich um eine gebundene Entscheidung ohne Ermessen der BaFin; liegen keine Versagungsgründe nach § 12 vor, hat der Antragsteller einen Anspruch auf Erteilung der beantragten Erlaubnis (so auch Ellenberger/Findeisen/Nobbe/Böger/Walz § 10 Rn. 39).

1. Dauer des Erlaubnisverfahrens (Abs. 3 iVm EBA/GL/2017/09 Ziff. 4.4 Leitlinie 1)

Das Erlaubnisverfahren beginnt mit dem Einreichen der vollständigen Informa- **85** tionen und Unterlagen (so auch Scholz-Fröhling BKR 2017, 133 (137)). Nach Abs. 3 muss die BaFin den Antragsteller binnen drei Monaten nach Übermittlung aller für den Bescheid erforderlichen Angaben über den Ausgang des Erlaubnisverfahrens informieren. Die Bestimmung setzt Art. 12 PSD2 um und hat § 10 Abs. 4 aF sprachlich leicht angepasst. Sofern die Angaben und Unterlagen unvollständig sind, beginnt die Frist nicht zu laufen (so auch Scholz-Fröhling BKR 2017, 133 (137)). Dadurch kann das Erlaubnisverfahren einen erheblich längeren Zeitraum als drei

Monate in Anspruch nehmen, häufig bis zu 12 Monaten (Klebeck/Dobrauz/ Aschenbeck/Drefke 5. Kapitel Rn. 455) oder gar mehr.

86   Ziff. 4.4 Leitlinie 1 der EBA/GL/2017/09 modifiziert das von der Aufsichtsbehörde durchzuführende Verfahren:

– Vollständig ist ein Antrag, wenn er alle Informationen enthält, die die BaFin für die Bewertung des Antrags im Einklang mit den EBA/GL/2017/09 und Art. 5 PSD2 benötigt (Ziff. 4.4 Leitlinie 1.1 EBA/GL/2017/09).

– Hält die BaFin die vom Antragsteller übermittelten Informationen für unvollständig, sollte die BaFin in Papierform oder auf elektronischem Wege ein Ersuchen an den Antragsteller senden, in dem sie auf klare Weise darlegt, welche Informationen fehlen. Der Antragsteller sollte Gelegenheit erhalten, die fehlenden Informationen zu übermitteln (EBA/GL/2017/09 Ziff. 4.4 Leitlinie 1.2).

– Hält die BaFin den Antrag für vollständig, muss sie den Antragsteller hierüber in Kenntnis setzen und ihm das Eingangsdatum des vollständigen Antrags oder gegebenenfalls das Eingangsdatum der Informationen, durch die der Antrag vervollständigt wurde, mitteilen (EBA/GL/2017/09 Ziff. 4.4 Leitlinie 1.3).

Aus der Überschreitung der Entscheidungsfristen durch die BaFin resultiert keine Genehmigungsfiktion; sie eröffnet lediglich die Möglichkeit zur Untätigkeitsklage gemäß § 75 VwGO (Ellenberger/Findeisen/Nobbe/Böger/Walz § 10 Rn. 39). Hieraus ergibt sich aber in der Konsequenz die Verpflichtung der BaFin, spätestens mit Ablauf des Beurteilungszeitraums, den Antragsteller über die bisherige Bewertung des Antrages zu informieren und ihm vor der endgültigen Ablehnung des Erlaubnisantrages die Möglichkeit zur Herbeiführung eines erlaubnisfähigen Zustandes zu geben (Schäfer/Omlor/Mimberg/Eckhold §§ 10, 11 Rn. 241). Ein Rechtsmittel zur Verfahrensbeschleunigung steht dem Antragsteller nicht zur Verfügung (Scholz-Fröhling BKR 2017, 133 (137)).

2. Bekanntmachung und Registereintragungen (Abs. 6, 7)

87   Abs. 6, 7 entsprechen § 8 Abs. 7, 8 aF. Die BaFin macht die Erteilung der Erlaubnis gemäß Abs. 6 im BAnz. bekannt und nimmt das Zahlungsinstitut in das nach § 43 zu führende Zahlungsinstituts-Register auf. Darüber hinaus wird das Zahlungsinstitut im Institutsregister der EBA aufgeführt. Abs. 7 bestimmt, dass öffentliche Registereintragungen nur dann vorgenommen werden dürfen, wenn dem zuständigen Registergericht die Erlaubnis nachgewiesen ist. Die Vorschrift spiegelt den Regelungsinhalt von § 43 KWG auf Zahlungsinstitute wider (BT-Drs. 17/3023, 43). Abs. 7 nimmt damit Bezug auf die von einem Registergericht von Amts wegen durchzuführende Überprüfung des Vorliegens einer erforderlichen Erlaubnis vor der Eintragung eines Unternehmens in ein Register, etwa das Handelsregister. Eine solche Überprüfung ist insbesondere dann angezeigt, wenn die von einem Unternehmen angemeldete Firma oder der angemeldete Unternehmensgegenstand auf eine erlaubnispflichtige Tätigkeit hinweisen (s. auch § 43 KWG Schwennicke/Auerbach/Habetha § 43 Rn. 20 ff.). Für Registereintragungen nach dem ZAG hat die BaFin ein Merkblatt veröffentlicht (BaFin-Merkblatt v. 21.9.2012).

3. Einmalige und laufende Kosten und Gebühren

88   Einmalige und laufende Gebühren in Zusammenhang mit Erlaubnisanträgen waren bislang insbesondere im Gebührenverzeichnis der FinDAGKostV geregelt, sind aber seit 1.10.2021 in der FinDAGebV aufgeführt. Mit der Regelung der Fin-

DAGebV sollen für alle Gebührenarten das Äquivalenzprinzip und das Kostendeckungsprinzip als gebührenrechtliche Leitprinzipien dienen. Gab es bislang festgelegte Gebührensätze, etwa für die Erteilung und Erweiterung der Erlaubnis abhängig vom konkreten Erlaubnisumfang oder die nachträgliche Erweiterung einer bereits erteilten Erlaubnis zur Erbringung von Zahlungsdiensten auf weitere Zahlungsdienste, so werden die nunmehr anfallenden Gebühren nach Zeitaufwand und einem in der FinDAGebV vorgesehenen Stundensatz des konkreten Verwaltungsbeschäftigten berechnet (§ 3 FinDAGebV). Dazu ist weiterhin gemäß § 16 FinDAG eine jährliche Umlage zu zahlen, deren Höhe sich an den tatsächlich bei der BaFin angefallenen Kosten und der Bilanzsumme des Instituts bemisst. Die Berechnung der Höhe der Umlage ergibt sich für Institute im Wesentlichen aus §§ 16b Abs. 1 S. 1, 16e Abs. 1 S. 1 Nr. 1, 16f Abs. 1 Nr. 1 FinDAG. Es ist eine jährliche Mindestumlage zu zahlen, die für Institute 1.300 EUR, bei einer Bilanzsumme von unter 100.000 EUR 650 EUR beträgt (§ 16g Abs. 1 Nr. 1 lit. d, e FinDAG).

4. Rechtsschutz

Erteilt die BaFin dem Antragsteller die begehrte Erlaubnis nicht innerhalb der **89** Frist des Abs. 3, kann der Antragsteller eine Verpflichtungsklage in Form der Untätigkeitsklage gemäß § 42 Abs. 1 VwGO erheben (Ellenberger/Findeisen/Nobbe/Böger/Walz § 10 Rn. 39).

Hat die BaFin von ihren Befugnissen in Abs. 4 Gebrauch gemacht, ist zu differenzieren:

– gegen Auflagen im Sinne von Abs. 4 S. 1 und Abtrennungsverfügungen im Sinne von Abs. 4 S. 3 sind der Widerspruch nach § 68 VwGO sowie die Anfechtungsklage nach § 42 Abs. 1 VwGO die statthaften Rechtsbehelfe (Ellenberger/Findeisen/Nobbe/Böger/Walz § 10 Rn. 51);
– gegen Beschränkungen der Erlaubnis nach Abs. 4 S. 2 stehen dem Antragsteller hingegen der Widerspruch nach § 68 VwGO und die Verpflichtungsklage nach § 42 Abs. 1 VwGO als Rechtsbehelfe zur Verfügung, da die Beschränkungen Bestandteil des begünstigenden Verwaltungsaktes sind (Ellenberger/Findeisen/Nobbe/Böger/Walz § 10 Rn. 52).

VIII. Rechtsfolgen des Erbringens von Zahlungsdiensten ohne Erlaubnis

1. Strafbarkeit

Die Erbringung von Zahlungsdiensten ohne Erlaubnis nach § 10 ist gemäß § 63 **90** Abs. 1 Nr. 4, Abs. 3 strafbar. Zu § 8 Abs. 1 S. 1 aF hatte der BGH (NStZ-RR 2016, 15) in einigen Entscheidungen eine Strafbarkeit von natürlichen Personen wegen der unerlaubten Erbringung von Zahlungsdiensten verneint, da sie nicht „als Zahlungsinstitut" tätig gewesen seien. Eine Strafbarkeit natürlicher Personen war danach nur denkbar, wenn diese bspw. als Geschäftsführer einer GmbH unter deren Einbindung unerlaubt Zahlungsinstitut erbrachten (NStZ-RR 2016, 15 (16)). Nach der Streichung des Merkmals „als Zahlungsinstitut" in § 10 kommt eine solche Einschränkung nicht mehr in Betracht (→ Rn. 7). Insgesamt ist eine Tendenz der Strafgerichte erkennbar, die strafrechtlichen Vorschriften des ZAG eher eng auszulegen (vgl. NStZ-RR 2016, 15; NStZ 2018, 401; WM 2018, 327).

91   Als weitere Rechtsfolge der strafrechtlichen Einordnung eines unerlaubt erbrachten Zahlungsdienstes kommt die Einziehung des aus der Tat Erlangten gemäß §§ 73 ff. StGB in Betracht (noch zum Verfall: Weiß wistra 2014, 249 (255); Heinze/Safferling wistra 2015, 81 (85)). S. dazu im Einzelnen die Kommentierung zu § 63 unter → Rn. 3 ff.)

2. Verwaltungsrechtliche Verfügungen

92   Die Erbringung von Zahlungsdiensten ohne Erlaubnis nach § 10 gestattet der BaFin darüber hinaus das Einschreiten gemäß §§ 7, 8. Die BaFin kann gemäß § 7 die Einstellung des Geschäftsbetriebes verlangen (VG Frankfurt a. M. BeckRS 2012, 58784). Während in strafrechtlichen Verfahren eine Tendenz der Strafgerichte erkennbar war, die entsprechenden Vorschriften eng auszulegen, erklärte die BaFin in ihrer Stellungnahme zum BGH-Beschluss, dass die Entscheidung des BGH (NStZ-RR 2016, 15) nur für das Strafrecht gelte und keine Auswirkungen auf die gefahrenabwehrrechtliche Beurteilung und danach zu ergreifende Maßnahmen der BaFin habe. Im Ergebnis kann die strafrechtliche Beurteilung der Frage, ob eine Tätigkeit unerlaubt im Sinne des ZAG ist, von der verwaltungsrechtlichen Beurteilung dieser Frage abweichen (ausführlich hierzu Poelzig ZBB 2019, 1 ff.).

3. Abmahnung und Unterlassungsanspruch nach UWG

93   Die Erbringung von Zahlungsdiensten berechtigt zudem Wettbewerber des Zahlungsinstituts, eine Abmahnung auszusprechen oder eine Unterlassungsverfügung gemäß §§ 3a, 8 UWG iVm § 10 zu beantragen (LG Köln WM 2012, 405 sowie BKR 2012, 348).

4. Grds. keine Nichtigkeit der Rechtsgeschäfte

94   Rechtsgeschäfte, die zwischen einem Handelnden ohne Erlaubnis nach § 10 und einem Zahlungsdienstnutzer abgeschlossen wurden, sind in der Regel nicht gemäß § 134 BGB nichtig. Hierbei kann auf Rechtsprechung und Literatur zu § 32 KWG zurückgegriffen werden (OLG Karlsruhe WM 2007, 350; Schwennicke/Auerbach/Schwennicke § 32 Rn. 91 jeweils mwN; zust. und ausführlich hierzu Schäfer RdZ 2021, 43 (47)). Dies ergibt sich daraus, dass sich das Verbot in § 63 gegen das Zahlungsinstitut, nicht aber gegen dessen Kunden richtet. Diese Bewertung führt auch nicht zu unangemessenen Ergebnissen, da der Zahlungsdienstnutzer ein Interesse an der Durchführung des Vertrages haben kann und er durch seinen Schadensersatzanspruch aus § 823 Abs. 2 BGB (s. unten) ausreichend geschützt ist.

5. Schadensersatzansprüche

95   § 10 ist ein Schutzgesetz gemäß § 823 Abs. 2 BGB. Als Begründung kann aufgrund der strukturellen Nähe des ZAG zum KWG zum einen auf die Rechtsprechung und Literatur zu § 32 KWG zurückgegriffen werden (BGH WM 2006, 1896; Schwennicke/Auerbach/Schwennicke § 32 Rn. 93; Beck/Samm/Kokemoor/Müller-Grune § 32 Rn. 28 jeweils mwN; Schäfer RdZ 2021, 43 (48)).

96   Die Annahme eines Schutzgesetzes dürfte sich aber auch aus den konkreten Schutzzwecken des ZAG selbst ergeben. Die Zielrichtung des Gesetzgebers auf einen konsequenten Nutzerschutz vor allem im Hinblick auf Insolvenzrisiken, der mit Umsetzung der PSD2 noch verstärkt werden sollte, ist im Gesetzgebungsverfahren deutlich erkennbar (BT-Drs. 16/11613, 26, 42, 47, 48, 50 zur PSD1; BT-Drs. 18/11495, 78 zur PSD2; ebenso Janßen VuR 2018, 54 (59); Schäfer RdZ 2021, 43 (48)). Der Charakter als Schutzgesetz entfällt auch nicht aufgrund des Umstandes, dass der Gesetzgeber den deliktischen Schutz des Zahlungsdienstnutzers auch in §§ 675c ff. BGB geregelt hat, da der abschließende Charakter der Regelung nicht erkennbar ist (vgl. BGH BeckRS 2015, 13331 Rn. 66 mit Bedenken hinsichtlich der Einordnung von § 8 aF als Schutzgesetz). Vielmehr stehen diese Regelungen neben einer Haftung aus § 823 Abs. 2 BGB (ausführlich zur Schutzgesetzqualität von § 10: Janßen VuR 2018, 54 (59)). Auch in der instanzrechtlichen Rechtsprechung wurde die Schutzgesetzqualität des § 10 bejaht (OLG Düsseldorf RdZ 2021, 62 mit Anm. Walter; OLG Düsseldorf NJW 2021, 1963)

6. Ansprüche aus ungerechtfertigter Bereicherung

Denkbar sind darüber hinaus auch Ansprüche aus ungerechtfertigter Bereiche- **97** rung nach den §§ 812 Abs. 1 S. 1 Alt. 1, 818 BGB. Hat beispielsweise eine Arbeitnehmerin im Rahmen ihrer arbeitsvertraglichen Tätigkeit Drittgelder für ihren scheinbaren Arbeitgeber auf ihrem Bankkonto in Empfang genommen und diese abzüglich einer Provision im Wege eines unerlaubten Finanztransfergeschäfts an ihren Arbeitgeber ins Ausland weitergeleitet, kommt ein bereicherungsrechtlicher Anspruch des Zahlers gegen die Arbeitnehmerin gemäß §§ 812 Abs. 1 S. 1 Alt. 1, 818 BGB jedenfalls in Höhe der Provision in Betracht (BGH NJW 2018, 1602 (1604)). Der Höhe nach ist der Anspruch jedoch dann auf die verbliebenen Beträge in Höhe der Provision beschränkt. Hinsichtlich der weiteren weitergeleiteten Gelder kann im Einzelfall eine Entreicherung anzunehmen sein, sofern diese nicht im Vermögen der Arbeitnehmerin verbleiben (BGH NJW 2018, 1602 (1605)).

Anhang zu § 10

Verordnung über die Anzeigen und die Vorlage von Unterlagen nach dem Zahlungsdiensteaufsichtsgesetz (ZAG-Anzeigenverordnung – ZAGAnzV)[1]

Vom 15. Oktober 2009 (BGBl. I S. 3603) FNA 7610-16-2
Zuletzt geändert durch Art. 1 Zweite VO zur Änd. der ZAG-AnzeigenVO
vom 23. 11. 2022 (BGBl. I S. 2087)

Auf Grund des § 11 Absatz 2 Satz 1 und 3 sowie des § 29 Absatz 2 Satz 1 und 3 des Zahlungsdiensteaufsichtsgesetzes vom 25. Juni 2009 (BGBl. I S. 1506) verordnet das Bundesministerium der Finanzen im Benehmen mit der Deutschen Bundesbank nach Anhörung der Verbände der Zahlungsinstitute (Text gilt seit 31. 10. 2009):

§ 1   Einreichungsverfahren

(1) Die Anzeigen und die Unterlagen, die nach dem Zahlungsdiensteaufsichtsgesetz zu erstatten oder vorzulegen sind, sind vorbehaltlich abweichender Bestimmungen jeweils in einfacher Ausfertigung der Bundesanstalt für Finanzdienstleistungsaufsicht (Bundesanstalt) und der für das Institut zuständigen Hauptverwaltung der Deutschen Bundesbank einzureichen.

(2) [1]Unterlagen und Erklärungen, die nicht in deutscher Sprache verfasst sind, sind in amtlich beglaubigter Übersetzung einzureichen. [2]Die Bundesanstalt kann im Einzelfall auf amtlich beglaubigte Übersetzungen verzichten.

(3) [1]Auf Verlangen der Bundesanstalt oder der Deutschen Bundesbank ist für Anzeigen und Unterlagen ein elektronischer Einreichungsweg zu nutzen. [2]Nähere Bestimmungen zum jeweiligen elektronischen Einreichungsweg treffen die Bundesanstalt und die Deutsche Bundesbank auf ihrer jeweiligen Internetseite.

§ 2   Unterlagen nach § 10 Absatz 2 und § 11 Absatz 2 des Zahlungsdiensteaufsichtsgesetzes (Anträge auf Erlaubnis)

(1) Erlaubnisanträge einschließlich der nach § 10 Absatz 2 und § 11 Absatz 2 des Zahlungsdiensteaufsichtsgesetzes erforderlichen Angaben und Nachweise sind der Bundesanstalt in zweifacher Ausfertigung einzureichen.

(2) [1]Im Antrag auf Erlaubnis nach § 10 Absatz 1 Satz 1 des Zahlungsdiensteaufsichtsgesetzes ist anzugeben, für welche der in § 1 Absatz 1 Satz 2 des Zahlungsdiensteaufsichtsgesetzes genannten Zahlungsdienste die Erlaubnis beantragt wird. [2]Im Erlaubnisantrag nach § 10 Absatz 1 Satz 1 und § 11 Absatz 1 Satz 1 des Zahlungsdiensteaufsichtsgesetzes ist anzugeben, ob und welche Tätigkeiten im Sinne

---

[1] **[Amtl. Anm.:]** Diese Verordnung dient der weiteren Umsetzung der aufsichtsrechtlichen Vorschriften der Richtlinie 2007/64/EG des Europäischen Parlaments und des Rates vom 13. November 2007 über Zahlungsdienste im Binnenmarkt, zur Änderung der Richtlinien 97/7/EG, 2002/65/EG, 2005/60/EG und 2006/48/EG sowie zur Aufhebung der Richtlinie 97/5/EG (ABl. L 319 vom 5. 12. 2007, S. 1, L 187 vom 18. 7. 2009, S. 5).

des § 10 Absatz 1 Satz 2 oder des § 11 Absatz 1 Satz 2 des Zahlungsdienstaufsichtsgesetzes erbracht werden sollen.

(3) [1]Die Beschreibung des Geschäftsmodells gemäß § 10 Absatz 2 Satz 1 Nummer 1 oder gemäß § 11 Absatz 2 Satz 2 Nummer 1 des Zahlungsdienstaufsichtsgesetzes muss insbesondere die Art der beabsichtigten Zahlungsdienste und die beabsichtigte Ausgabe von E-Geld sowie sonstige Tätigkeiten im Sinne des § 10 Absatz 1 Satz 2 und des § 11 Absatz 1 Satz 2 des Zahlungsdienstaufsichtsgesetzes enthalten und jeweils deren Abwicklung erläutern. [2]Beizufügen sind Muster der vorgesehenen Kundenverträge und der allgemeinen Geschäftsbedingungen.

(4) [1]Für die Budgetplanung gemäß § 10 Absatz 2 Satz 1 Nummer 2 des Zahlungsdienstaufsichtsgesetzes sind Planbilanzen und Plangewinn- und -verlustrechnungen nach den für Institute geltenden Rechnungslegungsvorschriften und die Berechnung der Eigenmittelanforderungen mit dem vorgesehenen Meldebogen nach allen anzuwendenden Methoden der Zahlungsinstituts-Eigenmittelverordnung für die ersten drei vollen Geschäftsjahre nach Aufnahme des Geschäftsbetriebes vorzulegen. [2]Die Annahmen für die geschäftliche Entwicklung sind zu begründen.

(5) [1]Zum Nachweis gemäß § 10 Absatz 2 Satz 1 Nummer 3 oder gemäß § 11 Absatz 2 Satz 2 Nummer 2 des Zahlungsdienstaufsichtsgesetzes über das erforderliche Anfangskapital bei Gründung eines Unternehmens ist eine Bestätigung eines CRR-Kreditinstituts mit Sitz in einem Mitgliedstaat der Europäischen Union oder einem anderen Vertragsstaat des Abkommens über den Europäischen Wirtschaftsraum darüber vorzulegen, dass das Anfangskapital eingezahlt sowie frei von Rechten Dritter ist und zur freien Verfügung der Geschäftsleiter steht. [2]Bei bestehenden Unternehmen wird der Nachweis erbracht durch die schriftliche Bestätigung eines Prüfers, der im Falle der Erlaubniserteilung zur Prüfung des Jahresabschlusses des Instituts berechtigt wäre, über das Vorhandensein von Eigenmitteln, die nach den für Institute geltenden Grundsätzen ermittelt worden sind. [3]Als Nachweis für die Absicherung für den Haftungsfall für Zahlungsauslöse- und Kontoinformationsdienste nach den §§ 16 und 36 des Zahlungsdienstaufsichtsgesetzes sind die Berechnung der Mindestdeckungssumme und ein Versicherungsvertrag oder ein Dokument zum Nachweis einer gleichwertigen Garantie einzureichen.

(6) [1]In der Beschreibung gemäß § 10 Absatz 2 Satz 1 Nummer 4 oder gemäß § 11 Absatz 2 Satz 2 Nummer 3 des Zahlungsdienstaufsichtsgesetzes ist anzugeben, mit welchen CRR-Kreditinstituten oder Versicherungsunternehmen zur Erfüllung der Sicherungsanforderungen nach den §§ 17 und 18 des Zahlungsdienstaufsichtsgesetzes Vereinbarungen geschlossen werden sollen. [2]Entwürfe der Verträge sind beizufügen.

(7) [1]In der Beschreibung gemäß § 10 Absatz 2 Satz 1 Nummer 5 des Zahlungsdienstaufsichtsgesetzes ist anzugeben, dass die Unternehmenssteuerung, Kontrollmechanismen und Verfahren verhältnismäßig, angemessen, zuverlässig und ausreichend sind.

(8) [1]In der Beschreibung gemäß § 10 Absatz 2 Satz 1 Nummer 6 des Zahlungsdienstaufsichtsgesetzes sind die vorhandenen Verfahren für die Überwachung, Handhabung und Folgemaßnahmen bei Sicherheitsvorfällen und sicherheitsbezogenen Kundenbeschwerden, einschließlich eines Mechanismus für die Meldung von Vorfällen unter Berücksichtigung der Meldepflichten nach § 54 des Zah-

lungsdienstaufsichtsgesetzes, im Einzelnen anzugeben. [2]Die Angaben nach Satz 1 umfassen auch die organisatorischen Maßnahmen und Verfahren zur Betrugsprävention, die Berichtswege in Betrugsfällen und die verwendeten Überwachungsinstrumente für Sicherheitsrisiken sowie vorhandene Folgemaßnahmen und Verfahren zu deren Verhinderung.

(9) [1]In der Beschreibung gemäß § 10 Absatz 2 Satz 1 Nummer 7 des Zahlungsdienstaufsichtsgesetzes sind die vorhandenen Verfahren für die Erfassung, Überwachung, Rückverfolgung sowie für die Beschränkung des Zugangs zu sensiblen Zahlungsdaten gemäß § 1 Absatz 26 des Zahlungsdienstaufsichtsgesetzes im Einzelnen zu benennen. [2]Die Angaben nach Satz 1 umfassen auch die Verfahren zur Autorisierung des Zugangs zu sensiblen Zahlungsdaten sowie diesbezügliche Informationsübermittlungswege.

(10) [1]In der Beschreibung gemäß § 10 Absatz 2 Satz 1 Nummer 8 des Zahlungsdienstaufsichtsgesetzes sind die Regelungen zur Geschäftsfortführung im Krisenfall, unter Nennung der maßgeblichen Abläufe, der Notfallpläne und des Verfahrens zur regelmäßigen Überprüfung der Angemessenheit und Wirksamkeit solcher Pläne, aufzunehmen. [2]Ferner hat die Beschreibung nach Satz 1 eine Analyse über die Auswirkungen des Krisenfalls auf die Geschäftstätigkeit zu beinhalten.

(11) In der Beschreibung der Grundsätze und Definitionen für die Erfassung statistischer Daten über Leistungsfähigkeit, Geschäftsvorgänge und Betrugsfälle gemäß § 10 Absatz 2 Satz 1 Nummer 9 des Zahlungsdienstaufsichtsgesetzes sind die Art und der Umfang der erfassten Daten sowie die Datenerfassung einschließlich Verfahren, Zweck und Häufigkeit anzugeben.

(12) In der Beschreibung der Sicherheitsstrategie gemäß § 10 Absatz 2 Satz 1 Nummer 10 des Zahlungsdienstaufsichtsgesetzes sind eine detaillierte Risikobewertung der nach dem Zahlungsdienstaufsichtsgesetz erlaubnispflichtigen Geschäfte und eine Beschreibung von Sicherheitskontroll- und Risikominderungsmaßnahmen zur Gewährleistung eines angemessenen Schutzes der Zahlungsdienstnutzer vor den festgestellten Risiken, einschließlich Betrug und illegaler Verwendung sensibler und personenbezogener Daten anzugeben.

(13) [1]Der Beschreibung gemäß § 10 Absatz 2 Satz 1 Nummer 11 des Zahlungsdienstaufsichtsgesetzes sind die Arbeitsanweisungen für die Mitarbeiter und Agenten sowie E-Geld-Agenten und Zentralen Kontaktpersonen beizufügen. [2]Die Angaben nach Satz 1 müssen insbesondere eine Beschreibung der Handhabung operationeller und sicherheitsrelevanter Risiken enthalten.

(14) [1]Die Darstellung des organisatorischen Aufbaus gemäß § 10 Absatz 2 Satz 1 Nummer 12 oder gemäß § 11 Absatz 2 Satz 2 Nummer 4 des Zahlungsdienstaufsichtsgesetzes muss insbesondere auch die Zuständigkeiten der Geschäftsleiter enthalten. [2]Beizufügen sind insbesondere
1. die Geschäftsordnungen der Organe der Gesellschaft,
2. Muster der Agenturverträge,
3. eine Beschreibung der beabsichtigten Vorkehrungen gemäß § 26 Absatz 1 Satz 1 des Zahlungsdienstaufsichtsgesetzes und
4. Entwürfe der Auslagerungsverträge gemäß § 26 Absatz 1 Satz 6 des Zahlungsdienstaufsichtsgesetzes.

(15) [1]Für die Angaben und den Nachweis gemäß § 10 Absatz 2 Satz 1 Nummer 13 des Zahlungsdienstaufsichtsgesetzes sind mindestens die in § 8 Nummer 1 bis 5 und in den §§ 9 bis 11, 13 und 14 der Inhaberkontrollverordnung genannten

Erklärungen und Unterlagen beizufügen und auf Verlangen der Bundesanstalt weitere Auskünfte zu erteilen. [2]Lebensläufe sind eigenhändig zu unterzeichnen. [3]Die §§ 4, 5 und 16 der Inhaberkontrollverordnung sind entsprechend anzuwenden.

(16) Für den Nachweis der Zuverlässigkeit und angemessener theoretischer und praktischer Kenntnisse und Fähigkeiten zur Erbringung von Zahlungsdiensten der in § 10 Absatz 2 Satz 1 Nummer 14 oder in § 11 Absatz 2 Satz 2 Nummer 5 des Zahlungsdiensteaufsichtsgesetzes genannten Personen gilt § 10 entsprechend.

(17) Die Satzung oder der Gesellschaftsvertrag nach § 10 Absatz 2 Satz 1 Nummer 16 des Zahlungsdiensteaufsichtsgesetzes ist in beglaubigter Kopie beizufügen.

(18) Die Vorgaben der Absätze 4, 7 bis 13, 15 und 17 sind nach § 11 Absatz 2 Satz 1 des Zahlungsdiensteaufsichtsgesetzes entsprechend anzuwenden auf Erlaubnisanträge nach § 11 Absatz 1 des Zahlungsdiensteaufsichtsgesetzes.

§ 3 Mitteilungen nach § 10 Absatz 5 und § 11 Absatz 4 des Zahlungsdiensteaufsichtsgesetzes (Änderung der tatsächlichen oder rechtlichen Verhältnisse)

(1) Den Mitteilungen nach § 10 Absatz 5 und § 11 Absatz 4 des Zahlungsdiensteaufsichtsgesetzes sind im Falle der Änderung von gemäß § 10 Absatz 2 oder § 11 Absatz 2 des Zahlungsdiensteaufsichtsgesetzes eingereichten Unterlagen die geänderten Unterlagen beizufügen.

(2) Für das Einreichungsverfahren gilt § 1 Absatz 1.

§ 4 Anzeigen nach § 14 Absatz 1 Satz 2 des Zahlungsdiensteaufsichtsgesetzes (Erwerb oder Erhöhung einer bedeutenden Beteiligung)

(1) Auf die Anzeigen nach § 14 Absatz 1 Satz 2 des Zahlungsdiensteaufsichtsgesetzes sind § 2 Absatz 1 und 3 sowie die §§ 3 bis 5 und 7 bis 16 der Inhaberkontrollverordnung mit der Maßgabe anzuwenden, dass an die Stelle der dort genannten Zielunternehmen das Institut tritt.

(2) [1]Die Absicht
1. des Erwerbs einer bedeutenden Beteiligung nach § 14 Absatz 1 Satz 2 des Zahlungsdiensteaufsichtsgesetzes in Verbindung mit § 2c Absatz 1 Satz 1 des Kreditwesengesetzes oder
2. der Erhöhung einer bedeutenden Beteiligung nach § 14 Absatz 1 Satz 2 des Zahlungsdiensteaufsichtsgesetzes in Verbindung mit § 2c Absatz 1 Satz 6 des Kreditwesengesetzes

ist mit dem Formular „Erwerb-Erhöhung" der Anlage 1 dieser Verordnung anzuzeigen. [2]Bei komplexen Beteiligungsstrukturen ist der Anzeige zusätzlich das Formular „Komplexe Beteiligungsstrukturen" der Anlage 2 dieser Verordnung sowie ein Schaubild der beabsichtigten Beteiligungsstruktur unter Angabe der jeweils gehaltenen Kapital- und Stimmrechtsanteile in Prozent beizufügen. [3]Komplexe Beteiligungsstrukturen liegen insbesondere vor bei Beteiligungen, die gleichzeitig unmittelbar und mittelbar über ein oder mehrere Unternehmen, über mehrere Beteiligungsketten, im Zusammenwirken mit anderen, über Treuhandverhältnisse oder in anderen Fällen der Zurechnung von Stimmrechtsanteilen nach § 1 Absatz 9 Satz 2 und 3 des Kreditwesengesetzes in Verbindung mit § 34 Absatz 1 und 2 und § 35 des Wertpapierhandelsgesetzes gehalten werden. [4]Die Absichtsanzeigen sind vollständig im Sinne des § 14 Absatz 1 Satz 2 des Zahlungsdiensteaufsichtsgesetzes in Verbindung mit § 2c Absatz 1 Satz 7 und Absatz 1a Satz 1 des Kreditwesengesetzes, wenn das Formular nach Satz 1 vollständig ausgefüllt ist und alle erforderlichen Anlagen beigefügt sind. [5]Können nicht alle erforderlichen Anlagen beigefügt werden, sind die Gründe hierfür anzugeben und die fehlenden Anlagen unverzüglich nachzureichen. [6]Erst mit deren Eingang gelten die Absichtsanzeigen als vollständig. [7]Eine Anzeige gilt für die Zwecke des § 14 Absatz 1 des Zahlungsdiensteaufsichtsgesetzes in Verbindung mit § 2c Absatz 1 Satz 7 des Kreditwesengesetzes als vollständig eingegangen, wenn sie bei der Bundesanstalt vollständig eingegangen ist.

(3) [1]Ist der Anzeigepflichtige ein Institut mit Sitz im Inland, sind den Absichtsanzeigen keine Unterlagen und Erklärungen entsprechend § 8 Nummer 1 bis 5 und den §§ 9 bis 14 der Inhaberkontrollverordnung beizufügen. [2]Ist der Anzeigepflichtige ein in einem Mitgliedstaat der Europäischen Union oder einem anderen Vertragsstaat des Abkommens über den Europäischen Wirtschaftsraum zugelassenes Institut, sind den Absichtsanzeigen keine Unterlagen und Erklärungen entsprechend den §§ 9 und 10 der Inhaberkontrollverordnung beizufügen.

(4) [1]Der Inhaber einer bedeutenden Beteiligung hat jeden neu bestellten gesetzlichen oder satzungsmäßigen Vertreter oder neuen persönlich haftenden Gesellschafter mit den für die Beurteilung von dessen Zuverlässigkeit wesentlichen Tatsachen entsprechend § 18 der Inhaberkontrollverordnung anzuzeigen. [2]Das Ausscheiden eines gesetzlichen oder satzungsmäßigen Vertreters oder eines persönlich haftenden Gesellschafters ist ebenfalls anzuzeigen.

§ 5   Anzeigen nach § 14 Absatz 1 Satz 2 des Zahlungsdiensteaufsichtsgesetzes (Verringerung oder Aufgabe einer bedeutenden Beteiligung)

(1) [1]Die Absicht
1. der Verringerung einer bedeutenden Beteiligung nach § 14 Absatz 1 Satz 2 des Zahlungsdiensteaufsichtsgesetzes in Verbindung mit § 2c Absatz 3 Satz 1 des Kreditwesengesetzes oder
2. der Aufgabe einer bedeutenden Beteiligung nach § 14 Absatz 1 Satz 2 des Zahlungsdiensteaufsichtsgesetzes in Verbindung mit § 2c Absatz 3 Satz 1 des Kreditwesengesetzes

ist mit dem Formular „Aufgabe-Verringerung" der Anlage 3 dieser Verordnung anzuzeigen. [2]Bei komplexen Beteiligungsstrukturen ist der Anzeige zusätzlich das Formular „Komplexe Beteiligungsstrukturen" der Anlage 2 dieser Verordnung beizufügen.

(2) [1]Der Anzeigepflichtige hat in einer Anlage zu dem Formular nach Absatz 1 Satz 1 zu erklären, auf wen er die Kapital- oder Stimmrechtsanteile übertragen wird. [2]Ist ihm diese Angabe nicht möglich, hat er dies in der Anlage zu begründen.

(3) Für alle Absichtsanzeigen nach Absatz 1 gilt § 16 Absatz 3 der Inhaberkontrollverordnung entsprechend.

§ 6 Vorlage von Unterlagen nach § 22 des Zahlungsdiensteaufsichtsgesetzes (Jahresabschluss, Lagebericht, Prüfungsbericht)

Wird der Jahresabschluss ohne Änderungen festgestellt, so genügt die Mitteilung hierüber mit dem Datum des Tages der Feststellung; die Einreichung des festgestellten Jahresabschlusses ist in diesem Fall nicht erforderlich.

§ 7 Angaben nach § 25 Absatz 1 des Zahlungsdiensteaufsichtsgesetzes (Inanspruchnahme von Agenten)

(1) [1]Der Absichtsanzeige nach § 25 Absatz 1 des Zahlungsdiensteaufsichtsgesetzes hat das Institut als Nachweise der Zuverlässigkeit und fachlichen Eignung im Sinne des § 25 Absatz 1 Nummer 3 des Zahlungsdiensteaufsichtsgesetzes die Nachweise gemäß § 1 Absatz 1 Satz 1 Nummer 1, 2, 4, 6, 7, 9 und 10 der Agentennachweisverordnung und die Vereinbarung gemäß § 2 Absatz 1 der Agentennachweisverordnung beizufügen. [2]Das Institut hat schriftlich zu versichern, dass es die gemäß § 1 der Agentennachweisverordnung erforderlichen Nachweise über die Zuverlässigkeit und fachliche Eignung der Geschäftsleiter und der für die Geschäftsleitung verantwortlichen Personen vollständig eingeholt hat und von der Zuverlässigkeit und fachlichen Eignung dieser Personen überzeugt ist. [3]Die Bundesanstalt kann die Einreichung weiterer Nachweise verlangen.

(2) Änderungen der nach § 25 Absatz 1 des Zahlungsdiensteaufsichtsgesetzes angezeigten Verhältnisse hat das Institut spätestens einen Monat vor Wirksamwerden der Änderungen anzuzeigen.

§ 8 Anzeigen nach § 26 Absatz 2 Satz 1 und Absatz 4 oder § 28 Absatz 1 Nummer 10 des Zahlungsdiensteaufsichtsgesetzes (Wesentliche Auslagerungen)

(1) [1]In einer Anzeige nach § 26 Absatz 2 Satz 1 oder § 28 Absatz 1 Nummer 10 des Zahlungsdiensteaufsichtsgesetzes sind die beabsichtigten Vorkehrungen gemäß § 26 Absatz 1 Satz 1 des Zahlungsdiensteaufsichtsgesetzes zu beschreiben und Entwürfe der Auslagerungsverträge gemäß § 26 Absatz 1 Satz 6 des Zahlungsdiensteaufsichtsgesetzes einzureichen. [2]Mit der Vollzugsanzeige nach § 28 Absatz 1 Nummer 10 des Zahlungsdiensteaufsichtsgesetzes ist der geschlossene Vertrag einzureichen.

(2) Anzeigen nach § 26 Absatz 2 Satz 1 oder § 28 Absatz 1 Nummer 10 des Zahlungsdiensteaufsichtsgesetzes über die Absicht und den Vollzug einer wesentlichen Auslagerung müssen weiterhin folgende Informationen enthalten:
1. eine vom Institut vergebene Referenznummer für jeden Auslagerungsvertrag,
2. Angaben zum Beginn und, sofern vereinbart, zum Ende der Vertragslaufzeit sowie gegebenenfalls zum Zeitpunkt der nächsten Vertragsverlängerung und zu den Kündigungsfristen,
3. die Bezeichnung der auszulagernden oder ausgelagerten Aktivitäten und Prozesse, einschließlich einer Bezeichnung der Daten, die im Rahmen der Auslagerung übermittelt werden oder wurden, sowie die Angabe, ob personenbezogene Daten übermittelt werden oder wurden und ob das Auslagerungsunternehmen mit der Verarbeitung personenbezogener Daten beauftragt wird oder worden ist,
4. eine Kategorie, die die Art der Aktivitäten und Prozesse widerspiegelt und die die Ermittlung verschiedener Arten von Vereinbarungen ermöglicht,

5. die Angabe, ob in Teilen oder im Ganzen ausgelagert wird oder worden ist,
6. die Firma, die Handelsregisternummer sowie gegebenenfalls die Rechtsträgerkennung, die im Handelsregister eingetragene Adresse und sonstige relevante Kontaktangaben des Auslagerungsunternehmens und die Firma des Mutterunternehmens,
7. den Staat, in dem der Dienst erbracht werden soll oder wird, einschließlich des Standortes, an dem die Daten gespeichert werden sollen oder werden,
8. das Datum der letzten Bewertung der Wesentlichkeit der auszulagernden oder ausgelagerten Aktivitäten und Prozesse und die Angabe, warum die Auslagerung als wesentlich eingestuft wird,
9. bei der Auslagerung zu einem Cloud-Anbieter das Cloud-Dienstmodell, das Cloud-Bereitstellungsmodell und die Art der betreffenden Daten sowie die Standorte, an denen diese Daten gespeichert werden sollen oder werden,
10. die Institute und sonstigen Unternehmen im aufsichtlichen Konsolidierungskreis, die von der Auslagerung Gebrauch machen, sofern einschlägig,
11. die Angabe, ob das Auslagerungsunternehmen oder ein von ihm beauftragtes Subunternehmen Teil der Gruppe im Sinne des § 1 Absatz 6 des Zahlungsdiensteaufsichtsgesetzes ist, zu dem das Institut gehört, oder sich im Eigentum von anderen Instituten innerhalb der Institutsgruppe befindet, zu der das Institut gehört, sofern einschlägig,
12. das Datum der letzten Risikoanalyse und eine Zusammenfassung der Ergebnisse dieser Risikoanalyse,
13. die Benennung der Personen und ihrer Funktion oder des Entscheidungsgremiums des Instituts, die oder das den Auslagerungsvertrag genehmigt haben oder hat, sowie gegebenenfalls das Datum der Genehmigung,
14. das auf den Auslagerungsvertrag anwendbare Recht,
15. gegebenenfalls das Datum der letzten und der nächsten geplanten Prüfung durch das Institut beim Auslagerungsunternehmen,
16. gegebenenfalls die Firmen und die Handelsregisternummern oder andere eindeutige Identifikationsnummern von durch das Auslagerungsunternehmen beauftragten Subunternehmen, an die wesentliche Teile einer wesentlichen Aktivität oder eines wesentlichen Prozesses weiter ausgelagert werden sollen oder wurden, jeweils einschließlich
    a) des Staates, in dem diese beauftragten Unternehmen registriert sind,
    b) des Standorts, an dem die Dienstleistung erbracht werden soll oder wird, und
    c) gegebenenfalls des Standorts, an dem die Daten gespeichert werden sollen oder werden,
17. das Ergebnis der Bewertung der Ersetzbarkeit des Auslagerungsunternehmens durch
    a) die Zuordnung zu den Kategorien „leicht", „schwierig" oder „unmöglich",
    b) die Angabe der Möglichkeit einer Wiedereingliederung der wesentlichen Aktivität oder des wesentlichen Prozesses in das Institut und
    c) die Angabe der Auswirkungen einer etwaigen Einstellung der wesentlichen Aktivität oder des wesentlichen Prozesses,
18. die Angabe, ob alternative Auslagerungsunternehmen gemäß der Bewertung nach Nummer 17 Buchstabe a vorhanden sind,
19. die Angabe, ob die auszulagernde oder ausgelagerte wesentliche Aktivität oder der auszulagernde oder ausgelagerte wesentliche Prozess Geschäftsvorgänge unterstützt, die zeitkritisch sind, und

20. das für die Auslagerung veranschlagte jährliche Budget oder die damit verbundenen Kosten.

(3) ¹Anzeigen nach § 26 Absatz 4 oder § 28 Absatz 1 Nummer 10 des Zahlungsdiensteaufsichtsgesetzes über wesentliche Änderungen einer bestehenden wesentlichen Auslagerung die einen wesentlichen Einfluss auf die Geschäftstätigkeit des Instituts haben können, sind insbesondere einzureichen bei

1. Vertragsänderungen von wesentlicher Bedeutung,
2. Vereinbarungen zusätzlicher vertraglicher Regelungen, insbesondere die Vereinbarung zusätzlicher Leistungen,
3. Änderung der Bewertung, ob eine Auslagerung als wesentlich oder unwesentlich einzustufen ist,
4. wesentlichen Abweichungen, die sich aufgrund einer neuen oder geänderten Risikoanalyse bezüglich der Auslagerung ergeben,
5. Abschluss neuer Subauslagerungen wesentlicher Teile einer wesentlichen Aktivität oder eines wesentlichen Prozesses,
6. Änderung der Bewertung zur Ersetzbarkeit des Auslagerungsunternehmens,
7. nachträglicher Verlagerung der Erbringung von Dienstleistungen in Drittstaaten durch das Auslagerungsunternehmen oder seine beauftragten Subunternehmen,
8. Kündigung oder sonstiger Beendigung des Auslagerungsvertrags,
9. Kenntnis des Instituts von der Übernahme der Kontrolle über das Auslagerungsunternehmen durch ein anderes Unternehmen.

²Zeigt ein Institut eine wesentliche Änderung einer wesentlichen Auslagerung an, die zum Zeitpunkt des Inkrafttretens dieser Verordnung bereits bestand, sind zudem die Daten nach Absatz 2 anzuzeigen.

(4) Anzeigen nach den Absätzen 1 bis 3 sind elektronisch über die Melde- und Veröffentlichungsplattform der Bundesanstalt einzureichen.

(5) Anzeigen nach § 28 Absatz 1 Nummer 10 des Zahlungsdiensteaufsichtsgesetzes über schwerwiegende Vorfälle im Rahmen von bestehenden wesentlichen Auslagerungen, die einen wesentlichen Einfluss auf die Geschäftstätigkeit des Instituts haben können, sind insbesondere einzureichen bei

1. nicht nur kurzfristiger Unterbrechung oder Unmöglichkeit der Erbringung der ausgelagerten wesentlichen Aktivitäten oder des wesentlichen Prozesses,
2. erheblichen Vertragsverletzungen durch das Auslagerungsunternehmen,
3. erheblichen Rechtsverstößen, insbesondere durch den Wegfall der aufsichtsrechtlichen Voraussetzungen der Auslagerung, durch umfassende Einschränkungen von Informations- und Prüfrechten des Instituts oder der Bundesanstalt oder durch Verstöße des Auslagerungsunternehmens gegen datenschutzrechtliche Bestimmungen,
4. fehlender oder nur sehr unzureichender Bereitschaft des Auslagerungsunternehmens, aufsichtliche Anordnungen umzusetzen oder an deren Umsetzung mitzuwirken, insbesondere im Rahmen der Missstandsbeseitigung und -vermeidung,
5. erheblichen Sicherheitsvorfällen im Zusammenhang mit den ausgelagerten Aktivitäten und Prozessen beim Institut oder beim Auslagerungsunternehmen,
6. unzureichendem Risiko- und Notfallmanagement des Auslagerungsunternehmens,
7. unzureichenden Ressourcen des Auslagerungsunternehmens für die ordnungsgemäße Ausführung der ausgelagerten Aktivitäten oder Prozesse,

8. Kenntnis des Instituts von Umständen, nach denen eine leitende Person des
    Auslagerungsunternehmens nicht als zuverlässig betrachtet werden kann,
9. fehlender oder unzureichender Unterstützung durch das Auslagerungsunter-
    nehmen bei Beendigung der Auslagerung,
10. drohender Zahlungsunfähigkeit des Auslagerungsunternehmens,
11. Kenntnis des Instituts von schwerwiegenden Reputationsschäden beim Aus-
    lagerungsunternehmen,
12. Konflikten am Sitz des Auslagerungsunternehmens in Drittstaaten, die zu einer
    wesentlichen Gefährdung der ausgelagerten Aktivitäten und Prozesse führen
    oder dazu führen könnten.

**§ 9 Anzeigen nach § 38 Absatz 1 und 2 sowie § 25 Absatz 4 des
Zahlungsdiensteaufsichtsgesetzes (Errichten einer Zweig-
niederlassung, grenzüberschreitender Dienstleistungsverkehr,
Inanspruchnahme von Agenten)**

(1) [1]Anzeigen nach § 38 Absatz 1 und 2 sowie § 25 Absatz 4 des Zahlungsdiensteaufsichtsgesetzes sind für jeden Mitgliedstaat der Europäischen Union und jeden
anderen Vertragsstaat des Abkommens über den Europäischen Wirtschaftsraum gesondert einzureichen. [2]Den Anzeigen nach Satz 1 an die Bundesanstalt ist eine
Übersetzung in eine von dem Aufnahmestaat anerkannte Sprache beizufügen, sofern der Aufnahmestaat keine deutschsprachige Fassung akzeptiert. [3]Die Sätze 1
und 2 gelten auch im Fall der Änderung der nach § 38 Absatz 1 und 2 sowie § 25
Absatz 4 des Zahlungsdiensteaufsichtsgesetzes angezeigten Verhältnisse.

(2) Zu den Einzelheiten der einer Anzeige nach § 38 Absatz 1 des Zahlungsdiensteaufsichtsgesetzes beizufügenden Angaben und Unterlagen wird im Falle
1. der Errichtung einer Zweigniederlassung auf die Aufzählung in Artikel 6
    Absatz 1 in Verbindung mit Anhang II der Delegierten Verordnung (EU)
    2017/2055 der Kommission vom 23. Juni 2017 zur Ergänzung der Richtlinie
    (EU) 2015/2366 des Europäischen Parlaments und des Rates durch technische
    Regulierungsstandards für die Zusammenarbeit und den Informationsaustausch
    zwischen zuständigen Behörden im Zusammenhang mit der Ausübung des Nie-
    derlassungsrechts oder des Rechts auf freien Dienstleistungsverkehr durch Zah-
    lungsinstitute (ABl. L 294 vom 11.11.2017, S. 1),
2. der Heranziehung von Agenten auf die Aufzählung in Artikel 10 Absatz 1 in
    Verbindung mit Anhang III der Delegierten Verordnung (EU) 2017/2055,
    sowie
3. des Vertriebs oder Rücktauschs von E-Geld über E-Geld-Agenten auf Artikel 3
    Absatz 3 in Verbindung mit Anhang IV der Delegierten Verordnung (EU)
    2017/2055
verwiesen.

(3) Zu den Einzelheiten der einer Anzeige nach § 38 Absatz 2 des Zahlungsdiensteaufsichtsgesetzes über die Absicht, im Wege des grenzüberschreitenden
Dienstleistungsverkehrs tätig zu werden, beizufügenden Angaben und Unterlagen
wird auf die Aufzählung in Artikel 14 Absatz 1 in Verbindung mit Anhang V der
Delegierten Verordnung (EU) 2017/2055 verwiesen.

(4) Zu den Einzelheiten einer Anzeige nach § 38 Absatz 6 Satz 2 des Zahlungsdiensteaufsichtsgesetzes über die Aufnahme der Tätigkeit in dem Aufnahmemitgliedstaat beizufügenden Angaben und Unterlagen wird auf Artikel 3 Absatz 1

bis 3 in Verbindung mit Anhang VI der Delegierten Verordnung (EU) 2017/2055 verwiesen.

§ 10 Anzeigen nach § 28 Absatz 1 Nummer 1 des Zahlungsdiensteaufsichtsgesetzes (Bestellung eines Geschäftsleiters)

(1) [1]Der Absichtsanzeige nach § 28 Absatz 1 Nummer 1 des Zahlungsdiensteaufsichtsgesetzes ist eine eigenhändig unterzeichnete Erklärung der in § 28 Absatz 1 Nummer 1 des Zahlungsdiensteaufsichtsgesetzes genannten Person gemäß dem Formular der Anlage 4 dieser Verordnung beizufügen, in der die Person anzugeben hat, ob

1. ein Strafverfahren geführt wird oder zu einem früheren Zeitpunkt ein Strafverfahren wegen eines Verbrechens oder Vergehens gegen sie geführt worden ist;
2. im Zusammenhang mit einer unternehmerischen oder sonstigen beruflichen Tätigkeit ein Ordnungswidrigkeitenverfahren oder vergleichbares Verfahren nach einer anderen Rechtsordnung gegen sie geführt wird oder mit einer Verurteilung oder sonstigen Sanktion abgeschlossen worden ist;
3. ein Insolvenzverfahren, ein Verfahren zur Abgabe einer eidesstattlichen Versicherung oder ein vergleichbares Verfahren gegen sie oder gegen ein von ihr geleitetes Unternehmen geführt wird oder zu einem früheren Zeitpunkt geführt worden ist;
4. eine Aufsichtsbehörde eine gewerberechtliche Zuverlässigkeits- oder Eignungsprüfung oder ein aufsichtliches Verfahren zum Erlass von Maßnahmen eingeleitet hat oder ein solches Verfahren bereits mit einer Sanktion abgeschlossen worden ist;
5. durch eine öffentliche Stelle eine auf sie oder auf ein von ihr geleitetes Unternehmen oder Gewerbe lautende Zulassung, Mitgliedschaft oder Registereintragung versagt, aufgehoben, zurückgenommen, widerrufen oder gelöscht wurde oder in sonstiger Weise die Ausübung eines Berufes, der Betrieb eines Gewerbes oder die Vertretung oder Führung der Geschäfte untersagt wurde oder ein entsprechendes Verfahren geführt wird.

[2]Die angegebenen Verfahren und Sanktionen sind zu erläutern. [3]Amtlich beglaubigte Kopien der Urteile, Beschlüsse, anderer Sanktionen oder sonstiger Dokumente über den Abschluss des Verfahrens sind beizufügen. [4]Bei den Angaben nach Satz 1 Nummer 1 können Strafverfahren unberücksichtigt bleiben, die mangels hinreichenden Tatverdachts oder wegen eines Verfahrenshindernisses eingestellt oder mit einem Freispruch beendet worden sind oder bei denen eine ergangene Eintragung im Bundeszentralregister entfernt oder getilgt wurde oder die gemäß § 53 des Bundeszentralregistergesetzes nicht angegeben werden müssen. [5]Entsprechendes gilt für Strafverfahren, die nicht von einer deutschen Strafermittlungsbehörde oder von einem deutschen Gericht beendet worden sind. [6]Die nach den §§ 153 und 153a der Strafprozessordnung eingestellten Verfahren sind anzugeben. [7]Eintragungen, die gemäß § 153 der Gewerbeordnung aus dem Gewerbezentralregister zu tilgen sind, können unerwähnt bleiben. [8]Bei den Angaben nach Satz 1 Nummer 2, 4 und 5 können Verfahren unberücksichtigt bleiben, die vor mehr als fünf Jahren vor dem Beginn des Jahres, in dem die Anzeige eingereicht wird, mit einer Verurteilung, Sanktion oder sonstigen Entscheidung abgeschlossen worden sind.

(2) [1]Zum weiteren Nachweis der Zuverlässigkeit und zum Nachweis angemessener theoretischer und praktischer Kenntnisse und Fähigkeiten zur Erbringung von

Zahlungsdiensten ist der Absichtsanzeige nach § 28 Absatz 1 Nummer 1 des Zahlungsdiensteaufsichtsgesetzes ein lückenloser, eigenhändig unterzeichneter Lebenslauf der jeweiligen Person beizufügen, der den vollständigen Namen samt allen Vornamen, den Geburtsnamen, das Geburtsdatum, den Geburtsort, das Geburtsland, den Hauptwohnsitz, die Staatsangehörigkeit, die berufliche Qualifikation einschließlich der erworbenen Abschlüsse, Weiterbildungsmaßnahmen und die Berufserfahrung, welche in chronologischer Reihenfolge beginnend mit dem derzeit ausgeübten Beruf darzustellen ist, enthalten muss. [2]Bei der Berufserfahrung ist der Name und Sitz aller Unternehmen, für die diese Person tätig ist oder war, die Art und Dauer der Tätigkeit, einschließlich Nebentätigkeiten, mit Ausnahme ehrenamtlicher Tätigkeiten, die Vertretungsmacht dieser Person, ihre internen Entscheidungskompetenzen und die ihr innerhalb des Unternehmens unterstellten Geschäftsbereiche anzugeben. [3]Für die Angabe der Nebentätigkeiten ist das Formular gemäß Anlage 5 dieser Verordnung zu verwenden. [4]Das Halten einer unmittelbaren Beteiligung von mindestens 25 Prozent der Anteile am Kapital eines Unternehmens ist anzugeben. [5]Für die Angaben der unmittelbaren Beteiligungen ist das Formular gemäß Anlage 6 dieser Verordnung zu verwenden.

(3) [1]Die in der Absichtsanzeige nach § 28 Absatz 1 Nummer 1 des Zahlungsdiensteaufsichtsgesetzes genannten Personen haben bei der Bundesanstalt ein Führungszeugnis zur Vorlage bei einer Behörde gemäß § 30 Absatz 5 oder § 30b des Bundeszentralregistergesetzes einzureichen. [2]Das Führungszeugnis darf zum Zeitpunkt der Erstattung der Anzeige nach § 28 Absatz 1 Nummer 1 des Zahlungsdiensteaufsichtsgesetzes nicht älter als drei Monate sein. [3]Maßgeblich ist das Datum der Ausstellung des Führungszeugnisses. 4§ 5c Absatz 3 bis 5 der Anzeigenverordnung finden entsprechende Anwendung.

(4) [1]Die in der Absichtsanzeige nach § 28 Absatz 1 Nummer 1 des Zahlungsdiensteaufsichtsgesetzes genannten Personen haben bei der Bundesanstalt einen Auszug aus dem Gewerbezentralregister nach § 150 der Gewerbeordnung einzureichen. [2]Satz 1 gilt nicht, wenn die Person keinen Wohnsitz in Deutschland hat oder gehabt hat oder keine berufliche Tätigkeit in Deutschland ausübt oder ausgeübt hat. 3Absatz 3 Satz 2 und 3 finden entsprechende Anwendung.

(5) Der Anzeige sind der Anstellungsvertrag sowie das geplante Anfangsdatum und die geplante Dauer des Mandats, eine Beschreibung der wesentlichen Pflichten und Verantwortlichkeiten und sonstige für die Beurteilung der Zuverlässigkeit relevante Informationen beizufügen.

(6) Auf Verlangen der Bundesanstalt sind weitere Auskünfte zu erteilen und Unterlagen, insbesondere Arbeitszeugnisse, die die im Lebenslauf angegebenen Tätigkeiten belegen, vorzulegen.

§ 10a   Anzeigen nach § 28 Absatz 1 Nummer 2 des Zahlungsdiensteaufsichtsgesetzes (Ausscheiden eines Geschäftsleiters sowie Entziehung der Befugnis zur Einzelvertretung)

Den Anzeigen nach § 28 Absatz 1 Nummer 2 des Zahlungsdiensteaufsichtsgesetzes ist eine Erklärung über den Zeitpunkt des Wirksamwerdens und den Grund des Ausscheidens des Geschäftsleiters bzw. der Entziehung der Befugnis zur Einzelvertretung beizufügen.

§ 11 Anzeigen nach § 28 Absatz 1 Nummer 4 und 8 des Zahlungsdiensteaufsichtsgesetzes (Bedeutende Beteiligung am eigenen Institut und passivische enge Verbindungen)

(1) [1]Einzelanzeigen über passivische Beteiligungsverhältnisse nach § 28 Absatz 1 Nummer 4 und 8 des Zahlungsdiensteaufsichtsgesetzes sind mit dem Formular „Passivische Beteiligungsanzeige" der Anlage 7 dieser Verordnung einzureichen. [2]Bei Änderungen des Beteiligungsverhältnisses sind Einzelanzeigen einzureichen, wenn

1. durch die Änderung 20 Prozent, 30 Prozent oder 50 Prozent des Kapitals oder der Stimmrechte an dem Institut erreicht, über- oder unterschritten werden,
2. das Institut ein Tochter- oder Schwesterunternehmen eines anderen Unternehmens wird oder nicht mehr ist,
3. unmittelbar gehaltene Anteile ganz oder teilweise auf ein zwischengeschaltetes Unternehmen übertragen werden oder
4. sich bei ganz oder teilweise mittelbar gehaltenen Anteilen die Anzahl oder die Identität der zwischengeschalteten Unternehmen verändert oder die Anteile nunmehr ganz oder teilweise vom Anteilseigner selbst gehalten werden.

(2) Sammelanzeigen über passivische Beteiligungsverhältnisse nach § 28 Absatz 1 Nummer 4 und 8 des Zahlungsdiensteaufsichtsgesetzes sind nach dem Stand vom 31. Dezember des Vorjahres bis zum 15. Juni des Folgejahres mit dem Formular „Passivische Beteiligungsanzeige" der Anlage 7 dieser Verordnung einzureichen.

(3) Die mittelbar gehaltenen Kapitalanteile oder Stimmrechtsanteile sind den mittelbar beteiligten Unternehmen jeweils in vollem Umfang zuzurechnen.

(4) [1]Erfüllt ein Beteiligungsverhältnis mehrere Anzeigetatbestände, ist nur ein Formular zu verwenden. [2]Für jedes weitere anzeigepflichtige Beteiligungsverhältnis ist unter Berücksichtigung der Regelung des Satzes 1 ein gesondertes Formular zu verwenden. [3]Bei komplexen Beteiligungsstrukturen ist der Anzeige zusätzlich das Formular „Anlage für komplexe Beteiligungsstrukturen" der Anlage 2 dieser Verordnung beizufügen. [4]Komplexe Beteiligungsstrukturen liegen insbesondere vor bei Treuhandverhältnissen sowie bei Beteiligungen, die gleichzeitig unmittelbar und mittelbar über ein oder mehrere Unternehmen oder über mehrere Beteiligungsketten gehalten werden. [5]Auch die Unternehmensbeziehung des Instituts zu einem Schwesterunternehmen stellt eine komplexe Beteiligungsstruktur im Sinne des Satzes 3 dar.

(5) [1]Die Einzelanzeigen und Sammelanzeigen sollen im papierlosen Verfahren der Deutschen Bundesbank eingereicht werden. [2]Die Deutsche Bundesbank veröffentlicht auf ihrer Internetseite die für eine Dateneinreichung im Wege der Datenfernübertragung zu verwendenden Satzformate und den Einreichungsweg. [3]Sie hat die bei ihr eingereichten Anzeigen an die Bundesanstalt weiterzuleiten. [4]Bei papiergebundener Einreichung gilt § 1.

§ 12 Anzeigen nach § 28 Absatz 1 Nummer 8 des Zahlungsdiensteaufsichtsgesetzes (aktivische enge Verbindungen)

(1) [1]Einzelanzeigen von Instituten über aktivische enge Verbindungen nach § 28 Absatz 1 Nummer 8 des Zahlungsdiensteaufsichtsgesetzes sind mit dem Formular „Aktivische Beteiligungsanzeige" der Anlage 8 dieser Verordnung einzureichen.

[2]Bei Änderungen des Beteiligungsverhältnisses sind Einzelanzeigen einzureichen, wenn

1. durch die Änderung 30 Prozent oder 50 Prozent des Kapitals oder der Stimmrechte des Unternehmens erreicht, über- oder unterschritten werden,
2. das Unternehmen ein Tochterunternehmen wird oder nicht mehr ist,
3. die gehaltenen Anteile ganz oder teilweise auf ein Tochterunternehmen übertragen werden oder
4. sich bei ganz oder teilweise mittelbar gehaltenen Anteilen die Anzahl oder die Identität der zwischengeschalteten Unternehmen verändert oder die Anteile nunmehr ganz oder teilweise vom Institut selbst gehalten oder unter den Beteiligten umverteilt werden.

(2) Sammelanzeigen von Instituten über aktivische enge Verbindungen nach § 28 Absatz 1 Nummer 8 des Zahlungsdiensteaufsichtsgesetzes sind nach dem Stand vom 31. Dezember des Vorjahres bis zum 15. Juni des Folgejahres als Sammlung fortlaufend nummerierter Teilanzeigen mit dem Formular „Aktivische Beteiligungsanzeige" der Anlage 8 dieser Verordnung einzureichen.

(3) [1]Für jedes weitere anzeigepflichtige Beteiligungsverhältnis ist ein gesondertes Formular zu verwenden. [2]Bei komplexen Beteiligungsstrukturen ist der Anzeige zusätzlich das Formular „Anlage für komplexe Beteiligungsstrukturen" der Anlage 2 dieser Verordnung beizufügen. [3]Komplexe Beteiligungsstrukturen liegen insbesondere vor bei Treuhandverhältnissen sowie bei Beteiligungen, die gleichzeitig unmittelbar und mittelbar über ein oder mehrere Unternehmen oder über mehrere Beteiligungsketten gehalten werden.

(4) Auf Verlangen der Bundesanstalt oder der zuständigen Hauptverwaltung der Deutschen Bundesbank sind weitere Angaben, insbesondere zu Buchwert, Übernahmepreis und Veräußerungserlös, einzureichen.

(5) § 11 Absatz 3 und 5 gilt entsprechend.

§ 13 Anzeigen nach § 28 Absatz 1 Nummer 9 des Zahlungsdiensteaufsichtsgesetzes (Vereinigung von Instituten)

[1]Die Absicht von Instituten, sich zu vereinigen, ist von den beteiligten Instituten nach § 28 Absatz 1 Nummer 9 des Zahlungsdiensteaufsichtsgesetzes anzuzeigen, sobald auf Grund der geführten Verhandlungen anzunehmen ist, dass die Vereinigung zustande kommen wird. [2]Das Scheitern der Fusionsverhandlungen ist unverzüglich mitzuteilen. [3]Gleiches gilt bei erfolgreichen Fusionsverhandlungen für den rechtlichen Vollzug der Vereinigung.

§ 14 Anzeigen nach § 28 Absatz 2 des Zahlungsdiensteaufsichtsgesetzes (Änderung der Sicherung der Geldbeträge und der Absicherung für den Haftungsfall)

Den Anzeigen nach § 28 Absatz 2 des Zahlungsdiensteaufsichtsgesetzes ist eine Beschreibung der wesentlichen Änderungen bei der Sicherung der Geldbeträge bzw. der Absicherung für den Haftungsfall einschließlich der Entwürfe der künftig geltenden Verträge beizufügen sowie das beabsichtigte Datum des Inkrafttretens der Änderung.

§ 15 Anzeigen nach § 28 Absatz 3 des Zahlungsdiensteaufsichtsgesetzes (Nebentätigkeiten und Beteiligungen)

(1) ¹Den Anzeigen nach § 28 Absatz 3 Nummer 1 des Zahlungsdienstegesetzes sind Angaben über das Unternehmen, für das die Tätigkeit ausgeübt wird, über den Beginn und die Beendigung der Tätigkeit, über die Art der Tätigkeit, und über die zeitliche Beanspruchung für die Tätigkeit beizufügen. ²Für die Angaben ist das Formular gemäß Anlage 5 dieser Verordnung zu verwenden.

(2) ¹Den Anzeigen nach § 28 Absatz 3 Nummer 2 des Zahlungsdienstegesetzes sind Angaben über die Übernahme, die Veränderung der Höhe, die Aufgabe einer Beteiligung, über das Unternehmen an dem die Beteiligung besteht, und über die Beteiligungsquote beizufügen. ²Für die Angaben ist das Formular gemäß Anlage 6 dieser Verordnung zu verwenden.

§ 16 Unterlagen nach § 34 Absatz 1 Satz 2 bis 7 des Zahlungsdiensteaufsichtsgesetzes (Anträge auf Registrierung) und Mitteilungen nach § 34 Absatz 5 des Zahlungsdiensteaufsichtsgesetzes (Änderung der tatsächlichen oder rechtlichen Verhältnisse)

Auf Registrierungsanträge nach § 34 Absatz 1 Satz 2 bis 7 des Zahlungsdiensteaufsichtsgesetzes findet § 2 Absatz 1, 2 Satz 1, Absatz 3 und 4, 5 Satz 3, Absatz 7 bis 10, 12, 14, 16 und 17 dieser Verordnung und auf Mitteilungen der Änderung der tatsächlichen oder rechtlichen Verhältnisse nach § 34 Absatz 5 des Zahlungsdiensteaufsichtsgesetzes findet § 3 dieser Verordnung entsprechende Anwendung.

§ 17 Inkrafttreten

Diese Verordnung tritt am 31. Oktober 2009 in Kraft.

§ 11 Erlaubnis für das Betreiben von E-Geld-Geschäften; Verordnungsermächtigung

(1) ¹Wer im Inland das E-Geld-Geschäft betreiben will, ohne E-Geld-Emittent im Sinne des § 1 Absatz 2 Satz 1 Nummer 2 bis 4 zu sein, bedarf der schriftlichen Erlaubnis der Bundesanstalt. ²Über die Erbringung des E-Geld-Geschäfts hinaus sind von der Erlaubnis nach Satz 1 umfasst:
1. die Erbringung von Zahlungsdiensten;
2. die Gewährung von Krediten nach Maßgabe des § 3;
3. die Erbringung von betrieblichen Dienstleistungen und damit eng verbundenen Nebendienstleistungen, die mit der Ausgabe von E-Geld oder mit der Erbringung von Zahlungsdiensten im Zusammenhang stehen;
4. der Betrieb von Zahlungssystemen nach Maßgabe des § 57;
5. andere Geschäftstätigkeiten als die Ausgabe von E-Geld im Rahmen der geltenden gemeinschaftlichen und nationalen Rechtsvorschriften.

(2) ¹Auf den Inhalt des Erlaubnisantrags ist § 10 Absatz 2 Satz 1 Nummer 2, 5 bis 11, 13 und 15 bis 17 entsprechend anzuwenden. ²Der Erlaubnisantrag hat zusätzlich folgende Angaben und Nachweise zu enthalten:
1. eine Beschreibung des Geschäftsmodells, aus dem insbesondere die beabsichtigte Ausgabe von E-Geld sowie die Art der beabsichtigten Zahlungsdienste hervorgeht,

2. den Nachweis, dass der Antragsteller über das erforderliche Anfangskapital nach § 12 Nummer 3 Buchstabe d verfügt,

3. eine Beschreibung der Maßnahmen zur Erfüllung der Sicherungsanforderungen nach den §§ 17 und 18,

4. eine Darstellung des organisatorischen Aufbaus des Antragstellers, gegebenenfalls einschließlich einer Beschreibung der geplanten Inanspruchnahme von E-Geld-Agenten, Zweigniederlassungen und, soweit
   Zahlungsdienste erbracht werden, Agenten sowie eine Darstellung der
   Auslagerungsvereinbarungen und eine Beschreibung der Art und Weise
   seiner Teilnahme an einem nationalen oder internationalen Zahlungssystem sowie

5. die Namen der Geschäftsleiter, der für die Geschäftsleitung des Antragstellers verantwortlichen Personen und, soweit es sich um Unternehmen
   handelt, die neben der Ausgabe von E-Geld und der Erbringung von
   Zahlungsdiensten anderen Geschäftsaktivitäten nachgehen, der für die
   Ausgabe von E-Geld und Erbringung von Zahlungsdiensten des Antragstellers verantwortlichen Personen.

[3]Der Antrag muss den Nachweis enthalten, dass die in Satz 1 Nummer 5
genannten Personen zuverlässig sind und über angemessene theoretische
und praktische Kenntnisse und Erfahrungen, einschließlich Leitungserfahrung, für den Betrieb des E-Geld-Geschäfts und die Erbringung von Zahlungsdiensten verfügen. [4]Der Antragsteller hat mindestens zwei Geschäftsleiter zu bestellen; bei Unternehmen mit geringer Größe genügt ein
Geschäftsleiter. [5]Für das weitere Verfahren gilt § 10 Absatz 2 Satz 2, 3 und
6 sowie Absatz 3 und 6 entsprechend.

(3) [1]Die Bundesanstalt kann die Erlaubnis unter Auflagen erteilen, die
sich im Rahmen des mit diesem Gesetz verfolgten Zweckes halten müssen.
[2]Erbringt das E-Geld-Institut zugleich Zahlungsdienste oder geht es anderen Geschäftstätigkeiten nach, kann die Bundesanstalt ihm auferlegen,
dass es die Erbringung von Zahlungsdiensten oder die anderen Geschäfte
abzuspalten oder ein eigenes Unternehmen für das E-Geld-Geschäft zu
gründen hat, wenn diese die finanzielle Solidität des Instituts oder die Prüfungsmöglichkeiten beeinträchtigen oder beeinträchtigen könnten.

(4) Das E-Geld-Institut hat der Bundesanstalt unverzüglich jede materiell und strukturell wesentliche Änderung der tatsächlichen und rechtlichen Verhältnisse mitzuteilen, soweit sie die Richtigkeit der nach
Absatz 2 Satz 1 und 2 vorgelegten Angaben und Nachweise betreffen.

(5) Soweit für das Betreiben des E-Geld-Geschäfts eine Erlaubnis nach
Absatz 1 erforderlich ist, dürfen Eintragungen in öffentliche Register nur
vorgenommen werden, wenn dem Registergericht die Erlaubnis nachgewiesen ist.

(6) [1]Das Bundesministerium der Finanzen wird ermächtigt, durch
Rechtsverordnung, die nicht der Zustimmung des Bundesrates bedarf, im
Benehmen mit der Deutschen Bundesbank nähere Bestimmungen über
Art, Umfang und Form der nach dieser Vorschrift vorgesehenen Antrags-
unterlagen zu erlassen. [2]Das Bundesministerium der Finanzen kann die
Ermächtigung im Einvernehmen mit der Deutschen Bundesbank durch
Rechtsverordnung auf die Bundesanstalt übertragen. [3]Vor Erlass der

Rechtsverordnung sind die Spitzenverbände der Institute anzuhören. [4]Das Bundesamt für Sicherheit in der Informationstechnik ist anzuhören, soweit die Sicherheit informationstechnischer Systeme betroffen ist.

Inhaltsübersicht

I. Allgemeines

§ 11 dient der Umsetzung von Art. 2 Nr. 1 und Art. 3 Abs. 1 der Zweiten **1** E-Geld-RL, Art. 111 Abs. 1 Nr. 1 PSD2, soweit dieser auf Art. 5 und Art. 11 Abs. 1 PSD2 verweist (BT-Drs. 17/3023, 43 f.; BT-Drs. 18/11495, 112). § 11 ist zu einem großen Teil entsprechend § 10 aufgebaut. § 11 regelt, dass das Betreiben des E-Geld-Geschäfts unter Erlaubnisvorbehalt nach dem ZAG gestellt wird. § 11 gilt nur für E-Geld-Institute, nicht aber für Zahlungsinstitute, die eine Erlaubnis nach § 10 beantragen müssen. § 11 gilt auch nicht für andere E-Geld-Emittenten als E-Geld-Institute gemäß § 1 Abs. 2 S. 1 Nr. 2–4, die das E-Geld-Geschäft ohne Erlaubnis nach § 11 betreiben dürfen. Die Erlaubnis nach § 11 umfasst die Erlaubnis für die Erbringung von Zahlungsdiensten gemäß § 10, so dass ein E-Geld-Institut auch Zahlungsdienste erbringen darf, ohne hierzu eine gesonderte Erlaubnis beantragen zu müssen. § 11 ist im Zusammenhang mit § 12 zu lesen, der die Erlaubnisversagungsgründe für E-Geld-Institute regelt, so dass bereits im Rahmen der Vorbereitung eines Erlaubnisantrages sichergestellt sein sollte, dass keine Erlaubnisversagungsgründe vorliegen.

2   Das E-Geld-Geschäft war als erlaubnispflichtiges Geschäft zuvor in § 1 Abs. 1 S. 2 Nr. 11 KWG aF geregelt. Mit der Übertragung des E-Geld-Geschäfts vom KWG in das ZAG ist beabsichtigt, den Besonderheiten des E-Geld-Geschäfts Rechnung zu tragen, da die Anforderungen des KWG sich für Betreiber des E-Geld-Geschäfts als Marktzutrittshindernis erwiesen hatten (BR-Drs. 482/10, 54). Erleichterungen für das E-Geld-Geschäft im Vergleich zu den vorherigen Regelungen im KWG ergeben sich insbesondere aus einem nunmehr geringeren Anfangskapital (zum Begriff → § 1 Rn. 569ff., → § 12 Rn. 6), geringeren Eigenmittelanforderungen (hierzu → § 15 Rn. 19), Erleichterungen beim Risikomanagement, entfallenen Kapitalanlagebeschränkungen und dem vorherigen grundsätzlichen Verbot gemäß § 12 Abs. 3 KWG aF, Beteiligungen an anderen Unternehmen zu halten (Diekmann/Wieland ZBB 2011, 297 (298); Neumann/Bauer MMR 2011, 563 (564)).

3   Auf der anderen Seite steht den genannten Erleichterungen innerhalb des Rahmens der Aufsicht eine umfassendere Beaufsichtigung des E-Geld-Instituts selbst gegenüber, da das ZAG keine den § 2 Abs. 5 KWG aF vergleichbare Befreiungsmöglichkeit vorsieht und kein gewerbsmäßiges Handeln oder ein Betreiben des E-Geld-Geschäfts in einem Umfang, der einen in kaufmännischer Weise eingerichteten Gewerbebetrieb erfordert (→ Rn. 9), zur Annahme der Erlaubnispflicht verlangt.

II. Erlaubnispflicht (Abs. 1 S. 1)

4   Mit Abs. 1 werden Art. 2 Nr. 1 sowie Art. 3 Abs. 1 der Zweiten E-Geld-RL iVm Art. 111 PSD2 iVm Art. 11 Abs. 1 PSD2 umgesetzt. Einer Erlaubnis bedarf, wer im Inland das E-Geld-Geschäft betreiben will, ohne E-Geld-Emittent im Sinne von § 1 Abs. 2 S. 1 Nr. 2–4 zu sein. Wie bei § 10 ersetzt auch die Erlaubnis nach § 11 nicht Genehmigungen und Erlaubnisse, die nach anderen Gesetzen erforderlich sind (dazu → § 10 Rn. 4).

1. E-Geld-Geschäft

5   Der Begriff des E-Geld-Geschäfts ist in § 1 Abs. 2 als die Ausgabe von E-Geld im Sinne von § 1 Abs. 2 definiert. Zum Begriff E-Geld-Geschäft → § 1 Rn. 214ff.

2. ohne E-Geld Emittent zu sein

§ 8a aF sah vor, dass einer Erlaubnis bedurfte, wer das E-Geld-Geschäft als **6** E-Geld-Institut betreiben wollte. Nunmehr sieht Abs. 1 die Erlaubnispflicht vor, wenn jemand das E-Geld-Geschäft betreibt, ohne E-Geld-Emittent iSd § 1 Abs. 2 S. 1 Nr. 2–4 zu sein. Anlass für diese Änderung war eine Entscheidung des BGH, der in seinem Urteil vom 28.10.2015 (NStZ-RR 2016, 15 ff.) die Auffassung vertreten hat, dass eine Strafbarkeit aufgrund unerlaubten Erbringens von Zahlungsdiensten voraussetze, dass der Täter diese Zahlungsdienste in seiner Funktion als Geschäftsführer einer GmbH ausübe (hierzu auch → § 10 Rn. 7). Diesen Schluss zog der BGH aus einer Interpretation des § 8 aF ZAG, dass Normadressaten nur juristische Personen und Personengesellschaften seien. Die BaFin nahm am 17.2.2016 hierzu Stellung und vertrat den Standpunkt, dass Normadressat des Erlaubnisvorbehalts in § 8 aF auch natürliche Personen seien, so dass die BaFin auch bei durch natürliche Personen erbrachten Zahlungsdiensten ohne Erlaubnis von ihren Eingriffsbefugnissen Gebrauch machen werde. Mit der Streichung des Merkmals „als Zahlungsinstitut" wollte der Gesetzgeber klarstellen, dass der Erlaubnisvorbehalt und damit in der Folge auch die strafrechtliche Bewehrung in § 63 Abs. 1 Nr. 4 sowohl für **natürliche als auch juristische Personen und Personenvereinigungen** begründet wird (BT-Drs. 18/11495, 121). Auch wenn die Gesetzesbegründung zu § 11 hierauf nicht ausdrücklich Bezug nimmt, dürfte die Änderung in Abs. 1 aus entsprechenden Erwägungen resultieren. Damit unterliegt grundsätzlich jeder, der das E-Geld-Geschäft betreibt, sei es als natürliche Person oder Gesellschaft, der Erlaubnispflicht des Abs. 1.

Eine Ausnahme gilt aber für E-Geld-Emittenten gemäß § 1 Abs. 2 S. 1 Nr. 2–4, **7** die keine gesonderte Erlaubnis für den Betrieb des E-Geld-Geschäfts benötigen. Das sind insbesondere CRR-Kreditinstitute im Sinne von § 1 Abs. 3d KWG. Dabei handelt es sich um Kreditinstitute im Sinne von Art. 4 Abs. 1 Nr. 1 CRR. Das sind Unternehmen, deren Tätigkeit darin besteht, Einlagen oder andere rückzahlbare Gelder des Publikums entgegenzunehmen und Kredite für eigene Rechnung zu gewähren, sog. Einlagenkreditinstitute. Sonstige Kredit- und Finanzdienstleistungsinstitute im Sinne des KWG, soweit sie das E-Geld-Geschäft betreiben, benötigen hingegen eine Erlaubnis nach Abs. 1, da sie nicht unter § 1 Abs. 2 S. 1 Nr. 2 fallen (→ § 1 Rn. 200 ff.). Daneben sind die EZB sowie der Bund, die Länder, die Gemeinden und Gemeindeverbände sowie die Träger bundes- oder landesmittelbarer Verwaltung, einschließlich der öffentlichen Schuldenverwaltung, der Sozialversicherungsträger und der Bundesagentur für Arbeit, soweit sie außerhalb ihres hoheitlichen Handelns das E-Geld-Geschäft betreiben, von der Erlaubnispflicht nach Abs. 1 befreit.

3. Im Inland

Erlaubnispflichtig ist nur das Betreiben des E-Geld-Geschäfts im Inland. Zur **8** Frage, wann eine Leistung im Inland erbracht wird, wird auf die Ausführungen zu → § 10 Rn. 9 ff. verwiesen. Hierzu zählt auch, wenn wesentliche zum Vertragsschluss mit einem Unternehmen ohne Sitz oder anderer physischer Präsenz im Inland hinführende Schritte durch im Inland tätige Dritte vorgenommen werden (BVerwGE 133, 358 Rn. 36). Hierunter dürfte auch ein außerhalb der Bundesrepublik ansässiger Betreiber des E-Geld-Geschäfts durch Einziehung von E-Geld-Agenten im Inland gemäß § 1 Abs. 10 fallen.

4. Keine Gewerbsmäßigkeit oder Umfang, der einen in kaufmännischer Weise eingerichteten Gewerbebetrieb erfordert

9   Im Gegensatz zu Zahlungsdiensten gemäß § 10 hängt die Erlaubnispflicht für das Betreiben des E-Geld-Geschäfts nicht davon ab, ob es gewerbsmäßig oder in einem Umfang, der einen in kaufmännischer Weise eingerichteten Geschäftsbetrieb erfordert, betrieben wird. Abs. 1 führt zu einer Verschärfung der aufsichtsrechtlichen Regelungen im Vergleich zur Vorgängerregelung in § 1 Abs. 1 S. 2 Nr. 11 KWG aF, die für die Annahme der Erlaubnispflichtigkeit gewerbsmäßiges Handeln oder einen in kaufmännischer Weise eingerichteten Gewerbebetrieb erforderte (Fett/Bentele WM 2011, 1352 (1357)). Der Gesetzgeber beabsichtigt hiermit insbesondere die Sicherstellung der Funktionsfähigkeit des Zahlungsverkehrs, die Nutzung von E-Geld als Barzahlungsersatzmittel bzw. Buchgeldersatzmittel und die Notwendigkeit, Gefahren für die Volkswirtschaft im Zusammenhang mit der Generierung von elektronischem Geld, insbesondere das Fälschungsrisiko, zu minimieren, und auf diesem Wege das Vertrauen des Publikums in das E-Geld zu entwickeln und zu schützen (BT-Drs. 17/3023, 44). Aus dem Umstand, dass das „Betreiben" des E-Geld-Geschäfts erlaubnispflichtig ist, ist aber abzuleiten, dass eine Absicht bestehen muss, das Geschäft in gleicher Weise geschäftsmäßig zu wiederholen (Diekmann/Wieland ZBB 2011, 297 (301); aA Schäfer/Omlor/Mimberg/Eckhold §§ 10, 11 Rn. 42; Schwennicke/Auerbach/Schwennicke ZAG § 11 Rn. 3). Aus diesem Grund und aufgrund der ohnehin niedrigen Schwelle für die Annahme von gewerbsmäßigem Handeln wird diese Verschärfung in der Praxis nur geringe Auswirkungen haben.

5. Wille des Betreibens

10   Die Erlaubnispflicht löst bereits der Wille zum Betreiben des E-Geld-Geschäfts aus, so dass bereits Vorbereitungshandlungen erfasst sind. Es ist nicht erforderlich, dass das E-Geld-Geschäft tatsächlich ausgeübt wird. Wegen der Umstände, die einen Willen des Betreibens des E-Geld-Geschäfts objektiv begründen, ist auf die Ausführungen zu → § 10 Rn. 14 zu verweisen.

III. Träger und Umfang der Erlaubnis

1. Träger der Erlaubnis

11   Träger der Erlaubnis können nur juristische Personen und Personenhandelsgesellschaften sein (unklar Luz/Neus/Schaber/Schneider/Wagner/Weber/Heucke ZAG § 11 Rn. 9). Im Übrigen wird auf die Kommentierung zu → § 10 Rn. 16f. verwiesen. Der Antragsteller muss seinen Sitz in der Bundesrepublik haben, → § 10 Rn. 17.

2. Sachlicher Umfang der Erlaubnis (Abs. 1 S. 2)

12   Abs. 1 setzt Art. 6 Abs. 1 der Zweiten E-Geld-RL um. Abs. 1 bestimmt die sachliche Reichweite der Erlaubnis eines E-Geld-Instituts. Danach können Antragsteller neben der Ausgabe von E-Geld zusätzlich die dort genannten Tätigkeiten zulässigerweise erbringen. Abs. 1 gestattet dem Antragsteller, diese Tätigkeiten grundsätzlich mit dem E-Geld-Geschäft vermischen zu dürfen. Im Übrigen ist

Abs. 1 bewusst an § 10 Abs. 1 angelehnt (BT-Drs. 17/3023, 44). Das ZDUG2 hat den sachlichen Umfang der Erlaubnis nicht verändert.

a) Zahlungsdienste. E-Geld-Institute können ohne eine gesonderte Erlaubnis **13** Zahlungsdienste gemäß § 1 Abs. 2 erbringen, Abs. 1 S. 2 Nr. 1. Dies ergibt sich auch aus dem Umstand, dass E-Geld-Institute Zahlungsdienstleister gemäß § 1 Abs. 1 S. 2 Nr. 2 sind und damit gemäß § 10 Abs. 1 S. 1 von der Erlaubnispflicht für Zahlungsinstitute ausgenommen sind. Die Erlaubnis erstreckt sich auf sämtliche Zahlungsdienste des § 1 Abs. 2. Mit der Regelung beabsichtigt die Zweite E-Geld-RL die Attraktivität und Akzeptanz des E-Geld-Geschäfts am Markt zu verbessern (so auch Hingst/Lösing Zahlungsdiensteaufsicht § 7 Rn. 38; Lösing ZIP 2011, 1944 (1947); Fett/Bentele WM 2011, 1352 (1357)). Fraglich ist in diesem Zusammenhang, ob die BaFin die Befugnis hat, die mit der Erlaubnis zum Betreiben des E-Geld-Geschäfts einhergehende Berechtigung zum Erbringen von Zahlungsdiensten zu beschränken (s. hierzu Fett/Bentele WM 2011, 1352 (1358)). Im Rahmen der Erteilung einer Erlaubnis nach § 10 Abs. 1 ist der Antragsteller berechtigt, eine Erlaubnis nur für bestimmte Zahlungsdienste zu beantragen und die BaFin ist berechtigt, dem Antragsteller die Erlaubnis als Teilgenehmigung nur für einzelne der beantragten Zahlungsdienste zu erteilen (→ § 10 Rn. 80). Im Gegensatz hierzu wird im Rahmen eines Erlaubnisantrages für das Betreiben des E-Geld-Geschäfts die Berechtigung für das Erbringen von Zahlungsdiensten per Gesetz angeordnet. Zum Teil wird mit Verweis auf den europarechtlichen Hintergrund der Norm vertreten, dass auch eine Beschränkung der Erlaubnis für das E-Geld-Geschäft auf einzelne Zahlungsdienste zulässig sei (Schäfer/Omlor/Mimberg/Eckhold §§ 10, 11 Rn. 100 f.; wie hier Schwennicke/Auerbach/Schwennicke ZAG § 11 Rn. 6.). Angesichts des eindeutigen Wortlauts der Norm wäre eine solche Auslegung jedoch nur bei Vorliegen der Voraussetzungen einer teleologischen Reduktion des § 11 Abs. 1 S. 2 Nr. 1 zulässig. Diese Voraussetzungen liegen aber mangels Anhaltspunkten für eine planwidrige Regelungslücke nicht vor. Dies wäre auch im Ergebnis nicht sachgerecht. Typischerweise führt ein E-Geld-Institut durch die Ausgabe des E-Geldes auf Zahlungsinstrumenten und der Abrechnung von Zahlungsvorgängen mit E-Geld auch das Akquisitionsgeschäft gemäß § 1 Abs. 1 S. 2 Nr. 5 aus (s. auch BaFin Merkblatt ZAG sub. B. IV. 2.). Die Entscheidung des Gesetzgebers, E-Geld-Instituten die Erbringung von Zahlungsdiensten zu gestatten, ist daher Ausfluss der gesetzgeberischen Annahme, dass das E-Geld-Geschäft in der Regel die Erbringung von Zahlungsdiensten erfordert. Sofern der Antragsteller tatsächlich nur einzelne Zahlungsdienste erbringen will, muss er auch nur für diese Zahlungsdienste eine entsprechende Organisationsdokumentation im Erlaubnisverfahren vorlegen, nicht aber für die Zahlungsdienste, die er nicht erbringen will (so aber Schäfer/Omlor/Mimberg/Eckhold §§ 10, 11 Rn. 100 f.). Hier dürfte nichts anderes gelten als im Falle von CRR-Kreditinstituten, die keine Zahlungsdienste erbringen möchten und daher dann auch keine entsprechende Organisationsstruktur vorhalten müssen. Entscheidet sich der Antragsteller nach Erteilung der Erlaubnis zur Erbringung weiterer Zahlungsdienste als den im Erlaubnisverfahren dargelegten, müsste er diese gem. Abs. 4 der BaFin einschließlich der erforderlichen organisatorischen Maßnahmen anzeigen, ohne hierfür zuvor ein weiteres Erlaubnisergänzungsverfahren durchlaufen zu müssen. Allerdings kann die BaFin dem Antragsteller gemäß Abs. 3 S. 2 auferlegen, die Erbringung von Zahlungsdiensten oder sonstiger Tätigkeiten abzuspalten. Auch diese Anordnung unterliegt aber dem Verhältnismäßigkeitsgrundsatz und dürfte in der

Regel unverhältnismäßig sein, sofern der Antragsteller im Zusammenhang mit der Abwicklung von E-Geld-Transaktionen auf die Durchführung von Zahlungsdiensten, wie etwa bei der Abrechnung von Zahlungstransaktionen gegenüber akzeptierenden Händlern, angewiesen ist.

14   **b) Kredite.** E-Geld-Institute dürfen in einem bestimmten Rahmen Kredite gemäß § 3 Abs. 4 gewähren, Abs. 1 S. 2 Nr. 2. Zum Umfang der hiernach zulässigen Kredite → § 3 Rn. 65 ff. Zur Ausgabe von E-Geld auf Kredit → § 1 Rn. 246 f.

15   **c) Betriebliche Dienstleistungen und Nebendienstleistungen.** Nach Abs. 1 S. 2 Nr. 3 dürfen E-Geld-Institute betriebliche Dienstleistungen und damit eng verbundene Nebendienstleistungen erbringen, soweit sie mit der Ausgabe von E-Geld oder der Erbringung von Zahlungsdiensten in Zusammenhang stehen. Trotz der leicht abweichenden Formulierung sind damit jedenfalls dieselben Leistungen gemeint wie die betrieblichen und eng verbundenen Nebendienstleistungen gemäß § 10 Abs. 1 S. 2 Nr. 1. Daher erfasst die Regelung die Sicherstellung der Ausführung von Zahlungsvorgängen, Devisengeschäfte, Dienstleistungen für die Sicherstellung des Datenschutzes sowie die Datenspeicherung und -verarbeitung und Verwahrungsleistungen, soweit es sich nicht um die Entgegennahme von Einlagen handelt. Insoweit kann wegen des Inhalts der Bestimmung auf → § 10 Rn. 19 ff. verwiesen werden. Zu beachten ist, dass E-Geld-Instituten gemäß § 3 Abs. 2 in größerem Umfang als Zahlungsinstituten gestattet ist, Tätigkeiten durchzuführen, die nach den Bestimmungen des KWG als Einlagengeschäft gewertet würden. Aufgrund des Fehlens einer abschließenden Aufzählung von Nebendienstleistungen sind weitere Formen von Nebendienstleistungen denkbar.

16   **d) Betrieb von Zahlungssystemen.** Abs. 1 S. 2 Nr. 4 berechtigt das E-Geld-Institut zum Betrieb eines Zahlungssystems gemäß § 1 Abs. 11 und nach Maßgabe des § 57. Die Vorschrift ist im Vergleich zu § 10 Abs. 1 S. 2 Nr. 2 konsequent, da ein Zahlungssystem auch auf E-Geld basieren kann. Zum Inhalt des Begriffs des Betriebs von Zahlungssystemen → § 1 Rn. 399 ff. und → § 57 Rn. 6 ff.

17   **e) Andere Geschäftstätigkeiten.** Der Antragsteller kann schließlich andere Geschäftstätigkeiten als das E-Geld-Geschäft im Rahmen der nationalen und gemeinschaftsrechtlichen Regeln erbringen. Zum Inhalt der Norm kann auf die Ausführungen unter → § 10 Rn. 25 verwiesen werden.

3. Geographischer Umfang der Erlaubnis

18   Die Erlaubnis gilt unionsweit und nach Maßgabe der entsprechenden Überleitungsbestimmungen auch in den anderen Staaten des EWR (s. §§ 38 ff.).

IV. Inhalt des Erlaubnisantrags (Abs. 2)

19   Mit Abs. 2 wird Art. 3 Abs. 1 der Zweiten E-Geld-RL iVm Art. 111 PSD2 umgesetzt, soweit er auf die Art. 5 und 11 PSD2 verweist. Abs. 2 bestimmt die Angaben und Nachweise, die ein Erlaubnisantrag für den Betrieb des E-Geld-Geschäfts enthalten muss. Ergänzende Anforderungen ergeben sich aus § 2 Abs. 18 ZAGAnzV sowie Ziff. 4.3 der EBA/GL/2017/09, die einen gesonderten Abschnitt für die Voraussetzungen an Anträge für die Erlaubnis zum Betreiben des E-Geld-Geschäfts enthalten. Die Anforderungen in diesem Abschnitt lehnen sich inhaltlich sehr eng an die Vorgaben gemäß Ziff. 4.1 der EBA/GL/2017/09 für Anträge zur Erlaubnis des Erbringens von Zahlungsdiensten an. Auch wenn die EBA-Leitlinien für die Mitgliedstaaten nicht bindend sind, hat die BaFin sich als zuständige Behörde dazu entschieden, die EBA/GL/2017/09 in ihre Verwaltungspraxis aufzunehmen (zur Rechtsnatur von Leitlinien der EBA, → § 10 Rn. 30 sowie → Einl. Rn. 64 ff.).

1. Vorlage der Unterlagen und Angaben entsprechend § 10 Abs. 2 S. 1 Nr. 2, 5–11, 13 und 15–17

Abs. 2 S. 1 und § 2 Abs. 18 ZAGAnzV erklären verschiedene Regelungen für den **20** Erhalt einer Erlaubnis nach § 10 Abs. 2 für entsprechend anwendbar. Daher sind auch die jeweiligen Regelungen der ZAGAnzV, die die Bestimmungen in § 10 Abs. 2 näher konkretisieren, nach Sinn und Zweck des Verweises ebenfalls gemäß Abs. 2 S. 1 entsprechend auf die Erlaubnisvoraussetzungen anwendbar (so auch Ellenberger/Findeisen/Nobbe/Böger/Walz § 11 Fn. 16). Nach § 2 Abs. 1 ZAGAnzV sind daher Angaben und Nachweise in zweifacher Ausfertigung einzureichen. Der Antragsteller muss die folgenden Nachweise vorlegen und Angaben machen:

– Geschäftsplan mit Budgetplanung für die ersten drei Geschäftsjahre, § 10 Abs. 2 **21** S. 1 Nr. 2. Ergänzende Anforderungen sieht Ziff. 4.3 Leitlinie 4 der EBA/GL/ 2017/09 vor, die, abgesehen von sprachlichen Anpassungen auf das E-Geld-Geschäft, inhaltlich der entsprechenden Leitlinie in Ziff. 4.1 entspricht. Daher kann auf die Ausführungen in → § 10 Rn. 40 f. verwiesen werden. Geringe Abweichungen ergeben sich aufgrund unterschiedlicher Anforderungen an die Berechnung von Eigenmitteln.
– Beschreibung der Unternehmenssteuerung und der internen Kontrollmechanis- **22** men, § 10 Abs. 2 S. 1 Nr. 5. Ergänzende Anforderungen sieht Ziff. 4.3 Leitlinie 8 der EBA/GL/2017/09 vor, die, abgesehen von sprachlichen Anpassungen auf das E-Geld-Geschäft, inhaltlich der entsprechenden Leitlinie in Ziff. 4.1 entspricht. Daher kann auf die Ausführungen in → § 10 Rn. 49 f. verwiesen werden. Ergänzend erstreckt Ziff. 4.3 Leitlinie 8 der EBA/GL/2017/09 die Anforderungen an den Erlaubnisantrag auch auf Angaben zu Distributoren. Die EBA/GL/2017/09 definieren den Begriff „Distributor" nicht. In ihrer Opinion EBA-Op-2019-03 definiert die EBA den Begriff „Distributor" allerdings als „jede Person, die im Namen eines E-Geld-Instituts handelt, um E-Geld im Sinne von Art. 3 Abs. 4 der Zweiten E-Geld-RL auszugeben oder rückzutauschen". Letztlich dürfte der Begriff daher dem des E-Geld-Agenten gemäß § 1 Abs. 10 ähneln, wobei der Begriff des Distributors insoweit enger als der des E-Geld-Agenten ist, als er keine Handlungen nur beim Vertrieb von E-Geld erfasst.
– Beschreibung der vorhandenen Verfahren für Überwachung, Handhabung und **23** Folgemaßnahmen bei Sicherheitsvorfällen und sicherheitsbezogenen Kundenbeschwerden, § 10 Abs. 2 S. 1 Nr. 6. Ergänzende Anforderungen sieht Ziff. 4.3 Leitlinie 9 der EBA/GL/2017/09 vor, die, abgesehen von sprachlichen Anpassungen auf das E-Geld-Geschäft, inhaltlich der entsprechenden Leitlinie in Ziff. 4.1 entspricht. Daher kann auf die die Ausführungen in → § 10 Rn. 51 ff. verwiesen werden.
– Beschreibung der vorhandenen Verfahren für die Erfassung, Überwachung, **24** Rückverfolgung sowie Beschränkung des Zugangs zu sensiblen Zahlungsdaten, § 10 Abs. 2 S. 1 Nr. 7. Ergänzende Anforderungen sieht Ziff. 4.3 Leitlinie 10 der EBA/GL/2017/09 vor, die, abgesehen von sprachlichen Anpassungen auf das

E-Geld-Geschäft, inhaltlich der entsprechenden Leitlinie in Ziff. 4.1 entspricht. Daher kann auf die die Ausführungen in → § 10 Rn. 54 f. verwiesen werden.

25 – Beschreibung der Regelungen zur Geschäftsfortführung im Krisenfall, einschließlich klarer Angabe der maßgeblichen Abläufe, der wirksamen Notfallpläne und eines Verfahrens für die regelmäßige Überprüfung der Angemessenheit und Wirksamkeit solcher Pläne, § 10 Abs. 2 S. 1 Nr. 8. Ergänzende Anforderungen sieht Ziff. 4.3 Leitlinie 11 der EBA/GL/2017/09 vor, die, abgesehen von sprachlichen Anpassungen auf das E-Geld-Geschäft, inhaltlich der entsprechenden Leitlinie in Ziff. 4.1 entspricht. Daher kann auf die die Ausführungen in → § 10 Rn. 56 f. verwiesen werden.

26 – Beschreibung der Grundsätze und Definitionen für die Erfassung statistischer Daten über Leistungsfähigkeit, Geschäftsvorgänge und Betrugsfälle, § 10 Abs. 2 S. 1 Nr. 9. Ergänzende Anforderungen sieht Ziff. 4.3 Leitlinie 12 der EBA/GL/ 2017/09 vor, die, abgesehen von sprachlichen Anpassungen auf das E-Geld-Geschäft, inhaltlich der entsprechenden Leitlinie in Ziff. 4.1 entspricht. Daher kann auf die die Ausführungen in → § 10 Rn. 58 f. verwiesen werden. Auch diese Leitlinie 12 erstreckt sich ergänzend auf Distributoren.

27 – Beschreibung der Sicherheitsstrategie, einschließlich einer detaillierten Risikobewertung der erbrachten Zahlungsdienste und eine Beschreibung von Sicherheitskontroll- und Risikominderungsmaßnahmen zur Gewährleistung eines angemessenen Schutzes der Zahlungsdienstnutzer vor den festgestellten Risiken, einschließlich Betrug und illegaler Verwendung sensibler und personenbezogener Daten, § 10 Abs. 2 S. 1 Nr. 10. Ergänzende Anforderungen sieht Ziff. 4.3 Leitlinie 13 der EBA/GL/2017/09 vor, die, abgesehen von sprachlichen Anpassungen auf das E-Geld-Geschäft, inhaltlich der entsprechenden Leitlinie in Ziff. 4.1 entspricht. Daher kann auf die die Ausführungen in → § 10 Rn. 60 ff. verwiesen werden.

28 – Beschreibung der internen Kontrollmechanismen, die der Antragsteller eingeführt hat, um die Anforderungen der §§ 27 und 53 zu erfüllen, § 10 Abs. 2 S. 1 Nr. 11. Ergänzende Anforderungen sieht Ziff. 4.3 Leitlinie 14 der EBA/ GL/2017/09 vor, die, abgesehen von sprachlichen Anpassungen auf das E-Geld-Geschäft, inhaltlich der entsprechenden Leitlinie in Ziff. 4.1 entspricht. Daher kann auf die Ausführungen in → § 10 Rn. 63 f. verwiesen werden. Auch diese Leitlinie 14 erstreckt sich ergänzend auf Distributoren.

29 – Namen der Inhaber einer bedeutenden Beteiligung, die Höhe ihrer Beteiligung, § 10 Abs. 2 S. 1 Nr. 13. Ergänzende Anforderungen sieht Ziff. 4.3 Leitlinie 15 der EBA/GL/2017/09 vor, die, abgesehen von sprachlichen Anpassungen auf das E-Geld-Geschäft, inhaltlich der entsprechenden Leitlinie in Ziff. 4.1 entspricht. Daher kann auf die die Ausführungen in → § 10 Rn. 67 ff. verwiesen werden. Ziff. 4.3 Leitlinie 15.3 lit. o der EBA/GL/2017/09 enthält eine Sonderregelung zu Organismen für gemeinsame Anlagen.

30 – gegebenenfalls die Namen der Abschlussprüfer des Jahresabschlusses und des Konzernabschlusses, § 10 Abs. 2 S. 1 Nr. 15 sowie Ziff. 4.3 Leitlinie 17 der EBA/GL/2017/09, hierzu auch → § 10 Rn. 74.

31 – die Rechtsform und die Satzung oder den Gesellschaftsvertrag des Antragstellers, § 10 Abs. 2 S. 1 Nr. 16, hierzu auch → § 10 Rn. 75.

32 – die Anschrift der Hauptverwaltung oder des Sitzes des Antragstellers, § 10 Abs. 2 S. 1 Nr. 17, hierzu auch → § 10 Rn. 76.

2. Weitere Angaben und Unterlagen (Abs. 2 S. 2)

Die weiteren gemäß Abs. 2 S. 2 vorzulegenden Angaben und Nachweise entspre- **33** chen weitgehend, aber vorbehaltlich der Besonderheiten des E-Geld-Geschäfts, den weiteren Angaben und Nachweisen in § 10 Abs. 2, auf die Abs. 2 S. 1 nicht verweist. Auch die weiteren Leitlinien der EBA/GL/2017/09 zum E-Geld-Geschäft und zu Zahlungsdiensten sind im Hinblick auf die weiteren Angaben und Unterlagen im Grundsatz ähnlich formuliert. Daraus ist der Schluss zu ziehen, dass der Gesetzgeber und auch die EBA an die mit Erlaubnisanträgen einzureichenden Nachweise und Angaben im Grundsatz vergleichbare Anforderungen stellen wollte. Danach muss der Antragsteller folgende Nachweise und Unterlagen einreichen:

a) Geschäftsmodell, aus dem die beabsichtigte Ausgabe von E-Geld **34** **sowie die Art der beabsichtigten Zahlungsdienste hervorgehen, Abs. 2 S. 2 Nr. 1.** Der Antragsteller darf sich nicht auf die allgemeine Beschreibung des beabsichtigten E-Geld-Geschäfts und der beabsichtigten Zahlungsdienste beschränken, sondern muss detaillierte Angaben zur konkreten Durchführung des E-Geld-Geschäfts und der Zahlungsdienste machen. Schließlich sind auch Muster von Kundenverträgen und allgemeinen Geschäftsbedingungen vorzulegen.

Ergänzende Anforderungen sieht Ziff. 4.3 Leitlinie 3 der EBA/GL/2017/09 **35** vor, die, abgesehen von erheblichen sprachlichen Abweichungen, inhaltlich der entsprechenden Leitlinie in Ziff. 4.1 entspricht. Bei der Beschreibung des Geschäftsmodells ergibt sich dies aus dem Umstand, dass sich das E-Geld-Geschäft und Zahlungsdienste inhaltlich unterscheiden. Davon abgesehen, kann auf die Ausführungen in → § 10 Rn. 34 ff. verwiesen werden.

b) Nachweis, dass das E-Geld-Institut über das Anfangskapital nach § 12 **36** **Nr. 3d) verfügt, Abs. 2 S. 2 Nr. 2.** Die gesonderte Regelung war erforderlich, da das deutlich höhere Anfangskapital für E-Geld-Institute mit § 9a aF eine eigene Regelung erhalten hat. Der Nachweis, dass das Anfangskapital vorliegt, ist nach den Vorgaben von § 2 Abs. 5 ZAGAnzV zu führen, → § 10 Rn. 42 ff.

Ergänzende Anforderungen sieht Ziff. 4.3 Leitlinie 6 der EBA/GL/2017/09 **37** vor, die, abgesehen von sprachlichen Anpassungen auf das E-Geld-Geschäft, inhaltlich der entsprechenden Leitlinie in Ziff. 4.1 entspricht. Daher kann auf die die Ausführungen in → § 10 Rn. 42 ff. verwiesen werden.

c) Beschreibung der Maßnahmen zur Erfüllung der Sicherungsanfor- **38** **derungen gemäß §§ 17, 18, Abs. 2 S. 2 Nr. 3.** Für die Erbringung von Zahlungsdiensten und den Betrieb des E-Geld-Geschäfts sind verschiedene Sicherungsanforderungen zu erfüllen. Die Sicherungsanforderungen für die Erbringung von Zahlungsdiensten, sofern das E-Geld-Institut diese erbringt, oder das Betreiben des E-Geld-Geschäfts richten sich nach § 17, während die Sicherungsanforderungen für die Entgegennahme von Geldbeträgen für die Ausgabe von E-Geld sich nach § 18 richten. Für die Anforderungen an die Beschreibungen von Sicherungsanforderungen bei der Erbringung von Zahlungsdiensten wird auf → § 10 Rn. 47 f. verwiesen. Da § 18 auf § 17 verweist, sind auch für die Entgegennahme von Geldbeträgen für die Ausgabe von E-Geld Verträge mit Kreditinstituten oder Versicherungen zur Erfüllung der Sicherungsanforderungen zu schließen. Diese Verträge sind dem Erlaubnisantrag beizufügen.

Ergänzende Anforderungen sieht Ziff. 4.3 Leitlinie 7 der EBA/GL/2017/09 **39** vor, die, abgesehen von sprachlichen Anpassungen auf das E-Geld-Geschäft, inhaltlich der entsprechenden Leitlinie in Ziff. 4.1 entspricht. Daher kann auf die Ausführungen in → § 10 Rn. 47 f. verwiesen werden.

40   **d) Darstellung des organisatorischen Aufbaus, der Inanspruchnahme von E-Geld-Agenten, Agenten, Zweigniederlassungen, Auslagerungsvereinbarungen und Teilnahme an Zahlungssystemen Abs. 2 S. 2 Nr. 4.** Es gelten die Anforderungen wie unter → § 10 Rn. 65 f. beschrieben. Ergänzend sind Agenturverträge mit E-Geld-Agenten (§ 2 Abs. 14 S. 2 Nr. 2 ZAGAnzV entsprechend) vorzulegen, einschließlich einer Beschreibung der Inanspruchnahme von E-Geld-Agenten.

41   Ergänzende Anforderungen sieht Ziff. 4.3 Leitlinie 5 der EBA/GL/2017/09 vor, die, abgesehen von sprachlichen Anpassungen auf das E-Geld-Geschäft, inhaltlich weitgehend der entsprechenden Leitlinie in Ziff. 4.1 entspricht. Daher kann auf die Ausführungen in → § 10 Rn. 65 f. verwiesen werden. Allerdings erstreckt Ziff. 4.3 Leitlinie 5 der EBA/GL/2017/09 die erforderlichen Angaben im Hinblick auf den Erlaubnisantrag auch auf Distributoren. Wie unter → Rn. 22 gezeigt, sind die Begriffe E-Geld-Agent und Distributor nicht deckungsgleich, da der Begriff des E-Geld-Agenten weiter ist als der des Distributors. Im Hinblick auf die Anforderungen an den Erlaubnisantrag geht § 11 daher über die Anforderungen der EBA/GL/2017/09 hinaus.

42   **e) Geschäftsleiter (Abs. 2 S. 2 Nr. 5).** Bei den Anforderungen an die Geschäftsleiter ist auf die Ausführungen unter → § 10 Rn. 71 ff. zu verweisen. Da der Betrieb des E-Geld-Geschäfts mit einem erheblich höheren Risiko (etwa aufgrund der Entgegennahme des in E-Geld umzutauschenden Geldes) für die Zahlungsdienstnutzer verbunden ist, was sich auch an der Höhe des bereitzustellenden Anfangskapitals gemäß § 9a zeigt, sind an die theoretischen und praktischen Kenntnisse und Fähigkeiten der Geschäftsleiter (s. hierzu auch Abs. 2 S. 3) höhere Anforderungen zu stellen als an Geschäftsleiter von Zahlungsinstituten. Der zu erwartende wirtschaftliche Umfang, in dem das E-Geld-Geschäft betrieben werden soll, sollte ebenfalls bei der Beurteilung der erforderlichen Kenntnisse und Fähigkeiten des Geschäftsleiters Berücksichtigung finden. Auch beim E-Geld-Geschäft hat der Antragsteller im Regelfall mindestens zwei Geschäftsleiter zu bestellen, Abs. 2 S. 4. Für das weitere Verfahren gilt § 10 Abs. 2 S. 2, 3 und 5 sowie Abs. 3 und 6 entsprechend, Abs. 2 S. 4.

43   Ergänzende Anforderungen sieht Ziff. 4.3 Leitlinie 16 der EBA/GL/2017/09 vor, die, abgesehen von sprachlichen Anpassungen auf das E-Geld-Geschäft, inhaltlich der entsprechenden Leitlinie in Ziff. 4.1 entspricht. Daher kann auf die Ausführungen in → § 10 Rn. 71 ff. verwiesen werden.

V. Auflagen und Abtrennung von Geschäftstätigkeiten (Abs. 3)

44   Mit Abs. 3 wird Art. 3 Abs. 1 der Zweiten E-Geld-RL iVm Art. 111 PSD2 umgesetzt, soweit er auf Art. 11 PSD2 verweist. Abs. 3 S. 1 entspricht wie bisher im Wesentlichen der Regelung in § 10 Abs. 4 S. 1 und § 9 Abs. 4 aF und wurde durch das ZDUG2 inhaltlich nicht verändert. Daher wird auf die Ausführungen in → § 10 Rn. 79 verwiesen. Abs. 3 S. 2 entspricht im Wesentlichen der Regelung in § 10 Abs. 4 S. 3. Daher wird auf die Ausführungen in → § 10 Rn. 81 verwiesen. Zusätzlich kann die BaFin neben der Abspaltung von sonstigen Geschäften auch die Abspaltung der Erbringung von Zahlungsdiensten als Auflage verlangen (s. hierzu aber → Rn. 13).

VI. Mitteilung von Änderungen (Abs. 4)

Die Regelung dient der Umsetzung von Art. 3 Abs. 1 der Zweiten E-Geld-RL **45**
iVm Art. 111 PSD2, soweit er auf Art. 16 PSD2 verweist. Die Regelung entspricht
sinngemäß § 10 Abs. 5 und § 9 Abs. 5 aF und wurde durch das ZDUG2 nicht verändert. Daher wird auf die Ausführungen in → § 10 Rn. 82 f. verwiesen.

VII. Verfahrensfragen

Das Erlaubnisverfahren für das Betreiben des E-Geld-Geschäfts ist wie das Er- **46**
laubnisverfahren für die Erbringung von Zahlungsdiensten ein Verwaltungsverfahren im Sinne von § 9 VwVfG. Sowohl der Erlaubnis- als auch der Versagungs-
bescheid sind Verwaltungsakte im Sinne von § 35 VwVfG, bei denen der BaFin
kein Ermessen zusteht (Ellenberger/Findeisen/Nobbe/Böger/Walz § 11 Rn. 20).
Bezüglich der Dauer des Erlaubnisverfahrens verweist § 11 Abs. 2 S. 5 auf § 10
Abs. 3, so dass auf die Ausführung in → § 10 Rn. 85 f. verwiesen wird. Die BaFin
macht die Erteilung der Erlaubnis gemäß § 11 Abs. 2 S. 5 iVm § 10 Abs. 6 im
BAnz. bekannt und nimmt das E-Geld-Institut in das nach § 44 zu führende
E-Geld-Instituts-Register auf. § 11 Abs. 5 bestimmt, dass öffentliche Registereintragungen nur dann vorgenommen werden dürfen, wenn dem zuständigen Regis-
tergericht die Erlaubnis nachgewiesen ist. Die Vorschrift spiegelt den Regelungsinhalt von § 43 KWG auf E-Geld-Institute wider (BT-Drs. 17/3023, 44). Im
Übrigen ist auf → § 10 Rn. 86 zu verweisen.

VIII. Einmalige und laufende Kosten und Gebühren

Einmalige und laufende Gebühren in Zusammenhang mit Erlaubnisanträgen **47**
waren bislang insbesondere im Gebührenverzeichnis der FinDAGKostV geregelt,
sind aber seit 1.10.2021 in der FinDAGebV aufgeführt. Mit der Regelung der Fin-
DAGebV sollen für alle Gebührenarten das Äquivalenzprinzip und das Kostendeckungsprinzip als gebührenrechtliche Leitprinzipien dienen. Gab es bislang festgelegte Gebührensätze, etwa für die Erteilung und Erweiterung der Erlaubnis
abhängig vom konkreten Erlaubnisumfang oder der nachträgliche Erweiterung
einer bereits erteilten Erlaubnis zur Erbringung von Zahlungsdiensten auf weitere
Zahlungsdienste, so werden die nunmehr anfallenden Gebühren nach Zeitaufwand
und einem in der FinDAGebV vorgesehenen Stundensatz des konkreten Verwaltungsbeschäftigten berechnet (§ 3 FinDAGebV).

Daneben ist gemäß § 16 FinDAG weiterhin eine jährliche Umlage zu zahlen, de- **48**
ren Höhe sich an den tatsächlich bei der BaFin angefallenen Kosten und der Bilanzsumme des Instituts bemisst. Die Berechnung der Höhe der Umlage ergibt sich für
Institute im Wesentlichen aus §§ 16b Abs. 1 S. 1, 16e Abs. 1 Nr. 1, 16f Abs. 1
Nr. 1 FinDAG. Es ist eine jährliche Mindestumlage zu zahlen, die für Institute
1.300 EUR, bei einer Bilanzsumme unter 100.000 EUR 650 EUR beträgt (§ 16g
Abs. 1 Nr. 1d, e FinDAG).

IX. Rechtsschutz

49   Hinsichtlich der Rechtsbehelfe und Rechtsmittel gegen Entscheidungen der BaFin im Erlaubnisverfahren wird auf die Kommentierung unter → § 10 Rn. 89 verwiesen.

X. Rechtsfolgen des Betreibens des E-Geld-Geschäfts ohne Erlaubnis

50   Wegen der Rechtsfolgen des Betreibens des E-Geld-Geschäfts ohne Erlaubnis gelten die Ausführungen zur Erbringung von Zahlungsdiensten ohne Erlaubnis gemäß → § 10 Rn. 90 ff. sinngemäß. Die Strafbarkeit der handelnden Personen ergibt sich zusätzlich aus § 63 Abs. 1 Nr. 5. Wegen sonstiger Rechtsfolgen → § 10 Rn. 93 ff.

§ 12   Versagung der Erlaubnis

Die Erlaubnis zur Erbringung von Zahlungsdiensten oder zum Betreiben des E-Geld-Geschäfts ist zu versagen, wenn
1. **der Antragsteller keine juristische Person oder Personenhandelsgesellschaft ist;**
2. **der Antrag entgegen § 10 Absatz 2 oder § 11 Absatz 2 keine ausreichenden Angaben oder Unterlagen enthält oder die eingereichten Angaben und Unterlagen keine positive Gesamtbewertung zulassen;**
3. **die zum Geschäftsbetrieb erforderlichen Mittel, insbesondere ein ausreichendes Anfangskapital, im Inland nicht zur Verfügung stehen; als Anfangskapital muss zur Verfügung stehen:**
   a) **bei Zahlungsinstituten, die nur das Finanztransfergeschäft betreiben, ein Betrag im Gegenwert von mindestens 20 000 Euro;**
   b) **bei Zahlungsinstituten, die nur Zahlungsauslösedienste anbieten, ein Betrag im Gegenwert von mindestens 50 000 Euro;**
   c) **bei Zahlungsinstituten, die die Zahlungsdienste im Sinne des § 1 Absatz 1 Satz 2 Nummer 1 bis 5 anbieten, ein Betrag im Gegenwert von mindestens 125 000 Euro;**
   d) **bei E-Geld-Instituten ein Betrag im Gegenwert von mindestens 350 000 Euro;**
   ist das Institut zugleich Institut im Sinne des § 1 Absatz 1b des Kreditwesengesetzes oder Wertpapierinstitut im Sinne des Wertpapierinstitutsgesetzes, gilt der nach dieser Vorschrift oder nach § 33 Absatz 1 des Kreditwesengesetzes oder nach § 17 Absatz 1 des Wertpapierinstitutsgesetzes jeweils höhere Betrag;
4. **Tatsachen die Annahme rechtfertigen, dass der Antragsteller oder der Inhaber einer bedeutenden Beteiligung oder, wenn dieser eine juristische Person ist, auch ein gesetzlicher oder satzungsmäßiger Vertreter, oder, wenn er eine Personenhandelsgesellschaft ist, auch ein Gesellschafter, nicht zuverlässig ist oder aus anderen Gründen nicht den im Interesse einer soliden und umsichtigen Führung des Zahlungsinstituts zu stellenden Ansprüchen genügt;**

5. Tatsachen vorliegen, aus denen sich ergibt, dass ein Geschäftsleiter nicht zuverlässig ist oder nicht die zur Leitung des Antragstellers erforderliche fachliche Eignung hat und auch nicht eine andere Person nach §1 Absatz 8 Satz 2 als Geschäftsleiter bestimmt wird; die fachliche Eignung setzt voraus, dass in ausreichendem Maß theoretische und praktische Kenntnisse und Fähigkeiten in den betreffenden Geschäften und Leitungserfahrung vorhanden sind;

6. der Antragsteller nicht über wirksame Verfahren zur Ermittlung, Steuerung, Überwachung und Meldung von Risiken sowie angemessene interne Kontrollverfahren einschließlich solider Verwaltungs- und Rechnungslegungsverfahren verfügt;

7. Tatsachen die Annahme rechtfertigen, dass eine wirksame Aufsicht über den Antragsteller beeinträchtigt wird; dies ist insbesondere der Fall, wenn

   a) der Antragsteller mit anderen Personen oder Unternehmen in einen Unternehmensverbund eingebunden ist oder in einer engen Verbindung im Sinne des Artikels 4 Absatz 1 Nummer 38 der Verordnung (EU) Nr. 575/2013 zu einem solchen steht, der durch die Struktur des Beteiligungsgeflechtes oder mangelhafte wirtschaftliche Transparenz eine wirksame Aufsicht über das Institut beeinträchtigt,

   b) eine wirksame Aufsicht über den Antragsteller wegen der für solche Personen oder Unternehmen geltenden Rechts- oder Verwaltungsvorschriften eines Drittstaates beeinträchtigt wird oder

   c) der Antragsteller Tochterunternehmen eines Instituts mit Sitz in einem Drittstaat ist, das im Staat seines Sitzes oder seiner Hauptverwaltung nicht wirksam beaufsichtigt wird oder dessen zuständige Aufsichtsbehörde zu einer befriedigenden Zusammenarbeit mit der Bundesanstalt nicht bereit ist;

8. der Antragsteller seine Hauptverwaltung nicht im Inland hat oder nicht zumindest einen Teil seiner Zahlungsdienste im Inland erbringt oder seines E-Geld-Geschäfts im Inland betreibt;

9. der Antragsteller nicht über eine Absicherung für den Haftungsfall gemäß den Voraussetzungen des §16 oder §36 verfügt;

10. die Erfüllung der Sicherungsanforderungen nach §17 oder §18 der Bundesanstalt nicht ausreichend nachgewiesen wird;

11. der Antragsteller gegen das Verbot der Ausgabe von E-Geld über andere Personen nach §31 verstößt;

12. eine Rechtsnorm der Europäischen Union oder des nationalen Rechts der Erteilung der Erlaubnis entgegensteht.

Inhaltsübersicht

I. Allgemeines

1   § 12 enthält die Gründe, aufgrund derer die BaFin einen eingereichten Erlaubnisantrag gemäß § 10 für die Erbringung von Zahlungsdiensten oder gemäß § 11 für das Betreiben des E-Geld-Geschäfts ablehnen muss. Vor Inkrafttreten des ZDUG2 enthielt das ZAG zwei gesonderte Normen für die Versagung von Erlaubnissen. Bei Anträgen auf eine Erlaubnis für das Erbringen von Zahlungsdiensten war die Erlaubnis bei Vorliegen der in § 9 aF aufgeführten Gründe, bei Anträgen auf eine Erlaubnis für das Betreiben des E-Geld-Geschäfts bei Vorliegen der in § 9a aF aufgeführten Gründe abzulehnen. Das ZDUG2 fasst nunmehr beide Normen in § 12 zusammen (BT-Drs. 18/11495, 122 f.). Es handelt sich hierbei um eine gebundene Entscheidung ohne Ermessen der BaFin (BT-Drs. 18/11495, 122 f.). Beurteilungsspielraum erhält die BaFin allerdings in nicht unwesentlichem Umfang aufgrund der unbestimmten Rechtsbegriffe bei den Anforderungen an den Erlaubnisantrag gemäß § 10 Abs. 2 bzw. § 11 Abs. 2, deren Fehlen die Versagung der Erlaubnis rechtfertigt. § 12 dient der Umsetzung des Katalogs der Versagungsgründe aus Art. 11 PSD2 (BT-Drs. 18/11495, 122 f.).

II. Erlaubnisträger (Nr. 1)

Der Gesetzgeber hat Nr. 1 zur Umsetzung von Art. 11 Abs. 1 S. 1 PSD2 ein- **2** gefügt (BT-Drs. 18/11495, 122 f.). Nach Nr. 1 ist die Erlaubnis zu versagen, wenn der Antragsteller keine juristische Person oder Personenhandelsgesellschaft ist (unklar Luz/Neus/Schaber/Schneider/Wagner/Weber/Heucke ZAG § 12 Rn. 2, 3). Dieser Versagungsgrund spiegelt das Verständnis des deutschen Gesetzgebers, dass nur solche Gesellschaften Träger einer Erlaubnis zur Erbringung von Zahlungsdiensten sein können, wider (→ § 10 Rn. 16).

III. Antrag enthält keine ausreichenden Angaben oder Unterlagen oder die eingereichten Angaben und Unterlagen lassen keine positive Gesamtbewertung zu (Nr. 2)

Nr. 2 setzt Art. 11 Abs. 2 PSD2 um (BT-Drs. 18/11495, 122 f.). Gemäß Nr. 2 ist **3** der Antrag abzulehnen, wenn die vom Antragsteller nach § 10 Abs. 2 einzureichenden Unterlagen oder Angaben nicht ausreichend sind. Nicht ausreichend sind Angaben und Unterlagen, wenn sie in einem wesentlichen Punkt unvollständig, unrichtig oder irreführend sind (Schwennicke/Auerbach/Schwennicke ZAG § 12 Rn. 6). Wesentliche Punkte sind solche, die möglicherweise bei der Entscheidung über den Erlaubnisantrag ins Gewicht fallen (so auch Hingst/Lösing Zahlungsdiensteaufsicht § 9 Rn. 33). Das Fehlen unwesentlicher Angaben und Unterlagen kann weder eine Verlängerung der Frist des § 10 Abs. 3, noch die Ablehnung des Antrages nach § 12 Nr. 2 rechtfertigen (Schwennicke/Auerbach/Schwennicke ZAG § 12 Rn. 6; aA Ellenberger/Findeisen/Nobbe/Böger/Rieg § 12 Rn. 6). Sofern der Antrag keine ausreichenden Unterlagen und Angaben enthält, wird die BaFin den Antragsteller vor endgültiger Ablehnung des Erlaubnisantrags zur Ergänzung oder Korrektur der eingereichten Unterlagen und Angaben auffordern müssen (so auch Hingst/Lösing Zahlungsdiensteaufsicht § 9 Rn. 33). Eine Versagung ist aber dann möglich, wenn der Antragsteller trotz Aufforderung zur Vervollständigung des Erlaubnisantrages diesen nicht innerhalb einer angemessenen von der BaFin gesetzten Frist vervollständigt hat (Schäfer/Omlor/Mimberg/Eckhold § 12 Rn. 24). Die Vorschrift stellt klar, dass die BaFin kein Ermessen hat, einen Erlaubnisantrag zu bewilligen, wenn die erforderlichen Nachweise und Angaben nicht erbracht werden.

Neu eingefügt durch das ZDUG2 wurde der Ablehnungsgrund, dass die ein- **4** gereichten Angaben und Unterlagen keine positive Gesamtbewertung zulassen. Im Gegensatz zum Ablehnungsgrund der fehlenden oder unvollständigen Unterlagen betrifft Nr. 2 Var. 2 den Fall, dass vollständige Unterlagen keine positive Bewertung zulassen, zB dass die von einem Geschäftsleiter vollständig vorgelegten Unterlagen nicht die fachlichen Fähigkeiten oder Zuverlässigkeit belegen. Durch die Einfügung dieser Variante dürfte sich in der Praxis allerdings nichts ändern, da auch sämtliche beim Antragsteller vorhandenen oder beschaffbaren und von diesem vorgelegten Unterlagen in dem Sinne unvollständig waren, wenn sie etwa die in § 10 bzw. § 11 vorgesehenen Anforderungen nicht erfüllten.

IV. Keine zum Geschäftsbetrieb erforderlichen Mittel, insbesondere kein ausreichendes Anfangskapital (Nr. 3)

5   Die Vorschrift setzt Art. 11 Abs. 2 PSD2 um. Nach Nr. 3 ist die Erlaubnis zu versagen, wenn der Antragsteller keinen Nachweis darüber erbringt, dass die zum Geschäftsbetrieb erforderlichen Mittel, insbesondere das erforderliche Anfangskapital, im Inland zur Verfügung stehen. Der Antragsteller muss daher nicht nur das Vorliegen des in Nr. 3 aufgeführten Anfangskapitals, sondern er muss zusätzlich die zum Geschäftsbetrieb erforderlichen Mittel nachweisen. Angesichts der Bedeutung der Eigenmittel für ein funktionierendes Institut wollte der Gesetzgeber diesen Versagungsgrund ausdrücklich normieren (BT-Drs. 18/11495, 122f.). Die Anforderung an das Anfangskapital ergibt sich aus Art. 7 PSD2 und aus Art. 4 der Zweiten E-Geld-RL (BT-Drs. 18/11495, 122f.).

1. Anfangskapital

6   **a) Begriff.** Der Begriff des Anfangskapitals ist in § 1 Abs. 30 definiert. Zu den Bestandteilen des Anfangskapitals → § 1 Rn. 569ff. Der Begriff des Anfangskapitals unterscheidet sich von dem Begriff der Eigenmittel gemäß § 15 insbesondere dadurch, dass er statisch ist und sich nicht an Umfang und Risikolage des laufenden Geschäfts bemisst (BFS/Fischer/Müller § 33 Rn. 6).

7   **b) Höhe abhängig von auszuübendem Geschäft.** Nr. 3 bestimmt die Höhe des mindestens nachzuweisenden Anfangskapitals in Abhängigkeit von den zu betreibenden Geschäften. Ein Zahlungsinstitut, das nur eine Erlaubnis zum Betrieb des Finanztransfergeschäfts gemäß § 1 Abs. 1 S. 2 Nr. 6 beantragt hat, muss ein Anfangskapital von mindestens 20.000 EUR vorweisen, ein Zahlungsinstitut, das nur Zahlungsauslösedienste gemäß § 1 Abs. 1 S. 2 Nr. 7 anbietet, ein Anfangskapital von 50.000 EUR, und Zahlungsinstitute, die die in § 1 Abs. 1 S. 2 Nr. 1–5 aufgeführten Zahlungsdienste erbringen wollen, ein Anfangskapital von mindestens 125.000 EUR. Damit hat sich durch das ZDUG2 das für das Betreiben des Akquisitionsgeschäfts in seiner neuen und erweiterten Ausgestaltung erforderliche Anfangskapital von 50.000 EUR auf 125.000 EUR erhöht. Wie bisher in § 9a aF geregelt, müssen Antragsteller für das Betreiben des E-Geld-Geschäfts ein Anfangskapital von 350.000 EUR vorweisen.

8   Will ein Zahlungsinstitut mehrere Zahlungsdienste erbringen, sind die in Nr. 3 genannten Beträge des Anfangskapitals nicht zu addieren oder zu multiplizieren. Bei den Zahlungsdiensten gemäß § 1 Abs. 1 S. 2 Nr. 1–5 beträgt das Anfangskapital nach dem Wortlaut von Nr. 3 lit. c 125.000 EUR unabhängig davon, ob das Zahlungsinstitut nur einen oder sämtliche der dort genannten Zahlungsdienste erbringen will. Eine Multiplikation dieses Anfangskapitals mit der Anzahl der beabsichtigten Zahlungsdienste gemäß § 1 Abs. 1 S. 2 Nr. 1–5 würde einen Wertungswiderspruch mit dem von E-Geld-Instituten gemäß § 12 Nr. 3 lit. d zu beschaffenden Anfangskapital von 350.000 EUR begründen, da E-Geld-Institute auch sämtliche Zahlungsdienste erbringen dürfen (s. § 11 Abs. 1 Nr. 1). Daraus ergibt sich, dass das Anfangskapital in Höhe von 125.000 EUR eines Zahlungsinstituts, das Zahlungsdienste gemäß § 1 Abs. 1 S. 2 Nr. 1–5 erbringen will, auch nicht dadurch erhöht wird, dass es zusätzlich Zahlungsdienste gemäß § 1 Abs. 1 S. 2 Nr. 6, 7 erbringen will. Denn wenn es für die Mindesthöhe des Anfangskapitals keine Rolle

spielt, ob einer oder alle Zahlungsdienste gemäß § 1 Abs. 1 S. 2 Nr. 1–5 erbracht
werden, lässt sich eine Erhöhung des Mindestanfangskapitals um die Beträge in
Nr. 3 lit. a, b nicht rechtfertigen. Ebenso sollte im Falle einer Kombination aus der
Erbringung des Finanztransfergeschäfts und von Zahlungsauslösediensten keine
Addition der jeweils zugeordneten Mindestbeträge des Anfangskapitals erfolgen,
sondern nur der höhere Betrag von 50.000 EUR zugrunde gelegt werden (Schä-
fer/Omlor/Mimberg/Eckhold §§ 10, 11 Rn. 145).

c) Mindestens. Die Beträge des Anfangskapitals sind ausweislich des Wortlautes 9
der Bestimmung als Mindestbeträge zu verstehen, so dass die BaFin höhere Beträge
verlangen kann, damit das Anfangskapital auch ausreichend ist (Luz/Neus/Schaber/
Schneider/Wagner/Weber/Heucke ZAG § 12 Rn. 9; Schwennicke/Auerbach/
Schwennicke ZAG § 12 Rn. 12; aA Schäfer/Omlor/Mimberg/Eckhold §§ 10, 11
Rn. 143, § 12 Rn. 35). Ausreichend ist das Anfangskapital, wenn es nach der Erfahrung mit den im Erlaubnisantrag genannten Zahlungsdiensten so bemessen ist,
dass es die Verluste, die üblicherweise zu Beginn der Geschäftsaufnahme entstehen,
auffangen kann. Dabei sind auch nicht erlaubnispflichtige Geschäfte zu berück-
sichtigen (BFS/Fischer/Müller § 33 Rn. 7). Hierzu kann der gemäß § 10 Abs. 2
Nr. 2 eingereichte Geschäftsplan herangezogen werden (Schwennicke/Auerbach/
Schwennicke ZAG § 12 Rn. 12).

2. Mittel

Umstritten ist hinsichtlich der vergleichbaren Bestimmung in § 33 Abs. 1 S. 1 Nr. 1 10
KWG, ob dem Begriff „Mittel" neben dem Begriff des Anfangskapitals eine eigenständige Bedeutung zukommt. „Mittel" erfasst nur Geldmittel, nicht auch die sachliche und personelle Ausstattung des Antragstellers (Luz/Neus/Schaber/Scharpf/
Schneider/Wagner/Weber/von Goldbeck § 33 Rn. 9). Zum Teil wird vertreten, dass
zu den erforderlichen Mitteln auch Fremdkapital zählen kann, da aus dem Zugriff
eines Unternehmens auf Fremdkapital auf dessen Seriosität geschlossen werden
könne (Luz/Neuss/Schaber/Scharpf/Schneider/Wagner/Weber/von Goldbeck § 33
Rn. 9 mwN). In der Praxis wird bei der Erlaubniserteilung allerdings allein auf das
Vorhandensein von ausreichenden Eigenmitteln abgestellt (Luz/Neuss/Schaber/
Scharpf/Schneider/Wagner/Weber/von Goldbeck § 33 Rn. 9; iE auch Schäfer/
Omlor/Mimberg/Eckhold § 12 Rn. 31).

Nr. 3 S. 2 regelt zudem, dass für die Berechnung der erforderlichen Eigenmittel 11
von Instituten, die zugleich Institut iSd § 1 Abs. 1b KWG oder Wertpapierinstitut
im Sinne des WpIG, sind, der nach Nr. 3 und § 33 Abs. 1 KWG bzw. 17 Abs. 1
WpIG festgelegte höhere Wert gilt. Die Regelung gilt für Kreditinstitute gemäß § 1
Abs. 1 S. 1 KWG, die keine CRR-Kreditinstitute sind, Finanzdienstleistungsinstitute gemäß § 1 Abs. 1a S. 1 KWG und Wertpapierinstitute gemäß § 2 Abs. 1 WpIG.

3. Im Inland zur Verfügung

Die Mittel müssen im Inland zur Verfügung stehen. Zur Verfügung stehen die 12
Mittel, wenn sie bei einem Einlagenkreditinstitut eingezahlt, frei von Rechten Dritter
sind und zur freien Verfügung der Geschäftsleiter stehen (§ 2 Abs. 5 ZAGAnzV). Der
Nachweis erfolgt durch eine Bestätigung des Einlagenkreditinstituts oder, mit Zustimmung der BaFin, des Prüfers. Mittel stehen auch dann im Inland zur Verfügung,
wenn sie bei einem Einlagenkreditinstitut mit Sitz in einem Mitgliedstaat der EU
oder einem anderen Staat des EWR eingezahlt sind (vgl. § 2 Abs. 5 ZAGAnzV).

V. Unzuverlässigkeit des Antragstellers oder Inhabers einer bedeutenden Beteiligung (Nr. 4)

13   Der Versagungsgrund Nr. 4 beruht auf Art. 11 Abs. 6 PSD2. Gemäß Nr. 4 ist die Erlaubnis zu versagen, wenn Tatsachen die Annahme rechtfertigen, dass der Antragsteller oder der Inhaber einer bedeutenden Beteiligung oder, wenn dieser eine juristische Person ist, auch ein gesetzlicher oder satzungsmäßiger Vertreter, oder, wenn er eine Personenhandelsgesellschaft ist, auch ein Gesellschafter, nicht zuverlässig ist oder aus anderen Gründen nicht den im Interesse einer soliden und umsichtigen Führung des Instituts zu stellenden Ansprüchen genügt. Nr. 4 will, wie die vergleichbare Norm des § 33 Abs. 1 S. 1 Nr. 3 KWG (Beck/Samm/Kokemoor/Müller-Grune § 33 Rn. 2), verhindern, dass Institute zugelassen werden, bei denen schädigende Einflüsse der maßgeblichen Gesellschafter für die Funktionsfähigkeit des Instituts und den Gläubigerschutz zu befürchten sind. Nr. 4 bezieht sich dem Wortlaut nach nur auf Zahlungsinstitute, nicht aber auf E-Geld-Institute. Hierbei dürfte es sich auf ein redaktionelles Versehen handeln, so dass Nr. 4 entsprechend auf Anträge für das E-Geld-Geschäft anzuwenden ist.

1. Adressaten

14   Die Vorschrift richtet sich an den Antragsteller selbst und den Inhaber einer bedeutenden Beteiligung. Da der Antragsteller nur eine juristische Person oder Personenhandelsgesellschaft sein kann (→ § 10 Rn. 16) und diese nicht Gegenstand einer Zuverlässigkeitsprüfung sein können (Beck/Samm/Kokemoor/Müller-Grune § 33 Rn. 57), ist die Nennung des Antragstellers nicht notwendig (aA Schwennicke/Auerbach/Schwennicke ZAG § 12 Rn. 15). Sofern der Inhaber einer bedeutenden Beteiligung eine juristische Person ist, ist bei der Anwendung der Vorschrift auf die gesetzlichen oder satzungsmäßigen Vertreter des Inhabers einer bedeutenden Beteiligung und, sofern der Inhaber einer bedeutenden Beteiligung eine Personenhandelsgesellschaft ist, auch auf deren Gesellschafter abzustellen. Hiermit dürften nur persönlich haftende Gesellschafter gemeint sein, so dass der Tatbestand entsprechend teleologisch zu reduzieren ist (§ 10 Abs. 2 Nr. 13 iVm § 2 Abs. 15 ZAGAnzV iVm § 8 Nr. 3 InhKontrollV; so auch Luz/Neus/Schaber/Scharpf/Schneider/Wagner/Weber/von Goldbeck § 33 Rn. 18; Luz/Neus/Schaber/Scharpf/Schneider/Wagner/Weber/Kobabe/Hirdes § 2c Rn. 68). Der Begriff der bedeutenden Beteiligung ist definiert in § 1 Abs. 7, → § 1 Rn. 299 ff. Auch das Verhalten bereits ausgeschiedener Geschäftsleiter kann hierbei berücksichtigt werden (Schäfer/Omlor/Mimberg/Eckhold § 12 Rn. 41).

Die BaFin muss vor einer Ablehnung des Erlaubnisantrages als milderes Mittel in Erwägung ziehen, dem Inhaber einer bedeutenden Beteiligung die Stimmrechtsausübung zu untersagen (BFS/Fischer § 33 Rn. 67).

2. Unzuverlässigkeit

15   Der Begriff der Unzuverlässigkeit ist gewerberechtlich zu verstehen. **Unzuverlässig** ist danach, wer nach dem Gesamtbild seines Verhaltens nicht die Gewähr dafür bietet, dass er das erlaubnispflichtige Geschäft ordnungsgemäß erfüllen wird (Schwennicke/Auerbach/Schwennicke ZAG § 12 Rn. 18). Hierbei sind aufgrund der besonderen Vertrauensempfindlichkeit der Öffentlichkeit in Bezug auf regulierte Branchen erhöhte Anforderungen zu stellen (Reischauer/Kleinhans § 33 Rn. 25). Je weniger eng der Bezug der verletzten Vorschrift zu den Schutzgütern des ZAG ist, umso strenger muss der Maßstab zur Berücksichtigung des Verstoßes bei der Annahme der Unzuverlässigkeit sein (Schäfer/Omlor/Mimberg/Eckhold § 12 Rn. 49).Für die Beurteilung der Zuverlässigkeit sind die gemäß § 10 Abs. 2 Nr. 13 vorzulegenden Nachweise und Angaben heranzuziehen. Die BaFin kann aber auch ihr außerhalb des Erlaubnisantrages bekannt gewordenen Angaben und Unterlagen bei der Beurteilung heranziehen. Bei dem Begriff der Unzuverlässigkeit handelt es sich um einen unbestimmten Rechtsbegriff; die Entscheidung der BaFin ist als Rechtsentscheidung gerichtlich voll überprüfbar (Hingst/Lösing Zahlungsdiensteaufsicht § 9 Rn. 36).

Danach ist Unzuverlässigkeit insbesondere dann anzunehmen, wenn der Adressat **16** nachhaltig gegen gesetzliche Ordnungsvorschriften für den Betrieb in den Bereichen Wirtschafts-, Gewerbe- und Steuerrecht verstoßen hat (Reischauer/Kleinhans § 33 Rn. 29). Es genügt aber nicht jede Straftat für die Annahme der Unzuverlässigkeit (Beck/Samm/Kokemoor/Müller-Grune § 33 Rn. 48). Die Unzuverlässigkeit kann auch begründen, wenn der Adressat seinen Einfluss auf das Institut in der Weise ausgeübt hat, dass dieses gegen aufsichtsrechtliche Normen des ZAG verstoßen hat und diese Verstöße nachhaltig erfolgen (entsprechend zum KWG Luz/Neus/Schaber/Scharpf/Schneider/Wagner/Weber/Kobabe/Hirdes § 2c Rn. 70).

Die Tatsache, dass ein Unternehmen bereits vor der Erteilung der Erlaubnis Zah- **17** lungsdienste erbracht hat, sollte nicht ohne weiteres die Unzuverlässigkeit des Antragstellers begründen (so auch Hingst/Lösing Zahlungsdiensteaufsicht § 9 Rn. 38; Schäfer/Omlor/Mimberg/Eckhold § 12 Rn. 51). Bei der Beurteilung könnte man etwa zugrunde legen, inwieweit den Adressaten der Umstand, dass ohne Erlaubnis Zahlungsdienste erbracht haben, bewusst war. Dass eine Tätigkeit von der BaFin als erlaubnispflichtig eingestuft wird, lässt sich vom Unternehmen auch bei Hinzuziehung von Merkblättern und anderen Publikationen nicht immer vorhersehen. Da eine geeignete Maßnahme der BaFin gemäß § 7 auch darin bestehen kann, dem Institut die unverzügliche Stellung eines Erlaubnisantrages aufzugeben (zust. Schäfer/Omlor/Mimberg/Eckhold § 12 Rn. 51), würde eine Versagung des Erlaubnisantrages gemäß Nr. 4 dieser Maßnahme zuwider laufen.

3. Genügt nicht den im Interesse einer soliden und umsichtigen Führung des Zahlungsinstituts zu stellenden Ansprüchen

Zum Inhalt der Pflicht des Inhabers einer bedeutenden Beteiligung an einem **18** Institut, den Interessen einer soliden und umsichtigen Führung des Zahlungsinstituts zu stellenden Ansprüchen zu genügen, wird auf die Kommentierung zu → § 14 Rn. 41 verwiesen.

4. Tatsachen rechtfertigen die Annahme

Es müssen Tatsachen vorliegen, die die Annahme des Erlaubnisversagungsgrun- **19** des rechtfertigen. Die Formulierung der Norm „die Annahme rechtfertigen" begründet eine Beweislasterleichterung für die BaFin (Schwennicke/Auerbach/Schwennicke KWG § 33 Rn. 38; aA Luz/Neus/Schaber/Scharpf/Schneider/Wagner/Weber/von Goldbeck § 33 Rn. 15; Hingst/Lösing Zahlungsdiensteaufsicht § 9 Rn. 40). Ausreichend ist der Nachweis von Tatsachen, die auf die Unzuverlässigkeit schließen lassen, wie einschlägige Vorstrafen des Adressaten, nicht nachvollziehbare

Beschaffung von Geldern oder mangelnde wirtschaftliche Plausibilität der Investition in das Institut.

VI. Unzuverlässigkeit von Geschäftsleitern (Nr. 5)

20   Der Versagungsgrund Nr. 5 setzt Art. 11 Abs. 2 in Verbindung mit Art. 5 Abs. 1 lit. n PSD2 (BT-Drs. 18/11495, 122 f.) um. Der Regelungsspielraum in Art. 5 Abs. 1 lit. n ermöglicht wie bisher den Gleichlauf mit den Anforderungen an die fachliche Eignung an Geschäftsleiter nach dem KWG. Nach Nr. 5 ist die Erlaubnis zu versagen, wenn Tatsachen vorliegen, aus denen sich ergibt, dass ein Geschäftsleiter nicht zuverlässig ist oder nicht die zur Leitung des Instituts erforderliche fachliche Eignung hat und auch nicht eine andere Person nach § 10 Abs. 2 Nr. 14 bzw. § 11 Abs. 2 S. 2 Nr. 5 als Geschäftsleiter bezeichnet wird. Adressaten der Regelung sind allein die Geschäftsleiter des Instituts. Neben dem Fehlen von theoretischen und praktischen Kenntnissen nennt Nr. 5 nunmehr auch ausdrücklich das Fehlen von Fähigkeiten in den betreffenden Geschäften als Versagungsgrund.

Bei der Beurteilung der Zuverlässigkeit sind bei Geschäftsleitern und Inhabern bedeutender Beteiligungen dieselben Maßstäbe anzulegen. Daher ist auf die Ausführungen unter → Rn. 14 ff. zu verweisen.

21   Die fachliche Eignung fehlt, wenn der Geschäftsleiter nicht in ausreichendem Maße theoretische und praktische Kenntnisse in den betreffenden Geschäften und Leitungserfahrung hat (so auch Hingst/Lösing Zahlungsdiensteaufsicht § 9 Rn. 43). Das ZAG enthält keine mit § 25c Abs. 1 KWG vergleichbare Vorschrift, nach der die fachliche Eignung für die Leitung eines Instituts regelmäßig anzunehmen ist, wenn eine dreijährige leitende Tätigkeit bei einem Institut von vergleichbarer Größe und Geschäftsart nachgewiesen wird. Der Gesetzgeber wollte es der BaFin überlassen, eine entsprechende Verwaltungspraxis zu entwickeln (BR-Drs. 827/08, 81). Eine solche Regelvermutung sieht die BaFin nunmehr in ihrer Verwaltungspraxis vor (Merkblatt zu den Geschäftsleitern v. 29.12.2020, Rn. 96 ff.). Nr. 5 stellt nunmehr auch klar, dass nicht nur Kenntnisse, sondern auch (praktische) Fähigkeiten für die fachliche Eignung erforderlich sind.

22   Angesichts des geringeren Risikos von Zahlungsdiensten und dem E-Geld-Geschäft im Vergleich zu Bankgeschäften dürften die fachlichen Anforderungen an Geschäftsleiter jedenfalls nicht über die Anforderungen des § 25c KWG hinausgehen. Gleichwohl dürften bei der fachlichen Eignung Kenntnisse im Hinblick auf das Zahlungsverkehrsgeschäft erheblich stärker ins Gewicht fallen. Aus dem Lebenslauf des Geschäftsleiters muss sich aber ableiten lassen, dass seine Ausbildung, die bisherigen Tätigkeiten und die ausgeübten Verantwortungsbereiche den positiven Schluss auf die fachliche Eignung zulassen (Beck/Samm/Kokemoor/Müller-Grune § 33 Rn. 62). Die erforderlichen praktischen Kenntnisse und Fähigkeiten lassen sich daraus ableiten, dass der Geschäftsleiter über einen gewissen Zeitraum die Geschäfte geleitet hat, für die die Erlaubnis beantragt wird. Da aus den Vorschriften über das Anfangskapital in Nr. 3 die Einschätzung des Gesetzgebers abgeleitet werden kann, dass einige Zahlungsdienste riskanter sind als andere, sollte diese gesetzgeberische Wertung auch auf die Eignungsanforderungen des Geschäftsleiters durchschlagen, so dass etwa bei einem Antrag für eine Erlaubnis zum Betrieb des Finanztransfergeschäfts auch geringere Anforderungen an den Geschäftsleiter zu stellen sind. Da praktische Kenntnisse für die Leitung eines Zahlungsinstituts oder E-Geld-Instituts auch außerhalb eines Zahlungsinstituts oder

E-Geld-Instituts erworben werden können (Beck/Samm/Kokemoor/Kleinert § 25c Rn. 53 zu Bankgeschäften), kann auch der Geschäftsleiter eines Unternehmens, das im Rahmen seiner Geschäftstätigkeit als Nebendienstleistungen bestimmte Zahlungsdienste, schwerpunktmäßig aber andere Leistungen als Zahlungsdienste erbringt und nunmehr hierfür eine Erlaubnis beantragt, bei dieser Tätigkeit die erforderliche fachliche Eignung erworben haben.

Im Gegensatz zu § 12 Nr. 4 müssen die die Versagung der Erlaubnis rechtfertigenden Tatsachen tatsächlich vorliegen. Es genügt nicht, dass Tatsachen den Schluss auf die fehlende Zuverlässigkeit oder fachliche Eignung zulassen. Anhand dieser Tatsachen erstellt die BaFin eine Prognose, aus der sich eine hohe Wahrscheinlichkeit ergeben muss, dass der betroffene Geschäftsleiter in der Zukunft unzuverlässig sein wird; in diese Prognose sind ua die Höhe des möglichen Schadens als der Zeitablauf bei länger zurückliegenden Verfehlungen einzustellen (). Der Nachweis der negativen Prognose obliegt der BaFin (). Die Informationen zum Nachweis der fachlichen Eignung muss allerdings der Antragsteller vorlegen (Hingst/Lösing Zahlungsdiensteaufsicht § 9 Rn. 44). **23**

VII. Risikomanagementvorkehrungen (Nr. 6)

Der Versagungsgrund Nr. 6 beruht auf Art. 11 Abs. 4 PSD2 (BT-Drs. 18/11495, 122f.) und ist vergleichbar mit der Regelung in § 33 Abs. 1 S. 1 Nr. 1 KWG. Die Versagung der Erlaubnis kann danach auch darauf gestützt werden, dass der Antragsteller über keine ausreichenden Risikomess- und -steuerungsverfahren sowie nicht über angemessene interne Kontrollverfahren verfügt. Zu den angemessenen internen Kontrollverfahren s. § 27. Der Antragsteller muss wirksame Verfahren zur Ermittlung, Steuerung, Überwachung und Meldung von Risiken nachweisen, denen das Institut ausgesetzt ist oder sein könnte (Schwennicke/Auerbach/Schwennicke ZAG § 12 Rn. 26). Die Beurteilung der BaFin erfolgt insbesondere anhand der gemäß § 10 Abs. 2 Nr. 4 und Nr. 11 einzureichenden Unterlagen. Im Falle eines Antrages eines neu gegründeten Unternehmens muss die BaFin ggf. eine Prognose zu der Erfüllung der vorgesehenen Anforderungen abgeben (Schäfer/Omlor/Mimberg/Eckhold § 12 Rn. 12). **24**

VIII. Wirksame Aufsicht beeinträchtigt (Nr. 7)

Die Versagungsgründe in Nr. 7 beruhen auf Art. 11 Abs. 7 und 8 PSD2 (BT-Drs. 18/11495, 122f.). Die Erlaubnis ist zu versagen, wenn eine wirksame Aufsicht über den Antragsteller beeinträchtigt ist. Hierzu müssen nur Tatsachen vorliegen, die diese Annahme mit hinreichender Wahrscheinlichkeit rechtfertigen, was zu einer Beweislasterleichterung der BaFin führt (→ Rn. 19). Nr. 7 soll sicherstellen, dass der Antragsteller wirksam von der BaFin beaufsichtigt werden kann, um die Integrität des Zahlungsverkehrs sicherzustellen (BR-Drs. 827/08, 81). Nr. 7 nennt drei Beispiele für eine Beeinträchtigung der wirksamen Aufsicht. Durch die Formulierung „insbesondere" ist klargestellt, dass auch andere Umstände als diese Beispiele die wirksame Aufsicht beeinträchtigen können. **25**

Der Versagungsgrund Nr. 7 ist aber auf Fälle beschränkt, in denen die BaFin die Einhaltung geltender aufsichtsrechtlicher Vorgaben, insbesondere nach dem ZAG oder GwG, mit den ihr zur Verfügung stehenden Mitteln nicht überprüfen kann (ähnlich Schäfer/Omlor/Mimberg/Eckhold § 12 Rn. 63). Auf sonstige Risiken kann eine Versagung nach Nr. 7 nicht gestützt werden. Die Entscheidung der BaFin ist gerichtlich voll überprüfbar (Schäfer/Omlor/Mimberg/Eckhold § 12 Rn. 15).

1. Intransparentes Beteiligungsgeflecht (Nr. 7 lit. a)

26   Der Versagungsgrund Nr. 7 lit. a verlangt die Einbindung des Antragstellers in einen Unternehmensverbund oder eine enge Verbindung zu einem Unternehmensverbund gemäß Art. 4 Abs. 1 Nr. 38 CRR. Ob ein Unternehmensverbund vorliegt, bestimmt sich nach §§ 15 ff. AktG (Reischauer/Kleinhans § 33 Rn. 88; Luz/Neus/Schaber/Schneider/Wagner/Weber/Heucke ZAG § 12 Rn. 18). Zum Vorliegen einer engen Verbindung s. Art. 4 Abs. 1 Nr. 38 CRR.

Weiter muss die Aufsicht der BaFin durch die Struktur des Beteiligungsgeflechtes oder durch mangelhafte wirtschaftliche Transparenz beeinträchtigt sein. Das ist der Fall, wenn im Unternehmensverbund Entscheidungskompetenzen unklar sind oder wenn der wirtschaftliche Hintergrund der geplanten konzerninternen Geschäfte nicht nachvollziehbar ist (Reischauer/Kleinhans § 33 Rn. 89) oder wenn aufgrund der Beteiligungsstruktur die Gefahr besteht, dass Gelder aus der organisierten Kriminalität oder Geldwäsche in den Wirtschaftskreislauf geschleust werden (Schwennicke/Auerbach/Schwennicke ZAG § 12 Rn. 32; Luz/Neus/Schaber/Schneider/Wagner/Weber/Heucke ZAG § 12 Rn. 18).

2. Keine wirksame Aufsicht aufgrund Vorschriften eines Drittstaats (Nr. 7 lit. b)

27   Der Begriff des Drittstaats ist wie in § 1 Abs. 5a S. 2 KWG zu verstehen (BR-Drs. 827/08, 81). **Drittstaaten** sind daher alle Staaten, die keine Staaten des EWR sind. „Solche Personen und Unternehmen" meint die in Nr. 7 lit. a genannten. Die Aufsicht ist durch die Vorschriften des Drittstaats beeinträchtigt, wenn diese keine ausreichende Kooperation mit ausländischen Behörden, etwa durch Weitergabe von Informationen, ermöglichen.

3. Keine wirksame Aufsicht durch unzureichende Aufsicht im Drittstaat (Nr. 7 lit. c)

28   Der Versagungsgrund erfordert, dass der Antragsteller Tochterunternehmen eines Instituts mit Sitz in einem Drittstaat ist. Weiter ist erforderlich, dass das Institut im Drittstaat nicht wirksam beaufsichtigt wird oder die Behörden des Drittstaates nicht zur Kooperation bereit sind. Bei der Beurteilung dieser Frage hat die BaFin einen weiten Beurteilungsspielraum.

IX. Keine Hauptverwaltung im Inland (Nr. 8)

29   Der Versagungsgrund Nr. 8 beruht auf Art. 11 Abs. 3 PSD2 (BT-Drs. 18/11495, 122 f.). Zu versagen ist die Erlaubnis, wenn der Antragsteller seine Hauptverwaltung nicht im Inland hat. Die Regelung stellt keinen Verstoß gegen die europäische Niederlassungsfreiheit gemäß Art. 49 ff. AEUV dar. Vielmehr muss ein Institut ohne Hauptverwaltung im Inland die Erlaubnis bei der örtlich zuständigen Behörde im Ausland beantragen (Beck/Samm/Kokemoor/Müller-Grune § 33 Rn. 86).

Hauptverwaltung eines Instituts meint die Zentrale eines Instituts, bei der sich die Leitung und Verwaltung befinden (Beck/Samm/Kokemoor/Müller-Grune § 33 Rn. 80). Nicht ausschließlich abzustellen ist auf den satzungsmäßigen Sitz (Ellenberger/Findeisen/Nobbe/Böger/Rieg § 12 Rn. 22).

Mit Umsetzung der PSD2 liegt nunmehr auch ein Versagungsgrund vor, wenn **30** der Antragsteller nicht zumindest einen Teil seiner Zahlungsdienste im Inland erbringt oder seines E-Geld-Geschäfts im Inland betreibt. Es ist anzunehmen, dass damit bezweckt ist, Unternehmen keine Erlaubnis für die Erbringung von Zahlungsdiensten oder das Betreiben des E-Geld-Geschäfts zu gewähren, wenn sie den Staat, in dem sie den Erlaubnisantrag stellen, allein nach einer für sie günstigen Rechtsordnung auswählen, etwa im Hinblick auf geldwäscherechtliche Sorgfaltspflichten. Nr. 8 beschreibt nicht näher, wie umfangreich der Teil der Zahlungsdienste oder des E-Geld-Geschäfts im Inland sein muss. Die geschäftliche Ausrichtung des Antragstellers müsste aber zumindest den Rückschluss auf eine ernsthafte Ansprache (auch) des inländischen Marktes zulassen. Zudem muss der Umfang der sachlichen und personellen Mittel im Inland so ausgestaltet sein, das er keinen Rückschluss auf das Vorliegen einer sog. Briefkastenfirma zulässt (ähnlich Schäfer/Omlor/Mimberg/Eckhold § 12 Rn. 79).

X. Keine Absicherung für den Haftungsfall gemäß den Voraussetzungen des § 16 oder § 36 (Nr. 9)

Der Versagungsgrund Nr. 9 setzt Art. 11 Abs. 2 iVm Art. 5 Abs. 2 PSD2 um und **31** wird angesichts der Bedeutung der Absicherung im Haftungsfall für das Vertrauen in Zahlungsauslösedienstleister ausdrücklich normiert (BT-Drs. 18/11495, 122f.). Die Erlaubnis ist zu versagen, wenn die Anforderungen an den Erlaubnisantrag gemäß § 10 Abs. 2 S. 1 Nr. 3 nicht erfüllt sind. Nr. 9 bezieht sich nur auf Zahlungsauslösedienste und Kontoinformationsdienste. Nr. 9 wurde durch das ZDUG2 neu in das ZAG eingefügt.

XI. Kein hinreichender Nachweis der Erfüllung der Sicherheitsanforderungen nach § 17 oder § 18 (Nr. 10)

Der Versagungsgrund Nr. 10 setzt Art. 11 Abs. 2 iVm Art. 5 Abs. 1 lit. d PSD2 **32** um und wird angesichts der Bedeutung der funktionierenden Absicherung der Kundengelder ausdrücklich normiert (BT-Drs. 18/11495, 122f.). Die Erlaubnis ist daher zu versagen, wenn der Antrag nicht die Anforderungen gemäß § 10 Abs. 2 S. 1 Nr. 4 oder § 11 Abs. 2 S. 2 Nr. 3 erfüllt.

XII. Verstoß gegen das Verbot der Ausgabe von E-Geld gemäß § 31 (Nr. 11)

Der Versagungsgrund Nr. 11 beruht auf Art. 3 Abs. 5 Zweite E-Geld-RL (BT- **33** Drs. 18/11495, 122f.). Nr. 11 wurde durch das ZDUG2 neu in das ZAG eingefügt.

XIII. Entgegenstehende Norm des EU- oder nationalen Rechts (Nr. 12)

34   Versagungsgrund Nr. 12 beruht auf Art. 11 Abs. 2 PSD2 und wird zur Klarstellung ausdrücklich normiert (BT-Drs. 18/11495, 122 f.). Kann das Institut die Zahlungsdienste nur erbringen oder das E-Geld-Geschäft nur betreiben, wenn es europarechtliche oder nationalstaatliche Vorschriften verletzt, so darf die Gesamtbewertung des Erlaubnisantrages nach dem Willen des Gesetzgebers nicht positiv ausfallen (BT-Drs. 18/11495, 122 f.). Danach muss die BaFin solche Rechtsverstöße im Rahmen der Gesamtbewertung berücksichtigen. Zum Teil sollen hier auch die Vorgaben der §§ 675c ff. BGB Berücksichtigung finden (Schäfer/Omlor/Mimberg/Eckhold § 12 Rn. 92). Dies sollte aber nur in dem Rahmen erfolgen, in dem die BaFin auch zur aufsichtsrechtlichen Überwachung der Einhaltung von Verbraucherschutzinteressen zuständig ist, etwa beim Vorgehen gegen Missstände gem. § 4 Abs. 1a FinDAG. Danach ist ein Einschreiten durch die Aufsicht gegen Verstöße gegen verbraucherschützende Vorschriften grundsätzlich subsidiär zur Verfolgung solcher Verstöße im ordentlichen Rechtsweg (VG Frankfurt a. M. 24.6.2021 – Az.: 7 K 2237/20.F, BKR 2021, 583, 586, Rn. 28).

XIV. Rechtsschutz

35   Statthafte Rechtsbehelfe gegen die Versagung einer beantragten Erlaubnis sind der Widerspruch nach § 68 VwGO sowie die Verpflichtungsklage nach § 42 Abs. 1 VwGO (Schäfer/Omlor/Mimberg/Eckhold § 12 Rn. 93).

§ 13   Erlöschen und Aufhebung der Erlaubnis

(1) **Die Erlaubnis eines Instituts erlischt, wenn das Institut von ihr nicht innerhalb eines Jahres seit ihrer Erteilung Gebrauch macht oder wenn es ausdrücklich auf sie verzichtet.**

(2) **Die Bundesanstalt kann die Erlaubnis außer nach den Vorschriften des Verwaltungsverfahrensgesetzes aufheben, wenn**
1. **der Geschäftsbetrieb, auf den sich die Erlaubnis bezieht, seit mehr als sechs Monaten nicht mehr ausgeübt worden ist,**
2. **die Erlaubnis aufgrund falscher Angaben oder auf andere Weise unrechtmäßig erlangt wurde,**
3. **Tatsachen bekannt werden, die die Versagung der Erlaubnis rechtfertigten oder gegen die Mitteilungspflichten nach § 10 Absatz 5 oder § 11 Absatz 4 verstoßen wird,**
4. **die Fortsetzung der Erbringung von Zahlungsdiensten oder des Betreibens des E-Geld-Geschäfts die Stabilität des betriebenen Zahlungssystems oder das Vertrauen darin gefährden würde oder**
5. **schwerwiegend, wiederholt oder systematisch gegen § 27, gegen das Geldwäschegesetz, gegen die Verordnung (EU) 2015/847 des Europäischen Parlaments und des Rates vom 20. Mai 2015 über die Übermittlung von Angaben bei Geldtransfers und zur Aufhebung der Verordnung (EU) Nr. 1781/2006 (ABl. L 141 vom 5.6.2015, S. 1) oder gegen**

die zur Durchführung dieser Vorschriften erlassenen Verordnungen oder vollziehbaren Anordnungen verstoßen wurde.

(3) ¹§ 38 des Kreditwesengesetzes gilt entsprechend. ²§ 48 Absatz 4 Satz 1 und § 49 Absatz 2 Satz 2 des Verwaltungsverfahrensgesetzes über die Jahresfrist sind nicht anzuwenden.

(4) Die Bundesanstalt macht die Aufhebung oder das Erlöschen der Erlaubnis im Bundesanzeiger und in dem Institutsregister nach § 43 oder § 44 bekannt.

Inhaltsübersicht

I. Allgemeines

Die Regelung setzt Art. 13 PSD2 und Art. 3 Abs. 1 der Zweiten E-Geld-RL **1** um, soweit dieser auf Art. 13 PSD2 verweist, Art. 111 Abs. 1 PSD2. Eine vergleichbare Regelung findet sich in § 35 KWG, auf den zur Interpretation von § 13 zurückgegriffen werden kann. § 13 entspricht weithin § 10 aF.

Zweck des § 13 Abs. 2 Nr. 2–5 ist zu verhindern, dass zunächst zugelassene Institute **2**, die die aufsichtsrechtlichen Anforderungen nicht erfüllen oder sonst eine Gefahr für die Gläubiger darstellen, weiterhin Zahlungsdienste erbringen oder das E-Geld-Geschäft betreiben dürfen. Durch die Regelung des § 13 Abs. 1, Abs. 2 Nr. 1 ist beabsichtigt sicherzustellen, dass die Tätigkeit tatsächlich ausgeübt wird und die Erlaubnis nicht etwa „auf Vorrat" beantragt wurde. Damit soll auch die Verwaltung vor unnötigem Arbeitsaufwand geschützt werden (BR-Drs. 827/08, 82).

II. Erlöschen der Erlaubnis (Abs. 1)

3   Abs. 1 setzt die 1. und die 2. Alt. des Art. 13 Abs. 1 lit. a PSD2 als Erlöschen kraft Gesetzes bei nicht fristgemäßen Gebrauchmachen von der Erlaubnis oder dem Verzicht auf die Erlaubnis um (BT-Drs. 18/11495, 123). Da die Erlaubnis kraft Gesetz erlischt und die BaFin keinen Verwaltungsakt zur Herbeiführung dieser Rechtsfolge erlässt, steht dem Antragsteller gegen das Erlöschen der **Erlaubnis** kein Rechtsmittel zur Verfügung (Ellenberger/Findeisen/Nobbe/Böger/Rieg § 13 Rn. 4). Nach § 13 Abs. 1 erlischt die Erlaubnis, wenn ein Institut von ihr nicht innerhalb eines Jahres seit ihrer Erteilung Gebrauch macht. Erlaubnis meint Erlaubnisse für Zahlungsinstitute gemäß § 10 und Erlaubnisse für E-Geld-Institute gemäß § 11 (BT-Drs. 17/3023, 45). Die **Frist** beginnt mit dem Zugang des Erlaubnisbescheids und ist gemäß §§ 187, 188 BGB zu berechnen.

4   **Gebrauch machen** bedeutet, dass mindestens eines der Geschäfte oder eine der Leistungen, für die eine Erlaubnis nach § 10 erteilt wurde, innerhalb der Jahresfrist gewerbsmäßig oder in einem Umfang betrieben wurde, der einen in kaufmännischer Weise eingerichteten Geschäftsbetrieb erfordert (unklar Schäfer/Omlor/Mimberg/Schäfer § 13 Rn. 8, der Abs. 1 auch bei nur „sehr kurzfristigem" Gebrauchmachen von der Erlaubnis anwenden will). Im Falle einer Erlaubnis nach § 11 muss mindestens in einem Fall E-Geld mit der Absicht, diese Ausgabe in gleicher Weise geschäftsmäßig zu wiederholen, ausgegeben worden sein (→ § 11 Rn. 9). Die Geschäfte müssen tatsächlich nicht ausgeübt worden sein, so dass die Erlaubnis auch dann erlischt, wenn das Institut nach Zugang des Erlaubnisbescheides nicht schnell genug mit der Geschäftsaufnahme beginnt. Vorbereitende Tätigkeiten wie die Anmietung von Geschäftsräumen, Einstellung von Personal oder die Eintragung in das Handelsregister genügen nicht für die Annahme des Gebrauchmachens (Beck/Samm/Kokemoor/Müller-Grune § 35 Rn. 23). Macht das Institut innerhalb der Jahresfrist von der Erlaubnis nur in Bezug auf einzelne Geschäfte Gebrauch, führt dies nicht zu einem Teilerlöschen der Erlaubnis in Bezug auf die übrigen Geschäfte, für die die Erlaubnis erteilt wurde. Bei einer Erlaubnis gem. § 11 kann der Erlaubnisinhaber daher auch nur Zahlungsdienste erbringen, die von der Erlaubnis nach § 11 erfasst sind, ohne dass diese Erlaubnis erlischt, da er auch in diesem Falle von der Erlaubnis Gebrauch macht. Mit jedem Gebrauchmachen beginnt die Jahresfrist erneut zu laufen.

5   Nach Ablauf der Jahresfrist erlischt die Erlaubnis automatisch, ohne dass es hierzu eines Verwaltungsaktes der BaFin bedarf.

Daneben kann das Institut auf die Erlaubnis verzichten. Dies geschieht durch einseitige ausdrückliche Erklärung gegenüber der BaFin. Diese Regelung dient nur der Klarstellung, da ein Verzicht auf eine Erlaubnis bereits nach allgemeinen Vorschriften zum Erlöschen führt (BT-Drs. 18/11495, 123).

III. Aufhebung der Erlaubnis (Abs. 2)

Die BaFin kann gemäß Abs. 2 die Erlaubnis aufheben. **Aufhebung** ist die **6** Rücknahme einer rechtmäßig und der Widerruf einer rechtswidrig erteilten Erlaubnis. Neben den speziellen Aufhebungsgründen in Abs. 2 ist zusätzlich die Rücknahme einer rechtswidrig erteilten Erlaubnis nach § 48 VwVfG und der Widerruf einer rechtmäßig erteilten Erlaubnis gemäß § 49 VwVfG möglich.

Die Aufhebung ist eine Ermessensentscheidung der BaFin. Bei der Ermessens- **7** ausübung sind neben den allgemeinen Verwaltungsgrundsätzen der Gleichbehandlung, der Verhältnismäßigkeit und der Wahl des mildesten Mittels, die Zwecke des ZAG maßgebend (zum KWG BFS/Fischer/Müller § 35 Rn. 15). Die Aufhebung der Erlaubnis ist ultima ratio und nur auszusprechen, wenn keine anderen milderen Mittel zum Erreichen der gesetzlichen Zwecke in Betracht kommen. Mildere Mittel sind etwa die Abberufung eines Geschäftsleiters (Reischauer/Kleinhans § 35 Rn. 17). Nach Auffassung des Gesetzgebers wird die Aufhebung regelmäßig dann angezeigt sein, wenn nicht mit der baldigen Wiederaufnahme der Zahlungsdienste gerechnet werden kann (BT-Drs. 18/11495, 123). Dies muss die BaFin anhand des objektiven Erscheinungsbildes der Geschäftstätigkeit und der geschäftlichen Ausrichtung des Instituts entscheiden.

1. Fehlendes Gebrauchmachen (Abs. 2 Nr. 1)

Abs. 2 Nr. 1 setzt Art. 13 Abs. 1 lit. a Alt. 3 PSD2 um (BT-Drs. 18/11495, 123). **8** Abs. 2 Nr. 1 entspricht dem bisherigen § 10 Abs. 2 Nr. 1. Der Gesetzgeber sieht Abs. 2 Nr. 1 als analoge Regelung zu § 35 Abs. 2 Nr. 1 KWG (BT-Drs. 18/11495, 123), so dass zur Auslegung von Abs. 2 Nr. 1 auf § 35 Abs. 2 Nr. 1 KWG zurückgegriffen werden kann. Danach kann die Erlaubnis aufgehoben werden, wenn der Geschäftsbetrieb seit mehr als sechs Monaten nicht **ausgeübt** wurde. Der Aufhebungsgrund findet zur Einstellung sämtlicher Zahlungsdienste oder des E-Geld-Geschäfts Anwendung, so dass bei Einstellung einzelner von der Erlaubnis erfasster Zahlungsdienste eine Aufhebung durch die BaFin nicht möglich ist (BT-Drs. 18/11495, 123). Daher sollte eine Einstellung einzelner Zahlungsdienste auch keine Teilaufhebung der erteilten Erlaubnis gestatten. Gleiches gilt, wenn der Inhaber einer Erlaubnis nach § 11 nur die Ausübung des E-Geld-Geschäfts einstellt, aber weiterhin Zahlungsdienste erbringt, da er weiterhin den Geschäftsbetrieb, auf den sich die Erlaubnis bezieht, ausübt. Die Vorschrift soll sicherstellen, dass auf Grundlage der erteilten Erlaubnis der Geschäftsbetrieb ausgeübt wird (BR-Drs. 827/08, 82). Ausübung des Geschäftsbetriebes ist wie das Gebrauchmachen in Abs. 1 zu verstehen. Die Erlaubnis kann nicht nach Abs. 2 Nr. 1 wegen nur geringen Geschäftsumfangs aufgehoben werden (Schwennicke/Auerbach/Schwennicke ZAG § 13 Rn. 7).

Wie bei Abs. 1 beginnt die **Frist** nach Zugang des Erlaubnisbescheides, wenn **9** die Geschäftstätigkeit mindestens bezüglich eines der Geschäfte, für die die Erlaubnis erteilt wurde, in erlaubnispflichtigem Umfang aufgenommen wurde und danach keines der Geschäfte, für das die Erlaubnis erteilt wurde oder welches von der Erlaubnis erfasst ist, in erlaubnispflichtigem Umfang ausgeübt wird. Die BaFin kann durch eine Anzeige gemäß § 28 Abs. 1 Nr. 7 oder auf andere Weise von der Nichtausübung des Geschäftsbetriebes Kenntnis erlangen.

Dass eine Aufhebung **vor erstmaliger Ausübung** des Geschäftsbetriebes nicht **10** gemäß Abs. 2 möglich ist, ergibt sich aus der Formulierung, dass der Geschäftsbetrieb „nicht mehr" ausgeübt worden ist. Sofern der nicht ausgeübte Geschäftsbetrieb wieder aufgenommen wird, beginnt die Frist erst wieder von vorne zu laufen, falls der Geschäftsbetrieb danach erneut nicht mehr ausgeübt wird. Zeiträume der Nichtausübung sind nicht zu addieren, wenn zwischen den Zeiträumen der Geschäftsbetrieb ausgeübt wurde.

11   Die Aufhebung kann nur zu einem Zeitpunkt erfolgen, zu dem der Geschäftsbetrieb tatsächlich nicht ausgeübt wird. Wird der Geschäftsbetrieb nach einem mehr als sechsmonatigen Zeitraum der Nichtausübung wieder ausgeübt, scheidet eine Aufhebung der Erlaubnis aus.

12   Solange die Erlaubnis besteht, hat das Institut allerdings die bestehenden aufsichtsrechtlichen Pflichten, insbesondere die Meldepflichten, auch dann zu erfüllen, wenn keine Zahlungsdienste erbracht werden (BT-Drs. 18/11495, 123). Anderenfalls können weitere Aufhebungsgründe zum Tragen kommen.

2. Unrechtmäßige Erlangung der Erlaubnis (Abs. 2 Nr. 2)

13   Abs. 2 Nr. 2 geht auf Art. 13 Abs. 1 lit. b PSD2 zurück (BT-Drs. 18/11495, 123). Abs. 2 Nr. 2 entspricht dem bisherigen § 10 Abs. 2 Nr. 2. Gemäß Abs. 2 Nr. 2 kann die Erlaubnis aufgehoben werden, wenn die Erlaubnis aufgrund falscher Angaben oder sonst unrechtmäßig erlangt wurde. Die Aufhebung der Erlaubnis aufgrund falscher Angaben hat über Abs. 2 Nr. 3 hinaus keine eigenständige Bedeutung, da in diesem Falle auch eine Versagung der Erlaubnis gemäß Abs. 2 Nr. 3 oder gemäß §§ 48, 49 VwVfG (Fett/Bentele WM 2011, 1352 (1358)) gerechtfertigt wäre. Daneben kann die Erlaubnis auch aufgehoben werden, wenn sie sonst unrechtmäßig erlangt wurde. Hierzu zählt etwa, wenn die Erlaubnis durch Drohung, Bestechung oder Vorteilsgewährung erreicht wurde (so auch Schäfer/Omlor/Mimberg/Schäfer § 13 Rn. 9).

3. Bekanntwerden von Tatsachen, die die Versagung der Erlaubnis rechtfertigen oder Verstoß gegen Mitteilungspflichten (Abs. 2 Nr. 3)

14   Abs. 2 Nr. 3 setzt Art. 13 Abs. 1 lit. c PSD2 um (BT-Drs. 18/11495, 123). Abs. 2 Nr. 3 Alt. 1 entspricht dem bisherigen § 10 Abs. 2 Nr. 3. Abs. 2 Nr. 3 Alt. 2 wurde durch das ZDUG2 neu eingefügt.

15   Die Erlaubnis kann aufgehoben werden, wenn Tatsachen bekannt werden, die die Versagung der Erlaubnis gemäß § 12 rechtfertigen würden. Es müssen Tatsachen **bekannt werden.** Das sind nur solche Tatsachen, die nicht bereits bei der Beurteilung des Erlaubnisantrages bekannt waren, also entweder solche, die bereits vorlagen aber noch nicht bekannt waren, oder solche, die erst nach der Beurteilung des Erlaubnisantrages entstanden und bekannt geworden sind.

16   Im Hinblick auf die einzelnen Erlaubnisversagungsgründe kommt eine Aufhebung der Erlaubnis nach den folgenden Maßgaben in Betracht:

17   **a) § 12 Nr. 1.** Ein Rechtsformwechsel, wonach das Institut keine juristische Person oder Personenhandelsgesellschaft ist, rechtfertigt die Aufhebung. Ein Rechtsformwechsel ist nach § 28 Abs. 1 Nr. 3 anzeigepflichtig.

18   **b) § 12 Nr. 2.** Das Bekanntwerden von Tatsachen, wonach der Erlaubnisantrag keine ausreichenden Angaben oder Unterlagen enthält, kann die Aufhebung der Erlaubnis nicht rechtfertigen, da die BaFin innerhalb des Erlaubnisverfahrens

abschließend über die Vollständigkeit der Angaben und Unterlagen entscheidet (BFS/Fischer/Müller § 35 Rn. 22; Beck/Samm/Kokemoor/Müller-Grune § 35 Rn. 65; ähnlich Schäfer/Omlor/Mimberg/Schäfer § 13 Rn. 12). Gleiches gilt für den Versagungsgrund, dass die eingereichten Angaben und Unterlagen keine positive Gesamtbetrachtung zulassen. Denn auch hierüber entscheidet die BaFin innerhalb des Erlaubnisantragsverfahrens abschließend (so auch Schäfer/Omlor/Mimberg/Schäfer § 13 Rn. 12).

c) § 12 Nr. 3. Problematisch ist für die Aufhebung aufgrund des Fehlens der **19** erforderlichen Mittel, insbesondere des Anfangskapitals, dass ein Institut mit Beginn der Geschäftsaufnahme häufig zunächst Verluste macht, durch die das erforderliche Anfangskapital unterschritten werden kann. Die Festlegung des erforderlichen Anfangskapitals durch die BaFin erfolgt aber gerade im Hinblick darauf, dass Verluste zu Beginn der Geschäftstätigkeit entstehen. Aus diesem Grund rechtfertigt die Unterschreitung des von der BaFin für erforderlich gehaltenen Anfangskapitals keine Aufhebung der Erlaubnis nach Abs. 2 Nr. 3 (Beck/Samm/Kokemoor/Müller-Grune § 35 Rn. 67; BFS/Fischer/Müller § 35 Rn. 25). Die in § 12 Nr. 3 genannten Mindestbeträge sind aber zwingend einzuhalten, so dass eine Unterschreitung dieses Mindestanfangskapitals die Aufhebung der Erlaubnis rechtfertigt (Beck/Samm/Kokemoor/Müller-Grune § 35 Rn. 66; BFS/Fischer/Müller § 35 Rn. 25).

d) § 12 Nr. 4, 5. Die Aufhebung der Erlaubnis aufgrund der Unzuverlässigkeit **20** von Geschäftsleitern oder Inhabern einer bedeutenden Beteiligung kann nur aufgrund von Tatsachen erfolgen, die bei Erlaubniserteilung vorlagen, aber der BaFin nicht bekannt waren oder bei Tatsachen, die nach Erlaubniserteilung entstanden sind und diese die Unzuverlässigkeit begründen. Eine geänderte Beurteilung der bereits bei Erlaubniserteilung der BaFin bekannten Tatsachen kann eine Aufhebung der Erlaubnis nicht rechtfertigen (BFS/Fischer/Müller § 35 Rn. 30; Beck/Samm/Kokemoor/Müller-Grune § 35 Rn. 69). In diesem Falle ist aber zu prüfen, ob eine Aufhebung der Erlaubnis auf §§ 48, 49 VwVfG gestützt werden kann (BFS/Fischer/Müller § 35 Rn. 30; Beck/Samm/Kokemoor/Müller-Grune § 35 Rn. 69). Eine Aufhebung der Erlaubnis ist auch möglich, sofern das Institut nicht mehr die erforderliche Anzahl von Geschäftsleitern hat. Gleiches gilt, wenn das Institut zunächst aufgrund seiner geringen Größe nur einen Geschäftsleiter benötigte und durch ein Anwachsen der Größe nach Erlaubniserteilung zwei Geschäftsleiter gemäß § 10 Abs. 2 S. 2 benötigt. Zur Wahrung des Grundsatzes der Verhältnismäßigkeit dürfte vor der Aufhebung der Erlaubnis durch die BaFin vorrangig eine Abberufung der unzuverlässigen oder fachlich nicht geeigneten Geschäftsleiter gemäß § 20 und das Verlangen einer Neubestellung in Erwägung zu ziehen sein.

e) § 12 Nr. 6. Die Aufhebung ist nur auf neu bekannte Tatsachen zu stützen, **21** nicht aber auf neue Beurteilungen im Rahmen bereits bekannter Tatsachen.

f) § 12 Nr. 7, 8. Die Aufhebung der Erlaubnis kann nur durch neue Tatsachen **22** gerechtfertigt werden. Das ist etwa der Fall, wenn der Schwerpunkt der Verwaltung des Instituts nunmehr im Ausland liegt. Die wirksame Aufsicht ist etwa gefährdet, wenn ausländische Behörden nicht so mit der BaFin kooperieren, wie sie dies bei Erteilung der Erlaubnis angenommen hat. Im Rahmen von § 35 KWG wird vertreten, dass eine Aufhebung der Erlaubnis auch in Betracht kommt, wenn die BaFin ihre Einschätzung zur Wirksamkeit der Aufsicht ändert (BFS/Fischer/Müller § 35 Rn. 37; Beck/Samm/Kokemoor/Müller-Grune § 35 Rn. 89; Reischauer/Kleinhans § 35 Rn. 44). Dem ist im Rahmen von § 12 Nr. 7, 8 nur insoweit zuzustimmen, als die geänderte Einschätzung auf nicht zuvor bekannten Tatsachen beruht (zust. Schäfer/Omlor/Mimberg/Schäfer § 13 Rn. 17). Denn wenn keine neuen Tatsachen bekannt werden, können diese auch keine geänderten Annahmen rechtfertigen. Eine Aufhebung kommt nunmehr ebenfalls in Betracht, wenn der Antragsteller zunächst einen Teil seiner Zahlungsdienste im Inland erbracht, diese dann aber nachträglich ins Ausland verlagert hat.

23 **g) § 12 Nr. 9 (Keine Absicherung für den Haftungsfall gemäß den Voraussetzungen des § 16 oder § 36).** Neu hinzugekommen durch das ZDUG2 ist der Aufhebungsgrund, dass für Zahlungsauslösedienste und Kontoinformationsdienste keine ausreichende Absicherung für den Haftungsfall besteht. Dies kann etwa der Fall sein, wenn kein Versicherungsvertrag mehr besteht oder aber ein bestehender Versicherungsvertrag nicht mehr das bestehende Haftungsrisiko abdeckt.

24 **h) § 12 Nr. 10 (Kein hinreichender Nachweis der Erfüllung der Sicherheitsanforderungen nach § 17 oder § 18).** Ebenfalls durch das ZDUG2 neu hinzugekommen ist der Aufhebungsgrund, dass die Sicherungsanforderungen für die Entgegennahme von Geldbeträgen im Rahmen der Erbringung von Zahlungsdiensten oder für die Ausgabe von E-Geld oder das Betreiben des E-Geld-Geschäfts gemäß §§ 17, 18 nicht mehr eingehalten werden. Dies könnte etwa dadurch geschehen, dass ein Institut nach Erteilung der Erlaubnis dazu übergeht, entgegengenommene Geldbeträge mit Geldbeträgen von anderen Personen als den Zahlungsdienstnutzern oder E-Geld-Inhabern zu vermischen, die entgegengenommenen Geldbeträge nicht innerhalb eines Tages auf einem Treuhandkonto zu hinterlegen, nicht länger insolvenzfest von den übrigen Vermögenswerten des Instituts zu trennen oder eine abgeschlossene Versicherung oder Garantie nicht länger aufrecht zu erhalten.

25 **i) § 12 Nr. 11 (Verstoß gegen § 31).** Ebenfalls neu durch das ZDUG2 eingefügt ist damit auch der Aufhebungsgrund, dass das Institut nach Erteilung der Erlaubnis dazu übergeht, unter Verstoß gegen § 31 über andere natürliche oder juristische Personen, die im Namen des E-Geld-Instituts tätig werden, E-Geld auszugeben. Der Aufhebungsgrund findet nur auf E-Geld-Institute Anwendung.

26 **j) § 12 Nr. 12 (Entgegenstehende Norm des EU- oder nationalen Rechts).** Eine Erlaubnis kann auch bei Verstoß gegen Rechtsnormen der Europäischen Union oder durch Verstoß gegen Rechtsnormen des nationalen Rechts aufgehoben werden. In Betracht kommt, dass das Institut seine Geschäftstätigkeit ändert und damit gegen solche Normen verstößt oder aber, dass die zunächst gesetzeskonforme Geschäftstätigkeit aufgrund einer Änderung von Rechtsnormen nunmehr gegen diese Normen verstößt.

27 **k) Verstoß gegen Mitteilungspflichten.** Nunmehr kann eine erteilte Erlaubnis auch dann aufgehoben werden, wenn gegen Mitteilungspflichten nach § 10 Abs. 5 oder § 11 Abs. 4 verstoßen wird. Danach muss das Institut der BaFin materiell und strukturell wesentliche Änderungen der tatsächlichen und rechtlichen Verhältnisse unverzüglich mitteilen, hierzu → § 10 Rn. 82 und → § 11 Rn. 45. Dies bedeutet, dass eine Erlaubnis auch dann aufgehoben werden kann, wenn das Institut eine erforderliche Mitteilung von Änderungen nicht unverzüglich an die BaFin übermittelt. Angesichts der Interpretationsbedürftigkeit der Begriffe „materiell und strukturell wesentlichen Änderungen", der Frage, wann eine Mitteilung nicht mehr unverzüglich erfolgt und des großen Umfangs der (vom Gesetzgeber offenbar

als wesentlich angesehenen) Informationen und Unterlagen, die im Rahmen eines Erlaubnisantrages eingereicht werden müssen, ist diese Regelung für Institute nicht unproblematisch. Es sollte daher sichergestellt sein, dass das Institut die final im Rahmen des Erlaubnisantrages eingereichten Unterlagen in möglichst kurzen regelmäßigen Abständen auf Aktualität hin überprüft und im Zweifel erfolgte Änderungen der BaFin unverzüglich mitteilt.

4. Gefährdung der Stabilität des Zahlungssystems (Abs. 2 Nr. 4)

Abs. 2 Nr. 4 setzt Art. 13 Abs. 1 lit. d PSD2 um (BT-Drs. 18/11495, 123). Der **28** Gesetzgeber trifft hierbei bewusst eine Güterabwägung zugunsten des Zahlungssystems und aller anderen Nutzer (BR-Drs. 827/08, 82). Die Vorschrift hat keine Entsprechung im KWG.

Der Begriff Zahlungssystem ist zu verstehen wie in § 1 Abs. 11 definiert, → § 1 Rn. 399 ff. Erforderlich ist aber nicht, dass das Institut das Zahlungssystem selbst betreiben muss (zust. Schäfer/Omlor/Mimberg/Schäfer § 13 Rn. 24; Luz/Neus/ Schaber/Schneider/Wagner/Weber/Heucke ZAG § 13 Rn. 9; aA Schwennicke/ Auerbach/Schwennicke § 13 Rn. 13). Sonst wäre der ausdrückliche Hinweis des Gesetzgebers auf die zu treffende Güterabwägung nicht erforderlich. Ein Zahlungssystem ist gefährdet, wenn es in seinem Bestand angegriffen werden könnte und dadurch andere Nutzer des Zahlungssystems geschädigt würden (so auch Schäfer/ Omlor/Mimberg/Schäfer § 13 Rn. 24).

Neben einer Gefährdung des Systems kann eine Aufhebung der Erlaubnis nach Inkrafttreten des ZDUG2 auch damit begründet werden, dass das Vertrauen in die Stabilität des betriebenen Zahlungssystems gefährdet ist. Die Ergänzung führt zu einer Erweiterung des Anwendungsbereichs dieses Aufhebungsgrundes und lässt vor allem Aufhebungsentscheidungen bereits in einem Stadium zu, in dem noch nicht abschließend geklärt ist, ob die Stabilität eines betriebenen Zahlungssystems bereits tatsächlich gefährdet ist.

5. Verstoß gegen Organisationspflichten, Normen des GwG und der 2. GeldtransferVO (Abs. 2 Nr. 5)

Mit Nr. 5 wurde durch das ZDUG2 ein neuer Aufhebungsgrund in das ZAG **29** aufgenommen. Eine Erlaubnis kann auch bei schwerwiegenden, wiederholten oder systematischen Verstößen gegen das GwG, die 2. GeldtransferVO nebst darauf basierenden Rechtsverordnungen oder vollziehbaren Anordnungen aufgehoben werden. Nach Auffassung des Gesetzgebers sollte mit Einfügung dieses Aufhebungsgrundes eine Lücke in den bisherigen Aufhebungsgründen geschlossen werden (BT-Drs. 18/11495, 123).

Der Gesetzgeber stützt den Aufhebungsgrund auf Art. 13 Abs. 1 lit. e PSD2, wo- **30** nach das nationale Recht neben den durch die PSD2 ausdrücklich vorgegebenen Aufhebungsgründen weitere Aufhebungsgründe vorsehen kann. Mit Nr. 5 will der Gesetzgeber Art. 18 Nr. 1 lit. c 4. Geldwäsche-RLUG umsetzen. Danach sollten die Änderungen in Nr. 5 Art. 59 Abs. 1 und Abs. 2 der 4. Geldwäsche-RL und Art. 18 2. GeldtransferVO umsetzen (BR-Drs. 182/17, 209).

Art. 59 Abs. 2 der 4. Geldwäsche-RL verpflichtet die Mitgliedstaaten, dafür Sorge **31** zu tragen, dass bei bestimmten Verstößen gegen die Bestimmungen der 4. Geldwäsche-RL unter anderem ein Entzug oder eine Aussetzung der Zulassung des Verpflichteten durch die zuständige Behörde verhängt werden kann. Art. 59 Abs. 1 der

4. Geldwäsche-RL sieht vor, dass „zumindest" Verstöße gegen Art. 10–24, 33, 34 und 35, 40, 45 und 46 der 4. Geldwäsche-RL Grundlage für einen Entzug der Erlaubnis sein müssen. Art. 59 Abs. 1 der 4. Geldwäsche-RL lässt aber auch zu, dass eine Aufhebung der Erlaubnis auf Verstöße gegen sämtliche in der 4. Geldwäsche-RL normierte Pflichten gestützt werden kann. Art. 59 Abs. 1 der 4. Geldwäsche-RL nennt allerdings die Art. 10–24, 33, 34 und 35, 40, 45 und 46 der 4. Geldwäsche-RL explizit, so dass die Bedeutung, die die 4. Geldwäsche-RL diesen Normen zuspricht, bei der Ausübung des Ermessens der BaFin berücksichtigt werden kann.

32   Ähnlich sieht auch Art. 18 der 2. GeldtransferVO vor, dass Mitgliedstaaten bei Verstoß gegen sämtliche Bestimmungen der 2. GeldtransferVO eine Aufhebung der Erlaubnis anordnen können. Durch die Nennung einzelner Verstöße in Art. 18 2. GeldtransferVO kommt ebenfalls die besondere Bedeutung dieser Normen in der 2. GeldtransferVO zum Ausdruck, so dass dieser Umstand bei der Ausübung des Ermessens der BaFin berücksichtigt werden kann.

33   Darüber hinaus kommt eine Aufhebung auch bei schwerwiegenden, wiederholten oder systematischen Verstößen gegen § 27 in Betracht, die sich allerdings weder in Art. 18 2. GeldtransferVO, noch in Art. 59 der 4. Geldwäsche-RL wiederfinden. Bei Verstößen gegen Art. 27 dürfte aber regelmäßig auch eine Aufhebung gemäß Nr. 3 möglich sein.

34   **Schwerwiegend** ist ein Verstoß insbesondere, wenn eine zentrale Norm des Aufsichtsrechts verletzt wird oder eine Norm in besonders schwerwiegender Weise verletzt wird. **Wiederholt** ist ein Verstoß, wenn er zumindest zwei Mal erfolgt. **Systematisch** sind Verstöße, wenn sie über bloß vorsätzliches Handeln hinausgehen und aus einer Kette von bewusst vorgenommenen Verstößen bestehen (zum Versicherungsaufsichtsgesetz Kaulbach/Bähr/Pohlmann/Bähr § 303 Rn. 15).

6. Nichtgeltung der Jahresfrist (Abs. 3 S. 2)

35   § 48 Abs. 4 S. 1, § 49 Abs. 2 S. 2 VwVfG sind nicht anzuwenden. Daher kann die Erlaubnis auch dann noch aufgehoben werden, wenn seit dem Zeitpunkt, zu dem die BaFin Kenntnis von den die Aufhebung rechtfertigenden Tatsachen erhalten hat, mehr als ein Jahr vergangen ist. Da die BaFin die Aufhebung der Erlaubnis nur als ultima ratio durchführen soll, ist eine besonders sorgfältige Prüfung der Voraussetzungen für die Aufhebung durch die BaFin erforderlich. Die BaFin soll, auch unter Berücksichtigung des möglichen Schadens bei dem Institut oder dessen Gläubigern, insoweit nicht unter Zugzwang gesetzt werden (Reischauer/Kleinhans § 35 Rn. 71).

IV. Verfahren nach Entziehung der Erlaubnis (Abs. 3 S. 1)

36   Das Verfahren nach Aufhebung der Erlaubnis regelt der Gesetzgeber durch den Verweis auf § 38 KWG. Danach kann die BaFin bestimmen, dass das Institut abzuwickeln ist, sofern es sich nicht um eine juristische Person des öffentlichen Rechts handelt (§ 38 Abs. 1 S. 1, Abs. 4 KWG). Hierzu kann die BaFin allgemeine Weisungen erteilen und bei Gericht einen Antrag auf Bestellung eines Abwicklers stellen, wenn dies zur ordnungsgemäßen Abwicklung erforderlich ist (§ 38 Abs. 2 KWG).

V. Bekanntmachung der Aufhebung und Unterrichtung (Abs. 4)

Da die BaFin die Erteilung der Erlaubnis im BAnz. bekannt gibt, muss sie eben- **37** falls ihre Aufhebung oder ihr Erlöschen der Erlaubnis dort bekannt geben (BR-Drs. 827/08, 83). Die BaFin muss auch die zuständigen Stellen der anderen Staaten des EWR unterrichten, in denen das Institut Zweigniederlassungen errichtet hat oder im Wege des grenzüberschreitenden Dienstleistungsverkehrs tätig gewesen ist (Abs. 3 S. 1 iVm § 38 Abs. 3 S. 2 KWG). Durch Art. 13 Abs. 3 PSD2 neu hinzugekommen ist die klarstellende Verpflichtung der Eintragung der Aufhebung bzw. des Erlöschens der Erlaubnis in das Register für Zahlungsinstitute (§ 43) und E-Geld-Institute (§ 44).

VI. Rechtsschutz

Das statthafte Rechtsmittel gegen die Aufhebung der Erlaubnis ist der Wider- **38** spruch gemäß § 68 VwGO bzw. die Anfechtungsklage gemäß § 42 Abs. 1 VwGO. Erfolgt die Aufhebung der Erlaubnis nach Abs. 2 Nr. 2–5 haben Widerspruch und Anfechtungsklage gemäß § 9 keine aufschiebende Wirkung. Im Gegenschluss haben Widerspruch und Anfechtungsklage gegen eine Aufhebung gem. Abs. 2 Nr. 1 hingegen aufschiebende Wirkung.

Unterabschnitt 2. Inhaber bedeutender Beteiligungen

§ 14 Inhaber bedeutender Beteiligungen; Verordnungsermächtigung

(1) ¹**Der Inhaber einer bedeutenden Beteiligung an einem Institut muss den Ansprüchen genügen, die im Interesse einer soliden und umsichtigen Führung des Instituts zu stellen sind. ² § 2c Absatz 1 bis 3 des Kreditwesengesetzes ist entsprechend anzuwenden.**

(2) **Die Auskunfts-, Vorlegungs- und Prüfungsrechte der Bundesanstalt und der Deutschen Bundesbank nach § 19 Absatz 1 gelten entsprechend § 44b des Kreditwesengesetzes gegenüber den Inhabern bedeutender Beteiligungen, den Mitgliedern ihrer Organe und ihren Beschäftigten.**

(3) ¹**Das Bundesministerium der Finanzen wird ermächtigt, durch Rechtsverordnung, die nicht der Zustimmung des Bundesrates bedarf, im Benehmen mit der Deutschen Bundesbank nähere Bestimmungen über die wesentlichen Unterlagen und Tatsachen zu treffen, die der interessierte Erwerber einer bedeutenden Beteiligung gemäß Absatz 1 Satz 2 in Verbindung mit § 2c Absatz 1 Satz 2 des Kreditwesengesetzes in der Anzeige anzugeben hat, soweit diese Angaben zur Erfüllung der Aufgaben der Bundesanstalt erforderlich sind. ²Das Bundesministerium der Finanzen kann die Ermächtigung durch Rechtsverordnung im Einvernehmen mit der Deutschen Bundesbank auf die Bundesanstalt übertragen. ³Vor Erlass der Rechtsverordnung sind die Spitzenverbände der Institute anzuhören.**

Inhaltsübersicht

I. Allgemeines

Eine § 11 entsprechende Regelung verlangte die PSD1 nicht. Art. 5 lit. h PSD1 **1** erfasste nur die Anforderungen an den Erlaubnisantrag eines Instituts bezüglich des Nachweises, dass der Inhaber einer bedeutenden Beteiligung im Interesse der Gewährleistung einer soliden und umsichtigen Führung des Instituts zu stellenden Ansprüchen genügt. Gleichwohl hatte sich der Gesetzgeber zur Sicherung der Integrität des Finanzplatzes Deutschland auch im Hinblick auf Zahlungsdienste entschieden, eine Anteilseignerkontrolle vorzusehen (BR-Drs. 827/08, 83). Art. 3 Abs. 3 Zweite E-Geld-RL sah hingegen bereits eine Anzeigepflicht bei Erwerb, Aufgabe, Erhöhung oder Verringerung einer bedeutenden Beteiligung vor, die der Gesetzgeber mit dem Zweiten E-Geld-RLUG umgesetzt hat. Von der Möglichkeit, E-Geld-Institute, die auch andere Geschäftstätigkeiten als die Ausgabe von E-Geld ausüben, von der Anteilseignerkontrolle auszunehmen hatte der deutsche Gesetzgeber bereits im Rahmen des ZDUG keinen Gebrauch gemacht, da die Ausweitung der Aktivitäten eines E-Geld-Instituts auf Geschäftsfelder, die per se nicht unter Erlaubnisvorbehalt stehen, das Risiko eines schädlichen Einflusses unzuverlässiger Anteilseigner auf ein Unternehmen nicht absenke (BT-Drs. 17/3023, 45).

Nunmehr verlangt Art. 6 PSD2 eine Kontrolle der Beteiligung. Nach Art. 111 **2** PSD2 iVm Art. 3 Abs. 1 Zweite E-Geld-RL gilt dies auch für E-Geld-Institute. Die Vorschrift setzt insoweit die Art. 6 und Art. 111 der PSD2 um (BT-Drs. 18/11495, 123). Da das ZAG in seiner bisherigen Fassung jedoch wesentliche Regelungen der PSD2 vorweggenommen hatte, entspricht § 14 im Wesentlichen dem bisherigen § 11 aF. Durch das ZDUG2 wurden Abs. 1 und Abs. 3 sprachlich angepasst sowie Abs. 2 neu eingefügt.

§ 14 Abs. 1 verweist im Wesentlichen auf entsprechende Regelungen für Kredit- **3** institute und Finanzdienstleistungsinstitute (§ 2c KWG). Die Regelung galt zunächst nur für Zahlungsinstitute und wurde mit dem Zweiten E-Geld-RLUG auf E-Geld-Institute ausgeweitet. Die Verweisung auf § 2c KWG in Abs. 1 Satz 1 wurde durch das ZDUG2 angepasst und erweitert. § 14 weicht nur insoweit von § 2c KWG ab, als dies aufgrund der Besonderheiten der Zahlungsdienste und des E-Geld-Geschäfts gegenüber Bankgeschäften und Finanzdienstleistungen erforderlich ist (BT-Drs. 16/11613, 48). Gemäß § 2 Abs. 6 ist § 14 auf Zahlungsinstitute, die als Zahlungsdienst nur den Kontoinformationsdienst anbieten, nicht anzuwenden.

4   Abs. 2 wurde durch das ZDUG2 neu eingefügt. Durch den Verweis auf § 44b KWG wollte der Gesetzgeber eine Lücke beim bisherigen Auskunftsrecht gegen den Inhaber bedeutender Beteiligungen schließen (BR-Drs. 158/17, 141).

5   Abs. 3 enthält eine Verordnungsermächtigung für das BMF, im Benehmen mit der BBank nähere Bestimmungen über die wesentlichen Unterlagen und Tatsachen zu treffen, die der interessierte Erwerber einer bedeutenden Beteiligung in der Anzeige an die BaFin anzugeben hat. Das BMF hat von dieser Ermächtigung durch den Erlass der ZAGAnzV Gebrauch gemacht (BGBl. 2009 I 3603), die auf Teile der InhKontrollV verweist. Das ZDUG2 hat diese Verordnungsermächtigung sprachlich angepasst, aber inhaltlich beibehalten.

6   § 14 verfolgt ähnliche Zwecke wie § 2c KWG und dient der Sicherung der Integrität des Finanzplatzes Deutschland in Bezug auf Zahlungsdienste und das E-Geld-Geschäft (BR-Drs. 827/10, 83; BT-Drs. 17/3023, 45). Daher bezweckt § 14 wie § 2c KWG, den Aufsichtsbehörden die Möglichkeit zu geben zu überwachen, inwieweit sich aus der Neuordnung des Zusammensetzung des Eigentümerkreises Gefahren für die Funktionsfähigkeit des betreffenden Instituts und für den Gläubigerschutz ergeben können (Beck/Samm/Kokemoor/von den Steinen § 2c Rn. 10).

II. Pflicht des Inhabers einer bedeutenden Beteiligung (Abs. 1 S. 1)

7   Nach Abs. 1 S. 1 muss der Inhaber einer bedeutenden Beteiligung den im Interesse einer soliden und umsichtigen Führung eines Instituts zu stellenden Ansprüchen genügen. Eine bedeutende Beteiligung liegt gemäß § 1 Abs. 7 iVm Art. 4 Abs. 1 Nr. 36 CRR vor, wenn unmittelbar oder mittelbar über ein oder mehrere Tochterunternehmen oder ein gleichartiges Verhältnis oder im Zusammenwirken mit anderen Personen oder Unternehmen mindestens 10% des Kapitals oder der Stimmrechte eines dritten Unternehmens im Eigen- oder Fremdinteresse gehalten werden oder wenn auf die Geschäftsführung eines anderen Unternehmens ein maßgeblicher Einfluss ausgeübt werden kann. Maßgeblicher Einfluss kann etwa durch Entsenderechte in den Aufsichtsrat oder die Geschäftsführung oder einen Beherrschungs- und Gewinnabführungsvertrag begründet werden (Schäfer/Omlor/Mimberg/Schäfer § 14 Rn. 5). § 1 Abs. 9 S. 2 und 3 KWG ist entsprechend anzuwenden (§ 1 Abs. 7 S. 2). Zum Begriff der bedeutenden Beteiligung, der Regelungen für die Berechnung des Anteils der Stimmrechte, nicht zu berücksichtigender Stimmrechte oder Kapitalanteile, und zur Zurechnung mittelbar gehaltener Beteiligungen → § 1 Rn. 303 ff. § 5 InhKontrollV gibt eine Berechnungsanweisung für die Berechnung der Höhe der Stimmrechtsanteile des Erwerbers einer bedeutenden Beteiligung, die inhaltlich im Grundsatz der Definition der bedeutenden Beteiligung gemäß § 1 Abs. 7 entspricht.

8   Die Pflicht, den im Interesse einer soliden und umsichtigen Führung des Instituts zu stellenden Ansprüchen zu genügen, wird durch Abs. 1 S. 2 iVm § 2c KWG iVm InhKontrollV sowie gemäß Abs. 3 iVm §§ 4, 5 ZAGAnzV konkretisiert. Da die Untersagungsgründe bei Nichtvorliegen der Anforderungen

abschließend aufgeführt sind (§ 2c Abs. 1b S. 7 KWG), zieht Abs. 1 S. 1 keine darüber hinausgehenden Pflichten nach sich, kann aber bei der Auslegung der einzelnen Tatbestände der ZAGAnz und der InhKontrollV als Grundsatz herangezogen werden.

III. Voraussetzungen der Anzeigepflichten (Abs. 1 S. 2 iVm § 2c Abs. 1, 3 KWG)

Abs. 1 S. 2 erklärt die Vorschriften des § 2c Abs. 1–3 KWG, die verschiedene **9** Vorgaben für Anzeigepflichten eines interessierten Erwerbers oder des Inhabers einer bedeutenden Beteiligung enthalten, für entsprechend anwendbar. Entsprechend anwendbar meint zunächst, dass der Begriff „Institut" in § 2c KWG zu verstehen ist wie in § 1 Abs. 3.

Aus der Verweisung in Abs. 1 S. 2 auf § 2c KWG ergibt sich, dass eine Anzei- **10** gepflicht im Grundsatz durch fünf unterschiedliche Varianten ausgelöst werden kann, die jeweils die Pflicht zur Abgabe von Anzeigen unterschiedlichen Inhalts nach sich zieht:

– Absicht zum Erwerb einer bedeutenden Beteiligung (Abs. 1 S. 2 iVm § 2c Abs. 1 S. 1 KWG).
– Absicht der Erhöhung einer bedeutenden Beteiligung, namentlich die Absicht, allein oder im Zusammenwirken mit anderen Personen oder Unternehmen den Betrag der bedeutenden Beteiligung so zu erhöhen, dass die Schwellen von 20%, 30% oder 50% der Stimmrechte oder des Kapitals erreicht oder überschritten werden oder dass das Institut unter die Kontrolle des Inhabers kommt (Abs. 1 S. 2 iVm § 2c Abs. 1 S. 6 KWG).
– Unabsichtlicher Erwerb oder Erhöhung einer bedeutenden Beteiligung (Abs. 1 S. 2 iVm § 2c Abs. 1 S. 7 KWG).
– Absicht der Verringerung einer bedeutenden Beteiligung, namentlich die Absicht, den Betrag unter die Schwellen von 20%, 30% oder 50% herabzusenken oder die Beteiligung so zu verändern, dass das Institut nicht mehr kontrolliertes Unternehmen ist (Abs. 1 S. 2 iVm § 2c Abs. 3 S. 1 Var. 2 KWG).
– Absicht der Aufgabe einer bedeutenden Beteiligung (Abs. 1 S. 2 iVm § 2c Abs. 3 S. 1 Var. 1 KWG).

1. Anzeigepflicht bei Erwerb einer bedeutenden Beteiligung (Abs. 1 S. 2 iVm § 2c Abs. 1 S. 1 KWG)

Gemäß § 2c Abs. 1 S. 1 KWG muss ein interessierter Bewerber der BaFin und **11** der BBank die Absicht zum Erwerb einer bedeutenden Beteiligung unverzüglich schriftlich anzeigen. **Interessierter Bewerber** ist, wer beabsichtigt, allein oder im Zusammenwirken mit anderen Personen oder Unternehmen eine bedeutende Beteiligung an einem Institut zu erwerben, § 2c Abs. 1 S. 1 KWG.

Die Absicht muss sich **auf einen Erwerb beziehen**. Erwerb ist jeder derivative **12** (etwa Kauf) oder originäre (etwa Teilnahme an einer Kapitalerhöhung) Vorgang, der bei seinem Abschluss eine Beteiligung des Erwerbers an einem Institut zur Folge hat (BFS/Schäfer § 2c Rn. 6). Der Gesetzestext stellt klar, dass auch der Wechsel von einer indirekten zu einer direkten Beteiligung anzeigepflichtig ist (BT-Drs. 19/22786, 147).

Die Absicht muss sich auf den Erwerb einer bedeutenden Beteiligung beziehen. Zum Begriff der bedeutenden Beteiligung → § 1 Rn. 299 ff.

13   Die Anzeige ist abzugeben, wenn die Absicht des Erwerbs einer bedeutenden Beteiligung besteht. Eine **Erwerbsabsicht** liegt vor, wenn das entscheidungsbefugte Organ des Erwerbers den Erwerb beschließt (Beck/Samm/Kokemoor/von den Steinen § 2c Rn. 78; Schäfer/Omlor/Mimberg/Schäfer § 14 Rn. 13 nimmt eine Absicht bei Einigung über Erwerbspreis und wesentliche Erwerbsbedingungen an). Auch Art. 6 PSD2 stellt darauf ab, dass eine Person den Erwerb einer qualifizierten Beteiligung beschlossen hat. Sofern ein Beschluss des Aufsichtsrates erforderlich ist, liegt die Erwerbsabsicht mit diesem Beschluss vor (Beck/Samm/Kokemoor/von den Steinen § 2c Rn. 78; Schwennicke/Auerbach/Süßmann § 2c Rn. 12; BFS/Schäfer § 2c Rn. 10). Eine Absicht sollte aber erst dann angenommen werden, wenn dem Aufsichtsrat ein im Wesentlichen ausgehandelter Vertragsentwurf über den Erwerb vorliegt, da erst zu diesem Zeitpunkt die Absicht des Erwerbs hinreichend konkretisiert ist (in diese Richtung auch Schäfer/Omlor/Mimberg/Schäfer § 14 Rn. 13).

14   Eine Absicht zum Erwerb kann grundsätzlich erst dann angenommen werden, wenn der Beteiligungserwerb sehr wahrscheinlich geworden ist (Schwennicke/Auerbach/Süßmann § 2c Rn. 12). Hierzu genügt es nicht, dass ein Letter of Intent abgeschlossen wurde (so aber Luz/Neus/Schaber/Scharpf/Schneider/Wagner/Weber/Kobabe/Hirdes § 2c Rn. 33; wie hier auch Schäfer/Omlor/Mimberg/Schäfer § 14 Rn. 13) oder mit einer Due Diligence Prüfung begonnen wurde (Beck/Samm/Kokemoor/von den Steinen § 2c Rn. 79), da dem Erwerber zu diesem Zeitpunkt noch gar nicht die Informationen vorliegen, die er benötigt, um zu entscheiden, ob er die Beteiligung erwerben will. Als für die Praxis handhabbarer Vorschlag bietet sich an, als Zeitpunkt der Absicht ein bis zwei Tage vor der Unterzeichnung des Erwerbsvertrages zu legen (Schwennicke/Auerbach/Süßmann § 2c Rn. 12), da zu diesem Zeitpunkt in aller Regel frühestens die letzten Unklarheiten, ob der Erwerb in der konkreten Gestalt stattfinden soll, beseitigt werden. Die BaFin sieht den Zeitpunkt der Absicht spätestens mit der Aufnahme hinreichend konkreter Vertragsverhandlungen hinsichtlich des Erwerbs der Beteiligung als gegeben an (BaFin-Merkblatt zur Inhaberkontrolle v. 27.11.2015, sub. II.2.). Die Anzeigepflicht könne im Einzelfall aber auch schon zu einem früheren Zeitpunkt entstehen. Entscheidend sei, dass zumindest die groben Rahmenbedingungen des geplanten Erwerbs bereits feststehen, wie zB belastbare Prognosen hinsichtlich der Beteiligungshöhe sowie der Finanzierung des Erwerbs.

15   Sofern der Beteiligungserwerb durch die Wandlung einer Wandelanleihe in Aktien entsteht, besteht die Absicht des Erwerbs, wenn der Erwerber die Absicht hat, sein Wandlungsrecht auszuüben oder, bei einer Pflichtwandelanleihe, der Zeitpunkt der Pflichtwandlung (Schwennicke/Auerbach/Süßmann § 2c Rn. 13; Beck/Samm/Kokemoor/von den Steinen § 2c Rn. 83; Luz/Neus/Schaber/Scharpf/Schneider/Wagner/Weber/Kobabe/Hirdes § 2c Rn. 34; Schäfer/Omlor/Mimberg/Schäfer § 14 Rn. 14 nimmt eine Absicht bei Erwerb einer Wandelanleihe im Sinne von § 34 Abs. 1 Nr. 5 WpHG an).

16   Die Absicht muss der BaFin und der BBank **unverzüglich** angezeigt werden. Unverzüglich meint ohne schuldhaftes Zögern gemäß § 121 Abs. 1 BGB (Luz/Neus/Schaber/Scharpf/Schneider/Wagner/Weber/Kobabe/Hirdes § 2c Rn. 35). Die Anzeige ist daher unmittelbar ab dem Zeitpunkt des Bestehens der Erwerbsabsicht einzureichen. Da die Anzeige eine nicht unerhebliche Dokumentation beinhaltet, sollte der interessierte Erwerber bereits frühzeitig und vor Vornahme der

Handlungen, die die Annahme einer Erwerbsabsicht auslösen, mit der Zusammenstellung der Dokumentation beginnen, um die zeitliche Vorgabe an die Anzeige einzuhalten.

Die Anzeigepflicht bezieht sich auf die Absicht des Erwerbs einer bedeutenden **17** Beteiligung an einem „**Institut**". Institute (§ 1 Abs. 3) sind aber nur solche Unternehmen, die bereits Zahlungsdienste erbringen oder das E-Geld-Geschäft betreiben. Die BaFin nimmt bei Instituten iSd KWG eine Anzeigepflicht auch bei Unternehmen an, die gerade einen Erlaubnisantrag stellen (zum KWG Beck/Samm/ Kokemoor/von den Steinen § 2c Rn. 81), so dass diese Verwaltungspraxis gegebenenfalls auf Institute iSd ZAG ebenfalls Anwendung findet.

Soweit mehrere Erwerbsinteressenten bestehen, müssen im Grundsatz auch pa- **18** rallel mehrere Anzeigeverfahren durchgeführt werden. Nimmt man das Vorliegen einer Erwerbsabsicht erst wenige Tage vor Vertragsschluss an, dürfte in aller Regel nur noch ein einziger potentieller Erwerber vorhanden sein, so dass eine Doppelung der Anzeigeverfahren vermieden würde, sofern nicht letztlich mehrere Erwerber je eine bedeutende Beteiligung erwerben.

2. Anzeigepflicht bei Erhöhung einer bedeutenden Beteiligung (Abs. 1 S. 2 iVm § 2c Abs. 1 S. 6 KWG)

Gemäß § 2c Abs. 1 S. 6 KWG muss der Inhaber einer bedeutenden Beteiligung **19** der BaFin und der BBank unverzüglich schriftlich die Absicht bestimmter Erhöhungen seiner bedeutenden Beteiligung anzeigen, namentlich, wenn er es beabsichtigt, allein oder im Zusammenwirken mit anderen Personen oder Unternehmen den Betrag der bedeutenden Beteiligung so zu erhöhen, dass die Schwellen von 20%, 30% oder 50% der Stimmrechte oder des Kapitals erreicht oder überschritten werden oder dass das Institut unter seine Kontrolle kommt.

Die weiteren Voraussetzungen der Anzeigepflicht decken sich weitgehend mit **20** denen bei der Absicht zum Erwerb einer bedeutenden Beteiligung, so dass insoweit die Ausführungen unter → Rn. 11 ff. entsprechend gelten. Die Anzeigepflicht richtet sich nicht an einen interessierten Erwerber, sondern an eine Person, die bereits Inhaber einer bedeutenden Beteiligung ist. Die Anzeigepflicht entsteht, wenn die Absicht der Erhöhung einer bedeutenden Beteiligung sich darauf bezieht, dass die Schwellen von 20%, 30% oder 50% der Stimmrechte oder des Kapitals erreicht oder überschritten werden oder dass das Institut unter die Kontrolle des Anzeigepflichtigen kommt. Zum Begriff der Kontrolle bietet sich ein Rückgriff auf Art. 4 Abs. 1 Nr. 37 CRR. Art. 6 PSD2 verwendet anstelle des Begriffs der Kontrolle die Formulierung, eines Erwerbs „mit der Folge, dass (…) das Zahlungsinstitut ihr Tochterunternehmen würde". Zum Vorliegen der Absicht → Rn. 13 ff. Sofern eine Person bislang Stimmrechte oder Kapital von weniger als 10% an einem Institut gehalten hat und diesen Anteil durch einen Erwerbsvorgang auf mehr als 20%, 30% oder 50% anhebt oder die Kontrolle über das Institut erlangt, muss sie eine Anzeige gemäß § 2c Abs. 1 S. 1 KWG abgeben. Diese Absicht muss der BaFin und der BBank unverzüglich angezeigt werden, hierzu → Rn. 16. Die Anzeigepflicht entsteht unabhängig davon, ob die jeweilige Schwelle oder Kontrolle allein oder im Zusammenwirken mit anderen Personen oder Unternehmen erreicht wird.

3. Anzeigepflicht bei unabsichtlichem Erwerb oder Erhöhung einer bedeutenden Beteiligung (Abs. 1 S. 2 iVm § 2c Abs. 1 S. 7 KWG)

20a   Gemäß Abs. 1 Satz 2 iVm § 2c Abs. 1 S. 7 KWG muss, wer **unabsichtlich** eine bedeutende Beteiligung an einem Institut erwirbt oder eine bedeutende Beteiligung so erhöht, dass die Schwellen von 20 Prozent, 30 Prozent oder 50 Prozent der Stimmrechte oder des Kapitals erreicht oder überschritten werden, oder eine bedeutende Beteiligung so erhöht, dass das Institut unter seine Kontrolle kommt, dies der Bundesanstalt und der Deutschen Bundesbank unverzüglich anzeigen, sobald er von dem Erwerb oder der Erhöhung Kenntnis erlangt hat. Als Beispiele für einen unbeabsichtigten Erwerb oder Erhöhung einer bedeutenden Beteiligung nennt der Gesetzgeber die Erbfolge oder Herabsetzung des Kapitals des Instituts (BT-Drs. 19/22786, 147). Die Regelung dient nach dem Willen des Gesetzgebers der Anpassung an die Praxis innerhalb des einheitlichen Aufsichtsmechanismus, welche entsprechende Konstellationen als Fälle des Absatzes 1 behandele.

20b   Die Anzeigepflicht besteht gemäß § 2c Abs. 1 S. 8 KWG auch, wenn der Erwerber beabsichtigt, die Beteiligung so zurückzuführen, dass sie erneut unter eine der Schwellen fällt, sofern die Beteiligung nicht unverzüglich nach Kenntnis von dem Erwerb oder der Erhöhung zurückgeführt wird.

4. Anzeigepflicht bei Verringerung oder Aufgabe einer bedeutenden Beteiligung (Abs. 1 S. 2 iVm § 2c Abs. 3 S. 1 KWG)

21   Gemäß Abs. 1 S. 2 iVm § 2c Abs. 3 S. 1 KWG muss der Inhaber einer bedeutenden Beteiligung der BaFin und der BBank eine Anzeige bei einer Verringerung seiner Beteiligung machen, wenn er seine Stimmrechte oder sein Kapital so verringert, dass sein Anteil unter die Schwellen von 20%, 30% oder 50% der Stimmrechte oder des Kapitals absinkt oder er seine Beteiligung so verändert, dass das Institut kein kontrolliertes Unternehmen mehr ist. Ebenso besteht eine Anzeigepflicht im Falle der Aufgabe einer bedeutenden Beteiligung. Die Anzeige ist unverzüglich abzugeben. Gleiches gilt gemäß Abs. 1 S. 2 iVm § 2c Abs. 3 S. 2 KWG, wenn der Inhaber einer bedeutenden Beteiligung an einem Institut **unabsichtlich** seine bedeutende Beteiligung aufgibt oder den Betrag seiner bedeutenden Beteiligung unter die Schwellen von 20 Prozent, 30 Prozent oder 50 Prozent der Stimmrechte oder des Kapitals absenkt oder die Beteiligung so verändert, dass das Institut nicht mehr kontrolliertes Unternehmen ist. Die Änderung ist das Gegenstück zu § 2c Abs. 1 S. 7 KWG. Die Bestimmung dient gleichfalls einer effektiven Anteilseignerkontrolle (BT-Drs. 19/22786, 149).

5. Anzeigepflicht bei neu bestellten Vertretern und persönlich haftenden Gesellschaftern (Abs. 1 S. 2 iVm § 2c Abs. 1 S. 5 KWG iVm § 4 Abs. 4 ZAGAnzV)

22   Gemäß § 2c Abs. 1 S. 5 KWG muss der Inhaber einer bedeutenden Beteiligung jeden neu bestellten gesetzlichen oder satzungsmäßigen Vertreter oder neuen persönlich haftenden Gesellschafter mit den für die Beurteilung von dessen Zuverlässigkeit wesentlichen Tatsachen entsprechend anzeigen. Gemäß § 4 Abs. 4

ZAGAnzV sind dabei die in § 18 InhKontrollV vorgesehenen Angaben und Unterlagen vorzulegen. Das Ausscheiden eines gesetzlichen oder satzungsmäßigen Vertreters oder eines persönlich haftenden Gesellschafters ist ebenfalls anzuzeigen (§ 4 Abs. 4 S. 2 ZAGAnzV), hierbei sind jedoch keine weiteren Angaben zu machen oder Unterlagen vorzulegen.

IV. Inhalt der Anzeigen (Abs. 1 S. 2 iVm § 2c Abs. 1 S. 2 KWG und Abs. 3 iVm §§ 4, 5 ZAGAnzV)

Der Inhalt der nach dem ZAG einzureichenden Anzeigen unterscheidet sich **23** nach der Art der einzureichenden Anzeige und ergibt sich aus einem Zusammenspiel von § 14 und § 2c KWG sowie den Vorschriften der InhKontrollV und der ZAGAnzV. Der Verweis in Abs. 1 S. 2 auf § 2c Abs. 1 S. 2, 3 KWG, die wiederum Grundlage für den Erlass der InhKontrollV sind, ist nicht so zu verstehen, dass sämtliche Vorschriften der InhKontrollV bei Erwerbsvorgängen bezüglich Instituten iSv § 1 Abs. 3 anwendbar sind. Vielmehr sind nur diejenigen Vorschriften der InhKontrollV zu beachten, auf die die ZAGAnzV selbst verweist.

Nach § 1 Abs. 1 ZAGAnzV sind die Anzeigen jeweils in einfacher Ausfertigung **24** an BaFin und BBank zu richten. Unterlagen und Erklärungen, die nicht in deutscher Sprache vorliegen, sind grundsätzlich zu übersetzen (§ 1 Abs. 2 ZAGAnzV).

1. Anzeige der Absicht des Erwerbs einer bedeutenden Beteiligung

Gemäß Abs. 1 S. 2 iVm § 2c Abs. 1 S. 2 KWG muss der interessierte Erwerber in **25** der Anzeige die für die Höhe der Beteiligung und die für die Begründung des maßgeblichen Einflusses, die Beurteilung seiner Zuverlässigkeit und die Prüfung der weiteren Untersagungsgründe nach § 2c Abs. 1b S. 1 KWG wesentlichen Tatsachen und Unterlagen, die durch § 4 ZAGAnzV näher bestimmt werden, angeben, sowie die Personen oder Unternehmen, von denen er die entsprechenden Anteile erwerben will.

§ 4 Abs. 1 ZAGAnzV erklärt für Anzeigen über den Erwerb einer bedeutenden **26** Beteiligung nach Abs. 1 S. 2 iVm § 2c Abs. 1 S. 1 KWG verschiedene Bestimmungen der InhKontrollV mit der Maßgabe, dass an die Stelle der dort genannten Zielunternehmen das Institut tritt, für entsprechend anwendbar.

Die ZAGAnzV enthält in Anlage 1 ein Formular „Erwerb – Erhöhung", mit **27** dem der Erwerber die Anzeige einreichen muss (§ 4 Abs. 2 S. 1 ZAGAnzV) und in dem sich eine Auflistung aller Angaben und Unterlagen findet, die der Erwerber einreichen muss.

Die Anzeige des Erwerbers einer bedeutenden Beteiligung umfasst die folgen- **28** den Unterlagen und Angaben:

— Es ist ein Empfangsbevollmächtigter bei Anzeigepflichtigen ohne Sitz oder Geschäftsleitung im Inland zu bestimmen, § 3 InhKontrollV.

— Es sind verschiedene persönliche Angaben über den Anzeigepflichtigen wie Name, Firma, Wohnsitz, Sitz und Handelsregisternummer zu machen, § 4 InhKontrollV.

— Nach § 8 InhKontrollV sind der Anzeige umfangreiche Unterlagen und Erklärungen über den Anzeigepflichtigen beizufügen wie Gründungsdokumente, Gesellschafterlisten oder Gesellschaftsvertrag. Daneben ist insbesondere eine

„aktuelle, vollständige und aussagekräftige Darstellung der geschäftlichen Aktivitäten des Anzeigepflichtigen" (§ 8 Nr. 4 InhKontrollV) beizufügen. Es sind auch Angaben über Personen oder Gesellschaften zu machen, in deren Eigentum oder unter deren Kontrolle der Anzeigepflichtige steht (§ 8 Nr. 5 InhKontrollV). Die Angaben und Dokumente sind teils identisch mit den im Rahmen eines Erlaubnisantrags gemäß §§ 10, 11 ZAG erforderlichen Angaben und Dokumenten.

– Nach § 8a InhKontrollV sind nunmehr zusätzliche Unterlagen und Erklärungen vorzulegen, wenn der Anzeigepflichtige keine natürliche Person mit Sitz in einem Drittstaat, ein Staatsfonds, Private-Equity Fonds oder Hedgefonds ist.

– Nach § 9 InhKontrollV muss der Anzeigepflichtige mittels der als Anlage zur InhKontrollV beigefügten Formulare, die auch im Rahmen eines Erlaubnisantrags gemäß §§ 10, 11 ZAG einzureichen sind, Angaben zur Zuverlässigkeit machen. Zu den einzureichenden Angaben und zu den Personen, auf die sich die Angaben beziehen müssen, → § 10 Rn. 67 ff.; zum Begriff der Zuverlässigkeit → § 12 Rn. 13 ff. Bezüglich der Beurteilung der Zuverlässigkeit der gesetzlichen oder satzungsmäßigen Vertreter oder persönlich haftenden Gesellschafter des Anzeigepflichtigen sind Angaben hierzu bereits gemäß § 2c Abs. 1 S. 4 KWG erforderlich.

– Nach § 10 InhKontrollV muss der Absichtsanzeige, wie auch im Rahmen eines Erlaubnisantrags gemäß §§ 10, 11 ZAG, ein eigenhändig unterzeichneter Lebenslauf des Anzeigepflichtigen, des persönlich haftenden Gesellschafters oder Vertreters des Anzeigepflichtigen sowie eines künftigen Geschäftsleiters beigefügt werden.

– Gemäß § 11 InhKontrollV muss die Anzeige verschiedene Angaben zu den aktivischen und passivischen Beteiligungsverhältnissen, zur Konzernangehörigkeit und sonstigen Einflussmöglichkeiten des Anzeigepflichtigen enthalten.

– § 11a InhKontrollV erfordert nunmehr eine Darstellung der Gruppenstruktur auf die Aufsicht, wie zB eine Analyse des Umfangs der Beaufsichtigung auf konsolidierter Basis.

– Nach § 14 InhKontrollV sind der Anzeige eine aussagekräftige, lückenlose Darstellung und geeignete, lückenlose Nachweise über das Vorhandensein und die wirtschaftliche Herkunft der Eigen- und Fremdmittel, die für den Erwerb eingesetzt werden sollen, sowie sämtliche im Zusammenhang mit dem Erwerb getroffenen Vereinbarungen und Verträge beizufügen. Nachweise über das Vorhandensein von Eigen- und Fremdmitteln können etwa Bankbestätigungen über die Einzahlung der Eigenmittel oder Finanzierungsbestätigungen für Fremdmittel sein. Als im Zusammenhang mit dem Erwerb getroffene Vereinbarungen kommen vor allem Finanzierungsverträge in Betracht.

– Nach § 15 InhKontrollV muss der Anzeigepflichtige einen Geschäftsplan und eine Darstellung strategischer Ziele und Pläne einreichen. Sofern der Anzeigepflichtige mit dem Erwerb die Kontrolle über das Institut erlangt, sind gemäß § 15 Abs. 1 InhKontrollV deutlich umfangreichere Angaben zu machen und Dokumente einzureichen als bei einer Überschreitung der Stimmrechtsanteilsschwellen von mindestens 20% gemäß § 15 Abs. 2 InhKontrollV. Sofern durch den geplanten Erwerb die Stimmrechtsanteilsschwelle von 20% nicht erreicht wird, sind gemäß § 15 Abs. 3 InhKontrollV nochmals herabgesetzte Angaben zu machen und Dokumente einzureichen.

– Nach § 7 InhKontrollV muss der Anzeigepflichtige Mitteilungen machen und Unterlagen und Erklärungen einreichen, wenn er während des Anzeigeverfah-

rens seine Absicht zum Erwerb einer bedeutenden Beteiligung ändert oder aufgibt oder sich die Angaben in den bisher eingereichten Unterlagen und Erklärungen geändert haben. Dies gilt entsprechend im Falle eines unbeabsichtigten
Erwerbs § 7 Abs. 2 S. 4 InhKontrollV.
Ein zusätzliches Formular ist der Anzeige beizufügen, wenn eine komplexe Be- 29
teiligungsstruktur vorliegt, § 4 Abs. 2 S. 2 ZAGAnzV. Komplexe Beteiligungsstrukturen liegen insbesondere vor bei Beteiligungen, die gleichzeitig unmittelbar und
mittelbar über ein oder mehrere Tochterunternehmen oder ein gleichartiges Verhältnis, über mehrere Beteiligungsketten, im Zusammenwirken mit Anderen, bei
Treuhandverhältnissen oder in anderen Fällen der Zurechnung von Stimmrechtsanteilen nach § 1 Abs. 9 S. 2 und 3 KWG iVm §§ 34 Abs. 1, 2, 35 WpHG gehalten
werden (§ 4 Abs. 2 S. 3 ZAGAnzV).
§ 16 InhKontrollV und § 4 Abs. 3 ZAGAnzV enthalten verschiedene Erleichte- 30
rungen für Anzeigepflichtige vom Inhalt der Anzeige und den beizufügenden
Unterlagen, wodurch der Aufwand für die Einreichung einer Anzeige zum Teil erheblich reduziert werden kann. Nach § 16 Abs. 1 InhKontrollV muss der Anzeigepflichtige Unterlagen und Erklärungen aus einer früheren Anzeige nicht erneut einreichen, wenn sich die darin gemachten Angaben nicht geändert haben.
Erleichterungen sind weiter in den folgenden Bestimmungen vorgesehen:
– § 4 Abs. 3 S. 1 ZAGAnzV für Institute mit Sitz im Inland: keine Anwendung der
  §§ 8 Nr. 1–5, §§ 9–14 InhKontrollV;
– § 4 Abs. 3 S. 2 ZAGAnzV für in einem Mitgliedstaat der EU oder einem anderen
  Staat des EWR zugelassene Institute: keine Anwendung der §§ 9, 10 InhKontrollV;
– § 16 Abs. 3 InhKontrollV für ein zugelassenes Kreditinstitut, Finanzdienstleistungsinstitut, Wertpapierinstitut, Versicherungsunternehmen, zugelassener Pensionsfonds, jeweils mit Sitz im Inland: keine Anwendung von § 8 Nr. 1–5
  InhKontrollV, §§ 9–11, 12 und 13 InhKontrollV sowie keine Darstellung und
  Nachweise über das Vorhandensein und die Herkunft der Eigen- und Fremdmittel nach § 14 InhKontrollV;
– § 16 Abs. 4 InhKontrollV für eine Finanzholding-Gesellschaft oder gemischte
  Finanzholding-Gesellschaft nach § 1 Abs. 35 KWG iVm Art. 4 Abs. 1 Nr. 20
  oder 21 CRR und sofern der BaFin die Unterlagen und Erklärungen nach § 16
  Abs. 2 AnzV vorliegen: keine Anwendung von §§ 9, 10 InhKontrollV;
– § 16 Abs. 5 InhKontrollV für eine Versicherungs-Holdinggesellschaft, eine gemischte Finanzholding-Gesellschaft nach § 7 Nummer 10 des VAG, ein Unternehmen nach § 293 Abs. 4 VAG: keine Anwendung von §§ 9, 10 InhKontrollV;
– § 16 Abs. 7 InhKontrollV für ein in einem Mitgliedstaat der EU oder einem
  anderen Staat des EWR zugelassenes CRR-Kreditinstitut, Wertpapierinstitut,
  E-Geld-Institut, Versicherungsunternehmen oder zugelassenen Pensionsfonds:
  keine Anwendung der §§ 9, 10 InhKontrollV;
– § 16 Abs. 9 InhKontrollV für ein Unternehmen eines Konzerns, dem mehrere
  Anzeigepflichtige angehören, und der BaFin eine vollständige Anzeige nach
  § 6 InhKontrollV von einem dieser Anzeigepflichtigen fristgerecht vorgelegt
  worden ist: keine Anwendung der §§ 9, 10 InhKontrollV, soweit der andere konzernangehörige Anzeigepflichtige verpflichtet war, diese einzureichen, sowie
  keine Unterlagen und Erklärungen nach § 11 Abs. 1 Nr. 1 lit. a–d und § 13
  Abs. 5 und 7 S. 2 InhKontrollV.
Nach § 4 Abs. 1 ZAGAnzV iVm § 16 Abs. 10 InhKontrollV kann die BaFin in
bestimmten Konstellationen bei Vorliegen eines Konzerns auf die Abgabe von An-

zeigen verzichten, sofern sonst mehrere konzernangehörige Gesellschaften jeweils eigene Anzeigen abgeben müssten.

2. Anzeige der Absicht der Erhöhung einer bedeutenden Beteiligung

31   Gemäß Abs. 1 S. 2 iVm § 2c Abs. 1 S. 6 KWG muss der Inhaber einer bedeutenden Beteiligung der BBank und der BaFin unverzüglich anzeigen, wenn er beabsichtigt, den Betrag der bedeutenden Beteiligung so zu erhöhen, dass er die Schwellen von 20%, 30% oder 50% der Stimmrechte des Kapitals überschreitet oder die Kontrolle erlangt.

Gemäß § 4 Abs. 2 S. 1 Nr. 2 ZAGAnzV muss der Anzeigepflichtige dabei das Formular „Erwerb – Erhöhung" in Anlage 1 der ZAGAnzV einreichen. Bei komplexen Beteiligungsstrukturen muss er zusätzlich das Formular „Komplexe Beteiligungsstrukturen" in Anlage 2 der ZAGAnzV einreichen, § 4 Abs. 2 S. 2 ZAGAnzV.

Schließlich sind gemäß § 4 Abs. 1 ZAGAnzV die dort genannten Regelungen der InhKontrollV anwendbar. Wegen der aufgrund dieser Regelungen erforderlichen Angaben und Unterlagen → Rn. 28.

3. Anzeige bei unabsichtlichem Erwerb oder Erhöhung einer bedeutenden Beteiligung

31a   Im Falle des unabsichtlichen Erwerbs oder Erhöhung einer bedeutenden Beteiligung steht der Erwerber vor dem Problem, dass er von der Anzeigepflicht unter Umständen erst nach Eintritt des Erwerbs erfährt. Da er einerseits die Anzeigepflicht unverzüglich erfüllen muss, andererseits kaum ohne einen erheblichen Zeitaufwand die umfangreichen Dokumentationspflichten in Zusammenhang mit dem Inhalt der Anzeige abbilden kann, sollte der Erwerber ab Kenntnis des Erwerbs unverzüglich jedenfalls eine formlose Anzeige vom Beteiligungserwerb abgeben und mit der BaFin die konkrete Anzeige und die Dokumentation abstimmen. Die Nutzung des von der BaFin in Anlage 1 zur ZAGAnzV bereitgestellten Formulars erscheint hierbei nicht zutreffend, da die damit verbundene Aussage der „Absicht des Erwerbs einer bedeutenden Beteiligung" oder der „Absicht der Erhöhung einer bedeutenden Beteiligung" sachlich falsch wäre (anders als Anlage 1 zur InhKontrollV, die die Angabe des unabsichtlichen Erwerbs zulässt). Daher sollte das Verfahren der Beibringung der erforderlichen Dokumente und Informationen mit der BaFin abgestimmt werden. Inhaltlich dürften die Anforderungen denen bei der Absicht des Erwerb oder Erhöhung einer bedeutenden Beteiligung entsprechen.

4. Anzeige der Absicht der Verringerung oder Aufgabe einer bedeutenden Beteiligung

32   Gemäß Abs. 1 S. 2 iVm § 2c Abs. 3 KWG iVm § 5 ZAGAnzV muss der Inhaber einer bedeutenden Beteiligung der BaFin und der BBank anzeigen, wenn er eine bedeutende Beteiligung aufgibt oder so verringert, dass er unter die Schwellen von 50%, 30% oder 20% fällt oder die Kontrolle über das Institut verliert oder eine bedeutende Beteiligung aufgibt.

Der Inhaber der bedeutenden Beteiligung muss dabei das Formular „Aufgabe-Verringerung", das in Anlage 3 zur ZAGAnzV enthalten ist, verwenden, § 5 Abs. 1 S. 1 ZAGAnzV, das deutlich geringere Angaben erfordert als das Formular „Erwerb – Erhöhung". Bei komplexen Beteiligungsstrukturen ist zusätzlich das Formular „Komplexe Beteiligungsstrukturen" der Anlage 2 zur ZAGAnzV auszufüllen, § 5 Abs. 1 S. 2 ZAGAnzV. Der Anzeigepflichtige muss die Höhe der verbleibenden Beteiligung angeben, § 2c Abs. 3 S. 3 KWG.

Im Falle der Verringerung einer bedeutenden Beteiligung gemäß § 5 Abs. 1 S. 1 Nr. 1 ZAGAnzV muss der Anzeigepflichtige erklären, auf wen er die Kapital- oder Stimmrechtsanteile übertragen wird, oder, sofern ihm dies noch nicht möglich ist, eine Begründung hierzu abgeben, § 5 Abs. 2 ZAGAnzV.

Nach § 5 Abs. 3 ZAGAnzV iVm § 16 Abs. 10 InhKontrollV kann die BaFin in bestimmten Konstellationen auf die Abgabe von Anzeigen verzichten, sofern sonst mehrere konzernangehörige Gesellschaften jeweils eigene Anzeigen abgeben müssten.

Im Falle der unabsichtlichen Verringerung einer bedeutenden Beteiligung gelten die Erwägungen gem. → Rn. 31a entsprechend.

5. Folgen unterlassener Anzeige

Die Absicht zum Erwerb oder zur Erhöhung oder zur Verringerung oder Aufgabe einer bedeutenden Beteiligung ist für das Institut gemäß § 28 Abs. 1 Nr. 4 anzeigepflichtig. Wer eine solche Anzeige nicht, nicht richtig, nicht vollständig oder nicht rechtzeitig erstattet, handelt ordnungswidrig (§ 64 Abs. 2 Nr. 1). Das Unterlassen der Anzeige, eine nicht vollständige und nicht unverzüglich abgegebene Anzeige ist daher bußgeldbewehrt. Für den interessierten Erwerber oder den Inhaber einer bedeutenden Beteiligung kann das Unterlassen der Anzeige die Konsequenz haben, dass die BaFin diesem gemäß § 2c Abs. 2 S. 1, 2 KWG die Ausübung der Stimmrechte untersagt, ein Verfügungsverbot bezüglich der erworbenen Anteile anordnet oder einen Treuhänder mit der Ausübung der Stimmrechte oder der Veräußerung der Anteile beauftragt (hierzu im Einzelnen → Rn. 53 ff.) **33**

V. Verfahrensablauf

Der Verfahrensablauf bei Anzeigen nach § 14 unterscheidet sich je nach der Art der erforderlichen Anzeige. Der Verfahrensablauf für die Anzeige des Erwerbs einer bedeutenden Beteiligung gemäß Abs. 1 S. 2 iVm § 2c Abs. 1 S. 1 KWG und für die Anzeige der Erhöhung einer bedeutenden Beteiligung gemäß Abs. 1 S. 2 iVm § 2c Abs. 1 S. 6 KWG ist weitgehend identisch. Für Anzeigen bezüglich der Verringerung oder Aufgabe einer bedeutenden Beteiligung gemäß Abs. 1 S. 2 iVm § 2c Abs. 3 KWG ist ein gesonderter Verfahrensablauf vorgesehen. Sofern der interessierte Erwerber eines der in § 8 Abs. 3 S. 2 KWG genannten Unternehmen ist, arbeiten BaFin und BBank mit den zuständigen Aufsichtsbehörden des Staates, in dem das Unternehmen zugelassen ist, gemäß § 5 iVm § 8 KWG zusammen (→ § 5 Rn. 2 f.). **34**

1. Verfahrensablauf bei Erwerb oder Erhöhung einer bedeutenden Beteiligung

Abs. 1 S. 2 iVm § 2c Abs. 1 S. 9, Abs. 1a KWG iVm § 4 Abs. 2 S. 4–7 ZAGAnzV regeln das Verfahren der Einreichung und Bearbeitung der Anzeigen durch den Anzeigepflichtigen. **35**

Die BaFin muss den Eingang einer **vollständigen Anzeige** nach § 2c Abs. 1 S. 1 oder S. 6 oder S. 7 KWG umgehend, spätestens jedoch innerhalb von zwei Arbeitstagen nach deren Zugang schriftlich gegenüber dem Anzeigepflichtigen bestätigen (§ 2c Abs. 1 S. 9 KWG). Die Frist gilt nur für vollständige Anzeigen. Sofern die vom Anzeigepflichtigen vorgelegte Dokumentation nicht sämtliche Anforderungen an die Anzeige erfüllt, beginnt die Frist nicht zu laufen. Daraus können sich erhebliche Verzögerungen des Anzeigeverfahrens ergeben (Schwennicke/Auerbach/Süßmann § 2c Rn. 25). Vollständig bedeutet nämlich, dass die jeweils erforderlichen Formulare vollständig ausgefüllt und alle erforderlichen Anlagen beigefügt wurden (§ 4 Abs. 2 S. 4 ZAGAnzV). Sofern der Anzeigepflichtige bewusst bestimmte Anlagen nicht eingereicht hat, etwa weil sie ihm zum Zeitpunkt der Anzeige noch nicht zur Verfügung stehen, muss er die Gründe hierfür angeben und die fehlenden Anlagen unverzüglich nachreichen (§ 4 Abs. 2 S. 5 ZAGAnzV). Erst mit Eingang der fehlenden Angaben gelten die Absichtsanzeigen als vollständig (§ 4 Abs. 2 S. 6 ZAGAnzV). Schließlich ist für den Beginn des Fristlaufs erforderlich, dass die Anzeige mit allen Anlagen vollständig bei der BaFin eingegangen ist (§ 4 Abs. 2 S. 7 ZAGAnzV). Abzustellen ist daher nicht auf das Datum der Versendung. Ebenso wenig würde die Frist durch eine Versendung der Anzeige an eine andere Stelle, wie etwa die BBank, ausgelöst werden. Um den Zeitraum des Anzeigeverfahrens zu verkürzen, ist in der Praxis eine Vorabstimmung mit der BaFin vor Abgabe einer förmlichen Anzeige zu empfehlen (Luz/Neus/Schaber/Scharpf/Schneider/Wagner/Weber/Kobabe/Hirdes § 2c Rn. 35; Tusch WM 2013, 633 (635)).

36   Mit dem Datum des Schreibens, mit dem die BaFin den Eingang der vollständigen Anzeige schriftlich bestätigt hat, beginnt ein **Beurteilungszeitraum** von 60 Arbeitstagen (§ 2c Abs. 1a S. 1 KWG), in dem die BaFin entscheiden muss, ob sie dem Anzeigepflichtigen den Erwerb oder die Erhöhung der bedeutenden Beteiligung untersagen wird. In der Bestätigung teilt die BaFin dem Anzeigepflichtigen den Tag mit, an dem der Beurteilungszeitraum endet (§ 2c Abs. 1a S. 2 KWG). Arbeitstag meint jeden Tag von Montag bis Freitag ausschließlich gesetzlicher Feiertage (Beck/Samm/Kookemoor/von den Steinen § 2c Rn. 100).

37   § 2c Abs. 1a S. 3–5 KWG gestattet der BaFin, den Beurteilungszeitraum in einem begrenzten Rahmen auszudehnen. Die BaFin kann bis spätestens zum 50. Arbeitstag innerhalb des Beurteilungszeitraums schriftlich weitere Informationen anfordern, die für den Abschluss der Beurteilung notwendig sind. Die BaFin ist hierbei nicht auf den Inhalt der InhKontrollV und auf die ZAGAnzV beschränkt, sondern kann auch weitere Informationen anfordern, sofern sie für die aufsichtsrechtliche Beurteilung erforderlich sind (Luz/Neus/Schaber/Scharpf/Schneider/Wagner/Weber/Kobabe/Hirdes § 2c Rn. 63). Sofern der Anzeigepflichtige auf eine solche Anforderung weitere Informationen an die BaFin liefert, muss diese den Eingang der weiteren Informationen wiederum umgehend, spätestens jedoch innerhalb von zwei Arbeitstagen nach deren Zugang schriftlich gegenüber dem Anzeigepflichtigen bestätigen (§ 2c Abs. 1a S. 5 KWG). Der Beurteilungszeitraum ist vom Zeitpunkt der Anforderung der weiteren Informationen bis zu deren Eingang bei der BaFin gehemmt (§ 2c Abs. 1a S. 6 KWG). Die Beendigung der Hemmung führt nicht zu einem Neubeginn des Beurteilungszeitraums (Luz/Neus/Schaber/Scharpf/Schneider/Wagner/Weber/Kobabe/Hirdes § 2c Rn. 64). Allerdings darf der Beurteilungszeitraum auch im Falle einer Hemmung höchstens 80 Arbeitstage betragen (§ 2c Abs. 1a S. 7 KWG). Die BaFin kann jederzeit Ergänzungen oder Klarstellungen zu den vorgelegten Informationen anfordern, was jedoch nicht zu einer erneuten Hemmung des Beurteilungszeitraums führt (§ 2c Abs. 1a S. 8 KWG). Daher kann

die BaFin den Beurteilungszeitraum durch eine einmalige Nachforderung von Informationen bis zum 50. Arbeitstag auf höchstens 80 Arbeitstage verlängern. Eine Ausnahme hiervon gilt gemäß § 2c Abs. 1a S. 9 KWG, wonach der Beurteilungszeitraum durch eine Nachforderung von Informationen auf höchstens 90 Arbeitstage ausgedehnt werden kann, wenn der Anzeigepflichtige außerhalb des EWR ansässig ist oder beaufsichtigt wird oder eine nicht der Beaufsichtigung nach den verschiedenen in § 2c Abs. 1a S. 9 Nr. 2 KWG aufgeführten Richtlinien unterliegende Person oder ein nicht unterliegendes Unternehmen ist. Auch in diesem Fall gilt, dass die Ausdehnung des Beurteilungszeitraums nur einmalig durch eine durch Nachforderung bis zum 50. Arbeitstag herbeigeführte Hemmung verlängert werden kann. Eine Untersagung des Erwerbs oder der Erhöhung einer bedeutenden Beteiligung ist nur innerhalb des Beurteilungszeitraums möglich (Ellenberger/Findeisen/Nobbe/Böger/Rieg § 14 Rn. 9).

2. Verfahrensablauf bei Verringerung oder Aufgabe einer bedeutenden Beteiligung

Für die Anzeige der Verringerung oder der Aufgabe einer bedeutenden Betei- 38 ligung gilt ein vergleichsweise einfach geregeltes Verfahren. § 2c Abs. 3 S. 4 KWG bestimmt lediglich, dass die BaFin eine Frist festsetzen kann, nach deren Ablauf ihr der Anzeigepflichtige den Vollzug oder Nichtvollzug der beabsichtigten Absenkung oder Veränderung mitzuteilen hat. Nach Ablauf der Frist muss der Anzeigepflichtige diese weitere Anzeige unverzüglich bei der BaFin erstatten.

VI. Untersagung des Erwerbs oder Erhöhung einer bedeutenden Beteiligung (Abs. 1 S. 2 iVm § 2c Abs. 1b KWG)

Gemäß Abs. 1 S. 2 iVm § 2c Abs. 1b KWG kann die BaFin den Erwerb oder die 39 Erhöhung einer bedeutenden Beteiligung bei Vorliegen bestimmter Untersagungsgründe untersagen. Die Verringerung oder Aufgabe einer bedeutenden Beteiligung kann nicht untersagt werden. Anders als in § 11 Abs. 1 S. 3 aF, der nur auf bestimmte Untersagungsgründe des § 2 Abs. 1b KWG verweist, stellt der Gesetzgeber in Abs. 1 S. 2 nunmehr auf den vollständigen Katalog des § 2c Abs. 1b KWG ab. Auch der in § 11 Abs. 1 S. 3 aF enthaltene Verweis auf § 9 Nr. 6 aF ist ersatzlos weggefallen. Die Anpassung von Abs. 1 S. 2 führt zu einer Erweiterung der Untersagungsgründe (BR-Drs. 158/17, 141). Konsequenterweise stellt die Norm nur auf den beabsichtigten Erwerb, nicht aber auf den unbeabsichtigten Erwerb ab.

Die Untersagungsgründe sind jeweils einschlägig, wenn Tatsachen vorliegen, die 40 bestimmte Annahmen rechtfertigen. Hierdurch wird eine Beweislasterleichterung für die BaFin begründet (Beck/Samm/Kokemoor/von den Steinen § 2c Rn. 166). Wegen des Territorialprinzips ist die Untersagungsmöglichkeit auf den Erwerb oder die Erhöhung einer bedeutenden Beteiligung an Instituten mit Sitz in der Bundesrepublik beschränkt (Beck/Samm/Kokemoor/von den Steinen § 2c Rn. 121).

1. Untersagungsgründe

a) Unzuverlässigkeit des Anzeigepflichtigen. Gemäß Abs. 1 S. 2 iVm § 2c 41 Abs. 1b S. 1 Nr. 1 Hs. 1 KWG kann die BaFin den beabsichtigten Erwerb der bedeutenden Beteiligung oder ihre Erhöhung untersagen, wenn Tatsachen die Annahme rechtfertigen, dass der Anzeigepflichtige oder, wenn er eine juristische Person ist, auch ein gesetzlicher oder satzungsmäßiger Vertreter, oder, wenn er eine Personenhandelsgesellschaft ist, auch ein Gesellschafter, nicht zuverlässig ist oder aus anderen Gründen nicht den im Interesse einer soliden und umsichtigen Führung des Instituts zu stellenden Ansprüchen genügt. Die Voraussetzungen des Untersagungsgrundes entsprechen denen des Erlaubnisversagungsgrundes in § 12 Nr. 4, so dass auf die Kommentierung in → § 12 Rn. 15 ff. verwiesen wird. Darüber hinaus wird die Unzuverlässigkeit des Anzeigepflichtigen auch angenommen, wenn der Erwerb auf das „Ausschlachten" des Instituts angelegt ist (Luz/Neus/Schaber/Scharpf/Schneider/Wagner/Weber/Kobabe/Hirdes § 2c Rn. 71; aA Beck/Samm/Kookemoor/von den Steinen § 2c Rn. 131).

42   Die Zuverlässigkeit fehlt gemäß § 2c Abs. 1b S. 1 Nr. 1 Hs. 2 KWG im Zweifel auch dann, wenn Tatsachen die Annahme rechtfertigen, dass der Anzeigepflichtige die von ihm aufgebrachten Mittel für den Erwerb der bedeutenden Beteiligung durch eine Handlung erbracht hat, die objektiv einen Straftatbestand erfüllt. Unerheblich ist dabei, ob der Anzeigepflichtige die Straftat selbst begangen hat (BFS/Schäfer § 2c Rn. 16; Reischauer/Kleinhans § 2c Rn. 12). Damit ist insbesondere Geldwäsche gemeint (Schwennicke/Auerbach/Süßmann § 2c Rn. 29). Eine solche Annahme kann sich daraus ergeben, dass die Investition wirtschaftlich unplausibel ist und die Herkunft der Gelder als nicht nachvollziehbar angesehen wird (Beck/Samm/Kokemoor/von den Steinen § 2c Rn. 130; Luz/Neus/Schaber/Scharpf/Schneider/Wagner/Weber/Kobabe/Hirdes § 2c Rn. 70 f.). Anders ist zu entscheiden, wenn der Anzeigepflichtige lediglich zur Erstellung der Dokumentation aus tatsächlichen oder rechtlichen Gründen nicht in der Lage ist.

43   **b) Beeinträchtigung der Aufsicht durch mangelnde Transparenz.** Der Untersagungsgrund des Abs. 1 S. 2 iVm § 2c Abs. 1b S. 1 Nr. 2 KWG ist durch die weitergehende Verweisung im ZDUG2 neu in den Katalog der Untersagungsgründe nach dem ZAG aufgenommen worden. In § 11 Abs. 1 S. 2 aF war § 2c Abs. 1b S. 1 Nr. 2 KWG noch ausdrücklich von der Verweisung ausgenommen. Da dieser Versagungsgrund jedoch nicht unerhebliche Überschneidungen mit dem Erlaubnisversagungsgrund des § 9 Nr. 7 lit. a aF (jetzt § 12 Nr. 7 lit. a) aufwies, konnte der unterbliebene Verweis nach alter Rechtslage zu der Situation führen, dass die BaFin den Erwerb nicht untersagen durfte, anschließend aber den Erlaubnisantrag ablehnen musste. Diesbezüglich potentiell auftretende Konflikte werden mit der Aufnahme als weiterer Versagungsgrund durch das ZDUG2 jetzt vermieden.

44   Gemäß Abs. 1 S. 2 iVm § 2c Abs. 1b S. 1 Nr. 2 KWG kann die BaFin den beabsichtigten Erwerb einer bedeutenden Beteiligung oder ihre Erhöhung untersagen, wenn Tatsachen die Annahme rechtfertigen, dass das Institut in einen Unternehmensverbund eingebunden würde, der durch die Struktur des Beteiligungsgeflechts oder mangelhafte wirtschaftliche Transparenz eine wirksame Aufsicht über das Institut beeinträchtigt. Es reicht bereits die grundsätzliche Eignung der Vereitelung einer wirksamen Aufsicht, bspw. bei der bewussten Schaffung von Intransparenz durch ein komplexes Beteiligungsgeflecht oder auch bei Unklarheiten darüber, in welcher Weise eine Unternehmensgruppe zu konsolidieren ist (Schwennicke/Auerbach/Süßmann § 2c Rn. 34). Darüber hinaus kann die BaFin den Erwerb einer Beteiligung untersagen, wenn sie davon ausgeht, dass das Institut nach dem Erwerb nicht mehr in der Lage sein wird, den Aufsichtsanforderungen zentraler Richtlinien und Verordnungen, wie etwa der PSD2 oder der Zweiten E-Geld-RL zu genügen. Hier-

mit soll vor allem die Einspeisung krimineller Gelder in das Bankensystem verhindert werden, da keine wirksame Aufsicht gewährleistet ist (Schäfer/Omlor/Mimberg/Schäfer § 14 Rn. 29).

c) Beeinträchtigung der Aufsicht durch Einbindung in ein Unterneh- 45 **men mit Sitz in einem Drittstaat.** Gemäß Abs. 1 S. 2 iVm § 2c Abs. 1b S. 1 Nr. 3 KWG kann die BaFin den beabsichtigten Erwerb der bedeutenden Beteiligung oder ihre Erhöhung untersagen, wenn Tatsachen die Annahme rechtfertigen, dass das Institut durch die Begründung oder Erhöhung der bedeutenden Beteiligung Tochterunternehmen eines Instituts mit Sitz in einem Drittstaat würde, das im Staat seines Sitzes oder seiner Hauptverwaltung nicht wirksam beaufsichtigt wird oder dessen zuständige Aufsichtsstelle zu einer befriedigenden Zusammenarbeit mit der BaFin nicht bereit ist. Die Voraussetzungen des Untersagungsgrundes entsprechen denen des Erlaubnisversagungsgrundes des § 12 Nr. 7 c.

d) Fehlende Eignung oder Zuverlässigkeit des künftigen Geschäftslei- 46 **ters.** Abs. 1 S. 2 iVm § 2c Abs. 1b S. 1 Nr. 4 sieht einen Untersagungsgrund vor, wenn ein künftiger Geschäftsleiter nicht zuverlässig oder nicht geeignet ist. Gegenüber der Untersagung des Erwerbs der Beteiligung als milderes Mittel kommt die Anordnung der Bestellung eines anderen künftigen Geschäftsleiters in Betracht (Schwennicke/Auerbach/Süßmann § 2c Rn. 36). Die fehlende Zuverlässigkeit oder fachliche Eignung des Geschäftsleiters ist in § 12 Nr. 5 als Erlaubnisversagungsgrund geregelt. Insoweit kann auf die Kommentierung dort (→ § 12 Rn. 20 ff.) verwiesen werden.

e) Gefahr von Geldwäsche oder Terrorismusfinanzierung. Nach Abs. 1 47 S. 2 iVm § 2c Abs. 1b S. 1 Nr. 5 liegt ein Untersagungsgrund vor, wenn Tatsachen die Annahme rechtfertigen, dass im Zusammenhang mit dem beabsichtigten Erwerb oder der Erhöhung der Beteiligung Geldwäsche oder Terrorismusfinanzierung iSd Art. 1 der 3. Geldwäsche-RL stattfinden, stattgefunden haben, diese Straftaten versucht wurden oder der Erwerb oder die Erhöhung das Risiko eines solchen Verhaltens erhöhen könnte. Die Tatbestandsmerkmale dieses Untersagungsgrundes entsprechen weitgehend den Tatbestandsmerkmalen in § 39 Abs. 2. § 39 Abs. 2 regelt die Befugnis der BaFin, im Falle der Beauftragung eines Agenten oder der Errichtung einer Zweigniederlassung die zuständige Behörde des Herkunftsstaates zu unterrichten. Zur Auslegung der entsprechenden Begriffe wird auf die Kommentierung unter → § 39 Rn. 23 ff. verwiesen. Für die Annahme eines Untersagungsgrundes für den Erwerb ist allerdings erforderlich, dass die Gefahr von Geldwäsche und Terrorismusfinanzierung im Zusammenhang mit dem Erwerb oder der Erhöhung der Beteiligung erfolgt. Sofern die Mittel für den Erwerb aus einer Kapitalerhöhung des Anzeigepflichtigen stammen, besteht die Möglichkeit, dass die Gesellschafter des Anzeigepflichtigen nachweisen müssen, woher die Mittel für die Kapitalerhöhung stammen (krit. hierzu Schwennicke/Auerbach/Süßmann § 2c Rn. 38; zust. Schäfer/Omlor/Mimberg/Schäfer § 14 Rn. 32).

f) Fehlende notwendige finanzielle Solidität. Der Untersagungsgrund des 48 Abs. 1 S. 2 iVm § 2c Abs. 1b S. 1 Nr. 6 KWG ist durch die weitergehende Verweisung im ZDUG2 neu in den Katalog der Untersagungsgründe nach dem ZAG aufgenommen worden. In § 11 Abs. 1 S. 2 aF war § 2c Abs. 1b S. 1 Nr. 6 KWG noch ausdrücklich von der Verweisung ausgenommen. Nunmehr kann die BaFin den Erwerb auch untersagen, wenn der Anzeigepflichtige nicht über die notwendige **finanzielle Solidität** verfügt. Dies soll insbesondere dann der Fall sein, wenn der

Anzeigepflichtige aufgrund seiner Kapitalausstattung oder Vermögenssituation nicht den besonderen Anforderungen gerecht werden kann, die von Gesetzes wegen an die Eigenmittel und die Liquidität eines Instituts gestellt werden. Die finanzielle Solidität des Erwerbsinteressenten soll insbesondere im Hinblick auf die Art der tatsächlichen und geplanten Geschäfte des Instituts geprüft werden (Schwennicke/Auerbach/Süßmann § 2c Rn. 33). Der Erwerber soll in der Anzeige aufzeigen, dass er im Fall einer Krise oder zur Vermeidung von Krisenfällen Eigenmittel oder Liquidität nachschießen kann (s. mit krit. Bewertung Schwennicke/Auerbach/Süßmann § 2c Rn. 39; BFS/Schäfer § 2c Rn. 23; Schäfer/Omlor/Mimberg/Schäfer § 14 Rn. 33). Im Hinblick auf die Eigenmittelanforderungen ist auf die in § 15 enthaltenen Regelungen zurückzugreifen.

49   **g) Unvollständige oder falsche Angaben.** Gemäß Abs. 1 S. 2 iVm § 2c Abs. 1b S. 2 KWG kann die BaFin den Erwerb oder die Erhöhung der Beteiligung auch untersagen, wenn die Angaben nach § 2c Abs. 1 S. 2 oder S. 6 KWG oder die zusätzlich nach § 2c Abs. 1a S. 3 KWG angeforderten Informationen unvollständig oder nicht richtig sind oder nicht den Anforderungen der ZAGAnzV entsprechen. Daher liegt ein Untersagungsgrund vor, wenn der Anzeigepflichtige innerhalb des Beurteilungszeitraums keine vollständigen und richtigen Angaben entsprechend der ZAGAnzV vorgelegt hat. Darüber hinaus sind Informationen erfasst, die die BaFin bis zum 50. Arbeitstag gemäß § 2c Abs. 1a S. 3 KWG zusätzlich angefordert hat. Eine Untersagung ist aber nur dann gerechtfertigt, wenn sich die angeforderten Informationen aus der schriftlichen Anforderung der BaFin gem. § 2c Abs. 1a S. 3 KWG ergeben (Luz/Neus/Schaber/Scharpf/Schneider/Wagner/Weber/Kobabe/Hirdes § 2c Rn. 87). Nach dem Sinn und Zweck der Vorschrift, der BaFin die Möglichkeit zur Beurteilung auf ausreichender Tatsachengrundlage zu gewährleisten, begründen auch unvollständige oder unrichtige Angaben, die die BaFin gemäß § 2c Abs. 1a S. 8 KWG angefordert hat, den Untersagungsgrund (Beck/Samm/Kokemoor/von den Steinen § 2c Rn. 162; Luz/Neus/Schaber/Scharpf/Schneider/Wagner/Weber/Kobabe/Hirdes § 2c Rn. 88; kritisch hierzu Schäfer/Omlor/Mimberg/Schäfer § 14 Rn. 34). Der Verhältnismäßigkeitsgrundsatz gebietet aber, den Versagungsgrund auf tatsächlich für die Beurteilung wesentliche Informationen zu beschränken und dem Anzeigepflichtigen vor der Untersagung Gelegenheit zur Ergänzung und Klarstellung zu geben (Schwennicke/Auerbach/Süßmann § 2c Rn. 44).

2. Ermessen

50   Die Untersagungsgründe des § 2c Abs. 1b S. 1 KWG sind als Ermessensentscheidung ausgestaltet. Die BaFin muss dabei berücksichtigen, ob die Zielsetzungen der Anteilseignerkontrolle unter Berücksichtigung des Grades der festgestellten Unzuverlässigkeit, der Höhe der Beteiligung und der Größe des Instituts ein Einschreiten erfordern (Luz/Neus/Schaber/Scharpf/Schneider/Wagner/Weber/Kobabe/Hirdes § 2c Rn. 98). Aufgrund des Umstandes, dass der Anteilseigner mit erhöhtem Kapitalanteil auch mehr Einflussrechte erwirbt, wird man die Höhe der zu erwerbenden Beteiligung in die Verhältnismäßigkeitsprüfung einbeziehen müssen (Luz/Neus/Schaber/Scharpf/Schneider/Wagner/Weber/Kobabe/Hirdes § 2c Rn. 98). Nach § 2c Abs. 1b S. 4 KWG darf die BaFin weder Vorbedingungen an die Höhe der zu erwerbenden Beteiligung oder der beabsichtigten Erhöhung der Beteiligung stellen, noch darf sie bei ihrer Prüfung auf die wirtschaftlichen Bedürfnisse des

Marktes abstellen. Daher darf sich die BaFin bei der Ausübung ihres Ermessens nicht von Erwägungen hinsichtlich bedenklicher Machtkonzentrationen leiten lassen (Beck/Samm/Kokemoor/von den Steinen § 2c Rn. 164; Luz/Neus/Schaber/ Scharpf/Schneider/Wagner/Weber/Kobabe/Hirdes § 2c Rn. 99). § 2c Abs. 1b S. 3 KWG stellt klar, dass die BaFin anstelle der Untersagung des Erwerbs auch Anordnungen gegenüber dem Anzeigepflichtigen treffen darf, die geeignet und erforderlich sind, um das Eintreten der in § 2c Abs. 1b S. 1 Nummer 1–6 KWG genannten Untersagungsgründe auszuschließen. Das soll innerhalb des Beurteilungszeitraums auch im Falle des unbeabsichtigten Erwerbs oder Erhöhung einer bedeutenden Beteiligung gelten.

3. Verfahren der Untersagung

§ 2c Abs. 1b S. 4–10 KWG regelt das Verfahren der Entscheidung über die Un- **51** tersagung des Erwerbs oder der Erhöhung der bedeutenden Beteiligung. Nach § 2c Abs. 1b S. 5 KWG muss die BaFin, falls sie sich entscheidet, den Erwerb oder die Erhöhung der Beteiligung zu untersagen, nach Abschluss der Beurteilung dies dem Anzeigepflichtigen innerhalb von zwei Arbeitstagen und unter Einhaltung des Beurteilungszeitraums schriftlich unter Angabe der Gründe mitteilen. Bemerkungen und Vorbehalte der für den Anzeigepflichtigen zuständigen Stellen muss die BaFin in der Entscheidung wiedergeben, § 2c Abs. 1b S. 6 KWG. § 2c Abs. 1b S. 7 KWG stellt klar, dass die Untersagung nur aufgrund der in den Sätzen 1 und 2 genannten Gründe erfolgen darf, die Aufzählung mithin abschließend ist. Sofern die BaFin den Erwerb oder die Erhöhung der Beteiligung nicht innerhalb des Beurteilungszeitraums schriftlich untersagt, kann der Erwerb oder die Erhöhung vollzogen werden (§ 2c Abs. 1b S. 8 Hs. 1 KWG). Allerdings ist es der BaFin unbenommen, in der Zukunft eine Untersagung der Ausübung der Stimmrechte und der Verfügung über die Anteile auszusprechen (§ 2c Abs. 1b S. 8 Hs. 2 KWG). Um sich Klarheit über die Verwirklichung oder Nichtverwirklichung des Anteilserwerbs zu verschaffen, kann die BaFin eine Frist setzen, nach deren Ablauf ihr der Anzeigepflichtige den Vollzug oder den Nichtvollzug des beabsichtigten Erwerbs oder der Erhöhung anzuzeigen hat (§ 2c abs. 1b S. 9 KWG). Nach § 2c Abs. 1b S. 10 KWG hat der Anzeigepflichtige nach Ablauf der Frist die Anzeige unverzüglich bei der BaFin einzureichen.

4. Rechtsfolgen und Rechtsmittel des Adressaten

Die Untersagung des Erwerbs ist ein anfechtbarer Verwaltungsakt, gegen den **52** Widerspruch, Anfechtungsklage sowie die Aussetzung der Vollziehung durch die BaFin gemäß § 80 Abs. 4 VwGO oder der vorläufige Rechtsschutz gemäß § 80 Abs. 5 VwGO die statthaften Rechtsmittel sind. Die Nichtuntersagung durch die BaFin ist hingegen als feststellender Verwaltungsakt einzustufen (Tusch WM 2013, 635 (639)).

Die Untersagung durch die BaFin begründet kein zivilrechtliches Erwerbsverbot an der bedeutenden Beteiligung (Luz/Neus/Schaber/Scharpf/Schneider/Wagner/ Weber/Kobabe/Hirdes § 2c Rn. 103). Allerdings ist das Zuwiderhandeln gegen eine vollziehbare Anordnung der BaFin durch Institute gemäß § 56 Abs. 2 Nr. 3a KWG bußgeldbewehrt. Aufgrund des Verweises in § 14 auf § 2c KWG dürfte § 56 Abs. 2 Nr. 3a KWG auch bei Zuwiderhandlungen von Instituten im Sinne des ZAG gegen vollziehbare Untersagungsverfügungen gegen den Erwerb einer bedeutenden Beteiligung Anwendung finden (aA Schäfer/Omlor/Mimberg/Schäfer § 14 Rn. 40). Darüber hinaus kann ein Verstoß gegen eine Untersagungsverfügung die Unzuverlässigkeit des Erwerbers bzw. der für diesen handelnden Personen begründen (Schäfer/Omlor/Mimberg/Schäfer § 14 Rn. 42).

Die Untersagung des Erwerbs oder der Erhöhung der bedeutenden Beteiligung begründet gemäß §§ 1, 2 Abs. 1 FinDAGebV iVm Ziffer 11.4.1 des Gebührenverzeichnisses zur FinDAGebV einen Gebührenanspruch der BaFin, der nach Zeitaufwand berechnet wird.

VII. Untersagung der Ausübung der Stimmrechte und der Verfügung über Anteile (Abs. 1 S. 2 iVm § 2c Abs. 2 KWG)

53　　Nach Abs. 1 S. 2 iVm § 2c Abs. 2 KWG kann die BaFin dem Inhaber einer bedeutenden Beteiligung sowie dem von ihm kontrollierten Unternehmen die Ausübung der Stimmrechte bei Vorliegen eines Untersagungsgrundes untersagen und anordnen, dass über die Anteile nur mit ihrer Zustimmung verfügt werden darf. § 2c Abs. 2 KWG regelt die Eingriffsbefugnisse der BaFin bei bereits bestehenden Beteiligungen.

1. Untersagungs- und Anordnungsgründe

54　　**a) Voraussetzungen für Erwerbsuntersagung liegen vor.** Nach § 2c Abs. 2 S. 1 Nr. 1 KWG liegt ein Untersagungs- bzw. Anordnungsgrund vor, wenn die Voraussetzungen für eine Untersagungsverfügung nach § 2c Abs. 1b S. 1 oder S. 2 KWG vorliegen. Der Untersagungsgrund ist insbesondere erfüllt, wenn sich bei einer bestehenden Beteiligung im Nachhinein Tatsachen ergeben, die die Untersagung rechtfertigen würden oder Tatsachen bereits zum Zeitpunkt des Erwerbs vorlagen, der BaFin aber erst im Nachhinein bekannt werden (Luz/Neus/Schaber/Scharpf/Schneider/Wagner/Weber/Kobabe/Hirdes § 2c Rn. 110). Verfügt die BaFin nicht über solche neuen Erkenntnisse, ist sie an ihre vorherige Entscheidung gebunden (BFS/Schäfer § 2c Rn. 30; Beck/Samm/Kokemoor/von den Steinen § 2c Rn. 184).

55　　**b) Verletzung der Pflicht zur Unterrichtung.** Nach § 2c Abs. 2 S. 1 Nr. 2 KWG liegt ein Untersagungs- bzw. Anordnungsgrund vor, wenn der Inhaber der bedeutenden Beteiligung seiner Pflicht nach § 2c Abs. 1 KWG zur vorherigen Unterrichtung der BaFin und der BBank nicht nachgekommen ist und diese Unterrichtung innerhalb einer von ihr gesetzten Frist nicht nachgeholt hat. Damit sind Fälle gemeint, in denen die BaFin erst nach Vollzug des Erwerbs oder der Erhöhung einer bedeutenden Beteiligung von dem Vollzug erfährt. Durch die Regelung soll sichergestellt werden, dass die BaFin den Erwerber zur Nachholung der Anzeige zwingen kann. Die BaFin kann aber erst nach Ablauf einer gesetzten Frist Maßnahmen ergreifen.

56　　**c) Pflichtwidriger Erwerb oder Erhöhung der Beteiligung.** Gemäß § 2c Abs. 2 S. 1 Nr. 3 KWG liegt ein Untersagungsgrund vor, wenn die Beteiligung entgegen einer vollziehbaren Untersagung nach § 2c Abs. 1b S. 1 oder S. 2 KWG erworben oder erhöht worden ist. Hiermit ist der Fall erfasst, dass der Erwerber, nachdem die BaFin eine Untersagungsverfügung erlassen hat, den Erwerb oder die Erhöhung der bedeutenden Beteiligung dennoch vollzogen hat. Gemäß § 2c Abs. 2

S. 1 Nr. 4 KWG kann die Ausübung der Stimmrechte auch untersagt werden, wenn der Erwerber den Erwerb oder die Erhöhung innerhalb des Beurteilungszeitraums vollzogen hat oder gemäß § 2c Abs. 2 S. 1 Nr. 5 KWG, wenn der Erwerber eine Anordnung der BaFin gemäß § 2c Abs. 1b S. 3 KWG, also eine Anordnung von Maßnahmen die das Eintreten der in § 2c Abs. 1b S. 1 KWG enthaltenen Untersagungsgründe ausschließen sollen, nicht erfüllt hat.

2. Anordnungen

a) Untersagung der Ausübung der Stimmrechte (§ 2c Abs. 2 S. 1 KWG). 57
Liegt ein Untersagungsgrund vor, kann die BaFin dem Anteilsinhaber die Ausübung der Stimmrechte untersagen. Diese Maßnahme kommt in Betracht, wenn zu befürchten ist, dass unzuverlässige gesetzliche oder satzungsmäßige Vertreter oder Gesellschafter die Stimmrechtsausübung beeinflussen (BFS/Schäfer § 2c Rn. 31) oder wenn die Unternehmensstruktur intransparent ist (Beck/Samm/Kokemoor/von den Steinen § 2c Rn. 177). Übt der Anteilsinhaber seine Stimmrechte entgegen des Verbots aus, ist dies pflichtwidrig, aber wirksam (Luz/Neus/Schaber/Scharpf/Schneider/Wagner/Weber/Kobabe/Hirdes § 2c Rn. 114).

b) Verfügungsverbot (§ 2c Abs. 2 S. 1 KWG). Darüber hinaus kann die 58
BaFin dem Anteilsinhaber die Verfügung über seine Anteile untersagen. Das Verfügungsverbot soll verhindern, dass der Anteilsinhaber seine Anteile auf einen Strohmann überträgt, um über diesen weiterhin schädlichen Einfluss auf das Institut auszuüben (Luz/Neus/Schaber/Scharpf/Schneider/Wagner/Weber/Kobabe/Hirdes § 2c Rn. 115; BFS/Schäfer § 2c Rn. 33). Kann der Anteilsinhaber jedoch einen zuverlässigen Erwerbsinteressenten nachweisen, ist die Zustimmung der BaFin zu erteilen (BFS/Schäfer § 2c Rn. 33; Beck/Samm/Kokemoor/von den Steinen § 2c Rn. 188). Veräußert der Anteilsinhaber entgegen der Anordnung seine Anteile, wäre diese Veräußerung pflichtwidrig, aber wirksam (Luz/Neus/Schaber/Scharpf/Schneider/Wagner/Weber/Kobabe/Hirdes § 2c Rn. 115).

c) Übertragung der Ausübung der Stimmrechte auf einen Treuhänder 59
(§ 2c Abs. 2 S. 2 KWG). Hat die BaFin dem Anteilsinhaber die Ausübung der Stimmrechte untersagt, kann sie darüber bei Gericht einen Antrag stellen, diese auf einen Treuhänder übertragen. Das ist insbesondere der Fall, wenn die Gefahr besteht, dass die Handlungsfähigkeit des Instituts durch die Untersagung der Stimmrechtsausübung beeinträchtigt ist (Beck/Samm/Kokemoor/von den Steinen § 2c Rn. 189). Der Treuhänder hat bei der Ausübung der Stimmrechte den Interessen einer soliden und umsichtigen Führung des Instituts Rechnung zu tragen (§ 2c Abs. 2 S. 3 KWG). Dabei hat der Treuhänder nicht die Interessen des Anteilsinhabers, sondern die des Instituts zu berücksichtigen (Luz/Neus/Schaber/Scharpf/Schneider/Wagner/Weber/Kobabe/Hirdes § 2c Rn. 121). Sind die Voraussetzungen von § 2c Abs. 2 S. 1 KWG entfallen, hat die BaFin den Widerruf der Bestellung des Treuhänders zu beantragen (§ 2c Abs. 2 S. 5 KWG).

d) Beauftragung der Veräußerung der Anteile durch den Treuhänder 60
(§ 2c Abs. 2 S. 4 KWG). Über die Maßnahmen nach § 2c Abs. 2 S. 1 KWG hinaus kann die BaFin den Treuhänder mit der Veräußerung der Anteile, soweit sie eine bedeutende Beteiligung begründen, beauftragen, wenn der Inhaber der bedeutenden Beteiligung ihr nicht innerhalb einer von ihr bestimmten angemessenen Frist einen zuverlässigen Erwerber nachweist. Der Auftrag zur Veräußerung kann nur in

dem Umfang erteilt werden, in dem eine bedeutende Beteiligung besteht (Beck/Samm/Kokemoor/von den Steinen § 2c Rn. 203; Schwennicke/Auerbach/Süßmann § 2c Rn. 56). Dem Inhaber ist Gelegenheit zu geben, selbst geeignete Erwerbsinteressenten nachzuweisen (§ 2c Abs. 2 S. 4 Hs. 2 KWG).

60a   **e) Untersagung, Weisungen zu befolgen.** Gemäß § 2c Abs. 2a KWG kann die Aufsichtsbehörde anstelle der Maßnahmen des § 2c Abs. 2 KWG auch gegenüber einem die bedeutende Beteiligung begründenden Unternehmen anordnen, Weisungen des Inhabers einer bedeutenden Beteiligung, der an dem begründenden Unternehmen beteiligt ist, nicht zu befolgen.

61   **f) Ermessen.** Die Maßnahmen nach § 2c Abs. 2 KWG stellen erhebliche Eingriffe in die Eigentümerposition des Anteilsinhabers dar, so dass hohe Anforderungen an die Verhältnismäßigkeit zu stellen sind. So ist die Untersagung der Stimmrechtsausübung und die Übertragung der Stimmrechtsausübung auf einen Treuhänder grundsätzlich das mildere Mittel gegenüber dem Verfügungsverbot und die Beauftragung der Übertragung durch einen Treuhänder (Luz/Neus/Schaber/Scharpf/Schneider/Wagner/Weber/Kobabe/Hirdes § 2c Rn. 125). Die Beauftragung des Treuhänders zur Übertragung ist als stärkster Eingriff hingegen nur als ultima ratio zulässig (Schwennicke/Auerbach/Süßmann § 2c Rn. 56; Beck/Samm/Kookemoor/von den Steinen § 2c Rn. 206).

62   **g) Auslagenersatz und Vergütung des Treuhänders.** § 2c Abs. 2 S. 6–9 KWG treffen Bestimmungen zum Auslagenersatz und der Vergütung des Treuhänders.

3. Verwaltungsgebühren

63   Die Untersagung der Ausübung von Stimmrechten und die Anordnung, dass über die Anteile nur mit Zustimmung der BaFin verfügt werden darf (Abs. 1 S. 2 iVm § 2c Abs. 2 S. 1 KWG), begründet gemäß §§ 1, 2 Abs. 1 FinDAGebV iVm Ziffer 11.4.2 des Gebührenverzeichnisses zur FinDAGebV einen Gebührenanspruch der BaFin, der nach Zeitaufwand berechnet wird. Die Beauftragung eines Treuhänders mit der Veräußerung der Anteile, soweit sie eine bedeutende Beteiligung begründen (Abs. 1 S. 2 iVm mit § 2c Abs. 2 S. 4 KWG), begründet gemäß §§ 1, 2 Abs. 1 FinDAGebV iVm Ziffer 11.4.3 des Gebührenverzeichnisses zur FinDAGebV ebenfalls einen Gebührenanspruch der BaFin, der nach Zeitaufwand berechnet wird.

VIII. Auskunfts- und Prüfungsrechte
(Abs. 2 iVm § 44b KWG)

64   Abs. 2 wurde durch das ZDUG2 neu eingefügt. Er soll eine Lücke beim bisherigen Auskunftsrecht gegen den Inhaber bedeutender Beteiligungen schließen, indem auf die entsprechende Vorschrift im KWG verwiesen wird (BR-Drs. 158/17, 141). Gemäß Abs. 2 gelten die Auskunfts-, Vorlegungs- und Prüfungsrechte der BaFin und der BBank nach § 19 Abs. 1 entsprechend § 44b KWG gegenüber den Inhabern bedeutender Beteiligungen, den Mitgliedern ihrer Organe und ihren Beschäftigten. § 44b KWG soll ein frühzeitiges Erkennen von Mängeln in der Person des Inhabers einer bedeutenden Beteiligung sowie der Bekämpfung von Geldwäsche gewährleisten (Schwennicke/Auerbach/Süßmann § 44b Rn. 2). Der Umfang der Auskunfts- und Prüfungsrechte ergibt sich aus § 19, zu Einzelheiten s. dort.

1. Auskunfts- und Vorlegepflichten (Abs. 2 iVm § 44b Abs. 1 KWG)

Abs. 2 iVm § 44b Abs. 1 S. 1 KWG erweitert die Auskunfts- und Vorlagepflich-   **65** ten über den Anwendungsbereich von § 19 hinaus für die folgenden Personen und Unternehmen:

– Personen und Unternehmen, die eine bedeutende Beteiligung an einem Institut erwerben wollen (Abs. 2 iVm § 44b Abs. 1 S. 1 Nr. 1 KWG);
– Inhaber einer bedeutenden Beteiligung an einem Institut und den von ihnen kontrollierten Unternehmen (Abs. 2 iVm § 44b Abs. 1 S. 1 Nr. 2 KWG);
– Personen und Unternehmen, bei denen Tatsachen die Annahme rechtfertigen, sie seien Inhaber einer bedeutenden Beteiligung (Abs. 2 iVm § 44b Abs. 1 S. 1 Nr. 3 KWG);
– Personen und Unternehmen, die mit einer Person oder einem Unternehmen nach § 44b Abs. 1 S. 1 Nr. 1–3 KWG nach § 15 AktG verbunden sind (Nr. 4).

Abs. 2 iVm § 44b Abs. 1 S. 2 KWG bestimmt, dass der Auskunftspflichtige auf Verlangen der BaFin gemäß § 2c Abs. 1 S. 2 KWG auf seine Kosten die einzureichenden Unterlagen durch einen von der BaFin zu bestimmenden Wirtschaftsprüfer prüfen lassen muss.

2. Prüfungsrechte (Abs. 2 iVm § 44b Abs. 2 KWG)

Abs. 2 iVm § 44b Abs. 2 KWG normiert die Prüfungsrechte der BaFin und   **66** BBank. Diese bestehen nur anlassbezogen bei Vorliegen von Anhaltspunkten für Versagungsgründe für die Beteiligung nach § 2c Abs. 1b S. 1 Nr. 1–6 KWG. Gemäß Abs. 2 iVm § 44b Abs. 2 S. 2 KWG haben die Betroffenen entsprechende Prüfmaßnahmen zu dulden.

3. Auskunftsverweigerungsrecht (Abs. 2 iVm § 44b Abs. 3 KWG)

Abs. 2 iVm § 44b Abs. 3 KWG gewährt den Auskunftspflichtigen ein Auskunfts-   **67** verweigerungsrecht, wenn dieser sich selbst oder seine Angehörigen im Sinne von § 383 Abs. 1 Nr. 1–3 ZPO der Gefahr straf- oder ordnungsrechtlicher Sanktionen aussetzen würde.

IX. Verordnungsermächtigung

Abs. 3 enthält eine Verordnungsermächtigung. Abs. 3 wurde durch das ZDUG2   **68** inhaltlich beibehalten und hat lediglich formale Anpassungen erfahren. Der Gesetzgeber hat von der Verordnungsermächtigung Gebrauch gemacht, indem er Regelungen zur Inhaberkontrolle in der ZAGAnzV getroffen hat.

Abschnitt 3. Eigenmittel, Absicherung im Haftungsfall

§ 15 Eigenmittel; Verordnungsermächtigung

(1) Institute müssen im Interesse der Erfüllung ihrer Verpflichtungen über angemessene Eigenmittel verfügen; die Eigenmittel des Instituts dürfen zu keinem Zeitpunkt unter den Betrag des Anfangskapitals nach § 12 Nummer 3 oder unter den Betrag der Eigenmittel gemäß der Berechnung der nach Absatz 3 zu erlassenden Rechtsverordnung sinken, wobei der jeweils höhere Betrag maßgebend ist. Gewährt ein Institut Kredite im Sinne des § 3 Absatz 4, müssen die Eigenmittel jederzeit in einem angemessenen Verhältnis zum Gesamtbetrag der gewährten Kredite stehen. Die Bundesanstalt hat Maßnahmen zu treffen, die erforderlich sind, um in Fällen, in denen ein Institut zu derselben Gruppe gehört wie ein anderes Institut im Sinne dieses Gesetzes, wie ein Institut im Sinne des § 1 Absatz 1b des Kreditwesengesetzes, wie ein Wertpapierinstitut im Sinne des Wertpapierinstitutsgesetzes, wie eine Kapitalverwaltungsgesellschaft oder wie ein Versicherungsunternehmen, zu verhindern, dass Bestandteile, die für die Berechnung der Eigenmittel in Frage kommen, mehrfach genutzt werden. Die Bundesanstalt kann auf die Eigenmittel einen Korrekturposten festsetzen, wenn die rechnerische Größe der durch das Institut ermittelten Eigenmittel die tatsächliche Eigenmittelbasis nicht angemessen abbildet. Die Festsetzung ist aufzuheben oder für gegenstandslos zu erklären, sobald die Voraussetzungen für die Festsetzung weggefallen sind.

(2) Die Institute haben der Bundesanstalt und der Deutschen Bundesbank vierteljährlich die für die Überprüfung der angemessenen Eigenmittelausstattung erforderlichen Angaben einzureichen. Die Rechtsverordnung nach Absatz 3 kann in besonderen Fällen einen anderen Meldezeitraum vorsehen. Die Bundesanstalt kann bei der Beurteilung der Angemessenheit der Eigenmittel auf der Grundlage einer Bewertung der Geschäftsorganisation, des Risikomanagements, der Verlustdatenbank im Sinne des Artikels 324 der Verordnung (EU) Nr. 575/2013, der internen Kontrollmechanismen sowie der tatsächlichen Risiken des Instituts vorschreiben, dass die Eigenmittelunterlegung einem Betrag entsprechen muss, der um bis zu 20 Prozent von den Solvabilitätsgrundsätzen abweicht.

(3) Das Bundesministerium der Finanzen wird ermächtigt, durch Rechtsverordnung, die nicht der Zustimmung des Bundesrates bedarf, im Benehmen mit der Deutschen Bundesbank nähere Bestimmungen über die angemessene Eigenmittelausstattung (Solvabilität) der Institute zu erlassen, insbesondere über

1. die Berechnungsmethoden,
2. Inhalt, Art, Umfang und Form der nach Absatz 2 erforderlichen Angaben,
3. Meldepflichten bei Nichteinhaltung von Eigenmittelanforderungen und
4. die für die Datenübermittlung zulässigen Datenträger, Übertragungswege und Datenformate.

Das Bundesministerium der Finanzen kann die Ermächtigung im Einvernehmen mit der Deutschen Bundesbank durch Rechtsverordnung auf die Bundesanstalt übertragen. Vor Erlass der Rechtsverordnung sind die Spitzenverbände der Institute anzuhören.

(4) Institute, die eine Erlaubnis nach § 32 Absatz 1 des Kreditwesengesetzes haben, müssen neben den Eigenmittelanforderungen nach diesem Gesetz auch die Eigenmittelanforderungen nach den Artikeln 24 bis 386 der Verordnung (EU) Nr. 575/2013 oder nach § 1a des Kreditwesengesetzes in Verbindung mit den Artikeln 24 bis 386 der Verordnung (EU) Nr. 575/2013 ermitteln, sofern sie nicht von der Anwendung dieser Artikel ausgenommen sind. Institute, die eine Erlaubnis nach § 17 des Wertpapierinstitutsgesetzes haben, müssen neben den Eigenmittelanforderungen nach diesem Gesetz die für Wertpapierinstitute geltenden Eigenmittelanforderungen einhalten. Sofern die Anforderungen nach diesem Gesetz höher sind, sind diese mit Eigenmitteln nach Absatz 1 abzudecken.

(5) Sofern die Voraussetzungen für eine Freistellung nach § 2a des Kreditwesengesetzes in Verbindung mit Artikel 7 Absatz 1 und 2 der Verordnung (EU) Nr. 575/2013 gegeben sind, kann die Bundesanstalt davon absehen, die Absätze 1, 2 und 4 auf Institute anzuwenden, die in die konsolidierte Beaufsichtigung des übergeordneten Instituts einbezogen sind.

Inhaltsübersicht

I. Entwicklung der Rechtsnorm, Systematik, Überblick

1. Europarechtlicher Hintergrund, Entwicklung der Rechtsnorm

1   Der bisherige § 12 sowie die vom BMF erlassene ZIEV dienten der Umsetzung der Artikel 7 und 8 sowie 16 Abs. 3d ZDRL (PSD1). § 15 sowie die vom BMF erlassene ZIEV dienen der Umsetzung der Artikel 8 und 9 sowie 18 Abs. 4d der PSD2. § 15 fasst die bisherigen §§ 12 und 12a zusammen. Der Begriff des Eigenkapitals wird durch den Begriff Eigenmittel ersetzt. Eine Änderung des Begriffsinhalts ist damit nicht verbunden. Die Berechnung der Eigenmittel erfolgt nun nach der CRR (Verordnung (EU) Nr. 575/2013). Die BaFin erhält weiterhin über Abs. 1 Satz 4 und 5 die Möglichkeit, auf die Eigenmittel der Institute einen Korrekturposten festzusetzen (vgl. RegBegr. Zweites Zahlungsdienste-RLUG (ZUG), BT-Drs. 18/11495, 123).

2. Systematik, Überblick

2   Die Vorschrift gilt zum einen für **Zahlungsinstitute** gemäß § 1 Abs. 1 Nr. 1 mit Sitz im Inland, für **E-Geld-Institute** gemäß § 1 Abs. 2 Nr. 1 sowie § 42 Abs. 1 iVm § 1 Abs. 3 für inländische Zweigstellen von Unternehmen mit Sitz außerhalb des EWR, die als Institut im Sinne des ZAG gelten. Keine Anwendung hingegen findet die Vorschrift auf inländische Zweigstellen von Unternehmen mit Sitz innerhalb des EWR (Umkehrschluss zu § 39 Abs. 3). Diese unterliegen der Institutsaufsicht ihres Sitzlandes.

3   Die Zusammensetzung der für die genannten Institute erforderlichen Eigenmittel (Kernkapital, Ergänzungskapital) sowie die Definition des Anfangskapitals sind in § 1 Abs. 29 und 30 geregelt. Die Höhe des erforderlichen Anfangskapitals bestimmt sich für Zahlungsinstitute nach § 12 Nr. 3a–3c und für E-Geld-Institute nach § 12 Nr. 3d.

II. Angemessene Eigenmittelausstattung (Abs. 1)

4   Institute iSd § 1 Abs. 3 müssen gemäß § 15 Abs. 1 im Interesse der Erfüllung ihrer Verpflichtungen über **angemessene Eigenmittel** verfügen. Die Eigenmittel des Instituts dürfen zu keinem Zeitpunkt unter den Betrag des **Anfangskapitals** nach § 12 Nr. 3 oder unter den Betrag der Eigenmittel gemäß der Berechnung der nach Abs. 3 zu erlassenden Rechtsverordnung sinken, wobei der jeweils höhere Betrag maßgebend ist.

5   Das **Anfangskapital,** über das Zahlungsinstitute zum Zeitpunkt der Zulassung verfügen müssen, richtet sich gemäß Art. 7 der EU-Zahlungsdienstleistungsrichtlinie nach den jeweils betriebenen Zahlungsdiensten und ist in § 12 Nr. 3 geregelt. Zahlungsdienste sind in § 1 Abs. 1 S. 2 Nr. 1–8 definiert.

6   Das vorgeschriebene Anfangskapital muss sich aus Eigenmitteln iSd § 1 Abs. 29 zusammensetzen. Eigenmittel in diesem Sinne sind einerseits die in Artikel 26 Abs. 1a–f der CRR (Verordnung (EU) Nr. 575/2013) genannten als Kernkapital definierten Finanzinstrumente (s. Kommentierung zu § 1 Abs. 29).

Andererseits qualifizieren als Eigenmittel auch die in Art. 62 der CRR (Verordnung (EU) Nr. 575/2013) aufgeführten als Ergänzungskapital definierten Finanzinstrumente (s. Kommentierung zu § 1 Abs. 29).

Als Nachweis, dass ein Antragsteller über das erforderliche **Anfangskapital** 7 verfügt, sehen die Leitlinien zur Zulassung und Eintragung gemäß PSD2 (EBA/GL/2017/09 vom 8.11.2017) die Übermittlung bestimmter Unterlagen an die zuständige Behörde vor (s. Kommentierung zu § 10).

Ungeachtet der Anforderungen an das Anfangskapital darf der Betrag der Eigen- 8 mittel zu keinem Zeitpunkt unter den Betrag der Eigenmittel gemäß der Berechnung der nach Abs. 3 zu erlassenden Rechtsverordnung (ZIEV) sinken.

Die Beurteilung der Angemessenheit der Eigenmittel ergibt sich aus den Vor- 9 gaben der ZIEV, auf die im Abschnitt VIII. (Anh. § 15) näher eingegangen wird. Ein Institut verfügt gemäß § 1 ZIEV über angemessene Eigenmittel, wenn es jederzeit Eigenmittel in einer Höhe hält, die den Vorgaben der Berechnungsmethoden der ZIEV entspricht.

Institute dürfen im Rahmen ihrer Erlaubnis nach § 10 Abs. 1 S. 1 oder § 11 10 Abs. 1 S. 1 Zahlungsdienstnutzern im Zusammenhang mit Zahlungsdiensten nach § 1 Abs. 1 S. 2 Nr. 4 oder 5 **Kredite** iSd § 19 des Kreditwesengesetzes nur unter den in § 3 Abs. 4 genannten Voraussetzungen gewähren. Dies gilt für die Ausgabe von E-Geld entsprechend mit der Maßgabe, dass der Kredit auch nicht aus den im Austausch für die Ausgabe von E-Geld angenommenen Geldern gewährt werden darf.

Eine Kreditgewährung durch ein Institut im Sinne dieses Gesetzes, die die Vor- 11 aussetzungen des Satzes 1 erfüllt, gilt nicht als Kreditgeschäft iSd § 1 Abs. 1 S. 2 Nr. 2 des Kreditwesengesetzes. In diesem Fall prüft das Zahlungsinstitut vor Abschluss eines Verbraucherdarlehensvertrags oder eines Vertrags über eine entgeltliche Finanzierungshilfe die Kreditwürdigkeit des Verbrauchers; § 18a Abs. 1–10 des Kreditwesengesetzes gilt entsprechend.

Soweit ein Institut Kredite iSd § 3 Abs. 4 gewährt, müssen die Eigenmittel jeder- 12 zeit in einem **angemessenen Verhältnis zum Gesamtbetrag der gewährten Kredite** stehen, dh die Höhe der Eigenmittel muss sicherzustellen, dass die wesentlichen Risiken des Instituts durch das Eigenkapital, unter Berücksichtigung von Art, Umfang, Komplexität und Risikogehalt der Nebentätigkeit laufend abgedeckt sind. Diese Anforderung ist erfüllt, wenn die Höhe der Eigenmittel jederzeit den Vorgaben der Berechnungsmethoden der ZIEV entsprechen.

Eine abweichende Definition der Eigenmittel und der Berechnungsmethoden 13 enthält § 42 Abs. 6 für Zweigstellen von Unternehmen mit Sitz außerhalb des EWR. Als Eigenmittel des Instituts gilt die Summe der Beträge, die in der vierteljährlichen Meldung nach § 15 Abs. 2 als dem Institut von dem Unternehmen zur Verfügung gestelltes Betriebskapital und ihm zur Verstärkung der eigenen Mittel belassene Betriebsüberschüsse ausgewiesen wird, abzüglich des Betrags eines etwaigen aktiven Verrechnungssaldos.

Gemäß **§ 15 Abs. 1 S. 3** kann die BaFin zur Verhinderung der mehrfachen Nut- 14 zung von Eigenmittelbestandteilen Maßnahmen treffen, wenn das Zahlungsinstitut zu derselben Gruppe gehört wie ein anderes Institut im Sinne dieses Gesetzes, wie ein Institut iSd § 1 Abs. 1b KWG (Kredit- und Finanzdienstleistungsinstitute), wie ein Wertpapierinstitut im Sinne des Wertpapierinstitutsgesetzes, wie eine Kapitalverwaltungsgesellschaft oder wie ein Versicherungsunternehmen.

Rechtsgrundlage für Eingriffe der BaFin sowie potentielle Maßnahmen an- 15 gemessener Eigenmittel befinden sich in § 21 Abs. 1. Danach kann die BaFin Entnahmen durch die Inhaber oder Gesellschafter sowie die Ausschüttung von Gewinnen untersagen oder beschränken oder anordnen kann, dass das Institut Maßnahmen zur Verringerung von Risiken ergreift, soweit sich diese aus bestimmten Arten von Geschäften und Produkten, insbesondere aus der Vergabe von Krediten, oder der Nutzung bestimmter Zahlungssysteme ergeben.

Transparenz über eine mehrfache Nutzung kann durch die Einbeziehung des Instituts in die konsolidierte Beaufsichtigung erzielt werden. Im Rahmen dessen kann die BaFin in den Fällen des § 15 Abs. 1 S. 3 gemäß § 29 Abs. 2 festlegen, ob und wie ein Institut unverzüglich nach Ablauf eines jeden Monats der Deutschen Bundesbank einen zusammengefassten Monatsausweis einzureichen hat.

16   Gemäß § 15 Abs. 1 S. 4 kann die BaFin auf die Eigenmittel gemäß Satz 1 einen **Korrekturposten** festsetzen, wenn die rechnerische Größe der durch das Institut ermittelten Eigenmittel die tatsächliche Eigenmittelbasis nicht angemessen abbildet.

17   Die **Prüfung der Einhaltung der Verpflichtungen** des § 15 ist Gegenstand der Abschlussprüfung des Instituts (§ 24 Abs. 1 S. 3 Nr. 2).

III. Meldepflichten (Abs. 2 Satz 1 und 2)

18   Gemäß § 15 Abs. 2 S. 1 haben Zahlungsinstitute der BaFin und der Bundesbank **vierteljährliche Meldungen** für die Überprüfung der angemessenen Eigenkapitalausstattung einzureichen. Nähere Einzelheiten zu Inhalt, Art, Umfang und Form der Meldungen regelt die ZIEV, dh die Rechtsverordnung gemäß § 15 Abs. 3. In besonderen Fällen kann die Rechtsverordnung auch einen anderen Meldezeitraum vorsehen. Zu den Details der in der Rechtsverordnung geregelten Sachverhalte wird auf Abschnitt VIII. (Anh. § 15) verwiesen.

IV. Abweichende Eigenmittelanforderungen (Abs. 2 Satz 3)

19   § 15 Abs. 2 S. 3 räumt der BaFin das Ermessen ein, auf der Grundlage einer Bewertung der Geschäftsorganisation, des Risikomanagements, der Verlustdatenbank iSd Art. 324 der Verordnung (EU) Nr. 575/2013, der internen Kontrollmechanismen sowie der tatsächlichen Risiken des Instituts abweichende Eigenmittelanforderungen vorzuschreiben. Diese kann um bis zu 20% von den regulären Eigenmittelunterlegungsanforderungen abweichen, die sich bei Anwendung der in §§ 3–5 ZIEV (Anh. § 15) vorgegebenen Berechnungsmethoden ermittelt. Hierbei kann sowohl eine zusätzliche als auch eine geringere Unterlegung gefordert werden.

V. Rechtsverordnungsermächtigung (Abs. 3)

20   Gemäß § 15 Abs. 3 ist das BMF im Benehmen mit der Bundesbank ohne Zustimmung des Bundesrates ermächtigt, nähere Bestimmungen über die angemessene Eigenmittelausstattung (Solvabilität) der Institute zu erlassen. Diese Ermächtigung kann ohne Zustimmung des Bundesrates auch auf die BaFin übertragen werden, die wiederum die Rechtsverordnung im Einvernehmen mit der Bundes-

bank erlassen muss. Vor Erlass dieser Rechtsverordnung sind die Spitzenverbände der Institute zu hören.

Die Rechtsverordnung soll insbesondere Berechnungsmethoden sowie Inhalt, **21** Art, Umfang und Form der Angaben der Meldung, Meldepflichten bei Nichteinhaltung von Eigenmittelanforderungen und zulässige Datenträger, Übertragungswege und Datenformate näher regeln. Von der Verordnungsermächtigung hat das BMF durch den **Erlass der ZIEV** Gebrauch gemacht.

VI. Eigenkapitalanforderungen bei vorliegender Erlaubnis nach § 32 Abs. 1 KWG (Abs. 4)

Institute mit einer Erlaubnis gemäß § 32 Abs. 1 KWG zum Betrieb von Bank- **22** geschäften oder Erbringung von Finanzdienstleistungen müssen sowohl die **Eigenmittelanforderungen** nach dem ZAG bzw. der in diesem Zusammenhang erlassenen Rechtsverordnung ZIEV als auch nach den Artikeln 24–386 der CRR (Verordnung (EU) Nr. 575/2013) oder nach § 1a des Kreditwesengesetzes in Verbindung mit den Artikeln 24–386 der CRR (Verordnung (EU) Nr. 575/2013) ermitteln, sofern sie nicht von der Anwendung dieser Artikel ausgenommen sind. Institute mit einer Erlaubnis nach § 17 des Wertpapierinstitutsgesetz, die

a) eine Erlaubnis für den Eigenhandel oder das Emissionsgeschäft haben und im Rahmen dieser Erlaubnis auf eigene Rechnung handeln (§ 17 Abs. 1 Nr. 1a),

b) eine Erlaubnis zum Betreiben des organisierten Handelssystems iSd § 2 Abs. 2 Nummer 1 haben und im Rahmen dieser Erlaubnis Geschäfte auf eigene Rechnung abschließen, (§ 17 Abs. 1 Nr. 1b),

c) eine Erlaubnis für die Verwahrung und Verwaltung iSd § 2 Abs. 3 Nr. 1, das Wertpapierkreditgeschäft, das eingeschränkte Verwahrgeschäft oder das Eigengeschäft nach § 15 Abs. 4 haben, (§ 17 Abs. 1 Nr. 1c),

d) eine Erlaubnis für das Erbringen der Anlagevermittlung, Abschlussvermittlung, Finanzportfolioverwaltung, Anlageberatung oder für das Platzierungsgeschäft haben und dessen Erlaubnis dahingehend beschränkt ist, dass es im Zusammenhang mit diesen Wertpapierdienstleistungen kein Eigentum oder keinen Besitz an Kundengeldern oder Kundenwertpapieren haben darf (§ 17 Abs. 1 Nr. 2), oder

e) eine Erlaubnis für Wertpapierdienstleistungen haben, die nicht unter § 17 Abs. 1 Nr. 1 oder 2 fällt

müssen neben den Eigenmittelanforderungen nach diesem Gesetz die für Wertpapierinstitute geltenden Eigenmittelanforderungen einhalten. Sofern die Anforderungen nach diesem Gesetz höher sind, sind diese mit Eigenmitteln nach Abs. 1 abzudecken.

Die zu beachtenden Eigenmittelanforderungen betreffen im Wesentlichen Adressenausfallrisiken, operationelle Risiken, Marktpreisrisiken und Abwicklungsrisiken. Darüber hinausgehenden regulatorischen Anforderungen für Großkredite (Art. 387 ff. CRR), zur Liquidität (Art. 411 ff. CRR), zum Verschuldungsgrad (Art. 429, 430 CRR) und zur Offenlegung (Art. 431 ff. CRR) sind nicht relevant.

VII. Befreiung von der Anwendung der Eigenkapitalvorschriften im Fall der Einbeziehung in konsolidierte Beaufsichtigung (Abs. 5)

23 In jenen Fällen, in denen die Voraussetzung nach § 2a KWG **(Ausnahmen für gruppenangehörige Institute)** und nach Artikel 7 Abs. 1 und 2 der Verordnung (EU) Nr. 575/2013 **(Ausnahmen von der Anwendung der Aufsichtsanforderungen auf Einzelbasis)** gegeben sind, kann die BaFin gemäß § 15 Abs. 5 davon absehen, die Absätze 1, 2 und 4 auf Institute anzuwenden, die in die konsolidierte Beaufsichtigung des übergeordneten Instituts einbezogen sind. Durch die Aufnahme dieser Regelung hat der Gesetzgeber die Möglichkeit geschaffen, in jenen Fällen auf eine Einzelinstitutsaufsicht zu verzichten, in denen die bankaufsichtliche Betrachtung auf Gruppenebene für ausreichend erachtet wird (Schwennicke/Auerbach/Auerbach, Kreditwesengesetz, § 2a Rn. 6).

24 Hierbei muss es sich zunächst um ein nachgeordnetes Institut im Sinne von § 1 Abs. 1b KWG handeln, welches Teil einer Instituts- oder Finanzholdinggruppe im Sinne von § 10a Abs. 1 S. 2 KWG ist und somit in die konsolidierte Beaufsichtigung des übergeordneten Instituts bzw. der Gruppe einbezogen ist.

25 Zum anderen müssen die Voraussetzungen des § 2a Abs. 1–5 KWG eingehalten werden, dh hierzu müssen bestimmte rechtliche und organisatorische Verhältnisse in der Institutsgruppe vorliegen (sog. Waiver-Regelung; Zu § 2a Abs. 1–5 KWG vgl. Schwennicke/Auerbach/Auerbach § 2a Rn. 16ff.; BFS/Boos § 2a Rn. 7ff.).

26 Sowohl das übergeordnete Institut als auch das betroffene Zahlungsinstitut müssen ihren Sitz im Inland haben (§ 10a Abs. 1 S. 1 KWG bzw. § 2a Abs. 1 KWG; Zu § 2a Abs. 1–5 KWG vgl. Schwennicke/Auerbach/Auerbach § 2a Rn. 12ff.; BFS/Boos § 2a Rn. 5).

27 Bei entsprechender Befreiung von der Anwendung der Eigenmittelvorschriften gemäß § 15 iVm der ZIEV hat das Zahlungsinstitut zur Erfüllung weiterer Vorschriften des ZAG dennoch eine Berechnung des Eigenkapitals auf Institutsebene durchzuführen (zu § 2a Abs. 1–5 KWG vgl. Schwennicke/Auerbach/Auerbach § 2a Rn. 7). Hier sind insbesondere §§ 21 iVm 12 Nr. 3 für die Festlegung von Maßnahmen der BaFin, wenn die zum Geschäftsbetrieb erforderlichen Mittel, insbesondere im Inland nicht zur Verfügung stehen sowie § 28 Abs. 1 Nr. 5 im Falle des Verlusts von 25% des haftenden Eigenkapitals zu nennen.

28 Institute müssen die Inanspruchnahme der Befreiung und deren Umfang der BaFin und der Deutschen Bundesbank unverzüglich anzeigen und entsprechende Nachweise liefern (so auch Ellenberger/Findeisen/Nobbe/Frey § 12 Rn. 14; BFS/Boos § 2a Rn. 9). Diese Ansicht entspricht dem Wortlaut des § 2a Abs. 2 KWG. Hieraus lässt sich nicht ableiten, dass über die Entscheidung über die Befreiung einzelner Zahlungsinstitute von der Einzelaufsicht die BaFin auf Antrag des Instituts im pflichtgemäßen Ermessen entscheiden muss (so aber Schwennicke/Auerbach/Auerbach ZAG § 12 Rn. 11).

29 Ein Zahlungsinstitut, welches von der Befreiungsvorschrift des § 15 Abs. 5 Gebrauch macht, hat darüber hinaus anlassbezogen die Voraussetzungen des § 2a Abs. 1 KWG zu überprüfen und zu dokumentieren (§ 2a Abs. 3 KWG) und bei Bedarf der BaFin und Bundesbank vorzulegen.

VIII. Verordnung über die angemessene Eigenkapitalausstattung von Zahlungsinstituten und E-Geld-Instituten nach dem Zahlungsdiensteaufsichtsgesetz (ZIEV)

Die **ZIEV** dient der weiteren Umsetzung der Artikel 7 und 8 der PSD1. Hier **30** werden die in § 15 Abs. 3 genannten Sachverhalte inhaltlich konkretisiert. Die ZIEV bestimmt, auf welche Art und Weise Institute ihre Eigenkapitalanforderungen anhand der in der Zahlungsdienste-Richtlinie vorgesehenen Methoden zu ermitteln haben. Im Einzelnen handelt es sich hierbei um folgende Anforderungen:

Sachverhalt	Vorschrift der ZIEV für Zahlungsinstitute
Anwendungsbereich	§ 1 ZIEV
Regelungen für die Eigenmittelberechnung von Zahlungsinstituten	§§ 2–6 ZIEV
Regelungen für die Eigenmittelberechnung von E-Geld-Instituten	§§ 7–9 ZIEV
Kriterien für die erforderliche Absicherung für den Haftungsfall bei Zahlungsauslöse- und Kontoinformationsdiensten	§§ 10–11 ZIEV
Melde- und Anzeigepflichten	§§ 12–13 ZIEV Anlage (zu § 12 Abs. 1) ZEM Meldebogen zur Berechnung der Eigenmittelanforderungen nach § 15 ZAG
Inkrafttreten	§ 14 ZIEV

Mit der dieser Bearbeitung zugrunde liegenden **ZAG-Instituts-Eigenmittelverordnung** vom 15.10.2009 (BGBl. I 3643), die zuletzt durch Artikel 1 der Verordnung vom 10.12.2018 (BGBl. I 2330) geändert worden ist, wurden die Anpassungen, die durch die Umsetzung der PSD2 erforderlich wurden, in die ZAG-Instituts-Eigenmittelverordnung umgesetzt.

1. Angemessenheit (§ 1 ZIEV)

Für die Beurteilung der **Angemessenheit der Eigenmittel** und **Erforder-** **31** **lichkeit der Absicherung** eines Instituts iSd § 1 Abs. 3 differenziert die ZIEV zwischen Instituten,

1) die nicht ausschließlich **Zahlungsauslöse- oder Kontoinformationsdienste** erbringen (§ 1 Abs. 1 ZIEV),
2) die **Zahlungsauslöse- oder Kontoinformationsdienste** erbringen (§ 1 Abs. 2 ZIEV),
3) die nur **Zahlungsauslösedienste** erbringen (§ 1 Abs. 3 ZIEV).

Institute, die nicht ausschließlich Zahlungsauslöse- oder Kontoinfor- **32** **mationsdienste** erbringen (§ 1 Abs. 1 ZIEV), verfügen über angemessene Eigenmittel, wenn sie jederzeit Eigenmittel in einer Höhe halten, die den Vorgaben der nach dieser Verordnung anzuwendenden Berechnungsmethode entspricht und darüber hinaus der Betrag des Anfangskapitals nach § 12 Nr. 3 des Zahlungsdiensteaufsichtsgesetzes eingehalten ist.

33   **Institute, die Zahlungsauslöse- oder Kontoinformationsdienste** erbringen (§ 1 Abs. 2 ZIEV), verfügen über angemessene Eigenmittel, wenn sie jederzeit eine erforderliche Absicherung für den Haftungsfall nach Maßgabe dieser Verordnung vorhalten und darüber hinaus der Betrag des Anfangskapitals nach § 12 Nr. 3 des Zahlungsdiensteaufsichtsgesetzes eingehalten ist.

34   Institute, die nur **Zahlungsauslösedienste** erbringen (§ 1 Abs. 3 ZIEV) haben jederzeit den Betrag des Anfangskapitals nach § 12 Nr. 3 Buchstabe b des Zahlungsdiensteaufsichtsgesetzes weiterhin als angemessene Eigenmittel vorzuhalten.

2. Regelungen für die Eigenmittelberechnung von Zahlungsinstituten (§§ 2–6 ZIEV)

35   Angesichts der Vielfalt im Bereich der Zahlungsdienste lässt die 2. ZDRL drei unterschiedliche Methoden A, B und C zur Berechnung der angemessenen Eigenmittel zu, die zusätzlich gemäß § 15 Abs. 1 S. 4 einem aufsichtlichen Ermessen unterworfen sind.

36   Gemäß § 2 Abs. 1 ZIEV ist von den Zahlungsinstituten grundsätzlich die in **§ 4 ZIEV** dargestellte Methode B anzuwenden, sofern nicht gemäß § 6 ZIEV eine andere Methode bestimmt wurde.

37   Die Anwendung einer hiervon abweichenden Ermittlung nach den **Methoden A bzw. C** kann die BaFin im Einzelfall jederzeit bestimmen, wenn die bisher angewendete Methode die tatsächlichen Risiken des Geschäfts nicht angemessen **(§ 6 Abs. 1 ZIEV).**

38   Die Anwendung einer abweichenden Ermittlung nach den **Methoden A bzw. C** kann auch vom Antragsteller im Erlaubnisantrag nach § 10 des Zahlungsdiensteaufsichtsgesetzes bzw. anlassunabhängig erfolgen, wenn er der Auffassung ist, dass die grundsätzlich anzuwendende Methode B die tatsächlichen Risiken des Geschäfts nicht angemessen wiedergibt. In diesem Fall hat der Antragsteller/das Zahlungsinstitut die dem Antrag zugrunde liegende Auffassung schriftlich zu begründen. Ein anlassunabhängiger Antrag darf unbeschadet der Möglichkeit der Antragstellung im Erlaubnisantrag jedoch nur einmal pro Geschäftsjahr gestellt werden.

39   **a) Methode B gemäß § 4 ZIEV (Grundsatz).** Zahlungsinstitute, die die grundsätzlich anzuwendende **Methode B** nutzen, müssen die Eigenmittelanforderungen auf Basis der Höhe des vom Zahlungsinstitut abgewickelten Zahlungsvolumens ermitteln.

40   Das für Zwecke der **Eigenmittelberechnung** zu verwendende Zahlungsvolumen entspricht gemäß § 4 ZIEV einem Zwölftel der von dem Zahlungsinstitut im Vorjahr ausgeführten Zahlungsvorgänge und wird in bis zu 5 Tranchen wie folgt gewichtet:

Tranche	Bandbreite	Gewichtung
1	bis 5 Mio. EUR	4,00 %
2	über 5–10 Mio. EUR	2,50 %
3	über 10–100 Mio. EUR	1,00 %

Tranche	Bandbreite	Gewichtung
4	über 100–250 Mio. EUR	0,50 %
5	über 250 Mio. EUR	0,25 %

Die Summe der einzelnen Tranchenwerte/Teilprodukte wird in Abhängigkeit der dem Zahlungsinstitut erlaubten Geschäfte bzw. der von ihm erbrachten Zahlungsdienste gemäß § 1 Abs. 1 S. 2 mit einem **Skalierungsfaktor** k gemäß § 2 Abs. 2 ZIEV multipliziert. Der bei der Berechnung nach den §§ 4 und 5 anzuwendende Skalierungsfaktor k entspricht:

Anzuwendender Skalierungsfaktor k	Art des Zahlungsdienstes
0,5	wenn das Zahlungsinstitut nur die in § 1 Abs. 1 S. 2 Nr. 6 (Finanztransfergeschäft) des Zahlungsdiensteaufsichtsgesetzes genannten Zahlungsdienste erbringt
1,0	wenn das Zahlungsinstitut einen oder mehrere der in § 1 Abs. 1 S. 2 Nr. 1–5 (Einzahlungsgeschäft; Auszahlungsgeschäft; Zahlungsgeschäft ohne Kreditgewährung im Sinne von Lastschriftgeschäft, Zahlungskartengeschäft und Überweisungsgeschäft; Zahlungsgeschäft mit Kreditgewährung; Akquisitionsgeschäft) des Zahlungsdiensteaufsichtsgesetzes genannten Zahlungsdienste erbringt.

41 Eine Spezialregelung für neu gegründete Zahlungsinstitute sieht § 4 ZIEV, analog der Regelung im § 3 Abs. 2 ZIEV für die Methode A, nicht vor. Da gemäß § 2 Abs. 1 ZIEV grundsätzlich die Methode B angewendet werden soll, ist davon auszugehen, dass Zahlungsinstitute, deren Geschäftstätigkeit noch kein Jahr besteht, die Methode B unter Verwendung von Planzahlen anzuwenden haben (quasi in Analogie zu § 3 Abs. 2 ZIEV). Im Übrigen würde das Antragsrecht des Zahlungsinstituts gemäß § 6 Abs. 2 ZIEV zur Anwendung einer anderen Methode im Rahmen des Erlaubnisantrags ins Leere laufen (so auch Ellenberger/Findeisen/Nobbe/Frey § 12 Rn. 24).

42 **Berechnungsbeispiel (Gemäß der Übersicht über die Berechnungsmethoden der ZIEV der Bundesbank, abrufbar im Internet):** Ein Zahlungsinstitut hat im vorangegangenen Geschäftsjahr Zahlungsvorgänge iHv 240,0 Mio. EUR durchgeführt. Es erbringt lediglich Zahlungsdienste iSd § 1 Abs. 2 Nr. 6, so dass der Skalierungsfaktor gemäß § 2 Abs. 2 ZIEV 0,5 beträgt.

Das Zahlungsvolumen im Sinne der Methode B ist ein Zwölftel dieser Zahlungsvorgänge, somit 20,0 Mio. EUR.

Die Berechnung der Tranchenwerte ergibt sich wie folgt:

Tranche	Teil des Zahlungsvolumens	Gewichtung	Tranchenwert
1	5,0 Mio. EUR	4,0 %	200 TEUR
2	5,0 Mio. EUR	2,5 %	125 TEUR
3	10,0 Mio. EUR	1,0 %	100 TEUR
Summe	20,0 Mio. EUR		425 TEUR

Die Summe der Tranchenwerte ist mit dem o. g. Skalierungsfaktor zu multiplizieren, so dass sich eine Eigenkapitalanforderung von 212.500 EUR bei Anwendung der Methode B ergibt.

43   **b) Methode A gemäß § 3 ZIEV.** Bei Anwendung der **Methode A** müssen Zahlungsinstitute gemäß § 3 Abs. 1 ZIEV eine Eigenkapitalunterlegung von mindestens 10% der fixen Gemeinkosten des Vorjahrs aufweisen. Solche sind gemäß § 3 ZIEV **allgemeine Verwaltungsaufwendungen** (§ 25 RechZahlV, Posten 8 der GuV gemäß Anlage 2), **Abschreibungen und Wertberichtigungen auf immaterielle Anlagewerte und Sachanlagen** (Posten 9 der GuV gemäß Anlage 2) und **sonstige betrieblichen Aufwendungen** (Posten 10 der GuV gemäß Anlage 2), die das Zahlungsinstitut in der GuV des letzten Jahresabschlusses ausgewiesen hat.

44   Sofern das Zahlungsinstitut die aktuelle Geschäftstätigkeit gegenüber dem Vorjahr erheblich verändert hat, ist die BaFin gemäß § 3 Abs. 1 S. 3 ZIEV berechtigt, die Eigenkapitalanforderung des Satzes 1 anzupassen.

45   Zahlungsinstitute, deren Geschäftstätigkeit weniger als ein Jahr beträgt, müssen die Eigenkapitalanforderungen gemäß § 3 Abs. 2 ZIEV auf Basis der geplanten Gemeinkosten ermittelt werden, wie sie der BaFin im Rahmen des Erlaubnisantrags gemäß § 10 Abs. 2 Nr. 2 iVm § 2 Abs. 4 ZAGAnzV einzureichen ist. Die BaFin kann für Zwecke der Berechnung der Eigenkapitalanforderungen eine Anpassung der Planzahlen verlangen.

46   **Berechnungsbeispiel (Gemäß der Übersicht über die Berechnungsmethoden der ZIEV der Bundesbank, abrufbar im Internet):** Ein Zahlungsinstitut hat fixe Gemeinkosten iHv 1,0 Mio. EUR.

Demgemäß beträgt die Eigenkapitalanforderung nach Methode A 100 TEUR (10% von 1,0 Mio. EUR).

47   **c) Methode C gemäß § 5 ZIEV.** Bei der Berechnung der Eigenkapitalanforderungen nach **Methode C** sind sämtliche Geschäftstätigkeiten des Zahlungsinstituts zugrunde zu legen. Zahlungsinstitute, die die Methode C nutzen, müssen die Mindestkapitalanforderungen auf Basis des sog. maßgeblichen Indikators gemäß § 5 Abs. 2 ZIEV multipliziert mit einem in § 5 Abs. 3 ZIEV definierten sog. Multiplikationsfaktor und dem o. g. Skalierungsfaktor gemäß § 2 Abs. 2 ZIEV ermitteln.

48   Der maßgebliche Indikator ist gemäß § 5 Abs. 2 ZIEV die Summe aus dem **Saldo** aus Zinserträgen (§ 21 RechZahlV, Posten 1 der GuV gemäß Anlage 2) und Zinsaufwendungen (§ 22 RechZahlV, Posten 2 der GuV gemäß Anlage 2), den **Einnahmen aus Provisionen und Entgelten** (analog Posten 3–5 der GuV gemäß Anlage 2) und den **sonstigen betrieblichen Erträgen** (Posten 7 der GuV gemäß Anlage 2). In die Berechnung werden Werte mit positiven und negativen Vorzeichen einbezogen (§ 5 Abs. 2 S. 2 ZIEV), jedoch keine außerordentlichen oder unregelmäßigen Erträge (§ 5 Abs. 2 S. 3 ZIEV).

49   Entstandene Aufwendungen für die Auslagerung von Dienstleistungen an Dritte dürfen den Indikator nur mindern, sofern dieser Dritte ebenfalls nach der ZDRL beaufsichtigt wird (§ 5 Abs. 2 S. 4 ZIEV).

50   Basis für den Indikator ist grundsätzlich der vergangene Jahresabschluss **(§ 5 Abs. 2 S. 5 ZIEV).** Dieser muss jedoch mindestens 80% des Betrags betragen, der sich im Rahmen einer Berechnung zu Vergleichszwecken ergibt. Für diese Vergleichsrechnung wird gemäß § 5 Abs. 2 S. 6 ZIEV der Durchschnittswert des maßgeblichen Indikators für die vorausgegangenen drei Geschäftsjahre zugrundegelegt und die Eigenkapitalanforderung entsprechend der Methode C berechnet.

Liegen für die Berechnung des maßgeblichen Indikators keine geprüften Zahlen **51** vor, können Schätzungen verwendet werden (§ 5 Abs. 2 S. 7 ZIEV). Neu gegründete Zahlungsinstitute können somit auf dieser Basis ihre Eigenkapitalanforderungen berechnen.

Der Multiplikationsfaktor orientiert sich an der Höhe des maßgeblichen Indikators (§ 5 Abs. 3 ZIEV) und beträgt wie folgt:

Tranche	Bandbreite	Gewichtung
1	bis 2,5 Mio. EUR	10,0%
2	über 2,5–5 Mio. EUR	8,0%
3	über 5–25 Mio. EUR	6,0%
4	über 25–50 Mio. EUR	3,0%
5	über 50 Mio. EUR	1,5%

Die Summe der einzelnen Tranchenwerte/Teilprodukte wird in Abhängigkeit **52** der dem Zahlungsinstitut erlaubten Geschäfte bzw. der von ihm erbrachten Zahlungsdienste gemäß § 1 Abs. 2 mit einem der o. g. **Skalierungsfaktoren** k gemäß § 2 Abs. 2 ZIEV multipliziert und ergibt die Eigenkapitalanforderungen im Sinne der Methode C.

Berechnungsbeispiel (Gemäß der Übersicht über die Berechnungsmethoden der 53 ZIEV der Bundesbank, abrufbar im Internet): Der maßgebliche Indikator eines Zahlungsinstituts (Zinserträge + Einnahmen aus Provisionen und Entgelten + sonstige betriebliche Erträge abzgl. des Zinsaufwands; jeweils Werte des vorangegangenen Geschäftsjahres) beträgt im Beispiel 47,0 Mio. EUR. Das Zahlungsinstitut erbringt lediglich Zahlungsdienste iSd § 1 Abs. 2 Nr. 6, so dass der Skalierungsfaktor gemäß § 2 Abs. 2 ZIEV 0,5 beträgt. Die Berechnung der Tranchenwerte des maßgeblichen Indikators ergibt sich wie folgt:

Tranche	Teil des maßgeblichen Indikators	Gewichtung	Tranchenwert
1	2,5 Mio. EUR	10,0%	250 TEUR
2	2,5 Mio. EUR	8,0%	200 TEUR
3	20,0 Mio. EUR	6,0%	1.200 TEUR
4	22,0 Mio. EUR	3,0%	660 TEUR
	47,0 Mio. EUR		2.310 TEUR

Die Summe der Tranchenwerte ist mit dem o. g. Skalierungsfaktor zu multiplizieren, so dass sich eine Eigenkapitalanforderung von 1.155.000 EUR bei Anwendung der Methode C ergibt. Vergleichsrechnung:

Berechnungsbasis	Betrag
Eigenkapitalanforderung für das vorausgegangene Geschäftsjahr (Berechnung s. oben)	1.155.000 EUR
Durchschnittswert des maßgeblichen Indikators der vorausgegangenen drei Geschäftsjahre = 1.500.000 EUR	
– hiervon 80% (Mindestbetrag der Eigenkapitalanforderung)	1.200.000 EUR
Eigenkapitalanforderung gemäß Vergleichsrechnung	**1.200.000 EUR**

3. Regelungen für die Eigenmittelberechnung von E-Geld-Instituten (§§ 7–9 ZIEV)

54   **E-Geld-Institute** haben stets über einen Bestand an Eigenmitteln zu verfügen, der mindestens genauso hoch wie die Summe der in den §§ 8 und 9 genannten Erfordernissen ist (§ 7 ZIEV).

55   Erbringt ein E-Geld-Institut **Zahlungsdienste** iSd § 1 Abs. 1 S. 2 Nr. 1–6 des Zahlungsdiensteaufsichtsgesetzes (Einzahlungsgeschäft; Auszahlungsgeschäft; Zahlungsgeschäft ohne Kreditgewährung im Sinne von Lastschriftgeschäft, Zahlungskartengeschäft und Überweisungsgeschäft; Zahlungsgeschäft mit Kreditgewährung; Akquisitionsgeschäft, Finanztransfergeschäft), die nicht mit der Ausgabe von E-Geld in Verbindung stehen, finden die §§ 2–6 entsprechende Anwendung (§ 8 ZIEV).

56   Die Eigenmittelanforderungen für die Ausgabe von E-Geld berechnen sich gemäß § 9 ZIEV aus dem **durchschnittlichen E-Geld-Umlaufs** iSd § 1 Abs. 14 des Zahlungsdiensteaufsichtsgesetzes und müssen mindestens 2 Prozent betragen (Methode D). Durchschnittlicher E-Geld-Umlauf ist gemäß § 1 Abs. 14 ZAG der durchschnittliche Gesamtbetrag der am Ende jedes Kalendertages über die vergangenen sechs Kalendermonate bestehenden, aus der Ausgabe von E-Geld erwachsenden finanziellen Verbindlichkeiten, der am ersten Kalendertag jedes Kalendermonats berechnet wird und für diesen Kalendermonat gilt.

57   Erbringt ein E-Geld-Institut Zahlungsdienste, die nicht mit der Ausgabe von E-Geld oder mit einer der in § 11 Abs. 1 S. 2 Nr. 2–5 des Zahlungsdiensteaufsichtsgesetzes genannten Tätigkeiten in Verbindung stehen, und ist die Höhe des E-Geld-Umlaufs nicht im Vorfeld bekannt, gestattet die BaFin eine Berechnung der Eigenkapitalanforderungen unter Verwendung von hinreichenden Schätzungen (§ 9 Abs. 2 ZIEV). Hierbei ist basierend auf historischen Daten ein repräsentativer Anteil zugrundezulegen, der typischerweise für die Ausgabe von E-Geld verwendet wird. Voraussetzung hierfür ist, dass dieser repräsentative Anteil auf der Grundlage historischer Daten nach Überzeugung der Bundesanstalt mit hinreichender Wahrscheinlichkeit geschätzt werden kann.

58   § 11 Abs. 1 S. 2 Nr. 2–5 ZAG umfassen die folgenden Tätigkeiten, die grundsätzlich von der Erlaubnis der BaFin für das Bertreiben von E-Geld Geschäft nach § 11 Abs. 1 S. 1 umfasst sind:

2. die Gewährung von Krediten nach Maßgabe des § 3 ZAG;
3. die Erbringung von betrieblichen Dienstleistungen und damit eng verbundenen Nebendienstleistungen, die mit der Ausgabe von E-Geld oder mit der Erbringung von Zahlungsdiensten im Zusammenhang stehen;
4. der Betrieb von Zahlungssystemen nach Maßgabe des § 58 ZAG;
5. andere Geschäftstätigkeiten als die Ausgabe von E-Geld im Rahmen der geltenden gemeinschaftlichen und nationalen Rechtsvorschriften.

59   Sollte keine ausreichend lange Geschäftstätigkeit des E-Geld-Instituts vorliegen, ist die Berechnung auf der Grundlage des im Rahmen des Erlaubnisantrags eingereichten Geschäftsplans gemäß § 11 Abs. 2 S. 1 iVm § 10 Abs. 2 S. 1 Nr. 2 und § 2 Abs. 4 ZAGAnzV durchzuführen. Dies entspricht dem Vorgehen für Zahlungsinstitute im Rahmen der Methode A gemäß § 3 ZIEV. Die BaFin kann auch hier für Zwecke der Berechnung der Eigenkapitalanforderungen eine Anpassung der Planzahlen verlangen.

4. Kriterien für die erforderliche Absicherung für den Haftungsfall bei Zahlungsauslöse- und Kontoinformationsdiensten (§§ 10–11 ZIEV)

a) Zahlungsauslösedienste (§ 10 ZIEV). Ein Institut, das **Zahlungsauslöse-** **60** **dienste** erbringt, muss eine Absicherung für den Haftungsfall nach § 16 Abs. 1 des ZAG in einer Höhe vorhalten, die das Risikoprofil, insbesondere der Wert der eingegangenen Erstattungsbegehren und die Anzahl der ausgelösten Zahlungsvorgänge, die Art der Tätigkeit, insbesondere das Nachgehen anderer Geschäftstätigkeiten, die Auswirkungen auf die Zahlungsauslösedienste haben, und der Umfang der Tätigkeit, insbesondere der Gesamtwert der ausgelösten Zahlungsvorgänge, des Instituts erforderlich macht. Eine Absicherung in diesem Sinne ist eine Berufshaftpflichtversicherung oder eine andere gleichwertige Garantie, die während der Gültigkeitsdauer der Erlaubnis aufrechtzuerhalten ist. Die **Berufshaftpflichtversicherung** oder die andere **gleichwertige Garantie** hat sich auf die Gebiete, in denen der Zahlungsauslösedienstleister seine Dienste anbietet, zu erstrecken und muss die sich für den Zahlungsauslösedienstleister ergebende Haftung aus den Vorschriften des Bürgerlichen Gesetzbuchs abdecken (§ 16 Abs. 1 ZAG).

Die BaFin kann unbeschadet ihrer Befugnisse nach § 16 Abs. 1 S. 3 in Verbin- **61** dung mit § 17 Abs. 3 des ZAG einem Institut aufgeben, die Höhe der erforderlichen Absicherung für den Haftungsfall nach den Kriterien gemäß Abs. 1 neu zu bestimmen, wenn die vom Institut angesetzte Höhe den Risiken der Geschäfte nicht angemessen Rechnung trägt.

b) Kontoinformationsdienste (§ 11 ZIEV). Institute, die **Kontoinforma-** **62** **tionsdienste** erbringen, müssen eine Absicherung für den Haftungsfall nach § 36 Abs. 1 des Zahlungsdiensteaufsichtsgesetzes in einer Höhe vorhalten, die das Risikoprofil, insbesondere der Wert der eingegangenen Erstattungsbegehren und die Anzahl der Zahlungskonten, auf die zugegriffen wurde, die Art der Tätigkeit, insbesondere das Nachgehen anderer Geschäftstätigkeiten, die Auswirkungen auf die Kontoinformationsdienste haben, und der Umfang der Tätigkeit, insbesondere die Gesamtzahl der Kunden, die Kontoinformationsdienste nutzen, des Instituts erforderlich macht. Eine Absicherung in diesem Sinne ist eine **Berufshaftpflichtversicherung** oder eine **andere gleichwertige Garantie** ist während der Gültigkeitsdauer der Registrierung aufrechtzuerhalten (§ 36 Abs. 1 ZAG).

Die Berufshaftpflichtversicherung oder die andere gleichwertige Garantie hat **63** sich auf die Gebiete, in denen der Kontoinformationsdienstleister seine Dienste anbietet, zu erstrecken und muss die sich für den Kontoinformationsdienstleister ergebende Haftung gegenüber dem kontoführenden Zahlungsdienstleister und dem Zahlungsdienstnutzer für einen nicht autorisierten oder betrügerischen Zugang zu Zählungskontoinformationen und deren nicht autorisierte oder betrügerische Nutzung abdecken.

Die BaFin kann unbeschadet ihrer Befugnisse nach § 36 Abs. 3 in Verbindung **64** mit § 17 Abs. 3 des ZAG einem Institut aufgeben, die Höhe der erforderlichen Absicherung für den Haftungsfall nach den Kriterien gemäß § 11 Abs. 1 ZIEV neu zu bestimmen, wenn die vom Institut angesetzte Höhe den Risiken der Geschäfte nicht angemessen Rechnung trägt.

5. Melde- und Anzeigepflichten (§§ 12–13 ZIEV)

65   Institute, die nicht ausschließlich Kontoinformationsdienste erbringen, haben die für die Überprüfung der angemessenen Eigenkapitalausstattung erforderlichen Angaben nach der vom Institut gewählten Berechnungsmethode A, B, C oder D jeweils quartalsweise zum Meldestichtag bei der Bundesbank einzureichen (**§ 12 Abs. 1 ZIEV**). Die Meldungen sind bis zum 20. Geschäftstag des auf den Meldestichtag folgenden Kalendermonats mit dem Formular nach der Anlage zu dieser Verordnung zu erstatten. Gemäß § 12 Abs. 1 Hs. 2 ZIEV kann die BaFin auf Antrag des Instituts die Frist für die Einreichung der Meldung verlängern.

66   Die Meldungen sind im papierlosen Verfahren einzureichen, die Bundesbank hat sowohl auf ihrer Internetseite das zu verwendende **Formular ZEK** hinterlegt als auch dieses in das ExtraNet aufgenommen. Die Bundesbank leitet die Meldungen entsprechend an die BaFin weiter.

67   Auf Anforderung der BaFin hat ein Zahlungsinstitut zusätzlich die Berechnungen nach den anderen in der ZIEV vorgesehenen und vom Institut nicht gewählten Methoden zu Vergleichszwecken einzureichen.

68   Sollte ein Institut im Sinne des ZAG zwischen den Meldestichtagen die Eigenkapitalanforderungen nicht einhalten, hat es die Nichteinhaltung unverzüglich der BaFin und der Bundesbank schriftlich, aber formlos anzuzeigen (§ 13 ZIEV). Die Anzeige muss auch den Betrag enthalten, um den die Eigenkapitalanforderung nicht eingehalten wird. Als Eigenkapitalanforderungen im Sinne dieser Vorschrift gelten analog zu § 1 ZIEV sowohl die Anforderungen der gemäß ZIEV anzuwendenden Berechnungsmethoden als auch die Vorschriften des § 12 S. 1 Nr. 3 an das Anfangskapital.

Anhang zu § 15

Verordnung über die angemessene Eigenmittelausstattung und die erforderliche Absicherung für den Haftungsfall von Instituten nach dem Zahlungsdiensteaufsichtsgesetz (ZAG-Instituts-Eigenmittelverordnung – ZIEV)

Vom 15. Oktober 2009 (BGBl. I S. 3643), zuletzt geändert durch Artikel 1 der Verordnung vom 10. Dezember 2018 (BGBl. I S. 2330)

Auf Grund des § 12 Absatz 6 Satz 1 und 3, auch in Verbindung mit Absatz 4 Satz 2, des Zahlungsdiensteaufsichtsgesetzes vom 25. Juni 2009 (BGBl. I S. 1506) verordnet das Bundesministerium der Finanzen im Benehmen mit der Deutschen Bundesbank nach Anhörung der Verbände der Zahlungsinstitute:

Abschnitt 1. Angemessenheit und Erforderlichkeit

§ 1 Angemessenheit der Eigenmittel und Erforderlichkeit der Absicherung

(1) Ein Institut im Sinne des Zahlungsdiensteaufsichtsgesetzes, das nicht ausschließlich Zahlungsauslöse- oder Kontoinformationsdienste erbringt, hat ungeachtet des Betrags des Anfangskapitals nach § 12 Nummer 3 des Zahlungsdiensteaufsichtsgesetzes jederzeit angemessene Eigenmittel nach Maßgabe dieser Verordnung vorzuhalten. Ein Institut nach Satz 1 verfügt über angemessene Eigenmittel, wenn es jederzeit Eigenmittel in einer Höhe hält, die den Vorgaben der nach dieser Verordnung anzuwendenden Berechnungsmethode entspricht.

(2) Ein Institut im Sinne des Zahlungsdiensteaufsichtsgesetzes, das Zahlungsauslöse- oder Kontoinformationsdienste erbringt, hat ungeachtet des Betrags des Anfangskapitals nach § 12 Nummer 3 des Zahlungsdiensteaufsichtsgesetzes jederzeit eine erforderliche Absicherung für den Haftungsfall nach Maßgabe dieser Verordnung vorzuhalten. Ein Institut nach Satz 1 verfügt über eine erforderliche Absicherung für den Haftungsfall, wenn es diese jederzeit in einer Höhe vorhält, die den Vorgaben der nach dieser Verordnung anzuwendenden Kriterien entspricht.

(3) Ein Zahlungsinstitut im Sinne des Zahlungsdiensteaufsichtsgesetzes, das nur Zahlungsauslösedienste erbringt, hat jederzeit den Betrag des Anfangskapitals nach § 12 Nummer 3 Buchstabe b des Zahlungsdiensteaufsichtsgesetzes weiterhin als angemessene Eigenmittel vorzuhalten.

Abschnitt 2. Regelungen für die Eigenmittelberechnung von Zahlungsinstituten

§ 2 Berechnung der Eigenmittelanforderungen

(1) Das Zahlungsinstitut hat der Berechnung der Eigenmittelanforderungen die in § 4 dargestellte Methode B zugrunde zu legen, sofern nicht nach § 6 eine andere Methode festgelegt worden ist.

(2) Der bei der Berechnung nach den §§ 4 und 5 anzuwendende Skalierungsfaktor k entspricht
1. 0,5, wenn das Zahlungsinstitut nur die in § 1 Absatz 1 Satz 2 Nummer 6 des Zahlungsdiensteaufsichtsgesetzes genannten Zahlungsdienste erbringt;
2. 1,0, wenn das Zahlungsinstitut einen oder mehrere der in § 1 Absatz 1 Satz 2 Nummer 1 bis 5 des Zahlungsdiensteaufsichtsgesetzes genannten Zahlungsdienste erbringt.

§ 3 Berechnung nach Methode A

(1) Zahlungsinstitute müssen eine Eigenmittelunterlegung aufweisen, die mindestens 10 Prozent ihrer fixen Gemeinkosten des Vorjahrs entspricht. Als fixe Gemeinkosten sind allgemeine Verwaltungsaufwendungen, die Abschreibungen und Wertberichtigungen auf immaterielle Anlagewerte und Sachanlagen und die sonstigen betrieblichen Aufwendungen anzusetzen, die das Zahlungsinstitut in der Gewinn- und Verlustrechnung des letzten Jahresabschlusses ausgewiesen hat. Die Bundesanstalt für Finanzdienstleistungsaufsicht (Bundesanstalt) kann die Eigenmittelanforderung nach Satz 1 bei einer gegenüber dem Vorjahr erheblich ver-

änderten Geschäftstätigkeit des Zahlungsinstituts an die aktuelle Geschäftstätigkeit anpassen.

(2) Zahlungsinstitute, die ihre Geschäftstätigkeit zum Zeitpunkt der Berechnung seit weniger als einem Jahr ausüben, müssen eine Eigenmittelanforderung in Höhe von 10 Prozent der im Geschäftsplan vorgesehenen fixen Gemeinkosten im Sinne des Absatzes 1 Satz 2 erfüllen. Die Bundesanstalt kann für die Zwecke dieser Berechnung eine Anpassung des Geschäftsplans verlangen.

§ 4 Berechnung nach Methode B

Zahlungsinstitute müssen eine Eigenmittelunterlegung aufweisen, die mindestens der Summe der folgenden Tranchenwerte multipliziert mit dem in § 2 Absatz 2 festgelegten Skalierungsfaktor k entspricht, wobei Zahlungsvolumen im Sinne dieser Vorschrift ein Zwölftel der Gesamtsumme der von dem Zahlungsinstitut im Vorjahr ausgeführten Zahlungsvorgänge ist:

1. 4,0 Prozent der Tranche des Zahlungsvolumens bis 5 Millionen Euro plus
2. 2,5 Prozent der Tranche des Zahlungsvolumens von über 5 Millionen Euro bis 10 Millionen Euro plus
3. 1 Prozent der Tranche des Zahlungsvolumens von über 10 Millionen Euro bis 100 Millionen Euro plus
4. 0,5 Prozent der Tranche des Zahlungsvolumens von über 100 Millionen Euro bis 250 Millionen Euro plus
5. 0,25 Prozent der Tranche des Zahlungsvolumens über 250 Millionen Euro.

§ 5 Berechnung nach Methode C

(1) Zahlungsinstitute müssen eine Eigenmittelunterlegung aufweisen, die mindestens dem maßgeblichen Indikator nach Absatz 2 entspricht, multipliziert mit dem in Absatz 3 definierten Multiplikationsfaktor und mit dem in § 2 Absatz 2 festgelegten Skalierungsfaktor k.

(2) Der maßgebliche Indikator ist die Summe der folgenden Bestandteile:
1. Zinserträge,
2. Zinsaufwand,
3. Einnahmen aus Provisionen und Entgelten sowie
4. sonstige betriebliche Erträge.

In die Summe geht jeder Wert mit seinem positiven oder negativen Vorzeichen ein. Außerordentliche oder unregelmäßige Erträge dürfen nicht in die Berechnung des maßgeblichen Indikators einfließen. Aufwendungen für die Auslagerung von Dienstleistungen, die durch Dritte erbracht werden, dürfen den maßgeblichen Indikator dann mindern, wenn die Aufwendungen von einem Unternehmen getragen werden, das nach dem Zahlungsdiensteaufsichtsgesetz oder entsprechenden ausländischen Vorschriften, die zur Umsetzung der Richtlinie (EU) 2015/2366 des Europäischen Parlaments und des Rates vom 25. November 2015 über Zahlungsdienste im Binnenmarkt, zur Änderung der Richtlinien 2002/65/EG, 2009/110/EG und 2013/36/EU und der Verordnung (EU) Nr. 1093/2010 sowie zur Aufhebung der Richtlinie 2007/64/EG (ABl. L 337 vom 23.12.2015, S. 35; L 169 vom 28.6.2016, S. 18; L 102 vom 23.4.2018, S. 97; L 126 vom 23.5.2018, S. 10) erlassen worden sind, beaufsichtigt wird. Der maßgebliche Indikator wird auf der Grundlage der letzten Zwölfmonatsbeobachtung, die am Ende des vorausgegangenen Geschäftsjahres erfolgt, für dieses vorausgegangene Geschäftsjahr errechnet.

Die ermittelten Eigenmittelanforderungen dürfen jedoch nicht weniger als 80 Prozent des Betrags ausmachen, der sich bei Berechnung der Eigenmittelanforderungen nach Methode C ergeben würde, wenn bei der Berechnung der Durchschnittswert des maßgeblichen Indikators für die vorausgegangenen drei Geschäftsjahre zugrunde gelegt würde. Wenn keine geprüften Zahlen vorliegen, können Schätzungen verwendet werden.

(3) Der Multiplikationsfaktor entspricht

1. 10 Prozent der Tranche des maßgeblichen Indikators bis 2,5 Millionen Euro,
2. 8 Prozent der Tranche des maßgeblichen Indikators von über 2,5 Millionen Euro bis 5 Millionen Euro,
3. 6 Prozent der Tranche des maßgeblichen Indikators von über 5 Millionen Euro bis 25 Millionen Euro,
4. 3 Prozent der Tranche des maßgeblichen Indikators von über 25 Millionen Euro bis 50 Millionen Euro,
5. 1,5 Prozent der Tranche des maßgeblichen Indikators über 50 Millionen Euro.

§ 6 Festlegung der Methode

(1) Im Einzelfall kann die Bundesanstalt unbeschadet der Befugnisse nach § 15 Absatz 2 Satz 3 des Zahlungsdiensteaufsichtsgesetzes und § 3 Absatz 1 Satz 3 dieser Verordnung jederzeit bestimmen, dass die Berechnung nach einer anderen in den §§ 3 bis 5 genannten Methode zu erfolgen hat, wenn die angewendete Methode die tatsächlichen Risiken des Geschäfts nicht angemessen wiedergibt.

(2) Das Zahlungsinstitut kann im Erlaubnisantrag nach § 10 des Zahlungsdiensteaufsichtsgesetzes oder später die Anwendung einer bestimmten Berechnungsmethode beantragen, wenn es der Auffassung ist, dass die anzuwendende Methode die tatsächlichen Risiken des Geschäfts nicht angemessen wiedergibt. Im Antrag hat das Zahlungsinstitut seine Auffassung schriftlich zu begründen. Ein solcher Antrag darf unbeschadet der Möglichkeit der Antragstellung im Erlaubnisantrag jedoch nur einmal pro Geschäftsjahr gestellt werden.

Abschnitt 3. Regelungen für die Eigenmittelberechnung von E-Geld-Instituten

§ 7 Berechnung der Eigenmittelanforderungen

E-Geld-Institute haben stets über einen Bestand an Eigenmitteln zu verfügen, der mindestens genauso hoch wie die Summe der in den §§ 8 und 9 genannten Erfordernisse ist.

§ 8 Berechnung bei Erbringung von Zahlungsdiensten

Erbringt ein E-Geld-Institut Zahlungsdienste im Sinne des § 1 Absatz 1 Satz 2 Nummer 1 bis 6 des Zahlungsdiensteaufsichtsgesetzes, die nicht mit der Ausgabe von E-Geld in Verbindung stehen, finden die §§ 2 bis 6 entsprechende Anwendung.

§ 9 Berechnung nach Methode D für die Ausgabe von E-Geld

(1) Die Eigenmittel müssen sich für die Ausgabe von E-Geld mindestens auf 2 Prozent des durchschnittlichen E- Geld-Umlaufs im Sinne des § 1 Absatz 14 des Zahlungsdiensteaufsichtsgesetzes belaufen.

(2) Erbringt ein E-Geld-Institut Zahlungsdienste im Sinne des § 1 Absatz 1 Satz 2 des Zahlungsdiensteaufsichtsgesetzes, die nicht mit der Ausgabe von E-Geld oder mit einer der in § 11 Absatz 1 Satz 2 Nummer 2 bis 5 des Zahlungsdiensteaufsichtsgesetzes genannten Tätigkeiten in Verbindung stehen, und ist die Höhe des E-Geld-Umlaufs im Voraus nicht bekannt, gestattet die Bundesanstalt die Berechnung der Eigenmittelanforderungen unter Zugrundelegung eines repräsentativen Anteils, der typischerweise für die Ausgabe von E-Geld verwendet wird. Voraussetzung hierfür ist, dass dieser repräsentative Anteil auf der Grundlage historischer Daten nach Überzeugung der Bundesanstalt mit hinreichender Wahrscheinlichkeit geschätzt werden kann. Sofern eine ausreichend lange Geschäftstätigkeit des E-Geld-Instituts nicht vorliegt, bestimmt sich die Berechnung der Eigenmittelanforderungen auf der Grundlage des aus dem Geschäftsplan hervorgehenden erwarteten E-Geld-Umlaufs. Die Bundesanstalt kann jederzeit eine Anpassung des Geschäftsplans verlangen.

Abschnitt 4. Kriterien für die erforderliche Absicherung für den Haftungsfall bei Zahlungsauslöse- und Kontoinformationsdiensten

§ 10 Kriterien bei Zahlungsauslösediensten

(1) Ein Institut, das Zahlungsauslösedienste erbringt, muss eine Absicherung für den Haftungsfall nach § 16 Absatz 1 des Zahlungsdiensteaufsichtsgesetzes in einer Höhe vorhalten, die
1. das Risikoprofil, insbesondere der Wert der eingegangenen Erstattungsbegehren und die Anzahl der ausgelösten Zahlungsvorgänge,
2. die Art der Tätigkeit, insbesondere das Nachgehen anderer Geschäftstätigkeiten, die Auswirkungen auf die Zahlungsauslösedienste haben, und
3. der Umfang der Tätigkeit, insbesondere der Gesamtwert der ausgelösten Zahlungsvorgänge, des Instituts erforderlich macht.

(2) Die Bundesanstalt kann unbeschadet ihrer Befugnisse nach § 16 Absatz 1 Satz 3 in Verbindung mit § 17 Absatz 3 des Zahlungsdiensteaufsichtsgesetzes einem Institut aufgeben, die Höhe der erforderlichen Absicherung für den Haftungsfall nach den Kriterien gemäß Absatz 1 neu zu bestimmen, wenn die vom Institut angesetzte Höhe den Risiken der Geschäfte nicht angemessen Rechnung trägt.

§ 11 Kriterien bei Kontoinformationsdiensten

(1) Ein Institut, das Kontoinformationsdienste erbringt, muss eine Absicherung für den Haftungsfall nach § 36 Absatz 1 des Zahlungsdiensteaufsichtsgesetzes in einer Höhe vorhalten, die
1. das Risikoprofil, insbesondere der Wert der eingegangenen Erstattungsbegehren und die Anzahl der Zahlungskonten, auf die zugegriffen wurde,
2. die Art der Tätigkeit, insbesondere das Nachgehen anderer Geschäftstätigkeiten, die Auswirkungen auf die Kontoinformationsdienste haben, und

3. der Umfang der Tätigkeit, insbesondere die Gesamtzahl der Kunden, die Kontoinformationsdienste nutzen, des Instituts erforderlich macht.

(2) Die Bundesanstalt kann unbeschadet ihrer Befugnisse nach § 36 Absatz 3 in Verbindung mit § 17 Absatz 3 des Zahlungsdiensteaufsichtsgesetzes einem Institut aufgeben, die Höhe der erforderlichen Absicherung für den Haftungsfall nach den Kriterien gemäß Absatz 1 neu zu bestimmen, wenn die vom Institut angesetzte Höhe den Risiken der Geschäfte nicht angemessen Rechnung trägt.

Abschnitt 5. Melde- und Anzeigepflichten

§ 12 Meldungen zur Eigenmittelausstattung

(1) Ein Institut, das nicht ausschließlich Kontoinformationsdienste erbringt, hat die für die Überprüfung der angemessenen Eigenmittelausstattung nach § 15 Absatz 2 Satz 1 des Zahlungsdiensteaufsichtsgesetzes erforderlichen Angaben jeweils nach dem Stand zum Meldestichtag am Ende eines Kalendervierteljahres mit dem Formular nach der Anlage zu dieser Verordnung bis zum 20. Geschäftstag des auf den Meldestichtag folgenden Kalendermonats einzureichen; auf Antrag kann die Bundesanstalt die Frist verlängern.

(2) Die Meldungen nach Absatz 1 sind der Deutschen Bundesbank im papierlosen Verfahren einzureichen; die Deutsche Bundesbank leitet die Meldungen an die Bundesanstalt weiter. Auf Anforderung der Bundesanstalt sind zu Vergleichszwecken zusätzlich Berechnungen nach den anderen Methoden für Zahlungsinstitute einzureichen.

Die Deutsche Bundesbank veröffentlicht im Internet die für die elektronische Dateneinreichung zu verwendenden Satzformate und den Einreichungsweg.

§ 13 Anzeigen bei Nichteinhaltung der Eigenmittelanforderungen

Institute im Sinne des Zahlungsdiensteaufsichtsgesetzes müssen die Nichteinhaltung der Eigenmittelanforderungen zwischen den Meldestichtagen der Bundesanstalt und der Deutschen Bundesbank unverzüglich schriftlich anzeigen. In der Anzeige nach Satz 1 ist jeweils der Betrag anzugeben, um den die Eigenmittelanforderung nicht eingehalten wird.

§ 14 Inkrafttreten

Diese Verordnung tritt am 31. Oktober 2009 in Kraft.

Anlage (zu § 12 Abs. 1)
ZEM

Meldebogen zur Berechnung der Eigenmittelanforderungen nach § 15 ZAG

(Fundstelle: BGBl. 2018 I S. 2330)

Institutsnummer: Prüfziffer:
Name: Ort:
Meldestichtag: Sachbearbeiter/-in:
Telefon:

1. Berechnung der Eigenmittel

	ID	Bezeichnung	Betrag[1] (in Euro) 01	Kommentare 02
0010	**1**	**Eigenmittel**		**1.1 + 1.2 + 1.4 + 1.5**
0020	**1.1**	**Kernkapital gem. Art. 25 CRR[2]**		**1.1.1 + 1.1.2**
0030	**1.1.1**	Hartes Kernkapital gem. Art. 26 CRR[3]		1.1.1.1 + 1.1.1.2 + 1.1.1.3 + 1.1.1.4 + 1.1.1.5 + 1.1.1.6 + 1.1.1.7 + 1.1.1.8 + 1.1.1.9 + 1.1.1.10 + 1.1.1.11
0040	1.1.1.1	(+) eingezahlte Kapitalinstrumente (inklusive Agio) gem. Art. 28 CRR		
0050		nachrichtlich: Kredite an Gesellschafter		
0060	1.1.1.2	(–) Entnahmen der Gesellschafter		
0070	1.1.1.3	(+/–) einbehaltene Gewinne gem. Art. 26 Abs. 1 S. 1 Buchstabe c CRR		
0080	1.1.1.4	(+) sonstige Rücklagen gem. Art. 26 Abs. 1 S. 1 Buchstabe e CRR		1.1.1.4.1 + 1.1.1.4.2
0090	1.1.1.4.1	darunter: Kapitalrücklagen		
0100	1.1.1.4.2	darunter: Gewinnrücklagen		

	ID	Bezeichnung	Betrag[1] (in Euro) 01	Kommentare 02
0110	1.1.1.5	(+) Fonds für allgemeine Bankrisiken gem. Art. 26 Abs. 1 S. 1 Buchstabe f CRR iVm § 340g HGB		
0120	1.1.1.6	(−) Verluste des laufenden Geschäftsjahres gem. Art. 36 Abs. 1 Buchstabe a CRR		
0130	1.1.1.7	(−) immaterielle Vermögenswerte (inklusive bilanzierte Geschäfts- oder Firmenwerte) gem. Art. 36 Abs. 1 Buchstabe b iVm Art. 37 CRR		
0140	1.1.1.8	(−) in der Bilanz ausgewiesene Vermögenswerte aus Pensionsfonds mit Leistungszusage gem. Art. 36 Abs. 1 Buchstabe e CRR iVm Art. 41 Abs. 1 Buchstabe b CRR		
0150	1.1.1.9	(−) eigene Instrumente des harten Kernkapitals gem. Art. 36 Abs. 1 Buchstabe f CRR		
0160	1.1.1.10	(−) der maßgebliche Betrag der direkten, indirekten und synthetischen Positionen in Instrumenten des harten Kernkapitals von Unternehmen der Finanzbranche		1.1.1.10.1 + 1.1.1.10.2
0170	1.1.1.10.1	darunter: an denen das Institut keine wesentliche Beteiligung hält (gem. Art. 36 Abs. 1 Buchstabe h CRR)		
0180	1.1.1.10.2	darunter: an denen das Institut eine wesentliche Beteiligung hält (gem. Art. 36 Abs. 1 Buchstabe i CRR)		
0190	1.1.1.11	(+/−) andere Bestandteile oder Abzüge bezüglich des harten Kernkapitals gem. Art. 26 oder Art. 36 CRR		
0200	**1.1.2**	Zusätzliches Kernkapital gem. Art. 51 iVm Art. 52 CRR		1.1.2.1 + 1.1.2.2 + 1.1.2.3

	ID	Bezeichnung	Betrag[1] (in Euro) 01	Kommentare 02
0210	1.1.2.1	(+) eingezahlte Kapitalinstrumente (inklusive Agio) gem. Art. 52 CRR		
0220	1.1.2.2	(–) eigene Instrumente des zusätzlichen Kernkapitals gem. Art. 56 Buchstabe a CRR		
0230	1.1.2.3	(+/–) andere Bestandteile oder Abzüge bezüglich des zusätzlichen Kernkapitals gem. Art. 51 oder Art. 56 CRR		
0240	**1.2**	**Ergänzungskapital gem. Art. 71 iVm Art. 62 CRR**[4]		**1.2.1 + 1.2.2**
0250	1.2.1	(+) eingezahlte Kapitalinstrumente (inklusive Agio) gem. Art. 63 CRR		
0260	1.2.2	(+/–) andere Bestandteile oder Abzüge bezüglich des Ergänzungskapitals gem. Art. 62 oder Art. 66 CRR		
0270	**1.3**	**Zwischenergebnis: Eigenmittel brutto**		**1.1 + 1.2**
0280	**1.4**	**(–) Abzugsposten für Beteiligungen gem. § 15 Abs. 1 S. 3 ZAG**		
0290	**1.5**	**Korrekturposten gem. § 15 Abs. 1 S. 4 ZAG**		

Hinweis: Die dargestellte Tabelle deckt nicht sämtliche Positionen zur Berechnung der Eigenmittel ab; hierzu wird ausdrücklich auf § 15 ZAG in Verbindung mit § 1 Abs. 29 ZAG verwiesen. Abweichend von der Ermittlung der anrechenbaren Eigenmittel besteht das Anfangskapital nach § 1 Abs. 30 ZAG nur aus den Positionen des harten Kernkapitals gemäß Art. 26 Abs. 1 S. 1 Buchstabe a–e CRR.

[1] Jeder Betrag, der die Eigenmittel erhöht, hat ein positives Vorzeichen. Jeder Betrag, der die Eigenmittel reduziert, hat ein negatives Vorzeichen.

[2] CRR bezeichnet in dieser Anlage die Verordnung (EU) Nr. 575/2013 des Europäischen Parlaments und des Rates vom 26.6.2013 über Aufsichtsanforderungen an Kreditinstitute und Wertpapierfirmen und zur Änderung der Verordnung (EU) Nr. 648/2012 (ABl. 2013 L 176, 1).

[3] Bei der Berechnung der Eigenmittel müssen mindestens 75 Prozent des Kernkapitals in Form von hartem Kernkapital nach Artikel 50 CRR berücksichtigt werden.

[4] Bei der Berechnung der Eigenmittel darf das Ergänzungskapital höchstens ein Drittel des harten Kernkapitals betragen.

2. Berechnung der Eigenmittelanforderungen für Zahlungsinstitute[5]

0300		Skalierungsfaktor		gemäß § 2 Abs. 2 ZIEV

	ID	Bezeichnung	Betrag[1] (in Euro) 01	Kommentare 02
0310	2	Eigenmittelanforderungen für Zahlungsinstitute insgesamt		Endergebnis der gerechneten Methode[6]
0320	2.1	Eigenmittelanforderungen nach Methode A		Eigenmittel-anforderungen nach § 3 ZIEV (2.1.1 + 2.1.2 + 2.1.3) ⋆ 0,1
0330	2.1.1	Allgemeine Verwaltungsauf-wendungen		
0340	2.1.2	Abschreibungen und Wert-berichtigungen auf immaterielle Anlagewerte und Sachanlagen		
0350	2.1.3	Sonstige betriebliche Aufwen-dungen		
0360	2.2	Eigenmittelanforderungen nach Methode B		Eigenmittel-anforderungen nach § 4 ZIEV (2.2.1.1 + 2.2.1.2 + 2.2.1.3 + 2.2.1.4 + 2.2.1.5) ⋆ Zeile 0300
0370	2.2.1	Zahlungsvolumen		
0380	2.2.1.1	Tranche bis 5 Mio. Euro		Betrag nach § 4 Nr. 1 ZIEV
0390	2.2.1.2	Tranche von über 5 Mio. bis 10 Mio. Euro		Betrag nach § 4 Nr. 2 ZIEV
0400	2.2.1.3	Tranche von über 10 Mio. bis 100 Mio. Euro		Betrag nach § 4 Nr. 3 ZIEV
0410	2.2.1.4	Tranche von über 100 Mio. bis 250 Mio. Euro		Betrag nach § 4 Nr. 4 ZIEV
0420	2.2.1.5	Tranche über 250 Mio. Euro		Betrag nach § 4 Nr. 5 ZIEV
0430	2.3	Eigenmittelanforderungen nach Methode C		Eigenmittel-anforderungen nach § 5 ZIEV

	ID	Bezeichnung	Betrag[1] (in Euro) 01	Kommentare 02
				(2.3.5.1 + 2.3.5.2 + 2.3.5.3 + 2.3.5.4 + 2.3.5.5) ★ Zeile 0300; mindestens 0,8 ★ Betrag in Zeile 540
0440	2.3.1	Zinserträge		
0450	2.3.2	(–) Zinsaufwand		
0460	2.3.3	Einnahmen aus Provisionen und Entgelten		
0470	2.3.4	Sonstige betriebliche Erträge		
0480	2.3.5	Maßgeblicher Indikator		2.3.1 + 2.3.2 + 2.3.3 + 2.3.4
0490	2.3.5.1	Tranche bis 2,5 Mio. Euro		Betrag nach § 5 Abs. 3 Nr. 1 ZIEV
0500	2.3.5.2	Tranche von über 2,5 Mio. bis 5 Mio. Euro		Betrag nach § 5 Abs. 3 Nr. 2 ZIEV
0510	2.3.5.3	Tranche von über 5 Mio. bis 25 Mio. Euro		Betrag nach § 5 Abs. 3 Nr. 3 ZIEV
0520	2.3.5.4	Tranche von über 25 Mio. bis 50 Mio. Euro		Betrag nach § 5 Abs. 3 Nr. 4 ZIEV
0530	2.3.5.5	Tranche über 50 Mio. Euro		Betrag nach § 5 Abs. 3 Nr. 5 ZIEV
0540	2.3.6	Eigenmittelanforderungen nach Methode C unter Verwendung des Durchschnittswerts des maßgeblichen Indikators für vorausgegangene drei Geschäftsjahre		

[5] Bei Zahlungsinstituten ist die in § 2 Abs. 1 ZIEV vorgegebene Methode B anzuwenden, sofern nicht nach § 6 ZIEV eine andere Methode festgelegt worden ist. Die Anforderungen sind für die jeweils angewendete Methode vollständig zu melden. Die Ziffern 2–5 sind von Unternehmen, die ausschließlich Zahlungsauslösedienste erbringen, nicht anzugeben.

[6] Das jeweilige Endergebnis für die gerechnete Methode (Zeile 0320, 0360 oder 0430) ist in diese Zeile zu übertragen.

3. Berechnung der Eigenmittelanforderungen für E-Geld-Institute

0550	3	Eigenmittelanforderungen für E-Geld-Institute insgesamt		Eigenmittel- anforderungen nach § 7 ZIEV = 3.1 + 3.2
0560	3.1	Eigenmittelanforderungen nach Methode D		Eigenmittel- anforderungen nach § 9 ZIEV = 3.1.2
0570	3.1.1	Durchschnittlicher E-Geld- Umlauf iSd § 1 Abs. 14 ZAG		
0580	3.1.2	Gewichtung des durchschnittli- chen E-Geld-Umlaufs		= 3.1.1 ⋆ 0,02
0590	3.2	Eigenmittelanforderungen für erbrachte Zahlungsdienste		Gemäß § 8 ZIEV = Zelle 310

4. Überschuss/Defizit oder Eigenmittel

0600	Überschuss/Defizit ohne Korrekturposten gem. § 15 Abs. 1 S. 2 und Abs. 2 S. 3 ZAG		0010 – 0310 nur bei Zahlungsinsti- tuten
0610	Überschuss/Defizit ohne Korrekturposten gem. § 15 Abs. 1 S. 2 und Abs. 2 S. 3 ZAG		0010 – 0550 nur bei E-Geld-Insti- tuten
0620	Überschuss/Defizit inklusive Korrektur- posten gem. § 15 Abs. 1 S. 2 und Abs. 2 S. 3 ZAG		0600 mit Korrek- turposten ge- wichtet
0630	Überschuss/Defizit inklusive Korrektur- posten gem. § 15 Abs. 1 S. 2 und Abs. 2 S. 3 ZAG		0610 mit Korrek- turposten ge- wichtet

5. Eigenmittelunterlegung nach der CRR[7]

0640	Eigenmittelunterlegung erfolgt nach CRR		8

[7] Nur auszufüllen von Instituten, die eine Erlaubnis gemäß § 32 Abs. 1 des Kreditwesengeset- zes (KWG) haben.

[8] „1" eintragen, wenn die Eigenmittelanforderungen nach ZIEV kleiner oder gleich den Eigenmittelanforderungen nach der CRR; „2" eintragen, wenn die Eigenmittelanforderun- gen nach ZIEV größer den Eigenmittelanforderungen nach der CRR.

§ 16   Absicherung für den Haftungsfall für Zahlungsauslösedienste;
Verordnungsermächtigung

(1) [1]Ein Institut, das Zahlungsauslösedienste erbringt, hat eine Berufshaftpflichtversicherung oder eine andere gleichwertige Garantie
abzuschließen und während der Gültigkeitsdauer seiner Erlaubnis aufrechtzuerhalten. [2]Die Berufshaftpflichtversicherung oder die andere
gleichwertige Garantie hat sich auf die Gebiete, in denen der Zahlungsauslösedienstleister seine Dienste anbietet, zu erstrecken und muss die
sich für den Zahlungsauslösedienstleister ergebende Haftung aus den
Vorschriften des Bürgerlichen Gesetzbuchs abdecken. [3] § 17 Absatz 3 gilt
entsprechend.

(2) [1]Die Berufshaftpflichtversicherung muss bei einem im Inland zum
Geschäftsbetrieb befugten Versicherungsunternehmen genommen werden. [2]In der Vereinbarung ist das Versicherungsunternehmen zu verpflichten, der Bundesanstalt die Beendigung oder Kündigung der Berufshaftpflichtversicherung, gegebenenfalls erst nach Ablauf der Frist des § 38
Absatz 3 Satz 3 des Versicherungsvertragsgesetzes, sowie jede Vertragsänderung, die die vorgeschriebene Absicherung für den Haftungsfall im
Verhältnis zu Dritten beeinträchtigt, unverzüglich mitzuteilen.

(3) [1]In den Fällen des § 115 Absatz 1 Satz 1 Nummer 2 und 3 des Versicherungsvertragsgesetzes erteilt die Bundesanstalt Dritten zur Geltendmachung von Haftungsansprüchen auf Antrag Auskunft über den Namen
und die Adresse des Versicherungsunternehmens sowie die Vertragsnummer, soweit das Unternehmen, das den Zahlungsauslösedienst erbringt,
kein überwiegendes schutzwürdiges Interesse an der Nichterteilung der
Auskunft hat. [2]Dies gilt auch, wenn die Erlaubnis als Zahlungsauslösedienstleister erloschen oder aufgehoben ist.

(4) Zuständige Stelle im Sinne des § 117 Absatz 2 des Versicherungsvertragsgesetzes ist die Bundesanstalt.

(5) [1]Das Bundesministerium der Finanzen wird ermächtigt, durch
Rechtsverordnung, die nicht der Zustimmung des Bundesrates bedarf, nähere Bestimmungen zu Umfang und Inhalt der erforderlichen Absicherung im Haftungsfall zu treffen. [2]Das Bundesministerium der Finanzen
kann die Ermächtigung durch Rechtsverordnung auf die Bundesanstalt
übertragen. [3]Vor Erlass der Rechtsverordnung sind die Spitzenverbände
der Institute und der Versicherungsunternehmen anzuhören.

Literatur: v. Bühren, Die Berufshaftpflichtversicherung der Rechtsanwälte, 2004; Glos/Hild-
ner, gesteigerte Relevanz des ZAG für Banken nach Umsetzung der PSD II, RdZ 2020, 84;
Harman, Neue Instrumente des Zahlungsverkehrs: PayPal & Co., BKR 2018, 457; Heße, Das
Anspruchserhebungsprinzip in den Allgemeinen Versicherungsbedingungen von D&O-Ver-
sicherungsverträgen und das Recht der Allgemeinen Geschäftsbedingungen, NZI 2009, 790;
Hoeren/Sieber/Holznagel, Handbuch Multimedia-Recht, 57. EL. 2021; Koch, Das Claims-
made-Prinzip in der D&O-Versicherung auf dem Prüfstand der AGB-Inhaltskontrolle, VersR
2011, 295; Köndgen, Jenseits des Relativitätsprinzips: Haftungsstrukturen im neuen Zahlungsdiensterecht, ZBB 2018, 141; LBS Bankrechts-Kommentar, 2. Auflage 2016; Langheid/
Wandt, Münchener Kommentar zum Versicherungsvertragsgesetz, Band 2, 2. Aufl. 2017;

Omlor, Die zweite Zahlungsdiensterichtlinie: Revolution oder Evolution im Bankvertrags-recht?, ZIP 2016, 558; Prölls/Dreher, Versicherungsaufsichtsgesetz: VAG, 13. Auflage 2018; Schulze, Bürgerliches Gesetzbuch Handkommentar, 11. Aufl. 2022; von Westphalen, Wirk-samkeit des Claims-made-Prinzips in der D&O-Versicherung, VersR 2011, 145; Zahrte, Neuerungen im Zahlungsdiensterecht, NJW 2018, 337.

Inhaltsübersicht

I. Allgemeines

1. Entstehungsgeschichte

§ 16 beinhaltet die Pflicht zur Absicherung für den Haftungsfall für Zahlungsaus- **1** lösedienste. Er setzt Art. 5 Abs. 2 PSD2 um. Dies stellt einen wesentlichen Teil des Kompromisses zwischen kontoführenden Zahlungsdienstleistern und sog. dritten Zahlungsdienstleistern im Gesetzgebungsverfahren der PSD2 dar (vgl. hierzu auch Kommentierung → § 1 Rn. 150). Im ursprünglichen Richtlinienvorschlag der

Kommission (PSD2-Entwurf 24.7.2013) war solch eine Absicherungspflicht noch nicht enthalten (dazu insbes. → Rn. 34).

2. Systematik

2   Der Nachweis über die Absicherung im Haftungsfall ist – für Zahlungsinstitute, die Zahlungsauslösedienste und/oder Kontoinformationsdienste erbringen wollen – Teil der Erlaubnisvoraussetzungen gem. § 10 Abs. 2 S. 1 Nr. 3. Dasselbe gilt für E-Geld-Institute, die diese Dienste erbringen wollen; die fehlende Erwähnung im Rahmen des Erlaubnisverfahrens für E-Geld-Institute in § 11 Abs. 2 S. 1 Nr. 2 dürfte ein Redaktionsversehen sein (vgl. dazu sogleich → Rn. 5). Daneben muss ein Zahlungsinstitut, das nur Zahlungsauslösedienste anbietet, ein Anfangskapital von mindestens 50.000 EUR nachweisen (§ 12 Nr. 3 lit. b). Solche Zahlungsinstitute unterliegen dagegen nicht den Sicherungsanforderungen der §§ 17, 18, da sie (im Zusammenhang mit Zahlungsauslösediensten) zu keinem Zeitpunkt Gelder des Zahlers halten dürfen (§ 49 Abs. 1 S. 2). Im Übrigen vgl. oben die Einführung bei → § 1 Rn. 152 ff. Die Regelungen des § 16 sind hinsichtlich ihres Inhalts und Umfangs stets in Verbindung mit § 10 ZIEV, § 2 Abs. 5 S. 3 ZAGAnzV und den Leitlinien der EBA zur Mindestdeckungssumme der Berufshaftpflichtversicherung (EBA/GL/2017/08)(→ Anhang § 16) zu sehen.

3. Zweck der Norm

3   Die Norm verpflichtet Institute des ZAG, die Zahlungsauslösedienste erbringen, ihre Haftungsverpflichtungen gem. den in Umsetzung von Art. 73, 89, 90 und 92 PSD2 ergangenen zivilrechtlichen Haftungsvorschriften abzusichern. Hier geht es insbes. um die Regresshaftung des Zahlungsauslösedienstleisters gegenüber kontoführenden Zahlungsdienstleistern für nicht autorisierte Zahlungen sowie für nicht erfolgte, fehlerhafte oder verspätete Ausführung von Zahlungsvorgängen (vgl. § 676a Abs. 1 BGB). Dieser Regressanspruch soll einen Ausgleich dafür darstellen, dass dem kontoführenden Zahlungsdienstleister die Haftung insbes. in § 675u BGB sowie in § 675y BGB gegenüber dem Zahler auferlegt wird, selbst wenn die Fehlleistung von einem Zahlungsauslösedienstleister zu verantworten ist und selbst dann, wenn der Zahler ausschließlich eine vertragliche Beziehung zu dem Zahlungsauslösedienstleister unterhält (Begr. RegE., BT-Drs. 18/11495, 164). Dabei stellt die Pflicht zur Versicherung eine Kompensation für fehlende Eigenmittelanforderungen dar (Erwägungsgrund Nr. 35 PSD2; Ellenberger/Findeisen/Nobbe/Böger/Findeisen Rn. 2, 11, 20).

4   Im Rahmen der Tätigkeit des Zahlungsauslösedienstleisters können im Einzelfall nicht autorisierte Zahlungen übermittelt werden; gleichermaßen kann es durch Verschulden des Zahlungsauslösedienstleisters zu einer Verzögerung oder einer fehlerhaften Ausführung kommen. In diesen Fällen haftet in der Regel der kontoführende Zahlungsdienstleister unmittelbar gegenüber dem Zahler auch für solches Verschulden des Zahlungsauslösedienstleisters. Die Absicherung gem. § 16 soll demgemäß vor allem den kontoführenden Zahlungsdienstleister vor mangelnder Leistungsfähigkeit oder Insolvenz solcher Zahlungsauslösedienstleister schützen. Sie stellt demgemäß einen Teil der Kompensation dafür dar, dass der kontoführende Zahlungsdienstleister den Zugriff des Zahlungsauslösedienstleisters auf das Zahlungskonto des Zahlers gem. §§ 49, 52 nicht verwehren kann.

II. Persönlicher Anwendungsbereich (Abs. 1 Satz 1)

§ 16 adressiert ein Institut, das Zahlungsauslösedienste (§ 1 Abs. 33 ZAG) er- **5** bringt. Der Begriff Institut umfasst sowohl Zahlungsinstitute als auch E-Geld-Institute (§ 1 Abs. 3). Die Zahlungsdiensterichtlinie erstreckt durch Änderung der zweiten E-Geld-RL in Art. 111 Nr. 1 lit. a PSD2 die Geltung von Art. 5 PSD2 auch auf E-Geld-Institute; insofern dürfte die Nichterwähnung von § 16 (und § 36) in dem Inhaltekatalog für den Erlaubnisantrag des E-Geld-Instituts gem. § 11 Abs. 2 S. 1 Nr. 2 ein Redaktionsversehen darstellen. Entsprechend sieht § 2 Abs. 5 S. 3 ZAGAnzV für die Erlaubnisanträge der Zahlungsinstitute und E-Geld-Institute dieselben Anforderungen an den Nachweis über die Absicherung im Haftungsfall vor, obwohl in § 11 Abs. 2 Nr. 2 ein solcher Nachweis nicht genannt wird, was ein weiteres Redaktionsversehen darstellt (Schäfer/Omlor/Mimberg/Janßen Rn. 10).

Für andere Zahlungsdienstleister, die nicht Zahlungsinstitut sind, namentlich für **6** CRR-Kreditinstitute (§ 1 Abs. 1 S. 1 Nr. 3), gilt die Absicherungspflicht nicht (so auch Schäfer/Omlor/Mimberg/Janßen Rn. 41). Denn vor allem CRR-Kreditinstitute werden nur von jenen Bestimmungen des ZAG erfasst, welche ausdrücklich auf diese oder auf alle Zahlungsdienstleister anzuwenden sind (Glos/Hildner RdZ 2020, 84 (85); Schäfer/Omlor/Mimberg/Janßen Rn. 41).

III. Berufshaftpflichtversicherung

1. Allgemeines

Abs. 1 Satz 1 verpflichtet ein Institut, das Zahlungsauslösedienste erbringt, eine **7** Berufshaftpflichtversicherung oder eine andere gleichwertige Garantie (dazu → Rn. 25 f.) einzudecken. In Folge dessen handelt es sich um eine **Pflichtversicherung,** nämlich eine Haftpflichtversicherung, zu deren Abschluss eine Verpflichtung durch Rechtsvorschrift besteht (§ 113 Abs. 1 VVG). § 16 nimmt demgemäß an verschiedenen Stellen Bezug auf die Regelungen der §§ 113 ff. VVG.

a) Privatrechtliches Rechtsverhältnis. Bei der Berufshaftpflichtversicherung **8** gem. § 16 Abs. 1 handelt es sich um ein privatrechtliches Rechtsverhältnis, das insbes. den Vorschriften des BGB sowie den besonderen und allgemeinen Vorschriften des VVG unterliegt. Bei der Ausgestaltung des Versicherungsvertrags sind insbes. die Vorgaben des § 16 sowie die Leitlinien der EBA zur Mindestdeckungssumme der Berufshaftpflichtversicherung (EBA/GL/2017/08) zu berücksichtigen.

b) Kontrahierungszwang. Ob Versicherer im Hinblick auf die Berufshaft- **9** pflichtversicherung des § 16 einem Kontrahierungszwang unterliegen, erscheint zweifelhaft. Ein genereller Kontrahierungszwang für Pflichtversicherungen muss aufgrund der starken Eingriffe in die Vertragsabschlussfreiheit des Versicherungsunternehmens stets einer strengen Verhältnismäßigkeitsprüfung unterliegen (MüKoVVG/Brand § 113 Rn. 16). Allerdings hat der Richtliniengeber der PSD2 im Hinblick auf die Sicherung von Kundengeldern (jetzt §§ 17, 18) in § 56 für CRR-Kreditinstitute einen solchen Kontrahierungszwang im Hinblick auf den Zugang zu Zahlungskontodiensten eingerichtet. Hierzu sah sich der europäische Gesetzgeber gezwungen, da zahlreiche Kreditinstitute die Einrichtung der gem. §§ 17, 18 (bzw. der entsprechenden Vorschriften der anderen Mitgliedstaaten) erforderlichen Treuhandkonten verweigerten. Einen entsprechenden, ausdrücklichen gesetzlichen Kontrahierungszwang für Versicherer sieht die PSD2 bzw. das ZAG jedoch nicht vor. Ob aus kartellrechtlichen Missbrauchs- und Diskriminierungsverboten (§§ 19 ff. GWB) zugunsten von Instituten iSv § 1 Abs. 3 ein Kontrahierungszwang abzuleiten wäre (so aber zB für die anwaltliche Berufshaftpflichtversicherung, siehe v. Bühren, Die Berufshaftpflichtversicherung der Rechtsanwälte, 2004, S. 172 ff.), erscheint schwer vorstellbar. Insbesondere können die von § 16 ZAG umfassten Institute, anders als CRR-Kreditinstitute, keine direkten Wettbewerber der Versicherer sein (Schäfer/Omlor/Mimberg/Janßen Rn. 130).

10   **c) Pflichtversicherung iSv § 113 Abs. 1 VVG.** Aufgrund der Einordnung der Berufshaftpflichtversicherung als Pflichtversicherung iSv § 113 Abs. 1 VVG finden die Vorschriften der **§§ 113 ff. VVG Anwendung.**

11   Der Versicherer hat demgemäß dem Versicherungsnehmer unter Angabe der Versicherungssumme zu bescheinigen, dass eine dem § 16 entsprechende Berufshaftpflichtversicherung besteht (§ 113 Abs. 2 VVG); diese **Versicherungsbescheinigung** benötigt ein Zahlungsinstitut im Rahmen des Erlaubnisantrags gem. § 10 Abs. 2 S. 1 Nr. 3, sodass auch vorab die Mindestdeckungssumme zu prognostizieren ist (vgl. § 2 Abs. 5 S. 3 ZAGAnzV; Ellenberger/Findeisen/Nobbe/Böger/Findeisen Rn. 22; → Rn. 21 f.). Richtigerweise ist auch von einem E-Geld-Institut ein solcher Nachweis zu verlangen, wenn es Zahlungsauslösedienste zu erbringen beabsichtigt.

12   Die Regelung über die **Mindestversicherungssumme gem. § 114 Abs. 1 VVG** sollte im Rahmen von § 16 keine Anwendung finden, da über die gem. Art. 5 Abs. 4 PSD2 erlassenen Leitlinien über die Mindestdeckungssumme der Berufshaftpflichtversicherung (EBA/GL/2017/08) eine Sonderregelung diesbezüglich besteht (dazu → Rn. 21 f.); dies ist allerdings rechtlich nicht ganz zweifelsfrei, da die in § 114 Abs. 1 VVG genannten Sonderrechtsvorschriften nur solche Regelungen der Pflichtversicherung sein dürften, die mit Außenwirkung gegenüber dem Verpflichteten die Mindestversicherungssumme regeln. Dies ist bei den genannten Leitlinien nicht der Fall, die sich bereits nach ihren eigenen Vorgaben lediglich an die zuständigen Behörden iSv Art. 4 Abs. 2 ii der EBA-VO iVm der PSD2 richten. Aufgrund der detaillierten Vorgaben der EBA-Leitlinien ist jedoch nicht davon auszugehen, dass der Gesetzgeber des ZDUG II die Regelung des § 114 Abs. 1 VVG zur Mindestversicherungssumme von 250.000 EUR im Rahmen von § 16 zur Anwendung kommen lassen wollte. Immerhin mag man ins Feld führen, dass den EBA-Leitlinien, obwohl eigentlich Innenrecht, durch ihren abstrakt-generellen Charakter jedenfalls faktisch eine gewisse Außen- und Bindungswirkung zukommt (Schäfer/Omlor/Mimberg/Janßen Rn. 101).

13   In ähnlicher Weise wird man davon ausgehen müssen, dass auch die Ermöglichung eines **Selbstbehalts** gem. § 114 Abs. 2 S. 2 VVG für die Berufshaftpflichtversicherung des § 16 nicht gilt, da die Leitlinie 1.4 der genannten EBA-Leitlinien (EBA/GL/2017/08) dies ausschließt. Hiernach ist auch ein Überschuss oder ein Schwellenwert unzulässig.

14   Dagegen kommt der **Direktanspruch** des geschädigten Dritten gegen den Versicherer in den Fällen des § 115 Abs. 1 S. 1 Nr. 2 und Nr. 3 VVG zur Anwendung. Hierauf verweist § 16 Abs. 3 S. 1 ausdrücklich und beinhaltet darüber hinaus zur Erleichterung der Anspruchsgeltendmachung eine Verpflichtung der BaFin auf Antrag des Geschädigten, die Daten des Versicherers und Versicherungsvertrags mitzuteilen. Ob diese Regelung keine Praxisrelevanz hat (so Ellenberger/Findeisen/Nobbe/Böger/Findeisen Rn. 38), wird sich noch erweisen müssen. Der Direkt-

anspruch greift bei Insolvenz des Versicherungsnehmers oder bei unbekanntem Aufenthalt. In dem Fall haften der Versicherer und das Institut als Gesamtschuldner (§ 115 Abs. 1 S. 3 VVG).

So gelten die Regelungen des § 117 VVG für die **fortbestehende Leistungs-** 15 **pflicht** gegenüber Dritten, namentlich den Haftungsgläubigern des Instituts, auch für den Fall, dass der Versicherer von der Verpflichtung zur Leistung gegenüber dem Institut ganz oder teilweise frei wird. So wirkt ein Umstand, der das Nichtbestehen oder die Beendigung des Versicherungsverhältnisses zur Folge hat, für den Haftungsgläubiger erst mit Ablauf des Monats, nachdem der Versicherer diesen Umstand der hierfür zuständigen Stelle, im vorliegenden Fall der BaFin (§ 16 Abs. 4), anzeigt (§ 117 Abs. 2 VVG).

d) Schadensversicherung, Haftpflichtversicherung. Die Berufshaftpflicht- 16 versicherung iSv § 16 ist eine Schadensversicherung iSd §§ 74 ff. VVG sowie eine Haftpflichtversicherung iSv §§ 100 ff. VVG. Die Regelungen über die Freistellungspflicht des Versicherers (§ 100 VVG) und die Kosten des Rechtsschutzes (§ 101 VVG) sowie über die Insolvenz des Versicherungsnehmers (§ 110 VVG) finden Anwendung. Dasselbe gilt für die Regelungen über die Abwendung und Minderung des Schadens (§ 82, 83 VVG), des Weiteren die Regelungen über das Sachverständigenverfahren (§ 84 VVG) sowie die Schadensermittlungskosten (§ 85 VVG). Auch § 86 VVG, die Legalzession zugunsten des Versicherers, findet Anwendung, sodass dieser zB einen Anspruch gegen einen technischen Dienstleister des Zahlungsauslösedienstleisters weiterverfolgen kann, wenn die Haftung (auch) auf dessen Verschulden zurückgeht.

2. Abdeckung der sich für den Zahlungsauslösedienstleister ergebenden Haftung (Abs. 1 Satz 2)

a) Abzusichernde Haftung. Die Berufshaftpflichtversicherung muss die sich 17 für den Zahlungsauslösedienstleister ergebende Haftung aus den Vorschriften des Bürgerlichen Gesetzbuchs abdecken (Abs. 1 Satz 2). Hiermit wollte der Gesetzgeber des ZDUG II Art. 5 Abs. 2 PSD2 umsetzen (Begr. RegE. ZDUG II, BT-Drs. 18/11495, 124). Während der deutsche Gesetzgeber die Haftung „aus den Vorschriften des BGB" in Bezug nimmt, gibt die Richtlinie lediglich die Haftungsverpflichtungen gem. den Art. 73, 90 und 92 PSD2 vor. Letzterer adressiert die Haftung des Zahlungsauslösedienstleisters wegen nicht autorisierter Zahlungsvorgänge bzw. wegen nicht erfolgter, fehlerhafter oder verspäteter Ausführung von Zahlungsvorgängen sowie die Regresshaftung des Zahlungsauslösedienstleisters gegenüber dem kontoführenden Zahlungsdienstleister und anderen Zahlungsdienstleistern. Die Formulierung des deutschen Umsetzungsgesetzgebers ist dagegen deutlich weiter und würde auch vertragliche Ansprüche des Zahlungsdienstnutzers gegenüber dem Zahlungsauslösedienstleister aus sonstiger Schlechtleistung, zB mangelnde Verfügbarkeit des Zahlungsauslösedienstes, sowie Schäden von Zahlungsdienstnutzern oder Dritten aufgrund von Informationssicherheitsmängeln des Zahlungsauslösedienstleisters, mangelnde Absicherung des eigenen Systems gegen Angriffe Dritter, bis hin zu Personenschäden, die beim Betreten von Räumlichkeiten des Zahlungsauslösedienstleisters entstehen, einschl. arbeitsrechtlicher Ansprüche von dessen Mitarbeitern, erfassen. Es ist erkennbar nicht Zweck von Art. 5 Abs. 2 PSD2, der eine vollharmonisierende Richtlinienbestimmung ohne Öffnungsklausel gem. Art. 107 Abs. 1 PSD2 darstellt, dem Zahlungsauslösedienstleister eine derart weitgehende Berufshaftpflichtversicherung abzuverlangen. Entsprechend ist die im Wortlaut deutlich überschießende Umsetzung des deutschen Gesetzgebers richtlinienkonform dahingehend auszulegen, dass lediglich die Haftung des Zahlungsauslösedienstleisters nach den in Umsetzung von Art. 73, 90 und 92 PSD2 ergangenen Bestimmungen des BGB, namentlich § 675u, 675y, 675z und 676a BGB, erfasst sein soll (ebenso wohl auch Ellenberger/Findeisen/Nobbe/Böger/Findeisen Rn. 16, Rn. 23 unklar; wie hier auch Schäfer/Omlor/Mimberg/Janßen Rn. 56). Dies wird auch in Leitlinie 1.2 (a) über die Mindestdeckungssumme der Berufshaftpflichtversicherung (EBA/GL/2017/08) bestätigt. Auf die Einzelheiten zur Haftung wird verwiesen (→ Rn. 27 ff.).

18   **b) Erstreckung auf Gebiete, in denen der Zahlungsauslösedienstleister seine Dienste anbietet.** Entscheidend ist hierbei der Markt des Zahlungsauslösedienstleisters. Ein gem. §§ 10, 11 zugelassener Zahlungsauslösedienstleister hat dabei zunächst das Gebiet der Bundesrepublik Deutschland als Markt. Im Übrigen wird man sich von der Inanspruchnahme der Niederlassungs- und Dienstleistungsfreiheit durch den Zahlungsauslösedienstleister gem. § 38 Abs. 1 und Abs. 2 leiten lassen müssen. Insofern ist der Nachweis gem. Abs. 1 Satz 3 iVm § 17 Abs. 3 jeweils auch zusammen mit der entsprechenden Anzeige nach § 38 Abs. 1 bzw. § 38 Abs. 2 bei Inanspruchnahme des EU-Passports zu erbringen, dass sich die nach § 16 erforderliche Berufshaftpflichtversicherung auf die jeweils angezeigten Jurisdiktionen erstreckt. Nicht entscheidend ist demgegenüber, wo der jeweilige Zahlungsdienstnutzer ansässig ist (Leitlinie 1.5 EBA/GL/2017/08) oder von welchem Ort aus die Leistung des Zahlungsauslösedienstleisters erbracht wird.

3. Gültig, wenn der Haftungsfall eintritt (1.4 EBA Leitlinie)

19   Gem. Leitlinie 1.4 EBA/GL/2017/08 hat die Berufshaftpflichtversicherung dann gültig zu sein, wenn der Haftungsfall eintritt. Diese Formulierung dürfte vor dem Hintergrund der unterschiedlichen Versicherungstraditionen in Europa offen zu verstehen sein. Namentlich dürften dadurch zum einen Versicherungen erfasst sein, die während der Wirksamkeit der Versicherung eingetretene Schadensereignisse (Versicherungsfälle) abdecken (vgl. § 100 VVG) (hierzu auch MüKoVVG/Littbarski § 100 Rn. 115 ff.). Gleichfalls dürfte dieser Begriff aber die in angelsächsischen Ländern und auch in Deutschland bisweilen anzutreffenden Berufshaftpflichtpolicen nach dem sog. „Claims-Made-Prinzip" (eingehend dazu Koch VersR 2011, 295 ff.; v. Westphalen VersR 2011, 145 ff.) umfassen. Im letzteren Fall schützt die Versicherung gegen alle während der Vertragslaufzeit erhobenen Ansprüche, die gegen das Institut geltend gemacht werden, selbst wenn der Verstoß oder das Schadensereignis vor Beginn des Versicherungsvertrages lagen. Für die spiegelbildliche Konstellation von nach der Vertragslaufzeit erhobenen Ansprüchen aus Verstößen, die während der Vertragslaufzeit eingetreten sind (sog. Nachhaftung), gilt gem. Leitlinie 1.4 EBA/GL/2017/08, dass eine solche Nachhaftung auf jeden Fall in den Versicherungsvertrag zu integrieren ist. § 16 Abs. 1 S. 1 Alt. 1 bezweckt die Absicherung von Haftungsverpflichtungen, die jedoch nicht vorläge, wenn die Versicherungsdeckung allein vom Zeitpunkt der Geltendmachung abhängig wäre. Daher wird eine Nachhaftung vorgeschlagen, die sich an den Bedingungen für die Verjährung der Ansprüche der Haftungsverpflichtungen gegen den Zahlungsauslösedienstleister orientiert (Schäfer/Omlor/Mimberg/Janßen Rn. 92; Heße NZI 2009, 793 aA Koch VersR 2011, 298).

4. Laufende Pflichten

a) Abschließen und Aufrechterhalten (Abs. 1 Satz 1), Beendigung, Kün- 20
digung, Vertragsänderung (Abs. 2). Das Institut hat die Berufshaftpflichtversicherung nach § 16 Abs. 1 S. 1 abzuschließen und während der Gültigkeitsdauer seiner Erlaubnis aufrechtzuerhalten. Jede Unwirksamkeit, Kündigung oder
sonstige Vertragsbeendigung lässt die Erlaubnisvoraussetzungen des § 10 und § 11
entfallen.

b) Laufende Nachweispflicht, Aufsicht (Abs. 1 Satz 3). Deshalb besteht 20a
hier nicht nur die Pflicht des Instituts gem. § 10 Abs. 5 im Falle von Zahlungsinstituten und gem. § 11 Abs. 4 im Falle von E-Geld-Instituten der Bundesanstalt unverzüglich eine solche materielle und strukturell wesentliche Änderung mitzuteilen. Sondern darüber hinaus hat der Versicherungsvertrag die **Pflicht des**
Versicherungsunternehmens vorzusehen, die Bundesanstalt über die Beendigung oder Kündigung der Berufshaftpflichtversicherung (ggf. erst nach Ablauf der
Frist des § 38 Abs. 3 S. 3 VVG) sowie über jede Vertragsänderung, die die Absicherung für den Haftungsfall beeinträchtigt, unverzüglich zu informieren (vgl. ebenso
Ellenberger/Findeisen/Nobbe/Böger/Findeisen Rn. 36; aA Schäfer/Omlor/
Mimberg/Janßen Rn. 95: Mitteilungspflicht an BaFin bis spätestens zum Zeitpunkt
des Ablaufs des Vertrags).

Des Weiteren hat die Aufsicht gem. Abs. 1 Satz 3 iVm § 17 Abs. 3 (Ellenberger/ 20b
Findeisen/Nobbe/Böger/Findeisen Rn. 28) das Recht, jederzeit **Darlegungen**
und Nachweise vom Institut über die Absicherung für den Haftungsfall zu verlangen (Ellenberger/Findeisen/Nobbe/Böger/Findeisen Rn. 30). Als Bestandsnachweis kann gem. § 2 Abs. 5 S. 3 ZAGAnzV der Versicherungsvertrag oder die gleichwertige Garantie dienen. Im Fall von Verstößen oder bei Gefährdung der
Absicherung des Instituts kommen aufsichtliche Maßnahmen nach § 21 Abs. 2 in
Betracht (auf den §§ 16 Abs. 1 S. 3, 17 Abs. 3 verweisen) (Ellenberger/Findeisen/
Nobbe/Böger/Findeisen Rn. 29 ff.).

5. Höhe der Versicherungssumme (Abs. 1 Satz 2; EBA Leitlinien)

Die Höhe der Versicherungssumme ist gesetzlich nicht geregelt. Weder § 10 21
Abs. 2 S. 1 Nr. 3 noch § 16 (oder § 36 für Kontoinformationsdienste) treffen eine
ausdrückliche Regelung dazu. Selbst ein unbestimmter Terminus „angemessen"
fehlt. Das Gesetz begnügt sich mit der Aussage, dass „die sich für den Zahlungsauslösedienstleister ergebende Haftung aus den Vorschriften des BGB abzudecken" ist
(Abs. 1 Satz 2). Zwar findet sich in Art. 5 Abs. 4 PSD2 ein entsprechender Auftrag
an die EBA, Leitlinien, anhand derer die Mindestdeckungssumme der Berufshaftpflichtversicherung oder einer anderweitigen anderen gleichwertigen Garantie festzulegen ist, herauszugeben. Leitlinien, und insbes. diejenigen, die die EBA in Folge
von Art. 5 Abs. 4 PSD2 erlassen hat, sind jedoch Innenrecht der Verwaltung (vgl.
hierzu → Rn. 12, sowie allg. → Einl. Rn. 62 ff.); im Fall der Leitlinie zur Mindestdeckungssumme (EBA/GL/2017/08) richten sich diese ausdrücklich nur an die zuständigen Behörden iSv Art. 4 Abs. 2 ii EBA-VO iVm PSD2 (EBA/GL/2017/08,
S. 3).

Die erlassenen Leitlinien bestimmen die Mindestversicherungssumme gem. den 22
Vorgaben von Art. 5 Abs. 4 UAbs. 2 PSD2 anhand des Risikoprofils des Unternehmens (Leitlinie 2.1 a. EBA/GL/2017/08) nach der Frage, ob das Unternehmen
andere in Anhang I PSD2 genannte Zahlungsdienste erbringt oder anderen ge-

werblichen Tätigkeiten nachgeht (Leitlinie 2.1 b.) sowie anhand des Umfangs der Tätigkeit (Leitlinie 2.1 c. EBA/GL/2017/08). Die für die drei Risikoindikatoren berechneten Kennziffern werden sodann addiert (Leitlinie 3.1 EBA/GL/2017/08). Für die Einzelheiten der Berechnung wird verwiesen auf den Abdruck der Leitlinie EBA/GL/2017/08 im Anhang zu § 16 sowie auf das EBA „Tool for calculating the minimum monetary amount of the PII under PSD2" zu verweisen, das auf der Website der EBA zugänglich ist (s. auch Schäfer/Omlor/Mimberg/Janßen Rn. 104 ff. mit Berechnungsbeispielen). Die Höhe der Deckungssumme ist bei Erforderlichkeit und zumindest einmal im Jahr erneut zu berechnen (Leitlinie 9.1 EBA/GL/2017/08; Ellenberger/Findeisen/Nobbe/Böger/Findeisen Rn. 29).

6. Im Inland zum Geschäftsbetrieb befugter Versicherer (Abs. 2 Satz 1)

23   § 16 Abs. 2 S. 1 verlangt, dass die Berufshaftpflichtversicherung bei einem im Inland zum Geschäftsbetrieb befugten Versicherungsunternehmen genommen wird. Hierzu zählen Versicherungsunternehmen mit Erlaubnis der BaFin. Hinzu kommen Versicherungsunternehmen mit Sitz in der EU oder im EWR, die nach § 61 VAG befugt sind, das Versicherungsgeschäft im Inland über eine Niederlassung oder im Wege des grenzüberschreitenden Dienstleistungsverkehrs zu betreiben. Dies gilt für eine Pflichtversicherung wie die Berufshaftpflichtversicherung gem. § 16 allerdings nur, wenn das Versicherungsunternehmen die allgemeinen Versicherungsbedingungen für eine Pflichtversicherung zuvor der BaFin eingereicht hat (§ 61 Abs. 4 VAG). Es kommen auch Versicherungsunternehmen in Betracht, die zu demselben Konzern wie das ZAG-Institut gehören; das Gesetz sieht hier – anders als § 17 Abs. 1 S. 2 Nr. 2 – keine Einschränkungen vor (Ellenberger/Findeisen/Nobbe/Böger/Findeisen Rn. 21). Ein von der BaFin zugelassener Versicherer hat die Einführung oder Änderung von allgemeinen Versicherungsbedingungen für Pflichtversicherungen gem. § 47 Nr. 13 VAG der BaFin anzuzeigen. Hiermit ist keine Genehmigungspflicht verbunden; die Behörde prüft vor allem, ob die Bedingungen dem gesetzlich vorgegebenen Zweck entsprechen (Prölls/Dreher/Präve VAG § 9 Rn. 119). Diese Pflicht korreliert mit der entsprechenden Vorlagepflicht im Erlaubnisantrag gem. § 9 Abs. 4 Nr. 4 VAG.

24   Sofern Versicherungsunternehmen ihren Sitz außerhalb der EU oder des EWR haben, sind sie nicht grundsätzlich zum Geschäftsbetrieb im Inland befugt; sie bedürfen vielmehr hierzu einer gesonderten Erlaubnis gem. § 67 VAG. Dies setzt die Errichtung einer Niederlassung und Bestellung eines Hauptbevollmächtigten im Inland voraus (§ 68 VAG).

IV. Andere gleichwertige Garantie

25   § 16 Abs. 1 gestattet den Instituten, statt einer Berufshaftpflichtversicherung eine andere gleichwertige Garantie einzudecken. Wie dieser Terminus auszulegen ist, besagt weder das Gesetz noch die PSD2 ausdrücklich. Erwägungsgrund Nr. 35 Satz 6 PSD2 betont lediglich, dass beide „austauschbar sein sollten" (Ellenberger/Findeisen/Nobbe/Böger/Findeisen Rn. 10: „tatsächlich mit einer Berufshaftpflichtversicherung vergleichbar"). Art. 5 Abs. 4 UAbs. 2 lit. d PSD2 erteilt den Auftrag an die EBA, Leitlinien auch zu den besonderen Merkmalen der gleichwertigen Garantien und den Kriterien für deren Anwendung herauszugeben. Die Leit-

linien zur Mindestdeckungssumme der Berufshaftpflichtversicherung (EBA/GL/ 2017/08) enthalten hierzu jedoch keine Festlegungen. Diese finden sich auch nicht anderweitig, zB in der ZIEV (so auch Schäfer/Omlor/Mimberg/Janßen Rn. 156).

Im Grundsatz dürften hiermit sämtliche vom Garantiegeschäft isV § 1 Abs. 1 **26** S. 2 Nr. 8 KWG umfassten Geschäfte gemeint sein, namentlich Bürgschaften, Garantien und sonstige Gewährleistungen. Solche Garantien sind so auszugestalten, dass sie die Anforderungen an die Berufshaftpflichtversicherung isV § 16 Abs. 1 S. 1 ebenfalls erfüllen (hierzu → Rn. 7 ff.). Dabei sollte es, anders als Abs. 2 dies für die Berufshaftpflichtversicherung vorsieht, erlaubt sein, die Garantie bei einem in- oder ausländischen Kreditinstitut einzudecken, das über die Erlaubnis für Garantiegeschäft isV § 1 Abs. 1 S. 2 Nr. 8 KWG im Inland verfügt (ähnlich wohl auch Ellenberger/Findeisen/Nobbe/Böger/Findeisen Rn. 34; Schäfer/Omlor/Mimberg/ Janßen Rn. 161).

V. Haftung des Zahlungsauslösedienstleisters gem. den Art. 73, 90 und 92 PSD2

Die Fassung des § 16 Abs. 1 S. 2, „Haftung aus den Vorschriften des BGB" ist zu **27** weit geraten (dazu → Rn. 17); die Absicherung hat vielmehr die Haftung des Zahlungsauslösedienstleisters gem. den in Umsetzung von Art. 73, 90 und 92 PSD2 im Inland ergangenen Haftungsvorschriften und – im Fall von Auslandstätigkeit – auch die dortigen Umsetzungsvorschriften abzusichern. Art. 73 PSD2 wurde in Deutschland durch **§ 675u BGB (Haftung für nicht autorisierte Zahlungsvorgänge)** umgesetzt, Art. 90 vor allem in **§ 675y Abs. 1 S. 3 und Abs. 3 S. 3 BGB (Haftung bei nicht erfolgter, fehlerhafter oder verspäteter Ausführung eines Zahlungsauftrags)** und Art. 92 in **§ 676a BGB (Regressanspruch).**

1. Allgemeines

Die in Ausführung der PSD2 ergangenen Regelungen des BGB sehen im Fall **28** von nicht autorisierten Zahlungsvorgängen (§ 675u BGB) sowie bei Leistungsstörungen in Ausführung von Zahlungsaufträgen (§ 675y BGB) **grundsätzlich zunächst eine Haftung des kontoführenden Zahlungsdienstleisters** gegenüber dem Zahler vor. Dies gilt auch dann, wenn die Ursache in einer Vertragsverletzung oder sonstigen Pflichtverletzung des Zahlungsauslösedienstleisters liegt. Es handelt sich hierbei um eine auf den Vorgaben der PSD2 beruhende, besondere gesetzliche Haftung für ein Verschulden eines Dritten, mit der ein hoher Verbraucherschutz realisiert werden sollte (Erwägungsgrund Nr. 73 PSD2). Deshalb haftet der kontoführende Zahlungsdienstleister hier für einen Dritten, namentlich den Zahlungsauslösedienstleister, auch dann, wenn er mit diesem – wie üblich – nicht in einem Vertragsverhältnis steht und wenn die Ursache nicht in seinem Verantwortungsbereich, sondern in dem des Zahlungsauslösedienstleisters liegt (Begr. RegE. ZDUG II, BT-Drs. 18/11495, 164). Eine derart weitgehende Einstandspflicht für Dritte ist im deutschen Recht bisher unbekannt (OGK–BGB/Köndgen § 675y Rn. 37; Köndgen ZBB 2018, 141 (149)).

Diese Haftung des kontoführenden Zahlungsdienstleisters will der Richtlinien- **29** geber durch einen Regressanspruch, der in Deutschland in § 676a Abs. 1 BGB umgesetzt ist, kompensieren (RegBegr. E. ZDUG II, BT-Drs. 18/11495, 164) sowie durch Pflichtversicherung oder gleichwertige Garantie gemäß § 16 absichern. Die

Absicherung des § 16 ist deshalb vor allem vor dem Hintergrund dieser Haftungsnormen zu sehen.

2. Haftung für nicht autorisierte Zahlungsvorgänge (§ 675u BGB)

30   Im Falle eines nicht autorisierten Zahlungsvorgangs hat der Zahlungsdienstleister des Zahlers gegen diesen keinen Anspruch auf Erstattung seiner Aufwendungen
(§ 675u S. 1 BGB). Er hat in diesem Fall unverzüglich, spätestens jedoch zum Ende
des Geschäftstags, der dem Tag der Anzeige oder der Kenntniserlangung folgt, den
Zahlungsbetrag zu erstatten und das Zahlungskonto wieder auf den vorherigen
Stand zu bringen (§ 675u S. 2 und S. 3 BGB); einen eigenen Anspruch aufgrund
grob fahrlässigen Verhaltens des Zahlers kann der kontoführende Zahlungsdienstleister allerdings einwenden (BGH BeckRS 2020, 38721 Rn. 25). Selbst wenn der
Zahlungsvorgang über einen Zahlungsauslösedienstleister ausgelöst wurde, treffen
die Pflichten nach § 675u S. 2 und S. 3 BGB **den kontoführenden Zahlungsdienstleister** (§ 675u S. 5 BGB; vgl. auch OGK-BGB/Zimmermann § 675u
Rn. 29). Diese Regelung beruht auf dem in Art. 5 Abs. 2 PSD2 in Bezug genommenen Art. 73 Abs. 2 UAbs. 1 PSD2. Dies bedeutet, dass der kontoführende Zahlungsdienstleister auch für Vorgänge haftet, die im (ggf. ausschließlichen) **Verantwortungsbereich des Zahlungsauslösedienstleisters** liegen (OGK-BGB/
Zimmermann § 675u Rn. 29; vgl. Hb Multimedia-Recht/Werner 13.5 Rn. 102:
„das erstbeauftragte Institut im Verhältnis zum Zahler haftet, … unabhängig davon,
ob und inwieweit der Zahlungsauslösedienst für die mangelnde Autorisierung (mit)
verantwortlich ist."). Nach dem Grundgedanken der PSD2 soll der kontoführende
Zahlungsdienstleister zu denselben Bedingungen zur Erstattung verpflichtet sein,
wie er es ohne Einschaltung eines Zahlungsauslösedienstleisters wäre (Begr. RegE.
ZDUG II, BT-Drs. 18/11495, 164). De facto trägt damit der kontoführende Zahlungsdienstleister das Risiko aus der Weitergabe der Kontozugangsdaten an den
Zahlungsauslösedienstleister (Harman BKR 2018, 457 (460f.); Omlor ZIP 2016,
558 (562); Zahrte NJW 2018, 337 (338)).

31   Allerdings sieht § 676a Abs. 1 BGB in Umsetzung von Art. 73 Abs. 2 UAbs. 2 S. 1
PSD2 einen **Regressanspruch des kontoführenden Zahlungsdienstleisters**
gegen den Zahlungsauslösedienstleister vor, wenn der nicht autorisierte Zahlungsvorgang im Verantwortungsbereich des Zahlungsauslösedienstleisters liegt. Dazu
sogleich → Rn. 38 ff. **Die Absicherungspflicht des § 16 Abs. 1 (Art. 5 Abs. 2
PSD2) erfasst diesen Regressanspruch aus § 676a Abs. 1 BGB, der in Umsetzung von Art. 73 Abs. 2 UAbs. 2 S. 1 PSD2 besteht.**

32   Denkbar ist jedoch auch, dass der Zahlungsauslösedienstleister **unmittelbar gegenüber dem Zahler** aus seinem Vertragsverhältnis mit dem Zahler haftet (§ 675f
Abs. 1 iVm § 280 Abs. 1 BGB). Hier beschränkt Art. 73 Abs. 3 PSD2 die Haftung
des Zahlungsauslösedienstleisters auf eine **darüber** (dh über Art. 73 Abs. 1 und
Abs. 2 PSD2; §§ 675u, 676a Abs. 1 BGB) **hinausgehende finanzielle Entschädigung;** solche Ansprüche können sich auf Schäden beziehen, die vom Erstattungsanspruch nicht erfasst sind (RegBegr. E. ZDUG II, BT-Drs. 18/11495, 164; so auch
Zahrte NJW 2018, 337 (338); Beck OGK/BGB/Köndgen § 675z Rn. 17), insbesondere Verzugsfolgen, Haftungsschäden ua. Es erscheint jedoch fraglich, ob
eine solche Haftung von der Absicherungspflicht erfasst wird. Zwar spricht Erwägungsgrund Nr. 35 S. 2 PSD2 davon, dass die Absicherung dazu dient, dass Zahlungsauslösedienstleister ihre Haftungsverpflichtungen in Bezug auf ihre Tätigkei-

ten erfüllen können. Andererseits ist die Parallelnorm zu Art. 73 Abs. 3 PSD2, namentlich Art. 91 PSD2, nämlich die Regelung für die „darüber hinaus gehende finanzielle Entschädigung" im Fall von Leistungsstörungen (Art. 89, 90 PSD2), nicht unter den abzusichernden Haftungsnormen des Art. 5 Abs. 2 PSD2 genannt; diese Ansprüche fallen deshalb **nicht in die Sicherungspflicht des Zahlungsauslösedienstleisters gemäß § 16 Abs. 1.** Das ist auch folgerichtig, wenn man die Sicherungspflicht vor allem als Ausgleich für eine dem kontoführenden Zahlungsdienstleister aufgenötigte Haftung für Verschulden des Zahlungsauslösedienstleisters ansieht, einer Rechtsperson, mit der er keinen Vertrag hat und die er sich nicht ausgesucht hat (Köndgen ZBB 2018, 141 (149 f.); aA Schäfer/Omlor/Mimberg/Janßen Rn. 64 f.). Diese Entscheidung des europäischen Gesetzgebers lässt sich auch nicht mit Verweis auf einen „nachhaltig propagierten Verbraucherschutz" (so aber Schäfer/Omlor/Mimberg/Janßen Rn. 64 f.) überlagern.

Nicht angesprochen ist in Art. 73 Abs. 3 PSD2 ein **Anspruch des Zahlungs-** **33** **empfängers.** Dieser kann im Einzelfall der wesentliche Auftraggeber der Dienstleistung des Zahlungsauslösedienstleisters sein; er ist aber idR nicht unmittelbar durch die fehlende Autorisierung geschädigt. Dagegen könnte dem Zahlungsempfänger in Folge einer fehlerhaften Autorisierung eines Zahlungsvorgangs ein Schaden aus einer Leistungsstörung bei Abwicklung eines Zahlungsauftrags, nämlich des Zahlungsauftrags des Zahlers an den Zahlungsempfänger (Händler), entstehen, zB wenn er die Ware ausgeliefert hat. Dieser Schaden könnte ggf. über § 675y Abs. 1 BGB oder über einen Anspruch aus Verletzung des Vertrages zwischen Zahlungsempfänger und Zahlungsauslösedienstleister erfasst werden und den Zahlungsauslösedienstleister zur Entschädigung verpflichten. Allerdings handelt es sich hierbei nicht um eine Haftung, die bereits unter Art. 73 PSD2 erfasst wäre. Dieser sieht nämlich als Anspruchsteller nur den Zahler, nicht aber den Zahlungsempfänger vor. Auch Art. 73 Abs. 3 PSD2, der die „darüber hinaus gehende finanzielle Entschädigung" regelt, spricht nur den Zahler an. Der Anspruch des Zahlungsempfängers wegen nicht autorisierter Zahlungen oder wegen der Folgen davon, ist nicht von abzusichernden Anspruchsgrundlagen des Art. 5 Abs. 2 PSD2 erfasst **und fällt deshalb nicht in die Sicherungspflicht des § 16 Abs. 1.**

3. Haftung wegen nicht erfolgter, fehlerhafter oder verspäteter Ausführung eines Zahlungsauftrags (§ 675y BGB)

Nach § 675y Abs. 1 S. 1 BGB kann ein Zahler von seinem Zahlungsdienstleister **34** im Falle einer nicht erfolgten oder fehlerhaften Ausführung eines Zahlungsauftrags über eine Push-Zahlung, dh insbesondere Überweisung, verlangen, dass er ihm den Zahlungsbetrag unverzüglich und ungekürzt erstattet; wurde sein Konto belastet, so ist dieses wieder auf den Stand zu bringen, auf dem es sich ohne den fehlerhaft ausgeführten Zahlungsvorgang befunden hätte (§ 675y Abs. 1 S. 2 BGB). Solche Leistungsstörungen können auf unterschiedlichen Ursachen beruhen, zB auch darauf, dass die Daten zur Ausführung des Zahlungsauftrags fehlerhaft oder unvollständig übermittelt wurden. Hier kann die Ursache in der Einschaltung eines Zahlungsauslösedienstleisters liegen, wenn dieser die Daten beispielsweise fehlerhaft durchleitet. Dagegen soll selbst in solch einem Fall der Anspruch des Zahlers wegen der vertraglichen Schlechtleistung den kontoführenden Zahlungsdienstleister und nicht den Zahlungsauslösedienstleister treffen (§ 675y Abs. 1 S. 3 BGB − in Umsetzung von Art. 90 Abs. 1 UAbs. 1 PSD2). Zum Schutz des Zahlers gilt auch dann im Verhältnis zum Zahler die Haftung des kontoführenden Zahlungsdienstleisters, wenn die Ursache für die Schlechtleistung allein beim Zahlungsauslösedienstleister liegt (Begr. RegE. ZDUG II, BT-Drs. 16/11495, 171). Dasselbe gilt gem. § 675y Abs. 3 S. 1 BGB bei verspäteter Ausführung eines Zahlungsauftrags über eine Push-Zahlung (zB ein Überweisungsauftrag). Wird dieser Zahlungsauftrag über einen Zahlungsauslösedienstleister ausgelöst, ist auch dann der kontoführende Zahlungsdienstleister Anspruchsgegner des Zahlers, selbst wenn der Zahlungsauslösedienstleister mit oder allein verantwortlich für die Verspätung ist (§ 675y Abs. 3 S. 3 BGB – in Umsetzung von Art. 90 Abs. 1 UAbs. 1 PSD2).

34a   Ob hier daneben auch eine unmittelbare Haftung des Zahlungsauslösedienstleisters gegenüber dem Zahler in Betracht kommt, ist streitig. Der Wortlaut der Vorschriften der § 675y Abs. 1 S. 1 und § 675y Abs. 3 S. 1 BGB schließt solch eine Haftung nicht aus (BeckOGK/BGB/Köndgen § 675y Rn. 42). Der die PSD2 umsetzende Gesetzgeber (Begr. RegE ZDUG, BT-Drs. 18/11495, 171) meinte offenbar, dass aus § 675y Abs. 1 S. 3 und § 675y Abs. 3 S. 3 BGB der Umkehrschluss zu ziehen sei, dass diese eine eigene Außenhaftung des Zahlungsauslösedienstleisters nach den jeweiligen ersten Sätzen der Vorschriften ausschließen. Dafür spricht auch ansonsten die Gesetzgebungshistorie des Art. 90 PSD2 (Schäfer/Omlor/Mimberg/Janßen Rn. 79). Dagegen wird ins Feld geführt, dass dann der Zahler in einer Insolvenz des kontoführenden Zahlungsdienstleisters im Hinblick auf den Fehler des Zahlungsauslösedienstleisters weitgehend schutzlos da stehe (Baumbach/Hefermehl/Casper/Casper E Rn. 466). Die Frage muss hier nicht gelöst werden; die Absicherungspflicht nach § 16 Abs. 1 S. 2 ist gemäß der diesem zugrunde liegenden Norm des Art. 5 Abs. 2 PSD2 einschränkend auszulegen (→ Rn. 27); sie ist nur auf die aus § 675y Abs. 1 S. 3 und § 675y Abs. 3 S. 3 BGB (Art. 90 Abs. 1 UAbs. 1 PSD2) sich ergebende Regresshaftung gegenüber dem kontoführenden Zahlungsdienstleister gemäß Art. 90 Abs. 2 PSD2 (umgesetzt in § 676a BGB) zu erstrecken. Ob der Zahlungsauslösedienstleister daneben selbst gegenüber dem Zahler für die nicht erfolgte, fehlerhafter oder verspätete Zahlungsabwicklung haftet, ist nicht Teil der Absicherungspflicht nach § 16 Abs. 1 S. 2 (vgl. auch → Rn. 32).

35   Auch in diesem Fall sieht das Gesetz in Umsetzung der Richtlinie (Art. 90 Abs. 2, Art. 92 Abs. 1 PSD2) in § 676a Abs. 1 BGB einen Regressanspruch des kontoführenden Zahlungsdienstleisters gegen den Zahlungsauslösedienstleister vor. Dies ist der Ausgleich des kontoführenden Zahlungsdienstleisters für die Haftung gegenüber dem Zahler im Fall eines Verschuldens oder Mitverschuldens des Zahlungsauslösedienstleisters (Begr. RegE. ZDUG II, BT-Drs. 18/11495, 171). **Die Absicherungspflicht des § 16 Abs. 1 (Art. 5 Abs. 2 PSD2) erfasst diesen Regressanspruch aus § 676a Abs. 1 BGB, der in Umsetzung von Art. 92 Abs. 1 PSD2 besteht.**

36   **Eigene Ansprüche des Zahlers gegen den Zahlungsauslösedienstleister** wegen Fehlleistung des Letzteren sind zwar grundsätzlich denkbar, insbesondere, wenn der Zahler eine unmittelbare Vertragsbeziehung zum Zahlungsauslösedienstleister hat, wenn der Zahler in die Schutzwirkung eines Vertrags zwischen dem Zahlungsauslösedienstleister und dem Zahlungsempfänger einbezogen ist (hierzu → § 1 Rn. 616), oder wenn man eigene Ansprüche des Zahlers gegen den Zahlungsauslösedienstleister auf Basis von §§ 675y Abs. 1 S. 1 und Abs. 3 S. 1 BGB anerkennt (→ Rn. 34a). Solche Ansprüche sind aber gem. § 675z S. 1 – in Umsetzung von Art. 91 PSD2 – ausgeschlossen, soweit die Rechtsfolgen in § 675u sowie § 675y Abs. 1 und Abs. 3 BGB reichen. Unmittelbare Ansprüche gegen den Zahlungsauslösedienstleister kann der Zahler deshalb vor allem wegen des Ersatzes von Folgeschäden geltend machen (Begr. RegE. ZDUG II, BT-Drs. 18/11495, 171;

Zahrte NJW 2018, 337 (338)). Solche Haftungsansprüche könnte der Zahlungsauslösedienstleister gem. § 675z S. 2 BGB auf 12.500,00 EUR begrenzen, es sei denn, er hätte eine besondere Haftung übernommen, es fiele ihm Vorsatz oder grobe Fahrlässigkeit zur Last oder es handelte sich um einen Zinsschaden (§ 675z S. 2 Hs. 2 BGB). Solche Haftungsansprüche leiten sich aber nicht aus den in Art. 5 Abs. 2 PSD2 für die Sicherungspflicht in Bezug genommenen Art. 73, 90 und 92 PSD2 her; allenfalls könnte man Art. 91 PSD2 als Basis heranziehen, der in Art. 5 Abs. 2 PSD2 aber nicht aufgeführt ist. **Deshalb sind solche Ansprüche im Sinn des § 675z S. 1 BGB nicht von der Sicherungspflicht des § 16 Abs. 1 erfasst.**

Die Anspruchsgrundlagen des § 675y Abs. 1 und Abs. 3 BGB stehen ausschließ- 37 lich dem Zahler zur Verfügung. **Ansprüche des Zahlungsempfängers** wegen Schlechtleistung bei Ausführung von Zahlungsaufträgen sind im Fall von Push-Zahlungen (zB Überweisungen) hiervon nicht berührt. Deshalb gilt auch in diesem Fall nicht die (ausschließliche) Passiv-Legitimation des kontoführenden Zahlungsdienstleisters (anders möglicherweise BeckOGK/BGB/Köndgen § 675y Rn. 27; dieser spricht von „alleiniger ‚Anlaufstelle‘ für sämtliche Ansprüche des ZDN"). Entsprechend sind auch die Ansprüche des Zahlungsempfängers gegen den Zahlungsauslösedienstleister aus einem eventuell bestehenden Vertragsverhältnis zwischen diesen nicht durch §§ 675y Abs. 1 S. 3, 675y Abs. 3 S. 3, 675z S. 1 BGB gesperrt. Solche Ansprüche aus Zahlungsaufträgen, die aufgrund verspäteter oder unvollständiger Datenübermittlung des Zahlungsauslösedienstleisters fehlerhaft ausgeführt wurden, kann der Zahlungsempfänger deshalb unmittelbar gegen den Zahlungsauslösedienstleister geltend machen, soweit ihm ein Schaden entstanden ist. Hierbei würde es sich um einen Anspruch iSv Art. 91 PSD2 handeln, nämlich eine über die Bestimmungen dieses Abschnitts (Art. 88–93 PSD2) hinausgehende finanzielle Entschädigung nach dem auf den Vertrag zwischen dem Zahlungsdienstnutzer und dem Zahlungsdienstleister anwendbaren Recht. Die Haftungsverpflichtungen iSv Art. 91 PSD2 sind nicht von denen in Art. 5 Abs. 2 PSD2 für die Berufshaftpflichtversicherung oder die anderweitige Garantie genannten Anspruchsgrundlagen erfasst („Haftungsverpflichtungen gem. den Art. 73, 90 und 92 PSD2") (kritisch hierzu Schäfer/Omlor/Mimberg/Janßen Rn. 82). **Diese Haftung des Zahlungsauslösedienstleisters ist also nicht gem. § 16 Abs. 1 BGB abzusichern.**

4. Regressanspruch des kontoführenden Zahlungsdienstleisters (§ 676a BGB)

§ 676a Abs. 1 BGB ermöglicht den Regress des kontoführenden Zahlungs- 38 dienstleisters gegen den Zahlungsauslösedienstleister im Falle von Autorisierungsfehlern oder Ausführungsfehlern. Er beruht demgemäß auf Art. 73 Abs. 2 UAbs. 2, Art. 90 Abs. 2 und Art. 92 Abs. 1 PSD2. Der Regressanspruch setzt eine Haftung des kontoführenden Zahlungsdienstleisters gem. §§ 675u, 675y oder 675z BGB voraus. Diese ist vom kontoführenden Zahlungsdienstleister nachzuweisen. Wo der Anspruch des Zahlers gesetzlich ausgeschlossen ist (zB gem. § 676c BGB), im Fall des Drittstaatenbezugs gem. § 675e Abs. 2 S. 1 BGB oder in Fällen der vertraglichen Beschränkung der Haftung (§ 675e Abs. 4 BGB), ist für den Regress kein Raum.

Zugunsten des kontoführenden Zahlungsdienstleisters gelten zwei maßgebliche 39 Beweiserleichterungen. Gem. § 676a Abs. 2 BGB (der insoweit auch auf Art. 73 Abs. 2 UAbs. 2 S. 2 PSD2 beruht) muss der Zahlungsauslösedienstleister, sofern die Autorisierung des Zahlungsvorgangs zwischen den Regressparteien streitig ist, nachweisen, dass in seinem Verantwortungsbereich eine Authentifizierung erfolgt ist und der Zahlungsvorgang ordnungsgemäß aufgezeichnet sowie nicht durch eine Störung beeinträchtigt wurde. Im Fall des Regresses wegen Leistungsstörungen muss der Zahlungsauslösedienstleister bei Streit über die ordnungsgemäße Ausführung des Zahlungsvorgangs (bzw. des Zahlungsauftrags) nachweisen (vgl. auch Art. 90 Abs. 1 UAbs. 2 PSD2), dass der Zahlungsauftrag dem kontoführenden Zahlungsdienstleister gem. § 675n BGB zugegangen ist und der Zahlungsvorgang im Verantwortungsbereich des Zahlungsauslösedienstleisters ordnungsgemäß aufgezeichnet sowie nicht durch eine Störung beeinträchtigt wurde (§ 676a Abs. 3 BGB).

40   Der Regressanspruch stellt im Wesentlichen zwingendes Recht dar; nur Einzelheiten der Ausgestaltung sollen der Parteiabrede unterliegen (str.: einerseits Langenbucher/Bliesener/Spindler/Langenbucher, § 676a BGB Rn. 2 f.; andererseits BeckOGK/BGB/Köndgen § 676a Rn. 10); in der Praxis werden nur in wenigen Fällen vertragliche Vereinbarungen zwischen kontoführenden Zahlungsdienstleistern und Zahlungsauslösedienstleistern anzutreffen sein. Neben § 676a BGB kommen weitere Anspruchsgrundlagen, zB aus Geschäftsführung ohne Auftrag oder Bereicherungsrecht bzw. vertraglichen Vereinbarungen der Zahlungsdienstleister untereinander, in Betracht (HK-BGB/Schulte-Nölke § 676a Rn. 1; MüKo-BGB/Zetzsche § 676a Rn. 6; anders wohl OGK-BGB/Köndgen § 676a Rn. 10).

41   Zu ersetzen ist der Schaden, der dem kontoführenden Zahlungsdienstleister infolge der Inanspruchnahme durch den Zahler erwachsen ist. Hierfür trägt der kontoführende Zahlungsdienstleister die Beweislast (BeckOGK/BGB/Köndgen § 676a Rn. 33). Der Haftungsausschluss wegen höherer Gewalt findet grundsätzlich Anwendung (§ 676c BGB).

42   **Der Regressanspruch zwischen kontoführendem Zahlungsdienstleister und Zahlungsauslösedienstleister ist der wesentliche Grund für die Regelung der Absicherung im Haftungsfall gem. § 16 Abs. 1 BGB. Er unterliegt deshalb in allen seinen Ausprägungen und in vollem Umfang der Absicherungspflicht des Zahlungsauslösedienstleisters.**

VI. Verordnungsermächtigung (Abs. 5)

43   Von der Ermächtigung, eine ergänzende Rechtsverordnung über nähere Bestimmungen zu Umfang und Inhalt der erforderlichen Absicherung im Haftungsfall zu treffen, hat das Bundesministerium der Finanzen bisher nicht Gebrauch gemacht. Lediglich wurde im Rahmen von § 2 Abs. 5 ZAGAnzV bestimmt, dass zum Nachweis der Absicherung die Berechnung der Mindestdeckungssumme und der Versicherungsvertrag oder ein Dokument bezüglich der gleichwertigen Garantie einzureichen sind.

Anhang zu § 16

EBA, Leitlinien zu den Kriterien für die Festlegung der Mindestdeckungssumme der Berufshaftpflichtversicherung oder einer anderen gleichwertigen Garantie gemäß Artikel 5 Absatz 4 der Richtlinie (EU) 2015/2366, EBA/GL/2017/08, vom 12/09/2017

Leitlinie 1: Berufshaftpflichtversicherung und gleichwertige Garantie

1.1 Die zuständigen Behörden sollten die Berufshaftpflichtversicherung und die gleichwertige Garantie als sich gegenseitig ausschließend betrachten, und sie sollten Unternehmen, die eine Zulassung oder Eintragung in das Register beantragen, dazu verpflichten, eine Berufshaftpflichtversicherung oder einer gleichwertigen Garantie abzuschließen.

1.2 Die zuständigen Behörden sollten sicherstellen, dass die von den Unternehmen abgeschlossene Berufshaftpflichtversicherung oder gleichwertige Garantie im Sinne von Artikel 5 Absatz 2 und 3 der Zahlungsdiensterichtlinie 2 ihre Haftungsverpflichtungen wie folgt abdeckt:

(a) im Falle von Unternehmen, die eine Zulassung für die Erbringung von Zahlungsauslösediensten beantragen, die Haftungsverpflichtungen gemäß Artikel 73, 89, 90 und 92 der Zahlungsdiensterichtlinie 2;

(b) im Falle von Unternehmen, die eine Eintragung in das Register für die Erbringung von Kontoinformationsdiensten beantragen, die Haftungsverpflichtungen gegenüber dem kontoführenden Zahlungsdienstleister oder dem Zahlungsdienstnutzer für einen nicht autorisierten oder betrügerischen Zugang zu Zahlungskontoinformationen oder deren nicht autorisierte oder betrügerische Nutzung;

(c) im Falle von Unternehmen, die eine Zulassung für die Erbringung von Zahlungsauslösediensten und Kontoinformationsdiensten beantragen, die unter Buchstabe a und b dieser Leitlinien genannten Haftungsverpflichtungen.

1.3 Die zuständigen Behörden sollten ferner sicherstellen, dass die Mindestdeckungssumme der Berufshaftpflichtversicherung oder gleichwertigen Garantie die Kosten und Ausgaben der Zahlungsdienstnutzer und kontoführenden Zahlungsdienstleister, die von Unternehmen die Erstattung von Verlusten verlangen, welche aus einer oder mehreren der in Artikel 5 Absatz 2 und 3 der Zahlungsdiensterichtlinie 2 genannten Haftungsverpflichtungen hervorgehen, abdeckt.

1.4 Die zuständigen Behörden sollten sicherstellen, dass die Mindestdeckungssumme der Berufshaftpflichtversicherung oder der gleichwertigen Garantie es den Unternehmen ermöglicht, ihre Haftungsverpflichtungen im Zusammenhang mit ihren Tätigkeiten zu erfüllen, indem sie nachweisen, dass die Berufshaftpflichtversicherung oder die gleichwertige Garantie keinen Überschuss, Selbstbehalt oder Schwellenwert aufweist, der Rückzahlungen beeinträchtigen könnte, die aus den Erstattungsbegehren der Zahlungsdienstnutzer und kontoführenden Zahlungsdienstleister hervorgehen, und dass sie gültig ist, wenn der Haftungsfall eintritt.

1.5 Die zuständigen Behörden sollten sicherstellen, dass die Mindestdeckungssumme der Berufshaftpflichtversicherung oder der gleichwertigen Garantie die Gebiete abdeckt, in denen die Unternehmen Dienstleistungen anbieten, und zwar unabhängig davon, in welchen Ländern ihre Nutzer ansässig sind, und unabhängig von dem Ort, an dem die Dienstleistungen erbracht werden.

Leitlinie 2: Kriterien und Indikatoren

2.1 Bei der Festlegung der Mindestdeckungssumme der von den Unternehmen abgeschlossenen Berufshaftpflichtversicherung oder gleichwertigen Garantie sollten die zuständigen Behörden die folgenden Kriterien und deren Indikatoren verwenden:

a. das Kriterium „Risikoprofil":
   i. Wert der beim Unternehmen eingegangenen Erstattungsbegehren in Bezug auf die in Artikel 5 Absatz 2 und 3 der Zahlungsdiensterichtlinie 2 genannten Haftungsverpflichtungen;
   ii. Anzahl der von einem Unternehmen, das Zahlungsauslösedienste erbringt, ausgelösten Zahlungsvorgänge;
   iii. Anzahl der Zahlungskonten, auf die von einem Unternehmen zugegriffen wird, das Kontoinformationsdienste erbringt;
b. das Kriterium „Art der Tätigkeit":
   i. ob das Unternehmen ausschließlich Zahlungsauslösedienste oder ausschließlich Kontoinformationsdienste oder beides erbringt;
   ii. ob das Unternehmen andere Zahlungsdienste als die in Anhang I der Zahlungsdiensterichtlinie 2 genannten, erbringt;
   iii. ob das Unternehmen andere Geschäftstätigkeiten als Zahlungsdienste ausübt;
c. das Kriterium „Umfang der Tätigkeit":
   i. für Unternehmen, die Zahlungsauslösedienste erbringen: der Wert der ausgelösten Zahlungsvorgänge;
   ii. für Unternehmen, die Kontoinformationsdienste erbringen: die Anzahl der Kunden, die die Kontoinformationsdienste in Anspruch nehmen;
d. das Kriterium „gleichwertige Garantie":
   i. spezifische Merkmale der gleichwertigen Garantie;
   ii. Auslöser für die Anwendung der gleichwertigen Garantie.

Leitlinie 3: Formel

3.1 Bei der Berechnung der Mindestdeckungssumme der von den Unternehmen abgeschlossenen Berufshaftpflichtversicherung oder gleichwertigen Garantie sollten die zuständigen Behörden die folgende Formel verwenden:

Mindestdeckungssumme der Berufshaftpflichtversicherung oder der gleichwertigen Garantie

= Summe, die das Kriterium „Risikoprofil" widerspiegelt
+ Summe, die das Kriterium „Art der Tätigkeit" widerspiegelt
+ Summe, die das Kriterium „Umfang der Tätigkeit" widerspiegelt

3.2 Um die Mindestdeckungssumme der Berufshaftpflichtversicherung oder gleichwertigen Garantie zu berechnen, sollten die zuständigen Behörden die Indikatoren unter jedem Kriterium mit den in den Leitlinien 5 bis 7 festgelegten Werten ausfüllen, wobei sie die Summe, die das jeweilige Kriterium widerspiegelt, getrennt berechnen sollten, indem sie die Summen, die die Indikatoren widerspiegeln, addieren, und sie sollten die sich daraus ergebenden Summen in der Formel verwenden.

3.3 Die in den vorliegenden Leitlinien festgelegten Werte sind in Euro ausgedrückt. In Mitgliedstaaten, in denen die amtliche Währung nicht der Euro ist, können die zuständigen Behörden die Summen, die die Kriterien widerspiegeln, in die entsprechende nationale Währung umrechnen.

3.4 Die von den zuständigen Behörden und konkludent auch von Unternehmen, die eine Zulassung oder Eintragung in das Register beantragen, berechnete Mindestdeckungssumme der Berufshaftpflichtversicherung oder gleichwertigen Garantie ist als Zahl pro Jahr auszudrücken.

Leitlinie 4: Veröffentlichung

4.1 Die zuständigen Behörden sollten die Kriterien, die Indikatoren und die Formel in ihrem Land öffentlich zugänglich machen, um es den Unternehmen zu ermöglichen, vor Beantragung der Zulassung oder der Eintragung in das Register die Mindestdeckungssumme der Berufshaftpflichtversicherung oder gleichwertigen Garantie zu berechnen.

Leitlinie 5: Berechnung des Kriteriums „Risikoprofil"

Wert der eingegangenen Erstattungsbegehren

5.1 Bei der Berechnung des Wertes des Indikators „Eingegangene Erstattungsbegehren" sollten die zuständigen Behörden den aggregierten Wert aller von den Zahlungsdienstnutzern des Unternehmens und den kontoführenden Zahlungsdienstleistern in den vergangenen zwölf Monaten eingereichten Erstattungsbegehren für Verluste, die aus einer oder mehreren der in Artikel 5 Absatz 2 und 3 der Zahlungsdiensterichtlinie 2 genannten Haftungsverpflichtungen hervorgehen, verwenden.

5.2 Sind beim Unternehmen in den vergangenen zwölf Monaten keine Erstattungsbegehren eingegangen, sollten die zuständigen Behörden den Wert für diesen Indikator in der Formel auf null setzen.

5.3 Bei Unternehmen, die in den vergangenen zwölf Monaten zu keiner Zeit Dienste erbracht haben, sollten die zuständigen Behörden den aggregierten Wert aller vom Unternehmen zum Zwecke der Beantragung seiner Zulassung/Eintragung in das Register prognostizierten Erstattungsbegehren verwenden.

5.4 Falls das Unternehmen keine Prognosen in Bezug auf Erstattungsbegehren zur Verfügung stellt oder die Summe, die sich aus der Anwendung des prognostizierten Gesamtwertes der Erstattungsbegehren ergibt, niedriger ist als 50 000 EUR, sollten die zuständigen Behörden den Wert für diesen Indikator in der Formel auf 50 000 festsetzen.

Anzahl der von Unternehmen, die Zahlungsauslösedienste erbringen, ausgelösten Zahlungsvorgänge

5.5 Die zuständigen Behörden sollten den Wert des Indikators „Anzahl der ausgelösten Zahlungsvorgänge" als Summe der folgenden Elemente berechnen, wobei N die Anzahl der vom Unternehmen in den vergangenen zwölf Monaten ausgelösten Zahlungsvorgänge darstellt:

(a) 40% des Teils N bis einschließlich 10 000 ausgelöste Zahlungen;
   plus
(b) 25% des Teils N über 10 000 ausgelösten Zahlungen bis einschließlich 100 000 ausgelöste Zahlungen;
   plus
(c) 10% des Teils N über 100 000 ausgelösten Zahlungen bis einschließlich 1 Million ausgelöste Zahlungen;
   plus

(d) 5% des Teils N über 1 Million ausgelöste Zahlungen bis einschließlich 10 Millionen ausgelöste Zahlungen;
plus

(e) 0,025% des Teils N über 10 Millionen ausgelöste Zahlungen.

5.6 Bei Unternehmen, die in den vergangenen zwölf Monaten zu keiner Zeit Dienste erbracht haben, sollten die zuständigen Behörden die vom Unternehmen zum Zwecke der Beantragung seiner Zulassung prognostizierte Anzahl der ausgelösten Zahlungsvorgänge verwenden.

5.7 Falls das Unternehmen keine Prognosen in Bezug auf die Anzahl der ausgelösten Zahlungsvorgänge zur Verfügung stellt oder die Summe, die sich aus der Anwendung der prognostizierten Anzahl ausgelöster Zahlungsvorgänge ergibt, niedriger als 50 000 ist, sollten die zuständigen Behörden den Wert für diesen Indikator in der Formel auf 50 000 festsetzen.

Anzahl der Zahlungskonten, auf die von Unternehmen zugegriffen wird, die Kontoinformationsdienste erbringen

5.8 Die zuständigen Behörden sollten den Wert des Indikators „Anzahl der Zahlungskonten, auf die zugegriffen wurde" als Summe der folgenden Elemente berechnen, wobei N die Anzahl der verschiedenen Zahlungskonten darstellt, auf die ein Unternehmen, das Kontoinformationsdienste erbringt, in den vergangenen zwölf Monaten zugegriffen hat:

(a) 40% des Teils N bis einschließlich 10 000 Konten, auf die zugegriffen wurde;
plus

(b) 25% des Teils N über 10 000 Konten, auf die zugegriffen wurde, bis einschließlich 100 000 Konten, auf die zugegriffen wurde;
plus

(c) 10% des Teils N über 100 000 Konten, auf die zugegriffen wurde, bis einschließlich 1 Million Konten, auf die zugegriffen wurde;
plus

(d) 5% des Teils N über 1 Million Konten, auf die zugegriffen wurde, bis einschließlich 10 Millionen Konten, auf die zugegriffen wurde;
plus

(e) 0,025% des Teils N über 10 Millionen Konten, auf die zugegriffen wurde.

5.9 Bei Unternehmen, die in den vergangenen zwölf Monaten zu keiner Zeit Dienste erbracht haben, sollten die zuständigen Behörden gegebenenfalls die vom Unternehmen zum Zwecke der Beantragung seiner Eintragung in das Register oder seiner Zulassung prognostizierte Anzahl der Zahlungskonten, auf die zugegriffen wurde, verwenden.

5.10 Falls das Unternehmen keine Prognosen in Bezug auf die Anzahl der Zahlungskonten, auf die zugegriffen wurde, zur Verfügung stellt oder die Summe, die sich aus der Anwendung der prognostizierten Anzahl der Konten, auf die zugegriffen wurde, niedriger als 50 000 ist, sollten die zuständigen Behörden den Wert für diesen Indikator in der Formel auf 50 000 festsetzen.

Leitlinie 6: Berechnung des Kriteriums „Art der Tätigkeit"

6.1 Für Unternehmen, die nur die Zulassung für die Erbringung von Zahlungsauslösediensten beantragen, sollten die zuständigen Behörden den Wert für diesen Indikator in der Formel auf null setzen.

6.2 Für Unternehmen, die nur die Eintragung in das Register für die Erbringung von Kontoinformationsdiensten beantragen, sollten die zuständigen Behörden den Wert für diesen Indikator in der Formel auf null setzen.

6.3 Beantragt ein Unternehmen die Zulassung für die Erbringung von Zahlungsauslösediensten und Kontoinformationsdiensten, sollten die zuständigen Behörden die Mindestdeckungssumme für jeden Dienst separat berechnen und die sich ergebenden Summen addieren, um die Mindestdeckungssumme zu erhalten, die beide Dienste abdeckt. Des Weiteren sollten die zuständigen Behörden sicherstellen, dass die Vereinbarungen der Berufshaftpflichtversicherung oder der gleichwertigen Garantie die Erbringung von sowohl Zahlungsauslösediensten als auch Kontoinformationsdiensten abdecken und somit die verschiedenen Haftungsverpflichtungen widerspiegeln, auf die in den Absätzen 2 und 3 von Artikel 5 der Zahlungsdiensterichtlinie 2 Bezug genommen wird.

6.4 Erbringt ein Unternehmen einen anderen Zahlungsdienst im Sinne von Anhang I Nummer 1 bis 6 der Zahlungsdiensterichtlinie 2 parallel zu entweder Zahlungsauslösediensten oder Kontoinformationsdiensten oder zu beiden, sollten die zuständigen Behörden die Mindestdeckungssumme der Berufshaftpflichtversicherung oder gleichwertigen Garantie für die Erbringung von Zahlungsauslösediensten oder Kontoinformationsdiensten oder beiden berechnen, und zwar unbeschadet der Anforderungen im Zusammenhang mit der Berechnung des Anfangskapitals gemäß Artikel 7 der Zahlungsdiensterichtlinie 2 und/oder der Eigenmittel gemäß Artikel 9 der Zahlungsdiensterichtlinie 2.

6.5 Übt ein Unternehmen ferner eine andere Geschäftstätigkeit aus als die Erbringung der in Anhang I der Zahlungsdiensterichtlinie 2 genannten Zahlungsdienste (NichtZahlungsdiensttätigkeiten), sollten die zuständigen Behörden zusätzlich zu den Werten, die für die Art der Tätigkeit, die das Unternehmen erbringen möchte, erforderlich sind, den Wert 50 000 addieren.

6.6 Falls ein Unternehmen jedoch andere Nicht-Zahlungsdiensttätigkeiten ausübt und nachweisen kann, dass diese Tätigkeiten keine Auswirkungen auf die Erbringung der Zahlungsauslösedienste/Kontoinformationsdienste haben − entweder, weil es im Besitz einer Garantie ist, die seine sich aus den anderen, Nicht-Zahlungsdiensttätigkeiten ergebenden Haftungsverpflichtungen abdeckt, oder weil die zuständige Behörde die Einrichtung eines eigenen Unternehmens für das Zahlungsdienstgeschäft gemäß Artikel 11 Absatz 5 der Zahlungsdiensterichtlinie 2 vorschreibt −, sollten die zuständigen Behörden den Wert in der Formel auf null setzen.

Leitlinie 7: Berechnung des Kriteriums „Umfang der Tätigkeit"

7.1 Die zuständigen Behörden sollten die Summe, die das Kriterium „Umfang der Tätigkeit" für ein Unternehmen widerspiegelt, das Zahlungsauslösedienste erbringt, als Summe der folgenden Elemente berechnen, wobei N den Gesamtwert aller vom Unternehmen in den vergangenen zwölf Monaten ausgelösten Zahlungsvorgänge darstellt:

(a) 40% des Teils N bis einschließlich 500 000 EUR;
    plus
(b) 25% des Teils N über 500 000 EUR bis einschließlich 1 Million EUR;
    plus
(c) 10% des Teils N über 1 Million EUR bis einschließlich 5 Millionen EUR;
    plus
(d) 5% des Teils N über 5 Millionen EUR bis einschließlich 10 Millionen EUR;
    plus
(e) 0,025% des Teils N über 10 Millionen EUR.

7.2 Die zuständigen Behörden sollten die Summe, die das Kriterium „Umfang der Tätigkeit" für ein Unternehmen widerspiegelt, das Kontoinformationsdienste erbringt, als Summe der folgenden Elemente berechnen, wobei N die Anzahl der Nutzer der Kontoinformationsdienste (Kunden) darstellt, wobei jeder Kunde, der in den vergangenen zwölf Monaten die Kontoinformationsdienste in Anspruch genommen hat, separat berücksichtigt wird:

(a) 40% des Teils N bis einschließlich 100 Kunden;
plus

(b) 25% des Teils N über 100 Kunden bis einschließlich 10 000 Kunden;
plus

(c) 10% des Teils N über 10 000 Kunden bis einschließlich 100 000 Kunden;
plus

(d) 5% des Teils N über 100 000 Kunden bis einschließlich 1 Million Kunden;
plus

(e) 0,025% des Teils N über 1 Million Kunden.

7.3 Für Unternehmen, die in den vergangenen zwölf Monaten keine Dienste erbracht haben, sollten die zuständigen Behörden im Falle eines Unternehmens, das Zahlungsauslösedienste erbringt, den vom Unternehmen zum Zwecke seiner Zulassung prognostizierten Wert aller ausgelösten Zahlungsvorgänge und im Falle eines Unternehmens, das Kontoinformationsdienste erbringt, die vom Unternehmen zum Zwecke seiner Eintragung in das Register prognostizierte Anzahl der Kunden verwenden.

7.4 Stellt das Unternehmen im Falle eines Unternehmens, das Zahlungsauslösedienste erbringt, keine Prognosen in Bezug auf den Wert aller ausgelösten Zahlungsvorgänge und im Falle eines Unternehmens, das Kontoinformationsdienste erbringt, keine Prognosen in Bezug auf die Anzahl der Kunden zur Verfügung, oder ist der Betrag, der sich im Falle eines Unternehmens, das Zahlungsauslösedienste erbringt, aus der Anwendung des prognostizierten Wertes aller ausgelösten Zahlungsvorgänge oder im Falle eines Unternehmens, das Kontoinformationsdienste erbringt, der prognostizierten Anzahl der Kunden ergibt niedriger als 50 000, sollten die zuständigen Behörden den Wert für diese Indikatoren in der Formel auf 50 000 festsetzen.

Leitlinie 8: Kriterium „gleichwertige Garantie"

8.1 Die zuständigen Behörden sollten Unternehmen dazu verpflichten, entweder eine Berufshaftpflichtversicherung oder eine gleichwertigen Garantie abzuschließen.

Leitlinie 9: Überprüfung

9.1 Die zuständigen Behörden sollten sicherstellen, dass Unternehmen die Mindestdeckungssumme ihrer Berufshaftpflichtversicherung oder gleichwertigen Garantie überprüfen und erforderlichenfalls neu berechnen, und zwar mindestens einmal jährlich.

Abschnitt 4. Sicherungsanforderungen

§ 17 Sicherungsanforderungen für die Entgegennahme von
Geldbeträgen im Rahmen der Erbringung von Zahlungsdiensten
und des Betreibens des E-Geld-Geschäfts

(1) [1]Institute, die die Zahlungsdienste gemäß § 1 Absatz 1 Satz 2
Nummer 1 bis 6 erbringen oder das E-Geld-Geschäft betreiben, haben die
Geldbeträge, die sie von den Zahlungsdienstnutzern oder über einen anderen Zahlungsdienstleister für die Ausführung von Zahlungsvorgängen
oder die Ausgabe von E-Geld entgegengenommen haben, nach den Methoden 1 oder 2 zu sichern. [2]Die Geldbeträge
1. a) dürfen zu keinem Zeitpunkt mit den Geldbeträgen anderer natürlicher oder juristischer Personen als der Zahlungsdienstnutzer oder
E-Geld-Inhaber, für die sie gehalten werden, vermischt werden,
b) sind, wenn sie sich am Ende des auf den Tag ihres Eingangs folgenden
Geschäftstags noch im Besitz des Instituts befinden und noch nicht
dem Zahlungsempfänger übergeben oder an einen anderen Zahlungsdienstleister übermittelt worden sind, auf einem offenen Treuhandkonto bei einem Kreditinstitut zu hinterlegen oder in sichere liquide
Aktiva mit niedrigem Risiko nach Abstimmung mit der Bundesanstalt anzulegen; die Bundesanstalt kann insoweit nach pflichtgemäßem Ermessen im Einzelfall nach § 1 Absatz 31 grundsätzlich erfasste
Aktiva ausschließen, wenn die kategorische Einordnung als sichere
liquide Aktiva mit niedrigem Risiko mit Rücksicht auf die objektive
Werthaltigkeit der Sicherheit, insbesondere Fälligkeit und anderer relevanter Risikofaktoren sachlich nicht gerechtfertigt erscheint,
c) sind so von den übrigen Vermögenswerten des Instituts zu trennen,
dass sie im Insolvenzfall nicht in die Insolvenzmasse des Instituts fallen und dessen Gläubiger auf sie auch nicht im Wege der Einzel-
zwangsvollstreckung Zugriff haben, oder
2. sind durch eine Versicherung oder eine andere vergleichbare Garantie
bei einem Versicherungsunternehmen oder Kreditinstitut, das im Geltungsbereich dieses Gesetzes zum Geschäftsbetrieb befugt ist und nicht
zur selben Gruppe gehört wie das Institut selbst, in Höhe eines Betrags
abzusichern, der demjenigen entspricht, der ohne die Versicherung
oder die andere vergleichbare Garantie getrennt gehalten werden müsste
und der im Falle der Zahlungsunfähigkeit des Zahlungsinstituts auszuzahlen ist.

[3]Die Bundesanstalt kann dem Institut nach pflichtgemäßem Ermessen
eine der beiden in Satz 2 beschriebenen Methoden vorgeben.

(2) [1]Muss ein Institut Geldbeträge nach Absatz 1 absichern und ist ein
Teil dieser Geldbeträge für zukünftige Zahlungsvorgänge zu verwenden,
während der verbleibende Teil für Dienste, die keine Zahlungsdienste
sind, verwendet werden muss, gilt Absatz 1 auch für den Anteil der Geldbeträge, der für zukünftige Zahlungsvorgänge zu verwenden ist. [2]Ist dieser
Anteil variabel oder nicht im Voraus bekannt, ist Satz 1 mit der Maßgabe

anzuwenden, dass ein repräsentativer Anteil zugrunde gelegt wird, der typischerweise für Zahlungsdienste verwendet wird, sofern sich dieser repräsentative Anteil auf der Grundlage historischer Daten nach Überzeugung der Bundesanstalt mit hinreichender Sicherheit schätzen lässt.

(3) [1]Das Institut hat der Bundesanstalt während des laufenden Geschäftsbetriebs auf Anforderung darzulegen und nachzuweisen, dass es ausreichende Maßnahmen ergriffen hat, um die in den Absätzen 1 und 2 genannten Anforderungen zu erfüllen. [2]Wird der Nachweis nicht erbracht oder sind die Maßnahmen nicht ausreichend, kann die Bundesanstalt das Institut auffordern, die erforderlichen Nachweise vorzulegen oder Vorkehrungen zu treffen, die geeignet und erforderlich sind, die bestehenden Mängel zu beseitigen; die Bundesanstalt kann dafür eine angemessene Frist bestimmen. [3]Werden die Nachweise oder Vorkehrungen nicht oder nicht fristgerecht vorgelegt oder getroffen, kann die Bundesanstalt Maßnahmen nach § 21 Absatz 2 treffen.

Literatur zu §§ 17, 18: Assmann/Schütze/Buck-Heeb, Handbuch des Kapitalanlagerechts, 5. Aufl. 2020; Berger, Die neue Einlagensicherung, BKR 2016, 144 ff.; Burgard, Der Vorschlag der Kommission für eine Richtlinie über Zahlungsdienste im Binnenmarkt, WM 2006, 2065 ff., Canaris, Inhaberschaft und Verfügungsbefugnis bei Bankkonten, NJW 1973, 825 ff.; Djazayeri, Das neue europäische Zahlungsdiensterecht (ZDR II bzw. PSD II) nebst neuer Regeln für Multilaterale Interbankenentgelte (MIFs) jurisPR-BKR 9 (2013), Anm. 1; Fridgen, Zum Aussonderungsrecht bei der fremdnützigen Verwaltungstreuhand, ZInsO 2004, 530; Gottwald/ Haas, Insolvenzrechtshandbuch, 6. Aufl. 2020; Henssler, Treuhandgeschäft – Dogmatik und Wirklichkeit, AcP 196 (1996), 37 ff.; Hingst/Lösing, Zur Erlaubnispflichtigkeit von Finanztransfergeschäften nach dem Zahlungsdiensteaufsichtsgesetz: Hohe Anforderungen an die Betreiber von Internetplattformen mit Bezahlsystemen, BKR 2012, 334 ff.; Holzer, Die insolvenzrechtliche Behandlung von Treugut bei abredewidrigem Verhalten des Treuhänders, ZIP 2009, 2324; Lösing, Das neue Gesetz zur Umsetzung der Zweiten E-Geld-Richtlinie, ZIP 2011, 1944 ff.; Pellmann/Schoch/Beuth, (Sammel-)Treuhandkonten im Spannungsfeld der geldwäscherechtlichen Sorgfaltspflichten, BKR 2022, 632; Schäfer/Sethe/Lang, Handbuch der Vermögensverwaltung, 3. Aufl. 2022; K.Schmidt, Insolvenzordnung, 20. Auflage 2023; Stoll, SchlHAnz 1974, 107; Terlau, Anmerkung zu LG Köln, Urteil v. 29.9.2011 – 81 O 91/11 (Lieferheld), K&R 2011, 814; ders., Aktuelle Probleme der Kundengeldsicherung bei Zahlungs- und E-Geld-Instituten, BRK 2023, 19; Uhlenbruck, Insolvenzordnung, 15. Aufl. 2019; Weilinger/Knauder/Miernicki/Payer, Zahlungsdienstegesetz, Stand 1.11.2020.

Inhaltsübersicht

I. Allgemeines

1. Europäische Richtlinie und Hintergrund

Die Vorschrift des § 17 beruht auf Art. 10 PSD2. Die Wahlmöglichkeiten (hierzu **1** → 1. Aufl. 2014, § 13 Rn. 1), die in Abweichung vom Prinzip der Vollharmonisierung des Art. 86 Abs. 1 PSD1 nach der Vorgängervorschrift in Art. 9 PSD1 bestanden, hat der europäische Gesetzgeber in Art. 10 PSD2 nicht aufrechterhalten (hierzu auch RegBegr. ZDUG II, BT-Drs. 18/11495, 124; kritisch iÜ zu Art. 9 PSD2-Entwurf der Kommission vom 24.7.2013, Djazayeri jurisPR-BKR **9** (2013), Anm. 1 C.III.).

Die Vorgängervorschrift des Art. 9 PSD1 stellte eine Kompromisslösung im **2** Rahmen der Entstehung der PSD1 dar (vgl. hierzu auch Ellenberger/Findeisen/ Nobbe/Böger/Findeisen Vorauflage § 13 aF Rn. 5). Im ersten Richtlinienvorschlag der Kommission v. 1.12.2005 (KOM 2005, 603) war hierzu noch keine Regelung enthalten. Im Rat und im Parlament (so Ellenberger/Findeisen/Nobbe/Böger/ Findeisen Vorauflage § 13 aF Rn. 4) und auch in der deutschen Literatur (Burgard WM 2006, 2065 (2067)) wurde es jedoch als durchaus kritisch empfunden, dass ein Zahlungsinstitut nicht zur Einlagensicherung verpflichtet werden sollte. Bei einem CRR-Kreditinstitut sind die von einem Zahlungsdienstnutzer für Zahlungsdienste zur Verfügung gestellten Gelder Einlagen iSv § 2 Abs. 3 EinSiG und sind somit von der Sicherungspflicht gemäß § 1 S. 1 EinSiG erfasst (Berger BKR 2016, 144 (145)).

3   Durch das Zweite E-Geld-RLUG wurde § 13 ZAG aF infolge von Art. 7 Abs. 3 Zweite E-Geld-RL dahingehend angepasst, dass er fortan auch für Gelder Anwendung fand, die E-Geld-Institute für die Durchführung von Zahlungsdiensten entgegennahmen, soweit diese nicht mit der Ausgabe von E-Geld in Verbindung stehen (in diesem Fall galt § 13a ZAG aF). Im Übrigen wurde die Überschrift erweitert.

4   Mit Umsetzung der PSD2 hat der deutsche Gesetzgeber die Vorschrift in § 17 neu gefasst; Art. 111 PSD2 lässt zwar die Zweite E-Geld-RL im Hinblick auf die Sicherungsvorschriften unangetastet. Der deutsche Gesetzgeber des ZDUG II hat dennoch die Gelegenheit wahrgenommen, die bisher auf §§ 13, 13a ZAG aF verteilten Sicherungsvorschriften für Zahlungsinstitute und E-Geld-Institute zu konsolidieren und hat lediglich den früheren § 13a Abs. 2 und Abs. 3 ZAG aF als eigenständige Norm in § 18 aufrechterhalten. Damit dient § 17 nun auch der Umsetzung von Art. 7 Abs. 1, Abs. 2 und Abs. 4 Zweite E-Geld-RL. Teilweise wird hierin auch Art. 7 Abs. 3 Zweite E-Geld-RL umgesetzt, der sich nur mit sonstigen Zahlungsvorgängen befasst, die nicht mit der Ausgabe von E-Geld in Verbindung stehen (hierzu auch RegBegr. Zweites E-Geld-RLUG, BT-Drs. 17/3023, 46). Dh die Anpassung von § 13 ZAG aF im Rahmen des Zweite E-Geld-RLUG gilt auch für die Nachfolgevorschrift des § 17, sodass ein E-Geld-Institut, das Zahlungsdienste erbringt, nicht nur die Gelder, die es zur Ausgabe von E-Geld, sondern auch die Gelder, die es für die Ausführung von Zahlungsvorgängen oder über einen anderen Zahlungsdienstleister entgegennimmt, wie ein Zahlungsinstitut entsprechend den Vorgaben von § 17 absichern muss.

2. Systematik und Zweck

5   § 17 Abs. 1 S. 2 Nr. 1 und Nr. 2 stellen zwei Sicherungsmethoden, im Grundsatz aber vier Alternativen zur Sicherung von Geldern, die ein Institut zur Ausführung von Zahlungsvorgängen oder zur Ausgabe von E-Geld entgegennimmt, zur Verfügung: Sicherungsmethode 1 (Nr. 1) ist die Vermögenstrennung durch (1) die Sicherung über ein offenes Treuhandkonto bei einem Kreditinstitut oder (2) die Sicherung durch Investition in sichere, liquide Aktiva; Sicherungsmethode 2 (Nr. 2) ist die Sicherung der Gelder (3) durch eine Versicherung eines Versicherungsunternehmens oder (4) durch eine Garantie eines Kreditinstituts. Abs. 1 regelt hierzu detailliert die Anforderungen. Abs. 2 enthält eine Regelung für Gelder, die für zukünftige Zahlungsvorgänge zur Verfügung gestellt werden und Abs. 3 beinhaltet aufsichtsrechtliche Befugnisse und Pflichten des Instituts iSd ZAG.

6   § 17 ist Teil der aufsichtsrechtlichen Vorschriften, die dem Schutz vor den operationellen und finanziellen Risiken der Zahlungsinstitute und der E-Geld-Institute dienen (Erwägungsgrund Nr. 11 der PSD1; RegBegr. ZDUG II, BT-Drs. 18/11495, 124). Die BReg ist der Ansicht, dass es sich um eine der wichtigsten Pflichten handelt,

die ein Zahlungsinstitut zu erfüllen hat (BT-Drs. 16/11613, 49; s. auch RegBegr. ZDUG II, BT-Drs. 18/11495, 124; vgl. auch Terlau, BKR 2023, 19f.). Die Vorschriften über die Sicherungspflichten sind somit im Zusammenhang mit der geforderten Kapitalausstattung der Institute (Anfangskapital und laufende Kapitalausstattung) und im Zusammenhang mit dem (eingeschränkten) Verbot des Einlagengeschäfts gemäß § 2 zu sehen und dienen insgesamt dem Schutz der Zahlungsdienstnutzer vor den Solvenzrisiken des Instituts, dh dem Gläubigerschutz. Sieht man von der Möglichkeit der Absicherung durch eine Versicherungspolice oder durch die Garantie eines Kreditinstitutes (§ 17 Abs. 1 S. 2 Nr. 2) ab, so ist es Ziel des § 17, durch die vermögensmäßige Trennung der verwalteten Kundengelder von anderen Mitteln des Instituts („ring fencing", so Ellenberger/Findeisen/Nobbe/Böger/Findeisen Rn. 3) die Gelder wirtschaftlich im Eigentum des Zahlungsdienstnutzers zu belassen. Lediglich das Veruntreuungsrisiko kann der Gesetzgeber dem Zahlungsdienstnutzer auf diese Weise nicht abnehmen (Schäfer/Omlor/Mimberg/Janßen Rn. 3). Das in § 17 Abs. 1 S. 2 Nr. 1 verankerte Trennungsverfahren erleichtert zudem die Geldwäsche- und Terrorismusbekämpfung der Institute (Erwägungsgrund Nr. 11 der PSD1).

Die bisher über § 13a ZAG aF beabsichtigte Verschärfung der Sicherungsregeln **7** für E-Geld-Institute bei der Ausgabe von E-Geld (gegenüber denjenigen für Zahlungsinstitute und E-Geld-Institute bei Erbringung von Zahlungsdiensten) ist im Rahmen des ZDUG II entfallen. Diese Verschärfung war angelegt in Erwägungsgrund Nr. 14 der Zweiten E-Geld-RL. Hier wurden – aus wettbewerblichen Gründen – erhöhte Anforderungen an Sicherungsmethoden für E-Geld-Institute, dh Regelungen, die strenger sind als das für Kreditinstitute geltende Regime, gefordert. Den Grund konnte man in der – dem Geschäftszweck der E-Geld-Institute immanenten – umfangreichen Entgegennahme von materiell als Einlagen zu betrachtenden Geldern der E-Geld-Inhaber sehen; diese Gelder unterliegen nicht der staatlichen Einlagensicherungspflicht nach dem EinSiG, weil E-Geld-Institute nicht Adressaten des EinSiG sind, sondern der Richtliniengeber hatte sich in Art. 7 Zweite E-Geld-RL für eine besondere Form der Sicherung entschieden (vgl. auch Schäfer/Omlor/Mimberg/Janßen Rn. 14). Im Grundsatz ging es deshalb um gesteigerten Gläubigerschutz. Diese dezidierte Sonderregelung ist im Rahmen des ZDUG II entfallen.

3. Folgen einer Verletzung

a) Zivilrechtliche Haftung des Instituts. Ob dem § 17 Schutzgesetzeigen- **8** schaft iSv § 823 Abs. 2 BGB zukommt, erscheint nach der Regierungsbegründung zum ZDUG (BT-Drs. 16/11613, 49f.) sowie nach Erwägungsgrund Nr. 11 der ZDRL zunächst nicht fraglich. Schutzgesetzeigenschaft kommt einer Norm des privaten oder öffentlichen Rechts dann zu, wenn sie zwar nicht ausschließlich, aber doch auch dem Schutz von Individualinteressen dienen soll (aus neuerer Zeit: BGHZ 125, 366 (374); 122, 1 (3f.); BRHP/Förster BGB § 823 Rn. 275). Insbesondere die Stellungnahmen in der RegBegr., „... dass die in § 13 verlangten Sicherungsanforderungen nicht nur einen gläubigerschützenden Charakter haben und dementsprechend den Zahlungsdienstnutzer für den Fall der Insolvenz des Zahlungsinstituts absichern sollen" (BT-Drs. 16/11613, 49) sowie der Hinweis der RegBegr. darauf, dass die Umsetzung des Art. 9 PSD1 „... im Interesse ... eines konsequenten Gläubigerschutzes ..." ausgestaltet worden sei (BT-Drs. 16/11613, 50), sprechen sehr deutlich dafür, dass § 17 auch dem Schutz des einzelnen Zah-

lungsdienstnutzers dienen soll. Nach der Rspr. des BGH zum individualschüt-
zenden Charakter der aufsichtsrechtlichen Erlaubnisnorm des § 32 Abs. 1 S. 1
KWG (BGH NJW 1973, 1547 (1549); 1994, 1801 (1804); 2005, 2703 f.; ZIP
2006, 382; BKR 2007, 251 (252 f.); NJW-RR 2017, 1004; Staudinger/Hager
BGB § 823 Rn. G 49; Erman/Schiemann BGB § 823 Rn. 163; BRHP/Förster
BGB § 823 Rn. 290; aA BFS/Fischer KWG § 32 Rn. 20 f.) stellt diese indivi-
dualschützende Wirkung nicht lediglich einen Reflex der aufsichtsrechtlichen
Normen dar (so aber wohl Ellenberger/Findeisen/Nobbe/Böger/Findeisen § 17
Rn. 2), sondern kann grds. auch die Haftung des Instituts ggü. dem Kunden be-
gründen. Auch § 4 Abs. 4 FinDAG, wonach gilt: „Die Bundesanstalt nimmt ihre
Aufgaben und Befugnisse nur im öffentlichen Interesse wahr.", steht nicht entgegen.
Zum einen begründet § 17 einen unmittelbaren Pflichtenkanon des Instituts selbst
und nicht lediglich Aufsichtsaufgaben und -befugnisse der BaFin. Zum anderen ist
in der Rspr. anerkannt (BGH WM 2005, 369 (372 f.); NJW 2005, 2703 (2704)),
dass § 4 Abs. 4 FinDAG (und dessen Vorläufer § 6 Abs. 4 KWG aF) nach dem
Gesetzeswortlaut und der Zielsetzung des Gesetzes nur den Fiskus schützen will; es
geht dabei um die Gefahr einer Inanspruchnahme des Staates wegen Amtspflichtverletzungen, die Bedienstete des Aufsichtsamts begehen könnten. Der Gesetzgeber
wollte damit aber offenbar nicht den Aufsichtsnormen den ihnen – nicht in allen
Fällen, aber in Einzelfällen – zukommenden Schutzgesetzcharakter im Verhältnis zu
den Betreibern der Bank-, Finanzdienstleistungs- oder Zahlungsgeschäfte nehmen
(BGH WM 2005, 369 (373); NJW 2005, 2703 (2704); aA BFS/Fischer KWG § 32
Rn. 20 f.).

9   **b) Zivilrechtliche Staatshaftung.** Aus dem Vorstehenden folgt, dass eine
Staatshaftung gemäß § 839 BGB wegen Amtspflichtverletzungen, die Bedienstete
der BaFin begehen könnten, wegen § 4 Abs. 4 FinDAG nicht in Betracht kommt.
Nach der EuGH-Entscheidung in der Rs. „Peter Paul" (EuGH NJW 2004, 3479
(3480 f.) – zur EinlagensicherungsRL, 94/19/EG) ist diese Vorschrift europarechtskonform. Sie steht allerdings verfassungsrechtlich in der Kritik (vgl. MüKoBGB/
Papier/Shirvani § 839 Rn. 312 mwN).

10   **c) Strafrechtliche, bußgeldrechtliche Folgen.** § 17 ist weder in den Straftatbeständen des § 63 noch in den Ordnungswidrigkeiten-Tatbeständen des § 64 eigenständig erfasst. Allerdings wird vertreten, dass ein Verstoß gegen § 17 gleichzeitig
einen Verstoß gegen die Beschränkungen des § 3 Abs. 1 und Abs. 3 und damit einen
Verstoß gegen das Verbot des Einlagengeschäfts darstellen könnte (→ § 3 Rn. 8).
Damit könnte sich mittelbar über § 3 eine Strafbarkeit gemäß § 63 Abs. 1 Nr. 1 und
gemäß § 54 Abs. 1 Nr. 2 Alt. 1 KWG bei einem Verstoß gegen § 17 ergeben. Richtigerweise wird man eine Strafbarkeit jedoch aufgrund des strafrechtlichen Bestimmtheitsgrundsatzes ablehnen (→ § 3 Rn. 58, im Ergebnis ebenso Schäfer/
Omlor/Mimberg/Janßen Rn. 152). Weiterhin denkbar ist eine Ahndung durch
Bußgeld gem. § 64 Abs. 2 Nr. 1, Abs. 4 in dem Fall, dass eine Anzeige nach § 28
Abs. 2 (wesentliche Änderung der Sicherung von Geldbeträgen nach § 17) nicht
oder nicht richtig, vollständig oder rechtzeitig erstattet wurde (Schäfer/Omlor/
Mimberg/Janßen Rn. 151).

II. Sicherungspflicht (Abs. 1)

1. Institute des ZAG

Seit dem Zweiten E-Geld-RLUG erstreckt sich § 1 auf beide Arten von Institu- **11** ten (§ 1 Abs. 3), namentlich Zahlungsinstitute und E-Geld-Institute, die ihren Sitz im Inland haben. Institute aus anderen Mitgliedstaaten des EWR unterliegen ihrer jeweiligen Heimatlandaufsicht. Mit dem ZDUG II wurden die bisher gesonderten Sicherungspflichten für E-Geld-Institute bei der Ausgabe von E-Geld (früher § 13a ZAG aF) in § 17 konsolidiert. Nicht der Sicherungspflicht unterliegen Institute, soweit sie Zahlungsdienste nach § 1 Abs. 1 S. 2 Nr. 7 oder Nr. 8 betreiben. Auch Unternehmen, die eine Bereichsausnahme nach § 2 Abs. 1 (zurecht) in Anspruch nehmen oder solche, die einer ungeschriebenen Ausnahme unterliegen (→ § 1 Rn. 138 ff.), unterliegen insoweit nicht der Sicherungspflicht (Ellenberger/Findeisen/Nobbe/Böger/Findeisen Rn. 13; Schäfer/Omlor/Mimberg/Janßen Rn. 45).

2. Gegenstand der Pflicht

a) Geldbeträge. Die Pflicht des § 17 Abs. 1 bezieht sich auf Geldbeträge; dies **12** sind gemäß Art. 4 Nr. 25 PSD2 Banknoten, Münzen, Giralgeld und E-Geld. Die Sicherungspflicht gilt mithin auch für ausgegebenes E-Geld, obschon es als E-Geld wohl vor allem bei dem ausgebenden Institut geführt wird und bei Transfer außerhalb dieses Instituts häufig ein Rücktausch iSv § 33 Abs. 1 S. 2 vorliegt.

b) Von Zahlungsdienstnutzern oder von anderen Zahlungsdienstleis- **13** **tern für die Ausführung von Zahlungsvorgängen oder die Ausgabe von** **E-Geld.** Erfasst sind sowohl Geldbeträge, die der Zahlungsdienstnutzer in seiner Eigenschaft als Zahler dem Institut **zur Ausführung von Zahlungsvorgängen** (§ 675f Abs. 4 S. 2 BGB), bspw. Überweisungen, Abbuchung von Lastschriftaufträgen oder Abwicklung von Kreditkartenforderungen, oder schlicht zur Einzahlung auf ein Zahlungskonto **überlässt,** weiterhin Gelder, die der Zahler einem E-Geld-Institut zur Ausgabe von E-Geld überlässt, sowie auch Gelder, die zugunsten des Zahlungsdienstnutzers in seiner Eigenschaft als Zahlungsempfänger bei dem Institut auf einem zentralen Konto eingehen. Es ist dabei unerheblich, ob der Zahlungsdienstnutzer bei dem Institut ein Zahlungskonto (§ 1 Abs. 17) unterhält (Ellenberger/Findeisen/Nobbe/Böger/Findeisen Rn. 24; Schwennicke/Auerbauch/Schwennicke Rn. 3, Schäfer/Omlor/Mimberg/Janßen Rn. 44). Gleichgültig ist auch, ob der Zahlungsvorgang sofort nach Entgegennahme oder erst später erfolgt.

Retouren unterfallen ebenfalls der Sicherungspflicht: Rücklastschriften, Gut- **13a** schriftbeträge, Rückerstattungen; sie werden zwar häufig an den Zahlungsdienstnutzer (auf ein Referenzkonto) ausgezahlt (Terlau, BKR 2023, 19 (22)), aber das Institut hat sie eben für die Ausführung des Zahlungsvorgangs „Rückerstattung" etc entgegengenommen; der Wortlaut „für die Ausführung" lässt auch diese vergangenheitsbezogene Interpretation zu. Eine andere Interpretation würde die Zielrichtung des § 17, die Sicherung der den Kunden zustehenden Gelder, unterlaufen (im Ergebnis ähnlich Schäfer/Omlor/Mimberg/Janßen Rn. 50).

Unerheblich ist dagegen, ob **das Institut,** wie im Akquisitionsgeschäft, auch (zB **13b** gegen zwischengeschaltete Zahlungsdienstleister, zB Kartenorganisationen oder kartenausgebende ZDL) zwecks Abwicklung **eigene Ansprüche** auf die Geldbeträge hat; entscheidend ist, dass der Zahlungsempfänger letztlich vom Institut Auszahlung verlangen kann (dies ist kein Fall der wirtschaftlichen Betrachtungsweise und erst recht nicht eine Frage des Valutaverhältnisses zwischen Händler und Zahler; anders Schäfer/Omlor/Mimberg/Janßen Rn. 53, 54).

13c   Der Sicherungspflicht müssen auch – dies liegt in der Konsequenz der wirtschaftlichen Betrachtungsweise im Rahmen des Finanztransfergeschäfts (→ § 1 Rn. 142) – **wirtschaftlich dem Zahlungsdienstnutzer gehörende Gelder** im Rahmen von **Factoring** unterfallen. In der Regel erfolgt hier die Gutschrift bei dem (Factoring-)Anschlusskunden, bevor die Forderung vom Debitor (Endkunden, Zahler) eingezogen wird; iSd Factoring ist dies Auszahlung des Forderungskaufpreises; in dem Fall entfällt die Sicherungspflicht (aA Schäfer/Omlor/Mimberg/Janßen Rn. 55). Sofern aber Gelder zunächst vom Endkunden (Debitor) eingezogen und danach erst dem Factoring-Anschlusskunden (Händler, Zahlungsempfänger) ausgezahlt werden, ist zwischenzeitlich nach Ansicht der Finanzverwaltung die Sicherungspflicht zu erfüllen.

13d   **Gelder,** die Institute des ZAG dem Zahlungsdienstnutzer zB **aus einem Kreditrahmen** (iSd § 1 Abs. 1 S. 2 Nr. 4) schulden und ihm demgemäß gutschreiben, fallen nicht unter die Sicherungspflicht(Terlau, BKR 2023, 19 (21)). Es handelt sich nicht um „Geldbeträge, die sie von Zahlungsdienstnutzern oder von anderen Zahlungsdienstleistern für die Ausführung von Zahlungsvorgängen oder die Ausgabe von E-Geld entgegengenommen haben". Dasselbe gilt auch dann, wenn das Institut Gelder zB im Rahmen des Akquisitionsgeschäfts verauslagt und damit einen Kredit iSd § 3 Abs. 4 gewährt (anders Schäfer/Omlor/Mimberg/Janßen Rn. 53). Denn hier besteht, anders als bei (später) vom Zahler (bzw. dessen ZDL) für den Zahlungsempfänger erlangten Geldern, keine „Rück-"zahlungspflicht des Instituts an seinen Zahlungsdienstnutzer (vgl. auch § 2 Abs. 3 S. 1 Nr. 2 EinSiG), sondern nur die davon zu unterscheidende „Aus-"zahlungspflicht aus der Kreditabrede (aber dazu → Rn. 26a, 27a).

13e   Dagegen unterfallen der Sicherungspflicht Geldbeträge gemäß § 675u S. 2 BGB, die ein Institut aufgrund des **Gebotes der unverzüglichen Rückerstattung** aus eigenem Vermögen verauslagt (Terlau, BKR 2023, 19 (21)). Denn hier verlangt die gesetzliche Risikoverteilung in § 675u S. 2 BGB (vgl. MüKoBGB/Zetzsche § 675u Rn. 3), dass der Zahlungsdienstleister den Zahler so stellt wie er stünde, wenn der nicht autorisierte Zahlungsvorgang nicht stattgefunden hätte.

13f   Keine Sicherungspflicht besteht dagegen für Gelder, die das Institut vom Zahlungsdienstnutzer **aufgrund eines eigenen Aufwendungsersatzanspruchs** (§§ 675c Abs. 1, 670 BGB) einzieht, zB infolge einer Kredit- oder Debitkartenzahlung; diese Gelder führen mit Eingang auf dem Verrechnungskonto des vom Institut eingeschalteten Kreditinstituts zur Tilgung des Aufwendungsersatzanspruchs (enger: MüKoBGB/Fetzer § 362 Rn. 30: Gutschrift auf dem Gläubigerkonto).

14   **c) Entgegengenommen.** Die Sicherungspflicht des Abs. 1 erfasst Geldbeträge erst, wenn diese entgegengenommen wurden. Auch Satz 2 Nr. 1 lit. b stellt auf den Tag des „Eingangs" des Geldbetrages ab. Aus der Systematik der Vorschrift geht hervor, dass der Gesetzgeber beide Begriffe synonym verwendet. Wegen des Zusammenhangs mit dem Einlagengeschäft und mit § 3 Abs. 1 und Abs. 3 ließe sich der Begriff möglicherweise auslegen wie der Begriff „Annahme" iSv § 1 Abs. 1 S. 2 Nr. 1 KWG (dazu → § 3 Rn. 16; so auch nun Schäfer/Omlor/Mimberg/Janßen Rn. 30). Bei Bargeld ist die tatsächliche Geldübergabe entscheidend (BFS/Schäfer KWG § 1 Rn. 39). Bei Buchgeld liegt eine Annahme erst vor, wenn das Geld auf dem Konto (ggf. einem zentralen, auf den Namen des Instituts lautenden Konto des Instituts) bei einem Kreditinstitut gutgeschrieben wurde (s. auch BaFin-Merkblatt Einlagengeschäft v. 11.3.2014, Abschn. I.2.) und das Institut die Verfügungsbefugnis oder mindestens Verfügungsmöglichkeit erlangt hat (BaFin-Merkblatt ZAG Abschnitt 3h). Dies gilt auch für Gutschriften infolge Überweisung, infolge Einziehung von Lastschriften, infolge Rücklastschriften oder Rückerstattungen. Gelder, die durch Kreditschöpfung des Instituts entstehen, werden für den Zahlungsdienstnutzer entgegengenommen mit Gutschrift des Kreditbetrags auf dem Zahlungskonto des Zahlungsdienstnutzers oder durch Umbuchung (so zB bei Zahlungsgeschäft mit Kreditgewährung iSd § 1 Abs. 1 S. 2 Nr. 4) (vgl. BaFin-Merkblatt Einlagengeschäft, Abschnitt I.2.). Dasselbe gilt auch für das „Stehenlassen" von Geldern, zB aus Gutschriften bei Kreditkartengeschäft (vgl. BaFin, Merkblatt Einlagengeschäft, Abschnitt I.2.).

Lässt ein Institut Gelder im Rahmen des Lastschrifteinzugs oder des Forderungs- **15** einzugs bei Kreditkarten für einen Kunden, dh Zahlungsdienstnutzer, über ein Kreditinstitut abwickeln, so stellt sich die Frage, ob eine Entgegennahme bzw. ein Eingang bereits zu verzeichnen ist, wenn die Geldbeträge auf dem zentralen Konto des Kreditinstituts gutgeschrieben werden; mit dem Hinweis, dass sich der Geldbetrag zuvor auf einem Fremdkonto befindet, auf das das Institut noch keine faktische Zugriffsmöglichkeit/Verfügungsgewalt hat, ließe sich eine Entgegennahme erst mit Gutschrift auf dem Konto des Instituts vertreten (so Schwennicke/Auerbauch/ Schwennicke Rn. 4, Schäfer/Omlor/Mimberg/Janßen Rn. 36). Das ZAG-Institut hat in diesem Moment einen Anspruch gegen das Kreditinstitut auf Auszahlung bzw. auf Gutschrift auf dem im Namen des ZAG-Instituts bei dem Kreditinstitut geführten Konto, jedoch noch keine Kontogutschrift selbst. Eine Annahme durch das Institut iSv § 1 Abs. 1 S. 2 Nr. 1 KWG läge in diesem Moment noch nicht vor. Nach der RegBegr. zum Zweiten E-Geld-RLUG (BT-Drs. 17/3023, 46) entsteht die Rechtspflicht zur Sicherung mit dem „tatsächlichen Eingang der Zahlung beim pflichtigen E-Geld-Institut". Legt man den Maßstab des § 675t Abs. 1 S. 1 BGB zugrunde, so wäre wohl eine Gutschrift auf dem Konto des Instituts, und nicht schon der Zahlungseingang bei dem zwischengeschalteten Kredit- oder sonstigen Institut, als „tatsächlicher Eingang" zu bezeichnen (vgl. auch RegBegr. zur Umsetzung der zivilrechtl. Vorschriften der ZDRL, BT-Drs. 16/11643, 112; Erman/Graf von Westphalen BGB § 675t Rn. 2). Andererseits lässt sich wohl nicht vertreten, dass es sich im Moment des Eingangs bei dem zwischengeschalteten Institut noch nicht um Geldbeträge iSv § 17 Abs. 1 S. 1 handelt; wegen der Verbuchung auf dem Konto des zwischengeschalteten Kredit- oder sonstigen Instituts hält dieses bereits Buchgeld. Ein Hinweis lässt sich möglicherweise § 18 entnehmen, der davon spricht, dass ein E-Geld-Institut Geldbeträge mittels eines Zahlungsinstruments „entgegennimmt". § 18 regelt in der Folge, dass solche Geldbeträge erst zu sichern sind, nachdem sie auf dem Zahlungskonto des E-Geld-Instituts gutgeschrieben oder nach Maßgabe des § 675s BGB zur Verfügung gestellt wurden. Bereits hieraus ließe sich rückschließen, dass eine Entgegennahme von Geldbeträgen weit vor der Kontogutschrift liegen kann, namentlich durch Entstehung eines abstrakten Schuldversprechens, das ein Kreditkarteninhaber durch Nutzung seiner Kreditkarte (statt aller vgl. MüKoBGB/Casper § 675f Rn. 121) zustande bringt; anderenfalls hätte es wohl dieser Regelung nicht bedurft. Aus § 18 wird klar, dass solche Ansprüche bereits vor Gutschrift auf dem Zahlungskonto des E-Geld-Instituts Gegenstand der Sicherungspflicht, dh „entgegengenommen", sein können. Für diese **weite Auslegung des Begriffs** spricht auch die Zielsetzung des § 17, namentlich den Zahlungsdienstnutzer gegen

Vollstreckung und Insolvenz bei dem Institut zu schützen. Auch das in Satz 2 Nr. 1 lit. a verankerte Trennungsgebot spricht dafür. Entgegennahme iSd § 17 Abs. 1 S. 1 und „Eingang" iSv § 17 Abs. 1 S. 2 Nr. 1 lit. b liegt deshalb vor, sobald der Herausgabeanspruch des Instituts gemäß §§ 667, 675 BGB bei Abwicklung von Zahlungsvorgängen über ein Kreditinstitut (§§ 675c ff. BGB sind wegen § 2 Abs. 1 Nr. 7 nicht anwendbar) entsteht oder bei „Einzahlung" mittels Zahlungsinstrument der Anspruch des Instituts aus dem abstrakten Schuldversprechen (für Kreditkartenzahlungen vgl. MüKoBGB/Casper § 675f Rn. 121; für EC-Karten-Zahlungen im ELV vgl. MüKoBGB/Casper § 675f Rn. 97, 129) gegen das kartenemittierende Institut entsteht.

3. Sicherungsmethode Treuhandkonto oder liquide Aktiva (Abs. 1 Satz 2 Nr. 1)

16   **a) Verbot der Vermischung (lit. a).** Entscheidet sich das Institut für die Sicherungsmethoden Treuhandkonto oder Investition in sichere liquide Aktiva, so unterliegt es dem Verbot der Vermischung. Das Verbot der Vermischung oder auch Trennungsgebot gilt auch im Hinblick auf § 3 Abs. 3 (→ § 3 Rn. 48, 58) sowie § 3 Abs. 4 (→ § 3 Rn. 75). Es beinhaltet das Verbot der Vermischung mit nicht in den Anwendungsbereich von § 17 Abs. 1 S. 1 fallenden Geldern oder von Geldern anderer Personen, die außerhalb des geschützten Personenkreises stehen, dh anderen als Zahlungsdienstnutzern des jeweiligen Instituts.

Allerdings geht es vorliegend nicht um das Verbot der Vermischung im zivilrechtlichen Sinn gemäß § 948 BGB. Die den Zahlungsdienstnutzer treffende Pflicht zum Aufwendungsersatz bzw. Vorschuss gemäß § 675c Abs. 1 BGB iVm §§ 670, 669 BGB (hierzu MüKoBGB/Casper § 675f Rn. 34) ist entmaterialisiert (hierzu MüKoBGB/Berger § 488 Rn. 46), dh nicht auf die Übereignung bestimmter Geldstücke oder -scheine, sondern auf die Verschaffung eines bestimmten Wertes (Wertverschaffungspflicht) gerichtet (MüKoBGB/Berger § 488 Rn. 46). Dasselbe gilt bei dem Anspruch auf Gutschrift iSv § 675t BGB für einen Zahlungsdienstnutzer in seiner Eigenschaft als Zahlungsempfänger.

Das Vermischungs- und Trennungsgebot ist demzufolge zu erfüllen durch buchhalterische Maßnahmen (banktechnische Trennung) in der Dokumentation des Instituts (Ellenberger/Findeisen/Nobbe/Böger/Findeisen Rn. 29). Es stellte eine Sonderform der Dokumentationspflicht des Instituts gem. § 27 Abs. 1 S. 2 Nr. 2 dar, dh der zweifelsfreien Zuordnung der Gelder zu den einzelnen Zahlungsdienstnutzern (BT-Drs. 16/11613, 50; Ellenberger/Findeisen/Nobbe/Böger/Findeisen Rn. 29). Das Verbot besteht nicht nur aufsichtsrechtlich, sondern – sofern das Institut die Sicherungsmöglichkeit über ein Treuhandkonto gewählt hat – folgt das Vermischungs- und Trennungsverbot auch zivilrechtlich aus dem für Treuhandkonten geltenden **Bestimmtheitsgrundsatz,** wie er in der Rspr. ausgeprägt wurde (vgl. insbesondere BGH WM 2003, 1641; 2011, 798 (800f.)). Die Rspr. ist an dieser Stelle sehr streng: sobald ein treuhänderisch zu verwaltender Geldbetrag einmal (sei es auch nur vorübergehend) auf einem Eigenkonto eines Treuhänders eingeht, erlischt die für die Drittwiderspruchsklage (§ 771 ZPO) und das Aussonderungsrecht (§ 47 InsO) maßgebliche treuhänderische Bindung (BGH WM 2003, 1641; 2011, 798 (800f.); dazu auch → Rn. 27). Das Trennungsgebot/Vermischungsverbot gilt allerdings aufsichtsrechtlich auch für die zweite Alternative der Sicherungsmöglichkeiten, namentlich die Investition in sichere Aktiva. Das Verbot der Vermischung gilt ab dem Zeitpunkt der Entgegennahme (hierzu → Rn. 14 f.).

b) Offenes Treuhandkonto oder liquide Aktiva (lit. b). aa) Fristbestim- 17
mung für die Sicherungspflicht. (1) Allgemeines. Voraussetzung der Sicherungspflicht über ein offenes Treuhandkonto oder über sichere liquide Aktiva ist,
dass sich die Geldbeträge am Ende des auf den Tag ihres Eingangs folgenden Geschäftstags noch im Besitz des Instituts befinden; dabei spricht die Systematik des
Gesetzes dafür, dass das Wort „Eingang" ebenso zu verstehen ist wie der Terminus
„entgegennehmen"; hierzu → Rn. 14 f.

(2) Der Tag des Eingangs. Der Tag des Eingangs kann dabei grds. jeder 18
Wochentag sein. Dies ergibt sich aus der differenzierten Formulierung im Text der
Vorschrift, die insofern wortwörtlich mit der deutschen Fassung des Art. 10 Abs. 1
lit. a PSD2 übereinstimmt. In der Folge ist nämlich in Abgrenzung hiervon von
„Geschäftstag" die Rede.

(3) Der Terminus „Geschäftstag". Der Tag des Eingangs ist im ZAG nicht 19
definiert. Er ist wortwörtlich auch in Art. 10 Abs. 1 lit. a PSD2 enthalten und dort
in Art. 4 Nr. 37 PSD2 definiert als jeder Tag, an dem der an der Ausführung eines
Zahlungsvorgangs beteiligte Zahlungsdienstleister des Zahlers bzw. des Zahlungsempfängers den für die Ausführung von Zahlungsvorgängen erforderlichen Geschäftsbetrieb unterhält. Dem entspricht auch § 675n Abs. 1 S. 4 BGB. § 17 Abs. 1
S. 2 Nr. 1 lit. b ist hier strenger als die zivilrechtlichen Vorschriften über den Zugang
von Zahlungsaufträgen (§ 675n Abs. 1 BGB) sowie die korrespondierende Vorschrift des § 675s Abs. 1 BGB über die Ausführung von Zahlungsvorgängen. Geht
ein Zahlungsauftrag an einem Samstag, Sonntag oder an einem Feiertag zu, so gilt
er nach § 675n Abs. 1 S. 2 BGB erst am darauf folgenden Geschäftstag als zugegangen und löst damit erst an dem folgenden Geschäftstag die Frist für die Ausführung
von Zahlungsvorgängen gemäß § 675s Abs. 1 aus. Zudem ist der Zahlungsdienstleister gemäß § 675n Abs. 1 S. 3 BGB berechtigt, bestimmte sog. Cut-off-Zeiten für
Geschäftstage festzulegen, nach deren Überschreitung ebenfalls der Zugang von
Zahlungsaufträgen erst am nächsten Geschäftstag gilt. Für die strengen Vorschriften
über die Sicherung der entgegengenommenen Geldbeträge gelten diese Erleichterungen des § 675n Abs. 1 BGB nicht.

(4) Fristbeginn. Fristbeginn ist deshalb unweigerlich der Tag des Eingangs 20
(wie → Rn. 14 definiert) des Geldbetrages. Dies kann also auch ein Sonn- oder
Feiertag sein, wenn hier solche Eingänge technisch stattfinden können. Insbeson-
dere bei nicht bundeseinheitlich geltenden Feiertagen oder bei diesbezüglichen
Unterschieden zwischen einzelnen EU/EWR-Staaten kann dies für ein Institut re-
levant werden. **Fristablauf** ist das Ende des folgenden Geschäftstags. Hier wird
man aber zugunsten des Instituts nicht auf den für die Bestimmung des Cut-off-
Zeitpunkts iSv § 675n Abs. 1 S. 3 BGB maßgeblichen Zeitpunkt, namentlich das
Ende der üblichen Geschäfts- bzw. Arbeitszeiten (MüKoBGB/Jungmann § 675n
Rn. 41) abstellen, selbst wenn das Institut in der Praxis diese Geschäfts- bzw. Arbeitszeiten für einen Transfer auf ein Treuhandkonto bzw. Investition in sichere
Aktiva wird einhalten müssen. Nach dem Gesetzeswortlaut hat jedoch das Institut
bis zum Ablauf des Tages, 24 Uhr, Zeit für den Transfer in den Sicherungsmecha-
nismus.

(5) Der Terminus „noch im Besitz des Instituts befinden". Dies wird de- 21
finiert durch die folgenden Ausführungen der Vorschrift, wo es heißt: „noch nicht
dem Zahlungsempfänger übergeben oder an einen anderen Zahlungsdienstleister
übermittelt worden" sind. Dabei wird man den Terminus „Besitz", wie auch im

Zusammenhang mit § 2 Abs. 1 Nr. 9, im Sinne der Verfügungsbefugnis (BaFin-Merkblatt ZAG v. 14. 2. 2023, Abschn. B. VI.) verstehen. Übergabe an den Zahlungsempfänger wäre deshalb die Gutschrift auf einem Konto des Zahlungsempfängers. Dies ist auch der Zeitpunkt, in dem regelmäßig der Vollstreckungszugriff der Gläubiger des Instituts gemäß § 808 Abs. 1 ZPO endet. Das weitere **Merkmal, an einen anderen Zahlungsdienstleister übermittelt,** dürfte spiegelbildlich zu § 675s Abs. 1 BGB zu verstehen sein, wonach der Eingang des Zahlungsbetrags beim Zahlungsdienstleister des Zahlungsempfängers sicherzustellen ist. Gemäß § 17 Abs. 1 S. 2 lit. b ist nicht dieser Eingang sicherzustellen, sondern vielmehr die entsprechende Sollbuchung auf dem Ausgangskonto des Zahlungsinstituts. Dies kann durch die Übermittlung des Geldbetrages in ein Zahlungsverkehrssystem geschehen oder aber – bei unmittelbarer Kontoverbindung mit einem Empfängerinstitut – schlicht durch Umbuchung auf dessen Konto. Entscheidend ist, dass der Geldbetrag am Ende des Geschäftstags nicht mehr in irgendeinem Konto des Instituts erscheint.

22   **(6) Kumulative Geltung.** Vermischungsverbot, Sicherungs- und Trennungsgebot gelten nach Ansicht der deutschen Finanzaufsicht kumulativ; dazu → Rn. 35.

23   **bb) „Treuhandkonto".** In Umsetzung von Art. 10 Abs. 1 lit. a PSD2 bietet der deutsche Gesetzgeber die Sicherung über ein „offenes Treuhandkonto" an. Der Richtlinien-Geber spricht von einem „gesonderten Konto", die RegBegr. des ZDUG (2009) (RegBegr. ZDUG, BT-Drs. 16/11613, 50) nannte es „insolvenzfestes Konto".

24   **(1)** Die **Definition** des **Treuhandkontos** ist nach der bank-, vollstreckungs- und insolvenzrechtlichen Rspr. und Lit. dergestalt, dass es sich um ein bei einem Kreditinstitut zu dem Zweck errichtetes Konto handeln muss, Geldbeträge gutgeschrieben zu erhalten, die dem Kontoinhaber von einem oder mehreren Dritten treuhänderisch anvertraut worden sind (BGHZ 61, 72; BGH WM 1987, 1418; 1996, 662; EB/Hadding/Häuser, Bankrechts-Handbuch, § 21 Rn. 2). Entscheidend für das Treuhandkonto gemäß § 17 Abs. 1 S. 2 Nr. 1 lit. b ist, dass das Treugut jederzeit bei einer Zwangsvollstreckung gegen das Institut mit Drittwiderspruchsklage gem. § 771 ZPO und in der Insolvenz des Instituts durch Aussonderungsrecht gem. § 47 InsO geschützt werden kann (Ellenberger/Findeisen/Nobbe/Böger/Findeisen Rn. 20; Terlau, BKR 2023, 19 (23)); dies kann nach hM mit einem offenen Treuhandkonto erreicht werden (K. Schmidt/Thole InsO § 47 Rn. 82ff.; MüKoInsO/Ganter § 47 Rn. 369a; MüKoHGB/Herrestahl A. Das Giroverhältnis Rn. 300ff.; jeweils mNd Rspr.), was nur vereinzelt in Zweifel gezogen wird (Fridgen ZInsO 2004, 530 (536ff.)).

25   **(a)** Zunächst ist eine **Treuhandabrede,** dh eine Vereinbarung über die treuhänderische Verwahrung der eingehenden Gelder, erforderlich, die insbesondere auch festlegt, in welcher Art und Weise das ZAG-Institut mit den eingegangenen Geldern zu verfahren hat (BGH WM 2003, 1641). Diese kann entweder zwischen dem Institut und dem Zahlungsdienstnutzer – etwa über die allgemeinen Geschäftsbedingungen des Instituts – abgeschlossen werden. Denkbar ist allerdings auch eine Treuhandabrede zwischen dem Institut und dem das Treuhandkonto verwaltenden Kreditinstitut, so dass eine solche Treuhandabrede im Sinne eines echten Vertrages zugunsten der jeweiligen Zahlungsdienstnutzer wirkt. Inhaber des Kontos ist das jeweilige Institut (Ellenberger/Findeisen/Nobbe/Böger/Findeisen Rn. 36).

26   **(b)** Die Sicherung vor dem vollstreckungs- oder insolvenzrechtlichen Zugriff der Gläubiger des Treuhänders wird für Treugut grds. nur dann anerkannt, wenn es

unmittelbar aus dem Vermögen des Treugebers an den Treuhänder übertragen wurde (RGZ 84, 214 (216); 91, 12 (14); K. Schmidt/Thole InsO § 47 Rn. 83). Bei Treuhandkonten wird diese Unmittelbarkeit jedoch nicht in jedem Fall gefordert (BGHZ 11, 37; BGH WM 1993, 83 (84); EB/Hadding/Häuser, Bankrechts-Handbuch, § 21 Rn. 72). Von dem Grundsatz der Unmittelbarkeit hat der BGH eine Ausnahme für den Fall zugelassen, dass von dritter Seite Geld auf ein Anderkonto eingezahlt oder überwiesen wird, das offenkundig zu dem Zweck bestimmt ist, fremde Gelder zu verwalten (BGH WM 1993, 83 (84); 1993, 1524 (1525); 1996, 662 (663); 2005, 1796; 2011, 798 (800 f.); 2012, 1496 (1497); OLG Naumburg WM 2003, 1668; EB/Hadding/Häuser, Bankrechts-Handbuch, § 21 Rn. 26; K. Schmidt/Thole InsO § 47 Rn. 82; MüKoHGB/Herrestahl A. Das Giroverhältnis Rn. 300). Bedingung ist, dass die Zahlung auf einen Anspruch nicht des Treuhänders, sondern des Treugebers erfolgt (K. Schmidt/Thole InsO § 47 Rn. 82; MüKoHGB/Herrestahl A. Das Giroverhältnis Rn. 300). Der BGH hat sogar in einer Entscheidung die Überweisung auf ein nicht als Anderkonto eingerichtetes Postscheckkonto ausreichen lassen, sofern die den Zahlungen zugrunde liegenden Forderungen nicht in der Person des Treuhänders, sondern unmittelbar in der Person des Treugebers entstanden waren (BGH WM 2005, 1796; 2011, 798 (800 f.)).

Problematisch in dem Fall haben sich Gelder erwiesen, die **dem Zahlungs-** **26a** **dienstnutzer vom Institut selbst zugewandt werden** (müssen), die also weder unmittelbar aus dem Vermögen des Zahlungsdienstnutzers noch von einem Dritten übertragen wurden (Terlau, BKR 2023, 19 (22)). Hierbei kann es sich um Geldbeträge zwecks **Erstattung gemäß § 675u S. 2 BGB** handeln (bei § 675u S. 2 BGB handelt es sich zwar nach dem Zweck des Gesetzes um eine Berichtigungsbuchung; gleichwohl kann es hier zu einer Verauslagung von Geldern durch das Institut bis zur endgültigen Klärung des Erstattungsanspruchs kommen). Denkbar sind auch Gelder, die das Institut dem Zahlungsdienstnutzer über eine **Kreditlinie** iSd § 1 Abs. 1 S. 2 Nr. 4 oder eine sonstige Kreditierung nach § 3 Abs. 4 bereitstellt (Terlau, BKR 2023, 19 (21)). Nicht ausreichend ist dabei die schuldrechtliche Vereinbarung, dass der Volleigentümer – hier das Institut – jetzt das Treugut für den Treugeber verwaltet (K. Schmidt/Thole InsO § 47 Rn. 82 mwN); denn grds. ist es nicht ausreichend, wenn der Treuhänder die treuhänderisch zu haltenden Mittel aus eigenem Vermögen entnimmt und der treuhänderischen Bindung unterwerfen möchte (BGH NZI 2003, 594 (595); BAG NZI 2005, 122 (124); MüKonsO/Ganter § 47 Rn. 390b). Allerdings ist der Fall vergleichbar mit dem einer Mietkaution, die der Mieter dem Vermieter in bar übergibt mit der Maßgabe, diese auf ein Sonderkonto einzuzahlen; hier hat die Rspr. die Aussonderungsfähigkeit anerkannt (BGH NZI 2010, 1006 (1007 f.)). Zum Problem der Vermischung → Rn. 27.

Im Fall von **kartenausgebenden Instituten** kann die Unmittelbarkeit dann **26b** schwierig zu erfüllen sein, wenn diesen Instituten von den Kartenorganisationen im Rahmen des täglichen Settlement Sammelzahlungsausgänge belastet und **Sammelzahlungseingänge (Gutschriften, Charge Backs) verrechnet** werden (Terlau, BKR 2023, 19 (22)). Denn können dem Institut über dessen Verrechnungskonto beim Settlement Gelder zugehen, die nach § 17 Abs. 1 S. 1 zu sichern sind (→ Rn. 13). Diese eingehenden Gelder, soweit es sich um zu sichernde Geldbeträge handelt, dürfen nicht (→ Rn. 16, 35) mit eigenen Geldern des Instituts vermischt werden. Diese Pflicht lässt sich für kartenausgebende Institute nur teilweise durch Regelungen im Kartenvertrag mit dem Zahlungsdienstnutzer mildern; ansonsten ist sie nicht einfach zu handhaben, ein klarer Nachteil gegenüber Wettbewerbern, die eine Erlaubnis als CRR-Kreditinstitut halten (die Maxime des Level Playing Field in Erwägungsgrund Nr. 34 Satz 4 PSD2 ist hier gefährdet).

27   **(c)** Ganz entscheidend ist jedoch in der Rspr. das **Ausschließlichkeitsprinzip** oder auch **Vermögenstrennungsprinzip.** Erforderlich ist die ausschließliche und getrennte Verwahrung des Treugutes, separat vom eigenen Vermögen des Treuhänders, so dass dieses als Gegenstand einer Drittwiderspruchsklage iSv § 771 ZPO oder eines Aussonderungsrechts iSv § 47 InsO ausreichend bestimmt ist (BGH WM 2003, 1641; 2011, 798 (800); Henssler AcP 196 (1996), 37 (58); K. Schmidt/Thole InsO § 47 Rn. 82 mwN; MüKoHGB/Herrestahl A. Das Giroverhältnis Rn. 301)). Es ist demnach zwingend erforderlich, dass über dieses Konto keine eigenen Forderungen des Treuhänders, im vorliegenden Fall des Instituts, abgewickelt werden (so ausdrücklich BGH WM 2003, 1641 (1642); 2011, 798 (800); abweichend EB/Hadding/Häuser, Bankrechts-Handbuch, § 21 Rn. 28; Canaris NJW 1973, 825 (831f.): es sei ausreichend, wenn die eigenen Forderungen bestimmbar bleiben; letzteres jedoch wurde deutlich abgelehnt in BGH WM 2003, 1641). Es muss sich um ein ausschließlich zur Annahme von treuhänderisch gebundenen Fremdgeldern bestimmtes Konto handeln (BGH NJW 1971, 559f.; 1986, 1543; WM 2003, 1641 (1642); 2011, 798 (800); OLG Brandenburg WM 1999, 267 (269); OLG Hamm NZM 1999, 1152f.). Die Treuhandbindung besteht dann nicht mehr, wenn dem Treuhänder in Wirklichkeit der Wille fehlt, das Treugut für den Treugeber zu verwalten und er es stattdessen als eigenes Vermögen behandelt (BGH WM 2011, 798 (800); K. Schmidt/Thole InsO § 47 Rn. 84; MüKoHGB/Herrestahl A. Das Giroverhältnis Rn. 303 Fn. 882). Dies ist der Fall, wenn der Treuhänder sich nicht an die Treuhandabsprache hält und auch eigene Forderungen auf das Konto einzieht (Vermischung) oder das Guthaben auf dem Konto für eigene Zwecke nutzt (Veruntreuung); in diesen Fällen entfällt das Aussonderungsrecht iSv § 47 InsO (BGH WM 2003, 1641; 2011, 798 (800f.)). Im umgekehrten Fall geht aber auch durch Einzahlung fremden (treuhänderisch anvertrauten) Geldes **auf ein Eigenkonto** des Schuldners (Vermischung) das Aussonderungsrecht unter (BGH WM 2003, 1641(1642); 2011, 798 (800f.); MüKonsO/Ganter § 47 Rn. 19; Uhlenbruck/Brinkmann InsO § 47 Rn. 7). Dagegen ändert die **Entnahme von Provisionen, Gebühren, Zinsen** von einem solchen Treuhandkonto möglicherweise nichts an dem Treuhandcharakter, sofern die Gelder nicht bereits vor der Verbuchung auf dem Treuhandkonto Eigengelder des Treuhänders sind (MüKoHGB/Herrestahl A. Das Giroverhältnis Rn. 301 Fn. 878) und die Entnahme aus dem Fremdgeld mit dem Treugeber abgesprochen ist (BGH NJW 1996, 1543 (1544); offen gelassen in: BGH WM 2011, 798 (800)).

27a   In dem Fall der **Zuwendung von Geldern an den Zahlungsdienstnutzer durch das Institut** (→ Rn. 26a) lässt sich eine Vermischung nur vermeiden und ausreichende Bestimmbarkeit der Gelder als Treugut erreichen, wenn die „quasidingliche" Zuordnung der Gelder nach außen erkennbar geändert wird, indem zum einen mit dem Zahlungsdienstnutzer ausdrücklich vereinbart wird, dass mit Eingang des Geldbetrages auf dem Treuhandkonto dieser der wirtschaftlich Berechtigte des Geldbetrages wird und der Betrag damit aus dem Vermögen des Instituts ausscheidet und zum anderen diese **Umwidmung** auch nach außen erkennbar durch Umbuchung von einem Konto des Instituts auf ein Kreditkonto des Kunden oder auf das Treuhandkonto iSd § 17 vollzogen wird. Unter diesen Bedingungen findet keine Vermischung von Treugut mit Geldern des Instituts statt (vgl. BGH NZI 2008, 163 (164); NJW 2008, 1152; NZI 2011, 371 (372); MüKoInsO/Ganter § 47 Rn. 369a, 393; vgl. auch Terlau, BKR 2023, 19 (21)).

Anders als bei kartenausgebenden Instituten (dazu → Rn. 26) ist das Bestimmt- **27b**
heitsgebot (und auch das Gebot der Unmittelbarkeit) betroffen, wenn **kreditkar-
tenakquirende Institute von Kartenorganisationen Sammelgutschriften**
zugunsten der vom Acquirer betreuten Zahlungsempfänger erhalten. Die Kartenorganisationen überweisen diese Gelder in der Regel abzüglich der den kartenausgebenden Zahlungsdienstleistern zustehenden Interbankenentgelte, abzüglich der
Scheme Fees und abzüglich Gutschriften und Charge Backs. Hat das Institut eine
Brutto-Abrechnung vereinbart, so muss es die eingegangenen Gelder mit eigenem
Geld (in Höhe der Interbankenentgelte, Scheme Fees, Gutschriften und Charge
Backs) auffüllen (dazu → Rn. 26) und nach § 17 sichern. Hat das Institut mit dem
Zahlungsempfänger eine Netto-Abrechnung vereinbart, so muss es vor dem Hin-
tergrund des Vermischungsverbots vermeiden, dass im Rahmen der Sammelgut-
schriften daraus dem Institut zustehende Gebühren auf dem Treuhandkonto ver-
wahrt werden.

(d) Nach § 13 Abs. 1 S. 2 Nr. 1 lit. d muss es sich um ein **„offenes Treuhand-** **28**
konto" handeln. Aufsichtsrechtlich ist also erforderlich, dass das Institut das Treu-
handverhältnis ggü. dem Kreditinstitut **offenlegt** (Ellenberger/Findeisen/Nobbe/
Böger/Findeisen Rn. 35; Hingst/Lösing, Zahlungsdiensteaufsichtsrecht, § 11
Rn. 8). Das Treuhandkonto ist zudem bei dem verwaltenden Kreditinstitut offen
als solches zu bezeichnen (Ellenberger/Findeisen/Nobbe/Böger/Findeisen
Rn. 35). Die Offenkundigkeit ist keine zwingende Bedingung für die Erfüllung
der Tatbestandsvoraussetzungen einer Drittwiderspruchsklage (§ 771 ZPO) oder
eines Aussonderungsrechts (§ 47 InsO) (BGH WM 1993, 2622; 1996, 1543; 2011,
798 (800); OLG Naumburg WM 2003, 1668 (1669); K. Schmidt/Thole InsO § 47
Rn. 82; anders Holzer ZIP 2009, 2324 (2326)), solange das Pfandrecht des kontoführenden Kreditinstituts ausgeschlossen ist (K. Schmidt/Thole InsO § 47 Rn. 82).
Allerdings haben Aussonderungskläger oder Drittwiderspruchskläger jeweils die Eigenschaft als Treugut nachzuweisen, so dass die Bezeichnung des Kontos als Treuhandkonto zivilrechtlich vorteilhaft ist (BGH WM 1996, 1543; 2011, 798 (800):
„Strenge Anforderungen an den Nachweis"; ähnlich EB/Hadding/Häuser, Bankrechts-Handbuch, § 21 Rn. 62). Zivilrechtlich und auch aufsichtsrechtlich führt die
offene Ausweisung als Treuhandkonto bei dem Kreditinstitut dazu, dass hierdurch
konkludent das Kreditinstitut auf seine Rechte nach Nr. 14 Abs. 1 Banken-AGB
(Zurückbehaltungsrecht, Aufrechnungsrecht und Pfandrecht) verzichtet (BGH
NJW 1987, 3250 (3251); OLG Koblenz NZM 2004, 953 (954); EB/Hadding/
Häuser, Bankrechts-Handbuch, § 21 Rn. 53). Zudem erleichtert die Bezeichnung
als offenes Treuhandkonto im Fall der Insolvenz des kontoführenden Kreditinstituts
die Geltendmachung der Entschädigungsansprüche nach § 5 Abs. 1 S. 2 EinSiG,
wonach es darauf ankommt, dass im Entschädigungsfall der „Nutzungsberechtigte"
bekannt ist oder ermittelt werden kann (vgl. Assmann/Schütze/Buck-Heeb/
Sethe/Gurlit, HdB des Kapitalanlagerechts, § 26 Rn. 109).

(2) **Ein Treuhandsammelkonto** reicht für die Gesamtheit der Zahlungs- **29**
dienstnutzer eines Instituts oder für bestimmte Zahlungsdienstnutzer (zB Kreditkar-
ten-akzeptierende Unternehmen) aus. Es ist nicht erforderlich, dass jeweils ein
Treuhandkonto für jeden einzelnen Zahlungsdienstnutzer eingerichtet wird (Reg-
Begr. ZDUG II, BT-Drs. 18/11495, 125; Ellenberger/Findeisen/Nobbe/Böger/
Findeisen Rn. 39; Hingst/Lösing, Zahlungsdiensteaufsichtsrecht, § 11 Rn. 10; Ter-
lau, BKR 2022 19 (23); MüKoHGB/Herrestahl A. Das Giroverhältnis Rn. 302
Fn. 880). Dies ist auch für die Drittwiderspruchsklage nach § 771 ZPO und für das
Aussonderungsrecht nach § 47 InsO nicht notwendig, sofern das Konto als Ganzes

von der Treubindung erfasst wird und nachweisbar ausschließlich zur Aufnahme von treuhänderisch gebundenen Fremdgeldern bestimmt ist (BGH WM 2003, 1641; 2005, 1796 (1797); 2011, 798 (800f.)). Allerdings müssen die Gelder in dem Fall den Zahlungsdienstnutzern so zugeordnet werden können, dass sie jederzeit bestimmt und individualisiert werden können (RegBegr. ZDUG II, BT-Drs. 18/11495, 125).

30   **(3)** Das Konto ist bei einem **Kreditinstitut** zu führen. Hierbei muss es sich um ein im Geltungsbereich des ZAG zum Geschäftsbetrieb befugtes Kreditinstitut handeln; dies schließt auch Banken aus anderen Staaten des EWR ein, die im Inland auf der Basis und unter den Voraussetzungen des Europäischen Passes das Einlagenkreditgeschäft betreiben. Der Begriff des Kreditinstituts entspricht dabei demjenigen aus Art. 4 Abs. 1 Nr. 1 CRR, dh dem europarechtlichen Begriff des Einlagenkreditinstituts (vgl. zB Erwägungsgrund Nr. 24 PSD2). Hier kann es keinen Unterschied machen, ob die auf einem Treuhandkonto bei dem Kreditinstitut verwahrten Gelder iSd Abs. 1 S. 1 (Kundengelder) der staatlichen Einlagensicherung in Umsetzung der EinlagensicherungsRL (RL 2014/49/EU) unterfallen oder nicht (letzteres ist wohl nach dem deutschen EinSiG richtig → Rn. 36a ff.). Denn die EinlagensicherungsRL gebietet nicht den Schutz solcher Gelder durch die nationale Umsetzung der Einlagensicherung (→ Rn. 36a ff.). Selbst wenn die Mitgliedstaaten in Umsetzung der EinlagensicherungsRL über die dort geregelten Einlagensicherungsmaßnahmen hinausgehen durften (gold plating), was nicht ganz klar ist (→ Rn. 36b), erscheint es im Rahmen der vollharmonisierend wirkenden PSD2 nicht erlaubt, ein über Art. 10 Abs. 1 PSD2 hinausgehendes Erfordernis aufzustellen; es dürfte mithin einen Verstoß gegen die Dienstleistungs- und Niederlassungsfreiheit (Art. 49ff. und Art. 56ff. AEUV) der (ausländischen) Kreditinstitute und der passiven Dienstleistungsfreiheit (EuGH Slg. 1984, 377 Rn. 10) der inländischen Institute iSd § 1 Abs. 3 darstellen, wenn nationale Aufsichtsbehörden ein solches Erfordernis aufstellen. Ausreichend ist auch ein Konto iSd § 17 Abs. 1 S. 2 Nr. 1 lit. b bei einer nationalen Zentralbank, zB der BBank (RegBegr. ZDUG, BT-Drs. 16/11613, 50).

31   **(4)** Für die **Kontoerrichtung** gilt § 154 AO, der eine Legitimationsprüfung des Instituts erfordert. Geldwäscherechtlich können Kreditinstitute idR vereinfachte Sorgfaltspflichten ggü. Instituten des ZAG anwenden (§ 14 Abs. 1 S. 1 GwG). Zur Identifizierung des wirtschaftlich Berechtigten s. die Auslegungs- und Anwendungshinweise gem. § 51 Abs. 8 GwG der BaFin (Stand Juni 2021), Besonderer Teil: Kreditinstitute, Kap. 7.2.1, S. 20. Die Vorlage bzw. Pflicht zur Vorlage auf Anforderung einer Liste der wirtschaftlich Berechtigten, dh der Zahlungsdienstnutzer, durch das Institut iSd § 1 Abs. 3 reicht danach in der Regel aus (kritisch dazu Pellmann/Schoch/Beuth BKR 2022, 632 (635ff.)).

31a   Das Institut des ZAG hat einen **Anspruch auf die Errichtung eines Zahlungskontos** gemäß § 56 Abs. 1 S. 1 (wie dort im Einzelnen ausgestaltet) zur Durchführung von Zahlungsvorgängen für Kunden des Instituts iSd § 1 Abs. 3 (→ § 56 Rn. 19). Zur Durchsetzung des Anspruchs → § 56 Rn. 26.

32   **cc) Die Investition in sichere liquide Aktiva mit niedrigem Risiko.** Die Investition in sichere liquide Aktiva mit niedrigem Risiko ist das alternative Sicherungsinstrument im Rahmen des § 17 Abs. 1 S. 2 Nr. 1 lit. b. Dieses Sicherungsmittel steht alternativ neben der Verwahrung der Gelder auf einem offenen Treuhandkonto zur Verfügung (RegBegr. ZDUG, BT-Drs. 16/11613, 50). Die Investition, dh der Umtausch des Buchgeldes gegen liquide Aktiva iSv § 17 Abs. 1 S. 2

Nr. 1 lit. b, muss nach dem Wortlaut des § 17 Abs. 1 S. 2 Nr. 1 lit. b an dem auf den Tag des Eingangs folgenden Geschäftstag (hierzu → Rn. 14 ff.) abgeschlossen sein; vgl. aber unten (→ Rn. 35) zur kumulativen Geltung aller Gebote der Nr. 1.

Unklar war in §§ 13, 13a ZAG aF, ob für die Definition der sicheren liquiden **33** Aktiva mit niedrigem Risiko auf § 1 Abs. 9b ZAG aF zurückgegriffen werden konnte (dagegen Schwennicke/Auerbach/Schwennicke, 3. Aufl. 2016, §§ 13, 13a Rn. 7). Mit der Änderung gerade des § 17 Abs. 1 S. 2 Nr. 1 lit. b Alt. 2 durch Einfügung im Wesentlichen der Regelung des früheren § 13a Abs. 1 S. 2 ZAG aF und des Verweises auf § 1 Abs. 31 (Definition „sichere Aktiva") stellt der Gesetzgeber klar, dass die Definition des § 1 Abs. 31 im Rahmen von § 17 Abs. 1 S. 2 Nr. 1 lit. b Alt. 2 gilt. Das Ermessen der BaFin zum Ausschluss bestimmter grundsätzlich als sicher definierter Aktiva im Einzelfall ist in der Neufassung durch das ZDUG II konkretisiert; eine konkrete veröffentlichte Verwaltungspraxis der BaFin besteht zu § 17 Abs. 1 S. 2 Nr. 1 lit. b bzw. zur Vorgängernorm noch nicht (Ellenberger/Findeisen/Nobbe/Böger/Findeisen Rn. 45).

c) Das Gebot der Vermögenstrennung. Das Gebot der Vermögenstrennung **34** wird erneut in lit. c des § 17 Abs. 1 S. 2 Nr. 1 aufgegriffen. Hierbei handelt es sich um eine Klarstellung, welche Organisationspflichten auf ein Institut im Rahmen von § 17 Abs. 1 S. 2 Nr. 1 lit. a und lit. b zukommen (Ellenberger/Findeisen/Nobbe/Böger/Findeisen Rn. 15 f.). Auch für Institute, die sich für die Sicherung der anvertrauten Gelder durch Investition in sichere liquide Aktiva mit niedrigem Risiko entscheiden, gilt also der Grundsatz des Vermischungsverbots gemäß lit. a, das mit dem Gebot der Vermögenstrennung (lit. c) identisch ist (→ Rn. 16).

d) Kumulative Geltung von Vermischungs-, Sicherungs- und Tren- **35** **nungsgebot, EUV-Vertragsverstoß des deutschen Gesetzgebers. aa) Konflikt zwischen Trennungs- und Sicherungsgebot.** Die deutsche Aufsichtsbehörde hatte sich schon früh nach Inkrafttreten des ZAG auf den Standpunkt gestellt, dass für den Zeitpunkt der Sicherung die Anforderungen in Nr. 1 lit. a, lit. b und lit. c in der Weise kumulativ gelten, dass mit Entgegennahme die Gelder zu trennen und zu sichern sind und nicht mit anderem Vermögen des Instituts vermischt werden dürfen. Die Begr. zum RegE. des ZDUG II bestätigt dies (BT-Drs. 18/11495, 124 f.). Auswirkungen hat diese Praxis auf die in Nr. 1 lit. b geregelte Fristigkeit; de facto haben hiernach Institute, die die Methode 1 gemäß Abs. 1 Satz 2 Nr. 1 wählen, entgegengenommene Gelder mit Annahme (→ Rn. 14 f.) zu sichern, dh im Fall der Nutzung von Treuhandkonten die Gelder unmittelbar vom Zahlungsdienstnutzer oder von dem anderen Zahlungsdienstleister auf diese Treuhandkonten oder ein Sammeltreuhandkonto übertragen zu lassen. Dieser Befund tritt in Konflikt mit der Maßgabe des § 17 Abs. 1 S. 2 Nr. 1 lit. b, wonach die Geldbeträge „auf einem offenen Treuhandkonto bei einem Kreditinstitut zu hinterlegen [sind]" „wenn sie sich am Ende des auf den Tag ihres Eingangs folgenden Geschäftstags noch im Besitz des Instituts befinden […]". Denn wenn die Sicherung sofort bei „Eingang" zu erfüllen ist, weshalb musste das Gesetz und die PSD2 diese Regelungen zur Hinterlegungsfrist erlassen (kritisch auch Schäfer/Omlor/Mimberg/Janßen Rn. 102 f.)? Für das Trennungsgebot in § 17 Abs. 1 S. 2 Nr. 1 lit. c ist dagegen kein Zeitpunkt vorgesehen. Letzteres ist vor dem Hintergrund der deutschen Dogmatik zur vollstreckungs- und insolvenzrechtlichen Sicherung des Treuhandkontos folgerichtig und unumgänglich, denn eine Vermischung mit Geldern des Instituts führt zum Erlöschen dieses Schutzes (→ Rn. 27 ff.).

35a   **bb) Lösungsansätze.** Kritisch ist dabei zu würdigen, dass in anderen EWR-Mitgliedstaaten das Sicherungsgebot des Art. 10 Abs. 1 PSD2 großzügiger gehandhabt und den nach lokalem Recht zur Sicherung verpflichteten Instituten die gesamte Frist des Art. 10 Abs. 1 lit. a PSD2 zugestanden wird, was zu einer Wettbewerbsverzerrung in Europa führt. Das österreichische ZaDiG macht zB die Insolvenz- und Vollstreckungssicherung der Kundengelder von der „Identifizierbarkeit" der Geldbeträge abhängig, also von der organisatorischen Gewährleistung der Zuordnung der Geldbeträge zum einzelnen Zahlungsdienstnutzer des ZAG-Instituts (Weilinger/Knauder/Miernicki/Payer, ZaDiG 2018, Stand 1.11.2020, § 18 Rn. 19; Terlau, BKR 2023, 19 (24 f.)). Es kommt erschwerend hinzu, dass Institute des ZAG durch die Verpflichtung zur Sicherung der Gelder auf einem Treuhandkonto auch gegenüber den Sicherungspflichten anderer Zahlungsdienstleister beschwert werden (→ Rn. 26 ff., 27 ff.).

Die nicht zufriedenstellende Verwaltungspraxis wirft die Frage nach alternativen Lösungen auf, die gleichwohl einen ausreichenden insolvenz- und vollstreckungsrechtlichen Schutz des Zahlungsdienstnutzers gewährleisten. Janßen (Schäfer/Omlor/Mimberg/Janßen § 17 Rn. 110) führt dazu zwei mögliche Lösungen an: Zum einen könnte man eine Ausnahme von dem (sowieso umstrittenen) Unmittelbarkeitsgrundsatz machen und die Kundengelder erst nach Ablauf der Hinterlegungsfrist auf das Treuhandkonto transferieren. Zum anderen (Schäfer/Omlor/Mimberg/Janßen § 17 Rn. 111) könnte man die Gelder zunächst auf einem verdeckten Treuhandkonto und erst mit Ablauf der Hinterlegungsfrist auf einem offenen Treuhandkonto hinterlegen.

35b   **cc) Stellungnahme, EUV-Vertragsverstoß, Anpassung von § 17.** Die Ansicht von Janßen dürfte nicht zum Ziel führen, da vorliegend der Konflikt mit dem vom BGH geprägten Trennungsgebot im Vordergrund steht; der Unmittelbarkeitsgrundsatz lässt sich in der Praxis bewältigen (→ Rn. 26 ff.). Das Trennungsgebot verhindert die Entgegennahme von Sammelbeträgen durch Issuer oder Acquirer am T+0, denn die Fremdgelder wären nach der Rechtsprechung bereits „infiziert", wenn sie nur kurzzeitig mit eigenen Geldern des Instituts iSd § 1 Abs. 3 in Berührung kommen (→ Rn. 27). Auch der Vorschlag der Entgegennahme und der vorübergehenden Verwahrung auf einem verdeckten Treuhandkonto löst dieses Problem nicht.

Zur Umsetzung der **Anforderungen aus Art. 10 Abs. 1 PSD2** muss demnach – vor dem Hintergrund des Vollharmonisierungsgebots des Art. 107 Abs. 1 PSD2 – der deutsche Gesetzgeber einschreiten und für Zwecke des § 17 dort eine Abweichung vom Trennungsgebot normieren (Terlau, BKR 2023, 19 (25 f.)). Denn Art. 10 Abs. 1 PSD2 geht klar davon aus, dass das jederzeitige („zu keinem Zeitpunkt") Vermischungsverbot **gleichrangig neben** der Hinterlegungsfrist (T+1) besteht. Das lässt sich technisch nur durchführen, wenn man das Vermischungsverbot rein buchhalterisch versteht, nämlich in Form einer Pflicht, die eigenen Gelder des Instituts iSd § 1 Abs. 3 und die Gelder der Zahlungsdienstnutzer jederzeit identifizierbar und zuordenbar zu verwahren. Gleichzeitig besteht für die Mitgliedstaaten die Pflicht, die Gelder gegen Ansprüche anderer Gläubiger des Instituts iSd § 1 Abs. 3, insbesondere im Falle einer Insolvenz, zu schützen. Hier bedarf es in Deutschland einer rechtlichen Anpassung des Trennungsprinzips; denn dieses verhindert nach aktuellem Verständnis des BGH (→ Rn. 27 ff.), dass Institute die ihnen gemäß Art. 10 Abs. 1 lit. a PSD2 europarechtlich zugestandene Hinterlegungsfrist von T+1 ausnutzen können. Die PSD2 behandelt jedoch beide Maßgaben gleichrangig. Dort findet sich nicht die Einschränkung, dass die Hinterlegungsfrist den Instituten nur dann zustehe, wenn diese mit bestehendem Insolvenzrecht des Mitgliedstaates vereinbar sei. Vielmehr übernehmen die Mitgliedstaaten die Insolvenzsicherungspflicht als Teil der Pflicht zur Umsetzung der PSD2 gemäß Art. 107 Abs. 1 PSD2 (Terlau, BKR 2023, 19 (25 f.)).

Für diese Sichtweise spricht zudem die in Erwägungsgrund Nr. 34 Satz 4 PSD2 verankerte Maxime des **Level Playing Field** aller Zahlungsdienstleister, dh einschließlich der CRR-Kreditinstitute (Terlau, BKR 2023, 19 (25 f.)). Denn Zahlungs- und E-Geld-Institute können nur mit erheblichem Zusatzaufwand Karten-Issuing und –Acquiring anbieten (→ Rn. 27b), bspw. können Acquirer den Händlern eine Bruttoabrechnung (Transaktionsbeträge ohne Abzüge von Interchange, Scheme Fees und Acquiring Fees) nur anbieten, wenn sie die Auszahlung der einzuziehenden Gelder über zwei Konten, ein Treuhandkonto und ein Eigenkonto, durchführen; ein solcher Aufwand ist unzumutbar. Allein die Schwierigkeiten und der Zusatzaufwand, der für solche Institute als Acquirer durch Sammelüberweisungen der Card Schemes entsteht, kann nicht als Level Playing Field bezeichnet werden. Dasselbe gilt für Karten-Issuer. Bei dem durch das deutsche allgemeine Insolvenzrecht vorgegebenen, engen Verständnis der Sicherungspflicht nach § 17 Abs. 1, insbesondere des Trennungsgebots, müssen solche Zahlungs- und E-Geld-Institute ständig einen Verstoß durch Vermischung fürchten. Einen solch engen Handlungsspielraum wollte Art. 10 Abs. 1 PSD2 den Zahlungs- und E-Geld-Instituten nicht auferlegen.

Es bestehen mehrere **Möglichkeiten zur Umsetzung:** Der deutsche Gesetzgeber könnte zum einen das insolvenzrechtliche Vermögensvermischungsverbot und das Trennungsgebot buchhalterisch verstehen und eine Identifizierbarkeit der auf einem Eigenkonto des Instituts iSd § 1 Abs. 3 eingehenden Gelder ausreichen lassen, wenn sie spätestens am Ende des auf den Tag ihres Eingangs folgenden Geschäftstags entweder an den Zahlungsdienstnutzer oder einen anderen Zahlungsdienstleister weiterübertragen werden oder wenn sie zu diesem Zeitpunkt (T+1) auf dem Treuhandkonto hinterlegt sind (Terlau, BKR 2023, 19 (25 f.)). Alternativ ließe sich auch darüber nachdenken, mit Bitter (Ellenberger/Bunte/Bitter Bankrechts-HdB § 17 Kontenpfändung Rn. 106) partielle (verdeckte) Treuhandkonten anzuerkennen, auf denen sich neben den Fremdgeldern der Zahlungsdienstnutzer auch identifizierbare Eigengelder des Instituts befinden. In dem Fall müssten Institute iSd § 1 Abs. 3 sämtliche Sammelzahlungen (Eingänge und Belastungen) von Kartenorganisationen auf einem (verdeckten) Treuhandkonto annehmen oder von diesem abverfügen und die nach § 17 Abs. 1 S. 1 ZAG zu sichernden Fremdgelder sodann bis zum Ende von T+1 auf das offene Treuhandkonto transferieren.

e) Finanztransfergeschäft und Factoring. Im Rahmen des Finanztransfer- **36** geschäfts stellt sich ein Sonderproblem, wenn der Zahlungsdienstleister rechtlich eigene Forderungen einzieht, die aber eine Factoringvereinbarung vereinnahmt; hier kann es sich um erlaubnispflichtiges Finanztransfergeschäft (→ § 1 Rn. 142) oder Akquisitionsgeschäft (→ § 1 Rn. 102 f.) behandeln. Zwar sind Institute iSd § 1 Abs. 3, die zusätzlich das Factoring iSd § 1 Abs. 1a S. 2 Nr. 9 KWG erbringen, von der Beaufsichtigung nach dem KWG befreit (§ 32 Abs. 6 KWG; BaFin-Merkblatt ZAG v. 14.2.2023, Abschn. B). Die Aufsicht verlangt jedoch von solchen Instituten die Sicherung der im Rahmen des Factoring vom Debitor (dem Kunden des Forderungsverkäufers) vereinnahmten Zahlungen. Der Debitor zahlt idR per Überweisung oder per Lastschrift; die Sicherung nach §§ 17, 18 der hierbei durch den

Factor vereinnahmten Gelder als **wirtschaftlich fremde Gelder** hat vor allem dann zu erfolgen, wenn, wie in der Praxis häufig, die Auszahlung des Kaufpreises an den Anschlusskunden (Forderungsverkäufer) noch nicht erfolgt ist (→ Rn. 13c). In diesem Fall greifen also §§ 17, 18 mit der Annahme dieser (rechtlich eigenen, wirtschaftlich fremden) Gelder.

4. Exkurs: Einlagensicherung nach EinSiG bei Sicherungsmethode Treuhandkonto

36a   Durch §§ 17, 18 soll – insbesondere für die praktisch wichtigste Sicherungsmethode, das offene Treuhandkonto – im Hinblick auf die Sicherheit der Kundengelder eine Gleichbehandlung aller Zahlungsdienstleister (Grundsatz, gleiche Risiken gleich zu behandeln, vgl. Erwägungsgrund Nr. 34 Satz 4 PSD2; vgl. auch BT-Drs. 16/11613, 50: § 17 soll ein zu Kreditinstituten vergleichbares Schutzniveau schaffen) erreicht werden.

36b   Bei **CRR-Kreditinstituten,** die als Zahlungsdienstleister tätig werden, wären zunächst gemäß §§ 1 S. 1, 2 Abs. 3 EinSiG die in § 17 Abs. 1 S. 1 ZAG genannten Gelder (→ Rn. 12 ff.) vom Wortlaut des Einlagenbegriffs iSd § 2 Abs. 3 EinSiG erfasst. Der Anspruch besteht in der Höhe seiner (entschädigungsfähigen) Einlagen und ist der Höhe nach grds. auf die Deckungssumme von 100.000 Euro begrenzt, § 7 Abs. 1 iVm § 8 Abs. 1 EinSiG. Sowohl die für Zahlungsvorgänge als auch die für die Ausgabe von E-Geld entgegengenommenen Beträge sollten Guthaben iSd § 2 Abs. 3 EinSiG sein, die 1. sich aus Beträgen, die auf einem Konto verblieben sind, oder aus Zwischenpositionen im Rahmen von Bankgeschäften ergeben und 2. vom CRR-Kreditinstitut nach den geltenden gesetzlichen und vertraglichen Bedingungen zurückzuzahlen sind (für E-Geld ergibt sich letzteres aus § 33 Abs. 1 S. 2). Das vorstehende Ergebnis ist **zweifelhaft** im Hinblick auf **E-Geld** und **für die Ausgabe von E-Geld entgegengenommene Geldbeträge,** weil Erwägungsgrund Nr. 29 EinlagensicherungsRL solche Geldbeträge vom Einlagenbegriff der EinlagensicherungsRL ausnehmen will. Die EinlagensicherungsRL wirkt zwar nicht ausdrücklich vollharmonisierend (vgl. Art. 20 EinlagensicherungsRL), jedoch will die EinlagensicherungsRL nicht nur ein einheitliches Schutzniveau für Einleger in der gesamten Union schaffen, sondern Marktverzerrungen beseitigen (Erwägungsgrund Nr. 6 EinlagensicherungsRL). Deshalb lässt sich davon sprechen, dass die EinlagensicherungsRL „maximal harmonisierend" wirken will (vgl. ReBegr EinSiG, BT-Drs. 18/3786, 2, 73). Es ist deshalb fraglich, ob sie den Mitgliedstaaten gestattet, von CRR-Kreditinstituten ausgegebenes E-Geld sowie von diesen für die Ausgabe von E-Geld entgegengenommene Gelder der Sicherung zu unterwerfen; dies entgegen Erwägungsgrund Nr. 29 EinlagensicherungsRL. Es spricht deshalb viel dafür, § 2 Abs. 3 EinSiG einschränkend dahingehend auszulegen, dass hiervon jedenfalls E-Geld und für die Ausgabe von E-Geld entgegengenommenes Geld nicht erfasst sind. Als Einlagen iSd § 2 Abs. 3 EinSiG erfasst wären dagegen Gelder, die ein CRR-Kreditinstitut von seinen Kunden **für die Ausführung von Zahlungsvorgängen** entgegennimmt.

36c   Institute des ZAG sichern gemäß §§ 17, 18 über offene Treuhandkonten bei Kreditinstituten, über sichere liquide Aktiva oder über Garantien oder Versicherungen von Versicherungsunternehmen oder Kreditinstituten. Die **Sicherung der Institute des ZAG über offene Treuhandkonten** wäre aus Kundensicht und aus Sicht der Solvenzaufsicht gleichwertig mit derjenigen der CRR-Kreditinstitute, wenn die Kundengelder der ZAG-Institute mittelbar über die Einschaltung der

Kreditinstitute Anteil hätten an der gesetzlich angeordneten Einlagensicherung des EinSiG. Denn in einer Insolvenz des treuhandkontoführenden Kreditinstituts würden die vom Treuhänder – dem ZAG-Institut – beim Kreditinstitut hinterlegten Kundengelder Teil von dessen Insolvenzmasse (LG Berlin EWiR 2004, 979 (Pannen); MüKoInsO/Ganter § 47 Rn. 399; Gottwald/Haas/Adolphsen § 40 Rn. 41; Stoll SchlHAnz 1974, 107 f.). Das ZAG-Institut kann also nur als Insolvenzgläubiger gegen das Kreditinstitut vorgehen (vgl. auch OLG Dresden ZIP 2009, 678 ff. mAnm Binder EWiR 2009, 345; KG 1.11.2005); dem Zahlungsdienstnutzer stehen gegen das Kreditinstitut keine Ansprüche zu.

Für die Sicherung über offene Treuhandkonten ließe sich aus Art. 7 Abs. 3 S. 1 **36d** EinlagensicherungsRL (RL 2014/49/EU) und § 5 Abs. 1 S. 2 EinSiG ableiten, dass der **Entschädigungsanspruch** im Fall der Insolvenz des Kreditinstituts **dem Zahlungsdienstnutzer** und nicht dem ZAG-Institut zusteht. Denn es ist anerkannt, dass bei einem Treuhandkonto entsprechend § 5 Abs. 1 S. 2 EinSiG auf den Treugeber als eigentlichen Berechtigten abzustellen ist (Assmann/Schütze/Buck-Heeb/Sethe/Gurlit HdB des Kapitalanlagerechts § 26 Rn. 109; Schäfer/Sethe/Lange/Sethe Vermögensverwaltung-HdB § 5 Rn. 267). Hiernach stünde also der Sicherungsanspruch aus § 5 EinSiG gegen das Kreditinstitut dem Zahlungsdienstnutzer des ZAG-Instituts (als Treugeber des dort geführten offenen Treuhandkontos) zu.

Allerdings sind **Einlagen von Finanzinstituten** isd Art. 4 Abs. 1 Nr. 26 CRR **36e** gem. § 6 Nr. 4 EinSiG **nicht erstattungsfähig.** In Art. 4 Abs. 1 Nr. 26 CRR werden ua Zahlungsinstitute und E-Geld-Institute (aufgrund des Verweises auf Anhang I Nr. 15 der CRD IV) als Finanzinstitut definiert. Hier ist also fraglich, ob das auf dem Treuhandkonto verwahrte Geld als Einlage isd des EinSiG des Zahlungsdienstnutzers oder des ZAG-Instituts anzusehen ist. Daran lässt aber der Wortlaut von § 5 Abs. 1 S. 2 EinSiG wohl keinen Zweifel: Trotz der Anspruchsberechtigung des Treugebers nach § 5 Abs. 1 S. 2 EinSiG wird der Treuhänder (also in unserem Zusammenhang das ZAG-Institut) dort nach wie vor als „Einleger" bezeichnet. Dem entspricht für E-Geld-Institute der oben (→ Rn. 36a) zitierte Erwägungsgrund Nr. 29 EinlagensicherungsRL, wonach E-Geld und für die Ausgabe von E-Geld entgegengenommenes Geld von der Einlagensicherung ausgeschlossen seien. Zwar könnte man die Aussage in Erwägungsgrund Nr. 29 EinlagensicherungsRL ausschließlich auf die von der Einlagensicherung erfassten CRR-Kreditinstitute beziehen und (nur) dann E-Geld von der Einlagensicherung ausnehmen, wenn es von CRR-Kreditinstituten als E-Geld-Emittenten ausgegeben wird. Es wäre aber wohl sinnwidrig, wenn man E-Geld von CRR-Kreditinstituten im Hinblick auf deren eigene Einlagensicherung schlechter stellen würde als E-Geld von E-Geld-Instituten. Es sprechen deshalb sowohl § 6 Nr. 4 EinSiG als auch Erwägungsgrund Nr. 29 EinlagensicherungsRL dafür, dass die auf Treuhandkonten von ZAG-Instituten abgesicherten Kundengelder in der Insolvenz des Kreditinstituts nicht durch die Einlagensicherung nach dem EinSiG geschützt sind. So ist wohl auch die RegBegr des 2. E-Geld-RL-UmsetzungsG zu verstehen, wo der Ausschluss des E-Geldes vom Einlagenbegriff mit der Annahme begründet wird, dass E-Geld als elektronischer Ersatz für Münzen und Banknoten grundsätzlich nicht zu Sparzwecken verwendet wird und eher kleinere Beträge umfasst (BT-Drs. 17/3023, 42).

Die EBA stellt in ihren Empfehlungen zur **Reform der PSD2** zunächst fest, **36f** dass es Unklarheiten bei der Auslegung der EinlagensicherungsRL gebe (EBA Response to the Commission Call for Advice on the Review of the Payment Services

Directive, EBA/REP/2022/14, Chapter 6.6. Paragraph 183). Sie schlägt demnach vor, dass die Einlagensicherungs-RL dahingehend zu überarbeiten sei, dass die Gelder der Zahlungsdienstnutzer, die bei Kreditinstituten auf gesonderten Konten verwahrt werden, dort gegen die Insolvenz des Kreditinstituts zu schützen seien (EBA Response to the Commission Call for Advice on the Review of the Payment Services Directive, EBA/REP/2022/14, Chapter 6.6. Paragraph 184).

5. Sicherungsmethode Versicherung oder Garantie (Abs. 1 Satz 2 Nr. 2)

37   **a) Versicherung.** Anstelle einer Absicherung der entgegengenommenen Gelder durch Verwahrung auf einem offenen Treuhandkonto oder durch Investition in sichere liquide Aktiva mit niedrigem Risiko lässt § 17 Abs. 1 S. 2 Nr. 2 die Absicherung durch eine Versicherungspolice zu. Die Regelungen sind durch das ZDUG II inhaltlich unverändert geblieben.

38   **aa) Versicherungsunternehmen.** Das Versicherungsunternehmen muss eines sein, „das nicht zur selben Gruppe gehört wie das Institut selbst" (so auch der Wortlaut des vollharmonisierenden Art. 10 Abs. 1 lit. b PSD2); dies ist nun in der Neufassung des § 17 Abs. 1 S. 2 Nr. 2 im Rahmen des ZDUG II klar gestellt. Zum Begriff der Gruppe iSd § 1 Abs. 6 vgl. → § 1 Rn. 290 ff. In jedem Fall muss das in- oder ausländische Versicherungsunternehmen einer Aufsicht unterliegen, die der im EWR für Versicherungsunternehmen gültigen Aufsicht entspricht (RegBegr. ZDUG II, BT-Drs. 18/11495, 125).

39   **bb) Ausgestaltung der Versicherungspolice.** Bei der Ausgestaltung der Versicherungspolice sind die in § 17 Abs. 1 S. 2 Nr. 1 geregelten Grundsätze im Blick zu behalten. Die Höhe des Betrages der Absicherung sollte deshalb identisch sein mit demjenigen Betrag, der im Rahmen des § 17 Abs. 1 S. 2 Nr. 1 getrennt gehalten werden müsste und der im Fall der Zahlungsunfähigkeit des Instituts auszuzahlen wäre. Entscheidend ist zudem, dass die Versicherungspolice den Zahlungsdienstnutzer vor Zahlungsschwierigkeiten und Insolvenz des Instituts ebenso gut wie ein Treuhandkonto schützt.

40   **b) Garantie eines Kreditinstituts. aa) Kreditinstitut.** Das Kreditinstitut darf ebenfalls nicht zu derselben Gruppe (iSd § 1 Abs. 6 → § 1 Rn. 290 ff.) gehören wie das Institut selbst. Es muss nach der RegBegr. zum ZDUG II (BT-Drs. 18/11495, 125) einer in- oder ausländischen Aufsicht unterliegen, die der im EWR entspricht. Ob es sich auch hier um ein Kreditinstitut iSv Art. 4 Abs. 1 Nr. 1 CRR handeln muss, dh einem Einlagenkreditinstitut, ist offen. Die Verwendung des Terminus „Kreditinstitut" in Art. 10 Abs. 1 lit. b PSD2 spräche dafür. Der deutsche Gesetzgeber ist an dieser Stelle offenbar weniger streng (BT-Drs. 18/11495, 125); eine auf das Garantiegeschäft iSd § 1 Abs. 1 S. 2 Nr. 8 KWG beschränkte Bankerlaubnis würde danach wohl ausreichen.

41   **bb) Garantie.** Bei der Ausgestaltung der Garantie ist darauf zu achten, dass auch hier sämtliche Gelder abgesichert sind, die ansonsten im Rahmen von § 17 Abs. 1 S. 2 Nr. 1 getrennt gehalten werden müssten und im Falle der Zahlungsunfähigkeit des Instituts auszuzahlen wären. Die Garantie ist zugunsten sämtlicher, namentlich bestimmbarer Zahlungsdienstnutzer als Gläubiger des Instituts abzugeben (Ellenberger/Findeisen/Nobbe/Böger/Findeisen Rn. 48).

c) Im Übrigen freie Verfügung über die entgegengenommenen Gelder. 42
Entscheidend ist, dass auch im Rahmen der Versicherungs- und Garantielösung die
buchhalterisch saubere Erfassung sämtlicher Kundengelder im Rahmen der Dokumentationspflicht gemäß § 27 Abs. 1 S. 2 Nr. 2 gefordert wird. Zudem ergeben sich
Verfügungsbeschränkungen aus § 3 Abs. 4 S. 1 Nr. 3, wonach für Zahlungsvorgänge
oder zur Ausgabe von E-Geld entgegengenommene Gelder nicht zur Kreditgewährung eingesetzt werden dürfen. Zwar hat das Verbot der Kreditgewährung
offenbar die Vermögenstrennung der entgegengenommenen Gelder iSv § 17
Abs. 1 S. 2 Nr. 1 im Blick; ob deshalb eine teleologische Reduktion des § 3 Abs. 4
S. 1 Nr. 3 bei Wahl der Versicherungs- oder Garantielösung möglich ist, erscheint
diskussionswürdig. Unter diesem Gesichtspunkt wäre auch zu würdigen, wenn die
entgegengenommenen Gelder im Rahmen eines konzerninternen Cash Pooling in
der Unternehmensgruppe, dem das Institut angehört, eingesetzt werden (so Lösing
ZIP 2011, 1944 (1949); ebenso Hingst/Lösing Zahlungsdiensteaufsicht § 11
Rn. 22 ff.), obschon hier Kreditgewährungen gemäß § 2 Abs. 1 Nr. 7 KWG nicht
als Bankgeschäfte angesehen würden. Letztlich wird sich diese Frage in der Regel
schon aufgrund der Ausgestaltung der jeweiligen Versicherungspolice bzw. der
Bankgarantie, die dem Institut eine bestimmte Verwendung der Gelder auferlegen
wird (und aufsichtsrechtlich idR muss), nicht stellen.

6. Bestimmungsrecht der Bundesanstalt (Abs. 1 Satz 3)

Das ZUDG II hat das Bestimmungsrecht der BaFin gemäß dem früheren § 13a 43
Abs. 4 ZAG aF, der nur für E-Geld-Institute galt, auf alle Institute des ZAG erstreckt. Dies setzt die Vorgabe des Art. 10 Abs. 1 PSD2 um, wonach es heißt „Die
Mitgliedstaaten oder die zuständigen Behörden schreiben Zahlungsinstituten …
vor". Das Bestimmungsrecht steht auch im Einklang mit Art. 7 Abs. 4 Zweite
E-Geld-RL. Grds. bleibt es allerdings mit § 17 Abs. 1 bei der Wahlmöglichkeit zwischen den verschiedenen Sicherungsmethoden, wenn das Bestimmungsrecht nicht
ausgeübt wurde (so zu § 13a Abs. 4 ZAG aF RegBegr. Zweite E-Geld-RL, BT-Drs.
17/3023, 46). Letztlich wird die BaFin in diesem Zusammenhang zu prüfen haben,
ob die am Markt angebotenen Versicherungsprodukte und Garantieprodukte von
Kreditinstituten iSd § 17 Abs. 1 S. 2 Nr. 2 einen ähnlichen Sicherheitsstandard für
die entgegengenommenen Kundengelder aufweisen, wie die Sicherungsmethoden
nach § 17 Abs. 1 S. 2 Nr. 1. Eine veröffentlichte Verwaltungspraxis der BaFin liegt
noch nicht vor, sodass abzuwarten bleibt, ob und in welchem Umfang sie von diesem Bestimmungsrecht im Zuge einer pflichtgemäßen Ermessensausübung Gebrauch machen wird.

7. Unterschiedliche Sicherungsmethoden für verschiedene Teile der Kundengelder

Unklar ist, ob ein Institut – sofern nicht die BaFin von ihrem Bestimmungsrecht 44
iSv § 17 Abs. 1 S. 3 (dazu → Rn. 43) Gebrauch gemacht hat – die Wahl zwischen
den vier möglichen Sicherungsmethoden (Treuhandkonto, sichere liquide Aktiva,
Versicherungslösung, Garantielösung) immer insgesamt für sämtliche entgegengenommenen Gelder treffen muss oder ob das Institut für bestimmte Geschäfte (zB
E-Geld-Geschäft, Abwicklung von Kreditkartenzahlungen, sonstiges Zahlungsgeschäft) jeweils unterschiedliche Sicherungsmethoden wählen kann (dagegen
Schwennicke/Auerbach/Schwennicke Rn. 6). Der Gesetzeswortlaut spricht weder

für die eine noch für die andere Auslegung. Aus dem Bestimmtheitsgrundsatz bei Treuhandkonten folgt, dass die Wahl zwischen der Treuhandlösung und den übrigen Sicherungsmöglichkeiten vor Entgegennahme der betreffenden Gelder (hierzu → Rn. 14) getroffen sein muss. Daraus folgt nicht zwingend, dass nicht zwei Lösungen gleichzeitig vorgehalten werden können. Zwar schienen Richtliniengeber der Zweiten E-Geld-RL (dort in Erwägungsgrund Nr. 14 aE) sowie auch der Gesetzgeber des Zweite E-Geld-RLUG (BT-Drs. 17/3023, 46) davon auszugehen, dass ein Institut sich für „eine der im Gesetz alternativ angebotenen Sicherungsmethoden" zu entscheiden hat (so wörtlich Zweites E-Geld-RLUG, BT-Drs. 17/3023, 46). Solche Hinweise finden sich in der RegBegr. zum ZDUG II nicht mehr (BT-Drs. 18/11495, 125 f.). Da das Gesetz jedoch hier keine Einschränkung enthält und eine solche auch aus Sinn und Zweck der Regelung (Schutz des Zahlungsdienstnutzers vor der Insolvenz des Instituts) nicht begründbar ist, kann das Institut durchaus jeweils für Teile der Kundengelder unterschiedliche Sicherungsmöglichkeiten wählen. Ebenso wenig ist dem Gesetz zu entnehmen, dass ein Institut sämtliche Gelder, die es im Rahmen eines konkreten Zahlungsdienstes entgegennimmt, nach einer einzigen Methode sichern muss (im Ergebnis so auch Schäfer/Omlor/Mimberg/Janßen Rn. 133).

III. Erstreckung auf Geldbeträge für zukünftige Zahlungsvorgänge, gemischte Gelder (Abs. 2)

45   § 17 Abs. 2 setzt Art. 10 Abs. 2 PSD2 um. Zugleich beinhaltet § 17 Abs. 2 die Trennung der für Zahlungsvorgänge entgegengenommenen Gelder und der Gelder, die das Institut für andere Geschäftstätigkeiten iSv § 10 Abs. 1 S. 2 Nr. 3 bzw. § 11 Abs. 1 S. 2 Nr. 5 entgegengenommen hat. § 17 Abs. 2 behandelt demgemäß zwei Themenkomplexe, namentlich die Entgegennahme von Geldern für zukünftige Zahlungsvorgänge sowie die Entgegennahme von Geldern bei gemischter Tätigkeit.

1. Gelder für zukünftige Zahlungsvorgänge

46   Ein Institut darf im Rahmen von § 3 Abs. 3 Gelder auf Zahlungskonten oder ohne Einrichtung von Zahlungskonten entgegennehmen, die für Zahlungsvorgänge zu verwenden sind. Ein E-Geld-Institut darf im Rahmen von § 3 Abs. 2 Gelder zur Ausgabe von E-Geld entgegennehmen. Diese Gelder sind kraft Fiktion des § 3 Abs. 2 S. 2 und des § 3 Abs. 3 S. 3 keine Einlagen iSd § 1 Abs. 1 S. 2 Nr. 1 KWG. In diesem Rahmen darf ein Institut auch Gelder für zukünftige Zahlungsvorgänge, dh solche, die nicht gleichzeitig mit der Übergabe der Gelder beauftragt werden, entgegennehmen. Klar muss jedoch sein, dass solche Gelder ausschließlich für die Durchführung von Zahlungsvorgängen entgegengenommen werden. Zudem gilt das Verzinsungsverbot gemäß § 2 Abs. 3 S. 2. Für Gelder, die zur Ausgabe von E-Geld entgegengenommen werden, scheidet eine solche (vorausschauende) Entgegennahme wegen § 3 Abs. 2 S. 1 (Gebot, unverzüglich umzutauschen) aus.

47   Für solche Gelder für zukünftige Zahlungsvorgänge gilt die Verpflichtung zur Absicherung gemäß Abs. 1 entsprechend.

48   Weder im Gesetz noch in der Richtlinie ist das Wort „**zukünftig**" definiert. Aus dem Zusammenhang zwischen Abs. 1 und Abs. 2 dürfte klar werden, dass zu-

künftig solche Zahlungsvorgänge sind, für die nicht bereits ein konkreter Zahlungsauftrag iSv § 675f Abs. 3 S. 2 BGB vorliegt.

2. Gemischte Gelder

a) Gemischte Tätigkeit. Ein Institut darf im Rahmen seiner Erlaubnis nach **49**
§ 10 bzw. § 11 gemäß der Regelung des § 10 Abs. 1 S. 2 Nr. 3 sowie gemäß § 11
Abs. 1 S. 2 Nr. 5 andere Tätigkeiten erbringen, die nicht Zahlungsdienste oder
E-Geld-Geschäft sind. Dies ist bspw. bei dem typischen E-Commerce-Handelshaus
(zB Amazon, eBay) der Fall, wenn dieses neben der eigenen Verkaufstätigkeit auch
fremde Unternehmen in die eigene Handelsplattform einbezieht und für diese
Zahlungen abwickelt (vgl. zur Lizenzpflicht → § 1 Rn. 139; vgl. auch LG Köln
K&R 2011, 813 mAnm Terlau = BKR 2012, 348 mAnm Hingst/Lösing BKR
2012, 334 ff.).

b) Absicherungspflicht. Nach § 17 Abs. 2 (in Umsetzung von Art. 10 Abs. 1 **50**
und Abs. 2 PSD2) bezieht sich die Absicherungspflicht bei gemischter Tätigkeit auf
den Anteil der Geldbeträge, der für zukünftige Zahlungsvorgänge zu verwenden ist.
Die Abgrenzung dürfte in der Praxis mehr Schwierigkeiten machen, als es auf den
ersten Blick erscheint. Nimmt das Institut Gelder, zB im Rahmen von Kaufverträgen, in denen es selbst als Verkäufer tätig ist, entgegen, so besteht keine Absicherungspflicht. Klar ist die Sache auch dann, wenn der Kunde des Instituts bei der
Übermittlung der Gelder deutlich macht, dass diese für (zukünftige) Zahlungsvorgänge zu verwenden sind. Häufig wird es aber in den Fällen der gemischten Tätigkeit so sein, dass der Kunde Gelder an das Institut leitet, die auf einem Grundgeschäft (Kaufvertrag, Dienstleistungsvertrag) basieren, die das Institut aber, weil es
eine Handelsplattform betreibt und hierbei Zahlungen abwickelt, für verschiedene
Zahlungsvorgänge zu verwenden hat (so auch Ellenberger/Findeisen/Nobbe/Bö-
ger/Findeisen Rn. 50). Dasselbe gilt, wenn bei einer im Rahmen von § 3 Abs. 1
und Abs. 3 zulässigen Entgegennahme von Geldern der Anteil der für Zahlungsvorgänge zu verwendenden Gelder variabel oder im Vorhinein nicht bekannt ist. In
diesem Fall sieht Art. 10 Abs. 2 S. 2 PSD2 vor, dass die Mitgliedstaaten den Zahlungsinstituten gestatten können, die Sicherung unter Zugrundelegung eines repräsentativen Anteils vorzunehmen, der typischerweise für Zahlungsdienste verwendet
wird, sofern sich dieser repräsentative Anteil auf der Grundlage historischer Daten
nach Überzeugung der zuständigen Behörden mit hinreichender Sicherheit schätzen lässt. Der deutsche Gesetzgeber hat dies im Rahmen des ZDUG II als § 17
Abs. 2 S. 2 umgesetzt.

IV. Laufende aufsichtsrechtliche Überwachung (Abs. 3)

1. Nachweispflicht

Nach § 17 Abs. 3 S. 1 kann die BaFin zunächst Darlegungen und Nachweise ver- **51**
langen, dass ein Institut ausreichende Maßnahmen zur Sicherung gemäß Abs. 1 und
Abs. 2 ergriffen hat. Das Institut trifft die Darlegungs- und Nachweispflicht (Ellen-
berger/Findeisen/Nobbe/Böger/Findeisen Rn. 55).

2. Mängelbeseitigungspflicht

52   Bei unzureichendem Nachweis und bei unzureichenden Maßnahmen kann die BaFin das Institut zur Beseitigung der Mängel auffordern. Sind die festgestellten Sicherungsmaßnahmen unzureichend, so wird man die „Kann"-Vorschrift im Sinne einer Ermessensreduzierung der BaFin dahingehend auslegen müssen, dass diese eine öffentlich-rechtliche Pflicht zur Einforderung der entsprechenden Maßnahmen trifft. Die BaFin kann hierfür eine angemessene Frist bestimmen.

3. Ermächtigung zur Gefahrenabwehr

53   Legt das Institut die Nachweise nicht oder nicht fristgerecht vor oder werden Vorkehrungen nicht oder nicht rechtzeitig ausgeführt, so kann die BaFin Maßnahmen zur Gefahrenabwehr gemäß § 21 Abs. 2 treffen. Es handelt sich insofern um eine Rechtsgrundverweisung (so auch Ellenberger/Findeisen/Nobbe/Böger/ Findeisen Rn. 58). Die Voraussetzungen des § 21 Abs. 2 müssen also im Einzelfall vorliegen. Hierzu im Einzelnen → § 21 Rn. 8 f.

4. Keine Informationspflicht der BaFin

54   Die BaFin ist nach dem Gesetz nicht verpflichtet, Verbraucher über die Sicherungsmaßnahmen nach § 17 (oder § 18) zu informieren (RegBegr. ZDUG, BT-Drs. 16/11613, 50).

5. Anzeigepflicht des Instituts bei Änderung der Sicherung

55   Aus § 10 Abs. 5 für Zahlungsinstitute sowie aus § 11 Abs. 4 für E-Geld-Institute dürfte eine Verpflichtung des Instituts herleiten, der BaFin frühzeitig im Voraus die Änderung der Sicherungsmethode oder sonstige wesentliche Änderungen diesbezüglich anzuzeigen. Dies betont der Richtliniengeber in Erwägungsgrund Nr. 14 der Zweiten E-Geld-RL aE. Als wesentliche Änderung wird hierin auch angesehen die Änderung des Kreditinstituts (im Fall des Treuhandkontos), die Änderung des Versicherungsunternehmens im Fall der Versicherungslösung oder des Kreditinstituts im Fall der Garantielösung.

---

§ 18   **Sicherungsanforderungen für die Entgegennahme von Geldbeträgen für die Ausgabe von E-Geld**

Sofern Geldbeträge zum Zweck der Ausgabe von E-Geld durch Zahlung mittels eines Zahlungsinstruments entgegengenommen werden, sind diese Geldbeträge, sobald sie dem Zahlungskonto des E-Geld-Instituts gutgeschrieben oder dem E-Geld-Institut nach Maßgabe des § 675s des Bürgerlichen Gesetzbuchs zur Verfügung gestellt worden sind, spätestens jedoch fünf Geschäftstage im Sinne des § 675n Absatz 1 Satz 4 des Bürgerlichen Gesetzbuchs nach Ausgabe des E-Geldes zu sichern; die Vorgaben des § 17 gelten entsprechend.

Literatur: s. Literatur zu § 17

I. Allgemeines

1. Europäische Richtlinie und Hintergrund

Im Rahmen des ZDUG II hat der deutsche Gesetzgeber die bisherigen Vor- **1** schriften der §§ 13, 13a ZAG aF in § 17 konsolidiert (dazu → § 17 Rn. 1–4) und auch umfassend dort die Sicherungspflichten von E-Geld-Instituten, sowohl bei der Erbringung von Zahlungsdiensten als auch bei der Ausgabe von E-Geld, geregelt. § 18 beinhaltet jetzt nur noch die Umsetzung von Art. 7 Abs. 1 S. 2 Zweite E-Geld-RL.

2. Systematik und Zweck

Die Vorschrift gilt nur für E-Geld-Institute iSv § 1 Abs. 2 S. 1, dh für alle Unter- **2** nehmen, die das E-Geld-Geschäft gem. § 1 Abs. 2 S. 2 betreiben, ohne E-Geld-Emittent iSd § 1 Abs. 2 S. 1 Nr. 2–4 zu sein.

§ 18 enthält für E-Geld-Institute ausschließlich die Sonderregelung für den Zeit- **3** punkt der Entgegennahme von Geldern durch ein E-Geld-Institut, hier allerdings beschränkt auf Gelder zwecks Ausgabe von E-Geld.

II. Sicherungspflicht bei Entgegennahme mittels eines Zahlungsinstruments

1. Das Tatbestandsmerkmal „entgegengenommen"

Dieses Tatbestandsmerkmal ist grds. genauso zu verstehen wie in § 17; hierzu vgl. **4** → § 17 Rn. 14f.

2. Zum Zweck der Ausgabe von E-Geld

Die Sonderregelung des § 18 gilt ausschließlich bei der Entgegennahme von **5** Geldern zum Zweck der Ausgabe von E-Geld. Sie schafft eine Sonderregelung für einen bestimmten Weg der Entgegennahme von Geldern. Die tragende Begründung hierfür lautet, dass die Handhabung der Ausführungsfrist und Verfügbarmachung von Geldbeträgen in der Praxis tatsächliche Unterschiede aufweist (Reg-Begr. Zweite E-Geld-RLUG, BT-Drs. 17/3023, 46). Diese Begründung könnte auch bei der Entgegennahme von Geldern für sonstige Zahlungsvorgänge tragfähig sein.

3. Zahlungsinstrument

Die Entgegennahme muss mittels Zahlungsinstrument erfolgen. Nur dann gilt **6** die Ausnahme des 18; nimmt ein E-Geld-Institut Gelder zur Ausgabe von E-Geld beispielsweise bar entgegen, greift § 18 nicht ein und es gilt allein § 17 (so auch Schäfer/Omlor/Mimberg/Janßen Rn. 11). Ein Zahlungsinstrument ist nach § 1 Abs. 20 jedes personalisierte Instrument oder Verfahren, dessen Verwendung zwischen dem Zahlungsdienstnutzer und dem Zahlungsdienstleister vereinbart wurde und das zur Erteilung eines Zahlungsauftrags verwendet wird. Im Einzelnen wird hierzu auf die Kommentierung → § 1 Rn. 438f. verwiesen. Hierzu gehört in der

Praxis sowohl das Online-Banking mit TAN und PIN, das Telefon-Banking mit PIN, eine Debit-Karte mit PIN sowie auch die Kreditkarte bei Verwendung mit PIN oder auch bei Verwendung mit bloßer Unterschrift, auch der Einsatz der Kreditkarte im Mail-Order-Verfahren (MüKoBGB/Jungmann § 675j Rn. 53; Reg-Begr. ZDUG, BT-Drs. 16/11613, 36; Oechsler WM 2010, 1381 (1382); Ellenberger/Findeisen/Nobbe/Böger/Findeisen § 1 Rn. 771; Schäfer/Omlor/Mimberg/Janßen Rn. 13).

4. Späterer Zeitpunkt

7   Unter den vorstehenden Voraussetzungen gilt ein späterer Zeitpunkt des Beginns der Sicherungspflicht. § 18 stellt drei Zeitpunkte zur Verfügung: Gutschrift auf dem Zahlungskonto des E-Geld-Instituts, Zurverfügungstellung des Geldbetrages gemäß § 675s BGB ggü. dem E-Geld-Institut, spätestens jedoch fünf Geschäftstage nach Ausgabe des E-Geldes. Zur Sicherungspflicht mit Annahme der Gelder → § 17 Rn. 35 ff.

8   **a) Gutschrift auf dem Zahlungskonto des E-Geld-Instituts. Gutschrift** auf dem Zahlungskonto (§ 1 Abs. 17) des E-Geld-Instituts ist dann erfolgt, wenn dem E-Geld-Institut der Geldbetrag iSv § 675t Abs. 1 S. 1 BGB verfügbar gemacht wurde, mithin sobald dieses den Anspruch aus der Gutschrift erworben hat (zur Terminologie: MüKoBGB/Jungmann § 675t Rn. 18f.). Der Fall der Gutschrift auf dem Zahlungskonto hat also vor Augen, dass in diesem Fall das E-Geld-Institut selbst als Zahlungsempfänger, also gem. § 1 Abs. 16 als Person, die den Geldbetrag, der Gegenstand eines Zahlungsvorgangs ist, als Empfänger erhalten soll, agiert; denn dies ist Teil der E-Geld-Definition des § 1 Abs. 2 S. 3: Ausgabe gegen Zahlung eines Geldbetrags; ob der gezahlte Geldbetrag später wieder weiter- oder zurückzuzahlen (§ 33 Abs. 1 S. 2) ist, ändert nichts daran, dass das E-Geld-Institut im Rahmen der Ausgabe die formale Stellung als Zahlungsempfänger des eingezahlten Geldbetrages innehat und inne haben muss (dies verkennen Keding WM 2018 (Heft 2), 64 (66); Schäfer/Omlor/Mimberg/Janßen Rn. 16). Das Zahlungskonto ist deshalb ein Konto, das dieses E-Geld-Institut bei einem Kreditinstitut zur Abwicklung seiner Zahlungen, insbesondere zum Zwecke der Entgegennahme von Geld iSd Art. 4 Nr. 25 PSD2 zur Ausgabe von E-Geld zu verstehen ist. Sofern zur Ausgabe von (neuem) E-Geld (bestehendes) kontogebundenes E-Geld entgegengenommen wird, kann § 18 ebenfalls zur Anwendung gelangen (da und wenn dieses bestehende E-Geld über Zahlungskonten entgegengenommen wird → § 1 Rn. 235). Sofern das Institut die Sicherungsmöglichkeit nach § 17 Abs. 1 S. 2 Nr. 1 lit. b Alt. 1 (Treuhandkonto) gewählt hat, ist das in § 18 angesprochene Zahlungskonto regelmäßig dieses Treuhandkonto.

9   **b) Zurverfügungstellung des Geldbetrags nach Maßgabe des § 675s BGB.** Alternativ gilt nach § 18 der Zeitpunkt, in dem die Geldbeträge dem E-Geld-Institut nach Maßgabe des **§ 675s BGB zur Verfügung gestellt** worden sind. Der Wortlaut der Formulierung („zur Verfügung gestellt") entspricht exakt Art. 7 Abs. 1 S. 1 Zweite E-Geld-RL. Die Terminologie des § 18 ist in diesem Fall problematisch, da der referenzierte § 675s Abs. 1 S. 1 BGB nicht von „zur Verfügung stellen" spricht, sondern danach ist es erforderlich, dass der Zahlungsbetrag „beim Zahlungsdienstleister des Zahlungsempfängers eingeht" (§ 675s Abs. 1 S. 1 Hs. 1 BGB). Der zugrunde liegende Art. 83 Abs. 1 S. 1 PSD2 spricht von: „dem Konto des Zahlungsdienstleisters des Zahlungsempfängers gutgeschrieben wird".

Insofern ist die Terminologie „zur Verfügung stellen" in § 18 vor dem Hintergrund von Art. 83 Abs. 1 S. 1 PSD2 zu billigen. Das E-Geld-Institut wird mithin in dieser Alternative als Zahlungsdienstleister des Zahlungsempfängers, der zukünftiger E-Geld-Inhaber ist, angesprochen. Diese Fallkonstellation tritt auf, wenn bspw. der E-Geld-Inhaber den Geldbetrag mittels Onlinebanking mit Hilfe von PIN und TAN auf sein eigenes Zahlungskonto bei dem E-Geld-Institut überweist. Möglich ist aber auch, dass der Geldbetrag von dritter Seite zugunsten des Zahlungskontos des E-Geld-Inhabers dem E-Geld-Institut zur Verfügung gestellt wird (zB Eltern stellen ihrem Kind Geld zur Nachladung der Prepaid-Karte zur Verfügung).

c) Spätester Zeitpunkt der Sicherungspflicht. Spätester Zeitpunkt der **10** Sicherungspflicht gemäß § 18 sind **fünf Geschäftstage** (wie in § 675n Abs. 1 S. 4 BGB – entspricht Art. 4 Nr. 37 PSD2 – definiert) nach Ausgabe des E-Geldes. „Nach" ist dabei so zu verstehen, dass die Zählung der Tage am Tag nach der Ausgabe des E-Geldes beginnt, der Ausgabetag mithin nicht mitgezählt wird (aA Luz/Neus/Schaber/Schneider/Wagner/Weber/Bierwirth Rn. 7, der darauf abstellt, dass der Tag der Ausgabe des E-Gelds mitgerechnet wird und die fünf Geschäftstage minutengenau ab dem Zeitpunkt der Ausgabe berechnet werden). Der Zeitpunkt der Ausgabe des E-Geldes bestimmt sich nach der allgemeinen Definition des Begriffs „Ausgabe" (vgl. → § 1 Rn. 268 ff.).

5. Entsprechende Geltung von § 17

Die Maßgaben von § 17 gelten entsprechend. Der Zusammenhang mit § 17 ist **11** nicht einfach zu verstehen. Soll – insbesondere für die Sicherungsmethoden des § 17 Abs. 1 S. 2 Nr. 1 – der gesamte Pflichtenkanon von § 17 (Trennungs- und Vermischungsverbot und Sicherungspflicht) als Sicherungspflicht iSd § 18 („sind … zu sichern") erfasst werden und ggf. erst verspätet (spätestens nach 5 Geschäftstagen) eingreifen oder soll nur die Pflicht zur Hinterlegung auf einem gesonderten Konto oder in sicheren liquiden Aktiva später stattfinden dürfen. Sofern man zustimmt, wie nach deutschem Insolvenzrecht aktuell wohl zwingend, dass die Pflichten des § 17 Abs. 1 S. 2 Nr. 1 zeitgleich mit der Annahme des Geldes eingreifen (→ § 17 Rn. 35), besteht in keinem Fall für die dritte Alternative des § 18 (nach fünf Geschäftstagen) Raum; es handelt sich dann um eine tote Regelung. Es gelten dann ähnliche Überlegungen wie § 17 Abs. 1 S. 2 Nr. 1, dass der deutsche Gesetzgeber den Insolvenzschutz der Kundengelder zu überdenken hat, um die Maßgaben von Art. 7 Abs. 1 S. 2 Zweite E-Geld-RL richtlinienkonform umzusetzen (→ § 17 Rn. 35b).

Abschnitt 5. Vorschriften über die laufende Beaufsichtigung von Instituten

§ 19   Auskünfte und Prüfungen

(1) [1]Ein Institut, die Mitglieder seiner Organe sowie seine Beschäftigten und die für das Institut tätigen Agenten sowie E-Geld-Agenten, seine Zweigniederlassungen und Auslagerungsunternehmen sowie zentrale Kontaktpersonen haben der Bundesanstalt, den Personen und Einrichtungen, derer sich die Bundesanstalt bei der Durchführung ihrer Aufgaben bedient, sowie der Deutschen Bundesbank auf Verlangen Auskünfte über alle Geschäftsangelegenheiten zu erteilen, Unterlagen vorzulegen und erforderlichenfalls Kopien anzufertigen. [2]Die Bundesanstalt kann, auch ohne besonderen Anlass, bei den Instituten, ihren Zweigniederlassungen, Agenten sowie E-Geld-Agenten und Auslagerungsunternehmen Prüfungen vornehmen und die Durchführung der Prüfungen der Deutschen Bundesbank übertragen. [3]Die Bediensteten der Bundesanstalt, der Deutschen Bundesbank sowie die sonstigen Personen, derer sich die Bundesanstalt bei der Durchführung der Prüfungen bedient, können hierzu die Geschäftsräume des Instituts, der Zweigniederlassung, des Agenten sowie E-Geld-Agenten oder des Auslagerungsunternehmens innerhalb der üblichen Betriebs- und Geschäftszeiten betreten und besichtigen. [4]Die Betroffenen haben Maßnahmen nach den Sätzen 2 und 3 zu dulden.

(2) [1]Die Bundesanstalt und die Deutsche Bundesbank können zu den Hauptversammlungen, Generalversammlungen oder Gesellschafterversammlungen sowie zu den Sitzungen der Verwaltungs- und Aufsichtsorgane Vertreter entsenden. [2]Diese können in der Versammlung oder Sitzung das Wort ergreifen. [3]Die Betroffenen haben Maßnahmen nach den Sätzen 1 und 2 zu dulden.

(3) [1]Institute haben auf Verlangen der Bundesanstalt die Einberufung der in Absatz 2 Satz 1 bezeichneten Versammlungen, die Anberaumung von Sitzungen der Verwaltungs- und Aufsichtsorgane sowie die Ankündigung von Gegenständen zur Beschlussfassung vorzunehmen. [2]Die Bundesanstalt kann zu einer nach Satz 1 anberaumten Sitzung Vertreter entsenden; diese können in der Sitzung das Wort ergreifen. [3]Die Betroffenen haben Maßnahmen nach den Sätzen 1 und 2 zu dulden. [4]Absatz 2 bleibt unberührt.

(4) Wer zur Auskunft verpflichtet ist, kann die Auskunft auf solche Fragen verweigern, deren Beantwortung ihn selbst oder einen der in § 383 Absatz 1 Nummer 1 bis 3 der Zivilprozessordnung bezeichneten Angehörigen der Gefahr strafgerichtlicher Verfolgung oder eines Verfahrens nach dem Gesetz über Ordnungswidrigkeiten aussetzen würde.

I. Allgemeines

Abs. 1 von § 19 stellt die Umsetzung von Art. 23 Abs. 1 UAbs. 2 lit. a und lit. b **1**
PSD2 dar. Die sonstige Ausgestaltung der Auskunfts-, Prüfungs- und Überwachungsbefugnisse der Aufsichtsbehörden lässt die PSD2 im Übrigen offen, indem dort in Art. 23 Abs. 1 UAbs. 2 die weitere Aufzählung mit „insbesondere" eingeleitet wird. Abs. 2 und Abs. 3 sind demgemäß rein nationale Regelungen.
Dasselbe gilt für Abs. 4, der die Einhaltung der Grundrechte sicherstellt (Ellenber-
ger/Findeisen/Nobbe/Böger/Findeisen Rn. 1; RegE BT-Drs. 18/11495, 125). In
Umsetzung von Art. 3 Abs. 1 Zweite E-Geld-RL hatte der deutsche Gesetzgeber
die Pflichten des § 14 ZAG aF (jetzt § 19) auch auf E-Geld-Institute erstreckt. § 19
ist sehr eng dem § 44 Abs. 1, Abs. 4–6 KWG nachgebildet, der umfassende Aus-
kunfts- und Prüfungsrechte der BaFin sowie – teilweise – auch der BBank ermöglichen soll (ebenso Schäfer/Omlor/Mimberg/Flintrop Rn. 8; Ellenberger/Find-
eisen/Nobbe/Böger/Findeisen Rn. 1). § 19 verankert demgemäß eine ähnliche
Aufsicht wie bei Kreditinstituten (so Ellenberger/Findeisen/Nobbe/Böger/Find-
eisen Rn. 1), sodass die Grundsätze entsprechend übertragen werden können

(Schäfer/Omlor/Mimberg/Flintrop Rn. 8). Im Rahmen des ZDUG II hat § 19 gegenüber § 14 ZAG aF kaum Änderungen erfahren.

II. Pflicht zur Auskunftserteilung und Prüfungsrechte (Abs. 1)

1. Auskunftsrechte (Abs. 1 Satz 1)

2   **a) Auskunftsverpflichtete.** Auskunftsverpflichtete sind das Institut, die Mitglieder seiner Organe sowie seine Beschäftigten und die für das Institut tätigen Agenten sowie E-Geld-Agenten, zudem Zweigniederlassungen und Auslagerungsunternehmen sowie zentrale Kontaktpersonen des Instituts; Zahlungsinstituten mit Sitz in einem anderen Mitgliedstaat, die im Inland über Agenten tätig sind, kann durch die BaFin auferlegt werden, eine zentrale Kontaktperson im Inland zu benennen (vgl. § 41) (vgl. auch Schäfer/Omlor/Mimberg/Flintrop Rn. 9, 16).

3   **aa) Erfüllung durch Organmitglieder ua.** Das Institut selbst wird die Auskunftspflicht durch seine gesetzlichen Vertreter, im Falle von Personenhandelsgesellschaften deren persönlich haftende Gesellschafter, nicht jedoch Kommanditisten, erfüllen (vgl. Schäfer/Omlor/Mimberg/Flintrop Rn. 10; zu § 44 KWG: Fischer/Schulte-Mattler/Braun KWG § 44 Rn. 28 ff.). Hinzu kommt eine eigene Auskunftspflicht der Organmitglieder und der Beschäftigten des Instituts (Vgl. Ellenberger/Findeisen/Nobbe/Böger/Findeisen Rn. 5, Rn. 6; Schäfer/Omlor/Mimberg/Flintrop Rn. 12). Organe sind bei einer AG der Vorstand, der Aufsichtsrat und die Hauptversammlung, bei einer GmbH die Geschäftsführer und möglicherweise auch der Beirat, wenn dieser eine ähnliche Stellung wie ein Aufsichtsrat hat (zu § 44 KWG: Fischer/Schulte-Mattler/Braun KWG § 44 Rn. 31; auch Ellenberger/Findeisen/Nobbe/Böger/Findeisen Rn. 5; differenzierend Schäfer/Omlor/Mimberg/Flintrop Rn. 11). Ausgeschiedene Organmitglieder sind verpflichtet, soweit ein Sachverhalt aus ihrer Amtszeit in Betracht kommt (wie hier auch Schäfer/Omlor/Mimberg/Flintrop Rn. 11; zu § 44 KWG: Fischer/Schulte-Mattler/Braun KWG § 44 Rn. 31). Nicht dagegen verpflichtet sind die Teilnehmer einer Hauptversammlung oder einer Gesellschafterversammlung, sondern nur diese Organe selbst (zu § 44 KWG: Reischauer/Kleinhans KWG § 44 Rn. 6; Schäfer/Omlor/Mimberg/Flintrop Rn. 11). Institute können Externe zur Erteilung der Auskunft ggü. der BaFin ua ermächtigen, wenn sie diese von Verschwiegenheitspflichten entbunden haben (Ellenberger/Findeisen/Nobbe/Böger/Findeisen Rn. 5; zu § 44 KWG: Fischer/Schulte-Mattler/Braun KWG § 44 Rn. 28).

4   **bb) Zweigniederlassungen und Agenten sowie E-Geld-Agenten.** Auskunftsverpflichtete sind auch Zweigniederlassungen und Agenten sowie E-Geld-Agenten des Instituts. Dabei erstreckt sich die Auskunftspflicht auch auf solche Zweigniederlassungen und Agenten, die im EWR-Ausland ansässig sind. Dies wird ausdrücklich klargestellt auch durch Art. 23 Abs. 1 UAbs. 2 lit. b PSD2, wonach alle, „die unter der Verantwortung des Zahlungsinstituts Zahlungsdienste erbringen", auskunftspflichtig sind. Auskunftsersuchen und Prüfungen durch die BaFin sowie die sonstigen Auskunftsberechtigten im Ausland sind deshalb erlaubt (kritisch, aber im Ergebnis ebenso Schäfer/Omlor/Mimberg/Flintrop Rn. 13). Eine Zusammenarbeit mit ausländischen Aufsichtsbehörden richtet sich nach § 5 iVm §§ 8 ff. KWG (Ellenberger/Findeisen/Nobbe/Böger/Findeisen Rn. 7).

cc) Auslagerungsunternehmen. Ein Auskunftsanspruch besteht auch ggü. 5
Auslagerungsunternehmen; die Definition findet sich nunmehr in § 1 Abs. 10a
(vgl. → § 1 Rn. 367). Damit sind auch Sub-Unternehmen von Auslagerungsneh-
men direkte Adressaten einer Auskunftspflicht gegenüber den Behörden. Auskunftsverpflichtet sind auch Auslagerungsunternehmen mit Sitz im Ausland; dies
geht ebenfalls aus Art. 23 Abs. 1 S. 2 lit. b PSD2 hervor, der „alle Stellen, an die ausgelagert wurde" erwähnt.

dd) Zentrale Kontaktpersonen. Über das ZDUG II sind nunmehr auch zen- 6
trale Kontaktpersonen zur Auskunft verpflichtet. Dies sind die gemäß § 41 von Instituten mit Sitz im EU- oder EWR-Ausland für das Inland zu benennenden Personen, wenn sie im Inland über Agenten tätig sind. Ihr Einbezug in den Kreis der
Auskunftsverpflichteten bezweckt die Verbesserung und Vereinfachung der Beaufsichtigung von Agenten grenzüberschreitend tätiger Institute (Schäfer/Omlor/
Mimberg/Flintrop Rn. 16; RegE BT-Drs. 18/11495, 130). Zu Einzelheiten wird
auf die Kommentierung zu § 41 verwiesen.

b) Auskunftsberechtigte. Auskunftsberechtigte sind die BaFin sowie Personen 7
und Einrichtungen, derer sich die BaFin bei der Durchführung ihrer Aufgaben bedient, sowie die BBank. Durch Erwähnen der Personen und Einrichtungen nimmt
der Gesetzgeber Bezug auf § 4 Abs. 3 FinDAG; darin ist eine Ermächtigung der
BaFin vorgesehen, sich bei der Durchführung ihrer Aufgaben anderer Personen
und Einrichtungen zu bedienen.

c) Auskunft auf Verlangen. Die Auskunft ist auf Verlangen zu erteilen. Die 8
Anforderung der Auskünfte ist an keine Form gebunden; sie kann mündlich oder
schriftlich erfolgen (ähnlich zu § 44 KWG: Fischer/Schulte-Mattler/Braun KWG
§ 44 Rn. 35 ff.). Eine Anforderung ist ohne Anlass und jederzeit möglich. Grenze
ist das Verhältnismäßigkeitsprinzip (Ellenberger/Findeisen/Nobbe/Böger/Find-
eisen Rn. 2; Schäfer/Omlor/Mimberg/Flintrop Rn. 22 mwN). Erforderlich ist
lediglich, dass das Auskunftsverlangen aufsichtliche Relevanz hat. Eine Auskunfts-
anforderung kann auch allgemein an sämtliche Institute gleichzeitig oder an einen
Teil der Institute ergehen (zB die Auskunft über den Stand der Umstellung auf die
Pflichten nach § 55 zur starken Kundenauthentifizierung). Die Durchsetzung von
Zwangsmaßnahmen zu Auskünften bedarf grundsätzlich eines formellen Aus-
kunftsersuchens (Ellenberger/Findeisen/Nobbe/Böger/Findeisen Rn. 13).

d) Gegenstand der Auskunftspflicht. aa) Tatsachen, Einschätzungen. 9
Auskünfte können sich auf Tatsachen beziehen (zB einzelne Geschäftsvorfälle,
Auskünfte zu Kunden, aber auch Allgemeines: Themen der Personalverwaltung,
Rechtsstreitigkeiten). Es kann auch die Abgabe von Einschätzungen verlangt wer-
den, soweit diese aufsichtlich relevant sind (zB Werthaltigkeit einer Forderung, Bo-
nität eines Kunden, Zuverlässigkeit von Mitarbeitern) (zu § 44 KWG Reischauer/
Kleinhans/Bitterwolf KWG § 44 Rn. 8; Ellenberger/Findeisen/Nobbe/Böger/
Findeisen Rn. 9). Die typischerweise einmal im Jahr stattfindenden Aufsichtsgesprä-
che zwischen dem Institut und der Aufsichtsbehörde fallen ebenfalls unter Abs. 1
S. 1.

bb) Vorlage von Unterlagen und Anfertigung von Kopien. Nach Abs. 1 10
S. 1 kann die Aufsichtsbehörde die Vorlage sämtlicher, auch interner Geschäfts-
unterlagen, Schriftverkehr, Aktenvermerke hierzu, Sitzungsprotokolle verlangen
(Ellenberger/Findeisen/Nobbe/Böger/Findeisen Rn. 10; Fischer/Schulte-Matt-

ler/Braun KWG § 44 Rn. 37.) Vorlage meint hier Zugänglichmachung zur unmittelbaren Wahrnehmung beim Verpflichteten, nicht deren Herausgabe (Ellenberger/Findeisen/Nobbe/Böger/Findeisen Rn. 10). Durch das ZDUG II hat der Gesetzgeber das Recht der genannten Aufsichtspersonen zur Anfertigung von Kopien eingefügt (auch Ellenberger/Findeisen/Nobbe/Böger/Findeisen Rn. 11).

11 **cc) Geschäftsangelegenheiten.** Das Auskunfts- und Vorlegungsersuchen muss sich auf Geschäftsangelegenheiten beziehen. Geschäftsangelegenheiten sind alle Angelegenheiten, die unmittelbar oder mittelbar mit dem beaufsichtigten Unternehmen und seinen Tätigkeiten und sonstigen Vorgängen zusammenhängen (zu § 44 KWG: Fischer/Schulte-Mattler/Braun KWG § 44 Rn. 62; Reischauer/Kleinhans/Bitterwolf KWG § 44 Rn. 9). Bei Tätigkeiten, die sich nicht in der Erbringung von Zahlungsdiensten oder, bei E-Geld-Instituten, E-Geld-Geschäft erschöpfen (§ 10 Abs. 1 S. 2 Nr. 3; § 11 Abs. 1 S. 2 Nr. 5), dh bei sog. gemischter Tätigkeit, ist fraglich, ob die Auskunftspflicht sich auch auf das übrige Geschäft erstreckt. Dies wird man aber dann bejahen müssen, soweit das übrige Geschäft aufsichtliche Relevanz hat, bspw. zur Ermittlung der getrennt zu verwahrenden Gelder iSv § 17 Abs. 2 (zu § 44 KWG ähnlich: Fischer/Schulte-Mattler/Braun KWG § 44 Rn. 36, 63; Reischauer/Kleinhans/Bitterwolf KWG § 44 Rn. 9 f.). Das Institut sowie die sonstigen Auskunftsverpflichteten können nicht einwenden, dass sie aufgrund des Bankgeheimnisses gehindert sind, die Auskunft zu erteilen; die BaFin unterliegt selbst der Verschwiegenheitspflicht gemäß § 6, die BBank gemäß § 32 BBankG (so zu § 44 KWG: Fischer/Schulte-Mattler/Braun KWG § 44 Rn. 64; auch Schäfer/Omlor/Mimberg/Flintrop Rn. 23).

2. Prüfungs-, Betretungs- und Besichtigungsrecht (Abs. 1 Satz 2 und Satz 3)

12 Abs. 1 Satz 2 und Satz 3 setzen Art. 23 Abs. 1 UAbs. 2 lit. b PSD2 um. Die Vorschriften entsprechen im Übrigen § 44 Abs. 1 S. 2 und S. 3 KWG.

13 **a) Duldungsverpflichtete.** Die Duldungsverpflichteten bezüglich dieser Maßnahmen sind Institute, ihre Zweigniederlassungen, Agenten sowie E-Geld-Agenten und Auslagerungsunternehmen. Hier gelten dieselben Ausführungen wie oben (→ Rn. 2 ff.). Nicht verpflichtet sind in diesem Fall die Mitglieder der Organe und Beschäftigte des Instituts selbst.

14 **b) Berechtigte.** Das Prüfungsrecht hat die BaFin und – wenn diese die Prüfung insoweit überträgt – die BBank. Das Betretungs- und Besichtigungsrecht haben die Bediensteten der BaFin, der BBank sowie die sonstigen Personen, derer sich die BaFin bei der Durchführung der Prüfungen bedient. Mit dem letzten Hs. ist § 4 Abs. 3 FinDAG angesprochen; denn üblicherweise beauftragt die BaFin Wirtschaftsprüfer, Wirtschaftsprüfungsgesellschaften, genossenschaftliche Prüfungsverbände sowie Prüfungsstellen der Sparkassen- und Giroverbände – je nach zu prüfendem Institut – mit der Durchführung der Prüfung (so auch Ellenberger/Findeisen/Nobbe/Böger/Findeisen Rn. 22). Die BaFin hat in diesen Fällen einen Anspruch auf Erstattung der Kosten gemäß § 15 Abs. 1 Nr. 10 lit. c FinDAG.

15 **c) Gegenstand des Prüfungsrechts ua. aa) Prüfungen.** Prüfungen iSd § 19 Abs. 1 S. 2 sind Einzelfallprüfungen und betreffen einzelne Aspekte des Geschäfts des Instituts (Schäfer/Omlor/Mimberg/Flintrop Rn. 29), dh es handelt sich nicht um eine umfassende Prüfung, wie die Abschlussprüfung. In der Prüfungsanordnung hat die Behörde den Gegenstand der Prüfung konkret zu bezeichnen (Schäfer/ Omlor/Mimberg/Flintrop Rn. 29; Fischer/Schulte-Mattler/Braun KWG § 44 Rn. 46). Die Prüfung muss sich auf Geschäftsangelegenheiten beziehen (dazu → Rn. 11). Geprüft wird die Übereinstimmung der jeweiligen Geschäftsprozesse mit den dafür geltenden Normen (Schäfer/Omlor/Mimberg/Flintrop Rn. 29). Es besteht ein enger Zusammenhang mit der Bestimmung besonderer Prüfungsinhalte bei der Abschlussprüfung gemäß § 24 Abs. 4. Eine solche Bestimmung kann eine Prüfung gemäß § 19 Abs. 1 S. 2 ersetzen.

bb) Routineprüfungen, Anlassprüfungen. Die Prüfung kann ohne be- **16** sonderen Anlass stattfinden. Zulässig sind deshalb sog. Routineprüfungen. Die BaFin muss eine solche Prüfung nicht im Einzelfall begründen (Ellenberger/Findeisen/Nobbe/Böger/Findeisen Rn. 17; Fischer/Schulte-Mattler/Braun KWG § 44 Rn. 42). Allerdings muss auch eine Routineprüfung nach konkreten, im Voraus festliegenden Kriterien, erfolgen, zB muss ein bestimmten zeitlichen Frequenz, und diese Kriterien müssen auch tatsächlich erfüllt sein (zu § 44 KWG: Fischer/ Schulte-Mattler/Braun KWG § 44 Rn. 42). In der Prüfungsanordnung der BaFin ist demgemäß üblicherweise ein Hinweis auf eine solche Routine enthalten. Ausgeschlossen sind aber auch nicht sog. Anlassprüfungen (oder auch Sonderprüfungen genannt). Hier ist der Anlass in der Prüfungsanordnung zu benennen und ggf. nachzuweisen. Er muss eine Prüfung rechtfertigen (zu § 44 KWG: Fischer/ Schulte-Mattler/Braun KWG § 44 Rn. 43). Hierbei sind allerdings keine überhöhten Anforderungen zu stellen: festgestellte Mängel in Prüfungsberichten, Beschwerden von Kunden, festgestellte Marktentwicklungen reichen aus (VGH Kassel WM 2010, 1745; Ellenberger/Findeisen/Nobbe/Böger/Findeisen Rn. 19; Schäfer/Omlor/Mimberg/Flintrop Rn. 28).

d) Betretungsrecht. Zur Durchführung der Prüfung dürfen die BaFin, die **17** BBank oder die beauftragten dritten Personen oder Einrichtungen, die **Geschäftsräume** des Instituts, der Zweigniederlassung, des Agenten/E-Geld-Agenten oder des Auslagerungsunternehmens betreten. Dies schließt auch den Zugang zu und Prüfungen von IT-Systemen und –Verfahren des Instituts ein (RegBegr. ZDUG II, BT-Drs. 18/11495, 125). Geschäftsräume sind dabei Räumlichkeiten, innerhalb derer oder von denen aus Zahlungsdienste oder E-Geld-Geschäfte erbracht werden (zu § 44 KWG: Fischer/Schulte-Mattler/Braun KWG § 44 Rn. 58). Dies kann auch eine private Wohnung sein, wenn dort die Geschäfte betrieben werden und Geschäftsunterlagen aufbewahrt werden (zu § 44 KWG: Fischer/Schulte-Mattler/Braun KWG § 44 Rn. 58; Schäfer/Omlor/Mimberg/Flintrop Rn. 30; so auch Schwennicke/Auerbach/Schwennicke Rn. 16; Ellenberger/Findeisen/ Nobbe/Böger/Findeisen Rn. 26; enger Reischauer/Kleinhans/Bitterwolf KWG § 44 Rn. 16: Betretungsrecht nur bei „reinen“ Geschäftsräumen). **Zeitpunkt** des Betretungsrechts sind die üblichen Betriebs- und Geschäftszeiten. Eine rechtzeitige, vorherige Information des betroffenen Unternehmens dürfte in der Regel dem Gebot der Verhältnismäßigkeit entsprechen (zustimmend Schäfer/Omlor/Mimberg/Flintrop Rn. 30; zu § 44 KWG: Schwennicke/Auerbach/Schwennicke § 44 Rn. 16). Im Übrigen wird durch das Wort „hierzu“ in § 19 Abs. 1 S. 3 klargestellt, dass ein Betretungsrecht nur zur Durchführung von Prüfungen besteht.

e) Duldungspflicht (Satz 4). Die gemäß § 19 Abs. 1 S. 2 und S. 3 Verpflichte- **18** ten haben Maßnahmen nach den Sätzen 2 und 3 zu dulden. Ein Verstoß gegen die Duldungspflicht liegt vor, wenn die Geschäftsleitung den Prüfern verbietet, die recherchierten Sachverhalte mit den Mitarbeitern zu besprechen (VGH Kassel WM 2007, 392). Eine Störung kann zur Verwarnung gem. § 20 Abs. 3 führen (Ellenberger/Findeisen/Nobbe/Böger/Findeisen Rn. 28) oder zu einer Ordnungswidrigkeit (Schäfer/Omlor/Mimberg/Flintrop Rn. 31).

19   **f) Aushändigung des Prüfungsberichts.** Ein Anspruch auf Aushändigung des Prüfungsberichts besteht wohl nicht (zu § 44 KWG: Fischer/Schulte-Mattler/Braun KWG § 44 Rn. 61; Reischauer/Kleinhans/Bitterwolf KWG § 44 Rn. 17). Ob sich aus § 1 IFG etwas anderes ergibt, ist bisher noch nicht geklärt (hierzu Ellenberger/Findeisen/Nobbe/Böger/Werner, ZAG, 2. Aufl. 2013, § 14 Rn. 5). Grundsätzlich ist die BaFin als Anstalt des öffentlichen Rechts eine gem. § 1 Abs. 1 IFG informationspflichtige Stelle. Insbesondere die Vorschrift des § 3 Nr. 1 lit. d IFG stellt jedoch einen Versagungsgrund dar, auf den sich die BaFin berufen kann, um einem entsprechenden Informationsbegehren zu entgehen. In Bezug auf den Versagungsgrund ist jedoch umstritten, wie weit die Formulierung „nachteilige Auswirkungen auf Kontroll- oder Aufsichtsaufgaben der Finanz-, Wettbewerbs- und Regulierungsbehörden" auszulegen ist; das BVerwG schließt insoweit die Annahme aus, dass konkrete Aufgabenfelder stets die Verweigerung des Informationszugangs verbieten würden, vielmehr müsse in Bezug auf den jeweiligen Sachbereich und Regelungskontext beurteilt werden, ob nachteilige Auswirkungen vorlägen (BVerwG NVwZ 2011, 1012 Rn. 13). Daraus ergibt sich die Formel, dass die konkrete Möglichkeit einer erheblichen und spürbaren Beeinträchtigung der Aufgabenerfüllung bestehen muss (BVerwG NVwZ 201, 112 Rn. 21; kritisch BeckOK Informations- und Medienrecht/Schirmer IFG § 3 Rn. 84).

III. Recht zur Teilnahme an Gesellschafterversammlungen etc (Abs. 2)

20   Das in Abs. 2 normierte Recht der BaFin und der BBank zur Teilnahme an Gesellschafterversammlungen wird nicht ausdrücklich in einer der Richtlinien verlangt. Es entspricht überwiegend der Regelung des § 44 Abs. 4 KWG.

1. Berechtigte

21   Das Teilnahmerecht haben die BaFin und – insoweit geht § 19 Abs. 2 S. 1 über § 44 Abs. 4 KWG hinaus – die BBank.

2. Verpflichtete

22   Ein Verpflichteter ist in § 19 Abs. 2 ausdrücklich nicht benannt. Es stellt sich deshalb die Frage, ob aus dem Zusammenhang herauszulesen ist, dass sämtliche Verpflichtete des § 19 Abs. 1 auch die Teilnahme an ihren Gesellschafterversammlungen etc ermöglichen müssen. § 19 Abs. 3 spricht hingegen nur Institute (§ 1 Abs. 3) an. Auch in § 44 Abs. 4 KWG werden nur Institute und Finanzholding-Gesellschaften verpflichtet. Letztlich wird man insbesondere aus der Tatsache, dass die Reg-Begr. zum ZDUG (BT-Drs. 16/11613, 50) Abs. 2 und Abs. 3 zusammen darstellt, einen Gleichlauf bei den Verpflichteten entnehmen dürfen. Auch Abs. 2 erstreckt sich deshalb nur auf Institute. Anders als § 44 Abs. 4 KWG beschränkt Abs. 2 (und auch Abs. 3) den Anwendungsbereich nicht auf Institute in der Rechtsform der juristischen Person. Deshalb bezieht sich das Teilnahmerecht auch auf Personengesell-

schaften. Auslagerungsunternehmen, Agenten und E-Geld-Agenten sind deshalb nicht Verpflichtete nach Abs. 2 (so auch Schäfer/Omlor/Mimberg/Flintrop Rn. 34).

3. Gegenstand des Teilnahmerechts

a) Teilnahmerecht. Die BaFin und die BBank können ihr **Teilnahmerecht** 23 durch Entsendung von Vertretern ausüben. Es gilt – je nach Gesellschaftsform – für Hauptversammlungen, Generalversammlungen oder **Gesellschafterversammlungen.** Das Teilnahmerecht bezieht sich auch auf Sitzungen der **Verwaltungs- und Aufsichtsorgane.** Dies schließt auch Ausschusssitzungen des Aufsichtsrats ein (Ellenberger/Findeisen/Nobbe/Böger/Findeisen Rn. 30 „soweit ihnen eine interne Aufsichtsfunktion zukommt"; Schäfer/Omlor/Mimberg/Flintrop Rn. 36; zu § 44 KWG: Fischer/Schulte-Mattler/Braun KWG § 44 Rn. 102). Ob sich das Teilnahmerecht auch auf telefonische Beschlussfassungen oder Videokonferenzen der Aufsichtsorgane bezieht, ist unklar; dies wird man aufgrund der Rechtsentwicklung, insbesondere im Aktienrecht, wohl annehmen müssen, da hiernach Telefon- oder Videokonferenzen an die Stelle von Sitzungen treten dürfen (vgl. zur Diskussion im Rahmen von § 171 AktG: MüKoAktG/Henrichs/Pöschke § 171 Rn. 127). Im Übrigen könnte ansonsten das Teilnahmerecht einfach umgangen werden. Durch die Aufnahme des Wortes „Verwaltungsorgane" im Rahmen des ZDUG II besteht nun auch ein Recht zur Teilnahme an Vorstandssitzungen (kritisch Schäfer/Omlor/Mimberg/Flintrop Rn. 35). Dies korreliert mit dem Recht der BaFin nach Abs. 3, sich hier Zutritt zu verschaffen.

b) Rederecht, Fragerecht. Die Vertreter der BaFin oder der BBank dürfen in 24 der Versammlung oder Sitzung das Wort ergreifen (Satz 2). Diesen steht deshalb ein Rederecht zu. Auch ein Fragerecht (vgl. § 131 AktG) ist hiervon umfasst (Ellenberger/Findeisen/Nobbe/Böger/Findeisen Rn. 31). Ein Stimmrecht steht den Vertretern der BaFin oder der BBank dagegen nicht zu (Ellenberger/Findeisen/Nobbe/Böger/Findeisen Rn. 31, 35). Ebenso wenig besteht ein Antragsrecht dieser Vertreter (Fischer/Schulte-Mattler/Braun KWG § 44 Rn. 101; vgl. Reischauer/Kleinhans/Bitterwolf KWG § 44 Rn. 32a; auch Schäfer/Omlor/Mimberg/Flintrop Rn. 39).

c) Kein Recht auf Mitteilung. Ein Recht auf Mitteilung der Einladung bzw. 25 der Tagesordnung (ähnlich § 125 AktG) ohne eine entsprechende Anforderung hat die BaFin bzw. die BBank wohl nicht (Fischer/Schulte-Mattler/Braun KWG § 44 Rn. 104; Reischauer/Kleinhans/Bitterwolf KWG § 44 Rn. 32), jedoch ist ein Auskunftsersuchen gemäß Abs. 1 Satz 1 möglich (so auch Schäfer/Omlor/Mimberg/Flintrop Rn. 35).

4. Duldungspflicht des betroffenen Instituts (Satz 3)

Die betroffenen Institute haben das Teilnahme- sowie das Rede- und Fragerecht 26 zu dulden. Der Betroffenenkreis ist insofern weiter als der Kreis der Verpflichteten, weil er auch die Teilnehmer der Gesellschafter-/Hauptversammlung umfasst (Schäfer/Omlor/Mimberg/Flintrop Rn. 40). In diesem Rahmen spielt allerdings der Verhältnismäßigkeitsgrundsatz eine besondere Rolle, da es sich insbesondere bei öffentlich abgehaltenen Hauptversammlungen um ein sehr weitgehendes Eingriffsrecht handelt, das eine große Öffentlichkeitswirkung nach sich zieht (zu § 44

KWG: Fischer/Schulte-Mattler/Braun KWG § 44 Rn. 103; Schäfer/Omlor/Mimberg/Flintrop Rn. 40). Dies wird man im Einzelfall abwägen müssen gegen die aufsichtsrechtlichen Vorgaben, insbesondere, soweit anwendbar, der SREP (EBA/GL/2018/03, Überarbeitete Leitlinien zu gemeinsamen Verfahren und Methoden für den aufsichtlichen Überprüfungs- und Bewertungsprozess (Supervisory Review and Evaluation Process, SREP)) (ähnlich Ellenberger/Findeisen/Nobbe/Böger/Findeisen Rn. 32). Der Verzicht auf die Verhältnismäßigkeitsprüfung (dafür Ellenberger/Findeisen/Nobbe/Böger/Findeisen Rn. 32) erscheint aber deshalb nicht angezeigt.

IV. Pflicht zur Einberufung (Abs. 3)

27   Auch die in Abs. 3 normierte Pflicht zur Einberufung auf Anforderung der BaFin beruht nicht auf Richtlinien-Recht. Sie ist § 44 Abs. 5 KWG nachgebildet.

1. Berechtigte

28   Berechtigt ist in diesem Fall nur die BaFin, nicht aber die BBank. Die BaFin kann sich jedoch weiterhin gem. § 4 Abs. 3 FinDAG anderer Personen oder Einrichtungen bedienen.

2. Verpflichtete

29   Als Verpflichtete sind ausdrücklich genannt Institute, dh Zahlungsinstitute und E-Geld-Institute. Im Übrigen wird auf die Kommentierung zu → Rn. 22 verwiesen.

3. Gegenstand des Rechts

30   Nach Abs. 3 kann die BaFin bei den in Abs. 2 Satz 1 bezeichneten Versammlungen die Einberufung verlangen sowie auch die Anberaumung von Sitzungen der Verwaltungs- und Aufsichtsorgane. Verwaltungs- und Aufsichtsorgane bei einer deutschen AG sind Vorstand und Aufsichtsrat, bei einer GmbH die Geschäftsführung und ggf. ein Beirat, sofern dieser Aufsichtsbefugnisse hat. Neben dem Einberufungsrecht besteht auch das Recht, die Ankündigung von Gegenständen zur Beschlussfassung zu verlangen. Ein Recht, dass über einen solchen Tagesordnungspunkt auch tatsächlich entschieden wird oder dass sogar ein dahingehender, zustimmender Beschluss gefasst wird, besteht allerdings nicht (Ellenberger/Findeisen/Nobbe/Böger/Findeisen Rn. 34; Fischer/Schulte-Mattler/Braun KWG § 44 Rn. 106; Schäfer/Omlor/Mimberg/Flintrop Rn. 46).

4. Entsendungs- und Rederecht (Satz 2 und Satz 3), Duldungspflicht (Satz 4)

31   Zum Entsendungsrecht vgl. → Rn. 23. Zum Rederecht vgl. → Rn. 24. Zur Duldungspflicht vgl. → Rn. 26.

V. Auskunftsverweigerungsrecht (Abs. 4)

Der zur Auskunft Verpflichtete muss sich nicht selbst belasten. Abs. 4 ver- **32** wirklicht deshalb den allgemeinen Grundrechtsschutz. Die Pflicht zur Vorlage von Unterlagen wird von diesem Auskunftsverweigerungsrecht nach Ansicht der RegBegr. zum ZDUG II (BT-Drs. 18/11495, 125) nicht erfasst (so auch Schäfer/Omlor/Mimberg/Flintrop Rn. 99; Fischer/Schulte-Mattler/Braun KWG § 44 Rn. 94); die Weigerung kann deshalb auch ein Bußgeld nach sich ziehen (Ellenberger/Findeisen/Nobbe/Böger/Findeisen Rn. 36).

§ 20 Abberufung von Geschäftsleitern und Mitgliedern des Verwaltungs- und Aufsichtsorgans, Übertragung von Organbefugnissen auf Sonderbeauftragte

(1) ¹In den Fällen des § 13 Absatz 2 Nummer 3 bis 5 kann die Bundesanstalt, statt die Erlaubnis aufzuheben, die Abberufung der verantwortlichen Geschäftsleiter verlangen und diesen Geschäftsleitern auch die Ausübung ihrer Tätigkeit bei Instituten untersagen. ²In den Fällen des § 13 Absatz 2 Nummer 5 kann die Bundesanstalt auch die vorübergehende Abberufung der verantwortlichen Geschäftsleiter verlangen und ihnen vorübergehend die Ausübung einer Geschäftsleitertätigkeit bei dem Institut und bei einem anderen Verpflichteten nach § 2 Absatz 1 des Geldwäschegesetzes untersagen. ³Die Anordnung nach Satz 2 kann die Bundesanstalt auch gegenüber jeder anderen Person treffen, die für den Verstoß verantwortlich ist.

(2) ¹Die Bundesanstalt kann unter den Voraussetzungen des Absatzes 1 Befugnisse, die Organen des Instituts zustehen, ganz oder teilweise auf einen Sonderbeauftragten übertragen, der zur Wahrung der Befugnisse geeignet erscheint. ² § 45c Absatz 6 und 7 des Kreditwesengesetzes gilt entsprechend.

(2a) ¹Die Aufsichtsbehörde kann einen Geschäftsleiter verwarnen, wenn dieser gegen die Bestimmungen dieses Gesetzes, des Geldwäschegesetzes oder die zur Durchführung dieser Gesetze erlassenen Verordnungen oder gegen Anordnungen der Bundesanstalt verstoßen hat. ²Gegenstand der Verwarnung ist die Feststellung des entscheidungserheblichen Sachverhaltes und des hierdurch begründeten Verstoßes.

(3) Die Bundesanstalt kann die Abberufung eines Geschäftsleiters auch verlangen und ihm auch die Ausübung seiner Tätigkeit bei Instituten untersagen, wenn er gegen die in Absatz 2a genannten Rechtsakte oder gegen Anordnungen der Bundesanstalt verstoßen hat und dieses Verhalten trotz Verwarnung nach Absatz 2a durch die Bundesanstalt vorsätzlich oder leichtfertig fortsetzt.

(4) ¹Die Mitglieder des Verwaltungs- oder Aufsichtsorgans eines Instituts müssen zuverlässig sein und die zur Wahrnehmung der Kontrollfunktion sowie zur Beurteilung und Überwachung der Geschäfte, die das Institut betreibt, erforderliche Sachkunde besitzen. ²Bei der Prüfung, ob eine der in Satz 1 genannten Personen die erforderliche Sachkunde besitzt, be-

rücksichtigt die Bundesanstalt den Umfang und die Komplexität der vom Institut betriebenen Geschäfte. ³Liegen Tatsachen vor, aus denen sich ergibt, dass eine der in Satz 1 genannten Personen nicht zuverlässig ist oder nicht die erforderliche Sachkunde besitzt, kann die Bundesanstalt von dem Institut verlangen, diese abzuberufen oder ihr die Ausübung ihrer Tätigkeit zu untersagen. ⁴Die Bundesanstalt kann dies von dem Institut auch dann verlangen, wenn einer der in Satz 1 genannten Personen wesentliche Verstöße des Instituts gegen die Grundsätze einer ordnungsgemäßen Geschäftsführung wegen sorgfaltswidriger Ausübung ihrer Überwachungs- und Kontrollfunktion verborgen geblieben sind oder sie nicht alles Erforderliche zur Beseitigung festgestellter Verstöße veranlasst hat und dieses Verhalten trotz Verwarnung des Instituts durch die Bundesanstalt fortsetzt. ⁵Soweit das Gericht auf Antrag des Aufsichtsrats ein Aufsichtsratsmitglied abzuberufen hat, kann dieser Antrag bei Vorliegen der Voraussetzungen nach Satz 3 oder Satz 4 auch von der Bundesanstalt gestellt werden, wenn der Aufsichtsrat dem Abberufungsverlangen der Aufsichtsbehörde nicht nachgekommen ist. ⁶Die Vorschriften der Mitbestimmungsgesetze über die Wahl und die Abberufung der Arbeitnehmervertreter im Verwaltungs- oder Aufsichtsorgan bleiben unberührt.

Literatur: Bürkle, Auswirkungen der Unternehmensaufsicht nach dem KWG auf organisatorische Pflichten von Versicherungsunternehmen, WM 2005, 1496; Herring/Fiedler, Der Sonderbeauftragte in der Bankenaufsicht, § 45c KWG (Neuregelung durch das Restrukturierungsgesetz), WM 2011, 1311; Klöhn, Familienbanken im Visier der BaFin, – Zu den Auswirkungen der geänderten Merkblätter zu den Geschäftsleitern und den Mitgliedern von Verwaltungs- oder Aufsichtsorganen gemäß KWG –, WM 2021, 1969; Krimphove, Was ist Proportionalität?, BKR 2017, 353; Lehrl, Sachkunde – Zuverlässigkeit – persönliche Ausschlussgründe von Aufsichtsräten gemäß § 36 Abs. 3 KWG, BKR 2010, 485; Mohr/Maume, Wirecard-Skandal – Personenüberprüfungen im Finanzsektor, Plädoyer für eine stärkere Verzahnung der Finanzmarkt- und Sicherheitsgesetze, ZRP 2021, 2; Preussner/Pananis, Risikomanagement und strafrechtliche Verantwortung – Corporate Governance am Beispiel der Kreditwirtschaft, BKR 2004, 347; Zentes/Glaab, Frankfurter Kommentar zum Geldwäschegesetz, 3. Aufl. 2022.

Inhaltsübersicht

I. Allgemeines

1. Hintergrund und Entstehung

§ 20 setzt Art. 23 Abs. 2 PSD2 und Art. 3 Abs. 1 Zweite E-Geld-RL um. Der **1** Richtliniengeber hat den nationalen Gesetzgebern in Abweichung vom Grundsatz des Vollharmonisierungsgebotes (Art. 107 Abs. 1 PSD2) einen weiten Umsetzungsspielraum gelassen. Der deutsche Gesetzgeber des ZDUG hat deshalb die aufsichtsrechtliche Eingriffsermächtigung in Geschäftsleistung und Organbefugnisse von Instituten in Anlehnung an § 36 KWG weitgehend autonom ausgestaltet (vgl. Ellenberger/Findeisen/Nobbe/Böger/Findeisen Rn. 1 f., 7). Im Rahmen des Zweiten E-Geld-RLUG hat der deutsche Gesetzgeber die Norm auf sämtliche Institute erstreckt. Im ZDUG II wurden in Abs. 1 S. 2 vorübergehende Maßnahmen ergänzt. In Abs. 4 verankerte der Gesetzgeber des ZDUG II nunmehr ausdrücklich das Erfordernis der Zuverlässigkeit und Eignung der Mitglieder des Verwaltungs- oder Aufsichtsorgans eines Instituts (so auch Ellenberger/Findeisen/Nobbe/Böger/ Findeisen Rn. 7). Im Rahmen des Risikoreduzierungsgesetzes (RiG; BGBl. 2020 I 2773) wurde mit Wirkung zum 29.12.2020 Abs. 2a eingefügt und Abs. 3 geändert, die (parallel zu § 36 Abs. 2 KWG) erstmals die Verwarnung von Geschäftsleitern und deren Folgen regeln.

2. Systematik

2   § 20 erweitert die Möglichkeiten der Aufsichtsbehörde bei Verstößen eines Instituts gegen Rechts- und Verwaltungsvorschriften. Er trägt somit dazu bei, dass die Aufsicht jeweils dem Verhältnismäßigkeitsprinzip genügen kann, dh sie stellt den Aufsichtsbehörden mildere Mittel unterhalb der Untersagung (dh zB Aufhebung der Erlaubnis gemäß § 13 Abs. 2) der Tätigkeit zur Verfügung (RegE, BT-Drs. 18/11595, 126; zustimmend Ellenberger/Findeisen/Nobbe/Böger/Findeisen Rn. 3, 5). Daneben bestehen noch weitere Eingriffsermächtigungen, die insgesamt ein abgestuftes Verwaltungshandeln ermöglichen. Maßnahmen nach §§ 4ff. können förmliche Verwarnungen, Beanstandungen, Missbilligungen oder Abmahnungen beinhalten (zur Parallelvorschrift des § 36 KWG vgl. Fischer/Schulte-Mattler/ Fischer/Krolop KWG § 36 Rn. 6). Dabei dürften Anordnungen nach § 4 Abs. 2 das primär gebotene Mittel sein (zu § 36 KWG: Fischer/Schulte-Mattler/Fischer/Krolop § 36 Rn. 7 mit Verweis auf RegBegr. 6. KWG-Novelle, BT-Drs. 13/7142, 74).

II. Abberufung von Geschäftsleitern und Untersagung der weiteren Tätigkeit bei anderen Instituten (Abs. 1)

1. Geschäftsleiter

3   Nach § 20 Abs. 1 kann die BaFin die Abberufung von Geschäftsleitern verlangen oder aber diesen ihre Tätigkeit bei Instituten untersagen. Geschäftsleiter in diesem Sinne sind die in § 1 Abs. 8 S. 1 genannten Personen (sog. geborene Geschäftsleiter). Die BaFin kann jedoch nicht nach § 20 Abs. 1 Alt. 1 die Abberufung eines von ihr selbst berufenen Geschäftsleiters (gekorener Geschäftsleiter) iSv § 1 Abs. 8 S. 2 und S. 3 verlangen (BVerwG WM 1971, 1214; Fischer/Schulte-Mattler/Fischer/Krolop § 36 Rn. 1); hier ist vielmehr zunächst die Ernennung aufzuheben bzw., sofern erforderlich, die Tätigkeit zu untersagen gemäß § 20 Abs. 1 Alt. 2 (zustimmend Ellenberger/Findeisen/Nobbe/Böger/Findeisen Rn. 12); erst dann kann die BaFin die zivilrechtlich idR noch zusätzlich erforderlichen Maßnahmen der Abberufung verlangen (Schäfer/Omlor/Mimberg/Schäfer Rn. 7). Die Abberufung anderer, ungeeigneter Mitglieder von Verwaltungs- oder Aufsichtsorganen eines Instituts kann die BaFin nicht nach § 20 Abs. 1 verlangen, sofern diese nicht Geschäftsleiter iSv § 1 Abs. 8 S. 1 sind (anders wohl Fischer/Schulte-Mattler/Fischer/Krolop § 36 Rn. 1 aE).

2. Abberufung von Geschäftsleitern (Satz 1 Alt. 1)

a) Vorliegen der Aufhebungsgründe des § 13 Abs. 2 Nr. 3−5. Tatbestands- 4
voraussetzung ist alternativ das Bekanntwerden von Tatsachen, die die Versagung der
Erlaubnis nach § 12 rechtfertigen würden (§ 13 Abs. 2 Nr. 3) oder die Gefährdung
der Stabilität des betriebenen Zahlungssystems durch die Fortsetzung der Erbringung von Zahlungsdiensten durch das jeweilige Institut oder des Betreibens des
E-Geld-Geschäfts durch das Institut (§ 13 Abs. 2 Nr. 4). Hinzu kommt über das
ZDUG II der schwerwiegende, wiederholte oder systematische Verstoß gegen das
GwG oder die Geldtransfer-VO (§ 13 Abs. 2 Nr. 5). Zu diesen Voraussetzungen vgl.
im einzelnen Kommentierung zu → § 13 Rn. 14 ff., → Rn. 28 und → Rn. 29 ff.).
Erforderlich ist in jedem Fall ein Verstoß gegen aufsichtsrechtliche Gesetze und die
dazu ergangenen Verordnungen und Anordnungen (RegBegr. ZDUG, BT-Drs.
16/11613, 50). Der dem § 35 Abs. 2 Nr. 4 KWG entsprechende Aufhebungsgrund
(Gefahren für Gläubiger des Instituts), der in § 36 Abs. 1 S. 1 KWG ebenfalls für die
Abberufung von Geschäftsleitern ins Feld geführt werden kann, ist in § 20 Abs. 1 S. 1
nicht erwähnt. Das ZAG hat den Regelungsgegenstand des § 35 Abs. 2 Nr. 4 KWG
gesondert in § 21 behandelt.

b) Verantwortlichkeit des oder der Geschäftsleiter. Das Abberufungsver- 5
langen hat sich auf den oder die verantwortlichen Geschäftsleiter zu beziehen.
Nach einer zu § 20 Abs. 1 S. 1 vertretenen Ansicht ist Vorsatz oder Fahrlässigkeit
des Geschäftsleiters oder der Geschäftsleiter, die abberufen werden sollen, nicht
Voraussetzung für das Abberufungsverlangen der BaFin (so noch Ellenberger/Find-
eisen/Nobbe/Werner, 2. Aufl. 2013, § 15 Rn. 3). Auf ein solches Verschulden
komme es deshalb nicht an, weil bei Vorliegen der Aufhebungsgründe des § 13
Abs. 2 Nr. 3−5 jeweils davon auszugehen sei, dass der oder die Geschäftsleiter
ihren Aufsichts- und Kontrollpflichten nicht hinreichend nachgekommen seien
(Ellenberger/Findeisen/Nobbe/Werner, 2. Aufl. 2013, § 15 Rn. 3); ein Nachweis
eines solchen Verschuldens könne deshalb nicht Voraussetzung für das Abberufungsverlangen sein. Erstgenannte Ansicht widerspricht der hM in der Literatur zu
§ 36 KWG (zu § 36 KWG: Fischer/Schulte-Mattler/Fischer/Krolop KWG § 36
Rn. 10 ff.; Schwennicke/Auerbach/Schwennicke § 36 Rn. 4 ff.; Beck/Samm/
Kokemoor/Müller-Grune § 36 Rn. 35 ff.; zu § 20 ZAG jetzt auch Schäfer/Omlor/
Mimberg/Schäfer Rn. 11).

Richtigerweise wird die Aufsichtsbehörde ein Abberufungsverlangen, das tief in 6
die Berufsausübung des einzelnen Geschäftsleiters eingreift, nicht ohne Nachweis
von dessen Verantwortlichkeit für den Grund des Abberufungsverlangens erlassen
können (ähnlich nun Ellenberger/Findeisen/Nobbe/Böger/Findeisen Rn. 13 ff.;
Schäfer/Omlor/Mimberg/Schäfer Rn. 11). Insbesondere in einem Kollegialorgan,
das die Geschäftsleitung eines Instituts darstellt, wäre zu prüfen, ob die vorliegenden
Aufhebungsgründe nur einzelnen und nicht sämtlichen Geschäftsleitern anzulasten
sind. Ob sich die BaFin dabei auf die in den einschlägigen gesellschaftsrechtlichen
Normen vorhandenen **Beweiserleichterungen** (zB § 93 Abs. 2 S. 2 AktG: „ist
streitig, ob sie die Sorgfalt eines ordentlichen und gewissenhaften Geschäftsleiters
angewandt haben, so trifft sie die Beweislast."; ähnlich auch die hM zu § 43
GmbHG: Noack/Servatius/Haas/Beurskens GmbHG § 43 Rn. 81) berufen kann,
ist streitig (dafür Vorauflage, → Rn. 6; aA Schäfer/Omlor/Mimberg/Schäfer
Rn. 11). Dabei wird man berücksichtigen müssen, dass der Behörde Auskunfts-
und Prüfungsbefugnise gem. § 19 zur Verfügung stehen, die den am Zivilrechts-

streit über ein Geschäftsführer- oder Vorstandsverschulden beteiligten Parteien nicht zu Gebote stehen; deshalb können die Beweiserleichterungen der Aufsichtsbehörde nicht in vollem Umfang zukommen (ebenso Schäfer/Omlor/Mimberg/ Schäfer Rn. 11). Im Grundsatz gilt der Sorgfaltsmaßstab eines ordentlichen und gewissenhaften Geschäftsleiters (§ 93 Abs. 1 AktG, § 43 Abs. 1 GmbHG) (so auch zu § 36 KWG: Fischer/Schulte-Mattler/Fischer/Krolop KWG § 36 Rn. 12; Beck/ Samm/Kokemoor/Müller-Grune KWG § 36 Rn. 37; Ellenberger/Findeisen/ Nobbe/Böger/Findeisen Rn. 15). In diesem Rahmen kommt dem Geschäftsleiter die sog. **Business Judgement Rule** zugute, die in § 93 Abs. 1 S. 2 AktG gesetzliche Vorschrift geworden ist: „Eine Pflichtverletzung liegt nicht vor, wenn das Vorstandsmitglied bei einer unternehmerischen Entscheidung vernünftigerweise annehmen durfte, auf der Grundlage angemessener Information zum Wohle der Gesellschaft zu handeln." (zu § 36 KWG: Fischer/Schulte-Mattler/Fischer/Krolop KWG § 36 Rn. 14; Schwennicke/Auerbach/Schwennicke § 36 Rn. 8; ähnlich Ellenberger/Findeisen/Nobbe/Böger/Findeisen Rn. 15).

7   Auch kann sich bei gesellschaftsrechtlich ordnungsgemäßer und wirksamer **Geschäftsverteilung** der Geschäftsleiter darauf berufen, dass der den Aufhebungsgrund darstellende Rechtsverstoß nicht in sein Ressort falle (zu § 36 KWG: Schwennicke/Auerbach/Schwennicke § 36 Rn. 5). Typischerweise greift jedoch bei solchen Rechtsverstößen, die Aufhebungsgründe nach § 13 Abs. 2 Nr. 3–5 darstellen, die im Gesellschaftsrecht trotz Ressortverteilung verbleibende Gesamtverantwortung der einzelnen Geschäftsleiter, wonach einen Ressortleiter spätestens beim Verdacht von Unregelmäßigkeiten in anderen Ressorts eine Aufsichts- und Überwachungspflicht trifft (so auch jetzt Ellenberger/Findeisen/Nobbe/Böger/ Findeisen Rn. 17; MüKoAktG/Spindler § 93 Rn. 175 mwN). Ohne konkreten Anlass besteht jedoch keine Pflicht des einzelnen Ressortleiters im Hinblick auf Rechtsverstöße durch andere Ressorts nachzuforschen (Fischer/Schulte-Mattler/ Fischer/Krolop KWG § 36 Rn. 23; anders wohl VG Frankfurt a. M. WM 2004, 2157; differenzierend zwischen Nachforschungspflicht und Eingriffspflicht Ellenberger/Findeisen/Nobbe/Böger/Findeisen Rn. 17). Einzelne Aufgaben entziehen sich einer Ressortverteilung; so zB die Einrichtung eines Risikomanagementsystems §§ 25a Abs. 1 S. 3 KWG, 91 Abs. 2 AktG (hierzu LG Berlin BKR 2002, 969 (970); Preussner/Pananis BKR 2004, 347 (351); Bürkle WM 2005, 1496 (1499)). Weitere Gegenstände einer solchen **Gesamtverantwortlichkeit** sind die Unternehmensstrategie, Betriebs- und Geschäftsorganisation sowie einzelne Geschäfte, die den Bestand des Instituts gefährden könnten (zu § 36 KWG: Fischer/Schulte-Mattler/Fischer/Krolop KWG § 36 Rn. 27; Schwennicke/Auerbach/Schwennicke § 36 Rn. 7). Hat der Geschäftsleiter die ihm nach dem Geschäftsverteilungsplan zufallenden Aufgaben auf sorgfältig ausgewählte und überwachte Mitarbeiter delegiert, so kann er sich ebenfalls hierauf berufen (zu § 36 KWG: Fischer/Schulte-Mattler/Fischer/Krolop KWG § 36 Rn. 21 f.; Schwennicke/Auerbach/Schwennicke § 36 Rn. 5).

7a   **Im Einzelnen** kommen als Gründe für ein Abberufungsverlangen in Betracht: Mängel der internen Organisation und des Controlling (zu § 36 KWG: Fischer/ Schulte-Mattler/Fischer/Krolop KWG § 36 Rn. 28, mit Hinweis auf VG Frankfurt a. M. BeckRS 2006, 26248; Ellenberger/Findeisen/Nobbe/Böger/Findeisen Rn. 16), nachhaltige Störungen einer Prüfung nach § 19 (so im Fall VGH Kassel WM 2007, 392 zu § 44 KWG entschieden), wiederholte Nichtvorlage von Monatsausweisen und geprüften Jahresabschlüssen (so zu § 36 KWG: Schwennicke/Auerbach/Schwennicke § 36 Rn. 9, mit Verweis auf VG Frankfurt a. M.

17.3.2005 – 1 E 686/04 Rn. 22ff., BeckRS 2005, 34996), fortlaufend mangelhafter Sorgfalt bei Kreditvergaben nach § 3 Abs. 4 (in Anlehnung an BGH WM 2002, 220) oder bei Kreditwürdigkeitsprüfungen nach § 3 Abs. 4 S. 4 (für § 18 KWG: Schwennicke/Auerbach/Schwennicke § 36 Rn. 9).

c) Verhältnismäßigkeitsgrundsatz. Über das Abberufungsverlangen hat die **8** BaFin nach pflichtgemäßem Ermessen im Rahmen der Verhältnismäßigkeit zu entscheiden (RegBegr. ZDUG, BT-Drs. 16/11613, 50). Hierbei hat sie auch zu erwägen, ob nicht zunächst mildere Mittel nach § 4 in Betracht kommen, so zB eine Beanstandung, eine Missbilligung oder Abmahnung (hierzu BVerwG NJW-RR 2007, 492; Fischer/Schulte-Mattler/Fischer/Krolop KWG § 36 Rn. 6). Ob die BaFin im Rahmen ihres Auswahlermessens gehalten ist, bei Vorliegen der Tatbestandsvoraussetzungen der Aufhebung gem. § 13 Abs. 2 Nr. 3–5 stets das mildere Mittel des Abberufungsverlangens vorzuziehen, wird in Frage gestellt, weil ansonsten eine Aufhebung nie möglich sein soll (Schäfer/Omlor/Mimberg/Schäfer Rn. 10); dennoch wird man hier eine Abstufung sehen: erst wenn eine Abberufung der für die Störung verantwortlichen Geschäftsleiter nicht zum Ziel führt, etwa weil dann das Institut ohne Geschäftsleitung ist und eine neue Geschäftsleitung nicht zur Verfügung steht, ist eine Aufhebung das mildeste der geeigneten Mittel.

d) Verlangen an das Institut. Richtiger Adressat des Abberufungsverlangens **9** ist nicht der Geschäftsleiter, sondern das Institut (RegBegr. ZDUG, BT-Drs. 16/11613, 50). Empfangsbevollmächtigt sind die für die Vertretung des Instituts zuständigen Organe (zu § 36 KWG: Fischer/Schulte-Mattler/Fischer/Krolop KWG § 36 Rn. 67; anders Schwennicke/Auerbach/Schwennicke § 36 Rn. 13: auch das Abberufungsorgan ist zuständig; nach Schäfer/Omlor/Mimberg/Schäfer Rn. 12 ist die Frage „oder"). Das Abberufungsorgan (zB der Aufsichtsrat) ist in Kenntnis zu setzen (Schäfer/Omlor/Mimberg/Schäfer Rn. 12). Einer Zustellung an den oder die abzuberufenden Geschäftsleiter selbst ist nicht erforderlich, da diese nicht Beteiligte iSv § 13 Abs. 1 VwVfG sind (zu § 36 KWG: siehe nur Fischer/Schulte-Mattler/Fischer/Krolop KWG § 36 Rn. 68). Allerdings kann gegen den Verwaltungsakt sowohl durch Institut als auch durch den Betroffenen vorgegangen werden (Ellenberger/Findeisen/Nobbe/Böger/Findeisen Rn. 8). Für das Verlangen gilt jedoch Sofortvollzug nach § 9 (Schäfer/Omlor/Mimberg/Schäfer Rn. 16).

In dem Abberufungsverlangen kann die BaFin gleichzeitig auch die Aufhebung **10** der Erlaubnis androhen bzw. anordnen für den Fall, dass das Institut dem Abberufungsverlangen nicht nachkommt. Auch kann die BaFin für diesen Fall einen Sonderbeauftragten nach Abs. 2 bestellen. Das Abberufungsverlangen der BaFin bewirkt, dass für das nach gesellschaftsrechtlichen Vorschriften zuständige Gesellschaftsorgan die Pflicht erwächst, den oder die Geschäftsleiter unverzüglich abzuberufen (zu § 36 KWG: Fischer/Schulte-Mattler/Fischer/Krolop KWG § 36 Rn. 69; Schwennicke/Auerbach/Schwennicke § 36 Rn. 12; ähnlich nun Ellenberger/Findeisen/Nobbe/Böger/Findeisen Rn. 9). Sofern nach gesellschaftsrechtlichen Vorschriften ein wichtiger Grund für die Abberufung erforderlich ist (so zB § 84 Abs. 3 S. 1 AktG), dürfte dieser regelmäßig aus dem rechtmäßigen Abberufungsverlangen folgen. Nach aA folgt der wichtige Grund plausibler aus der Konsequenz der Institutsschließung bei vorhandener Androhung im Fall einer Nichtbefolgung (Schäfer/Omlor/Mimberg/Schäfer Rn. 13). Es ist nicht erforderlich, dass mit dem Abberufungsverlangen immer auch eine Untersagung der Tätigkeit nach Alt. 2 verknüpft wird (ähnlich Ellenberger/Findeisen/Nobbe/Böger/Findeisen Rn. 8, 20f.).

11   Die Missachtung eines Abberufungsverlangens durch das Institut kann die Zuverlässigkeit der übrigen Geschäftsleiter in Frage stellen, wodurch auch diese Ziel einer Maßnahme nach § 20 werden können (zu § 36 KWG: Schwennicke/Auerbach/Schwennicke § 36 Rn. 22; Szagonn/Haug/Ergenzinger KWG § 36 Rn. 5); das ist allerdings dann kritisch, wenn die übrigen Geschäftsleiter das Abberufungsverlangen ordnungsgemäß der dafür zuständigen Gesellschafterversammlung oder dem Aufsichtsrat vorgelegt haben und die Abberufung dennoch unterbleibt (Schäfer/Omlor/Mimberg/Schäfer Rn. 14). Zulässig erscheint es, dass die BaFin vor dem eigentlichen Abberufungsverlangen dem Institut unter Darlegung ihrer Rechtsansicht nahelegt, den oder die Geschäftsleiter selbständig zum Rücktritt zu bewegen oder das Institut unter Androhung des Abberufungsverlangens auffordert, in Zukunft die entsprechenden Rechts- und Verwaltungsvorschriften zu beachten (so geschehen in OVG Berlin in Beckmann/Bauer § 36 KWG Nr. 14 (S. 25)).

3. Untersagung der Tätigkeit bei Instituten (Satz 1 Alt. 2)

12   Neben dem Abberufungsverlangen gemäß § 20 Abs. 1 S. 1 Alt. 1 kann die BaFin dem oder den Geschäftsleitern die Ausübung ihrer Tätigkeit bei Instituten untersagen (Satz 1 Alt. 2). Durch das Zweite E-Geld-RLUG wurde diese Ermächtigung auf beiderlei Institute (Zahlungsinstitute und E-Geld-Institute) erstreckt. Die Untersagung nach Satz 1 Alt. 2 kann sich nicht auf KWG-Institute erstrecken (Ellenberger/Findeisen/Nobbe/Böger/Findeisen Rn. 2), denn Satz 1 Alt. 2 nennt nur „Institute", was im ZAG gem. § 1 Abs. 3 Zahlungsinstitute und E-Geld-Institute bedeutet (Schäfer/Omlor/Mimberg/Schäfer Rn. 18; Schwennicke/Auerbach/ Schwennicke Rn. 2).

13   **a) Tätigkeitsverbot.** Nach der Änderung des Gesetzeswortlauts ist nunmehr die BaFin ermächtigt, im Rahmen der Verhältnismäßigkeit (Ellenberger/Findeisen/ Nobbe/Böger/Findeisen Rn. 22, Beck/Samm/Kokemoor/Müller-Grune KWG § 36 Rn. 29) ein Tätigkeitsverbot gegen den oder die Geschäftsleiter sowohl bei dem Institut, für das ein Abberufungsverlangen nach § 20 Abs. 1 S. 1 Alt. 1 ergeht, als auch bei weiteren Instituten zu erlassen (→ Rn. 12). Das Tätigkeitsverbot entfaltet sofortige Wirkung mit Wirksamkeit der Verfügung, ohne dass es einer weiteren Abberufung durch ein zuständiges Gesellschaftsorgan bedarf (zu § 36 KWG: Fischer/ Schulte-Mattler/Fischer/Krolop KWG § 36 Rn. 4; Schäfer/Omlor/Mimberg/ Schäfer Rn. 17; Ellenberger/Findeisen/Nobbe/Böger/Findeisen Rn. 19). Untersagt wird durch das Tätigkeitsverbot die Geschäftsleitertätigkeit auch für die Zukunft (zu § 36 KWG: Fischer/Schulte-Mattler/Fischer/Krolop KWG § 36 Rn. 5; auch Ellenberger/Findeisen/Nobbe/Böger/Findeisen Rn. 20). Das Tätigkeitsverbot beschränkt sich auf die leitende Stellung bei einem Institut; eine weitere Mitarbeit bei dem Institut in sonstiger Weise wird hierdurch im Grundsatz nicht ausgeschlossen (zu § 36 KWG: Schwennicke/Auerbach/Schwennicke § 36 Rn. 16; Schäfer/ Omlor/Mimberg/Schäfer Rn. 19; Ellenberger/Findeisen/Nobbe/Böger/Findeisen Rn. 20).

14   **b) Geschäftsleiter.** Adressat der Verfügung der BaFin ist der Geschäftsleiter; im Fall juristischer Personen können auch ungeeignete Mitglieder aus Aufsichtsorganen unter das Verbot fallen (Ellenberger/Findeisen/Nobbe/Böger/Findeisen Rn. 18f.; Fischer/Schulte-Mattler/Fischer/Krolop KWG § 36 Rn. 4). Wegen der Wirkung der Verfügung ggü. dem Institut ist diese auch dem Institut zuzustellen; dieses ist ein Beteiligter iSv § 13 Abs. 1 VwVfG (zu § 36 KWG: ähnlich Schwennicke/

Auerbach/Schwennicke § 36 Rn. 15; aA Fischer/Schulte-Mattler/Fischer/Krolop KWG § 36 Rn. 70); hier ist die Verfügung dem empfangsbevollmächtigten Organ, dh Geschäftsführung oder Vorstand, zuzustellen (zu § 36 KWG: Fischer/Schulte-Mattler/ Fischer/Krolop KWG § 36 Rn. 70; Schwennicke/Auerbach/Schwennicke § 36 Rn. 15; Szagonn/Haug/Ergenzinger KWG § 36 Rn. 12; Reischauer/Kleinhans/ Glawischnig-Quinke KWG § 36 Rn. 59 f.).

4. Vorübergehende Abberufung und vorübergehende Untersagung nach Abs. 1 Satz 2 und Satz 3

Mit dem ZDUG II hat der Gesetzgeber in dem Fall, dass ein Aufhebungsgrund **15** nach § 13 Abs. 2 Nr. 5 (schwerwiegender Verstoß gegen GwG oder Geldtransfer VO) vorliegt, auch die vorübergehende Abberufung der verantwortlichen Geschäftsleiter und die vorübergehende Untersagung der Ausübung einer Geschäftsleitertätigkeit bei dem Institut und bei einem anderen Verpflichteten nach § 2 Abs. 1 GwG zugelassen. Hier sollen der BaFin offenbar weitere Möglichkeiten bereitgestellt werden, verhältnismäßige Maßnahmen zu ergreifen (Schäfer/Omlor/ Mimberg/Schäfer Rn. 15 „durchaus angebracht"; Ellenberger/Findeisen/Nobbe/ Böger/Findeisen Rn. 4 telos ist „regelungstechnisch nicht klar", kritisch auch Ellenberger/Findeisen/Nobbe/Böger/Findeisen Rn. 26 ff.). Im Umkehrschluss kann ein besonderes Begründungserfordernis für nicht nur temporäre Abberufungen in Fällen des § 13 Abs. 2 Nr. 5 abgeleitet werden (Schäfer/Omlor/Mimberg/Schäfer Rn. 15). Anwendungsfälle für vorläufige Maßnahmen könnten etwa jene andauernder Mängelbeseitigungen oder Untersuchungen sein (Zentes/Glaab/Izzo-Wagner/Otto Rn. 9). Allerdings dürfte das Verlangen einer vorübergehenden Abberufung idR zu gesellschaftsrechtlichen Problemen führen, weil das Gesellschaftsrecht eine vorübergehende Abberufung nicht kennt: vorübergehende Abberufung bedeutet deshalb wohl, dass die Person (erst) nach einer von der Aufsichtsbehörde zu bemessenen angemessenen Frist von dem zuständigen Organ wieder als Geschäftsleiter ernannt werden darf (so auch nun Schäfer/Omlor/Mimberg/Schäfer Rn. 15; Ellenberger/Findeisen/Nobbe/Böger/Findeisen Rn. 29). Eine temporäre Untersagung ist nach § 20 Abs. 1 S. 3 auch gegenüber Verantwortlichen aber formell ernannten Geschäftsleitern möglich (Ellenberger/Findeisen/Nobbe/Böger/Findeisen Rn. 32, Beck/Samm/Kokemoor/Müller-Grune KWG § 36a Rn. 2). Satz 3 ist damit eine Ermächtigung zum Erlass einer Untersagung zur Berufsausübung gegenüber Mitarbeitern des Instituts, die etwa Verstöße gegen GwG oder Geldtransfer VO zu verantworten haben (Schäfer/Omlor/Mimberg/Schäfer Rn. 21 ff.). Anders als in Satz 1 kann sich hier (im Rahmen der Verhältnismäßigkeit) das vorübergehende Tätigkeitsverbot auf alle Verpflichteten nach § 2 Abs. 1 GwG erstrecken (Schwennicke/Auerbach/Schwennicke Rn. 2).

III. Sonderbeauftragte (Abs. 2)

1. Allgemeines

a) Hintergrund. Die Regelung des § 20 Abs. 2 entspricht Teilen von § 45c **16** KWG (dessen Inhalt zunächst nach dem 4. FinFöG in § 36 Abs. 1a KWG, sodann nach dem RestruktG v. 9.12.2010, BGBl. I 1900, in § 45c KWG geregelt wurde; § 45c Abs. 7 KWG wurde mWv 29.12.2020 durch G v. 9.12.2020 (BGBl. I 2773) neu gefasst). Ggü. § 45c KWG ist die Regelung von § 20 Abs. 2 allerdings trotz der Verweise in S. 2 auf § 45c Abs. 6 und Abs. 7 KWG sehr unvollständig: nicht geregelt wird bspw. die Auswahl, die Befugnisse des Sonderbeauftragten sowie die in § 45c Abs. 2 im Einzelnen aufgezählten Möglichkeiten der Übertragung von Befugnissen. Auch im Sinne des Gesetzesvorbehaltes wäre hier eine umfänglichere Normierung bzw. ein Verweis auf das KWG wünschenswert gewesen. In vielen Fällen erscheint allerdings ein Rückgriff auf die entsprechende Regelung im KWG möglich. Auf diese Vorschrift wird wegen der Kostentragung und wegen der Haftung des Sonderbeauftragten verwiesen (s. oben § 20 Abs. 2 S. 2).

17   **b) Systematik.** Die Übertragung von Organbefugnissen auf einen Sonderbeauftragten stellt ein weiteres Aufsichtsmittel neben der Aufhebung der Erlaubnis nach § 13 Abs. 2 Nr. 3–5 und neben dem Abberufungsverlangen nach § 20 Abs. 1 S. 1 Alt. 1 oder § 20 Abs. 1 S. 2 Alt. 1 und S. 3 bzw. dem Tätigkeitsverbot nach § 20 Abs. 1 S. 1 Alt. 2 oder § 20 Abs. 1 S. 2 Alt. 1 und S. 3 dar. Die Bestellung und Abberufung des Sonderbeauftragten sind Verwaltungsakte iSd § 35 VwVfG (Ellenberger/Findeisen/Nobbe/Böger/Findeisen Rn. 35).

2. Voraussetzungen

18   **a) Aufhebungsgrund.** Voraussetzung nach § 20 Abs. 2 ist, dass einer der Fälle des § 13 Abs. 2 Nr. 3–5 vorliegt. Dazu → Rn. 4 sowie Kommentierung → § 13 Rn. 14 ff., → Rn. 28 und → Rn. 29 ff.

19   **b) Persönliche Voraussetzungen des Sonderbeauftragten.** Nach § 20 Abs. 2 S. 1 muss der Sonderbeauftragte zur Wahrung der Befugnisse geeignet erscheinen (so nun auch Schäfer/Omlor/Mimberg/Schäfer Rn. 32). Hierbei handelt es sich um die persönlichen Voraussetzungen, die in der Person des von der BaFin benannten Sonderbeauftragten vorliegen müssen. § 45c Abs. 1 KWG regelt dies ausführlicher. In der Sache dürfte kein Unterschied bestehen, so dass auch im Rahmen von § 20 Abs. 2 S. 1 zu fordern ist, dass der Sonderbeauftragte zuverlässig und wohl auch unabhängig ist (so auch Ellenberger/Findeisen/Nobbe/Böger/Findeisen Rn. 40). Hier wird man die gleichen Anforderungen stellen müssen, wie im Rahmen der Prüfung der Zuverlässigkeit und Geeignetheit von Geschäftsleitern iSv § 10 Abs. 2 S. 4, § 11 Abs. 2 S. 3 (s. hierzu die jeweiligen Kommentierungen). Im Rahmen des von der BaFin auszuübenden Auswahlermessens wird man verlangen müssen, dass der nach § 20 Abs. 2 zu bestellende Sonderbeauftragte unabhängig ist iSv § 45c Abs. 1 S. 2 KWG. Er darf nicht wegen einer möglichen eigenen Beteiligung an der eingetretenen Krise befangen sein (zu § 45c KWG: Herring/Fiedler WM 2011, 1311 (1312); Schwennicke/Auerbach/Schwennicke § 45c Rn. 8). Anders als im Rahmen von § 45c Abs. 1 S. 2 KWG muss im Rahmen des § 20 Abs. 2 S. 1 der Sonderbeauftragte eine natürliche Person sein, da und soweit nach gesellschaftsrechtlichen Bestimmungen nur natürliche Personen Organbefugnisse ausüben dürfen; ansonsten können auch juristische Personen in Betracht kommen (vgl. auch RegBegr. zum RestruktG, BT-Drs. 17/3024, 60; iE auch Schäfer/Omlor/Mimberg/Schäfer Rn. 33; für beratende Funktionen Ellenberger/Findeisen/Nobbe/Böger/Findeisen Rn. 41, Fischer/Schulte-Mattler/Lindemann KWG § 45c Rn. 14).

3. Übertragung von Organbefugnissen

§ 20 Abs. 2 regelt lediglich allgemein, dass die BaFin auf den Sonderbeauftragten **20** Befugnisse übertragen kann, die Organen des Instituts zustehen; diese kann sie nach dem Gesetzestext ganz oder teilweise übertragen. Die Formulierung „auf einen Sonderbeauftragten" könnte darauf verweisen, dass nur ein einziger Sonderbeauftragter pro Institut durch die BaFin ernannt werden kann. Gerade der Vergleich zur Formulierung „Aufsichtspersonen" in § 21 Abs. 2 S. 2 Nr. 3 ist ein Indikator hierfür. Insbesondere bei großen Instituten ist dies jedoch bisweilen nicht sinnvoll, da ein einziger Sonderbeauftragter nicht zugleich Geschäftsleitungs- und Aufsichtsfunktionen wahrnehmen kann (Schäfer/Omlor/Mimberg/Schäfer Rn. 34).

4. Organbefugnisse

Im Hinblick auf die teilweise oder umfassende Übertragung von Organbe- **21** fugnissen kann sich die BaFin an dem nicht abschließenden Katalog des § 45c Abs. 2 KWG orientieren (siehe auch Ellenberger/Findeisen/Nobbe/Böger/Findeisen Rn. 38; Schäfer/Omlor/Mimberg/Schäfer Rn. 35 mit Verweis auf Fischer/Schulte-Mattler/Lindemann KWG § 45c Rn. 20 ff.). Die Verfügung der BaFin wird im Einzelnen regeln müssen, ob lediglich Funktionen unzuverlässiger oder fachlich ungeeigneter Geschäftsleiter (§ 45c Abs. 2 Nr. 1 KWG) oder Funktionen abberufener oder einem Tätigkeitsverbot unterliegender Geschäftsleiter (§ 45c Abs. 2 Nr. 2 KWG) übertragen werden. Die Schranken der Kompatibilität des § 45c Abs. 3 S. 2 KWG, insbesondere das Verbot, gleichzeitig Funktionen von Verwaltungs- oder Aufsichtsorganen zu übertragen, müssen auch im Rahmen von § 20 Abs. 2 S. 1 Anwendung finden (vgl. auch § 105 Abs. 1 AktG) (zu § 45c KWG: Fischer/Schulte-Mattler/Lindemann KWG § 45c Rn. 21).

5. Übertragung von Befugnissen der Aufsicht

Nach § 45c Abs. 1 S. 3 und S. 4 sowie nach § 45c Abs. 2 Nr. 6–10 KWG können **22** einem Sonderbeauftragten bestimmte Befugnisse übertragen werden, die nur teilweise oder bisweilen gar nicht deckungsgleich sind mit Organbefugnissen. So hat der Sonderbeauftragte nach § 45c Abs. 1 S. 3 die Auskunfts-, Einsichts-, Teilnahme- und Betretungsrechte, wie nach § 44 KWG (§ 19 Abs. 1 ZAG), die auch der BaFin oder der BBank zustehen. Nach § 45c Abs. 1 S. 3 KWG sind die übrigen Organe und Organmitglieder des Instituts zur Unterstützung des Sonderbeauftragten verpflichtet. Weiterhin kann nach § 45c Abs. 2 Nr. 7 KWG der Sonderbeauftragte zur Erstellung eines Restrukturierungsplans und nach § 45c Abs. 2 Nr. 9 KWG zur Vorbereitung einer Abwicklungsanordnung eingesetzt werden. Hier ist im Rahmen von § 20 Abs. 2 S. 1 zu differenzieren: Soweit bestimmte Befugnisse nach dem anwendbaren Gesellschaftsrecht von Organen wahrgenommen werden können bzw. müssen, ist eine Übertragung im Rahmen von § 20 Abs. 2 S. 1 („Befugnisse, die Organen des Instituts zustehen") zulässig. Soweit es nicht lediglich um die Übertragung von Befugnissen, sondern um konkrete Aufträge an den Sonderbeauftragten geht (zB Erstellung eines Restrukturierungsplans) (§ 45c Abs. 2 Nr. 7 KWG), Prüfung von Schadensersatzansprüchen (§ 45c Abs. 2 Nr. 10 KWG), erscheint § 20 Abs. 2 S. 1 als Ermächtigungsgrundlage ungeeignet, da es sich hierbei um einen über die Übertragung von Befugnissen hinausgehenden Eingriff handelt (ähnlich Schäfer/Omlor/Mimberg/Schäfer Rn. 36; anders dagegen Ellenberger/Findeisen/Nobbe/Böger/Findeisen Rn. 38: „Orientierung an § 45c KWG", der aber die Schranken des Gesetzesvorbehalts verkennt). Solche Maßnahmen können nur auf Basis von § 21 oder nach anderen Eingriffsnormen ergehen. Auch die Übertragung von Aufsichtsbefugnissen iSv § 19 auf den Sonderbeauftragten erscheint nur im Rahmen der übertragbaren Organbefugnisse und dies wiederum in den Grenzen des § 45c Abs. 3 S. 2 KWG möglich. Wird bspw. die Organbefugnis eines Vorstandsmitglieds des Instituts in der Rechtsform der AG auf einen Sonderbeauftragten übertragen, so kann dieser Sonderbeauftragte nur in den Grenzen des § 109 Abs. 1 AktG an Sitzungen des Aufsichtsrats teilnehmen. Auch hat er diesem ggü. nur beschränkte Auskunftsrechte (Koch AktG § 109 Rn. 3). Da eine Ermächtigungsnorm iSv § 45c Abs. 1 S. 3 KWG in § 20 Abs. 2 S. 1 fehlt, wäre eine über die aktiengesetzliche Ordnung hinausgehende Übertragung von derartigen Aufsichtsbefugnissen unzulässig (zustimmend Schäfer/Omlor/Mimberg/Schäfer Rn. 35).

6. Verhältnismäßigkeit

23   Nicht nur zwischen den verschiedenen Maßnahmen der Aufhebung der Erlaubnis gemäß § 13 Abs. 2, der Abberufung oder des Tätigkeitsverbots für Geschäftsleiter gemäß § 20 Abs. 1 und der Bestellung des Sonderbeauftragten gemäß § 20 Abs. 2 gilt das Gebot der Verhältnismäßigkeit, sondern auch im Rahmen der Entscheidung über die teilweise oder umfassende Übertragung von Organbefugnissen gemäß § 20 Abs. 2. Die teilweise Übertragung von Organbefugnissen geht deshalb der vollständigen Übertragung solcher Befugnisse vor (zu § 45c KWG: Schwennicke/Auerbach/Schwennicke § 45c Rn. 40; Ellenberger/Findeisen/Nobbe/Böger/Findeisen Rn. 34; Schäfer/Omlor/Mimberg/Schäfer Rn. 37). Auch im Übrigen müssen die auf dem Verhältnismäßigkeitsgrundsatz basierenden Regelungen des § 45c Abs. 3 S. 4–6 im Rahmen von § 20 Abs. 2 entsprechend anwendbar sein.

7. Kosten, Haftung des Sonderbeauftragten, Handelsregistereintragung

24   Wegen der Kostentragung verweist § 20 Abs. 2 S. 2 auf § 45c Abs. 6 und Abs. 7 KWG. Die Kosten der Bestellung des Sonderbeauftragten, die Erstattung von dessen Auslagen und dessen Vergütung fallen demnach dem Institut zur Last. Die Höhe der Vergütung setzt die BaFin fest. Sie schießt auf Antrag des Sonderbeauftragten die Auslagen und dessen Vergütung vor. Durch den Verweis auf § 45c Abs. 7 KWG erstreckt sich die Haftung des Sonderbeauftragten auf Vorsatz und Fahrlässigkeit, in bestimmten, in § 45c Abs. 7 S. 2 und S. 3 KWG genannten Fällen haftet der Sonderbeauftragte nur für Vorsatz. Des Weiteren regelt diese Vorschrift die betragsmäßige Begrenzung der Haftung für fahrlässiges Handeln des Sonderbeauftragten auf 1 Mio. EUR (§ 45c Abs. 7 S. 4 KWG) (kritisch zur Höhe bei „nicht selbst börsennotierten Instituten, die jedoch Tochtergesellschaften von börsennotierten Holdinggesellschaften sind" Schäfer/Omlor/Mimberg/Schäfer Rn. 38), bei börsennotierten Gesellschaften auf 50 Mio. EUR (§ 45c Abs. 7 S. 5 KWG). Eine Eintragung des Sonderbeauftragten in das Handelsregister ist anders als in § 45c Abs. 4 KWG im Rahmen von § 20 Abs. 2 nicht vorgesehen. Angesichts der Tatsache, dass die Eintragung von Organmitgliedern in das Handelsregister in der Regel keine konstitutive Wirkung hat, erscheint dies unproblematisch. Auch der fehlende Verweis auf § 45c Abs. 5, wonach das Institut die **Aufhebung der Bestellung** des Sonderbeauftragten beantragen kann, erscheint unproblematisch; auch ohne diese ausdrückliche Regelung ist das Institut jederzeit berechtigt, einen begründeten Antrag auf Aufhebung der Bestellung des Sonderbeauftragten bei der BaFin zu stellen.

IV. Verwarnung von Geschäftsleitern (Abs. 2a)

1. Verwarnung vor Abberufung oder Tätigkeitsverbot

Abs. 2a, der mit dem RiG (BGBl. 2020 I 2773) eingefügt wurde, regelt erstmals **24a** ausdrücklich (parallel zu § 36 Abs. 2 KWG) die Verwarnung von Geschäftsleitern durch die Aufsichtsbehörde und deren Folgen. Der Verwarnung kommt eine Appellfunktion für den Geschäftsleiter zu. Ebenso beinhaltet sie eine Feststellungsfunktion hinsichtlich des entscheidungserheblichen Sachverhalts, sodass insgesamt durch die Aufnahme in das Gesetz die rechtliche Wirkung als Verwaltungsakt durch den Gesetzgeber anerkannt sein sollte. Mithin kann gegen die Verwarnung mit Widerspruch und Anfechtungsklage vorgegangen werden. Auch vor Aufnahme der Regelung in den Gesetzestext bestand die überwiegende Auffassung, dass einem Abberufungsverlangen bzw. einem Tätigkeitsverbot eine Verwarnung vorauszugehen habe (siehe nur BVerwG NJW-RR 2007, 492 = WM 2007, 1655; Fischer/Schulte-Mattler/Fischer/Krolop KWG § 36 Rn. 53; Ellenberger/Findeisen/Nobbe/Böger/Findeisen Rn. 47; Schäfer/Omlor/Mimberg/Schäfer Rn. 6), nun hält Abs. 2a diese Auffassung im Gesetzeswortlaut fest.

2. Verstoß gegen gesetzliche Vorschriften, Verordnungen, Anordnungen

Anders als die Parallelvorschrift des § 36 Abs. 2 KWG nennt § 20 Abs. 2a, auf den **24b** § 20 Abs. 3, verweist, lediglich das ZAG, das GwG sowie die zur Durchführung dieser Gesetze erlassenen Verordnungen und Anordnungen der BaFin. Nur bei solchen Verstößen ist die BaFin ermächtigt, die Abberufung zu verlangen bzw. ein Tätigkeitsverbot zu verhängen. Verstöße gegen die weiteren, in § 36 Abs. 2 KWG genannten Gesetze, insbesondere das KWG, das DepotG oder das WpHG, berechtigen nicht zu solchen Maßnahmen ggü. Geschäftsleitern von ZAG-Instituten (Ellenberger/Findeisen/Nobbe/Böger/Findeisen Rn. 45; auch Schwennicke/Auerbach/Schwennicke Rn. 3). Solche Verstöße können aber das Urteil der mangelnden Eignung des Geschäftsleiters gemäß § 12 Nr. 5 nach sich ziehen. Im Rahmen der Überarbeitung des ZAG durch das Zweite E-Geld-RLUG hat der Gesetzgeber die Liste der Normen nicht erweitert. Verstöße gegen Anordnungen der BaFin können nur dann eine Maßnahme nach § 20 Abs. 3 rechtfertigen, wenn diese Anordnungen rechtmäßig sind (VGH Kassel WM 2007, 392); sofern dies nicht rechtskräftig gerichtlich festgestellt oder der Verwaltungsakt bestandskräftig ist, trägt der Geschäftsleiter faktisch ein prozessuales Risiko hinsichtlich der Rechtmäßigkeit (Schäfer/Omlor/Mimberg/Schäfer Rn. 5).

3. Verschulden

Für eine Verwarnung ist ein **Verschulden** des Geschäftsleiters nicht erforderlich (RegBegr., RiG, BT-Drs. 19/22786, 198); die Frage des Verschuldens ist aber in Abs. 3 erheblich.

4. Verwarnung

Bei der Verwarnung handelt es sich um den Ausdruck der Missbilligung des entsprechenden Verhaltens verbunden mit dem Hinweis, dass dieses rechtswidrig sei, und der Aufforderung, sich in Zukunft gesetzeskonform zu verhalten (VG Berlin WM 1992, 1059f.; Schwennicke/Auerbach/Schwennicke § 36 Rn. 31). Eine Verwarnung ist bei sehr erheblichen Verstößen auch bereits bei Erstbegehung möglich (Fischer/Schulte-Mattler/Fischer/Krolop KWG § 36 Rn. 63). Dabei sind Äußerungen der Behörde der Auslegung zugänglich; keine Verwarnung ist idR die Äußerung einer Rechtsansicht (Schwennicke/Auerbach/Schwennicke § 36 Rn. 31), wenn dies nicht mit der Aufforderung zur Verhaltensänderung verbunden wird (OVG Berlin 5.3.1986 – 1 B 52/83, in Beckmann/Bauer KWG § 36 Nr. 14). Die Verwarnung ist nach hA ein Verwaltungsakt, der mit Widerspruch und Anfechtungsklage angegriffen werden kann (VGH Kassel WM 2007, 392; Fischer/Schulte-Mattler/Fischer/Krolop KWG § 36 Rn. 63; Beck/Samm/Kokemoor/Müller-Grune KWG § 36 Rn. 22 und 117; auch Schäfer/Omlor/Mimberg/Schäfer Rn. 6; aA VG Berlin WM 1992, 1059 (1062)). Das Gebot der Verhältnismäßigkeit kann es bedingen, dass vor der Verwarnung ein Hinweis oder eine Belehrung zu ergehen hat (BVerwG NJW-RR 2007, 492 = WM 2007, 1655; VGH Kassel WM 2007, 392; Beck/Samm/Kokemoor/Müller-Grune KWG § 36 Rn. 119f.; Reischauer/Kleinhans/Glawischnig-Quinke KWG § 36 Rn. 48; Schwennicke/Auerbach/Schwennicke § 36 Rn. 32). Setzt der Geschäftsleiter nach der Verwarnung sein Verhalten fort, so können die Maßnahmen nach § 20 Abs. 3 ergehen.

V. Abberufung von Geschäftsleitern aus sonstigen Gründen (Abs. 3)

1. Allgemeines

25   Die Vorschrift des § 20 Abs. 3 verweist auf § 20 Abs. 2a sowie auf Anordnung der BaFin, der im Wortlaut (in Teilen) nahezu identisch mit § 36 Abs. 2 KWG ist, wobei die in Bezug genommenen Gesetzesverstöße andere sind. In der Systematik tritt Abs. 3 neben Abs. 1 und gewährt der BaFin weitere Abberufungsgründe, die idR unterhalb der Schwelle der in Abs. 1 genannten Aufhebungsgründe (§ 13 Abs. 2 Nr. 3–5) liegen; im Fall des § 13 Abs. 2 Nr. 5 müssen die Verstöße gegen das GwG schwerwiegend, wiederholt und systematisch sein, während § 20 Abs. 3 „lediglich Vorsatz oder Leichtfertigkeit" fordert. Insbesondere betrachtet § 20 Abs. 3 solche Zuwiderhandlungen des Geschäftsleiters, die nicht bereits einen Versagungsgrund gemäß § 12 Nr. 5 darstellen. Seit der Aufnahme von Abs. 2a in den Gesetzeswortlaut bezieht sich das trotz einer Verwarnung fortgeführte Verhalten auf die Verwarnung gem. Abs. 2a.

2. Gesetzesverstöße

26   **a) Fortsetzung des Verstoßes gegen die in Abs. 2a genannten Rechtsakte oder Anordnungen trotz Verwarnung.** Sofern ein Geschäftsleiter einen Verstoß gegen die in Abs. 2a genannten Rechtsakte und rechtmäßigen Anordnungen (→ Rn. 24b) trotz Verwarnung gem. Abs. 2a fortsetzt, kann die BaFin darauf, bei

Vorliegen der weiteren Voraussetzungen, ein Abberufungsverlangen oder eine Tätigkeitsuntersagung stützen. Die gesetzliche Vorschrift des § 20 Abs. 3 setzt (ebenso wie § 36 Abs. 2 KWG) vor Ausspruch des Abberufungsverlangens oder des Tätigkeitsverbots eine Verwarnung voraus. Die Verwarnung gem. § 20 Abs. 2a geht demzufolge dem Abberufungsverlangen zwingend voraus (BVerwG NJW-RR 2007, 492 = WM 2007, 1655; Fischer/Schulte-Mattler/Fischer/Krolop KWG § 36 Rn. 53; ferner siehe nur Schäfer/Omlor/Mimberg/Schäfer Rn. 6 und Rn. 25 „rechtmäßig" mit Verweis auf VGH Kassel WM 2007, 392; BVerwG WM 2007, 1655; Schwennicke/Auerbach/Schwennicke § 36 Rn. 31).

Die Verwarnung muss rechtskräftig oder bestandskräftig sein, bevor darauf eine **26a** Tätigkeitsuntersagung oder ein Abberufungsverlangen gestützt wird (Schäfer/ Omlor/Mimberg/Schäfer Rn. 25), denn ansonsten käme der Verwarnung eine nicht gesetzlich vorgesehene sofortige Vollziehbarkeit zu (Schäfer/Omlor/Mimberg/Schäfer Rn. 25).

b) Vorsätzliche oder leichtfertige Verstöße. Eine Maßnahme nach § 20 **27** Abs. 3 ist nur gerechtfertigt, wenn der Geschäftsleiter den Verstoß vorsätzlich oder leichtfertig fortsetzt. Zum Begriff der Leichtfertigkeit → § 64 Rn. 29. Fahrlässige Verstöße reichen nicht aus (VG Berlin WM 1992, 1059 (1063)). Die Beweislast hierfür liegt bei der BaFin. Bei einem trotz Verwarnung fortgesetzten Verhalten sollte dies gegeben sein; problematisch ist es jedoch, wenn der Geschäftsleiter gegen die Rechtmäßigkeit der Verwarnung vorgeht (Schäfer/Omlor/Mimberg/Schäfer Rn. 26).

c) Nachhaltigkeit der Verstöße, zeitlicher Zusammenhang. Der mit der **28** Abberufung oder dem Tätigkeitsverbot verbundene schwere Eingriff rechtfertigt sich nur, wenn die genannten Verstöße fortgesetzt auftreten (OVG Berlin VersR 2004, 1069; zu § 36 KWG: Schwennicke/Auerbach/Schwennicke § 36 Rn. 29). In Betracht kommen deshalb fortlaufende Verstöße gegen die Pflicht zur Einrichtung und Unterhaltung einer ordnungsgemäßen Geschäftsorganisation gemäß § 27 Abs. 1 (zu § 25a Abs. 1 KWG: Preussner/Pananis BKR 2004, 347 ff.; zu § 36 KWG: Schwennicke/Auerbach/Schwennicke § 36 Rn. 29). Differenzen zwischen dem Geschäftsleiter und der BaFin über die Auslegung aufsichtsrechtlicher Vorschriften kann dagegen die BaFin nicht zum Anlass einer Maßnahme nach § 20 Abs. 3 nehmen (so zu § 36 Abs. 2 Schwennicke/Auerbach/Schwennicke § 36 Rn. 28).

Zusätzliche Voraussetzung ist ein hinreichender zeitlicher und sachlicher Zusammenhang zwischen der Verwarnung und dem Abberufungsverlangen/der Tätigkeitsuntersagung (RegBegr. RiG, BT-Drs. 19/22786, 198). Die Regierungsbegründung nennt zwar keine konkrete Begrenzung für einen „hinreichenden" Zusammenhang, entsprechend der bisherigen BaFin-Praxis in Bezug auf das KWG wird diese aber wohl zwischen drei und fünf Jahren liegen (Schäfer/Omlor/Mimberg/Schäfer Rn. 5).

3. Rechtsfolgen

Für das Verlangen der Abberufung nach Abs. 3 Alt. 1 gelten dieselben Grund- **30** sätze wie im Rahmen von Abs. 1 (→ Rn. 9). Infolge des ZDUG II kann die BaFin nunmehr nach dem Wortlaut des Abs. 3 Alt. 2 dem abzuberufenden Geschäftsleiter die Ausübung seiner Tätigkeit bei Zahlungsinstituten und bei E-Geld-Instituten untersagen (auch Schäfer/Omlor/Mimberg/Schäfer Rn. 24). Auch das Abberufungsverlangen kann die BaFin sowohl an Zahlungs- als auch an E-Geld-Institute richten; durch das Wort „auch" in Abs. 3 Alt. 1 macht der Gesetzgeber deutlich, dass er die Reichweite ebenso wie in Abs. 1 S. 1 und Abs. 2 definieren wollte.

VI. Zuverlässigkeit und Eignung von Verwaltungs- und Aufsichtspersonen eines Instituts (Abs. 4)

1. Allgemeines

31   Durch das ZDUG II hat der Gesetzgeber das Erfordernis der Zuverlässigkeit und fachlichen Eignung für alle Mitglieder von Verwaltungs- und Aufsichtsorganen von Instituten verankert. Für Geschäftsleiter ergibt sich dies bereits aus den Antragsvoraussetzungen des § 10 Abs. 2 S. 4 für Zahlungsinstitute und § 11 Abs. 2 S. 3 für E-Geld-Institute sowie aus dem Versagungsgrund des § 12 Nr. 5 Abs. 4 S. 1 und S. 2 lehnen sich eng an § 25d Abs. 1 KWG an (vgl. auch Schwennicke/Auerbach/ Schwennicke Rn. 5; Ellenberger/Findeisen/Nobbe/Böger/Findeisen Rn. 51); deshalb können die dazu entwickelten Grundsätze hier ebenfalls nutzbar gemacht werden. Im Übrigen ist Abs. 4 dem § 36 Abs. 3 und 4 KWG nachgebildet (RegBegr. ZDUG II, BT-Drs. 18/11495, 126).

2. Verwaltungs- und Aufsichtsorgane von Instituten

32   Der Begriff „Verwaltungs- und Aufsichtsorgane" ist im ZAG nicht definiert. Der Gesetzgeber der nahezu wortgleichen Vorschrift des § 25d Abs. 1 KWG will darunter jedes Organ verstehen, „dem die Überwachung der Geschäftsleitung des jeweiligen Unternehmens obliegt, ohne dass es auf die Terminologie in dem einschlägigen, die Rechtform regelnden Gesetz ankommt" (Reg. Begr. ZRD IV – UG, BT-Drs. 17/10974, 87). Demgegenüber ist der europarechtliche Begriff „Leitungsorgan" in Art. 3 Abs. 1 Nr. 7 CRD IV wie folgt definiert: „Das Organ oder die Organe eines Instituts, das (die) nach nationalem Recht bestellt wurde (wurden) und befugt ist (sind), Strategieziele und Gesamtpolitik des Instituts festzulegen und die Entscheidungen der Geschäftsleitung zu kontrollieren und zu überwachen, und dem die Personen angehören, die die Geschäfte des Instituts tatsächlich führen". Dieser Begriff umfasst sowohl Aufsichtsorgane als auch Geschäftsleiter (so auch zu § 25d KWG: Fischer/Schulte-Mattler/Braun/Siering KWG § 25d Rn. 12). Allerdings spricht § 20 Abs. 4 S. 1 ausschließlich von der „Wahrnehmung der Kontrollfunktion" und von der „Beurteilung und Überwachung der Geschäfte". Entsprechend dürfte hiermit nur der in Art. 3 Abs. 1 Nr. 8 CRD IV definierte Teilbereich der Leitungsorgane, namentlich „Leitungsorgan in seiner Aufsichtsfunktion" angesprochen sein, nämlich „das Leitungsorgan bei der Wahrnehmung seiner Aufgabe der Beaufsichtigung und Überwachung der Entscheidungsprozesse der Geschäftsleitung". **Geschäftsleiter** fallen deshalb **nicht** unter den Begriff der „Verwaltungs- und Aufsichtsorgane" von Instituten iSv Abs. 4 (Schäfer/Omlor/Mimberg/ Schäfer Rn. 41; Schwennicke/Auerbach/Schwennicke Rn. 4). Sofern in einem Institut kein besonderes Aufsichtsorgan installiert ist, sondern der **Gesellschafterversammlung** bei einer GmbH oder Handelsgesellschaft die Aufsicht über die Geschäftsführung übertragen ist, sollten weder die Gesellschafterversammlung als solche noch einzelne Mitglieder als Aufsichtsorgan iSd § 20 Abs. 4 anzusehen sein (Schäfer/Omlor/Mimberg/Schäfer Rn. 41). Diese werden gesellschaftsrechtlich nicht als Aufsichtsorgan angesprochen. Zudem wird die Zuverlässigkeit und (be-

schränkt) die Eignung der Gesellschafter bereits im Rahmen der Inhaberkontrolle im Erlaubnisverfahren (§§ 10 Abs. 2 S. 1 Nr. 13, 11 Abs. 2 S. 1) und bei Veränderungen gem. § 14 überprüft. Nach Ansicht der Aufsichtsbehörde (BaFin-Merkblatt Verwaltungs- und Aufsichtsorgane v. 29.12.2020, S. 10) sind unter dem Begriff Verwaltungs- und Aufsichtsorgane iSd KWG oder des KAGB auch Mitglieder eines **fakultativ eingerichteten** Organs oder Mitglieder eines **Beirats** zu verstehen; dies dürfte auch für § 20 Abs. 4 ZAG einschlägig sein, sofern solche Organe Kontroll- oder Überwachungsfunktionen haben.

3. Zuverlässigkeit und Sachkunde (Satz 1), Proportionalität (Satz 2)

Nach Abs. 4 Satz 1 müssen die angesprochenen Organe im für das Zahlungsauf- **33** sichtsrecht speziellen gewerberechtlichen Sinn (Lehrl BKR 2010, 485 ff.; Ellenberger/Findeisen/Nobbe/Böger/Findeisen Rn. 54) **zuverlässig** sein und die zur Wahrnehmung der Kontrollfunktion sowie zur Beurteilung und Überwachung der Geschäfte, die das Institut betreibt, erforderliche **Sachkunde** besitzen. Diese Anforderungen beziehen sich auf die gesamte Tätigkeitsdauer (Schäfer/Omlor/Mimberg/Schäfer Rn. 42).

Nach der Aufsichtspraxis für KWG, KAGB und VAG Institute wird Zuverlässig- **34** keit unterstellt, wenn keine Tatsachen erkennbar sind, die Unzuverlässigkeit begründen (BaFin-Merkblatt Verwaltungs- und Aufsichtsorgane v. 29.12.2020, Abschn. II.3). Unzuverlässigkeit ist danach anzunehmen, wenn unter Berücksichtigung des persönlichen Verhaltens sowie des Geschäftsgebarens des betreffenden Mitglieds hinsichtlich strafrechtlicher, finanzieller, vermögensrechtlicher und aufsichtsrechtlicher Aspekte bestimmte Umstände nach der allgemeinen Lebenserfahrung die Annahme rechtfertigen, dass sie die sorgfältige und ordnungsgemäße Tätigkeit als Mitglied eines Organs beeinträchtigen können (BaFin-Merkblatt Verwaltungs- und Aufsichtsorgane v. 29.12.2020, Abschn. II.3). Diese Grundsätze dürften auch für Institute des ZAG anwendbar sein. Die BaFin bewertet die Zuverlässigkeit jeweils einzelfallbezogen unter Berücksichtigung der Umstände (Ellenberger/Findeisen/Nobbe/Böger/Findeisen Rn. 55; kritisch Mohr/Maume ZRP 2021, 2 ff.). Die **zeitliche Verfügbarkeit** des Organmitglieds, die in § 25d Abs. 1 S. 1 ein wesentliches Kriterium darstellt, wird in § 20 Abs. 4 S. 1 nicht besonders erwähnt; ob dies als Teil der Sachkunde zu erfassen ist (so Schäfer/Omlor/Mimberg/Schäfer Rn. 46), erscheint begrifflich fraglich. Dagegen dürfte die **Freiheit von Interessenkonflikten** bereits nach dem einschlägigen Gesellschaftsrecht gefordert sein (vgl. auch Schäfer/Omlor/Mimberg/Schäfer Rn. 46; kritisch zu Interessenkonflikten aufgrund Familienzugehörigkeit: Klöhn WM 2021, 1969 (1977): „Merkblatt ist rechtswidrig"). Dies wurde durch die Aufnahme dieses Kriteriums in das entsprechende BaFin-Merkblatt verdeutlicht. In der neuen Fassung des Merkblatts ergänzt wurde zusätzlich das Kriterium der **„Unvoreingenommenheit"** (BaFin-Merkblatt Verwaltungs- und Aufsichtsorgane v. 29.12.2020, Abschn. II.3.b.).

Die zu § 25d Abs. 1 und Abs. 2 KWG entwickelten Grundsätze der Aufsichts- **35** praxis (BaFin-Merkblatt Verwaltungs- und Aufsichtsorgane v. 29.12.2020, Abschn. II.1) können auch im Rahmen von § 20 Abs. 4 S. 1 nutzbar gemacht werden. **Sachkunde** liegt vor, wenn ein Organ fachlich in der Lage ist, die Geschäftsleiter eines Instituts zu kontrollieren, zu überwachen und die Entwicklung des Instituts aktiv zu begleiten. Er muss hierzu die jeweiligen Geschäfte verstehen und deren Risiken beurteilen können; zudem sollte er mit den wesentlichen gesetzlichen

Regelungen vertraut sein. Dabei ist eine Vortätigkeit oder Erfahrung in derselben Branche nicht zwingend erforderlich; Sachkunde kann auch in anderen Branchen erworben werden, wenn die Tätigkeit über einen längeren Zeitraum auf maßgebliche wirtschaftliche und rechtliche Fragestellungen ausgerichtet und nicht völlig nachgeordneter Natur war. Die erforderlichen Kenntnisse können jedoch auch durch Fortbildung erworben werden (BaFin-Merkblatt Verwaltungs- und Aufsichtsorgane v. 29.12.2020, Abschn. II.1.a.(3)); allein auf praktische Erfahrungen abzustellen, erscheint demgegenüber problematisch (Schäfer/Omlor/Mimberg/ Schäfer Rn. 45). Bei Instituten mit hoher Komplexität ist auch bei Aufsichtsorganen eine arbeitsteilige Struktur vorzufinden, so dass gem. dem Rechtsgedanken des § 25d Abs. 2 S. 1 KWG die Individualanforderungen an die Sachkunde anzupassen sind und stärker auf das Gremium als Ganzes abzustellen ist (Schäfer/Omlor/ Mimberg/Schäfer Rn. 52).

36   Nach Abs. 4 Satz 2 hat die Bundesanstalt bei Prüfung der Sachkunde den Umfang und die Komplexität der vom Institut betriebenen Geschäfte zur berücksichtigen. Hierin drückt sich der das Aufsichtsrecht allgemein beherrschende Grundsatz der **Proportionalität** aus (hierzu Krimphove BKR 2017, 353 (357)). Zur Konkretisierung dieses Maßstabs können die Grundsätze zur Proportionality gem. den Guidelines on Internal Governance der EBA (EBA/GL/2017/11, S. 17) herangezogen werden (auch → § 26 Rn. 39). Hiernach sind folgende Kriterien zu gewichten: Bilanzsumme, geographische Präsenz, Rechtsform sowie Konzernzugehörigkeit, Börsennotierung, Art der gem. Aufsichtsrecht zugelassenen und ausgeübten Aktivitäten und Dienstleistungen, das Geschäftsmodell sowie die Strategie, die Natur und Komplexität der Geschäftsaktivitäten sowie die Organisationsstruktur des Instituts, die Risikostrategie, der Risikoappetit und das tatsächliche Risikoprofil, die Eigner- und Finanzierungsstruktur, die Art der Kunden sowie die Komplexität der Produkte und Verträge, die ausgelagerte Tätigkeit sowie die Vertriebskanäle, die bestehenden Informationstechnologiesysteme (EBA/GL/2017/11, Tz. 19).

4. Maßnahmen nach Abs. 4

37   **a) Abberufungsverlangen und Tätigkeitsuntersagung nach Satz 3.** Nach Satz 3 kann die BaFin verlangen, dass ein Organmitglied, das nicht ausreichend zuverlässig ist oder das die erforderliche Sachkunde nicht besitzt, abberufen wird oder es kann die Ausübung der Tätigkeit als Mitglied des Verwaltungs- oder Aufsichtsorgans untersagen. Dies hat unter Wahrung des Verhältnismäßigkeitsgrundsatzes (→ Rn. 8) zu geschehen, sodass in der Regel Verwarnungen und sonstige Maßnahmen, die einen milderen Eingriff darstellen, vorausgehen müssen (zustimmend Schäfer/Omlor/Mimberg/Schäfer Rn. 55). Grundsätzlich sind die Abberufungsverlangen an die entsprechenden Organe gerichtet, welche die Abberufung vornehmen müssen oder andernfalls eine Ordnungswidrigkeit iSd § 64 Abs. 1 begehen (Ellenberger/Findeisen/Nobbe/Böger/Findeisen Rn. 60). Der Wortlaut kann dafür sprechen, dass auch das auf das konkrete Institut begrenzte Tätigkeitsverbot an jenes adressiert ist (Schäfer/Omlor/Mimberg/Schäfer Rn. 54, 56; Luz/Neus/Scha-ber/Schneider/Wagner/Weber/Schiemann Rn. 41).

38   **b) Abberufungsverlangen und Tätigkeitsuntersagung nach Satz 4.** Satz 4 stellt einen weiteren Eingriffstatbestand dar. Hier geht es um wesentliche Verletzungen der Überwachungs- und Kontrollfunktionen. Die Bundesanstalt kann die Abberufung verlangen oder die Tätigkeit untersagen, wenn einem Mitglied eines Ver-

waltungs- oder Aufsichtsorgans wesentliche Verstöße des Instituts gegen die Grundsätze einer ordnungsgemäßen Geschäftsführung sorgfaltswidrig verborgen geblieben sind. Hierzu zählt auch die sorgfältige Überwachung und Kontrolle von Com-
pliance-Funktionen des Instituts. Insofern kann gleichzeitig der Tatbestand des
§ 130 OWiG einschlägig sein. Gleichfalls kann die BaFin die Sanktion des S. 3
aussprechen, wenn das Organmitglied nicht alles Erforderliche zur Beseitigung festgestellter Verstöße veranlasst hat (Satz 4 Alt. 2). Hierbei wird man in Kollegialorga-
nen je nach Schwere des Verstoßes auch die Abstimmungsmehrheiten berücksichtigen müssen. Bei sehr schweren Verstößen kann allerdings das Mitglied eines
Verwaltungs- oder Aufsichtsorgans gehalten sein, gegen eine Mehrheitsentschei-
dung des Kollegialorgans die Gesellschafter oder die Aufsichtsbehörde zu informieren (zu den entsprechenden haftungsrechtlichen Grundsätzen MüKoGmbHG/
Fleischer § 43 Rn. 253; kritisch Schäfer/Omlor/Mimberg/Schäfer Rn. 50). Der
letzte Halbsatz des Satzes 4 stellt sodann eine Ausprägung des Verhältnismäßigkeitsgrundsatzes dar, wonach die Bundesanstalt das Institut zunächst zu verwarnen hat.
Anders als Abs. 3 für die Abberufung von Geschäftsleitern gilt Abs. 4 S. 4 bei
Aufsichtsorganen nicht die Fortsetzung mit Vorsatz oder Leichtfertigkeit; dies wird
die Behörde jedoch im Rahmen ihrer Ermessenentscheidung nicht zuletzt deshalb
zu berücksichtigen haben, weil die Abberufung einen schweren Eingriff in die Be-
rufsausübungsfreiheit darstellt. Ein Abberufungsverlangen oder eine Tätigkeitsuntersagung ohne Verwarnung ist in der Regel selbst bei gravierenden Verstößen
problematisch (Schäfer/Omlor/Mimberg/Schäfer Rn. 53).

c) Gerichtlicher Antrag (Satz 5). In den Fällen, in denen ein Gericht auf An- **39**
trag des Aufsichtsrats ein Mitglied abzuberufen hat, kann die Bundesanstalt diesen
Antrag selbst stellen, wenn der Aufsichtsrat dem Verlangen der Aufsichtsbehörde
nicht nachgekommen ist. Gemeint sind die Fälle des § 103 Abs. 3 AktG, wonach
das Gericht auf Antrag des Aufsichtsrats ein Aufsichtsratsmitglied abzuberufen hat,
wenn in dessen Person ein wichtiger Grund vorliegt. Die vorliegende Regelung ist
vergleichbar zu § 36 Abs. 3 S. 3 KWG und § 303 Abs. 3 VAG (Schäfer/Omlor/
Mimberg/Schäfer Rn. 57). In den Abberufungsfällen des S. 4 ist eine vorherige Verwarnung der BaFin an die Unternehmensorgane notwendig, während es beim Abberufungsverlangen wegen mangelnder Sachkunde oder Zuverlässigkeit nach S. 3
keiner solchen Verwarnung bedarf (Ellenberger/Findeisen/Nobbe/Böger/Find-
eisen Rn. 59). Ob der Gesamtaufsichtsrat, wenn von diesem kein Abberufungs-
antrag gestellt wurde, Betroffener im Verfahren ist, scheint offen (Schäfer/Omlor/
Mimberg/Schäfer Rn. 58).

d) Mitbestimmungsgesetze ua (Satz 6). Die Einhaltung der Vorschriften der **40**
Mitbestimmungsgesetze betrifft vor allem Aufsichtsratsmitglieder der Arbeitnehmer
in mitbestimmten Unternehmen. So sind insbes. die Vorschriften von § 23 MitbestG über die **Abberufung von Arbeitnehmervertretern** im Aufsichtsrat von
Unternehmen, die gem. § 1 MitbestG von dessen Anwendungsbereich erfasst sind,
zu beachten. Dasselbe gilt für § 12 DrittelbG für gem. § 1 DrittelbG erfasste Unternehmen. Indem S. 6 (anders als die parallelen Vorschriften in § 36 Abs. 3 S. 3, Abs. 4
S. 3 KWG) auch die **Wahl von Arbeitnehmervertretern** ansprechen, werden dabei neben den Mitbestimmungsgesetzen auch die Regelungen aus S. 1 zur Zuverlässigkeit und Eignung einbezogen (kritisch Schäfer/Omlor/Mimberg/Schäfer
Rn. 59).

§ 21   Maßnahmen in besonderen Fällen und Insolvenzantrag

(1) Entsprechen die Eigenmittel eines Instituts nicht den Anforderungen dieses Gesetzes, kann die Bundesanstalt

1. Entnahmen durch die Inhaber oder Gesellschafter sowie die Ausschüttung von Gewinnen untersagen oder beschränken oder

2. anordnen, dass das Institut Maßnahmen zur Verringerung von Risiken ergreift, soweit sich diese aus bestimmten Arten von Geschäften und Produkten, insbesondere aus der Vergabe von Krediten, oder der Nutzung bestimmter Zahlungssysteme ergeben.

(2) ¹Ist die Erfüllung der Verpflichtungen eines Instituts gegenüber seinen Gläubigern gefährdet, insbesondere die Sicherheit der ihm anvertrauten Vermögenswerte, liegen die Voraussetzungen für die Aufhebung der Erlaubnis oder der Registrierung vor oder besteht der begründete Verdacht, dass eine wirksame Aufsicht über das Institut nicht möglich ist, kann die Bundesanstalt zur Abwendung dieser Gefahren einstweilige Maßnahmen treffen. ²Sie kann insbesondere

1. Anweisungen für die Geschäftsführung des Instituts erlassen,

2. Inhabern und Geschäftsleitern die Ausübung ihrer Tätigkeit untersagen oder beschränken und

3. Aufsichtspersonen bestellen.

(3) ¹Unter den Voraussetzungen des Absatzes 2 Satz 1 kann die Bundesanstalt zur Vermeidung eines Insolvenzverfahrens oder zur Vermeidung der Erlaubnisaufhebung vorübergehend

1. die Annahme von Geldern und die Gewährung von Darlehen verbieten,

2. ein Veräußerungs- und Zahlungsverbot an das Institut erlassen,

3. die Schließung des Instituts für den Verkehr mit der Kundschaft anordnen und

4. die Entgegennahme von Zahlungen, die nicht zur Tilgung von Verbindlichkeiten gegenüber dem Institut bestimmt sind, verbieten.

²§ 45c Absatz 2 Nummer 8, Absatz 6 und 7, § 46 Absatz 1 Satz 3 bis 6 sowie § 46c des Kreditwesengesetzes gelten entsprechend.

(4) ¹Wird ein Institut zahlungsunfähig oder tritt Überschuldung ein, so haben die Geschäftsleiter dies der Bundesanstalt unter Beifügung aussagefähiger Unterlagen unverzüglich anzuzeigen; die Geschäftsleiter haben eine solche Anzeige unter Beifügung entsprechender Unterlagen auch dann vorzunehmen, wenn das Institut voraussichtlich nicht in der Lage sein wird, die bestehenden Zahlungspflichten zum Zeitpunkt der Fälligkeit zu erfüllen (drohende Zahlungsunfähigkeit). ²Soweit diese Personen nach anderen Rechtsvorschriften verpflichtet sind, bei Zahlungsunfähigkeit oder Überschuldung die Eröffnung des Insolvenzverfahrens zu beantragen, tritt an die Stelle der Antragspflicht die Anzeigepflicht nach Satz 1. ³Das Insolvenzverfahren über das Vermögen eines Instituts findet im Falle der Zahlungsunfähigkeit, der Überschuldung oder unter den Voraussetzungen des Satzes 5 auch im Falle der drohenden Zahlungsunfähigkeit statt. ⁴Den Antrag auf Eröffnung des Insolvenzverfahrens über das Vermögen des Instituts, das eine Erlaubnis nach § 10 Absatz 1 oder § 11 Absatz 1 hat, kann nur die Bundesanstalt stellen. ⁵Im Falle der drohenden

Zahlungsunfähigkeit darf die Bundesanstalt den Antrag jedoch nur mit Zustimmung des Instituts und nur dann stellen, wenn Maßnahmen nach Absatz 3 nicht erfolgversprechend erscheinen. [6]Vor der Bestellung des Insolvenzverwalters hat das Insolvenzgericht die Bundesanstalt anzuhören. [7]Der Eröffnungsbeschluss ist der Bundesanstalt gesondert zuzustellen.

(5) [1]Die Antragsrechte nach § 3a Absatz 1, § 3d Absatz 2 und § 269d Absatz 2 der Insolvenzordnung stehen bei Instituten ausschließlich der Bundesanstalt zu. [2]Die Einleitung eines Koordinationsverfahrens nach den §§ 269d bis 269i der Insolvenzordnung entfaltet für die gruppenangehörigen Institute nur dann Wirkung, wenn die Bundesanstalt sie beantragt oder ihr zugestimmt hat.

Literatur: Beck, Gläubigerrechte und „Moratorium" nach § 46 Abs. 1 Satz 2 Nr. 4 KWG – Überlegungen zu OLG Frankfurt a. M. WM 2012, 2390, WM 2013, 301; Gondert, Antragsrecht zur Eröffnung von Bankinsolvenzverfahren – zugleich zum Verhältnis von §§ 46b Abs. 1 Satz 4 KWG, 312 Abs. 1 VAG, 21 Abs. 4 Satz 4 ZAG, 43 Abs. 1 KAGB zu § 111i Abs. 2 StPO, WM 2018, 845; Poertzgen, Keine Insolvenzverschleppungshaftung von Bankvorständen? – zur Haftung wegen Verletzung der Anzeigepflicht gemäß § 46b KWG, WM 2010, 970.

Inhaltsübersicht

I. Einleitung

1. Hintergrund und Richtlinien

1   § 21 beruht auf der Ermächtigung gemäß Art. 23 Abs. 2 und Abs. 3 PSD2 sowie auf Art. 8 Abs. 1 und Art. 9 PSD2, der ua den Mitgliedstaaten aufgibt, Maßnahmen der Aufsichtsbehörde bei Absinken der Eigenmittel des Instituts vorzusehen. Die Zweite E-Geld-RL verweist in Art. 3 Abs. 2 auf die PSD1, nunmehr PSD2. Im Übrigen handelt es sich nicht um „Bereiche", in denen die Richtlinien vollharmonisierende Bestimmungen enthalten iSd Art. 107 Abs. 1 PSD2, Art. 3 Abs. 1 Zweite E-Geld-RL. Der deutsche Gesetzgeber hat deshalb die Bestimmungen des § 21, teilweise wörtlich, an §§ 45, 46, 46b KWG angelehnt (RegBegr. ZDUG, BT-Drs. 16/11613, 51, sowie RegBegr. ZDUG II, BT-Drs. 18/11495, 126), sodass Erwägungen zum Regelungsgehalt der KWG-Vorschriften, die deutlich detaillierter ausgestaltet sind, entsprechend herangezogen werden können (vgl. Schäfer/Omlor/Mimberg/Schäfer Rn. 2 f.). Weitere ähnliche Parallel- oder Verweisungsvorschriften stellen die §§ 312 Abs. 1 VAG und 43 Abs. 1 KAGB für Versicherungen und Kapitalverwaltungsgesellschaften dar.

2. Systematik

2   § 21 enthält Ermächtigungen für ein abgestuftes Vorgehen der Aufsichtsbehörde bei Insolvenzgefahren eines Instituts. Abs. 1 betrachtet im Wesentlichen den Umstand, dass eine ausreichende Kapitalisierung gefährdet sein könnte. Abs. 2 hat die (konkrete) Gefährdung von Gläubigern und die Unmöglichkeit wirksamer Aufsicht im Blick. Abs. 3 behandelt Maßnahmen zur Vermeidung des Insolvenzverfahrens bzw. der Aufhebung der Erlaubnis. Abs. 4 und 5 treffen sodann – ähnlich wie § 46b KWG für Kreditinstitute – Sonderregelungen für den Insolvenzfall der Institute des ZAG.

II. Unzureichende Eigenmittel (Abs. 1)

1. Voraussetzungen der Eingriffsbefugnis

3   Nach § 21 Abs. 1 kann die BaFin Maßnahmen ergreifen, wenn die Eigenmittel des Instituts unzureichend sind. Hier gilt jeweils der höhere der Beträge gemäß § 12 Nr. 3 und § 15. Zur Ermittlung dieser Beträge vgl. jeweils die Kommentierung dort (→ § 12 Rn. 8 und → § 15 Rn. 35 ff.). Sollte es sich jeweils um eine nicht bedeutende oder lediglich kurzfristige Unterschreitung der Eigenmittelanforderungen handeln, so können Maßnahmen nach § 21 Abs. 1 ungerechtfertigt sein (vgl. hier die Kommentierung zu § 45 Abs. 2 KWG: Fischer/Schulte-Mattler/Lindemann KWG § 45 Rn. 41; Ellenberger/Findeisen/Nobbe/Böger/Findeisen Rn. 16). Wiederholte Unterschreitungen können jedoch mangelnde Mittel indizieren (Ellenberger/Findeisen/Nobbe/Böger/Findeisen Rn. 16; Schwennicke/Auerbach/Schwennicke/Herweg § 45 Rn. 19).

2. Maßnahmen zur Wiederherstellung der angemessenen Eigenkapitalausstattung

Nach § 21 Abs. 1 ist die BaFin befugt, sowohl gegen die Inhaber bzw. Gesell- **4** schafter des Instituts als auch ggü. dem Institut selbst Maßnahmen zu ergreifen.

a) Entnahmen oder Gewinnausschüttungen (Abs. 1 Nr. 1). Diese Rege- **5** lung ist dem § 45 Abs. 2 Nr. 5 KWG ähnlich. Nach § 21 Abs. 1 Nr. 1 ist die BaFin befugt, Entnahmen durch Inhaber oder Gesellschafter sowie Ausschüttung von Gewinnen zu untersagen oder zu beschränken. Dabei sind Entnahmen sämtliche Vermögenszuwendungen an einen Gesellschafter, die nicht lediglich eine übliche Vergütung für die Geschäftsführertätigkeit darstellen (vgl. hier die Kommentierung zu § 45 Abs. 2: Fischer/Schulte-Mattler/Lindemann KWG § 45 Rn. 65; Schwennicke/Auerbach/Schwennicke § 45 Rn. 29). Ausschüttung von Gewinnen sind sowohl Verwendungen des Bilanzgewinns als auch sog. verdeckte Gewinnausschüttungen, dh auch Zuwendungen an Gesellschafter zu unüblichen Konditionen, wie überhöhte Geschäftsführergehälter, verbilligte Kredite oder sonstige Zuwendungen (vgl. hier die Kommentierung zu § 45 Abs. 2: Fischer/Schulte-Mattler/Lindemann KWG § 45 Rn. 69 f.; Ellenberger/Findeisen/Nobbe/Böger/Findeisen Rn. 11 f.). § 21 sieht allerdings nicht vor, dass gegenteilige Beschlüsse zivilrechtlich unwirksam sind, so wie es § 45 Abs. 6 S. 1 KWG regelt (Schäfer/Omlor/Mimberg/Schäfer Rn. 5; zu § 45 KWG: Fischer/Schulte-Mattler/Lindemann KWG § 45 Rn. 65, 71); der Verweis in Abs. 3 S. 2 auf § 46 Abs. 1 S. 6 KWG bezieht sich nicht auf § 21 Abs. 1 Nr. 1 (Schäfer/Omlor/Mimberg/Schäfer Rn. 5, 33).

b) Verringerung von Risiken (Nr. 2). Weiterhin kann die BaFin anordnen, **6** dass das Institut Maßnahmen zur Verringerung von Risiken ergreift, soweit sich diese aus bestimmten Arten von Geschäften und Produkten, insbesondere aus der Vergabe von Krediten, oder der Nutzung bestimmter Zahlungssysteme ergeben. Diese Regelung ist angelehnt an § 45 Abs. 2 Nr. 9 KWG, welche ursprünglich auf Art. 136 Abs. 1 S. 2 lit. e BankenRL basierte, jetzt Art. 104 Abs. 1 lit. e und f CRD IV. Die Eingriffsbefugnis gestattet es der BaFin, gezielt bestimmte Arten von Geschäften, Produkten oder die Nutzung bestimmter Systeme zu unterbinden, sofern diese besondere Risiken des Instituts darstellen (RegBegr. 7. KWG-Novelle, BT-Drs. 16/1335, 66).

III. Gefährdung der Pflichten ggü. Gläubigern, keine wirksame Aufsicht möglich (Abs. 2, Abs. 3)

7   § 21 Abs. 2 und Abs. 3 sind § 46 Abs. 1 KWG nachgebildet. Lediglich die Unterscheidung zwischen „einstweiligen" Maßnahmen (Abs. 2) und „vorübergehenden" Maßnahmen (Abs. 3) kennt § 46 Abs. 1 KWG nicht, der insgesamt von „einstweiligen Maßnahmen" spricht.

1. Voraussetzungen

8   **a) Erfüllung der Verpflichtungen eines Instituts ggü. seinen Gläubigern gefährdet.** Ist die Erfüllung der Verpflichtungen eines Instituts ggü. seinen Gläubigern gefährdet, insbesondere die Sicherheit der ihm anvertrauten Vermögenswerte, so kann die BaFin einstweilige Maßnahmen nach Abs. 2 Satz 1 treffen. Der Wortlaut ist teilidentisch mit § 46 Abs. 1 S. 1 KWG. Das KWG enthält zudem flankierend einen Aufhebungsgrund für die Erlaubnis mit denselben Tatbestandsmerkmalen (§ 35 Abs. 2 Nr. 4 KWG); einen solchen Aufhebungsgrund kennt § 13 ZAG nicht. Anvertraute Vermögenswerte sind die dem Institut zur Durchführung von Zahlungsvorgängen überlassenen Gelder. Hierzu gehören bei E-Geld-Instituten auch die Gelder, die diesem zwecks Ausgabe von E-Geld überlassen wurden. Sonstige Verpflichtungen des Instituts ggü. seinen Gläubigern können neben Ansprüchen der Kunden auf Gutschrift, Ansprüchen von zwischengeschalteten Kreditinstituten auf Gebühren oder auf Rückerstattungen oder Ansprüchen von Zentralbanken auch sämtliche sonstigen finanziellen Verpflichtungen aus der Tätigkeit als Zahlungsinstitut oder E-Geld-Institut sein (vgl. die Auslegung der entsprechenden Vorschrift des KWG: Fischer/Schulte-Mattler/Lindemann KWG § 46 Rn. 43; Beck/Samm/Kokemoor/Skauradszun KWG § 46 Rn. 24; Schwennicke/Auerbach/Schwennicke/Herweg § 46 Rn. 5). Auch die Gefährdung von Verpflichtungen des Instituts aus anderer Tätigkeit, dh die allgemeinen, unternehmensbezogenen Verpflichtungen aus Miet- oder Kaufverträgen sowie Verpflichtungen aus Geschäften iSv § 10 Abs. 1 S. 2 Nr. 3 bzw. § 11 Abs. 1 S. 2 Nr. 5 ist ebenfalls im Rahmen von § 21 Abs. 2 S. 1 erheblich (zu § 46 KWG: Beck/Samm/Kokemoor/Skauradszun KWG § 46 Rn. 23; Reischauer/Kleinhans/Geier KWG § 46 Rn. 27; Schwennicke/Auerbach/Schwennicke/Herweg § 46 Rn. 6; Fischer/Schulte-Mattler/Lindemann KWG § 46 Rn. 44; Schäfer/Omlor/Mimberg/Schäfer Rn. 9). Die Gefährdung der Anteilseigner als solche ist jedoch nicht erfasst (Ellenberger/Findeisen/Nobbe/Böger/Findeisen Rn. 17 mit Verweis auf OVG Münster BKR 2002, 43 und VG Köln WM 2001, 1612 (1614f.)).

9   Eine Gefährdung der Sicherheit der anvertrauten Vermögenswerte kann bereits im Vorfeld von Liquiditätsschwierigkeiten vorliegen, wenn aufgrund des Rückgangs der Eigenmittel eine Überschuldung zu befürchten ist (zu § 46 KWG: Fischer/Schulte-Mattler/Lindemann KWG § 46 Rn. 46). Auch für die Annahme einer Gefährdung der sonstigen Verpflichtungen des Instituts ist es nicht erforderlich, dass dieses bereits im Schuldnerverzug ist (zu § 46 KWG: Beck/Samm/Kokemoor/Skauradszun KWG § 46 Rn. 26; Fischer/Schulte-Mattler/Lindemann KWG § 46 Rn. 45f.; Schwennicke/Auerbach/Schwennicke/Herweg § 46 Rn. 8; Reischauer/Kleinhans/Geiger KWG § 46 Rn. 31; Ellenberger/Findeisen/Nobbe/Böger/Findeisen Rn. 20f.; zustimmend auch Schäfer/Omlor/Mimberg/Schäfer Rn. 11).

Die Gefährdung der Verpflichtungen kann allerdings auch auf organisatorischen Mängeln beruhen, sofern diese schwerwiegend sind und nicht einfach abgestellt werden können (zu § 46 KWG: kritisch Reischauer/Kleinhans/Geier KWG § 46 Rn. 28 ff.), sie kann sich auch ergeben aus mangelnder fachlicher Eignung oder Zuverlässigkeit eines oder mehrerer Geschäftsleiter (zu § 46 KWG: Fischer/Schulte-Mattler/Lindemann KWG § 46 Rn. 51; kritisch Reischauer/Kleinhans/Geier KWG § 46 Rn. 28 ff.; auch Schäfer/Omlor/Mimberg/Schäfer Rn. 11).

b) Voraussetzungen für die Aufhebung der Erlaubnis oder Registrie- **10** **rung.** Als weiterer Tatbestand, auf den die Aufsicht Maßnahmen nach Abs. 2 stützen kann, hat das ZDUG II das Vorliegen der Voraussetzungen für die Aufhebung der Erlaubnis gemäß § 13 Abs. 2 eingeführt. Insofern wird auf die Kommentierungen zu → § 13 Rn. 6 ff. verwiesen. Zur Aufhebung der Registrierung → § 37 Rn. 3 ff.

c) Unmöglichkeit einer wirksamen Aufsicht über das Institut. Dieser **11** Tatbestand (§ 21 Abs. 2 S. 1 Alt. 3) ist im Grundsatz identisch mit § 12 Nr. 7 (Tatsachen die Annahme rechtfertigen, dass eine wirksame Aufsicht beeinträchtigt wird) (aA Schäfer/Omlor/Mimberg/Schäfer Rn. 13: nur ähnlich) sowie mit § 46 Abs. 1 S. 1 KWG. Die dort in lit. a-c normierten Regelbeispiele können deshalb auch im Rahmen von § 21 Abs. 2 Anwendung finden (aA Schäfer/Omlor/Mimberg/Schäfer Rn. 14: Verweis auf § 33 Abs. 2 S. 2 Nr. 1–3 KWG). Auf die Kommentierung von § 12 Nr. 7 wird verwiesen (→ § 12 Rn. 25 ff.).

2. Einstweilige Maßnahmen zur Gefahrenabwendung (Abs. 2)

a) Einstweilige Maßnahmen. Die der Gefahrenabwehr dienenden Maßnah- **12** men dürfen keinen endgültigen Charakter haben, insbesondere keinen irreversiblen Zustand schaffen (zu § 46 KWG: Beck/Samm/Kokemoor/Skauradszun KWG § 46 Rn. 36; Fischer/Schulte-Mattler/Lindemann KWG § 46 Rn. 56; ähnlich Ellenberger/Findeisen/Nobbe/Böger/Findeisen Rn. 23; Schäfer/Omlor/Mimberg/Schäfer Rn. 15). Eine Befristung folgt dabei aus dem Wortlaut „einstweilig" (anders Ellenberger/Findeisen/Nobbe/Böger/Findeisen Rn. 24: „keine klare rechtliche Vorgabe"). In der Regel sollte eine entsprechende Befristung sechs Monate nicht überschreiten, in der Praxis dauern solche Maßnahmen zwischen einigen Tagen und mehreren Monaten (Schäfer/Omlor/Mimberg/Schäfer Rn. 15; Beck/Samm/Kokemoor/Skauardszun KWG § 46 Rn. 33; aA Ellenberger/Findeisen/Nobbe/Böger/Findeisen Rn. 24) Die Auflistung der in Absatz 2 genannten Maßnahmen ist nicht abschließend (wie hier auch Ellenberger/Findeisen/Nobbe/Böger/Findeisen Rn. 25). Unter den Voraussetzungen des Abs. 2 S. 1 kann die Behörde weitere, konkret definierte Maßnahmen zur Vermeidung des Insolvenzverfahrens oder zur Vermeidung der Erlaubnisaufhebung auf Abs. 3 S. 1 und S. 2 iVm 46 Abs. 1 S. 3–6 KWG und § 46c KWG stützen (→ Rn. 17).

b) Zur Gefahrenabwehr. Außerdem darf die Maßnahme nur so lange andau- **13** ern, wie die Gefahr nicht beseitigt ist (zu § 46 KWG:Schwennicke/Auerbach/ Schwennicke/Herweg § 46 Rn. 20; Fischer/Schulte-Mattler/Lindemann KWG § 46 Rn. 56; Reischauer/Kleinhans/Geier KWG § 46 Rn. 38; auch Schäfer/ Omlor/Mimberg/Findeisen Rn. 15). Zudem ist im Einzelfall zu prüfen, welche der im Rahmen von § 21 Abs. 2 zur Verfügung gestellten Maßnahmen den geringsten Eingriff darstellt, wenn sie zur Gefahrenabwehr noch geeignet ist.

14   **c) Anweisungen für die Geschäftsführung (Nr. 1).** Gemäß § 21 Abs. 2 S. 2 Nr. 1 kann die BaFin sämtliche Anweisungen an die Geschäftsführung erteilen, die geeignet und erforderlich sind, um die Gefahrenlage zu beenden. Hierbei kann es sich um konkrete Weisungen zur Beendigung organisatorischer Mängel, bestimmter risikoreicher Geschäfte, Schließung von Zweigstellen oder Niederlassungen, Anweisung zur Erhöhung des Eigenkapitals oder zur Aufstellung eines Finanzstatus handeln (zu § 46 Abs. 1 KWG: Reischauer/Kleinhans/Geier KWG § 46 Rn. 43; Beck/Samm/Kokemoor/Skauradszun KWG § 46 Rn. 39; zustimmend Schäfer/Omlor/Mimberg/Schäfer Rn. 16). Dabei beschränken sich die Ermächtigungen nicht nur auf Fälle der Gefahrenabwehr für Gläubigerinteressen, sondern können auch Aspekte der internen Organisation umfassen. Dies erschließt sich sowohl aus dem Wortlaut als auch aus dem Zweck der Norm, die keinerlei Einschränkungen vorsehen (zu § 46 KWG: Beck/Samm/Kokemoor/Skauradszun KWG § 46 Rn. 39; Schäfer/Omlor/Mimberg/Schäfer Rn. 16).

15   **d) Einstweilige Untersagung oder Beschränkung der Tätigkeit von Inhabern oder Geschäftsleitern (Nr. 2).** Anders als nach § 20 Abs. 1 und Abs. 3 – mit Ausnahme § 20 Abs. 1 S. 2 – kann die BaFin gemäß § 21 Abs. 2 S. 2 Nr. 2 die Tätigkeit von **Geschäftsleitern** (zu Inhabern → Rn. 15a) einstweilig untersagen oder beschränken. Die Voraussetzungen, insbesondere Alt. 2 (Vorliegen der Voraussetzungen für Aufhebung der Erlaubnis oder Registrierung) des § 21 Abs. 2 S. 1, überschneiden sich auch mit denen des § 20 Abs. 1 S. 1 (Fälle des § 13 Abs. 2 Nr. 3–5) und § 20 Abs. 1 S. 2 (Fälle des § 13 Abs. 2 Nr. 5). Im Rahmen von § 46 KWG ist anerkannt, dass die Maßnahmen sowohl ggü. geborenen Geschäftsleitern (vgl. § 1 Abs. 8 S. 1) als auch ggü. gekorenen Geschäftsleitern (vgl. § 1 Abs. 8 S. 2 und S. 3) in Betracht kommen (Fischer/Schulte-Mattler/Lindemann KWG § 46 Rn. 71; Beck/Samm/Kokemoor/Skauradszun KWG § 46 Rn. 50; Schwennicke/Auerbach/Schwennicke/Herweg § 46 Rn. 29; Ellenberger/Findeisen/Nobbe/Böger/Findeisen Rn. 28; Schäfer/Omlor/Mimberg/Schäfer Rn. 17). Auch für eine vorübergehende Tätigkeitsuntersagung oder -beschränkung ist der **Nachweis einer Mitverantwortung** des von der Maßnahme betroffenen Geschäftsleiters oder Inhabers erforderlich (so auch VG Berlin Beckmann/Bauer KWG § 46 Nr. 8; Fischer/Schulte-Mattler/Lindemann § 46 Rn. 74; Beck/Samm/Kokemoor/Skauradszun KWG § 46 Rn. 49; Schwennicke/Auerbach/Schwennicke/Herweg § 46 Rn. 30; Schäfer/Omlor/Mimberg/Schäfer Rn. 17). Hierfür reicht der Nachweis der Vernachlässigung der Überwachungspflicht eines Geschäftsleiters innerhalb eines arbeitsteilig organisierten Kollegialorgans aus (→ § 20 Rn. 6 f.), die Vermutung einer Mitverantwortung (der Geschäftsleiter als „**Verdachtsstörer**") dagegen nicht (anders wohl Ellenberger/Findeisen/Nobbe/Böger/Findeisen Rn. 30), denn in dem Fall mangelt es an der nachgewiesenen Erforderlichkeit dieses schwerwiegenden Eingriffs. Eine Beschränkung der Tätigkeit kann bspw. auch darin liegen, dass die BaFin die Gesamtvertretung anordnet oder die Beschränkung oder Zuweisung von bestimmten Aufgaben sowie generell Maßnahmen bezüglich des internen Organisationsaufbaus verlangt (zu § 46 KWG: Fischer/Schulte-Mattler/Lindemann KWG § 46 Rn. 73; Beck/Samm/Kokemoor/Skauradszun KWG § 46 Rn. 51; Schwennicke/Auerbach/Schwennicke/Herweg § 46 Rn. 31; Ellenberger/Findeisen/Nobbe/Böger/Findeisen Rn. 29; Schäfer/Omlor/Mimberg/Schäfer Rn. 18). Nr. 1 und Nr. 2 stehen in einem Stufenverhältnis, sodass gem. dem **Übermaßverbot** eine Untersagung gem. Nr. 2 nur in Betracht kommt, wenn eine Maßnahme gem. Nr. 1 keinen Erfolg verspricht (Schäfer/Omlor/Mimberg/Schäfer

Rn. 17; Beck/Samm/Kokemoor/Skauradszun KWG § 46 Rn. 49). Eine **zivil-rechtliche Rechtsfolge** der temporären Tätigkeitsuntersagung oder -beschränkung ordnet § 21 Abs. 2 nicht an, so dass diese weder zum Verlust der Vertretungsmacht des von der Maßnahme betroffenen Geschäftsführers noch zu einer Eintragung im Handelsregister führt (Schäfer/Omlor/Mimberg/Schäfer Rn. 18).

Inhaber iSd § 21 Abs. 2 S. 2 Nr. 2 können nur die Inhaber von Zahlungsinstitu- **15a** ten sein, die nach § 34 Abs. 1 S. 1 registrierte Kontoinformationsdienstleister in der Rechtsform des Einzelkaufmanns sind (zur Zulässigkeit dieser Registrierung durch Einzelkaufleute → § 34 Rn. 10; zustimmend Schäfer/Omlor/Mimberg/Conreder § 34 Rn. 8). Denn eine Erlaubnis nach §§ 10 Abs. 1 S. 1, 11 Abs. 1 S. 1 können nur juristische Personen oder Personenhandelsgesellschaften beantragen und erlangen (→ § 10 Rn. 16; Schäfer/Omlor/Mimberg/Eckhold §§ 10, 11 Rn. 72 f.). Maßnahmen gem. § 21 Abs. 2 S. 2 Nr. 2 gegen Inhaber können nur gegen solche einzelkaufmännischen Betreiber eines gem. § 34 Abs. 1 S. 1 registrierten Kontoinformationsdienstleisters gerichtet werden (ähnlich Schäfer/Omlor/Mimberg/Schäfer Rn. 17). Als Inhaber kann die Behörde gem. § 21 Abs. 2 S. 2 Nr. 2 dagegen nicht solche Personen adressieren, die ausschließlich **Gesellschafter** (einer GmbH oder Personenhandelsgesellschaft) oder Aktionäre (einer Aktiengesellschaft) sind; denn diesen gegenüber ist ein (vorübergehendes) Tätigkeitsverbot zur Abwendung der in § 21 Abs. 2 S. 1 adressierten Gefahren nicht erforderlich (im Ergebnis ebenso Schäfer/Omlor/Mimberg/Schäfer Rn. 17; ähnlich für das KWG: Fischer/Schulte-Mattler/Lindemann KWG § 46 Rn. 72); Maßnahmen gegen **Aufsichtsräte** können nicht auf § 21 Abs. 2 S. 2 Nr. 2 (sondern nur auf § 20 Abs. 4 S. 3 und S. 4 oder § 21 Abs. 2 S. 2 Nr. 3) gestützt werden, weil diese weder Geschäftsleiter noch Inhaber sind (im Ergebnis wie hier Schäfer/Omlor/Mimberg/Schäfer Rn. 17).

e) Einstweilige Bestellung von Aufsichtspersonen (Nr. 3). Als weitere **16** Maßnahme nach § 21 Abs. 2 S. 2 steht gem. Nr. 3 die Bestellung von Aufsichtspersonen zur Verfügung. Die Norm hat im KWG keine wörtliche Entsprechung; für Institute des KWG steht die Möglichkeit der Bestellung eines Sonderbeauftragten gem. § 45c KWG zur Verfügung (Ellenberger/Findeisen/Nobbe/Böger/Findeisen Rn. 31; Schäfer/Omlor/Mimberg/Schäfer Rn. 20), dessen Amt (einschl. Anforderungen an die Person, Aufgaben und Befugnisse) § 45c KWG sehr detailliert ausgestaltet. Die Bestellung einer Aufsichtsperson gem. § 21 Abs. 2 S. 2 Nr. 3 erscheint als geeignete und erforderliche Maßnahme zur Abwehr aller drei Gefahrentatbestände des § 21 Abs. 2 S. 1 (Gläubigergefährdung, Gefahr der Aufhebung der Erlaubnis oder Registrierung oder bei Verdacht der Beeinträchtigung der Aufsichtsfähigkeit) denkbar.

Sowohl natürliche als auch juristische Personen und auch mehrere Personen **16a** gleichzeitig (Pluralfassung des Gesetzes) können als Aufsichtspersonen bestellt werden (Schäfer/Omlor/Mimberg/Schäfer Rn. 20). Der von der Aufsichtsbehörde in der Bestellung, die Verwaltungsakt ist, zu übertragende Aufgabenumfang ist gesetzlich nicht geregelt. Für die Anforderungen an Zuverlässigkeit und Eignung der Aufsichtspersonen wird man auf § 45c Abs. 1 S. 1 und S. 2 KWG zurückgreifen können (Ellenberger/Findeisen/Nobbe/Böger/Findeisen Rn. 33).

Die Bezeichnung als „Aufsichtspersonen" deutet darauf hin, dass es um Kon- **16b** troll-, Prüfungs- und Überwachungsaufgaben (iSd § 20 Abs. 4 S. 1) geht. Mangels gesetzlicher Anordnung (es fehlt selbst ein Verweis auf § 45c KWG) scheidet § 21 Abs. 2 S. 2 Nr. 3 als Rechtsgrundlage für die Übertragung von **Eingriffsbefugnis-**

sen auf die zu bestellenden Aufsichtspersonen aus. Insofern muss man die Regelung des § 21 Abs. 2 S. 2 Nr. 3 als unglücklich bezeichnen; aufgrund des Gesetzesvorbehalts wird die Behörde auch nicht generell § 45c KWG in analoger Anwendung für die Anordnung solcher Eingriffsbefugnisse heranziehen können (so wohl auch Ellenberger/Findeisen/Nobbe/Böger/Findeisen Rn. 34). Lediglich gestützt auf Abs. 3 S. 2 iVm § 45c Abs. 2 Nr. 8 KWG (dazu → Rn. 23) kann die BaFin der Aufsichtsperson gewisse Eingriffsbefugnisse übertragen. Pflichten des Instituts zur Auskunftserteilung, Vorlagepflichten, die Pflicht zur Duldung von Prüfungen und Besichtigungen etc kann die Behörde zudem über § 19 Abs. 1 anordnen (→ § 19 Rn. 9, → Rn. 15 ff.). Auch zivilrechtliche Befugnisse, insbesondere Vertretungsmacht oder Geschäftsführungsbefugnis, kommen dem Aufsichtspersonen iSd § 21 Abs. 2 S. 2 Nr. 3 mangels gesetzlicher Grundlage nicht zu. Selbst Befugnisse eines Aufsichtsrats in analoger Anwendung von § 111 AktG überträgt § 21 Abs. 2 S. 2 Nr. 3 nicht (anders wohl Ellenberger/Findeisen/Nobbe/Böger/Findeisen Rn. 34, 36: praktische Maßnahmen der Aufsichtsperson zur Gefahrenabwehr, sofern es sich um institutseigene, nicht hoheitliche Aufgaben handelt). Sofern sich die Behörde nicht auf andere Ermächtigungsgrundlagen stützt, können Aufsichtspersonen iSd § 21 Abs. 2 S. 2 Nr. 3 nur observierende Aufgaben wahrnehmen.

3. Vorübergehende Maßnahmen zur Vermeidung des Insolvenzverfahrens oder der Erlaubnisaufhebung (Abs. 3)

17   **a) Voraussetzungen, vorübergehende Maßnahmen.** Die den Eingriff rechtfertigende Gefährdungslage ist in Abs. 3 teilweise enger definiert als in Abs. 2. Hier werden zum einen der Aufsichtsbehörde – bei Vorliegen der Voraussetzungen des § 21 Abs. 2 – Maßnahmen zur **Vermeidung eines Insolvenzverfahrens** gestattet. Alternativ können die Maßnahmen des Abs. 3 – eingeführt durch das ZDUG II – zur **Vermeidung der Erlaubnisaufhebung** (§ 13 Abs. 2) getroffen werden; letztere Anforderung ist bereits in Abs. 2 S. 1 Alt. 2 enthalten (Schäfer/Omlor/Mimberg/Schäfer Rn. 22). Dabei sind Gefahrenabwehrmaßnahmen zur Vermeidung eines Insolvenzverfahrens im Vorfeld einer Insolvenz, dh bei drohender Zahlungsunfähigkeit oder drohender Überschuldung möglich.

17a   Die Aufzählung in Abs. 1 S. 1 ist abschließend (Ellenberger/Findeisen/Nobbe/Böger/Findeisen Rn. 37). Die **Maßnahmen** können wahlweise oder kumulativ angewendet werden (Ellenberger/Findeisen/Nobbe/Böger/Findeisen Rn. 37, Beck/Samm/Kokemoor/Skauradszun KWG § 46 Rn. 38). Der Begriff der **vorübergehenden** Maßnahme dürfte ebenso zu verstehen sein wie derjenige der einstweiligen Maßnahme (iE auch Schäfer/Omlor/Mimberg/Schäfer Rn. 23 mwN). Sie darf nicht unumkehrbar sein und ist aufzuheben, sobald die Gefährdung beseitigt ist.

18   **b) Verbot der Annahme von Geldern und der Gewährung von Darlehen (Satz 1 Nr. 1).** Einem Zahlungs- oder E-Geld-Institut die Annahme von Geldern und die Gewährung von Darlehen zu verbieten, kommt einer – im Rahmen von § 21 Abs. 3 S. 1 Nr. 3 nur vorübergehend möglichen – Einstellung der Tätigkeit des Instituts gleich (vgl. Schäfer/Omlor/Mimberg/Schäfer Rn. 24; ähnlich Luz/Neus/Schaber/Schneider/Wagner/Weber/Schiemann Rn. 15). Die Durchführung von Zahlungsdiensten und die Ausgabe von E-Geld wird hierdurch unterbunden. Deshalb ist vor Anordnung einer solchen Maßnahme zu prüfen, ob nicht weniger eingreifende Maßnahmen verhängt werden können. Das Verbot der Annahme von

Geldern verhindert zudem die Refinanzierung des Instituts über die Aufnahme von Darlehen, kapitalmarktmäßigen Schuldverschreibungen uä (zu § 46 KWG: Reischauer/Kleinhans/Geier § 46 Rn. 44, 48; Schwennicke/Auerbach/Schwennicke/Herweg § 46 Rn. 26; Beck/Samm/Kokemoor/Skauradszun KWG § 46 Rn. 44; zur Ausgabe von Schuldverschreibungen vgl. auch oben Kommentierung zu → § 3 Rn. 21 ff.; Ellenberger/Findeisen/Nobbe/Böger/Findeisen Rn. 39). Das Verbot der Gewährung von Krediten würde zahlreiche Geschäftsaktivitäten eines Kreditkarten ausgebenden Instituts verhindern (vgl. → § 3 Rn. 68, 82). § 21 Abs. 3 Nr. 1 gestattet nach dem Wortlaut ein Verbot, nicht aber lediglich eine **Beschränkung.** Als milderes Mittel dürfte jedoch auch eine Beschränkung auf diese Eingriffsnorm gestützt werden können (so zu der Parallelnorm in § 46 Abs. 1 S. 2 Nr. 2 KWG: Reischauer/Kleinhans/Geier KWG § 46 Rn. 45; iE auch Schäfer/Omlor/Mimberg/Schäfer Rn. 24). Auch ist es möglich, nur eine der beiden Maßnahmen (Verbot der Annahme von Geldern oder der Gewährung von Krediten) zu verhängen. Ein Verwaltungsakt gestützt auf Abs. 3 S. 1 Nr. 1 führt zivilrechtlich nicht nach § 134 BGB zur Unwirksamkeit eines dennoch geschlossenen Kreditvertrages (BGH NJW 1990, 1356 f.; Ellenberger/Findeisen/Nobbe/Böger/Findeisen Rn. 43).

c) **Veräußerungs- und Zahlungsverbot (Satz 1 Nr. 2).** Die Vorschrift des **19** Abs. 3 S. 1 Nr. 2 hat ihr Vorbild in § 46 Abs. 1 S. 2 Nr. 4 KWG. Der Gesetzgeber hat es jedoch unterlassen, die besonderen Regelungen des § 46 Abs. 2 KWG, die zum Schutz eines Instituts, das einem Veräußerungs- und Zahlungsverbot unterliegt, erlassen wurden, entsprechend zur Anwendung zu bringen. Eine Analogie wäre demnach zu erwägen (so auch Schäfer/Omlor/Mimberg/Schäfer Rn. 25, zumindest für § 46 Abs. 2 S. 3–8, insbesondere S. 6 KWG; siehe auch Ellenberger/Findeisen/Nobbe/Böger/Findeisen Rn. 48 ff.). Durch das **Veräußerungsverbot** verbietet die BaFin dem Institut Sachen und Rechte des Instituts, dh Anlage- und Umlaufvermögen zu veräußern (ähnlich Schwennicke/Auerbach/Schwennicke/Herweg § 46 Rn. 35; Fischer/Schulte-Mattler/Lindemann KWG § 46 Rn. 81; Ellenberger/Findeisen/Nobbe/Böger/Findeisen Rn. 45; Schäfer/Omlor/Mimberg/Schäfer Rn. 26). Das **Zahlungsverbot** verhindert den Abfluss von Kassenbeständen und Bankguthaben des Instituts. Das Zahlungsinstitut darf deshalb nach Verhängung des Zahlungsverbotes keinerlei Zahlungsvorgänge mehr durchführen, dh weder Auszahlungen an seine Kunden noch Zahlungen an zwischengeschaltete Institute oder Zahlungsdienstleister des Zahlungsempfängers aufgrund eines Zahlungsauftrags ihrer Kunden noch Valutierungen bereits abgeschlossener Kredite iSd § 3 Abs. 4 (vgl. Schwennicke/Auerbach/Schwennicke/Herweg § 46 Rn. 35; Fischer/Schulte-Mattler/Lindemann KWG § 46 Rn. 81; vgl. Ellenberger/Findeisen/Nobbe/Böger/Findeisen Rn. 45; Schäfer/Omlor/Mimberg/Schäfer Rn. 26). Die zivilrechtlichen Folgen des Verbots sind umstritten. Unklar ist, ob gegen das Verbot verstoßende Verfügungen zivilrechtlich unwirksam sind und falls dies anzunehmen ist, nach welcher Regelung sie als unwirksam gelten (§§ 136, 135 BGB oder § 134 BGB; zu § 46 KWG siehe nur Fischer/Schulte-Mattler/Lindemann KWG § 46 Rn. 81 Fn. 75 mwN; vgl. Schäfer/Omlor/Mimberg/Schäfer Rn. 26). Weiterhin ist strittig, ob den von dem Verbot betroffenen Kunden Schadenersatzansprüche gegen das entsprechende Institut zustehen (vgl. nur Schäfer/Omlor/Mimberg/Schäfer Rn. 26). Während die vorherrschende Auffassung lange Zeit von einem Charakter des Veräußerungsverbots als Stundung ausging, die keine Schadenersatzansprüche bewirke (OLG Frankfurt a. M. ZIP 2012, 2006), ist die mittlerweile h. M. der Auffassung, dass der Kunde nach erfolgter Gesundung des Instituts wegen verschuldeter Unmöglichkeit der Erfüllung vertraglicher Pflichten (§ 280 BGB) Schadenersatz bzw. Verzugszinsen verlangen kann (BGH NJW 2013, 3437 (Revision zu OLG Frankfurt a. M.); LG Frankfurt a. M. WM 2012, 403 (404) (Vorinstanz zu OLG Frankfurt a. M.); Fischer/Schulte-Mattler/Lindemann KWG § 46 Rn. 101 f. mwN; Reischauer/Kleinhans/Geier KWG § 46 Rn. 9; Schwennicke/Auerbach/Schwennicke/Herweg § 46 Rn. 40; Beck/Samm/Kokemoor/Skauradszun KWG § 46 Rn. 60, 61; Beck WM 2013, 301).

20   **d) Schließung des Instituts (Satz 1 Nr. 3).** Gemäß § 21 Abs. 3 S. 1 Nr. 3 ist die BaFin ermächtigt, das Institut für den Verkehr mit der Kundschaft (vorübergehend) zu schließen. Die Anordnung wird in der Regel die Schließung von Filialen, von Internetseiten des Instituts sowie auch von zur Geschäftsanbahnung eingerichteten Call-Centern oder auch Geldautomaten zur Folge haben (Boos/Fischer/Schulte-Mattler/Lindemann KWG § 46 Rn. 132; Schäfer/Omlor/Mimberg/Schäfer Rn. 27). Hierbei ist allerdings eine weitere telefonische und sonstige Erreichbarkeit über E-Mail des Instituts sicherzustellen, damit die Maßnahme nicht endgültige Wirkung erhält (ähnlich Ellenberger/Findeisen/Nobbe/Böger/Findeisen Rn. 51). Eine eingeschränkte Schließung des Instituts erscheint auf der Basis der Ermächtigungsgrundlage nach § 21 Abs. 3 S. 1 Nr. 3 als mildere Maßnahme ebenfalls möglich, insbesondere weil hierdurch die Auszahlung von Einlagen und die Abwicklung schwebender Geschäfte stattfinden kann (zum KWG: Schwennicke/Auerbach/Schwennicke/Herweg § 46 Rn. 55; Beck/Samm/Kokemoor/Skauradszun KWG § 46 Rn. 71; Ellenberger/Findeisen/Nobbe/Böger/Findeisen Rn. 52). IdR wird eine Maßnahme gemäß Nr. 3 mit solchen gemäß Nr. 2 und Nr. 4 zu verbinden sein (ähnlich zu § 46 KWG: Fischer/Schulte-Mattler/Lindemann KWG § 46 Rn. 127; Ellenberger/Findeisen/Nobbe/Böger/Findeisen Rn. 52 f.).

21   **e) Verbot der Entgegennahme von Zahlungen (Satz 1 Nr. 4).** Die BaFin kann gemäß § 21 Abs. 3 S. 1 Nr. 4 ebenso die Entgegennahme von Zahlungen, die nicht zur Tilgung von Schulden ggü. dem Institut bestimmt sind, verbieten. Hier dürfte ein großer Überschneidungsbereich mit Abs. 3 S. 1 Nr. 1 (Annahme von Geldern) bestehen (Ellenberger/Findeisen/Nobbe/Böger/Findeisen Rn. 53 f. meint, dies sei ein Redaktionsfehler). Während aber Abs. 3 S. 1 Nr. 1 wohl den Einlagebegriff des § 1 Abs. 1 S. 1 Nr. 1 KWG bzw. § 3 Abs. 1 ZAG im Blick hat, adressiert Nr. 4 jegliche Zahlungen, also auch nicht rückzahlbare; in der Praxis wird die Behörde idR beide Maßnahmen gleichzeitig anordnen. Abs. 3 S. 1 Nr. 4 erfasst jedenfalls sämtliche Bareinzahlungen und bargeldlose Zahlungseingänge für Kunden (Schäfer/Omlor/Mimberg/Schäfer Rn. 28; Fischer/Schulte-Mattler/Lindemann KWG § 46 Rn. 131 f. mwN). IdR wird das Verbot der Entgegennahme von Zahlungen vor dem Zahlungsverbot (ausgehende Zahlungen) gemäß § 21 Abs. 3 S. 1 Nr. 2 zu verhängen sein, so dass die Entstehung von Gläubigerstellungen ggü. dem Institut verhindert wird.

22   **f) Weitere Befugnisse der BaFin, Nichtigkeit von Gewinnausschüttungsbeschlüssen.** § 21 Abs. 3 S. 2 ordnet die entsprechende Anwendung von § 46 Abs. 1 S. 3–6 KWG (Zahlungsbeschränkungen und Beschlüsse über Gewinnausschüttungen) und § 46c (insolvenzrechtliche Fristen- und Haftungsfragen) an. Danach kann zum einen die BaFin unter den Voraussetzungen des Satzes 1 des § 46 Abs. 1 KWG **Zahlungen an konzernangehörige Unternehmen** unter-

sagen (§ 46 Abs. 1 S. 3 KWG; sogenanntes „ring fencing" Ellenberger/Findeisen/
Nobbe/Böger/Findeisen Rn. 60). Sie kann ferner bestimmen, dass **Zahlungen
nur unter bestimmten Voraussetzungen** zulässig sind (§ 46 Abs. 1 S. 4). Sodann sieht § 46 Abs. 1 S. 5 KWG bestimmte **Unterrichtungspflichten** der BaFin
vor.

§ 46 Abs. 1 S. 6 KWG ordnet die **Nichtigkeit von Gewinnausschüttungsbeschlüssen** an, die den Anordnungen nach den Sätzen 1 und 2 widersprechen.
Ein solcher Widerspruch kommt insbesondere ggü. einem angeordneten Zahlungsverbot gemäß § 21 Abs. 3 S. 1 Nr. 2 in Betracht (so auch Schäfer/Omlor/Mimberg/
Schäfer Rn. 33; Ellenberger/Findeisen/Nobbe/Böger/Findeisen Rn. 61; vgl. auch
zu Maßnahmen nach § 21 Abs. 1 Nr. 1 → Rn. 5).

Der Vollständigkeit halber hätte man auch die Anordnung der entsprechenden
Anwendung des § 46 Abs. 2 S. 3–5 KWG erwarten müssen. Nach § 46 Abs. 2 S. 3
KWG kann die BaFin Ausnahmen vom Veräußerungs- und Zahlungsverbot zulassen, soweit dies für die Durchführung der Geschäfte über die Verwaltung des Instituts sachgerecht ist. Sie kann ferner eine Betragsgrenze gemäß § 46 Abs. 2 S. 5 KWG
festsetzen, bis zu der ein Sonderbeauftragter Ausnahmen vom Veräußerungs- und
Zahlungsverbot zulassen kann. Allerdings dürften solche Maßnahmen auch von der
Anordnungsbefugnis der BaFin gemäß § 21 Abs. 3 S. 1 Nr. 2 gedeckt sein, so dass
eine ausdrückliche Regelung bzw. ein Verweis im ZAG nicht zwingend erforderlich
erscheint. Unverständlich erscheint es jedoch, dass der ZAG-Gesetzgeber nicht die
entsprechende Anwendung von § 46 Abs. 2 S. 6 KWG angeordnet hat, wonach bei
Maßnahmen iSv § 46 Abs. 1 S. 2 Nr. 4–6 (Veräußerungs- und Zahlungsverbot,
Schließung, Verbot der Entgegennahme von Zahlungen) Zwangsvollstreckungen,
Arreste und einstweilige Verfügungen in das Vermögen des Instituts unzulässig sind.
Will nämlich der Gesetzgeber effizient die Gefahr der Insolvenz eines Instituts durch
Maßnahmen gemäß § 21 Abs. 3 abwenden, so sind hierbei auch die zivilrechtlichen
und zivilprozessualen Folgen der angeordneten Verbote dringend im Auge zu be-
halten (hierzu ausführlich Schwennicke/Auerbach/Schwennicke/Herweg § 46
Rn. 38 ff.). Eine entsprechende Anwendung dieser Vorschriften des KWG im Rahmen von § 21 Abs. 3 sollte deshalb erwogen werden; allerdings hat der Gesetzgeber
des ZDUG II diese Lücke ebenso wenig geschlossen.

g) Sonderbeauftragter. Gemäß § 21 Abs. 3 S. 2 iVm § 45c Abs. 2 Nr. 8, Abs. 6 **23**
und Abs. 7 KWG ist die BaFin weiterhin ermächtigt, einen Sonderbeauftragten
einzusetzen. Die Verweistechnik ist problematisch, da die zitierte Vorschrift des
§ 45c Abs. 2 Nr. 8 KWG selbst auf weitere KWG-Vorschriften verweist, so dass es
Aufgabe des Rechtsanwenders des ZAG ist, die entsprechenden Vorschriften des
ZAG (auf die eigentlich hätte verwiesen werden müssen), zu suchen. Der Verweis
auf § 45c Abs. 2 Nr. 8 KWG lässt den Rückschluss zu, dass die BaFin den Sonderbeauftragten zur Überwachung der gemäß § 21 Abs. 2 und Abs. 3 angeordneten
Maßnahmen oder mit dem Auftrag, selbst Maßnahmen zur Gefahrenabwehr zu
ergreifen, einsetzen kann (vgl. die Parallelvorschriften zu § 46 Abs. 1 KWG).
Die Verweiskette § 21 Abs. 3 S. 2 auf § 45c Abs. 2 Nr. 8 KWG auf § 35 Abs. 2 Nr. 4
KWG (Aufhebung der Erlaubnis zur Abwehr der Gefahr für die Erfüllung der Verpflichtungen des Instituts gegenüber seinen Gläubigern) läuft dagegen ins Leere.
Mangels Verweis auf die weiteren Ziffern des § 45c Abs. 2 KWG kann geschlossen
werden, dass Befugnisse eines Organmitglieds auf eine Aufsichtsperson bzw. einen
Sonderbeauftragten bei ZAG-Instituten nicht übertragbar sind (Ellenberger/Find-
eisen/Nobbe/Böger/Findeisen Rn. 56). § 21 Abs. 3 S. 2 iVm § 45c Abs. 6 und

Abs. 7 KWG regeln die Kostentragung und die Haftung bei Bestellung eines Sonderbeauftragten. Zum Sonderbeauftragten vgl. im Übrigen Kommentierung zu → § 20 Rn. 16 ff.

24 **h) Änderung des insolvenzrechtlichen Regimes.** Durch Verweis auf § 46c KWG werden bestimmte insolvenzrechtliche Fristen für das Institut nicht ab dem Tag der Eröffnung des Insolvenzverfahrens berechnet, sondern vom Tag des Erlasses einer Maßnahme nach § 46 Abs. 1 KWG – dies bedeutet entsprechend der Verweistechnik des § 21 Abs. 3 S. 2: im Fall einer Maßnahme gemäß § 21 Abs. 2 und Abs. 3 ZAG gilt § 46c KWG entsprechend. Hierdurch werden zB Anfechtungsfristen verlängert. Über § 46c Abs. 2 KWG wird die Vermutung geregelt, dass unter bestimmten Umständen die Maßnahmen zur Vermeidung des Insolvenzverfahrens und Leistungen des Instituts, die infolge solcher Maßnahmen erfolgen, weder die Gläubiger benachteiligen, noch mit der Sorgfalt ordentlicher Kaufleute unvereinbar sind, noch die BaFin hierbei nicht pflichtgemäß handelt. Hierdurch soll die Insolvenzanfechtung erschwert und die Haftung von Geschäftsleitern und BaFin beschränkt werden (so auch Ellenberger/Findeisen/Nobbe/Böger/Findeisen Rn. 63; Schäfer/Omlor/Mimberg/Schäfer Rn. 34).

IV. Insolvenz eines Instituts (Abs. 4 und Abs. 5)

1. Allgemeines

25 § 21 Abs. 4 enthält bestimmte Modifizierungen des Insolvenzrechts der InsO. Das ZAG (so wie das KWG) ist in diesem Fall lex specialis und verdrängt in seinem Anwendungsbereich die InsO (so auch Ellenberger/Findeisen/Nobbe/Böger/Findeisen Rn. 64; Schäfer/Omlor/Mimberg/Schäfer Rn. 35). Es finden sich im ZAG weitere Spezialvorschriften für das Insolvenzverfahren der zugelassenen Institute (so auch in § 21 Abs. 3 S. 2 iVm § 46c KWG). § 21 Abs. 4 regelt für Institute die Antragspflicht und die Antragsberechtigung abweichend von der InsO, unabhängig von der konkreten Rechtsform (Schwennicke/Auerbach/Schwennicke Rn. 5).

2. Insolvenzanzeige

26 Gemäß § 21 Abs. 4 S. 2 tritt anstelle der Insolvenzantragspflicht und des Insolvenzantragsrechts der Geschäftsleiter eines Instituts die Anzeige an die BaFin. Sie dient zur Ermöglichung der Prüfung durch die BaFin, ob Maßnahmen nach § 21 Abs. 3 erfolgversprechend sind (Schwennicke/Auerbach/Schwennicke Rn. 5). Die Anzeige hat aussagefähige Unterlagen zu enthalten. Die Zahlungsunfähigkeit oder die Überschuldung, deren Definitionen sich nach §§ 17, 19 InsO richten, haben die Geschäftsleiter eines Instituts ggü. der BaFin unverzüglich (iSd § 121 BGB, Schwennicke/Auerbach/Schwennicke Rn. 5) anzuzeigen. Die 3-Wochen-Frist des § 15a Abs. 1 InsO gilt hier nicht. Auch im Falle der drohenden Zahlungsunfähigkeit besteht nicht lediglich ein Anzeigerecht, sondern die Geschäftsleiter sind verpflichtet, dies der BaFin anzuzeigen (so auch Ellenberger/Findeisen/Nobbe/Böger/Findeisen Rn. 67; Schäfer/Omlor/Mimberg/Schäfer Rn. 35). Drohende Zahlungsunfähigkeit ist dergestalt definiert, dass das Institut voraussichtlich nicht in der Lage sein wird, die bestehenden Zahlungspflichten zum Zeitpunkt der Fälligkeit zu erfüllen (vgl. Ellenberger/Findeisen/Nobbe/Böger/Findeisen Rn. 68). Verletzt der Geschäftsleiter diese Anzeigepflicht gem. § 21 Abs. 4 S. 1 Hs. 1, kann er sich gem. § 63

Abs. 2 Nr. 1 (im Fall fahrlässigen Handelns gem. § 63 Abs. 3) strafbar machen. Darüber hinaus kommt auch eine deliktische Haftung gem. § 823 Abs. 2 BGB in Frage, da die Anzeigepflicht gläubigerschützenden Charakter hat und mithin Schutzgesetz ist (Ellenberger/Findeisen/Nobbe/Böger/Findeisen Rn. 75; BGH NJW 1994, 2220 (2224); Poertzgen WM 2010, 970).

3. Insolvenzantrag

Ausschließlich die BaFin ist Antragsberechtigte gemäß § 21 Abs. 4 S. 4. Weder **27** das Institut selbst noch die Gläubiger des Instituts sind befugt, einen Insolvenzantrag zu stellen. § 21 Abs. 4 S. 4 überlagert dementsprechend § 13 Abs. 1 S. 2 InsO sowie §§ 51 ff. InsO. Auch die Regelung des § 111i Abs. 2 StPO, der das Recht von Staatsanwaltschaften zur Stellung von Insolvenzverträgen regelt, begründet kein eigenes und der BaFin vorgeschaltetes Insolvenzantragsrecht der Staatsanwaltschaft, sondern stellt vielmehr eine interne Beschränkung dar (Gondert WM 2018, 845 (850)). Insolvenzgründe sind die Zahlungsunfähigkeit, die Überschuldung und die drohende Zahlungsunfähigkeit. Für einen Insolvenzantrag wegen drohender Zahlungsunfähigkeit ist jedoch die Zustimmung des Instituts erforderlich (§ 21 Abs. 4 S. 5) (Ellenberger/Findeisen/Nobbe/Böger/Findeisen Rn. 71 ff.; Schäfer/Omlor/Mimberg/Schäfer Rn. 36) und gleichzeitig ist festzustellen, dass eine Maßnahme nach § 21 Abs. 3 nicht erfolgversprechend wäre. Zweck des alleinigen Antragsrechts der BaFin ist die Erleichterung frühzeitiger Sanierung (Ellenberger/Findeisen/Nobbe/Böger/Findeisen Rn. 65). Die BaFin hat über die Stellung des Antrages „nach pflichtgemäßem Ermessen zu entscheiden" (Ellenberger/Findeisen/Nobbe/Böger/Findeisen Rn. 70).

4. Eröffnung des Insolvenzverfahrens

Vor Bestellung des Insolvenzverwalters hat das Insolvenzgericht die BaFin zu hö- **28** ren (§ 21 Abs. 4 S. 6). Im Regelfall wird ein spezialisierter Insolvenzverwalter bestellt (Schäfer/Omlor/Mimberg/Schäfer Rn. 36). Der BaFin ist der Eröffnungsbeschluss – neben dem Institut – gesondert zuzustellen (§ 21 Abs. 4 S. 7).

5. Bestimmte Antragsrechte nach InsO (Abs. 5)

Das ZDUG II hat § 21 im Hinblick auf Gruppeninsolvenzen in Parallele zu § 46b **29** Abs. 1a S. 1 und 2 InsO (Ellenberger/Findeisen/Nobbe/Böger/Findeisen Rn. 76; Schäfer/Omlor/Mimberg/Schäfer Rn. 37; Schwennicke/Auerbach/Schwennicke Rn. 6) angereichert: Die Antragsrechte für Einrichtung des Gruppen-Gerichtsstand nach §§ 3a Abs. 1, 3d Abs. 2 InsO und zur Einleitung eines Koordinationsverfahrens gemäß § 269d Abs. 2 InsO stehen bei Instituten ausschließlich der BaFin zu. Die Einleitung eines Koordinationsverfahrens nach den §§ 269d–269i InsO entfaltet für die gruppenangehörigen Institute nur dann Wirkung, wenn die Bundesanstalt sie beantragt oder ihr zugestimmt hat.

§ 22 Vorlage von Jahresabschluss, Lagebericht und Prüfungsberichten

(1) ¹Ein Institut hat den Jahresabschluss in den ersten drei Monaten des Geschäftsjahres für das vergangene Geschäftsjahr aufzustellen und den aufgestellten sowie später den festgestellten Jahresabschluss und den Lagebericht der Bundesanstalt und der Deutschen Bundesbank jeweils unverzüglich einzureichen. ²Der Jahresabschluss muss mit dem Bestätigungsvermerk oder einem Vermerk über die Versagung der Bestätigung versehen sein. ³Der Abschlussprüfer hat den Bericht über die Prüfung des Jahresabschlusses (Prüfungsbericht) unverzüglich nach Beendigung der Prüfung der Bundesanstalt und der Deutschen Bundesbank einzureichen.

(2) ¹Ein Institut, das einen Konzernabschluss oder einen Konzernlagebericht aufstellt, hat diese Unterlagen der Bundesanstalt und der Deutschen Bundesbank unverzüglich einzureichen. ²Wird ein Prüfungsbericht von einem Konzernabschlussprüfer erstellt, hat dieser den Prüfungsbericht unverzüglich nach Beendigung der Prüfung der Bundesanstalt und der Deutschen Bundesbank einzureichen. ³Die Bestimmungen dieses Absatzes gelten entsprechend für einen Einzelabschluss nach § 325 Absatz 2a des Handelsgesetzbuchs.

Inhaltsübersicht

I. Europarechtlicher Hintergrund, Entwicklung der Rechtsnorm

1 § 22 entspricht dem bisherigen wortgleichen § 17 und sorgt insoweit für Kontinuität bei den Themen „Vorlage von **Jahresabschluss, Lagebericht** und **Prüfungsberichten**". Mit der Regelung aus dem Jahre 2009 wurde Artikel 15 Abs. 2 PSD1 umgesetzt, der die Prüfung der Jahresabschlüsse und konsolidierten Abschlüsse von Zahlungsinstituten durch Abschlussprüfer oder Prüfungsgesellschaften im Sinne der Abschlussprüfer RL (Richtlinie 2006/43/EG) vorsieht, sofern diese nicht durch die KonzernrechnungslegungsRL (Richtlinie 83/349/EWG) und die BankbilanzRL (86/635/EWG) ausgenommen sind.

Am 30.4.2011 trat die Änderung des alten § 17 ZAG in der Fassung des E-Geld- **2** RLUG in Kraft, welches der Umsetzung von Artikel 3 Abs. 1 der zweiten E-Geld-RL diente. Seitdem sind die Regelungen zu den Themen „Vorlage von Jahresabschluss, Lagebericht und Prüfungsberichten" auch von E-Geld-Institute anzuwenden.

II. Pflichten des Instituts im Sinne von § 1 Abs. 3 im Zusammenhang mit einem Jahresabschluss (Abs. 1 Satz 1 und 2)

Die Vorschrift des § 22 Abs. 1 S. 1 und 2 entspricht dem § 26 Abs. 1 S. 1 und 2 **3** KWG. Aufgrund dieser inhaltsgleichen Regelung im KWG ist § 22 nicht auf Zahlungsinstitute anzuwenden, die auch eine Erlaubnis iSd § 32 Abs. 1 S. 1 KWG haben (§ 1 Abs. 11). Für BaFin und Bundesbank stellen **Jahresabschlussunterlagen** der Institute eine bedeutende Erkenntnisquelle für die laufende Beurteilung der Institute durch die Aufsicht dar, da sie einen Einblick in Struktur und Größenordnung der einzelnen Geschäftsarten gewähren. Hiermit werden die Aufsichtsbehörden möglichst frühzeitig über die **Entwicklung der Vermögenslage, der Liquidität und Rentabilität, der kreditgeschäftlichen und anderen Risiken** sowie der zu ihrer Abschirmung getroffenen bilanzmäßigen Vorkehrungen wie Vermögensbildung und Risikovorsorge, auch der organisatorischen Maßnahmen unterrichtet. Aufsichtsbehörden sollen auf dieser Grundlage in die Lage versetzt werden, zur Gefahrenabwehr geeigneten Maßnahmen rechtzeitig zu ergreifen (So auch Reischauer/Kleinhans/Becker KWG § 26 Rn. 2).

Der Jahresabschluss für das vergangene Geschäftsjahr ist gemäß § 22 Abs. 1 S. 1 in **4** den ersten drei Monaten des Geschäftsjahres aufzustellen und besteht aus Bilanz und GuV (§ 242 Abs. 3 HGB). Die gesetzlichen Vertreter einer Kapitalgesellschaft haben den Jahresabschluss um einen Anhang zu erweitern, der mit der Bilanz und der Gewinn- und Verlustrechnung eine Einheit bildet (§ 264 Abs. 1 S. 1 HGB).

Gemäß § 340a Abs. 2 S. 2 HGB sind hierbei insbesondere die im Rahmen einer **5** Rechtsverordnung erlassenen Vorschriften und Formblätter zu verwenden. Für Institute im Sinne des ZAG gilt die RechZahlV. Hierzu Kommentierung Anh. § 24.

Institute haben gemäß § 340a Abs. 1 Hs. 2 HGB den Jahresabschluss um einen **6** Lagebericht nach den für große Kapitalgesellschaften geltenden Bestimmungen des § 289 HGB zu ergänzen.

Der Jahresabschluss ist gemeinsam mit dem Lagebericht **unverzüglich nach** **7** **Aufstellung der BaFin und der Bundesbank einzureichen.** Für die Aufstellung des Jahresabschlusses sind gemäß § 264 Abs. 1 S. 1 HGB iVm § 1 Abs. 2 KWG die Geschäftsleiter verantwortlich. Der aufgestellte Jahresabschluss ist von den im Zeitpunkt der Aufstellung amtierenden Geschäftsleitern zu unterschreiben. Einer Genehmigung des aufgestellten Jahresabschlusses durch einen Aufsichtsrat bedarf es in diesem Stadium nicht (So auch Reischauer/Kleinhans/Becker KWG § 26 Rn. 4).

Nach Feststellung des Jahresabschlusses durch die aufgrund gesetzlicher oder sat- **8** zungsmäßiger Regelungen zuständigen Organe sind Jahresabschluss sowie Lagebericht unter Angabe des Datums der Feststellung erneut unverzüglich der BaFin und der Bundesbank einzureichen (Die Zuständigkeit der Organe variiert nach Rechtsform: Aufsichtsrat oder Hauptversammlung bei der AG (§ 172 S. 1 AktG), Hauptversammlung der KGaA (§ 286 Abs. 1 AktG zzgl. Zustimmung der persönlich haftenden Gesellschafter), Gesellschafterversammlung bei der GmbH (§ 42a Abs. 1 GmbHG), Generalversammlung einer eG (§ 48 Abs. 1 S. 1 GenG) und Gesellschafterversammlung bei Personengesellschaften. Weitere Besonderheiten können in den jeweiligen Satzungen geregelt werden).

9   Die Ermächtigungsgrundlage zum Erlass einer Rechtsverordnung, die das Einreichungsverfahren regelt **(ZAGAnzV)**, enthält der § 28 Abs. 4 S. 1 und 3. Die Ermächtigungsgrundlage regelt das Einreichungsverfahren für Institute iSd § 1 Abs. 3.

10   Gemäß **§ 1 Abs. 1 ZAGAnzV** sind die Jahresabschlüsse jeweils in einfacher Ausfertigung der BaFin und der für das Institut zuständigen Hauptverwaltung der Bundesbank einzureichen.

11   Wird der Jahresabschluss ohne Änderungen festgestellt, so genügt die Mitteilung hierüber mit dem Datum des Tages der Feststellung; die Einreichung des festgestellten Jahresabschlusses ist in diesem Fall nicht erforderlich **(§ 6 ZAGAnzV).**

12   Der Jahresabschluss muss mit einem Bestätigungsvermerk gemäß § 322 HGB oder einem Vermerk über die Versagung des Bestätigungsvermerks versehen sein. Eventuelle Einschränkungen und die Versagung sind zu begründen. Einschränkungen sind so darzustellen, dass deren Tragweite deutlich erkennbar wird (§ 322 Abs. 3 und 4 HGB).

13   Der Gesetzestext verlangt, dass der aufgestellte Jahresabschluss selbst dann unverzüglich einzureichen ist, wenn feststeht, dass auch der festgestellte Jahresabschluss innerhalb der ersten drei Monate vorliegen wird (so auch Reischauer/Kleinhans/Becker KWG § 26 Rn. 5). Hierdurch soll den Aufsichtsbehörden frühzeitig die Möglichkeit eröffnet werden, ggf. erforderliche Maßnahmen zur Gefahrenabwehr einzuleiten.

14   Anwendung finden die Einreichungsvorschriften gemäß § 42 Abs. 4 auch auf Zweigstellen von Unternehmen mit Sitz außerhalb des EWR (s. unten Kommentierung zu → § 42 Rn. 20). Die von diesen Instituten aufzustellende Vermögensübersicht mit einer Aufwands- und Ertragsrechnung und einem Anhang gilt hierbei als Jahresabschluss iSd § 22.

III. Pflichten des Abschlussprüfers im Zusammenhang mit einem Jahresabschluss (Abs. 1 Satz 3)

15   Für die Aufsichtsbehörden haben die **Prüfungsberichte** eine besondere Bedeutung, da sie zum einen von einem externen Dritten im Rahmen seiner Prüfung des Jahresabschlusses erstellt wurden und zum anderen eine umfangreiche Zusammenführung der Einhaltung der aufsichtsrechtlichen Anforderungen beinhalten und Geschäftsprozesse des Instituts näher beschreiben.

16   Der Abschlussprüfer hat den Prüfungsbericht gemäß § 22 Abs. 1 S. 3 unverzüglich nach Beendigung direkt an die BaFin und die Bundesbank einzureichen. Die Prüfung ist beendet, sobald der unterschriebene Prüfungsbericht der Geschäftsleitung vorgelegt wird (so auch Reischauer/Kleinhans/Becker KWG § 26 Rn. 7). Die Vorschriften des § 1 Abs. 1 ZAGAnzV über das Einreichungsverfahren, dh die Einreichung der Unterlagen in jeweils einfacher Ausfertigung, gelten entsprechend auch für den Abschlussprüfer.

Die Prüfung durch den Abschlussprüfer ist gemäß **§ 340k Abs. 1 S. 2 HGB** spä- **17**
testens vor Ablauf des fünften Monats des dem Abschlussstichtag nachfolgenden
Geschäftsjahrs vorzunehmen. Abschlussprüfer können gemäß § 319 Abs. 1 HGB
Wirtschaftsprüfer und Wirtschaftsprüfungsgesellschaften sein. Sofern das Institut
eine Genossenschaft oder ein rechtsfähiger wirtschaftlicher Verein ist, so ist die Prüfung abweichend von § 319 Abs. 1 S. 1 von dem Prüfungsverband durchzuführen,
dem das Institut als Mitglied angehört, sofern mehr als die Hälfte der geschäftsfüh-
renden Mitglieder des Vorstands dieses Prüfungsverbands Wirtschaftsprüfer sind
(§ 340k Abs. 2 S. 1).

Sofern das Institut **Zwischenabschlüssen** iSd § 115 Abs. 1 WpHG erstellt, die **18**
gemäß § 115 Abs. 5 WpHG einer prüferischen Durchsicht zu unterziehen sind, hat
der Prüfer die entsprechende Bescheinigung gemäß § 115 Abs. 5 S. 4 WpHG ebenfalls unverzüglich nach Beendigung der prüferischen Durchsicht gemäß § 115
Abs. 5 WpHG der BaFin und der Bundesbank einzureichen.

Die direkte **Einreichung der Prüfungsberichte** durch die Abschlussprüfer **19**
gemäß § 26 Abs. 1 S. 3 KWG, die mit dem Dritten KWG-Änderungsgesetz von
1984 vorgeschrieben wurde, soll den Informationsweg abkürzen und die Möglichkeit von Fälschungen ausschließen (hierzu RegBegr, Dritten KWG-Änderungsgesetz, Reischauer/Kleinhans (§ 26 Rn. 8) Begründung des Regierungsentwurfs
zu § 26, Kza. 593, S. 94). Einwendungen der Institute, dass die Prüfung des Jahresabschlusses von den Instituten in Auftrag gegeben wurde, so dass der Prüfer ein Vertragsverhältnis zum Institut eingegangen ist und somit ausschließlich ihm gegenüber
zur Erstellung und Abgabe des Berichts verpflichtet ist, wurden durch den Gesetzgeber beim Erlass des § 26 KWG nicht Rechnung getragen. Demzufolge ist davon
auszugehen, dass die inhaltlich identische Verpflichtung des Abschlussprüfers zur
Einreichung des Prüfungsberichts in § 22 Abs. 1 S. 3 analog zu beurteilen ist (so
auch Ellenberger/Findeisen/Nobbe/Werner § 17 Rn. 3). Diese Behandlung gilt
sinngemäß auch für o. g. Bescheinigungen über die prüferische Durchsicht.

Unterschiede zur Parallelvorschrift des § 26 KWG ergeben sich daraus, dass der **20**
Abschlussprüfer in jedem Fall seinen Prüfungsbericht der BaFin und der Bundesbank einzureichen hat. Die Besonderheiten zur Einreichung der Prüfungsberichte
lediglich auf Anforderung der BaFin gemäß § 26 Abs. 1 S. 4 KWG für Institute, die
einem genossenschaftlichen Prüfungsverband oder einer Prüfungsstelle des Sparkas-
sen- und Giroverbands angehören, gelten für Institute im Sinne des ZAG (Zahlungsinstitute und E-Geld-Institute, § 1 Abs. 3) nicht.

Zu einer ausführlichen Beschreibung des Gegenstands und Zeitpunkts der Prü- **21**
fung sowie des Inhalts des Berichts des Abschlussprüfers wird auf die Kommentierung zu § 24 (→ Rn. 14 ff.) verwiesen, der auch eine Kommentierung der gemäß
§ 24 Abs. 3 S. 1 erlassenen Rechtsverordnung, der sog. **ZahlPrüfbV**, enthält.

IV. Pflichten des Instituts im Sinne von § 1 Abs. 3
im Zusammenhang mit einem Konzernabschluss
(Abs. 2 Satz 1)

Die Vorschrift des § 22 Abs. 2 entspricht den in § 26 Abs. 3 und 4 KWG enthal- **22**
tenen Regelungen.

Demgemäß hat ein Institut, welches als übergeordnetes Institut einen **Konzern-** **23**
abschluss oder einen **Konzernlagebericht** aufstellt, diesen im Interesse einer

umfassenden Beaufsichtigung ebenfalls unverzüglich der BaFin und der Bundesbank einzureichen.

24   Die Erleichterung, einen durch die zuständigen Organe festgestellten, aber seit Aufstellung unveränderten Konzernabschluss nicht den Aufsichtsbehörden einzureichen, sondern stattdessen die Mitteilung des Datums der Feststellung, sieht das Gesetz sowie die dazugehörige ZahlAnzV für Konzernabschlüsse nicht explizit vor. (Die Zuständigkeit der Organe variiert nach Rechtsform: Aufsichtsrat oder Hauptversammlung bei der AG (§ 172 S. 1 AktG), Hauptversammlung der KGaA (§ 286 Abs. 1 AktG zzgl. Zustimmung der persönlich haftenden Gesellschafter), Gesellschafterversammlung bei der GmbH (§ 42a Abs. 1 GmbHG), Generalversammlung einer eG (§ 48 Abs. 1 S. 1 GenG) und Gesellschafterversammlung bei Personengesellschaften. Weitere Besonderheiten können in den jeweiligen Satzungen geregelt werden). Gleichwohl ist davon auszugehen, dass eine analoge Verfahrensweise nicht beanstandet wird, da dem Informationsbedürfnis der Aufsicht gleichermaßen Rechnung getragen ist.

25   Erstellt das Institut einen **Konzernzwischenabschluss,** hat es diesen unverzüglich der BaFin und der Bundesbank einzureichen (§ 26 Abs. 3 S. 3 KWG).

26   Einzureichen ist auch ein Konzernabschluss, wenn das Institut Tochterunternehmen eines Unternehmens ist, das einen konsolidierten Abschluss zu erstellen hat (RegBegr ZDUG, BT-Drs. 18/11495, 127).

V. Pflichten des Abschlussprüfers im Zusammenhang mit einem Konzernabschluss (Abs. 2 Satz 2)

27   Grundsätzlich sind **Konzernabschluss und –lagebericht** gemäß § 316 Abs. 2 HGB durch einen **Abschlussprüfer** zu prüfen. Hat diese nicht stattgefunden, kann der Konzernabschluss nicht gebilligt werden.

28   Sofern der Konzernabschluss einer Prüfung durch den Konzernabschlussprüfer unterzogen wird, hat dieser den entsprechenden **Prüfungsbericht** ebenfalls wie auch den Prüfungsbericht des Einzelabschlusses unverzüglich nach Beendigung der Prüfung der BaFin und Bundesbank einzureichen. Auch der Prüfungsbericht ist in einfacher Ausfertigung einzureichen (§ 1 Abs. 1 ZAGAnzV).

29   Die Vorschriften des § 340k HGB gelten analog auch für Konzernabschlüsse von Instituten im Sinne des ZAG, dh insbesondere ist die Prüfung spätestens vor Ablauf des fünften Monats des dem Abschlussstichtag nachfolgenden Geschäftsjahrs vorzunehmen. Im Übrigen wird auf die Ausführungen unter → Rn. 15 ff. verwiesen.

30   Erstellt das Institut auch einen **Konzernzwischenabschluss** iSd § 26 Abs. 3 S. 1 KWG, ist dieser einer prüferischen Durchsicht durch den Abschlussprüfer zu unterziehen. Entsprechend einer analogen Anwendung des § 26 Abs. 3 S. 3 KWG ist entsprechende Bescheinigung des Abschlussprüfers unverzüglich nach Beendigung der BaFin und der Bundesbank einzureichen.

VI. Verweis auf § 325 Abs. 2a HGB (Abs. 2 Satz 3)

31   An die Stelle des Jahresabschlusses kann – nach den in § 325 Abs. 2a HGB näher bezeichneten Voraussetzungen – ein Einzelabschluss des Instituts treten, der nach **internationalen Rechnungslegungsstandards** (IFRS) aufgestellt worden ist.

Ein gemäß § 289 HGB erstellter Lagebericht muss in dem erforderlichen Umfang auch auf diesen nach internationalen Vorschriften erstellten Abschluss Bezug nehmen.

VII. Folgen der Pflichtverletzung des § 22 (§ 64)

Sofern das Institut seinen Verpflichtungen wie Einreichung des Jahresabschlusses, **32** Lagebericht, Konzernabschluss und Konzernlagebericht gemäß § 22 nicht, nicht richtig, nicht vollständig oder nicht rechtzeitig nachkommt und zugleich vorsätzlich oder leichtfertig handelt, handelt es ordnungswidrig im Sinne von § 64 Abs. 2 Nr. 2.

Gleiches gilt für den Abschlussprüfer, der vorsätzlich oder leichtfertig einen Prü- **33** fungsbericht nicht, nicht richtig, nicht vollständig oder nicht rechtzeitig einreicht.

VIII. RechZahlV

1. Allgemeine Vorschriften

§ 330 Abs. 2 des Handelsgesetzbuchs enthält die Ermächtigung, durch eine **34** **Rechtsverordnung** für Institute nach § 1 Abs. 3 Formblätter vorzuschreiben oder andere Vorschriften für die Gliederung des Jahresabschlusses oder des Konzernabschlusses oder den Inhalt des Anhangs, des Konzernanhangs, des Lageberichts oder des Konzernlageberichts zu erlassen. Dies gilt dann, wenn der Geschäftszweig eine von den §§ 266, 275 des Handelsgesetzbuchs abweichende Gliederung des Jahresabschlusses oder des Konzernabschlusses oder von den Vorschriften des Ersten Abschnitts und des Ersten und Zweiten Unterabschnitts des Zweiten Abschnitts des Handelsgesetzbuchs abweichende Regelung erfordert. Wesentliches Ziel der Verordnung ist es, die Vorschriften der **Zahlungsinstituts- Rechnungslegungsverordnung** vom 2.11.2009 auf Grundlage von § 330 Abs. 2 des Handelsgesetzbuchs an die neue Fassung des ZAG anzupassen (Referentenentwurf zur Verordnung zur Änderung der Zahlungsinstituts-Rechnungslegungsverordnung vom 25.9.2018).

Demgemäß gilt für Institute iSd § 1 Abs. 3 ergänzend die RechZahlV. **35**

Die Zahlungsinstituts-Rechnungslegungsverordnung **(RechZahlV)** vom **36** 2.11.2009 (BGBl. I 3680), die zuletzt durch Artikel 1 der Verordnung vom 17.12.2018 (BGBl. I 2619) geändert worden ist, wurde nach § 330 Abs. 2 iVm Abs. 1 HGB gemäß § 330 Abs. 2 S. 3 HGB vom BMJ im Einvernehmen mit dem BMF und im Benehmen mit der Bundesbank erlassen und dient der Umsetzung des Artikels 15 Abs. 1 und 3 der Richtlinie 2007/64/EG des Europäischen Parlaments und des Rates vom 13.11.2007 über Zahlungsdienste im Binnenmarkt, zur Änderung der Richtlinien 97/7/EG, 2002/65/EG, 2005/60/EG und 2006/48/EG sowie zur Aufhebung der Richtlinie 97/5/EG (ABl. 2007 L 319, 1). Sie entspricht in weiten Teilen der RechKredV, ist jedoch insgesamt weniger umfangreich, da der Gesetzgeber von Instituten im Sinne des ZAG nur verlangen wollte, was für sie geboten sei. Die Verwendung einheitlicher Formblätter soll der effektiveren Erfüllung aufsichtsrechtlicher Aufgaben dienen.

Die ergänzenden Vorschriften für Kreditinstitute §§ 340–340o HGB sind gemäß **37** § 340 Abs. 5 S. 1 HGB auch von Instituten iSd § 1 Abs. 3 anzuwenden. Dabei bleiben zusätzliche Anforderungen auf Grund von Vorschriften, die wegen der Rechtsform oder für Zweigniederlassungen bestehen unberührt.

38   Entsprechend dem Aufbau der RechKredV enthält die **RechZahlV** zunächst einige allgemeine Vorschriften zur Darstellung von Bilanz und GuV sowie detailliertere Vorgaben zu einzelnen Posten. Von zentraler Bedeutung sind dabei die in den Anlagen zur **RechZahlV** enthaltenen **Formblätter** 1 und 2 (Anh. § 22) über die Gliederung von Bilanz und GuV, welche für Institute gemäß § 340a Abs. 2 S. 2 HGB iVm § 2 **RechZahlV** an die Stelle der in den §§ 266, 275 HGB enthaltenen Formvorschriften treten.

39   Die in **Formblatt 1** enthaltene Gliederung der Bilanz sieht dabei auf der Aktivseite eine Anordnung der Vermögensgegenstände nach abnehmendem Liquiditätsgrad ohne die sonst übliche Unterscheidung zwischen Anlage- und Umlaufvermögen sowie die Anordnung der Passiva nach abnehmender Dringlichkeit vor (So auch Krumnow Rechnungslegung RechKredV § 2 Rn. 1). Formal unterscheidet sich die für Institute vorgegebene Bilanzgliederung von der sonst nach HGB üblichen insofern, als auf die abwechselnde Verwendung arabischer und römischer Zahlen verzichtet wird und nur arabische Zahlen verwendet werden.

40   **Formblatt 2** sieht eine Aufstellung der GuV in Staffelform vor, der allgemein ein gegenüber der Kontenform etwas erhöhter Informationsgehalt nachgesagt wird. Die einheitliche Anwendung dient darüber hinaus durch bessere Vergleichbarkeit der Transparenz (vgl. Scharpf/Schaber, 2018, S. 1159). An einigen Stellen sieht die GuV Durchbrechungen des Bruttoprinzips gemäß § 246 Abs. 2 HGB vor, beispielsweise im Falle der in § 26 RechZahlV geregelten, auf § 340f Abs. 3 HGB basierenden Erträge und Aufwendungen.

41   Die durch die **RechZahlV** vorgegebenen Formblätter entsprechen in Aufbau und Umfang weitestgehend der Gliederung der RechKredV und unterscheiden sich von ihnen im Wesentlichen nur dadurch, dass bei nahezu allen Bilanz- und GuV-Positionen ein getrennter Ausweis von Zahlungsdiensten nach § 1 Abs. 1 S. 2 und der Ausgabe von E-Geld nach § 1 Abs. 2 S. 2 sowie den sonstigen Geschäften zu erfolgen hat. Diese **getrennte Rechnungslegung** gibt auch § 3 **RechZahlV** vor, wobei den Formblättern zu entnehmen ist, wann genau eine solche Aufteilung zu erfolgen hat – eine weitergehende Aufteilung ist dagegen nicht erforderlich (Referentenentwurf vom 11.8.2009 zu § 3 RechZahlV).

42   § 15 Abs. 1 schreibt vor, dass Institute müssen im Interesse der Erfüllung ihrer Verpflichtungen über angemessene Eigenmittel verfügen; die Eigenmittel des Instituts dürfen zu keinem Zeitpunkt unter den Betrag des Anfangskapitals nach § 12 Nr. 3 oder unter den Betrag der Eigenmittel gemäß der Berechnung der nach Abs. 3 zu erlassenden Rechtsverordnung sinken, wobei der jeweils höhere Betrag maßgebend ist. Da zu den Eigenmitteln auch längerfristige nachrangige Verbindlichkeiten iSd Art. 63 Verordnung (EU) Nr. 575/2013 des Europäischen Parlaments und des Rates vom 26.6.2013 beinhaltet, haben derartige nachrangige Schulden für Zahlungs- ebenso wie für Kreditinstitute eine besondere Bedeutung, weshalb sie in der Bilanz gesondert ausgewiesen werden (so auch Krumnow Rechnungslegung RechKredV § 4 Rn. 1). Allerdings verlangt § 4 **RechZahlV** analog zu § 4 RechKredV die Existenz einer Nachrangabrede **(§ 4 Abs. 1 RechZahlV),** während aufsichtsrechtlich diese zB mindestens fünf Jahre zur Verfügung stehen müssen. Während nachrangige Schulden gemäß Formblatt 1 gesondert als Passivposten 9 ausgewiesen werden, sieht § 4 **Abs. 2 RechZahlV** für nachrangige Vermögensgegenstände wahlweise einen Ausweis als Unterposten des zugehörigen Aktivpostens oder eine entsprechende Auflistung im Anhang vor.

Ebenfalls eine große Bedeutung kommt bei Instituten nach § 1 Abs. 3 genau wie **43** bei Kreditinstituten den Wertpapieren zu, weshalb **§ 5 RechZahlV** eine Definition des Begriffs für Zwecke der Rechnungslegungsvorschriften analog zu § 7 RechKredV beinhaltet. Der Gesetzgeber wollte hiermit eine abschließende Aufzählung der als Wertpapier zu betrachtenden verbrieften Forderungen und Verbindlichkeiten den später in den **§§ 12 und 13 RechZahlV** folgenden Erläuterungen bestimmter Wertpapierarten voranstellen (Referentenentwurf v. 11.8.2009 zu § 5 RechZahlV). Hierbei handelt es sich um eine recht enge Definition in Anlehnung an § 1 Abs. 1 DepotG, welche nur solche Papiere mit hoher Liquidität bzw. Fungibilität erfasst (so auch Krumnow Rechnungslegung RechKredV § 7 Rn. 1).

Da die Gliederungsvorschriften der **RechZahlV** mitunter eine Sortierung nach **44** Restlaufzeiten vorgeben, führt **§ 6 RechZahlV** (entspricht § 8 Abs. 1 RechKredV) aus, dass die Restlaufzeit bei ungekündigten Kündigungsgeldern der Kündigungsfrist bzw. – sofern vorhanden – einer Kündigungssperrfrist entspricht. **§ 6 S. 2 RechZahlV** legt explizit fest, dass vorzeitige Kündigungsmöglichkeiten bei Forderungen nicht zu berücksichtigen sind, woraus abgeleitet werden kann, dass dies hingegen bei Verbindlichkeiten sehr wohl zu geschehen hat. Da eine Regelung einen schlechteren Liquiditätsausweis zur Folge hat, ist sie als Ausdruck des Vorsichtsprinzips zu betrachten (so auch Krumnow Rechnungslegung RechKredV § 8 Rn. 5). In **§ 7 RechZahlV** wird schließlich § 340d HGB dahingehend konkretisiert, wie die Gliederung der Forderungen an Kunden entsprechend ihrer Restlaufzeiten im Anhang zu erfolgen hat. Hierbei hat sich der Gesetzgeber für eine gegenüber den Vorschriften für Kreditinstitute (§ 9 Abs. 2 RechKredV) gröbere Einteilung entschieden, da ein Bedürfnis für eine so weitgehende Gliederung bei Instituten im Sinne des ZAG nicht vorhanden sei (Referentenentwurf v. 11.8.2009 zu § 7 Rech-ZahlV).

Schließlich findet sich in **§ 8 RechZahlV** (entspricht etwa § 11 RechKredV) der **45** Hinweis, dass zum Bilanzstichtag noch nicht fällige, aber bereits realisierte (also antizipative) **anteilige Zinsen** demjenigen Aktiv- oder Passivposten zuzuordnen sind, zu dem sie gehören (so auch Krumnow Rechnungslegung RechKredV § 11 Rn. 2). Es erfolgt also kein Ausweis unter den sonstigen Vermögensgegenständen bzw. sonstigen Verbindlichkeiten, wobei gemäß **§ 8 S. 2 RechZahlV** dennoch eine entsprechende Anhangangabe derartiger Vermögensgegenstände oder Schulden (§ 268 Abs. 4 S. 2 bzw. Abs. 5 S. 3 HGB) zu erfolgen hat. Eine entsprechende Restlaufzeitengliederung ist nicht erforderlich.

Auf diese allgemeineren Vorschriften folgen in den Abschnitten 3 und 4 nähere **46** Angaben zu einzelnen Bilanz- und GuV-Positionen, auf die im Folgenden näher eingegangen wird.

2. Posten der Aktivseite

Gemäß **§ 9 RechZahlV**, der § 12 Abs. 1 RechKredV entspricht, werden im Pos- **47** ten **Barreserve** die flüssigen Mittel zusammenfassend dargestellt. Es muss sich jedoch stets um gültige gesetzliche Zahlungsmittel handeln. Sofern diese Voraussetzung nicht gegeben ist, ist ein Ausweis unter den Sonstigen Vermögensgegenständen vorzunehmen (so auch Krumnow Rechnungslegung RechKredV § 12 Rn. 3 und 4).

§ 10 RechZahlV entspricht inhaltlich weitestgehend § 14 RechKredV und **48** schreibt den Ausweis aller Forderungen gegenüber in- und ausländischen Kreditinstituten unter dem Aktivposten **Forderungen an Kreditinstitute** vor. Zwar fehlt in der **RechZahlV** gegenüber der RechKredV die Einschränkung auf Forderungen aus Bankgeschäften, jedoch kommt dieser ohnehin nur wenig praktische Bedeutung bei, da Forderungen gegenüber Kreditinstituten aus anderen als Bankgeschäften kaum vorstellbar sind (so auch Krumnow Rechnungslegung RechKredV § 14 Rn. 2). Sofern die Kriterien des § 5 **RechZahlV** erfüllt sind, erfolgt gemäß § 10 S. 2 **RechZahlV** vorrangig der Ausweis unter den Wertpapieren. Dieses ist in der Praxis zB bei Namenschuldverschreibungen und nicht börsenfähigen Inhaberschuldverschreibungen der Fall. Forderungen an Kreditinstitute aus Zahlungsdiensten oder der Ausgabe von E-Geld iSd § 17 Abs. 1 S. 2 Nr. 1, die auf Treuhandkonten unterhalten werden, sind nach § 10 S. 3 **RechZahlV** gesondert auszuweisen.

49   § 11 **RechZahlV** entspricht weitestgehend der RechKredV. Über die vergleichbare Regelung des § 15 RechKredV werden in der Literatur unterschiedliche Ansichten vertreten, ob unter den **Forderungen an Kunden** auch solche nichtbankgeschäftlichen Ursprungs ausgewiesen werden sollten und ferner ob auch Vermögensgegenstände wie zum Beispiel Steuerrückforderungen dazu zählen sollten, bei denen es sich also um Forderungen gegenüber, dem normalen Sprachgebrauch folgend, Nicht-Kunden handelt. Da dem Wortlaut der Regelung folgend „alle Arten von Forderungen" gegenüber Kunden als Forderungen an Kunden ausgewiesen werden sollen, herrscht inzwischen Einigkeit dahingehend, dass hier ein Ausweis nicht auf bankgeschäftliche Forderungen beschränkt ist (so auch Krumnow Rechnungslegung RechKredV § 15 Rn. 2). Zur Frage, ob unter den Forderungen an Kunden auch solche gegenüber dem Finanzamt oder einer Versicherung im Schadensfall auszuweisen sind, kann angeführt werden, dass auch dies eigentlich dem Wortlaut des § 15 Abs. 1 RechKredV zu entnehmen ist. Demnach sind Kunden im Sinne der Verordnung alle in- und ausländischen Nichtbanken, also unabhängig davon, ob mit ihnen eine gewöhnliche Geschäftsbeziehung unterhalten wird. Für die **RechZahlV** gestaltet sich dieses Abgrenzungsproblem etwas schwieriger, weil der Begriff des Kunden in § 11 **RechZahlV** nur noch im Normentitel, nicht jedoch im Text als Klammerzusatz hinter genannter Legaldefinition auftaucht. Angesichts dieser Unklarheit kann gefolgert werden, dass vor allem eine einheitliche Festlegung innerhalb des Instituts wichtig sei, so dass die Grundsätze der Willkürfreiheit und Stetigkeit nicht verletzt werden (so auch Krumnow Rechnungslegung RechKredV § 15 Rn. 2 f.).

50   Gemäß § 11 S. 3 **RechZahlV** sind hier auch die gemäß § 3 Abs. 4 gewährten Kredite auszuweisen. Hierbei handelt es sich um Kredite, die ausschließlich im Zusammenhang mit Zahlungsdiensten gewährt werden, dh der Kredit steht ausschließlich im Zusammenhang mit der Ausführung eines Zahlungsvorgangs („technischer" Kredit), vereinbarte Laufzeit und Rückzahlung bis zu zwölf Monaten sowie der Kredit nicht aus den im Rahmen des Zahlungsvorgangs entgegengenommenen Beträgen gewährt wird. Letzteres gilt gleichermaßen für E-Geld-Geschäfte (so auch Ellenberger/Findeisen/Nobbe/Findeisen § 2 Rn. 52; s. auch Terlau → § 3 Rn. 61 ff.).

51   Wie bereits bei den **Forderungen an Kreditinstituten** so erfolgt auch bei den Forderungen an Kunden ein Ausweis subsidiär gegenüber dem Ausweis unter den Wertpapieren (§ 11 S. 2 **RechZahlV**).

52   Im Übrigen erfolgt gemäß Formblatt 1 ein getrennter Ausweis von Forderungen an Institute im Sinne des ZAG in einer zusätzlichen Bilanzposition.

53   Unter **Schuldverschreibungen und anderen festverzinslichen Wertpapieren** werden gemäß § 12 **RechZahlV,** der inhaltlich § 16 RechKredV entspricht, in Abgrenzung zu Forderungen an Kreditinstitute bzw. an Kunden börsenfähige

Wertpapiere im Sinne von § 5 Abs. 2 RechZahlV ausgewiesen. Die Vorschrift enthält eine abschließende Aufzählung der auszuweisenden Wertpapiere sowie einige Hinweise, wann ein Wertpapier als festverzinslich gilt. Ein Ausweis hat nur zu erfolgen, sofern die Wertpapiere noch nicht fällig sind, anderenfalls ist ein Ausweis als Sonstiger Vermögensgegenstand vorzunehmen (so auch Krumnow Rechnungslegung RechKredV § 16 Rn. 3). Gemäß dem Formblatt 1 ist dieser Posten aufzugliedern in Geldmarktpapiere, dh mit einer ursprünglichen Laufzeit von bis zu einem Jahr, und in sonstige Anleihen und Schuldverschreibungen. Entgegen der RechKredV, wo eine weitere Aufgliederung nach öffentlichen und anderen Emittenten vorzunehmen ist, ist hier die getrennte Rechnungslegung für Geschäft aus Zahlungsdiensten und sonstige Tätigkeiten gemäß § 3 **RechZahlV** gefordert.

§ 13 **RechZahlV** regelt den Ausweis von **Aktien und anderen nicht festverzinslichen Wertpapieren,** die entsprechende Vorschrift der RechKredV ist § 17. **54** Wichtig ist die Abgrenzung zu den im Formblatt 1 separat vorgesehenen Posten Beteiligungen und Anteile an verbundenen Unternehmen gemäß § 271 HGB. Auch hier ist – ungleich zur RechKRedV – eine weitere Untergliederung gemäß § 3 **RechZahlV** vorzunehmen.

Für Institute in der Rechtsform der eingetragenen Genossenschaft regelt § 14 **55** **RechZahlV** analog zu § 18 RechKredV den Ausweis von Geschäftsguthaben bei anderen Genossenschaften, die nach § 271 Abs. 1 S. 5 HGB ausdrücklich nicht als **Beteiligung** gelten. Sofern ein Institut entsprechende Guthaben hält, ist die Postenbezeichnung entsprechend anzupassen (§ 14 S. 2 **RechZahlV**). Beteiligungen sind wie auch Anteile an verbundenen Unternehmen ausweislich des Formblatts 1 aufzuteilen nach Kreditinstituten, Finanzdienstleistungsinstituten iSd § 1 Abs. 2a.

Die Position der **Sonstigen Vermögensgegenstände** gemäß § 15 **Rech- 56** **ZahlV** ist als Sammelposten für alle Vermögensgegenstände, die sonst nicht zugeordnet werden, zu verstehen. Es ist unbeachtlich, ob die Vermögensgegenstände unter dem Vorbehalt des Eingangs gutgeschrieben worden sind. Ausgewiesen werden auch nicht rückzahlbare Genussrechte, während die rückzahlbaren Genussrechte Bestandteil der Forderungen an Kreditinstitute oder an Kunden (§§ 10, 11 **RechZahlV**) bzw. Aktien und nicht festverzinsliche Wertpapiere (§ 13 **RechZahlV**) sind.

3. Posten der Passivseite

Die §§ 16 und 17 **RechZahlV** regeln analog der entsprechenden Normen be- **57** züglich der Forderungspositionen die Zuteilung der **Verbindlichkeiten** in „**gegenüber Kreditinstituten**" und „**gegenüber Kunden**" und entsprechen weitgehend den Normen §§ 21 Abs. 1 S. 1 und Abs. 2 S. 1 RechKredV. Im Unterschied zu den Rechnungslegungsvorschriften für Kreditinstitute erfolgt bei Instituten im Sinne des ZAG kein von den Verbindlichkeiten gegenüber Kunden gesonderter Ausweis von verbrieften Verbindlichkeiten. Allerdings schreibt § 17 S. 2 **RechZahlV** vor, das Verbindlichkeiten zur Ausführung von Zahlungsvorgängen gesondert auszuweisen sind, ebenso wie Verbindlichkeiten auf Zahlungskonten.

Wie auf der Aktivseite erfolgt auch auf der Passivseite gemäß Formblatt 1 der ge- **58** trennte Ausweis der Verbindlichkeiten gegenüber Instituten im Sinne des ZAG in einer zusätzlichen Bilanzposition.

Analog zu § 24 RechKredV sieht **§ 18 RechZahlV** vor, dass unter dem Strich **59** angegebene Eventualverbindlichkeiten oder Kreditrisiken um den Betrag der für sie gemäß § 249 HGB gebildeten Drohverlustrückstellungen zu kürzen sind. Ein drohender Verlust entsteht, sofern ein Ausfall des Schuldners wegen unzureichender Sicherheiten und/oder Bonität wahrscheinlich ist und eine Inanspruchnahme des Instituts als Bürge eines Gläubigers erwartet wird. Hintergrund dieser Vorschrift ist die Vermeidung einer doppelten Erfassung von Risiken aus drohenden Verlusten, da durch die Bildung von **Rückstellungen** die aus den zunächst unter dem Strich angegebenen Eventualverbindlichkeiten und Kreditrisiken drohenden Verluste bereits schlagend geworden sind und somit erfolgswirksam zu erfassen sind (Referentenentwurf v. 11.8.2009 zu § 18 **RechZahlV**). Für die Bildung und auch die Bewertung von Rückstellungen gibt es keine weiteren institutsspezifischen Besonderheiten. Wie auch nach RechKredV haben Institute Rückstellungen zu unterteilen in Rückstellungen für Pensionen und ähnliche Verpflichtungen, Steuerrückstellungen und andere Rückstellungen. Der Begriff der „anderen Rückstellungen" ist inhaltlich mit den in § 266 Abs. 3 HGB als „sonstigen" bezeichneten Rückstellungen gleichzusetzen (so auch Krumnow Rechnungslegung RechKredV § 24 Rn. 1).

60   **§ 19 RechZahlV** enthält wie § 25 Abs. 1 RechKredV Vorschriften zum Ausweis des gezeichneten Kapitals, welches sich in Abhängigkeit von der Rechtsform auf die gesellschaftsrechtlichen Verhältnisse des Instituts bezieht. Dieses ist je nach Rechtsform des Instituts zu ermitteln. Ggf. sind die im Formblatt 1 verwendeten Bezeichnungen umzubenennen. Das in der Bilanz ausgewiesene **Eigenkapital** ist insbesondere nicht gleichzusetzen mit dem, welches sich gemäß § 15 für aufsichtsrechtliche Zwecke ergibt und weitere Positionen beinhaltet (vgl. → § 15 Rn. 5). Neben dem gezeichneten Kapital sieht das Formblatt 1 zusätzliche Posten für die Kapitalrücklage gemäß § 272 Abs. 2 HGB (im Wesentlichen Ausgabeagien bei Emissionen) sowie Gewinnrücklagen im Sinne von § 272 Abs. 3 HGB vor. Hierunter fallen nur Beträge, die im Geschäftsjahr oder in Vorjahren aus dem Ergebnis gebildet worden sind und teilen sich in gesetzliche (nur bei AG gemäß § 150 Abs. 1 und 2 AktG) und satzungsmäßige Rücklagen. Daneben ist eine Rücklage für Anteile an einem herrschenden oder mehrheitlich beteiligten Unternehmen zu bilden, sofern auf der Aktivseite solche Anteile ausgewiesen werden. Die Rücklage hat die Funktion einer Ausschüttungssperre (Krumnow Rechnungslegung RechKredV § 25 Rn. 11). Als Besonderheit im Zusammenhang mit dem Eigenkapital ist zu nennen, dass das Formblatt 1 vorsieht, dass die Bilanz unter vollständiger Verwendung des Jahresergebnisses aufzustellen ist und insofern nur der Bilanzgewinn bzw. -Verlust als Unterpunkt des Eigenkapitals ausgewiesen wird (so auch Krumnow Rechnungslegung RechKredV § 25 Rn. 2).

61   Weiterhin sind gemäß **§ 20 RechZahlV** (entspricht § 27 Abs. 2 RechKredV) unter dem Strich sog. **unwiderrufliche Kreditzusagen** auszuweisen, die Anlass zu einem Kreditrisiko geben können. Unwiderruflich sind vor allem vorbehaltlos extern eingeräumte Kreditlinien an Kreditnehmer, soweit sie noch nicht ausgenutzt worden sind. Nicht hierzu zählen interne Kreditlinien, oder Kreditzusagen an Kreditnehmer, die noch an die Einhaltung bestimmter Kriterien bezüglich der Bonität des Kunden geknüpft sind (so auch Krumnow Rechnungslegung RechKredV § 27 Rn. 22ff.).

4. Posten der Gewinn- und Verlustrechnung

62   Das von den Instituten auszuweisende **Zinsergebnis** enthält gemäß **§§ 21, 22 RechZahlV** alle **Zinserträge** und ähnliche Erträge sowie alle **Zinsaufwendungen** und ähnliche Aufwendungen (analog zu §§ 28, 29 RechKredV). Zinsähnliche Erträge und Aufwendungen sind solche, die trotz abweichender Bezeichnung in-

haltlich überwiegend Entgelt für eine Kapitalnutzung darstellen. Die in der **Rech-ZahlV** genannte Aufzählung ist nicht abschließend. Hervorzuheben sind insbesondere alle Zinserträge der Aktivposten 1–5 bzw. Zinsaufwendungen der Passivposten 1–3. Ergänzt wurden § 21 bzw. § 22 **RechZahlV** in Nr. 5 bzw. 6 um eine Abgrenzung zu den im Provisionsergebnis auszuweisenden Erträgen und Aufwendungen. Demgemäß sind Gebühren und Provisionen mit Zinscharakter ebenfalls im Zinsergebnis auszuweisen, wenn sie nach dem Zeitablauf oder der Höhe der Forderungen bzw. Verbindlichkeiten berechnet werden. In diesem Zusammenhang können zB Bereitstellungs- oder Überziehungsprovisionen genannt werden, die auch bei Instituten im Sinne des ZAG anfallen können (so auch Krumnow Rechnungslegung RechKredV § 28 Rn. 15).

Im **Provisionsergebnis** gemäß **§§ 23 und 24 RechZahlV** (entspricht § 30 **63** RechKredV) sind die Erfolgskomponenten aus Dienstleistungsgeschäften der Institute auszuweisen. Eine Definition, was Dienstleistungsgeschäfte sind, sieht die **RechZahlV** nicht vor. Es handelt sich um **Provisionserträge,** die ein Institut daraus erzielt, dass es Kunden oder anderen Instituten etwa seine Kreditwürdigkeit oder seine Geschäftsverbindungen, seine Erfahrungen oder seine betriebstechnischen Einrichtungen zur Verfügung stellt, ohne dass sich dabei der Bestand seiner Forderungen und Verbindlichkeiten verändert. Entsprechend handelt es sich um **Provisionsaufwendungen,** die dem Institut aus der Inanspruchnahme derartiger Dienstleistungen anderer entstehen (so auch Krumnow Rechnungslegung RechKredV § 30 Rn. 11).

Umsatzprovisionen und **sonstige Provisionen im Zahlungsverkehr** sind **64** hier beispielhaft als Ertrag zu nennen. Ebenso sind etwaige Bürgschaftsprovisionen hier auszuweisen, also die Provision für eine Dienstleistung des Instituts – Gewährung einer Bürgschaft – zur Verstärkung der Kreditwürdigkeit des Kunden, die als Eventualverbindlichkeit des Instituts unter dem Strich auszuweisen ist und somit den Bestand der ausgewiesenen Verbindlichkeiten nicht verändert. Als Provisionsaufwendungen sind insbesondere weitergeleitete Provisionen oder fremde Gebühren auszuweisen. Insbesondere die o. g. Abgrenzung zum Zinsergebnis kann zu Schwierigkeiten führen. Es gilt abzuwägen, ob der Zins- oder der Provisionscharakter des Entgelts überwiegt.

Unter den **Allgemeinen Verwaltungsaufwendungen** gemäß **§ 25 Rech- 65 ZahlV** (entspricht § 31 RechKredV) werden Personal- und andere Verwaltungsaufwendungen zusammengefasst. Da die Untergliederung der Personalaufwendungen gemäß Formblatt 2 der Gliederung gemäß § 275 Abs. 2 Nr. 6 HGB entspricht, gelten für Institute genau wie für Kreditinstitute diesbezüglich die allgemeinen handelsrechtlichen Grundsätze (so auch Krumnow Rechnungslegung RechKredV § 31 Rn. 1). Hierunter fallen neben Löhnen und Gehältern, dh fixe und variable Bezüge, Sachbezüge und Abfindungen, auch die Sozialabgaben, Pensionszahlungen und freiwillige Aufwendungen für Unterstützung (zB Beihilfen, Kantinenzuschüsse).

Beispiele für andere Verwaltungsaufwendungen sind in **§ 25 RechZahlV** – **66** nicht abschließend – aufgezählt. Ergänzend zu den Vorschriften der RechKredV werden hier explizit spezielle Kosten des Geldverkehrs und für Geldtransporte aufgeführt, die bei Instituten im Sinne des ZAG eine besondere Relevanz haben. Besonders erwähnt wird in **§ 25 Abs. 3 RechZahlV,** dass Prämien für Kreditversicherungen nicht hier, sondern im Posten „Abschreibungen und Wertberichtigungen auf Forderungen und bestimmte Wertpapiere sowie Zuführungen zu Rückstellungen im Kreditgeschäft" zu erfassen sind.

67   § 26 **RechZahlV** beinhaltet analog zu § 32 RechKredV eine Durchbrechung des sog. Bruttoprinzips, dh die in der Verordnung genannten bestimmten Aufwendungen und Erträge aus Bewertungen im **Kreditgeschäft** nach dem strengen Niederstwertprinzip dürfen gegeneinander verrechnet und in Abhängigkeit vom nach der Verrechnung verbleibendem Saldo in einem Aufwands- oder Ertragsposten der GuV ausgewiesen werden (sog. Überkreuzkompensation gemäß § 340f Abs. 3 HGB). Es besteht nur die Wahlmöglichkeit der Voll- oder der Nichtkompensation. Eine teilweise Verrechnung der Aufwendungen und Erträge ist nicht zulässig.

68   Gleiches gilt für § 27 **RechZahlV,** der wiederum dem § 33 RechKredV entspricht. Hiernach wird die Möglichkeit der Überkreuzkompensation gemäß § 340c Abs. 2 HGB für bestimmte Aufwendungen und Erträge aus der Bewertung gemäß dem gemilderten Niederstwertprinzip von **Finanzanlagen,** dh Beteiligungen, Anteilen an verbundenen Unternehmen und wie Anlagevermögen behandelte Wertpapiere ermöglicht. Unter „wie Anlagevermögen behandelte Wertpapiere" versteht man solche Wertpapiere, die dem Geschäftsbetrieb auf Dauer zu dienen bestimmt sind (so auch Krumnow Rechnungslegung HGB § 340c Rn. 157). Eine teilweise Verrechnung des Bewertungsergebnisses ist auch hier grundsätzlich nicht zulässig. Sofern Veräußerungsgewinne und -verluste nicht mit den Bewertungsergebnissen zusammengefasst werden, sind diese brutto in die GuV-Posten Sonstige betriebliche Aufwendungen oder Erträge aufzunehmen (so auch Krumnow Rechnungslegung HGB § 340c Rn. 155).

5. Anhang

69   Institute müssen gemäß § 340 Abs. 5 S. 1 iVm § 340a Abs. 1 iVm § 264 Abs. 1 HGB unabhängig von ihrer Größe einen Anhang erstellen. Grundsätzlich gelten hierfür die Bestimmungen der §§ 284−288 HGB, die teilweise ein Wahlrecht für den Ausweis in Bilanz bzw. GuV und im Anhang beinhalten, unter Berücksichtigung der in § 340a Abs. 2 HGB aufgeführten Besonderheiten. Zusätzlich sind im fünften Abschnitt der **RechZahlV** weitere Vorgaben zum Anhang geregelt. § 28 **RechZahlV** sieht zu den zuvor genannten Normen Ergänzungen im Anhang vor, § 29 **RechZahlV** regelt zusätzliche zu tätigende Angaben und § 30 **RechZahlV** macht Angaben im Anhang zu Termingeschäften erforderlich.

70   Zu den in § 28 **RechZahlV zusätzlichen Erläuterungen** im Anhang von Instituten zählt beispielsweise gemäß § 28 **Abs. 1 S. 2 RechZahlV,** dass die in § 285 Nr. 3a HGB geforderte Angabe zu weiteren finanziellen Verpflichtungen unterbleiben kann, sofern dies bereits durch die Angabe der Eventualverbindlichkeiten und unwiderruflichen Kreditzusagen unter dem Strich erledigt wurde. § 28 **Abs. 2 RechZahlV** trägt den Besonderheiten der Institute Rechnung, in dem beispielsweise statt der in § 285 Nr. 4 HGB geforderten Aufgliederung der Umsatzerlöse nach Tätigkeitsbereichen und geographischen Märkten eine solche Einteilung für die bei Instituten auftretenden Ertragsarten, vor allem Zins- und Provisionserträge, gefordert wird. Des Weiteren werden Angaben zu Vorschüssen und Kredite für Organmitglieder sowie Haftungsverhältnisse zugunsten diese gefordert. § 28 **Abs. 3 RechZahlV** erlaubt die Zusammenfassung gewisser Angaben bei der Darstellung der Entwicklung des Anlagevermögens gemäß § 284 Abs. 3 HGB, wobei diese für Institute nur für Vermögensgegenstände iSd § 340e Abs. 1 HGB zu machen sind. Die Norm entspricht weitgehend dem § 34 RechKredV.

Die **zusätzlichen Pflichtangaben** des § 29 **RechZahlV** entsprechen überwie- 71
gend den Regelungen des § 35 RechKredV in verkürzter Form („verschlankt für
Zwecke der Institute", Referentenentwurf v. 11.8.2009 zu § 29 RechZahlV).
Hierzu zählen zum Beispiel detaillierte Angaben über die Börsennotierung der bi-
lanzierten Wertpapiere (**§ 29 Abs. 1 S. 1 Nr. 1 RechZahlV),** Umrechnung von
Vermögensgegenständen und Schulden in Fremdwährung sowie Erläuterungen
der wichtigsten Einzelbeträge bestimmter Bilanzposten (**§ 29 Abs. 1 S. 1 Nr. 3
RechZahlV).** Hierbei handelt es sich jeweils um die sog. Sammelposten wie Sons-
tige Vermögensgegenstände oder Verbindlichkeiten oder Sonstige betriebliche
Aufwendungen oder Erträge, für die kein spezieller Posten vorgesehen ist. Diese
Posten setzen sich aus einer Vielzahl von Sachverhalten unterschiedlicher Art zu-
sammen, so dass die zusätzliche Angabe der Transparenz und verfeinerten Analyse
des Jahresabschlusses dient (so auch Krumnow Rechnungslegung RechKredV § 35
Rn. 23). Eine Besonderheit gegenüber den Vorschriften für Kreditinstitute stellt
§ 29 Abs. 4 RechZahlV dar, in dem Angaben über die Anzahl der ausgeführten
Zahlungsvorgänge und das Zahlungsvolumen gefordert werden.

Die Regelungen des **§ 30 RechZahlV** entsprechen denen des § 36 RechKredV, 72
welche einst vom Gesetzgeber eingeführt wurden, um der wachsenden Bedeutung
sog. Finanzinnovationen auch im Rahmen der Berichterstattung gerecht zu werden
(so auch Krumnow Rechnungslegung RechKredV § 36 Rn. 1 f.). Die Auflistung
der zugehörigen **Termingeschäfte** ist nicht abschließend, zumal dies vor dem
Hintergrund des hohen Entwicklungstempos in diesem Bereich auch gar nicht
möglich wäre (so auch Krumnow Rechnungslegung RechKredV § 36 Rn. 1). Anzugeben sind insbesondere die Arten dieser noch nicht abgewickelten Geschäfte aus
offenen und auch geschlossenen Positionen. Ergänzend ist anzugeben, ob ein wesentlicher Teil auf Deckungs- oder Handelsgeschäfte entfällt.

6. Sonstiges

Im Übrigen gelten die Vorschriften der erläuterten §§ 1–8 **RechZahlV** sowie 73
der nachfolgend dargestellten §§ 9–30 **RechZahlV** entsprechend auch für **Konzernabschlüsse** von Instituten als Mutterunternehmen, die nach § 340 Abs. 1 S. 1
HGB die Regelungen der §§ 340 ff. HGB anwenden **müssen,** sofern deren Eigenart keine Abweichung erfordert (**§ 31 RechZahlV,** entspricht § 37 RechKredV).

§ 32 RechZahlV definiert ordnungswidriges Handeln von Geschäftsleitern 74
oder Mitgliedern des Aufsichtsrechts (analog zu § 38 RechKredV). Hiernach handelt **ordnungswidrig,** wer bestimmte, in der **RechZahlV** genannte Vorschriften
nicht, nicht richtig, nicht vollständig oder nicht in der vorgeschriebenen Weise verwendet.

Anhang zu § 22

Anlage 1 Verordnung über die Rechnungslegung der Zahlungsinstitute und E-Geld-Institute (Zahlungsinstituts-Rechnungslegungsverordnung – RechZahlV)

Zahlungsinstituts-Rechnungslegungsverordnung vom 2. November 2009 (BGBl. I S. 3680), die zuletzt durch Artikel 1 der Verordnung vom 17. Dezember 2018 (BGBl. I S. 2619) und Artikel 25 Abs. 3 Gesetzes vom 7. August 2021 (BGBl. I S. 3311) geändert worden ist

Auf Grund des § 330 Absatz 2 des Handelsgesetzbuchs, der zuletzt durch Artikel 6 Nummer 1 des Gesetzes vom 25. Juni 2009 (BGBl. I S. 1506) geändert worden ist, verordnet das Bundesministerium der Justiz im Einvernehmen mit dem Bundesministerium der Finanzen und im Benehmen mit der Deutschen Bundesbank:

Abschnitt 1. Anwendungsbereich

§ 1 Anwendungsbereich

Diese Verordnung ist auf Institute im Sinne des § 1 Absatz 3 des Zahlungsdiensteaufsichtsgesetzes anzuwenden.

Abschnitt 2. Bilanz und Gewinn- und Verlustrechnung

§ 2 Formblätter

Institute im Sinn des § 1 Absatz 3 des Zahlungsdiensteaufsichtsgesetzes haben abweichend von § 266 des Handelsgesetzbuchs über die Gliederung der Bilanz das Formblatt 1 (Anlage 1) und abweichend von § 275 des Handelsgesetzbuchs über die Gliederung der Gewinn- und Verlustrechnung das Formblatt 2 (Staffelform – Anlage 2) zu verwenden.

§ 3 Getrennte Rechnungslegung und Unterposten

(1) Für Zahlungsdienste nach § 1 Absatz 1 Satz 2 des Zahlungsdiensteaufsichtsgesetzes und für die Ausgabe von E-Geld nach § 1 Absatz 2 Satz 2 des Zahlungsdiensteaufsichtsgesetzes sowie für sonstige Geschäfte sind die Angaben in der Rechnungslegung jeweils getrennt auszuweisen. Die Positionen der Bilanz und der Gewinn- und Verlustrechnung sind nach Maßgabe der Formblätter entsprechend ihrer Herkunft aus Zahlungsdiensten und aus der Ausgabe von E-Geld oder aus sonstigen Tätigkeiten zu unterteilen.

(2) Als Unterposten sind im Formblatt 1 jeweils gesondert auszuweisen:
1. die verbrieften und unverbrieften Forderungen an verbundene Unternehmen zu den Posten „Forderungen an Kreditinstitute" (Aktivposten 2), „Forderungen an Kunden" (Aktivposten 3), „Forderungen an Institute im Sinne des § 1 Absatz 3

des Zahlungsdiensteaufsichtsgesetzes" (Aktivposten 4) und „Schuldverschreibungen und andere festverzinsliche Wertpapiere" (Aktivposten 5);

2. die verbrieften und unverbrieften Forderungen an Unternehmen, mit denen ein
Beteiligungsverhältnis besteht, zu den Posten „Forderungen an Kreditinstitute"
(Aktivposten 2), „Forderungen an Kunden" (Aktivposten 3), „Forderungen an
Institute im Sinne des § 1 Absatz 3 des Zahlungsdiensteaufsichtsgesetzes" (Aktiv-
posten 4) und „Schuldverschreibungen und andere festverzinsliche Wertpapiere"
(Aktivposten 5);

3. die verbrieften und unverbrieften Verbindlichkeiten gegenüber verbundenen
Unternehmen zu den Posten „Verbindlichkeiten gegenüber Kreditinstituten"
(Passivposten 1), „Verbindlichkeiten gegenüber Kunden" (Passivposten 2), „Ver-
bindlichkeiten gegenüber Instituten im Sinne des § 1 Absatz 3 des Zahlungs-
diensteaufsichtsgesetzes" (Passivposten 3) und „Nachrangige Verbindlichkeiten"
(Passivposten 8);

4. die verbrieften und unverbrieften Verbindlichkeiten gegenüber Unternehmen,
mit denen ein Beteiligungsverhältnis besteht, zu den Posten „Verbindlichkeiten
gegenüber Kreditinstituten" (Passivposten 1), „Verbindlichkeiten gegenüber
Kunden" (Passivposten 2), „Verbindlichkeiten gegenüber Instituten im Sinne
des § 1 Absatz 3 des Zahlungsdiensteaufsichtsgesetzes" (Passivposten 3) und
„Nachrangige Verbindlichkeiten" (Passivposten 8).

Die Angaben nach Satz 1 können statt in der Bilanz im Anhang in der Reihenfolge
der betroffenen Posten gemacht werden.

§ 4 Nachrangige Vermögensgegenstände und Schulden

(1) Vermögensgegenstände und Schulden sind als nachrangig auszuweisen,
wenn sie als Forderungen oder Verbindlichkeiten im Fall der Liquidation oder der
Insolvenz erst nach den Forderungen der anderen Gläubiger erfüllt werden dürfen.

(2) Nachrangige Vermögensgegenstände sind auf der Aktivseite bei dem jeweiligen Posten oder Unterposten gesondert auszuweisen. Die Angaben können statt
in der Bilanz im Anhang in der Reihenfolge der betroffenen Posten gemacht werden.

§ 5 Wertpapiere

(1) Als Wertpapiere sind auszuweisen:

1. Aktien, Zwischenscheine, Anteile oder Aktien an Investmentvermögen, Optionsscheine, Zins- und Gewinnanteilscheine, börsenfähige Inhaber- und Order-
genussscheine, börsenfähige Inhaberschuldverschreibungen, auch wenn sie vin-
kuliert sind, unabhängig davon, ob sie in Wertpapierurkunden verbrieft oder als
Wertrechte ausgestaltet sind,

2. börsenfähige Orderschuldverschreibungen, soweit sie Teile einer Gesamtemission sind,

3. andere festverzinsliche Inhaberpapiere, soweit sie börsenfähig sind, und

4. andere nicht festverzinsliche Wertpapiere, soweit sie börsennotiert sind, insbesondere ausländische Geldmarktpapiere, die zwar auf den Namen lauten, aber
wie Inhaberpapiere gehandelt werden.

(2) Als börsenfähig gelten Wertpapiere, die die Voraussetzungen einer Börsen-
zulassung erfüllen; bei Schuldverschreibungen genügt es, dass alle Stücke einer

Emission hinsichtlich Verzinsung, Laufzeitbeginn und Fälligkeit einheitlich ausgestattet sind.

(3) Als börsennotiert gelten Wertpapiere, die an einer deutschen Börse zum Handel im regulierten Markt zugelassen sind, außerdem Wertpapiere, die an ausländischen Börsen zugelassen sind oder gehandelt werden.

§ 6 Restlaufzeit

Für die Gliederung nach Restlaufzeiten sind bei ungekündigten Kündigungsgeldern die Kündigungsfristen und gegebenenfalls die Kündigungssperrfristen maßgebend. Bei Forderungen sind vorzeitige Kündigungsmöglichkeiten nicht zu berücksichtigen.

§ 7 Fristengliederung

Im Anhang sind die Beträge der „Forderungen an Kunden" (Aktivposten 3) und der „Verbindlichkeiten gegenüber Kunden" (Passivposten 2) gesondert nach folgenden Restlaufzeiten aufzugliedern:
1. bis drei Monate,
2. mehr als drei Monate bis sechs Monate,
3. mehr als sechs Monate bis zwölf Monate,
4. mehr als zwölf Monate.

§ 8 Anteilige Zinsen

Anteilige Zinsen und ähnliche das Geschäftsjahr betreffende Beträge, die erst nach dem Bilanzstichtag fällig werden, aber bereits am Bilanzstichtag für Institute im Sinn des § 1 Absatz 3 des Zahlungsdiensteaufsichtsgesetzes typische Forderungen oder Verbindlichkeiten sind, sind demjenigen Posten der Aktiv- oder Passivseite der Bilanz zuzuordnen, dem sie zugehören. § 268 Absatz 4 Satz 2, Absatz 5 Satz 3 des Handelsgesetzbuchs bleibt unberührt. Die in Satz 1 genannten Beträge brauchen nicht nach Restlaufzeiten aufgegliedert zu werden.

Abschnitt 3. Vorschriften zu einzelnen Posten der Bilanz –
Formblatt 1

Unterabschnitt 1. Posten der Aktivseite

§ 9 Barreserve – Posten 1

Als Barreserve sind gesetzliche Zahlungsmittel einschließlich der ausländischen Noten und Münzen sowie Postwertzeichen und Gerichtsgebührenmarken auszuweisen. Zu einem höheren Betrag als dem Nennwert erworbene Gedenkmünzen sowie Goldmünzen, auch wenn es sich um gesetzliche Zahlungsmittel handelt, und Barrengold abweichend von Satz 1 im Posten „Sonstige Vermögensgegenstände" (Posten 12) zu erfassen. Als Guthaben bei Zentralnotenbanken dürfen nur täglich fällige Guthaben einschließlich der täglich fälligen Fremdwährungsguthaben bei Zentralnotenbanken der Niederlassungsländer des Instituts ausgewiesen werden.

§ 10 Forderungen an Kreditinstitute – Posten 2

Als Forderungen an Kreditinstitute sind alle Arten von Forderungen an in- und ausländische Kreditinstitute auszuweisen. Zu den Forderungen an Kreditinstitute gehören auch:

1. Namensschuldverschreibungen sowie nicht börsenfähige Inhaberschuldverschreibungen, Orderschuldverschreibungen, die nicht Teile einer Gesamtemission sind,
2. nicht börsenfähige Orderschuldverschreibungen, die Teile einer Gesamtemission sind,
3. Namensgeldmarktpapiere und nicht börsenfähige Inhabergeldmarktpapiere,
4. Namensgenussscheine, nicht börsenfähige Inhabergenussscheine und andere nicht in Wertpapieren verbriefte rückzahlbare Genussrechte.

§ 5 bleibt unberührt. Forderungen an Kreditinstitute aus Zahlungsdiensten und aus der Ausgabe von E-Geld, die der Anforderung des § 17 Absatz 1 Satz 2 Nummer 1 des Zahlungsdiensteaufsichtsgesetzes genügen und auf Treuhandkonten unterhalten werden, sind gesondert auszuweisen.

§ 11 Forderungen an Kunden – Posten 3

Als Forderungen an Kunden sind alle Arten von Vermögensgegenständen auszuweisen, die Forderungen an in- und ausländische Nichtbanken darstellen, soweit es sich nicht um börsenfähige Schuldverschreibungen im Sinn des Postens 5 „Schuldverschreibungen und andere festverzinsliche Wertpapiere" handelt. § 5 bleibt unberührt. Als Forderungen an Kunden aus Zahlungsdiensten und aus der Ausgabe von E-Geld aus Krediten sind die gemäß § 3 Absatz 4 des Zahlungsdiensteaufsichtsgesetzes gewährten Kredite auszuweisen.

§ 12 Schuldverschreibungen und andere festverzinsliche Wertpapiere – Posten 5

(1) Als Schuldverschreibungen und andere festverzinsliche Wertpapiere sind die folgenden Rechte auszuweisen:

1. festverzinsliche Inhaberschuldverschreibungen,
2. Orderschuldverschreibungen, die Teile einer Gesamtemission sind,
3. Schatzwechsel,
4. Schatzanweisungen und andere verbriefte Rechte, wie zum Beispiel commercial papers, euro-notes, certificates of deposit, bons de caisse,
5. Kassenobligationen sowie Schuldbuchforderungen und
6. vor Fälligkeit hereingenommene Zinsscheine.

Als Geldmarktpapiere gelten alle Schuldverschreibungen und andere festverzinsliche Wertpapiere unabhängig von ihrer Bezeichnung, sofern ihre ursprüngliche Laufzeit ein Jahr nicht überschreitet.

(2) Als festverzinslich gelten auch:

1. Wertpapiere, die mit einem veränderlichen Zinssatz ausgestattet sind, sofern dieser an eine bestimmte Größe, zum Beispiel an einen Interbankzinssatz oder an einen Euro-Geldmarktsatz, gebunden ist,
2. Null-Kupon-Anleihen und
3. Schuldverschreibungen, die einen anteiligen Anspruch auf Erlöse aus einem gepoolten Forderungsvermögen verbriefen.

§ 13   Aktien und andere nicht festverzinsliche Wertpapiere – Posten 6

Als Aktien und andere nicht festverzinsliche Wertpapiere sind auszuweisen:

1. Aktien, soweit sie nicht im Posten 7 „Beteiligungen" oder im Posten 8 „Anteile an verbundenen Unternehmen" auszuweisen sind,
2. Zwischenscheine, Anteile oder Aktien an Investmentvermögen, Optionsscheine, Gewinnanteilscheine, als Inhaber- oder Orderpapiere ausgestaltete börsenfähige Genussscheine sowie andere nicht festverzinsliche Wertpapiere, soweit sie börsennotiert sind, und
3. vor Fälligkeit hereingenommene Gewinnanteilscheine.

§ 14   Beteiligungen – Posten 7

Institute im Sinn des § 1 Absatz 3 des Zahlungsdiensteaufsichtsgesetzes in der Rechtsform der eingetragenen Genossenschaft haben Geschäftsguthaben bei Genossenschaften unter dem Posten 7 „Beteiligungen" auszuweisen. In diesem Fall ist die Postenbezeichnung entsprechend anzupassen.

§ 15   Sonstige Vermögensgegenstände – Posten 12

Als Sonstige Vermögensgegenstände (Posten 12) sind Forderungen und sonstige Vermögensgegenstände auszuweisen, die einem anderen Posten nicht zugeordnet werden können. Dies gilt auch dann, wenn sie unter dem Vorbehalt des Eingangs gutgeschrieben worden sind. Hierzu zählen ferner nicht in Wertpapieren verbriefte Genussrechte, die nicht rückzahlbar sind.

Unterabschnitt 2.   Posten der Passivseite

§ 16   Verbindlichkeiten gegenüber Kreditinstituten – Posten 1

Als Verbindlichkeiten gegenüber Kreditinstituten sind alle Arten von Verbindlichkeiten gegenüber in- und ausländischen Kreditinstituten auszuweisen.

§ 17   Verbindlichkeiten gegenüber Kunden – Posten 2

Als Verbindlichkeiten gegenüber Kunden sind alle Arten von Verbindlichkeiten gegenüber in- und ausländischen Nichtbanken auszuweisen. Verbindlichkeiten zur Ausführung von Zahlungsvorgängen sind gesondert auszuweisen, hierbei gesondert die Verbindlichkeiten auf Zahlungskonten.

§ 18   Rückstellungen – Posten 6

Wird im Posten 6c „andere Rückstellungen" eine Rückstellung für einen drohenden Verlust aus einer unter dem Strich vermerkten Eventualverbindlichkeit oder einem Kreditrisiko gebildet, so ist der Posten unter dem Strich um den zurückgestellten Betrag zu kürzen.

§ 19   Eigenkapital – Posten 11

Als gezeichnetes Kapital sind, ungeachtet ihrer genauen Bezeichnung im Einzelfall, alle Beträge auszuweisen, die entsprechend der Rechtsform des Instituts im Sinn des § 1 Absatz 3 des Zahlungsdiensteaufsichtsgesetzes als von den Gesellschaftern oder anderen Eigentümern gezeichnete Eigenkapitalbeträge gelten; auch

Einlagen stiller Gesellschafter sowie Geschäftsguthaben sind in diesen Posten einzubeziehen. Die genaue Bezeichnung im Einzelfall kann zusätzlich zu der Postenbezeichnung „gezeichnetes Kapital" in das Bilanzformblatt eingetragen werden.

§ 20 Unwiderrufliche Kreditzusagen – Posten 1 unter dem Strich

Als Unwiderrufliche Kreditzusagen sind alle unwiderruflichen Verpflichtungen, die Anlass zu einem Kreditrisiko geben können, zu vermerken.

Abschnitt 4. Vorschriften zu einzelnen Posten der Gewinn- und Verlustrechnung – Formblatt 2

§ 21 Zinserträge – Posten 1

Als Zinserträge sind Zinserträge und ähnliche Erträge auszuweisen, insbesondere:

1. alle Erträge aus Vermögensgegenständen, die im Formblatt 1 Aktivposten 1 bis 5 bilanziert wurden, ohne Rücksicht darauf, in welcher Form sie berechnet werden,
2. Diskontabzüge, Ausschüttungen auf Genussrechte und Gewinnschuldverschreibungen im Bestand, Erträge mit Zinscharakter, die im Zusammenhang mit der zeitlichen Verteilung des Unterschiedsbetrags bei unter dem Rückzahlungsbetrag erworbenen Vermögensgegenständen entstehen,
3. Zuschreibungen aufgelaufener Zinsen zu Null-Kupon-Anleihen im Bestand,
4. die sich aus gedeckten Termingeschäften ergebenden, auf die tatsächliche Laufzeit des jeweiligen Geschäfts verteilten Erträge mit Zinscharakter sowie
5. Gebühren und Provisionen mit Zinscharakter, die nach dem Zeitablauf oder nach der Höhe der Forderungen berechnet werden.

§ 22 Zinsaufwendungen – Posten 2

Als Zinsaufwendungen sind Zinsaufwendungen und ähnliche Aufwendungen auszuweisen, insbesondere:

1. alle Aufwendungen für die im Formblatt 1 Passivposten 1 bis 3 bilanzierten Verbindlichkeiten ohne Rücksicht darauf, in welcher Form sie berechnet werden,
2. Diskontabzüge, Ausschüttungen auf begebene Genussrechte und Gewinnschuldverschreibungen,
3. Aufwendungen mit Zinscharakter, die im Zusammenhang mit der zeitlichen Verteilung des Unterschiedsbetrags bei unter dem Rückzahlungsbetrag eingegangenen Verbindlichkeiten entstehen,
4. Zuschreibungen aufgelaufener Zinsen zu begebenen Null-Kupon-Anleihen,
5. die sich aus gedeckten Termingeschäften ergebenden, auf die tatsächliche Laufzeit des jeweiligen Geschäfts verteilten Aufwendungen mit Zinscharakter sowie
6. Gebühren und Provisionen mit Zinscharakter, die nach dem Zeitablauf oder nach der Höhe der Verbindlichkeiten berechnet werden.

§ 23 Provisionserträge – Posten 5

Als Provisionserträge sind Provisionen und ähnliche Erträge aus Dienstleistungsgeschäften auszuweisen. Zu den Erträgen gehören auch Kontoführungsgebühren.

§ 24 Provisionsaufwendungen – Posten 6

Als Provisionsaufwendungen sind Provisionen und ähnliche Aufwendungen aus Dienstleistungsgeschäften auszuweisen.

§ 25 Allgemeine Verwaltungsaufwendungen – Posten 8

(1) In Posten 8a) aa) bbb) sowie Posten 8b) aa) bbb), jeweils „Soziale Abgaben und Aufwendungen für Altersversorgung und für Unterstützung", sind auszuweisen:
1. gesetzliche Pflichtabgaben,
2. Beihilfen und Unterstützungen, die das Institut im Sinn des § 1 Absatz 3 des Zahlungsdiensteaufsichtsgesetzes zu erbringen hat, sowie
3. Aufwendungen für die Altersversorgung, darunter auch die Zuführungen zu den Pensionsrückstellungen.

Der sonstige Personalaufwand (zum Beispiel freiwillige soziale Leistungen) ist dem Unterposten des Personalaufwands zuzurechnen, zu dem er seiner Art nach gehört.

(2) In Posten 8a) bb) sowie Posten 8b) bb), jeweils „andere Verwaltungsaufwendungen", sind die gesamten Aufwendungen sachlicher Art auszuweisen, insbesondere:
1. Raumkosten,
2. Bürobetriebskosten,
3. Kraftfahrzeugbetriebskosten,
4. Porto,
5. Verbandsbeiträge,
6. Werbungskosten,
7. Repräsentation,
8. Aufsichtsratsvergütungen,
9. Versicherungsprämien,
10. Rechts-, Prüfungs- und Beratungskosten,
11. Kosten des Geldverkehrs und
12. Kosten für Geldtransporte und dergleichen.

(3) Prämien für Kreditversicherungen sind im Posten 11 „Abschreibungen und Wertberichtigungen auf Forderungen und bestimmte Wertpapiere sowie Zuführungen zu Rückstellungen im Kreditgeschäft" zu erfassen.

§ 26 Abschreibungen und Wertberichtigungen auf Forderungen und bestimmte Wertpapiere sowie Zuführungen zu Rückstellungen im Kreditgeschäft – Posten 11, Erträge aus Zuschreibungen zu Forderungen und bestimmten Wertpapieren sowie aus der Auflösung von Rückstellungen im Kreditgeschäft – Posten 12

In diese Posten sind die in § 340f Absatz 3 des Handelsgesetzbuchs bezeichneten Aufwendungen und Erträge aufzunehmen. Die Posten dürfen verrechnet und in einem Aufwand- oder Ertragsposten ausgewiesen werden. Eine teilweise Verrechnung ist nicht zulässig.

§ 27 Abschreibungen und Wertberichtigungen auf Beteiligungen, Anteilen an verbundenen Unternehmen und wie Anlagevermögen behandelte Wertpapiere – Posten 13, Erträge aus Zuschreibungen zu Beteiligungen, Anteilen an verbundenen Unternehmen und wie Anlagevermögen behandelten Wertpapieren – Posten 14

In diese Posten sind die in § 340c Absatz 2 des Handelsgesetzbuchs bezeichneten Aufwendungen und Erträge aufzunehmen. Die Posten dürfen verrechnet und in einem Aufwands- oder Ertragsposten ausgewiesen werden. Eine teilweise Verrechnung ist nicht zulässig.

Abschnitt 5. Anhang

§ 28 Zusätzliche Erläuterungen

(1) In den Anhang sind neben den nach § 340a in Verbindung mit § 284 Absatz 1, 2 Nummer 1, 2 und 4, § 285 Nummer 3, 3a, 7, 9 Buchstabe a und b, Nummer 10 bis 11b, 13 bis 26, 28 bis 30 und 32 bis 34, § 340b Absatz 4 Satz 4, § 340e Absatz 2 des Handelsgesetzbuchs und den in dieser Verordnung zu den einzelnen Posten der Bilanz oder der Gewinn- und Verlustrechnung vorgeschriebenen Angaben die in diesem Abschnitt vorgeschriebenen Angaben aufzunehmen. § 285 Nummer 3a des Handelsgesetzbuchs braucht nicht angewendet zu werden, soweit diese Angaben in der Bilanz unter dem Strich gemacht werden.

(2) Anstelle der in § 285 Nummer 4, 9 Buchstabe c des Handelsgesetzbuchs vorgeschriebenen Angaben sind die folgenden Angaben zu machen:
1. Gesamtbetrag der folgenden Posten der Gewinn- und Verlustrechnung, aufgegliedert nach geographischen Märkten, soweit diese Märkte sich vom Standpunkt der Organisation des Instituts im Sinne des § 1 Absatz 3 des Zahlungsdiensteaufsichtsgesetzes wesentlich voneinander unterscheiden:
   a) Zinserträge nach Formblatt 2 Posten 1,
   b) laufende Erträge aus Aktien und anderen nicht festverzinslichen Wertpapieren, Beteiligungen, Anteilen an verbundenen Unternehmen nach Formblatt 2 Posten 3,
   c) Provisionserträge nach Formblatt 2 Posten 5 und
   d) sonstige betriebliche Erträge nach Formblatt 2 Posten 7.
2. Der Gesamtbetrag der Vorschüsse und Kredite, die den Mitgliedern des Geschäftsführungsorgans, eines Aufsichtsrats, eines Beirats oder einer ähnlichen Einrichtung gewährt wurden, sowie der Haftungsverhältnisse, die zugunsten dieser Personen eingegangen wurden, ist für jede Personengruppe gesondert anzugeben.

Die Aufgliederung nach Satz 1 Nummer 1 kann unterbleiben, soweit sie nach vernünftiger kaufmännischer Beurteilung geeignet ist, dem Institut im Sinne des § 1 Absatz 3 des Zahlungsdiensteaufsichtsgesetzes oder einem Unternehmen, von dem das Institut im Sinne des § 1 Absatz 3 des Zahlungsdiensteaufsichtsgesetzes mindestens den fünften Teil der Anteile besitzt, einen erheblichen Nachteil zuzufügen.

(3) Die in § 284 Absatz 3 des Handelsgesetzbuchs verlangten Angaben sind für Vermögensgegenstände im Sinne des § 340e Absatz 1 des Handelsgesetzbuchs zu machen. Die Zuschreibungen, Abschreibungen und Wertberichtigungen auf Beteiligungen, Anteile an verbundenen Unternehmen sowie auf andere Wertpapiere, die

wie Anlagevermögen behandelt werden, können mit anderen Posten zusammengefasst werden.

(4) § 3 Absatz 2 Satz 2 bleibt unberührt.

Fußnote

(+++ § 28 Abs. 1 u. 3: Zur erstmaligen Anwendung vgl. § 33 Abs. 8 +++)

§ 29   Zusätzliche Pflichtangaben

(1) Zu den Posten der Bilanz und der Gewinn- und Verlustrechnung sind im
Anhang anzugeben:
1. eine Aufgliederung der börsenfähigen Wertpapiere nach börsennotierten und
   nicht börsennotierten Wertpapieren, die in den folgenden Posten des Formblat-
   tes 1 enthalten sind:
   a) „Schuldverschreibungen und andere festverzinsliche Wertpapiere" Aktivpos-
      ten 5,
   b) „Aktien und andere nicht festverzinsliche Wertpapiere" Aktivposten 6,
   c) „Beteiligungen" Aktivposten 7,
   d) „Anteile an verbundenen Unternehmen" Aktivposten 8;
2. der Betrag der nicht mit dem Niederstwert bewerteten börsenfähigen Wertpapiere jeweils zu folgenden Posten der Bilanz, wobei anzugeben ist, in welcher
   Weise die so bewerteten Wertpapiere von den mit dem Niederstwert bewerteten
   börsenfähigen Wertpapieren abgegrenzt worden sind:
   a) „Schuldverschreibungen und andere festverzinsliche Wertpapiere" Aktivpos-
      ten 5 sowie
   b) „Aktien und andere nicht festverzinsliche Wertpapiere" Aktivposten 6;
3. die in den folgenden Posten enthaltenen wichtigsten Einzelbeträge, sofern sie für
   die Beurteilung des Jahresabschlusses nicht unwesentlich sind, wobei die Beträge
   und ihre Art zu erläutern sind:
   a) „Sonstige Vermögensgegenstände" Aktivposten 12,
   b) „Sonstige Verbindlichkeiten" Passivposten 4,
   c) „Sonstige betriebliche Aufwendungen" Formblatt 2 Posten 10,
   d) „Sonstige betriebliche Erträge" Formblatt 2 Posten 7,
   e) „Außerordentliche Aufwendungen" Formblatt 2 Posten 18 und
   f) „Außerordentliche Erträge" Formblatt 2 Posten 17;
4. die Dritten erbrachten Dienstleistungen für Verwaltung und Vermittlung, sofern
   ihr Umfang in Bezug auf die Gesamttätigkeit des Instituts im Sinn des § 1
   Absatz 3 des Zahlungsdiensteaufsichtsgesetzes von wesentlicher Bedeutung ist;
5. der Gesamtbetrag der Vermögensgegenstände und der Gesamtbetrag der Schulden, die auf Fremdwährung lauten, jeweils in Euro.

(2) Zu dem Posten der Bilanz „Sachanlagen" Aktivposten 10 sind im Anhang
mit ihrem Gesamtbetrag anzugeben:
1. die vom Institut im Sinn des § 1 Absatz 3 des Zahlungsdiensteaufsichtsgesetzes im
   Rahmen seiner eigenen Tätigkeit genutzten Grundstücke und Bauten,
2. die Betriebs- und Geschäftsausstattung.

(3) Zu den Posten der Bilanz „Nachrangige Verbindlichkeiten" Passivposten 8
sind im Anhang anzugeben:
1. der Betrag der für nachrangige Verbindlichkeiten angefallenen Aufwendungen,
2. zu jeder 10 Prozent des Gesamtbetrags der nachrangigen Verbindlichkeiten
   übersteigenden Mittelaufnahme:

a) der Betrag, die Währung, auf die sie lautet, ihr Zinssatz und ihre Fälligkeit sowie, ob eine vorzeitige Rückzahlungsverpflichtung entstehen kann,

b) die Bedingungen ihrer Nachrangigkeit und ihrer etwaigen Umwandlung in Kapital oder in eine andere Schuldform,

3. die wesentlichen Bedingungen zu anderen Mittelaufnahmen.

(4) Im Anhang ist zusätzlich die Anzahl der ausgeführten Zahlungsvorgänge (Stückzahl) als auch das Zahlungsvolumen (Betrag in Euro) anzugeben.

§ 30 Termingeschäfte

In den Anhang ist eine Aufstellung über die Arten von am Bilanzstichtag noch nicht abgewickelten fremdwährungs-, zinsabhängigen und sonstigen Termingeschäften, die lediglich ein Erfüllungsrisiko sowie Währungs-, Zins- und/oder sonstige Marktpreisänderungsrisiken aus offenen und im Fall eines Adressenausfalls auch aus geschlossenen Positionen enthalten, aufzunehmen. Hierzu gehören:

1. Termingeschäfte in fremden Währungen, insbesondere Devisentermingeschäfte, Devisenterminkontrakte, Währungsswaps, Zins-/Währungsswaps, Stillhalterverpflichtungen aus Devisenoptionsgeschäften, Devisenoptionsrechte, Termingeschäfte in Gold und anderen Edelmetallen, Edelmetallterminkontrakte, Stillhalterverpflichtungen aus Goldoptionen, Goldoptionsrechte;

2. zinsbezogene Termingeschäfte, insbesondere Termingeschäfte mit festverzinslichen Wertpapieren, Zinsterminkontrakte, Forward Rate Agreements, Stillhalterverpflichtungen aus Zinsoptionen, Zinsoptionsrechte, Zinsswaps, Abnahmeverpflichtungen aus Forward Forward Deposits; Lieferverpflichtungen aus solchen Geschäften sind in dem Unterposten der Bilanz „Unwiderrufliche Kreditzusagen" (Passivposten 1 unter dem Strich) zu vermerken;

3. Termingeschäfte mit sonstigen Preisrisiken, insbesondere aktienkursbezogene Termingeschäfte, Stillhalterverpflichtungen aus Aktienoptionen, Aktienoptionsrechte, Indexterminkontrakte, Stillhalterverpflichtungen aus Indexoptionen, Indexoptionsrechte.

Für jeden der drei Gliederungsposten der Termingeschäfte ist anzugeben, ob ein wesentlicher Teil davon zur Deckung von Zins-, Wechselkurs- oder Marktpreisschwankungen abgeschlossen wurde und ob ein wesentlicher Teil davon auf Handelsgeschäfte entfällt.

Abschnitt 6. Konzernrechnungslegung

§ 31 Konzernrechnungslegung

Auf den Konzernabschluss sind, soweit seine Eigenart keine Abweichung bedingt, die §§ 1 bis 30 entsprechend anzuwenden.

Abschnitt 7. Ordnungswidrigkeiten

§ 32 Ordnungswidrigkeiten

(1) Ordnungswidrig im Sinne des § 340n Absatz 1 Satz 1 Nummer 6 des Handelsgesetzbuchs handelt, wer als Geschäftsleiter im Sinne des § 1 Absatz 8 des Zahlungsdiensteaufsichtsgesetzes oder als Mitglied des Aufsichtsrats bei der Aufstellung oder Feststellung des Jahresabschlusses

1. entgegen § 2 in Verbindung mit §§ 9, 10 Satz 1, 2 oder Satz 4, §§ 11 bis 18, 19 Satz 1, §§ 20 bis 25, 26 Satz 1 oder Satz 3 oder § 27 Satz 1 oder Satz 3 ein dort genanntes Formblatt nicht, nicht richtig, nicht vollständig oder nicht in der vorgeschriebenen Weise verwendet,

2. entgegen § 4 Absatz 1 oder Absatz 2 Satz 1 nachrangige Vermögensgegenstände nicht, nicht richtig, nicht vollständig oder nicht in der vorgeschriebenen Weise ausweist,

3. entgegen § 7 einen dort genannten Betrag nicht, nicht richtig, nicht vollständig oder nicht in der vorgeschriebenen Weise aufgliedert oder

4. entgegen § 28 Absatz 1 Satz 1 in Verbindung mit § 28 Absatz 2 Satz 1 oder Absatz 3 Satz 1, § 29 oder § 30 eine dort genannte Angabe nicht, nicht richtig, nicht vollständig oder nicht in der vorgeschriebenen Weise in den Anhang aufnimmt.

(2) Die Bestimmungen des Absatzes 1 gelten auch für den Konzernabschluss im Sinn des § 31.

Abschnitt 8. Schlussvorschriften

§ 33 Erstmalige Anwendung

(1) Diese Verordnung ist erstmals auf den Jahresabschluss und den Lagebericht sowie den Konzernabschluss und den Konzernlagebericht für das nach dem 31. Oktober 2008 beginnende Geschäftsjahr anzuwenden.

(2) Auf den Jahresabschluss und den Lagebericht sowie den Konzernabschluss und den Konzernlagebericht für ein vor dem 31. Dezember 2010 endendes Geschäftsjahr ist diese Verordnung nach Maßgabe der Absätze 3 und 4 anzuwenden, soweit das Unternehmen von dem Wahlrecht nach Artikel 66 Absatz 3 Satz 6 des Einführungsgesetzes zum Handelsgesetzbuch keinen Gebrauch gemacht hat.

(3) Für das Formblatt 1 gelten folgende Veränderungen:

1. die folgenden Posten entfallen:
   a) im Aktivposten 9 „Immaterielle Anlagewerte"
      aa) der Unterposten a) aa) bis dd),
      bb) der Unterposten b) aa) bis dd),
   b) Aktivposten 15 „Aktiver Unterschiedsbetrag aus der Vermögensverrechnung";

1a. die Bezeichnung des Passivpostens 11a) lautet wie folgt: „gezeichnetes Kapital";

2. die Bezeichnung des Passivpostens 11c) bb) „Rücklage für Anteile an einem herrschenden oder mehrheitlich beteiligten Unternehmen" wird durch die Bezeichnung „Rücklage für eigene Anteile" ersetzt;

3. nach Passivposten 6 „Rückstellungen" ist der Passivposten 6a „Sonderposten mit Rücklageanteil" einzufügen.

(4) Für das Formblatt 2 gelten folgende Veränderungen:

1. folgende Posten sind einzufügen:
   a) nach dem Posten 7 „Sonstige betriebliche Erträge" der Posten 7a „Erträge aus der Auflösung von Sonderposten mit Rücklageanteil" und
   b) nach dem Posten 15 „Aufwendungen aus Verlustübernahme" der Posten 15a „Einstellungen in Sonderposten mit Rücklageanteil";

2. die Bezeichnung des Postens 27b „aus der Rücklage für Anteile an einem herrschenden oder mehrheitlich beteiligten Unternehmen" wird durch die Bezeichnung „aus der Rücklage für eigene Anteile" ersetzt;

3. die Bezeichnung des Postens 29b „in die Rücklage für Anteile an einem herrschenden oder mehrheitlich beteiligten Unternehmen" wird durch die Bezeichnung „in die Rücklage für eigene Anteile" ersetzt.

(5) Diese Verordnung in der Fassung des Artikels 9 des Gesetzes zur Umsetzung der Zweiten E-Geld- Richtlinie vom 1. März 2011 (BGBl. I S. 288) ist erstmals auf den Jahresabschluss und den Lagebericht sowie den Konzernabschluss und den Konzernlagebericht eines E-Geld-Instituts für das nach dem 30. April 2011 beginnende Geschäftsjahr anzuwenden.

(6) Das Formblatt 1 in der Fassung des Artikels 2 der Verordnung zur Änderung von Rechnungslegungsverordnungen vom 9. Juni 2011 (BGBl. I S. 1041) ist erstmals auf Jahresabschlüsse für Geschäftsjahre anzuwenden, die nach dem 31. Dezember 2009, im Fall des Artikels 66 Absatz 3 Satz 6 des Einführungsgesetzes zum Handelsgesetzbuch nach dem 31. Dezember 2008 beginnen. Absatz 2 bleibt unberührt.

(7) Die §§ 5 und 13 in der Fassung des AIFM-Umsetzungsgesetzes vom 4. Juli 2013 (BGBl. I S. 1981) sind erstmals auf Jahres- und Konzernabschlüsse für nach dem 21. Juli 2013 beginnende Geschäftsjahre anzuwenden.

(8) § 28 Absatz 1 und 3 in der Fassung des Bilanzrichtlinie-Umsetzungsgesetzes vom 17. Juli 2015 (BGBl. I S. 1245) ist erstmals auf Jahres- und Konzernabschlüsse für nach dem 31. Dezember 2015 beginnende Geschäftsjahre anzuwenden.

(9) Diese Verordnung in der Fassung des Artikels 1 der Verordnung zur Änderung der Zahlungsinstituts-Rechnungslegungsverordnung vom 17. Dezember 2018 (BGBl. I S. 2619) ist erstmals auf den Jahresabschluss und Konzernabschluss für das nach dem 31. Dezember 2017 beginnende Geschäftsjahr anzuwenden.

§ 34 Inkrafttreten

Diese Verordnung tritt mit Wirkung vom 31. Oktober 2009 in Kraft.

Anlage 2

Formblatt 1 – Jahresbilanz

Anlage 1 (zu § 2)
Formblatt 1

(Fundstelle: BGBl. 2018 I (2621–2623))

Jahresbilanz zum .... der ....

Aktivseite	Euro	Euro	Euro
1. Barreserve			<u>...</u>
a) aus Zahlungsdiensten und der Ausgabe von E-Geld		...	
darunter:			
Guthaben bei Zentralnotenbanken	...		
b) aus sonstigen Tätigkeiten		...	
darunter:			
Guthaben bei Zentralnotenbanken	...		
2. Forderungen an Kreditinstitute			<u>...</u>
a) aus Zahlungsdiensten und der Ausgabe von E-Geld		...	
davon:			
auf Treuhandkonten	... Euro		
b) aus sonstigen Tätigkeiten			
aa) täglich fällig		...	
bb) andere Forderungen		...	
3. Forderungen an Kunden			<u>...</u>
a) aus Zahlungsdiensten und der Ausgabe von E-Geld		...	
davon:			
aa) aus Provisionen	... Euro		
bb) aus Krediten	... Euro		
b) aus sonstigen Tätigkeiten		...	
4. Forderungen an Institute iSd § 1 Abs. 3 des Zahlungsdiensteaufsichtsgesetzes			<u>...</u>
a) aus Zahlungsdiensten und der Ausgabe von E-Geld		...	
b) aus sonstigen Tätigkeiten		...	
5. Schuldverschreibungen und andere festverzinsliche Wertpapiere			<u>...</u>
a) Geldmarktpapiere		...	
aa) aus Zahlungsdiensten und der Ausgabe von E-Geld	...		
bb) aus sonstigen Tätigkeiten	...		
b) Anleihen und Schuldverschreibungen		...	
aa) aus Zahlungsdiensten und der Ausgabe von E-Geld	...		
bb) aus sonstigen Tätigkeiten	...		

Aktivseite	Euro	Euro	Euro
6. Aktien und andere nicht festverzinsliche Wertpapiere			…
a) aus Zahlungsdiensten und der Ausgabe von E-Geld		…	
b) aus sonstigen Tätigkeiten		…	
7. Beteiligungen			…
a) aus Zahlungsdiensten und der Ausgabe von E-Geld		…	
darunter:			
aa) an Kreditinstituten	…		
bb) an Finanzdienstleistungsinstituten	…		
cc) an Instituten iSd § 1 Abs. 3 des Zahlungsdiensteaufsichtsgesetzes	…		
b) aus sonstigen Tätigkeiten		…	
darunter:			
aa) an Kreditinstituten	…		
bb) an Finanzdienstleistungsinstituten	…		
cc) an Instituten iSd § 1 Abs. 3 des Zahlungsdiensteaufsichtsgesetzes	…		
8. Anteile an verbundenen Unternehmen			…
a) aus Zahlungsdiensten und der Ausgabe von E-Geld		…	
darunter:			
aa) an Kreditinstituten	…		
bb) an Finanzdienstleistungsinstituten	…		
cc) an Instituten iSd § 1 Abs. 3 des Zahlungsdiensteaufsichtsgesetzes	…		
b) aus sonstigen Tätigkeiten		…	
darunter:			
aa) an Kreditinstituten	…		
bb) an Finanzdienstleistungsinstituten	…		
cc) an Instituten iSd § 1 Abs. 3 des Zahlungsdiensteaufsichtsgesetzes	…		
9. Immaterielle Anlagewerte			…
a) aus Zahlungsdiensten und der Ausgabe von E-Geld		…	
aa) selbst geschaffene gewerbliche Schutzrechte und ähnliche Rechte und Werte	…		
bb) entgeltlich erworbene Konzessionen, gewerbliche Schutzrechte und ähnliche Rechte und Werte sowie Lizenzen an solchen Rechten und Werten	…		
cc) Geschäfts- oder Firmenwert	…		
dd) geleistete Anzahlungen	…		
b) aus sonstigen Tätigkeiten		…	
aa) selbst geschaffene gewerbliche Schutzrechte und ähnliche Rechte und Werte	…		

Aktivseite	Euro	Euro	Euro
bb) entgeltlich erworbene Konzessionen, gewerbliche Schutzrechte und ähnliche Rechte und Werte sowie Lizenzen an solchen Rechten und Werten	...		
cc) Geschäfts- oder Firmenwert	...		
dd) geleistete Anzahlungen	...		
10. Sachanlagen			...
a) aus Zahlungsdiensten und der Ausgabe von E-Geld		...	
b) aus sonstigen Tätigkeiten		...	
11. Eingefordertes, noch nicht eingezahltes Kapital			...
12. Sonstige Vermögensgegenstände			...
a) aus Zahlungsdiensten und der Ausgabe von E-Geld		...	
b) aus sonstigen Tätigkeiten		...	
13. Rechnungsabgrenzungsposten			...
a) aus Zahlungsdiensten und der Ausgabe von E-Geld		...	
b) aus sonstigen Tätigkeiten		...	
14. Aktive latente Steuern			...
15. Aktiver Unterschiedsbetrag aus der Vermögensverrechnung			...
16. Nicht durch Eigenkapital gedeckter Fehlbetrag			...
Summe der Aktiva			...

Passivseite	Euro	Euro	Euro
1. Verbindlichkeiten gegenüber Kreditinstituten			...
a) aus Zahlungsdiensten und der Ausgabe von E-Geld		...	
aa) täglich fällig	...		
bb) mit vereinbarter Laufzeit oder Kündigungsfrist	...		
b) aus sonstigen Tätigkeiten		...	
aa) täglich fällig	...		
bb) mit vereinbarter Laufzeit oder Kündigungsfrist	...		
2. Verbindlichkeiten gegenüber Kunden			...
a) aus Zahlungsdiensten und aus der Ausgabe von E-Geld		...	
davon: zur Ausführung von Zahlungsvorgängen	...		
darunter: auf Zahlungskonten ... Euro			
davon: aus der Ausgabe von E-Geld	...		
b) aus sonstigen Tätigkeiten		...	

Passivseite	Euro	Euro	Euro
3. Verbindlichkeiten gegenüber Instituten iSd § 1 Abs. 3 des Zahlungsdiensteaufsichtsgesetzes			...
a) aus Zahlungsdiensten und der Ausgabe von E-Geld		...	
b) aus sonstigen Tätigkeiten		...	
4. Sonstige Verbindlichkeiten			...
a) aus Zahlungsdiensten und der Ausgabe von E-Geld		...	
b) aus sonstigen Tätigkeiten		...	
5. Rechnungsabgrenzungsposten			...
a) aus Zahlungsdiensten und der Ausgabe von E-Geld		...	
b) aus sonstigen Tätigkeiten		...	
6. Rückstellungen			...
a) Rückstellungen für Pensionen und ähnliche Verpflichtungen		...	
aa) aus Zahlungsdiensten und der Ausgabe von E-Geld	...		
bb) aus sonstigen Tätigkeiten	...		
b) Steuerrückstellungen		...	
aa) aus Zahlungsdiensten und der Ausgabe von E-Geld	...		
bb) aus sonstigen Tätigkeiten	...		
c) andere Rückstellungen		...	
aa) aus Zahlungsdiensten und der Ausgabe von E-Geld	...		
bb) aus sonstigen Tätigkeiten	...		
7. Passive latente Steuern			...
8. Nachrangige Verbindlichkeiten			...
a) aus Zahlungsdiensten und der Ausgabe von E-Geld		...	
b) aus sonstigen Tätigkeiten		...	
9. Genussrechtskapital			...
darunter: vor Ablauf von zwei Jahren fällig		...	
10. Fonds für allgemeine Bankrisiken			...
11. Eigenkapital			...
a) Eingefordertes Kapital Gezeichnetes Kapital		...	
abzüglich nicht eingeforderter ausstehender Einlagen		...	
b) Kapitalrücklage			...
c) Gewinnrücklagen			...
aa) gesetzliche Rücklage			...
bb) Rücklage für Anteile an einem herrschenden oder mehrheitlich beteiligten Unternehmen			...
cc) satzungsmäßige Rücklagen			...

Passivseite	Euro	Euro	Euro
dd) andere Gewinnrücklagen	...		
d) Bilanzgewinn/Bilanzverlust		...	
Summe der Passiva			...

	Euro	Euro	Euro
1. Unwiderrufliche Kreditzusagen			...
a) aus Zahlungsdiensten und der Ausgabe von E-Geld			
b) aus sonstigen Tätigkeiten		...	
2. Eventualverbindlichkeiten		...	
a) aus Zahlungsdiensten und der Ausgabe von E-Geld			...
b) aus sonstigen Tätigkeiten		...	

Anlage 3

Formblatt 2 – Gewinn- und Verlustrechnung

Anlage 2 (zu § 2)
Formblatt 2

(Fundstelle: BGBl. 2009 I (3689–3691);
bzgl. der einzelnen Änderungen vgl. Fußnote)

Gewinn- und Verlustrechnung
der ....
für die Zeit vom .... bis ....

	Euro	Euro	Euro
1. Zinserträge			...
a) aus Zahlungsdiensten und aus der Ausgabe von E-Geld			
aa) Kredit- und Geldmarktgeschäften		...	
bb) festverzinslichen Wertpapieren und Schuldbuchforderungen			
b) aus sonstigen Tätigkeiten		...	
aa) Kredit- und Geldmarktgeschäften			
bb) festverzinslichen Wertpapieren und Schuldbuchforderungen			
2. Zinsaufwendungen			...
a) aus Zahlungsdiensten und aus der Ausgabe von E-Geld			
b) aus sonstigen Tätigkeiten		...	
3. Laufende Erträge aus			...
a) aus Zahlungsdiensten und aus der Ausgabe von E-Geld		...	
aa) Aktien und anderen nicht festverzinslichen Wertpapieren			
bb) Beteiligungen			
cc) Anteilen an verbundenen Unternehmen			

	Euro	Euro	Euro
b) aus sonstigen Tätigkeiten		…	
aa) Aktien und anderen nicht festverzinslichen Wertpapieren			
bb) Beteiligungen			
cc) Anteilen an verbundenen Unternehmen			
4. Erträge aus Gewinngemeinschaften, Gewinnabführungs- oder Teilgewinnabführungsverträgen			…
a) aus Zahlungsdiensten und aus der Ausgabe von E-Geld		…	
b) aus sonstigen Tätigkeiten		…	
5. Provisionserträge			…
a) aus Zahlungsdiensten und aus der Ausgabe von E-Geld		…	
b) aus sonstigen Tätigkeiten		…	
6. Provisionsaufwendungen			…
a) aus Zahlungsdiensten und aus der Ausgabe von E-Geld		…	
b) aus sonstigen Tätigkeiten		…	
7. Sonstige betriebliche Erträge			…
a) aus Zahlungsdiensten und aus der Ausgabe von E-Geld		…	
b) aus sonstigen Tätigkeiten		…	
8. Allgemeine Verwaltungsaufwendungen			…
a) aus Zahlungsdiensten und aus der Ausgabe von E-Geld			…
aa) Personalaufwand	…		
aaa) Löhne und Gehälter … Euro			
bbb) Soziale Abgaben und Aufwendungen für Altersversorgung und für Unterstützung … Euro			
darunter: für Altersversorgung … Euro			
bb) andere Verwaltungsaufwendungen			
b) aus sonstigen Tätigkeiten			…
aa) Personalaufwand	…		
aaa) Löhne und Gehälter … Euro			
bbb) Soziale Abgaben und Aufwendungen für Altersversorgung und für Unterstützung … Euro			
darunter: für Altersversorgung … Euro			
bb) andere Verwaltungsaufwendungen			

	Euro	Euro	Euro
9. Abschreibungen und Wertberichtigungen auf immaterielle Anlagewerte und Sachanlagen			...
a) aus Zahlungsdiensten und aus der Ausgabe von E-Geld			
b) aus sonstigen Tätigkeiten		...	
10. Sonstige betriebliche Aufwendungen		...	...
a) aus Zahlungsdiensten und aus der Ausgabe von E-Geld			
b) aus sonstigen Tätigkeiten		...	
11. Abschreibungen und Wertberichtigungen auf Forderungen und bestimmte Wertpapiere sowie Zuführungen zu Rückstellungen im Kreditgeschäft			...
a) aus Zahlungsdiensten und aus der Ausgabe von E-Geld			
b) aus sonstigen Tätigkeiten		...	
12. Erträge aus Zuschreibungen zu Forderungen und bestimmten Wertpapieren sowie aus der Auflösung von Rückstellungen im Kreditgeschäft			...
a) aus Zahlungsdiensten und aus der Ausgabe von E-Geld			
b) aus sonstigen Tätigkeiten		...	
13. Abschreibungen und Wertberichtigungen auf Beteiligungen, Anteilen an verbundenen Unternehmen und wie Anlagevermögen behandelte Wertpapiere			...
a) aus Zahlungsdiensten und aus der Ausgabe von E-Geld			
b) aus sonstigen Tätigkeiten		...	
14. Erträge aus Zuschreibungen zu Beteiligungen, Anteilen an verbundenen Unternehmen und wie Anlagevermögen behandelten Wertpapieren			...
a) aus Zahlungsdiensten und aus der Ausgabe von E-Geld			
b) aus sonstigen Tätigkeiten		...	
15. Aufwendungen aus Verlustübernahme			...
a) aus Zahlungsdiensten und aus der Ausgabe von E-Geld			
b) aus sonstigen Tätigkeiten		...	
16. Ergebnis der normalen Geschäftstätigkeit			...
a) aus Zahlungsdiensten und aus der Ausgabe von E-Geld			
b) aus sonstigen Tätigkeiten		...	
17. Außerordentliche Erträge			...
a) aus Zahlungsdiensten und aus der Ausgabe von E-Geld			
b) aus sonstigen Tätigkeiten		...	

	Euro	Euro	Euro

18. Außerordentliche Aufwendungen … … … …
   a) aus Zahlungsdiensten und aus der Ausgabe von E-Geld … …
   b) aus sonstigen Tätigkeiten … …
19. Außerordentliches Ergebnis … … … …
   a) aus Zahlungsdiensten und aus der Ausgabe von E-Geld … …
   b) aus sonstigen Tätigkeiten … …
20. Steuern vom Einkommen und vom Ertrag … … … …
   a) aus Zahlungsdiensten und aus der Ausgabe von E-Geld … …
   b) aus sonstigen Tätigkeiten … …
21. Sonstige Steuern, soweit nicht unter Posten 10 ausgewiesen … … … …
   a) aus Zahlungsdiensten und aus der Ausgabe von E-Geld … …
   b) aus sonstigen Tätigkeiten … …
22. Erträge aus Verlustübernahme … … … …
   a) aus Zahlungsdiensten und aus der Ausgabe von E-Geld … …
   b) aus sonstigen Tätigkeiten … …
23. Auf Grund einer Gewinngemeinschaft, eines Gewinnabführungs- oder eines Teilgewinnabführungsvertrags abgeführte Gewinne … … … …
   a) aus Zahlungsdiensten und aus der Ausgabe von E-Geld … …
   b) aus sonstigen Tätigkeiten … …
24. Jahresüberschuss/Jahresfehlbetrag … … … …
   a) aus Zahlungsdiensten und aus der Ausgabe von E-Geld … …
   b) aus sonstigen Tätigkeiten … …
25. Gewinnvortrag/Verlustvortrag aus dem Vorjahr … … … …
   a) aus Zahlungsdiensten und aus der Ausgabe von E-Geld … …
   b) aus sonstigen Tätigkeiten … …
26. Entnahmen aus der Kapitalrücklage … … … …
27. Entnahmen aus Gewinnrücklagen … … … …
   a) aus der gesetzlichen Rücklage … …
   b) aus der Rücklage für Anteile an einem herrschenden oder mehrheitlich beteiligten Unternehmen … …
   c) aus satzungsmäßigen Rücklagen … …
   d) aus anderen Gewinnrücklagen … …
28. Entnahmen aus Genussrechtskapital … … … …

	Euro	Euro	Euro
29. Einstellungen in Gewinnrücklagen			...
a) in die gesetzliche Rücklage		...	
b) in die Rücklage für Anteile an einem herrschenden oder mehrheitlich beteiligten Unternehmen		...	
c) in satzungsmäßige Rücklagen		...	
d) in andere Gewinnrücklagen		...	
30. Wiederauffüllung des Genussrechtskapitals			...
31. Bilanzgewinn/Bilanzverlust			...

§ 23   Anzeigepflicht bei Bestellung des Abschlussprüfers, Bestellung in besonderen Fällen

(1) **Das Institut hat einen Abschlussprüfer oder Konzernabschlussprüfer unverzüglich nach dessen Bestellung der Bundesanstalt und der Deutschen Bundesbank anzuzeigen. Die Bundesanstalt kann innerhalb von zwei Monaten nach Zugang der Anzeige die Bestellung eines anderen Prüfers verlangen, wenn dies zur Erreichung des Prüfungszweckes geboten ist. Die Bestellung eines anderen Prüfers ist in der Regel zur Erreichung des Prüfungszwecks geboten, wenn ein Institut, das kein Unternehmen von öffentlichem Interesse nach § 316a Satz 2 Nummer 1 des Handelsgesetzbuchs ist, der Bundesanstalt für mindestens elf aufeinanderfolgende Geschäftsjahre denselben Prüfer angezeigt hat. Die Bundesanstalt kann die Bestellung eines anderen Prüfers auch dann verlangen, wenn ihr Tatsachen bekannt werden, die die Annahme rechtfertigen, dass der Prüfer seine Pflichten nach § 24 Absatz 2 verletzt hat.**

(2) **Das Registergericht des Sitzes des Instituts hat auf Antrag der Bundesanstalt einen Prüfer zu bestellen, wenn**
1. **nicht unverzüglich nach Ablauf des Geschäftsjahres die Bestellung nach Absatz 1 Satz 1 angezeigt worden ist;**
2. **das Institut dem Verlangen auf Bestellung eines anderen Prüfers nach Absatz 1 Satz 2 oder 4 nicht unverzüglich nachkommt;**
3. **der gewählte Prüfer die Annahme des Prüfungsauftrags abgelehnt hat, weggefallen ist oder am rechtzeitigen Abschluss der Prüfung gehindert ist und das Institut nicht unverzüglich einen anderen Prüfer bestellt hat.**
Die Bestellung durch das Gericht ist endgültig. § 318 Absatz 5 des Handelsgesetzbuchs gilt entsprechend. Das Registergericht kann auf Antrag der Bundesanstalt einen nach Satz 1 bestellten Prüfer abberufen

Inhaltsübersicht

Otte

I. Europarechtlicher Hintergrund, Entwicklung der Rechtsnorm

Am 30.4.2011 trat das Zweite E-Geld-RLUG in Kraft, welches die bereits vor- **1** handene Regelung des § 28 KWG leicht verkürzt in das ZAG übernommen hat. Damit wurde erstmals der weitgehende Gleichlauf zum KWG hergestellt und die **Überwachung der Prüferbestellung** geschaffen (vgl. RegBegr Zweites E-Geld-RLUG, BT-Drs. 17/3023, 47). Dieser Gleichlauf wurde mit den Änderungen des Gesetzes zur Stärkung der Finanzmarktintegrität vom 3.6.2021 (Finanzmarktintegritätsgesetz – FISG) (BGBl. 2021 I 1534ff.) fortgeführt.

Die Umsetzung des aufsichtsrechtlichen Teils der europaweiten PSD2-Richt- **2** linie in deutsches Recht am 13.1.2018 führte zu neuen Vorschriften für Dritt- dienste wie Zahlungsauslösedienste und Kontoinformationsdienste und erweiterte damit den Kreis der anzeigenden Institute (vgl. RegBegr. Zweites Zahlungs- dienste-RLUG (ZUG), BT-Drs. 18/11495, 79). Die Vorschrift entspricht dem bis- herigen § 17a. Sie wurde der Sache nach unverändert übernommen (vgl. RegBegr. Zweites Zahlungsdienste-RLUG (ZUG), BT-Drs. 18/11495, 127).

II. Bestellung des Abschlussprüfers

Gemäß § 340 Abs. 5 HGB gilt für die **Bestellung des Abschlussprüfers** **3** § 340k Abs. 1 iVm § 318 HGB, wobei die Bestellung der Prüfer in den einzelnen Gesetzen für die betreffende Rechtsform eines Instituts geregelt ist. Der Jahres- abschluss und Lagebericht sowie Konzernjahresabschluss und -lagebericht in In- stituten im Sinne des ZAG ist folglich unabhängig von der Größe von einem Wirt- schaftsprüfer oder einer Wirtschaftsprüfungsgesellschaft zu prüfen. Ausnahmen bestehen für Institute im Sinne des ZAG, deren Bilanzsumme am Stichtag 150 Mio. EUR nicht übersteigt. Diese dürfen gemäß § 340k Abs. 4 HGB iVm § 319 Abs. 1 S. 2 HGB auch von vereidigten Buchprüfern und Buchprüfungsgesellschaften ge- prüft werden.

Gemäß § 318 Abs. 1 HGB erfolgt die **Wahl des Abschlussprüfers** grundsätz- **4** lich durch die Gesellschafter des Instituts in Abhängigkeit von seiner Rechtsform, die Wahl des Konzernabschlussprüfers durch die Gesellschafter der Mutterunter- nehmen. Dieses hat vor Abschluss des Geschäftsjahres zu erfolgen, auf das sich die Prüfungstätigkeit erstreckt (§ 318 Abs. 1 S. 3 HGB).

Die eigentliche **Bestellung** liegt in der unverzüglichen **Erteilung des Prü- 5 fungsauftrags** an den Abschlussprüfer durch die gesetzlichen Vertreter des Insti- tuts, bei Zuständigkeit des Aufsichtsrats durch diesen, (§ 318 Abs. 1 S. 4 HGB) sowie die Annahme des Prüfungsauftrags durch den Abschlussprüfer (Schwennicke/Auer- bach/Schwennicke KWG § 28 Rn. 2). Zuständig ist hierfür bei einer GmbH die Geschäftsführung, falls kein Aufsichtsrat gemäß § 52 Abs. 1 GmbHG eingerichtet wurde; bei einer AG ist gemäß § 111 Abs. 2 S. 3 AktG der Aufsichtsrat der AG zu- ständig. Die Vorschrift für AGs findet analoge Anwendung auf die KGaA (§ 278 Abs. 3 AktG) sowie ggf. auf die GmbH (§ 52 Abs. 1 GmbHG), soweit der Gesell- schaftsvertrag die Einrichtung eines Aufsichtsrates vorschreibt.

Der angenommene **Prüfungsauftrag** kann nur widerrufen werden, wenn ge- **6** richtlich ein anderer Prüfer bestellt worden ist (§ 318 Abs. 1 S. 5 iVm Abs. 3 HGB).

Der Abschlussprüfer selbst kann den angenommenen Prüfungsauftrag nur aus wichtigem Grund kündigen (§ 318 Abs. 6 S. 1 HGB).

III. Anzeigepflicht bei Bestellung des Abschlussprüfers (Abs. 1 Satz 1)

7   Gemäß § 23 Abs. 1 S. 1 hat das Institut den (Konzern-)Abschlussprüfer unverzüglich nach erfolgter Bestellung sowohl der BaFin als auch der Bundesbank anzuzeigen.

8   Diese **unverzügliche Anzeige** soll der Aufsicht ermöglichen, etwaige Bedenken gegen den bestellten Abschlussprüfer zeitnah zu äußern. Schließlich stützt sich die Aufsicht im Rahmen ihrer Tätigkeit insbesondere auf die externe Berichterstattung des Abschlussprüfers, so dass einer ordnungsgemäßen und zeitnahen Prüfung erhebliche Bedeutung zukommt (Schwennicke/Auerbach/Schwennicke KWG § 28 Rn. 6).

9   Die Anzeigen über die Prüferbestellung sind der BaFin und der Bundesbank gemäß § 1 Abs. 1 ZAGAnzV jeweils in einfacher Ausfertigung formlos einzureichen.

IV. Bestellung eines anderen Prüfers auf Verlangen der BaFin (Abs. 1 Satz 2–4)

10   Nach § 23 Abs. 1 S. 2 kann die BaFin innerhalb von zwei Monaten nach Zugang der Anzeige die Bestellung eines anderen Prüfers verlangen, sofern dies zur Erreichung des Prüfungszwecks geboten ist.

11   Prüfungszweck ist nicht nur die Bestätigung der Ordnungsmäßigkeit der Buchführung und des Jahresabschlusses, sondern auch eine eingehende Beurteilung der wirtschaftlichen Lage des Instituts und eine Kontrolle der Einhaltung seiner Anzeigepflichten (so auch Reischauer/Kleinhans/Becker KWG § 28 Rn. 4). Die Prüfung von Instituten erfordert somit umfassende bankgeschäftliche Kenntnisse.

12   Folglich kann die BaFin eine **Ersatzbestellung** verlangen, sofern der bestellte Abschlussprüfer fachlich oder persönlich nicht geeignet ist, die Abschlussprüfung des Instituts durchzuführen. Als Gründe kommen **erhebliche Mängel in früheren Prüfungsberichten** (so auch Reischauer/Kleinhans/Becker KWG § 28 Rn. 5) sowie wiederholt **erhebliche Verzögerungen** bei der Fertigstellung des Prüfungsberichts (so auch Reischauer/Kleinhans/Becker KWG § 28 Rn. 5) in Betracht.

13   Weitere Gründe für eine mögliche Ersatzbestellung eines Abschlussprüfers durch die BaFin ist die erstmalige Prüfung eines Instituts durch den bestellten Abschlussprüfer ohne Nachweis, auf welche Weise er sich die erforderlichen speziellen Fachkenntnisse verschafft hat (so auch Reischauer/Kleinhans/Becker KWG § 28 Rn. 6), wenn Merkmale gemäß § 16 Abs. 1 WPO vorliegen, die eine Erstzulassung zum Wirtschaftsprüferberuf gesetzlich ausschließen (so auch Reischauer/Kleinhans/Becker KWG § 28 Rn. 7) oder wenn eine Bescheinigung über die Teilnahme an Qualitätskontrollen nach § 57a Abs. 6 S. 7 WPO iVm § 319 Abs. 1 S. 3 HGB nicht bzw. wenn sie nicht spätestens bis zur Annahme des Prüfungsauftrags (so auch Reischauer/Kleinhans/Becker KWG § 28 Rn. 8; Analoge Anwendung von Rundschreiben 9/2006 (WA) „Anforderungen an Prüfer für den Jahresabschluss nach § 28

KWG und für die Prüfung nach § 36 WpHG bei Finanzdienstleistungsinstituten und nicht verbandsgeprüften Kreditinstituten" der BaFin v. 18.12.2006) vorliegt.

Die Ablehnung des bestellten Abschlussprüfers ist ein **belastender Verwaltungsakt,** der dem Institut und dem Prüfer inkl. ausführlicher Begründung und Rechtsmittelbelehrung schriftlich mitzuteilen ist (so auch Reischauer/Kleinhans/Becker KWG § 28 Rn. 4). Gegen diesen Verwaltungsakt ist sowohl die Einlegung eines Widerspruchs als auch Erhebung einer Anfechtungsklage beim Verwaltungsgericht zulässig. Im Übrigen ist die Wirtschaftsprüferkammer unverzüglich unter Angaben von Gründen sowohl vom Abschlussprüfer als auch den gesetzlichen Vertreter des Instituts schriftlich zu informieren (§ 318 Abs. 8 HGB). **14**

Die BaFin ist jedoch nur berechtigt, den bestellten Prüfer abzulehnen und eine Ersatzbestellung zu verlangen. Ein eigenes Vorschlagsrecht für einen bestimmten Prüfer sieht das ZAG ebenso wie das KWG nicht vor. Eine Nennung verschiedener Prüfer mit dem Hinweis, dass eine Abschlussprüfung dieser Prüfer nicht beanstandet werden würde, wäre hingegen zulässig (so auch Reischauer/Kleinhans/Becker KWG § 28 Rn. 9). **15**

Sofern das Geschäftsjahr noch nicht abgeschlossen ist, haben die Gesellschafter grundsätzlich die Möglichkeit einer Ersatzwahl nach § 318 Abs. 1 S. 3 HGB im Rahmen einer außerordentlichen Haupt- bzw. Gesellschafterversammlung. Anderenfalls ist gemäß § 318 Abs. 4 S. 2 HGB auf Antrag der gesetzlichen Vertreter, des Aufsichtsrats oder eines Gesellschafters eine Ersatzbestellung durch das Gericht vorzunehmen. **16**

Die Bestellung eines anderen Prüfers ist in der Regel zur Erreichung des Prüfungszwecks geboten, wenn ein Institut der Bundesanstalt für mindestens elf aufeinanderfolgende Geschäftsjahre denselben Prüfer angezeigt hat. Diese Regelung verdeutlicht die Erwartungshaltung des Gesetzgebers und der Aufsicht, dass Institute, unabhängig von einer Klassifizierung als Unternehmen von öffentlichem Interesse, den Prüfer bzw. die Prüfungsgesellschaft spätestens nach Ablauf von 10 Jahren wechseln. **17**

Die Bundesanstalt kann die Bestellung eines anderen Prüfers auch dann verlangen, wenn ihr Tatsachen bekannt werden, die die Annahme rechtfertigen, dass der Prüfer seine Pflichten nach § 24 Abs. 2 verletzt hat. **18**

V. Bestellung in besonderen Fällen durch das Registergericht (Abs. 2)

Auf Antrag der BaFin hat das **Registergericht** am Sitz (oder am Ort des Sitzes) des Instituts unter bestimmten Voraussetzungen einen Prüfer zu bestellen (§ 23 Abs. 2). **19**

Hierzu zählt zum einen die nicht erfolgte unverzügliche Anzeige nach § 23 Abs. 1 der Bestellung des Abschlussprüfers nach Ablauf des Geschäftsjahres (§ 23 Abs. 2 Nr. 1). Mit dieser Möglichkeit soll verhindert werden, dass der Prüfer nicht rechtzeitig gewählt oder nicht bestellt wurde. Die BaFin hat diese Antragsbefugnis jedoch nur solange die zuständigen Gesellschafter bzw. Organe die Prüferbestellung nicht nachgeholt haben. Liegt bereits ein entsprechender Antrag nach § 318 Abs. 4 HGB vor, besteht die Befugnis ebenfalls nicht mehr (Schwennicke/Auerbach/Schwennicke KWG § 28 Rn. 16). **20**

Gleichermaßen kann die BaFin beim Gericht einen Antrag auf Bestellung des Prüfers stellen, sofern das Institut dem Verlangen nach § 23 Abs. 1 S. 2 auf Bestel- **21**

lung eines anderen Prüfers nicht unverzüglich nachkommt (§ 23 Abs. 2 Nr. 2). Sofern das Institut dem Verlangen nachkommt, erlischt die Befugnis der BaFin auch in
diesem Fall (Schwennicke/Auerbach/Schwennicke KWG § 28 Rn. 17).

22   Des Weiteren kann die BaFin ihre Antragsbefugnis gemäß § 23 Abs. 2 Nr. 3
wahrnehmen, sofern der gewählte Abschlussprüfer die Annahme des Prüfungsauftrags abgelehnt hat, aufgrund äußerer Umstände weggefallen ist oder am rechtzeitigen Abschluss der Prüfung gehindert ist. Weitere Voraussetzung für die Antragsbefugnis der BaFin für eine gerichtliche Bestellung ist, dass das Institut nicht
unverzüglich einen anderen Prüfer bestellt hat.

23   Im Rahmen des Verfahrens wird das Gericht im Regelfall dem Antrag und den
Anregungen der Aufsichtsbehörde folgen. Rechtlich ist es aber insofern nicht an
den Antrag gebunden.

24   Die **Bestellung durch das Gericht** ist endgültig und damit unanfechtbar (§ 23
Abs. 2 S. 2). Gemäß § 23 Abs. 2 S. 3 iVm § 318 Abs. 5 S. 1 HGB hat der Prüfer
Anspruch auf Vergütung für seine Tätigkeit und Ersatz angemessener Auslagen.
Die Höhe der Vergütung und der Auslagen wird vom Gericht festgesetzt (§ 318
Abs. 5 S. 2 HGB).

25   Im Übrigen kann das Registergericht auf Antrag der BaFin einen nach § 23
Abs. 1 bestellten Prüfer wieder abberufen (§ 23 Abs. 2 S. 4).

§ 24   Besondere Pflichten des Prüfers; Verordnungsermächtigung

(1) **Als Teil der Prüfung des Jahresabschlusses sowie eines Zwischen-
abschlusses hat der Prüfer auch die wirtschaftlichen Verhältnisse des Instituts zu prüfen. Bei der Prüfung des Jahresabschlusses hat er insbesondere
festzustellen, ob das Institut die Anzeigepflichten nach § 10 Absatz 5, § 11
Absatz 4, § 21 Absatz 4 Satz 1, § 28 Absatz 1, auch in Verbindung mit einer
Rechtsverordnung nach § 28 Absatz 4, erfüllt hat. Der Prüfer hat auch zu
prüfen, ob das Institut seinen Verpflichtungen**

1. **nach dem Geldwäschegesetz und der Verordnung (EU) 2015/847 nachgekommen ist,**
2. **nach § 3, nach § 15, auch in Verbindung mit einer Rechtsverordnung
nach § 15 Absatz 3, nach den §§ 16 bis 18, 25 bis 30, 36, 45, 46 und 48 bis
55 nachgekommen ist,**
3. **nach der Verordnung (EG) Nr. 924/2009 des Europäischen Parlaments
und des Rates vom 16. September 2009 über grenzüberschreitende
Zahlungen in der Gemeinschaft und zur Aufhebung der Verordnung
(EG) Nr. 2560/2001 (ABl. L 266 vom 9.10.2009, S. 11), die durch die
Verordnung (EU) Nr. 260/2012 (ABl. L 94 vom 30.3.2012, S. 22) geändert worden ist, und der Verordnung (EU) Nr. 260/2012 des Europäischen Parlaments und des Rates vom 14. März 2012 zur Festlegung der
technischen Vorschriften und der Geschäftsanforderungen für Überweisungen und Lastschriften in Euro und zur Änderung der Verordnung
(EG) Nr. 924/2009 (ABl. L 94 vom 30.3.2012, S. 22), die durch die Verordnung (EU) Nr. 248/2014 (ABl. L 84 vom 20.3.2014, S.1) geändert
worden ist, nachgekommen ist und**
4. **nach der Verordnung (EU) 2015/751 des Europäischen Parlaments und
des Rates vom 29. April 2015 über Interbankenentgelte für kartengebundene Zahlungsvorgänge (ABl. L 123 vom 19.5.2015, S. 1) nachgekommen ist.**

(2) Der Prüfer hat es unverzüglich der Bundesanstalt und der Deutschen Bundesbank anzuzeigen, wenn ihm bei der Prüfung Tatsachen bekannt werden,

1. welche die Einschränkung oder Versagung des Bestätigungsvermerkes rechtfertigen,

2. die den Bestand des Instituts gefährden oder seine Entwicklung wesentlich beeinträchtigen können,

3. die einen erheblichen Verstoß gegen die Vorschriften über die Zulassungsvoraussetzungen des Instituts oder über die Ausübung einer Tätigkeit nach diesem Gesetz darstellen oder

4. die schwerwiegende Verstöße der Geschäftsleiter gegen Gesetz, Satzung oder Gesellschaftsvertrag erkennen lassen.

Auf Verlangen der Bundesanstalt oder der Deutschen Bundesbank hat der Prüfer ihnen den Prüfungsbericht zu erläutern und sonstige bei der Prüfung bekannt gewordene Tatsachen mitzuteilen, die gegen eine ordnungsmäßige Durchführung der Geschäfte des Instituts sprechen. Die Anzeige-, Erläuterungs- und Mitteilungspflichten nach den Sätzen 1 und 2 bestehen auch in Bezug auf ein Unternehmen, das mit dem Institut in enger Verbindung steht, sofern dem Prüfer die Tatsachen im Rahmen der Prüfung des Instituts bekannt werden. Der Prüfer haftet nicht für die Richtigkeit von Tatsachen, die er nach diesem Absatz in gutem Glauben anzeigt.

(3) Das Bundesministerium der Finanzen wird ermächtigt, durch Rechtsverordnung, die nicht der Zustimmung des Bundesrates bedarf, im Einvernehmen mit dem Bundesministerium der Justiz und für Verbraucherschutz und nach Anhörung der Deutschen Bundesbank nähere Bestimmungen über den Gegenstand der Prüfung, den Zeitpunkt ihrer Durchführung und den Inhalt der Prüfungsberichte sowie die Form ihrer Einreichung zu erlassen, soweit dies zur Erfüllung der Aufgaben der Bundesanstalt erforderlich ist. Insbesondere sollen die Bestimmungen geeignet sein, Missstände, welche die Sicherheit der dem Institut anvertrauten Vermögenswerte gefährden oder die ordnungsmäßige Durchführung der Zahlungsdienste oder das ordnungsgemäße Betreiben des E-Geld-Geschäfts beeinträchtigen können, zu erkennen sowie einheitliche Unterlagen zur Beurteilung der von den Instituten durchgeführten Geschäfte zu erhalten. Das Bundesministerium der Finanzen kann die Ermächtigung im Einvernehmen mit dem Bundesministerium der Justiz und für Verbraucherschutz auf die Bundesanstalt übertragen. Vor Erlass der Rechtsverordnung sind die Spitzenverbände der Institute anzuhören.

(4) § 29 des Kreditwesengesetzes bleibt unberührt. Unbeschadet der Absätze 1 bis 3 kann die Bundesanstalt gegenüber dem Institut auch Bestimmungen über den Inhalt der Prüfung treffen, die vom Prüfer im Rahmen der Jahresabschlussprüfung zu berücksichtigen sind. Sie kann insbesondere Schwerpunkte für die Prüfungen festlegen.

Inhaltsübersicht

I. Entwicklung der Rechtsnorm

1   § 24 Abs. 3 S. 1 des Zahlungsdiensteaufsichtsgesetzes enthält die Ermächtigung, durch eine Rechtsverordnung nähere **Bestimmungen über den Gegenstand der Prüfung, den Zeitpunkt ihrer Durchführung und den Inhalt der Prüfungsberichte** zu erlassen, soweit dies zur Erfüllung der Aufgaben der Bundesanstalt erforderlich ist. § 24 Abs. 3 S. 2 des Zahlungsdiensteaufsichtsgesetzes legt fest, dass die Bestimmungen insbesondere geeignet sein sollen, Missstände, welche die Sicherheit der dem Institut anvertrauten Vermögenswerte gefährden oder die ordnungsmäßige Durchführung der Zahlungsdienste oder das ordnungsgemäße Betreiben des E-Geld-Geschäfts beeinträchtigen können, zu erkennen sowie einheitliche Unterlagen zur Beurteilung der von den Instituten durchgeführten Geschäfte zu erhalten (Referentenentwurf des Bundesministeriums der Finanzen vom 12.10.2018 zur Verordnung zur Änderung der Zahlungsinstituts-Prüfungsberichtsverordnung).

2   Mit dem Inkrafttreten der Zweiten E-Geld-RLUG am 30.4.2011 wurde der BaFin ergänzend die Möglichkeit eingeräumt, Bestimmungen über den Inhalt der Prüfung zB durch die Festlegung von Prüfungsschwerpunkten zu treffen. Gleichzeitig wurden die geltenden Vorschriften redaktionell auch auf die E-Geld-Institute erweitert.

3   Die Umsetzung des aufsichtsrechtlichen Teils der europaweiten PSD2-Richtlinie in deutsches Recht am 13.1.2018 führte zu neuen Vorschriften für Drittdienste wie Zahlungsauslösedienste und Kontoinformationsdienste und erweiterte somit den Kreis der zu prüfenden Institute (vgl. RegBegr. Zweites Zahlungsdienste-RLUG (ZUG), BT-Drs. 18/11495, 79). Die Vorschrift entspricht dem bisherigen § 18. Sie wurde der Sache nach unverändert übernommen. Die Vorschrift benennt die Gegenstände und die Inhalte der Prüfberichte nach dem Aufsichtsrecht nicht abschließend (vgl. RegBegr. Zweites Zahlungsdienste-RLUG (ZUG), BT-Drs. 18/11495, 127).

4   Drittdienstleister unterstehen zukünftig der Aufsicht der BaFin und müssen von ihr zugelassen werden (Zahlungsauslösedienste) bzw. bei ihr registriert sein (Kontoinformationsdienste).

     Eine weitere Erweiterung der „Besonderen Pflichten des Prüfers" wurde durch Art. 9 Abs. 8 des Risikoreduzierungsgesetzes (RiG) vom 29.12.2020 (BGBl. I 2773) in das ZAG aufgenommen. Teil der Prüfung des Jahresabschlusses sowie eines Zwischenabschlusses ist danach auch die Prüfung, ob ein Institut den Verpflichtungen aus den §§ 45, 46 und 48–55 des ZAG nachgekommen ist.

II. Prüfung der wirtschaftlichen Verhältnisse (Abs. 1 Satz 1)

Adressat der Regelung ist der **Abschlussprüfer.** Den Prüfern von Jahres- und **5** Zwischenabschlüssen werden über die bereits aus allgemeinen und bankspezifischen handelsrechtlichen Vorschriften des HGB und der RechKredV hinaus zusätzliche Prüfungs- und Berichtspflichten betreffend die Einhaltung aufsichtsrechtlicher Pflichten durch das Institut auferlegt.

Für BaFin und Bundesbank stellen **Jahresabschlussunterlagen der Institute 6** eines der bewährten Erkenntnismittel dar, da sie einen Einblick in Struktur und Größenordnung der einzelnen Geschäftsarten gewähren (vgl. BT-Drs. 16/11613, 51). Hiermit werden die Aufsichtsbehörden möglichst frühzeitig über die Entwicklung der Vermögenslage, der Liquidität und Rentabilität, der kreditgeschäftlichen und anderen Risiken sowie der zu ihrer Abschirmung getroffenen bilanzmäßigen Vorkehrungen wie Vermögensbildung und Risikovorsorge wie auch der organisatorischen Maßnahmen unterrichtet.

Der Prüfer hat gemäß § 24 Abs. 1 S. 1 bei der Prüfung von Jahres- und Zwi- **7** schenabschlüssen auch die **wirtschaftlichen Verhältnisse** des Instituts zu prüfen. Diese Regelung entspricht § 29 Abs. 1 S. 1 KWG und ist ausweislich der Gesetzesbegründung im Rahmen der 2. KWG-Novelle für eine wirksame Beaufsichtigung von Instituten unentbehrlich, da sie der BaFin und Bundesbank wiederum auch unterjährig einen ergänzenden Einblick in die wirtschaftlichen Verhältnisse des Instituts bietet (RegBegr Zweites Gesetz zur Änderung des KWG zu § 29 KWG, BT-Drs. 7/3657, abgedruckt in Reischauer/Kleinhans KWG Kza 582).

Der Umfang der von den Aufsichtsbehörden geforderten Informationen im Zu- **8** sammenhang mit den wirtschaftlichen Verhältnissen wird insbesondere in der gemäß § 24 Abs. 4 erlassenen separaten Rechtsverordnung geregelt. Dieses ist die sog. **ZahlPrüfbV.** Zu einer ausführlichen Beschreibung des Inhalts der Verordnung wird auf → Rn. 38 ff. verwiesen.

Gemäß § 6 ZahlPrüfbV muss einer zusammenfassenden Schlussbemerkung ein **9** **Gesamturteil über die wirtschaftliche Lage** des Instituts und die **Ordnungsmäßigkeit seiner Geschäftsorganisation,** insbesondere die Einrichtung eines angemessenen Risikomanagements, sowie über die Einhaltung der weiteren aufsichtlichen Vorgaben entnommen werden können. Der Begriff der wirtschaftlichen Lage gemäß ZahlPrüfBV dürfte in etwa dem Begriff der wirtschaftlichen Verhältnisse gemäß § 24 Abs. 1 S. 1 entsprechen (so auch Reischauer/Kleinhans/Becker, KWG, KWG § 29 Rn. 4). Hinsichtlich der wirtschaftlichen Lage des Instituts ist insbesondere auf die geschäftliche Entwicklung, die Vermögens-, Liquiditäts- und Ertragslage sowie Art und Umfang der nicht bilanzwirksamen Geschäfte einzugehen. Des Weiteren muss der Schlussbemerkung auch zu entnehmen sein, ob die Bewertung der Bilanzposten, dh insbesondere die Angemessenheit der Wertberichtigungen und Rückstellungen, ordnungsgemäß erfolgt ist.

Gemäß § 3 Abs. 2 ZahlPrüfbV sind auch bedeutsame Vorgänge, die nach dem **10** Bilanzstichtag eingetreten und dem Abschlussprüfer bekannt geworden sind, im Prüfungsbericht zu berücksichtigen.

III. Prüfung der Einhaltung der Anzeigepflichten gemäß § 10 Abs. 5, § 11 Abs. 4, § 21 Abs. 4 S. 1, § 28 Abs. 1 bzw. der ZAGAnzV (Abs. 1 Satz 2)

11   Der Prüfer hat insbesondere festzustellen, ob das Institut die **Anzeigepflichten** nach § 10 Abs. 5, § 11 Abs. 4, § 21 Abs. 4 S. 1, § 28 Abs. 1 bzw. der gemäß § 28 Abs. 4 vom BMF im Benehmen mit der Bundesbank erlassenen Rechtsverordnung ZAGAnzV ordnungsgemäß erstattet wurden. Die ZAGAnzV dient der Umsetzung der weiteren aufsichtsrechtlichen Vorschriften der ZDRL. Sie entspricht in weiten Teilen der Anzeigenverordnung nach dem KWG (AnzV), ist jedoch insgesamt weniger umfangreich.

12   Im Einzelnen handelt es sich um die folgenden Anzeigepflichten:

Vorschrift	Beschreibung	Form
– Vorschriften für alle Institute im Sinne des ZAG –		
§ 14 Abs. 1 S. 2/§ 4 ZAGAnzV	Erwerb oder Erhöhung einer bedeutenden Beteiligung gemäß § 1 Abs. 9	Anlage 1 zur ZAGAnzV
§ 14 Abs. 1 S. 2/§ 5 ZAGAnzV	Verringerung oder Aufgabe einer bedeutenden Beteiligung gemäß § 1 Abs. 9	Anlage 3 zur ZAGAnzV
§ 25 Abs. 1 und 4/§ 7 ZAGAnzV	Inanspruchnahme von Agenten inkl. Änderungen	Formlos
§ 38 Abs. 1/§ 9 ZAGAnzV	Errichten einer Niederlassung	Formlos
§ 38 Abs. 2/§ 9 ZAGAnzV	Grenzüberschreitender Dienstleistungsverkehr	Formlos
§ 28 Abs. 1 Nr. 1/§ 10 ZAGAnzV	Bestellung eines Geschäftsleiters	Anlage 4 zur ZAGAnzV, ggf. Anlage 5 zur ZAGAnzV
§ 28 Abs. 1 Nr. 2/§ 10a ZAGAnzV	Ausscheiden eines Geschäftsleiters inkl. Entziehung der Einzelvertretungsbefugnis	Formlos
§ 28 Abs. 1 Nr. 3	Änderung der Rechtsform	Formlos
§ 28 Abs. 1 Nr. 4/§ 11 ZAGAnzV	Bedeutende Beteiligung am eigenen Institut inkl. Über- oder Unterschreiten der Beteiligungsschwellen von 20%, 30% und 50%	Anlage 7 zur ZAGAnzV, ggf. Anlage 2 ZAGAnzV
§ 28 Abs. 1 Nr. 5	Verlust in Höhe von 25% des haftenden Eigenkapitals	Formlos
§ 28 Abs. 1 Nr. 6	Verlegung der Niederlassung oder des Sitzes	Formlos

Vorschrift	Beschreibung	Form
§ 28 Abs. 1 Nr. 7	Einstellung des Geschäftsbetriebs	Formlos
§ 28 Abs. 1 Nr. 8/§ 11 ZAGAnzV bzw. § 12 ZAGAnzV	Aktivische und Passivische enge Verbindungen im Sinne von § 1 Abs. 10 KWG (Eine enge Verbindung besteht gemäß § 1 Abs. 10 KWG, wenn ein Institut und eine andere natürliche Person oder ein anderes Unternehmen verbunden sind 1. durch das unmittelbare oder mittelbare Halten durch ein oder mehrere Tochterunternehmen oder Treuhänder von mindestens 20% des Kapitals oder der Stimmrechte oder 2. als Mutter- und Tochterunternehmen, mittels eines gleichartigen Verhältnisses oder als Schwesterunternehmen).	Anlage 7 bzw. 8 zur ZAGAnzV, ggf. Anlage 2 ZAGAnzV
§ 28 Abs. 1 Nr. 9/§ 13 ZAGAnzV	Vereinigungsabsicht mit einem anderen Institut	Formlos
§ 28 Abs. 1 Nr. 10/§ 8 ZAGAnzV	Absicht und Vollzug einer Auslagerung	Formlos
§ 28 Abs. 2/§ 14 ZAGAnzV	Änderung der zur Sicherung von Geldbeträgen nach § 17 getroffenen Maßnahmen	Formlos
§ 28 Abs. 3/§ 15 ZAGAnzV	Aufnahme und Beendigung einer Tätigkeit als Geschäftsleiter oder als Aufsichtsrats- oder Verwaltungsratsmitglied eines anderen Unternehmens Übernahme und Aufgabe einer unmittelbaren Beteiligung an einem Unternehmen sowie Veränderungen in der Höhe der Beteiligung	Anlage 6 zur ZAGAnzV
– Spezielle Vorschriften für Zahlungsinstitute –		
§ 10 Abs. 5/§ 3 ZAGAnzV	Anzeige von materiell oder strukturell wesentlichen Änderungen der tatsächlichen oder rechtlichen Verhältnisse	Formlos
– Spezielle Vorschriften für E-Geld-Institute –		
§ 11 Abs. 4/§ 3 ZAGAnzV	Anzeige von materiell oder strukturell wesentlichen Änderungen der tatsächlichen oder rechtlichen Verhältnisse	Formlos

Vorschrift	Beschreibung	Form
– Sonderbestimmungen für Kontoinformations-dienste–		
§ 34 Abs. 1 S. 2–7/ § 16 ZAGAnzV	Anträge auf Registrierung	Formlos
§ 34 Abs. 5/ § 16 ZAGAnzV	Mitteilung von materiell oder strukturell wesentlichen Änderungen der tatsächlichen oder rechtlichen Verhältnisse	Formlos

13 Neben der Verpflichtung zur Prüfung der Einhaltung der Anzeigepflichten gemäß § 28 tritt die Verpflichtung des Abschlussprüfers aus § 14 ZahlPrüfbV zur Prüfung der Organisation des Anzeige- und Meldewesens sowie der Ordnungsmäßigkeit der angewandten Verfahren. Im Prüfungsbericht müssen hierbei auf Vollständigkeit und Richtigkeit der Anzeigen und Meldungen eingegangen und festgestellte wesentliche Verstöße aufgeführt werden.

IV. Prüfung der Einhaltung der sonstigen Verpflichtungen (Abs. 1 Satz 3)

14 Der Prüfer hat auch die Einhaltung weiterer, in § 24 Abs. 1 S. 3 explizit aufgeführter Vorschriften des ZAG sowie **zentraler aufsichtsrechtlicher Strukturnormen zur Geschäftsorganisation** zu prüfen. Es ist darüber hinaus auch die Einhaltung der speziellen Vorkehrungen des Instituts zur **Verhinderung von Geldwäsche** nach dem GwG bzw. zur Verhinderung von Terrorismusfinanzierung nach der GeldtransferVO zu prüfen und in die Berichterstattung aufzunehmen.

15 Im Einzelnen handelt es sich um die folgenden Verpflichtungen der Institute:

Verpflichtungen	Beschreibung
– Vorschriften für alle Institute im Sinne des ZAG –	
Verpflichtungen 1. nach dem Geldwäschegesetz und der Verordnung (EU) 2015/847 iVm 16 ZahlPrüfbV	Sorgfaltspflichten und interne Sicherungsmaßnahmen gegen Geldwäsche
§ 3	Zugelassene Tätigkeiten und verbotene Geschäfte
§ 15 in Verbindung mit der ZIEV (ZAG-Instituts-Eigenmittelverordnung vom 15.10.2009 (BGBl. I 3643), zuletzt geändert durch Artikel 1 der Verordnung vom 10.12.2018 (BGBl. I 2330)	Angemessene Eigenmittelausstattung von Zahlungsinstituten
§ 25	Inanspruchnahme von zuverlässigen und fachlich geeigneten Agenten unter Berücksichtigung der Vorschriften der Agentennachweisverordnung (Verordnung über Art, Umfang, Form der

Verpflichtungen	Beschreibung
	erforderlichen Nachweise iSd § 19 Abs. 2 S. 2 des Zahlungsdienstaufsichtsgesetzes (Agentennachweisverordnung – AgNwV) vom 10. 12. 2018, (BGBl. I 2329).
§ 26	Angemessene Vorkehrungen bei der Auslagerung von Aktivitäten und Prozessen auf ein anderes Unternehmen
§ 27	Besondere Pflichten von Instituten im Zusammenhang mit einer ordnungsgemäßen Geschäftsorganisation
§ 28	Anzeigen
§ 29	Monatsausweise
§ 30	Aufbewahrung von Unterlagen für aufsichtsrechtliche Zwecke
§ 53	Beherrschung operationeller und sicherheitsrelevanter Risiken
§ 54	Meldung schwerwiegender Betriebs- oder Sicherheitsvorfälle
§ 55	Starke Kundenauthentifizierung
Verordnung (EG) Nr. 924/2009/16a ZahlPrüfbV	Prüfung der Vorkehrungen im Zusammenhang mit grenzüberschreitenden Zahlungen
Verordnung (EU) Nr. 260/2012/16b ZahlPrüfbV	Prüfung der Vorkehrungen zur Festlegung der technischen Vorschriften und der Geschäftsanforderungen für Überweisungen und Lastschriften in Euro
Verordnung (EU) Nr. 2015/751/16c ZahlPrüfbV	Prüfung der Vorkehrungen im Zusammenhang mit Interbankenentgelten für kartengebundene Zahlungsvorgänge
16d ZahlPrüfbV	Prüfung der Vorkehrungen im Zusammenhang mit den Pflichten nach dem Zahlungskontengesetz
– Spezielle Vorschriften für Zahlungsinstitute –	
§ 43	Zahlungsinstituts-Register
– Spezielle Vorschriften für E-Geld-Institute –	
§ 17	Sicherungsanforderungen für die Entgegennahme von Geldbeträgen im Rahmen der Erbringung von Zahlungsdiensten und des Betreibens des E-Geld-Geschäfts

Verpflichtungen	Beschreibung
§ 18	Sicherungsanforderungen für die Entgegennahme von Geldbeträgen für die Ausgabe von E-Geld
§ 44	E-Geld-Instituts-Register
– Spezielle Vorschriften sonstige Zahlungsdienste	
§ 16	Absicherung für den Haftungsfall für Zahlungsauslösedienste
§ 34	Registrierungspflicht für Kontoinformationsdienste
§ 36	Absicherung für den Haftungsfall für Kontoinformationsdienste
§ 45	Pflichten des kontoführenden Zahlungsdienstleisters
§ 46	Rechte und Pflichten des kartenausgebenden Zahlungsdienstleisters
§ 48	Pflichten des kontoführenden Zahlungsdienstleisters bei Zahlungsauslösediensten
§ 49	Pflichten des Zahlungsauslösedienstleisters
§ 50	Pflichten des kontoführenden Zahlungsdienstleisters bei Kontoinformationsdiensten
§ 51	Pflichten des Kontoinformationsdienstleisters
§ 52	Zugang zu Zahlungskonten

16   In der EU-Verordnung 2015/847 sind Regelungen zu den Angaben zu Auftraggebern und Begünstigten enthalten, die für die Zwecke der Verhinderung, Aufdeckung und Ermittlung von Geldwäsche und Terrorismusfinanzierung bei Geldtransfers gleich welcher Währung zu übermitteln sind, wenn mindestens einer der am Geldtransfer beteiligten Zahlungsdienstleister seinen Sitz in der Union hat. Die Verordnung regelt im Wesentlichen die Pflichten des Zahlungsdienstleisters des Auftraggebers und die Pflichten des Zahlungsdienstleisters des Begünstigten, einschließlich der zu übermittelnden Angaben sowie die Folgemaßnahmen bei Geldtransfers mit fehlenden oder unvollständigen Angaben.

V. Anzeige- und Erläuterungspflichten des Prüfers gegenüber der Aufsicht (Abs. 2)

17   Die Vorschrift des § 24 Abs. 2 entspricht dem gleichlautenden § 29 Abs. 3 KWG. Sofern dem Prüfer im Rahmen seiner Prüfung Tatsachen bekannt werden, die
1. eine Einschränkung oder Versagung des Bestätigungsvermerkes rechtfertigen,

2. den Bestand des Instituts gefährden oder seine Entwicklung wesentlich beeinträchtigen können,
3. einen erheblichen Verstoß gegen die Vorschriften über die Zulassungsvoraussetzungen des Instituts oder über die Ausübung einer Tätigkeit nach diesem Gesetz
darstellen oder
4. schwerwiegende Verstöße der Geschäftsleiter gegen Gesetz, Satzung oder Gesellschaftsvertrag erkennen lassen
hat er dieses unverzüglich der BaFin und der Bundesbank formlos anzuzeigen.

Hiermit soll sichergestellt werden, dass die Aufsichtsbehörden über die Entwick- **18**
lung innerhalb des Instituts unterrichtet sind und, soweit erforderlich, auf dieser
Grundlage die zur Gefahrenabwehr geeigneten Maßnahmen rechtzeitig vorberei-
ten und durchführen können.

Gemäß § 24 Abs. 2 S. 2 hat der Prüfer auf **Verlangen von BaFin und Bundes-** **19**
bank seinen Prüfungsbericht zu erläutern oder sonstige bei der Prüfung bekannt
gewordene Tatsachen mitzuteilen, die gegen eine ordnungsmäßige Durchführung
der Geschäfte des Instituts sprechen. Hierfür ist keine vertragliche Beziehung zwischen dem Prüfer und den Aufsichtsbehörden erforderlich (so auch Reischauer/
Kleinhans/Becker KWG § 29 Rn. 29). Die Pflicht zur Verschwiegenheit des Wirtschaftsprüfers Dritten gegenüber gemäß § 43 Abs. 1 S. 1 WPO wird im Verhältnis
zur Aufsicht durch das ZAG insoweit außer Kraft gesetzt.

Gemäß § 24 Abs. 2 S. 3 gelten die **Anzeige-, Erläuterungs- und Mitteilungs-** **20**
pflichten nach Satz 1 und 2 auch für entsprechende Tatsachen bezüglich eines Drittunternehmens, welches mit dem Institut in enger Verbindung steht. Der Prüfer hat
hier keine eigenständige Prüfungs- oder Nachforschungspflicht, muss jedoch die
entsprechenden prüfungsrelevanten Tatsachen des Drittunternehmens anzeigen,
sofern sie ihm in Ausübung seiner Tätigkeit bei der Prüfung des Instituts bekannt
werden. Dies gilt insbesondere, sofern ein Beherrschungs- und/oder Gewinnabführungsvertrag mit einem übergeordneten Unternehmen besteht. Die Berichterstattungspflicht des Prüfers sei nicht dadurch eingeschränkt, dass durch die Verlustüber-
nahmeverpflichtung des übergeordneten Unternehmens bei Verlusten das Institut
einen entsprechenden aktivierungsfähigen Anspruch geltend machen kann, so dass
die wirtschaftlichen Folgen dadurch ausgeglichen würden. Die BaFin ist auch in diesen Fällen zu unterrichten, um sich in persönlicher und sachlicher Hinsicht eine
Meinung bilden und ggf. entsprechende Maßnahmen ergreifen zu können.

Die in § 24 Abs. 2 S. 1 erfolgte Nennung der Tatbestände zeigt, dass es sich je- **21**
weils um schwerwiegende Fälle handeln muss, die zu einer **Anzeigepflicht** des
Prüfers führen. Von einem in diesem Sinne schwerwiegenden Fall ist grundsätzlich
nicht auszugehen, wenn die Geschäftsleitung eines Institutes im Sinne des ZAG es
versäumt hat, ihr obliegende Anzeigepflichten zu erfüllen bzw. den Anzeigepflichten fehlerhaft nachgekommen ist und die Möglichkeit einer nachträglichen Anzeige bzw. der Berichtigung der bereits erstatteten, aber fehlerhaften Anzeige gegeben ist (so auch Reischauer/Kleinhans/Becker KWG § 29 Rn. 30).

Eine **Auskunftspflicht** seitens des Instituts gegenüber BaFin und Bundesbank **22**
enthält § 19. Danach haben Institute auf Verlangen Auskünfte über alle Geschäftsangelegenheiten zu erteilen und entsprechende Unterlagen vorzulegen. Eine vergleichbare Norm für Kredit- und Finanzdienstleistungsinstitute findet sich in § 44
KWG. Hierdurch haben die Aufsichtsbehörden die Möglichkeit, Auskünfte sowohl
von institutsinternen als auch -externen Personen verlangen zu können und somit
eine detaillierte Informationsbasis für die eigene Meinungsbildung und evtl. erforderliche Maßnahmen zu erlangen.

23   Gemäß § 19 Abs. 4 kann der zur Auskunft Verpflichtete dem rechtsstaatlichen Gedanken entsprechend die Auskunft auf solche Fragen verweigern, deren Beantwortung ihn selbst oder einen Angehörigen gemäß § 383 Abs. 1 Nr. 1 ZPO der Gefahr strafgerichtlicher Verfolgung oder eines Verfahrens nach dem Gesetz über Ordnungswidrigkeiten aussetzen würde. Das Institut selbst wird durch diese Regelung hingegen nicht geschützt. Das Verweigerungsrecht bezieht sich allein auf das Auskunftsverlangen. Die Vorlegung von Unterlagen kann nicht verweigert werden, ebenso wie die Durchführung einer Prüfung geduldet werden muss (so auch Reischauer/Kleinhans/Becker KWG § 44 Rn. 39).

24   Gemäß § 24 Abs. 2 S. 4 haftet der Prüfer nicht für die Richtigkeit von Tatsachen, die er in gutem Glauben anzeigt, sofern keine vorsätzliche oder fahrlässige Pflichtverletzung bei Ermittlung der Tatsachen vorliegt.

25   Im Übrigen sind etwaige Aufwendungen, die im Zusammenhang mit den zusätzlichen Erläuterungen und Auskünften der Wirtschaftsprüfer entstehen, vom Institut zu tragen. Es handelt sich um nachträgliche Fragen zum Inhalt des Prüfungsberichts handelt, der im Auftrag des Instituts bzw. seines Aufsichtsorgans erstellt wird (so auch Reischauer/Kleinhans/Becker § 29 Rn. 32).

VI. Rechtsverordnungsermächtigung (Abs. 3)

26   Gemäß § 24 Abs. 3 ist das BMF im Einvernehmen mit dem BMJ und nach Anhörung der Bundesbank ohne Zustimmung des Bundesrates ermächtigt, nähere Bestimmungen über den **Gegenstand der Prüfung, den Zeitpunkt ihrer Durchführung und den Inhalt der Prüfungsberichte sowie die Form ihrer Einreichung** zu erlassen, soweit dies zur Erfüllung der Aufgaben der BaFin erforderlich ist. Hiermit sollen insbesondere die Bestimmungen geeignet sein, Missstände, welche die Sicherheit der dem Institut anvertrauten Vermögenswerte gefährden oder die ordnungsmäßige Durchführung der Zahlungsdienste bzw. das ordnungsgemäße Betreiben des E-Geld-Geschäfts beeinträchtigen können, erkannt werden sowie einheitliche Unterlagen zur Beurteilung der von den Instituten durchgeführten Geschäfte vorliegen.

27   Diese Ermächtigung kann im Einvernehmen mit dem Bundesministerium der Justiz und für Verbraucherschutz auch auf die BaFin übertragen werden.

28   Von der Verordnungsermächtigung hat das BMF im Einvernehmen mit dem BMJ nach Anhörung der Bundesbank durch den Erlass der **Zahlungsinstituts-Prüfungsberichtsverordnung (ZahlPrüfbV)** vom 15.10.2009 (BGBl. I 3648), zuletzt geändert durch Artikel 1 der Verordnung vom 13.12.2018 (BGBl. I 2468) und Artikel 25 Abs. 3 des Gesetzes vom 7.8.2021 (BGBl. I 3311) Gebrauch gemacht.

29   Zu einer ausführlichen Beschreibung des Inhalts der Verordnung wird auf die Kommentierung → Rn. 38 ff. verwiesen.

VII. Verhältnis zu § 29 KWG (Abs. 4 Satz 1)

30   In § 24 Abs. 4 S. 1 wird explizit festgelegt, dass die Vorschriften des § 29 KWG durch die entsprechende Regelung im ZAG unberührt bleiben. Demgemäß wird hervorgehoben, dass ergänzende Pflichten des Prüfers gemäß § 29 KWG weiterhin

bei Instituten Anwendung finden, die gleichzeitig auch Kreditinstitut oder Finanzdienstleistungsinstitut sind.

VIII. Festlegung von Prüfungsschwerpunkten durch die BaFin (Abs. 4 Satz 2 und 3)

Ergänzend zu den nicht abdingbaren allgemeinen Prüfungsinhalten gemäß § 317 **31**
HGB und den für Wirtschaftsprüfer und Wirtschaftsprüfungsgesellschaften geltenden berufsständischen Verlautbarungen des Instituts der Wirtschaftsprüfer hat das
ZAG verschiedene Pflichten des Prüfers (oder der Prüfer) einer unter das ZAG fallenden Gesellschaft in § 24 Abs. 1–3 in Verbindung mit der ZahlPrüfbV festgelegt.
Darüber hinaus räumt § 24 Abs. 4 S. 2 und 3 der BaFin das Recht ein, gegenüber
dem Institut **Bestimmungen über den Inhalt der Prüfung** zu treffen, die vom
Prüfer im Rahmen der Jahresabschlussprüfung zu berücksichtigen sind. Sie kann
insbesondere Schwerpunkte für die Prüfungen festlegen.

Ziel der Regelung ist, der BaFin eine erhöhte Flexibilität zu verschaffen, um auf **32**
die individuellen Besonderheiten des jeweiligen Instituts eingehen zu können. Dies
kann mittelbar zu einer Entlastung der Institute führen, da durch diese speziellen
Vorgaben der Aufsicht bestimmte Prüfungsinhalte in die Abschlussprüfung integriert werden können und somit auf eine separate Prüfung gemäß § 44 Abs. 1
KWG verzichtet werden kann (so auch Reischauer/Kleinhans/Becker KWG § 30
Rn. 3).

Die **Eigenverantwortlichkeit des Wirtschaftsprüfers** bei seiner Berufsaus- **33**
übung (§ 43 Abs. 1 S. 1 WPO) bleibt von der Anordnung weiterer Prüfungsinhalte
durch die BaFin unberührt, da durch die Anforderungen der BaFin zusätzliche Prüfungsinhalte und -schwerpunkte, nicht aber Anforderungen an die Ausgestaltung
der Prüfung festgelegt werden und daher in die berufsständischen Vorgaben nicht
eingegriffen wird (Schwennicke/Auerbach/Brocker KWG § 30 Rn. 5).

IX. Verordnung über die Prüfung der Jahresabschlüsse der Zahlungsinstitute sowie die darüber zu erstellenden Berichte (ZahlPrüfbV)

Wesentliches Ziel der Änderungsverordnung ist es, die bestehenden Vorschriften **34**
der Zahlungsinstituts-Prüfungsberichtsverordnung vom 15.10.2009 (BGBl. I 3648)
an die neue Fassung der Zahlungsdiensteaufsichtsgesetzes anzupassen. Unabhängig
von Rechtsform und Größe unterliegen Zahlungsinstitute gemäß § 340k Abs. 1
S. 1 HGB der Pflicht, Jahresabschluss und Lagebericht gemäß der Vorschriften des
dritten Unterabschnitts zum zweiten Abschnitt des HGB (§§ 316–324a HGB) prüfen zu lassen. Zusätzlich räumt § 24 Abs. 3 dem BMF die Möglichkeit ein, im Einvernehmen mit dem BMJ und unter Anhörung der Bundesbank eine Verordnung
bezüglich Gegenstand und Zeitpunkt der Durchführung der Prüfung von Zahlungsinstituten sowie des Prüfberichts zu erlassen. Der Ermächtigung des § 24
Abs. 3, nähere Bestimmungen über den Gegenstand der Prüfung, den Zeitpunkt
ihrer Durchführung und dem Inhalt des Prüfungsberichts zu erlassen, ist das BMF
im Einvernehmen mit dem BMJ nach Anhörung der Bundesbank mit Erlass der
sog. **Zahlungsinstituts-Prüfungsberichtsverordnung (ZahlPrüfbV)** vom

15.10.2009 (BGBl. I 3648), zuletzt geändert durch Artikel 1 der Verordnung vom 13.12.2018 (BGBl. I 2468) nachgekommen. Die **ZahlPrüfbV** entspricht in weiten Teilen einer reduzierten Version der ebenfalls im Jahr 2009 komplett überarbeiteten und zuletzt am 18.12.2018 geänderten Prüfungsberichts-Verordnung (PrüfbV) (BGBl. I 2626), welche die zusätzlichen Anforderungen an den Prüfungsbericht bei Kredit- und Finanzdienstleistungsinstituten regelt.

35   Obwohl die **ZahlPrüfbV** dem Namen nach nur Regelungen bezüglich des über die Prüfung von Instituten zu erstellenden Berichts enthält, bestimmt sie mit ihrer großen Anzahl detaillierter Berichtvorgaben de facto auch den materiellen **Umfang der Prüfung.** Grundsätzlich hat die Verordnung den Zweck, die besonderen Anforderungen an die Prüfung der Institute zu normieren. Hierzu zählt neben den europäischen Vorgaben zur Verhinderung von Geldwäsche und Terrorismusfinanzierung auch die Tatsache, dass Prüfungen der Institute immer auch vor dem Hintergrund der Interessen der staatlichen Aufsichtsbehörden ablaufen. Der Neuentwurf der PrüfbV im Jahr 2009 (und somit wohl auch der Entwurf der nahezu zeitgleich erlassenen ZahlPrüfbV) geschah mit dem Ziel, die Verordnung stärker auf eine „risiko- und prinzipienorientierte Berichterstattung" auszurichten und dem Abschlussprüfer somit die Flexibilität einzuräumen, Prüfung und Berichterstattung stärker als zuvor an die Risikolage des zu prüfenden Instituts anzupassen (Jahresbericht 2006 der BaFin v. 10.3.2007, S. 120).

36   Die ZahlPrüfbV besteht aus sieben Abschnitten, wobei zunächst **allgemeine Vorschriften** (Abschnitt 1) und die erforderlichen **Angaben zum Institut** (Abschnitt 2) vorgegeben werden. In Abschnitt 3 folgen dann Bestimmungen über die **Aufsichtlichen Vorgaben,** bevor in Abschnitt 4 die **Besonderen Angaben** zu Zahlungsdiensten und dem E-Geld-Geschäft und im Abschnitt 5 die **Abschlussorientierte Berichtserstattung** aufgeführt werden. Unter dem Titel **Datenübersicht** (Abschnitt 6) folgen dann Vorgaben für das als Anlage enthaltene Formblatt mit umfangreichen Angaben zum Institut bevor der Abschnitt 7 die **Schlussvorschriften** abdeckt.

37   Der **Anwendungsbereich** der ZahlPrüfbV erstreckt sich gemäß § 1 ZahlPrüfbV auf Gegenstand und Zeitpunkt der Prüfung der Institute nach § 24 Abs. 1 des Zahlungsdiensteaufsichtsgesetzes mit einer Erlaubnis nach § 10 Abs. 1.

38   In § 2 **ZahlPrüfbV** werden **Risikoorientierung** und **Wesentlichkeit** als Grundsätze der Prüfung festgelegt. Damit wird laut der Begründung zur Verordnung dem Prinzip der doppelten Proportionalität Rechnung getragen (Begründung v. 20.7.2009 zu § 2 ZahlPrüfbV). Verstanden wird darunter zum einen, dass die institutsinternen Risikosteuerungsprozesse proportional zur Größe des Instituts sowie zu Art, Geschäftsumfang, Komplexität der betriebenen Geschäfte sowie zum Risikogehalt ausgestaltet sein müssen und zum anderen, dass die Häufigkeit und Intensität der Überwachung durch die Aufsichtsbehörden sich proportional zu oben genannten Kriterien sowie zur Bedeutung des Instituts für das Finanzsystem verhält.

39   § 3 ZahlPrüfbV enthält allgemeine Vorgaben bezüglich **Art und Umfang der Berichterstattung,** die weitgehend § 4 PrüfbV entsprechen. Dabei regelt Abs. 1, dass der Umfang der Berichterstattung an Bedeutung und Risikostruktur des geprüften Instituts anzupassen ist und folglich Ausdruck der vom Gesetzgeber angestrebten Flexibilisierung der Berichterstattung. Abs. 2 erweitert den Kreis der im Rahmen der Berichterstattung zu berücksichtigenden Vorgaben aus Rundschreiben und anderen Verfügungen der Aufsichtsbehörden und enthält ferner einen Hinweis darauf, dass ggf. auch bedeutsame Ereignisse nach dem Bilanzstichtag in den Bericht aufzunehmen sind (Begründung v. 20.7.2009 zu § 3 ZahlPrüfbV).

Abs. 3 weist darauf hin, dass der Abschlussprüfer Ergebnisse einer im Berichtszeitraum stattgefundenen Sonderprüfung nach § 19 Abs. 1 S. 2 ZAG bei seiner Prüfung zu verwerten hat. Das bietet sich insbesondere bei vergleichbaren Fragestellungen sowie einem zeitnahen vorliegen des Sonderprüfungsberichts an (Begründung v. 20.7.2009 zu § 3 ZahlPrüfbV). In diesem Fall soll es zum Zwecke einer effizienten Prüfungsgestaltung möglich sein, im Rahmen der Berichterstattung nur auf wesentliche Veränderungen zwischen dem Zeitpunkt der Sonderprüfung und dem Bilanzstichtag einzugehen (Begründung v. 20.7.2009 zu § 3 ZahlPrüfbV).

§ 4 ZahlPrüfbV soll wie auch § 6 PrüfbV die Lesbarkeit des Berichts fördern. **40** Daher sollte ein Verweis auf eine Darstellung in **Anlagen** zum Prüfungsbericht nur vorgenommen werden, wenn diese Darstellung einen Sachverhalt als Ganzes erfasst, dh sachlogische Zusammenhänge nicht verloren gehen (Begründung v. 20.7.2009 zu § 4 ZahlPrüfbV).

Bezüglich des **Berichtszeitraums** bestimmt **§ 5 ZahlPrüfbV,** dass dieser in der **41** Regel das am Bilanzstichtag endende Geschäftsjahr (Berichtsjahr) umfasst. In § 5 S. 3 ZahlPrüfbV heißt es außerdem, dass bei Unterbrechungen der Prüfungen diese im Bericht anzugeben und zu erläutern sind. In der Gesetzesbegründung wird hierzu einschränkend bemerkt, dass dies nur für Unterbrechungen gilt, die das Institut zu verantworten habe (Begründung v. 20.7.2009 zu § 5 ZahlPrüfbV).

Der Prüfbericht muss eine **zusammenfassende Schlussbemerkung** gemäß **42** **§ 6 ZahlPrüfbV** (entspricht nahezu dem § 7 PrüfbV) enthalten, aus der selbst ein Gesamturteil über

1. die **wirtschaftliche Lage**
2. die **Ordnungsgemäßheit der Geschäftsorganisation,** insbesondere die Einrichtung eines angemessenen und wirksamen Risikomanagements,
3. sowie die **Einhaltung der weiteren aufsichtlichen Vorgaben,** insbesondere die Einhaltung der Sicherungsanforderungen für die Entgegennahme von Geldbeträgen und der Anforderungen an die Absicherung für den Haftungsfall gewonnen werden kann.

Im Rahmen der Beurteilung der **wirtschaftlichen Lage** ist auf die geschäftliche Entwicklung, die Vermögens-, Liquiditäts- und Ertragslage sowie Art und Umfang der nicht bilanzwirksamen Geschäfte einzugehen. Der Schlussbemerkung muss auch zu entnehmen sein, ob die Bilanzposten ordnungsgemäß bewertet, insbesondere ob die gebildeten Wertberichtigungen und Rückstellungen angemessen sind, und ob die geldwäscherechtlichen Vorschriften sowie die Anzeigevorschriften beachtet wurden.

Nicht enthalten darf die Schlussbemerkung Ausführungen, die der Abschluss- **43** prüfer gemäß § 321 Abs. 1 S. 2 HGB vorweg hinsichtlich der Beurteilung der Lage des Unternehmens durch seine gesetzlichen Vertreter zu tätigen hat („Vorwegausführungen"). Dies dient dem Zwecks der besagten Norm, welche durch die Vorwegstellung der genannten Erläuterungen sicherstellen soll, dass die Berichtsadressaten „frühzeitig über negative Unternehmensentwicklungen oder festgestellte Unregelmäßigkeiten informiert" werden. Auch über Beanstandungen, die über die in § 321 Abs. 1 S. 3 HGB genannten hinausgehen, soll der Abschlussprüfer laut § 6 Abs. 1 S. 4 ZahlPrüfbV Bericht erstatten, wobei hiermit laut Gesetzesbegründung solche Beanstandungen gemeint sind, die „noch keine bestandsgefährdenden Risiken oder die Entwicklung wesentlich beeinträchtigende Verstöße" sind (Begründung v. 20.7.2009 zu § 6 ZahlPrüfbV).

Soweit der Abschlussprüfer nach der ZahlPrüfbV verpflichtet ist, nur über Än- **44** derungen zu berichten, hat er in angemessenen Abständen über die Darstellung der Änderungen hinausgehend vollständig zu berichten (**Berichtsturnus** gemäß § 7 **ZahlPrüfbV,** entspricht § 8 PrüfbV). Als ein angemessener Abstand, in dem eine ausführliche Berichterstattung erfolgen sollte, kann in der Regel ein Zeitraum von drei Jahren angesehen werden (Begründung v. 20.7.2009 zu § 7 ZahlPrüfbV). Gemäß § 7 **Abs. 2 ZahlPrüfbV** ist der Prüfungsbericht ist unter Angabe von Ort und Datum zu unterzeichnen.

45   In § 8 **ZahlPrüfbV** folgen Vorgaben zur **Darstellung der rechtlichen, wirtschaftlichen und organisatorischen Grundlagen** eines Instituts. Gemäß Abs. 1 hat der Abschlussprüfer über die Ausschöpfung und Überschreitung der Erlaubnis zum Erbringen von Zahlungsdiensten beziehungsweise die Erlaubnis zum Registrierung zum Erbringen von Kontoinformationsdiensten oder der Erlaubnis zum Betreiben des E-Geld-Geschäfts sowie die Erfüllung damit verbundener Auflagen im Berichtszeitraum zu berichten. Hierzu gehört auch eine Erläuterung des grenzüberschreitenden Dienstleistungsverkehrs iSd § 38 (Begründung v. 20.7.2009 zu § 8 Zahl-PrüfbV).

46   Gemäß § 8 Abs. 2 ZahlPrüfbV sind vom Prüfer zumindest die **wesentlichen Änderungen der rechtlichen, wirtschaftlichen und organisatorischen Grundlagen** des Instituts im Berichtszeitraum darzustellen. Diese Regelung ist Ausfluss des risikoorientierten Ansatzes, der auf eine jährliche vollständige Darstellung der rechtlichen, wirtschaftlichen und organisatorischen Grundlage des Instituts ausdrücklich verzichtet (so auch Reischauer/Kleinhans/Becker KWG § 29 Rn. 40). Wesentliche Änderungen sind insbesondere solche, für die das Institute ohnehin eine Anzeige nach § 29 erstatten muss, und schließt laut § 8 Abs. 2 Nr. 6 ZahlPrüfbV auch Geschäftsbeziehungen zu verbundenen Unternehmen mit ein, wobei diesbezüglich die Definition des § 271 Abs. 2 HGB maßgeblich ist (Begründung v. 20.7.2009 zu § 8 ZahlPrüfbV). Diese dient allein rechnungslegungsrelevanten Vorschriften und unterscheidet sich insofern von der Definition gemäß Aktienrecht. Verbundene Unternehmen sind danach solche, die die handelsrechtlichen Voraussetzungen für das Vorliegen eines Mutter- bzw. Tochterunternehmens erfüllen und die in den Konzernabschluss eines Mutterunternehmens einzubeziehen sind. Die ebenfalls in § 8 Abs. 2 Nr. 6 ZahlPrüfbV aufgeführten bedeutsamen Verträge geschäftspolitischer Natur schließen gemäß Gesetzesbegründung insbesondere solche Verträge mit ein, die über die Zusammenarbeit mit anderen Unternehmen des Finanzsektors geschlossen wurden, so zum Beispiel Versicherungen oder Unternehmen, die in den Vertrieb des Instituts eingebunden sind (Begründung v. 20.7.2009 zu § 8 ZahlPrüfbV). Gemäß § 8 Abs. 2 Nr. 7 ZahlPrüfbV ist das aktuelle Organigramm des Instituts als Anlage beizufügen. Auf Änderungen der eventuellen Zugehörigkeit eines Instituts zu einem Finanzkonglomerat ist gemäß § 8 Abs. 2 Nr. 8 ZahlPrüfbV ist ebenfalls einzugehen.

47   In § 8 Abs. 3 ZahlPrüfbV wird der Abschlussprüfer verpflichtet, über die **Auslagerung** von Prozessen ebenso zu berichten wie über die Einhaltung der damit verbundenen Anforderungen des § 26 Abs. 1, zB der Abschluss eines schriftlichen Vertrags, in dem die Kontroll- und Überwachungsrechte des auslagernden Zahlungsinstituts sowie die korrespondierenden Pflichten des Auslagerungsunternehmens festgehalten werden (§ 26 Abs. 1 S. 8). Die Berichterstattung sollte dabei insbesondere eine Beurteilung der Wirksamkeit der Einbindung der ausgelagerten Prozesse in das institutseigene Risikomanagement und einen Hinweis auf ggf. vorhandene Beeinträchtigungen der Prüfungs- und Kontrollmöglichkeiten der Aufsichtsbehörden, der Internen Revision und des Abschlussprüfers enthalten. Auch ein Rückgriff auf Prüfungsergebnisse eines anderen Wirtschaftsprüfers hinsichtlich

des internen Kontrollsystems beim Auslagerungsunternehmen sind denkbar (zB Bescheinigungen nach IDW PS 951), sofern eine Berichterstattung über die Ordnungsmäßigkeit im Sinne des Aufsichtsrechts enthalten ist (Begründung v. 20.7.2009 zu § 8 ZahlPrüfbV).

Ebenso ist gemäß § 8 Abs. 4 ZahlPrüfbV die **Einbindung von Agenten** isd 48 § 25, die selbst nicht als Institut gelten, in das Risikomanagement sowohl darzustellen als auch zu beurteilen (Begründung v. 20.7.2009 zu § 8 ZahlPrüfbV).

Auch ausländische **Zweigniederlassungen** sind in den Prüfbericht mit ein- 49 zubeziehen (**§ 9 ZahlPrüfbV,** entspricht § 10 PrüfbV). Gemeint sind damit laut Gesetzesbegründung jeweils nur die Kopfstellen eines Landes – weitere Niederlassungen würden jeweils als Betriebsstelle gelten (Begründung v. 20.7.2009 zu § 9 ZahlPrüfbV). Zu beurteilen sind deren Ergebniskomponenten, der Einfluss auf die Risikolage und Risikovorsorge sowie die Einbindung in das Risikomanagement des Instituts.

§ 10 ZahlPrüfbV regelt, dass der Abschlussprüfer die **Ordnungsmäßigkeit** 50 **der Geschäftsorganisation** isd § 27 Abs. 1 S. 1 Hs. 1 des Zahlungsdiensteaufsichtsgesetzes unter Berücksichtigung der Komplexität und des Umfangs der von dem Institut eingegangenen Risiken zu beurteilen hat. Hierbei ist wiederum das Prinzip der doppelten Proportionalität des § 2 ZahlPrüfbV zu beachten. Normenzweck ist dabei, den Aufsichtsbehörden jährlich grundlegende Informationen über die Ordnungsmäßigkeit der Geschäftsorganisation und das Risikomanagement der Institute bereitzustellen, wozu auch die Interne Revision zählt. Auch über wesentliche Änderungen in den Risikosteuerungs- und Controllingprozessen soll in diesem Zusammenhang berichtet werden (Begründung v. 20.7.2009 zu § 10 Zahl-PrüfbV). Insbesondere ist auf Adressenausfall-, Marktpreis- inkl. Zinsänderungsrisiken sowie auf Liquiditäts- und Operationelle Risiken gesondert einzugehen.

Mit dem **§ 10a ZahlPrüfbV** wurde erneut eine Regelung für die Prüfung von 51 Zahlungsinstituten aufgenommen, die sich inhaltlich an eine entsprechende Regelung für Kreditinstitute (§ 13 PrüfbV) anlehnt. Der Abschlussprüfer hat im Rahmen der **Beurteilung der IT-Systeme** insbesondere darauf einzugehen, ob die organisatorischen, personellen und technischen Vorkehrungen zur Sicherstellung der Integrität, Vertraulichkeit, Authentizität und Verfügbarkeit der aufsichtlich relevanten Daten angemessen sind und wirksam umgesetzt werden. Dabei ist insbesondere gesondert einzugehen auf das IT-Sicherheitsmanagement, welches jedenfalls auch den Umgang mit sensiblen Zahlungsdaten isd § 1 Abs. 26 des Zahlungsdiensteaufsichtsgesetzes beinhaltet, die technischen und betrieblichen Verfahren bei einem Notfall, einschließlich der Regelungen zur Geschäftsfortführung im Krisenfall, sowie die Beherrschung schwerer Betriebs- oder Sicherheitsvorfälle einschließlich des Umgangs mit sicherheitsbezogenen Kundenbeschwerden. Werden externe IT-Ressourcen eingesetzt, so erstrecken sich die vorgenannten Berichte auch auf diese IT-Ressourcen einschließlich deren Einbindung in das Institut.

Der **Sicherstellung der Integrität, Vertraulichkeit, Authentizität und** 52 **Verfügbarkeit der Daten** im Institut kommt aufgrund der zunehmenden Bedrohungslage (zB Hacker, Wirtschaftsspionage, Sabotage) eine immer größer werdende Bedeutung zu. Eine ausführliche jährliche Berichterstattung soll es der Aufsicht zukünftig erleichtern, die IT-Risikosituation des Institutes besser zu bewerten. Zusätzlich sollen die Angaben zur Berichterstattung auch dazu beitragen, die Vergleichbarkeit der Berichterstattung zwischen den Instituten herzustellen. Die Berichterstattung erfolgt unabhängig davon, ob sich das Institut einer externen IT-Ressource bedient oder nicht. Die zeitnahe Verwertung der Arbeit eines Anderen durch den Wirtschaftsprüfer ist möglich, wenn und soweit ein IDW Prüfungsstandard (zB IDW PS 951) dies zulässt (BaFin-Begründung zur Verordnung über die Prüfung der Jahresabschlüsse der Kreditinstitute und Finanzdienstleistungsinstitute und sowie die darüber zu erstellenden Berichte (Prüfungsberichtsverordnung – PrüfbV).

53   Ebenfalls Teil des Prüfberichts ist gemäß **§ 11 ZahlPrüfbV** analog zu § 18 PrüfbV die Beurteilung, ob die Vorkehrungen zur **Ermittlung der angemessenen Eigenmittel** angemessen sind. Die Relation der Eigenmittel zum Gesamtbetrag der gewährten Kredite ist darzustellen.

54   Gemäß Abs. 3 sind Kredite iSd § 24 Abs. 1 Nummer 17 des Kreditwesengesetzes auch danach zu beurteilen, ob sie zu **marktüblichen Bedingungen** gewährt werden und banküblich besichert sind. Dies betrifft je nach Rechtsform des Instituts Kommanditisten, GmbH-Gesellschafter, Aktionäre oder Kommanditaktionäre, die über mehr als 25% des Nennkapitals/der Summe der Kapitalanteile oder der Stimmrechte verfügen.

55   Weitere Berichtsvorgaben bezüglich der **Eigenmittel** finden sich in **§ 12 Zahl-PrüfbV** (analog zu § 19 PrüfbV). In Abs. 1 Satz 1 wird laut Gesetzesbegründung eine grobe Darstellung von Höhe und Zusammensetzung der Eigenmittel bei Geschäftsschluss am Bilanzstichtag sowie unter Annahme der Feststellung des geprüften Abschlusses gefordert (Begründung v. 20.7.2009 zu § 12 ZahlPrüfbV). In § 12 Abs. 1 S. 2 ZahlPrüfbV wird eine besondere Hervorhebung der bestehenden Eigenkapitalverflechtungen mit anderen Finanz- oder Versicherungsunternehmen gefordert, womit die Aufdeckung von sog. Karussellfinanzierungen bezweckt wird (Begründung v. 20.7.2009 zu § 12 ZahlPrüfbV). Gemäß Abs. 2 ist darzustellen, ob die Vorgaben für Eigenmittel nach § 15 Abs. 1, 2, 4 und 5 und § 1 Abs. 29 des Zahlungsdiensteaufsichtsgesetzes in Verbindung mit den Bestimmungen der ZAG-Instituts-Eigenmittelverordnung eingehalten wurden. Insbesondere ist näher zu erläutern, ob die Vorgaben über die Berechnung der Eigenmittelanforderungen anhand der anzuwendenden Methoden, sowie für die Ansätze der einzelnen Eigenmittelbestandteile beachtet wurden. Über Besonderheiten bei der Entwicklung der Eigenmittel oder einzelner Eigenmittelbestandteile während des Berichtszeitraums ist gemäß Abs. 3 zu berichten.

56   Ergänzend ist gemäß Abs. 4 auf **befristete oder kündbare Eigenmittelbestandteile** geordnet nach ihrer frühestmöglichen Kündbarkeit in Jahresbändern eingegangen werden, wobei als Fälligkeitsdatum der Zeitpunkt der frühestmöglichen Kündbarkeit zu verstehen ist (Begründung v. 20.7.2009 zu § 12 Zahl-PrüfbV).

57   Gemäß **§ 13 ZahlPrüfbV** sind analog zu § 22 PrüfbV die Vorkehrungen zur ordnungsgemäßen Ermittlung der **Solvabilitätskennzahl** gemäß der ZIEV zu beurteilen und die Entwicklung der Eigenkapitalquote im Berichtsjahr darzustellen (Verordnung über die angemessene Eigenkapitalausstattung von Zahlungsinstituten und E-Geld-Instituten nach dem ZAG (ZIEV)).

58   Im Anschluss an § 13 ZahlPrüfbV wurde für Zahlungsauslösedienste (§ 13a) und für Kontoinformationsdienste (§ 13b) einer neuer Unterabschnitt mit Regelungen über **Absicherung für den Haftungsfall bei diesen Diensten** eingefügt. Beide Paragraphen bestimmen jeweils im Abs. 1, dass die entsprechende Absicherung darzustellen sowie deren Wirksamkeit zu beurteilen ist.

59   Für **Zahlungsauslösedienste und Kontoinformationsdiensten** ist gemäß § 13a Abs. 2 bzw. § 13b Abs. 2 S. 2 iVm § 13a Abs. 2 näher zu erläutern, ob sich die Berufshaftpflichtversicherung bzw. die Garantie auf die Gebiete, in denen das Insti-

tut Zahlungsauslösedienste erbringt, erstreckt, und ob die Berufshaftpflichtversicherung bzw. die Garantie eine sich aus dem Bürgerlichen Gesetzbuch ergebende Haftung abdeckt. Für **Kontoinformationsdiensten** ist gemäß § 13b Abs. 2 darüber hinaus ergänzend zu erläutern, ob durch die Absicherung auch eine Haftung gegenüber dem kontoführenden Zahlungsdienstleister und dem Zahlungsdienstnutzer für einen nicht autorisierten oder betrügerischen Zugang zu Zahlungskontoinformationen und deren nicht autorisierte oder betrügerische Nutzung abgedeckt ist.

Die Prüfungen sollen sich Abs. 3 auch darauf erstrecken, ob die jeweilige Ab- **60** sicherung in einer Höhe vorgehalten wird, die für das **Risikoprofil sowie für die Art und den Umfang der Tätigkeit** angemessen ist.

Besonderheiten bei der Entwicklung der Absicherung während des Berichtszeit- **61** raums sind gemäß Abs. 4 näher darzustellen.

§ 14 ZahlPrüfbV fordert wie § 25 PrüfbV eine Beurteilung der Organisation **62** des **Anzeige- und Meldewesens.** Es muss sichergestellt sein, dass die aufsichtsrechtlich geforderten Informationen zeitgerecht, vollständig und korrekt ermittelt und weitergegeben werden. Soweit Verstöße im Rahmen der risikoorientierten Prüfung festgestellt und unter dem Gesichtspunkt der Wesentlichkeit beachtlich sind, ist darüber zu berichten (Begründung v. 20.7.2009 zu § 14 ZahlPrüfbV).

Die ZahlPrüfbV enthält im Unterabschnitt 4 des Abschnitts 3 umfangreiche Vor- **63** gaben an die Überprüfung der Vorkehrungen zur Verhinderung von **Geldwäsche und Terrorismusfinanzierung.** Eine derartige Prüfung hat gemäß **§ 15 Zahl-PrüfbV** jährlich statt zu finden (so auch § 26 PrüfbVBerichtszeitraum der Prüfung ist jeweils der Zeitraum zwischen dem Stichtag der letzten Prüfung und dem Stichtag der Folgeprüfung. Die Prüfung muss spätestens 15 Monate nach dem Anfang des Berichtszeitraums begonnen worden sein. Eine Berichterstattung kann laut Gesetzesbegründung wahlweise auch gesondert vom Prüfbericht des Jahresabschlusses erfolgen, dieser muss allerdings einen Hinweis auf einen separaten Bericht enthalten (Begründung v. 20.7.2009 zu § 15 ZahlPrüfbV). Institute, deren Zahlungsvolumen als Betrag den Gesamtwert von 36 Millionen Euro im vorausgegangenen Geschäftsjahr nicht überschreitet, sind die Vorkehrungen zur Verhinderung von Geldwäsche und Terrorismusfinanzierung nur in zweijährigem Turnus zu überprüfen.

In § 16 ZahlPrüfbV wie im korrespondierenden § 27 PrüfbV werden die Anfor- **64** derungen an die durchzuführenden Prüfungshandlungen in Bezug auf die Darstellung und Beurteilung der getroffenen Vorkehrungen zur Verhinderung von Geldwäsche und Terrorismusfinanzierung sowie die Anforderungen an die zugehörige Berichterstattung näher konkretisiert. Die Ausführungen des Abschlussprüfers müssen sich auf sämtliche im Erfassungsbogen nach Anlage 3 relevanten und einschlägigen Pflichten im Hinblick auf das Geschäftsmodell erstrecken. Für sämtliche der getroffenen Vorkehrungen hat der Abschlussprüfer im Prüfungsbericht die Angemessenheit und die Wirksamkeit zu beurteilen.

Die Anforderungen an die Prüfung der **Vorkehrungen zur Verhinderung 65 von Geldwäsche und Terrorismusfinanzierung** nach dem ZAG entsprechen im Wesentlichen den entsprechenden Vorschriften im KWG und der PrüfbV iVm dem Geldwäschegesetz (GWG), weshalb an dieser Stelle auch auf die einschlägigen Kommentierungen hierzu verwiesen werden soll. (zB Herzog/Achtelik, GWG, Geldwäscherechtliche Pflichten im Zahlungsdiensteaufsichtsgesetz)

Ergänzend zu den allgemeinen Anforderungen an die Prüfung der **Vorkehrun- 66 gen zur Verhinderung von Geldwäsche und Terrorismusfinanzierung** hat die ZahlPrüfbV auch die §§ 28, 29, 29a, 29b aus der PrüfbV in die §§ 16a–16d

ZahlPrüfbV übernommen. Im Sinne dieser Normen hat ein Prüfer die Vorkehrungen im Zusammenhang mit

1. grenzüberschreitende Zahlungen nach Verordnung (EG) Nr. 924/2009 **(16a ZahlPrüfbV)**
2. der Festlegung der technischen Vorschriften und der Geschäftsanforderungen für Überweisungen und Lastschriften in Euro nach Verordnung (EU) Nr. 260/2012 **(16b ZahlPrüfbV)**
3. Interbankenentgelten für kartengebundene Zahlungsvorgänge nach Verordnung (EU) 2015/751 **(16c ZahlPrüfbV)** und
4. dem Zahlungskontengesetz (16d ZahlPrüfbV)

darzustellen und zu beurteilen.

67   Ausweislich **§ 17 ZahlPrüfbV** sind im Prüfungsbericht ergänzend Angaben zu Zahlungsdiensten und dem E-Geld-Geschäft zu tätigen. Abs. 1 legt fest, dass die Zahlungsdienstleister, über die die Zahlungsdienste und das E-Geld-Geschäft abgewickelt wird, unter Angabe der Kontoverbindung aufzuführen sind. Die Teilnahme an Zahlungssystemen ist darzustellen. In Abs. 2 wird eine Darstellung und Beurteilung der Absicherung von Kundengeldern gefordert, wobei die entsprechenden Anforderungen in § 17 geregelt werden. In der Gesetzesbegründung wird ausgeführt, dass die Berichterstattung dem zentralen Stellenwert dieser Vorgaben gerecht werden muss (Begründung v. 20.7.2009 zu § 17 ZahlPrüfbV). Schließlich sind gemäß Abs. 3 Angaben bezüglich durchgeführter Kreditgeschäfte zu tätigen. Hiermit soll der Aufsicht ermöglicht werden, die Einhaltung der Vorgaben des § 3 Abs. 4 überprüfen zu können, welcher unter bestimmten Voraussetzungen Zahlungsinstituten die Vergabe von Krediten iSd § 19 KWG ermöglicht (Begründung v. 20.7.2009 zu § 17 ZahlPrüfbV).

68   Abschnitt 5 enthält Bestimmungen für eine abschlussorientierte Berichterstattung analog zu den §§ 38–42 PrüfbV. Diese beinhalten gemäß **§ 18 ZahlPrüfbV** eine Darstellung der **geschäftlichen Entwicklung** des Instituts **im Berichtsjahr,** wobei auch auf geschäftsstrukturelle Veränderungen einzugehen ist und wesentliche Ereignisse des Berichts- sowie des zum Vergleich herangezogenen Vorjahres zu erläutern sind (Begründung v. 20.7.2009 zu § 18 ZahlPrüfbV).

69   **§ 19 ZahlPrüfbV** behandelt die **Beurteilung der Vermögenslage,** wobei gemäß Abs. 1 auf die Entwicklung der Vermögenslage einzugehen ist. Zu den gemäß Satz 2 hervorzuhebenden bilanzunwirksamen Ansprüchen und Verpflichtungen zählen ua „erhaltene Barzuschüsse, Bürgschaften, Garantien oder Sicherheitenstellungen zum Ausgleich von Ausfällen oder zur Abschirmung von akuten Risiken sowie Übernahmen ausfallbedrohter Aktiva durch Gesellschafter oder Dritte" (Begründung v. 20.7.2009 zu § 19 ZahlPrüfbV). Einzugehen ist im Prüfbericht gemäß § 19 Abs. 2 ZahlPrüfbV insbesondere auch auf Art und Umfang stiller Lasten und stiller Reserven (Nr. 1). Gemäß § 19 Abs. 2 Nr. 2 ZahlPrüfbV ist ferner auf schwebende Rechtsstreitigkeiten sowie bedeutende Verträge einzugehen, wobei sich die Berichterstattungspflicht auch auf institutsinterne Maßnahmen zur rechtlichen Überprüfung solcher Verträge erstreckt. Des Weiteren sind abgegebene Patronatserklärungen darzustellen und rechtlich zu beurteilen.

70   **§ 20 ZahlPrüfbV** schreibt vor, dass ergänzend auch eine **Beurteilung der Ertragslage** zu erfolgen hat. Diese soll grundsätzlich auf wesentliche Geschäftssparten eingehen und die wichtigsten wesentlichen Erfolgsquellen und Erfolgsfaktoren darstellen. Hierunter fallen stets auch Provisionserträge (Begründung v. 20.7.2009 zu § 20 ZahlPrüfbV). Soweit keine Spartenkalkulation nach Abs. 2 Satz 1 vorhanden ist, ist es ausreichend, auf entsprechende vorhandene interne Managementinformationen zurückzugreifen (Begründung v. 20.7.2009 zu § 20 ZahlPrüfbV). Auswirkungen von Risiken auf die Ertragslage sind ebenfalls darzustellen.

Im Rahmen der Darstellung der Lage des Instituts sind auch die Risikolage sowie **71** die Verfahren zur Ermittlung von Risikovorsorge zu beurteilen (**§ 21 Zahl-PrüfbV – Risikolage und Risikovorsorge).** Hierbei handelt es sich um eine stichtagsorientierte Darstellung der Risikolage nach handelsrechtlichen Maßstäben (Größenordnung der Risikoexponiertheit) im Gegensatz zur Darstellung des Risikomanagements und der Geschäftsorganisation gemäß § 10 ZahlPrüfbV (Begründung v. 20.7.2009 zu § 21 ZahlPrüfbV).

Ergänzende **Erläuterungen** betreffend einzelne Posten der Bilanz und GuV **72** sowie Angaben unter dem Bilanzstrich sind – sofern wesentlich – zu ergänzen und mit Vorjahreszahlen zu vergleichen (**§ 22 ZahlPrüfbV, analog zu § 42 PrüfbV).** Bei entsprechender Bedeutung sind Eventualverbindlichkeiten und andere Verpflichtungen detailliert zu erläutern. Die Erläuterung der Eventualverbindlichkeiten hat neben Art und Betrag auch eine Aufgliederung nach Kreditnehmern, dh Kreditinstitute und Nichtkreditinstitute, sowie Angaben zu eventuellen Rückstellungen zu umfassen. Rücknahmeverpflichtungen aus unechten Pensionsgeschäften, ausgewiesen als andere Verpflichtungen, sind nach Art der in Pension gegebenen Gegenstände und nach Fristen zu gliedern. Derivative Geschäfte sind vor Netting darzustellen (Begründung v. 20.7.2009 zu § 22 ZahlPrüfbV).

Ebenso wie bei der Berichterstattung im Rahmen der Abschlussprüfung von **73** Kreditinstituten und Finanzdienstleistungen nach § 70 PrüfbV hat der Abschlussprüfer nach § 23 ZahlPrüfbV eine umfangreiche Datenübersicht dem Prüfungsbericht beizufügen. Diese enthält detaillierte Angaben zur Vermögens-, Finanz-, Ertrags- und Liquiditätslage des Instituts sowie zum Kreditgeschäft. Soweit betragsmäßige Angaben gefordert werden, sind in der Datenübersicht kaufmännisch gerundete TEUR-Beträge anzugeben. Soweit Angaben zur Ertragslage der GuV entnommen werden können, sind die dort ausgewiesenen Beträge maßgeblich (Begründung v. 20.7.2009 zu § 23 ZahlPrüfbV).

Anhang zu § 24

Anlage 1

Verordnung über die Prüfung der Jahresabschlüsse der Zahlungsinstitute sowie die darüber zu erstellenden Berichte (Zahlungsinstituts-Prüfungsberichtsverordnung – ZahlPrüfbV)

Zahlungsinstituts-Prüfungsberichtsverordnung vom 15. Oktober 2009 (BGBl. I S. 3648), die zuletzt durch Artikel 1 der Verordnung vom 13. Dezember 2018 (BGBl. I S. 2468) geändert worden ist

Auf Grund des § 18 Absatz 3 Satz 1 des Zahlungsdiensteaufsichtsgesetzes vom 25. Juni 2009 (BGBl. I S. 1506) verordnet das Bundesministerium der Finanzen im Einvernehmen mit dem Bundesministerium der Justiz nach Anhörung der Deutschen Bundesbank:

Abschnitt 1. Allgemeine Vorschriften

§ 1 Anwendungsbereich

(1) Diese Verordnung regelt

1. Gegenstand und Zeitpunkt der Prüfung der Institute nach § 24 Absatz 1 des Zahlungsdiensteaufsichtsgesetzes sowie
2. den Inhalt der Prüfungsberichte.

(2) Diese Verordnung ist anzuwenden auf Institute im Sinne des § 1 Absatz 3 des Zahlungsdiensteaufsichtsgesetzes. Auf Institute, die auch Kreditinstitute im Sinne des § 1 Absatz 1 des Kreditwesengesetzes sind, ist diese Verordnung nur insoweit anzuwenden, als sie Anforderungen enthält, die über die Prüfungsberichtsverordnung hinausgehen; über das Ergebnis der Prüfung ist ein einheitlicher Prüfungsbericht zu erstellen.

§ 2 Risikoorientierung und Wesentlichkeit

Den Grundsätzen der risikoorientierten Prüfung und der Wesentlichkeit ist Rechnung zu tragen. Dabei sind insbesondere die Größe des Instituts, der Geschäftsumfang, die Komplexität der betriebenen Geschäfte sowie der Risikogehalt zu berücksichtigen.

§ 3 Art und Umfang der Berichterstattung

(1) Der Umfang der Berichterstattung hat, vorbehaltlich der nachfolgenden Bestimmungen, der Bedeutung und dem Risikogehalt der dargestellten Vorgänge zu entsprechen.

(2) Bei den im Prüfungsbericht vorgenommenen Beurteilungen sind die aufsichtlichen Vorgaben zu den einzelnen Bereichen zu beachten. Die Beurteilungen sind nachvollziehbar zu begründen. Dabei sind auch bedeutsame Vorgänge, die nach dem Bilanzstichtag eingetreten und dem Abschlussprüfer bekannt geworden sind, zu berücksichtigen und im Prüfungsbericht darzulegen.

(3) Wurde im Berichtszeitraum eine Prüfung nach § 19 Absatz 1 Satz 2 des Zahlungsdiensteaufsichtsgesetzes durchgeführt, hat der Abschlussprüfer die Prüfungsergebnisse bei der Prüfung der aufsichtlichen Sachverhalte zu verwerten. Bei Sachverhalten, die Gegenstand der Prüfung nach § 19 Absatz 1 Satz 2 des Zahlungsdiensteaufsichtsgesetzes waren, kann sich die aufsichtsrechtliche Berichterstattung auf wesentliche Veränderungen bis zum Bilanzstichtag beschränken.

(4) Hat nach § 24 Absatz 4 Satz 2 des Zahlungsdiensteaufsichtsgesetzes die Bundesanstalt für Finanzdienstleistungsaufsicht (Bundesanstalt) gegenüber dem Institut Bestimmungen über den Inhalt der Jahresabschlussprüfung getroffen, so hat der Abschlussprüfer hierauf im Prüfungsbericht im Zusammenhang mit dem Prüfungsauftrag hinzuweisen.

(5) Im Prüfungsbericht ist darzulegen, wie die bei der letzten Prüfung festgestellten Mängel beseitigt oder welche Maßnahmen zu ihrer Beseitigung eingeleitet worden sind.

§ 4 Anlagen

Soweit erläuternde Darstellungen zu den in dieser Verordnung geforderten Angaben erstellt werden, können diese zum Zwecke der besseren Lesbarkeit als Anlagen zum Prüfungsbericht vorgelegt werden, wenn im Prüfungsbericht selbst eine hinreichende Beurteilung erfolgt und die Berichterstattung in Anlagen den Prüfungsbericht nicht unübersichtlich macht.

§ 5 Berichtszeitraum

Der Zeitraum, auf den sich die Prüfung erstreckt (Berichtszeitraum), ist in der Regel das am Stichtag des Jahresabschlusses (Bilanzstichtag) endende Geschäftsjahr (Berichtsjahr). Bei vom Geschäftsjahr abweichenden Berichtszeiträumen muss der Prüfungsbericht mindestens das Geschäftsjahr umfassen, das am Bilanzstichtag endet. Wurde die Prüfung unterbrochen, ist in dem Bericht darauf hinzuweisen und die Dauer der Unterbrechung unter Darlegung der Gründe anzugeben. Bestandsbezogene Angaben im Prüfungsbericht haben sich, soweit sich aus dieser Verordnung nichts anderes ergibt, auf den Bilanzstichtag zu beziehen.

§ 6 Zusammenfassende Schlussbemerkung

In einer zusammenfassenden Schlussbemerkung ist, soweit dies nicht bereits im Rahmen der dem Bericht vorangestellten Ausführungen nach § 321 Absatz 1 Satz 2 des Handelsgesetzbuchs erfolgt ist, zu allen wichtigen Fragen so Stellung zu nehmen, dass aus ihr selbst ein Gesamturteil über

1. die wirtschaftliche Lage,
2. die Ordnungsgemäßheit der Geschäftsorganisation, insbesondere die Einrichtung eines angemessenen und wirksamen Risikomanagements, sowie
3. die Einhaltung der weiteren aufsichtlichen Vorgaben, insbesondere die Einhaltung der Sicherungsanforderungen für die Entgegennahme von Geldbeträgen und der Anforderungen an die Absicherung für den Haftungsfall

gewonnen werden kann. Hinsichtlich der wirtschaftlichen Lage des Instituts ist insbesondere auf die geschäftliche Entwicklung, die Vermögens-, Liquiditäts- und Ertragslage sowie Art und Umfang der nicht bilanzwirksamen Geschäfte einzugehen. Der Schlussbemerkung muss auch zu entnehmen sein, ob die Bilanzposten ordnungsgemäß bewertet, insbesondere ob die gebildeten Wertberichtigungen und Rückstellungen angemessen sind und ob die geldwäscherechtlichen Vorschriften sowie die Anzeigevorschriften beachtet wurden. Zusammenfassend ist darzulegen, welche über die nach § 321 Absatz 1 Satz 3 des Handelsgesetzbuchs vorgeschriebenen Berichtsinhalte hinausgehenden wesentlichen Beanstandungen sich bei der Prüfung ergeben haben.

§ 7 Berichtsturnus; Unterzeichnung

(1) Soweit der Abschlussprüfer nach dieser Verordnung verpflichtet ist, nur über Änderungen zu berichten, hat er in angemessenen Abständen über die Darstellung der Änderungen hinausgehend vollständig zu berichten.

(2) Der Prüfungsbericht ist unter Angabe von Ort und Datum zu unterzeichnen.

Abschnitt 2. Angaben zum Institut

§ 8 Darstellung der rechtlichen, wirtschaftlichen und organisatorischen Grundlagen

(1) Der Abschlussprüfer hat über die Ausschöpfung und Überschreitung der Erlaubnis zum Erbringen von Zahlungsdiensten beziehungsweise der Registrierung zum Erbringen von Kontoinformationsdiensten oder der Erlaubnis zum Betreiben des E-Geld-Geschäfts sowie die Erfüllung damit verbundener Auflagen im Berichtszeitraum zu berichten.

(2) Die wesentlichen Änderungen der rechtlichen, wirtschaftlichen und organisatorischen Grundlagen des Instituts im Berichtszeitraum sind darzustellen, wobei insbesondere zu berichten ist über:

1. Änderungen der Rechtsform und der Satzung oder des Gesellschaftsvertrages,
2. Änderungen der Kapitalverhältnisse und Gesellschafterverhältnisse,
3. Änderungen der Geschäftsleitung sowie Änderungen ihrer personellen Zusammensetzung mit Angabe der jeweiligen Zuständigkeit der einzelnen Geschäftsleiter,
4. Änderungen der Struktur der Zahlungsdienste des E-Geld-Geschäfts und der anderen Geschäfte,
5. die bevorstehende Aufnahme neuer Geschäftszweige,
6. Änderungen der rechtlichen und geschäftlichen Beziehungen zu verbundenen Unternehmen sowie zu anderen Unternehmen und über wirtschaftlich bedeutsame Verträge geschäftspolitischer Natur, die die zwischenbetriebliche Zusammenarbeit regeln, wobei insbesondere Angaben über Art und Umfang der vereinbarten Leistungen zu machen sind; die Berichterstattung kann entfallen, wenn für den Berichtszeitraum ein Abhängigkeitsbericht nach § 312 des Aktiengesetzes erstellt und der Bundesanstalt und der Deutschen Bundesbank eingereicht worden ist,
7. Änderungen im organisatorischen Aufbau des Instituts sowie der unter Risikoaspekten bedeutsamen Ablauforganisation; das aktuelle Organigramm ist dem Prüfungsbericht als Anlage beizufügen,
7a. wesentliche Änderungen in den IT-Systemen; die entsprechenden IT-Projekte sind im Prüfungsbericht darzustellen,
8. Änderungen der Zugehörigkeit des Instituts zu einem Finanzkonglomerat im Sinne des § 1 Absatz 20 des Kreditwesengesetzes sowie Änderungen des übergeordneten Unternehmens eines Finanzkonglomerats nach § 12 des Finanzkonglomerate-Aufsichtsgesetzes.

(3) Über Auslagerungen von wesentlichen Aktivitäten und Prozessen unter Berücksichtigung der in § 26 Absatz 1 des Zahlungsdiensteaufsichtsgesetzes genannten Anforderungen hat der Abschlussprüfer gesondert zu berichten. Dabei ist eine Aussage darüber zu treffen, ob die Einstufung von Auslagerungen als wesentlich oder unwesentlich unter Gesichtspunkten des Risikos, der Art, des Umfangs und der Komplexität nachvollziehbar ist. Ausgelagerte wesentliche Aktivitäten und Prozesse sind nachvollziehbar zu spezifizieren und abzugrenzen. Das in Anlage 1 vorgesehene Formblatt ist zu verwenden.

(4) Der Abschlussprüfer hat die Einbindung von Agenten im Sinne des § 1 Absatz 9 des Zahlungsdiensteaufsichtsgesetzes und von E-Geld-Agenten im Sinne des § 1 Absatz 10 des Zahlungsdiensteaufsichtsgesetzes in das Risikomanagement darzustellen und zu beurteilen. Über die Übereinstimmung der in den Anzeigen

gemachten Angaben mit den bei dem Institut vorliegenden Informationen ist zu berichten. Darzustellen ist auch, wie das Institut die fachliche Eignung und Zuverlässigkeit der Agenten sicherstellt.

§ 9   Zweigniederlassungen

Der Abschlussprüfer hat über ausländische Zweigniederlassungen zu berichten. Dabei sind die Ergebniskomponenten dieser Zweigniederlassungen, deren Einfluss auf die Risikolage und die Risikovorsorge des Gesamtinstituts sowie deren Einbindung in das Risikomanagement des Gesamtinstituts zu beurteilen.

Abschnitt 3. Aufsichtliche Vorgaben

Unterabschnitt 1. Risikomanagement und Geschäftsorganisation

§ 10   Ordnungsmäßigkeit der Geschäftsorganisation

(1) Der Abschlussprüfer hat die Ordnungsmäßigkeit der Geschäftsorganisation im Sinne des § 27 Absatz 1 Satz 1 Halbsatz 1 des Zahlungsdiensteaufsichtsgesetzes unter Berücksichtigung der Komplexität und des Umfangs der von dem Institut eingegangenen Risiken zu beurteilen. Dabei ist insbesondere auf Adressenausfallrisiken und Marktpreisrisiken, einschließlich der Zinsänderungsrisiken, sowie auf Liquiditäts- und operationelle Risiken sowie auf damit verbundene Risikokonzentrationen gesondert einzugehen.

(2) Der Abschlussprüfer hat zu beurteilen, ob die Maßnahmen der Unternehmenssteuerung, die Kontrollmechanismen und die Verfahren, die gewährleisten, dass das Institut seine Verpflichtungen erfüllt, angemessen sind. Dabei ist insbesondere darauf gesondert einzugehen, ob

1. das Risikomanagement, einschließlich der internen Kontrollsysteme, angemessen und wirksam ist,
2. eine Verlustdatenbank geführt und gepflegt wird sowie eine vollständige Dokumentation der Geschäftstätigkeit, die eine lückenlose Überwachung durch die Bundesanstalt für ihren Zuständigkeitsbereich gewährleistet, vorhanden ist,
3. das Notfallkonzept für die IT-Systeme angemessen ist, und
4. die interne Revision angemessen ist.

(3) Der Abschlussprüfer hat ferner zu beurteilen, ob die Strukturen des Instituts es seinen Geschäftsleitern sowie seinem Verwaltungs- oder Aufsichtsorgan ermöglichen, seine Aufgaben ordnungsgemäß wahrzunehmen.

§ 10a   IT-Systeme

(1) Der Abschlussprüfer hat im Rahmen der Beurteilung nach § 10 Absatz 2 Satz 1 und 2 Nummer 3 insbesondere darauf einzugehen, ob die organisatorischen, personellen und technischen Vorkehrungen zur Sicherstellung der Integrität, Vertraulichkeit, Authentizität und Verfügbarkeit der aufsichtlich relevanten Daten angemessen sind und wirksam umgesetzt werden. Dabei ist insbesondere gesondert einzugehen auf

1. das IT-Sicherheitsmanagement, welches jedenfalls auch den Umgang mit sensiblen Zahlungsdaten im Sinne des § 1 Absatz 26 des Zahlungsdiensteaufsichtsgesetzes beinhaltet,

2. die technischen und betrieblichen Verfahren bei einem Notfall, einschließlich
   der Regelungen zur Geschäftsfortführung im Krisenfall, sowie
3. die Beherrschung schwerer Betriebs- oder Sicherheitsvorfälle einschließlich des
   Umgangs mit sicherheitsbezogenen Kundenbeschwerden.

(2) Werden externe IT-Ressourcen eingesetzt, so erstrecken sich die vorgenannten Berichte auch auf diese IT- Ressourcen einschließlich deren Einbindung in das
Institut.

Unterabschnitt 2. Eigenmittel und Solvenzanforderungen

§ 11 Ermittlung der Eigenmittel

(1) Es ist zu beurteilen, ob die vom Institut getroffenen Vorkehrungen zur ordnungsgemäßen Ermittlung der angemessenen Eigenmittel angemessen sind; wesentliche Verfahrensänderungen während des Berichtszeitraums sind darzustellen.

(2) Die Eigenmittel sind im Verhältnis zum Gesamtbetrag der gewährten Kredite darzustellen.

(3) Kredite im Sinne des § 24 Absatz 1 Nummer 17 des Kreditwesengesetzes
sind auch danach zu beurteilen, ob sie zu marktüblichen Bedingungen gewährt
werden und banküblich besichert sind.

§ 12 Eigenmittel

(1) Darzustellen sind Höhe und Zusammensetzung der Eigenmittel des Instituts
nach § 15 Absatz 1 Satz 1 und 2 und § 1 Absatz 29 des Zahlungsdiensteaufsichtsgesetzes in Verbindung mit den Bestimmungen der ZAG-Instituts-Eigenmittelverordnung nach dem Stand bei Geschäftsschluss am Bilanzstichtag und unter der Annahme der Feststellung des geprüften Abschlusses. Die bei beziehungsweise von
anderen Instituten, Kredit- oder Finanzdienstleistungsinstituten, Finanzunternehmen, Erstversicherungsunternehmen und Rückversicherungsunternehmen aufgenommenen beziehungsweise gehaltenen Eigenmittelbestandteile sind unter na-
mentlicher Nennung dieser Unternehmen besonders zu kennzeichnen.

(2) Darzustellen ist die Einhaltung der Vorgaben für Eigenmittel nach § 15
Absatz 1, 2, 4 und 5 und § 1 Absatz 29 des Zahlungsdiensteaufsichtsgesetzes in Verbindung mit den Bestimmungen der ZAG-Instituts-Eigenmittelverordnung. Insbesondere ist näher zu erläutern, ob die Vorgaben
1. über die Berechnung der Eigenmittelanforderungen anhand der anzuwendenden Methoden, sowie
2. für die Ansätze der einzelnen Eigenmittelbestandteile

eingehalten wurden.

(3) Besonderheiten bei der Entwicklung der Eigenmittel oder einzelner Eigenmittelbestandteile während des Berichtszeitraums sind näher zu erläutern. Es soll
insbesondere auf
1. die konkrete Ausgestaltung der einzelnen Eigenmittelbestandteile einschließlich
   der Verfügbarkeit für die Deckung von Risiken sowie
2. den konkreten Bestand der einzelnen Eigenmittelbestandteile einschließlich etwaiger Entnahmen der Gesellschafter des Instituts eingegangen werden.

(4) Bei den Erläuterungen der Eigenmittel sind insbesondere befristete oder von
Seiten des Kapitalgebers kündbare Eigenmittelbestandteile nach ihrem frühestmög-

lichen Mittelabfluss beziehungsweise nach ihrer frühestmöglichen Kündbarkeit in Jahresbändern darzustellen; Gleiches gilt für Instrumente des Ergänzungskapitals anhand deren Fälligkeit.

§ 13 Solvabilitätskennzahl

Es ist zu beurteilen, ob die vom Institut getroffenen Vorkehrungen zur ordnungsgemäßen Ermittlung der Solvabilitätskennzahl nach der ZAG-Instituts-Eigenmittelverordnung angemessen sind. Dabei ist insbesondere auf Änderungen gegenüber dem letzten Berichtszeitraum einzugehen. Die Entwicklung der Eigenmittelquote ist darzustellen.

Unterabschnitt 2a. Absicherung für den Haftungsfall bei Zahlungsauslöse- und Kontoinformationsdiensten

§ 13a Absicherung für den Haftungsfall bei Zahlungsauslösediensten

(1) Die Absicherung für den Haftungsfall bei Zahlungsauslösediensten nach § 16 des Zahlungsdiensteaufsichtsgesetzes ist darzustellen und ihre Wirksamkeit zu beurteilen.

(2) Es soll insbesondere näher erläutert werden, ob
1. das Institut eine Berufshaftpflichtversicherung oder eine andere gleichwertige Garantie aufrecht erhält,
2. sich die Berufshaftpflichtversicherung oder eine andere gleichwertige Garantie auf die Gebiete, in denen das Institut Zahlungsauslösedienste erbringt, erstreckt, und
3. die Berufshaftpflichtversicherung oder eine andere gleichwertige Garantie die sich für das Institut aus den Zahlungsauslösediensten ergebende Haftung nach den Vorschriften des Bürgerlichen Gesetzbuchs abdeckt.

(3) Die Prüfungen sollen sich darüber hinaus auch darauf erstrecken, ob die Absicherung für den Haftungsfall bei Zahlungsauslösediensten in einer Höhe vorgehalten wird, die das Risikoprofil, die Art der Tätigkeit und der Umfang der Tätigkeit nach Maßgabe der Kriterien des § 16 Absatz 1 und 5 des Zahlungsdiensteaufsichtsgesetzes in Verbindung mit § 10 der ZAG-Instituts-Eigenmittelverordnung erforderlich machen.

(4) Besonderheiten bei der Entwicklung der Absicherung für den Haftungsfall bei Zahlungsauslösediensten während des Berichtszeitraums sind näher darzustellen.

§ 13b Absicherung für den Haftungsfall bei Kontoinformationsdiensten

(1) Die Absicherung für den Haftungsfall bei Kontoinformationsdiensten nach § 36 des Zahlungsdiensteaufsichtsgesetzes ist darzustellen und ihre Wirksamkeit zu beurteilen.

(2) Es soll insbesondere näher erläutert werden, ob die sich für das Institut aus den Kontoinformationsdiensten ergebende Haftung gegenüber dem kontoführenden Zahlungsdienstleister und dem Zahlungsdienstnutzer für einen nicht autorisierten oder betrügerischen Zugang zu Zahlungskontoinformationen und deren nicht autorisierte oder betrügerische Nutzung abgedeckt ist. § 13a Absatz 2 Nummer 1 und 2 finden entsprechende Anwendung.

(3) Die Prüfungen sollen sich darüber hinaus auch darauf erstrecken, ob die Absicherung für den Haftungsfall bei Kontoinformationsdiensten in einer Höhe vorgehalten wird, die das Risikoprofil, die Art der Tätigkeit und der Umfang der Tätigkeit nach Maßgabe der Kriterien des § 36 Absatz 1 und 4 des Zahlungsdiensteaufsichtsgesetzes in Verbindung mit § 11 der ZAG-Instituts-Eigenmittelverordnung erforderlich machen.

(4) § 13a Absatz 4 findet entsprechende Anwendung.

Unterabschnitt 3. Anzeigewesen

§ 14 Anzeigewesen

Die Organisation des Anzeige- und Meldewesens ist zu beurteilen. Auf die Vollständigkeit und Richtigkeit der Anzeigen und Meldungen ist einzugehen, festgestellte wesentliche Verstöße sind aufzuführen.

Unterabschnitt 4. Bargeldloser Zahlungsverkehr; Vorkehrungen zur Verhinderung von Geldwäsche und Terrorismusfinanzierung

§ 15 Zeitpunkt der Prüfung und Berichtszeitraum

(1) Die Prüfung der Vorkehrungen der Institute zur Verhinderung von Geldwäsche und der Terrorismusfinanzierung findet einmal jährlich statt. Der Abschlussprüfer legt den Beginn der Prüfung und den Berichtszeitraum vorbehaltlich der nachfolgenden Bestimmungen nach pflichtgemäßem Ermessen fest.

(2) Der Berichtszeitraum der Prüfung ist jeweils der Zeitraum zwischen dem Stichtag der letzten Prüfung und dem Stichtag der folgenden Prüfung.

(3) Die Prüfung muss spätestens 15 Monate nach dem Anfang des für sie maßgeblichen Berichtszeitraums begonnen worden sein.

(4) Die Einhaltung der Vorschriften des Geldwäschegesetzes in Verbindung mit § 27 Absatz 1 Nummer 5 des Zahlungsdiensteaufsichtsgesetzes, der §§ 24c, 25i und 25m des Kreditwesengesetzes in Verbindung mit § 27 Absatz 2 Satz 1 des Zahlungsdiensteaufsichtsgesetzes sowie der Verordnung (EU) 2015/847 des Europäischen Parlaments und des Rates vom 20. Mai 2015 über die Übermittlung von Angaben bei Geldtransfers und zur Aufhebung der Verordnung (EU) Nr. 1781/2006 (ABl. L 141 vom 5.6.2015, S. 1) ist bei Zahlungsinstituten, deren Zahlungsvolumen als Betrag den Gesamtwert von 36 Millionen Euro im vorausgegangenen Geschäftsjahr nicht überschreitet, nur in zweijährigem Turnus, beginnend mit dem ersten vollen Geschäftsjahr des Erbringens von Zahlungsdiensten, zu prüfen, es sei denn, die Risikolage des Zahlungsinstituts erfordert ein kürzeres Prüfintervall.

§ 16 Darstellung und Beurteilung der getroffenen Vorkehrungen zur Verhinderung von Geldwäsche und Terrorismusfinanzierung

(1) Der Abschlussprüfer hat im Prüfungsbericht die Vorkehrungen darzustellen, die das verpflichtete Institut im Berichtszeitraum zur Verhinderung von Geldwäsche und von Terrorismusfinanzierung getroffen hat. Die Ausführungen des Abschlussprüfers müssen sich auf sämtliche im Erfassungsbogen nach Anlage 2 relevanten und einschlägigen Pflichten im Hinblick auf das Geschäftsmodell erstrecken.

(2) Hinsichtlich der getroffenen Vorkehrungen hat der Abschlussprüfer im Prüfungsbericht zu beurteilen:

1. deren Angemessenheit und
2. deren Wirksamkeit, soweit diese gemäß Artikel 7 Absatz 2, Artikel 8 Absatz 1 Satz 1, Artikel 11 Absatz 1 und 2 oder Artikel 12 Absatz 1 Satz 1 der Verordnung (EU) 2015/847 gegeben sein muss.

(3) Bei Mutterunternehmen von Unternehmensgruppen hat der Abschlussprüfer zudem die Vorkehrungen nach § 9 des Geldwäschegesetzes dahingehend zu beurteilen, ob
1. die Pflicht nach § 9 Absatz 1 Satz 1 des Geldwäschegesetzes, eine Risikoanalyse durchzuführen, wirksam erfüllt wurde und die Maßnahmen nach § 9 Absatz 1 Satz 2 des Geldwäschegesetzes wirksam umgesetzt werden oder ihre wirksame Umsetzung gemäß § 9 Absatz 1 Satz 3 des Geldwäschegesetzes sichergestellt ist, und
2. im Fall des § 9 Absatz 3 Satz 2 des Geldwäschegesetzes sichergestellt ist, dass die im betreffenden Drittstaat ansässigen gruppenangehörigen Unternehmen zusätzliche Maßnahmen ergreifen, um dem Risiko der Geldwäsche und der Terrorismusfinanzierung wirksam zu begegnen, und die Bundesanstalt über die insoweit getroffenen Maßnahmen informiert wurde.

(4) Der Abschlussprüfer hat bei der Beurteilung nach den Absätzen 2 und 3 auch darauf einzugehen, ob die Risikoanalyse, die das Institut im Rahmen des Risikomanagements zur Verhinderung von Geldwäsche und von Terrorismusfinanzierung gemäß § 5 des Geldwäschegesetzes erstellt hat, der tatsächlichen Risikosituation des Instituts entspricht.

(5) In Bezug auf die Pflichten eines Instituts im Zusammenhang
1. mit dem automatisierten Abruf von Kontoinformationen nach § 24c des Kreditwesengesetzes hat der Abschlussprüfer bei der Beurteilung nach Absatz 2 insbesondere darauf einzugehen, ob die vom Institut zur Erfüllung dieser Pflichten eingesetzten Verfahren die zutreffende Erfassung der jeweils aufgenommenen Identifizierungsdaten mit richtiger Zuordnung zum entsprechenden Konto im Abrufsystem gewährleisten, und
2. mit der Erfüllung der Sorgfaltspflichten nach § 25i des Kreditwesengesetzes in Bezug auf E-Geld hat der Abschlussprüfer die Beurteilung nach Absatz 2 für jedes E-Geld-Produkt getrennt vorzunehmen.

(6) Hat die Bundesanstalt gegenüber dem verpflichteten Institut nach dem Geldwäschegesetz oder dem Zahlungsdiensteaufsichtsgesetz Anordnungen getroffen, die im Zusammenhang stehen mit den Pflichten des Instituts zur Verhinderung von Geldwäsche und von Terrorismusfinanzierung, so hat der Abschlussprüfer darüber im Rahmen seiner Darstellung nach Absatz 1 zu berichten. Zudem hat der Abschlussprüfer zu beurteilen, ob das verpflichtete Institut diese Anordnungen ordnungsgemäß befolgt hat.

(7) Bei der Darstellung der getroffenen Vorkehrungen zur Verhinderung von Geldwäsche und von Terrorismusfinanzierung nach Absatz 1 und der Beurteilung dieser Vorkehrungen nach den Absätzen 2 bis 6 hat der Abschlussprüfer die Ergebnisse sämtlicher Prüfungen der internen Revision zu berücksichtigen, die im Berichtszeitraum der Prüfung durchgeführt worden sind.

(8) Bei der Darstellung der Risikosituation des Instituts hat der Abschlussprüfer zudem anhand der aktuellen und vollständigen Risikoanalyse des Instituts die folgenden Angaben in die Anlage 2 aufzunehmen:

1. sämtliche vom Institut angebotene Hochrisikoprodukte,
2. die Anzahl aller Kunden des Instituts, den prozentualen Anteil der Kunden mit geringem Risiko und den prozentualen Anteil der Hochrisikokunden sowie die Anzahl der politisch exponierten Personen unter den Kunden,
3. zu den Korrespondenzbeziehungen des Instituts im Sinne des § 1 Absatz 21 des Geldwäschegesetzes:

   a) die Anzahl der Korrespondenzbeziehungen des Instituts mit Instituten und Instituten im Sinne des Kreditwesengesetzes, die in einem Mitgliedstaat der Europäischen Union oder in einem anderen Vertragsstaat des Abkommens über den Europäischen Wirtschaftsraum ansässig sind, sowie

   b) die Anzahl der Korrespondenzbeziehungen des Instituts mit Instituten und Instituten im Sinne des Kreditwesengesetzes, die in einem Drittstaat ansässig sind, und von diesen Korrespondenzbeziehungen die Anzahl der Korrespondenzbeziehungen, die das Institut mit Instituten hat, die in einem Hochrisikostaat im Sinne des § 15 Absatz 3 Nummer 1 Buchstabe b des Geldwäschegesetzes ansässig sind,

4. zu den Zweigstellen, den Zweigniederlassungen und den sonstigen nachgeordneten Unternehmen des Instituts:

   a) deren Anzahl im Inland,

   b) deren Anzahl in den anderen Mitgliedstaaten der Europäischen Union und Vertragsstaaten des Abkommens über den Europäischen Wirtschaftsraum,

   c) deren Anzahl in Drittstaaten und von diesen Zweigstellen, Zweigniederlassungen und sonstigen nachgeordneten Unternehmen die Anzahl der Zweigstellen, Zweigniederlassungen und sonstigen nachgeordneten Unternehmen, die in Hochrisikostaaten im Sinne des § 15 Absatz 3 Nummer 1 Buchstabe b des Geldwäschegesetzes ansässig sind, sowie

5. die Anzahl der Agenten und E-Geld-Agenten, die für das Institut im Inland tätig sind, und die Anzahl der Agenten und E-Geld-Agenten, die für das Institut in den anderen Mitgliedstaaten der Europäischen Union und Vertragsstaaten des Abkommens über den Europäischen Wirtschaftsraum tätig sind.

(9) Der Abschlussprüfer hat die wesentlichen Ergebnisse seiner Prüfung zusätzlich in einen Erfassungsbogen nach Anlage 2 dieser Verordnung einzutragen und dort zu bewerten. Für die Bewertung ist die für den Erfassungsbogen vorgegebene Klassifizierung zu verwenden. Sofern die jeweiligen zugrundeliegenden Pflichten im Einzelfall im Hinblick auf die Geschäftstätigkeiten des Instituts nicht relevant sind, hat der Abschlussprüfer dies mit der Feststellung F 5 zu vermerken. Der Erfassungsbogen ist Teil des Prüfungsberichts und vollständig auszufüllen.

(10) Die Vorschrift zum Prüfintervall nach § 15 Absatz 4 bleibt durch die vorstehenden Absätze unberührt.

§ 16a Darstellung und Beurteilung der getroffenen Vorkehrungen zur Einhaltung der Pflichten nach der Verordnung (EG) Nr. 924/2009

(1) Der Abschlussprüfer hat zu beurteilen, ob die von dem Institut getroffenen internen Vorkehrungen den Anforderungen der Verordnung (EG) Nr. 924/2009 des Europäischen Parlaments und des Rates vom 16. September 2009 über grenzüberschreitende Zahlungen in der Gemeinschaft und zur Aufhebung der Verordnung (EG) Nr. 2560/2001 (ABl. L 266 vom 9.10.2009, S. 11), die durch die Ver-

ordnung (EU) Nr. 260/2012 (ABl. L 94 vom 30.3.2012, S. 22) geändert worden ist, entsprechen. Die Beurteilung umfasst die Einhaltung der Bestimmungen zu

1. Entgelten für grenzüberschreitende Zahlungen nach Artikel 3 Absatz 1 der Verordnung sowie
2. Entgelten nach Artikel 4 Absatz 3 Satz 1 der Verordnung, die über das Entgelt gemäß Artikel 3 Absatz 1 der Verordnung hinausgehen.

(2) Des Weiteren hat der Abschlussprüfer darzustellen, welche Maßnahmen das Institut ergriffen hat, um die in Absatz 1 genannten Anforderungen der Verordnung (EU) Nr. 924/2009 zu erfüllen.

(3) Sofern die Durchführung interner Vorkehrungen durch das Institut vertraglich auf eine dritte Person oder ein anderes Unternehmen ausgelagert worden ist, hat der Abschlussprüfer hierüber zu berichten.

§ 16b   Darstellung und Beurteilung der getroffenen Vorkehrungen zur Einhaltung der Pflichten nach der Verordnung (EU) Nr. 260/2012

(1) Der Abschlussprüfer hat zu beurteilen, ob die von dem Institut getroffenen internen Vorkehrungen den Anforderungen der Verordnung (EU) Nr. 260/2012 des Europäischen Parlaments und des Rates vom 14. März 2012 zur Festlegung der technischen Vorschriften und der Geschäftsanforderungen für Überweisungen und Lastschriften in Euro und zur Änderung der Verordnung (EG) Nr. 924/2009 (ABl. L 94 vom 30.3.2012, S. 22) entsprechen. Die Beurteilung umfasst

1. die Erreichbarkeit für Überweisungen und Lastschriften innerhalb der Europäischen Union nach Artikel 3 der Verordnung,
2. die Einhaltung der technischen Anforderungen für Überweisungen und Lastschriften nach Artikel 5 Absatz 1 bis 3 sowie 7 und 8 der Verordnung sowie
3. die Einhaltung der Bestimmungen zu Interbankenentgelten für Lastschriften nach Artikel 8 der Verordnung.

(2) Des Weiteren hat der Abschlussprüfer darzustellen, welche Maßnahmen das Institut ergriffen hat, um die in Absatz 1 genannten Anforderungen der Verordnung (EU) Nr. 260/2012 zu erfüllen.

(3) Sofern die Durchführung interner Vorkehrungen durch das Institut vertraglich auf eine dritte Person oder ein anderes Unternehmen ausgelagert worden ist, hat der Abschlussprüfer hierüber zu berichten.

§ 16c   Darstellung und Beurteilung der getroffenen Vorkehrungen zur Einhaltung der Pflichten nach der Verordnung (EU) 2015/751

(1) Der Abschlussprüfer hat zu beurteilen, ob die von dem Institut getroffenen internen Vorkehrungen den Anforderungen der Verordnung (EU) 2015/751 des Europäischen Parlaments und des Rates vom 29. April 2015 über Interbankenentgelte für kartengebundene Zahlungsvorgänge (ABl. L 123 vom 19.5.2015, S. 1) entsprechen. Die Beurteilung umfasst die Einhaltung der Bestimmungen zu

1. Entgelten nach Artikel 3 Absatz 1 der Verordnung sowie
2. Entgelten nach Artikel 4 Satz 1 der Verordnung.

(2) Des Weiteren hat der Abschlussprüfer darzustellen, welche Maßnahmen das Institut ergriffen hat, um die in Absatz 1 genannten Anforderungen der Verordnung (EU) 2015/751 zu erfüllen.

(3) Sofern die Durchführung interner Vorkehrungen durch das Institut vertraglich auf eine dritte Person oder ein anderes Unternehmen ausgelagert worden ist, hat der Abschlussprüfer hierüber zu berichten.

Fußnote

(+++ § 16c: Zur Anwendung vgl. § 24 Abs. 3 +++)

§ 16d Darstellung und Beurteilung der getroffenen Vorkehrungen zur Einhaltung der Pflichten nach dem Zahlungskontengesetz

(1) Bei Instituten hat der Abschlussprüfer zu beurteilen, ob die von dem Institut getroffenen internen Vorkehrungen den folgenden Anforderungen des Zahlungskontengesetzes entsprechen:
1. den Informationspflichten gemäß den §§ 5 bis 15 des Zahlungskontengesetzes,
2. der Kontenwechselhilfe gemäß den §§ 20 bis 26 des Zahlungskontengesetzes,
3. der Erleichterung grenzüberschreitender Kontoeröffnungen gemäß den §§ 27 bis 29 des Zahlungskontengesetzes und
4. den institutsinternen Organisationspflichten gemäß § 46 Absatz 1 des Zahlungskontengesetzes.

(2) Der Abschlussprüfer hat darzustellen, welche Maßnahmen das Institut ergriffen hat, um die in Absatz 1 genannten Anforderungen des Zahlungskontengesetzes zu erfüllen.

(3) Sofern die Durchführung interner Vorkehrungen durch das Institut vertraglich auf eine dritte Person oder ein anderes Unternehmen ausgelagert worden ist, hat der Abschlussprüfer hierüber zu berichten.

Abschnitt 4. Besondere Angaben zu Zahlungsdiensten und dem E-Geld-Geschäft

§ 17 Berichterstattung über Zahlungsdienste und das E-Geld-Geschäft

(1) Die Zahlungsdienstleister, über die die Zahlungsdienste und das E-Geld-Geschäft abgewickelt werden, sind unter Angabe der Kontoverbindung aufzuführen. Die Teilnahme an Zahlungssystemen ist darzustellen.

(2) Die Absicherung der Kundengelder nach Maßgabe der §§ 17 und 18 des Zahlungsdiensteaufsichtsgesetzes ist darzustellen und ihre Wirksamkeit zu beurteilen. Dabei ist insbesondere auf die Art und Ausgestaltung der Sicherung der Kundengelder nach den Methoden 1 oder 2 näher einzugehen.

(3) Die Herkunft der Mittel für die Kreditvergabe ist darzustellen. Die Laufzeit der Kredite ist anzugeben. Dabei ist auch darauf einzugehen, ob Prolongationen stattgefunden haben.

Abschnitt 5. Abschlussorientierte Berichterstattung

Unterabschnitt 1. Lage des Instituts (einschließlich geschäftliche Entwicklung sowie Ergebnisentwicklung)

§ 18 Geschäftliche Entwicklung im Berichtsjahr

Die geschäftliche Entwicklung ist unter Gegenüberstellung der sie kennzeichnenden Zahlen des Berichtsjahres und des Vorjahres darzustellen und zu erläutern.

Otte

§ 19 Beurteilung der Vermögenslage

(1) Die Entwicklung der Vermögenslage ist zu beurteilen. Besonderheiten, die für die Beurteilung der Vermögenslage von Bedeutung sind, insbesondere Art und Umfang bilanzunwirksamer Ansprüche und Verpflichtungen, sind hervorzuheben.

(2) Die Berichterstattung hat sich auch zu erstrecken auf
1. Art und Umfang stiller Reserven und stiller Lasten,
2. bedeutende Verträge und schwebende Rechtsstreitigkeiten, soweit sich nachteilige Auswirkungen auf die Vermögenslage ergeben könnten, und die Bildung der notwendigen Rückstellungen.
3. alle abgegebenen Patronatserklärungen unter Darstellung des Inhalts und Beurteilung ihrer Rechtsverbindlichkeit.

§ 20 Beurteilung der Ertragslage

(1) Die Entwicklung der Ertragslage ist zu beurteilen.

(2) Zu berichten ist auf der Basis der Unterlagen des Instituts auch über die Ertragslage der wesentlichen Geschäftssparten; dabei sind jeweils die wichtigsten Erfolgsquellen und Erfolgsfaktoren gesondert darzustellen. (3) Mögliche Auswirkungen von Risiken auf die Entwicklung der Ertragslage sind darzustellen.

§ 21 Risikolage und Risikovorsorge

(1) Die Risikolage des Instituts ist zu beurteilen.

(2) Das Verfahren zur Ermittlung der Risikovorsorge ist darzustellen und zu beurteilen. Art, Umfang und Entwicklung der Risikovorsorge sind zu erläutern und die Angemessenheit der Risikovorsorge ist zu beurteilen. Ist für den Zeitraum nach dem Bilanzstichtag neuer Risikovorsorgebedarf bekannt geworden, so ist hierüber zu berichten.

Unterabschnitt 2. Feststellungen, Erläuterungen zur Rechnungslegung

§ 22 Erläuterungen

(1) Die Bilanzposten, Angaben unter dem Bilanzstrich und Posten der Gewinn- und Verlustrechnung sind unter Berücksichtigung des Grundsatzes der Wesentlichkeit des jeweiligen Postens zu erläutern und mit den Vorjahreszahlen zu vergleichen.

(2) Eventualverpflichtungen und andere Verpflichtungen sind zu erläutern, wenn es die relative Bedeutung des Postens erfordert. Werden Angaben gemacht, ist Folgendes zu berücksichtigen:
1. Eventualverbindlichkeiten:
   Zu den Verbindlichkeiten aus Bürgschaften und Gewährleistungsverträgen ist die Angabe von Arten und Beträgen sowie die Aufgliederung nach Kreditnehmern (Kreditinstitute und Nichtkreditinstitute) erforderlich, bei Kreditgarantiegemeinschaften auch die Angabe der noch nicht valutierenden Beträge sowie der Nebenkosten, wobei die Beträge zu schätzen sind, falls genaue Zahlen nicht vorliegen. Es ist darzulegen, ob notwendige Rückstellungen gebildet sind.
2. Andere Verpflichtungen:
   Die Rücknahmeverpflichtungen aus unechten Pensionsgeschäften sind nach der Art der in Pension gegebenen Gegenstände und nach Fristen zu gliedern.

Abschnitt 6. Datenübersichten

§ 23 Datenübersicht

Der Abschlussprüfer hat die auf das jeweilige Institut anwendbaren Formblätter aus den Anlagen 1 bis 3 zu dieser Verordnung auf der Grundlage der Daten des Prüfungsberichts und unter Angabe der entsprechenden Vorjahresdaten auszufüllen und dem Prüfungsbericht beizufügen.

Abschnitt 7. Schlussvorschriften

§ 24 Erstmalige Anwendung

(1) Die Bestimmungen dieser Verordnung sind erstmals auf die Prüfung anzuwenden, die das nach dem 31. Oktober 2008 beginnende Geschäftsjahr betrifft.

(2) Die Anlage Position (7) Nummer 1 in der Fassung des Bilanzrichtlinie-Umsetzungsgesetzes vom 17. Juli 2015 (BGBl. I S. 1245) ist erstmals auf die Prüfung für nach dem 31. Dezember 2015 beginnende Geschäftsjahre anzuwenden.

(3) § 16c in der Fassung des Gesetzes zur Umsetzung der Transparenzrichtlinie-Änderungsrichtlinie vom 20. November 2015 (BGBl. I S. 2029) ist erstmals auf die Prüfung für nach dem 31. Dezember 2014 beginnende Geschäftsjahre anzuwenden.

(4) Diese Verordnung in der Fassung des Artikels 1 der Verordnung zur Änderung der Zahlungsinstituts- Prüfungsberichtsverordnung vom 13. Dezember 2018 (BGBl. I S. 2468) ist erstmals auf die Prüfung für nach dem 31. Dezember 2017 beginnende Geschäftsjahre anzuwenden.

§ 25 Inkrafttreten

Diese Verordnung tritt am 31. Oktober 2009 in Kraft.

Anlage 2 (zu § 8 Absatz 3)

Datenübersicht für Institute, die Bereiche
auf ein anderes Unternehmen ausgelagert haben

Anlage 1 (zu § 8 Abs. 3)
Datenübersicht für Institute, die Bereiche auf ein anderes Unternehmen ausgelagert haben

(Fundstelle: BGBl. 2018 I 2475)

Institutsnummer:
Name des Instituts:

Laufende Nummer	Auslagerungsunternehmen Inklusive Adresse	Ausgelagerte Aktivitäten und Prozesse	Status (geplant zum/ durchgeführt am/beendet am)	Datum der Auslagerung	Bemerkungen insbesondere zu Weiterverlagerungen

Anlage 3 (zu § 16 Absatz 9)

Erfassungsbogen für die Darstellung und Beurteilung
der getroffenen Vorkehrungen zur Verhinderung von Geldwäsche
und Terrorismusfinanzierung

Anlage 2 (zu § 16 Abs. 9)
Erfassungsbogen für die Darstellung und Beurteilung der getroffenen Vorkehrungen zur Verhinderung von Geldwäsche und Terrorismusfinanzierung

(Fundstelle: BGBl. 2018 I (2476−2478))

Institut:
Berichtszeitraum:
Prüfungsstichtag:
Prüfungsleiter vor Ort:

A. Angaben zu folgenden Risikofaktoren anhand der aktuellen und vollständigen institutseigenen Risikoanalyse (§ 16 Abs. 8 ZahlPrüfbV):

1. Auflistung sämtlicher angebotener Hochrisikoprodukte (laut Risikoanalyse):

2. Anzahl der Kunden: _____
   I.   Anteil der Kunden mit geringem Risiko   __,__ %
   II. Anteil der Hochrisikokunden   __,__ %
   III. Anzahl von politisch exponierten Personen _____
        (Vertragspartner, wirtschaftlich Berechtigte)
3. Anzahl der Korrespondenzbeziehungen mit Unternehmen mit Sitz in:
   I.   EU/EWR-Staaten   _____
   II. Drittstaaten   _____ davon in
        Hochrisikostaaten
4. Anzahl der Zweigstellen/Zweigniederlassungen/nachgeordneten Unternehmen:
   I.   im Inland   _____
   II. im EU-/EWR-Ausland   _____
   III. in Drittstaaten   _____ davon in
        Hochrisikostaaten
5. Anzahl der für das Institut tätigen Agenten, E-Geld-Agenten:
   I.   im Inland   _____
   II. im EU-/EWR-Ausland   _____

B. Klassifizierung von Prüfungsfeststellungen

Für die Klassifizierung von Prüfungsfeststellungen ist der Prüfungsleiter vor Ort verantwortlich.

Feststellung F 0 – keine Mängel
Feststellung F 1 – geringfügige Mängel
Feststellung F 2 – mittelschwere Mängel
Feststellung F 3 – gewichtige Mängel
Feststellung F 4 – schwergewichtige Mängel
Feststellung F 5 – nicht anwendbar

Eine F 0-Feststellung beschreibt ein völliges Fehlen von Normverstößen.

Eine F 1-Feststellung beschreibt einen Normverstoß mit leichten Auswirkungen auf die Wirksamkeit der Präventionsmaßnahme bzw. der Präventionsvorkehrung.

Eine F 2-Feststellung beschreibt einen Normverstoß mit merklichen Auswirkungen auf die Wirksamkeit der Präventionsmaßnahme bzw. der Präventionsvorkehrung.

Eine F 3-Feststellung beschreibt einen Normverstoß mit deutlichen Auswirkungen auf die Wirksamkeit der Präventionsmaßnahme bzw. der Präventionsvorkehrung.

Eine F 4-Feststellung beschreibt einen Normverstoß, der die Wirksamkeit der Präventionsmaßnahme bzw. der Präventionsvorkehrung erheblich beeinträchtigt oder vollständig beseitigt.

Eine F 5-Feststellung beschreibt die Nichtanwendbarkeit des Prüfungsgebiets im geprüften Institut.

Nr.	Vorschrift	Prüfungspflichten	Fest-stellung	Fund-stelle
A. Geldwäsche/Terrorismusfinanzierung				
I. Interne Sicherungsmaßnahmen				
1.	§ 5 Abs. 1 und 2 GwG	Erstellung, Dokumentation, Über-prüfung, ggf. Aktualisierung einer Risikoanalyse in Bezug auf Geld-wäsche und auf Terrorismusfinanzie-rung		
2.	§ 6 Abs. 2 Nr. 1 und 4, Abs. 5 GwG	Durchführung von internen Siche-rungsmaßnahmen in Bezug auf Geld-wäsche und auf Terrorismusfinanzie-rung		
3.	§ 6 Abs. 2 Nr. 2 iVm § 7 GwG	Erfüllung von Pflichten in Bezug auf den Geldwäschebeauftragten (Bestellung, Mitteilung, Ausstattung, Kontrollen)		
4.	§ 6 Abs. 2 Nr. 5 GwG	Durchführung von Zuverlässigkeits-prüfungen		
5.	§ 6 Abs. 2 Nr. 6 GwG	Durchführung von Schulungen und Unterrichtung von Mitarbeiter/ -innen		
6.	§ 6 Abs. 2 Nr. 7 GwG	Durchführung von Prüfungen durch die Innenrevision in Bezug auf Maß-nahmen zur Verhinderung von Geld-wäsche und von Terrorismusfinanzie-rung		
7.	§ 27 Abs. 1 Nr. 5 ZAG	Schaffung und Betreiben eines EDV-Monitoring-Systems		
8.	§ 6 Abs. 7 GwG	Vertragliche Auslagerung von inter-nen Sicherungsmaßnahmen		
II. Sorgfaltspflichten in Bezug auf Kunden				
9.	§ 10 Abs. 2 GwG, § 14 Abs. 1 GwG, § 15 Abs. 2 GwG	Durchführung von Risikobewertun-gen von Geschäftsbeziehungen und Transaktionen		
10.	§ 10 Abs. 1 Nr. 1 (iVm §§ 11–13 GwG), § 10 Abs. 9 GwG	Identifizierung des Vertragspartners und der für diesen auftretenden Per-sonen (einschl. Nichtdurchfüh-rungs-/Beendigungsverpflichtung)		

Nr.	Vorschrift	Prüfungspflichten	Fest-stellung	Fund-stelle
11.	§ 10 Abs. 1 Nr. 2 GwG (iVm § 11 Abs. 1 und 5 GwG), § 10 Abs. 9 GwG	Abklärung und ggf. Identifizierung der wirtschaftlich Berechtigten (einschl. Nichtdurchführungs-/Beendigungsverpflichtung)		
12.	§ 10 Abs. 1 Nr. 3 GwG, § 10 Abs. 9 GwG	Einholung von Informationen zum Zweck/zur Art der Geschäftsverbindung (einschl. Nichtdurchführungs-/Beendigungsverpflichtung)		
13.	§ 10 Abs. 1 Nr. 4 GwG, § 10 Abs. 9 GwG	Abklärung der politisch exponierte Person-Eigenschaft (einschl. Nichtdurchführungs-/Beendigungsverpflichtung)		
14.	§ 10 Abs. 1 Nr. 5 Satzteil 1 GwG	Laufende Überwachung der Geschäftsbeziehungen (sofern nicht durch § 27 Abs. 1 Nr. 5 ZAG abgedeckt)		
15.	§ 10 Abs. 1 Nr. 5 Satzteil 2 GwG	Durchführung von Aktualisierungen		
16.	§ 14 Abs. 1 und 2 GwG	Durchführung von vereinfachten Sorgfaltspflichten (Dokumentation, Angemessenheit der Maßnahmen)		
17.	§ 15 Abs. 1–7, Abs. 9 iVm § 10 Abs. 9 GwG, § 10 Abs. 4 GwG	Durchführung von verstärkten Sorgfaltspflichten (Dokumentation, Angemessenheit der Maßnahmen), insbesondere der Sorgfaltspflichten bei der Annahme von Bargeld bei der Erbringung von Zahlungsdiensten		
18.	§ 17 Abs. 1–7 GwG	Ausführung von Sorgfaltspflichten durch Dritte und vertragliche Auslagerung		
19.	§ 27 Abs. 2 ZAG iVm § 25i KWG	Erfüllung der Sorgfaltspflichten in Bezug auf E-Geld		
III. Sonstige Pflichten				
20.	§ 6 Abs. 6 GwG	Organisation und Erfüllung der Auskunftsverpflichtung		
21.	§ 8 GwG	Durchführung von Aufzeichnungen und Aufbewahrung		

Nr.	Vorschrift	Prüfungspflichten	Fest-stellung	Fund-stelle
22.	§ 9 iVm § 5 Abs. 3 GwG	Durchführung von gruppenweiten Pflichten		
23.	§ 43 GwG iVm § 47 Abs. 1–4 GwG	Durchführung des Verdachtsmelde-verfahrens (einschließlich Beachtung des Verbots der Informationsweiter-gabe)		
24.	§ 6 Abs. 8 und 9, § 7 Abs. 3, § 9 Abs. 3 S. 3, § 15 Abs. 8 GwG, § 28 Abs. 1 S. 2 Nr. 5 GwG, § 39 Abs. 3 GwG, § 40 Abs. 1 S. 2 Nr. 3 GwG, § 25i Abs. 4 KWG	Befolgung von Anordnungen		
B. (nicht belegt)				
25. bis 33.		(nicht belegt)		
C. Verordnung (EU) 2015/847 über die Übermittlung von Angaben bei Geldtransfers				
34.	Verordnung (EU) 2015/847	Pflichten aufgrund der Verordnung (EU) 2015/847		
35.	§ 27 Abs. 4 S. 2 ZAG	Befolgung von Anordnungen in Bezug auf Pflichten aufgrund der Verordnung (EU) 2015/847		
D. Automatisierter Abruf von Kontoinformationen				
36.	§ 27 Abs. 2 S. 1 ZAG iVm § 24c KWG	Pflichten des Instituts im Zusammen-hang mit dem automatisierten Abruf von Kontoinformationen		

Anlage 4 (zu § 23)

Datenübersicht für Zahlungs- und E-Geld-Institute

Anlage 3 (zu § 23)
Datenübersicht für Zahlungs- und E-Geld-Institute

(Fundstelle: BGBl. 2009 I (3654–3657);
bezüglich einzelner Änderungen vgl. Fußnote)

Die angegebenen Beträge (kaufmännische Rundung) lauten auf Tsd. Euro (EUR);
Prozentangaben sind mit einer Nachkommastelle anzugeben.

Position			Berichts-jahr (1)	Vorjahr (2)
(1)	Daten zu den organisatorischen Grundlagen			
	1.	Personalbestand gemäß § 267 Abs. 5 HGB	001	
(2)	Daten zur Vermögenslage			
	1.	Bestand Reserven nach § 340f HGB		
		a) nicht als haftendes Eigenkapital berücksichtigte stille Reserven nach § 340f HGB	002	
	2.	Kursreserven bei Schuldverschreibungen und anderen festverzinslichen Wertpapieren		
		a) Bruttobetrag der Kursreserven	301	
		b) Nettobetrag der Kursreserven[1])	302	
	3.	Kursreserven bei Aktien und anderen nicht festverzinslichen Wertpapieren sowie Beteiligungen und Anteilen an verbundenen Unternehmen		
		a) Bruttobetrag der Kursreserven	303	
		b) Nettobetrag der Kursreserven[1])	304	
	4.	Vermiedene Abschreibungen auf Schuldverschreibungen und andere festverzinsliche Wertpapiere durch Übernahme in das Anlagevermögen	305	
	5.	Vermiedene Abschreibungen auf Aktien und andere nicht festverzinsliche Wertpapiere durch Übernahme in das Anlagevermögen	306	
	6.	Nicht realisierte Reserven in Grundstücken, grundstücksgleichen Rechten	005	

Position				Berichts-jahr (1)	Vorjahr (2)
		und Gebäuden (soweit sie als Eigenmittel nach Artikel 484 Absatz 5 Verordnung (EU) Nr. 575/2013 (CRR) iVm § 10 Abs. 2b Nummer 6 KWG idF bis 31.12.2013 berücksichtigt werden)			
	7.	Beteiligungen an einem in Artikel 4 Absatz 1 Nummer 27 Buchstabe c–h CRR genannten Unternehmen der Finanzbranche		402	
(3)		Daten zur Liquidität und zur Refinanzierung			
	1.	Verbindlichkeiten gegenüber Kreditinstituten, die 10 Prozent der „Verbindlichkeiten gegenüber Kreditinstituten" überschreiten		022	
				250 Stk.	Stk.
	2.	Verbindlichkeiten gegenüber Kunden, die 10 Prozent der „Verbindlichkeiten gegenüber Kunden" überschreiten		023	
				251 Stk.	Stk.
	3.	Dem Zahlungsinstitut zugesagte Refinanzierungsmöglichkeiten			
		a)	Zusagen	024	
		b)	Inanspruchnahme	025	
(4)		Daten zur Ertragslage			
	1.	Zinsergebnis			
		a)	Zinserträge[2])	029	
		b)	Zinsaufwendungen	030	
		c)	darunter: für stille Einlagen, für Genussrechte und für nachrangige Verbindlichkeiten	031	
		d)	Zinsergebnis	032	
	2.	Vereinnahmte Zinsen aus notleidenden Forderungen		403	
	3.	Provisionsergebnis[3])			
		a)	Provisionserträge	313	
		b)	Provisionsaufwendungen	314	
		c)	Provisionsergebnis	033	

Position			Berichts-jahr (1)	Vorjahr (2)
4.		Nettoergebnis nach § 340c Abs. 1 HGB		
	a)	aus Geschäften mit Wertpapieren des Handelsbestands	034	
	b)	aus Geschäften mit Devisen und Edelmetallen[4])	035	
	c)	aus Geschäften mit Derivaten	036	
5.		Ergebnis aus dem sonstigen nichtzinsabhängigen Geschäft[5])	037	
6.		Bewertungsergebnis nach dem strengen Niederstwertprinzip	405	
7.		Allgemeiner Verwaltungsaufwand		
	a)	Personalaufwand[6])	038	
	b)	andere Verwaltungsaufwendungen[7])	039	
8.		Sonstige und außerordentliche Erträge und Aufwendungen		
	a)	Erträge aus Zuschreibungen bei Finanzanlagen, Sachanlagen und immateriellen Anlagewerten sowie aus Geschäften mit diesen Gegenständen	044	
	b)	andere sonstige und außerordentliche Erträge[8])	045	
	c)	Abschreibungen und Wertberichtigungen auf Finanzanlagen, Sachanlagen und immaterielle Anlagewerte sowie Aufwendungen aus Geschäften mit diesen Gegenständen	046	
	d)	andere sonstige und außerordentliche Aufwendungen[9])	047	
9.		Steuern vom Einkommen und vom Ertrag	048	
10.		Erträge aus Verlustübernahmen und baren bilanzunwirksamen Ansprüchen	049	
11.		Aufwendungen aus der Bildung von Vorsorgereserven nach den §§ 340f und 340g HGB	050	

Position				Berichts-jahr (1)	Vorjahr (2)
	12.	Erträge aus der Auflösung von Vorsor-gereserven nach den §§ 340f und 340g HGB		051	
	13.	Aufgrund einer Gewinngemeinschaft, eines Gewinnabführungs- oder eines Teilgewinnabführungsvertrages ab-geführte Gewinne		052	
	14.	Gewinnvortrag aus dem Vorjahr		053	
	15.	Verlustvortrag aus dem Vorjahr		054	
	16.	Entnahmen aus Kapital- und Gewinn-rücklagen		055	
	17.	Einstellungen in Kapital- und Ge-winnrücklagen		056	
	18.	Entnahmen aus Genussrechtskapital		057	
	19.	Wiederauffüllung des Genussrechts-kapitals		058	
(5)	Daten zum Kreditgeschäft[10])				
	1.	Höhe des Kreditvolumens		073	
		a)	Höhe der pauschalierten Ein-zelwertberichtigungen	420	
	2.	Geprüftes Bruttokreditvolumen[10])		421	
	3.	Unversteuerte Pauschalwertberichti-gungen[11])		080	
	4.	Einzelwertberichtigungen			
		a)	Bestand in der Vorjahresbilanz	332	
		b)	Verbrauch	333	
		c)	Auflösung	334	
		d)	Bildung	335	
		e)	neuer Stand	336	
	5.	Rückstellungen im Kreditgeschäft[12])			
		a)	Bestand in der Vorjahresbilanz	337	
		b)	Verbrauch	338	
		c)	Auflösung	339	
		d)	Bildung	340	
		e)	neuer Stand	341	

Otte

Position				Berichts-jahr (1)	Vorjahr (2)
	6.	Abschreibungen auf Forderungen zu Lasten der Gewinn- und Verlustrechnung		086	
(6)	Bilanzunwirksame Ansprüche				
	1.	Bare bilanzunwirksame Ansprüche			
		a)	im Berichtsjahr[13])	091	
		b)	Bestand am Jahresende	092	
	2.	Unbare bilanzunwirksame Ansprüche			
		a)	im Berichtsjahr[13])	093	
		b)	Bestand am Jahresende	094	
(7)	Ergänzende Angaben				
	1.	Abweichungen iSd § 284 Abs. 2 Nummer 2 HGB			
		a)	von Bilanzierungsmethoden ja (= 0)/nein (= 1)	095	
		b)	von Bewertungsmethoden ja (= 0)/nein (= 1)	096	
	2.	Buchwert der in Pension gegebenen Vermögensgegenstände bei echten Pensionsgeschäften (§ 340b Abs. 4 S. 4 HGB)		106	
	3.	Betrag der nicht mit dem Niederstwert bewerteten börsenfähigen Wertpapiere bei den folgenden Posten (§ 29 Abs. 1 Nr. 2 RechZahlV)			
		a)	Schuldverschreibungen und andere festverzinsliche Wertpapiere (Aktivposten Nr. 5)	107	
		b)	Aktien und andere nicht festverzinsliche Wertpapiere (Aktivposten Nr. 6)	108	
	4.	Nachrangige Vermögensgegenstände			
		a)	nachrangige Forderungen an Kreditinstitute	112	
		b)	nachrangige Forderungen an Kunden	113	
		c)	sonstige nachrangige Vermögensgegenstände	114	

Position					Berichts-jahr (1)	Vorjahr (2)
	5.	Fristengliederung der Forderungen und Verbindlichkeiten nach § 340d HGB in Verbindung mit § 7 Rech-ZahlV				
		a)	Forderungen an Kreditinstitute aus Zahlungsdiensten (Aktiv-posten Nr. 2a) mit einer Rest-laufzeit			
			aa)	bis drei Monate	650	
			bb)	mehr als drei Monate bis sechs Monate	651	
			cc)	mehr als sechs Monate bis zwölf Monate	652	
			dd)	mehr als zwölf Monate	653	
		b)	Forderungen an Kreditinstitute aus sonstigen Tätigkeiten (Aktivposten Nr. 2b) mit einer Restlaufzeit			
			aa)	bis drei Monate	654	
			bb)	mehr als drei Monate bis sechs Monate	655	
			cc)	mehr als sechs Monate bis zwölf Monate	656	
			dd)	mehr als zwölf Monate	657	
		c)	Forderungen an Kunden aus Zahlungsdiensten (Aktivposten Nr. 3a) mit einer Restlaufzeit			
			aa)	bis drei Monate	658	
			bb)	mehr als drei Monate bis sechs Monate	659	
			cc)	mehr als sechs Monate bis zwölf Monate	660	
			dd)	mehr als zwölf Monate	661	
		d)	Forderungen an Kunden aus sonstigen Tätigkeiten (Aktiv-posten Nr. 3b) mit einer Rest-laufzeit			
			aa)	bis drei Monate	662	

Position					Berichts-jahr (1)	Vorjahr (2)
			bb)	mehr als drei Monate bis sechs Monate	663	
			cc)	mehr als sechs Monate bis zwölf Monate	664	
			dd)	mehr als zwölf Monate	665	
		e)		Verbindlichkeiten gegenüber Kreditinstituten aus Zahlungs-diensten mit vereinbarter Lauf-zeit oder Kündigungsfrist (Passivposten Nr. 1a) mit einer Restlaufzeit		
			aa)	bis drei Monate	666	
			bb)	mehr als drei Monate bis sechs Monate	667	
			cc)	mehr als sechs Monate bis zwölf Monate	668	
			dd)	mehr als zwölf Monate	669	
		f)		Verbindlichkeiten gegenüber Kreditinstituten aus sonstigen Tätigkeiten mit vereinbarter Laufzeit oder Kündigungsfrist (Passivposten Nr. 1b) mit einer Restlaufzeit		
			aa)	bis drei Monate	670	
			bb)	mehr als drei Monate bis sechs Monate	671	
			cc)	mehr als sechs Monate bis zwölf Monate	672	
			dd)	mehr als zwölf Monate	673	
		g)		Verbindlichkeiten gegenüber Zahlungsinstituten aus Zah-lungsdiensten mit vereinbarter Laufzeit oder Kündigungsfrist (Passivposten Nr. 3a) mit einer Restlaufzeit		
			aa)	bis drei Monate	674	
			bb)	mehr als drei Monate bis sechs Monate	675	
			cc)	mehr als sechs Monate bis zwölf Monate	676	

Position					Berichts-jahr (1)	Vorjahr (2)
		dd)	mehr als zwölf Monate	677		
	h)		im Posten „Forderungen an Kunden" (Aktivposten Nr. 3) enthaltene Forderungen mit unbestimmter Laufzeit	378		
	i)		im Posten „Schuldverschreibungen und andere festverzinsliche Wertpapiere" (Aktivposten Nr. 5) enthaltene Beträge, die in dem Jahr, das auf den Bilanzstichtag folgt, fällig werden	379		

[1] Hier sind negative Ergebnisbeiträge aus den Sicherungsgeschäften mit den Kursreserven der gesicherten Aktiva zu verrechnen.

[2] Einschließlich laufender Erträge aus Beteiligungen, Erträgen aus Ergebnisabführungsverträgen und Leasinggebühren.

[3] Hier sind auch die Erträge und Aufwendungen für durchlaufende Kredite zu erfassen.

[4] Einschließlich der Gewinne und Verluste aus Devisentermingeschäften unabhängig davon, ob es sich um zins- oder kursbedingte Aufwendungen oder Erträge handelt.

[5] Hier sind die Ergebnisse aus Warenverkehr und Nebenbetrieben sowie alle anderen ordentlichen Ergebnisse aus dem nichtzinsabhängigen Geschäft einzuordnen, die nicht unter Position (4) Nummer 3 oder 4 fallen.

[6] Einschließlich Aufwendungen für vertraglich vereinbarte feste Tätigkeitsvergütungen an die persönlich haftenden Gesellschafter. Aufwendungen für von fremden Arbeitgebern angemietete Arbeitskräfte sind dem anderen Verwaltungsaufwand zuzurechnen.

[7] Hierunter fallen unter anderem Abschreibungen und Wertberichtigungen auf Sachanlagen und immaterielle Anlagewerte, ausgenommen außerordentliche Abschreibungen. Zu erfassen sind hier auch alle Steuern mit Ausnahme der Steuern vom Einkommen und vom Ertrag.

[8] Hier sind alle Erträge anzugeben, die nicht dem ordentlichen Geschäft zuzuordnen sind und daher nicht in das Betriebsergebnis eingehen, nicht jedoch Erträge aus Verlustübernahmen und aus baren bilanzunwirksamen Ansprüchen.

[9] Hier sind alle Aufwendungen anzugeben, die nicht dem ordentlichen Geschäft zuzuordnen sind und daher nicht in das Betriebsergebnis eingehen, nicht jedoch Aufwendungen aus Gewinnabführungen.

[10] Bei den Angaben zum Kreditgeschäft ist grundsätzlich der Kreditbegriff des § 19 KWG zugrunde zu legen. Derivate sind mit ihrem Kreditäquivalenzbetrag anzugeben, und zwar nach der jeweils von den Instituten angewandten Berechnungsmethode (vgl. §§ 9–14 GroMiKV). Dabei ist von den Beträgen nach Abzug von Wertberichtigungen auszugehen.

[11] Einschließlich der unter den Rückstellungen ausgewiesenen Beträge.

[12] Soweit Pauschalwertberichtigungen als Rückstellungen ausgewiesen werden, sind sie unter Position (5) Nummer 8 anzugeben.

[13] Nettoposition (erhaltene/zurückgezahlte).

§ 25 Inanspruchnahme von Agenten; Verordnungsermächtigung

(1) ¹Beabsichtigt ein Institut, Zahlungsdienste über einen Agenten zu erbringen, hat es der Bundesanstalt und der Deutschen Bundesbank folgende Angaben zu übermitteln:

1. Name und Anschrift des Agenten;

2. eine Beschreibung der internen Kontrollmechanismen, die der Agent anwendet, um die Anforderungen des Geldwäschegesetzes zu erfüllen; diese ist bei sachlichen Änderungen der zuvor übermittelten Angaben unverzüglich zu aktualisieren;

3. die Namen der Geschäftsleiter und der für die Geschäftsleitung verantwortlichen Personen eines Agenten, der zur Erbringung von Zahlungsdiensten eingesetzt werden soll, und im Falle von Agenten, die keine Zahlungsdienstleister sind, den Nachweis, dass sie zuverlässig und fachlich geeignet sind;

4. die Zahlungsdienste des Zahlungsinstituts, mit denen der Agent beauftragt ist;

5. gegebenenfalls den Identifikationscode oder die Kennnummer des Agenten.

²Die Bundesanstalt teilt dem Institut binnen zwei Monaten nach vollständiger Übermittlung der Angaben nach Satz 1 mit, ob der Agent in das Zahlungsinstituts-Register eingetragen wird. ³Der Agent darf erst nach Eintragung in das Zahlungsinstituts-Register mit der Erbringung von Zahlungsdiensten beginnen. ⁴Ändern sich Verhältnisse, die nach Satz 1 angezeigt wurden, hat das Institut diese Änderungen der Bundesanstalt und der Deutschen Bundesbank unverzüglich in Textform anzuzeigen; die Sätze 2 und 3 gelten entsprechend.

(2) ¹Das Institut hat sicherzustellen, dass der Agent zuverlässig und fachlich geeignet ist, bei der Erbringung der Zahlungsdienste die gesetzlichen Vorgaben erfüllt, den Zahlungsdienstnutzer vor oder während der Aufnahme der Geschäftsbeziehung über seinen Status informiert und diesen unverzüglich von der Beendigung dieses Status in Kenntnis setzt. ²Das Institut hat die erforderlichen Nachweise für die Erfüllung seiner Pflichten nach Satz 1 mindestens fünf Jahre nach dem Ende des Status des Agenten aufzubewahren.

(3) ¹Die Bundesanstalt kann einem Institut, das die Auswahl oder Überwachung seiner Agenten nicht ordnungsgemäß durchgeführt hat, untersagen, Agenten im Sinne der Absätze 1 und 2 in das Institut einzubinden. ²Die Untersagung kann sich auf die Ausführung von Zahlungsdiensten durch einzelne Agenten oder auf die Einbindung von Agenten insgesamt beziehen.

(4) Beabsichtigt ein Institut durch Beauftragung eines Agenten in einem anderen Mitgliedstaat oder einem anderen Vertragsstaat des Abkommens über den Europäischen Wirtschaftsraum Zahlungsdienste zu erbringen, so muss es das Verfahren nach § 38 Absatz 1 befolgen.

(5) ¹Das Bundesministerium der Finanzen wird ermächtigt, durch Rechtsverordnung, die nicht der Zustimmung des Bundesrates bedarf, im

Benehmen mit der Deutschen Bundesbank nähere Bestimmungen über Art, Umfang und Form der Nachweise nach Absatz 2 Satz 2 zu erlassen, soweit dies zur Erfüllung der Aufgaben der Bundesanstalt erforderlich ist. [2]Das Bundesministerium der Finanzen kann die Ermächtigung im Einvernehmen mit der Deutschen Bundesbank durch Rechtsverordnung auf die Bundesanstalt übertragen. [3]Vor Erlass der Rechtsverordnung sind die Spitzenverbände der Institute anzuhören.

Literatur: Fett/Bentele, Der E-Geld-Intermediär im Visier der Aufsicht – Das Gesetz zur Umsetzung der Zweiten E-Geld-Richtlinie und seine Auswirkungen auf E-Geld-Agenten, BKR 2011, 403; Mann/Sennekamp/Uechtritz, Verwaltungsverfahrensgesetz, 2. Aufl. 2019; Möslein, Corporate Governance von Zahlungs- und E-Geld-Instituten: What's different about payment services?, RdZ 2021, 35; Müller/Starre, Der E-Geld-Agent – Zwischen Legaldefinition, gesetzgeberischer Vorstellung und Wirklichkeit, BKR 2013, 149.

Inhaltsübersicht

I. Allgemeines

1. Richtlinie und Hintergrund

1   § 25 setzt Teile von Art. 19 PSD2 (früher Art. 17 PSD1), Art. 20 PSD2 sowie
Art. 3 Abs. 1 und Abs. 5 Zweite E-Geld-RL um. § 25 Abs. 1 S. 1 transformiert nahezu wörtlich Art. 19 Abs. 1 PSD2. Art. 19 Abs. 2 PSD2 ist in § 25 Abs. 1 S. 2 und 3
umgesetzt. § 25 Abs. 1 S. 4 beruht auf Art. 19 Abs. 8 PSD2. In § 43 Abs. 2 ist Art. 19
Abs. 4 PSD2 umgesetzt. Art. 19 Abs. 5 PSD2 findet sich nahezu wörtlich in § 25
Abs. 4, Art. 19 Abs. 7 PSD1 in § 25 Abs. 2 S. 1. Art. 20 Abs. 1 PSD2 findet sich sodann in § 19 Abs. 2 sowie in der AgNwV wieder. Die Regelung des Art. 20 Abs. 2
PSD2, wonach Mitgliedstaaten vorschreiben, dass Zahlungsinstitute für Handlungen ihrer Agenten uneingeschränkt haften, wurde nicht besonders umgesetzt, da
der deutsche Gesetzgeber offenbar der Überzeugung war, dass sich dies aus der all-
gemeinen zivilrechtlichen Haftung ergibt (so auch Ellenberger/Findeisen/Nobbe/
Böger/Findeisen § 1 Rn. 671); eine Zurechnungsnorm der Handlungen von Agenten findet sich in § 1 Abs. 9 S. 2 (hierzu oben Kommentierung zu → § 1 Rn. 341).
Auf der Grundlage von Art. 3 Abs. 1 und Abs. 5 Zweite E-Geld-RL wurden die
Regelungen in § 19 ZAG aF (jetzt § 25) auf beide Arten von Instituten, namentlich
Zahlungsinstitute und E-Geld-Institute, erstreckt, sofern diese einen Agenten iSv
§ 1 Abs. 9 S. 1 (zu unterscheiden von einem E-Geld-Agenten iSv § 1 Abs. 10) ein-
schalten.

2. Systematik

2   **a) Agenten. aa) Begriff des Agenten.** § 25 bezieht sich nur auf Agenten iSv
§ 1 Abs. 9 S. 1, dh solche juristischen oder natürlichen Personen, die als selbständige
Gewerbetreibende im Namen eines Zahlungsinstituts oder eines E-Geld-Instituts
Zahlungsdienste ausführen. Nicht erfasst werden von § 25 E-Geld-Agenten iSv § 1
Abs. 10. Der Begriff des Agenten iSv § 1 Abs. 9 S. 1 deckt nämlich anders als der Be-
griff des „Instituts" iSv § 1 Abs. 3 nicht beide Arten von Agenten (Zahlungsagenten
und E-Geld-Agenten; hierzu oben Kommentierung → § 1 Rn. 337 ff.; → § 1
Rn. 344 f.; kritisch auch Fett/Bentele BKR 2011, 403 (404)). Vielmehr findet sich

die Anzeigepflicht sowie die Prüfung der Zuverlässigkeit und der Eignung für E-Geld-Agenten gesondert in § 32, der teilweise auf § 25 verweist; s. die Kommentierung dort.

bb) Besonderheit des Agenten. Dies dürfte seinen Grund darin haben, dass **3** der Agent iSd § 1 Abs. 9 tatsächlich Zahlungsdienste, dh Kernbereiche von regulierten Tätigkeiten, für ein Institut des ZAG durchführt (zustimmend Schäfer/Omlor/ Mimberg/Möslein Rn. 5). Anders als sonstige Auslagerungsunternehmen ist damit der Agent iSd § 1 Abs. 9 auch befugt, Besitz an Geldern der Zahlungsdienstnutzer zu erlangen. Dies gilt unbeschadet der Vorschriften der §§ 17, 18 ZAG über die Sicherung von Kundengeldern. Der Agent hat damit eine besonders herausgehobene Stellung unter den Hilfspersonen der Institute iSd § 1 Abs. 3, die auch über die Rolle eines E-Geld-Agenten hinausgeht. Während der E-Geld-Agent das E-Geld-Institut nur beim Vertrieb und beim Rücktausch von E-Geld unterstützt, nicht aber bei der Ausgabe (vgl. § 31), darf der Agent iSd § 1 Abs. 9 den Kernbereich des ihm übertragenen regulierten Zahlungsdienstes im Namen des Instituts ausführen. Daraus erklärt sich die gegenüber sonstigen Auslagerungsfällen besonders intensive Beaufsichtigung des Agenten gemäß § 25.

cc) Keine Erlaubnispflicht des Agenten. Voraussetzung für das Tätigwerden **4** des Agenten ist dessen Eintragung in das Register des Instituts, dh das Zahlungsinstitute-Register gemäß § 43 Abs. 1 Nr. 4 im Fall der Tätigkeit für ein Zahlungsinstitut und in das E-Geld-Instituts-Register gemäß § 44 Abs. 2 im Fall der Tätigkeit für ein E-Geld-Institut. Vor der Eintragung darf der Agent nicht mit der Erbringung von Zahlungsdiensten iSd § 1 Abs. 1 S. 2 beginnen; dies wird nunmehr ausdrücklich in Abs. 1 Satz 3 so geregelt. Der Eintragung kommt damit konstitutive Wirkung zu (so auch das Votum auf Basis der PSD1, → 1. Aufl. 2014, § 19 Rn. 21); sie enthebt den Agenten der Pflicht zur Erlangung einer Erlaubnis nach § 10 Abs. 1.

b) Sonderform der Auslagerung. Die in § 25 geregelten Pflichten des Insti- **5** tuts behandeln eine Sonderform der Auslagerung iSv § 26 (zu § 19 ZAG aF: Reg-Begr. ZDUG, BT-Drs. 16/11613, 51 f.) und sind somit auch Teil der Pflicht des Instituts zur ordentlichen Geschäftsorganisation iSv § 27 (Möslein RdZ 2021, 35 (37); Schäfer/Omlor/Mimberg/Möslein Rn. 1; vgl. auch → § 26 Rn. 1). Die europäische RL-Vorschrift des Art. 19 PSD2 regelt die Einschaltung von Agenten und die Auslagerung zusammen, namentlich die Einschaltung von Agenten durch Art. 19 Abs. 1–5 PSD2 sowie die sonstige Auslagerung in Art. 19 Abs. 6 PSD1. § 25 ist somit als spezielle Regelung anzusehen und es ist demzufolge nicht ausgeschlossen, dass einzelne Regelungen des § 26 oder § 27 – dies ist im Einzelfall durch Auslegung zu ermitteln – im Fall der Auslagerung auf Agenten subsidiäre Geltung finden können (Schäfer/Omlor/Mimberg/Möslein Rn. 3). Gemeinsam ist den Regelungen der §§ 25 und 26 die mittelbare Aufsicht (Möslein RdZ 2021, 35 (39)); der Gesetzgeber des FISG (Finanzmarktintegritätsstärkungsgesetz v. 3.6.2021, BGBl. I 1534), der unmittelbare Durchgriffsrechte der Finanzaufsicht gegenüber Auslagerungsunternehmen in § 26 Abs. 3a angeordnet hat, ließ Agenten dabei jedoch unerwähnt; richtigerweise wird man Agenten iSd § 1 Abs. 9 auch als Auslagerungsunternehmen iSd § 1 Abs. 10a ansehen müssen (→ § 1 Rn. 386). Vorbild der Regelung des § 25 dürfte § 2 Abs. 10 KWG über gebundene Vermittler sein (so Schwennicke/Auerbach/Schwennicke Rn. 2). Bei aller Ähnlichkeit weichen jedoch die Einzelheiten des § 25 von § 2 Abs. 10 KWG deutlich ab.

6   **c) Institute.** § 25 gilt nur für Institute und nicht für sonstige Zahlungsdienstleister oder sonstige E-Geld-Emittenten. Für Zahlungsinstitute, die nur den Kontoinformationsdienst iSd § 1 Abs. 1 S. 2 Nr. 8 erbringen, gilt § 25 nicht (§ 2 Abs. 6). Über § 42 Abs. 1 findet § 25 auch Anwendung auf inländische Zweigstellen von Unternehmen mit Sitz außerhalb der EU oder des EWR, die Zahlungsdienste oder E-Geld-Geschäft im Inland betreiben (Schäfer/Omlor/Mimberg/Möslein Rn. 4). Für Hilfspersonen, die im Namen von CRR-Kreditinstituten oder sonstigen Zahlungsdienstleistern oder im Namen von sonstigen E-Geld-Emittenten tätig werden, findet § 25 ebenso wenig Anwendung; der Gesetzgeber hat es offenbar bewusst unterlassen, den Begriff des Agenten oder auch des E-Geld-Agenten auf solche Hilfspersonen zu erstrecken (hierzu oben Kommentierung zu → § 1 Rn. 344 f.). Für die Tätigkeit von solchen Hilfspersonen gilt demzufolge die allgemeine Vorschrift über Auslagerungen des § 25b KWG (Schwennicke/Auerbach/Schwennicke Rn. 3).

7   **d) Eintragung der Agenten.** Die für Zahlungsinstitute tätigen Agenten werden gemäß § 43 Abs. 1 Nr. 4 in das Zahlungsinstituts-Register eingetragen, die für E-Geld-Institute tätigen Agenten (iSd § 1 Abs. 9) gemäß § 44 Abs. 2 S. 1 in das E-Geld-Instituts-Register. Die Eintragung von E-Geld-Agenten (iSd § 1 Abs. 10) in das E-Geld-Instituts-Register ist dagegen nach dem Wortlaut von § 44 Abs. 2 nicht vorgesehen (vgl. die Kommentierung der → Rn. 23; → § 44 Rn. 5) (dazu auch Fett/Bentele BKR 2011, 403 (407)).

8   **e) Sonstige Aufsicht über Agenten.** Agenten unterliegen unmittelbar der Auskunfts- sowie der Prüfungs- und Besichtigungsbefugnis der BaFin und der BBank gemäß § 19 Abs. 1. Im Übrigen stellt jedoch das ZAG die Aufsicht über Agenten mittelbar über die Institute sicher. Gemäß Abs. 2 hat sich ein Institut laufend über die fortbestehende Zuverlässigkeit und Eignung des Agenten sowie über die Einhaltung der gesetzlichen Vorschriften zu vergewissern. Findet diese Aufsicht durch das Institut nicht in hinreichendem Maße statt, so kann die BaFin gemäß Abs. 3 die Einschaltung von Agenten insgesamt oder in Bezug auf einzelne Agenten untersagen. Die grenzüberschreitende Beaufsichtigung von ausländischen Agenten eines inländischen Instituts wird über Abs. 4 sichergestellt, während § 39 Abs. 1 die Zusammenarbeit der Behörden bei Beaufsichtigung eines inländischen Agenten eines ausländischen Instituts regelt.

II. Anzeigepflicht (Abs. 1)

1. Erbringung von Zahlungsdiensten über einen Agenten

9   **a) Agenten.** Maßgeblich ist die Definition gemäß § 1 Abs. 9 S. 1. Ein Agent erbringt im Namen eines Zahlungsinstituts oder eines E-Geld-Instituts Zahlungsdienste. Der Agent handelt also immer in offener Stellvertretung für das Institut; andere Vertriebsformen, zB Kommissionärstätigkeit oder Zwischenhändler, werden hiervon nicht erfasst (vgl. oben Kommentierung zu → § 1 Rn. 334 ff.; Kommentierung zu → § 1 Rn. 346; so auch Ellenberger/Findeisen/Nobbe/Böger/Findeisen § 1 Rn. 668 ff.; im Ergebnis auch Müller/Starre BKR 2013, 149 (153)).

10   **b) Erbringung von Zahlungsdiensten; weitere Auslagerungen.** § 25 betrifft nach seinem Wortlaut nur die Auslagerung der Erbringung von Zahlungsdiensten. Das ist der Fall, wenn der Agent vertraglich beauftragt wird, Zahlungs-

dienste iSd § 1 Abs. 1 S. 2 im Namen eines Instituts zu erbringen. Im Einzelnen vgl.
→ § 1 Rn. 329 ff. Lagert ein Institut über die Erbringung von Zahlungsdiensten
hinausgehend wesentliche Aktivitäten von Agenten aus, so erscheint es nicht ausgeschlossen, dass neben § 25 auch § 26 zur Anwendung kommt (so auch Schäfer/
Omlor/Mimberg/Möslein Rn. 18). § 25 hat nämlich die speziellen Risiken der
Auslagerung gerade der Erbringung von Zahlungsdiensten vor Augen und verlangt
deshalb eine besondere Prüfung der Zuverlässigkeit des Agenten sowie der Geschäftsleiter des Agenten. Werden jedoch über die Erbringung von Zahlungsdiensten hinausgehende Tätigkeiten ausgelagert, zB auf Rechenzentren, so ist der Wille
des Gesetzgebers anzunehmen, dass dann über die Vorkehrungen des § 25 hinausgehende, weitere angemessene Vorkehrungen zu treffen sind, um übermäßige zusätzliche Risiken zu vermeiden iSv § 26 Abs. 1 S. 1. Auch dürften die allgemeinen
Grundsätze der Auslagerung iSv § 26 im Rahmen von § 25 ebenfalls Anwendung
finden: Die Tätigkeit der Geschäftsleitung ist nicht auf Agenten übertragbar (Reg-
Begr. ZDUG, BT-Drs. 16/11613, 52, zu § 20) und die Auslagerung iSd § 25 darf
sich nicht negativ auf die Erlaubnisvoraussetzungen auswirken (RegBegr. ZDUG,
BT-Drs. 16/116 13, 52, zu § 20).

2. Angaben an BaFin und BBank

a) Vorschriften. Die im Rahmen von § 25 Abs. 1 geforderten Angaben sind **11**
diesem Absatz sowie § 7 ZAGAnzV und der AgNwV zu entnehmen; die
ZAGAnzV ist im Anhang zu § 10, die AgNwV ist im Anhang zu § 25 abgedruckt.

b) Angabe nach § 25 Abs. 1 S. 1 Nr. 1; Name und Anschrift. Das Institut **12**
hat den Namen und die Anschrift des Agenten anzugeben. Unter dem Namen
wird bei juristischen Personen, Personenhandelsgesellschaften und Einzelkaufleu-
ten die Firma iSv § 17 Abs. 1 HGB zu verstehen sein (Schäfer/Omlor/Mimberg/
Möslein Rn. 23). Nicht ausreichend ist die Angabe der Geschäftsbezeichnung, soweit diese in keinem Register eingetragen ist (zB bei nicht-kaufmännischen oder
-gewerblichen Agenten); der Agent soll eindeutig identifizierbar sein (Schäfer/
Omlor/Mimberg/Möslein Rn. 23). Ist der Agent eine natürliche Person, ist der
bürgerliche Name iSv § 12 BGB anzugeben (Schäfer/Omlor/Mimberg/Möslein
Rn. 23). Als Anschrift muss eine „ladungsfähige" Anschrift angegeben werden; die
Angabe eines Postfachs reicht mit Blick auf die Besichtigungsrechte der BaFin (§ 19
Abs. 1 S. 3) nicht aus (Schäfer/Omlor/Mimberg/Möslein Rn. 23).

c) Angabe nach § 25 Abs. 1 S. 1 Nr. 2 Hs. 1; Geldwäsche-Compliance. **13**
Das Institut hat eine Beschreibung der internen Kontrollmechanismen vorzulegen,
die der Agent anwendet, um die Anforderungen des GwG zu erfüllen. Hierbei geht
es ähnlich wie im Rahmen eines Erlaubnisantrags gemäß § 10 Abs. 2 Nr. 11 iVm
§ 27 darum, der BaFin und der BBank die interne Organisation der Erfüllung der
Geldwäschevorschriften durch den Agenten darzulegen. Der Agent ist selbst Verpflichteter gemäß § 2 Abs. 1 Nr. 4 Alt. 1 GwG, sofern er seinen Sitz im Inland hat
(vgl. hierzu BaFin-Merkblatt, Sorgfalts- und Organisationspflichten beim E-Geld-
Geschäft v. 20.4.2012 Abschn. II.1). Agenten mit Sitz im Ausland müssen dementsprechend das an ihrem Sitz anwendbare Geldwäscherecht berücksichtigen. Die
Beschreibung der internen Kontrollmechanismen zur Erfüllung der Anforderungen des GwG geht einher mit der Pflicht des Instituts gemäß Abs. 2 S. 1, sicherzustellen, dass der Agent bei Erbringung der Zahlungsdienste die gesetzlichen Vorgaben erfüllt (Rechtsaufsicht) (hierzu → Rn. 37).

14   **d) Angabe nach § 25 Abs. 1 S. 1 Nr. 2 Hs. 2; Änderungsmitteilung.** Zudem trifft das Institut eine Aktualisierungspflicht. Danach hat das Institut, das den
Agenten einschaltet, die Beschreibung der internen Kontrollmechanismen, die der
Agent zur Erfüllung der Anforderungen des GwG anwendet, bei sachlichen Änderungen unverzüglich zu aktualisieren. Solche sachlichen Änderungen können sich
zB bei einer neuen Risikoanalyse iSd § 5 GwG durch den Agenten ergeben. Auch
bei für die Geldwäsche-Compliance relevanten personellen Veränderungen sind
solche Aktualisierungen angezeigt.

15   Es dürfte sich bei Abs. 1 Nr. 2 Hs. 2 um einen Teil der Umsetzung von Art. 19
Abs. 8 Hs. 2 PSD2 handeln. Im Übrigen gilt Abs. 1 S. 4, wonach Änderungen unverzüglich anzuzeigen sind, und § 7 Abs. 2 ZAGAnzV, wonach Änderungen der
nach Abs. 1 angezeigten Verhältnisse spätestens einen Monat vor Wirksamwerden
der Änderungen anzuzeigen sind. Insgesamt zu Änderungsanzeigen → Rn. 32.

16   **e) § 25 Abs. 1 S. 1 Nr. 3 Teil 1; Geschäftsleiter.** Anzugeben sind ferner die
Namen der Geschäftsleiter und der für die Geschäftsleitung eines Agenten verantwortlichen Personen, die zur Erbringung von Zahlungsdiensten eingesetzt werden sollen. Der Begriff des Geschäftsleiters ist in § 1 Abs. 8 S. 1 für Institute definiert; diese Vorschrift ist für Agenten entsprechend anzuwenden. § 1 Abs. 8 S. 2,
wonach andere Personen durch die BaFin als Geschäftsleiter bezeichnet werden
können, dürfte nicht anwendbar sein (zustimmend Schäfer/Omlor/Mimberg/
Möslein Rn. 27). Auf die Kommentierung zu § 1 Abs. 8 wird verwiesen (→ § 1
Rn. 309 ff.).

17   **f) § 25 Abs. 1 S. 1 Nr. 3 Teil 2; Zuverlässigkeit und Eignung.** Für Agenten,
die keine Zahlungsdienstleister iSd § 1 Abs. 1 S. 1 sind, ist weiterhin erforderlich der
Nachweis der Zuverlässigkeit und Geeignetheit der Geschäftsleiter.

18   **aa) Form und Inhalt der Anzeige.** Form und Inhalt der Anzeige und der geforderten Nachweise ergeben sich aus § 7 ZAGAnzV (Anhang zu § 10) und § 1
AgNwV (Anhang zu § 25).

19   **bb) Nachweis der Zuverlässigkeit.** Zum Nachweis der Zuverlässigkeit sind
die in § 1 Abs. 1 S. 1 Nr. 1, 2, 4, 6, 7, 9 und 10 AgNwV genannten Unterlagen vorzulegen. Unvollständigkeiten, Mängeln und Widersprüchen in Bezug auf die vorgelegten Unterlagen hat das Institut aktiv nachzugehen und diese aufzuklären.
Zweifel können sich insbesondere dann ergeben, wenn die vorgelegten Unterlagen
mit den mündlichen Angaben des Agenten nicht übereinstimmen (Begr. zum Entwurf AgNwV v. 7.8.2009, S. 3 f.). Im Grundsatz sind ähnliche Maßstäbe anzulegen
wie bei der Beurteilung der Zuverlässigkeit im Rahmen des Erlaubnisantrags (dazu
oben Kommentierung → § 10 Rn. 71 ff.). Zuverlässigkeit ist nicht gegeben, wenn
die besagte Person oder die Personen in den letzten fünf Jahren vor Aufnahme der
Agententätigkeit wegen eines Verbrechens oder wegen Diebstahls, Unterschlagung,
Erpressung, Betrugs, Untreue, Geldwäsche, Urkundenfälschung, Hehlerei, Wu-
chers, einer Insolvenzstraftat, einer Straftat nach dem KWG, dem ZAG oder dem
Außenwirtschaftsrecht rechtskräftig verurteilt worden ist bzw. sind. Auch bei
rechtskräftiger Verurteilung wegen anderer Straftaten kann der Geschäftsleiter als
unzuverlässig gelten. Dasselbe gilt für Ordnungswidrigkeiten, die im Zusammenhang mit einer unternehmerischen Tätigkeit begangen wurden, insbesondere solche nach aufsichtsrechtlichen Vorschriften (Begründung zum Entwurf der AgNwV
v. 7.8.2009, S. 3 f.; vgl. auch oben Kommentierung zu → § 10 Rn. 65). Sodann
können ungeordnete Vermögensverhältnisse des Agenten oder seiner Geschäftslei-

ter für mangelnde Zuverlässigkeit sprechen (Begründung zum Entwurf der AgNwV v. 7.8.2009, S. 4).

cc) Nachweis der fachlichen Eignung. Die gemäß § 7 Abs. 1 S. 1 ZAGAnzV **20** iVm § 1 Abs. 1 S. 1 AgNwV vorzulegenden Nachweise dienen ebenfalls dem Nachweis der fachlichen Eignung. Erforderlich ist der Nachweis ausreichender theoretischer und praktischer Kenntnisse des Agenten (und der Geschäftsleiter ua) über die zu erbringenden Zahlungsdienste (§ 1 Abs. 2 AgNwV). Hier wird man sich im Grundsatz an den für § 10 Abs. 2 S. 4 ZAG sowie nach § 25c Abs. 1 S. 3 KWG geltenden Maßstäben orientieren können (so auch Schäfer/Omlor/Mimberg/Möslein Rn. 30). Auch bei einem Agenten bzw. dessen Geschäftsleitern wird man die fachliche Eignung regelmäßig annehmen dürfen, wenn eine dreijährige leitende Tätigkeit bei einem Institut (oder bei einem Agenten) von vergleichbarer Größe und Geschäftsart nachgewiesen wird.

dd) Vorprüfungs- und Aufklärungspflicht des Instituts. Das Institut hat **21** sämtliche Unterlagen und Angaben des Agenten auf Unvollständigkeiten, Mängel und Widersprüche zu prüfen, diesen aktiv nachzugehen und diese aufzuklären (§ 1 Abs. 1 S. 2 AgNwV). Soweit erforderlich, hat das Institut weitere Nachweise des Agenten einzuholen. Sind die Nachweise nicht sämtlich im Inland verfügbar, weil der Agent im EWR-Ausland ansässig ist (Satzungssitz, Verwaltungssitz, Wohnsitz), so sind gemäß § 1 Abs. 1 S. 4 AgNwV vergleichbare ausländische Nachweise einzuholen.

ee) Kredit-, E-Geld-, Finanzdienstleistungs- oder Zahlungsinstitut als 22 Agent. Nachweis über Zuverlässigkeit und Eignung sind nicht erforderlich, wenn der Agent ein Zahlungsdienstleister iSd § 1 Abs. 1 S. 1 ist. Das ZDUG II hat insofern für solche Agenten eine Befreiung verankert, die zB als CRR-Kreditinstitut iSd § 1 Abs. 3d KWG bereits beaufsichtigt sind und deren Geschäftsleiter im Hinblick auf deren Zuverlässigkeit und Eignung überprüft werden oder der anderweitig einer Aufsicht unterstehen. Demgegenüber nimmt § 3 AgNwV nur solche Agenten von der Nachweispflicht aus, die ein Institut iSd § 1 Abs. 3, Institut iSd § 1 Abs. 1b KWG oder Wertpapierinstitut iSd § 2 Abs. 1 WpIG sind. Man wird aber wohl annehmen dürfen, dass für sämtliche Zahlungsdienstleister iSd § 1 Abs. 1 S. 1, sollten sie für ein anderes Institut die Rolle eines Agenten übernehmen, Nachweise gemäß Abs. 1 Nr. 3 Hs. 2 nach Sinn und Zweck der Vorschrift nicht erforderlich sind, da und soweit eine Aufsicht über diese Institute anderweitig gewährleistet ist (zustimmend Schäfer/Omlor/Mimberg/Möslein Rn. 28). Der Nachweis ist aber wieder dann erforderlich, wenn ausnahmsweise eine Prüfung der Zuverlässigkeit und Eignung nicht erfolgt ist (Schäfer/Omlor/Mimberg/Möslein Rn. 28).

ff) E-Geld-Agenten. Für E-Geld-Agenten gilt nicht § 25, sondern lediglich **23** § 32. Nach § 32 Abs. 1 S. 2 entfällt die Einreichung von Nachweisen über Zuverlässigkeit und Eignung. E-Geld-Agenten werden nach dem Wortlaut von § 44 Abs. 2 auch nicht in das Zahlungsinstituts-Register oder das E-Geld-Instituts-Register eingetragen. Allerdings müssen E-Geld-Institute im Rahmen ihrer Pflichten gemäß § 27 Abs. 1 sicherstellen, dass E-Geld-Agenten zuverlässig und fachlich geeignet sind (RegBegr. Zweite E-Geld-RLUG, BT-Drs. 17/3023, 83). S. auch Kommentierung zu § 32.

24   **g) § 25 Abs. 1 S. 1 Nr. 4; Zahlungsdienste.** Art. 19 Abs. 1 lit. d PSD2 verlangt nun ausdrücklich (anders noch die Vorgängernorm des Art. 17 Abs. 1 PSD1) die Angabe der Zahlungsdienste, mit denen ein Agent beauftragt werden soll.

25   **h) § 25 Abs. 1 S. 1 Nr. 5; Identifikationscode, Kennnummer.** Gemäß Art. 19 Abs. 1 lit. e PSD2 sind ggf. Identifikationscode und Kennnummer des Agenten anzugeben; sofern der Agent, zB als zugelassener Zahlungsdienstleister, über einen Identifikationscode oder eine Kennnummer verfügt, wären diese anzugeben; ein solche Code wäre der Bank Identifier Code des SWIFT-Systems (Schäfer/Omlor/Mimberg/Möslein Rn. 32; zum BIC EB/Haug Bankrechts-HdB § 31 Rn. 23 ff.). Ansonsten könnten hiermit auch die in Anhang I der Delegierten VO (EU) 2017/2055 (für die Kommunikation zwischen Behörden) bezeichneten Identifikationscodes gemeint sein, dh für Deutschland die HRA oder HRB oder andere bei der Eintragung im Amtsgericht vergebene Nummern (ähnlich Schäfer/Omlor/Mimberg/Möslein Rn. 32).

26   **i) Vereinbarung nach § 2 Abs. 1 AgNwV.** Nach § 7 Abs. 1 S. 1 ZAGAnzV ist weiterhin erforderlich, dass im Rahmen der Absichtsanzeige nach § 25 Abs. 1 eine Vereinbarung gemäß § 2 Abs. 1 AgNwV vorgelegt wird (so auch Schwennicke/Auerbach/Schwennicke Rn. 5). Richtiger müsste es in § 7 Abs. 1 S. 1 ZAGAnzV heißen: „der Entwurf einer Vereinbarung", da es sich bei der Anzeige nach § 25 Abs. 1 S. 1 um eine Absichtsanzeige handelt. Diese Vereinbarung hat gemäß § 2 Abs. 1 AgNwV neben den Pflichten des Agenten auch die Rechte des Zahlungsinstituts (und des E-Geld-Instituts) einschließlich dessen Weisungs- und Kündigungsrechte sowie die Kontrollrechte durch das Institut und dessen Prüfer festzulegen. Ziel ist es, hier auf rechtsgeschäftlichem Weg eine Rechtsaufsicht des Instituts über den Agenten zu etablieren. Diese Vereinbarung hat deshalb für das Institut sämtliche Aufsichtsrechte gemäß Abs. 2 ggü. dem Agenten in rechtsgeschäftlicher Form sicherzustellen. Zudem sollte die Vereinbarung Kündigungsrechte vorsehen für den Fall, dass die BaFin eine Untersagungsverfügung erlässt. Hierin dürfte idR auch ein wichtiger Kündigungsgrund zu sehen sein, ggf. mit Schadenersatzpflichten des Instituts. Zudem sollte die Vereinbarung die Auskunfts-, Prüfungs- und Besichtigungsrechte der BaFin und der BBank sowie durch deren Beauftragte gemäß § 19 Abs. 1 rechtsgeschäftlich absichern. Weiterhin ist der Agent dazu zu verpflichten, dem Institut unverzüglich die Informationen bereitzustellen, die Gegenstand der Meldepflichten des Instituts gemäß § 7 Abs. 2 ZAGAnzV sind. Darüber hinaus hat die Vereinbarung zwischen dem Institut und dem Agenten auch die Einhaltung der geldwäscherechtlichen Sorgfaltspflichten durch den Agenten sowie dessen Risikomanagement zu berücksichtigen. Hier sind entsprechende Leistungs-, Organisations- und Dokumentationspflichten zu vereinbaren. Insofern gelten die Ausführungen zu Auslagerungen gemäß § 26 entsprechend (dazu → § 26 Rn. 71 ff.).

27   Handelt es sich bei dem Agenten um ein Institut iSd § 1 Abs. 3 oder ein Institut iSd § 1 Abs. 3b KWG, so ist eine solche Vereinbarung bzw. eine Vereinbarung mit den vorstehend beschriebenen, aufsichtsrechtlich bedingten Inhalten gemäß § 3 AgNwV nicht erforderlich; im Rahmen von § 25 Abs. 1 und § 7 Abs. 1 ZAGAnzV erübrigt sich dementsprechend die Vorlage einer solchen Vereinbarung (→ Rn. 22; so auch Schäfer/Omlor/Mimberg/Möslein Rn. 33).

28   **j) Schriftliche Versicherung gemäß § 7 Abs. 1 S. 2 ZAGAnzV.** Das Zahlungsinstitut (und das einen Agenten einschaltende E-Geld-Institut) hat schriftlich zu versichern, dass es die gemäß § 1 der AgNwV erforderlichen Nachweise über die Zuverlässigkeit und fachliche Eignung der Geschäftsleiter ua eingeholt hat und von der Zuverlässigkeit und fachlichen Eignung dieser Personen überzeugt ist. In dieser Versicherung spiegelt sich die auch in § 25 Abs. 2 verankerte mittelbare Aufsicht über die Agenten wider. Die BaFin kann allerdings von dem Institut die Einholung weiterer Nachweise über die Zuverlässigkeit und fachliche Eignung des Agenten verlangen (§ 7 Abs. 1 S. 3 ZAGAnzV). Für sonstige Informationen ist Abs. 1 S. 1 abschließend (vgl. Schäfer/Omlor/Mimberg/Möslein Rn. 35).

k) Zeitpunkt der Anzeige. Die Anzeige nach Abs. 1 S. 1 ist eine Absichts- **28a** anzeige. Dies bedeutet, dass sie vor Abschluss der Verträge mit dem Agenten und insbesondere vor Beginn der Tätigkeit des Agenten abzugeben ist; denn die Anzeige ist Voraussetzung für die Eintragung des Agenten in das Institutsregister und diese wiederum ist konstitutionelle Voraussetzung für die Erlaubnis des Agenten zum Tätigwerden (→ Rn. 31). Die Absicht fasst das Institut, wenn die Geschäftsleitung dies entschieden hat.

3. Prüfung und Mitteilung durch die BaFin (Satz 2)

Abs. 1 S. 2 setzt Art. 19 Abs. 2 S. 1 PSD2 um. Danach hat die BaFin die Prüfung **29** innerhalb von 2 Monaten nach Eingang der vollständigen Unterlagen nach Abs. 1 Satz 1 zu beenden und dem Institut seine Entscheidung, ob der Agent in das Zahlungsinstituts-Register eingetragen wird, mitzuteilen. Die Frist beginnt erst mit vollständiger Übermittlung. Eine vollständige Übermittlung idS liegt vor, wenn die nach Abs. 1 S. 1 sowie § 7 Abs. 1 S. 1 und S. 2 ZAGAnzV geforderten Nachweise eingereicht wurden; eine Nachforderung nach § 7 Abs. 1 S. 3 ZAGAnzV führt nach dem Wortlaut von § 25 Abs. 1 S. 2 nicht zu einer Verlängerung der Frist (so auch Schäfer/Omlor/Mimberg/Möslein Rn. 36).

4. Eintragung in das Register

Nach positivem Ausgang der Prüfung der Nachweise, der Vereinbarung sowie **30** der Angaben zu dem Agenten trägt die BaFin diesen – je nach beauftragendem Institut – entweder in das Zahlungsinstituts-Register (§ 43 Abs. 1 S. 1 Nr. 4) oder in das E-Geld-Instituts-Register (§ 44 Abs. 2 S. 1) ein. Der Wortlaut von § 25 Abs. 1 S. 2 und S. 3, der nur auf Zahlungsinstituts-Register verweist, beruht auf einem Redaktionsversehen, wie sich klar aus § 44 Abs. 2 S. 1 ergibt.

Die Entscheidung der BaFin über die Eintragung des Agenten in das Zahlungs- **30a** institutsregister (§ 43 Abs. 1 S. 1 Nr. 4) oder das E-Geld-Institutsregister (§ 44 Abs. 2 S. 1) ist aufgrund der konstitutiven Wirkung der Eintragung (Abs. 1 S. 3; → Rn. 31) Verwaltungsakt iSd § 35 VwVfG; dieser ist zu begründen (§ 39 VwVfG; vgl. auch Schäfer/Omlor/Mimberg/Möslein Rn. 37).

5. Wirkung der Eintragung (Satz 3)

Auf der Grundlage von Art. 19 Abs. 2 S. 2 PSD2 bestimmt Abs. 1 S. 3, dass der **31** Agent erst nach Eintragung in das Zahlungsinstituts-Register tätig werden darf. Diese Vorschrift gilt entsprechend für Agenten eines E-Geld-Instituts (§ 32 Abs. 1 S. 2 iVm § 25 Abs. 1 S. 3). Auf Basis des früheren Rechts (Art. 17 Abs. 2 PSD1: „Die zuständigen Behörden können den Agenten in das Register gemäß Artikel 13 eintragen, (…).") war unklar, ob die Eintragung Voraussetzung für das Tätigwerden des Agenten ist (vgl. → 1. Aufl. 2014, § 19 Rn. 21). Da der Agent Zahlungsdienste im Namen eines Instituts ausführen darf, **ohne eine Erlaubnis nach § 10 Abs. 1** zu benötigen, kam der Frage erhebliche Bedeutung zu. Satz 3 klärt dies, indem der Eintragung insoweit konstitutive Bedeutung zukommt, dass der Agent erst nach Eintragung mit der Erbringung von Zahlungsdiensten für das Zahlungsinstitut oder das E-Geld-Institut beginnen darf (dies war auch das Votum in der Vorauflage → 1. Aufl. 2014, § 19 Rn. 21).

6. Änderungen der Verhältnisse (Satz 4)

32   Satz 4 setzt Art. 19 Abs. 8 PSD2 für Agenten um. Die Pflicht zur Anzeige von Änderungen ist für Institute, die Agenten beschäftigen, **dreifach geregelt:** (i) in Abs. 1 Satz 1 Nr. 2 für die Beschreibung der internen Kontrollmechanismen, (ii) in § 7 Abs. 2 ZAGAnzV, wonach Änderungen der nach § 25 Abs. 1 ZAG angezeigten Verhältnisse spätestens einen Monat vor Wirksamwerden der Änderungen anzuzeigen sind und (iii) in Satz 4, ebenfalls für die Verhältnisse, die nach Satz 1 angezeigt wurden. Die Ansicht, wonach Abs. 1 Satz 1 Nr. 2 während des Registrierungsverfahrens und Abs. 1 S. 4 iVm § 7 Abs. 2 ZAGAnzV danach gelten soll (Schwennicke/Auerbach/Schwennicke Rn. 5), dürfte verkennen, dass auch sonstige Änderungen (dh nicht nur Änderungen der internen Kontrollmechanismen nach dem GwG, sondern zB auch eine Änderung in der Geschäftsleitung des Agenten) bereits während des Verfahrens der Entscheidung über die Registrierung anzuzeigen sind. Was die Anzeigefrist angeht, wird man Abs. 1 Satz 4 den Vorrang vor § 7 Abs. 2 ZAGAnzV geben müssen, weil es sich um die genauere Umsetzung von Art. 19 Abs. 8 PSD2 handelt, so dass als Frist nicht ein Monat, sondern **„unverzüglich",** dh ohne schuldhaftes Zögern (§ 121 Abs. 2 BGB), gilt. Dabei könnte man allerdings bei im Vorhinein absehbaren Änderungen die Monatsfrist des § 7 Abs. 2 ZAGAnzV als „unverzüglich" ansehen, wenn das Inkrafttreten der Änderung diese Frist erlaubt (ähnlich Schäfer/Omlor/Mimberg/Möslein Rn. 40). Bei der Fristberechnung wird man die Pflicht des Instituts, etwaige Anzeigen auf Vollständigkeit, Mängel und Widersprüche zu prüfen und nachzugehen sowie ggf. weitere Nachweise einholen zu müssen (vgl. § 1 Abs. 2 S. 2 und S. 3 AgNwV), berücksichtigen und deshalb dem Institut hierfür einen angemessenen Zeitraum einräumen.

33   Nach Satz 4 hat das Institut der Bundesanstalt und der Deutschen Bundesbank unverzüglich schriftlich Änderungen anzuzeigen, wenn sich die Verhältnisse, die nach Satz 1 angezeigt wurden, ändern. Der Wortlaut der umzusetzenden Richtlinien-Vorschrift sieht keine Beschränkung auf **wesentliche Änderungen** vor, so wie § 10 Abs. 5 für Zahlungsinstitute und § 11 Abs. 4 für E-Geld-Institute: Mitteilung von materiell und strukturell wesentlichen Änderungen. Wenn die wesentlich intensiver und dichter regulierten Institute iSd § 1 Abs. 3 aber nur „materiell und strukturell wesentliche" Änderungen anzeigen müssen, soweit es ihre eigenen Verhältnisse betrifft, spricht viel dafür, dass dies auch für ihre Anzeigepflicht im Hinblick auf Änderungen bei einem Agenten gilt (zustimmend Schäfer/Omlor/Mimberg/Möslein Rn. 41). Dafür spricht auch die analoge Anwendung von Satz 2 und Satz 3: Die Anzeige der Änderung zieht dementsprechend eine **Prüfung durch die Aufsichtsbehörde** nach sich, innerhalb derer die Aufsichtsbehörde entscheiden muss, ob die **Eintragung des Agenten fortbesteht** oder ob sie diese **zurücknehmen** muss. Die Konsequenz der Löschung des Agenten aus dem entsprechenden Register wäre, dass er fortan die Zahlungsdienste, für die er beauftragt ist, nicht mehr ausführen darf (entsprechende Anwendung von Satz 3). Mithin sollte die Änderungsanzeige ebenfalls auf wesentliche Änderungen beschränkt sein. Dabei wird man aber zB eine Änderung des Namens (der Firma) und/oder der Anschrift des Agenten als wesentlich ansehen, weil sich hierdurch die Eintragung ändert (ähnlich Schäfer/Omlor/Mimberg/Möslein Rn. 41).

Um die Pflicht zur Mitteilung von Änderungen erfüllen zu können, hat das **34** Institut in der **Vereinbarung gemäß §2 Abs. 1 AgNwV** mit dem Agenten entsprechende Vorkehrungen zu treffen, wonach der Agent dem Institut bevorstehende Änderungen entsprechend frühzeitig zu melden hat (RegBegr. Zweite E-Geld-RLUG, BT-Drs. 17/3023, 48). Ein Verstoß gegen aufsichtsrechtliche Vorschriften liegt dagegen nicht vor, wenn das Institut trotz derartiger und anderer organisatorischer Vorkehrungen iSv §27 Abs. 1 Nr. 1 keine Kenntnis von dem meldepflichtigen Sachverhalt, die in der Regel bei dem Agenten eintreten wird, erlangt. Im Falle **ausländischer Agenten** sind Abs. 4 iVm §38 Abs. 1 iVm §9 Abs. 1 S. 3 ZAGAnzV zu beachten.

III. Aufsichtspflicht des Instituts (Abs. 2)

1. Allgemeines

Abs. 2 setzt für den Agenten Art. 20 Abs. 1 PSD2 um. Er verwirklicht den **35** Grundsatz, dass, mit bestimmten Ausnahmen in §19 Abs. 1, das Institut Adressat der aufsichtsrechtlichen Bestimmungen auch im Hinblick auf den Agenten ist. Diese Etablierung der mittelbaren Agentenaufsicht folgt dem Prinzip der Auslagerung. Aufsichtsrechtlich ist das Institut vollumfänglich verantwortlich für die Tätigkeit des Agenten, so wie es Art. 20 Abs. 1 PSD2 vorgegeben hat. Der Agent bedarf demzufolge keiner Erlaubnis nach dem ZAG (oder dem KWG; vgl. → Rn. 4), sofern er (nur) im Namen des Instituts Zahlungsdienste erbringt (so auch Ellenberger/Findeisen/Nobbe/Böger/Findeisen §1 Rn. 663 f.). Wird der Agent nicht im Namen des Instituts, sondern im eigenen Namen und auf eigene Rechnung tätig, so darf er lediglich im Rahmen von §2 Abs. 1 Nr. 12 Zahlungsvorgänge durchführen (Zahlungsvorgänge untereinander) (hierzu → §2 Rn. 146 f.).

2. Beaufsichtigung des Agenten durch das Institut im Einzelnen

a) Laufende Aufsicht über Zuverlässigkeit und Geeignetheit des Agen- 36 ten. Das Institut hat gemäß Abs. 2 die laufende Aufsicht über die Zuverlässigkeit und Geeignetheit des Agenten sicherzustellen. Dies folgt auch aus den Organisationspflichten gemäß §27 Abs. 1 (RegBegr. Zweite E-Geld-RLUG, BT-Drs. 17/3023, 48: zu §22 ZAG aF). Dementsprechend hat das Institut in angemessenen zeitlichen Abständen die Nachweise gemäß §1 Abs. 1 AgNwV erneut abzufordern (vgl. auch §2 Abs. 2 S. 2 AgNwV). Insofern läuft die Überwachungspflicht parallel zur Nachweispflicht nach Abs. 1 S. 1 Nr. 3; sie besteht aber auch dann, wenn der Agent selbst Zahlungsdienstleister ist (Schäfer/Omlor/Mimberg/Möslein Rn. 43). Auch sonstige Prüfungen des Instituts sind in angemessenen zeitlichen Abständen bei dem Agenten durchzuführen. Welche zeitlichen Abstände angemessen sind, ist im Einzelfall zu entscheiden (Begründung zum Entwurf der AgNwV v. 7.8.2009, S. 4).

b) Rechtsaufsicht durch das Institut. Nach Abs. 2 S. 1 hat das Institut auch **37** sicherzustellen, dass der Agent bei der Erbringung der Zahlungsdienste die gesetzlichen Vorgaben erfüllt. Hierzu gehören sowohl die gesetzlichen Vorgaben des

ZAG, die Pflichten nach GwG und auch die zusätzlichen Vorschriften und Verbraucherschutzregeln. Dies bedeutet zum einen, dass sich der Agent an die für das Institut zugelassenen Ausnahmen vom Einlagengeschäft und vom Kreditgeschäft gemäß § 3 halten muss. Er hat den Erlaubnisumfang des Instituts gemäß § 10 Abs. 2 bzw. § 11 Abs. 2 sowie auch die von dem Institut gewählten Sicherungsmaßnahmen gemäß §§ 17, 18 zu beachten. Darüber hinaus hat das Institut auch sicherzustellen, dass der Agent die ihm in der Vereinbarung gemäß § 2 Abs. 1 AgNwV auferlegten, aus aufsichtsrechtlichen Erfordernissen (insbesondere auch § 27 Abs. 1) folgenden Organisations- und Dokumentationspflichten befolgt. Sodann hat das Institut auch darüber zu wachen, dass der Agent die **zivilrechtlichen** Vorschriften über die Erbringung von Zahlungsdiensten iSv §§ 675c ff. BGB befolgt, insbesondere soweit diese auch aufsichtsrechtliche Relevanz haben (→ § 3 Rn. 57). Zuletzt hat das Institut auch sicherzustellen, dass der Agent die geldwäscherechtlichen Pflichten beachtet. Der Agent ist selbst Verpflichteter gemäß § 2 Abs. 1 Nr. 4 Alt. 1 GwG. Setzt das Institut Agenten ein, die ihren Sitz nicht im Inland haben, so gilt deren ausländisches Geldwäscherecht (BaFin-Merkblatt – Sorgfalts- und Organisationspflichten beim E-Geld-Geschäft v. 20.4.2012, Abschn. II.1.).

38   **c) Information des Kunden.** Nach Abs. 2 S. 1 hat das Institut ferner sicherzustellen, dass der Agent den Zahlungsdienstnutzer vor oder während der Aufnahme der Geschäftsbeziehung über seinen Status informiert und unverzüglich von der Beendigung dieses Status in Kenntnis setzt. Erforderlich ist also, dass der Agent dem Kunden mitteilt, dass er als Agent iSv § 1 Abs. 9 tätig wird. Wesentlich hierbei ist, dass dem Kunden offenkundig wird, dass der Agent nicht in eigenem Namen und auf eigene Rechnung, sondern im Namen und für Rechnung eines Instituts die jeweiligen Zahlungsdienste ggü. dem Zahlungsdienstnutzer erbringt. Das zivilrechtlich in § 164 BGB verankerte Offenkundigkeitsprinzip erlangt somit (eingeschränkt) über Abs. 2 S. 1 aufsichtsrechtliche Relevanz. Entscheidend ist in diesem Zusammenhang auch, dass dem Kunden zu jedem Zeitpunkt die Identität des hinter dem Agenten stehenden Instituts erkennbar bleibt, so dass er im Fall von zivilrechtlichen Ansprüchen oder aufsichtsrechtlichen Verstößen den hinter dem Agenten stehenden Adressaten seiner Ansprüche bzw. seiner (möglichen) Beschwerden erkennt. Diese Regelung dient somit dem Verbraucherschutz (RegBegr. ZDUG, BT-Drs. 16/11613, 52).

39   **d) Dokumentations- und Aufbewahrungspflichten des Instituts.** Nach § 2 Abs. 2 S. 1 AgNwV hat das Institut die regelmäßigen Überprüfungen des Agenten zu dokumentieren. Nachweise über die Beaufsichtigung des Agenten durch das Institut hat das Institut auch fünf Jahre nach Beendigung der Agententätigkeit noch aufzubewahren, Abs. 2 S. 2 (vgl. auch Schäfer/Omlor/Mimberg/Möslein Rn. 46). Aufzubewahren sind auch die ursprünglichen Nachweise, wenn iSv § 2 Abs. 2 S. 2 AgNwV Nachweise erneuert wurden; nur so lässt sich die „Eignungshistorie" des Agenten rekonstruieren (Schäfer/Omlor/Mimberg/Möslein Rn. 46).

3. Aufsicht durch die BaFin und die BBank, Anordnungsbefugnisse nach § 26 Abs. 3a

40   Neben der mittelbaren Beaufsichtigung des Agenten über die Institute bestehen einzelne, unmittelbare Aufsichts- und Eingriffsbefugnisse der BaFin und der BBank ggü. den Agenten. BaFin und BBank haben gemäß § 19 Abs. 1 S. 1 Auskunftsrechte. Daneben haben sie die Prüfungs- und Besichtigungsrechte nach § 19 Abs. 1

S. 2. Den Agenten trifft jeweils die Duldungspflicht gemäß § 19 Abs. 1 S. 3 unmittelbar. Über § 38 Abs. 8 gelten diese Befugnisse der BaFin und der BBank ggü. im Ausland ansässigen Agenten; hier ist jedoch jeweils die Zustimmung der ausländischen Behörden gemäß § 38 Abs. 8 S. 2 einzuholen.

Daneben bestehen die Anordnungsbefugnisse der BaFin gemäß § 26 Abs. 3a **40a** (→ § 26 Rn. 120 ff.). Denn Agenten sind Auslagerungsunternehmen iSd § 1 Abs. 10a (→ § 1 Rn. 364 ff.).

IV. Untersagung durch die BaFin (Abs. 3)

1. Allgemeines

Auch Abs. 3 verwirklicht die mittelbare Beaufsichtigung des Agenten über das **41** Institut. Vernachlässigt das Institut seine Aufsichts-, Kontroll-, Dokumentations- und/oder Nachweispflichten, so kann die BaFin dem Institut die Nutzung eines oder aller Agenten untersagen.

2. Untersagungsgrund

Eine Untersagung kommt dann in Betracht, wenn das Institut seine Agenten **42** nicht ordnungsgemäß **ausgewählt oder überwacht** hat. Da die Verfügung der BaFin gemäß Abs. 3 S. 2 auch die Einbindung einzelner Agenten treffen kann, reicht vorliegend die mangelnde Durchführung der Auswahl oder Überwachung eines einzelnen Agenten für die Untersagung von dessen Einbindung; Überwachungsfehler müssen nicht im Hinblick auf sämtliche von dem Institut beauftragten Agenten nachgewiesen werden. Erforderlich ist hier ein Verstoß des Instituts gegen seine Pflichten gemäß Abs. 2 (dort im Einzelnen → Rn. 36 ff.). Abs. 3 ist zudem Ermächtigungsgrundlage, wenn das Institut schon die Anzeige nach Abs. 1 nicht oder nicht ordnungsgemäß erfüllt hat (Schwennicke/Auerbach/Schwennicke Rn. 14). Kein Untersagungsgrund ist dagegen ein Fehlverhalten des Agenten selbst, wenn das Institut den Agenten ordnungsgemäß ausgewählt und überwacht hat (Schäfer/Omlor/Mimberg/Möslein Rn. 47).

3. Untersagungsverfügung

Liegt ein Untersagungsgrund vor, so kann die BaFin dem Institut untersagen, **43** einen oder sämtliche Agenten in die Tätigkeit des Instituts einzubeziehen. Die BaFin hat hier eine Ermessensentscheidung zu treffen, die dem Grundsatz der Verhältnismäßigkeit unterliegt. Vor Erlass einer Untersagungsverfügung hat die BaFin deshalb in der Regel auf mildere Maßnahmen, insbesondere Anordnungen gemäß § 4 Abs. 2, zurückzugreifen; hierzu gehören auch Hinweise und Mahnschreiben sowie die Androhung weiterer Maßnahmen, insbesondere die Androhung der Untersagungsverfügung. Liegen Verstöße also nur im Hinblick auf einen Agenten vor, so dürfte regelmäßig die Untersagung der Einbeziehung sämtlicher Agenten unverhältnismäßig sein, es sei denn, die Verstöße lassen Rückschlüsse auf grobe Pflichtverstöße des Instituts im Hinblick auf seine Pflichten nach Abs. 2 gegenüber allen Agenten zu. Die Untersagungsverfügung richtet sich an das Institut. Der oder die Agenten können Beteiligte des Verfahrens gemäß § 13 Abs. 2 VwVfG sein; die Hinzuziehung liegt aber im Ermessen der BaFin, da die Untersagungsverfügung keine unmittelbare rechtsgestaltende Wirkung für den Agenten hat (vgl. zur notwendigen Hinzuziehung Mann/Sennekamp/Uechtritz/Sennekamp VwVfG § 13 Rn. 29). Das Institut muss in der Folge die zivilrechtliche Vereinbarung mit dem Agenten beenden, soweit diese sich auf die Erbringung von Zahlungsdiensten bezieht.

V. Agenten in einem anderen Mitgliedstaat (Abs. 4)

1. Allgemeines

44   Abs. 4 dient der Umsetzung von Art. 19 Abs. 5 PSD2. Er setzt das Prinzip der Herkunftslandsaufsicht – immer ausgehend vom Institut – im Hinblick auf im Ausland tätige Agenten um. Die aufsichtsrechtliche Zuständigkeit der BaFin und der Bundesbank für ein Institut, dessen Herkunftsmitgliedstaat iSv Art. 4 Nr. 1 PSD2 Deutschland ist, bezieht sich insgesamt auch auf dessen inländische und ausländische Agenten. Eine entsprechende Anzeige beim Einsatz von E-Geld-Agenten durch E-Geld-Institute sieht § 32 Abs. 3 vor, der auf § 25 Abs. 4 verweist.

2. Absicht der Beauftragung eines Agenten

45   Anzuzeigen ist bereits die **Absicht des Instituts,** einen Agenten in einem anderen Mitgliedstaat der EU mit der Erbringung von Zahlungsdiensten zu beauftragen. Die Anzeige hat also vor Beauftragung, dh vor Abschluss eines entsprechenden Vertrages zwischen dem Agenten und dem Institut zu erfolgen. Die Struktur entspricht anderen Anzeigevorschriften, wie zB §§ 14, 38 oder § 24a KWG. Danach ist die Absicht dann gegeben, wenn das zuständige Leitungsorgan des Instituts die Einschaltung des Agenten beschlossen hat bzw. sonstige, gesellschaftsrechtlich erforderliche Gremien zugestimmt haben (Schwennicke/Auerbach/Brocker § 24a Rn. 14; aA Schäfer/Omlor/Mimberg/Möslein Rn. 50: ausreichend sei bereits die konkrete Planung der Geschäftsleitung). Nach diesen gesellschaftsrechtlich erforderlichen Zustimmungen hat die Anzeige gemäß § 38 Abs. 1 unverzüglich, dh ohne schuldhaftes Zögern (§ 121 Abs. 2 BGB) zu erfolgen (vgl. auch → § 38 Rn. 23).

3. Anzeigepflicht gemäß § 38 Abs. 1

46   Die Anzeige hat inhaltlich den Anforderungen des § 38 Abs. 1 sowie § 9 ZAGAnzV (abgedruckt im Anhang zu § 10) zu entsprechen. Erforderlich ist danach eine Anzeige für jeden EWR-Staat, in dem ein Agent tätig werden soll, gesondert, jeweils in doppelter Ausfertigung (eine davon in der Landessprache) (§ 9 Abs. 1 S. 1 und S. 2 ZAGAnzV). Der Gesetzgeber hat nunmehr in § 38 Abs. 1 ZAG nF klargestellt, dass die Anzeige gemäß § 38 Abs. 1 zu erstatten ist und er die Einbeziehung von ausländischen Agenten durch ein inländisches Institut als Wahrnehmung der Niederlassungsfreiheit ansieht (anders Fett/Bentele BKR 2011, 403 (408); anders auch Terlau in → 1. Aufl. 2014, § 19 Rn. 35; missverständlich noch RegBegr. zum Zweiten E-Geld-RLUG, BT-Drs. 17/3023, 51).

4. Mitteilung der BaFin an zuständige Behörden des anderen EU- oder EWR-Staates

47   Nach Abs. 4 iVm § 38 Abs. 4 setzt die BaFin die zuständigen Behörden des anderen EU- oder EWR-Staates, in dem das Institut den Agenten einbinden will, hiervon in Kenntnis und übermittelt die in der Anzeige enthaltenen Angaben. Dies hat vor Eintragung des Agenten in das (inländische) Zahlungsinstituts-Register gemäß § 43 Abs. 1 Nr. 4 oder in das E-Geld-Instituts-Register gemäß § 44 Abs. 2 zu erfolgen. Die BaFin hat die Stellungnahmen der ausländischen Behörden vor Eintragung in das Register zu berücksichtigen.

VI. Ermächtigung zum Erlass von Verordnungen

In Ausführung von § 25 Abs. 5 ist insbesondere die AgNwV erlassen worden, **48** sowie § 7 ZAGAnzV.

Anhang zu § 25

Verordnung über Art, Umfang und Form der erforderlichen Nachweise im Sinne des § 25 Absatz 2 Satz 2 des Zahlungsdiensteaufsichtsgesetzes (Agentennachweisverordnung – AgNwV)

AgNwV, Ausfertigungsdatum: 15.10.2009, Vollzitat: „Agentennachweisverordnung vom 15. Oktober 2009 (BGBl. I S. 3641)" zuletzt geändert durch Art. 7 Abs. 37 G zur Umsetzung der RL (EU) 2019/2034 über die Beaufsichtigung von Wertpapierinstituten vom 12.5.2021 (BGBl. I S. 990)

Auf Grund des § 19 Absatz 5 Satz 1 und 3 des Zahlungsdiensteaufsichtsgesetzes vom 25. Juni 2009 (BGBl. I S. 1506) verordnet das Bundesministerium der Finanzen im Benehmen mit der Deutschen Bundesbank nach Anhörung der Verbände der Zahlungsinstitute:

§ 1 Nachweise

(1) Als Nachweis über die Zuverlässigkeit und die fachliche Eignung eines Agenten hat ein Institut für die Zwecke des §§ 25 Absatz 2 Satz 1 des Zahlungsdiensteaufsichtsgesetzes mindestens einzuholen:

1. ein aktuelles Führungszeugnis der Geschäftsleiter des Agenten und der für die Geschäftsleitung verantwortlichen Personen (§ 30 Absatz 1 des Bundeszentralregistergesetzes);
2. eine aktuelle Auskunft aus dem Gewerbezentralregister (§§ 149, 150 der Gewerbeordnung) für den Agenten, die Geschäftsleiter des Agenten und die für die Geschäftsleitung verantwortlichen Personen;
3. eine aktuelle Auskunft aus dem Schuldnerverzeichnis nach § 882b der Zivilprozessordnung für den Agenten, die Geschäftsleiter des Agenten und die für die Geschäftsleitung verantwortlichen Personen;
4. Erklärungen der Geschäftsleiter des Agenten und der für die Geschäftsleitung verantwortlichen Personen sowie die dazugehörigen Unterlagen entsprechend § 10 Absatz 1 der ZAG-Anzeigenverordnung;

5. eine aktuelle Unbedenklichkeitsbescheinigung des Finanzamts für den Agenten, die Geschäftsleiter des Agenten und die für die Geschäftsleitung verantwortlichen Personen;
6. eine aktuelle Auskunft der Gewerbebehörde nach § 14 der Gewerbeordnung für den Agenten;
7. eine aktuelle Auskunft aus dem Handelsregister für den Agenten;
8. den letzten Jahresabschluss oder die letzte Einnahmenüberschussrechnung des Agenten und eine aktuelle betriebswirtschaftliche Auswertung;
9. aktuelle Meldebescheinigungen der Geschäftsleiter des Agenten und der für die Geschäftsleitung verantwortlichen Personen;
10. eigenhändig unterzeichnete lückenlose Lebensläufe der Geschäftsleiter des Agenten und der für die Geschäftsleitung verantwortlichen Personen, die sämtliche Aus- und Fortbildungen und beruflichen und gewerblichen Tätigkeiten enthalten;
11. die üblichen Tätigkeits- und Leistungsnachweise für die im Lebenslauf gemäß Nummer 10 angegebenen Aus- und Fortbildungen sowie beruflichen und gewerblichen Tätigkeiten;
12. Nachweise über die behördlichen Zulassungen und Erlaubnisse, die nach den Tätigkeitsangaben im Lebenslauf gemäß Nummer 10 und der Gewerbeanmeldung gemäß Nummer 6 erforderlich sind.

Unvollständigkeiten, Mängeln und Widersprüchen in Bezug auf die vom Agenten, für die Geschäftsleiter des Agenten oder für die verantwortlichen Personen vorgelegten oder eingeholten Unterlagen und Angaben hat das Zahlungsinstitut aktiv nachzugehen und diese aufzuklären. Erforderlichenfalls sind weitere Nachweise einzuholen. Für Agenten im Sinne des § 25 Absatz 4 des Zahlungsdiensteaufsichtsgesetzes sind vergleichbare Behördenauskünfte einzuholen, soweit diese in dem Staat, in dem der Agent ansässig ist, erteilt werden.

Sieht das Recht des Staates, in dem der Agent ansässig ist, weitere Nachweise gemäß Artikel 19 Absatz 1 Buchstabe c der Richtlinie 2015/2366 des Europäischen Parlaments und des Rates vom 25. November 2015 über Zahlungsdienste im Binnenmarkt, zur Änderung der zur Änderung der Richtlinien 2002/65/EG, 2009/110/EG und 2013/36/EU und der Verordnung (EU) Nr. 1093/2010 sowie zur Aufhebung der Richtlinie 2007/64/EG (ABl. L 337 vom 23.12.2015, S. 35; L 169 vom 28.6.2016, S. 18; L 102 vom 23.4.2018, S. 97; L 126 vom 23.5.2018, S. 10) vor, sind diese ebenfalls einzuholen.

(2) Die fachliche Eignung erfordert den Nachweis ausreichender theoretischer und praktischer Kenntnisse des Agenten über die zu erbringenden Zahlungsdienste.

§ 2 Sicherstellung der dauerhaften Einhaltung der Pflichten

(1) Um dauerhaft sicherzustellen, dass der Agent zuverlässig und fachlich geeignet ist, bei der Erbringung der Zahlungsdienste die gesetzlichen Vorgaben erfüllt und seinen Informationspflichten genügt, hat das Institut mit dem Agenten eine schriftliche Vereinbarung zu treffen, welche die Pflichten des Agenten und die Rechte des Instituts einschließlich Weisungs- und Kündigungsrechte sowie Kontrollrechte des Zahlungsinstituts und dessen Prüfern festschreibt.

(2) Das Institut hat die Überprüfungen des Agenten zu dokumentieren. Die nach § 1 Absatz 1 erforderlichen Nachweise, dass der Agent zuverlässig und fachlich geeignet ist, sind in angemessenen Abständen regelmäßig zu erneuern.

§3 Ausnahme für beaufsichtigte Agenten

Die Vorschriften dieser Verordnung gelten nicht, wenn der Agent ein im Inland oder in einem anderen Mitgliedstaat der Europäischen Union oder einem anderen Vertragsstaat des Abkommens über den Europäischen Wirtschaftsraum beaufsichtigtes Institut im Sinne des § 1 Absatz 3 des Zahlungsdiensteaufsichtsgesetzes oder im Sinne des § 1 Absatz 1b des Kreditwesengesetzes oder Wertpapierinstitut im Sinne des § 2 Absatz 1 des Wertpapierinstitutsgesetzes ist.

§4 Inkrafttreten

Diese Verordnung tritt am 31. Oktober 2009 in Kraft.

§26 Auslagerung

(1) [1]Ein Institut muss abhängig von Art, Umfang, Komplexität und Risikogehalt einer Auslagerung von Aktivitäten und Prozessen auf ein anderes Unternehmen, die für die Durchführung von Zahlungsdiensten, E-Geld-Geschäften oder sonstigen nach diesem Gesetz institutstypischen Dienstleistungen wesentlich sind, einschließlich IT-Systeme, angemessene Vorkehrungen treffen, um übermäßige zusätzliche Risiken zu vermeiden. [2]Eine Auslagerung darf weder die Ordnungsmäßigkeit dieser Geschäfte und Dienstleistungen noch die Geschäftsorganisation beeinträchtigen. [3]Insbesondere muss ein angemessenes und wirksames Risikomanagement durch das Institut gewährleistet bleiben, das die ausgelagerten Aktivitäten und Prozesse einbezieht, und die Auslagerung darf nicht zu einer Delegation der Verantwortung der Geschäftsleiter oder anderen in § 10 Absatz 2 Nummer 14 und in § 11 Absatz 2 Satz 2 Nummer 5 bezeichneten Personen an das Auslagerungsunternehmen führen. [4]Das Institut bleibt für die Einhaltung der von ihm zu beachtenden gesetzlichen Bestimmungen verantwortlich. [5]Durch die Auslagerung darf die Bundesanstalt an der Wahrnehmung ihrer Aufgaben nicht gehindert werden; ihre Auskunfts- und Prüfungsrechte sowie Kontrollmöglichkeiten müssen in Bezug auf die ausgelagerten Aktivitäten und Prozesse auch bei einer Auslagerung auf ein Unternehmen mit Sitz im Ausland durch geeignete Vorkehrungen gewährleistet werden; Entsprechendes gilt für die Wahrnehmung der Aufgaben der Prüfer des Instituts. [6]Eine Auslagerung bedarf einer schriftlichen Vereinbarung, welche die zur Einhaltung der vorstehenden Voraussetzungen erforderlichen Rechte des Instituts, einschließlich Weisungs- und Kündigungsrechten, sowie die korrespondierenden Pflichten des Auslagerungsunternehmens festschreibt. [7]Hat bei einer wesentlichen Auslagerung ein Auslagerungsunternehmen seinen Sitz in einem Drittstaat, ist vertraglich sicherzustellen, dass das Auslagerungsunternehmen einen inländischen Zustellungsbevollmächtigten benennt, an den Bekanntgaben und Zustellungen durch die Bundesanstalt bewirkt werden können. [8]Ein Institut hat im Rahmen seines Risikomanagements ein Auslagerungsregister zu führen; darin sind sämtliche wesentlichen und nicht wesentlichen Auslagerungen zu erfassen.

(2) [1]Beabsichtigt ein Institut, wesentliche betriebliche Aufgaben von Zahlungsdiensten oder des E-Geld-Geschäfts auszulagern, hat es die Bun-

desanstalt und die Deutsche Bundesbank hiervon in Kenntnis zu setzen. [2]**Eine betriebliche Aufgabe ist dann wesentlich, wenn deren unzureichende oder unterlassene Wahrnehmung die dauerhafte Einhaltung der Zulassungsanforderungen oder der anderen Verpflichtungen des Instituts nach diesem Gesetz, seine finanzielle Leistungsfähigkeit oder die Solidität oder die Kontinuität seiner Zahlungsdienste oder des E-Geld-Geschäfts wesentlich beeinträchtigen würde.**

(3) [1]**Rechtfertigen Tatsachen die Annahme, dass eine Auslagerung die Prüfungsrechte und Kontrollmöglichkeiten der Bundesanstalt beeinträchtigt, kann die Bundesanstalt gegenüber dem Institut die Anordnungen treffen, die geeignet und erforderlich sind, die Beeinträchtigungen zu beseitigen und künftigen Beeinträchtigungen vorzubeugen.** [2]**Erweisen sich die Maßnahmen nicht als hinreichend, um die Prüfungsrechte und Kontrollmöglichkeiten der Bundesanstalt zu gewährleisten, kann die Bundesanstalt die Rücklagerung der ausgelagerten Tätigkeiten anordnen.** [3]**Die Befugnisse der Bundesanstalt nach § 27 Absatz 3 bleiben unberührt.**

(3a) **Die Bundesanstalt kann auch unmittelbar gegenüber Auslagerungsunternehmen im Einzelfall Anordnungen treffen, die geeignet und erforderlich sind,**

1. **um Verstöße gegen aufsichtsrechtliche Bestimmungen zu verhindern oder zu unterbinden oder**
2. **um Missstände in einem Institut zu verhindern oder zu beseitigen, welche die Sicherheit der dem Institut anvertrauten Vermögenswerte gefährden könnte oder die ordnungsgemäße Durchführung von Zahlungsdiensten, des E-Geld-Geschäfts oder von sonstigen nach diesem Gesetz institutstypischen Dienstleistungen beeinträchtigen.**

(4) **Ändert sich die Inanspruchnahme von Stellen, an die Tätigkeiten ausgelagert werden, hat das Institut der Bundesanstalt und der Deutschen Bundesbank diese Änderungen unverzüglich in Textform anzuzeigen.**

Literatur: Ammann, Der Einsatz Künstlicher Intelligenz in der Finanz- und Versicherungswirtschaft, CR 2020, 633; Arkat/Müller, Der Einsatz von Cloud-Technologie im Finanzsektor, Chancen und Herausforderungen für Finanzinstitute, die Aufsicht und den (europäischen) Gesetzgeber, BKR 2021, 424; Boehm, Herausforderungen von Cloud Computing-Verträgen: Vertragstypologische Einordnung, Haftung und Eigentum an Daten, ZEup 2016, 358; Borges/Meents, Cloud Computing, 2016; Bräutigam, IT-Outsourcing und Cloud-Computing, 4. Aufl. 2019; Clausmeier, Die neue Verordnung des europäischen Parlaments und des Rates über die Betriebsstabilität digitaler Systeme des Finanzsektors (DORA), WM 2022, 1861; Dahmen, Auslagerungen an Cloud-Dienste, Voraussetzungen und Beschränkungen durch neues BaFin-Merkblatt, BKR 2019, 533; Dürselen/Schulte-Mattler, Die 5. MaRisk-Novelle im Überblick – Teil I, WM 2018, 1237; Erichsen/Ehlers, Allgemeines Verwaltungsrecht, 14. Aufl. 2010; Frey/Jenkouk, Neue Anforderungen an das Outsourcing bei Zahlungsinstituten, RdZ 2021, 84; Gajo, Studie zum Outsourcing in der Finanzindustrie, GmbHR 2021, R344; Grabitz/Hilf, Das Recht der Europäischen Union, 40. Aufl. 2009; Hanten/Görke/Ketessidis, Outsourcing im Finanzsektor, 2011; Hannemann/Weigl/Zaruk, Mindestanforderungen an das Risikomanagement (MaRisk), 6. Aufl. 2022; Hilber, Handbuch Cloud Computing, 2014; Hanten/Maier, Back-Branching – Die Rolle von Zweigstellen im Vereinigten Königreich beim Marktzugang in den EWR, WM 2020, 1293; Hippeli, Das Finanzmarktintegritätsstärkungsgesetz (FISG) als Folge des Wirecard-Skandals, DZWIR 2021, 549; Krimphove, Was ist Proportionalität?, BKR 2017, 353; Krimphove, Die „neue" MaRisk, BKR 2018,1; Kühn,

Formerfordernisse in der IT-Beschaffung im regulierten Bereich und die elektronische Signatur, CR 2017, 834; Lensdorf, Eine Orientierungshilfe für Unternehmen bei Auslagerungen an Cloud-Anbieter; CR 2019, 8; Lensdorf, Die Auswirkungen der neuen Mindestanforderungen an das Risikomanagement (MaRisk) auf Auslagerungsverträge von Kredit- und Finanzdienstleistungsinstituten, Ein Überblick zu den wesentlichen Änderungen, CR 2021, 777; Lins/Raschauer, Cloud-Computing – Die Finanzbranche in der Wolke – Teil I, WM 2018, 2301; Lins/Raschauer, Cloud-Computing – Die Finanzbranche in der Wolke – Teil II, WM 2018, 2345; Martens, Methodenlehre des Unionrechts, 2013; Maunz/Dürig, Kommentar zum Grundgesetz, 86. EL 2019; Möslein, Corporate Governance von Zahlungs- und E-Geld-Instituten: What's different about payment services?, RdZ 2021, 35; Möslein/Omlor, Die europäische Agenda für innovative Finanztechnologien (Fintech), BKR 2018, 236; Nägele/Jacobs, Rechtsfragen des Cloud Computing, ZUM 2010, 281; Niemann, Rechtsfragen des Cloud Computing, 1. Aufl. 2014; Reimer/Doser, Neue Vorgaben an die Informationstechnik von Zahlungs- und E-Geld-Instituten – Konsultation der ZAIT, RdZ 2021, 97; Schulte-Mattler/Schulte-Mattler, Die 6. MaRisk-Novelle im Überblick, WM 2022, 7; Siering/Hoibl, Die neuen „Zahlungsdiensteaufsichtlichen Anforderungen an die IT von Zahlungs- und E-Geld-Instituten" (ZAIT) der BaFin, RDi 2021, 457; Söbbing, Die bankaufsichtsrechtliche Zulässigkeit von Cloud Computing, ZBB 2013, 364; Söbbing, 6. MaRisk-Novelle: Neuerungen für die Auslagerungen in Banken, ITRB 2021, 240; Streinz, EUV/AEUV, Vertrag über die Europäische Union, Vertrag über die Arbeitsweise der Europäischen Union, Charta der Grundrechte der Europäischen Union, 3. Aufl. 2018; Tezel, Cloud Computing: SaaS, PaaS & IaaS einfach erklärt, ZD-Aktuell 2016, 05026; Wilting, Neuerungen im Zahlungsdiensteaufsichtsgesetz durch das Finanzmarktstabilisierungsgesetz, RdZ 2021, 92; Witzel, Kündigungsrechte in Auslagerungsverträgen nach EBA Guidelines on Outsourcing Arrangements, Vorgaben, Einordnung, Formulierungsvorschlag, CR 2020, 361; Zerwas/Hanten, Outsourcing bei Kredit- und Finanzdienstleistungsinstituten, WM 1998, 1110

Inhaltsübersicht

I. Allgemeines

1. Überblick über die Regelung

a) Regelungszusammenhang. § 26 ist die zentrale Vorschrift für Auslagerun- **1** gen durch Institute des ZAG. Zwei Spezialfälle der Auslagerung regeln § 25 (Inanspruchnahme von Agenten) und § 32 (Vertrieb und Rücktausch von E-Geld durch E-Geld-Agenten). Da Auslagerungen ein Aspekt der internen Organisation und der Organisationsstruktur eines Instituts sind (Begr. RegE., AbwMechG, zu § 25b KWG, BT-Drs. 18/5009, 73; EBA/GL/2019/02, Background, Tz. 22 sowie GL 5 und 6), unterliegen sie auch den Maßgaben von § 27, der im Verhältnis zu § 26 als lex generalis anzusehen ist (Möslein RdZ 2021, 35 (37)). Das Management der Risiken von Auslagerungen ist darüber hinaus Teil des angemessenen und wirksamen Risikomanagements eines Instituts iSv § 53 (Begr. RegE., AbwMechG, zu § 25b UWG, BT-Drs. 18/5009, 73; EBA/GL/2019/02, Background, Tz. 25 und GL 12.2).

b) Regelungen zu Auslagerungen von Instituten des ZAG. § 26 (der in **2** den Spezialfällen der Auslagerung an Agenten durch § 25 bzw. § 32 ergänzt wird), enthält lediglich grundlegende Regelungen.

Durch das Finanzmarktintegritätsstärkungsgesetz vom 3.6.2021 (BGBl. I 1534: „**FISG**") wurde in § 1 Abs. 10a eine Legaldefinition des „Auslagerungsunternehmens" eingeführt (dazu → § 1 Rn. 364). Eine Definition der „Auslagerung" enthält aber weder die PSD2 (oder deren Vorgänger-Richtlinie) noch § 1 oder § 26. Ergänzende EU-Richtlinien oder Verordnungen der EU sowie nationale Verordnungen bestehen nicht für Institute des ZAG. Die MaRisk sind nicht anwendbar, da diese sich als Konkretisierung von §§ 25a und 25b KWG an Institute des KWG richten (Dürselen/Schulte-Mattler WM 2018, 1237ff.; näher → Rn. 11). Ziff. 1.2.3 der EBA-Leitlinien für das Management von IKT- und Sicherheitsrisiken (EBA/GL/2019/04) enthalten zur Auslagerung lediglich rudimentäre Regeln. Die CEBS, Guidelines on Outsourcing, vom 14.12.2006, waren auf Institute des ZAG nicht unmittelbar anwendbar; die darin enthaltenen Überlegungen konnten aber auch auf Institute des ZAG übertragen werden. Die Guidelines on Outsourcing des CEBS wurden mit Wirkung zum 30.9.2019 aufgehoben und durch die EBA Guidelines on Outsourcing (EBA/GL/2019/02) ersetzt. Dies gilt auch für die bisherigen EBA Recommendations on Outsourcing to Cloud Service Providers (EBA/REC/2017/03); auch diese wurden mit Wirkung vom 30.9.2019 durch die vorgenannten Guidelines ersetzt. Die von der BaFin am 16.8.2021 neu veröffentlichte ZAIT, enthält für die Auslagerung von IT-Aktivitäten und IT-Prozessen sowie für den sonstigen Fremdbezug von IT-Dienstleistungen konkretisierte Anforderungen (ZAIT II Ziff. 9; näher zur Wirkung der ZAIT → Rn. 11). Spezielle Hinweise zu Auslagerungen an Cloud-Dienste enthält auch das BaFin-Merkblatt vom November 2018 – Orientierungshilfe zu Auslagerungen an Cloud-Anbieter (zur Einordnung solcher Cloud-Dienstleistungen als Auslagerung vgl. → § 1 Rn. 364).

3   **c) Zivilrecht.** Zivilrechtlich können Auslagerungsverträge sehr unterschiedlich strukturiert sein (HGK/Görke/Wenner, Outsourcing im Finanzsektor, S. 84). Häufig wird es sich um Dienstverträge iSv § 611 BGB handeln; möglich sind jedoch auch Werkverträge iSv § 631 BGB bzw. Geschäftsbesorgungsverträge mit dienst- oder werkvertraglichem Charakter, Schenkungsverträge, sowie gemischte oder atypische Verträge (vgl. auch BaFin, Konsultation 03–14 zu MaComp, Tz. 21 f.; Schäfer/Omlor/Mimberg/Möslein Rn. 18) (vgl. auch → § 1 Rn. 369, bei Abs. 10a). Für die aufsichtsrechtliche Einordnung und Beurteilung sind weder die zivilrechtlichen Vertragstypen, die Terminologie oder die Bezeichnung durch die Parteien entscheidend (vgl. auch BaFin, Konsultation 03–14 zu MaComp, Tz. 21 f.). Auf der anderen Seite werden jedoch bestimmte zivilrechtliche Gestaltungen bei Auslagerungsverträgen durch das Aufsichtsrecht vorgegeben (dazu → Rn. 40 ff. und 60 ff.).

4   **d) Rechtstatsachen.** Auslagerungen haben für die Praxis eine kaum zu überschätzende Bedeutung – eine Umfrage von PwC beispielsweise ergibt, dass 95% der Finanz- und Kreditinstitute Prozesse und/oder Aktivitäten ausgelagert haben (Gajo GmbHR 2021, R344). Sie werden von vielen Instituten eingesetzt, um ihre Kosten zu reduzieren und ihre Flexibilität und Effizienz zu steigern. Insbesondere im Rahmen der Digitalisierung der Finanzdienstleistungsindustrie und der zunehmenden Bedeutung von Informationstechnologie (einschl. auch von Big Data und künstlicher Intelligenz) sind Institute darauf angewiesen, ihr Geschäftsmodell, ihre Prozesse und Systeme anzupassen und hierbei auf externe Dienstleister zurückzugreifen. Zahlreiche Unternehmensgründungen im Bereich Finanztechnologie (FinTech) basieren auf Auslagerungsmodellen. Für viele Institute ist Auslagerung die einzige Möglichkeit, an neuen Technologien sowie an ausreichenden Skaleneffekten teilzuhaben. In diesem Zusammenhang gewinnt auch die Auslagerung an Cloud-Dienstleister zunehmend an Bedeutung – nach der Umfrage von PwC geben 72% der Befragten an, dass Cloud Services für Finanzinstitute als besonders relevant angesehen werden (Gajo GmbHR 2021, R344 (R345)).

2. Normentwicklung, Vorläufer

5   **a) Unmittelbare Entstehungsgeschichte.** Der Vorgänger des § 26, § 20 ZAG aF, beruhte auf Art. 17 Abs. 7 PSD1. Letztere Norm ist in Art. 19 Abs. 6 und Abs. 8 PSD2 eingeflossen. § 26 Abs. 1 S. 4 dürfte auf Art. 20 Abs. 1 PSD2 beruhen (Schäfer/Omlor/Mimberg/Möslein Rn. 11). § 26 setzt jedoch, wie bereits § 20 ZAG aF, die europäischen Vorgaben nicht wörtlich um, sondern orientiert sich stärker an § 25b KWG. Dies sollte jedoch der Vorgabe der Vollharmonisierung nach Art. 107 Abs. 1 PSD2 nicht entgegenstehen, da sämtliche Auslagerungsregulierungen auf einheitliche europäische Wurzeln zurückzuführen sind (dazu sogleich, → Rn. 7–9); zudem folgt aus Art. 288 Abs. 3 AEUV auch bei einer Vollharmonisierung nur eine

Verbindlichkeit hinsichtlich des Ziels der Richtlinie, die Wahl der Form und Mittel – und damit auch dem Wortlaut – ist dem Mitgliedstaat bei der Umsetzung überlassen (Schäfer/Omlor/Mimberg/Möslein Rn. 13, dieser weist aber darauf hin, dass die Auslegung sich möglichst eng am Wortlaut der Richtlinienvorgaben zu orientieren hat). Neu gegenüber der PSD1 ist die Pflicht zur Änderungsmitteilung gem. Art. 19 Abs. 8 PSD2; diese wurde in Abs. 4 umgesetzt. Für E-Geld-Institute bezog Art. 3 Abs. 1 Zweite E-Geld-RL auf Art. 17 Abs. 7 und 18 PSD1 ein; dies sollte als dynamische Verweisung auf Art. 19 Abs. 6 und des neueren Abs. 8 PSD2 sowie Art. 20 PSD2 zu verstehen sein (ähnlich Schäfer/Omlor/Mimberg/ Möslein Rn. 12).

b) Historie, weitere Regularien. aa) Anfänge. Die Auslagerungsregulie- **6** rung für Kreditinstitute wurde bis zum 31.12.1997 durch Auslegungsschreiben der BAKred konkretisiert. Mit der 6. KWG-Novelle (G.v. 22.10.1997, BGBl. I 2518) führte der Gesetzgeber erstmals mit § 25a Abs. 2 KWG eine konkrete gesetzliche Norm für Auslagerungsaufsicht ein. Auf dieser Basis erging das über viele Jahre maßgebliche, nunmehr aufgehobene BAKred-Rundschreiben 11/2001 „Auslagerung von Bereichen auf ein anderes Unternehmen gem. § 25a Abs. 2" vom 6.12.2001. Dies wurde auf europäischer Ebene ergänzt durch die CEBS Guidelines on Outsourcing vom 14.12.2006.

bb) Auslagerung unter MiFID. Mit Art. 2 Nr. 6, Art. 13 Abs. 1 sowie Art. 16 **7** Abs. 6 UAbs. 1 MiFID (RL 2004/39/EG) wurde auf europäischer Ebene erstmals der Begriff „Auslagerung" sowie der Begriff der „Auslagerung kritischer oder wesentlicher betrieblicher Aufgaben" definiert. Diese Regelungen konkretisierten Art. 13 und Art. 14 (…) der MiFID-Durchführungsrichtlinie von 2006 (RL 2006/73/EG). Der deutsche Gesetzgeber setzte dies durch das Finanzmarktrichtlinie-Umsetzungsgesetz (FRUG) vom 16.7.2007 um und betonte in der Gesetzesbegründung, dass Teil des Normsetzungsprogramms des Gesetzgebers auch die Verwaltungsvorschriften der BaFin, namentlich die MaRisk, seien (Begr. RegE. zu FRUG, BT-Drs. 16/4028, 52). Die darauf basierende MaRisk 2007, eingeführt durch BaFin-Rundschreiben 5/2007 vom 30.10.2017, betonte umfassend die eigene Verantwortlichkeit der Institute. Die Institute hatten danach die Wesentlichkeit einer Auslagerung auf Basis einer eigenverantwortlichen Risikoanalyse selbst zu bestimmen. Mit dem CRD IV-UmsetzungsG (BGBl. 2013 I 3395) wurden § 25a Abs. 2 und Abs. 3 KWG wortgleich in § 25b KWG überführt.

cc) Auslagerung unter MiFID II. Im Jahr 2014 erließ der europäische Ge- **8** setzgeber die MiFID II und auf deren Basis die MiFID-DV (Delegierte Verordnung (EU) 2017/565 der Kommission vom 25.4.2016); letztere enthält in Art. 2 Nr. 3, sowie Art. 30–32 detaillierte Regelungen zur Auslagerung von Wertpapierfirmen. Auf Basis von Art. 74 Abs. 3 CRD IV erließ im Jahr 2017 die EBA Guidelines on Internal Governance (EBA/GL/2017/11), die in GL 8 im Wesentlichen auf die CEBS Guidelines on Outsourcing 2006 sowie – nach dem Grundsatz der dynamischen Verweisung – nunmehr auf die EBA Leitlinien zu Auslagerungen (EBA/ GL/2019/02) verweisen.

Auf dieser europarechtlichen Grundlage veröffentlichte die BaFin am 27.10.2017 **9** eine neue Fassung der MaRisk; darin konkretisierte und verschärfte sie auch die Regelungen zur Auslagerung (AT 9). Die MaRisk stellen schlichtes Verwaltungshandeln der Finanzaufsicht dar; sie sind norminterpretierend und konkretisierend und können Richtschnur für die Geschäftsleitung von Instituten und für Abschlussprüfer sein, insbes. verkörpern sie jedoch auch eine Selbstbindung der Verwaltung im Rahmen von Art. 3 Abs. 1 GG (Hannemann/Weigl/Zaruk/Weigl MaRisk S. 60 f., 65; Fischer/Schulte-Mattler/Braun KWG § 25a Rn. 80; Bräutigam, IT-Outsourcing und Cloud Computing/Ferstin Teil 9 Rn. 11; Krimphove BKR 2018, 1). Danach sollten Unterstützungsleistungen sowie der Betrieb durch einen externen Dritten bei Software zum Risikomanagement oder bei Software für bankgeschäftliche Kernaufgaben als Auslagerung einzustufen sein (Erläuterungen zu MaRisk 2017, AT 9 Tz. 1). Die Auslagerung von Kontrollbereichen und Kernbankbereichen wurde beschränkt (MaRisk 2017 AT 9 Tz. 5 sowie Erläuterungen AT 9 Tz. 2 und 4). Die MaRisk erweiterten die Regelungen zum Auslagerungsmanagement (MaRisk 2017 AT 9 Tz. 12 und 13). Die MaRisk 2017 wurden ergänzt durch Rundschreiben 10/2017 (BA) vom 3.11.2017 (zuletzt geändert am 16.8.2021) zu bankaufsichtlichen Anforderungen an die IT (BAIT) der BaFin. Die BAIT enthalten in Ziff. 9 zusätzliche Regelungen für den sonstigen Fremdbezug von IT-Dienstleistungen, dh solche Leistungen, die keine Auslagerung iSv MaRisk AT 9 Tz. 1 darstellen.

10   **dd) EBA Leitlinien zu Auslagerungen.** Mit den am 25.2.2019 veröffentlichten EBA Leitlinien zu Auslagerungen (EBA/GL/2019/02) wurde die Auslagerungsregulierung deutlich intensiviert. Die Leitlinien gelten ausdrücklich auch für Zahlungsinstitute und E-Geld-Institute. Während die MaRisk AT 9 Tz. 3 in Anlehnung an Art. 30–32 MiFID-DV 2017 Auslagerungen, die nicht als wesentlich eingestuft werden, den allgemeinen Anforderungen an die Ordnungsmäßigkeit der Geschäftsorganisation gem. § 25a Abs. 2 KWG unterstellt, enthalten die EBA Leitlinien zu Auslagerungen in großer Dichte Regulierungen, die auch einfache Auslagerungen betreffen. Allerdings war die EBA in ihrem Konsultationsentwurf vom 22.6.2018 (EBA/CP/2018/11) hier noch deutlich weiter gegangen und hat auf Drängen der Industrie die Intensität der Regulierung wieder ein wenig zurückgenommen. Vgl. im Einzelnen hierzu die folgende Kommentierung. Die EBA Leitlinien zu Auslagerungen (EBA/GL/2019/02) enthalten insbesondere detaillierte Vorgaben für die Analyse des Auslagerungsunternehmens und des Auslagerungsprojekts (GL 12), die Verpflichtung sowohl für kritische bzw. wesentliche Auslagerungen als auch für einfache Auslagerungen ein Auslagerungsregister zu führen (GL 11) sowie umfangreiche Vorgaben für den Auslagerungsvertrag (GL 13), die auch für nicht kritische bzw. nicht wesentliche Auslagerungen im Sinn der Guidelines Anwendung finden.

11   **ee) BaFin-Rundschreiben ZAIT.** Am 16.8.2021 hat die BaFin ihre 6. Novelle der MaRisk veröffentlicht und die BAIT überarbeitet. In diesem Zuge hat sie auch das neue Rundschreiben 11/2021 (BA) zu zahlungsdiensteaufsichtlichen Anforderungen an die IT (ZAIT) veröffentlicht. Alle drei Verwaltungsschreiben setzen die Vorgaben der EBA Leitlinien zu Auslagerungen (EBA/GL/2019/02; → Rn. 10) sowie die EBA-Leitlinien für das Management von IKT- und Sicherheitsrisiken (EBA/GL/2019/04) um. Mit der ZAIT konkretisiert die BaFin erstmals gesondert für Zahlungsdienstleister die Anforderungen an Auslagerungen. Zuvor konnte bereits auf die EBA-Leitlinien zu Auslagerungen zurückgegriffen werden; die MaRisk war auch bisher weder direkt noch analog anwendbar und Institute des ZAG können sie lediglich für einzelne Begriffsbestimmungen als Auslegungshilfe heranziehen (vgl. → 2. Aufl. 2020, Rn. 2 sowie → § 27 Rn. 5; noch restriktiver Schäfer/Omlor/Mimberg/Möslein Rn. 8 und Schäfer/Omlor/Mimberg/Möslein § 27 Rn. 11; anders Schwennicke/Auerbach/Schwennicke Rn. 2, der die MaRisk insgesamt ergänzend heranziehen will; ähnlich Frey/Jenkouk RdZ 2021, 84 (85), MaRisk als Orientierungshilfe für Zahlungsinstitute). Entsprechend soll die ZAIT auch nur die EBA Leitlinien zu Auslagerungen umsetzen und nicht überschießende Regelungen aufstellen (Reimer/Doser RdZ 2021, 97 (101)). Auffallend ist, dass die neu eingeführte ZAIT in Bezug auf Auslagerungen im Wesentlichen mit den Regelungen der MaRisk parallel läuft, sich aber auf IT-Aktivitäten und IT-Prozesse beschränkt. Die Regelungen der BAIT (BAIT II Ziff. 9 Tz. 9.3–9.5) entsprechen den einzelnen Regelungen, die in der ZAIT enthalten sind (ZAIT II Ziff. 9 Tz. 9.6–9.8), nicht aber in der MaRisk. Die Regelungen der MaRisk zu Auslagerungen sind aber überwiegend in der ZAIT enthalten. Diese Parallelität deutet darauf hin, dass die Anforderungen der ZAIT den Maßstab nicht allein für IT-Aktivitäten und IT-Prozesse setzen, sondern diese darüber hinaus für sämtliche Auslagerungen anzuwenden sind (so auch Siering/Hoibl RDi 2021, 457 (461)). Dem lässt sich zwar die deutliche Anwendungsbereichseingrenzung in der ZAIT (ZAIT II Ziff. 9) entgegenhalten. Zudem zeigt auch die ausdrückliche Erwähnung in Abs. 1 S. 1 die besondere Bedeutung von IT-System, die einen strengeren Maßstab rechtfertigt. Zumindest aus praktischer und rechtssicherer Sicht spricht aber vieles für die Anwendung der Vorgaben der ZAIT auf alle Auslagerungen (Siering/Hoibl RDi 2021, 457 (461)); im Übrigen stehen daneben nach wie vor auch die EBA Leitlinien zu Auslagerungen. Entsprechend wird im Folgenden die ZAIT übergreifend berücksichtigt. Die BaFin empfiehlt zudem Zahlungsdienstleistern die (bei Auslagerungen zur ZAIT parallel laufende) MaRisk anzuwenden (vgl. https://www.bafin.de/dok/12672822, zuletzt abgerufen am 5.5.2022). Die ZAIT dürfte zwar für Auslagerungen ohne Bezug zur IT bereichsspezifischer sein (Siering/Hoibl RDi 2021, 457 (459)). Zur Klarheit und Referenz werden daher im Folgenden beide Auslagerungen, neben den einschlägigen EBA Leitlinien, berücksichtigt (gegen die Anwendung der MaRisk: Schäfer/Omlor/Mimberg/Möslein § 27 Rn. 11: „Rechtsunsicherheit ist in Kauf zu nehmen"). Unterschiede in der Anwendung folgen schließlich weniger aus dem Wortlaut der einzelnen Rundschreiben als aus der dem Proportionalitätsgrundsatz (→ Rn. 25 ff.) entsprechenden Umsetzung der Rundschreiben in der Praxis (ähnlich Reimer/Doser RdZ 2021, 97 (103)).

c) Reform durch das FISG. Der § 26 wurde durch das FISG ergänzt: Mit **12** Wirkung zum 1.1.2022 wurden die neuen Sätze 7 und 8 des Abs. 1 angefügt. Abs. 1 S. 7 sieht die Pflicht zur Bestellung eines inländischen Zustellungsbevollmächtigten in bestimmten Fällen vor (näheres → Rn. 99). Abs. 1 S. 8 verankert die Pflicht des auslagernden Instituts ein **Auslagerungsregister** zu führen (dazu → Rn. 104). Zudem wurde mit Wirkung zum 1.7.2021 ein neuer Abs. 3a geschaffen, der die **Eingriffsbefugnisse** der BaFin nunmehr auch auf Auslagerungsunternehmen erstreckt (dazu → Rn. 120 f.). Die Einführung des Abs. 3a vollzieht einen „Systemwechsel" (Schäfer/Omlor/Mimberg/Möslein Rn. 9) in der Beaufsichtigung von Auslagerungsunternehmen (näher → Rn. 124a), sodass von einer „Reform" gesprochen werden kann (kritisch zu diesem „nationalen Alleingang" Arkat/Müller BKR 2021, 424 (428)).

d) Reform durch DORA. Die Auslagerungsregulierung auch von Instituten **13** iSd § 1 Abs. 3 wird zukünftig wesentlich von DORA bestimmt werden. DORA ist am 17.1.2023 in Kraft getreten; 64 DORA), zu denen auch Zahlungs- und E-Geld-Institute zählen, vgl. Art. 2 DORA. DORA beruhte auf einem Vorschlag der EU-Kommission für eine Verordnung des Europäischen Parlaments und des Rates über die **Betriebsstabilität digitaler Systeme** des Finanzsektors und zur

Änderung der Verordnungen (EG) Nr. 1060/2009, (EU) Nr. 648/2021, (EU) Nr. 600/2014 und (EU) Nr. 909/2014 vom 24.9.2020 (COM(2020) 595 final). DORA sieht in Art. 25 ff. Regelungen zu „IKT-Drittanbietern" vor, also Unternehmen, die digitale Dienste und Datendienste erbringen, vgl. Art. 3 Nr. 15 DORA. Damit bleibt es grundsätzlich auch unter der DORA bei einer mittelbaren Beaufsichtigung der Auslagerungsunternehmen (zur Durchbrechung bereits durch das FISG vgl. → Rn. 12 und → Rn. 121). Einzelne Regelungen richten sich künftig direkt an die „IKT-Drittanbieter" und damit an Auslagerungsunternehmen. Insbesondere werden **„kritische IKT-Drittanbieter"** einem eigenen – vom Institut unabhängigen – Aufsichtsregime unterworfen, Art. 28 ff. DORA (vgl. auch Arkat/Müller BKR 2021, 424 (429 f.)).

13a   Als unmittelbar anwendbares Recht wird **DORA als lex specialis** Vorrang vor § 26, vor den ZAIT sowie von den EBA Leitlinien zu Auslagerungen, denen keine universelle, unmittelbare Wirkung zukommt (Frey/Jenkouk RdZ 2021, 84 (90)), entfalten (zum EU-Anwendungsvorrang siehe nur Streinz EUV/AEUV Art. 4 Rn. 35, 37 mwN). Die durch DORA erstrebte Harmonisierung (vgl. Erwgr. 8 ff.) sowie die erhöhten Anforderungen sprechen sogar für einen Vorrang der DORA als lex specialis gegenüber den zukünftigen Vorgaben der NIS2-RL (COM(2020) 823 final, 2020/0359(COD) vom 16.12.2020; vgl. Erwgr. 16 DORA-VO, Clausmeier WM 2022, 1861).

14   DORA greift einige Regelungen der bestehenden Auslagerungsregulierung auf, weist aber zum Teil wesentliche Unterschiede auf (so auch Frey/Jenkouk RdZ 2021, 84 (90)). DORA unterscheidet jedenfalls nicht ausdrücklich zwischen Auslagerungen und sonstigem Fremdbezug von Leistungen (zur aktuellen Differenzierung → § 1 Rn. 370). Der Grad der Anforderungen an die Risikosteuerung bestimmt sich unter Berücksichtigung des Verhältnismäßigkeitsgrundsatzes, vgl. Art. 25 Abs. 2 DORA (vgl. auch Frey/Jenkouk RdZ 2021, 84 (90)). Größtenteils parallel zur aktuellen Auslagerungsregulierung (in den EBA-Leitlinien zu Auslagerungen EBA/GL/2019/02) werden in Art. 27 DORA die zu vereinbarenden Vertragsbestimmungen des Auslagerungsvertrages aufgezählt (dazu auch → Rn. 82a). Abweichend von der aktuellen Regulierung sieht DORA vor, dass künftig Standardvertragsklauseln für IKT-Drittanbieterverträge verwendet werden sollen, Art. 27 Abs. 3 DORA, die wohl zT von der Kommission gestellt werden sollen, vgl. Erwgr. Nr. 55 DORA.

3. Zweck der Regelung

15   Auslagerungsaufsicht soll die Eingliederung der Auslagerung in die Governance, einschl. der Überwachung durch die Geschäftsleitung und durch die interne Revision und sonstige Beauftragte, des regulierten Instituts gewährleisten (vgl. zuletzt EBA, Final Report, EBA/GL/2019/02, Background Tz. 1). Die Regulierung soll zudem die Aufsicht über die regulierten Institute sowie die Aufsicht der regulierten Institute über ihre Auslagerungsunternehmen gewährleisten (ähnlich Schäfer/Omlor/Mimberg/Möslein Rn. 39). Insofern ist § 26 eine Spezialregelung im Verhältnis zu § 27; dagegen ist es nicht Zweck des § 26, mit Ausnahme des neu hinzugekommenen Abs. 3a, eine rechtsträgerübergreifende Erstreckung der aufsichtsrechtlichen Pflichten auf Auslagerungsunternehmen zu ermöglichen (so aber Schäfer/Omlor/Mimberg/Möslein Rn. 39); denn – mit Ausnahme von Abs. 3a und § 19 Abs. 1 – ist unmittelbares Aufsichtssubjekt der Finanzaufsicht nach wie vor das Institut und nicht das Auslagerungsunternehmen (anders Möslein RdZ 2021,

35). In § 26 geht es vor allem um die Überwachung der vielfältigen Risiken (§ 26 Abs. 1 S. 1, ähnlich Art. 16 Abs. 5 UAbs. 1 S. 1 MiFID II) von Auslagerungen durch regulierte Institute, zB Sicherheits-, einschl. IT-Sicherheitsrisiken, Kontrollrisiken, Nicht- oder Schlechterfüllungsrisiken, Datenschutzrisiken, Konzentrationsrisiken, Komplexitätsrisiken, Geschäftsfortführungsrisiken, Insolvenzrisiken, Rückabwicklungs-/Exitrisiken sowie besondere Risiken des Cloud-Outsourcing etc (EBA, Final Report, EBA/GL/2019/02, Background, Tz. 1 ff., insbes. Tz. 25 ff.). Letztlich entsteht durch Auslagerungen eine höhere Komplexität für die staatl. Finanzaufsicht; eine Bündelung von technischen Dienstleistungen bei einzelnen Auslagerungsunternehmen kann sogar im Bereich der Zahlungsabwicklung zu systemischen Risiken führen (EBA, Final Report, EBA/GL/2019/02, Background, Tz. 37 ff.; vgl. zu diesem Punkt für Wertpapierdienstleistungen Erwgr. Nr. 36 MiFID-DV 2017), bei Cloud-Auslagerungen können Datenschutz-, Sicherheits- und Konzentrationsrisiken zusammenkommen (EBA, Final Report, EBA/GL/2019/02, Background, Tz. 37 ff.). Welche besonderen Gefahren mit Aufsichtsdefiziten einhergehen, zeigen nicht zuletzt aktuelle Geschehnisse wie beim Fall Wirecard (Schäfer/Omlor/Mimberg/Möslein Rn. 1)

II. Voraussetzungen der Auslagerungsregulierung

1. Tatbestandsmerkmale des Auslagerungsbegriffs

16 Zum Begriff der Auslagerung s. ausführlich Kommentierung zu § 1 Abs. 10a → § 1 Rn. 370.

2. Persönlicher Anwendungsbereich

17 **a) Institut iSd ZAG.** Das auslagernde Unternehmen muss ein Institut iSv Abs. 3 (→ § 1 Rn. 372) sein, dh ein Zahlungsinstitut oder E-Geld-Institut. Nicht erfasst sind die privilegierten Zahlungsdienstleister in Abs. 1 S. 1 Nr. 2–5 und die privilegierten E-Geld-Emittenten in Abs. 2 S. 1 Nr. 2–4. Für die im ZAG privilegierten CRR-Kreditinstitute nach § 1 Abs. 3d S. 1 KWG gelten die parallelen Vorschriften der § 1 Abs. 10 KWG sowie § 25b KWG. Eine parallele Anwendung von § 1 Abs. 10a ZAG und § 1 Abs. 10 KWG und den darauf basierenden Vorschriften ist ebenfalls denkbar, zB bei den nach KWG und ggf. ZAG beaufsichtigten Leasing-Leistungen iSv § 1 Abs. 1a S. 2 Nr. 10 KWG (Schäfer/Omlor/Mimberg/Möslein § 26 Rn. 4). Für Zahlungsinstitute und E-Geld-Institute, die gleichzeitig eine Erlaubnis für (lediglich) einzelne Bank- oder Finanzdienstleistungen innehaben, gilt § 2 Abs. 7 (→ § 2 Rn. 177 f.); für sie ist § 26 unanwendbar und damit auch § 1 Abs. 10a.

18 **b) Auslagerungsunternehmen (externe Delegation).** § 26 Abs. 1 S. 1 spricht von „anderes Unternehmen", Art. 19 Abs. 8 PSD2 von „Stellen, an die Tätigkeiten ausgelagert werden", Art. 16 Abs. 5 UAbs. 1 MiFID II bezeichnet es als „Rückgriff auf Dritte". Eingeführt über das FISG definiert § 1 Abs. 10a nun Auslagerungsunternehmen. S. die Kommentierung dort (→ § 1 Rn. 364).

3. Wesentlichkeit der Auslagerung

19   **a) Bedeutung des Begriffs „wesentlich".** Nach § 26 Abs. 1 S. 1 gilt die Auslagerungsregulierung für die Auslagerung von Aktivitäten und Prozessen, die für die
Durchführung von (...) Dienstleistungen wesentlich sind (...) (Hingst/Lösing
Zahlungsdiensteaufsicht § 13 Rn. 4). Das Merkmal wird im Rahmen von § 1
Abs. 10a für die Einordnung von Subunternehmen als Auslagerungsunternehmen
relevant (dazu → § 1 Rn. 394). Nach Abs. 2 S. 1 hat ein Institut die Auslagerung
„wesentlicher" betrieblicher Aufgaben anzuzeigen. Art. 19 Abs. 6 PSD2 spricht
von „wichtigen betrieblichen Aufgaben". § 26 Abs. 1 S. 1 formuliert dabei nahezu
wortgleich mit § 25b Abs. 1 S. 1 KWG über die Auslagerung durch Institute des
KWG. Ebenso spricht Art. 16 Abs. 5 UAbs. 1 S. 2 MiFID II von „Auslagerung
wichtiger betrieblicher Aufgaben". Die BaFin ist grundsätzlich der Ansicht (BaFin,
MaRisk, AT 9 Tz. 3), dass nicht wesentliche Auslagerungen nicht der besonderen
Auslagerungsregulierung der MaRisk AT 9 unterliegen, sondern (lediglich) den
allgemeinen Anforderungen an die Ordnungsmäßigkeit der Geschäftsorganisation
gem. § 25a Abs. 1 KWG (ähnlich Schäfer/Omlor/Mimberg/Möslein Rn. 27 ff.).

20   Auch die EBA-Guidelines on Outsourcing (allgemein → Rn. 10) kennen den
Begriff der Auslagerung kritischer oder wesentlicher Funktionen. Die Definition
der EBA-Guidelines orientiert sich im Wesentlichen an Art. 30 MiFID-DV 2017
(vgl. GL 4 Tz. 29 ff. EBA/GL/2019/02). Allerdings vollziehen die EBA-Guidelines
on Outsourcing insoweit einen Paradigmenwechsel, als der ganz überwiegende Teil
der von der EBA (gemeinsam mit den übrigen europäischen Aufsichtsbehörden)
aufgestellten Leitlinien auf sämtliche Auslagerungen anwendbar sein sollen, dh
nicht nur auf Auslagerungen von kritischen oder wichtigen Funktionen. Deshalb
weicht auch die BaFin mit der 6. MaRisk-Novelle von der früheren Struktur vereinzelt ab (vgl. dazu Frey/Jenkouk RdZ 2021, 84 (89): Die AT 9 MaRisk sieht zT
Regelungen auch für nicht wesentliche Auslagerungen vor (vgl. zB MaRisk AT 9
Erläuterung Tz. 7). In den EBA-Guidelines zu Auslagerungen betrifft dies sowohl
die Regelungen über den Rahmen der internen Organisation (GL 5 und GL 6 der
EBA/GL/2019/02), der internen Auslagerungsrichtlinien („Outsourcing Policy")
(GL 7 EBA/GL/2019/02), das Register (GL 11 EBA/GL/2019/02) (gesetzlich
umgesetzt in § 26 Abs. 1 S. 8 → Rn. 100 ff.), die Risikoprüfungen und Due Diligence im Vorfeld der Auslagerung (GL 12 EBA/GL/2019/02) sowie auch Teile
des Auslagerungsvertrags (GL 13 EBA/GL/2019/02).

21   **b) Kriterien für die Ermittlung der Wesentlichkeit.** Gem. Abs. 2 S. 2 ist
eine betriebliche Aufgabe dann wesentlich, wenn deren unzureichende oder unterlassene Wahrnehmung die dauerhafte Einhaltung der Zulassungsanforderungen
oder der anderen Verpflichtungen des Instituts nach diesem Gesetz, seine finanzielle
Leistungsfähigkeit oder die Solidität oder die Kontinuität seiner Zahlungsdienste
oder des E-Geld-Geschäfts wesentlich beeinträchtigen würde. Diese Definition
orientiert sich am Wortlaut von Art. 30 Abs. 1 MiFID-DV 2017. Dies ist auch die
im Rahmen von § 25b KWG verwendete Definition (Fischer/Schulte-Mattler/
Braun/Siering KWG § 25b Rn. 5). Hieraus ergibt sich auch, dass der Terminus
„wesentlich" iSv Abs. 1 S. 1 bzw. Abs. 2 S. 2 sowie iSv § 25b Abs. 1 S. 1 KWG mit
dem Terminus „kritisch oder wesentlich" iSv Art. 30 Abs. 1 MiFID-DV 2017 bzw.
dem Terminus „Critical or important Functions" iSd Leitlinien zu Auslagerungen
(GL 4 EBA/GL/2019/02) synonym verstanden werden sollte (Bräutigam, IT-Outsourcing und Cloud Computing/Ferstl Teil 9 Rn. 5; ähnlich BaFin, Merkblatt Ori-

entierungshilfe zu Auslagerungen an Cloud Anbieter, S. 4; iErg genauso Schäfer/ Omlor/Mimberg/Möslein Rn. 30).

Bei **Auslagerungen von Funktionen in Zusammenhang mit den Kern- 22 geschäftsbereichen und kritischen Funktionen** gilt die Vermutung der Wesentlichkeit (GL 4 Tz. 30 EBA/GL/2019/02; ebenso BaFin, MaRisk AT 9 Tz. 5; ZAIT II Ziff. 9 Tz. 9.3). Dabei wird der Begriff kritische Funktionen verwendet wie in Art. 2 Abs. 1 Nr. 35 und Art. 2 Abs. 1 Nr. 36 der RL 2014/59/EU (RRD = Recovery and Resolution Directive). Hierbei handelt es sich um die von der BaFin angesprochenen „Kontrollbereiche" (BaFin MaRisk AT 9 Tz. 5; ZAIT II Ziff. 9 Tz. 9.3). Die Vermutung kann widerlegt werden, wenn dargelegt wird, dass eine mangelhafte Ausführung der ausgelagerten Aufgaben keinen negativen Effekt auf den Kerngeschäftsbereich und die kritischen Funktionen hätte (GL 4 Tz. 30 EBA/GL/2019/02; Schäfer/Omlor/Mimberg/Möslein Rn. 31). Auslagerungen von IT-Aktivitäten, bei denen **Kundendaten** des auslagernden Instituts verarbeitet werden, sind in der Praxis ebenfalls regelmäßig als wesentlich einzustufen (Reimer/ Doser RdZ 2021, 97 (102)).

Im Übrigen beinhalten die Leitlinien zu Auslagerungen (GL 4 Tz. 31 EBA/GL/ 23 2019/02) eine umfangreiche Prüfliste zur Ermittlung der Wesentlichkeit, wonach zusammen mit dem Ergebnis der in Abschnitt 12.2 beschriebenen Risikobewertung mindestens die folgenden Faktoren berücksichtigt werden sollten:

a) der Umstand, ob die Auslagerungsvereinbarung unmittelbar mit der Erbringung von Bankgeschäften oder Zahlungsdiensten verknüpft ist, für die sie zugelassen sind;

b) die potenziellen Auswirkungen einer Störung der ausgelagerten Funktion oder eines Versäumnisses des Dienstleisters, die Dienstleistung mit der vereinbarten Dienstleistungsgüte fortlaufend zu erbringen, auf

   i. ihre kurz- und langfristige finanzielle Widerstandsfähigkeit und Tragfähigkeit, gegebenenfalls einschließlich ihrer Vermögenswerte, ihres Kapitals, ihrer Kosten, Finanzierung, Liquidität, Gewinne und Verluste;

   ii. ihre Geschäftsfortführung und ihre operationelle Widerstandsfähigkeit;

   iii. ihr operationelles Risiko, einschließlich (Fehl-)Verhaltensrisiken, Informations- und Kommunikationstechnologie (IT)-Risiken und rechtlicher Risiken;

   iv. Reputationsrisiken;

   v. gegebenenfalls die Sanierungs- und Abwicklungsplanung, Abwicklungsfähigkeit und Fortführung des Geschäftsbetriebs bei einer Frühinterventionsmaßnahme, einem Sanierungs- oder einem Abwicklungsfall;

c) die potenziellen Auswirkungen der Auslagerungsvereinbarung auf ihre Fähigkeit,

   i. sämtliche Risiken zu ermitteln, zu überwachen und zu steuern;

   ii. sämtliche gesetzlichen und regulatorischen Anforderungen zu erfüllen;

   iii. angemessene Prüfungen bezüglich der ausgelagerten Funktion durchzuführen;

d) die potenziellen Auswirkungen auf die für ihre Kunden erbrachten Dienstleistungen;

e) sämtliche Auslagerungsvereinbarungen, die aggregierte Risikoposition des Instituts oder Zahlungsinstituts gegenüber dem betreffenden Dienstleister und die potenziellen kumulativen Auswirkungen der Auslagerungsvereinbarungen in dem betreffenden Geschäftsbereich;

f) die Größe und die Komplexität des betroffenen Geschäftsbereichs;

g) die Möglichkeit einer eventuellen Ausweitung der vorgesehenen Auslagerungsvereinbarung, ohne dass die zugrunde liegende Vereinbarung ersetzt oder überarbeitet wird;
h) die Fähigkeit zur Übertragung der vorgesehenen Auslagerungsvereinbarung auf
einen anderen Dienstleister, sofern dies notwendig oder wünschenswert ist, und
zwar sowohl in vertraglicher als auch in praktischer Hinsicht, einschließlich der
damit verbundenen geschätzten Risiken, der Hindernisse für die Geschäftsfortführung, der Kosten und des Zeitrahmens („Ersetzbarkeit");
i) die Fähigkeit zur Wiedereingliederung der ausgelagerten Funktion in das Institut
oder das Zahlungsinstitut, sofern dies notwendig oder wünschenswert ist;
j) den Schutz der Daten und die möglichen Folgen einer Verletzung der Vertrau-
lichkeitspflichten oder des Versäumnisses, die Datenverfügbarkeit und -integrität
sicherzustellen, sowohl für das Institut oder Zahlungsinstitut als auch für seine
Kunden, unter anderem hinsichtlich der Einhaltung der Verordnung (EU)
2016/67921.

24   **c) Selbstbeurteilung/Beurteilungsspielraum des Instituts.** Schäfer/Omlor/
Mimberg/Möslein Rn. 34 konkretisiert, dass die Selbstbeurteilung („Grundsatz der
Selbstbeurteilung") nicht nur für die Wesentlichkeit gilt, sondern für die gesamte
Frage der Auslagerung und der Risikoerwägungen?
Sollte man das entsprechend hier konkretisieren?
Nach § 26 Abs. 2 S. 2 ist die Wesentlichkeit nach der Definition, die eine Vielzahl
unbestimmter Rechtsbegriffe (unzureichend, finanzielle Leistungsfähigkeit, Solidi-
tät, Kontinuität, wesentlich beeinträchtigen) enthält, zu beurteilen. Unter § 25b
Abs. 1 KWG sowie § 26 ZAG, ist anerkannt, dass ein Institut eigenverantwortlich
festzulegen hat, welche Auslagerungen wesentlich sind (ausdrücklich BaFin,
MaRisk AT 9 Tz. 2 S. 2; ZAIT II Ziff. 9 Tz. 9.5). Dies bestätigt auch die Regierungsbegründung zum FISG unter Verweis auf die MaRisk AT 9 Tz. 2 (BT-Drs.
19/26966, 90 zu § 1 Abs. 10 KWG). Ein Institut des KWG hat die Wesentlichkeit
auf Basis einer Risikoanalyse, die formalisierten Vorgaben folgt (BaFin, MaRisk
AT 9 Tz. 2; ZAIT II Ziff. 9 Tz. 9.5), zu ermitteln. Ähnlich formuliert auch die
EBA in ihren Leitlinien zu Auslagerungen, wonach es heißt „In folgenden Fällen
sollten die Institute oder Zahlungsinstitute eine Funktion stets als kritisch oder wesentlich betrachten" (GL 4 Tz. 29 EBA/GL/2019/02) sowie an anderer Stelle
„Funktionen, (...), sollten für die Zwecke dieser Leitlinien als kritische oder wesentliche Funktionen angesehen werden, sofern das Institut nicht (...)" (GL 4
Tz. 30 EBA/GL/2019/02). Diese Formulierungen der Leitlinien lassen erkennen,
dass dem Institut hier ein Beurteilungsspielraum zuerkannt wird. Daraus folgt, dass
auch auf europäischer Ebene (die EBA sowie das an der Erstellung der Leitlinien
beteiligte Board of Supervisors) dem Institut zugestanden und auferlegt wird, die
Wesentlichkeit einer Auslagerung eigenverantwortlich unter angemessener Anwendung der Kriterien festzulegen. Diese Risiko-Einstufung ist institutsindividuell
und bezieht sich auf das jeweilige Risiko, welches das Institut mit einer Auslagerungsvereinbarung eingeht (BT-Drs. 19/26966, 90 zu § 1 Abs. 10 KWG).

4. Proportionalität, Verhältnismäßigkeit

25   **a) Allgemeines.** Für die Risikoanalyse einer Auslagerung gilt der Grundsatz
der Proportionalität (BT-Drs. 19/26966, 90 zu § 1 Abs. 10 KWG). Die Regierungsbegründung zum FISG setzt an den in § 26 Abs. 1 S. 1 verwendeten Kriterien

„Art, Umfang, Komplexität und Risikogehalt einer Auslagerung" an (BT-Drs. 19/26966, 90 zu § 1 Abs. 10 KWG; ebenso formuliert BaFin, MaRisk AT 9 Erläuterungen zu Tz. 2; ZAIT II Ziff. 9 Erläuterung Tz. 9.5; § 25a Abs. 1 S. 4 KWG). Die BaFin betont den Proportionalitätsgrundsatz auch im Übrigen als beherrschend für das Risikomanagement der Institute (BaFin, MaRisk AT 1 Tz. 3).

Dabei wird in der Literatur häufig das Proportionalitätsprinzip dem Verhältnis-   **26** mäßigkeitsgrundsatz aus dem deutschen Verfassungs- und Verwaltungsrecht angenähert oder auch gleichgesetzt (Schwennicke/Auerbach/Langen/Donner § 25a Rn. 32; BeckOK VAG/Michael/Kübler § 26 Rn. 63; Martens Methodenlehre S. 525 ff.). Die EBA Leitlinien zu Auslagerungen verwenden in der deutschen Fassung den Begriff „Verhältnismäßigkeit" (GL 1 EBA/GL/2019/02); gleichermaßen die EBA Leitlinien zur internen Governance (Titel I, EBA/GL/2017/11).

Richtigerweise dürfte es sich dagegen um ein dem europäischen Recht und in-   **27** folge dessen auch dem auf EU-Recht beruhenden nationalen Finanzaufsichtsrecht eigenes Prinzip der Anwendung von aufsichtsrechtlichen Normen und der Auslegung von unbestimmten Rechtsbegriffen wie zB „angemessen" und „wirksam" handeln. Beiden Prinzipien, dem Verhältnismäßigkeitsprinzip und dem Proportionalitätsprinzip ist eigen, dass sie eine Ausprägung des Übermaßverbots darstellen. Allerdings wirkt sich das Proportionalitätsprinzip sowohl auf Tatbestandsebene als auch im Wege der Ermessensschranke aus (zustimmend Schäfer/Omlor/Mimberg/Möslein Rn. 36; ähnlich auch Krimphove BKR 2017, 353 (355 ff.), insbes. 357; ähnlich auch DHS/Scholz GG Art. 12 Rn. 335 ff.; zum Verhältnismäßigkeitsgrds. als Ermessensschranke; Erichsen/Ehlers Allg. Verwaltungsrecht/Jestaedt § 11 Rn. 4). Das Proportionalitätsprinzip entscheidet deshalb auch über die Auslegung einer aufsichtsrechtlichen Norm im Einzelfall, sodass, zB bei der Einschätzung der Wesentlichkeit von Kontrollfunktionen, aber auch im Übrigen bei der Anwendung der Auslagerungsregulierung die Größe, Komplexität und der Risikogehalt der Geschäftsaktivitäten des Instituts bei der Einschätzung Ausschlag gibt (so ausdrücklich BaFin, MaRisk AT 9 Tz. 5; ebenso EBA Leitlinien zu Auslagerungen, GL 1 Tz. 19 EBA/GL/2019/02). Ähnlich formuliert GL 1.1 der Leitlinien für das Management von IKT- und Sicherheitsrisiken, EBA/GL/2019/04.

Das **Prinzip der sog. doppelten Proportionalität** (angesprochen in BaFin,   **28** MaRisk AT 1 Tz. 2 S. 5; Dürselen/Schulte-Mattler WM 2018, 1237 (1239)) begründet dementsprechend die für die Art, den Umfang, die Komplexität und den Risikogehalt der Auslagerung proportional zur gesamten Größe, zum gesamten Geschäft und Risikogehalt des Geschäfts eines beaufsichtigten Unternehmens zu definierenden Anforderungen (ähnlich Schäfer/Omlor/Mimberg/Möslein Rn. 37) sowie andererseits die Wahrnehmung der Aufsichtsbefugnisse durch die Aufsichtsbehörde, deshalb „doppelte Proportionalität" (vgl. Prölss/Dreher/Dreher Einl. Rn. 129; BeckOK VAG/Michael/Kübler § 26 Rn. 68a).

b) Kriterien zur Ermittlung der Proportionalität. Zur Feststellung der   **29** Proportionalität können die folgenden Kriterien aus Title I der EBA Leitlinien zur internen Governance (EBA/GL/2017/11) herangezogen werden:
a) die Größe in Bezug auf die Bilanzsumme des Instituts und seiner Tochtergesellschaften im Anwendungsbereich des aufsichtlichen Konsolidierungskreis;
b) die geografische Präsenz des Instituts und der Umfang seiner Tätigkeiten in den einzelnen Rechtsordnungen;

c) die Rechtsform des Instituts, einschließlich der Tatsache, ob das Institut zu einer Gruppe gehört, und gegebenenfalls die für die Gruppe vorgenommene Bewertung der Verhältnismäßigkeit;

d) die Tatsache, ob das Institut börsennotiert ist oder nicht;

e) die Tatsache, ob das Institut zur Verwendung von internen Modellen für die Messung der Kapitalanforderungen befugt ist (zB der auf internen Beurteilungen basierende Ansatz – IRB-Ansatz);

f) die Art der zugelassenen Tätigkeiten und Dienstleistungen des Instituts (siehe beispielsweise auch Anhang 1 der Richtlinie 2013/36/EU und Anhang 1 der Richtlinie 2014/65/EU);

g) das zugrunde liegende Geschäftsmodell und die Strategie, die Art und Komplexität der Geschäftstätigkeit und die Organisationsstruktur des Instituts;

h) die Risikostrategie, die Risikoappetit und das tatsächliche Risikoprofil des Instituts, auch unter Berücksichtigung der Ergebnisse der SREP-Kapital- und SREP-Liquiditätsbewertungen;

i) die Beteiligungsverhältnisse und die Finanzierungsstruktur des Instituts;

j) die Art der Kunden (zB Privat-, Unternehmenskunden, institutionelle Kunden, Kleinunternehmen, öffentliche Stellen) und die Komplexität der Produkte oder Verträge;

k) die ausgelagerten Tätigkeiten und Vertriebskanäle sowie

l) die bestehenden informationstechnischen Systeme (IT-Systeme), einschließlich der Systeme für einen unterbrechungsfreien Geschäftsbetrieb und der Auslagerung von Tätigkeiten in diesem Bereich.

5. Auslagerungsfähigkeit

30   Nachfolgend werden besondere Beschränkungen der Auslagerungsfähigkeit erörtert. Auch aus den besonderen Anforderungen an Auslagerungen (→ Rn. 40 ff.) können sich einzelne Beschränkungen der Auslagerbarkeit ergeben. Zu den Besonderheiten bei Auslagerung von IT-Dienstleistungen (→ § 1 Rn. 375) und bei Cloud Services (→ § 1 Rn. 380).

31   **a) Auslagerung an Agenten.** Die Auslagerung an natürliche und juristische Personen, die im Namen des Institut Zahlungsdienste erbringen (Agenten isV § 1 Abs. 9) oder die im Namen eines E-Geld-Instituts beim Vertrieb oder Rücktausch von E-Geld im Namen des Instituts handeln (E-Geld-Agenten isV § 1 Abs. 10) ist nach dem ZAG ausdrücklich zulässig (vgl. §§ 25, 32). Solche Stellvertreter des Instituts bedürfen für ihre Tätigkeit keiner eigenen Erlaubnis (vgl. → § 25 Rn. 4 für Agenten sowie → § 1 Rn. 386 und → § 32 Rn. 3 ff. für E-Geld-Agenten). Die allgemeinen Anforderungen an eine Auslagerung gem. § 26 gelten aber auch hier, sodass insbes. gem. § 26 Abs. 1 S. 3 die Fähigkeit der Geschäftsleitung zu angemessenen Risikosteuerung hierdurch nicht unterlaufen werden darf. Das Institut hat insbes. darauf zu achten, dass nicht eigenständig zahlungs- oder E-Geld-spezifische Risiken begründet werden. Das Institut hat deshalb dem Dritten klare, bestimmbare und nachprüfbare Beurteilungs- und Entscheidungskriterien vorzugeben, auf deren Basis der Dritte (Agent) die übertragenen Aufgaben im Namen und für Rechnung des Instituts ausübt. Der Dritte darf hierbei im Wesentlichen keine eigene Entscheidungskompetenz haben; dies gilt insbes. beim Abschluss von Verträgen oder bei sonstiger Abgabe rechtsverbindlicher Erklärungen durch den Dritten für das Institut. Hier hat das Institut klare Entscheidungsmuster vorzugeben.

b) Entgegennahme von Geldern. Die Auslagerung der Entgegennahme von 32
Geldern ist einem Institut im Grundsatz untersagt, es sei denn, das Auslagerungsunternehmen verfügt über eine Erlaubnis als Zahlungsinstitut, E-Geld-Institut
oder als Einlagenkreditinstitut. Eine Ausnahme gilt für den Agenten iSv § 1 Abs. 9,
dessen definitionsgemäß bestimmte Aufgabe darin besteht, Zahlungsdienste im Namen und für Rechnung des Instituts auszuführen (hierzu Kommentierung → § 25
Rn. 2).

c) Briefkastenfirmen. Unzulässig ist eine Auslagerung durch ein Institut in 33
solch einem Umfang, dass die ausgelagerten Bereiche die im Institut verbleibenden
Bereiche an Umfang und Bedeutung deutlich übertreffen (so früher BAKred
Rundschreiben 11/2001 v. 6.12.2001 – I 3–272A-2/98, Abschn. IV Tz. 17 (aufgehoben)). Eine Auslagerung, bei der so viele Aufgaben delegiert werden, dass aus
dem Institut eine Briefkastenfirma („empty shell") wird, ist als unvereinbar mit der
Zulassung anzusehen (ZAIT II Ziff. 9.1; MaRisk AT 9 Tz. 4). Insbes. ist es unzulässig, dass ein Institut über keine nennenswerten eigenen sachlichen und personell
hinreichend ausgestatteten Unternehmenseinheiten verfügt oder sämtliche Aktivitäten durch Dritte durchführen lässt (Fischer/Schulte-Mattler/Braun/Siering § 25b
Rn. 40). Dies galt auch im Zusammenhang mit in UK zugelassenen Instituten, die
infolge des Brexit über Tochtergesellschaften eine zusätzliche Erlaubnis im EWR
benötigten; solche Tochtergesellschaften durften nicht über sog. „Back-Branching"
nur der Form nach existieren (Hanten/Maier WM 2020, 1293).

d) White Label Banking. Unter dem Stichwort „White Label Banking" „lei- 34
hen" zahlreiche Institute des ZAG oder des KWG anderen Unternehmen ihre Lizenz, sodass diese insbes. gegenüber privaten Endkunden (Verbrauchern) aber auch
gegenüber Unternehmern ein Zahlungs- oder E-Geld-Produkt unter ihrer eigenen
Marke anbieten können. Hierbei handelt es sich um eine grundsätzlich zulässige
Auslagerung, wenn die Maßgaben des § 26 (und ggf. § 25 oder § 32) berücksichtigt
werden. Die Anforderungen an die Auslagerungsfähigkeit (→ Rn. 30 ff.) sowie die
vorstehend für besondere Auslagerungsfälle konzipierten Regeln (→ Rn. 30 ff.)
sind dabei zu berücksichtigen.

e) Auslagerung von Kontrollbereichen. Kritisch ist in der Regel die Aus- 35
lagerung von Kontrollbereichen (Risikocontrolling, Compliance oder interne
Revision). Im Rahmen des KWG gilt, dass eine vollständige Auslagerung dieser
Funktionen nur für Tochterinstitute einer Institutsgruppe innerhalb dieser Institutsgruppe zulässig ist, sofern das übergeordnete Institut Auslagerungsunternehmen ist
und das Tochterunternehmen nicht als wesentlich einzustufen ist. Das gleiche gilt
für Auslagerung innerhalb von Gruppen, wenn das Mutterunternehmen kein Institut darstellt und im Inland ansässig ist (vgl. hierzu BaFin, MaRisk AT 9 Tz. 5). Dies
würde unter bestimmten Voraussetzungen auch die vollständige Auslagerung der
besonderen Kontrollfunktionen an Schwesterinstitute innerhalb einer Institutsgruppe ermöglichen (Schulte-Mattler/Schulte-Mattler WM 2022, 7 (13)). Eine
vollständige Auslagerung der Compliance-Funktion und der internen Revision ist
danach zusätzlich kleinen Instituten möglich, sofern die Einrichtung dieser Funktionen vor dem Hintergrund der Institutsgröße sowie der Art, des Umfangs, der
Komplexität und des Risikogehalts der betriebenen Geschäftsaktivitäten nicht angemessen erscheint (BaFin, MaRisk AT 9 Tz. 5 S. 5). Eine vollständige Auslagerung
des Risikocontrollings ist allerdings auch in diesem Bereich nicht erlaubt.

36   Diese Grundsätze sollten auch auf das ZAG Anwendung finden, auch wenn die ZAIT II dazu schweigen. Für kleine Institute, die bisweilen lediglich ein einziges standardisiertes Produkt anbieten, wäre es unter dem Gesichtspunkt des Proportionalitätsgrundsatzes (→ Rn. 25 ff.) unverhältnismäßig, solche Funktionen selbst vorhalten zu müssen, sodass hier der Begriff der Auslagerungsfähigkeit anders zu interpretieren ist als bei größeren Instituten, wenn deren Geschäft komplex ist. In geeigneten Einzelfällen sollten sich deshalb auch ZAG-Institute auf die MaRisk-Aussagen der BaFin zur vollständigen Auslagerung von Kontrollfunktionen berufen können.

37   Grundsätzlich möglich ist die Auslagerung der Bewertung von operationellen und sicherheitsrelevanten Risiken iSv § 53, zB an ein Konzern-Risikomanagement (EBA, Single Rulebook, Q&A Question ID 2018_4231). Bei einer Auslagerung von Kontrollaktivitäten ist allerdings zu beachten, dass das Institut selbst weiterhin über ausreichende fachlich qualifizierte personelle Ressourcen verfügt, die Kenntnisse und Erfahrungen haben, um eine wirksame Überwachung der vom Auslagerungsunternehmen erbrachten Dienstleistungen zu gewährleisten (BaFin, MaRisk AT 9 Tz. 5 S. 1; ZAIT II Ziff. 9 Tz. 9.3; vgl. auch Schulte-Mattler/Schulte-Mattler WM 2022, 7 (13)) und es ist sicherzustellen, dass im Fall der Beendigung des Auslagerungsverhältnisses der ordnungsgemäße Betrieb in diesen Bereichen innerhalb des Instituts oder innerhalb eines anderen Auslagerungsunternehmens fortgesetzt werden kann.

38   **f) Auslagerung von Kerngeschäftsbereichen.** Auch die Auslagerung von Kerngeschäftsbereichen ist zulässig. Hier gelten dieselben allgemeinen Anforderungen wie vorstehend zu der Auslagerung von Kontrollbereichen (→ Rn. 35 ff.). Da es sich hierbei fast immer um eine wesentliche Auslagerung handelt, sind insbes. nach den EBA Leitlinien zu Auslagerungen weitere besondere Anforderungen an die Vorprüfung, insbes. die Risikoanalyse und die Due Diligence (GL 12 EBA/GL/2019/02), sowie an die vertraglichen Vereinbarungen (GL 13 EBA/GL/2019/02) zu stellen. Hinzu kommen besondere Anforderungen an die Exit-Strategie bei solchen Auslagerungen, da der Fortführung der ausgelagerten Aktivitäten in diesem Fall ganz besondere Bedeutung zukommt (vgl. hierzu GL 15 EBA/GL/2019/02).

39   **g) Auslagerung außerhalb des EWR.** Die Auslagerung in Drittländer außerhalb des EWR ist zunächst innerhalb der **Risikoanalyse** des Instituts zu würdigen, insbesondere unter dem Blickwinkel von politischen Risiken und Risiken der Rechtsdurchsetzung (Schulte-Mattler/Schulte-Mattler WM 2022, 7 (12); ZAIT II Ziff. 9 Erläuterung zu Tz. 9.5). Sofern die ausgelagerte Aktivität oder der Prozess innerhalb des EWR eine Erlaubnis oder Registrierung der BaFin erfordern würde, hat das Institut zudem sicher zu stellen, dass das Auslagerungsunternehmen von den zuständigen Behörden seines Heimatstaates **beaufsichtigt wird** und zudem eine Kooperationsvereinbarung der Aufsichtsbehörden dieses Heimatstaates mit der Aufsichtsbehörde des Instituts besteht (ZAIT II Ziff. 9 Erläuterung zu Tz. 9.2; GL 12.1 Tz. 63 EBA/GL/2019/02). Hat das Auslagerungsunternehmen seinen Sitz außerhalb des EWR, verlangt die BaFin, dass das Auslagerungsunternehmen unter der Aufsicht der zuständigen Aufsichtsbehörde stehen muss, wenn die Tätigkeit des Auslagerungsunternehmens im EWR einer Beaufsichtigung bedürfe (ZAIT II Ziff. 9 Erläuterung Tz. 9.1; MaRisk AT 9 Erläuterung Tz. 4; GL 12.1 Tz. 63 EBA/GL/2019/02). Ferner sei eine Auslagerung dann nur zulässig, wenn zwischen der Aufsichtsbehörde des Instituts und der drittstaatlichen Aufsichtsbehörde des Auslagerungsunternehmens eine **Kooperationsvereinbarung** besteht iSe „Memorandum of Understanding" oder eine „College-Vereinbarung" (ZAIT II Ziff. 9 Erläuterung Tz. 9.1; MaRisk AT 9 Erläuterung Tz. 4; GL 12.1 Tz. 63 EBA/GL/2019/02; vgl. auch Söbbing ITRB 2021, 240 (242); Frey/Jenkouk RdZ 2021, 84 (88)). Sinn einer solchen Kooperationsvereinbarung ist es, eine vertiefte Zusammenarbeit der Aufsichtsbehörden zu fördern und den Informationsaustausch zu sichern (vgl. BaFin zu Internationalen Kooperationsvereinbarungen (MoU), abrufbar unter https://www.bafin.de/dok/7847144, zuletzt abgerufen am 28.4.2022; dort findet sich auch eine Liste der Länder mit denen Kooperationsvereinbarungen in der Bankenaufsicht geschlossen wurden). In dem BaFin-Merkblatt zu Vereinbarungen über die Zusammenarbeit zwischen der Bundesanstalt und zuständigen Stellen eines Drittstaats im Rahmen der AIFM Richtlinie 2011/61/EU vom 10.2.2014 empfiehlt die BaFin daher vor einer Auslagerung mit der BaFin Kontakt aufzunehmen. In dem Merkblatt weist sie auch darauf hin, dass solche Kooperationsvereinbarungen nur dann geschlossen werden, wenn ein tatsächlich relevanter Geschäftskontakt besteht oder wenigstens geplant ist. **Datenschutzrechtliche Anforderungen** sind zudem zu beachten (vgl. auch EuGH NJW 2020, 2613 – Facebook/Schrems II).

III. Anforderungen bei wesentlichen und Anforderungen bei nicht wesentlichen Auslagerungen

1. Allgemeine Anforderungen

40 Allgemein sind bei jeder Auslagerung die sechs Anforderungen (nachfolgende lit. a–f) des Abs. 1 zu berücksichtigen, die gleichzeitig auch eine **Beschränkung der Auslagerungsfähigkeit** (dazu → Rn. 30 ff.) bedeuten können:

41 **a) Keine Beeinträchtigung des Risikomanagements.** Ein Institut hat angemessene Vorkehrungen zur Vermeidung übermäßiger Risiken zu treffen (Abs. 1 S. 1). Diese Vorgabe gilt abhängig von Art, Umfang, Komplexität und Risikogehalt einer Auslagerung, dh hier wird wiederum der Proportionalitätsgrundsatz (→ Rn. 25 ff.) verwirklicht. Das Institut hat dabei ein angemessenes und wirksames Risikomanagement zu gewährleisten, das die ausgelagerten Aktivitäten und Prozesse einbezieht (Abs. 1 S. 3 Hs. 1). Während Abs. 1 S. 1 dazu dienen soll, zusätzliche Risiken aus der Auslagerung zu erfassen, bezieht sich Abs. 1 S. 3 Hs. 1 – im Gleichlauf mit § 53 – auf das Management sämtlicher Risiken des Instituts (vgl. Schäfer/Omlor/Mimberg/Möslein Rn. 41), das auch unter Berücksichtigung der Auslagerung gewährleistet bleiben muss; beides hängt eng miteinander zusammen. Dem Risikomanagement hat eine umfassende und ausführliche **Risikoanalyse** (→ Rn. 56) der Auslagerung zugrunde zu liegen (ZAIT II Ziff. 9 Tz. 9.5), die unter Berücksichtigung der Kriterien von GL 12.2 der EBA Leitlinien zur Auslagerungen zu erfolgen hat. Dabei ist zu berücksichtigen, dass die genannten Leitlinien der EBA auch für nicht wesentliche Auslagerungen gelten. Die Risikoanalyse hat zu erfolgen, indem die Risikosituation mit und ohne Auslagerung verglichen wird (Schäfer/Omlor/Mimberg/Möslein Rn. 40). Zusammen mit der Risikoanalyse ist dem Projekt der Auslagerung angemessene **Due Diligence** (→ Rn. 59) voranzugehen, um die wesentlichen Risiken aus dem Geschäftsmodell, dem Unternehmen, insbes. der finanziellen Lage, der Expertise, personellen Ausstattung und Organisationsstruktur des Auslagerungsunternehmens zu prüfen ((ZAIT II Ziff. 9 Erläuterung zu Tz. 9.5; GL 12.3 EBA/GL/2019/02; näher → Rn. 57). Die Erkenntnisse aus der Risikoanalyse und der Due Diligence sind sodann auszuwerten, wenn die für die Auslagerung anwendbaren Governance-Regelungen konzipiert werden (hierzu GL 5 und 6 EBA/GL/2019/02). Bei der Konzeption der Governance-Regelungen sind mit Blick auf die Risiken aus der Auslagerung (Abs. 1 S. 1) die folgenden Maßstäbe anzulegen: Die Vorkehrungen nach Abs. 1 S. 1 müssen „angemessen" sein, es müssen „übermäßige" Risiken vermieden werden und die erforderlichen Vorkehrungen sind „abhängig von Art, Umfang, Komplexität und Risikogehalt" der Auslagerung (zur Verhältnismäßigkeit vgl. auch → Rn. 25; vgl. auch Schäfer/Omlor/Mimberg/Möslein Rn. 41). Im Übrigen besteht das Ziel der Vorschrift nicht darin, jegliche Risiken bei einer Auslagerung zu vermeiden oder auszuschließen – dies dürfte gar nicht möglich sein –, sondern diese Risiken zu steuern und zu mitigieren (vgl. Witzel CR 2020, 361 (362 f.)).

42   **b) Keine Beeinträchtigung der Ordnungsmäßigkeit der Geschäfte.** Eine Auslagerung darf die **Ordnungsmäßigkeit der Geschäfte und Dienstleistungen** des Instituts nicht beinträchtigen (Abs. 1 S. 2 Alt. 1). Art. 19 Abs. 6 UAbs. 3 S. 2 PSD2 formuliert klarer: „Das Verhältnis und die Pflichten des Zahlungsinstituts gegenüber seinen Zahlungsdienstleistern gem. dieser Richtlinie (PSD2) müssen unverändert bleiben." Sofern ein Institut seine Pflichten gem. dem zugrundeliegenden Zahlungsdiensterahmenvertrag (§ 675f Abs. 2 BGB) auf ein anderes Unternehmen auslagert, ist dieses andere Unternehmen in der Regel Erfüllungsgehilfe iSv § 278 BGB. Das Institut haftet demnach für die Handlungen des Auslagerungsunternehmens wie für eigenes Verschulden. Abs. 1 S. 2 Alt. 1 sorgt mit Abs. 1 S. 3 Alt. 2 (keine Delegation der Verantwortung) dafür, dass die Einhaltung der Verpflichtungen des Instituts gegenüber den Kunden durch eine eigene Bindung der Geschäftsleitung aufsichtsrechtlich abgesichert und damit überwacht werden kann (Möslein RdZ 2021, 35 (39)); eine Delegation darf also nur so weit erfolgen, dass der Geschäftsleiter selbst oder durch den beauftragten Dritten seine Leitungsverantwortung auch im Hinblick auf die Kundenbeziehungen erfüllen kann (Möslein RdZ 2021, 35 (39)). Im Auslagerungsvertrag ist demgemäß sicherzustellen, dass sämtliche Pflichten des Instituts, zB zur Ausführung von Zahlungsaufträgen und Durchführung von Zahlungsvorgängen innerhalb der dafür gesetzlich und vertraglich vorgesehenen zeitlichen Vorgaben erledigt werden. Wesentliche Störungen hierbei können demnach gem. Abs. 1 S. 2 auch zur aufsichtsrechtlichen Beanstandung führen.

43   **c) Keine Beeinträchtigung der Geschäftsorganisation des Instituts.** Eine Auslagerung darf auch die Geschäftsorganisation des Instituts nicht beeinträchtigen (Abs. 1 S. 2 Alt. 2). Sofern diese durch eine Auslagerung berührt werden, hat ein Institut dafür Sorge zu tragen, dass seine sämtlichen Pflichten nach § 27 zur Einrichtung und Aufrechterhaltung einer ordnungsgemäßen Geschäftsorganisation, dh die Gesamtheit aller Regelungen zur Gestaltung der Aufbau- und Ablauforganisation (Möslein RdZ 2021, 35 (38); Schäfer/Omlor/Mimberg/Möslein Rn. 45), erfüllt werden. Das Institut hat vertraglich sicher zu stellen, dass im Rahmen der Dienstleistung des Auslagerungsunternehmens die für das Institut jeweils geltenden Rechtsvorschriften erfüllt werden (Schäfer/Omlor/Mimberg/Möslein Rn. 42); ob dies durch flexiblen Verweis auf diese (sich häufig ändernden) Rechtsvorschriften und Nachfolgeregelungen im Auslagerungsvertrag oder durch Formulierung konkreter Pflichten des Auslagerungsunternehmens geschieht, ist insoweit Sache des

Instituts und dessen Auslagerungsmanagement. Diese vertragliche Regelung einschließlich einer für Rechtsentwicklungen in alle möglichen Richtungen offenen Anpassungsregelung ist von besonderer Bedeutung, da über das allgemeine zivilrechtliche Instrumentarium der Geschäftsgrundlagenstörung (§ 313 BGB) im Grundsatz eine Anpassung des Vertrages an sich ändernde öffentlich-rechtliche Zielsetzungen nicht verlangt werden kann (hM BeckOGK/Martens BGB § 313 Rn. 119 mwN; MüKo BGB/Finkenauer § 313 Rn. 79 mwN; anders noch BGH WM 1969, 1323 (1324); 1975, 1131 (1132)). Bei Abs. 1 S. 2 Alt. 2 handelt es sich sowohl um eine Anforderung der Auslagerungsfähigkeit als auch der Ausgestaltung des Auslagerungsverhältnisses. Sofern ein Institut nicht gewährleisten kann, dass die Qualität der internen Kontrolle des Instituts durch die Auslagerung nicht wesentlich beeinträchtigt wird (Art. 19 Abs. 6 UAbs. 2 PSD2), ist eine **Auslagerung nicht zulässig.** Hierbei ist auch entscheidend, ob das Institut selbst über genügend fachlich qualifizierte, personelle Ressourcen verfügt, um die Auslagerungsaktivitäten effektiv zu kontrollieren. Dies ist ein wesentliches Augenmerk der Finanzaufsicht; Erwägungsgrund 5 MiFID II weist darauf hin, dass das Fehlen wirksamer institutsinterner Kontrollen einer der Faktoren waren, die zur Finanzkrise beigetragen haben.

44 Besondere Anforderungen bestehen an die Aufrechterhaltung der Geschäftsorganisation, wenn das Auslagerungsunternehmen seinen Sitz außerhalb des EWR hat. Hierzu → Rn. 39.

45 d) Keine Beeinträchtigung der Steuerungs- und Kontrollmöglichkeiten der Geschäftsleitung. Zudem dürfen die Steuerungs- und Kontrollmöglichkeiten der Geschäftsleitung nicht beeinträchtigt werden (Abs. 1 S. 3 Hs. 2). Deshalb ist nicht auslagerungsfähig, auch nicht für Teilbereiche der Tätigkeiten des Instituts, die Unternehmensplanung, -koordination oder -kontrolle (BaFin, MaRisk AT 9, Erläuterungen Tz. 4; ZAIT II äußern sich zu diesem Thema nicht), des Weiteren die Besetzung der Führungskräfte oder derjenigen Aufgaben, die der Geschäftsleitung durch den Gesetzgeber oder durch sonstige Regelungen ausdrücklich zugewiesen sind (BaFin, MaRisk AT 9, Erläuterungen Tz. 4). Eine Auslagerung von Funktionen und Organisationseinheiten, derer sich die Geschäftsleitung bei der Ausübung ihrer Leitungsaufgaben bedient, insbes. die Risikocontrolling-Funktion, die Compliance-Funktion oder der internen Revision ist deshalb bei größeren Instituten im Wesentlichen nicht, bei kleineren Instituten iSd Proportionalitätsgrundsatzes (→ Rn. 25 ff.) in gewissem Umfang, auslagerbar (vgl. auch BaFin, MaRisk AT 9 Tz. 5). Bei einer Auslagerung an Cloud-Anbieter (zum Begriff vgl. → § 1 Rn. 364) ist ein Verlust von Kontrollmöglichkeit je nach Modell (insbesondere bei „Software as a Service") kaum zu verhindern. Die BaFin verdeutlicht, dass ein Verlust an Kontrollmöglichkeit eine Verantwortlichkeit im aufsichtsrechtlichen Sinn nicht abbedingt (BaFin, Merkblatt zu Auslagerungen an Cloud-Anbieter, S. 4).

46 e) Keine Beeinträchtigung der Prüfungs- und Kontrollrechte der BaFin. Die Prüfungs- und Kontrollrechte der BaFin dürfen durch die Auslagerung nicht beeinträchtigt sein (Abs. 1 S. 5). Hierbei ist zu berücksichtigen, dass die Auskunfts-, Prüfungs- und Besichtigungsrechte der BaFin und der von ihr im Rahmen von § 4 Abs. 3 FinDAG eingeschalteten sonstigen Personen sowie der Bundesbank gewährleistet sind. Diese Rechte dürfen weder durch den Auslagerungsvertrag noch in tatsächlicher Hinsicht beschränkt werden.

47 Für **Auslagerungen ins Ausland** – sowohl innerhalb als auch außerhalb des EWR – ist zu berücksichtigen, dass die BaFin in dem Fall geringere staatliche Zugriffsrechte hat; sie ist hier auf die Mitwirkung ausländischer Aufsichtsbehörden angewiesen (vgl. dazu → § 5 Rn. 16ff.). Sie kann aber insbesondere ihre Rechte aus § 19 gegenüber ausländischen Auslagerungsunternehmen nicht selbst durchsetzen; eine Befugnis entsprechend Art. 10 Abs. 1 lit. f, 11, 12 SSM-VO, wie sie für die EZB besteht, fehlt für die BaFin. Hierbei wird man auch nicht allein auf den Satzungssitz, Verwaltungssitz oder eine Niederlassung des Auslagerungsunternehmens abstellen (insofern erübrigt sich die Fragestellung bei Schäfer/Omlor/Mimberg/Möslein Rn. 47); wesentlich sind die Örtlichkeiten, die für Inspektionen der Aufsichtsbehörden im Sinn von § 19 Abs. 1 in Betracht kommen, also zB ein ausländisches Rechenzentrum des Dienstleisters (vgl. auch ZAIT II 9.10 lit. (d)). Sind also solche ausländischen Standorte im Rahmen der Auslagerung relevant, so sind vertragliche Regelungen iSd Abs. 1 S. 5 vorzusehen; in der Praxis finden sich solche Vertragsklauseln idR unabhängig von einer Auslagerung ins Ausland (→ Rn. 73ff.). Dies ist ein wesentlicher Punkt der Auslagerungsfähigkeit von Leistungen an ausländische Auslagerungsunternehmen.

48   **f) Dokumentation, Schriftform (Abs. 1 S. 6).** Nach Abs. 1 S. 6 bedarf eine Auslagerung einer schriftlichen Vereinbarung, welche die zur Einhaltung der Voraussetzungen des Abs. 1 erforderlichen Rechte des Instituts, einschl. Weisungs- und Kündigungsrechte, sowie die korrespondierenden Pflichten des Auslagerungsunternehmens festschreibt. Ob die in Abs. 1 S. 6 geforderte Schriftform diejenige des § 126 BGB ist, erscheint jedoch zweifelhaft (so aber wohl Kühn CR 2017, 834 (838f.), mit weiteren Überlegungen zum Einsatz digitaler Signaturen), da Abs. 1 S. 6 (ebenso wie § 25b Abs. 3 S. 3 KWG) eine öffentlich-rechtliche Formvorgabe ist. Nach der Rspr. sind Formvorschriften im öffentlichen Recht kein Selbstzweck und daher nach ihrem Sinngehalt auszulegen und anzuwenden (BVerwG NVwZ 2005, 1083 (1084); BVerwGE 96, 326 = NJW 1995, 1104 (1105); vgl. auch Schäfer/Omlor/Mimberg/Möslein Rn. 48). Das Schriftformerfordernis des Abs. 1 S. 6 dürfte deshalb weniger dem Übereilungsschutz (wie etwa § 766 BGB für Bürgschaften) dienen, sondern eher der Erleichterung der öffentlichen Kontrolle von Auslagerungsvereinbarungen (so auch BSK/Ferstl KWG § 25b Rn. 57; ähnlich auch MüKoBGB/Einsele § 126 Rn. 1, zu den Zwecksetzungen öffentlich-rechtlicher Formvorgaben des GWB und des WpHG). Dementsprechend dürfte auch Textform iSd § 126b BGB und eine den §§ 257 Abs. 3, 239 Abs. 4 HGB entsprechende elektronische Dokumentation das Schriftformerfordernis des Abs. 1 S. 6 erfüllen (zustimmend Schäfer/Omlor/Mimberg/Möslein Rn. 48; BSK/Ferstl KWG § 25b Rn. 57; aA wohl Kühn CR 2017, 834 (838)).

49   **g) Proportionalität.** Die vorstehend genannten Vorkehrungen hat das Institut in angemessener Weise zu treffen, namentlich abhängig von Art, Umfang, Komplexität und Risikogehalt der Auslagerung (§ 26 Abs. 1 S. 1). Zum Proportionalitätsgrundsatz → Rn. 25ff.

50   **h) Gruppenauslagerung.** Die Auslagerung innerhalb eines Konzerns oder durch eine Institutsgruppe (zum Gruppenbegriff → § 1 Rn. 290ff.) ist in § 26 nicht ausdrücklich angesprochen. Diese ist im Grundsatz zulässig. Allerdings können sich aus der Konzernstruktur Erleichterungen sowie auch erschwerende Besonderheiten ergeben.

51   **aa) Dienstleister unter Kontrolle des Instituts.** Sofern an ein nachgeordnetes, abhängiges Unternehmen iSv §§ 15ff. AktG ausgelagert wird, über das das auslagernde Institut die Kontrolle ausübt oder sein Handeln sonst wie beeinflussen kann, können Erleichterungen gelten (vgl. Art. 31 Abs. 4 MiFID-DV 2017; zustimmend Schäfer/Omlor/Mimberg/Möslein Rn. 19). Hier kommen vereinfachte Regelungen für das Leistungs-Controlling (Service Level Agreements), für Vertragsänderungen, Haftungen sowie für Vertragsbeendigung und Exit-Management in Betracht, da und sofern das auslagernde Institut diese Bereiche kontrollieren oder beeinflussen kann.

bb) Auslagerung an ein Gruppenunternehmen. Sofern Funktionen an ein **52** übergeordnetes Unternehmen oder ein Schwesterunternehmen ausgelagert werden, besteht die Gefahr, dass die Einflussnahme des Instituts auf das Auslagerungsunternehmen nicht mehr umfassend gegeben ist. Im Grundsatz ist zwar sicherzustellen, dass durch die Auslagerung zB von Kontrollbereichen (Interne Revision, Risikomanagement) nicht die Steuerungs- und Lenkungsmöglichkeiten der Geschäftsleitung des Instituts beeinträchtigt werden (zustimmend Schäfer/Omlor/Mimberg/Möslein Rn. 19). Für die unter Art. 109 Abs. 2 CRD IV fallenden Mutter- und Tochterunternehmen finden dabei die Leitlinien zu Auslagerungen auch auf teilkonsolidierter und konsolidierter Basis Anwendung (GL 2 EBA/GL/ 2019/02). Für gruppen- und verbundinternen Auslagerungen (zu dem Begriff „Gruppe" vgl. § 1 Abs. 6 → § 1 Rn. 290 ff.) können Vorkehrungen auf Gruppenebene risikomindernd berücksichtigt werden (ZAIT Ziffer 9 Tz. 9.14 (a)) und es kann auf die Erstellung von Ausstiegsprozessen und Handlungsoptionen verzichtet werden (ZAIT II Ziffer 9 Tz. 9.14 (d)). Entscheidend ist, dass in den Instituten das Leitungsorgan auch weiterhin vollumfänglich für die Erfüllung aller regulatorischen Anforderungen verantwortlich bleibt (GL 2 Tz. 22 EBA/GL/2019/02).

cc) Auslagerungen mehrerer Institute einer Gruppe. Lagern verschiedene **53** Institute einer Gruppe oder eines Verbundes (→ § 1 Rn. 290 ff.) an ein oder mehrere externe Auslagerungsunternehmen aus, so besteht die Möglichkeit der Einrichtung eines zentralen Auslagerungsmanagements auf Gruppen- oder Verbundebene (ZAIT II Ziffer 9 Tz. 9.14 (b)). Darüber hinaus gilt, sofern keine Ausnahmeregelung gem. Art. 109 Abs. 3 CRD IV oder Art. 7 CRR gewährt wurde, dass selbst bei einer zentralisierten operativen Überwachung der Auslagerung im Konzern **(zentrales Auslagerungsmanagement)** nach wie vor die Institute sicherstellen müssen, dass jedenfalls für wesentliche Auslagerungen eine unabhängige Überwachung des Dienstleisters und eine Kontrolle durch das Institut selbst möglich ist und dass mindestens jährlich bzw. auf Anforderung Berichte des zentralisierten Auslagerungsmanagements, die eine Zusammenfassung der Risikobewertung und Leitungsüberwachung beinhalten müssen, dem Institut vorgelegt werden. Die Risikoberichte der Auslagerungsunternehmen sind dabei ebenfalls jedem einzelnen Institut vorzulegen; es besteht jedoch die Möglichkeit, diesen doch eine (zusätzliche) Vorauswertung der Arbeit zu erleichtern (ZAIT II Ziffer 9 Tz. 9.14 (c)). Sofern Prüfungen der Auslagerungsunternehmen zentralisiert stattfinden, haben die Institute dafür zu sorgen, dass ihnen eine Zusammenfassung der jeweiligen Prüfungsberichte für wesentliche Auslagerungen sowie auf Anforderung auch die vollständigen Prüfungsberichte überlassen werden. Zudem ist Sorge zu tragen für eine Kommunikation durch das zentrale Auslagerungsmanagement an das Leitungsorgan des Instituts über relevante Änderungen bei den zentral überwachten Auslagerungsdienstleistern und deren mögliche Auswirkungen auf wesentliche Auslagerungen, einschl. einer Zusammenfassung der Risikoanalyse, der Einhaltung von regulatorischen Anforderungen und Auswirkung der Änderungen auf die Güte der Dienstleistung. Sofern vor Abschluss von Auslagerungsvereinbarungen das zentrale Auslagerungsmanagement diese Vereinbarungen zentral bewertet, muss das einzelne Institut dafür sorgen, dass es eine Zusammenfassung der Bewertung erhält, die auch der spezifischen Struktur und den besonderen Risiken des Instituts Rechnung trägt. Sofern im Konzern ein zentrales Auslagerungsregister iSv GL 11 EBA/GL/2019/02 geführt wird, muss hieraus ein individuelles Register für das jeweilige Institut „ohne größere Verzögerung" (ZAIT II Ziffer 9 Tz. 9.14 (e)) hergestellt werden können. Im Falle eines zentralen Exitplans für wesentliche Auslagerungen sollten die Institute eine Zusammenfassung des Plans erhalten und sich eine Überzeugung bilden, ob dieser Plan wirksam ausgeführt werden kann (zum Vorstehenden GL 2 Tz. 23 EBA/GL/2019/02).

2. Vorbereitung einer Auslagerung

54   Neben der Frage, ob eine Auslagerung wesentlich ist oder nicht, haben Institute im Vorfeld einer Auslagerung deren Übereinstimmung mit der eigenen Auslagerungspolicy (→ Rn. 55) zu prüfen sowie eine Due Diligence-Prüfung (→ Rn. 59) des Auslagerungsunternehmens durchzuführen. Die Ausschreibung einer Auslagerung wird bisweilen erforderlich sein; dies richtet sich nicht nach zahlungs- oder finanzaufsichtsrechtlichen Kriterien, sondern kann nach sonstigen, öffentlich-rechtlichen Maßgaben erforderlich sein.

55   **a) Auslagerungspolicy.** Für Institute des KWG gilt, dass die Geschäftsleitung gem. MaRisk (AT 4.2 Tz. 1) eine nachhaltige Geschäftsstrategie festzulegen hat, die neben der Zielfestlegung für die wesentlichen Geschäftsaktivitäten auch die Maßnahmen zur Erreichung der Ziele darstellt. Zu den dabei zu behandelnden personellen und technisch-organisatorischen Ressourcen gehören auch Auslagerungen, sodass im Zuge dessen auch eine Auslagerungsstrategie festzulegen ist. In dieser sind auch insbesondere Auslagerungen an Cloud-Anbieter zu berücksichtigen (BaFin, Merkblatt Auslagerungen an Cloud-Anbieter, S. 5; Dahmen BKR 2019, 533 (536)). Die MaRisk verlangt, dass die Auslagerungsstrategie „die zentralen Phasen des Lebenszyklus von Auslagerungsvereinbarungen zu umfassen [haben] und Definitionen der Grundsätze, Zuständigkeiten und Prozesse […] enthalten" (MaRisk AT 5 Erläuterung Tz. 3). Die EBA Leitlinien zu Auslagerungen (GL 7 EBA/GL/2019/02) verlangen nun auch von Zahlungsinstituten, dass deren Leitungsorgan schriftliche Auslagerungsrichtlinien festlegt, diese regelmäßig überprüft und aktualisiert sowie deren Umsetzung sicherstellt; die ZAIT verlangen institutsweite und gruppenweite Rahmenvorgaben für Auslagerungen (ZAIT II Ziffer 9 Tz. 9.5). Dabei wird es Instituten des ZAG freigestellt, ihre Auslagerungsrichtlinien auch mit den nur für Kreditinstitute geltenden Leitlinien der EBA zu internen Governance (EBA/GL/2021/05), dort Abschnitt 8, abzustimmen. Dabei sollten die Auslagerungsrichtlinien des Instituts unterscheiden zwischen wesentlichen Auslagerungen und sonstigen Auslagerungsvereinbarungen (ZAIT II Ziffer 9 Tz. 9.5: Rahmenvorgaben für Auslagerungsrisiken), Auslagerungen an Dienstleister, die von einer zuständigen Behörde zugelassen sind bzw. bei denen dies nicht der Fall ist, gruppeninternen Auslagerungen, Auslagerungsvereinbarungen innerhalb desselben Instituts bezogenen Sicherungssystems und Auslagerungen an Einrichtungen außerhalb der Gruppe sowie Auslagerung an Dienstleister mit Sitz in einem Mitgliedsstaat des EWR oder in Drittstaaten (GL 7 Tz. 43 EBA/Gl/2019/02). Die Auslagerungsrichtlinien sollten die Zuständigkeiten des Leitungsorgans bei Auslagerungen, insbes. seiner Beteiligung bei wesentlichen Auslagerungen, die Einbindung der verschiedenen Geschäftsbereiche, der internen Kontrollfunktionen und sonstiger Personen, die Planung von Auslagerungsvereinbarungen, die Umsetzung, Überwachung und das Management von Auslagerungsvereinbarungen, die Dokumentation und die Führung des Auslagerungsregisters sowie schlussendlich Exit-Strategien und Kündigungsverfahren festlegen (GL 7 Tz. 42 EBA/GL/2019/02). Für wesentliche Auslagerungen ist insbes. festzulegen, inwieweit das Risikoprofil des Instituts, die Fähigkeit, den Auslagerungsdienstleister zu überwachen und zu steuern, die Maßnahmen zur Geschäftsfortführung und die Ausübung der Geschäftstätigkeit des Instituts beeinflussen und im Rahmen des Entscheidungsprozesses berücksichtigt werden müssen (GL 7 Tz. 44 EBA/GL/2019/02).

b) Risikoanalyse. Nach Abs. 1 S. 1 muss ein Institut abhängig von Art, Umfang, Komplexität und Risikogehalt einer Auslagerung angemessene Vorkehrungen treffen, um übermäßige zusätzliche Risiken zu vermeiden. Dies bedeutet, dass jeder Auslagerung eine Risikoanalyse vorauszugehen hat (so auch ausdrücklich GL 12 Tz. 61 lit. c. EBA/GL/2019/02; auch ZAIT II Ziff. 9 Tz. 9.5). Im Vorfeld einer Auslagerung haben Institute die vielfältigen Risiken der Auslagerung jeweils zu ermitteln und zu bewerten. Hierbei geht es insbes. um die Bewertung, ob die jeweilige Funktion überhaupt ausgelagert werden soll, ob der in Aussicht genommene Dienstleister geeignet ist, inwieweit die interne Organisation des Instituts im Hinblick auf die Auslagerung anzupassen ist sowie schlussendlich die Gestaltung der Auslagerungsvereinbarung mit deren Hilfe ebenfalls gewisse Risiken vermieden oder eingeschränkt werden können. Im Vordergrund steht dabei zwar das operationelle Risiko; zu bewerten sind aber auch die folgenden Risiken, von denen einzelne Unterpunkte des operationellen Risikos darstellen: das Änderungsrisiko, das Aggregationsrisiko (GL 12.2 Tz. 66 lit. b. EBA/GL/2019/02), das Step-in Risiko (GL 12.2 Tz. 66 lit. c. EBA/GL/2019/02), das Komplexitätsrisiko, Compliance Risiken, Konzentrationsrisiken (GL 12.2 Tz. 66 lit. a. EBA/GL/2019/02), Vertraulichkeitsrisiken, Risiken aus Interessenkonflikten, Risiken aus (mangelnder) Kontinuität der Dienstleistungen, Datenschutzrisiken, das Risiko eines dominanten Dienstleisters, IT-Risiken, Exit- und Reintegrationsrisiken, Risiken aus übermäßiger Inanspruchnahme eines einzelnen Dienstleisters, Risiken der Sicherheit von Daten und Systemen (GL 12.2 Tz. 68 EBA/GL/2019/02), Unterauslagerungsrisiken (GL 12.2 Tz. 67 EBA/GL/2019/02, insbes. bei wesentlichen Auslagerungen), Reputationsrisiken, Solvenzrisiken, Risiken aus Auslagerungen in Drittstaaten, systemische Risiken und politische Risiken (insgesamt vgl. die Erörterung in EBA, Final Report, EBA/GL/2019/02, Background, S. 6 ff.; vgl. auch BaFin, ZAIT II Ziff. 9 Erläuterungen Tz. 9.5 und MaRisk AT 9 Erläuterungen Tz. 2). An der Risikoanalyse sind auch die maßgeblichen Organisationseinheiten zu beteiligen (bei IT-Auslagerungen zB die verantwortlichen Funktionen für Informationssicherheit und Notfallmanagement) und auch die Interne Revision im Rahmen ihrer Aufgaben heranzuziehen (so BaFin, ZAIT II Ziff. 9 Tz. 9.5; MaRisk AT 9 Tz. 2).

Im Rahmen der Ermittlung des operationellen Risikos soll das Institut insbes. die Auswirkungen der mangelnden Verfügbarkeit der Dienstleistung sowie von Schlechtleistungen sowie die möglichen Ursachen solcher Unzulänglichkeiten im Rahmen von Szenarioanalysen untersuchen (GL 12.2 Tz. 65 EBA/GL/2019/02). Dabei kommt dem Grundsatz der Proportionalität (→ Rn. 25 ff.) wiederum hohe Bedeutung zu. Nach der MaRisk (AT 9 Erläuterung Tz. 2) bedarf es einer Szenarioanalyse nur dann, wenn diese sinnvoll und verhältnismäßig ist; dies wird im Anwendungsbereich der MaRisk häufig (bereits vor Vertragsschluss) der Fall sein

(Schulte-Mattler/Schulte-Mattler WM 2022, 7 (12)). In der ZAIT fehlt dagegen ein Verweis auf die Szenarioanalyse, sondern „Art und Umfang" der Risikoanalyse hängen insgesamt vom Grundsatz der Proportionalität ab (BaFin, ZAIT II Ziff. 9 Erläuterung Tz. 9.5), sodass dort (selbst bei IT-Auslagerungen) nicht generell vom Erfordernis einer Szenarioanalyse auszugehen ist. Auch die MaRisk lässt bei kleineren, weniger komplexen Instituten qualitative Ansätze für eine Risikoanalyse ausreichen (BaFin, MaRisk AT 9 Erläuterung Tz. 2).

58   Insbesondere hat das Institut die Sensitivität der auszulagernden Funktionen sowie der dabei zu verarbeitenden Daten und der Datenverarbeitungssysteme und der betroffenen Systeme einzustufen und die jeweils erforderlichen Sicherheitsmaßnahmen zu ermitteln. Hierbei sind die jeweiligen operationellen Risiken, IT- und IT-Sicherheitsrisiken, rechtliche Risiken, Compliance- und Reputationsrisiken sowie auch die Zuverlässigkeit der staatlichen Beaufsichtigung am Ort der Niederlassung des Dienstleisters zu berücksichtigen (zu letzterem bereits → Rn. 46). Im Rahmen dieser Analyse hat das Institut ein angemessenes Schutzniveau für die Vertraulichkeit von Daten, die Kontinuität der ausgelagerten Tätigkeiten sowie die Integrität von Systemen und Rückverfolgbarkeit von Daten festzulegen bzw. hierfür Vorgaben zu machen. Ganz besondere Bedeutung kommt hierbei den Anforderungen an die IT-Sicherheit zu (zu allem vorstehenden GL 12.2 Tz. 68 EBA/GL/2019/02).

59   **c) Due-Diligence-Prüfung.** Zur Ermittlung der operationellen Risiken sowie zur Risikovorsorge ist es unerlässlich, dass ein Institut proportional (→ Rn. 25 ff.) zu Art, Umfang, Komplexität und Risikogehalt der Auslagerung (Abs. 1 S. 1) prüft, ob der Dienstleister für die in Aussicht genommene Auslagerung geeignet ist. Insbes. im Vorfeld von wesentlichen Auslagerungen ist eine technische und kommerzielle Due Diligence (gerichtet auf die fachliche Eignung, Kapazität, personelle und finanzielle Ressourcen, IT-Ressourcen, Organisationsstruktur sowie die Zuverlässigkeit des Dienstleisters), eine rechtliche Due Diligence (gerichtet insbes. auf die erforderlichen aufsichtsrechtlichen Zulassungen und Registrierungen) sowie ggf. auch eine finanzielle Due Diligence (gerichtet auf die ausreichende finanzielle Solidität zur Sicherung des Fortbestands des Dienstleisters) durchzuführen (GL 12.3 Tz. 69 f. EBA/GL/2019/02). Wenn die Auslagerung die Verarbeitung personenbezogener oder vertraulicher Daten beinhaltet, hat das Institut sich zu vergewissern, ob der Dienstleister angemessene technische und organisatorische Maßnahmen zum Schutz der Daten umgesetzt hat (GL 12.3 Tz. 72 EBA/GL/2019/02). Soweit dies sinnvoll ist, kann die Eignung auch anhand von Nachweisen bzw. Zertifikaten auf Basis von gängigen Standards (zB ISO/IEC 2700X oder C 5-Anforderungskatalog des BSI) oder auch internen oder externen Prüfberichten bewertet werden (BaFin, Merkblatt Auslagerungen an Cloud-Anbieter, S. 6).

3. Konzeption, Verhandlung und Abschluss des Auslagerungsvertrags

60   **a) Allgemeines.** Gem. Abs. 1 S. 6 bedarf eine Auslagerung einer schriftlichen Vereinbarung, welche die zur Einhaltung der Anforderungen des Abs. 1 S. 1–5 erforderlichen Rechte des Instituts, einschl. Weisungs- und Kündigungsrechten, sowie die korrespondierenden Pflichten des Auslagerungsunternehmens festschreibt. Die Vereinbarung kann sowohl in einem separaten Vertragswerk geregelt sein als auch zB Teil eines „Joint-Venture-Vertrags" oder eines Kooperationsvertra-

ges sein, wenn zum Zwecke der Auslagerung mit dem Auslagerungsunternehmen eine gemeinsame Unternehmung gegründet wird (Schwennicke/Auerbach/Langen/Donner § 25b Rn. 34).

Die BaFin hat den in den ZAIT sowie in der 6. Novelle der MaRisk nieder- **61** gelegten Katalog der Vertragsbestandteile entsprechend den EBA Leitlinien zu Auslagerungen (GL 13 Tz. 75 ff. EBA/GL/2019/02) verfasst (vgl. MaRisk AT 9 Tz. 7; identisch auch ZAIT II Ziff. 9 Tz. 9.10). Die EBA Leitlinien (GL 13 Tz. 75 ff. EBA/ GL/2019/02) bleiben aber weiterhin noch deutlich detaillierter ausgestaltet. Die Anforderungen der EBA Leitlinien sind allerdings als Mindestanforderungen an den Vertragsinhalt zu verstehen; in der Praxis bedarf es einer einzelfallgerechten kautelarpraktischen Prüfung um einerseits die gesetzlichen Grundanforderungen zu erfüllen und andererseits eine reibungslose Auslagerung zu strukturieren (Schäfer/Omlor/Mimberg/Möslein Rn. 49; Schwennicke/Auerbach/Langen/Donner § 25b Rn. 35). Auf diese Mindestinhalte wird im Folgenden einzugehen sein.

b) Beschreibung der zu erbringenden ausgelagerten Funktionen, Wei- **62** **sungsrechte.** Zunächst ist es nicht nur aus vertraglichen, sondern auch aus aufsichtsrechtlichen Gründen erforderlich, dass der Auslagerungsvertrag die vom Dienstleister zu übernehmenden Leistungen klar beschreibt (GL 13 Tz. 75 lit. a. EBA/GL/2019/02), weil sich hieraus die aufsichtsrechtlichen Pflichten des Instituts zur eigenen internen Organisation, zur Überwachung des Dienstleisters, zum Datenschutz und zur IT-Sicherheit sowie letztlich auch zur Beurteilung der Angemessenheit von Kündigungsfristen sowie des Exit-Management ergeben. Die allgemeinen Anforderungen an Auslagerungen, die sich aus Abs. 1 S. 1–5 ergeben und die auch die Auslagerungsfähigkeit teilweise beschränken, sind hierbei zu beachten (→ Rn. 40 ff.).

Die hinreichende Spezifizierung der Leistungspflichten im Auslagerungsvertrag **63** bestimmt auch darüber, wie weit die **Weisungsrechte** des Instituts gehen müssen (so BaFin, ZAIT II Ziff. 9 Erläuterung Tz. 9.10: „soweit erforderlich"; MaRisk AT 9 Erläuterung Tz. 7; vgl. auch BaFin, Merkblatt Auslagerungen an Cloud-Anbieter, S. 11). Die EBA-Guidelines erwähnen unter den Mindestvertragsinhalten (GL 13 Tz. 75 ff. lit. a. EBA/GL/2019/02) Weisungsrechte nicht ausdrücklich. In vielen Fällen automatisierter Datenverarbeitung sind Weisungsrechte ohnehin kaum vorstellbar. Es sollte in das Ermessen des Instituts gestellt werden, inwieweit angesichts der Vereinbarung standardisierter Abläufe beim Auslagerungsunternehmen auf Weisungsrechte verzichtet werden kann. Hier treten Vereinbarungen über Service Levels in der Regel an deren Stelle (kritisch zu Weisungsrechten auch Lensdorf CR 2019, 8 (12); Lensdorf CR 2021, 777 (781); Dahmen BKR 2019, 533 (538)).

c) Laufzeit, Kündigungsfristen. Die Auslagerungsvereinbarung für die Aus- **64** lagerung wesentlicher Funktionen hat das Datum des Beginns und ggf. des Endes der Vereinbarung sowie die Kündigungsfristen für beide Parteien festzulegen (GL 13 Tz. 75 lit. b. EBA/GL/2019/02). Die ZAIT II (Ziff. 9 Tz. 9.10 lit. l) und MaRisk (AT 9 Tz. 7 lit. l) verlangen zudem angemessene Kündigungsfristen. Gem. EBA Leitlinien zu Auslagerungen (GL 13.4 EBA/Gl/2019/02) sollten– auch bei Auslagerungsverträgen über einfache, dh nicht wesentliche Auslagerungen – **ausdrücklich Kündigungsrechte** gemäß dem geltenden Gesetz vorgesehen werden, einschließlich der folgenden Fälle:
a) Verstoß des Dienstleisters gegen geltendes Recht oder Vertragsbestimmungen;

b) wenn Hindernisse ermittelt werden, durch die die Durchführung der ausgelagerten Funktionen verändert werden kann;

c) wenn sonstige wesentliche Änderungen auftreten, die sich auf die Auslagerungsvereinbarung oder den Dienstleister, einschl. einer Weiterverlagerung, auswirken;

d) wenn Mängel bzgl. des Umgangs mit und der Sicherheit von vertraulichen, personenbezogenen oder anderweitig sensiblen Daten oder Informationen auftreten;

e) wenn die zuständige Aufsichtsbehörde die Kündigung anweist.

65   Die Leitlinien (GL 13.4 EBA/Gl/2019/02) lassen offen, ob hier eine Kündigung mit sofortiger Wirksamkeit zu vereinbaren ist. Dies sollte jedoch dann erforderlich sein, wenn die Kündigungsgründe eine gewisse **Erheblichkeitsschwelle (Wesentlichkeit)** überschreiten. Es kommt hinzu, dass die Anforderungen der EBA Leitlinien, insbesondere auch die Begriffe des „Hindernisses" sowie der „wesentlichen Änderungen", auslegungsfähig sind (Witzel CR 2020, 361 (363f.)). Nach deutschem Zivilrecht der außerordentlichen Kündigung nach § 314 BGB oder § 648a BGB würden einfache „Verstöße" gegen Vertragsbestimmungen (a), irgendwelche einfachen Hindernisse der Vertragsdurchführung (b) oder einfache, insbesondere abstellbare oder sogar reparable Mängel der Datenverarbeitung (d) noch nicht die Schwelle für eine Unzumutbarkeit zur Vertragstreue darstellen (ähnlich Witzel CR 2020, 361 (364)). Das ist auch in vielen anderen Rechtsordnungen so. Die vorstehenden Erwägungen als auch der unverbindliche Charakter der Leitlinien und die Formulierung in GL 13.4 Tz. 98 EBA/Gl/2019/02 „gemäß dem geltenden Gesetz" führen dazu, dass die Anforderungen in GL 13.4 Tz. 98 EBA/Gl/2019/02 nicht als außerordentliches Kündigungsrecht umzusetzen sind bzw. eine solches nur unter Berücksichtigung der Schwellen vereinbart werden muss, die sich aus dem nationalen Recht ergeben (Witzel CR 2020, 361 (364)).

66   Ein **außerordentliches Kündigungsrecht** wird man im Auslagerungsvertrag aber für Fälle vorzusehen haben, in denen die Kündigung notwendig wird, weil dies für die Kontinuität und Qualität der für die Kunden erbrachten Dienstleistungen unerlässlich ist. Dies gibt Art. 31 Abs. 2 lit. g MiFID-DV 2017 für Wertpapierdienstleistungsunternehmen vor. Dies dürfte auch für Institute des ZAG gelten. Im Übrigen kann sich die Notwendigkeit der Vereinbarung weiterer Kündigungsrechte aus der Art und Komplexität der ausgelagerten Aktivitäten sowie aus der Risikoanalyse ergeben. Dies kann es erforderlich machen, Möglichkeiten zur **Teilkündigung** einzelner Leistungen zu vereinbaren. Zudem mag es in bestimmten Fällen besonderer Abhängigkeit von dem Dienstleister erforderlich sein, eine Kündigungsmöglichkeit wegen mangelnder, laufender Offenlegung der finanziellen und wirtschaftlichen Verhältnisse des Dienstleisters (ins. Offenlegung von Jahresabschlüssen und/oder Quartalsberichten) zu vereinbaren. Zur Vereinbarung von Kündigungsrechten in Bezug auf **Subunternehmer** → Rn. 71.

67   Von ganz besonderer Bedeutung im Zusammenhang mit Laufzeit und Kündigung ist die Vereinbarung eines angemessenen **Exit-Management.** So verlangen die EBA Leitlinien zu Auslagerungen im Fall der Auslagerung wesentlicher Funktionen eine dokumentierte Exit-Strategie des Instituts (GL 15 Tz. 106 EBA/GL/2019/02). Entscheidend sind deshalb zusätzlich vertragliche Vereinbarungen über die Pflicht des Dienstleisters, die ausgelagerten Funktionen an einen anderen Dienstleister oder an das Institut selbst zu übertragen, einschl. der damit zusammenhängenden Daten und Dokumentationen. Zudem ist ein angemessener Über-

gangszeitraum nach Kündigung festzulegen, in dem der Dienstleister seine Leistung weiterhin erbringt, um ein Unterbrechungsrisiko zu vermeiden. Darüber hinaus sollte der Dienstleister zur Beratung und Unterstützung des Instituts im Fall der Migration auf einen anderen Dienstleister oder im Fall der Reintegration der ausgelagerten Funktionen verpflichtet werden (vgl. auch BaFin, ZAIT II Ziff. 9 Erläuterung Tz. 9.10; MaRisk AT 9 Erläuterung Tz. 7; zu allem vorstehenden GL 13.4 Tz. 99 EBA/Gl/2019/02).

d) Geltendes Recht. Die **Vereinbarung des geltenden Rechts** verlangen **68** die Leitlinien der EBA zu Auslagerungen (GL 13 Tz. 75 lit. c EBA/GL/2019/02; nun auch ZAIT II Ziff. 9 Tz. 9.10 lit. c; MaRisk AT 9 Ziff. 7 lit. c). Hierbei geht es um das auf den Vertrag anwendbare Zivilrecht iSv Art. 3 Abs. 1 der Verordnung (EG) Nr. 593/2008 (Rom I). Dies ist von aufsichtsrechtlicher Bedeutung, weil und soweit das Institut im Rahmen seiner Risikoanalyse der Auslagerungsvereinbarung seine aus dem ergänzend anwendbaren gesetzlichen Zivilrecht folgenden Rechte und Pflichten im Einzelnen voraussehen muss (zB zur Haftung des Dienstleisters). Auf die Befugnisse der Aufsichtsbehörden sowie die gesellschaftsrechtlichen Einflussmöglichkeiten bei gruppeninternen Auslagerungen dürfte das vereinbarte Zivilrecht allerdings nur in den seltensten Fällen Auswirkung haben (unklar Schäfer/Omlor/Mimberg/Möslein Rn. 50). Ggf. hat die Risikoanalyse durch Hinzuziehung von Rechtsgutachten zu ausländischem Recht zu erfolgen.

e) Die finanziellen Pflichten der Parteien. Es ist nicht ganz klar, weshalb **69** GL 13 Tz. 75 lit. d EBA/GL/2019/02 als aufsichtsrechtliche Anforderung an die Auslagerungsvereinbarung die finanziellen Pflichten der Parteien geregelt wissen will. Diese dürften jedenfalls im Rahmen der Prüfung durch die Aufsichtsbehörde (Vorlagepflicht gem. § 8 ZAGAnzV) nur nachrangige Bedeutung haben. In Einzelfällen mögen sich hieraus Rückschlüsse auf die Solvenz- und Liquiditätsrisiken des Instituts ergeben (Schäfer/Omlor/Mimberg/Möslein Rn. 50) und damit die übernommenen finanziellen Pflichten auch für die Beurteilung der Wesentlichkeit der Auslagerung relevant sein.

f) Weiterverlagerungen. Gem. GL 13 Tz. 75 lit. e EBA/GL/2019/02 ist zu **70** regeln, ob die Weiterverlagerung einer wesentlichen Funktion bzw. Teil derselben zulässig ist sowie die Bedingungen für eine solche Weiterverlagerung. Im Anschluss an GL 13.1 Tz. 7 d ff. EBA/GL/2019/02 stellt die ZAIT gewisse Anforderungen auch bereits an die Weiterverlagerung „einzelner Arbeits- und Prozessschritte" einer IT-Auslagerung (BaFin, ZAIT II Ziff. 9 Tz. 9.11; genauso MaRisk AT 9 Tz. 8). Bei diesen müssen die **Voraussetzungen** unter denen eine Weiterverlagerung zulässig ist, geregelt sein bzw. ein **Zustimmungsvorbehalt** des Instituts vorgesehen sein; zudem muss sichergestellt werden, dass die Weiterverlagerung im Einklang mit der originären Auslagerungsvereinbarung steht und Berichtspflichten eingehalten werden. Auch müssen Regelungen und Modalitäten vorgesehen werden, die sicherstellen, dass das Institut die bankaufsichtlichen Anforderungen weiterhin einhält (BaFin, ZAIT II Ziff. 9 Tz. 9.10 lit. m; genauso MaRisk AT 9 Tz. 7 lit. m).

Sofern dem Dienstleister die **Weiterverlagerung** von **wesentlichen Funktio-** **71** **nen** erlaubt sein soll, ist in der Auslagerungsvereinbarung festzulegen, ob der weiter zu verlagernde Teil der Funktionen an sich wesentlich ist (in dem Fall wäre der Subdienstleister dann auch „Auslagerungsunternehmen" iSd § 1 Abs. 10a → § 1 Rn. 394) und dieser ist im Auslagerungsregister zu erfassen. Nach GL 13.1 Tz. 78

EBA/GL/2019/02 sind in der Auslagerungsvereinbarung in diesem Fall zahlreiche weitere Details zu regeln,

a) insbes. die Tätigkeiten, die von einer Weiterverlagerung ausgeschlossen sind,
b) die Angabe der im Fall einer Weiterverlagerung zu erfüllenden Bedingungen,
c) die Pflicht des Dienstleisters, die weiterverlagerten Dienstleistungen zu überwachen und sicherzustellen, dass die vertraglichen Pflichten zwischen dem Dienstleister und dem Institut fortlaufend erfüllt werden,
d) die Pflicht des Dienstleisters, vor einer Weiterverlagerung im Zusammenhang mit Daten vorab eine spezifische oder allgemeine schriftliche Zustimmung des Instituts einzuholen,
e) Pflicht des Dienstleisters, das Institut über eine geplante Weiterverlagerung sowie geplante wesentliche Änderungen derselben zu informieren wenn diese Auswirkungen auf die Fähigkeit des Dienstleisters zur Erfüllung seiner Pflichten gem. der Auslagerungsvereinbarung haben könnte. Dies umfasst auch die Informationen über wesentliche Änderungen hinsichtlich der Subunternehmer. Die Frist für Benachrichtigungen sollte dabei so bemessen werden, dass das Institut eine Risikobewertung der Weiterverlagerung bzw. der Änderung vornehmen kann und hier widersprechen kann, bevor die geplante Weiterverlagerung oder wesentliche Änderung in Kraft tritt;
f) eine Regelung, die sicherstellt, dass das Institut einer beabsichtigte Weiterverlagerung wesentlicher Funktionen oder einer wesentlichen Änderung derselben zu widersprechen; alternativ zulässig wäre ein Zustimmungsvorbehalt im Fall der Weiterverlagerung wesentlicher Funktionen;
g) ein Kündigungsrecht des Instituts bzgl. der Auslagerungsvereinbarung für den Fall, dass eine unzulässige Weiterverlagerung vorliegt, insbes. wenn sich die Risiken aus der Weiterverlagerung für das Institut wesentlich erhöhen oder wenn der Dienstleister eine Weiterverlagerung vornimmt, ohne das Institut zuvor zu benachrichtigen.

72   Zudem ist in der Auslagerungsvereinbarung sicherzustellen, dass der Subunternehmer des Auslagerungsunternehmens bei Erbringung seiner Leistungen die für das Institut im Hinblick auf die ausgelagerte Funktion geltenden Gesetze, sonstigen aufsichtlichen Anforderungen und die zwischen Institut und Dienstleister vereinbarten vertraglichen Regelungen einhält sowie dem Institut und den für das Institut zuständigen Behörden einschl. dessen Abschlussprüfer die notwendigen **Informations-, Zugangs- und Prüfungsrechte** einräumt (zur Relevanz dieser vertraglichen Regelungen für die Geschäftsorganisation → Rn. 43). Zudem hat das Institut sowohl vertraglich als auch in seiner Überwachungspraxis sicherzustellen, dass der Dienstleister seine Subunternehmer angemessen überwacht; für Fälle der Zuwiderhandlung muss dem Institut ein Recht zur **Kündigung der Auslagerungsvereinbarung** zustehen (GL 13.1 Tz. 79f. EBA/GL/2019/02) (→ Rn. 64ff.). Für den Vertrag über die Weiterverlagerung zwischen dem Dienstleister und dem Subunternehmer sollte darüber hinaus dieselbe **Schriftform** gelten, der auch die Auslagerungsvereinbarung unterliegt (→ Rn. 48).

73   **g) Festlegung des Standorts oder der Standorte der Durchführung der ausgelagerten Funktionen.** Im Fall wesentlicher Auslagerung hat die Auslagerungsvereinbarung den Standort bzw. die Standorte festzulegen, in denen die Durchführung einer wesentlichen ausgelagerten Funktion erfolgt und/oder maßgebliche Daten gespeichert und verarbeitet werden, einschl. des möglichen Speicherorts und die zu erfüllenden Bedingungen einschl. der Benachrichtigungs-

pflicht, wenn der Dienstleister den Standort/die Standorte wechselt (GL 13 Tz. 75 lit. f. EBA/GL/2019/02). Die Regelung und die Vorgabe muss daraus erklärt werden, dass ein Institut auch das sich aus der Tätigkeit des Dienstleisters in verschiedenen Regionen oder Ländern ergebende Risiko einschätzen muss, namentlich Rechtsrisiken, Risiken aus mangelhafter staatl. Überwachung des Dienstleisters sowie politische Risiken; vgl. dazu auch → Rn. 47. Die zitierte Regelung in den EBA Leitlinien zu Auslagerungen stellt nämlich ausdrücklich auf Regionen oder Länder ab. Insbes. im Rahmen des Cloud-Computing aber auch im Fall sonstiger Auslagerungen von Rechenzentren hat es sich aufgrund der Industriestandards (zB ISO 27001) als erforderlich erwiesen, die genauen Anschriften der jeweiligen Rechenzentren geheim zu halten (so auch Schäfer/Omlor/Mimberg/Möslein Rn. 50). Im Grundsatz reicht deshalb die Angabe von **Regionen und Ländern** der Leistungserbringung (BaFin, ZAIT II Ziffer. 9 Erläuterung Tz. 9.10; genauso MaRisk AT 9 Erläuterung Tz. 7) oder ggf. die Stadt (BaFin, Merkblatt, Auslagerungen an Cloud-Anbieter, S. 11). In Einzelfällen verlangt die BaFin aus „Erwägungen des Risikomanagements", dass das Institut den genauen Standort des Rechenzentrums des Cloud-Dienstleisters kennt (BaFin, Merkblatt, Auslagerungen an Cloud-Anbieter, S. 11), ohne dass dieser zwingend im Vertrag genau bezeichnet ist (Lensdorf CR 2021, 777 (779)).

h) Zugänglichkeit, Verfügbarkeit, Integrität, Datenschutz und Sicher- 74
heit der Daten. Ein wesentlicher Aspekt von Auslagerungsvereinbarungen, insbes. solchen die IT-Dienstleistungen betreffen, sind Vereinbarungen über die Zugänglichkeit, Verfügbarkeit, Integrität, Datenschutz und die Sicherheit der Daten (GL 13 Tz. 75 lit. g. EBA/GL/2019/02; vgl. auch BaFin, ZAIT II Ziff. 9 Tz. 9.10). Auch Art. 31 Abs. 2 lit. j MiFID-DV 2017 verlangt, dass dem Dienstleister auferlegt wird, alle vertraulichen Informationen, die die Wertpapierfirma und ihre Kunden betreffen, zu schützen.

In diesem Rahmen sind auch die **Leitlinien für das Management von IKT-** 75
und Sicherheitsrisiken (EBA/GL/2019/04) zu berücksichtigen. Hierin finden sich neben umfangreichen Regelungen zur Governance des Risikomanagements der Zahlungsdienstleister (GL 1.3 EBA/GL/2019/04) auch der Hinweis in GL 1.2.3 Tz. 7 und 8, dass im Falle einer Auslagerung die Sicherheitsmaßnahmen gem. den Leitlinien wirksam sein müssen. Die dort in GL 1.4 zum Schutz gegen operationelle und sicherheitsrelevante Risiken geregelten vorbeugenden Sicherheitsmaßnahmen, die Regelungen zur Integrität und Vertraulichkeit der Daten und Systeme zur physischen Sicherheit sowie zur Zugriffskontrolle einschl. der kontinuierlichen Überwachung und Erkennung von Risiken und Meldung solcher Risiken und einschl. der dort geregelten Maßgaben zur Geschäftsfortführung im Krisenfall und zum Testen von solchen Sicherheitsmaßnahmen (GL 1.4 bis GL 1.7 EBA/GL/2019/04 sollten dementsprechend auch Eingang in Auslagerungsvereinbarungen über Zahlungsdienste oder die Ausgabe von E-Geld finden (so auch GL 13.2 Tz. 82 EBA/GL/2019/02; ZAIT II Ziff. 9 Tz. 9.10 lit. k sowie Erläuterungen zu Tz. 9.10; MaRisk AT 9 Erläuterung zu Tz. 7). Zudem sind Vereinbarungen zum Informationsrisikomanagement, Informationssicherheitsmanagement, Notfallmanagement und zum IT-Betrieb aufzunehmen (BaFin, ZAIT II Ziff. 9 Erläuterung Tz. 9.8).

Bei Auslagerungen (Cloud-Dienste oder sonstige Auslagerungen), die den Um- 76
gang mit oder die Übertragung von personenbezogenen oder vertraulichen Daten umfassen, wird Instituten ein **risikobasierter Ansatz** betreffend Standort der Datenspeicherung und -verarbeitung und hinsichtlich Informationssicherheit zu-

gestanden (GL 13.2 Tz. 83 EBA/GL/2019/02). Zudem hat das Institut sicherzustellen, dass durch den Auslagerungsdienstleister bzw. den von diesem eingeschalteten Subunternehmer die für das Institut anwendbaren Regelungen des **Datenschutzes, des Bankgeheimnisses und sonstigen Geheimnisschutzes** beachtet und eingehalten werden (GL 13.2 Tz. 84 EBA/GL/2019/02).

77   **i) Überwachung des Dienstleisters.** Ein zentraler Punkt jeder Auslagerungsvereinbarung über wesentliche Funktionen ist die ordnungsgemäße Regelung zur Überwachung des Dienstleisters sowie der ausgelagerten Aktivitäten und Prozesse, die Rechte des Instituts sowie von dessen Aufsichtsbehörden, Abschlussprüfern sowie beauftragter Personen auf Informationen, Zutritt zu den Geschäftsräumen und Prüfung des Dienstleisters (GL 13 Tz. 75 lit. h., lit. n. und lit. p., Tz. 87 EBA/ GL/2019/02; BaFin, MaRisk AT 9 Tz. 7 lit. h und lit. i; ZAIT II Ziff. 9 Tz. 9.10 lit. h und lit. i). Hier geht es zum einen um die **laufende Überwachung** durch das Institut selbst, insbes. durch die mit dem Auslagerungscontrolling bzw. dem zentralen Auslagerungsmanagement (BaFin, MaRisk AT 9 Tz. 12; ZAIT II Ziff. 9 Tz. 9.12) befassten Personen sowie die interne Revision (GL 13.3 Tz. 85 EBA/ GL/2019/02) des Instituts und dessen externe Prüfer, insbes. dessen Abschlussprüfer. Des Weiteren ist die Auskunftspflicht des Dienstleisters, die Pflicht zur Duldung des Zutritts zu seinen Geschäftsräumen sowie zur Duldung von Prüfungen durch Aufsichtsbehörden, insbes. die BaFin, zu verankern; diese ergibt sich für im Inland ansässige Dienstleister unmittelbar aus § 19 Abs. 1.

78   Dabei verlangt die BaFin (ZAIT II Ziff. 9 Tz. 9.10 lit. h; MaRisk AT 9 Tz. 7 lit. h) für die **interne Revision des Instituts** lediglich **„angemessene"** Informations- und Prüfungsrechte, während die EBA (GL 13 Tz. 75 lit. p., Tz. 87 lit. b. EBA/GL/2019/02) **„uneingeschränkte"** Rechte des Instituts zur Kontrolle und Prüfung des Dienstleisters im Hinblick auf ausgelagerte kritische oder wesentliche Funktionen verlangt (darauf weist auch Lensdorf CR 2019, 8 (10) hin). Für die Kontroll- und Prüfungsmöglichkeiten der **Aufsichtsbehörden** besteht dagegen Einigkeit; diese haben „uneingeschränkt" zu sein (ZAIT II Ziff. 9 Tz. 9.10 lit. i; MaRisk AT 9 Tz. 7 lit. i; GL 13 Tz. 75 lit. p. EBA/GL/2019/02; vgl. auch § 19 Abs. 1 → § 19 Rn. 5). Letztlich wird ein Institut für die Informations-, Prüfungs- und Kontrollrechte seiner Internen Revision nur wenige Beschränkungen hinnehmen dürfen (Wahrnehmung zu üblichen Geschäftszeiten, außer in Notfällen, Rücksichtnahme auf den laufenden Geschäftsbetrieb und auf Daten anderer Kunden des Dienstleisters (zustimmend zu letzterem Dahmen BKR 2019, 533 (537), → Rn. 80ff.), ohne das Ziel zu gefährden: die Kontrolle der Überwachung der Auslagerungsvereinbarung zu ermöglichen und die Einhaltung aller geltenden aufsichtlichen und vertraglichen Anforderungen sicherzustellen. Unzulässig wäre es jedoch, wenn sich das Institut ausschließlich auf mittelbare Informations- und Prüfungsverfahren durch Vorlage von Prüfungsberichten, Zertifikaten oder sonstigen Nachweisen beschränkt, ohne die uneingeschränkte Möglichkeit ergänzender eigener Prüfungen (GL 13 Tz. 93 lit. h. EBA/GL/2019/02). Unzulässig wäre auch die Verknüpfung des Zugangs zu Informationen mit der vorherigen Teilnahme an speziellen Schulungsprogrammen, die Formulierung einer Klausel, in der die Durchführung einer Prüfung von der wirtschaftlichen Zumutbarkeit („commercially reasonable") abhängig gemacht wird, ein Verweis auf die alleinige Nutzung etwa von Managementkonsolen zur Ausübung der Informations- und Prüfungsrechte des Unternehmen oder eine Vorgabe des Ablaufs sowie des Umfangs der Ausübung der Informations- und Prüfungsrechte durch den Cloud-Anbieter (vgl.

zu allen Bsp. BaFin, Merkblatt Auslagerungen an Cloud Anbieter, S. 8 f.; kritisch Lensdorf CR 2019, 8 (11 f.)).

In Folge der Einführung des § 1 Abs. 10a gelten die Rechte der zuständigen Be- **79** hörden gem. § 19 Abs. 1 auch gegenüber Subunternehmern aus Weiterverlagerungen. Für im Ausland ansässige Dienstleister oder im Ausland erbrachte Dienstleistungen (zu Auslagerungen außerhalb des Geltungsbereichs des ZAG → Rn. 47) ist dagegen die Aufsichtsbehörde auf die Zusammenarbeit mit anderen Behörden (§ 5 iVm § 8 KWG) sowie auf die vertraglichen Vereinbarungen in der Auslagerungsvereinbarung gem. Abs. 1 S. 4 Hs. 2 angewiesen (vgl. auch GL 13.3 Tz. 86 EBA/GL/2019/02).

Insbes. hat der Dienstleister in der Auslagerungsvereinbarung dem Institut, den **80** für das Institut zuständigen Aufsichtsbehörden sowie den von dem Institut sowie den Aufsichtsbehörden benannten Personen **ungehinderten Zugang** zu allen relevanten Geschäftsräumen (zB Hauptsitz und Betriebszentren), einschl. der relevanten Geräte, Systeme, Netzwerke, Informationen und Daten, die für die Wahrnehmung der ausgelagerten Funktionen eingesetzt werden, zu gewähren und ein uneingeschränktes Recht auf Kontrolle und Prüfung im Zusammenhang mit der Auslagerungsvereinbarung zuzugestehen, um dem Institut sowie den Aufsichtsbehörden bzw. den von diesen beauftragten Personen die Überwachung der Auslagerungsvereinbarung zu ermöglichen und die Einhaltung aller geltenden aufsichtlichen und vertraglichen Anforderungen sicherzustellen (GL 13.3 Tz. 87 EBA/GL/2019/02). Diese Zugangsrechte (wie auch sonstige Prüfungs- und Informationsrechte) gelten unabhängig der Ausgestaltung der konkreten Zusammenarbeit, also auch zB bei der Auslagerung an Cloud-Dienste (Söbbing ITRB 2021, 240 (244); Lensdorf CR 2021, 777 (779)).

Institute haben im Rahmen der Auslagerungsvereinbarung den Dienstleister zu **81** verpflichten, mit den zuständigen Aufsichtsbehörden und von diesen ernannten Personen **zusammenzuarbeiten** (GL 13 Tz. 75 lit. n. EBA/GL/2019/02). Diese Verpflichtung darf nicht mittelbar beschränkt werden, zB durch die Anknüpfung an Voraussetzungen (entsprechend gelten die Ausführungen unter → Rn. 78).

Institute sollten zudem dafür Sorge tragen, dass der Dienstleister **interne IT-** **82** **Kontrollmechanismen** einrichtet, einschl. Kontrollmaßnahmen für die IT-Sicherheit. Gem. den Leitlinien der EBA für die IT-Risikobewertung im Rahmen des aufsichtlichen Überprüfungs- und Bewertungsprozesses (SREP) (EBA/GL/2017/05) sollten Institute sicherstellen, dass sie **Sicherheitspenetrationstests** zur Bewertung der Wirksamkeit der durchgeführten Maßnahmen und Prozesse im Bereich Cyber-Sicherheit und interner IT-Sicherheit durchführen können. Bei Auslagerungsvereinbarungen mit einem hohen Maß an technischer Komplexität – dies ist häufig bei Cloud-Outsourcing der Fall – hat das Institut dafür Sorge zu tragen, dass (interne oder externe) **Prüfer über ausreichende und einschlägige Kompetenzen und Kenntnisse** für eine wirksame Durchführung der Prüfung verfügen.

In DORA findet sich hierzu ein eigenes Regelungsregime. Insbesondere müssen **82a** Finanzunternehmen grundsätzlich nach den Vorgaben des Art. 23 Abs. 1 DORA mindestens alle drei Jahre **bedrohungsorientierte Penetrationstests** durchführen. In die Tests sind IKT-Drittanbieter mit einzubeziehen, welche kritische oder wichtige Funktionen und IKT-Dienste bereitstellen (Art. 23 Abs. 2 UAbs. 2 DORA). Deren Kooperation bei Penetrationstest ist über den Auslagerungsvertrag sicher zu stellen (Art. 23 Abs. 2 UAbs. 2. sowie Art. 27 Abs. 2a lit. d DORA).

83   Die Vereinbarung der **Ankündigung** einer Vor-Ort-Prüfung bei dem Dienst-leister ist üblich; das Institut sollte sich aber vorbehalten, im Rahmen eines Notfalls oder einer Krisensituation eine Prüfung auch ohne Vorankündigung durchführen zu dürfen, insbes. in den Fällen, in denen die Prüfung sonst nicht ihre Wirkung ent-falten kann.

84   Bei **Mehrmandanten-Dienstleistern** ist eine Prüfung so zu konzipieren und durchzuführen, dass Risiken für die Leistungserbringung des Dienstleisters an an-dere Kunden sowie Gefahren für die Verfügbarkeit und Vertraulichkeit der Daten anderer Kunden vermieden oder soweit wie möglich reduziert werden.

85   Auch für Funktionen, die **nicht als wesentlich** eingestuft werden, werden In-stitute nach den EBA Leitlinien zu Auslagerungen verpflichtet auf Basis eines risiko-basierten Ansatzes ähnliche Zugangs-, Informations- und Prüfungsrechte wie bei wesentlichen Auslagerungen sicherzustellen, dies allerdings abhängig von der Art der ausgelagerten Funktion, den Risiken sowie den potentiellen Auswirkungen auf die kontinuierliche Ausübung der Tätigkeiten (GL 13.3 Tz. 88 EBA/GL/ 2019/02). Die ZAIT und MaRisk sehen nunmehr ebenfalls die Regelung von Informations- und Prüfungsrechten bei nicht wesentlichen Auslagerungen vor, zu-mindest wenn davon auszugehen ist, dass die Auslagerung in naher Zukunft we-sentlich werden könnte (vgl. BaFin, MaRisk AT 9 Erläuterung Tz. 7; ZAIT II Ziff. 9 Erläuterung Tz. 9.10).

86   Sowohl im **Cloud-Computing** als auch im Rahmen von sonstigen Auslage-rungsvereinbarungen mit Dienstleistern, die in zahlreichen gleichgelagerten Fällen für Institute tätig werden (Mehrmandanten-Dienstleister) spielen **Prüfungen des Dienstleisters durch Dritte** eine zunehmend bedeutende Rolle. Hier geht es vor allem darum, Kosten, personellen Aufwand sowie Behinderung der Tätigkeit des Dienstleisters durch Überwachungsaktivitäten möglichst zu reduzieren. Dabei sind zum einen Sammelprüfungen (**„Pooled Audits"**) sowie **Zertifizierungen durch externe Dritte** jeweils ein sinnvolles Mittel. Die EBA Leitlinien zu Aus-lagerungen bestätigen nunmehr nur noch, dass solche Sammelprüfungen und Zer-tifizierungen zulässig sind (GL 13.23 Tz. 91 EBA/GL/2019/02; BaFin, Merkblatt zu Auslagerungen an Cloud-Anbieter, S. 9; nunmehr auch die MaRisk BT 2.1 Erläuterung Tz. 3). Während der Konsultationsentwurf der Leitlinien noch um-fangreiche Anforderungen für Pooled Audits vorsah (GL 10.3 Tz. 75 EBA/CP/ 2018/11), insbes. die Anforderung, dass die einzelnen, an einem Pooled Audit teilnehmenden Institute jeweils das vertragliche Recht haben müssen, sowohl die Sammelprüfung auszudehnen als auch eigene Prüfungen zusätzlich durchzuführen, enthalten die finalen EBA Leitlinien zu Auslagerungen dazu lediglich die Anfor-derung, dass Sammelprüfungen unbeschadet der letztendlichen Verantwortung der Institute stattfinden.

87   Für die Nutzung von **Zertifizierungen** durch Dritte sowie von **externen und internen Revisionsberichten** stellen dagegen die EBA Leitlinien zu Auslagerun-gen umfangreiche zusätzliche Anforderungen auf. Insbes. haben danach Institute im Falle von wesentlichen Auslagerungen zu bewerten, ob Zertifizierungen durch Dritte und interne Revisionsberichte angemessen und hinreichend sind, um die aufsichtlichen Pflichten des Instituts zu erfüllen; das Institut sollte sich danach nicht dauerhaft ausschl. auf diese Berichte verlassen (GL 13.3 Tz. 92 EBA/GL/2019/02; ebenso MaRisk BT 2.1 Erläuterungen zu Tz. 3). Zudem hat das Institut im Falle der Nutzung von Zertifizierungen und externen oder internen Prüfungsberichten des Dienstleisters sicherzustellen, dass das Institut mit dem Prüfungsplan für die ausgela-gerte Funktion zufrieden ist, dass sich der Zertifizierungs- oder Prüfungsberichts-

umfang auf die relevanten Systeme sowie die wichtigsten Kontrollen, die vom Institut selbst ermittelt wurden und die Einhaltung der maßgeblichen aufsichtlichen Anforderungen erstreckt, dass das Institut laufend den Inhalt der Zertifizierungen und Prüfung sorgfältig bewertet und überprüft, dass die Berichte und Zertifizierungen nicht veraltet sind, dass die Schlüsselsysteme und Kontrollen in künftigen Versionen der Zertifizierung oder des Prüfungsberichts berücksichtigt werden, dass das Institut mit der Eignung des Zertifizierers oder Prüfung zufrieden ist, dass das Institut sich davon überzeugt hat, dass die Zertifizierungen und die Prüfungen auf der Grundlage allgemein anerkannter einschlägiger professioneller Standards erfolgen und einen Test der operativen Wirksamkeit der vorhandenen wichtigsten Kontrollen beinhalten, dass das Institut über das vertragliche Recht verfügt, die Erweiterung des Umfangs der Zertifizierungen oder Prüfberichte auf weitere einschlägige Systeme und Kontrollen zu verlangen sowie dass das Recht des Instituts auf Durchführung einzelner eigener Prüfungen im eigenen Ermessen vorbehalten bleibt (ähnlich ebenso MaRisk BT 2.1 Erläuterungen zu Tz. 3). Um diese detaillierten Anforderungen der EBA Leitlinien zu Auslagerungen zu erfüllen, kann das Institut zB die Grundsätze der Leitlinien zu gemeinsamen Verfahren und Methoden für den aufsichtlichen Überprüfungs- und Bewertungsprozess (SREP) (EBA/GL/2014/13; ab 1.1.2023: EBA/GL/2022/03) zugrunde legen. Eine Prüfung der Eignung sowie der ordnungsgemäßen Durchführung der internen oder externen Revision bei dem Dienstleister kann zudem über weitere Zertifizierungen nach internationalen Standards (zB ISAE 3402 Typ 2) abgesichert werden. Unter den Zertifizierungen sind in der Praxis der Zahlungsdienstleister besonders bedeutsam die Bescheinigung über die Einhaltung der PCI DSS der Kartenindustrie, die Zertifizierung nach ISO9001 sowie nach ISO27001.

88 Schlussendlich ist es gestattet, die **Überwachung des Dienstleisters** auf diesen, genauer auf dessen Interne Revision, **auszulagern** (MaRisk BT 2.1 Tz. 3). Es ist in dem Fall vertraglich abzusichern, dass die Interne Revision des Dienstleisters die relevanten Prüfungsergebnisse an die Interne Revision des Instituts weiterleitet. Zudem hat sich die Interne Revision des Instituts laufend von der Funktionsfähigkeit der Internen Revision des Dienstleisters zu überzeugen; hier kann eine regelmäßige Prüfung durch einen Wirtschaftsprüfer nach den Standards (national IDW PS 951 oder international ISAE 3402) vereinbart werden. Das Institut hat sich im Vertrag eigene, ergänzende Prüfungen vorzubehalten (→ Rn. 78, 87).

89 **j) Vereinbarungen über Dienstleistungsqualität und Verfügbarkeit.** Es ist üblich, im Rahmen von Auslagerungsvereinbarungen, insbes. auch Cloud-Outsourcing, sog. **Service Level Agreements** zu schließen und **Key Performance Indicators** festzulegen (vgl. Lensdorf CR 2021, 777 (780); vgl. auch BaFin, Merkblatt Auslagerungen an Cloud-Anbieter, S. 7). Diese legen in der Regel für eine Vielzahl von Einzelleistungen, die der Dienstleister zu erbringen hat, die geschuldete Qualität, insbes. die Verfügbarkeit fest (Bräutigam, IT-Outsourcing und Cloud Computing/Bräutigam Teil 13 Rn. 414; Hilber, Cloud Computing-HdB/Intveen/Hilber/Rabus Teil 2 Rn. 201; Borges/Meents, Cloud Computing/Meents § 4 Rn. 147 ff.). Hierbei handelt es sich um übliche zivilrechtliche Vereinbarungen.

90 Es ist folgerichtig, dies auch als **aufsichtsrechtliche Verpflichtung** festzulegen, da es sicherzustellen gilt, dass die Solidität und die Kontinuität der Zahlungsdienste oder des E-Geld-Geschäfts des Instituts nicht beeinträchtigt werden (Abs. 2 S. 2). Dementsprechend verlangen die EBA Leitlinien zu Auslagerungen (GL 13 Tz. 75 lit. i.) sowie ZAIT II Ziff. 9 Tz. 9.10 lit. e und MaRisk AT 9 Tz. 7 lit. e, dass die Auslagerungsvereinbarung die vereinbarte Dienstleistungsgüte, die genaue quantitative und qualitative Leistungsziele für die ausgelagerte Funktion festzulegen hat, um eine termingerechte Überwachung zu ermöglichen, sodass ohne größere Verzögerung **geeignete Korrekturmaßnahmen** ergriffen werden können, wenn die Dienstleistungsgüte nicht erfüllt wird. Entsprechend sind vom Institut in der Auslagerungsvereinbarung auch entsprechende Überwachungsmechanismen zu verankern, zB Service Level Reports (vgl. hierzu Borges/Meents, Cloud Computing/Meents § 4 Rn. 157; Bräutigam, IT-Outsourcing und Cloud Computing/Bräutigam Teil 14 Rn. 120). Auch die Leitlinien zu Sicherheitsmaßnahmen bzgl. der operationellen und sicherheitsrelevanten Risiken von Zahlungsdiensten gem. PSD2 (EBA/GL/2019/04) verlangen in GL 1.2.3 Tz. 8 und 9, dass ein Institut im Rahmen von Auslagerungen angemessene und verhältnismäßige Leistungsziele festlegt und überwacht und sich vergewissert, inwieweit die Leistungsziele erfüllt werden.

91   Für Nicht- oder Schlechtleistung haben Institute entsprechende **Sanktions-bzw. Eskalationsmöglichkeiten** festzulegen. Bereits bei Vertragsanbahnung soll auch der akzeptierbare Grad einer Schlechtleistung intern festgelegt werden (vgl. BaFin, ZAIT II Ziff. 9 Erläuterung Tz. 9.10; MaRisk AT 9 Erläuterungen Tz. 7). Sie müssen dem Auslagerungscontrolling (→ Rn. 105 ff.) geeignete Korrektur- und/oder Abhilfemaßnahmen erlauben (dazu GL 14 Tz. 105 EBA/GL/2019/02). Hierzu gehört auch die Ausübung von Weisungsrechten oder die Geltendmachung von entsprechenden Vertragsstrafen.

92   In diesem Rahmen muss jedoch dem Institut ein **umfangreiches kommerzielles Ermessen** zustehen, das die Bedeutung der Dienstleistung für das Institut, die Größe des Instituts sowie die Komplexität der in Rede stehenden Dienstleistung bzw. des in Rede stehenden Produkts angemessen berücksichtigen kann (→ Rn. 25 ff.).

93   **k) Berichtspflichten des Dienstleisters.** Zur wirksamen und ausreichenden Überwachung der Tätigkeit des Dienstleisters im Rahmen der ausgelagerten Funktionen ist es erforderlich, dass dieser dem Institut Berichte zur Verfügung stellt, so dass dieses seine aufsichtlichen Pflichten, insbes. aus dem Zahlungsaufsichtsrecht und dem Datenschutzrecht erfüllen kann. Dementsprechend verlangt GL 13 Tz. 75 EBA/GL/2019/02, dass die Auslagerungsvereinbarung Bestimmungen enthält über Berichtspflichten des Dienstleisters gegenüber dem Institut, einschl. der Übermittlung von Informationen durch den Dienstleister über Entwicklungen mit möglicherweise nachteiligen Auswirkungen auf die Fähigkeit des Dienstleisters zur wirksamen Durchführung der wesentlichen ausgelagerten Funktionen gem. der vereinbarten Dienstleistungsgüte, den geltenden Gesetzen und aufsichtlichen Anforderungen, sowie ggf. die Pflichten zur Vorlage von Berichten der Funktion der internen Revision des Dienstleisters. So ist die Vorlage folgender Berichte durchaus üblich:

- Jahresabschluss des Dienstleisters,
- IT-Sicherheitsbericht,
- IT-Risikobericht,
- Bericht über Sicherheitstests gem. GL 6.6 der EBA Leitlinien zu Sicherheitsmaßnahmen (EBA/GL/2019/04) (Tests der Geschäftsfortführungspläne),
- Bericht über Tests von Sicherheitsmaßnahmen gem. GL 1.7.4 der EBA Leitlinien für das Management von IKT- und Sicherheitsrisiken (EBA/GL/2019/04),

- Datenschutzbericht,
- Bericht der internen Revision des Dienstleisters, ggf. in Auszügen, zu den ausgelagerten Funktionen,
- Bericht über Prüfung des internen Kontrollsystems (IDW PS 951 oder ISAE 3402 Type 2),
- Bericht über Vorfälle iSd EBA Leitlinien zu Vorfallmeldungen gem. PSD2 (EBA/GL/2021/03).

l) Pflicht zur Eindeckung einer Versicherung. Zwar verlangen die EBA **94** Leitlinien zu Auslagerungen nicht, dass ein Dienstleister in jedem Fall eine Versicherung, zB eine Betriebshaftpflichtversicherung, im Hinblick auf die ausgelagerten Funktionen eindeckt. Dies kann aber in Einzelfällen, insbes. wenn den ausgelagerten Funktionen eine wesentliche oder gar existenzielle Bedeutung für das Institut zukommt, einer angemessenen Risikovorsorge des Instituts entsprechen (ähnlich Schäfer/Omlor/Mimberg/Möslein Rn. 50). So verlangt GL 13 Tz. 75 lit. k. EBA/GL/2019/02, dass in der Auslagerungsvereinbarung anzugeben ist, ob der Dienstleister verpflichtet sein soll, eine bestimmte Versicherung abzuschließen.

m) Verpflichtung zur Einrichtung und zum Test von Notfallkonzepten, 95 Vorfallmeldungen. In der Regel ist es erforderlich, dass nicht nur das Institut, sondern auch der Dienstleister entsprechende Pläne und Konzepte zur **Geschäftsfortführung im Krisenfall** unterhält. Das Institut ist hierzu im Rahmen seiner Pflicht zum Risikomanagement gem. § 53 insbes. im Rahmen seiner Pflicht zur Einrichtung wirksamer Verfahren für die Behandlung von Störungen im Betriebsablauf (§ 53 Abs. 1 S. 2) verpflichtet. Die hierzu ergangenen Leitlinien der EBA für das Management von IKT- und Sicherheitsrisiken (EBA/GL/2019/04), dort GL 1.7 (Geschäftsfortführungsmanagement) sind in MaRisk AT 7.3 und ZAIT Ziffer 10 weitgehend umgesetzt.

Im **Rahmen von Auslagerungen** ist es üblich und in der Regel zweckmäßig, **96** dem Auslagerungsunternehmen die Pflicht zur Einrichtung solcher Notfallkonzepte iSv ZAIT Ziffer 10, MaRisk AT 7.3, GL 1.7 EBA/GL/2019/04 aufzuerlegen und damit einen Teil des Notfallmanagements des Instituts an den Dienstleister auszulagern (vgl. auch GL 1.2.3 Tz. 8 lit. b EBA/GL/2019/04). Auch Art. 31 Abs. 2 lit. k MiFID-DV 2017 verlangt, dass die Wertpapierfirma und der Dienstleister einen Notfallplan festlegen und diesen auf Dauer umsetzen, der bei einem Systemausfall die Speicherung der Daten gewährleistet und regelmäßige Tests der Backup-Systeme vorsieht, sollte dies angesichts der ausgelagerten Aufgabe, Dienstleistung oder Tätigkeit erforderlich sein.

Dies gilt gleichermaßen für die Pflichten des Instituts gem. § 54 zur **Meldung 97 schwerwiegender Betriebs- oder Sicherheitsvorfälle.** Im Rahmen der Auslagerung hat das Institut dafür Sorge zu tragen, dass ihm Betriebs- und/oder Sicherheitsvorfälle die ausgelagerten Funktionen betreffend umgehend vom Dienstleister gemeldet werden. Dies betrifft nicht nur schwerwiegende Betriebs- und/oder Sicherheitsvorfälle (iSv EBA/GL/2021/03), sondern auch „einfache" Vorfälle, die das Institut in sein angemessenes Risikomanagement einzubeziehen hat (vgl. hierzu ZAIT II Ziffer 4 Tz. 4.3, Ziffer 5 Tz. 5.5; BAIT Ziffer 4 Tz. 4.3, Ziffer 5 Tz. 5.5; GL 3.5.1 Tz. 59f. EBA/GL/2019/04, und ausdrücklich zu Auslagerungen GL 1.2.3. Tz. 8 lit. b EBA/GL/2019/04). Das gilt erst recht im Bereich kritischer Infrastrukturen (BAIT Ziffer 12 Tz. 12.2).

98   **n) Exit-Management.** Die EBA Leitlinien zu Auslagerungen adressieren in GL 13 Tz. 75 lit. m. lediglich die Notwendigkeit der Verankerung von Bestimmungen, mit denen der Zugriff des Instituts auf seine Daten im Fall der Insolvenz, Abwicklung oder Einstellung der Geschäftstätigkeit des Dienstleisters sichergestellt werden kann. Wesentliches Anliegen der EBA Leitlinien zu Auslagerungen ist es allerdings, dass ein Institut Ausstiegsstrategien insbes. für die Auslagerung von wesentlichen Funktionen vorhält und sicherstellt (vgl. ausführlich GL 15 „Ausstiegsstrategien" EBA/GL/2019/02). Diese sind im Rahmen einer Auslagerungsvereinbarung zu berücksichtigen. Hier gilt es, angemessene Pflichten des Dienstleisters zur Unterstützung des Instituts bei der Migration der ausgelagerten Funktionen zu vereinbaren (dazu bereits → Rn. 67). Im Rahmen der Pflicht des Instituts gem. GL 15 Tz. 107 EBA/GL/2019/02 zum Vorhalten von Ausstiegsplänen, die umfassend dokumentiert und ggf. ausreichend erprobt sind, ist es üblich, dem Dienstleister die Erstellung und das Testen solcher Pläne für die Beendigung der eigenen Dienstleistung aufzuerlegen. Die BaFin verlangt, dass das Institut sicherstellt, dass die Kontinuität und Qualität der ausgelagerten Aufgaben oder Dienstleistungen auch für den Fall der Beendigung der Auslagerung aufrechterhalten werden kann (BaFin, ZAIT II Ziff. 9 Tz. 9.9; MaRisk AT 9 Tz. 6). ZB kann dies durch die Übertragung der Durchführung der ausgelagerten Aufgaben oder Dienstleistungen auf einen Dritten erfolgen oder in dem das Institut diese selbst wieder ausführt (vgl., zu Wertpapierfirmen auch Art. 31 Abs. 2 lit. l MiFID-DV 2017). Zum Exit-Management gehört auch eine Vereinbarung darüber, dass nach erfolgreichem „Exit" das bisherige Auslagerungsunternehmen die Daten des Instituts vollständig und unwiderruflich löscht – ggf. durch Anwendung eines Löschalgorithmus, um eine (unbeabsichtigte) Wiederherstellung von Daten zu vermeiden (Dahmen BKR 2019, 533 (539)).

99   **o) Inländischer Zustellungsbevollmächtigter (Abs. 1 S. 7).** Neu eingefügt wurde durch das FISG in Abs. 1 S. 7 die Pflicht, bei wesentlichen Auslagerungen an Auslagerungsunternehmen mit Sitz in einem Drittstaat vertraglich sicherzustellen, dass das Auslagerungsunternehmen einen inländischen Zustellungsbevollmächtigten benennt, an den die BaFin Zustellungen bewirken kann. Zweck der Regelung ist es Hindernisse der Bekanntgabe von Verwaltungsakten in Drittstaaten zu beseitigen (RegBegr. FISG, BT-Drs. 19/26966, 93). Abs. 1 S. 7 flankiert damit die neuen Befugnisse der BaFin ggü. Auslagerungsunternehmen gem. Abs. 3a (RegBegr. FISG, BT-Drs. 19/26966, 91 zu § 25b KWG; zum neuen Abs. 3a vgl. → Rn. 121). Die Durchsetzung von Maßnahmen in Drittstaaten – beispielsweise im Wege der Rechtshilfe oder über Kooperationsabkommen (→ Rn. 39) – bleibt davon aber unberührt (RegBegr. FISG, BT-Drs. 19/26966, 91 zu § 25b KWG). Als inländischen Zustellungsbevollmächtigten kann das Auslagerungsunternehmen sowohl einen eigenen Mitarbeiter, der im Inland ansässig ist, benennen oder die Aufgabe des Zustellungsbevollmächtigten delegieren, zB an einen inländischen Rechtsanwalt, Notar oder einen sonstigen inländischen Dritten (RegBegr. FISG, BT-Drs. 19/26966, 93 sowie S. 91 zu § 25b KWG). Wenn das ausändische Auslagerungsunternehmen nicht bereit ist, einen inländischen Zustellungsbevollmächtigten zu bestellen, oder dessen Bevollmächtigung beendet, muss das Institut ggf. die Geschäftsbeziehung mit dem Auslagerungsunternehmen kündigen (vgl. Wilting RdZ 2021, 92 (93)).

4. Auslagerungsregister (Abs. 1 S. 8)

Durch das FISG wurde mit Wirkung zum 1.1.2022 die Pflicht zur Führung **100** eines Auslagerungsregisters in Abs. 1 S. 8 verankert; parallel wurde die Pflicht auch in § 25b Abs. 1 S. 4 KWG normiert. Bereits Inkrafttreten der gesetzlichen Normierung sahen die ZAIT (Ziffer 9 Tz. 9.15) und MaRisk (AT 9 Tz. 14) und die EBA-Leitlinien zu Auslagerungen die Führung eines Auslagerungsregisters als Teil des erforderlichen Risikomanagements des Instituts iRv § 26 vor (vgl. GL. 11 Tz. 52 EBA/GL/2019/02; vgl. auch BT-Drs. 19/26966, 93; dazu auch schon → 2. Aufl. 2020, § 26 Rn. 104). Das Auslagerungsregister muss sämtliche Auslagerungen, dh sowohl wesentliche als auch nicht-wesentliche, erfassen, Abs. 1 S. 8 Hs. 2. Zu erfassen sind auch Auslagerungen innerhalb einer Institutsgruppe oder eines Finanzverbundes (BaFin, ZAIT II Ziff. 9 Tz. 9.15; MaRisk AT 9 Tz. 14). Die konkrete Ausformung des Auslagerungsregisters ergibt sich weiterhin aus den EBA-Leitlinien zu Auslagerungen → Rn. 102 f. Danach sind wesentliche Auslagerungen als solche zu kennzeichnen (GL 11 Tz. 52 EBA/GL/2019/02). Auch beendete Auslagerungsvereinbarungen sollten danach noch für einen angemessenen Zeitraum weiterhin im Register geführt werden. Die ZAIT (II Ziff. 9 Tz. 9.15) und die MaRisk (AT 9 Tz. 14) verweisen umfassend zum Auslagerungsregister auf die Anforderungen der EBA Leitlinien zu Auslagerungen (GL 11 Tz. 54 und 55 EBA/GL/2019/02).

Die Institute sollen das vollständige Auslagerungsregister, dh für sämtliche Aus- **101** lagerungen, ungeachtet der Frage, ob diese wesentlich sind oder nicht, der zuständigen Aufsichtsbehörde in einem verarbeitbaren elektronischen Format (zB ein allgemein verwendetes Datenbankformat oder im ZSV-Format) bereitstellen. Dasselbe gilt auf Anforderung der Behörde für eine Kopie der Auslagerungsvereinbarung, die das Institut allerdings bereits vorher im Rahmen der Anzeige gem. Abs. 2 S. 1 sowie § 28 Abs. 1 Nr. 10 vorzulegen hatte.

Das Register hat **(für jegliche Auslagerungen, wesentlich oder nicht we-** **102** **sentlich)** nach GL 11 EBA/GL/2019/02 mind. folgende Informationen zu enthalten:

a. eine Referenznummer für jede Auslagerungsvereinbarung;

b. das Datum des Beginns und gegebenenfalls das Datum der nächsten Vertragsverlängerung, das Datum des Endes und/oder Kündigungsfristen für den Dienstleister und für das Institut oder Zahlungsinstitut;

c. eine kurze Beschreibung der ausgelagerten Funktion, einschließlich der ausgelagerten Daten, sowie Angabe, ob personenbezogene Daten (zB durch Angabe von Ja oder Nein in einem gesonderten Datenfeld) übertragen werden oder ob ihre Verarbeitung an einen Dienstleister ausgelagert wird;

d. eine vom Institut oder Zahlungsinstitut zugewiesene Kategorie, die die Art der Funktion entsprechend der Beschreibung unter Buchstabe c widerspiegelt (zB Informationstechnologie (IT), Kontrollfunktion) und die die Ermittlung verschiedener Arten von Vereinbarungen ermöglicht;

e. den Namen des Dienstleisters, die Handelsregisternummer des Unternehmens, (sofern verfügbar) die Rechtsträgerkennung (LEI), die eingetragene Adresse und sonstige einschlägige Kontaktangaben sowie (gegebenenfalls) der Name des Mutterunternehmens;

f. das Land bzw. die Länder, in dem/denen der Dienst erbracht werden soll, einschließlich des Standortes (dh Land oder Region), an dem sich die Daten befinden;

g. die Angabe, ob die ausgelagerte Funktion als kritisch oder wesentlich eingestuft wird (Ja/Nein), gegebenenfalls einschließlich einer kurzen Zusammenfassung der Gründe, aus denen die ausgelagerte Funktion als kritisch oder wesentliche betrachtet wird;

h. bei der Auslagerung zu einem Cloud-Anbieter das Cloud-Dienstmodell und das Cloud-Bereitstellungsmodell, dh öffentliche/private/Hybrid- oder Community-Cloud, und die spezifische Art der betreffenden Daten sowie die Standorte (dh Länder oder Regionen), an denen diese Daten gespeichert werden;

i. das Datum der letzten Bewertung der Kritikalität oder Wesentlichkeit der ausgelagerten Funktion.

103   Für **wesentliche Auslagerungen** hat das Register zusätzlich mind. die folgenden Informationen zu enthalten:

a. die Institute, Zahlungsinstitute und sonstigen Unternehmen im aufsichtlichen Konsolidierungskreis bzw. Anwendungsbereich des institutsbezogenen Sicherungssystems, die von der Auslagerung Gebrauch machen;

b. die Angabe, ob der Dienstleister oder ein Subdienstleister Teil der Gruppe oder Mitglied des institutsbezogenen Sicherungssystems ist oder sich im Eigentum von Instituten oder Zahlungsinstituten innerhalb der Gruppe bzw. von Mitgliedern eines institutsbezogenen Sicherungssystems befindet oder nicht;

c. das Datum der letzten Risikobewertung und eine kurze Zusammenfassung der wesentlichsten Ergebnisse;

d. die Person oder das Entscheidungsgremium (zB das Leitungsorgan) in dem Institut oder Zahlungsinstitut, die bzw. das die Auslagerungsvereinbarung genehmigt hat;

e. das für die Auslagerungsvereinbarung geltende Recht;

f. gegebenenfalls das Datum der letzten und der nächsten geplanten Prüfung;

g. gegebenenfalls die Namen von Subunternehmern, an die wesentliche Teile einer kritischen oder wesentlichen Funktion weiter ausgelagert werden, einschließlich des Landes, in dem die Subunternehmer registriert sind, des Orts, an dem die Dienstleistung erbracht wird und gegebenenfalls des Orts (dh Land oder Region), an dem die Daten gespeichert werden;

h. das Ergebnis der Bewertung der Ersetzbarkeit des Dienstleisters (leicht, schwierig oder unmöglich), der Möglichkeit einer Wiedereingliederung einer kritischen oder wesentlichen Funktion in das Institut oder Zahlungsinstitut oder der Auswirkungen einer Einstellung der kritischen oder wesentlichen Funktion;

i. die Feststellung von alternativen Dienstleistern gemäß Buchstabe h;

j. die Angabe, ob die ausgelagerte kritische oder wesentliche Funktion Geschäftsvorgänge unterstützt, die zeitkritisch sind;

k. das veranschlagte jährliche Budget bzw. Kosten.

5. Durchführung der Auslagerung, Auslagerungscontrolling

104   Gem. MaRisk AT 9 Tz. 9 ff. wird Instituten des KWG und durch die ZAIT II Ziff. 9 Tz. 9.11 ff. Instituten des ZAG die Steuerung und Überwachung von ausgelagerten Aktivitäten und Prozessen vorgegeben, insbes. die Einrichtung eines zentralen Auslagerungsmanagements sowie jährl. Berichte an die Geschäftsleitung. Ähnlich verlangt GL 14 der EBA Leitlinien zu Auslagerungen (EBA/GL/2019/02), dass Institute die Leistung eines Dienstleisters hinsichtlich ausgelagerter Funktionen nach einem risikobasierten Ansatz zu überwachen haben.

a) Auslagerungssteuerung, –controlling und –management. Besondere 105
Abteilungen oder Funktionen innerhalb des Instituts sehen die EBA Leitlinien zu
Auslagerungen nicht vor. Die MaRisk AT 9 Tz. 9ff. verlangen dagegen, dass die
für die Steuerung und Überwachung wesentlicher Auslagerungen erforderlichen
Verantwortlichkeiten vom Institut klar festzulegen sind. Sofern Kontrollfunktionen
ausgelagert werden, verlangt MaRisk AT 9 Tz. 10, dass hierfür besondere Beauftragte innerhalb des Instituts bestellt werden, die eine ordnungsgemäße Durchführung der jeweiligen Aufgaben gewährleisten müssen. Allgemein ist sowohl nach der
MaRisk (AT 9 Tz. 12) als auch der ZAIT (II Ziff. 9 Tz. 9.12) für Auslagerungen,
auch für nicht-wesentliche Auslagerungen (Frey/Jenkouk RdZ 2021, 84 (89)), ein
zentraler Auslagerungsbeauftragter einzurichten. Der zentrale Auslagerungsbeauftragte hat einer Organisationseinheit anzugehören, die der Geschäftsleitung unmittelbar unterstellt ist; bei kleineren weniger komplexen Instituten kann diese Funktion (dem Proportionalitätsprinzip folgend, → Rn. 25ff.) auch einem Mitglied der
Geschäftsleitung übertragen werden. Es muss dann aber sichergestellt sein, dass eine
klare Trennung von Aufgaben und Zuständigkeiten erfolgt (Söbbing ITRB 2021,
240 (242)). Je nach Art, Umfang und Komplexität der Auslagerungen hat ein Institut des KWG zudem ein **zentrales Auslagerungsmanagement** einzurichten
(MaRisk AT 9 Tz. 12; so auch für ZAG-Institute ZAIT II Ziff. 9 Tz. 912). Dieses
dient der Unterstützung des zentralen Auslagerungsbeauftragten (Söbbing ITRB
2021, 240 (241); Frey/Jenkouk RdZ 2021, 84 (89)). Dieses hat die gebotene Sachkenntnis, Sorgfalt und Gewissenhaftigkeit bei der Überwachung und Verwaltung
von Auslagerungsvereinbarungen walten zu lassen (GL 14 Tz. 101 EBA/GL/
2019/02). Es hat mind. jährl. und anlassbezogen einen Bericht über die wesentlichen Auslagerungen zu erstellen und der Geschäftsleitung zur Verfügung zu stellen
(BaFin, ZAIT II Ziff. 9 Tz. 9.13; MaRisk AT 9 Tz. 13 S. 1). Bei kleineren, weniger
komplexen Instituten reicht eine Berichterstattung im Rahmen einer Vorstandssit-
zung (BaFin, ZAIT II Ziff. 9 Erläuterung Tz. 9.13; MaRisk AT 9 Erläuterung
Tz. 13). Leiter des zentralen Auslagerungsmanagements kann auch der zentrale
Auslagerungsbeauftragte sein (BaFin, ZAIT II Ziff. 9 Erläuterung Tz. 9.12; MaRisk
AT 9 Erläuterung Tz. 12).

Bei komplexen Auslagerungen wird es zudem erforderlich sein, mit dem Aus- 106
lagerungsunternehmen **gemeinsame Gremien** (Lenkungsausschüsse, Projektgre-
mien) einzurichten, um eine ausreichende Eingliederung in die Geschäftsorganisation des Instituts zu gewährleisten (Möslein RdZ 2021, 35 (38); → Rn. 43f.).

b) Leistungsüberwachung. Grundlage der Leistungsüberwachung des Dienst- 107
leisters ist das typischerweise abgeschlossene Service Level Agreement (→ Rn. 89f.).
Hier hat das Auslagerungscontrolling des Instituts insbes. bei Auslagerungen wesentlicher Funktionen sicherzustellen, dass das Institut angemessene Berichte des Dienstleisters erhält (Service Level Reporting), dass die Leistung des Dienstleisters mit Hilfe
von Instrumenten wie zentralen Leistungsindikatoren, zentralen Kontrollindikato-
ren, Berichten, Selbstzertifizierungen und unabhängigen Überprüfungen überwacht wird (ZAIT II Ziffer 9 Tz. 9.13; MaRisk AT 9 Tz. 13). Zudem hat das Institut
alle weiteren relevanten Informationen im Zusammenhang mit der an den Dienstleister ausgelagerten Funktion zu überwachen einschl. auch Berichten über Ge-
schäftsfortführungskonzepte sowie Tests derselben (GL 14 Tz. 104 EBA/GL/
2019/02).

c) Risikocontrolling. Ausgangspunkte für die Überwachung des Auslage- 108
rungsrisikos ist die historische Risikoanalyse einschl. der Bewertung der Wesent-

lichkeit. Wenn sich jedoch das Risiko, die Art und der Umfang einer ausgelagerten Funktion erheblich ändern, hat das Institut eine erneute Risikoanalyse sowie eine Bewertung der Wesentlichkeit durchzuführen (GL 14 Tz. 100 ff. EBA/GL/ 2019/02). Auch im Übrigen hat das Auslagerungscontrolling **in regelmäßigen Abständen** und anlassbezogen die Risikobewertung **zu aktualisieren** (vgl. auch BaFin, ZAIT II Ziff. 9 Tz. 9.5 f.; MaRisk AT 9 Tz. 2) und dem Leitungsorgan jedenfalls hinsichtlich Auslagerungen, die als wesentlich eingestuft wurden, hierüber Bericht zu erstatten. Dabei können sich zusätzliche Risiken auch aus festgestellter unzureichender Leistungserbringung oder fehlendem bzw. mangelhaftem Konzept zur Geschäftsfortführung ergeben. Auch sonstige Risiken, wie zB das Reputationsrisiko oder strategische Risiken, einschl. von Risikokonzentrationen, zB durch den Zusammenschluss von Dienstleistern, können sich im Laufe der Zeit ändern und eine Aktualisierung rechtfertigen. Die Neubewertung des Risikos kann Anpassungen des Auslagerungsvertrags erfordern (vgl. zu IT-Auslagerungen BaFin, ZAIT II Ziff. 9 Tz. 9.6).

109   **d) Beurteilung der Zuverlässigkeit des Auslagerungsunternehmens.** Auch die Zuverlässigkeit des Dienstleisters ist laufend zu überwachen. Dies gilt bei wesentlichen Auslagerung und solchen, die für die Existenz des Instituts entscheidend sind, insbes. auch für die finanzielle Leistungsfähigkeit des Dienstleisters. Für solche Auslagerungen sind auch Berichte des Abschlussprüfers des Dienstleisters sowie evtl. externe Ratings oder Bonitätsbeurteilungen Dritter in die Betrachtung einzubeziehen.

110   **e) Überwachung der Vorkehrungen für einen Exit.** Das Auslagerungscontrolling hat zudem laufend Szenarien einer unerwarteten Beendigung der Auslagerung zu prüfen. Für wesentliche Auslagerungen mit erheblicher Tragweite sind Handlungsoptionen und die Durchführbarkeit eines Exit und einer Migration zu einem anderen Dienstleister oder einer Reintegration zu prüfen. Auch nicht wesentliche Auslagerungen sind im Hinblick auf eine unerwartete Beendigung angemessen zu prüfen.

6. Festlegung einer Ausstiegsstrategie (Exit-Management)

111   Für Fälle beabsichtigter oder erwarteter Beendigung der Auslagerung haben Institute Vorkehrungen zu treffen, um die Kontinuität und Qualität der ausgelagerten Aktivitäten und Prozesse sicher zu stellen (ZAIT II Ziffer 9 Tz. 9.9; MaRisk AT 9 Tz. 6). Für Fälle unbeabsichtigter und unerwarteter Beendigung, sofern diese mit einer erheblichen Beeinträchtigung der Geschäftstätigkeit des Instituts verbunden sein können, hat es Handlungsoptionen auf deren Durchführbarkeit zu prüfen und zu verabschieden (ZAIT II Ziffer 9 Tz. 9.9; MaRisk AT 9 Tz. 6). Dieser Punkt stellt auch ein wesentliches Augenmerk der Leitlinien zu Auslagerungen der EBA dar (GL 15 EBA/GL/2019/02).

112   **a) Exit-Szenarien.** Zunächst haben Institute hierbei die verschiedenen Möglichkeiten zu ermitteln und zu berücksichtigen, wie eine Auslagerung beendet werden kann. Zu unterscheiden ist zwischen beabsichtigten oder erwarteter Beendigungen und unbeabsichtigten oder unerwarteten Beendigungen (ZAIT II Ziffer 9 Tz. 9.9; MaRisk AT 9 Tz. 6). Hierbei sind insbes. die Kündigung der Auslagerungsvereinbarung, der tatsächliche Ausfall des Dienstleisters, zB durch höhere Gewalt, eine Krisensituation oder durch Insolvenz des Dienstleisters, die wesentliche Ver-

schlechterung der Qualität der Dienstleistung oder das Entstehen wesentlicher
Risiken für die laufende Durchführung der ausgelagerten Funktionen (zB hohes
Risiko von Cyber-Attacken, organisatorische Veränderungen bei dem Dienstleister
einschl. Kontrollübernahmen) zu berücksichtigen. Weitere Ausstiegsszenarien können sich aus der individuellen Beurteilung des Dienstleisters durch das Institut
ergeben. Hierzu kann auch der Wunsch des Instituts gehören, einen konkurrieren-
den Dienstleister mit ggf. höherer Qualität der Dienstleistung oder mit moderneren
Technologien in Anspruch zu nehmen.

b) Entwicklung von Ausstiegsplänen. Auf Basis der vorstehenden Szenarien **113**
hat das Institut Ausstiegspläne zu entwickeln. Hierzu gehört auch eine Analyse der
möglichen Kosten, der Folgen des Ausstiegs, der dafür benötigten Mittel und der
zeitlichen Auswirkungen der Übertragung der ausgelagerten Funktion auf einen
anderen Anbieter oder auf das Institut selbst. Dabei ist immer zu berücksichtigen,
dass das Institut die kontinuierliche Erfüllung der wesentlichen Funktionen und
Geschäftstätigkeiten in gleichbleibender Qualität sicherzustellen hat (ZAIT II
Ziffer 9 Tz. 9.9; MaRisk AT 9 Tz. 6). Bei Vorbereitung der Ausstiegsstrategie ist zudem eine dem Risiko der ausgelagerten Funktionen angemessene Business-Impact-
Analyse durchzuführen, die feststellt, welche personellen und finanziellen Ressourcen zur Umsetzung des Ausstiegsplans erforderlich wären und welchen Zeitraum
dies in Anspruch nehmen würde (zu allem Vorstehenden GL 15 Tz. 107 und
Tz. 108 EBA/GL/2019/02). Sofern keine Handlungsoptionen im Fall unvorhergesehener Beendigung vorhanden sind (weil ein Wechsel des Dienstleisters viele
Monate oder gar Jahre in Anspruch nehmen würde oder vielleicht gar kein gleichwertiger Dienstleister verfügbar ist), ist dies im Rahmen der Notfallplanung zu berücksichtigen (ZAIT II Ziffer 9 Erläuterung zu Tz. 9.9; MaRisk AT 9 Erläuterung
zu Tz. 6), indem zB dem Dienstleister redundante Systeme vorgeschrieben werden.

c) Dokumentation und ggf. Erprobung der Ausstiegspläne. Ausstiegs- **114**
pläne sind angemessen zu dokumentieren. Insbesondere die Handlungsoptionen
für unvorhergesehene Beendigungen der Auslagerung oder Ausfall des Dienstleisters sind regelmäßig zu prüfen (ZAIT II Ziffer 9 Tz. 9.9; MaRisk AT 9 Tz. 6). Das
Erproben von Ausstiegsplänen mit angemessenen Mitteln wird dagegen in der Regel Schwierigkeiten bereiten, da – insbes. in den Fällen, in denen solche Ausstiegspläne erforderlich und relevant sind – der Ausstieg sowie die Migration ganz erhebliche Anstrengungen erfordern wird. Deshalb wird man allenfalls in Teilbereichen
den Ausstiegsplan gewissen Tests unterziehen können und müssen.

d) Kein Vorhalten von Alternativstrukturen. Grundsätzlich haben Institute **115**
keine Verpflichtung, für einfache oder wesentliche Auslagerungen alternative
Strukturen bereit zu halten. Dies gilt unabhängig von der Frage, ob Geschäftsfortführungspläne im Einzelnen dem Dienstleister das Vorhalten redundanter Rechenzentren oder sonstiger Strukturen auferlegen. Grundsätzlich besteht keine Verpflichtung, gleichwertige interne oder externe Strukturen zu schaffen bzw. ein
weiteres Auslagerungsunternehmen als Ersatz zu verpflichten (so auch Hanne-
mann/Weigl/Zaruk/Weigl, Mindestanforderungen an das Risikomanagement,
S. 1195).

IV. Meldepflichten

1. Beschränkung der Anzeigepflicht auf wesentliche Auslagerungen

116   Nach Abs. 2 S. 1 hat ein Institut die Absicht der Auslagerung wesentlicher betrieblicher Aufgaben der Bundesanstalt und der Deutschen Bundesbank anzuzeigen. Hierbei handelt es sich um eine Umsetzung von Art. 19 Abs. 6 UAbs. 1 PSD2; die Begrenzung auf wesentliche Auslagerungen ist dabei allerdings nicht in der Richtlinie enthalten. Dennoch dürfte die Umsetzung in Abs. 2 S. 1 richtlinienkonform sein, da Art. 19 Abs. 6 insgesamt ansonsten nur die „Auslagerung wichtiger betrieblicher Aufgaben" behandelt, was in der Terminologie der „wesentlichen Auslagerung" entspricht. Auch die EBA Leitlinien zu Auslagerungen sehen in GL 11 Tz. 58 EBA/GL/2019/02 eine Information der zuständigen Behörden nur im Falle von Auslagerungen von kritischen oder wesentlichen Funktionen vor. Die parallele Regelung in § 28 Abs. 1 Nr. 10 beschränkt sich im Wortlaut nicht auf wesentliche Auslagerungen; sie sollte aber nur für diese gelten → § 28 Rn. 68 (wie hier Schäfer/Omlor/Mimberg/Wilting § 28 Rn. 58; aA Schäfer/Omlor/Mimberg/Möslein Rn. 51).

2. Wesentlichkeit der Auslagerungen

117   Zur Ermittlung der Wesentlichkeit → Rn. 25 ff. und → § 1 Rn. 394.

3. Absichtsanzeige

118   Zur Absichtsanzeige sowie zu den dabei einzureichenden Unterlagen vgl. Kommentierung zu → § 28 Rn. 68 ff. Anzuzeigen sind gem. § 28 Abs. 1 Nr. 10 neben der Absicht der Auslagerung auch der Vollzug der Auslagerung sowie (neu durch das FISG eingeführt) wesentliche Änderungen und schwerwiegende Vorfälle im Rahmen von bestehenden wesentlichen Auslagerungen, die einen wesentlichen Einfluss auf die Geschäftstätigkeit des Instituts haben können.

119   Das Institut hat danach die BaFin und die Deutsche Bundesbank von der **Absicht** der Auslagerung in Kenntnis zu setzen. Die Mitteilungspflicht entsteht, sobald das Institut die Auslagerung konkret geplant hat und die zuständigen Entscheidungsträger den Beschluss zur Auslagerung gefasst haben. Bloße Vorüberlegungen und die Einholung von Angeboten begründen dagegen noch keine Mitteilungspflicht (zustimmend Schäfer/Omlor/Mimberg/Möslein Rn. 51). Nähere Vorgaben sind in § 8 ZAGAnzV (Abdruck im Anhang zu § 10) enthalten. Ein besonderer Vordruck für diese **Meldung** ist nicht vorgesehen. Es sollten jedoch die auszulagernde Tätigkeit, der Dienstleister mit seiner Adresse und der Zeitpunkt der Auslagerung mitgeteilt werden. Darüber hinaus sind die vom Institut beabsichtigten Maßnahmen zur Vermeidung übermäßiger zusätzlicher Risiken nach Abs. 1 Satz 1 anzugeben. Zudem ist gem. § 8 S. 1 ZAGAnzV ein Entwurf der Auslagerungsvereinbarung beizufügen.

V. Eingriffsmöglichkeiten der BaFin (Abs. 3, 3a)

Abs. 3 räumt der BaFin die Möglichkeit ein, durch gezielte Anordnung **gegen-** 120 **über dem auslagernden Institut** tätig zu werden, wenn bei wesentlichen Auslagerungen ihre Prüfungs- oder Kontrollmöglichkeiten iSv Abs. 1 S. 5 beeinträchtigt werden. Abs. 3 sieht dazu ein gestuftes Verfahren vor: Zunächst hat die BaFin „Anordnungen" zu treffen, die der Beseitigung bzw. Vorbeugung künftiger Beeinträchtigungen dienen, Abs. 3 S. 1. Solche Anordnungen können zB die Verpflichtung des Instituts zur Anpassung des Auslagerungsvertrags beinhalten; die BaFin hat aber mangels näherer Benennung ein umfangreiches Auswahlermessen, begrenzt nur durch die „Geeignetheit und Erforderlichkeit" (Schäfer/Omlor/Mimberg/Möslein Rn. 54). Erst als ultima ratio kann die BaFin auch die Rückauslagerung (also letztlich die Untersagung der Auslagerung) anordnen, Abs. 3 S. 2 (vgl. Schäfer/Omlor/Mimberg/Möslein Rn. 55; ähnlich Schwennicke/Auerbach/Schwennicke Rn. 13). Im Wege der teleologischen Reduktion rechtfertigt sich die Anordnung der Rückauslagerung aber bereits dann, wenn zwar Anordnungen nach Abs. 1 getroffen wurden, die Ungeeignetheit solcher Anordnungen aber tatsächlich außer Zweifel stehen (Schäfer/Omlor/Mimberg/Möslein Rn. 55). Abs. 3 S. 3 sieht sodann vor, dass die Befugnisse der BaFin nach § 27 Abs. 3 unberührt bleiben. Damit wird klargestellt, dass sich die Befugnisse aus Abs. 3 S. 1 und S. 2 nur auf Beeinträchtigungen der Prüfungs- und Kontrollmöglichkeiten der BaFin beziehen; Verletzungen anderer Pflichten des Abs. 1 werden dagegen über den Verweis auf § 27 Abs. 3 geahndet (Schäfer/Omlor/Mimberg/Möslein Rn. 56).

Das FISG hat mit Wirkung zum 1.7.2021 Abs. 3a eingefügt. Abs. 3a räumt der 121 BaFin Eingriffsmöglichkeiten **unmittelbar gegenüber Auslagerungsunternehmen** iSv § 1 Abs. 10a ein, also sowohl ggü. dem Dienstleister des Instituts als auch bei wesentlichen Weiterverlagerungen ggü. den **Subdienstleistern** des Dienstleisters. Das FISG vollzieht damit einen „Systemwechsel" in der Beaufsichtigung von Auslagerungen (Schäfer/Omlor/Mimberg/Möslein Rn. 9): Während vorher Auslagerungen nur mittelbar über das auslagernde Institut adressiert wurden, kann die BaFin nun direkt auf die Auslagerungsunternehmen zugreifen. Dadurch soll eine Beschleunigung der Abläufe erreicht werden und Manipulationsmöglichkeiten verhindert werden (Hippeli DZWiR 2021, 549). Dabei ermöglicht die Vorschrift den Zugriff sowohl auf Auslagerungsunternehmen im Inland wie auch im Ausland (RegBegr. FISG, BT-Drs. 19/26966, 91 zu § 25b KWG). Aufgrund des völkerrechtlichen Territorialitätsprinzips hat der Abs. 3a für Auslagerungsunternehmen mit Sitz im Ausland aber nur beschränkte Wirkung (Hippeli DZWiR 2021, 549 spricht von einem „Placebo-Effekt"). Entsprechend dem Rechtsgedanken des Abs. 1 S. 5 ist das Institut deshalb verpflichtet, entsprechende Regelungen in die Auslagerungsvereinbarung aufzunehmen, damit die BaFin Zugriffsmöglichkeiten erhält (Wilting RdZ 2021, 92 (94)). Wie in Abs. 3 S. 1 sieht der Abs. 3a die Möglichkeit von „Anordnungen" vor, sodass ein, nur durch die Geeignetheit und Erforderlichkeit begrenztes, weitreichendes Auswahlermessen der BaFin eröffnet wird. Die Anordnungsbefugnis gegenüber den Auslagerungsunternehmen geht dabei über die Befugnisse des Abs. 3 hinaus: Anordnungen müssen nicht der Sicherstellung der Prüfungsrechte und Kontrollmöglichkeiten der BaFin dienen, sondern allgemein zur Verhinderung oder Unterbindung von **„Verstößen gegen aufsichtsrechtliche Bestimmungen"** (Abs. 3a Nr. 1) oder „um **Missstände in einem**

Institut zu verhindern oder zu beseitigen, welche die Sicherheit der dem Institut anvertrauten Vermögenswerte gefährden könnte oder die ordnungsgemäße Durchführung von Zahlungsdiensten, des E-Geld-Geschäfts oder von sonstigen nach diesem Gesetz institutstypischen Dienstleistungen beeinträchtigen" (Abs. 3a Nr. 2). So kann die BaFin nach Abs. 3a bspw. eingreifen, wenn das Auslagerungsunternehmen gegen solche Pflichten aus dem Auslagerungsvertrag verstößt, die den in Abs. 3a Nr. 1 oder Abs. 3a Nr. 2 formulierten Zwecken dienen, oder wenn es gegen Pflichten aus dem GwG verstößt (zB bei mangelnder Unterrichtung des Personals) oder sonst gegen aufsichtsrechtliche Bestimmungen verstößt oder Missstände bestehen (vgl. RegBegr. FISG, BT-Drs. 19/26966, 92 zu § 25b KWG).

122   Mit Einführung des Abs. 3a stellt sich die Frage des **Verhältnisses zwischen Abs. 3 und Abs. 3a,** also letztlich die Frage des Adressaten-Auswahlermessens. Der Wortlaut des Abs. 3a sieht Anordnungen „auch" ggü. dem Auslagerungsunternehmen vor, jedoch nur im „Einzelfall". Durch die Verwendung des Begriffs „auch" wird auf Abs. 3 rekurriert; die Beschränkung auf den „Einzelfall" suggeriert eine engere Anwendung als Abs. 3, der an „rechtfertigende Tatsachen" anknüpft. Ob damit Maßnahmen nach Abs. 3a nur subsidiär gegenüber denen nach Abs. 3 ergriffen werden dürfen, erscheint fraglich; der Wortlaut spricht eher für ein Auswahlermessen der Behörde im Hinblick auf den Adressaten, das sich an den Maßstäben der Geeignetheit und Erforderlichkeit zu orientieren hat. Zudem bleibt es auch weiterhin bei Abs. 1 S. 4, der die Verantwortung bei Auslagerungen dem Institut zuschreibt; vorrangiger Adressat bleibt daher auch weiterhin das auslagernde Institut (so auch RegBegr. FISG, BT-Drs. 19/26966, 91 zu § 25b KWG und S. 93 zu § 26).

VI. Anzeige von Änderungen (Abs. 4) und wesentlichen Auswirkungen

123   Abs. 4 beruht auf Art. 19 Abs. 8 PSD2. Meldepflichtig ist danach die „Änderung der Inanspruchnahme von Stellen, an die Tätigkeiten ausgelagert" werden. Die Richtlinienvorgabe formuliert präziser: Anzuzeigen sind „alle Änderungen hinsichtlich der Inanspruchnahme von Stellen". Deshalb ist meldepflichtig nicht nur die Beendigung („Änderung der Inanspruchnahme"), sondern auch jegliche Änderung der Art und Weise der Inanspruchnahme (zustimmend Schäfer/Omlor/Mimberg/Möslein Rn. 53). Allerdings dürfte aufgrund der Formulierung des Abs. 4 („Ändert sich") eine **nachträgliche Anzeige** ausreichen, sofern diese **unverzüglich,** dh ohne schuldhaftes Zögern (§ 121 Abs. 1 BGB), nach Änderung erfolgt. Aufgrund des Kontexts der Regelung des Abs. 4 mit Abs. 2 sollte die Änderungsanzeige nur bei **wesentlichen Auslagerungen** erforderlich sein (so auch Möslein RdZ 2021, 35 (37)). Um ein überbordendes Meldewesen zu vermeiden, sollte die Anzeigepflicht nur **für wesentliche Änderungen** verlangt werden. Inhaltlich dürfte die Anzeige nach Abs. 4 einer solchen nach Abs. 2 entsprechen, auch wenn § 8 ZAGAnzV Abs. 4 nicht einbezieht (so Schäfer/Omlor/Mimberg/Möslein Rn. 53, der aufwirft, dass dies de lege ferenda ergänzt werden könnte).

124   Damit korrespondiert GL 11 Tz. 59 EBA/GL/2019/02. Rechtzeitig anzuzeigen sind danach wesentliche Änderungen und/oder schwerwiegende Vorfälle bzgl. ihrer Auslagerungsvereinbarungen, die **wesentliche Auswirkungen** auf die Fortführung von Geschäftstätigkeiten der Institute aufweisen können. Dies ist nunmehr

in § 28 Abs. 1 Nr. 10 Alt. 3 und Alt. 4 gesetzlich vorgeschrieben (→ § 28 Rn. 68a). Die Änderungsanzeigen nach § 28 Abs. 1 Nr. 10 Alt. 3 und Alt. 4 betreffen also einen Ausschnitt der Fälle des Abs. 4 („jegliche Änderung der Art und Weise der Inanspruchnahme"). Diese Anzeigepflichten nach § 28 Abs. 1 Nr. 10 Alt. 3 und Alt. 4 dürften – anders als Abs. 4 – **Absichtsanzeigen** sein (krit. Schäfer/Omlor/Mimberg/Möslein Rn. 53 Fn. 194).

VII. Exkurs: BSIG und BSI-KRITISV

Betreiber sog. kritischer Infrastrukturen haben über die Bestimmungen des § 26 **125** hinausgehende, besondere Anforderungen zu beachten (vgl. auch Ammann CR 2020, 633 (636)). Gemäß § 2 Abs. 10 Gesetz über das Bundesamt für Sicherheit in der Informationstechnik (BSI-Gesetz – BSIG) sind **Kritische Infrastrukturen** Einrichtungen, Anlagen oder Teile von Einrichtungen und/oder Anlagen ua in den Sektoren Informationstechnik und Telekommunikation sowie Finanz- und Versicherungswesen, welche von hoher Bedeutung für das Funktionieren des Gemeinwesens sind, weil durch ihren Ausfall oder ihre Beeinträchtigung erhebliche Versorgungsengpässe oder Gefährdungen für die öffentliche Sicherheit eintreten würden. Verpflichteter gem. §§ 8a und 8b BSIG ist der Betreiber Kritischer Infrastrukturen. Betreiber ist nach § 1 Abs. 1 Nr. 2 Verordnung zur Bestimmung Kritischer Infrastrukturen nach dem BSI-Gesetz (BSI-Kritisverordnung – BSI-KritisV) eine natürliche oder juristische Person, die unter Berücksichtigung der rechtlichen, wirtschaftlichen und tatsächlichen Umstände bestimmenden Einfluss auf die Beschaffenheit und den Betrieb einer Anlage oder Teilen davon ausübt. Betreiben zwei oder mehr Personen gemeinsam eine Anlage, so ist gem. § 1 Abs. 2 S. 2 BSI-KritisV jeder für die Erfüllung der Pflichten als Betreiber verantwortlich. § 7 Abs. 8 S. 1 BSI-KritisV regelt insoweit für den Sektor Finanz- und Versicherungswesen abweichend von § 1 Abs. 1 Nr. 2 BSI-KritisV, dass bestimmenden Einfluss auf eine Anlage, die den in Anhang 6 Teil 3 Spalte A Nummer 1–4 genannten Anlagenkategorien zuzuordnen ist, besitzt, wer die tatsächliche Sachherrschaft ausübt.

Da für den Begriff **„tatsächliche Sachherrschaft"** keine spezielle Begriffs- **126** bestimmung durch die BSI-KritisV vorgenommen wird, ist auf die Begrifflichkeiten des § 854 Abs. 1 BGB zurückzugreifen (vgl. dazu BeckOGK/Götz BGB § 854 Rn. 28 ff.). Wessen tatsächliche Herrschaftsgewalt vorliegt hängt nach dem BGH maßgeblich von der Verkehrsanschauung, dh von der zusammenfassenden Wertung aller Umstände des jeweiligen Falls entsprechend den Anschauungen des täglichen Lebens ab (BGH NJW 2020, 3711; NJW-RR 2017, 818 (819); NJW 2015, 1678 (1679)). In Fällen der Auslagerung technischer Dienstleistungen ist dies häufig das Auslagerungsunternehmen und nicht das Institut. Denn das Institut beauftragt das Auslagerungsunternehmen, dem Institut mit Hilfe der technischen Infrastruktur des Auslagerungsunternehmens (zB vom Dienstleister betriebenes Processing von Zahlungstransaktionen), technische Dienstleistungen zu erbringen. Das kann aber im Einzelfall auch anders sein, wenn die technische Infrastruktur vom Institut unterhalten wird und das Auslagerungsunternehmen lediglich mit deren Hilfe Leistungen erbringt (etwas Call-Center-Leistungen, manuelle Eingriffe in die ansonsten automatisierten Prozesse).

Folge der Einordnung als kritische Infrastruktur. Ziel der BSI-KritisV ist **127** das Bewahren der Versorgungssicherheit der Gesellschaft mit den in § 7 BSI-Kritisverordnung (Sektor Finanz- und Versicherungswesen) genannten kritischen

Dienstleistungen (Bargeldversorgung, kartengestützter Zahlungsverkehr, konventioneller Zahlungsverkehr sowie Verrechnung und Abwicklung von Wertpapier- und Derivatgeschäften) verstanden, da deren Ausfall oder Beeinträchtigung zu erheblichen Versorgungsengpässen oder zu Gefährdungen der öffentlichen Sicherheit führen könnte (BaFin, ZAIT II, Ziffer 12 Tz. 12.1). Betreiber kritischer Infrastrukturen unterliegen deshalb den besonderen Meldepflichten und Anforderungen an ihre Organisation und technische Ausstattung gemäß §§ 8a ff. BSIG. Sie haben alle zwei Jahre gemäß § 8a Abs. 3 BSIG dem BSI den Nachweis zu erbringen, dass diese Anforderungen eingehalten sind.

§ 27 Organisationspflichten

(1) ¹Ein Institut muss über eine ordnungsgemäße Geschäftsorganisation verfügen; die Geschäftsleiter sind für die ordnungsgemäße Geschäftsorganisation des Instituts verantwortlich. ²Eine ordnungsgemäße Geschäftsorganisation umfasst insbesondere:
1. angemessene Maßnahmen der Unternehmenssteuerung, Kontrollmechanismen und Verfahren, die gewährleisten, dass das Institut seine Verpflichtungen erfüllt;
2. das Führen und Pflegen einer Verlustdatenbank sowie eine vollständige Dokumentation der Geschäftstätigkeit, die eine lückenlose Überwachung durch die Bundesanstalt für ihren Zuständigkeitsbereich gewährleistet;
3. ein angemessenes Notfallkonzept für IT-Systeme;
4. interne Verfahren und Kontrollsysteme, die die Einhaltung der Verordnung (EG) Nr. 924/2009, der Verordnung (EU) Nr. 260/2012 und der Verordnung (EU) 2015/751 des Europäischen Parlaments und des Rates vom 29. April 2015 über Interbankenentgelte für kartengebundene Zahlungsvorgänge (ABl. L 123 vom 19.5.2015, S. 1) gewährleisten;
5. unbeschadet der Pflichten der §§ 4 bis 7 des Geldwäschegesetzes angemessene Maßnahmen, einschließlich Datenverarbeitungssysteme, die die Einhaltung der Anforderungen des Geldwäschegesetzes und der Verordnung (EU) 2015/847 gewährleisten; soweit dies zur Erfüllung dieser Pflicht erforderlich ist, darf das Institut personenbezogene Datenverarbeiten.

(2) ¹Die §§ 6a, 24c, 25i, 25m und 60b des Kreditwesengesetzes sowie § 93 Absatz 7 und 8 in Verbindung mit § 93b der Abgabenordnung gelten für Institute im Sinne dieses Gesetzes entsprechend. ² § 24c des Kreditwesengesetzes gilt mit der Maßgabe, dass die Bundesanstalt einzelne Daten aus dem Datensystem nach § 24c Absatz 1 Satz 1 des Kreditwesengesetzes abrufen darf, soweit dies zur Erfüllung ihrer aufsichtsrechtlichen Aufgaben nach diesem Gesetz und dem Geldwäschegesetz, insbesondere im Hinblick auf unerlaubte Zahlungsdienste und unerlaubte E-Geld-Geschäfte erforderlich ist und besondere Eilbedürftigkeit im Einzelfall vorliegt.

(3) ¹Die Bundesanstalt kann gegenüber einem Institut im Einzelfall Anordnungen treffen, die geeignet und erforderlich sind, um die Anforderungen an eine ordnungsgemäße Geschäftsorganisation im Sinne des Absatzes 1 zu erfüllen. ²Die Bundesanstalt kann Kriterien bestimmen, bei deren Vorliegen Institute vom Einsatz von Datenverarbeitungssystemen

nach Absatz 1 Satz 2 Nummer 5 absehen können.[3]Satz 1 gilt entsprechend für Auslagerungsunternehmen, soweit ausgelagerte Aktivitäten und Prozesse betroffen sind.

(4) [1]Die Bundesanstalt überwacht die Einhaltung der in der Verordnung (EU) 2015/847, in der Verordnung (EG) Nr. 924/2009, in der Verordnung (EU) Nr. 260/2012 und in der Verordnung (EU) 2015/751 enthaltenen Pflichten durch die Institute. [2]Sie kann gegenüber einem Institut und seinen Geschäftsleitern Anordnungen treffen, die geeignet und erforderlich sind, um Verstöße gegen die Pflichten nach den Verordnungen nach Satz 1 zu verhindern oder zu unterbinden.

Literatur: Becker/Gruber/Wohlert, Handbuch MaRisk – Mindestanforderungen an das Risikomanagement in der Bankpraxis, Frankfurt a. M. 2006; Broemel, Compliance durch Wissen – Anforderungen an die Wissensorganisation im Recht, RW 2013, 62; Herzog, Geldwäschegesetz – Kommentar, 3. Aufl. 2018; Hildner, Bitcoins auf dem Vormarsch: Schaffung eines regulatorischen Level Playing Fields?, BKR 2016, 485; Hoffmann/Schieffer, Pflichten des Vorstands bei der Ausgestaltung einer ordnungsgemäßen Compliance-Organisation, NZG 2017, 401; Hopt/Binder/Böcking/Winkeljohann, Handbuch Corporate Governance von Banken und Versicherungen, 2. Aufl. 2020;Karasu, Die neue Konkurrenz, Die Bank 2008, E.B.I.F.-Sonderausgabe, 4; Krimphove, Was ist Proportionalität?, BKR 2017, 353; Krimphove, Die „neue" MaRisk (BA) 9/2017, BKR 2018, 1; Kunz, Die Auslegungs- und Anwendungshinweise der BaFin zum GwG, CB 2019, 99; Malatidis, Organisationspflichten für Zahlungsauslösende Dienste gemäß §27 ZAG, BKR 2021, 484; Omlor, Entgelte im Zahlungsverkehr nach Umsetzung der Zweiten Zahlungsdiensterichtlinie (PSD II), WM 2018, 937;Pfeifer/Ullrich/Wimmer, MaRisk Umsetzungsleitfaden, Heidelberg 2006; Reimer/Doser, Neue Vorgaben an die Informationstechnik von Zahlungs- und E-Geld-Instituten – Konsultation der ZAIT, RdZ 2021, 97; Sander, DS-GVO vs. PSD2: Was dürfen die Betreiber von Kontoinformationsdiensten?, BKR 2019, 66; Schürrle/Olbers, Compliance-Verantwortung der AG – Praktische Empfehlungen zur Haftungsbegrenzung an Vorstände und Aufsichtsräte, CCZ 2010, 102; Siering/Hoibl, Die neuen „Zahlungsdiensteaufsichtlichen Anforderungen an die IT von Zahlungs- und E-Geld-Instituten" (ZAIT) der BaFin, RDi 2021, 457; Steinhoff, Quantifizierung operationeller Risiken in Kreditinstituten, Göttingen 2008; Sundermann/von Busekist/Judis, „Know-Your-Customer" oder doch „Know-Your-Contracting-Party"?, CCZ 2020, 291;Veil, Compliance-Organisationen in Wertpapierdienstleistungsunternehmen im Zeitalter der MiFiD – Regelungskonzepte und Rechtsprobleme, WM 2008, 1093; Wilting, Neuerungen im Zahlungsdiensteaufsichtsgesetz durch das Finanzmarktstabilisierungsgesetz, RdZ 2021, 92; Zubrod, Automatisierter Abruf von Kontoinformationen nach §24c KWG – Rechtliche Voraussetzungen und Grenzen, WM 2003, 1210.

Inhaltsübersicht

I. Vorbemerkung

1. Entstehungsgeschichte

§ 27 idF des ZDUG II entspricht im Wesentlichen § 22 ZAG aF. § 27 (so wie des- **1** sen Vorgängervorschrift § 22 ZAG aF) beruht selbst nicht unmittelbar auf einer Richtlinienvorschrift der PSD1 bzw. PSD2. Der deutsche Gesetzgeber hat diese Vorschrift – angelehnt an § 25a KWG (vgl. Hildner BKR 2016, 485 (494)) – auto- nom geschaffen. Mit dem Zweiten E-Geld-RLUG sind auch E-Geld-Institute Adressat der Norm geworden. Durch das SEPA-Begleitgesetz vom 3. 4. 2013 wurde § 22 Abs. 1 Nr. 4 ZAG aF geändert. Im Rahmen des ZDUG II wurde die MIF-VO in die von der BaFin zu überwachenden Organisationspflichten des Instituts auf- genommen. Ferner wurde durch das Gesetz zur Stärkung der Finanzmarktintegrität (Finanzmarktintegritätsstärkungsgesetz – **FISG**) vom 10. 6. 2021, in Kraft getreten am 1. 7. 2021, Abs. 3 S. 3 angefügt, wonach sich die Anordnungsbefugnisse der BaFin in Bezug auf eine ordnungsgemäße Geschäftsorganisation auch auf das Aus- lagerungsunternehmen erstrecken, soweit ausgelagerte Aktivitäten und Prozesse eines Instituts betroffen sind.

2. Systematik der Norm und Zusammenhang, Verstöße

§ 27 ist die Kernnorm für die **qualitative Aufsicht** im ZAG. Im Rahmen der **2** Umsetzung der PSD2 wurde sie ergänzt durch die für alle Zahlungsdienstleister (zum Begriff → § 1 Rn. 6 ff.) geltenden Vorschriften zum Risikomanagement (§ 53), zu Vorfallmeldungen (§ 54) und zur starken Kundenauthentifizierung (§ 55), die neben § 27 Anwendung finden. Anders als die sonstigen Regelungen im ZAG enthält sie keine konkreten Handlungsanweisungen an die Institute, sondern fordert die **Etablierung institutsindividueller Verfahren,** die bestimmte Min- destanforderungen erfüllen müssen (so auch Schäfer/Omlor/Mimberg/Möslein Rn. 5). Dabei stehen organisatorische Pflichten und Maßnahmen zur Geldwäsche- prävention im Vordergrund. Aufgrund der stark geldwäscherechtlichen Bezüge werden diese Pflichten teilweise als Ausprägung der organschaftlichen Legalitäts- kontrollpflicht verstanden (so Schäfer/Omlor/Mimberg/Möslein Rn. 5; Hoff- mann/Schieffer NZG 2017, 401 (402)). Die meisten Pflichten ag § 27 sind bußgeldbewehrt (vgl. § 64 Abs. 3 Nr. 5–9, 11–13) (im Einzelnen → Rn. 95 ff.; vgl. auch Schäfer/Omlor/Mimberg/Möslein Rn. 6). Verstöße gegen vollziehbare Anordnungen der BaFin sowie gegen die

Pflicht, Datenabrufe zu ermöglichen und auch schwerwiegende, wiederholte oder systematische Verstöße gegen § 27 bzw. gegen das GwG und die GeldtransferVO können zum Entzug der Erlaubnis gemäß § 13 Abs. 2 Nr. 5 führen.

3. Zweck der Norm

3   § 27 regelt die organisatorischen Pflichten von Instituten zur Einrichtung und Aufrechterhaltung einer ordnungsgemäßen Geschäftsorganisation (Abs. 1 S. 1). Dies ist die zentrale Norm, die umfassend gilt. Die in Abs. 1 S. 3 genannten Organisationspflichten nennen wesentliche Beispiele, sind aber nicht abschließend zu verstehen. Hierzu gehören insbesondere eine ordnungsgemäße Compliance (Abs. 1 S. 2 Nr. 1, Nr. 4 und Nr. 5), besonders zur Einhaltung der Pflichten des GwG und der GeldtransferVO (Abs. 1 Satz 2 Nr. 5), die Führung von Verlustdatenbanken (Abs. 1 S. 2 Nr. 2) und die Dokumentation der Geschäftstätigkeit (Abs. 1 S. 2 Nr. 2). Die Beaufsichtigung soll Missständen im Zahlungsverkehr entgegenwirken, welche die Ordnungsmäßigkeit, den Bestand und die Sicherheit des Zahlungsverkehrs sowie die Ziele der Geldwäscheprävention gefährden. Zur ordnungsgemäßen Geschäftsorganisation gehört die Einrichtung eines angemessenen und wirksamen Risikomanagements (vgl. § 25a Abs. 1 S. 3 KWG; Ellenberger/Findeisen/ Nobbe/Böger/Findeisen Rn. 7 „Kernelement"); dies ist für Zahlungsdienstleister in § 53 besonders geregelt, da dieser im Gegensatz zu § 27 nicht nur Zahlungs- und E-Geld-Institute, sondern als Bestandteil des zehnten Abschnitts des ZAG alle Zahlungsdienstleister verpflichtet (siehe auch Schäfer/Omlor/Mimberg/Möslein Rn. 22).

II. Ordnungsgemäße Geschäftsorganisation (Abs. 1)

1. Allgemeines

4   **a) Begriff der ordnungsgemäßen Geschäftsorganisation.** Jedes Zahlungsinstitut und E-Geld-Institut muss über eine ordnungsgemäße Geschäftsorganisation verfügen. Dabei enthält Abs. 1 keine konkreten Vorgaben, wie eine solche „ordnungsgemäße Geschäftsorganisation" auszugestalten ist. Lediglich bestimmte Mindestanforderungen, die ihrerseits jedoch auch wieder Spielräume eröffnen, werden vorgegeben (zum Versuch einer begrifflichen Annäherung Schäfer/Omlor/Mimberg/Möslein Rn. 13 f., der das Begriffsverständnis aus Organisationstheorie und Betriebswirtschaftslehre übertragen will). Damit lehnt sich die Regelung des ZAG sehr stark an die vom Wortlaut teilweise identische Regelung des § 25a KWG an. Mit der bloßen Nennung lediglich weniger Grundprinzipien und dem Verzicht auf die im ZAG sonst übliche Nennung von Details wird die Freiheit des geschäftspolitischen Entscheidungsspielraums betont. Aufgrund des Verzichts auf Detailregelungen werden in § 27 vielfach **unbestimmte Rechtsbegriffe** verwendet. Im KWG werden diese unbestimmten Rechtsbegriffe durch konkretisierende Verwaltungsanweisungen, nämlich die Mindestanforderungen an das Risikomanagement (MaRisk), teilweise ausgelegt bzw. präzisiert. Mit dem am 16.8.2021 veröffentlichten BaFin Rundschreiben 11/2021 (BA) zu zahlungsdiensteaufsichtlichen Anforderungen an die IT (**„ZAIT"**) existieren solche normkonkretisierenden Verwaltungsvorschriften – hinsichtlich des Einsatzes von IT – nunmehr auch für Zahlungs- und E-Geld-Institute (ausführlich hierzu → Rn. 4a). Die Normierung des

Begriffs der Ordnungsmäßigkeit eröffnet die Möglichkeit die Geschäftsorganisation sowohl einer Rechtmäßigkeits- als auch einer Zweckmäßigkeits- und Wirtschaftlichkeitskontrolle zu unterziehen (Schäfer/Omlor/Mimberg/Möslein Rn. 15). Eine Maßnahme kann dann als ordnungsmäßig angenommen werden, wenn sie ein vernünftig und wirtschaftlich denkender Betrachter in derselben Situation ergreifen würde (BGH NJW 2006, 439 (441); Schäfer/Omlor/Mimberg/Möslein Rn. 16). Überprüft werden kann dies aufgrund der Vielzahl an unterschiedlichen Organisationsformen lediglich im Rahmen einer Plausibilitätskontrolle (Schäfer/Omlor/Mimberg/Möslein Rn. 17).

b) Konkretisierung durch ZAIT. Am 16.8.2021 hat die BaFin ihre 6. No- **4a** velle der MaRisk veröffentlicht und die „Bankaufsichtlichen Anforderungen an die IT" („**BAIT**") überarbeitet. In diesem Zuge hat sie auch die ZAIT veröffentlicht. Anwendung finden die ZAIT auf Institute iSd § 1 Abs. 3 sowie Zweigniederlassungen deutscher Institute im Ausland iSv § 38 (ZAIT I Ziff. 1.) Die ZAIT enthalten erstmalig den § 27 konkretisierende Verwaltungsvorschriften und stellen Anforderungen an die technisch-organisatorische Ausstattung der Zahlungs- und E-Geld-Institute – insbesondere in Bezug auf das Management der IT-Ressourcen, das Informationsrisikomanagement und das Informationssicherheitsmanagement – auf (ZAIT I Ziff. 2). Die BaFin setzt mit den ZAIT die Anforderungen aus den EBA-Leitlinien für das Management von IKT- und Sicherheitsrisiken sowie den EBA-Leitlinien zur Auslagerungen für Zahlungs- und E-Geld-Institute um. Zwar übernimmt die BaFin EBA-Leitlinien grundsätzlich in die eigene Verwaltungspraxis, es sei denn, sie erklärt ausdrücklich das Gegenteil. Gleichwohl hat sie sich für eine Umsetzung in den ZAIT entschieden, die allerdings nicht wortgleich geschieht, sondern sich inhaltlich und strukturell sehr nah an den an den Vorgaben der BAIT orientiert. Ein wesentlicher Unterschied zwischen ZAIT und BAIT ist jedoch, dass die BAIT ihrerseits an einigen Stellen an die MaRisk anknüpft und auf diese verweist. Da die MaRisk aber nur auf Kredit- und Finanzdienstleistungsinstitute, nicht aber auf Zahlungs- und E-Geld-Institute Anwendung findet, wurden die entsprechenden Anforderungen aus der MaRisk als Konkretisierung in die ZAIT überführt (Reimer/Doser RdZ 2021, 97 (103)). Folgende Themengebiete überführen dabei die Anforderungen aus den MaRisk an eine ordnungsgemäße Geschäftsorganisation in die ZAIT und enthalten insoweit weiterführende Ergänzungen im Vergleich zu den BAIT:
a) Anforderungen an die IT-Strategie (ZAIT II. Ziff. 1);
b) Anforderungen an die IT-Governance (ZAIT II. Ziff. 2);
c) Anforderungen an das Identitäts- und Rechtemanagement (ZAIT II. Ziff. 6);
d) Anforderungen an IT-Projekte und Anwendungsentwicklung (ZAIT II. Ziff. 7);
e) Anforderungen an das Notfallmanagement (ZAIT II. Ziff. 10).

c) Keine Anwendbarkeit der MaRisk und der BAIT. Die Frage der „ana- **5** logen" Anwendbarkeit der MaRisk und der BAIT auf Zahlungs- und E-Geld-Institute hat durch die Einführung der ZAIT erheblich an Bedeutung verloren. Zwar kann es richtigerweise mangels Gesetzesqualität der MaRisk und BAIT methodisch nicht um eine Rechtsfortbildung im Wege des Analogieschlusses gehen (Schäfer/Omlor/Mimberg/Möslein Rn. 11), sondern allein um die Frage, ob die MaRisk als Auslegungshilfe im Kontext des § 27 herangezogen werden können. Allerdings führen die MaRisk zu einer **Selbstbindung der Verwaltung**, auf die sich Institute nach Maßgabe des Gleichbehandlungsgrundsatzes gem. Art. 3 Abs. 1 GG berufen können (vgl. Krimphove BKR 2018, 1 (4); hierzu auch → Einl.

Rn. 68 und → § 4 Rn. 23). Insoweit entfalten die MaRisk und BAIT eine gewisse **Außenwirkung,** die es rechtfertigt, eine Heranziehung als Auslegungshilfe nur unter den Voraussetzungen eines Analogieschlusses vorzunehmen. Für eine „analoge" Anwendung der BAIT fehlt es schon an der vorausgesetzten „planwidrigen Regelungslücke", da die ZAIT nunmehr speziell für Zahlungs- und E-Geld-Institute die Anforderungen an die technisch organisatorische Ausstattung für die IT aufstellt (so auch Siering/Hoibl RDi 2021, 457 (459 f.)). Gleiches gilt hinsichtlich der analogen Anwendbarkeit der MaRisk, soweit es um den Einsatz von IT geht. Die BaFin hat mit der Übertragung einiger Anforderungen der MaRisk (hierzu → Rn. 4a) deutlich gemacht, dass sie nicht von einer analogen Anwendung der MaRisk auf Zahlungs- und E-Geld-Institute ausgeht. Ansonsten hätte sie auf eine Überführung der Anforderungen der MaRisk in die ZAIT verzichten können (Siering/Hoibl RDi 2021, 457 (459 f.)). In Anbetracht der herausragenden Bedeutung sowie der flächendeckenden und umfangreichen Nutzung von IT durch Zahlungs- und E-Geld-Institute können nunmehr größtenteils die ZAIT zur Auslegung des Begriffes der ordnungsgemäßen Geschäftsorganisation herangezogen werden.

5a   Dennoch gibt es im Kontext des § 27 weiterhin Themenbereiche, die zwar in den MaRisk, nicht aber in den ZAIT oder in sonstigen, unmittelbar auf Zahlungs- und E-Geld-Institute anwendbaren Verwaltungsvorschriften abgebildet werden. So stellt sich beispielsweise für Institute, die im Kontext von „Buy-now-pay-later"-Geschäftsmodellen nach § 3 Abs. 4 beschränkt zulässig Kredite gewähren, die Frage, ob sie die besonderen Anforderungen an das Kreditgeschäft nach MaRisk BT 1 erfüllen müssen. Die BaFin weist in ihrem Merkblatt „Zulassungsverfahren nach der PSD2 und laufende Aufsicht" vom 28. 10. 2019 darauf hin, dass die MaRisk auch für Zahlungs- und E-Geld-Institute „Anhaltspunkte für die einzuhaltenden Anforderungen" biete. Hieraus folgt, dass die BaFin selbst nicht von einer „analogen" Anwendung der MaRisk in ihrer Gesamtheit ausgeht. Ob die Anforderungen der MaRisk „analog" anzuwenden sind, kann allerdings nicht für sämtliche Vorschriften der MaRisk generell beantwortet werden. Vielmehr ist für jeden Sachverhalt gesondert zu prüfen, ob einzelne Anforderungen der MaRisk auch durch Zahlungs- und E-Geld-Institute zu erfüllen sind. Wie oben erörtert, ist eine entsprechende Anwendung einzelner Anforderungen nur gerechtfertigt, wenn die Voraussetzungen eines Analogieschlusses, namentlich eine „vergleichbare Interessenlage" und eine „planwidrige Regelungslücke", vorliegen (zur Anwendung der Voraussetzungen des Analogieschlusses auf normkonkretisierende Verwaltungsvorschriften → Rn. 5). Für den oben genannten Fall der Kreditgewährung nach § 3 Abs. 4 im Rahmen von „Buy-now-pay-later"-Modellen dürften die Voraussetzungen einer Analogie in Bezug auf die Anforderungen nach MaRisk BT 1.1 (Funktionstrennung und Votierung) und MaRisk BT 1.2 (Anforderungen an die Prozesse im Kreditgeschäft) – die ihrerseits den Instituten eine gewisse Flexibilität einräumen – vorliegen. Eine vergleichbare Interessenlage ergibt sich hier insbesondere daraus, dass die Vergabe von Krediten nach der gesetzgeberischen Konzeption grundsätzlich Kreditinstituten vorbehalten. Zahlungs- und E-Geld-Institute ist lediglich aufgrund der in § 3 Abs. 4 S. 3 ZAG enthaltenen Fiktion erlaubt, Kredite zu gewähren (unter den Voraussetzungen des § 3 Abs. 4 S. 1 ZAG). Ansonsten wird eine analoge Heranziehung der Regelungen der MaRisk nur an wenigen Stellen in Betracht kommen (gegen eine analoge Anwendung der MaRisk insgesamt Schäfer/Omlor/Mimberg/Möslein Rn. 11; „Rechtsunsicherheit ist in Kauf zu nehmen"; ähnlich Schwennicke/Auerbach/Auerbach Rn. 8 „Auslegungshilfe"; ähnlich auch Ellenberger/Findeisen/Nobbe/Böger/Findeisen Rn. 23, der den Regelungen eine gewisse Orientierungshilfe zugesteht). Denn grundsätzlich sind die aufsichtlichen Anforderungen an Kreditinstitute deutlich höher als die an Zahlungsinstitute und E-Geld-Institute, sodass es in vielen Fällen an einer vergleichbaren Interessenlage fehlt. Gerade im Bereich der Geschäftsorganisation können daher regelmäßig nicht die gleichen Maßstäbe für beide Institutsarten zu Grunde gelegt werden. Allerdings stellen die Vorgaben der MaRisk die **Obergrenze** für die aufsichtlichen Anforderungen an Institute nach dem ZAG dar (so auch Schäfer/Omlor/Mimberg/Möslein Rn. 11). Der Verzicht auf norminterpretierende Verwaltungsanweisungen für diejenigen Themengebiete, die nicht von der ZAIT erfasst werden, führt zu einer gewissen Rechtsunsicherheit. Dies gilt umso mehr, da die Einhaltung der offenen Vorgaben von § 27 der Prüfung durch Dritte unterliegt, beispielsweise im Bereich der Abschlussprüfung oder bei anlassbezogenen Sonderprüfungen. Freilich wird diese Rechtsunsicherheit auch nur bedingt durch eine mögliche analoge Heranziehung einzelner Vorschriften der MaRisk aufgelöst. Denn es findet in gewissem Maße eine Verlagerung der Rechtsunsicherheit auf die Ebene der Analogievoraussetzungen statt. Doch für Institute bieten diese im Gegensatz zu „Orientierungshilfen" oder „Anhaltspunkten" einen klaren Prüfungsrahmen. Im Bereich der Bankenaufsicht führen die MaRisk zu einer Selbstbindung der Verwaltung, auf die sich die Kreditinstitute im Hinblick auf die Einheitlichkeit des Verwaltungshandelns verlassen können und die Ihnen einen erheblichen Gewinn an Rechts- und Planungssicherheit gibt (Schwennicke/Auerbach/Langen/Donner KWG § 25a Rn. 6a; Beck/Samm/Kokemoor/Reppenthien § 25a Rn. 23). Ein solcher Gewinn an Rechts- und Planungssicherheit ist zumindest hinsichtlich des Einsatzes von IT durch die Einführung der ZAIT geschaffen worden.

d) Proportionalität. Eine ordnungsgemäße Geschäftsorganisation ist abhängig **6** von der Art, dem Umfang, der Komplexität und dem Risikogehalt der Geschäftstätigkeit des Zahlungsinstitutes bzw. E-Geld-Institutes (Ellenberger/Findeisen/Nobbe/Böger/Findeisen Rn. 24; Schäfer/Omlor/Mimberg/Möslein Rn. 17; Schwennicke/Auerbach/Auerbach Rn. 7). Auch wenn dieses sog. **Proportionalitätsprinzip** nicht ausdrücklich in § 27 aufgeführt ist (anders in § 25a Abs. 1 S. 4 KWG für das Risikomanagement), findet es jedoch als Grundprinzip der qualitativen Aufsicht auch auf § 27 Anwendung (so auch Schwennicke/Auerbach/Auerbach Rn. 8; vgl. allgemein zum Proportionalitätsprinzip: Krimphove BKR 2017, 353ff.; vgl. auch GL 1 der EBA Guidelines on Outsourcing, EBA/GL/2019/02; Title I Tz. 17ff. der EBA Guidelines on Internal Governance, EBA/GL/2017/11) Auch die ZAIT betonen abermals die Bedeutung dieses Prinzips (ZAIT I Ziff. 4, 5, II Ziff. 9 Tz. 9.5.). Aus ihm folgt, dass die Institute Maßnahmen treffen müssen, die der Art und den Umständen ihrer jeweiligen Tätigkeiten gerecht werden (Reischauer/Kleinhans/Bitterwolf § 25a Rn. 5). So werden bei Instituten, die verschiedene oder besonders risikobehaftete Zahlungsdienste oder E-Geld-Geschäfte durchführen, deutlich höhere Anforderungen an die Geschäftsorganisation gestellt, als bei kleinen Instituten, die sich auf weniger und mit niedrigerem Risiko behaftete Geschäfte des ZAG beschränken (so auch Schäfer/Omlor/Mimberg/Möslein Rn. 17). Die in Abs. 1 S. 3 Nr. 1–4 niedergelegten Mindestanforderungen sind jedoch von allen Instituten zu erfüllen, wobei die **konkrete Ausgestaltung** jeweils wieder **von der Einzelsituation des Institutes abhängig** ist.

e) Persönlicher Anwendungsbereich. In den Anwendungsbereich von **7** Abs. 1 fallen alle Zahlungsinstitute und E-Geld-Institute. Er gilt daher auch für **Zweigniederlassungen** deutscher Institute im Ausland. Denn bei diesen handelt es sich um rechtlich unselbstständige Teile des jeweiligen Institutes. Ebenfalls in den Anwendungsbereich fallen **inländische Zweigstellen** von Unternehmen mit Sitz außerhalb des Europäischen Wirtschaftsraumes (EWR) (so auch Schäfer/Omlor/Mimberg/Möslein Rn. 12, 35). Denn diese gelten nach der Fiktion des § 42 Abs. 1 als Institute im Sinne des ZAG, wenn sie Zahlungsdienste oder E-Geld-Geschäfte erbringen. Wenn solche Institute ihren Sitz innerhalb des EWR haben, unterliegen sie nach § 39 Abs. 1 primär der Aufsicht des Herkunftsstaates. Nach § 39 Abs. 3 S. 2 sind aber die in Abs. 1 S. 2 Nr. 5 niedergelegten Maßnahmen zur Verhinderung der Geldwäsche und die Maßgaben der GeldtransferVO von inländischen Zweigniederlassungen und Agenten zu erfüllen.

8   **f) Verantwortung der Geschäftsleitung (Abs. 1 S. 1 Hs. 2).** Nach Abs. 1 S. 1 Hs. 2 sind die Geschäftsleiter des Institutes für die ordnungsgemäße Geschäftsorganisation verantwortlich (Legaldefinition in § 1 Abs. 8, ausführlich dazu → § 1 Rn. 309 ff.; Schäfer/Omlor/Mimberg/Möslein Rn. 18 f.). Daraus folgt, dass die Geschäftsleitung eine entsprechende Organisation einzurichten hat (vgl. ZAIT II, Ziff. 1. Tz. 1.1.). Dies umfasst zugleich die Verpflichtung, den **Betrieb der Geschäftsorganisation aufrechtzuerhalten.** Dabei ist die Geschäftsorganisation an die jeweiligen Bedürfnisse des Institutes und die sich ändernden Rahmenbedingungen fortlaufend anzupassen. Indem Abs. 1 S. 1 Hs. 2 insgesamt auf die Geschäftsleiter verweist, ist klargestellt, dass die **Verantwortung** nicht auf die Geschäftsleiter beschränkt ist, die nach dem Geschäftsverteilungsplan für die innerbetriebliche Organisation zuständig sind (Schwennicke/Auerbach/Auerbach Rn. 7; Schäfer/Omlor/Mimberg/Möslein Rn. 20, der von einem „Grundsatz der Gesamtverantwortung" wie im Kapitalgesellschaftsrecht spricht, wonach auch Organmitglieder betroffen sind, die ihr Amt vorrübergehend ruhen lassen; so auch Ellenberger/Findeisen/Nobbe/Böger/Findeisen Rn. 11). Die anderen Geschäftsleiter sind nach S. 1 Hs. 2 gehalten, die zuständigen Kollegen zu überwachen und im Bedarfsfall korrigierend einzugreifen (Reischauer/Kleinhans/Bitterwolf § 25a Rn. 6; Ellenberger/Findeisen/Nobbe/Böger/Findeisen Rn. 12). Um Überlastungen zu verhindern und dem Ressortprinzip Rechnung zu tragen, ist eine ordnungsgemäße Erfüllung der Überwachungspflicht jedoch bereits dann anzunehmen, wenn die nicht zuständigen Geschäftsleiter etwa im Rahmen der Geschäftsleitersitzungen und der Revisionsberichterstattung über wesentliche Risiken, Schwachstellen und Defizite des Risikomanagements berichten (Ellenberger/Findeisen/Nobbe/Böger/Findeisen Rn. 14). Eine Pflicht zur aktiven Nachforschung besteht mithin nicht (Ellenberger/Findeisen/Nobbe/Böger/Findeisen Rn. 14; aA wohl VG Frankfurt a. M. WM 2004, 2157 (2161), hier werden umfangreiche Überwachungspflichten angenommen). Zivilrechtliche Haftungs- oder Unterlassungsansprüche gegen die Geschäftsleiter begründet die Norm grundsätzlich nicht. Sie kann jedoch im Rahmen der Vertragsauslegung gem. §§ 133, 157 BGB eine gewisse Ausstrahlungswirkung entfalten (Schäfer/Omlor/Mimberg/Möslein Rn. 21).

2. Angemessene Maßnahmen (Abs. 1 S. 2 Nr. 1)

9   Das Institut muss über angemessene Maßnahmen zur Unternehmenssteuerung, Kontrollmechanismen und Verfahren, die die Erfüllung der Verpflichtungen gewährleisten, verfügen. Die Angemessenheit ist dabei niemals statisch festzulegen, sondern bedarf im Verhältnis zum jeweiligen Risikoprofil stetiger Anpassung („**institutsindividuelles Risikomanagement**", Ellenberger/Findeisen/Nobbe/

Böger/Findeisen Rn. 31–33; Schwennicke/Auerbach/Auerbach Rn. 9; ZAIT I
Ziff. 4).

a) Unternehmenssteuerung. Eine angemessene Unternehmenssteuerung **10**
muss die Geschäftsleitung in die Lage versetzen, die in der jeweiligen Situation notwendigen Maßnahmen zu ergreifen, um die **Einhaltung seiner Verpflichtungen**
(dazu → Rn. 22) zu gewährleisten; besondere Vorgaben bestehen gemäß § 53 für das
Risikomanagement. Zur Unternehmenssteuerung hat die Geschäftsleitung eine
Aufbau- und Ablauforganisation zu errichten und aufrechtzuerhalten (vgl. ZAIT II
Ziff. 1. Tz. 1.2). Dass der Begriff bereits im Rahmen des Erlaubnisantrags gem. § 10
Abs. 2 S. 1 Nr. 6 Bedeutung erlangt, verdeutlicht die Relevanz der Unternehmenssteuerung als Daueraufgabe (Schäfer/Omlor/Mimberg/Möslein Rn. 24). Die auf-
bau- und ablauforganisatorischen Regelungen haben dabei angemessen zur Erreichung der unternehmerischen Zielsetzung wie auch der aufsichtsrechtlichen
Anforderungen zu sein. Diese internen Regelungen sind schriftlich zu dokumentieren, die betroffenen Mitarbeiter sind zu unterrichten und deren Kenntnis der Regelungen ist sicher zu stellen. Weiterhin ist die Einhaltung der Regelungen laufend zu
überwachen. Umfasst sind sowohl die rückschauende Unternehmenskontrolle als
auch die zukunftsgerichtete Unternehmensplanung (dazu Schäfer/Omlor/Mim-
berg/Möslein Rn. 24). Sachlich müssen sich die steuernden Maßnahmen an den
Grundsätzen der Zweckmäßigkeit und Wirtschaftlichkeit messen lassen und sollten
zudem betriebswirtschaftlich zielführend sein. Zudem Müssen geeignete Kontrollmechanismen etabliert sein (Schäfer/Omlor/Mimberg/Möslein Rn. 24).

Die schriftliche Dokumentation der aufbau- und ablauforganisatorischen Rege- **11**
lungen sollte dabei (unter Berücksichtigung des Proportionalitätsgrundsatzes, vgl.
→ Rn. 6) beinhalten: Organigramme, Kompetenzregelungen, Arbeitsanweisungen,
Stellenbeschreibungen, Arbeitsplatzanweisungen, Arbeitsablaufbeschreibungen,
schriftlich fixierte Geschäftsstrategien, Notfallpläne, Dokumentation aller Geschäftsvorgänge (vgl. S. 2 Nr. 2 Alt. 2), Formularwesen. Hierher gehören auch interne Richtlinien bei Auslagerung (vgl. → § 26 Rn. 66). Die Art der Darstellung ist
dem Institut überlassen; sie hat sachgerecht und für die Mitarbeiter des Instituts nachvollziehbar zu sein. Die Regelungen müssen den betroffenen Mitarbeitern in geeigneter Weise bekannt gemacht werden. Sie sind laufend zu aktualisieren; hierfür
sind ebenfalls geeignete Prozesse der Überwachung von Aktualisierungen zu etablieren (siehe auch Schäfer/Omlor/Mimberg/Möslein Rn. 24). Die Geschäftsleitung
hat die Prozesse und die damit verbundenen Aufgaben, Kompetenzen, Verantwortlichkeiten, Kontrollen sowie Kommunikationswege einschließlich der Schnittstellen
im Fall von Auslagerungen klar zu definieren und aufeinander abzustimmen.

Wesentliches Organisationsprinzip ist der Grundsatz der Funktionstrennung. **12**
Danach darf nicht eine Person alle Phasen eines Geschäftsvorfalles durchführen.
Vielmehr sollen immer mehrere Personen in einen Geschäftsvorfall eingeschaltet
sein **(Vier-Augen-Prinzip).** Insbesondere dürfen miteinander unvereinbare
Tätigkeiten nicht durch eine Person durchgeführt werden können **(funktionale
Trennung).** Diese Prinzipien finden auch bei Instituten des ZAG in vielen Fällen
Anwendung; dann sind bestimmte Funktionen in unterschiedlichen, voneinander
unabhängigen organisatorischen Einheiten durchzuführen. Vertretungsregelun-
gen sind dabei zu berücksichtigen (enger Schäfer/Omlor/Mimberg/Möslein
Rn. 14, der Abstriche erlaubt und Wirksamkeitsbedenken erwähnt; aA Schürrle/
Olbers CCZ 2010, 102 (104), Prinzip habe sich in der Praxis als wenig wirksam
erwiesen).

13   Im Massengeschäft des Zahlungsverkehrs kann es aus Wirtschaftlichkeitsaspekten erforderlich sein, dass eine Person einen Vorgang vollständig bearbeitet. Miteinander unvereinbare Tätigkeiten verlangen dann eine Funktionentrennung. Zudem ist durch laufende vor-, gleich- oder nachgeschaltete Kontrollen die Überwachung sicherzustellen; diese fallen je intensiver aus, desto umfangreicher die Tätigkeiten der operativ tätigen Person sind.

14   Ist im Rahmen eines Instituts des ZAG die Funktionentrennung im Sinn einer aufbauorganisatorischen Trennung erforderlich, so bedeutet dies die Trennung bis einschließlich der Ebene der Geschäftsleitung im Sinn einer Trennung der Verantwortlichkeiten sowohl fachlich als auch disziplinarisch. Dies gilt auch für Vertretungsfälle. Trennung von Markt und Handel ist in der Regel für das Rechnungswesen erforderlich; Ähnliches sollte für die Funktionen Recht und Compliance gelten. An dem Grundsatz der Gesamtverantwortung der Geschäftsleiter ändert sich hierdurch allerdings nichts (Schäfer/Omlor/Mimberg/Möslein Rn. 24).

15   **b) Kontrolle.** Unter dem Begriff „Kontrollmechanismen" sind interne Kontrollverfahren zu verstehen. Diese internen Kontrollverfahren setzen sich aus dem internen Kontrollsystem und der Internen Revision zusammen (so auch Schäfer/Omlor/Mimberg/Möslein Rn. 25; aA Hopt/Binder/Böcking/Winkeljohann § 15 Rn. 30: nimmt einen Dualismus von internem Kontrollsystem, zu dem auch die interne Revision gehören solle, und Risikomanagementsystem an)

16   **aa) Internes Kontrollsystem.** Das **interne Kontrollsystem** stellt eine prozessabhängige Überwachung dar. Sie dient der Sicherung und dem Schutz des vorhandenen Vermögens vor Verlusten aller Art, der Gewinnung genauer, aussagefähiger und zeitnaher Aufzeichnungen, der Förderung des betrieblichen Wirkungsgrades durch Auswertung der Aufzeichnungen und der Unterstützung bei der Befolgung der vorgeschriebenen Geschäftspolitik.

17   Das interne Kontrollsystem beinhaltet alle Überwachungsmechanismen, die Bestandteil der überwachten Prozesse sind. Interne Kontrollen sind idR nur möglich, wenn der jeweilige Arbeitsgang nach festgelegten Regeln erfolgt. Kontrollen sind dabei so zu konzipieren und durchzuführen, dass sie geeignet sind, mögliche Fehler aufzudecken. Üblicherweise sind die Mitarbeiter, die an den jeweiligen Prozessen mitarbeiten, gleichzeitig auch mit der Überwachung dieser Prozesse im Rahmen des internen Kontrollsystems betraut und regelmäßig auch dafür verantwortlich (Hannemann/Schneider/Hanenberg/Hannemann S. 125). Das interne Kontrollsystem ist in **Organisationsrichtlinien, Funktionstrennungen und Kompetenzzuweisungen** niederzulegen.

18   Kontrollen sind möglichst vor-, gleich- oder nachgelagert für alle Geschäftsprozesse vorzusehen. Sie können stichprobenartig oder bezogen auf jeglichen Geschäftsvorfall erfolgen. Die Kontrollen können entweder manuell oder IT-gestützt durchgeführt werden. Bei EDV-Eingaben bieten sich Plausibilitätskontrollen oder Doppelerfassung von Geschäftsvorfällen an. Die Risikolage des Geschäfts entscheidet über Art und Umfang der Kontrollen, dh je höher das Schadensrisiko für das Institut desto intensiver sind die Kontrollen zu gestalten.

19   **bb) Interne Revision.** Demgegenüber ist die **Interne Revision** für die prozessunabhängige Überwachung zuständig (Ellenberger/Findeisen/Nobbe/Böger/Findeisen Rn. 74). Sie ist für Zahlungs- und E-Geld-Institute nicht ausdrücklich gefordert, jedoch als zentraler Bestandteil eines effektiven Kontrollmechanismus als unabdingbar anzusehen (Ellenberger/Findeisen/Nobbe/Böger/Möslein Rn. 72;

Schwennicke/Auerbach/Auerbach Rn. 10) und wird von der BaFin in den ZAIT als bestehend vorausgesetzt (vgl. ZAIT II Ziff. 9.5, 9.10). Sie ist im Auftrag der Geschäftsleitung als **unabhängige Stelle** primär für **Überprüfung der Geschäftsorganisation** und dabei insbesondere des internen Kontrollsystems zuständig. Unabhängig bedeutet, dass die Revision nicht an den zu prüfenden Aktivitäten und Prozessen mitarbeiten darf. Die in ihr beschäftigten Mitarbeiter können außer in eng begrenzten Ausnahmefällen nicht mit revisionsfremden Aufgaben betraut werden. Zur Wahrung ihrer Unabhängigkeit dürfen sie auch keine Aufgaben wahrnehmen, die mit der Prüfungstätigkeit der Internen Revision nicht im Einklang stehen.

Die Tätigkeit der Internen Revision erstreckt sich grundsätzlich auf die **Ord-** 20 **nungsmäßigkeit aller Aktivitäten und Prozesse** des Instituts. Ein besonderer Schwerpunkt sollte dabei das Risikomanagement iSd § 53 sein. Die Revisionsaufgaben werden **selbstständig und unabhängig** wahrgenommen. Dabei muss das Institut gewährleisten, dass im Rahmen der Berichterstattung und der Bewertung der Prüfungsergebnisse kein Weisungsrecht gegenüber der Internen Revision besteht. Dem steht jedoch nicht entgegen, dass die Geschäftsleitung **zusätzliche Prüfungen** der Internen Revision anordnen kann.

Voraussetzung für eine ordnungsgemäße Prüfungstätigkeit der Internen Revi- 21 sion ist es, dass diese sich mit den zu prüfenden Prozessen und Aktivitäten auseinandersetzt und auf dieser Grundlage einen **Prüfungsplan** erstellt. Nach erfolgter Prüfung ist von der Internen Revision jeweils ein **Prüfungsbericht** zu fertigen und der Geschäftsleitung vorzulegen. Bei schwerwiegenden Mängeln ist eine **ad hoc-Information** erforderlich. Neben dem reinen Prüfungsergebnis sollten auch **Verbesserungsvorschläge und Lösungsmöglichkeiten** in den Bericht aufgenommen werden. Die Geschäftsleitung entscheidet anhand der Informationen durch die Interne Revision über mögliche Maßnahmen sowie darüber, ob und in welcher Weise sie die Informationen an das zuständige Aufsichtsorgan weiter reicht. Die in MaRisk BT 2.4 vorgesehene Berichtspflicht der Internen Revision direkt gegenüber dem Aufsichtsorgan oder **gegenüber der BaFin** hat im ZAG keine gesetzliche Grundlage. Neben der reinen Feststellung von Mängeln und der Nennung von möglichen Lösungsvorschlägen ist die Interne Revision auch für die **Überwachung der Mängelbeseitigung** verantwortlich.

c) Erfüllung von Verpflichtungen. Das Institut muss Verfahren vorhalten, die 22 die Erfüllung seiner Verpflichtungen gewährleisten. Dadurch soll das Vertrauen in Zahlungssysteme geschützt werden (Schäfer/Omlor/Mimberg/Möslein Rn. 26). Unter den Begriff „Verpflichtungen" fallen unzweifelhaft alle **gesetzlichen Anforderungen aus dem ZAG** (siehe auch Schäfer/Omlor/Mimberg/Möslein Rn. 26). Darunter fallen beispielsweise die Anzeige- und Meldepflichten. Der Begriff ist jedoch weit auszulegen. Zweck des ZAG ist es insbesondere, die dem Institut anvertrauten Vermögenswerte der Kunden zu schützen und die ordnungsgemäße Durchführung der Zahlungsdienste bzw. des E-Geld-Geschäftes zu gewährleisten (§ 4 Abs. 2). Daher hat die Geschäftsorganisation nach Abs. 1 auch alle **sonstigen gesetzlichen und untergesetzlichen Regelungen** zu beachten, die der Erfüllung dieser Ziele dienen (so auch Ellenberger/Findeisen/Nobbe/Böger/Findeisen Rn. 28; Schwennicke/Auerbach/Auerbach Rn. 11). Da zu einer ordnungsgemäßen Erfüllung der Zahlungsdienste bzw. E-Geld-Geschäfte die Einhaltung bestimmter betriebswirtschaftlicher Mindestanforderungen erforderlich ist, sind auch diese **betriebswirtschaftlichen Notwendigkeiten** Gegenstand dieser Regelung (Ellenberger/Findeisen/Nobbe/Böger/Findeisen Rn. 30; enger hingegen Schäfer/

Omlor/Mimberg/Möslein Rn. 26, der diesen nur Bedeutung zumisst, soweit deren Einhaltung für die Erfüllung von Verpflichtungen zwingend notwendig ist). Zwar werden diese anders als in der korrespondierenden Norm des § 25a Abs. 1 S. 1 KWG nicht explizit erwähnt; jedoch diente die Aufnahme dieses Begriffes in das KWG im Rahmen des FRUG lediglich der Klarstellung (Fischer/Schulte-Mattler/ Braun KWG § 25a Rn. 36). Schließlich können auch **vertragliche Verpflichtungen** vom Anwendungsbereich erfasst sein (Ellenberger/Findeisen/Nobbe/Böger/ Findeisen Rn. 25; Schäfer/Omlor/Mimberg/Möslein Rn. 25).

23   Eine noch weitergehende Ausdehnung des Begriffes auf alle gesetzlichen Regelungen auch ohne Bezug zu Zahlungsdiensten bzw. E-Geld-Geschäften ist dagegen zu verneinen. Dies würde dazu führen, dass die BaFin bzw. der Abschlussprüfer des Institutes indirekt über Abs. 1 die Einhaltung von sämtlichen zivilrechtlichen, steuerrechtlichen, arbeitsrechtlichen und sozialrechtlichen Regelungen zu überprüfen und zu bewerten hätte. Eine derartige Ausdehnung der Prüfungsbefugnisse stößt zum einen auf rechtsstaatliche Bedenken und ist zum anderen auch nicht durch den Willen des Gesetzgebers gestützt (aA Schäfer/Omlor/Mimberg/Möslein Rn. 26, es käme aus teleologischen Gründen nicht auf den Bezug der Norm an, sondern darauf, ob die Nichterfüllung geeignet ist, das Kundenvertrauen zu erschüttern, dies sei auch bei allgemein zivilrechtlichen Verpflichtungen denkbar. Zudem sein eine Ausuferung von Befugnissen der BaFin nicht zu befürchten, da Prüfungsgegenstand nicht die Einhaltung der Verpflichtungen sei, sondern die Vorhaltung von Verfahren. Eine Unterscheidung der Rechtsgebiete sei aufgrund der Korrelation von zivil- und zahlungsdiensterechtlichen Pflichten ohnehin nicht möglich).

24   **d) Verfahren.** Eine Abgrenzung der geforderten **Verfahren** von der Unternehmenssteuerung ist im Einzelfall schwierig, ihr systematisches Verhältnis zueinander ist unklar (ausführlich Schäfer/Omlor/Mimberg/Möslein Rn. 23). Letztendlich stellt Abs. 1 S. 2 Nr. 1 einen **Auffangtatbestand** dar, der dafür Sorge trägt, dass ein Institut sämtliche für die Erfüllung seiner Verpflichtungen notwendigen Verfahren besitzt, unabhängig davon, ob sie der Unternehmenssteuerung, der Kontrolle oder ausnahmsweise keinen von beiden zuzurechnen sind (ähnlich Schäfer/ Omlor/Mimberg/Möslein Rn. 23 „möglichst flächendeckende Compliance").

3. Verlustdatenbank und Dokumentation (Abs. 1 S. 2 Nr. 2)

25   Nach Abs. 1 S. 2 Nr. 2 hat das Institut eine Verlustdatenbank zu führen. Darüber hinaus ist die Geschäftstätigkeit so zu dokumentieren, dass der BaFin eine lückenlose Überwachung des Institutes möglich ist.

26   **a) Verlustdatenbank.** Eine Verlustdatenbank ist die katalogmäßige **Auflistung sämtlicher historischer Schadensfälle** nach **vorgegebenen Ordnungskriterien** in einem **zentralen Datenbestand** (Malatidis BKR 2021, 484 (486)). Die Anforderung, eine Verlustdatenbank zu pflegen und zu führen, ist eine wichtige Maßnahme zur Steuerung der **operationellen Risiken** (vgl. Schwennicke/ Auerbach/Auerbach Rn. 12). Bereits seit dem Jahre 2007 haben Kreditinstitute aufgrund der Vorgaben von Basel II ihre operationellen Risiken mit Eigenkapital zu unterlegen. Dabei hat sich jedoch gezeigt, dass eine genaue Messung dieser Risiken aufgrund einer schlechten Datengrundlage Instituten vielfach nicht möglich ist. Aus diesem Grunde hat sich der Gesetzgeber seinerzeit entschieden, Kreditinstituten die Einrichtung einer Verlustdatenbank aufzugeben, um bei Ihnen eine entsprechende

Datengrundlage und Datenqualität zu schaffen. Diese Anforderung wurde durch Abs. 1 S. 2 Nr. 2 auf Zahlungsinstitute und E-Geld-Institute ausgedehnt. Das Führen und Pflegen einer Verlustdatenbank setzt die nachfolgenden drei Tätigkeiten voraus:

Zunächst ist eine **Verlustdatenbank aufzubauen.** Diese muss möglichst **um- 27 fangreich und vollständig** sein und im Hinblick auf zukünftige Entwicklungen und Änderungen ein Mindestmaß an **Flexibilität** aufweisen. Dazu müssen die aufgetretenen **Schadensereignisse** mit dem **Zeitpunkt** der Schadenseintrittes und der **Höhe des entstandenen Schadens** festgehalten werden. Ob jeder Schaden in der Verlustdatenbank erfasst wird, ist insbesondere von der Größe des Institutes abhängig. Bei größeren Instituten kann eine **Bagatellgrenze** bestimmt werden, ab der die Schäden erfasst werden und unterhalb derer die aufgetretenen Schäden regelmäßig für das Institut vernachlässigbar sind. Die Schäden, die oberhalb der Bagatellgrenze liegen, sind aber sämtlich zu erfassen, so dass die Verlustdatenbank keine Verzerrungen aufweist. Bei den Schadensereignissen sind alle relevanten Daten zu erfassen und die **Vorfälle,** die zu den Schäden geführt haben, sind so präzise wie möglich zu **beschreiben,** um sie später nachvollziehen zu können. In der Verlustdatenbank sollte eine **Risikomatrix** angelegt werden, die eine Risikoarten- bzw. Geschäftsfeldkategorisierung enthält. Dieser Matrix ist dann jeder Schadensfall zuzuordnen, wobei darauf zu achten ist, dass gleiche oder ähnliche Sachverhalte entsprechend gleich oder ähnlich in der Risikomatrix erfasst werden (Steinhoff Kapitel 5.1.1). Die in der Verlustdatenbank zu erfassenden Verlustdaten können aus der Auswertung von internen und externen Prüfungsberichten bzw. Compliance-Berichten stammen. Auch sollten hier Meldungen der Bereiche des Institutes einfließen, in denen der Verlust aufgetreten ist. Darüber hinaus sollten auch Daten aus Szenarioanalysen in die Datenbank aufgenommen werden sowie bei Bedarf externe Verlustdaten, die andere Institute ermittelt haben. Letzteres kann sich insbesondere dann anbieten, wenn in einzelnen Teilbereichen wenige oder keine Schadensdaten vorliegen.

Weiter sind die in der Verlustdatenbank **gesammelten Daten zu kategorisie- 28 ren.** Ein Unterscheidungsmerkmal ist die **zeitliche Komponente.** Dabei wird zwischen historischen Daten unterschieden, die aufgrund von Schadensereignissen in der Vergangenheit gesammelt wurden, und zukunftsgerichteten Daten, die auf hypothetischen Annahmen über zukünftig mögliche Schäden beruhen.

Ein weiteres Unterscheidungsmerkmal sind die **Verlustereignisse.** Dabei lassen **29** sich nach Art. 324 der Kapitaladäquanzverordnung (VO (EU) Nr. 575/2013) regelmäßig folgende Ereignisse unterscheiden:

- **Interner Betrug:** Hier sind Verluste aufzunehmen, die aufgrund von Handlungen von Mitarbeitern mit betrügerischer Absicht entstanden, die zu einer Eigentumsverunтреuung geführt haben oder die aufgrund eines Verstoßes oder einer Umgehung von Verwaltungs-, Rechts- oder internen Vorschriften eingetreten sind.
- **Externer Betrug:** In diese Kategorie sind Verluste einzuordnen, die aufgrund der vorbeschriebenen Handlungen durch einen Dritten entstanden sind.
- **Beschäftigungspraxis und Arbeitsplatzsicherheit:** Hier werden Verluste erfasst, die auf Handlungen beruhen, die gegen Beschäftigungs-, Gesundheitsschutz- oder Sicherheitsvorschriften verstoßen, sowie Verluste aufgrund von Schadensersatzzahlungen wegen Körperverletzung.
- **Kunden und Produkte:** Entsteht aufgrund einer unbeabsichtigten oder fahrlässigen Nichterfüllung geschäftlicher Verpflichtungen gegenüber einzelnen

Kunden ein Verlust, so ist er in dieser Kategorie zu erfassen. Bei einer vorsätzlichen Nichterfüllung dürfte hingegen regelmäßig (interner oder externer) Betrug vorliegen. Ebenfalls in dieser Ereignis-Kategorie werden Verluste erfasst, die aufgrund der Art oder Struktur eines Produktes entstehen.

- **Sachschäden:** In diese Kategorie fallen Verluste aufgrund von Beschädigungen oder des Verlustes von Sachvermögen durch Naturkatastrophen oder andere Ereignisse.
- **Geschäftsunterbrechung und Systemausfälle**
- **Ausführung, Lieferung und Prozessmanagement**

30   Schließlich ist die Verlustdatenbank **regelmäßig anzupassen** (siehe auch Schäfer/Omlor/Mimberg/Möslein Rn. 27). Dazu müssen die prognostizierten Ergebnisse, die sich aus der Datenbank ergeben, mit den tatsächlich eingetretenen Schäden verglichen werden. Soweit es dort zu Abweichungen kommt, sind deren Ursachen zu ermitteln und gegebenenfalls eine Anpassung in der Verlustdatenbank vorzunehmen.

31   **b) Dokumentation.** Weiterhin muss das Institut eine vollständige Dokumentation **seiner Geschäftstätigkeit** erstellen, anhand derer eine lückenlose Überwachung durch die BaFin gewährleistet ist. Im Gegensatz zu § 25a Abs. 1 S. 6 Nr. 2 KWG ist die Regelung im ZAG rudimentär. Weder Zielsetzung der Dokumentation noch Aufbewahrungsfrist sind geregelt. Auch die Regelungen der ZAIT treffen zu den Begrifflichkeiten keine Aussage. Im Hinblick auf die Zielsetzung wird man § 25a Abs. 1 S. 6 Nr. 2 KWG entsprechend heranziehen können, dh die Aufzeichnungen über die ausgeführten Geschäfte müssen eine lückenlose Überwachung durch die BaFin für deren Zuständigkeitsbereich gewährleisten (vgl. Ellenberger/Findeisen/Nobbe/Böger/Findeisen Rn. 94; wohl in Teilen aA Schäfer/Omlor/Mimberg/Möslein Rn. 28, diese Zielsetzung ergäbe sich zudem auch eindeutig aus dem Wortlaut, die Annahme einer bloß rudimentären Regelung sei nicht nachvollziehbar). Die Aufbewahrungsfrist ist mangels spezialgesetzlicher Regelung dem § 257 HGB zu entnehmen.

32   Die Dokumentationspflichten richten sich an **Institute des ZAG** mit Sitz im Inland. Sie gelten gemäß § 42 Abs. 2 für inländische Zweigstellen von Unternehmen mit Sitz außerhalb des EWR. Sie gelten nicht für inländische Zweigniederlassungen von Unternehmen mit Sitz im EWR-Ausland (§ 39).

33   Die Aufzeichnungen sind erforderlich **für alle Geschäfte, die den Zuständigkeitsbereich der BaFin** betreffen (siehe auch Schäfer/Omlor/Mimberg/Möslein Rn. 28). Die inländischen Institute müssen deshalb alle weltweit abgeschlossenen Geschäfte aufzeichnen und die Aufzeichnungen aufbewahren, auch wenn die Geschäfte nur im Ausland unterhaltene Zweigstellen oder Zweigniederlassungen betreffen (siehe auch Schäfer/Omlor/Mimberg/Möslein Rn. 28). Die inländischen Zweigstellen von Instituten außerhalb des EWR müssen die Dokumentation nur für die Geschäfte erstellen, die die inländische Zweigstelle betreffen.

34   Die Dokumentationspflicht geht über die Pflichten nach §§ 238 f. HGB und § 257 HGB hinaus (ähnlich Schäfer/Omlor/Mimberg/Möslein Rn. 28 „ergänzt und erweitert"). Das Institut hat hierdurch eine lückenlose Überwachung durch die BaFin, die nach dem ausdrücklichen Gesetzeswortlaut einziger Normadressat ist (Schäfer/Omlor/Mimberg/Möslein Rn. 28) zu gewährleisten. Dh über die Dokumentation muss nachvollziehbar sein, ob das Institut seinen aufsichtsrechtlichen Verpflichtungen nachgekommen ist. Die Nachvollziehbarkeit für die Aufsichtsbehörde ist ausreichend, jedoch auch notwendig (Schäfer/Omlor/Mimberg/Mös-

lein Rn. 28). Zu den aufsichtsrechtlichen Pflichten, die durch die BaFin zu überwachen sind und zu denen ausreichende Dokumentationen vorliegen müssen, zählen:
- Organisatorische Pflichten und Ordnungsmäßigkeit der Geschäfte,
- organisatorische Pflichten nach § 27 Abs. 1 (Geschäftsorganisation, Internes
  Kontrollsystem, Interne Revision) und
- organisatorische Pflichten nach § 53 (Risikomanagement),
- Organisationspflichten bei Auslagerung von Aktivitäten und Prozessen nach
  § 26,
- Beachtung aufsichtsrechtlicher Auflagen (zB Beschränkung der zulässigen Ge-
  schäfte),
- aufsichtsrechtliche Maßnahmen (zB Abberufung von Geschäftsleitern),
- Angemessenheit der Eigenmittelausstattung nach ZIEV,
- Melde- und Einreichungspflichten, insbes. Meldepflichten über Eigenmittelaus-
  stattung (§ 15),
- Anzeigepflichten nach § 28,
- Anzeigepflichten für Zweigniederlassungen und Erbringung grenzüberschrei-
  tender Dienstleistungen nach § 38,
- Vorlage von Jahresabschluss, Lagebericht und Prüfungsbericht nach § 22,
- Risikobericht nach § 53 Abs. 2.

Die Aufbewahrung der Dokumentation sollte sich mangels spezialgesetzlicher **35**
Regelung nach handelsrechtlichen Grundsätzen richten. § 239 HG regelt die Anforderungen im Einzelnen (**handelsrechtliche Aufzeichnungsanforderungen,**
Ellenberger/Findeisen/Nobbe/Böger/Findeisen Rn. 99). Urkunden müssen im
Original aufbewahrt werden. Ansonsten können Dokumentationen nach § 257
Abs. 3 HGB im Original oder auch als Wiedergabe auf einem Bildträger oder anderen Datenträgern aufbewahrt werden, wenn dies den Grundsätzen ordnungsmäßi-
ger Buchführung entspricht und sichergestellt ist, dass die Wiedergabe oder die Daten 1. mit den empfangenen Handelsbriefen und den Buchungsbelegen bildlich
und mit den anderen Unterlagen inhaltlich übereinstimmen, wenn sie lesbar gemacht werden, 2. während der Dauer der Aufbewahrungsfrist verfügbar sind und
jederzeit innerhalb angemessener Frist lesbar gemacht werden können (weiter
Schäfer/Omlor/Mimberg/Möslein Rn. 28, die Aufbewahrung auch Datenträgern
sei grundsätzlich ohne Einschränkungen möglich). Ob die Aufbewahrungsfrist gemäß § 257 Abs. 4 HGB hier sechs oder zehn Jahre beträgt, bleibt offen. Eine Orientierung an § 25a Abs. 1 S. 6 KWG sowie § 23 Abs. 5 S. 2 VAG legt die Annahme
der kürzeren Sechsjahresfrist nahe (Schäfer/Omlor/Mimberg/Möslein Rn. 28).
Sind Unterlagen auf Grund des § 239 Abs. 4 S. 1 auf Datenträgern hergestellt worden, können statt des Datenträgers die Daten auch ausgedruckt aufbewahrt werden
(siehe auch Schäfer/Omlor/Mimberg/Möslein Rn. 28); die ausgedruckten Unterlagen können auch nach Satz 1 aufbewahrt werden. Die Unterlagen müssen jedenfalls während der Dauer der Aufbewahrungsfrist verfügbar sein und jederzeit lesbar
gemacht werden können (Schäfer/Omlor/Mimberg/Möslein Rn. 28)

Im Übrigen wird auf die Grundsätze des § 257 HGB verwiesen. **36**

4. Notfallkonzept (Abs. 1 S. 2 Nr. 3)

Aufgrund des umfassenden Einsatzes von IT im Zahlungsverkehr stellen die ver- **37**
wendeten IT-Systeme bei allen Zahlungsinstituten und E-Geld-Instituten einen
wesentlichen Bereich dar (RegBegr. ZDUG, BT-Drs. 16/11613, 52 „nicht unwe-

sentliche Bedeutunng",; Ellenberger/Findeisen/Nobbe/Böger/Findeisen Rn. 67; Schäfer/Omlor/Mimberg/Möslein Rn. 29), der durch ein Notfallkonzept zu sichern ist. Im Gegensatz zu § 25a Abs. 1 S. 3 Nr. 5 KWG fordert Abs. 1 S. 2 Nr. 3 Notfallkonzepte nur für IT-Systeme. Konkrete Anforderungen ergeben sich aus den ZAIT (dort Ziff. 10) sowie aus den auf Basis von Art. 95 Abs. 3 PSD2 ergangenen Leitlinien zu operationellen und sicherheitsrelevanten Risiken (EBA/GL/2017/17, dort Leitlinie 6).

38   Durch die vorzuhaltenden Notfallkonzepte soll es dem Institut ermöglicht werden, schnell Maßnahmen zu ergreifen, um in Notfall- und Krisensituationen die wesentlichen Geschäftsaktivitäten aufrechtzuerhalten und so das Ausmaß von Schäden zu verhindern (ZAIT II. Ziff. 10. Tz. 10.3.; hierzu ausführlich → § 53 Rn. 69). Ein Notfallkonzept ist dabei **für alle zeitkritischen Aktivitäten** vorzuhalten, dh, jene Aktivitäten und Prozesse, bei deren Beeinträchtigung für definierte Zeiträume ein nicht mehr akzeptabler Schaden für das Institut zu erwarten ist (ZAIT II Ziff. 10. Tz. 10.1). Mit den ZAIT hat die Aufsicht erstmals vier Szenarien aufgeführt, welche mindestens vom Notfallkonzept umfasst seien müssen (ZAIT II Ziff. 10 Tz. 10.3):

a) (Teil-)Ausfall eines Standorts (zB durch Hochwasser, Großbrand, Gebietssperrung, Ausfall der Zutrittskontrolle),

b) erheblicher Ausfall von IT-Systemen oder Kommunikationsinfrastruktur (zB aufgrund von Fehlern oder Angriffen),

c) Ausfall einer kritischen Anzahl von Mitarbeitern (zB bei Pandemie, Lebensmittelvergiftung, Streik),

d) Ausfall von Dienstleistern (zB Zulieferer, Stromversorger).

Mindestens in Bezug auf die vorstehend genannten Szenarien ist daher ein entsprechender **Notfallplan** zu erarbeiten. In diesem ist festzulegen, wann ein Notfall als eingetreten gilt. Weiterhin sind in dem Notfallplan zu treffende **Sofortmaßnahmen** aufzuführen. Dazu gehören beispielsweise Handlungsanweisungen, Alarmierungspläne, Adresslisten betroffener Mitarbeiter, Meldewege, Notrufnummern (Hannemann/Schneider/Hanenberg/Schneider S. 249). Dieser Notfallplan ist allen beteiligten Mitarbeitern zur Verfügung zu stellen und sollte daher in die Organisationsrichtlinien des Institutes aufgenommen werden. Notfallkonzepte und -pläne sind jährlich auf Aktualität zu überprüfen und anlassbezogen zu aktualisieren. Zur Überprüfung der Wirksamkeit sind Angemessenheit des Notfallplanes sind regelmäßig – für zeitkritische Aktivitäten und Prozesse mindestens jährlich – Tests durchzuführen (ZAIT II Ziff. 10 Tz. 10.4; Ellenberger/Findeisen/Nobbe/Böger/Findeisen Rn. 70; Schwennicke/Auerbach/Auerbach Rn. 14), anhand deren Ergebnisse die Notfallpläne fortlaufend an die betrieblichen Notwendigkeiten anzupassen sind. Im Falle von Auslagerungen müssen die Notfallkonzepte des auslagernden Instituts und des Auslagerungsunternehmens aufeinander abgestimmt sein (ZAIT II. Ziff. 9. Tz. 9.14.).

5. Verfahren zur Einhaltung von Verordnungen (Abs. 1 S. 2 Nr. 4)

39   Abs. 1 S. 2 Nr. 4 verpflichtet die Institute, die Einhaltung der durch die ÜberweisungsVO 2021, die SEPA-VO sowie die MIF-VO entstehenden Pflichten durch interne Verfahren und Kontrollsysteme zu gewährleisten. Dabei hängen Art und Umfang von der Anzahl und der Komplexität der Zahlungsaufträge ab (Schwennicke/Auerbach/Auerbach Rn. 15). Für eine Vielzahl der Zahlungsinstitute und E-Geld-Institute ist es daher ausreichend, die bereits für die sonstigen Geschäfte eingerichteten Verfahren (laufende interne Kontrolle, Tätigkeit der Internen Revision etc) zu verwenden. Insofern stellt die Vorschrift lediglich eine Spezifizierung von Abs. 1 S. 2 Nr. 1 dar (Schäfer/Omlor/Mimberg/Möslein Rn. 30). Die Regelung in Abs. 1 S. 2 Nr. 4 hat vor allem zur Folge, dass die Einhaltung der genannten Verordnungen damit der Aufsicht der BaFin gemäß § 27 Abs. 3 unterfällt, die damit zuständige Behörde iSd Art. 9 PreisVO, Art. 10 SEPA-VO und Art. 13 MIF-VO ist (siehe auch Schäfer/Omlor/Mimberg/Möslein Rn. 30).

a) ÜberweisungsVO 2021. Die Verordnung (EG) Nr. 924/2009 (PreisVO) in **40** ihrer zuletzt durch Verordnung (EU) 2019/518 geänderten Fassung wurde durch die Verordnung (EU) 2021/1230 **(ÜberweisungsVO 2021)** vom 30.7.2021, in Kraft getreten am 19.8.2021, aufgehoben. Die Überweisungs-VO-2021 entspricht dabei im Wesentlichen der alten PreisVO. Da die PreisVO mehrfach und erheblich geändert wurde, hat sich der europäische Gesetzgeber aus Gründen der Klarheit und der Übersichtlichkeit zur einheitlichen Kodifizierung in der ÜberweisungsVO 2021 entschieden. Der Verweis in § 27 Abs. 1 S. 2 Nr. 4 auf die alte PreisVO ist insoweit veraltet und dürfte mit der nächsten Gesetzesänderung des § 27 angepasst werden. Bis dahin gilt die Bezugnahme auf die aufgehobene Preis-VO also Bezugnahme auf die aktuelle ÜberweisungsVO 2021 (vgl. Art. 15 ÜberweisungsVO 2021).

Zentrale Vorschrift der ÜberweisungsVO 2021 ist deren Art. 3 Abs. 1, wonach **41** Zahlungsdienstleister von einem Zahlungsdienstnutzer für grenzüberschreitende Zahlungen die gleichen Entgelte erheben wie sie von Zahlungsdienstnutzern für entsprechende Inlandszahlungen in gleicher Höhe und in der gleichen Währung erheben (siehe auch Schäfer/Omlor/Mimberg/Möslein Rn. 31). Die Verordnung gilt für grenzüberschreitende Zahlungen, die in Euro oder einer Landeswährung der Mitgliedstaaten getätigt werden, die gemäß Art. 13 ÜberweisungsVO 2021 ihren Beschluss, die Anwendung dieser Verordnung auf ihre Landeswährung auszudehnen, der Kommission mitgeteilt haben.

Mit Änderung der alten PreisVO durch Verordnung (EU) 2019/518 vom **42** 15.12.2019, die so auch in die neue ÜberweisungsVO 2021 überführt wurde, hat sich der Vergleichsmaßstab geändert. Der Vergleich findet nicht mit der Inlandszahlung in gleicher Währung statt, sondern mit der entsprechenden Inlandszahlung in der Landeswährung des Mitgliedstaats, in dem der Zahlungsdienstleister des Zahlungsdienstnutzers ansässig ist.

Zudem regelt die ÜberweisungsVO 2021 in Ergänzung zu Art. 45 Abs. 1, **43** Art. 52 Abs. 3 und Art. 59 Abs. 2 PSD2 umfangreiche Transparenzanforderungen für Währungsumrechnungen bei Kartenzahlungen (Art. 4 ÜberweisungsVO 2021) und bei Überweisungen (Art. 5 ÜberweisungsVO 2021). Diese gelten – weitergehend als die Preisdeckelung – für alle Währungen der Union in allen Mitgliedstaaten der Union. Es spricht viel dafür, dass hierfür Art. 38 Abs. 1 S. 2 PSD2 entsprechend Anwendung findet, sodass die Parteien vereinbaren können, dass diese Regelungen insgesamt oder teilweise keine Anwendung finden, wenn es sich bei dem Zahlungsdienstnutzer nicht um einen Verbraucher handelt.

b) SEPA-VO. Nach der SEPA-VO haben Zahlungsdienstleister ihre Erreich- **44** barkeit (Art. 3 SEPA-VO) und ihre Interoperabilität (Art. 4 SEPA-VO) für Überweisungen und Lastschriften sicher zu stellen (siehe auch Schäfer/Omlor/Mimberg/Möslein Rn. 32). Diese hatten sie ab dem 1.2.2014 (Art. 6 Abs. 1 und Abs. 2 EBA-VO, mit Verlängerung um 6 Monate gemäß Art. 1 Abs. 1 VO (EU) Nr. 248/2014, welcher rückwirkend Art. 16 Abs. 1 VO (EU) Nr. 260/2012 ändert) entsprechend den Vorgaben der Art. 5 SEPA-VO auszuführen. Den Anforderungen der SEPA-VO genügen praktisch nur die vom European Payment Council (EPC) erarbeiteten Zahlungsverfahren wie das SEPA-Lastschriftverfahren (Schäfer/ Omlor/Mimberg/Möslein Rn. 32). Die SEPA-VO gilt für auf Euro lautende Überweisungen und Lastschriften innerhalb der Union, bei denen entweder der Zahlungsdienstleister des Zahlers und der Zahlungsdienstleister des Zahlungsempfängers oder der einzige am Zahlungsvorgang beteiligte Zahlungsdienstleister auf dem Gebiet der Union ansässig ist. Interbankenentgelte für Lastschriften sind gemäß Art. 8 EBA-VO seit dem 1.2.2017 für Inlandszahlungen und seit dem 1.11.2012 für grenzüberschreitende Zahlungen untersagt.

45   **c) MIF-VO.** Die Historie der Kreditkartenregulierung auf EU-Ebene beginnt im Jahr 2001. Am 9.8.2001 entschied die Kommission, dass einige Bestimmungen des internationalen Visa-Bezahlkartensystems, nicht gegen Kartellrecht verstoßen (Kommission ABl. L 293, 24). Am 19.12.2007 entschied die Kommission, dass die MIF (Multilateral Interchange Fee = **MIF** = Interbankenentgelt) für grenzüberschreitende Zahlungskartentransaktionen, die mit Debitkarten und Privatkunden-Kreditkarten mit MasterCard- und Maestro-Logo im EWR vorgenommen werden, zu einer Beschränkung des Preiswettbewerbs führten und stellte einen Verstoß gegen Art. 81 EG-Vertrag (jetzt Art. 110 AEUV) fest (Kommission 19.12.2007 – COMP/34.579, – MasterCard, COMP/36.518, – EuroCommerce, ABl. C 264, 4 – Commercial Cards). Am 24.5.2012 bestätigte das europäische Gericht erster Instanz die MasterCard I-Entscheidung der Kommission (EuG BeckRS 2012, 80963 – MasterCard ua/Kommission). Dieses Urteil wurde vom EuGH am 11.9.2014 bestätigt (EuGH WM 2015, 1510ff. – MasterCard ua/Kommission). Als vorerst letzten Meilenstein verhängte die Kommission am 22.1.2019 gegen MasterCard ein Bußgeld in Höhe von rd. 570,6 Mio. EUR, weil das Unternehmen die Möglichkeit von Händlern, bessere Konditionen von Banken aus anderen Ländern des Binnenmarkts zu nutzen, unter Verstoß gegen EU-Kartellrecht beschränkt habe (Kommission ABl. C 185, 10).

46   Die MIF-VO regelt Interbankenentgelte und enthält sonstige Verhaltensregelungen (zB Regeln zum Co-Badging, Verbote für vertragliche Vereinbarungen, die Steering verhindern, Surcharging-Verbote) für Zahlkarten. So sollen Interbankenentgelte vereinheitlich und Transparenz für Kunden hergestellt werden (Erwägungsgrund 9 und 13 MIF-VO; Schäfer/Omlor/Mimberg/Möslein Rn. 33). Art. 3 Abs. 1 der MIF-VO besagt, dass das Interbankenentgelt, das Zahlungsdienstleister bei Debitkartentransaktionen pro Zahlungsvorgang bieten oder verlangen dürfen, höchstens 0,2% des Transaktionswerts beträgt. Art. 4 der MIF-VO regelt, dass das Interbankenentgelt, das Zahlungsdienstleister bei Kreditkartentransaktionen pro Zahlungsvorgang bieten oder verlangen dürfen, höchstens 0,3% des Transaktionswerts beträgt. Das Interbankenentgelt ist (rechnerischer) Bestandteil der vom Zahlungsempfänger (**„Händler"**) einer Kreditkartenzahlung für die Abwicklung jedes Kartenzahlungsvorgangs zu zahlenden Entgelte. Dazu gehören des weiteren Händlerentgelte und Entgelte des Kartenzahlverfahrens, jeweils wie in der MIF-VO definiert. „Interbankenentgelt" ist in Art. 2 Nr. 10 MIF-VO definiert als „das Entgelt, das bei einem kartengebundenen Zahlungsvorgang für jede direkte oder indirekte (d. h. über einen Dritten vorgenommene) Transaktion zwischen dem Emittenten und dem Acquirer gezahlt wird. Die Nettovergütung oder andere vereinbarte Vergütungen sind Bestandteil des Interbankenentgelts". Die Regelungen der Art. 6–12 MIF-VO flankieren Art. 2 Nr. 10 MIF-VO (Schäfer/Omlor/Mimberg/Möslein Rn. 33). Die Regelungen der Art. 3–5 MIF-VO zu Interbankenentgelten bei kartengebundenen Zahlungsvorgängen (wie in Art. 2 Nr. 7 MIF-VO definiert) finden gemäß Art. 1 Abs. 3 MIF-VO nicht auf Firmenkartentransaktionen, Bargeldabhebungen und Drei-Parteien-Kartenzahlverfahren Anwendung.

Mit Inkrafttreten des ZDUG II ist es dem Händler gemäß § 270a BGB (Art. 62 **47** Abs. 4 PSD2) seinerseits verboten, von einem Verbraucher ein Entgelt für die Nutzung einer Zahlungskarte zu erheben, wenn auf diese Zahlungskarte die Art. 3–5 MIF-VO anwendbar sind. Eine Zuwiderhandlung hätte die Unwirksamkeit der Entgeltvereinbarung und deren Rückforderbarkeit nach § 812 Abs. 1 S. 1 Alt. 1 BGB zur Folge (Omlor WM 2018, 937 (942)).

Die MIF-VO sieht in Art. 17 vor, dass die Europäische Kommission (**"Kom-** **48** **mission"**) bis zum 9. 6. 2019 dem Europäischen Parlament und dem Rat einen Bericht über die Anwendung der Verordnung vorzulegen hatte, insbesondere zu elf Punkten, die in Art. 17 angesprochen sind, mit denen die Auswirkungen der Regulierung auf den Markt dargelegt werden sollten. Gleichzeitig sollte die Kommission gemäß Art. 17 MIF-VO ggf. einen Gesetzgebungsvorschlag für die Änderung der MIF-VO vorlegen, wenn sie das für erforderlich gehalten hätte. Aus diesem Grund hat die Generaldirektion Wettbewerb 2018 eine Studie zur Erhebung von Marktinformationen und -daten zu allen relevanten Aspekten in Auftrag gegeben. Aufgrund dieser im Dezember 2019 fertiggestellten Studie veröffentlichte die Kommission am 11. 3. 2020 ihren Bericht über die Auswirkungen der Verordnung über Interbankenentgelte. In diesem Bericht kommt die Kommission zu dem Schluss, dass ua mit den gesunkenen Interbankenentgelten für Kunden und den daraus resultierenden niedrigeren Verbraucherpreisen die Hauptziele der MIF-VO erreicht wurden. Angesichts der positiven Auswirkungen behielt sich die Kommission vor, die Lage weiter zu beobachten und verzichtete auf einen Legislativvorschlag ("Study on the application of Interchange Fee Regulation – Final Report", abrufbar unter https://ec.europa.eu/competition/publications/reports/kd0120161enn. pdf, zuletzt abgerufen am 11. 4. 2022).

6. Verfahren zur Verhinderung der Geldwäsche (Abs. 1 S. 2 Nr. 5)

In den vergangenen Jahren sind die Bekämpfung der Geldwäsche und der mit **49** ihr häufig verbundenen Terrorismusfinanzierung deutlich stärker in den Fokus der Institutsaufsicht gerückt. Vor diesem Hintergrund verlangt Abs. 1 S. 2 Nr. 5 von Instituten des ZAG angemessene Maßnahmen, einschließlich Datenverarbeitungssysteme, die die Einhaltung der Anforderungen des GwG und der GeldtransferVO gewährleisten (vgl. Sander BKR 2019, 66 (69)); gleichzeitig enthält Abs. 1 S. 2 Nr. 5 eine gesetzliche Ermächtigung zur Erhebung und Verwendung personenbezogener Daten. Mit dem Begriff "angemessene Maßnahmen" dürfte der Gesetzgeber nichts anderes gemeint haben, als die bisherigen Pflichten zur Einrichtung eines angemessenen Risikomanagements, von angemessenen Kontrollmechanismen und Verfahren. Die Regelung entspricht Art. 18 Nr. 4 lit. a des 4. Geldwäsche-RLUG. In Bezug auf die Einhaltung der Anforderungen nach dem GwG erschöpft sich der **Regelungsgehalt** des Abs. 1 S. 2 Nr. **5** darin, dass **Institute zum Einsatz von Datenverarbeitungssystemen verpflichtet** werden (das GwG sieht eine Verpflichtung zum Betrieb von Datenverarbeitungssystemen gem. § 6 Abs. 4 GwG nur für Veranstalter und Vermittler von Glücksspielen iSd § 2 Abs. 1 Nr. 15 GwG vor). Denn Institute unterliegen gem. § 2 Abs. 1 Nr. 3 GwG ohnehin den Pflichten nach §§ 4–7 GwG, die ihrerseits ein angemessenes Risikomanagement (§ 4 und § 5 GwG) sowie angemessene Kontrollmechanismen und Verfahren (§ 6 GwG) zur

Verhinderung von Geldwäsche und Terrorismusfinanzierung fordern und deren Einhaltung nach § 50 Nr. 1 lit. b GwG ebenfalls durch die BaFin beaufsichtigt wird (Schäfer/Omlor/Mimberg/Möslein Rn. 35; ähnlich Ellenberger/Findeisen/ Nobbe/Böger/Findeisen Rn. 167 „materiell keine wesentliche Diskrepanz"). Zudem enthält das GwG mit Einführung des § 11a GwG durch das Gesetz zur Umsetzung der Änderungsrichtlinie zur Vierten EU-Geldwäscherichtlinie vom 12.12.2019 (BGBl. 2019 I 2602, in Kraft getreten am 1.1.2020) nunmehr eine eigene allgemeine Befugnisnorm für die Datenverarbeitung auf Grundlage des GwG; die Datenverarbeitungsklausel nach Abs. 1 S.2 Nr. 5 bestätigt dies speziell für Institute des ZAG.

50   **a) Angemessene Maßnahmen zur Einhaltung des GwG. aa) Risikomanagement.** Die Institute haben ein angemessenes Risikomanagement zur Verhinderung der Geldwäsche vorzuhalten; diese Pflicht findet sich auch in § 4 GwG für die Institute des ZAG als Verpflichtete iSd § 2 Abs. 1 Nr. 3 GwG. Unter Geldwäsche wird die Einschleusung illegal erwirtschafteten Geldes in den legalen Finanz- und Wirtschaftskreislauf verstanden (Schwennicke/Auerbach/Auerbach Rn. 16). Durch den Verweis auf die GeldtransferVO wird klargestellt, dass nicht nur die Einschleusung illegal erlangten Geldes in den Geldkreislauf verhindert werden soll, sondern auch der Transfer von (legal oder illegal erlangtem) Geld zum Zwecke der Finanzierung illegaler Tätigkeiten einschließlich des Terrorismus (vgl. Schwennicke/Auerbach/Auerbach Rn. 18).

51   Kernbestandteil eines angemessenen Risikomanagements ist die Risikoanalyse gemäß § 5 GwG. Für deren Ausgestaltung sind die **Anlagen 1 und 2 zum GwG** sowie die Auslegungs- und Anwendungshinweise der BaFin zum GwG, dort Seite 10ff., heranzuziehen. Adressat der AuA GwG sind auch die Institute des ZAG (zu den AuA aF ausführlich: Kunz CB 2019, 99).

52   Ziel einer Risikoanalyse ist es danach, die Risikostruktur der von dem Institut angebotenen Dienstleistungen und Produkte im Bereich der Geldwäsche und Terrorismusfinanzierung zu **identifizieren,** zu **kategorisieren,** zu **gewichten** und entsprechend dieser Ergebnisse geeignete **Maßnahmen zu ergreifen.** Die jeweilige Ausgestaltung dieser Teilbereiche richtet sich nach der jeweiligen Risikosituation des einzelnen Institutes sowie ggf. ergänzend nach den Ergebnissen einer Nationalen Risikoanalyse. Bei der Anfertigung einer internen Risikoanalyse und der damit verbundenen Herleitung der erforderlichen Maßnahmen sind insbesondere folgende Schritte notwendig:

- die **vollständige Bestandsaufnahme** der institutsspezifischen Situation. Hier kommt es insbesondere auf die vollständige Erfassung der grundlegenden Kundenstruktur, der Produkte, der Geschäftsbereiche und –abläufe, der Vertriebswege, der Organisationsstruktur und der Zahlungsverkehrsstruktur an.
- die Erfassung und Identifizierung der kunden-, produkt- und transaktionsbezogenen sowie der geografischen Risiken,
- die Kategorisierung, dh Einteilung in Risikogruppen, und ggf. zusätzliche Gewichtung, dh Bewertung, der identifizierten Risiken,
- die Entwicklung und Umsetzung angemessener interner Sicherungsmaßnahmen, die im Rahmen der erforderlichen Geldwäsche-Präventionsmaßnahmen aufgrund des Ergebnisses der Risikoanalyse verwendet werden,
- die Überprüfung und Weiterentwicklung der bisher getroffenen internen Sicherungsmaßnahmen unter Berücksichtigung des Ergebnisses der Risikoanalyse.

Die institutsinterne Risikoanalyse muss für Dritte, insbesondere für die interne 53
und externe Revision, nachvollziehbar schriftlich dokumentiert werden (BaFin,
AuA GwG, S. 14). Sie ist dem **zuständigen Mitglied der Leitungsebene** des **Institutes zur Kenntnis zu geben,** mindestens einmal jährlich zu **überprüfen**
(BaFin, AuA GwG, S. 14) und gegebenenfalls anzupassen.

Anhand des Ergebnisses der Risikoanalyse sind von der Geschäftsleitung die 54
entsprechenden **Maßnahmen** zu veranlassen. Diese sollten sich insbesondere an
der Eintrittswahrscheinlichkeit orientieren. Neben allgemeinen Maßnahmen wie
Informationssammlungen oder Mitarbeiterschulungen kommen kundenbezogene
Sicherungsmaßnahmen wie Einholung weiterer Auskünfte oder die Kunden-
klassifizierung sowie mitarbeiterbezogene Maßnahmen wie Einholung von (Füh-
rungs-)Zeugnissen und Schaffung von Betrugs- und Verhaltenskodizes in Betracht
(Fischer/Schulte-Mattler/Achtelik KWG § 25h Rn. 7).

bb) Kontrollmechanismen. Das Institut muss interne Kontrollmechanismen 55
(vgl. auch die entsprechende Regelung in § 25g Abs. 2 KWG) vorhalten, mit Hilfe
derer es die Umsetzung der aufgrund der Risikoanalyse getroffenen Maßnahmen
überprüft. Zu diesem Zweck ist eine entsprechende **Kontrollplanung** aufzustellen, in der die zu kontrollierenden Bereiche, die Durchführung der jeweiligen Kontrolle sowie die für die Kontrolle zuständigen Mitarbeiter festzulegen sind. Die
Tiefe der Kontrolle sowie der Überprüfungsturnus haben sich an der jeweiligen
Maßnahme und deren Bedeutung für die Verhinderung der Geldwäsche und Terrorismusfinanzierung zu orientieren. Da aufgrund der Regelung von § 7 Abs. 1
GwG das Institut einen **Geldwäschebeauftragten** einzusetzen hat, bietet es sich
vielfach an, diesen mit den Kontrolltätigkeiten zu beauftragen (BeckOK GwG/
Frey/Pelz/Brian/Krais, 9. Ed. 1.3.2022, § 7 Rn. 36). Diese Kontrollen treten ne-
ben die Prüfungen der Internen Revision.

b) Angemessene Maßnahmen Einhaltung GeldtransferVO. Die Geld- 56
transferVO ergänzt das GwG durch die Festlegung bestimmter Angaben, die zum
Auftraggeber bei Geldtransfers, Zahlungen und Überweisungen (Art. 1), zum Zwecke der Prävention, Ermittlung und Aufdeckung von Geldwäsche und Terrorismusfinanzierung zu übermitteln sind. Erfasst sind Geldtransfers, die im Namen des
Auftraggebers, also bei sog. kontogebundenen Zahlungen des Kontoinhabers und
bei kontoungebundenen Zahlungen des Einzahlers, auf elektronischem Weg in der
jeweiligen Währung (Art. 3 Abs. 1) abgewickelt werden. Darüber hinaus sind
Gegenstand alle Geldtransfers, die bei einem Zahlungsverkehrsdienstleister mit Sitz
in der Gemeinschaft sowie im EWR beginnen oder enden. Nach Art. 2 Abs. 5 der
GeldtransferVO gelten als Zahlungsverkehrsdienstleister natürliche oder juristische
Personen, zu deren gewerblichen Tätigkeiten die Erbringung von Geldtransfer-
dienstleistungen gehört. Bestimmte Geldtransfers können ausgenommen werden
(zB Geldtransfers in Form von Kredit- oder Debitkartenzahlungen nach Art. 3
Abs. 2, elektronisches Geld nach Art. 3 Abs. 3, über Mobiltelefone, digitale oder
informationstechnologische Geräte ausgeführte Geldtransfers nach Art. 3 Abs. 4
und 5 sowie vom eigenen Konto erfolgende Bargeldabhebungen, Lastschriften
und Zahlungen an Behörden eines Mitgliedstaats der EU nach Art. 3 Abs. 7
Buchst. a–e). Die GeldtransferVO findet auch auf Inlandsüberweisungen bei Konten von Begünstigten Anwendung, auf die Zahlungen für die Lieferung von Gütern
oder Dienstleistungen vorgenommen werden können, sofern die Mitgliedstaaten
keine andere Entscheidung treffen (Art. 3 Abs. 6).

57   Institute des ZAG haben dementsprechend angemessene Maßnahmen des Risikomanagements und der internen Kontrolle zu ergreifen, um die Einhaltung der GeldtransferVO sicher zu stellen. Des Weiteren hat die Interne Revision des Instituts diese Einhaltung zu überprüfen.

58   **c) Datenverarbeitungssysteme.** Abs. 1 S. 2 Nr. 5 fordert von den Zahlungsinstituten und E-Geld-Instituten unter anderem die Einrichtung von Datenverarbeitungssystemen zur Geldwäsche- bzw. Terrorismusbekämpfung. Gleichwohl liegt es bereits im eigenen Interesse der Institute, nicht für Zwecke der Geldwäsche- oder Terrorismusfinanzierung missbraucht zu werden und daher entsprechende Datenverarbeitungssysteme zu deren Verhinderung zu betreiben. Zugleich wird durch ein solches Datenverarbeitungssystem die Anforderung des § 10 Abs. 1 Nr. 5 GwG in Bezug auf die Kundensorgfaltspflicht erfüllt, da ein solches System eine kontinuierliche Überwachung der Geschäftsbeziehung einschließlich der in ihrem Rahmen durchgeführten Transaktionen darstellt. Durch den Einsatz entsprechender Datenverarbeitungssysteme wird es den Instituten ermöglicht, die **Geschäftsbeziehungen auf Risikogruppen und Auffälligkeiten zu untersuchen,** die darauf hindeuten, dass mit ihnen Geldwäsche oder Terrorismusfinanzierung betrieben wird (BeckOK GwG/Frey/Pelz/Krais, 9. Ed. 1.3.2022, § 10 Rn. 28; ähnlich Schäfer/ Omlor/Mimberg/Möslein Rn. 36).

59   Hauptzweck dieser Datenverarbeitungssysteme ist es daher, die (wenigen) zweifelhaften oder ungewöhnlichen Transaktionen, bei denen der **Anfangsverdacht auf Geldwäsche bzw. Terrorismusfinanzierung** besteht, zu **identifizieren.** Diese Transaktionen können dann gezielter daraufhin überprüft werden, ob eine weitere Sachverhaltsaufklärung, die Abgabe einer Verdachtsmeldung gemäß § 43 Abs. 1 GwG, die Erstattung einer Strafanzeige oder eine sonstige Handlung erforderlich ist (Ellenberger/Findeisen/Nobbe/Böger/Findeisen Rn. 142; Schäfer/Omlor/Mimberg/Möslein Rn. 36). Der erforderliche Verdachtsgrad rangiert unterhalb des strafprozessualen Anfangsverdachtes nach § 152 Abs. 2 iVm § 160 StPO (BaFin, AuA GwG, S. 73; Zentes/Glaab/Greite GwG § 43 Rn. 21). Für den Verpflichteten und die für ihn handelnden Beschäftigten muss keine Gewissheit darüber bestehen, dass ein entsprechender Vermögensgegenstand aus einer Vortat des § 261 StGB stammt oder im Zusammenhang mit Terrorismusfinanzierung steht. Seit der Neustrukturierung des § 261 StGB durch das Gesetz zur Verbesserung der strafrechtlichen Bekämpfung der Geldwäsche (BGBl. 2021 I 327, in Kraft getreten zum 18.3.2021) kann Vortat des § 261 StGB jegliche rechtswidrige Straftat sein („all-crimes-Ansatz"). Für das Vorliegen eines meldepflichtigen Sachverhalts ist erforderlich, aber auch ausreichend, dass Tatsachen vorliegen, die auf das Vorliegen der in § 43 Abs. 1 GwG genannten Sachverhalte hindeuten (BT-Drs. 17/6804, 21). Soweit dies in Bezug auf die Fälle der Nr. 1 und Nr. 2 gegeben ist, kann insoweit ein krimineller Hintergrund einer Terrorismusfinanzierung oder gemäß § 261 StGB nicht ausgeschlossen werden. Im Zweifel ist daher eine Meldung nach § 43 Abs. 1 GwG zu erstatten (BaFin, AuA GwG, S. 73). Im Rahmen des EDV-Systems sind alle Kundenkonten und Transaktionen flächendeckend zu überwachen und keine Selektion vorzunehmen.

60   Bei der Ausgestaltung des Datenverarbeitungssystems sind folgende Anforderungen zu beachten: Das **Datenverarbeitungssystem** muss **angemessen** sein. Dies ist der Fall, wenn es unter Berücksichtigung der verwendeten Risikoanalyse bestehende Risiken in Bezug auf Geldwäsche und Terrorismusfinanzierung erkennen kann (RegBegr., BT-Drs. 19/13827, 112; Herzog/Achtelik Rn. 13; Schäfer/ Omlor/Mimberg/Möslein Rn. 37).

Auch die **verwendeten Parameter** müssen **angemessen** sein. Dies bedeutet, **61** dass sie auf dem im Institut vorhandenen Wissen über die Methoden und Prävention von Geldwäsche und Terrorismusfinanzierung beruhen müssen. Daher sollten sie grundsätzlich mit der vom Institut verwendeten Risikoanalyse übereinstimmen (Schäfer/Omlor/Mimberg/Möslein Rn. 36). Bei Nutzung eines Datenverarbeitungssystems, das ein Dritter entwickelt hat, sind die Standardparameter des Herstellers bei Bedarf an die individuelle Risikosituation des Institutes bzw. die Gefährdungsanalyse anzupassen.

Anhand der festgelegten Parameter sind **alle elektronisch durchgeführten** **62** **Transaktionen** vom Datenverarbeitungssystem zu untersuchen. Im Rahmen dieser Analyse ist ein **Vergleich** der zu prüfenden Transaktion zu den **früheren Transaktionen** des Kunden vorzunehmen. Ebenso ist die **gesamte Geschäftsbeziehung** zu dem Kunden zu berücksichtigen. Zusätzlich sollte regelmäßig ein Abgleich mit Transaktionen und Geschäftsbeziehungen mit **gleichartigen Kunden und gleichartigen Kundensegmenten** vorgesehen werden. Gewichtet das Datenverarbeitungssystem die Indizien, hat das Institut eine **Relevanzschwelle** festzulegen, ab der alle Transaktionen als auffällig anzusehen sind und vom System angezeigt sowie gesondert manuell durch den Geldwäschebeauftragten untersucht werden.

Als **Datenbasis** für ein Datenverarbeitungssystem sind grundsätzlich **alle kun-** **63** **den-, produkt- und transaktionsbezogenen Daten** des jeweiligen Instituts, die zur Erfüllung der geldwäscherechtlichen Pflichten aufgezeichnet wurden, heranzuziehen (Ellenberger/Findeisen/Nobbe/Böger/Findeisen Rn. 170; Schäfer/ Omlor/Mimberg/Möslein Rn. 37). Vor diesem Hintergrund ist nur in eng begrenzten Ausnahmefällen eine Vorselektion des Datenbestandes zulässig; eine solche ist stets plausibel und nachvollziehbar zu begründen und zu dokumentieren. Aus dem Datenbestand sind die eigenen Mitarbeiter des Instituts nicht herauszunehmen, da Anknüpfungspunkt für die Überprüfungen nicht die Eigenschaft als Mitarbeiter, sondern die allgemeine Risikohaftigkeit der Transaktionen ist.

Beim Einsatz eines sog. „**Scoringsystems**", mit dem Auffälligkeiten durch die **64** Vergabe von Punkten gewichtet werden, müssen die verwendeten Werte mit der vom Institut verwendeten Risikoanalyse korrespondieren. Aufgabe des Scorewerts ist es, den Grad der Geldwäscheauffälligkeit anzuzeigen und zugleich die Rangordnung der Alarmmeldungen festzulegen. Scorewerte dürfen nicht alleine im Hinblick auf ihre Auswirkungen auf die Gesamtzahl der ausgeworfenen Treffer angepasst werden. Erreicht eine Geschäftsverbindung/Transaktion eine, vom Institut individuell vorgegebene und plausibel zu begründende Anzahl an Punkten, ist diese vom System anzuzeigen und gesondert manuell durch den Geldwäschebeauftragten zu untersuchen. Eine automatisierte Verdachtsmeldung in Bezug auf solche Anzeigen durch das System ist jedoch nicht erforderlich.

Bei der **Auswertung des Systems** muss das Institut die Festlegung treffen, auf **65** welche Art und Weise und innerhalb welcher Zeitspanne es die Treffer bearbeitet. Dabei muss auch darüber befunden werden, welche der Treffer vollständig und welche durch Stichproben bearbeitet werden. Die Festlegung ist schriftlich zu fixieren. Warnmeldungen des Systems sind aufgrund der Breite und Fehleranfälligkeit der verwendeten Parameter ohne eine weitere Abklärung noch nicht per se als „ungewöhnlich oder zweifelhaft" anzusehen. Soweit einzelne Kunden, Konten oder Indizien **aus der Prüfung ausgeschlossen** werden, sind diese Ausschlüsse zeitlich zu begrenzen. Der Ausschluss ist zu dokumentieren und zur Abfrage im System zu hinterlegen. Außerdem ist die **Überwachung** von auffälligen Geschäftsbeziehungen angemessen zu **dokumentieren**. Ebenfalls schriftlich festzuhalten ist, ab welchem Scorewert ein Kunde, eine Transaktion oder eine Geschäftsbeziehung als auffällig vom System gekennzeichnet wird, und es ist ein **angemessener Zeitraum für die Überprüfung** und Aktualisierung von Indizien und Scores in den Arbeitsanweisungen zu bestimmen.

66   Das Datenverarbeitungssystem muss es den Prüfern des Institutes, seinem Geldwäschebeauftragten und der BaFin ermöglichen, **Transaktionen** bestimmter Kundengruppen **gesondert auszuwerten**.

67   Soweit ein Institut den Betrieb des Datenverarbeitungssystem **durch einen Dritten** durchführen lassen will, richtet sich die Zulässigkeit des Betriebs und der in diesem Zusammenhang notwendigen Datenverarbeitung nach den Voraussetzungen des § 17 Abs. 3 ff. GwG. Soweit das Datenverarbeitungssystem außerhalb des pflichtigen Instituts technisch betrieben werden soll, stellt dies – je nach Ausgestaltung – häufig dann noch keine Auslagerung dar, wenn das Institut die Indizien, Schwellenwerte etc weiterhin bestimmt, die Transaktionskontrollen beim pflichtigen Institut durchgeführt werden und – im Falle einer Aufstellung im Ausland – die Übermittlung der Systemtreffer keinen Restriktionen seitens der Jurisdiktion des jeweiligen Staates unterliegen. Sollen dagegen Transaktionskontrollen nicht im Institut durchgeführt werden, sind umfangreiche Auslagerungsvereinbarungen erforderlich.

68   **d) Erlaubnis zur Verarbeitung personenbezogener Daten.** Regelmäßig sind bei der Erfüllung der Pflichten des GwG und der GeldtransferVO **personenbezogene Daten** zu verarbeiten. Abs. 1 S. 2 Nr. 5 stellt eine echte Erlaubnisvorschrift im Sinne von Art. 6 Abs. 3 S. 1 lit. b DSGVO dar. Dies bedeutet, dass sie eine eigenständige Rechtsgrundlage für die Verarbeitung der Daten bildet. Somit ist alleine die Regelung im ZAG maßgeblich; eine Interessenabwägung nach den Regelungen der DSGVO findet nicht statt. Ebenfalls besteht keine Informationspflicht gegenüber den Personen, von denen die genutzten Daten stammen. (vgl. Ellenberger/Findeisen/Nobbe/Böger/Findeisen Rn. 277; Schäfer/Omlor/Mimberg/Möslein Rn. 37). Gleichwohl gilt weiterhin, wie bereits für § 22 Abs. 1 S. 3 Nr. 4 aF, dass die Erhebung von personenbezogenen Daten nur stattfinden darf, soweit dies zur Erfüllung der Pflicht erforderlich ist (RegBegr., BT-Drs. 16/11613, 53; Schäfer/Omlor/Mimberg/Möslein Rn. 37). Mit dem Gesetz zur Umsetzung der Änderungsrichtlinie zur Vierten EU-Geldwäscherichtlinie vom 12.12.2019 (BGBl. 2019 I 2602, in Kraft getreten am 1.1.2020) wurde § 11a neu in das GwG eingefügt. § 11a Abs. 1 GwG enthält eine allgemeine Befugnisnorm für die Datenverarbeitung zur Erfüllung der geldwäscherechtlichen Pflichten (Zentes/Glaab/Sonnenberg GwG § 11a Rn. 1). Insoweit beschränkt sich die eigenständige Bedeutung des Abs. 1 S. 2 Nr. 5 auf die Verarbeitung von personenbezogenen Daten im Rahmen der GeldtransferVO.

68a   **e) Bußgeld nach § 64 Abs. 3 Nr. 5a.** Mit dem Gesetz zur Umsetzung der Änderungsrichtlinie zur Vierten EU-Geldwäscherichtlinie vom 12.12.2019 wurde § 64 Abs. 3 Nr. 5a zum Bußgeldkatalog hinzugefügt. Nun kann auch dann ein Bußgeld verhängt werden, wenn das Institut über keine angemessenen Maßnahmen, einschließlich Datenverarbeitungssysteme, zur Gewährleistung der Einhaltung der Anforderungen des Geldwäschegesetzes und der GeldtransferVO verfügt. Die neue Bußgeldbewehrung trägt der Bedeutung angemessener Maßnahmen wie das Vorhalten von Datenverarbeitungssystemen bei der Gewährleistung der Einhaltung der Anforderungen des Geldwäschegesetzes und der GeldtransferVO Rechnung

(BT-Drs. 19/13827). Die Gefahr einer doppelten Sanktionierung desselben geldwäscherechtlichen Verstoßes, nämlich einerseits nach § 56 Abs. 1 S. 1 Nr. 1–3 GwG, andererseits nach § 63 Abs. 3 Nr. 5a ZAG, und damit ein Verstoß gegen das ordnungswidrigkeitsrechtliche Doppelbestrafungsverbot gem. 84 Abs. 1 OWiG, dürfte in der Praxis nicht bestehen (anders Schäfer/Omlor/Mimberg/Möslein Rn. 35). Denn die BaFin, die in beiden Fällen die für die Ahndung der Ordnungswidrigkeiten zuständige Verwaltungsbehörde ist (vgl. § 64 Abs. 5 und § 56 Abs. 5 iVm § 50 Nr. 1 lit. b GwG), bündelt die Bekämpfung von Geldwäsche und Terrorismusfinanzierung sektorübergreifend in einer Abteilung (Abteilung „Geldwäscheprävention" (GW)).

III. Geldwäscherechtliche Vorschriften aus KWG und AO (Abs. 2)

Bestimmte Vorschriften aus dem KWG und der AO, die der Verhinderung der **69** Geldwäsche bzw. der Terrorismusfinanzierung dienen, gelten nach Abs. 2 für Zahlungsinstitute und E-Geld-Institute entsprechend.

1. § 6a KWG

Durch § 6a KWG soll die **Terrorismusfinanzierung** und die **Finanzierung 70 einer terroristischen Vereinigung** verhindert und bekämpft werden (BT-Drs. 15/1060, 9). Beim Vorliegen bestimmter Tatsachen, die darauf schließen lassen, dass Einlagen oder Transaktionen der Terrorismusfinanzierung dienen oder zum Zwecke der Ermöglichung der Finanzierung einer terroristischen Vereinigung erfolgen, kann die BaFin gegenüber der Geschäftsleitung oder dem Institut selber Beschränkungen oder Untersagungen anordnen. Gegen entsprechende Verfügungen der BaFin können sowohl das betroffene Institut als auch sonstige Betroffene Widerspruch einlegen.

a) Tatbestandsvoraussetzungen. Voraussetzung für ein Eingreifen der BaFin **71** ist zunächst, dass **Tatsachen vorliegen,** die darauf schließen lassen, dass eine Terrorismusfinanzierung gemäß § 89c StGB vorbereitet wird oder eine terroristische Vereinigung gemäß § 129a StGB auch in Verbindung mit § 129b StGB finanziert werden soll (Beck/Samm/Kokemoor/Findeisen KWG § 6a Rn. 34; Reischauer/Kleinhans/Diener KWG § 6a Rn. 6; Schwennicke/Auerbach/Schwennicke KWG § 6a Rn. 3). Nach Abs. 2 sind solche Tatsachen regelmäßig dann gegeben, wenn Inhaber oder Verfügungsberechtigter eines Kontos oder Depots bzw. der Kunde des Institutes eine natürliche oder juristische Person oder nicht rechtsfähige Personenvereinigung ist, deren Name sich auf der **Liste des Rates der Europäischen Union** zum Gemeinsamen Standpunkt des Rates 2001/931/GASP vom 27.12.2001 über die Anwendung besonderer Maßnahmen zur Bekämpfung des Terrorismus (ABl. L 344, 93) befindet. Bei den dort befindlichen Personen ist in der Regel davon auszugehen, dass die Voraussetzungen des § 6a Abs. 1 KWG erfüllt sind (VG Frankfurt a. M. WM 2007, 2376). Dies bedeutet zugleich, dass die Institute gehalten sind, die vorgenannte Liste mit ihren Kunden und Kontoinhabern regelmäßig abzugleichen (Schäfer/Omlor/Mimberg/Möslein Rn. 39). Durch die Formulierung des § 6a Abs. 2 KWG ist jedoch klargestellt, dass eine Verdachtstatsache **auch anders begründet** sein kann. Dies ist immer dann der Fall, wenn eine

Strafverfolgungsbehörde **Ermittlungen nach § 160 StPO** wegen Verdachts der Mitgliedschaft in einer terroristischen Vereinigung eingeleitet hat (VG Frankfurt a. M. WM 2007, 2376; Ellenberger/Findeisen/Nobbe/Böger/Findeisen 312; Schäfer/Omlor/Mimberg/Möslein Rn. 39; Schwennicke/Auerbach/Schwennicke KWG § 6a Rn. 6; aA in Abweichung vom Wortlaut Herzog/Achtelik KWG § 6a Rn. 5).

72   Weiterhin muss die Gefahr nach § 6a Abs. 1 KWG von einer **Einlage** (iSd § 1 Abs. 1 S. 2 Nr. 1 KWG), einem **Vermögenswert** (iSd § 1 Abs. 7 Nr. 1 GwG) oder einer **Finanztransaktion** („Transaktion" iSd § 1 Abs. 5 GwG) ausgehen. Unter den Begriff der Transaktion fallen eine oder, soweit zwischen ihnen eine Verbindung zu bestehen scheint, mehrere Handlungen, die eine Geldbewegung oder eine sonstige Vermögensverschiebung bezwecken oder bewirken. Darunter fallen nicht nur die Annahme und Abgabe von Bargeld oder anderen Zahlungsmitteln, sondern auch Buchtransaktionen (Herzog/Figura GwG § 1 Rn. 34). Ein Kontobezug der Transaktion ist nicht erforderlich (Beck/Samm/Kokemoor/Findeisen KWG § 6a Rn. 40). Somit dürften grundsätzlich alle Zahlungsdienste und das E-Geld-Geschäft erfasst sein (Schäfer/Omlor/Mimberg/Möslein Rn. 39).

73   **b) Anordnungsbefugnis.** Soweit die vorgenannten Voraussetzungen erfüllt sind, ist die BaFin verpflichtet, eine oder mehrere der in § 6a Abs. 1 KWG genannten Anordnungen zu treffen. Auch wenn Abs. 1 als „Kann"-Vorschrift ausgestaltet ist, hat die BaFin **kein Erschließungsermessen** sondern lediglich ein Auswahlermessen im Hinblick auf die zu treffenden Eingriffe (VG Frankfurt a. M. WM 2007, 2376; Reischauer/Kleinhans/Diener KWG § 6a Rn. 10; Schwennicke/Auerbach/Schwennicke KWG § 6a Rn. 10). Es ist für den Erlass einer Anordnung jedoch nicht notwendig, dass die BaFin sämtliche Tatbestandsmerkmale prüft, vielmehr ist der Sachverhalt nach allgemeinen sowie beruflichen Erfahrungswerten zu beurteilen (Ellenberger/Findeisen/Nobbe/Böger/Findeisen Rn. 314).

74   Die Anordnungsbefugnis der BaFin in § 6a Abs. 1 KWG ist relativ weit gefasst. So kann diese nach Nr. 2 dem Institut **untersagen, Verfügungen** von einem bei ihm geführten Konto **zuzulassen.** Ebenso kann sie gemäß Nr. 3 alle anderen **Finanztransaktionen verbieten.** Neben diesen Anordnungen gegenüber dem Institut selber kann sie nach Nr. 1 auch der Geschäftsführung des Instituts **Anweisungen erteilen** (vgl. auch Beck/Samm/Kokemoor/Findeisen KWG § 6a Rn. 42). Mit diesem Anordnungskatalog hat die BaFin somit sämtliche Möglichkeiten, potentielle Gefährdungen im Bereich der Terrorismusfinanzierung oder der von staatsgefährdenden Gewalttaten wirksam entgegen zu wirken.

75   **c) Aufhebung und Freigabe von Vermögenswerten.** § 6a Abs. 3 und 4 KWG tragen dem **Verhältnismäßigkeitsprinzip** Rechnung (BT-Drs. 15/1060, 10). Besteht ein **finanzieller Notfall** dergestalt, dass anderenfalls der Lebensunterhalt der betroffenen Person oder ihrer Familienangehörigen bzw. die Bezahlung von Versorgungs- oder Unterhaltsleistungen nicht mehr sichergestellt ist, kann die BaFin auf Antrag Vermögenswerte, die von einer Verfügung nach § 6a Abs. 1 KWG betroffen sind, ganz oder teilweise freigeben. Das gleiche gilt bei anderen Fallgestaltungen, die eine existenzielle bzw. humanitäre Notlage darstellen (Schwennicke/Auerbach/Schwennicke KWG § 6a Rn. 11; Beck/Samm/Kokemoor/Findeisen § 6a Rn. 46). Unabhängig von einer solchen Notlage, steht es im **Ermessen der BaFin,** den betroffenen Instituten die Verfügung über die Vermögenswerte zu ermöglichen, soweit damit Gebühren, zum Beispiel für die Kontoführung, beglichen werden sollen (Fischer/Schulte-Mattler/Achtelik KWG § 6a

Rn. 6; BT-Drs. 15/1060, 10). Sind die Anordnungsgründe nicht mehr gegeben, so ist die BaFin nach § 6a Abs. 4 KWG verpflichtet, die getroffene Anordnung aufzuheben.

d) Rechtsmittel. Als Rechtsmittel gegen die Anordnung der BaFin ist in § 6a **76** Abs. 5 KWG ein **Widerspruchsrecht** vorgesehen. Dieses steht zum einen dem Institut zu, dem gegenüber die Anordnung getroffen wurde. Allerdings können neben dem Institut von der Anordnung auch Dritte betroffen sein. Dies sind regelmäßig die Inhaber der betroffenen Konten, also die Kunden des Instituts. Allerdings können auch die vorgesehenen Empfänger einer untersagten Finanztransaktion betroffen sein. Da die Maßnahme der BaFin somit Drittwirkung entfalten kann, enthält § 6a Abs. 5 KWG auch für diese ein Widerspruchsrecht (Beck/Samm/Kokemoor/Findeisen KWG § 6a Rn. 50). Während die Widerspruchsfrist des Instituts mit der Anordnung der BaFin zu laufen beginnt, sind bei Dritten die Regelungen aus §§ 70 und 58 Abs. 2 VwVfG zu beachten. Danach beginnt die Widerspruchsfrist erst mit Kenntnisnahme der Anordnung durch den Betroffenen, also in der Regel durch eine Mitteilung des Instituts. Aufgrund der Regelung des § 49 KWG iVm § 80 Abs. 2 Nr. 3 VwGO hat der Widerspruch keine aufschiebende Wirkung.

e) Außenwirtschaftsgesetz. Nach § 6a Abs. 6 KWG bleiben die Regelungen **77** von § 4 Abs. 1 AWG von der Regelung des § 6a KWG unberührt. Somit können im Falle einer Gefahr für die in § 4 Abs. 1 AWG genannten Rechtsgüter Beschränkungen von Rechtsgeschäften oder Handlungen im Außenwirtschaftsverkehr durch die zuständige Stelle angeordnet werden.

f) Geldwäschegesetz. Das Verhältnis von § 6a KWG zu § 40 GwG ist dagegen **77a** vom Gesetzgeber nicht geregelt worden. § 40 GwG wurde an den § 6a KWG angelehnt (Beck/Samm/Kokemoor/Findeisen KWG § 6a Rn. 56f.). § 40 Abs. 1 S. 1 GwG räumt der Zentralstelle für Finanztransaktionsuntersuchungen (Financial Intelligence Unit, **FIU**) seit Inkrafttretens des Gesetzes zur Umsetzung der Vierten EU-Geldwäscherichtlinie vom 23.6.2017 (BGBl. 2017 I 1822) Kompetenzen für Sofortmaßnahmen ein. Die FIU wird ermächtigt, Transaktionen, bei denen sie Indizien für Geldwäsche oder Terrorismusfinanzierung erkennt, anzuhalten (BT-Drs. 18/11555, 154). Die Sofortmaßnahmen können auch anderweitige Anordnungen in Bezug auf eine Transaktion beinhalten (§ 40 Abs. 1 S. 1 Nr. 3 GwG).

In welchen Fällen der Zuständigkeitsbereich der FIU eröffnet ist und für welche **77b** Kompetenzen die BaFin zuständig bleibt, lässt die Regelung jedoch offen (Beck/Samm/Kokemoor/Findeisen KWG § 6a Rn. 58). Dagegen sind Überschneidungen zumindest dann nicht möglich, wenn sich die Sofortmaßnahmen nicht nur gegen Institute nach dem KWG und ZAG richten, sondern gegen sonstige Verpflichtete iSd § 2 GWG. Daneben ist eine Überschneidung ausgeschlossen, wenn der Anhaltspunkt ein solcher geldwäscherechtlicher Art ist; § 6a KWG sieht keine präventiv gewerberechtlichen Maßnahmen bei Anhaltspunkten für Geldwäsche vor (Beck/Samm/Kokemoor/Findeisen KWG § 6a Rn. 58). Zudem kann die BaFin keine Verfügungen untersagen, die sich auf Vermögensgegenstände beziehen, die sich in Schließfächern befinden (Beck/Samm/Kokemoor/Findeisen KWG § 6a Rn. 59). In der Antwort der Bundesregierung auf die kleine Anfrage zweier Abgeordneter und der Fraktion DIE LINKE zur BT-Drs. 19/3586 wurde das Vorliegen einer Zuständigkeitskollision verneint (BT-Drs. 19/3818, 4f.). § 40 GwG beträfe Fälle, in denen eine potenzielle Gefahr der Terrorismusfinanzierung in dem

Zeitraum der Prüfung durch die FIU verhindert werden solle; es handelt sich um den Zeitraum, in dem die FIU noch prüft, ob überhaupt Tatsachen vorliegen, die eine Abgabe des Vorgangs an eine Strafverfolgungsbehörde rechtfertigen. Im Gegensatz dazu beträfe § 6a KWG Fälle, in denen einer Polizeibehörde bereits konkrete Tatsachen bekannt seien, die auf eine relevante Straftat im Sinne der Norm schließen lassen (BT-Drs. 19/3818, 5; aA Ellenberger/Findeisen/Nobbe/Böger/Findeisen Rn. 336, der zumindest teilweise Überschneidungen aufgrund eines Redaktionsversehens annimmt).

78   **g) Sanktionen.** Soweit das Institut seinen Pflichten nach § 6a KWG, insbesondere den Anordnungen der BaFin, nicht nachkommt, liegt nach § 64 Abs. 3 Nr. 6 eine Ordnungswidrigkeit vor, die nach § 64 Abs. 4 mit einer Geldbuße bis zu 100.000 EUR geahndet werden kann.

2. § 24c KWG

79   Nach § 24c KWG sind die Institute verpflichtet, eine **Datei mit den Konto-stammdaten** ihrer Kunden zu führen. Die BaFin kann diese Daten abrufen, wenn sie diese für aufsichtliche Zwecke oder zur Erfüllung ihrer Aufgaben nach dem GwG benötigt. Daneben erteilt sie Strafverfolgungsbehörden auf Antrag Auskunft über die gespeicherten Daten, soweit diese die Daten für die Strafverfolgung benötigen. Auch wenn die Intention des Gesetzes ursprünglich die Bekämpfung der Geldwäsche und die Unterstützung der BaFin bei ihren aufsichtlichen Tätigkeiten war, ist diese Beschränkung nunmehr entfallen (Reischauer/Kleinhans/Becker KWG § 24c Rn. 1). Durch die §§ 93 Abs. 7 und 8, 93b AO werden die Daten auch für steuerliche Zwecke verwendet (→ Rn. 131–133). Die Zulässigkeit der Verwendung der Daten für nicht aufsichtliche Zwecke ist durch das Bundesverfassungsgericht bestätigt worden (BVerfG 13.6.2007 – 1 BvR 1550/03, 1 BvR 2357/04, 1 BvR 603/05). Im Jahre 2021 gab es 352.138 Kontenabrufe. Davon entfielen lediglich 509 (dh 0,14%) auf die BaFin. Demgegenüber stehen 279.106 (79,26%) Abfragen durch die Polizeibehörden, 42.181 (11,99%) durch die Staatsanwaltschaft sowie 29.608 Abfragen (rund 8,5%) durch Finanz- und Zollbehörden (Jahresbericht der BaFin 2021, S. 89). Während die absoluten Zahlen der Kontoabrufe von Jahr zu Jahr deutlich steigen, nimmt der Anteil der BaFin an diesen signifikant ab.

80   **a) Zu speichernde Daten.** In der Datei sind sowohl **kunden- als auch personenbezogenen Daten** zu speichern. Als Konto ist **jedes Zahlungskonto** anzusehen, für welches eine Legitimationsprüfung nach § 154 Abs. 2 S. 1 AO durchzuführen ist. Zu speichern sind die Kontonummer sowie der Tag der Kontoeröffnung und gegebenenfalls der Tag der Kontoschließung. Als personenbezogene Daten sind zunächst die Namen der Kontoinhaber zu erfassen. Soweit es sich hierbei um natürliche Personen handelt, ist auch das Geburtsdatum in die Datei aufzunehmen. Die gleichen Angaben sind für alle Verfügungsberechtigten des Kontos zu erheben. Zu beachten ist, dass alle verfügbaren Vornamen erfasst werden sollen; eine Speicherung der Anschrift von Kunden oder Verfügungsberechtigten ist jedoch nicht vorgesehen. Soweit der Kontoinhaber nicht für eigene Rechnung handelt, sondern für einen anderen, gilt dieser als wirtschaftlich Berechtigter. Von diesem ist ebenfalls der Name und, soweit vorhanden, zusätzlich die Adresse in dem Datenbestand aufzunehmen. Die Aufnahme in die Datei hat „unverzüglich" zu erfolgen. Dies bedeutet, dass der Datenbestand mindestens einmal geschäftstäglich aktualisiert werden muss (Schwennicke/Auerbach/Döser KWG § 24c Rn. 31; Beck/Samm/Kokemoor/Findeisen § 24c Rn. 15).

b) Technische Anforderungen. § 24c Abs. 1 S. 2–6 KWG enthält nähere An- **81** forderungen für die betroffenen Institute in Bezug auf die Datei. Nach § 24c Abs. 1 S. 2 KWG ist ein **neuer Datensatz** anzulegen, wenn sich Angaben zu den Konten oder den Personen geändert haben. Dies bedeutet, dass der bisherige Datensatz nicht überschrieben werden darf, sondern stattdessen ein weiterer Datensatz in die Datei aufgenommen werden muss. Damit bestehen für ein Konto gegebenenfalls mehrere Kontodatensätze. Die datennutzende Stelle hat somit die Möglichkeit, Veränderungen an einem Konto nachzuvollziehen. Folgerichtig sieht § 24c Abs. 1 S. 4 KWG vor, dass der alte Datensatz erst 3 Jahre nach Erstellung des neuen Datensatzes **gelöscht** werden darf. Nach § 24c Abs. 1 S. 3 KWG ist der Datensatz für ein aufgelöstes Konto noch 10 Jahre nach Auflösung zu **speichern.**

Das Institut hat ferner zu gewährleisten, dass die BaFin die gespeicherten Daten **82** **automatisiert,** also insbesondere durch eine Online-Abfrage, **abrufen** kann. Die Abfrage muss dabei nach § 24c Abs. 1 S. 5 KWG jederzeit möglich sein. Dies bedeutet, dass auch außerhalb der Geschäftszeiten sowie an Feiertagen und Wochenenden das Institut die Dateien zum Abruf bereithalten muss. Allerdings kann sich das Institut hierbei Dritter, wie zum Beispiel Rechenzentren, bedienen. Nach § 24c Abs. 1 S. 6 KWG muss die Abfragemöglichkeit so ausgestaltet sein, dass das Institut von dem Abruf keine Kenntnis erhält.

c) Abruf durch die BaFin für eigene Zwecke. Ein Abruf durch die BaFin für **83** eigene Zwecke darf nach dem Wortlaut des § 24c Abs. 2 KWG nur erfolgen, wenn dieser entweder zur Erfüllung ihrer aufsichtlichen Aufgaben nach dem KWG oder dem GwG erforderlich ist. Da § 24c KWG nach § 27 Abs. 2 jedoch auf Zahlungsinstitute und E-Geld-Institute entsprechend anzuwenden ist, darf nach Abs. 2 S. 2 ein Abruf auch dann erfolgen, wenn er den im ZAG niedergelegten **aufsichtlichen Zwecken** dient (So auch Schäfer/Omlor/Mimberg/Möslein Rn. 40).

Der Datenbestand darf **nicht insgesamt abgerufen** werden, sondern die An- **84** frage muss sich auf einzelne Daten aus der Datei beschränken. Zudem muss gem. § 27 Abs. 2 S. 2 ZAG in Abgrenzung zum eigentlichen Wortlaut des § 24c Abs. 2 KWG **besondere Eilbedürftigkeit** geboten sein. Dies ist dann der Fall, wenn die Abfrage unaufschiebbar oder zumindest so dringlich ist, dass ein allgemeines Auskunftsersuchen nicht abgewartet werden kann. Die Abfrage durch die BaFin für eigene Zwecke stellt somit die Ultima Ratio dar. Damit sind auch die relativ geringen Abfragen für eigene Zwecke zu erklären.

d) Abruf für Dritte. Nach § 24c Abs. 3 KWG können die dort genannten **85** Stellen („Bedarfsträger") die BaFin mit einer Abfrage beauftragen. Dabei regelt § 24c Abs. 3 KWG nur, unter welchen Voraussetzungen die BaFin gegenüber der auskunftersuchenden Stelle eine entsprechende Auskunft erteilen darf; die **Befugnis der anfragenden Stelle** ergibt sich aus dem für sie geltenden spezialgesetzlichen Regelungen.

Zu den auskunftsberechtigten Stellen zählen gemäß § 24c Abs. 3 S. 1 Nr. 1 **86** KWG **Aufsichtsbehörden** nach § 9 Abs. 1 S. 4 Nr. 2 KWG. Dies sind Behörden oder von diesen beauftragte Personen, die kraft Gesetzes oder im öffentlichen Auftrag mit der Überwachung von Instituten, Investmentgesellschaften, Finanzunternehmen, Versicherungsunternehmen, Finanzmärkten, des Zahlungsverkehrs oder der Geldwäscheprävention betraut sind. Diesen darf nur unter den **in § 24c Abs. 2**

KWG aufgeführten Voraussetzungen Auskunft erteilt werden. Dies bedeutet, dass sich die Anfrage auf Einzeldaten bezieht und eine besondere Eilbedürftigkeit für die Erfüllung aufsichtlicher Vorgaben gegeben ist. (Beck/Samm/Kokemoor/Findeisen KWG § 24c Rn. 94).

87   **Strafverfolgungsbehörden** sind gemäß § 24c Abs. 3 S. 1 Nr. 2 KWG auskunftsberechtigt. Zu diesen gehören insbesondere die ordentlichen Gerichte, die Polizeibehörden, die Staatsanwaltschaften sowie die Fahndungsstellen von Finanzamt und Zoll. Das Auskunftsersuchen muss zur **Erfüllung der gesetzlichen Aufgaben** der vorgenannten Stellen erforderlich sein. Diese Zweckerweiterung ist nach einer Entscheidung des BVerfG verfassungsgemäß (BVerfGE 118, 168 (82 ff.); aA Zubrod WM 2003, 1210 (1215 f.)). Dabei sind jedoch nicht alle Aufgaben, die der jeweiligen Stelle durch Gesetz zugewiesen sind, gemeint, sondern nur solche, die sich auf die **Verfolgung und Ahndung von Straftaten** beziehen (Schwennicke/Auerbach/Döser KWG § 24 Rn. 50; Beck/Samm/Kokemoor/Findeisen § 24c Rn. 92). So können beispielsweise aus der Verfolgung oder Ahndung von Ordnungswidrigkeiten keine Auskunftsersuchen hergeleitet werden (Fülbier/Aepfelbach/Langweg/Langweg KWG § 24c Rn. 62; Beck/Samm/Kokemoor/Findeisen § 24c Rn. 92). Die Regelung des § 24c Abs. 2 KWG findet hier keine Anwendung. Dies bedeutet, dass die besondere Eilbedürftigkeit nicht vorliegen muss und zu dem auch Sammelabfragen zulässig sind. Allerdings muss, wie bei jedem staatlichen Handeln, der **Verhältnismäßigkeitsgrundsatz** beachtet werden.

88   Auch das **Bundesministerium für Wirtschaft und Energie** ist als zuständige Behörde nach dem Außenwirtschaftsgesetz berechtigt, ein Auskunftsersuchen zu stellen, soweit es die Auskunft für die Erfüllung ihrer Aufgaben aus dem Außenwirtschaftsgesetz oder den Rechtsakten der Europäischen Union benötigt. Auch hier gelten die Einschränkungen aus § 24c Abs. 2 KWG nicht.

89   Bei einem Auskunftsersuchen der vorgenannten Behörden überprüft die BaFin die **Zulässigkeit der Datenübermittlung** nur, soweit hierzu ein besonderer Anlass besteht. Die Verantwortung für die Zulässigkeit der Übermittlung verbleibt bei der anfragenden Stelle. Die im automatisierten Verfahren abgerufenen Daten werden von der BaFin an die ersuchende Stelle weitergeleitet.

90   Soweit es die Zwecke des § 24c Abs. 3 S. 1 KWG erfordern, dass die BaFin die Daten an eine **ausländische Behörde** leitet, ist dies nur unter den Voraussetzungen von § 9 Abs. 1 S. 5, 6 KWG zulässig. Somit ist eine Übermittlung an die ausländische Stelle unzulässig, wenn diese ein schutzwürdiges Interesse des Betroffenen verletzen würde. Dies ist regelmäßig dann der Fall, wenn die ausländische Stelle kein angemessenes Datenschutzniveau gewährleistet oder keine Verschwiegenheitspflicht der ausländischen Stelle besteht (Fülbier/Aepfelbach/Langweg/Langweg KWG § 24c Rn. 66; vgl. zu den verschiedenen Möglichkeiten der Verantwortlichen auch: Beck/Samm/Kokemoor/Findeisen KWG § 24c Rn. 99).

90a   Aufgrund des neu eingefügten Absatz 3a erteilt die BaFin jeweils im Rahmen der Erforderlichkeit ebenso Auskunft auf Ersuchen von inländischen benannten Behörden im Sinne des Artikel 3 Absatz 1 der Richtlinie (EU) 2019/1153 sowie an das Bundeskriminalamt in seiner Funktion als nationale Stelle nach § 1 Nummer 1 des Europol-Gesetzes zum Zwecke der Weitergabe an Europol. Die Übermittlung durch die BaFin hat dabei nach Abruf im automatisierten Verfahren unmittelbar zu erfolgen. Absatz 3 Sätze 4 und 6 gelten entsprechend.

e) Weitere Anforderungen. Die BaFin hat nach § 24c Abs. 4 KWG bei jeder **91** Datenabfrage ein **Protokoll über die Abfrage** anzufertigen. In diesem ist das Aktenzeichen, Datum und Uhrzeit der Abfrage, die Art der bei der Durchführung des Abrufs verwendeten Daten, die eindeutige Kennung der Ergebnisse und die Person, die den Abruf durchgeführt hat zu protokollieren. Bei Abfragen nach Absatz 3 sind zudem die ersuchende Stelle und das Aktenzeichen der ersuchenden Stelle zu protokollieren. Liegt eine Abfrage nach Absatz 3a vor, so ist die eindeutige Benutzerkennung derjenigen Person zu protokollieren, die das Ersuchen an die Bundesanstalt gerichtet hat und − sofern abweichend − die Benutzerkennung derjenigen Person, die Ergebnisse weiterübermittelt erhält. Das Protokoll dient der Datenschutzkontrolle sowie der Informationssicherheit und darf nicht für andere Zwecke verwendet werden (Reischauer/Kleinhans/Langweg KWG § 24c Rn. 9). Die Protokolle sind grundsätzlich 18 Monate zugriffsgeschützt aufzubewahren; betreffend Abfragen nach Abs. 3a beträgt die Frist abweichend 5 Jahre. Nach Ablauf der Aufbewahrungsfrist sind die Protokolle zu löschen, sofern sie nicht für laufende Kontrollverfahren erforderlich sind.

Für den automatischen Kontenabruf kann die BaFin **Vorgaben** machen. Diese **92** betreffen insbesondere Geräte, die die Vertraulichkeit der Daten gewährleisten und Schutz vor unberechtigten Zugriffen bieten, die Einrichtung eines geeigneten Telekommunikationsanschlusses und die Teilnahme an einem geschlossenen Benutzersystem. Zudem kann die BaFin festlegen, wie eine laufende Bereitstellung dieser Vorgaben erfolgen soll. Die entsprechenden Vorkehrungen für den automatisierten Kontenabruf hat das Institut zu treffen und die dabei anfallenden Kosten zu tragen (§ 24c Abs. 5 KWG).

§ 24c Abs. 6 KWG verpflichtet sowohl das Institut als auch die BaFin, Maßnah- **93** men zur Sicherstellung des **Datenschutzes** und der **Datensicherheit** zu treffen. Diese sollten insbesondere die Vertraulichkeit und Unversehrtheit der abgerufenen und übermittelten Daten gewährleisten. Entsprechende Maßnahmen hat die BaFin auch bei der Weiterübermittlung der Daten nach den Absätzen 3 und 3a zu gewährleisten. Sie sind an den jeweiligen aktuellen Stand der Technik anzupassen. Dieser wird durch ein Verfahren festgestellt, welches die BaFin in Zusammenarbeit mit dem Bundesamt für Sicherheit in der Informationstechnik betreibt.

§ 24c Abs. 7 KWG enthält eine **Verordnungsermächtigung** für das Bundes- **94** ministerium der Finanzen, mittels einer Rechtsverordnung Ausnahmen von der Verpflichtung von automatisierten Verfahren sowie zur Protokollierung der Abrufe und zur Statistik über Ersuchen festzulegen. Diese Ermächtigung kann auf die BaFin übertragen werden. Allerdings ist von der Verordnungsermächtigung bisher kein Gebrauch gemacht worden.

f) Bußgeldvorschriften. Das Institut handelt ordnungswidrig, wenn es vor- **95** sätzlich oder fahrlässig die Datei nicht entsprechend der Vorgaben aus § 24c Abs. 1 S. 1 KWG führt (§ 64 Abs. 3 Nr. 7) oder den jederzeitigen automatischen Kontenabruf durch die BaFin nicht gewährleistet (§ 64 Abs. 3 Nr. 8). In diesen Fällen kann gemäß § 64 Abs. 4 eine Geldbuße bis zu 100.000 EUR verhängt werden.

3. § 25i KWG

a) Überblick über geldwäscherechtliche Pflichten für Institute und **96** **Hilfspersonen des ZAG.** Institute des ZAG sind Verpflichtete gem. § 2 Abs. 1 Nr. 3 GwG; dasselbe gilt für im Inland belegene Zweigstellen oder Zweigniederlassungen von vergleichbaren Instituten (Zahlungsinstituten oder E-Geld-Instituten) mit Sitz im Ausland. Des Weiteren sind Agenten iSv § 1 Abs. 9 und E-Geld-Agenten iSv § 1 Abs. 10 Verpflichtete gem. § 2 Abs. 1 Nr. 4 GwG. Dasselbe gilt für E-Geld-Vertriebsunternehmen von Kreditinstituten gem. § 2 Abs. 1 Nr. 5 GwG.

97   Die grundsätzlich für die vorstehenden Verpflichteten anwendbaren Sorgfaltspflichten gem. § 10 GwG sind überwiegend über Sondervorschriften (dazu sogleich) modifiziert.

98   **aa) Annahme von Bargeld bei Zahlungsdiensten.** Gem. § 10 Abs. 4 haben die o. g. Verpflichteten (→ Rn. 96), wenn sie Bargeld bei der Erbringung von Zahlungsdiensten (§ 1 Abs. 1 S. 2) annehmen, die allgemeinen Sorgfaltspflichten nach § 10 Abs. 1 Nr. 1 und Nr. 2 GwG zu erfüllen. Hierdurch werden die Aufgreiftatbestände von § 10 Abs. 3 (Begründung einer Geschäftsbeziehung, Transaktion, Geldwäscheverdacht, Zweifel an den Angaben zur Identität des Vertragspartners etc) modifiziert; die genannten Aufgreiftatbestände gelten mit der Maßgabe, dass bei Annahme von Bargeld, ungeachtet der Schwellenbeträge des § 10 Abs. 3 Nr. 2 GwG, immer die Pflichten nach § 10 Abs. 1 Nr. 1 und Nr. 2 zu erfüllen sind.

98a   Seit dem Gesetz zur Umsetzung der Änderungsrichtlinie zur Vierten EU-Geldwäscherichtlinie vom 12.12.2019 (BGBl. 2019 I 2602) entsprechen § 10 Abs. 3a S. 1 und S. 2 dem bisherigen § 10 Abs. 3 S. 2 und 3. § 10 Abs. 3a S. 3 Nr. 2 und 3 wurden neu eingefügt. Damit soll spezifiziert werden, wann Kundensorgfaltspflichten bei bestehenden Geschäftsbeziehungen erneut erfüllt werden müssen (BT-Drs. 352/19, 83).

99   **bb) Ausgabe von E-Geld.** Auch bei Ausgabe von E-Geld haben Institute des ZAG gem. § 27 Abs. 2 S. 1 iVm § 25i KWG die Pflichten nach § 10 Abs. 1 GwG zu erfüllen, selbst wenn die Schwellenwerte nach § 10 Abs. 3 Nr. 2 GwG nicht erreicht werden. Ausnahmen gelten gem. § 25i Abs. 2 KWG. Diese Regelung findet richtigerweise nur auf E-Geld-Institute Anwendung; Zahlungsinstitute dürfen kein E-Geld ausgeben. Lediglich § 25i Abs. 3a KWG findet gem. § 27 Abs. 2 S. 1 auf alle Institute des ZAG Anwendung.

100   **cc) Hilfspersonen bei der Ausgabe von E-Geld.** Agenten iSv § 1 Abs. 9, E-Geld-Agenten iSv § 1 Abs. 10 sowie E-Geld-Vertriebsunternehmen eines Kreditinstituts iSv § 2 Abs. 1 Nr. 5 GwG haben ebenfalls § 25i KWG anzuwenden (§ 10 Abs. 7 GwG). Für diese gilt allerdings der Verweis in § 25i Abs. 1 KWG auf § 10 Abs. 1 GwG eingeschränkt; sie haben lediglich die Pflichten nach § 10 Abs. 1 Nr. 1 und § 10 Abs. 1 Nr. 4 GwG zu erfüllen, dh sie müssen nicht den wirtschaftlich Berechtigten identifizieren (§ 10 Abs. 1 Nr. 2 GwG), sie müssen nicht Art und Zweck des Geschäfts erforschen (§ 10 Abs. 1 Nr. 3 GwG) und sie sind nicht zur kontinuierlichen Überwachung (§ 10 Abs. 1 Nr. 5 GwG) verpflichtet. § 25i Abs. 2 und Abs. 4 KWG gelten dahingegen entsprechend.

101   **b) Historie des § 25i KWG.** Die Vorgängervorschrift zu § 25i KWG wurde erstmals mit dem Gesetz zur Optimierung der Geldwäscheprävention (BGBl. 2011 I 2959 ff.) in das KWG eingefügt (vgl. auch Bericht des Finanzausschusses, BT-Drs. 17/8043, 15 ff.). Die Aufsicht veröffentlichte wenige Monate später ihre Sichtweise zur Auslegung der neuen Vorschrift (BaFin-Merkblatt Sorgfalts- und Organisationspflichten beim E-Geld-Geschäft v. 20.4.2012). Die Norm wurde später wortgleich zunächst in § 25m KWG (CRD IV-UmsetzungsG v. 28.8.2013, BGBl. I 3395) und danach in § 25n KWG umpositioniert (Gesetz zur Abschirmung von Risiken und zur Planung der Sanierung etc v. 7.8.2013, BGBl. I 3090). Mit

Umsetzung der 4. GeldwäscheRL wurde die Regelung wiederum in § 25i KWG überführt (4. GeldwäscheRLUG v. 23.6.2017, BGBl. I 1822) und entsprechend den Vorgaben der Richtlinie stark verändert. Eine weitere Veränderung erfolgte mit Umsetzung der 5. GeldwäscheRL (BGBl. 2019 I 2602); die Umsetzung hatte in Deutschland eine Entspannung der Betragsgrenzen des § 25i Abs. 2 KWG zur Folge.

c) Allgemeine Sorgfaltspflichten (§ 27 Abs. 2 iVm § 25i Abs. 1 KWG). 102 aa) Voraussetzungen. (1) Für Institute des ZAG entsprechend. Gem. § 27 Abs. 2 S. 1 gilt § 25i Abs. 1 KWG für Institute des ZAG entsprechend. Hiervon sind ausschließlich E-Geld-Institute iSv § 1 Abs. 2 S. 1 Nr. 1 betroffen, da Zahlungsinstitute kein E-Geld ausgeben dürfen. Es handelt sich bei der weiten Formulierung um einen Redaktionsfehler (Ellenberger/Findeisen/Nobbe/Böger/Findeisen Rn. 518).

(2) E-Geld-Begriff. Der E-Geld-Begriff des § 25i KWG sollte mit dem des 103 ZAG übereinstimmen. Deshalb wird auf die Kommentierung zu § 1 Abs. 2 S. 3 verwiesen (→ § 1 Rn. 222 ff.; so auch: Beck/Samm/Kokemoor/Findeisen KWG § 25i Rn. 104). Dasselbe gilt für den Begriff der „Ausgabe" von E-Geld; hier wird auf die Kommentierung zu § 1 Abs. 2 S. 2 verwiesen (→ § 1 Rn. 268 ff.).

(3) Aufgreifkriterien des § 10 Abs. 3 GwG modifiziert. § 25i Abs. 1 KWG 104 modifiziert die Aufgreifkriterien für die allgemeinen Sorgfaltspflichten gem. § 10 Abs. 3 GwG. Die allgemeinen Sorgfaltspflichten haben E-Geld-Institute zu erfüllen bei Begründung einer Geschäftsbeziehung (§ 10 Abs. 3 S. 1 Nr. 1 GwG), dh in der Regel vor dem Abschluss eines Zahlungsdiensterahmenvertrages gem. § 675f Abs. 2 BGB über die Ausgabe von E-Geld. Die allgemeinen Sorgfaltspflichten greifen auch ein bei Transaktionen, die außerhalb einer Geschäftsbeziehung durchgeführt werden (§ 10 Abs. 3 S. 1 Nr. 2 GwG); hier modifiziert § 25i Abs. 1 KWG die Schwellenwerte, so dass die Sorgfaltspflichten bei Transaktionen ungeachtet irgendwelcher Schwellenwerte, dh ab 0 EUR, zu erfüllen sind (Schäfer/Omlor/Mimberg/Möslein Rn. 41). Demgemäß vertrat die Aufsicht unter Geltung von § 25i KWG aF bereits, dass auch die Ausgabe von leeren E-Geld-Trägern die Sorgfaltspflichten nach sich zieht (BaFin-Merkblatt E-Geld-Geschäft v. 20.4.2012, Abschn. II.3); darin dürfte die Aufsicht auch unter der Neufassung festhalten. Weitere Aufgreifkriterien sind Verdachtsmomente iSv § 10 Abs. 3 S. 1 Nr. 3 GwG und Zweifel an den erhobenen Identifizierungsangaben (§ 10 Abs. 3 S. 1 Nr. 4 GwG).

bb) Eingreifen der Pflichten des § 10 Abs. 1 GwG. Liegen die vorgenann- 105 ten Voraussetzungen vor, so hat ein E-Geld-Institut sämtliche Sorgfaltspflichten nach § 10 Abs. 1 GwG zu erfüllen, es sei denn, es kämen vereinfachte Sorgfaltspflichten gem. § 14 GwG oder verstärkte Sorgfaltspflichten gem. § 15 GwG in Betracht. Die Identifizierung des (zukünftigen) E-Geld-Inhabers hat deshalb bei der Ausgabe von E-Geld zu erfolgen, beim Abschluss eines Vertrags über die zukünftige Ausgabe von E-Geld iSv § 675f Abs. 2 BGB sowie auch bei Verkauf eines E-Geld-Trägers (ohne Abschluss eines Zahlungsdiensterahmenvertrages), selbst wenn auf diesem E-Geld-Träger noch kein E-Geld gespeichert ist (BaFin-Merkblatt E-Geld-Geschäft v. 20.4.2012, Abschn. II.3).

cc) Folgen von Verstößen. Verstöße gegen § 27 Abs. 2 S. 1 iVm § 25i Abs. 1 106 KWG sind für E-Geld-Institute bußgeldbewehrt (§ 64 Abs. 3 Nr. 11 ZAG). Daneben greifen die Anordnungsbefugnisse der BaFin gem. § 27 Abs. 2 S. 1 iVm § 25i Abs. 4 KWG ein (dazu → Rn. 126).

107 **d) Anwendung von § 25i KWG auf E-Geld-Agenten und E-Geld-Vertriebsunternehmen (§ 10 Abs. 7 GwG). aa) Voraussetzungen. (1) Verpflichtete nach § 2 Abs. 1 Nr. 4 und Nr. 5 GwG.** Für Verpflichtete nach § 2 Abs. 1 Nr. 4 (Agenten iSv § 1 Abs. 9 sowie E-Geld-Agenten iSv § 1 Abs. 10) sowie für Verpflichtete nach § 2 Abs. 1 Nr. 5 GwG (E-Geld-Vertriebsunternehmen eines Kreditinstituts) ordnet § 10 Abs. 7 GwG eine eingeschränkte Anwendbarkeit von § 25i Abs. 1 KWG sowie die entsprechende Anwendbarkeit von § 25i Abs. 2 und Abs. 4 KWG an.

108 **(2) Bei der Ausgabe von E-Geld.** Weitere Voraussetzung für die Anwendbarkeit ist, dass die genannten Personen bei der Ausgabe von E-Geld (hierzu Kommentierung → § 1 Rn. 268 ff.) tätig werden (§ 10 Abs. 7 S. 1 GwG). Der Begriff ist erklärungsbedürftig, da § 31 ZAG das Verbot erlässt, dass E-Geld-Institute E-Geld nicht über natürliche oder juristische Personen ausgeben, die im Namen des E-Geld-Instituts tätig werden. Da § 1 Abs. 10 die Tätigkeit des E-Geld-Agenten dahingehend definiert, dass dieser „bei **Vertrieb und Rücktausch** von E-Geld tätig ist", wird man den Terminus „bei **Ausgabe von E-Geld**" iSd Vertriebs-Begriffs des § 1 Abs. 10 auszulegen haben. Nach Erwägungsgrund 10 der Zweiten E-Geld-RL ist hierunter zu verstehen der Verkauf oder Wiederverkauf von E-Geld-Produkten an das Publikum, die Bereitstellung eines Vertriebskanals für E-Geld an Kunden oder die Einlösung von E-Geld auf Kundenanfrage oder Aufladung von E-Geld-Produkten der Kunden. Den Vertriebsbegriff auch auf Werbe- oder Marketingmaßnahmen auszudehnen, dürfte die dezidierte Vorgabe des Gesetzgebers „bei Ausgabe von E-Geld" deutlich überschreiten (aA aber wohl Beck/Samm/Kokemoor/Findeisen § 25i Rn. 28; ausführlich auch Ellenberger/Findeisen/Nobbe/Böger/Findeisen Rn. 529; vgl. im Übrigen Kommentierung zu § 1 Abs. 10, → § 1 Rn. 350 ff.).

109 Gleichfalls vom Wortlaut des § 10 Abs. 7 S. 1 GwG nicht erfasst ist der **Rücktausch** von E-Geld iSv § 33 Abs. 1 S. 2 als actus contrarius zur Ausgabe. Hier gelten deshalb die umfassenden Sorgfaltspflichten gem. §§ 10, 14, 15 GwG **ohne die Erleichterungen** des § 10 Abs. 7 GwG.

110 Als E-Geld-Agenten sieht die Finanzaufsicht auch Kreditinstitute an, die für E-Geld-Institute ein Treuhandkonto iSv § 17 Abs. 1 S. 2 lit. b Alt. 2 ZAG führen, über das E-Geld-Produkte aufgeladen oder rückgetauscht werden (Ellenberger/Findeisen/Nobbe/Böger/Findeisen Rn. 532; Beck/Samm/Kokemoor/Findeisen § 25i Rn. 31 ff.). Auch hiermit dürfte der zulässige Auslegungsspielraum von § 10 Abs. 7 S. 1 überschritten sein (aA Ellenberger/Findeisen/Nobbe/Böger/Findeisen Rn. 534 § 10 Abs. 7 GwG sei laut Gesetzesbegründung weit gefasst). Das Kreditinstitut, das ein Sicherungskonto iSv § 17 Abs. 1 S. 2 Nr. 1 lit. b Alt. 1 zur Verfügung stellt, wird gerade nicht bei der Ausgabe tätig, sondern nimmt lediglich von dem E-Geld-Institut die für die Ausgabe von E-Geld vereinnahmten Gelder auf dem Treuhandkonto entgegen. Das Kreditinstitut stellt weder einen Vertriebskanal zur Verfügung noch steht es in Kontakt mit (zukünftigen) E-Geld-Inhabern. Auch die sonstigen Kriterien des § 10 Abs. 3 GwG für das Eingreifen von Sorgfaltspflichten sind diesbezüglich nicht einschlägig (anders Ellenberger/Findeisen/Nobbe/Böger/Findeisen Rn. 536; Beck/Samm/Kokemoor/Findeisen § 25i Rn. 34: Identifizierung des E-Geld-Inhabers).

111 **bb) Rechtsfolgen.** Die Anwendbarkeit von § 25i KWG für die genannten Vertriebspersonen hat zur Folge, dass gem. § 10 Abs. 7 S. 1 GwG die Sorgfaltspflichten bei Ausgabe von E-Geld lediglich eingeschränkt zu erfüllen sind. Für die genannten

Vertriebspersonen gelten lediglich die Pflichten gem. § 10 Abs. 1 Nr. 1 GwG (Identifizierung des Vertragspartners bzw. der auftretenden Person) sowie § 10 Abs. 1 Nr. 4 GwG (Identifizierung politisch exponierter Personen). Die übrigen Identifizierungs- und Überwachungspflichten des § 10 Abs. 1 entfallen. Desgleichen greift die Ausnahme gem. § 25i Abs. 2 KWG ein, wonach die genannten Vertriebspersonen von der Erfüllung sämtlicher Pflichten nach § 10 Abs. 1 GwG absehen können, wenn die Voraussetzungen gem. § 25i Abs. 2 KWG vorliegen (dazu sogleich, → Rn. 112 ff.). Des Weiteren gilt die Anordnungsbefugnis der BaFin gem. § 25i Abs. 4 KWG.

e) Absehen von Sorgfaltspflichten (§ 27 Abs. 2 S. 1 iVm § 25i Abs. 2 **112** **KWG). aa) Voraussetzungen.** Ein E-Geld-Institut kann bei der Ausgabe von E-Geld, dh nicht beim Rücktausch von E-Geld gem. § 33 Abs. 1 S. 2, von den Pflichten nach § 10 Abs. 1 Nr. 1–4 GwG absehen, wenn sämtliche Voraussetzungen des § 25i Abs. 2 KWG kumulativ erfüllt sind. Durch das Gesetz zur Umsetzung der 5. GeldwäscheRL (BGBl. 2019 I 2602) wurden die Anforderungen nur leicht modifiziert.

(1) Zahlungsinstrument nicht wieder aufladbar oder wieder aufladbar **113** **mit eingeschränkter Nutzung (Nr. 1).** Ist ein Zahlungsinstrument, das zur Ausgabe oder zur Übertragung von E-Geld verwendet wird, **nicht wieder aufladbar,** so sind allein deshalb die Voraussetzungen von Nr. 1 erfüllt und es kommt lediglich auf das zusätzliche Vorliegen der Anforderungen nach Nr. 2–6 an.

Bei **wieder aufladbaren Zahlungsinstrumenten** sind nach Nr. 1 zusätzliche **114** Anforderungen zu erfüllen. Das Zahlungsinstrument darf in dem Fall nur im Inland genutzt werden können. Zudem müssen die Zahlungsvorgänge, die mit ihm ausführbar sind, auf monatlich 150 EUR begrenzt sein. Gem. § 25i Abs. 2 S. 2 ist es für den Schwellenwert unerheblich, ob der E-Geld-Inhaber das E-Geld über einen einzigen Vorgang oder über verschiedene Vorgänge erwirbt, sofern Anhaltspunkte für eine Verbindung zwischen den verschiedenen Vorgängen bestehen (näher zu der Annahme einer solchen Verbindung: Reischauer/Kleinhans/Langweg KWG § 25i Rn. 3).

Das Zusammenspiel zwischen S. 1 Nr. 1 Alt. 2 und S. 2 des § 25i Abs. 2 ist dabei **115** verwirrend. S. 1 Nr. 1 Alt. 2 spricht von der Begrenzung auf 150 EUR für **Zahlungsvorgänge, die mit dem Zahlungsinstrument ausgeführt** werden können. Dagegen besagt Satz 2, dass der Schwellenwert nach S. 1 Nr. 1 (dh wohl die 150 EUR) von dem Modus des **Erwerbs des E-Geldes** abhänge. Im ersteren Fall (Satz 1 Nr. 1 Alt. 2) dürfte der Vorgang des „Entladens" gemeint sein, während Satz 2 den Vorgang des „Aufladens" anzusprechen scheint. Der zugrundeliegende Art. 12 der 4. GeldwäscheRL (idF der 5. GeldwäscheRL) hilft hier nicht weiter, da er eine dem § 25i Abs. 2 S. 2 KWG vergleichbare Regelung nicht kennt. Allerdings beruht Nr. 1 auf der Vorgabe von Art. 12 Abs. 1 lit. a 4. GeldwäscheRL (idF der 5. GeldwäscheRL), sodass viel dafür spricht, die Vorgabe von 150 EUR in Nr. 1 auf die Entladevorgänge zu beschränken und Satz 2 so zu lesen, dass verschiedene Entladevorgänge zusammengerechnet werden, wenn zwischen ihnen ein Zusammenhang besteht. Das Ganze dürfte auf einem Redaktionsversehen des Gesetzgebers berufen. Die Behebung durch (wohlwollende) Auslegung stößt möglicherweise an ihre Grenzen, wenn die Aufsichtsbehörde hierauf Bußgeldsanktionen stützen will.

116   **(2) Elektronisch gespeicherter Betrag nicht über 150 EUR (Nr. 2).** Es ist des Weiteren sicherzustellen, dass der auf dem Zahlungsinstrument oder auf dem für die Verwaltung des E-Geldes vom E-Geld-Institut genutzten Server gespeicherte Betrag 150 EUR pro Kalendermonat nicht übersteigt. Das Gesetz zur Umsetzung der 5. GeldwäscheRL hat den Betrag auch hier von 100 EUR auf 150 EUR erhöht. Diese Grenze ist also jederzeit einzuhalten, sodass eine Aufladung des Zahlungsinstruments in Summe (dh der insgesamt aufgeladenen Beträge) von mehr als 150 EUR die Nutzung der Ausnahme des § 25i Abs. 2 KWG verbaut.

117   **(3) Ausschließlich für den Kauf von Waren und Dienstleistungen (Nr. 3).** Das E-Geld-Institut hat nach Nr. 3 sicherzustellen, dass das Zahlungsinstrument bzw. das darauf gespeicherte E-Geld ausschl. für den Kauf von Waren oder Dienstleistungen verwendet werden kann. Ein Einsatz für Barabhebungen oder Zahlungen an andere E-Geld-Inhaber ohne zugrundeliegenden Warenkauf oder Dienstleistungserwerb ist nicht zulässig. Auch ein Erwerb von anderem E-Geld oder Gutscheinen für Waren oder Dienstleistungen dürfte deshalb ausscheiden (Beck/Samm/Kokemoor/Findeisen § 25i Rn. 114, so auch in Ellenberger/Findeisen/Nobbe/Böger/Findeisen Rn. 611).

118   **(4) Nicht mit anonymem E-Geld erwerben oder aufladen (Nr. 4).** Das E-Geld-Institut hat zudem zu verhindern, dass ein unter der Ausnahme des § 25i Abs. 2 KWG ausgegebenes E-Geld oder Zahlungsinstrument mit anonymem E-Geld erworben oder aufgeladen werden kann. Anonym bedeutet in dem Fall jegliches E-Geld, bei dem der Emittent von der Identifizierung nach GwG abgesehen hat, dh auch solches, das unter der Ausnahme von § 25i Abs. 2 GwG begeben wurde Beck/Samm/Kokemoor/Findeisen § 25i Rn. 115). Die Anforderungen der Nr. 4 sind nur dann gewahrt, wenn eine technische Verbindung von E-Geldern im Wege des „Poolings" ausgeschlossen ist (näher dazu: Beck/Samm/Kokemoor/Findeisen KWG § 25i Rn. 115). Ein Erwerb des nach § 25i Abs. 2 KWG von der Identifizierungspflicht ausgenommenen E-Geldes mit identifiziertem E-Geld dürfte dagegen zulässig sein.

119   **(5) Ausreichende Überwachung der Transaktionen und der Geschäftsbeziehung (Nr. 5).** Das E-Geld-Institut, das von der Ausnahme nach § 25i Abs. 2 KWG Gebrauch macht, muss ein umfassendes Monitoring sicherstellen. Dies betrifft sowohl die Transaktionen als auch die Geschäftsbeziehung zu dem E-Geld-Inhaber, der in dem Fall anonym bleibt. Erforderlich, aber auch ausreichend, dürfte es deshalb sein, wenn das emittierende E-Geld-Institut das anonyme Produkt registriert und hierdurch die Verwendung des Produkts laufend überwachen kann. Damit dürften zugleich die Pflichten gem. § 10 Abs. 1 Nr. 5 GwG erfüllt werden, von denen § 25i Abs. 2 KWG nicht befreit.

120   **(6) Rücktausch durch Barauszahlung oder mittels Fernzahlungsvorgang (Nr. 6).** Letztes Erfordernis ist, dass ein Rücktausch durch Barauszahlung durch Fernzahlungsvorgang ausgeschlossen sein muss, wenn es nicht um Beträge von 50 EUR oder weniger geht (erhöht von 20 Euro auf 50 Euro durch Gesetz zur Umsetzung der 5. GeldwäscheRL). Nach den Vertragsbedingungen für ein E-Geld-Produkt iSv § 25i Abs. 2 KWG ist deshalb die Rücktauschverpflichtung nach § 33 Abs. 1 S. 2 auf eine Auszahlung **über ein Konto** unter Ausschluss von Fernzahlungsvorgängen, soweit 50 EUR überschritten werden, zu begrenzen. Ob eine **Auszahlung durch anderes anonymes E-Geld** ausgeschlossen sein soll, lässt sich dem Nr. 6 nicht mit Klarheit entnehmen. Jedoch dürften mehrere Barauszahlungen, die insgesamt einen Betrag von 50 EUR überschreiten, für einen Verstoß gegen Nr. 6 ausreichen.

Im Übrigen dürfte bei dem Rücktausch von E-Geld gem. § 33 Abs. 1 S. 2 durch **121** unbare Rückzahlung gemäß § 10 Abs. 3 GwG zu prüfen sein, inwieweit die **Sorgfaltspflichten des § 10 Abs. 1 GwG** bei einem solchen Rücktausch zu erfüllen sind. § 25i Abs. 2 KWG nimmt nämlich E-Geld-Produkte nur im Hinblick auf die Ausgabe von den Pflichten nach § 10 Abs. 1 Nr. 1–4 GwG aus; dies wird durch den Verweis auf die Fälle des Abs. 1 (§ 25i Abs. 1 KWG) deutlich. Deshalb kommt in den Rücktauschfällen auch bei unbarem Rücktausch eine Identifizierungspflicht in Betracht (ähnlich, allerdings in der Begründung abweichend Ellenberger/Findeisen/Nobbe/Böger/Findeisen Rn. 611; Beck/Samm/Kokemoor/Findeisen KWG § 25i Rn. 117). Dies sollte nur in den in Abs. 2 Nr. 6 genannten Fällen (50 EUR oder weniger) anders sein.

bb) Rechtsfolgen der Ausnahmebestimmung bzw. eines Verstoßes. § 27 **122** Abs. 2 S. 1 iVm § 25i Abs. 2 KWG befreit ein E-Geld-Institut bei Vorliegen der Voraussetzungen von den Pflichten nach § 10 Abs. 1 Nr. 1–4 GwG. Die Pflicht zur laufenden Überwachung nach § 10 Abs. 1 Nr. 5 GwG bleibt bestehen (dazu → Rn. 31). Auch die sonstigen Pflichten nach §§ 4 ff. GwG, insbes. zum Risikomanagement, zu internen Sicherungsmaßnahmen, zur Bestellung eines Geldwäschebeauftragten sowie Aufzeichnungs- und Aufbewahrungspflichten, bleiben bestehen. Dasselbe gilt für die Pflicht zu Verdachtsmeldungen gem. § 43 GwG. Zur Einhaltung dieser GwG-Compliance hat das E-Geld-Institut gem. § 27 Abs. 1 S. 2 Nr. 5 eine ordnungsgemäße Geschäftsorganisation zu errichten und zu unterhalten.

Im Falle eines **Verstoßes gegen die Anforderungen** des § 25i Abs. 2 KWG, dh **123** bei Überschreiten der Voraussetzungen der Ausnahme, kommt ein Bußgeld gem. § 64 Abs. 3 Nr. 11 ZAG sowie gem. § 56 Abs. 1 Nr. 16–20 GwG in Betracht, wenn das E-Geld-Institut oder die ebenfalls die Ausnahme dennoch nutzenden Intermediäre (→ Rn. 111) dann fehlerhaft von der Erfüllung der Sorgfaltspflichten abgesehen haben.

f) Vereinfachte Sorgfaltspflichten (§ 14 GwG). Zwar stellt § 14 GwG keine **124** derart umfassende Befreiung von Sorgfaltspflichten dar, wie es § 25i Abs. 2 KWG vorsieht. Jedoch können Verpflichtete gem. § 14 Abs. 2 GwG bei Vorliegen der Voraussetzungen für vereinfachte Sorgfaltspflichten den Umfang der Maßnahmen, die zur Erfüllung der allgemeinen Sorgfaltspflichten zu treffen sind, **angemessen reduzieren.** Voraussetzung hierfür ist, dass das Institut im Rahmen seiner Risikoanalyse gem. § 5 Abs. 1 unter Berücksichtigung der Anlagen 1 und 2 zum GwG ermittelt hat, dass für das entsprechende E-Geld-Produkt ein geringes Risiko besteht. Anlage 1 Abs. 2 lit. e zum GwG sieht dies für bestimmte E-Geld-Produkte ausdrücklich vor, wenn Risiken der Geldwäsche und der Terrorismusfinanzierung durch andere Faktoren, wie etwa Beschränkungen der elektronischen Geldbörse oder die Transparenz der Eigentumsverhältnisse gesteuert werden. Das Institut kann insofern selbst entscheiden, ob es auf Basis seiner angemessenen Risikoanalyse ein geringes Risiko annimmt und somit vereinfachte Sorgfaltspflichten iSv § 14 Abs. 2 GwG anwendet (BeckOK GwG/Frey/Pelz/Pfandl, 9. Ed. 1.9.2021, § 14 Rn. 53). Ein Absehen von Sorgfaltspflichten ist danach allerdings nicht möglich; insbesondere ist auch ein wirtschaftlich Berechtigter, sofern der Vertragspartner für einen solchen handelt, zu identifizieren (BaFin, AuA GwG, Ziff. 6.3, S. 61).

125   **g) Führen von Dateisystemen (§ 27 Abs. 2 S. 1 iVm § 25i Abs. 3 KWG).** Im Falle der Ausgabe von E-Geld über wieder aufladbare E-Geld-Träger hat das emittierende E-Geld-Institut Dateisysteme zu führen, in denen alle an identifizierte E-Geld-Inhaber ausgegebenen und zurückgetauschten E-Geld-Beträge mit Zeitpunkt und ausgegebener und rücktauschender Stelle aufgezeichnet werden (Schäfer/Omlor/Mimberg/Möslein Rn. 41). § 8 GwG gilt ergänzend. Die Verletzung der Aufzeichnungspflicht ist gem. § 64 Abs. 3 Nr. 11 ZAG bußgeldbewehrt.

125a   **h) Akzeptanz von Drittstaaten-E-Geld (§ 27 Abs. 2 S. 1 iVm § 25i Abs. 3a KWG).** Für alle Institute des ZAG gilt seit dem Inkrafttreten des Gesetzes zur Umsetzung der 5. GeldwäscheRL, dass sie Zahlungen mit in Drittstaaten ausgestellten anonymen (→ Rn. 118) Guthabenkarten nur akzeptieren dürfen, wenn diese Karten Anforderungen erfüllen, die denen des § 25i Abs. 2 KWG gleichwertig sind (Schäfer/Omlor/Mimberg/Möslein Rn. 41).

126   **i) Anordnungsbefugnis der BaFin (§ 27 Abs. 2 S. 1 iVm § 25i Abs. 4 KWG).** Für die Anordnungsbefugnis der BaFin gem. § 25i Abs. 4 KWG reichen Verdachtsmomente aus (Tatsachen, die die Annahme rechtfertigen). Dies gilt zum einen, wenn sich die Verdachtsmomente darauf erstrecken, dass die Voraussetzungen von Abs. 2 nicht eingehalten werden (§ 25i Abs. 4 S. 1 Nr. 1 KWG). Ebenso greift die Anordnungsbefugnis der BaFin, wenn diese den Verdacht eines erhöhten Risikos der Geldwäsche oder der Terrorismusfinanzierung oder sonstiger strafbarer Handlungen nach Maßgabe des § 25h Abs. 1 KWG hegt in Zusammenhang mit der Verwendungsmöglichkeit des E-Geld-Trägers, dessen Vertrieb, dessen Verkauf oder der Einschaltung bestimmter Akzeptanzstellen. Ein erhöhtes Risiko kann insbesondere dann angenommen werden, wenn das E-Geld-Produkt die technische Verbindung von E-Geld mehrerer Inhaber oder mehreren Emittenten ermöglicht (Ellenberger/Findeisen/Nobbe/Böger/Findeisen Rn. 618). Infolge dessen kann die BaFin Anordnungen treffen, die allerdings im Hinblick auf das Verdachtsmoment bzw. den Verstoß verhältnismäßig sein müssen. Insbes. kann die BaFin die Ausgabe, den Verkauf und die Verwendung eines E-Geld-Trägers untersagen, Änderungen des E-Geld-Trägers verlangen oder das Institut dazu verpflichten, dass es angemessene interne Sicherungsmaßnahmen ergreift. Die Maßnahmen sind nicht abschließend (Beck/Samm/Kokemoor/Findeisen KWG § 25i Rn. 127).

4. Verbotene Geschäfte (§ 27 Abs. 2 S. 1 iVm § 25m KWG)

127   Gem. § 27 Abs. 2 S. 1 iVm § 25m KWG ist es Instituten des ZAG verboten, eine Korrespondenzbanken- oder sonstige Geschäftsbeziehung mit einer Bank-Mantelgesellschaft gemäß § 1 Abs. 22 GwG aufzunehmen oder fortzuführen (zur Definition einer Bank-Mantelgesellschaft vgl. Beck/Samm/Kokemoor/Findeisen KWG § 25m Rn. 8 ff.). Eine Bank-Mantelgesellschaft dient häufig der Verschleierung von Zahlungsströmen oder der Einspeisung illegaler Gelder in den Finanzkreislauf (Schwennicke/Auerbach/Auerbach/Spies KWG § 25m Rn. 4a; Schäfer/Omlor/Mimberg/Möslein Rn. 42). Nach § 1 Abs. 22 GwG ist eine Bank-Mantelgesellschaft ein CRR-Kreditinstitut oder ein Finanzinstitut iSv Art. 3 Nr. 2 RL (EU) 2015/849 oder ein Unternehmen, das Tätigkeiten ausübt, die denen eines Kreditinstituts oder Finanzinstituts gleichwertig sind, und das in einem Land in einem Handelsregister oder ein vergleichbares Register eingetragen ist, in dem die tatsächliche Leitung und Verwaltung nicht erfolgen und das keiner regulierten Gruppe von Kredit- oder Finanzinstituten angeschlossen ist (vgl. auch BT-Drs. 18/11555, 122).

§25m Nr. 2 KWG verbietet Durchlaufkonten (Payable-Through-Accounts) **128**
(RegBegr., BT-Drs. 18/11555, 122). Solche Konten bestehen dann, wenn ein
Institut ein Konto auf den eigenen Namen errichtet (Nostro-Konto) oder für ein
drittes Institut errichtet, über das Kunden des errichtenden, dh kontoführenden Instituts, oder Kunden des dritten Instituts eigenständig verfügen können. Das Verbot
des §25m Nr. 2 KWG korreliert dabei mit dem steuerrechtlichen Prinzip der Kon-
tenwahrheit (§154 Abs. 1 aO) (RegBegr. GwBekErgG, BT-Drs. 16/9038, 54).

5. Bekanntmachung von Maßnahmen (§27 Abs. 2 S. 1 iVm §60b KWG)

§60b KWG setzte ursprünglich Art. 68 der BankenRL um. Hiernach hat die **129**
Aufsichtsbehörde Maßnahmen, die sie gegen ein ihrer Aufsicht unterstehendes
Institut oder gegen einen Geschäftsleiter eines Instituts verhängt hat und die bestandskräftig geworden sind, unverzüglich auf ihrer Internetseite öffentlich bekannt
zu machen und dabei auch Informationen zu Art und Charakter des Verstoßes mitzuteilen. Die Bekanntmachung soll die abschreckende Wirkung von Maßnahmen
der BaFin gewährleisten (Erwägungsgrund 35 der Richtlinie 2013/36/EU des
Europäischen Parlaments und des Rates vom 26.6.2013 über den Zugang zur Tätigkeit von Kreditinstituten und die Beaufsichtigung von Kreditinstituten). Dabei
sind ausschl. solche Maßnahmen bekannt zu machen, die die Behörde wegen eines
Verstoßes gegen dieses Gesetz (in dem Fall das ZAG), die dazu erlassenen Rechtsverordnungen oder die Bestimmungen der Verordnung EU Nr. 575/2013 über
Aufsichtsanforderungen an Kreditinstitute und Wertpapierfirmen oder der Verordnung (EU) 2015/847 (GeldtransferVO) verhängt hat. Zusätzlich ist jede unanfechtbar gewordene Bußgeldentscheidung auf diese Weise zu veröffentlichen. Für Institute des ZAG ist allerdings Verordnung (EU) Nr. 575/2013 nicht anwendbar, sodass
hiergegen keine Verstöße in Betracht kommen. Verstöße gegen das ZAG können
dagegen sämtliche in §27 Abs. 1 und Abs. 2 in Bezug genommenen Rechtsnormen
sowie alle übrigen Regelungen des ZAG erfassen.

Die Bekanntmachung einer unanfechtbar gewordenen Bußgeldentscheidung **130**
darf nach §60b Abs. 2 keine personenbezogenen Daten enthalten. Zudem hat die
BaFin von einer Bekanntmachung gem. §60b Abs. 3 KWG abzusehen, wenn die
Bekanntmachung der Bußgeldentscheidung die Stabilität der Finanzmärkte der
Bundesrepublik Deutschland oder mehrerer Vertragsstaaten des EWR erheblich
gefährden oder eine solche Bekanntmachung den Beteiligten einen unverhältnismäßig großen Schaden zufügen würde. Außerdem gibt §60b Abs. 4 KWG die
Möglichkeit, bestandskräftig gewordene Maßnahmen oder unanfechtbar gewordene Bußgeldentscheide auf anonymer Basis bekannt zu machen, wenn die Voraussetzungen dafür (zB „Bekanntmachung personenbezogener Daten wäre unverhältnismäßig") vorliegen.

6. §§93 Abs. 7 und 8 iVm 93b AO

§93 Abs. 7 AO erweitert die Auskunftsbefugnis im automatisierten Konten- **131**
abrufverfahren auf **Finanzbehörden und Gemeinden**, soweit Letztere gemäß
§1 Abs. 2 AO für die Verwaltung der Realsteuern zuständig sind. Allerdings ist in
diesen Fällen nicht die BaFin für die Abfrage der Daten zuständig sondern das **Bundeszentralamt für Steuern**. Ein Abrufersuchen an dieses ist zunächst nur dann
zulässig, wenn der Steuerpflichtige, dessen Daten abgerufen werden sollen, eine

Günstigerprüfung gemäß § 32d Abs. 6 EStG beantragt, **Steuern auf Kapital-
erträge oder aus privaten Veräußerungsgeschäften** festgestellt werden sollen,
bundesgesetzlich geregelte Steuern erhoben werden oder der Steuerpflichtige
einem **Abruf zugestimmt** hat. Soweit eine Zustimmung des Steuerpflichtigen
nicht vorliegt, ist ein Kontenabruf nur dann statthaft, wenn ein Auskunftsersuchen
an den Steuerpflichtigen keinen Erfolg verspricht oder ein bereits durchgeführtes
Auskunftsersuchen nicht zum Ziel geführt hat (Subsidiaritätsprinzip; vgl. Schäfer/
Omlor/Mimberg/Möslein Rn. 44). Im Rahmen des § 93 Abs. 7 AO dürfen nur
einzelne Daten aus den Dateien abgerufen werden.

132   § 93 Abs. 8 AO lässt eine Kontenabfrage auch für **soziale Zwecke** zu. Danach
können die Behörden, die für die Grundsicherung für Arbeitssuchende, für Sozial-
hilfe, für Ausbildungsförderung, für Aufstiegsfortbildungsförderung oder für
Wohngeld zuständig sind, das Bundeszentralamt für Steuern mit dem Kontenabruf
beauftragen. Zudem berechtigt § 93 Abs. 8 AO Polizeibehörden des Bundes und
der Länder, sowie die Verfassungsschutzbehörden der Länder. Dies setzt voraus,
dass die abgerufenen Daten für die Überprüfung der Anspruchsvoraussetzungen erforderlich sind und ein Auskunftsersuchen an den Betroffenen keinen Erfolg verspricht oder ein bereits durchgeführtes Auskunftsersuchen nicht zum Ziel geführt
hat. Ein Abruf ist auch dann zulässig, wenn eine ausdrückliche Regelung durch
Bundesgesetz ausdrücklich zugelassen ist. Durch § 93b Abs. 2 AO findet auch hier
eine Beschränkung auf einzelne Daten statt.

133   § 93b AO regelt den automatisierten Kontenabruf durch das Bundeszentralamt
für Steuern. Danach ist das Bundeszentralamt befugt, in den Fällen des § 93 Abs. 7
und 8 die entsprechenden Daten abzurufen und an die anfragende Behörde zu
übermitteln. Die anfragende Behörde bleibt jedoch für die Zulässigkeit des Daten-
abrufs und der Datenübermittlung verantwortlich.

IV. Anordnungskompetenz der BaFin (Abs. 3)

134   Abs. 3 enthält zum einen bestimmte Eingriffs- und Sanktionsmöglichkeiten für
die BaFin gegenüber dem Institut (Satz 1). Zum anderen (Satz 2) räumt er der Aufsichtsbehörde die Möglichkeit ein, Kriterien zu bestimmen, bei deren Vorliegen Institute auf den Einsatz von Datenverarbeitungssystemen zur Bekämpfung der Geldwäsche verzichten können. Durch das **FISG** vom 10.6.2021 wurde Abs. 3 S. 3
angefügt. Dadurch erstreckt die Vorschrift nun die Befugnisse der BaFin in Bezug
auf eine ordnungsgemäße Geschäftsorganisation eines Instituts unmittelbar auch
auf Auslagerungsunternehmen, soweit ausgelagerte Aktivitäten und Prozesse eines
Instituts betroffen sind (BT-Drs. 19/26966, 93 zu Nummer 4 (§ 27)).

1. Eingriffs- und Sanktionsmöglichkeiten (Abs. 3 S. 1)

135   Stellt die BaFin fest, dass ein Institut die in Abs. 1 S. 2 aufgeführten Mindestanforderungen an eine ordnungsgemäße Geschäftsorganisation nicht oder nicht in
ausreichendem Maße erfüllt, ist sie berechtigt, gegenüber diesem Institut im Einzelfall **Anordnungen** zu treffen, damit dieses angemessene interne Maßnahmen ergreift. Damit stellt Abs. 3 eine über die in § 4 Abs. 2 geregelte allgemeine Anordnungsbefugnis hinausgehende **besondere Anordnungsbefugnis** dar. Sie richtet
sich jedoch ausschließlich **gegen das betroffene Institut** selber; eine Maßnahme

gegen die Geschäftsleitung ist nur über § 4 Abs. 2 möglich (siehe auch Schäfer/
Omlor/Mimberg/Möslein Rn. 45).

Sie setzt voraus, dass eine der in Abs. 1 S. 2 Nr. 1–5 aufgeführten Mindestanfor- **136**
derungen an die Geschäftsorganisation nicht erfüllt ist (weiter Schäfer/Omlor/
Mimberg/Möslein Rn. 45, der auch einen Verstoß gegen die Generalklausel des
Abs. 1 S. 1 genügen lässt). Dies betrifft folgende Sachverhalte (hierzu → Rn. 4–52):

- Das Institut verfügt nicht über **angemessene Maßnahmen** zur **Unternehmenssteuerung** oder nicht über **Kontrollmechanismen** und **Verfahren,** die **zur Erfüllung seiner Verpflichtungen** erforderlich sind.
- Das Institut erfüllt nicht oder nur unzureichend die Pflichten zum Führen und Pflegen einer **Verlustdatenbank** sowie einer vollständigen **Dokumentation der Geschäftstätigkeit,** die eine lückenlose Überwachung durch die BaFin gewährleisten.
- Das Institut besitzt kein angemessenes **Notfallkonzept für IT-Systeme.**
- Ein Risikomanagement, Kontrollmechanismen, Verfahren oder Datenverarbeitungssysteme zur Verhinderung der **Geldwäsche oder der Terrorismusfinanzierung** sind nicht oder nicht in ausreichendem Maße vorhanden.

Dieser Missstand muss dazu führen, dass die in Abs. 1 S. 2 Nr. 1–5 genannten **137**
Güter nicht in ausreichendem Maße geschützt werden. Es muss also eine **Gefahr
für die Einhaltung der aufsichtlichen Verpflichtungen** des Institutes oder die
Überwachung durch die BaFin bestehen. Daneben kommt auch in Betracht,
dass durch den Missstand die **Gefahr der Geldwäsche oder Terrorismusfinanzierung** steigt.

Die von der BaFin zu treffende Anordnung muss dem **Gebot der Verhältnis-** **138**
mäßigkeit entsprechen. So muss die Anordnung zunächst **geeignet** sein, den
Missstand und die Gefahr für die geschützten Güter zu beseitigen. Weiterhin muss
die Maßnahme **erforderlich** sein. Dies bedeutet, dass eine weniger einschneidende
Maßnahme nicht zur Verfügung steht, den erstrebten Zweck zu erreichen. Schließlich muss die Anordnung **verhältnismäßig ieS** sein (vgl. Schäfer/Omlor/Mim-
berg/Möslein Rn. 45 „allgemeiner Verhältnismäßigkeitsgrundsatz"). Dies bedeutet,
dass die Maßnahme zu unterbleiben hat, wenn der damit verbundene Schaden in
grobem Missverhältnis zu den angestrebten Zweck steht. So dürfte es regelmäßig
einen Verstoß gegen die Verhältnismäßigkeit ieS darstellen, wenn die Maßnahme
ohne oder nur mit unzureichender Fristsetzung gegenüber dem Institut erlassen
wird.

Die Anordnung durch die BaFin stellt einen das Institut belastenden Verwal- **139**
tungsakt dar, gegen den die Rechtsmittel aus dem allgemeinen Verwaltungsrecht
zu Verfügung stehen (so auch Schäfer/Omlor/Mimberg/Möslein Rn. 45).

2. Befreiungsmöglichkeit (Abs. 3 S. 2)

Die BaFin wird durch Abs. 3 S. 2 ermächtigt, Kriterien festzulegen, nach denen **140**
Institute auf das Führen eines Datenverarbeitungssystems zur Geldwäsche- bzw.
Terrorismusbekämpfung gemäß Abs. 1 S. 2 Nr. 5 verzichten können. Die Regelung
ist der entsprechenden Regelung für Kreditinstitute (§ 25c Abs. 2 S. 2 KWG) nachgebildet. Ausweislich der Gesetzesbegründung kommt beispielsweise ein Verzicht
bei Zahlungsinstituten mit geringen Transaktionsvolumina in Betracht. Bisher hat
die BaFin aber derartige Kriterien weder für Zahlungsinstitute noch für E-Geld-Institute aufgestellt. Im Bereich der Bankenaufsicht hat die BaFin bestimmte Kreditinstitute wie Förderinstitute, Hypothekenbanken und Bausparkassen vollständig

von dem Betreiben eines Datenverarbeitungssystems befreit. Die übrigen Kreditinstitute müssen nach einem Schreiben der BaFin gegenüber dem IdW vom 8.11.2006 (Az.: GW 1 – B 590) erst ab einer Bilanzsumme von 250 Mio. EUR ein solches System vorhalten. Eine analoge Anwendung dieser Vorgaben der BaFin auf Zahlungsinstitute oder E-Geld-Institute scheidet jedoch aus. Kreditinstitute und Institute nach dem ZAG sind weder im Hinblick auf ihre Größe noch im Hinblick auf die Missbrauchsmöglichkeiten für Zwecke der Geldwäsche oder Terrorismusfinanzierung vergleichbar.

3. Erstreckung auf Auslagerungsunternehmen (Abs. 3 S. 3)

140a   Mit der Einfügung des Satz 3 bestehen die **Anordnungsbefugnisse** der BaFin in Bezug auf eine ordnungsgemäße Geschäftsorganisation unmittelbar **auch gegenüber Auslagerungsunternehmen.** Hintergrund der Vorschrift ist die stetig wachsende Bedeutung von Auslagerungsunternehmen bei der Erbringung von Finanzdienstleistungen. Hierdurch verschwimmen immer stärker die Grenzen zwischen beaufsichtigten Instituten und nicht beaufsichtigten externen Dienstleistern. Eine wirksame Aufsicht erfordert daher, dass die BaFin in der Lage ist, bei Verstößen gegen aufsichtsrechtliche Bestimmungen oder bei Missständen auch in aufgespaltenen Wertschöpfungsketten nicht nur auf das beaufsichtigte Institut zuzugreifen, sondern auch auf „dahinter stehende" externe Dienstleister. Sinn und Zweck des Satz 3 ist es daher, Beeinträchtigungen der Aufsicht zu verhindern, die durch die unternehmerische Entscheidung der Institute für eine Auslagerung von Aktivitäten und Prozessen entstehen können (BT-Drs. 19/26966, 91 zu § 25b KWG). Dabei ermöglicht die Vorschrift den Zugriff sowohl auf Auslagerungsunternehmen im Inland wie auch im Ausland (zur beschränkten Wirkung der Anordnungsbefugnis für Auslagerungsunternehmen im Ausland → § 26 Rn. 121). Die Erstreckung der Anordnungsbefugnisse auf Auslagerungsunternehmen lässt dabei die **primäre Verantwortlichkeit des Instituts** für eine ordnungsgemäße Geschäftsorganisation unberührt (BT-Drs. 19/26966, 91 zu § 25b KWG). Zur Frage des Verhältnisses zwischen Satz 1 (Anordnungsbefugnis gegenüber dem Institut) und Satz 3 (Anordnungsbefugnis gegenüber dem Auslagerungsunternehmen) gelten die Erwägungen zur parallelen Problematik iRd § 26 Abs. 3 und Abs. 3a entsprechend (hierzu → § 26 Rn. 122).

140b   Es ist denkbar, dass die BaFin in entsprechenden Verwaltungsvorschriften (Merkblätter, Rundschreiben oÄ) in Zukunft unmittelbare Anforderungen an die Geschäftsorganisation von Auslagerungsunternehmen definiert. Diese dürften sich dann an den Anforderungen der ZAIT und MaRisk orientieren, wobei solche Anforderungen nicht für das Auslagerungsunternehmen als Ganzes gelten können, sondern lediglich für den Bereich, der die ausgelagerten Aktivitäten und Prozesse übernimmt (Wilting RdZ 2021, 92 (94)). Darüber hinaus ist zu beachten, dass mit dem am 17.1.2023 in Kraft getretenen Digital Operational Resilience Act **(DORA)** (der ab dem 17.1.2025 gilt, Art. 64 DORA) ein eigener Aufsichtsrahmen für kritische IKT-Drittanbieter geschaffen wird, vgl. Art. 28 ff. DORA, dh Auslagerungsunternehmen – soweit sie kritische IKT-Drittanbieter sind – zukünftig unmittelbar beaufsichtigt werden. Als unmittelbar anwendbares Recht genießt DORA und die hierin geregelten Anordnungsbefugnisse gegenüber den IKT-Drittanbietern als **lex specialis** Vorrang vor § 27 Abs. 3 S. 3 und etwaigen (zukünftigen) auf Auslagerungsunternehmen anwendbaren Verwaltungsvorschriften.

140c   Nach dem Wortlaut des Satz 3 ZAG (und auch des § 26a Abs. 3a) stehen der BaFin die unmittelbaren Anordnungsbefugnisse auch bei nicht-wesentlichen Auslagerungen zu. Aus einem Vergleich mit der Parallelvorschrift im KWG (§ 25b Abs. 4a KWG) ergibt sich aber, dass es sich hier um ein gesetzgeberisches Versehen handeln dürfte. Denn nach der Parallelvorschrift im KWG bestehen Anordnungsbefugnisse der BaFin gegenüber dem Auslagerungsunternehmen nur bei **wesentlichen Auslagerungen.** Es ist kein sachlicher Grund ersichtlich, weshalb der Gesetzgeber der BaFin im Rahmen des ZAG eine Anordnungsbefugnis auch hinsichtlich nicht-wesentlicher Auslagerungen einräumen wollte und dies im Rahmen des KWG nur bei wesentlichen Auslagerungen gelten soll. Schließlich wäre eine Anordnungsbefugnis der BaFin bei nicht-wesentlichen Auslagerungen mit Blick auf die hier tangierte Berufsfreiheit der Auslagerungsunternehmen aus Art. 12 GG auch unter verfassungsrechtlichen Gesichtspunkten nicht unproblematisch.

V. Zuständigkeit für die Einhaltung von Verordnungen (Abs. 4)

Die Europäische Union hat drei Verordnungen erlassen, die besondere Pflichten unter anderen für Zahlungsverkehrsdienstleister enthalten. Es handelt sich dabei um die Preis-VO, die SEPA-VO und die MIF-VO. Aufgrund ihres Rechtscharakters als Verordnungen sind sie seit dem Inkrafttreten unmittelbar geltendes Recht und bedürfen daher keiner Transformation in nationale Regelungen. Soweit die Verordnungen aufsichtsrechtliche Anforderungen enthalten, bestimmt Abs. 4, dass die **BaFin für deren Überwachung** zuständig ist. Außerdem erhält sie die **Befugnis,** die geeigneten und erforderlichen **Anordnungen zu treffen,** die für die Einhaltung der aufsichtsrechtlichen Pflichten aus den Verordnungen notwendig sind. **141**

§ 28 Anzeigen; Verordnungsermächtigung

(1) **Ein Institut hat der Bundesanstalt und der Deutschen Bundesbank unverzüglich anzuzeigen:**
1. **die Absicht der Bestellung eines Geschäftsleiters und der Ermächtigung einer Person zur Einzelvertretung des Instituts in dessen gesamten Geschäftsbereich unter Angabe der Tatsachen, die für die Beurteilung der Zuverlässigkeit und der fachlichen Eignung, einschließlich der Leitungserfahrung, wesentlich sind, und den Vollzug einer solchen Absicht;**
2. **das Ausscheiden eines Geschäftsleiters sowie die Entziehung der Befugnis zur Einzelvertretung des Instituts in dessen gesamten Geschäftsbereich;**
3. **die Änderung der Rechtsform, soweit nicht bereits eine neue Erlaubnis nach § 10 Absatz 1 oder § 11 Absatz 1 oder neue Registrierung nach § 34 Absatz 1 erforderlich ist, und die Änderung der Firma;**
4. **den Erwerb oder die Aufgabe einer bedeutenden Beteiligung an dem eigenen Institut, das Erreichen, das Über- oder das Unterschreiten der Beteiligungsschwellen von 20 Prozent, 30 Prozent und 50 Prozent der Stimmrechte oder des Kapitals sowie die Tatsache, dass das Institut Tochterunternehmen eines anderen Unternehmens wird oder nicht**

mehr ist, sobald das Institut von der bevorstehenden Änderung dieser Beteiligungsverhältnisse Kenntnis erlangt;

5. einen Verlust in Höhe von 25 Prozent der Eigenmittel;
6. die Verlegung der Niederlassung oder des Sitzes;
7. die Einstellung des Geschäftsbetriebs;
8. das Entstehen, die Änderung oder die Beendigung einer engen Verbindung im Sinne des Artikels 4 Absatz 1 Nummer 38 der Verordnung (EU) Nr. 575/2013 zu einer anderen natürlichen Person oder einem anderen Unternehmen;
9. die Absicht, sich mit einem anderen Institut im Sinne dieses Gesetzes, einem Institut im Sinne des § 1 Absatz 1b des Kreditwesengesetzes oder einem Wertpapierinstitut im Sinne des Wertpapierinstitutsgesetzes zu vereinigen;
10. die Absicht einer Auslagerung, den Vollzug einer Auslagerung sowie wesentliche Änderungen und schwerwiegende Vorfälle im Rahmen von bestehenden wesentlichen Auslagerungen, die einen wesentlichen Einfluss auf die Geschäftstätigkeit des Instituts haben können.

(2) ¹Ein Institut hat der Bundesanstalt und der Deutschen Bundesbank im Voraus jede wesentliche Änderung der zur Sicherung von Geldbeträgen nach § 17 getroffenen Maßnahmen anzuzeigen. ²Hat ein Institut eine Absicherung im Haftungsfall gemäß § 16 oder § 36 aufrechtzuerhalten, so hat es der Bundesanstalt und der Deutschen Bundesbank im Voraus jede wesentliche Änderung der Absicherung anzuzeigen.

(3) Geschäftsleiter, die für die Geschäftsleitung des Instituts verantwortlichen Personen und soweit es sich um Institute handelt, die neben der Erbringung von Zahlungsdiensten und der Ausgabe von E-Geld anderen Geschäftsaktivitäten nachgehen, die Personen, die für die Führung der Zahlungsdienstgeschäfte und des E-Geld-Geschäfts des Instituts verantwortlich sind, haben der Bundesanstalt und der Deutschen Bundesbank unverzüglich anzuzeigen:

1. die Aufnahme und die Beendigung einer Tätigkeit als Geschäftsleiter oder als Aufsichtsrats- oder Verwaltungsratsmitglied eines anderen Unternehmens und
2. die Übernahme und die Aufgabe einer unmittelbaren Beteiligung an einem Unternehmen sowie Veränderungen in der Höhe der Beteiligung.

(4) ¹Das Bundesministerium der Finanzen wird ermächtigt, durch Rechtsverordnung, die nicht der Zustimmung des Bundesrates bedarf, im Benehmen mit der Deutschen Bundesbank nähere Bestimmungen über Art, Umfang, Zeitpunkt und Form der nach diesem Gesetz vorgesehenen Anzeigen und Vorlagen von Unterlagen, über die zulässigen Datenträger, Übertragungswege und Datenformate und über zu verwendende und anzuzeigende Zusatzinformationen zu den Hauptinformationen, etwa besondere Rechtsträgerkennungen sowie Angaben zu deren Aktualität oder Validität zu erlassen und die bestehenden Anzeigepflichten durch die Verpflichtung zur Erstattung von Sammelanzeigen und die Einreichung von Sammelaufstellungen zu ergänzen, soweit dies zur Erfüllung der Aufgaben der Bundesanstalt erforderlich ist, insbesondere um einheitliche Unterlagen zur Beurteilung der erbrachten Zahlungsdienste und des betrie-

benen E-Geld-Geschäfts zu erhalten. [2]In der Rechtsverordnung können ebenfalls nähere Bestimmungen für die Führung eines öffentlichen Registers durch die Bundesanstalt sowie über die Zugriffsmöglichkeiten auf Seiten dieses Registers und die Zuweisung von Verantwortung für die Richtigkeit und Aktualität der Seiten erlassen werden. [3]Das Bundesministerium der Finanzen kann die Ermächtigung im Einvernehmen mit der Deutschen Bundesbank durch Rechtsverordnung auf die Bundesanstalt übertragen. [4]Vor Erlass der Rechtsverordnung sind die Spitzenverbände der Institute anzuhören.

Literatur: Frey/Jenkouk, Neue Anforderungen an das Outsourcing bei Zahlungsinstituten, RdZ 2021, 84; Wilting, Neuerungen im Zahlungsdiensteaufsichtsgesetz durch das Finanzmarktstabilisierungsgesetz, RdZ 2021, 92

Inhaltsübersicht

I. Vorbemerkung

§ 28 regelt die anlassbezogenen Anzeigepflichten von Zahlungsinstituten und **1** E-Geld-Instituten. Die Vorschrift setzt damit Art. 22 Abs. 2 PSD2 um, nach dem die Mitgliedstaaten die für die Beaufsichtigung von Instituten zuständigen Behörden mit allen zur Erfüllung ihrer Aufgaben notwendigen Befugnissen auszustatten haben. Im deutschen Bankaufsichtsrecht stellen Anzeigen seit jeher ein wichtiges

Instrument in der laufenden Aufsicht für die Aufsichtsbehörden dar, um sich zeitnah über wesentliche rechtliche, wirtschaftliche, personelle und organisatorische Änderungen bei den Instituten informieren zu können. Daher ist § 28 in weiten Teilen an § 24 KWG angelehnt. Mit dem Gesetz zur Umsetzung der Zweiten E-Geld-Richtlinie vom 1.3.2011 wurde der Anwendungsbereich auf E-Geld-Institute erweitert. Zudem wurde eine Anzeigepflicht für diese Institute aufgenommen, wenn sich der Sicherungsstatus für entgegengenommene Gelder ändert. Schließlich ist nunmehr auch die Fusionsabsicht mit einem Kreditinstitut oder einem Finanzdienstleistungsinstitut anzuzeigen. Weitere Überwachungsbefugnisse der BaFin ergeben sich aus § 29.

2   Detailfragen zu den einzelnen Anzeigen werden in der Verordnung über die Anzeigen und die Vorlage von Unterlagen nach dem Zahlungsdiensteaufsichtsgesetz (ZAG-Anzeigenverordnung – ZAGAnzV; Abdruck → Anh. § 10 Rn. 1 ff.) geregelt.

II. Anzeigepflichten nach § 28

3   Die Anzeigepflichten, die aus § 28 resultieren, lassen sich wie folgt einteilen:
* Anzeigen bei Änderungen wesentlicher organisatorischer und wirtschaftlicher Grundlagen
* Anzeigen bei Änderungen rechtlicher Grundlagen
* Anzeigepflichten bei Aktivbeteiligungen
* Anzeigepflichten bei Passivbeteiligungen
* Anzeigen bei Auslagerungen
* Anzeigepflichten der Geschäftsleiter

1. Anzeigen bei Änderungen wesentlicher organisatorischer und wirtschaftlicher Grundlagen

4   Bei Vorliegen bestimmter organisatorischer oder wirtschaftlicher Grundlagen sowie bei deren Veränderung sind die nachfolgenden Anzeigen vorgesehen:

5   **a) Bestellung eines Geschäftsleiters (Abs. 1 Nr. 1 Alt. 1).** Nach Abs. 1 Nr. 1 sind sowohl die Absicht, einen Geschäftsleiter zu bestellen, als auch der Vollzug dieser Bestellung anzuzeigen. Im Zusammenhang mit der Anzeigepflicht sind § 10 ZAGAnzV sowie Anlage 4 der ZAGAnzV zu berücksichtigen.

6   Als Geschäftsleiter gelten dabei die in § 1 Abs. 8 S. 1 genannten Personen, die aufgrund Gesetz, Satzung oder Gesellschaftsvertrag zur Geschäftsführung und Vertretung berufen sind **(geborene Geschäftsleiter)**. Hierzu gehören auch **stellvertretende Vorstandsmitglieder**, da diese aufgrund der gesellschaftsrechtlichen Regelungen die gleiche Rechtsstellung wie ordentliche Vorstandsmitglieder haben (BAKred-Mitteilung 2/1963, AZ.: I 2 – 233). Dies gilt auch für **Liquidatoren** für ein abzuwickelndes Institut. Denn diese besitzen während der Liquidationsphase die Rechte und Pflichten eines Geschäftsleiters (vgl. auch Schreiben des BAKred v. 24.6.1968 (Az.: II 42/II 40–131/132)). Gleiches gilt für **Geschäftsleiter auf Probe** (Fischer/Schulte-Mattler/Braun KWG § 24 Rn. 56; Ellenberger/Findeisen/Nobbe/Böger/Frey Rn. 11; Schäfer/Omlor/Mimberg/Wilting Rn. 10; Beck/Samm/Kokemoor/von den Steinen KWG § 24 Rn. 74), den **kommissarisch eingesetzten Geschäftsleiter** (Reischauer/Kleinhans/Albert KWG § 24

Rn. 88; Ellenberger/Findeisen/Nobbe/Böger/Frey Rn. 11; Beck/Samm/Kokemoor/von den Steinen KWG § 24 Rn. 76; Schäfer/Omlor/Mimberg/Wilting Rn. 10; Fischer/Schulte-Mattler/Braun KWG § 24 Rn. 56) und für den **Geschäftsleiter-Vertreter,** der im Fall der Verhinderung dessen Funktion ausüben soll, ebenso wie für die Bestellung eines nebenamtlichen Geschäftsleiters (Merkblatt zu den Geschäftsleitern gemäß KWG, ZAG und KAGB der BaFin von 29.12.2020, Rn. 22, 23; Beck/Samm/Kokemoor/von den Steinen KWG § 24 Rn. 74; Reischauer/Kleinhans/Albert KWG § 24 Rn. 87; Fischer/Schulte-Mattler/Braun KWG § 24 Rn. 57).

Eine Anzeige ist auch bei der **Verschmelzung** von Instituten bezüglich der Ge- 7 schäftsleiter notwendig, die vormals in dem **übertragenden Institut** die Geschäftsleiterfunktion innehatten und diese nun auch in dem fusionierten Institut ausüben sollen (Schreiben des BAKred vom 14.7.1971 (Az.: IV 14.02)). Auch wenn die Geschäftsleiter des übertragenden Institutes die für dessen Leitung erforderliche fachliche Qualifikation besitzen, ist die Geeignetheit für das größere fusionierte Institut erneut zu prüfen. Damit die Aufsichtsbehörden dieser Prüfung vor der Bestellung nachkommen können, ist eine entsprechende Anzeige erforderlich. Hinsichtlich der Geschäftsleiter des **übernehmenden Institutes** ist eine Anzeige dann entbehrlich, wenn dieses – wie in aller Regel – das weitaus größere Institut ist. Etwas anderes gilt jedoch dann, wenn die Größe des fusionierten Institutes deutlich größer als die des übernehmenden Institutes ist. Dies ist regelmäßig dann der Fall, wenn das übernehmende Institut das kleinere der beiden Institute ist oder wenn an der Fusion mehr als zwei Institute beteiligt sind. In einem solchen Fall ist auch eine Anzeige der Geschäftsleiter des übernehmenden Institutes, die im fusionierten Institut weiterhin als Geschäftsleiter tätig sein sollen, erforderlich (aA Schäfer/Omlor/Mimberg/Wilting Rn. 7, da der auslösende Moment der Bestellung fehlen würde und die BaFin ausreichend über § 29 Abs. 1 Nr. 9 informiert sei). Bei einer Anzeige aufgrund einer Fusion kann von der Einreichung der nach ZAGAnzV notwendigen Unterlagen abgesehen werden, wenn diese den Aufsichtsbehörden zB aufgrund früherer Anzeigen bereits vorliegen und diese noch hinreichend aktuell sind. Bei **Rechtsformwechsel** kann eine Anzeigepflicht entstehen, wenn im Rahmen des Rechtsformwechsels die Bestellung eines Geschäftsführers notwendig ist (Schäfer/Omlor/Mimberg/Wilting Rn. 8).

Soweit die BaFin nach § 1 Abs. 8 S. 2 im Ausnahmefall eine andere Person als 8 Geschäftsleiter bestimmt **(gekorener Geschäftsleiter),** wird keine Anzeigepflicht ausgelöst. Zum einen weist der Wortlaut von Abs. 1 Nr. 1 („Bestellung") darauf hin, dass hier eine Handlung der zuständigen Organe des Institutes erforderlich ist. Zum anderen entfallen auch die Gründe für die Anzeige. Denn in diesem Fall hatte die Aufsicht schon im Vorfeld die Möglichkeit, Zuverlässigkeit und Geeignetheit zu prüfen und kennt aufgrund der Bestimmung den Geschäftsleiter bereits.

Soweit die Absicht besteht, einen Geschäftsleiter zu benennen, ist unverzüglich 9 eine **Absichtsanzeige** abzugeben. Dadurch soll vermieden werden, dass ungeeignete oder unzuverlässige Personen zur Geschäftsleitung bestellt werden und diese im Nachhinein von der BaFin abgerufen werden müssen. Durch die Anzeige der Absicht hat die BaFin die Möglichkeit, noch vor Bestellung des Geschäftsleiters die Person abzulehnen. Allerdings reichen entgegen dem Wortlaut bloß **vage Absichten** zur Begründung der Anzeigepflicht noch nicht aus. Vielmehr müssen die zuständigen Gremien des Institutes (Gesellschafterversammlung, Hauptversammlung oder Aufsichtsrat) bereits eine ausreichend konkretisierte Absicht haben, einen Geschäftsleiter zu bestellen. Dies ist dann der Fall, wenn das zuständige Organ des Instituts eine **entsprechende Entscheidung getroffen** hat, auch wenn diese unter dem Vorbehalt der Entscheidung anderer Gremien oder der Rückmeldung der Bundesanstalt steht (Merkblatt zu den Geschäftsleitern gemäß KWG, ZAG und KAGB der BaFin vom 29.12.2020, Rn. 26; Fischer/Schulte-Mattler/Braun KWG § 24 Rn. 62; Ellenberger/Findeisen/Nobbe/Böger/Frey Rn. 14). Allerdings darf der Dienstvertrag mit dem zu bestellenden Geschäftsleiter noch nicht abgeschlossen sein (ebenso Schäfer/Omlor/Mimberg/Wilting Rn. 6), da anderenfalls der BaFin die Möglichkeit genommen würde, ungeeignete oder unzuverlässige Personen vor ihrer Bestellung abzulehnen.

10   Die Absichtsanzeige ist gemäß § 1 Abs. 1 ZAGAnzV jeweils in einfacher Ausfertigung gegenüber der BaFin und gegenüber der Deutschen Bundesbank abzugeben. In der Anzeige ist das Datum anzugeben, zu dem der Geschäftsleiter bestellt werden soll (Merkblatt zu den Geschäftsleitern gemäß KWG, ZAG und KAGB der BaFin vom 29.12.2020, Rn. 27). Ihr ist ein gesondertes Formular beizufügen, welches als Anlage 4 der ZAGAnzV angehängt ist. In diesem hat der zu bestellende Geschäftsleiter die folgenden Angaben zu seiner Person zu machen:

- Mitteilung, ob gegen ihn ein **Strafverfahren** geführt wird oder geführt wurde (§ 10 Abs. 1 S. 1 Nr. 1 ZAGAnzV). Dabei müssen solche Verfahren nicht angegeben werden, die mit einem Freispruch beendet wurden, die mangels hinreichenden Tatverdachts oder aufgrund eines Verfahrenshindernisses eingestellt wurden oder bei denen die Eintragung in das Bundeszentralregister bereits entfernt oder getilgt ist (§ 1 Abs. 1 S. 4 ZAGAnzV). Ebenfalls kann eine Angabe solcher Verfahren unterbleiben, die nicht von einer deutschen Strafermittlungsbehörde oder von einem deutschen Gericht beendet worden sind (§ 1 Abs. 1 S. 5 ZAGAnzV). Anzugeben sind jedoch die gem. §§ 153, 153a StPO eingestellten Verfahren, vgl. § 10 Abs. 1 S. 6 ZAGAnzV.

- Angabe, ob im Zusammenhang mit seiner unternehmerischen Tätigkeit ein **Ordnungswidrigkeitenverfahren** oder ein **ähnliches Verfahren** anhängig ist oder in der Vergangenheit mit einer Verurteilung oder Sanktionierung abgeschlossen wurde (§ 10 Abs. 1 S. 1 Nr. 2 ZAGAnzV). Dabei darf die Angabe solcher Verfahren unterbleiben, die vor mehr als 5 Jahren abgeschlossen wurden (§ 10 Abs. 1 S. 8 ZAGAnzV).

- Erklärung, ob gegen ihn oder ein von ihm geleitetes Unternehmen aktuell oder zu einem früheren Zeitpunkt ein **Insolvenzverfahren,** ein **Verfahren zur Abgabe der eidesstattlichen Versicherung** oder ein vergleichbares Verfahren geführt wird bzw. wurde (§ 10 Abs. 1 S. 1 Nr. 3 ZAGAnzV).

- Mitteilung, ob gegen ihn oder ein von ihm geleitetes Unternehmen eine **aufsichtliche Maßnahme** eingeleitet wurde oder in der Vergangenheit eine solche Maßnahme zu einer Sanktion geführt hat (§ 10 Abs. 1 S. 1 Nr. 4 ZAGAnzV). Liegt das Verfahren schon länger als 5 Jahre zurück, kann die Angabe unterbleiben (§ 10 Abs. 1 S. 8 ZAGAnzV).

- Angabe, ob durch eine Behörde eine **Registereintragung,** eine **Erlaubnis,** eine **Mitgliedschaft** oder eine **Gewerbeerlaubnis versagt** bzw. **aufgehoben** wurde oder ob ein sonstiger Ausschluss vom Betrieb eines Gewerbes bzw. von der Vertretung und Führung dessen Geschäftes stattgefunden hat. Ebenso ist anzugeben, ob aktuell ein solches Verfahren geführt wird (§ 10 Abs. 1 S. 1 Nr. 5 ZAGAnzV). Nach § 10 Abs. 1 S. 8 ZAGAnzV kann auch hier die Meldung unterbleiben, wenn die Beendigung des Verfahrens länger als 5 Jahre zurückliegt.

Das Formular ist von dem zu bestellenden Geschäftsleiter eigenhändig zu unterzeichnen. Die gemachten Angaben über Verfahren Sanktionen sind zu erläutern sowie die ergangenen Urteile, Beschlüsse und anderen Sanktionen in beglaubigter Kopie beizufügen.

Nach § 10 Abs. 2 ZAGAnzV ist ein vollständiger und eigenhändig unterzeichne- **11** ter **Lebenslauf** beizufügen. Mit diesem soll insbesondere nachgewiesen werden, dass der zu bestellende Geschäftsleiter zuverlässig und geeignet ist. Daher sind neben Angaben zu Namen, Anschrift und Geburt Ausführungen zur beruflichen Qualifikation und Berufserfahrung sowie zu etwaigen Nebentätigkeiten zu machen. Mit dem ZDUG II wurde ausdrücklich klargestellt, dass auch Tatsachen für die **Leitungserfahrung** anzugeben sind. Soweit **Nebentätigkeiten** ausgeübt werden, ist das Formular gemäß Anlage 5 zur ZAGAnzV auszufüllen und der Absichtsanzeige beizufügen. Neben dem Lebenslauf sind auch Angaben über **unmittelbare Beteiligungen** ab 25 % an einem Unternehmen zu machen, soweit diese bestehen. Hierfür ist das Formular gemäß Anlage 6 zur ZAGAnzV beizufügen. Weiterhin sind der BaFin ein **Führungszeugnis** (§ 10 Abs. 3 ZAGAnzV), eine **Gewerbezentralregisterauskunft gemäß § 150 GewO** (§ 10 Abs. 4 ZAGAnzV) sowie (gemäß nach § 10 Abs. 5 ZAGAnzV) der **Anstellungsvertrag,** das geplante Anfangsdatum und die geplante Dauer des Mandats, eine Beschreibung der wesentlichen Pflichten und Verantwortlichkeiten sowie weitere, zur Beurteilung der Zuverlässigkeit relevante Angaben zur Verfügung zu stellen.

Soweit die Angaben der BaFin nicht ausreichen, um sich ein hinreichendes Bild **12** über die Zuverlässigkeit und Geeignetheit des zu bestellenden Geschäftsleiters zu machen, kann sie gemäß § 10 Abs. 6 ZAGAnzV weitere Auskünfte verlangen und Unterlagen anfordern.

Die **Vollzugsanzeige** ist zu dem Zeitpunkt abzugeben, an dem der Geschäfts- **13** leiter rechtswirksam bestellt worden ist und seine Tätigkeit aufgenommen hat. Für die Zwecke des ZAG kommt es bei der Vollzugsanzeige nicht allein auf die rechtswirksame Bestellung an, sondern primär auf die Aufnahme der Tätigkeit. Das ist der Zeitpunkt, zu dem die Bundesanstalt beurteilt, ob sich seit der Abgabe der Absichtsanzeige durch das Institut oder das Unternehmen Tatsachen ergeben haben, die für die fachliche Eignung, Zuverlässigkeit und zeitliche Verfügbarkeit der angezeigten Person relevant sein können (Merkblatt zu den Geschäftsleitern gemäß KWG, ZAG und KAGB der BaFin vom 29. 12. 2020, Rn. 78 f.). Die Vollzugsanzeige ist gegenüber BaFin und Bundesbank abzugeben; sie ist formlos in jeweils einfacher Ausfertigung einzureichen; anders als bei der Absichtsanzeige sind keine gesonderten Anlagen beizufügen.

b) Ausscheiden eines Geschäftsleiters (Abs. 1 Nr. 2 Alt. 1). Nach Abs. 1 **14** Nr. 2 löst auch das Ausscheiden eines Geschäftsleiters eine unverzügliche Anzeigepflicht aus. Allerdings ist der **Geschäftsleiterbegriff nicht deckungsgleich** mit dem für die Bestellung nach Abs. 1 Nr. 1. So ist auch das Ausscheiden von gekorenen Geschäftsleitern, also solchen, die von der BaFin nach § 1 Abs. 8 S. 2 als Geschäftsleiter bestimmt werden, anzuzeigen (Ellenberger/Findeisen/Nobbe/Böger/Frey Rn. 25; Schäfer/Omlor/Mimberg/Wilting Rn. 20 aA ggf. Schwennicke/Auerbach/Süßmann § 24 Rn. 13, der von einer Spiegelbildlichkeit der Vorschriften spricht). Denn anders als bei der Einsetzung hat die BaFin vom Ausscheiden ohne die Anzeige häufig keine Kenntnis. Zudem ist auch vom Wortlaut keine Einschränkung auf geborene Geschäftsleiter vorgesehen. Grundsätzlich ist damit das Ausscheiden des Geschäftsleiters in jedem Fall anzeigepflichtig, unabhängig von der Art, wie der Geschäftsleiter ins Amt gekommen ist und ob die Bestellung anzeigepflichtig war (Schäfer/Omlor/Mimberg/Wilting Rn. 20).

15   Die **Gründe für die Abberufung** sind vielfältig. Häufige Fälle sind die Abberufung, der Tod oder der Eintritt in den Ruhestand eines Geschäftsleiters. Auch ein Ausscheiden von Geschäftsleitern auf Probe im Rahmen der Probezeit löst die Pflicht zur Abgabe einer Anzeige aus. Das gleiche gilt, wenn ein Geschäftsleiter von seiner Funktion enthoben wird, aber weiterhin im Institut tätig ist (zustimmend Ellenberger/Findeisen/Nobbe/Böger/Frey Rn. 26). Aus diesem Grunde sind auch bei einer Fusion die Geschäftsleiter anzuzeigen, die künftig in dem fusionierten Institut keine Geschäftsleiterfunktionen mehr wahrnehmen. Dabei erstreckt sich die Anzeigepflicht anders als bei der Bestellung generell auf die Geschäftsleiter des übernehmenden und die des übertragenden Institutes.

16   Neben einer endgültigen Beendigung der Geschäftsleitertätigkeit ist auch eine **dauerhafte Nichtausübung** anzeigepflichtig (Reischauer/Kleinhans/Albert KWG § 24 Rn. 91). Denn durch die Anzeigen nach Abs. 1 Nr. 1 und 2 soll die BaFin stets darüber informiert sein, wer das jeweilige Institut lenkt. Findet daher beispielsweise durch längere Krankheit oder (außerordentlichen) Urlaub de facto keine Vertretung durch einen bestellten Geschäftsleiter statt, ist die Meldung dieser Tatsache zur Erfüllung des Normzweckes erforderlich. Auch im Fall eines sog. **Sabbaticals** eines Geschäftsleiters ist dies der BaFin gem. Abs. 1 Nr. 2 anzuzeigen; gleichzeitig (oder besser bereits vorher) ist die Neubestellung eines anderen Geschäftsleiters anzuzeigen, wenn ansonsten die erforderliche Anzahl von Geschäftsleitern gem. § 10 Abs. 2 S. 5 unterschritten wird.

17   Bei Ausscheiden eines Geschäftsleiters ist die erforderliche Anzeige unverzüglich an BaFin und Bundesbank in jeweils einfacher Ausfertigung zu richten. Nach § 10a ZAGAnzV ist eine Erklärung über den Zeitpunkt des Wirksamwerdens und den **Grund des Ausscheidens** des Geschäftsleiters beizufügen; weitergehende Formvorschriften durch die ZAGAnzV gibt es nicht. Daher sind auch grundsätzlich keine Anlagen oder weitergehende Erklärungen beizufügen. Der Grund des Ausscheidens ist zu erläutern, da die Aufsichtsbehörden ein wesentliches Interesse an der Information haben, ob das Ausscheiden mit Unregelmäßigkeiten oder ähnlichem im Zusammenhang mit der Geschäftsleiterfunktion stand. Diese Information ist für eine etwaige spätere Bestellung der ausgeschiedenen Person bei einem anderen Institut im Hinblick auf ihre Zuverlässigkeit und fachliche Eignung erforderlich (Reischauer/Kleinhans/Albert KWG § 24 Rn. 91). Anders als bei der Bestellung ist nur der Vollzug des Ausscheidens mitzuteilen. Eine Absichtsanzeige kann daher unterbleiben.

18   **c) Ermächtigung zur Einzelvertretung (Abs. 1 Nr. 1 Alt. 2).** Ebenso wie die Bestellung eines Geschäftsleiters ist nach Abs. 1 Nr. 1 Alt. 2 die Ermächtigung einer Person zur Einzelvertretung des Institutes anzuzeigen, soweit sich die Vertretungsmacht auf den **gesamten Geschäftsbereich** des Institutes bezieht. Ein solcher **Generalbevollmächtigter** hat ähnlich wie ein Geschäftsleiter die Möglichkeit, die Geschäfte und Tätigkeiten des Institutes zu bestimmen. Daher soll auch hier die Aufsicht in die Lage versetzt werden, seine fachliche Eignung und seine Zuverlässigkeit vorab zu prüfen.

19   Da der Bevollmächtigte **einzelvertretungsberechtigt** sein muss, fallen **Prokuristen** nur dann in den Anwendungsbereich der Regelung, wenn sie nach Maßgabe der §§ 48 und 49 HGB **Einzelprokura** besitzen. Eine Erteilung einer **Gesamtprokura** gemäß § 48 Abs. 2 HGB, nach der die Bevollmächtigten nur gemeinsam Geschäfte und Rechtshandlungen vornehmen dürfen, ist hingegen nicht anzeigepflichtig. Bei der Erteilung einer **Handlungsvollmacht** nach § 54

HGB ist anhand der jeweiligen Vollmacht zu prüfen, ob der Bevollmächtigte allein oder nur zusammen mit anderen Personen die Geschäfte und Rechtshandlungen vornehmen darf. Der Regelfall dürfte die zweite Alternative sein, so dass eine Anzeigepflicht bereits aufgrund der nicht vorhandenen Einzelvertretungsbefugnis ausscheidet.

Weiterhin muss sich die Bevollmächtigung auf den **gesamten Geschäfts-** **20** **betrieb** beziehen. Eine Beschränkung auf einzelne Filialen, Niederlassungen, Zweigstellen oder Abteilungen des Institutes ist nicht ausreichend. Aus diesen Gründen ist die Einräumung einer **Filialprokura** nach § 50 Abs. 3 HGB nicht anzeigepflichtig (Fischer/Schulte-Mattler/Braun KWG § 24 Rn. 59). Bei der **Handlungsvollmacht** ist wiederum der individuell festgelegte Umfang zu prüfen. Soweit eine Einzelprokura oder eine Handlungsvollmacht zur Vornahme aller Geschäfte und Rechtshandlungen für den gesamten Geschäftsbetrieb eingeräumt werden soll, ist es hinsichtlich der Anzeigepflicht unschädlich, wenn keine besondere Befugnis zur **Belastung und Veräußerung von Grundstücken** nach § 50 Abs. 2 HGB oder § 54 Abs. 2 HGB eingeräumt wird.

Hinsichtlich des Umfangs der Anzeige gelten dieselben Regelungen wie bei der **21** Bestellung eines Geschäftsleiters. Die Absichtsanzeige ist dann abzugeben, wenn das zuständige Organ des Institutes sich auf eine Person und Art sowie Umfang der Vollmacht verständigt hat (so wohl auch Schäfer/Omlor/Mimberg/Wilting Rn. 11). Die Vollzugsanzeige ist nach Ausspruch der Ermächtigung abzugeben, selbst wenn die (ggf. erforderliche) Eintragung im Handelsregister noch nicht erfolgt ist (Reischauer/Kleinhans/Albert KWG § 24 Rn. 74).

d) Entziehung der Befugnis zur Einzelvertretung (Abs. 1 Nr. 2 Alt. 2). **22** Hinsichtlich der Anzeige der Entziehung der Bevollmächtigung nach Abs. 1 Nr. 2 gilt das unter → Rn. 15–17 zu dem Ausscheiden von Geschäftsleitern Gesagte entsprechend. Allerdings ist der Entzug der Einzelvertretung nur dann anzeigepflichtig, wenn auch die Gewährung bereits anzeigepflichtig war (Schäfer/Omlor/Mimberg/Wilting Rn. 19). In der formlos gegenüber BaFin und Bundesbank abzugebenden Anzeige sind ebenfalls die Gründe für das Ausscheiden aufzuführen; denn nach § 10a ZAGAnzV ist eine Erklärung über den Zeitpunkt des Wirksamwerdens und den Grund der Entziehung der Befugnis zur Einzelvertretung beizufügen.

e) Erhebliche Verluste (Abs. 1 Nr. 5). Nach Abs. 1 Nr. 5 muss das Institut **23** einen Verlust anzeigen, wenn dieser mindestens 25 % seiner Eigenmittel ausmacht. Durch die Anzeige wird es den Aufsichtsbehörden ermöglicht, **wesentliche Kapitalveränderungen** bei den Instituten zeitnah zu erkennen und notwendige aufsichtliche Maßnahmen einzuleiten. Nach § 4 Abs. 2 soll die BaFin im Rahmen der Aufsicht nach dem ZAG gegenüber den Instituten und ihren Geschäftsleitern Anordnungen treffen, die geeignet und erforderlich sind, um Verstöße gegen aufsichtsrechtliche Bestimmungen zu unterbinden oder um Missstände in einem Institut zu verhindern oder zu beseitigen, welche die Sicherheit der dem Institut anvertrauten Vermögenswerte gefährden können oder die ordnungsgemäße Durchführung der Zahlungsdienste oder das ordnungsgemäße Betreiben des E-Geld-Geschäfts beeinträchtigen. Zur Beurteilung, ob eine Gefährdungslage beim Institut vorliegt, die ein Eingreifen erfordert, ist sie insbesondere auf aktuelle Informationen angewiesen, die ihr einen Einblick in die wirtschaftliche Situation des Institutes ermöglichen. Zwar erhält sie aufgrund der Regelung des § 22 einmal jährlich den Jahresabschluss; aktuelle Entwicklungen lassen sich aus diesem jedoch nur bedingt ableiten. Bei großen, möglicherweise existenzbedrohenden Verlusten sind daher zeitnahe Informationen erforderlich. Die BaFin kann dann die notwendigen Maßnahmen ergreifen, wobei sie zunächst die Verlustursachen und die Wahrscheinlichkeit, ob weitere Verluste eintreten werden, ermitteln wird. Im Bereich der Bankenaufsicht ist in § 35 Abs. 2 KWG explizit geregelt, dass bei einem hohen (50%) oder regelmäßigen Verlusten die Erlaubnis zum Geschäftsbetrieb aufgehoben werden kann. Eine solche Ermächtigung ließe sich im ZAG über § 12 Nr. 3 herleiten. Auch könnte ggf. nach § 13 Abs. 2 Nr. 4 die Erlaubnis aufgehoben werden, wenn durch ein weiteres Betreiben der Geschäfte die Stabilität des Zahlungssystems gefährdet würde. Daher wird die BaFin nach Erhalt der Anzeige prüfen, ob durch die eingetretenen und eventuell künftig zu erwartenden Verluste eine solche Gefährdung entsteht. Zudem wird die BaFin Maßnahmen nach § 21 erwägen müssen.

24   **Bezugsgröße** für die Ermittlung des Verlustes sind die Eigenmittel des Institutes nach § 1 Abs. 29, dh die Summe aus Kernkapital und Ergänzungskapital (Art. 4 Abs. 1 Nr. 118 CRR), wobei aber mindestens 75% des Kernkapitals aus hartem Kernkapital nach Art. 50 CRR bestehen muss, und das Ergänzungskapital höchstens ein Drittel des harten Kernkapitals betragen darf (→ § 1 Rn. 559ff.). Demgemäß kann bei Instituten des ZAG das sog. „going concern-Kapital", das eintretende Verluste auffangen und die Institute vor Insolvenz schützen muss, nur aus dem harten Kernkapital bestehen (vgl. dazu Deutsche Bundesbank, Basel III – Leitfaden zu den neuen Eigenkapital- und Liquiditätsregeln für Banken (2011), S. 11).

25   Die Definition des Art. 5 Abs. 2 CRR, wonach „Verlust" „den wirtschaftlichen Verlust einschließlich wesentlicher Diskontierungseffekte sowie wesentlicher direkter und indirekter Kosten der Beitreibung" bezeichnet, gilt nur für das Kreditrisiko. Als **Verlust** iSd § 28 Abs. 1 Nr. 5 gelten die **Erträge übersteigenden Aufwendungen** des Institutes. Dabei ist jedoch nicht alleinig auf die Erträge und Aufwendungen aus der bilanziellen Rechnungslegung abzustellen (Fischer/Schulte-Mattler/Braun KWG § 24 Rn. 87). Denn diese ergeben sich lediglich aus dem Jahresabschluss und, soweit vorhanden, aus Zwischenabschlüssen. Damit sind diese Zahlen für die Zwecke der Regelung, nämlich eine zeitnahe Information der Aufsichtsbehörden, nicht aktuell genug. Es sind daher auch **unterjährig realisierte** (Ausbuchungen, Direktabschreibungen) **und nicht realisierte Verluste** (Wertberichtigungen, Rückstellungen) zu berücksichtigen. Dabei ist es unerheblich, ob diese Verluste aus der laufenden Geschäftstätigkeit oder aus einmaligen Ereignissen stammen. Bei der Berücksichtigung von **Ertragszuschüssen und Verlustübernahmen** ist auf den Normzweck und damit auf die Gefährdungslage abzustellen (Fischer/Schulte-Mattler/Braun KWG § 24 Rn. 88; zustimmend Schäfer/Omlor/Mimberg/Wilting Rn. 82). Daher sind sie unzweifelhaft dann zu berücksichtigen, wenn sie dem Institut vor Entstehung des Verlustes bereits zugeflossen sind. Wenn aber sichergestellt ist, dass bei Verlustentstehung noch nicht geleistete Ertragszuschüsse und Verlustübernahmen dem Institut auf jeden Fall zufließen, können diese auch verlustreduzierend zur Anrechnung kommen (so auch Fischer/Schulte-Mattler/Braun KWG § 24 Rn. 90; aA Reischauer/Kleinhans/Albert KWG § 24 Rn. 102). Dies gilt auch hinsichtlich der Anrechnung von **Ausgleichsansprüchen aus Gewinnabführungsverträgen.** Teilweise wird hier unter Hinweis auf die zivilrechtliche Entstehung der Ansprüche erst zum Bilanzstichtag eine Berücksichtigung verneint (Reischauer/Kleinhans/Albert KWG § 24 Rn. 102). Soweit aber durch Sicherheitenstellung oder ähnliches gewährleistet ist, dass der Verlust durch die spätere Zahlung vermindert oder ausgeglichen wird, entspricht es dem Normzweck, auch diese Zahlungsansprüche zu berücksichtigen (so auch Fischer/

Schulte-Mattler/Braun KWG § 24 Rn. 90). Eine rechnerische Verringerung des Verlustes durch vorhandene **stille Reserven** scheidet hingegen aus. Diese unterliegen regelmäßig Wertschwankungen, so dass eine Realisierung nicht feststeht.

Die **Anzeige** ist zu dem **Zeitpunkt** abzugeben, in dem das Institut den Verlust **26** erkennt oder erkennen kann. Dabei ist die unterjährige Entwicklung stets im Auge zu behalten; ein Institut muss aufgrund der Pflicht zur ordnungsgemäßen Geschäftsorganisation nach § 27 Abs. 1 stets die Entwicklungen seiner finanziellen Lage beobachten (Ellenberger/Findeisen/Nobbe/Böger/Frey Rn. 46). Ein Abstellen alleine auf die Aufstellung des Jahresabschlusses ist nicht ausreichend. Bei der Berechnung bzw. Feststellung unterjähriger Verluste ist keine exakte Ermittlung wie bei der Rechnungslegung erforderlich. Hier reichen auch überschlägige Ermittlungen aus. Bei singulären Ereignissen, die zu erheblichen Verlusten führen, ist davon auszugehen, dass auch außerhalb des regulären Reportings ermittelt werden muss, ob die Voraussetzungen für eine Meldung vorliegen (Schäfer/Omlor/Mimberg/Wilting Rn. 84). Die Anzeige ist unverzüglich nach Feststellung des Verlustes in einfacher Ausfertigung je gegenüber BaFin und Bundesbank abzugeben (§ 1 Abs. 1 ZAGAnzV). Weder das ZAG noch die ZAGAnzV schreiben die Beifügung von Unterlagen vor. Allerdings ist es empfehlenswert, nähere Erläuterungen zur Entstehung der Verluste und gegebenenfalls der ergriffenen Maßnahmen der Anzeige beizufügen, um entsprechende Anfragen der Aufsicht zu vermeiden.

f) Einstellung des Geschäftsbetriebes (Abs. 1 Nr. 7). Die Einstellung des **27** Geschäftsbetriebes ist nach Abs. 1 Nr. 7 anzuzeigen. Die Anzeige dient dem **Zweck,** der Aufsicht einen Überblick darüber zu geben, wer aktuell Zahlungsdienste und E-Geld-Geschäfte betreibt.

Unter den Begriff **Geschäftsbetrieb** fallen alle Zahlungsdienste und das **28** E-Geld-Geschäft. Eine Anzeige ist also auch dann erforderlich, wenn ein Zahlungsinstitut oder E-Geld-Institut diese Geschäfte nicht mehr erbringt, aber andere, erlaubnisfreie Geschäfte ausübt. Allerdings müssen sämtliche nach dem ZAG erlaubnispflichtigen Geschäfte eingestellt werden („Einstellung des Geschäftsbetriebs"). Die Einstellung einzelner Geschäfte ist nicht nach Abs. 1 Nr. 7 anzeigepflichtig; es kommt aber eine Anzeige nach § 10 Abs. 5 oder nach § 11 Abs. 4 in Betracht.

Eine **Einstellung** des Geschäftsbetriebes liegt vor, wenn das Institut die Ge- **29** schäfte **tatsächlich einstellt.** Hingegen kommt es auf den **Willen, die Geschäfte nicht wieder aufzunehmen,** nicht an (ähnlich Fischer/Schulte-Mattler/Braun KWG § 24 Rn. 118). Daher begründet auch die **vorübergehende Einstellung** die Anzeigepflicht (Reischauer/Kleinhans/Albert KWG § 24 Rn. 115). Nicht erforderlich ist die **Eintragung** der Einstellung in das **Handelsregister.** Keine Einstellung liegt vor, wenn das Institut die Erlaubnis zum Betreiben der Geschäfte gemäß § 10 oder § 11 besaß, von dieser aber keinen Gebrauch gemacht hat. Der Geschäftstätigkeit muss folglich auch **tatsächlich ausgeübt** worden sein. Der Grund für die Einstellung ist unerheblich. Aus diesem Grunde muss auch bei einer **Fusion** das übertragende Institut eine Anzeige abgeben, auch wenn das fusionierte Institut die Geschäfte weiter betreibt und unabhängig davon, dass eine Fusion und deren Vollzug für sich anzeigepflichtig sind (im Ergebnis zustimmend Schäfer/Omlor/Mimberg/Wilting Rn. 91).

Der **Zeitpunkt der Anzeige** ist der, an dem die Geschäfte tatsächlich eingestellt **30** werden. Bei **Fusionen** kommt es auf den Zeitpunkt an, bis zu dem das übertragende Institut die Geschäfte im eigenen Namen ausübt. Der späteste Zeitpunkt ist der der Eintragung in das Handelsregister. Allerdings werden vielfach die Geschäfte schon vorher für das fusionierte oder das übernehmende Institut getätigt. Entsprechend ist die Anzeige auch schon zu diesem Zeitpunkt abzugeben. Gesonderte Regelungen für die Art der Anzeige existieren nicht, so dass je eine einfache Ausfertigung an BaFin und Bundesbank genügt.

31   **g) Fusion mit anderem Institut (Abs. 1 Nr. 9).** Soweit die Absicht besteht, mit einem anderen Institut iS dieses Gesetzes, einem Institut iSd § 1 Abs. 1b KWG oder einem Wertpapierinstitut iSd WpIG zu fusionieren, ist nach Abs. 1 Nr. 9 eine Anzeige abzugeben. Durch die Absichtsanzeige soll es der BaFin ermöglicht werden, **Einfluss auf die Fusionsverhandlungen** zu nehmen.

32   Bei dem **Fusionspartner** muss es sich um ein Zahlungsinstitut nach § 1 Abs. 1 S. 1 Nr. 1, um ein E-Geld-Institut nach § 1 Abs. 2 S. 1 Nr. 1, um ein Kreditinstitut nach § 1 Abs. 1 S. 1 KWG, ein Finanzdienstleistungsinstitut nach § 1 Abs. 1a S. 1 KWG oder um ein Wertpapierinstitut iSd WpIG handeln. Die Anzeige ist auch abzugeben, wenn es sich bei dem Fusionspartner um ein ausländisches Institut handelt (Schäfer/Omlor/Mimberg/Wilting Rn. 45: nur Fusion mit in EU ansässigen Instituten).

32a   Unerheblich ist es, ob es sich bei der Fusion um eine Fusion durch **Umwandlung** oder eine durch **Neugründung** handelt. In beiden Fällen ist eine Anzeige abzugeben, auch wenn im letzteren Fall für das neu zu gründende Institut eine neue Zulassung nach §§ 10 oder 11 bzw. § 32 KWG einzuholen ist. Eine Fusion liegt dagegen nicht vor bei Erwerb der Anteile an dem Institut iSd § 1 Abs. 3 durch ein in Abs. 1 Nr. 9 genanntes Institut; in dem Fall kommen Anzeigen nach Abs. 1 Nr. 4 (passivische Beteiligung) und Nr. 8 (enge Verbindung) in Betracht.

33   § 13 S. 1 ZAGAnzV konkretisiert die Anzeigeerfordernisse. So ist dann eine Anzeige abzugeben, wenn sich die **Fusionsabsicht konkretisiert** hat („sobald auf Grund der geführten Verhandlungen anzunehmen ist, dass die Vereinigung zustande kommen wird"). Bloße vage Fusionsabsichten reichen daher nicht aus. Vielmehr muss sich aus den geführten Fusionsgesprächen die Absicht aller beteiligten Institute ergeben haben, eine Fusion vorzunehmen. Eine Verständigung über die Einzelheiten der Verschmelzung muss aber noch nicht erfolgt sein. Auf jeden Fall muss die Anzeige vor Vertragsschluss erfolgen, da anderenfalls eine Einflussnahme der Aufsicht nicht mehr möglich wäre. Die Anzeige ist in jeweils einfacher Ausfertigung gegenüber BaFin und Bundesbank abzugeben. Weiterhin ist nach § 13 S. 2 ZAGAnzV unverzüglich eine Mitteilung an die Aufsicht zu richten, wenn die **Fusionsverhandlungen scheitern.** Ebenso ist eine Mitteilung vorzunehmen, wenn die **Fusion rechtlich vollzogen** wurde, also die Eintragung in das Handelsregister erfolgt ist.

34   **Anzeige- und meldepflichtig** sind alle an der Fusion beteiligten Institute. Es ist aber ausreichend, wenn diese zusammen eine Anzeige bzw. Meldung abgeben (Schäfer/Omlor/Mimberg/Wilting Rn. 44 stellt dies in Zweifel, verlangt zumindest, dass die Meldung dann von allen Instituten rechtskräftig unterzeichnet ist). Auch bei einer Fusion durch Übernahme entfällt die Pflicht für das zu übernehmende Institut nicht. Aus dem Vollzug der Fusion können sich weitere Anzeigepflichten, zB nach Abs. 1 Nr. 1 und Nr. 2 bei Änderung in der Geschäftsleitung und nach Abs. 1 Nr. 7 (Einstellung des Geschäftsbetriebs der übernommenen Gesellschaft) ergeben (Ellenberger/Findeisen/Nobbe/Böger/Frey Rn. 73).

h) Änderung bei der Sicherung von Geldbeträgen, Absicherung für den 35
Haftungsfall (Abs. 2). aa) Änderung bei der Sicherung von Geldbeträgen
(Satz 1). Nach Maßgabe der §§ 17 und 18 haben Institute die entgegengenommenen Geldbeträge zu sichern und so zu verwalten, dass sie im Falle der Insolvenz
nicht in die Insolvenzmasse fallen. Da dieser Sicherungsmaßnahme bei **E-Geld-Instituten** eine besondere Rolle zukommt (Erwägungsgrund 14 Richtlinie 2009/
110/EG), bestimmte § 29 Abs. 1a ZAG aF, der der Umsetzung von Art. 3 Abs. 2
der Richtlinie 2009/110/EG diente, dass wesentliche Änderungen bei den Sicherungsmaßnahmen für entgegengenommene Gelder anzuzeigen sind. § 28 Abs. 2
idF des ZDUG II erstreckt diese Anzeigepflicht nun auch auf **Zahlungsinstitute.**
Die Anzeigepflicht dient der Sicherung der Kundengelder (Schwennicke/Auer-
bach/Schwennicke Rn. 3).

Was eine wesentliche Änderung ist, wird nicht näher konkretisiert; als **wesent-** 36
liche Änderungen des Sicherheitsstatus gelten ua die Änderung der Sicherungsmethode, der Wechsel des Kreditinstituts, bei dem die gesicherten Geldbeträge hinterlegt werden, oder der Wechsel des Versicherungsunternehmens oder
des Kreditinstituts, das die Geldbeträge versicherungsvertraglich absichert oder garantiert. Wesentlich kann auch die Kündigung der zur Sicherung nach § 17 eingesetzten Treuhandkonten durch das Kreditinstitut sein.

bb) Absicherung für den Haftungsfall (Satz 2). Nach § 16 haben Institute 37
des ZAG, die Zahlungsauslösedienste anbieten, und nach § 36 haben Institute des
ZAG, die Kontoinformationsdienste anbieten, eine Absicherung für den Haftungsfall einzudecken und vorzuhalten. Diese Regelungen wurden gemeinsam mit der
übrigen Regulierung dieser beiden Zahlungsdienste im Rahmen des ZDUG II in
das ZAG eingeführt.

Anzuzeigen ist jede **wesentliche Änderung der Absicherung.** Dies betrifft 38
den Übergang von der Berufshaftpflichtversicherung zu einer anderen gleichwertigen Garantie, der Wechsel des Versicherers oder, im Fall der gleichwertigen Garantie, ggf. des Kreditinstituts. Dies sollte auch für eine Änderung des Absiche-
rungsbetrages gelten.

cc) Anzeige, Zeitpunkt. Die Anzeige ist abzugeben **bevor** die geplante Än- 39
derung vollzogen wird; so will es der Wortlaut. Damit haben BaFin und Bundesbank die Möglichkeit, Änderungen zu verhindern, die aus ihrer Sicht den Schutz
der Gelder nicht mehr gewährleisten. Tritt die Änderung ohne Zutun des Instituts
ein (zB Kündigung), so wird man eine Anzeige unverzüglich nachträglich ausreichen lassen. Der Anzeige ist gemäß § 14 ZAGAnzV eine Beschreibung der wesentlichen Änderungen bei der Sicherung der Geldbeträge bzw. der Absicherung für
den Haftungsfall einschließlich der Entwürfe der künftig geltenden Verträge beizufügen sowie das beabsichtigte Datum des Inkrafttretens der Änderung. Die Anzeige ist schriftlich in jeweils einfacher Ausfertigung gegenüber BaFin und Bundesbank abzugeben. Die geplante Änderung ist detailliert zu beschreiben. Eine Angabe
der Gründe für die Änderung ist hingegen nicht gefordert. Um Nachfragen zu vermeiden, sollten diese jedoch auch mitgeteilt werden.

Eine Anzeigepflicht **nach** erfolgten Änderungen ergibt sich aus § 10 Abs. 5 iVm 40
§ 10 Abs. 2 Nr. 3 oder Nr. 4 für Zahlungsinstitute, aus § 11 Abs. 4 iVm § 11 Abs. 2
Nr. 3 für E-Geld-Institute.

2. Anzeigen bei Änderungen rechtlicher Grundlagen

41   Wesentliche rechtliche Änderungen beim Institut sind den Aufsichtsbehörden unverzüglich anzuzeigen. Derartige Änderungen sind die Verlegung des Sitzes bzw. der Niederlassung oder die Änderung der Rechtsform bzw. der Firma des Institutes.

42   **a) Änderung der Rechtsform oder der Firma (Abs. 1 Nr. 3).** Die Änderung der Rechtsform ist nach Abs. 1 Nr. 3 anzeigepflichtig, soweit deswegen nicht bereits eine neue Erlaubnis nach § 10 oder § 11 einzuholen ist. Ebenfalls anzeigepflichtig ist die Änderung der Firma. Durch die Anzeigen werden die Aufsichtsbehörden fortlaufend über die rechtliche Ausgestaltung und den Namen der beaufsichtigten Institute informiert.

43   Eine neue Erlaubnis zum Betreiben der Zahlungsgeschäfte gemäß § 10 oder des E-Geld-Geschäftes gemäß § 11 bei einer Änderung der Rechtsform oder eine neue Registrierung für das Erbringen von Kontoinformationsdiensten nach § 34 Abs. 1 ist immer dann einzuholen, wenn durch sie ein **neuer Rechtsträger** entsteht. Dies ist immer dann der Fall, wenn eine Personengesellschaft in eine Kapitalgesellschaft oder umgekehrt umgewandelt wird. Auch bei einer Aufspaltung, Abspaltung oder Ausgliederung liegt ein erlaubnispflichtiger Tatbestand vor (Fischer/Schulte-Mattler/Braun KWG § 24 Rn. 79). **Keine** erlaubnispflichtige **Rechtsträgeränderung** ist gegeben, wenn eine Kapitalgesellschaft in eine andere Kapitalgesellschaft (AG in GmbH oder umgekehrt) oder eine Personengesellschaft in eine andere Personengesellschaft (OHG in KG und umgekehrt) umgewandelt wird. Es können andere Anzeigepflichten (Abs. 1 Nr. 4) hinzukommen.

43a   Die Änderung der **Firma** (§ 17 Abs. 1 HGB) findet zum einen statt, wenn das Institut eine neue Rechtsform annimmt. Die Änderung der Firma liegt auch vor bei sonstiger Änderung des Namens des Instituts.

44   Die Anzeigepflicht entsteht **mit Änderung.** Das bedeutet in allen Fällen, in denen eine Eintragung einer formwechselnden Umwandlung oder einer Satzungsänderung in das Handelsregister zur Wirksamkeit erforderlich, das Entstehen der Anzeigepflicht mit der Eintragung. Sofern die Änderung, wie bei Handelsgesellschaften iSd §§ 105ff. HGB, mit Beschlussfassung über die Änderung des Gesellschaftsvertrages wirksam wird, entsteht die Anzeigepflicht mit Beschlussfassung. Die Anzeige ist jeweils in einfacher Ausfertigung an BaFin und Bundesbank zu leiten.

45   **b) Verlegung des Sitzes oder der Niederlassung (Abs. 1 Nr. 6).** Die Verlegung des Sitzes (Handelsgesellschaften, Genossenschaften) bzw. der Niederlassung (sonstige juristische Personen und Einzelkaufleute) ist nach Abs. 1 Nr. 6 unverzüglich BaFin und Bundesbank anzuzeigen. Diese müssen stets darüber informiert sein, unter welchen Adressen sie die beaufsichtigten Institute erreichen können.

46   Sitz eines Institutes ist der Ort, an dem die **Geschäftsleitung ansässig** ist. Ist diese auf mehrere Orte verteilt, so gelten alle diese Orte als Sitz. Sitz ist auch der satzungsmäßige Sitz; wird dieser geändert, ist auch dies anzeigepflichtig. Unter **Niederlassung** iSd Abs. 1 Nr. 6 sollte nur die Hauptniederlassung zu verstehen sein. Diese stimmt mit dem Sitz der Geschäftsleitung überein. Verlegung von **Zweigniederlassungen** sind dagegen nach Abs. 1 Nr. 6 nicht anzeigepflichtig.

47   Anzuzeigen ist die **räumliche Verlegung** des Sitzes bzw. der Niederlassung. Darunter fällt der Umzug in eine andere Gemeinde oder innerhalb einer Gemeinde. Keine Anzeigepflicht wird dagegen ausgelöst, wenn sich der Name des Ortes oder der Straße durch Umbenennung ändert. In diesen Fällen sollte jedoch eine kurze, formlose Mitteilung an BaFin und Bundesbank ergehen.

Die Anzeigepflicht wird erst durch den vollzogenen Umzug ausgelöst. Im Fall **48** der Änderung des Satzungssitzes durch deren Wirksamen, idR mit Eintragung der Satzungsänderung in das Handelsregister. Die Anzeige ist dann unverzüglich und in jeweils einfacher Ausfertigung an BaFin und Bundesbank abzugeben, § 1 Abs. 1 ZAGAnzV.

3. Anzeigepflichten bei Aktivbeteiligungen (Abs. 1 Nr. 8)

Um den Aufsichtsbehörden einen Überblick darüber zu geben, an welchem anderen **49** deren Unternehmen das Institut in einem solchen Maße beteiligt ist, dass zwischen dem Institut und dem Unternehmen besondere Beziehungen bestehen, ist nach Abs. 1 Nr. 8 das Entstehen, die Änderung oder die Beendigung einer **(aktivischen) engen Verbindung** anzuzeigen.

Der Begriff der engen Verbindung ist in Art. 4 Abs. 1 Nr. 38 CRR definiert, auf **50** den Abs. 1 Nr. 8 verweist. Sie besteht, wenn zwei oder mehr natürliche oder juristische Personen auf eine der folgenden Weisen miteinander verbunden sind: (i) über eine Beteiligung in Form des direkten Haltens oder des Haltens im Wege der Kontrolle von mindestens 20% der Stimmrechte oder des Kapitals an einem Unternehmen, (ii) durch Kontrolle oder (iii) über ein dauerhaftes Kontrollverhältnis beider oder aller mit ein und derselben dritten Person. Kontrolle ist in Art. 4 Abs. 1 Nr. 37 CRR definiert.

§ 12 Abs. 1 ZAGAnzV konkretisiert die Anzeigetatbestände bei Änderungen der **51** engen Verbindung. Danach ist eine Einzelanzeige in den folgenden Fällen abzugeben, wenn:

- durch die Änderung 30 Prozent oder 50 Prozent des Kapitals oder der Stimmrechte des Unternehmens erreicht, über- oder unterschritten werden,
- das Unternehmen ein Tochterunternehmen wird oder nicht mehr ist,
- die gehaltenen Anteile ganz oder teilweise auf ein Tochterunternehmen übertragen werden oder
- sich bei ganz oder teilweise mittelbar gehaltenen Anteilen die Anzahl oder die Identität der zwischengeschalteten Unternehmen verändert oder die Anteile nunmehr ganz oder teilweise vom Institut selbst gehalten oder unter den Beteiligten umverteilt werden.

Die Anzeige ist nach § 12 Abs. 1 ZAGAnzV unmittelbar nach Entstehen, Ände- **52** rung oder Beendigung mit dem Anzeigeformular „Aktivische Beteiligungsanzeige", welches als Anlage 8 der ZAGAnzV beigefügt ist, als **Einzelanzeige** einzureichen.

Liegt eine **komplexe Beteiligungsstruktur** vor, so ist nach § 12 Abs. 3 S. 2 und **53** S. 3 ZAGAnzV zusätzlich die Anlage 2 der ZAGAnzV („Anlage für komplexe Beteiligungsstrukturen") mit einzureichen. Komplexe Beteiligungsstrukturen liegen insbesondere bei Treuhandverhältnissen und bei Beteiligungen, die über Tochterunternehmen oder mehrere Beteiligungsketten gehalten werden, vor. Nach § 12 Abs. 5 ZAGAnzV iVm § 11 Abs. 3 ZAGAnzV sind mittelbar gehaltene Kapitalanteile oder Stimmrechtsanteile den mittelbar beteiligten Unternehmen jeweils in vollem Umfang zuzurechnen.

Neben den Einzelanzeigen ist einmal jährlich nach § 12 Abs. 2 ZAGAnzV nach **54** dem Stand vom 31.12. des Vorjahres bis zum 15.6. des Folgejahres eine **Sammel-**

anzeige abzugeben. Auch hierfür ist wieder die Anlage 8 der ZAGAnzV zu verwenden.

55   Nach § 12 Abs. 4 ZAGAnzV können BaFin und Bundesbank weitere Angaben von dem Institut anfordern. Dies gilt insbesondere für den Buchwert, den Übernahmepreis und den Veräußerungserlös der Beteiligung.

56   Nach § 12 Abs. 5 ZAGAnzV iVm § 11 Abs. 5 ZAGAnzV sollen sowohl die Sammelanzeige als auch die Einzelanzeigen auf elektronischem Wege bei der Bundesbank eingereicht werden, die diese dann an die BaFin weiterleitet, die konkrete Ausgestaltung findet sich auf der Webseite der Deutschen Bundesbank. Eine papierhafte Einreichung ist in diesem Falle dann nicht mehr erforderlich.

4. Anzeigepflichten bei Passivbeteiligungen (Abs. 1 Nr. 4)

57   Nicht nur die Beteiligung des Institutes an anderen Unternehmen sondern auch die Beteiligung Dritter an dem Institut (Passivbeteiligung) führt zu einer Anzeigepflicht. Das Gesetz unterscheidet hier zwischen bedeutenden Beteiligungen und engen (passivischen) Verbindungen. Beide Anzeigepflichten werden durch § 11 ZAGAnzV konkretisiert.

58   **a) Beteiligung am eigenen Institut.** Durch die Anzeige bedeutender Beteiligungen Dritter nach Abs. 1 Nr. 4 können die Aufsichtsbehörden prüfen, ob von einer geänderten Beteiligungsstruktur Gefahren für das Institut, das Zahlungssystem oder die Institutsgläubiger ausgehen. Die Definition für „bedeutende Beteiligung" findet sich in § 1 Abs. 7. In einem solchen Fall kann die BaFin gemäß § 14 Abs. 1 iVm § 2c KWG die Beteiligung untersagen oder andere Maßnahmen anordnen. Zugleich kann überprüft werden, ob die Inhaber einer bedeutenden Beteiligung ihren Anzeigeverpflichtungen nach § 14 Abs. 1 iVm § 2c KWG nachgekommen sind.

59   Voraussetzung für die Anzeige ist zunächst, dass einer der in Abs. 1 Nr. 4 oder der in der konkretisierenden Regelung des § 11 ZAGAnzV genannten Tatbestände vorliegt. Danach sind die Änderungen der Beteiligungsverhältnisse **Einzelanzeigen** einzureichen, wenn

- durch die Änderung 20 Prozent, 30 Prozent oder 50 Prozent des Kapitals oder der Stimmrechte an dem Institut erreicht, über- oder unterschritten werden,
- das Institut ein Tochter- oder Schwesterunternehmen eines anderen Unternehmens wird oder nicht mehr ist,
- unmittelbar gehaltene Anteile ganz oder teilweise auf ein zwischengeschaltetes Unternehmen übertragen werden oder
- sich bei ganz oder teilweise mittelbar gehaltenen Anteilen die Anzahl oder die Identität der zwischengeschalteten Unternehmen verändert oder die Anteile nunmehr ganz oder teilweise vom Anteilseigner selbst gehalten werden.

60   Die Anzeigepflicht entsteht, sobald das Institut **Kenntnis erlangt,** dass einer der vorgenannten Tatbestände erfüllt ist. Dies setzt eine positive Kenntnisnahme des Institutes voraus. Eigene Informationsbeschaffungspflichten bestehen nicht (ebenso Schäfer/Omlor/Mimberg/Wilting Rn. 23); allerdings muss das Institut Informationen, die es erhalten hat, entsprechend untersuchen und auswerten (Fischer/Schulte-Mattler/Braun § 24 Rn. 133). Dabei ist jedoch keine Durchsicht sämtlicher Hauptversammlungsprotokolle, Anteilsbesitzverzeichnisse etc erforderlich (Schwennicke/Auerbach/Süßmann § 24 Rn. 33). Veröffentlichungen im Bundesanzeiger sind hingegen stets zu beachten.

Die Anzeige ist nach § 11 Abs. 1 ZAGAnzV unmittelbar nach Kenntniserlan- **61** gung mit dem Anzeigenformular „Passivische Beteiligungsanzeige", welches als Anlage 7 der ZAGAnzV beigefügt ist, einzureichen.

Liegt eine **komplexe Beteiligungsstruktur** vor, so ist nach § 11 Abs. 4 S. 3 und **62** S. 4 ZAGAnzV zusätzlich die Anlage 2 der ZAGAnzV („Anlage für komplexe Beteiligungsstrukturen") mit einzureichen. Komplexe Beteiligungsstrukturen liegen insbesondere bei Treuhandverhältnissen, bei Beteiligungen, die über Tochterunternehmen oder über mehrere Beteiligungsketten gehalten werden, sowie bei Unternehmensbeziehungen des Instituts zu einem Schwesterunternehmen vor. Löst der jeweilige Beteiligungstatbestand zugleich eine Anzeigepflicht wegen einer passivischen engen Verbindung nach § 28 Abs. 1 Nr. 8 aus, können zur Vermeidung von Doppelanzeigen beide Anzeigepflichten mit ein- und demselben Formular erfüllt werden (Ellenberger/Findeisen/Nobbe/Böger/Frey Rn. 38).

Neben den Einzelanzeigen ist einmal jährlich nach § 11 Abs. 2 ZAGAnzV eine **63** **Sammelanzeige** abzugeben. Auch hierfür ist wieder die Anlage 7 der ZAGAnzV zu verwenden.

Nach § 11 Abs. 5 ZAGAnzV sollen sowohl die Sammelanzeige als auch die Ein- **64** zelanzeigen auf elektronischem Wege bei der Bundesbank eingereicht werden, die diese an die BaFin weiterleitet. Eine papierhafte Einreichung ist in diesem Fall nicht erforderlich.

b) Enge Verbindung. Beteiligungen von anderen Personen an dem Unter- **65** nehmen, die zu einer **(passivischen) engen Verbindung** führen, sind nach Abs. 1 Nr. 8 anzuzeigen. Die Anzeigepflicht entsteht auch, wenn eine bestehende enge Verbindung geändert oder beendet wird. Durch die Anzeige soll die Aufsicht Informationen über Verbindungen des Institutes zu einem Unternehmensverbund erhalten, der dazu führen kann, dass eine wirksame Beaufsichtigung nicht mehr möglich ist. Als enge Verbindung gilt eine solche nach Art. 4 Abs. 1 Nr. 38 CRR (→ Rn. 50), der Begriff der Kontrolle wird definiert in Art. 4 Abs. 1 Nr. 37 CRR.

Die Anzeigepflicht wird durch § 11 ZAGAnzV näher konkretisiert. Daher ist **66** nicht jede Änderung der engen Verbindung anzuzeigen, sondern lediglich solche, bei denen die **Schwellenwerte** von 20%, 30% oder 50% der Stimmrechte oder des Kapitals an dem Institut erreicht, über- oder unterschritten werden oder Veränderungen hinsichtlich der mittelbar oder unmittelbar gehaltenen Anteile nach § 11 Abs. 1 S. 2 Nr. 3 und 4 ZAGAnzV eingetreten sind.

Hinsichtlich der Einzelanzeige, Sammelanzeige und der komplexen Betei- **67** ligungsstrukturen gilt das oben zu → Rn. 61 Gesagte entsprechend. Allerdings ist zu beachten, dass die Anzeigepflicht anders als bei der passivisch engen Beteiligung nach Abs. 1 Nr. 8 nicht auf die Kenntnis des Institutes, sondern auf den tatsächlichen Eintritt des Entstehens, der Änderung oder der Beendigung abstellt.

5. Anzeigen bei Auslagerungen (Abs. 1 Nr. 10)

Abs. 1 Nr. 10 wurde durch das FISG erweitert. Nunmehr sind bei einer Aus- **68** lagerung (→ § 1 Rn. 364; → § 26 Rn. 16 ff.) nicht nur die Absicht der Auslagerung und deren Vollzug anzuzeigen, sondern zudem wesentliche Änderungen und schwerwiegende Vorfälle. Sinn der Anzeigepflicht ist die Information der Aufsichtsbehörden, sodass diese zum einen prüfen können, ob die Auslagerung den Anforderungen aus § 26 ZAG entspricht, zum anderen werden sie über die Notwendigkeit von Sonderprüfungen in Kenntnis gesetzt (Schäfer/Omlor/Mimberg/Wilting Rn. 60).

68a Auch § 26 Abs. 2 S. 1 verlangt die Anzeige der Absicht. Während § 26 Abs. 2 für **wesentliche Auslagerungen** gilt, enthält § 28 Abs. 1 Nr. 10 diese Einschränkung nicht. Bisher wurde für die alten Fassungen der Norm angenommen (→ 1. Aufl. 2014, § 29 Rn. 66), dass sich auch die Anzeigepflicht nach § 28 Abs. 1 Nr. 10 nur auf wesentliche Auslagerungen bezieht. Denn es ist nicht ersichtlich, dass der Gesetzgeber des ZDUG II hier eine Änderung bewirken wollte (BT-Drs. 18/11495, 128; ebenso Schäfer/Omlor/Mimberg/Wilting Rn. 58; zustimmend auch Wilting RdZ 2021, 92 (95)). Auch der Zusammenhang mit § 26 Abs. 2 S. 1 spricht dafür (Schäfer/Omlor/Mimberg/Wilting Rn. 58). Zudem fordert GL 11 Tz. 58 EBA/GL/2019/02 die Anzeige nur für Auslagerung kritischer oder wesentlicher Funktionen.

68b Die Absichtsanzeige ermöglicht es den Aufsichtsbehörden, noch vor Abschluss des Auslagerungsvertrages zu überprüfen, ob die geplante Auslagerung den gesetzlichen Anforderungen entspricht, ob der vorgesehene Dienstleister die mit der Übernahme der Tätigkeiten verbundenen Pflichten auch erfüllen kann und ob mit der Auslagerung keine unangemessenen Risiken beim Institut entstehen. Durch die Vollzugsanzeige wissen BaFin und Bundesbank, wann die Auslagerung in Kraft getreten ist, wo sie künftig die aufsichtlichen Prüfungen hinsichtlich des ausgelagerten Bereiches durchführen müssen und welchen Inhalt die Vereinbarung zwischen Institut und Dienstleister hat.

68c Mit der Änderung der Vorschrift zum 1.1.2022 wurden die bestehenden Anzeigevorgaben nach § 28 Abs. 1 Nr. 10 an die neuen Anzeigevorgaben nach § 24 Abs. 1 Nr. 19 KWG angepasst (RefE zum FISG, abrufbar unter RefE_Finanzmarktintegritaet.pdf; (bmj.de) S. 91 (zuletzt abgerufen am 14.11.2022 um 11:04 Uhr); Wilting RdZ 2021, 92 (95)). Neben der Absicht einer Auslagerung und dem Vollzug einer Auslagerung sind nun auch wesentliche Änderungen und schwerwiegende Vorfälle im Rahmen von bestehenden wesentlichen Auslagerungen, die einen wesentlichen Einfluss auf die Geschäftstätigkeit des Instituts haben können, anzeigepflichtig. Die Anzeigepflichten gegenüber der BaFin wurden dadurch erheblich erweitert (Frey/Jenkouk RdZ 2021, 84 (86)) und die Überwachungspflicht wird stärker gefordert. Um den Meldepflichten nachzukommen, müssen die Institute sicherstellen, dass ihnen Vorfälle bekannt werden (Wilting RdZ 2021, 92 (95)). Die Anforderung der Wesentlichkeit bezieht sich damit nach dem Wortlaut der Vorschrift nur auf die neu eingefügten „wesentliche Änderungen" und „Vorfälle". Jedoch ist an der oben dargelegten Auffassung festzuhalten, insbesondere im Hinblick auf § 26 Abs. 2 ZAG (ebenso Wilting RdZ 2021, 92 (95)).

69 Die **Absichtsanzeige** ist dann abzugeben, wenn institutsintern der Beschluss gefasst wurde, eine bestimmte Tätigkeit an einen bestimmten Dienstleister zu übertragen, und auch die wesentlichen Rahmenbedingungen der Auslagerung feststehen. Die generelle Planung, eine Tätigkeit auszulagern, oder die Einholung einzelner Angebote ist noch nicht anzeigepflichtig. Die Tatsache, dass § 8 S. 1 ZAGAnzV die Vorlage des (unterschriftsreifen) Vertragsentwurfs verlangt, bedeutet gleichzeitig, dass vor Abschluss der Verhandlungen keine Anzeigepflicht besteht (ähnlich Schäfer/Omlor/Mimberg/Wilting Rn. 61). Die Anzeige ist schriftlich gegenüber BaFin und Bundesbank in einfacher Ausfertigung abzugeben (§ 1 Abs. 1 ZAGAnzV). In ihr sind insbesondere die auszulagernde Tätigkeit, der Dienstleister mit seiner Adresse und der geplante Beginn der Auslagerung anzugeben (§ 8 S. 1 und 2 ZAGAnzV). Darüber hinaus sind die vom Institut beabsichtigten Maßnahmen zur

Vermeidung übermäßiger zusätzlicher Risiken nach § 26 Abs. 1 S. 1 anzugeben; ein **Vertragsentwurf** des Auslagerungsvertrages muss mit eingereicht werden (§ 8 S. 1 ZAGAnzV).

Die **Vollzugsanzeige** ist idR nach Abschluss des Auslagerungsvertrages ab- **70** zugeben (Ellenberger/Findeisen/Nobbe/Böger/Frey Rn. 77; aA Schäfer/Omlor/ Mimberg/Wilting Rn. 62, der auf die tatsächliche Auslagerung abstellt). Wenn in einzelnen Fällen das Inkrafttreten des Auslagerungsvertrages noch unter aufschiebenden Bedingungen steht, zB der Bedingung der Beendigung eines anderen Auslagerungsverhältnisses oder der Bedingung einer Übertragung einer Datenbank an das Auslagerungsunternehmen, dann mag erst zu dem späteren Zeitpunkt des Bedingungseintritts Vollzug vorliegen. Dabei wird man allerdings berücksichtigen müssen, dass auch Vorbereitungshandlungen für die Betriebsdienstleistungen des Auslagerungsunternehmens, zB die Implementierung einer Kernbanksoftware oder eine Software für Kontrollfunktionen, selbständig Auslagerungen sein können (→ § 1 Rn. 375 ff.); dann wäre der Vollzug bereits bei Beginn der Implementierung anzuzeigen. Dabei sind die Angaben aus der Absichtsanzeige gegebenenfalls zu aktualisieren. Der endgültige Auslagerungsvertrag in Kopie ist mit einzureichen (§ 8 S. 3 ZAGAnzV).

Die mit Inkrafttreten des FISG nunmehr ebenfalls anzeigepflichtig gewordene **70a** **wesentliche Änderung** einer bestehenden Auslagerung ist nicht definiert. Auch in der vielfältigen Lit. dazu, wird der Aspekt nicht behandelt. Ob dabei der letzte Halbsatz des Abs. 1 Nr. 10 („die einen **wesentlichen Einfluss auf die Geschäfts-tätigkeit** des Instituts haben können") noch eine entscheidende Qualifikation der „wesentlichen Änderung" bedeutet, mag man in Zweifel ziehen. Denn semantisch kann sich dieser letzte Halbsatz entweder auf die Auslagerung oder auf die Änderung und den Vorfall beziehen; die Auslagerung ist aber bereits vom Institut als wesentlich iSd § 26 Abs. 2 S. 2 eingestuft worden; ohne diese Einstufung besteht die Meldepflicht nach dem Wortlaut des Abs. 1 Nr. 10 nicht. Deshalb kann sich der letzte Absatz nur auf die Wesentlichkeit der Änderung oder das Schwergewicht des Vorfalls beziehen. Solch wesentliche Änderungen, die einen wesentlichen Einfluss auf die Geschäftstätigkeit des Instituts haben sollten, sollten folgende sein: Zu solchen wesentlichen Änderungen wird die **Kündigung des Auslagerungsvertrags** gehören. Außerdem wird man eine **fundamental neue Risikobewertung** als wesentliche Änderung ansehen, insbesondere wenn das Institut die Auslagerung nicht mehr als wesentlich einstuft, weil sich dann der aufsichtsrechtliche Pflichtenkanon des Instituts deutlich ändert. Des Weiteren sind **Veränderungen der Leistungs-pflichten** des Auslagerungsunternehmens dann wesentlich, wenn das Institut die hinzugekommenen oder abgekündigten Leistungen selbst auch als wesentlich iSd § 26 Abs. 2 S. 2 einordnet.

Bei der Definition der **schwerwiegenden Vorfälle** kommt es dementspre- **70b** chend ebenfalls darauf an, ob diese einen wesentlichen Einfluss auf die Geschäftstätigkeit des Instituts haben können. Hier liegt es nahe, auf den Begriff des schwerwiegenden Betriebs- oder Sicherheitsvorfalls iSd § 54 Abs. 1 S. 1 zu rekurrieren und die dazu ergangene Leitlinie der EBA zu nutzen. Ein Betriebs- oder Sicherheitsvorfall ist danach ein aus einem Einzelereignis oder einer Verkettung von Ereignissen bestehender Vorfall, der vom Zahlungsdienstleister nicht beabsichtigt wurde und sich nachteilig auf die Integrität, die Verfügbarkeit, die Vertraulichkeit und/oder die Authentizität von zahlungsbezogenen Diensten auswirkt oder wahrscheinlich auswirken wird (EBA/GL/2021/03 v. 10.6.2021; vgl. auch BaFin, Rundschreiben 3/2022 v. 9.3.2022, GIT 1-FR 1529−2021/0009). Ob dieser Vorfall schwerwiegend ist, ergibt sich gemäß den Kriterien aus den o. g. Leitlinien der EBA. Die Meldepflicht nach Abs. 1 Nr. 10 Alt. 4 wegen schwerwiegender Vorfälle bei Auslagerungen läuft also parallel mit der Meldepflicht nach § 54 Abs. 1 S. 1. Eine zeitliche Vorgabe macht das Gesetz nicht; die Meldung sollte dementsprechend **unverzüglich** erfolgen, sobald das Institut das Ereignis entdeckt und klassifiziert hat. Das Institut hat im Auslagerungsvertrag entsprechende Meldepflichten des Auslagerungsunternehmens an das Institut zu installieren.

71   Die **Beendigung der Auslagerung** ist anzeigefrei. Allerdings ist es empfehlenswert, die Beendigung BaFin und Bundesbank formlos mitzuteilen (so auch Ellenberger/Findeisen/Nobbe/Böger/Frey Rn. 78), damit die Daten über die vom Institut getätigten Auslagerungen auf dem aktuellen Stand gehalten werden können.

6. Anzeigepflichten der Geschäftsleiter (Abs. 3)

72   Nach Abs. 3 haben Geschäftsleiter und andere leitende Personen bei bestimmten Tätigkeiten und Beteiligungen eine Anzeige an BaFin und Bundesbank abzugeben. Die Regelung wurde mit dem Gesetz zur Umsetzung der Zweiten E-Geld-Richtlinie vom 1.3.2011 als § 29 Abs. 1b in das ZAG aufgenommen; mit dem ZDUG II erfolgt nur die Neunummerierung in § 28 Abs. 3.

73   Die Beteiligungs- und Nebentätigkeitsanzeigen dienen dem **Zweck,** den Aufsichtsbehörden Mitteilung über solche Sachverhalte zu geben, die Rückschlüsse auf die **Zuverlässigkeit** der meldepflichtigen Personen zulassen. So kann es durch die Beteiligung an oder die Tätigkeit bei einem anderen Unternehmen zu Interessenkollisionen kommen. Beispielsweise könnte dadurch die Konditionenfestlegung bei Geschäften zwischen dem Institut und dem Unternehmen durch sachfremde Interessen des Geschäftsleiters beeinflusst werden. Auch besteht bei einer Nebentätigkeit die Gefahr, dass dem Geschäftsleiter **nicht mehr ausreichend Zeit** für die Leitungstätigkeit im Institut zur Verfügung steht.

74   In den Anwendungsbereich der Vorschrift fallen zunächst die **Geschäftsleiter** des Institutes. Dabei ist die Definition aus § 1 Abs. 8 zugrunde zu legen, so dass neben **hauptamtlichen** Geschäftsleitern auch solche anzeigepflichtig sind, die nur **nebenberuflich** oder **ehrenamtlich** diese Funktion ausüben. Neben den Geschäftsleitern sind auch die **Leitungsorgane,** die für die Geschäftsleitung des Institutes tätig sind, anzeigepflichtig. Soweit das Institut neben den Zahlungsdiensten und dem E-Geld-Geschäft noch andere Geschäfte tätigt, erstreckt sich die Regelung auch auf die für die Zahlungsdienste und das E-Geld-Geschäft **verantwortlichen Personen.**

75   Anders als bei den anderen Anzeigepflichten nach § 28 ist nicht das Institut, sondern der jeweilige **Geschäftsleiter persönlich anzeigepflichtig.**

76   **a) Tätigkeiten in anderen Unternehmen.** Anzeigepflichtig ist nach Abs. 3 Nr. 1 die Aufnahme oder die Beendigung einer Tätigkeit als Geschäftsleiter oder Aufsichtsratsmitglied bzw. Verwaltungsratsmitglied bei einem anderen Unternehmen. Für den Begriff des Geschäftsleiters ist auch hier auf die Legaldefinition von § 1 Abs. 8 zurückzugreifen. Daher sind auch **hauptamtlichen** auch **neben- und ehrenamtliche Geschäftsleitertätigkeiten** anzuzeigen (Merkblatt zu den Geschäftsleitern gemäß KWG, ZAG und KAGB der BaFin vom 29.12.2020, Rn. 85; Schäfer/Omlor/Mimberg/Wilting Rn. 67). Die andere, ohne Begründung vertretene, Auffassung (Fischer/Schulte-Mattler/Braun KWG § 24 Rn. 225), nach

der Ehrenämter nicht als anzeigepflichtige Tätigkeiten einzustufen sind, findet keine Stütze im Gesetz. Zudem entspricht sie auch nicht dem Zweck der Regelung, da auch ehrenamtliche Tätigkeiten zu zeitlichen Restriktionen oder Interessenkonflikten führen können. Ebenso ist es unerheblich, ob für die Tätigkeit eine Vergütung gezahlt wird oder nicht und ob sie auf einer vertraglichen oder gesetzlichen Grundlage beruht.

Eine Tätigkeit als Aufsichts- oder Verwaltungsratsmitglied liegt vor, wenn die **77** Kontrolltätigkeit der eines **Aufsichtsratsmitglieds bei einer Kapitalgesellschaft vergleichbar** ist. Auch hier kommt es nicht darauf an, ob die Tätigkeit entgeltlich ausgeübt wird, ob sie ein Ehrenamt darstellt und auf welcher Grundlage sie erfolgt (ebenso Schäfer/Omlor/Mimberg/Wilting Rn. 67). Andere beratende Aufgaben sind hingegen grundsätzlich nicht von der Anzeigepflicht erfasst, aus einer Fußnote zu Anlage 5 der ZAGAnzV ist allerdings ersichtlich, dass auch die Anzeige einer Beiratstätigkeit zu erfolgen hat, wenn die Aufgaben und Befugnisse des Beirats denen eines Verwaltungs- und Aufsichtsorgans entsprechen und gesetzlich, per Satzung oder Gesellschaftsvertrag geregelt sind.

Nach dem Wortlaut von Abs. 3 Nr. 1 ist **Zeitpunkt der Anzeige** die Aufnahme **78** der Tätigkeit bei dem anderen Unternehmen, also der Beginn der tatsächlichen Ausübung. Da aber Sinn und Zweck der Regelung die rechtzeitige Information der Aufsichtsbehörden ist, um eine Prüfung der Zuverlässigkeit durchführen zu können, ist auf den Zeitpunkt abzustellen, ab dem der Geschäftsleiter seine **Tätigkeit** bei dem anderen Unternehmen **aufnehmen kann** (ähnlich Reischauer/Kleinhans/Albert KWG § 24 Rn. 262). Bei der Beendigung ist ebenfalls auf die **formelle** und nicht auf die tatsächliche **Beendigung** abzustellen, da bis zur formellen Beendigung die besonderen Beziehungen zu dem anderen Unternehmen weiter bestehen.

Die Anzeigepflicht wird durch § 15 ZAGAnzV konkretisiert. Die Anzeige ist mit **79** dem Formular gemäß Anlage 5 zur ZAGAnzV vorzunehmen und sowohl der BaFin als auch der für das Institut zuständigen Hauptverwaltung der Deutschen Bundesbank zuzuleiten.

b) Beteiligungen an anderen Unternehmen. Nach Abs. 3 Nr. 2 ist auch die **80** Übernahme, die Veränderung und die Aufgabe einer unmittelbaren Beteiligung an einem Unternehmen anzuzeigen. Als unmittelbare Beteiligung gilt gemäß § 10 Abs. 2 S. 4 ZAGAnzV eine **Beteiligung am Kapital** eines anderen Unternehmens in Höhe von **mindestens 25%**. Auf die Höhe der Stimmrechte kommt es nicht an (Merkblatt zu den Geschäftsleitern gemäß KWG, ZAG und KAGB der BaFin vom 29.12.2020, Rn. 89, Schäfer/Omlor/Mimberg/Wilting Rn. 70). Ebenso wenig muss bei der anzeigepflichtigen Person eine **Beteiligungsabsicht** vorliegen (Reischauer/Kleinhans/Albert KWG § 24 Rn. 263; Fischer/Schulte-Mattler/Braun KWG § 24 Rn. 229). Nach § 15 Abs. 2 ZAGAnzV ist auch die Beteiligungsquote mit anzugeben. Im Einklang mit der bisherigen Verwaltungspraxis der BaFin besteht keine Anzeigepflicht des Geschäftsleiters, wenn er Inhaber einer Einzelfirma ist, da es sich hierbei um keine „Beteiligung" handelt (Ellenberger/Findeisen/Nobbe/Böger/Frey Rn. 91, Fußnote 52).

Hinsichtlich der **Veränderung der Beteiligung** enthalten weder Abs. 3 Nr. 2 **81** noch die ZAGAnzV eine Beschränkung. Anders als nach § 11 Abs. 2 S. 2 AnzV, nach der Geschäftsleiter von Kreditinstituten nur bei Über- oder Unterschreitungen der Schwellenwerte von 30% und 50% eine Anzeige vornehmen müssen, haben hier Gesetz- und Verordnungsgeber bewusst auf derartige Schwellenwerte verzichtet, um den Aufsichtsbehörden jederzeit einen genauen Überblick über die Höhe der Beteiligungen zu ermöglichen. Noch nicht geklärt ist, wie die Anzeigepflicht auszulegen ist, wenn die Beteiligung von Anteilen unter die 25%-Grenze sinkt, aber keine Aufgabe der Beteiligung vorgenommen wird (Schäfer/Omlor/ Mimberg/Wilting Rn. 71: anzeigepflichtig).

82   Die Anzeige ist mit dem Formular gemäß Anlage 6 zur ZAGAnzV vorzunehmen und sowohl der BaFin als auch der für das Institut zuständigen Hauptverwaltung der Deutschen Bundesbank unverzüglich nach dem rechtlichen Wirksamwerden der Übernahme, Aufgabe bzw. der Veränderung (Ellenberger/Findeisen/ Nobbe/Böger/Frey Rn. 92) zuzuleiten.

III. Ermächtigungsgrundlage

83   Abs. 4 ermächtigt das Bundesministerium der Finanzen eine Rechtsverordnung zu erlassen. In dieser können nähere Bestimmungen zu **Art, Umfang, Zeitpunkt und Form** der Anzeigen und einzureichenden Unterlagen nach dem ZAG festgelegt werden, soweit dies für die Aufgaben der BaFin erforderlich ist, insbesondere um einheitliche Unterlagen zur Beurteilung der erbrachten Zahlungsdienste und des betriebenen E-Geld-Geschäfts zu erhalten. Ebenso können Bestimmungen über die zu **verwendenden Datenträger, Übertragungswege und Datenformate** und über zu verwendende und anzuzeigende Zusatzinformationen zu den Hauptinformationen, etwa besondere Rechtsträgerkennungen sowie Angaben zu deren Aktualität oder Validität, erlassen werden sowie die Verpflichtung aufgenommen werden, **Sammelanzeigen und Sammelaufstellungen** abzugeben. In der Rechtsverordnung können ebenfalls nähere Bestimmungen für die Führung eines öffentlichen Registers durch die Bundesanstalt sowie über die Zugriffsmöglichkeiten auf Seiten dieses Registers und die Zuweisung von Verantwortung für die Richtigkeit und Aktualität der Seiten erlassen werden. Die Rechtsverordnung ist im Benehmen mit der Deutschen Bundesbank nach Anhörung der Spitzenverbände der Zahlungsinstitute und E-Geld-Institute zu erlassen. Eine Zustimmung des Bundesrates ist nicht erforderlich. Die Ermächtigung kann zudem vom Bundesministerium der Finanzen auf die BaFin übertragen werden. Das Finanzministerium hat von der Verordnungsermächtigung selber Gebrauch gemacht und am 15.10.2009 die Verordnung über die Anzeigen und die Vorlage von Unterlagen nach dem Zahlungsdiensteaufsichtsgesetz (**ZAG-Anzeigenverordnung** – ZAGAnzV) veröffentlicht (BGBl. I 3603), die am 31.10.2009 in Kraft getreten ist. Diese wurde zuletzt durch Art. 7 Abs. 36 G zur Umsetzung der RL (EU) 2019/2034 über die Beaufsichtigung von Wertpapierinstituten vom 12.5.2021 (BGBl. I 990) geändert. Mit der in diesem Rahmen erfolgten Änderung des Absatzes 4 wird eine Angleichung an die Regelung des § 24 Abs. 5 KWG geschaffen und der BaFin ermöglicht, neben der Verordnung über das Meldewesen auch weitere Informationen im Rahmen des Meldewesens anzufordern. Neu ist auch, dass die BaFin das Recht erhält, ein öffentliches Register zu führen. Hierzu gehört auch, wer auf das Register zugreifen darf und wer für den Inhalt verantwortlich ist. Es bleibt abzuwarten, in welcher Form die BaFin von dieser Ermächtigung Gebrauch macht (Wilting RdZ 2021, 92 (96)).

IV. Verstöße gegen die Anzeigepflicht

Soweit ein Institut oder ein Geschäftsleiter seiner Pflicht zur Abgabe einer An- **84** zeige nicht nachkommt, kann die BaFin nach Maßgabe des § 4 Abs. 2 Anordnungen treffen, um die Abgabe zu erzwingen. Diese Anordnungen kann sie gemäß § 17 FinDAG mit den Zwangsmitteln des VwVG durchsetzen. Nach § 10 VwVG kann sie dabei im Rahmen einer **Ersatzvornahme** einen Dritten, zB eine Wirtschaftsprüfungsgesellschaft, beauftragen, für das Institut oder den Geschäftsleiter die Anzeige zu erstellen und abzugeben. Die dabei entstehenden Kosten sind vom Anzeigepflichtigen zu tragen. Zudem kann BaFin nach Maßgabe des § 20 Abs. 3 ZAG bei vorsätzlichem oder fahrlässigem Verstoß gegen die Bestimmungen des ZAG oder die zur Durchführung des ZAG erlassenen Verordnungen (ZAGAnzV) oder gegen Anordnungen der BaFin und bei Fortsetzung dieses Verhaltens trotz Verwarnung durch die BaFin, die Abberufung des Geschäftsleiters verlangen sowie ihm auch die Ausübung seiner Tätigkeit bei Instituten untersagen. Verstößt ein Institut gegen die Pflichten nach § 28 ZAG kann die BaFin nach § 20 Abs. 4 S. 4 von dem Institut auch verlangen, Mitglieder des Verwaltungs- oder Aufsichtsorgans des Instituts abzuberufen oder ihnen die Ausübung der Tätigkeit zu untersagen (Ellenberger/Findeisen/Nobbe/Böger/Frey Rn. 95):

Zudem stellt ein Verstoß gegen die Anzeigepflicht von § 28 Abs. 1 Nr. 4–10 und **85** § 28 Abs. 2 unter den Voraussetzungen des § 64 Abs. 2 Nr. 1 eine **Ordnungswidrigkeit** dar. Dieser Tatbestand ist dann erfüllt, wenn eine Anzeige über den Erwerb oder die Aufgabe einer bedeutenden Beteiligung nach Abs. 1 Nr. 4, über den Verlust von mindestens 25 % des Eigenkapitals nach Abs. 1 Nr. 5, über die Verlegung der Niederlassung oder des Sitzes nach Abs. 1 Nr. 6, der Einstellung des Geschäftsbetriebes nach Abs. 1 Nr. 7, der Entstehung, Auflösung oder Änderung einer engen Verbindung nach Abs. 1 Nr. 8, der Absicht der Fusion nach Abs. 1 Nr. 9, der Absicht sowie des Vollzugs einer Auslagerung nach Abs. 1 Nr. 10 sowie die Absicht der Änderung der Sicherung von Geldbeträgen oder der Absicherung für den Haftungsfall vorsätzlich oder leichtfertig nicht, nicht richtig, nicht fristgerecht oder nicht vollständig abgegeben wird. Ein solcher Verstoß kann gemäß § 64 Abs. 4 mit einem Bußgeld bis zu 100.000 EUR geahndet werden. Verstöße gegen die Meldepflichten nach § 28 Abs. 1 Nr. 1–3 können dagegen keine Ordnungswidrigkeiten nach § 64 auslösen.

§ 29 Monatsausweise; Verordnungsermächtigung

(1) ¹**Ein Institut hat unverzüglich nach Ablauf eines jeden Monats der Deutschen Bundesbank einen Monatsausweis einzureichen.** ²**Die Deutsche Bundesbank leitet diese Meldungen an die Bundesanstalt mit ihrer Stellungnahme weiter; diese kann auf die Weiterleitung bestimmter Meldungen verzichten.**

(2) **In den Fällen des § 15 Absatz 1 Satz 3 kann die Bundesanstalt festlegen, ob und wie ein Institut unverzüglich nach Ablauf eines jeden Monats der Deutschen Bundesbank einen zusammengefassten Monatsausweis einzureichen hat.**

(3) ¹Das **Bundesministerium der Finanzen wird ermächtigt, durch Rechtsverordnung, die nicht der Zustimmung des Bundesrates bedarf, im Benehmen mit der Deutschen Bundesbank nähere Bestimmungen über Inhalt, Art, Umfang und Zeitpunkt sowie über die zulässigen Datenträger, Übertragungswege und Datenformate der Monatsausweise zu erlassen, insbesondere um Einblick in die Entwicklung der Vermögens- und Ertragslage der Institute zu erhalten, sowie über weitere Angaben, soweit dies zur Erfüllung der Aufgaben der Bundesanstalt erforderlich ist.** ²Das **Bundesministerium der Finanzen kann die Ermächtigung im Einvernehmen mit der Deutschen Bundesbank durch Rechtsverordnung auf die Bundesanstalt übertragen.** ³Vor **Erlass der Rechtsverordnung sind die Spitzenverbände der Institute anzuhören.**

Inhaltsübersicht

I. Vorbemerkung

1   Nach § 29 haben Institute bei der Deutschen Bundesbank Monatsausweise einzureichen. Die Bundesbank informiert die BaFin entsprechend. Durch das eingerichtete Meldewesen erhalten die Aufsichtsbehörden in kurzen Abständen einen laufenden Einblick in die geschäftliche Entwicklung der Institute (so auch Schwennicke/Auerbach/Auerbach/Reimann Rn. 2). Hierdurch sollen für die laufende Aufsicht benötigte, unterjährige Angaben zur Verfügung gestellt werden, die Einblick in die Vermögens- und Ertragslage der Institute geben. Fehlentwicklungen können so rechtzeitig erkannt und aufsichtliche Gegenmaßnahmen ergriffen werden. Zwar erhalten BaFin und Bundesbank nach Maßgabe des § 22 Abs. 1 jeweils den aktuellen Jahresabschluss nebst Lagebericht und Prüfungsbericht zugeleitet. Einige Kennzahlen verlieren ihre Aktualität jedoch so schnell, dass sie in kürzeren Zeiträumen zur Verfügung zu stellen sind.

2   Die Pflicht zur Einreichung der Monatsausweise wurde im Gesetzgebungsverfahren zum Gesetz zur Umsetzung der aufsichtsrechtlichen Vorschriften der Zahlungsdiensterichtlinie auf Beschlussempfehlung des Finanzausschusses des Deutschen Bundestages eingebracht. Mit dem Gesetz zur Umsetzung der Zweiten E-Geld-Richtlinie vom 1.3.2011 wurde der Anwendungsbereich auf E-Geld-Institute erweitert. § 29 ZAG lehnt sich dabei weitgehend an die entsprechende Regelung für Kredit- und Finanzdienstleistungsinstitute in § 25 KWG aF (bis CRD IV-UmsG) an.

II. Meldeinhalt

Abs. 3 enthält eine **Rechtsverordnungsermächtigung.** Danach kann das **3** Bundesministerium der Finanzen im Benehmen mit der Deutschen Bundesbank nähere Details der Monatsausweise festlegen. Im Einzelnen können zu folgenden Punkten Konkretisierungen vorgenommen werden:

- Inhalt der Meldung,
- Art und Umfang der zu meldenden Daten,
- Zeitpunkt der Abgabe der Meldung,
- zulässige Datenträger für die Meldung,
- Übertragungswege und Formate der Daten,
- sonstige Angaben, soweit diese zur Erfüllung der Aufgaben der BaFin erforderlich sind.

Der Erlass näherer Bestimmungen über Inhalt, Art und Umfang der Monatsaus- **4** weise soll BaFin und Bundesbank einen genaueren Einblick in die Vermögens- und Ertragslage der Institute ermöglichen. Diese Rechtsverordnung kann ohne Zustimmung des Bundesrates erlassen werden. Vor Erlass einer Rechtsverordnung sind die Spitzenverbände der Institute anzuhören (Schwennicke/Auerbach/Auerbach/Reimann Rn. 5).

Obwohl die Verordnungsermächtigung vom Bundesministerium der Finanzen auf **5** die BaFin übertragen werden kann, hat es selber von seiner Ermächtigung Gebrauch gemacht und am 15. 10. 2009 die Verordnung zur Einreichung von Monatsausweisen nach dem Zahlungsdiensteaufsichtsgesetz (**ZAG-Monatsausweisverordnung** – ZAGMonAwV), die am 31. 10. 2009 in Kraft getreten ist, erlassen (BGBl. I 3591 ff.). Sie wurde zuletzt durch Art. 1 der Verordnung vom 13. 12. 2018 (BGBl. I 2453) geändert. Die ZAGMonAwV richtet sich nach § 1 Abs. 1 ZAGMonAwV **an sämtliche Institute des ZAG.** Zahlungsinstitute, die als Zahlungsdienst **nur den Kontoinformationsdienst** (§ 1 Abs. 1 S. 2 Nr. 8) anbieten, müssen lediglich die weiteren Angaben nach § 3 Abs. 1 Nr. 2 lit. c ZAGMonAwV einreichen. Die Pflicht zur Einreichung gilt auch für inländische Zweigstellen von Unternehmen mit Sitz außerhalb der europäischen Union oder des Europäischen Wirtschaftsraumes, die Zahlungsdienste erbringen oder das E-Geld-Geschäft betreiben, § 42 Abs. 1, Abs. 2.

1. Vermögensstatus

Der Monatsausweis beinhaltet nach § 2 ZAGMonAwV einen Vermögensstatus. **6** Dieser ist nach § 4 ZAGMonAwV grundsätzlich für das abgelaufene Kalendervierteljahr zu erstellen, soweit nicht die BaFin im Einzelfall eine monatliche Aufstellung verlangt. Er stellt die Aktiva und Passiva des Institutes gegenüber. Die einzelnen Positionen sind dabei zu untergliedern (entsprechend § 5 Abs. 1 Nr. 1 ZAGMonAwV sowie Anlage STZAG), ob sie aus Zahlungsdiensten oder der Ausgabe von E-Geld oder aus sonstigen Tätigkeiten des Institutes resultieren.

Folgende **Aktiva** sind mittels der Anlage STZAG zu melden: **7**

- **Barreserve:** Darunter fallen der Kassenbestand und das Guthaben bei Zentralnotenbanken. Als Kassenbestand gelten gesetzliche Zahlungsmittel einschließlich der ausländischen Noten und Münzen sowie Postwertzeichen und Gerichtsgebührenmarken. Als Guthaben bei Zentralnotenbanken werden täglich fällige Guthaben einschließlich der täglich fälligen Fremdwährungsguthaben bei Zentralnotenbanken ausgewiesen.

- **Forderungen an Kreditinstitute:** Hiermit sind alle Forderungen an in- und ausländische Kreditinstitute gemeint. Zu den Forderungen gehören auch Forderungen aus echten Pensionsgeschäften, Namensschuldverschreibungen, nicht börsenfähige Inhaberschuldverschreibungen sowie auf Gold und andere Edelmetalle lautende Forderungen aus Leihgeschäften.

- **Forderungen an Kunden:** Dazu gehören alle Arten von Vermögensgegenständen, die Forderungen an in- und ausländische Personen, die keine Kreditinstitute oder Institute iSd ZAG sind, darstellen, soweit es sich nicht um börsenfähige Schuldverschreibungen handelt. Insbesondere sind dies auch Provisionsforderungen an Kunden, Vertriebspartner oder an Unternehmen, für die Dienstleistungen erbracht wurden.

- **Forderungen an Institute des ZAG:** Hiermit sind alle Forderungen an in- und ausländische Zahlungsinstitute oder E-Geld-Institute gemeint. Zu den Forderungen gehören auch Forderungen aus echten Pensionsgeschäften, Namensschuldverschreibungen, nicht börsenfähigen Inhaberschuldverschreibungen sowie auf Gold und andere Edelmetalle lautende Forderungen aus Leihgeschäften.

- **Schuldverschreibungen und andere festverzinsliche Wertpapiere:** Darunter fallen insbesondere festverzinsliche Inhaberschuldverschreibungen, Orderschuldverschreibungen, Schatzwechsel, Schatzanweisungen und andere verbriefte Rechte (wie zum Beispiel Commercial Papers, Euro-Notes, Certificates of Deposit, Bons de Caisse). Als festverzinslich gelten auch Wertpapiere mit einem veränderlichen Zinssatz, sofern dieser an eine bestimmte Größe, zum Beispiel an einen Interbankzinssatz oder an einen Euro-Geldmarktsatz, gebunden ist. Auch Null-Kupon-Anleihen und Schuldverschreibungen, die einen anteiligen Anspruch auf Erlöse aus einem gepoolten Forderungsvermögen („Asset Backed Securities") verbriefen, sind hier aufzuführen.

- **Aktien und andere nicht festverzinsliche Wertpapiere:** Auszuweisen sind Aktien, soweit sie keine Beteiligungen oder Anteile an verbundenen Unternehmen darstellen. Auch Investmentanteile, Bezugsrechte, wertpapiermäßig verbriefte Optionsscheine, als Inhaber- oder Orderpapiere ausgestaltete börsenfähige Genussscheine und andere nicht festverzinsliche Wertpapiere, soweit sie börsennotiert sind, sind hier anzugeben.

- **Beteiligungen:** Als Beteiligungen gelten solche nach § 271 Abs. 1 HGB. Hierzu gehören nicht in Wertpapieren verbriefte Anteilsrechte, wie GmbH-Anteile und Beteiligungen an Personenhandelsgesellschaften. Auch als Beteiligung gelten im Zweifel Anteile an einer Kapitalgesellschaft, die insgesamt den fünften Teil des Nennkapitals dieser Gesellschaft überschreiten.

- **Anteile an verbundenen Unternehmen:** Hierbei handelt es sich um Anteile an Unternehmen, bei denen die Voraussetzungen des § 271 Abs. 2 HGB erfüllt sind.

- **Immaterielle Anlagewerte:** Unter diesen Begriff fallen beispielsweise der entgeltlich erworbene Geschäfts- oder Firmenwert, Software, entgeltlich erworbene Konzessionen, gewerbliche Schutzrechte und ähnliche Rechte und Werte sowie Lizenzen an solchen Rechten und Werten, geleistete Anzahlungen auf immaterielle Anlagewerte und aktivierte Aufwendungen für die Inbetriebnahme und Erweiterung des Geschäftsbetriebes.

- **Sachanlagen:** Dazu zählen Grundstücke, grundstücksgleiche Rechte, technische Anlagen und Maschinen, die Betriebs- und Geschäftsausstattung, geleistete Anzahlungen und Anlagen im Bau, soweit es sich um Anlagevermögen handelt, und die Vermögensgegenstände, die gemäß § 247 Abs. 2 HGB dauernd dem Geschäftsbetrieb zu dienen bestimmt sind.

- **Eigene Aktien oder Anteile**
- **Sonstige Vermögensgegenstände:** In diesen „Auffangposten" sind alle Forderungen und sonstigen Vermögensgegenstände auszuweisen, die keinem anderen Posten zugeordnet werden können. Darunter fallen zB Forderungen gegenüber Gesellschaftern, Steuererstattungsansprüche und der Jahresfehlbetrag des letzten Jahresabschlusses, soweit er noch nicht festgestellt wurde.
- **Rechnungsabgrenzungsposten:** Darunter fallen die in § 250 Abs. 1 HGB genannten Ausgaben.
- **Aktive latente Steuern**
- **Aktivischer Unterschiedsbetrag**
- **Nicht durch Eigenkapital gedeckter Fehlbetrag**
  Als **Passiva** sind anzugeben: 8
- **Verbindlichkeiten gegenüber Kreditinstituten:** Dazu zählen alle Arten von Verbindlichkeiten gegenüber in- und ausländischen Kreditinstituten.
- **Verbindlichkeiten gegenüber Kunden:** Hier sind alle Arten von Verbindlichkeiten gegenüber in- und ausländischen Personen, die keine Kreditinstitute oder Institute des ZAG sind, auszuweisen. Hierzu gehören auch Namensschuldverschreibungen.
- **Verbindlichkeiten gegenüber Instituten des ZAG:** Dazu zählen alle Arten von Verbindlichkeiten gegenüber in- und ausländischen Zahlungsinstituten und E-Geld-Instituten.
- **Sonstige Verbindlichkeiten:** Unter diesen „Auffangtatbestand" fallen alle Verbindlichkeiten, die nicht den vorgenannten Passivpositionen zuzuordnen sind.
- **Rechnungsabgrenzungsposten:** Hier sind die Einnahmen gemäß § 250 Abs. 2 HGB aufzuführen.
- **Rückstellungen:** Darunter fallen die nach § 249 Abs. 1 HGB gebildeten Rückstellungen.
- **Passive latente Steuern**
- **Nachrangige Verbindlichkeiten:** Hier sind alle Verbindlichkeiten auszuweisen, die im Falle der Liquidation oder der Insolvenz erst nach den Forderungen der anderen Gläubiger erfüllt werden.
- **Genussrechtskapital**
- **Eigenkapital:** Maßgebend ist zunächst das Eigenkapital aus dem letzten Jahresabschluss einschließlich der Gewinnzuweisungen. Soweit seit Feststellung des Jahresabschlusses Erhöhungen oder Verminderungen durchgeführt wurden, sind diese zu berücksichtigen.
  Als Positionen **„unter dem Strich"** sind auszuweisen: 9
- **Unwiderrufliche Kreditzusagen:** Als unwiderrufliche Kreditzusagen gelten alle unwiderruflichen Verpflichtungen, die Anlass zu einem Kreditrisiko geben können.
- **Eventualverbindlichkeiten:** Unter diese Position fallen zunächst Indossamentsverbindlichkeiten und andere wechselrechtliche Eventualverbindlichkeiten, soweit sie aus abgerechneten und weiterverkauften Wechseln stammen. Weiterhin sind auch Verbindlichkeiten aus Bürgschaften und Gewährleistungsverträgen hier auszuweisen. Schließlich ist zudem die Haftung aus der Bestellung von Sicherheiten für fremde Verbindlichkeiten hier zu beziffern.

2. Gewinn- und Verlustrechnung

10 Nach § 2 ZAGMonAwV in Verbindung mit § 4 ZAGMonAwV beinhaltet der Monatsausweis zudem eine Gewinn- und Verlustrechnung. Diese ist jeweils für den Zeitraum ab Ende des letzten Geschäftsjahres aufzustellen. Auch hier sind die einzelnen Positionen danach zu untergliedern, ob sie aus Zahlungsdiensten und aus der Ausgabe von E-Geld oder aus sonstigen Tätigkeiten des Institutes resultieren. Folgende Positionen sind auszuweisen (§ 5 Abs. 1 Nr. 2 ZAGMonAwV sowie Anlage GVZAG):

- **Zinserträge**
- **Zinsaufwendungen**
- **Laufende Erträge:** Unter diese Position fallen alle laufenden Erträge wie Dividenden oder Gewinnausschüttungen aus Aktien, Beteiligungen und Anteilen an verbundenen Unternehmen sowie aus anderen nicht festverzinslichen Wertpapieren. Nicht als laufende Erträge gelten Zuschreibungen auf Anteilsrechte und andere nicht festverzinsliche Wertpapiere sowie Erträge im Zusammenhang mit der Veräußerung von Anteilsrechten. Ebenfalls nicht unter die laufenden Erträge fallen Erträge aus festverzinslichen Wertpapieren und Schuldbuchforderungen, die den Zinserträgen zugerechnet werden.
- **Erträge aus Gewinngemeinschaften, Gewinnabführungs- oder Teilgewinnabführungsverträgen:** Als Gewinngemeinschaft, Gewinnabführungs- und Teilgewinnabführungsvertrag gelten die in den §§ 291 und 292 AktG genannten Verträge.
- **Provisionserträge**
- **Provisionsaufwendungen**
- **Sonstige betriebliche Erträge:** Unter diesen „Auffangtatbestand" fallen alle Erträge, die im Rahmen der gewöhnlichen Geschäftstätigkeit des Institutes entstanden sind und die keinem anderen Posten zugeordnet werden können. Hierzu gehören beispielsweise Erträge aus der Auflösung von Rückstellungen, soweit sie nicht das Wertpapiergeschäft betreffen, Gewinne aus der Veräußerung von Sachanlagen, Erträge aus sonstigen Dienstleistungen, die nicht unter Provisionserträge fallen, sowie Kassenüberschüsse. Soweit Erträge nicht im Rahmen der gewöhnlichen Geschäftstätigkeit des Zahlungsinstitutes angefallen sind, sind sie im außerordentlichen Ergebnis zu berücksichtigen.
- **Allgemeine Verwaltungsaufwendungen:** Die allgemeinen Verwaltungsaufwendungen beinhalten den Personalaufwand, der alle Aufwendungen für die Angestellten und die Geschäftsleitung des Institutes umfasst, sowie die anderen Verwaltungsaufwendungen, die alle Aufwendungen, die nicht das Personal betreffen, beinhalten. Zu den anderen Verwaltungsaufwendungen gehören beispielsweise Raumkosten, Bürobetriebskosten, Kommunikationskosten, Werbekosten, Reisekosten, Aufsichtsratsvergütungen, Beratungskosten und Versicherungsprämien.
- **Abschreibungen und Wertberichtigungen auf immaterielle Anlagewerte und Sachanlagen:** Unter diese Position fallen alle planmäßigen und außerplanmäßigen Abschreibungen auf Sachanlagen und immaterielle Anlagewerte.
- **Sonstige betriebliche Aufwendungen:** Unter diesen „Auffangtatbestand" fallen alle Aufwendungen, die im Rahmen der gewöhnlichen Geschäftstätigkeit des Institutes entstanden sind und die keinem anderen Posten zugeordnet werden können. Hierzu gehören beispielsweise Verluste aus Verkäufen von Sach-

anlagen oder Zuweisungen zu Rückstellungen wegen drohender Verluste, die nicht das Wertpapiergeschäft betreffen. Soweit Aufwendungen nicht im Rahmen der gewöhnlichen Geschäftstätigkeit des Institutes angefallen sind, sind sie im außerordentlichen Ergebnis zu berücksichtigen.

- **Abschreibungen und Wertberichtigungen auf Forderungen und bestimmte Wertpapiere sowie Zuführung zu Rückstellungen im Kreditgeschäft:** Abschreibungen und Wertberichtigungen aus Forderungen beinhalten ua Aufwendungen aus Abschreibungen und Wertberichtigungen auf Forderungen an Institute und Kunden, Aufwendungen aus Zuführungen zu Rückstellungen für Eventualverbindlichkeiten und Kreditrisiken und Aufwendungen aus Abschreibungen auf Forderungen an Institute und Kunden zur Bildung von stillen Vorsorgereserven nach § 340f HGB. Bei den Aufwendungen aus Abschreibungen und Wertberichtigungen auf Wertpapiere sind nur Wertpapiere der Liquiditätsreserve zu berücksichtigen. Hier kommen Aufwendungen in Betracht, die aus Geschäften mit solchen Wertpapieren der Liquiditätsreserve oder aus Abschreibungen auf diese resultieren.
- **Erträge aus Zuschreibungen zu Forderungen und bestimmten Wertpapieren sowie aus der Auflösung von Rückstellungen im Kreditgeschäft:** Erträge aus Zuschreibungen auf Forderungen resultieren insbesondere aus Zuschreibungen zu Forderungen an Institute und Kunden, aus der Auflösung von Einzelwertberichtigungen oder Rückstellungen für Eventualverbindlichkeiten und Kreditrisiken, aus dem Eingang teilweise oder vollständig abgeschriebener Forderungen oder aus der Auflösung von stillen Vorsorgereserven nach § 340f HGB. Erträge aus Zuschreibungen für Wertpapiere umfassen nur Wertpapiere der Liquiditätsreserve und können beispielsweise aus Geschäften mit solchen Wertpapieren oder Zuschreibungen zu diesen resultieren.
- **Abschreibungen und Wertberichtigungen auf Beteiligungen, Anteile an verbundenen Unternehmen und wie Anlagevermögen behandelte Wertpapiere:** Hier sind Abschreibungen und Aufwendungen nach Maßgabe des § 340c Abs. 2 HGB aufzuführen.
- **Erträge aus Zuschreibungen zu Beteiligungen, Anteilen an verbundenen Unternehmen und wie Anlagevermögen behandelte Wertpapiere:** Dieser Posten beinhaltet Erträge aus Geschäften und aus Zuschreibungen nach § 340c Abs. 2 HGB.
- **Aufwendungen aus Verlustübernahme:** Diese Position umfasst auszugleichende Jahresfehlbeträge aufgrund eines Beherrschungs- oder Gewinnabführungsvertrages bzw. aufgrund freiwilliger Übernahme.
- **Ergebnis der normalen Geschäftstätigkeit**
- **Außerordentliches Ergebnis:** Das außerordentliche Ergebnis setzt sich aus den außerordentlichen Erträgen und den außerordentlichen Aufwendungen zusammen. Dies sind alle Erträge und Aufwendungen, die außerhalb der gewöhnlichen Geschäftstätigkeit entstehen.
- **Steuern vom Einkommen und Ertrag:** In dieser Position sind Gewerbeertragsteuern und Körperschaftssteuern aufzuführen.
- **Sonstige Steuern:** Diese Position umfasst beispielsweise Grundsteuern und Gesellschaftssteuern.
- **Erträge aus Verlustübernahme:** Erhält das Institut aufgrund eines Beherrschungs- oder Gewinnabführungsvertrages oder durch freiwillige Übernahme Zahlungen zum Ausgleich eines Fehlbetrages, so sind diese hier aufzuführen.

- **Aufgrund einer Gewinngemeinschaft, eines Gewinnabführungsvertrages oder eines Teilgewinnabführungsvertrages abgeführte Gewinne:** Als Gewinngemeinschaft, Gewinnabführungs- und Teilgewinnabführungsvertrag gelten die in den §§ 291 und 292 AktG genannten Verträge.
- **Periodengewinn/Periodenverlust**

3. weitere Angaben

11   Neben dem Vermögensstatus und der Gewinn- und Verlustrechnung haben die Institute aufgrund § 3 ZAGMonAwV zusätzliche Angaben zu machen, wie folgt:

- **im Fall der Ausgabe von E-Geld** nach § 1 Abs. 2 S. 2 der durchschnittliche E-Geld-Umlauf iSd § 1 Abs. 14 am Ende des Berichtszeitraums und die Anzahl der ausgegebenen E-Geld-Instrumente;
- **im Falle des Erbringens von Zahlungsdiensten** nach § 1 Abs. 1 S. 2 Nr. 1–6 das Zahlungsvolumen, die Anzahl der Zahlungsvorgänge und die Anzahl der ausgegebenen Zahlungsinstrumente sowie die Anzahl und der Gesamtbetrag der Rückbelastungen; soweit sie das Finanztransfergeschäft nach § 1 Abs. 1 S. 2 Nr. 6 betreffen, sind sie bezogen auf den Zahlungsempfänger in die verschiedenen Zahlungsrichtungen zu untergliedern;
- **im Falle des Erbringens von Zahlungsauslösediensten** nach § 1 Abs. 1 S. 2 Nr. 7 der Wert der eingegangenen Erstattungsbegehren, die Anzahl der ausgelösten Zahlungsvorgänge und der Gesamtwert der ausgelösten Zahlungsvorgänge;
- **im Falle des Erbringens von Kontoinformationsdiensten** nach § 1 Abs. 1 S. 2 Nr. 8 der Wert der eingegangenen Erstattungsbegehren, die Anzahl der Zahlungskonten, auf die zugegriffen wurde, und die Gesamtzahl der Kunden, die Kontoinformationsdienste nutzen.

Die weiteren Angaben sind mit dem Formular WAZAG aus Anlage 3 zur ZAG-MonAwV einzureichen, § 5 Abs. 1 S. 1 Nr. 3 ZAGMonAwV.

4. Inhalt bei Instituten, die auch Kreditinstitute sind

12   Soweit das Institut gleichzeitig ein Kreditinstitut iSd § 1 Abs. 1 S. 1 KWG ist (dies kommt für Spezialkreditinstitute mit einer Erlaubnis nur für einzelne der in § 1 Abs. 1 S. 1 KWG genannten Bankgeschäfte, nicht aber für CRR-Kreditinstitute iSd § 1 Abs. 3d S. 1 KWG in Betracht) und Finanzinformationen nach Maßgabe des § 25 KWG iVm der Finanz- und Risikotragfähigkeitsverordnung einzureichen hat, hat es aufgrund der Regelung des § 25 KWG bankaufsichtliche Finanzinformationen abzugeben. Zudem haben diese Institute gem. § 5 Abs. 1 S. 2 ZAGMonAwV die Anlagen ESTZAG und EGVZAG zu verwenden.

III. Meldung

13   Für den Monatsausweis und die nach § 3 ZAGMonAwV geforderten Angaben enthält die ZAGMonAwV als Anlagen entsprechende **Meldevordrucke**, die von den Instituten nach § 5 Abs. 1 ZAGMonAwV zu verwenden sind. Ein Institut, das nicht zugleich ein Kreditinstitut ist, hat seinen Vermögensstatus mit der Anlage 1 (STZAG) und seine Gewinn- und Verlustrechnung mit der Anlage 2 (GVZAG) zu melden. Ist das Institut zugleich ein Kreditinstitut, hat es für den Vermögensstatus

die Anlage 4 (ESTZAG) und für die Gewinn- und Verlustrechnung die Anlage 5 (EGVZAG) zu verwenden. Das Zahlungsvolumen, die Anzahl der Zahlungsvorgänge sowie die Anzahl der ausgegebenen Zahlungsinstrumente sind von allen Instituten mit der Anlage 3 (WAZAG) einzureichen.

Die Meldung ist (obwohl in § 29 Abs. 1 von monatlichen Meldungen gespro- **14** chen wird) nach § 4 ZAGMonAwV **grundsätzlich quartalsmäßig** abzugeben (Schwennicke/Auerbach/Auerbach/Reimann Rn. 2), soweit die BaFin nicht im Einzelfall eine monatliche Meldung für erforderlich hält und eine entsprechende Entscheidung trifft. Bei einer quartalsmäßigen Meldung sind die jeweiligen Monatsausweise nebst den weiteren Angaben bis zum **20. Geschäftstag** in den Monaten Januar, April, Juli und Oktober bei der Deutschen Bundesbank einzureichen (§ 5 Abs. 2 ZAGMonAwV). Bei einer monatlichen Einreichung hat die Abgabe bis zum 20. Geschäftstag des Folgemonats zu erfolgen.

Die Abgabe der Monatsausweise erfolgt nach § 5 Abs. 3 ZAGMonAwV im **elek-** **15** **tronischen Verfahren.** Die Deutsche Bundesbank hat dazu eine entsprechende Schnittstelle eingerichtet, mit der die Daten an sie übermittelt werden (zugänglich über die Internetseite der Deutschen Bundesbank).

IV. Weiterleitung

Nach Abs. 1 Satz 2 Hs. 1 leitet die Bundesbank die Meldungen an die BaFin **16** weiter. Damit wird die in § 4 Abs. 3 niedergelegte Pflicht zur Zusammenarbeit der beiden Behörden entsprechend konkretisiert. Die Weiterleitung erfolgt nach dem Wortlaut der Regelung mit einer **Stellungnahme** der Bundesbank. In der Praxis wird eine Stellungnahme jedoch nur dann abgegeben, wenn die Bundesbank eine solche für geboten hält. Dies ist beispielsweise dann der Fall, wenn sich aus den eingereichten Daten ergibt, dass das Institut wirtschaftliche Probleme hat oder dessen Entwicklung Anlass zur Besorgnis gibt. Darüber hinaus kann die Bundesbank Erkenntnisse, die sie aus anderen Anzeigen des Institutes gewonnen hat, in die Stellungnahme einfließen lassen.

Nach Abs. 1 Satz 2 Hs. 2 kann die BaFin auf die Weiterleitung von Meldungen **17** **verzichten,** wenn die gemeldeten Daten für die Arbeit der BaFin entbehrlich sind. Durch die dadurch vorgenommene Beschränkung auf aufsichtsrelevante Institute und Sachverhalte soll die BaFin entlastet werden.

V. Zusammengefasster Monatsausweis

Abs. 2 regelt, dass bei Vorliegen einer **Institutsgruppe** die BaFin die Erstellung **18** eines zusammengefassten Monatsausweises verlangen kann. Eine Institutsgruppe im Sinne dieser Vorschrift liegt durch Verweis auf § 15 Abs. 1 S. 3 dann vor, wenn ein Zahlungsinstitut oder E-Geld-Institut zusammen mit einem anderen Institut nach dem ZAG, einem Institut nach dem KWG, einer Kapitalverwaltungsgesellschaft oder einem Versicherungsunternehmen eine konzernrechtliche Gruppe bildet.

Zweck dieser Regelung ist es, den Aufsichtsbehörden die Möglichkeit zu ge- **19** ben, sich auch über Institutsgruppen ein umfassendes, zeitnahes Bild zu machen. Denn die im Rahmen des Konzernjahresabschlusses zu konsolidierenden Positio-

nen ergeben sich nicht aus den einzelnen Monatsausweisen der gruppenangehörigen Unternehmen. Daher sind zusammengefasste Daten notwendig.

20   Während nach den bankaufsichtlichen Regelungen das übergeordnete Unternehmen der Gruppe für die Erstellung und Abgabe des zusammengefassten Monatsausweises zuständig ist, wird nach Abs. 2 das **meldepflichtige Institut** von der
BaFin bestimmt.

21   Der zusammengefasste Monatsausweis ist **zusätzlich** zu den einzelnen Monatsausweisen abzugeben; das Gesetz enthält keinen Hinweis hinsichtlich einer Ent-
behrlichkeit der Einzelmeldung für diesen Fall (ebenso Schäfer/Omlor/Mimberg/
Wilting Rn. 23).

VI. Verstöße gegen die Meldepflicht

22   Soweit ein Institut seiner Pflicht zur Abgabe des Monatsausweises oder des zusammengefassten Monatsausweises nicht nachkommt, kann die BaFin nach Maßgabe des § 4 Abs. 2 Anordnungen treffen, um die Abgabe zu erzwingen. Diese Anordnungen kann sie gemäß § 17 FinDAG mit den Zwangsmitteln des VwVG
durchsetzen. Nach § 10 VwVG kann dabei sie im Rahmen einer **Ersatzvornahme**
einen Dritten, zB eine Wirtschaftsprüfungsgesellschaft, beauftragen, für das Institut
die Meldung zu erstellen und abzugeben. Die dabei entstehenden Kosten sind vom
Institut zu tragen. Gemäß § 20 Abs. 3 steht der BaFin außerdem die Befugnis zu, die
Abberufung des Geschäftsleiters zu verlangen und ihm auch die Ausübung seiner
Tätigkeit bei Instituten zu untersagen, wenn er vorsätzlich oder leichtfertig gegen
Bestimmungen des ZAG (dh auch gegen § 29 ZAG), gegen die zur Durchführung
erlassenen Verordnungen (dh auch gegen Vorschriften der ZAGMonAwV) oder
gegen Anordnungen der BaFin verstoßen hat und dieses Verhalten trotz Verwarnung fortsetzt. Unter den Voraussetzungen des § 20 Abs. 4 S. 4 kann die BaFin von
dem Institut auch verlangen, Mitglieder des Verwaltungs- oder Aufsichtsorgans abzuberufen oder ihnen die Ausübung ihrer Tätigkeit zu untersagen (Ellenberger/
Findeisen/Nobbe/Böger/Frey Rn. 25).

23   Zudem stellt ein Verstoß gegen die Meldepflicht unter den Voraussetzungen des
§ 64 Abs. 2 Nr. 2 lit. b eine **Ordnungswidrigkeit** dar. Dieser Tatbestand ist dann
erfüllt, wenn der Monatsausweis oder der zusammengefasste Monatsausweis vorsätzlich oder leichtfertig nicht, nicht richtig, nicht fristgerecht oder nicht vollständig
abgegeben wird. Ein solcher Verstoß kann gemäß § 64 Abs. 4 mit einem Bußgeld
bis zu 100.000 EUR geahndet werden.

Anhang zu § 29

Verordnung zur Einreichung von Monatsausweisen nach dem Zahlungsdiensteaufsichtsgesetz (ZAGMonatsausweisverordnung – ZAGMonAwV)

ZAGMonAwV

Ausfertigungsdatum: 15. 10. 2009

Vollzitat:

„ZAG-Monatsausweisverordnung vom 15. Oktober 2009 (BGBl. I S. 3591), die zuletzt durch Artikel 1 der Verordnung vom 13. Dezember 2018 (BGBl. I S. 2453) geändert worden ist"

Eingangsformel

Auf Grund des § 29a Absatz 3 Satz 1 des Zahlungsdiensteaufsichtsgesetzes vom 25. Juni 2009 (BGBl. I S. 1506) verordnet das Bundesministerium der Finanzen im Benehmen mit der Deutschen Bundesbank:

§ 1 Anwendungsbereich; Befugnisse der Bundesanstalt

(1) Monatsausweise sowie die weiteren Angaben nach dieser Verordnung sind von allen Instituten im Sinne des Zahlungsdiensteaufsichtsgesetzes einzureichen. Abweichend von Satz 1 sind von Zahlungsinstituten, die als Zahlungsdienst nur den Kontoinformationsdienst nach § 1 Absatz 1 Satz 2 Nummer 8 des Zahlungsdiensteaufsichtsgesetzes anbieten, lediglich die weiteren Angaben nach § 3 Absatz 1 Nummer 2 Buchstabe c einzureichen.

(2) Die Bundesanstalt für Finanzdienstleistungsaufsicht (Bundesanstalt) kann, soweit dies zur Erfüllung ihrer Aufgaben erforderlich ist, gegenüber den Instituten im Sinne des Zahlungsdiensteaufsichtsgesetzes Anordnungen über die Aufstellung und den Inhalt der Monatsausweise sowie über die weiteren Angaben nach § 3 dieser Verordnung erlassen.

§ 2 Art und Umfang des Monatsausweises

Der Monatsausweis besteht aus einem Vermögensstatus bezogen auf das Ende des jeweiligen Berichtszeitraums und einer Gewinn- und Verlustrechnung, die den Zeitraum seit dem Ende des letzten Geschäftsjahres umfasst.

§ 3 Weitere Angaben

(1) Die weiteren Angaben sind im Falle

1. der Ausgabe von E-Geld nach § 1 Absatz 2 Satz 2 des Zahlungsdiensteaufsichtsgesetzes der durchschnittliche E-Geld-Umlauf im Sinne des § 1 Absatz 14 des Zahlungsdiensteaufsichtsgesetzes am Ende des Berichtszeitraums und die Anzahl der ausgegebenen E-Geld-Instrumente;

2. des Erbringens von

a) Zahlungsdiensten nach § 1 Absatz 1 Satz 2 Nummer 1 bis 6 des Zahlungsdiensteaufsichtsgesetzes das Zahlungsvolumen, die Anzahl der Zahlungsvorgänge und die Anzahl der ausgegebenen Zahlungsinstrumente,

b) Zahlungsauslösediensten nach § 1 Absatz 1 Satz 2 Nummer 7 des Zahlungsdiensteaufsichtsgesetzes der Wert der eingegangenen Erstattungsbegehren, die Anzahl der ausgelösten Zahlungsvorgänge und der Gesamtwert der ausgelösten Zahlungsvorgänge,

c) Kontoinformationsdiensten nach § 1 Absatz 1 Satz 2 Nummer 8 des Zahlungsdiensteaufsichtsgesetzes der Wert der eingegangenen Erstattungsbegehren, die Anzahl der Zahlungskonten, auf die zugegriffen wurde, und die Gesamtzahl der Kunden, die Kontoinformationsdienste nutzen.

(2) Die weiteren Angaben nach Absatz 1 Nummer 2 Buchstabe a erstrecken sich zusätzlich auf die Anzahl und den Gesamtbetrag der Rückbelastungen. Sie sind ferner, soweit sie das Finanztransfergeschäft nach § 1 Absatz 1 Satz 2 Nummer 6 des Zahlungsdiensteaufsichtsgesetzes betreffen, bezogen auf den Zahlungsempfänger in die verschiedenen Zahlungsrichtungen zu untergliedern.

§ 4 Berichtszeitraum

Berichtszeitraum ist das Kalendervierteljahr. Die Bundesanstalt kann durch Entscheidung im Einzelfall den Berichtszeitraum auf einen Kalendermonat verkürzen, soweit dies zur Erfüllung der Aufgaben der Bundesanstalt erforderlich ist.

§ 5 Einreichungsverfahren und Einreichungstermin

(1) Die Monatsausweise und die weiteren Angaben nach § 3 sind von den Instituten mit den folgenden Formularen einzureichen:

1. Monatsausweis gemäß § 29 Absatz 1 Satz 1 ZAG
   – Vermögensstatus –:
   STZAG (Anlage 1),
2. Monatsausweis gemäß § 29 Absatz 1 Satz 1 ZAG
   – Gewinn- und Verlustrechnung –:
   GVZAG (Anlage 2),
3. weitere Angaben gemäß § 3 ZAGMonAwV
   – Weitere Angaben –:
   WAZAG (Anlage 3).

Institute, die zugleich Kreditinstitut im Sinne des § 1 Absatz 1 Satz 1 des Kreditwesengesetzes sind und Finanzinformationen nach Maßgabe des § 25 des Kreditwesengesetzes in Verbindung mit der Finanz- und Risikotragfähigkeitsverordnung einzureichen haben, haben anstelle der in Satz 1 Nummer 1 und 2 genannten Formulare die Formulare aus den Anlagen 4 und 5 (ESTZAG und EGVZAG) zu verwenden; die Pflicht zur Verwendung des Formulars aus der Anlage 3 (WAZAG) bleibt daneben bestehen.

(2) Die Monatsausweise sowie die weiteren Angaben nach § 3 sind der Deutschen Bundesbank jeweils nach dem Stand zum Ende des Berichtszeitraums bis zum 20. Geschäftstag des Folgemonats einzureichen.

(3) Die Monatsausweise sowie die weiteren Angaben nach § 3 sind im papierlosen Verfahren der Deutschen Bundesbank einzureichen. Die Deutsche Bundesbank veröffentlicht auf ihrer Internetseite die für eine Dateneinreichung im Wege

der Datenfernübertragung zu verwendenden Satzformate und den Einreichungsweg.

§ 6 Inkrafttreten

Diese Verordnung tritt am 31. Oktober 2009 in Kraft.

Anlage 1 Monatsausweis gemäß § 29a Absatz 1 Satz 1 ZAG – Vermögensstatus –

Von einem Abdruck wurde abgesehen.

Anlage 2 Monatsausweis gemäß § 29a Absatz 1 Satz 1 ZAG – Gewinn- und Verlustrechnung –

(Fundstelle: BGBl. I 2018, 2459–2461)
Von einem Abdruck wurde abgesehen.

Anlage 3 Weitere Angaben gemäß § 3 ZAGMonAwV – Zahlungsvolumen –

(Fundstelle: BGBl. I 2018, 2462–2463)
Von einem Abdruck wurde abgesehen.

Anlage 4 Monatsausweis gemäß § 29 Absatz 1 Satz 1 ZAG – Vermögensstatus –

(Fundstelle: BGBl. I 2018, 2464–2465)
Von einem Abdruck wurde abgesehen.

Anlage 5 Monatsausweis gemäß § 29 Absatz 1 Satz 1 ZAG – Gewinn- und Verlustrechnung –

(Fundstelle: BGBl. I 2018, 2466–2467)
Von einem Abdruck wurde abgesehen.

§ 30 Aufbewahrung von Unterlagen

[1]**Die Institute haben für aufsichtsrechtliche Zwecke alle Unterlagen unbeschadet anderer gesetzlicher Bestimmungen mindestens fünf Jahre aufzubewahren.** [2] **§ 257 Absatz 3 und 5 des Handelsgesetzbuchs sowie § 147 Absatz 5 und 6 der Abgabenordnung gelten entsprechend.** [3] **§ 257 Absatz 4 des Handelsgesetzbuchs bleibt unberührt.**

I. Vorbemerkung

Die in § 30 geregelte Aufbewahrungspflicht für bestimmte Unterlagen beruht **1** auf Art. 21 PSD2. Danach müssen Zahlungsinstitute und E-Geld-Institute alle relevanten Unterlagen und Belege fünf Jahre aufbewahren. Art. 21 PSD2 ist in Titel II der PSD2 enthalten, der die aufsichtsrechtlichen Anforderungen an Zahlungsinstitute enthält. Daraus folgt, dass die Aufbewahrungspflicht **ausschließlich aufsichtsrechtlichen Zwecken** dient (RegE BT-Drs. 16/11613, 95). Die Verweise auf die Regelungen im HGB sowie in der AO haben allein klarstellenden Charakter (Schäfer/Omlor/Mimberg/Wilting Rn. 1; Schwennicke/Auerbach/ Schwennicke Rn. 2). Anwendung findet die Vorschrift für alle inländischen Institute einschließlich ihrer Zweigniederlassungen und Zweigstellen sowie für inländische Zweigstellen von Unternehmen mit Sitz in einem Vertragsstaat außerhalb des EWR, vgl. § 42 Abs. 1; nicht erfasst sind dagegen inländische Zweigniederlassungen von Unternehmen mit Sitz in einem Mitgliedstaat der EU oder Vertragsstaat des EWR, vgl. § 39 Abs. 3 (Ellenberger/Findeisen/Nobbe/Böger/Rieg Rn. 6).

II. Aufzubewahrende Unterlagen

2   § 30 enthält keine Einschränkungen hinsichtlich der aufzubewahrenden Unterlagen. Vielmehr sind dem Wortlaut nach „**alle Unterlagen**" aufzubewahren.

3   Während nach der kaufmännischen Aufbewahrungspflicht, die in § 257 HGB niedergelegt ist, nur bestimmte Arten von Unterlagen, nämlich insbesondere Handelsbücher, Bilanzen, Lageberichte, Organisationsunterlagen und Handelsbriefe aufzubewahren sind, enthält § 30 keine Eingrenzung auf bestimmte Unterlagen. Vielmehr sind von der Regelung **alle Belege und Aufzeichnungen** erfasst. Diese können sowohl in schriftlicher Form oder elektronisch, wie zum Beispiel EDV-Daten oder Sprachaufzeichnungen, vorliegen.

4   Aus dem Wortlaut des § 30 könnte zunächst geschlossen werden, dass sämtliche Unterlagen unabhängig von ihrem Inhalt aufzubewahren sind. Dabei ist jedoch zum einen zu beachten, dass § 30 ausschließlich aufsichtsrechtlichen Zwecken dient. Daraus folgt, dass nur solche Unterlagen aufzubewahren sind, die mit dem ZAG oder mit anderen für die Institute geltenden aufsichtsrechtlichen Regelungen oder Verlautbarungen im Zusammenhang stehen (ebenso Schäfer/Omlor/Mimberg/Wilting Rn. 2). Insbesondere § 19 Abs. 1 ist als Maßstab heranzuziehen (zu § 14 ZAG aF RegE BT-Drs. 16/11613, 95). Danach müssen die Unterlagen über Geschäftsangelegenheiten des Institutes Auskunft geben können. Zum anderen ist der Wortlaut von Art. 21 PSD2 zu berücksichtigen, nach dem nur solche Belege und Aufzeichnungen aufzubewahren sind, die „relevant" sind. Daraus folgt, dass die Unterlagen Angaben enthalten müssen, aus denen zusätzliche **Informationen** entnommen werden können, die in Bezug auf das **ZAG oder die sonstigen aufsichtlichen Anforderungen** wichtig sein können. Dazu gehören in nicht abschließender Aufzählung (vgl. auch Schäfer/Omlor/Mimberg/Wilting Rn. 2; BT-Drs. 16/11613, 52):

– Schriftverkehr mit den Aufsichtsbehörden,
– Sonstiger Schriftverkehr mit Bezug zu den Geschäftsvorfällen,
– Sitzungsprotokolle der Gremien,
  Sitzungsprotokolle interner Besprechungen, soweit diese einen Bezug zu aufsichtsrechtlichen Themen haben,
– Buchführungsunterlagen,
– Organisationsunterlagen (Arbeitsanweisungen, Stellenbeschreibungen, technische Unterlagen zu den Rechnungslegungssystemen aber auch zu den Systemen für das Meldewesen),
– Unterlagen zum Meldewesen, auch Unterlagen, die für die Erstellung der Meldungen genutzt wurden oder Ausgangspunkt für eine Meldung sind,
– Verträge insbesondere auch zur Auslagerung,

– Unterlagen aus dem Bereich der Überwachung des Unternehmens, insbesondere Unterlagen aus der Internen Revision (Revisionshandbuch, Prüfungsberichte, Nachverfolgung der Revisionsfeststellungen).

III. Aufbewahrung

Die Unterlagen müssen **fünf Jahre aufbewahrt** werden. Durch den Verweis in **5** Satz 2 auf § 257 Abs. 5 HGB ist Fristbeginn immer der Schluss des Kalenderjahres, in dem die Unterlage finalisiert wurde. Der Verweis auf § 257 Abs. 4 HGB in Satz 3 stellt klar, dass die handelsrechtlichen Aufbewahrungsfristen von sechs bzw. zehn Jahren durch die Regelung des § 30 nicht verkürzt werden (ebenso Schäfer/Omlor/Mimberg/Wilting Rn. 1)

„Aufbewahrung" einer Unterlage bedeutet, dass sie während dieser Zeit in **les-** **6** **barer Form** vorhanden sein muss (§ 257 Abs. 3 HGB und § 147 Abs. 5 AO). Daraus folgt, dass von Unterlagen, bei denen die Gefahr droht, dass sie innerhalb der Aufbewahrungsfrist ihre Lesbarkeit verlieren, wie zum Beispiel Drucke auf Thermopapier oder Daten auf Speichermedien, deren Lesbarkeit mit der Zeit verloren geht, Kopien zu fertigen sind.

Die Form der Aufbewahrung richtet sich nach handelsrechtlichen Grundsätzen **7** (Satz 2 in Verbindung mit § 257 Abs. 3 HGB). Es ist nicht zwingend erforderlich, dass die Unterlagen im Original aufbewahrt werden (Ellenberger/Findeisen/Nobbe/Böger/Rieg Rn. 9). So können statt der Originale auch **Abschriften** beispielsweise in Form von Fotokopien aufbewahrt werden. Eine andere Möglichkeit ist die **Speicherung** der Originalunterlage auf einem Datenträger. Dies setzt jedoch immer zwingend voraus, dass anhand der Abschrift oder des Datenträgers der Inhalt der Originalurkunde unverändert festgestellt werden kann. Die zuvor gemachte Aussage gilt jedoch nicht uneingeschränkt. Durch den Verweis auf § 257 Abs. 3 HGB wird klargestellt, dass **Eröffnungsbilanzen und Abschlüsse** stets im Original aufzubewahren sind.

Bei einer **Aufbewahrung auf einem Datenträger** ist außerdem § 147 Abs. 5 **8** und 6 AO, auf den Satz 2 verweist, zu beachten. Danach ist das Institut verpflichtet, die Geräte zur Verfügung zu stellen, die erforderlich sind, um die digitalisierten Unterlagen **lesbar** zu machen. Ebenfalls kann das Institut verpflichtet werden, die Unterlagen auszudrucken, einen maschinell verwertbaren Datenträger zu fertigen oder die Daten maschinell auszuwerten. Die Kosten hierfür hat das Institut zu tragen. Nach § 147 Abs. 6 AO hat die Aufsichtsbehörde, wie die Finanzbehörde, auch das Recht, die Daten entweder zur Einsicht in das Datenverarbeitungssystem oder die Daten in maschinell ausgewerteter bzw. in maschinell verwertbarer Form zu erhalten.

Einen bestimmten Ort für die Aufbewahrung der Unterlagen schreibt § 30 nicht **9** vor. Jedoch ist hier die Regelung des § 239 Abs. 4 S. 2 HGB analog heranzuziehen. Danach müssen die Unterlagen so aufbewahrt werden, dass sie in einer **angemessenen Zeit vorgelegt** werden können.

Abschnitt 6.   Sondervorschriften für das E-Geld-Geschäft und den Vertrieb und die Rücktauschbarkeit

§ 31   Verbot der Ausgabe von E-Geld über andere Personen

E-Geld-Institute dürfen E-Geld nicht über natürliche oder juristische Personen ausgeben, die im Namen des E-Geld-Instituts tätig werden.

Literatur: Diekmann/Wieland, Der aufsichtsrechtliche Rahmen für das E-Geld-Geschäft, ZBB-Report 2011, 297 ff.; Ellenberger/Findeisen/Nobbe/Böger, Kommentar zum Zahlungsverkehrsrecht, 3. Auflage; 2020; Fett/Bentele, Der E-Geld-Intermediär im Visier der Aufsicht, BKR 2011, 403 ff.; Koch, Umsetzung des zivilrechtlichen Teils der Zahlungsdiensterichtlinie, 1. Aufl. 2009; Koch/Reinicke, Zahlungsdiensteaufsichtsgesetz – ZAG, 1. Aufl. 2009; Koch, Der Zahlungsverkehr in der Bankpraxis, 2. Aufl. 2012; Kokemoor, Aufsichtsrechtliche Rahmenbedingungen für die Vertragsgestaltung bei der Ausgabe und Verwaltung von elektronischem Geld, BKR 2003, 859 ff.; Müller/Starre, Der E-Geld-Agent zwischen Legaldefinition, gesetzgeberischer Vorstellung und Wirklichkeit, BKR 2013, 149 ff.; Schäfer/Lang, Die aufsichtsrechtliche Umsetzung der Zahlungsdiensterichtlinie und die Einführung des Zahlungsinstituts, BKR 2009, 11 ff.; Schäfer/Omlor/Mimberg, Kommentar zum Zahlungsdiensteaufsichtsgesetz, 1. Auflage 2021.

I. Normzweck, europarechtlicher Härtegrad systematisch

1   Die Vorschrift setzt Art. 10 der Zweiten E-Geld-RL um, wonach die Mitgliedstaaten verpflichtet sind, eine Regelung zu schaffen, die es natürlichen oder juristischen Personen, die keine E-Geld-Emittenten sind, untersagt, E-Geld auszugeben. Erwägungsgrund 17 der Zweiten E-Geld-RL begründet die Regelung damit, dass die Mitgliedstaaten aus **aufsichtsrechtlichen Gründen** gewährleisten sollen, dass nur ordnungsgemäß zugelassene oder gemäß dieser Richtlinie unter eine Ausnahmeregelung fallende E-Geld-Institute, gemäß der BankenRL zugelassene Kreditinstitute, Postscheckämter, die nach einzelstaatlichem Recht zur Ausgabe von E-Geld berechtigt sind, Institute nach Art. 2 der BankenRL, die EZB, die nationalen Zentralbanken, wenn sie nicht in ihrer Eigenschaft als Währungsbehörden oder andere Behörden handeln, sowie die Mitgliedstaaten oder ihre regionalen oder lokalen Gebietskörperschaften, wenn sie in ihrer Eigenschaft als Behörden handeln, befugt sind, E-Geld auszugeben. Die Ausgabe von E-Geld ist folglich solchen Personen verboten, die keine E-Geld-Emittenten iSd § 1 Abs. 2 sind.

2   Abschn. 6 des ZAG enthält mit den §§ 31–33 (§§ 23a–23c ZAG-alt) **Sondervorschriften** für das **E-Geld-Geschäft** und den **Vertrieb sowie die Rücktauschbarkeit** von E-Geld. Diese Regelungen sind auf Grund der Vorgaben der Richtlinie 2009/110/EG des Europäischen Parlaments und des Rates vom 16.9.2009 über die Aufnahme, Ausübung und Beaufsichtigung der Tätigkeit von E-Geld-Instituten, zur Änderung der Richtlinien 2005/60/EG und 2006/48/EG sowie zur Aufhebung der Richtlinie 2000/46/EG (ABl. 2009 L 267, 7; Schäfer/Lang BKR 2009, 14 ff.; Diekmann/Wieland ZBB-Report 2011, 297 ff.; Koch Zahlungsverkehr Bankpraxis) – **Zweite E-Geld-RL** – neu in das Zahlungsdiensteaufsichtsgesetz eingefügt worden und am 30.4.2011 in Kraft getreten (Gesetz zur Umsetzung der Zweiten E-Geld-RL, BGBl. 2011 I 288 ff.). **Vergleichbare Rege-**

lungen über die Rücktauschbarkeit von E-Geld fanden sich bereits im Kreditwesengesetz (§§ 22a und 22p KWG aF), in dem die E-Geld-Institute seit dem 1.7.2002 mit dem Inkrafttreten des Vierten FinFöG als eigener Institutstypus innerhalb der Kategorie der Kreditinstitute geregelt wurden.

Unter dem Sammelbegriff der E-Geld-Emittenten (§ 1 Abs. 2) sind neben staat- **3** lichen Institutionen außerhalb ihres hoheitlichen Handelns alle Personen zusammenzufassen, die das E-Geld-Geschäft betreiben, also elektronisches Geld im Sinne der Zweiten E-Geld-RL ausgeben. Wer E-Geld-Emittent ist, bestimmt sich nach der Zweiten E-Geld-RL in erster Linie aufgrund einer zivilrechtlichen Betrachtung (vgl. Art. 11 Abs. 3 E-Geld-RL). Der E-Geld-Emittent ist, anders als etwa der E-Geld-Agent, regelmäßig der Vertragspartner des E-Geld-Inhabers. Auf die E-Geld-Emittenten, die nicht E-Geld-Institute sind, kommen nur § 32, der die Ausgabe und Rücktauschbarkeit von E-Geld regelt und der Abschn. 12 über das außergerichtliche Beschwerdeverfahren zur Anwendung. Gegenstand der Beschwerde können hier neben den aufsichtsrechtlichen Vorschriften dieses Gesetzes und den §§ 675c–676c des BGB sowie Art. 248 des EGBGB (hierzu Koch Zahlungsdienstrichtlinie; Koch Zahlungsverkehr Bankpraxis), insbesondere auch ein Verstoß des Emittenten gegen § 32 über die Ausgabe und die Rücktauschbarkeit von elektronischem Geld oder gegen das Zinsverbot nach § 3 Abs. 2 S. 2 Nr. 2 ZAG sein.

II. Wesen der Vorschrift

Ausweislich Erwägungsgrund 17 der Zweiten E-Geld-RL hat die Reglung des **4** Verbots der Ausgabe von E-Geld über andere Personen **aufsichtsrechtlichen Charakter.** Darüber hinaus wird man allerdings – ebenso wie die Rechtsprechung (BGH NJW 1973, 1547 (1549); sa BGHZ 125, 366 (379ff.); KG NZG 2002, 383 (385); OLG Celle ZIP 2002, 2168 (2174); OLG München WM 1986, 586 (590)) und die herrschende Literaturmeinung (BFS/Fischer § 32 Rn. 28 mwN) im Hinblick auf die Erlaubnisnorm des § 32 KWG – auch § 31 verbraucherschützende Wirkung und somit den Charakter eines **Schutzgesetzes** im Sinne des § 823 Abs. 2 BGB zusprechen müssen. Denn § 31 stellt sicher, dass nur regulierte Unternehmen Kundengelder entgegennehmen dürfen, um elektronische Werteinheiten auszugeben. Ausweislich Erwägungsgrund 11 der Zweiten E-Geld-RL soll hierdurch ein **angemessener Verbraucherschutz,** insbesondere durch eine solide Kapitalausstattung der E-Geld-Institute, gewährleistet werden (Fett/Bentele BKR 2011, 403 (407) Fn. 36; Müller/Starre BKR 2013, 149ff.; Schäfer/Omlor/Mimberg/Werner ZAG § 31 Rn. 3 und 8).

III. Inhalt der Vorschrift

E-Geld-Institute dürfen E-Geld nicht über natürliche oder juristische Personen **5** ausgeben, die im Namen des E-Geld-Instituts tätig werden. Abzugrenzen ist die **Ausgabe von E-Geld** (dazu ausführlich Kommentierung zu → § 1 Rn. 214ff.) durch andere Personen von dem **Vertrieb und dem Rücktausch von E-Geld** durch **E-Geld-Agenten** im Sinne des § 1 Abs. 10, der Art. 3 Abs. 4 der Zweiten E-Geld-RL umsetzt. E-Geld-Agent ist jede natürliche oder juristische Person, die als selbständiger Gewerbetreibender im Namen eines E-Geld-Instituts beim Vertrieb und Rücktausch von E-Geld tätig ist (zum Begriff s. Fett/Bentele BKR 2011, 403 (404 ff.)). Im Gegensatz zur Ausgabe von E-Geld durch andere Personen sind folglich der Vertrieb und der Rücktausch von E-Geld durch andere Personen zulässig (siehe Kommentierung zu → § 1 Rn. 340; Ellenberger/Findeisen/Nobbe/Böger ZAG § 31 Rn. 6).

6   Organisatorisch oder juristisch sind E-Geld-Agenten nicht – etwa wie eine Zweigstelle – dem Geschäftsbetrieb des Zahlungsinstituts unmittelbar zuzuordnen. Der Tätigkeitsbereich des E-Geld-Agenten erfasst den Verkauf oder Wiederverkauf von E-Geld-Produkten an das Publikum, die Bereitstellung eines Vertriebskanals für E-Geld an Kunden oder die Einlösung von E-Geld auf Bitten des Kunden bzw. die Aufladung von E-Geld-Produkten für Kunden, vgl. Erwägungsgrund 10 der Zweiten E-Geld-RL (vgl. RegE zweites E-Geld-RLKG, BT-Drs. 17/3023, 51, li. Sp.).

Auch Mitarbeiter:innen und Erfüllungsgehilfen, die im Rahmen der Ausgabe des E-Geldes für das Institut tätig werden, fallen nicht unter das Verbot des § 31 ZAG, da diese das Institut bei der Ausgabe des E-Geldes lediglich unterstützen und nicht als Dritter im Namen des E-Geld-Emittenten selbst E-Geld herausgeben (so zutreffend Schäfer/Omlor/Mimberg/Werner ZAG § 31 Rn. 10).

IV. Rechtsfolgen bei Verstoß

7   Ein Verstoß gegen das Verbot der Ausgabe von E-Geld über andere Personen ist nach § 63 Abs. 2 Nr. 2 **strafbewehrt** und kann mit Freiheitsstrafe bis zu drei Jahren oder mit Geldstrafe bestraft werden. Handelt der Täter fahrlässig, so ist die Strafe Freiheitsstrafe bis zu einem Jahr oder Geldstrafe, § 63 Abs. 3 (Ellenberger/Findeisen/Nobbe/Stralek S. 735).

8   Darüber hinaus ist nach § 12 Nr. 11 die **Erlaubnis** zum Betreiben des E-Geld-Geschäfts **zu versagen,** wenn gegen das Verbot des § 31 verstoßen wird (zur Versagung der Erlaubnis: Ellenberger/Findeisen/Nobbe/Walz § 9a Rn. 20; vgl. auch → § 12 Rn. 33).

§ 32   Vertrieb und Rücktausch von E-Geld durch E-Geld-Agenten

(1) ¹**E-Geld-Institute können sich für den Vertrieb oder den Rücktausch von E-Geld eines E-Geld-Agenten bedienen.** ² **§ 25 Absatz 1 gilt entsprechend mit der Maßgabe, dass Nachweise über die Zuverlässigkeit und die fachliche Eignung nicht einzureichen sind.**

(2) ¹**Die Bundesanstalt kann einem E-Geld-Institut, das die Auswahl oder Überwachung seiner E-Geld-Agenten nicht ordnungsgemäß durchgeführt hat, untersagen, E-Geld-Agenten in das E-Geld-Institut einzubinden.** ²**Die Untersagung kann sich auf den Vertrieb oder Rücktausch von E-Geld oder auf die Einbindung von E-Geld-Agenten insgesamt beziehen.**

(3) **Sofern ein E-Geld-Institut beabsichtigt, E-Geld über E-Geld-Agenten in einem Mitgliedstaat oder einem anderen Vertragsstaat des Abkommens über den Europäischen Wirtschaftsraum zu vertreiben oder zurückzutauschen, ist § 25 Absatz 4 in Verbindung mit § 38 Absatz 1 entsprechend anzuwenden.**

Literatur: Danwerth, Das Finanztransfergeschäft als Zahlungsdienst, 2017; Diekmann/Wieland, Der aufsichtsrechtliche Rahmen für das E-Geld-Geschäft, ZBB-Report 2011, 297 ff.; Ellenberger/Findeisen/Nobbe/Böger, Kommentar zum Zahlungsverkehrsrecht, 3. Auflage 2020; Fett/Bentele, Der E-Geld-Intermediär im Visier der Aufsicht, BKR 2011, 403 ff.; Koch/Lohmann, Richtlinie des Europäischen Parlaments und des Rates über Zahlungsdienste im Binnenmarkt – Wesentliche Inhalte, Bewertung und mögliche Auswirkungen auf den europäischen Zahlungsverkehrsmarkt WM 2008, 57 ff.; Kokemoor, Aufsichtsrechtliche Rahmenbedingungen für die Vertragsgestaltung bei der Ausgabe und Verwaltung von elektronischem Geld, BKR 2003, 859 ff.; Müller/Starre, Der E-Geld-Agent zwischen Legaldefinition, gesetzgeberischer Vorstellung und Wirklichkeit, BKR 2013, 149 ff.; Schäfer/Lang, Die aufsichtsrechtliche Umsetzung der Zahlungsdiensterichtlinie und die Einführung des Zahlungsinstituts, BKR 2009, 11 ff.; Schäfer/Omlor/Mimberg, Kommentar zum Zahlungsdiensteaufsichtsgesetz, 1. Auflage 2021.

I. Normzweck

Mit § 32 (entspricht § 23c ZAG-alt) wird Art. 3 Abs. 4 der Zweiten E-Geld-RL **1** umgesetzt. Danach haben die Mitgliedstaaten E-Geld-Instituten den **Vertrieb und den Rücktausch von E-Geld** über natürliche oder juristische Personen, die in ihrem Namen tätig sind, zu erlauben. Möchte ein E-Geld-Institut in einem anderen Mitgliedstaat unter Nutzung einer solchen natürlichen oder juristischen Person E-Geld vertreiben, so hat es das in Art. 25 der PSD1 (Koch/Lohmann WM 2008, 57 ff.) dargelegte Verfahren zur Ausübung des Niederlassungsrechts und des Rechts auf freien Dienstleistungsverkehr zu befolgen.

II. Normentwicklung

Bis zum Inkrafttreten des neuen Zahlungsdiensterechts waren der Vertrieb und **2** der Rücktausch von E-Geld über andere Personen **nicht reguliert**. Denn nach § 1 Abs. 1 S. 2 Nr. 11 KWG aF war Bankgeschäft die **Ausgabe und die Verwaltung** von elektronischem Geld (E-Geld-Geschäft). Rückgabe und Vertrieb stellten jedoch weder die Ausgabe noch die Verwaltung von E-Geld dar (ebenso Fett/Bentele BKR 2011, 403 (405) mit weiteren Verweisen, insbesondere in Fn. 14).

III. Inhalt der Vorschrift

1. Einsatz von E-Geld-Agenten (Abs. 1)

Mit Abs. 1 wird klargestellt, dass E-Geld-Institute sich allein für den **Vertrieb 3 und den Rücktausch von E-Geld** eines E-Geld-Agenten (E-Geld-Agent im Sinne dieses Gesetzes ist jede natürliche oder juristische Person, die als selbständiger Gewerbetreibender im Namen eines E-Geld-Instituts beim Vertrieb und Rücktausch von E-Geld tätig ist) iSd § 1 Abs. 10 bedienen dürfen. Die Einschaltung von Agenten (ein Agent im Sinne dieses Gesetzes ist jede juristische oder natürliche Person, die als selbständiger Gewerbetreibender im Namen eines Instituts Zahlungsdienste ausführt. Die Handlungen des Agenten werden dem Institut zugerechnet. Siehe dazu Ellenberger/Findeisen/Nobbe/Findeisen S. 112 ff.) iSd § 1 Abs. 9 oder sonstiger Dritter zur Ausgabe von E-Geld ist E-Geld-Instituten hingegen untersagt (vgl. RegE Zweites E-Geld-RLKG BT-Drs. 17/3023, 50, re. Sp.).

4   E-Geld-Institute sollen durch diese Regelung die Möglichkeit haben, sich auch anderer natürlicher oder juristischer Personen zu bedienen, die in ihrem Namen elektronisches Geld vertreiben oder gesetzliche Zahlungsmittel gegen die Rückgabe von elektronischem Geld rücktauschen sowie für den Wiederverkauf von E-Geld-Produkten, die Bereitstellung eines Vertriebskanals für E-Geld oder die Einlösung oder das Aufladen von E-Geld-Produkten der Kunden tätig werden (E-Geld-Agenten iSd § 1 Abs. 10). Das stellt Art. 3 Abs. 4 der Zweiten E-Geld-RL klar. Unter einem Vertrieb ist vor allem ein Verkauf oder Wiederverkauf von E-Geld-Produkten, wie etwa Wertkarten bzw. Prepaid-Cards, an das Publikum zu verstehen, aber auch die Bereitstellung eines Vertriebskanals für E-Geld an Kunden oder die Einlösung von E-Geld auf Anfrage des Kunden oder Aufladung von E-Geld-Produkten des Kunden, Erwägungsgrund 10 der Zweiten E-Geld-RL (vgl. RegE Zweites E-Geld-RLKG BT-Drs. 17/3023, 51, li. Sp.; Ellenberger/Findeisen/Nobbe/Böger/Findeisen ZAG § 32 Rn. 4; Schäfer/Omlor/Mimberg/Werner ZAG § 32 Rn. 4).

5   Was die „Ausgabe" von E-Geld und den „Vertrieb" durch das zur Verfügung stellen von Aufladestationen und den Verkauf von aufladbaren Karten anbelangt, kann die Abgrenzung in der Praxis mitunter schwierig sein. Abzustellen ist darauf, bei wem die Ausgabe von E-Geld „in den Büchern steht" und auf wessen „Risiko" sie erfolgt (vgl. RegE Zweites E-Geld-RLKG BT-Drs. 17/3023, 51, li. Sp.). Dieser Abgrenzung des Gesetzgebers entspricht wohl auch der Vorschlag von Fett/Bentele BKR 2011, 403 (406), § 23a ZAG-alt im Wege einer richtlinienkonformen Rechtsfortbildung dahingehend zu korrigieren, dass für einen Verstoß gegen das Verbot nicht ein Tätigwerden „im Namen" sondern „für Rechnung" des betreffenden E-Geld-Instituts erforderlich ist (Schäfer/Omlor/Mimberg/Werner ZAG § 32 Rn. 12).

6   Für die **Erbringung von Zahlungsdiensten** dürfen sich E-Geld-Institute ebenfalls Agenten bedienen (vgl. Erwägungsgrund 10 der Zweiten E-Geld-RL; BT-Drs. 17/3023, 88). Diese führen als selbständiger Gewerbetreibender im Namen des Instituts Zahlungsdienste aus, wobei die Handlungen des Agenten dem Institut zugerechnet werden, § 1 Abs. 9 (siehe dazu ausführlich Kommentierung zu → § 1 Rn. 329). Zahlungsdienste sind in § 1 Abs. 1 S. 2 ZAG definiert; die Ausgabe von E-Geld fällt nicht darunter. Dem Agenten iSv § 1 Abs. 9 ist es allerdings untersagt, beim Vertrieb oder Rücktausch von E-Geld eingesetzt zu werden. Diese Tätigkeit ist aufgrund der klaren Regelung in § 32 Abs. 1 S. 1 E-Geld-Agenten vorbehalten (Danwerth, Das Finanztransfergeschäft als Zahlungsdienst, S. 53; Schäfer/Omlor/Mimberg/Werner ZAG § 32 Rn. 10).

7   Schaltet ein E-Geld-Institut E-Geld-Agenten ein, so hat es der BaFin und der Deutschen Bundesbank ua folgende Angaben zu übermitteln (§ 32 Abs. 1 iVm § 25 Abs. 1):

1. Name und Anschrift des Agenten,
2. eine Beschreibung der internen Kontrollmechanismen, die der Agent anwendet, um die Anforderungen des Geldwäschegesetzes zu erfüllen, und
3. die Namen der Geschäftsleiter und der für die Geschäftsleitung eines Agenten verantwortlichen Personen, die zum Vertrieb und Rücktausch von E-Geld eingesetzt werden sollen.

8   Eine **Anzeigepflicht** ist dann gegeben, wenn von dem Entscheidungsträger ein konkreter Beschluss über den Einsatz eines E-Geld-Agenten gefasst worden ist. Insoweit lösen nicht konkretisierte Vorüberlegungen keine Anzeigepflicht aus (ebenso Ellenberger/Findeisen/Nobbe/Frey § 19 Rn. 13).

Ändern sich die Verhältnisse, die angezeigt wurden, hat das Institut der BaFin 9 und der Deutschen Bundesbank diese Änderungen unverzüglich schriftlich anzuzeigen (§ 25 Abs. 1 S. 4).

Eine Pflicht zur Eintragung von E-Geld-Agenten in das nach § 44 ZAG ein- 10 zurichtende **E-Geld-Instituts-Register** ist nicht vorgesehen. Dieses sieht nur eine Eintragung von Agenten iSd § 1 Abs. 9 vor (Fett/Bentele BKR 2011, 403 (407); Schäfer/Omlor/Mimberg/Werner ZAG § 32 Rn. 13).

2. Maßnahmen der Bundesanstalt (Abs. 2)

Abs. 2 ist § 25 Abs. 3 (s. hierzu: Ellenberger/Findeisen/Nobbe/Frey S. 415 ff.) 11 nachgebildet. Dessen Regelungsinhalt findet dadurch auch auf E-Geld-Agenten nach § 1 Abs. 10 Anwendung. Insoweit kann die BaFin einem E-Geld-Institut, das die Auswahl oder Überwachung seiner E-Geld-Agenten nicht ordnungsgemäß durchgeführt hat, untersagen, E-Geld-Agenten in das E-Geld-Institut einzubinden. Die **Untersagung** kann sich auf den Vertrieb oder den Rücktausch von E-Geld oder auf die Einbindung von E-Geld-Agenten insgesamt beziehen (Schäfer/Omlor/Mimberg/Werner ZAG § 32 Rn. 17). Der Umfang der Untersagung steht im pflichtgemäßen Ermessen der Bundesanstalt, wobei der Grundsatz der Verhältnismäßigkeit zu beachten ist (ebenso Ellenberger/Findeisen/Nobbe/Frey Rn. 32; Ellenberger/Findeisen/Nobbe/Böger/Findeisen ZAG § 32 Rn. 16 ff.). Die Umsetzung der Untersagung erfolgt regelmäßig durch einen Verwaltungsakt, der durch die BaFin gegenüber dem betroffenen Institut erlassen und gegenüber den E-Geld-Agenten bekannt gemacht wird (Ellenberger/Findeisen/Nobbe/Böger/Findeisen ZAG § 32 Rn. 18 f.; Schäfer/Omlor/Mimberg/Werner ZAG § 32 Rn. 17).

3. Einsatz von E-Geld-Agenten im Europäischen Wirtschaftsraum (Abs. 3)

Mit Abs. 3 wird Art. 3 Abs. 4 der Zweiten E-Geld-RL umgesetzt. **12**

Abs. 3 sieht vor, dass die Vorgaben des § 25 in Verbindung mit § 38 einzuhalten sind, wenn der Vertrieb oder der Rücktausch von E-Geld unter Nutzung eines E-Geld-Agenten iSd § 1 Abs. 10 in einem anderen Staat des EWR erfolgt. Dies steht der Errichtung einer Zweigniederlassung gleich, sodass die Anforderungen nach § 25 Abs. 4 in Verbindung mit § 38 einzuhalten sind (s. hierzu Ellenberger/Findeisen/Nobbe/Frey § 19 Rn. 34). Insofern ist der BaFin und der Deutschen Bundesbank ua Folgendes anzuzeigen:

1. die Angabe des Staates, in dem der E-Geld-Agent tätig werden soll,
2. ein Geschäftsplan, aus dem die Art der geplanten Geschäfte, hervorgeht,
3. die Anschrift, unter der Unterlagen des Instituts im Staat, in dem es eine Zweigniederlassung unterhält, angefordert und Schriftstücke zugestellt werden können, und
4. die Angabe der Leiter (Ellenberger/Findeisen/Nobbe/Böger/Findeisen ZAG § 32 Rn. 21 f.; Schäfer/Omlor/Mimberg/Werner ZAG § 32 Rn. 18).

§ 33 Verpflichtungen des E-Geld-Emittenten bei der Ausgabe
und dem Rücktausch von E-Geld

(1) [1]Der E-Geld-Emittent hat E-Geld stets zum Nennwert des entgegengenommenen Geldbetrags auszugeben. [2]Er ist verpflichtet, E-Geld auf Verlangen des E-Geld-Inhabers jederzeit zum Nennwert in gesetzliche Zahlungsmittel zurückzutauschen. [3]Das Rücktauschverlangen des E-Geld-Inhabers kann sich vor Beendigung des Vertrags auch auf einen Teil des E-Geldes beziehen.

(2) [1]Der E-Geld-Emittent ist verpflichtet, den E-Geld-Inhaber über die Bedingungen für den Rücktausch von E-Geld einschließlich insoweit etwaig zu vereinbarender Entgelte zu unterrichten, bevor dieser durch einen Vertrag oder ein Angebot gebunden wird. [2]Die Bedingungen sind im Vertrag zwischen dem E-Geld-Emittenten und dem E-Geld-Inhaber eindeutig und deutlich erkennbar anzugeben.

(3) [1]Der E-Geld-Emittent darf vom E-Geld-Inhaber für den Rücktausch von E-Geld nur dann ein Entgelt verlangen, wenn dies vertraglich vereinbart wurde. [2]Eine solche Vereinbarung ist nur für den Fall zulässig, dass

1. der E-Geld-Inhaber den Rücktausch vor Beendigung des Vertrags verlangt,
2. der Vertrag für einen bestimmten Zeitraum geschlossen wurde und durch eine Kündigung des E-Geld-Inhabers vor Ablauf dieses Zeitraums beendet wird oder
3. der E-Geld-Inhaber den Rücktausch nach mehr als einem Jahr nach Beendigung des Vertrags verlangt.

[3]Das Entgelt muss in einem angemessenen Verhältnis zu den tatsächlich entstandenen Kosten des E-Geld-Emittenten stehen.

(4) [1]Abweichend von Absatz 1 Satz 3 ist im Falle eines Rücktauschverlangens mit Beendigung des Vertrags oder bis zu einem Jahr nach Vertragsbeendigung der gesamte Betrag des vom E-Geld-Emittenten gehaltenen E-Geldes zurückzutauschen. [2]Übt ein E-Geld-Institut eine oder mehrere Tätigkeiten im Sinne des § 11 Absatz 1 Satz 2 Nummer 5 aus und fordert der E-Geld-Inhaber nach Beendigung des E-Geld-Vertrags einen Gesamtbetrag, so ist dieser in gesetzliche Zahlungsmittel zurückzutauschen, wenn im Voraus nicht bekannt ist, welcher Anteil der Geldbeträge als E-Geld verwendet werden soll.

(5) Von den Regelungen des Absatzes 1 Satz 3 und der Absätze 3 und 4 darf zum Nachteil des E-Geld-Inhabers nur abgewichen werden, wenn es sich bei diesem nicht um einen Verbraucher handelt.

Literatur: Diekmann/Wieland, Der aufsichtsrechtliche Rahmen für das E-Geld-Geschäft, ZBB-Report 2011, 297 ff.; Ellenberger/Findeisen/Nobbe/Böger, Kommentar zum Zahlungsverkehrsrecht, 3. Auflage; 2020; Fett/Bentele, Der E-Geld-Intermediär im Visier der Aufsicht, BKR 2011, 403 ff.; Koch, Umsetzung des zivilrechtlichen Teils der Zahlungsdiensterichtlinie, 1. Aufl. 2009; Koch/Lohmann, Richtlinie des Europäischen Parlaments und des Rates über Zahlungsdienste im Binnenmarkt – Wesentliche Inhalte, Bewertung und mögliche Auswirkungen auf den europäischen Zahlungsverkehrsmarkt, WM 2008, 57 ff.; Koch, Umsetzung des zivilrechtlichen Teils der Zahlungsdiensterichtlinie, 1. Aufl. 2009; Koch, Der Zahlungsverkehr in der Bankpraxis, 2. Aufl. 2012; Kokemoor, Aufsichtsrechtliche Rahmenbedingungen für die Vertragsgestaltung bei der Ausgabe und Verwaltung von elektronischem Geld, BKR 2003, 859 ff.; Langner, Die Entscheidung des BGH zum AGB-Änderungsmechanismus – eine kritische Würdiging, WM, 2021, S. 1869; Müller/Starre, Der E-Geld-Agent zwischen Legaldefinition, gesetzgeberischer Vorstellung und Wirklichkeit, BKR 2013, 149 ff.; Omlor, Kundenbindung durch Zahlungsdienst? – Grund und Grenzen der E-Geld-Regulierung bei Treuepunkteprogrammen – Teil I und II – WM 2020 Heft 21, 951 ff. und WM 2020 Heft 22, 1003 ff.; Omlor, AGB-Änderungsmechanismus im Zahlungsdiensterecht, NJW, 2021, S. 2243; Schäfer/Lang, Die aufsichtsrechtliche Umsetzung der Zahlungsdiensterichtlinie und die Einführung des Zahlungsinstituts, BKR 2009, 11 ff.; Schäfer/Omlor/Mimberg, Kommentar zum Zahlungsdiensteaufsichtsgesetz, 1. Auflage 2021; Zahrte, Aktuelle Entwicklungen im Zahlungsdienstrecht (2020 – 2021), BKR, 2022, S. 69.

Inhaltsübersicht

I. Normentwicklung

Die Regelungen zu § 33 – entspricht wortgleich § 23b ZAG-alt – fanden sich in **1** ähnlicher Form in § 22p KWG aF. Die Vorschrift des § 22p KWG aF ist ursprünglich als § 22a KWG aF im Zuge des 4. FinFöG in das KWG aufgenommen worden (zur Entstehungsgeschichte des § 22a KWG aF s. Kokemoor BKR 2003, 859 ff.; Ellenberger/Findeisen/Nobbe/Böger/Findeisen ZAG § 33 Rn. 1; Schäfer/Omlor/Mimberg/Werner ZAG § 33 Rn. 1). Infolge des Inkrafttretens des Gesetzes zur Neuorganisierung der Bundesfinanzverwaltung und zur Schaffung eines Refinanzierungsregisters wurde aus dem vormaligen § 22a aF der § 22p aF, ohne das die Vorschrift inhaltliche Änderungen erfahren hat. § 22p KWG aF lautete:

„§ 22p Rücktauschbarkeit von elektronischem Geld
(1) Der Inhaber von elektronischem Geld kann während der Gültigkeitsdauer von der ausgebenden Stelle den Rücktausch zum Nennwert in Münzen und Banknoten oder in Form einer Überweisung auf ein Konto verlangen, ohne dass diese dafür andere als die zur Durchführung dieses Vorgangs unbedingt erforderlichen Kosten in Rechnung stellen darf.
(2) In dem Vertrag zwischen der ausgebenden Stelle und dem Inhaber sind die Rücktauschbedingungen eindeutig zu nennen.
(3) In dem Vertrag kann ein Mindestrücktauschbetrag vorgesehen werden. Dieser darf 10 Euro nicht überschreiten. "

Mit dem Inkrafttreten des Zweiten E-Geld-RLKG ist die Regelung in § 22p **2** KWG ersatzlos gestrichen worden, da die Rücktauschbarkeit von elektronischem

Geld in § 23b ZAG-alt, jetzt § 33, geregelt worden ist (Ellenberger/Findeisen/ Nobbe/Böger/Findeisen ZAG § 33 Rn. 3; Schäfer/Omlor/Mimberg/Werner ZAG § 33 Rn. 3).

II. Normzweck

3 Mit der Vorschrift wird Art. 11 der Zweiten E-Geld-RL umgesetzt. Erwägungsgrund 18 der Zweiten E-Geld-RL führt hierzu aus, dass E-Geld rücktauschbar sein muss, um das **Vertrauen der E-Geld-Inhaber** zu erhalten. Die Rücktauschbarkeit impliziert nicht, dass die für die Ausgabe von E-Geld entgegengenommenen Geldbeträge als Einlagen oder andere rückzahlbare Gelder im Sinne der Richtlinie 2006/48/EG anzusehen sind. Ein Rücktausch – so Erwägungsgrund 18 weiter – sollte jederzeit zum Nennwert und ohne die Möglichkeit, eine Mindestgrenze für den Rücktausch zu vereinbaren, möglich sein. Für einen Rücktausch sollte grundsätzlich kein Entgelt verlangt werden. In Fällen, die in dieser Richtlinie ausreichend präzisiert sind, sollte es jedoch möglich sein, ein verhältnismäßiges und kostenbasiertes Entgelt zu verlangen. Dies gilt unbeschadet der einzelstaatlichen Steuer- bzw. Sozialgesetzgebung oder von Verpflichtungen des E-Geld-Emittenten aus anderen gemeinschaftlichen bzw. einzelstaatlichen Rechtsvorschriften, wie etwa Rechtsvorschriften zur Bekämpfung der Geldwäsche und der Terrorismusfinanzierung, jeglicher Maßnahmen betreffend das Einfrieren von Geldern oder jeglicher Maßnahme im Zusammenhang mit der Verbrechensvorbeugung und -aufklärung.

III. Wesen der Vorschrift

4 Systematisch gehört die Bestimmung zutreffend in einen separaten Abschn. (hier: 6), der zivilrechtlich strukturierte Sondervorschriften für das aufsichtsrechtlich relevante E-Geld-Geschäft enthält. Diese hat die BaFin aber auch gegenüber solchen E-Geld-Emittenten durchzusetzen, die grundsätzlich nicht ihrer laufenden Aufsicht unterliegen. Demnach findet § 33 auf alle E-Geld-Emittenten iSd § 1 Abs. 2 Anwendung (vgl. RegE Zweite E-Geld-RLKG, BT-Drs. 17/3023, 50, li. Sp. zu § 1a Abs. 1 ZAG-alt).

5 § 33 hat eine **Doppelnatur:** die Norm ist **öffentlich-rechtlich,** da sie dem E-Geld-Institut, dem Einlagenkreditinstitut, das als lizenziertes Unternehmen grundsätzlich in den Kreis der privilegierten Emittenten fällt, und dem E-Geld-Emittenten Vorgaben macht, die die BaFin erforderlichenfalls mit den Mitteln des öffentlichen Rechts durchsetzt. Auch bei der Regelung, dass E-Geld nur zum Nennwert des entgegengenommenen Geldbetrages ausgegeben werden darf, handelt es sich um eine Norm mit aufsichtsrechtlichem Charakter. Zugleich hat die Regelung **privatrechtlichen Charakter** (zur verbraucherschützenden Wirkung des § 22p KWG aF s. Reischauer/Kleinhans § 22p Rn. 2), da sie dem Kunden unabhängig von einem eventuellen Eingreifen der BaFin die Möglichkeit einräumt, seine Rechte unmittelbar aus dieser Bestimmung im Zivilprozess durchzusetzen. Dieser Weg steht dem Kunden gegenüber jedem E-Geld-Emittenten iSd § 1 Abs. 2 offen (vgl. RegE Zweites E-Geld-RLKG, BT-Drs. 17/3023, 50, li. Sp. zu § 1a Abs. 1 ZAG-alt; s. auch Kokemoor BKR 2003, 859ff., zur Einordnung des § 22a KWG aF als aufsichtsrechtliche Norm mit zivilrechtlichem Charakter; siehe

auch Ellenberger/Findeisen/Nobbe/Böger/Findeisen ZAG § 33 Rn. 4, 5; Schäfer/
Omlor/Mimberg/Werner ZAG § 33 Rn. 5 und 6).

IV. Inhalt der Vorschrift

§ 33 verpflichtet zum einen den E-Geld-Emittenten, E-Geld stets zum Nenn- **6**
wert des entgegengenommenen Geldes auszugeben und enthält zudem einen gesetzlichen Anspruch des E-Geld-Inhabers gegen den E-Geld-Emittenten, E-Geld
jederzeit auf seinen Wunsch zum Nennwert in gesetzliche Zahlungsmittel zurückzutauschen. Darüber hinaus normiert § 33 Informationspflichten des E-Geld-Emittenten gegenüber dem E-Geld-Inhaber über die Rücktauschmodalitäten sowie ggf.
anfallende Entgelte. Die Vereinbarung von Entgelten ist nur in den gesetzlich normierten Fällen zulässig. Stets müssen solche Entgelte in einem angemessenen Verhältnis zu den tatsächlich entstandenen Kosten des E-Geld-Emittenten stehen. Teilweise dürfen zum Nachteil des E-Geld-Inhabers abweichende Vereinbarungen
getroffen werden, wenn es sich bei diesem nicht um einen Verbraucher handelt (El-
lenberger/Findeisen/Nobbe/Böger/Findeisen ZAG § 33 Rn. 5; Schäfer/Omlor/
Mimberg/Werner ZAG § 33 Rn. 7).

1. Ausgabe zum Nennwert und Rücktauschanspruch (Abs. 1)

Abs. 1 setzt Art. 11 Abs. 1, 2 und 5 der RL um und regelt zunächst, dass der **7**
E-Geld-Emittent E-Geld stets zum **Nennwert** des entgegengenommenen Geldbetrages auszugeben hat. In Verbindung mit Satz 2 (Rücktausch zum Nennwert in
gesetzliche Zahlungsmittel) wird sichergestellt, dass kein notenbankunabhängiger
Geldkreislauf entsteht (siehe insoweit zu den vergleichbaren Motiven zur Regelung
des § 22p KWG aF BFS/Fischer, 3. Aufl. 2008, § 22p Rn. 2 und zur Regelung in
§ 22a KWG aF Kokemoor BKR 2003, 859 (862)). E-Geld soll sich folglich nicht
zu einer eigenständigen E-Geld-Währung entwickeln, mit einem eigenen Wert,
wie das beispielsweise bei Bitcoins, die kein E-Geld sind, der Fall ist (Schäfer/
Omlor/Mimberg/Werner ZAG § 33 Rn. 1; zur Einordnung von Bitcoins als
Finanzinstrumente gem. § 1 Abs. 11 S. 1 Nr. 10 und S. 3 KWG siehe Kommentierung zu → § 1 Rn. 245 und KG NJW 2018, 3734 Rn. 18 ff.; Omlor WM 2020,
1003 (1005), Fn. 74, mit Verweis auf eine Stellungnahme der EZB vom 18.1.1999.).

Darüber hinaus bestimmt Abs. 1 die **Hauptpflichten** des E-Geld-Emittenten **8**
das E-Geld auf Verlangen des E-Geld-Inhabers zum Nennwert zurückzutauschen.
Der zivilrechtliche **E-Geld-Vertrag** zwischen dem E-Geld-Emittenten und dem
E-Geld-Inhaber kann für einen bestimmten Zeitraum oder auf unbestimmte Zeit
geschlossen werden (Schwennicke/Auerbach/Schwennicke § 23b Rn. 3). Der Ver-
tragsschluss richtet sich nach den allgemeinen, zivilrechtlichen Regelungen. Ein
Formzwang besteht nicht (ebenso zur Regelung in § 22a KWG aF Kokemoor
BKR 2003, 859 (864)). Über § 675c Abs. 2 BGB sind die Vorschriften zu Zahlungsdiensten gem. §§ 675c–676c BGB auch auf die Ausgabe und Nutzung von E-Geld
anzuwenden und bei einem Vertrag zwischen dem E-Geld-Emittenten und dem
E-Geld-Nutzer zu beachten (Schäfer/Omlor/Mimberg/Werner ZAG § 33 Rn. 8.)
Die Vereinbarung von Mindestgrenzen für den Rücktausch ist nicht mehr zulässig
(insoweit sah § 22p KWG aF noch vor, dass in dem zivilrechtlichen Vertrag zwischen E-Geld-Emittent und E-Geld-Inhaber ein Mindestrücktauschbetrag von
10 Euro vorgesehen sein konnte), es kann aber unter bestimmten Voraussetzungen

eine Rücktauschgebühr vereinbart werden (vgl. Abs. 3). Der Inhaber kann vor Vertragsablauf sein Rücktauschverlangen auf den Gesamtbetrag oder auch nur auf einen Teil des gehaltenen E-Geldes beziehen (vgl. RegE Zweites E-Geld-RLKG, BT-Drs. 17/3023, 50, li. Sp.). Der Rücktausch kann jederzeit verlangt werden, bei Handelsgeschäften jedoch nur während der gewöhnlichen Geschäftszeiten (§ 358 HGB) (Schäfer/Omlor/Mimberg/Werner ZAG § 33 Rn. 10; Kokemoor BKR 2003, 864).

9   Abs. 1 räumt dem E-Geld-Inhaber einen **privatrechtlichen Anspruch** auf Rücktausch ein, der vor den Zivilgerichten geltend gemacht werden kann. Der Rücktauschanspruch ist **nicht abdingbar;** dies gilt nach Abs. 4 auch im Verhältnis zu Nicht-Verbrauchern (Ellenberger/Findeisen/Nobbe/Böger/Findeisen ZAG § 33 Rn. 9; Schäfer/Omlor/Mimberg/Werner ZAG § 33 Rn. 9; zur Abdingbarkeit des Rücktauschanspruches im Teilnahmevertrag bei Kundenbindungsprogrammen siehe Omlor WM 2020, 1003 (1004 ff.). Zwar geht § 33 von einem Vertragsschluss zwischen dem E-Geld-Emittenten und dem E-Geld-Inhaber aus; dennoch steht der Rücktauschanspruch nicht bloß dem Vertragspartner, sondern jedem E-Geld-Inhaber zu. Dies verdeutlicht der Wortlaut des Abs. 1 Satz 2, der an den „E-Geld-Inhaber" anknüpft (ebenso für den Rücktauschanspruch aus § 22a KWG aF Kokemoor BKR 2003, 863). Anspruchsgegner ist der E-Geld-Emittent, der das E-Geld ausgegeben hat, also derjenige, bei dem die Ausgabe von E-Geld „in den Büchern steht" und auf dessen „Risiko" sie erfolgt (vgl. RegE Zweites E-Geld-RLKG, BT-Drs. 17/3023, 51, li. Sp.). Dieser Abgrenzung des Gesetzgebers entspricht wohl auch der Vorschlag von Fett/Bentele BKR 2011, 403 (406), § 23a ZAG-alt, der § 33 wortgleich entspricht, im Wege einer richtlinienkonformen Rechtsfortbildung dahingehend zu korrigieren, dass für einen Verstoß gegen das Verbot nicht ein Tätigwerden „im Namen", sondern „für Rechnung" des betreffenden E-Geld-Instituts erforderlich ist.

10   Der Rücktauschanspruch besteht nicht bloß gegen zugelassene Zahlungsdienstleister, sondern auch gegen solche „ausgebenden Stellen", die nicht über eine für die Ausgabe von E-Geld erforderliche Erlaubnis verfügen (Schäfer/Omlor/Mimberg/Werner ZAG § 33 Rn. 10). Denn andernfalls wäre der E-Geld-Inhaber bei unzulässiger E-Geld-Ausgabe schlechter gestellt. Aus demselben Grund ist für den Rückzahlungsanspruch auch nicht Voraussetzung, dass die das E-Geld ausgebende Stelle gewerbsmäßig oder in einem Umfang tätig ist, der einen in kaufmännischer Weise eingerichteten Geschäftsbetrieb erfordert (ebenso für den Rücktauschanspruch aus § 22a KWG aF Kokemoor BKR 2003, 864).

2. Vorvertragliche Informationspflichten (Abs. 2)

11   Abs. 2 enthält vorvertragliche Informationspflichten. Diese betreffen ausschließlich die Bedingungen für den Rücktausch. Hierzu zählen auch etwaig zu vereinbarende Rücktauschentgelte. Diese Bedingungen müssen im Vertrag **„eindeutig und deutlich erkennbar"** angegeben werden. Durch diesen Absatz wird Art. 11 Abs. 3 der RL umgesetzt (vgl. RegE Zweites E-Geld-RLKG, BT-Drs. 17/3023, 50, li. Sp.; Ellenberger/Findeisen/Nobbe/Böger/Findeisen ZAG § 33 Rn. 14; Schäfer/Omlor/Mimberg/Werner ZAG § 33 Rn. 11).

12   Die in Abs. 2 normierten vorvertraglichen Informationspflichten konkretisieren die vorvertraglichen Informationen nach Art. 248 § 4 EGBGB iVm §§ 675c Abs. 2 BGB, 675d Abs. 1 BGB (vgl. hierzu: Koch Zahlungsdiensterichtlinie S. 39 ff.; Koch Zahlungsverkehr Bankpraxis S. 65). Denn schon nach diesen Vorgaben haben Zahlungsdienstleister Zahlungsdienstnutzer bei der Erbringung von Zahlungsdiensten und nach §675c Abs. 2 BGB auch bei der Ausgabe und Nutzung von elektronischem Geld über die in Art. 248 §§ 1–16 EGBGB bestimmten Umstände in der dort vorgesehen Form zu unterrichten (Schäfer/Omlor/Mimberg/Werner ZAG §33 Rn. 11). Bestandteil dieser Unterrichtungspflicht ist nach Art. 248 § 4 Abs. 1 Nr. 2a) EGBGB auch eine Beschreibung der wesentlichen Merkmale des zu erbringenden Zahlungsdienstes. Diese Vorgabe umfasst ohnehin schon die Information des E-Geld-Inhabers über die Rücktauschbedingungen von E-Geld. Zudem ist der Zahlungsdienstleister bereits nach Art. 248 § 4 Abs. 1 Nr. 3a) EGBGB verpflichtet, den Zahlungsdienstnutzer über alle Entgelte, die der Zahlungsdienstnutzer an den Zahlungsdienstleister zu entrichten hat, und gegebenenfalls deren Aufschlüsselung, zu informieren (Schäfer/Omlor/Mimberg/Werner ZAG § 33 Rn. 11).

Fraglich ist, in welcher Art und Weise und in welcher Form der E-Geld-Emit- **13** tent den E-Geld-Inhaber vorvertraglich über die Rücktauschbedingungen und Entgelte zu unterrichten hat. Das ZAG enthält hierzu – bis auf das Tatbestandsmerkmal des „**Unterrichtens**" in § 33 Abs. 2 S. 1 – keine Regelungen, so dass auf das zivilrechtliche Zahlungsdiensterecht (insbesondere § 675d Abs. 1 BGB) zurückgegriffen werden kann.

Die sehr umfangreichen Informationspflichten aus Titel III der PSD1 (S. 1ff.; **14** s. auch Koch/Lohmann WM 2008, 57ff.) (Art. 30–48) sind gebündelt mit § 675d Abs. 1 S. 1 BGB in Verbindung mit Art. 248 §§ 1–16 EGBGB in nationales Recht umgesetzt worden. Die PSD1 bestimmt nicht nur genau, welche konkreten Informationen zu geben sind, sie sieht für einen Großteil der Informationen auch vor, auf welche Art und Weise sie zu geben sind. Die PSD1 sieht zwei Möglichkeiten vor: Entweder sind Informationen „mitzuteilen" oder „zugänglich zu machen". Denn der Richtliniengeber sah ein Bedürfnis dafür, bei der Unterrichtung des Zahlungsdienstnutzers durch den Zahlungsdienstleister zwei Arten der Informationsübermittlung zu unterscheiden. Dadurch soll trotz umfangreicher Anforderungen an die Kundeninformation einerseits den Bedürfnissen des Nutzers, andererseits aber auch den technischen Aspekten und der Kosteneffizienz Rechnung getragen werden. „Mitteilen" bzw. „Übermittlung" soll dabei beinhalten, dass die erforderlichen Informationen vom Zahlungsdienstleister zu dem in der RL geforderten Zeitpunkt von sich aus übermittelt werden, ohne dass der Zahlungsdienstnutzer sie ausdrücklich anfordern muss. Das „Zugänglichmachen" hingegen erfordert neben der Bereitstellung der Information durch den Zahlungsdienstleister letztlich eine aktive Beteiligung des Zahlungsdienstnutzers. Dieser muss die Information beispielsweise ausdrücklich vom Zahlungsdienstleister anfordern, sich in die Mailbox des online geführten Zahlungskontos einloggen oder eine Kontokarte in den Drucker für Kontoauszüge einführen (s. Erwägungsgrund 27 der PSD1). Inhaltlich entspricht das „Zugänglich machen" dem bereits im BGB und der BGB-Informationspflichten-Verordnung verwendeten „zur Verfügung stellen". Daher wird an die bereits verwendete Terminologie auch in den §§ 675c–676c BGB sowie Art. 248 EGBGB angeknüpft. Daneben wird „mitteilen" und „Übermittlung" ganz iSd PSD1 sowie „unterrichten" als Oberbegriff verwendet. Im letzteren Fall ist unter „unterrichten" zu verstehen, dass der Zahlungsdienstleister dem Zahlungsdienstnutzer die jeweils geforderte Information grundsätzlich mitzuteilen hat, es sei denn, die Parteien haben im Rahmenvertrag etwas anderes wie bspw. die Zur-Verfügung-Stellung vereinbart, vgl. hierzu die vorvertragliche Informationspflicht in Art. 248 § 4 Abs. 1 Nr. 4b EGBGB (BT-Drs. 16/11643, 100, li. Sp.; Koch Zahlungsdiensterichtlinie S. 39ff.; Koch Zahlungsverkehr Bankpraxis S. 65).

15   Indem § 33 Abs. 2 S. 1 im Hinblick auf die vorvertragliche Informationspflicht ausdrücklich ein „Unterrichten" normiert, sind die Rücktauschbedingungen sowie die ggf. anfallenden Entgelte – unter Berücksichtigung der obigen Ausführungen – dem E-Geld-Inhaber also „mitzuteilen", es sei denn, E-Geld-Emittent und E-Geld-Inhaber haben in dem E-Geld-Vertrag etwas anderes wie beispielsweise die Zur-Verfügung-Stellung der Informationen vereinbart. Ist dies nicht der Fall, haben E-Geld-Emittenten die E-Geld-Inhaber vor Abschluss des E-Geld-Vertrages über die Rücktauschbedingungen sowie etwaige Entgelte aktiv zu informieren, beispielsweise dadurch, dass dem Kunden diese Vertragsbedingungen papierhaft ausgehändigt oder in einen elektronischen Postkorb eingestellt werden (zustimmend Schäfer/Omlor/Mimberg/Werner ZAG § 33 Rn. 12).

16   Ähnlich wie bereits § 22p Abs. 2 KWG aF („In dem Vertrag zwischen der ausgebenden Stelle und dem Inhaber sind die Rücktauschbedingungen eindeutig zu nennen." vgl. Reischauer/Kleinhans § 22p Rn. 5) fordert § 33 Abs. 2 S. 2 v. E-Geld-Emittenten die Rücktauschbedingungen im E-Geld-Vertrag eindeutig und deutlich erkennbar anzugeben. Eine Konkretisierung dieser Vorgaben im ZAG erfolgt nicht. Letztlich hat der nationale Gesetzgeber lediglich die Regelungen des Art. 11 Abs. 3 der Zweiten E-Geld-RL (wörtlich) umgesetzt. Es ist davon auszugehen, dass die Vorgaben der „Eindeutigkeit" und „Erkennbarkeit" der Rücktauschbedingungen nicht über die zivilrechtlichen Regelungen zur Einbeziehung von allgemeinen Geschäftsbedingungen in den Vertrag gem. §§ 305 ff. BGB hinausgehen (vgl. dazu Palandt/Grüneberg § 305 Rn. 39 und § 307 Rn. 20 ff.; zu § 22a KWG aF s. Kokemoor BKR 2003, 859 (864, 865), der im Hinblick auf das Tatbestandsmerkmal „eindeutig" auf § 312d Abs. 4 Nr. 1 BGB und § 1579 Nr. 7 BGB verweist (Schäfer/Omlor/Mimberg/Werner ZAG § 33 Rn. 13).

3. Rücktauschentgelte (Abs. 3)

17   Abs. 3 reguliert die Rücktauschentgelte und setzt Art. 11 Abs. 4 der RL um. Der E-Geld-Emittent hat nur dann einen Anspruch auf ein Entgelt für den Rücktausch, wenn dies vertraglich mit dem E-Geld-Inhaber vereinbart wurde. Ein solches Entgelt darf nach Satz 2 nur für die abschließend aufgezählten drei Fälle vereinbart werden. Dabei ging der Richtliniengeber von dem Grundsatz aus, dass für den Rücktausch **grundsätzlich kein Entgelt** verlangt werden darf (Erwägungsgrund 18 der Zweiten E-Geld-RL) und Entgelte nur unter bestimmten Voraussetzungen vereinbart werden dürfen.

18   Nach Abs. 3 **Nr. 1** kann ein Entgelt für den Fall vereinbart werden, dass der E-Geld-Inhaber den Rücktausch vor Beendigung des Vertrages verlangt. Dieses Rücktauschverlangen bezieht sich also auf den Rücktausch während der Vertragslaufzeit. Erfasst sind Fälle, in denen ein E-Geld-Vertrag für einen bestimmten Zeitraum oder auf unbestimmte Zeit geschlossen wurde und der Rücktausch (ganz oder teilweise) während der Vertragslaufzeit erfolgen soll.

   Nr. 2 ist auf E-Geld-Verträge beschränkt, die für einen bestimmten Zeitraum geschlossen wurden und die vom E-Geld-Inhaber vorzeitig beendet werden.

   Nr. 3 erfasst Rücktauschverlangen, die mehr als ein Jahr nach Beendigung des Vertrags gestellt werden. Hierbei spielt keine Rolle, ob dieser für einen bestimmten Zeitraum oder auf unbestimmte Zeit geschlossen wurde.

   Aus einer Zusammenschau aller Tatbestände ergibt sich, dass ein Rücktausch nach Beendigung des Vertrags und bis zu einem Jahr danach stets kostenfrei erfolgen muss.

Die **Vereinbarung des Entgelts** kann auch im Rahmen von allgemeinen 19
Geschäftsbedingungen mit Verweis auf Preisverzeichnisse des E-Geld-Emittenten
erfolgen, wobei die §§ 305 ff. BGB zu beachten sind. Zudem können die vorvertraglichen Informationspflichten aus § 33 Abs. 2 S. 1 über die Einbeziehungsvoraus-
setzungen nach §§ 305 ff. BGB hinaus zu einer Aushändigungspflicht der Vertragsbedingungen im Hinblick auf die Information über die Rücktauschbedingungen
(incl. etwaiger Entgelte) führen. Die Voraussetzungen zur **Änderung von Entgelten** ergeben sich aus § 675g BGB (hierzu Koch Zahlungsdiensterichtlinie S. 53 ff.;
Koch Zahlungsverkehr Bankpraxis S. 66 f.). Danach setzt eine **Änderung von Entgelten** voraus, dass der E-Geld-Emittent die beabsichtigte Änderung spätestens
zwei Monate vor dem vorgeschlagenen Zeitpunkt ihres Wirksamwerdens dem
E-Geld-Inhaber in der in Art. 248 §§ 2 und 3 EGBGB vorgesehenen Form anbietet. E-Geld-Emittent und E-Geld-Inhaber können zB im E-Geld-Vertrag auch
vereinbaren, dass die Zustimmung des E-Geld-Inhabers zu einer Änderung als erteilt gilt, wenn dieser dem E-Geld-Emittenten seine Ablehnung nicht vor dem vorgeschlagenen Zeitpunkt des Wirksamwerdens der Änderung angezeigt hat. Im Fall
einer solchen Vereinbarung ist der E-Geld-Inhaber auch berechtigt, den E-Geld-
Vertrag vor dem vorgeschlagenen Zeitpunkt des Wirksamwerdens der Änderung
fristlos zu kündigen. Der E-Geld-Emittent ist verpflichtet, den E-Geld-Inhaber
mit dem Angebot zur Vertragsänderung auf die Folgen seines Schweigens sowie
auf das Recht zur kostenfreien und fristlosen Kündigung hinzuweisen (Palandt/
Sprau § 675g Rn. 8).

Im Rahmen der **Gestaltung von Klauseln zur Änderung von Entgelten** ist 20
die **Entscheidung des Bundesgerichtshofs aus April 2021** (BGH NJW 2021,
2273 = WM 2021, 1128) zu beachten, der zur allgemeinen Überraschung und mit
vergleichsweise knapper Begründung entschieden hat, dass die seit Jahrzehnten ge-
lebte Praxis, derzufolge ein Schweigen des Kunden auf eine AGB-Änderung als
Annahme gedeutet werden darf, die Kunden unangemessen benachteilige und die
Umsetzung in den AGB-Banken und AGB-Sparkassen daher unzulässig sei. Voraus-
gegangen waren ein Urteil des OLG Köln (OLG Köln WM 2020, 878 = BKR 2020,
101) sowie eine EuGH-Entscheidung (EuGH EuZW 2020, 1087 = WM 2020,
2218 – DenizBank), die die Position der Kreditwirtschaft noch gestützt hatten.

Der BGH argumentiert, dass die bisherige Klausel in den AGB-Banken schon
deswegen nicht allein auf § 675g BGB gestützt werden könne, weil diese Norm
nur die Änderung von Zahlungsdiensterahmenverträgen betreffe, wohingegen die
AGB-Banken sich auch auf **andere Vertragstypen** aus dem Kredit- und Wertpapiergeschäft erstreckten (BGH NJW 2021, 2273 Rn. 11). Außerdem enthalte
die in der Klausel genannte Befugnis zur Vertragsänderung **keine inhaltliche
oder gegenständliche Begrenzung (BGH NJW 2021, 2273 Rn. 20).** Indem
das Schweigen als Annahme durch den Kunden gedeutet werden dürfe, käme der
Klausel insoweit einer weitreichenden **Befugnis zur einseitigen Vertragsänderung** durch die Bank gleich (BGH NJW 2021, 2273 Rn. 26).

Literatur und Praxis haben dieses Urteil überwiegend **kritisch aufgenommen**
(vgl. **Langner WM 2021, 1869 ff.; Omlor NJW 2021, 2243; Zahrte BKR
2022, 69 (70).** Zwar trifft die Aussage des BGH zu, dass § 675g BGB eigentlich
nur Zahlungsdiensterahmenverträge zum Gegenstand hat. Allerdings hat der europäische Richtliniengeber diesen Mechanismus extra geschaffen, um im Fall von auf
Dauer angelegten (Zahlungsdienste-)Verträgen eine effiziente Anpassung des Vertrags an neue Gegebenheiten zu ermöglichen. Insoweit kann darin auch eine Art
von Best Practice gesehen werden. Auf jeden Fall ist nicht ersichtlich, wieso ein

Vertragsänderungsmechanismus für einen bestimmten Vertragstypus adäquat sein sollte, bei artverwandten sonstigen Verträgen aber unangemessen.

Dem Kunden erwächst auch kein Nachteil aus der in der Tat großen Reichweite der Klausel. Ob nämlich eine Änderung nachteilig oder gar unzumutbar ist, hängt maßgeblich nicht vom Änderungsmodus ab, sondern vom Inhalt der Änderung, der für sich genommen der Inhaltskontrolle unterliegt, die ein ausreichendes Korrektiv darstellt (EuGH EuZW 2020, 1087 = WM 2020, 2218 Rn. 63 – DenizBank).

Abgesehen davon hat der Kunde – selbst wenn er nachträglich feststellt, dass er einer Änderung lieber nicht zugestimmt hätte – aus § 675h BGB ein jederzeitiges Kündigungsrecht. Nach Art. 248 § 5 EGBGB kann er auch alle Vertragsbedingungen unentgeltlich in Textform vom der Bank anfordern und somit jederzeit überprüfen, ob der Vertrag inhaltlich noch seinen Wünschen entspricht.

Gänzlich außer Acht gelassen hat der BGH in seiner Urteilsbegründung die Vorteile für den Kunden, die daraus resultieren, dass er sich „um nichts zu kümmern" braucht und von vergleichsweise niedrigen Kontoführungsentgelten profitiert. Ein allgemeiner Kundenwunsch, regelmäßig AGB-Änderungsangebote einzeln „freizugeben" und aufgrund der zunehmenden Verfahrenskomplexität perspektivisch auch noch höhere Entgelte dafür entrichten zu müssen, ist jedenfalls nicht anzunehmen.

Berücksichtigt man dazu auch noch, dass es um die Auslegung vollharmonisierten europäischen Rechts ging, ist unbegreiflich, wieso der BGH die streitentscheidenden Fragen nicht dem EuGH vorgelegt oder für die Auslegung zumindest einen Rechtsvergleich mit anderen europäischen Umsetzungen durchgeführt hat.

21　　Als Reaktion auf das BGH-Urteil haben die Banken in Deutschland Nr. 1 Abs. 2 der AGB-Banken zum Herbst 2021 angepasst. Die Klausel wurde dabei deutlich differenzierter und deswegen auch wesentlich umfangreicher. Sie lautet nunmehr:

(2) Änderungen

a) Änderungsangebot

Änderungen dieser Geschäftsbedingungen und der Sonderbedingungen werden dem Kunden spätestens zwei Monate vor dem vorgeschlagenen Zeitpunkt ihres Wirksamwerdens in Textform angeboten. Hat der Kunde mit der Bank im Rahmen der Geschäftsbeziehung einen elektronischen Kommunikationsweg vereinbart (zum Beispiel das Online-Banking), können die Änderungen auch auf diesem Wege angeboten werden.

b) Annahme durch den Kunden

Die von der Bank angebotenen Änderungen werden nur wirksam, wenn der Kunde diese annimmt, gegebenenfalls im Wege der nachfolgend geregelten Zustimmungsfiktion.

c) Annahme durch den Kunden im Wege der Zustimmungsfiktion

Das Schweigen des Kunden gilt nur dann als Annahme des Änderungsangebots (Zustimmungsfiktion), wenn

aa. das Änderungsangebot der Bank erfolgt, um die Übereinstimmung der vertraglichen Bestimmungen mit einer veränderten Rechtslage wiederherzustellen, weil eine Bestimmung dieser Geschäftsbedingungen oder der Sonderbedingungen

- aufgrund einer Änderung von Gesetzen, einschließlich unmittelbar geltender Rechtsvorschriften der Europäischen Union, nicht mehr der Rechtslage entspricht oder

- durch eine rechtskräftige gerichtliche Entscheidung, auch durch ein Gericht erster Instanz, unwirksam wird oder nicht mehr verwendet werden darf oder

- aufgrund einer verbindlichen Verfügung einer für die Bank zuständigen nationalen oder internationalen Behörde (z. B. der Bundesanstalt für Finanzdienstleistungs-

aufsicht oder der Europäischen Zentralbank) nicht mehr mit den aufsichtsrechtlichen Verpflichtungen der Bank in Einklang zu bringen ist
und

bb. der Kunde das Änderungsangebot der Bank nicht vor dem vorgeschlagenen Zeitpunkt des Wirksamwerdens der Änderungen abgelehnt hat.

Die Bank wird den Kunden im Änderungsangebot auf die Folgen seines Schweigens hinweisen.

d) Ausschluss der Zustimmungsfiktion

Die Zustimmungsfiktion findet keine Anwendung

– bei Änderungen der Nummern 1 Abs. 2 und 12 Absatz 5 der Geschäftsbedingungen und der entsprechenden Regelungen in den Sonderbedingungen oder
– bei Änderungen, die die Hauptleistungspflichten des Vertrages und die Entgelte für Hauptleistungen betreffen, oder
– bei Änderungen von Entgelten, die auf eine über das vereinbarte Entgelt für die Hauptleistung hinausgehende Zahlung des Verbrauchers gerichtet sind, oder
– bei Änderungen, die dem Abschluss eines neuen Vertrages gleichkommen, oder
– bei Änderungen, die das bisher vereinbarte Verhältnis von Leistung und Gegenleistung erheblich zugunsten der Bank verschieben würden.

In diesen Fällen wird die Bank die Zustimmung des Kunden zu den Änderungen auf andere Weise einholen.

e) Kündigungsrecht des Kunden bei der Zustimmungsfiktion

Macht die Bank von der Zustimmungsfiktion Gebrauch, kann der Kunde den von der Änderung betroffenen Vertrag vor dem vorgeschlagenen Zeitpunkt des Wirksamwerdens der Änderungen auch fristlos und kostenfrei kündigen. Auf dieses Kündigungsrecht wird die Bank den Kunden in ihrem Änderungsangebot besonders hinweisen.

Grundsätzlich kann damit auch zukünftig das **Schweigen des Kunden** auf ein Vertragsänderungsangebot als **Zustimmung** zu den Änderungen gewertet werden. Allerdings ist die Reichweite dieser Möglichkeit nunmehr beschränkt. Mit der Zustimmungsfiktion kann nur noch dort gearbeitet werden, wo die Kundenbedingungen textlich an eine geänderte Gesetzeslage oder Rechtsprechung angepasst werden oder auf eine behördliche Auflage zurückgehen. Selbst in diesen Fällen ist der Mechanismus außerdem nur dann anwendbar, wenn sich die vertraglichen Hauptleistungspflichten nicht ändern und das Äquivalenzverhältnis des Vertrags, also seine Ausgewogenheit zwischen Kunden- und Bankinteressen, nicht verschoben wird.

Nr. 12 Abs. 5 AGB-Banken wurde ebenfalls angepasst:

Änderungen von Entgelten bei typischerweise dauerhaft in Anspruch genommenen Leistungen

Änderungen von Entgelten für Bankleistungen, die von Kunden im Rahmen der Geschäftsverbindung typischerweise dauerhaft in Anspruch genommen werden (zum Beispiel Konto- und Depotführung), werden dem Kunden spätestens zwei Monate vor dem vorgeschlagenen Zeitpunkt ihres Wirksamwerdens in Textform angeboten. Hat der Kunde mit der Bank im Rahmen der Geschäftsbeziehung einen elektronischen Kommunikationsweg vereinbart (zum Beispiel das Online-Banking), können die Änderungen auch auf diesem Wege angeboten werden. Die von der Bank angebotenen Änderungen werden nur wirksam, wenn der Kunde diese annimmt. Eine Vereinbarung über die Änderung eines Entgelts, das auf eine über die Hauptleistung hinausgehende Zahlung eines Verbrauchers gerichtet ist, kann die Bank mit dem Verbraucher nur ausdrücklich treffen.

Von großer Relevanz für die Praxis ist somit vor allem, dass **Preisanpassungen** aus der Zustimmungsfiktion herausgenommen wurden und somit stets aktiv vom Kunden angenommen werden müssen. Im elektronischen Kundenverkehr kann dies zB durch Anklicken eines AGB-Änderungsangebots im Online-Banking erfolgen, wie es der Kunde auch aus vielen anderen Bereichen kennt. Problematischer dürften die Rückläufe im klassischen Kundengeschäft sein.

22   Abs. 3 Satz 3 stellt klar, dass das vereinbarte **Entgelt kostenbasiert** sein muss. Ähnliche Vorgaben finden sich in § 675d Abs. 4 S. 2 BGB sowie in § 675f Abs. 5 S. 2 BGB (Koch Zahlungsdiensterichtlinie S. 48 ff.; Koch Zahlungsverkehr Bankpraxis S. 532 ff.). Im Hinblick auf die Höhe des Entgelts ist zunächst festzuhalten, dass dieses nicht eins zu eins den anfallenden Kosten entsprechen muss. Vielmehr muss das Entgelt angemessen und lediglich an den tatsächlichen Kosten des E-Geld-Emittenten ausgerichtet sein, kann also die Kosten auch übersteigen. Berücksichtigt werden können diejenigen Kosten, die aufgrund von Leistungen anfallen, die zur Erbringung der Dienstleistung „Rücktausch" erforderlich sind. Hierzu werden regelmäßig zB Kosten zur Lagerung von Münzen und Banknoten sowie Verwaltungskosten gehören. Auch **Personalkosten**, die im Rahmen des Rücktausches des E-Geldes anfallen, können im Rahmen der Entgeltkalkulation berücksichtigt werden (ebenso zur Regelung in § 22a KWG aF Kokemoor BKR 2003, 859 (864); die Einpreisung von Personalkosten bejahend auch LG Frankfurt a. M. 2.4.2012 – 2–19 O 409/11, Rn. 17, zur Bewertung der Kostenbasiertheit eines Entgelts nach § 675d Abs. 4 S. 1 Nr. 1 iVm S. 2 BGB. Anderer Ansicht im Hinblick auf die Möglichkeit der Berücksichtigung von Personalkosten wohl OLG Bamberg WM 2011, 2318. Unzutreffend geht das OLG mit Verweis auf die Gesetzesbegründung zu § 675f BGB (BT-Drs. 16/11643, 102 f.) davon aus, dass (allgemeine) Personalkosten in das mit dem Kunden vereinbarte Entgelt nicht einfließen dürfen. Diese Wertung trifft die Gesetzesbegründung gerade nicht. Sie ist auch Art. 52 Abs. 1 der PSD1 nicht zu entnehmen.) Eine Mischkalkulation ist nach BGH NJW 2014, 922; WM 2014, 253, nur unter engen Voraussetzungen möglich.

23   Der E-Geld-Emittent ist berechtigt, für die drei Fallgestaltungen des Abs. 3 jeweils ein individuelles Entgelt oder aber auch ein einheitliches Entgelt zu vereinbaren. Zudem ist auch eine pauschalisierte **Mischkalkulation** (mehr Aufwand zB bei Rücktausch nach mehr als einem Jahr nach Beendigung des Vertrages, weniger Aufwand ggf. bei Rücktausch vor Beendigung des Vertrages) zulässig (vgl. LG Frankfurt a. M. 2.4.2012 – 2–19 O 409/11, Rn. 17, zur Bewertung der Kostenbasiertheit eines Entgelts nach § 675d Abs. 4 S. 1 Nr. 1 iVm S. 2 BGB).

4. Ausnahmen und Betrieb von Nebengeschäften (Abs. 4)

24   Abs. 4 regelt Ausnahmen von dem in Abs. 1 Satz 3 aufgestellten Grundsatz, dass der Rücktausch auf Verlangen des E-Geld-Inhabers sich jederzeit auf einen Teil- oder Gesamtbetrag beziehen darf. So ist bei einem Rücktauschverlangen nach Beendigung des Vertrages und bis zu einem Jahr danach stets der gesamte Betrag zurückzutauschen (Satz 1) (vgl. RegE Zweites E-Geld-RLKG BT-Drs. 17/3023, 50, re. Sp.).

25   Besonderheiten gelten für den Fall, dass der E-Geld-Emittent **Nebengeschäfte** nach § 11 Abs. 1 S. 2 Nr. 5 betreibt und unklar ist, welcher Betrag sich auf das E-Geld bezieht. In diesem Fall ist der vom E-Geld-Emittenten geschuldete Betrag so zurückzuerstatten, als ob der gesamte Betrag E-Geld gewesen wäre (vgl. RegE Zweites E-Geld-RLKG BT-Drs. 17/3023, 50, re. Sp.; Schwennicke/Auerbach/

Schwennicke §23b Rn. 14). Damit wird Art. 11 Abs. 6 der Zweiten E-Geld-RL umgesetzt.

5. Abweichende Vereinbarungen mit Unternehmern (Abs. 5)

Abs. 5 sieht für E-Geld-Verträge mit Unternehmern (§ 14 BGB) die Möglich- **26** keit vor, von bestimmten Vorschriften, die den Rücktausch betreffen, abzuweichen. Nicht abgewichen werden darf allerdings von der Vorgabe einer Ausgabe und eines Rücktauschs zum Nennwert sowie von den vorvertraglichen Informationspflichten. Hierdurch wird Art. 11 Abs. 7 der RL umgesetzt (vgl. RegE Zweites E-Geld-RLKG BT-Drs. 17/3023, 50, re. Sp.).

Eine vergleichbare Regelung findet sich in § 675e Abs. 4 BGB (hierzu Koch **27** Zahlungsdiensterichtlinie S. 44 ff.). Die vorgesehenen Abbedingungsmöglichkeiten können grundsätzlich auch durch allgemeine Geschäftsbedingungen umgesetzt werden (vgl. BT-Drs. 16/11643, 100, re. Sp. zu § 675e BGB).

Abschnitt 7. Sonderbestimmungen für Kontoinformationsdienste

§ 34　Registrierungspflicht; Verordnungsermächtigung

(1) [1]Wer im Inland gewerbsmäßig oder in einem Umfang, der einen in kaufmännischer Weise eingerichteten Geschäftsbetrieb erfordert, als Zahlungsdienst ausschließlich Kontoinformationsdienste erbringen will, bedarf nur der schriftlichen Registrierung durch die Bundesanstalt. [2]Der Registrierungsantrag muss folgende Angaben und Nachweise enthalten:

1. eine Beschreibung des Geschäftsmodells, aus dem insbesondere die Art des beabsichtigten Kontoinformationsdienstes hervorgeht;

2. einen Geschäftsplan mit einer Budgetplanung für die ersten drei Geschäftsjahre, aus dem hervorgeht, dass der Kontoinformationsdienstleister über geeignete und angemessene Systeme, Mittel und Verfahren verfügt, um seine Tätigkeit ordnungsgemäß auszuführen;

3. eine Beschreibung der Unternehmenssteuerung und der internen Kontrollmechanismen des Kontoinformationsdienstes einschließlich der Verwaltungs-, Risikomanagement- und Rechnungslegungsverfahren, aus der hervorgeht, dass diese Unternehmenssteuerung, Kontrollmechanismen und Verfahren verhältnismäßig, angemessen, zuverlässig und ausreichend sind;

4. eine Beschreibung der vorhandenen Verfahren für Überwachung, Handhabung und Folgemaßnahmen bei Sicherheitsvorfällen und sicherheitsbezogenen Kundenbeschwerden, einschließlich eines Mechanismus für die Meldung von Vorfällen, der die Meldepflichten des Kontoinformationsdienstleisters nach § 54 berücksichtigt;

5. eine Beschreibung der vorhandenen Verfahren für die Erfassung, Überwachung, Rückverfolgung sowie Beschränkung des Zugangs zu sensiblen Zahlungsdaten;

6. eine Beschreibung der Regelungen zur Geschäftsfortführung im Krisenfall, einschließlich klarer Angabe der maßgeblichen Abläufe, der wirksamen Notfallpläne und eines Verfahrens für die regelmäßige Überprüfung der Angemessenheit und Wirksamkeit solcher Pläne;

7. eine Beschreibung der Sicherheitsstrategie, einschließlich einer detaillierten Risikobewertung des erbrachten Kontoinformationsdienstes und eine Beschreibung von Sicherheitskontroll- und Risikominderungsmaßnahmen zur Gewährleistung eines angemessenen Schutzes der Zahlungsdienstnutzer vor den festgestellten Risiken, einschließlich Betrug und illegaler Verwendung sensibler und personenbezogener Daten;

8. eine Darstellung des organisatorischen Aufbaus des Kontoinformationsdienstes, gegebenenfalls einschließlich einer Beschreibung der geplanten Errichtung von Zweigniederlassungen und von deren Überprüfungen vor Ort oder von außerhalb ihres Standorts erfolgenden Überprüfungen, zu deren mindestens jährlicher Durchführung der Kontoinformationsdienstleister sich verpflichtet, sowie einer Darstellung der Auslagerungsvereinbarungen und eine Beschreibung der Art

und Weise seiner Teilnahme an einem nationalen oder internationalen Zahlungssystem;

9. die Namen der Geschäftsleiter, der für die Geschäftsführung des Kontoinformationsdienstleisters verantwortlichen Personen und soweit es sich um Unternehmen handelt, die neben der Erbringung des Kontoinformationsdienstes anderen Geschäftsaktivitäten nachgehen, der für die Führung der Zahlungsdienstgeschäfte des Kontoinformationsdienstleisters verantwortlichen Personen;

10. die Rechtsform und die Satzung oder den Gesellschaftsvertrag des Kontoinformationsdienstes;

11. die Anschrift der Hauptverwaltung oder des Sitzes des Kontoinformationsdienstes;

12. eine Darstellung der Absicherung für den Haftungsfall nach § 36 einschließlich einer Erläuterung des Risikoprofils des Kontoinformationsdienstes, des etwaigen Erbringens anderer Zahlungsdienste als dem Kontoinformationsdienst oder des Nachgehens anderer Geschäftstätigkeiten als den Zahlungsdienstgeschäften, der Zahl der Kunden, die Kontoinformationsdienst nutzen, sowie der besonderen Merkmale der Berufshaftpflichtversicherung oder der anderen gleichwertigen Garantie.

[3]Mit den Unterlagen nach Satz 2 Nummer 3, 4 und 8 hat der Kontoinformationsdienstleister eine Beschreibung seiner Prüfmodalitäten und seiner organisatorischen Vorkehrungen für das Ergreifen aller angemessenen Maßnahmen zum Schutze der Interessen seiner Kunden und zur Gewährleistung der Kontinuität und Verlässlichkeit des von ihm erbrachten Kontoinformationsdienstes vorzulegen. [4]In der Beschreibung der Sicherheitsstrategie gemäß Satz 2 Nummer 7 ist anzugeben, auf welche Weise durch diese Maßnahmen ein hohes Maß an technischer Sicherheit und Datenschutz gewährleistet wird; das gilt auch für Software und IT-Systeme, die der Kontoinformationsdienstleister oder die Unternehmen verwenden, an die der Kontoinformationsdienstleister alle oder einen Teil seiner Tätigkeiten auslagert. [5]Der Antrag muss den Nachweis enthalten, dass die unter Satz 2 Nummer 9 genannten Personen zuverlässig sind und über angemessene theoretische und praktische Kenntnisse und Erfahrungen zur Erbringung des Kontoinformationsdienstes verfügen. [6]Der Kontoinformationsdienstleister hat mindestens zwei Geschäftsleiter zu bestellen; bei Unternehmen mit geringer Größe genügt ein Geschäftsleiter. [7]Die Bundesanstalt kann im Einzelfall zu den Angaben nach den Sätzen 2 bis 6 nähere Angaben und Nachweise verlangen, soweit dies erforderlich erscheint, um ihren gesetzlichen Auftrag zu erfüllen.

(2) Die Bundesanstalt teilt dem Antragsteller binnen drei Monaten nach Eingang des Antrags oder bei Unvollständigkeit des Antrags binnen drei Monaten nach Übermittlung aller für die Entscheidung erforderlichen Angaben mit, ob die Registrierung erteilt oder versagt wird.

(3) Die Bundesanstalt kann die Registrierung unter Auflagen erteilen, die sich im Rahmen des mit diesem Gesetz verfolgten Zwecks halten müssen.

(4) Über die Erbringung des Kontoinformationsdienstes hinaus sind von der Registrierung nur die Erbringung betrieblicher und eng verbun-

dener Nebendienstleistungen erfasst; Nebendienstleistungen sind die Dienstleistungen für die Sicherstellung des Datenschutzes sowie die Datenspeicherung und -verarbeitung.

(5) Der Kontoinformationsdienstleister hat der Bundesanstalt unverzüglich jede materiell und strukturell wesentliche Änderung der tatsächlichen oder rechtlichen Verhältnisse mitzuteilen, soweit sie die Richtigkeit der nach Absatz 1 vorgelegten Angaben und Nachweise betreffen.

(5a) Die Bundesanstalt hat die Registrierung im Bundesanzeiger bekannt zu machen.

(6) Soweit für das Erbringen von Kontoinformationsdiensten eine Registrierung nach Absatz 1 erforderlich ist, dürfen Eintragungen in öffentliche Register nur vorgenommen werden, wenn dem Registergericht die Registrierung nachgewiesen ist.

(7) [1]Das Bundesministerium der Finanzen wird ermächtigt, durch Rechtsverordnung, die nicht der Zustimmung des Bundesrates bedarf, im Benehmen mit der Deutschen Bundesbank nähere Bestimmungen über Art, Umfang, und Form der nach dieser Vorschrift vorgesehenen Antragsunterlagen zu erlassen. [2]Das Bundesministerium der Finanzen kann die Ermächtigung im Einvernehmen mit der Deutschen Bundesbank durch Rechtsverordnung auf die Bundesanstalt übertragen. [3]Vor Erlass der Rechtsverordnung sind die Spitzenverbände der Institute anzuhören. [4]Das Bundesamt für Sicherheit in der Informationstechnik ist anzuhören, soweit die Sicherheit informationstechnischer Systeme betroffen ist.

Inhaltsübersicht

I. Allgemeines

Abschnitt 7 setzt Art. 33 PSD2 um (BT-Drs. 18/11495, 128). Abschnitt 7 sieht **1** für Kontoinformationsdienste ein einfaches Registrierungsverfahren anstelle der sonst für Zahlungsdienste grundsätzlich bestehenden Erforderlichkeit eines Erlaubnisverfahrens nach § 10 vor (BT-Drs. 18/11495, 128). Die Bezeichnung als Registrierungsverfahren darf allerdings nicht darüber hinwegtäuschen, dass dieses Verfahren materiell einem Erlaubnisverfahren nach § 10 weitgehend entspricht. Gemäß § 34 Abs. 1 S. 1 bedarf der schriftlichen Registrierung durch die BaFin, wer als Zahlungsdienst ausschließlich Kontoinformationsdienste erbringen will. Daher ist eine Ausübung der Tätigkeit vor der schriftlichen Registrierung nicht gestattet. Nach § 34 Abs. 2 muss die Registrierung durch die BaFin erteilt werden. Sie kann nach Abs. 3 die Registrierung unter Auflagen erteilen. Die Registrierung kann wie im Falle von anderen Zahlungsdiensten als dem Kontoinformationsdienst gemäß § 35 versagt werden, oder nach § 37 gelöscht oder aufgehoben werden. Gemäß § 7

Abs. 1 kann die BaFin gegen Geschäftstätigkeiten ohne die nach § 34 Abs. 1 S. 1 erforderliche Registrierung einschreiten. Gemäß § 63 Abs. 1 Nr. 4 Alt. 2 macht sich strafbar, wer ohne Registrierung gemäß § 34 Abs. 1 S. 1 Kontoinformationsdienste erbringt. Im Ergebnis unterscheidet sich die Registrierungspflicht von Kontoinformationsdiensten nur durch ihre Begrifflichkeit von einer Erlaubnispflicht.

2   Bei Erteilung der Registrierung gelten für Kontoinformationsdienste allerdings gemäß § 2 Abs. 6 verschiedene Erleichterungen. Im Einzelnen sollen die §§ 10–18 und § 25 nicht anwendbar sein. Dies bedeutet insbesondere, dass sich Kontoinformationsdienste keiner Inhaberkontrolle gemäß § 14 unterziehen müssen und auch keine Eigenmittel gemäß § 15 vorhalten müssen. Daneben entfallen für Kontoinformationsdienste die Vorschriften zur Inanspruchnahme von Agenten gemäß § 25.

3   § 34 entspricht in der Regelungssystematik den Vorschriften zum Erlaubnisvorbehalt nach § 10. Die Vorschrift bildet die Erleichterungen ab, die von Art. 33 der PSD2 für reine Kontoinformationsdienstleister gefordert werden (BT-Drs. 18/11495, 128). Art. 33 Abs. 1 der PSD2 stellt klar, dass der Katalog des Art. 5 PSD2 in reduzierter Form auch auf Kontoinformationsdienstleister Anwendung findet. Reine Kontoinformationsdienstleister sind von den Anforderungen des Erlaubnisverfahrens gemäß § 10 entsprechend ausgenommen. Diese Dienstleister müssen nur die in § 34 genannten Angaben und Nachweise beibringen.

II. Registrierungspflicht (Abs. 1 S. 1)

4   Gemäß Abs. 1 S. 1 bedarf einer schriftlichen Registrierung der BaFin, wer im Inland gewerbsmäßig oder in einem Umfang, der einen in kaufmännischer Weise eingerichteten Geschäftsbetrieb erfordert, als Zahlungsdienst ausschließlich Kontoinformationsdienste erbringen will. Abs. 1 S. 1 setzt Art. 33 Abs. 1 PSD2 um.

1. Ausschließlich Kontoinformationsdienste

5   Kontoinformationsdienste sind die in § 1 Abs. 1 S. 2 Nr. 8 genannten Dienste, sofern die Voraussetzungen des § 2 nicht vorliegen. Der Antrag auf Registrierung gemäß Abs. 1 S. 1 ist nur dann zu stellen, wenn als Zahlungsdienst **ausschließlich Kontoinformationsdienste** erbracht werden sollen. Beabsichtigt der Antragsteller, neben Kontoinformationsdiensten weitere Zahlungsdienste zu erbringen, muss er eine Erlaubnis gemäß § 10 beantragen. Zum Begriff des Kontoinformationsdienstes → § 1 Rn. 165, 629 ff.

6   Im Unterschied zu § 10 Abs. 1 nimmt Abs. 1 S. 1 Zahlungsdienstleister iSd § 1 Abs. 1 S. 1 Nr. 2–5 nicht ausdrücklich von der Registrierungspflicht aus. Systematisch wäre dies aber konsequent und § 34 sollte entsprechend teleologisch reduziert werden (unklar Schäfer/Omlor/Mimberg/Eckhold §§ 10, 11 Rn. 96, der die Notwendigkeit teleologischer Reduktion einerseits verneint, andererseits die Registrierungspflicht bejaht; wie hier Schäfer/Omlor/Mimberg/Conreder § 34 Rn. 16; Luz/Neus/Schaber/Schneider/Wagner/Weber/Schiemann/von Cube ZAG § 34 Rn. 7). Eine solche teleologische Reduktion beträfe insbesondere CRR-Kreditinstitute oder E-Geld-Institute, die als Zahlungsdienst ausschließlich Kontoinformationsdienste erbringen wollen.

2. Im Inland

Registrierungspflichtig ist nur die Erbringung von Kontoinformationsdiensten 7
im Inland. Zur Frage des Tätigwerdens im Inland wird auf die Ausführungen in
→ § 10 Rn. 9 ff. verwiesen.

3. Wille des Erbringens von Kontoinformationsdiensten

Die Formulierung „Kontoinformationsdienste erbringen will" macht deutlich, 8
dass nicht erst die tatsächliche Erbringung des Kontoinformationsdienstes die
Registrierungspflicht auslöst, sondern bereits der Wille hierzu genügt, so dass auch
Vorbereitungshandlungen erfasst sind. Zu Einzelheiten hierzu wird auf die Ausführungen unter → § 10 Rn. 14 verwiesen.

4. Gewerbsmäßig oder in einem Umfang, der einen in kaufmännischer Weise eingerichteten Gewerbebetrieb erfordert

Registrierungspflichtig ist die Erbringung von Kontoinformationsdiensten nur, 9
wenn sie gewerbsmäßig erfolgt oder in einem Umfang, der einen in kaufmännischer Weise eingerichteten Gewerbetrieb erfordert. Zur Frage der Gewerbsmäßigkeit oder des Umfangs, der einen in kaufmännischer Weise eingerichteten
Gewerbebetrieb erfordert, wird auf die Ausführungen unter → § 10 Rn. 15 verwiesen.

III. Registrierungspflichtige Personen und Umfang der Registrierung

1. Registrierungspflichtige Personen

Im Gegensatz zu Antragsstellern, die eine Erlaubnis gemäß § 10 oder § 11 be- 10
antragen, kommen als registrierungsfähige Personen neben juristischen Personen
oder Personenhandelsgesellschaften **auch natürliche Personen** in Betracht (so
auch Ellenberger/Findeisen/Nobbe/Böger/Rieg § 34 Rn. 70). Dies ergibt sich
zum einen daraus, dass die Registrierung gemäß § 35 nicht versagt werden kann,
wenn der Antragsteller keine juristische Person oder Personenhandelsgesellschaft
ist. Darüber hinaus legt Ziff. 4.2 Leitlinie 2.1 der EBA/GL/2017/09 Angaben fest,
die ein Antragsteller machen muss, wenn er eine natürliche Person ist.

Die registrierungspflichtige Person muss aber ihren Sitz bzw. Wohnsitz in der 11
Bundesrepublik Deutschland haben.

2. Sachlicher Umfang der Registrierung (Abs. 4)

Abs. 4 führt abschließend die Leistungen auf, die ein Kontoinformationsdienst- 12
leister über die Kontoinformationsdienste hinaus erbringen darf. Danach sind über
die Erbringung des Kontoinformationsdienstes hinaus von der Registrierung nur
die Erbringung betrieblicher und eng verbundener Nebendienstleistungen erfasst.
Nebendienstleistungen sind die Dienstleistungen für die Sicherstellung des Datenschutzes sowie die Datenspeicherung und -verarbeitung. Zum Inhalt der Dienstleistungen für die Sicherstellung des Datenschutzes sowie Datenspeicherung und -ver-

arbeitung → § 10 Rn. 22. Der Umfang der für Kontoinformationsdienstleister zulässigen Leistungen ist erheblich begrenzter als der zulässige Umfang bei anderen Zahlungsdiensten gemäß § 10 Abs. 1 S. 2. Angesichts des Inhaltes eines Kontoinformationsdienstes ist es folgerichtig, dass der sachliche Umfang der Registrierung Geschäfte wie Devisengeschäfte, den Betrieb von Zahlungssystemen, Factoring (§ 32 Abs. 6 S. 1 KWG) und die Gewährung von Krediten (§ 3 Abs. 4) nicht erfasst. Im Unterschied zum sachlichen Umfang der Erlaubnis bei anderen Zahlungsdiensten gemäß § 10 sieht Abs. 4 jedoch nicht Geschäftstätigkeiten vor, die nicht in der Erbringung von Zahlungsdiensten bestehen. Sofern der Antragssteller neben der Erbringung von Kontoinformationsdiensten weitere Geschäftstätigkeiten ausüben möchte, würde er diese nach dem Wortlaut von Abs. 4 auf eine andere Gesellschaft oder eine andere Person abspalten müssen. Für eine solche Beschränkung ist aber kein Grund ersichtlich. Richtigerweise sollten dem Antragsteller, wie auch im Falle von § 10 Abs. 1 S. 2 Nr. 3, Geschäftstätigkeiten, die nicht in der Erbringung von Zahlungsdiensten bestehen, gestattet sein, wobei das geltende Unionsrecht und das jeweils maßgebende einzelstaatliche Recht zu berücksichtigen sind (wie hier auch Schäfer/Omlor/Mimberg/Conreder § 34 Rn. 67; Schwennicke/Auerbach/Schwennicke ZAG § 34 Rn. 14; Luz/Neus/Schaber/Schneider/Wagner/Weber/Schiemann/von Cube ZAG § 34 Rn. 14; unklar Ellenberger/Findeisen/Nobbe/Böger/Rieg § 34 Rn. 97). Dafür spricht auch, dass der BaFin mit Abs. 3 ein Instrument zur Verfügung steht, mit dem sie in bestimmten Fällen die Abspaltung anderer Geschäftstätigkeiten anordnen kann (in diesem Zusammenhang auch → Rn. 37).

3. Geographischer Umfang der Registrierung

13   Die Registrierung gilt unionsweit und nach Maßgabe der entsprechenden Überleitungsbestimmungen auch in anderen Staaten des EWR (s. § 38 ff.).

IV. Inhalt des Registrierungsantrags (Abs. 1 S. 2)

14   Die im Rahmen eines Registrierungsantrags nach Abs. 1 S. 2 vorzulegenden Angaben und Nachweise sind **weniger umfangreich** als im Falle von Anträgen gemäß § 10. Insbesondere folgende Angaben und Nachweise sind von Antragstellern gemäß Abs. 1 nicht vorzulegen (s. hierzu auch Kunz CB 2016, 457 (461); Baumann GWR 2017, 275 (276)):
– den Nachweis über das Anfangskapital gemäß § 10 Abs. 2 S. 1 Nr. 3;
– die Beschreibung der Sicherungsanforderungen gemäß § 10 Abs. 2 S. 1 Nr. 4;
– die Beschreibung der Grundsätze und Definitionen für die Erfassung statistischer Daten über Leistungsfähigkeit, Geschäftsvorgänge und Betrugsfälle gemäß § 10 Abs. 2 S. 1 Nr. 9;
– die Beschreibung der internen Kontrollmechanismen gemäß § 10 Abs. 2 S. 1 Nr. 11;
– die Überprüfung der Inhaber einer bedeutenden Beteiligung gemäß § 10 Abs. 2 S. 1 Nr. 13;
– die Abschlussprüfer gemäß § 10 Abs. 2 S. 1 Nr. 15.

15   Nähere Anforderungen an den Inhalt des Registrierungsantrags folgen aus §§ 2, 16 ZAGAnzV. Daneben konkretisiert Ziff. 4.2 der EBA/GL/2017/09 den Inhalt des Registrierungsantrages näher. Zu den EBA/GL/2017/09 auch → § 10 Rn. 30 ff.

1. Allgemeine Anforderungen an den Registrierungsantrag

Der Antrag ist an die BaFin zu richten und mit allen erforderlichen Angaben und **16** Nachweisen in zweifacher Ausfertigung einzureichen (siehe § 1 ZAGAnzV). Neben den folgenden Angaben und Nachweisen muss der Antragsteller auf Verlangen der BaFin weitere Angaben und Nachweise vorlegen, soweit dies erforderlich erscheint, um dem gesetzlichen Auftrag nachzukommen (Abs. 1 S. 7).

2. Geschäftsmodell (Abs. 1 S. 2 Nr. 1 iVm § 16 ZAGAnzV iVm § 2 Abs. 3 ZAGAnzV iVm EBA/GL/2017/09 Ziff. 4.2 Leitlinie 3)

Abs. 1 S. 2 Nr. 1 setzt Art. 33 Abs. 1 PSD2 iVm Art. 5 Abs. 1 lit. a PSD2 um. Die **17** EBA/GL/2017/09 sehen in Ziff. 4.2 Leitlinie 3 ebenfalls Anforderungen an die Beschreibung des Geschäftsmodells vor. Der Registrierungsantrag muss eine Beschreibung des Geschäftsmodells enthalten, aus dem insbesondere die Art des beabsichtigten Kontoinformationsdienstes hervorgehen muss.

Gemäß den EBA/GL/2017/09 Ziff. 4.2, Leitlinie 3.1 lit. b muss der Antragstel- **18** ler insbesondere eine Erklärung abgeben, dass er zu keinem Zeitpunkt in den Besitz von Kundengeldern gelangen wird. Weiter muss er Angaben zu Betriebsstätten und der Absicht, in den anderen EU-Mitgliedstaaten tätig zu werden, machen. Außerdem muss der Antragsteller Angaben dazu machen, ob er innerhalb der nächsten 3 Jahre beabsichtigt, andere gewerbliche Tätigkeiten als Kontoinformationsdienste auszuüben, oder bereits ausübt. Schließlich muss er Angaben zu den Kriterien machen, anhand derer die Mindestdeckungssumme der Berufshaftpflichtversicherung oder einer anderen gleichwertigen Garantie festzulegen ist.

3. Geschäftsplan (Abs. 1 S. 2 Nr. 2 iVm § 16 ZAGAnzV iVm § 2 Abs. 4 ZAGAnzV iVm EBA/GL/2017/09 Ziff. 4.2 Leitlinie 4)

Abs. 1 S. 2 Nr. 2 setzt Art. 33 Abs. 1 PSD2 iVm Art. 5 Abs. 1 lit. b PSD2 um. Die **19** entsprechenden Angaben in den EBA/GL/2017/09 finden sich in Ziff. 4.2 Leitlinie 4. Die dort genannten Angaben decken sich inhaltlich weitgehend mit den Angaben, die im Rahmen eines Erlaubnisantrags gemäß § 10 vorzulegen sind. Insoweit wird auf die Ausführungen in → § 10 Rn. 40f. verwiesen. Allerdings muss der Antragsteller keine Angaben zu Eigenmitteln machen.

4. Beschreibung der Unternehmenssteuerung und interner Kontrollmechanismen (Abs. 1 S. 2 Nr. 3 iVm § 16 ZAGAnzV iVm § 2 Abs. 7 ZAGAnzV iVm EBA/GL/2017/09 Ziff. 4.2 Leitlinie 6)

Abs. 1 S. 2 Nr. 3 setzt Art. 33 Abs. 1 PSD2 iVm Art. 5 lit. e PSD2 um. Der **20** Antragsteller muss die Unternehmenssteuerung und die internen Kontrollmechanismen des Kontoinformationsdienstes beschreiben. Dies beinhaltet auch Verwaltungs-, Risikomanagement- und Rechnungslegungsverfahren, aus denen hervorgeht, dass diese Unternehmenssteuerung, Kontrollmechanismen und Verfahren verhältnismäßig, angemessen, zuverlässig und ausreichend sind.

21   Daneben gelten für Abs. 1 S. 2 Nr. 3 die EBA/GL/2017/09 Ziff. 4.2 Leitlinie 6. Diese entsprechen inhaltlich den EBA/GL/2017/09 gemäß Ziff. 4.1 Leitlinie 8 für Antragsteller gem. § 10. Daher wird insoweit auf die Ausführungen unter → § 10 Rn. 49 f. verwiesen.

22   Gemäß Abs. 1 S. 3 muss der Antragsteller mit den Unterlagen nach Abs. 1 S. 2 Nr. 3 eine Beschreibung seiner Prüfmodalitäten und seiner organisatorischen Vorkehrungen für das Ergreifen aller angemessenen Maßnahmen zum Schutze der Interessen seiner Kunden und zur Gewährleistung der Kontinuität und Verlässlichkeit des von ihm erbrachten Kontoinformationsdienstes vorlegen.

5. Beschreibung der Verfahren bei Sicherheitsvorfällen und sicherheitsbezogenen Kundenbeschwerden (Abs. 1 S. 2 Nr. 4 iVm § 16 ZAGAnzV iVm § 2 Abs. 8 ZAGAnzV iVm EBA/GL/ 2017/09 Ziff. 4.2 Leitlinie 7)

23   Abs. 1 S. 2 Nr. 4 setzt Art. 33 Abs. 1 S. 1 PSD2 iVm Art. 5 lit. f PSD2 um. Danach muss der Antragsteller eine Beschreibung der vorhandenen Verfahren für Überwachung, Handhabung und Folgemaßnahmen bei Sicherheitsvorfällen und sicherheitsbezogenen Kundenbeschwerden, einschließlich eines Mechanismus für die Meldung von Vorfällen, der die Meldepflichten des Kontoinformationsdienstleisters nach § 54 berücksichtigt, vorlegen. Abs. 1 S. 2 Nr. 4 entspricht inhaltlich § 10 Abs. 2 S. 1 Nr. 6.

24   Konkretisiert wird Abs. 1 S. 2 Nr. 4 durch die EBA/GL/2017/09 Ziff. 4.2 Leitlinie 7. Diese entspricht inhaltlich der EBA/GL/2017/09 Ziff. 4.1 Leitlinie 9, die für Antragsteller gemäß § 10 gilt. Daher ist hinsichtlich der vorzulegenden Angaben und Nachweise auf die Ausführungen unter → § 10 Rn. 51 ff. zu verweisen.

25   Gemäß Abs. 1 S. 3 hat der Antragsteller mit den Unterlagen nach Abs. 1 S. 2 Nr. 4 auch eine Beschreibung seiner Prüfmodalitäten und seiner organisatorischen Vorkehrungen für das Ergreifen aller angemessenen Maßnahmen zum Schutze der Interessen seiner Kunden und zur Gewährleistung der Kontinuität und Verlässlichkeit des von ihm erbrachten Kontoinformationsdienstes vorzulegen.

6. Beschreibung der vorhandenen Verfahren für die Erfassung, Überwachung, Rückverfolgung sowie Beschränkung des Zugangs zu sensiblen Zahlungsdaten (Abs. 1 S. 2 Nr. 5 iVm § 16 ZAGAnzV iVm § 2 Abs. 9 ZAGAnzV iVm EBA/GL/ 2017/09 Ziff. 4.2 Leitlinie 8)

26   Abs. 1 S. 2 Nr. 5 setzt Art. 33 Abs. 1 PSD2 iVm Art. 5 Abs. 1 lit. g PSD2 um. Der Antragsteller muss eine Beschreibung der vorhandenen Verfahren für die Erfassung, Überwachung, Rückverfolgung sowie Beschränkung des Zugangs zu sensiblen Zahlungsdaten vorlegen. Konkretisiert wird Nr. 5 durch die EBA/GL/2017/09 Ziff. 4.2 Leitlinie 8. Diese Leitlinie entspricht inhaltlich der EBA/GL/2017/09 Ziff. 4.1 Leitlinie 10, die für Antragsteller gem. § 10 gilt. Daher ist hinsichtlich des Inhalts des Registrierungsantrages gemäß Nr. 5 auf die Ausführungen unter → § 10 Rn. 54 f. zu verweisen.

7. Beschreibung der Regelungen zur Geschäftsfortführung im Krisenfall (Abs. 1 S. 2 Nr. 6 iVm § 16 ZAGAnzV; iVm § 2 Abs. 10 ZAGAnzV iVm EBA/GL/2017/09 Ziff. 4.2 Leitlinie 9)

Abs. 1 S. 2 Nr. 6 setzt Art. 33 Abs. 1 PSD2 iVm Art. 5 Abs. 1 lit. h PSD2 um. Der **27** Antragsteller muss eine Beschreibung der Regelung zur Geschäftsfortführung im Krisenfall einschließlich klarer Angabe der maßgeblichen Abläufe, der wirksamen Notfallpläne und eines Verfahrens für die regelmäßige Überprüfung der Angemessenheit und Wirksamkeit solcher Pläne vorlegen. Konkretisiert wird Nr. 6 durch die EBA/GL/2017/09 Ziff. 4.2 Leitlinie 9. Diese Leitlinie entspricht inhaltlich der EBA/GL/2017/09 Ziff. 4.1 Leitlinie 11, mit Ausnahme von deren lit. e, wonach eine Beschreibung der Risikominderungsmaßnahmen im Falle der Beendigung der Zahlungsdienste vorzulegen ist. Im Übrigen kann hinsichtlich des Inhalts des Registrierungsantrags bezüglich Nr. 6 auf die Ausführungen unter → § 10 Rn. 56f. verwiesen werden.

8. Beschreibung der Sicherheitsstrategie (Abs. 1 S. 2 Nr. 7 iVm § 16 ZAGAnzV iVm § 2 Abs. 12 ZAGAnzV iVm EBA/GL/2017/09 Ziff. 4.2 Leitlinie 10)

Abs. 1 S. 2 Nr. 7 setzt Art. 33 Abs. 1 PSD2 iVm Art. 5 Abs. 1 lit. j PSD2 um. Da- **28** nach muss der Antragsteller eine Beschreibung der Sicherheitsstrategie, einschließlich einer detaillierten Risikobewertung des erbrachten Kontoinformationsdienstes, und eine Beschreibung von Sicherheitskontroll- und Risikominderungsmaßnahmen zur Gewährleistung eines angemessenen Schutzes der Zahlungsdienstnutzer vor den festgestellten Risiken, einschließlich Betrug und illegaler Verwendung sensibler und personenbezogener Daten, vorlegen. Nr. 7 entspricht inhaltlich § 10 Abs. 2 S. 1 Nr. 10. Konkretisiert wird Nr. 7 durch die EBA/GL/2017/09 Ziff. 4.2 Leitlinie 10. Diese Leitlinie entspricht inhaltlich der EBA/GL/2017/09 Ziff. 4.1 Leitlinie 13, die auf Antragsteller gem. § 10 Anwendung findet. Daher kann hinsichtlich des Inhalts des Registrierungsantrages auf die Ausführungen unter → § 10 Rn. 60ff. verwiesen werden.

Darüber hinaus muss der Antragsteller gemäß Abs. 1 S. 4 in der Beschreibung der **29** Sicherheitsstrategie angeben, auf welche Weise durch diese Maßnahmen ein hohes Maß an technischer Sicherheit und Datenschutz gewährleistet wird. Dies soll auch für Software- und IT-Systeme gelten, die der Kontoinformationsdienstleister oder die Unternehmen verwenden, an die der Kontoinformationsdienstleister alle oder einen Teil seiner Tätigkeiten auslagert.

9. Darstellung des organisatorischen Aufbaus des Konto-informationsdienstes, der geplanten Errichtung von Zweigniederlassungen, Auslagerungsvereinbarungen und Teilnahme an Zahlungssystemen (Abs. 1 S. 2 Nr. 8 iVm § 16 ZAGAnzV iVm § 2 Abs. 14 ZAGAnzV iVm EBA/GL/2017/09 Ziff. 4.2 Leitlinie 5)

Abs. 1 S. 2 Nr. 8 setzt Art. 33 Abs. 1 PSD2 iVm Art. 5 Abs. 1 lit. l PSD2 um. **30** Abs. 1 S. 2 Nr. 8 entspricht inhaltlich weitgehend § 10 Abs. 2 S. 1 Nr. 12, mit dem

Unterschied, dass keine Angaben zur Inanspruchnahme von Agenten zu machen sind. Konkretisiert wird Nr. 8 durch die EBA/GL/2017/09 Ziff. 4.2 Leitlinie 5. Diese Leitlinie entspricht inhaltlich der EBA/GL/2017/09 Ziff. 4.1 Leitlinie 5, mit der Ausnahme, dass die EBA/GL/2017/09 Ziff. 4.2 Leitlinie 5 neben Angaben, die von juristischen Personen vorzulegen sind, auch Anforderungen an die Angaben enthält, die vorzulegen sind, wenn der Antragsteller eine natürliche Person ist. Im Übrigen kann auf die Ausführungen zu → § 10 Rn. 65 f. verwiesen werden.

31   Darüber hinaus hat der Antragsteller gemäß Abs. 1 S. 3 mit den Unterlagen nach Abs. 1 S. 2 Nr. 8 auch eine Beschreibung seiner Prüfmodalitäten und seiner organisatorischen Vorkehrungen für das Ergreifen aller angemessenen Maßnahmen zum Schutz der Interessen seiner Kunden und zur Gewährleistung der Kontinuität und Verlässlichkeit des von ihm betriebenen Kontoinformationsdienstes vorzulegen.

10. Geschäftsleiter (Abs. 1 S. 2 Nr. 9 iVm § 16 ZAGAnzV iVm § 2 Abs. 16 ZAGAnzV iVm EBA/GL/2017/09 Ziff. 4.2 Leitlinie 11)

32   Abs. 1 S. 2 Nr. 9 setzt Art. 33 Abs. 1 S. 1 PSD2 in Verbindung mit Art. 5 Abs. 1 lit. n PSD2 um. Nach Nr. 9 muss der Antrag die Namen der Geschäftsleiter, der für die Geschäftsführung des Kontoinformationsdienstleisters verantwortlichen Personen und, soweit es sich um Unternehmen handelt, die neben der Erbringung des Kontoinformationsdienstes anderen Geschäftsaktivitäten nachgehen, der für die Führung der Zahlungsdienstgeschäfte des Kontoinformationsdienstleisters verantwortlichen Personen enthalten. Nr. 9 entspricht inhaltlich § 10 Abs. 2 S. 1 Nr. 14. Konkretisiert wird Nr. 9 durch die EBA/GL/2017/09 Ziff. 4.1 Leitlinie 11. Diese Leitlinie wiederum entspricht inhaltlich der EBA/GL/2017/09 Ziff. 4.1 Leitlinie 16, die auf Antragsteller gem. § 10 Anwendung findet. Daher kann hinsichtlich der im Rahmen von Nr. 9 vorzulegenden Angaben und Nachweise auf die Ausführungen unter → § 10 Rn. 71 ff. verwiesen werden.

33   Unklar ist, ob andere Geschäftsaktivitäten gemäß Nr. 9 solche Aktivitäten sein können, die über die Dienstleistungen gemäß Abs. 4 hinausgehen. Sofern dies nicht der Fall ist, stellt sich die Frage, ob die Benennung solcher Aktivitäten im Registrierungsantrag zur Ablehnung des Registrierungsantrages führen müsste. Richtigerweise sollten dem Antragsteller, wie auch im Falle des § 10 Abs. 1 S. 2 Nr. 3, Geschäftstätigkeiten, die nicht in der Erbringung von Zahlungsdiensten bestehen, gestattet sein, wobei das geltende Unionsrecht und das jeweils maßgebende einzelstaatliche Recht zu berücksichtigen sind (ähnlich Schäfer/Omlor/Mimberg/Conreder § 34 Rn. 53, der andere Geschäftsaktivitäten zulassen will, sofern die finanzielle Solidität hierdurch nicht gefährdet wird; hierzu auch → Rn. 12). Gemäß Abs. 1 S. 5 muss der Antrag zusätzlich den Nachweis enthalten, dass die unter Abs. 1 S. 2 Nr. 9 genannten Personen zuverlässig sind und über angemessene theoretische und praktische Kenntnisse und Erfahrungen zur Erbringung des Kontoinformationsdienstes verfügen. Hierzu dürften insbesondere Nachweise im Hinblick auf Datensicherheit relevant sein. Darüber hinaus muss der Antragsteller gemäß Abs. 1 S. 6 mindestens zwei Geschäftsleiter bestellen, sofern es sich nicht um ein Unternehmen mit geringer Größe handelt.

11. Rechtsform, Satzung, Gesellschaftsvertrag (Abs. 1 S. 2 Nr. 10 iVm § 16 ZAGAnzV iVm § 2 Abs. 17 ZAGAnzV iVm EBA/ GL/2017/09 Ziff. 4.2 Leitlinie 2)

Nr. 10 setzt Art. 33 Abs. 1 S. 1 PSD2 iVm Art. 5 Abs. 1 lit. p PSD2 um. Der An- **34** tragsteller muss die Rechtsform angeben und die Satzung bzw. den Gesellschafts- vertrag in beglaubigter Form (§ 16 ZAGAnzV; iVm § 2 Abs. 17 ZAGAnzV) einrei- chen. Es sind allerdings keine Angaben zum Wirtschaftsverband im Zusammenhang mit der Erbringung von Zahlungsdiensten, dem der Antragsteller beizutreten be- absichtigt, erforderlich (Schäfer/Omlor/Mimberg/Conreder § 34 Rn. 60).

12. Hauptverwaltung oder Sitz (Abs. 1 S. 2 Nr. 11 iVm EBA/GL/ 2017/09 Ziff. 4.2 Leitlinie 2)

Nr. 11 setzt Art. 33 Abs. 1 S. 1 PSD2 iVm Art. 5 Abs. 1 lit. q PSD2 um. An- **35** zugeben ist die Hauptverwaltung oder der Sitz des Antragstellers. **Hauptverwal- tung** ist die Zentrale des Antragstellers, bei der sich die Leitung und die Verwaltung befinden. **Sitz** ist der Ort des Sitzes nach der Satzung. Die Angabe des Sitzes ist er- forderlich, da ein Kontoinformationsdienst mit Sitz in einen anderen Staat nicht ge- mäß § 34 registriert werden kann (→ Rn. 11). Die Angabe der Hauptverwaltung ist erforderlich, da die Registrierung zu versagen ist, wenn sich die Hauptverwaltung des Antragstellers nicht im Inland befindet (§ 35 Nr. 7).

13. Absicherung im Haftungsfall (Abs. 1 S. 2 Nr. 12 iVm EBA-Zulassungsleitlinien Ziff. 4.2 Leitlinie 12)

Abs. 1 S. 2 Nr. 12 setzt Art. 5 Abs. 3 PSD2 um. Der Antragsteller muss eine Dar- **36** stellung der Absicherung für den Haftungsfall nach § 36 einschließlich einer Erläute- rung des Risikoprofils des Kontoinformationsdienstes, des etwaigen Erbringens an- derer Zahlungsdienste als dem Kontoinformationsdienst oder des Nachgehens anderer Geschäftstätigkeiten als in Zahlungsdienstgeschäften (hierzu auch → Rn. 12, 33), der Zahl der Kunden, die den Kundeninformationsdienst nutzen, sowie der be- sonderen Merkmale der Berufshaftpflichtversicherung oder einer anderen gleich- wertigen Garantie vorlegen. Konkretisiert wird Nr. 12 durch die EBA/GL/2017/09 Ziff. 4.2 Leitlinie 12, wonach der Antragsteller einen Versicherungsvertrag oder ein gleichwertiges Dokument zum Nachweis einer bestehenden Berufshaftpflichtver- sicherung oder gleichwertigen Garantie mit einer Deckungssumme, die den EBA/ GL/2017/09 entspricht, sowie eine Dokumentation dazu, wie der Antragsteller die Mindestdeckungssumme entsprechend den EBA/GL/2017/09 berechnet hat, vor- legen muss. Sofern der Antragsteller im Rahmen von Nr. 12 angibt, dass er auch an- dere Zahlungsdienste als den Kontoinformationsdienst erbringt, wird er seinen An- trag auf einen Antrag auf Erlaubnis gemäß § 10 umstellen müssen. Im Hinblick auf die Angabe von anderen Geschäftstätigkeiten als den Zahlungsdienstgeschäften stellt sich die Frage, ob solche Geschäftstätigkeiten auch andere als die in Abs. 4 genannten sein können (hierzu → Rn. 12, 33).

V. Registrierung unter Auflage (Abs. 3)

37   Gemäß Abs. 3 kann die BaFin die Registrierung unter Auflagen erteilen, die sich im Rahmen des mit diesem Gesetz erfolgten Zwecks halten müssen. Die Auflage der Abspaltung von anderen Geschäftstätigkeiten erwähnt Abs. 3 im Gegensatz zu § 10 Abs. 4 nicht explizit, schließt sie aber auch nicht aus. Die Auflage der Abspaltung von Dienstleistungen für die Sicherstellung des Datenschutzes sowie die Datenspeicherung und- verarbeitung (vgl. Abs. 4) dürfte ohnehin auch in aller Regel ermessensfehlerhaft sein. Sofern man der hier vertretenen Ansicht (→ Rn. 12, 33) folgt, dass dem Antragsteller, wie auch im Falle von § 10 Abs. 1 S. 2 Nr. 3, Geschäftstätigkeiten, die nicht in der Erbringung von Zahlungsdiensten bestehen, gestattet sein sollten, wobei das geltende Unionsrecht und das jeweils maßgebende einzelstaatliche Recht zu berücksichtigen sind, ist konsequenterweise die Anordnung der Abspaltung anderer Geschäftstätigkeiten durch die BaFin möglich, sofern diese Geschäfte die finanzielle Solidität des Zahlungsinstituts oder die Prüfungsmöglichkeiten beeinträchtigen oder beeinträchtigen könnten (hierzu auch → § 10 Rn. 81; zust. Schäfer/Omlor/Mimberg/Conreder § 34 Rn. 65; die Befugnis der BaFin zur Anordnung einer Abspaltung generell verneinend Schwennicke/Auerbach/Schwennicke § 34 Rn. 14; Luz/Neus/Schaber/Schneider/Wagner/Weber/Schiemann/von Cube ZAG § 34 Rn. 11).

VI. Mitteilung von Änderungen (Abs. 5)

38   Gemäß Abs. 5 muss der Antragsteller der BaFin unverzüglich jede materielle und strukturell wesentliche Änderung der tatsächlichen oder rechtlichen Verhältnisse mitteilen, sofern sie die Richtigkeit der nach Abs. 1 vorgelegten Angaben und Nachweise betrifft. Abs. 5 entspricht vom Wortlaut her § 10 Abs. 5, so dass auf die Ausführungen unter → § 10 Rn. 82 f. verwiesen werden kann.

VII. Verfahrensfragen

1. Dauer des Registrierungsverfahrens (Abs. 2)

39   Gemäß Abs. 2 teilt die BaFin den Antragsteller binnen 3 Monaten nach Eingang des Antrags oder bei Unvollständigkeit des Antrags binnen 3 Monaten nach Übermittlung aller für die Entscheidung erforderlichen Angaben mit, ob die Registrierung erteilt oder versagt wird. Auch bei dieser Formulierung wird deutlich, dass das Registrierungsverfahren gem. § 34 letztlich materiell ein Erlaubnisverfahren ist. Abs. 2 entspricht inhaltlich § 10 Abs. 3, so dass auf die Ausführungen unter → § 10 Rn. 84 verwiesen werden kann. Da die Bestimmungen in EBA/GL/2017/09 Ziff. 4.4 Leitlinie 1 sowohl für Erlaubnis- als auch Registrierungsanträge gelten, kann hinsichtlich der Bewertung der Vollständigkeit des Antrags durch die BaFin auf die Ausführungen unter → § 10 Rn. 85 f. verwiesen werden.

2. Bekanntmachung und Registereintragung (Abs. 5a, 6)

Mit dem Risikoreduzierungsgesetz (RiG) vom 9.12.2020 (BGBl. I 2773ff. v. **40** 14.12.2020) wurde Abs. 5a in § 34 ZAG eingefügt. Demnach enthält nun auch § 34 ZAG eine den Regelungen der §§ 10 Abs. 6 und 11 Abs. 2 S. 5 ZAG entsprechende Vorgabe. Nach dem neuen Abs. 5a hat die BaFin die Registrierung im Bundesanzeiger bekannt zu machen.

Die BaFin nimmt den Kontoinformationsdienst in das nach § 43 zu führende Zahlungsinstituts-Register auf. Gemäß Abs. 6 dürfen Eintragungen in öffentliche Register nur vorgenommen werden, wenn dem Registergericht die Registrierung nachgewiesen ist, soweit für das Erbringen von Kontoinformationsdiensten eine Registrierung nach Abs. 1 erforderlich ist. Abs. 6 nimmt Bezug auf die von einem Registergericht von Amts wegen durchzuführende Prüfung des Vorliegens einer Erlaubnis vor der Eintragung eines Unternehmens insbesondere in das Handelsregister. Eine solche Prüfung ist insbesondere dann angezeigt, wenn die von einem Unternehmen angemeldete Firma oder der angegebene Unternehmensgegenstand auf eine erlaubnispflichtige Tätigkeit hinweisen (s. zu § 43 KWG Schwennicke/Auerbach/Habetha § 43 Rn. 20ff.). Die BaFin hat hierzu zuletzt am 21.9.2012 (mit Änderungen am 31.10.2012) ein „Merkblatt Hinweise für Registergerichte" veröffentlicht.

3. Einmalige und laufende Kosten und Gebühren

Die Registrierung eines Kontoinformationsdienstes begründet gemäß §§ 1, 2 **41** Abs. 1 FinDAGebV iVm Ziff. 11.10 des Gebührenverzeichnisses zur FinDAGevV einen Gebührenanspruch der BaFin, dessen Höhe sich nach Zeitaufwand der BaFin bemisst. Dazu ist gemäß § 16 FinDAG eine jährliche Umlage zu zahlen, deren Höhe sich an den tatsächlichen bei der BaFin angefallenen Kosten und der Bilanzsumme des Kontoinformationsdienstes bemisst. Die Berechnung der Höhe der Umlage ergibt sich für Institute im Wesentlichen aus §§ 16b Abs. 1 S. 1 Nr. 1, 16e Abs. 1 S. 1 Nr. 1, 16f Abs. 1 S. 1 Nr. 1 FinDAG. Es ist eine jährliche Mindestumlage zu zahlen, die für Institute 1.300,00 EUR, bei einer Bilanzsumme unter 100.000 EUR 650 EUR beträgt (§ 16g Abs. 1 S. 1 Nr. 1 lit. d, e FinDAG).

VIII. Verordnungsermächtigung (Abs. 7)

Gemäß Abs. 7 wird das BMF ermächtigt, durch Rechtsverordnungen nähere **42** Bestimmungen über Art, Umfang und Form der nach § 34 vorgesehenen Antragsunterlagen zu erlassen. Abs. 7 entspricht inhaltlich § 10 Abs. 8. Daher dürfte auch der Zweck von Abs. 7 darin bestehen, die Möglichkeit zu schaffen, die EBA/GL/2017/09 in deutsches Recht umzusetzen (BT-Drs. 18/11495, 122). Von der Verordnungsermächtigung hat das BMF mit Erlass der ZAGAnzV in der überarbeiteten Fassung vom 10.12.2018 Gebrauch gemacht.

IX. Rechtsfolgen des Erbringens von Kontoinformationsdiensten ohne Registrierung

43   Hinsichtlich der Rechtsfolgen von ohne Registrierung betriebenen Kontoinformationsdiensten dürften sich keine Unterschiede gegenüber dem Erbringen von Zahlungsdiensten ohne Erlaubnis ergeben, da die Registrierung materiell eine Erlaubnis ist. Daher kann insoweit auf die Ausführungen unter → § 10 Rn. 90 ff. verwiesen werden.

§ 35   Versagung der Registrierung

Die Registrierung zur Erbringung von Kontoinformationsdiensten ist zu versagen, wenn

1. **der Antrag entgegen § 34 Absatz 1 keine ausreichenden Angaben oder Unterlagen enthält;**
2. **der Antragsteller nicht über eine Absicherung für den Haftungsfall gemäß den Voraussetzungen des § 36 verfügt;**
3. **Tatsachen die Annahme rechtfertigen, dass der Antragsteller nicht zuverlässig ist oder aus anderen Gründen nicht den im Interesse einer soliden und umsichtigen Führung des Kontoinformationsdienstes zu stellenden Ansprüchen genügt;**
4. **Tatsachen vorliegen, aus denen sich ergibt, dass ein Geschäftsleiter nicht zuverlässig ist oder nicht die zur Leitung des Kontoinformationsdienstes erforderliche fachliche Eignung hat und die Bundesanstalt nach § 1 Absatz 8 Satz 2 eine andere Person als Geschäftsleiter bestimmt; die fachliche Eignung setzt voraus, dass in ausreichendem Maß theoretische und praktische Kenntnisse in den betreffenden Geschäften und Leitungserfahrung vorhanden sind;**
5. **der Antragsteller nicht über wirksame Verfahren zur Ermittlung, Steuerung, Überwachung und Meldung von Risiken sowie angemessene interne Kontrollverfahren einschließlich solider Verwaltungs- und Rechnungslegungsverfahren verfügt;**
6. **Tatsachen die Annahme rechtfertigen, dass eine wirksame Aufsicht über den Antragsteller beeinträchtigt wird;**
7. **der Antragsteller seine Hauptverwaltung nicht im Inland hat oder nicht zumindest einen Teil seiner Dienste im Inland erbringt.**

I. Allgemeines

1   § 35 entspricht in der Regelungssystematik den Vorschriften zur Erlaubnisversagung nach § 12 (BT-Drs. 18/11495, 128) und wurde durch das ZDUG2 auf Grundlage der PSD2 neu ins ZAG eingefügt. Art. 33 der PSD2 zählt die auf Kontoinformationsdienste anwendbaren Vorschriften der PSD2 auf. Eine Verweisung in Art. 33 der PSD2 auf Art. 11 der PSD2, der die wesentlichen Erlaubnisversagungsgründe für Zahlungsinstitute regelt, fehlt. Gleichwohl dürfte die PSD2 eine ausreichende Grundlage für die Gestaltung des § 35 in der gegenwärtigen Form bieten. Aus dem Charakter der Registrierung, die letztlich eine erteilte Erlaubnis darstellt, folgt, dass diese im Antragsverfahren auch versagt werden kann. Die fehlende Verweisung in Art. 33 PSD2 auf Art. 11 PSD2 dürfte ein Redaktionsversehen sein.

II. Versagungsgründe

§ 35 enthält eine abschließende Aufzählung der Gründe, bei deren Vorliegen die 2 Registrierung eines Kontoinformationsdienstes zu versagen ist. Liegt einer der genannten Gründe vor, ist die Registrierung durch die BaFin zu versagen. Die in § 35 aufgeführten Versagungsgründe entsprechen inhaltlich im Wesentlichen den in § 12 aufgeführten Versagungsgründen. Aufgrund der Besonderheiten des § 2 Abs. 6 sind einige der Versagungsgründe des § 12 aber in § 35 nicht enthalten (Schäfer/Omlor/Mimberg/Conreder § 35 Rn. 2). Wie bei § 12 handelt es sich bei der Versagung der Registrierung nach § 35 um eine gebundene Entscheidung der BaFin ohne Ermessensspielraum; einen nicht unerheblichen Gestaltungsspielraum auf Tatbestandsebene erhält die BaFin jedoch bei § 35 wie bei § 12 durch die Verwendung unbestimmter Rechtsbegriffe (vgl. → § 12 Rn. 1).

1. Antrag enthält keine ausreichenden Angaben (Nr. 1)

Die Registrierung ist gemäß Nr. 1 zu versagen, wenn der Antrag entgegen § 34 3 Abs. 1 keine ausreichenden Angaben oder Unterlagen enthält. In seiner Formulierung entspricht Nr. 1 dem Versagungsgrund des § 12 Nr. 2 wobei nach Nr. 1 die Registrierung im Gegensatz zu § 12 Nr. 2 nicht wegen einer fehlenden positiven Gesamtprognose versagt werden kann. In der Regel dürfte aber das Fehlen einer positiven Gesamtprognose mit dem Fehlen ausreichender Angaben und Unterlagen einher gehen (Schäfer/Omlor/Mimberg/Conreder § 35 Rn. 5).Während § 12 Nr. 2 Art. 11 Abs. 2 PSD2 umsetzt, der für Kontoinformationsdienste mangels eines konkreten Verweises in Art. 33 Abs. 1 S. 1 PSD2 bei formaler Betrachtung nicht anwendbar ist, beruht Nr. 1 nicht auf einer konkreten Regelung in der PSD2. Aus dem Erfordernis eines Registrierungsverfahren für die Erbringung von Kontoinformationsdiensten, das auch das Stellen eines Antrags mit den nach § 34 Abs. 1 S. 2 bzw. Art. 33 Abs. 1 S. 1 iVm Art. 5 Abs. 1 PSD2 erforderlichen Angaben und Nachweisen durch den Antragsteller voraussetzt, ergibt sich aber aus dem Sinn und Zweck der Regelung, dass eine Registrierung nur vorgenommen werden kann, wenn diese Angaben und Nachweise auch vollständig sind. Vor Ablehnung eines Antrages gebietet es der Grundsatz der Verhältnismäßigkeit, dem Antragsteller die Möglichkeit zur Ergänzung und Anpassung der vorzulegenden Unterlagen zu geben (Schäfer/Omlor/Mimberg/Conreder § 35 Rn. 6).

2. Keine Absicherung im Haftungsfall (Nr. 2)

Nr. 2 setzt Art. 33 Abs. 1 S. 1 iVm Art. 5 Abs. 3 PSD2 um. Danach ist die Regis- 4 trierung zu versagen, wenn der Antragsteller nicht über eine Absicherung für den Haftungsfall gemäß den Voraussetzungen des § 36 verfügt. Nr. 2 entspricht inhaltlich § 12 Nr. 9 mit dem Unterschied, dass Nr. 2 nicht auch auf § 16 verweist, dessen Anforderungen jedoch nur für Zahlungsauslösedienste gelten (vgl. → § 12 Rn. 31), sondern nur auf den für Kontoinformationsdienste anwendbaren § 36. Hinsichtlich der Anforderungen, die der Gesetzgeber an Kontoinformationsdienste in Bezug auf die Absicherung im Haftungsfall stellt, wird auf die Ausführungen unter → § 36 Rn. 7 ff. verwiesen.

3. Unzuverlässigkeit des Antragstellers (Nr. 3)

5   Nach Nr. 3 kann die Registrierung eines Kontoinformationsdienstes durch die BaFin versagt werden, wenn Tatsachen die Annahme rechtfertigen, dass der Antragsteller nicht zuverlässig ist oder aus anderen Gründen nicht den im Interesse einer soliden und umsichtigen Führung des Kontoinformationsdienstes zu stellenden Ansprüchen genügt. Nr. 3 entspricht in seinem Wortlaut § 12 Nr. 4, wobei die Formulierung von Nr. 3 im Vergleich zu § 12 Nr. 4 keinen Bezug zur Inhaberkontrolle enthält, die bei Kontoinformationsdiensten gem. § 2 Abs. 6 nicht durchzuführen ist.

6   Juristische Personen oder Personenhandelsgesellschaften können selbst nicht Gegenstand einer Zuverlässigkeitsprüfung sein (Beck/Samm/Kokemoor/Müller-Grune § 33 Rn. 57). Vielmehr ist auf die gesetzlichen oder satzungsmäßigen Vertreter des Kontoinformationsdienstes abzustellen. Diese dürften aber in der Regel Geschäftsleiter und daher von Nr. 4 erfasst sein. Persönlich haftende Gesellschafter sind von Nr. 3 ebenfalls nicht erfasst, da Kontoinformationsdienste keinen Regelungen zu einer Inhaberkontrolle unterliegen und eine Zuverlässigkeitsprüfung persönlich haftender Gesellschafter letztlich auf eine Inhaberkontrolle hinausliefe.

7   Im Gegensatz zum Erlaubnisverfahren für Zahlungsinstitute können zwar auch natürliche Personen eine Registrierung für das Erbringen von Kontoinformationsdiensten beantragen. Deren Zuverlässigkeit wäre aber dann nach Nr. 4 zu beurteilen, da in der Praxis natürliche Personen, die Kontoinformationsdienste erbringen, gleichzeitig auch Geschäftsleiter im Sinne von Nr. 4 (→ Rn. 8) sein dürften, sodass eine Zuverlässigkeitsprüfung auch anhand von Nr. 4 erfolgen kann. Der verbleibende Anwendungsbereich des Versagungsgrundes in Nr. 3 dürfte daher unter Berücksichtigung der in Nr. 4 getroffenen Regelung in der Praxis relativ gering sein. Im Übrigen wird hinsichtlich der Beurteilung der Zuverlässigkeit auf die Ausführungen unter → § 12 Rn. 13 ff. verwiesen.

4. Unzuverlässigkeit von Geschäftsleitern (Nr. 4)

8   Nr. 4 setzt Art. 33 Abs. 1 S. 1 iVm Art. 5 Abs. 1 lit. n PSD2 um. Nach Nr. 4 kann die BaFin einem Antragsteller die Registrierung eines Kontoinformationsdienstes versagen, wenn Tatsachen vorliegen, aus denen sich ergibt, dass ein Geschäftsleiter nicht zuverlässig ist oder nicht die zur Leitung des Kontoinformationsdienstes erforderliche fachliche Eignung hat, wobei die erforderliche fachliche Eignung voraussetzt, dass in ausreichendem Maß theoretische und praktische Kenntnisse in den betreffenden Geschäften und Leitungserfahrung vorhanden sind. Inhaltlich entspricht die Vorschrift § 12 Nr. 5, sodass auf die Ausführungen unter → § 12 Rn. 20 ff. verwiesen wird. Im Übrigen wird man aber angesichts des informationsgetriebenen Charakters von Kontoinformationsdiensten vom Geschäftsleiter insbesondere einschlägige IT-Kompetenzen verlangen müssen (Ellenberger/Findeisen/Nobbe/Böger/Rieg § 35 Rn. 116).

5. Risikomanagementvorkehrungen (Nr. 5)

9   Nr. 5 setzt Art. 33 Abs. 1 S. 1 iVm Art. 5. Abs. 1 lit. e PSD2 um. Danach ist die Registrierung zu versagen, wenn der Antragsteller nicht über wirksame Verfahren

zur Ermittlung, Steuerung, Überwachung und Meldung von Risiken sowie angemessene interne Kontrollverfahren einschließlich solider Verwaltungs- und Rechnungslegungsverfahren verfügt. Nr. 5 entspricht inhaltlich § 12 Nr. 6, sodass auf die Ausführungen unter → § 12 Rn. 24 verwiesen wird.

6. Wirksame Aufsicht beeinträchtigt (Nr. 6)

Gemäß Nr. 6 ist die Registrierung außerdem zu versagen, wenn Tatsachen die **10** Annahme rechtfertigen, dass eine wirksame Aufsicht über den Antragsteller beeinträchtigt wird. Im Erlaubnisverfahren für andere Institute als reine Kontoinformationsdienste enthält § 12 Nr. 7 einen entsprechenden Versagungsgrund, der seinerseits auf Art. 11 Abs. 7, 8 PSD2 zurückgeht. Art. 33 Abs. 1 S. 1 PSD2 verweist für Kontoinformationsdienste jedoch nur auf einzelne Normen der PSD2, zu denen jedoch nicht Art. 11 PSD2 zählt (→ Rn. 1). Auf der anderen Seite enthält Nr. 6 auch nicht die in Art. 11 Abs. 7, 8 PSD2 genannten Beispiele. Im Ergebnis dürfte sich der Versagungsgrund Nr. 6 aus den allgemeinen Grundsätzen der effektiven und wirksamen Aufsicht über Zahlungsdienstleister und damit auch über Kontoinformationsdienste gemäß Art. 23 Abs. 1 PSD2 ergeben, deren Sicherstellung grundsätzlich zu gewährleisten ist. Inwieweit Nr. 6 in der Praxis einen konkreten Anwendungsbereich haben wird, bleibt abzuwarten.

7. Keine Hauptverwaltung im Inland (Nr. 7)

Nr. 7 enthält schließlich noch einen Versagungsgrund für den Fall, dass der An- **11** tragsteller seine Hauptverwaltung nicht im Inland hat oder nicht zumindest einen Teil seiner Dienste im Inland erbringt. Auch für Nr. 7 existiert in der PSD2 keine Norm, auf die Nr. 7 zurückgeht. Art. 33 Abs. 1 S. 1 iVm Art. 5 Abs. 1 lit. q PSD2 setzt insofern lediglich voraus, dass der Antragsteller im Rahmen des Registrierungsverfahrens die Anschrift seiner Hauptverwaltung mitteilen muss. Die entsprechende Norm im Erlaubnisverfahren ist § 12 Nr. 8. Diese geht auf Art. 11 Abs. 3 PSD2 zurück, der jedoch von der Verweisung in Art. 33 Abs. 1 S. 1 PSD2 nicht erfasst ist. Der Versagungsgrund Nr. 7 dürfte sich jedoch, wie Versagungsgrund Nr. 6 (→ Rn. 10) aus den Grundsätzen einer wirksamen und effektiven Aufsicht gemäß Art. 23 Abs. 1 PSD2 ergeben.

§ 36 Absicherung für den Haftungsfall; Verordnungsermächtigung

(1) ¹**Ein Institut, das Kontoinformationsdienste erbringt, ist verpflichtet, eine Berufshaftpflichtversicherung oder eine andere gleichwertige Garantie abzuschließen und während der Gültigkeitsdauer seiner Registrierung aufrechtzuerhalten. ²Die Berufshaftpflichtversicherung oder die andere gleichwertige Garantie hat sich auf die Gebiete, in denen der Kontoinformationsdienstleister seine Dienste anbietet, zu erstrecken und muss die sich für den Kontoinformationsdienstleister ergebende Haftung gegenüber dem kontoführenden Zahlungsdienstleister und dem Zahlungsdienstnutzer für einen nicht autorisierten oder betrügerischen Zugang zu Zahlungskontoinformationen und deren nicht autorisierte oder betrügerische Nutzung abdecken.**

(2) **Die Berufshaftpflichtversicherung muss bei einem im Inland zum Geschäftsbetrieb befugten Versicherungsunternehmen genommen werden; § 16 Absatz 2 Satz 2 gilt entsprechend.**

(3) **§ 16 Absatz 3 und 4 sowie § 17 Absatz 3 gelten entsprechend.**

(4) ¹**Das Bundesministerium der Finanzen wird ermächtigt, durch Rechtsverordnung, die nicht der Zustimmung des Bundesrates bedarf, nähere Bestimmungen zu Umfang und Inhalt der erforderlichen Absicherung im Haftungsfall zu treffen.** ²**Das Bundesministerium der Finanzen kann die Ermächtigung durch Rechtsverordnung auf die Bundesanstalt übertragen.** ³**Vor Erlass der Rechtsverordnung sind die Spitzenverbände der Institute und der Versicherungsunternehmen anzuhören.**

Literatur: s. Literatur zu § 16 dazu Staudinger, Kommentar zum Bürgerlichen Gesetzbuch mit Einführungsgesetz und Nebengesetzen, § 823 A–D, Neubearb. 2017.

Inhaltsübersicht

I. Allgemeines

1. Entstehungsgeschichte

1   § 36 beinhaltet die Pflicht zur Absicherung für den Haftungsfall für Institute, die ausschließlich Kontoinformationsdienste erbringen. Sie setzt Art. 5 Abs. 3 PSD2 um. § 36 stellt das Pendant zu § 16 dar, der die Absicherung für den Haftungsfall der Institute regelt, die Zahlungsauslösedienste erbringen (zustimmend Schäfer/Omlor/Mimberg/Conreder Rn. 1, vgl. Ellenberger/Findeisen/Nobbe/Böger/Findeisen

Rn. 127). Die Vorschriften zur Absicherung für den Haftungsfall bei Zahlungsdienstleistern nach § 16 sind deshalb gem. Abs. 2 und 3 partiell entsprechend anwendbar (RegBegr., BT-Drs. 18/11495, 128). § 36 stellt einen wesentlichen Teil des Kompromisses zwischen kontoführenden Zahlungsdienstleistern und sog. dritten Zahlungsdienstleistern im Gesetzgebungsverfahren um die PSD2 dar (vgl. hierzu auch Kommentierung → § 1 Rn. 148 ff., → § 16 Rn. 1, 29, 34 ff.). Im ursprünglichen Richtlinienvorschlag der Kommission (PSD2-Entwurf 24.7.2013) war solch eine Absicherungspflicht noch nicht enthalten. Mit der PSD2 wurden Zahlungsinstitute, die nur Kontoinformationsdienste erbringen, einem Registrierungs- und vereinfachten Aufsichtsregime unterworfen (Ellenberger/Findeisen/Nobbe/Böger/Findeisen Rn. 125). Dabei stellt die Absicherungspflicht einen Ausgleich für die fehlenden Eigenmittelanforderungen bei alleiniger Bereitstellung von Kontoinformations- bzw. Zahlungsauslösediensten dar (so auch Schäfer/Omlor/Mimberg/ Conreder Rn. 5; Erwägungsgrund Nr. 35 PSD2).

2. Systematik

Der Nachweis über die Absicherung im Haftungsfall ist Teil der Registrierungsvoraussetzung für ein Zahlungsinstitut, das nur Kontoinformationsdienste anbietet, §§ 34 Abs. 1 S. 2 Nr. 12, 35 Nr. 2 (vgl. Ellenberger/Findeisen/Nobbe/Böger/ Findeisen Rn. 141). Sofern ein Zahlungsinstitut neben Kontoinformationsdiensten auch andere Zahlungsdienste anbieten will, bedarf es der Erlaubnis nach § 10 Abs. 1 und die Absicherung im Haftungsfall ist gemäß § 10 Abs. 2 S. 1 Nr. 3 nachzuweisen. Die fehlende Erwähnung im Rahmen des Erlaubnisverfahrens für E-Geld-Institute in § 11 Abs. 2 S. 1 Nr. 2 dürfte ein Redaktionsversehen sein (zustimmend Schäfer/ Omlor/Mimberg/Conreder Rn. 4; vgl. dazu sogleich → Rn. 5 f.; auch → § 16 Rn. 2, 5), das allerdings auch mit der Änderung durch das Gesetz zur Umsetzung der Richtlinien 2019/878/EU und 2019/879/EU zur Reduzierung von Risiken und zur Stärkung der Proportionalität im Bankensektor (Risikoreduzierungsgesetz, **RiG**) nicht beseitigt wurde. Daneben muss ein Zahlungsinstitut, das nur Kontoinformationsdienste anbietet, kein Anfangskapital nachweisen (vgl. §§ 34, 35). Solche Zahlungsinstitute unterliegen auch nicht den Sicherungsanforderungen der §§ 17, 18, da sie zu keinem Zeitpunkt Gelder des Zahlers halten dürfen (für Zahlungsauslösedienste ausdrücklich geregelt in § 49 Abs. 1 S. 2). § 36 verweist an verschiedenen Stellen auf § 16. Im Übrigen vgl. oben die Einführung bei → § 1 Rn. 165 ff. und bei → § 1 Rn. 628 ff.

2

3. Zweck der Norm

Die Norm verpflichtet Institute des ZAG, die Kontoinformationsdienste erbringen, ihre möglichen Haftungsverpflichtungen gegenüber dem kontoführenden Zahlungsdienstleister oder dem Zahlungsdienstnutzer für einen nicht autorisierten oder betrügerischen Zugang zu Zahlungskontoinformationen oder deren nicht autorisierte oder betrügerische Nutzung abzusichern. Hier geht es neben der Regresshaftung des Kontoinformationsdienstleisters gegenüber kontoführenden Zahlungsdienstleistern für nicht autorisierte Zahlungen (vgl. § 676a Abs. 1 BGB) auch um die Haftung gegenüber dem Zahlungsdienstnutzer, dh idR dem Kontoinhaber (zustimmend Schäfer/Omlor/Mimberg/Conreder Rn. 2; Ellenberger/ Findeisen/Nobbe/Böger/Findeisen Rn. 137).

3

4 Da Kontoinformationsdienstleister genau wie Zahlungsauslösedienstleister, die ausschließlich diese Zahlungsdienste anbieten, keine Gelder des Nutzers halten, wäre es unverhältnismäßig gewesen, ihnen Eigenmittelverantwortung aufzuerlegen (Erwägungsgrund Nr. 35 zur PSD2; Ellenberger/Findeisen/Nobbe/Böger/Findeisen Rn. 128). Im Rahmen der Tätigkeit des Kontoinformationsdienstleisters entstehen jedoch Haftungsrisiken dadurch, dass und sofern dieser Zugriff auf die Kontozugangsdaten des Zahlungsdienstnutzers erhält. Gelangen diese Kontozugangsdaten in den Besitz unbefugter Dritter, können diese damit ggf. Kontoinformationen unberechtigt abrufen und missbrauchen oder – im schlimmsten Fall – sogar Zahlungsvorgänge unberechtigt auslösen oder deren (korrekte) Auslösung verhindern; ist der Kontoinformationsdienstleister für solch unberechtigte Nutzung der Kontozugangsdaten verantwortlich, kann es zu einer Haftung gegenüber dem kontoführenden Zahlungsdienstleister für dessen Haftungsschaden aus §§ 675u, 675y und 675z BGB oder dem Zahlungsdienstnutzer kommen (vgl. auch Ellenberger/Findeisen/Nobbe/Böger/Findeisen Rn. 128, 138; Schäfer/Omlor/Mimberg/Conreder Rn. 2). Denn auch in den Fällen, in denen durch Verschulden eines Kontoinformationsdienstleisters Kontozugangsdaten abhanden kommen und ein Dritter unberechtigt einen Zahlungsvorgang auslöst, haftet in der Regel der kontoführende Zahlungsdienstleister unmittelbar gegenüber dem Zahler auch für solches Verschulden des Kontoinformationsdienstleisters, ähnlich wie bei einem Zahlungsauslösedienstleister (vgl. → § 16 Rn. 28 ff., → allerdings Rn. 17 f.). Die Absicherung gem. § 36 soll demgemäß den kontoführenden Zahlungsdienstleister und den Zahlungsdienstnutzer vor mangelnder Leistungsfähigkeit und Insolvenz solcher Kontoinformationsdienstleister schützen, die Institute gem. § 1 Abs. 3 sind (vgl. → § 16 Rn. 4, 34a; Ellenberger/Findeisen/Nobbe/Böger/Findeisen Rn. 128; Schwennicke/Auerbach/Schwennicke Rn. 5). Ob die Vorschrift auch mittelbar den Kunden vor einem unautorisierten Zugriff auf dessen zahlungskontenbezogene Daten schützen soll (so aber Ellenberger/Findeisen/Nobbe/Böger/Findeisen Rn. 129), erscheint fraglich; dies dürfte allenfalls ein mittelbarer Ausfluss der Regelung sein.

II. Persönlicher Anwendungsbereich (Abs. 1 Satz 1)

5 § 36 adressiert ein Institut, das Kontoinformationsdienste erbringt. Der Begriff Institut umfasst sowohl Zahlungsinstitute als auch E-Geld-Institute (§ 1 Abs. 3). Die Zahlungsdiensterichtlinie erstreckt durch Änderung der zweiten E-Geld-RL in Art. 111 Nr. 1 lit. a PSD2 die Geltung von Art. 5 PSD2 auch auf E-Geld-Institute, insofern dürfte die Nichterwähnung von § 16 (und § 36) in dem Inhaltekatalog für den Erlaubnisantrag des E-Geld-Instituts gem. § 11 Abs. 2 S. 1 Nr. 2 ein Redaktionsversehen darstellen. Entsprechend sieht § 2 Abs. 5 S. 3 ZAGAnzV für die Erlaubnisanträge der Zahlungsinstitute und E-Geld-Institute dieselben Anforderungen an den Nachweis über die Absicherung im Haftungsfall vor (→ § 16 Rn. 5).

6 Für andere Zahlungsdienstleister, die nicht Zahlungsinstitut sind, namentlich für CRR-Kreditinstitute (§ 1 Abs. 1 S. 1 Nr. 3), gilt die Absicherungspflicht nicht (so auch Schäfer/Omlor/Mimberg/Janßen § 16 Rn. 41). Denn vor allem CRR-Kreditinstitute werden nur von jenen Bestimmungen des ZAG erfasst, welche ausdrücklich auf diese oder auf alle Zahlungsdienstleister (wie in § 1 Abs. 1 S. 1 definiert) anzuwenden sind (Glos/Hildner RdZ 2020, 84 (85); Schäfer/Omlor/Mimberg/Janßen § 16 Rn. 41).

III. Berufshaftpflichtversicherung

1. Allgemeines

Abs. 1 Satz 1 verpflichtet ein Institut, das Zahlungsauslösedienste erbringt, eine **7** Berufshaftpflichtversicherung oder eine andere gleichwertige Garantie (dazu → Rn. 15) einzudecken. Kontoinformationsdienstleistern werden bei Erbringung von Kontoinformationsdiensten keine Geldbeträge der Nutzer überlassen, weshalb entsprechend § 16 ein eigenständiges, auf einer Versicherungs- bzw. Garantielösung beruhendes, Haftungssystem geschaffen werden musste (vgl. Ellenberger/Findeisen/Nobbe/Böger/Findeisen Rn. 139).Vgl. hierzu insgesamt die Ausführungen unter → § 16 Rn. 7 ff.

2. Abdeckung der sich für den Kontoinformationsdienstleister ergebenden Haftung (Abs. 1 Satz 2)

a) Abzusichernde Haftung. Die Berufshaftpflichtversicherung muss die sich **8** für den Kontoinformationsdienstleister ergebende Haftung gegenüber dem kontoführenden Zahlungsdienstleister und dem Zahlungsdienstnutzer für einen nicht autorisierten oder betrügerischen Zugang zu Zahlungskontoinformationen und deren nicht autorisierte oder betrügerische Nutzung abdecken (Abs. 1 Satz 2; Ellenberger/Findeisen/Nobbe/Böger/Findeisen Rn. 142). Auf die Einzelheiten zur Haftung wird verwiesen (→ Rn. 16 ff.).

b) Erstreckung auf Gebiete, in denen Kontoinformationsdienstleister 9 seine Dienste anbietet. Entscheidend ist hierbei der Markt des Kontoinformationsdienstleisters. Ein gem. §§ 10, 11 zugelassener oder ein gem. § 34 registrierter Kontoinformationsdienstleister hat dabei zunächst das Gebiet der Bundesrepublik Deutschland als Markt. Im Übrigen kommt es auf die Inanspruchnahme der Niederlassungs- und Dienstleistungsfreiheit durch den Kontoinformationsdienstleister gem. § 38 Abs. 1 und Abs. 2 an. Insofern ist der Nachweis gem. Abs. 3 iVm § 17 Abs. 3 jeweils auch zusammen mit der entsprechenden Anzeige nach § 38 Abs. 1 bzw. § 38 Abs. 2 bei Inanspruchnahme des EU-Passports zu erbringen, dass sich die nach § 36 erforderliche Berufshaftpflichtversicherung auf die jeweils angezeigten Jurisdiktionen erstreckt. Nicht entscheidend ist demgegenüber, wo der jeweilige Zahlungsdienstnutzer ansässig ist (Leitlinie 1.5 EBA/GL/2017/08), und ebenso wenig der Ort, von dem aus die Leistung des Kontoinformationsdienstleisters erbracht wird (zustimmend Schäfer/Omlor/Mimberg/Conreder Rn. 9).

3. Gültig, wenn der Haftungsfall eintritt (1.4 EBA Leitlinien)

Gem. Leitlinie 1.4 EBA/GL/2017/08 hat die Berufshaftpflichtversicherung **10** dann gültig zu sein, wenn der Haftungsfall eintritt. Zu diesem Merkmal vgl. → § 16 Rn. 19.

**4. Abschließen und Aufrechterhalten (Abs. 1 Satz 1),
laufende Nachweispflicht (Abs. 3), Beendigung, Kündigung,
Vertragsänderung (Abs. 2)**

11   Das Institut hat die Berufshaftpflichtversicherung nach § 36 Abs. 1 S. 1 abzuschließen und während der Gültigkeitsdauer seiner Erlaubnis oder Registrierung aufrechtzuerhalten. Jede Unwirksamkeit, Kündigung oder sonstige Vertragsbeendigung lässt die Erlaubnisvoraussetzungen des § 10 und § 11 oder die Registrierungsvoraussetzungen nach §§ 34, 35 entfallen (zustimmend Schäfer/Omlor/Mimberg/Conreder Rn. 7). Deshalb besteht hier nicht nur die Pflicht des Instituts gem. § 10 Abs. 5 im Falle von Zahlungsinstituten, gem. § 11 Abs. 4 im Falle von E-Geld-Instituten und gem. § 34 Abs. 5 im Fall von Instituten, die nur Kontoinformationsdienste erbringen, der Bundesanstalt unverzüglich eine solche materiell und strukturell wesentliche Änderung mitzuteilen, sondern darüber hinaus hat der Versicherungsvertrag die Pflicht des Versicherungsunternehmens vorzusehen, die Bundesanstalt über die Beendigung oder Kündigung der Berufshaftpflichtversicherung (ggf. erst nach Ablauf der Frist des § 38 Abs. 3 S. 3 VVG) sowie über jede Vertragsänderung, die die Absicherung für den Haftungsfall beeinträchtigt, unverzüglich zu informieren (so auch Ellenberger/Findeisen/Nobbe/Böger/Findeisen Rn. 149; ebenfalls Schäfer/Omlor/Mimberg/Conreder Rn. 16; aA Schäfer/Omlor/Mimberg/Janßen § 16 Rn. 95: Mitteilungspflicht an BaFin bis spätestens zum Zeitpunkt des Ablaufs des Vertrags; dies widerspricht aber Abs. 2 Hs. 2 iVm § 16 Abs. 2 S. 2); auf die Sperrwirkung nach § 117 Abs. 2 S. 1 VVG (→ § 16 Rn. 14) sei verwiesen (Schwennicke/Auerbach/Schwennicke Rn. 9). In den Fällen des § 115 Abs. 1 S. 1 Nr. 2 VVG erteilt die BaFin gem. Abs. 3 iVm § 19 Abs. 3 und Abs. 4 auf Antrag Dritten zur Geltendmachung von Haftungsansprüchen Auskunft über den Namen und die Adresse des Versicherungsunternehmers und die Vertragsnummer, soweit das Unternehmen, das den Kontoinformationsdienst erbringt, kein überwiegendes schutzwürdiges Interesse an der Nichterteilung hat (so auch Ellenberger/Findeisen/Nobbe/Böger/Findeisen Rn. 150 ff.). Des Weiteren hat die Aufsicht gem. Abs. 3 iVm § 17 Abs. 3 das Recht, jederzeit Darlegungen und Nachweise vom Institut über die Absicherung für den Haftungsfall zu verlangen (Ellenberger/Findeisen/Nobbe/Böger/Findeisen Rn. 154, 156; Schäfer/Omlor/Mimberg/Conreder Rn. 20; Schwennicke/Auerbach/Schwennicke Rn. 10). Insoweit besitzt das Institut die uneingeschränkte Darlegungslast (Ellenberger/Findeisen/Nobbe/Böger/Findeisen Rn. 156). Als Bestandsnachweis kann gem. § 2 Abs. 5 S. 3 ZAGAnzV der Versicherungsvertrag oder die gleichwertige Garantie dienen. Im Fall von Verstößen oder bei Gefährdung der Absicherung des Instituts kommen aufsichtliche Maßnahmen etwa nach § 21 Abs. 2 in Betracht (deklaratorischer Verweis in § 36 Abs. 3 iVm § 17 Abs. 3 S. 2) (→ § 16 Rn. 29 ff.) (Ellenberger/Findeisen/Nobbe/Böger/Findeisen Rn. 155 ff., Schwennicke/Auerbach/Schwennicke Rn. 11).

5. Höhe der Versicherungssumme (Abs. 1 Satz 2; EBA Leitlinien)

12   Die Höhe der Versicherungssumme ist gesetzlich nicht geregelt. Weder § 36 noch andere Vorschriften des ZAG oder § 10 ZIEV treffen eine ausdrückliche Regelung dazu. Selbst ein unbestimmter Terminus „angemessen" fehlt. Das Gesetz begnügt sich mit der Aussage, dass „die sich für den Kontoinformationsdienstleister ergebende Haftung (...) abzudecken" ist (Abs. 1 Satz 2). Zwar findet sich in Art. 5 Abs. 4 PSD2 ein entsprechender Auftrag an die EBA, Leitlinien, anhand derer die

Mindestdeckungssumme der Berufshaftpflichtversicherung oder einer anderen gleichwertigen Garantie festzulegen ist, herauszugeben. Leitlinien, und insbes. diejenigen, die die EBA in Folge von Art. 5 Abs. 4 PSD2 erlassen hat, sind jedoch Innenrecht der Verwaltung (vgl. hierzu → § 16 Rn. 12, sowie allg. → Einl. Rn. 62ff.); im Fall der Leitlinie zur Mindestdeckungssumme (EBA/GL/2017/08) richten sich diese ausdrücklich nur an die zuständigen Behörden iSv Art. 4 Abs. 2 ii EBA-VO (EBA/GL/2017/08, S. 3) (so auch Schäfer/Omlor/Mimberg/Conreder Rn. 6, 12).

Die erlassenen Leitlinien bestimmen die Mindestversicherungssumme gem. den **13** Vorgaben von Art. 5 Abs. 4 UAbs. 2 PSD2 anhand des Risikoprofils des Unternehmens (Leitlinie 2.1 EBA/GL/2017/08), nach der Frage, ob das Unternehmen andere in Anhang I PSD2 genannte Zahlungsdienste erbringt oder anderen gewerblichen Tätigkeiten nachgeht (Leitlinie 2.1 b.), sowie anhand des Umfangs der Tätigkeit (Leitlinie 2.1 c. EBA/GL/2017/08). Die für die drei Risikoindikatoren berechneten Kennziffern werden sodann addiert (Leitlinie 3.1 EBA/GL/2017/08). Was die Bemessung der Angemessenheit der Absicherung anbelangt, ist im Unterschied zu Zahlungsauslösediensten die Anzahl der Kunden, die Kontoinformationsdienste in Anspruch nehmen, entscheidend (RegBegr., BT-Drs. 18/11495, 129). Für die Einzelheiten der Berechnung wird verwiesen auf den Abdruck der Leitlinie EBA/GL/2017/08 im Anhang zu § 16 (auch Ellenberger/Findeisen/Nobbe/Böger/Findeisen Rn. 135, zur Art der Tätigkeit auch Rn. 143ff.; vgl. auch Schäfer/Omlor/Mimberg/Conreder Rn. 14). Außerdem ist auf das EBA „Tool for calculating the minimum monetary amount of the PII under PSD2" zu verweisen, das auf der Website der EBA zugänglich gemacht ist und bei der Berechnung des angemessenen Umfangs der Versicherungsdeckung unterstützen soll (Schwennicke/Auerbach/Schwennicke Rn. 10; s. auch Schäfer/Omlor/Mimberg/Janßen Rn. 12ff. mit tabellarischer Darstellung). Überschuss und Selbstbehalt sind unzulässig (→ § 16 Rn. 13; Schäfer/Omlor/Mimberg/Conreder Rn. 16; Ellenberger/Findeisen/Nobbe/Böger/Findeisen Rn. 133). Die Höhe der Deckungssumme ist vorab zu prognostizieren (vgl. → § 16 Rn. 11; Ellenberger/Findeisen/Nobbe/Böger/Findeisen Rn. 141) und zumindest einmal im Jahr erneut zu berechnen (Leitlinie 9.1 EBA/GL/2017/08; Ellenberger/Findeisen/Nobbe/Böger/Findeisen Rn. 155).

6. Im Inland zum Geschäftsbetrieb befugter Versicherer (Abs. 2 Satz 1)

Hierzu → § 16 Rn. 23f., 26. **14**

IV. Andere gleichwertige Garantie

Das Institut kann zur Absicherung auch eine gleichwertige Garantie vorhalten; **15** eine Kombination von Berufshaftpflichtversicherung und gleichwertiger Garantie ist jedoch nicht möglich (Schäfer/Omlor/Mimberg/Conreder Rn. 7; Leitlinie 1.1 EBA/GL/2017/08). Auch die Garantie ist bei einem im Inland zum Geschäftsbetrieb befugten Versicherungsunternehmen oder Kreditinstitut einzudecken (Schäfer/Omlor/Mimberg/Conreder Rn. 19; Ellenberger/Findeisen/Nobbe/Böger/Findeisen Rn. 147.). Im Einzelnen auch → § 16 Rn. 25f.

V. Haftung des Kontoinformationsdienstleisters

16   Gemäß § 36 Abs. 1 S. 2 ist die sich für den Kontoinformationsdienstleister ergebende Haftung gegenüber dem kontoführenden Zahlungsdienstleister und dem Zahlungsdienstnutzer für einen nicht autorisierten oder betrügerischen Zugang zu Zahlungskontoinformationen und deren nicht autorisierte oder betrügerische Nutzung abzudecken. Deshalb muss ermittelt werden, woraus sich diese Haftung ergeben kann.

1. Haftung gegenüber dem kontoführenden Zahlungsdienstleister

17   Die Haftung gegenüber dem kontoführenden Zahlungsdienstleister für einen nicht autorisierten oder betrügerischen Zugang zu Zahlungskontoinformationen und deren nicht autorisierte oder betrügerische Nutzung kann sich vor allem daraus ergeben, dass Kontozugangsdaten an eine nicht berechtigte Person gelangen und diese damit Zahlungsvorgänge auslöst.

18   Anders als im Fall des Zahlungsauslösedienstes sehen in diesem Fall die Regelungen über nicht autorisierte Zahlungsvorgänge (§ 675u BGB) sowie über Leistungsstörungen in Ausführung von Zahlungsaufträgen (§ 675y BGB) **nicht vor, dass zunächst eine Haftung des kontoführenden Zahlungsdienstleisters** gegenüber dem Zahler greift (vgl. → § 16 Rn. 28, 34) (Schwennicke/Auerbach/Schwennicke Rn. 5). § 675u S. 5 BGB und § 675y Abs. 1 S. 3 sowie § 675y Abs. 3 S. 3 BGB gelten nur für eine Mitverursachung durch einen Zahlungsauslösedienstleister.

19   Dennoch kann ein kontoführender Zahlungsdienstleister in den Fällen der **mangelnden Autorisierung** einer Push-Zahlung seine Haftung nach § 675u S. 2 BGB nur ablehnen, wenn er dem Zahler die Autorisierung nachweist oder wenn der Zahler ausnahmsweise nach § 675v BGB haftet. In den Fällen des § 675y Abs. 1 S. 1 und 2 sowie § 675y Abs. 3 S. 1 und 2 BGB haftet der kontoführende Zahlungsdienstleister für **Schlechtleistung** bei Push-Zahlungen – ohne Rücksicht auf sein Verschulden bzw. ohne Rücksicht darauf, dass ggf. der Kontoinformationsdienstleister die (alleinige) Ursache hierfür gesetzt hat – wenn ihm der Nachweis (§ 676 BGB) nicht gelingt, dass der Betrag (rechtzeitig) auf dem Konto des Zahlungsempfängers gutgeschrieben wurde (§ 675y Abs. 1 S. 5 und Abs. 3 S. 4 BGB). Gleichermaßen haftet der kontoführende Zahlungsdienstleister, wenn der Zahler gemäß § 675x Abs. 2 BGB Erstattung einer **Lastschrift** verlangt, weil er diese nicht autorisiert hat; dies könnte der Fall sein, weil und wenn ein Kontoinformationsdienstleister die Autorisierung einer Lastschrift durch einen unberechtigten Dritten wegen fahrlässigen Umgangs mit den Kontozugangsdaten verursacht hat (insges. zustimmend Schäfer/Omlor/Mimberg/Conreder Rn. 11). Es sind weitere Fälle denkbar.

20   Ein **Ausgleichsanspruch nach § 676a BGB** des kontoführenden Zahlungsdienstleisters gegen einen Kontoinformationsdienstleister kommt allerdings nur in Betracht, wenn eine Haftung des kontoführenden Zahlungsdienstleisters nach §§ 675u, 675y oder 675z BGB zugrunde liegt. In dem Fall kann die Ursache für diese Haftung im Verantwortungsbereich eines anderen Zahlungsdienstleisters, nämlich des Kontoinformationsdienstleisters, liegen (vgl. bei Zahlungsauslösediensten → § 16 Rn. 4, 28 ff.).

21   In anderen Fällen kommt in Betracht, dass der Kontoinformationsdienstleister neben dem kontoführenden Zahlungsdienstleister **gesamtschuldnerisch** gemäß

§ 421 BGB haftet, sodass sich ein Regress des kontoführenden Zahlungsdienstleisters, der ggf. die Forderung des Zahlungsdienstnutzers, des Kontoinhabers, bereits befriedigt hat, aus § 426 BGB ergeben kann (zustimmend Schäfer/Omlor/Mimberg/Conreder Rn. 11).

2. Haftung gegenüber dem Zahlungsdienstnutzer

Die Haftung des Kontoinformationsdienstleisters gegenüber dem Zahlungs- **22** dienstnutzer, dem Kontoinhaber, kann sich ebenfalls aus fehlerhafter Verwaltung von dessen Kontozugangsdaten durch den Kontoinformationsdienstleister ergeben. Infolgedessen können Dritte ggf. auf Kontoinformationen des Kontoinhabers zugreifen oder unberechtigt und vom Kontoinhaber nicht autorisiert Zahlungen über dessen Zahlungskonto auslösen (vgl. zur unmittelbaren Haftung des Zahlungsdienstnutzers bei Zahlungsauslösediensten → § 16 Rn. 34a).

In dem Fall kann dem Kontoinhaber ein Schadenersatzanspruch gegen den **23** Kontoinformationsdienstleister aus **Verletzung oder Schlechterfüllung** (§ 280 Abs. 1 BGB) des über die Bereitstellung der Kontoinformationsdienste geschlossenen **Vertrages** (idR ein Werkvertrag gemäß § 631 BGB oder ein Dienstvertrag gemäß § 611 BGB; vgl. → § 1 Rn. 172) zustehen. Auch ein Anspruch aus § 823 Abs. 1 BGB könnte dem Kontoinhaber zustehen, wenn man den **Schutz von Daten,** dh der Kontoinformationen, als sonstiges Recht iSd § 823 Abs. 1 BGB anerkennt (zur Diskussion BeckOGK/Spindler BGB § 823 Rn. 184ff.; Schäfer/Omlor/Mimberg/Conreder Rn. 11; dagegen Staudinger BGB/Hager § 823 Rn. B 90, B 192). Ein Schadenersatzanspruch kommt auch in Betracht aus § 823 Abs. 2 BGB iVm § 51 Abs. 2 S. 2 (zustimmend Schäfer/Omlor/Mimberg/Conreder Rn. 11), wonach der Kontoinformationsdienstleister sicherstellen muss, dass die **personalisierten Sicherheitsmerkmale** des Zahlungsdienstnutzers keiner anderen Partei als dem Nutzer und demjenigen, der die personalisierten Sicherheitsmerkmale ausgegeben hat, zugänglich sind. Auch eine Haftung bspw. aus § 83 BDSG ist denkbar (vgl. Ellenberger/Findeisen/Nobbe/Böger/Findeisen Rn. 128, 138, 142).

VI. Verordnungsermächtigung (Abs. 4)

Von der Ermächtigung nach Abs. 4, eine ergänzende Rechtsverordnung über **24** nähere Bestimmungen zu Umfang und Inhalt der erforderlich Absicherung im Haftungsfall zu treffen, hat das Bundesministerium der Finanzen mit Erlass der Verordnung zur Änderung der ZIEV teilweise Gebrauch gemacht (Schwennicke/Auerbach/Schwennicke Rn. 12).

§ 37   Erlöschen und Aufhebung der Registrierung

(1) **Die Registrierung erlischt, wenn der Kontoinformationsdienstleister von ihr nicht innerhalb eines Jahres seit ihrer Erteilung Gebrauch macht oder wenn er ausdrücklich auf sie verzichtet.**

(2) **Die Bundesanstalt kann die Registrierung außer nach den Vorschriften des Verwaltungsverfahrensgesetzes aufheben, wenn**

1. **der Geschäftsbetrieb, auf den sich die Registrierung bezieht, seit mehr als sechs Monaten nicht mehr ausgeübt worden ist;**

2. **die Registrierung aufgrund falscher Angaben oder auf andere Weise unrechtmäßig erlangt wurde;**

3. **Tatsachen bekannt werden, die die Versagung der Registrierung nach § 35 rechtfertigten, oder gegen die Mitteilungspflicht nach § 34 Absatz 5 verstoßen wird.**

(3) **¹§ 38 des Kreditwesengesetzes gilt entsprechend. ²§ 48 Absatz 4 Satz 1 und § 49 Absatz 2 Satz 2 des Verwaltungsverfahrensgesetzes über die Jahresfrist sind nicht anzuwenden.**

(4) **Die Bundesanstalt macht die Aufhebung oder das Erlöschen der Registrierung im Bundesanzeiger und im Zahlungsinstituts-Register bekannt.**

I. Allgemeines

1   § 37 ist den Vorschriften für das Erlöschen und die Aufhebung der Erlaubnis von Zahlungsinstituten nach § 13 nachgebildet (BT-Drs. 18/11495, 129). Eine entsprechende Vorschrift ist in der PSD2 nicht vorgesehen. Eine Verweisung auf Art. 13 der PSD2 in Art. 33 der PSD2 fehlt. Hierbei dürfte es sich um ein redaktionelles Versehen der Verfasser der PSD2 handeln (zust. Schäfer/Omlor/Mimberg/Conreder § 37 Rn. 2). Art. 14 Abs. 3 PSD2 sieht vor, dass die zuständige Behörde die Aufhebung einer Registrierung gemäß Art. 33 PSD2 in das von ihr zu führende Register eintragen muss, maW die Aufhebung einer Registrierung möglich sein muss.

II. Erlöschen der Registrierung (Abs. 1)

2   Nach § 37 Abs. 1 erlischt die Registrierung, wenn ein Kontoinformationsdienstleister von ihr nicht innerhalb eines Jahres seit ihrer Erteilung Gebrauch macht. Daneben kann der Kontoinformationsdienstleister auf sie verzichten. Abs. 1 entspricht, abgesehen von sprachlichen Anpassungen an einen Kontoinformationsdienst inhaltlich § 13 Abs. 1. Daher kann auf die Ausführungen in → § 13 Rn. 3 ff. verwiesen werden.

III. Aufhebung der Registrierung (Abs. 2)

3   Die BaFin kann gemäß Abs. 2 die Registrierung aufheben. **Aufhebung** ist die Rücknahme einer rechtmäßig und der Widerruf einer rechtswidrig erteilten

Erlaubnis bzw. Registrierung. Neben den speziellen Aufhebungsgründen in Abs. 2 ist zusätzlich die Rücknahme einer rechtswidrig durchgeführten Registrierung nach § 48 VwVfG und der Widerruf einer rechtmäßig durchgeführten Registrierung gemäß § 49 VwVfG möglich. Abs. 2 ist § 13 Abs. 2 nachgebildet.

1. Fehlendes Gebrauchmachen (Abs. 2 Nr. 1)

Gemäß Abs. 2 Nr. 1 kann die Registrierung aufgehoben werden, wenn der Ge- **4** schäftsbetrieb seit mehr als sechs Monaten nicht ausgeübt wurde. Abs. 2 Nr. 1 entspricht, abgesehen von sprachlichen Anpassungen an einen Kontoinformationsdienst, inhaltlich § 13 Abs. 2 Nr. 1. Bei der Ausübung des Ermessens durch die BaFin dürfte auch eine Rolle spielen, ob mit einer baldigen Wiederaufnahme des Kontoinformationsdienstes gerechnet werden kann (Ellenberger/Findeisen/ Nobbe/Böger/Rieg § 37 Rn. 170). Daher kann auf die Ausführungen in → § 13 Rn. 8 ff. verwiesen werden.

2. Unrechtmäßiges Erlangen der Registrierung (Abs. 2 Nr. 2)

Gemäß Abs. 2 Nr. 2 kann die Registrierung aufgehoben werden, wenn die Re- **5** gistrierung aufgrund falscher Angaben oder sonst unrechtmäßig erlangt wurde. Abs. 2 Nr. 2 entspricht, abgesehen von sprachlichen Anpassungen an einen Kontoinformationsdienst, inhaltlich § 13 Abs. 2 Nr. 2. Daher kann auf die Ausführungen in → § 13 Rn. 13 ff. verwiesen werden.

3. Bekanntwerden von Tatsachen, die die Versagung der Registrierung rechtfertigen (Abs. 2 Nr. 3)

Gemäß Abs. 2 Nr. 3 kann die Registrierung aufgehoben werden, wenn Tat- **6** sachen bekannt werden, die die Versagung der Registrierung gemäß § 35 rechtfertigen würden. Abs. 2 Nr. 3 entspricht, abgesehen von sprachlichen Anpassungen an einen Kontoinformationsdienst, inhaltlich § 13 Abs. 2 Nr. 3. Daher kann auf die Ausführungen in → § 13 Rn. 14 ff. verwiesen werden.

Im Hinblick auf die einzelnen Registrierungsversagungsgründe wird auf die Ausführungen unter → § 35 Rn. 2 ff. verwiesen. Bekannt werden meint Tatsachen, die nicht bereits bei der Beurteilung des Registrierungsantrages bekannt werden, also entweder solche, die bereits vorlagen, aber noch nicht bekannt waren, oder solche, die erst nach der Beurteilung des Registrierungsantrages entstanden und bekannt geworden sind.

Darüber hinaus kann eine erteilte Registrierung auch dann aufgehoben werden, **7** wenn gegen Mitteilungspflichten nach § 34 Abs. 5 verstoßen wird. Danach muss der Kontoinformationsdienstleister der BaFin materiell und strukturell wesentliche Änderungen der tatsächlichen und rechtlichen Verhältnisse unverzüglich mitteilen, hierzu → § 34 Rn. 38.

IV. Nichtgeltung der Jahresfrist (Abs. 3 S. 2)

§ 48 Abs. 4 S. 1, § 49 Abs. 2 S. 2 VwVfG über die Jahresfrist sind gem. Abs. 3 S. 2 **8** nicht anzuwenden. Daher kann die Registrierung auch dann noch aufgehoben werden, wenn seit dem Zeitpunkt, zu dem die BaFin Kenntnis von den die Aufhebung rechtfertigenden Tatsachen erhalten hat, mehr als ein Jahr vergangen ist.

Abs. 3 S. 2 entspricht, abgesehen von sprachlichen Anpassungen an einen Konto-informationsdienst inhaltlich § 13 Abs. 3 S. 2. Daher kann auf die Ausführungen in → § 13 Rn. 35 verwiesen werden.

V. Verfahren nach Entziehung der Registrierung (Abs. 3 S. 1)

9   Das Verfahren nach Aufhebung der Registrierung regelt der Gesetzgeber durch den Verweis auf § 38 KWG. Danach kann die BaFin bestimmen, dass das Institut abzuwickeln ist, sofern es sich nicht um eine juristische Person des öffentlichen Rechts handelt (§ 38 Abs. 1 S. 1, Abs. 4 KWG). Abs. 3 S. 1 entspricht, abgesehen von sprachlichen Anpassungen an einen Kontoinformationsdienst, inhaltlich § 13 Abs. 3 S. 1. Daher kann auf die Ausführungen in → § 13 Rn. 36 verwiesen werden.

VI. Bekanntmachung der Aufhebung und Unterrichtung (Abs. 4)

10   Abs. 4 setzt Art. 14 Abs. 3 PSD2 um. Da die BaFin die Registrierung im Zah-lungsinstituts-Register und im BAnz. bekannt gibt, muss sie ebenfalls ihre Auf-hebung oder ihr Erlöschen dort bekannt geben.

Abschnitt 8. Europäischer Pass, Zweigniederlassung, grenzüberschreitender Dienstleistungsverkehr durch inländische Institute

§ 38 Errichten einer Zweigniederlassung, grenzüberschreitender Dienstleistungsverkehr durch inländische Institute

(1) ¹Ein nach § 10 Absatz 1 oder § 11 Absatz 1 zugelassenes oder nach § 34 Absatz 1 registriertes Institut, das die Absicht hat, eine Zweigniederlassung in einem anderen Mitgliedstaat oder einem anderen Vertragsstaat des Abkommens über den Europäischen Wirtschaftsraum zu errichten oder Agenten heranzuziehen, hat dies der Bundesanstalt und der Deutschen Bundesbank unverzüglich nach Maßgabe des Satzes 2 anzuzeigen. ²Die Anzeige muss enthalten:

1. die Angabe des Staates, in dem die Zweigniederlassung errichtet oder der Agent herangezogen werden soll;
2. einen Geschäftsplan, aus dem die Art der geplanten Geschäfte, der organisatorische Aufbau der Zweigniederlassung und die Angaben nach § 10 Absatz 2 Satz 1 Nummer 2 und 5 hervorgehen;
3. die Angaben nach § 25 Absatz 1, wenn die Heranziehung von Agenten beabsichtigt ist;
4. die Anschrift, unter der dem Institut in dem Staat, in dem es eine Zweigniederlassung unterhält, Schriftstücke zugestellt und Unterlagen angefordert werden können;
5. die Angabe der Leiter der Zweigniederlassung.

(2) ¹Absatz 1 Satz 1 gilt entsprechend für die Absicht, im Wege des grenzüberschreitenden Dienstleistungsverkehrs in einem anderen Mitgliedstaat oder einem anderen Vertragsstaat des Abkommens über den Europäischen Wirtschaftsraum Zahlungsdienste zu erbringen oder das E-Geld-Geschäft zu betreiben. ²Die Anzeige muss enthalten:

1. die Angabe des Staates, in dem die grenzüberschreitende Dienstleistung erbracht werden soll,
2. einen Geschäftsplan mit Angabe der beabsichtigten Tätigkeiten und
3. die Angaben nach § 25 Absatz 1, wenn in diesem Staat Agenten oder E-Geld-Agenten herangezogen werden sollen.

(3) Beabsichtigt ein Institut betriebliche Aufgaben von Zahlungsdiensten oder des E-Geld-Geschäfts auf ein anderes Unternehmen in einem anderen Mitgliedstaat oder einem anderen Vertragsstaat des Abkommens über den Europäischen Wirtschaftsraum auszulagern, hat es dies der Bundesanstalt und der Deutschen Bundesbank unverzüglich anzuzeigen.

(4) Die Bundesanstalt teilt den zuständigen Behörden des jeweiligen Aufnahmemitgliedstaates innerhalb eines Monats nach Erhalt der vollständigen Anzeigen nach den Absätzen 1 bis 3 die entsprechenden Angaben mit.

(5) ¹Die Bundesanstalt entscheidet, ob die Zweigniederlassung oder der Agent in das Institutsregister gemäß § 43 Absatz 1, § 44 Absatz 2 eingetragen wird und teilt ihre Entscheidung den zuständigen Behörden des Auf-

nahmemitgliedstaates und dem Institut innerhalb von drei Monaten nach vollständigem Eingang der in den Absätzen 1 bis 3 genannten Angaben mit. [2]Sie berücksichtigt hierbei eine Bewertung der zuständigen Behörden des Aufnahmemitgliedstaates. [3]Stimmt die Bundesanstalt der Bewertung durch die zuständigen Behörden des Aufnahmemitgliedstaates nicht zu, so teilt sie diesen die Gründe für ihre Entscheidung mit. [4]Fällt die Bewertung der Bundesanstalt insbesondere vor dem Hintergrund der von den zuständigen Behörden des Aufnahmemitgliedstaates übermittelten Angaben negativ aus, so lehnt sie die Eintragung des Agenten oder der Zweigniederlassung in das Institutsregister gemäß § 43 Absatz 1, § 44 Absatz 2 ab oder löscht diese Eintragung, falls sie bereits erfolgt ist.

(6) [1]Nach Eintragung in das Institutsregister gemäß § 43 Absatz 1, § 44 Absatz 2 dürfen die Agenten oder darf die Zweigniederlassung ihre Tätigkeiten in dem Aufnahmemitgliedstaat aufnehmen. [2]Das Institut hat der Bundesanstalt und der Deutschen Bundesbank den Zeitpunkt mitzuteilen, ab dem die Agenten oder die Zweigniederlassung ihre Tätigkeiten in dem betreffenden Aufnahmemitgliedstaat aufnehmen. [3]Die Bundesanstalt informiert die zuständigen Behörden des Aufnahmemitgliedstaates hierüber.

(7) [1]Teilt die zuständige Behörde des Aufnahmemitgliedstaates der Bundesanstalt mit, dass ein im Inland zugelassenes Institut, das in dem Hoheitsgebiet des anderen Mitgliedstaates Agenten oder Zweigniederlassungen hat, seinen dortigen aufsichtsrechtlichen Verpflichtungen nicht nachkommt, hat die Bundesanstalt nach Bewertung der ihr übermittelten Informationen unverzüglich alle Maßnahmen zu ergreifen, die erforderlich sind, um für die Erfüllung der Verpflichtungen zu sorgen. [2]Über die von ihr ergriffenen Maßnahmen hält sie die zuständigen Behörden des Aufnahmemitgliedstaates und die zuständigen Behörden jedes anderen betroffenen Mitgliedstaates auf dem Laufenden.

(8) [1]Gegenüber der ausländischen Zweigniederlassung sowie gegenüber den Agenten, E-Geld-Agenten und Auslagerungsunternehmen, deren sich ein inländisches Institut in anderen Staaten des Europäischen Wirtschaftsraums bedient, stehen der Bundesanstalt und der Deutschen Bundesbank unmittelbar die gleichen Rechte nach diesem Gesetz zu wie gegenüber den inländischen Stellen des Instituts. [2]Bei Prüfungen vor Ort hat die Bundesanstalt oder die Deutsche Bundesbank über die Bundesanstalt grundsätzlich vorab die Zustimmung der zuständigen Behörden des Aufnahmemitgliedstaates einzuholen.

(9) [1]Ändern sich die Verhältnisse, die nach Absatz 1 Satz 2, Absatz 2 Satz 2 oder Absatz 3 angezeigt wurden, hat das Institut diese Änderungen der Bundesanstalt und der Deutschen Bundesbank unverzüglich in Textform anzuzeigen. [2]Auf das Verfahren finden die Absätze 4 und 5 entsprechende Anwendung.

Inhaltsübersicht

I. Allgemeines

1   § 25 aF wurde durch das ZDUG1 in das ZAG eingefügt und erfasste zunächst nur Zahlungsinstitute. Durch das Zweite E-Geld-RLUG wurde die Vorschrift auf E-Geld-Institute erweitert. Durch das ZDUG2 wurde § 25 aF in § 38 überführt und neu gefasst. Die Vorschrift regelt die Fälle, in denen **inländische Zahlungsinstitute und E-Geld-Institute** unter dem Regelwerk des **Europäischen Passes** in einem anderen Mitgliedstaat oder einem anderen Vertragsstaat des EWR über die Errichtung einer Zweigniederlassung oder die Heranziehung eines Agenten oder im Wege des grenzüberschreitenden Dienstleistungsverkehrs Zahlungsdienste erbringen oder das E-Geld-Geschäft betreiben wollen (sog. outgoing institutions) (BT-Drs. 18/11495, 129 f.). In Bezug auf Zahlungsinstitute setzt § 38 die Vorgaben von Art. 28 sowie Teile von Art. 19 und Art. 30 PSD2 um (BR-Drs. 158/17, 148), in Bezug auf E-Geld-Institute Vorgaben des Art. 3 Abs. 1 Zweite E-Geld-RL und Art. 111 Nr. 1 lit. a PSD2, soweit er auf Art. 28 PSD2 Bezug nimmt (BT-Drs. 17/3023, 51; BT-Drs. 18/11495, 129 f.).

2   § 38 setzt die Vorgaben der PSD2 bezüglich des **sog. Europäischen Passes** um. Gemäß Art. 11 Abs. 9 PSD2 gilt eine Zulassung in allen Mitgliedstaaten und gestattet dem betreffenden Zahlungsinstitut, auf Grundlage der Niederlassungsfreiheit und Dienstleistungsfreiheit überall in der Gemeinschaft Zahlungsdienste zu erbringen, sofern die betreffenden Zahlungsdienste von der Zulassung umfasst sind. Nach Art. 3 Zweite E-Geld-RL iVm Art. 111 Nr. 1 lit. a PSD2 gelten die Bestimmungen des Art. 11 PSD2 für E-Geld-Institute entsprechend, sodass auch sie in den Genuss des Europäischen Passes kommen. Darüber hinaus gilt § 38 für die Nutzung des Europäischen Passes für Unternehmen, die als Kontoinformationsdienst gemäß §§ 34, 43 registriert sind. Der Europäische Pass begründet eine gesetzlich angeordnete Äquivalenz und gegenseitige Anerkennung, wobei die originäre Aufsicht grundsätzlich im Herkunftsmitgliedstaat erfolgt (Hanten/Sacarcelik WM 2018, 1872 (1875); Schäfer/Omlor/Mimberg/Bracht/Forstmann § 38 Rn. 1).

3   § 38 regelt den Fall, dass ein **deutsches Institut in einem anderen Staat des EWR** Zahlungsdienste (einschließlich Kontoinformationsdienste) erbringen oder das E-Geld-Geschäft betreiben will. Gegenstück dieser Vorschrift ist § 39, der den umgekehrten Fall regelt, dass ein Institut mit einer Erlaubnis zur Erbringung von Zahlungsdiensten oder zum Betreiben des E-Geld-Geschäfts aus einem anderen Staat des EWR beabsichtigt, diese Tätigkeiten in Deutschland durchzuführen.

4   Eine mit § 38 vergleichbare Vorschrift enthält § 24a KWG. Beide Vorschriften sehen eine Anzeigepflicht an die BaFin vor, wenn ein inländisches Institut erlaubnispflichtige Tätigkeiten in anderen Staaten des EWR erbringen will, siehe zum Anzeigeverfahren die Ausführungen zu Abs. 4–7 unter → Rn. 43 ff.

5   Abs. 1 S. 1 stellt klar, dass die Erlaubnis zum Erbringen von Zahlungsdiensten oder zum Betreiben des E-Geld-Geschäfts, die in einem Staat des EWR erteilt worden ist, in allen Staaten des EWR gilt (BR-Drs. 827/08, 78). Nach Abs. 1 S. 1 muss ein nach §§ 10 Abs. 1, 11 Abs. 1 zugelassenes oder ein nach § 34 Abs. 1 registriertes Institut, das die Absicht hat, eine **Zweigniederlassung** in einem anderen Staat des EWR zu errichten, dies der BaFin und der BBank unverzüglich nach Maßgabe von Abs. 1 S. 2 anzeigen. Die Vorgabe beruht auf Art. 28 Abs. 1 PSD2. Abs. 1 S. 1 entspricht dem bisherigen § 25 Abs. 1 aF, enthält aber zwei Neuerungen: Zum einen müssen auch gemäß §§ 34, 43 **registrierte Kontoinformationsdienste** ihre Absicht zu Errichtung einer Zweigniederlassung in einem anderen Staat des EWR der BaFin anzeigen. Darüber hinaus müssen Institute auch die Absicht, in einem anderen Staat des EWR **Agenten** heranzuziehen, gemäß Abs. 1 S. 1 gesondert anzeigen. Mit dieser Regelung beabsichtigte der Gesetzgeber die Umsetzung von Art. 28 Abs. 1 UAbs. 1 PSD2 (BT-Drs. 18/11495, 129). Abs. 2 regelt die Anzeigepflicht, wenn ein Institut Zahlungsdienste oder das E-Geld-Geschäft **im Wege des grenzüberschreitenden Dienstleistungsverkehrs** in einem anderen Staat des EWR erbringen will. Abs. 3 enthält eine durch das ZDUG2 neu eingefügte Anzeigepflicht bei beabsichtigter Auslagerung betrieblicher Aufgaben von Zahlungsdiensten oder des E-Geld-Geschäfts in einem anderen Staat des EWR.

Neben der Erlaubnis zum Erbringen von Zahlungsdiensten bzw. des Betreibens **5a** des E-Geld-Geschäfts soll auch die Erbringung von Nebendienstleistungen gemäß § 10 Abs. 1 S. 2, § 11 Abs. 1 S. 2 oder die gem. § 3 für Institute zugelassenen Tätigkeiten bei Nutzung des Europäischen Passes erfasst sein (Schäfer/Omlor/Mimberg/Bracht/Forstmann § 38 Rn. 5). Dem ist im Hinblick darauf, dass die entsprechenden Normen eine Berechtigung des Instituts, etwa zur Gewährung von Krediten gem. § 3 Abs. 4 oder dem Umfassen von Nebentätigkeiten durch die erteilte Erlaubnis gem. § 10 Abs. 1 S. 2, § 11 Abs. 1 S. 2 vorsehen, zuzustimmen. Im Hinblick auf die Gewährung von Krediten gem. § 3 Abs. 4 legen auch die Anhänge der Delegierten Verordnung (EU) 2017/2055 ein solches Verständnis nahe, wonach bei der jeweiligen Notifizierung eine Angabe dahingehend zu machen ist, ob die im Zielland beabsichtigte Tätigkeit die „Gewährung von Krediten im Einklang mit Artikel 18 Absatz 4" der PSD2 umfasst und damit ein Verständnis der Delegierten Verordnung (EU) 2017/2055 nahelegt, dass eine gesonderte Prüfung, der Voraussetzungen für die Berechtigung der Gewährung von Krediten nach den lokalen Vorschriften des Ziellandes nicht möglich ist. Umfasst vom Umfang des Europäischen Passes sind aber nur Berechtigungen für Tätigkeiten, die in der PSD2 angelegt sind, so dass beispielsweise die Berechtigung für das Factoringgeschäft im Rahmen von § 32 Abs. 6 KWG nicht vom Europäischen Pass erfass ist (Schäfer/Omlor/Mimberg/Bracht/Forstmann § 38 Rn. 6).

Zu beachten ist, dass nach der Vollendung des sog. **„Brexit"**, dh dem Austritt des **5b** Vereinigten Königreichs aus der Europäischen Union, inländische Institute, die zuvor über den Europäischen Pass im Vereinigten Königreich tätig waren, nunmehr grundsätzlich eine Erlaubnis für die Erbringung von Zahlungsdiensten oder dem E-Geld-Geschäft im Vereinigten Königreich benötigen. Das Vereinigte Königreich gewährt bestimmten Unternehmen aus anderen Staaten des EWR jedoch für einen Übergangszeitraum die Möglichkeit, ihre Tätigkeiten übergangsweise ohne eine im Vereinigten Königreich erhaltene Erlaubnis weiter auszuüben (https://www.fca.org.uk/brexit/temporary-permissions-regime-tpr, zul. aufgerufen am 7.3.2023). Danach können Unternehmen aus einem Staat des EWR, die am 31.12.2020 bereits auf Grundlage des Europäischen Passes im Vereinigten Königreich tätig waren, diese Tätigkeit ohne Erhalt einer Erlaubnis im Vereinigten Königreich fortführen, sofern sie von der FCA bestimmte aufsichtsrechtliche Vorgaben einhalten, bis zum 31.12.2022 einen Erlaubnisantrag eingereicht haben und die beantragte Erlaubnis bis zum 31.12.2023 erteilt wird (näheres unter https://www.fca.org.uk/brexit/temporary-permissions-regime-tpr).

Ergänzt werden Abs. 1 und 2 durch § 9 ZAGAnzV. § 9 Abs. 2, 3 ZAGAnzV **6** verweisen wiederum auf Bestimmungen der Delegierten Verordnung (EU) 2017/2055. Diese gilt als Rechtsakt der Kommission iSv Art. 290 AEUV unmittelbar in den Mitgliedstaaten (näher dazu Lutz ZVvglRWiss 2017, 177 (187ff.)). Die Delegierte Verordnung (EU) 2017/2055 sieht unterschiedliche Regelungen für

Anzeigen zur Nutzung des Europäischen Passes für die Errichtung einer Zweigniederlassung, die Heranziehung von Agenten und den grenzüberschreitenden Dienstleistungsverkehr vor.

7   Bemerkenswert ist, dass das ZDUG2 die Heranziehung von Agenten in Abs. 1
gemeinsam mit der Errichtung von Zweigniederlassungen, nicht aber gemäß
Abs. 2 gemeinsam mit der Erbringung grenzüberschreitender Dienstleistungen regelt. Dies legt ein Verständnis des Gesetzgebers nahe, dass der Einsatz von Agenten
stets auf Grundlage der Ausübung der Niederlassungsfreiheit, nicht aber auf Grundlage der Ausübung der Dienstleistungsfreiheit erfolgt. Dies dürfte in dieser Allgemeinheit nicht zutreffen, hierzu → § 39 Rn. 11, → § 40 Rn. 16 ff.

II. Anzeigepflicht bei Errichten einer Zweigniederlassung in einem anderen Staat des EWR und Inhalt der Anzeige (Abs. 1 S. 1 Var. 1 iVm § 9 Abs. 2 ZAGAnzV iVm der Delegierten Verordnung (EU) 2017/2055)

1. Anzeigepflicht für die Errichtung von Zweigniederlassungen (Abs. 1 S. 1 Var. 1)

8   Die Anzeigepflicht gemäß Abs. 1 S. 1 besteht für nach §§ 10, 11, 34 ZAG zugelassene bzw. registrierte Institute, also **Zahlungsinstitute** und **E-Geld-Institute,** die das jeweilige Erlaubnisverfahren bzw. Registrierungsverfahren erfolgreich
durchgeführt haben. Personen, die zum Erbringen von Zahlungsdiensten oder dem
Betreiben des E-Geld-Geschäfts keiner Erlaubnis oder Registrierung nach dem
ZAG bedürfen (§ 1 Abs. 1 S. 1 Nr. 2–5, Abs. 2 S. 1 Nr. 2–4), müssen keine Anzeige
nach § 38 abgeben. Allerdings ist eine zuständige Aufsichtsbehörde in einem anderen Staat des EWR aber auch nicht an eine etwaige Einschätzung der BaFin, dass
die Geschäftätigkeit nicht nach den Vorschriften des ZAG erlaubnispflichtig ist,
gebunden. Vielmehr muss das jeweilige Unternehmen ggf. nach lokalem Recht
die Erlaubnispflichtigkeit der Geschäftätigkeit prüfen (Schäfer/Omlor/Mimberg/
Bracht/Forstmann § 38 Rn. 4).

9   **CRR-Kreditinstitute,** die gemäß § 1 Abs. 1 Nr. 3, Abs. 2 Nr. 2 keiner Erlaubnis nach dem ZAG bedürfen, müssen stattdessen aber eine Anzeige gemäß § 24a
Abs. 1 S. 1 KWG abgeben, wenn sie durch eine Zweigstelle in einem anderen Staat
des EWR Zahlungsdienste erbringen oder das E-Geld-Geschäft betreiben wollen.
Die mit der Anzeige gemäß § 24a KWG verknüpfte Erlaubnisfreiheit erstreckt sich
auf die in Anh. I der EigenkapitalRL aufgeführten Tätigkeiten (vgl. Art. 33 EigenkapitalRL). Anh. I Nr. 4 EigenkapitalRL (geändert durch Art. 113 PSD2) führt
Zahlungsdienste gemäß Art. 4 Nr. 3 PSD2 auf, Anh. I Nr. 15 EigenkapitalRL (eingefügt durch Art. 20 Nr. 2 Zweite E-Geld-RL) enthält das E-Geld-Geschäft, sodass
CRR-Kreditinstitute in einem anderen Staat des EWR im Rahmen des Europäischen Passes das E-Geld-Geschäft betreiben und Zahlungsdienste erbringen und
diese Absicht gemäß § 24a KWG anzeigen müssen.

10   Die Anzeigepflicht besteht im Falle der Absicht des Errichtens einer **Zweigniederlassung.** Zum Vorliegen einer Zweigniederlassung → § 39 Rn. 10. Allerdings
dürfte nicht jedes Errichten einer Zweigniederlassung in einem anderen Staat des
EWR die Anzeigepflicht auslösen. Sofern etwa eine Zweigniederlassung rein interne Unterstützungsleistungen für die Hauptverwaltung erbringt, ohne sich aktiv

an den Markt im Land der Zweigniederlassung zu richten oder sonst offen gegenüber dem Markt im Land der Zweigniederlassung aufzutreten, erscheint auch unter Berücksichtigung aufsichtsrechtlicher Zwecke eine Anzeigepflicht zu weitgehend (ähnlich Schäfer/Omlor/Mimberg/Bracht/Forstmann § 38 Rn. 24). Hiervon zu unterscheiden ist die Frage, ob die Tätigkeit des Instituts der Niederlassungsfreiheit oder der Dienstleistungsfreiheit unterfällt. Nach der EBA/Op/2019/03 kann auch der reine Einsatz von Agenten oder Distributoren in einem anderen Staat des EWR der Niederlassungsfreiheit unterfallen, ohne dass das Institut tatsächlich eine Zweigniederlassung in diesem anderen Staat des EWR errichtet. In der Konsequenz besteht auch keine Verpflichtung eines Instituts, im jeweiligen Aufnahmestaat des EWR eine Zweigniederlassung zu errichten, wenn es Agenten oder Distributoren im Aufnahmestaat des EWR heranzieht und diese Heranziehung der Niederlassungsfreiheit unterfällt (Einzelheiten der Abgrenzung → § 39 Rn. 11).

Die **Absicht** des Errichtens einer Zweigniederlassung ist unverzüglich anzuzei- **11** gen. Eine Absicht zur Errichtung einer Zweigniederlassung ist regelmäßig gegeben, wenn das entscheidungsbefugte Organ des Instituts die Errichtung beschließt. Ab diesem Zeitpunkt ist die Absicht unverzüglich anzuzeigen. Adressaten der Anzeige sind die BaFin und die BBank.

2. Inhalt der Anzeige (Abs. 1 S. 2 iVm § 9 Abs. 1, 2 ZAGAnzV iVm Delegierte Verordnung (EU) 2017/2055)

Abs. 1 S. 2 sieht einen Katalog von den Angaben, die in der Anzeige enthalten **12** sein müssen, vor. Die Regelung wird ergänzt durch § 9 Abs. 1, 2 ZAGAnzV. Die Ermächtigung zur ZAGAnzV ergibt sich aus § 28 Abs. 4, der nähere Bestimmungen über Art, Umfang, Zeitpunkt und Form der „nach diesem Gesetz" vorgesehenen Anzeigen durch Rechtsverordnung zulässt. § 9 Abs. 2 ZAGAnzV verweist wiederum auf die Delegierte Verordnung (EU) 2017/2055, die die Übersendung weiterer Angaben an die zuständigen Behörden des Herkunftsmitgliedstaates vorsieht. Die Delegierte Verordnung (EU) 2017/2055 wurde auf Art. 28 Abs. 5 PSD2 gestützt und sollte die Rahmenbedingungen für die Zusammenarbeit und den Informationsaustausch gemäß Art. 28 PSD2 zwischen den zuständigen Behörden des Herkunftsmitgliedstaats und denen des Aufnahmemitgliedstaats festlegen. Um den Informationsaustausch gemäß Art. 28 PSD2 zu gewährleisten, muss die BaFin vom Institut die in der Delegierten Verordnung (EU) 2017/2055 vorgesehenen Angaben verlangen können.

a) Staat der Zweigniederlassung (Abs. 1 S. 2 Nr. 1 Var. 1). Anzugeben in **13** der Anzeige ist der Staat der Zweigniederlassung (Abs. 1 S. 2 Nr. 1 Var. 1). Sofern Zweigniederlassungen in mehreren Staaten des EWR errichtet werden sollen, ist für jeden dieser Staaten eine gesonderte Anzeige einzureichen (§ 9 Abs. 1 S. 1 ZAGAnzV). Den Anzeigen nach Abs. 1 S. 1 an die BaFin ist eine Übersetzung in eine von dem Aufnahmestaat anerkannte Sprache beizufügen, sofern der Aufnahmestaat keine deutschsprachige Fassung akzeptiert (§ 9 Abs. 1 S. 2 ZAGAnzV).

b) Geschäftsplan und Unternehmenssteuerung (Abs. 1 S. 2 Nr. 2; Art. 6 14 Abs. 1 lit. k, l, Abs. 2 Delegierte Verordnung (EU) 2017/2055). Darüber hinaus ist ein Geschäftsplan einzureichen, aus dem die Art der geplanten Geschäfte und der organisatorische Aufbau der Zweigniederlassung hervorgehen. Mit Inkrafttreten des ZDUG2 sind gemäß Nr. 2 nunmehr auch die weiteren Angaben nach § 10 Abs. 2 S. 1 Nr. 2 und 5 zu machen.

15   Nach § 10 Abs. 2 S. 1 Nr. 2 ist ein Geschäftsplan mit einer Budgetplanung für die ersten drei Geschäftsjahre, aus dem hervorgeht, dass der Antragsteller über geeignete und angemessene Systeme, Mittel und Verfahren verfügt, um seine Tätigkeit ordnungsgemäß auszuführen, vorzulegen. Nach § 10 Abs. 2 S. 1 Nr. 5 ist eine Beschreibung der Unternehmenssteuerung und der internen Kontrollmechanismen des Antragstellers einschließlich der Verwaltungs-, Risikomanagement- und Rechnungslegungsverfahren, aus der hervorgeht, dass diese Unternehmenssteuerung, Kontrollmechanismen und Verfahren verhältnismäßig, angemessen, zuverlässig und ausreichend sind, vorzulegen.

16   Im Hinblick auf das Institut selbst sind diese Angaben bereits im Rahmen des Erlaubnisantrages zu machen und ggf. zu aktualisieren. Die Angaben gemäß Nr. 2 sind nicht in Bezug auf das Institut insgesamt, sondern nur im Hinblick auf die in der Zweigniederlassung beabsichtigten Tätigkeiten zu machen. Dies ergibt sich auch aus Art. 6 Abs. 1 lit. h Delegierte Verordnung (EU) 2017/2055, der auf Systeme, Ressourcen und Verfahren der Zweigniederlassung Bezug nimmt. Bei der Frage, in welcher Detailtiefe die Angaben zu machen sind, dürften die entsprechenden EBA/GL/2017/09 herangezogen werden, zum Inhalt der EBA/GL/2017/09 sowie zu deren Rechtsnatur → § 10 Rn. 30 sowie → Einl. Rn. 64 ff.

17   Im Geschäftsplan sind die beabsichtigten geschäftlichen Aktivitäten der Zweigniederlassung typenmäßig entsprechend der Aufzählung in Anh. I PSD2, die im Wesentlichen § 1 Abs. 1 entspricht, anzugeben. Der Geschäftsplan muss den organisatorischen Aufbau der Zweigniederlassung, die internen Entscheidungskompetenzen, die Vertretungsmacht und die Art der Einbindung in das interne Kontrollverfahren des Zahlungsinstituts (oder des E-Geld-Instituts) beschreiben. Darüber hinaus muss das Institut Angaben zur Unternehmenssteuerung und internen Kontrollmechanismen machen. Bezüglich des Inhalts dieses Aspekts kann sich das Institut an Anhang II Ziff. 23 der Delegierten Verordnung (EU) 2017/2055 orientieren. Weitere Angaben, die das Institut zu übermitteln hat, ergeben sich aus Art. 6 Abs. 1 lit. i, k, l und Anhang II Ziff. 21–24 der Delegierten Verordnung (EU) 2017/2055. Danach sind auch Angaben zu Auslagerungsdienstleistern zu machen.

Im Übrigen kann sich das Institut hinsichtlich des Umfangs und Inhalts des Geschäftsplans an dem im Rahmen des Erlaubnisverfahrens eingereichten Geschäftsplan orientieren (s. § 10 Abs. 2 Nr. 2).

18   **c) Absicht zur Heranziehung von Agenten (Abs. 1 S. 2 Nr. 3).** Zur Absicht der Heranziehung von Agenten → Rn. 22 ff. Hierzu ist eine gesonderte Anzeige mit einem gesonderten Formblatt zu machen.

19   **d) Anschrift der Zweigniederlassung und der Leiter der Zweigniederlassung (Abs. 1 S. 2 Nr. 4, 5), weitere Angaben.** Anzugeben ist zudem die Anschrift, unter der die Unterlagen des Instituts im Staat, in dem es eine Zweigniederlassung unterhält, angefordert und Schriftstücke zugestellt werden können (Abs. 1 S. 2 Nr. 4). Anzugeben sind weiterhin die Leiter der Zweigniederlassung (Abs. 1 S. 2 Nr. 5). Darüber hinaus muss das Institut die weiteren in Art. 6 Delegierte Verordnung (EU) 2017/2055 vorgesehenen Angaben machen, wie die Art des Antrags auf Nutzung eines Europäischen Passes, Name, Anschrift und, sofern vorhanden, Zulassungsnummer und Identifikationscode des Zahlungsinstituts im Herkunftsmitgliedstaat, falls verfügbar, die Rechtsträgerkennung des Zahlungsinstituts, die Namen und Kontaktangaben des Ansprechpartners im Zahlungsinstitut, das die Nutzung des Europäischen Passes für Zweigniederlassungen beantragt, die Anschrift der im Aufnahmemitgliedstaat zu errichtenden Zweigniederlassung, die Namen und Kontakt-

angaben der für die Geschäftsführung der im Aufnahmemitgliedstaat zu errichtenden Zweigniederlassung verantwortlichen Personen und die im Aufnahmemitgliedstaat zu erbringende Zahlungsdienste (Art. 6 lit. c–i Delegierte Verordnung (EU)
2017/2055). Gem. Art. 6 lit. j Delegierte Verordnung (EU) 2017/2055 muss das
Institut Angaben zur Organisationsstruktur der im Aufnahmemitgliedstaat zu errichtenden Zweigniederlassung machen. Hierzu kann das Institut ein Organigramm, etwaige organisatorische Untergliederungen der Zweigniederlassung sowie der verantwortlichen Personen mit deren Funktionen und Verantwortlichkeiten vorlegen
(Schäfer/Omlor/Mimberg/Bracht/Forstmann § 38 Rn. 59).

e) Anforderungen gemäß § 9 Abs. 2 Nr. 1 ZAGAnzV. Gemäß § 9 Abs. 2 **20**
Nr. 1 ZAGAnzV wird im Falle der Errichtung einer Zweigniederlassung auf die
Aufzählung in Art. 6 Abs. 1 iVm Anh. II der Delegierten Verordnung (EU)
2017/2055 „verwiesen". Da die BaFin die gemäß Anh. II der Delegierten Verordnung (EU) 2017/2055 erforderlichen Angaben gemäß Art. 7 der Delegierten Verordnung (EU) 2017/2055 an die zuständige Behörde des Aufnahmemitgliedstaates
weiterleiten muss, wird sie eine Anzeige nur dann als vollständig einstufen, wenn
diese alle Angaben in Anh. II der Delegierten Verordnung (EU) 2017/2055 enthält.
Daher sollte das Institut bei Abgabe der Anzeige das Formblatt in Anh. II für die
Meldung verwenden und ausfüllen, soweit ihm die Informationen vorliegen. Das
Formblatt in Anh. II der Delegierten Verordnung (EU) 2017/2055 verlangt letztlich eine tabellarische Darstellung der gemäß Abs. 1 S. 2 einzureichenden Unterlagen.

3. Rechtsfolgen unterlassener Anzeige

Gemäß § 64 Abs. 2 Nr. 1 handelt ordnungswidrig, wer entgegen § 38 Abs. 1 S. 1 **21**
eine Anzeige nicht, nicht richtig, nicht vollständig oder nicht rechtzeitig erstattet.
Der Bußgeldrahmen liegt bei bis zu 100.000 EUR (§ 64 Abs. 4).

III. Anzeigepflicht bei Heranziehung von Agenten in einem anderen Staat des EWR und Inhalt der Anzeige (Abs. 1 S. 1 Var. 2 iVm § 9 Abs. 2 ZAGAnzV iVm der Delegierten Verordnung (EU) 2017/2055)

Gemäß Abs. 1 S. 1 Var. 2 ist nunmehr auch die Absicht der Heranziehung von **22**
Agenten in einem anderen Staat des EWR unverzüglich anzuzeigen. Nach Auffas-
sung des Gesetzgebers hat diese Regelung klarstellenden Charakter (BR-Drs.
158/17, 148 f.). Tatsächlich dürfte auch bisher die Absicht der Heranziehung von
Agenten stets eine Anzeigepflicht ausgelöst haben, da das Institut hierdurch in der
Regel entweder auf Grundlage der Niederlassungsfreiheit oder im Wege des grenz-
überschreitenden Dienstleistungsverkehrs den Markt des Aufnahmestaates des
EWR zielgerichtet angesprochen haben dürfte.

1. Anzeigepflicht für die Heranziehung von Agenten (Abs. 1 S. 1 Var. 2)

Zum Begriff des Agenten gemäß § 1 Abs. 9 → § 1 Rn. 329 ff. Der Begriff des **23**
„Heranziehens" dürfte als Beauftragung zu verstehen sein. Die **Absicht** der Heran-

ziehung eines Agenten ist unverzüglich anzuzeigen. Eine Absicht zur **Heranziehung eines Agenten** ist regelmäßig gegeben, wenn das entscheidungsbefugte Organ des Instituts die Heranziehung beschließt. Ab diesem Zeitpunkt ist die Absicht unverzüglich anzuzeigen. Adressaten der Anzeige sind die BaFin und die BBank. Da § 38 Abs. 1 jedoch lediglich die Fälle erfasst, in denen ein Institut im Rahmen der Niederlassungsfreiheit in einem anderen Staat des EWR tätig werden will, ist die Anzeigepflicht des Abs. 1 S. 1 Var. 2 nur einschlägig, wenn auch die Agenten in Rahmen der Niederlassungsfreiheit im Aufnahmestaat tätig werden sollen, was in der Regel eine physische Präsenz im Aufnahmestaat voraussetzt (Schäfer/Omlor/Mimberg/Bracht/Forstmann § 38 Rn. 36, 68).

24   Fraglich ist, ob die Absicht des Heranziehens von **E-Geld-Agenten** gemäß § 1 Abs. 10 ebenfalls die Anzeigepflicht gemäß Abs. 1 S. 1 Var. 2 auslöst. Vom Wortlaut des Abs. 1 S. 1 Var. 2 sind E-Geld-Agenten nicht erfasst. Auch die Gesetzesbegründung erwähnt nur Agenten, nicht aber E-Geld-Agenten (BR-Drs. 158/17, 148f.). § 9 Abs. 2 Nr. 3 ZAGAnzV verweist allerdings unter anderem im Falle des Vertriebs und Rücktauschs von E-Geld über E-Geld-Agenten auf Bestimmungen der Delegierten Verordnung (EU) 2017/2055, die den Begriff „Vertreiber" (s. Anhang IV der Delegierten Verordnung (EU) 2017/2055) verwendet. Gem. § 32 Abs. 3 iVm § 25 Abs. 4 findet § 38 Abs. 1 entsprechende Anwendung auf den Vertrieb und Rücktausch von E-Geld in einem anderen Staat des EWR (Schäfer/Omlor/Mimberg/Bracht/Forstmann § 38 Rn. 73; iE auch Luz/Neus/Schaber/Schneider/Wagner/Weber/Schenkel ZAG § 38 Rn. 10). Daher gilt die Anzeigepflicht auch beim Einsatz von E-Geld-Agenten bzw. Vertreibern.

2. Inhalt der Anzeige (Abs. 1 S. 2 iVm § 9 Abs. 1, 2 ZAGAnzV iVm der Delegierten Verordnung 2017/2055)

25   **a) Anforderungen gemäß Abs. 1 S. 2.** Gemäß Abs. 1 S. 2 Nr. 1 ist der Staat anzugeben, in dem Agenten herangezogen werden sollen. Sofern Agenten in mehreren Staaten des EWR errichtet werden sollen, ist für jeden dieser Staaten eine gesonderte Anzeige einzureichen (§ 9 Abs. 1 S. 1 ZAGAnzV). Den Anzeigen nach Abs. 1 S. 1 an die BaFin ist eine Übersetzung in eine von dem Aufnahmestaat anerkannte Sprache beizufügen, sofern der Aufnahmestaat keine deutschsprachige Fassung akzeptiert (§ 9 Abs. 1 S. 2 ZAGAnzV).

26   Gemäß Abs. 1 S. 2 Nr. 2 ist grundsätzlich ein Geschäftsplan, aus dem die Art der geplanten Geschäfte, der organisatorische Aufbau der Zweigniederlassung und die Angaben nach § 10 Abs. 2 S. 1 Nr. 2 und 5 hervorgehen, einzureichen. Im Falle des Einsatzes von Agenten dürften lediglich Angaben zu machen sein, die sich auf den Einsatz der Agenten selbst beziehen, wie etwa interne Kontrollmechanismen, Sicherstellung der Zuverlässigkeit der Agenten und welche konkreten Geschäfte die Agenten für das Institut abschließen.

27   Gemäß Abs. 1 S. 2 Nr. 3 sind die Angaben nach § 25 Abs. 1 zu machen, wenn die Heranziehung von Agenten beabsichtigt ist. Zu den Anforderungen gem. § 25 Abs. 1 → § 25 Rn. 9ff. Daraus ergeben sich allerdings keine Anforderungen, die über die ohnehin gemäß Anhang III der Delegierten Verordnung (EU) 2017/2055 vorzulegenden Informationen hinausgehen. Hinzuweisen ist darauf, dass die Informationen gemäß Anhang III der Delegierten Verordnung (EU) 2017/2055 auch dann einzureichen sind, wenn Agenten nicht im Rahmen der Niederlassungsfreiheit, sondern im Wege der Freiheit des Dienstleistungsverkehrs im Aufnahmemitgliedstaat tätig werden (Schäfer/Omlor/Mimberg/Bracht/Forstmann § 38 Rn. 75).

Abs. 1 S. 2 Nr. 4 und 5 finden im Falle der Absicht der Heranziehung von Agenten keine Anwendung.

b) Anforderungen gemäß § 9 Abs. 2 Nr. 2, 3 ZAGAnzV ivm der Dele- 28
gierten Verordnung (EU) 2017/2055. Gemäß § 9 Abs. 2 Nr. 2, 3 ZAGAnzV
wird zu den Einzelheiten der einer Anzeige nach Abs. 1 beizufügenden Angaben
und Unterlagen im Falle
– der Heranziehung von Agenten auf die Aufzählung in Art. 10 Abs. 1 ivm Anh.
III der Delegierten Verordnung (EU) 2017/2055, sowie
– des Vertriebs oder Rücktauschs von E-Geld über E-Geld-Agenten
auf Art. 3 Abs. 3 ivm Anh. IV der Delegierten Verordnung (EU) 2017/2055 verwiesen.
Diese Regelung ist so zu verstehen, dass das Institut die Angaben und Unterlagen vorzulegen hat, die in den Bestimmungen der Delegierten Verordnung (EU)
2017/2055 aufgeführt sind.

IV. Anzeigepflicht bei grenzüberschreitendem Dienstleistungsverkehr in einem anderen Staat des EWR (Abs. 2 ivm § 9 Abs. 3 ZAGAnzV ivm der Delegierten Verordnung (EU) 2017/2055)

Nach Abs. 2 muss ein nach § 10, § 11 oder § 34 zugelassenes oder registriertes 29
Institut der BaFin und der BBank die Absicht, im Wege des grenzüberschreitenden
Dienstleistungsverkehrs in einem anderen Staat des EWR Zahlungsdienste zu erbringen oder das E-Geld-Geschäft zu betreiben, unverzüglich anzeigen. Diese
Pflicht beruht auf Art. 28 Abs. 1 PSD2. Abs. 2 wurde durch das ZDUG2 nur redaktionell angepasst, erfährt aber durch Änderungen in der ZAGAnzV sowie der Delegierten Verordnung (EU) 2017/2055 einige Änderungen.

1. Anzeigepflicht bei grenzüberschreitenden Dienstleistungen (Abs. 2 S. 1)

Wie im Rahmen von Zweigniederlassungen kann nur ein gemäß §§ 10, 11 oder 30
34 ZAG zugelassenes bzw. registriertes Institut die Anzeige bei der BaFin und der
BBank einreichen. Für **CRR-Kreditinstitute,** die für das Erbringen von Zahlungsdiensten oder das Betreiben des E-Geld-Geschäfts keine Erlaubnis nach
§§ 10, 11 ZAG und keine Registrierung gemäß § 34 ZAG benötigen, bleibt es
auch im Rahmen des grenzüberschreitenden Dienstleistungsverkehrs bei den Anzeigepflichten gemäß § 24a Abs. 3 KWG. Allerdings ist die Anzeigepflicht in § 24a
Abs. 3 S. 1 KWG im Falle von CRR-Kreditinstituten auf die Absicht, Bankgeschäfte oder Zahlungsdienste zu erbringen, beschränkt. Mit dem Zweiten
E-Geld-RLUG wurde das E-Geld-Geschäft mit der Streichung des § 1 Abs. 1 S. 2
Nr. 11 KWG aF aus dem Tatbestand des Bankgeschäfts entfernt, so dass ein CRR-
Kreditinstitut das grenzüberschreitende Betreiben des E-Geld-Geschäfts nicht mehr
gemäß § 24a Abs. 3 S. 1 KWG anzeigen kann und daher auch keine rechtliche
Grundlage für die Weiterleitung der Anzeige an die zuständige ausländische Behörde besteht. Da CRR-Kreditinstitute nach Art. 33 ivm Anh. I EigenkapitalRL
ivm Art. 20 Nr. 2 Zweite E-Geld-RL das E-Geld-Geschäft im Wege des grenzüberschreitenden Dienstleistungsverkehrs betreiben dürfen, ist die Streichung des

E-Geld-Tatbestandes in § 1 Abs. 1 S. 2 Nr. 11 KWG ohne die Einfügung des E-Geld-Geschäfts in § 24a Abs. 3 S. 1 KWG neben den Zahlungsdiensten wohl ein Redaktionsversehen (so auch Schäfer/Omlor/Mimberg/Bracht/Forstmann § 38 Rn. 76). CRR-Kreditinstitute sollten im Vorfeld mit der BaFin abstimmen, wie sie die Anzeigepflichten von CRR-Kreditinstituten bei der Absicht des grenzüberschreitenden Betreibens des E-Geld-Geschäfts erfüllen.

Zum Begriff der Absicht und der unverzüglichen Anzeige → Rn. 10 f.

31   Die Anzeigepflicht gemäß Abs. 2 S. 1 besteht im Fall der Absicht, im Wege des grenzüberschreitenden Dienstleistungsverkehrs Zahlungsdienste (§ 1 Abs. 1) zu erbringen oder das E-Geld-Geschäft (§ 1 Abs. 2) zu betreiben. Zum Vorliegen von grenzüberschreitenden Dienstleistungen → § 39 Rn. 14. Sofern die zuständigen Behörden der Staaten den Begriff der grenzüberschreitenden Dienstleistung unterschiedlich interpretieren, ist wegen der für die Entgegennahme und eventuellen Weitergabe der Anzeige bestehenden Zuständigkeit der Behörde des Herkunftsstaates des Instituts die Interpretation dieser Behörde maßgeblich (zust. Schäfer/Omlor/Mimberg/Bracht/Forstmann § 38 Rn. 7).

2. Inhalt der Anzeige (Abs. 2 S. 2 iVm § 9 Abs. 3 ZAGAnzV iVm der Delegierten Verordnung (EU) 2017/2055)

32   **a) Anforderungen gemäß Abs. 2 S. 2.** Nach Abs. 2 S. 2 hat die Anzeige für die Absicht zur Erbringung grenzüberschreitender Dienstleistungen die Angabe des Staates, in dem die grenzüberschreitende Dienstleistung erbracht werden soll, einen Geschäftsplan mit der Angabe der beabsichtigten Tätigkeiten und die Angabe, ob in diesem Staat Agenten oder E-Geld-Agenten herangezogen werden sollen, zu enthalten. Gemäß § 9 Abs. 1 S. 1 ZAGAnzV ist den Anzeigen an die BaFin eine Übersetzung in einer von dem Aufnahmestaat anerkannten Sprache beizufügen, sofern der Aufnahmestaat keine deutschsprachige Fassung akzeptiert.

33   **b) Anforderungen gem. § 9 Abs. 3 ZAGAnzV iVm der Delegierten Verordnung (EU) 2017/2055.** § 9 Abs. 3 ZAGAnzV verweist auf Art. 14 Abs. 1 iVm Anh. V der Delegierten Verordnung (EU) 2017/2055. Daraus ist zu schließen, dass das Institut das in Anh. V enthaltene Formblatt bei der Anzeige verwenden oder sich daran orientierten sollte. Die erforderlichen Angaben sind weitgehend formale Angaben, die in ihrem Umfang erheblich hinter den Angaben bei Errichtung einer Zweigniederlassung zurückbleiben.

3. Rechtsfolgen unterlassener Anzeige

34   Der Bußgeldtatbestand des § 64 Abs. 2 Nr. 1 bezieht sich nur auf unterlassene oder nicht korrekte Anzeigen bezüglich des Errichtens einer Zweigniederlassung gemäß Abs. 1 S. 1. Auch wenn gemäß Abs. 2 die Anzeigepflicht des Abs. 1 S. 1 für grenzüberschreitende Dienstleistungen entsprechend gilt, erstreckt sich der Bußgeldtatbestand des § 64 Abs. 2 Nr. 1 ZAG nicht auf unterlassene oder nicht korrekte Anzeigen der Erbringung grenzüberschreitender Dienstleistungen (vgl. in diesem Zusammenhang § 56 Abs. 2 Nr. 1 lit. l KWG, der als Ordnungswidrigkeit Verstöße gegen „§ 24a Abs. 1 S. 1, auch i. V. m. Abs. 3 S. 1" als Ordnungswidrigkeit bestimmt). Wegen des Grundsatzes „keine Strafe ohne Gesetz", der auch im Bereich des Ordnungswidrigkeitenrechts Geltung hat (Schönke/Schröder/Eser/Hecker § 1 Rn. 5, 25), kommt eine analoge Anwendung des § 64 Abs. 2 Nr. 1 auf grenzüberschreitende Dienstleistungen daher nicht in Betracht (zust. Schäfer/Omlor/Mimberg/Bracht/Forstmann § 38 Rn. 80; Luz/Neus/Schaber/Schneider/Wagner/Weber/Schenkel ZAG § 38 Rn. 19; Schwennicke/Auerbach/Schwennicke ZAG § 38 Rn. 13). Die BaFin kann allerdings gemäß § 4 Abs. 2 die Anordnung treffen, eine unterbliebene und unkorrekte Anzeige nachzuholen oder zu korrigieren.

V. Anzeigepflicht und Inhalt der Anzeige bei Auslagerung in einen anderen Staat des EWR (Abs. 3)

Gemäß Abs. 3 muss ein Institut der BaFin und BBank unverzüglich anzeigen, **35** wenn es beabsichtigt, betriebliche Aufgaben von Zahlungsdiensten oder des E-Geld-Geschäfts auf ein anderes Unternehmen in einem anderen Staat des EWR auszulagern. Abs. 3 dient der Umsetzung von Art. 28 Abs. 1 UAbs. 2 PSD2 (BT-Drs. 18/11595, 129 f.). Die Formulierung der Auslagerung betrieblicher Aufgaben von Zahlungsdiensten auf ein anderes Unternehmen ist wie in § 26 Abs. 2 zu verstehen, dort → § 26 Rn. 12 ff. Eine Aufgabe wird auf ein Unternehmen in einem anderen Staat des EWR ausgelagert, wenn dieses Unternehmen dort seinen Sitz hat. Es fällt auf, dass Abs. 3 im Gegensatz zu § 26 Abs. 2 nicht auf das Kriterium der Wesentlichkeit abstellt, so dass jede Form von Auslagerung angezeigt werden muss. Dies dürfte eine sehr umfassende Anzeigepflicht begründen, die im Falle der Einbeziehung vieler Dienstleister mit Sitz in einem anderen Staat des EWR Anwendung findet.

§ 9 ZAGAnzV enthält keine Konkretisierungen für die Anzeigen gemäß Abs. 3 **36** und verweist damit in diesem Zusammenhang auch nicht auf die Delegierte Verordnung (EU) 2017/2055. Anhang II, III, IV und V der Delegierten Verordnung (EU) 2017/2055 verlangen allerdings bestimmte Angaben bei der Auslagerung von bestimmten Tätigkeiten. Auch wenn eine Anzeigepflicht nach Abs. 1 oder 2 nicht besteht (etwa, wenn der Markt des anderen Staates des EWR nicht zielgerichtet angesprochen wird), ist vom Wortlaut des Abs. 3 her eine Anzeige abzugeben. Hiergegen wurde eingewandt, dass eine Anzeige von Auslagerungen gemäß Abs. 3 nur dann abzugeben ist, wenn ohnehin eine Anzeige gemäß Abs. 1 oder Abs. 2 abzugeben ist, da die Anhänge zur Delegierten Verordnung (EU) 2017/2055 keine Anzeige für die Auslagerung selbst, sondern Angaben zu Auslagerungen stets nur in Zusammenhang mit anderen Anzeigen auf Grundlage von Abs. 1 und Abs. 2 verlangen (Schäfer/Omlor/Mimberg/Bracht/Forstmann § 38 Rn. 44). Diese Auslegung ist auch unter Verhältnismäßigkeitsgesichtspunkten zu befürworten. Es fällt allerdings auf, dass § 9 ZAGAnzV explizit für Anzeigen gemäß Abs. 1 und Abs. 2, nicht aber für Anzeigen gemäß Abs. 3 eine Verknüpfung zu den Anzeigeinhalten der Delegierten Verordnung (EU) 2017/2055 herstellt. Daher sollte vor dem Unterlassen einer Anzeige mit der BaFin abgestimmt werden, ob und inwieweit eine solche Anzeige abzugeben ist (für eine Anzeigepflicht etwa Ellenberger/Findeisen/Nobbe/Böger/Rieg § 38 Rn. 197 f.). Sofern dies der Fall ist, wird man sich bei der Anzeige gemäß Abs. 3 vom Umfang des Anzeigeinhalts her an Anhang II, III, IV und V der Delegierten Verordnung (EU) 2017/2055 orientieren können.

Bei Nichterfüllen der Anzeigepflicht bestehen keine einschlägigen Bußgeldtat- **37** bestände im ZAG. § 64 Abs. 2 Nr. 1 bezieht sich nur auf Anzeigen gemäß Abs. 1 S. 1 (→ Rn. 8 ff.). Abs. 3 verweist auch nicht auf Anzeigen gemäß Abs. 1. Allerdings kann die BaFin gemäß § 4 Abs. 2 die Anordnung treffen, dass die geänderten Verhältnisse anzuzeigen sind.

VI. Anzeigepflicht des Zeitpunkts der Aufnahme der Tätigkeit der Zweigniederlassung oder der Agenten (Abs. 6 S. 2 iVm § 9 Abs. 4 ZAGAnzV iVm der Delegierten Verordnung (EU) 2017/2055)

38　　Gemäß Abs. 6 S. 2 hat das Institut der BaFin und der BBank den Zeitpunkt mitzuteilen, ab dem die Agenten oder die Zweigniederlassung ihre Tätigkeiten in dem betreffenden Aufnahmemitgliedstaat aufnehmen. Abs. 6 S. 2 findet daher nur Anwendung, wenn zuvor eine Anzeige gemäß Abs. 1 abgegeben wurde. § 9 Abs. 4 ZAGAnzV verweist zu den Einzelheiten einer Anzeige nach Abs. 6 S. 2 über die Aufnahme der Tätigkeit in dem Aufnahmemitgliedstaat beizufügenden Angaben und Unterlagen auf Art. 3 Abs. 1–3 iVm Anh. VI der Delegierten Verordnung (EU) 2017/2055. Anh. VI der Delegierten Verordnung (EU) 2017/2055 enthält ein Standardformblatt für den Austausch von Informationen im Zusammenhang mit der Aufnahme von Tätigkeiten, für die die Nutzung des Europäischen Passes erforderlich ist. Gemäß Abs. 6 S. 3 teilt die BaFin der zuständigen Behörde des Aufnahmemitgliedstaates den Zeitpunkt der Aufnahme der Tätigkeit der Zweigniederlassung oder des Agenten mit.

39　　Bei Nichterfüllen der Anzeigepflicht bestehen keine einschlägigen Bußgeldtatbestände im ZAG. § 64 Abs. 2 Nr. 1 bezieht sich nur auf Anzeigen gemäß Abs. 1 S. 1 (→ Rn. 8 ff.). Allerdings kann die BaFin gemäß § 4 Abs. 2 die Anordnung treffen, dass die Aufnahme der Tätigkeiten anzuzeigen ist.

VII. Anzeigepflicht und Inhalt der Anzeige bei Änderung der Verhältnisse (Abs. 9 iVm § 9 Abs. 1 S. 3 ZAGAnzV)

40　　Abs. 9 bestimmt, dass Institute Änderungen der Verhältnisse, die nach Abs. 1 S. 2 oder Abs. 2 S. 2 oder Abs. 3 angezeigt wurden, der BaFin und der BBank unverzüglich in Textform anzuzeigen haben. Abs. 9 ersetzt § 25 Abs. 5 aF und dient der Umsetzung von Art. 19 Abs. 8 PSD2 (BT-Drs. 18/11495, 129 f.). Anders als unter dem ZDUG1 entfällt die Pflicht, die Änderungen auch den zuständigen Stellen des Aufnahmestaates mindestens einen Monat vor Wirksamwerden der Änderungen schriftlich mitteilen zu müssen und wird gemäß Abs. 9 S. 2 durch das Verfahren gemäß Abs. 4 und Abs. 5 ersetzt. Ist ein Institut in mehreren Staaten tätig, muss es für jeden dieser Staaten eine gesonderte Anzeige der Änderungen der Verhältnisse einreichen (§ 9 Abs. 1 S. 1, 3 ZAGAnzV). Der Anzeige an die BaFin ist eine Übersetzung in eine von dem Aufnahmestaat anerkannte Sprache beizufügen, sofern der Aufnahmestaat keine deutschsprachige Fassung akzeptiert (§ 9 Abs. 1 S. 2, 3 ZAGAnzV).

41　　Anzuzeigen ist eine Änderung der Verhältnisse. Im Grundsatz liegt eine **Änderung der Verhältnisse** vor, wenn sich eine Tatsache, die gemäß Abs. 1 S. 2, Abs. 2 S. 2 oder Abs. 3 iVm § 9 ZAGAnzV angezeigt wurde, geändert hat. Um ausufernde Änderungsanzeigen zu verhindern, sollte Abs. 9 so interpretiert werden, dass im Falle unwesentlicher und untergeordneter Angaben die Anzeigepflicht nicht ausgelöst wird (zust. Schäfer/Omlor/Mimberg/Bracht/Forstmann § 38 Rn. 104; Schwennicke/Auerbach/Schwennicke ZAG § 38 Rn. 13).

Bei Nichterfüllen der Anzeigepflicht bestehen keine einschlägigen Bußgeldtat- 42
bestände im ZAG. § 64 Abs. 2 Nr. 1 bezieht sich nur auf Anzeigen gemäß Abs. 1
S. 1 (→ Rn. 8 ff.). Allerdings kann die BaFin gemäß § 4 Abs. 2 die Anordnung treffen, dass die geänderten Verhältnisse anzuzeigen sind.

VIII. Durchführung des Anzeigeverfahrens (Abs. 4)

Abs. 4–6 regeln das Verfahren der Entgegennahme der Anzeige durch die BaFin 43
und die Weitergabe an die Behörde des Aufnahmemitgliedstaates. Während Abs. 4
in Gestalt von § 25 Abs. 3 aF im Wesentlichen bereits im ZAG enthalten war, wurden die Abs. 5 und 6 durch das ZDUG2 neu eingefügt. Abs. 4 gilt für alle Anzeigen
gemäß Abs. 1–3 sowie Abs. 9, wohingegen Abs. 5 und 6 vom Wortlaut her nur auf
Anzeigen gemäß Abs. 1 Anwendung finden, da sie nur für die Errichtung einer
Zweigniederlassung und das Heranziehen von Agenten im Aufnahmemitgliedstaat
gelten (aA Schäfer/Omlor/Mimberg/Bracht/Forstmann § 38 Rn. 87).

Gemäß Abs. 4 teilt die BaFin den zuständigen Behörden des jeweiligen Aufnah- 44
memitgliedstaates **innerhalb eines Monats** nach Erhalt der vollständigen Anzeigen
nach Abs. 1–3 die entsprechenden Angaben mit. Das umfasst Fälle, in denen ein
Institut beabsichtigt, im Aufnahmemitgliedstaat eine Zweigniederlassung zu unterhalten, Agenten oder E-Geld-Agenten heranzuziehen, im Wege des grenzüberschreitenden Dienstleistungsverkehrs tätig zu werden oder betriebliche Aufgaben
von Zahlungsdiensten oder des E-Geld-Geschäfts auszulagern (hierzu → Rn. 36).
Gleiches gilt gemäß Abs. 9 S. 2 für Anzeigen hinsichtlich der Änderung der Verhältnisse. Die BaFin ist verpflichtet, vollständige Anzeigen innerhalb eines Monats ab Erhalt an die zuständige Behörde des Aufnahmemitgliedstaates weiterzuleiten. Der Gesetzgeber setzt hiermit Art. 28 Abs. 2 UAbs. 1. PSD2 um (BT-Drs. 18/11495, 129).

Abs. 4 regelt die Weitergabe der Angaben nach Abs. 1–3 an die Behörden des 45
Staates, in dem die Zweigniederlassung errichtet oder die grenzüberschreitenden
Dienstleistungen erbracht werden sollen, die Agenten oder E-Geld-Agenten herangezogen oder die betrieblichen Aufgaben ausgelagert werden. Daraus ergibt
sich, dass eine Weitergabe innerhalb eines Monats nur dann erfolgt, wenn sämtliche
erforderlichen Angaben vorliegen. Die BaFin muss der Institut gemäß Art. 4 Abs. 2
der Delegierten Verordnung (EU) 2017/2025 unter Nennung der als unvollständig
oder unrichtig bewerteten Angaben umgehend eine Mitteilung machen. Sofern
eine Anzeige **unvollständig** ist, kann sich die Weitergabe an die zuständige Behörde weiter verzögern. Das ergab sich bereits aus § 25 aF wird aber durch das
ZDUG2 ausdrücklich klargestellt (BR-Drs. 158/17, 149).

Die Weitergabe muss mit einer **Frist** von einem Monat nach Erhalt der vollstän- 46
digen Anzeigen erfolgen. Die im Vergleich zu § 24a KWG um einen Monat kürzere Frist in Abs. 4 ist auf den Umstand zurückzuführen, dass im Rahmen des § 38
im Gegensatz zu § 24a KWG keine Prüfung durchgeführt wird, ob Zweifel an der
Angemessenheit der Organisationsstruktur und der Finanzlage des Instituts bestehen. Abs. 4 ist eine Ausnahmevorschrift zur Verschwiegenheitspflicht des § 6.

Nach dem ZDUG2 ist die BaFin nunmehr auch verpflichtet, Anzeigen für die 47
Heranziehung von Agenten oder E-Geld-Agenten (ggf. auch die Auslagerung betrieblicher Aufgaben) an die zuständige Behörde des Aufnahmemitgliedstaates weiterzuleiten. Für Agenten dürfte sich eine vergleichbare Pflicht schon unter § 25 aF
ergeben haben, da die Heranziehung von Agenten im Aufnahmemitgliedstaat typischerweise mit einer zielgerichteten Ansprache des Marktes des Aufnahmemitglied-

staates einhergeht und daher auch nach § 25 aF jedenfalls zumindest die Ausübung des grenzüberschreitenden Dienstleistungsverkehrs anzunehmen war. Neu ist jedoch, dass die BaFin nach dem Wortlaut des Abs. 3 auch Anzeigen für die Auslagerung betrieblicher Aufgaben weiterleiten muss, da der Einsatz von Auslagerungsdienstleistern nicht automatisch mit einer zielgerichteten Marktansprache des Zielmarktes einhergeht (hierzu aber → Rn. 36).

IX. Entscheidung der BaFin über Eintragung und Mitteilung bei Zweigniederlassungen und Agenten; Aufnahme der Tätigkeit (Abs. 5 und 6)

48   Abs. 5 regelt die Einzelheiten des Verfahrens sowie der Entscheidung der BaFin über die Eintragung der Zweigniederlassung oder des Agenten in das Zahlungsinstituts- bzw. E-Geld-Instituts-Register gemäß § 43 Abs. 1 und § 44 Abs. 2 sowie die Mitteilung der Entscheidung an die zuständigen Behörden des Aufnahmemitgliedstaats und an das Institut (BT-Drs. 18/11495, 129 f.). Mit Abs. 5 setzt das ZDUG2 Art. 28 Abs. 2 UAbs. 2–4 PSD2 um (BT-Drs. 18/11495, 129 f.). Abs. 6 dient der Umsetzung von Art. 28 Abs. 3 UAbs. 2 und 3 PSD2 und regelt die Modalitäten der Eintragung in die Institutsregister gemäß §§ 43 Abs. 1, 44 Abs. 2 (BR-Drs. 158/17, 149).

49   Abs. 5 und 6 finden aufgrund der nicht ganz glücklichen Formulierung nur auf Anzeigen zur Errichtung einer Zweigniederlassung und zur Heranziehung von Agenten im Aufnahmemitgliedstaat Anwendung (aA Schäfer/Omlor/Mimberg/Bracht/Forstmann § 38 Rn. 87). Da Abs. 5 aE jedoch auch Bezug auf die in Abs. 2 erforderlichen Angaben macht, sollte Abs. 5 auch im Hinblick auf den erforderlichen Abschluss des Notifizierungsverfahrens entsprechend auf Fälle des Abs. 2 angewendet werden (iE ebenso Schäfer/Omlor/Mimberg/Bracht/Forstmann § 38 Rn. 87). Abs. 6 S. 1 regelt nunmehr, dass die Agenten oder die Zweigniederlassung ihre Tätigkeit im Aufnahmemitgliedstaat erst dann aufnehmen dürfen, wenn die Agenten bzw. die Zweigniederlassungen in die gemäß §§ 43, 44 zu führenden Register eingetragen sind. Für Anzeigen über die Erbringung von Zahlungsdiensten oder des Betreibens des E-Geld-Geschäfts im Wege des grenzüberschreitenden Dienstleistungsverkehrs oder der Auslagerung von betrieblichen Aufgaben gemäß Abs. 3 ist die vorherige Eintragung in die von der BaFin geführten Register nicht Voraussetzung. Gleiches gilt für das Heranziehen von E-Geld-Agenten im Aufnahmemitgliedstaat, da §§ 43, 44 keine diesbezügliche Eintragung vorsehen. Für den Beginn der Ausübung der Tätigkeiten im Aufnahmemitgliedstaat sollten Institute aber überprüfen, ob nach dem Recht des Aufnahmemitgliedstaats Verfahrensvorschriften hinsichtlich der Aufnahme der Tätigkeit bestehen. Typischerweise bestätigt die zuständige Behörde des Aufnahmemitgliedstaates, dass das Anzeigeverfahren vollständig durchgeführt wurde. Zu beachten ist im Zusammenhang mit Anzeigen gemäß Abs. 2 ohne die Heranziehung von Agenten oder E-Geld-Agenten, dass aufgrund Anhang V Ziffer 15 Delegierte Verordnung (EU) 2017/2055 das Datum des geplanten Beginns der Erbringung von Zahlungsdiensten oder dem E-Geld-Geschäft nach der Mitteilung der Entscheidung durch die BaFin liegen sollte (Schäfer/Omlor/Mimberg/Bracht/Forstmann § 38 Rn. 92).

50   Gemäß Abs. 5 S. 1 entscheidet die BaFin, ob die Zweigniederlassung oder der Agent in das Institutsregister gemäß § 43 Abs. 1, § 44 Abs. 2 eingetragen wird und teilt ihre Entscheidung den zuständigen Behörden des Aufnahmemitgliedstaates und dem Institut innerhalb von drei Monaten nach vollständigem Eingang der in den Abs. 1–3 genannten Angaben mit. Entgegen dem Wortlaut dürfte eine Mitteilung nach Abs. 5 S. 1 durch entsprechende Anwendung nicht nur bei Anzeigen gemäß Abs. 1, sondern auch bei Anzeigen gemäß Abs. 2 in Betracht, kommen, da Anzeigen nach Abs. 2 keine Eintragung in die Register gem. § 43 Abs. 1, § 44 Abs. 2 erfordern.

Gemäß Abs. 5 S. 2 berücksichtigt die BaFin bei der Entscheidung über die Eintragung eine Bewertung der zuständigen Behörden des Aufnahmemitgliedstaates. Da die BaFin eine Anzeige ohnehin nur an die zuständige Behörde des Aufnahmemitgliedstaates weiterleitet, wenn sie diese als vollständig einstuft, kommt eine Ablehnung der Eintragung in der Praxis in der Regel nur dann in Betracht, wenn die zuständige Behörde des Aufnahmemitgliedstaates die Angaben nicht für vollständig hält, etwa im Falle nicht hinreichend detaillierter Darstellung. Faktisch bedeutet dies, dass die BaFin ihre Einstufung der Anzeige als vollständig nachträglich revidieren kann, indem sie sich die Einschätzung der zuständigen Behörde des Aufnahmemitgliedstaates zueigen macht. Darüber hinaus kann die BaFin die Eintragung gemäß § 43 Abs. 2, ggf. iVm § 44 Abs. 2, ablehnen. s. Abs. 5 S. 4. **51**

Sofern die BaFin der Bewertung durch die zuständigen Behörden des Aufnahmemitgliedstaates nicht zustimmt, muss sie dieser gemäß Abs. 5 S. 3 die Gründe für ihre Entscheidung mitteilen. Dies dürfte in der Praxis in der Regel dann der Fall sein, wenn die zuständige Behörde des Aufnahmemitgliedstaates in Abweichung von der BaFin die Anzeige nicht für vollständig hält. Abs. 5 S. 4 regelt, dass, sofern die Bewertung der BaFin insbesondere vor dem Hintergrund der von den zuständigen Behörden des Aufnahmemitgliedstaates übermittelten Angaben negativ ausfällt, die BaFin die Eintragung des Agenten oder der Zweigniederlassung in das Institutsregister gemäß § 43 Abs. 1, § 44 Abs. 2 ablehnt oder diese Eintragung löscht, falls sie bereits erfolgt ist. **52**

Trägt die BaFin eine Zweigniederlassung oder einen Agenten nicht in die Register gemäß § 43 Abs. 1, § 44 Abs. 2 ein oder löscht sie eine vorgenommene Eintragung, darf das Institut nicht über die Zweigniederlassung oder Agenten im Aufnahmemitgliedstaat tätig werden. Die BaFin kann daher eine Untersagungsanordnung gemäß § 4 Abs. 2 treffen. Diese unterliegt aber dem Verhältnismäßigkeitsgrundsatz. Vor der Ablehnung der Eintragung wegen nicht hinreichend detaillierter Angaben in der Anzeige muss die BaFin daher dem Institut Gelegenheit geben, den Antrag zu ergänzen. In diesem Falle sollte das in Abs. 5 und 6 vorgesehene Verfahren entsprechend auf die Ergänzung der Anzeige angewendet werden. **53**

Im Falle von Anzeigen über die Änderung der nach Abs. 1–3 angezeigten Verhältnisse soll gemäß Abs. 9 S. 2 das Verfahren nach Abs. 4 und 5 entsprechende Anwendung finden. **54**

X. Mitteilung von Verstößen durch zuständige Behörde des Aufnahmemitgliedstaates (Abs. 7)

Abs. 7 wurde durch das ZDUG2 neu ins ZAG eingefügt. Abs. 7 dient der Umsetzung von Art. 30 Abs. 1 PSD2 (BT-Drs. 18/11495, 129 f.). Abs. 7 regelt das Verfahren bei Mitteilungen durch die zuständige Behörde des Aufnahmemitgliedstaates an die BaFin, dass ein in Deutschland zugelassenes Institut, das in dem **55**

Hoheitsgebiet des Aufnahmemitgliedstaates Agenten oder Zweigniederlassungen hat, seinen dortigen aufsichtsrechtlichen Verpflichtungen nicht nachkommt. In diesem Fall hat die BaFin gemäß Abs. 7 S. 1 nach Bewertung der ihr übermittelten Informationen unverzüglich alle Maßnahmen zu ergreifen, die erforderlich sind, um für die Erfüllung der Verpflichtungen zu sorgen. Da die von der Behörde des Aufnahmemitgliedstaates mitgeteilten Verstöße ausländischem Recht unterliegen, dürfte sich die Bewertung der BaFin hinsichtlich des Vorliegens eines Verstoßes auf eine Plausibilitätskontrolle beschränken (Ellenberger/Findeisen/Nobbe/Böger/ Rieg § 38 Rn. 212 sieht gar eine Ermessensreduzierung auf „Null"). Bei der Frage, welche Maßnahmen erforderlich und angemessen sind, um den Verstoß zu beheben, verbleibt die Bewertung aber vollständig bei der BaFin. Die BaFin hat bei der Anwendung des Verhältnismäßigkeitsgrundsatzes unter anderem Art. 30 Abs. 2–4 PSD2 zu beachten (aA Schäfer/Omlor/Mimberg/Bracht/Forstmann § 38 Rn. 99). Über die von ihr ergriffenen Maßnahmen muss die BaFin die zuständigen Behörden des Aufnahmemitgliedstaates und die zuständigen Behörden jedes anderen betroffenen Mitgliedstaates gemäß Abs. 7 S. 2 auf dem Laufenden halten. Abs. 7 findet keine Anwendung auf Institute, die gemäß Abs. 2 oder 3 im Aufnahmemitgliedstaat tätig sind. Für diesen Fall verbleibt es aber bei den Befugnissen gemäß § 4. Für eine entsprechende Anwendung von Abs. 7 auf Fälle des Abs. 2 (so Schäfer/Omlor/Mimberg/Bracht/Forstmann § 38 Rn. 98 f.) besteht daher auch im Hinblick darauf, dass sie Fragen zur Zulässigkeit von Analogien in der Eingriffsverwaltung aufwirft (BVerfG 14. 8. 1996 – 2 BvR 2088/93, Ziffer 2c); Fett/Bentele, BKR 2011, 403, 405; Konzak, NvwZ 1997, 872, 873) keine Notwendigkeit.

XI. Auskünfte und Prüfungen durch die BaFin und BBank (Abs. 8)

56   Abs. 8 entspricht im Wesentlichen § 25 Abs. 4 aF Gemäß Abs. 8 S. 1 können die BaFin und die BBank Auskünfte und Prüfungen gemäß § 19 direkt von der ausländischen Zweigniederlassung sowie von Agenten, E-Geld-Agenten und Auslagerungsunternehmen (§ 26), deren sich ein Institut in anderen Staaten des EWR bedient, verlangen. Abs. 8 dient der Umsetzung von Art. 30 Abs. 1 PSD2 (BT-Drs. 18/11495, 129 f.). Die BaFin arbeitet als zuständige Herkunftsstaatsbehörde mit den zuständigen Aufnahmestaatbehörden zusammen und kann bei Auskunfts- und Vorlegungsersuchen auch ohne die Zustimmung der zuständigen ausländischen Behörde tätig werden (BT-Drs. 17/3023, 51 f.). Zum Inhalt der Rechte aus § 19 ZAG s. die Kommentierung dort.

57   Gemäß Abs. 8 S. 2 ist allerdings bei Vor-Ort-Prüfungen vorab die Zustimmung der zuständigen Behörden des Aufnahmemitgliedstaates einzuholen. Auch wenn die Zweite E-Geld-RL ein solches Zustimmungserfordernis nicht explizit vorsieht, sind Maßnahmen vor Ort ohne die Unterstützung der zuständigen Behörden des Aufnahmestaats nicht möglich (BT-Drs. 17/3023, 51 f.). Auch die Androhung und Anwendung von Zwangsmitteln sollten den ausländischen Behörden vorbehalten bleiben (BT-Drs. 17/3023, 51 f.).

§ 39 Errichten einer Zweigniederlassung, grenzüberschreitender Dienstleistungsverkehr von Unternehmen mit Sitz in einem anderen Staat des Europäischen Wirtschaftsraums

(1) [1]Ein Institut mit Sitz in einem anderen Mitgliedstaat oder einem anderen Vertragsstaat des Abkommens über den Europäischen Wirtschaftsraum darf ohne Erlaubnis durch die Bundesanstalt über eine Zweigniederlassung oder im Wege des grenzüberschreitenden Dienstleistungsverkehrs oder über Agenten im Inland Zahlungsdienste erbringen oder das E-Geld-Geschäft betreiben oder über E-Geld-Agenten E-Geld vertreiben oder rücktauschen, wenn das Unternehmen von den zuständigen Behörden des anderen Staates zugelassen oder registriert worden ist, die Geschäfte durch die Zulassung oder Registrierung abgedeckt sind und das Unternehmen, die Agenten oder E-Geld-Agenten von den zuständigen Behörden nach Vorschriften, die denen der Richtlinie (EU) 2015/2366 des Europäischen Parlaments und des Rates vom 25. November 2015 über Zahlungsdienste im Binnenmarkt, zur Änderung der Richtlinien 2002/65/EG, 2009/110/EG und 2013/36/EU und der Verordnung (EU) Nr. 1093/2010 sowie zur Aufhebung der Richtlinie 2007/64/EG (ABl. L 337 vom 23.12.2015, Satz 35; L 169 vom 28.6.2016, Satz 18) oder der Richtlinie 2009/110/EG des Europäischen Parlaments und des Rates vom 16. September 2009 über die Aufnahme, Ausübung und Beaufsichtigung der Tätigkeit von E-Geld-Instituten, zur Änderung der Richtlinien 2005/60/EG und 2006/48/EG sowie zur Aufhebung der Richtlinie 2000/46/EG (ABl. L 267 vom 10.10.2009, Satz 7) entsprechen, beaufsichtigt werden und die Agenten in das Institutsregister der zuständigen Behörde des Herkunftsmitgliedstaates eingetragen wurden. [2]§ 14 der Gewerbeordnung bleibt unberührt.

(2) [1]Hat die Bundesanstalt im Fall des Absatzes 1 tatsächliche Anhaltspunkte dafür, dass im Zusammenhang mit der geplanten Beauftragung eines Agenten oder E-Geld-Agenten oder der Gründung einer Zweigniederlassung Geldwäsche im Sinne des § 261 des Strafgesetzbuchs oder Terrorismusfinanzierung im Sinne des § 1 Absatz 2 des Geldwäschegesetzes stattfinden, stattgefunden haben oder versucht wurden, oder dass die Beauftragung des Agenten oder die Gründung der Zweigniederlassung das Risiko erhöht, dass Geldwäsche oder Terrorismusfinanzierung stattfinden, so unterrichtet die Bundesanstalt die zuständige Behörde des Herkunftsmitgliedstaates. [2]Zuständige Behörde des Herkunftsmitgliedstaates ist die Behörde, die die Eintragung des Agenten oder der Zweigniederlassung in das dortige Zahlungsinstituts-Register oder E-Geld-Instituts-Register ablehnen oder, falls bereits eine Eintragung erfolgt ist, löschen kann.

(3) [1]Auf Institute im Sinne des Absatzes 1 Satz 1 sind § 17 des Finanzdienstleistungsaufsichtsgesetzes sowie die §§ 3, 7 bis 9 und 19 Absatz 1 und 4 anzuwenden. [2]Auf Institute, die eine Zweigniederlassung errichten oder Agenten heranziehen, sind zusätzlich § 27 Absatz 1 Satz 2 Nummer 5, Absatz 2 bis 4, § 28 Absatz 1 Nummer 1, 2, 6 und 7 sowie die §§ 60 bis 62 mit der Maßgabe anzuwenden, dass eine oder mehrere Zweigniederlassungen desselben Unternehmens im Inland als eine Zweigniederlassung gelten. [3]Änderungen des Geschäftsplans, insbesondere der Art der geplan-

ten Geschäfte und des organisatorischen Aufbaus der Zweigniederlassung, der Anschrift und der Leiter sind der Bundesanstalt und der Deutschen Bundesbank mindestens einen Monat vor dem Wirksamwerden der Änderungen in Textform anzuzeigen.

(4) Für Agenten, E-Geld-Agenten und zentrale Kontaktpersonen gilt Absatz 3 Satz 1 entsprechend.

(5) Werden der Bundesanstalt von den zuständigen Behörden des Staates, in dem das Institut zugelassen ist, nach § 38 entsprechende Angaben übermittelt, bewertet die Bundesanstalt diese Angaben innerhalb eines Monats nach ihrem Erhalt und teilt den zuständigen Behörden dieses Staates die einschlägigen Angaben zu den Zahlungsdiensten mit, die das Institut im Wege der Errichtung einer Zweigniederlassung oder des grenzüberschreitenden Dienstleistungsverkehrs im Inland zu erbringen beabsichtigt.

(6) [1]Stellt die Bundesanstalt fest, dass das ausländische Institut seinen aufsichtsrechtlichen Verpflichtungen im Inland nicht nachkommt, unterrichtet sie unverzüglich die zuständigen Behörden des Herkunftsmitgliedstaates hierüber. [2]Solange die zuständigen Behörden des Herkunftsmitgliedstaates keine Maßnahmen ergreifen oder sich die ergriffenen Maßnahmen als unzureichend erweisen, kann die Bundesanstalt nach Unterrichtung der zuständigen Behörden des Herkunftsmitgliedstaates die Maßnahmen ergreifen, die erforderlich sind, um eine ernste Bedrohung der kollektiven Interessen der Zahlungsdienstnutzer im Inland abzuwenden; falls erforderlich kann sie die Durchführung neuer Geschäfte im Inland untersagen. [3]In dringenden Fällen kann die Bundesanstalt vor Einleitung des Verfahrens die erforderlichen Maßnahmen ergreifen. [4]Entsprechende Maßnahmen müssen im Hinblick auf den mit ihnen verfolgten Zweck, eine ernste Bedrohung für die kollektiven Interessen der Zahlungsdienstnutzer im Aufnahmemitgliedstaat abzuwenden, angemessen sein. [5]Sie sind zu beenden, wenn die festgestellte ernste Bedrohung abgewendet wurde. [6]Sie dürfen nicht zu einer Bevorzugung der Zahlungsdienstnutzer des Zahlungsinstituts im Aufnahmemitgliedstaat gegenüber den Zahlungsdienstnutzern von Zahlungsinstituten in anderen Mitgliedstaaten führen. [7]Die Bundesanstalt hat die zuständigen Behörden des Herkunftsmitgliedstaates und die jedes anderen betroffenen Mitgliedstaates sowie die Kommission und die Europäische Bankenaufsichtsbehörde vorab oder in dringenden Fällen unverzüglich über die nach Satz 2 ergriffenen Maßnahmen zu unterrichten.

(7) [1]Nach vorheriger Unterrichtung der Bundesanstalt können die zuständigen Behörden des Herkunftsmitgliedstaates selbst oder durch ihre Beauftragten die für die aufsichtsrechtliche Überwachung der Zweigniederlassung erforderlichen Informationen bei der Zweigniederlassung prüfen. [2]Auf Ersuchen der zuständigen Behörden des Herkunftsmitgliedstaates dürfen die Bediensteten der Bundesanstalt und der Deutschen Bundesbank diese bei der Prüfung nach Satz 1 unterstützen oder die Prüfung in deren Auftrag durchführen; der Bundesanstalt und der Deutschen Bundesbank stehen dabei die Befugnisse nach § 19 zu, falls Tatsachen die Annahme rechtfertigen oder feststeht, dass das ausländische Unternehmen unerlaubte Zahlungsdienste erbringt oder unerlaubt das E-Geld-Geschäft betreibt, oder dass dieses unerlaubte Geschäfte nach dem Kreditwesen-

gesetz, nach dem Versicherungsaufsichtsgesetz oder nach dem Kapitalanlagegesetzbuch betreibt oder gegen vergleichbare Bestimmungen des Herkunftsstaates verstößt, auch die Rechte nach § 8 zu.

(8) [1]Wird der Austritt des Vereinigten Königreichs Großbritannien und Nordirland aus der Europäischen Union wirksam, ohne dass bis zu diesem Zeitpunkt ein Austrittsabkommen im Sinne von Artikel 50 Absatz 2 Satz 2 des Vertrags über die Europäische Union in Kraft getreten ist, so kann die Bundesanstalt zur Vermeidung von Nachteilen für die Funktionsfähigkeit oder die Stabilität der Zahlungsverkehrsmärkte anordnen, dass die Absätze 1 bis 7 für einen Übergangszeitraum nach dem Austritt auf Unternehmen mit Sitz im Vereinigten Königreich Großbritannien und Nordirland, die zum Zeitpunkt des Austritts des Vereinigten Königreichs Großbritannien und Nordirland nach Absatz 1 im Inland über eine Zweigniederlassung oder im Wege des grenzüberschreitenden Dienstleistungsverkehrs oder über Agenten Zahlungsdienste erbracht oder das E-Geld-Geschäft betrieben oder über E-Geld-Agenten E-Geld vertrieben oder rückgetauscht haben, ganz oder teilweise entsprechend anzuwenden sind. [2]Dies gilt nur, soweit die Unternehmen nach dem Austritt Zahlungsdienste erbringen oder E-Geld-Geschäfte betreiben, die in engem Zusammenhang mit zum Zeitpunkt des Austritts bestehenden Verträgen stehen. [3]Der im Zeitpunkt des Austritts beginnende Übergangszeitraum darf eine Dauer von 21 Monaten nicht überschreiten. [4]Die Anordnung kann auch durch Allgemeinverfügung ohne vorherige Anhörung getroffen und öffentlich bekanntgegeben werden.

Inhaltsübersicht

I. Allgemeines

1   § 26 aF wurde durch das ZDUG1 in das ZAG eingefügt und erfasste zunächst nur Zahlungsinstitute. Durch das Zweite E-Geld-RLUG wurde die Vorschrift zur Umsetzung der Zweiten E-Geld-RL angepasst. Durch das ZDUG2 wurde § 26 aF in § 39 überführt und erneut angepasst. Nunmehr dient § 39 der Umsetzung von Art. 29 und – in Teilen – Art. 30 PSD2 (BR-Drs. 158/17, 149). Die Vorschrift regelt das Errichten einer Zweigniederlassung und das Tätigwerden im Rahmen des grenzüberschreitenden Dienstleistungsverkehrs durch ein ausländisches Institut in Deutschland. Für ausländische Zahlungsinstitute setzt § 39 bezüglich der Zusammenarbeit der Behörden die Vorgaben von Art. 29 PSD2 um, für ausländische E-Geld-Institute die Vorgaben des Art. 3 Abs. 1 Zweite E-Geld-RL, soweit er auf Art. 29 PSD2 Bezug nimmt.

2   § 39 setzt zudem die Vorgaben der PSD2 bezüglich des sog. **Europäischen Passes** um. Gemäß Art. 11 Abs. 9 PSD2 gilt eine Zulassung in allen Mitgliedstaaten und gestattet dem betreffenden Zahlungsinstitut, auf Grundlage der Niederlassungsfreiheit oder der Dienstleistungsfreiheit überall in der Gemeinschaft Zahlungsdienste zu erbringen, sofern die betreffenden Zahlungsdienste von der Zulassung umfasst sind. Nach Art. 3 Zweite E-Geld-RL gelten die Bestimmungen des Art. 11 PSD2 für E-Geld-Institute entsprechend, so dass auch sie in den Genuss des Europäischen Passes kommen. Der Europäische Pass begründet eine gesetzlich angeordnete Äquivalenz und gegenseitige Anerkennung, wobei die fortlaufende Aufsicht grundsätzlich im Herkunftsmitgliedstaat erfolgt (Hanten/Sacarcelik WM 2018, 1872 (1875)).

3   § 39 regelt den Fall, dass ein Institut aus einem anderen Staat des EWR in der Bundesrepublik Zahlungsdienste erbringt oder das E-Geld-Geschäft betreibt. Gegenstück dieser Vorschrift ist § 38, der den umgekehrten Fall regelt, dass ein in der Bundesrepublik zugelassenes Institut mit einer Erlaubnis zur Erbringung von Zahlungsdiensten und zum Betreiben des E-Geld-Geschäfts diese Tätigkeiten in einem anderen Staat des EWR durchzuführen beabsichtigt. § 39 regelt zudem die Rechte, die die BaFin gegenüber Zweigniederlassungen ausländischer Institute hat, wenn diese in der Bundesrepublik errichtet werden oder wenn Zahlungsdienste im Wege der Niederlassungsfreiheit aus einem anderen Staat des EWR heraus in Deutschland erbracht werden (BR-Drs. 827/08, 95 zu § 26 Abs. 1 aF). Darüber hinaus regelt § 39 die Rechte der BaFin gegenüber Agenten (§ 1 Abs. 9), E-Geld-Agenten (§ 1 Abs. 10) und zentralen Kontaktpersonen (§ 41).

4   Eine mit § 39 vergleichbare Vorschrift enthält § 53b KWG. Beide Vorschriften gestatten dem ausländischen Institut die Durchführung der erlaubnispflichten Geschäfte in der Bundesrepublik ohne das Erfordernis der Einholung einer Erlaubnis gemäß den Vorschriften des ZAG bzw. KWG.

II. Keine Erlaubnispflicht für Zweigstellen oder grenzüberschreitenden Dienstleistungsverkehr durch ein ausländisches Institut (Abs. 1)

Abs. 1 entspricht in seinem Regelungsgehalt im Wesentlichen § 26 Abs. 1 aF und **5** dient der Umsetzung von Art. 11 Abs. 9 PSD2 und Art. 29 PSD2 (BR-Drs. 158/17, 149f.). Gemäß Abs. 1 S. 1 darf ein Institut mit Sitz in einem anderen Staat des EWR ohne Erlaubnis durch die BaFin über eine Zweigniederlassung oder im Wege des grenzüberschreitenden Dienstleistungsverkehrs im Inland Zahlungsdienste erbringen, wenn das Unternehmen von den zuständigen Behörden des anderen Staates zugelassen worden ist, die Geschäfte durch die Zulassung abgedeckt sind und das Unternehmen von den zuständigen Behörden nach Vorschriften, die denen der PSD2 und der Zweiten E-Geld-RL entsprechen, beaufsichtigt wird. Gleiches gilt für auch dann für Kontoinformationsdienstleister, sofern ihnen im Herkunftsland keine Erlaubnis erteilt, sondern sie stattdessen registriert wurden (Schäfer/Omlor/Mimberg/Bracht/Forstmann § 39 Rn. 5). Klarstellend (BR-Drs. 158/17, 149f.) ergänzt das ZDUG2 Abs. 1 dahingehend, dass auch die Heranziehung von Agenten durch ein Institut mit Sitz in einem anderen Staat des EWR erfasst ist. Gleiches gilt für E-Geld-Agenten. Das bedeutet zum einen, dass ein Institut aus einem anderen Staat des EWR auch dann keiner Erlaubnis nach dem ZAG bedarf, wenn es den inländischen Markt der Bundesrepublik zielgerichtet durch Agenten oder E-Geld-Agenten anspricht. Die Agenten bzw. E-Geld-Agenten bedürfen in diesem Falle ebenfalls keiner Erlaubnis nach §§ 10, 11. Zum anderen ist gemäß Abs. 1 S. 1 für eine solche Marktansprache im Falle des Einsatzes von Agenten erforderlich, dass diese in das Institutsregister der zuständigen Behörden des Herkunftsmitgliedstaates eingetragen sind.

1. Institut mit Sitz in einem anderen Staat der EWR

Voraussetzung für die Berechtigung zur Marktansprache ohne Erteilung einer **6** Erlaubnis nach den §§ 10, 11 ist zunächst, dass es sich um ein Institut mit Sitz **in einem anderen Staat des EWR** handelt. Institute aus Drittstaaten sind von der Regelung nicht erfasst. Dies gilt auch, wenn das Institut mit Sitz in einem Drittstaat eine Zweigniederlassung in einem anderen Staat des EWR hat. Für Institute mit Sitz in einem Drittstaat gilt § 42. Der Begriff des Instituts meint Zahlungsinstitute und E-Geld-Institute, vgl. § 1 Abs. 3. Auf Personen mit Sitz in einem anderen Staat des EWR, die zum Erbringen von Zahlungsdiensten oder dem Betreiben des E-Geld-Geschäfts keiner Erlaubnis nach dem ZAG bedürfen (§ 1 Abs. 1 Nr. 2–5, § 1 Abs. 2 Nr. 2–4), ist § 39 nicht anwendbar. Daher entfaltet auch die Einschätzung einer Behörde eines anderen Staates des EWR, dass eine Tätigkeit keiner Erlaubnis als Institut im Herkunftsmitgliedstaat bedarf, keine Bindungswirkung gegenüber der BaFin. Dies gilt auch, sofern ein anderer Staat des EWR von der Ausnahmeregelung in Art. 32 Abs. 1 lit. a) PSD2 Gebrauch gemacht hat und ein Institut in diesem Staat daher keine Erlaubnis benötigt.

CRR-Kreditinstitute, die gemäß § 1 Abs. 1 Nr. 3, § 1 Abs. 2 Nr. 2 keiner **7** Erlaubnis nach dem ZAG bedürften und ihren Sitz in einem anderen Staat des EWR haben, können den Europäischen Pass für die Erbringung von Zahlungsdiensten und das Betreiben des E-Geld-Geschäfts nicht gemäß § 39 nutzen, da sie keine Institute iSd ZAG sind. Sie sind aber nur dann nicht nach den Vorschriften des ZAG erlaubnispflichtig, wenn sie aufgrund anderer Vorschriften berechtigt sind, als CRR-Kreditinstitut die in ihrem Herkunftsstaat erhaltene Erlaubnis in Deutschland für die Erbringung von Zahlungsdiensten oder das Betreiben des E-Geld-Geschäfts über eine Zweigniederlassung oder im Wege des grenzüberschreitenden Dienstleistungsverkehrs zu nutzen. Aus Art. 33 EigenkapitalRL folgt, dass ein CRR-Kreditinstitut im Gebiet des EWR die in Anh. I der EigenkapitalRL aufgeführten Tätigkeiten mit der Erlaubnis seines Herkunftsstaates ausüben darf. Anh. I Nr. 4 EigenkapitalRL iVm Art. 113 PSD2 verweist für eine Auflistung von Zahlungsdiensten auf den Anh. der PSD2, Anh. I Nr. 15 EigenkapitalRL enthält das E-Geld-Geschäft, so dass CRR-Kreditinstitute europarechtlich in jedem anderen Staat des EWR im Rahmen des Europäischen Passes das E-Geld-Geschäft betreiben und Zahlungsdienste erbringen können. § 53b Abs. 1 S. 1 KWG gestattet CRR-Kreditinstituten mit Sitz in einem anderen Staat des EWR jedoch nur das Betreiben von Bankgeschäften, § 53b Abs. 1 S. 2 KWG gestattet zusätzlich, Zahlungsdienste in der Bundesrepublik zu erbringen. Mit dem Zweiten E-Geld-RLUG wurde der Tatbestand des E-Geld-Geschäfts, der bisher gemäß § 1 Abs. 1 S. 2 Nr. 11 KWG aF Bestandteil der Definition des Bankgeschäfts war, gestrichen, so dass der Wortlaut von § 53b KWG gegenwärtig CRR-Kreditinstituten nicht gestatten dürfte, das E-Geld-Geschäft über eine Zweigniederlassung oder im Wege des grenzüberschreitenden Dienstleistungsverkehrs in der Bundesrepublik zu betreiben (anders BFS/Vahldieck § 53b Rn. 30). Es dürfte sich um ein gesetzgeberisches Versehen handeln, dass das E-Geld-Geschäft nicht gesondert in § 53b KWG erwähnt wird (so auch Schäfer/Omlor/Mimberg/Bracht/Forstmann § 39 Rn. 8). Betroffenen CRR-Kreditinstituten ist zu raten, sich im Vorfeld der Geschäftsaufnahme in der Bundesrepublik mit der BaFin hinsichtlich der Nutzbarkeit des Europäischen Passes für das E-Geld-Geschäft abzustimmen.

8   Der Sitz eines Instituts ergibt sich in aller Regel aus seiner Satzung oder dem Ort seiner Hauptverwaltung (BFS/Vahldieck § 53b Rn. 32). Zur Frage, welcher Staat als Sitzstaat anzusehen ist, wenn ein Unternehmen den überwiegenden Teil seiner Tätigkeit in einem anderen Staat als seinem formalen Sitzstaat ausübt, s. BFS/Vahldieck § 53b Rn. 32f.

9   Die Tätigkeiten können durch das ausländische Unternehmen über eine Zweigniederlassung oder im Wege des grenzüberschreitenden Dienstleistungsverkehrs erbracht werden.

2. über eine Zweigniederlassung

10   Die Anzeigepflicht gilt für die Erbringung von Zahlungsdiensten über eine Zweigniederlassung oder im Wege des grenzüberschreitenden Dienstleistungsverkehrs. **„Zweigniederlassung"** ist gemäß § 1 Abs. 5 (in Umsetzung von Art. 4 Nr. 39 PSD2 (iVm Art. 3 Zweite E-Geld-RL iVm Art. 11 Nr. 1 lit. a PSD2, Art. 29 PSD2)) eine Geschäftsstelle, die nicht die Hauptverwaltung ist und die einen Teil eines Zahlungsinstituts oder E-Geld-Instituts bildet, die keine Rechtspersönlichkeit hat und unmittelbar sämtliche oder einen Teil der Geschäfte betreibt, die mit der Tätigkeit eines Zahlungsinstituts oder E-Geld-Instituts verbunden sind. Alle Geschäftsstellen eines Zahlungsinstituts oder E-Geld-Instituts mit einer Hauptverwaltung in einem anderen Mitgliedstaat, die sich in ein und demselben Mitgliedstaat befinden, gelten als eine einzige Zweigniederlassung (Art. 4 Nr. 39 PSD2).

Charakteristisch für die Annahme von Zweigniederlassungen ist zudem, dass es **11** sich um **rechtlich unselbständige, ortsfeste und dauernde physische Präsenzen** handelt, die für die Erbringung von Zahlungsdiensten oder das Betreiben des E-Geld-Geschäfts werbend am Markt auftreten (vgl. BFS/Vahldiek § 53b Rn. 57). Bei der Beurteilung der Frage, wann Tätigkeiten eines Instituts als das Errichten einer Zweigniederlassung zu bewerten sind, kann auf die Kriterien zurückgegriffen werden, die die BaFin im Rahmen des zwischenzeitlich aufgehobenen Rundschreibens 3/2001 entwickelt hat, sowie auf das Urteil des EuGH vom 4. 12. 1986 (VersR 1986, 1226) und die Mitteilung der Kommission zu Auslegungsfragen über den freien Dienstleistungsverkehr und das Allgemeininteresse in der Zweiten Bankenrichtlinie vom 10. 7. 1997 (ABl. 1997 C 209, 6). Danach ist für die Annahme einer Zweigniederlassung erforderlich, dass ein Institut mit Sitz in einem anderen Staat des EWR eine ständige Präsenz in der Bundesrepublik aufrechterhält (vgl. dazu BFS/Braun § 24a Rn. 37; Luz/Neus/Schaber/Scharpf/Schneider/Wagner/Weber/Leistikow § 24a Rn. 7). Von einer ständigen Präsenz ist auch dann auszugehen, wenn diese nicht formal in Form einer Zweigniederlassung oder einer Agentur durchgeführt wird, sondern lediglich in Form einer Repräsentanz, die von eigenem Personal des Instituts oder von einer unabhängigen Person, die beauftragt ist, auf Dauer für das Institut wie eine Agentur zu handeln, geführt wird (EuGH VersR 1986, 1226 Leitsatz 1). Angesichts des Wortlauts der Definition des Begriffs „Zweigniederlassung" sollte im Falle rechtlich selbständiger Personen oder Unternehmen eine Zweigniederlassung nur in Ausnahmefällen angenommen werden, insbesondere wenn die Person oder das Unternehmen so eng in die Organisationsstruktur des Instituts eingegliedert ist, dass sie materiell keinen eigenständigen Charakter hat und sich dessen Erscheinungsbild als bewusste Umgehung der formalen Gründung einer Zweigniederlassung darstellt (ähnlich Schäfer/Omlor/Mimberg/Bracht/Forstmann § 38 Rn. 21). Hiervon zu trennen ist die Frage, ob die Tätigkeit eines Unternehmens durch den Einsatz von Agenten oder E-Geld-Agenten der Dienstleistungsfreiheit oder der Niederlassungsfreiheit unterfällt. Hierzu hatte sich die EBA in ihrer Opinion EBA/Op/2019/03 geäußert. Folgt man dieser Einschätzung der EBA, wirkt sich dies aber nur auf die Frage aus, ob die BaFin von dem Institut Berichte gemäß § 40 oder die Benennung einer zentralen Kontaktperson gemäß § 41 verlangen kann (s. im Einzelnen die Kommentierung dort).

Ob der Einsatz von **Agenten** oder **E-Geld-Agenten** in der Bundesrepublik **12** durch ein Institut mit Sitz in einem anderen Staat des EWR wiederum das Vorliegen einer Zweigniederlassung begründet, ist eine Frage des Einzelfalls. Dies dürfte der Fall sein, wenn der Agent oder E-Geld Agent im Verhältnis zum Institut materiell wie eine Zweigniederlassung agiert und faktisch einen unselbständigen Unternehmensteil darstellt (s. hierzu aber → Rn. 11). Diese Situation dürfte vergleichbar mit der im Rahmen des KWG diskutierten Fallgruppe der selbstständigen Finanzmittler sein. Die Kommission (ABl. 1997 C 209, 11) vertritt den Standpunkt, dass der Einsatz eines Vermittlers zur Unterwerfung eines Instituts unter das Niederlassungsrecht führt, wenn der Vermittler mit einem dauerhaften Mandat ausgestattet ist, der Vermittler der Leitung und Kontrolle des Instituts etwa anhand organisatorischer Fragen, der Bestimmung der Arbeitszeit oder der Möglichkeit, auch für andere Institute tätig werden zu dürfen, untersteht, und das Institut wirksam verpflichten kann. Da Agenten und zum Teil auch E-Geld-Agenten im Namen des Instituts handeln (vgl. § 1 Abs. 9, § 1 Abs. 10), können sie das Institut wirksam verpflichten. Entscheidend für die Annahme einer Zweigniederlassung dürfte daher die Erfüllung der weiteren Kriterien nach den konkreten vertraglichen Absprachen zwischen Institut und Agenten bzw. E-Geld-Agenten sein. Sofern das Institut den Agenten oder E-Geld-Agenten aber aufgrund vertraglicher Absprachen so stark kontrollieren kann, dass er faktisch ein unselbständiger Unternehmensteil des Instituts ist, ist es als über eine Zweigniederlassung im Inland tätig werdend anzusehen.

13   Sofern Mitarbeiter des Instituts vorübergehend, etwa durch Kundenbesuche, zur Erbringung von unter dem ZAG erlaubnispflichtigen Leistungen in die Bundesrepublik einreisen, begründet dies noch nicht die für die Annahme einer Zweigniederlassung erforderliche, dauerhafte Präsenz (Schwennicke/Auerbach/Brocker § 53b Rn. 19; BFS/Vahldiek § 53b Rn. 70).

3. im Wege des grenzüberschreitenden Dienstleistungsverkehrs

14   Hinsichtlich des Vorliegens **grenzüberschreitender Dienstleistungen** kann auf die im Rahmen von §§ 24a, 53b KWG vorgenommenen Wertungen zurückgegriffen werden. Grenzüberschreitende Dienstleistungen liegen nur vor bei einer aktiven Erbringung der Dienstleistungen durch physisches Tätigwerden durch Erbringen der charakteristischen Leistung im Inland (Schwennicke/Auerbach/Brocker § 53b Rn. 16; BFS/Vahldiek § 53b Rn. 66). Nicht erfasst vom Begriff der grenzüberschreitenden Dienstleistungen sind Dienstleistungen, die im Wege der passiven Dienstleistungsfreiheit entgegengenommen werden. Die passive Dienstleistungsfreiheit ist betroffen, wenn der Leistungsempfänger sich persönlich in den Sitzstaat des Instituts begeben hat, um eine Leistung entgegenzunehmen. Gleiches gilt insbesondere bei Zahlungsdiensten, wenn der Leistungsempfänger die Dienstleistung eines ausländischen Instituts lediglich über eine inländische Zahl- oder Verwahrungsstelle in Anspruch nimmt (vgl. Schwennicke/Auerbach/Brocker § 24a Rn. 23). Eine grenzüberschreitende Dienstleistung liegt allerdings regelmäßig vor, wenn es sich bei der Werbung inhaltlich bereits um ein rechtlich oder faktisch bindendes Angebot handelt (Luz/Neus/Schaber/Scharpf/Schneider/Wagner/Weber/Leistikow § 24a Rn. 27). Ein faktisch bindendes Angebot dürfte regelmäßig bei der Abgabe einer sog. invitatio ad offerendum anzunehmen sein, so dass Parallelen zu den Kriterien der Annahme der Erbringung von Leistungen im Inland gemäß § 10 (→ § 10 Rn. 9 ff.) bestehen. Die Schwelle zur Annahme einer grenzüberschreitenden Dienstleistung ist darüber hinaus bei einer zielgerichteten Ansprache des inländischen Marktes anzunehmen (→ § 10 Rn. 9 ff.)

4. über Agenten oder E-Geld-Agenten

15   Neu in Abs. 1 formal eingefügt wurde das Recht eines Instituts, über **Agenten oder E-Geld-Agenten** im Inland tätig zu werden. Da der Einsatz von Agenten oder E-Geld-Agenten regelmäßig mit einer zielgerichteten Marktansprache des jeweiligen Ziellandes einhergehen dürfte, konnten Institute bereits nach bisheriger Rechtslage nur auf Grundlage des Europäischen Passes im Inland tätig werden. Dass Agenten und E-Geld-Agenten nunmehr gesondert erwähnt werden, ist darauf zurückzuführen, dass bei der Nutzung des Europäischen Passes über Zweigniederlassungen, Agenten oder im Wege des grenzüberschreitenden Dienstleistungsverkehrs gemäß der Delegierten Verordnung (EU) 2017/2055 unterschiedliche Mitteilungen zwischen den Behörden vorgesehen sind. Die Delegierte Verordnung (EU) 2017/2055 gilt als Rechtsakt der Kommission iSv Art. 290 AEUV unmittelbar in den Mitgliedstaaten (s. Lutz ZVglRWiss 2017, 177 (187 ff.)).

5. nach Vorschriften entsprechend der PSD2 zugelassen und beaufsichtigt

Sofern der Herkunftsmitgliedstaat eines Instituts Art. 29 PSD2 umgesetzt hat, **16** muss dessen Rechtsordnung inhaltlich mit § 38 vergleichbare Regelungen vorsehen, die das Institut dazu verpflichten, die Absicht der Errichtung einer Zweigniederlassung oder des Erbringens von grenzüberschreitenden Dienstleistungen anzuzeigen und die die zuständige Behörde des Herkunftsmitgliedstaates verpflichten, der BaFin diese Anzeige weiterzuleiten.

Weitere Voraussetzung von Abs. 1 S. 1 ist, dass das Unternehmen von den zustän- **17** digen Behörden des anderen Staates **zugelassen** worden ist. Zulassung meint nur eine bereits erteilte Zulassung, so dass ein noch laufendes Erlaubnisverfahren im Herkunftsstaat die Rechtsfolgen des § 39 Abs. 1 nicht auslöst (BFS/Vahldieck § 53b Rn. 34). „Zulassung" ist zudem so zu verstehen, dass auch Registrierungen im Falle von Kontoinformationsdiensten erfasst sind. Die BaFin darf die Erfüllung der Zulassungskriterien der PSD2 durch die zuständige Behörde des Herkunftsstaates nicht überprüfen (BFS/Vahldieck § 53b Rn. 35). Das Unternehmen muss von den Behörden des Herkunftsstaates nur zugelassen sein. Es ist weder erforderlich, dass das Unternehmen sämtliche Tätigkeiten, auf die sich die Zulassung erstreckt, tatsächlich über die Zweigstelle oder im Wege des grenzüberschreitenden Dienstleistungsverkehrs ausübt, noch ist es erforderlich, dass es eine der in der Bundesrepublik ausgeübten Tätigkeiten auch in seinem Herkunftsstaat erbringt (ähnlich BFS/ Vahldieck § 53b Rn. 37).

Die Geschäfte müssen **durch die Zulassung abgedeckt** sein. Diese Feststel- **18** lung kann die BaFin treffen, wenn sich die im Herkunftsstaat erteilte Erlaubnis auf die in Anh. I der PSD2 genannten Tatbestände bezieht oder eine vergleichbare Bezeichnung wie in § 1 Abs. 1 S. 2 ZAG gewählt wurde. Etwas Anderes kann sich ergeben, wenn die von einem bestimmten Erlaubnistatbestand im Herkunftsmitgliedstaat erfassten Geschäfte nicht identisch mit den Erlaubnistatbeständen gemäß § 1 ist. Nicht vom Europäischen Pass erfasst sind rein nationale Annexerlaubnisse wie beispielsweise in § 32 Abs. 6 KWG (Schäfer/Omlor/Mimberg/Bracht/Forstmann § 39 Rn. 13). Zur Frage, inwieweit Annexerlaubnisse wie zB die Erbringung von Einlagen- und Kreditgeschäft von der Zulassung abgedeckt sind, → Rn. 28.

Das Unternehmen muss von den zuständigen Behörden nach Vorschriften, die **19** denen der PSD2 oder der Zweiten E-Geld-RL entsprechen, **beaufsichtigt** werden. Diese Voraussetzung ist nicht so zu verstehen, dass die BaFin die Möglichkeit hat, die korrekte Umsetzung der genannten Richtlinien im Herkunftsstaat implizit zu überprüfen. Sofern ernsthafte Bedenken an der regulären Umsetzung der Richtlinien bestehen, ist hierfür der Weg über ein Vertragsverletzungsverfahren gemäß Art. 258, 259 AEUV vorgesehen (BFS/Vahldieck § 53b Rn. 35; Schäfer/Omlor/ Mimberg/Bracht/Forstmann § 39 Rn. 16).

Abs. 1 macht im Gegensatz zu § 53b Abs. 2 KWG die Befugnis der Aufnahme **20** der Tätigkeit im Inland, sofern keine Agenten im Inland eingesetzt werden, nicht ausdrücklich vom Abschluss des Notifizierungsverfahrens abhängig. Daher steht § 39 der Ausübung des Europäischen Passes vor Abschluss des Notifizierungsverfahrens in der Bundesrepublik nicht entgegen, sofern die Voraussetzungen des Abs. 1 vorliegen (für das Erfordernis einer vorherigen Bestätigung durch die BaFin: Scholz-Fröhling BKR 2017, 133 (138)). Zum Teil wird hingegen unter Verweis auf die Bestimmungen der PSD2 eingewandt, dass die Inanspruchnahme des Europäischen Passes erst nach Abschluss des Notifizierungsverfahrens zulässig sei (Schäfer/

Omlor/Mimberg/Bracht/Forstmann § 39, Rn. 14). Allerdings erkennt § 39 Abs. 1 dem Institut das Recht zur Erbringung von Zahlungsdiensten und dem E-Geld-Geschäft unabhängig vom Abschluss des Notifizierungsverfahrens im Herkunftsmitgliedstaat zu (wie hier auch Luz/Neus/Schaber/Schneider/Wagner/Weber/Schenkel ZAG § 39, Rn. 5). Wollte man die Erbringung der Zahlungsdienste oder des E-Geld-Geschäfts bis zum Abschluss des Notifizierungsverfahrens gegen den Wortlaut der Norm für unerlaubt halten, müsste man Abs. 1 gegen den Wortlaut teleologisch reduzieren, indem man den Abschluss des Notifizierungsverfahrens als weitere Bedingung hineinliest. Das Gebot der richtlinienkonformen Auslegung verpflichtet Gerichte aber jedenfalls nicht zu einer Auslegung „contra legem des nationalen Rechts" (EuGH, Rs. 212/04, Slg. I-2006, 6057, Rn. 110), was dahingehend zu verstehen ist, dass eine richtlinienkonforme Rechtsfortbildung von nationalen Gerichten nur innerhalb der Grenzen vorzunehmen ist und vorgenommen werden darf, die der Rechtsfortbildung nach der nationalen Methodenlehre gezogen sind (Habersack/Verse/Habersack/Verse § 3 Rn. 73; Nettesheim, Das Recht der Europäischen Union, Werkstand: 76. EL Mai 2022, Rn. 134). Dies gilt insbesondere für öffentlich-rechtliche Regelungen, die mit Straftat- oder Bußgeldvorschriften verknüpft sind (siehe Einleitung, Rn. 48), so dass jedenfalls die Straftatbestände des § 63 Abs. 1 Nr. 4, 5 nicht angewendet werden dürften. Aber auch bei etwaigen Maßnahmen der Eingriffsverwaltung wie etwa Verfügungen gem. § 7 bestehen erhebliche Bedenken, ob einer solchen Auslegung nicht ein Verbot der Rechtsfortbildung entgegensteht. Zum Teil haben deutsche Gerichte bereits Analogieverbote im Zusammenhang mit der Eingriffsverwaltung bejaht (BVerfG 14.8.1997 – 2 BvR 2088/93, NJW 1996, 3146; VGH München, 23.2.2016, 10 BV 14.2353, Rn. 21; NvwZ-RR, 2016, 779, 780). Auch Teile der Literatur lehnen die Rechtsfortbildung bei der Eingriffsverwaltung ab (Dreier/Schulze-Fielitz GG Art. 20 Rn. 104; Konzak, NvwZ 1997, 872, 873; Fett/Bentele, BKR 2011, 403, 405; s. zum Streitstand auch Stelkens/Bonk/Sachs/Sachs VwVfG § 44 Rn. 54; Sachs/Sachs, Grundgesetz, GG Art. 20 Rn. 121; Dreier/Schulze-Fielitz GG Art. 20 Rn. 104 jeweils mwN). Angesichts dieser Vorbehalte von Rechtsprechung und Literatur im Zusammenhang mit der Möglichkeit der Rechtsfortbildung in der Eingriffsverwaltung zu Lasten des Betroffenen und der hier potentiellen massiven Eingriffsbefugnisse der BaFin ist der Vorbehalt des Abschlusses des Notifizierungsverfahrens für die Ausübung des Europäischen Passes gem. § 39 abzulehnen. Schließlich indiziert auch der Umstand, dass die Bußgeldvorschriften des § 64 Verstöße von Instituten im Zusammenhang mit dem Notifizierungsverfahren nur bei Verstößen gegen § 38 sanktionieren (vgl. § 64 Abs. 2 Nr. 1), nicht aber bei Verstößen gegen § 39, ein Verständnis des Gesetzgebers, dass die Einhaltung der Verfahren zur Nutzung des Europäischen Passes in der Verantwortung der Aufsichtsbehörden des Herkunftsstaates liegen. Gleichwohl ist es generell ratsam, das Notifizierungsverfahren vor Aufnahme der Tätigkeit im Inland abzuschließen, da die BaFin ansonsten aufgrund der ihr vorliegenden (unvollständigen) Informationen den Eindruck gewinnen kann, dass das Institut erlaubnispflichtige Geschäfte ohne die erforderliche Erlaubnis im Inland erbringt. Etwas anderes gilt nach dem ZDUG2 im Falle des Einsatzes von Agenten. Gemäß Abs. 1 S. 1 müssen diese in das Institutsregister der zuständigen Behörde des Herkunftsmitgliedstaates aufgenommen worden sein. Vor diesem Zeitpunkt darf das Institut nicht über Agenten im Inland tätig werden.

6. Rechtsfolgen

Rechtsfolge des Abs. 1 ist, dass das Institut ohne Erlaubnis durch die BaFin in **21** der Bundesrepublik Zahlungsdienste erbringen kann. Abs. 1 beinhaltete nach dem ZDUG1 bei wörtlichem Verständnis nicht die Befugnis, dass ein Institut mit Sitz in einem anderen EWR-Staat und einer Erlaubnis zum Betreiben des **E-Geld-Geschäfts** auch in der Bundesrepublik das E-Geld-Geschäft betreiben kann. Hierbei handelte es sich um ein gesetzgeberisches Versehen, das der Gesetzgeber durch das 4. Geldwäsche-RLUG korrigiert hat (BR-Drs. 182/17, 210). Damit kann das Institut auf Grundlage des Europäischen Passes auch das E-Geld-Geschäft im Inland betreiben.

Gemäß Abs. 1 S. 2 bleibt § 14 GewO von der Regelung des Abs. 1 S. 1 un- **22** berührt. Daher muss das Institut zusätzlich die gewerberechtlichen Anzeigepflichten erfüllen. Im Falle einer Zweigniederlassung sind darüber hinaus weiterhin Normen zB des GwG und registerrechtliche Vorschriften anwendbar.

III. Verdacht von Geldwäsche oder Terrorismusfinanzierung (Abs. 2)

Abs. 2 S. 1 gibt der BaFin ein **Unterrichtungsrecht,** das in dieser Form in § 53b **23** KWG keine Entsprechung hat, gegenüber der zuständigen Behörde des Herkunftsstaats, sofern die BaFin im Fall des Abs. 1 bestimmte Anhaltspunkte für das Vorliegen von Geldwäsche oder Terrorismusfinanzierung hat. Abs. 2 geht auf Art. 28 Abs. 2 UAbs. 2 PSD2 zurück Schäfer/Omlor/Mimberg/Bracht/Forstmann § 39 Rn. 30).

Zuständige Behörde des Herkunftsstaates ist die Behörde, die die Eintragung des Agenten oder der Zweigniederlassung in das dortige Zahlungsinstituts-Register oder E-Geld-Instituts-Register ablehnen oder, falls bereits eine Eintragung erfolgt ist, diese löschen kann (§ 39 Abs. 2 S. 2 ZAG). Im Falle des Einsatzes von E-Geld-Agenten, der nach Umsetzung der PSD2 auch Anlass für die Ausübung des Unterrichtungsrechts der BaFin ist, ist die zuständige Behörde die Behörde, die überwacht, ob das Institut die auf sie anwendbaren Umsetzungsgesetze zur PSD2 einhält. Die Fassung der Definition der zuständigen Behörde bezweckt, die BaFin von der Klärung der jeweiligen Zuständigkeiten zu befreien (BR-Drs. 827/08, 95 zu § 26 aF).

Anlass für die Unterrichtung können Anhaltspunkte für **Geldwäsche** oder **Ter- 24 rorismusfinanzierung** gemäß § 1 Abs. 2 GwG sein, wenn solche Handlungen stattfinden, stattgefunden haben, versucht wurden oder das Risiko erhöhen, dass solche Handlungen stattfinden. „Stattfinden" bezieht sich auf gegenwärtig durchgeführte Handlungen, auch solche, die sich gegenwärtig im Versuchsstadium befinden, „stattgefunden haben" stellt klar, dass eine Unterrichtung auch erfolgen darf, wenn der BaFin nur Anhaltspunkte für in der Vergangenheit durchgeführte Geldwäsche- oder Terrorismusfinanzierungshandlungen vorliegen. „Versucht wurden" bezieht sich auf Versuche, die nicht zur Vollendung geführt haben. Damit sind fehlgeschlagene Versuche erfasst. Vom Wortlaut her erfasst sind auch Versuche, von denen der Täter gemäß § 24 StGB strafbefreiend zurückgetreten ist, was einem präventiven Charakter der Vorschrift entspricht. Schließlich ist eine Unterrichtung auch möglich, wenn das Risiko von Geldwäsche oder Terrorismusfinanzierung erhöht ist. Damit sind jedenfalls Vorfeldhandlungen erfasst, die noch nicht in das Stadium des strafbaren Versuchs übergegangen sind. Ein Risiko, das eine Unterrichtung rechtfertigt, kann aber darüber hinaus bestehen, wenn die Durchführung von Terrorismusfinanzierung oder Geldwäsche strukturell vereinfacht wird, ohne dass bereits Vorfeldhandlungen mit einer solchen Intention erfolgt sind.

25   Die Durchführung oder Gefahr der Durchführung von Terrorismusfinanzierung oder Geldwäsche muss **im Zusammenhang mit der geplanten Beauftragung eines Agenten oder der Gründung einer Zweigniederlassung** stattfinden oder das Risiko dazu muss erhöht sein. Gleiches gilt nunmehr auch im Zusammenhang mit der Beauftragung eines E-Geld-Agenten, der durch das ZDUG2 in Abs. 2 eingefügt wurde. Das setzt voraus, dass ein Kausalzusammenhang zwischen der Verwirklichung oder drohenden Verwirklichung dieser Straftatbestände und der Beauftragung eines Agenten, eines E-Geld-Agenten oder der Gründung der Zweigniederlassung besteht. Nicht erforderlich ist, dass der Agent, der E-Geld-Agent oder die für die Zweigniederlassung handelnden Personen tatsächlich als Täter oder Teilnehmer an der Durchführung von Terrorismusfinanzierung oder Geldwäsche beteiligt sind oder entsprechende Vorfeldhandlungen durchführen. Ausreichend ist, wenn die Maßnahmen zur Verhinderung von Terrorismusfinanzierung oder Geldwäsche durch den Agenten oder die Zweigniederlassung so ausgestaltet sind, dass die Begehung von Geldwäsche oder Terrorismusfinanzierung nicht ausreichend verhindert wird oder werden kann.

26   Die BaFin unterrichtet die zuständige Behörde des Herkunftsstaates, wenn tatsächliche Anhaltspunkte für Terrorismusfinanzierung oder Geldwäsche vorliegen. Tatsächliche Anhaltspunkte liegen vor, wenn Tatsachen darauf schließen lassen, dass im Zusammenhang mit der Beauftragung des Agenten, E-Geld-Agenten oder der Gründung der Zweigniederlassung Terrorismusfinanzierung oder Geldwäsche erleichtert wird (BR-Drs. 827/08, 95 zu § 26 aF).

IV. Weitere Pflichten des Instituts und Eingriffsbefugnisse der BaFin bei Errichten einer Zweigniederlassung und grenzüberschreitendem Dienstleistungsverkehr (Abs. 3)

27   Abs. 3 entspricht weithin § 26 Abs. 3 aF, dessen S. 3 nunmehr als § 39 Abs. 3 S. 1 integriert wurde (BR-Drs. 158/17, 150). Das ZDUG2 begründet allerdings auch einige Neuerungen. Abs. 3 S. 1, 2 normiert verschiedene Eingriffsbefugnisse und Zuständigkeiten der BaFin gegenüber Instituten mit Sitz in einem anderen Staat des EWR, unabhängig davon, ob sie über eine Zweigniederlassung, über Agenten, E-Geld-Agenten oder im Wege des grenzüberschreitenden Dienstleistungsverkehrs im Inland erlaubnispflichtige Zahlungsdienste erbringen oder das E-Geld-Geschäft betreiben wollen. Abs. 3 S. 2 führt zusätzliche Eingriffsbefugnisse und Zuständigkeiten der BaFin auf, die nur für Institute gelten, die über eine Zweigniederlassung oder über Agenten im Inland tätig werden.

Da sich das Recht zur Nutzung des Europäischen Passes nunmehr auch auf E-Geld-Institute aus einem anderen Staat des EWR und auch auf das Betreiben des E-Geld-Geschäfts erstreckt (→ Rn. 21), erstrecken sich die Aufsichtsbefugnisse der BaFin gemäß Abs. 3 auch auf das Betreiben des E-Geld-Geschäfts.

28   Abs. 3 S. 1 gestattet der BaFin, Verfügungen, die sie innerhalb ihrer gesetzlichen Befugnisse trifft, gegenüber Instituten iSd Abs. 1 S. 1 mit Zwangsmitteln durchzusetzen (§ 17 FinDAG). Der Verweis auf § 3 ist so zu verstehen, dass Institute auch

das Einlagen- und Kreditgeschäft in dem in § 3 geregelten Rahmen erbringen dürfen. Die Kompetenz der BaFin zur Überwachung der Vorgaben des § 3 gegenüber Instituten aus einem anderen Staat des EWR wird zum Teil mit Hinweis darauf angezweifelt, dass die in § 3 angesprochenen Dienstleistungen als Teil der im Herkunftsmitgliedstaat erteilten Erlaubnis allein der Prüfung der Heimataufsichtsbehörde, ob die ausgeübten Geschäfte von der Zulassung erfasst sind, unterliegen (Schäfer/Omlor/Mimberg/Bracht/Forstmann § 39 Rn. 38). Zwar wäre eine solche Auslegung angesichts des mit der Gestaltung des Instruments des Europäischen Passes verfolgten Zwecks in der Sache vorzugswürdig. Allerdings weist Art. 11 Abs. 9 PSD2 die Überwachung von Darlehens- und Einlagengeschäft im Zusammenhang mit Zahlungsdiensten nicht ausdrücklich der Heimataufsichtsbehörde zu und erfordert daher keine entsprechende richtlinienkonforme Auslegung. Die nach deutschem Recht zur Herbeiführung dieses Auslegungsergebnisses erforderliche teleologische Reduktion wird man angesichts der klaren und bewussten Entscheidung des deutschen Gesetzgebers in Abs. 3, die Inhalte des § 3 der Überwachung durch die BaFin zuzuweisen, schwer begründen können. Der Verweis auf §§ 7, 8 ist nur klarstellender Natur, da Abs. 3 sich nur auf Institute aus anderen Staaten des EWR bezieht, deren im Herkunftsstaat erlangte Erlaubnis die in der Bundesrepublik ausgeübten Geschäfte auch sachlich abdeckt. Bedeutung kann der Verweis auf §§ 7, 8 allerdings gewinnen, wenn das Institut weitere Zahlungsdienste oder das E-Geld-Geschäft in Deutschland anbietet, die von der Zulassung im Herkunftsmitgliedstaat nicht abgedeckt sind. Gleiches gilt für den neu durch das ZDUG2 eingefügten Verweis auf § 9, der die sofortige Vollziehbarkeit von Maßnahmen der BaFin anordnet. Gemäß Abs. 3 S. 1 iVm § 19 Abs. 1, 4 kann die BaFin bei dem Institut Auskünfte verlangen und Prüfungen vornehmen. Das Vorstehende gilt sowohl für Zweigniederlassungen von Instituten mit Sitz in einem anderen Staat des EWR als auch für Institute aus einem anderen Staat des EWR, die Zahlungsdienste im Wege des grenzüberschreitenden Dienstleistungsverkehrs erbringen. Die Anwendbarkeit bestimmter Vorschriften auf die Erbringung von Zahlungsdiensten im Wege des grenzüberschreitenden Dienstleistungsverkehrs war bisher in Abs. 3 S. 3 des § 26 aF geregelt. Dieser ist nunmehr durch das ZDUG2 in Abs. 3 S. 1 integriert worden (BR-Drs. 158/17, 150). Gleiches gilt nunmehr auch ausdrücklich für den Einsatz von Agenten, der aber auch nach bisherigem Recht aufgrund der typischerweise erfolgenden zielgerichteten Ansprache des inländischen Marktes Anlass der Durchführung des Notifizierungsverfahrens für die Nutzung des Europäischen Passes gewesen sein dürfte.

Dagegen gelten gemäß Abs. 3 S. 2 für Institute, die eine Zweigniederlassung errichten oder Agenten heranziehen, zusätzlich § 27 Abs. 1 S. 2 Nr. 5, Abs. 2–4, § 28 **29** Abs. 1 Nr. 1, 2, 6 und 7 sowie die §§ 60–62. Aufgrund der Verweise in § 27 Abs. 1 S. 2 Nr. 5, Abs. 2–4 ist der Zweigniederlassung verpflichtet, eine Vielzahl von organisatorischen Pflichten zur Verhinderung von Geldwäsche und Terrorismusfinanzierung zu erfüllen. Die Regelung ist im Zusammenhang mit dem Umstand, dass Zweigniederlassungen und im Inland ansässige Agenten gem. § 2 Abs. 1 Nr. 3 und 4 GwG Verpflichtete nach deutschem Recht sind, zu verstehen. Daher ist Abs. 3 S. 2 so auszulegen, dass er sich nur auf Agenten bezieht, die im Rahmen der Niederlassungsfreiheit in Deutschland tätig werden (Schäfer/Omlor/Mimberg/Bracht/Forstmann § 39 Rn. 43). Gleiches gilt im Zusammenhang mit dem Verweis auf §§ 60–62 (Schäfer/Omlor/Mimberg/Bracht/Forstmann § 39 Rn. 47). Durch den Verweis auf §§ 6a, 24c KWG in § 27 Abs. 2 erhält die BaFin gegenüber Zweigniederlassungen zusätzliche Eingriffsbefugnisse. Insbesondere die Gewährung des automatisierten Abrufs von Kontoinformationen gemäß § 24c KWG ist hier hervorzuheben. Gemäß § 27 Abs. 3 und 4 kann die BaFin auch Anordnungen zur Durchsetzung der Verpflichtungen treffen. Der Verweis auf §§ 60–62 hat zur Folge, dass die BaFin sowohl bei Beschwerden über Zahlungsdienstleister, als nunmehr auch bei Beschwerden über E-Geld-Emittenten tätig werden darf. Nach § 28 Abs. 1 Nr. 1, 2, 6, 7 ist die Zweigniederlassung schließlich verpflichtet, der BaFin und der BBank die Verlegung der Niederlassung und die Einstellung des Geschäftsbetriebs sowie die Bestellung und das Ausscheiden von Geschäftsleitern oder bestimmte Änderungen in deren Vertretungsbefugnis anzuzeigen (s. hierzu auch Schäfer/Omlor/Mimberg/Bracht/Forstmann § 39 Rn. 46, die die Richtlinienkonformität der Regelung anzweifeln). Auf E-Geld-Agenten findet Abs. 3 S. 2 ausweislich seines Wortlauts keine Anwendung (aA Schäfer/Omlor/Mimberg/Bracht/Forstmann § 39 Rn. 42).

30　　Bei der Anwendung der in Abs. 3 genannten Vorschriften sind eine oder mehrere Zweigniederlassungen desselben Unternehmens aus einem anderen Staat des EWR als eine Zweigniederlassung anzusehen. Dies hat zur Folge, dass aufsichtsrechtliche Verfügungen der BaFin stets an alle Zweigniederlassungen adressiert werden und gegen alle Zweigniederlassungen gleichermaßen Wirkung entfalten.

31　　Abs. 3 S. 2 erklärt die vorgenannten Vorschriften auch für anwendbar, wenn ein Institut über Agenten im Inland tätig wird. Diese Regelung erscheint nicht unproblematisch. Anlass für eine stärkere Beaufsichtigung von Instituten, die Agenten im Inland nutzen, als von Instituten, die im Rahmen des grenzüberschreitenden Dienstleistungsverkehrs tätig werden, kann nur der Umstand sein, dass diese über Agenten auf Grundlage der Niederlassungsfreiheit tätig werden. Durch den Einsatz von Agenten wird ein Institut aber nicht zwingend auf Grundlage der Niederlassungsfreiheit tätig. Dies ist insbesondere dann nicht der Fall, wenn der eingesetzte Agent selbst seinen Sitz nicht im Inland hat oder aber dessen Beauftragung keine hinreichende Kontinuität aufweist, um die Anwendbarkeit der Niederlassungsfreiheit anzunehmen (hierzu → § 40 Rn. 16). Daher sollte Abs. 3 S. 2 einschränkend dahingehend ausgelegt werden, dass nur Tätigkeiten des Instituts im Rahmen der Niederlassungsfreiheit erfasst sind.

32　　Abs. 3 S. 3 sieht vor, dass die Institute Änderungen des Geschäftsplans in Textform mindestens einen Monat vor Wirksamwerden der Änderung anzuzeigen haben (zur Richtlinienkonformität der Regelung s. Schäfer/Omlor/Mimberg/Bracht/Forstmann § 39 Rn. 49). Eine solche Vorankündigungspflicht ist der PSD2 nicht zu entnehmen, so dass Institute aus anderen Staaten des EWR möglicherweise über ihr Heimatrecht hinausgehende Anforderungen zu erfüllen haben, um den Europäischen Pass nutzen zu können.

V. Pflichten von Agenten und E-Geld-Agenten bei Zweigniederlassung und grenzüberschreitendem Dienstleistungsverkehr (Abs. 4)

33　　Abs. 4 entspricht dem bisherigen § 26 Abs. 4 aF und wurde durch das ZDUG2 um die zentralen Kontaktpersonen erweitert (BT-Drs. 18/11495, 130). Abs. 4 erklärt Abs. 3 S. 1 auf Agenten, E-Geld-Agenten und zentrale Kontaktpersonen eines Instituts iSd § 39 Abs. 1 S. 1 für entsprechend anwendbar. Wie auch im Falle einer Zweigniederlassung eines Instituts mit Sitz in einem anderen Staat des EWR sind auf Agenten, E-Geld-Agenten und zentrale Kontaktpersonen § 17 FinDAG sowie die §§ 3, 7–9, 19 Abs. 1 und 4 entsprechend anwendbar. Da Agenten, E-Geld-Agenten und zentrale Kontaktpersonen selbst für ihre Tätigkeit als Agent, E-Geld-Agent oder zentrale Kontaktperson keine Erlaubnis benötigen, ist der Verweis auf §§ 7–9 so zu verstehen, dass die BaFin Agenten, E-Geld-Agenten und zentrale Kontaktpersonen die Tätigkeit für ein Institut aus einem anderen Staat des EWR, das in seinem Herkunftsstaat nicht über die erforderliche Erlaubnis verfügt, untersagen kann. Gleiches gilt, wenn Agent, E-Geld-Agent oder zentrale Kontaktperson selbst Zahlungsdienste erbringen oder das E-Geld-Geschäft betreiben. Der Regelungsgehalt von Abs. 4 ist allerdings sehr begrenzt, da die BaFin auch ohne die Regelung des § 39 Abs. 4 Anordnungen gegenüber Agenten und E-Geld-Agenten gemäß §§ 7–9 treffen dürfte (Fett/Bentele BKR 2011, 403 (409)).

VI. Durchführung des Verfahrens (Abs. 5)

Abs. 5 setzt Art. 28 Abs. 2 UAbs. 2 PSD2 um und wurde durch das ZDUG2 neu **34** ins ZAG eingefügt. Abs. 5 regelt die Pflichten der BaFin, wenn die zuständige Behörde des Herkunftsmitgliedstaats eines Instituts die Notifizierung dieses Instituts zur Nutzung des europäischen Passes an die BaFin weiterleitet. Für die Durchführung des Anzeigeverfahrens legt Abs. 5 nur sehr knappe Verfahrensregeln fest. Der Grund hierfür liegt darin, dass das Anzeigeverfahren im Herkunftsmitgliedstaat eingeleitet und überwiegend auch von der zuständigen Behörde dieses Herkunftsmitgliedstaates durchgeführt wird. Die zuständige Behörde des Herkunftsmitgliedstaates prüft die Vollständigkeit der Anzeige und leitet diese an die zuständige Behörde des Aufnahmemitgliedstaates weiter. Die darauf folgende Phase des Anzeigeverfahrens bildet Abs. 5 ab.

Die BaFin muss eine Anzeige, die ihr von der zuständigen Behörde des Her- **35** kunftsmitgliedstaates übersandt wurde, bewerten. Bewerten meint zunächst die Prüfung der Vollständigkeit der Anzeige. Gemäß Abs. 5 erfolgt die Bewertung im Hinblick darauf, ob nach § 38 entsprechende und in der Delegierten Verordnung (EU) 2017/2055 vorausgesetzte Angaben übermittelt wurden. Die BaFin legt daher bei der Bewertung der Vollständigkeit der Anzeige dieselben Maßstäbe an wie bei Instituten mit Sitz im Inland, die in anderen Staaten des EWR Zahlungsdienste erbringen oder das E-Geld-Geschäft betreiben wollen. Die Bewertung hat innerhalb eines Monats ab Erhalt der Anzeige zu erfolgen. Diese Frist ergibt sich auch aus Art. 28 Abs. 2 UAbs. 2 PSD2. Die BaFin muss den zuständigen Behörden dieses Staates die einschlägigen Angaben zu den Zahlungsdiensten mitteilen, die das Institut im Wege der Errichtung einer Zweigniederlassung oder des grenzüberschreitenden Dienstleistungsverkehrs im Inland zu erbringen beabsichtigt. Einschlägige Angaben der BaFin zu den Zahlungsdiensten meint zunächst Angaben darüber, ob die BaFin die übermittelten Angaben für unrichtig und unvollständig hält. Darüber hinaus kann die BaFin jeden begründeten Anlass zur Besorgnis im Hinblick auf Geldwäsche oder Terrorismusfinanzierung gemäß der 4. GeldwäscheRL im Zusammenhang mit der geplanten Inanspruchnahme eines Agenten oder der Errichtung einer Zweigniederlassung mitteilen. Diese Befugnis ergibt sich zwar nicht ausdrücklich aus Abs. 5, sollte aber aufgrund der Vorgaben in Art. 28 Abs. 2 UAbs. 2 PSD2 als „einschlägige Angabe" interpretiert werden.

VII. Ausübung der aufsichtsrechtlichen Befugnisse durch die BaFin (Abs. 6)

36   Abs. 6 erweitert § 26 Abs. 5 aF nach Maßgabe von Art. 30 Abs. 2ff. PSD2 (BR-Drs. 158/17, 150). Abs. 6 regelt das Verfahren der Ausübung aufsichtsrechtlicher Befugnisse durch die BaFin. Die Vorschrift bezweckt die **wirksame Überwachung von ausländischen Instituten** aus einem anderen Staat des EWR.

37   Abs. 6 führt zu einer erheblichen Erweiterung der Befugnisse der BaFin gegenüber ausländischen Instituten. Nach Abs. 6 S. 1 muss die BaFin die zuständige Behörde im Herkunftsmitgliedstaat unverzüglich unterrichten, wenn sie feststellt, dass das ausländische Institut seinen aufsichtsrechtlichen Verpflichtungen im Inland nicht nachkommt. Aufsichtsrechtliche Verpflichtungen sind die in Abs. 3, 4 genannten oder in Bezug genommenen Verpflichtungen (aA Schäfer/Omlor/Mimberg/Bracht/Forstmann § 39 Rn. 54). Darüber hinaus meint Verpflichtungen in Art. 30 Abs. 1 auch die deutschen Gesetze zur Umsetzung von Titel III und IV PSD2. Die Umsetzung dieser Vorschriften erfolgte allerdings weit überwiegend im BGB (BR-Drs. 158/17, 171), so dass das ZDUG2 insoweit keine aufsichtsrechtlichen Verpflichtungen des ausländischen Instituts, vorbehaltlich § 4 Abs. 1a FinDaG, begründet. Daher besteht die Zuständigkeit der BaFin zur Überprüfung der bürgerlichrechtlichen Vorschriften zum Zahlungsdiensterecht auch nur in dem Rahmen, in dem die BaFin auch zur aufsichtsrechtlichen Überwachung der Einhaltung von Verbraucherschutzinteressen zuständig ist, etwa beim Vorgehen gegen Missstände gem. § 4 Abs. 1a FinDAG. Danach ist ein Einschreiten durch die Aufsicht gegen Verstöße gegen verbraucherschützende Vorschriften grundsätzlich subsidiär zur Verfolgung solcher Verstöße im ordentlichen Rechtsweg (VG Frankfurt a. M. 24.6.2021 – 7 K 2237/20.F Rn. 28, BKR 2021, 583, 586).

38   Gemäß Abs. 6 S. 2 kann die BaFin, solange die zuständigen Behörden des Herkunftsmitgliedstaates keine Maßnahmen ergreifen oder sich die ergriffenen Maßnahmen als unzureichend erweisen (zu Recht kritisch zur Variante der unzureichenden Maßnahmen Schäfer/Omlor/Mimberg/Bracht/Forstmann § 39 Rn. 55), nach Unterrichtung der zuständigen Behörden des Herkunftsmitgliedstaates die Maßnahmen ergreifen, die erforderlich sind, um eine **ernste Bedrohung der kollektiven Interessen der Zahlungsdienstnutzer im Inland** abzuwenden. Darüber hinaus kann sie, falls erforderlich, die Durchführung neuer Geschäfte im Inland untersagen. In dieser Form findet sich diese Befugnis allerdings nicht in Art. 30 PSD2. Art. 30 Abs. 1 UAbs. 2 PSD2 formuliert nämlich als Grundregel, dass die zuständige Behörde des Herkunftsmitgliedstaats nach Bewertung der von der zuständigen Behörde des Aufnahmemitgliedstaates erhaltenen Informationen unverzüglich alle geeigneten Maßnahmen trifft, um dafür zu sorgen, dass das betreffende Institut seine vorschriftswidrige Situation beendet und andere beteiligte Behörden informiert. Nur in Notfallsituationen soll gemäß Art. 30 Abs. 2 PSD2 die Behörde des Aufnahmemitgliedstaates eigene Maßnahmen treffen können. Diese Vorgaben des PSD2 sind daher bei der Interpretation von Abs. 6 S. 2 zu berücksichtigen.

39   Die Annahme, dass die zuständige Behörde im Herkunftsmitgliedstaat keine Maßnahmen ergreift, ist daher im Sinne einer Untätigkeit der Behörde zu verstehen. Sofern die zuständige Behörde im Herkunftsmitgliedstaat Maßnahmen in einem üblichen Zeitrahmen unter Berücksichtigung der anwendbaren Verfahrensregeln des Herkunftsmitgliedstaates vorbereitet und durchführt, dürfte die Ergreifung eigener Maßnahmen durch die BaFin in der Regel ermessensfehlerhaft sein. Unzureichend sind Maßnahmen der zuständigen Behörde des Herkunftsmitgliedstaates, wenn sie ersichtlich hinter den Vorgaben der PSD2 zurückbleiben. Es ist dabei zu berücksichtigen, dass Art. 30 PSD2 die Aufsicht über ausländische Institute grundsätzlich den zuständigen Behörden des Herkunftsmitgliedstaates zuspricht. Eine umfassende Kontrolle des Verwaltungshandelns der zuständigen Behörde des Herkunftsmitgliedstaates durch die zuständige Behörde des Aufnahmemitgliedstaates sieht die PSD2 nicht vor (ähnlich auch Schäfer/Omlor/Mimberg/Bracht/Forstmann § 39 Rn. 55). Die BaFin muss die zuständige Behörde auch vor Ergreifung von Maßnahmen hierüber unterrichten.

Die Maßnahmen nach Abs. 6 S. 2 müssen **erforderlich** sein, um eine ernste Be- **40** drohung der kollektiven Interessen der Zahlungsdienstnutzer im Inland abzuwenden. Aus der Formulierung geht hervor, dass die Schwelle für ein Tätigwerden der BaFin hoch anzusetzen ist. Erwägungsgrund 45 PSD2 nennt als Beispiel für eine ernste Bedrohung der kollektiven Interessen der Zahlungsdienstnutzer Betrug in großem Umfang. Aus der Formulierung geht weiter hervor, dass Anlass für Maßnahmen der BaFin nicht allein einzelne Verstöße gegen aufsichtsrechtliche Normen sein können, sondern es ist vielmehr eine Gefahr für die Interessen einer großen Anzahl von Zahlungsdienstnutzern im Inland erforderlich. Das Gesetz nennt beispielhaft als Maßnahme die Untersagung der Durchführung neuer Geschäfte im Inland. Die Formulierung legt den Schluss nahe, dass die BaFin gegenüber ausländischen Instituten nicht gemäß §7 die Abwicklung bereits abgeschlossener Geschäfte verlangen kann. Solche Geschäfte dürften dann noch durchgeführt werden. Da es sich bei den Maßnahmen gem. Abs. 6 um Sicherungsmaßnahmen handelt, sind Maßnahmen, die eine endgültige Regelung der Angelegenheit vorwegnehmen würden, nicht von Abs. 6 umfasst (Schäfer/Omlor/Mimberg/Bracht/Forstmann § 39 Rn. 57).

Abs. 6 S. 3 verschafft der BaFin eine **Eilfallkompetenz.** In dringenden Fällen **41** kann die BaFin vor Einleitung des Verfahrens, dh vor Aufforderung der zuständigen Behörde gemäß Abs. 6 S. 1, 2, die erforderlichen Maßnahmen selbst ergreifen. Art. 30 Abs. 2 PSD2 verwendet den Begriff Notfallsituation. In diesem Falle ist der Vorrang der Aufsicht des Herkunftslandes aufgehoben. Die Eilfallkompetenz liegt nur in Fällen akuter Gefahr vor und setzt voraus, dass das Verfahren nach Abs. 6 S. 1, 2 ZAG sonst zu langwierig ist.

Abs. 6 S. 4–6 trifft weitere Regelungen zur Ausübung des Ermessens durch die **42** Bafin und setzt § 30 Abs. 3 PSD2 um. Abs. 6 S. 4 stellt klar, dass die Ausübung des Ermessens im Hinblick auf den Zweck, eine ernste Bedrohung für die kollektiven Interessen der Zahlungsdienstnutzer im Inland abzuwenden, getroffen werden muss. Darüber hinaus sind alle Maßnahmen gemäß Abs. 6 S. 5 zu beenden, sobald die festgestellte ernste Bedrohung abgewendet wurde. Gleiches dürfte gelten wenn sich die Annahme einer ernsten Bedrohung als unzutreffend herausgestellt hat. Schließlich darf eine Maßnahme gemäß Abs. 6 S. 6 nicht zu einer Bevorzugung der Zahlungsdienstnutzer des Zahlungsinstituts im Aufnahmemitgliedstaat gegenüber den Zahlungsdienstnutzern von Zahlungsinstituten in anderen Mitgliedstaaten führen. Hiermit dürften Fälle gemeint sein, in denen eine Maßnahme der BaFin zum Schutz der inländischen Zahlungsdienstnutzer automatisch zu einer Benachteiligung der ausländischen Zahlungsdienstnutzer führt. Das könnte etwa der Fall sein, wenn die BaFin eine Anordnung zur Sicherung der Kundengelder nur von inländischen Kunden trifft, die automatisch zu einer Verringerung des Schutzes ausländischer Kunden führen würde. Abs. 6 S. 7 verpflichtet die BaFin, die zuständigen Behörden des Herkunftsmitgliedstaates und die jedes anderen betroffenen Mitgliedstaates sowie die Kommission und die Europäische Bankenaufsichtsbehörde vorab oder in dringenden Fällen unverzüglich über die nach Abs. 6 S. 2 ergriffenen Maßnahmen zu unterrichten. S. 7 setzt Art. 30 Abs. 4 PSD2 um.

VIII. Ausübung der aufsichtsrechtlichen Befugnisse durch die zuständige Behörde des Herkunftsstaates (Abs. 7)

43   Abs. 7 entspricht § 26 Abs. 6 aF und setzt Art. 29 Abs. 1 UAbs. 2 und 3 PSD2 um (BR-Drs. 158/17, 150). Abs. 7 regelt die Befugnisse der zuständigen Behörde des Herkunftsstaates zur Überwachung der bei ihnen ansässigen Institute. **Abs. 7 ergänzt die Befugnisse der BaFin gemäß Abs. 6,** um eine wirksame Aufsicht der Institute zu ermöglichen. Nach Abs. 7 S. 1 darf die zuständige Behörde des Herkunftsmitgliedstaates nach vorheriger Unterrichtung der BaFin selbst oder durch ihre Beauftragten die für die aufsichtsrechtliche Überwachung der Zweigniederlassung erforderlichen Informationen bei der Zweigniederlassung prüfen. Abs. 7 S. 1 bezieht sich nur auf **Zweigniederlassungen,** nicht aber auf die Erbringung von Zahlungsdiensten oder das Betreiben des E-Geld-Geschäfts im Wege des grenzüberschreitenden Dienstleistungsverkehrs. Beauftragte können beispielsweise Wirtschaftsprüfer sein (vgl. BFS/Vahldiek § 53b Rn. 193). Grenzüberschreitender Dienstleistungsverkehr ist von Abs. 7 nicht erfasst. Hierfür gilt nur die allgemeine Regelung zur Zusammenarbeit gemäß § 5. Damit dürfen die Aufsichtsbehörden des Herkunftsmitgliedstaates die Zweigniederlassungen ihrer Institute in der Bundesrepublik vor Ort überprüfen.

44   Gemäß Abs. 7 S. 2 Hs. 1 dürfen die Bediensteten der BaFin und BBank auf Ersuchen der zuständigen Behörde des anderen Staates diese bei der Prüfung gemäß Abs. 7 S. 1 unterstützen oder die Prüfung in deren Auftrag durchführen. Abs. 7 S. 2 Hs. 1 soll klarstellen, dass die zuständigen Behörden des anderen Staates auch die BaFin ersuchen können, sie bei Vor-Ort-Prüfungen in Deutschland zu unterstützen (BT-Drs. 17/3023, 52 zu § 26 aF). Ausländischen Behörden stehen auf deutschem Territorium hingegen die Androhung, Festsetzung und Anwendung von Zwangsmitteln nicht zu und sie sind insoweit ohnehin auf die Unterstützung der BaFin angewiesen (BT-Drs. 17/3023, 52 zu § 26 aF).

45   Ersucht die zuständige Behörde die BaFin um Unterstützung, hat die BaFin gegenüber der Zweigniederlassung die Befugnisse nach § 19, einschließlich des Einsatzes von Zwangsmitteln (BT-Drs. 17/3023, 51 zu § 26 aF). Im Zusammenspiel mit Abs. 3 bewirkt die Regelung, dass die BaFin die in Abs. 3 für entsprechend anwendbar erklärten Maßnahmen gemäß § 17 FinDAG und § 19 im Grundsatz nur anwenden darf, wenn die zuständige Behörde des Herkunftsstaates sie hierum ersucht hat.

46   Darüber hinaus darf die BaFin, falls Tatsachen die Annahme rechtfertigen oder feststeht, dass das ausländische Unternehmen nach diesem Gesetz unerlaubt Zahlungsdienste erbringt, das E-Geld-Geschäft oder nach dem KWG, VAG oder dem KAGB erlaubnispflichtige Geschäfte unerlaubt betreibt oder gegen vergleichbare Bestimmungen des Herkunftsstaates verstößt, Maßnahmen gemäß § 8 ergreifen und die unerlaubten Geschäfte verfolgen. Die BaFin kann dabei auf eigene Bedienstete, Bedienstete der BBank und insbesondere bei der Anwendung unmittelbaren Zwangs im Rahmen von Durchsuchungen auf den Polizeivollzugsdienst zurückgreifen (BT-Drs. 17/3023, 52 zu § 26 aF).

IX. Austritt des Vereinigten Königreichs Großbritannien und Nordirland aus der Europäischen Union (Abs. 8)

1. Allgemeines

Abs. 8 wurde durch das Brexit-StBG eingeführt und dient der Umsetzung von **47** Art. 9 Brexit-StBG. Konzeptionell ist die Vorschrift an § 53b Abs. 12 KWG angelehnt, welcher eine entsprechende Regelung für CRR-Kreditinstitute enthält (BT-Drs. 19/7959, 38). Bislang profitierten sowohl CRR-Kreditinstitute als auch Finanzdienstleistungsinstitute wie auch Institute mit Sitz im Vereinigten Königreich regelmäßig von der Nutzung des Europäischen Passes zur Erbringung ihrer Geschäfte in anderen Mitgliedstaaten und insbesondere in der Bundesrepublik, wofür sie jeweils keine gesonderte Erlaubnis in den einzelnen Mitgliedstaaten benötigten (so auch Herz EuZW 2017, 993). Mit dem Brexit wurde das Vereinigte Königreich zum Drittstaat. Abs. 8 sollte den Fall abdecken, dass bis zum endgültigen Austritt des Vereinigten Königreichs aus der Europäischen Union kein Austrittsabkommen zustande kommen und Zahlungs- und E-Geld-Institute daher im Anschluss eine Erlaubnis in einem Staat des EWR, wenn sie weiterhin im EWR ihre Dienstleistungen bzw. Geschäfte erbringen wollen, benötigen (so auch Herz EuZW 2017, 993 (994)). Sie unterfallen insofern nicht mehr dem Grundsatz der gegenseitigen Äquivalenz und Anerkennung (Hanten/Sacarcelik WM 2018, 1872 (1875)).

Letztlich haben die Europäische Union und das Vereinigte Königreich aber **48** ein Austrittsabkommen gemäß Art. 50 Abs. 2 S. 2 EUV geschlossen (ABl. 2019 C 384 I/01, S. 1 ff. v. 12.11.2019), durch das das Vereinigte Königreich am 31.1.2020 aus der EU ausgetreten ist. Das Austrittsabkommen sieht in Art. 126 einen Übergangszeitraum vor, der am 31.12.2020 abgelaufen ist. Daher liegt ein Abkommen gemäß Art. 50 Abs. 2 S. 2 EUV vor.

Abs. 8 findet mithin keine Anwendung mehr. Auch wenn das Austrittsabkom- **49** men keine konkreten Regelungen zur künftigen Erbringung von Zahlungsdiensten oder dem E-Geld-Geschäft in anderen Mitgliedstaaten enthält, führt dies nicht dazu, dass kein Austrittsabkommen iSd Abs. 8 vorliegt, das zur Anwendung des Abs. 8 führen könnte. Denn zum einen knüpft Abs. 8 allein an das Vorliegen eines Austrittsabkommens an, macht aber keine Vorgaben zu dessen Inhalten in Bezug auf Zahlungsdienste oder das E-Geld-Geschäft. Auch aus den Gesetzgebungsmaterialien ergibt sich nichts anderes. Zweck der Regelung war zu verhindern, dass Unternehmen aus dem Vereinigten Königreich gezwungen sein könnten, ihre Dienstleistungen ohne eine Übergangsfrist einstellen zu müssen (BT-Drs. 19/7959, 39). Das Austrittsabkommen sah hingegen eine Übergangsfrist vor, die Unternehmen aus dem Vereinigten Königreich ermöglichen sollte, ihre Geschäftstätigkeiten einzustellen oder umzustellen, ohne dass es zu nachteiligen Auswirkungen auf den nationalen deutschen Zahlungsverkehrsmarkt kommt. Daher haben die nachfolgend dargestellten Inhalte des Abs. 8 nur theoretische Bedeutung.

Abs. 8 enthält Regelungen, die es der BaFin ermöglichten, Zahlungs- und **50** E-Geld-Instituten mit Sitz im Vereinigten Königreich, die bislang im Inland über

eine Zweigniederlassung oder im Wege des grenzüberschreitenden Dienstleistungsverkehrs oder über Agenten Zahlungsdienste erbracht oder das E-Geld-Geschäft
betrieben oder über E-Geld Agenten E-Geld vertrieben oder rückgetauscht haben,
zu gestatten, ihre Tätigkeit im Inland nach dem Austritt des Vereinigten Königreichs ohne Austrittsabkommen für eine Übergangszeit fortzusetzen, soweit dies
zur Vermeidung von Nachteilen für die Funktionsfähigkeit oder die Stabilität der
Zahlungsverkehrsmärkte erforderlich ist. Die Regelung diente der Gewährleistung
der aufsichtsrechtlichen Zulässigkeit der Erfüllung bestehender vertraglicher Verpflichtungen für einen Übergangszeitraum. Der Umfang der Zulassungspflicht
nach dem ZAG blieb dabei unberührt (BT-Drs. 19/7959, 39).

2. Nachteile für die Funktionsfähigkeit oder Stabilität der Finanzmärkte (Abs. 8 S. 1)

51   Zur Gestattung der übergangsweisen Nutzung des Europäischen Passes durch
die BaFin war es erforderlich, dass hierdurch **Nachteile für die Funktionsfähigkeit oder die Stabilität der Zahlungsverkehrsmärkte** vermieden wurden.
Hierzu sollte es ausreichend sein, wenn wichtige Teilaspekte der Zahlungsverkehrsmärkte, beispielsweise der Markt für Zahlungsdienstleistungen, nachteilig betroffen
war (BT-Drs. 19/7959, 38).

52   Mit dieser Voraussetzung hatte der Gesetzgeber insbesondere Zahlungsdienste-
Rahmenverträge mit längeren Laufzeiten und einzuhaltenden Kündigungsfristen
sowie Verträge mit inländischen Online-Händlern im Blick (BT-Drs. 19/7959,
38f.). Die auf Grundlage der grenzüberschreitenden Tätigkeit der Unternehmen
vorzunehmenden Geschäfte waren oftmals derart ausgestaltet, dass die Rechte und
Pflichten der Unternehmen über den Zeitpunkt des Wirksamwerdens des Austritts
des Vereinigten Königreichs, wenn auch nur partiell, hinausreichen können (BT-
Drs. 19/7959, 38). Wären Institute aus dem Vereinigten Königreich gezwungen,
ihre grenzüberschreitende Tätigkeit im Inland nach dem Austritt des Vereinigten
Königreichs unverzüglich einzustellen, so hätte dies, neben etwaigen Schadensersatzansprüchen gegenüber dem ausländischen Institut, nachteilige Auswirkungen
für den inländischen Geschäftspartner gehabt (BT-Drs. 19/7959, 38f.). So liege der
Fall beispielsweise bei Verträgen mit inländischen Online-Händlern, bei denen ein
kurzfristiger Wechsel des beauftragten Acquirers nicht möglich ist (BT-Drs.
19/7959, 39).

53   Nachteile für die Funktionsfähigkeit der Zahlungsverkehrsmärkte kommen
auch dann in Betracht, wenn beispielsweise die Kündigung bestehender Zahlungsdienste-Rahmenverträge in einer signifikanten Zahl an Fällen droht (BT-Drs.
19/7959, 39). Letztlich wollte der Gesetzgeber die Teilnahme von Verbrauchern
und Unternehmen am bargeldlosen Zahlungsverkehr sicherstellen. Ihnen muss die
Möglichkeit erhalten bleiben, nahtlos am bargeldlosen Zahlungsverkehr teilnehmen zu können (BT-Drs. 19/7959, 39).

54   Abs. 8 fand nur auf Institute aus dem Vereinigten Königreich Anwendung, die
bereits zum Zeitpunkt des Austritts des Vereinigten Königreichs im Inland Zahlungsdienste erbracht oder das E-Geld-Geschäft betrieben haben. Das setzte wohl
voraus, dass solche Unternehmen bereits das nach § 39 anwendbarem lokalen
Recht erforderliche **Anzeigeverfahren durchlaufen** haben. Nicht anwendbar
war Abs. 8 auf Unternehmen, die zum Zeitpunkt des Austritts noch nicht über
eine Erlaubnis verfügten und noch nicht im Inland Zahlungsdienste erbracht oder
das E-Geld-Geschäft betrieben hatten.

Die BaFin konnte die Nutzung des Europäischen Passes **ganz oder teilweise** 55
anordnen. Hierbei war die besondere Zwecksetzung von Abs. 8 zu berücksichtigen.
Die BaFin hatte die Möglichkeit, Instituten aus dem Vereinigten Königreich nur die
Erbringung von denjenigen erlaubnispflichtigen Geschäftssegmenten zu gestatten,
bei denen sie im Falle der sofortigen Einstellung eine Gefahr von Nachteilen für
die Funktionsfähigkeit oder die Stabilität des inländischen Zahlungsverkehrsmarktes sieht. Die Entscheidung der BaFin musste sich auch nicht auf bestimmte Zahlungsdienste beziehen, sondern konnte auch nur die Erbringung einzelner Produkte gestatten.

3. Tätigkeit des Unternehmens steht in einem engen Zusammenhang mit Verträgen, die zum Austritts-Zeitpunkt bereits geschlossen worden sind (Abs. 8 S. 2)

Gemäß Abs. 8 S. 2 war erforderlich, dass das Unternehmen nach dem Austritt 56
Zahlungsdienste erbringt oder das E-Geld-Geschäft betreibt, das in engem Zusammenhang mit zum Zeitpunkt des Austritts bestehenden Verträgen steht. Die Übergangsregelung des Abs. 8 war im Grundsatz auf **Bestandsgeschäfte** begrenzt. Allenfalls punktuelle Anpassungen bestehender Zahlungsdienste-Rahmenverträge
konnten Zahlungsdienstleistern aus dem Vereinigten Königreich nach der Übergangsregelung gestattet werden (BT-Drs. 19/7959, 39). Im Übrigen durften Zahlungsdienstleister grundsätzlich keine neuen Geschäfte abschließen.

Ein **enger Zusammenhang** mit einem bestehenden Vertrag sollte etwa dann 57
vorliegen, wenn die Tätigkeit mit dem Vertrag rechtlich oder wirtschaftlich verbunden ist (BT-Drs. 19/7959, 39).

4. Übergangszeitraum (Abs. 8 S. 3)

Der im Zeitpunkt des Austritts beginnende Übergangszeitraum war nach Abs. 8 58
S. 3 auf maximal 21 Monate beschränkt. Die Länge von maximal 21 Monaten orientierte sich an der Übergangsfrist, die im dem Austrittsabkommen zwischen dem
Vereinigten Königreich und der Europäischen Union vorgesehen ist (BT-Drs.
19/7959, 39). Die BaFin wäre nicht verpflichtet gewesen, den gesamten Zeitraum
von 21 Monaten auszunutzen (BT-Drs. 19/7959, 39). Vielmehr konnte sie auch
nach pflichtgemäßem Ermessen einen kürzeren Zeitraum festlegen, diesen verlängern, oder auch eine getroffene Entscheidung über die Gestattung der Nutzung
des Europäischen Passes jederzeit frei widerrufen, um auf diese Weise flexibel auf
veränderte Rahmenbedingungen reagieren zu können (BT-Drs. 19/7959, 39). S. 3
stellt unmissverständlich klar, dass für die Anordnung der BaFin kein Vertrauensschutz bestand.

Den betroffenen Unternehmen aus dem Vereinigten Königreich wurde durch 59
den Übergangszeitraum die Möglichkeit gegeben, ihr Geschäft im Inland in Übereinstimmung mit dem ZAG auszuüben (BT-Drs. 19/7959, 39). Dafür hatte das Unternehmen einerseits die Möglichkeit, seine bestehende Geschäftstätigkeit abzuwickeln und sich aus dem deutschen Markt zurückzuziehen. Alternativ konnte
das Unternehmen eine eigene Lizenz in Deutschland oder einem anderen Staat des
verbleibenden EWR beantragen.

5. Gestattung durch die BaFin (Abs. 8 S. 4)

60   Die Nutzung des Europäischen Passes durch Zahlungsdienstleister aus Großbritannien erforderte gemäß Abs. 8 S. 4 eine vorherige Gestattung durch die BaFin. Die BaFin konnte diese Entscheidung ohne vorherige Anhörung durch **Allgemeinverfügung** treffen und öffentlich bekanntgeben, oder aber für konkrete Unternehmen gesondert treffen.

§ 40   Berichtspflicht

Ein Institut mit Sitz in einem anderen Mitgliedstaat, das im Inland über Agenten oder Zweigniederlassungen verfügt, hat der Bundesanstalt in regelmäßigen Abständen über die im Inland ausgeübten Tätigkeiten zu berichten.

I. Allgemeines

1   Die Vorschrift setzt Art. 29 Abs. 2 UAbs. 1 der PSD2 um (BT-Drs. 18/11495, 130). Der Europäische Gesetzgeber sieht vor, dass die zuständige Behörde eine Berichtspflicht vorschreiben kann. Diese Pflicht trifft Zahlungsinstitute und E-Geld-Institute mit Sitz in einem anderen Mitgliedstaat, wenn sie über Agenten oder Zweigniederlassungen im Inland verfügen. Da Art. 111 PSD2 auch auf Art. 29 PSD2 Bezug nimmt, erfasst Art. 29 Abs. 2 UAbs. 1 der PSD2 auch E-Geld-Institute. Die direkte Berichtspflicht des Instituts gegenüber der BaFin dient der Erleichterung der Beaufsichtigung des Instituts durch die zuständigen Behörden im Herkunfts- und Aufnahmemitgliedstaat (Schäfer/Omlor/Mimberg/Bracht/Forstmann § 40 Rn. 1).

2   Ergänzt wird Art. 29 Abs. 2 PSD2 durch Art. 29 Abs. 6 PSD2, wonach die EBA Entwürfe technischer Regulierungsstandards zur Festlegung der Rahmenbedingungen für die Zusammenarbeit und den Informationsaustausch zwischen den zuständigen Behörden des Herkunftsmitgliedstaats und den zuständigen Behörden des Aufnahmemitgliedstaats gemäß Titel II PSD2 und für die Überwachung der Einhaltung der nationalen Rechtsvorschriften, die zur Umsetzung der Titel III und IV der PSD2 erlassen werden, erarbeitet. In diesen Entwürfen sollten auch die Instrumente und Einzelheiten der Berichte festgelegt werden, die die Aufnahmemitgliedstaaten von den Instituten über die in ihrem Hoheitsgebiet erbrachten Zahlungsdienste und das E-Geld-Geschäft nach Art. 29 Abs. 2 PSD2 verlangen, einschließlich der Häufigkeit solcher Berichte. Die EBA hat in diesem Zusammenhang am 31.7.2018 die EBA/RTS/2018/03 erlassen. Die Kommission hat am 18.6.2021 die Delegierte Verordnung (EU) 2021/1722 erlassen, die gem. Art. 12 Delegierte Verordnung (EU) 2021/1722 am 18.10.2021 in Kraft getreten ist. Die Delegierte Verordnung (EU) 2021/1722 entspricht inhaltlich im Wesentlichen den EBA/RTS/2018/03. Als delegierte Rechtsakte iSv Art. 290 AEUV gelten delegierte Verordnungen unmittelbar nach Erlass durch die Kommission in allen Mitgliedstaaten, eine Umsetzung durch die Mitgliedstaaten ist nicht erforderlich (s. dazu Lutz ZVglRWiss 2017, 177 (187ff.)).

II. Institut als Adressat

Adressaten der Berichtspflicht sind Institute gemäß § 1 Abs. 3, also Zahlungs- **3**
institute und E-Geld-Institute, hierzu → § 1 Rn. 9 ff. Die Zweigniederlassungen
und Agenten hingegen sind nicht Adressat der Berichtspflicht.

III. Mit Sitz in anderem Mitgliedstaat

Das Institut muss seinen Sitz in einem anderen Mitgliedstaat haben. Mitglied- **4**
staaten sind gemäß § 1 Ab. 4 S. 1 nur die Mitgliedstaaten der Europäischen Union,
nicht aber die weiteren Staaten des EWR. In der Literatur wurde eine analoge Anwendung der Norm auf sämtliche EWR-Staaten vorgeschlagen (Schäfer/Omlor/
Mimberg/Bracht/Forstmann § 40 Rn. 4; Luz/Neus/Schaber/Schneider/Wagner/
Weber/Schenkel ZAG § 40 Rn. 4). Daran ist richtig, dass die Normenstruktur des
ZAG, insbesondere die §§ 38, 39 nahelegen, dass eine Einbeziehung aller EWR-
Staaten in den Anwendungsbereich des § 40 konsistent wäre. Auf der anderen Seite
geht eine solche Auslegung über den Wortlaut der Norm hinaus, was die Frage
nach der Zulässigkeit der Analogiebildung aufwirft. Letztlich kann die BaFin die
Erfüllung der in § 40 genannten Pflichten durch eine Anordnung gemäß § 4, also
durch einen hoheitlichen Eingriff durchsetzen. Zum Teil haben deutsche Gerichte
Analogieverbote im Zusammenhang mit der Eingriffsverwaltung bejaht (BVerfG
14. 8. 1997 – 2 BvR 2088/93, NJW 1996, 3146; VGH München 23. 2. 2016 – 10
BV 14.2353 Rn. 21, NVwZ-RR 2016, 779, 780), im Übrigen ist die Frage sehr
umstritten (Stelkens/Bonk/Sachs/Sachs VwVfG § 44 Rn. 54 mnN auch mit Analogien zulassenden Entscheidungen). Nach Stimmen in der Literatur soll die Möglichkeit der Analogie im Rahmen der Eingriffsverwaltung, wenngleich kein allgemeines verwaltungsrechtliches Analogieverbot besteht (Stelkens/Bonk/Sachs/
Sachs VwVfG § 44 Rn. 54; Sachs/Sachs, Grundgesetz, GG Art. 20 Rn. 121;
Dreier/Schulze-Fielitz GG Art. 20 Rn. 104 jeweils mwN) zu Lasten der Grund-
rechtsinhabers allenfalls in engen Ausnahmesituationen (Stelkens/Bonk/Sachs/
Sachs VwVfG § 44 Rn. 54) oder gar nicht zulässig sein (Dreier/Schulze-Fielitz GG
Art. 20 Rn. 104; Konzak NVwZ 1997, 672 (673); Fett/Bentele BKR 2011, 403
(405)). Angesichts dieser Vorbehalte von Rechtsprechung und Literatur im Zusammenhang mit der Möglichkeit der Analogiebildung in der Eingriffsverwaltung zu
Lasten des Betroffenen, kann nach hier vertretener Ansicht ein reines Übersehen
durch den nationalen Gesetzgeber, den Anwendungsbereich einer Norm systematisch mit anderen Normen abzustimmen, die ausführenden Verwaltungsbehörden und Gerichte nicht ohne weiteres dazu berechtigen, diese Lücken durch
Rechtsfortbildung zu schließen. Aufgrund der mit der Erfüllung der Berichtspflichten verbundenen Belastungen der Institute ist daher bis zu einer entsprechenden gesetzlichen Regelung die Anwendung auf Institute aus anderen Mitgliedstaaten zu beschränken und eine Analogiebildung im Hinblick auf Institute sämtlicher
EWR-Staaten abzulehnen.

Ungeschriebene Voraussetzung für die Anwendbarkeit des § 40 dürfte darüber **4a**
hinaus sein, dass das Institut das Notifizierungsverfahren nach § 39 durchgeführt
und abgeschlossen hat (so auch Schäfer/Omlor/Mimberg/Bracht/Forstmann § 40
Rn. 6).

IV. Über Zweigniederlassung oder Agenten im Inland verfügt

5   Im Inland wird im Grundsatz tätig, wer den deutschen Markt mit erlaubnispflichtigen Leistungen anspricht.

6   Die Zweigniederlassung wird den deutschen Markt aber auch stets von Deutschland aus ansprechen, da sich diese zwangsläufig im Inland befinden muss.

7   Darüber hinaus besteht die Berichtspflicht, wenn das Institut über Agenten im Inland verfügt. Agenten sind definiert in § 1 Abs. 9, hierzu → § 1 Rn. 329 ff. E-Geld-Agenten gemäß § 1 Abs. 10 erfasst der Wortlaut der Vorschrift nicht. Hierbei dürfte es sich um ein Versehen des Gesetzgebers handeln, da Art. 10 Abs. 1 lit. f Delegierte Verordnung (EU) 2021/1722 hinsichtlich der zu übermittelnden Informationen auch Angaben zu „E-Geld-Vertreibern", die inhaltlich E-Geld-Agenten ähneln, erfasst. Gleichwohl ist zu berücksichtigen, dass Art. 1 Abs. 1 der Delegierte Verordnung (EU) 2021/1722 nur den Informationsaustausch – auch in Bezug auf Fälle des Einsatzes von E-Geld-Agenten im Inland – zwischen den Behörden regelt, die Institute aber selbst nicht zur Bereitstellung der in der Delegierten Verordnung (EU) 2021/1722 aufgeführten Informationen verpflichtet. Allein Art. 1 Abs. 2 der Delegierten Verordnung (EU) 2021/1722 könnte so verstanden werden, dass er unmittelbar eine Ermächtigungsgrundlage der Behörden zum Anfordern von Berichten durch E-Geld-Institute, die E-Geld-Agenten im Inland einsetzen, begründen soll, indem sie „die Instrumente und Einzelheiten der regelmäßigen Meldungen festlegt, die die zuständigen Behörden der Aufnahmemitgliedstaaten von Zahlungsinstituten mit Agenten oder Zweigniederlassungen in ihrem Hoheitsgebiet über die in ihrem Hoheitsgebiet ausgeübten Zahlungsdiensttätigkeiten verlangen". Diese Norm regelt aber nur den notwendigen Inhalt eines Berichts im Falle einer Berichtspflicht, nicht aber die Fallgestaltungen, die eine Berichtspflicht begründen. Angesichts der Grenzen der Zulässigkeit einer Analogiebildung im Rahmen der Eingriffsverwaltung (→ Rn. 4) muss der Wortlaut des § 40 daher um E-Geld-Institute, die E-Geld-Agenten im Inland einsetzen, ergänzt werden, um eine Berichtspflicht in diesen Fällen zu begründen (aA Schäfer/Omlor/Mimberg/Bracht/Forstmann § 40 Rn. 8).

8   Im Inland können Agenten auch tätig werden, wenn sie ihren Sitz außerhalb von Deutschland haben und den inländischen Markt zielgerichtet mit Zahlungsdiensten oder dem E-Geld-Geschäft ansprechen. Daher lässt sich § 40 so verstehen, dass eine Berichtspflicht auch unabhängig davon entstehen kann, ob der Agent seinen Sitz in Deutschland oder außerhalb Deutschlands hat. Es ließe sich auf der anderen Seite aber auch vertreten, dass das Institut nicht über Agenten im Inland „verfügt", wenn diese nicht in Deutschland niedergelassen sind. Der Wortlaut „verfügt" spricht für die letztgenannte Auslegung (so auch Schäfer/Omlor/Mimberg/Bracht/Forstmann § 40 Rn. 9). Die Formulierung „im Inland" ist daher in § 40 anders zu verstehen als in §§ 10, 11. Daher ist § 40 nur auf Fallgestaltungen anwendbar, in denen ein Institut im Wege der Ausübung der Niederlassungsfreiheit über eine Zweigniederlassung oder Agenten im Inland tätig wird.

V. Auf Verlangen der BaFin

9   Ungeschriebenes Tatbestandsmerkmal des § 40 ist, dass Institute Berichte nur auf Verlangen der BaFin abzugeben haben. Dies folgt aus Art. 9 Abs. 1, 2 Delegierte Verordnung (EU) 2021/1722, der ein Verlangen der Behörde voraussetzt. Nach

Art. 9 Abs. 1 Delegierte Verordnung (EU) 2021/1722 sind die zuständigen Behörden verpflichtet, den Instituten Sprache und elektronischen Weg der Berichte mitzuteilen, wenn sie Berichte von den Instituten verlangen. Gemäß Art. 9 Abs. 2 Delegierte Verordnung (EU) 2021/1722 müssen die Behörden die EBA über ihre „Entscheidung", ob sie von Instituten regelmäßige Berichte verlangen, unterrichten. Auch Art. 29 Abs. 2 PSD2 sieht vor, dass die zuständigen Behörden die Entscheidung über das Verlangen von regelmäßigen Berichten treffen. Da diese Auslegung zu keinen weiteren Eingriffen auf Seiten der Institute führt, begegnet sie auch keinen Bedenken im Hinblick auf ein Verbot der teleologischen Reduktion. Institute sind daher nicht automatisch zur Vorlage von Berichten verpflichtet (aA Schäfer/Omlor/Mimberg/Bracht/Forstmann § 40 Rn. 10ff.; wie hier offenbar Luz/Neus/Schaber/Schneider/Wagner/Weber/Schenkel ZAG § 40 Rn. 2). Die BaFin wird in der Praxis allerdings ohnehin die Sprache und die Vorlagewege in elektronischer Form durch Anordnung festlegen müssen (→ Rn. 10), so dass im Zusammenhang mit dieser Anordnung auch das Verlangen der Vorlage von Berichten ausgesprochen werden kann. Das Verlangen der BaFin unterliegt dem Grundsatz der Verhältnismäßigkeit (aA Schäfer/Omlor/Mimberg/Bracht/Forstmann § 40 Rn. 11).

VI. Pflichten der BaFin

Fordert die BaFin ein Institut zur Abgabe von Berichten auf, muss sie diesem **10** mitteilen, auf welchen Wegen die Berichte in elektronischer Form und in welchen Sprachen sie diese an die BaFin versenden können (Art. 9 Abs. 1 Delegierte Verordnung (EU) 2021/1722). Darüber hinaus muss die BaFin der EBA mitteilen, wenn sie ein Institut zur Zusendung von Berichten aufgefordert hat (Art. 9 Abs. 2 Delegierte Verordnung (EU) 2021/1722).

VII. Umfang der Berichtspflicht

1. Über die im Inland ausgeübten Tätigkeiten

Die Berichte der Institute sind gemäß Art. 29 Abs. 2 UAbs. 2 PSD2 für Informa-**11** tions- oder statistische Zwecke und, sofern die Agenten oder Zweigniederlassungen das Zahlungsdienstgeschäft und das E-Geld-Geschäft im Rahmen der Niederlassungsfreiheit ausüben, für die Überwachung der Einhaltung der zur Umsetzung der Titel III und IV erlassenen nationalen Rechtsvorschriften vorzuschreiben.

a) Berichte für Informations- oder statistische Zwecke (Art. 9, 10 Dele- **12** **gierte Verordnung (EU) 2021/1722).** Die Inhalte der Berichte für Informations- oder statistische Zwecke ergeben sich aus Art. 9, 10 Delegierte Verordnung (EU) 2021/1722 iVm Annex V. Damit konkretisiert die Delegierte Verordnung (EU) 2021/1722 den Rahmen der Inhalte, die zu Informations- oder statistischen Zwecken verlangt werden können. Darüber hinaus gehende Angaben sehen die Delegierte Verordnung (EU) 2021/1722 nicht vor. Nach Art. 10 Abs. 3 Delegierte Verordnung (EU) 2021/1722 soll der Bericht unter Nutzung des Formulars in Annex V von Delegierte Verordnung (EU) 2021/1722 übermittelt werden.

Inhaltlich verlangt Art. 10 Abs. 2 Delegierte Verordnung (EU) 2021/1722 etwa **13** Angaben zu Anzahl und Kontaktdaten der Zweigniederlassungen und Agenten sowie zum Geschäftsumfang. Die Angaben des Instituts sind nur im Hinblick auf ihre Agenten mit Sitz im Inland und die Zweigniederlassungen und damit nicht im Hinblick auf die übrige Geschäftstätigkeit des Instituts zu machen (Art. 10 Abs. 1 Delegierte Verordnung (EU) 2021/1722).

14   **b) Berichte zur Überwachung der Einhaltung der Bestimmungen der Titel III, IV PSD2 (Art. 11 Delegierte Verordnung (EU) 2021/1722).** Berichte zur Überwachung der Einhaltung der Bestimmungen der Titel III, IV PSD2 sind nur abzugeben, sofern die Agenten oder Zweigniederlassungen das Zahlungsdienstgeschäft oder das E-Geld-Geschäft **im Rahmen der Niederlassungsfreiheit** ausüben.

15   Zweigniederlassungen von Instituten üben Zahlungsdienste bzw. das E-Geld-Geschäft stets im Rahmen der Niederlassungsfreiheit aus.

16   Bei Agenten ist zu differenzieren: Hat der Agent selbst seinen Sitz außerhalb Deutschlands, würde das Institut, sofern es nicht über eine Zweigniederlassung im Inland verfügt, selbst im Rahmen der Dienstleistungsfreiheit in Deutschland tätig. Dies ergibt sich auch aus einer Auslegungsentscheidung der EBA (Ziff. 28 EBA/Op/2019/03), wonach nur eine physische Präsenz des Agenten selbst im Aufnahmemitgliedstaat dem Anwendungsbereich der Niederlassungsfreiheit unterfallen kann. Sofern der Agent etwa ohne eine solche physische Präsenz im Aufnahmemitgliedstaat den inländischen Markt, wie etwa über das Internet, anspricht, fällt diese Tätigkeit nicht unter den Anwendungsbereich der Niederlassungsfreiheit (Ziff. 28 EBA/Op/2019/03). In diesem Falle besteht keine Pflicht zur Erstellung von Berichten zur Überwachung der Einhaltung der Bestimmungen der Titel III, IV PSD2. Hat der Agent allerdings seinen Sitz in Deutschland, kommt es für die Frage, ob Berichte zur Überwachung der Einhaltung der Bestimmungen der Titel III, IV PSD2 zu erstellen sind, darauf an, ob der Einsatz des Agenten in Bezug auf das Institut der Ausübung der Niederlassungsfreiheit oder der Freiheit des Dienstleistungsverkehrs zuzuordnen ist. Auch hier sollte auf die Auslegungsentscheidung der EBA zur Natur von Notifizierungen des Europäischen Passes hinsichtlich Agenten (EBA-Op-2019-03) zurückgegriffen werden. Nach Ziff. 35 EBA-Op-2019-03 ist demnach grundsätzlich davon auszugehen, dass der Einsatz von Agenten im Rahmen der Niederlassungsfreiheit erfolgt, sofern das Mandat zum Tätigwerden, das das Institut dem Agenten erteilt hat, ein hinreichendes Maß an Stabilität aufweist. Allerdings sei die Frage, ob das Institut über den Agenten im Rahmen der Niederlassungsfreiheit tätig wird, im Rahmen einer Einzelfallentscheidung zu beurteilen.

Hierfür seien als Kriterien heranzuziehen

- ob der Agent vom Institut nur gelegentlich ermächtigt wurde, eine bestimmte Aufgabe im Namen des Instituts zu erfüllen (was ein Hinweis darauf sein kann, dass diese Dienstleistungen unter die freie Erbringung von Dienstleistungen fallen) oder ob er vielmehr beauftragt wurde, die Dienstleistungen im Namen des Instituts regelmäßig oder kontinuierlich zu erbringen (was ein Hinweis darauf sein kann, dass diese Dienstleistungen unter das Niederlassungsrecht fallen);
- die Gesamtdauer des Vertragsverhältnisses oder der Vereinbarungen zwischen dem Institut und dem Agenten;
- ob die von Agenten ausgeübten Tätigkeiten den Endkunden ermöglichen, die Dienste des Instituts im Aufnahmemitgliedstaat zu nutzen.

17   Die Berichte sollen die Überwachung der Einhaltung der Bestimmungen der Titel III und IV PSD2 gewährleisten. Titel III der PSD2 betrifft die Transparenz

der Vertragsbedingungen und Informationspflichten der Zahlungsdienste. Titel IV der PSD2 betrifft die Rechte und Pflichten bei der Erbringung und Nutzung von Zahlungsdiensten. Titel III und IV hat der deutsche Gesetzgeber weit überwiegend in §§ 675c ff. BGB und Art. 248 EGBGB umgesetzt (BT-Drs. 18/11495, 147). Daher kann die BaFin auf Grundlage von § 40 umfassende Angaben zur Einhaltung von Vorschriften des BGB und EGBGB von Instituten verlangen.

Die Angaben in Art. 11 Delegierte Verordnung (EU) 2021/1722 sind zusätzlich **18** zu denen des Art. 10 Delegierte Verordnung (EU) 2021/1722 zu machen. Nach Art. 11 Abs. 3 Delegierte Verordnung (EU) 2021/1722 soll der Bericht unter Nutzung des Formulars in Annex VI von Delegierte Verordnung (EU) 2021/1722 übermittelt werden.

2. Regelmäßig

Art. 10 Abs. 3 S. 2 und Art. 11 Abs. 3 S. 2 Delegierte Verordnung (EU) **19** 2021/1722 konkretisieren, wie häufig Berichte an die BaFin zu übermitteln sind. Danach sind Berichte einmal jährlich innerhalb von zwei Monaten nach dem Ende des abgelaufenen Kalenderjahres vorzulegen. Daraus folgt gleichzeitig, dass die Angaben im Report sich nur auf den Zeitraum bis zum Ende des abgelaufenen Kalenderjahres beziehen müssen. Entsprechend kann die BaFin von Instituten die Vorlage von solchen Berichten höchstens einmal jährlich verlangen (aA Ellenberger/Findeisen/Nobbe/Böger/Rieg § 40 Rn. 254; Luz/Neus/Schaber/Schneider/Wagner/Weber/Schenkel ZAG § 40 Rn. 6).

§ 41 Zentrale Kontaktperson; Verordnungsermächtigung

(1) **Ein Institut mit Sitz in einem anderen Mitgliedstaat, das im Inland in anderer Form als einer Zweigniederlassung tätig ist, hat der Bundesanstalt auf Anforderung eine zentrale Kontaktperson im Inland zu benennen.**

(2) **¹Das Bundesministerium der Finanzen wird ermächtigt, durch Rechtsverordnung, die nicht der Zustimmung des Bundesrates bedarf, die Aufgaben der zentralen Kontaktperson, die Anforderungen an die Übermittlung von Unterlagen und die Vorlage von Informationen näher zu bestimmen. ²Das Bundesministerium der Finanzen kann die Ermächtigung durch Rechtsverordnung auf die Bundesanstalt übertragen. ³Vor Erlass der Rechtsverordnung sind die Spitzenverbände der Institute anzuhören.**

Inhaltsübersicht

I. Allgemeines

1   Durch § 41 wird Art. 29 Abs. 4 der PSD2 umgesetzt. Demnach kann Zahlungsinstitimen mit Sitz in einem anderen Mitgliedstaat, die in Deutschland über Agenten
auf Grundlage des Niederlassungsrechts tätig sind, auferlegt werden, eine zentrale
Kontaktperson im Inland zu benennen. Gemäß Art. 111 Nr. 1 lit. b der PSD2 sollen
auch E-Geld-Institute mit Sitz in einem anderen Mitgliedstaat von dieser Vorschrift
erfasst sein (BT-Drs. 18/11495, 130). Zweck der Vorschrift ist, die Beaufsichtigung
der Agenten von grenzüberschreitenden Instituten durch die Einrichtung einer
zentralen Kontaktperson zu verbessern und zu vereinfachen (BT-Drs. 18/11495,
130, Erwägungsgrund 44 PSD2). Darüber hinaus dient die Vorschrift der Übertragung von bestimmten Funktionen und Aufgaben auf die Kontaktperson nach
Art. 45 Abs. 9 der 4. Geldwäsche-RL (BT-Drs. 18/11495, 130).

2   § 41 weicht von Art. 29 Abs. 4 PSD2 ab. Nach Art. 29 Abs. 4 PSD2 können „die
Mitgliedstaaten (…) Zahlungsinstitimen, die in ihrem Hoheitsgebiet über Agenten
auf Grundlage des Niederlassungsrechts tätig sind und deren Sitz sich in einem anderen Mitgliedstaat befindet, vorschreiben, eine zentrale Kontaktstelle in ihrem
Hoheitsgebiet zu benennen (…)". Art. 29 Abs. 4 PSD2 bezweckt ausweislich ihres
Wortlauts eine angemessene Kommunikation und Berichterstattung über die **Einhaltung der Titel III und IV der PSD2** sicherzustellen und die Beaufsichtigung
durch die zuständigen Behörden des Herkunfts- und der Aufnahmemitgliedstaaten
zu erleichtern. Die Begriffe „Kontaktstelle" und „Kontaktperson" sind synonym zu
verstehen.

3   Darüber hinaus soll § 41 auch Art. 45 Abs. 9 der 4. Geldwäsche-RL umsetzen.
Danach können die Mitgliedstaaten vorschreiben, dass Zahlungsdienstleister, die in
ihrem Hoheitsgebiet in anderer Form als einer Zweigstelle niedergelassen sind und
deren Hauptsitz sich in einem anderen Mitgliedstaat befindet, in ihrem Hoheitsgebiet eine zentrale Kontaktstelle benennen. Art. 45 Abs. 9 der 4. Geldwäsche-RL
bezweckt, die **Einhaltung der Vorschriften zur Bekämpfung von Geldwäsche und Terrorismusfinanzierung** zu gewährleisten und die Aufsicht durch
die zuständigen Behörden zu erleichtern.

4   Die durch § 41 umgesetzten Richtlinienbestimmungen verfolgen unterschiedliche Zwecke, die bei der richtlinienkonformen Interpretation der Bestimmung zu
berücksichtigen sind. Die Anwendbarkeit von § 41 unterscheidet sich bei richtlinienkonformer Anwendung daher danach, ob die Benennung der zentralen Kontaktstelle zur Erfüllung der durch Art. 45 Abs. 9 der 4. Geldwäsche-RL oder der
durch Art. 29 Abs. 4 PSD2 verfolgten Zwecke erfolgt.

5   Gemäß Art. 29 Abs. 5 PSD2 sollte die EBA Entwürfe technischer Regulierungsstandards erarbeiten, in denen die Kriterien bestimmt werden, die bei der Festlegung – im Einklang mit dem Grundsatz der Verhältnismäßigkeit – der Umstände,
unter denen die Benennung einer zentralen Kontaktstelle angebracht ist, und bei
der Festlegung der Aufgaben dieser Kontaktstellen gemäß Art. 29 Abs. 4 PSD2 anzuwenden sind. Die Entwürfe sollten insbesondere das Gesamtvolumen und den
Wert der von dem Institut im Aufnahmemitgliedstaaten ausgeführten Zahlungsvorgänge, die Art der erbrachten Zahlungsdienste oder des E-Geld-Geschäfts und
die Gesamtzahl der im Aufnahmemitgliedstaat ansässigen Agenten berücksichtigen. Hierzu hat die EBA am 11.12.2017 die EBA/RTS/2017/09 veröffentlicht.
Die Kommission hat daraufhin am 14.3.2019 die Delegierte Verordnung (EU)

2020/1423 erlassen, die am 9.10.2021 im Amtsblatt veröffentlicht wurde (ABl. 2021 L 328, 1) und die gemäß Art. 3 am 29.10.2021 in Kraft getreten ist.

Gemäß Art. 45 Abs. 10 4. GeldwäscheRL sollten die europäischen Aufsichts- **5a** behörden Entwürfe technischer Regulierungsstandards zur Spezifizierung der Kriterien für die Bestimmung der Umstände, unter denen die Benennung einer zentralen Kontaktstelle gemäß Art. 45 Abs. 9 4. GeldwäscheRL angebracht ist, und zur Spezifizierung der Aufgaben der zentralen Kontaktstellen erarbeiten. Gem. Art. 45 Abs. 11 4. GeldwäscheRL wurde der Kommission die Befugnis übertragen, diese technischen Regulierungsstandards zu erlassen. Die Kommission hat am 7.5.2018 die Delegierte Verordnung (EU) 2018/1108 erlassen, die am 30.8.2018 in Kraft getreten ist (ABl. 2018 L 203, 2).

Als delegierte Rechtsakte iSv Art. 290 AEUV gelten delegierte Verordnungen **5b** unmittelbar nach Erlass durch die Kommission in allen Mitgliedstaaten, eine Umsetzung durch die Mitgliedstaaten ist nicht erforderlich (s. dazu Lutz ZVglRWiss 2017, 177 (187 ff.)).

II. Institut (Abs. 1)

Adressaten der Pflicht sind Institute gemäß § 1 Abs. 3, also Zahlungsinstitute und **6** E-Geld-Institute mit Sitz in einem anderen Mitgliedstaat, hierzu → § 1 Rn. 276 ff. Die Agenten hingegen sind nicht Adressat der Pflicht, eine Kontaktstelle zu benennen.

Gemäß Art. 29 Abs. 4 PSD2 sind im Hinblick auf Zahlungsdienste allerdings nur **7** Zahlungsinstitute als Adressat von der Pflicht zur Benennung einer zentralen Kontaktstelle erfasst. Nach Auffassung des Gesetzgebers ergibt sich die Einbeziehung von E-Geld-Instituten in den Anwendungsbereich der Vorschrift aus Art. 111 Nr. 1 lit. b PSD2. Weiter könnten E-Geld-Institute aufgrund von Erwägungsgrund 10 Zweite E-GeldRL sowie aufgrund von Art. 19 Abs. 5 PSD2 in den Anwendungsbereich einbezogen werden (BT-Drs. 18/11495, 130). Tatsächlich dürfte sich die Berechtigung zur Einbeziehung von E-Geld-Instituten in den Anwendungsbereich der Norm aus Art. 111 Nr. 1 lit. a PSD2 ergeben, der unter anderem Art. 29 PSD2 für auf E-Geld-Institute anwendbar erklärt. Art. 111 Nr. 1 lit. b PSD2 erklärt hingegen Art. 29 Abs. 4 PSD2 auf E-Geld-Institute für nicht anwendbar, wenn ein E-Geld-Institut in einem anderen Mitgliedstaat unter Inanspruchnahme den Vertrieb und den Rücktausch von E-Geld über natürliche oder juristische Personen, die in ihrem Namen tätig sind, vornimmt. Damit umschreibt der europäische Gesetzgeber die Personen, die der deutsche Gesetzgeber als E-Geld-Agenten in § 1 Abs. 10 definiert hat (zust. Schäfer/Omlor/Mimberg/Bracht/Forstmann § 41 Rn. 9; Luz/Neus/Schaber/Schneider/Wagner/Weber/Schenkel ZAG § 41 Rn. 5).

Art. 45 Abs. 9 4. Geldwäscherichtlinie wie auch Art. 3 Abs. 1 Delegierte Verord- **8** nung (EU) 2018/1108 sehen hingegen vor, dass Aufnahmemitgliedstaaten von E-Geld-Emittenten und Zahlungsdienstleistern, die in ihrem Hoheitsgebiet in anderer Form als einer Zweigstelle niedergelassen sind und deren Hauptsitz sich in einem anderen Mitgliedstaat befindet, die Benennung einer zentralen Kontaktstelle verlangen können. Die Norm erfasst damit auch Institute, die über E-Geld-Agenten im Aufnahmemitgliedstaat niedergelassen sind (Schäfer/Omlor/Mimberg/Bracht/Forstmann § 41 Rn. 9). § 41 erfordert daher eine gespaltene richtlinienkonforme Auslegung, abhängig davon, ob die Benennung der zentralen Kontaktstelle zur Umsetzung der Vorgaben der PSD2 oder der 4. GeldwäscheRL verlangt wird (zutreffend Schäfer/Omlor/Mimberg/Bracht/Forstmann § 41 Rn. 9). Auf der anderen Seite bleibt § 41 hinter den Vorgaben der Delegierten Verordnung (EU) 2018/1108 zurück, die sämtliche E-Geld-Emittenten und Zahlungsdienstleister, also insbesondere auch CRR-Kreditinstitute erfasst. Aufgrund der unmittelbaren Anwendbarkeit der Delegierten Verordnung (EU) 2018/1108 wird die BaFin aber auch von diesen Unternehmen die Benennung einer zentralen Kontaktperson verlangen dürfen.

III. Mit Sitz in einem anderen Mitgliedstaat

9   Das Institut muss seinen Sitz in einem anderen Mitgliedstaat haben. Abzulehnen ist eine Ansicht, die durch analoge Anwendung der Vorschrift sämtliche EWR-Staaten in den Anwendungsbereich der Vorschrift einbeziehen will (Schäfer/Omlor/Mimberg/Bracht/Forstmann § 41 Rn. 7; für eine Abstimmung mit der BaFin Luz/Neus/Schaber/Schneider/Wagner/Weber/Schenkel ZAG § 41 Rn. 4). Es mag sein, dass es die Regelungssystematik der §§ 38 ff. anbietet, dass sämtliche dieser Vorschriften Institute aus allen anderen EWR-Staaten erfassen sollen. Letztlich handelt es sich bei § 41 aber um eine Norm der Eingriffsverwaltung, hinsichtlich derer die Rechtsprechung ein Analogieverbot bejaht hat (BVerfG NJW 1996, 3146). Angesichts der mitunter erheblichen Belastungen, die mit der Anforderung zur Benennung einer zentralen Kontaktperson einhergehen können, muss der Gesetzgeber die Rechtsgrundlage entsprechend gestalten, um auch Institute aus anderen Staaten des EWR außer Mitgliedstaaten in den Anwendungsbereich der Norm einzubeziehen (hierzu auch → § 40 Rn. 4). Ungeschriebene Voraussetzung dürfte darüber hinaus sein, dass das Institut das Notifizierungsverfahren nach § 39 durchgeführt und abgeschlossen hat.

IV. Das im Inland in anderer Form als einer Zweigniederlassung tätig ist

10   Weitere Voraussetzung ist, dass das Institut im Inland in anderer Form als einer Zweigniederlassung tätig ist. Der Begriff „im Inland" ist so zu verstehen wie in § 10, hierzu → § 10 Rn. 9. Im Inland wird daher im Grundsatz tätig, wer den deutschen Markt mit erlaubnispflichtigen Leistungen anspricht.

11   Bei wörtlicher Anwendung der Vorschrift erfasst § 41 aber damit jedes Institut, das den deutschen Markt ohne Einrichtung einer Zweigniederlassung mit erlaubnispflichtigen Leistungen anspricht, dh solche, die mit oder ohne Einsatz von Agenten im Wege des grenzüberschreitenden Dienstleistungsverkehrs zielgerichtet den inländischen Markt ansprechen. Diese Formulierung entspricht weder Art. 29 Abs. 4 PSD2, noch Art. 45 Abs. 9 der 4. Geldwäsche-RL. Auf der anderen Seite schließt das Vorhandensein einer Zweigniederlassung in Deutschland neben der Ausübung der Niederlassungsfreiheit auf anderem Wege in Deutschland den Anwendungsbereich des § 41 nicht aus (Schäfer/Omlor/Mimberg/Bracht/Forstmann § 42 Rn. 10). Es ist ausreichend, wenn das Institut auch in anderer Form als einer Zweigniederlassung im Inland tätig ist.

12   Nach Art. 29 Abs. 4 PSD2 iVm Art. 111 Nr. 1 lit. a PSD2 können die Mitgliedstaaten Zahlungsinstituten und E-Geld-Instituten, die in ihrem Hoheitsgebiet über Agenten auf Grundlage des Niederlassungsrechts tätig sind, die Benennung einer zentralen Kontaktstelle vorschreiben. Das ist aber bei einem Institut, das nur im Wege des grenzüberschreitenden Dienstleistungsverkehrs den inländischen Markt anspricht, nicht der Fall. Im Rahmen der Niederlassungsfreiheit wird das Institut aber (in anderer Form als einer Zweigniederlassung) nur tätig, wenn es Agenten im Inland einsetzt, deren Mandat zum Tätigwerden ein hinreichendes Maß an Stabilität hat (hierzu → § 40 Rn. 16). Darüber hinaus wollte der Gesetzgeber jedenfalls im Zusammenhang mit der Umsetzung der PSD2 keine Pflicht zur Benennung einer zentralen Kontaktstelle anordnen, wenn ein E-Geld-Institut über E-Geld-Agenten im Inland tätig ist (→ Rn. 7). Daher ist § 41 im Hinblick auf die zahlungsdiensterechtlichen Schutzzwecke richtlinienkonform so auszulegen, dass nur Institute erfasst sind, die im Rahmen der Niederlassungsfreiheit über Agenten mit Sitz im Inland gemäß § 1 Abs. 9 im Inland tätig sind, ohne eine Zweigniederlassung im Inland zu haben (so auch Schäfer/Omlor/Mimberg/Bracht/Forstmann § 41 Rn. 8).

Art. 45 Abs. 9 der 4. Geldwäsche-RL erfasst Zahlungsdienstleister, die im Ho- **13** heitsgebiet eines Staates in anderer Form als einer Zweigstelle niedergelassen sind. Daraus geht hervor, dass im Hinblick auf geldwäscherechtliche Schutzzwecke eine Pflicht zur Benennung einer zentralen Kontaktstelle auch in diesem Zusammenhang nur vorgesehen ist, wenn der Zahlungsdienstleister auf Grundlage der Niederlassungsfreiheit im Inland tätig wird. Wie unter → Rn. 12 dargelegt erfordert dies, dass Agenten mit Sitz im Inland vom Institut in einer Weise zum Tätigwerden beauftragt sind, die ein hinreichendes Maß an Stabilität hat. Da Art. 45 Abs. 9 der 4. Geldwäsche-RL das Tätigwerden über E-Geld-Agenten nicht ausschließt, kann zur Verfolgung der Zwecke der 4. Geldwäsche-RL eine zentrale Kontaktstelle auch verlangt werden, wenn das Institut dauerhaft über E-Geld-Agenten mit Sitz im Inland in Deutschland tätig wird.

V. Auf Anforderung der BaFin

Die Pflicht zur Benennung einer zentralen Kontaktstelle besteht nur, wenn die **14** BaFin eine solche Benennung verlangt. Dieses Recht kann die BaFin allerdings nicht uneingeschränkt ausüben. Vielmehr unterliegt die Anforderung dem Grundsatz der Verhältnismäßigkeit. Die Kriterien für die Angemessenheit der Anforderung, gegenüber der BaFin eine zentrale Kontaktperson zu benennen, unterscheiden sich danach, ob die Anforderung gemäß § 41 den zahlungsdiensterechtlichen oder geldwäscherechtlichen Gehalt der Norm betrifft.

Für die **zahlungsdiensterechtlichen Zwecke** des Art. 29 Abs. 4 PSD2 legt **15** Art. 1 der Delegierten Verordnung (EU) 2020/1423 fest, dass eine Benennung als angemessen gilt, wenn eines oder mehrere der folgenden Kriterien erfüllt ist/sind:

a) die Gesamtzahl der Agenten, über die ein Institut in einem Aufnahmemitgliedstaat im Rahmen des Niederlassungsrechts im letzten Geschäftsjahr Zahlungsdienste erbrachte, beträgt mindestens 10;

b) das Gesamtvolumen der Zahlungsvorgänge, einschließlich der Zahlungsvorgänge, die von einem Institut durch Zahlungsauslösedienste im Aufnahmemitgliedstaat im letzten Geschäftsjahr über im Aufnahmemitgliedstaat ansässige Agenten durchgeführt wurden, die entweder im Rahmen der Niederlassungsfreiheit oder des freien Dienstleistungsverkehrs tätig waren, überschreitet 3 Mio. EUR, und das Institut stellte mindestens zwei dieser Agenten im Rahmen des Niederlassungsrechts ein;

c) die Gesamtzahl der Zahlungsvorgänge, die von einem Institut im Aufnahmemitgliedstaat im letzten Geschäftsjahr über im Aufnahmemitgliedstaat ansässige Agenten durchgeführt wurden, die entweder im Rahmen der Niederlassungsfreiheit oder des freien Dienstleistungsverkehrs tätig waren, einschließlich der Zahlungsvorgänge, die von einem Zahlungsinstitut durch Zahlungsauslösedienste erbracht wurden, überschreitet 100.000, und das Institut stellte mindestens zwei der Agenten im Rahmen des Niederlassungsrechts ein.

16   Hiervon zu unterscheiden sind die Anforderungen an das Verlangen der BaFin, wenn sie die Benennung einer zentralen Kontaktstelle für die Zwecke der 4. Geldwäsche-RL verfolgt. Der Zweck des Verlangens der BaFin zur Benennung einer zentralen Kontaktstelle muss darin bestehen, dass die zentrale Kontaktstelle gewährleistet, dass sich insbesondere die im Rahmen der Niederlassungsfreiheit im Inland tätigen Agenten (Erwägungsgrund 50 verwendet den Begriff „Niederlassungen") an die Vorschriften über die Bekämpfung der Geldwäsche und der Terrorismusfinanzierung halten (Erwägungsgrund 50 der 4. Geldwäsche-RL). Darüber hinaus soll die BaFin sicherstellen, dass diese Anforderung verhältnismäßig ist und nicht über das hinausgeht, was für die Erreichung des Ziels der Einhaltung der Vorschriften über die Bekämpfung der Geldwäsche und der Terrorismusfinanzierung erforderlich ist, auch durch Erleichterung der jeweiligen Aufsicht (Erwägungsgrund 50 der 4. Geldwäsche-RL).

16a   Für die **geldwäscherechtlichen Zwecke** des Art. 49 Abs. 9 4. GeldwäscheRL konkretisiert Art. 3 Delegierte Verordnung (EU) 2018/1108 diese Erwägungen durch ähnliche, aber nicht identische Kriterien wie in der Delegierten Verordnung (EU) 2020/1423 für die Angemessenheit der Anforderung, eine zentrale Kontaktperson zu benennen, vor:

a) Der E-Geld-Emittent oder der Zahlungsdienstleister unterhält mindestens zehn Niederlassungen. Der Begriff „Niederlassungen" ist in diesem Zusammenhang zu verstehen als Agenten oder E-Geld-Agenten, die auf Grundlage der Niederlassungsfreiheit in Deutschland tätig sind (Schäfer/Omlor/Mimberg/Bracht/Forstmann § 41 Rn. 13), Art. 3 Abs. 1 lit. a Delegierte Verordnung (EU) 2018/1108;

b) Der Gesamtbetrag des ausgegebenen und zurückgenommenen E-Gelds oder der Gesamtwert der von den Niederlassungen ausgeführten Zahlungsvorgängen wird pro Geschäftsjahr voraussichtlich 3 Mio. EUR übersteigen oder überstieg im vorausgegangenen Geschäftsjahr 3 Mio. EUR, Art. 3 Abs. 1 lit. b Delegierte Verordnung (EU) 2018/1108;

c) Die nötigen Angaben für die Feststellung, ob das Kriterium unter Art. 3 Abs. 1 lit. a oder b zutrifft, wurden der zuständigen Behörde des Aufnahmemitgliedstaats trotz ihres Ersuchens nicht rechtzeitig mitgeteilt, Art. 3 Abs. 1 lit. c Delegierte Verordnung (EU) 2018/1108;

d) Die Benennung einer zentralen Kontaktstelle erscheint in Anbetracht des mit dem Betrieb der Niederlassungen verbundenen Risikos der Geldwäsche oder Terrorismusfinanzierung bei bestimmten Kategorien von E-Geld-Emittenten oder Zahlungsdienstleistern angemessen, Art. 3 Abs. 2 Delegierte Verordnung (EU) 2018/1108. Dabei muss die BaFin ihre Einschätzung unter anderem auf die in Art. 3 Abs. 3 Delegierte Verordnung (EU) 2018/1108 genannten Kriterien stützen;

e) Es besteht ausnahmsweise ein berechtigter Grund zu der Annahme, dass mit den Niederlassungen eines E-Geld-Emittenten oder Zahlungsdienstleisters ein hohes Risiko der Geldwäsche oder der Terrorismusfinanzierung verbunden ist, Art. 3 Abs. 4 Delegierte Verordnung (EU) 2018/1108.

Weder aus Art. 1 der Delegierten Verordnung (EU) 2020/1423, noch aus Art. 3 **17** der Delegierten Verordnung (EU) 2018/1108 geht zwingend hervor, dass die Aufzählung abschließend ist. Sofern die BaFin die Benennung einer zentralen Kontaktstelle außerhalb dieser Beispiele verlangt, sind hierfür materiell vergleichbare Kriterien erforderlich (so auch Schäfer/Omlor/Mimberg/Bracht/Forstmann § 41 Rn. 14).

VI. Anforderungen an die zentrale Kontaktperson

An die zentrale Kontaktperson sind keine besonderen Anforderungen zu stellen. **18** Die zentrale Kontaktperson muss über eine physische Präsenz im Inland verfügen. Die zentrale Kontaktperson kann eine natürliche Person, eine juristische Person oder eine Personenhandelsgesellschaft sein. Die zentrale Kontaktperson kann die Zweigniederlassung selbst, ein Agent, ein E-Geld Agent oder ein externer Dienstleister sein (Schäfer/Omlor/Mimberg/Bracht/Forstmann § 41 Rn. 15), auch ein Angestellter des Instituts (Quennet CCZ 2022, 52 (54)). Allerdings muss die zentrale Kontaktperson über die erforderlichen Ressourcen verfügen und Zugang zu allen Daten haben, die für ihre Aufgaben erforderlich sind (Art. 2 Abs. 2 Delegierte Verordnung (EU) 2020/1423). Dazu sollten neben einer angemessenen beruflichen Qualifikation und Sprachkenntnissen bei der Ausstattung der zentralen Kontaktperson auch die Größe des Netzwerks und des Zahlungsvolumens im Inland und bestehende Risiken in Bezug auf Geldwäsche und Terrorismusfinanzierung berücksichtigt werden (Quennet CCZ 2022, 52 (54)).

VII. Pflichten der zentralen Kontaktperson

Die Pflichten der zentralen Kontaktstelle unterscheiden sich je nachdem, ob der **19** Regelungsgehalt der Delegierten Verordnung (EU) 2020/1423 oder der Delegierten Verordnung (EU) 2018/1108 betroffen ist. Die Anforderungen an zentrale Kontaktpersonen, deren Benennung aufgrund der Kriterien in Art. 1 der Delegierten Verordnung (EU) 2020/1423 verlangt wurde, sind in Art. 2 Abs. 1 der Delegierten Verordnung (EU) 2020/1423 geregelt:

Danach ist die zentrale Kontaktperson der einzige Erbringer und die einzige **20** Sammelstelle für die Zwecke der Berichterstattungspflichten des Zahlungsinstituts gegenüber den zuständigen Behörden des Aufnahmemitgliedstaats gemäß Art. 29 Abs. 2 PSD2 in Bezug auf Dienstleistungen, die im Aufnahmemitgliedstaat über Agenten im Rahmen der Niederlassungsfreiheit erbracht werden.

Weiter dient die zentrale Kontaktperson als einzige Kontaktstelle des benennenden Instituts für Mitteilungen an die zuständigen Behörden des Herkunfts- und des Aufnahmemitgliedstaats in Bezug auf die im Aufnahmemitgliedstaat über Agenten im Rahmen der Niederlassungsfreiheit erbrachten Zahlungsdienste und des E-Geld-Geschäfts, einschließlich jeglicher den zuständigen Behörden auf Verlangen zu übermittelnden Unterlagen und Informationen.

Darüber hinaus erleichtert sie die Kontrollen vor Ort durch die zuständigen Behörden der Agenten oder des benennenden Instituts, die im Aufnahmemitgliedstaat im Rahmen der Niederlassungsfreiheit tätig sind, und die Durchführung der von den zuständigen Behörden des Herkunfts- oder Aufnahmemitgliedstaats gemäß der PSD2 ergriffenen Aufsichtsmaßnahmen.

21   Insgesamt soll die zentrale Kontaktstelle in erste Linie für eine angemessene Kommunikation und Übermittlung von Informationen über die Einhaltung der Bestimmungen der Titel III und IV PSD2 sorgen (Erwägungsgrund 2 der Delegierten Verordnung (EU) 2020/1423). Damit kann die BaFin auch die Einhaltung von Vorschriften der PSD2 überwachen, die im Wesentlichen im BGB umgesetzt wurden.

22   Die Pflichten der zentralen Kontaktstelle auf Grundlage von Art. 45 Abs. 9 der 4. Geldwäsche-RL und der Delegierten Verordnung (EU) 2018/1108 gehen deutlich weiter als in der Delegierten Verordnung (EU) 2018/1108 und bestehen im Grundsatz darin, im Auftrag des benennenden Instituts die Einhaltung der Vorschriften zur Bekämpfung von Geldwäsche und Terrorismusfinanzierung zu gewährleisten und die Aufsicht durch die zuständigen Behörden zu erleichtern, indem sie ihnen unter anderem auf Ersuchen Dokumente und Informationen zur Verfügung stellt.

22a   Im Einzelnen sieht die Delegierte Verordnung (EU) 2018/1108 folgende Pflichten der zentralen Kontaktperson vor:

a) Erleichterung der Entwicklung und Umsetzung der Strategien und Verfahren zur Bekämpfung von Geldwäsche und Terrorismusfinanzierung, indem sie den E-Geld-Emittenten oder Zahlungsdienstleister über die im Aufnahmemitgliedstaat in Bezug auf die Bekämpfung der Geldwäsche und Terrorismusfinanzierung geltenden Anforderungen informiert (Art. 4 lit. a);

b) Beaufsichtigung im Namen des E-Geld-Emittenten oder Zahlungsdienstleisters hinsichtlich der effektiven Einhaltung der im Aufnahmemitgliedstaat in Bezug auf die Bekämpfung von Geldwäsche und Terrorismusfinanzierung geltenden Anforderungen durch die betreffenden Niederlassungen sowie die Strategien, Kontrollen und Verfahren des E-Geld-Emittenten oder Zahlungsdienstleisters gemäß Artikel 8 Abs. 3, 4 4. GeldwäscheRL (Art. 4 lit. b);

c) Information des Hauptsitzes des E-Geld-Emittenten oder Zahlungsdienstleisters über alle in den betreffenden Niederlassungen festgestellten Verstöße oder Probleme bei der Einhaltung der Vorschriften, einschließlich der Umstände, die die Fähigkeit der Niederlassung beeinträchtigen können, die Strategien und Verfahren des E-Geld-Emittenten oder Zahlungsdienstleisters für die Bekämpfung von Geldwäsche und Terrorismusfinanzierung effektiv anzuwenden, oder die sich anderweitig auf die Risikobewertung des E-Geld-Emittenten oder des Zahlungsdienstleisters auswirken können (Art. 4 lit. c);

d) Sicherstellung im Namen des E-Geld-Emittenten oder Zahlungsdienstleisters, dass Korrekturmaßnahmen ergriffen werden, wenn die betreffenden Niederlassungen den geltenden Vorschriften zur Bekämpfung der Geldwäsche und der Terrorismusfinanzierung nicht nachkommen oder die Gefahr besteht, dass sie ihnen nicht nachkommen (Art. 4 lit. d);

e) Sicherstellung im Namen des E-Geld-Emittenten oder Zahlungsdienstleisters, dass die betreffenden Niederlassungen und ihr Personal an Fortbildungsprogrammen im Sinne des Artikels 46 Abs. 1 4. GeldwäscheRL teilnehmen (Art. 4 lit. e);

f) Vertretung des E-Geld-Emittenten oder Zahlungsdienstleisters im Verkehr mit den zuständigen Behörden und der zentralen Meldestelle des Aufnahmemitgliedstaats (Art. 4 lit. f);

g) Erleichterung der Beaufsichtigung der Niederlassungen durch die zuständigen Behörden des Aufnahmemitgliedstaates Kommunikation mit der Behörde, dem Zugriff auf und die Vorlage von Informationen an Behörden und dem Ermöglichen von Vor-Ort-Prüfungen (Art. 5);

h) Berichterstattung und Kommunikation mit der zentralen Meldestelle für Verdachtsmeldungen sowie Prüfung von verdächtigen Transaktionen (Art. 6).

Letztlich obliegt der zentralen Kontaktperson eine nahezu vollumfängliche Verpflichtung, die Einhaltung anwendbarer geldwächerechtlicher Vorschriften im Aufnahmemitgliedstaat sicherzustellen.

VIII. Verordnungsermächtigung (Abs. 2)

Abs. 2 ermächtigt das BMF, durch Rechtsverordnung die Aufgaben der zentralen **23** Kontaktperson, die Anforderungen an die Übermittlung von Unterlagen und die Vorlage von Informationen näher zu bestimmen. Durch die Rechtsverordnung soll Näheres zu den Anforderungen an die zentrale Kontaktperson geregelt werden können (BT-Drs. 18/11495, 130). Zum Zwecke der Bekämpfung der Geldwäsche und Terrorismusfinanzierung nach Art. 45 Abs. 9 der 4. Geldwäsche-RL können der zentralen Kontaktperson weitere Funktionen und Aufgaben übertragen werden (BT-Drs. 18/11495, 130). Von der Verordnungsermächtigung wurde bislang kein Gebrauch gemacht.

Hinsichtlich des Inhalts der Verordnung ist zu berücksichtigen, dass sowohl die **24** Delegierte Verordnung (EU) 2020/1423 als auch die Delegierte Verordnung (EU) 2018/1108 die Aufgaben der zentralen Kontaktperson bereits sehr detailliert regeln. Die Inhalte der Verordnung dürfen diesen Vorgaben nicht widersprechen.

§ 42 Zweigstellen von Unternehmen mit Sitz außerhalb des Europäischen Wirtschaftsraums

(1) ¹Unterhält ein Unternehmen mit Sitz außerhalb der Europäischen Union oder des Europäischen Wirtschaftsraums eine Zweigstelle im Inland, die Zahlungsdienste erbringt oder das E-Geld-Geschäft betreibt, gilt die Zweigstelle als Institut im Sinne dieses Gesetzes. ²Unterhält das Unternehmen mehrere Zweigstellen im Inland, gelten diese als ein Institut.

(2) Auf die in Absatz 1 bezeichneten Institute ist dieses Gesetz nach Maßgabe der Absätze 3 bis 6 anzuwenden.

(3) ¹Das Institut hat mindestens zwei natürliche Personen mit Wohnsitz im Inland zu bestellen, die für den Geschäftsbereich des Instituts zur Geschäftsführung und zur Vertretung des Unternehmens befugt sind. ²Solche Personen gelten als Geschäftsleiter. ³Sie sind zur Eintragung in das Handelsregister anzumelden. ⁴Bei Instituten mit geringer Größe und mit geringem Geschäftsvolumen genügt ein Geschäftsleiter.

(4) ¹Das Institut ist verpflichtet, über die von ihm betriebenen Geschäfte und über das seinem Geschäftsbetrieb dienende Vermögen des Unternehmens gesondert Buch zu führen und gegenüber der Bundesanstalt und der Deutschen Bundesbank Rechnung zu legen. ²Die Vorschriften des Handelsgesetzbuchs über Handelsbücher für Kreditinstitute und Finanzdienstleistungsinstitute gelten insoweit entsprechend. ³Auf der Passivseite der jährlichen Vermögensübersicht ist der Betrag des dem Institut von dem Unternehmen zur Verfügung gestellten Betriebskapitals und der Betrag der dem Institut zur Verstärkung der eigenen Mittel belassenen Betriebsüberschüsse gesondert auszuweisen. ⁴Der Überschuss der Passivpos-

ten über die Aktivposten oder der Überschuss der Aktivposten über die Passivposten ist am Schluss der Vermögensübersicht ungeteilt und gesondert auszuweisen.

(5) ¹Die nach Absatz 4 für den Schluss eines jeden Geschäftsjahres aufzustellende Vermögensübersicht mit einer Aufwands- und Ertragsrechnung und einem Anhang gilt als Jahresabschluss. ²Für die Prüfung des Jahresabschlusses gilt § 340k des Handelsgesetzbuchs entsprechend mit der Maßgabe, dass der Prüfer von den Geschäftsleitern gewählt und bestellt wird. ³Mit dem Jahresabschluss des Instituts ist der Jahresabschluss des Unternehmens für das gleiche Geschäftsjahr einzureichen.

(6) Als Eigenmittel des Instituts gilt die Summe der Beträge, die in der vierteljährlichen Meldung nach § 15 Absatz 2 als dem Institut von dem Unternehmen zur Verfügung gestelltes Betriebskapital und ihm zur Verstärkung der eigenen Mittel belassene Betriebsüberschüsse ausgewiesen wird, abzüglich des Betrags eines etwaigen aktiven Verrechnungssaldos.

Inhaltsübersicht

I. Allgemeines

1   § 42 entspricht inhaltlich § 27 aF und hat durch das ZDUG2 keine inhaltlichen Änderungen erfahren. Lediglich die Struktur der Vorschrift wurde angepasst.

2   Während §§ 38, 39 für Institute aus einem Staat des EWR die Voraussetzungen und Rechtsfolgen des sog. Europäischen Passes regeln, sehen die PSD2 und die Zweite E-Geld-RL eine Art. 11 Abs. 9 PSD2 entsprechende Regelungen für Unternehmen mit Sitz in einem Drittstaat nicht vor. Wie schon die PSD1 enthält auch die PSD2 keine Regelung zum Erbringen von Zahlungsdiensten oder des E-Geschäft durch Unternehmen mit Sitz in Drittstaaten, sondern bestimmt lediglich in Art. 11 Abs. 1 S. 1 PSD2, dass die Mitgliedstaaten Unternehmen, die weder Zahlungsdienstleister sind noch unter die Ausnahmebestimmungen der PSD2, das Erbringen von Zahlungsdiensten zu untersagen haben. Wie im Rahmen der PSD1 und des ZAG aF obliegt deshalb die Regelung des Zulassungsverfahrens solcher Unternehmen den einzelnen Mitgliedstaaten (BT-Drs. 16/11613, 55). Die Zweigstelle muss daher im Grundsatz und je nach konkreter Geschäftstätigkeit die Erlaubnis- bzw. Registrierungsverfahren gem. §§ 10, 11, 34 durchlaufen.

3   § 42 behält den Grundsatz von § 27 aF bei, dass Unternehmen aus Drittstaaten für die Erbringung von nach dem ZAG erlaubnispflichtigen Dienstleistungen eine Erlaubnis in der Bundesrepublik einzuholen haben und ergänzt die Vorschriften des ZAG um einige Sonderregelungen. Mangels inhaltlicher Änderungen ähnelt § 42 auch nach Umsetzung der PSD2 § 53b KWG. Die Vorschrift bezweckt, die unkon-

trollierte Tätigkeit von Zweigstellen von in Drittstaaten ansässigen Unternehmen zu unterbinden, da für diese Unternehmen die Vorschriften der PSD2 nicht gelten.

II. Zweigstellen von Unternehmen mit Sitz in Drittstaat (Abs. 1)

Abs. 1 S. 1 regelt, dass Unternehmen mit Sitz in einem Drittstaat, die eine **4** Zweigstelle im Inland unterhalten und nach dem ZAG erlaubnispflichtige Geschäfte ausüben, als Institut iSv § 1 Abs. 3 gelten und daher im Ergebnis insbesondere eine Erlaubnis gemäß §§ 10, 11 einholen müssen. Sofern das Unternehmen nur Kontoinformationsdienste in Deutschland erbringt, muss es eine Registrierung gem. § 34 beantragen.

§ 42 gilt nur für Unternehmen mit Sitz außerhalb der Staaten des EWR. Der Sitz **5** eines Unternehmens ergibt sich in aller Regel aus seiner Satzung oder dem Ort seiner Hauptverwaltung (BFS/Vahldiek § 53b Rn. 32). Zur Frage, welcher Staat als Sitzstaat anzusehen ist, wenn ein Unternehmen den überwiegenden Teil seiner Tätigkeit in einem anderen Staat als seinem formalen Sitzstaat ausübt, s. BFS/Vahldiek § 53b Rn. 32 f. Unternehmen im Sinne von § 42 sind auch solche Unternehmen, die an ihrer Hauptniederlassung keine Zahlungsdienste erbringen oder das E-Geld-Geschäft betreiben. Es ist nicht erforderlich, dass das Unternehmen selbst ein Institut iSd ZAG ist (vgl. zum KWG Reischauer/Kleinhans § 53 Rn. 1 ff.).

§ 42 Abs. 1 setzt eine Zweigstelle des Unternehmens im Inland voraus. Zweig- **6** stelle ist ein Oberbegriff für alle Nebenstellen von Unternehmen einschließlich Zweigniederlassungen, Zahlstellen und Annahmestellen (Schwennicke/Auerbach/ Auerbach § 53 Rn. 9). Kennzeichnend für eine Zweigstelle ist grds. kumulativ eine Zusammenfassung von sachlichen und personellen Mitteln des Unternehmens in einer dauerhaften physischen Präsenz im Inland, der Betrieb eines erlaubnispflichtigen Geschäfts durch die Zweigstelle, die räumliche Selbständigkeit von der Hauptniederlassung im Ausland und die rechtliche Unselbständigkeit als Niederlassung des Gesamtunternehmens (Schwennicke/Auerbach/Auerbach § 53 Rn. 10; BFS/ Vahldiek § 53 Rn. 13; ähnlich Beck/Samm/Kokemoor/Hanten § 53 Rn. 13). Zum Vorliegen einer dauerhaften physischen Präsenz im Inland → § 39 Rn. 10 ff.

Die Zweigstelle betreibt ein erlaubnispflichtiges Geschäft, wenn sie im Inland **7** Zahlungsdienste gem. § 1 Abs. 1 S. 2 erbringt oder gemäß § 1 Abs. 2 S. 2 im Inland das E-Geld-Geschäft betreibt und dadurch eine der Erlaubnis- oder Registrierungspflichten gemäß §§ 10, 11, 34 auslöst. Insofern kann auf die Ausführungen zu → § 10 Rn. 5 f. und → § 11 Rn. 13 sowie → § 34 Rn. 1 ff. verwiesen werden. Danach ist letztlich entscheidend, ob die Zweigstelle selbst nach dem ZAG erlaubnispflichtige Tätigkeiten ausübt oder sich selbst zielgerichtet an den inländischen Markt wendet (s. auch BFS/Vahldiek § 53 Rn. 30 f.). Rechtliche Unselbständigkeit bedeutet, dass die Zweigstelle im Verhältnis zum Unternehmen keine rechtlich selbständige juristische oder natürliche Person ist (BFS/Vahldiek § 53 Rn. 33). Daher fallen Tochtergesellschaften des Unternehmens nicht unter § 42, sondern vielmehr unmittelbar unter §§ 10, 11.

Das Unternehmen kann die Erlaubnispflichten aber nicht dadurch umgehen, **8** dass es auf die Errichtung einer physischen Zweigstelle verzichtet und erlaubnispflichtige Tätigkeiten unmittelbar aus dem Drittstaat, etwa über das Internet erbringt, indem es sich zielgerichtet an den inländischen Markt wendet (Neumann/

Bauer MMR 2011, 563 (565)). Denn eine Erlaubnispflicht besteht gemäß §§ 10 Abs. 1, 11 Abs. 1 auch in diesem Fall (BVerwG WM 2009, 1553). Das Unternehmen ist dann selbst als erlaubnispflichtige Zweigstelle anzusehen (BVerwG WM 2009, 1553 Rn. 27). Um die Tätigkeiten in der Bundesrepublik ausüben zu dürfen, muss das Unternehmen entweder eine Zweigstelle oder selbständige Gesellschaft in Deutschland errichten. Diese muss eine Erlaubnis gemäß §§ 10, 11 beantragen.

9   Rechtsfolge des Abs. 1 S. 1 ist, dass die Zweigstelle als Institut iSd ZAG gilt. Damit wird für die Zwecke des ZAG die Instituteeigenschaft der Zweigstelle fingiert, so dass die Zweigstelle unter die für Institute geltenden Vorschriften des ZAG fällt (Schwennicke/Auerbach/Auerbach § 53 Rn. 5; BFS/Vahldiek § 53 Rn. 37), insbesondere eine Erlaubnis nach §§ 10, 11 (BT-Drs. 17/3023, 52 f.) oder eine Registrierung gemäß § 34 beantragen muss (Ellenberger/Findeisen/Nobbe/Böger/Rieg § 42 Rn. 273). Die Zweigstelle erwirbt aber durch die Fiktion keine Parteifähigkeit (Reischauer/Kleinhans § 53 Rn. 10). Eine Zweigstelle, die eine Erlaubnis zur Erbringung von Zahlungsdiensten oder dem E-Geld-Geschäft erhalten hat, kann diese Erlaubnis aber nicht gem. §§ 38, 39 in einem anderen EWR-Staat nutzen (BT-Drs. 16/11613, 55; Schwennicke/Auerbach/Schwennicke ZAG § 42 Rn. 1; Schäfer/Omlor/Mimberg/Bracht/Forstmann § 42 Rn. 15). Dies dürfte bereits daran scheitern, dass die PSD2 keine Regelung enthält, nach der andere Staaten des EWR eine Erlaubnis für ein Unternehmen gem. § 42 akzeptieren müssen (Schäfer/Omlor/Mimberg/Bracht/Forstmann § 42 Rn. 15).

10   Gemäß Abs. 1 S. 2 gelten mehrere Zweigstellen eines Unternehmens im Inland als ein Institut im Sinne des ZAG, so dass nur die Einholung einer Erlaubnis für sämtliche Zweigstellen erforderlich ist.

III. Anwendung von Vorschriften des ZAG auf Zweigstellen (Abs. 2–6)

11   Bei der Anwendung der Vorschriften des ZAG auf Zweigstellen gelten im Vergleich zu Instituten einige mehrere Besonderheiten.

1. Besonderheiten beim Erlaubnisantrag

12   Zunächst kann sich die Zweigstelle im Erlaubnisantrag an den Vorgaben des Merkblattes der BBank vom 23.11.2009 orientieren und einige über §§ 10 Abs. 2, 11 Abs. 2 bzw. § 34 Abs. 1 S. 2 hinausgehende Angaben machen und Dokumente vorlegen, namentlich:

- Name, Rechtsform, Sitz bzw. Anschrift des Unternehmens und der vorgesehenen Zweigstelle sowie Organe und satzungsmäßiger Geschäftsgegenstand;
- die Art der tatsächlich ausgeübten Geschäftstätigkeit des Unternehmens im Sitzstaat und, falls davon abweichend, im Staat der Hauptverwaltung
- ggf. Name und Anschrift der Behörde, deren Aufsicht das Unternehmen unterliegt, im Sitzstaat und, falls davon abweichend, im Staat der Hauptverwaltung; der voraussichtliche Zeitpunkt der Geschäftsaufnahme
- ein Zustellungsbevollmächtigter in Deutschland für die Dauer des Erlaubnisverfahrens
- Bestätigung der Eintragung des Unternehmens in ein öffentliches Register sowie der letzte Jahresabschluss (Jahresbilanz mit Gewinn- und Verlustrechnung) und Lagebericht (Geschäftsbericht)

- schriftliche Bestätigung über das der Zweigstelle frei zur Verfügung stehende Eigenkapital
- eine rechtsverbindlich unterzeichnete Erklärung des Unternehmens, dass es die Errichtung der Zweigstelle beschlossen und die im Erlaubnisantrag genannten Personen als Geschäftsleiter bestellt hat
- einen Nachweis der Vertretungsbefugnis der den Antrag stellenden Person(en).

Die Unterlagen sind jeweils in deutscher Sprache bzw. im Original mit beigefügter – amtlich beglaubigter – deutscher Übersetzung der BaFin zu übersenden. Die BaFin kann allerdings im Einzelfall auf die Übermittlung von Dokumenten in deutscher Sprache verzichten.

2. Geschäftsleiter (Abs. 3)

Gemäß Abs. 3 gelten Sonderregelungen bezüglich der zu bestellenden Geschäftsleiter. **13**

Das Unternehmen muss mindestens zwei natürliche Personen bestellen, die für den Geschäftsbereich der Zweigstelle zur Geschäftsführung und zur Vertretung des Unternehmens befugt sind. Da die Geschäftsleiter der Zweigstelle keine Organe des ausländischen Unternehmens sind, ist auch die Geltung als Geschäftsleiter eine Fiktion (Abs. 3 S. 2, s. auch BFS/Vahldiek § 53 Rn. 58). Handelsrechtlich kann ein Geschäftsleiter einer Zweigstelle etwa eine auf die Zweigstelle beschränkte Prokura oder Handlungsvollmacht haben (Schwennicke/Auerbach/Auerbach § 53 Rn. 28; BFS/Vahldiek § 53 Rn. 58). Bei Zweigstellen mit geringer Größe und geringem Geschäftsvolumen genügt die Bestellung eines Geschäftsleiters (Abs. 3 S. 4). Wann eine geringe Größe und ein geringes Geschäftsvolumen vorliegen, ist wie in § 10 Abs. 2 S. 5 zu bewerten, wobei die Größe und das Geschäftsvolumen der Zweigstelle und nicht des Gesamtunternehmens im Drittstaat maßgeblich sein sollte. Der oder die Geschäftsleiter sind zur Eintragung ins Handelsregister anzumelden (Abs. 3 S. 3).

Die Geschäftsleiter müssen ihren Wohnsitz im Inland haben. Die Regelung bezweckt die wirksame Ausübung der Aufsicht, indem Geldbußen und Zwangsmaßnahmen gegen den Geschäftsleiter effektiv durchgesetzt werden können (Schwennicke/Auerbach/Auerbach § 53 Rn. 29). Hierbei ist ein zweiter Wohnsitz im Inland neben einem ausländischen Wohnsitz ausreichend (BFS/Vahldiek § 53 Rn. 59; Luz/Neus/Schaber/Schneider/Wagner/Weber ZAG § 42 Rn. 12, der einen Zweitwohnsitz im Ausland für unschädlich hält), ein nur vorübergehender Aufenthaltsort im Inland reicht hingegen nicht aus (Schwennicke/Auerbach/Auerbach § 53 Rn. 29; Schäfer/Omlor/Mimberg/Bracht/Forstmann § 42 Rn. 17). **14**

Sofern ein Unternehmen in der Bundesrepublik mehrere Zweigstellen unterhält, sind die Geschäftsleiter der Aufsicht gegenüber für die Gesamtheit dieser Zweigstellen verantwortlich (Schwennicke/Auerbach/Auerbach § 53 Rn. 27; BFS/Vahldiek § 53 Rn. 64). **15**

Im Übrigen gelten die allgemeinen Anforderungen, die § 10 Abs. 2 S. 1 Nr. 14, S. 4 an Geschäftsleiter stellt. Sie müssen insbesondere zuverlässig sein und über angemessene theoretische und praktische Kenntnisse und Fähigkeiten zur Erbringung von Zahlungsdiensten verfügen. Zum näheren Inhalt dieser Anforderungen → § 10 Rn. 71 ff. Die Geschäftsleiter müssen nicht die deutsche Staatsangehörigkeit haben (Schwennicke/Auerbach/Auerbach § 53 Rn. 30). **16**

Der Geschäftsleiter ist gegenüber der BaFin nach den Vorschriften des ZAG auskunftspflichtig (vgl. Schwennicke/Auerbach/Auerbach § 53 Rn. 34; Reischauer/ **17**

Kleinhans § 53 Rn. 30 f.). Da die Geschäftsleiter jedoch keine Organmitglieder des ausländischen Unternehmens sind, erstreckt sich die Auskunftspflicht nur auf die im Inland ansässigen Zweigstellen, nicht aber auf das im Ausland ansässige Gesamtunternehmen (Reischauer/Kleinhans § 53 Rn. 30 f.).

3. Buchführung und Rechnungslegung (Abs. 4)

18   Gemäß Abs. 4 gelten für Zweigstellen einige Besonderheiten bezüglich Buchführung und Rechnungslegung, was der Tatsache Rechnung trägt, dass die für inländische Institute geltenden Buchführungs- und Rechnungslegungsvorschriften für Zweigstellen ausländischer Unternehmen nicht durchweg sinnvoll anwendbar sind (Schwennicke/Auerbach/Auerbach § 53 Rn. 36).

19   Nach Abs. 4 S. 1 ist die Zweigstelle verpflichtet, über die von ihm betriebenen Geschäfte und über das seinem Geschäftsbetrieb dienende Vermögen des Unternehmens gesondert Buch zu führen und gegenüber der BaFin und der BBank Rechnung zu legen. Diese Pflicht erklärt sich daraus, dass eine Zweigstelle zivilrechtlich immer für das Gesamtunternehmen handelt, Zweigstellen aber als selbständige Institute fingiert werden, sodass getrennte Buchführungskreise erforderlich sind (BFS/Vahldiek § 53 Rn. 66). Eine saldierte Betrachtung zusammen mit der Hauptverwaltung ist nicht zulässig (Schäfer/Omlor/Mimberg/Bracht/Forstmann § 42 Rn. 20).

20   Gemäß Abs. 4 S. 2 gelten die Vorschriften des HGB über Handelsbücher für Kreditinstitute und Finanzdienstleistungsinstitute insoweit entsprechend. Die Bücher müssen grds. gemäß §§ 146 Abs. 2, 148 AO im Inland geführt werden, allerdings ist unter den Voraussetzungen des § 26 eine Auslagerung auf Stellen im Ausland zulässig (Schwennicke/Auerbach/Auerbach § 53 Rn. 38; Reischauer/Kleinhans § 53 Rn. 41).

21   Gemäß Abs. 4 S. 3 ist auf der Passivseite der jährlichen Vermögensübersicht der Betrag des der Zweigstelle von dem Unternehmen zur Verfügung gestellten Betriebskapitals und der Betrag der der Zweigstelle zur Verstärkung der eigenen Mittel belassenen Betriebsüberschüsse gesondert auszuweisen. Die Vermögensübersicht tritt an die Stelle der Bilanz (Schwennicke/Auerbach/Auerbach § 53 Rn. 37). Das Betriebskapital ist eine fiktive Größe, für die keine Regelung besteht, wie sie zur Verfügung zu stellen ist (Schwennicke/Auerbach/Auerbach § 53 Rn. 39). Eine Literaturansicht vertritt, dass, da Zweigstelle und Hauptniederlassung zwei organisatorische Einheiten derselben juristischen Person sind, die Bereitstellung des Kapitals durch einen hausinternen sog. Dotationsakt erfolgt (Schwennicke/Auerbach/Auerbach § 53 Rn. 39; BFS/Vahldiek § 53 Rn. 72; Schäfer/Omlor/Mimberg/Bracht/Forstmann § 42 Rn. 23). Betriebsüberschüsse sind Betriebsgewinne der Zweigstelle, die nicht in einen Verrechnungssaldo eingehen, sondern für einen längeren Zeitraum bei der Zweigstelle verbleiben (BFS/Vahldiek § 53 Rn. 73)

22   Nach Abs. 4 S. 4 ist der Überschuss der Passivposten über die Aktivposten oder der Überschuss der Aktivposten über die Passivposten am Schluss der Vermögensübersicht ungeteilt und gesondert auszuweisen. Der Überschuss der Passivposten ist dabei als herkömmlicher Bilanzverlust zu verstehen, der Überschuss der Aktivposten über die Passivposten ist als herkömmlicher Bilanzgewinn zu verstehen (BFS/Vahldiek § 53 Rn. 74; Schwennicke/Auerbach/Auerbach § 53 Rn. 40). Das Gesamtunternehmen kann den jeweiligen Überschuss ausgleichen, ansonsten würde sich das Betriebskapital der Zweigstelle entsprechend reduzieren oder erhöhen.

4. Jahresabschluss (Abs. 5)

Auch bezüglich der Erstellung des Jahresabschlusses gelten für Zweigstellen 23 einige Besonderheiten. Gemäß Abs. 5 S. 1 gilt die nach Abs. 4 für den Schluss eines jeden Geschäftsjahres aufzustellende Vermögensübersicht mit einer Aufwands- und Ertragsrechnung und einem Anhang als Jahresabschluss. Daher finden insbesondere die Vorschriften der §§ 340–340o HGB Anwendung (BFS/Vahldiek § 53 Rn. 76; Schwennicke/Auerbach/Auerbach § 53 Rn. 41). Da sich Vorschriften zum Jahresabschluss für Institute aus § 22 ergeben, muss die Zweigstelle zudem den mit einem Bestätigungsvermerk versehenen Jahresabschluss gemeinsam mit einem Lagebericht an die BaFin und die BBank richten (BFS/Vahldiek § 53 Rn. 76; Schäfer/Omlor/Mimberg/Bracht/Forstmann § 42 Rn. 24).

Für die Prüfung des Jahresabschlusses gilt § 340k HGB entsprechend mit der 24 Maßgabe, dass der Prüfer von den Geschäftsleitern gewählt und bestellt wird. Damit wird von der für rechtlich selbständige Unternehmen geltenden Regel, dass der Prüfer von Gesellschaftern oder Aufsichtsorganen gewählt wird, abgewichen (Schäfer/Omlor/Mimberg/Bracht/Forstmann § 42 Rn. 25).

Mit dem Jahresabschluss der Zweigstelle ist der Jahresabschluss des Unterneh- 25 mens für das gleiche Geschäftsjahr einzureichen. Daraus ergibt sich, dass das Geschäftsjahr das gleiche sein muss wie das des Gesamtunternehmens (BFS/Vahldiek § 53 Rn. 77). Für die Erstellung des Jahresabschlusses gelten im Grundsatz die inländischen Fristen, sofern die Erstellung des Jahresabschlusses wegen anderer für das Gesamtunternehmen geltenden ausländischen Fristen nicht möglich ist, ist der Jahresabschluss unverzüglich nachzureichen (Schwennicke/Auerbach/Auerbach § 53 Rn. 43).

5. Vorschriften zur Eigenkapitalberechnung (Abs. 6)

Gemäß Abs. 6 gelten als Eigenmittel der Zweigstelle die Summe der Beträge, die 26 der vierteljährlichen Meldung nach § 15 Abs. 2 S. 1 als der Zweigstelle von dem Unternehmen zur Verfügung gestelltes Betriebskapital und ihm zur Verstärkung der eigenen Mittel belassene Betriebsüberschüsse ausgewiesen wird, abzüglich des Betrags eines etwaigen aktiven Verrechnungssaldos.

Die Vorschrift fingiert das Vorliegen von Eigenmitteln, da eine Zweigstelle auf- 27 grund der rechtlichen Unselbständigkeit nicht über eigenes haftendes Eigenkapital verfügt (Schwennicke/Auerbach/Auerbach § 53 Rn. 45). Daher gelten als Eigenmittel das der Zweigstelle vom Gesamtunternehmen in Form des sog. Dotationskapitals zur Verfügung gestellte Betriebskapital sowie die der Zweigstelle belassenen Betriebsüberschüsse. Von dem Eigenkapital ist ein etwaiger aktiver Verrechnungssaldo abzuziehen. Der Verrechnungssaldo ergibt sich aus den Beziehungen der Zweigstellen zur Hauptverwaltung und anderen rechtlich unselbständigen Einheiten des Unternehmens, wie etwa Schwesterzweigstellen (BFS/Vahldiek § 53 Rn. 85; Schwennicke/Auerbach/Auerbach § 53 Rn. 49). In diesem Saldo kommen die Beziehungen zwischen Zweigstelle und Hauptverwaltung zum Ausdruck. Da die in diesem Saldo ausgewiesenen Beträge jedoch keine Forderungen sind, handelt es sich hierbei nur um interne Verrechnungssalden (Reischauer/Kleinhans § 53 Rn. 65).

Abschnitt 9. Register

§ 43 Zahlungsinstituts-Register

(1) ¹Die Bundesanstalt führt auf ihrer Internetseite ein Zahlungsinstituts-Register, in das sie einträgt:

1. jedes inländische Zahlungsinstitut, dem sie eine Erlaubnis nach § 10 Absatz 1 erteilt hat, mit dem Datum der Erteilung und dem Umfang der Erlaubnis und gegebenenfalls dem Datum des Erlöschens oder der Aufhebung der Erlaubnis;
2. jeden inländischen Kontoinformationsdienstleister, dem sie die Registrierung nach § 34 bestätigt hat, mit dem Datum der Aufnahme in das Zahlungsinstituts-Register und gegebenenfalls dem Datum der Löschung aus dem Zahlungsinstituts-Register;
3. die von inländischen Zahlungsinstituten errichteten Zweigniederlassungen unter Angabe des Staates, in dem die Zweigniederlassung errichtet ist, des Umfangs sowie des Zeitpunkts der Aufnahme der Geschäftstätigkeit;
4. die Agenten, die für ein Zahlungsinstitut nach § 25 tätig sind sowie das Datum des Beginns und des Endes der Tätigkeit des jeweiligen Agenten.

²Zahlungsinstitute, die lediglich als Kontoinformationsdienstleister registriert sind, sind getrennt von den anderen Zahlungsinstituten auszuweisen. ³Das Zahlungsinstituts-Register ist laufend und unverzüglich zu aktualisieren.

(2) ¹Liegen Tatsachen vor, die darauf schließen lassen, dass die der Bundesanstalt nach § 25 Absatz 1 von einem Institut übermittelten Angaben über einen Agenten nicht zutreffend sind, kann die Bundesanstalt die Eintragung des Agenten in das Zahlungsinstituts-Register ablehnen. ²Die Bundesanstalt setzt das Institut hiervon unverzüglich in Kenntnis.

(3) ¹Die Bundesanstalt übermittelt der Europäischen Bankenaufsichtsbehörde unverzüglich die nach Absatz 1 im Zahlungsinstituts-Register aufgenommenen Angaben in einer im Finanzsektor gebräuchlichen Sprache. ²Sie unterrichtet die Europäische Bankenaufsichtsbehörde über die Gründe für das Erlöschen oder die Aufhebung einer nach § 10 Absatz 1 oder § 11 Absatz 1 erteilten Erlaubnis oder einer gemäß § 34 Absatz 1 erteilten Registrierung.

I. Allgemeine Zusammenfassung zum 9. Abschnitt

1   Der 9. Abschnitt des ZAG umfasst nach dessen Revision in Folge der Umsetzung der PSD2 lediglich zwei mit „Register" überschriebene Vorschriften, namentlich § 43, der das Zahlungsinstitut-Register regelt, und § 44, der ein entsprechendes Register für E-Geld-Institute vorsieht. Mit Blick auf die Überschrift des 9. Abschnitts und den darin umgesetzten Art. 14 PSD2 hat es der Gesetzgeber leider verpasst, eine einheitliche Instituts-Register-Regelung zu schaffen (dazu noch ausführlich → § 44 Rn. 7 ff.). Für die betroffenen Institute ergeben sich durch die Umsetzung

der PSD2 keine Änderungen im Vergleich zur Rechtslage unter der Ägide des ZAG 2009 (BT-Drs. 18/11495, 131).

II. Normentwicklung, Zweck und Ziel des § 43, Rechtstatsachen

Grundlage für § 43 bilden Art. 14 bzw. Art. 19 Abs. 2–4 PSD2. Gemäß diesen **2** Vorgaben in der Richtlinie ist der Mitgliedstaat verpflichtet, ein öffentliches Register der zugelassenen inländischen Zahlungsinstitute, ihrer Zweigniederlassungen und Agenten einzurichten. Dagegen wird das Register für in Deutschland tätige Zahlungsinstitute mit Sitz in einem anderen Mitgliedstaat der EU im jeweiligen Herkunftsland geführt. Mit der Regulierung der Kontoinformationsdienstleister im Rahmen der PSD2 sind entsprechende inländische Dienstleister in das Zahlungsinstituts-Register aufzunehmen. Hat die BaFin Zweifel an der Richtigkeit der Angaben über einen Agenten, hat sie die Eintragung in das Zahlungsinstituts-Register abzulehnen (Abs. 2, dazu → Rn. 7). Folglich dient § 43 maßgeblich **aufsichtsrechtlichen Interessen.**

Allerdings entfalten die Eintragungen im Zahlungsinstituts-Register keine kon- **3** stitutive, sondern nur eine **deklaratorische Wirkung.** Eintragungen in das Register führen nicht dazu, dass der Umfang zum Betreiben von Zahlungsdiensten für Zahlungsinstitute eröffnet, beschränkt oder erweitert wird. Der Umfang der Erlaubnis ergibt sich ausschließlich dem erlassenen, das Institut begünstigenden Verwaltungsakt nach § 10 (so auch Schäfer/Omlor/Mimberg/Lörsch Rn. 7). Diesen Rechtsgedanken nimmt auch die Übergangsvorschrift des § 66 Abs. 3 für Zahlungsinstitute auf, die über eine Erlaubnis gemäß § 8 ZAG in der Fassung bis zum 12.1.2018 verfügten. Zu beachten ist indes, dass ein Agent erst nach Eintragung in das Zahlungsinstituts-Register mit der Erbringung von Zahlungsdiensten beginnen darf (§ 25 Abs. 1 S. 3). Entsprechendes gilt für Zweigniederlassungen und Agenten inländischer Institute, die in einem anderen Mitgliedstaat der EU tätig werden sollen (§ 38 Abs. 6 S. 1).

Durch die Veröffentlichung des Registers auf der Internetseite der BaFin (https:// **4** portal.mvp.bafin.de/database/ZahlInstInfo/) werden im Wesentlichen zwei Ziele verfolgt. Einerseits soll **Transparenz** geschaffen, andererseits auch der **Verbraucherschutz** gestärkt werden (BT-Drs. 16/11613, 56). Der Zahlungsdienstnutzer hat dadurch die (theoretische) Möglichkeit, die Zahlungsdienstleistungen zu erfahren, die dem jeweiligen Zahlungsinstitut erlaubt wurden, und sodann mit anderen Zahlungsinstituten zu vergleichen. Praktischen Nutzen erfährt das Register aber wohl eher durch die Überprüfungsmöglichkeit, ob das jeweilige Institut die angebotene Zahlungsdienstleistung auch erbringen darf.

Derzeit (Stand: 3.9.2022) sind 73 Zahlungsinstitute und 14 Agenten im Zah- **5** lungsinstituts-Register sowie 13 Kontoinformationsdienstleister eingetragen. Die Zahl der Zahlungsinstitute hat sich damit seit dem 1.11.2019 um 21 (entspricht 40,4%) erhöht. Kontoinformationsdienstleister haben sich mehr als verdoppelt (Wachstum von 160%). Mehr als 60% dieser Institute (46) dürfen das Finanztransfergeschäft (§ 1 Abs. 1 S. 2 Nr. 6) erbringen. Am zweithäufigsten und für ca. 40% aller Zahlungsinstitute gewährte die BaFin eine Lizenz für das Akquisitionsgeschäft (§ 1 Abs. 1 S. 2 Nr. 5), gefolgt vom Zahlungsgeschäft ohne Kreditgewährung (§ 1 Abs. 1 S. 2 Nr. 3) und Kontoinformationsdiensten (§ 1 Abs. 1 S. 2 Nr. 8, jeweils 19

Institute), Zahlungsauslösedienste gem. § 1 Abs. 1 S. 2 Nr. 7 (18 Institute) sowie Auszahlungsgeschäft (§ 1 Abs. 1 S. 2 Nr. 2, 14 Institute). Nur wenigen Zahlungsinstituten wurde antragsgemäß die Erbringung des Einzahlungsgeschäfts gem. § 1 Abs. 1 S. 2 Nr. 1 (10) oder des Zahlungsgeschäfts mit Kreditgewährung gem. § 1 Abs. 1 S. 2 Nr. 4 (8) gewährt. Insgesamt knapp die Hälfte der Zahlungsinstitute haben ihren Sitz in München und Umland (16), Frankfurt a. M. und Umland (12) oder Berlin (8). Weitere Dienstleister, etwa **Finanzdienstleistungsinstitute** oder **CRR-Kreditinstitute** dürfen nicht ins Zahlungsdienste-Register eingetragen werden, können aber über die Internetseite der BaFin in der umfangreichen Unternehmensdatenbank abgerufen werden (https://portal.mvp.bafin.de/database/In stInfo/). Das allgemeine Unternehmensregister wird vom Bundesanzeiger geführt (zur Unterscheidung der Datenbanken/Register: Schäfer/Omlor/Mimberg/ Lörsch Rn. 13).

III. Eintragungspflichtige Tatsachen (Abs. 1)

6   In das Zahlungsinstituts-**Register müssen** gem. Abs. 1 S. 2 Nr. 1 von Amts wegen zunächst **alle inländischen Zahlungsinstitute eingetragen werden,** die eine Erlaubnis gem. § 10 erhalten haben. Mit Umsetzung der PSD2 ist auch jeder inländische **Kontoinformationsdienstleister** (§ 1 Abs. 1 S. 2 Nr. 8, Abs. 34) in das Zahlungsinstituts-Register aufzunehmen (Nr. 2). Allerdings sind diese getrennt von den anderen Zahlungsinstituten auszuweisen, sofern sie lediglich als Kontoinformationsdienstleister registriert sind (Abs. 1 S. 2). Dies ist auf die Unterscheidung zwischen der für das Erbringen von Zahlungsdiensten erforderlichen „Erlaubnis" und der für die Erbringung von Kontoinformationsdiensten lediglich notwendigen „Registrierung" zurückzuführen. Dem Nutzer des Registers soll so das „Weniger" der Registrierung vor Augen geführt werden. Dementsprechend führt das Zahlungsinstituts-Register die Kontoinformationsdienstleister unter der Rubrik als „Registrierte Zahlungsinstitute" auf. Darüber hinaus besteht eine Eintragungspflicht für die von inländischen Zahlungsinstituten errichteten **Zweigniederlassungen** (Nr. 3). Bei den Zweigniederlassungen ist der Hauptsitz der Niederlassung einzutragen. **Inländische Zweigniederlassungen** des Zahlungsinstituts werden nicht im Register eingetragen. Schließlich sind auch **Agenten,** die für ein Zahlungsinstitut nach § 25 tätig sind (Nr. 4) einzutragen. Es werden nur die in Deutschland und in den anderen Mitgliedstaaten tätigen Agenten inländischer Zahlungsinstitute angezeigt. In Deutschland für ein in einem anderen Mitgliedstaat konzessioniertes Zahlungsinstitut tätige Agenten sind im Zahlungsinstituts-Register des Herkunftslandes des Zahlungsinstituts eingetragen. Spätestens an dieser Stelle wird deutlich, dass der Begriff „Zahlungsinstituts-Register" zu eng gewählt ist, da das Register eben nicht nur Zahlungsinstitute, sondern auch Zweigniederlassungen (als Teil eines Instituts) und Agenten (die einem Institut zugerechnet werden) enthält. Alle Einträge werden maximal fünf Jahre nach Erlöschen der Erlaubnis bzw. dem Ende der Tätigkeit angezeigt.

7   Die Veröffentlichungspflicht erstreckt sich dabei insbesondere auf das **Datum der Erlaubniserteilung** und gegebenenfalls auf das Datum des Erlöschens oder der Aufhebung der Erlaubnis. Wesentlich und für den Verbraucherschutz zwingend erforderlich ist jedoch auch die Eintragung über den **Umfang der Erlaubnis.** Nur so ist es dem Zahlungsdienstnutzer möglich, festzustellen, ob er die von ihm beabsichtigte Inanspruchnahme bestimmter Zahlungsdienstleistungen über das Zah-

lungsinstitut tatsächlich durchführen kann. Zusätzlich erhält der Zahlungsdienst-nutzer die Gewissheit, dass das Zahlungsinstitut, die Zweigniederlassung bzw. der Agent auch der aufsichtsrechtlichen Überwachung der BaFin unterliegen. Damit schafft das Register einen **Vertrauenstatbestand.** Eine mit dem Handelsregister vergleichbare Publizitätswirkung (§ 15 HGB) ist damit indes nicht verbunden, ins-bes. kein Rechtsscheintatbestand (noch → Rn. 13 ff.).

Zuständig für das Führen des Registers und dessen Veröffentlichung ist in **8** Deutschland die BaFin. Sie ist auch zur laufenden und unverzüglichen Aktualisie-rung verpflichtet. Dies geschieht mindestens einmal täglich. Die **BaFin** weist aus-drücklich darauf hin, dass die Verantwortung für Vollständigkeit, Richtigkeit und Aktualität der im Register veröffentlichten Daten bei den Zahlungsinstituten liegt. Dies ist jedenfalls dann richtig, sofern man berücksichtigt, dass die Eintragung von Amts wegen, aber auf Basis der von den Zahlungsinstituten beigebrachten Anträge nach § 10 bzw. § 34 erfolgt. Es werden demnach lediglich die für die Veröffent-lichung vorgesehenen Angaben aus den nach dem ZAG von den Zahlungsinstitu-ten einzureichenden Unterlagen übernommen. Die Möglichkeit, die Aktualisie-rungspflicht des Registers im Wege einer Rechtsverordnung auf die Institute selbst zu übertragen, ist im Zuge der Umsetzung der PSD2 gestrichen worden. Diese Dele-gation hatte in Deutschland aber ohnehin keine Bewandtnis, da die BaFin die ihr übertragene Ermächtigung (Abs. 3 S. 3 aF) nicht ausgefüllt hatte. Die **Veröffent-lichung** des Registers erfolgt über die Internetseite der BaFin (https://portal.mvp. bafin.de/database/ZahlInstInfo/).

IV. Ablehnung der Eintragung eines Agenten (Abs. 2)

Abs. 2 setzt Art. 19 Abs. 4 PSD1 in innerdeutsches Recht um. Danach ist die **9** BaFin berechtigt, die Eintragung eines Agenten in das Zahlungsinstituts-Register abzulehnen, sofern Tatsachen vorliegen, die den Schluss zulassen, dass die der BaFin gemäß § 25 Abs. 1 von einem Zahlungsinstitut übermittelten Angaben über einen Agenten unzutreffend sind. Dadurch soll sichergestellt werden, dass es nicht zur Eintragung solcher Agenten kommen kann, die versuchen, durch unzutreffende Angaben eine entsprechende Tätigkeit ausüben zu dürfen (so auch Schwennicke/ Auerbach/Auerbach KWG/ZAG Rn. 7). Zwar steht der BaFin nach dem Wortlaut des Abs. 2 ein Entschließungsermessen zur Ablehnung der Eintragung zu; aus einer richtlinienkonformen Auslegung des Art. 19 Abs. 4 PSD1, der eine zwingende Ab-lehnung vorsieht, sofern die zuständige Behörde nicht überzeugt ist, dass die ihr übermittelten Angaben korrekt sind, reduziert sich das **Entschließungsermessen** der BaFin jedoch faktisch auf Null (so auch Schäfer/Omlor/Mimberg/Lörsch Rn. 15). Daher ist das Wort „kann" richtlinienkonform wie „muss" zu verstehen. Der BaFin verbleibt ein Beurteilungsspielraum. Mit der Umsetzung der PSD2 wurde nun die Pflicht der BaFin aufgenommen, das betroffene Institut von der Ab-lehnung unverzüglich in Kenntnis zu setzen (S. 2). Eine Pflicht zur Bekannt-machung dürfte sich bereits auf Grundlage des § 41 Abs. 1 VwVfG aufgrund der Verwaltungsaktsqualität der Ablehnung (Versagung) ergeben. Zu begrüßen ist, dass die Inkenntnissetzung nunmehr ausdrücklich unverzüglich erfolgen muss.

V. Zentrales Register der Europäischen Bankenaufsichtsbehörde (EBA)

10　　Abs. 3 S. 1 enthält die Verpflichtung der BaFin, die Inhalte des Zahlungsinstituts-Registers mit der Europäischen Bankenaufsichtsbehörde (EBA) ohne schuldhaftes Zögern zu teilen. Das zentrale Register der EBA ist lediglich in englischer Sprache verfügbar. Demnach sind die Inhalte des nationalen Registers mit der EBA in einer im Finanzsektor gebräuchlichen Sprache, faktisch mithin also in Englisch, zu teilen. Ferner ist die BaFin gem. Abs. 3 S. 2 verpflichtet, die EBA über die Gründe für das Erlöschen oder die Aufhebung einer Erlaubnis für das Erbringen von Zahlungsdiensten (§ 10 Abs. 1), einer Erlaubnis für das Betreiben von E-Geld-Geschäften (§ 11 Abs. 1) oder der Registrierung eines Kontoinformationsdienstes (§ 34 Abs. 1) zu unterrichten. Auch wenn insoweit die **Verpflichtung zur Übermittlung** in einer für den Finanzsektor üblichen Sprache nicht explizit niedergeschrieben ist, muss sich aus dem Regelungszusammenhang ergeben, dass auch die Erlöschens- oder Aufhebungsgründe in englischer Sprache zu übermitteln sind.

11　　Auf Grundlage der übermittelten Inhalte führt die EBA ein elektronisches zentrales Register, das unter https://euclid.eba.europa.eu/register/pir/zu erreichen ist. Das **zentrale Register der EBA** geht zurück auf Art. 15 Abs. 1 PSD2 sowie auf die Durchführungsverordnung (EU) 2019/410 und die Delegierte Verordnung (EU) 2019/411 vom 29.11.2018, die ihrerseits auf die Entwürfe technischer Regulierungsstandards zur Festlegung der technischen Anforderungen für die Entwicklung, den Betrieb und die Führung des elektronischen zentralen Registers der EBA vom 13.12.2017 basieren. Die übermittelnden Mitgliedstaaten sind für die Richtigkeit der Inhalte sowie deren Aktualität, die EBA für die korrekte Wiedergabe dieser Angaben verantwortlich. Abhängig von entsprechenden Veränderungen im nationalen Register, hat zumindest einmal täglich eine Übermittlung aktualisierter Angaben zu erfolgen.

12　　Vor der Umsetzung der PSD2 enthielt Abs. 3 aF eine Ermächtigung des Bundesministeriums der Finanzen, das Register auf Grundlage einer entsprechenden Rechtsverordnung technisch auszugestalten. Ferner war das Bundesministerium der Finanzen berechtigt, die Ermächtigung durch Rechtsverordnung auf die BaFin zu übertragen. Diese Ermächtigungsgrundlage entfiel mit der Revision des ZAG im Jahr 2018 ersatz-, aber auch folgenlos, da der Gesetzgeber von dieser Ermächtigung keinen Gebrauch gemacht hatte.

VI. Ansprüche des Zahlungsdienstnutzers bei Fehlerhaftigkeit des Registers

13　　Das Führen des Zahlungsinstituts-Registers dient zumindest auch dem Verbraucherschutz (→ Rn. 4). Die sich daran anschließende Frage, ob dem Zahlungsdienstnutzer, der sich auf die Inhalte des Zahlungsinstituts-Registers verlässt, **Schadensersatzansprüche gegen die BaFin** (→ Rn. 14) **oder das eingetragene Zahlungsinstitut** (→ Rn. 15) zustehen, **sofern** die **Angaben** in dem Register **fehlerhaft** sind, ist im Ergebnis jedoch zu verneinen (so auch Schäfer/Omlor/Mimberg/Lörsch Rn. 14). Dies beträfe faktisch insbesondere die fehlerhafte Angabe über den Umfang der von dem Zahlungsinstitut angebotenen Zahlungsdienste. Zugegebenermaßen dürften die Frage kaum praktische Relevanz entfalten. Auf sie soll daher nur in gebotener Kürze eingegangen werden.

Zunächst lassen sich weder dem Wortlaut des ZAG noch dessen Gesetzes- **14** begründung oder der PSD2 Anhaltspunkte für mögliche **Schadensersatzpflichten der BaFin** entnehmen. Aufgrund des Zieles eines effektiven Verbraucherschutzes kann § 43 allerdings nicht generell ein **drittschützender Charakter** versagt werden. Freilich weist die BaFin jede Verantwortung für die Vollständigkeit, Richtigkeit und Aktualität der im Register veröffentlichten Daten von sich. Das Zahlungsinstituts-Register ist gerade kein mit öffentlichem Glauben versehenes Register wie etwa das Handelsregister (so auch Schäfer/Omlor/Mimberg/Lörsch Rn. 14). Zudem fehlt eine §§ 891, 892 BGB oder § 15 HGB entsprechende Reglung. Zwar ist die **BaFin** nicht nur zum Führen des Registers verpflichtet, sondern gleichfalls auch für die Erteilung der Erlaubnis nach § 10 bzw. § 11 und dessen Umfang verantwortlich. Sie kennt aufgrund ihrer eigenen Tätigkeit den Umfang der erteilten Erlaubnis also positiv. Allerdings steht einem möglichen **Schadensersatzanspruch** nach § 839 BGB von vornherein **§ 4 Abs. 4 FinDAG entgegen.** Dieser legt fest, dass die BaFin ihre **Aufgaben und Befugnisse allein im öffentlichen Interesse** wahrnimmt (Bankrechts-Handbuch/Fischer/Boegl § 110 Rn. 41 ff.).

Schadensersatzansprüche des Zahlungsdienstnutzers **gegen das Zahlungs-** **15** **institut** könnten dagegen auf § 280 Abs. 1 BGB (gegebenenfalls iVm §§ 311 Abs. 2, 241 Abs. 2 BGB) oder auf § 823 Abs. 2 BGB (gegebenenfalls iVm § 263 StGB) gestützt werden. Zwar führt nicht schon die Existenz des § 4 Abs. 4 FinDAG – im Einklang mit der Rechtsprechung zu §§ 32, 54 KWG (BGH NJW 1994, 1801 (1804); 2005, 2703 (2704)) – zu einem Haftungsausschluss des Zahlungsinstituts. Jeder mögliche Schadensersatzanspruch setzt jedoch eine schuldhafte Pflichtverletzung voraus. Diese kann allenfalls in der (fahrlässigen oder vorsätzlichen) Übermittlung fehlerhafter Angaben zur Aufnahme in das Zahlungsinstituts-Register durch das Zahlungsinstitut selbst gesehen werden. Angaben werden jedoch nur mit dem Antrag auf Erteilung einer Erlaubnis nach § 10 bzw. § 11 übermittelt, nicht erneut zur Eintragung ins Zahlungsinstituts-Register. Insoweit erfolgt die Eintragung vielmehr von Amts wegen auf Grundlage der Angaben, die der BaFin für die Erlaubniserteilung übermittelt wurden. Sollte das Zahlungsinstitut also falsche oder unwahre Angaben gemacht haben, die zu einer fehlerhaften, da unberechtigten Erlaubniserteilung geführt haben, wäre die Eintragung des Instituts ins Register (folge)richtig, da ja tatsächlich eine (wenn auch unberechtigte) Erlaubnis erteilt wurde. Der Fehler läge damit allein in der Sphäre der BaFin, sodass ein Schadensersatzanspruch gegen das Zahlungsinstitut mangels Pflichtverletzung **ausgeschlossen** ist.

§44 E-Geld-Instituts-Register

(1) Die Bundesanstalt führt auf ihrer Internetseite ein gesondertes, laufend zu aktualisierendes E-Geld-Instituts-Register, in das sie jedes inländische E-Geld-Institut, dem sie eine Erlaubnis nach § 11 Absatz 1 erteilt hat, mit dem Datum der Erteilung und dem Umfang der Erlaubnis und gegebenenfalls dem Datum des Erlöschens oder der Aufhebung der Erlaubnis einträgt.

(2) ¹Zweigniederlassungen und Agenten des E-Geld-Instituts werden entsprechend § 43 Absatz 1 Nummer 3 und 4 sowie Absatz 2 eingetragen. ²§ 43 Absatz 2 gilt für beide entsprechend.

I. Zusammenfassung; Verweis auf Kommentierung zu § 43

1   § 44 dient der Umsetzung des Art. 3 Abs. 1 der Zweiten E-Geld-RL iVm Art. 14 PSD2. Er verpflichtet die BaFin zur Führung eines eigenen Registers für E-Geld-Institute. Dieses Register ist auf der Internetseite der BaFin zu veröffentlichen und regelmäßig zu aktualisieren. Derzeit sind zwölf E-Geld-Institute eingetragen (Stand: 3.9.2022). Die über die Internetseite der BaFin (weiterhin) zugängliche Liste der E-Geld-Institute wird seit 2018 nicht weiter aktualisiert. Vielmehr können die E-Geld-Institute über das „Zahlungsinstituts- und E-Geld-Instituts-Register nach §§ 43, 44 ZAG" unter https://portal.mvp.bafin.de/database/ZahlInstInfo/abgerufen werden.

2   Analog zur Verweisstruktur der Zweiten E-Geld-RL auf die Vorschriften der PSD2 hat auch der deutsche Gesetzgeber weitestgehend auf § 43 verwiesen, wobei er vorsieht, dass auch für E-Geld-Institute ein eigenes Register zu führen ist. Es wird daher auf die **Kommentierung zu § 43 verwiesen.** § 44 begründet die gleichen Rechte und Pflichten der BaFin bzw. des E-Geld-Instituts. So müssen in das E-Geld-Register E-Geld-Institute, die eine Erlaubnis nach § 11 Abs. 1 durch die BaFin erhalten haben, deren Zweigniederlassungen und Agenten eingetragen werden (Abs. 1 und Abs. 2 iVm § 43 Abs. 1 Nr. 3 und 4). In das Register werden daher nicht alle E-Geld-Emittenten eingetragen, so insbesondere keine CRR-Kreditinstitute, die eine Erlaubnis gem. § 32 KWG besitzen und auf dieser rechtlichen Grundlage E-Geld-Geschäfte betreiben dürfen (§ 1 Abs. 2 S. 1 Nr. 2). Da die Erlaubnis zum Betreiben des E-Geld-Geschäftes (§ 1 Abs. 2 S. 2 ZAG) die Erlaubnis zur Erbringung von Zahlungsdiensten umfasst (§ 11 Abs. 1 S. 2 Nr. 1 iVm § 1 Abs. 1 S. 2 ZAG), sind die Zahlungsdienste im Zahlungsinstituts-Register nicht noch einmal unter „Erlaubnisse" gesondert aufgeführt, was aus Verbraucherperspektive indes wünschenswert wäre.

3   Vor der Umsetzung der PSD2 enthielt **Abs. 3 aF** eine Ermächtigung des Bundesministeriums der Finanzen, das Register auf Grundlage einer entsprechenden Rechtsverordnung technisch auszugestalten. Ferner war das Bundesministerium der Finanzen berechtigt, die Ermächtigung durch Rechtsverordnung auf die BaFin zu übertragen. Diese Ermächtigungsgrundlage ist 2018 ersatzlos, aber auch folgenlos entfallen, da auch bereits unter der Ägide des ZAG 2009 von beiden Ermächtigungen kein Gebrauch gemacht worden ist.

4   Hinsichtlich möglicher **Schadensersatzansprüche** des E-Geld-Inhabers bei fehlerhaften Eintragungen im E-Geld-Instituts-Register wird auf die entsprechenden Erläuterungen bei → § 43 Rn. 13 ff. verwiesen.

II. Besonderheiten bei Agenten

5   Durch den generellen Verweis in Abs. 2 auf § 43 Abs. 1 Nr. 3 und Abs. 2 gelten für Agenten des E-Geld-Instituts hinsichtlich der Eintragung in das E-Geld-Register dieselben Vorschriften wie für Agenten von Zahlungsinstituten bei der Eintragung in das Zahlungsinstituts-Register. Klarstellend sei hier erwähnt, dass mit dem Begriff des **Agenten** nur diejenigen Agenten gemeint sind, die **unter die Definition des § 1 Abs. 9** fallen. **Nicht** von der Eintragungspflicht umfasst sind dagegen die **E-Geld-Agenten** iSd § 1 Abs. 10 (zutreffend Fett/Bentele BKR 2011, 403 (407)), deren Tätigkeit (Vertrieb und Rücktausch von E-Geld) keinen Zahlungs-

dienst beschreibt (vgl. zur Differenzierung auch → § 1 Rn. 342ff.) und – im Gegensatz zum Agenten – dem E-Geld-Institut nicht zugerechnet wird.

Nach Abs. 2 iVm § 43 Abs. 2 ist die BaFin berechtigt, die **Eintragung eines** 6 **Agenten** in das E-Geld-Instituts-Register **abzulehnen,** sofern Tatsachen vorliegen, die den Schluss zulassen, dass die der BaFin gemäß § 25 von einem E-Geld-Institut übermittelten Angaben über einen Agenten unzutreffend sind. Der deutsche Gesetzgeber verstößt mit dieser Möglichkeit zur Ablehnung nicht gegen **die Vorgaben** aus der Zweiten E-Geld-RL. Die Regelung des § 43 Abs. 2 setzt Art. 19 Abs. 4 PSD1 um. Ein Verweis auf den genannten Absatz der PSD1 fehlt jedoch in Art. 3 Abs. 1 Zweite E-Geld-RL. Daher könnte zunächst der Eindruck entstehen, dass der europäische Gesetzgeber eine Möglichkeit zur Ablehnung des Eintragungsantrags durch die BaFin zu Lasten der Agenten, die E-Geld-Geschäfte für E-Geld-Institute betreiben, nicht vorsah. Jedoch normiert **Art. 3 Abs. 5 S. 2 Zweite E-Geld-RL,** dass E-Geld-Institute nur befugt sind, Zahlungsdienste über Agenten anzubieten, wenn die Voraussetzungen des Art. 19 PSD1 insgesamt erfüllt sind. Dadurch wird deutlich, dass auch der europäische Gesetzgeber eine Möglichkeit zu einer ablehnenden Entscheidung durch die innerstaatlichen, zuständigen Behörden – in Deutschland: der BaFin – vorausgesetzt hat.

III. Rechtspolitische Überlegungen

Bedauerlich und weiteres Beleg verpasster Chancen ist die auch nach Umset- 7 zung der PSD2 beibehaltene **künstliche legislative Aufspaltung** des Instituts-Registers in ein Register für Zahlungsinstitute und E-Geld-Institute (vgl. → § 61 Rn. 8ff.; zustimmend Schäfer/Omlor/Mimberg/Lörsch Rn. 11). Auch wenn das Zahlungsinstituts-Register auf der PSD1 basiert und das E-Geld-Register auf die Zweite E-Geld-RL zurückgeht, eröffnet der Verweis von Art. 3 Abs. 1 der Zweiten E-Geld-RL in Art. 14 PSD2 gerade die Möglichkeit der Schaffung eines einheitlichen Instituts-Registers (das dann auch in Übereinstimmung mit den Regeln deutscher Grammatik als „Institutsregister" betitelt werden könnte, → Rn. 9). Eine europarechtliche Pflicht zur Führung eines in § 44 „gesonderten" E-Geld-Registers besteht nicht. Die Mehrheit der übrigen Mitgliedstaaten – darunter Frankreich (und vormals auch UK) – haben sich dabei auch für ein einheitliches Register für Zahlungs- und E-Geld-Institute entschieden.

Der deutsche Gesetzgeber hat die ZAG-Novelle grundsätzlich sinnvoll genutzt, 8 um sperrige und unnötige Differenzierungen, die sich aus der Umsetzung der Zweiten E-Geld-RL ergaben, aufzulösen (etwa mit Blick auf § 1a aF, § 9a aF oder § 13a aF). Im Gegensatz zur beibehaltenen Differenzierung bei §§ 10, 11 und §§ 60, 61 ist ein Verlust von Übersichtlichkeit und Klarheit bei §§ 43, 44 indes nicht zu befürchten (noch → Rn. 9). Auch der Gesetzgeber ist mit Blick auf seine unnatürliche Aufspaltung nicht konsequent, nimmt er doch in § 43 Abs. 3 auf § 11, mithin die E-Geld-Erlaubnisnorm, Bezug. Systematisch verfehlt, aber folgerichtig hätte hier lediglich ein Verweis auf § 44 erfolgen dürfen. Auch spricht das Gesetz in § 43 Abs. 2 S. 2 von Institut (und damit gem. § 1 Abs. 3 eben insbesondere auch vom E-Geld-Institut), obwohl § 43 Abs. 2 S. 1, auf den S. 2 Bezug nimmt, nur auf das Zahlungsinstitut rekurriert. Jedenfalls insoweit ist die Erklärung der entsprechenden Anwendbarkeit in § 44 Abs. 2 S. 2 überflüssig. Schließlich mag sich auch die **BaFin** mit den sperrig anmutenden gesetzlichen Vorgaben nicht recht anfreunden, führt sie doch ein **einheitliches „Zahlungsinstituts- und E-Geld-Instituts-Regis-**

ter nach §§ 43, 44 ZAG", auch wenn sie in erläuternden Hinweisen zu den Registern auf der BaFin-Internetseite der ZAG-Systematik entsprechend zwischen beiden Registern streng unterscheidet.

9 **Folgende Neufassung** des § 43 wäre bei vollständiger Streichung des § 44 **rechtspolitisch sinnvoll** und im Übrigen – in konsequenter Anwendung des § 1 Abs. 3 – auch **kürzer** und übersichtlicher als die bisherige Fassung des § 43:

§ 43 Institutsregister (Entwurf)

(1) [1]Die Bundesanstalt führt auf ihrer Internetseite ein Institutsregister, in das sie einträgt:

1. jedes inländische Institut, dem sie eine Erlaubnis nach § 10 Absatz 1 oder § 11 Absatz 11 erteilt hat, mit dem Datum der Erteilung und dem Umfang der Erlaubnis und gegebenenfalls dem Datum des Erlöschens oder der Aufhebung der Erlaubnis;
2. jeden inländischen Kontoinformationsdienstleister, dem sie die Registrierung nach § 34 bestätigt hat, mit dem Datum der Aufnahme in das Institutsregister und gegebenenfalls dem Datum der Löschung aus dem Institutsregister;
3. die von inländischen Instituten errichteten Zweigniederlassungen unter Angabe des Staates, in dem die Zweigniederlassung errichtet ist, des Umfangs sowie des Zeitpunkts der Aufnahme der Geschäftstätigkeit;
4. die Agenten, die für ein Institut nach § 25 tätig sind sowie das Datum des Beginns und des Endes der Tätigkeit des jeweiligen Agenten.

[2]Zahlungsinstitute, die lediglich als Kontoinformationsdienstleister registriert sind, sind getrennt von den anderen Instituten auszuweisen. [3]Das Institutsregister ist laufend und unverzüglich zu aktualisieren.

(2) [1]Liegen Tatsachen vor, die darauf schließen lassen, dass die der Bundesanstalt nach § 25 Absatz 1 von einem Institut übermittelten Angaben über einen Agenten nicht zutreffend sind, kann die Bundesanstalt die Eintragung des Agenten in das Institutsregister ablehnen. [2]Die Bundesanstalt setzt das Institut hiervon unverzüglich in Kenntnis.

(3) [1]Die Bundesanstalt übermittelt der Europäischen Bankenaufsichtsbehörde unverzüglich die nach Absatz 1 im Institutsregister aufgenommenen Angaben in einer im Finanzsektor gebräuchlichen Sprache. [2]Sie unterrichtet die Europäische Bankenaufsichtsbehörde über die Gründe für das Erlöschen oder die Aufhebung einer nach § 10 Absatz 1 oder § 11 Absatz 1 erteilten Erlaubnis oder einer gemäß § 34 Absatz 1 erteilten Registrierung.

Abschnitt 10. Gemeinsame Bestimmungen für alle Zahlungsdienstleister

Unterabschnitt 1. Kartengebundene Zahlungsinstrumente

§ 45 Pflichten des kontoführenden Zahlungsdienstleisters

(1) Ein kontoführender Zahlungsdienstleister hat einem Zahlungsdienstleister, der kartengebundene Zahlungsinstrumente ausgibt (kartenausgebender Zahlungsdienstleister) auf dessen Ersuchen unverzüglich zu bestätigen, ob der für die Ausführung eines kartengebundenen Zahlungsvorgangs erforderliche Geldbetrag auf dem Zahlungskonto des Zahlers verfügbar ist, wenn

1. das Zahlungskonto des Zahlers zum Zeitpunkt des Ersuchens online zugänglich ist,
2. der Zahler dem kontoführenden Zahlungsdienstleister seine ausdrückliche Zustimmung erteilt hat, den Ersuchen eines bestimmten kartenausgebenden Zahlungsdienstleisters um Bestätigung der Verfügbarkeit des Geldbetrags, der einem bestimmten kartengebundenen Zahlungsvorgang entspricht, auf dem Zahlungskonto des Zahlers nachzukommen und
3. die Zustimmung nach Nummer 2 vor Eingang des ersten Ersuchens erteilt worden ist.

(2) Die Antwort des kontoführenden Zahlungsdienstleisters auf das Ersuchen darf keine Mitteilung des Kontostandes des Zahlers enthalten und besteht ausschließlich aus „Ja" oder „Nein".

(3) Die Bestätigung nach Absatz 1 erlaubt es dem kontoführenden Zahlungsdienstleister nicht, einen Geldbetrag auf dem Zahlungskonto des Zahlers zu sperren.

Literatur: European Data Protection Board, Letter 5. Juli 2018 an Sophie in 't Veld, MEP (zitiert: „EDPB, Letter regarding PSD2"); European Data Protection Board, Leitlinien 06/20 zum Zusammenspiel zwischen der zweiten Zahlungsdienstrichtlinie und der DSGVO Version 2.0, angenommen am 15.12.2020 (zit. „EDPB, Leitlinien PSD2/DSGVO 2020"); Indenhuck/ Stein, Datenschutzvorgaben für Kreditinstitute nach PSD2 und DSGVO – Zur Reichweite des Einwilligungserfordernisses nach Art. 94 Abs. 2 PSD2 bzw. § 59 Abs. 2 ZAG, BKR 2018, 136; Kümpel/Mülbert/Früh/Seyfried, Bankrecht und Kapitalmarktrecht, 6. Aufl. 2022; Omlor, Zahlungsdiensteaufsichtsrecht im zivilrechtlichen Pflichtengefüge, WM 2018, 57; Spindler/ Zahrte, Zum Entwurf für eine Überarbeitung der Zahlungsdiensterichtlinie (PSD II), BKR 2014, 265; Weichert, Die Payment Service Directive 2 und der Datenschutz, BB 2018, 1161; Weichert, „Trojanisches Pferd" Kontoinformationsdienste, ZD 2021, 134; Werner, Wesentliche Änderungen des Rechts der Zahlungsdienste durch Umsetzung der Zweiten EU-Zahlungsdiensterichtlinie in deutsches Recht, WM 2018, 449; Zahrte, Neuerungen im Zahlungsdiensterecht, NJW 2018, 337; Zugehör, Uneinheitliche Rechtsprechung des BGH zum (Rechtsberater-)Vertrag mit Schutzwirkung zu Gunsten Dritter, NJW 2008, 1105.

Inhaltsübersicht

I. Allgemeines

1. Einleitung

1   **a) Entstehungsgeschichte der Normen (§§ 45–47).** Die §§ 45–47 beruhen auf Art. 65 PSD2. Der deutsche Gesetzgeber hat die Richtlinie nahezu wörtlich in §§ 45–47 umgesetzt; Art. 65 Abs. 5 PSD2 findet sich in § 675m Abs. 3 BGB. Art. 65 sowie auch Art. 66 und 67 PSD2 waren im Gesetzgebungsverfahren der PSD2 Gegenstand intensiver Diskussionen (→ § 1 Rn. 148 ff.). Im Laufe des Gesetzgebungsverfahrens hat sich auch die Terminologie gegenüber dem ursprünglichen Entwurf (Kommission, PSD2-Entwurf 24.7.2013, Art. 59) stark verändert: In der finalen Fassung finden sich nun auch Begriffe wie „kartengebundene Zahlungsinstrumente" und „kartengebundene Zahlungsvorgänge". Eine Definition dieser Begriffe innerhalb der PSD2 gibt es nicht. Dazu → Rn. 7 f.

2   **b) Zusammenfassung des Regelungsinhalts (§§ 45–47).** Auf Basis von §§ 45–47 sollen kartenausgebende Zahlungsdienstleister, sog. „Drittemittenten" von Zahlungsinstrumenten (zB Kredit- oder Debitkarten), die Möglichkeit haben, sich die Verfügbarkeit des im Rahmen eines Zahlungsvorgangs erforderlichen Geldbetrags auf einem Zahlungskonto des Zahlers bestätigen zu lassen, wenn dieses

Zahlungskonto nicht von dem Drittemittenten selbst, sondern von einem anderen Zahlungsdienstleister geführt wird. Eine solche Bestätigung ist vor allem dann sinnvoll, wenn der Aufwendungsersatzanspruch des Drittemittenten (§§ 675c Abs. 1, 670 BGB) bzw. dessen Vorschussanspruch (§§ 675c Abs. 1, 669) über dieses Zahlungskonto erfüllt werden soll, zB durch Lastschrift (siehe auch Werner WM 2018, 449 (452)). Der Drittemittent ist nämlich für die Realisierung seines Aufwendungsersatzanspruchs auf ein ausreichendes Guthaben auf dem hinterlegten Zahlungskonto des Zahlers angewiesen (vgl. auch Erwägungsgrund Nr. 68 S. 2 PSD2). §§ 45–47 sollen daher aufsichtsrechtlich durch die Deckungsbestätigung Risiken des Drittemittenten reduzieren (Schäfer/Omlor/Mimberg/Meier Rn. 1). Allerdings findet die Realisierung dieses Aufwendungsersatzanspruchs in der Regel zeitverzögert statt, häufig nur einmal monatlich. Die Bonität des Zahlers ist deshalb häufig wichtiger als der Kontostand im Zeitpunkt des Bestätigungsersuchens. Die Sperrung eines entsprechenden Betrages auf dem Zahlungskonto des Zahlers ist gemäß § 45 Abs. 3 nicht zulässig (siehe auch Werner WM 2018, 449 (452)).

c) Zweck der Vorschrift. Die Vorschrift soll den Wettbewerb auf dem Markt **3** für die Ausgabe kartengebundener Zahlungsinstrumente, insbes. für Debitkarten, stärken (Erwägungsgrund Nr. 67 PSD2; Begr. RegE., BT-Drs. 18/11495, 131). Durch die Regelung sollen Auswahlmöglichkeiten und bessere Angebote für Verbraucher entstehen (Erwägungsgrund Nr. 67 S. 2 PSD2). In der Literatur wird daraus eine verbraucherschützende Komponente gefolgert (Schäfer/Omlor/Mimberg/Meier Rn. 2; Erwägungsgrund Nr. 67 PSD2). Intention des europäischen Gesetzgebers war dagegen primär, kartenausgebenden Zahlungsdienstleistern die bessere Steuerung und Reduzierung ihres Kreditrisikos zu erlauben (Erwägungsgrund Nr. 67 S. 5 PSD2; vgl. nach Schwennicke/Auerbach/Schwennicke Rn. 1 Wettbewerb sowie Kreditrisikosteuerung und -minimierung unter Berufung auf RegBegr., BT-Drs. 18/11495, 131; vgl. auch Ellenberger/Findeisen/Nobbe/Böger/Rieg Rn. 307; Werner WM 2018, 449 (452)). Die Erfüllung dieses Zwecks durch die Regelung der §§ 45–47 erscheint, wie in → Rn. 2 gezeigt wurde, zweifelhaft (ebenso Schäfer/Omlor/Mimberg/Meier Rn. 29).

d) Zahlungsaufsichtsrechtliche Regulierung, drittschützende Wirkung. 4 aa) Die §§ 45–47 wurden vom deutschen Gesetzgeber **aufsichtsrechtlich** ausgestaltet, wobei durchaus einiges dafür spricht, ihnen auch Gestaltungswirkung für das Privatrecht zuzuschreiben (so auch Schäfer/Omlor/Mimberg/Meier Rn. 3, 5; Omlor WM 2018, 57 (62)). Bei Verstoß hat die Finanzaufsicht Eingriffsbefugnisse nach § 4 Abs. 2 gegenüber Instituten des ZAG und gem. § 6 Abs. 3 KWG gegenüber CRR-Kreditinstituten. Ein subjektives Recht des kartenausgebenden Zahlungsdienstleisters oder auch des kontoführenden Zahlungsdienstleisters auf Einschreiten der Finanzaufsichtsbehörde soll dagegen nicht bestehen (RegBegr., BT-Drs. 18/11495, 132, mit dem Hinweis auf § 4 Abs. 4 FinDAG (aufsichtsrechtliche Handlung der BaFin erfolgt ausschließlich im öffentlichen Interesse); so auch Schwennicke/Auerbach/Schwennicke Rn. 9; Ellenberger/Findeisen/Nobbe/Böger/Rieg Rn. 308). Eine Amtshaftung der Finanzaufsicht wegen Unterlassens oder wegen fehlerhafter Maßnahmen soll deshalb nicht in Betracht kommen (RegBegr., BT-Drs. 18/11495, 132; Schwennicke/Auerbach/Schwennicke Rn. 9).

bb) Zwar hat der Gesetzgeber keine flankierenden Regelungen für die Auskunft **4a** gegenüber dem kartenausgebenden Zahlungsdienstleister in §§ 675c ff. BGB festgeschrieben, nach allgemeiner Ansicht bestehen aber neben §§ 45 ff. zivilrechtliche Ansprüche unter den Beteiligten (RegBegr., BT-Drs. 18/11795, 132; RegBegr.,

BR-Drs. 158/17, 152; Ellenberger/Findeisen/Nobbe/Böger/Rieg Rn. 308). Es ist durchaus zu erwägen, Ansprüche im Verhältnis Zahlungsdienstnutzer und kontoführender Zahlungsdienstleister bei Verletzung der Pflichten des § 45 **auf § 280 BGB zu stützen** (BeckOK BGB/Schmalenbach § 675m Rn. 11; auch → Rn. 17). Viel spricht auch dafür, dass den **§§ 45−47 drittschützende Wirkung isd § 823 Abs. 2 BGB** zukommt. Es handelt sich nämlich gem. Erwägungsgrund Nr. 67 PSD2 um ein den Schutz eines anderen bezweckendes Gesetz, namentlich zur Stärkung der unabhängigen Kartenemittenten (RegBegr., BT-Drs. 18/11495, 131). Dieser soll im Vertrauen auf die Aussagen des kontoführenden Zahlungsdienstleisters sein Kreditrisiko besser steuern und verringern können. Die Realisierung des Aufwendungsersatzanspruchs des Drittkartenemittenten ist als Schutzzweck auch ausdrücklich im Gesetz genannt (Erwägungsgrund Nr. 68 S. 2 PSD), was herkömmlich als Indiz für den bezweckten Individualschutz angesehen wird (vgl. nur MüKoBGB/Wagner § 823 Rn. 564). Deshalb sollte es ausnahmsweise über § 823 Abs. 2 BGB iVm §§ 45−47 möglich sein, reine Vermögensschäden zu kompensieren (zum Anspruch iVm § 823 Abs. 2 BGB vgl. auch Schwennicke/Auerbach/ Schwennicke Rn. 10 unter Verweis auf RegBegr. BT-Drs. 18/11495, 132; aA Schäfer/Omlor/Mimberg/Meier Rn. 6 f.). In der Literatur wird zudem vertreten, dass der Vertrag zwischen kontoführendem Zahlungsdienstleister und Zahler ein **Vertrag mit Schutzwirkung** zugunsten des Drittkartenemittenten sei (Omlor WM 2018, 57 (60)). Ob allerdings der Drittkartenemittent tatsächlich in einem ausreichenden Näheverhältnis (verneinend BGH NJW 2008, 2245 Rn. 29; aber vgl. auch Zugehör NJW 2008, 1105 (1109 f.), der sich mit der uneinheitlichen BGH-Rechtsprechung zum Vertrag mit Schutzwirkung zugunsten Dritter auseinandersetzt) zum Rechtsverhältnis zwischen Zahler und kontoführendem Zahlungsdienstleister steht, dh eine bestimmungsgemäße Leistungsberührung (Zugehör NJW 2008, 1105 (1106 f.)) vorliegt, mag zweifelhaft sein. Nach anderer Auffassung (Schäfer/Omlor/Mimberg/Meier Rn. 7) sind §§ 45−47 insgesamt **zivilrechtlich zu deuten;** es handele sich bei der Auskunftspflicht nach § 45 um einen **Vertrag zugunsten Dritter nach §§ 328 ff. BGB** zwischen dem kontoführenden Zahlungsdienstleister und dem Zahler zugunsten des kartenausgebenden Zahlungsdienstleisters. Der Zahler räume dem kontoführenden Zahlungsdienstleister ein Nebenleistungsrecht iSe Benachrichtigungs-, Auskunfts- bzw. Rechenschaftspflicht nach §§ 675c Abs. 1, 666 BGB für einen konkreten Zahlungsvorgang ein (Schäfer/ Omlor/Mimberg/Meier Rn. 7).

4b   Die Ansichten, die §§ 45−47 als Privatrechtsnormen auffassen wollen, müssen sich dem Einwand stellen, dass diese Vorschriften im Aufsichtsrecht verankert sind und der Gesetzgeber hiermit zunächst nur die Aufsicht der Bundesanstalt über Zahlungsdienstleister und E-Geld-Emittenten näher ausgestaltet hat (§ 4 Abs. 1). Zuzugeben ist diesen Meinungen allerdings, dass die Regelungen vor allem das Verhältnis zwischen den beteiligten Zahlungsdienstleistern und dem Zahlungsdienstnutzer ausgestalten und kaum hoheitliche Eingriffsbefugnisse regeln. Auf der anderen Seite ist auch zuzugeben, dass die rein aufsichtsrechtliche Sichtweise nicht zielführend und die PSD2 selbst nicht vorgibt, in welchen Bereichen sie öffentlich-rechtliches Aufsichtsrecht und in welchen Privatrecht regelt (Omlor WM 2018, 57 (58)). Auf der anderen Seite beinhalten die Regelungen der §§ 45−47 jedenfalls nicht ausdrücklich Vorgaben für die Vertragsverhältnisse zwischen den Beteiligten; dann wären sie nach deutschem Verständnis im BGB verortet worden, wie dies im Übrigen auch mit Art. 65 Abs. 5 PSD2 in § 675m Abs. 3 BGB geschehen ist. Insbes. § 45 Abs. 3 sowie § 46 S. 2 und S. 3 haben ordnungsrechtlichen Charakter; diese

Regelungen sind zudem dem Parteiwillen entzogen. Entscheidend ist deshalb wohl eine Einordnung jeder einzelnen Regelung. So wird man die Pflichten des kontoführenden Zahlungsdienstleisters nach § 45 kaum vertragsrechtlich deuten können (so aber wohl Schäfer/Omlor/Mimberg/Meier Rn. 7); das wirkt künstlich; der kontoführende Zahlungsdienstleister hat kein Interesse daran, mit dem Zahler die Bekanntgabe der Kontodeckung an einen fremden Zahlungsdienstleister zu vereinbaren. Dagegen wird man die dem kartenausgebenden Zahlungsdienstleister gem. § 46 S. 1 Nr. 1 zu erteilende Zustimmung durchaus als vertragliche Zustimmung deuten können.

e) Inkrafttreten. Die §§ 45–52 und 55 traten gemäß Art. 15 Abs. 1 S. 1 **5** ZDUG II zum 14. 9. 2019 in Kraft, dh 18 Monate nach dem 14. 3. 2018, dem Tag des Inkrafttretens der Delegierten VO (EU) 2018/389 (PSD2-RTS, ABl. 2018 L 69, 23), s. Bekanntmachung vom 26. 7. 2019 (BGBl. 2019 I 1113) (Schwennicke/Auerbach/Schwennicke Rn. 2; Ellenberger/Findeisen/Nobbe/Böger/Rieg Rn. 305).

2. Terminologie der §§ 45–47

a) Allgemeines, MIF-VO. Die §§ 45–47 sowie die zugrundeliegende Richt- **6** linienbestimmung des Art. 65 PSD2 beinhalten Begriffe, die in der PSD2 selbst nicht definiert sind (vgl. Ellenberger/Findeisen/Nobbe/Böger/Rieg Rn. 309). Jedoch hat der EuGH in seinen beiden Amex-Entscheidungen (EuGH (Erste Kammer) BeckRS 2018, 824 Rn. 43; 2018, 825 Rn. 57) festgestellt, dass der überarbeitete Rechtsrahmen der Union zum Zahlungsdienste, der zum Erlass der PSD2 führte, durch die MIF-VO ergänzt wird und dass sich aus Erwägungsgrund Nr. 6 der PSD2 entnehmen lässt, dass der Unionsgesetzgeber eine unionsweit einheitliche Anwendung des rechtlichen Rahmens sicherstellen wollte. Deshalb ist es gerechtfertigt, die Definitionen für kartengebundene Zahlungsinstrumente und für kartengebundene Zahlungsvorgänge der MIF-VO zu entnehmen (zustimmend Schäfer/Omlor/Mimberg/Meier Rn. 10).

b) Kartengebundenes Zahlungsinstrument. Der Begriff kartengebundenes **7** Zahlungsinstrument ist in Art. 2 Nr. 20 MIF-VO definiert. Dies ist jedes Zahlungsinstrument, einschl. einer Karte, eines Mobiltelefons, eines Computers oder eines anderen technischen Geräts mit der erforderlichen Zahlungsanwendung, das dem Zahler die Veranlassung eines kartengebundenen Zahlungsvorgangs ermöglicht, bei dem es sich nicht um eine Überweisung oder Lastschrift iSd Art. 2 der Verordnung (EU) Nr. 260/2012 handelt. Es ist dabei keineswegs entscheidend, dass dem Verfahren eine Karte zugrunde liegt; auch nicht-körperliche Gegenstände sind erfasst, zB „virtuelle Karten", wenn sie auf den Regeln eines Kartensystems basieren (RegBegr., BT-Drs. 18/11495, 132; RegBegr., BR-Drs. 158/17, 152; auch Ellenberger/Findeisen/Nobbe/Böger/Rieg Rn. 318; Schäfer/Omlor/Mimberg/Meier Rn. 10).

c) Kartengebundener Zahlungsvorgang. In Art. 2 Nr. 7 MIF-VO wird der **8** kartengebundene Zahlungsvorgang als eine Dienstleistung definiert, die auf der Infrastruktur und den Geschäftsregeln eines Kartenzahlverfahrens beruht, um mit Hilfe einer Karte oder eines Telekommunikations-, Digital- oder IT-Geräts oder einer entsprechenden Software eine Zahlung auszuführen, wenn sich daraus eine Debit- oder eine Kreditkartentransaktion ergibt. Nicht als kartengebundene Zahlungsvorgänge zu betrachten sind Vorgänge, die an andere Arten von Zahlungsdiensten geknüpft sind. Die Definition von „Kartenzahlverfahren" aus Art. 2 Nr. 16 MIF-VO sowie die Definitionen zu Debit-/Kreditkartentransaktionen aus Art. 2 Nr. 4 und Nr. 5 MIF-VO sollten hier ebenfalls zur Anwendung kommen. Entscheidend ist, dass die Transaktionsdienstleistung auf der Infrastruktur und den Geschäftsregeln eines Kartenzahlverfahrens beruht. Ausgenommen wären jedoch Zahlungsvorgänge, die durch kartengebundene Zahlungsinstrumente ausgelöst werden, auf denen E-Geld gespeichert ist (§ 47).

II. Tatbestand im Einzelnen

1. Verpflichtete/Berechtigte gem. § 45

9 **a) Kontoführender Zahlungsdienstleister als Verpflichteter.** Hier findet sich die Definition in § 1 Abs. 18. Verpflichtet ist derjenige kontoführende Zahlungsdienstleister, der das Zahlungskonto führt, auf das sich die ausdrückliche Zustimmung des Zahlers gem. § 45 Abs. 1 Nr. 2 bezieht. Dies wird in der Regel der kontoführende Zahlungsdienstleister des Zahlungskontos sein, über das der Drittkartenemittent der. Vereinbarung mit dem Zahler seinen Aufwendungsersatzanspruch abwickelt.

10 **b) Kartenausgebender Zahlungsdienstleister als Berechtigter.** Die Definition des kartenausgebenden Zahlungsdienstleisters findet sich in § 45 Abs. 1. Dies ist (in Umsetzung von Art. 65 Abs. 1 PSD2; Schäfer/Omlor/Mimberg/Meier Rn. 10) jeder Zahlungsdienstleister, der kartengebundene Zahlungsinstrumente (→ Rn. 7) ausgibt.

2. Voraussetzungen der Bestätigung

11 **a) Konto online zugänglich (Abs. 1 Nr. 1).** Das Merkmal „online zugänglich" ist nach Ansicht des deutschen Gesetzgebers (RegBegr., BT-Drs. 18/11495, 132ff.) je nach Normzusammenhang, dh für Drittkartenemittenten, Zahlungsauslösedienste und Kontoinformationsdienste (§§ 45, 48, 50 ZAG), jeweils unterschiedlich zu interpretieren, was mit der unterschiedlichen Zugangsart der Dienste korrespondiert (vgl. Ellenberger/Findeisen/Nobbe/Böger/Rieg Rn. 304; Schäfer/Omlor/Mimberg/Meier Rn. 13). Erforderlich ist im Fall des § 45, dass das betreffende Zahlungskonto entweder grundsätzlich Online-Banking ermöglicht, selbst, wenn es hierfür im Einzelfall nicht freigeschaltet sein sollte (RegBegr., BT-Drs. 18/11495, 137; so auch Schwennicke/Auerbach/Schwennicke Rn. 4; Ellenberger/Findeisen/Nobbe/Böger/Rieg Rn. 311; Schäfer/Omlor/Mimberg/Meier Rn. 13). Ein Konto wäre für Zwecke des § 45 auch online zugänglich, wenn der kontoführende Zahlungsdienstleister die Informationen über die Verfügbarkeit des Geldbetrages für von ihm selbst ausgegebene kartengebundene Zahlungsinstrumente im Rahmen einer Online-Autorisierung am Zahlungskonto selbst ermitteln könnte (RegBegr., BT-Drs. 18/11495, 137; Schwennicke/Auerbach/Schwennicke Rn. 4; Ellenberger/Findeisen/Nobbe/Böger/Rieg Rn. 311; Schäfer/Omlor/Mimberg/Meier Rn. 13). Entscheidend ist zudem nach Abs. 1 Nr. 1, dass das Zahlungskonto gerade zum Zeitpunkt des Ersuchens (in der vorstehend beschriebenen Weise) online zugänglich ist.

b) Ausdrückliche Zustimmung des Zahlers (Abs. 1 Nr. 2). aa) Aus- 12
drückliche Zustimmung. Der Begriff der ausdrücklichen Zustimmung wird in
zahlreichen Bestimmungen der §§ 45–51 verwendet. Die Zustimmung iSd § 45
Abs. 1 Nr. 2 unterscheidet sich von der Autorisierung nach § 675j Abs. 1 S. 1 BGB
und von der Authentifizierung iSd § 1 Abs. 23 ZAG (Ellenberger/Findeisen/
Nobbe/Böger/Rieg Rn. 313; abweichend, wohl vor allem auf Basis seiner vertraglichen Deutung der Vorschrift (→ Rn. 4a f.), Schäfer/Omlor/Mimberg/Meier
Rn. 16: Zustimmung stets Autorisierung); denn hier geht es nicht um die Zustim-
mung zur Durchführung oder die Auslösung eines Zahlungsvorgangs (und mit dem
Verweis auf eine „zahlungsdiensterechtliche Ausgestaltung" – Schäfer/Omlor/
Mimberg/Meier Rn. 15 – ist nicht viel gewonnen).

Richtiger Weise regelt § 45 Abs. 1 schlicht die gesetzliche Pflicht des kontofüh- 12a
renden Zahlungsdienstleisters zur Bekanntgabe der Verfügbarkeit des Geldbetrages
(→ Rn. 4b). In diesem Zusammenhang hatte Art. 65 Abs. 1 PSD2 des Weiteren zu
berücksichtigen, dass es sich bei dieser um „personenbezogene Daten" iSd Art. 1
DSGVO handelt; die dem kontoführenden Zahlungsdienstleister zu erteilende ausdrückliche Zustimmung war nämlich im ersten Entwurf der Kommission zur PSD2
(Art. 59 des Kommissionsentwurfs COM(2013) 547 final, 2013/0264 (COD) v.
24.7.2013) noch nicht enthalten und wurde auf datenschutzrechtliche Bedenken
des ECON-Ausschusses des Europäischen Parlaments eingefügt (Art. 58 Abs. 1a
des Berichts des ECON-Ausschusses des EU Parlaments, A7–0169/2014 v.
11.3.2014, sog. Feio-Report). Die ausdrückliche Zustimmung nach § 45 Abs. 1
Nr. 2 sollte deshalb als **spezieller Datenschutz des Zahlungsrechts** für die Verarbeitungsvorgänge des kontoführenden Zahlungsdienstleisters verstanden werden.
Die Zustimmung nach § 45 Abs. 1 Nr. 2 stellt sich als gesetzliches Tatbestandsmerkmal dar, das – bei Vorliegen aller anderen Merkmale des § 45 Abs. 1 – den kontoführenden Zahlungsdienstleister zu der ihm nach § 45 Abs. 1 aufgegebenen Datenverarbeitung verpflichtet, so dass diese Datenverarbeitung gem. Art. 6 Abs. 1 S. 1
lit. c DSGVO gerechtfertigt ist **(Erfüllung einer rechtlichen Verpflichtung)**
(aA Schäfer/Omlor/Mimberg/Meier Rn. 17). Zur Deutung des § 45 als gesetzliche
Verpflichtung des kontoführenden Zahlungsdienstleisters → Rn. 4a f. Dies schließt
nicht aus, dass § 45 ff. bzw. Art. 65 PSD2 auch auf verbraucherschutzrechtlichen
Überlegungen beruhen (Schäfer/Omlor/Mimberg/Meier Rn. 15; vgl. zum Zweck
→ Rn. 3).

Demgegenüber sollte die an den kartenausgebenden Zahlungsdienstleister zu 12b
erteilende „Zustimmung" gemäß § 46 S. 1 Nr. 1 ebenso wenig datenschutzrechtlich
als „Einwilligung" iSd Art. 6 Abs. 1 S. 1 lit. a iVm Art. 7 DSGVO (so aber wohl
Indenhuck/Stein BKR 2018, 136 (139 f.)), sondern als vom Zahlungsrecht geforderte,
derte, spezielle vertragliche Willenserklärung an den kartenausgebenden Zahlungs-
dienstleister gedeutet werden, um eine **Datenverarbeitung in Erfüllung des**
Vertrages (dh des Zahlungsdiensterahmenvertrages) des kartenausgebenden Zahlungsdienstleisters mit dem Zahler zu rechtfertigen iSd Art. 6 Abs. 1 S. 1 lit. b
DSGVO (so im Kontext von Art. 94 Abs. 2 PSD2: EDPB, letter regarding PSD2,
S. 4; EDPB, Leitlinien PSD2/DSGVO 2020, Rn. 34 ff.; dies offenlassend Weichert
BB 2018, 1161 (1163); Weichert ZD 2021, 134 (137)). Art. 6 Abs. 1 S. 1 lit. b
DSGVO fordert, dass die Verarbeitung für die Erfüllung eines Vertrages, dessen Ver-
tragspartei die betroffene Person ist, oder zur Durchführung vorvertraglicher Maß-
nahmen, die auf Anfrage der betroffenen Person erfolgen, erforderlich ist.

Wegen der Nähe der Zielsetzungen der PSD2 und der DSGVO in diesem Fall 12c
mag es dabei gerechtfertigt sein, einzelne Begriffe der PSD2 (bzw. des ZAG), zB

im Zusammenhang mit § 45 Abs. 1 Nr. 2 den Terminus **„ausdrücklich"** unter Rückgriff auf Art. 7 Abs. 2 S. 1 DSGVO (so wohl Weichert BB 2018, 1161 (1163); Weichert ZD 2021, 134 (137); im Kontext von Art. 94 Abs. 2 PSD2: EDPB, Leitlinien PSD2/DSGVO 2020, Rn. 39 ff.) zu interpretieren: „(…) das Ersuchen um Einwilligung (muss) in verständlicher und leicht zugänglicher Form in einer klaren und einfachen Sprache so erfolgen, dass es von den anderen Sachverhalten klar zu unterscheiden ist." (so auch Weichert BB 2018, 1161 (1163)). Dabei geht es vor allem darum, den Betroffenen davor zu schützen, in einen ihn betreffenden Datenverarbeitungsvorgang einzuwilligen, ohne eine weitreichende Informiertheit über den konkreten Verarbeitungskontext zu besitzen (Spindler/Schuster/Spindler/ Dalby, Recht der elektronischen Medien, 4. Auflage 2019, DSGVO Art. 7 Rn. 9). An einer so verstandenen Ausdrücklichkeit der Zustimmung sollten vorformulierte Zustimmungserklärungen iSd § 45 Abs. 1 Nr. 2 gemessen werden. Vor diesem Hintergrund sind auch **konkludente Zustimmungen** denkbar (dagegen Schäfer/ Omlor/Mimberg/Meier Rn. 23), wenn der zustimmenden Handlung des Zahlers ein solches Ersuchen um Zustimmung vorausgeht und der Zahler eindeutig sein Einverständnis mit der beabsichtigten Verarbeitung seiner personenbezogenen Daten signalisiert (iSd Erwägungsgrundes Nr. 32 DSGVO) (BeckOK/Stemmer, Datenschutzrecht, 41. Edition, Stand: 1. 5. 2022, DSGVO Art. 77 Rn. 84). Im Übrigen vgl. zum Verhältnis der §§ 45–51 zum allgemeinen Datenschutzrecht, insbes. der DSGVO, die Kommentierung zu § 59.

13   **bb) Inhalt der Zustimmung.** Im Grundsatz verlangen §§ 45 und 46 zwei Zustimmungen des Zahlers, nämlich eine gegenüber dem kontoführenden Zahlungsdienstleister (§ 45 Abs. 1 Nr. 2) und eine gegenüber dem kartenausgebenden Zahlungsdienstleister (§ 46 S. 1 Nr. 1). Gegenstand der Zustimmung nach § 45 Abs. 1 Nr. 1 ist die Erlaubniserteilung an den kontoführenden Zahlungsdienstleister, dem kartenausgebenden Zahlungsdienstleister die Verfügbarkeit des Geldbetrages, der einem bestimmten Zahlungsvorgang entspricht, zu bestätigen. Die Zustimmung des Zahlers muss sich auch auf ein bestimmtes Zahlungskonto und auf einen bestimmten kartenausgebenden Zahlungsdienstleister beziehen (RegBegr., BT-Drs. 18/11495, 132; zustimmend Schäfer/Omlor/Mimberg/Meier Rn. 24; zum Ersuchen → Rn. 17). Je nach Formulierung kann die Zustimmungserklärung auch so ausgestaltet werden, dass sie bis auf Widerruf gilt (arg. e § 45 Abs. 1 Nr. 3: „vor Eingang des ersten Ersuchens").

14   **cc) Übermittlung der Zustimmung.** Die Zustimmung an den kontoführenden Zahlungsdienstleister kann von diesem im Rahmen des Online-Bankings vorgesehen werden; diese Fälle dürften allerdings praktisch seltener sein. Alternativ ist denkbar, dass der Zahler die Zustimmung gegenüber dem kartenausgebenden Zahlungsdienstleister zur Übermittlung an den kontoführenden Zahlungsdienstleister erklärt. Letzterer muss dann im Rahmen der Schnittstelle nach Art. 30 PSD2-RTS die Möglichkeit der Übermittlung der Zustimmung des Zahlers durch den kartenausgebenden Zahlungsdienstleister gestatten.

15   **dd) Verhältnis zum allgemeinen Datenschutzrecht.** Art. 65 Abs. 3 PSD2 regelt, dass die Zustimmung im „Einklang mit der Datenschutzrichtlinie", dh nunmehr (dynamische Verweisung) mit der DSGVO, stehen muss. Solche Anforderungen sollten der Stärkung von Datenschutz und IT-Sicherheit zugutekommen (Zahrte NJW 2018, 337 (338)). Begreift man jedoch das Erfordernis der „ausdrücklichen Zustimmung" gemäß § 45 Abs. 1 Nr. 2 als besonderes Erfordernis des Zah-

lungsrechts für die Rechtfertigung einer Datenverarbeitung der beiden beteiligten Zahlungsdienstleister (→ Rn. 12), so ist datenschutzrechtlich nicht zusätzlich eine Einwilligung gemäß Art. 6 Abs. 1 S. 1 lit. a DSGVO des Zahlers erforderlich (so aber wohl Indenhuck/Stein BKR 2018, 136 (139 f.)). Anderenfalls unterläge die Zustimmung gem. § 45 Abs. 1 Nr. 2 allen besonderen Anforderungen der DSGVO, ua dem Art. 4 Nr. 11, Art. 7 Abs. 4 DSGVO (so aber wohl Weichert BB 2018, 1161 (1163)), sowie der Widerruflichkeit gemäß Art. 7 Abs. 3 DSGVO. Damit würde aber wohl der Datenschutz überzogen.

c) Zeitpunkt der Zustimmung (Abs. 1 Nr. 3). Die Zustimmung gem. § 45 **16** Abs. 1 Nr. 2 hat vor Eingang des ersten Ersuchens zu erfolgen. Damit stellt der Gesetzgeber implizit klar, dass die Zustimmung für mehrere Ersuchen des kartenausgebenden Zahlungsdienstleisters, dh für mehrere Zahlungsvorgänge mit dem kartengebundenen Zahlungsinstrument, erfolgen kann, mithin eine **Rahmenzustimmung** zulässig ist (ebenso Schäfer/Omlor/Mimberg/Meier Rn. 25; Ellenberger/Findeisen/Nobbe/Böger/Rieg Rn. 317).

d) Ersuchen des kartenausgebenden Zahlungsdienstleisters (Abs. 1). Das **17** Ersuchen des kartenausgebenden Zahlungsdienstleisters ist eine Erklärung gegenüber dem kontoführenden Zahlungsdienstleister, gerichtet auf das Verlangen der Bestätigung der Verfügbarkeit eines bestimmten Geldbetrags auf dem Zahlungskonto des Zahlers für dessen Inanspruchnahme eines konkreten kartengebundenen Zahlungsinstruments und einen entsprechenden Zahlungsvorgang (vgl. Schäfer/Omlor/Mimberg/Meier Rn. 11). Der Geldbetrag muss einem bestimmten kartengebundenen Zahlungsvorgang entsprechen (Schwennicke/Auerbach/Schwennicke Rn. 5). Durch diese Angaben wird die vom kontoführenden Zahlungsdienstleister zu erfüllende gesetzliche Pflicht begrenzt (aA Schäfer/Omlor/Mimberg/Meier Rn. 11: vertragliche Prüfungspflichten gegenüber dem Zahler). Bei mangelnder inhaltlicher Bestimmtheit des Ersuchens und entsprechender Abweisung durch den kontoführenden Zahlungsdienstleister kommen Schadenersatzansprüche nach §§ 280 ff. BGB zwischen Zahler und kartenausgebendem Zahlungsdienstleister in Betracht (Schäfer/Omlor/Mimberg/Meier Rn. 12).

Inhaltlich haben kartenausgebende Zahlungsdienstleister zudem die Vorgaben **17a** des Art. 35 Abs. 4 PSD2-RTS (→ Anh. § 45 Rn. 1 ff.) zu beachten. Danach haben sie unmissverständliche Verweise (engl. references) auf die folgenden Elemente zu liefern: Den Zahler sowie die den jeweiligen Zahler und Zahlungsvorgang betreffende Kommunikationssitzung mit dem kontoführenden Zahlungsdienstleister (lit. a) und die eindeutig identifizierte Anforderung bzgl. des für den Zahlungsvorgang erforderlichen Betrags (lit. c). Zur Auslegung der „Verfügbarkeit" → Rn. 18. Der kartenausgebende Zahlungsdienstleister hat dabei die Anforderungen an seine Authentifizierung und die sichere Kommunikation nach § 46 sowie Art. 30 PSD2-RTS zu beachten. Hierfür muss der kontoführende Zahlungsdienstleister gem. Art. 30 PSD2-RTS einen Kommunikationsweg eröffnen.

3. Einzelheiten der Bestätigung

a) Verfügbarer Geldbetrag. Der kontoführende Zahlungsdienstleister hat die **18** Verfügbarkeit des für die Ausführung eines gem. Art. 35 Abs. 4 lit. c PSD2-RTS eindeutig identifizierten, für die Ausführung des Zahlungsvorgangs erforderlichen Geldbetrags auf dem Zahlungskonto des Zahlers zu bestätigen (RegBegr., BT-Drs. 18/11495, 132; siehe auch Werner WM 2018, 449 (452)). Dies bezieht einen möglichen Kreditrahmen ein (RegBegr., BT-Drs. 18/11495, 132). Darüber hinaus wird auch eine geduldete Überziehung umfasst sein müssen (zustimmend Schäfer/Omlor/Mimberg/Meier Rn. 26), sofern der kontoführende Zahlungsdienstleister dies dann, wenn er über die Ausführung einer Zahlung mit einer selbst emittierten Kreditkarte zu entscheiden hätte, miteinbeziehen würde. „**Verfügbarkeit**" liegt also vor, wenn der kontoführende Zahlungsdienstleister die Kartenzahlung, wäre es eine von ihm selbst emittierte Karte, ausführen würde (ähnlich Ellenberger/Findeisen/Nobbe/Böger/Rieg Rn. 319).

19   **b) Unverzüglich.** Die Bestätigung des kontoführenden Zahlungsdienstleisters hat unverzüglich (§ 121 Abs. 1 Hs. 1 BGB: ohne schuldhaftes Zögern) zu erfolgen (Schäfer/Omlor/Mimberg/Meier Rn. 28).

20   **c) Bestätigung (Abs. 2).** Die Antwort des kontoführenden Zahlungsdienstleisters an den kartenausgebenden Zahlungsdienstleister hat sich auf ein „Ja" oder „Nein" zu beschränken. Dies erfolgt aus Datenschutzgründen (RegBegr., BT-Drs. 18/11495, 132; siehe auch Werner WM 2018, 449 (451 f.)); vgl. ebenfalls Spindler/Zahrte BKR 2014, 265 (268); Ellenberger/Findeisen/Nobbe/Böger/Rieg Rn. 321; Schäfer/Omlor/Mimberg/Meier Rn. 26). Eine Weitergabe des Kontostands, der Höhe bzw. Verfügbarkeit eines Kreditrahmens oder eines übersteigenden Guthabens ist dem kontoführenden Zahlungsdienstleister nicht erlaubt (RegBegr., BT-Drs. 18/11495, 132; Werner WM 2018, 449 (452); Schwennicke/Auerbach/Schwennicke Rn. 6). Im Regelfall übernimmt der kontoführende Zahlungsdienstleister keine Garantie für die Richtigkeit (RegBegr., BT-Drs. 18/11495, 132; Ellenberger/Findeisen/Nobbe/Böger/Rieg Rn. 322; Schäfer/Omlor/Mimberg/Meier Rn. 26); vgl. aber die Haftung nach § 823 Abs. 2 BGB wegen der drittschützenden Wirkung des § 45 (→ Rn. 4).

21   **d) Kein Recht zur Sperrung (Abs. 3).** Es ist dem kontoführenden Zahlungsdienstleister nicht erlaubt, den bestätigten Geldbetrag auf dem Zahlungskonto des Zahlers zu sperren. Damit bleibt es Sache des kartenausgebenden Zahlungsdienstleisters, die Erfüllung seines Aufwendungsersatzanspruchs auf andere Weise sicherzustellen (siehe auch Werner WM 2018, 449 (452); Schäfer/Omlor/Mimberg/Meier Rn. 29; vgl. Ellenberger/Findeisen/Nobbe/Böger/Rieg Rn. 324). Dabei richtet sich Abs. 3 ausschließlich an den kontoführenden Zahlungsdienstleister, sodass die Sperrung vorgemerkter Beträge durch den kartenausgebenden Zahlungsdienstleister, dh die faktische Reduzierung des Kartenlimits bzw. Kreditrahmens, durch Abs. 3 nicht eingeschränkt wird (Schwennicke/Auerbach/Schwennicke Rn. 8). Auch ist denkbar, dass der Zahler mit dem kontoführenden Zahlungsdienstleister eine Sperrung infolge der Anfrage eines kartenausgebenden Zahlungsdienstleisters vereinbart (Kümpel/Mühlbert/Früh/Seyfried/Werner, Bankrecht und Kapitalmarktrecht, 6. Aufl. 2022, 2. Hauptteil Rn. 4.916). Denkbar ist auch die Sperre bei Pull-Zahlungen, wenn der Zahler der Sperre in Höhe des Betrages der Zahlung zustimmt (Kümpel/Mühlbert/Früh/Seyfried/Werner, Bankrecht und Kapitalmarktrecht, 6. Aufl. 2022, 2. Hauptteil Rn. 4916). Erst ist es dem kontoführenden Zahlungsdienstleister nicht verwehrt bei Nutzung von ihm selbst emittierter Karten durch den Zahler mit diesem die Sperrung von Beträgen zu vereinbaren (Ellenberger/Findeisen/Nobbe/Böger/Rieg Rn. 324).

4. Anspruch des Zahlers (Art. 65 Abs. 5 PSD2)

Der deutsche Gesetzgeber hat den in Art. 65 Abs. 5 PSD2 vorgesehenen **22** Anspruch des Zahlers gegen den kontoführenden Zahlungsdienstleister, ihm die Identifizierungsdaten des kartenausgebenden Zahlungsdienstleisters und die erteilte Antwort mitzuteilen, nicht in §§ 45–47 umgesetzt, sondern in § 675m Abs. 3 BGB. Dies ist also Teil des Zahlungsdiensterahmenvertrags zwischen dem Zahler und dem kontoführenden Zahlungsdienstleister (Schäfer/Omlor/Mimberg/Meier Rn. 30). Auch diese Maßgabe der PSD2 ist als zahlungsrechtliches Auskunftsrecht neben dem Datenschutzrechts, dem Art. 15 DSGVO, zu verstehen: Dem Zahler soll Auskunft erteilt werden über die über ihn übermittelten Daten und den Adressaten der Übermittlung (siehe hierzu auch BeckOK BGB/Schmalenbach § 675m Rn. 10; Ellenberger/Findeisen/Nobbe/Böger/Rieg Rn. 325; RegBegr., BT-Drs. 18/11495, 158). Die Information, ausgerichtet auf den Zugriff des kartenausgebenden Zahlungsdienstleisters und die eventuelle Verweigerung mangels Deckungsbestätigung, ist kostenlos zu erteilen (Art. 62 PSD2; Ellenberger/Findeisen/Nobbe/Böger/Rieg Rn. 325 f.; RegBegr., BT-Drs. 18/11794, 158).

Anhang zu § 45

Art. 28–36 PSD2-RTS

Artikel 28   Anforderungen an die Identifizierung

(1) Für die Kommunikation zwischen dem Gerät des Zahlers und den Akzeptanzgeräten des Zahlungsempfängers, wozu unter anderem auch Zahlungsterminals zählen, gewährleisten die Zahlungsdienstleister eine sichere Identifizierung.

(2) Die Zahlungsdienstleister gewährleisten, dass bei mobilen Anwendungen und anderen Schnittstellen von Zahlungsdienstnutzern, die elektronische Zahlungsdienste ermöglichen, die Risiken einer Fehlleitung der Kommunikation an Unbefugte wirksam eingedämmt werden.

Artikel 29   Rückverfolgbarkeit

(1) Die Zahlungsdienstleister verfügen über Prozesse, die sicherstellen, dass alle Zahlungsvorgänge und anderen Interaktionen mit dem Zahlungsdienstnutzer, mit anderen Zahlungsdienstleistern und mit anderen Einrichtungen, einschließlich Händlern, im Zusammenhang mit der Bereitstellung des Zahlungsdienstes zurückverfolgt werden können, wobei sichergestellt sein muss, dass von allen für die elektronische Transaktion maßgeblichen Ereignissen in jedem Stadium nachträglich Kenntnis erlangt werden kann.

(2) Für die Zwecke des Absatzes 1 gewährleisten die Zahlungsdienstleister, dass jede mit dem Zahlungsdienstnutzer, mit anderen Zahlungsdienstleistern und mit anderen Einrichtungen, einschließlich Händlern, aufgebaute Kommunikationssitzung auf jedem der folgenden Faktoren beruht:
a) eindeutige Kennung der Sitzung;
b) Sicherheitsmechanismen für die ausführliche Protokollierung der Transaktion, einschließlich Transaktionsnummer, Zeitstempel und aller maßgeblichen Transaktionsdaten;

c) Zeitstempel, die auf einem einheitlichen Zeitreferenzsystem basieren und die entsprechend einem offiziellen Zeitsignal synchronisiert werden.

Artikel 30   Allgemeine Anforderungen an Zugangsschnittstellen

(1) Kontoführende Zahlungsdienstleister, die einem Zahler ein online zugängliches Zahlungskonto bereitstellen, haben mindestens eine Schnittstelle eingerichtet, die alle folgenden Anforderungen erfüllt:

a) Kontoinformationsdienstleister, Zahlungsauslösedienstleister und Zahlungsdienstleister, die kartengebundene Zahlungsinstrumente ausstellen, können sich gegenüber dem kontoführenden Zahlungsdienstleister identifizieren.

b) Kontoinformationsdienstleister können auf sichere Weise kommunizieren, um Informationen über ein oder mehrere bezeichnete Zahlungskonten und damit in Zusammenhang stehende Zahlungsvorgänge anzufordern und zu empfangen.

c) Zahlungsauslösedienstleister können auf sichere Weise kommunizieren, um einen Zahlungsauftrag für das Zahlungskonto des Zahlers auszulösen und alle Informationen über die Auslösung des Zahlungsvorgangs sowie alle den kontoführenden Zahlungsdienstleistern zugänglichen Informationen in Bezug auf die Ausführung des Zahlungsvorgangs zu empfangen.

(2) Zur Authentifizierung des Zahlungsdienstnutzers ermöglicht es die in Absatz 1 genannte Schnittstelle, dass Kontoinformationsdienstleister und Zahlungsauslösedienstleister sich auf alle Authentifizierungsverfahren verlassen können, die dem Zahlungsdienstnutzer vom kontoführenden Zahlungsdienstleister bereitgestellt werden.

Die Schnittstelle muss zumindest alle folgenden Anforderungen erfüllen:

a) Ein Zahlungsauslösedienstleister oder ein Kontoinformationsdienstleister kann den kontoführenden Zahlungsdienstleister ausgehend von der Zustimmung des Zahlungsdienstnutzers anweisen, mit der Authentifizierung zu beginnen.

b) Während der Authentifizierung werden Kommunikationssitzungen zwischen dem kontoführenden Zahlungsdienstleister, dem Kontoinformationsdienstleister, dem Zahlungsauslösedienstleister und dem betreffenden Zahlungsdienstnutzer aufgebaut und aufrechterhalten.

c) Integrität und Vertraulichkeit der personalisierten Sicherheitsmerkmale und der Authentifizierungscodes, die durch oder über den Zahlungsauslösedienstleister oder den Kontoinformationsdienstleister übertragen werden, sind gewährleistet.

(3) Die kontoführenden Zahlungsdienstleister gewährleisten, dass ihre Schnittstellen die von internationalen oder europäischen Standardisierungsorganisationen ausgegebenen Kommunikationsstandards erfüllen.

Die kontoführenden Zahlungsdienstleister gewährleisten zudem, dass die technische Spezifikation einer jeden Schnittstelle dokumentiert ist und die Routinen, Protokolle und Tools angibt, die von Zahlungsauslösedienstleistern, Kontoinformationsdienstleistern und Zahlungsdienstleistern, die kartengebundene Zahlungsinstrumente ausstellen, benötigt werden, damit die Interoperabilität ihrer Software und ihrer Anwendungen mit den Systemen der kontoführenden Zahlungsdienstleister gegeben ist.

Die kontoführenden Zahlungsdienstleister machen zumindest die auf die Zugangsschnittstelle bezogene Dokumentation spätestens sechs Monate vor dem in Artikel 38 Absatz 2 genannten Geltungsbeginn oder vor dem anvisierten Termin der Markteinführung der Zugangsschnittstelle, wenn die Einführung nach dem in

Artikel 38 Absatz 2 angegebenen Datum erfolgt, auf Verlangen der zugelassenen Zahlungsauslösedienstleister, Kontoinformationsdienstleister und Zahlungsdienstleister, die kartengebundene Zahlungsinstrumente ausstellen, oder der Zahlungsdienstleister, die ihre entsprechende Zulassung bei den zuständigen Behörden beantragt haben, kostenfrei zugänglich und veröffentlichen eine Zusammenfassung der Dokumentation auf ihrer Website.

(4) Zusätzlich zu Absatz 3 gewährleisten die kontoführenden Zahlungsdienstleister, dass sie, Notfallsituationen ausgenommen, jegliche Änderung der technischen Spezifikation ihrer Schnittstelle den zugelassenen Zahlungsauslösedienstleistern, Kontoinformationsdienstleistern und Zahlungsdienstleistern, die kartengebundene Zahlungsinstrumente ausstellen, oder Zahlungsdienstleistern, die ihre entsprechende Zulassung bei den zuständigen Behörden beantragt haben, so bald wie möglich und nicht später als drei Monate vor Implementierung der Änderung im Voraus zur Verfügung stellen.

Die Zahlungsdienstleister dokumentieren Notfallsituationen, in denen Änderungen implementiert wurden, und machen die Dokumentation den zuständigen Behörden auf Verlangen zugänglich.

(5) Die kontoführenden Zahlungsdienstleister stellen eine Testumgebung, einschließlich Unterstützung, für den Verbindungsaufbau und für Funktionstests zur Verfügung, damit die zugelassenen Zahlungsauslösedienstleister, Zahlungsdienstleister, die kartengebundene Zahlungsinstrumente ausstellen, Kontoinformationsdienstleister oder Zahlungsdienstleister, die eine entsprechende Zulassung beantragt haben, ihre Software und ihre Anwendungen testen können, die sie verwenden, um Benutzern einen Zahlungsdienst anzubieten. Diese Testumgebung sollte spätestens sechs Monate vor dem in Artikel 38 Absatz 2 genannten Geltungsbeginn oder vor dem anvisierten Termin der Markteinführung der Zugangsschnittstelle zur Verfügung gestellt werden, wenn die Einführung nach dem in Artikel 38 Absatz 2 angegebenen Datum erfolgt.

Jedoch dürfen über die Testumgebung keine sensiblen Informationen ausgetauscht werden.

(6) Die zuständigen Behörden stellen sicher, dass die kontoführenden Zahlungsdienstleister den in den vorliegenden Standards verankerten Verpflichtungen in Bezug auf für die von ihnen eingerichtete(n) Schnittstelle(n) jederzeit nachkommen. Falls ein kontoführender Zahlungsdienstleister die Anforderungen an Schnittstellen gemäß den vorliegenden Standards nicht erfüllt, stellen die zuständigen Behörden sicher, dass die Erbringung von Zahlungsauslösediensten und Kontoinformationsdiensten nicht verhindert oder unterbrochen wird, soweit die betreffenden Anbieter solcher Dienste die in Artikel 33 Absatz 5 festgelegten Bedingungen erfüllen.

Artikel 31   Zugangsschnittstellenoptionen

Die kontoführenden Zahlungsdienstleister richten die in Artikel 30 genannte(n) Schnittstelle(n) ein, indem sie eine dedizierte Schnittstelle bereitstellen oder den in Artikel 30 Absatz 1 genannten Zahlungsdienstleistern die Nutzung der für die Authentifizierung und die Kommunikation mit den Zahlungsdienstnutzern des kontoführenden Zahlungsdienstleisters verwendeten Schnittstellen erlauben.

Artikel 32   Anforderungen an eine dedizierte Schnittstelle

(1) Sofern die Anforderungen der Artikel 30 und 31 erfüllt sind, gewährleisten die kontoführenden Zahlungsdienstleister, die eine dedizierte Schnittstelle eingerichtet haben, dass diese Schnittstelle jederzeit denselben Grad an Verfügbarkeit und Leistung, einschließlich Unterstützung, aufweist wie die Schnittstellen, die dem Zahlungsdienstnutzer für den direkten Online-Zugriff auf sein Zahlungskonto zur Verfügung stehen.

(2) Kontoführende Zahlungsdienstleister, die eine dedizierte Schnittstelle eingerichtet haben, definieren transparente wesentliche Leistungsindikatoren und Service-Level-Ziele, die im Hinblick auf Verfügbarkeit und die nach Artikel 36 bereitgestellten Daten mindestens so streng sind wie diejenigen, die für die von ihren Zahlungsdienstnutzern verwendete Schnittstelle gelten. Diese Schnittstellen, Indikatoren und Zielvorgaben werden von den zuständigen Behörden überwacht und Stresstests unterzogen.

(3) Kontoführende Zahlungsdienstleister, die eine dedizierte Schnittstelle eingerichtet haben, gewährleisten, dass diese Schnittstelle die Bereitstellung von Zahlungsauslöse- und Kontoinformationsdiensten nicht beeinträchtigt. Solche Beeinträchtigungen könnten unter anderem darin bestehen, dass die in Artikel 30 Absatz 1 angegebenen Zahlungsdienstleister die von den kontoführenden Zahlungsdienstleistern an ihre Kunden ausgegebenen Sicherheitsmerkmale nicht verwenden können, wodurch sie auf die Authentifizierungs- und anderen Funktionen des kontoführenden Zahlungsdienstleisters zurückgreifen müssten; dadurch könnten weitere Zulassungen und Registrierungen zusätzlich zu den in den Artikeln 11, 14 und 15 der Richtlinie (EU) 2015/2366 vorgesehenen oder eine zusätzliche Prüfung der vom Zahlungsdienstnutzer den Zahlungsauslöse- und den Kontoinformationsdienstleistern erteilten Zustimmung erforderlich sein.

(4) Die kontoführenden Zahlungsdienstleister überwachen die Verfügbarkeit und Leistung der dedizierten Schnittstelle für die Zwecke der Absätze 1 und 2. Die kontoführenden Zahlungsdienstleister veröffentlichen auf ihrer Website vierteljährliche Statistiken über die Verfügbarkeit und die Leistung der dedizierten Schnittstelle und der von ihren Zahlungsdienstnutzern verwendeten Schnittstelle.

Artikel 33   Notfallmaßnahmen für eine dedizierte Schnittstelle

(1) Für den Fall, dass die Schnittstelle die in Artikel 32 vorgesehene Leistung nicht erbringt oder eine unvorhergesehene Nichtverfügbarkeit der Schnittstelle oder ein Systemausfall auftritt, beziehen die kontoführenden Zahlungsdienstleister in die Gestaltung der dedizierten Schnittstelle eine Notfallstrategie und Notfallpläne ein. Von einer unvorhergesehenen Nichtverfügbarkeit oder einem Systemausfall wird ausgegangen, wenn fünf aufeinanderfolgende Anfragen für den Zugang zu Informationen zur Bereitstellung von Zahlungsauslösediensten oder Kontoinformationsdiensten nicht innerhalb von 30 Sekunden beantwortet werden.

(2) Die Notfallmaßnahmen müssen Kommunikationspläne umfassen, um die die dedizierte Schnittstelle nutzenden Zahlungsdienstleister über Maßnahmen zur Wiederherstellung des Systems zu informieren; ferner müssen die Notfallmaßnahmen eine Beschreibung der sofort verfügbaren alternativen Optionen vorsehen, die die Zahlungsdienstleister während dieser Zeit unter Umständen haben.

(3) Der kontoführende Zahlungsdienstleister sowie die in Artikel 30 Absatz 1 genannten Zahlungsdienstleister melden Probleme mit den dedizierten Schnittstellen entsprechend Absatz 1 des vorliegenden Artikels ihren zuständigen nationalen Behörden unverzüglich.

(4) Im Rahmen eines Notfallmechanismus ist den in Artikel 30 Absatz 1 genannten Zahlungsdienstleistern die Nutzung der Schnittstellen, die der kontoführende Zahlungsdienstleister seinen Zahlungsdienstnutzern für die Authentifizierung und Kommunikation bereitstellt, so lange gestattet, bis für die dedizierte Schnittstelle das in Artikel 32 vorgesehene Verfügbarkeits- und Leistungsniveau wiederhergestellt ist.

(5) Zu diesem Zweck gewährleisten die kontoführenden Zahlungsdienstleister, dass die in Artikel 30 Absatz 1 genannten Zahlungsdienstleister identifiziert werden und sich auf die Authentifizierungsverfahren verlassen können, die der kontoführende Zahlungsdienstleister dem Zahlungsdienstnutzer bereitstellt. Wenn die in Artikel 30 Absatz 1 genannten Zahlungsdienstleister die Schnittstelle gemäß Absatz 4 nutzen,

a) ergreifen sie die notwendigen Maßnahmen, um sicherzustellen, dass sie nur für den Zweck der Bereitstellung des vom Zahlungsdienstnutzer angeforderten Dienstes Daten abrufen, speichern oder verarbeiten;

b) kommen sie weiterhin den Verpflichtungen gemäß Artikel 66 Absatz 3 bzw. Artikel 67 Absatz 2 der Richtlinie (EU) 2015/2366 nach;

c) protokollieren sie die Daten, die über die vom kontoführenden Zahlungsdienstleister für seine Zahlungsdienstnutzer betriebene Schnittstelle abgerufen werden, und stellen ihrer zuständigen nationalen Behörde auf Verlangen die Protokolldateien unverzüglich zur Verfügung;

d) legen sie gegenüber ihrer zuständigen nationalen Behörde auf Verlangen unverzüglich die Gründe für die Nutzung der Schnittstelle dar, die den Zahlungsdienstnutzern für den direkten Online-Zugriff auf ihr Zahlungskonto bereitgestellt wird;

e) informieren sie den kontoführenden Zahlungsdienstleister diesbezüglich.

(6) Die zuständigen Behörden nehmen – nach Konsultation der EBA zur Gewährleistung der einheitlichen Anwendung der nachstehend genannten Bedingungen – die kontoführenden Zahlungsdienstleister, die sich für eine dedizierte Schnittstelle entschieden haben, von der Verpflichtung zur Einrichtung des Notfallmechanismus nach Absatz 4 aus, wenn die dedizierte Schnittstelle alle folgenden Bedingungen erfüllt:

a) Sie erfüllt alle für dedizierte Schnittstellen in Artikel 32 dargelegten Anforderungen.

b) Sie wurde gemäß Artikel 30 Absatz 5 zur Zufriedenheit der darin genannten Zahlungsdienstleister gestaltet und getestet.

c) Sie wurde mindestens drei Monate lang von Zahlungsdienstleistern in breitem Umfang für die Erbringung von Kontoinformationsdiensten, Zahlungsauslösediensten und zur Bestätigung der Verfügbarkeit eines Geldbetrags bei kartenbasierten Zahlungsvorgängen genutzt.

d) Alle Probleme im Zusammenhang mit der dedizierten Schnittstelle wurden unverzüglich behoben.

(7) Wenn die unter a und d genannten Bedingungen von den kontoführenden Zahlungsdienstleistern für einen Zeitraum von mehr als zwei aufeinanderfolgenden Kalenderwochen nicht erfüllt werden, widerrufen die zuständigen Behörden die in

Absatz 6 genannte Ausnahme. Die zuständigen Behörden setzen die EBA von diesem Widerruf in Kenntnis und stellen sicher, dass der kontoführende Zahlungsdienstleister schnellstmöglich, spätestens aber innerhalb von zwei Monaten den Notfallmechanismus gemäß Absatz 4 einrichtet.

Artikel 34   Zertifikate

(1) Zur Identifizierung gemäß Artikel 30 Absatz 1 Buchstabe a verlassen sich die Zahlungsdienstleister auf qualifizierte Zertifikate für elektronische Siegel nach Artikel 3 Absatz 30 der Verordnung (EU) Nr. 910/2014 des Europäischen Parlaments und des Rates oder für die Website-Authentifizierung nach Artikel 3 Absatz 39 der genannten Verordnung.

(2) Für die Zwecke der vorliegenden Verordnung ist die Registriernummer gemäß der amtlichen Eintragung nach Anhang III Buchstabe c oder nach Anhang IV Buchstabe c der Verordnung (EU) Nr. 910/2014 die Zulassungsnummer des Zahlungsdienstleisters, der kartengebundene Zahlungsinstrumente ausstellt, des Kontoinformationsdienstleisters oder des Zahlungsauslösedienstleisters, einschließlich des kontoführenden Zahlungsdienstleisters, die die betreffenden Dienste erbringen, die nach Artikel 14 der Richtlinie (EU) 2015/2366 im öffentlichen Register des Herkunftsmitgliedsstaats eingetragen ist oder die aus der in Artikel 20 der Richtlinie 2013/36/EU des Europäischen Parlaments und des Rates (1) vorgesehenen Anzeige einer jeden nach Artikel 8 dieser Richtlinie erteilten Zulassung hervorgeht.

(3) Für die Zwecke der vorliegenden Verordnung enthalten die in Absatz 1 genannten qualifizierten Zertifikate für elektronische Siegel oder für die Website-Authentifizierung zusätzliche spezifische Attribute bezüglich einer jeden der folgenden Angaben in einer im Finanzsektor gebräuchlichen Sprache:
a) die Rolle des Zahlungsdienstleisters, die eine oder mehrere der folgenden Funktionen umfassen kann:
 i) Kontoführung;
 ii) Zahlungsauslösung;
 iii) Kontoinformation;
 iv) Ausstellung kartenbasierter Zahlungsinstrumente;
b) den Namen der zuständigen Behörden, bei denen der Zahlungsdienstleister eingetragen ist.

(4) Die Interoperabilität und die Anerkennung von qualifizierten Zertifikaten für elektronische Siegel oder für die Website-Authentifizierung bleiben von den in Absatz 3 aufgeführten Attributen unberührt.

Artikel 35   Sicherheit von Kommunikationssitzungen

(1) Kontoführende Zahlungsdienstleister, Zahlungsdienstleister, die kartengebundene Zahlungsinstrumente ausstellen, Kontoinformationsdienstleister und Zahlungsauslösedienstleister gewährleisten, dass beim Datenaustausch über das Internet während der jeweiligen Kommunikationssitzung eine sichere Verschlüsselung unter Einsatz weithin anerkannter Verschlüsselungstechnologien zwischen den kommunizierenden Parteien angewendet wird, damit der Schutz der Vertraulichkeit und der Integrität der Daten gewährleistet ist.

(2) Zahlungsdienstleister, die kartengebundene Zahlungsinstrumente ausstellen, Kontoinformationsdienstleister und Zahlungsauslösedienstleister halten die von den

kontoführenden Zahlungsdienstleistern angebotenen Zugangssitzungen so kurz wie möglich und beenden eine solche Sitzung aktiv schnellstmöglich nach Abschluss der angeforderten Handlung.

(3) Bestehen parallele Netzwerksitzungen mit dem kontoführenden Zahlungsdienstleister, stellen Kontoinformationsdienstleister und Zahlungsauslösedienstleister sicher, dass diese Sitzungen auf sichere Weise mit den zu dem oder den Zahlungsdienstnutzer(n) jeweils aufgebauten Sitzungen verknüpft sind, damit verhindert wird, dass die zwischen ihnen ausgetauschten Nachrichten oder Informationen fehlgeleitet werden können.

(4) Kontoinformationsdienstleister, Zahlungsauslösedienstleister und Zahlungsdienstleister, die kartengebundene Zahlungsinstrumente ausstellen, liefern bei der Kommunikation mit dem kontoführenden Zahlungsdienstleister unmissverständliche Verweise auf jedes der folgenden Elemente:
a) den oder die Zahlungsdienstnutzer und die entsprechende Kommunikationssitzung, damit mehrere Anforderungen von demselben oder denselben Zahlungsdienstnutzer(n) unterschieden werden können;
b) für Zahlungsauslösedienste den eindeutig identifizierten ausgelösten Zahlungsvorgang;
c) zur Bestätigung der Verfügbarkeit eines Geldbetrags die eindeutig identifizierte Anforderung bezüglich des für die Ausführung des kartenbasierten Zahlungsvorgangs erforderlichen Betrags.

(5) Kontoführende Zahlungsdienstleister, Kontoinformationsdienstleister, Zahlungsauslösedienstleister und Zahlungsdienstleister, die kartengebundene Zahlungsinstrumente ausstellen, gewährleisten, dass personalisierte Sicherheitsmerkmale und Authentifizierungscodes bei ihrer Übertragung zu keiner Zeit direkt oder indirekt von Mitarbeitern gelesen werden können.

Falls die Vertraulichkeit der in ihren Verantwortungsbereich fallenden personalisierten Sicherheitsmerkmale nicht mehr gegeben ist, unterrichten die betreffenden Dienstleister den betroffenen Zahlungsdienstnutzer sowie den Aussteller der personalisierten Sicherheitsmerkmale unverzüglich.

Artikel 36 Datenaustausch

(1) Die kontoführenden Zahlungsdienstleister halten jede der folgenden Anforderungen ein:
a) Sie stellen den Kontoinformationsdienstleistern dieselben Informationen von bezeichneten Zahlungskonten und damit in Zusammenhang stehenden Zahlungsvorgängen bereit, die auch dem Zahlungsdienstnutzer bereitgestellt werden, wenn er den Zugang zu Kontoinformationen direkt anfordert, sofern diese Informationen keine sensiblen Zahlungsdaten enthalten.
b) Sie stellen den Zahlungsauslösedienstleistern sofort nach Eingang des Zahlungsauftrags dieselben Informationen über die Auslösung und die Ausführung des Zahlungsvorgangs bereit, die auch dem Zahlungsdienstnutzer bereitgestellt oder zugänglich gemacht werden, wenn dieser den Zahlungsvorgang direkt auslöst.
c) Sie übermitteln den Zahlungsdienstleistern auf Verlangen eine sofortige Bestätigung in Form eines einfachen „Ja" oder „Nein", ob der für die Ausführung eines Zahlungsvorgangs erforderliche Betrag auf dem Zahlungskonto des Zahlers verfügbar ist.

(2) Tritt während der Identifizierung, der Authentifizierung oder des Austauschs von Datenelementen ein unvorhergesehenes Ereignis oder ein unvorhergesehener Fehler auf, sendet der kontoführende Zahlungsdienstleister dem Zahlungsauslösedienstleister oder dem Kontoinformationsdienstleister und dem Zahlungsdienstleister, der kartengebundene Zahlungsinstrumente ausstellt, eine Benachrichtigung, in der der Grund für das unvorhergesehene Ereignis oder den unvorhergesehenen Fehler erläutert wird.

Wenn der kontoführende Zahlungsdienstleister eine dedizierte Schnittstelle nach Artikel 32 bereitstellt, muss die Schnittstelle so gestaltet sein, dass jeder Zahlungsdienstleister, der ein unvorhergesehenes Ereignis oder einen unvorhergesehenen Fehler erkennt, entsprechende Benachrichtigungen an die anderen an der Kommunikationssitzung beteiligten Zahlungsdienstleister senden kann.

(3) Kontoführende Zahlungsdienstleister verfügen über geeignete und wirksame Mechanismen, damit der Zugriff auf andere Informationen als die von bezeichneten Zahlungskonten und damit in Zusammenhang stehenden Zahlungsvorgängen gemäß der ausdrücklichen Zustimmung des Nutzers verhindert wird.

(4) Zahlungsauslösedienstleister stellen den kontoführenden Zahlungsdienstleistern dieselben Informationen bereit, die vom Zahlungsdienstnutzer beim direkten Auslösen des Zahlungsvorgangs angefordert werden.

(5) Kontoinformationsdienstleister müssen auf Informationen von bezeichneten Zahlungskonten und damit in Zusammenhang stehenden Zahlungsvorgängen, die von kontoführenden Zahlungsdienstleistern zur Bereitstellung des Kontoinformationsdienstes gehalten werden, jeweils unter folgenden Umständen zugreifen können:
a) wann immer der Zahlungsdienstnutzer diese Informationen aktiv anfordert;
b) sofern der Zahlungsdienstnutzer diese Informationen nicht aktiv anfordert, maximal viermal innerhalb von 24 Stunden, wenn keine höhere Häufigkeit zwischen dem Kontoinformationsdienstleister und dem kontoführenden Zahlungsdienstleister vereinbart wird, mit Zustimmung des Zahlungsdienstnutzers.

I. Einleitung

1   In Art. 98 Abs. 1 lit. d PSD2 wurde die EBA beauftragt, im Einklang mit Art. 10 EBA-V technische Regulierungsstandards auszuarbeiten, in denen insbes. die Anforderungen an gemeinsame und sichere offene Standards für die Kommunikation zwischen Zahlungsdienstnutzern und anderen Zahlungsdienstleistern zum Zwecke der Identifizierung, der Authentifizierung, der Meldung und Weitergabe von Informationen sowie der Anwendung von Sicherheitsmaßnahmen präzisiert werden. Art. 98 definierte darüber hinaus die Zielsetzungen dieser technischen Regulierungsstandards, insbes. die Zielsetzung der Sicherstellung eines angemessenen Sicherheitsniveaus (Art. 98 Abs. 2 lit. a PSD2) sowie der Sicherstellung und Aufrechterhaltung eines fairen Wettbewerbs zwischen allen Zahlungsdienstleistern (Art. 98 Abs. 2 lit. c PSD2). Für die Historie der PSD2-RTS wird auch verwiesen auf die Ausführungen oben in → § 1 Rn. 475 sowie → § 46 Rn. 9. In Art. 30−36 PSD2-RTS werden dabei einzelne Standards der gemeinsamen und sicheren offenen Kommunikation für Drittkartenemittenten, Zahlungsauslösedienstleister, Kontoinformationsdienstleister und kontoführende Zahlungsdienstleister definiert. Sie gelten deshalb für sämtliche Verfahren der §§ 45−51 ZAG.

II. Art. 28–29 PSD2-RTS

1. Art. 28 Abs. 1 PSD2-RTS

Art. 28 Abs. 1 PSD2-RTS regelt die Pflicht der Zahlungsdienstleister, eine **2** sichere Identifizierung zwischen dem Gerät des Zahlers und den Akzeptanzgeräten des Zahlungsempfängers zu gewährleisten. Nach dem Wortlaut der Regelung ist die Identifizierung hier gerätebezogen. Es geht also nicht um die Identifizierung der Person des Zahlers oder des Zahlungsempfängers, sondern der jeweils eingesetzten Geräte. Was die Person des in der Vorschrift adressierten Zahlungsdienstleisters angeht, so ist zu differenzieren: Der **Zahlungsdienstleister des Zahlers** kann gewisse technische und/oder organisatorische Maßnahmen ergreifen, um das vom Zahler für den Zahlungsvorgang eingesetzte Gerät zu einer sicheren Identifizierung zu befähigen. So kann der Zahlungsdienstleister des Zahlers diesem das Installieren einer Software (Applikation, App) in einem mobilen Endgerät oder auf seinem Computer auferlegen, bevor er diese für Zahlungsvorgänge verwenden kann. Zudem kann der Zahlungsdienstleister des Zahlers insbes. im Rahmen seiner Prüfpflichten gem. Art. 3 PSD2-RTS, die für Zahlungsvorgänge zuzulassenden Gerätetypen prüfen, bevor sie bei einem Zahler zum Einsatz gelangen. Auch kann ein Zahlungsdienstleister des Zahlers verpflichtet werden, Mechanismen vorzusehen, so dass der Zahler oder ein Dritter das Gerät oder die Software, die zur Kommunikation eingesetzt werden, nicht manipuliert oder Manipulationen aufgedeckt werden (vgl. auch Art. 9 Abs. 3 lit. b PSD2-RTS). Der **Zahlungsdienstleister des Zahlungsempfängers** kann verpflichtet werden, dem Zahlungsempfänger Auflagen im Hinblick auf Akzeptanzgeräte, insbes. Zahlungsterminals, zu machen. Diese Auflagen können zB vorsehen, dass der Zahlungsempfänger nur solche Geräte einsetzen darf, die vom Zahlungsdienstleister des Zahlungsempfängers freigegeben oder zertifiziert wurden.

2. Art. 28 Abs. 2 PSD2-RTS

Auch im Rahmen von Art. 28 Abs. 2 PSD2-RTS ist zu differenzieren, inwieweit **3** Zahlungsdienstleister gewährleisten können, dass die Risiken einer Fehlleitung der Kommunikation an Unbefugte wirksam eingedämmt werden. Die Sorgfaltspflichten im Hinblick auf mobile Anwendungen treffen deshalb eher den Zahlungsdienstleister des Zahlers, während die Sorgfaltspflichten im Hinblick auf andere Schnittstellen häufig den Zahlungsdienstleister des Zahlungsempfängers treffen dürften. Im Hinblick auf die Vorgabe des Art. 98 Abs. 2 lit. a PSD2 („Sicherstellung eines angemessenen Sicherheitsniveaus") wird man hier Maßnahmen fordern müssen, die den jeweils aktuellen Industrie-Standards entsprechen.

3. Art. 29 PSD2-RTS

Die in Art. 29 Abs. 1 geforderte Rückverfolgbarkeit erfordert von Zahlungs- **4** dienstleistern, dass sie über Prozesse verfügen, mithilfe derer Zahlungsvorgänge und andere Interaktionen im Zusammenhang mit der Bereitstellung des Zahlungsdienstes zurückverfolgt werden können. Hierfür werden häufig sog. Log-Files eingesetzt. Art. 29 Abs. 2 PSD2-RTS spezifiziert die Anforderungen der Rückverfolgbarkeit.

Die aufsichtsrechtlichen Regelungen stehen im Spannungsfeld mit speziellem und allgemeinem Datenschutzrecht, insbes. den §§ 45−51 ZAG sowie der DSGVO.

III. Art. 30−36 PSD2-RTS

5   S. hierzu die Kommentierungen jeweils im Rahmen von → §§ 45 ff. Rn. 1 ff.

§ 46   Rechte und Pflichten des kartenausgebenden Zahlungsdienstleisters

[1]Der kartenausgebende Zahlungsdienstleister darf den kontoführenden Zahlungsdienstleister um die Bestätigung nach § 45 Absatz 1 ersuchen, wenn der Zahler
1. dem kartenausgebenden Zahlungsdienstleister vorab seine ausdrückliche Zustimmung hierzu erteilt und
2. den kartengebundenen Zahlungsvorgang über den betreffenden Betrag unter Verwendung eines vom kartenausgebenden Zahlungsdienstleister ausgegebenen kartengebundenen Zahlungsinstruments ausgelöst hat.
[2]Der kartenausgebende Zahlungsdienstleister hat sich gegenüber dem kontoführenden Zahlungsdienstleister vor jedem einzelnen Ersuchen um Bestätigung zu authentifizieren und mit ihm auf sichere Weise zu kommunizieren. [3]Der kartenausgebende Zahlungsdienstleister darf die Antwort nach § 45 Absatz 2 nicht speichern oder für andere Zwecke als für die Ausführung des kartengebundenen Zahlungsvorgangs verwenden. [4]Näheres regelt der delegierte Rechtsakt nach Artikel 98 der Richtlinie (EU) 2015/2366.

Literatur: s. Literatur bei § 45.

I. Allgemeines

1. Einleitung

1   § 46 setzt Art. 65 Abs. 2 und Abs. 3 S. 2 PSD2 um. Vgl. im Übrigen zum Überblick, zur Entstehungsgeschichte sowie zum Zweck der Norm die Kommentierung zu → § 45 Rn. 1 ff.

2. Begriffe

2   Zu den Begriffen „kartenausgebender Zahlungsdienstleister", „kartengebundener Zahlungsvorgang", „kartengebundene Zahlungsinstrumente" sowie weitere Begriffe s. Kommentierung zu → § 45 Rn. 7 ff. Zum Begriff „Drittemittent" → § 45 Rn. 2.

II. Voraussetzungen, Anforderungen

1. Ersuchensrecht des kartenausgebenden Zahlungsdienstleisters

a) Recht des kartenausgebenden Zahlungsdienstleisters. Nach dem Ge- **3** setzeswortlaut darf der Drittemittent den kontoführenden Zahlungsdienstleister um die Bestätigung nach § 45 Abs. 1 „ersuchen". Die Formulierung findet sich nahezu wörtlich in Art. 65 Abs. 2 PSD2. Dahinter steht der Wille des Gesetzgebers, dass der Drittemittent ein Recht auf die Bestätigung iSd § 45 Abs. 1 hat, wenn er die Voraussetzungen und Anforderungen des § 46 erfüllt bzw. einhält (BT-Drs. 18/11495, 132f.).

b) Anspruch auf Bestätigung. In der Literatur (Omlor WM 2018, 57 (62)) **4** wird teilweise vertreten, dass die europarechtlich gem. Art. 103 Abs. 1 S. 2 PSD2 gebotene, effektive Umsetzung und Sanktionierung (Omlor WM 2018, 57 (58)) der Richtlinienbestimmung des Art. 65 PSD2 von den Mitgliedstaaten verlange, dass sie ein zivilrechtlich durchsetzbares Recht des Drittemittenten gegen den kontoführenden Zahlungsdienstleister auf unverzügliche Abgabe der Bestätigung begründen. Das Umsetzungsdefizit des deutschen Gesetzes, das hier lediglich aufsichtsrechtliche Anforderungen normiert, sei richtlinienkonform durch Auslegung des Vertrags zwischen dem Zahler und dem kontoführenden Zahlungsdienstleister als Vertrag mit Schutzwirkung zugunsten Dritter, nämlich des Drittemittenten, zu beheben (Omlor WM 2018, 57 (62f.)). Obschon diesen Überlegungen im Ergebnis zuzustimmen ist, dürfte der Weg dahin nicht unproblematisch sein (dazu auch → § 45 Rn. 4). Richtiger erscheint es, die im Rahmen des aufsichtsrechtlichen Umfelds verankerte gesetzliche Pflicht des kontoführenden Zahlungsdienstleisters nach § 45 dahingehend auszulegen, dass sie solch ein subjektives Recht des kartenausgebenden Zahlungsdienstleisters (Drittemittenten) gegen den kontoführenden Zahlungsdienstleister begründet und ihm bei Verletzung Schadenersatzansprüche gem. § 823 Abs. 2 gewährt (im Ergebnis ähnlich, aber über Vertrag zugunsten Dritter Schäfer/Omlor/Mimberg/Meier Rn. 6).

c) Ein subjektives Recht gegen die Aufsichtsbehörde auf aufsichtsrecht- **5** liche Maßnahmen besteht nach der Gesetzesbegründung nicht (RegBegr., BT-Drs. 18/11495, 132, mit Verweis auf § 4 Abs. 4 FinDAG; RegBegr., BR-Drs. 158/17, 152; so auch Schäfer/Omlor/Mimberg/Meier Rn. 7).

2. Bedingungen des Ersuchens und Pflichten des Drittemittenten im Einzelnen

a) Bedingungen des Ersuchens (Satz 1). aa) Ausdrückliche Zustim- **6** **mung des Zahlers.** Nach Satz 1 Nr. 1 muss vorab, dh vor Ersuchen, der Zahler die ausdrückliche Zustimmung an den kartenausgebenden Zahlungsdienstleister (Drittemittenten) erteilen. Diese Zustimmung des Zahlers sollte inhaltlich derjenigen des § 45 Abs. 1 Nr. 2 entsprechen (Schäfer/Omlor/Mimberg/Meier Rn. 4f.); s. im Übrigen hierzu die obigen Ausführungen zu → § 45 Rn. 12ff.; des Weiteren ist auf die Ausführungen zum Datenschutzrecht → § 45 Rn. 12, 15 zu verweisen. Die Zustimmung des Zahlers an den kartenausgebenden Zahlungsdienstleister lässt sich als vertragliche Erklärung gegenüber diesem, bezogen auf das Ersuchen (Schäfer/Omlor/Mimberg/Meier Rn. 5) erklären; denn die erforderliche Einholung der Zustimmung durch den kartenausgebenden Zahlungsdienstleister lässt sich ohne weiteres als Nebenabrede des Zahlungsdienstrahmenvertrages ansehen. Zwar ist im Unterschied zu § 45 Abs. 1 Nr. 2 in Satz 1 nicht die Benennung des kontoführenden Zahlungsdienstleisters gefordert; dennoch ist aufgrund von Wortlaut („**den kontoführenden Zahlungsdienstleister**") und Systematik (Spiegelbildlichkeit s. oben) davon auszugehen, dass die dem kartenausgebenden Zahlungsdienstleister zu erteilende Zustimmung den bestimmten kontoführenden Zahlungsdienstleister benennen muss (Schäfer/Omlor/Mimberg/Meier Rn. 5). Vereinbart der kartenausgebende Zahlungsdienstleister mit dem Zahler die Abfrage nach §§ 45, 46, so ist die Zustimmung zwingender Bestandteil der Vereinbarung (dogmatisch unklar: Kümpel/Mühlbert/Früh/Seyfried/Werner, Bankrecht und Kapitalmarktrecht, 6. Aufl. 2022, 2. Hauptteil Rn. 4.915: zwingender aufsichtsrechtlicher Charakter).

    bb) Auslösung eines kartengebundenen Zahlungsvorgangs ist weitere Voraussetzung (Satz 1 Nr. 2). Diese muss **unter Verwendung eines vom Drittemittenten ausgegebenen kartengebundenen Zahlungsinstruments** erfolgen. Dies ist nach der hier maßgeblichen Definition in Art. 2 Nr. 20 MIF-VO (→ § 45 Rn. 7) nicht nur eine physische Karte, sondern auch Apps oder tokenisierte Karten (RegBegr., BT-Drs. 18/11495, 132; RegBegr., BT-Drs. 158/17, 152; zustimmend Schäfer/Omlor/Mimberg/Meier Rn. 9) Zu den Begriffen → § 45 Rn. 7 f. Zudem müssen der Betrag des Zahlungsvorgangs und der in dem Ersuchen an den kontoführenden Zahlungsdienstleister angegebene Betrag übereinstimmen. Der Begriff „ausgelöst" ist insofern undeutlich, als das Ersuchen regelmäßig zuvor Bedingung für die Zahlungsausführung ist (Schwennicke/Auerbach/Schwennicke Rn. 5).

7   **b) Authentifizierung und sichere Kommunikation (Satz 2).** Insgesamt ist hier auf die Regelungen der Art. 30 ff. PSD2-RTS iVm § 46 S. 4 zu verweisen. Siehe auch Art. 2 und 28 ff. PSD2-RTS (Schwennicke/Auerbach/Schwennicke Rn. 6; Schäfer/Omlor/Mimberg/Meier Rn. 9). Zudem sind die allgemeinen Regelungen der DSGVO, des TMG und des TKG zu beachten (Schwennicke/Auerbach/Schwennicke Rn. 7).

    aa) Authentifizierung. Der kartenausgebende Zahlungsdienstleister hat sich vor jedem einzelnen Ersuchen gegenüber dem kontoführenden Zahlungsdienstleister zu identifizieren (§ 46 S. 2 Alt. 1). Die Formulierung „Authentifizierung" in § 46 S. 2 (Art. 65 Abs. 2 lit. c PSD2) ist missglückt (anders wohl Schäfer/Omlor/Mimberg/Meier Rn. 9; Ellenberger/Findeisen/Nobbe/Böger/Rieg Rn. 332; Schwennicke/Auerbach/Schwennicke Rn. 6). Gemeint ist, wie aus Art. 30 Abs. 1 lit. a PSD2-RTS hervorgeht, die „Identifizierung"; hier gilt dieselbe Anforderung wie in § 49 Abs. 2 S. 1 und in § 51 Abs. 2 S. 1. Dies ist die Terminologie, die auch im Zusammenhang mit Zahlungsauslösediensten und Kontoinformationsdiensten verwendet wird. Die Art und Weise der Identifizierung ist in Art. 34 PSD2-RTS (→ Anh. § 45 Rn. 1 ff.) geregelt.

    bb) Sichere Kommunikation. Die Anforderungen an die sichere Kommunikation von kartenausgebenden Zahlungsdienstleistern (Drittemittenten) mit kontoführenden Zahlungsdienstleistern sind in Art. 35 und Art. 36 PSD2-RTS (→ Anh. § 45 Rn. 1 ff.) detailliert geregelt (zustimmend Schäfer/Omlor/Mimberg/Meier Rn. 9 ff.). Personalisierte Sicherheitsmerkmale gem. § 1 Abs. 23 werden nicht kommuniziert (Ellenberger/Findeisen/Nobbe/Böger/Rieg Rn. 332).

8   **c) Verbot der Speicherung und anderweitigen Verwendung der Antwort (Satz 3).** Der kartenausgebende Zahlungsdienstleister (Drittemittent) darf die Antwort zur Verfügbarkeit des Geldbetrags, die er von dem kontoführenden Zahlungs-

dienstleister gem. § 45 Abs. 2 in Form eines „Ja" oder „Nein" erhält, nicht speichern. Auch synonyme Begriffe (bspw. „positiv" − „negativ") müssen nach dem Telos der Norm diesem Verbot unterfallen (Schäfer/Omlor/Mimberg/Meier Rn. 12). Der kartenausgebende Zahlungsdienstleister darf die Deckungsbestätigung auch nicht für andere Zwecke als für die Ausführung des jeweiligen kartengebundenen Zahlungsvorgangs verwenden. Hierbei handelt es sich um zusätzliche, spezielle datenschutzrechtliche Maßgaben (siehe zum Datenschutz als Hintergrund RegBegr., BT-Drs. 18/11495, 132; RegBegr. BR-Drs. 158/17, 152; auch Werner WM 2018, 449 (451); vgl. ebenfalls Spindler/Zahrte BKR 2014, 265 (268); Schäfer/Omlor/Mimberg/Meier § 45 Rn. 26). Ob diese Rigidität gerechtfertigt ist, mag man bezweifeln. Dem Drittkartenemittenten ist damit die Verfolgung seiner rechtlichen Interessen, zB im Fall einer fehlerhaften Auskunft des kontoführenden Zahlungsdienstleisters, deutlich erschwert (iE so auch Schäfer/Omlor/Mimberg/Meier Rn. 13). Dagegen ist das Verbot der anderweitigen Verwendung der Antwort (Satz 3 Alt. 2) auch ein spezielles Gebot der Datenminimierung (siehe hierzu auch Weichert BB 2018, 1161 (1163 f.)), das sich in Art. 5 Abs. 1 lit. c DSGVO findet. Dieses Verbot gilt nicht, insoweit der Drittkartenemittent vom Zahler eine gesonderte Zustimmung nach Maßgabe der DSGVO zur weiteren Verwendung einholt. Verstöße gegen das Verbot lassen sich auch als zivilrechtliche Pflichtverletzung des Zahlungsdiensterahmenvertrages werten (Schäfer/Omlor/Mimberg/Meier Rn. 12).

d) Regulierungsstandards (Satz 4). Nach Satz 4 zu beachtende ergänzende 9 Bestimmungen enthalten die PSD2-RTS.

§47 Ausnahme für E-Geld-Instrumente

Die §§ 45 und 46 gelten nicht für Zahlungsvorgänge, die durch kartengebundene Zahlungsinstrumente ausgelöst werden, auf denen E-Geld gespeichert ist.

Literatur: s. Literatur bei § 45.

Zur Definition von E-Geld vgl. → § 1 Rn. 222 ff. Zur Definition von karten- 1 gebundenen Zahlungsinstrumenten vgl. → § 45 Rn. 7. Die Vorschrift setzt Art. 65 Abs. 6 PSD2 um.

Nach ihrem Wortlaut gilt die Ausnahmevorschrift nur für solche kartengebun- 2 denen Zahlungsinstrumente, auf denen selbst das E-Geld gespeichert ist. Damit wäre beispielsweise die nicht mehr sehr gebräuchliche, jedoch nach wie vor im Umlauf befindliche Geldkarte von § 47 adressiert. Im Unterschied zu diesem **kartenbasierten E-Geld** befinden sich bei **serverbasiertem E-Geld** (wobei hier auch oft von „Netzgeld" gesprochen wird; siehe nur MüKoBGB/Casper § 675i Rn. 9) die monetären Einheiten nicht auf der Karte oder dem sonstigen kartengebundenen Zahlungsinstrument, sondern werden auf einem Server des Rechenzentrums des E-Geld-Emittenten verwaltet (zur Unterscheidung → § 1 Rn. 228 ff.). Letzteres ist in der Form von Prepaid-Kreditkarten oder von Mobile-Payment-Applikationen in der Praxis sehr häufig vorzufinden, insbes. mit entsprechendem Branding der großen Kreditkartenorganisationen. Dieses serverbasierte E-Geld dürfte von § 47 nicht erfasst werden (zustimmend Schäfer/Omlor/Mimberg/ Meier). Auch der entsprechende Erwägungsgrund Nr. 68 letzter Satz PSD2 deutet nach seinem Wortlaut darauf hin, dass serverbasiertes E-Geld von § 47 nicht erfasst sein soll (dort heißt es „auf denen E-Geld im Sinne der Richtlinie 2009/110/EG gelagert wird."). Drittkartenemittenten von serverbasiertem E-Geld sind also von den Regelungen der §§ 45, 46 nicht ausgenommen.

Unterabschnitt 2. Zugang von Zahlungsauslöse- und Kontoinformationsdienstleistern zu Zahlungskonten

§ 48 Pflichten des kontoführenden Zahlungsdienstleisters bei Zahlungsauslösediensten

(1) Erteilt der Zahler seine ausdrückliche Zustimmung zur Ausführung einer Zahlung, so ist der kontoführende Zahlungsdienstleister verpflichtet,

1. mit dem Zahlungsauslösedienstleister auf sichere Weise zu kommunizieren,

2. unmittelbar nach Eingang des Zahlungsauftrags über einen Zahlungsauslösedienstleister diesem alle Informationen über die Auslösung des Zahlungsvorgangs und alle dem kontoführenden Zahlungsdienstleister zugänglichen Informationen hinsichtlich der Ausführung des Zahlungsvorgangs mitzuteilen oder zugänglich zu machen und

3. Zahlungsaufträge, die über einen Zahlungsauslösedienstleister übermittelt werden, insbesondere in Bezug auf zeitliche Abwicklung, Prioritäten oder Entgelte so zu behandeln wie Zahlungsaufträge, die der Zahler unmittelbar übermittelt, es sei denn, es bestehen objektive Gründe für eine abweichende Behandlung.

(2) Das Erbringen von Zahlungsauslösediensten ist nicht davon abhängig, ob der Zahlungsauslösedienstleister und der kontoführende Zahlungsdienstleister zu diesem Zweck einen Vertrag abgeschlossen haben.

(3) Näheres regelt der delegierte Rechtsakt nach Artikel 98 der Richtlinie (EU) 2015/2366.

Literatur: Bräutigam/Rücker, E-Commerce, 1. Aufl. 2017; Bronk, Zulässige Vereinbarung eines Entgelts für Nutzung Bargeldloser Zahlungsmittel, BKR 2021, 446; Conreder/Schild, Die Zahlungsdiensterichtlinie II (PSD II) – Auswirkungen auf die Realwirtschaft, BB 2016, 1162; Conreder/Schneider/Hausemann, Gesetz zur Umsetzung der Zweiten Zahlungsdiensterichtlinie – Besonderheiten und Stolpersteine für Unternehmen, DStR 2018, 1722; du Mont/van der Hout, Anspruch auf Zugang zum Zahlungskonto für Zahlungsauslöse- und Kontoinformationsdienstleister und seine praktische Durchsetzung, RdZ 2022, 114; Ehmann/Selmayr, Datenschutz-Grundverordnung, 2. Auflage 2018; Fandrich/Karper, Münchner Anwaltshandbuch Bank- und Kapitalmarktrecht, 2. Auflage 2018; Gemini, Zahlungsdaten im europäischen Datenwirtschaftsrecht, RdZ 2022, 148; Hoeren/Sieber/Holznagel, MultimediaR-Hdb, 58. EL März 2022; Hoffmann, Kundenhaftung unter der Neufassung der Zahlungsdiensterichtlinie, VuR 2016, 243; Jestaedt, Kontoinformationsdienste – neue Online-Services unter Regulierung, BKR 2018, 445; Kühling/Buchner, DS-GVO BDSG, 3. Auflage 2020; Kunz, Die neue Zahlungsdiensterichtlinie (PSD II) – Regulatorische Erfassung „Dritter Zahlungsdienstleister" und anderer Leistungsanbieter – Teil 2, CB 2016, 457; Malatidis, Organisationspflichten für Zahlungsauslösedienste gemäß § 27 ZAG, BKR 2021, 484; Omlor, Der Zugang zum Zahlungskonto nach deutschem und europäischen Zahlungsdienste- und Wettbewerbsrecht, ZEuP 2021, 821; Omlor, Online-Banking unter Geltung der

Zweiten Zahlungsdienstrichtlinie (PSD II), BKR 2019, 105; Omlor, Zahlungsdiensteaufsichtsrecht im zivilrechtlichen Pflichtengefüge, WM 2018, 57; Potacs, Effet utile als Aus-
legungsgrundsatz, EuR 2009, 465; Sander, DS-GVO vs. PSD2: Was dürfen die Betreiber von
Kontoinformationsdiensten?, BKR 2019, 66; Schapiro/Zdanowiecki, Screen Scraping –
Rechtlicher Status quo in Zeiten von Big Data, MMR 2015, 497; Seiler, Neue Datenschutzregelungen in der Zweiten Zahlungsdienstrichtlinie (Payment Services Directive II, kurz
PSD II) unter BDSG und DSGVO, jurisPR-BKR 11/2016, Anm. 1; Spindler/Zahrte, Zum
Entwurf für eine Überarbeitung der Zahlungsdienstrichtlinie (PSD II), BKR 2014, 265; Stau-
dinger, Kommentar zum Bürgerlichen Gesetzbuch mit Einführungsgesetz und Nebengesetzen,
§§ 675–676c, Neubearb. 2020; Terlau, Die Umsetzung der aufsichtsrechtlichen Vorgaben der
Zweiten Zahlungsdienstrichtlinie in deutsches Recht, DB 2017, 1697; Terlau, Die zweite
Zahlungsdienstrichtlinie – zwischen technischer Innovation und Ausdehnung des Aufsichtsrechts, ZBB 2016, 122; Terlau, SEPA Instant Payment – POS- und eCommerce-Abwicklung
über Zahlungsauslösedienste und technische Dienstleister nach der Zweiten Zahlungsdiensterichtlinie (Payment Services Directive 2, PSD2), jurisPR-BKR 2/2016, Anm. 1; Weichert,
Die Payment Service Directive 2 und der Datenschutz, BB 2018, 1161; Weichert, „Trojanisches Pferd" Kontoinformationsdienst, Anwendung des Datenschutzrechts auf Zahlungsdienstedienstleister, ZD 2021, 134; Zahrte, AG Weiden: Online-Glücksspiel und Zahlungsauslösedienst, RdZ 2022, 132; Zahrte, Neuerungen im Zahlungsdienstrecht, NJW 2018, 337.

Inhaltsübersicht

I. Allgemeines

1. Überblick über die Regelung

1   §§ 48, 49 beinhalten Pflichten des kontoführenden Zahlungsdienstleisters bei Zahlungsauslösediensten sowie Pflichten des Zahlungsauslösedienstleisters. Der Zahlungsauslösedienst ist in § 1 Abs. 1 S. 2 Nr. 7 als Zahlungsdienst definiert; die Begriffsbestimmung des Zahlungsauslösediensts findet sich in § 1 Abs. 33, die des kontoführenden Zahlungsdienstleisters in § 1 Abs. 18; letzterer Begriff umfasst auch Kreditinstitute, soweit sie Zahlungskonten führen (Ellenberger/Findeisen/Nobbe/Böger/Dietze Rn. 347). Während §§ 48, 49 sowie § 52 spezielle Regelungen zu Zahlungsauslösediensten enthalten, gelten zudem die allgemeinen Regelungen für Zahlungsdienstleister sowie diejenigen Regelungen für Institute iSv § 1 Abs. 3, wenn diese Dienste durch solche Institute betrieben werden. Siehe im Übrigen die Einführung unter § 1 Abs. 1 S. 2 Nr. 7 (→ § 1 Rn. 148 ff.) und § 1 Abs. 33 (→ § 1 Rn. 604 ff.). Sonderregelungen zur Kommunikation zwischen Zahlungsauslösedienstleistern, kontoführenden Zahlungsdienstleistern und Zahlungsdienstnutzern sowie zur Identifizierung und Authentifizierung finden sich in Art. 28 ff. PSD2-RTS; hierzu → Anh. § 45 Rn. 1 ff. Regelungen zur Nutzung des Authentifizierungsverfahrens des kontoführenden Zahlungsdienstleisters durch den Zahlungsauslösedienstleister finden sich in § 55 Abs. 3 und Abs. 4 (→ Rn. 22; Kommentierung → § 55 Rn. 58 ff.). Ein Anspruch auf Einschreiten der BaFin lässt sich den Normtexten nicht entnehmen (vgl. auch Ellenberger/Findeisen/Nobbe/Böger/Dietze Rn. 343). Aufsichtsrechtliche Maßnahmen der Bundesanstalt erfolgen gem. § 4 Abs. 4 FinDAG ausschließlich im öffentlichen Interesse, mithin scheidet auch ein Amtshaftungsanspruch aus (RegBegr., BT-Drs. 18/11495, 134).

2. Entstehungsgeschichte

2   Zur Entstehungsgeschichte siehe zunächst oben Kommentierung → § 1 Rn. 148 ff. (bei § 1 Abs. 1 S. 2 Nr. 7) und → § 1 Rn. 604 (bei § 1 Abs. 33) (vgl. auch Ellenberger/Findeisen/Nobbe/Böger/Dietze Rn. 339 ff.). Die §§ 48, 49 setzen Art. 66 PSD2 um. Allerdings finden sich Teile der Umsetzung des Art. 66 PSD2 auch in § 675f Abs. 3 BGB.

3. Zweck der Vorschrift

3   **a) Softwarebrücke.** Die §§ 48, 49 beinhalten den Regelungsrahmen für die „Softwarebrücke zwischen der Internetseite des Händlers und der Plattform des kontoführenden Zahlungsdienstleisters" (Erwägungsgrund Nr. 27 PSD2; kritisch Malatidis BKR 2021, 484 (484): eher „abgeschirmter Tunnel"). Sie sind jedoch nicht auf den Online-Handel beschränkt; der praktische Anwendungsbereich der Norm dürfte deutlich über den historischen Anlass der Regelung hinausgehen (zB Zahlungsauslösung über Buchhaltungssysteme, Zahlungsauslösung zur Verifizierung von Konten etc). Hiermit kann der Zahlungsauslösedienstleister dem Zahlungsempfänger bei Nutzung von Überweisungen als Zahlungsmittel die Gewiss-

heit über die Auslösung der Zahlung geben (Erwägungsgrund Nr. 29 PSD2), die ihm die weitere Ausführung des Geschäfts im Valutaverhältnis erlaubt. Die §§ 48, 49 sollen hierfür einen Standard schaffen, dh die erforderlichen Datenschutz- und Sicherheitsanforderungen für Zahlungsauslösedienste regeln (Erwägungsgrund Nr. 93 PSD2). Im Regelungsrahmen der §§ 48, 49 bzw. in dem zugrunde liegenden Art. 66 PSD2 sollten die bisher vielfach als entgegengesetzt empfundenen Interessen von Zahlungsauslösedienstleistern und Banken in Ausgleich gebracht und damit vielfache Streitigkeiten beigelegt werden (siehe hierzu oben die Kommentierung zu § 1 Abs. 1 S. 2 Nr. 7 unter → § 1 Rn. 149 f.); gleichzeitig war es Aufgabe des Gesetzgebers, die Interoperabilität zwischen verschiedenen technischen Kommunikationslösungen zu schaffen und technologieneutral zu sein (Erwägungsgrund Nr. 93 PSD2). Zudem sollte Rechtseinheit innerhalb der Mitgliedsstaaten geschaffen werden (Ellenberger/Findeisen/Nobbe/Böger/Dietze Rn. 340 f.).

b) Weitergabe von Sicherheitsmerkmalen. Die §§ 48, 49 sollen dabei einen **4** Rechtsrahmen für die ausnahmsweise zulässige Weitergabe der personalisierten Sicherheitsmerkmale bzw. anderen Authentifizierungsmerkmale des Zahlers an einen Dritten darstellen (Erwägungsgrund 30 PSD2; RegBegr., BT-Drs. 18/11495, 134), insbesondere, um den Bedenken hinsichtlich Datenschutz und IT-Sicherheit bei Drittdiensten nachzukommen (dazu auch Zahrte NJW 2018, 337 (338); Omlor WM 2018, 61). Hierbei geht es um den Schutz des Kontozugangs sowie der Daten und der Privatsphäre des Kontoinhabers (Erwägungsgrund Nr. 94 PSD2); damit sollen die §§ 48, 49 auch zum Schutz der Integrität des Finanzsystems beitragen (Ellenberger/Findeisen/Nobbe/Böger/Dietze Rn. 342).

c) Screen Scraping. Screen Scraping soll mit Inkrafttreten der §§ 48 ff. ver- **5** boten sein. Die EBA definiert Screen Scraping als den Zugang einer dritten Partei zu einer Internetseite ohne Identifizierung (EBA/RTS/2017/02, S. 4, sowie EBA/RTS/2017/02, Chapter 4.3.3, Comment 94, zum OAuth2-Verfahren). Derartiges Screen Scraping wollen Art. 66 PSD2 sowie die Art. 28 ff. PSD2-RTS verbieten (EBA/RTS/2017/02, Tz. 32), bzw. den Zugriff auf Konten nur im Rahmen der Vorschriften der PSD2 für Identifizierung und sichere Kommunikation erlauben (vgl. allgemein auch zu datenschutz-, wettbewerbs- und urheberrechtlichen Gesichtspunkten des Screen Scrapings: Schapiro/Zdanowiecki MMR 2015, 497 (498); Bräutigam/Rücker/Sobola, E-Commerce, 1. Aufl. 2017, 5. Teil, Vergleichsportale, E. Wettbewerbsrechtliche Aspekte; BGH GRUR 2014, 785 (790 f.)).

4. Zahlungsaufsichtsrechtliche Regelung, Datenschutz, drittschützende Wirkung

a) Gewerbe- und Datenschutzrecht. Die §§ 48, 49 sind eingebettet in das **6** **spezielle öffentliche Gewerberecht** für Zahlungsdienste und das E-Geld-Geschäft. Die Pflicht des kontoführenden Zahlungsdienstleisters, dem Zahlungsauslösedienstleister den Zugang zu den Zahlungskonten zu gewähren, ist dessen aufsichtsrechtliche Pflicht, die im Fall der Zuwiderhandlung gem. § 64 Abs. 3 Nr. 14, Abs. 4 als Ordnungswidrigkeit mit einem Bußgeld von bis zu 100.000 EUR belegt ist (vgl. Schäfer/Omlor/Mimberg/Omlor Rn. 44). Nicht zuletzt auch aus Erwägungsgrund Nr. 94 PSD2 wird jedoch deutlich, dass hier ebenfalls ein spezielles **Datenschutzrecht** bei Zahlungsauslösediensten geregelt wird (kritisch Ellenberger/Findeisen/Nobbe/Böger/Dietze Rn. 393; zum Verhältnis zur DSGVO auch → § 45 Rn. 15; → § 59 Rn. 3 f.).

7 **b) Schutzgesetzverletzung.** § 48 (einschließlich § 52) kann darüber hinaus auch zivilrechtliche Bedeutung erlangen, da bei Verweigerung des Zugangs durch den kontoführenden Zahlungsdienstleister eine Schutzgesetzverletzung iSv § 823 Abs. 2 BGB in Betracht kommt (RegBegr., BT-Drs. 18/11495, 133 f.; Zahrte RdZ 2022, 132; s. auch Terlau DB 2017, 1697 (1701); vgl. auch Ellenberger/Findeisen/Nobbe/Böger/Dietze Rn. 345; Schwennicke/Auerbach/Schwennicke Rn. 13). Denn die Regelungen der PSD2, insbesondere §§ 48, 52, wollen Zahlungsauslösedienstleistern die Erbringung ihrer Leistungen ermöglichen (s. auch Erwägungsgrund Nr. 29, 32, 33 PSD2), sie dienen also auch deren Schutz. Dies stellt keinen Widerspruch zum Ausschluss der Staatshaftung (→ Rn. 1) dar (so aber Omlor WM 2018, 57 (59); Schäfer/Omlor/Mimberg/Omlor Rn. 45), denn § 4 Abs. 4 FinDAG regelt den Anspruch auf bzw. den Schutz gegen Staatshandeln, nicht Rechte zwischen Privaten.

8 **c) Vertrag mit Schutzwirkung. aa)** Vereinzelt wird in der Literatur geltend gemacht, dass dem **Vertrag zwischen dem Zahler und dem kontoführenden Zahlungsdienstleister** über die Kontoführung eine drittschützende Wirkung zugunsten des Zahlungsauslösedienstleisters (und entsprechend auch des Kontoinformationsdienstleisters) zukomme (Omlor WM 2018, 57 (60 ff.); jetzt auch Schäfer/Omlor/Mimberg/Omlor Rn. 45 ff.; offen lassend Ellenberger/Findeisen/Nobbe/Böger/Dietze Rn. 346). Diese drittschützende Wirkung leite sich insbesondere aus § 675f Abs. 3 BGB her. Eine solche Auslegung sei auch Teil des Gebots der effektiven Sanktionierung gemäß Art. 103 Abs. 1 S. 2 PSD2 im Hinblick auf die Pflichten des kontoführenden Zahlungsdienstleisters (Omlor WM 2018, 57 (61); Schäfer/Omlor/Mimberg/Omlor Rn. 47, 4). Allerdings erscheint fraglich, ob es tatsächlich an solch einer effektiven Sanktionierung mangelt. Der deutsche Gesetzgeber hat immerhin die Nichtgewährung des Zugangs durch den kontoführenden Zahlungsdienstleister mit einem Bußgeld von bis zu 100.000 EUR belegt (§ 64 Abs. 3 Nr. 14). Im Einzelfall mag man die Rechtsprechung des BGH zum Vertrag mit Schutzwirkung (BGH NJW 2001, 3115 (3116); sowie BGH NJW 2014, 2345 Rn. 12 und 22 zur Wirtschaftsprüferhaftung; BGH NJW 2008, 2245 Rn. 29 ff.) auf die Situation des Zahlungsauslösedienstleisters (und Kontoinformationsdienstleisters) ausdehnen können; insbesondere in den (in der Praxis wohl häufigsten) Fällen, in denen der Zahlungsauslösedienstleister vom Zahlungsempfänger (Händler) beauftragt wird, die Zahlungsauslösung dem Zahler anzubieten, erscheint das mangels Gläubigerinteresse (BGH NJW 1971, 1931 (1932); 1984, 355 (356)) des Zahlers zweifelhaft (vgl. auch → § 45 Rn. 4).

9 **bb)** In gleicher Weise wäre zu prüfen, ob der **Vertrag zwischen Zahlungsdienstnutzer und Zahlungsauslösedienstleister** (oder entsprechend Kontoinformationsdienstleister) drittschützende Wirkung zugunsten des kontoführenden Zahlungsdienstleisters entfalten kann (so Omlor WM 2018, 57 (61)). Dies hätte zur Folge, dass der kontoführende Zahlungsdienstleister unmittelbare zivilrechtliche Ansprüche gegen den Zahlungsauslösedienstleister (oder Kontoinformationsdienstleister) zB wegen dessen Verletzung seiner Identifizierungspflichten herleiten könnte. Diese Überlegungen sind ähnlichen Einwänden ausgesetzt wie die Frage nach der drittschützenden Wirkung zugunsten des kontoführenden Zahlungsdienstleisters (→ Rn. 8).

10 **cc)** Dagegen liegt es näher, einem **Vertrag zwischen einem Zahlungsauslösedienstleister und einem Händler** (als Zahlungsempfänger) drittschützende Wirkung zugunsten des Zahlers beizumessen. In diesem Fall kommt nämlich der

Zahler bestimmungsgemäß in Kontakt mit der Leistung des Zahlungsauslösedienstleisters und richtet sich bei Nutzung dieses Dienstes darauf ein (Terlau jurisPR-BKR 2/2016, Anm. 1; ähnlich Terlau ZBB 2016, 122 (133); vgl. die entsprechenden Anforderungen der BGH-Rechtsprechung: BGH NJW 2001, 3115 (3116) sowie BGH NJW 2004, 3035 (3037) und BGH NJW 2014, 2345 Rn. 11f.). Dies würde vor allem dann gelten, wenn der Zahler keinen eigenen Vertrag mit dem Zahlungsauslösedienstleister schließt (zur fehlenden Notwendigkeit eines solchen unmittelbaren Vertrags vgl. oben Kommentierung § 1 Abs. 33 (→ § 1 Rn. 616; die Finanzaufsicht BaFin hält einen solchen unmittelbaren Vertrag zum Zahler allerdings für aufsichtsrechtlich erforderlich)).

d) Wettbewerbsrecht und Maßnahmen der Behörden. Verstöße gegen **10a** § 48 können gegebenenfalls neben Maßnahmen der BaFin nach § 4 Abs. 2 bzw. § 6 Abs. 3 KWG zum Einschreiten von Kartellbehörden führen (siehe nur Ellenberger/Findeisen/Nobbe/Böger/Dietze Rn. 400ff.; Schwennicke/Auerbach/Schwennicke Rn. 11; RegBegr., BT-Drs. 18/11495, 134). Denn wettbewerbliche Vorschriften sind neben § 48 anwendbar (Omlor ZEuP 2021, 821 (837)). Im Einzelfall könnte darüber geahndet werden, dass ein kontoführender Zahlungsdienstleister den Zugang zu den Zahlungskonten oder den nach § 48 Abs. 1 Nr. 2 zu liefernden Informationen verweigert und damit seine marktbeherrschende Stellung (§ 19 GWB), oder seine überragende marktübergreifende Bedeutung (§ 19a GWB) missbraucht (Omlor ZEuP 2021, 821 (841f.)) (vgl. auch → § 52 Rn. 7).

5. Inkrafttreten

Gemäß Art. 15 Abs. 1 ZDUG II sind §§ 48, 49 erst 18 Monate nach Inkrafttreten **11** der PSD2-RTS in Geltung gesetzt worden. Die PSD2-RTS sind am 14.3.2018 in Kraft getreten (Art. 38 Abs. 1 PSD2-RTS), die Regelungen §§ 48, 49 am 14.9.2019. Zu den Übergangsvorschriften vgl. im Übrigen → § 68 Rn. 1ff.

II. Voraussetzungen

1. Konto online zugänglich

Dieses Merkmal ist nicht in § 48, sondern in § 675f Abs. 3 S. 1 BGB normiert. Es **12** stellt jedoch eine Voraussetzung für die Anwendbarkeit von § 48 (und § 49) dar (RegBegr., BT-Drs. 18/11495, 133; zustimmend Schäfer/Omlor/Mimberg/Omlor Rn. 9; Omlor ZEuP 2021, 821 (829); Ellenberger/Findeisen/Nobbe/Böger/Dietze Rn. 351f.; Schwennicke/Auerbach/Schwennicke Rn. 3). Dabei ist nicht allein die technische Zugangsmöglichkeit, sondern insbesondere die vertragliche Vereinbarung des Online-Bankings zwischen dem Zahler und dem kontoführenden Institut entscheidend (Ellenberger/Findeisen/Nobbe/Böger/Dietze Rn. 352). Erforderlich ist die vertragliche Abrede (zB Online-Banking Vereinbarung) zwischen Zahler und kontoführendem Zahlungsdienstleister, dass der Zahler Zahlungsaufträge online erteilen kann; dies ist bei speziellen Firmenkundenzugängen zur Übermittlung von Zahlungsdaten, wie zB E-BICS, noch nicht der Fall (RegBegr., BT-Drs. 18/11495, 133f.; Ellenberger/Findeisen/Nobbe/Böger/Dietze Rn. 352; Schwennicke/Auerbach/Schwennicke Rn. 3). Nicht notwendig ist jedoch die vollständige Online-Abwicklung (Schäfer/Omlor/Mimberg/Omlor Rn. 9). Vgl. zu

diesem Merkmal und dessen Auslegung im Zusammenhang mit Zahlungsauslösediensten auch die Kommentierung unter § 1 Abs. 33 (→ § 1 Rn. 633).

2. Zahler erteilt ausdrückliche Zustimmung (Abs. 1)

13   **a)** Es besteht eine **doppelte Zielrichtung** der „ausdrücklichen Zustimmung"
gem. § 48 Abs. 1.

14   **aa)** Nach dem Wortlaut des § 48 Abs. 1 hat der Zahler (legaldefiniert in § 1
Abs. 15; → § 1 Rn. 423 ff.) oder sein Vertreter (so auch Schäfer/Omlor/Mimberg/
Omlor Rn. 21) seine ausdrückliche **Zustimmung zur Ausführung einer Zahlung** zu erteilen. Der dem Abs. 1 zugrunde liegende Art. 66 Abs. 2 PSD2 ergänzt
noch die Wörter „gemäß Art. 64". In Art. 64 Abs. 1 PSD2 ist die Autorisierung
eines Zahlungsvorgangs geregelt (umgesetzt in § 675j Abs. 1 BGB). Diese Autorisierung erfordert gem. § 675j Abs. 1 BGB bzw. Art. 64 Abs. 1 S. 1 PSD2 eine Zustimmung, jedoch keine „ausdrückliche" Zustimmung. Es scheint insbesondere vor
dem Hintergrund des Diskriminierungsverbots des Art. 66 Abs. 4 lit. c PSD2 (§ 48
Abs. 1 Nr. 3) nicht gerechtfertigt, an die Zustimmung des Zahlers iSv Art. 66
Abs. 2 PSD2 strengere Anforderungen zu stellen, als wenn der Zahler den Zahlungsauftrag unmittelbar übermittelt (zustimmend auch Schäfer/Omlor/Mim-
berg/Omlor Rn. 11 f.).

14a   **bb)** Vielmehr dürfte die in § 48 Abs. 1 angesprochene „ausdrückliche" Zustimmung eine zusätzliche Zielrichtung haben. Auch der Normzusammenhang des
Art. 66 Abs. 1 und des Abs. 3 PSD2 spricht dafür, dass die ausdrückliche Zustimmung neben der Zustimmung zum Zahlungsvorgang iSv § 675j Abs. 1 BGB die
weiteren Erklärungen des Art. 66 Abs. 3 PSD2 (§ 49), nämlich die Zustimmung zu
dem ausdrücklich geforderten Zahlungsauslösedienst und die damit zusammenhängende Zustimmung zur **Datenverarbeitung**, zu beinhalten hat. Die Rechtsfolge
der Zustimmung ist die Pflicht des kontoführenden Zahlungsdienstleisters zur
Kommunikation mit dem Zahlungsauslösedienstleister sowie zur Übermittlung
von Daten an diesen. Die Zustimmung iSd § 48 Abs. 1 hat deshalb neben der zah-
lungsrechtlichen auch eine spezielle **datenschutzrechtliche Bedeutung** (zustimmend nun auch Schäfer/Omlor/Mimberg/Omlor Rn. 13; Omlor ZEup 2021, 821
(830); → Rn. 6).

14b   **cc)** Die ausdrückliche Zustimmung iSv § 48 Abs. 1 ist inhaltlich auch **nicht zu
verwechseln mit der „Veranlassung"** iSd Definition des § 1 Abs. 33 (hierzu
→ § 1 Rn. 616). Die Veranlassung gemäß § 1 Abs. 33 hat nämlich durch den Zahlungsdienstnutzer – dies können Zahler oder Zahlungsempfänger sein (vgl. § 675f
Abs. 1 BGB) – zu erfolgen, während § 48 Abs. 1 die ausdrückliche Zustimmung
(ausschließlich) des Zahlers verlangt.

15   **b) Inhalt und Form der ausdrücklichen Zustimmung. aa)** Aus dem Vorstehenden (→ Rn. 14) folgt, dass es sich (ebenso wie bei den Erklärungen des Zahlers iSd § 49 Abs. 4 S. 2 und S. 3) bei der in § 48 Abs. 1 geforderten Zustimmung um
eine zahlungsrechtliche Zustimmung iSd § 675j Abs. 1 BGB (allerdings
ausdrückliche Zustimmung zu einer Zahlung) mit zusätzlicher datenschützender
Zielrichtung handelt (so nun auch Schäfer/Omlor/Mimberg/Omlor Rn. 11, 14;
Ellenberger/Findeisen/Nobbe/Böger/Dietze Rn. 353). Die datenschutzrechtliche
Rechtfertigung der Datenverarbeitung durch einen kontoführenden Zahlungsdienstleister und einen Zahlungsauslösedienstleister im Zusammenhang mit Zahlungsauslösediensten ist davon zu trennen (vgl. EDPB, Letter regarding PSD2, S. 4,
zur ähnlich gelagerten Frage im Zusammenhang mit Art. 94 PSD2; → § 45 Rn. 12).

Das Erfordernis der ausdrücklichen Zustimmung iSd §§ 48, 49 ZAG ist deshalb kein Einwilligungserfordernis iSd Art. 6 Abs. 1 S. 1 lit. b DSGVO (Hoeren/Sieber/Holznagel MultimediaR-HdB/Bitter Teil 15.4 Rn. 29; auch Schäfer/Omlor/Mimberg/Omlor Rn. 13; aA Ellenberger/Findeisen/Nobbe/Böger/Dietze Rn. 353, vgl. → Rn. 394: „datenschutzrechtliche Legitimation nach Art. 6 Abs. 1 S. 1 lit. a und b"). Die Zustimmung ist zahlungsrechtlich und folgt den Anforderungen des Zahlungsrechts (vgl. Schäfer/Omlor/Mimberg/Omlor Rn. 14). Wegen ihrer datenschützenden Zielrichtung liegt es aber nahe, einige Bestimmungen des Datenschutzrechts der DSGVO entsprechend heranzuziehen (ähnlich Weichert BB 2018, 1161 (1163); Ellenberger/Findeisen/Nobbe/Böger/Dietze Rn. 392 ff.).

bb) Adressat der Zustimmung zur Ausführung einer Zahlung iSd § 48 Abs. 1 **15a** ist der kontoführende Zahlungsdienstleister, weil er die Zahlung, die Überweisung, ausführen muss. Sie wird durch den Zahlungsauslösedienstleister als Boten übermittelt (Terlau jurisPR-BKR 2/2016, Anm. 1; Ellenberger/Findeisen/Nobbe/Böger/Dietze Rn. 353; du Mont/van der Hout RdZ 2022, 114 (115)).

cc) Das Adjektiv **„ausdrücklich"** kommt außerhalb der §§ 45–52 ZAG sowie **15b** § 59 sonst im Zahlungsrecht im Zusammenhang mit Zustimmungen nicht vor. Es spricht viel dafür, dass es wegen der (auch) datenschützenden Zielrichtung der Vorschriften entsprechend den Anforderungen für eine Einwilligung nach Art. 7 Abs. 2 S. 1 DSGVO zu verstehen sein sollte, wonach das „(…) Ersuchen um Einwilligung (…) in verständlicher und leicht zugänglicher Form in einer klaren und einfachen Sprache (zu) erfolgen (…)" hat (so auch Weichert BB 2018, 1161 (1163); wie hier auch Schäfer/Omlor/Mimberg/Omlor Rn. 13). Eine solche ausdrückliche Zustimmung liegt auch vor, wenn, wie in der Praxis üblich, der Zahlungsauslösedienstleister diese vorformuliert und der Zahler sie etwa durch Bereitstellung seiner personalisierten Sicherheitsmerkmale oder seiner sonstigen Kontozugangsdaten an den Zahlungsauslösedienstleister abgibt. **dd)** Im Übrigen unterliegt die Zustimmung gemäß § 48 Abs. 1 **nicht dem Datenschutzrecht. Ein Widerruf der ausdrücklichen Zustimmung** richtet sich deshalb nach § 675j Abs. 2 sowie § 675p BGB und nicht nach Art. 7 Abs. 3 DSGVO (zustimmend Schäfer/Omlor/Mimberg/Omlor Rn. 14).

dd) Ein **Vertrag zwischen Zahler und Zahlungsauslösedienstleister** er- **15c** scheint dagegen nicht erforderlich (wie hier Luz/Neus/Schaber/Schneider/Wagner/Weber/Krüger Rn. 10; aA Schäfer/Omlor/Mimberg/Omlor Rn. 19 f.). Das verlangt weder § 48 Abs. 1 (Art. 66 Abs. 2 PSD2) noch ist ein solcher Vertrag Voraussetzung der („verwandten") Zustimmung in § 675j Abs. 1 BGB (Art. 64 Abs. 1 PSD2). Dagegen spricht auch der Wortlaut von § 1 Abs. 33, wo „auf die Veranlassung des Zahlungsdienstnutzers" abgestellt wird (hierzu → § 1 Rn. 616), dh entweder des Zahlers oder des Zahlungsempfängers (Zahlungsdienstnutzer definiert in § 675f Abs. 1 BGB). In der Praxis wird der überwiegenden Fällen der Zahlungsauslösedienstleister vom Zahlungsempfänger beauftragt, worin regelmäßig ein Vertrag zugunsten Dritter zu erblicken ist (Terlau jurisPR-BKR 2/2016, Anm. 1). Einer vertraglichen Vereinbarung mit dem Zahler bedarf es dann nicht, auch wenn dies grundsätzlich möglich wäre.

c) Zeitpunkt der Zustimmung. Die Zustimmung muss vor Entgegennahme **16** des Zahlungsauftrags durch den Zahlungsauslösedienstleister zwecks Auslösung vorliegen (so nun auch Schäfer/Omlor/Mimberg/Omlor Rn. 15). Die DSGVO würde auch eine **rahmenvertragliche** (Kühling/Buchner/Buchner/Kühling DSGVO Art. 7 Rn. 62) Zustimmung gestatten (Ehmann/Selmayr/Heckmann/Paschke DSGVO Art. 7 Rn. 43; Seiler jurisPR-BKR 11/2016, Anm. 1). Dem könnte entgegenstehen, dass zivilrechtlich von einer Ansicht (BeckOK BGB/ Schmalenbach § 675f Rn. 3) in jedem Fall ein Einzelzahlungsvertrag verlangt wird; diese Ansicht beruht aber auf einer Fehlinterpretation der PSD2-Informationsvorschriften durch den Gesetzgeber; richtigerweise ist auch Zahlungsauslösedienstleistern der Abschluss von Zahlungsdiensterahmenverträgen eröffnet (so auch BeckOGK/Zahrte § 675d Rn. 59; Staudinger/Omlor § 675d Rn. 14). Die Zustimmung des Zahlers gem. § 48 Abs. 1 kann deshalb auch als Rahmenzustimmung erteilt werden (Schäfer/Omlor/Mimberg/Omlor Rn. 15).

17   **d) Prüfung der Zustimmung.** Der kontoführende Zahlungsdienstleister muss das Vorliegen der Zustimmung nicht prüfen, wenn der Zahlungsauslösedienstleister mit Hilfe der Kontozugangsdaten des Zahlers (und unter Beachtung der Maßgaben des § 49) auf das Zahlungskonto des Zahlers zugreift; in diesem Fall wird die Zustimmung dadurch ausgedrückt, dass der Zahler dem Zahlungsauslösedienstleister die Kontozugangsdaten übergeben hat (vgl. EBA/OP/2018/04 Tz. 13). Einen weiteren Nachweis darf der kontoführende Zahlungsdienstleister vom Zahlungsauslösedienstleister nicht verlangen.

18   **e) Datenschutzrecht.** Die ausdrückliche Zustimmung des Zahlers nach Zahlungsrecht ist zu trennen von der datenschutzrechtlichen Rechtfertigung der im Rahmen eines Zahlungsauslösedienstes erfolgenden Datenverarbeitung durch den kontoführenden Zahlungsdienstleister (vgl. auch EDPB, Letter regarding PSD2, S. 4; so auch Schäfer/Omlor/Mimberg/Omlor Rn. 13). Hier geht es vor allem um dessen besondere Pflichten gemäß § 48 Abs. 1. Liegen die Voraussetzungen des § 48 Abs. 1 vor, so enthält § 48 Abs. 1 einen Normenbefehl an den kontoführenden Zahlungsdienstleister („hat …"). Dies ist eine rechtliche Verpflichtung des kontoführenden Zahlungsdienstleisters iSd Art. 6 Abs. 1 S. 1 lit. c DSGVO und damit dessen Rechtfertigung zur Übermittlung der Informationen an den Zahlungsauslösedienstleister (so nun auch Ellenberger/Findeisen/Nobbe/Böger/ Dietze Rn. 396).

3. Zur Ausführung einer Zahlung

19   **a) Zahlung.** Die über den Zahlungsauslösedienstleister auszulösende Zahlung wird in der Regel eine Überweisung iSv § 1 Abs. 22 sein. Zwar würde die Definition des Zahlungsauslösedienstes in § 1 Abs. 33 auch die Möglichkeit eröffnen, hierunter etwa Lastschriftverfahren zu subsumieren. Jedoch spricht die Gesetzeshistorie (dazu → § 1 Rn. 148 ff.; iE so auch Schäfer/Omlor/Mimberg/Omlor Rn. 8) dagegen. Vgl. im Übrigen oben die Kommentierung der Definition des Zahlungsauslösedienstes → § 1 Rn. 632 ff.

20   **b)** Der kontoführende Zahlungsdienstleister hat jedoch dem Zahlungsauslösedienstleister zu ermöglichen, dass dieser **dieselben Arten von Transaktionen** initiieren kann, die der kontoführende Zahlungsdienstleister auch dem Kontoinhaber anbietet. Dazu gehören neben einfachen Überweisungsvorgängen namentlich Instant Payments, Batch-Zahlungen, internationale Zahlungsvorgänge, Daueraufträge, Zahlungsvorgänge über nationale Zahlungsschemes sowie auch vordatierte Zahlungsvorgänge, wenn der kontoführende Zahlungsdienstleister diese dem Kontoinhaber anbietet (EBA/OP/2018/04, Tz. 29).

4. Kein Vertrag zwischen Zahlungsauslösedienstleister und kontoführendem Zahlungsdienstleister erforderlich (Abs. 2)

In Abs. 2 hat der Gesetzgeber ausdrücklich verankert, dass die Erbringung von **21** Zahlungsauslösediensten nicht von einem darauf gerichteten Vertrag zwischen kontoführendem Zahlungsdienstleister und Zahlungsauslösedienstleister abhängig ist. Selbst wenn also ein solcher Vertrag nicht vorliegt, was in der Praxis der Regelfall sein dürfte, kann der kontoführende Zahlungsdienstleister die Erfüllung seiner Pflichten aus § 48 Abs. 1 nicht verweigern (Kunz CB 2016, 457 (460); Sander BKR 2019, 66 (67); Zahrte RdZ 2022, 132; Schäfer/Omlor/Mimberg/Omlor Rn. 16; Omlor ZEuP 2021, 821 (831); RegBegr., BT-Drs. 18/11495, 134; vgl. zivilrechtlich § 675f Abs. 3 S. 2 BGB, Ellenberger/Findeisen/Nobbe/Böger/Dietze Rn. 379; Schwennicke/Auerbach/Schwennicke Rn. 5f.). Der Gesetzgeber hat in Kauf genommen, dass der kontoführende Zahlungsdienstleister damit keine Möglichkeit hat, vom Zahlungsauslösedienstleister **unmittelbar eine Vergütung** für seine Leistungen zu verlangen (vgl. hierzu ECON, Ausschuss für Wirtschaft und Währung im Europäischen Parlament, Report on the proposal for a directive of the European Parliament and of the Council on payment services in the internal market and amending Directives 2002/65/EC, 2013/36/EU and 2009/110/EC and repealing Directive 2007/64/EC, Dok. Nr. A7–0169/2014 vom 11.3.2014, Änderungsantrag 125; dagegen Stellungnahme DK zu PSD2-Entwurf vom 2.12.2013, S. 8 lit. e, abrufbar unter: https://die-dk.de/media/files/131202_DK-Position-PSD_II_j3hiikz.pdf; kritisch auch Schäfer/Omlor/Mimberg/Omlor Rn. 17f., der auf die rechtsgedankliche Nähe zur wettbewerbsrechtlichen Figur der Essential Facility-Doktrin verweist und eine Anlehnung an dieses Modell aufgrund eines Entgeltanspruches für den besseren Lösungsweg gegenüber der jetzigen Regelung des Abs. 2 hält; kritisch auch Bronk BKR 2021, 446 (452)).

III. Rechtsfolgen

1. Pflicht zur sicheren Kommunikation (Abs. 1 Nr. 1)

Details zu den Anforderungen an eine sichere Kommunikation des kontoführenden Zahlungsdienstleisters mit dem Zahlungsauslösedienstleister finden sich in Art. 30ff. PSD2-RTS (→ Anh. § 45 Rn. 1ff.). Die Sicherheitsanforderungen stellen das Gegengewicht zur Eröffnung des Kontozugriffs durch Zahlungsauslösedienstleister dar (Schäfer/Omlor/Mimberg/Omlor Rn. 24). Zur sicheren Kommunikation gehört auch, dass der Zahlungsauslösedienstleister sich gem. § 55 Abs. 4 auf das Authentifizierungsverfahren des kontoführenden Zahlungsdienstleisters stützen darf; dieser flankiert insofern § 48 Abs. 1 Nr. 1 (Schäfer/Omlor/Mimberg/Omlor Rn. 26; Luz/Neus/Schaber/Schneider/Wagner/Weber Rn. 12). Bis zum Inkrafttreten der §§ 48, 49 sowie des § 55 Abs. 4 sollte bzgl. der sicheren Kommunikation auf die Grundsätze einer ordnungsgemäßen Geschäftsorganisation einschl. der Erforderlichkeit elementarer IT-Sicherheitsmaßnahmen, insbes. eine Verschlüsselung der Kommunikation bei der Übertragung vertraulicher Informationen, abgestellt werden (RegBegr., BT-Drs. 18/11495, 134; Ellenberger/Findeisen/Nobbe/Böger/Dietze Rn. 354).

Nach Art. 31 der Delegierten Verordnung (PSD2-RTS) kann der kontoführende Zahlungsdienstleister entscheiden, ob er als Zugangsschnittstelle eine **dedi-** **22a**

zierte Schnittstelle bereitstellt, oder ob er den Zahlungsauslösedienstleistern die Nutzung der für die Kommunikation mit den Zahlungsdienstnutzern verwendete Schnittstelle erlaubt. Die BaFin hat mit Schreiben vom 18. 2. 2022 das Merkblatt 01/2022 (BA) zur Erteilung einer Ausnahme von der Bereitstellung eines Notfallmechanismus nach Art. 33 Abs. 6 PSD2-RTS veröffentlicht. Das Merkblatt enthält keine neuen regulatorischen Anforderungen. Die BaFin will damit lediglich ihre Verwaltungspraxis transparent machen (Stellungnahme der BaFin nachzulesen unter https://www.bafin.de/SharedDocs/Veroeffentlichungen/DE/Meldung/ 2022/meldung_2022_02_18__merkblatt_01_22_Kontozugangsschnitstellen.html, zuletzt aufgerufen am 29. 4. 2022).

2. Informationen über Auslösung und Ausführung des Zahlungsvorgangs (Abs. 1 Nr. 2)

23   **a) Informationen über die Auslösung des Zahlungsvorgangs.** Die Auslegung des Begriffs „alle Informationen" ist am Maßstab des Art. 36 Abs. 1 lit. b PSD2-RTS (→ Anh. § 45 Rn. 1 ff.) vorzunehmen, der eine spezielle Ausformung des Diskriminierungsverbots des § 48 Abs. 1 Nr. 3 (Art. 66 Abs. 4 lit. c PSD2) darstellt. Die an den Zahler bei Nutzung eines Zahlungsauslösedienstleisters nach Auslösung zu übermittelnden Informationen sind spezialgesetzlich in Art. 248 § 13a EGBGB geregelt (Schäfer/Omlor/Mimberg/Omlor Rn. 28). Nach Art. 36 Abs. 1 lit. b PSD2-RTS müssen kontoführende Zahlungsdienstleister sofort nach Eingang des über den Zahlungsauslösedienstleister übermittelten Zahlungsauftrags diesem **dieselben Informationen** über die Auslösung und die Ausführung des Zahlungsvorgangs bereitstellen, die sie auch dem Zahlungsdienstnutzer bereitstellen oder zugänglich machen würden, wenn dieser den Zahlungsvorgang direkt ausgelöst hätte. Die Übermittlung sensibler Zahlungsdaten soll ausgeschlossen sein (Ellenberger/ Findeisen/Nobbe/Böger/Dietze Rn. 361), wobei § 1 Abs. 26 S. 2 für Zahlungsauslösedienstleister den Namen des Kontoinhabers und die Kontonummer (sowohl vom Zahler als auch vom Zahlungsempfänger) von der Definition (→ § 1 Rn. 544; → § 49 Rn. 30) ausnimmt. Ob eine schlichte Mitteilung, dass die Auslösung eingegangen sei, die Verpflichtung im Hinblick auf „Informationen über die Auslösung" erfüllt oder nicht, hängt von der Ausgestaltung desselben Zahlungsvorgangs durch den kontoführenden Zahlungsdienstleister gegenüber dem eigenen Kunden ab (enger wohl RegBegr., BT-Drs. 18/11495, 134; Schwennicke/Auerbach/ Schwennicke Rn. 9; aA Ellenberger/Findeisen/Nobbe/Böger/Dietze Rn. 360: ungenügend, weiter in Rn. 362: von der Ausgestaltung abhängig). Allerdings wird man auch hier verlangen müssen, dass irgendeine Kontokennung oder der Name des Zahlers übermittelt wird, um dem Zahlungsauslösedienstleister eine effektive Wahrnehmung seiner Dienstleistung zu ermöglichen (dazu auch → Rn. 24; vgl. außerdem Omlor BKR 2019, 105 (108); Jestaedt BKR 2018, 445 (448)). Der kontoführende Zahlungsdienstleister hat auch ein **Scheitern der Auslösung** des Zahlungsvorgangs mitzuteilen (Schäfer/Omlor/Mimberg/Omlor Rn. 29; BeckOGK BGB/Zahrte EGBGB Art. 248 § 13a Rn. 8; MüKo BGB/Casper EGBGB Art. 248 § 13a Rn. 3; Staudinger BGB/Omlor EGBGB Art. 248 § 13a Rn. 6).

24   **b) Informationen über die Ausführung des Zahlungsvorgangs.** Hier gilt gem. Art. 36 Abs. 1 lit. b PSD2-RTS (→ Anh. § 45 Rn. 1 ff.) dieselbe Maßgabe der Gleichbehandlung mit dem vom Zahler selbst ausgelösten Zahlungsvorgang. Auch

diese Anforderung ist darauf gerichtet, dem Zahlungsauslösedienstleister sämtliche Informationen bereitzustellen, die er über die Ausführung des vom Zahler erbetenen Zahlungsvorgangs benötigt (EBA/OP/2018/04, Tz. 23). Welches diese Informationen sind, entscheidet sich also danach, was der kontoführende Zahlungsdienstleister dem Zahler an Informationen bereitstellen würde. Dies sind zum einen die nach gesetzlichen Vorschriften geforderten Informationen, namentlich gem. § 675d Abs. 1 BGB iVm Art. 248 §§ 7, 14 EGBGB (wie hier auch Schäfer/Omlor/ Mimberg/Omlor Rn. 29). Umfasst sind allerdings nur Informationen, die dem kontoführenden Zahlungsdienstleister bereits vorliegen, weshalb ein noch ausstehender Abschluss einer Nachdisposition damit nicht abzuwarten und nicht erfasst ist (Zahrte RdZ 2022, 132; → Rn. 25). Nicht erfasst sind dagegen solche Informationen, welche die Identität des Zahlungsdienstnutzers (Zahlers) betreffen, zB seine Anschrift, sein Geburtsdatum oder seine Sozialversicherungsnummer (EBA/OP/2018/04, Tz. 27); zur Übermittlung sensibler Zahlungsdaten → Rn. 23. Streitig war in diesem Zusammenhang, ob auch der **Name des Zahlers** sowie **dessen Kontonummer** vom kontoführenden Zahlungsdienstleister bestätigt werden müssen. Dafür spricht, dass kontoführende Zahlungsdienstleister dem Zahler in der Regel mitteilen, von welchem seiner verschiedenen Konten der Aufwendungsersatzanspruch abgebucht wird, sowie häufig dabei der Name des Zahlers angezeigt wird. Richtig dürfte sein, dass der Zahler in der Regel ein Interesse daran hat, mit der Bestätigung des kontoführenden Zahlungsdienstleisters zu erfahren, ob dieser den Aufwendungsersatz von dem vom Zahler intendierten Konto abbuchen wird. Dabei sollte allerdings darauf verzichtet werden können, dass dem Zahler eine Liste sämtlicher Konten und der dazugehörigen Währungen bereitgestellt wird (EBA, Single Rulebook Q&A, Question ID 2018_4188, als Äußerung der DG FISMA). Auch dürfte der Name des Kontoinhabers häufig eine zur Ausführung des Zahlungsauslösedienstes erforderliche Information sein, da der Zahlungsauslösedienstleister ansonsten nicht immer ausreichend wird prüfen können, auf welchen Zahlungsvorgang sich die Rückmeldung des kontoführenden Zahlungsdienstleisters bezieht (so auch die deutsche Finanzaufsicht BaFin: Name des Zahlers bei Zahlungsauslösediensten ist anzugeben; aA EBA, Single Rulebook Q&A, Question ID 2018_4081; Schäfer/Omlor/Mimberg/Omlor Rn. 31, dort wird aufgrund der Wertung des § 675r BGB ein legitimes Informationsbedürfnis bzgl. des Namens aufgrund der Vorliegens einer Kundenkennung verneint). Ebenso sollte der kontoführende Zahlungsdienstleister den Namen des Zahlungsempfängers bestätigen (Art. 248 § 7 Nr. 1 EGBGB; EBA, Single Rulebook Q&A, Question ID 2018_4128; vgl. auch Omlor BKR 2019, 105 (108); Jestaedt BKR 2018, 445 (448)).

c) Bestätigung der Verfügbarkeit des Zahlbetrags. Streitig war auch, ob **25** kontoführende Zahlungsdienstleister dem Zahlungsauslösedienstleister die Verfügbarkeit des Zahlbetrags bestätigen müssen. Das Gesetz regelt dies ausdrücklich nur für den Drittkartenemittenten (vgl. → § 45 Rn. 15). Allerdings spricht die Regelung in Art. 36 Abs. 1 lit. c PSD2-RTS (Anhang § 45) allgemein von „den Zahlungsdienstleistern" als den Berechtigten einer solchen Bestätigung. Deshalb wird man annehmen können, dass diese Pflicht auch gegenüber Zahlungsauslösedienstleistern besteht (EBA, EBA/OP/2018/04, Tz. 22; EBA/RTS/2017/02, Chapter 4.3.3, Comment 212; so jetzt auch Schäfer/Omlor/Mimberg/Omlor Rn. 30; Ellenberger/Findeisen/Nobbe/Böger/Dietze Rn. 362). Nur so kann nämlich der Zahlungsauslösedienstleister sein Risiko ausreichend steuern und dem Zahlungsempfänger die Gewissheit über die Auslösung der Zahlung geben (vgl. Erwägungsgrund Nr. 29 PSD2; EBA/OP/2018/04, Tz. 23; vgl. auch Schäfer/Omlor/Mimberg/Omlor Rn. 30). Nicht notwendig verbunden mit dieser Bestätigung ist ein Kostenüberblick über die letzten Wochen oder Monate (Ellenberger/Findeisen/Nobbe/Böger/Dietze Rn. 363), genauso wenig wie ein Versprechen, dass der Betrag auch zum tatsächlichen Zeitpunkt der Ausführung verfügbar ist (Ellenberger/Findeisen/Nobbe/Böger/Dietze Rn. 364; vgl. auch Zahrte RdZ 2022, 132, zum Fall einer Nachdisposition). Die EBA empfiehlt zudem die Weitergabe von maßgeblichen Elementen wie etwa Kontostand und Überziehungsmöglichkeiten oder den selbst zur Einschätzung der Zahlungsdurchführung nutzbaren Daten (EBA/Op/2018/04; so auch Ellenberger/Findeisen/Nobbe/Böger/Dietze Rn. 366). Zur Auslegung des Begriffs „Verfügbarkeit" vgl. → § 45 Rn. 15. Ob für den Zahlungsauslösedienstleister in der Folge auch das Verbot des § 46 S. 3 iVm § 45 Abs. 2, wonach der Drittkartenemittent die „Ja/Nein"-Antwort nicht speichern darf (dazu → § 46 Rn. 8), entsprechend anwendbar ist, ist fraglich (verneinend Schäfer/Omlor/Mimberg/Omlor Rn. 30). Die Regelung des § 49, insbesondere § 49 Abs. 4 S. 2, würde nicht unmittelbar gegen eine Speicherung sprechen. Aufgrund des fehlenden Verbots sollte es zulässig sein, insbesondere handelt es sich bei dieser Information nicht um sensible Zahlungsdaten (Schäfer/Omlor/Mimberg/Omlor Rn. 30).

26   **d) Nachricht über unvorhergesehenes Ereignis/unvorhergesehenen Fehler.** Gem. Art. 36 Abs. 2 UAbs. 1 PSD2-RTS (→ Anh. § 45 Rn. 1 ff.) ist der kontoführende Zahlungsdienstleister zudem verpflichtet, einem Zahlungsauslösedienstleister eine Benachrichtigung über unvorhergesehene Ereignisse oder unvorhergesehene Fehler, die während der Identifizierung, der Authentifizierung oder während des Austauschs von Datenelementen entstehen, zu übermitteln. Hier hat er auch den Grund für das Ereignis oder den Fehler zu erläutern. Die PSD2-RTS geben allerdings keinen Standard für derartige Notifizierungsnachrichten vor (EBA/RTS/2017/02, Chapter 4.3.3, Comment 215); diese Standards hat die Industrie selbst festzulegen, zB im Rahmen der Berlin Group (die Standards der Berlin Group sind zu finden unter https://www.berlin-group.org/; zustimmend Schäfer/Omlor/Mimberg/Omlor Rn. 32). Zudem hat der kontoführende Zahlungsdienstleister, der eine dedizierte Schnittstelle iSv Art. 32 PSD2-RTS (→ Anh. § 45 Rn. 1 ff.) bereitstellt, diese so zu konfigurieren, dass sämtliche diese Schnittstelle nutzenden Zahlungsdienstleister, zB auch Zahlungsauslösedienstleister, an alle anderen Zahlungsdienstleister Nachrichten über unvorhergesehene Ereignisse und unvorhergesehene Fehler kommunizieren können. Sofern der kontoführende Zahlungsdienstleister seine Systeme derart konfiguriert hat, um dem Zahlungsauslösedienstleister die vorstehenden Informationen bereitzustellen, muss dieser ggf. durch eigenen Zugriff auf das Konto solche Ereignisse oder Fehler ermitteln können (EBA/OP/2018/04, Tz. 26). Im Übrigen müssen nach Art. 36 Abs. 3 PSD2-RTS geeignete und wirksame Mechanismen bestehen, um den Zugriff auf andere Informationen als die von bezeichneten Zahlungskonten und damit in Zusammenhang stehenden Zahlungsvorgängen gemäß der ausdrücklichen Zustimmung des Nutzers zu verhindern (Ellenberger/Findeisen/Nobbe/Böger/Dietze Rn. 369).

27   **e) Mitteilen oder zugänglich machen.** Das Gesetz lässt dem kontoführenden Zahlungsdienstleister die Wahl, ob er die genannten Informationen über die Auslösung und die Ausführung des Zahlungsvorgangs mitteilt oder zugänglich macht. „Mitteilen" bedeutet dabei eine aktive Übermittlung der Informationen **(push-Nachricht),** während „zugänglich machen" die Pflicht nach sich ziehen würde,

diese Informationen für den Zahlungsauslösedienstleister zugreifbar bereitzustellen (**pull-Nachricht**) (auch Ellenberger/Findeisen/Nobbe/Böger/Dietze Rn. 350, 367). Im Hinblick auf die Verfügbarkeit des Zahlbetrags (Art. 36 Abs. 1 lit. c PSD2-RTS) (→ Rn. 25) ist sowohl nach PSD2-RTS als auch nach § 45 Abs. 1 und Abs. 2 eine Mitteilung erforderlich; ein „zugänglich machen" würde nicht ausreichen; dasselbe gilt auch für die Informationen nach Art. 36 Abs. 2 UAbs. 1 PSD2-RTS (zustimmend Schäfer/Omlor/Mimberg/Omlor Rn. 33).

f) Unmittelbar nach Eingang des Zahlungsauftrags. Die Pflichten des **28** kontoführenden Zahlungsdienstleisters hat dieser unmittelbar nach Eingang des Zahlungsauftrags zu erfüllen. Art. 36 Abs. 1 lit. b PSD2-RTS (Anhang § 45) spricht von „sofort". Hier spielt eine wesentliche Rolle, dass der Zahlungsauslösedienstleister in die Abwicklung eines Kaufvorgangs oder in den Bezug einer Dienstleistung mit dem Händler bzw. Dienstleister (dem Zahlungsempfänger) eingebunden ist. Letzterer wird seine Leistung erst erbringen wollen, wenn er die Bestätigung des Zahlungsauslösedienstleisters über die Ausführung des Zahlungsvorgangs erhalten hat. Aus diesem Grund wird man dem kontoführenden Zahlungsdienstleister hier lediglich wenige Sekunden für die Mitteilung zugestehen können (so auch Schäfer/Omlor/Mimberg/Omlor Rn. 34). Es handelt sich um einen verschuldensunabhängigen Zeitmaßstab (Schäfer/Omlor/Mimberg/Omlor Rn. 34).

3. Nicht-Diskriminierung (Abs. 1 Nr. 3)

a) Allgemeines Gleichbehandlungsgebot. Abs. 1 Nr. 3 normiert das allgemeine Gebot an kontoführende Zahlungsdienstleister, Zahlungsaufträge, die **29** über Zahlungsauslösedienstleister übermittelt werden, so zu behandeln wie Zahlungsaufträge, die der Zahler unmittelbar übermittelt (siehe auch Kunz CB 2016, 457 (460); Schäfer/Omlor/Mimberg/Omlor Rn. 35 f.; Ellenberger/Findeisen/ Nobbe/Böger/Dietze Rn. 371). Als Vergleichsmaßstab soll dabei der identische Vorgang im Deckungsverhältnis ohne Dazwischentreten eines Zahlungsauslösedienstleisters dienen (vgl. Schäfer/Omlor/Mimberg/Omlor Rn. 36). Damit sollen sowohl die praktische Funktionsfähigkeit, also auch die Marktakzeptanz sichergestellt werden (Omlor ZEuP 2021, 821 (831). **aa)** Der Vergleich ist jeweils **zum spezifischen Zahler** zu ziehen, für den der Zahlungsauslösedienstleister den Zahlungsauftrag zu übermitteln hat (ähnlich Schäfer/Omlor/Mimberg/Omlor Rn. 36: „nach abstrakt-funktionellen Parametern"). Diejenigen Arten von Überweisungen (→ Rn. 19 f.), die der kontoführende Zahlungsdienstleister mit dem spezifischen Zahler vereinbart hat, hat er auch für die Auslösung über Zahlungsauslösedienstleister zugänglich zu machen (EBA/OP/2018/04, Tz. 29).

bb) Nicht diskriminieren darf der kontoführende Zahlungsdienstleister zB hin- **29a** sichtlich Prioritäten und Entgelten, aber insbesondere im Hinblick auf die **zeitliche Abwicklung** (vgl. auch Fandrich/Karper/Zahrte MAH BankR § 5 Rn. 616; Conreder/Schild BB 2016, 1162 (1165); Schäfer/Omlor/Mimberg/Omlor Rn. 37). Sowohl die Ausführung der ausgelösten Zahlungsvorgänge als auch die Übermittlung der entsprechenden Informationen iSv Abs. 1 Nr. 2 hat mindestens in derselben Geschwindigkeit zu erfolgen, wie dies bei einem vom Zahler unmittelbar ausgelösten Zahlungsvorgang der Fall wäre (Ellenberger/Findeisen/Nobbe/Böger/ Dietze Rn. 370 f.; Schäfer/Omlor/Mimberg/Omlor Rn. 37); dies gilt auch für die zusätzlichen Informationen, die bei direkter Zahlung ohne Einbezug des Zahlungsdienstleisters nicht zu erbringen gewesen wären (Schäfer/Omlor/Mimberg/Omlor

Rn. 37). Aufgrund der speziellen Funktionen von Zahlungsauslösediensten können allerdings bisweilen höhere Geschwindigkeiten erforderlich sein (→ Rn. 28 zum Merkmal „unmittelbar"). Im Hinblick auf die **Priorität der Zahlung** darf der kontoführende Zahlungsdienstleister einen durch einen Zahlungsauslösedienster ausgelösten Zahlungsvorgang nicht schlechter priorisieren als einen solchen vom Zahler selbst ausgelösten Vorgang (so auch Conreder/Schild BB 2016, 1162 (1165)). Auch ein Routing der Zahlung über eine andere Interbanken-Verbindung kann unzulässig sein, wenn dadurch eine Diskriminierung hinsichtlich der Transaktionszeiten entsteht (Schäfer/Omlor/Mimberg/Omlor Rn. 37).

29b   **cc)** Dasselbe Prinzip gilt für **Entgelte:** Der kontoführende Zahlungsdienstleister darf keine besonderen Entgelte für den Zugang über Zahlungsauslösedienster verlangen (so auch Conreder/Schild BB 2016, 1162 (1165); Schäfer/Omlor/Mimberg/Omlor Rn. 38). Andererseits ist der kontoführende Zahlungsdienstleister nicht gehindert, gleichmäßig für alle Zahlungsvorgänge oder alle Zugriffe auf das Konto bestimmte Entgelte, zB je Zugriff, zu verlangen; dabei sind selbstverständlich ua die Vorgaben der §§ 675c ff. BGB, 307 ff. BGB und des ZKG zu beachten; zur Bepreisung von SMS-TAN vgl. BGH NJW 2017, 3222 Rn. 24 ff. (kritisch Schäfer/Omlor/Mimberg/Omlor Rn. 38, der aus rechtspolitischen Erwägungen die Normierung einer kostenbasierten Bepreisung nach dem Vorbild des § 675 f. Abs. 5 S. 2 BGB bevorzugt hätte; kritisch zum Gesamtkonzept Bronk BKR 2021, 446 (452)).

29c   **dd)** Die im Gesetz genannten Kriterien sind nur beispielhaft zu verstehen („insbesondere"). Auch **sonstige Diskriminierungen** sind nicht erlaubt. So muss der kontoführende Zahlungsdienstleister dem Zahlungsauslösedienstleister im Wege der Gleichbehandlung sämtliche **Authentifizierungsmöglichkeiten** zur Verfügung stellen, die er auch dem Kontoinhaber (Zahler) bereitstellt (EBA/OP/2018/04, Tz. 50). Das ist zwar für einige Authentifizierungsverfahren nur in der Weise möglich, dass der Zahler auf die Authentifizierungstools des kontoführenden Zahlungsdienstleisters verwiesen wird, zB bei Inhärenz-Merkmalen, für die ein besonderes, mit der App des kontoführenden Zahlungsdienstleisters verbundenes Lesegerät erforderlich ist. In diesem Fall muss die Authentifizierung ggf. über zwei Kanäle stattfinden (sog. Decoupled Approach, EBA/OP/2018/04, Tz. 48; zu den drei verschiedenen Verfahren vgl. bei → § 1 Rn. 613). Auch die **Anwendung der starken Kundenauthentifizierung** muss diskriminierungsfrei erfolgen. Zwar hat der kontoführende Zahlungsdienstleister grundsätzlich das Recht, auch im Fall des Eingreifens von Ausnahmebestimmungen (iSd Art. 10–18 PSD2-RTS) im Einzelfall eine starke Kundenauthentifizierung zu verlangen (vgl. Erwägungsgrund Nr. 17 PSD2-RTS); er muss dies aber in nicht diskriminierender Art und Weise, dh allein auf Basis von Risikoerwägungen, entscheiden (EBA/RTS/2017/02, Chapter 4.3.3, Comments 85 und 86; eine Diskriminierung aufgrund nur der Einschaltung des Zahlungsauslösedienstes ist nicht gerechtfertigt, vgl. Schäfer/Omlor/Mimberg/Omlor Rn. 40). Da auch die Ausnahme der Transaktionsrisikoanalyse der Art. 18–20 PSD2-RTS auf alle Transaktionen des kontoführenden Zahlungsdienstleisters (und nicht nur auf bestimmte Arten, zB die über Zahlungsauslösedienste ausgelösten) abstellt, lässt sich auch hier keine Unterscheidung wirksam installieren (anders Schäfer/Omlor/Mimberg/Omlor Rn. 40). Das Verbot der Nicht-Diskriminierung in § 48 Abs. 1 Nr. 3 wird flankiert von § 675l Abs. 2 BGB, wonach **Ausgabebedingungen für Zahlungsinstrumente** nur wirksam sind, wenn sie sachlich, verhältnismäßig und nicht benachteiligend sind (in Umsetzung von Art. 69 Abs. 1 lit. a PSD2) (vgl. hierzu Hoffmann VuR 2016, 243 (247); vgl. auch Schäfer/Omlor/Mimberg/Omlor Rn. 41).

Daneben bleibt auch grundsätzlich die Kontrolle von AGB (s. hierzu Schäfer/
Omlor/Mimberg/Omlor Rn. 41; Staudinger BGB/Omlor § 675l Rn. 29; MüKo
BGB/Jungmann § 675l Rn. 8). Der kontoführende Zahlungsdienstleister muss jedoch solche Aufträge, deren Ausführung er bei direkter Einreichung hätte verweigern können, auch bei Dazwischentreten eines Zahlungsauslösedienstleisters nicht
ausführen. So können wirksame Beschränkungen aus dem Deckungsverhältnis auch
für über einen Zahlungsauslösedienstleister ausgelöste Zahlungsaufträge greifen
(Schäfer/Omlor/Mimberg/Omlor Rn. 39). Kontoführende Zahlungsdienstleister,
die eine dedizierte Schnittstelle eingerichtet haben, haben zudem dafür Sorge zu tragen, dass diese **Schnittstelle durchgängig denselben Grad an Verfügbarkeit
und Leistung** wie eine Schnittstelle zeigt, die einen direkten Online-Zugriff auf
das Zahlungskonto ermöglicht (Art. 32 Abs. 1 PSD2-RT) und dass die Schnittstelle
die Bereitstellung von Zahlungsauslösediensten nicht beeinträchtigt (Art. 32 Abs. 3
PSD2-RT; dazu näher Ellenberger/Findeisen/Nobbe/Böger/Dietze Rn. 372 ff.).
Hierzu gehört auch die vierteljährliche Publikation der Verfügbarkeit und Leistung
auf der Webseite des kontoführenden Zahlungsdienstleisters Art. 32 Abs. 4 PSD2-
RTS (Ellenberger/Findeisen/Nobbe/Böger/Dietze Rn. 376).

b) Objektive Gründe für eine abweichende Behandlung können sich zu- **30**
nächst aus § 49 ergeben. Wenn der Zahlungsauslösedienstleister sich gem. § 49
Abs. 2 S. 1 identifizieren muss, so hat der kontoführende Zahlungsdienstleister das
Recht, diese Identifizierung zu verlangen, selbst wenn der Zahler dieses Erfordernis
nicht erfüllen muss (so auch Schäfer/Omlor/Mimberg/Omlor Rn. 42). Auch im
Hinblick auf den Kontozugang darf der kontoführende Zahlungsdienstleister darüber hinaus nach Maßgabe der Art. 30 ff. PSD2-RTS (Anhang § 45) differenzieren,
dh er muss dem Zahlungsauslösedienstleister nicht denselben Zugang über dieselbe
Schnittstelle gewähren, die er für den Zahler bereitstellt, solange funktionell gesehen
die Verfügbarkeit sowie die Leistungsfähigkeit vergleichbar sind (ebenso Schäfer/
Omlor/Mimberg/Omlor Rn. 42). Soweit es nicht um Zahlungsauslösung, sondern
eine andere Nutzung des Zahlungskontos geht, zB die Bestellung von neuen Zahlungsinstrumenten oder die Änderung von Anschriften des Zahlers, darf der kontoführende Zahlungsdienstleister schließlich ebenfalls zwischen Zahler und Zahlungsauslösedienstleister differenzieren (arg. e Art. 36 Abs. 3 PSD2-RTS → Anh. § 45
Rn. 1 ff.). Auch ist die Verweigerung des Zugangs nach § 52 möglich (Luz/Neus/
Schaber/Schneider/Wagner/Weber/Krüger Rn. 17; Schäfer/Omlor/Mimberg/
Omlor Rn. 42). Objektive Gründe können sich auch aus dem Vorliegen von Anhaltspunkten für ein strafbares oder missbräuchliches Verhalten ergeben (Ellen-
berger/Findeisen/Nobbe/Böger/Dietze Rn. 378). Im Übrigen trägt der konto-
führende Zahlungsdienstleister (aufgrund der Formulierung „es sei denn") die
Darlegungs- und Beweislast für das Vorhandensein objektiver Gründe (Schäfer/
Omlor/Mimberg/Omlor Rn. 42).

IV. Delegierter Rechtsakt

Gem. § 48 Abs. 3 regelt der delegierte Rechtsakt nach Art. 98 PSD2 Näheres über **31**
die Ausgestaltung der Pflichten des kontoführenden Zahlungsdienstleisters. Hierbei
handelt es sich um die Regelungen der PSD2-RTS, die zum 14. 9. 2019 Geltung erlangt haben. § 48 Abs. 3 hat zwar rein deklaratorischen Charakter (Schäfer/Omlor/
Mimberg/Omlor Rn. 43); die auf Basis der Ermächtigung in Art. 98 PSD2 ergangenen Regelungen sind jedoch zusammen mit § 48 zu verstehen und ergänzen die-

sen umfassend (Ellenberger/Findeisen/Nobbe/Böger/Dietze Rn. 380 ff.). Insbesondere soll die Dokumentation und Veröffentlichung der Schnittstellenspezifikationen nach Art. 30 Abs. 3 PSD2-RTS Zahlungsauslösedienstleistern die Entwicklung von Angeboten ermöglichen (kritisch Ellenberger/Findeisen/Nobbe/Böger/Dietze Rn. 385 f.).

§ 49   Pflichten des Zahlungsauslösedienstleisters

(1) [1]Der Zahlungsauslösedienstleister darf den Zahlungsbetrag, den Zahlungsempfänger oder ein anderes Merkmal des Zahlungsvorgangs nicht ändern. [2]Er darf zu keiner Zeit Gelder des Zahlers im Zusammenhang mit der Erbringung des Zahlungsauslösedienstes halten.

(2) [1]Ein Zahlungsauslösedienstleister ist verpflichtet, sich gegenüber dem kontoführenden Zahlungsdienstleister des Zahlers jedes Mal, wenn er eine Zahlung auslöst, zu identifizieren. [2]Er muss sicherstellen, dass die personalisierten Sicherheitsmerkmale des Zahlungsdienstnutzers keiner anderen Partei als dem Nutzer und demjenigen, der die personalisierten Sicherheitsmerkmale ausgegeben hat, zugänglich sind.

(3) [1]Der Zahlungsauslösedienstleister hat mit dem kontoführenden Zahlungsdienstleister, dem Zahler und dem Zahlungsempfänger auf sichere Weise zu kommunizieren. [2]Soweit die Übermittlung der personalisierten Sicherheitsmerkmale des Zahlers erforderlich ist, darf dies nur über sichere und effiziente Kanäle geschehen.

(4) [1]Der Zahlungsauslösedienstleister darf vom Zahler nur die für die Erbringung des Zahlungsauslösedienstes erforderlichen Daten verlangen und keine sensiblen Zahlungsdaten des Zahlers speichern. [2]Er darf Daten nur für die Zwecke des vom Zahler ausdrücklich geforderten Zahlungsauslösedienstes speichern, verwenden oder darauf zugreifen. [3]Alle anderen Informationen, die er über den Zahler bei der Bereitstellung von Zahlungsauslösediensten erlangt hat, darf er nur dem Zahlungsempfänger mitteilen; dies setzt die ausdrückliche Zustimmung des Zahlers voraus.

(5) Sobald der Zahlungsauftrag ausgelöst worden ist, hat der Zahlungsauslösedienstleister dem kontoführenden Zahlungsdienstleister des Zahlers die Referenzangaben des Zahlungsvorgangs zugänglich zu machen.

(6) Näheres regelt der delegierte Rechtsakt nach Artikel 98 der Richtlinie (EU) 2015/2366.

Literatur: vgl. Literatur zu § 48

Inhaltsübersicht

I. Allgemeines

1. Überblick

In § 49 sind vor allem die „Pflichten" des Zahlungsauslösedienstleisters geregelt. **1**
Er bildet insoweit das Gegenstück zu § 48 (vgl. Ellenberger/Findeisen/Nobbe/Böger/Dietze Rn. 410). Die Vorschrift soll die Zahlungssicherheit sowie das reibungslose Funktionieren des Massenzahlungsverkehrs gewährleisten (Ellenberger/Findeisen/Nobbe/Böger/Dietze Rn. 410). Zudem wird ein Ausgleich für die mit der Eröffnung des Zugangs zum Zahlungskonto verbunden Risiken bezweckt (Schäfer/

Omlor/Mimberg/Omlor Rn. 2). Zu Entstehungsgeschichte und Überblick vgl.
→ § 48 Rn. 1 f. (vgl. auch Ellenberger/Findeisen/Nobbe/Böger/Dietze Rn. 406 ff.).
§ 49 setzt Art. 66 Abs. 3 PSD2 und Art. 47 PSD2 um. Dies geschieht überwiegend
wörtlich, bisweilen jedoch durch Ergänzung oder Veränderung. Insbesondere hat
der deutsche Gesetzgeber die Reihenfolge der Anforderungen angepasst, ohne dadurch inhaltlich Änderungen bewirkt zu haben bzw. bewirken zu dürfen (Art. 107
Abs. 1 PSD2).

2. Zahlungsaufsichtsrecht, Datenschutzrecht

2   § 49 ist in das Zahlungsaufsichtsrecht eingebettet. Zudem wird man zahlreiche
Regelungen des § 49 als IT-Sicherheitsnormen sowie spezifisches Datenschutzrecht
des Zahlungsauslösedienstes ansehen müssen (dazu auch → § 48 Rn. 6; siehe auch
Zahrte NJW 2018, 337 (338); vgl. Schäfer/Omlor/Mimberg/Omlor Rn. 2, 5). Die
besonders intensive Regelung der Pflichten des Zahlungsauslösedienstleisters ist
Folge einer intensiv geführten, politischen Diskussion (vgl. hierzu → § 1 Rn. 149 f.).
Bei Verstößen kann die BaFin nach ihrem Ermessen Maßnahmen nach § 4 Abs. 2
ergreifen. Gem. § 4 Abs. 4 FinDAG erfolgen aufsichtsrechtliche Handlungen der
BaFin ausschließlich im öffentlichen Interesse. Ein Anspruch auf Einschreiten der
BaFin ergibt sich aus der Norm genauso wenig wie ein Amtshaftungsanspruch
(RegBegr., BT-Drs. 18/11495, 134; auch Ellenberger/Findeisen/Nobbe/Böger/
Dietze Rn. 411; vgl. Schäfer/Omlor/Mimberg/Omlor Rn. 51). Auch sind vorsätz-
liche und fahrlässige Verstöße gegen Abs. 1 S. 2 strafbar, § 63 Abs. 1 Nr. 6 ZAG,
jedoch finden sich die Sorgfaltspflichten des Zahlungsauslösedienstleisters nicht
unter den Ordnungswidrigkeiten nach § 64.

3. Vertrag zwischen Zahlungsauslösedienstleister und Zahlungsdienstnutzer

3   Viele der in § 49 geregelten Pflichten müssen auch zwingender Bestandteil des
Geschäftsbesorgungsvertrags (dazu auch → § 1 Rn. 616) zwischen einerseits Zahlungsdienstnutzer, dh Zahler oder Zahlungsempfänger, und Zahlungsauslösedienstleister sein. Von den Regelungen in § 49 Abs. 1 S. 1 und S. 2 sowie Abs. 2 S. 2 dürfen
die Parteien nicht abweichen (vgl. „mittelbare Bedeutung" Ellenberger/Findeisen/
Nobbe/Böger/Dietze Rn. 414 sowie → § 48 Rn. 2 mwN). Die Vorschriften des
ZAG zum Zahlungsauslösedienst lassen es offen, ob die Beauftragung des Zahlungsauslösedienstleisters durch den Zahler oder den Zahlungsempfänger erfolgt (str.;
dazu → § 1 Rn. 616). Die zivilrechtliche Hauptleistungspflicht des Zahlungsauslösedienstleisters ist dabei die Übermittlung des Zahlungsauftrags. Im Rahmen dieser
Übermittlung ist der Zahlungsauslösedienstleister in der Regel als Erklärungsbote
anzusehen (Terlau jurisPR-BKR 2/2016, Anm. 1; du Mont/van der Hout RdZ
2022, 114 (115); MüKo BGB/Casper § 675f Rn. 44; dem weitestgehend folgend
Schäfer/Omlor/Mimberg/Omlor § 48 Rn. 8: Empfangsbote; Staudinger BGB/
Omlor § 675c Rn. 29; offen lassend Schäfer/Omlor/Mimberg/Omlor Rn. 14; anders dagegen MüKo HGB/Linardatos K. Online-Banking Rn. 287: Stellvertretung). Gem. § 49 Abs. 1 S. 1 darf nämlich der Zahlungsauslösedienstleister keinerlei
Entscheidungsspielraum im Hinblick auf den Zahlungsauftrag haben. Daneben sollten zahlreiche Regelungen des § 49, insbesondere § 49 Abs. 1 S. 1 und S. 2 sowie
Abs. 2 S. 2, als vertragliche (Neben-)Leistungspflichten des Zahlungsauslösedienstleisters im Rahmen des Geschäftsbesorgungsvertrags anzusehen sein, sodass ein Ver-

stoß gegen diese auch zivilrechtlich eine Vertragsverletzung darstellen würde. Sollte der Geschäftsbesorgungsvertrag des Zahlungsauslösedienstleisters mit dem Zahlungsempfänger geschlossen werden, so wird man in der Regel eine Schutzwirkung dieses Vertrags zugunsten des Zahlers annehmen können (vgl. Terlau jurisPR-BKR 2/2016, Anm. 1). Vgl. im Übrigen auch → § 48 Rn. 8 ff. Die deutsche Finanzaufsicht BaFin verlangt allerdings wohl (unveröffentlicht) einen unmittelbaren Vertrag zwischen dem Zahlungsauslösedienstleister und dem Zahler.

4. Drittschützende Wirkung

Zur drittschützenden Wirkung im Delikts- und zivilrechtlichen Sekundärrecht **3a** siehe Kommentierung zu § 48 (→ § 48 Rn. 7 ff.; vgl. auch Ellenberger/Findeisen/Nobbe/Böger/Dietze Rn. 412 ff.; Schwennicke/Auerbach/Schwennicke Rn. 16 [„§ 48 ist Schutzgesetz"]; vgl. auch Schäfer/Omlor/Mimberg/Omlor Rn. 52, 54 f.).

5. Inkrafttreten

→ § 48 Rn. 11. **3b**

II. Pflichten des Zahlungsauslösedienstleisters

1. Merkmale des Zahlungsvorgangs nicht ändern (Abs. 1 Satz 1)

a) Allgemeines. Der Zahlungsauslösedienstleister darf den Zahlbetrag, den **4** Zahlungsempfänger oder ein anderes Merkmal des Zahlungsvorgangs nicht ändern. Dies stellt eine nahezu wörtliche Umsetzung des Art. 66 Abs. 3 lit. h PSD2 dar (RegBegr., BT-Drs. 18/11495, 133). Es handelt sich dabei um eine aufsichtsrechtliche Vorgabe (ebenso Schäfer/Omlor/Mimberg/Omlor Rn. 14); sie entspricht aber typischerweise auch dem gemeinsamen Willen der Parteien des Geschäftsbesorgungsvertrags, dh Zahlungsauslösedienstleister und Zahlungsdienstnutzer (vgl. → Rn. 3; zustimmend Schäfer/Omlor/Mimberg/Omlor Rn. 14).

b) Im Einzelnen. Soweit das Änderungsverbot auch **andere Merkmale des** **5** **„Zahlungsvorgangs"** betrifft, dürften Richtlinie und Gesetz fehlerhaft formuliert sein. Nach § 1 Abs. 33 ist es Aufgabe des Zahlungsauslösedienstleisters, den Zahlungsauftrag, nicht jedoch den Zahlungsvorgang, zu übermitteln. Der Zahlungsauftrag beinhaltet die Weisung des Zahlers. Hierzu gehört zB auch der Verwendungszweck. Im Rahmen von Zahlungsauslösediensten wird der Verwendungszweck allerdings häufig vom Zahlungsempfänger, nämlich dem mit dem Zahlungsauslösedienstleister kooperierenden Händler, geliefert. Somit darf der Zahlungsauslösedienstleister auch die vom Zahlungsempfänger bereitgestellten Angaben zum Verwendungszweck sowie zum Zahlbetrag oder zum Zahlungsempfänger nicht selbst ändern. **Zeitlich** dürfte das Änderungsverbot sowohl vor Autorisierung des Zahlungsauftrags durch den Zahler als auch danach gelten. Der Zahler muss sich darauf verlassen können, dass die von ihm oder vom Zahlungsempfänger übermittelten Angaben unangetastet bleiben.

2. Keine Gelder des Zahlers halten (Abs. 1 Satz 2)

6   **a) Allgemeines.** Der Zahlungsauslösedienstleister darf zu keiner Zeit Gelder des Zahlers im Zusammenhang mit der Erbringung des Zahlungsauslösedienstes halten. Hierbei handelt es sich um die nahezu wörtliche Umsetzung des Art. 66 Abs. 3 lit. a PSD2. In der zugrundeliegenden Richtlinie findet sich anstatt „Gelder" das Wort „Geldbeträge"; diese sind zwar nicht im ZAG, aber in Art. 4 Nr. 25 PSD2 definiert als Banknoten, Münzen, Giralgeld oder E-Geld (vgl. Schäfer/Omlor/Mimberg/Omlor Rn. 17; ungenau vgl. RegBegr., BT-Drs. 18/11495, 135 und Ellenberger/Findeisen/Nobbe/Böger/Dietze Rn. 419 „Bargeld, Giralgeld oder eine andere Form von Zahlungsmitteln", ähnlich Schwennicke/Auerbach/Schwennicke Rn. 4). Kryptowährungen sind mithin nicht erfasst (Schäfer/Omlor/Mimberg/Omlor Rn. 17).

7   **b) Gelder des Zahlers.** Geld könnte für die Zwecke der Vorschrift dann Geld des Zahlers sein, solange es nicht transferiert ist, dh solange es sich im Verfügungsbereich des kontoführenden Zahlungsdienstleisters des Zahlers befindet und den Auszahlungsanspruch des Zahlers gegen den kontoführenden Zahlungsdienstleister begründet. Es erscheint allerdings fraglich, ob das Verbot des Abs. 1 Satz 2 dann seine Wirkung verlieren soll, wenn die betreffenden Gelder den Einwirkungsbereich des kontoführenden Zahlungsdienstleisters des Zahlers verlassen, also zB an einen weiteren Zahlungsdienstleister oder an ein Clearing-System umgebucht werden. Sinn und Zweck der Vorschrift ist es wohl, dass Zahlungsauslösedienstleister als solche („Gelder des Zahlers im Zusammenhang mit der Erbringung des Zahlungsauslösedienstes") nicht in den Geldstrom des vom Zahler beauftragten und über den Zahlungsauslösedienstleister ausgelösten Zahlungsvorgangs eingeschaltet sind, weil und wenn ihnen hierfür die Erlaubnis fehlt. Dies bedeutet, dass der Zahlungsauslösedienstleister als solcher auch nicht in den Geldstrom eingebunden sein darf, der nach Verlassen der Verfügung des kontoführenden Zahlungsdienstleisters stattfindet, zB die Entgegennahme des Geldes für den Zahlungsempfänger. Anders ist dies, wenn der Zahlungsauslösedienstleister als Institut des ZAG oder als Kreditinstitut eine umfassende Erlaubnis zur Erbringung von Zahlungsdiensten hat und zB gleichzeitig als kontoführender Zahlungsdienstleister des Zahlungsempfängers tätig wird. In diesem Fall würde er nicht mehr „im Zusammenhang mit der Erbringung des Zahlungsauslösedienstes" tätig werden (zustimmend Schäfer/Omlor/Mimberg/Omlor Rn. 19; anders, aber, zu eng: Ellenberger/Findeisen/Nobbe/Böger/Dietze Rn. 420: Verbot rein deklaratorisch, da das Halten von Geldern eine Annahme als Zahlungsauslösedienstleister per Definition ausschließen würde).

8   **c) Gelder halten.** Das Halten von Geldern bedeutet im Hinblick auf das für Zahlungsauslösedienstleister wesentliche Giralgeld die Verfügungsbefugnis über diese (RegBegr., BT-Drs. 18/11495, 135). Ein Dienstleister erlangt Besitz an Geldern, „wenn er zwar selbst nicht Inhaber der Konten ist, über die die Gelder fließen, aber dem ausführenden Zahlungsdienstleister gegenüber ausschließlich die Weisungsbefugnisse ausübt". Bei Buchgeldbeträgen ist Besitz dabei „im Sinne einer Verfügungsbefugnis zu verstehen" (BaFin-Merkblatt ZAG v. 14.2.2023, Abschn. VI; RegBegr., BT-Drs. 18/11495, 115; weiter Schäfer/Omlor/Mimberg/Omlor Rn. 18, der die faktische Verfügungsmöglichkeit genügen lässt).

3. Identifizierungspflicht (Abs. 2 Satz 1)

a) Allgemeines. Der Zahlungsauslösedienstleister muss sich jedes Mal, wenn er **9** die Zahlung auslöst, gegenüber dem kontoführenden Zahlungsdienstleister identifizieren. Hierbei handelt es sich um eine nahezu wörtliche Umsetzung von Art. 67 Abs. 3 lit. d Hs. 1 PSD2. Diese Anforderung dient nicht nur der Sicherheit des Zahlungsvorgangs, sondern soll auch klare Verantwortlichkeiten schaffen, indem für den kontoführenden Zahlungsdienstleister verpflichtend erkennbar wird, ob ein bestimmter Zahlungsauftrag über einen Zahlungsauslösedienstleister ausgelöst wird und über welchen (RegBegr., BT-Drs. 18/11495, 135).

b) Identifizierungspflicht. aa) Die Regelung der Richtlinie verweist auf **10** Art. 98 Abs. 1 lit. d PSD2, worin der Auftrag an die EBA enthalten ist, technische Regulierungsstandards betreffend Kommunikation und Identifizierung zu erlassen. In Art. 30 PSD2-RTS (→ Anh. § 45 Rn. 1 ff.) sind die allgemeinen Anforderungen aufgelistet, die eine durch den kontoführenden Zahlungsdienstleister eingerichtete Schnittstelle erfüllen muss. Art. 34 PSD2-RTS legt die Anforderungen an die qualifizierten Zertifikate fest, die für die Identifizierung verwendet werden müssen, während Art. 35 PSD2-RTS die Sicherheit von Kommunikationssitzungen regelt (Ellenberger/Findeisen/Nobbe/Böger/Dietze Rn. 423f., 436ff.). Die EBA-Op-2018-7 vom 10. 12. 2018 spezifiziert wiederum, welche Anforderungen an die Zertifikate zu stellen sind (eIDAS certificates = electronic IDentification, Authentication and trust Services) und nennt als Möglichkeiten QSealCs und QWACs (EBA-Op-2018-7, Tz. 8). Dabei empfiehlt die EBA, beide Zertifikate parallel zu nutzen (EBA-Op-2018-7, Tz. 15), auch wenn eine getrennte Verwendung möglich ist, wobei die QSealCs auch immer noch mit einem zusätzlichen Element zur sicheren Kommunikation versehen werden müssen (EBA-Op-2018-7, Tz. 14).

bb) Sinn und Zweck der Identifizierung ist es, dem kontoführenden Zah- **10a** lungsdienstleister die Prüfung der Erlaubnis des zugreifenden Zahlungsauslösedienstleisters zu ermöglichen (vgl. auch Art. 34 Abs. 3 PSD2-RTS → Anh. § 45 Rn. 1 ff.). Hierdurch soll der kontoführende Zahlungsdienstleister die technische Infrastruktur des Zahlungsauslösedienstleisters kontrollieren und damit die Verlässlichkeit, Verfügbarkeit und Sicherheit seiner Systeme gewährleisten können. Die Identifizierung ist auch aus Haftungsgründen wichtig; es muss ausgeschlossen werden, dass die Haftung des kontoführenden Zahlungsdienstleisters begründet wird, wenn ein Zahlungsauslösedienstleister ohne Erlaubnis und ohne Haftpflichtversicherung die Zahlung auslöst (so auch Schäfer/Omlor/Mimberg/Omlor Rn. 21). Zudem dürfte es dem Zahler verboten sein, seine Kontozugangsdaten an einen Dritten weiterzugeben, wenn dieser keine Erlaubnis als Zahlungsauslösedienstleister (oder Kontoinformationsdienstleister) hat (ähnlich Spindler/Zahrte BKR 2014, 265 (269), die allerdings noch weiter gehen; ähnlich Schäfer/Omlor/Mimberg/Omlor Rn. 22); eine Weitergabe an einen nicht zugelassenen Dritten wäre unbefugt und damit in der Regel grob fahrlässig iSv § 675v Abs. 3 Nr. 2 lit. a BGB (so auch Schäfer/Omlor/Mimberg/Omlor Rn. 23). Die Identifizierung dient deshalb insgesamt der Zuordnung der Verantwortlichkeit (RegBegr., BT-Drs. 18/11495, 135).

cc) Die **einzige Identifizierungsart** ist gem. Art. 34 PSD2-RTS (Anhang **10b** § 45) das qualifizierte Zertifikat (vgl. dazu auch Ellenberger/Findeisen/Nobbe/Böger/Dietze Rn. 424). So existieren ein qualifiziertes Zertifikat für elektronische Siegel nach Art. 3 Abs. 30 eIDAS-VO (QSealSc) oder ein qualifiziertes Zertifikat für eine Website-Authentifizierung gem. Art. 3 Abs. 39 eIDAS-VO (QWACs) (EBA/RTS/2017/02, Chapter 4.3.3, Comments 229, 230, 231); andere Identifizierungsstandards sind nicht zugelassen. Folglich hat die EBA es auch abgelehnt, den LEI-Standard gemäß ISO 17442:2019 (LEI = Legal Entity Identifier) zu verwenden (EBA/RTS/2017/02, Chapter 4.3.3, Comment 248). Damit überlassen die PSD2-RTS die Sicherheit, die Vertraulichkeit, die Verschlüsselung und die Registrierung der Inhaber von qualifizierten Zertifikaten sowie den Prozess der Erteilung derselben den Vorgaben der eIDAS-VO (EBA/RTS/2017/02, Chapter 4.3.3, Comments 234–246). Gefordert ist, dass jeder Zahlungsauslösedienstleister (oder Kontoinformationsdienstleister bzw. Drittkartenemittent) ein einziges qualifiziertes Zertifikat für den Zweck der Identifizierung bereithält, welches den Anforderungen des Art. 34 Abs. 3 PSD2-RTS genügt (EBA/RTS/2017/02, Chapter 4.3.3, Comment 247). Die nach der eIDAS-VO vergebene Registernummer ist Zulassungsnummer iSd PSD2-RTS und muss im Register der Bundesanstalt (§ 43) eingetragen werden (Art. 34 Abs. 2 PSD2-RTS; Ellenberger/Findeisen/Nobbe/Böger/Dietze Rn. 427).

10c   **dd) Gegenüber dem kontoführenden Zahlungsdienstleister.** Die Identifizierung hat gegenüber dem kontoführenden Zahlungsdienstleister des Zahlers zu erfolgen. Dieser muss die Identifizierung nach Art. 34 PSD2-RTS prüfen können. Er muss sich darauf verlassen können; bei Widerruf der Erlaubnis des Zahlungsauslösedienstleisters muss demnach die Identifizierung unverzüglich unmöglich werden. Schließlich muss auch gegenüber kontoführenden Zahlungsdienstleistern im EU-Ausland die Identifizierung möglich sein. Gem. Art. 34 Abs. 3 PSD2-RTS müssen die Zertifikate zusätzliche Attribute enthalten, aus denen deutlich wird, dass es sich bei dem Zertifikateinhaber um einen Zahlungsauslösedienstleister handelt. Gem. Art. 34 Abs. 1 PSD2-RTS ist der Zahlungsauslösedienstleister verpflichtet, ein solches Zertifikat vorzuhalten und es zur Identifizierung zu nutzen, während der kontoführende Zahlungsdienstleister sicherzustellen hat, dass die zur Verfügung gestellte Konten-Schnittstelle eine Identifizierung ermöglicht.

10d   **ee) Übergangsregelung.** Bis zur Geltung der Identifizierungsregelungen der PSD2-RTS ab dem 14.9.2019 durften kontoführende Zahlungsdienstleister nicht deshalb den Zugang zu Zahlungskonten verweigern, weil eine Identifizierung nicht möglich war (vgl. auch § 68 Abs. 3); bis dahin konnten kontoführende Zahlungsdienstleister keine wesentlichen Anforderungen an den Zugriff stellen (RegBegr., BT-Drs. 18/11495, 135).

11   **c) Jedes Mal, wenn er Zahlung auslöst.** Die Identifizierung hat mit jeder Zahlungsauslösung zu erfolgen. Sofern allerdings ein Dauerauftrag ausgelöst wird, sollte ein einmaliges Identifizieren ausreichen (zustimmend Schäfer/Omlor/Mimberg/Omlor Rn. 25). Dagegen kommt nicht in Betracht, dass ein Zahlungsauslösedienstleister sich einmal identifiziert, um mehrere Zahlungsaufträge verschiedener Zahler zu übermitteln. Dies gilt nach dem Wortlaut des Gesetzes auch dann, wenn es sich um mehrere Zahlungsaufträge desselben Zahlers handelt. Das erscheint zwar unnötig kompliziert, sollte aber technisch durch Übermittlung des in Art. 34 PSD2-RTS geforderten eIDAS-Zertifikats relativ unproblematisch möglich sein. Begründet werden kann dieses Erfordernis damit, dass durch jeden Zahlungsauftrag unterschiedliche Pflichtverletzungen ausgelöst werden können (Schäfer/Omlor/Mimberg/Omlor Rn. 25).

4. Schutz der personalisierten Sicherheitsmerkmale (Abs. 2 Satz 2)

a) Allgemeines. Der Zahlungsauslösedienstleister hat sicherzustellen, dass die **12** personalisierten Sicherheitsmerkmale des Zahlers keinem Dritten (außer dem Zahler und dem Emittenten der personalisierten Sicherheitsmerkmale) zugänglich sind (RegBegr., BT-Drs. 18/11495, 135). Hierbei handelt es sich um eine nahezu wörtliche Umsetzung von Art. 66 Abs. 3 lit. b Hs. 1 PSD2. Der Schutz der personalisierten Sicherheitsmerkmale soll ein hohes Schutzniveau bei der Erbringung von Zahlungsauslösediensten sicherstellen (Ellenberger/Findeisen/Nobbe/Böger/Dietze Rn. 428).

b) Personalisierte Sicherheitsmerkmale sind in § 1 Abs. 25 definiert; siehe **13** die Kommentierung hierzu in → § 1 Rn. 527 ff.

c) Der Emittent der personalisierten Sicherheitsmerkmale ist derjenige, **14** der sie ausgegeben hat. Dies wird in der Regel der kontoführende Zahlungsdienstleister sein (vgl. Erwägungsgrund Nr. 30 PSD2; so auch Schäfer/Omlor/Mimberg/Omlor Rn. 28). Anders wäre dies ausnahmsweise, wenn der kontoführende Zahlungsdienstleister die Authentifizierung an einen Zahlungsauslösedienstleister oder an einen Dritten ausgelagert und der Dritte die personalisierten Sicherheitsmerkmale zwecks Authentifizierung selbst ausgegeben hätte, ohne dass diese Ausgabe dem kontoführenden Zahlungsdienstleister als eigene Ausgabe zurechenbar wäre (vgl. nur indirekt Ellenberger/Findeisen/Nobbe/Böger/Dietze Rn. 429, Erwägungsgrund Nr. 18 PSD2-RTS; Schäfer/Omlor/Mimberg/Omlor Rn. 28).

d) Sicherstellen, dass die personalisierten Sicherheitsmerkmale keiner **15** **anderen Partei zugänglich sind. aa) Recht des Zahlungsauslösedienstleisters.** Aus der Pflicht des Abs. 2 Satz 2, den Schutz der personalisierten Sicherheitsmerkmale sicherzustellen, folgt gleichzeitig, dass der Zahlungsauslösedienstleister das Recht hat, diese Merkmale entgegenzunehmen, auf sie zuzugreifen und sie für die Ausführung des Zahlungsauslösedienstes einzusetzen (so auch jetzt Schäfer/Omlor/Mimberg/Omlor Rn. 30). Dieses Recht wird auch in § 55 Abs. 3 und Abs. 4 (Art. 97 Abs. 4 und Abs. 5 PSD2) vorausgesetzt. Damit wird der jahrelange Streit zwischen kontoführenden Zahlungsdienstleistern (Banken) und „dritten Zahlungsdienstleistern" beendet; dazu unter → § 1 Rn. 149 f.

bb) „Sicherstellen". (1) Der Begriff ist wörtlich der PSD2 entnommen. Die **16** Formulierung, „sicherzustellen, dass die personalisierten Sicherheitsmerkmale keiner anderen Partei zugänglich sind", **dürfte zu weit gehen.** Zahlungsauslösedienstleister sind für ihre eigene Sphäre verantwortlich; ob personalisierte Sicherheitsmerkmale beim Zahler oder beim kontoführenden Zahlungsdienstleister abhandenkommen oder ob ein Dritter im Rahmen der Sphäre des Zahlers oder des kontoführenden Zahlungsdienstleisters (berechtigt oder unberechtigt) darauf zugreift, ist nicht Angelegenheit des Zahlungsauslösedienstleisters. Dieser ist nur dann verantwortlich, soweit und solange er hierauf Zugriff hat und dann auch nur im Zusammenhang mit diesem Zugriff. „Sicherstellen" bedeutet demgemäß, dass der Zahlungsauslösedienstleister die von den PSD2-RTS vorgegebenen Maßnahmen der Verschlüsselung und sicheren Übermittlung umsetzen und einhalten muss (so auch Schäfer/Omlor/Mimberg/Omlor Rn. 32).

(2) Zivilrechtlich kommt allerdings eine Haftung des Zahlungsauslösedienst- **16a** leisters in Betracht, wenn in seiner Sphäre ein unbefugter Dritter (auch ein Mitarbeiter des Zahlungsauslösedienstleisters, vgl. Art. 35 Abs. 5 UAbs. 1 PSD2-RTS) in den Besitz der personalisierten Sicherheitsmerkmale gelangt und diese verwen-

det; dies würde eine Verletzung des Vertrags zwischen dem Zahlungsauslösedienstleister und dem Zahlungsdienstnutzer, sei es der Zahler oder der Zahlungsempfänger, nach sich ziehen (Terlau jurisPR–BKR 2/2016, Anm. 1; ähnlich Omlor WM
2018, 57 (60 f.); Omlor ZEuP 2021, 821 (835)). Ein Geschäftsbesorgungsvertrag
zwischen Zahlungsauslösedienstleister und Zahlungsempfänger sollte insoweit
Schutzwirkung zugunsten des Zahlers entfalten (Terlau jurisPR–BKR 2/2016,
Anm. 1; es sei denn, es bestünde ein unmittelbarer Vertrag zum Zahler).

16b   **cc) Keiner anderen Partei.** Das Verbot der Weitergabe an eine andere Partei
stellt einen fundamentalen Teil des Kompromisses zwischen Banken und dritten
Zahlungsdienstleistern dar (vgl. zur Entstehungsgeschichte → § 1 Rn. 148 ff.). Gefordert wurde ein starker Schutz der Kontozugangsdaten, sodass eine Gefahr des
Missbrauchs des Kontozugangs abgewendet wird. **(1)** Im Ergebnis sollte jedoch
nicht ausgeschlossen sein, dass der Zahlungsauslösedienstleister die personalisierten
Sicherheitsmerkmale einem **technischen Dienstleister** im Rahmen einer Auslagerung an diesen zugänglich macht. Fraglich ist nämlich bereits, ob ein technischer
Dienstleister des Zahlungsauslösedienstleisters eine „andere Partei" iSd Wortlauts
des § 49 Abs. 2 S. 2 (Art. 66 Abs. 3 lit. b Hs. 1 PSD2) darstellt, weil es sich bei diesem
um einen Erfüllungsgehilfen des Zahlungsauslösedienstleisters handelt. Im Vergleich
wird beispielsweise in der deutschen Fassung des Art. 70 Abs. 1 lit. a PSD2 nicht der
Begriff „Partei", sondern der Begriff „Person" verwendet, um klarzustellen, dass die
Weitergabe der personalisierten Sicherheitsmerkmale an jede andere natürliche oder
juristische Person verboten ist (in der englischen Sprachfassung Art. 70 allerdings
„are not accessible to parties other than the payment service user that is entitled to
use the payment instrument", frz. „d'autres parties", auch niederländisch; ohne Verwendung des Wortes „Parteien" wohl dänisch, schwedisch, italienisch: „nicht zugänglich für andere als den Zahlungsdienstenutzer", spanisch: „zugänglich allein für
den Zahlungsdienstenutzer"). Der technische Dienstleister eines Zahlungsdienstleisters wird jedoch typischerweise nicht als „andere Partei" wahrgenommen, sodass
diese Formulierung dafür spricht, dass technische Dienstleister nicht vom Weitergabeverbot in Abs. 2 Satz 2 erfasst sind. Auch die Sicherheitslage sollte nicht dagegen
sprechen: Da es auf Seiten kontoführender Zahlungsdienstleister der Üblichkeit entspricht, technische Dienstleister sowohl für die Abwicklung von Zahlungsvorgängen als auch für die Authentifizierung einzusetzen, wird man dieses Recht auch
einem Zahlungsauslösedienstleister zugestehen müssen. Man wird nicht geltend
machen können, dass sich durch die Einschaltung eines weiteren technischen
Dienstleisters die Sicherheitslage verschlechtert. Es sollte des Weiteren dem Gebot
der Gleichbehandlung aller Zahlungsdienstleister entsprechen, dass auch Zahlungsauslösedienstleistern die Einschaltung von technischen Subunternehmern gestattet
ist (iE wie hier Schäfer/Omlor/Mimberg/Omlor Rn. 31).

17   **(2)** Anders dagegen wird zu urteilen sein, wenn ein Zahlungsauslösedienstleister
sonstige Kooperationspartner einschaltet; hier besteht keine Notwendigkeit
von dem strikten Verbot des Abs. 2 Satz 2 abzuweichen.

18   **dd) Weitere Anforderungen an den Umgang** des Zahlungsauslösedienstleisters mit den personalisierten Sicherheitsmerkmalen stellen die Art. 22 ff. PSD2-RTS
sowie Art. 35, 36 PSD2-RTS (→ Anh. § 45 Rn. 1 ff.) auf (vgl. auch unten Abs. 3
Satz 2, → Rn. 20 ff.). Der Art. 22 PSD2-RTS ist anwendbar, weil Zahlungsauslösedienstleister vom Begriff der Zahlungsdienstleister erfasst sind (→ § 1 Rn. 157 f.; vgl.
auch Ellenberger/Findeisen/Nobbe/Böger/Dietze Rn. 429 ff.). Die Regelungen in
Art. 23–27 PSD2-RTS behandeln die Ausgabe und Rücknahme von Authentifi-
zierungsmerkmalen; diese finden deshalb auf Zahlungsauslösedienstleister (und

Kontoinformationsdienstleister) idR nicht unmittelbar Anwendung. Dies wäre nur dann der Fall, wenn sie an den Zahlungsdienstnutzer ein eigenes Authentifizierungsverfahren für eigene Zwecke ausgeben oder (mittelbar) wenn sie das Authentifizierungsverfahren für den kontoführenden Zahlungsdienstleister im Wege der Auslagerung übernehmen (vgl. Ellenberger/Findeisen/Nobbe/Böger/Dietze Rn. 429, die feststellt, dass es auf das Geschäftsmodell ankommt und die Vorschriften insoweit vorrangig den kontoführenden Zahlungsdienstleister treffen). Art. 35 Abs. 1 PSD2-RTS verpflichtet auch Zahlungsauslösedienstleister zur Gewährleistung des Schutzes der Vertraulichkeit und Integrität der Daten, dh einschl. der personalisierten Sicherheitsmerkmale. Deshalb sind Zugangssitzungen so kurz wie möglich zu halten (Art. 35 Abs. 2 PSD2-RTS; Schäfer/Omlor/Mimberg/Omlor Rn. 35) und es ist sicherzustellen, dass Nachrichten nicht fehlgeleitet werden können (Art. 35 Abs. 3, Art. 28 Abs. 2 PSD2-RTS). Zudem haben auch Zahlungsauslösedienstleister sicherzustellen, dass personalisierte Sicherheitsmerkmale und Authentifizierungscodes zu keiner Zeit direkt oder indirekt von Mitarbeitern lesbar sind (Art. 35 Abs. 5 UAbs. 1 PSD2-RTS). Darüber hinaus trifft die Dienstleister eine Unterrichtungspflicht, falls die Vertraulichkeit dieser Merkmale nicht mehr gegeben ist, dh sie haben sowohl den betroffenen Zahlungsdienstnutzer als auch den Aussteller der personalisierten Sicherheitsmerkmale unverzüglich zu unterrichten (Art. 35 Abs. 5 UAbs. 2 PSD2-RTS). Hierbei handelt es sich um die Ergänzung der Pflichten des Zahlungsdienstnutzers nach § 675l BGB durch Pflichten der Zahlungsauslösedienstleister.

5. Sichere Kommunikation (Abs. 3 Satz 1)

Nach Abs. 3 Satz 1 hat der Zahlungsauslösedienstleister mit dem kontoführen- **19** den Zahlungsdienstleister, dem Zahler und dem Zahlungsempfänger auf sichere Weise zu kommunizieren (vgl. auch RegBegr., BT-Drs. 18/11495, 135). Hierbei handelt es sich um eine wörtliche Umsetzung von Art. 66 Abs. 3 lit. d Hs. 2 PSD2. Siehe hierzu auch die Kommentierung unter → § 45 Rn. 14 sowie Anhang § 45.

6. Sichere Übermittlung der personalisierten Sicherheitsmerkmale (Abs. 3 Satz 2)

a) Allgemeines. Soweit die Übermittlung der personalisierten Sicherheits- **20** merkmale des Zahlers erforderlich ist, darf dies nur über sichere und effiziente Kanäle geschehen. Hierbei handelt es sich um eine nahezu wörtliche Umsetzung von Art. 66 Abs. 3 lit. b Hs. 2 PSD2; der deutsche Gesetzgeber hat noch den Konditionalsatz („soweit …") hinzugefügt. Erfasst werden vor allem Merkmale der IT-Sicherheit, insbes. die Gewährleistung von Vertraulichkeit und Integrität der Daten (Ellenberger/Findeisen/Nobbe/Böger/Dietze Rn. 432; Erwägungsgrund Nr. 18, 26 PSD2-RTS). Die Regelung geht Hand in Hand mit Abs. 2 Satz 2, wonach der Zahlungsauslösedienstleister sicherzustellen hat, dass die personalisierten Sicherheitsmerkmale keiner anderen Partei zugänglich sind (so auch Schäfer/Omlor/Mimberg/Omlor Rn. 26, 34). In der Richtlinie sind beide Anforderungen zusammen in Buchstabe b geregelt. Das Auseinanderziehen dieser Regelungen durch den deutschen Gesetzgeber kann diesen Zusammenhang nicht aufheben. **Erforderlich** iSv Abs. 3 Satz 2 ist die Übermittlung der Sicherheitsmerkmale dann, wenn sie nach den gesetzlichen Vorgaben technisch notwendig ist für den konkreten Zahlungsvorgang (Schäfer/Omlor/Mimberg/Omlor Rn. 35).

21   **b) Personalisierte Sicherheitsmerkmale.** Personalisierte Sicherheitsmerkmale sind in § 1 Abs. 25 definiert; siehe die Kommentierung hierzu in → § 1
Rn. 527 ff.

22   **c) Übermittlung über sichere und effiziente Kanäle. aa)** Im Gegensatz zu
Abs. 2 Satz 2, der umfassend das „[S]icherstellen" anordnet (→ Rn. 12 ff.), adressiert
Abs. 3 Satz 2 die Übertragung. Für die Sicherheit der Übertragung ist deshalb
Abs. 3 Satz 2 die **speziellere Regelung** gegenüber Abs. 2 Satz 2.

23   **bb)** Die **einzelnen Anforderungen** finden sich in Art. 22 ff. PSD2-RTS, die
Abs. 3 Satz 2 konkretisieren. Art. 22 ff. PSD2-RTS sind auch auf Zahlungsauslösedienstleister anwendbar (→ Rn. 18). Dies gilt insbesondere für Art. 22 Abs. 4,
wonach die Verarbeitung und Weiterleitung von personalisierten Sicherheitsmerkmalen und Authentifizierungscodes in sicheren Umgebungen gem. weithin anerkannten, strengen Branchenstandards stattzufinden hat. Solche Branchenstandards
dürften zB ISO 27001 zu Information Security Management Systems bzw. die IT-
Grundschutz-Standards des BSI sein. Zudem haben auch Zahlungsauslösedienstleister gem. Art. 28 Abs. 2 PSD2-RTS die Risiken einer Fehlleitung der Kommunikation an Unbefugte wirksam einzudämmen; darüber hinaus gilt das Gebot der
Rückverfolgbarkeit gem. Art. 29 PSD2-RTS (beide abgedruckt im → Anh. § 45
Rn. 1 ff.). Aus Art. 29 Abs. 2 PSD2-RTS ergibt sich das Gebot der eindeutigen
Kennung, Art. 35 Abs. 1 PSD2-RTS gebietet die sichere Verschlüsselung, Art. 35
Abs. 2 PSD2-RTS enthält das Gebot, die Zugangssitzung so kurz wie möglich zu
halten und Art. 35 Abs. 3 PSD2-RTS will Fehlleitungen von Nachrichten und
Informationen verhindern. Art. 35 Abs. 4 PSD2-RTS gebietet eindeutig identifi-
zierte Zahlungsvorgange, Art. 35 Abs. 5 PSD2-RTS verbietet den Zugriff von Mit-
arbeitern.

7. Nur die erforderlichen Daten verlangen (Abs. 4 Satz 1 Hs. 1)

24   **a) Allgemeines.** Der Zahlungsauslösedienstleister darf nur die für die Erbringung des Zahlungsauslösedienstes erforderlichen Daten verlangen. Hierbei handelt
es sich um eine nahezu wörtliche Umsetzung von Art. 66 Abs. 3 lit. f PSD2.

25   **b) Erforderliche Daten verlangen. aa)** Die Regelung ist eine spezielle **Da-
tenschutzvorschrift** (RegBegr., BT-Drs. 18/11495, 136; aA Schäfer/Omlor/
Mimberg/Omlor Rn. 38: zahlungsrechtlich mit datenschutzrechtlichen Zielen)
und stellt eine Beschränkung durch das Zahlungsrecht dar. Sie gilt für natürliche
sowie auch für juristische Personen, selbst, wenn letztere nicht dem allgemeinen
Datenschutzrecht unterfallen. Es handelt sich hierbei um eine Ausprägung des
Grundprinzips der Datenminimierung aus Art. 5 Abs. 1 lit. c DSGVO (Weichert
BB 2018, 1161 (1164); Schwennicke/Auerbach/Schwennicke Rn. 9). Zweck der
Vorschrift des Abs. 4 Satz 1 Hs. 1 ist die Sicherheit von Zahlungen und der allgemeine Schutz der Daten des Zahlers (RegBegr., BT-Drs. 18/11495, 136; Ellen-
berger/Findeisen/Nobbe/Böger/Dietze Rn. 439; vgl. Schwennicke/Auerbach/
Schwennicke Rn. 8). Die Entgegennahme der Daten verlangt eine datenschutzrechtliche Rechtfertigung; diese besteht für Zahlungsauslösedienstleister aufgrund
der Beauftragung durch den Zahler (Art. 6 Abs. 1 S. 1 lit. b DSGVO) oder aufgrund
der Einwilligung des Zahlers (Art. 6 Abs. 1 S. 1 lit. a DSGVO) (vgl. hierzu
→ Rn. 41).

26   **bb) Welche Daten** der Zahlungsauslösedienstleister verlangen darf, richtet sich
nach dem vereinbarten Zahlungsauslösedienst; genauer gesagt danach, was für die

Erbringung des konkreten Zahlungsauslösedienstes erforderlich ist (auch Schäfer/ Omlor/Mimberg/Omlor Rn. 39); erforderlich sind die Daten, die vom Zahlungsdienstnutzer beim direkten Auslösen des Zahlungsvorgangs angefordert würden (Art. 36 Abs. 4 PSD2-RTS). Ziel ist im Grundsatz ein Überweisungsauftrag, sodass jedenfalls folgende Angaben erforderlich sind: Name, Kontonummer/BLZ bzw. IBAN/BIC des Zahlers, Name des Zahlungsempfängers, Kontonummer des Zahlungsempfängers, Zahlbetrag, Währung, Verwendungszweck sowie die personalisierten Sicherheitsmerkmale (so auch Schäfer/Omlor/Mimberg/Omlor Rn. 39). Auch der Verwendungszweck/die Referenz der Zahlung gehört zu den erforderlichen Daten, da ansonsten die Zuordnung der Zahlung beim Zahlungsempfänger in der Regel nicht möglich ist. Im Übrigen richtet sich die Erforderlichkeit nach der konkreten Art des Überweisungsauftrags. Deshalb gehören des Weiteren hierzu: Zeiten der Ausführung bei Daueraufträgen (recurring transactions) oder sonstige Angaben für die jeweilige Zahlungsart, die auch der kontoführende Zahlungsdienstleister abfragen müsste, um den Zahlungsauftrag korrekt auszuführen (EBA/ OP/2018/04, Tz. 29). Dies ist Folge der Nichtdiskriminierungspflicht(→ § 48 Rn. 29), nach der kontoführende Zahlungsdienstleister dem Zahlungsauslösedienstleister dieselben Arten von Zahlungen ermöglichen müssen, die sie selbst dem eigenen Zahlungsdienstnutzer (dem Kontoinhaber) anbieten. Darüber hinaus darf der Zahlungsauslösedienstleister die personalisierten Sicherheitsmerkmale des Zahlers abfragen; dies folgt aus dem Recht des Zahlungsauslösedienstleisters gem. § 55 Abs. 4, sich auf diese Merkmale zu stützen. Für den kontoführenden Zahlungsdienstleister gilt diesbezüglich das Behinderungsverbot des Art. 32 Abs. 3 PSD2-RTS.

cc) Darüberhinausgehende Daten darf der Zahlungsauslösedienstleister nicht **27** verlangen; genauer, keine Daten, die nicht für die Zahlungsauslösung erforderlich sind (Schäfer/Omlor/Mimberg/Omlor Rn. 39). Hierzu gehören Anschrift, Geburtsdatum und Sozialversicherungsnummer des Zahlers (EBA/OP/2018/04, Tz. 27; → § 48 Rn. 24). Auch sonstige Daten zum wirtschaftlichen Hintergrund des Zahlungsgeschäfts darf der Zahlungsauslösedienstleister nicht verlangen, es sei denn, er würde sie zur Verhütung, Ermittlung oder Feststellung von Betrug im Zahlungsverkehr benötigen (§ 59 Abs. 1).

c) Allgemeines Datenschutzrecht. Siehe hierzu bereits die Kommentierung **28** bei → § 45 Rn. 13 ff. sowie bei → § 48 Rn. 18. Die Ausführung des Dienstes darf in jedem Fall nur mit ausdrücklicher Zustimmung des Zahlers erfolgen (zur doppelten Zielrichtung dieser Zustimmung → § 48 Rn. 13 ff.). Darüber hinaus ist das allgemeine Datenschutzrecht anwendbar, soweit es um die Daten von natürlichen Personen geht, auch wenn dies weder in der zugrundeliegenden PSD2 noch im ZAG ausdrücklich so angeordnet ist (vgl. aber Erwägungsgrund Nr. 89 PSD2; im Ergebnis so auch Ellenberger/Findeisen/Nobbe/Böger/Dietze Rn. 450). Das ZAG bzw. die PSD2 beansprucht keinen Vorrang vor dem allgemeinen Datenschutzrecht (ähnlich Ellenberger/Findeisen/Nobbe/Böger/Dietze Rn. 454). Dafür spricht auch der Anwendungsvorrang des Art. 6 Abs. 2, Abs. 3 iVm Abs. 1 lit. e DSGVO. Soweit es sich um die Herausgabe von persönlichen Daten handelt, sollten sämtliche Regeln der DSGVO – je nach Folgegestaltung – zur Verarbeitung für die Vertragserfüllung (Art. 6 Abs. 1 S. 1 lit. b DSGVO) oder auf der Grundlage einer Einwilligung (Art. 6 Abs. 1 S. 1 lit. a DSGVO) einschlägig sein. Im Fall einer Einwilligung umfasst es zB das Erfordernis einer eindeutigen bestätigenden Handlung, das Kopplungsverbot, die Informiertheit des Betroffenen und die Bestimmtheit (Art. 6 Abs. 1 S. 1 Nr. 1 lit. a, Art. 7 Abs. 4 DSGVO). Die Widerruflichkeit der Einwilligung dürfte sich allerdings nicht nach Art. 7 Abs. 3 DSGVO richten, sofern die Einwilligung für einen konkreten Zahlungsauftrag erteilt wurde, sondern nach den einschlägigen Bestimmungen des Zahlungsrechts (Art. 64 Abs. 3 PSD2; § 675j Abs. 2 BGB) (vgl. → § 48 Rn. 15). Im Grundsatz würde die DSGVO auch eine **rahmenvertragliche** Zustimmung gestatten (vgl. Kühling/Buchner/Buchner/Kühling DSGVO Art. 7 Rn. 62; vgl. Ehmann/Selmayr/Heckmann/Paschke DSGVO Art. 7 Rn. 43; Seiler jurisPR-BKR 11/2016, Anm. 1). Zur Zustimmung des Zahlers gem. § 48 Abs. 1 durch Rahmenvereinbarung (vgl. → § 48 Rn. 16).

Ein besonderes Problem im Rahmen der Datenerhebung, -verarbeitung und -speicherung durch den Zahlungsauslösedienstleister könnten **Daten dritter Personen** sein, namentlich des Zahlungsempfängers. Sofern der Zahlungsempfänger den Zahlungsauslösedienstleister beauftragt hat und der Zahler seine ausdrückliche Zustimmung gem. § 48 Abs. 1 sowie seine datenschutzrechtliche Einwilligung erteilt hat, sollte sich die datenschutzrechtliche Rechtfertigung aus Art. 6 Abs. 1 S. 1 lit. b DSGVO (Vertragserfüllung) ergeben. Sofern allerdings der Zahlungsauslösedienstleister vom Zahler beauftragt wurde, wäre hinsichtlich der Daten des Zahlungsempfängers eine gesonderte Rechtfertigung erforderlich. Bisher hat man die Erklärung des Zahlungsempfängers gegenüber dem Zahler, in der dieser seine Kontodaten zwecks Empfang einer Überweisung bereitgestellt hat, als Einwilligung in die Datenverarbeitung durch die dabei notwendigen Zahlungsdienstleister verstanden (Weichert BB 2018, 1161 (1163)). Aufgrund der gesetzlichen Sanktionierung der Tätigkeit des Zahlungsauslösedienstleisters wird man diese konkludente Einwilligung des Zahlungsempfängers auch auf Zahlungsauslösedienstleister ausdehnen können. Dies dürfte sodann auch im Hinblick auf besondere Kategorien personenbezogener Daten iSv Art. 9 Abs. 1 DSGVO gelten. Alternativ wird man ein berechtigtes Interesse des Zahlungsauslösedienstleisters iSd Art. 6 Abs. 1 S. 1 lit. f DSGVO annehmen können (EDPB, Letter regarding PSD2, S. 3).

8. Verbot der Speicherung sensibler Zahlungsdaten (Abs. 4 Satz 1 Hs. 2)

29   **a) Allgemeines.** Nach Abs. 4 Satz 1 Hs. 2 darf der Zahlungsauslösedienstleister keine sensiblen Zahlungsdaten des **Zahlers** speichern. Hierbei handelt es sich um die Umsetzung von Art. 66 Abs. 3 lit. e PSD2; der deutsche Gesetzgeber hat dabei das in der Richtlinie verwendete Wort **„Zahlungsdienstnutzer"** in „Zahler" umgewandelt; ob es sich hierbei um eine korrekte Interpretation der Richtlinie handelt, mag fraglich erscheinen, weil die Richtlinie auch die Speicherung der sensiblen Zahlungsdaten des – in dem Begriff Zahlungsdienstnutzer ebenfalls erfassten – Zahlungsempfängers verbieten würde. Allerdings sollte es im Rahmen der Abwicklung eines Zahlungsauslösedienstes typischerweise nicht zum Kontakt des Zahlungsauslösedienstleisters mit sensiblen Zahlungsdaten des Zahlungsempfängers kommen, da dessen Kontonummer und Name für den Zahlungsauslösedienstleister keine sensiblen Zahlungsdaten sind (§ 1 Abs. 26 S. 2; vgl. Kommentierung → § 1 Rn. 544; auch Schwennicke/Auerbach/Schwennicke Rn. 10).

30   **b) Sensible Zahlungsdaten.** Sensible Zahlungsdaten sind in § 1 Abs. 26 definiert (vgl. Kommentierung → § 1 Rn. 539 f.). Für Zahlungsauslösedienstleister gehören zu den sensiblen Zahlungsdaten nicht der Name des Kontoinhabers und die Kontonummer (§ 1 Abs. 26 S. 2; siehe hierzu auch die Kommentierung zu

→ § 1 Rn. 544 sowie Sander BKR 2019, 66 (68); Omlor BKR 2019, 105 (108)). Dabei dürfte sich die Befreiung des § 1 Abs. 26 S. 2 zugunsten von Zahlungsauslösedienstleistern auch auf eine Kundenkennung, sog. NutzerID, erstrecken, da diese im Internetzahlungsverkehr in der Regel an die Stelle des Kundennamens tritt. Fraglich erscheint, ob sich die Gegenausnahme des § 1 Abs. 26 S. 2 zugunsten der Zahlungsauslösedienstleister **nur auf Zahler** oder auch auf Zahlungsempfänger bezieht. Die engere Auslegung (nur an Zahler adressiert) würde bedeuten, dass **Name und Kontonummer des Zahlungsempfängers** sensible Zahlungsdaten wären. Der Wortlaut der Definition des § 1 Abs. 26 S. 2 spricht dafür, dass die Daten jeglicher Kontoinhaber, Zahler oder Zahlungsempfänger nicht dem verstärkten Schutz durch eine Klassifizierung als sensible Zahlungsdaten unterliegen sollten. In der Auslegung würde das Verbot der Speicherung sensibler Zahlungsdaten für den Zahlungsauslösedienstleister (und für den Kontoinformationsdienstleister) vor allem auf das **Verbot der Speicherung der personalisierten Sicherheitsmerkmale des Zahlers** hinauslaufen. Diese Einordnung, dh dass Name und Kontonummer des Zahlers und des Zahlungsempfängers keine sensiblen Zahlungsdaten sind, erscheint im Hinblick auf die Rechtsprechung des EuGH zur praktischen Wirksamkeit („effet utile", vgl. hierzu Potacs EuR 2009, 465 (467 ff.)) die richtige Auslegung zu sein. Schließlich kann der Zahlungsauslösedienstleister seine Aufgaben nur so zweckmäßig wahrnehmen (vgl. iE Schäfer/Omlor/Mimberg/Omlor Rn. 40). Wenn man dieser Auffassung folgt, kommen jedoch über die personalisierten Sicherheitsmerkmale des Zahlers hinausgehend noch weitere sensible Zahlungsdaten in Betracht, die dem Speicherverbot unterliegen: Daten, die für die Kundenauthentifizierung verwendet werden (zB geheime Fragen oder Zurücksetzungspasswörter), Telefonnummern, die zur Zurücksetzung von Passwörtern verwendet werden können, sowie durch den Kunden definierte Zahlungslimits und Listen von vertrauenswürdigen Zahlungsempfängern (White Lists) (vgl. auch BaFin, FaQ zu MaSI, Stand 24.6.2016, Abschnitt 1g); der genaue Umfang des Begriffs bleibt strittig, detailliert Geminn RdZ 2022, 148 (150 f.) mwN.

c) Kein mehrfacher Zugriff mit denselben Zugangsdaten. Das Speicher- **31** verbot führt für den Zahlungsauslösedienstleister dazu, dass er – anders als der Kontoinformationsdienstleister – nicht mehrfach mit denselben Zugangsdaten (personalisierten Sicherheitsmerkmalen) auf das Zahlungskonto des Kunden zugreifen kann (vgl. auch Spindler/Zahrte BKR 2014, 265 (267 f.)). Deshalb ist bei jeder erneuten Nutzung eines Zahlungsauslösedienstes immer wieder die Abfrage der Kontozugangsdaten erforderlich, es sei denn, der kontoführende Zahlungsdienstleister verzichtet nach Art. 13 ff. PSD2-RTS ausnahmsweise auf die Authentifizierung des Zahlers (zustimmend Schäfer/Omlor/Mimberg/Omlor Rn. 41). Wegen des Speicherverbots dürfte ein Zahlungsauslösedienstleister, der einen Zahler dauerhaft für die Nutzung seines Dienstes registrieren möchte, die Daten des Zahlers und der möglichen Zahlungsempfänger nur in begrenztem Umfang speichern. Erlaubt wäre die Speicherung von Namen und Kontonummern, ggf. der NutzerID von Zahlern und möglichen Zahlungsempfängern sowie ggf. häufig genutzte Referenzen (Verwendungszwecke). Die Kontozugangsdaten müsste der Zahler bei jeder Nutzung neu eingeben.

9. Beschränkung der Datenverarbeitung (Abs. 4 Satz 2)

32 Der Zahlungsauslösedienstleister darf Daten nur für die Zwecke des vom Zahler ausdrücklich geforderten Zahlungsauslösedienstes speichern, verwenden oder darauf zugreifen („strenge Zweckbindung" RegBegr., BT-Drs. 18/1495, 136; Ellenberger/Findeisen/Nobbe/Böger/Dietze Rn. 439; auch Schwennicke/Auerbach/Schwennicke Rn. 11; Schäfer/Omlor/Mimberg/Omlor Rn. 42). Hierbei handelt es sich um eine nahezu wörtliche Umsetzung von Art. 66 Abs. 3 lit. g PSD2 in Einklang mit dem Zweckbindungsgrundsatz des Datenschutzrechts aus Art. 5 Abs. 1 lit. b DSGVO (Schwennicke/Auerbach/Schwennicke Rn. 11; ähnlich Schäfer/Omlor/Mimberg/Omlor Rn. 42).

33 **a) Beschränkung des Rechts der Datenverarbeitung.** Die Vorschrift ist eine spezielle Daten schützende Regelung des Zahlungsrechts. Sie ist nicht auf natürliche Personen beschränkt, sondern gilt auch für juristische Personen. Sinn und Zweck der Regelung ist es, den Zugriff auf das Erlangen und die Verarbeitung solcher Daten zu beschränken, die der Zahlungsauslösedienstleister im Zusammenhang mit seiner Zahlungsauslösedienstleistung erlangen und auf die er zugreifen kann. Dabei ist das Ausmaß der Daten, die der Zahlungsauslösedienstleister verlangen darf, in Abs. 4 Satz 1 Hs. 1 geregelt. Abs. 4 Satz 2 erweitert die Regelung auf solche Daten, auf die der Zahlungsauslösedienstleister zugreifen kann (zustimmend auch Schäfer/Omlor/Mimberg/Omlor Rn. 42).

34 **b) Schranke der Datenverarbeitung.** Die Schranke stellt der ausdrücklich geforderte Zahlungsauslösedienst dar. Dies ist in der Regel derjenige Dienst, der durch Zahlbetrag, Zahlungsempfänger und Verwendungszweck konkretisiert ist. Dabei kann es sich um einen einzelnen oder aber um einen zu wiederholenden Zahlungsauftrag (Dauerauftrag) handeln (vgl. EBA/OP/2018/04, Tz. 29). Der ausdrücklich geforderte Zahlungsauftrag wird in der Regel zusammen mit der ausdrücklichen Zustimmung iSv § 48 Abs. 1 abgegeben (zur doppelten Zielrichtung dieser Zustimmung vgl. → § 48 Rn. 13 ff.). Ebenso wie die ausdrückliche Zustimmung nach § 48 Abs. 1 ist die im Rahmen von Abs. 4 Satz 2 geforderte Konkretisierung des Zahlungsauslösedienstes durch den Zahler zu bewerkstelligen. Der Zahler konkretisiert hierdurch die für den Zahlungsauslösedienstleister erforderliche Rechtfertigung zur Verarbeitung der Daten des Zahlers. Möglich erscheint es jedoch, dass der Zahler die entsprechende Erklärung gegenüber dem Zahlungsempfänger zur Weiterleitung an den Zahlungsauslösedienstleister abgibt. Zur Auslegung des Terminus „ausdrücklich" vgl. ebenfalls → § 48 Rn. 15.

35 **c) Verarbeitungsrecht.** Die Wörter „speichern", „verwenden" und „zugreifen" kennzeichnen (zusammen mit „verlangen" aus Abs. 4 Satz 1 Hs. 1) die Verarbeitung. Der Zahlungsauslösedienstleister soll also nur solche Daten verarbeiten dürfen, die er tatsächlich für die Ausführung seines Zahlungsauslösedienstes benötigt (Spindler/Zahrte BKR 2014, 265 (268)). Ergänzt wird dieses Recht aus dem dahingehenden Rechtfertigungsgrund des § 59 Abs. 1, der auf Art. 94 Abs. 1 S. 1 PSD2 beruht, wonach ein Zahlungsdienstleister Daten zur Verhütung, Ermittlung und Feststellung von Betrugsfällen verarbeiten darf (vgl. Schäfer/Omlor/Mimberg/Omlor Rn. 43). Letztlich sollte darin auch die Erlaubnis für den Zahlungsauslösedienstleister enthalten sein, die Daten zur Wahrung der eigenen berechtigten Interessen zu speichern (vgl. auch Art. 6 Abs. 1 S. 1 lit. f DSGVO), nämlich für den Fall, dass ein kontoführender Zahlungsdienstleister wegen (angeblich) mangelnder

Autorisierung der Zahlung beim Zahlungsauslösedienstleister Regress nimmt (EDPB, Letter regarding PSD2, S. 4; ähnlich Sander BKR 2019, 66 (69)).

d) Allgemeines Datenschutzrecht. Neben der Spezialregelung des Abs. 4 **36** Satz 2 gilt zudem das allgemeine Datenschutzrecht in seinem Anwendungsbereich, namentlich für den Schutz der Daten natürlicher Personen (RegBegr., BT-Drs. 18/11495, 136). Dies bedeutet, dass auch auf die Daten iSd Abs. 4 Satz 2 die allgemeinen datenschutzrechtlichen Bestimmungen der DSGVO ergänzend Anwendung finden (Schäfer/Omlor/Mimberg/Omlor Rn. 43, für eine entsprechende, teleologische Extension in Auslegung der Verarbeitungshandlungen). Im Übrigen zum Datenschutzrecht → § 48 Rn. 18. Zudem muss der Zahlungsauslösedienstleister dann, wenn er Daten weiterverarbeiten will, etwa um Kundenprofile zu erstellen, eine gesonderte Einwilligung des Zahlers und ggf. auch des Zahlungsempfängers nach allgemeinem Datenschutzrecht einholen (Spindler/Zahrte BKR 2014, 265 (268); EDPB, Letter regarding PSD2, S. 4). Dies gilt auch für die Erhebung von Daten, die über den Umfang des Abs. 4 Satz 2 hinausgehen, sofern der Anwendungsbereich der DSGVO eröffnet ist.

10. Verwendung weiterer Informationen (Abs. 4 Satz 3)

Sofern der Zahlungsauslösedienstleister bei Bereitstellung seines Zahlungsaus- **37** lösedienstes weitere Informationen über den Zahler erlangt, darf er diese dem Zahlungsempfänger nur mitteilen, wenn die ausdrückliche Zustimmung des Zahlers vorliegt („strenge Weitergabebeschränkung" RegBegr., BT-Drs. 18/1495, 136; Ellenberger/Findeisen/Nobbe/Böger/Dietze Rn. 439; Schwennicke/Auerbach/ Schwennicke Rn. 12; Schäfer/Omlor/Mimberg/Omlor Rn. 44). Hierbei handelt es sich um die Umsetzung von Art. 66 Abs. 3 lit. c PSD2; der deutsche Gesetzgeber ersetzt wiederum den Terminus „Zahlungsdienstnutzer" durch „Zahler".

a) Alle anderen Informationen. Der Bezugspunkt des Attributs „anderen" **38** (vor „Informationen") ist unklar. Nach der systematischen Stellung in der Richtlinie in Art. 66 Abs. 3 lit. c PSD2 könnte sich das Wort „anderen" auf die einen Absatz zuvor genannten, namentlich in Art. 66 Abs. 3 lit. b PSD2 angesprochenen, personalisierten Sicherheitsmerkmale beziehen. In der deutschen Gesetzesfassung wären die „anderen Informationen" auf die in Abs. 4 S. 1 und S. 2 behandelten Daten, die für die Zwecke des vom Zahler ausdrücklich geforderten Zahlungsauslösedienstes" erforderlich sind, bezogen. Letztlich wird man sagen müssen, dass in beiden Fällen die systematische Stellung dieser Vorschrift verunglückt ist (zustimmend Schäfer/Omlor/Mimberg/Omlor Rn. 44). Als andere Informationen wird man solche ansehen müssen, die nicht in den Informationen enthalten sind, die der kontoführende Zahlungsdienstleister des Zahlers an den kontoführenden Zahlungsdienstleister des Zahlungsempfängers im Rahmen der Ausführung des Überweisungsauftrags übermitteln muss (aA Schäfer/Omlor/Mimberg/Omlor Rn. 44, für Bezug auf personalisierte Sicherheitsmerkmale). Dazu gehört zB die mangelnde Verfügbarkeit des Geldbetrags, wenn der kontoführende Zahlungsdienstleister diese Frage gem. Art. 36 Abs. 1 lit. c PSD2-RTS (Anhang § 45) verneint hat.

b) Informationen über den Zahler. Der deutsche Gesetzgeber hat die Vor- **39** gabe der Richtlinie in Art. 66 Abs. 3 lit. c PSD2 interpretiert, indem er das Wort „Zahlungsdienstnutzer" durch „Zahler" ersetzt hat. Tatsächlich würde es aber wenig Sinn ergeben, die Weitergabe von Informationen (über den in dem Terminus

„Zahlungsdienstnutzer" ebenfalls inkludierten Zahlungsempfänger) an den Zahlungsempfänger unter den Vorbehalt seiner eigenen Zustimmung zu stellen (vgl. zustimmend Schäfer/Omlor/Mimberg/Omlor Rn. 46). Mit „Zahler" sind allerdings vorliegend sowohl natürliche als auch juristische Personen adressiert, sodass Abs. 4 Satz 3 über das allgemeine Datenschutzrecht hinausgeht.

40   **c) Bei der Bereitstellung von Zahlungsauslösediensten erlangt.** Es geht hier um Informationen, die der Zahlungsauslösedienstleister erlangt hat, dh diese Regelung geht über die Daten hinaus, die der Zahlungsauslösedienstleister gem. Abs. 4 Satz 1 „verlangen" darf. Das Merkmal „bei der Bereitstellung" dürfte aber eine weitere begrenzende Funktion haben, da nur solche Informationen der ausdrücklichen Zustimmung unterliegen (zustimmend Schäfer/Omlor/Mimberg/Omlor Rn. 45). Zeitlicher Bezugspunkt ist der tatsächliche Zugriff (Schäfer/Omlor/Mimberg/Omlor Rn. 45). Sieht man in Abs. 4 Satz 3 eine besondere datenschutzrechtliche Einwilligung (→ Rn. 41), so kommt der begrenzenden Wirkung des Merkmals „bei der Bereitstellung" insbes. im Hinblick auf juristische Personen Bedeutung zu, die nicht dem allgemeinen Datenschutzrecht unterfallen.

41   **d) Ausdrückliche Zustimmung des Zahlers.** Abs. 4 Satz 3 verlangt für die Weitergabe eine zusätzliche Zustimmung des Zahlers; die Beschränkungen ergeben sich aus Art. 6 Abs. 1 DSGVO (Schwennicke/Auerbach/Schwennicke Rn. 12). Die Terminologie der ausdrücklichen Zustimmung des ZAG weicht wiederum vom allgemeinen Datenschutzrecht ab; vgl. → § 46 Rn. 6 sowie → § 48 Rn. 13 ff. Zum Terminus „ausdrücklich" vgl. → § 48 Rn. 15.

11. Referenzangaben (Abs. 5)

42   Der Zahlungsauslösedienstleister hat dem kontoführenden Zahlungsdienstleister die Referenzangaben des Zahlungsvorgangs zugänglich zu machen. Hierbei handelt es sich um die Umsetzung von Art. 47 PSD2. Flankiert wird dies durch die Informationspflicht des Zahlungsauslösedienstleisters gegenüber dem Zahler und dem Zahlungsempfänger in Art. 248 § 13a EGBGB (auch Ellenberger/Findeisen/Nobbe/Böger/Dietze Rn. 441; kritisch zur „systematische[n] Verortung" Schäfer/Omlor/Mimberg/Omlor Rn. 48). Die verschiedenen Informationen sollen die Zuordnung und Nachforschungen zu dem Zahlungsvorgang erleichtern (Reg-Begr., BT-Drs. 18/11495, 136; auch Ellenberger/Findeisen/Nobbe/Böger/Dietze Rn. 441; Schwennicke/Auerbach/Schwennicke Rn. 13; Schäfer/Omlor/Mimberg/Omlor Rn. 49). Dieselben Angaben erscheinen deshalb sowohl in der Kontobelastung des Zahlers als auch in der Gutschrift des Zahlungsempfängers; der kontoführende Zahlungsdienstleister darf diese Angaben nicht ändern (RegBegr., BT-Drs. 18/11495, 136; auch Ellenberger/Findeisen/Nobbe/Böger/Dietze Rn. 441; Schwennicke/Auerbach/Schwennicke Rn. 13). Allerdings dürfte die Referenzkennung in den meisten Fällen auf Angaben des kontoführenden Zahlungsdienstleisters selbst beruhen, sodass sie dessen Angabepflichten nach § 48 Abs. 1 Nr. 2 unterliegen. In dem Fall hat die Rückmeldung des Zahlungsauslösedienstleisters gem. § 49 Abs. 5 bestätigende Wirkung.

43   Zusätzliche Anforderungen enthält Art. 36 Abs. 4 PSD2-RTS (Anhang § 45). Danach haben Zahlungsauslösedienstleister den kontoführenden Zahlungsdienstleistern dieselben Informationen bereitzustellen, die vom Zahlungsdienstnutzer (dh dem Zahler) beim direkten Auslösen des Zahlungsvorgangs angefordert werden. Hierbei wird es sich allerdings lediglich um die für den Zahlungsauftrag not-

wendigen Informationen handeln. Darüber hinausgehende Informationen, wie zur Betrugsbekämpfung, oder sonstige Informationen, die der Zahlungsauslösedienstleister zur Durchführung des Zahlungsauslösedienstes über den Zahler in Erfahrung bringt (zB zum Zweck oder Hintergrund der Transaktion), fallen weder unter Art. 36 Abs. 4 PSD2-RTS noch unter § 49 Abs. 5 (EBA/RTS/2017/02, Chapter 4.3.3, Comments 216 und 217).

III. Delegierter Rechtsakt

Zu Abs. 6 vgl. → § 48 Rn. 31 (vgl. auch Ellenberger/Findeisen/Nobbe/Böger/ **44** Dietze Rn. 442 ff.). Abs. 6 hat nur deklaratorische Funktion (siehe Schäfer/Omlor/ Mimberg/Omlor Rn. 3, 50).

§ 50 **Pflichten des kontoführenden Zahlungsdienstleisters bei Kontoinformationsdiensten**

(1) **Der kontoführende Zahlungsdienstleister ist verpflichtet,**
1. **mit dem Kontoinformationsdienstleister auf sichere Weise zu kommunizieren und**
2. **Anfragen nach der Übermittlung von Daten, die von einem Kontoinformationsdienstleister übermittelt werden, ohne Benachteiligung zu behandeln, es sei denn, es bestehen objektive Gründe für eine abweichende Behandlung.**

(2) **Das Erbringen von Kontoinformationsdiensten ist nicht davon abhängig, ob der Kontoinformationsdienstleister und der kontoführende Zahlungsdienstleister zu diesem Zweck einen Vertrag abgeschlossen haben.**

(3) **Näheres regelt der delegierte Rechtsakt nach Artikel 98 der Richtlinie (EU) 2015/2366.**

Literatur: Conreder/Schild, Die Zahlungsdiensterichtlinie II (PSD II) – Auswirkungen auf die Realwirtschaft, BB 2016, 1162; Conreder/Schneider/Hausemann, Gesetz zur Umsetzung der Zweiten Zahlungsdiensterichtlinie – Besonderheiten und Stolpersteine für Unternehmen, DStR 2018, 1722; European Data Protection Board, Letter to in 't Veld, MEP, 5 July 2018 (zit. EDPB, Letter regarding PSD2); Indenhuck/Stein, Datenschutzvorgaben für Kreditinstitute nach PSD2 und DSGVO – Zur Reichweite des Einwilligungserfordernisses nach Art. 94 Abs. 2 PSD2 bzw. § 59 Abs. 2 ZAG, BKR 2018, 136; Jestaedt, Kontoinformationsdienste – neue Online-Services unter Regulierung, BKR 2018, 445; Kunz, Die neue Zahlungsdiensterichtlinie (PSD II) – Regulatorische Erfassung „Dritter Zahlungsdienstleister" und anderer Leistungsanbieter – Teil 2, CB 2016, 457; Linardatos/Franck in Linardatos, Rechtshandbuch Robo Advice, 1. Auflage 2020; Möslein/Omlor FinTech-HdB, 2. Aufl. 2021; Omlor, Der Zugang zum Zahlungskonto nach deutschem und europäischem Zahlungsdienste- und Wettbewerbsrecht, ZEuP 2021, 821; Omlor, Online-Banking unter Geltung der Zweiten Zahlungsdiensterichtlinie (PSD II), BKR 2019, 105; Omlor, Zahlungsdiensteaufsichtsrecht im zivilrechtlichen Pflichtengefüge, WM 2018, 57; Sander, DS-GVO vs. PSD2: Was dürfen die Betreiber von Kontoinformationsdiensten?, BKR 2019, 66 ff.; Weichert, Die Payment Service Directive 2 und der Datenschutz, BB 2018, 1161; Zahrte, Neuerungen im Zahlungsdiensterecht, NJW 2018, 337.

Inhaltsübersicht

I. Allgemeines

1. Überblick über die Regelung

1   **a) Regelungszusammenhang.** Der Kontoinformationsdienst ist in § 1 Abs. 1
S. 2 Nr. 8 als Zahlungsdienst definiert (→ § 1 Rn. 168 ff.); die einzelnen Merkmale
der Definition des Kontoinformationsdienstes finden sich in § 1 Abs. 34 (→ § 1
Rn. 629 ff.). Danach ist ein Kontoinformationsdienst ein Online-Dienst zur Mitteilung konsolidierter Informationen über ein Zahlungskonto oder mehrere Zahlungskonten des Zahlungsdienstnutzers bei einem oder mehreren anderen Zahlungsdienstleistern. Kontoinformationsdienstleister sind damit strukturell Intermediäre
zwischen Banken und Kunden und fungieren entsprechend als Durchlauf- und
Verarbeitungsstelle der abgerufenen Kontoinformationen (Jestaedt BKR 2018, 445
(446)).

Kontoinformationsdienste sind regulatorisch infolge der Umsetzung des Art. 33 Abs. 1 PSD2 privilegiert: Zahlreiche Regelungen sind gem. § 2 Abs. 6 für Zahlungsinstitute, die lediglich den Kontoinformationsdienst anbieten, nicht anwendbar (Sander BKR 2019, 66 (67)). Die §§ 50, 51 sowie auch der § 52 enthalten spezielle Regelungen für Unternehmen, die Kontoinformationsdienste anbieten (Kontoinformationsdienstleister isv Art. 4 Nr. 19 PSD2), sowie für kontoführende Zahlungsdienstleister (Kredit-, Zahlungs- oder E-Geld-Institute) im Hinblick auf den Zugang zum Zahlungskonto. § 50 ist systematisch mit § 48 vergleichbar, der die Pflichten des kontoführenden Zahlungsdienstleisters im Zusammenhang mit Zahlungsauslösediensten normiert (Ellenberger/Findeisen/Nobbe/Böger/Dietze Rn. 465). Für einen Überblick über die Sonderregelungen zu Kommunikation, Identifizierung und Authentifizierung einschl. der Spezialregelungen der PSD2-RTS siehe oben die Kommentierung zu → § 45 Rn. 9 ff., → Anh. § 45 Rn. 1 ff. sowie → § 48 Rn. 22 ff.

b) Erscheinungsbilder. Siehe hierzu die Kommentierung zu § 1 Abs. 1 S. 2 **2** Nr. 8 (→ § 1 Rn. 166).

2. Entstehungsgeschichte

§ 50 und § 51 stellen die Umsetzung des Art. 67 PSD2 in deutsches Recht dar. **3** Die Normen stehen im Zusammenhang mit § 675f Abs. 3 BGB und dem dort normierten Recht des Zahlungsdienstnutzers, einen Zahlungsauslösedienst oder einen Kontoinformationsdienst zu nutzen, es sei denn, das Zahlungskonto des Zahlungsdienstnutzers ist für diesen nicht online zugänglich. Der kontoführende Zahlungsdienstleister darf danach die Nutzung dieser Dienste durch den Zahlungsdienstnutzer nicht davon abhängig machen, dass der Zahlungsauslösedienstleister oder der Kontoinformationsdienstleister zu diesem Zweck einen Vertrag mit dem kontoführenden Zahlungsdienstleister abschließt. Zudem findet sich in § 675k Abs. 3 BGB die Unterrichtungspflicht des Zahlungsdienstleisters gegenüber dem Zahlungsdienstnutzer bei Zugangsverweigerung (§ 52). Im Übrigen vgl. zur Entstehungsgeschichte und zum Hintergrund die Kommentierungen bei → § 1 Rn. 148 ff. und → Rn. 157 sowie die Kommentierung zu → § 1 Rn. 604 und → Rn. 530.

3. Zweck der Vorschrift

Die §§ 50, 51 bieten einen Rechtsrahmen und damit Rechtssicherheit bzgl. des **4** Status der Kontoinformationsdienstleister (vgl. Erwägungsgründe 28, 93 PSD2) und normieren zugleich den Anspruch auf Zugang zu bei Banken geführten Zahlungskonten (Möslein/Omlor/Tschörtner, FinTech-Handbuch, § 3 Rn. 52). Die Vorschriften stellen sicher, dass Drittdienste wie Zahlungsauslöse- und Kontoinformationsdienste als Intermediäre nach aktuellem Recht zulässig sind und reguliert werden (Schäfer/Omlor/Mimberg/Werner Rn. 4). Die Zulässigkeit von Drittdiensten war in der Vergangenheit umstritten gewesen, konnten die Kunden durch die Nutzung solcher Dienste und deren Zugriff auf Kontoinformationen gegen die Vertragsbedingungen des kontoführenden Zahlungsdienstleisters verstoßen. Die Normen enthalten auch Datenschutz- und Sicherheitsanforderungen für Kontoinformationsdienste (Erwägungsgrund 93 PSD2; Sander BKR 2019, 70 ff., passim, der europäische Gesetzgeber hat mit der DSGVO später neueres Recht geschaffen, welches damit auch die älteren Regelungen der PSD2 verdrängt.). Zudem bilden sie die Basis für die Interoperabilität der verschiedenen technischen Kommunikationslösungen, wobei die gesetzlichen Regelungen technologieneutral sein wollen (Erwägungsgrund 93 PSD2). Mit dieser Technikkompatibilität sollen die Systembelange unterstützt werden (Omlor WM 2018, 57 (61)). Aus Sicht der kontoführenden Zahlungsdienstleister sind in §§ 50–52 außerdem die Voraussetzungen enthalten, unter denen sie Kontoinformationsdienstleistern den Zugang zu Zahlungskonten gewähren müssen und unter denen der Kontoinhaber (ausnahmsweise) die personalisierten Sicherheitsmerkmale und sonstige Kontozugangsdaten weitergeben darf (Erwägungsgrund 30, 69 PSD2; dazu auch Zahrte NJW 2018, 337 (338); Schäfer/Omlor/Mimberg/Werner Rn. 7). Schließlich sind zugleich Individualinteressen geschützt: der Schutz der Privatsphäre (Erwägungsgrund 94 PSD2), die Gewährleistung von Sicherheit des Nutzers im Rahmen von Zahlungsvorgängen sowie die Klarheit für den Zahlungsdienstnutzer über Betrag und Empfänger der Zahlung (Erwägungsgrund 95 PSD2). Ein hoher Verbraucherschutzstandard als generelles Richtlinienziel (siehe auch Erwägungsgrund 6 PSD2) wird ebenfalls bezweckt (hierzu auch Omlor WM 2018, 57 (61)).

4. Zahlungsaufsichts-, Datenschutz- und zivilrechtliche Regelung

5   Die §§ 50–52 sind in das Zahlungsaufsichtsrecht eingebettet. Sie sind als aufsichtsrechtliche nicht disponibel (Schäfer/Omlor/Mimberg/Werner Rn. 2). Die Pflicht des kontoführenden Zahlungsdienstleisters, dem Kontoinformationsdienstleister den Zugang zu den Zahlungskonten zu gewähren, ist dessen aufsichtsrechtliche Pflicht; es besteht mithin ein Anspruch (→ Rn. 4). Im Fall der Zuwiderhandlung kann diese mit einem Bußgeld gem. § 64 Abs. 3 Nr. 14 iVm Abs. 4 von bis zu 100.000 EUR belegt sein. Die Regelungen haben darüber hinausgehend auch datenschützende Bedeutung (vgl. zB Sander BKR 2019, 66 (68f.); Indenhuck/Stein BKR 2018, 136 (137)). Durch die Regelung, unter welchen Voraussetzungen der Zugriff durch den Drittdienst möglich ist, werden Daten insbes. vor beliebiger Weitergabe geschützt (Schäfer/Omlor/Mimberg/Werner Rn. 10). Zudem kommen bei Verweigerung des Zugangs zum Zahlungskonto gem. § 50 zivilrechtliche Folgen wegen Verletzung eines Vertrags mit Schutzwirkung zugunsten des Kontoinformationsdienstleisters (str.; vorstehend Kommentierung zu → § 48 Rn. 8) sowie wegen Schutzgesetzverletzung iSd § 823 Abs. 2 BGB (oben Kommentierung zu → § 48 Rn. 7) in Betracht. Die BaFin kann gegen Verstöße gegen § 50 im Wege der Missstandsaufsicht nach § 4 Abs. 2 vorgehen. Ein Anspruch – etwa eines Wettbewerbers – auf aufsichtliches Einschreiten durch die BaFin besteht hingegen nicht. Die Missstandsaufsicht erfolgt nach der hM allein im öffentlichen (sic) Interesse (§ 4 Abs. 4 FinDAG; BT-Drs. 18/11495, 136; Schwennicke/Auerbach/Schwennicke Rn. 7).

5. Inkrafttreten

6   Die Vorschriften §§ 50, 51 sind am 14.9.2019 in Kraft getreten (Jestaedt BKR 2018, 445 (449)). Dies entspricht im Übrigen auch dem gem. Art. 38 Abs. 2 der RTS für die Regelungen der RTS vorgesehenen Geltungsbeginn.

II. Voraussetzungen der Pflichten des kontoführenden Zahlungsdienstleisters

1. Anfrage nach Übermittlung von Daten

a) Anfrage eines Kontoinformationsdienstleisters. § 50 nennt als Voraus- **7** setzung für die Pflichten des kontoführenden Zahlungsdienstleisters lediglich die Anfrage nach der Übermittlung von Daten, die von einem Kontoinformationsdienstleister übermittelt werden. Der Begriff Kontoinformationsdienstleister ist in Art. 4 Nr. 19 PSD2 definiert als Zahlungsdienstleister, der gewerbliche Tätigkeiten nach Anhang I Nr. 8 PSD2 (umgesetzt in § 1 Abs. 1 S. 2 Nr. 8) ausübt. Der Terminus „Anfragen" (in der PSD2: „Datenanfragen") ist zu präzisieren als Anforderung von Informationen von bezeichneten Zahlungskonten und damit in Zusammenhang stehenden Zahlungsvorgängen (vgl. Art. 36 Abs. 1 lit. a PSD2-RTS).

b) Online-Dienst. Erforderlich ist, dass die Anfragen des Kontoinformations- **8** dienstleisters online übermittelt werden. Dies hat über die gemäß Art. 30 PSD2-RTS (Anhang § 45) vom kontoführenden Zahlungsdienstleister dafür bereitgestellte Schnittstelle zu erfolgen. Dies geht aus der Definition des § 1 Abs. 34 hervor, wonach der Kontoinformationsdienst ein Online-Dienst sein muss (siehe ebenfalls Erwägungsgrund 28 PSD2). Entsprechend erfüllt eine bloß schriftliche Anfrage oder auch eine Anfrage per Telefax oder Email diese Voraussetzung nicht; hier würde sich der Kontoinformationsdienstleister auch nicht identifizieren können (dazu sogleich → Rn. 9) und somit nicht die Pflichten des kontoführenden Zahlungsdienstleisters nach § 50 auslösen.

c) Identifizierung. Die Pflichten des kontoführenden Zahlungsdienstleisters **9** sind davon abhängig, dass sich der Kontoinformationsdienstleister iSv § 51 Abs. 2 S. 1 identifiziert hat. Fehlt es an einer solchen Identifizierung, ist es dem kontoführenden Zahlungsdienstleister nicht möglich zu prüfen, ob der anfragende Kontoinformationsdienstleister registriert bzw. zugelassen ist und beaufsichtigt wird. Die Identifizierung dient zudem der Wahrung des Bankgeheimnisses und des Datenschutzes (Schäfer/Omlor/Mimberg/Werner Rn. 12). Die Identifizierung hat gem. Art. 30 Abs. 1 lit. a iVm Art. 34 PSD2-RTS (Anhang § 45) zu erfolgen. Dies setzt ua voraus, dass der kontoführende Zahlungsdienstleister die hierfür gem. Art. 30 Abs. 1 lit. a PSD2-RTS geforderte Schnittstelle eingerichtet hat, denn Kontoinformationsdienstleister sind – wie aufgezeigt – dazu verpflichtet, sich bei jedem Kommunikationsvorgang mit der Bank zu identifizieren. Als Folge davon ist etwa das Screen Scraping Verfahren nicht mehr nutzbar. Beim Screen Scraping (wörtlich: „Bildschirm auskratzen") werden Daten an einer fremden Online-Datenbank, die auf einer frei zugänglichen Website im Internet angeboten wird, mittels Software auf eine Einzelanfrage des Nutzers hin extrahiert und in ein eigenes Angebot implementiert. Dies stellte mit Inkrafttreten der Regelung des § 50 seinerzeit verschiedene Anbieter vor die Pflicht, ihre bestehende Technik bzw. ihre bestehenden Geschäftsmodelle anzupassen und zu verändern, da nur noch der Datenabruf über das Bank-API in Betracht zu ziehen ist (Jestaedt BKR 2018, 445 (447)).

2. Zahlungskonto online zugänglich

10   Diese Voraussetzung ist nicht in § 50, sondern in § 675f Abs. 3 S. 1 BGB (in Umsetzung von Art. 67 Abs. 1 S. 2 PSD2) normiert (näher dazu Omlor ZEuP 2021, 821 (829)). Zum Begriff des Zahlungskontos siehe Kommentierung unter → § 1 Rn. 428f. Zum Begriff „online zugänglich" siehe Kommentierung unter → § 1 Rn. 607. Zugangsrecht der Kontoinformationsdienste gem. § 52 ZAG bezieht sich nur auf Zahlungskonten iSd § 1 Abs. 17 ZAG und gilt damit nur für solche Konten, die der Ausführung von Zahlungsvorgängen, dh der Bereitstellung, Übermittlung oder Abhebung eines Geldbetrags gem. § 675f Abs. 4 S. 1 BGB dienen. Ein Zugriff der Kontoinformationsdienste auf Depotkonten lässt sich folglich über §§ 50f. ZAG nicht begründen (Linardatos/Franck/Linardatos, Rechtshandbuch Robo Advice, § 12 Rn. 112).

3. Zustimmung des Zahlungsdienstnutzers

11   **a) Kein Tatbestandsmerkmal.** Die Zustimmung des Zahlungsdienstnutzers (Kontoinhabers) (dazu → § 1 Rn. 643) ist **kein Tatbestandsmerkmal** des § 50 im Rahmen der Pflichten des kontoführenden Zahlungsdienstleisters. Diese Bedingung ist lediglich in § 51 Abs. 1 S. 1 normiert als Voraussetzung für die Dienstleistung des Kontoinformationsdienstleisters. Der kontoführende Zahlungsdienstleister hat deshalb weder das aufsichtliche Recht noch die aufsichtliche Pflicht, das Vorliegen der Zustimmung iSv § 51 Abs. 1 S. 1 zu prüfen (so auch EBA/OP/2018/04, Tz. 13), ebenso trifft ihn auch keine zivilrechtliche Pflicht zur Kontrolle der Zustimmung des Kontoinhabers (näher dazu Schäfer/Omlor/Mimberg/Werner Rn. 14).

12   **b) Datenschutzrecht.** Der kontoführende Zahlungsdienstleister darf auf der Grundlage von § 50 tätig werden. Diese auf Art. 67 PSD2 beruhende Norm stellt eine Rechtspflicht kraft objektiven Rechts (vgl. hierzu Gola/Schulz, Datenschutz-Grundverordnung, 2. Auflage 2018, Art. 6 Rn. 43) zur Datenverarbeitung iSv Art. 6 Abs. 1 S. 1 lit. c iVm Abs. 3 S. 1 lit. b DSGVO dar. Deshalb ist für den kontoführenden Zahlungsdienstleister auch nicht die etwa beschränkte Reichweite der Zustimmung des Zahlungsdienstnutzers auf bestimmte Kontoinformationen oÄ entscheidend.

4. Kein Vertrag zwischen kontoführendem Zahlungsdienstleister und Kontoinformationsdienstleister erforderlich

13   In § 50 Abs. 2 ist klargestellt, dass für die Erbringung von Kontoinformationsdiensten nicht erforderlich ist, dass ein Vertrag zwischen dem Kontoinformationsdienstleister und dem kontoführenden Zahlungsdienstleister zu diesem Zweck geschlossen wurde. Dadurch wird sichergestellt, dass der kontoführende Zahlungsdienstleister das Recht des Zahlungsdienstnutzers aus § 675f Abs. 3 BGB hinsichtlich der Nutzung eines Kontoinformationsdienstes nicht beschränken kann (Ellenberger/Findeisen/Nobbe/Böger/Dietze Rn. 14; Schäfer/Omlor/Mimberg/Werner Rn. 5). Gleichzeitig bedeutet das, dass die Pflicht des kontoführenden Zahlungsdienstleisters, dem Kontoinformationsdienstleister den Zugang zu den Zahlungskonten zu gewähren, nicht von einem solchen Vertrag abhängt. Deshalb sind die Möglichkeiten des kontoführenden Zahlungsdienstleisters, vom Kontoinformationsdienstleister eine Vergütung für den Zugang zu Zahlungskonten zu verlangen, sehr begrenzt; vgl. dazu auch → § 48 Rn. 21 (Omlor ZEuP 2021, 821 (825)). Das kontoführende Institut unterliegt also einem Kontrahierungszwang, wohl aber einem Akzeptanzzwang. Es kann mithin eine Zusammenarbeit nur unter den Voraussetzungen des § 52 Abs. 1 verweigern (dazu näher Schäfer/ Omlor/Mimberg/Werner Rn. 6). Im Verhältnis zwischen kontoführendem Zahlungsdienstleister und Zahlungsdienstnutzer korrespondiert mit dieser Vorschrift § 675f Abs. 3 S. 2 BGB (hierzu nur Schwennicke/Auerbach/Schwennicke Rn. 6).

III. Pflichten des kontoführenden Zahlungsdienstleisters

1. Pflicht zur sicheren Kommunikation

Vgl. zu den drei möglichen Vorgehensweisen im Rahmen der sicheren Kommu- **14** nikation iSv Art. 32 Abs. 3 PSD2-RTS, namentlich Redirect, Decoupled Approach und Direct Access, die Kommentierung zu → § 1 Rn. 613, → § 48 Rn. 29.

2. Benachteiligungsverbot

Der kontoführende Zahlungsdienstleister darf den Kontoinformationsdienstleis- **15** ter nicht ohne sachlichen Grund diskriminieren. Dies betrifft insbes. Anfragen zur Übermittlung von Daten. Das Diskriminierungsverbot bezieht sich dabei vorwiegend auf die Art und Weise des Zugangs, die Häufigkeit des Zugriffs und die übermittelten Inhalte. Letztlich sind auch die Kosten betroffen (entsprechend Conreder/Schild BB 2016, 1162 (1165)). Die Norm nennt keinen Vergleichsmaßstab. Da eine Diskriminierung ohne Vergleichsobjekt nicht möglich ist, muss es sich dabei um ein Redaktionsversehen des unionalen Gesetzgebers handeln. Bei teleologischer Auslegung ist Vergleichsmaßstab dann der jeweils identische Vorgang im Deckungsverhältnis ohne Einschaltung eines dritten Zahlungsdienstleisters (Omlor ZEuP 2021, 821 (832)).

a) Art und Weise des Zugangs. Der kontoführende Zahlungsdienstleister **16** muss dem Kontoinformationsdienstleister dieselbe Art und Weise des Zugangs zum Zahlungskonto eröffnen wie dem Kontoinhaber. Deshalb muss er ihm im Wege der Gleichbehandlung sämtliche Authentifizierungsmöglichkeiten zur Verfügung stellen, die er auch dem Zahler bereitstellt (EBA/OP/2018/04, Tz. 50; vgl. auch Kunz CB 2016, 457 (460); Conreder/Schild BB 2016, 1162 (1165)). Das ist für einige Authentifizierungsverfahren nur in der Weise möglich, dass der Kontoinhaber die Authentifizierungstools des kontoführenden Zahlungsdienstleisters nutzt, zB bei Inhärenz-Merkmalen, für die ein besonderes, mit der App des kontoführenden Zahlungsdienstleisters verbundenes Lesegerät erforderlich ist. In diesem Fall muss die Authentifizierung ggf. über zwei Kanäle stattfinden (sog. Decoupled Approach; EBA/OP/2018/04, Tz. 48). Die Anwendung der starken Kundenauthentifizierung gem. § 55 Abs. 1 S. 1 muss ebenfalls diskriminierungsfrei erfolgen: Der kontoführende Zahlungsdienstleister muss von seinem Recht, Ausnahmebestimmungen zur starken Kundenauthentifizierung (Art. 10ff. PSD2-RTS, abgedruckt im Anhang § 55) im Einzelfall nicht anzuwenden (vgl. Erwägungsgrund 17 PSD2-RTS), diskriminierungsfrei Gebrauch machen; er muss dies allein auf Basis von Risikoerwägungen entscheiden (EBA/RTS/2017/02, Chapter 4.3.3, Comment 86). Dies gilt insbes. für die Ausnahmebestimmung des Art. 10 PSD2-

RTS, wonach eine starke Kundenauthentifizierung für den Lesezugriff auf ein Konto nur alle 90 Tage erforderlich ist. Nur bei Vorliegen eines objektiven Betrugs-risikos (oder anderer Missbrauchsrisiken) dürfte der kontoführende Zahlungsdienst-leister hiervon abweichen (EBA/RTS/2017/02, Chapter 4.3.3, Comments 41, 70). Hierzu auch → Rn. 17. Vgl. auch die Erwägungen zur dedizierten Schnittstelle → Rn. 21.

17   **b) Häufigkeit des Zugriffs (Art. 36 Abs. 5 PSD2-RTS). aa) Aktive An-forderung des Zahlungsdienstnutzers.** Kontoführende Zahlungsdienstleister dürfen auch im Hinblick auf die Häufigkeit des Zugriffs auf das Zahlungskonto nicht unterscheiden zwischen Zugriffen durch den Kontoinhaber und solchen durch den Kontoinformationsdienstleister. Dies stellt Art. 36 Abs. 5 lit. a PSD2-RTS (→ Anh. § 45 Rn. 1 ff.) noch einmal ausdrücklich klar, indem er Zugriffe dann unbegrenzt zulässt, wenn der Zahlungsdienstnutzer diese Informationen aktiv anfordert. Nicht ganz klar ist, ob und wie der Kontoinformationsdienstleister nach-zuweisen hat, dass der Zahlungsdienstnutzer die Informationen „aktiv" angefordert hat. Dies dürfte immer dann der Fall sein, wenn der Zahlungsdienstnutzer für den konkreten Datenabruf im Einzelfall ursächlich war, zB, weil er eine Aktualisierung seiner Kontenübersicht abgerufen hat, weil er einen Vorgang angestoßen hat, bei dem mithilfe seiner Kontoinformationen eine Bonitätsanalyse erforderlich ist, oder weil er konkret eine Übersicht über bestimmte Zahlungsvorfälle verlangt hat (ähn-lich, aber enger: EBA/OP/2018/04, Tz. 28). Für die Kommunikation zwischen Kontoinformationsdienstleister und kontoführendem Zahlungsdienstleister sollte es dabei ausreichen, dass ersterer die Informationsanforderung als eine „aktive" des Zahlungsdienstnutzers kennzeichnet (ähnlich EBA in EBA/RTS/2017/02, Chap-ter 4.3.3, Comment 255).

18   **bb) Zugriff ohne aktive Anforderung des Zahlungsdienstnutzers.** Liegt keine solche aktive Anforderung des Zahlungsdienstnutzers vor, darf der Konto-informationsdienstleister höchstens viermal innerhalb von 24 Stunden auf das Zahlungskonto zugreifen. Dabei beruht die Anzahl vier auf dem maximalen Settlement-Zyklus in verschiedenen europäischen Ländern (EBA/RTS/2017/02, Chapter 4.3.3, Comment 250). Hierdurch wird auch ein automatischer Zugriff des Kontoinformationsdienstleisters zulässig (EBA/RTS/2017/02, Chapter 4.3.3, Comment 251; ebenso EBA/OP/2018/04, Tz. 28). Eine weitere Begrenzung des Zugriffs, dh weniger als viermal innerhalb von 24 Stunden, soll sich auch nicht dadurch ergeben können, dass mehrere Kontoinformationsdienstleister (oder Zahlungsauslösedienstleister) für einen bestimmten Zahlungsdienstnutzer (Konto-inhaber) gleichzeitig auf das Zahlungskonto zugreifen, selbst, wenn das die Leis-tungsfähigkeit der Schnittstelle und/oder der Infrastruktur des kontoführenden Zahlungsdienstleisters beeinträchtigt (EBA/RTS/2017/02, Chapter 4.3.3, Com-ment 264). Die Zugriffsmöglichkeit nach Art. 36 Abs. 5 lit. b PSD2-RTS gilt nach Ansicht der EBA selbst dann, wenn das Zahlungskonto de facto deaktiv ist (dor-mant); dann kann der Kontoinformationsdienstleister während der 90-Tage-Pe-riode des Art. 10 PSD2-RTS noch weiter zugreifen (EBA/RTS/2017/02, Chapter 4.3.3, Comment 265). Entscheidend ist auch hier aus Sicht des Kontoinformations-dienstleisters, wie auch bei der aktiven Informationsanforderung, dass der Zah-lungsdienstnutzer (Kontoinhaber) dem Informationsabruf gem. Art. 36 Abs. 5 lit. b PSD2-RTS zugestimmt hat (vgl. § 51 Abs. 1 S. 1).

cc) Abweichende Vereinbarung. Eine abweichende Vereinbarung zwischen 19
Kontoinformationsdienstleister und kontoführendem Zahlungsdienstleister über
eine höhere Abruffrequenz oder beispielsweise, dass der kontoführende Zahlungs-
dienstleister dem Kontoinformationsdienstleister die Informationen laufend im
Rahmen eines Push-Services bereitstellt, ist gem. Art. 36 Abs. 5 lit. b PSD2-RTS
möglich, sofern für solche abweichenden Vereinbarungen die Zustimmung des
Zahlungsdienstnutzers (Kontoinhabers) eingeholt worden ist (EBA/OP/2018/04,
Tz. 28; EBA/RTS/2017/02, Chapter 4.3.3, Comment 250).

c) Dieselben Inhalte. Nach Art. 36 Abs. 1 lit. a PSD2-RTS (Anhang § 45) 20
müssen kontoführende Zahlungsdienstleister den Kontoinformationsdienstleistern
dieselben Informationen von bezeichneten Zahlungskonten und damit im Zusammenhang stehenden Zahlungsvorgängen bereitstellen, die sie auch dem Zahlungsdienstnutzer (Kontoinhaber) bereitstellen, wenn dieser den Zugang zu diesen Informationen direkt anfordert. Dies schließt allerdings die Übermittlung von sensiblen
Zahlungsdaten (in § 1 Abs. 26 definiert; vgl. Kommentierung → § 1 Rn. 539,
→ § 49 Rn. 30) aus. Damit muss der kontoführende Zahlungsdienstleister dem Kontoinformationsdienstleister auch alle Informationen gem. § 675d Abs. 1 BGB iVm
Art. 248 §§ 7, 14 EGBGB zur Verfügung stellen und hierbei im Fall von Verbrauchern eine standardisierte Terminologie (§ 15 ZKG) einhalten. Im Übrigen sind die
Informationen aber nicht standardisiert, dh der kontoführende Zahlungsdienstleister
ist darüber hinaus nicht gehindert, seinen Zahlungsdienstnutzern (Kontoinhabern)
abweichende Informationen zur Verfügung zu stellen, verglichen mit anderen kontoführenden Zahlungsdienstleistern (EBA/OP/2018/04, Tz. 19). Dies betrifft zB
Informationen zu Überziehungsgrenzen, zu anstehenden, aber noch nicht gebuch-
ten Zahlungsvorgängen (mit zukünftigen Ausführungsdaten), zu fehlgeschlagenen
Zahlungsvorgängen oder zu Daueraufträgen und weiteren Details, wie zB Lastschriftaufträgen oder einer Liste der mit dem Zahlungskonto verbundenen Zahlungsinstrumente (EBA/RTS/2017/02, Chapter 4.3.3, Comment 210). Sofern der
kontoführende Zahlungsdienstleister dem Zahlungsdienstnutzer (Kontoinhaber) auf
unterschiedlichen Übermittlungswegen (App, Online-Banking, sonstige Zugänge)
unterschiedliche Informationen zur Verfügung stellt, muss er dem Kontoinformationsdienstleister jeweils das Maximum an Informationen überlassen, die er auch
dem Zahlungsdienstnutzer (Kontoinhaber) auf einem der Wege zur Verfügung stellt
(EBA/OP/2018/04, Tz. 20). **Bereitzustellen sind jedoch nur Kontoinformationen;** dies schließt Informationen über die Identität des Zahlungsdienstnutzers
aus (→ § 1 Rn. 638; siehe auch Weichert BB 2018, 1161 (1164)), nicht jedoch den
Namen des Kontoinhabers sowie die Kennung des Zahlungskontos, von
dem die Informationen abgefragt wurden. Letztere sind bereitzustellen. Aus der Vorschrift lässt sich daher kein aufsichtsrechtlich abgesicherter Anspruch auf Erhalt von
Informationen über andere Konten des Kontoinhabers ableiten (Schäfer/Omlor/
Mimberg/Werner Rn. 8). Schließlich soll der Kontoinformationsdienstleister die
korrekte Zuordnung verifizieren können (vgl. → § 1 Rn. 638; Omlor BKR 2019,
105 (108); Jestaedt BKR 2018, 445 (448)); unberechtigte Transaktionen und damit
verknüpfter Datenmissbrauch sollen aber vermieden werden (Weichert BB 2018,
1161 (1164)). Die Gleichbehandlung bezieht sich auch auf die **Volumina an Daten,** die ein Kontoinformationsdienstleister abrufen darf (EBA/RTS/2017/02,
Chapter 4.3.3, Comments 256, 260, 267).

d) Sonstige Gleichbehandlung. Auch im Hinblick auf die **Kosten** gilt das 21
Benachteiligungsverbot (so auch Conreder/Schild BB 2016, 1162 (1165)). Wenn

der Zugriff des Zahlungsdienstnutzers (Kontoinhabers) auf das Zahlungskonto kostenfrei ist, dann gilt dies auch für den Zugriff durch den Kontoinformationsdienstleister in den Grenzen des Art. 36 Abs. 5 PSD2-RTS (abgedr. in Anhang § 45) (EBA/RTS/2017/02, Chapter 4.3.3, Comment 263). Dies dürfte auch dann der Fall sein, wenn der kontoführende Zahlungsdienstleister eine dedizierte Schnittstelle iSv Art. 32 PSD2-RTS einrichtet. Hier ist es zwar dem kontoführenden Zahlungsdienstleister durch die Art. 30–33 PSD2-RTS (→ Anh. § 45 Rn. 1 ff.) erlaubt, zwischen den Zugriffen durch den Zahlungsdienstnutzer und denjenigen des Kontoinformationsdienstleisters zu unterscheiden. So darf dem Zahlungsdienstnutzer der Zugriff über die Kundenschnittstelle erlaubt werden, während dem Kontoinformationsdienstleister der Zugriff ausschließlich über die dedizierte Schnittstelle gestattet wird. Besondere Kosten darf der kontoführende Zahlungsdienstleister dem Kontoinformationsdienstleister für die dedizierte Schnittstelle jedoch nicht in Rechnung stellen, es sei denn, es liegt eine entsprechende vertragliche Vereinbarung zwischen ihnen vor. Bei Nutzung einer dedizierten Schnittstelle ist Art. 32 Abs. 1 der delegierten Verordnung zur Ergänzung der Richtlinie (EU) 2015/2366 durch technische Regulierungsstandards für eine starke Kundenauthentifizierung und für sichere offene Standards für die Kommunikation zu beachten (dazu ausführlich Ellenberger/Findeisen/Nobbe/Böger/Dietze Rn. 491 ff.)

22   **e) Objektive Gründe für eine abweichende Behandlung.** Objektive Gründe für eine abweichende Behandlung bestehen zB, wenn der kontoführende Zahlungsdienstleister gem. Art. 32 PSD2-RTS (Anhang § 45) eine dedizierte Schnittstelle eingerichtet hat. In diesem Fall darf er dem Kontoinformationsdienstleister in den Grenzen der Art. 32 f. PSD2-RTS den Zugang über die dem Zahlungsdienstnutzer (Kontoinhaber) bereitgestellte Schnittstelle verweigern. Dasselbe gilt bei Authentifizierungsverfahren, wenn aufgrund technischer Gegebenheiten ein Redirect Approach im Rahmen der Grenzen des Art. 32 Abs. 3 S. 2 PSD2-RTS unvermeidbar ist (dazu oben Kommentierung → § 1 Rn. 613). Objektive Gründe für eine abweichende Behandlung liegen auch dann vor, wenn Anhaltspunkte für ein strafbares oder missbräuchliches Verhalten des Kontoinformationsdienstleisters vorliegen (Ellenberger/Findeisen/Nobbe/Böger/Dietze Rn. 494). Kein objektiver Grund läge vor, wenn kontoführende Zahlungsdienstleister Zugriffe von Kontoinformationsdienstleistern als generell risikoreicher gegenüber den Zugriffen durch den Kontoinhaber selbst einstufen; für auf solche Risikoerwägungen gestützte Zugriffsverweigerungen gilt allein § 52.

3. Weitere Pflichten des kontoführenden Zahlungsdienstleisters

23   **a) Benachrichtigung über unvorhergesehenes Ereignis oder Fehler.** Nach Art. 36 Abs. 2 UAbs. 1 PSD2-RTS (abgedruckt in → Anh. § 45 Rn. 1 ff.) hat der kontoführende Zahlungsdienstleister dem Kontoinformationsdienstleister eine Benachrichtigung zu senden, wenn während der Identifizierung, der Authentifizierung oder des Austauschs von Datenelementen ein unvorhergesehenes Ereignis oder ein unvorhergesehener Fehler auftritt. Hierin hat er auch den Grund für das Ereignis oder den Fehler zu erläutern. Sofern der kontoführende Zahlungsdienstleister eine dedizierte Schnittstelle nach Art. 32 PSD2-RTS bereitgestellt hat, muss diese die Kommunikation über Ereignisse und Fehler an andere, an der Kommunikationssitzung beteiligte Zahlungsdienstleister ermöglichen (Art. 36 Abs. 2 UAbs. 2 PSD2-RTS).

b) Zugriffsbeschränkung. Der deutsche Text des Art. 36 Abs. 3 PSD2-RTS **24** (Anhang § 45) beinhaltet immer noch ein nicht korrigiertes Übersetzungsversehen: Statt „kontoführender Zahlungsdienstleister" muss es „**Kontoinformations-dienstleister**" heißen. Dies geht aus den englischen, französischen und spanischen sowie weiteren Textfassungen hervor und entspricht dem Telos der Regelung. Schließlich kann nur der Kontoinformationsdienstleister, nicht aber der kontoführende Zahlungsdienstleister, über geeignete und wirksame Maßnahmen verfügen, damit der Zugriff auf andere Informationen als die von bezeichneten Zahlungskonten und damit in Zusammenhang stehenden Zahlungsvorgängen verhindert wird. Etwas anderes gilt nur dann, wenn die ausdrückliche Zustimmung des Zahlungsdienstnutzers vorhanden ist. Näheres hierzu → § 51 Rn. 18 f.

IV. Delegierter Rechtsakt (Abs. 3)

Gem. § 50 Abs. 3 wird Näheres in dem delegierten Rechtsakt nach Art. 98 der **25** PSD2 geregelt. Hierbei handelt es sich um die sog. PSD2-RTS, die von der Europäischen Kommission am 27.11.2017 erlassen wurde (die hier relevanten Bestimmungen abgedruckt in → Anh. § 45 Rn. 1 ff., näheres in Ellenberger/Findeisen/ Nobbe/Böger/Dietze Rn. 496 ff.).

§ 51 Pflichten des Kontoinformationsdienstleisters

(1) ¹Der Kontoinformationsdienstleister darf seine Dienste nur mit der ausdrücklichen Zustimmung des Zahlungsdienstnutzers erbringen. ²Er darf nur auf Informationen von Zahlungskonten, die der Zahlungsdienstnutzer bezeichnet hat, und mit diesen im Zusammenhang stehenden Zahlungsvorgängen zugreifen. ³Er darf keine sensiblen Zahlungsdaten anfordern, die mit den Zahlungskonten in Zusammenhang stehen. ⁴Er darf Daten nur für die Zwecke des vom Zahlungsdienstnutzer ausdrücklich geforderten Kontoinformationsdienstes speichern, verwenden oder darauf zugreifen.

(2) ¹Ein Kontoinformationsdienstleister ist verpflichtet, sich gegenüber dem kontoführenden Zahlungsdienstleister des Zahlungsdienstnutzers jedes Mal, wenn er mit ihm kommuniziert, zu identifizieren. ²Er muss sicherstellen, dass die personalisierten Sicherheitsmerkmale des Zahlungsdienstnutzers keiner anderen Partei als dem Nutzer und demjenigen, der die personalisierten Sicherheitsmerkmale ausgegeben hat, zugänglich sind.

(3) ¹Der Kontoinformationsdienstleister hat mit dem kontoführenden Zahlungsdienstleister und dem Zahlungsdienstnutzer auf sichere Weise zu kommunizieren. ²Soweit die Übermittlung der personalisierten Sicherheitsmerkmale erforderlich ist, darf dies nur über sichere und effiziente Kanäle geschehen.

(4) **Näheres regelt der delegierte Rechtsakt nach Artikel 98 der Richtlinie (EU) 2015/2366.**

Literatur: siehe Literatur zu § 50; Weichert, Kontoinformationsdienst und Datenschutz, VuR 2021, 257, ders., „Trojanisches Pferd" Kontoinformationsdienst?, ZD 2021, 134.

Inhaltsübersicht

I. Allgemeines

1. Überblick

1   § 51 enthält die überwiegend wörtliche Umsetzung des Art. 67 Abs. 2 PSD2. Die Regelung des Art. 67 Abs. 2 PSD2 ist Ergebnis eines politischen Ringens um einen Kompromiss zwischen kontoführenden Zahlungsdienstleistern und Anbietern von Zahlungsauslöse- und Kontoinformationsdiensten. Hierzu vgl. oben die Kommentierung zu → § 1 Rn. 145. § 51 korrespondiert mit § 50 (Schäfer/Omlor/Mimberg/Werner Rn. 1), welcher die Pflichten des kontoführenden Zahlungsdienstleisters in dem Verhältnis mit dem Kontoinformationsdienst regelt.

2. Zahlungsaufsichtsrecht, Datenschutzrecht

2   Die Regelung ist Teil des öffentlichen Gewerbeaufsichtsrechts für Zahlungsdienstleister. Man wird jedoch die meisten Regelungen des § 51 zudem als spezielles

Datenschutzrecht des Kontoinformationsdienstes ansehen müssen (dazu auch
→ § 50 Rn. 5 sowie → § 48 Rn. 6).

3. Zivilrecht

Der Vertrag zwischen Kontoinformationsdienstleister und Zahlungsdienstnutzer **3**
(dazu → § 1 Rn. 606 ff.) dürfte ein **Geschäftsbesorgungsvertrag** isv § 675 Abs. 1
BGB darstellen (aA Omlor WM 2018, 57 (60); Schäfer/Omlor/Mimberg/Werner
Rn. 4; Omlor ZEuP 2021, 821 (827), welche von einem Zahlungsdienstevertrag
gem. § 675f BGB ausgehen) mit Werkvertragscharakter sein, da die Hauptpflichten
des Kontoinformationsdienstleisters auf Abruf und Mitteilung konsolidierter Informationen über ein oder mehrere Zahlungskonten (Omlor WM 2018, 57 (61)) gerichtet sind. So dürften § 51 Abs. 1 S. 3 und Abs. 2 S. 2 auch vertraglich nicht abdingbar sein (so auch Schäfer/Omlor/Mimberg/Werner Rn. 5). Die Verletzung
dieser Pflichten des Kontoinformationsdienstleisters kann demnach auch eine Verletzung des Geschäftsbesorgungsvertrags darstellen.

II. Pflichten des Kontoinformationsdienstleisters

1. Nur mit ausdrücklicher Zustimmung (Abs. 1 Satz 1)

a) Allgemeines. Der Kontoinformationsdienstleister darf seine Dienste nur mit **4**
der ausdrücklichen Zustimmung des Zahlungsdienstnutzers erbringen. Hierbei
handelt es sich um eine nahezu wörtliche Übernahme von Art. 67 Abs. 2 lit. a
PSD2.

b) Die Dienste. Die **Dienste** (oder „Dienstleistungen", wie die PSD2 formu- **5**
liert) bestehen in dem Zugriff auf ein oder mehrere Zahlungskonten sowie dem
Abruf und der Bereitstellung von Kontoinformationen (vgl. → § 1 Rn. 629 ff.).

c) Ausdrückliche Zustimmung. Die Zahlungsregulierung fordert, dass der **6**
Kontoinformationsdienstleister hierfür die ausdrückliche Zustimmung des Zahlungsdienstnutzers einholt. Hintergrund ist, dass der Gesetzgeber eine Beauftragung
dritter Zahlungsdienstleister von einer deutlichen, nicht lediglich konkludenten
Willensbekundung des Kunden abhängig machen wollte (so auch Schäfer/Omlor/
Mimberg/Werner Rn. 7). Dies soll den Kunden davor schützen, dass einem Dritten
die Zugriffsmöglichkeiten bereits auf Grundlage einer missverständlichen Äußerung eingeräumt werden (Indenhuck/Stein BKR 2018, 136 (141)). Zudem stellt
die Anforderung klar, dass jede Leistung der Zustimmung des Zahlungsdienstnutzers bedarf und gibt so dem kontoführenden Institut – welches selbst nicht den
Nachweis der Zustimmung vom Drittdienst verlangen kann – Sicherheit, dass die
Abfrage der Kontoinformation durch Zustimmung des Kontoinhabers gedeckt ist
(Schäfer/Omlor/Mimberg/Werner Rn. 3, Weichert VuR 2021, 257 (259)).

aa) Datenschutzrechtliches Verständnis. Dieses Erfordernis sollte daten- **7**
schutzrechtlich verstanden werden, namentlich als spezielles Datenschutzrecht des
Kontoinformationsdienstes (vgl. Indenhuck/Stein BKR 2018, 136 (141)), das den
Regelungen der DSGVO vorgeht (Schäfer/Omlor/Mimberg/Werner Rn. 8).
Allerdings gilt das Zustimmungserfordernis sowohl für natürliche Personen als
auch für juristische Personen als Zahlungsdienstnutzer (Kontoinhaber) (hierzu
→ § 1 Rn. 643).

8   **bb) Inhalt.** Der Inhalt der Zustimmung nach Abs. 1 Satz 1 richtet sich nach der Vereinbarung zwischen dem Kontoinhaber und dem Kontoinformationsdienst (Schäfer/Omlor/Mimberg/Werner Rn. 9); Inhalt kann die Beauftragung eines einzelnen Zugriffs sowie Abrufs von Kontoinformationen sein. Sie kann sich jedoch auch auf eine Serie von Zugriffen und Abrufen erstrecken oder dauerhaft bis zum Widerruf erteilt werden (Rückschluss aus Art. 36 Abs. 5 PSD2-RTS, abgedruckt unter → Anh. § 45 Rn. 1 ff.). Zudem sind in der Zustimmung die Zahlungskonten sowie die Informationen zu bezeichnen, die in den konkreten Kontoinformationsdienst einbezogen werden sollen (Arg. e Abs. 1 Satz 2; Schäfer/Omlor/Mimberg/Werner Rn. 9).

9   **cc) Ausdrückliche Zustimmung; Form.** Auch hier sollte das Adjektiv „ausdrücklich" ähnlich verstanden werden, wie es Art. 7 Abs. 2 S. 1 DSGVO für die Einwilligung regelt: „(…) so muss das Ersuchen um Einwilligung in verständlicher und leicht zugänglicher Form in einer klaren und einfachen Sprache so erfolgen, dass es von den anderen Sachverhalten klar zu unterscheiden ist" (vgl. Weichert BB 2018, 1161 (1163)). Dazu auch bei → § 48 Rn. 13 ff. Ansonsten ist keine besondere Form gefordert (so auch Schäfer/Omlor/Mimberg/Werner Rn. 10); missverständlich deshalb EBA/OP/2018/04, Tz. 13: „(…) following a contract that has been signed by both parties (…)". Ein unterzeichneter Vertrag dürfte iRv Online-Diensten (vgl. → § 1 Rn. 629) die absolute Ausnahme darstellen. Glücklicherweise ist die EBA iÜ nicht befugt, iRv Art. 26 EBA-VO Auslegungen der Richtlinie selbst verbindlich festzulegen.

10   **dd) Übermittlung.** Die Übermittlung der Zustimmung kann durch den Zahlungsdienstnutzer (Kontoinhaber) selbst, aber auch durch den Empfänger der Kontoinformationen (Mitteilungsempfänger) (hierzu → § 1 Rn. 640) erfolgen. ZB könnte sie im Fall von Diensten, die Kontoinformationen für Bonitätsanalysen, für Buchhaltungszwecke oder für Zwecke des Vertragsmanagements verarbeiten, von diesen Drittdienstleistern eingeholt und von diesen als Boten an den Kontoinformationsdienstleister übermittelt werden. Die Übermittlung durch Stellvertreter erscheint darüber hinaus möglich im Fall von Eltern für ihre Kinder, Betreuern, Vormündern sowie organschaftlichen Vertretern für juristische Personen; auch rechtsgeschäftliche Vertretung im Rahmen einer Kontovollmacht erscheint möglich; dies ist eine Frage der Auslegung der Kontovollmacht (so auch Ellenberger/Findeisen/Nobbe/Böger/Dietze Rn. 532; Schäfer/Omlor/Mimberg/Werner Rn. 11, da die Vorschrift keine Einschränkungen kenne, blieben die allgemeinen zivilrechtlichen Regelungen anwendbar).

11   **ee) Prüfungsrecht des kontoführenden Zahlungsdienstleisters.** Der kontoführende Zahlungsdienstleister hat kein Recht, die Zustimmung des Zahlungsdienstnutzers zu überprüfen (dazu auch → § 50 Rn. 11), wenn der Kontoinformationsdienstleister die Authentifizierungsmerkmale des Zahlungsdienstnutzers (Kontoinhabers) verwendet (ähnlich EBA/OP/2018/04, Tz. 13). Dies folgt bereits daraus, dass der kontoführende Zahlungsdienstleister datenschutzrechtlich nicht auf Basis dieser Zustimmung tätig wird, sondern auf der gesetzlichen Grundlage des § 50 (vgl. → § 50 Rn. 12). Dafür, dass ein solches Prüfungsrecht und eine damit korrespondierende Pflicht des kontoführenden Zahlungsdienstleisters nicht besteht, spricht also die Systematik der §§ 50, 51 Abs. 1 S. 1. Die Zustimmung des Zahlungsdienstnutzers wird nur im Rahmen der Pflichten des Kontoinformationsdienstleisters vorausgesetzt.

d) Allgemeines Datenschutzrecht. Die Zustimmung des Zahlungsdienst- 12
nutzers (Kontoinhabers) gem. § 51 Abs. 1 S. 1 sollte nicht als datenschutzrechtliche
Einwilligung iSd Art. 6 Abs. 1 S. 1 lit. a DSGVO verstanden werden (anders wohl
Weichert BB 2018, 1161 (1163); Schwennicke/Auerbach/Schwennicke Rn. 4
geht von parallelen Zustimmungserfordernissen aus; zum Verhältnis DSGVO –
PSD2/ZAG vgl. umfassend Sander BKR 2019, 66 (71 f.)). Vielmehr sollten die Zustimmungen gem. § 51 als besondere zahlungsrechtliche Schutzvorkehrungen verstanden werden, die ua auch die Daten des Zahlungsdienstnutzers (Kontoinhabers)
schützen. Die datenschutzrechtlichen Anforderungen der DSGVO und des anderen allgemeinen Datenschutzrechts bestehen daneben (ähnlich auch EDPB, Letter
regarding PSD2, S. 3 f.). Der Kontoinformationsdienstleister sollte dabei im Fall
einer unmittelbaren Vertragsbeziehung zum Zahlungsdienstnutzer (Kontoinhaber)
idR gem. Art. 6 Abs. 1 S. 1 lit. b DSGVO berechtigt sein, die Daten des Zahlungsdienstnutzers (Kontoinhabers) zwecks **Durchführung des Vertrages** mit diesem
zu verarbeiten. Da der Kontoinformationsdienstleister im Rahmen der Transaktionshistorie (eingehende und ausgehende Zahlungen) des Kontoinhabers idR
auch Daten **einer unbeteiligten dritten Partei (silent third party),** insbes. von
Zahlern, die an den Kontoinhaber gezahlt haben, oder von Zahlungsempfängern
des Kontoinhabers, sieht, speichert und verarbeitet, bedarf er hierfür einer zusätzlichen Rechtfertigung nach allgemeinem Datenschutzrecht. Diese Rechtfertigung
wird man idR – auch im Hinblick auf sensible Informationen iSd Art. 9 Abs. 1
DSGVO – im **berechtigten Interesse** des Kontoinformationsdienstleisters gem.
Art. 6 Abs. 1 S. 1 lit. f DSGVO an der Verarbeitung auch dieser Daten im Rahmen
seines Auftrags sehen können (EDPB Letter regarding PSD2, S. 3; zustimmend
Hoeren/Sieber/Holznagel/Bitter, Multimedia-Recht, 49. EL Juli 2019 Teil 15.4
Rn. 37; aA Weichert ZD 2021, 134 (138), der annimmt, dass schutzwürdige Interessen an der Vertraulichkeit der Daten in jedem Fall überwiegen), sofern dieses berechtigte Interesse nicht im Einzelfall von den fundamentalen Rechten und Frei-
heiten der unbeteiligten dritten Partei überlagert wird.

2. Beschränkung des Zugriffs (Abs. 1 Satz 2)

a) Allgemeines. Der Kontoinformationsdienstleister darf nur auf Informatio- 13
nen von Zahlungskonten, die der Zahlungsdienstnutzer (Kontoinhaber) bezeichnet
hat, und mit diesen in Zusammenhang stehende Zahlungsvorgängen zugreifen.
Hierbei handelt es sich um eine nahezu wortlautgemäße Umsetzung von Art. 67
Abs. 2d PSD2. Sie ist folgerichtig, denn der Zugriff des Kontoinformationsdienstes
kann nicht weiter gehen als sich dies aus der Zustimmung des Zahlungsdienstenutzers ergibt (Ellenberger/Findeisen/Nobbe/Böger/Dietze Rn. 15 f.).

b) Beschränkung der Zugriffsbefugnisse. aa) Spezieller Datenschutz. 14
Auch hierbei handelt es sich um eine Regelung des speziellen Datenschutzes
für Kontoinformationsdienste (Schäfer/Omlor/Mimberg/Werner Rn. 14 sowie
Schwennicke/Auerbach/Schwennicke ZAG § 51 Rn. 5 sehen darin eine Konkre-
tisierung des Grundsatzes der Datenminimierung nach Art. 5 Abs. 1 lit. c DSGVO).
Sie findet für natürliche und juristische Personen gleichermaßen Anwendung.

bb) Bezeichnete Zahlungskonten. Der Begriff des Zahlungskontos ist de- 15
finiert in § 1 Abs. 17 (Kommentierung → § 1 Rn. 428). IdR werden Zahlungskonten durch die Kontonummer (zB über die IBAN) bezeichnet; diese ist eindeutig.
Gibt der Zahlungsdienstnutzer (Kontoinhaber) nur seine Kundenkennung für ein

bestimmtes Institut an und händigt personalisierte Sicherheitsmerkmale aus, so kann dies als konkludente Bezeichnung aller Zahlungskonten verstanden werden, über die mit Hilfe dieser Merkmale ein Zugriff möglich ist. Vorgaben hinsichtlich der genauen Bezeichnung enthält die Regelung nicht (Schäfer/Omlor/Mimberg/ Werner Rn. 14).

16   **cc) Beschränkung des Zugriffs auf bestimmte Informationen.** Häufig wird der Zahlungsdienstnutzer sämtliche Zahlungsvorgänge über einen bestimmten Zeitraum abrufen lassen wollen; in einem solchen Fall **beschränkt** sich die Zugriffsbefugnis des Kontoinformationsdienstleisters auf eben diesen Zeitraum. Sofern der Zahlungsdienstnutzer nur Informationen über **bestimmte Einnahmen oder Ausgaben** (zB Einnahmen aus Mietverträgen oder Ausgaben für Strom- und Wasserkosten) wünscht, wäre zwar die Mitteilungspflicht des Kontoinformationsdienstleisters und seine ggf. zusätzlich vereinbarte Datenaufbereitung auf diese Informationen beschränkt.

17   Dabei sind Informationen iSd Abs. 1 Satz 2 **(Kontoinformationen)** sämtliche Informationen über Zahlungsvorgänge, die auf einem Zahlungskonto eingehen und ausgehen, sämtliche Informationen die im Rahmen des Zahlungsvorgangs an den Zahlungsempfänger übermittelt werden, die IBAN, die BIC, der Name des Kontoinhabers, die Namen der Zahler bei eingehenden Zahlungsvorgängen, die Namen der Zahlungsempfänger bei ausgehenden Zahlungsvorgängen, der Kontostand als Saldo zu einem bestimmten Zeitpunkt, der Verfügungsrahmen im Rahmen eines Dispositionskredits, sonstige Belastungen des Kontos zB mit Kontoführungsgebühren und Zinsen, Nachrichten die der kontoführende Zahlungsdienstleister dem Zahlungsdienstnutzers über das Zahlungskonto zukommen lässt (zB Änderung von AGB oder Änderung von Entgelten). Nicht dagegen sind dies Informationen über die Identität des Zahlungsdienstnutzers, mit Ausnahme von deren Namen (dazu bei → § 49 Rn. 24 ff.). Möglich verbleibt im Rahmen dieser Vorschrift die mit Einwilligung des Kunden erfolgte Bereitstellung von Kontoinformationen, die zwar nicht das Zahlungskonto betreffen, jedoch Zahlungsvorgänge darstellen, die im Zusammenhang mit dem Zahlungskonto stehen (s. Beratungsergebnis des Finanzausschusses, BT-Drs. 18/12568, 152). Dies betrifft Zahlungen, die bspw. über Kredit- oder Debitkarten ausgelöst und über das Zahlungskonto abgerechnet werden; regelmäßig sind das Konten, die mit dem Zahlungskonto verknüpft und für den Zahlungsdienstnutzer über seine Online-Banking-Funktion auch einsehbar sind (Ellenberger/Findeisen/Nobbe/Böger/Dietze Rn. 535).

18   **dd) Flankierende Regelung in Art. 36 Abs. 3 PSD2-RTS.** Der deutsche Text des Art. 36 Abs. 3 PSD2-RTS (abgedruckt in → Anh. § 45 Rn. 1 ff.) beinhaltet ein Übersetzungsversehen: Statt „kontoführender Zahlungsdienstleister" muss es „Kontoinformationsdienstleister" heißen. Dies geht aus den englischen, französischen und spanischen sowie weiteren Textfassungen hervor. Danach muss der Kontoinformationsdienstleister über geeignete und wirksame Maßnahmen verfügen, dass der Zugriff auf andere Informationen als die von bezeichneten Zahlungskonten und damit in Zusammenhang stehenden Zahlungsvorgängen verhindert wird, es sei denn, es liegt die ausdrückliche Zustimmung des Zahlungsdienstnutzers vor.

19   An diese Pflichten sind keine überzogenen Anforderungen zu stellen. Zwar wird der Kontoinformationsdienstleister technische Maßnahmen einrichten müssen, so dass der Kontoinformationsdienstleister nicht auf sämtliche Zahlungskonten des Zahlungsdienstnutzers (Kontoinhabers) zugreifen kann, wenn diese in der Anfrage des Zahlungsdienstnutzers nicht bezeichnet wurden. Der Kontoinformations-

dienstleister ist aber nach dem ZAG für die Einhaltung der Zustimmung des Zahlungsdienstnutzers verantwortlich. Wenn sich allerdings die Zustimmung des Zahlungsdienstnutzers (Kontoinhabers) lediglich auf bestimmte Informationen aus diesem Konto bezieht (zB lediglich Zahlungen für sportliche Aktivitäten), so wird man nicht den Kontoinformationsdienstleister an einem Zugriff auf übrige Informationen hindern müssen bzw. können. Dies ist logisch bereits nicht möglich, weil der Kontoinformationsdienstleister vom Zahlungsdienstnutzer (Kontoinhaber) beauftragt ist, genau diese Differenzierung zu treffen, dh im Beispielsfall die Informationen über Ausgaben für sportliche Aktivitäten von denen für andere Ausgaben zu trennen.

c) Datenschutz für natürliche Personen. aa) Daten des Zahlungsdienst- 20 **nutzers.** Neben den Maßgaben des Abs. 1 Satz 2 findet das allgemeine Datenschutzrecht, insbes. die DSGVO, Anwendung. Dazu → Rn. 12.

bb) Daten Dritter. Sofern Daten Dritter (natürlicher) Personen betroffen sind, 21 sei es als Zahlungsempfänger bei einer ausgehenden Zahlung oder als Zahler bei einer aus Sicht des Kontoinhabers eingehenden Zahlung, stellt sich wiederum die Frage nach der Rechtfertigung der Datenverarbeitung nach allgemeinem Datenschutzrecht. Dazu → Rn. 12.

3. Keine sensiblen Zahlungsdaten anfordern (Abs. 1 Satz 3)

a) Allgemeines. Der Kontoinformationsdienstleister darf keine sensiblen Zah- 22 lungsdaten anfordern, die mit den Zahlungskonten im Zusammenhang stehen. Hierbei handelt es sich um eine wörtliche Umsetzung von Art. 67 Abs. 2 lit. e PSD2.

b) Sensible Zahlungsdaten. Sensible Zahlungsdaten sind in § 1 Abs. 26 (vgl. 23 Kommentierung zu → § 1 Rn. 539) definiert. Dessen Satz 2 nimmt den Namen des Kontoinhabers und dessen Kontonummer für die Tätigkeit des Kontoinformationsdienstleisters von der Definition aus. Die Definition beinhaltet zudem die personalisierten Sicherheitsmerkmale (definiert in § 1 Abs. 25; dazu Kommentierung zu → § 1 Rn. 527). Diese sollten vorliegend von dem Verbot des Abs. 1 Satz 3 ausgenommen sein, da § 55 Abs. 4 dem Kontoinformationsdienstleister gerade erlaubt, sich auf die Authentifizierungsverfahren (einschl. der personalisierten Sicherheitsmerkmale) zu stützen (vgl. Kommentierung zu → § 55 Rn. 61). Auch das für Zahlungsauslösedienstleister erlassene Speicherverbot (§ 49 Abs. 4 S. 1 Hs. 2) gilt für Kontoinformationsdienstleister nicht.

c) Restriktive Auslegung. Es ist deshalb nicht klar, welche sensiblen Zah- 24 lungsdaten iSv Daten, die für betrügerische Handlungen verwendet werden können, von dem Anforderungsverbot des Abs. 1 Satz 3 erfasst werden sollen. Die Regelung bezieht sich allein auf die Verhinderung von Betrug und Identitätsdiebstahl, nicht auf den Schutz des allgemeinen Persönlichkeitsrechts des Kontoinhabers (Weichert BB 2018, 1161 (1162)). Das Verbot kann sich deshalb nur auf die übrigen sensiblen Zahlungsdaten erstrecken, zB sonstige Daten, die für die Kundenauthentifizierung verwendet werden, zB geheime Fragen oder Zurücksetzungspasswörter, Telefonnummern oder Zertifikate. Des Weiteren dürften Daten, die als Zieladresse für die Bestellung von Zahlungsinstrumenten verwendet werden, erfasst sein (zB postalische Antworten, Telefonnummern, E-Mail-Adressen), es sei denn, der Kontoinformationsdienstleister benötigt solche Daten, um dem Zahlungsdienstnutzer eine Rechnung zu schicken oder mit ihm sonst über den Dienst zu kommunizieren. Weiterhin könnten hierzu auch Listen von vertrauenswürdigen Empfängern iSv Art. 13 PSD2-RTS zählen. Hierzu würden desgleichen Daten zu Zahlungsinstrumenten gehören, die mit dem Konto im Zusammenhang stehen, zB Debitund Kreditkarten; diese wären aber wohl nicht vom Verbot des Abs. 1 Satz 3 erfasst, wenn der Kontoinformationsdienstleister solche Daten für weitere Dienste, zB den Abruf von Informationen über Kreditkartenkonten (kein Kontoinformationsdienst iSv § 1 Abs. 34) (→ § 1 Rn. 642) benötigt. Das Verbot des Abs. 1 Satz 3 ist insofern restriktiv auszulegen, als Informationen zu Zahlungsinstrumenten, die im Zusammenhang mit dem betroffenen Zahlungskonto ausgegeben wurden, nicht als sensible Zahlungsdaten, „die mit den Zahlungskonten in Zusammenhang stehen", anzusehen sind. Sinn und Zweck der Regelung ist es nämlich, den speziellen Datenschutz bei Durchführung von Kontoinformationsdiensten sicherzustellen; es sollen damit jedoch nicht weitere Dienstleistungen des Kontoinformationsdienstleisters abgeschnitten werden.

25   **d) Kein Verbot, sonstige Daten anzufordern.** Es besteht aus § 51 kein Verbot, sonstige Daten anzufordern, die nicht mit einem Zahlungskonto in Verbindung stehen. Hier gilt allgemeines Datenschutzrecht, sofern Daten natürlicher Personen betroffen sind, oder das Bankgeheimnis (so auch Schäfer/Omlor/Mimberg/Werner Rn. 18). Dies bedeutet, dass der Kontoinformationsdienstleister hierfür sensible Zahlungsdaten anfordern darf, sofern der Kunde den weiteren Dienst beauftragt hat und der Kontoinformationsdienstleister weitere Dienstleistungen, zB im Zusammenhang mit Kreditkartenkonten erbringt. Das Verbot des Abs. 1 Satz 3 gilt auch nicht für sensible Daten, die nicht Zahlungsdaten sind, zB Zugangsdaten für Depots, Depotnummern, oder Zugangsdaten zu Sparkonten und Sparkontonummern (vgl. die Definition des Zahlungskontos sowie die Kommentierung hierzu in → § 1 Rn. 362). Daneben besteht weder ein Anspruch des Zahlungsdienstnutzer gegen sein kontoführendes Institut auf Gewährung uneingeschränkten Zugriffs auf die Daten, die nicht für Erbringung von Dienstleistungen gem. § 1 Abs. 33, Abs. 34 benötigt werden, für einen Drittdienst, noch kann der Drittdienst grundsätzlich einen Anspruch auf Zugang aus §§ 48 oder 49 gegen das kontoführende Institut ableiten (Schäfer/Omlor/Mimberg/Werner Rn. 18).

4. Daten nur für Zwecke des geforderten Kontoinformationsdienstes verarbeiten (Abs. 1 Satz 4)

26   **a) Allgemeines.** Der Kontoinformationsdienstleister darf Daten nur für die Zwecke des vom Zahlungsdienstnutzer ausdrücklich geforderten Kontoinformationsdienstes speichern, verwenden oder darauf zugreifen. Hiermit wird Art. 67 Abs. 2 lit. f PSD2 umgesetzt, der die Anforderung negativ formuliert, dh dass die Daten (…) nicht für andere Zwecke verwendet (…) werden dürfen. Auch diese Regelung ist aus dem Streit der Banken mit den dritten Zahlungsdienstleistern erklärbar, wonach Banken besorgt waren, dass die Kontoinfrastruktur sowie die darin verfügbaren Informationen übergebührlich von dritten Zahlungsdienstleistern beansprucht würden (vgl. zur Historie auch → § 1 Rn. 149, 157; vgl. auch Indenhuck/Stein BKR 2018, 136 (141)).

27   **b) Datenschutzregelung.** Es handelt sich hier um die vierte zahlungsrechtliche Datenschutzregelung für Kontoinformationsdienste, neben der Zustimmungspflicht (Abs. 1 Satz 1), der Zugriffsbegrenzung (Abs. 1 Satz 2) sowie der Begrenzung des Rechts, sensible Zahlungsdaten anzufordern (Abs. 1 Satz 3). Der Regelung dürfte ebenso das Grundprinzip der Datenminimierung aus Art. 5 Abs. 1 lit. c DSGVO zugrunde liegen (Weichert BB 2018, 1161 (1164)) und die Vorschrift ist Ausdruck der datenschutzrechtlichen Zweckbindung (Weichert ZD 2021, 134 (138); so auch Schwennicke/Auerbach/Schwennicke Rn. 7). Der zahlungsrechtliche Datenschutz des Abs. 1 Satz 4 gilt allerdings sowohl für natürliche als auch für juristische Personen (Schäfer/Omlor/Mimberg/Werner Rn. 21).

c) Begrenzung auf den ausdrücklich geforderten Kontoinformations- 28
dienst. Die Regelung ergänzt die Zugriffsbegrenzung aus Abs. 1 Satz 2 (dazu → Rn. 13). Die Grenze ergibt sich aus den vertraglichen Vereinbarungen sowie der ausdrücklichen Zustimmung des Zahlungsdienstnutzers (Kontoinhabers) gem. Abs. 1 Satz 1. Während die inhaltliche Grenze („die Informationen von bezeichneten Zahlungskonten …") in Abs. 1 Satz 2 gesetzt wird, betrifft Abs. 1 Satz 4 die Grenzen im Übrigen, zB die Häufigkeit des Abrufs sowie die Art und Weise der Verarbeitung. Hier geht es darum, ob der Kontoinformationsdienstleister lediglich Rohdaten zu übermitteln hat oder ob er beauftragt ist, diese in bestimmter Weise auszuwerten (zu verwenden), diese ggf. sogar auf Geheiß des Zahlungsdienstnutzers (Kontoinhabers) speichert, um später hinzutretende neue Daten damit zu vergleichen und andere Auswertungen zu ziehen. Hierzu zählt auch eine Befugnis bzw. Beauftragung zur Übermittlung der Daten ggf. an einen Dritten (zB im Rahmen von White-Label-Kontoinformationsdienstleistungen). Wortlaut und Regelungstechnik geben Aufschluss darüber, dass der Kontozugriff restriktiv und allein im ausdrücklichen Interesse des Kunden erfolgen soll; dem Dienstleister ist so auch kein Ermessen hinsichtlich des Umgangs mit den erlangten Daten einzuräumen (so auch Weichert ZD 2021, 134 (136)).

Die Verwendung des Adjektivs „ausdrücklich" ist datenschutzrechtlich iSd 29 DSGVO auszulegen; vgl. hierzu → § 48 Rn. 14. Die „Forderung" sollte sich in der Regel aus der Vereinbarung zwischen dem Kontoinformationsdienstleister und dem Zahlungsdienstnutzer (Kontoinhaber) ergeben. Grundsätzlich kommt auch in Betracht, dass ein Dritter, der die Kontoinformationen auswertet, in einem Vertrag mit dem Kontoinformationsdienstleister den Umfang und die Art und Weise der Verarbeitung durch den Kontoinformationsdienstleister, mit Zustimmung des Zahlungsdienstnutzers (Kontoinhabers), vereinbart.

d) Weitere Datenschutzvorschriften. In ihrem Anwendungsbereich greift 30 zusätzlich das allgemeine Datenschutzrecht der DSGVO, dh insbes. zum Schutz von natürlichen Personen. Siehe hierzu die Kommentierung oben zu → Rn. 12, 20.

5. Identifizierungspflicht (Abs. 2 Satz 1)

Abs. 1 Satz 2 setzt Art. 67 Abs. 2 lit. c Hs. 1 PSD2 nahezu wörtlich um. Siehe 31 hierzu die Kommentierung zu § 49 unter → § 49 Rn. 9 ff.

6. Schutz personalisierter Sicherheitsmerkmale (Abs. 2 Satz 2)

Hier wird Art. 67 Abs. 2 lit. b Hs. 1 PSD2 nahezu wörtlich umgesetzt. Verwiesen 32 sei auf die Kommentierung zu § 49 Abs. 2 S. 2 (→ § 49 Rn. 12 ff.).

7. Pflicht zur sicheren Kommunikation (Abs. 3 Satz 1)

33   Hier wird Art. 67 Abs. 2 lit. c Hs. 2 PSD2 nahezu wörtlich umgesetzt. Vgl. hierzu die Kommentierung zu § 49 Abs. 3 S. 1 (→ § 49 Rn. 19).

8. Übermittlung der personalisierten Sicherheitsmerkmale (Abs. 3 Satz 2)

34   Hier ist Art. 67 Abs. 2 lit. b Hs. 2 PSD2 nahezu wörtlich umgesetzt. Vgl. hierzu die Kommentierung zu § 49 Abs. 3 S. 2 (→ § 49 Rn. 20 ff.).

III. Delegierter Rechtsakt

35   Die weitere Konkretisierung der Regelungen zum Kontoinformationsdienstleister findet sich in Art. 30 ff. PSD2-RTS (abgedruckt in Anhang § 45). Die einschlägigen Regelungen wurden jeweils im Zusammenhang mit den Vorschriften des ZAG kommentiert.

§ 52   Zugang zu Zahlungskonten

(1) **Ein kontoführender Zahlungsdienstleister kann einem Kontoinformationsdienstleister oder einem Zahlungsauslösedienstleister den Zugang zu einem Zahlungskonto verweigern, wenn objektive und gebührend nachgewiesene Gründe im Zusammenhang mit einem nicht autorisierten oder betrügerischen Zugang des Kontoinformationsdienstleisters oder des Zahlungsauslösedienstleisters zum Zahlungskonto, einschließlich der nicht autorisierten oder betrügerischen Auslösung eines Zahlungsvorgangs, es rechtfertigen.**

(2) ¹**In den Fällen des Absatzes 1 hat der kontoführende Zahlungsdienstleister den Vorfall der Bundesanstalt unverzüglich zu melden.** ²**Hierbei sind die Einzelheiten des Vorfalls und die Gründe für das Tätigwerden anzugeben.** ³**Die Bundesanstalt hat den Fall zu bewerten und kann erforderlichenfalls geeignete Maßnahmen ergreifen.** ⁴**Die Aufgaben und Zuständigkeiten anderer Behörden, insbesondere der Kartellbehörden nach dem Gesetz gegen Wettbewerbsbeschränkungen sowie der Strafverfolgungsbehörden nach der Strafprozessordnung, bleiben unberührt.**

(3) **Der kontoführende Zahlungsdienstleister hat den Zugang zu dem Zahlungskonto zu gewähren, sobald die Gründe für die Verweigerung des Zugangs nicht mehr bestehen.**

Literatur: vgl. Literaturnachweise zu § 48 und § 50

I. Überblick

1. Umsetzung der Richtlinie

1   § 52 setzt Art. 68 Abs. 5 UAbs. 1 S. 1 und UAbs. 2 sowie Abs. 6 PSD2 um. Er flankiert damit die Regelungen zu §§ 48–51, dh er bildet den speziellen aufsichts-

rechtlichen Rahmen für Zahlungsauslösedienstleister und Kontoinformationsdienstleister. Art. 68 Abs. 5 UAbs. 1 S. 2 und S. 3 PSD2 (Unterrichtung des Zahlers)
sind in § 675k Abs. 3 umgesetzt (vgl. hierzu nur BeckOGK/Köndgen BGB § 675k
Rn. 42 ff., der auch zu verschiedenen Unvollständigkeiten der Regelung Stellung
nimmt). Sinn und Zweck des § 52 ist der Schutz der Zahlungsauslöse- und Kontoinformationsdienstleister vor einer Beeinträchtigung der Ausübung ihrer Tätigkeit
durch eine fehlende Mitwirkung der kontoführenden Zahlungsdienstleister (Con-
reder/Schneider/Hausemann DStR 2018, 1722 (1725); Ellenberger/Findeisen/
Nobbe/Böger/Dietze Rn. 578). Auch § 52, ebenso wie §§ 48 ff. und Art. 28 ff.
PSD2-RTS, regelt nicht ausdrücklich den Anspruch der Drittzahlungsdienstleister
auf Zugang zum Konto, sondern setzt ihn voraus (Weichert ZD 2021, 134 (136,
138) zu RegBegr. BT-Drs. 18/11495 mit Bezug vor allem auf § 50 Abs. 2; ähnlich
Ellenberger/Findeisen/Nobbe/Böger/Dietze Rn. 617; Schwennicke/Auerbach/
Schwennicke Rn. 1).

2. Inkrafttreten

§ 52 ist gem. Art. 15 Abs. 1 ZDUG II am 14.9.2019 in Kraft getreten; § 675k **2**
BGB ist bereits am 13.1.2018 in Kraft getreten. In der Zwischenzeit galt die Übergangsregelung in § 68 Abs. 3, wonach kontoführende Zahlungsdienstleister bereits
seit dem 13.1.2018 den Zugang zu Zahlungskonten im Grundsatz nicht verweigern durften. Bereits in diesem Rahmen gestand man dem kontoführenden Zahlungsdienstleister ein Verweigerungsrecht (§ 228 BGB analog) zu (→ 2. Aufl. 2020,
§ 52 Rn. 2), denn kein kontoführender Zahlungsdienstleister muss den Missbrauch
des Kontozugangs hinnehmen. Im Einzelnen vgl. Kommentierung zu § 68 Abs. 3
(→ § 68 Rn. 4 ff.).

II. Verweigerung des Zugangs

1. Voraussetzungen der Zugangsverweigerung

Abs. 1 regelt, in welchen Fällen der kontoführende Zahlungsdienstleister den **3**
Zugang verweigern darf. Die Ablehnungsgründe sind dabei abschließend (Omlor
ZEuP 2021, 821 (829)); andere Gründe (wie technische Schwierigkeiten) vermögen keine Zugangsverweigerung zu stützen (auch Schwennicke/Auerbach/
Schwennicke Rn. 3; Schäfer/Omlor/Mimberg/Werner Rn. 2 mwN Rn. 3). Weiterhin trifft den kontoführenden Zahlungsdienstleister die Hürde der Anforderungen, die an den Nachweis zu stellen sind; ein Verdacht reicht dabei nicht aus,
sondern es müssen in besonderem Umfang nachgewiesene Tatsachen für den entsprechenden Missbrauch vorliegen (Schäfer/Omlor/Mimberg/Werner Rn. 3). Darüber hinaus muss der Drittdienst selbst den Missbrauch verwirklicht haben; die
Auslösung einer Gefahrensituation durch andere Dritte genügt nicht (Schäfer/
Omlor/Mimberg/Werner Rn. 4).

a) Nicht autorisierter oder betrügerischer Zugang zum Zahlungskonto **3a**
durch einen Zahlungsauslösedienstleister oder Kontoinformationsdienstleister.
Einen Unterfall hiervon bildet ein nicht autorisierte oder betrügerische Auslösung
eines Zahlungsvorgangs (Schwennicke/Auerbach/Schwennicke Rn. 5; RegBegr.,
BT-Drs. 18/11495, 138 „beispielhaft"). **aa) Nicht autorisiert** wäre ein Zugang,
wenn die ausdrückliche Zustimmung des Zahlers bei Zahlungsauslösediensten

oder auch des Zahlungsdienstnutzers (Kontoinhabers) bei Kontoinformationsdiensten nicht vorliegt (vgl. Schäfer/Omlor/Mimberg/Werner Rn. 6 „ohne dessen Zustimmung"). Hierzu → § 48 Rn. 13ff. sowie → § 51 Rn. 9. Allerdings darf der kontoführende Zahlungsdienstleister den Zugang des Zahlungsauslösedienstleisters oder Kontoinformationsdienstleisters zum Zahlungskonto nicht davon abhängig machen, dh vorab prüfen, ob die jeweilige Zustimmung des Zahlers respektive des Kontoinhabers vorliegt (→ § 48 Rn. 17 sowie → § 50 Rn. 11). Der nicht autorisierte Zugang muss dem kontoführenden Zahlungsdienstleister also auf andere Weise bekannt werden. Nicht autorisiert wäre ein Zugang auch dann, wenn anderweitig die Grenzen des § 49 für Zahlungsauslösedienstleister bzw. des § 51 für Kontoinformationsdienstleister überschritten sind, zB durch einen Zugriff auf andere als die bezeichneten Zahlungskonten (Schäfer/Omlor/Mimberg/Wener Rn. 6). **bb) Betrügerisch** (engl. fraudulent = missbräuchlich) wäre ein Zugriff auf ein Zahlungskonto sowohl mit als auch ohne Zustimmung, wenn dieser für unlautere Zwecke erfolgt (Schäfer/Omlor/Mimberg/Werner Rn. 7). Auch dieser Fall erschließt sich nicht aus der Zustimmung selbst (vgl. aa) sowie Schäfer/Omlor/Mimberg/Werner Rn. 7). **cc) Zugriff ohne Identifizierung.** Obschon dies im Gesetz nicht ausdrücklich genannt ist, wird man auch einen Zugriff eines Zahlungsauslösedienstleisters oder Kontoinformationsdienstleisters auf ein Zahlungskonto ohne die nach § 49 Abs. 2 S. 1 bzw. § 51 Abs. 2 S. 1 geforderte Identifizierung als betrügerisch bzw. missbräuchlich ansehen müssen (so auch Schäfer/Omlor/Mimberg/Werner Rn. 8). **dd) Ein einmaliger** nicht autorisierter oder betrügerischer Zugang reicht nach dem Wortlaut der Regelung aus (auch Schäfer/Omlor/Mimberg/Werner Rn. 9).

4   **b) Gründe im Zusammenhang rechtfertigen es.** Der nicht autorisierte oder betrügerische Zugang ist lediglich eine Tatbestandsvoraussetzung unter mehreren. Da die Zugangsverweigerung eine ultima ratio darstellt, ist auf Grundlage der restlichen Formulierung des Tatbestands zusätzlich zu fordern, dass der entdeckte Vorfall eine Sperre tatsächlich rechtfertigt (idS auch Schäfer/Omlor/Mimberg/Werner Rn. 9f., der allerdings in Zweifel zieht, dass es „grundsätzlich vom Schweregrad einer Verletzung abhängig gemacht werden [kann], ob der Zugang verweigert wird oder nicht".). Dies wäre bspw. nicht der Fall, wenn der nicht autorisierte Zugang versehentlich erfolgt ist, zB weil der dritte Zahlungsdienstleister übersehen hat, dass die Zustimmung nicht vorlag (Schäfer/Omlor/Mimberg/Werner Rn. 10). Deshalb dürfte man in diesem Zusammenhang auch verlangen, dass der kontoführende Zahlungsdienstleister den Zahlungsauslösedienstleister oder Kontoinformationsdienstleister zunächst zu dem Vorfall befragt und auf die Möglichkeit der Sperrung hinweist. Nach einer Ansicht (Schäfer/Omlor/Mimberg/Werner Rn. 11) trifft der Wortlaut der Vorschrift keine Aussage darüber, ob bei der Zugangsverweigerung auf den konkreten Vorgang abzustellen ist oder ob auch vergangenes Verhalten relevant sein soll (Schäfer/Omlor/Mimberg/Werner Rn. 11). Zudem könne man die Regelung in Abs. 3 dafür anführen, dass das kontoführende Institut während des Vorliegens von Verweigerungsgründen den Zugang nicht für einzelne, sondern für alle Zugriffe sperren könne und sich die Vorschrift daher nicht allein auf den Einzelfall beziehe (Schäfer/Omlor/Mimberg/Werner Rn. 11). Dem ist jedoch zu widersprechen: Zunächst bezieht sich Abs. 1 auf den Zugang zu „einem" Zahlungskonto und stellt des Weiteren auf Gründe im Zusammenhang mit „einem" […] Zugang, einschließlich „eines" Zahlungsvorgangs ab. Deshalb wird man jede einzelne Zahlungsauslösung gesondert zu betrachten haben. Sodann gestattet es der Wortlaut, dass der kontoführende Zahlungsdienstleister aufgrund des

zu beanstandenden „einen" Zahlungsvorgangs das Konto für alle Zugriffe des betreffenden Zahlungsauslösedienstleisters sperrt, aber wohl nicht den Zugriff des Zahlungsauslösedienstleisters auf sonstige Konten. Als Eingriff in das Kontozugriffsrecht des Zahlungsauslösedienstleisters wird man die Vorschrift eng auslegen müssen. Eine Notifizierung der zuständigen Aufsichtsbehörde des Zahlungsauslösedienstleisters und ein Ersuchen um Maßnahmen nach § 4 Abs. 2 bleibt unberührt.

c) Objektive und gebührend nachgewiesene Gründe. Die faktischen 5 Gründe für die Zugangssperre müssen nachgewiesen sein, zB durch eine Erklärung des Zahlers oder Zahlungsdienstnutzers (Kontoinhabers) oder aufgrund einer Stellungnahme (oder deren Ausbleiben innerhalb angemessener Frist) des Zahlungsauslösedienstleisters oder Kontoinformationsdienstleisters. Auch in diesem Rahmen ist zu berücksichtigen, dass die Zugangsverweigerung eine ultima ratio ist; reine Verdachtsfälle reichen nicht aus (ebenso Schäfer/Omlor/Mimberg/Werner Rn. 12). Dies stellt ein gewisses Risiko für den kontoführenden Zahlungsdienstleister dar (Schäfer/Omlor/Mimberg/Werner Rn. 12). Bei Verdachtsfällen bleibt allerdings die Möglichkeit einer Anzeige bei der Aufsicht und die Beantragung von Ermittlungsmaßnahmen im Rahmen von deren Befugnissen nach § 4 (vgl. Schäfer/Omlor/Mimberg/Werner Rn. 12). Insgesamt wird angesichts der hohen Anforderungen etwa aus § 55 und § 34 PSD2-RTS der Tatbestand des § 52 selten vorliegen (du Mont/van der Hout RdZ 2022, 114 (116)).

2. Rechtsfolge

Liegen die Voraussetzungen vor, so ist der kontoführende Zahlungsdienstleister 6 befugt, den Zugang zu verweigern. Von der Verweigerung ist der Zahlungsdienstnutzer nach § 675k Abs. 3 BGB in der vereinbarten Form zu unterrichten (Schäfer/Omlor/Mimberg/Werner Rn. 13). Er darf jedoch nicht die Zustimmung gegenüber dem Zahlungsauslösedienstleister oder Kontoinformationsdienstleister widerrufen; das obliegt allein dem Zahlungsdienstnutzer (vgl. Schäfer/Omlor/Mimberg/Werner Rn. 14). Der kontoführende Zahlungsdienstleister kann für den Fall, dass er den Zugang verweigert, die Schnittstelle iSv Art. 30 PSD2-RTS für den betreffenden Zahlungsauslösedienstleister bzw. Kontoinformationsdienstleister sowie für dessen Identifizierungsmerkmale etc. Art. 34 PSD2-RTS blockieren (so auch EBA, Single Rulebook Q&A, Question ID 2018_4309; vgl. Schäfer/Omlor/Mimberg/Werner Rn. 14). Ein Verstoß gegen § 52 durch den kontoführenden Zahlungsdienstleister kann in zivilrechtlicher Hinsicht für den Drittdienst Schadensersatzansprüche aus Vertrag mit Schutzwirkung (dazu → § 45 Rn. 4) oder aus § 823 Abs. 2 BGB begründen, aber auch die Verhängung eines Bußgelds gem. § 64 Abs. 3 Nr. 14 für den kontoführenden Zahlungsdienstleister nach sich ziehen (vgl. du Mont/van der Hout RdZ 2022, 114 (119f.); vgl. auch RegBegr., BT-Drs. 18/11495, 138; Ellenberger/Findeisen/Nobbe/Böger/Dietze Rn. 583f., 632; Omlor WM 2018, 47 (61f.); Schäfer/Omlor/Mimberg/Werner Rn. 15; vgl. auch zum Teil Schwennicke/Auerbach/Schwennicke Rn. 10f.).

3. Meldung an die Aufsicht

Abs. 2 sieht vor, dass der kontoführende Zahlungsdienstleister die Bundesanstalt 7 unverzüglich zu verständigen hat. Hier stellt sich die Frage, ob die Regelung korrekt umgesetzt ist. Die zugrundeliegende Richtlinie (Art. 68 Abs. 6 PSD2) spricht von der „zuständigen Behörde". Zuständig sind aber ggf. zwei Behörden, namentlich diejenige des kontoführenden Zahlungsdienstleisters, der den Zugang verweigert hat, und diejenige des dritten Zahlungsdienstleisters, der den Zugang missbraucht hat. Dies kann deshalb neben der Bundesanstalt auch ausländische Aufsichtsbehörden betreffen sowie ggf. die EZB. Da es sich bei dem Vorfall iSv Abs. 2 Satz 1 um einen Fall der Missstandsaufsicht handelt und deshalb die für den Zahlungsauslösedienstleister bzw. Kontoinformationsdienstleister zuständige Aufsichtsbehörde gefordert ist, sollte der kontoführende Zahlungsdienstleister dieser den Vorfall melden (aA Schäfer/Omlor/Mimberg/Werner Rn. 16, der allein die rechtliche Möglichkeit – nicht aber die Pflicht – der Unterrichtung der für den Drittdienst zuständigen Behörde vorsieht, wenn diese nicht mit der BaFin identisch ist, jene habe an die zuständige Aufsichtsbehörde weiterzumelden, mit unklarem Verweis auf Ellenberger/Findeisen/Nobbe/Böger/Dietze § 52 Rn. 46 ff.). Dafür spricht auch der übrige Wortlaut des Abs. 2, wonach die Einzelheiten des Vorfalls sowie die Gründe für das Tätigwerden anzugeben und durch die Aufsichtsbehörde erforderlichenfalls geeignete Maßnahmen zu ergreifen sind. Die Angaben zu der zuständigen Aufsichtsbehörde kann der kontoführende Zahlungsdienstleister der Identifizierung des Zahlungsauslösedienstleisters oder Kontoinformationsdienstleisters gem. Art. 34 Abs. 3 lit. b PSD2-RTS entnehmen. Bei der Meldung hat der kontoführende Zahlungsdienstleister die Einzelheiten des Vorfalls und die Gründe für das Tätigwerden anzugeben. Gem. Abs. 2 Satz 3 kann die Bundesanstalt geeignete Maßnahmen ergreifen; hierbei handelt es sich um eine besondere, über § 4 hinausgehende Eingriffsbefugnis (vgl. Schwennicke/Auerbach/Schwennicke Rn. 8). Andere Behörden können ebenfalls zuständig sein; darauf weist Abs. 2 Satz 4 hin. Nach Art. 33 Abs. 3 PSD2-RTS ist auch bei Problemen mit der dedizierten Schnittstelle eine Meldung notwendig (Ellenberger/Findeisen/Nobbe/Böger/Dietze Rn. 619; siehe PSD2-RTS → Anh. § 45 Rn. 1 ff.). In Betracht kommen in diesem Zusammenhang auch Vorfallsmeldungen gem. § 54 Abs. 1 und 5 (Schwennicke/Auerbach/Schwennicke Rn. 7; → § 54 Rn. 1 ff.).

III. Wiedereinrichtung des Zugangs

8   Der kontoführende Zahlungsdienstleister hat die Pflicht, den Zugang zu gewähren, wenn die Gründe für die Verweigerung entfallen (siehe auch Conreder/Schneider/Hausemann DStR 2018, 1722 (1725)). Falls ein einmaliger Vorfall Grund für die Zugangsverweigerung ist, wird zugrunde zu legen sein, ob der durch den einmaligen Vorfall ggf. indizierte dauerhafte Missstand nachgewiesenermaßen abgestellt ist oder ob Wiederholungsgefahr besteht (Schäfer/Omlor/Mimberg/Werner Rn. 18). Die Anzeige an die Aufsicht über die Wiedereinrichtung ist nicht erforderlich. Auch eine Anzeige an den Zahler/Kontoinhaber wird nach § 675k Abs. 3 BGB nicht gefordert (dies bemängelt BeckOGK/Köndgen BGB § 675k Rn. 45; ähnlich Schäfer/Omlor/Mimberg/Werner Rn. 18).

IV. Weitere Aufsichtsrechtliche Maßnahmen bei Verstoß gegen diese Vorschrift

9   Bei Verstoß des kontoführenden Zahlungsdienstleisters gegen die Verpflichtungen des § 52 kann die BaFin generell Anordnungen nach § 4 Abs. 2 treffen. Diese Anordnungsbefugnis gilt dabei nur für Zahlungsinstitute; für Kreditinstitute ist

§ 6 Abs. 3 KWG die Ermächtigungsgrundlage (siehe nur Ellenberger/Findeisen/ Nobbe/Böger/Dietze Rn. 628f.; Schäfer/Omlor/Mimberg/Werner Rn. 19). Ein subjektiver Anspruch auf Einschreiten der Behörde besteht jedoch nach der Gesetzesbegründung nicht, ebensowenig ein Amtshaftungsanspruch (RegBegr., BT-Drs. 18/11495, 138; du Mont/van der Hout RdZ 2022, 114 (120); vgl. auch Schwennicke/Auerbach/Schwennicke Rn. 10; siehe auch § 4 Abs. 4 FinDAG). Im Einzelfall wird allerdings für die Zulässigkeit einer Anfechtungsklage gegen Ausnahmegenehmigungen sowie für Versagungsgegenklagen und Untätigkeitsklagen argumentiert (im Einzelnen du Mont/van der Hout RdZ 2022, 114 (120f.) mwN). Auch kartellrechtliche Maßnahmen sind denkbar, § 52 Abs. 2 S. 3 (du Mont/van der Hout RdZ 2022, 114 (121); Ellenberger/Findeisen/Nobbe/Böger/ Dietze Rn. 623; RegBegr., BT-Drs. 18/11495, 138; vgl. Schwennicke/Auerbach/ Schwennicke Rn. 11).

Unterabschnitt 3. Risiken und Meldung von Vorfällen

§ 53 Beherrschung operationeller und sicherheitsrelevanter Risiken

(1) ¹Ein Zahlungsdienstleister hat angemessene Risikominderungsmaßnahmen und Kontrollmechanismen zur Beherrschung der operationellen und der sicherheitsrelevanten Risiken im Zusammenhang mit den von ihm erbrachten Zahlungsdiensten einzurichten, aufrechtzuerhalten und anzuwenden. ²Dies umfasst wirksame Verfahren für die Behandlung von Störungen im Betriebsablauf, auch zur Aufdeckung und Klassifizierung schwerer Betriebs- und Sicherheitsvorfälle.

(2) ¹Ein Zahlungsdienstleister hat der Bundesanstalt einmal jährlich eine aktuelle und umfassende Bewertung der operationellen und sicherheitsrelevanten Risiken im Zusammenhang mit den von ihm erbrachten Zahlungsdiensten und hinsichtlich der Angemessenheit der Risikominderungsmaßnahmen und Kontrollmechanismen, die er zur Beherrschung dieser Risiken ergriffen hat, zu übermitteln. ²Die Bundesanstalt kann gegenüber einem Zahlungsdienstleister festlegen, dass die Übermittlung der Bewertung nach Satz 1 in kürzeren Zeitabständen zu erfolgen hat.

Literatur: Clausemeier, Die Umsetzung der NIS- und PSD-II-Richtlinien in Deutschland: Doppelte Meldewege für die Finanzindustrie bei schwerwiegenden Cybervorfällen, WM 2020, 1397; „Principles for enhancing corporate governance" (Principles for enhancing corporate governance, Basel Committee on Banking Supervision, Bank for International Settlements, Oktober 2010; „Principles for the Sound Management of Operational Risk" (Principles for the Sound Management of Operational Risk, Basel Committee on Banking Supervision, Bank for International Settlements, Juni 2011; Reimer/Doser, Neue Vorgaben an die Informationstechnik von Zahlungs- und E-Geld-Instituten – Konsultation der ZAIT, RdZ 2021, 97; Siering/Hoibl, Die neuen „Zahlungsdiensteaufsichtlichen Anforderungen an die IT von Zahlungs- und E-Geld-Instituten (ZAIT)" der BaFin, RDi 2021, 457.

Inhaltsübersicht

I. Hintergrund

1   Mit der Umsetzung der Neuregelung in Art. 95 PSD2 durch den § 53 ZAG wurde erstmals eine Pflicht zum Aufbau und zur Umsetzung einer Governance-Struktur eingeführt (vgl. Schwennike/Auerbach Rn. 1.) Zahlungsdienstleister haben die Pflicht, angemessene Risikominderungsmaßnahmen und Kontrollmechanismen für die Beherrschung von operationellen und sicherheitsrelevanten Risiken umzusetzen. Die Regelung lehnt sich damit im Ergebnis an die schon für die Banken bestehenden Regelungen des § 25a KWG und den Vorgaben für eine ordnungsgemäße Geschäftsorganisation an (vgl. BaFin, Mindestanforderungen an das Risikomanagement, Rundschreiben 09/2017 (BA) – MaRisk).

Die Verschärfung der gesetzlichen Anforderung verfolgt zwei Ziele. Durch die wachsende technische Komplexität im Zahlungsverkehr, die Einführung von neuartigen Zahlungsdiensten sowie das steigende Volumen elektronischer Zahlungen sollen sowohl der Verbraucherschutz als auch das Marktvertrauen gestärkt werden. Verbraucher sollen sich beim Einsatz neuer Zahlungsmethoden sicher sein können, dass sie vom Gesetz ausreichend geschützt sind und ihnen keine Risiken aus dem Nutzen bestimmter Zahlungsmethoden entstehen. Dieses Marktvertrauen ist essenziell für das Wirtschaftswachstum innerhalb des europäischen Binnenmarktes. Es handelt sich insoweit um Maßnahmen für die Sicherstellung eines ordnungsgemäßen Wirtschaftskreislaufs (vgl. Ellenberger/Findeisen/Nobbe/Böger/Dietze Rn. 637).

2   In der Praxis soll das Sicherheitsniveau für elektronische Zahlungen auf ein einheitliches Niveau gehoben werden (vgl. EBA/GL/2021/03; EBA/GL/2017/17; EBA/GL/2019/04). Dies – unabhängig davon, wer Anbieter oder Abwickler einer

bestimmten Zahlmethode ist. Damit verschwindet die scharfe Trennung zwischen Banken und Zahlungsdienstleistern, weil beide gleichermaßen in die neuen Zahlverfahren eingebunden sind. Für Zahlungsdienstleister steigen die Anforderungen an ihre Geschäftsorganisation damit auf das Bankenniveau.

Inhaltlich bedeutet dies im Ergebnis aber nicht nur interne Änderungen der Organisations- und Berichtsstrukturen, sondern vielmehr auch eine Ausweitung des Betrachtungshorizonts. Durch den technologischen Fortschritt steigt die Abhängigkeit von externen Faktoren, nicht nur IT-(Auslagerungs-) Dienstleister, sondern auch weiterer Infrastrukturen die für die Geschäftsfortführung relevant sind – wie beispielhaft Cybersicherheit und Stromversorgung (ausführlicher Clausemeier WM 2020, 1398). Zahlungsdienstleister sollen sich insoweit Gewissheit über ihre holistische Risikolandkarte verschaffen und angemessene Steuerungsmechanismen definieren.

Die EBA hatte in Anwendung von Art. 95 Abs. 3 PSD2 entsprechende Leitlinien erlassen (EBA/GL/2017/17) und dort einen Rahmen definiert. Diese wurde zwischenzeitlich durch die Leitlinie für das Management von IKT- und Sicherheitsrisiken vom 28.11.2019 mit Wirkung zum 30.6.2020 ersetzt (EBA/GL/2019/04).

Die Umsetzung in Deutschland ist aus mehreren Blickwinkeln zu betrachten. **3** Nach Umsetzung der zweiten Zahlungsdiensterichtlinie in Deutschland im ZAG nF wurde – mangels nationaler Verwaltungsvorgaben – zunächst angenommen, dass die Vorgaben der alle Zahlungsdienstleister zusätzlich die Vorgaben der Mindestanforderungen an das Risikomanagement (MaRisk) und der bankenaufsichtsrechtlichen Anforderungen an die IT (BAIT) umsetzen müssen (vgl. Schäfer/Omlor/Mimberg/Glos/Hildner Rn. 8; Siering/Hoibl RDi 2021, 457). Dies bedeutete im Kern eine Pflicht für Zahlungsdienstleister sich künftig an dem ursprünglich für die Bankenwelt konzipierten „Three Lines of Defence"-Modell aus dem Baseler Papier „Principles for enhancing corporate governance" (Principles for enhancing corporate governance, Basel Committee on Banking Supervision, Bank for International Settlements) und dem darauf aufbauenden Papier „Principles for the Sound Management of Operational Risk" (Principles for the Sound Management of Operational Risk, Basel Committee on Banking Supervision, Bank for International Settlements) zu orientieren. Diese Zielsetzung entstand vor dem Hintergrund neuer Geschäftsmodelle, bei denen zwar die Art der Erlaubnis (Kreditinstitut vs. Zahlungsdienstleister) verschieden sein mag, aber der Risikogehalt aus den Geschäftsmodellen immer vergleichbarer wird. Insoweit erschien es sinnvoll, eine Präzisierung und Angleichung der regulatorischen Voraussetzungen vorzunehmen (vgl. „Principles for enhancing corporate governance" (Principles for enhancing corporate governance, Basel Committee on Banking Supervision, Bank for International Settlements, Oktober 2010).

Die deutsche Finanzaufsicht hat diese Lücke zwischenzeitlich mit der Veröffent- **4** lichung des Rundschreibens 11/2021 (BA) „Zahlungsdiensteaufsichtliche Anforderungen an die IT von Zahlungs- und E-Geldinstituten (ZAIT)" vom 16.8.2021 geschlossen. Dort finden sich nunmehr Regelungen zum Management von IT-Ressourcen, Informationsrisikomanagement, Informationssicherheitsmanagement und die Konkretisierung von Anforderungen nach § 53 Abs. 1 ZAG (vgl. BaFin, Rundschreiben 11/2021 (BA) vom 16.8.2021, ZAIT).

II. Anwendungsbereich

5   Die Vorschrift richtet sich an alle Zahlungsdienstleister. Das Gesetz unterscheidet zwischen Zahlungsinstituten und Zahlungsdienstleistern, die regelmäßig als Payment Service Provider (PSP) bezeichnet werden. Zahlungsdienstleister im Sinne des ZAG nF ist ein Institut, welches befugt ist, Zahlungsdienste anzubieten, vgl. § 1 Abs. 1 S. 1. Die Regelungen in § 53 ZAG konkretisieren die organisatorischen Anforderungen aus § 27 ZAG, der Spiegelnorm zu § 25a KWG für Kreditinstitute und konkretisiert insoweit auch dessen Anforderungen (siehe auch Ellenberger/Findeisen/Nobbe/Böger/Dietze Rn. 638).

Ein Zahlungsdienst findet regelmäßig in einer Dreiecksbeziehung zwischen Zahler, Zahlungsempfänger und Zahlungsdienstleister statt. Das neue ZAG und die darin umfassten Maßnahmen tangieren somit alle am Zahlungsverkehr beteiligten (juristischen und natürlichen) Personen.

Die Anforderungen der ZAIT richten sich wiederum nur an Institute nach § 1 Abs. 3 ZAG, mithin Zahlungs- und E-Geld-Institute und deren Zweigniederlassungen im Ausland im Sinne von § 38 ZAG (vgl. BaFin, Rundschreibens 11/2021 (BA) vom 16.8.2021, ZAIT, I. 1).

Es verbleibt insgesamt bei der Heimstaatenaufsicht, dh dass nach § 39 ZAG Zweigniederlassungen von Unternehmen in einem anderen Mitgliedstaat es Europäischen Wirtschaftsraums (EWR) nicht in den Anwendungsbereich fallen.

III. Risikosteuerung/Angemessene Risikominderungs- maßnahmen und Kontrollmechanismen

6   Zur Erhöhung der Zahlungssicherheit wurden nun die Anforderungen an das Kontroll- und Risikomanagementsystem im Zuge der Umsetzung der zweiten Zahlungsdienstrichtlinie präzisiert. So muss nach § 53 Abs. 1 S. 1 ZAG ein Zahlungsdienstleister angemessene Risikominderungsmaßnahmen und Kontrollmechanismen zur Beherrschung der operationellen und sicherheitsrelevanten Risiken im Zusammenhang mit den erbrachten Zahlungsdiensten installieren (vgl. Ellenberger/Findeisen/Nobbe/Böger/Dietze Rn. 643).

Die konkrete Ausgestaltung wurde im Rahmen einer Verordnungsermächtigung in Art. 95 Abs. 3 PSD2 an die EBA übertragen, welche dann entsprechende Leitlinien zu Sicherheitsmaßnahmen erlassen hat (EBA/GL/2017/17). Die turnusmäßige Aktualisierung steht derzeit noch aus.

In dem Gesetzesentwurf der Bundesregierung vom 13.3.2017 heißt es zur Begründung lediglich „Die Vorschrift dient der Umsetzung von Artikel 95 der Zweiten Zahlungsdienstrichtlinie. Sie enthält in seinen Absätzen 1 und 2 Vorgaben für das Management operationeller und sicherheitsrelevanter Risiken. Soweit europäische Vorgaben nicht entgegenstehen, kann dabei der Stand der Technik Berücksichtigung finden." (vgl. BT-Drs. 18/11495).

7   Insoweit verbleibt es bei der Rechtsgrundlage zunächst nur bei den Ausführungen auf Europäischer Ebene zur Einführung der PSD2. Demnach müssen Zahlungsdienstleister erkannten Risiken angemessen steuern, überwachen erforderliche Kontrollen definieren. Außerdem müssen auf Basis des Maßnahmenkatalogs zur Risikomitigierung entsprechende Maßnahmen zu den einzelnen Risiken definiert und ergriffen werden. Hiervon umfasst sind Verfahren für die Behandlung von Störungen im Betriebsablauf sowie zur Aufdeckung und Klassifizierung schwerer Betriebs- und Sicherheitsvorfälle, § 53 Abs. 1 S. 2 ZAG.

Ergebnis der vorgenommenen Risikobewertungen muss die Feststellung sein, **8** ob und in welchem Umfang Änderungen der bestehenden Sicherheitsmaßnahmen, der verwendeten Technologien und der Verfahren und angebotenen Zahlungsdienste erforderlich sind, um die Risiken angemessen zu steuern und zu mitigieren. Hierdurch soll ein ständiger Verbesserungsprozess für das Risikomanagement entstehen. Wesentlicher Baustein ist auch die Vermeidung von Wiederholungsfehlern. Im Rahmen des Compliance-Regelkreises müssen daher auch Sicherheitsvorfälle in die Weiterentwicklung des Risikomanagementsystems einfließen (lessons learned).

Dies bedeutet, dass nach einem Vorfall dessen Ursache zu erforschen ist. Hierbei ist zu untersuchen, ob das Risikomanagementrahmenwerk das realisierte Risiko ausreichend erkannt und adressiert hat und ob die definierten Kontrollmaßnahmen funktioniert haben oder fehlgeschlagen sind. Zudem muss geprüft werden, ob definierte Maßnahmen nach wie vor als ausreichend angesehen werden. Soweit Verbesserungsbedarf erkannt wird, muss dieser ins das Risikomanagementrahmenwerk einfließen.

Von Bedeutung ist, dass die Vorgaben in § 27 ZAG eine allgemeine Vorgabe zu organisatorischen Strukturen und Vorkehrungen beinhaltet, während sich § 53 ZAG lediglich auf Maßnahmen im Zusammenhang mit erbrachten Zahlungsdiensten bezieht. Der Anwendungsbereich bezieht sich daher vornehmlich auf produktbezogene Aspekte der Zahlungsdienste nach § 1 Abs. 1 S. 2 ZAG.

Die Formulierung „umfasst" in § 53 Abs. 1 S. 2 ZAG bedeutet auch keine Ein- **9** schränkung des Anwendungsbereichs der Norm, sondern vielmehr eine Konkretisierung, dass die dort genannten Verfahren zur Aufdeckung und Klassifizierung von schweren Betriebs- und Sicherheitsvorfällen in jedem Fall enthalten sein müssen. Diese Regelung schafft insoweit die logische Verknüpfung mit den Vorgaben des § 54 ZAG, weil hierdurch ein Meldewesen an die Behörden verankert wird, um Risiken für die Integrität des Zahlungsverkehrs steuern zu können (vgl. auch Clausemeier WM 2020, 1401).

Eine Beschreibung dieser Maßnahmen muss schon im Rahmen des Erlaubnis- **10** antrags vorgelegt werden, § 10 Abs. 2 Nr. 11 ZAG. Nach § 8 Abs. 3 Nr. 5 ZAG aF hatte ein Zahlungsdienstleister auch schon in der Vergangenheit ein klassisches Kontroll- und Risikomanagementsystem vorzuhalten und dieses im Rahmen des Zulassungsverfahrens als Zahlungsinstitut gegenüber der Aufsichtsbehörde zu dokumentieren.

Das ZAG selbst, definiert das operationelle und sicherheitsrelevante Risiko nicht.

In der Vergangenheit wurde für das operationelle Risiko insoweit auf die Definition aus Art. 4 Abs. 1 Nr. 52 CRR zurückgegriffen und damit als „das Risiko von Verlusten, die durch die Unangemessenheit oder das Versagen von internen Verfahren, Menschen und Systemen oder durch externe Ereignisse verursacht werden, einschließlich Rechtsrisiken" definiert. Einbezogen waren sowohl externe Risiken (wie zum Beispiel Ereignisse höherer Gewalt, Stromausfälle und dergleichen) als auch interne Prozessrisiken (wie zum Beispiel Personalrisiken, Technologierisiken Versagen von internen Kontrollen, Transaktionsfehler/Fehlbuchungen oder auch die Nichtbeachtung von gesetzlichen, regulatorischen oder internen Vorschriften), (vgl. Ellenberger/Findeisen/Nobbe/Böger/Dietze Rn. 646).

Das sicherheitsrelevante Risiko wurde erstmals in den Leitlinien zu Sicherheitsmaßnahmen (EBA/GL/2017/17) definiert. Demnach ist dies das Risiko, das auf Grund der Unangemessenheit oder des Versagens von internen Prozessen oder wegen externen Ereignissen entsteht, die negative Auswirkungen auf die Verfügbarkeit, Integrität und Vertraulichkeit der Informations- und Kommunikationstechnologie- (IKT-) Systeme und/oder der für die Erbringung von Zahlungsdiensten verwendeten Informationen haben oder haben können. Dazu gehören auch Risiken auf Grund von Cyberattacken oder unzureichender physischer Sicherheit (vgl. Ellenberger/Findeisen/Nobbe/Böger/Dietze Rn. 646).

11   Die neue EBA-Leitlinie (EBA/GL/2019/04) hat diese Definitionen nunmehr ersetzt und ausdrücklich definiert, dass der Begriff der „IKT- und Sicherheitsrisiken" sich auf die operationellen und sicherheitsrelevanten Risiken nach Art. 95 der PSD2 bezieht.

1. EBA-Leitlinie für das Management von IKT- und Sicherheitsrisiken (EBA/GL/2019/04)

12   In Ausübung der Pflichten aus Art. 95 Abs. 3 der PSD2 (Richtlinie (EU) 2015/2366) hat die EBA mit Wirkung zum 30.6.2020 die Leitlinien für das Management von IKT- und Sicherheitsrisiken erlassen (EBA/GL/2019/04). Diese ersetzen die bisherigen Leitlinien zu Sicherheitsmaßnahmen bezüglich der operationellen und sicherheitsrelevanten Risiken (EBA/GL/2017/17).

13   Durch die neue Leitlinie wird der Anwendungsbereich erweitert und bezieht sich nicht mehr nur auf Zahlungsdienste. Ziel ist es, Finanzinstitute zu einem umfangreicheren Risikomanagement zu bewegen. Es sind dabei einige operative Anforderungen neue hinzugekommen. Die Leitlinie definiert ua, dass (a) Prüfer mit ausreichenden Kenntnissen, Fähigkeiten und ausreichendem Fachwissen im Bereich der IKT- und Sicherheitsrisiken sowie Zahlungsverkehr eingesetzt werden müssen, (b) definiert die Anforderung zur Bestellung an einen IT-Sicherheitsbeauftragten, konkretisiert die Anforderungen an die Funktion des IT-Sicherheitsbeauftragten und stellt auch organisatorisch klar, dass dieser nicht der Internen Revision zugeordnet sein darf und (c) definiert Anforderungen zum IT-Projektmanagement.

14   Die Leitlinie definiert ein IKT- und Sicherheitsrisiko wie folgt: „Verlustrisiko aufgrund einer Verletzung der Vertraulichkeit, Verlust der Integrität von Systemen und Daten, einer unzureichenden oder fehlenden Verfügbarkeit von Systemen und Daten, einer mangelnden Fähigkeit, die Informationstechnologie (IT) in einem angemessenen Zeit- und Kostenrahmen zu ändern, wenn sich die Umgebungs- oder Geschäftsanforderungen ändern (dh Agilität). Dies umfasst Sicherheitsrisiken, die aus unzulänglichen oder fehlgeschlagenen internen Prozessen oder externen Ereignissen resultieren, einschließlich Cyber-Attacken oder unzureichender physischer Sicherheit" (EBA/GL/2019/04, Ziff. 10).

15   Ein Betriebs- oder Sicherheitsvorfall wird wie folgt definiert: „Ein einzelnes Ereignis oder eine Reihe zusammenhängender Ereignisse, die vom Finanzinstitut nicht geplant wurden und sich negativ auf die Integrität, Verfügbarkeit, Vertraulichkeit und/oder Authentizität von Diensten auswirken oder auswirken könnten" (EBA/GL/2019/04, Ziff. 10).

In Bezug auf Auslagerungen nimmt die Leitlinie Bezug auf die EBA-Leitlinie zu Auslagerungen (EBA/GL/2019/02) vom 25.2.2019, die zum 31.12.2021 in Kraft getreten ist (hierzu im Einzelnen unter → Rn. 52).

2. ZAIT

Eine gesonderte Umsetzung der EBA Leitlinien in Deutschland wäre nicht **16** erforderlich gewesen. Üblicherweise werden die EBA Leitlinien in die eigene Verwaltungspraxis der BaFin übernommen (vgl. BaFin, Leitlinien und Q&As der Europäischen Aufsichtsbehörden; Reimer/Doser RdZ 2021, 98). Gleichwohl hat die BaFin das Rundschreiben 11/2021 vom 16.8.2021, Zahlungsdiensteaufsichtliche Anforderungen an die IT von Zahlungs- und E-Geld-Instituten (ZAIT), erlassen.

Inhaltlich orientieren sie sich an den IT-Anforderungen für Banken (umgesetzt **17** mit Rundschreiben 10/2017 (BA) vom 16.8.2021, Bankaufsichtliche Anforderungen an die IT, BAIT) und setzen die Anforderungen aus den EBA Leitlinien für IKT- und Sicherheitsrisikomanagement (EBA/GL/2019/04) gemeinsam mit den EBA-Leitlinien zu Auslagerungen (EBA/GL 2019/02) um.

Inhaltlich ergeben sich indes keine nennenswerten Abweichungen zu den EBA- **18** Leitlinien. Vielmehr wurde die Umsetzung in einem für die BaFin einheitlichen Format der BAIT, VAIT, und KAIT vorgenommen. Es ist daher bei Auslagerungen und in Institutsgruppen weiterhin statthaft sich an den EBA-Leitlinien zu orientieren (vgl. Reimer/Doser RdZ 2021, 99).

Die Finanzaufsicht definiert als Schutzziele für die IT die Sicherstellung der Integrität, **19** Verfügbarkeit, Authentizität und Vertraulichkeit der Daten (vgl. auch Reimer/Doser RdZ 2021, 100) und übersetzt dies in nachstehende Themenkomplexe: (a) IT-Strategie, (b) IT-Governance, (c) Informationsrisikomanagement, (d) Informationssicherheitsmanagement, (e) Operative Informationssicherheit, (f) Identität- und Rechtsmanagement, (g) IT-Projekte und Anwendungsentwicklung, (h) IT-Betrieb, (i) Auslagerungen und sonstiger Fremdbezug von IT-Dienstleistungen, (j) Notfall- und IT-Notfallmanagement, (k) Management der Beziehungen mit Zahlungsdienstnutzern und (l) Kritische Infrastrukturen. Lediglich in Ziff. 11 nehmen die ZAIT gesondert Bezug auf die Vorschrift des § 53 ZAG.

Durch die Umsetzung der ZAIT werden die Tatbestandsmerkmale des § 53 ZAG mit einer gesamthaften Organisations- und Risikomanagementstruktur verknüpft. Es kommt insoweit nicht auf die strenge Definition der einzelnen Tatbestandsmerkmale, sondern vielmehr auf das Erreichen der von der Aufsicht konkretisierten Schutzziele an.

Soweit sich die Gesetzesbegründung auf den „Stand der Technik" bezieht, wurde dies in der Vergangenheit auf anderen gesetzlichen Regelungen (ua § 8a Abs. 1 BSIG) zurückgegriffen und hierbei der IT-Grundschutzkatalog des Bundesamts für Sicherheit in der Informationstechnik sowie auch internationale Standards ISO/IEC 2700X der International Organization for Standard herangezogen (vgl. Ellenberger/Findeisen/Nobbe/Böger/Dietze Rn. 681). Dies wurde nunmehr in den ZAIT ausdrücklich geregelt. Bemerkenswert ist, dass dort auch explizit auch der Payment Card Industry Data Security Standard (PCI-DSS) Eingang findet, nachdem dieser auf einer rein privatwirtschaftlichen Vereinbarung zwischen Zahlungsdienstleistern (Acquirer) und dem jeweiligen Kreditkartennetzwerk beruht (Vgl. BaFin, Rundschreiben 11/2021 (BA) in der Fassung vom 16.8.2021, Zahlungsdiensteaufsichtliche Anforderungen an die IT von Zahlungs- und E-Geld-Instituten (ZAIT), Abschnitt I, Ziff. 3).

Die ZAIT beinhalten einen Proportionalitätsgrundsatz. Danach sollen die Zahlungsdienstleister die Bestimmungen aus den Guidelines zwar einhalten, der geforderte Detailgrad orientiert sich indes aber an Art, Umfang, Komplexität und Ri-

sikobehaftung des Zahlungsdienstes sowie der Unternehmensgröße des Zahlungsdienstleisters.

20   Im Gegensatz zur früheren Umsetzung der Anforderungen aus § 53 ZAG lässt
sich auf Basis der EBA-Leitlinien und der ZAIT eine starke Fokussierung auf IT-
Themen erkennen. Die grundsätzlichen Anforderungen an die für die Umsetzung
der Vorgaben erforderliche Geschäftsorganisation verschiebt sich damit auf die Vorgaben nach § 27 ZAG.

Die Anforderdungen der ZAIT im Einzelnen:

21   **a) IT-Strategie (ZAIT 1).** In den ZAIT ist die Strategie an die erste Stelle gerückt. Die Geschäftsleitung ist verpflichtet eine konsistente IT-Strategie festzulegen,
welche die Ziele und Maßnahmen zur Erreichung dargestellt werden müssen und
hat für die Umsetzung Sorge zu tragen. Wesentlicher Bestandteil dürfte auch die
Definition der Risikobereitschaft des Instituts sein, mithin die Definition des Ge-
samtniveaus und die Arten von Risiken, die ein Institut bereit ist, innerhalb seiner
Risikokapazität und im Einklang mit seinem Geschäftsmodell zum Erreichen seiner
strategischen Ziele einzugehen (wesentlich für ZAIT 3.7). Ziel muss es insgesamt
sein, die Geschäfts- und die IT-Strategie miteinander in Einklang zu bringen, weil
nur so ein angemessenes Risikomanagement erreicht werden kann. Soweit die Geschäftsstrategie einen ausschließlich progressiven Ansatz hätte, könnte keine entsprechende Risikobegrenzung durch das Institut erfolgen und würden auch die
Incentivierung der Mitarbeiter zur Unterstützung der jeweiligen Strategien fehl-
schlagen.

22   An Art und Umfang der IT-Strategie werden umfangreiche Mindestanforderungen gestellt. So ist ua darzustellen, wie Geschäfts- und IT-Strategie in Einklang gebracht werden und wie die Aufbau- und Ablauforganisation auf die strategische Erreichung der Ziele ausgerichtet ist. Die Auslagerung an Dritte und die damit
verbundene Risikoanalyse ist ebenfalls strategisch zu bewerten, wenngleich diese
Einordnung auch im Rahmen der Auslagerungsstrategie (ZAIT 9) festgelegt werden kann. Gleichzeitig soll das Institut festlegen, welchen Prüfungsstandards es sich
verpflichtet und inwieweit die Umsetzung des jeweiligen Standards im Institut erfolgt. Neben den definierten Mindeststandards dürfte es geboten sein, die konkreten Ziele mit ihrem jeweiligen Wertbeitrag für das Institut dazustellen und die Betrachtung, an Anlehnung an aktienrechtliche Vorgaben, mit kurz-, mittel- und
langfristigen Perspektiven zu versehen.

23   Die unerlässliche Einbeitung der Informationssicherheit im Institut ist ebenfalls
zu betrachten, sowohl in Bezug auf die generelle Bedeutung, die Zusammenarbeit
mit einzelnen Fachbereichen, der Steuerung von IT-Dienstleistern und der Schulung und Sensibilisierung von Mitarbeitern. Ebenso sind Geschäftsfortführungs-
belange (Notfallmanagement) sowie Risiken durch selbst betriebene bzw. entwickelte IT-Systeme (IDV) zu berücksichtigen.

Der Strategieprozess selbst wird ebenso definiert. Demnach muss die Geschäftsleitung einen solchen Prozess einrichten, der insbesondere die Prozessschritte „Planung", „Umsetzung", „Beurteilung" und „Anpassung" der Strategien berücksichtigt und die jeweils definierten Ziele mit dem Grad der Zielerreichung messbar
macht. Die Geschäftsleitung hat dies und die laufende Entwicklung zu überwachen
und die Strategie notwendigenfalls anzupassen. Die Umsetzung wäre im Rahmen
der schriftlich-fixierten Ordnung zu erwarten.

Die IT-Strategie sowie erforderliche Anpassungen sind mit Aufsichtsorgan, je
nach Rechtsform im Regelfall dem Aufsichtsrat oder der Gesellschafterversamm-

lung, zu erörtern und auch im Institut selbst in geeigneter Form zu bekanntzugeben.

Eine Beschränkung der Strategie auf Risiken für Zahlungsdienstenutzer ergibt **24**
sich aus dem Wortlaut nicht, vielmehr sind sämtliche IT-bezogenen Risiken zu betrachten (anders Reimer/Doser RdZ 2021, 100).

b) IT-Governance (ZAIT 2). Die Regelung erfordert, dass hinreichende Or- **25**
ganisationsstrukturen für das IT-Risikomanagement geschaffen werden, die nicht
nur inhaltlich, sondern auch mit quantitativ und qualitativ angemessener Personal-
ausstattung und hinreichenden technisch-organisatorischen Ressourcen ausgestattet ist. Zahlungsdienstleister sind verpflichtet, eine Geschäftsorganisation vorzuhalten, die auf die Steuerung und Überwachung von IT-Risiken zu Erreichung der IT-
Strategie und Schutzziele ausgelegt ist. Damit ist eine angemessene Umsetzung
einer internen IT-Governance gefordert, die durch einen neuen aufsichtsrechtlichen Rahmen vorgegeben wird. Die Anforderungen lehnen sich stark an die allgemeinen Anforderungen der „Wohlverhaltenscompliance" (also beispielhaft den
aus § 93 AktG abgeleiteten Grundsätzen) an. Nicht mehr ausdrücklich gefordert ist
ein Modell mit drei wirksamen Verteidigungslinien oder vergleichbaren internen
Risikomanagement- und Kontrollmodellen, wie es noch den EBA-Leitlinien
Sicherheitsmaßnahmen bezüglich der operationellen und sicherheitsrelevanten
Risiken von Zahlungsdiensten enthalten war (EBA/GL/2017/17, Ziff. 2.5). Dies
wohl auch, weil dies eine für das Institut übergeordnete organisatorische Frage ist,
die im Rahmen der Pflichten nach § 27 ZAG und nicht in Umsetzung des § 53
ZAG zu klären ist. Die Kontrollorganisation wird um ein sog. „Risikomanagementrahmenwerk" aufgebaut. Hierzu müssen zunächst die operationellen und sicherheitsrelevanten Risiken definiert werden. Üblicherweise sollte dies auch durch
einheitlich Risikotaxonomien und einheitlich Kataloge zur Risikomitigierung gesteuert und vereinheitlicht werden (vgl. Ellenberger/Findeisen/Nobbe/Böger/
Dietze Rn. 647). In der EBA-Leitlinie (EBA/GL/2019/04, Ziff. 1.3) findet sich
nach wie vor der Terminus „Rahmenwerk", der in dieser Form nicht in die deutsche Aufsichtspraxis eingeflossen ist.

Im Ergebnis dürfte sich nicht viel ändern, denn auch die neuen Regelungen ge- **26**
hen von einem organisatorisch getrennten und unabhängigen Kontrollmodell aus.
Ein Zahlungsdienstleister hat dabei sicherzustellen, dass die interne Kontrollorganisation keinen Interessenkonflikten ausgesetzt wird (ua durch unklare Rollendefini-
tionen) und über ausreichende Befugnisse sowie Ressourcen verfügt. Neben der
klaren Aufgabentrennung sind auch organisatorische Maßnahmen der Sicherstellung der Geschäftsfortführung (Business Continuity Management) zu treffen, ua
um die Abwesenheit oder das Ausscheiden von Mitarbeitern abzufangen. Weiterhin
ist die fortlaufende Schulung und Weiterentwicklung der Mitarbeiter vorzusehen,
ebenso wie eine direkte Berichtslinie zum Leitungsorgan bzw. zur Geschäftsleitung.

Die Überwachung der IT-Systeme (Hardware und Software) muss an den **27**
Schutzzielen ausgerichtet sein, den sog. „Informationsverbund" berücksichtigen,
dh geschäftsrelevante Informationen, Geschäft- und Unterstützungsprozesse, IT-
Systeme, die dazugehörigen IT-Prozesse sowie Netz- und Gebäudeinfrastrukturen
und sich an gängigen Standards (BSI, ISO/IEC 2700X, PCI-DSS) orientieren.
Klargestellt hat die BaFin, dass das Abstellen auf Standards keineswegs die Eigenentwicklung ausschließt.

Das Kontrollmodell muss auf kurzfristige Veränderungen reagieren und einen ent- **28**
sprechenden Anpassungsprozess auslösen. Aufgrund der hohen Agilität der Finanz-

marktteilnehmer bei neuer IT- und Produktentwicklung, bei gleichzeitig regelmäßiger Weiterentwicklung und Veränderung des aufsichtlichen Rahmens und zeitweise unsicheren betriebs- und marktwirtschaftliche Einflüssen, dürften die Finanzinstitute vor Herausforderungen der Umsetzung komplexer Maßnahmen stellen. Der Proportionalitätsgrundsatz wird daher hier besonders genau abzuwägen sein.

29   Es ist vorauszusetzen, dass es einen entsprechenden dokumentierten Prozess im Rahmen einer schriftlich fixierten Ordnung, entweder als Bestandteil des Risikomanagementrahmenwerks oder in Form einer gesonderten Arbeitsanweisung, geben muss, der die formalen Anforderungen klar regelt.

30   **c) Informationsrisikomanagement (ZAIT 3).** Ferner ist ein Informationsrisikomanagement zu implementieren, welches die IT-Systeme, die dazugehörigen IT-Prozesse und die sonstigen Bestandteile des Informationsverbundes an die Schutzziele ausrichtet. Schnittstellen des Informationsverbundes zu Dritten sollen ebenfalls umfasst sein. Im Rahmen dieses IKT-Asset-Managements ist in Bezug auf die Schutzziele der Schutzbedarf zu ermitteln und einer Soll-Ist-Analyse zu unterziehen, der darüber hinaus auch Aussagen zu möglichen Bedrohungen, das Schadenpotenzial, die Schadenhäufigkeit und den Risikoappetit beinhaltet. Bei der Definition der Sollmaßnahmen kann sowohl auf technische als auch weitere risikoreduzierende Maßnahmen ergriffen werden.

31   Es empfiehlt sich, eine entsprechende Bestandsaufnahme über bestehende Unternehmensprozesse vorzunehmen und zu identifizieren, welche Art von Risiken aus dem Risikokatalog sich in den jeweiligen Prozessen an welchen Stellen materialisieren können und welchem internen Verantwortlichen dieses Risiko zugewiesen ist.

32   Die identifizierten Risiken sind sodann zu bewerten. Dies erfolgt in der Regel im Rahmen einer Risikomatrix nach Eintrittswahrscheinlichkeit und Schadenhöhe. Bei der Eintrittswahrscheinlichkeit sollten vorherige Ereignisse einfließen (zB aus einer Schadenfalldatenbank) und soweit möglich auch historische Erfahrungswerte zurückgegriffen werden. Die Schadenhöhe ist hierbei stets in das Verhältnis zur Größe des Zahlungsdienstleisters zu setzen und sollte sich in der Regel an dem jeweiligen Umsatz der Gesellschaft orientieren. Soweit für bestimmte Art von Schäden eine rein finanzielle Bewertung schwer möglich ist (Reputationsschäden und dergleichen) sollte eine Auswirkungsanalyse auf das operative Geschäft erfolgen. In diesem Zusammenhang sollte ebenso untersucht werden, ob die Realisierung eines Risikos ein aufsichtliches Einschreiten auslösen würde (vgl. Ellenberger/Findeisen/Nobbe/Böger/Dietze Rn. 651).

Nachdem die ZAIT keine konkrete Risikoklassifizierung vorschreibt, sollte dies auch anhand der gängigen Standards (→ Rn. 27) erfolgen.

33   Die Steuerung der Risiken sollte in zentralen Verfahren und Systemen erfolgen, die es ermöglichen, die Identifizierung, Messung, Überwachung und Steuerung der unterschiedlichen Risiken durchzuführen, die sich aus den zahlungsbezogenen Tätigkeiten des Zahlungsdienstleisters ergeben und denen der Zahlungsdienstleister ausgesetzt ist. Hierbei sind Regelungen zur Aufrechterhaltung des Geschäftsbetriebs (Business Continuity) zu berücksichtigen. Die Ergebnisse der Risikoanalyse sollen in die Steuerung der operationellen Risiken überführt werden kann.

34   Die Risiken sind fortlaufend auf Relevanz zu bewerten und, soweit geboten, mitigierende Maßnahmen zu ergreifen. Die Risikoanalyse und die laufende Veränderung der Risikolage sind der Geschäftsleitung regelmäßig, jedoch mindestens vierteljährlich zu berichten. In der Praxis dürften im Rahmen der internen Informationsrichtlinien jedoch insbesondere auch Kriterien für die sofortige Vorlage an

die Geschäftsleitung zu definieren sein. Im Rahmen der Risikoberichterstattung sollte überdies dargelegt werden, ob die Vorgaben der IT-Risikostrategie erreicht sind und welche Maßnahmen durch den Zahlungsdienstleister ergriffen werden, um dies zu erreichen. Dies soll insbesondere eine laufende „Selbstkontrolle" dahingehend ermöglichen, ob die notwendigen Maßnahmen ergriffen wurden, um die Risikoarten angemessen und ausreichend zu steuern, gesteuert werden oder ob ungewollte Risiken eingegangen wurden bzw. entstanden sind.

d) Informationssicherheitsmanagement (ZAIT 4). Das Informationssicher- **35** heitsmanagement dient der Definition für die Operationalisierung der vorherigen Anforderungen. Ausgangspunkt soll eine auf die Geschäfts- und Risikostrategie abgestimmte Informationssicherheitssicherheitslinie zu den IT-Schutzzwecken sein, die von der Geschäftsleitung zu beschließen und im Institut bekannt zu machen ist.

Organisatorisch ist die Einrichtung der Funktion eines unabhängigen Informa- **36** tionssicherheitsbeauftragten (ISB) verpflichtend, der jederzeit eine Berichtsmöglichkeit an die Geschäftsleitung hat. Ähnlich zu anderen gesetzlichen Beauftragten (wie zB dem Datenschutzbeauftragten) ist der ISB als Unterstützungsfunktion der Geschäftsleitung gedacht, die aber die Geschäftsleitung nicht von ihrer Verantwortlichkeit entbindet. Es ist folglich keine Haftungsdelegation der Geschäftsleitung mit der Bestellung des ISB verbunden. Die Auslagerung der Funktion ist nur im Ausnahmefall (ua geringe Mitarbeiterzahl, geringes Informationsrisiko, keine wesentliche eigen betriebe IT) zulässig. Dies gilt auch für die Auslagerung an andere Konzernunternehmen. Dem ISB selbst kommt ein breit definierter Aufgabenbereich zu, der nicht nur die Erstellung von Dokumentation, sondern auch die aktive Durchführung von Prüfungs- und Kontrollhandlungen sowie Schulungsmaßnahmen beinhaltet.

Inhaltlich soll die Informationssicherheitsleitlinie die Definition von Prozessen **37** und deren Steuerung im Fokus haben und hierbei die Prozessschritte „Planung", „Umsetzung", „Erfolgskontrolle" sowie „Optimierung" und „Verbesserung" umfassen. Neben der Leitlinie werden auch operative Sicherheitsrichtlinien (ua für Netzwerksicherheit, Kryptografie, Identitäts- und Rechtemanagement, Protokollierung und physische IT-Sicherheit) als zwingende Bestandteile der Informationssicherheitsprozesse gesehen. Auch diese Richtlinien sollen weiter durch operative Vorgaben ergänzt werden, ua durch eine Vorfallanalyse einschließlich vordefinierter Nachsorgemaßnahmen und ein Test- und Prüfkonzept unter Berücksichtigung der allgemeinen Bedrohungslage des Instituts umsetzen.

e) Operative Informationssicherheit (ZAIT 5). Die definierten Anfor- **38** derungen an die operative Informationssicherheit betreffen nunmehr die tatsächliche Operationalisierung der Soll-Vorgaben für die Erreichung der IT-Schutzziele (Integrität, Verfügbarkeit, Authentizität und Vertraulichkeit der Daten). Dies erfordert IT-Systeme und dazugehörige IT-Prozesse zur angemessenen Überwachung und Steuerung der IT-Risiken.

Zu berücksichtigen sind demnach ein Schwachstellenmanagement, Netzwerkkontrolle (einschließlich der Endgeräte), Härtung der IT-Systeme, Verschlüsselung von Daten, mehrstufiger Schutz der IT-Systeme (zB vor Datenverlust, Manipulation, Verfügbarkeitsangriffe oder nicht autorisiertem Zugriff) und Perimeterschutz (zB von Liegenschaften, Rechenzentren und anderen sensiblen Bereichen).

Der Zahlungsdienstleister muss Gefährdungen des Informationsverbundes fort- **39** laufend überwachen und erkennen. Hierbei sollen potenziell sicherheitsrelevante Informationen (wie zB Protokolldateien, Meldungen und Störungen, welche Hinweise auf die Verletzung der Schutzziele geben können). Dies erfordert zunächst, dass der Zahlungsdienstleister diese Szenarien für sich definiert und geeignete Kriterien und Grenzwerte für die Klassifizierung eines Vorfalls als Betriebs- oder Sicherheitsvorfalls festlegt. Ebenso ist sicherzustellen, dass Frühwarnindikatoren definiert und beobachtet werden, damit der Zahlungsdienstleister frühzeitig Gegenmaßnahmen ergreifen kann. Die Auswertung sollte in der Regel durch automatisierte IT-Systeme erfolgen. Dies wird in der Regel im Rahmen eines Security Information and Event Management-Systems (SIEM) erzielt.

40   Um einen einheitlichen Umgang mit Betriebs- oder Sicherheitsvorfällen sicherzustellen, sind beim Zahlungsdienstleister geeignete Prozesse und Organisationsstrukturen einzurichten, um die einheitliche und integrierte Überwachung, Behandlung und Nachverfolgung zu gewährleisten. Im Rahmen der Aufklärungsmaßnahmen können forensische Analysen und/oder interne Verbesserungsmaßnahmen geboten sein.

Es wird ebenfalls die Einrichtung einer Testumgebung von Zahlungsdienstleistern verlangt, in der die Robustheit und die Wirksamkeit der definierten und getroffenen Sicherheitsmaßnahmen überprüft werden. Dabei ist auch der technische Fortschritt zu berücksichtigen. Die Testumgebung sollte daher so ausgelegt sein, dass auch neue Szenarien (Bedrohungen und Schwachstellen) getestet werden können, die im Rahmen von Tätigkeiten zur Risikoüberwachung ermittelt wurden. Solche Tests sind insbesondere bei Änderung an der Infrastruktur, der Prozesse oder Verfahren sowie bei Änderungen, die infolge von schwerwiegenden Betriebs- oder Sicherheitsvorfällen vorgenommen wurden, durchzuführen. Die Tests können ua in Form von Abweichungsanalysen, Schwachstellenscans, Penetrationstests oder Angriffssimulationen erfolgen.

41   **f) Identitäts- und Rechtemanagement (ZAIT 6).** Die ZAIT fordern auch die Nachhaltung des internen Zugriffs- und Berechtigungskonzepts. So soll sichergestellt werden, dass nur berechtigte Nutzer Zugriff auf relevante Informationen erhalten und gleichzeitig vermieden wird, dass durch ausufernde Zugriffsrechte ein Risiko für ein Schutzziel entsteht.

Der physische und logische Zugriff auf IKT-Systeme soll demnach nur berechtigten Personen gestattet sein. Insoweit sollte ein striktes „need to know"-Prinzip eingerichtet werden, indem die Berechtigung nur in Übereinstimmung mit den Aufgaben und Verantwortlichkeiten der Mitarbeiter erteilt und auf Personen beschränkt wird, die entsprechend geschult wurden und beaufsichtigt werden. Bei der Planung, Entwicklung und Erbringung von Zahlungsdiensten sollten die Zahlungsdienstleister sicherstellen, dass der Grundsatz der Aufgabentrennung und das Prinzip der geringsten Privilegien („Least Privilege"-Prinzip) angewandt werden und so sicherstellen, dass die Zugriffsrechte der Benutzer auf ein Minimum eingeschränkt werden. Daneben sollten die Zahlungsdienstleister besonders auf die Trennung von IT-Umgebungen achten, insbesondere in Bezug auf die Entwicklungs-, Test- und Produktionsumgebungen.

Es wird zudem ein entsprechender Kontrollprozess dahingehend verlangt, ob und inwieweit eine entsprechende Zugriffsmöglichkeit erforderlich ist.

42   Dabei gibt es auch Benutzergruppen, die entsprechend weitreichende Privilegien benötigen (zB Administratoren). Soweit dies der Fall ist, sollen Zahlungsdienstleister strenge Sicherheitsmaßnahmen und Kontrollen über einen privilegierten Zugriff auf ein System einrichten, indem Mitarbeiter, die weiterreichende Zugriffsrechte auf das System haben, stark beschränkt und genau überwacht werden.

Es sollten Sicherheitsmaßnahmen und Kontrollen wie der rollenbasierte Zugang, Protokollierung und Überprüfung der Tätigkeiten von privilegierten Nutzern im System, starke Authentifizierung und Überwachung von Unregelmäßigkeiten eingeführt werden. Die Zahlungsdienstleister sollten die Zugriffsrechte zu Datenbeständen und ihren Unterstützungssystemen so regeln, dass nur Personen, die Kenntnis von den entsprechenden Informationen haben müssen, der Zugriff gestattet wird. Die Zugriffsrechte sollten regelmäßig überprüft werden.

Die Zugriffsberechtigungen sollen in der Regel alle drei Jahre, bei wesentlichen Berechtigungen jährlich, überprüft werden (sog. Rezertifizierung). Änderungen (zB aufgrund eines Tätigkeitswechsels oder einem Ausscheiden des Mitarbeiters) müssen möglichst zeitnah umgesetzt werden.

Es sind technisch-organisatorische Maßnahmen zu ergreifen, die einer Um- **43** gehung des Berechtigungskonzepts vorbeugen (ua Passwortrichtlinien, automatisierte Bildschirmsperre, Verschlüsselung, manipulationssichere Protokollierung, Schulung und Sensibilisierung der Mitarbeiter). Soweit Fernzugriffe erforderlich sind, wird ebenfalls verlangt, dass diese nur einem Mindestmaß an Mitarbeitern gestattet werden. Für den notwendigen Zugriff muss eine starke Authentifizierungslösung verwendet werden (zB VPN mit Token).

Im Rahmen der gesetzlichen Aufbewahrungsfristen wird eine entsprechende **44** Dokumentation der Zugriffe verlangt. Bei der Festlegung der Aufbewahrungsfristen muss die Kritikalität der ermittelten betrieblichen Aufgaben, der Unterstützungsprozesse und Datenbestände angemessen berücksichtigt werden. Die Zahlungsdienstleister sollten diese Informationen nutzen, um die Identifizierung und Untersuchung von ungewöhnlichen Aktivitäten, die hinsichtlich der Erbringung von Zahlungsdiensten festgestellt wurden, zu vereinfachen. Entsprechende Vorgaben gibt es ua in dem für die Abwicklung von Kreditkartentransaktionen festgelegten Payment Card Industry Data Security Standard (PCI-DSS).

g) IT-Projekte und Anwendungsentwicklung (ZAIT 7). Die Anforderun- **45** gen an IT-Projekte und Anwendungsentwicklung lehnen sich an die Anforderungen nach AT 8.2 der MaRisk (Änderung betrieblicher Prozesse und Strukturen) an. Ziel ist es neue Risiken für die Schutzziele durch Anpassungen und Veränderungen der IT-Systeme zu vermeiden. Hierzu ist eine Auswirkungsanalyse durchzuführen. Organisatorisch sind hierzu die Einbindung betroffener Beteiligter (insbesondere ISB), angemessene Projektdokumentation, ausreichende Ressourcen, Risikosteuerung, Informationssicherheitsanforderungen, Qualitätssicherungsmaßnahmen und Aufarbeitung gewonnener Erkenntnisse erforderlich.

Erforderlich ist ferner, dass parallel laufende IT-Projekte ganzheitlich überwacht **46** und gegenseitige Auswirkungen fortlaufend analysiert werden. Auch für die Anwendungsentwicklung selbst werden sowohl funktionale (Lastenheft, Pflichtenheft, User-Story/Product-Back-Log) als auch nichtfunktionale (Anforderungen an die IT-Sicherheit, Zugriffsregelungen, Ergonomie, Wartbarkeit, Antwortzeiten, Resilienz) Anforderungen definiert. Gleichzeitig sollen auch nachgelagerte Vorkehrungen getroffen werden, die nach Produktivsetzung die Schutzziele nicht gefährdet (ua Prüfung der Eingabedaten, Systemzugangskontrolle, Benutzerauthentifizierung, Transaktionsautorisierung, Protokollierung der Systemaktivität, Audit Logs, Verfolgung von sicherheitsrelevanten Ereignissen, Behandlung von Ausnahmen). Dies gilt insbesondere auch für die Absicherung der Anwendung (ua des Quellcodes). Vor Produktivsetzung oder bei wesentlichen Veränderungen an der Anwendung sind Tests und die Abnahme durch sachkundige Mitarbeiter im Rahmen eines definierten Regelprozesses erforderlich. Verpflichtend ist ebenfalls eine übersichtliche und nachvollziehbare Dokumentation der Anwendung und deren Entwicklung.

47   Neuentwicklungen oder wesentliche Anpassungen sind darüber hinaus wiederum der Schutzbedarfsermittlung zuzuführen, damit ggf. erforderliche Soll-Maßnahmen angepasst werden können.

Erforderlich wird auch hier ein zentrales Anwendungsregister (siehe auch oben ZAIT 3) in dem eine ordnungsgemäße Anwendungsübersicht vorhanden ist (ua mit Angaben zu Name und Zweck der Anwendung, Versionierung/Datum, Fremd- oder Eigenentwicklung, fachverantwortliche(r) Mitarbeiter, technisch verantwortliche(r) Mitarbeiter, Technologie, Ergebnis der Risikoklassifizierung/Schutzbedarfseinstufung ung ggf. abgeleitete Schutzmaßnahmen).

Sowohl in der Berichterstattung an die Geschäftsleitung als auch im Risikomanagement sind wesentliche IT-Projekte und damit verbundene Risiken zu berücksichtigen.

48   **h) IT-Betrieb (ZAIT 8).** Die neue Anforderung zum IT-Betrieb soll erreichen, dass die internen IT-Strukturen die vorherigen Anforderungen zur Umsetzung der Geschäfts- und Risikostrategie und der IT-Prozesse erfüllen. Hierzu ist eine Bestandsaufnahme der IT-Systeme (ua mit Angaben zu Bestand und Verwendungszweck der Komponenten, Eigentümer der IT-Systeme und deren Komponenten, Standort, Übersicht zu Gewährleistungen und Support-Verträgen, Ablaufdatum des Supportzeitraum, Schutzbedarf, akzeptierter Zeitraum der Nichtverfügbarkeit sowie der maximal tolerierbare Datenverlust) zu erstellen und fortlaufend zu aktualisieren.

49   Auch hier wird ein Änderungsprozess für die Neu- und Ersatzbeschaffung von IT-Systemen gefordert, der sich an Art, Umfang, Komplexität und Risikogehalt orientiert. Beispiele für Änderungen sind Funktionserweiterungen oder Fehlerbehebungen von Software-Komponenten, Datenmigration, Änderungen an Konfigurationseinstellungen, Austausch von Hardware, Einsatz neuer Hardwarekomponenten und Umzug der Systeme an einen anderen Standort. Hiervon umfasst sein soll auch die Wartung von IT-Systemen. Der Prozess soll sich wiederum an einer Risikoanalyse in Bezug auf bestehende IT-Systeme (insbesondere auch Netzwerk und vor- bzw. nachgelagerte IT-Systeme und auch in Bezug auf Sicherheits- und Kompatibilitätsprobleme), Test von Änderungen vor Produktivsetzung, Test von Patches, Datensicherungen, Rückabwicklung zur (Wieder-) Inbetriebnahme einer vorherigen Version sowie alternativen Wiederherstellungsverfahren orientieren.

50   Störungen, hier definiert als eine Abweichung vom Regelbetrieb, sollen in geeigneter Weise erfasst, bewertet und hinsichtlich möglicher Risiken für die Schutzziele priorisiert und gegebenenfalls an die Geschäftsleitung eskaliert werden.

51   Es ist ein Datensicherheitskonzept zu erstellen, welches auch Vorgaben für die Verfahren zur Datensicherung enthält und hierbei Anforderungen an die Verfügbarkeit, Lesbarkeit und Aktualität der Kunden- und Geschäftsdaten stellt, die sich an den Geschäftsprozessen und Geschäftsfortführungsplanen ableiten. Dieses Verfahren ist mindestens jährlich zu testen.

Schließlich muss das Institut den aktuellen Leistungs- und Kapazitätsbedarf der IT-Systeme erheben und etwaige Änderungen abschätzen, um auf auftretende Engpässe reagieren zu können.

i) Auslagerungen und sonstiger Fremdbezug von IT-Dienstleistungen **52** **(ZAIT 9).** Durch die Digitalisierung nimmt der Bedarf an der Einbindung von IT-Systemen, Schnittstellen und dergleichen erheblich zu. Dies bedeutet auch, dass die Zahlungsdienstleister einen Kernbereich ihrer Leistungen nicht mehr selbst, sondern durch beauftragte Dritte vornehmen (Auslagerung). Gerade durch die wachsende Beteiligung von FinTechs auch am deutschen Markt wächst die Bedeutung von Auslagerungsvorschriften.

Die Auslagerung (also die Durchführung eines Prozesses, einer Dienstleistung oder eine Tätigkeit, die das Institut ansonsten selbst übernähme) von IT-Aktivitäten und IT-Prozessen ist grundsätzlich zulässig (dies trifft insbesondere auch auf Auslagerungen in die Cloud zu), soweit die Vorgaben nach § 26 ZAG eingehalten und dadurch nicht die ordnungsgemäße Geschäftsorganisation nach § 27 ZAG beeinträchtigt werden. Die Geschäftsleitung bleibt stets verantwortlich. Die Funktion des Informationssicherheitsbeauftragten ist nur unter eingeschränkten Voraussetzungen auslagerungsfähig (vgl. → Rn. 36).

Für Kreditinstitute gibt es eine entsprechende Regelung in § 25b KWG iVm **53** AT 9 des Rundschreibens 10/2021 der BaFin zu den Mindestanforderungen an das Risikomanagement – MaRisk vom 16.8.2021, die für Zahlungsdienstleister historisch teilweise zumindest entsprechend angewandt wurde. Im Rahmen der EBA-Leitlinie zu Auslagerungen (EBA/GL/2019/02) vom 25.2.2019 wurden verbindliche Auslagerungsregelungen für Zahlungsinstitute geschaffen. Die Umsetzung in den ZAIT ist inhaltsgleich und lediglich der Angleichung an die BAIT geschuldet (vgl. Reimer/Doser RdZ 2021, 99). Die Anforderungen gehen über die historischen Regelungen in der EBA/GL/2017/17 hinaus. Dort war nur die „Überwachung" und „Vergewisserung" (Auslagerungscontrolling) der ausgelagerten Tätigkeit gefordert, was sich von den Anforderungen für Kreditinstitute unterschied. Die Neuregelung stellt nunmehr auf ein zentrales Auslagerungsmanagement ab und beseitigt Unklarheiten.

Das Institut hat vor einer Auslagerung sicherzustellen, dass das Auslagerungs- **54** unternehmen zur Ausübung der ausgelagerten Aktivitäten und Prozesse befugt ist und ob notwendige Erlaubnisse oder Registrierungen vorliegen. Bei Auslagerungen an Unternehmen außerhalb des Europäischen Wirtschaftsraums (EWR) hat das Institut bei Auslagerung von Aktivitäten und Prozessen, die innerhalb des EWR einer Erlaubnis bedürfen, sicherzustellen, dass das Auslagerungsunternehmen von Aufsichtsbehörden in dem Drittstaat beaufsichtigt wird und eine entsprechende Kooperationsvereinbarung mit der für die Beaufsichtigung des Instituts zuständigen Aufsichtsbehörde besteht. Ferner ist eine angemessene Risikoanalyse durchzuführen und dabei Risiken für die Schutzziele zu bewerten. Dabei muss ebenso definiert werden, welche Auslagerungen von IT-Aktivitäten und IT-Prozessen wesentlich sind und insoweit weitergehende Pflichten begründen können. Im Rahmen der Risikoanalyse sind Risikokonzentrationen, Risiken aus Weiterverlagerungen, politische Risiken, Maßnahmen zur Steuerung und Minderung der Risiken, Eignung des Auslagerungsunternehmens, Interessenkonflikte, der Schutzbedarf der übermittelten Daten zu berücksichtigen, wobei auch hier der Proportionalitätsgrundsatz auf den Risikogehalt der ausgelagerten Tätigkeiten anzuwenden ist.

Ziel der Regelung ist es, die ordnungsgemäße Geschäftsorganisation des Zah- **55** lungsdienstleisters auch im Rahmen von Auslagerungsverhältnissen sicherzustellen und nicht durch die Auslagerung von risikobehafteten Tätigkeiten im Rahmen der Erbringung von Zahlungsdiensten die Kontrollintensität zu verringern. Durch Auslagerungen darf das Institut daher nicht zu einer leeren Hülle reduziert werden. So ist gefordert, dass, wenn betriebliche Aufgaben von Zahlungsdiensten, einschließlich IT-Systeme, ausgelagert werden, Zahlungsdienstleister sicherstellen sollen, dass die Sicherheitsmaßnahmen wirksam sind. Ferner soll auch sichergestellt werden, dass in den mit den Dienstleistern abgeschlossenen Verträgen und Dienstleistungsvereinbarungen die Ergebnisse der Risikoanalyse einfließen und somit ua auch Vorgaben zum Informationsrisikomanagement, Informationssicherheitsmanagement, Notfallmanagement und dem IT-Betrieb getroffen werden, die sich an den Zielvorgaben des Instituts orientieren. Das Institut muss Exit- und Alternativszenarien prüfen und dokumentieren.

56   Damit einher geht eine entsprechende Überwachungspflicht des Zahlungsdienstleisters, indem er sich zu vergewissern hat, inwieweit der Auslagerungsdienstleister die Sicherheitsziele, -maßnahmen und Leistungsziele erfüllt (ua anhand definierter Kriterien wie Key Performance Indicators, Key Risk Indicators). Der Zahlungsdienstleister muss dabei eigene Ressourcen und eigenes Wissen zu den ausgelagerten Tätigkeiten vorhalten, um die Tätigkeit des Dienstleisters angemessen überwachen und zudem im Falle der Beendigung einer Auslagerung einen störungsfreien Geschäftsablauf sicherstellen zu können. Im Kern bedeutet dies, dass auch die Auslagerungsdienstleister die Vorgaben des Instituts auf Basis der ZAIT so umzusetzen haben wie der Zahlungsdienstleister selbst. Es ist daher davon auszugehen, dass auch die allgemeinen Vorgaben der Governance und des Risikomanagementrahmenwerks eine Umsetzungspflicht der Auslagerungsdienstleister beinhalten. Nicht gefordert sein dürfte jedoch die Einrichtung einer vergleichbaren Geschäftsorganisation, soweit die Steuerung der Risiken dadurch nicht gefährdet wird.

57   **(1) Auslagerungsbeauftragter.** Jedes Institut hat einen zentralen Auslagerungsbeauftragten zu bestellen, der unmittelbar der Geschäftsleitung untersteht. Abhängig von Art, Umfang und Komplexität der Auslagerungen ist zudem ein zentrales Auslagerungsmanagement einzurichten. Kleinere Institute können die Aufgabe auch einem Geschäftsleiter übertragen.

58   Zu den Aufgaben gehören (a) Implementierung und Weiterentwicklung eines angemessenen Auslagerungsmanagements und entsprechender Kontroll- und Überwachungsprozesse, (b) Erstellung und Pflege einer vollständigen Dokumentation der Auslagerungen (einschließlich Weiterverlagerungen), (c) Unterstützung der Fachbereiche bezüglich der institutsinternen und gesetzlichen Anforderungen bei Auslagerungen, (d) Koordination und Überprüfung der durch die zuständigen Bereiche durchgeführten Risikoanalyse.

59   Der Auslagerungsbeauftragte hat anlassbezogen, aber mindestens jährlich, einen Bericht über die wesentlichen Auslagerungen von IT-Aktivitäten und IT-Prozessen zu erstellen und der Geschäftsleitung zur Verfügung zu stellen. Der Bericht soll Aussagen zu der Qualität der Leistungserbringung, der Vertragskonformität und den Steuerungsmöglichkeiten des Instituts enthalten.

60   **(2) Wesentliche Auslagerung.** Die ZAIT begründen gesonderte Vorgaben für Auslagerungen von IT-Aktivitäten und IT-Prozessen, die aufgrund der Risikoanalyse vom Institut als wesentlich eingestuft wurden.

Das Institut hat bei wesentlichen Auslagerungen Ausstiegsprozesse festzulegen, um die ordnungsgemäße Geschäftsfortführung (Kontinuität und Qualität) sicherzustellen.

61   Der Auslagerungsvertrag mit dem Dienstleister ist schriftlich (kein Schriftformerfordernis nach § 126 BGB) zu schließen und dabei insbesondere Vereinbarungen (a) zur Spezifizierung und ggf. Abgrenzung von Leistungen, (b) Datum des Beginns

und ggf. des Endes der Auslagerungsvereinbarung, (c) sofern vom deutschen Recht abweichendes Recht für die Auslagerungsvereinbarung gelten soll, (d) Standorte (dh Regionen und Länder), in denen die Durchführung der Dienstleistung erfolgt und/oder maßgebliche Daten gespeichert und verarbeitet werden, sowie die Regelung, dass das Institut benachrichtigt wird, wenn das Auslagerungsunternehmen den Standort wechselt, (e) vereinbarte Dienstleistungsgüte mit eindeutig festgelegten Leistungszielen, (f) soweit zutreffend, dass das Auslagerungsunternehmen für bestimmte Risiken einen Versicherungsnachweis vorzulegen hat, (g) Anforderungen für die Umsetzung und Überprüfung von Notfallkonzepten, (h) Festlegung angemessener Informations- und Prüfungsrechte der Internen Revision sowie externer Prüfer, (i) Sicherstellung der uneingeschränkten Informations- und Prüfungsrechte sowie der Kontrollmöglichkeiten der gemäß § 26 ZAG zuständigen Behörden bezüglich der ausgelagerten IT-Aktivitäten und IT-Prozesse, (j) soweit erforderlich Weisungsrechte, (k) Regelungen, die sicherstellen, dass datenschutzrechtliche Bestimmungen und sonstige Sicherheitsanforderungen beachtet werden, (l) Kündigungsrechte und angemessene Kündigungsfristen, (m) Regelungen über die Möglichkeit und über die Modalitäten einer Weiterverlagerung, die sicherstellen, dass die bankaufsichtsrechtlichen Anforderungen weiterhin einhält und (n) Verpflichtung des Auslagerungsunternehmens, das Institut über Entwicklungen zu informieren, die die ordnungsgemäße Erledigung der ausgelagerten IT-Aktivitäten und IT-Prozesse beeinträchtigen können.

Die EBA-Leitlinien zur Auslagerung und die ZAIT passen sich in ihren weiteren **62** Ausführungen den Marktgegebenheiten an und ermöglichen (im Gegensatz zu den historischen Regelungen aus AT 9 der MaRisk) nunmehr einen Verzicht auf Weisungsrechte (nach lit. j) soweit die zu erbringenden Dienstleistungen im Auslagerungsvertrag klar spezifiziert sind. Gleichzeitig kann (in Abweichung zu lit. h) auf Prüfungshandlungen der Internen Revision verzichtet werden, soweit andere hinreichende Prüfungen (zB sog. Group-Audits) die aufsichtsrechtlichen Anforderungen umsetzt.

Soweit ein Dienstleister Kundendaten im Auftrag des Instituts verarbeitet und so-**63** mit als Auftragsverarbeiter im Sinne der Datenschutzgrundverordnung tätig wird, liegt stets eine Auslagerung nach § 26 ZAG vor (vgl. Reimer/Doser RdZ 2021, 102). In Bezug auf Weiterverlagerungen sollen Zustimmungsvorbehalte des Instituts vorgesehen werden oder aber zumindest sicherzustellen, dass der Dienstleister die mit dem Institut vereinbarten Pflichten auf auch seinen Subunternehmer überträgt. Ebenso wenig darf die Steuerungsmöglichkeit des Instituts durch die Weiterverlagerung beeinträchtigt werden.

(3) Keine Auslagerung. Der sonstige Fremdbezug von IT-Dienstleistungen **64** gilt **nicht** als Auslagerung im Sinne der ZAIT. Hiervon umfasst ist der isolierte Bezug von Hard- und Software sowie bloße Unterstützungsleistungen (beispielhaft Anpassung von Software, entwicklungstechnische Umsetzung von Änderungswünschen, Testen/Freigabe/Implementierung von Software, Fehlerbehebung/Wartung und sonstige Unterstützungsleistungen, die über die reine Beratung hinausgehen – jedoch ausgenommen von Software, die zur Identifizierung, Beurteilung, Steuerung, Überwachung und Kommunikation der Risiken eingesetzt wird oder für die Durchführung der Zahlungsdienste wesentlich ist).

(4) Gruppen im Sinne von § 1 Abs. 6 ZAG. Die ZAIT beinhalten Erleichte-**65** rungen für Gruppen und ermöglichen, dass auf zentrale Informationen, Berichterstattung und gemeinsame Notfallkonzepte zurückgegriffen werden kann.

66   **(5) Auslagerungsregister.** Das Institut hat ein Auslagerungsregister zu führen. Die ZAIT verweisen hier auf den nach den EBA Leitlinien für Auslagerungen (EBA/GL/2019/02, Tz. 54, 55) geforderten Inhalt. Demnach soll das Auslagerungsregister Angaben enthalten wie (a) eine Referenznummer für jede Auslagerungsvereinbarung, (b) das Datum des Beginns und gegebenenfalls das Datum der nächsten Vertragsverlängerung, das Datum des Endes und/oder Kündigungsfristen für den Dienstleister und für das Institut oder Zahlungsinstitut, (c) eine kurze Beschreibung der ausgelagerten Funktion, einschließlich der ausgelagerten Daten, sowie Angabe, ob personenbezogene Daten (zB durch Angabe von Ja oder Nein in einem gesonderten Datenfeld) übertragen werden oder ob ihre Verarbeitung an einen Dienstleister ausgelagert wird, (d) eine vom Institut oder Zahlungsinstitut zugewiesene Kategorie, die die Art der Funktion entsprechend der Beschreibung unter Buchstabe c widerspiegelt (zB Informationstechnologie (IT), Kontrollfunktion) und die die Ermittlung verschiedener Arten von Vereinbarungen ermöglicht, (e) den Namen des Dienstleisters, die Handelsregisternummer des Unternehmens, (sofern verfügbar) die Rechtsträgerkennung (LEI), die eingetragene Adresse und sonstige einschlägige Kontaktangaben sowie (gegebenenfalls) der Name des Mutterunternehmens, (f) das Land bzw. die Länder, in dem/denen der Dienst erbracht werden soll, einschließlich des Standortes (dh Land oder Region), an dem sich die Daten befinden, (g) die Angabe, ob die ausgelagerte Funktion als kritisch oder wesentliche eingestuft wird (Ja/Nein), gegebenenfalls einschließlich einer kurzen Zusammenfassung der Gründe, aus denen die ausgelagerte Funktion als kritisch oder wesentliche betrachtet wird, (h) bei der Auslagerung zu einem Cloud-Anbieter das Cloud-Dienstmodell und das Cloud-Bereitstellungsmodell, dh öffentliche/private/Hybrid- oder Community-Cloud, und die spezifische Art der betreffenden Daten sowie die Standorte (dh Länder oder Regionen), an denen diese Daten gespeichert werden, (i) das Datum der letzten Bewertung der Kritikalität oder Wesentlichkeit der ausgelagerten Funktion.

67   Bei der Auslagerung von kritischen oder wesentlichen Funktionen sollte das Register mindestens die folgenden zusätzlichen Informationen enthalten: (a) die Institute, Zahlungsinstitute und sonstigen Unternehmen im aufsichtlichen Konsolidierungskreis bzw. Anwendungsbereich des institutsbezogenen Sicherungssystems, die von der Auslagerung Gebrauch machen, (b) die Angabe, ob der Dienstleister oder ein Subdienstleister Teil der Gruppe oder Mitglied des institutsbezogenen Sicherungssystems ist oder sich im Eigentum von Instituten oder Zahlungsinstituten innerhalb der Gruppe bzw. von Mitgliedern eines institutsbezogenen Sicherungssystems befindet oder nicht, (c) das Datum der letzten Risikobewertung und eine kurze Zusammenfassung der wesentlichsten Ergebnisse, (d) die Person oder das Entscheidungsgremium (zB das Leitungsorgan) in dem Institut oder Zahlungsinstitut, die bzw. das die Auslagerungsvereinbarung genehmigt hat, (e) das für die Auslagerungsvereinbarung geltende Recht, (f) gegebenenfalls das Datum der letzten und der nächsten geplanten Prüfung, (g) gegebenenfalls die Namen von Subunternehmern, an die wesentliche Teile einer kritischen oder wesentlichen Funktion weiter ausgelagert werden, einschließlich des Landes, in dem die Subunternehmer registriert sind, des Orts, an dem die Dienstleistung erbracht wird und gegebenenfalls des Orts (dh Land oder Region), an dem die Daten gespeichert werden, (h) das Ergebnis der Bewertung der Ersetzbarkeit des Dienstleisters (leicht, schwierig oder unmöglich), die Möglichkeit einer Wiedereingliederung einer kritischen oder wesentlichen Funktion in das Institut oder Zahlungsinstitut oder der Auswirkungen einer Einstellung der kritischen oder wesentlichen Funktion, (i) die Feststellung von alternativen Dienstleistern gemäß Buchstabe h, (j) die Angabe, ob die ausgelagerte kritische oder wesentliche Funktion Geschäftsvorgänge unterstützt, die zeitkritisch sind und (k) das veranschlagte jährliche Budget bzw. Kosten.

Auf Anforderung sind der zuständigen Aufsichtsbehörde das Register, Teile davon oder Abschriften der Auslagerungsverträge zur Verfügung zu stellen, wobei die Bereitstellung elektronisch in einem allgemein gängigen Format erfolgen darf. **68**

j) Notfall- und IT-Notfallmanagement (ZAIT 10). Institute sind verpflichtet ein Notfallkonzept umzusetzen, um ein angemessenes Notfallmanagement und nachgelagerte Prozesse zu definieren. Die Verfügbarkeit der Zahlungsdienste ist besonderer Bestandteil der Maßnahmen zur Sicherstellung des Marktvertrauens in neue Zahlungsdienste (vgl. Schäfer/Omlor/Mimberg/Glos/Hildner Rn. 69). Vor diesem Hintergrund ist es wesentlich, dass Zahlungsdienstleister müssen ein umfängliches Konzept zur Geschäftsfortführung (Business Continuity Management) erarbeiten und hierdurch sicherstellen, dass es zu keinem Ausfall der zahlungsbezogenen Prozesse kommt und auch, dass keine Daten in Teilprozessen verloren gehen. **69**

Zur Identifikation der zeitkritischen Aktivitäten und Prozesse ist eine Übersicht über alle Aktivitäten und Prozesse zur erstellen und eine entsprechende Auswirkungsanalyse durchzuführen, welche Art und Umfang des (im-)materiellen Schadens und den Zeitpunkt des Ausfalls berücksichtigt. Hieraus soll die potentielle Gefährdung für das Institut berechnet werden. Hieraus muss ein Notfallkonzept abgeleitet werden, welches Geschäftsfortführungs- und Wiederherstellungspläne beinhaltet. Im Notfallkonzept müssen Verantwortlichkeiten, Ziele und Maßnahmen zur Fortführung bzw. Wiederherstellung definiert von zeitkritischen Aktivitäten und Prozessen bestimmt werden und Kriterien für die Einstufung und das Auslösen der Pläne definiert werden, die werden zumindest folgende Szenarien berücksichtigen müssen: (a) (Teil-)Ausfall eines Standorts (zB durch Hochwasser, Großbrand, Gebietssperrung, Ausfall der Zutrittskontrolle), (b) erheblicher Ausfall von IT-Systemen oder Kommunikationsinfrastruktur (zB aufgrund von Fehlern oder Angriffen), (c) Ausfall einer kritischen Anzahl von Mitarbeitern (zB bei Pandemie, Lebensmittelvergiftung, Streik) und (d) Ausfall von Dienstleistern (zB Zulieferer, Stromversorger). **70**

Das Notfallkonzept ist anlassbezogen zu aktualisieren, mindestens jährlich auf Aktualität zu prüfen und muss innerhalb des Instituts hinreichend bekannt gemacht werden. Die Prüfung der Wirksamkeit und Angemessenheit kann durch Tests der Vorsorgemaßnahmen, Ernstfall- oder Vollübungen oder Kommunikations-, Krisenstabs- und Alarmierungsübungen erfolgen. **71**

Als Teil des Notfallkonzepts müssen Wiederanlauf-, Notbetriebs- und Wiederherstellungspläne (IT-Notfallpläne) entwickelt werden, welche zumindest folgende Paramter enthalten: (a) Wiederanlaufzeit (Recovery Time Objective – RTO), (b) Maximal tolerierbarer Zeitraum, in dem Datenverlust hingenommen werden kann (Recovery Point Objective – RPO) und (c) Konfiguration für den Notbetrieb. Zudem sind Abhängigkeiten bei auslagerten Prozessen zu berücksichtigen. Auch diese Maßnahmen sind mindestens jährlich zu prüfen. **72**

Die EBA Leitlinie (EBA/GL/2019/05) konkretisiert daneben, dass neben einer Risikoanalyse auch eine anhand von internen und/oder externen Daten und einer Szenario-Analyse quantitative und qualitative Bewertung (Business-Impact-Analyse) zur Geschäftsfortführung durchgeführt wird. Die Geschäftsfortführungsstrategie ist zu testen und dabei ist sicherzustellen, dass der Betrieb der kritischen Aufgaben, Prozesse, Systeme, Transaktionen und Abhängigkeiten mindestens jährlich überprüft wird. Die Pläne sollten den Schutz und gegebenenfalls die Wiederher- **73** stellung der Integrität und Verfügbarkeit ihrer Geschäftsvorgänge sowie die Wahrung der Vertraulichkeit ihrer Datenbestände unterstützen.

74   Im Rahmen der Geschäftsfortführungsstrategie wird daher vorausgesetzt, dass die definierten Maßnahmen nicht nur darauf ausgerichtet sind, Schäden für den Zahlungsdienstleister zu begrenzen, sondern primär eine Kontinuität der Leistungserbringung sicherzustellen. Es soll aber auch eine Beendigung des Zahlungsdienstes, folglich auch die Beendigung von Verträgen, berücksichtigt werden. Etwaige Betriebs- oder Sicherheitsvorfälle aus der Vergangenheit sollten in diese Planung ebenfalls einfließen.

75   In der Geschäftsfortführungsstrategie sind zudem Maßnahmen zur Krisenkommunikation zu berücksichtigen. Hierbei soll sichergestellt werden, dass alle relevanten internen und externen Verantwortlichen, einschließlich Dritte (wie zB externe Dienstleister), rechtzeitig und angemessen informiert werden (vgl. Schäfer/Omlor/Mimberg/Glos/Hildner Rn. 73).

Die Geschäftsleitung hat sich anlassbezogen, jedoch mindestens quartalsweise, über den Zustand des Notfallmanagements berichten zu lassen.

76   **k) Management der Beziehungen mit Zahlungsdienstnutzern (ZAIT 11).** Um das Marktvertrauen und den Verbraucherschutz zu stärken, sollen Zahlungsdienstleister darüber hinaus ein umfangreiches Unterstützungs- und Beratungsangebot umsetzen und dem Zahlungsdienstnutzer über die Reduzierung von Risiken, insbesondere von Betrugsrisiken, informieren. Die Vorgabe der ZAIT greift damit eine ohnehin sich schon aus § 53 ZAG ergebene Pflicht auf ihre Kunden hinsichtlich (Betrugs-)Risiken zu sensibilisieren (vgl. Reimer/Doser RdZ 2021, 102).

77   Ziel ist es hierbei, durch Kommunikation mit dem Zahlungsdienstnutzer ein größeres Vertrauen zu schaffen. Zahlungsdienstleister sollen die Nutzer transparent über etwaige Risiken und Schwachstellen beraten. Etwaige Änderungen sollen den Nutzern mitgeteilt werden.

78   Soweit es zur Erhöhung der Sicherheit oder Betrugsvermeidung geboten ist und die Produktfunktionalität es zulässt, soll dem Nutzer die Möglichkeit gegeben werden, einzelne Merkmale des Produkts zu deaktivieren oder Produkteinstellungen (zB Höchstbeträge) zu ändern. Gleichzeitig soll ihm die Möglichkeit gegeben werden über getätigte und fehlgeschlagene Transaktionen benachrichtigt zu werden.

79   Der Nutzer muss aktiv darauf hingewiesen werden, wo er entsprechende Beratungs- und Unterstützungsangebote beim Zahlungsdienstleister in Anspruch nehmen kann.

80   **l) Kritische Infrastrukturen (ZAIT 12).** Soweit Institute in den Anwendungsbereich kritischer Infrastrukturen nach BSI-Kritisverordnung vom 21.6.2017 fallen, gelten ergänzende Vorgaben. Die ZAIT beziehen sich dort ausdrücklich auf die Einbeziehung des KRITIS-Schutzziels in das IT-Risikomanagement nach ZAIT. Das KRITIS-Schutzziel wird „als das Bewahren der Versorgungssicherheit der Gesellschaft mit den in § 7 BSI-Kritisverordnung genannten kritischen Dienstleistungen (Bargeldversorgung, kartengestützter Zahlungsverkehr, konventioneller Zahlungsverkehr sowie Verrechnung und Abwicklung von Wertpapier- und Derivatgeschäften) verstanden, da deren Ausfall oder Beeinträchtigung zu erheblichen Versorgungsengpässen oder zu Gefährdungen der öffentlichen Sicherheit führen könnte". Dieses Schutzziel ist insoweit folglich sowohl bei der Geschäfts- und Risikostrategie als auch bei den daraus folgenden Maßnahmen (insbesondere auch der Notfallkonzepte) und der jeweiligen Berichterstattungen einzubeziehen.

Ferner räumen die ZAIT Betreibern (im Sinne der § 1 Abs. 1 Nr. 2 BSI-Kritis- **81** verordnung) ein Wahlrecht ein, die im Rahmen einer Jahresabschlussprüfung festgestellte Umsetzung der ZAIT als Nachweis nach § 8 Abs. 3 BSIG zu nutzen oder aber eine eigene Prüfung durch eine geeignete Stelle vorzunehmen (vgl. auch Reimer/Doser RdZ 2021, 103).

IV. Berichterstattung (Abs. 2)

Der Zahlungsdienstleister ist verpflichtet, seine vorgenommene Bewertung der **82** operationellen und sicherheitsrelevanten Risiken einmal jährlich an die BaFin zu übermitteln. Der Bericht hat ebenso eine Darstellung seiner Risikominderungsmaßnahmen und Kontrollmechanismen zu enthalten.

Die BaFin kann gegenüber dem Zahlungsdienstleister auch eine Übermittlung **83** in kürzeren Abständen festlegen.

V. Rechtsfolgen

Wenn ein kontoführender Zahlungsdienstleister gegen § 53 ZAG verstößt, so kön- **84** nen durch die Bundesanstalt gemäß § 4 Abs. 2 ZAG Anordnungen gegenüber den Finanzinstituten und deren Geschäftsleitern getroffen werden, welche zur Verhinderung und Unterbindung dieser Verstöße geeignet und notwendig sind (vgl. Ellenberger/Findeisen/Nobbe/Böger/Dietze Rn. 687). Diese Anordnungen dienen dem Zweck die Ordnungsgemäßheit der Geschäftsorganisation sicherzustellen, § 27 ZAG.

Diese Anordnung bilden Verwaltungsakte gemäß dem Verwaltungsverfahrens- **85** gesetz. Diese können im Rahmen des Verwaltungs-Vollstreckungsgesetzes bspw. durch eine Ersatzvornahme, Zwangsgeld und einen unmittelbaren Zwang durchgesetzt werden (vgl. Ellenberger/Findeisen/Nobbe/Böger/Dietze Rn. 689).

Die ZAIT sind norminterpretierende Verwaltungsvorgaben und entfalten somit **86** nach außen keine unmittelbare Rechtswirkung. Sie entfalten aber jedenfalls mittelbare Rechtswirkung, aufgrund der Selbstbindung der Verwaltung (vgl. Reimer/Doser RdZ 2021, 97).

Zuwiderhandlungen gegen diese Anordnungen sind bußgeldbewährt und kön- **87** nen nach § 64 Abs. 3 ZAG mit Geldbußen von bis zu 100.000 EUR geahndet werden. Bei mangelnder Umsetzung oder wiederholten Verstößen wären weitere Maßnahmen, wie der Widerruf der Erlaubnis oder die Abberufung der Geschäftsleiter möglich (vgl. Reimer/Doser RdZ 2021, 104).

§ 54 Meldung schwerwiegender Betriebs- oder Sicherheitsvorfälle

(1) ¹Ein Zahlungsdienstleister hat die Bundesanstalt unverzüglich über einen schwerwiegenden Betriebs- oder Sicherheitsvorfall zu unterrichten. ²Die Bundesanstalt unterrichtet die Europäische Bankenaufsichtsbehörde und die Europäische Zentralbank unverzüglich nach Eingang einer Meldung über die maßgeblichen Einzelheiten des Vorfalls. ³Sie hat die Relevanz des Vorfalls für andere in ihrer sachlichen Zuständigkeit betroffene inländische Behörden unverzüglich zu prüfen und diese entsprechend zu unterrichten.

(2) **Die Bundesanstalt wirkt an der Prüfung der Relevanz des Vorfalls für andere in ihrer sachlichen Zuständigkeit betroffene Behörden der Europäischen Union, der anderen Mitgliedstaaten und der anderen Vertragsstaaten des Abkommens über den Europäischen Wirtschaftsraum durch die Europäische Bankenaufsichtsbehörde und die Europäische Zentralbank mit.**

(3) **Wird die Bundesanstalt von der Europäischen Bankenaufsichtsbehörde oder der Europäischen Zentralbank über einen Vorfall im Sinne des Absatzes 1 Satz 1 unterrichtet, so hat sie die für die unmittelbare Sicherheit des Finanzsystems notwendigen Schutzvorkehrungen zu treffen.**

(4) **Kann sich ein Vorfall im Sinne des Absatzes 1 Satz 1 auf die finanziellen Interessen seiner Zahlungsdienstnutzer auswirken, hat ein Zahlungsdienstleister diese unverzüglich über den Vorfall zu benachrichtigen und über alle Maßnahmen zu informieren, die sie ergreifen können, um negative Auswirkungen des Vorfalls zu begrenzen.**

(5) **¹Die Zahlungsdienstleister haben der Bundesanstalt mindestens einmal jährlich statistische Daten zu Betrugsfällen in Verbindung mit den unterschiedlichen Zahlungsmitteln vorzulegen. ²Die Bundesanstalt hat der Europäischen Bankenaufsichtsbehörde und der Europäischen Zentralbank die vorgelegten Daten in aggregierter Form zur Verfügung zu stellen.**

(6) **Meldepflichten der Zahlungsdienstleister an andere inländische Behörden, Mitwirkungsaufgaben der Bundesanstalt sowie die Zuständigkeiten anderer inländischen Behörden für schwerwiegende Betriebs- oder Sicherheitsvorfälle bleiben unberührt.**

Literatur: Baumann, Unterschätzte Brisanz, DATEV magazin 09/18, 20; Clausmeier, Die Umsetzung der NIS- und PSD-II-Richtlinien in Deutschland: Doppelte Meldewege für die Finanzindustrie bei schwerwiegenden Cybervorfällen, WM 2020, 1397; Conreder/Schneider/Hausemann, Gesetz zur Umsetzung der zweiten Zahlungsdiensterichtlinie – Besonderheiten und Stolpersteine für Unternehmen, DStR 2018, 1722; Ebner Stolz, Novellierung des Zahlungsdiensteaufsichtsgesetzes, novus 1. Ausgabe 2018, 4; Glos/Hildner, Die gesteigerte Relevanz der ZAG für Banken nach Umsetzung der PSD II, RdZ 2020, 84 ff.; Reimer/Doser, Neue Vorgaben an die Informationstechnik von Zahlungs- und E-Geld-Instituten – Konsultation der ZAIT, RdZ 2021, 97; Terlau, Die Umsetzung der aufsichtsrechtlichen Vorgaben den Zweiten Zahlungsdiensterichtlinie in deutsches Recht, DB 2017, 1697.

Inhaltsübersicht

I. Einleitung

Am 13.1.2018 trat das neue ZAG in Kraft, das den aufsichtsrechtlichen Teil der **1** PSD2 umsetzt. § 54 gliedert sich ein in die europaweit neu geschaffenen Regelungen für eine Vereinheitlichung des Zahlungsverkehrs. Im Fokus der neu eingeführten aufsichtsrechtlichen Anforderungen stehen dabei die grundsätzliche Sicherheit des (grenzüberschreitenden) Zahlungsverkehrs und damit die stetige Verbesserung des Risikomanagements der Zahlungsdienstleister (vgl. Ebner Stolz novus 1. Ausg. 2018, 4 (5)).

Die Zwecksetzung der neuen Regelung steht im Kontext mit der Einführung **2** der PSD2. Durch diese soll eine Erhöhung der Sicherheit u.a. des elektronischen Zahlungsverkehrs und dadurch eine Stärkung des Verbraucherschutzes ergeben (vgl. Clausmeier WM 2020, 1397 (1398); ähnlich Ellenberger/Findeisen/ Nobbe/Böger/Dietze Rn. 694). Dabei wird dieser Zweck nicht unmittelbar durch die Meldepflichten erfüllt, weil durch diese die schädigenden Vorfälle nicht ausgeschlossen werden können. Jedoch ergibt sich eine Unterstützung dieses Zwecks durch die kontinuierliche Kontrollfunktion und die wirksamen Überwachungsmaßnahmen durch die Aufsichtsbehörden. Dadurch werden die Zahlungsdienstleister zur Einrichtung eines effektiven Risikomanagements verpflichtet (vgl. Schäfer/Omlor/Mimberg/Glos/Hildner Rn. 6).

Die Aufsichtstätigkeit der BaFin wird durch § 54 erweitert und die grenzüber- **2a** schreitende Zusammenarbeit mit der EBA gestärkt. Einerseits soll damit eine bessere Transparenz der regulatorischen Tätigkeiten im Euro-Raum erzielt, andererseits sollen die finanziellen Interessen der Nutzer von Zahlungsdiensten, die grenzüberschreitend tätig sind, weiter geschützt werden. Die Meldepflichten der Zahlungsdienstleister gegenüber den Aufsichtsinstitutionen stärken wiederum deren Auskunftsfähigkeit bei etwaigen Kundenanfragen. Insgesamt soll so das Vertrauen in die Integrität des Finanzsektors erhöht und stabilisiert werden.

Die konkrete Ausgestaltung wurde im Rahmen einer Verordnungsermächti- **3** gung in Art. 96 Abs. 3 PSD2 an die EBA übertragen, welche dann am 19.12.2017 entsprechende Leitlinien für die Meldung schwerwiegender Vorfälle gemäß der Richtlinie (EU) 2015/2366 erlassen hat (EBA/GL/2017/10). Die Leitlinien wurden in 2020 einer Überprüfung nach Art. 96 Abs. 4 PSD2 unterzogen. Am 10.6.2021 wurden sodann überarbeitete Leitlinien für die Meldung schwerwiegender Vorfälle erlassen (EBA/GL/2021/03), die ab 1.1.2022 gelten und die bisherigen Leitlinien (EBA/GL/2017/10) aufgehoben haben.

Auch die BaFin hat entsprechende Rundschreiben erlassen. Zunächst das Rundschreiben 08/2018 (BA) zur Meldung schwerwiegender Sicherheitsvorfälle vom 7.6.2018, welches nunmehr aufgehoben und nunmehr durch das Rundschreiben 03/2022 (BA) zur Meldung schwerwiegender Zahlungssicherheitsvorfälle gemäß § 54 Abs. 1 ZAG v. 9.3.2022 novelliert wurde. Diese Novelle erlangt Gültigkeit ab dem 1.10.2022 und bildet eine angemessene Reaktion auf die sich erhöhenden Risiken der Cyber-Angriffe. Dabei wird insbesondere das Kriterium der Verletzung der Sicherheit von Netzwerk- oder Informationssystemen in den Bereich der Kriterien für die meldepflichtigen Vorfälle integriert.

Die BaFin hat ferner das MaSI-Rundschreiben inzwischen aufgehoben und am 16.8.2021 die neuen Zahlungsdiensteaufsichtlichen Anforderungen an die IT (ZAIT) erlassen. Daraus ergeben sich neue aufsichtliche Anforderungen an die ordnungsgemäße Geschäftsführung der Zahlungs- und E-Geld-Institute in Bezug auf IT und Cybersicherheit. Die ZAIT richtet sich eng an den MaRisk und den BAIT aus und ist als Teil er ordnungsgemäßen Geschäftsorganisation von den Instituten umzusetzen (vgl. Reimer/Doser RdZ 2021, 97; BaFin, Rundschreiben vom 16.8.2021, Novellen von MaRisk und BAIT und neues Rundschreiben ZAIT).

Am 16.8.2021 ist ebenfalls die neue Fassung der bankaufsichtlichen Anforderungen an die IT (BAIT) in Kraft getreten ist. Die BAIT gründen auf den Leitlinien der EBA zum Management von IKT- und Sicherheitsrisiken und der MaRisk und konkretisieren die bestehenden Vorgaben (vgl. BaFin, Rundschreiben vom 16.8.2021, Novellen von MaRisk und BAIT und neues Rundschreiben ZAIT).

Am 16.8.2021 ist auch die 6. Novelle der MaRisk in Kraft getreten. Diese setzt die die Leitlinien der EBA zu notleidenden und gestundeten Risikopositionen um und bezieht einzelne Anforderungen aus den EBA-Leitlinien zum Management von IKT- und Sicherheitsrisiken ein. Im neu gefassten Abschnitt AT 7.3 werden neue Anforderungen an das Notfallmanagement umgesetzt. Hier müssen für zeitkritische Handlungen und Prozesse zuerst Risikoanalysen durchgeführt werden. In einem Notfallkonzept müssen Notfall-Ersatzlösungen und eine Anleitung für die Rückkehr zum Normalbetrieb festgelegt werden (vgl. BaFin, Rundschreiben vom 16.8.2021, Novellen von MaRisk und BAIT und neues Rundschreiben ZAIT). Derzeit läuft die Konsultation 06/2022 – Mindestanforderung an das Risikomanagement.

II. Allgemeines

4   Die BaFin ist unverzüglich über schwerwiegende Betriebs- oder Sicherheitsvorfälle zu unterrichten. Die Meldung hat unter Verwendung der von der BaFin Meldewege (Melde- und Veröffentlichungsplattform – MVP-Portal) und elektronischen Formulare zu erfolgen (BaFin Rundschreiben 03/2022 (BA) zur Meldung schwerwiegender Zahlungssicherheitsvorfälle gemäß § 54 Abs. 1 ZAG v. 9.3.2022, Ziffer 2.1). Nach Eingang einer solchen Meldung ist wiederum die BaFin verpflichtet, die EBA sowie die EZB unverzüglich über den Vorfall zu informieren, § 54 Abs. 1 S. 2 (ausführlich Ellenberger/Findeisen/Nobbe/Böger/Dietze Rn. 720ff.). Auf diese Weise soll sichergestellt werden, dass der Vorfall bei Bedarf auch gegenüber weiteren Behörden der EU und deren Mitgliedstaaten kommuniziert werden kann. Für den Fall, dass die BaFin von der EBA oder der EZB über einen solchen Vorfall in einem anderen EU-Mitgliedstaat informiert wird, hat die BaFin nach § 54 Abs. 3 die zur

unmittelbaren Sicherheit des Finanzsystems notwendigen Schutzvorkehrungen zu treffen (vgl. Ellenberger/Findeisen/Nobbe/Böger/Dietze Rn. 733). Es bleibt indes abzuwarten, welche konkreten, auch technischen Maßnahmen von der BaFin diesbezüglich ergriffen werden.

Um die Zusammenarbeit bei der auch im Rahmen des § 54 geregelten Zusam- 5 menarbeit bei der Aufsicht in grenzüberschreitenden Fällen zu verbessern, wurde von der EBA gemäß Art. 15 PSD II ein zentrales europäisches Register von Zahlungsinstituten eingeführt (Baumann DATEV magazin 09/18, 20 (22)). Die EBA ist gemäß Art. 27 PSD II auch bei Meinungsverschiedenheiten der beteiligten Behörden zu unterrichten (Baumann DATEV magazin 09/18, 20 (22)).

Zusätzlich kann sich eine Pflicht zur Unterrichtung weiterer inländischer Behör- 6 den durch die BaFin ergeben, soweit dieser Vorfall für andere in ihrer sachlichen Zuständigkeit betroffenen Behörden relevant ist (§ 54 Abs. 1 S. 3). Die BaFin soll hierbei eine eigene Einschätzung vornehmen, die ua die Zuständigkeit der nationalen Behörde, die Folgen auf die Zielsetzung der anderen nationalen Behörde, weitreichende Auswirkungen auf Zahlungsdienstenutzer (oder könnte solche haben) und die mediale Aufmerksamkeit berücksichtigt. Die Einstufung soll einer kontinuierlichen Überwachung unterliegen, um zu vermeiden, dass bislang nicht relevante Vorgänge durch den Verlauf doch relevant werden (EBA/GL/2021/03, Ziff. 5.1; Ellenberger/Findeisen/Nobbe/Böger/Dietze Rn. 725).

Soweit Betreiber kritischer Infrastrukturen im Sinne von § 2 Abs. 10 BSIG be- 7 troffen sind, kann sich darüber hinaus eine gesonderte Meldepflicht an das Bundesamt für Sicherheit in der Informationstechnik (BSI) aus § 8b Abs. 4 BSIG ergeben. Das BSI wiederum hätte nach § 8b Abs. 2 Nr. 2 lit. b BSIG die Pflicht die BaFin über eine solche Meldung in Kenntnis zu setzen (ausführlich Ellenberger/Findeisen/Nobbe/Böger/Dietze Rn. 727).

Weiterhin besteht auch eine Mitwirkungspflicht der BaFin gegenüber zuständi- 8 gen europäischen Behörden (§ 54 Abs. 2). Hierdurch soll sichergestellt werden, dass auch Auswirkungen auf grenzüberschreitende Sachverhalte beurteilt werden (vgl. auch Ellenberger/Findeisen/Nobbe/Böger/Dietze Rn. 731).

Beachtenswert ist, dass die vorgenannten und nachfolgenden Pflichten der Zah- 9 lungsdienstleister unabhängig vom Umfang der von ihnen vorgenommenen Zahlungsvorgänge bestehen (so auch: Conreder/Schneider/Hausemann DStR 2018, 1722 (1726)). Es besteht folglich – anders als bisher – keine Erheblichkeitsschwelle quantitativer Art mehr.

Auch gelten die Regelungen nicht nur für Zahlungen im Online-Bereich, son- 10 dern betreffen sämtliche Sicherheitsvorfälle im wie auch immer gearteten Zahlungsverkehr (vgl. BaFin BA 51, PSD2-Infoveranstaltung, Sicherheit im Zahlungsverkehr einschließlich Meldewesen v. 5. 12. 2017, dort Folie 33).

III. Schwerwiegender Betriebs- und Sicherheitsvorfall

1. Betriebs- oder Sicherheitsvorfall

Der wesentliche Begriff in § 54 Abs. 1 ZAG bezeichnet den schwerwiegenden 11 Betriebs- oder Sicherheitsvorfall. Jedoch wird dieser Begriff nicht eindeutig im ZAG oder der PSD 2 bestimmt. Der Begriff des Betriebs- oder Sicherheitsvorfalls bezeichnet allgemein einen aus einem Einzelereignis oder einer Verkettung von Ereignissen bestehenden Vorfall, der vom Zahlungsdienstleister nicht beabsichtigt wurde und sich nachteilig auf die Integrität, die Verfügbarkeit, die Vertraulichkeit und/oder die Authentizität von zahlungsbezogenen Diensten auswirkt oder wahrscheinlich auswirken wird (vgl. BaFin, Rundschreiben 03/2022 (BA) zur Meldung schwerwiegender Zahlungssicherheitsvorfälle gemäß § 54 Abs. 1 ZAG v. 9.3.2022, Begriffsbestimmungen).

Der Betriebs- oder Sicherheitsvorfall kann sowohl ein externes wie auch ein internes Ereignis darstellen, das aus Versehen oder böswillig verursacht wurde. Dieser kann auch außerhalb der EU vorliegen, wenn der betroffene Zahlungsdienstleister in der EU ansässig ist.

12   Zu den Begriffsbestimmungen (vgl. BaFin, Rundschreiben 03/2022 (BA) zur Meldung schwerwiegender Zahlungssicherheitsvorfälle gemäß § 54 Abs. 1 ZAG v. 9.3.2022 Begriffsbestimmungen) ist Folgendes auszuführen:

Der Begriff der Integrität bezeichnet die Eigenschaft des Zahlungsdienstleisters, die Vollständigkeit und Korrektheit von Vermögenswerten, einschließlich der ihnen zugrundeliegenden Daten, zu schützen. Das Merkmal der Verfügbarkeit bezieht sich auf die Eigenschaft des Zahlungsdienstleisters, seine Dienste für den Nutzer zugänglich und für diesen nutzbar zu machen. Das Attribut der Vertraulichkeit bezeichnet den Schutz der Informationen vor der Zugänglichmachung und Offenlegung gegenüber unbefugten Personen, Stellen oder Prozessen. Das Merkmal der Authentizität verweist darauf, dass eine Quelle auch tatsächlich das ist, was sie vorgibt zu sein. Unter Kontinuität wird die Eigenschaft verstanden, dass die für die Erbringung der zahlungsbezogenen Dienste erforderlichen Prozesse, Aufgaben und Vermögenswerte einer Organisation stets in vollem Umfang zugänglich sind und auf einem annehmbaren vordefinierten Niveau funktionsfähig gehalten werden.

13   Zahlungsbezogene Dienste liegen vor bei der Ausführung einer gewerblichen Tätigkeit iSd § 1 Abs. 1 S. 2 ZAG sowie bei sämtlichen technischen Aufgaben, die für die korrekte Erbringung von Zahlungsdiensten notwendig sind.

2. Qualifikationsmerkmale eines schwerwiegenden Vorfalls

14   Es ergibt sich eine Qualifikation eines Vorfalls als schwerwiegend, wenn dieser mindestens ein Merkmal der „hohen Auswirkungsstufe" oder zumindest drei Merkmale der „niedrigen Auswirkungsstufe" aufweist (vgl. BaFin, Rundschreiben 03/2022 (BA) zur Meldung schwerwiegender Zahlungssicherheitsvorfälle gemäß § 54 Abs. 1 ZAG v. 9.3.2022, Ziffer 1.1; vgl. auch Ellenberger/Findeisen/Nobbe/Böger/Dietze Rn. 704). Die relevanten Kriterien ergeben sich aus qualitativen Ereignissen in Hinsicht auf die wirtschaftlichen Effekte, weitere betroffene Zahlungsdienstleister, entstandene Reputationsschäden sowie eine hohe interne Eskalationsstufe. Ferner werden quantitative Ereignisse in Bezug auf die betroffenen Zahlungsvorgänge und Zahlungsdienstenutzer sowie die Dienstausfallzeiten relevant (vgl. BaFin, Rundschreiben 03/2022 (BA) zur Meldung schwerwiegender Zahlungssicherheitsvorfälle gemäß § 54 Abs. 1 ZAG v. 9.3.2022, Ziffer 1.2).

15   Schwerwiegend ist allgemein ein Betriebs- oder Sicherheitsvorfall, wenn
– quantitativ eine hohe Zahl an offenen Transaktionen betroffen ist oder
– eine hohe Zahl von offenen Kunden betroffen ist (entweder absolut oder prozentual), wobei hier nur die eigenen Kunden des Zahlungsdienstleisters, nicht jedoch etwa die Kunden einer Gruppe, heranzuziehen sind;
– die Fähigkeit beeinträchtigt wird länger als eine Stunde Transaktionen auslösen und/oder zu verarbeiten zu können (Meldung stets bei Überschreiten der Schwellwerte der hohen Auswirkungsstufe erforderlich, dazu → Rn. 16);

- die Ausfallzeit für den Zahlungsdienstnutzer besonders hoch ist;
- der wirtschaftliche Schaden besonders hoch ist;
- qualitativ eine hohe interne Eskalationsstufe erreicht ist, die über das Standard-Reporting deutlich hinausgeht;
- Auswirkungen auf weitere Zahlungsdienstleister oder Finanzmarktinfrastrukturen vorliegen;
- ein qualitativ als relevant einzustufender Reputationsschaden droht (hierbei sind insbesondere zu beachten: Öffentliche Wahrnehmung, mögliche Kundenbeschwerden, Verstöße gegen vertragliche Pflichten, mediale Berichterstattung oder Aktivitäten in den sozialen Netzwerken, Verstoß gegen aufsichtliche Pflichten oder Wiederholungssachverhalte); oder
- die Sicherheit von Netzwerk- und Informationssystemen verletzt wurde. Hier müssen die Verfügbarkeit, Authentizität und Integrität der Netzwerk- bzw. Informationssysteme und der maßgeblichen Daten überprüft werden

(vgl. BaFin, Rundschreiben 03/2022 (BA) zur Meldung schwerwiegender Zahlungssicherheitsvorfälle gemäß § 54 Abs. 1 ZAG v. 9.3.2022, Ziffer 1.2).

3. Bewertungskriterien im Überblick

Das Kriterium der hohen Auswirkungsstufe ergibt sich bei folgenden Schwellenwerten: **16**

- Die Betroffenheit von über 25% des Transaktionsaufkommens des Zahlungsdienstleisters in Relation zur Anzahl der Transaktionen
- Die Betroffenheit eines Finanzvolumens von über 15 Mill. Euro
- Die Betroffenheit von über 50.000 Zahlungsnutzern
- Die Auswirkungen auf über 25% der Zahlungsdienstnutzer des Zahlungsdienstleistern
- Die wirtschaftlichen Auswirkungen auf max. 0,1% des Kernkapitals (max. 200.000 EUR) oder über 5 Mill. Euro
- Eine hohe interne Eskalationsstufe mit Tendenz zu einer voraussichtlichen Auslösung eines Krisenmodus bzw. eines ähnlichen Verfahrens

Das Kriterium der niedrigen Auswirkungsstufe entsteht bei folgenden Schwellenwerten:

- Die Betroffenheit von über 10% des Transaktionsaufkommens des Zahlungsdienstleisters in Relation zur Anzahl der Transaktionen
- Die Betroffenheit eines Finanzvolumens von über 500.000 Euro
- Die Betroffenheit von über 5.000 Zahlungsnutzern
- Die Auswirkungen auf über 10% der Zahlungsdienstnutzer des Zahlungsdienstleistern
- Die Dienstausfallzeit von über zwei Stunden oder
- Eine hohe interne Eskalationsstufe
- Die Betroffenheit anderer Zahlungsdienstleister bzw. maßgeblicher Infrastrukturen
- Das Entstehen von Reputationsschäden.

Ergänzend bleibt festzuhalten, dass eine unklare Datenlage nicht zur Befreiung **17** von Meldepflichten führt. Vielmehr muss dann auf Schätzungen zurückgegriffen und der Sachverhalt kontinuierlich neu bewertet werden, um die Einordnung zu validieren und ggf. eine neue Einordnung vorzunehmen. Eine Änderung der Einordnung ist der BaFin zu melden (vgl. BaFin, Rundschreiben 03/2022 (BA) zur Meldung schwerwiegender Zahlungssicherheitsvorfälle gemäß § 54 Abs. 1 ZAG v. 9.3.2022, Ziffer 1.5).

4. Ausnahmen

18   Nicht zu melden sind grundsätzlich (vgl. BaFin BA 51, PSD2-Infoveranstaltung, Sicherheit im Zahlungsverkehr einschließlich Meldewesen v. 5.12.2017, S. 40)
– ein gesprengter Bankautomat,
– geplante und kalkulierte Ausfallzeiten, beispielsweise im Falle von notwendigen Wartungsarbeiten,
– ein einzelner Phishing-Angriff, wenn aufgrund des situativen Einzelfalls eine wie auch immer geartete Serie auszuschließen ist,
– einzelne Brute-Force-Angriffe durch Scriptkiddies.

19   Bei einem etwaigen Brute-Force-Angriff durch Scriptkiddies ist indes der Schwellenwert der vorgenannten Tabelle grundsätzlich zu beachten (vgl. BaFin BA 51, PSD2-Infoveranstaltung, Sicherheit im Zahlungsverkehr einschließlich Meldewesen v. 5.12.2017, S. 40).

IV. Ausgestaltung der Meldungspflicht

20   Die Regelung des § 54 zur Meldpflicht bei schwerwiegenden Betriebs- oder Sicherheitsvorfällen ersetzt die bisherige Regelung gemäß Nr. 3.2 der MaSI.

21   Die überarbeiteten EBA Leitlinien zur Meldepflicht schwerwiegender Sicherheitsvorfälle (EBA/GL/2021/03) vom 10.6.2021 geben Auskunft darüber, welche Vorfälle konkret meldepflichtig sind. Die Meldung hat unter Verwendung der von der BaFin Meldewege (Melde- und Veröffentlichungsplattform – MVP-Portal) und elektronischen Formulare zu erfolgen. Soweit der MVP-Portal nicht erreichbar sein sollte, soll die Meldung zunächst formlos auf anderen Kanälen an die BaFin übermittelt und sodann nachgereicht werden, sobald das Portal wieder betriebsbereit ist (BaFin Rundschreiben 03/2022 (BA) zur Meldung schwerwiegender Zahlungssicherheitsvorfälle gemäß § 54 Abs. 1 ZAG v. 9.3.2022, Ziffer 2.1).

22   Soweit der Zahlungsdienstleister Kundeninformation (nach § 54 Abs. 4 ZAG) an Zahlungsdienstnutzer bereitgestellt hat, sind diese Informationen der BaFin ebenfalls im Rahmen der Meldung zu übermitteln. Soweit darüber hinaus Unterlagen bereitgestellt werden sollen, müssen diese ebenfalls auf dem Meldeformular benannt werden. Zu beachten ist hierbei, dass grundsätzlich keine unverschlüsselte Datenübermittlung erfolgen soll (BaFin Rundschreiben 03/2022 (BA) zur Meldung schwerwiegender Zahlungssicherheitsvorfälle gemäß § 54 Abs. 1 ZAG v. 9.3.2022, Ziffern 2.3–2.6).

23   Insgesamt müssen sämtliche Betriebs- und Sicherheitsvorfälle bewertet und als schwerwiegende oder nicht schwerwiegende Vorfälle klassifiziert werden. Dahingehend müssen die Zahlungsinstitute jeden einzelnen Vorfall entsprechend den Vorgaben des BaFin Rundschreibens 03/2022 bewerten und können keinesfalls ausschließlich die schwerwiegenden Fälle behandeln. Dabei muss diese Bewertung stets auch dokumentiert werden. Wenn ein Betriebs- oder Sicherheitsvorfall als „schwerwiegend" eingestuft wird, sollen die betroffenen Zahlungsdienstleister der zuständigen Behörde des Herkunftsmitgliedstaats unter Verwendung des von der EBA im Anhang zu den Leitlinien bereitgestellten Musters entsprechende Berichte vorlegen. Es gibt drei Arten von Berichten, die den drei verschiedenen Abschnitten der Vorlage (Anhang EBA/GL/2021/03) entsprechen (Zahlungsdienstleister müssen daher jeden Abschnitt kumulativ ausfüllen, sodass der Abschlussbericht Informationen zu allen Feldern enthält):

1. Erstmeldung

Der Initial Report (Erstmeldung) muss der BaFin stets dann übermittelt werden, wenn ein Betriebs- oder Sicherheitsvorfall als schwerwiegend bewertet worden ist. Dabei muss die von der BaFin vergebene Vorfallsidentifikationsnummer bei sämtlichen folgenden Meldungen angegeben werden. **24**

Diese Erstmeldung muss innerhalb einer Frist von vier Stunden ab der erstmaligen Klassifizierung des Betriebs- bzw. Sicherheitsvorfalls als schwerwiegend über die Meldewege der BaFin übermittelt werden (vgl. Ellenberger/Findeisen/Nobbe/Böger/Dietze Rn. 706). Dabei muss gewährleistet sein, dass die Erkennung und Klassifizierung der Betriebs- bzw. Sicherheitsvorfälle mindestens im Rahmen der üblichen Geschäftszeiten vollzogen werden kann. Der Aufbau eines 24/7 PSD II-Vorfallüberwachungszentrums ist indes ausdrücklich keine Anforderung der Guidelines (vgl. BaFin BA 51, PSD2-Infoveranstaltung, Sicherheit im Zahlungsverkehr einschließlich Meldewesen v. 5.12.2017, S. 39).

Die BaFin muss auch in den Fällen eine Erstmeldung erhalten, in denen die Reklassifizierung eines zuerst nicht schwerwiegenden Vorfalls zu einem schwerwiegenden Vorfall erfolgt. Dann muss die Erstmeldung sofort nach dem Erkennen der Statusänderung übermittelt werden (BaFin Rundschreiben 03/2022 (BA) zur Meldung schwerwiegender Zahlungssicherheitsvorfälle gemäß § 54 Abs. 1 ZAG v. 9.3.2022, Ziffern 2.7–2.11).

2. Zwischenmeldung

Im Rahmen der so genannten Zwischenmeldung (Intermediate Reports) sollen die Zahlungsdienstleister dann eine detailliertere Beschreibung des Vorfalls und seiner Folgen vorlegen (vgl. Abschnitt B der Vorlage). **25**

Insgesamt müssen diese Intermediate Reports dann vorgelegt werden, wenn der Regelbetrieb wiederhergestellt ist, dh die Vorgänge wieder dasselbe Leistungsniveau oder dieselben Bedingungen hinsichtlich der Verarbeitungszeiten, Kapazitäten, Sicherheitsanforderungen etc erreichen, welche vom Zahlungsdienstleister bestimmt oder äußerlich durch eine Dienstgütevereinbarung festgelegt worden sind, und keine Notfallmaßnahmen mehr greifen (BaFin, Rundschreiben 03/2022 (BA) zur Meldung schwerwiegender Zahlungssicherheitsvorfälle gemäß § 54 Abs. 1 ZAG v. 9.3.2022, Ziffer 2.12). **26**

Ferner sind Intermediate Reports vorzulegen, wenn nach einer Frist von drei Geschäftstagen die normale Geschäftstätigkeit nicht wieder aufgenommen worden ist oder sich wesentliche Änderungen der Informationen seit den vorhergehenden Meldungen ergeben haben (bspw. bei Verschlimmerungen oder Abschwächungen des Vorfalls, der Ermittlung von neuen Ursachen oder dem Ergreifen von Maßnahmen zur Behebung des Problems. Ferner auf Ersuchen der BaFin (vgl. BaFin, Rundschreiben 03/2022 (BA) zur Meldung schwerwiegender Zahlungssicherheitsvorfälle gemäß § 54 Abs. 1 ZAG v. 9.3.2022, Ziffern 2.13–2.14). Soweit der Regelbetrieb bereits innerhalb der vier Stunden-Frist (vgl. → Rn. 23) wieder normalisiert hat, sollen Erst- und Zwischenmeldung möglichst zeitgleich erfolgen (vgl. BaFin, Rundschreiben 03/2022 (BA) zur Meldung schwerwiegender Zahlungssicherheitsvorfälle gemäß § 54 Abs. 1 ZAG v. 9.3.2022, Ziffern 2.16). **27**

3. Abschlussmeldung

28   Betroffene Zahlungsdienste sollen schließlich der zuständigen Behörde den Abschlussbericht (Final Report) innerhalb von maximal 20 Tagen vor dem normalen Geschäftsablauf vorlegen. Dieser Bericht sollte sämtliche vollständigen Informationen enthalten:

– die tatsächlichen Zahlen der Auswirkungen in den Abschnitten A und B
– die eigentliche Ursache und eine Zusammenfassung der Maßnahmen, die zur Beseitigung des Problems getroffen wurden oder geplant sind. Dadurch soll verhindert werden, dass es in der Zukunft erneut auftritt (Abschnitt C) (EBA/GL/2021/03).

Nicht erforderlich ist hingegen, dass die Hauptursache bereits abschließend ermittelt oder Maßnahmen der Begrenzung der Auswirkungen umgesetzt wurden (vgl. BaFin, Rundschreiben 03/2022 (BA) zur Meldung schwerwiegender Zahlungssicherheitsvorfälle gemäß § 54 Abs. 1 ZAG v. 9.3.2022, Ziffern 2.17).

Auch hier gilt, dass soweit die Informationen innerhalb der vier Stunden Frist (→ Rn. 23) vorliegen, eine konsolidierte Erst-, Zwischen- und Abschlussmeldung erfolgen kann (vgl. BaFin, Rundschreiben 03/2022 (BA) zur Meldung schwerwiegender Zahlungssicherheitsvorfälle gemäß § 54 Abs. 1 ZAG v. 9.3.2022, Ziffern 2.19).

4. Delegierte & konsolidierte Meldungen

29   Delegierte und konsolidierte Meldungen sind unter engen Voraussetzungen grundsätzlich möglich (vgl. vgl. BaFin, Rundschreiben 03/2022 (BA) zur Meldung schwerwiegender Zahlungssicherheitsvorfälle gemäß § 54 Abs. 1 ZAG v. 9.3.2022, Ziffer 3; → Rn. 34). Delegierte Meldungen können beispielsweise durch IT-Dienstleister erfolgen. Konsolidierte Meldungen sind bei gleicher Ursache und Wirkungen möglich (vgl. BaFin BA 51, PSD2-Infoveranstaltung, Sicherheit im Zahlungsverkehr einschließlich Meldewesen v. 5.12.2017, S. 38).

Selbst eine Delegation der Meldung befreit den Zahlungsdienstleister jedoch nicht von seinen eigenen Überwachungs- und Kontrollpflichten. Es sind insoweit Prozesse im Rahmen der Betriebs- und Sicherheitsstrategie vorzuhalten, welche die Meldung eines schwerwiegenden Betriebs- und Sicherheitsvorfall auch ohne externe Unterstützung durch den Zahlungsdienstleister selbst ermöglichen. Gleichzeitig muss sichergestellt sein, dass die Meldungen nicht doppelt, dh durch den Zahlungsdienstleister und einen Dritten, erfolgen (vgl. BaFin, Rundschreiben 03/2022 (BA) zur Meldung schwerwiegender Zahlungssicherheitsvorfälle gemäß § 54 Abs. 1 ZAG v. 9.3.2022, Ziffern 3.5, 4.1).

Soweit ein Mehrmandantendienstleister beauftragt wird, muss zudem sichergestellt werden, dass sich die Daten, die Grundlage für die Meldung sind, jedenfalls nur auf den Zahlungsdienstleister selbst beziehen (vgl. BaFin, Rundschreiben 03/2022 (BA) zur Meldung schwerwiegender Zahlungssicherheitsvorfälle gemäß § 54 Abs. 1 ZAG v. 9.3.2022, Ziffer 3.6).

5. Benachrichtigungspflicht der Nutzer

30   In bestimmten Fällen ergibt sich eine Pflicht zur Benachrichtigung der Zahlungsdienstnutzer durch den Zahlungsdienstleister. Gemäß § 54 Abs. 4 sind die Zahlungsdienstleister verpflichtet, ihre Nutzer über Vorfälle in Kenntnis zu setzen, die sich auf deren finanzielle Interessen auswirken können (vgl. BaFin BA 51, PSD2-Infoveranstaltung, Sicherheit im Zahlungsverkehr einschließlich Meldewesen v. 5.12.2017, S. 34; vgl. auch Ellenberger/Findeisen/Nobbe/Böger/Dietze Rn. 734 ff.).

Zusätzlich sind die Nutzer über alle Maßnahmen zu informieren, die getroffen **31** werden können, um negative Auswirkungen des Vorfalls zu begrenzen. Gerade die beiden letztgenannten Mitteilungspflichten dienen dazu, den Zahlungsdienstnutzer zur aktiven Schadensbegrenzung zu bewegen.

V. Lieferung von Betrugsstatistiken

Gemäß § 54 Abs. 5 werden Zahlungsdienstleister zudem verpflichtet, mindestens **32** einmal jährlich Betrugsstatistiken an die BaFin zu liefern (vgl. BaFin BA 51, PSD2-Infoveranstaltung, Sicherheit im Zahlungsverkehr einschließlich Meldewesen v. 5.12.2017, S. 52).

Jedoch ergeben sich Abweichungen des Meldeformulars der BaFin von den EBA-Leitlinien dahingehend, dass es lediglich die Bögen für Issuer und Acquirer von kartengebundenen Zahlungen vorsieht.

Nach dem Grundsatz der Verhältnismäßigkeit unterliegt der Berichtspflicht lediglich ein repräsentativer Teil des deutschen Marktes. Damit sind die Unternehmen berichtspflichtig, die Zahlungsdienstleister sind, welche einen Sitz im Inland aufweisen, inklusive der Zweigstellen nach § 53 KWG oder § 42 ZAG bzw. der inländischen Zweigniederlassungen von Zahlungsdienstleistern nach § 53b KWG oder § 39 ZAG.

Ferner muss das Unternehmen als Issuer die Schwelle der Ausgabe von über 400.000 Zahlungskarten mit Fernzahlungsfunktion überschreiten, oder als Acquirer ausgelöste Kartenzahlungen mit einem Volumen von mindestens 500 Millionen Euro im Jahr aufweisen (vgl. BaFin Formular vom 23.7.2021 zur Meldung von Betrugsdaten).

Dies dürfte eine der herausforderndsten Meldeaufgaben für die Unternehmen **33** bilden, weil die Erstellung der Statistiken in der alltäglichen Praxis mit einem erheblichen Aufwand verbunden ist (vgl. zum Vorgang Baumann DATEV magazin 09/18, 20 (22)).

VI. Auslagerung von Meldeprozessen und Voraussetzungen

Zahlungsdienstleister können ihre **Berichtspflichten** bei **Vorfällen** an einen **34** **Dritten delegieren,** sofern dies die Verpflichtung zur Auslagerung wichtiger betrieblicher Funktionen erfüllt und die örtlich zuständige Behörde entsprechend informiert wurde (EBA/GL/2017/10, Guideline 3.1). Wenn ein Vorfall von einem Drittanbieter verursacht wird, der von mehreren Zahlungsdienstleistern (zB einem Verarbeiter) genutzt wird, können diejenige, die diesen Drittanbieter beauftragen, die Anforderung zur Meldung des Vorfalls diesem Dritten anvertrauen, der den Vorfall konsolidiert meldet.

Folgende ergeben sich (vgl. BaFin, Rundschreiben 03/2022 (BA) zur Meldung **35** schwerwiegender Zahlungssicherheitsvorfälle gemäß § 54 Abs. 1 ZAG v. 9.3.2022, Ziffer 3.1; Ellenberger/Findeisen/Nobbe/Böger/Dietze Rn. 709 ff.):

Die Zulässigkeit dieser Delegierung muss in dem der delegierten Meldung zugrunde liegenden Vertrag festgelegt werden. Ferner muss der Vorfall durch eine Störung bzw. Beeinträchtigung der von dem Dritten erbrachten Dienste verursacht worden sein. Die konsolidierte Meldung erstreckt sich ausschließlich auf die im selben Mitgliedstaat ansässigen Zahlungsdienstleister. Ferner werden nur diejenigen Zahlungsdienstleister erfasst, für welche der Vorfall als schwerwiegend bewertet wird. Die Bundesanstalt muss stets durch dieses Verfahren informiert werden.

Ferner müssen die Zahlungsdienstleister im Rahmen der delegierten Meldepflicht in Zukunft bei einer durch einen technischen Dienstleister bzw. eine technische Infrastruktur verursachten Störung, die mehrere Zahlungsdienstleister betrifft, sicherstellen, dass die delegierte Meldung stets auf die individuellen Daten des diesbezüglichen Zahlungsdienstleisters referiert. Eine Ausnahme davon ergibt sich in den Fällen, in denen sich eine konsolidierte Meldung speziell auf mehrere Zahlungsdienstleister Bezug nimmt.

Bei einer Auslagerung dieser Meldepflichten durch die Zahlungsdienstleister an einen Dritten müssen folgende Bedingungen erfüllt werden:

1. Auslagerungsvertrag

36   In einem förmlichen Vertrag oder in den ggf. innerhalb einer Gruppe bestehenden internen Regelungen, der bzw. die der delegierten Meldung zwischen dem Zahlungsdienstleister und dem Dritten zugrunde liegt bzw. liegen, ist die Zuordnung der Verantwortlichkeiten aller Parteien eindeutig festgelegt. Insbesondere wird in diesem Vertrag oder diesen Regelungen klar dargelegt, dass der betreffende Zahlungsdienstleister, unabhängig von der möglichen Delegierung der Meldepflichten, für die Erfüllung der Pflichten gemäß § 54 sowie für den Inhalt der an die Bundesanstalt zu übermittelnden Informationen weiterhin in vollem Umfang verantwortlich und rechenschaftspflichtig ist.

2. Erfüllung der Anforderungen für Auslagerung wichtiger betrieblicher Aufgaben

37   Die Delegierung steht im Einklang mit den Anforderungen für Auslagerungen wichtiger betrieblicher Aufgaben gemäß
- § 26 in Verbindung mit Ziffer 9 des Rundschreibens 11/2021 (BA) vom 16.8.2021 (ZAIT) bei Zahlungs- und E-Geld-Instituten (einschließlich der Institute iSd § 42 Abs. 1 ZAG (bei Zahlungs- und E-Geld Instituten)
- § 25b KWG iVm AT 9 des Rundschreibens 10/2021 (BA) vom 16.8.2021 „Mindestanforderungen an das Risikomanagement" (bei CRR-Kreditinstituten).

3. Übermittlung vorab

38   Die Information über die Delegation der Meldepflicht muss der BaFin über die bekannt gemachten Kommunikationskanäle vorab übermittelt werden. Selbiges gilt für den Widerruf der Delegation (vgl. BaFin, Rundschreiben 03/2022 (BA) zur Meldung schwerwiegender Zahlungssicherheitsvorfälle gemäß § 54 Abs. 1 ZAG v. 9.3.2022, Ziffer 3.3–3.4).

4. Vertraulichkeit, Qualität, Konsistenz, Integrität und Zuverlässigkeit

39   Die Vertraulichkeit sensibler Daten sowie die Qualität, die Konsistenz, die Integrität und die Zuverlässigkeit (Begriffsbestimmungen → Rn. 9) der an die Bundesanstalt zu übermittelnden Informationen werden ordnungsgemäß gewährleistet.

Soweit es Anhaltspunkte gegeben sollte, dass der Dienstleister an der Erbringung der Meldepflichten gehindert ein könnte, ist die BaFin zu unterrichten (vgl. BaFin, Rundschreiben 03/2022 (BA) zur Meldung schwerwiegender Zahlungssicherheitsvorfälle gemäß § 54 Abs. 1 ZAG v. 9.3.2022, Ziffer 3.4).

Die Auslagerung notwendiger Pflichten durch Unternehmen bildet einen gän- **40** gigen Bestandteil jeder Geschäftspraxis – oftmals sind Einsparungen im Budget, aber auch haftungsrechtliche Auslagerungen, die Motivation. Eine delegierte Meldung durch IT-Dienstleister ist, wie oben dargestellt, deswegen grundsätzlich möglich. Ebenso verhält es sich mit konsolidierten Meldungen bei gleicher Ursache und gleichen Auswirkungen. Die beauftragenden Zahlungsdienstleister müssen jedoch stets beachten, dass eine Auslagerung formularmäßig erfolgt und nachvollziehbare und dokumentierte Kontroll- und Überprüfungsmaßnahmen des Ursprungsunternehmens wahrgenommen werden (vgl. Terlau DB 2017, 1697 (1699)). Dies dient den Interessen aller Beteiligten in Bezug auf die Herstellung der notwendigen Transparenz und Verantwortlichkeit.

VII. Rechtsfolgen

§ 64 Abs. 3 Nr. 15, Abs. 4 sieht im Falle einer vorsätzlich oder fahrlässig nicht ab- **41** gegeben oder nicht richtigen Meldung ein Bußgeld bis zu 100.000 EUR vor. Ferner kann die BaFin gem. § 4 Abs. 2 gegenüber Zahlungsinstituten und ihren Geschäftsleitern Anordnungen treffen (Ellenberger/Findeisen/Nobbe/Böger/Dietze Rn. 744ff.) Abs. 6 stellt klar, dass die Anwendbarkeit anderer aufsichtsrechtlicher Vorschriften unberührt bleibt (Schwennicke/Auerbach/Schwennicke Rn. 13).

VIII. Ausblick: DORA

Es ergeben sich weiterführende Ansätze zur Vereinheitlichung des IKT-Risiko- **42** managements durch den EU-Entwurf des Digital Operational Resiliance Act (DORA) vom 24.9.2020 (EU) No 909/2014). Am 23.6.2022 wurde die konsolidierte Fassung des „Proposal for a Regulation of the European Parliament and of the Council on digital operational resilience for the financial sector and amending Regulations" verabschiedet. Die Anwendung wird zum Ende 2024 erwartet.

Insgesamt soll ein einheitliches und harmonisiertes Rahmenwerk zum IKT-Risikomanagement geschaffen werden. Dabei soll die Leistungsfähigkeit von Unternehmen des Finanzsektors in kritischen Szenarien im Zusammenhang mit globalen Regelungsschritten gewährleistet werden. Es ergibt sich eine Ausweitung und Vereinheitlichung der Meldepflichten von gravierenden IKT-Vorfällen für den gesamten Finanzsektor. Nach Art. 5 Abs. 1 müssen die Finanzunternehmen sämtliche Geschäftsfunktionen und Verantwortlichkeiten sowie die IKT-Risiken identifizieren und dokumentieren. Die Finanzunternehmen überprüfen mindestens einmal jährlich die Angemessenheit dieser Dokumentation. Es entsteht eine Verpflichtung zur Informationsweitergabe an die europäischen Aufsichtsbehörden (ESAs) und das BSI. Ferner wird ein EU Oversight- Framework für die kritischen IKT-Drittdienstleister geschaffen (vgl. Council of the European Union Brussels, 23 June 2022 (OR. en) 10581/22 Interinstitutional File: 2020/0266).

Unterabschnitt 4. Starke Kundenauthentifizierung

§ 55 Starke Kundenauthentifizierung

(1) ¹Der Zahlungsdienstleister ist verpflichtet, eine starke Kundenauthentifizierung zu verlangen, wenn der Zahler
1. online auf sein Zahlungskonto zugreift;
2. einen elektronischen Zahlungsvorgang auslöst;
3. über einen Fernzugang eine Handlung vornimmt, die das Risiko eines Betrugs im Zahlungsverkehr oder anderen Missbrauchs beinhaltet.

²Ein Zahlungsdienstleister muss im Fall des Satzes 1 über angemessene Sicherheitsvorkehrungen verfügen, um die Vertraulichkeit und die Integrität der personalisierten Sicherheitsmerkmale der Zahlungsdienstnutzer zu schützen.

(2) Handelt es sich bei dem elektronischen Zahlungsvorgang nach Absatz 1 Satz 1 Nummer 2 um einen elektronischen Fernzahlungsvorgang, hat der Zahlungsdienstleister eine starke Kundenauthentifizierung zu verlangen, die Elemente umfasst, die den Zahlungsvorgang dynamisch mit einem bestimmten Betrag und einem bestimmten Zahlungsempfänger verknüpfen.

(3) ¹Absatz 1 Satz 2 und Absatz 2 gelten auch, wenn Zahlungen über einen Zahlungsauslösedienstleister ausgelöst werden. ²Absatz 1 gilt auch, wenn die Informationen über einen Kontoinformationsdienstleister angefordert werden.

(4) Der kontoführende Zahlungsdienstleister hat es dem Zahlungsauslösedienstleister und dem Kontoinformationsdienstleister zu gestatten, sich auf die Authentifizierungsverfahren zu stützen, die er dem Zahlungsdienstnutzer gemäß Absatz 1 sowie, in Fällen, in denen ein Zahlungsauslösedienstleister beteiligt ist, darüber hinaus gemäß Absatz 2 bereitstellt.

(5) Näheres zu Erfordernissen und Verfahren zur starken Kundenauthentifizierung einschließlich etwaiger Ausnahmen von deren Anwendung sowie Anforderungen an Sicherheitsvorkehrungen für die Vertraulichkeit und die Integrität der personalisierten Sicherheitsmerkmale regelt der delegierte Rechtsakt nach Artikel 98 der Richtlinie (EU) 2015/2366.

Literatur: Baumann, Die Umsetzung der Payment Services Directive 2 – Chance oder Risiko für Finanzdienstleister?, GWR 2017, 275; Böger, Neue Rechtsregeln für den Zahlungsverkehr, Bankrechtstag 2016, 193; Conreder/Schneider/Hausemann, Gesetz zur Umsetzung der Zweiten Zahlungsdiensterichtlinie – Besonderheiten und Stolpersteine für Unternehmen, DStR 2018, 1722; Hingst/Lösing, Die geplante Fortentwicklung des europäischen Zahlungsdiensteaufsichtsrechts durch die Zweite Zahlungsdienste-Richtlinie, BKR 2014, 315; Hoffmann/Haupert/Freiling, Anscheinsbeweis und Kundenhaftung beim Online-Banking, ZHR 181 (2017), 780; Janßen, Zur Schutzgesetzqualität der §§ 10, 11 ZAG im Lichte der Argumentation zum Aufsichtsrechtlichen Verbot mit Erlaubnisvorbehalt, VuR 2018, 54; Jestadt, Kontoinformationsdienste – neue Online-Services unter Regulierung; Kunz, Rechtliche Rahmenbedingungen für Mobile Payment – Ein Blick auf die Anforderungen zur starken Kundenauthentifizierung, CB 2018, 393; ders., Die neue Zahlungsdiensterichtlinie (PSD II): Regulatorischer Erfassung „Dritter Zahlungsdienstleister" und anderer Leistungsanbieter, Teil 1, CB 2016, 416; Koch/Zahrte, Der Zahlungsverkehr in der Bankpraxis, 2022; Linardatos, Der

Kommissionsvorschlag für eine Zahlungsdiensterichtlinie II – Ein Überblick zu den haftungsrechtlichen Reformvorhaben, WM 2014, 300; Obermöller, 14. September – Kein Tag wie jeder andere, BaFin-Journal 9/2019, S. 8; Omlor, Starke Kundenauthentifizierung zwischen
BGB, ZAG und RTS, RdZ 2020, 20; ders., Online-Banking unter Geltung der Zweiten Zahlungsdiensterichtlinie (PSD II), BKR 2019, 105; ders., E-Geld im reformierten Zahlungsdiensterecht, ZIP 2017, 1836; ders., Die zweite Zahlungsdiensterichtlinie: Revolution oder
Evolution im Bankvertragsrecht?, ZIP 2016, 558; Spindler/Zahrte, Zum Entwurf für die
Überarbeitung der Zahlungsdiensterichtlinie (PSD II), BKR 2014, 265; Steck, FinTechs –
Konkurrenz oder Kooperation, Bankrechtstag 2016, 96; Strassmair-Reinshagen, Starke Kundenauthentifizierung, BaFin-Journal 6/2018, 20; Terlau, Die zweite Zahlungsdiensterichtlinie –
zwischen technischer Innovation und Ausdehnung des Aufsichtsrechts, ZBB 2016, 122; Werner, Wesentliche Änderungen des Rechts der Zahlungsdienste durch Umsetzung der Zweiten
EU-Zahlungsdiensterichtlinie in deutsches Recht, WM 2018, 449; ders., Neue Möglichkeiten
für Zahlungsdienstnutzer im Recht der Zahlungsdienste nach Umsetzung der PSD II, ZBB
2017, 345; Zahrte, Aktuelle Entwicklungen im Zahlungsdiensterecht (2021–2022), BKR
2023, 146; ders., Die „zweite Stufe" der PSD-2-Umsetzung, BKR 2019, 484; ders., Neuerungen im Zahlungsdiensterecht, NJW 2018, 337; ders., Mindestanforderungen an die Sicherheit
von Internetzahlungen (MaSI) – Rechtsfolgen für die Praxis, ZBB 2015, 410.

Inhaltsübersicht

I. Normzweck

1   § 55 ist durch Art. 1 und 2 ZDUG2 zum 13.1.2018 in das ZAG eingefügt worden. Die Vorschrift setzt die Art. 97 und 4 Nr. 30 PSD2 um (Begr. RegE, BT-Drs. 18/11495, 139). Ihre Ratio bildet der in Erwägungsgrund 95 PSD2 niedergelegte Gedanke, dass die (technische) Sicherheit elektronischer Zahlungsvorgänge eine Grundvoraussetzung für die **Entwicklung eines soliden Umfelds für den elektronischen Geschäftsverkehr darstellt** (Zahrte NJW 2018, 337 (340); vgl. auch → Rn. 5). Deswegen sollen beim Zahlungsverkehr im Internet technische Verfahren zum Einsatz gelangen, die das Betrugsrisiko begrenzen. Die Vorschrift ist für sich genommen wenig präzise. Deswegen wurden zum 31.1.2018 gem. Art. 98 PSD2 konkretisierend sog. **Regulatory Technical Standards (RTS)** erlassen. Dies erfolgte als Delegierter Rechtsakt in Form der **Delegierten Verordnung (EU) 2018/389 über technische Regulierungsstandards für eine starke Kundenauthentifizierung und für sichere offene Standards für die Kommunikation** – PSD2-RTS (ABl. 2018 L 69, 23, vgl. dazu → Anh. § 55 Rn. 1 ff.). Die PSD2-RTS präzisieren in Art. 4 ff. einige der Begrifflichkeiten und Anforderungen des § 55 ZAG. Daneben werden eine Reihe von Ausnahmen für weniger riskante Zahlungsformen geschaffen (ausf. Strassmair-Reinshagen BaFin-Journal 6/2018, 20). Zahlungsdienstleister mussten bis zum 14.9.2019 ihre Prozesse, Verfahren und Kundenbedingungen an die neuen Vorgaben anpassen (→ Rn. 66).

1a   § 55 ist insofern nur im Zusammenhang mit den PSD2-RTS und der Legaldefinition der Starken Kundenauthentifizierung in § 1 Abs. 24 verständlich. Die genannten Vorschriften bilden einen in sich geschlossenen Regelungsbereich im ZAG. Es handelt sich dabei um eine der sichtbarsten Innovationen (Schäfer/Omlor/Mimberg/Omlor Rn. 13) bzw. das „Herzstück" (Ellenberger/Findeisen/Nobbe/Böger/Dietze Rn. 749) der PSD2.

II. Begriff

1. Authentifizierung

2   In der juristischen Literatur werden die Begriffe **Authentifizierung, Authentisierung** und **Autorisierung** oft vermischt (vgl. etwa Böger Bankrechtstag 2016, 193 (259)) und teilweise sogar synonym verwendet. Indes ist eine terminologische Trennung dringend geboten (ebenso Schäfer/Omlor/Mimberg/Omlor Rn. 14; Ellenberger/Findeisen/Nobbe/Böger/Dietze Rn. 759 ff.). Während die von § 675j Abs. 1 BGB legaldefinierte Autorisierung eine Willenserklärung des Zahlers ist (nämlich die Zustimmung des Zahlers zur Ausführung eines Zahlungsvorgangs), handelt es sich bei der Authentisierung, die im Gesetz begrifflich nicht vorkommt, um die Erbringung eines (technischen) Identitätsnachweises durch den Zahler (zB die Eingabe einer PIN). Der im Rahmen von § 55 relevante Begriff der Authentifizierung – unter der PSD1 nur indirekt legaldefiniert im zivilrechtlichen § 675w Abs. 1 S. 2 BGB, jetzt auch aufsichtsrechtlich in § 1 Abs. 23 ZAG (→ § 1 Rn. 455 ff.) – bezeichnet die – technische – **Prüfung der vom Zahler behaupteten Authentisierung durch den Zahlungsdienstleister,** also zB die Prüfung, ob eine eingegebene PIN mit der verwendeten Karte korrespondiert (Koch/Zahrte Kap. 1.2.4.10). Konkret versteht **§ 1 Abs. 23** unter Authentifizierung „ein Verfah-

ren, mit dessen Hilfe der Zahlungsdienstleister die Identität eines Zahlungsdienstnutzers oder die berechtigte Verwendung eines bestimmten Zahlungsinstruments,
einschließlich der Verwendung der personalisierten Sicherheitsmerkmale des Nutzers, überprüfen kann."

Die Vermengung der Begrifflichkeiten ist vor allem damit zu erklären, dass Au- **3**
torisierung, Authentisierung und Authentifizierung im elektronischen Zahlungsverkehr oftmals zeitlich und prozessual **zusammenfallen,** zB bei der Eingabe der
PIN einer Zahlkarte: Der Zahler stimmt hier gleichzeitig dem Zahlvorgang zu (Autorisierung) und gibt sich gegenüber seinem Zahlungsdienstleister durch die Nutzung der Karte und die Kenntnis der PIN als der Verfügungsberechtigte zu erkennen, an den die Karte ausgegeben wurde (Authentisierung). Die Prüfung der
Zusammengehörigkeit der verwendeten Karte mit der PIN durch den Zahlungsdienstleister stellt die hieran unmittelbar anschließende Authentifizierung dar.

2. Elemente der Starke Kundenauthentifizierung

Unter starker Kundenauthentifizierung ist die nunmehr in § 1 Abs. 24 ZAG **4**
legaldefinierte (→ § 1 Rn. 473 ff.) besonders abgesicherte Form der Authentifizierung zu verstehen, bei der die Vertraulichkeit der Authentifizierungsdaten geschützt
ist und die unter Heranziehung mindestens zweier voneinander unabhängiger Elemente aus zwei der drei Kategorien **Wissen, Besitz und Inhärenz** geschieht
(Koch/Zahrte Kap. 1.2.4.10).

a) Wissen. Wissen bezeichnet etwas, das nur der Nutzer weiß, zB ein **Pass- 5
wort,** eine **PIN** oder die Antwort auf eine **Kontrollfrage** (Hingst/Lösing BKR
2014, 315 (322); vgl. auch → § 1 Rn. 499 f.). Es handelt sich also um **Informationen,** die nur einer einzelnen Person oder einem vordefinierten begrenzten Personenkreis zugänglich sind (ähnlich Schäfer/Omlor/Mimberg/Omlor Rn. 17;
Omlor RdZ 2020, 20 (21)) und deren Offenbarung ggü. Dritten gem. Art. 6
PSD2-RTS zu verhindern ist (→ Rn. 49). Für die Einordnung als Wissenselement
kommt es auf die Konzeption des Verfahrens an, nicht auf den Umgang durch den
Zahlungsdienstnutzer. Ein Passwort wird also nicht dadurch zum Besitzelement,
dass es vom Berechtigten auf einen Zettel notiert und nicht im Gedächtnis behalten
wird (Schäfer/Omlor/Mimberg/Omlor Rn. 18). Öffentliche bzw. zur Weitergabe
vorgesehene Daten wie **Kartennummer,** Ablaufdatum, Prüfziffer oder Benutzerkennung sind mangels konzeptioneller Vertraulichkeit keine Wissenselemente (El-
lenberger/Findeisen/Nobbe/Dietze Rn. 762; EBA, Opinion on the implementation of the RTS on SCS and CSC vom 13.6.2018, Nr. 35, EBA-Op-2018-04).

b) Besitz. Besitz meint etwas, das nur der Nutzer besitzt, das sich also im Zu- **5a**
griff des Nutzers befindet, zB ein **Hardware-Token,** eine **Chipkarte** oder ein in-
dividualisiertes **mobiles Endgerät** (Böger Bankrechtstag 2016, 193 (257); Hingst/
Lösing BKR 2014, 315 (322); vgl. auch → § 1 Rn. 502 ff.). Es handelt sich dabei
also zwingend um einen **körperlichen Gegenstand** (Schäfer/Omlor/Mimberg/
Omlor Rn. 19), wie sich auch aus der Vorschrift des Art. 7 Abs. 2 PSD2-RTS ableiten lässt (→ Rn. 50), die eine Nachbildung des Besitzelements verhindern soll. Aus
dem Besitzbegriff wird außerdem ersichtlich, dass es unerheblich ist, wer **Eigentümer** dieses Gegenstandes ist. Besitzelement kann damit sowohl eine Zahlkarte sein,
die **im Eigentum der kartenausgebenden Stelle** verbleibt (vgl. die Regelung in
den Sonderbedingungen für die Sparkassen-Card, dazu Bunte/Zahrte/Zahrte
4. Teil II SB Debitkarte Rn. 45) als auch ein Smartphone, dessen Eigentümer **der**

Kunde selbst oder gar ein Dritter ist. Eine andere Ansicht (Schäfer/Omlor/ Mimberg/Omlor Rn. 20) fordert für den Fall des vom Zahlungsdienstnutzer bereitgestellten Besitzelements zwingend ein Alleineigentum des Zahlungsdienstnutzers. Allerdings liefert das Gesetz keine Anhaltspunkte für eine solche Einschränkung. Es ist auch nicht ersichtlich, wieso etwa ein dienstlich zur Verfügung gestelltes Smartphone oder ein lediglich gemietetes Tablet als Besitzelement per se untauglich sein sollte.

6   **c) Inhärenz.** Inhärenz, also etwas, das nur der Nutzer ist (→ Rn. 51), lässt sich mit **Biometrie** übersetzen. Hierunter fallen etwa ein **Fingerabdruck,** das **Stimmmuster,** eine **Gesichtserkennung** (Hingst/Lösing BKR 2014, 315 (322); vgl. → § 1 Rn. 508 ff.) oder die **DNA.** Nicht vom Inhärenzbegriff umfasst ist dagegen die **Unterschrift** des Zahlungsdienstnutzers, die sich dieser lediglich angewöhnt hat und die sich auch ein Dritter antrainieren könnte (Schäfer/Omlor/ Mimberg/Omlor Rn. 24).

3. Historische Entwicklung

7   Bevor der Begriff der starken Kundenauthentifizierung allerdings durch Umsetzung der PSD2 Einzug in ZAG und BGB fand, gab es bereits mehrere europäische **Initiativen** (→ Rn. 8) und Empfehlungen (→ Rn. 11), die eigene Definitionen enthielten und teilweise in **aufsichtsrechtliche Vorgaben** (→ Rn. 17; → Rn. 24) mündeten (Zahrte BKR 2019, 484). Die Entwicklung soll nachstehend skizziert werden.

8   **a) Grünbuch der EU-Kommission (2012).** Bereits das Anfang 2012 veröffentlichte Grünbuch „**Ein integrierter europäischer Markt für Karten-, Internet- und mobile Zahlungen**" (KOM(2011) 941, online abrufbar unter https://eur-lex.europa.eu/LexUriServ/LexUriServ.do?uri=COM:2011:0941: FIN:DE:PDF, (dazu Dauses/Ludwig EU-WirtschaftsR-HdB/Burgard/Heimamnn, 43. EL 2017, Rn. 196; MMR-Aktuell 2012, 327275; Zahrte BKR 2019, 484) erkannte **Zahlungssicherheit** und **Verbrauchervertrauen** als zwei Schlüsselelemente bei der Herbeiführung eines integrierten Markts für moderne Fernzahlungsmittel (Abschnitt 4.5, sb S. 21). Das Grünbuch bildete insofern den Auftakt für eine Entwicklung, die letztlich in die Schaffung der PSD2 mündete.

9   Es enthielt aber noch keinerlei konkreten Vorgaben zur Erreichung des angestrebten Sicherheitsniveaus, sondern formulierte zunächst Fragen, etwa nach der Notwendigkeit und Effizienz einer **Zwei-Faktor-Authentifizierung** (Frage 26), die dann **Grundlage nachfolgender Diskussionen** wurden. Als unmittelbare Reaktion auf das Grünbuch können die Beratungen des SeuRePay Forums zur Sicherheit von Internetzahlungen gesehen werden (→ Rn. 11).

10   Bemerkenswert ist, dass das Grünbuch noch relativ strikt zwischen den unterschiedlichen elektronischen Zahlverfahren trennt. Die dort angelegte **Trennung** ist zwischenzeitlich angesichts der Konvergenz der digitalen Medien und Zugangsgeräte weitgehend verschwunden, was sich auch in der PSD2 und ihrer Umsetzung widerspiegelt (→ Rn. 41 f.).

11   **b) EZB-Recommendations (2013).** Im Januar 2013 legte das European Forum on the Security of Retail Payments (**SecuRe Pay Forum**) – eine von der Europäischen Zentralbank (EZB) initiierte Arbeitsgruppe – seine „recommendations for the security of internet payments" vor (online abrufbar unter https://

www.ecb.europa.eu/pub/pdf/other/recommendationssecurityinternetpayment
soutcomeofpcfinalversionafterpc201301en.pdf). Diese empfehlen in Ziffer 7 (Recommendations S. 9) die Verwendung von starker Kundenauthentifizierung, wenn
eine Internetzahlung ausgelöst oder Zugang zu sensiblen Zahlungsdaten gewährt
werden soll. Darüber hinaus enthält Ziffer 7 eine Reihe von Unterpunkten, die
die Empfehlung in Bezug auf verschiedene Zahlungsinstrumente präzisieren.

Die Definition der (nur in englischer Sprache verfügbaren) Recommendations **12**
von „strong customer authentication" ähnelt bereits sehr derjenigen des späteren
§ 1 Abs. 24, ist aber etwas instruktiver, indem Beispiele angeführt werden (Recommendations S. 3). Außerdem ist insofern – auf den ersten Blick – strenger, als
zwingend ein **transaktionsspezifisches Element** vorausgesetzt wird (Hoffmann
VuR 2016, 243 (250)), was das ZAG nur für den Fall der Auslösung eines Zahlungsvorgangs fordert (→ Rn. 52 ff.; vgl. aber den weiteren Anwendungsbereich des
ZAG → Rn. 33):

„Strong customer authentication is a procedure based on the use of two or more **13**
of the following elements – categorised as knowledge, ownership and inherence:
i) something only the user knows, e. g. static password, code, personal identification
number; ii) something only the user possesses, e. g. token, smart card, mobile
phone; iii) something the user is, e. g. biometric characteristic, such as a fingerprint.
In addition, the elements selected must be mutually independent, i. e. the breach of
one does not compromise the other(s). At least one of the elements should be non-
reusable and non-replicable (except for inherence), and not capable of being surrep-
titiously stolen via the internet. The strong authentication procedure should be de-
signed in such a way as to protect the confidentiality of the authentication data."

Die Grundidee einer **Zwei-Faktor-Authentifizierung** entstammt dabei ur- **14**
sprünglich nicht dem Bankensektor, sondern stellt eine allgemeine Erkenntnis aus
dem Bereich der IT-Sicherheit dar. Sie findet sich deswegen auch in zahlreichen
deutschen und internationalen IT-Sicherheitsstandards wieder (vgl. die dazu die
Ausführungen des Bundesamtes für Sicherheit in der Informationstechnik (BSI),
online abrufbar unter https://www.bsi.bund.de/dok/11693908).

Allerdings handelte es sich bei den Recommendations noch bloße **Empfeh-** **15**
lungen (Zahrte BKR 2019, 484). Gleichwohl entfalteten sie Relevanz für das Zivilrecht, weil die EZB ausführt, dass nach Überzeugung der Expertengruppe der
Beweis einer Transaktionsautorisierung durch einen Zahler im Streitfall nicht
zu erbringen sei, wenn der Zahlungsdienstleister kein Verfahren mit starker Kundenauthentifizierung nutzte (Recommendations S. 3). Die Nutzung eines entsprechenden Verfahrens war damit auch Grundlage für die Annahme eines **Anscheins-**
beweises zugunsten der Zahlungsdienstleisters, wenn der Zahler die Autorisierung
einer Zahlung bestritt.

Insofern wurden mit den Recommendations ökonomische Anreize für Zah- **16**
lungsdienstleister zur Etablierung sicherer Verfahren gesetzt.

c) EBA-Leitlinien (2014). Am 19.12.2014 publizierte die Europäische Bank- **17**
aufsichtsbehörde (EBA) ihre **Leitlinien zur Sicherheit von Internetzahlungen**
(EBA/GL/2014/12_Rev1, online abrufbar unter https://www.eba.europa.eu/site
s/default/documents/files/documents/10180/1004450/eff847ff-f1ed-4589-8efc-
900cd78e2707/EBA-GL-2014-12_DE_rev1%20GL%20on%20Internet%20Pay
ments.pdf).

Darin wurden **Mindestanforderungen** im Bereich der Sicherheit von Inter- **18**
netzahlungen formuliert, die für Zahlungsdienstleister gem. Art. 1 PSD1 gelten

sollten (Leitlinien S. 4 Ziff. 1 ff.). In Deutschland waren das Institute nach § 1 Abs. 1 ZAG 2009.

19   Umfasst waren **Karten, Überweisungen, elektronisch erteilte Lastschrift-mandate und E-Geld.** Dagegen waren mobile Zahlungen – entsprechend der Trennung im Grünbuch (→ Rn. 7) – noch ausgenommen, sofern sie nicht browser-basiert erfolgten.

20   Neben einer Vielzahl organisatorischer Anforderungen an die Institute forderten die EBA-Leitlinien für die Auslösung von Internetzahlungen sowie für den Zugang zu sensiblen Zahlungsdaten eine **Starke Kundenauthentifizierung** (Leitlinien S. 14 Ziff. 7). Die Regelungen der Ziffer 7 entsprachen dabei denen der Recommendations (→ Rn. 13). Auch die Definition der Starken Kundenauthentifizierung wurde in der englischen Version wortgetreu übernommen und für die deutsche Ausführung übersetzt (Leitlinien S. 6 Ziff. 12). Entsprechend gingen auch die Leitlinien noch zwingend von einem transaktionsspezifischen Element aus (Hoffmann VuR 2016, 243 (251)):

21   „Starke Kundenauthentifizierung ist im Sinne dieser Leitlinien ein Verfahren, das auf der Verwendung zweier oder mehrerer der folgenden Elemente basiert, die als Wissen, Besitz und Inhärenz kategorisiert werden: i) etwas, das nur der Nutzer weiß, zB ein statisches Passwort, ein Code, eine persönliche Identifikationsnummer, ii) etwas, das nur der Nutzer besitzt, zB ein Token, eine Smartcard, ein Mobiltele-fon, iii) eine Eigenschaft des Nutzers, zB ein biometrisches Merkmal, etwa ein Fin-gerabdruck. Außerdem müssen die gewählten Elemente unabhängig voneinander sein, d. h. die Verletzung eines Elements darf keinen Einfluss auf das andere bzw. die anderen haben. Mindestens eines der Elemente sollte nicht wiederverwendbar und nicht reproduzierbar (die Inhärenz ausgenommen) sein und nicht heimlich über das Internet entwendet werden können. Das starke Authentifizierungsverfah-ren sollte so gestaltet sein, dass die Vertraulichkeit der Authentifizierungsdaten ge-wahrt bleibt."

22   Bei EBA-Leitlinien handelt es sich um Vorgaben, denen die zuständigen **nationalen Behörden** sowie die **unmittelbar von der EBA überwachten Finanz-institute** gem. Art. 16 Abs. 3 EBA-VO (VO (EU) Nr. 1093/2010 des Europäi-schen Parlaments und des Rates vom 24.11.2010 zur Errichtung einer Europäischen Aufsichtsbehörde (Europäische Bankenaufsichtsbehörde), zur Ände-rung des Beschlusses Nr. 716/2009/EG und zur Aufhebung des Beschlusses 2009/78/EG) nachkommen sollen (Zahrte BKR 2019, 484).

23   Die EBA-Leitlinien hatten somit eine höhere **Verbindlichkeit** als die EZB-Recommendations (→ Rn. 12). Allerdings wurden die EZB-Recommendations nicht durch die EBA-Leitlinien abgelöst, sondern behielten als Dokument, gegen welches Zentralbanken in ihrer Aufsichtsfunktion für Zahlungssysteme und -instru-mente die Einhaltung der Vorschriften bezüglich der Sicherheit von Internetzah-lungen prüfen sollten, ihre Gültigkeit (EBA-Leitlinien S. 4 Ziff. 5).

24   **d) Mindestanforderungen an die Sicherheit von Internetzahlungen – MaSI (2015).** Für diejenigen deutschen Institute, die nicht bereits unmittelbar Adressaten der EBA-Leitlinien (→ Rn. 19) waren, erfolgte deren Verbindlich-machung am 5.5.2015 durch das **BaFin-Rundschreiben** 4/2015 (BA) – Min-destanforderungen an die Sicherheit von Internetzahlungen – MaSI (online abrufbar unter https://www.bafin.de/SharedDocs/Veroeffentlichungen/DE/Rundschrei ben/2015/rs_1504_ba_MA_Internetzahlungen.html; dazu Zahrte ZBB 2015, 410).

Die MaSI traten ab dem 5.11.2015 als Spezialregelungen für diesen Bereich ne- 25
ben die existierenden Mindestanforderungen an das Risikomanagement der Kreditinstitute (MaRisk). Insofern sind auch sie im Fall von Kreditinstituten als **Konkretisierung des § 25a KWG** zu begreifen und stellen hier eine wichtige
Rechtserkenntnisquelle dar, weil die Behörde sich mit der Bekanntgabe ihrer zukünftigen Verwaltungspraxis selbst bindet (Zahrte ZBB 2015, 410). Bei Instituten,
die auf Basis einer ZAG-Lizenz tätig werden (insbes. Zahlungsinstitute), handelte es
sich um eine **Konkretisierung der Organisationspflichten nach § 27 ZAG.**

Bereits der Titel des Rundschreibens machte deutlich, dass in sachlicher Hinsicht 26
nur **internetbasierte Zahlungsvorgänge** betroffen waren. Das umfasste **Karten,**
browserbasiert erteilte **Überweisungsaufträge,** elektronische **Einzugsaufträge**
und **E-Geld.** Ursprünglich hatte die BaFin eine Ausdehnung des Anwendungsbereichs auf Telefonbanking und Online-Vertragsschlüsse ohne Zahlungsverkehrs-
bezug angestrebt (vgl. BaFin-Konsultation 2/2015 – MaSI, Geschäftszeichen BA
57-K 3142–2013/0017 v. 4.2.2015). Hiergegen hatten sich die betroffenen Branchen aber gewehrt, weil sie Wettbewerbsnachteile im Vergleich zu FinTechs und
Zahlungsinstituten mit Sitz im Ausland befürchteten (vgl. die Stellungnahmen der
Branchenverbände, online abrufbar unter http://www.bafin.de/SharedDocs/Ver
oeffentlichungen/DE/Konsultation/2015/kon_0215_sicherheit_internetzahlungen.
html).

Die MaSI übernahmen in Titel I Tz. 11 wörtlich die **Definition** einer starken 27
Kundenauthentifizierung aus den EBA-Leitlinien (→ Rn. 21). Sie soll nach Tz. 7
immer dann zum Einsatz kommen, wenn eine **Internetzahlung** ausgelöst oder
ein **Zugang zu sensiblen Zahlungsdaten** eröffnet wird. Somit galten für die in
Deutschland ansässigen Institute, die auf Basis einer Lizenz nach der PSD1 tätig
wurden, dieselben Anforderungen wie für diejenigen Institute, die die EBA direkt
überwacht (Zahrte BKR 2019, 484).

Ein **Verstoß gegen die MaSI** konnte einen Fall der nicht ordnungsgemäßen 28
Geschäftsorganisation nach § 25a Abs. 1 KWG bzw. § 27 ZAG darstellen, der bei
Kreditinstituten gem. § 45b KWG, bei Zahlungsinstituten nach § 27 Abs. 3 ZAG
zu ahnden ist.

Die MaSI waren in Deutschland auch nach dem 13.1.2018 noch solange maß- 29
geblich, bis die Technischen Regulierungsstandards (RTS) der EBA (dazu → Anh.
§ 55 Rn. 1ff.) in Kraft getreten sind (Begr. RegE, BT-Drs. 18/11495, 139; Werner
ZBB 2017, 345 (350); weiter gehend Schwennicke/Auerbach/Schwennicke Rn. 1,
demzufolge die MaSI nach wie vor ergänzende Vorschriften zu § 55 enthalten sollen), also bis einschließlich 13.9.2019 (→ Rn. 66). Dies regelte § 68 Abs. 4 ZAG,
der den MaSI damit de facto Gesetzesqualität verleiht (Kunz CB 2018, 393 (395)).

III. Wesen der Vorschrift

§ 55 stellt ausweislich der Gesetzesbegründung (Begr. RegE, BT-Drs. 18/11495, 30
139f.) reines **Aufsichtsrecht** dar, das kein subjektives Recht auf Einschreiten der
Bundesanstalt vermittelt, vgl. § 4 Abs. 4 FinDAG (Böger Bankrechtstag 2016, 193
(259); aA – Zivilrecht – BeckOGK/Köndgen BGB § 675c Rn. 25.1). Zur Ausstrahlungswirkung vgl. → Rn. 63.

IV. Anwendungsbereich

1. Sachlich

30a   Die Vorschrift adressiert alle Zahlungsdienstleister iSd § 1 Abs. 1 S. 1, also grds. auch Zahlungsauslöse- und Kontoinformationsdienstleister (Schäfer/Omlor/Mimberg/Omlor Rn. 8 ff.), soweit diese es dem Zahler ermöglichen eine Handlung nach § 55 Abs. 1 S. 1 Nr. 1–3 durchzuführen.

2. Räumlich

31   Auch das wenn der Gesetzeswortlaut nicht zum Ausdruck bringt, wird aus dem Kontext klar, dass der **räumliche Anwendungsbereich** der Abs. 1 und 2 – entsprechend Art. 2 Abs. 2 PSD2 – auf die **EWR-Staaten** (EU und EFTA) beschränkt ist (vgl. EBA, Final Report EBA/RTS/2017/02, 4.3.3, comment 272). Abzustellen ist dabei auf den tatsächlichen Sitz eines Zahlungsdienstleisters, nicht auf den Satzungssitz (Schäfer/Omlor/Mimberg/Omlor Rn. 6).

31a   Daraus folgt im Umkehrschluss, dass § 55 nicht greift, wenn entweder der Zahlungsdienstleister des Zahlers oder derjenige des Zahlungsempfängers in einem Drittstaat sitzt **(sog. One-leg-transaction)** – auch dann nicht, wenn die Zahlung innerhalb des EWR beauftragt wird (aA Schäfer/Omlor/Mimberg/Omlor Rn. 7, der bei One-leg-transactions § 55 für den innerhalb des EWR abgewickelten Teil der Zahlung anwenden möchte). Für die hier vertretene Sichtweise spricht, dass etwa bei internetgestützten **Kartenzahlungen in Drittstaaten** die Zahlungsdienstleister in der EU (Kartenausgeber) idR keine Möglichkeit haben, bei den Akzeptanzstellen die starke Kundenauthentifizierung durchzusetzen. Umgekehrt wird eine in Fernost ausgegebene Karte eines Touristen in Deutschland die hiesigen Sicherheitsverfahren idR überhaupt nicht unterstützen (vgl. Kunz CB 2018, 393 (395)). Wäre § 55 ZAG hier einschlägig, bliebe den Zahlungsdienstleistern nichts anderes übrig, als solche Zahlungen technisch vollständig zu unterbinden, was weder verbraucherfreundlich, noch vom EU-Richtliniengeber intendiert ist (vgl. auch die Stellungnahme der Deutschen Kreditwirtschaft zum ZDUG, online abrufbar unter https://www.bafin.de/SharedDocs/Veroeffentlichungen/DE/Konsultation/2015/kon_0215_sicherheit_internetzahlungen.html).

3. Zeitlich

31b   Um den betroffenen Marktteilnehmern (insbes. Zahlungsdienstleister, technische Dienstleister und Akzeptanzstellen) ausreichend Zeit für die Weiterentwicklung und Umrüstung ihrer technischen Verfahren zu geben, ist § 55 ZAG nicht wie die meisten Vorschriften aus der PSD2 zum 13.1.2018 in Kraft getreten, sondern zusammen mit den PSD2-RTS erst zum 14.9.2019 (→ Rn. 67; Zahrte BKR 2019, 484 (485 f.)).

V. Inhalt der Vorschrift

1. Gebot der Starken Kundenauthentifizierung, Abs. 1

32   In Umsetzung von Art. 97 Abs. 1 PSD2 wird der Zahlungsdienstleister verpflichtet, bei bestimmten Kategorien von Transaktionen des Zahlungsdienstnutzers eine starke Kundenauthentifizierung isv § 1 Abs. 24 (→ Rn. 4; vgl. auch → § 1 Rn. 473 ff.) zu verlangen. Dabei wird zunächst (nur) eine **Zwei-Faktor-Authentifizierung** im dargestellten Rahmen gefordert. Der konkretisierende Art. 4 Abs. 1 S. 1 PSD2-RTS wiederholt insoweit die Elemente **Wissen** (→ Rn. 5, → § 1 Rn. 499 f.), **Besitz** (→ Rn. 5a, → § 1 Rn. 502 ff.) und **Inhärenz** (→ Rn. 6, → § 1 Rn. 508 ff.). Zudem fordert er als weiteres Kriterium die **Generierung eines nur einmalig verwendbaren Authentifizierungscodes.** Dieses Kriterium ist weitgehend technologieneutral. Der Code kann damit sowohl auf dem **Bankrechner** als auch in der **Kundensphäre** generiert werden. Er kann numerisch sein (zB eine klassische **TAN**), alphanumerisch oder ein sonstiges Format haben (zB **Barcode, QR-Code**).

Ein **transaktionsbezogenes Element** verlangt Abs. 1 – anders als die zugrunde **33** Ausführungen in EZB-Recommendations, EBA-Leitlinien und MaSI – nicht. Auch in die Berechnung des **Authentifizierungscodes** müssen in diesem Rahmen noch keine Auftragsdaten einfließen. Dies stellt allerdings keinen Rückschritt im Vergleich zu den Vorarbeiten von EZB, EBA und BaFin dar. Im Gegenteil ist es sogar eine Ausweitung (Omlor ZIP 2017, 1836 (1840 f.); Kunz CB 2018, 393 (394 f.)), weil in sachlicher Hinsicht nun jedweder Online-Zugriff auf das Zahlungskonto erfasst ist (Abs. 1 S. 1 Nr. 1, → Rn. 36). Da aber nicht jeder Zugriff gleichermaßen risikobehaftet ist, arbeitet die Vorschrift mit einem **abgestuften System.** Die Transaktionsbindung wird erst in Abs. 2 (→ Rn. 52) als zusätzliches Element für diejenigen Transaktionen gefordert, die schon bisher Gegenstand der aufsichtsrechtlichen Vorgaben waren. Hier gelten zudem gem. Art. 5 PSD2-RTS weitere technische Anforderungen (→ Anh. § 55 Rn. 23 ff.).

Die **Unabhängigkeit der verwendeten Elemente** wird in **Art. 9 PSD2-** **34** **RTS** konkretisiert. Sie müssen gem. Abs. 1 so beschaffen sein, dass die Verletzung eines der Elemente die Zuverlässigkeit der anderen nicht beeinträchtigt (Ellenberger/Findeisen/Nobbe/Böger/Dietze Rn. 764; Zahrte BKR 2019, 484 (486)). Wird eines der Elemente von einem **Mehrzweckgerät** verwendet, also von einem Gerät, dass neben dem Zahlungsverkehr weitere Funktionen erfüllt (zB ein **Smartphone**), müssen die Zahlungsdienstleister Maßnahmen zur Risikominderung vorsehen (Abs. 2). Das werden idR vertragliche Vorgaben zum sorgfältigen Umgang sein, wie sie bereits heute in den **Sonderbedingungen** der Zahlungsdienstleister für die einzelnen Verfahren (etwa das Online-Banking) enthalten sind (vgl. Bunte/Zahrte/Zahrte 4. Teil VI SB Online Rn. 70 ff.). Weitere Beispiele nennt Abs. 3 (vgl. auch → Anh. § 55 Rn. 21).

a) Handlungen des Zahlers, Abs. 1 S. 1. Der Katalog der abzusichernden **35** Transaktionen in § 55 Abs. 1 S. 1 entspricht wörtlich den Vorgaben des Art. 97 Abs. 1 PSD2.

aa) Online-Zugriff, Abs. 1 S. 1 Nr. 1. Was ein **Online-Zugriff** (Abs. 1 S. 1 **36** Nr. 1) ist, wird im ZAG nicht legal definiert (Terlau ZBB 2016, 122 (131)). Auch Erwägungsgrund 95 PSD2, der von „elektronisch" angebotenen Zahlungsdiensten spricht, ist als Abgrenzungskriterium sehr weit (vgl. auch → Anh. § 55 Rn. 55 ff.; Schäfer/Omlor/Mimberg/Omlor Rn. 26).

Zumindest wird man fordern können, dass es sich um ein Zugriffsverfahren handelt, **37** das zum Konto-Zugriff durch den Zahlungsdienstnutzer **bestimmt** ist und diesen Zugriff **nicht lediglich ermöglicht** (ähnl. Schäfer/Omlor/Mimberg/Omlor Rn. 27). Wenn also ein Kunde seinen Zahlungsdienstleister anruft und im persönlichen Gespräch eine Auskunft erbittet, muss weder die telefonische Kommunikation, noch die Abfrage durch den Mitarbeiter des Zahlungsdienstleisters durch starke Kundenauthentifizierung abgesichert sein. Erwägungsgrund 95 PSD2 stellt dazu explizit klar, dass **telefonische Aufträge** vom Anwendungsbereich der Richtlinie ausgenommen sind.

38   Vorrichtungen, die zum Online-Zugriff bestimmt sind, kommunizieren über eine standardisierte **elektronische Schnittstelle** (zB FinTS, EBICS, usw) oder über ein proprietäres Verfahren (zB bei Serviceterminals in Kassenräumen) mit dem Netzwerk des Zahlungsdienstleisters. Beispiele wären etwa ein **Geldausgabeautomat,** ein online-banking-fähiger **PC,** ein **Smartphone mit entsprechender App** oder ein **Kartenzahlungsterminal** (Schäfer/Omlor/Mimberg/Omlor Rn. 27; Terlau ZBB 2016, 122 (131); Kunz CB 2018, 393 (396)).

39   Im Umkehrschluss zu Nr. 2 (→ Rn. 41) ist es dabei nicht notwendig, dass das Gerät geeignet ist oder dazu benutzt wird, einen Zahlungsvorgang auszulösen. Vielmehr reicht es etwa aus, wenn ein Kontostand oder Daten zu einzelnen Transaktionen **online abgerufen** werden können (Böger Bankrechtstag 2016, 193 (259); Zahrte NJW 2017, 337 (340); zweifelnd offenbar Terlau ZBB 2016, 122 (131) unter Bezugnahme auf EBA, Discussion Paper on future RTS on strong customer authentication and secure communication under PSD2, EBA/DP/2015/03, 8.12.2015, Nr. 42, S. 16). Die früher in Deutschland übliche Praxis, dass für die **Kontostandsabfrage** regelmäßig ein einfaches Passwort oder eine PIN ausreichte, ist dadurch grds. unzulässig. Um den Abruf aber nicht über Gebühr zu erschweren, gestattet Art. 10 Abs. 1 PSD2-RTS diverse Erleichterungen (→ Anh. § 55 Rn. 42; vgl. auch BeckOGK/Hofmann BGB § 675v Rn. 110ff.; Zahrte BKR 2019, 484 (486)).

40   Das Gesagte gilt allerdings nur für Zugriffe **auf das Zahlungskonto.** Das bloße Anmelden im Onlinebanking, etwa zur Änderung von Freistellungsaufträgen oder zum Chat mit einem Kundenberater ist – sofern nicht ein Fall der Nr. 3 vorliegt (→ Rn. 45) – weiterhin auch mit einfacher Authentifizierung möglich, denn hier fehlt es am tatbestandlichen Bezug zum konkreten Zahlungskonto (Schwennicke/Auerbach/Schwennicke Rn. 4; ähnl. Strassmair-Reinshagen BaFin-Journal 6/2018, 20 (22)). Andere Kontoarten wie etwa Wertpapier- oder Einlagenkonten sind bereits tatbestandlich nicht erfasst (Ellenberger/Findeisen/Nobbe/Dietze Rn. 772; vgl. auch Finanzausschuss, BT-Drs. 18/12568, 152).

40a   Die Nutzung eines **Kontoinformationsdienstes** (KID) iSv § 1 Abs. 34 impliziert immer einen Online-Kontozugriff, weshalb dieser Dienst bislang unter Abs. 1 S. 1 Nr. 1 zu subsumieren ist (Schäfer/Omlor/Mimberg/Omlor Rn. 11). Der Kontoinformationsdienstleister ist damit auch Adressat von Abs. 1 S. 2 (→ Rn. 47ff.), wie Abs. 3 S. 2 klarstellt (→ Rn. 61). Ab dem 25.7.2023 ergreift zu Gunsten des KID die Privilegierung gem. Art. 10a PSD2-RTS.

41   **bb) Auslösen eines elektronischen Zahlungsvorgangs, Abs. 1 S. 1 Nr. 2.** In **Nr. 2** wird der **qualifizierte Fall des Online-Zugriffs** beschrieben, in welchem ein Zahlungsvorgang ausgelöst wird. Das Gesetz definiert nicht, was es unter „**Auslösen** eines Zahlungsvorgangs" versteht. Es ist aber davon auszugehen, dass damit nicht nur (aber selbstverständlich auch, → Rn. 60; Schäfer/Omlor/Mimberg/Omlor Rn. 9) die Nutzung eines Zahlungsauslösedienstes (ZAD) gemeint ist, sondern im Grundsatz jedwede **Handlung des Zahlers,** die dazu führt, dass beim kontoführenden Zahlungsdienstleister ein Verarbeitungsvorgang angestoßen wird (vgl. auch → Anh. § 55 Rn. 97). Das ist insbes. der Fall, wenn der Zahlungsauftrag bzw. die Autorisierung die Zahlstelle erreicht (Terlau ZBB 2016, 122 (132)).

Das Wort **elektronisch** ist ausweislich Erwägungsgrund 95 S. 3 PSD2 weit zu **42** verstehen (Terlau ZBB 2016, 122 (132)). Neben den klassischen **Internetzahlungen,** die bereits Gegenstand der MaSI und ihrer europäischen Vorgängerregelungen waren, sind auch alle anderen Zahlungen erfasst, die über **elektronische Kanäle** ausgelöst oder durchgeführt werden (Terlau ZBB 2016, 122 (132)). Das betrifft insbesondere **Karten- und mobile Zahlungen** im **POS** (Begr. RegE, BT-Drs. 18/11495, 140), nicht aber Zahlungen, die mittels Karte und Unterschrift autorisiert werden. Diese Einschränkung betrifft sowohl das sog. Elektronische Lastschriftverfahren, bei dem die Kartendaten nur zur Generierung eines SEPA-Mandats verwendet werden (Schäfer/Omlor/Mimberg/Omlor Rn. 33), als auch diejenigen Kreditkartenzahlungen, bei denen lediglich ein Beleg unterzeichnet wird (Strassmair-Reinshagen BaFin-Journal 6/2018, 20 (21); aA Schäfer/Omlor/Mimberg/Omlor Rn. 32). Die Einschränkung lässt sich damit erklären, dass die Belegunterzeichnung durch den Zahler ein Akt ist, der nur das Valutaverhältnis betrifft. Zahlungsdienstleister sind in dieser Phase noch nicht beteiligt. Sie kommen erst ins Spiel, wenn der Zahlungsempfänger den Inkassoauftrag an sein kontoführendes Institut übermittelt. Hierbei handelt es sich dann aber um eine **Handlung des Zahlungsempfängers,** die vom Tatbestand des Abs. 1 nicht umfasst ist.

Dasselbe gilt für **Lastschriftzahlungen,** bei denen die Zahlung – die auch hier **43** von der Mandatserteilung (ob papierhaft oder auch im Internet) zu trennen ist – ebenfalls nicht durch den Zahler, sondern durch den Zahlungsempfänger ausgelöst wird (vgl. die Verlautbarung der BaFin v. 17.4.2019, online abrufbar unter https://www.bafin.de/SharedDocs/Veroeffentlichungen/DE/Verbrauchermitteilung/weitere/2019/meldung_190417_PSD2_ZAG_Kundenauthentifizierung.html).

Fraglich ist, ob auch die **beleghaft** eingereichte Überweisung sowie der Bar- **44** geldbezug **am Schalter** unter Ziffer 2 zu subsumieren sind. Einerseits münden die genannten Beispiele ganz offensichtlich in eine elektronische Verarbeitung. Andererseits erfolgt die vom Zahlungsdienstnutzer gesetzte Initialzündung hier **papierhaft** oder **mündlich** bzw. **konkludent,** und erst der Mitarbeiter des Zahlungsdienstleisters löst den elektronischen Vorgang aus. Da nicht ersichtlich ist, dass § 55 ZAG auch auf diese rein intern betriebenen Abläufe Anwendung finden soll, sprechen die besseren Argumente dafür, solche Vorgänge – entsprechend der Wertung in Erwägungsgrund 95 PSD2 – auszuklammern. Dasselbe gilt für **postalisch** oder **telefonisch** erteilte Aufträge (Schäfer/Omlor/Mimberg/Omlor Rn. 33; Terlau ZBB 2016, 122 (132)).

Für die **Teilmenge** (Begr. RegE, BT-Drs. 18/11495, 140) der sog. **elektro- 45 nische Fernzahlungsvorgänge,** also insbesondere **Überweisungsaufträge im Online-Banking** gilt ergänzend Abs. 2 (→ Rn. 52).

cc) Fernzugriff, Abs. 1 S. 1 Nr. 3. Mit **Nr. 3** sollen diejenigen Tatbestände **46** aufgefangen werden, die nicht bereits unter die Nummern 1 oder 2 fallen, gleichwohl aber das Betrugs- oder Missbrauchsrisiko erhöhen können. Erforderlich ist also weder ein Transaktionsbezug, noch ein Zugriff auf ein Zahlungskonto, sondern allein das erhöhte Missbrauchsrisiko (Schäfer/Omlor/Mimberg/Omlor Rn. 34). Ein Beispiel wäre die **Änderung des Online-Banking-Passworts,** welche mangels Bezug zum konkreten Konto kein Fall von Nr. 1 ist, allerdings offensichtlich einen sicherheitsrelevanten Bereich betrifft. Ähnliches gilt, wenn **Einstellung an Black- oder Whitelists** (vgl. LG Saarbrücken, BeckRS 2022, 36155 Rn. 45) oder **Änderungen von Limiten** vorgenommen werden (Terlau ZBB 2016, 122 (132); Zahrte BKR 2023, 146 (148 ff.)). Der weite Tatbestand der Nr. 3 ist nicht unproblematisch, da es zu erheblichen **Abgrenzungsschwierigkeiten** kommen kann. Zahlungsdienstleister sind deswegen gut beraten, im Zweifel die starke Kundenauthentifizierung zu verlangen.

47   **b) Angemessene Sicherheitsvorkehrungen, Abs. 1 S. 2.** Abs. 1 S. 2, der Art. 97 Abs. 3 PSD2 entspricht, stellt eine **Organisationspflicht** (§ 27 Abs. 1 S. 1 ZAG) der kontoführenden Stelle bzw. sonstiger am Vorgang beteiligter Zahlungsdienstleister dar. Die **personalisierten Sicherheitsmerkmale** (§ 1 Abs. 25 ZAG) des Zahlungsdienstnutzers – insbesondere die PIN – sind durch „angemessene Sicherheitsvorkehrungen" vor **unbefugtem Ausspähen** (Vertraulichkeit) und vor **Manipulation** (Integrität) zu schützen. Das meint einerseits die „Empfangsvorrichtung" des Zahlungsdienstleisters, also zB den Geldautomaten oder die Internetseite. Zum anderen können die Sicherheitsvorkehrungen aber auch das Verfahren als solches betreffen und damit **in die Kundensphäre ausstrahlen** (zweifelnd Schäfer/Omlor/Mimberg/Omlor Rn. 53 unter Hinweis auf die zivilrechtliche Regelung des § 675l BGB).

48   Dabei wurde mit dem Angemessenheitsbegriff bewusst eine Formulierung gewählt, die dem steten technischen Wandel Rechnung trägt (Schäfer/Omlor/Mimberg/Omlor Rn. 51; Kunz CB 2018, 393 (396)). Fest steht, dass ein Sicherungsmechanismus, der nicht dem **gegenwärtigen Stand der Technik** entspricht, niemals angemessen ist. Darüber hinaus wird dem Zahlungsdienstleister ein relativ weiter **Ermessensspielraum** belassen, der Platz für eine individuelle Risikoeinschätzung lässt. Gerade im Cybersicherheitsbereich wäre es auch nicht zielführend, starre gesetzliche Vorgaben zu machen, da oftmals schnelle und unkonventionelle Gegenmaßnahmen erforderlich sind. Entsprechend fällt auch die weitere Konkretisierung des Abs. 1 S. 2 in der PSD2-RTS knapp aus.

49   Die Anforderungen an ein **Wissenselement** werden in Art. 6 PSD2-RTS behandelt, allerdings ohne dass es hierdurch zu einer Präzisierung käme. Nach Art. 6 Abs. 1 hat der Zahlungsdienstleister Maßnahmen zur Risikominderung zu treffen, um zu verhindern, dass das Element von Unbefugten aufgedeckt oder diesen ggü. offengelegt wird. Gem. Art. 6 Abs. 2 müssen darunter auch Maßnahmen sein, die **den Zahler** an einer Offenlegung ggü. Unbefugten hindern. Die VO selbst regelt nicht, ob die Maßnahmen technischer oder organisatorischer Natur zu sein haben. Zu fordern ist hier eine Kombination aus beidem. In **technischer Hinsicht** sind bei Transaktionen über das Internet jedenfalls (aber nicht nur!) eine HTTPS-**verschlüsselte Verbindung** und digitale **Signaturen** des Seitenbetreibers zu fordern. Zugangskennungen dürfen außerdem beim Zahlungsdienstleister keinesfalls im Klartext gespeichert werden. **Organisatorisch** muss der Zahlungsdienstleister seinen Kunden zur Geheimhaltung des personalisierten Sicherheitsmerkmals (§ 1 Abs. 25 ZAG) verpflichten (Zahrte BKR 2019, 484 (488)). Dies erfolgt in der Praxis insbes. in den **Sonderbedingungen** für die jeweilige Zahlungsart, also etwa die Sonderbedingungen für die Zahlkarte (SB Debitkarte, dazu Bunte/Zahrte/Zahrte 4 SB Debitkarte Rn. 69a ff./SB Kreditkarte) oder das Online-Banking (SB OB). Nach Nr. 3 SB OB ist ein personalisiertes Sicherheitsmerkmal – in den aktuellen Online-Banking-Bedingungen jetzt mit dem Oberbegriff „Authentifizierungselement" bezeichnet (vgl. Bunte/Zahrte/Zahrte 4 SB Online Rn. 13i) – zB PIN, Einmal-TAN und der Nutzungscode für eine Signaturkarte (Bunte/Zahrte/Zahrte 4 SB Online Rn. 41 ff.; vgl. auch Omlor BKR 2019, 105 (107 f.)). Nr. 7 SB OB stellt Regeln zum sorgsamen Umgang und zur Geheimhaltung auf (ausf. Bunte/Zahrte/Zahrte 4 SB Online Rn. 70 ff.), deren Missachtung eine Haftung des Zahlers nach

§ 675v BGB bzw. Nr. 10 SB OB auslösen kann (Bunte/Zahrte/Zahrte 4 SB Online Rn. 109 ff.). Solche **vertraglichen Sorgfaltspflichten** müssen gem. § 675l Abs. 2 BGB sachlich, verhältnismäßig und nicht benachteiligend sein. Nicht zu beanstanden sind insbesondere

- Vorgaben zur Komplexität des Wissenselements (zB Passwortregeln),
- das Verbot zur Mitteilung an unbefugte Dritte (einschl. Familienangehörige),
- das Gebot, bei der Eingabe im öffentlichen Raum darauf zu achten, dass das Wissenselement nicht ausgespäht werden kann,
- das Verbot, das Wissenselement auf dem Besitzelement zu notieren oder mit diesem zusammen zu verwahren,
- das Verbot, das Wissenselement unverschlüsselt auf einem online-fähigen elektronischen Endgerät zu speichern sowie
- die Pflicht, Verletzungen der Vertraulichkeit des Wissenselements umgehend an den Zahlungsdienstleister zu melden.

Art. 7 PSD2-RTS trifft ähnliche Vorgaben für das **Besitzelement.** Besitzelement **50** ist in der Praxis zumeist das **Zahlungsinstrument** iSv § 1 Abs. 20 ZAG und weniger das in § 55 Abs. 1 S. 2 ZAG allein erwähnte personalisierte Sicherheitsmerkmal. Allerdings lässt sich der Schutz des personalisierten Sicherheitsmerkmals – zumindest mittelbar – auch über den Schutz des Zahlungsinstruments realisieren lassen. Zahlungsinstrumente im Online-Banking sind zB **PIN-Brief, TAN-Generator, mobile Endgeräte, Apps, Chipkarten und sonstige Instrumente,** auf denen sich eine **elektronische Signatur** befindet (Bunte/Zahrte/Zahrte 4 SB Online Rn. 45 ff.; Omlor BKR 2019, 105 (107)). Der Zahlungsdienstleister hat nach Abs. 1 Vorkehrungen zu treffen, damit eine Verwendung durch Unbefugte ausgeschlossen ist. Solche Vorkehrungen können bei Besitzelementen zumeist nur **organisatorischer** Natur sein, denn die meisten technischen Maßnahmen zur Absicherung von Besitz basieren auf Einschränkung der Beweglichkeit, was im Zahlungsverkehr wenig praktikabel wäre. Deswegen schreiben die Zahlungsdienstleister va Sorgfaltshinweise in ihre Nutzungsbedingungen, deren Verletzung eine Haftung des Zahlers auslöst. Nr. 7.1 SB OB verpflichtet den Online-Banking-Nutzer, sein Zahlungsinstrument – in den Bedingungen nunmehr mit dem Oberbegriff „Authentifizierungselement" bezeichnet (vgl. Bunte/Zahrte/Zahrte 4 SB Online Rn. 13i) – **sicher aufzubewahren und nicht an Dritte weiterzugeben** (dazu Bunte/Zahrte/Zahrte 4 SB Online Rn. 78 ff.). Dies bedeutet freilich nicht, dass der Zahler sein Smartphone, welches er auch zum Empfang von dynamischen TAN nutzt, niemals einer anderen Person (zum Telefonieren) überlassen dürfte. Das Weitergabeverbot gilt nur insoweit, wie das Gerät mglw. in seiner Funktion als Besitzelement genutzt werden würde. Art. 7 Abs. 2 PSD2-RTS betrifft Vorkehrungen gegen die **Nachbildung** des Besitzelements. Diese werden idR technischer Natur sein. Ein Beispiel wäre die Absicherung einer Zahlungskarte durch das Aufbringen und die Verwendung eines fälschungssicheren Chips anstelle des relativ riskanten Magnetstreifens, um sog. **Skimming** zu unterbinden.

Sofern ein Authentifizierungsinstrument mit dem Merkmal **Inhärenz** arbeitet, **51** ergeben sich die Sicherheitsanforderungen aus Art. 8 PSD2-RTS. Da der Zahlungsdienstleister wenig Möglichkeiten hat, das seinem Kunden anhaftende biometrische Merkmal selbst abzusichern, zielt die Regelung auf die **Hard- und Software** zu dessen Erkennung ab. Es wird dem Zahlungsdienstleister auferlegt, diese so zu konfigurieren, dass die Authentifizierung eines Unbefugten weitgehend ausgeschlossen ist (vgl. auch die korrespondierende Vorgabe in Nr. 7.1 Abs. 2 lit. c SB OB, dazu Bunte/Zahrte/Zahrte 4 SB Online Rn. 79 f.).

52   Bei der Übermittlung von elektronischen Zugangsdaten sowie sonstigen Kennungen vom Kunden an den Zahlungsdienstleister ist das **Transportrisiko** zB durch Verschlüsselungen oder andere Verfahren entsprechend dem Stand der Technik abzusichern (vgl. auch zivilrechtlich § 675m BGB).

2. Transaktionsbindung bei Fernzahlungsvorgängen, Abs. 2

53   Abs. 2 fordert bei **elektronischen Fernzahlungsvorgängen** – in Umsetzung von Art. 97 Abs. 2 PSD2 – zusätzlich zu der starken Kundenauthentifizierung iSv § 1 Abs. 24 ein **dynamisches Element,** über welches der Zahlungsvorgang mit einem konkreten **Betrag** und dem spezifischen **Empfänger** verknüpft wird. Präzisiert und zT ergänzt wird dieses Erfordernis durch Art. 5 PSD2-RTS (vgl. → Anh. § 55 Rn. 23 ff.). Auf diese Weise werden Transaktionen, die besonders weitreichende Folgen für den Kontoinhaber haben, durch einen zusätzlichen Sicherheitsfaktor abgesichert. Diese **Zweistufigkeit** entspricht der bisherigen Praxis in Deutschland, nach der etwa Kontostandsabfragen häufig ohne Eingabe einer individuellen Transaktionsnummer (TAN) möglich waren, wohingegen für die Initiierung von Zahlungen eine TAN (oder ein sonstiges Authentifizierungselement) gefordert wurde.

54   **a) Fernzahlungsvorgang, § 1 Abs. 19 ZAG.** Den Fernzahlungsvorgang definiert § 1 Abs. 19 (→ § 1 Rn. 433 ff.) als Zahlungsvorgang, der **über das Internet** oder mittels eines Geräts, das für die **Fernkommunikation** verwendet werden kann, ausgelöst wird. Zu Recht wird in der Literatur gefordert, den Begriff der Fernkommunikation restriktiv auszulegen (Schäfer/Omlor/Mimberg/Omor Rn. 37; Hoffmann VuR 2016, 246 (252); Kunz CB 2018, 393 (397)). Hierfür spricht insbesondere der – nicht explizit überführte – Art. 4 Nr. 34 PSD2, demzufolge ein „Fernkommunikationsmittel" ein Verfahren sein soll, das **ohne gleichzeitige körperliche Anwesenheit** von Zahlungsdienstleister und Zahlungsdienstnutzer für den Abschluss eines Vertrags über die Erbringung von Zahlungsdiensten eingesetzt werden kann. Nach der Gesetzesbegründung folgt daraus, dass ein Fernzahlungsvorgang regelmäßig ausscheidet, wenn die Zahlung **vor Ort** mittels eines Zahlungsinstruments erfolgt, also zB mit Hilfe einer (physischen oder virtuellen) Zahlkarte oder eines mobilen Endgeräts im POS an der Supermarktkasse (Begr. RegE, BT-Drs. 18/11495, 140; Schäfer/Omlor/Mimberg/Omlor Rn. 38; Zahrte BKR 2019, 484 (488f.)).

55   Diese Sichtweise ignoriert, dass die Definition der PSD2 auf die körperliche Anwesenheit **des Zahlungsdienstleisters** abzielt, die bei der POS-Zahlung in aller Regel nicht gegeben ist. Lediglich der **Zahlungsempfänger** ist hier zumeist präsent. Trotzdem verdient die Gesetzesbegründung **Zustimmung,** zumal es ansonsten kaum Fälle gäbe, die sich unter Abs. 1 S. 1 Nr. 2, nicht aber unter Abs. 2 subsumieren ließen. Gerade hier möchte die PSD2 aber offenbar eine Differenzierung vornehmen. Hinzu kommt, dass die typische **Kartenzahlung im Handel** traditionell ohne Transaktionsbindung erfolgt, ohne dass es bislang zu übermäßigen Betrugsschäden gekommen wäre. Es ist nicht ersichtlich, dass der europäische Richtliniengeber hier derart tief in die Gepflogenheiten der Praxis eingreifen wollte (Hoffmann VuR 2016, 246 (252)).

56   Einen Fernzahlungsvorgang stellt es allerdings dar, wenn eine Zahlung mittels eines Smartphones oder Tablets **über das Internet** ausgelöst wird (Begr. RegE, BT-Drs. 18/11495, 140; Schäfer/Omlor/Mimberg/Omlor Rn. 38; Zahrte BKR

2019, 484 (489)). Das gilt selbst dann, wenn dies zufällig in den Räumen des Verkäufers geschieht. Typische Beispiele für Fernzahlungsvorgänge sind zudem der **Einsatz der Kreditkarte im Internet** und die Beauftragung einer Überweisung im **Online-Banking** (Strassmair-Reinshagen BaFin-Journal 6/2018, 20 (21)).

b) Transaktionsbezug. In Abs. 2 wird das Erfordernis des **Transaktions-** 57 **bezugs,** welches bereits seit den EZB-Recommendations als fester Bestandteil der starken Kundenauthentifizierung bei Internetzahlungen angesehen wurde (→ Rn. 11), wieder aufgegriffen (ausf. → Anh. § 55 Rn. 23 ff.). Das Gesetz spricht dabei jetzt von einer **„dynamischen Verknüpfung".** Art. 5 Abs. 1 PSD2-RTS gibt dazu vor, dass dem Zahler zunächst **Zahlungsbetrag und Zahlungsempfänger anzuzeigen** sind. Geschuldet ist also eine **Visualisierung.** Der generierte Authentifizierungscode (zB TAN), dessen Einmaligkeit bereits aus Art. 4 Abs. 1 S. 2 PSD2-RTS folgt, muss sodann **speziell diesem Betrag und diesem Empfänger** zuzuordnen sein, was vom Zahlungsdienstleister nach der Eingabe/Übermittlung durch den Zahler noch einmal zu überprüfen ist. **Nachträgliche Änderungen** von Betrag oder Empfänger müssen zur **Ungültigkeit des Authentifizierungscodes** führen. Vertraulichkeit, Authentizität und Integrität der verarbeiteten Zahlungsdaten sind dabei gem. Art. 5 Abs. 2 PSD2-RTS während des gesamten Vorgangs sicherzustellen. Für Kartenzahlungen und Sammelaufträge gelten nach Art. 5 Abs. 3 PSD2-RTS weitere Besonderheiten.

In Deutschland werden diese Vorgaben insbesondere von den **TAN-Verfahren** 58 ab der **3. Generation,** also etwa ChipTAN, pushTAN, Photo-TAN, QR-TAN, mTAN, SMS-TAN usw, erfüllt. Dabei wird die Transaktionsnummer erst im Rahmen der Auftragserteilung dynamisch erzeugt, wobei Empfängerdaten und Zahlungsbetrag in den Berechnungsalgorithmus einfließen (Begr. RegE, BT-Drs. 18/11495, 140; Bunte/Zahrte/Zahrte 4 SB Online Rn. 17 ff.; Böger Bankrechtstag 2016, 193 (257); Zahrte NJW 2018, 337 (340)). Werden die Auftragsdaten von einem Angreifer modifiziert, taugt die TAN in der Folge nicht mehr zur Freischaltung des konkreten Zahlungsauftrags (Strassmair-Reinshagen BaFin-Journal 6/2018, 20 (21)). Dementgegen waren die früher in Deutschland gebräuchlichen iTAN-Listen mit Inkrafttreten der Vorschrift zum 14.9.2019 (→ Rn. 66) – jedenfalls als Instrument zur Freigabe elektronischer Fernzahlungsaufträge – abzuschaffen (Strassmair-Reinshagen BaFin-Journal 6/2018, 20 (21)). Betrugsversuche sind freilich auch bei Einsatz der neuen TAN-Verfahren nicht vollständig auszuschließen (vgl. Obermöller BaFin-Journal 9/2019, 8 (9 ff.)). Allerdings führt die Transaktionsbindung dazu, dass ein erfolgreicher Angriff nur denkbar ist, wenn der Kontoinhaber selbst den Zahlungsauftrag, dessen Betrag und Empfänger er sieht, freischaltet. Dies setzt entweder große Unachtsamkeit des Kontoinhabers oder sehr perfide **Social-Engineering-Aktivitäten** (dazu Hoffmann/Haupert/Freiling ZHR 181 (2017), 780 (806); Schulte am Hülse/Kraus MMR 2016, 435; Zahrte BKR 2016, 315; Zahrte MMR 2013, 207) des Angreifers voraus.

3. Authentifizierung bei Einschaltung von Drittdiensten, Abs. 3

In Umsetzung von Art. 97 Abs. 4 PSD2 stellt Abs. 3 klar, dass die Abs. 1 und 2 59 auch bei **Nutzung von Drittdiensten** gelten (Begr. RegE, BT-Drs. 18/11495, 140), sofern sie dem Wesen nach auf diese anwendbar sind.

a) Zahlungsauslösedienstleister, Abs. 3 S. 1. Wenn zur Auslösung eines 60 Zahlungsauftrags ein ZAD iSv § 1 Abs. 33 (→ § 1 Rn. 604 ff.) genutzt wird, gelangen Abs. 1 S. 2 und Abs. 2 zur Anwendung. Dies bindet sowohl den kontoführenden Zahlungsdienstleister (legaldefiniert in § 1 Abs. 18 → § 1 Rn. 430ff.) als auch den **Zahlungsauslösedienstleister** (ZADL), der zwar nach Abs. 4 die Authentifizierungsverfahren des kontoführenden Zahlungsdienstleisters nutzen darf (→ Rn. 61), allerdings insbesondere bei der Datenverarbeitung in eigener Sphäre selbst die Vertraulichkeit und Integrität der persönlichen Sicherheitsmerkmale sicherzustellen hat (→ § 49 Rn. 12ff.). Das wird insbes. auch aus Art. 5 Abs. 2 PSD2-RTS deutlich, der die Absicherung des vollständigen Prozesses vorschreibt.

61   **b) Kontoinformationsdienstleister, Abs. 3 S. 2.** Für den Kontoinformationsdienstleister (KIDL, → § 1 Rn. 628ff.) gilt grds. dasselbe wie für den ZADL (→ Rn. 60). Allerdings konnte ein Verweis auf Abs. 2 unterbleiben, da der KIDL keine Zahlungen auslöst. Das Erfordernis eines dynamischen Elements würde auch für KIDL ein gewisses Problem darstellen, da etwa ein **Rundruf über sämtliche Konten,** der Grundlage für das Produkt des KIDL (die aggregierte Darstellung) ist, jedes Mal mehrerer Freigaben durch den Kontoinhaber bedürfte.

4. Nutzung des Authentifizierungsverfahrens durch Drittdienste, Abs. 4

62   Abs. 4 dient der Umsetzung von Art. 97 Abs. 5 PSD2 (Begr. RegE., BT-Drs. 18/11495, 141). Der kontoführende Zahlungsdienstleister wird darin verpflichtet, ZADL und KIDL die Nutzung der Authentifizierungsverfahren zu gestatten, die er eigentlich dem Kontoinhaber bereitstellt (→ § 48 Rn. 22). Im Fall des ZADL umfasst das auch die **transaktionsbezogenen Elemente** (→ Rn. 56) nach Abs. 2.

63   Daraus folgt insbesondere auch die **zivilrechtliche** Unwirksamkeit (§ 307 Abs. 2 BGB) von AGB, die es dem Kontoinhaber pauschal verbieten, seine persönlichen Zugangsdaten an Dritte weiterzugeben, vgl. iÜ § 675l Abs. 2 BGB.

VI. Rechtsfolge bei Verstößen

64   Da § 55 reines **Aufsichtsrecht** darstellt (→ Rn. 30), kann ein Kontoinhaber aus der Vorschrift nicht gegen seinen Zahlungsdienstleister auf Etablierung sicherer Verfahren klagen (Ellenberger/Findeisen/Nobbe/Böger/Dietze Rn. 752). Auch eine **Schutzgesetzeigenschaft** iSv § 823 Abs. 2 BGB liegt nicht vor (wie hier: Schäfer/Omlor/Mimberg/Omlor Rn. 59; grds. für eine Schutzgesetzqualität diverser ZAG-Normen Janßen VuR 2018, 54). Ebenso wenig ist die Verletzung gem. § 64 ZAG **bußgeldbewehrt** (Schäfer/Omlor/Mimberg/Omlor Rn. 56).

65   Die Etablierung des sicheren Zahlverfahrens stellt allerdings eine **Organisationspflicht** des Zahlungsdienstleisters nach § 27 Abs. 1 S. 1 ZAG dar, gegen die die BaFin einschreiten kann (Schäfer/Omlor/Mimberg/Omlor Rn. 56; Schwennicke/Auerbach/Schwennicke Rn. 21). Ultima ratio ist § 13 Abs. 2 Nr. 5 ZAG.

66   Außerdem erfolgt **zivilrechtlich** im Unterlassensfall bei Missbrauchsschäden eine **Haftungsverschiebung** zu Lasten des Zahlungsdienstleisters, § 675v Abs. 4 BGB (Begr. RegE, BT-Drs. 18/11495, 140 u. 166f.; Terlau ZBB 2016, 122 (132); Zahrte BKR 2019, 484 (487f.); Zahrte NJW 2018, 337 (340); Kunz CB 2018, 393 (398); Omlor BKR 2019, 105 (112f.)). Der Zahlungsdienstleister soll auf diese Weise **ökonomisch** zur Nutzung sicherer Verfahren motiviert werden (Schäfer/Omlor/Mimberg/Omlor Rn. 57).

Allerdings strahlen auch die Ausnahmeregelungen aus Art. 10–20 PSD2-RTS **66a**
auf das Zivilrecht aus. Sofern sich ein Zahlungsdienstleister also aufsichtsrechtlich
auf einen der hier geregelten Ausnahmetatbestände berufen kann, greift auch die
zivilrechtliche Haftungsverschärfung nicht (LG Saarbrücken BeckRS 2022, 36155
= ZIP 2023, 137; Schäfer/Omlor/Mimberg/Omlor Rn. 58; Zahrte BKR 2023,
146 (148 ff.)).

VII. Inkrafttreten

Gem. Art. 115 Abs. 4 PSD2 war Art. 97 PSD2, der durch § 55 ZAG umgesetzt **67**
wird, 18 Monate nach dem Zeitpunkt des Inkrafttretens der in Art. 98 PSD2 genannten Technischen Regulierungsstandards anzuwenden. Da die Standards in
Form der PSD2-RTS zum 14.3.2018 in Kraft gesetzt wurden, greift § 55 ZAG
also seit dem **14.9.2019** (Schäfer/Omlor/Mimberg/Omlor Rn. 5; Strassmair-
Reinshagen BaFin-Journal 6/2018, 20; Jestaedt BKR 2018, 445 (449)). Das ist zugleich das Datum an dem die PSD2-RTS gem. Art. 38 Abs. 2 Gültigkeit erlangt hat.
Die meisten Zahlungsdienstleister hatten ihre Systeme und Verfahren allerdings bereits früher angepasst.

In Abweichung von der gesetzlichen Regelung hatte die Bafin am 17.10.2019 **68**
erklärt, dass sie es **bis zum 31.12.2020** nicht beanstanden würde, wenn Zahlungs-
dienstleister mit Sitz in Deutschland **Kartenzahlungen im Internet ohne eine
Starke Kundenauthentifizierung** ausführen (https://www.bafin.de/Shared
Docs/Veroeffentlichungen/DE/Meldung/2019/meldung_191017_PSD2_
Frist_Umstellung_Kartenzahlungen_Internet.html). Diejenigen, die die neuen
Verfahren bereits etabliert hatten, mussten allerdings daran festhalten. Hintergrund
dieser Verwaltungspraxis war eine Einschätzung der EBA vom 16.10.2019 (EBA-
Op-2019-11, online abrufbar unter https://www.eba.europa.eu/eba-publishes-opi
nion-on-the-deadline-and-process-for-completing-the-migration-to-strong-custo
mer-authentication-sca-for-e-commerce-card-based-payment). Die EBA gelangt
hier zu dem Ergebnis, dass einzelne Marktteilnehmer entlang der Abwicklungskette
zusätzliche Zeit für die Umsetzung benötigen. Im Interesse einer einheitlichen
Umsetzung haben sämtliche nationale Aufsichtsbehörden in der EU von der Möglichkeit zum Dispens Gebrauch gemacht. Im Hinblick auf Fragen der Investitions-
und Rechtssicherheit ist die EBA-Entscheidung freilich kritisch zu sehen. Insbesondere wäre es fatal, wenn Marktteilnehmer möglicherweise sogar einen Wettbewerbsvorteil daraus ziehen könnten, die gesetzlich geschuldete Umstellung nicht
rechtzeitig vollzogen zu haben. Nach der SEPA-VO und der MiFID II reiht sich die
PSD2 damit auch faktisch in die Liste der bankrechtlichen EU-Vorgaben ein, die
zunächst ambitionierte Fristen vorsahen, dann aber doch in weiten Teilen sehr
kurzfristig Aufschub erhalten haben. Ähnliches ist hinsichtlich der geplanten EU-
Verordnung zum Instant-Überweisungsverfahren absehbar (vgl. Proposal for a
Regulation of the European Parliament and of the Council amending Regulations
(EU) No 260/2012 and (EU) 2021/1230 as regards instant credit transfers in euro,
COM(2022) 546 final 2022/0341 (COD); online abrufbar unter https://beck-link.
de/n45c8 (zuletzt abgerufen am 9.2.2023)). Damit werden nicht zuletzt die fal-
schen Signale am Markt gesetzt.

Anhang zu § 55

Delegierte Verordnung (EU) 2018/389 der Kommission vom 27. November 2017 zur Ergänzung der Richtlinie (EU) 2015/2366 des Europäischen Parlaments und des Rates durch technische Regulierungsstandards für eine starke Kundenauthentifizierung und für sichere offene Standards für die Kommunikation (PSD2-RTS)

Textabdruck (Auszug)

Art. 4 bis 9 PSD2-RTS sind abgedruckt in der Kommentierung zu § 1 Abs. 24 (→ § 1 Rn. 422 ff.).

Kapitel III Ausnahmen von der starken Kundenauthentifizierung

Artikel 10 Zugriff auf Zahlungskontoinformationen direkt beim kontoführenden Zahlungsdienstleister

(1) Zahlungsdienstleister dürfen unter Einhaltung der in Artikel 2 sowie in Absatz 2 des vorliegenden Artikels festgelegten Anforderungen davon absehen, eine starke Kundenauthentifizierung zu verlangen, wenn ein Zahlungsdienstnutzer direkt auf seine Zahlungsinformationen online zugreift und sich dieser Zugriff auf eine der folgenden Online-Abfragen beschränkt, ohne dass dabei sensible Zahlungsdaten offengelegt werden:

a) Kontostand eines oder mehrerer bezeichneter Zahlungskonten;

b) Zahlungsvorgänge, die in den vergangenen 90 Tagen über ein oder mehrere bezeichnete Zahlungskonten ausgeführt wurden.

(2) Abweichend von Absatz 1 dürfen Zahlungsdienstleister nicht von der Durchführung einer starken Kundenauthentifizierung befreit werden, wenn eine der folgenden Bedingungen erfüllt ist:

a) Der Zahlungsdienstnutzer greift zum ersten Mal online auf die in Absatz 1 genannten Informationen zu.

b) Mehr als 180 Tage sind verstrichen, seitdem der Zahlungsdienstnutzer letztmals auf die in Absatz 1 Buchstabe b genannten Informationen online zugegriffen hat und eine starke Kundenauthentifizierung verlangt wurde.

Artikel 10a Zugriff auf Zahlungskontoinformationen über einen Kontoinformationsdienstleister

(1) Zahlungsdienstleister dürfen keine starke Kundenauthentifizierung verlangen, wenn ein Zahlungsdienstnutzer über einen Kontoinformationsdienstleister online auf sein Zahlungskonto zugreift und sich dieser Zugriff auf eine der folgenden Online- Abfragen beschränkt, ohne dass sensible Zahlungsdaten offengelegt werden:

a) Kontostand eines oder mehrerer bezeichneter Zahlungskonten;

b) Zahlungsvorgänge, die in den vergangenen 90 Tagen über ein oder mehrere bezeichnete Zahlungskonten ausgeführt wurden.

(2) Abweichend von Absatz 1 verlangen Zahlungsdienstleister eine starke Kundenauthentifizierung, wenn eine der folgenden Bedingungen erfüllt ist:

a) Der Zahlungsdienstnutzer greift zum ersten Mal über den Kontoinformationsdienstleister online auf die in Absatz 1 genannten Informationen zu.

b) Mehr als 180 Tage sind verstrichen, seitdem der Zahlungsdienstnutzer letztmals über den Kontoinformationsdienstleister auf die in Absatz 1 Buchstabe b genannten Informationen online zugegriffen hat und eine starke Kundenauthentifizierung verlangt wurde.

Artikel 11   Kontaktlose Zahlungen an der Verkaufsstelle

Zahlungsdienstleister dürfen unter Einhaltung der in Artikel 2 festgelegten Anforderungen bei Auslösen eines kontaktlosen elektronischen Zahlungsvorgangs durch den Zahler davon absehen, eine starke Kundenauthentifizierung zu verlangen, wenn dabei die folgenden Bedingungen erfüllt sind:

a) Der Einzelbetrag des kontaktlosen elektronischen Zahlungsvorgangs geht nicht über 50 EUR hinaus, und

b) die früheren kontaktlosen elektronischen Zahlungsvorgänge, die über ein mit einer kontaktlosen Funktion ausgestattetes Zahlungsinstrument ausgelöst wurden, gehen seit der letzten Durchführung einer starken Kundenauthentifizierung zusammengenommen nicht über 150 EUR hinaus, oder

c) die Anzahl der aufeinanderfolgenden kontaktlosen elektronischen Zahlungsvorgänge, die über das mit einer kontaktlosen Funktion ausgestattete Zahlungsinstrument ausgelöst wurden, geht seit der letzten Durchführung einer starken Kundenauthentifizierung nicht über fünf hinaus.

Artikel 12   Unbeaufsichtigte Terminals für Nutzungsentgelte und Parkgebühren

Zahlungsdienstleister dürfen unter Einhaltung der in Artikel 2 festgelegten Anforderungen von der Vorgabe einer starken Kundenauthentifizierung absehen, wenn der Zahler an einem unbeaufsichtigten Terminal einen elektronischen Zahlungsvorgang auslöst, um ein Verkehrsnutzungsentgelt oder eine Parkgebühr zu zahlen.

Artikel 13   Vertrauenswürdige Empfänger

(1) Wenn ein Zahler durch seinen kontoführenden Zahlungsdienstleister eine Liste der vertrauenswürdigen Empfänger erstellt oder ändert, müssen Zahlungsdienstleister eine starke Kundenauthentifizierung verlangen.

(2) Sind die allgemeinen Anforderungen an die Authentifizierung erfüllt, dürfen Zahlungsdienstleister bei Auslösen eines Zahlungsvorgangs durch den Zahler von der Vorgabe einer starken Kundenauthentifizierung absehen, wenn der Zahlungsempfänger auf einer zuvor vom Zahler erstellten Liste der vertrauenswürdigen Empfänger geführt wird.

Artikel 14   Wiederkehrende Zahlungsvorgänge

(1) Zahlungsdienstleister müssen eine starke Kundenauthentifizierung verlangen, wenn ein Zahler eine Serie wiederkehrender Zahlungsvorgänge mit demselben Betrag und demselben Zahlungsempfänger erstellt, ändert oder erstmals auslöst.

(2) Sind die allgemeinen Anforderungen an die Authentifizierung erfüllt, dürfen Zahlungsdienstleister bei Auslösen aller nachfolgenden Zahlungsvorgänge, die in eine Serie von Zahlungsvorgängen gemäß Absatz 1 eingeschlossen sind, von der Vorgabe einer starken Kundenauthentifizierung absehen.

Artikel 15   Überweisungen zwischen Konten, die von derselben natürlichen oder juristischen Person gehalten werden

Zahlungsdienstleister dürfen unter Einhaltung der in Artikel 2 festgelegten Anforderungen von der Vorgabe einer starken Kundenauthentifizierung absehen, wenn der Zahler eine Überweisung auslöst und es sich bei dem Zahler und dem Zahlungsempfänger um dieselbe natürliche oder juristische Person handelt und beide Zahlungskonten von demselben kontoführenden Zahlungsdienstleister unterhalten werden.

Artikel 16   Kleinbetragszahlungen

Bei Auslösen eines elektronischen Fernzahlungsvorgangs durch den Zahler dürfen Zahlungsdienstleister von der Vorgabe einer starken Kundenauthentifizierung absehen, wenn folgende Bedingungen erfüllt sind:

a) Der Betrag des elektronischen Fernzahlungsvorgangs geht nicht über 30 EUR hinaus, und

b) die früheren elektronischen Fernzahlungsvorgänge, die vom Zahler seit der letzten Durchführung einer starken Kundenauthentifizierung ausgelöst wurden, gehen zusammengenommen nicht über 100 EUR hinaus, oder

c) seit der letzten Durchführung einer starken Kundenauthentifizierung hat der Zahler nacheinander nicht mehr als fünf einzelne elektronische Fernzahlungsvorgänge ausgelöst.

Artikel 17   Von Unternehmen genutzte sichere Zahlungsprozesse und -protokolle

Bei juristischen Personen, die elektronische Zahlungsvorgänge über dedizierte Zahlungsprozesse oder -protokolle auslösen, die nur Zahlern zur Verfügung stehen, bei denen es sich nicht um Verbraucher handelt, können Zahlungsdienstleister von der Vorgabe einer starken Kundenauthentifizierung absehen, wenn die zuständigen Behörden der Auffassung sind, dass diese Prozesse oder Protokolle mindestens ein vergleichbares Sicherheitsniveau wie das in der Richtlinie (EU) 2015/2366 vorgesehene gewährleisten.

Artikel 18   Transaktionsrisikoanalyse

(1) Zahlungsdienstleister können von der Vorgabe einer starken Kundenauthentifizierung absehen, wenn der Zahler einen elektronischen Fernzahlungsvorgang auslöst, für den der Zahlungsdienstleister ermittelt hat, dass er gemäß den in Artikel 2 und in Absatz 2 Buchstabe c beschriebenen Transaktionsüberwachungsmechanismen mit einem niedrigen Risiko verbunden ist.

(2) Ein elektronischer Zahlungsvorgang nach Absatz 1 gilt als Vorgang mit niedrigem Risiko, wenn alle nachstehenden Bedingungen erfüllt sind:

a) Die vom Zahlungsdienstleister gemeldete und nach Artikel 19 berechnete Betrugsrate für diese Art von Zahlungsvorgängen ist maximal so hoch wie die

Referenzbetrugsrate, die in der Tabelle im Anhang für „kartengebundene elektronische Fernzahlungsvorgänge" bzw. für „elektronische Überweisungen über einen Fernzugang" angegeben ist.

b) Der Zahlungsbetrag geht nicht über den in der Tabelle im Anhang angegebenen jeweiligen Ausnahmeschwellenwert hinaus.

c) Die Zahlungsdienstleister haben bei der Echtzeitrisikoanalyse keines der folgenden Szenarien festgestellt:

i) ungewöhnliches Ausgabe- oder Verhaltensmuster des Zahlers;

ii) ungewöhnliche Informationen über den Zugriff auf das Zugangsgerät oder die Zugangssoftware des Zahlers;

iii) eine Malware-Infektion in einer Phase des Authentifizierungsverfahrens;

iv) bekanntes Betrugsszenario bei der Erbringung von Zahlungsdienstleistungen;

v) ungewöhnlicher Ort des Zahlers;

vi) Ort des Zahlers mit hohem Risiko.

(3) Zahlungsdienstleister, die elektronische Fernzahlungsvorgänge aufgrund ihres niedrigen Risikos von der starken Kundenauthentifizierung ausnehmen wollen, müssen mindestens die folgenden risikobasierten Faktoren berücksichtigen:

a) die früheren Ausgabemuster des betreffenden Zahlungsdienstnutzers;

b) Zahlungsvorgangshistorie eines jeden Zahlungsdienstnutzers des Zahlungsdienstleisters;

c) Ort des Zahlers und des Zahlungsempfängers zum Zeitpunkt des Zahlungsvorgangs, falls das Zugangsgerät oder die Software vom Zahlungsdienstleister bereitgestellt wird;

d) Erkennung ungewöhnlicher Zahlungsmuster des Zahlungsdienstnutzers im Vergleich zu seiner Zahlungsvorgangshistorie.

Bei seiner Bewertung erfasst der Zahlungsdienstleister alle genannten risikobasierten Faktoren für jeden einzelnen Zahlungsvorgang in einem Risikopunktesystem, um zu entscheiden, ob bei einem bestimmten Zahlungsvorgang auf eine starke Kundenauthentifizierung verzichtet werden darf.

Artikel 19   Berechnung der Betrugsraten

(1) Der Zahlungsdienstleister hat für jede der in der Tabelle im Anhang aufgeführte Zahlungsvorgangsart sicherzustellen, dass die Gesamtbetrugsraten sowohl für eine mit einer starken Kundenauthentifizierung ausgeführte Zahlungsvorgänge als auch für Zahlungsvorgänge, die im Rahmen einer der in den Artikeln 13 bis 18 genannten Ausnahmen ausgeführt wurden, die in der Tabelle im Anhang für die jeweilige Zahlungsvorgangsart angegebene Referenzbetrugsrate nicht überschreiten.

Die Gesamtbetrugsrate für jede Zahlungsvorgangsart errechnet sich als Gesamtwert der nicht autorisierten oder betrügerischen Fernzahlungsvorgänge, unabhängig davon, ob der Betrag wiedererlangt wurde, dividiert durch den Gesamtwert aller Fernzahlungsvorgänge für dieselbe Zahlungsvorgangsart, die sowohl mit einer starken Kundenauthentifizierung als auch im Rahmen einer der in den Artikeln 13 bis 18 genannten Ausnahmen ausgeführt wurden, wobei diese Aufstellung fortlaufend quartalsweise (90 Tage) erfolgt.

(2) Die Berechnung der Betrugsraten und die daraus resultierenden Werte werden im Rahmen der nach Artikel 3 Absatz 2 durchzuführenden Prüfung bewertet, um sicherzustellen, dass diese vollständig und richtig sind.

(3) Die Methodik und jedes Modell, die vom Zahlungsdienstleister für die Berechnung der Betrugsraten verwendet werden, sowie die Betrugsraten selbst werden in angemessener Weise dokumentiert und den zuständigen Behörden und der EBA in vollem Umfang zugänglich gemacht; sie werden der (den) zuständige(n) Behörde(n) auf deren Verlangen vorab angezeigt.

Artikel 20   Aufhebung von Ausnahmen aufgrund der Transaktionsrisikoanalyse

(1) Zahlungsdienstleister, die die in Artikel 18 genannte Ausnahme nutzen, zeigen den zuständigen Behörden unverzüglich an, wenn eine der überwachten Betrugsraten für eine der in der Tabelle im Anhang angegebenen Zahlungsvorgangsarten die geltende Referenzbetrugsrate überschreitet; außerdem legen die Zahlungsdienstleister den zuständigen Behörden eine Beschreibung der von ihnen vorgesehenen Maßnahmen vor, um sicherzustellen, dass die von ihnen überwachten Betrugsraten wieder die geltenden Referenzbetrugsraten einhalten.

(2) Die Zahlungsdienstleister stellen die Nutzung der Ausnahme nach Artikel 18 für jede in der Tabelle im Anhang für den betreffenden Ausnahmeschwellenwert angegebene Zahlungsvorgangsart unverzüglich ein, wenn die von ihnen überwachte Betrugsrate die für das Zahlungsinstrument oder die Zahlungsvorgangsart im entsprechenden Ausnahmeschwellenwertebereich geltende Referenzbetrugsrate in zwei aufeinanderfolgenden Quartalen überschreitet.

(3) Nach Einstellung der in Artikel 18 genannten Ausnahme gemäß Absatz 2 des vorliegenden Artikels dürfen die Zahlungsdienstleister von dieser Ausnahme erst dann wieder Gebrauch machen, wenn die von ihnen berechnete Betrugsrate die für die jeweilige Zahlungsvorgangsart im entsprechenden Ausnahmeschwellenwertebereich geltende Referenzbetrugsrate in einem Quartal nicht mehr überschreitet.

(4) Beabsichtigen die Zahlungsdienstleister die erneute Nutzung der in Artikel 18 genannten Ausnahme, setzen sie die zuständigen Behörden innerhalb einer angemessenen Frist davon in Kenntnis und erbringen vor der erneuten Nutzung der Ausnahme einen Nachweis dafür, dass die von ihnen überwachte Betrugsrate die für den jeweiligen Ausnahmeschwellenwert geltende Referenzbetrugsrate nach Absatz 3 des vorliegenden Artikels wieder einhält.

Artikel 21   Überwachung

(1) Damit die Zahlungsdienstleister die in den Artikeln 10 bis 18 dargelegten Ausnahmen nutzen können, erfassen und überwachen sie für jede Zahlungsart die folgenden Daten mindestens quartalsweise, wobei eine Aufschlüsselung nach Fernzahlungsvorgängen und Nicht-Fernzahlungsvorgängen vorzunehmen ist:
a) Gesamtwert der nicht autorisierten oder betrügerischen Zahlungsvorgänge nach Artikel 64 Absatz 2 der Richtlinie (EU) 2015/2366, Gesamtwert aller Zahlungsvorgänge und die entsprechende Betrugsrate, einschließlich einer Aufschlüsselung der unter Durchführung einer starken Kundenauthentifizierung ausgelösten und der im Rahmen der einzelnen Ausnahmen ausgeführten Zahlungsvorgänge;
b) durchschnittlicher Betrag der einzelnen Zahlungen, einschließlich einer Aufschlüsselung der unter Durchführung einer starken Kundenauthentifizierung ausgelösten und der im Rahmen der einzelnen Ausnahmen ausgeführten Zahlungsvorgänge;

c) Anzahl der Zahlungsvorgänge, für die die einzelnen Ausnahmen genutzt wurden, und deren prozentualer Anteil im Verhältnis zur Gesamtzahl der Zahlungsvorgänge.

(2) Die Zahlungsdienstleister stellen den zuständigen Behörden und der EBA die Ergebnisse ihrer Überwachung nach Absatz 1 zur Verfügung und zeigen sie der (den) zuständige(n) Behörde(n) auf deren Verlangen vorab an.

Literatur: DV5517: Entwurf der Delegierten Verordnung zur Änderung der RTS 90-tägige Ausnahme für den Kontozugriff C(2022) 5517; PSD2:Richtlinie 2015/2366 über Zahlungsdienste im Binnenmarkt; RTSSCA: Technische Regulierungsstandards für eine starke Kundenauthentifizierung und für sichere offene Standards für die Kommunikation, Delegierte Verordnung (EU) 2018/389 der Kommission vom 27.11.2017; DKMTAN: Mindestsicherheitsanforderungen an die mobile TAN, Version 1.0 vom 14.4.2008 ZKA; OAuth: The OAuth 2.0 Authorization Framework,; GBIC: GBIC Approval Scheme, Version 1.1 vom 11.10.2018,; PCI: Payment Card Industry PIN Security, Version 3.0 vom August 2018,; EBA-Op-2018-04: Opinion of the European Banking Authority on the implementation of the RTS on SCA and CSC, 13.6.2018; SDD: EPC-016-06 SEPA DIRECT DEBIT SCHEME RULEBOOK Version 1.2 vom 22.11.2018; EUV260: EU VO 260/2012 zur Festlegung der technischen Vorschriften und der Geschäftsanforderungen für Überweisungen und Lastschriften in Euro; SCT: EPC-125-05 SEPA CREDIT TRANSFER SCHEME RULEBOOK Version 1.3 vom 22.11.2018; BT-Drs.: BT 18/11495; DRTSSCA: Final Report Draft Regulatory Technical Standards on Strong Customer Authentication and common and secure communication under Article 98o f Directive 2015/2366 (PSD2) EBA/RTS/2017/02 23 February 2017, ENISA: Digital Identity: Leveraging the SSI Concept to Build Trust, 2022

Inhaltsübersicht

Die Öffnung von Zahlungskonten bei kontoführenden ZDL für Auslöse- und **1** Kontoinformationsdienste wirken unmittelbar auf die Risikostruktur der kontoführenden ZDL (ERPB). Die Regelung der Sicherheitsgrundlagen, insbesondere zur Authentifizierung der am ZD beteiligten Parteien und der Autorisierung von Zahlungsvorgängen ist daher ein zentraler Bestandteil der PSD2. Eine Konkretisierung der Umsetzung der gesetzlichen Vorgaben im Rahmen technischer Regulierungsstandards schien vor allem mit Blick auf die Wettbewerbsüberwachung (COM2018, COM2011, EPC) und aktueller Marktentwicklungen (BSG) geboten.

Gemäß Art. 98 PSD2 erhielt die EBA das Mandat zur Erarbeitung eines tech- **2** nischen Regulierungsstandards (PSD2-RTS) für die Authentifizierung und die

Kommunikation, auf dessen Grundlage die regulatorischen Anforderungen an die Verfahren zur starken Kundenauthentifizierung sowie an die Standards für die Kommunikation zwischen den an den Zahlungsdiensten beteiligten Parteien definiert werden (Art. 98 Abs. 1a–d PSD2).

3   Aus wirtschaftlichen Gesichtspunkten ist die Kundenschnittstelle und insbesondere die Kundenauthentifizierung eine geschäftskritische Komponente, die eng mit den Erfolgskriterien des Geschäftsmodells verknüpft ist. Vor diesem Hintergrund formuliert Art. 98 Abs. 1 PSD2 den Auftrag der EBA so, dass zum einen die Anhörung aller maßgeblichen Akteure, einschließlich des Zahlungsverkehrsmarktes, unter Berücksichtigung der Interessen aller Beteiligten für Zahlungsdienstleister in der Verordnung verankert sind.

4   Des Weiteren wird in Art. 98 Abs. 2 PSD2 im Rahmen der Zielstellung für die EBA die Bedeutung der wirtschaftlichen Faktoren explizit hervorgehoben: Angemessenheit der Sicherheitsmaßnahmen (Art. 98 Abs. 2a PSD2), fairer Wettbewerb (Art. 98 Abs. 2c PSD2), Neutralität im Hinblick auf die Technologie und das Geschäftsmodell (Art. 98 Abs. 2d PSD2) und im Besonderen der Verweis auf die Berücksichtigung der Benutzerfreundlichkeit (Art. 98 Abs. 2e PSD2).

5   Die PSD2-RTS, dh die delegierte Verordnung (EU) 2018/389 der Kommission, wurden am 13.3.2018 im Amtsblatt der Europäischen Union veröffentlicht. Die Anforderungen der PSD2-RTS waren von ZDL in Deutschland demnach 18 Monate nach dem Inkrafttreten des delegierten Rechtsakts, also zum 14.9.2019, umzusetzen. Diese Frist wurde per Pressemitteilung der BaFin vom 21.8.2019 für Kartenzahlungen im Internet bis zum 31.12.2020 verlängert. Damit nahm die BaFin die ihr von der EBA im Meinungspapier vom 21.6.2019 eingeräumte Möglichkeit zur Annahmeregelung in Anspruch. Einzelne Anforderungen an Zugangsschnittstellen nach Art. 30 Abs. 3 und 5 der PSD2-RTS waren bereits zum 14.3.2019 umzusetzen. Bezüglich der Einzelheiten zu den Erfordernissen und Verfahren verweist § 55 Abs. 5 ZAG dazu an den delegierten Rechtsakt. Dieser Verweis auf die unmittelbar und unabhängig gültige Delegierte Verordnung ist deklaratorischer Natur (Ellenberger/Findeisen/Nobbe/Dietze § 55 Rn. 830).

5a   Der Entwurf der delegierten Verordnung vom August 2022 zur Änderung der PSD2-RTS festgelegten technischen Regulierungsstandards im Hinblick auf die 90-tägige Ausnahme für den Kontozugriff (DV5517) sieht eine Anpassung des Artikel 10 vor und fügt einen neuen Artikel 10a ein, insbesondere eine Verlängerung der 90-Tage-Frist auf 180 Tage. Durch die Änderung soll der Zeitraum für Ausnahmen von der starken Kundenauthentifizierung verlängert und die Situation für KIDL verbessert werden. Durch die explizite Ansprache des ZDL und des KIDL und der Unterscheidung des direkten vom indirekten Zugriff des ZDL auf sein Zahlungskonto soll eindeutig herausgestellt werden, dass im Rahmen der Ausnahmen beim direkten Kontozugriff die ZDL von einer starken Kundenauthentifizierung absehen **können** (Vorschlag für Art. 10 PSD2-RTS nF) und beim indirekten Zugriff mit Hilfe eines KIDL keine starke Kundenauthentifizierung verlangen **dürfen** (Vorschlag für den neuen Art. 10a PSD2-RTS nF). Auf diese Weise solle durch die Einschränkung des ZDL das Kundenerlebnis bei der Nutzung eines KIDL gegenüber einem direkten Zugriff auf das Zahlungskonto nicht schlechter gestellt werden.

I. Struktur und Regulierungsansatz der PSD2-RTS

Die PSD2-RTS definieren Vorgaben an ZDL zur Umsetzung der Verfahren zur **6** starken Kundenauthentifizierung nach Art. 97 PSD2 einschließlich der Ausnahmen von deren Anwendung, zum Schutz der Vertraulichkeit und Integrität der personalisierten Sicherheitsmerkmale der Zahlungsdienstnutzer sowie gemeinsame und sichere offene Standards für die Kommunikation zwischen kontoführenden Zahlungsdienstleistern, Zahlungsauslösedienstleistern, Kontoinformationsdienstleistern, Zahlern, Zahlungsempfängern und anderen Zahlungsdienstleistern im Zusammenhang mit der Erbringung und der Nutzung von Zahlungsdiensten.

Gemäß Art. 98 Abs. 1a PSD2 werden die Erfordernisse des Verfahrens zur starken **7** Kundenauthentifizierung gemäß Artikel 97 Abs. 1 und 2 PSD2 in den Art. 2−9 PSD2-RTS präzisiert. Die Konkretisierung des Art. 98 Abs. 1b PSD2 zu den Ausnahmen von der Anwendung des Artikels 97 Abs. 1, 2 und 3 PSD2 unter Zugrundelegung der Kriterien des Art. 98 Abs. 3 PSD2, findet sich in Art. 10−21 PSD2-RTS. Art. 98 Abs. 1c zu den Anforderungen, die Sicherheitsmaßnahmen gemäß Artikel 97 Absatz 3 PSD2 erfüllen müssen, um die Vertraulichkeit und die Integrität der personalisierten Sicherheitsmerkmale der Zahlungsdienstnutzer zu schützen, werden in Art. 22−27 PSD2-RTS präzisiert. Die Konkretisierung der Anforderungen aus Art. 98 Abs. 1d PSD2 findet sich in Art. 28−36 PSD2-RTS.

Der in Art. 97 Abs. 1c PSD2 formulierte Anwendungsfall „(wenn der Zahler) … **8** über einen Fernzugang eine Handlung vornimmt, die das Risiko eines Betrugs im Zahlungsverkehr oder anderen Missbrauchs birgt." wird in den PSD2-RTS nicht weiter konkretisiert. Die weitgefasste Formulierung berührt damit Aktivitäten des ZDL, die über den reinen Authentifizierungsvorgang hinaus gehen. Zudem ist zu klären, welche technische Implementierungen in der Praxis einen Fernzugang definieren (Schäfer/Omlor/Mimberg/Omlor § 55 Rn. 37). Abläufe in Zahlungsinstrumenten für die keine starke Kundenauthentifizierung nach Art. 97 PSD2 gefordert wird, wenn zB die Zahlung durch den Zahlungsempfänger und nicht durch den Zahler ausgelöst wird, sind daher mittelbar von den Regelungen betroffen (→ Rn. 106).

Die PSD2-RTS enthalten keine eigenen Definitionen der Begrifflichkeiten, zB **9** werden die Begriffe Authentifizierung und Autorisierung sowie insbesondere der Vorgang der Zahlungsauslösung auch hier nicht technisch konkreter formuliert. Somit sind die Definitionen aus Art. 4 PSD2 bzw. deren nationale Legaldefinition auch auf der Umsetzungsebene der PSD2-RTS anzuwenden bzw. bleiben sie wie zB mit Blick auf die Zahlungsauslösung offen.

Mit Blick auf die Sicherheitsstrategie folgt der Regulierungsansatz der PSD2- **10** RTS bezüglich der starken Kundenauthentifizierung gleichzeitig zwei unterschiedlichen Paradigmen. Einerseits werden in Art. 1−27 PSD2-RTS konkrete, teilweise prozedurale Vorgaben an die Umsetzung von Sicherheitsmaßnahmen gemacht, andererseits werden mit Art. 19 PSD2-RTS obere Schranken für Betrugsraten vorgegeben, auf deren Basis die Wirksamkeit von Sicherheitsmaßnahmen zur Kundenauthentifizierung holistisch definiert wird.

Mit dem Ansatz einer Doppelstrategie gelten die strengeren Regelungen für die **11** Anwendung einer starken Kundenauthentifizierung bei Überschreiten der Schwellwerte für Betrugsraten. Unterhalb der Schwellwerte haben ZDL größere Gestaltungsmöglichkeiten für die Benutzererfahrung des ZDN.

II. Anforderungen an die Authentifizierung

12   Art. 4 Abs. 1 PSD2-RTS definiert die starke Kundenauthentifizierung als einen Authentifizierungsvorgang unter Verwendung von mindestens zwei der Elemente der Kategorien Wissen, Besitz und Inhärenz und der im Ergebnis einen Authentifizierungscode generiert.

13   Nicht spezifiziert wird, ob dieser Vorgang des Generierens im Umfeld des ZDN und unter dessen Kontrolle stattfinden sollte, oder auch beim ZDL oder einer anderen Partei ablaufen und erst anschließend zum ZDN zur expliziten Verwendung übermittelt werden kann.

14   Der Authentifizierungscode kann daher zB in den Systemen des ZDL generiert, anschließend über sichere Kanäle an den ZDN übermittelt und bei diesem vertraulich zur Anzeige gebracht werden. Oder er kann in einer gesicherten Anwendung auf einem personalisierten Gerät bzw. sicheren Umgebung des ZDN generiert und diesem angezeigt werden.

15   Mit der Einführung des Authentifizierungscodes wird gemäß Art. 4 Abs. 2a PSD2-RTS ein Datenelement geschaffen, das durch bloße Offenlegung die Vertraulichkeit der Authentifizierungsmerkmale des ZDN nicht beeinträchtigt. Damit kann der Authentifizierungscode auch durch Dritte übermittelt werden, ohne dass dieser Dritte Zugriff auf die personalisierten Sicherheitsmerkmale des ZDN benötigt, um im Auftrag des ZDN mit dessen ZDL zu kommunizieren.

16   Dieser Mechanismus soll die sichere Einbettung von ZAD und KID in die Kommunikationskanäle zwischen ZDN und ZDL ermöglichen. Art. 4 Abs. 1 PSD2-RTS entspricht der Anforderung Art. 97 Abs. 3 PSD2 an den Schutz der Vertraulichkeit und Integrität der personalisierten Sicherheitsmerkmale des ZDN.

17   Die durch den Art. 4 PSD2-RTS zusätzlich eingeführte Authentifizierungsstufe adressiert die technischen Gegebenheiten heutiger Web-Anwendungen bei der Einbettung zusätzlicher Parteien in die Kommunikation zwischen ZDN und ZDL. Da das bei Web-Anwendungen zum Einsatz kommende Kommunikationsprotokoll (HTTP) zustandslos ist (Tafelmeier), müssen zusätzliche Maßnahmen ergriffen werden, um die einzelnen Nutzerzugriffe auf die Web-Anwendung zu unterscheiden und dem jeweiligen Nutzer eindeutig zuordnen zu können. Bei der direkten web-basierten Kommunikation des ZDN mit dem Online-System des ZDL werden nach erfolgreicher Authentifizierung auf Basis der personalisierten Sicherheitsmerkmale daher sitzungsspezifische Daten generiert (Session Cookies, Session IDs oder Session-Schlüssel).

18   Technisch betrachtet findet bei jedem einzelnen Zugriff auf das Online-System des ZDL eine Authentifizierung des ZDN bzw. dessen Zugangsgerät, zB eine Browser-Anwendung, auf Basis seiner sitzungsspezifischen Daten statt, die in der Regel auf dem Zugangsgerät gespeichert sind. Streng genommen wird damit aus technischer Sicht die Kundenauthentifizierung auf Grundlage der personalisierten Sicherheitsmerkmale während des Sitzungsaufbaus auf das Zugangsgerät übertragen. Dessen Besitz ist zumindest für die Dauer der Online-Sitzung Basis der Authentifizierung nachfolgender Kommunikationsschritte zwischen ZDN und ZDL.

19   Wenn nicht der Nutzer direkt, sondern eine weitere Partei wie zB ein KID oder ein ZAD mit dem ZDL kommuniziert, sind die sitzungsspezifischen Daten und damit die darauf basierenden Zugriffe streng genommen nicht mehr dem ZDN, sondern dem in dessen Auftrag handelnden Dienstleister zuzuordnen. Der Einsatz eines aus den personalisierten Sicherheitsmerkmalen generierten Authentifizierungscodes nach Art. 4 PSD2-RTS soll sicherstellen, dass der ursprüngliche Authentifizierungsvorgang und die daraus resultierende Anforderung von sitzungsspezifischen Daten tatsächlich vom ZDN stammt und unter Beachtung von Art. 4 Abs. 2 und 3 PSD2-RTS nicht missbräuchlich für weitere oder spätere unautorisierte Vorgänge durch Dritte verwendet werden kann.

Das in Art. 4 Abs. 1 PSD2-RTS definierte Verfahren zur Generierung eines Au- 20 thentifizierungscodes gilt gleichermaßen für den Online-Zugriff auf das Zahlungskonto, für die Auslösung eines elektronischen Zahlungsvorgangs sowie für die Ausführung einer Handlung über einen Fernzugang, die das Risiko eines Betrugs im Zahlungsverkehr oder eines anderen Missbrauchs in sich birgt.

Mit Blick auf die technische Entwicklung hin zu mobilen Endgeräten wird die 21 Nutzung zusätzlicher Geräte speziell zur Authentifizierung des ZDN besonders aus der Perspektive der Benutzerfreundlichkeit zunehmend kritisch gesehen (EBA Discussion). Bei Mehrzweckgeräten sind insbesondere die Anforderungen an die Unabhängigkeit der Elemente der starken Kundenauthentifizierung aus Art. 9 PSD2-RTS zu beachten.

Akademische Untersuchungen zur Zuverlässigkeit der Umsetzung von Verfah- 22 ren zur starken Kundenauthentifizierung auf mobilen Endgeräten bescheinigen zwar die Erfüllung der Anforderungen aus Art. 9 PSD2-RTS insbesondere im Hinblick auf Verwendung als Besitzmerkmal nach Art. 7 PSD2-RTS, allerdings werden die Anforderungen an die Verlässlichkeit der Anzeige im Zusammenhang mit der Zahlungsauslösung nach Art. 5 Abs. 1a PSD2-RTS zumindest bei SMS-basierten Authentifizierungscodes nur unzureichend umgesetzt (H. Langweg et al.). Dies gilt damit auch für die Nutzung als Authentifizierungscode für den Zugriff auf das Zahlungskonto, da auf Basis der beschriebenen Angriffsverfahren in solcher Authentifizierungstoken ohne Kenntnisnahme des Empfangs und die autorisierte Verwendung des Authentifizierungstokens allein durch den ZDL auch durch Dritte für den unautorisierten Zugriff genutzt werden kann.

III. Anforderungen an die Dynamische Verknüpfung

Im Zusammenhang mit elektronischen Fernzahlungsvorgängen verlangt Art. 97 23 Abs. 2 PSD2, dass die starke Kundenauthentifizierung Elemente umfasst, die den Zahlungsvorgang dynamisch mit einem bestimmten Betrag und einem bestimmten Zahlungsempfänger verknüpfen. Diese Anforderung konkretisiert Art. 5 Abs. 1a PSD2-RTS in dem zum einen der ZDN den Zahlungsbetrag und Zahlungsempfänger explizit zur Anzeige erhält und zum anderen gemäß Art. 5 Abs. 1b PSD2-RTS der Authentifizierungscode zusätzlich zu den Anforderungen nach Art. 4 PSD2-RTS technisch die Integrität der expliziten Zustimmung des ZDN zu einer spezifischen Zahlungsvorgang bezüglich Zahlungsbetrag und Zahlungsempfänger gewährleisten soll.

Art. 5 Abs. 1c PSD2-RTS fordert, dass der vom ZDL akzeptierte Authentifizie- 24 rungscode mit dem ursprünglich vom ZDN zugestimmten spezifischen Zahlungsbetrag und der Identität des Zahlungsempfängers fest verknüpft ist. Dies impliziert, dass der ZDL entweder unmittelbare Kenntnis über die dem ZDN ursprünglich vorliegenden Daten hat, da er am Vorgang der Generierung des Authentifizierungscodes und der Anzeige der Daten unmittelbar beteiligt ist, oder dass die Generierung des Authentifizierungscodes auf einem personalisierten Gerät des ZDN oder einer sicheren personalisierten Umgebung des ZDN erfolgt und der ZDL die Generierung des Authentifizierungscodes technisch nachvollziehen kann.

25   Erwägungsgrund 4 PSD2-RTS weist dafür auf zwei mögliche Verfahren hin. Eines dieser Verfahren ist die Generierung einmaliger Passwörter, die nur im Zusammenhang mit einem spezifischen Datensatz gültig sind. Als weiteres Verfahren werden digitale Signaturen oder ähnliche vom ZDL ausgehende kryptografisch basierte Gültigkeitsversicherungen erwähnt. Während das erste Verfahren zB auf die derzeit im Online-Banking verbreiteten SMS- oder App-Transaktionscode-Verfahren referenziert, nimmt das zweite Verfahren Bezug auf elektronische Signaturen im Sinne einer digitalen Bestätigung eines nachträglich unveränderlichen Datensatzes.

26   Die Nutzung von einmaligen Passwörtern wie zB SMS-Transaktionscodes bei denen die Verknüpfung mit den Zahlungsdaten in der sicheren Umgebung des ZDL durchgeführt wird, ist mit einer Reihe technischer Implikationen verbunden, die insbesondere im Falle von Mehrzweckgeräten als Empfangsgerät nur bedingt unmittelbar durch den ZDL sicherheitstechnisch kontrolliert werden können (→ Rn. 22).

27   So hat der ZDL in der Regel keinen Einfluss auf die Sicherung des gesamten Übertragungsweges des SMS-Transaktionscodes zum mobilen Empfangsgerät, der Fälschungssicherheit der Anzeige auf dem Gerät des ZDN und die Einstellungen der Betriebsumgebung des Mehrzweckgerätes. Einige Betriebsumgebungen erlauben zB die unmittelbare Bereitstellung der SMS-Nachrichten auf weiteren Geräten des ZDN einschließlich der Weiterleitung in andere Anwendungen der Betriebsumgebung und die Cloud-Anwendungen des Anbieters (Apple.com, Google.com). Vor diesem Hintergrund ist die Umsetzung des Art. 5 Abs. 2 bei der Nutzung von SMS-Transaktionscodes kritisch zu bewerten, da die Vertraulichkeit, Authentizität und Integrität der angezeigten Zahlungsdaten nur eingeschränkt durch den ZDL selbst gewährleistet bzw. kontrolliert werden kann (DK).

28   Art. 4 Abs. 3b, c und d PSD2-RTS sind insbesondere relevant, wenn der Authentifizierungsvorgang der Generierung des Authentifizierungscodes vorgelagert ist und die Generierung beim ZDL stattfindet. Dies zB bei der Kombination der zwei Sicherheitsmerkmale Online-Banking PIN (Wissen) und SMS-Transaktionscode (Besitz) im Sinne einer starken Kundenauthentifizierung der Fall. Hier erfolgt die Authentifizierung mit der Online-Banking PIN technisch vorgelagert, wird daraufhin in ein sitzungsbasierten Authentifizierungscode (Session Cookie, Session ID) übertragen, der für alle Folgeschritte zur Authentifizierung des ZDN genutzt wird (→ Rn. 17), und der erst im Anschluss zeitverzögert mit den Zahlungsdaten verknüpft wird. Der zeitliche Abstand hat Einfluss auf die Risikostruktur des Gesamtverfahrens und wird daher in Art. 4 Abs. 3b–d PSD2-RTS explizit adressiert.

29   Die im Erwägungsgrund 4 PSD2-RTS erwähnten kryptografisch basierten Gültigkeitsversicherung in Form einer digitalen Signatur unterstützt die Umsetzung der Anforderungen aus Art. 4 und 5 PSD2-RTS mit Blick auf die technischen Grundlagen digitaler Signaturen unmittelbar und kann als gedankliche Blaupause der Formulierungen verstanden werden.

29a   Den Charakter einer Gültigkeitsversicherung erhält eine digitale Signatur dadurch, dass eine Signatur unter Verwendung eines geheimen persönlichen kryptografischen Schlüssels erstellt wird. Dabei verknüpft eine Signaturanwendung den Datensatz unveränderlich mit dem geheimen Schlüssel des ZDL, welches idR eine explizite Interaktion des ZDL mit der Signaturanwendung erfordert, zB durch eine Aktivierung des Schlüssels mit Hilfe eines Passwortes oder biometrischen Merkmals.

Digitale Signaturen verbinden die Authentifizierungsfunktion des Nutzers mit 30 einer Bestätigung bzw. Willenserklärung des signierten Inhaltes. Eine digitale Signatur kann daher für einen Authentifizierungsvorgang genutzt werden, bei der die elektronische Signatur zB des eigenen Nutzernamens und der Sitzungsdaten einen Authentifizierungscode erzeugt, oder als Autorisierung einer spezifischen Zahlung, indem die Zahlungsinformationen mit Hilfe der digitalen Signatur vom ZDN als gültig versichert werden.

Digitale Signaturen sind insbesondere für Zahlungsanwendungen im Bereich der 30a Kryptowährungen zB bei E-Geld-ähnlichen Stablecoin Varianten relevant. Hier werden bei einigen Implementierungen Zahlungen durch eine digitale Signatur der Werteübertragung an den Zahlungsempfänger autorisiert (Lightning Network). Die Authentifizierungsverfahren sind dann inhärenter Bestandteil der Blockchain-Protokolle, sodass die davon unabhängige Übertragung eines Authentifizierungs-codes nicht explizit zwischen ZDN und ZDL erfolgt, sondern in das Protokoll eingebettet ist.

Ein weiteres Anwendungsfeld sind kryptografische Gültigkeitsversicherungen 30b auf Basis der Self-Sovereign Identity (SSI) Technologie (ENISA). Diese Techno-logie wird insbesondere im Zusammenhang mit der Weiterentwicklung von elek-tronischen Personalausweisen und Anwendungen in Bezug auf die Anforderungen der eIDAS auch für die Nutzung im Zahlungsverkehr etabliert. SSI erlaubt die Er-teilung von Gültigkeitsversicherungen und Willenserklärungen auf Basis von digi-talen Signaturen die von vertrauenswürdigen (Dritt-)Herausgebern bestätigt wor-den und eignet sich daher insbesondere für den Einsatz in langen offenen Wertschöpfungsketten bei denen Dritte, wie zB KIDL und ZADL, in die Erteilung und Durchführung von Zahlungsaufträgen beteiligt sind.

Digitale Signaturen stellen inhärent technische Mittel zur Verfügung, die die 31 Vertraulichkeit der personalisierten Sicherheitsmerkmale gewährleisten (Art. 4 Abs. 2a und Abs. 3a PSD2-RTS), die Fälschbarkeit erschweren (Art. 4 Abs. 2c PSD2-RTS), in Verbindung mit Zeitstempel und nachrichtenspezifischen Daten einmalige Authentifizierungscodes erzeugen können (Art. 4 Abs. 2b, Art. 5 Abs. 1b, c, d PSD2-RTS), sowie die Authentizität und Integrität der signierten Nachricht gewährleisten (Art. 5 Abs. 2a PSD2-RTS).

Erwägungsgrund 27 PSD2-RTS stützt diese Argumentation zusätzlich, da hier 32 explizite auf eIDAS (eIDAS) verwiesen wird und so kann Art. 3 Abs. 10 eIDAS als eine elektronische Unterzeichnung im Sinne der kryptografisch basierten Gültig-keitsversicherung wie im Erwägungsgrunds 4 PSD2-RTS erwähnt, verstanden werden.

IV. Ausnahmeregelungen

Der ursprünglich für die Ausnahmen nach Art. 13–18 PSD2-RTS entwickelte 33 risikobasierte Steuermechanismus für Betrugsraten wirkt in der Praxis als Regelver-fahren, wenn ZDL durch ein wirksames Sicherheitsmanagementsystem auch mit alternativen Authentifizierungsverfahren niedrige Betrugsraten erreichen und gleichzeitig mit der überwiegenden Mehrzahl der Zahlbeträge unterhalb der Aus-nahmeschwellenwerte bleiben.

In diesem Falle sind Verfahren zur starken Kundenauthentifizierung durch den 34 ZDL zwar vorzuhalten, kommen mit Blick auf die durchschnittliche Warenkorn-größe zB in Deutschland von ca. 65–95 EUR (statista [Statista.com: zanox. n.d.

Durchschnittlicher Wert von Online-Bestellungen nach genutztem Endgerät im Jahr 2015 (in Euro). Statista. Zugriff am 30.12.2018. Verfügbar unter https://de.sta tista.com/statistik/daten/studie/326283/umfrage/durchschnittlicher-transaktions wert-bei-online-bestellungen-nach-endgeraet/.]) und einem Schwellwert laut Anhang der PSD2-RTS von 100 EUR, 250 EUR bzw. 500 EUR jedoch praktisch kaum zum Einsatz.

35   Bei entsprechend performanten Sicherheitsmanagementsystemen erhalten ZDL mit den Ausnahmen die notwendige Flexibilität, um die Abläufe an der Kundenschnittstelle im Sinne der Benutzerfreundlichkeit und innovativer Kundenprozesse hin zu optimieren. Insofern schaffen Art. 13–19 PSD2-RTS gemäß Art. 98 Abs. 2e PSD2 die Freiräume zur Ermöglichung der Entwicklung benutzerfreundlicher, allgemein zugänglicher und innovativer Zahlungsmittel.

36   Mit Blick auf den fairen Wettbewerb führen die Ausnahmeregelungen nach Art. 13–19 PSD2-RTS entgegen der Zielstellung in Art. 98 Abs. 2c PSD2 statistisch bedingt zu einer gewissen Ungleichbehandlung von ZDL mit unterschiedlich großen Zahlungsvolumen.

37   Vor allem in Kombination mit einem tieferen Durchgriff die Wertschöpfungskette zB des Online-Handels und damit dem Zugriff auf umfassendere Zahlungs- und Anwendungsdaten können zB Anbieter die gleichzeitig Technologieanbieter, Online-Marktplatz und ZDL sind, die Risikofaktoren mit Blick auf Zahlungen besser berechnen und ihr Sicherheitsmanagement wirksamer betreiben, als dies bei ZDL mit geringen Zahlungsvolumen und begrenzten Einblick in die Wertschöpfungskette des Online-Handels der Fall ist. Im Ergebnis können einige ZDL ihre Kundenschnittstelle mit größerem regulatorischem Freiraum benutzerfreundlicher gestalten und so systembedingt einen Wettbewerbsvorteil erlangen (Blog Core @).

38   Ebenfalls dürfte die starke Konzentration auf wenige Zahlungsempfänger im Online-Handel – 2017 werden 62% des Online-Handels von 100 Händlern abgewickelt, die 10 umsatzstärksten Händler haben bereits einen Anteil von 35% am gesamten deutschen Online-Handel (HDE2018, statista [Statista.com: Statista. n.d. B2C-E-Commerce: Ranking der Top100 größten Online-Shops nach Umsatz in Deutschland im Jahr 2017 (in Millionen Euro). Statista. Zugriff am 2.1.2019. Verfügbar unter https://de.statista.com/statistik/daten/studie/170530/umfrage/um satz-der-groessten-online-shops-in-deutschland/.]) – zu einer stärkeren Nutzung der Ausnahme nach Art. 13 PSD2-RTS beitragen. Umgekehrt könnte die Ausnahmeregelung diesen Konzentrationseffekt unterstützen, wenn die Zahlungsabläufe bei bestimmten Händlern für den ZDN benutzerfreundlicher erscheinen. Zudem wird der Wechsel des ZDN zu einem anderen Händler erschwert, wenn für diesen erst eine Ausnahme nach Art. 13 PSD2-RTS eingerichtet werden muss, um ähnlich benutzerfreundliche Zahlungsabläufe zu erfahren.

39   Die Ausnahme nach Art. 17 PSD2-RTS entbindet ZDL von der starken Kundenauthentifizierung bei der Auslösung von elektronischen Zahlungsvorgängen über dedizierte Zahlungsprozesse oder -protokolle, wenn die Zahler keine Verbraucher sind. Die zuständigen Behörden sollten dann der Auffassung sein, dass die Zahlungsprozesse oder -protokolle mindestens ein vergleichbares Sicherheitsniveau wie das in der PSD2 geforderte erreichen. EBICS ist solch ein in Deutschland im Firmenkundengeschäft verbreitetes Zahlungsprotokoll, denn über das EBICS-Protokoll werden unter anderem Zahlungsaufträge beim ZDL eingereicht. Die Einreichung des Zahlungsauftrags ist im Regelwerk zur SEPA Überweisung als Zahlungsauslösung definiert (SCT). Demnach könnte die BaFin das EBICS-Protokoll für die Nutzung durch Firmenkunden der Ausnahme nach Art. 17 PSD2-RTS zuordnen.

Die nach Art. 18 PSD2-RTS formulierte Ausnahme von der starken Kunden- **40** authentifizierung für Fernzahlungsvorgänge mit niedrigem Risiko gilt gemäß Art. 20 Abs. 2 PSD2-RTS nur innerhalb der Erreichung der im Anhang der PSD2-RTS festgehaltenen Schwellwerte für Betrugsraten. Werden die Schwellwerte überschritten, ist die Nutzung der Ausnahmeregelung nach Art. 18 PSD2-RTS unverzüglich einzustellen.

Die unverzügliche Feststellung einer etwaigen Überschreitung der Schwellwerte **41** sollte tagesaktuell erfolgen, in Bezug auf alle Zahlungsvorgänge derselben Zahlungsart, zB Überweisung, innerhalb der letzten 90 Tage. Es wird also täglich der Wert aller betrügerischen Zahlungsvorgänge der letzten 90 Tage durch den Gesamtwert aller Zahlungsvorgänge der letzten 90 Tage geteilt. Das Ergebnis ist die Betrugsrate gemäß Art. 19 PSD2-RTS. In den Gesamtwert der betrügerischen Zahlungsvorgänge sind alle vom ZDN oder ZDL festgestellten betrügerischen Zahlungen einzuschließen, unabhängig davon, ob der Betrag – zB durch einen Rückruf oder Rückabwicklung zu Lasten des Zahlungsempfängers – wiedererlangt werden konnte.

V. Folgen für unterschiedliche Transaktionen

Literatur: ERPB: Report of the ERPB Working Group on Payment Initiation Services, ERPB Meeting 12 June 2017,; COM2018: Letter to Olivier Guersent, DG FISMA, from Andrea Enria on EBA RTS on Strong Customer Authentication and Common and Secure Communication under PSD2 – 26/01/2018; COM2011: BSG: Banking Stakeholder Group – Minutes, Sitzung vom 8.12.2016; PSD2-RTS: Technische Regulierungsstandards für eine starke Kundenauthentifizierung und für sichere offene Standards für die Kommunikation, Delegierte Verordnung (EU) 2018/389 der Kommission vom 27.11.2017; PSD2:; Tafelmeier: Session Management und Cookies, LMU – LFE Medieninformatik, Blockvorlesung „Web-Technologien"; EBA Discussion: Discussion on RTS on strong customer authentication and secure communication under PSD2, zB Beitrag Payments UK, FFA UK, UK Cards Association; H. Langweg, M. Meier, B.C. Witt, D. Reinhardt et al. (Hrsg.): Sicherheit 2018, Apple.com: Integration verwenden, um Mac, iPhone, iPad, iPod touch und Apple Watch zu verbinden; Google.com: Nachrichten auf dem Computer lesen, in Informatics (LNI), Gesellschaft für Informatik, Bonn 2018 157; eIDAS: EU Verordnung 910/2014 über elektronische Identifizierung und Vertrauensdienste für elektronische Transaktionen im Binnenmarkt; Blog Core:; HDE2018: Handel digital ONLINE-MONITOR 2018,, BT-Drs.: BT 17/11395. DV5517: Entwurf der Delegierten Verordnung zur Änderung der RTS 90-tägige Ausnahme für den Kontozugriff C(2022) 5517. MiCAR: Proposal for a Regulation on Markets in Crypto-assets 2020/593

1. Kontostandsabfragen via Internet

Der Zugriff auf das Zahlungskonto für Kontostandsabfragen über das Internet **42** erfordert nach Art. 97 Abs. 1a PSD2 und dessen Konkretisierung in Art. 4 Abs. 1 PSD2-RTS und Art. 10 Abs. 2a, b PSD2-RTS eine starke Kundenauthentifizierung beim erstmaligen Zugriff auf das Zahlungskonto und nach mehr als 180 Tagen seit der letzten erfolgreichen starken Kundenauthentifizierung. Damit wird mit gewissen Einschränkungen dem Erwägungsgrund 10 PSD2-RTS entsprochen, bei bloßer Einsicht in den Saldo und die letzten Bewegungen eines Zahlungskontos von der starken Kundenauthentifizierung abzusehen.

42a   Der Begriff des Online-Zugriffs erfährt weder durch die PSD2, noch durch die nationale Umsetzung eine Definition. Einen Anhaltspunkt bietet jedoch Erwägungsgrund Nr. 95 der PSD2, der von „elektronisch angebotene(n) Zahlungsdienste(n)" spricht. Da sich der Begriff des elektronischen Zahlungsvorgangs in § 55 Abs. 1 S. 1 Nr. 2 wiederfindet, bleibt fraglich, ob der Definition im Erwägungsgrund eine darüber hinaus gehende Bedeutung zugemessen werden kann (vgl. Schäfer/Omlor/Mimberg/Omlor § 55 Rn. 26f., der dies im Ergebnis ablehnt).

42b   Durch Änderung der delegierten Verordnung (DV5517) wird ausdrücklich der direkte vom indirekten Zugriff unterschieden. Beim direkten Zugriff nutzt der ZDN die Anwendungen des ZDL, zB über die Online-Banking Web-Anwendung des ZDL. Hier kann der ZDL von der starken Kundenauthentifizierung absehen, muss es nach eigenem Erwägen aber nicht.

42c   Beim indirekten Zugriff nutzt der ZDN die Anwendung des KIDL. Das kann eine Web-Anwendung sein, aber auch Anwendungen die der ZDL technisch nicht vorgesehen hat, zB in-Car Anwendungen, Blockchain oder IoT Anwendungen, die über die IT-Systeme des KID online auf die Kontoschnittstelle des ZDN zugreifen. Hier darf der ZDL im Regelfall keine starke Kundenauthentifizierung verlangen, sondern nur, wenn das eigene Risikoermessen das ausdrücklich begründet.

43   Nach Art. 4 Abs. 1 PSD2-RTS wird im Rahmen der starken Authentifizierung für eine Kontostandsabfrage die Erstellung eines Authentifizierungscodes verlangt, der zunächst für einen einmaligen Zugriff gültig ist. Für die Anmeldung des ZDN am Zahlungskonto werden dann gemäß Art. 4 Abs. 3 PSD2-RTS nicht die personalisierten Sicherheitsmerkmale des ZDN, sondern der daraus generierte Authentifizierungscode verwendet.

44   Dem Authentifizierungscode nach Art. 4 PSD2-RTS ist eine Mehrfachfunktion zugeordnet (→ Rn. 20). Während zB im Online-Banking die den Authentifizierungscodes ähnlichen Einmal-Codes wie zB SMS-Transaktionscodes (DKMTAN) lediglich zur Autorisierung eines Zahlungsauftrags genutzt werden, soll nach Art. 4 Abs. 1 PSD2-RTS auch für den Online-Zugriff auf das Zahlungskonto Authentifizierungscode eingesetzt werden. Vor dem Hintergrund bislang üblicher Praxis stellt dies eine Erweiterung der vorhandenen Authentifizierungs- und Autorisierungsabläufe bei ZDL dar.

45   Damit sind die bislang üblichen Online-Zugangsverfahren zum Zahlungskonto auf Basis einer statischen Online-PIN bzw. eines Benutzerkennworts augenscheinlich nicht mehr konform zu den Anforderungen der PSD2-RTS (→ Rn. 41). Die statischen Zugangsdaten wie zB Online-PIN bzw. Benutzerkennwort dürften im Rahmen der starken Authentifizierung höchstens zur Berechnung eines Authentifizierungscodes beitragen, jedoch nicht mehr allein den Zugriff auf Zahlungskontodaten oder die Initiierung einer Zahlung erlauben.

46   Durch die grundsätzliche Möglichkeit, bei der Generierung des Authentifizierungscodes nach Art. 4 PSD2-RTS zusätzliche Daten mit der Authentifizierung zu verbinden, erlaubt dieser Vorgang bei entsprechender Ausgestaltung allgemeinere Autorisierungsabläufe. So ermöglicht der Authentifizierungscode zB auch die Autorisierung eines Zugriffs auf das Zahlungskonto durch einen bestimmten KID im Auftrag des ZDN, indem die Identität des KID mit dem Authentifizierungscode verknüpft wird.

47   Die Verknüpfung mit der Identität des KID mit dem Authentifizierungscode im Falle eines indirekten Zugriffs auf das Zahlungskonto mit Hilfe eines bestimmten

KID scheint angemessen, da Erwägungsgrund 10 PSD2-RTS eine entsprechende Formulierung enthält: „(…) sollten (…) Kontoinformationsdienstleister nach den Artikeln 65, 66 und 67 der Richtlinie (EU) 2015/2366 die für die Bereitstellung eines bestimmten Zahlungsdienstes notwendigen und wesentlichen Informationen nur mit Zustimmung des Zahlungsdienstnutzers vom kontoführenden Zahlungsdienstleister (…) erhalten.".

In Art. 30 Abs. 2a PSD2-RTS wird diese Formulierung in die Anforderung an **48** die Zugangsschnittstelle überführt. Da die Schnittstelle vom kontoführenden ZDL bereitgestellt wird, ist diese Prüfung der Zustimmung des ZDN Teil der funktionalen Anforderungen an die Schnittstelle und durch den kontoführenden ZDL zu realisieren. Eine Nutzung des Authentifizierungscodes für die Unterstützung dieses Prozesses scheint daher angebracht.

Diese Autorisierungsinformation kann entweder durch den ZDL gespeichert **49** und verwaltet werden, oder in Form eines Authentisierungscodes der auch für sequenzielle Abfragen gültig ist, ein zB ein gesicherter Berechtigungsausweis für die Autorisierung von Online-Schnittstellen (OAuth), bei jeder Abfrage vom KID vorgewiesen werden.

Erfolglose Zugriffsversuche auf Grund fehlgeschlagener Anmeldeversuche sind **50** nach Art. 4 Abs. 3b PSD2-RTS auf 5 Versuche innerhalb einer vom ZDL festzulegenden Zeit beschränkt. Danach ist das Zahlungskonto für Onlinezugriffe, die Auslösung von elektronischen Zahlungsvorgänge oder andere Handlungen, die das Risiko eines Betrugs im Zahlungsverkehr oder Missbrauch bergen, vom ZDL zeitweise oder permanent zu sperren. Gerade bei automatisierten Zugriffen mit Hilfe von KID, besteht die technischen Versagen die Gefahr, massenhaft Zahlungskonten zu sperren, auch für die Auslösung von Zahlungen über andere Onlinekanäle, wenn ZDL keine geeigneten Maßnahmen dagegen ergreifen.

Die Eingabe von Kontonummer und PIN genügt seit dem 14.9.2019 für eine **51** Kontostands- und Umsatzabfrage im Onlinebanking oder mittels Banking-App nicht mehr. Damit ist die Rechtslage deutlich verschärft worden (Omlor RdZ 2020, 20 (22)). Eine erhebliche Erleichterung für die Anwendungspraxis lässt jedoch Art. 10 PSD2-RTS zu, wonach lediglich beim erstmaligen Zugriff auf die Zahlungsdaten eine starke Kundenauthentifizierung verlangt werden, sofern nicht Zahlungsvorgangsdaten für einen Zeitraum von mehr als 90 Tagen abgefragt werden (Art. 10 Abs. 1 lit. b PSD2-RTS) oder seit mehr als 90 Tagen nicht mehr mit starker Kundenauthentifizierung auf Zahlungsvorgangsdaten zugegriffen wurde (Art. 10 Abs. 2 lit. b PSD2-RTS) (vgl. Omlor RdZ 2020, 20 (22)). Durch die Änderung von Art. 10 PSD2-RTS und Einfügung von Art. 10a PSD2-RTS wird die 90-Tage-Frist auf 180 Tage verlängert; zudem sind zukünftig kontoführende ZDL verpflichtet, diese Frist einzuhalten, wenn der Zugriff über KIDL erfolgt.

Der Verzicht auf eine starke Kundenauthentifizierung gemäß Art. 10 Abs. 1a und **51a** Art. 10a Abs. 1a PSD2-RTS ist nicht gleichbedeutend mit einem vollständigen Verzicht auf einem Authentifizierungsvorgang. Neben der Authentifizierung des KID gemäß Art. 30 und 34 PSD2-RTS muss auch der ZDL die Informationen zum ZDN, zum entsprechenden Zahlungskonto und zur Identität des KID nachhalten, insbesondere wann der letzte Zugriff erfolgt ist und ob die Zustimmung durch den ZDN in der Zwischenzeit nicht widerrufen wurde.

Die Ausnahmen nach Art. 10 und Art. 10a PSD2-RTS könnten daher so aus- **52** gelegt werden, dass lediglich auf die starke Kundenauthentifizierung einschließlich der Generierung eines Authentifizierungscodes verzichtet wird. Der ZDL könnte eine alternative interaktive Authentifizierung des Kunden fordern. Im einfachsten Fall könnte das bisher übliche Online-PIN-Verfahren zum Einsatz kommen.

53   Damit kämen die personalisierten Sicherheitsmerkmale des ZDN direkt für die Authentifizierung am Zahlungskonto zum Einsatz. Im Falle einer Übermittlung der Authentifizierungsmerkmale und Aufbau der Kommunikationsverbindung durch einen KID im Auftrag des ZDN hätte der KID dann zumindest technisch bedingt Zugriff auf die personalisierten Sicherheitsmerkmale des ZDN. Dies wird durch die Formulierung des Art. 22, hier insbesondere Abs. 4, PSD2-RTS nicht explizit ausgeschlossen.

54   Verzichtet der ZDL auf die interaktive Authentifizierung des ZDN, so sind mit Blick auf Art. 36 Abs. 5b PSD2-RTS mindestens vier automatisierte Abfragen täglich durch den KID ohne interaktive Einbindung des ZDN zulässig. Da eine starke Kundenauthentifizierung nur alle 90 Tage (zukünftig alle 180 Tage) notwendig ist, wird dann für die überwiegende Anzahl der Kontozugriffe – bis zu 99.7% – keine starke Kundenauthentifizierung vom ZDL gefordert.

2. Verfügungen am Geldausgabeautomaten

55   Unter der gesetzlich weit gefassten Formulierung Online-Zugriff auf das Zahlungskonto (→ Rn. 36) können auch Zugriffe zugeordnet werden, die ZDN mit Hilfe von Geldautomaten vornehmen, wenn diese Geräte über öffentliche Netzwerke kommunizieren.

56   Dies gilt insbesondere dann, wenn die Geldautomaten fremdbetrieben sind und nicht direkt durch den kontoführenden ZDL kontrolliert werden oder über internationale Kartennetzwerke außerhalb der direkten Kontrolle des ZDL mit den Online-Systemen des ZDL verbunden sind.

57   Ein Verweis auf geschlossene und vom Internet unabhängige dedizierte Netzwerke bei der Verwendung von logischer Trennung durch Verschlüsselung (Virtuelle Private Netzwerke) genügt augenscheinlich nicht. Denn auch ein browser-basierter Zugriff auf das Online-Konto setzt Verschlüsselungstechnologie (HTTPS) ein, um die Kommunikation der Zahlungsanwendung auf eine dedizierte Kommunikation mit dem ZDL zu beschränken. Trotz dieser logischen Trennung gelten Browser-basierte Zugriffe als Online-Zugriff auf das Zahlungskonto. So zielt die Ausnahme in Art. 17 PSD2-RTS auf dedizierte Zahlungsprozesse oder -protokolle ab und eben nicht auf die Sicherung der Übertragungsprotokolle allein.

58   Dies gilt sinngemäß auch für dedizierte Langstreckenverbindung (WAN) wie sie für Unternehmensnetzwerke verwendet werden. Einige Geldautomaten werden nicht direkt über das Internet mit dem Netzwerk des ZDL verbunden, sondern über solche WAN-Verbindungen. Telekommunikationsanbieter nehmen heute üblicherweise jedoch lediglich eine logische Netzwerkseparierung (MPLS) der dedizierten Verbindungen zu öffentlichen Netzen vor. Die dabei verwendeten physischen Netzwerke werden von zahlreichen Telekommunikationsanbietern gleichzeitig genutzt. Da ein Konfigurationsfehler durch einen der Anbieter öffentliche und dedizierte Netzwerke verbinden kann, ist in der Risikobetrachtung des ZDL einer WAN-Verbindung ähnlich einem öffentlichen Netzwerk zu bewerten.

59   Neben dem besonderen Schutz des Geldautomaten als Endgerät, das von mehreren Personen genutzt wird und meist in öffentlich zugänglichen Bereichen steht, sind daher besonders wirksame Sicherheitsmaßen hinsichtlich des Manipulationsschutzes und der Vertraulichkeit erforderlich. Dies schließt insbesondere eine effektive Authentifizierung des ZDN ein.

Die Erfordernis zur starken Kundenauthentifizierung einschließlich der Gene- 60
rierung eines Authentifizierungscodes wäre zB notwendig, wenn der Kontostand
und ggf. die letzten Transaktionen auf dem Geldautomat anzeigt wird und der
ZDN in den letzten 180 Tagen keine starke Kundenauthentifizierung erfolgreich
durchgeführt bzw. innerhalb der letzten 90 Tage keinen Zahlungsvorgang ausgeführt hat.

Auch die Auszahlung am Geldautomaten mit Blick auf die bei zum Einsatz kom- 61
mende Technologie für den Fernzugriff auf das Zahlungskonto wäre als Zahlungstransaktion zu bewerten, die eine starke Kundenauthentifizierung erfordert.

Die Authentifizierung des ZDN bei der Nutzung des Geldautomaten erfolgt 62
üblicherweise mit Hilfe der zum Zahlungskonto gehörigen Zahlkarte und der dazugehörigen PIN. Die Zahlkarte als Besitzmerkmal und die PIN als Wissensmerkmal stellen zwei unabhängige Authentifizierungsmerkmale gemäß Art. 6 und 7
PSD2-RTS dar.

Je nach Kartensystem werden spezifische Verfahren zur Sicherung der persona- 63
lisierten Sicherheitsmerkmale eingesetzt. Die Anforderungen und Zulassungsverfahren an die Sicherheitsmaßnahmen werden in den Regelwerken der jeweiligen
Kartensysteme festgelegt (GBIC, PCI). Wenn eine Authentifizierung auf Basis der
Zahlkarten und der PIN durchgeführt wird, wird durch Anwendung der Regelwerke der Kartensysteme sichergestellt, dass die Validierung der Authentifizierungsdaten die Integrität, Vertraulichkeit und Authentizität der personalisierten Sicherheitsmerkmale des ZDN gewährleistet ist.

Dafür wird bei den in Deutschland genutzten Kartensystemen üblicherweise bei 64
der PIN Prüfung auf der Karte (Offline-Autorisierung) oder nach Eingabe der PIN
auf der PIN-Tastatur des Geldautomaten vor der Übermittlung an den ZDL ein dynamisches Datagramm generiert, das als Authentifizierungscode gelten kann und
den Anforderungen gemäß Art. 4 PSD2-RTS genügt.

Das dynamische Datagramm gilt auch für die Autorisierung eines Auszahlungs- 65
betrages. Allerdings wird üblicherweise am Geldautomaten zwar der Auszahlungs-
betrag, nicht jedoch wie in Art. 5 RTS gefordert, der Zahlungsempfänger angezeigt. Diese Information ist jedoch offensichtlich, da der ZDN sich selbst den
Geldbetrag am Geldautomaten auszahlt.

Der Schutz der personalisierten Sicherheitsmerkmale des ZDN und die Ver- 66
wendung eines Datagrams muss sicherstellen, dass auch während der Übermittlung
durch einen Dienstleister oder über internationale Kartennetzwerke die Vertraulichkeit und die Integrität der personalisierten Sicherheitsmerkmale des ZDN,
einschließlich des Authentifizierungscodes gemäß Art. 22 PSD2-RTS gewährleistet
ist.

3. Kartenzahlungen am POS

Obwohl Kartenzahlungen grundsätzlich durch den Zahlungsempfänger aus- 67
gelöst werden und Art. 97 PSD2 nur für vom Zahler ausgelöste Zahlungen gilt,
wird im Meinungspapier der EBA zur Umsetzung der starken Kundenauthenti-
zierung (EBA-Op-2018-04) formuliert, dass Kartenzahlungen im Regelungsbereich der PSD2-RTS liegen.

Aus der Existenz der Ausnahme in Art. 11 PSD2-RTS kann zudem umgekehrt 68
geschlossen werden, dass physische Zahlungen an Verkaufsstellen und das Autorisieren von Zahlungen an Verkaufsstellen-Terminals grundsätzlich von den Regelungen erfasst werden, da ansonsten keine Ausnahme von der Regel notwendig wäre.

Dafür spricht auch, dass der ZDL bei der Zahlungsdurchführung idR nicht physisch an der Verkaufsstelle anwesend ist.

69   Verkaufsstellen-Terminals stellen die technischen Verfahren zur Kommunikation mit dem ZDL, die Authentifizierung des ZDN, die Anzeige der Zahlungsinformationen und die Autorisierung einer Zahlung durch den ZDN für Kartenzahlungen zur Verfügung. Da die Kommunikation mit dem ZDL zur Abstimmung mit den Zahlungskonto (Verfügbarkeitsprüfung, Vormerkung) in der Regel über öffentliche elektronische Kommunikationsnetze erfolgt, sind die Zugriffe als Fernzugriffe auf das Zahlungskonto zu werten. Wird an der Verkaufsstelle eine Kartenzahlung durchgeführt, ist vom ZDL demnach eine starke Kundenauthentifizierung durchzuführen.

70   Das Verkaufsstellen-Terminal stellt das vom ZDL bereitgestellte Authentifizierungsgerät dar. Die Anforderungen gemäß Art. 22 und 24 PSD2-RTS zur Vertraulichkeit und Integrität der personalisierten Sicherheitsmerkmale des ZDN an die Authentifizierungsgeräte unterliegen für Kartenzahlungen der in Deutschland üblichen Kartensysteme daher einem Zulassungsverfahren, auf dessen Grundlage die Sicherheitsanforderungen systematisch bei den beteiligten Parteien, zB Kartenemittenten, Terminalanbieter, Netzbetreiber, umgesetzt werden (GBIC, PCI).

71   Die Authentifizierung des ZDN bei der Nutzung des Verkaufsstellen-Terminals erfolgt üblicherweise mit Hilfe der zum Zahlungskonto gehörigen Zahlkarte und der dazugehörigen PIN. Die Zahlkarte als Besitzmerkmal und die PIN als Wissensmerkmal stellen zwei unabhängige Authentifizierungsmerkmale gemäß Art. 6 und 7 PSD2-RTS dar.

72   Für die Authentifizierung des ZDN bei einer Kartenzahlung werden bei den in Deutschland genutzten Kartensystemen nicht die personalisierten Sicherheitsmerkmale des ZDN vom Verkaufsstellen-Terminal zum ZDL übertragen, sondern ein kryptografisch gesichertes Datagramm, das als Authentifizierungscode gelten kann und den Anforderungen gemäß Art. 4 PSD2-RTS genügt. Insbesondere darf es nur einmal gelten und nicht replizierbar sein, um es für andere Zahlungen wiederholt einzuspielen oder für beliebige andere Zahlungen zu missbrauchen.

73   Das kryptografisch gesicherte Datagramm aus dem Authentifizierungsvorgang wird im Folgeschritt mit dem Zahlbetrag und Zahlungsempfänger verknüpft und gilt auch für die Autorisierung des Zahlungsbetrages. Allerdings wird üblicherweise am Verkaufsstellen-Terminal zwar der Bezahlbetrag, nicht jedoch wie in Art. 5 RTS gefordert, der Zahlungsempfänger angezeigt. Diese Information ist jedoch offensichtlich, da der ZDN sich in einer Verkaufsstelle befindet und darauf schließen kann, dass es sich dabei auch um den Zahlungsempfänger handelt.

74   Grundsätzlich hebt Art. 11 PSD2-RTS den Einzelbetrag für kontaktlose Zahlungen an Verkaufsstellen im Vergleich zur Ausnahme für Kleinbeträge von 30 EUR auf 50 EUR an, wenn die Summe der früheren kontaktlosen Zahlungen ohne starke Kundenauthentifizierung 150 EUR nicht übersteigt.

4. Kartenzahlungen im Mail-Order-Verfahren

75   Bei Mail-Order-Verfahren werden die Zahlungsdaten telefonisch oder per E-Mail vom ZDN an den Zahlungsempfänger oder einen in seinem Auftrag handelnden Dienstleister (zB Call-Center Agent) übermittelt. Der ZDN übermittelt dabei mündlich oder schriftlich den Zahlbetrag, die Daten des Zahlungsinstruments und bei Kartenzahlungen in der Regel die personalisierten Sicherheitsmerkmale, zB die Kartenprüfnummer, zur Autorisierung der Zahlung.

Nach Erwägungsgrund 95 der PSD2 werden Bestellungen per Post oder Telefon **76** explizit erwähnt: „Es dürfte nicht notwendig sein, für Zahlungsvorgänge, die in anderer Form als unter Nutzung elektronischer Plattformen und Geräte ausgelöst und durchgeführt werden, wie etwa papiergestützte Zahlungsvorgänge oder Bestellungen per Post oder Telefon, dasselbe Schutzniveau zu gewährleisten.".

Diese Argumentation wurde im ZAG jedoch nicht explizit aufgegriffen. Dies **77** scheint vor dem Hintergrund, dass der technische Ablauf einer Fernzahlung bei der telefonisch oder per E-Mail erteilten Zahlungsanweisung sich lediglich vom ZDN zum Zahlungsempfänger bzw. dessen Dienstleister verlagert, formal schlüssiger als die Erwägung in der PSD2.

Kommt das SEPA Lastschriftverfahren zum Einsatz, wird bei telefonischer Übermittlung **78** der Zahlungsdaten das Lastschriftmandat fernmündlich erteilt. Ein Erfordernis der Schriftform ist im Gesetz zwar nicht ausdrücklich vorgeschrieben ist, allerdings wird bei der telekommunikativen Übermittlung mindestens die Einhaltung der Textform des § 126b BGB gefordert (BT-Drs. 17/11395). Ein mündlich erteiltes Mandat sollte der ZDN daher zumindest in Form einer E-Mail an den Zahlungsempfänger bestätigen.

Die konkreten Anforderungen an die Mandatsform werden in der Inkassover- **79** einbarung zwischen Zahlungsempfänger und seiner 1. Inkassostelle definiert. Diese Vereinbarung regelt, welche Form das Lastschriftmandat über die Textform hinaus haben muss.

Eine starke Authentifizierung ist beim Erteilen von SEPA Lastschriftmandaten **80** über Mail-Order-Verfahren aus Sicht der EBA zunächst nicht erforderlich, wenn kein ZDL beteiligt ist (→ Rn. 106). Im Falle einer Mitwirkung eines ZDL sind jedoch starke Authentifizierungsverfahren notwendig.

Durch die Einführung eines Authentifizierungscodes (Art. 4 PSD2-RTS) und **81** der dynamischen Verknüpfung (Art. 5 PSD2-RTS) kann ein Mandat elektronisch so abgebildet werden, dass auch die Übermittlung des Authentifizierungscodes an den Zahlungsempfänger oder einen Dienstleister im Rahmen des Mail-Order-Verfahrens die Vertraulichkeit und Integrität der personalisierten Sicherheitsmerkmale des ZDN gemäß Art. 22 Abs. 1 PSD2-RTS gewährleistet werden kann und den ausdrücklichen Willen des ZDN bekundet.

Bei fernmündlich oder per E-Mail angewiesenen Kartenzahlungen werden in **82** der heutigen Praxis die Kartendaten einschließlich der personalisierten Sicherheitsmerkmale vom ZDN an den Zahlungsempfänger oder den in seinem Auftrag handelnden Dienstleister übermittelt, damit dieser die Kartenzahlung auslösen kann. In dieser Form wird eine Kartenzahlung den Anforderungen der PSD2-RTS nicht gerecht.

Als Fernzahlungsvorgang muss gemäß PSD2-RTS auch bei der Erfassung und **83** Auslösung durch den Zahlungsempfänger bzw. dessen Dienstleister im Auftrag des ZDN grundsätzlich eine starke Authentifizierung zum Einsatz kommen, wenn nicht im Rahmen der Art. 13–16, 18 PSD2-RTS von der starken Authentifizierung ausgenommen. Jedoch auch bei der alternativen Authentifizierung durch mündliche Bestätigung und Übermittlung der Kartenprüfnummer, die ein personalisiertes Sicherheitsmerkmal darstellt, ist mit Blick auf Art. 22 Abs. 1 PSD2-RTS die Konformität zu den PSD2-RTS mindestens fraglich.

Wird für die Zahlungen, die nicht den Ausnahmen nach Art. 13–16, 18 PSD2- **84** RTS unterliegen, im Rahmen eines Mail-Order-Verfahrens ein Authentifizierungscode erstellt und dem ZDN zusammen mit dem Zahlungsbetrag sowie Zahlungsempfänger auf gesichertem Wege integritätsgeschützt zur Anzeige und Prüfung übermittelt, sowie dieser Authentifizierungscode darauf hin telefonisch oder per E-Mail an den Zahlungsempfänger bzw. dessen Dienstleister mitgeteilt, so ist dürfte von einer Konformität zu den PSD2-RTS ausgegangen werden.

85   Grundsätzlich sind gemäß der PSD2-RTS starke Authentifizierungsverfahren vom ZDL auch für Kartenzahlungen per Mail-Order-Verfahren vorzuhalten, selbst wenn einzelne spezifischen Zahlungen gemäß Kapitel III PSD2-RTS unter den dort aufgeführten Bedingungen von der Anwendung der starken Authentifizierung ausgenommen sind.

86   Fraglich ist, ob die Kartenzahlung im Rahmen einer Autorisierung wiederkehrender Kartenzahlungen wie sie von einigen Kartensystemen unter der Bezeichnung Card-on-File angeboten werden ebenfalls unter den Anwendungsbereich der PSD2-RTS fallen. Ähnlich zu einem Lastschriftmandat autorisiert der ZDN wiederkehrende Zahlungen per Karte auf Basis der Kartendaten. Nicht übermittelt werden in diesem Fall die Kartenprüfnummer oder andere personalisierten Sicherheitsmerkmale. Die Autorisierung des Mandats wird in der Regel schriftlich oder per E-Mail erteilt. Da dieses Verfahren technisch SEPA Lastschrifteinzügen ähnlich ist, kann es analog der Erteilung von Lastschriftmandaten bewertet werden. Diese sind von der Umsetzung der PSD2-RTS ausgenommen, wenn kein ZDL beteiligt ist.

5. Elektronische Lastschriften (ELV)

87   Bei dem Elektronischen Lastschriftverfahren (ELV) handelt es sich um ein in Deutschland verbreitetes Verfahren, bei dem am Verkaufsstellen-Terminal aus den Kartendaten der Zahlkarte des ZDN eine SEPA Lastschrift erstellt wird. In der Regel ist dies nur für Zahlkarten des girocard-Kartensystems technisch möglich, da diese Zahlkarten das automatisierte Auslesen der für das Lastschriftmandat notwendigen Kontonummer (IBAN) aus dem Magnetstreifen oder dem Karten-Chip der Zahlkarte ermöglicht.

88   Das SEPA Regelwerk für Lastschriften (SDD) berücksichtigt mit Verweis auf die SEPA Migrationsverordnung (EUV260) Kartendaten-geneierte Mandate (Card Data Generated Mandate) und erlaubt anstelle des Namens des Zahlers die Verwendung von Kartendaten zur eindeutigen Identifizierung des Zahlers durch seinen ZDL. Damit können mit dem Elektronischen Lastschriftverfahren regelkonforme SEPA Lastschriften erstellt werden.

89   Das Mandat wird beim Elektronischen Lastschriftverfahren in der Regel durch die Unterschrift des ZDN auf dem Ausdruck des Terminal-Belegs erteilt. Damit wird zwar die vom ZDL herausgegebene Karte für die Mandatserstellung genutzt, das eigentliche Lastschriftmandat wird jedoch durch eine Unterschrift des ZDN erteilt. In diesem Vorgang sind nur Zahlungsempfänger und ZDN beteiligt, somit ist nach Art. 97 PSD2 keine starke Kundenauthentifizierung erforderlich.

90   Die in den Regelwerken der Anbieter des Elektronischen Lastschriftverfahren teilweise verwendete Begriffe ELV online und ELV offline beziehen sich nicht auf die Mandatserstellung, sondern üblicherweise auf einen Prüfungsvorgang im Rahmen der Risikosteuerung. Hierbei werden in zB Sperrlisten geprüft oder andere Risikofaktoren abgeglichen.

91   Die von der EBA im Meinungspapier zur Umsetzung der starken Kundenauthentifizierung (EBA-Op-2018-04) erwähnte Beteiligung eines ZDL bei der elektronischen Mandatserteilung ist im Falle des Elektronischen Lastschriftverfahren nicht zutreffend, da selbst wenn der Anbieter des Elektronischen Lastschriftver-

fahrens ein ZDL ist und den Regularien unterliegt, die Mandatserteilung via Unterschrift selbst nicht mit der Beteiligung des ZDL erfolgt.

Der Sachverhalt würde sich anders darstellen, falls die Zahlkarte nicht nur die **92** Mandatsinformationen liefert, sondern auch für eine Autorisierung des Mandats genutzt würde. Da Zahlkarten in der Regel technisch in der Lage sind, elektronische Signaturen von Daten zu erzeugen, könnten auch Mandatsdaten damit elektronisch signiert werden. Da dabei spezifische Kartenfunktionen benötigt werden, die nur unter Mitwirkung des ZDL nutzbar sind, wäre eine starke Kundenauthentifizierung erforderlich. Bisher wurden derartige Verfahren von ZDL jedoch in der Praxis noch nicht umgesetzt.

Analog verhielte sich eine Verknüpfung des Elektronischen Lastschriftverfahren **93** mit einer elektronischen Kundenverwaltung bzw. Authentifizierungsfunktionen durch einen ZDL. Hier würde die Mandatserteilung unter Beteiligung eines ZDL erfolgen und der Meinung der EBA folgend eine starke Kundenauthentifizierung erfordern.

6. Überweisungsaufträge

Durch die Verwendung und das gegenseitige Referenzieren der Begriffe „Beauf- **94** tragen", „Auslösen", „Ausführen" und „Autorisieren" von Zahlungen im Gesetz sind die Anforderungen an einen konkreten zahlungstechnischen Verfahrensablauf nicht unmittelbar allgemeinverständlich. Im Überweisungszahlungsverkehr gemäß den SEPA Regularien (SCT) sind die damit verbundenen Prozessschritte zahlungsverkehrstechnisch definiert, zeitlich und hinsichtlich der aktiven Rollen jedoch voneinander getrennt.

Der Zahlungsauftrag erfolgt in der Praxis in Form einer Übermittlung der Zah- **95** lungsdaten vom ZDN zum ZDL. In den SEPA Regelwerken für Überweisungen (SCT) wird als Zahlungsauftrag die Übermittlung der Zahlungsanweisung vom ZDN an den ZDL verstanden, die gemäß (EUV260) die gesetzlich notwendigen Datenelemente enthalten. In der Praxis steuert der ZDN die Kontonummer (IBAN) den Namen des Zahlungsempfängers, den Betrag und den Verwendungszweck bei, während der ZDL die weiteren gesetzlich notwendigen Datenelemente, zB BIC und die Kontodaten des ZDN, ergänzt.

Die Ausführung einer Zahlung umfasst nach SCT den gesamten Prozess der **96** Zahlungsanweisung, Zahlungsauslösung und die notwendigen zahlungsverkehrstechnischen Verarbeitungsschritte bei dem ZDL des ZDN und dem ZDL des Zahlungsempfängers.

Nach SCT stellt die Übermittlung der Zahlungsanweisungen durch den ZDN **97** oder in dessen Auftrag die direkte bzw. indirekte **Zahlungsauslösung** dar (Abschnitt 3.1 SCT). Mit direkt ist in diesem Kontext die Übermittlung der Daten durch den ZDN gemeint, während die Übermittlung durch den ZAD im Kontext der SCT eine indirekte Zahlungsauslösung darstellt.

Art. 97 Abs. 1b PSD2 fordert eine starke Kundenauthentifizierung für das Aus- **98** lösen von Zahlungen. Durch Art. 4 wird bei der starken Kundenauthentifizierung ein Authentifizierungscode gefordert, der gemäß Art. 5 PSD2-RTS Abs. 1b mit dem vom ZDN zugestimmten Zahlungsbetrag und Zahlungsempfänger verknüpft wird und damit vom ZDN in der Praxis als **Autorisierung** der Zahlung durch den ZDN ausgelegt wird (675j Abs. 1 BGB). Die Übermittlung des Zahlungsauftrags kann vor oder gleichzeitig mit der Übermittlung des Authentifizierungscodes erfolgen.

99   Die zeitliche Verknüpfung von Auslösung, Autorisierung und Ausführung ist bei Online-Zahlungen gängige Praxis und in § 48 ZAG als kontinuierlicher Prozessablauf dargestellt. Demnach liegt die Information über den Status der Prozessschritte bereits unmittelbar nach Eingang des Zahlungsauftrags vor und ist vom ZDL an den ZAD zu übermitteln bzw. zugänglich zu machen, falls die Auslösung der Zahlung durch den ZAD erfolgt.

100   Mit der Willenserklärung des ZDN zu einem Zahlungsauftrag bestätigt dieser zwar die ihm vorliegenden Daten zum Zahlungsbetrag und Zahlungsempfänger, allerdings dürfte ihm bei Inanspruchnahme eines ZAD die Information über den Zahlungsempfänger in der Regel nur mittelbar oder nicht eindeutig bekannt sein, da diese Information vom ZAD und nicht vom Zahlungsempfänger selbst bereitgestellt wird.

101   Art. 5 Abs. 1a PSD2-RTS verwendet allgemein der Begriff Zahlungsempfänger, ohne dieses Datum zu spezifizieren. Da bei Überweisungen nach Art. 5 Abs. 2a EUV260 der Name des Zahlungsempfängers optional ist, wird die Zugehörigkeit des Namens zur Kontonummer des Zahlungsempfängers vom ZDL nicht zwangsläufig geprüft. Vor diesem Hintergrund wird in den üblichen Autorisierungsverfahren nur die Kontonummer (IBAN) zur Bestätigung durch den ZDN angezeigt. Vor diesem Hintergrund dürfte in der Praxis die Akzeptanz einer hohen Ungenauigkeit bei der Validierung des Zahlungsempfängers notwendig sein.

102   Löst der ZDN die Zahlung selbst aus, hat er die erforderlichen Informationen zum Zahlungsempfänger selbst erfasst und an den ZDL übermittelt. Die Richtigkeit der übermittelten Daten kann er also selbst validieren, da er sie in der Regel direkt vom Zahlungsempfänger erhalten hat. Nutzt der ZDN hingegen einen ZAD zur Zahlungsauslösung, werden die Informationen über den Zahlungsempfänger vom ZAD erfasst und an den ZDN bzw. ZDL übermittelt. Für die Richtigkeit dieser Informationen kann also nur der ZAD bürgen. Es fehlt in den Regelungen der PSD2-RTS daher eine Anforderung an den ZAD, die Richtigkeit der Informationen zum Zahlungsempfänger zu gewährleisten, wenn der ZAD diese Informationen stellvertretend für den ZDN erfasst und an den ZDL bzw. den ZDN übermittelt.

103   Gemäß Merkblatt der BaFin zum ZAG vom 22.12.2017 ist EBICS kein Zugang zum Online-Banking Konto, insbesondere wird (BT-Drs. 18/11495) formuliert, dass „die Möglichkeit eines Kunden, Zahlungsaufträge gesammelt über spezielle Firmenkundenzugänge beim kontoführenden Zahlungsdienstleister wie zum Beispiel E-BICS einzureichen, begründet noch keine Online-Zugänglichkeit im Sinne dieser Vorschrift, da hier lediglich Dateien zur weiteren Verarbeitung elektronisch eingereicht werden.".

104   Diese Formulierung ist aus zweierlei Hinsicht schwer nachzuvollziehen. Das Online-Banking ist nach allgemeiner Auffassung die web-basierte Kundenschnittstelle für die interaktive Nutzung durch den ZDL mit Hilfe eines Browsers. Die PSD2 und im Besonderen der PSD2-RTS schränkt jedoch elektronische Zahlungsvorgänge nicht auf das Auslösen im Online-Banking ein, sondern schließt mit dem Begriff Online-Zugang auch elektronische Schnittstellen zum Zahlungskonto, zB das in Deutschland verbreitete FinTS-Protokoll, mit ein. Nur vor diesem Hintergrund ist die Einführung von ZAD und KID und im Speziellen die Forderung nach einer offenen Kommunikationsschnittstelle Teil des rechtlichen Rahmenwerkes gemäß PSD2 zu verstehen. Das EBICS Protokoll nutzt die gleiche Technologie wie ein Browser (HTTPS und XML) als Zugangstechnologie zum Zahlungskonto und ist technisch damit einer Online-Banking Schnittstelle im Grunde gleichzusetzen.

Zum anderen ist das Auslösen einer Zahlung nach SCT zahlungsverkehrstech- **105**
nisch als die Übermittlung des Zahlungsauftrags an den ZDL definiert. Die Vereinbarung zwischen ZDL und ZDN zur Nutzung von SEPA Überweisungen legt
daher die Rollen und Aktionen und damit die Vorgänge der Zahlungsauslösung
fest. Bei der Übermittlung von Zahlungsanweisungen für SEPA Überweisungen
via EBICS Protokoll würde der ZDN oder ein in seinem Auftrag handelnder
Dienstleister also Zahlungen auslösen. Im Falle der Signatur der Übermittlung von
zur Autorisierung der Zahlung berechtigten EBICS Schlüsseln, wird zudem gleichzeitig die Zustimmung durch den Schlüsselinhaber (ZDN) erteilt. Somit liegt
gleichzeitig also auch die Zustimmung des ZDN vor. Eine Ausnahme von der starken Kundenauthentifizierung bei der Verwendung des EBICS-Protokolls, das in
Deutschland in der Regel nur Firmenkunden und damit keinen Verbrauchern zur
Verfügung gestellt wird, ist nach Art. 17 PSD2-RTS durch eine entsprechende Formulierung durch die zuständige Behörde möglich.

7. Erteilung von SEPA-Lastschriftmandaten

Bei Lastschriften wird die Zahlung durch den Zahlungsempfänger ausgelöst. Da **106**
Art. 97 Abs. 1b PSD2 eine starke Kundenauthentifizierung für Zahlungsauslösungen durch den Zahler fordert, sind Zahlungsauslösungen von Lastschriften daher
nicht Regelungsgegenstand der PSD2-RTS.

Die zunehmende Nutzung eines KID zur Bestätigung der Kontoinhaberschaft **106a**
im Zusammenhang mit Mandatserteilungen im Internet wird aktuell noch unabhängig vom Autorisierungsvorgang für die Mandatserteilung gesehen. Obwohl
der ZDL am Vorgang des Kontozugriffs beteiligt ist, der indirekt zur Grundlage
der Mandatserteilung wird, findet hier kein expliziter Autorisierungsvorgang unter
Beteiligung des ZDL statt. Die Grenze kann jedoch fließend sein, wie verschiedene
Kooperationen von ZDL und KID zur Optimierung des Kundenerlebnisses zeigen.

In der Rationale zum Entwurf der PSD2-RTS (DRTSSCA) findet sich die Auf- **107**
fassung der EBA, dass die Lastschrift-Mandatserteilung unter Beteiligung des ZDL
jedoch im Lichte einer Handlung, die das Risiko eines Betrugs im Zahlungsverkehr
oder anderen Missbrauchs birgt gemäß Art. 97 Abs. 1c PSD2 zu bewerten sei und
eine starke Kundenauthentifizierung erfordere.

Diese Auffassung wurde zwar in den final veröffentlichten PSD2-RTS und auch **108**
im Meinungspapier der EBA zur Umsetzung der starken Kundenauthentifizierung
(EBA-Op-2018-04) nicht wieder aufgegriffen, allerdings ist auf Grund der offenen
Formulierung des Art. 97 Abs. 1c PSD2 davon auszugehen, dass die elektronische
Mandatserteilung auf Basis von Verfahren, die dem ZDN bzw. Zahlungsempfänger
vom ZDL bereitgestellt werden, eine starke Kundenauthentifizierung einschließlich der Erstellung eines Authentifizierungscodes erfordert.

Die Mandatserteilung für Lastschriften ist eine Willenserklärung und bei elek- **109**
tronischer Erteilung mit den vom ZDL bereitgestellten Authentifizierungsverfahren
ähnlich zu schützen, wie die Willenserklärung zur Zahlungsausführung einer Überweisung. Eine Unwirksamkeit des Schutzes würde gegen die Anforderungen aus
Art. 1–3 PSD2-RTS verstoßen. Die Anzeige durch den ZDN oder die Feststellung
durch den ZDL bezüglich einer missbräuchlichen Verwendung der Authentifizierungsmittel oder eines Identitätsdiebstahls ist als Betrug im Zahlungsverkehr zu
werten und das damit verbundene Risiko mit Hilfe der Verwendung starker Kundenauthentifizierung bei der Durchführung einer elektronischen Willenserklärung
zu reduzieren.

110   Als Betrug ist eine entsprechende Anzeige durch den ZDN oder der Feststellung durch den ZDL auch innerhalb der achtwöchigen Rückgabefrist von SEPA Lastschriften zu werten, selbst wenn das Rückgaberecht bedingungslos ist. Durch die explizite Feststellung, dass die entsprechende Lastschrift nicht autorisiert erfolgte, zählt in die Betrugsstatistik des ZDL für das Zahlungsverfahren Lastschrift ein.

111   Die Argumentation gilt insbesondere nicht nur für den kontoführenden ZDL, sondern für jeden ZDL, der die elektronischen Mittel für die Erstellung eines Lastschriftmandats auf Basis von Authentifizierungsdaten oder Informationen zur Identität des ZDN zur Verfügung stellt und zur Validierung nutzt, da Art. 97 Abs. 1c PSD2 die Formulierung nicht explizit allein auf kontoführenden ZDL abstellt. Als Beispiel seien kartenherausgebende ZDL genannt, die Kartenzahlungen auf Grundlage von Lastschrifteinzügen des ZDN vom Zahlungskonto bei seinem kontoführenden ZDL ausgleichen.

8. Exkurs: Zahlungsauslösungen von Kryptowährungen

112   Die Relevanz von Krypto-Technologien im Rahmen der Zahlungsdienste ergibt sich vor allem vor dem Hintergrund technischer Lösungen für E-Geld-Zahlungen, zB bestimmte Stablecoin-Implementierungen iSd MiCAR, oder als Infrastruktur für Fernzugriffe auf Zahlungskonten. Die kryptografischen Elemente und Protokolle der Blockchain Technologie werden dabei für die Absicherung der Kommunikation zwischen dem ZDN und dem ZDL und zum Schutz der Integrität der Zahlungsdaten genutzt. Für die folgende Betrachtung wird daher unterschieden zwischen einer Kryptowährung, die eine technische Implementierung iSd MiCAR und damit eines Zahlungsdienstes iSd PSD2 darstell und Zahlungen durchführt, und Kryptowährungen bzw. Krypto-Technologien, die als Kommunikationsprotokoll im Zusammenhang mit dem Zugriff auf ein Zahlungskonto eines ZDL (iSd PSD2) genutzt werden.

113   Eine Zahlungsauslösung bei Kryptowährungen basiert idR auf der Verwendung von kryptografischen Schlüsseln, die entweder in einer Software-Anwendung des ZDN oder in einem Datenspeicher eines Dienstleisters gespeichert und verwaltet werden. Hier wird von non-custodial (Software-Anwendung des ZDN) und custodial (Datenspeicher des Dienstleisters) Wallets gesprochen. Auch hier gibt es also einen direkten Zugriff – die Zahlung wird mit den Funktionen der custodial Wallet ausgelöst – und einen indirekten Zugriff – die Zahlung wird mit Hilfe eines vorgelagerten Dienstleisters beim eigentlichen ZDL ausgelöst – auf das eigentliche Zahlungskonto des kontoführenden ZDL.

114   Ein wesentliches Merkmal von Krypto-Technologien im Zusammenhang mit Kryptowährungen ist die Nutzung von Schlüsselpaaren, einen geheimen und einen öffentlichen Schlüssel je Krypto-Identität, bei der die Schlüssel direkt bei der Verarbeitung der Transaktionen zum Einsatz kommen und dauerhaft mit den Transaktionen entlang der gesamten Verarbeitungskette verknüpft bleiben. Die Authentifizierungsmittel und der Integrationsschutz auf Basis individueller Merkmale sind also inhärenter Bestandteil der Technologie.

115   Im Falle einer non-custodial Wallet, bei der die Schlüsselmittel beim ZDN erzeugt, genutzt und gespeichert werden, liegt idR ein Besitz-Merkmal vor, wenn die geheimen Schlüssel mit dem persönlichen Gerät des ZDN fest verknüpft ist. Der geheime Schlüssel wird in diesem Fall auf dem Gerät gespeichert und ist mit dem Gerät verbunden. Die Übertragung auf ein anderes Gerät muss die Verknüpfung erkennbar ungültig machen. Da idR nur die Schlüsselmittel (hier das Besitz-

Merkmal) Technologie-bedingt direkt in die Transaktionsverarbeitung eingehen und kryptografisch mit den Transaktionsdaten verknüpft werden, ist ein weiteres Authentifizierungsmerkmal iSd der starken Kundenauthentifizierung notwendig. Es ist also auf Ebene der jeweiligen Software-Anwendung sicherzustellen, dass ein zweites Merkmal zur Auslösung der Transaktion in die Erstellung der Autorisierungsdaten eingeht. Üblich ist die Verwendung von Passwörtern oder der biometrischen Funktionen der Nutzergeräte. Da die Erstellung des Autorisierungs-Codes auf dem Nutzergerät idR interaktiv durch den Nutzer geschieht ist ähnlich wie bei der Zahlungsauslösung durch den ZDN selbst (→ Rn. 102) davon auszugehen, dass der ZDN die Richtigkeit der Daten selbst validieren kann.

Im Falle einer custodial Wallet, bei der die geheimen Schlüsselmittel beim **116** Dienstleister erzeugt, genutzt und gespeichert werden, wird die Verwaltung der Schlüsselmittel im Auftrag des ZDN betrieben. Die sichere Nutzung der Schlüsselmittel durch den ZDN ist dann durch einen vorgelagerten Authentifizierungsvorgang zu gewährleisten, der dann wiederum den Anforderungen einer starken Kundenauthentifizierung genügen muss. Allerdings bedarf es hier einer Möglichkeit der Validierbarkeit durch den kontoführenden ZDL, ob eine starke Kundenauthentifizierung stattfand, da der vorgelagerte Authentifizierungsvorgang von der Schlüsselnutzung hinsichtlich der Krypto-Transaktion idR zunächst technisch unabhängig ist.

Die Identifikation eines Kontos bei einer Kryptowährung ist aus Benutzersicht **117** ungleich schwieriger als bei Kontonummer (IBAN) eines Zahlungskontos. Die Konto-Identifikationsnummer eines Krypto-Währungskonto ist meist eine lange Zeichenkette. Die Validierung des Zielkontos bei einer Zahlungsauslösung ist also nur durch technische Hilfsmittel verlässlich zumutbar. Dies ist bei der Validierung des Zahlungsempfängers nach Art. 5 Abs. 1a PSD2-RTS durch den ZDN im Rahmen der Risikobetrachtung zu beachten bzw. in den technischen Implementierungen explizit herauszustellen.

Unterabschnitt 5. Zugang zu Konten und Zahlungssystemen

§56 Zugang zu Zahlungskontodiensten bei CRR-Kreditinstituten

(1) [1]CRR-Kreditinstitute im Sinne des §1 Absatz 3d Satz 1 des Kreditwesengesetzes haben den Instituten, die im Inland auf der Grundlage einer entsprechenden Erlaubnis tätig werden, auf objektiver, nichtdiskriminierender und verhältnismäßiger Grundlage den Zugang zu Zahlungskontodiensten zu gewähren. [2]Der Zugang nach Satz 1 muss so umfassend sein, dass das Institut seine Dienstleistung ungehindert und effizient erbringen kann. [3]Das CRR-Kreditinstitut hat die Ablehnung des Zugangs nach Satz 1 mit einer nachvollziehbaren Begründung der Bundesanstalt mitzuteilen.

(2) Die Vorschriften zur Bekämpfung der Geldwäsche und der Terrorismusfinanzierung bleiben unberührt.

Literatur: Glos/Hildner, Die gesteigerte Relevanz des ZAG für Banken nach Umsetzung der PSD II, RdZ 2020, 84; Koch/Zahrte, Der Zahlungsverkehr in der Bankpraxis, 2022.

Inhaltsübersicht

I. Normzweck

1   Mit § 56 wird **Unterabschnitt 5** eingeleitet, der den Zugang zu Konten und Zahlungssystemen regelt. Der Unterabschnitt ist vor allem **wettbewerblich** motiviert und soll sicherstellen, dass bestimmte Arten von Zahlungsdienstleistern, die für ihre Dienstleistungsprodukte auf die Nutzung von Produkten und Infrastrukturen der Vollbanken angewiesen sind, nicht von diesen behindert werden. Zu diesem Zweck werden CRR-Kreditinstitute verpflichtet, mit den Zahlungsinstituten auf deren Wunsch diskriminierungsfrei zu kontrahieren (dazu Koch/Zahrte Kap. 1.2.4.5.1).

2   Die Möglichkeit zur Eröffnung von Zahlungskonten wird in § 56 geregelt, die Teilnahme an Zahlungssystemen in § 57. § 58 normiert Zuständigkeiten der BaFin in Bezug auf bestimmte Zahlungssysteme und Zahlverfahren.

3   § 56 setzt Art. 36 PSD2 (RL (EU) 2015/2366 des Europäischen Parlaments und des Rates vom 25.11.2015 über Zahlungsdienste im Binnenmarkt, zur Änderung der Richtlinien 2002/65/EG, 2009/110/EG, 2013/36/EU und der Verordnung (EU) Nr. 1093/2010 sowie zur Aufhebung der Richtlinie 2007/64/EG, ABl. 2015 L 337, 35) um (Begr. RegE, BT-Drs. 18/11495, 141). Die Norm konstituiert ein Recht von Instituten, die auf Basis einer Lizenz nach dem ZAG tätig werden (→ Rn. 9 ff.), zur Erbringung von Zahlungsverkehrsdienstleistungen für ihre Kunden (→ Rn. 19) bei einem CRR-Kreditinstitut (→ Rn. 8) Zahlungskontodienste (→ Rn. 17 ff.) in Anspruch zu nehmen. Hiervon abzugrenzen ist der rein technische Kontozugang für ZADL und KIDL (unzutreffend insofern Schwennicke/Auerbach/Schwennicke Rn. 1).

4   Die Vorschrift hatte keine Entsprechung in der PSD1 oder im ZAG 2009. Ihr Zweck erschließt sich aus Erwägungsgrund 39 PSD2. Die Richtlinie möchte neue, internetbasierte Zahlverfahren fördern. Bei vielen solcher Verfahren werden Zahlungen im Netz durchgeführt oder ausgelöst, ohne dass der Dienstleister Konten für den Zahler oder den Zahlungsempfänger führt. In diesen Fällen bedarf es daher eines **konventionellen Zahlungskontos** zur Sammlung von Kleinbeträgen, zur Überführung konventionellen Buchgeldes in das Netzgeld sowie zum Transfer des Geldes an andere Zahlungsdienstleister.

Der Richtliniengeber ist davon ausgegangen, dass CRR-Kreditinstitute **5**
(→ Rn. 8) oftmals kein Interesse an der Führung eines solchen Kontos für Zahlungsinstitute haben werden. Das kann zum einen auf ein **unwirtschaftliches** Verhältnis zwischen Aufwand und Ertrag zurückzuführen sein. Zum anderen ist es denkbar, dass Vollbanken die Zahlungsinstitute als **Konkurrenz** zu eigenen Online-Produkten sehen und deswegen keine Vertragsbeziehung zu ihnen eingehen möchten.

Ziel des § 56 ist es daher, zu verhindern, dass CRR-Kreditinstitute ihre Wett- **6**
bewerber – insbes. solche, die vor Umsetzung der PSD2 dem **Fintech-Bereich** zugerechnet wurden – behindern, indem sie ihnen die Inanspruchnahme bankkontogebundener Dienstleistungen verweigern oder erschweren („Gatekeeper-Funktion").

II. Wesen der Vorschrift

Das geschützte Rechtsgut in § 56 ist, auch wenn die Gesetzesbegründung dies **7**
nicht explizit zum Ausdruck bringt, wie in § 57 der **freie Wettbewerb.** Allerdings handelt es sich bei § 56 schon deshalb nicht um eine kartellrechtliche Spezialvorschrift, weil der Tatbestand keine marktbeherrschende Stellung verlangt. CRR-Kreditinstitute sind also auch dann adressiert, wenn ihr Marktanteil für sich genommen überhaupt nicht ins Gewicht fällt.

III. Inhalt der Vorschrift

1. Zugang zu Zahlungskontodiensten, Abs. 1

a) Verpflichtete Institute (CRR-Kreditinstitute). CRR-Kreditinstitute **8**
nach § 1 Abs. 1 S. 1 Nr. 3 ZAG sind Institute gem. § 1 Abs. 3d S. 1 KWG, die über die Erlaubnis zur Erbringung des **Einlagengeschäfts** sowie mindestens eines im weitesten Sinne als Krediterbringung zu qualifizierenden Geschäfts verfügen (Begr. RegE, BT-Drs. 18/11495, 103). Es handelt sich somit idR um solche Institute, die früher als Vollbank bezeichnet wurden. Hinsichtlich weiterer Details wird auf die Kommentierung zu § 1 Abs. 1 S. 1 Nr. 3 ZAG verwiesen (→ Rn. 17 ff.). Als einzige Regelung im ZAG, die ausschließlich CRR-Kreditinstitute verpflichtet (Schäfer/Omlor/Mimberg/Glos/Hildner Rn. 1; Glos/Hildner RdZ 2020, 84), ist § 56 in gewisser Weise ein Fremdkörper. Die Verortung an dieser Stelle (und nicht im KWG) ist insofern nicht dem institutionellen Status des Adressaten, sondern dem Regelungsinhalt geschuldet.

b) Berechtigte Institute (Zahlungsinstitute). Der zugrundeliegende **9**
Artikel 36 PSD2 begünstigt **ausschließlich Zahlungsinstitute** iSd § 1 Abs. 1 S. 1 Nr. 1 ZAG. Diese sind damit unproblematisch auch berechtigte Institute im Rahmen von § 56.

Der Wortlaut des § 56 ist aber deutlich weiter als derjenige der PSD2 und umfasst **10**
alle Institute, die im Inland „auf Grundlage einer entsprechenden Erlaubnis tätig werden". Diese extrem unscharfe Abgrenzung soll ausweislich der Gesetzesbegründung (Begr. RegE, BT-Drs. 18/11495, 141) in jedem Fall **E-Geld-Institute** gem. § 1 Abs. 1 S. 1 Nr. 2 ZAG einschließen. Eine rechtspolitische Begründung für seine überschießende Umsetzung liefert der nationale Gesetzgeber nicht. Die Wirksam-

keit der Vorschrift begegnet insoweit Zweifeln im Hinblick auf das zahlungsdiensterechtliche Vollharmonisierungsgebot (Art. 107 PSD2). Sie führt nämlich dazu, dass deutsche CRR-Kreditinstitute einem weiteren Kontrahierungszwang unterliegen als Institute im EU-Ausland. Zwar ist fraglich, ob hierin ein echter Wettbewerbsnachteil für deutsche CRR-Kreditinstitute zu sehen ist (zweifelnd auch Schäfer/ Omlor/Mimberg/Glos/Hildner Rn. 14). Jedenfalls aber wollte die PSD2 derartige belegenheitsortsorientierten Differenzierungen gerade vermeiden. Deswegen sollte § 56 **richtlinienkonform** dahingehend ausgelegt werden, dass nur Zahlungsinstitute einen Anspruch erhalten (vgl. auch die Stellungnahme der Deutschen Kreditwirtschaft zum ZDUG, online abrufbar unter https://die-dk.de/media/files/ 170308_SN_DK_PSD2_RegE_final.pdf).

11   Keinesfalls begünstigt § 56 überdies **andere CRR-Kreditinstitute** oder **Institute nach § 1 Abs. 1 S. 1 Nr. 4 und 5 ZAG.** Diese Institute werden nämlich nicht „auf Grundlage einer entsprechenden Erlaubnis" nach dem ZAG tätig, sondern verfügen über eine KWG-Lizenz oder sonstige Privilegierungen. Überdies bestünde auch keine Notwendigkeit für einen gesetzlichen Kontrahierungszwang, denn CRR-Kreditinstitute, Zentralbanken oder öffentliche Anstalten/Gebietskörperschaften haben keine Schwierigkeiten, auch ohne aufsichtsrechtlichen Rechtsanspruch Zugang zu Zahlungskontodiensten zu erhalten.

12   Ebenfalls nicht berechtigt sind bloße **Agenten** gem. § 1 Abs. 9 ZAG oder **Auslagerungsunternehmen** von Zahlungsinstituten (Begr. RegE, BT-Drs. 18/11495, 141).

12a   Aus der Verpflichtung der CRR-Kreditinstitute kann iÜ nicht im Umkehrschluss auf eine Verpflichtung der berechtigten Institute geschlossen werden, Konten für Kundengelder stets bei CRR-Kreditinstituten zu führen (missverständlich insofern BT-Drs. 18/11495, 141; zutr. dagegen Schäfer/Omlor/Mimberg/ Glos/Hildner Rn. 18). Sofern ZAG-Institute über eine entsprechende Erlaubnis verfügen, steht es ihnen vielmehr frei, benötigte Zahlungskonten auch selbst zu führen. Außerdem können sie sich eines anderen ZAG-Instituts bedienen. Wenn – wie im Fall des kontoungebundenen Finanztransfergeschäfts gem. § 1 Abs. 1 S. 2 Nr. 6 – gar kein Zahlungskonto benötigt wird, gilt das Gesagte natürlich erst Recht.

13   **c) Zugang.** Die englische Version der PSD2 unterscheidet die Begriffe „receipt" (zB in Art. 78 PSD2) und „access" (zB in Art. 36 PSD2), welche vom deutschen Umsetzungsgesetzgeber beide mit „Zugang" übersetzt werden. Das führt zu **unterschiedlichen Zugangsbegriffen** im deutschen Zahlungsdiensterecht.

14   Dort, wo die Richtlinie von **„receipt"** spricht, ist der Empfang zB von Aufträgen oder Informationen gemeint. Diesen Zugang regelt va der zivilrechtliche § 675n BGB.

15   Dem Zugangsbegriff des Unterabschnitts 5 liegt **„access"** zugrunde. Das meint Zugang iSv **rechtlicher und technischer Verfügbarkeit,** also von Partizipation an einem Verfahren. Dieser wird durch Konstatierung eines gesetzlichen Kontrahierungszwangs für CRR-Kreditinstitute erreicht. Spiegelbildlich erhalten Zahlungsinstitute das Recht, bankkontogebundene Zahlungsverkehrsdienstleistungen diskriminierungsfrei in Anspruch nehmen zu können. Konkret wird sich der Anspruch also zumeist in einem **Recht auf Eröffnung und Führung eines Zahlungskontos** darstellen (→ Rn. 18).

16   Einen ähnlichen Zugangsbegriff enthält das Zahlungskontengesetz (ZKG) in Abschnitt 5 Unterabschnitt 2. Allerdings begünstigt das ZKG nur Verbraucher, § 1 ZKG. Und auch diese erhalten lediglich Anspruch auf ein Konto mit grundlegenden Funktionen (**Basiskonto**). Insofern können sich Zahlungsinstitute nur auf § 56 berufen und nicht auf § 31 Abs. 1 ZKG.

d) Zahlungskontodienste. Der Anspruch richtet sich laut der Gesetzes- **17** begründung auf alle Zahlungskontodienste iSd Zahlungsdiensterechts (Begr. RegE, BT-Drs. 18/11495, 141). Allerdings ist der Terminus des Zahlungskontodienstes weder in der PSD2 noch im ZAG definiert (Schäfer/Omlor/Mimberg/ Glos/Hildner Rn. 17) und bedarf daher einer Auslegung. Er setzt sich zusammen aus den Begriffen Zahlungskonto (§ 1 Abs. 17 ZAG) und Zahlungsdienst (§ 1 Abs. 1 S. 2 ZAG). Gemeint sind folglich diejenigen Zahlungsdienste aus dem Katalog des § 1 Abs. 1 S. 2, für deren Nutzung ein Zahlungskonto benötigt wird. Das umfasst nach dem Wortlaut des Gesetzes das Ein- und Auszahlungsgeschäft (§ 1 Abs. 1 S. 2 Nr. 1 u. 2) und die Ausführung von Zahlungsvorgängen gem. § 1 Abs. 1 S. 2 Nr. 3, also Zahlungsaufträgen via **Überweisung, Lastschrift oder konto- gebundener Zahlungskarte.** In der Praxis wird die Auftragserteilung dabei idR elektronisch über eine Kunde-Bank-Schnittstelle (zB FinTS, HBCI, EBICS) erfolgen.

Die Grundlage der Auftragserteilung kann ein **Zahlungsdiensterahmenver- 18 trag** iSd § 675f Abs. 2 BGB bilden. In diesem Fall richtet sich der Rechtsanspruch des Zahlungsinstituts idR auf Eröffnung eines beim CRR-Kreditinstitut geführten **Zahlungskontos. Kontoinhaber** wird dann das nach § 56 berechtigte Institut. Wirtschaftlich berechtigt iSd GwG (→ Rn. 27 ff.). sind dagegen dessen Kunden (Schäfer/Omlor/Mimberg/Glos/Hildner Rn. 19).

Dieses Konto muss unmittelbar der Erbringung der Dienstleistung des Zah- **19** lungsinstituts dienen. Es handelt sich dabei also zwingend um ein Konto, über das **Zahlungsaufträge der Kunden** des Zahlungsinstituts ausgeführt werden (Begr. RegE, BT-Drs. 18/11495, 141). Ein Kontrahierungszwang bezüglich eines **Ge- schäftskontos für die eigene Teilnahme** das Zahlungsinstituts am Zahlungsver- kehr (zB für Gehaltszahlungen, Versicherungsraten, Steuern usw) besteht dagegen nicht (Begr. RegE, BT-Drs. 18/11495, 141).

e) Umfang des Anspruchs, Abs. 1 S. 2. Der **Funktionsumfang** des Zah- **20** lungskontos wird – anders als beim Basiskonto nach § 38 ZKG – nicht vom Gesetz vorgegeben, sondern richtet sich gem. Abs. 1 S. 2 nach der **Dienstleistung** des Zahlungsinstituts. CRR-Kreditinstitute müssen Zahlungsinstituten also nur diejenigen Funktionalitäten bieten, die für das vom Zahlungsinstitut konkret angebotene Dienstleistungsprodukt **benötigt** werden. Das wird zumeist wenigstens das **Überweisungsgeschäft** und die **elektronische Kontoführung** umfassen, muss sich aber nicht darin erschöpfen (Schäfer/Omlor/Mimberg/Glos/Hildner Rn. 17).

Aus der Pluralform „Zahlungskontodienste" wird zudem deutlich, dass sich der **21** Anspruch nicht zwingend in der Führung eines einzigen Zahlungskontos erschöpft. Sofern das Zahlungsinstitut einen entsprechenden zwingenden Bedarf plausibilisie- ren kann, muss das CRR-Kreditinstitut ihm ggf. auch **mehrere Zahlungskonten** eröffnen.

Fraglich ist, ob auch ein Anspruch auf die **Hereinnahme von Einlagen** be- **21a** steht, wenn das CRR-Kreditinstitut dies anderen Geschäftskunden auf deren Zah- lungskonten typischerweise ermöglicht. Dies wird in der Literatur (Schäfer/Omlor/ Mimberg/Glos/Hildner Rn. 17) mit dem Hinweis bejaht, dass ZAG-Institute ein Bedürfnis auf Führung eines **Treuhandkotos** zur Sicherung von Kundengeldern haben können (§§ 17 Abs. 1 S. b, 18 ZAG). Allerdings ist das Einlagengeschäft kein Zahlungsdienst nach dem ZAG, sondern ein **Bankgeschäft** iSv § 1 Abs. 1 S. 2 Nr. 1

KWG. Als solches ist es auch nicht Gegenstand der PSD2 und konsequenter Weise auch nicht vom Wortlaut des § 56 umfasst. Deswegen sprechen die besseren Argumente dafür, einen Anspruch aus § 56 auf Führung eines Zahlungskontos, das (auch) der Deponierung von Kundengeldern dient, abzulehnen.

21b Das Kriterium der Notwendigkeit kann iÜ auch dazu führen, dass der Anspruch aus § 56 im Einzelfall inhaltsleer wird, etwa wenn ein Zahlungsinstitut ausschließlich das Finanztransfergeschäft gem. § 1 Abs. 1 S. 2 Nr. 6 anbietet, welches gerade durch die Kontoungebundenheit charakterisiert wird (Schäfer/Omlor/Mimberg/Glos/Hildner Rn. 18). Dass die Führung eines Kontos auch im Kontext einer solchen Dienstleistung zumindest **sinnvoll** sein mag, ist nicht ausreichend. Dies gilt schon deswegen, weil sich das Konto dann de facto als reines Geschäftskonto des Instituts darstellen würde, auf dessen Führung § 56, wie ausgeführt (→ Rn. 19), keinen Anspruch liefert.

22 **f) Diskriminierungsverbot und Ablehnungsgründe.** Der Zugang muss auf objektiver, **nicht diskriminierender** und verhältnismäßiger Grundlage gewährt werden. Das ist erfüllt, wenn das CRR-Kreditinstitut dem Zahlungsinstitut die Zahlungskontodienstleistung zu denselben Konditionen anbietet, wie einem sonstigen Geschäftskunden (Drittvergleich). Das bezieht sich sowohl auf die **technischen Modalitäten** der Abwicklung als auch auf **die Bepreisung** (Koch/Zahrte Kap. 1.2.4.5.1).

23 Zahlungsinstitute unterscheiden sich als Kunden jedoch dadurch von anderen Geschäftskunden, dass über die für sie geführten Konten oftmals Fremdgelder laufen. Hieraus erwachsen spezielle **geldwäscherechtliche Pflichten des kontoführenden Instituts** (→ Rn. 27). Keine Diskriminierung stellt es deswegen dar, wenn das CRR-Kreditinstitut vom Zahlungsinstitut Informationen verlangt, die benötigt werden, um (Identifikations-)Pflichten aus dem Geldwäsche-Gesetz (GwG) und der Geldtransfer-VO (VO (EU) 2015/847) nachzukommen (→ Rn. 29).

24 Das CRR-Kreditinstitut kann das Ersuchen des Zahlungsinstituts nur **ablehnen,** wenn objektive Gründe dafür vorliegen. Ein **Ermessen** besteht insoweit nicht (Schäfer/Omlor/Mimberg/Glos/Hildner Rn. 22). Welches **objektive Ablehnungsgründe** sind, wird nicht explizit geregelt. Auf jeden Fall ist ein solcher aber anzunehmen, wenn das CRR-Kreditinstitut in einem ganz anderen Geschäftsfeld tätig ist (zB als reine Pfandbrief- oder Investmentbank) und deswegen die nachgefragte Dienstleistung überhaupt **nicht oder nicht in benötigtem Umfang anbietet** (Begr. RegE, BT-Drs. 18/11495, 141). Bei öffentlich-rechtlichen Sparkassen kann es auch Begrenzungen aufgrund des **Regionalprinzips** (dazu ausf. Biesok, Sparkassenrecht, 1. Aufl. 2021, Rn. 264ff.) geben, wenn das anfragende Zahlungsinstitut nicht im Geschäftsgebiet sitzt. Ähnliches gilt, wenn ein Institut satzungsgemäß nur Dienstleistungen für seine Mitglieder oder für bestimmte Berufsgruppen erbringt. Außerdem darf das CRR-Kreditinstitut nicht an der **Erfüllung eigener gesetzlicher Pflichten,** zB aus dem KWG, dem Geldwäscherecht (→ Rn. 27) oder dem Datenschutz gehindert werden.

25 **g) Notifizierung der BaFin, Abs. 1 S. 3.** Lehnen CRR-Kreditinstitute das Ersuchen eines Zahlungsinstituts ab, so haben sie die BaFin hierüber zu unterrichten und die **Ablehnung nachvollziehbar zu begründen.** Das Kriterium der Nachvollziehbarkeit aus S. 3 ist dabei kumulativ mit den Merkmalen objektiv, nichtdiskriminierend und verhältnismäßig aus S. 1 (→ Rn. 22) zu sehen (Schäfer/Omlor/Mimberg/Glos/Hildner Rn. 22). Es reicht also nicht, wenn die Begründung lediglich irgendwie plausibel ist. Die BaFin soll durch die Notifizierung in

die Lage versetzt werden zu überblicken, ob in ausreichendem Maße Zahlungskontodienste für Zahlungsinstitute zur Verfügung stehen (BT-Drs. 18/11495, 141).

Da die BaFin aber **nur im öffentlichen Interesse** tätig wird (§ 4 Abs. 4 **26**
FinDAG) und keine individuellen Ansprüche durchsetzt, müssen Zahlungsinstitute,
die einen Zugang im Einzelfall begehren, den **Rechtsweg** zu den ordentlichen
Gerichten beschreiten (Begr. RegE, BT-Drs. 18/11495, 141; → Rn. 29b). Prozessuales Instrument ist dann die **Leistungsklage.** Diese kann auch auf wiederkehrende Leistungen gerichtet sein, § 258 ZPO.

2. Vorrang geldwäscherechtlicher Vorschriften, Abs. 2

Die Geltung der Vorschriften zur Bekämpfung von Geldwäsche und Terroris- **27**
musfinanzierung (Abs. 2) hätte eigentliche keiner Erwähnung bedurft. Für CRR-
Kreditinstitute folgt sie unproblematisch bereits aus § 2 Abs. 1 Nr. 1 GwG sowie
steuerrechtlich aus § 154 Abs. 2 AO. Es war dem Umsetzungsgesetzgeber aber
wichtig, sicherzustellen, dass **Sammelkonten,** über die Zahlungsinstitute eine
Vielzahl von Transaktionen für ihre Kunden abwickeln, keine Möglichkeit darstellen, Zahler und Empfänger einer Transaktion zu verschleiern („Abschneiden der
Papierspur", Begr. RegE, BT-Drs. 18/11495, 141).

Deswegen müssen die **Identifizierungspflichten** nach § 154 AO, §§ 11 ff. **28**
GwG und Art. 5 ff. der Geldtransfer-VO (VO (EU) 2015/847 des Europäischen
Parlaments und des Rates vom 20.5.2015 über die Übermittlung von Angaben bei
Geldtransfers und zur Aufhebung der Verordnung (EU) Nr. 1781/2006, ABl. 2015
L 141, 1) von den beteiligten Zahlungsdienstleistern in ihren jeweiligen Pflichten-
kreisen weiterhin erfüllt werden. Es ist insbesondere nicht ersichtlich, dass CRR-
Kreditinstitute im Fall der Führung von Konten für Zahlungsdienstleister nur den
vereinfachten Sorgfaltspflichten iSv § 214 GwG unterliegen würden (Schäfer/
Omlor/Mimberg/Glos/Hildner Rn. 27).

CRR-Kreditinstitute können daher von Zahlungsinstituten die Übermittlung **29**
der benötigten Informationen zu den an Anfang und Ende der Abwicklungskette
stehenden Zahlungsdienstnutzern (**wirtschaftlich Berechtigte** iSv § 3 GwG) verlangen (→ Rn. 23). Dies sind im Fall eines Sammelkontos uU **extrem viele Personen.** Kommt ein Zahlungsinstitut einem solchen Auskunftsersuchen nicht in
hinreichender Weise nach, darf das CRR-Kreditinstitut die jeweilige Dienstleistung
ablehnen (→ Rn. 24) und im Wiederholungsfall als ultima ratio die bestehende **Geschäftsverbindung kündigen** (Schäfer/Omlor/Mimberg/Glos/Hildner Rn. 28).

IV. Rechtsfolge von Verstößen

Der Verstoß gegen § 56 ZAG ist zwar nicht gem. § 63 f. ZAG bußgeldbewehrt, **29a**
jedoch steht der BaFin **aufsichtsrechtlich** ansonsten ihr vollständiger Instrumen-
tenkatalog zur Verfügung.

Zivilrechtlich wird § 56 als **Schutzgesetz** begriffen (Schäfer/Omlor/Mim- **29b**
berg/Glos/Hildner Rn. 31; Schwennicke/Auerbach/Schwennicke Rn. 9; vgl.
auch die GesBegr. zum vergleichbaren § 52, BT-Drs. 18/11495, 138), sodass ein
Anspruch aus § 823 Abs. 2 BGB anzunehmen ist. Daneben kann ein Schadensersatzanspruch aus §§ 9 S. 1, 4 Nr. 4 UWG wegen **gezielter Behinderung eines
Wettbewerbers** treten (Schäfer/Omlor/Mimberg/Glos/Hildner Rn. 32).

V. Verhältnis zum Kartellrecht

30   Anders als § 57 Abs. 4 (Zahrte → § 57 Rn. 38) regelt § 56 das **Verhältnis zum allgemeinen Kartellrecht** nicht explizit. Trotzdem besteht kein Zweifel daran, dass kartellrechtliche Ansprüche neben den Zugangsanspruch nach § 56 Abs. 1 treten können (zust. Schäfer/Omlor/Mimberg/Glos/Hildner Rn. 32). Allerdings dürften Ansprüche von Zahlungsinstituten gegen CRR-Kreditinstitute aus § 19 Abs. 4 Nr. 4 GWB regelmäßig an der fehlenden marktbeherrschenden Stellung (→ Rn. 7) des CRR-Kreditinstituts nach § 19 Abs. 1 GWB scheitern.

VI. Rechtspolitische Kritik

31   Die Vorschrift greift in bedenklicher Weise in das Prinzip der **Vertragsfreiheit** ein. Selbstverständlich ist das Ziel des Gesetzgebers, eine mittelbare Behinderung von Zahlungsinstituten durch CRR-Institute verhindern zu wollen, nicht zu beanstanden. Allerdings fehlt es an empirischen Belegen dafür, dass Zahlungsinstitute auf dem hochgradig polypolistischen Markt für Zahlungskonten keine Möglichkeit hätten, ein solches auch ohne gesetzlichen Kontrahierungszwang zu eröffnen.

32   Angesichts der bereits kritischen Vorgehensweise des Richtliniengebers ist es zudem umso unverständlicher, dass der deutsche Umsetzungsgesetzgeber den Versuch unternommen hat, den Anwendungsbereich der Vorschrift im Vergleich zur Richtlinie auch noch auszudehnen (→ Rn. 10).

§ 57   Zugang zu Zahlungssystemen

(1) [1]**Der Betreiber eines Zahlungssystems darf Zahlungsdienstleister, Zahlungsdienstnutzer und gleichartige Zahlungssysteme weder unmittelbar noch mittelbar**
1. **bei dem Zugang zum Zahlungssystem durch restriktive Bedingungen oder mit sonstigen unverhältnismäßigen Mitteln behindern;**
2. **in Bezug auf ihre Rechte und Pflichten als Teilnehmer des Zahlungssystems ohne sachlich gerechtfertigten Grund unterschiedlich behandeln;**
3. **im Hinblick auf den institutionellen Status des Zahlungsdienstleisters beschränken.**

[2]**Der Betreiber eines Zahlungssystems darf objektive Bedingungen für eine Teilnahme an einem Zahlungssystem festlegen, soweit diese für einen wirksamen Schutz der finanziellen und operativen Stabilität des Zahlungssystems und zur Verhinderung der mit der Teilnahme an einem Zahlungssystem verbundenen Risiken erforderlich sind.** [3]**Zu diesen Risiken gehören insbesondere das operationelle Risiko, das Erfüllungsrisiko und das unternehmerische Risiko.** [4]**Jeder Zahlungsdienstleister und jedes andere Zahlungssystem hat vor dem Beitritt und während seiner Teilnahme an einem Zahlungssystem gegenüber dem Betreiber und den anderen Teilnehmern des Zahlungssystems auf Anforderung darzulegen, dass seine eigenen Vorkehrungen die objektiven Bedingungen im Sinne des Satzes 2 erfüllen.** [5]**Der Betreiber hat bei Ablehnung eines Antrags auf Zugang zu dem Sys-**

tem oder Ausschluss eines Teilnehmers mit der Bekanntgabe der Maßnahme die Gründe abschließend darzulegen.

(2) [1]Wer als Betreiber eines Zahlungssystems gegen die Vorschriften des Absatzes 1 verstößt, ist dem Betroffenen zur Beseitigung und bei Wiederholungsgefahr zur Unterlassung verpflichtet. [2]Wer den Verstoß vorsätzlich oder fahrlässig begeht, ist dem Betroffenen zum Ersatz des daraus entstehenden Schadens verpflichtet; für diese Ansprüche ist der ordentliche Rechtsweg gegeben.

(3) [1]Die Absätze 1 und 2 gelten nicht für die in § 1 Absatz 16 des Kreditwesengesetzes bezeichneten Systeme sowie für die Zahlungssysteme, die ausschließlich aus einer einzigen Unternehmensgruppe angehörenden Zahlungsdienstleistern bestehen. [2]Gewährt ein Teilnehmer eines in § 1 Absatz 16 des Kreditwesengesetzes bezeichneten Systems einem zugelassenen oder registrierten Zahlungsdienstleister, der kein Teilnehmer des Systems ist, das Recht, über ihn Überweisungsaufträge über das System zu erteilen, hat er auch anderen zugelassenen oder registrierten Zahlungsdienstleistern auf Antrag die gleiche Möglichkeit in objektiver, verhältnismäßiger und nichtdiskriminierender Weise einzuräumen; die Bestimmungen des Absatzes 1 Satz 4 und Absatz 2 gelten für diese Teilnehmer insoweit entsprechend.

(4) Die Aufgaben und Zuständigkeiten der Kartellbehörden nach dem Gesetz gegen Wettbewerbsbeschränkungen bleiben unberührt.

Literatur: Jungmann, Kreditkartengeschäft; Vier- und Drei-Parteien-Systeme; Interbankenentgelte; Verbot des Surcharging; Zugang zu Zahlungssystemen Zahlungsverkehr, WuB 2018, 267; Koch/Reinicke, Zahlungsdiensteaufsichtsgesetz – ZAG, 2. Aufl. (2011); Koch/Zahrte, Der Zahlungsverkehr in der Bankpraxis, 2022; Schäfer/Lang, Die aufsichtsrechtliche Umsetzung der Zahlungsdiensterichtlinie und die Einführung des Zahlungsinstituts, BKR 2009, 11.

Inhaltsübersicht

I. Normzweck

1   Die Vorschrift transformiert **Art. 35 PSD2** (Richtlinie (EU) 2015/2366 des Europäischen Parlaments und des Rates vom 25.11.2015 über Zahlungsdienste im Binnenmarkt, zur Änderung der Richtlinien 2002/65/EG, 2009/110/EG und 2013/36/EU und der Verordnung (EU) Nr. 1093/2010 sowie zur Aufhebung der Richtlinie 2007/64/EG, ABl. 2015 L 337, 35) in deutsches Recht. Sie entspricht in weiten Teilen § 7 ZAG 2009, der bis zum 12.1.2018 den Art. 28 PSD1 (Richtlinie 2007/64/EG des Europäischen Parlaments und des Rates vom 13.11.2007 über Zahlungsdienste im Binnenmarkt, zur Änderung der Richtlinien 97/7/EG, 2002/65/EG, 2005/60/EG und 2006/48/EG sowie zur Aufhebung der Richtlinie 97/5/EG, ABl. 2007 L 319, v. 5.12.2007 (1–36)) umgesetzt hat (BT-Drs. 18/11495, 141).

2   Schon bei Schaffung der PSD1 hatte die EU-Kommission festgestellt, dass die Teilhabe an Zahlungsverkehrssystemen essenziell für den **Marktzutritt der Zahlungsinstitute** – hier in Abgrenzung zu den etablierten Kreditinstituten – sei (Europäische Kommission, Pressemitteilung vom 3.8.2004, 2004 JP/04/1016; vgl. auch Erwägungsgrund 16 PSD1). An dieser Einschätzung hält die PSD2 ausweislich der Erwägungsgründe 49 ff. fest.

3   Um Kreditinstituten iSv § 1 Abs. 1 KWG keine Möglichkeit zu belassen, Zahlungsinstitute iSv § 1 Abs. 1 S. 1 Nr. 1 ZAG von ihren Systemen auszuschließen, konstituiert § 57 ein generelles und einklagbares **Recht auf Zugang zur Zahlungsverkehrsinfrastruktur** (BT-Drs. 16/11613, 44, li. Sp.; Koch/Zahrte Kap. 1.2.4.5.2). Aus Sicht des Systembetreibers stellt sich dies somit als **Kontrahierungszwang** dar (Schäfer/Omlor/Mimberg/Glos/Hildner Rn. 4). Der Zugang zum System darf nur durch einen sachlichen Grund beschränkt werden. Solche sachlichen Gründe sind etwa das Funktionieren des Zahlungssystems (Interoperabilität) und die Systemsicherheit (→ Rn. 18 ff.).

II. Wesen der Vorschrift

4   Geschütztes Rechtsgut ist der **freie Wettbewerb** im Zahlungsverkehr. Bei § 57 handelt es sich somit trotz der Verortung im ZAG nicht um eine aufsichtsrechtliche Vorschrift, sondern um originäres **Wettbewerbsrecht** (Begr. RegE, BT-Drs. 18/11495, 141 f.; Schäfer/Omlor/Mimberg/Glos/Hildner Rn. 3 ff.; Schwennicke/Auerbach/Schwennicke Rn. 2; Ellenberger/Findeisen/Nobbe/Böger/Rieg Rn. 3). Deswegen ist die Norm auch der Überwachungspflicht der Bundesanstalt für Finanzdienstleistungsaufsicht entzogen (Begr. RegE, BT-Drs. 16/11613, 27, li. Sp.; Begr. RegE, BT-Drs. 18/11495, 141; Schäfer/Omlor/Mimberg/Glos/Hildner Rn. 26; Schwennicke/Auerbach/Schwennicke Rn. 2; Koch/Reinicke S. 87). Stattdessen steht einem Betroffenen der **ordentliche Rechtsweg** offen (→ Rn. 30; vgl. auch Begr. RegE, BT-Drs. 16/11613, 27, li. Sp.).

Die Norm wird von der Gesetzesbegründung als **Konkretisierung der** 5
Art. 101, 102 AEUV (ex-Art. 81, 82 EGV) beschrieben (Begr. RegE, BT-Drs.
18/11495, 141). Diese Einschätzung übernehmen Teile der Literatur (Ellenberger/
Findeisen/Nobbe/Böger/Rieg Rn. 3; Schwennicke/Auerbach/Schwennicke
Rn. 1; Koch/Reinicke S. 87), ohne jedoch zu thematisieren, dass § 57 seinem
Wortlaut nach über den Anwendungsbereich der wettbewerbsrechtlichen Norm
des AEUV/EGV hinausgeht. Anders als bei § 102 AEUV ist nämlich im § 57 die
marktbeherrschende Stellung kein explizites Tatbestandsmerkmal (→ Rn. 7).

III. Inhalt der Vorschrift

1. Sachlicher Anwendungsbereich

a) Zahlungssystem. Zunächst muss ein Zahlungssystem iSd Legaldefinition 6
des § 1 Abs. 11 vorliegen (→ § 1 Rn. 399 ff.). Dies setzt neben dem Betreiber
(→ Rn. 8) mindestens **drei angeschlossene Zahlungsdienstleister** voraus. Aus
dem Erfordernis eines „Betreibers" ergibt sich zudem, dass das System auch betrieben, dh tatsächlich zur technischen Abwicklung von Zahlungen genutzt wird, und
nicht lediglich auf rein vertraglicher Basis existiert (Schäfer/Omlor/Mimberg/
Glos/Hildner Rn. 12).

Typische **Beispiele** für solche Zahlungssysteme sind die **Vier-Parteien-Kar-** 6a
tensysteme, die **Gironetze** der deutschen Kreditinstitute (Schäfer/Omlor/Mim-
berg/Mimberg § 1 Rn. 326), das **TARGET2**-System der EZB (Schäfer/Omlor/
Mimberg/Mimberg § 1 Rn. 326) bzw. dessen Nachfolgelösung T2 oder **Auto-**
matisierte Clearinghäuser, sog. ACH = Automated Clearing Houses (Begr.
RegE, BT-Drs. 16/11613, 44 f.).

b) Wettbewerbsbeeinträchtigung. Dem Wortlaut nach greift § 57 unabhän- 7
gig von einem bestimmten Marktanteil des Zahlungssystems (→ Rn. 5). Allerdings
wird bei Art. 101, 102 AEUV (ex-Art. 81 EGV), die § 57 ausweislich der Gesetzesbegründung konkretisieren soll (Begr. RegE, BT-Drs. 18/11495, 141), entsprechend dem Rechtsgedanken des „de minimis non curat praetor" als ungeschriebenes
Tatbestandsmerkmal zumindest eine **„Spürbarkeit der Wettbewerbsbeeinträch-**
tigung" angenommen (EuGH Slg. 1969, 295 – Voel/Verwaecke; EuGH Slg. 1983,
3151 (3201) – AEG Telefunken; in Vedder/Heintschel von Heinegg/Müller-Graff
AEUV Art. 101 Rn. 30; Aicher/Schuhmacher/Stockenhuber/Schroeder in Gra-
bitz/Hilf EGV Art. 81 Rn. 215 ff.). Dies muss also auch bei § 57 gelten (Schäfer/
Omlor/Mimberg/Glos/Hildner Rn. 5; aA Schwennicke/Auerbach/Schwennicke
Rn. 3), wird jedoch zumeist gegeben sein, da im Bereich der Zahlungssysteme eine
hohe Marktkonzentration zu verzeichnen ist.

2. Persönlicher Anwendungsbereich

a) Adressaten der Vorschrift. Die Vorschrift bindet nicht die Teilnehmer, 8
sondern lediglich den **Betreiber eines Zahlungssystems,** dh denjenigen, der die
juristische Verantwortung für das System trägt (vgl. → § 1 Rn. 406; Schäfer/
Omlor/Mimberg/Glos/Hildner Rn. 12).

b) Geschützter Personenkreis. Geschützt werden neben den direkt beteilig- 9
ten **Zahlungsdienstleistern** nach § 1 Abs. 1 S. 1 Nr. 1–6 auch andere **Zahlungs-**

systeme isv § 1 Abs. 11 ZAG und die **Zahlungsdienstnutzer.** Letztere definiert § 675f Abs. 1 BGB als Personen, „die einen Zahlungsdienst als Zahler, Zahlungsempfänger oder in beiden Eigenschaften in Anspruch nehmen". Nicht erfasst sind dagegen **sonstige am Zahlungsvorgang beteiligte Dritte,** zB IT-Dienstleister, Hersteller von Zahlungsverkehrssoftware oder sog. **indirekte Teilnehmer** (→ § 1 Rn. 407).

3. Regelungen des Zugangs, Abs. 1

10   In § 57 Abs. 1 werden die Absätze 1–3 aus § 7 ZAG 2009 zusammengezogen, ohne dass es insoweit zu einer Änderung des Rechtszustands kommt (Begr. RegE, BT-Drs. 18/11495, 142). Lediglich Abs. 1 S. 5 (die Gesetzesbegründung spricht hier irrtümlich von S. 4, Begr. RegE, BT-Drs. 18/11495, 142) besaß keine explizite Entsprechung im ZAG 2009 (→ Rn. 26).

11   **a) Diskriminierungsverbot, Abs. 1 S. 1.** Abs. 1 S. 1 übernimmt für die Nummern 1–3 weitgehend die Formulierungen des Art. 35 Abs. 1 S. 2 lit. a–c der PSD2 (vgl. Begr. RegE, BT-Drs. 16/11613, 45, re. Sp.).

12   **aa) Restriktive Bedingungen, Nr. 1.** Verboten sind nach **Abs. 1 S. 1 Nr. 1** „restriktive Bedingungen oder sonstige unverhältnismäßige Mittel". Art. 35 Abs. 1 S. 2 lit. a PSD2 spricht demgegenüber lediglich von „restriktiven Regelungen". Die Ergänzung um das „sonstige unverhältnismäßige Mittel" ist vor allem als Auslegungshilfe für den Begriff „restriktiv" zu verstehen, indem ersichtlich wird, dass dieses Kriterium nur dann erfüllt ist, wenn zugleich eine **Unverhältnismäßigkeit** gegeben ist (Schäfer/Omlor/Mimberg/Glos/Hildner Rn. 16).

13   Der Systembegriff des § 1 Abs. 11 setzt das Vorliegen einer **förmlichen Vereinbarung voraus** (→ § 1 Rn. 407; Schäfer/Omlor/Mimberg/Mimberg § 1 Rn. 325; Schwennicke/Auerbach/Schwennicke § 1 Rn. 149 f.). Diese ist schon deshalb notwendig, um die Interoperabilität der beteiligten Zahlungsdienstleister sicherzustellen. Typischerweise werden darin das **Zutrittsentgelt** (→ Rn. 15), feste **Clearing- und Settlement-Zeiten** (Schwennicke/Auerbach/Schwennicke Rn. 9) sowie die zu verwendenden **Datenformate** (Schwennicke/Auerbach/Schwennicke Rn. 9) geregelt. Folglich ist nicht jede vertragliche Bedingung zugleich „restriktiv", sondern nur solche, deren beschränkende Wirkung über das zur Erreichung eines legitimen Ziels erforderliche Maß hinausgeht und selbstverständlich solche, deren einziger Zweck von vornherein die Diskriminierung eines (potenziellen) Teilnehmers ist.

14   Eine restriktive Bedingung liegt jedenfalls dann **nicht vor,** wenn ein Fall des Abs. 1 S. 2–4 oder des Abs. 4 gegeben ist. Es ist aber auch nicht ausgeschlossen, dass sich die Verhältnismäßigkeit einer vertraglichen Beschränkung aus anderen Umständen ergibt.

15   **bb) Gleichbehandlungsgebot, Nr. 2. Abs. 1 S. 1 Nr. 2** übernimmt den in Art. 35 Abs. 1 lit. b PSD2 formulierten **Gleichbehandlungsgrundsatz,** nach dem der Betreiber eines Zahlungssystems sämtliche daran partizipierenden Zahlungsdienstleister in Bezug auf die Rechte und Pflichten gleich zu behandeln hat (Koch/Reinicke S. 98). Wie dieses Gleichbehandlungsgebot in der Praxis umzusetzen ist (also zB ob Beiträge je Teilnehmer, abhängig vom Nutzungsverhalten oder in Kombination aus beidem erhoben werden), wird nicht explizit geregelt (vgl. aber Erwägungsgrund 50 PSD2, der Preisunterschiede bei unterschiedlich hoher

Kostenverursachung für zulässig erklärt) und bleibt somit Gegenstand der unternehmerischen Freiheit des Systembetreibers.

Eine **Verletzung** des Gleichbehandlungsgebots wäre gegeben, wenn bestimmte **16** Kategorien von Zahlungsdienstleistern bei gleich intensiver Nutzung des Systems unterschiedliche finanzielle Beiträge zu entrichten hätten (Schwennicke/Auerbach/Schwennicke Rn. 11) oder wenn einzelnen Teilnehmern trotz Vergleichbarkeit nicht das volle Leistungsangebot zur Verfügung stünde.

cc) **Institutioneller Status, Nr. 3.** Die Regelung in **Abs. 1 S. 1 Nr. 3** setzt **17** Art. 35 Abs. 1 lit. c PSD2 um. Das Verbot der Diskriminierung aufgrund eines unterschiedlichen institutionellen Status stellt eine spezielle Ausprägung des bereits in Nr. 2 festgeschriebenen Gleichheitsgebots dar (Schäfer/Omlor/Mimberg/Glos/Hildner Rn. 18; Schwennicke/Auerbach/Schwennicke Rn. 13). Zwar definiert das Gesetz nicht, was unter „institutionelle Status" zu verstehen ist. Allerdings wird aus dem Zweck der Vorschrift (vgl. Erwägungsgrund 50 PSD2) ersichtlich, dass die unterschiedlichen **Kategorien von Zahlungsdienstleistern** gem. § 1 Abs. 1 S. 1 Nr. 1–6 gemeint sind (vgl. Begr. RegE, BT-Drs. 16/11613, 44, re. Sp.). Kreditinstitute iSd § 1 KWG (oder Zusammenschlüsse von solchen), die in der Vergangenheit zumeist die Betreiber von Zahlungssystemen waren (→ Danwerth § 1 Rn. 345), haben diese Systeme also nun insbesondere auch Zahlungsinstituten nach § 1 Abs. 1 S. 1 Nr. 1 zu öffnen, die auf Basis einer Lizenz nach dem ZAG tätig werden.

b) **Bedingungen zur Reduzierung von Risiken, Abs. 1 S. 2 und 3.** Die **18** Sätze 2 und 3 entsprechen § 7 Abs. 2 ZAG 2009. In Umsetzung von Art. 35 Abs. 1 S. 1 Hs. 2. PSD2 gestattet § 57 **Abs. 1 S. 2** den Betreibern von Zahlungssystemen, zum Schutz ihrer Systeme **objektive Kriterien** für die Partizipation festzulegen.

Abs. 1 S. 3 nennt die Risiken, denen ein Zahlungssystem üblicherweise aus- **19** gesetzt ist und die durch die Zugangskriterien reduziert werden sollen. Dies sind das operationale Risiko, das Erfüllungsrisiko und das unternehmerische Risiko.

Der Begriff des **operationellen Risiko** entspricht dem der Legaldefinition in **20** Art. 4 Abs. 1 Nr. 52 CRR-VO (VO (EU) Nr. 575/2013 des Europäischen Parlaments und des Rates vom 26. 6. 2013 über Aufsichtsanforderungen an Kreditinstitute und Wertpapierfirmen und zur Änderung der Verordnung (EU) Nr. 646/2012 (EU-Bankenaufsichtsverordnung – CRR), ABl. 2013 L 176, 1) und umfasst das Risiko von Verlusten, die durch die Unangemessenheit oder das Versagen von internen Verfahren, Menschen und Systemen oder durch externe Ereignisse verursacht werden, einschließlich der Rechtsrisiken. Gemeint sind also Risiken, die aus dem Systembetrieb selbst erwachsen und die sich im Institut manifestieren (vgl. Fischer/Schulte-Mattler/Dürselen CRR-VO Art. 4 Rn. 170 ff.; Hartmann-Wendels/Pfingsten/Weber, Bankbetriebslehre, G 2.2.5.). Dieses Risiko kann etwa durch **genaue Prozessdefinition, sichere Zugangskanäle** (Schwennicke/Auerbach/Schwennicke Rn. 16) oder Anforderungen an die **IT-Sicherheit** der Teilnehmer reduziert werden (ähnlich Schäfer/Omlor/Mimberg/Glos/Hildner Rn. 20; Schwennicke/Auerbach/Schwennicke Rn. 9).

Unter **Erfüllungsrisiko** oder Ausfallrisiko ist das Risiko zu verstehen, dass Teil- **21** nehmer des Zahlungssystems ihren aus der Nutzungsvereinbarung sich ergebenden Pflichten (zB Beitrags- oder Haftungspflichten) nicht nachkommen (vgl. Hartmann-Wendels/Pfingsten/Weber, Bankbetriebslehre, G 2.2.2.). Dies lässt sich zB durch **verbindliche Liquiditätsvorgaben** (Schäfer/Omlor/Mimberg/Glos/Hildner Rn. 21; Schwennicke/Auerbach/Schwennicke Rn. 9) und **Sicherheitenstellung** (Schwennicke/Auerbach/Schwennicke Rn. 16) der Teilnehmer ausschließen.

22   Das **unternehmerische Risiko** trifft den oder die (Eigen-)Kapitalgeber und bezeichnet die Gefahr, dass geleistete Aufwendungen in einer ungewissen Zukunft nicht durch Erträge gedeckt werden. Es lässt sich durch ein **angemessenes Zutritts-entgelt** abmildern (Schäfer/Omlor/Mimberg/Glos/Hildner Rn. 22; Schwennicke/Auerbach/Schwennicke Rn. 16).

23   Der Systembetreiber darf Voraussetzungen für den Zugang zum System fest-legen, soweit diese zur Absicherung gegen eines der genannten Risiken erforderlich sind. Insofern reicht eine generelle Geeignetheit nicht aus, sondern als zweiter Schritt hat eine **Erforderlichkeitsprüfung** zu erfolgen (vgl. Begr. RegE, BT-Drs. 16/11613, 45, li. Sp.; Koch/Reinicke S. 98). Die Festlegung der entsprechenden Teilnahmebedingungen bedeutet, dass diese nachvollziehbar, dokumentiert, jedem Teilnahmewilligen zugänglich und gleich sind (ähnlich Begr. RegE, BT-Drs. 16/11613, 45, li. Sp.; Ellenberger/Findeisen/Nobbe/Böger/Rieg Rn. 10; Schwen-nicke/Auerbach/Schwennicke Rn. 14f.; vgl. → Rn. 10f.).

24   Es bedeutet allerdings nicht, dass eine Festlegung ex ante notwendig ist. Viel-mehr kann ein Systembetreiber, der **während des laufenden Betriebs** Risiken aus den genannten Kategorien identifiziert, die Zugangsvoraussetzungen diskrimi-nierungsfrei **verschärfen.** Kann oder will ein teilnehmender Zahlungsdienstleister die verschärften Bedingungen nicht erfüllen, so ist es dem Betreiber nicht versagt, nach angemessener Fristsetzung die Systemteilnahme aufzukündigen.

25   **c) Pflicht zur Darlegung der Sicherheiten, Abs. 1 S. 4.** Abs. 1 S. 4 ent-spricht § 7 Abs. 3 ZAG 2009. Damit der Systembetreiber im Rahmen seines Ermes-sens die ihm gemäß Abs. 1 S. 3 obliegenden Risikobewertungen (→ Rn. 23) treffen kann, wird Zahlungsdienstleistern, die an einem Zahlungssystem partizipieren möchten, die Pflicht auferlegt, **auf Anforderung des Systembetreibers** zuvor die eigenen **internen Vorkehrungen zur Risikoprävention** darzustellen (Begr. RegE, BT-Drs. 16/11613, 45, li. Sp.; Ellenberger/Findeisen/Nobbe/Böger/Rieg Rn. 11; Schwennicke/Auerbach/Schwennicke Rn. 17). Dies ist **regelmäßig zu wiederholen,** auch nachdem der Zugang einmal gewährt wurde (Begr. RegE, BT-Drs. 16/11613, 45, re. Sp.). Nur so ist es dem Systembetreiber möglich, risikoträch-tige Zahlungsdienstleister zum Schutz des Systems und der anderen Teilnehmer lau-fend zu disziplinieren und ggf. auszuschließen. Selbstverständlich darf der sich hier-aus ergebende **Auskunftsanspruch** des Systembetreibers nicht durch Ausübung in unverhältnismäßigem Umfang oder übertriebener Häufigkeit missbraucht werden, da ein solches Verhalten ein ungerechtfertigtes Zugangshindernis (→ Rn. 12) dar-stellen würde. Insofern sollte der Systembetreiber im Vorhinein definieren, in wel-chen **Zeitintervallen** die Systemteilnehmer ihr Risikomanagement präsentieren müssen und unter welchen Voraussetzungen ausnahmsweise darüber hinausgehende Informationen zu liefern sind (Schwennicke/Auerbach/Schwennicke Rn. 20).

26   **d) Begründung, Abs. 1 S. 5.** Wenn der **Systembetreiber** einem Zahlungs-dienstleister, Zahlungsdienstnutzer oder ein anderen Zahlungssystem Zugang zum betriebenen System verweigert oder einen nachträglichen Ausschluss ausspricht, hat er diese **Maßnahme zu begründen.** Dieses Erfordernis ist in Umsetzung von Art. 35 Abs. 2 letzter UAbs. PSD2 neu in das ZAG eingefügt worden. Letztlich han-delt es sich aber bloß um eine Klarstellung, denn schon früher folgte eine Begrün-dungspflicht logisch aus dem Diskriminierungsverbot des § 7 Abs. 1 ZAG 2009 sowie aus allgemeinen Grundsätzen (Begr. RegE, BT-Drs. 18/11495, 142).

26a   In **zeitlicher** Hinsicht hat die Begründung zusammen mit der Ablehnung zu er-folgen. **Inhaltlich** muss sie **umfangreich** sein. Damit sind pauschale oder floskelhafte Hinweise nicht ausreichend. Der abgelehnte Teilnehmer muss in die Lage versetzt werden, die Begründung nachzuvollziehen, um das Teilnahmehindernis ggf. beseitigen zu können oder argumentativ gegen die Ablehnung vorzugehen (Schäfer/Omlor/Mimberg/Glos/Hildner Rn. 25; Ellenberger/Findeisen/Nobbe/Böger/Rieg Rn. 12).

Die Begründung muss – anders etwa als im Rahmen von § 56 Abs. 1 S. 3 – **nicht** **26b** **der BaFin** übermittelt werden (Schäfer/Omlor/Mimberg/Glos/Hildner Rn. 25).

4. Rechtsfolgen bei Verstößen, Abs. 2

Abs. 2 entspricht inhaltlich unverändert **§ 7 Abs. 5 ZAG 2009** (Begr. RegE, BT- **27** Drs. 18/11495, 142).

a) Anspruch auf Beseitigung und Unterlassen, Abs. 2 S. 1. Der Rechts- **28** anspruch auf Beseitigung der Diskriminierung wird sich zumeist als **Anspruch auf Partizipation** darstellen, der mit einer Verpflichtungsklage durchzusetzen wäre. Häufig wird die Beseitigung der Diskriminierung nicht ausreichen, um gleichzeitig auch eine Wiederholungsgefahr auszuräumen. In diesen Fällen kommt zusätzlich eine **Unterlassungsklage** in Betracht. Aus dem Umkehrschluss zu S. 2 Hs. 1 folgt, dass beim Systembetreiber – wie bei § 1004 BGB – weder Vorsatz noch Fahrlässigkeit hinsichtlich der diskriminierenden Handlung erforderlich ist (Schwennicke/Auerbach/Schwennicke Rn. 25 f.).

b) Schadensersatzanspruch, Abs. 2 S. 2 Hs. 1. Sofern das Opfer der Zu- **29** gangsdiskriminierung vom Systembetreiber auch den Ersatz eines ihm durch die Diskriminierung entstandenen Schadens begehrt (etwa wegen Gewinnausfalls infolge einer Zugangsverzögerung), hat es ein vorsätzliches oder fahrlässiges Handeln des Betreibers zu beweisen (Schäfer/Omlor/Mimberg/Glos/Hildner Rn. 28; Schwennicke/Auerbach/Schwennicke Rn. 28).

c) Ordentlicher Rechtsweg, Abs. 2 S. 2 Hs. 2. Konsequenz der Einordnung **30** der Norm als originäres Wettbewerbsrecht (→ Rn. 4) ist der ordentliche Rechtsweg. Wer Zugang zu einem Zahlungssystem begehrt, kann diesen vom Betreiber im Wege der **Leistungsklage** erwirken. Die Klage wird sich oftmals auch auf wiederkehrende Leistungen erstrecken, § 258 ZPO. Geht es um das Abstellen einer Behinderung, kann in seltenen Fällen auch ein Unterlassen begehrt sein. Es gelten auch die **allgemeinen zivilprozessualen Beweislastregeln** (Begr. RegE, BT-Drs. 16/11613, 45, re. Sp.; Koch/Reinicke S. 100). Die Gesetzesbegründung schlägt zudem vor, die Deutsche Bundesbank im Streitfall aufgrund ihrer Spezialkenntnisse als Sachverständige anzuhören (Begr. RegE, BT-Drs. 16/11613).

5. Ausnahmen, Abs. 3

§ 57 Abs. 3 S. 1 entspricht weitgehend § 7 Abs. 4 ZAG 2009. Die Vorschrift spie- **31** gelt den Ausnahmenkatalog des Art. 35 Abs. 2 UAbs. 2 PSD2 (Begr. RegE, BT-Drs. 18/11495, 142, re. Sp.). Mit ihm soll sichergestellt werden, dass das Diskriminierungsverbot keine **bestehenden und bewährten Strukturen** gefährdet, die nicht als diskriminierend angesehen werden.

a) Systeme nach § 1 Abs. 16 KWG. Der referenzierte § 1 Abs. 16 KWG ver- **32** weist seinerseits auf Art. 2 lit. a der sog. FinalitätsRL (Richtlinie 98/26/EG des Europäischen Parlaments und des Rates vom 19.5.1998 über die Wirksamkeit von

Abrechnungen in Zahlungs- sowie Wertpapierliefer- und -abrechnungssystemen, ABl. L 166, vom 19. Mai 1998 (45–50), zuletzt geändert durch Art. 70 ÄndVO (EU) 909/2014 v. 23. 7. 2014 (ABl. 2014 L 257, 1)). Dort wird „System" definiert als eine förmliche Vereinbarung zwischen mindestens drei Teilnehmern, die gemeinsame Regeln und vereinheitlichte Vorgaben für die Ausführung von Zahlungs- bzw. Übertragungsaufträgen zwischen Teilnehmern vorsieht, dem Recht eines von den Teilnehmern gewählten Mitgliedstaats unterliegt und als System angesehen wird und der Kommission von dem Mitgliedstaat, dessen Recht maßgeblich ist, gemeldet worden ist, nachdem der Mitgliedstaat sich von der Zweckdienlichkeit der Regeln des Systems überzeugt hat. Beispiele für solche **Clearing-** und **Wertpapierabwicklungssysteme** sind der EZB-Payment-Mechanism als Bestandteil von TARGET2/T2, das Clearing der EBA und die Geldclearings der Eurex Clearing AG (zu weiteren Beispielen vgl. die Aufzählung bei Schwennicke/Auerbach/Schwennicke § 2 Rn. 46).

33   Sofern der Betreiber eines Systems nach § 1 Abs. 16 KWG sein System **freiwillig einem Nichtteilnehmer öffnet,** so verpflichtet Abs. 3 S. 2 ihn dazu, dies diskriminierungsfrei (→ Rn. 11 ff.) auch für andere zugelassene oder registrierte Zahlungsdienstleister zu tun. Die obigen Ausführungen zur Darlegung von Sicherheiten (→ Rn. 25) und den Rechtsfolgen bei Verstößen (→ Rn. 27) gelten entsprechend.

34   **b) Konzern-/Gruppenprivileg.** Dass Unternehmen, die miteinander verbunden sind, sich gegenseitig begünstigen, ist eine legitime Folge zulässiger Konzernierung. Ausweislich Erwägungsgrund 52 PSD2 wird dies im Zahlungsverkehrsbereich sogar als wettbewerbsfördernd angesehen. Abs. 4 Alt. 2 stellt daher klar, dass konzernierte Zahlungsdienstleister durch Abs. 1 nicht daran gehindert werden sollen, interne Systeme zu betreiben, die ihrem externen Zahlungsverkehr vorgeschaltet sind und zB eine schnellere und kostengünstigere Abwicklung innerhalb des **Konzerns** ermöglichen (vgl. in Schwennicke/Auerbach/Schwennicke Rn. 24).

35   Noch in § 7 Abs. 2 Nr. 2 ZAG 2009 war zudem klargestellt worden, dass die für Konzerne geltende Privilegierung auch bei der Zahlungsverkehrsabwicklung innerhalb **kreditwirtschaftlicher Verbundgruppen** zur Anwendung gelangen sollte. Diese Ergänzung, die keine explizite Grundlage in der PSD1 fand, fokussierte die deutsche Besonderheit der **Sparkassen** und **Kreditgenossenschaften,** denen aus ihrer fehlenden kapitalmäßigen Verbundenheit insofern kein Wettbewerbsnachteil erwachsen sollte (vgl. RegE, BT-Drs. 16/11613, 45, re. Sp.).

36   Da Art. 35 Abs. 2 lit. b PSD2 – anders als noch Art. 28 Abs. 2 lit. b PSD1 – **keine kapitalmäßige Verbundenheit der Einzelunternehmen** mehr fordert, sondern neutral von „Unternehmensgruppe" spricht, war bei Umsetzung der PSD2 eine Klarstellung zu Gunsten der hiesigen Verbundgruppen nicht mehr notwendig. Ohne dies zu thematisieren (vgl. Begr. RegE, BT-Drs. 18/11495, 142) übernimmt der Umsetzungsgesetzgeber den neuen Gruppenbegriff, welcher jetzt gleichermaßen Bankkonzerne wie Verbundgruppen umfasst.

37   **c) Drei-Parteien-Systeme, § 7 Abs. 4 Nr. 3 ZAG 2009.** § 7 Abs. 4 Nr. 3 ZAG 2009 hatte zudem in Umsetzung des Art. 28 Abs. 1 lit. c PSD1 noch sog. **Drei-Parteien-Systeme** privilegiert. Das sind Systeme, die ein einziger Zahlungsdienstleister betreibt, der dabei zugleich Zahlungsdienstleister des Zahlers und des Zahlungsempfängers ist und anderen Zahlungsdienstleistern Partizipation gewährt, ohne hierfür ein Entgelt mit diesen auszuhandeln. Dies trifft auf verschiedene Nischenprodukte außerhalb des „gewöhnlichen" Massenzahlungsverkehrs zu. Bei-

spielhaft werden **Drei-Parteien-Kartensysteme** und entsprechende **Zahlungs-systeme von Kommunikationsdienstleistern** genannt (Erwägungsgrund 17 PSD1; Begr. RegE, BT-Drs. 16/11613, 45, re. Sp.; Koch/Reinicke S. 99 f.). Die Ausnahme für solche Systeme ist naheliegend, denn es bestünde kein plausibler Grund, einen einzelnen Zahlungsdienstleister zu zwingen, sein rein internes System zu öffnen (so auch Jungmann WuB 2018, 267 (272)).

In der PSD2 greift der europäische Richtliniengeber das Privileg für Drei-Par- **38** teien-Systeme allerdings nicht mehr auf. Entsprechend existiert auch keine Er-wähnung im ZAG mehr. Da es sich aber um Systeme mit nur einem Zahlungs-dienstleister handelt, dürfte oftmals im Rahmen eines Erst-Recht-Schlusses das Gruppenprivileg (→ Rn. 34) zur Anwendung gelangen (so jetzt auch Schäfer/Omlor/Mimberg/Glos/Hildner Rn. 33).

6. Verhältnis zum Kartellrecht, Abs. 4

Mit Abs. 4, der § 7 Abs. 6 S. 1 ZAG 2009 entspricht, wird klargestellt, dass § 57 **39** die Normen und Zuständigkeiten nach dem GWB nicht verdrängt, sondern **neben das allgemeine Kartellrecht** tritt. Wenn zusätzlich zu der im Rahmen des § 57 festgestellten Diskriminierung eine marktbeherrschende Stellung des Systembetrei-bers vorliegt und die weiteren Voraussetzungen des § 19 Abs. 2 Nr. 4 GWB erfüllt sind, wird damit auch immer eine missbräuchliche Ausnutzung der marktbeherr-schenden Stellung nach § 19 Abs. 1 GWB vorliegen, die Ansprüche nach § 33 GWB auslöst (Schäfer/Omlor/Mimberg/Glos-Hildner Rn. 38; Schwennicke/Auerbach/Schwennicke Rn. 30; Schäfer/Lang BKR 2009, 11 (16)). Umgekehrt ist aber das Vorliegen eines Ausnahmetatbestands innerhalb des § 57 ein gewichtiges Indiz für die Frage, ob ein Missbrauch iSd § 19 Abs. 1 GWB vorliegt. Im Bereich der Zahlungssysteme bietet sich deswegen häufig eine **behördliche Zusammen-arbeit** nach § 50c Abs. 2 GWB zwischen der Kartellbehörde und der Deutschen Bundesbank an (Begr. RegE, BT-Drs. 16/11613, 46, li. Sp.; Schwennicke/Auerbach/Schwennicke Rn. 31; Koch/Reinicke S. 100). Letztere kann idR aufgrund ihrer Sachkunde beurteilen, ob eine Zugangsverweigerung im konkreten Fall un-billig ist oder sich durch Erfordernisse des Massenzahlungsverkehrs rechtfertigen lässt (Begr. RegE, BT-Drs. 16/11613, 46, li. Sp.).

§ 7 Abs. 6 S. 2 ZAG 2009 enthielt noch ein Gebot an die Kartellbehörden, auf **40** eine **einheitliche und den Zusammenhang mit dem GwB wahrende Aus-legung** der Vorschrift hinzuwirken. Im ZAG 2018 ist dieser Passus entfallen. Of-fenbar hat der deutsche Umsetzungsgesetzgeber erkannt, dass er mit einer nationa-len Vorschrift ohnehin nur eine Kartellbehörde, namentlich das Bundeskartellamt, unmittelbar adressieren kann. Dem steht nicht entgegen, dass die Kartellbehörden auch ohne eine regulatorische Klarstellung weiter auf eine kohärente Auslegung hinwirken werden (Begr. RegE, BT-Drs. 18/11495, 142).

IV. Praktische Relevanz der Vorschrift

Eine praktische Bedeutung kommt vor allem den Ausnahmetatbeständen des **41** Abs. 3 S. 1 (→ Rn. 31) zu (vgl. Begr. RegE, BT-Drs. 16/11613, 45, re. Sp.). Ansons-ten ist nicht von einer hohen Relevanz des § 57 auszugehen, da kaum ein Fall denk-bar ist, bei dem weder eine Ausnahme griffe, noch das allgemeine Kartellrecht einen ebenso wirksamen Diskriminierungsschutz darstellen würde.

§ 58   Aufgaben der Bundesanstalt bei Kartenzahlverfahren, Ausnahmen für neue Zahlverfahren im Massenzahlungsverkehr; Verordnungsermächtigung

(1) **Die Bundesanstalt überwacht die Einhaltung der Pflichten der Betreiber von Kartenzahlverfahren nach der Verordnung (EU) 2015/751; sie kann gegenüber den Betreibern von Kartenzahlverfahren Anordnungen treffen, die geeignet und erforderlich sind, um Verstöße gegen die Pflichten nach dieser Verordnung zu verhindern oder zu unterbinden.**

(2) **Die Bundesanstalt ist zuständige Behörde nach Artikel 4 Absatz 4 der Verordnung (EU) Nr. 260/2012, an die die Anträge nach Artikel 4 Absatz 4 dieser Verordnung zu stellen sind, wenn der Antragsteller seinen Sitz im Inland hat.**

(3) [1]**Das Bundesministerium der Finanzen wird ermächtigt, durch Rechtsverordnung, die nicht der Zustimmung des Bundesrates bedarf, im Benehmen mit der Deutschen Bundesbank nähere Bestimmungen über Inhalt, Art und Umfang der Angaben, Nachweise und Unterlagen zu treffen, die ein Antrag nach Artikel 4 Absatz 4 der Verordnung (EU) Nr. 260/2012 enthalten muss.** [2]**Das Bundesministerium der Finanzen kann die Ermächtigung im Einvernehmen mit der Deutschen Bundesbank durch Rechtsverordnung auf die Bundesanstalt übertragen.** [3]**Vor Erlass der Rechtsverordnung sind die Spitzenverbände der Zahlungsdienstleister anzuhören.**

Literatur: Bautsch/Zahrte, Die „SEPA-Migrationsverordnung" – Revolution des deutschen Massenzahlungsverkehrs in 2014?, BKR 2012, 229; Walter, Neuregelungen zur SEPA-Lastschrift und SEPA-Überweisung, DB 2013, 385; Zahrte, Änderungen im ZAG durch das „SEPA-Begleitgesetz", WM 2013, 1207.

Inhaltsübersicht

I. Normzweck

1   § 58 ZAG passt insofern nicht zur Überschrift des Unterabschnitts 5, als die Vorschrift nicht den Zugang zu Konten und Zahlungssystemen regelt, sondern Zuständigkeitszuweisungen enthält. Die Verortung dürfte also weniger systematisch als historisch begründet sein, weil Teile des § 58 auf den früheren § 7a ZAG 2009

zurückgehen, sodass die Nähe zu § 57 (§ 7 ZAG 2009) beibehalten werden sollte. § 58 hat seinen Ursprung – im Unterschied zu den anderen Vorschriften des fünften Unterabschnitts – auch nicht in der PSD2, sondern konkretisiert Regelungen aus zwei zahlungsdiensterechtlichen Verordnungen.

Der zum 13.1.2018 neu geschaffene Abs. 1 benennt die BaFin als zuständige Behörde zur Überwachung der Einhaltung von Pflichten, die die sog. **MIF-VO** (Verordnung (EU) 2015/751 des Europäischen Parlaments und des Rates vom 29.4.2015 über Interbankenentgelte für kartengebundene Zahlungsvorgänge, ABl. 2015 L 123, 1; → § 27 Rn. 45 ff.) den Betreibern von Kartenzahlungsverfahren auferlegt (Begr. RegE, BT-Drs. 18/11495, 142). Damit wird Art. 13 MIF-VO Rechnung getragen. 2

Die Absätze 2 und 3 entsprechen § 7a ZAG 2009 (Begr. RegE, BT-Drs. 18/11495, 142), der durch Art. 2 des **SEPA-Begleitgesetzes** (G. v. 3.4.2013, BGBl. I 610) zum 9.4.2013 in das ZAG eingefügt worden war (Zahrte WM 2013, 1207). 3

Art. 4 Abs. 1b) der sog. **SEPA-VO/SEPA-MigrationsVO** (Verordnung (EU) Nr. 260/2012 zur Festlegung der technischen Vorschriften und der Geschäftsanforderungen für Überweisungen und Lastschriften in Euro und zur Änderung der Verordnung (EG) Nr. 924/2009) gestattet nur solche Zahlungssysteme, deren Teilnehmer eine Mehrheit der Zahlungsdienstleister in einer Mehrheit der Mitgliedstaaten repräsentieren. Gleichzeitig müssen sie die Mehrheit aller Zahlungsdienstleister in der Europäischen Union repräsentieren **(doppeltes Mehrheitsprinzip).** Dabei sind nur solche Zahlungsdienstleister zu berücksichtigen, die Überweisungen und Lastschriften anbieten. In Ermangelung einer weiteren Konkretisierung wird man insofern davon ausgehen müssen, dass ein Zahlungssystem in mindestens 14 der derzeit 27 EU-Staaten (vor dem Brexit über 14 der seinerzeit 28 Staaten) von jeweils über 50% der dort ansässigen Zahlungsdienstleister unterstützt wird. Die zweite Mehrheit dürfte sich wohl nicht auf rechtlich selbstständige Einheiten beziehen, sondern eher auf die Zahl der Zahlungsverkehrstransaktionen pro Jahr (vgl. auch die Stimmgewichtung im **European Payments Council** (EPC)). 4

§ 58 Abs. 2 legt den rechtlichen Rahmen für das Antragstellungsverfahren in Deutschland fest. Im Zusammenspiel mit Art. 4 Abs. 1b) SEPA-VO soll damit neuen innovativen Zahlverfahren die Möglichkeit zum Markteintritt gegeben werden (Walter DB 2013, 385 (389)). Allerdings verbleibt gleichwohl eine ganz erhebliche Hürde für die Platzierung neuer Zahlungssysteme am Markt (Zahrte WM 2013, 1207 (1208)). 5

II. Wesen der Vorschrift

§ 58 Abs. 1 und 2 treffen **reine Zuständigkeitszuweisungen.** Die Pflichten der Betreiber von Kartenzahlungsverfahren ergeben sich nicht aus Abs. 1, sondern unmittelbar aus der MIF-VO (Ellenberger/Findeisen/Nobbe/Böger/Dietze Rn. 2); materielle Grundlage des Antragsrechts nach Abs. 2 ist Art. 4 Abs. 4 SEPA-VO (Begr. RegE, BT-Drs. 17/10038, 14). Da sich aus § 58 also keine Pflichten von Zahlungsdienstleistern ergeben, ist die Vorschrift trotz der Verortung im ZAG nicht aufsichtsrechtlicher Natur (vgl. Begr. RegE, BT-Drs. 17/10038, 16, re. Sp.). 6

III. Inhalt der Vorschrift

1. Zuständigkeit der BaFin für Überwachung der MIF-VO, Abs. 1

7   Abs. 1 benennt die BaFin als zuständige Behörde gem. Art. 13 der VO (EU) Nr. 2015/751 (sog. MIF-VO). Der zugrunde liegende Artikel lautet:

Artikel 13 Zuständige Behörden

(1) Die Mitgliedstaaten benennen die zuständigen Behörden, die befugt sind, die Durchsetzung dieser Verordnung sicherzustellen, und mit den entsprechenden Untersuchungs- und Vollstreckungsbefugnissen ausgestattet sind.

(2) Die Mitgliedstaaten können bestehende Stellen als zuständige Behörden benennen.

(3) Die Mitgliedstaaten können eine oder mehrere zuständige Behörden benennen.

(4) Die Mitgliedstaaten teilen der Kommission bis zum 9. Juni 2016 mit, welche zuständigen Behörden sie benannt haben. Sie teilen der Kommission umgehend jede nachfolgende, diese Behörden betreffende Änderung mit.

(5) Zur Wahrnehmung ihrer Aufgaben verfügen die nach Absatz 1 benannten zuständigen Behörden über angemessene Ressourcen.

(6) Die Mitgliedstaaten verlangen von den zuständigen Behörden, dass sie die Einhaltung dieser Verordnung wirksam überwachen – auch um jegliche Versuche der Zahlungsdienstleister, diese Verordnung zu umgehen, zu verhindern – und alle notwendigen Maßnahmen treffen, um die Einhaltung sicherzustellen.

7a   In Bezug auf Kreditinstitute wird die Aufsicht durch die BaFin bereits von § 25g Abs. 1 Nr. 4 KWG angeordnet. Abs. 1 erweitert diese Supervisionszuständigkeit auf Institute nach dem ZAG (Schäfer/Omlor/Mimberg/Lörsch Rn. 2; Ellenberger/Findeisen/Nobbe/Böger/Dietze Rn. 3; LNS/Schaber Rn. 7).

8   Die BaFin hat die Einhaltung der **Pflichten,** die die VO (EU) 2015/751 den Betreibern von Kartenzahlverfahren auferlegt, zu überwachen. Dies sind die **Vorgaben zu Interbankenentgelten** (Multilateral Interchange Fees – MIF) nach Art. 3–5 und die **Geschäftsregeln** nach Art. 6–12.

8a   Transaktionsbezogene **Interbankenentgelte** iSv Art. 2 Nr. 10 MIF-VO, die sich die an einem Kartenzahlungsvorgang beteiligten Zahlungsdienstleister im Innenverhältnis gegenseitig berechnen, werden von der MIF-VO gedeckelt.

8b   Für **Debitkarten** legt Art. 3 MIF-VO eine Obergrenze von 0,2% des Transaktionswerts fest. Nach dem Eckpunktepapier des BMF (Az. VII A 3 – WK 5607/15/10009:001 v. 6.11.2015) soll dies auch auf das deutsche Girocard-System Anwendung finden. Das ist von der MIF-VO selbst nicht abgedeckt, da sich diese nur auf Vier-Parteien-Kartenzahlungssysteme bezieht. Bei einem Drei-Parteien-System wie dem Girocard-System fehlt es bereits an der zweiten Bank, die für ein „Interbankenentgelt" terminologisch notwendig wäre (Ellenberger/Bunte BankR-Hdb./Koch § 43 Rn. 11 ff.; Schwennicke/Auerbach/Brocker KWG § 25g Rn. 26c). Abgesehen davon werden Entgelte im Girocard-System individuell zwischen Kartenausgebern und Akzeptanzstellen ausgehandelt, sodass sie auch nicht „multilateral" sind. Die Ausdehnung lässt sich somit weder mit der Verordnung noch – mangels Vergleichbarkeit – mit einer Analogiebildung begründen. Sie diente vielmehr offenbar dazu, einen in Deutschland bestehenden Kartellrechtsstreit zu befrieden.

Für **Verbraucher-Kreditkarten** folgt aus Art. 4 MIF-VO eine Entgelt-Ober- **8c**
grenze von 0,3 % des Transaktionswerts.

Die EU-Mitgliedstaaten dürfen nationale Obergrenzen festlegen, die unterhalb **8d**
der jeweiligen Sätze der MIF-VO liegen. Soweit ersichtlich ist hiervon bislang
kein Gebrauch gemacht worden (Ellenberger/Findeisen/Nobbe/Böger/God-
schalk MIF-VO Art. 3 Rn. 2).

Die **Geschäftsregeln** nach Art. 6–12 MIF-VO beziehen sich ua auf die **8e**
Lizenzvergabe, Praktiken des **Co-Badgings, Entgelttransparenz** sowie **Ak-**
zeptanz- und **Informationspflichten.**

Sofern die BaFin das **Fehlverhalten** eines Betreibers feststellt, steht ihr gem. **9**
Hs. 2 im Rahmen ihres behördlichen Ermessens der gesamte Katalog an Instrumen-
tarien zur Verhinderung bzw. Unterbindung der Pflichtverletzung zur Verfügung
(Ellenberger/Findeisen/Nobbe/Böger/Dietze Rn. 7).

2. Ausnahmen von der SEPA-VO für neue Zahlverfahren, Abs. 2

Wie die MIF-VO bedurfte die SEPA-VO keines Transformationsaktes, sondern **10**
gilt **unmittelbar.** Abs. 2 legt somit lediglich die **Zuständigkeit** der BaFin für Anträge nach Art. 4 Abs. 4 der SEPA-VO fest. Die zugrunde liegende Vorschrift lautet:

Artikel 4 Interoperabilität

(1) Zahlverfahren, die von Zahlungsdienstleistern für die Abwicklung von Überweisungen und Lastschriften genutzt werden, müssen folgende Bedingungen erfüllen:
a) ihre Bestimmungen sind für inländische und grenzüberschreitende Überweisungen innerhalb der Union und entsprechend für inländische und grenzüberschreitende Lastschriften innerhalb der Union die gleichen und
b) die Teilnehmer des Zahlverfahrens repräsentieren eine Mehrheit der Zahlungsdienstleister aus einer Mehrheit der Mitgliedstaaten und entsprechen einer Mehrheit der Zahlungsdienstleister innerhalb der Union, wobei nur Zahlungsdienstleister berücksichtigt
   werden, die Überweisungen bzw. Lastschriften anbieten.

Für die Zwecke des Unterabsatzes 1 Buchstabe b werden, wenn weder der Zahler noch der
Zahlungsempfänger ein Verbraucher ist, nur die Mitgliedstaaten, in denen Zahlungsdienstleister solche Dienstleistungen anbieten, und nur Zahlungsdienstleister, die solche Dienstleistungen anbieten, berücksichtigt.

(2) Der Betreiber eines Massenzahlungssystems oder mangels eines offiziellen Betreibers die Teilnehmer an einem Massenzahlungssystem innerhalb der Union stellen sicher,
dass die technische Interoperabilität ihrer Zahlungssysteme mit anderen Massenzahlungssystemen innerhalb der Union durch die Anwendung von internationalen oder europäischen
Normungsgremien entwickelter Standards gewährleistet wird. Darüber hinaus beschließen
sie keine Geschäftsregeln, die die Interoperabilität mit anderen Massenzahlungssystemen
innerhalb der Union beschränken. Die gemäß der Richtlinie 98/26/EG des Europäischen
Parlaments und des Rates vom 19. Mai 1998 über die Wirksamkeit von Abrechnungen in
Zahlungs- sowie Wertpapierliefer- und -abrechnungssystemen bezeichneten Zahlungssysteme sind lediglich verpflichtet, die technische Interoperabilität mit den anderen gemäß
dieser Richtlinie gemeldeten Zahlungssystemen sicherzustellen.

(3) Die Abwicklung von Überweisungen und Lastschriften darf nicht durch technische
Hindernisse behindert werden.

(4) Der Inhaber eines Zahlverfahrens oder mangels eines offiziellen Inhabers eines Zahlverfahrens der führende Teilnehmer eines neuen Massenzahlverfahrens, das Teilnehmer in
mindestens acht Mitgliedstaaten hat, kann bei den zuständigen Behörden des Mitgliedstaats,

in dem der Eigentümer des Zahlverfahrens oder der führende Teilnehmer ansässig ist, eine befristete Ausnahme von den Anforderungen gemäß Absatz 1 Unterabsatz 1 Buchstabe b beantragen. Die zuständigen Behörden können nach Konsultation der zuständigen Behörden in dem anderen Mitgliedstaat, in dem das neue Massenzahlverfahren einen Teilnehmer hat, der Kommission und der EZB eine entsprechende Ausnahme für höchstens drei Jahre gewähren. Diese zuständigen Behörden stützen ihren Beschluss auf das Potenzial des neuen Zahlverfahrens, sich zu einem vollwertigen paneuropäischen Zahlverfahren zu entwickeln, und auf seinen Beitrag zur Verbesserung des Wettbewerbs oder zur Förderung von Innovationen.

11   Abs. 2 iVm Art. 4 Abs. 4 SEPA-VO ermöglicht es dem Inhaber eines Zahlverfahrens oder mangels eines Inhabers dem führenden Teilnehmer eines neuen Massenzahlverfahrens, das Teilnehmer in mindestens acht Mitgliedstaaten hat, bei der BaFin eine befristete Ausnahme von den Anforderungen des Art. 4 Abs. 1b SEPA-VO zu beantragen (Begr. RegE, BT-Drs. 17/10038, 16, li. Sp., Ellenberger/Findeisen/Nobbe/Böger/Dietze Rn. 8).

12   **a) Antragsteller, Art. 4 Abs. 4 S. 1 VO (EU) Nr. 260/2012.** Voraussetzung für die örtliche Zuständigkeit der BaFin ist, dass der Antragsteller seinen **Sitz im Inland** hat (Begr. RegE, BT-Drs. 17/10038, 15, re. Sp., Ellenberger/Findeisen/Nobbe/Böger/Dietze Rn. 8; Schäfer/Omlor/Mimberg/Lörsch Rn. 12).

13   **aa) Inhaber eines Zahlverfahrens.** Ein Zahlverfahren ist nach Art. 2 Nr. 7 SEPA-VO „ein einheitliches Regelwerk aus Vorschriften, Praktiken und Standards sowie zwischen Zahlungsdienstleistern vereinbarte Durchführungsrichtlinien für die Ausführung von Zahlungsvorgängen in der Union und in den Mitgliedstaaten, das getrennt von jeder Infrastruktur und jedem Zahlungssystem besteht, die/das ihrer Anwendung zugrunde liegt". Der „Inhaber" eines solchen Zahlverfahrens erfährt dagegen keine Legaldefinition. Unter Berücksichtigung der englischsprachigen Version der Verordnung, in der vom „payment scheme owner" gesprochen wird, kann nur derjenige „Inhaber" sein, der einen **zivilrechtlichen Anspruch an dem Zahlverfahren** hat, sei es als wirtschaftlicher Eigentümer oder Inhaber eines Patents oder Urheberrechts (Schäfer/Omlor/Mimberg/Lörsch Rn. 12).

14   **bb) Führender Teilnehmer eines neuen Massenzahlverfahrens.** Wenn es keinen „Inhaber" eines Zahlungssystems gibt, kann der Antrag auch durch den führenden Teilnehmer eines neuen Massenzahlverfahrens gestellt werden. „Führend" ist eine vom Gesetzgeber bewusst allgemein gehaltene Formulierung, die zahlreiche Möglichkeiten der Organisation zulässt, so zB die Bestimmung eines **Vertretungsberechtigten** oder **Federführers.**

15   **b) Ausnahmegenehmigung.** Die formellen wie materiellen Voraussetzungen für die Erteilung einer Ausnahmegenehmigung werden in Art. 4 Abs. 4 S. 2 und 3 SEPA-VO geregelt.

16   **aa) Konsultation, Art. 4 Abs. 4 S. 2 VO (EU) Nr. 260/2012.** Vor Erteilung der Ausnahmegenehmigung hat die BaFin die entsprechenden Behörden in den anderen EU-Staaten, in denen das neue Massenzahlverfahren Teilnehmer hat, sowie die **Kommission** und die **EZB** zu konsultieren (Art. 4 Abs. 4 VO (EU) Nr. 260/2012). Der deutsche Verordnungstext lautet zwar: „in dem anderen Mitgliedstaat", jedoch handelt es sich dabei um eine fehlerhafte Übersetzung aus dem Englischen, wo die Pluralform verwendet wird. Aus der SEPA-VO geht nicht explizit hervor, ob das Konsultationsergebnis die BaFin in ihrer Entscheidung bindet. Insbesondere ist unklar, ob sich „Diese zuständigen Behörden" im Satz 3 des Art. 4

Abs. 4 auf die den Antrag annehmenden Behörden gemäß Art. 4 Abs. 4 S. 1 bezieht oder auf alle an der Konsultation beteiligten Behörden nach Satz 2. Der englische Originaltext weist dieselbe Unschärfe auf. Offenbar sieht zumindest der deutsche Umsetzungsgesetzgeber die Pflicht der BaFin als mit der Konsultation erfüllt an (vgl. Begr. RegE, BT-Drs. 17/10038, 16, li. Sp.). Allerdings wäre bereits der Antrag auf die Ausnahmegenehmigung unzulässig, wenn nicht mindestens sieben ausländische Behörden bereit wären, das neue Massenzahlverfahren in ihrem Zuständigkeitsbereich zu dulden. Keinesfalls kann Art. 4 Abs. 4 SEPA-VO nämlich so verstanden werden, dass die Entscheidung der Behörde, bei der der Antrag gestellt wurde, die übrigen Behörden in irgendeiner Weise binden würde. Insofern ist von einer gemeinsamen Entscheidung auszugehen, die insgesamt von **mindestens acht Behörden** getragen werden muss (Schäfer/Omlor/Mimberg/Lörsch Rn. 13).

bb) Entscheidungskriterien, Art. 4 Abs. 4 S. 3 VO (EU) Nr. 260/2012. 17
Art. 4 Abs. 4 SEPA-VO nennt die Kriterien, die bei einer Entscheidung über den Antrag anzusetzen sind. Diese sind das **Potenzial** des neuen Zahlverfahrens, sich zu einem vollwertigen paneuropäischen Zahlverfahren zu entwickeln und sein Beitrag zur Verbesserung des **Wettbewerbs** oder zur Förderung von **Innovationen.** Selbstverständlich ist ungeschriebene Grundvoraussetzung aber zunächst, dass das Verfahren den ansonsten bestehenden gesetzlichen Vorgaben entspricht, also insbesondere mit der SEPA-VO und der PSD2 im Einklang steht und die dannach datenschutz- und bankaufsichtsrechtlichen Vorschriften erfüllt. Sind sowohl diese ungeschriebenen als auch die explizit genannten Kriterien erfüllt, hat die BaFin die beantragte Genehmigung zu erteilen.

cc) Zeitliche Befristung. Die Ausnahmegenehmigung darf auf **höchstens** 18 **drei Jahre** erteilt werden. In der Praxis wird ein kürzerer Zeitraum kaum vorkommen, da es wegen des technischen Umstellungsaufwands nicht realistisch wäre, in kürzerer Zeit EU-weit eine überwiegende Akzeptanz für ein neues Verfahren im Zahlungsverkehr herzustellen.

3. Verordnungsermächtigung, Abs. 3

Für die Ausgestaltung des Antragsverfahrens nach Abs. 2 wird in Abs. 3 eine ent- 19 sprechende Verordnungsermächtigung geschaffen (Begr. RegE, BT-Drs. 17/10038, 14). Diese Verordnungsermächtigung iSd Art. 80 GG geht nicht auf die SEPA-VO zurück. Gleichwohl erscheint es sinnvoll sicherzustellen, dass es für die nähere Ausgestaltung des Antragsverfahrens keines Parlamentsgesetzes mehr bedarf.

a) Ermächtigung des BMF, S. 1. Mit Abs. 3 S. 1 wird das Bundesministerium 20 der Finanzen ermächtigt, soweit es für die Durchführung des Antragsverfahrens erforderlich ist, nähere Bestimmungen über Art und Umfang der dem Antrag beizufügenden Angaben und Unterlagen zu treffen (Begr. RegE, BT-Drs. 17/10038, 16, li. Sp., Ellenberger/Findeisen/Nobbe/Böger/Dietze Rn. 10).

b) Ermächtigung zur Weiterübertragung, S. 2. Die Verordnungsermächti- 21 gung kann durch das Bundesministerium der Finanzen auf die BaFin als zuständige Behörde übertragen werden (vgl. Art. 80 Abs. 1 S. 4 GG) (Begr. RegE, BT-Drs. 17/10038, 16, li. Sp.). Die BaFin darf die Rechtsverordnung sodann im Einvernehmen mit der **Deutschen Bundesbank** treffen (Begr. RegE, BT-Drs. 17/10038, 16, li. Sp.), da diese in ihrer Funktion als großer **Clearer** regelmäßig betroffen sein wird, wenn ein neues Massenzahlverfahren den Betrieb aufnimmt.

22   Bislang wurde – wohl mangels praktischer Relevanz der Antragsmöglichkeit (→ Rn. 24) – von der Möglichkeit der Übertragung auf die BaFin **kein Gebrauch gemacht** (Ellenberger/Findeisen/Nobbe/Böger/Dietze Rn. 11).

23   **c) Anhörung der Verbände, S. 3.** Vor Erlass einer Verordnung, die die Details des Antragsverfahrens regelt, sind gemäß S. 3 die Verbände der Institute anzuhören. Gemeint sind die in der **Deutschen Kreditwirtschaft** zusammengeschlossenen kreditwirtschaftlichen Spitzenverbände (Bundesverband der deutschen Volksbanken und Raiffeisenbanken e V, Bundesverband deutscher Banken e V, Bundesverband öffentlicher Banken Deutschlands e V, Deutscher Sparkassen- und Giroverband e V und Verband deutscher Pfandbriefbanken e V) und der Bundesverband der Zahlungsinstitute (BVZI).

IV. Relevanz der Vorschrift

24   § 58 Abs. 1 hat als Zuständigkeitszuweisung eine gewisse Bedeutung. Eine solche kann bzgl. der Absätze 2 und 3 nicht gesehen werden. Da die Hürden für den Markteintritt neuer Massenzahlverfahren trotz der Erleichterung extrem hoch liegen, ist nicht damit zu rechnen, dass es häufig zu Antragstellungen nach § 58 Abs. 2 kommen wird (Begr. RegE, BT-Drs. 17/10038, 14, Ellenberger/Findeisen/Nobbe/Böger/Dietze Rn. 11).

Unterabschnitt 5 a. Technische Infrastrukturleistungen

§ 58a   **Zugang zu technischen Infrastrukturleistungen bei der Erbringung von Zahlungsdiensten oder dem Betreiben des E-Geld-Geschäfts**

(1) Ein Unternehmen, das durch technische Infrastrukturleistungen zu dem Erbringen von Zahlungsdiensten oder dem Betreiben des E-Geld-Geschäfts im Inland beiträgt (Systemunternehmen), ist auf Anfrage eines Zahlungsdienstleisters im Sinne des § 1 Absatz 1 Satz 1 Nummer 1 bis 3 oder eines E-Geld-Emittenten im Sinne des § 1 Absatz 2 Satz 1 Nummer 1 oder 2 verpflichtet, diese technischen Infrastrukturleistungen gegen ein die tatsächlichen Kosten des jeweiligen Zugriffs nicht übersteigendes Entgelt unverzüglich und unter Verwendung einer standardisierten technischen Schnittstelle zu allen Endgeräten zur Verfügung zu stellen. Die Zurverfügungstellung im Sinne des Satzes 1 muss so ausgestaltet sein, dass das anfragende Unternehmen seine Zahlungsdienste oder E-Geld-Geschäfte ungehindert erbringen oder betreiben kann und Funktionsgleichheit gewährleistet ist.

(2) Absatz 1 gilt nicht, wenn es sich im Zeitpunkt der Anfrage bei dem Systemunternehmen nicht um ein Unternehmen handelt, dessen technische Infrastrukturleistungen von mehr als zehn Zahlungsdienstleistern im Sinne des § 1 Absatz 1 Satz 1 Nummer 1 bis 3 oder E-Geld-Emittenten im Sinne des § 1 Absatz 2 Satz 1 Nummer 1 oder 2 in Anspruch genommen werden oder das mehr als zwei Millionen registrierte Nutzer hat.

(3) Das Systemunternehmen ist ausnahmsweise nicht entsprechend Absatz 1 verpflichtet, wenn sachlich gerechtfertigte Gründe für die Ablehnung der Zurverfügungstellung vorliegen. Diese liegen insbesondere vor, wenn das Systemunternehmen nachweisen kann, dass die Sicherheit und Integrität der technischen Infrastrukturleistungen durch die Zurverfügungstellung konkret gefährdet wird. Die Ablehnung muss nachvollziehbar begründet sein. Der Zahlungsdienstleister kann die Gründe der Ablehnung durch einen Sachverständigen überprüfen lassen. Dazu hat das Systemunternehmen dem Sachverständigen die für diese Prüfung erforderlichen Informationen nach Aufforderung unverzüglich zur Verfügung zu stellen. Der Sachverständige ist in Bezug auf die vorgelegten Informationen zur Verschwiegenheit verpflichtet und darf diese gegenüber dem Zahlungsdienstleister oder Dritten nicht offen legen.

(4) Verstößt ein Systemunternehmen schuldhaft gegen Absatz 1, ist es dem anfragenden Unternehmen zum Ersatz des daraus entstehenden Schadens verpflichtet. Der ordentliche Rechtsweg ist gegeben.

(5) Die Aufgaben und Zuständigkeiten der Kartellbehörden nach dem Gesetz gegen Wettbewerbsbeschränkungen bleiben unberührt.

Literatur: Broemel, Zugang zu technischen Infrastrukturleistungen nach § 58a ZAG n. F., RdZ 2020, 100; Franck/Linardatos, Germany's ‚Lex Apple Pay': Payment Service Regulation Overtakes Competition Enforcement, Discussion Paper Series – CRC TR 224, Discussion Paper No. 173, May 2020; Louven, Der Zugangsanspruch zu technischen Infrastrukturen nach dem neuen § 58a ZAG, NZKart 2020, 421; McColgan, lex Apple Pay – Technikregulierung am kartellrechtlichen Limit, NZKart 2020, 515; MüKoWettbR, 2020; Schäfer/Omlar/Mimberg, ZAG, 2021.

Inhaltsübersicht

I. Allgemeines

1 § 58a ist eine wettbewerbsrechtlich geprägte Vorschrift. Sie stellt eine deutsche Sonderregelung dar, die nicht auf der Umsetzung einer unionsrechtlichen Vorgabe aus der PSD2-Richtlinie basiert (zur unionsrechtlichen Notifizierungspflicht nach Art. 5 der Richtlinie (EU) 2015/1535 siehe Schäfer/Omlar/Mimberg/Broemel § 58a Rn. 5 ff.; Broemel RdZ 2020, 100 (105); Louven NZKart 2020, 421 (421); Franck/Linardatos, CRC TR 224 2020, 1 (15 f.); BT, PE 6 – 3000 – 035/21, 1 ff.). Zweck der Vorschrift ist die Förderung von innovativen Zahlungsdiensten, insbesondere mobilen und internetbasierten Anwendungen, die Zahlungsdienstleistern neue Geschäftsfelder eröffnen und zugleich die Angebotsvielfalt für Kundinnen und Kunden erhöhen (BT-Drs. 19/15196, 52). Der gesetzgeberischen Überlegung lag dabei zugrunde, dass innovative Unternehmen regelmäßig auf den Zugang bestehender technischer Infrastrukturen angewiesen sind, um neue finanztechnologische Zahlungsdienste anbieten zu können (BT-Drs. 19/15196, 52). Insbesondere der Zugang zu Schnittstellen von (mobilen) Endgeräten, wie die *Near Field Communication* (NFC) Schnittstelle von *Smartphones* und *Smartwatches,* aber auch Schnittstellen von Audio- und Sprachassistenten zur Sprachsteuerung, spielten in der Entstehung der Vorschrift eine wichtige Rolle (BT-Drs. 19/15196, 52).

2 Anbieter dieser technischen Infrastrukturen sind in der Regel große Digitalunternehmen, die ein plattformbasiertes Geschäftsmodell verfolgen. Plattformen zeichnen sich durch ihre Mehrseitigkeit aus, d. h. sie bringen mehrere Gruppen von Nutzern in Kontakt und vermitteln zwischen diesen (MüKoEuWettbR/Eilmansberger/Bien AEUV Art. 102 Rn. 247). Dabei steigt der Nutzen einer Plattform durch die zunehmende Nutzerzahl (positive Netzwerkeffekte) (MüKoEuWettbR/Eilmansberger/Bien AEUV Art. 102 Rn. 248). Wettbewerbsrechtlich problematisch sind Plattformen, wenn sie eine derartige Größe erreichen, dass die Anbieter in der Lage sind, den Zugang zu der jeweiligen Marktseite zu kontrollieren. Durch die Möglichkeit, den Zugang zu Märkten zu bestimmen, nehmen sie die Stellung eines *Gatekeepers* ein. Darüber hinaus sind auch vertikal integrierte Plattformanbieter kritisch zu betrachten, da sie einerseits als Vermittler und andererseits als Nutzer auf ihrer Plattform auftreten. Plattformbetreiber, die über Marktmacht verfügen, können ihre Machtposition zur Begünstigung ihrer eigenen Angebote ausnutzen (Bericht der Kommission Wettbewerbsrecht 4.0, Ein neuer Wettbewerbsrahmen für die Digitalwirtschaft 2019, 1 (53)).

3 Bei dem Gesetzgebungsverfahren stand insbesondere der Zahlungsdienst *Apple Pay* des Unternehmens *Apple Inc.* im Mittelpunkt der Diskussionen. Das Unternehmen ermöglicht das kontaktlose Bezahlen über die NFC-Schnittstelle seiner Endgeräte nur über sein eigenes Produkt *Apple Pay.* Fremde Zahlungsdienstleister können die NFC-Schnittstelle durch eigene Zahlungs-Apps daher nicht ansteuern. Hierdurch sind sie nicht in der Lage, die Endgerätkunden von *Apple* zu erreichen, es sei denn, sie kooperieren mit *Apple* unter den von *Apple* gesetzten Bedingungen über *Apple Pay.* Mit Blick auf diese Konstellation wurde § 58a eingeführt, der seit dem als „Lex Apple Pay" bezeichnet wird (Louven NZKart 2020, 421 (421); McColgan NZKart 2020, 515 (516)).

II. Entstehungsgeschichte

1. Einführung 2020

Die Problematik des Zugangs zur NFC-Schnittstelle wurde im Vorfeld des Ge- **4** setzgebungsverfahrens in der kartellrechtlichen Missbrauchsaufsicht verortet (BT-Drs. 19/9175, 5). Aus diesem Grund verwies die Bundesregierung auf die anstehende 10. GWB-Novelle, im Rahmen derer gesetzliche Anpassungen hinsichtlich der Öffnung von Schnittstellen geprüft werden sollten (BT-Drs. 19/9175, 6; BT-Drs. 19/11043, 3f.; BT-Drs. 19/81043, 7f.). Der Entwurf des § 58a wurde jedoch kurzfristig in einer Sitzung des Finanzausschusses als Änderungsantrag der Regierungsfraktionen zum Entwurf eines Gesetzes zur Umsetzung der Änderungsrichtlinie zur Vierten EU-Geldwäscherichtlinie eingebracht (Finanzausschuss des Deutschen Bundestags, Änderungsantrag Nr. 21 der Fraktionen CDU/CSU und SPD zum Entwurf eines Gesetzes zur Umsetzung der Änderungsrichtlinie zur Vierten EU-Geldwäscherichtlinie, BT-Drs. 19/13827, Ausschuss-Drs. 19(7)344) und kurzdarauf unverändert vom Bundestag beschlossen. Die Vorschrift ist in der Fassung vom November 2019 mit Wirkung zum 1. Januar 2020 in Kraft getreten.

2. Novellierung 2022

Im Juni 2021 erfolgte eine Rechtsänderung des § 58a, die mit Wirkung zum **5** 1. März 2022 in Kraft getreten ist. Mit der Novellierung wollte der Gesetzgeber den Zugangsanspruch nachschärfen und Unklarheiten ausräumen (Atzler/Hildebrand, Handelsblatt vom 16. Mai 2021, abrufbar unter https://www.handelsblatt.com/finanzen/banken-versicherungen/banken/digitale-zahlungen-finanzaus schuss-will-im-zweiten-anlauf-die-macht-von-apple-pay-beschneiden/27193390.html (zuletzt abgerufen am 09. Mai 2022)). Nach der alten Fassung hatte die Gewährung des Zugangs gegen ein „angemessenes Entgelt" zu erfolgen. Das Merkmal der Angemessenheit wurde vom Gesetzgeber nicht näher konkretisiert. Daher bestand die Gefahr, dass der Zugangsanspruch durch zu hohe Entgeltforderungen faktisch ausgeschlossen wurde. Aus diesem Grund wurde das Merkmal der Angemessenheit gestrichen und durch ein „die tatsächlichen Kosten des jeweiligen Zugriffs nicht übersteigendes Entgelt" ersetzt (BT-Drs. 19/30443, 72) (s. dazu → Rn. 16).

Inhaltlich wurde der Zugang durch die Verpflichtung der Verwendung einer **6** standardisierten technischen Schnittstelle vereinfacht. Darüber hinaus wurde in Abs. 1 S. 2 das Merkmal der „Funktionsgleichheit" eingeführt (s. dazu → Rn. 19). Diese Änderung dient der Förderung eines effektiven Wettbewerbs und stellt klar, dass zur funktionsgleichen Nutzbarkeit des Zugangs zur NFC-Schnittstelle auch ein Zugang zu weiteren Hardwarekomponenten wie der Tastenbelegung gewährt werden muss (BT-Drs. 19/30443, 72).

Durch die in Abs. 3 neu eingefügten Sätze 4 bis 6 wird der Anspruchsberechtigte **7** in die Lage versetzt, eine Ablehnung des Zugangsanspruchs aus sachlich gerechtfertigten Gründen durch einen Sachverständigen überprüfen zu lassen (s. dazu → Rn. 29).

III. Inhalt der Vorschrift

8   Die Vorschrift enthält in Abs. 1 die Grundnorm des Zugangs zu technischen Infrastrukturleistungen. Systemunternehmen sind grundsätzlich verpflichtet, gegen ein die tatsächlichen Kosten nicht übersteigendes Entgelt den Zugang zu technischen Infrastrukturleistungen funktionsgleich zu gewähren. Die Abs. 2 und 3 enthalten Ausnahmen von diesem Grundsatz. Nach Abs. 2 besteht kein Zugangsanspruch für technische Infrastrukturen von weniger bedeutenden Systemunternehmen (De-Minimis-Regelung). Nach Abs. 3 hat das verpflichtete Systemunternehmen ein Zugangsverweigerungsrecht, wenn sachlich gerechtfertigte Gründe hierfür vorliegen. Die Regelung in Abs. 4 sichert den Zugangsanspruch in Abs. 1 durch einen Schadensersatzanspruch auf Sekundärebene ab. Abs. 5 stellt das Verhältnis zum nationalen Kartellrecht klar.

1. Zugangsanspruch, Abs. 1

9   **a) Anspruchsberechtigte.** Anspruchsberechtigt sind nach dem Wortlaut des Abs. 1 S. 1 Zahlungsdienstleister im Sinne des § 1 Abs. 1 S. 1 Nr. 1 bis 3 oder E-Geld-Emittenten im Sinne des § 1 Abs. 2 S. 1 Nr. 1 oder 2. Erfasst sind daher Zahlungsinstitute, E-Geld-Institute und CRR-Kreditinstitute. E-Geld-Institute und CRR-Kreditinstitute sind sowohl als Zahlungsdienstleister, als auch als E-Geld-Emittenten anspruchsberechtigt. Nicht erfasst hingegen sind Zentralbanken und die öffentliche Hand, da sie grundsätzlich nicht im Bereich der innovativen Zahlungsdienste tätig sind (Louven NZKart 2020, 421 (421)).

10   **b) Systemunternehmen.** Adressat der Zugangsverpflichtung ist das Systemunternehmen. Der Begriff des Systemunternehmens ist in Abs. 1 S. 1 legaldefiniert und erfasst Unternehmen, die durch technische Infrastrukturleistungen zu dem Erbringen von Zahlungsdiensten oder dem Betreiben des E-Geld-Geschäfts im Inland beitragen. Es handelt sich um eine objektivierende Umschreibung des Adressaten, dessen wesentliches Merkmal der Begriff der technischen Infrastrukturleistung ist. Systemunternehmen können auch gleichzeitig Zahlungsdienstleister und E-Geld-Emittenten sein, wenn sie ihrerseits technische Infrastrukturen anbieten oder nutzen und die weiteren Voraussetzungen erfüllen (BT-Drs. 19/15196, 53).

11   **c) Technische Infrastrukturleistung.** Der Begriff der technischen Infrastrukturleistung ist weder in § 58a, noch an anderer Stelle legaldefiniert. Insbesondere stimmt er nicht mit dem Begriff der „Dienste, die von technischen Dienstleistern erbracht werden" (→ § 2 Abs. 1 Nr. 9 Rn. 42ff.) überein (Broemel RdZ 2020, 100 (101)). Auch unter Hinzuziehung der Gesetzesbegründung kann keine klare Eingrenzung vorgenommen werden. Die Gesetzesbegründung nennt lediglich exemplarische Infrastrukturleistungen, die evident erfasst sind (insbesondere die NFC-Schnittstellen) (BT-Drs. 19/15196, 52; Louven NZKart 2020, 421 (422)).

12   Allerdings stellt die Gesetzesbegründung klar, dass mit dem Begriff der technischen Infrastrukturleistung ein auf den Bereich des Zahlungsverkehrs zugeschnittener Begriff verwendet wird und daher nur Infrastrukturleistungen erfasst werden, die eine nutzbare Funktionalität zum Erbringen von Zahlungsdiensten bzw. E-Geld-Geschäften aufweisen (BT-Drs. 19/15196, 52).

d) Funktionaler Bezug zu Zahlungsdiensten und E-Geld-Geschäft. Für 13
den funktionalen Bezug zum Zahlungsverkehr genügt es, dass die technische Infrastrukturleistung abstrakt zum Erbringen von Zahlungsdiensten oder zum Betreiben des E-Geld-Geschäfts beitragen kann. Eine bereits bestehende konkrete Nutzung muss diesbezüglich nicht vorliegen (BT-Drs. 19/15196, 53f.). Zudem braucht die technische Infrastrukturleistung nicht spezifisch für das Erbringen von Zahlungsdiensten oder des E-Geld-Geschäfts konzipiert sein (wie z.B. die NFC-Schnittstelle oder Sprachsteuerungen, die auch für andere Anwendungen genutzt werden können) (Schäfer/Omlar/Mimberg/Broemel §58a Rn. 13). Der Zugangsanspruch erschöpft sich nicht nur im Zugang zu Leistungen, die unmittelbar zum Erbringen der Zahlungsdienste erforderlich sind, sondern umfasst auch mittelbare Leistungen, die sich vor allem auf die Programmierung der Anwendung beziehen (z.B. Informationen über technische Spezifikationen, technische Vorrichtungen für die Entwicklung von Software wie Programmierungswerkzeuge, Zugang zu Drittentwickler-Apps) (Schäfer/Omlar/Mimberg/Broemel §58a Rn. 14).

e) Zugang über standardisierte technische Schnittstellen. Der Adressat ist 14
verpflichtet, den Zugang über eine standardisierte technische Schnittstelle zur Verfügung zu stellen. Zudem wird klargestellt, dass der Zugangsanspruch für alle Endgeräte eines Systemunternehmens gilt (z.B. auch für *Smart Watches* oder *Smart Speaker*) (BT-Drs. 19/30443, 72).

f) Anfrage und Kostenregelung. Der Anspruchsberechtigte muss den Zu- 15
gangsanspruch beim Systemunternehmen formlos anfragen. Dabei muss nur erkenntlich sein, dass der Anspruchsberechtigte den Zugang zu einer technischen Infrastrukturleistung nach §58a Abs. 1 begehrt. Die Anfrage kann an den Konzernverbund des Systemunternehmens gerichtet sein, welches die technische Infrastrukturleistung bereitstellt (BT-Drs. 19/15196, 54).

Das Systemunternehmen kann für den Zugang zu einer technischen Infrastruk- 16
turleistung ein Entgelt verlangen, welches die tatsächlichen Kosten des jeweiligen Zugriffs nicht übersteigen darf. Durch die Gewährung eines Entgelts wird das Systemunternehmen für die ungewollte Nutzung seiner technischen Infrastrukturleistung wirtschaftlich kompensiert. Gleichzeitig wird die Höhe der Entgeltforderung auf die Kosten beschränkt, die bei der jeweiligen Bereitstellung konkret entstehen (BT-Drs. 19/30443, 72). Hierdurch soll verhindert werden, dass der Zugangsanspruch durch zu hohe Entgeltforderungen faktisch ausgeschlossen wird. Nach Ansicht des Gesetzgebers erfassen die Bereitstellungkosten jedenfalls die tatsächlich entstandenen Kosten des jeweiligen konkreten Zugriffs sowie die mit dem Zugriff verbundenen Entwicklungskosten des Systemunternehmens (BT-Drs. 19/30443, 72). Offen ist hingegen, ob der Begriff ökonomisch ausgelegt werden kann und damit auch einen angemessenen betriebswirtschaftlichen Gewinn umfasst (BT-Finanzausschuss, Ausschuss-Drs. 20(7) – 0017, 15).

g) Ungehinderter Zugang und Funktionsgleichheit. Das Systemunterneh- 17
men ist nach Abs. 1 S. 2 verpflichtet, den Zugang so auszugestalten, dass der Anspruchsberechtigte seine Zahlungsdienste oder das E-Geld-Geschäft ungehindert erbringen oder betreiben kann. Die Regelung soll insbesondere indirekte Beeinträchtigungen des Zugangs durch das Systemunternehmen verhindern, die den Zugangsanspruch faktisch entwerten würden (BT-Drs. 19/15196, 54; Schäfer/Omlar/Mimberg/Broemel §58a Rn. 19). Eine faktische Entwertung des Zugangsanspruchs liegt insbesondere vor, wenn das Systemunternehmen die Programmie-

rung, Nutzbarkeit oder nachgelagert den Vertrieb von Anwendungen negativ beeinträchtigt, für die der Zugang zur technischen Infrastrukturleistung gewährt werden soll.

18   Nach dem Gesetzgeber liegen Beeinträchtigungen, die die Programmierung der Anwendung betreffen, unter anderem vor, wenn Informationen über technische Spezifikationen nicht zur Verfügung gestellt werden, oder wenn technische Voreinstellungen des Betriebssystems für (mobile) Endgeräte vorliegen, die Drittentwickler-Apps den Zugang zur technischen Infrastruktur verwehren bzw. eine Entwicklung von Drittdiensten von vorneherein nicht zulassen. Auch das Vorenthalten von für die Entwickler notwendigen Anleitungen sowie Programmierwerkzeugen und -bibliotheken stellt eine Beeinträchtigung dar (BT-Drs. 19/15196, 54).

19   Die Nutzbarkeit der Anwendung ist insbesondere beeinträchtigt, wenn sie nicht alle notwendigen Funktionalitäten vorweist. Daher bedarf es für die funktionsgleiche Nutzbarkeit der Anwendung – neben dem Zugang zur technischen Infrastrukturleistung – auch den Zugang zu anderen Hardware-Komponenten, wie der Tastenbelegung (Lautstärketaste, Home-Button etc.) oder den Authentifikationseinheiten (Gesichtserkennung, Fingerabdrucksensor etc.) (BT-Drs. 19/30443, 72). Der Zugangsanspruch zur technischen Infrastrukturleistung muss daher auch den Zugriff auf solche Komponenten ermöglichen. Mit dem Anspruch auf „Funktionsgleichheit" soll daher klargestellt werden, dass sich der Zugang auch auf diese Funktionen bezieht (BT-Drs. 19/30443, 72).

2. De-minimis-Regelung, Abs. 2

20   Von dem Zugangsanspruch sollen nach dem Willen des Gesetzgebers kleinere und mittlere Systemunternehmen ausgenommen sein, da diese in der Regel ihre Infrastrukturleistungen nur innerhalb eines begrenzten Kreises anbieten (BT-Drs. 19/15196, 54). Gleichzeitig bewirkt dies auch einen mittelbaren Schutz des Wettbewerbs, da Investitionsanreize für die ausgenommenen Unternehmen erhalten bleiben (Schäfer/Omlar/Mimberg/Broemel § 58a Rn. 21).

21   Die Ausnahmeregelung knüpft an zwei quantitative Merkmale an, die alternativ oder kumulativ vorliegen können (BT-Drs. 19/15196, 54). Demnach sind Systemunternehmen von der Zugangspflicht ausgenommen, (i) deren technische Infrastrukturleistungen von zehn oder weniger Zahlungsdienstleistern oder E-Geld-Emittenten in Anspruch genommen werden oder (ii) die zwei Millionen oder weniger registrierte Nutzer haben. Diese Schwellenwerte beziehen sich nicht nur auf das Unternehmen, welches die technische Infrastrukturleistung anbietet, sondern erfassen den gesamten Konzernverbund sowie die institutionalisierten Kooperationspartner (BT-Drs. 19/15196, 54; Schäfer/Omlar/Mimberg/Broemel § 58a Rn. 21).

22   Maßgeblicher Zeitpunkt für das Vorliegen der Voraussetzungen für die Ausnahmeregelung ist der Zeitpunkt der Anfrage des Anspruchsberechtigten (BT-Drs. 19/15196, 55). Darüber hinaus wirken sich auch nachträgliche Veränderungen der maßgeblichen Schwellenwerte auf den Zugangsanspruch aus. Wird der Schwellenwert nachträglich erstmalig überschritten, ist das Systemunternehmen auf erneute Anfrage verpflichtet, den Zugang zur technischen Infrastrukturleistung zu gewähren (Louven NZKart 2020, 421 (423); Schäfer/Omlar/Mimberg/Broemel § 58a Rn. 21). Bei nachträglicher Unterschreitung kann es sich auf die Ausnahmeregelung berufen (Schäfer/Omlar/Mimberg/Broemel § 58a Rn. 21). Die Darlegungs- und Beweislast für das Vorliegen der Ausnahmevoraussetzungen liegt beim Systemunternehmen (BT-Drs. 19/15196, 55).

Die Ausnahmeregelung greift im ersten Fall nicht, wenn zehn oder mehr Zah- 23
lungsdienstleister oder E-Geld-Emittenten die technische Infrastrukturleistung in
Anspruch nehmen. Maßgeblich ist dabei die tatsächliche Inanspruchnahme, die sowohl direkt als auch indirekt über Dritte erfolgen kann, unabhängig davon, ob dies
auf Anfrage oder auf eine andere Art und Weise als über den Zugangsanspruch nach
Abs. 1 erfolgt ist (BT-Drs. 19/15196, 54; Louven NZKart 2020, 421 (423); Schäfer/
Omlar/Mimberg/Broemel § 58a Rn. 22).

Im zweiten Fall wird auf die Anzahl von Nutzern abgestellt, die Dienstleistungen 24
des Systemunternehmens in Anspruch nehmen (BT-Drs. 19/15196, 54). Dabei
werden alle Dienstleistungen des Systemunternehmens erfasst und nicht nur diejenigen, die im Zusammenhang mit technischen Infrastrukturleistungen stehen (BT-
Drs. 19/15196, 54; Louven NZKart 2020, 421 (424)). Entscheidend ist die Nutzer-
gruppe, die insgesamt vom Systemunternehmen erreicht werden kann (Louven
NZKart 2020, 421 (424); Schäfer/Omlar/Mimberg/Broemel § 58a Rn. 23). Die
Nutzerzahl von 2 Millionen orientiert sich an der Regelung aus § 1 Abs. 2 NetzDG
(BT-Drs. 19/15196, 54).

3. Zugangsverweigerung, Abs. 3

Das Systemunternehmen kann die Anfrage des Anspruchsberechtigten aus- 25
nahmsweise ablehnen, wenn hierfür sachlich gerechtfertigte Gründe vorliegen. Die
Ablehnung muss nachvollziehbar begründet werden und kann vom Anspruchsberechtigten durch einen Sachverständigen überprüft werden.

a) Ablehnungsgründe. Nach Satz 2 liegt eine sachliche Rechtfertigung einer 26
Ablehnung insbesondere vor, wenn die Sicherheit und Integrität der technischen
Infrastrukturleistungen durch die Zurverfügungstellung konkret gefährdet werden.
Eine konkrete Gefährdung liegt nach den allgemeinen Grundsätzen vor, wenn nach
den Umständen des Einzelfalls eine Verletzung der Sicherheit und Integrität der
technischen Infrastrukturleistung hinreichend wahrscheinlich ist (Schäfer/Omlar/
Mimberg/Broemel § 58a Rn. 25). Für den Nachweis einer Gefährdung muss sich
das Systemunternehmen konkret mit der technischen Lösung des Anspruchsberechtigten auseinandersetzen und darf seine Ablehnung nicht mit allgemeinen
und abstrakten Erwägungen, wie einem Hinweis auf seine Unternehmensphiloso-
phie, begründen (BT-Drs. 19/15196, 55). Auch darf er seine Ablehnung nicht damit begründen, dass der Anspruchsberechtigte eine bestimmte technische Lösung
nutzt (z. B. die cloudbasierte Ablage der emulierten Karteninformation statt einer
(virtuellen) SIM-Karte), solange ein vergleichbarer Schutz vor dem unbefugten Zugriff Dritter gewährleistet ist (BT-Drs. 19/15196, 55). Eine konkrete Gefährdung ist
in der Regel auch dann ausgeschlossen, wenn die technische Lösung des Anspruchsberechtigten die regulatorischen Anforderungen an die IT-Sicherheit erfüllt
(BT-Drs. 19/15196, 55).

Bei dem Versagungsgrund nach Satz 2 handelt es sich um ein Regelbeispiel, 27
welches nicht abschließend ist. Es können weitere Ablehnungsgründe vorliegen,
die jedoch dem Maßstab der konkreten Gefährdung der Sicherheit und Integrität
der technischen Infrastrukturleistung entsprechen müssen (BT-Drs. 19/15196, 55).
Kein vergleichbarer Ausschlussgrund sind Kapazitätsgrenzen, da es sich um eine
digitale Leistung handelt (Schäfer/Omlar/Mimberg/Broemel § 58a Rn. 26). Auch
spezifische Investitionsrisiken rechtfertigen eine Ablehnung nicht, da diese durch
den Entgeltanspruch des Systemunternehmens Berücksichtigung finden (Schäfer/

Omlar/Mimberg/Broemel § 58a Rn. 26). In Ausnahmefällen können jedoch Gründe in der Person des Anspruchsberechtigten eine Ablehnung rechtfertigen. Dies können insbesondere vorsätzliche Vertragsverletzungen (Schäfer/Omlar/Mimberg/Broemel § 58a Rn. 26) oder strafbare Handlungen von Mitarbeitern sein (Louven, NZKart 2020, 421 (424)).

28 Die Darlegungs- und Beweislast für das Vorliegen eines Ablehnungsgrundes liegt beim Systemunternehmen. Dieses muss die Ablehnung auch in Textform gegenüber dem Anspruchsberechtigten begründen (BT-Drs. 19/15196, 55).

29 **b) Überprüfung durch einen Sachverständigen.** Der Anspruchsberechtigte kann die Ablehnungsgründe durch einen Sachverständigen überprüfen lassen. Insbesondere bei einer Ablehnung aus Gründen der IT-Sicherheit kann ein zur Verschwiegenheit verpflichteter Sachverständiger die der Ablehnung zugrundeliegenden technischen und sonstigen Informationen bewerten (BT-Drs. 19/30443, 72). Für eine solche Bewertung kommen im Bereich der IT-Sicherheit akkreditierte Stellen sowie nach § 9 Abs. 3 BSI-Gesetz anerkannte sachverständige Stellen in Betracht (BT-Drs. 19/30443, 72). Dem Sachverständigen müssen dabei die notwendigen Informationen zur Verfügung gestellt werden. Das Systemunternehmen entscheidet, ob es die zur Bewertung notwendigen Informationen z. B. übersendet oder in seinen Räumlichkeiten zur Verfügung stellt (BT-Drs. 19/30443, 72). Zudem wird klargestellt, dass der Sachverständige zur Verschwiegenheit verpflichtet ist und weder dem Anspruchsberechtigten, noch Dritten beispielsweise sensible technische Informationen offenbaren darf. Der Sachverständige berichtet dem Anspruchsberechtigten nur das Ergebnis seiner Prüfung (BT-Drs. 19/30443, 72).

4. Schadensersatzanspruch, Abs. 4

30 Das Systemunternehmen ist beim Vorliegen der Tatbestandsmerkmale des Abs. 1 verpflichtet, dem Anspruchsberechtigten den Zugang zur technischen Infrastrukturleistung zu gewähren. Kommt es dieser Verpflichtung schuldhaft nicht nach, kann der Anspruchsberechtigte den Ersatz des daraus entstandenen Schades verlangen. Die eigenständige Schadensersatzregelung nach Abs. 4 dient daher der Sicherung des Zugangsanspruchs auf Sekundärebene. Von der Einräumung eines Beseitigungs- und Unterlassungsanspruchs wurde angesichts der Identität der Rechtsfolge eines solchen Anspruchs mit der ursprünglichen Befolgung der Pflicht aus Abs. 1 abgesehen (BT-Drs. 19/15196, 55). Durch den Anspruch sollen wirtschaftliche Nachteile kompensiert werden, die aufgrund der Zugangsverweigerung oder -vereitelung entstanden sind (Louven NZKart 2020, 421 (426)).

5. Verhältnis zum Kartellrecht, Abs. 5

31 **a) Verhältnis zum deutschen Kartellrecht.** Der Zugang zu technischen Infrastrukturleistungen und insbesondere die Öffnung der NFC-Schnittstelle ist eine Problematik, die der Gesetzgeber vor Einführung des § 58a grundsätzlich der kartellrechtlichen Missbrauchsaufsicht zugeordnet hat, da bestimmte marktbeherrschende Plattformen und Betriebssysteme ihre Schnittstellen nicht zur Verfügung gestellt haben (BT-Drs. 19/9175, 5). Daher weisen die Regelungen des § 58a Berührungspunkte zur kartellrechtlichen Missbrauchsaufsicht nach §§ 19ff. GWB auf. Insbesondere nach § 19 Abs. 2 Nr. 4 GWB kann ein Unternehmen den Zugang zu technischen Schnittstellen eines marktbeherrschenden Unternehmens verlangen, wenn die Gewährung des Zugangs objektiv notwendig ist, um auf einem vor-

oder nachgelagerten Markt tätig zu sein und die Weigerung den wirksamen Wettbewerb auf diesem Markt auszuschalten droht (BT-Drs. 19/23492, 72). Darüber hinaus hat der Gesetzgeber mit der 10. GWB-Novelle in § 19a GWB Regelungen getroffen, die eine effektive Kontrolle derjenigen großen Digitalkonzerne ermöglichen soll, denen eine überragende marktübergreifende Bedeutung für den Wettbewerb zukommt (BT-Drs. 19/23492, 72). Die Verweigerung des Zugangs kann überdies dem allgemeinen Behinderungsverbot nach § 19 Abs. 2 Nr. 1 GWB bzw. Art. 102 AEUV unterliegen.

Die Regelung in Abs. 5 stellt klar, dass die Aufgaben und Zuständigkeiten der **32** Kartellbehörden nach dem GWB unberührt bleiben. Dies betrifft insbesondere die kartellrechtliche Missbrauchsaufsicht. Denn die Regelungen knüpfen an unterschiedliche Voraussetzungen an. Die kartellrechtliche Missbrauchsaufsicht hat die Marktstellung eines Unternehmens im Blick. § 58a hingegen adressiert plattformspezifische Zugänge und ist in seinem Anwendungsbereich weiter. § 58a ist den kartellrechtlichen Ansprüchen vorgelagert und ergänzt diese. Die parallele Kartellrechtsanwendung ist dabei dennoch geboten, da bei einem zusätzlichen Kartellrechtsverstoß umfassende behördliche Durchsetzungs- und Sanktionsinstrumentarien zur Verfügung stehen. Zu diesem Ergebnis kam auch das Bundesministerium der Finanzen in einem Evaluierungsbericht zu § 58a vom 10. Januar 2022 (BT-Finanzausschuss, Ausschuss-Drs. 20(7) – 0017, 16).

b) Verhältnis zum europäischen Kartellrecht. Im Rahmen der Miss-   **33** brauchsaufsicht hat die Europäische Kommission im Juni 2020 eine förmliche Untersuchung gegen *Apple* im Zusammenhang mit *Apple Pay* eingeleitet. Im Mai 2022 hat sie *Apple* über ihre vorläufige Auffassung in Kenntnis gesetzt, dass die Beschränkung des Zugangs zur NFC-Schnittstelle den Wettbewerb im Bereich der mobilen Geldbörsen auf iOS-Geräten einschränke. *Apple Pay* sei die einzige mobile Geldbörse, die auf iOS-Geräten auf die erforderliche Hardware und Software zugreifen könne, da *Apple* Drittentwicklern diesen Zugriff verweigere (Europäische Kommission, Pressemitteilung vom 2. Mai 2022, abrufbar unter https://ec.europa.eu/commission/presscorner/detail/de/IP_22_2764). Sollte die Europäische Kommission ihre vorläufige Auffassung bestätigen, müsste *Apple* seine missbräuchliche Handlung abstellen und voraussichtlich den Zugang zur NFC-Schnittstelle auf seinen iOS-Geräten Drittentwicklern zur Verfügung stellen. Hierdurch würde ein großer praktischer Anwendungsfall des § 58a wegfallen.

Darüber hinaus ist die Verordnung (EU) 2022/1925 über bestreitbare und faire **34** Märkte im digitalen Sektor und zur Änderung der Richtlinien (EU) 2019/1937 und (EU) 2020/1828 (Gesetz über digitale Märkte – *Digital Markets Act*, DMA) am 1. November 2022 in Kraft getreten und gilt ab dem 2. Mai 2023 (einige Vorschriften gelten bereits ab dem 1. November 2022). Ziel des DMA ist es, Märkte der Digitalwirtschaft offen, fair und bestreitbar zu halten, indem große Digitalkonzerne, die als *Gatekeeper* (deutsch: Torwächter) fungieren, einer Regulierung unterworfen werden. Art. 6 Abs. 7 DMA sieht den unentgeltlichen und funktionsgleichen Zugang zu technischen Schnittstellen vor. Diese Regelung wurde im Verlauf des Gesetzgebungsverfahrens verschärft. Art. 6 Abs. 1 lit. f) des ersten Entwurfs, der am 15. Dezember 2020 veröffentlicht wurde, sah für gewerbliche Nutzer und Erbringer von Nebendienstleistungen den Zugang zu und die Interoperabilität mit denselben Betriebssystemen, Hardware- oder Software-Funktionen vor, die der *Gatekeeper* für die Erbringung von Nebendienstleistungen zur Verfügung hat oder verwendet (COM(2020) 842 final). In der finalen Fassung wurde die Beschränkung auf Nebendienstleistungen gestrichen und die Unentgeltlichkeit festgesetzt. Bei dieser Erweiterung wurde insbesondere auch hier auf die NFC-Schnittstelle und somit auf die laufenden *Apple Pay* Untersuchungen der Europäischen Kommission Bezug genommen (Erwägungsgrund 56 und 57 DMA).

35   Es ist davon auszugehen, dass es voraussichtlich zu Überschneidungen zwischen dem DMA und § 58a kommen wird. Dennoch wird den Regelungen des § 58a ein eigenständiger Anwendungsbereich bleiben. Art. 1 Abs. 5 DMA sieht vor, dass *Gatekeepern* keine weiteren Verpflichtungen auferlegt werden dürfen, um bestreitbare und faire Märkte zu gewährleisten. Gleichwohl dürfen Unternehmen, die auch *Gatekeeper* sein können, Verpflichtungen auferlegt werden, die nicht vom Anwendungsbereich des DMAs erfasst sind und nicht an die Stellung als *Gatekeeper* anknüpfen. Der Begriff des Systemunternehmens in § 58a ist weiter gefasst als der Begriff des *Gatekeepers* nach dem DMA. Daher bleibt jedenfalls im Hinblick auf Unternehmen, die keine *Gatekeeper* sind, der Anwendungsbereich des § 58a weiterhin eröffnet. Auch bei der zivilrechtlichen Rechtsdurchsetzung kommt es voraussichtlich zu Überschneidungen, die den Anwendungsbereich des § 58a Abs. 3 betreffen. Denn dem DMA liegt der Gedanke zugrunde, dass nationale Gerichte die Regelungen voraussichtlich anwenden müssen. Daher ist in Art. 39 DMA ein Kooperationsmechanismus zwischen den nationalen Gerichten und der Europäischen Kommission vorgesehen. Dementsprechend ist davon auszugehen, dass Verstöße gegen Verpflichtungen nach dem DMA auf nationaler Ebene zivilrechtlich durchgesetzt werden können.

36   Das Bundesministerium der Finanzen hat in seinem Evaluierungsbericht zu § 58a die Überschneidungen im Verhältnis zum DMA in den Blick genommen und empfohlen, eine weitere Rechtsänderung erst vorzunehmen, wenn die ersten Erfahrungen zum DMA sowie zu § 19a GWB gesammelt wurden. Dabei soll auch beurteilt werden, ob die Vorschrift aufgrund der sich im Digitalbereich dynamisch entwickelnden Marktverhältnisse weiter flexibilisiert werden sollte (BT-Finanzausschuss, Ausschuss-Drs. 20(7) − 0017, 17). Es bleibt abzuwarten, wie die einzelnen kartellrechtlichen Vorschriften auf nationaler und europäischer Ebene den Anwendungsbereich von § 58a künftig beeinflussen werden.

Abschnitt 11. Datenschutz

§ 59   Datenschutz

(1) **Betreiber von Zahlungssystemen und Zahlungsdienstleister dürfen personenbezogene Daten verarbeiten, soweit das zur Verhütung, Ermittlung und Feststellung von Betrugsfällen im Zahlungsverkehr notwendig ist.**

(2) **Zahlungsdienstleister dürfen die für das Erbringen ihrer Zahlungsdienste notwendigen personenbezogenen Daten nur mit der ausdrücklichen Einwilligung des Zahlungsdienstnutzers abrufen, verarbeiten und speichern.**

(3) **Die datenschutzrechtlichen Vorschriften über die Verarbeitung personenbezogener Daten sind zu beachten.**

Literatur: Sander, Stefan, DS-GVO vs. PSD 2: Was dürfen die Betreiber von Kontoinformationsdiensten?, BKR 2019, 66–76; Schwennicke/Auerbach, Andreas Schwennicke/Dirk Auerbach, Kreditwesengesetz (KWG) mit Zahlungsdiensteaufsichtsgesetz, 4. Auflage 2021; Seiler, David, Die Datenschutzregelungen in der PSD II – insbesondere Art. 94 – Einwilligungserfordernis statt gesetzlicher Erlaubnis und mögliche praktische Auswirkungen, DSRITB 2016, 591–603; Hoeren/Sieber/Holznagel MMR-HdB, Thomas Hoeren/Ulrich Sieber/Bernd Holznagel, Handbuch Multimedia-Recht: Rechtsfragen des elektronischen Geschäftsverkehrs, 57. Aufl. 2021; LNSSWW, Günther Luz/Werner Neus/Mathias Schaber/Peter Schneider/Claus-Peter Wagner/Max Weber, ZAG: Kommentar zum Zahlungsdiensteaufsichtsgesetz, 1. Auflage 2019; Weichert, Thilo; „Trojanisches Pferd" Kontoinformationsdienst?: Anwendung des Datenschutzrechts auf Zahlungsdienstedienstleister, ZD 2021, 134–139.

Geändere Zitierweisen: BeckOK DatenschutzR, Stefan Brink/Heinrich Amadeus Wolff, BeckOK Datenschutzrecht, 38. Edition 2021; HK-DS-GVO, Gernot Sydow, Europäische Datenschutzgrundverordnung, 2. Aufl. 2018; NK-DatenschutzR, Simitis Spiros/Gerrit Hornung/Indra Spiecker gen. Döhmann, Nomos Kommentar Datenschutzrecht: DS-GVO mit BDSG, 1. Aufl. 2019.

Inhaltsübersicht

I. Einleitung

1. Kontext der Regelung

1   § 59 ZAG setzt Art. 94 PSD2 in deutsches Recht um und übernimmt diese Regelung weitgehend im Wortlaut. Die Regelung des Datenschutzes war im Gesetzgebungsverfahren ein wesentlicher Aspekt beim Erlass der PSD2 (Terlau ZBB 2016, 122 (130)) und ist in ihrer Bedeutung daher nicht zu unterschätzen. Ausweislich der Gesetzesbegründung zu § 59 ZAG sollten nach Inkrafttreten der Norm „ungeachtet der allgemeinen datenschutzrechtlichen Vorgaben auf europäischer und nationaler Ebene (...) bei der Verarbeitung personenbezogener Daten für Zwecke dieses Gesetzes jeweils der genaue Zweck angegeben, die entsprechende Rechtsgrundlage genannt und die datenschutzrechtlichen Sicherheitsanforderungen" zu erfüllen sein sowie „die Grundsätze der Notwendigkeit, Verhältnismäßigkeit, Beschränkung auf den Zweck (strenge Zweckbindung) und Angemessenheit der Frist für die Speicherung der Daten" zu beachten sein. Darüber hinaus sollte der Datenschutz „durch sichere, technische Datenverarbeitungssysteme einschließlich datenschutzfreundlicher Voreinstellungen bei dem Erbringen von Zahlungsdiensten gewährleistet werden (vgl. Erwägungsgrund 89)" (zitiert nach BT-Drs. 18/11495, 142). § 59 ZAG steht damit gesetzesgeschichtlich in engem Zusammenhang mit den auf Art. 5 lit. g, i und j PSD2 beruhenden datenschutzbezogenen Regelungen aus § 10 Abs. 2 Nr. 7, 9, 10 ZAG (vgl. hierzu auch Hingst/Lösing BKR 2014, 315 (321)).

    Im Fokus standen aus datenschutzrechtlicher Sicht ausweislich des Erwägungsgrunds 29 der PSD2 insbesondere die seit Erlass der PSD1 in größerem Umfang neu zum Markt hinzugetretenen Zahlungsauslösedienstleister („Sofort" und andere) und die Kontoinformationsdienstleister. Diese fielen noch nicht in den Anwendungsbereich der PSD1, weshalb sie bis zum damaligen Zeitpunkt noch keiner klaren und effektiven datenschutzrechtlichen Aufsicht unterlagen. Dieses Problem dürfte mit Blick auf die Anwendbarkeit der DS-GVO seit dem 25.5.2018 zumindest entschärft sein (→ Rn. 4 ff.).

2. Sinn und Zweck

2   Sinn und Zweck der Regelung ist der Schutz der gemeinhin als besonders sensibel wahrgenommenen Zahlungsdaten der Nutzer (→ § 1 Rn. 536 f.) vor einer Zweckentfremdung durch Zahlungsdienstleister, wie zB für die Verwendung zur Werbung für andere Produkte eigener oder verbundener Unternehmen, letztendlich also die Verhinderung von Missbrauch (Terlau ZBB 2016, 122 (130); Conreder

BKR 2017, 226 (227)). Sensible Daten kennt das Datenschutzrecht formell nicht, gleichwohl wird der Begriff regelmäßig mit Art. 9 DS-GVO („besondere Kategorien personenbezogener Daten") in Verbindung gebracht und bezeichnet Daten, die insbesondere aus einer historischen Perspektive heraus als schutzbedürftig eingestuft werden. Die „Sensibilität" der Zahlungsdaten hingegen folgt aus der finanziellen Bedeutung der Daten, ist also nicht persönlichkeitsrechtlich begründet (Weichert BB 2018, 1161 (1162)).

(Sensible) Zahlungsdaten erfahren mithin durch die Regelungen des Datenschutzrechts keinen qualifizierten Schutz über die allgemeinen Restriktionen zum Umgang mit personenbezogenen Daten hinaus und stellen insbesondere keine besondere Kategorie personenbezogener Daten dar. Dies überrascht zunächst, da nach allgemeinem Verständnis gerade diese Daten als besonders schutzbedürftig gelten. Der Divergenz zwischen rechtlich verbriefter und tatsächlich wahrgenommener Sensibilität dieser Daten soll durch das ZAG Rechnung getragen werden.

3. Systematik

§ 59 bestimmt die datenschutzrechtlichen Vorgaben für Zahlungsdienstleister. **3** Innerhalb des ZAG stellen die Vorschriften des § 49 Abs. 4 ZAG, der auf Art. 66 Abs. 3 lit. c, e, f, g PSD2 beruht, und des § 51 Abs. 1 ZAG, der auf Art. 67 Abs. 2 lit. a, d, e, f PSD2 beruht, spezielle Regelungen zum Umgang mit Zahlungsdaten bei der Erbringung von Zahlungsauslösediensten und Kontoinformationsdiensten dar. § 59 ZAG ist im Übrigen eine Sondervorschrift im Sinne der Öffnungsklausel des Art. 6 Abs. 1 lit. e, Abs. 2, 3 DS-GVO. Für ihn gilt daher der Anwendungsvorrang nationaler Regelungen vor den Regelungen europäischen Rechts.

Das systematische Verhältnis der Vorschrift zu den Regelungen der DS-GVO ist **4** hochumstritten.

Ein Spezialitätsvorrang des § 59 ZAG gegenüber den Vorschriften der DS-GVO erscheint denkbar. Eine Verdrängungs- oder Modifizierungswirkung von § 59 ZAG würde jedoch nur so weit reichen, wie die Vorschrift selbst eine Regelung trifft. Das ergibt sich bereits aus der oben zitierten Gesetzesbegründung zu § 59 ZAG (→ Rn. 1). Die allgemeinen Begriffe des Datenschutzrechts, also zB der „personenbezogenen Daten", der „Verarbeitung", der „betroffenen Person", des „Verantwortlichen" oder des „Auftragsverarbeiters", finden auch im Anwendungsbereich des ZAG Anwendung. Das ergibt sich auch aus § 59 Abs. 3 ZAG.

Die jedoch in der Literatur bislang wohl überwiegende Auffassung erkennt in der Vorschrift lediglich eine Konkretisierung der Anforderungen aus der DS-GVO, insbesondere des Art. 6 DS-GVO (→ Rn. 7f., 28ff.; vgl. Indenhuck/Stein BKR 2018, 136 (138), Weichert BB 2018, 1161 (1164)). Auch der Europäische Datenschutzausschuss vertritt diese Auffassung (vgl. EDPB-6-2020 vom 15.12.2020, S. 16; EDPB-84-2018 vom 5.7.2018, S. 2). Es ist absehbar, dass sich die Europäischen Aufsichtsbehörden für den Datenschutz dieser Sicht insoweit anschließen. Das Verhältnis des § 59 zur DS-GVO wirft darüber hinaus auch die Frage auf, ob die datenschutzrechtliche Aufsicht im Anwendungsbereich der PSD2 und des ZAG nun den Finanzaufsichtsbehörden statt den allgemeinen Datenschutzaufsichtsbehörden zufällt. Dies wird teilweise aus dem Zusammenhang der Vorschriften zu Antragsangaben im Zulassungsantrag in Art. 5 Abs. 1 lit. q und lit. j PSD2, zur Missstandsüberwachung in Art. 22 Abs. 1 PSD2 und Art. 94 PSD2 gefolgert (Terlau ZBB 2016, 122 (130); kritisch Zahrte ZBB 2015, 410 (416)). Dagegen spricht, dass die datenschutzrechtlichen Vorgaben des ZAG und insbesondere auch § 59 nach wohl überwiegender Ansicht die DS-GVO nicht verdrängen, sondern lediglich in ihrem Anwendungsbereich modifizieren und entweder als Fälle einer europa- oder nationalrechtlichen Ermächtigungsgrundlage (Art. 6 Abs. 1 lit. e, Abs. 2, 3 DS-GVO) oder als Modifizierungen hinsichtlich des Verhältnisses der Rechtfertigungstatbestände aus Art. 6 Abs. 1 DS-GVO zueinander in das System der DS-GVO inkorporiert sind. Das löst aber nach Art. 51 Abs. 1 DS-GVO die Zuständigkeit der allgemeinen Datenschutzaufsichtsbehörden aus (zustimmend BeckOK DatenschutzR/Spoerr, Grundlagen und bereichsspezifischer Datenschutz, Syst. J Rn. 139).

II. Absatz 1: Verarbeitung zur Verhütung, Ermittlung und Feststellung von Betrugsfällen im Zahlungsverkehr

1. § 59 Abs. 1 im Verhältnis zur DS-GVO

5   § 59 Abs. 1 ZAG gestattet Betreibern von Zahlungssystemen und Zahlungsdienstleistern die Verarbeitung personenbezogener Daten zur „Verhütung, Ermittlung und Feststellung von Betrugsfällen im Zahlungsverkehr", soweit dies notwendig ist. Die Vorschrift verdrängt die Bestimmungen der DS-GVO und des BDSG (soweit nicht anders angegeben, bezieht sich dieser Kommentar auf das BDSG in seiner Fassung seit dem 25.5.2018) nicht (Schwennicke/Auerbach/Schwennicke ZAG § 59 Rn. 4), sondern ergänzt und modifiziert diese. Das stellt § 59 Abs. 3 ZAG klar (Weichert BB 2018, 1161 (1164f.)).

6   Die Regelung wird teilweise als Präzisierung der DS-GVO im Sinne eines normativen Anerkenntnisses dahingehend verstanden, dass Betreiber von Zahlungssystemen und Zahlungsdienstleister in diesen Fällen von Art. 6 Abs. 1 lit. f DS-GVO ein „berechtigtes Interesse" an der Datenverarbeitung hätten. Den Adressaten der Vorschrift werde hingegen keine im öffentlichen Interesse liegende Aufgabe zum Schutz des Finanzwesens übertragen; die Norm beschränke sich auf die Erteilung einer Befugnis und begründe keine Pflicht, sich selbst sowie Dritte vor Betrug zu schützen (Weichert BB 2018, 1161 (1164f.)).

7   Nach hier vertretener Ansicht handelt es sich bei § 59 Abs. 1 ZAG um eine Vorschrift iSd Art. 6 Abs. 1 lit. e, Abs. 2, 3 DS-GVO (→ Rn. 3) (aA Luz/Neus/Schaber/Schneider/Wagner/Weber/Pirouz ZAG § 59 Rn. 15 ff., 25). Zweifellos dürften Verhütung, Ermittlung und Feststellung von Betrugsfällen im Zahlungsverkehr Aufgaben darstellen, die im öffentlichen Interesse liegen. Denn in diesem Zusammenhang genügt jede öffentliche Funktion des Zwecks (vgl. Kühling/Buchner/Buchner/Petri DS-GVO Art. 6 Rn. 111; Paal/Pauly/Frenzel DS-GVO Art. 6 Rn. 23). Es ist nach Art. 6 Abs. 1 lit. e, Abs. 2, 3 DS-GVO auch nicht erforderlich, dass sich aus der datenschutzrechtlichen Rechtfertigungsnorm zugleich eine Verpflichtung zu einem wie immer gearteten Tätigwerden im öffentlichen Interesse ergibt. Es genügt vielmehr, wenn eine entsprechende Aufgabe im öffentlichen Interesse durch Anknüpfung an eine Rechtsvorschrift normativ begründet werden kann, ein bloß zwingendes öffentliches Interesse genügt demgegenüber nicht (Paal/Pauly/Frenzel DS-GVO Art. 6 Rn. 23 f.). Dass es zu den Aufgaben der der Zahlungsaufsicht unterliegenden Adressaten der Vorschrift gehört, Betrugsfälle im Zahlungsverkehr durch ihre innere Organisation und die Art und Weise ihrer Tätigkeit zu verhüten, ermitteln und festzustellen, dürfte sich aus der Pflicht zu einem angemessenen Risikomanagement gemäß § 53 ZAG iVm den EBA Leitlinien zu Sicherheitsmaßnahmen bezüglich der operationellen und sicherheitsrelevanten

Risiken von Zahlungsdiensten gemäß der Richtlinie (EU) 2015/2366 (PSD2) vom 12.1.2018 ergeben. In diesem Zusammenhang ist auch auf § 55 ZAG zu verweisen, der die Pflicht der Zahlungsdienstleister zur starken Kundenauthentifizierung verlangt. Ergänzend kann diese Aufgabe etwa aus § 10 Abs. 2 Nr. 9, 10 ZAG hergeleitet werden. Die Regelung bestimmt, dass die Vorlage entsprechender Konzepte und Strategien für alle Zahlungsinstitute Voraussetzung für die Erteilung einer Erlaubnis zur Erbringung von Zahlungsdiensten ist.

In zumindest vermuteten Betrugsfällen im Zahlungsverkehr wäre eine Verarbei- **8** tung personenbezogener Daten auch ohne die Vorschrift des § 59 Abs. 1 ZAG über die berechtigten Interessen nach Art. 6 Abs. 1 lit. f DS-GVO gerechtfertigt, weil eine solche Verarbeitung wohl regelmäßig erforderlich sein wird, um sich die Möglichkeit zu erhalten, gegebenenfalls entstandene Ausgleichsansprüche durchzusetzen. Dennoch hat für Zahlungsdienstleister die Einordnung von § 59 Abs. 1 ZAG als mitgliedstaatliche Rechtfertigungsnorm im Sinne von Art. 6 Abs. 1 lit. e, Abs. 2, 3 DS-GVO den Vorteil, dass die Rechtmäßigkeit ihrer Datenverarbeitungen nicht von einer vorgelagerten Interessenabwägung abhinge (→ Rn. 15), sondern abschließend bestimmt wäre; auch ergeben sich nach § 59 Abs. 1 ZAG im Gegensatz zu Art. 6 Abs. 1 lit. f DS-GVO keine Restriktionen im Umgang mit besonderen Kategorien personenbezogener Daten im Sinne von Art. 9 DS-GVO. Schließlich kann ein Betroffener einer Datenverarbeitung nach § 59 Abs. 1 ZAG nicht widersprechen, was nach Art. 21 Abs. 1 DS-GVO denkbar wäre; zwar läge dann mit Blick auf Art. 21 Abs. 1 S. 2 DS-GVO nahe, dass sich der Verantwortliche auf zwingende schutzwürdige Gründe berufen könnte. Diese Gründe hätte der Verantwortliche nach der Systematik von Art. 21 Abs. 1 DS-GVO nachzuweisen; ein „non liquet" geht daher zulasten des Verantwortlichen, sofern er personenbezogene Daten in vermuteten Betrugsfällen auf Basis von Art. 6 Abs. 1 lit. f DS-GVO verarbeitet. Dies ist hingegen im Fall einer auf § 59 Abs. 1 ZAG gestützten Datenverarbeitung nicht der Fall. Die praktischen Unterschiede zwischen beiden Ansichten dürften sich im Ergebnis aber wohl dennoch in Grenzen halten. Es bleibt abzuwarten, wie sich Aufsichtsbehörden und Rechtsprechung zu dieser Frage positionieren werden.

2. Normelemente

a) Betreiber von Zahlungssystemen und Zahlungsdienstleister. Der Be- **9** griff der Zahlungssysteme ist in Art. 4 Nr. 7 PSD2 legal definiert als „ein System zum Transfer von Geldbeträgen mit formalen und standardisierten Regeln und einheitlichen Vorschriften für die Verarbeitung, das Clearing und/oder die Verrechnung von Zahlungsvorgängen". Die Definition wurde in § 1 Abs. 11 ZAG übernommen (→ § 1 Rn. 399).

Der Begriff der Zahlungsdienstleister ist in § 1 Abs. 1 UAbs. 1 Nr. 1–5 ZAG legal **10** definiert, der wiederum Art. 1 Abs. 1, Art. 4 Nr. 11 PSD2 in nationales Recht umsetzt (→ § 1 Rn. 6 ff.).

b) Verarbeitung personenbezogener Daten. Die Begriffe der Verarbeitung **11** und der personenbezogenen Daten sind in Art. 4 Nr. 2 DS-GVO legal definiert. Diese Definitionen gelten auch im Anwendungsbereich des § 59 ZAG.

aa) Personenbezogene Daten. „Personenbezogene Daten" sind gem. Art. 4 **12** Nr. 1 DS-GVO „alle Informationen, die sich auf eine identifizierte oder identifizierbare natürliche Person (im Folgenden „betroffene Person") beziehen". Durch diese Definition hat sich am bisher aus § 3 Abs. 1 BDSG aF („Einzelangaben über persönliche oder sachliche Verhältnisse einer bestimmten oder bestimmbaren natürlichen Person") bekannten Begriff der personenbezogenen Daten nichts Wesentliches geändert (Kühling/Buchner/Klar/Kühling DS-GVO Art. 4 Nr. 1 Rn. 2). In diesem Zusammenhang sind die vom EuGH (EuGH MMR 2016, 3579ff. – Breyer; vgl. auch NK-DatenschutzR/Karg DS-GVO Art. 4 Nr. 1 Rn. 60, 62) entwickelten Grundsätze zu berücksichtigen (→ Rn. 16).

13   Erfasst sind nach der Vorschrift „alle Informationen". Aufgrund des dem Datenschutzrecht zugrunde liegenden Schutzzwecks ist dieser Begriff weit zu verstehen (Paal/Pauly/Ernst DS-GVO Art. 4 Rn. 3). Erfasst sind neben den klassischen Identifikationsmerkmalen (Name, Anschrift, Geburtsdatum) auch äußere und innere Merkmale wie das Geschlecht, die Physis, gesundheitliche Zustände oder auch politische Meinungen, religiöse Überzeugungen, Vorlieben und Abneigungen aller Art (Kühling/Buchner/Klar/Kühling DS-GVO Art. 4 Nr. 1 Rn. 8). Teilweise wird innerhalb dessen zwischen persönlichen Daten und sachlichen Daten, die nicht mit bloßen Sachdaten zu verwechseln sind (→ Rn. 14), unterschieden (Paal/Pauly/Ernst DS-GVO Art. 4 Rn. 14). Für § 59 Abs. 1 ZAG können all diese Kategorien relevant sein, gibt es doch kaum einen Lebensbereich, auf den sich zB aus den Kontobewegungen einer Person nichts schließen ließe. So lässt beispielsweise die regelmäßige Überweisung von Mitgliedsbeiträgen an eine politische Partei Rückschlüsse auf die politische Überzeugung des Kontoinhabers zu.

Es werden auch Vertragsbeziehungen und Vermögensverhältnisse als solche erfasst (Kühling/Buchner/Klar/Kühling DS-GVO Art. 4 Nr. 1 Rn. 8; Paal/Pauly/Ernst DS-GVO Art. 4 Rn. 14). Dementsprechend gehören auch Kontodaten und Kontoinformationen aller Art, die einem bestimmten Kunden zugeordnet werden können, zur Gruppe der personenbezogenen Daten. Dies können beispielsweise Informationen über Kontobewegungen durch Gehaltseingänge oder Mietzahlungen sein, aber auch der Kontostand als solcher.

14   Diese Informationen müssen sich auf eine natürliche Person beziehen. Wichtig ist insoweit die Abgrenzung von bloßen Sachdaten, die Aussagen nur über objektive Gegebenheiten ohne jeden Bezug zu einer natürlichen Person betreffen (zB Preisangaben, Zeitangaben, Aussagen über Wetterbedingungen oder andere, bloß sachliche Verhältnisse; vgl. Kühling/Buchner/Klar/Kühling DS-GVO Art. 4 Nr. 1 Rn. 12 f.). Entscheidend ist mithin, dass zwischen personenbezogenen oder personenbeziehbaren Daten einerseits und Sachdaten andererseits kein Entweder-oder-Verhältnis besteht. Die Tatsache einer Sachaussage lässt mithin gerade nicht den datenschutzrechtlich relevanten Personenbezug entfallen, solange ein Bezug zu einer natürlichen Person möglich ist.

15   Es ist unerheblich, ob die Person wie bei den oben genannten Identifikationsmerkmalen durch die Informationen unmittelbar identifiziert wird oder die Information in Verbindung mit anderen eine Identifikation ermöglicht. Darauf lässt schon der Wortlaut der oben genannten Legaldefinition („identifizierte oder identifizierbare natürliche Person") schließen (vgl. Kühling/Buchner/Klar/Kühling DS-GVO Art. 4 Nr. 1 Rn. 17; Paal/Pauly/Ernst DS-GVO Art. 4 Rn. 8ff.). Aus der schon älteren Erkenntnis des Bundesverfassungsgerichts, dass sich unter den Bedingungen der modernen Informationstechnologie durch Abgleiche und die Herstellung von Querverbindungen in Sekundenschnelle aus verschiedensten Informationen komplexe Persönlichkeitsprofile herstellen ließen, wenn diese Informationen nur verfügbar seien (BVerfGE 65, 1 (45) – „Volkszählung"), folgt insoweit auch für den Anwendungsbereich des ZAG, dass es kein belangloses Datum geben kann, sofern der

Personenbezug hergestellt werden kann. Dieser Auffassung folgt auch der europäische Gesetzgeber (Kühling/Buchner/Klar/Kühling DS-GVO Art. 4 Nr. 1 Rn. 9).

Nach hier vertretener Auffassung (→ Rn. 7, 8) handelt es sich bei § 59 Abs. 1 ZAG um eine gesetzliche Ermächtigung, die bereits auf einer vom Gesetzgeber vorgenommenen Abwägung der betroffenen Interessen, Rechtsgüter und Grundrechte beruht. Die Vorschrift zeigt insoweit, dass der Gesetzgeber der Bekämpfung von Betrugsfällen im Zahlungsverkehr eine besondere Bedeutung beigemessen hat. Welche Datenverarbeitungsmittel bei der Prüfung, ob Identifizierbarkeit gegeben ist, zu berücksichtigen sind, ist im Wege einer Risikoanalyse zu bestimmen (Nink/ Pole MMR 2015, 563 (564f.)). Zugrunde zu legen sind nach Erwägungsgrund 26 S. 3 zur DS-GVO alle Mittel, die von dem Verantwortlichen oder einer anderen Person nach allgemeinem Ermessen wahrscheinlich genutzt werden, um die natürliche Person direkt oder indirekt zu identifizieren. Dabei dürfte es sich um eine Einzelfallfrage handeln, die stark von den konkreten technischen und organisatorischen Umständen der Datenverarbeitung abhängt (eingehend: Kühling/Buchner/Klar/ Kühling DS-GVO Art. 4 Nr. 1 Rn. 20ff.).

Beachtung verdient in diesem Zusammenhang eine Entscheidung des EuGH, **16** die zwar noch zur DSRL ergangen ist, unter Geltung der DS-GVO allerdings weiterhin Geltung beanspruchen kann. In der Entscheidung (EuGH MMR 2016, 3579ff. – Breyer) ging es unter anderem um die Frage, unter welchen Voraussetzungen von der Identifizierbarkeit einer natürlichen Person auszugehen sein kann. Die zugrunde liegende Problematik war die Unterscheidung zwischen relativem und absolutem Personenbezug. Ein absoluter Personenbezug setzt voraus, dass die natürliche Person aufgrund der Daten von jedermann identifiziert werden kann. Ein relativer Personenbezug liegt demgegenüber vor, wenn die Identifizierung nur bestimmten Personen möglich ist, die über die hierfür erforderlichen weiteren Zusatzinformationen verfügen. Nach der Entscheidung des EuGH liegt ein solcher relativer Personenbezug auch dann vor, wenn der Verantwortliche selbst zwar nicht über die erforderlichen Zusatzinformationen verfügt, aber einen Anspruch auf Übermittlung dieser Informationen gegen Personen oder Stellen hat, die darüber verfügen (EuGH MMR 2016, 3579 (3581) – Breyer).

Der Gegenbegriff zum personenbezogenen Datum ist das anonyme Datum, wie **17** sich aus Erwägungsgrund 26 zur DS-GVO ergibt. Anonyme Daten sind solche, die sich eben nicht auf eine natürliche identifizierte oder identifizierbare Person beziehen oder beziehen lassen (Paal/Pauly/Ernst DS-GVO Art. 4 Rn. 48ff.). Der Personenbezug kann also durch eine Anonymisierung aktiv aufgehoben werden. Voraussetzung ist, dass der Personenbezug nach dem jeweiligen Stand der Technik dergestalt aufgehoben wird, dass er unter Einsatz aller Mittel, die von dem Verantwortlichen oder einer anderen Person nach allgemeinem Ermessen wahrscheinlich genutzt werden, um die natürliche Person direkt oder indirekt zu identifizieren, nicht wiederhergestellt werden kann (Kühling/Buchner/Klar/Kühling DS-GVO Art. 4 Nr. 1 Rn. 31ff.).

Von der Anonymisierung ist die Pseudonymisierung zu unterscheiden. Hier ver- **18** gibt der Verantwortliche gewissermaßen Deckbezeichnungen (Pseudonyme), die einen offenkundigen Personenbezug der Daten vielleicht entfallen lassen, aber eine Personenbeziehbarkeit für den Verantwortlichen nicht ausschließen. Der Unterschied zwischen einer Pseudonymisierung und Anonymisierung liegt mithin in der Umkehrbarkeit des Vorgangs. Die Pseudonymisierung kann vom Verantwortlichen rückgängig gemacht werden. Der Personenbezug der Daten bleibt daher erhalten (Paal/Pauly/Ernst DS-GVO Art. 4 Rn. 40ff.; Roßnagel ZD 2018, 243).

19   **bb) Verarbeitung.** „Verarbeitung" erfasst nach Art. 4 Nr. 2 DS-GVO „jeden
mit oder ohne Hilfe automatisierter Verfahren ausgeführten Vorgang oder jede solche Vorgangsreihe im Zusammenhang mit personenbezogenen Daten wie das
Erheben, das Erfassen, die Organisation, das Ordnen, die Speicherung, die Anpassung oder Veränderung, das Auslesen, das Abfragen, die Verwendung, die Offenlegung durch Übermittlung, Verbreitung oder eine andere Form der Bereitstellung,
den Abgleich oder die Verknüpfung, die Einschränkung, das Löschen oder die Ver-
nichtung". Der Begriff reicht mithin denkbar weit und ist vom gesetzgeberischen
Bemühen geprägt, nahezu jeden Umgang mit den Daten zu erfassen. Aber schon
nach den gesetzlichen Definition kann sich die Verarbeitung stets nur auf personenbezogene Daten beziehen. Praktische Unterschiede je nachdem, ob es sich um
einen Ordnungs-, Speicherungs-, Löschungs-, Bereitstellungsvorgang oder Ähnliches handelt, sind für den Anwendungsbereich von § 59 ZAG kaum zu erwarten,
da die Vorschrift nur das Merkmal der Verarbeitung voraussetzt und keine weitere
Differenzierung vornimmt.

20   Verarbeitung setzt nach der Legaldefinition einen „ausgeführten Vorgang" voraus. Das bedeutet, dass die Verarbeitung durch Menschen erfolgen oder im Fall
einer automatischen Datenverarbeitung zumindest von Menschen initiiert worden
sein muss (Kühling/Buchner/Herbst DS-GVO Art. 4 Nr. 2 Rn. 14; HK-DS-
GVO/Reimer DS-GVO Art. 4 Rn. 50), wobei die Grenzen hier eher weit gesteckt
sein dürften. Dies gilt etwa auch für Algorithmen, die automatisiert Daten verarbeiten. Hier liegt ein „ausgeführter Vorgang" vor, da der Algorithmus von Menschen
geschaffen wurde und letztlich lediglich als Hilfsmittel zur Umsetzung einer Vielzahl gleichartiger Verarbeitungsvorgänge genutzt wird.

21   Der Zusatz „mit oder ohne Hilfe automatisierter Verfahren" stellt nur klar, dass
eine Datenverarbeitung auch vorliegen kann, wenn keine Digitaltechnologie dazu
genutzt wird, also zB auch vorliegt, wenn Kundendaten manuell in eine Liste notiert werden (Kühling/Buchner/Herbst DS-GVO Art. 4 Nr. 2 Rn. 16 ff.).

Unterschiede können sich bei rein manuellen Verfahren aber mit Blick auf die
eingeschränkte Anwendbarkeit der DS-GVO ergeben, da die DS-GVO bei nicht-
digitalen Daten zwischen strukturierten und unstrukturierten Daten unterscheidet,
vgl. Art. 2 Abs. 1 DS-GVO. Denn die Regelungen der DS-GVO und damit auch
die Begriffsbestimmungen des Art. 4 DS-GVO finden nur Anwendung, soweit
nicht-automatisiert verarbeitete Daten zumindest in einem Dateisystem gespeichert
sind oder gespeichert werden sollen. Ein Dateisystem liegt nach Art. 4 Nr. 6 DS-
GVO vor, wenn eine „strukturierte Sammlung personenbezogener Daten, die
nach bestimmten Kriterien zugänglich sind", gegeben ist (Kühling/Buchner/
Herbst DS-GVO Art. 4 Nr. 2 Rn. 16 ff., vgl. ferner Gola/Gola DS-GVO Art. 2
Rn. 9).

Insgesamt ist im Fall von nicht digitalen personenbezogenen Daten mithin
denkbar, dass – je nach Struktur der Daten – der Umgang mit Ihnen entweder nur
vom ZAG oder vom ZAG und der DS-GVO erfasst ist. Diese Abgrenzung dürfte
indes durch die voranschreitende Digitalisierung des Finanzsektors stetig an Bedeutung verlieren.

22   **c) Verhütung, Ermittlung und Feststellung von Betrugsfällen im
Zahlungsverkehr. aa) Betrugsfälle im Zahlungsverkehr.** Zum Merkmal des
Betrugs im Zahlungsverkehr enthält → § 10 Rn. 51 ff. Ausführungen.

23   **bb) Verhütung, Ermittlung und Feststellung.** Das Merkmal der Verhütung
betrifft präventive Maßnahmen, mithin solche Maßnahmen, die dem Versuch einer

betrügerischen Handlung zeitlich vorgelagert sind, auf einer Prognose über künftige Geschehensabläufe und Begehungsmodalitäten beruhen und dem Zweck dienen, Betrugsfälle im Vorhinein zu verhindern. An der Spezialermächtigung des § 59 Abs. 1 ZAG (→ Rn. 15) zeigt sich, dass die effektive Bekämpfung von Betrugsfällen im Zahlungsverkehr ein zentrales Anliegen des europäischen und des deutschen Gesetzgebers ist.

In engem Zusammenhang mit dem Ziel, Betrugsfälle im Zahlungsverkehr zu verhüten, stehen die Grundsätze der starken Authentifizierung aus § 55 ZAG → § 55 Rn. 32ff.

Ermittlung bezeichnet demgegenüber eine auf die Vergangenheit bezogene Tätigkeit, die der Aufklärung von in der Vergangenheit versuchten oder begangenen Betrugsfällen im Zahlungsverkehr dient, wie der Begriff auch aus dem strafprozessualen Zusammenhang bekannt ist. **24**

Die Feststellung betrifft Maßnahmen wie die Einrichtung von Alarmsystemen, die der Aufdeckung betrügerischer Handlungen im Zahlungsverkehr in Echtzeit dienen. Solche Maßnahmen verarbeiten personenbezogene Daten also in dem Augenblick, in dem die betrügerische Handlung, die vom System als solche erkannt wurde, begangen oder versucht wird. Sie dient der Verhinderung dieser Handlungen oder der Dokumentation und damit der Strafverfolgungsvorsorge. **25**

III. Absatz 2: Einwilligungserfordernis

1. Ausdrückliche Einwilligung

Zum Merkmal der ausdrücklichen Einwilligung stellen sich eine Reihe umstrittener systematischer Fragen zur Stellung des § 59 Abs. 2 ZAG im Verhältnis zu den Vorschriften der DS-GVO. Der Begriff der „ausdrücklichen Einwilligung" stellt eine überraschende Abwandlung von Art. 94 Abs. 2 PSD2 dar, in der stattdessen von der ausdrücklichen Zustimmung die Rede ist. Den Begriff der „ausdrücklichen Zustimmung" verwendet die PSD2 an mehreren Stellen mit Bezug zu Datenverarbeitungen; mithin erscheint der Begriff innerhalb der PSD2 einheitlich auslegbar. Das wiederum lässt ein Konzept des europäischen Gesetzgebers vermuten und wirft die Frage auf, ob insoweit eine richtlinienkonforme Auslegung des Merkmals der ausdrücklichen Einwilligung nach § 59 Abs. 2 ZAG im Sinne „ausdrücklicher Zustimmung" nach Art. 94 Abs. 2 PSD2 vorzunehmen ist. **26**

a) Auslegung des Merkmals mit Blick auf die Richtlinie. aa) Auffassung des Europäischen Datenschutzausschusses. Für die Praxis maßgeblich dürfte die Auffassung des Europäischen Datenschutzausschusses zu dieser Frage sein, die zuletzt aus den Leitlinien zum Zusammenspiel von PSD2 und der DS-GVO hervorgeht (EDPB-6-2020 vom 15.12.2020). Der Europäische Datenschutzausschuss hält an seiner Auffassung fest, dass die Voraussetzung der „ausdrücklichen Zustimmung" („explicit consent") als eine besondere datenschutzrechtliche Vertragserklärung zu verstehen ist (EDPB-6-2020 vom 15.12.2020, S. 16; EDPB-84-2018 vom 5.7.2018, S. 4). Daher handelt es sich bei der „ausdrücklichen Zustimmung" um eine vertragliche Zustimmung, die im Sinne von Art. 7 Abs. 2 DS-GVO hinreichend klar getrennt von den übrigen Bestandteilen des Vertrags ausdrücklich erklärt werden muss (EDPB-6-2020 vom 15.12.2020, S. 16 f.; EDPB-84-2018 vom 5.7.2018, S. 4). Begründet wird diese Einordnung damit, dass die PSD2 nach Erwägungsgrund 87 lediglich vertragliche Verpflichtungen und Verantwortlichkeiten **27**

zwischen Zahlungsdienstnutzer und Zahlungsdienstleister regele. Es handle sich demnach um eine zusätzliche vertragliche Anforderung von Art. 6 Abs. 1 lit. b DS-GVO. Datenschutzrechtlich soll es neben den Umsetzungsgesetzen zu Art. 94 Abs. 2 PSD2, also in Deutschland § 59 Abs. 2 ZAG, bei der Rechtsgrundlage des Art. 6 Abs. 1 lit. b DS-GVO bleiben (EDPB-6-2020 vom 15.12.2020, S. 10). Diese Art der ausdrücklichen Zustimmung reiche in konsequenter Anwendung des Art. 6 Abs. 1 lit. b DS-GVO und unter Berücksichtigung des Wortlauts des § 59 Abs. 2 ZAG beziehungsweise Art. 94 Abs. 2 PSD2 soweit, wie die Datenverarbeitung für den Vertrag erforderlich ist (EDPB-6-2020 vom 15.12.2020, S. 12; EDPB-84-2018 vom 5.7.2018, S. 3f.).

Allerdings sollte die Möglichkeit berücksichtigt werden, dass der EuGH zukünftig in dieser Frage eine andere Auffassung vertreten wird. Dennoch sollte die Auffassung des Europäischen Datenschutzausschusses in der Praxis zunächst zugrunde gelegt werden.

28 Für weiterreichende Verarbeitungen sollen aber darüber hinaus noch die weiteren Rechtfertigungstatbestände des Art. 6 Abs. 1 DS-GVO anwendbar sein, also insbesondere die Einwilligung nach Art. 6 Abs. 1 lit. a DS-GVO und die Verarbeitungsgrundlage der berechtigten Interessen, Art. 6 Abs. 1 lit. f DS-GVO. Daraus lässt sich schließen, dass der Europäische Datenschutzausschuss auch nicht von einer sich aus einem Umkehrschluss ergebenden Sperrwirkung ausgeht (EDPB-84-2018 vom 5.7.2018, S. 3f.); es bleiben mithin nach Auffassung des Datenschutzausschusses diese Rechtfertigungstatbestände möglich (vgl. auch den Art. 6 Abs. 1 lit. b DS-GVO als „wichtigste" Rechtsgrundlage bezeichnend EDPB-6-2020 vom 15.12.2020, S. 10; Schwennicke/Auerbach/Schwennicke ZAG § 59 Rn. 9).

29 **bb) Einwilligung oder Vertragserklärung iSv Art. 6 Abs. 1 lit. a, b DS-GVO.** Weichert vertritt unter Bezugnahme auf Art. 67 PSD2, dass der dort ebenfalls auftauchende Begriff der „ausdrücklichen Zustimmung" datenschutzrechtlich entweder eine Einwilligung im Sinne von Art. 6 Abs. 1 lit. a, Art. 7 DS-GVO oder eine vertragliche Willenserklärung zur Datenverarbeitung gemäß Art. 6 Abs. 1 lit. b DS-GVO bezeichne. Sofern die Datenverarbeitung auf vertraglicher Grundlage erfolge, seien aber die Voraussetzungen des Art. 7 Abs. 2 DS-GVO entsprechend anzuwenden. Demnach müsse die Einholung der ausdrücklichen Zustimmung „in verständlicher und leicht zugänglicher Form in einer klaren und einfachen Sprache so erfolgen, dass es von den anderen Sachverhalten klar zu unterscheiden ist" (Weichert VuR 2021, 257 (259); ZD 2021, 134 (137); BB 2018, 1161 (1163)).

30 Für § 59 Abs. 2 ZAG lässt sich bei richtlinienkonformer Auslegung hieraus der Schluss ziehen, dass in dem Abschluss des zivilrechtlichen Vertrags zwischen dem Zahlungsdienstleister und dem Zahlungsdienstnutzer bereits die „ausdrückliche Zustimmung" im Sinne der Norm zu erblicken ist, zumindest wenn sie in der datenschutzrechtlichen Form erfolgt. Im Ergebnis stimmt das mit der Auslegung des Europäischen Datenschutzausschusses überein (EDPB-6-2020 vom 15.12.2020, S. 16f.; EDPB-84-2018 vom 5.7.2018, S. 3f.).

31 **cc) Einwilligung iSv Art. 6 Abs. 1 lit. a DS-GVO.** Versteht man die Voraussetzung der „ausdrücklichen Zustimmung" hingegen im Sinne von Art. 6 Abs. 1 lit. a DS-GVO allein als Einwilligung käme es im Anwendungsbereich von § 59 Abs. 2 DS-GVO neben dem zivilrechtlichen Vertrag zwischen Zahlungsdienstleister und -nutzer zu dem zusätzlichen Erfordernis der datenschutzrechtlichen Einwilligung, und zwar in Abweichung von Art. 6 Abs. 1 lit. b DS-GVO (Indenhuck/Stein BKR 2018, 136 (138); im Ergebnis auch ein Einwilligungserfordernis nach

Art. 6 Abs. 1 lit. a DS-GVO bejahend und § 59 Abs. 2 als Formvorschrift qualifizierend Luz/Neus/Schaber/Schneider/Wagner/Weber/Pirouz ZAG § 59 Rn. 25 f.).
Auch in diesem Fall drängte sich aber der Rückschluss auf, dass eine Rechtfertigung über „berechtigte Interessen" oder gesetzliche Ermächtigung nach Art. 6 Abs. 1 lit. f bzw. e DS-GVO ausgeschlossen sein müsste.

Selbst Vertreter dieser Lesart folgern daraus allerdings das Erfordernis einer ein- **32** schränkenden Auslegung, die Datenverarbeitungen zur Verfolgung berechtigter Interessen oder zur Erfüllung gesetzlicher Verpflichtungen auch ohne Einwilligung des Kunden oder der betroffenen Person möglich macht. So könne es nicht der Intention des Gesetzgebers entsprechen, durch das strikte Erfordernis einer Einwilligung gesetzliche Verpflichtungen wie die Meldung bestimmter Transaktionsvorgänge an die Zentralstelle für Finanztransaktionsdienstleistungen nach § 43 GwG zu konterkarieren (Indenhuck/Stein BKR 2018, 136 (138)).

Darüber hinaus gebe es eine Reihe von Situationen, in denen Zahlungsdienstleistern die Verarbeitung personenbezogener Daten zur Verfolgung berechtigter Interessen zuzulassen sei. Dies ergebe sich einerseits aus dem Umstand, dass die Gesetzesmaterialien der PSD2 und des ZAG jeden Hinweis vermissen ließen, dass der europäische und der deutsche Gesetzgeber das strikte Anwendung des Einwilligungsprinzips dergestalt gewollt hätten, dass eine Datenverarbeitung aufgrund berechtigter Interessen vollständig ausgeschlossen sei (Indenhuck/Stein BKR 2018, 136 (139)). Andererseits folge dies aus einer grundrechtlichen Überlegung: Die für die PSD2 als europäisches Sekundärrecht maßgebliche Europäische Grundrechtecharta stelle in Art. 16 den Grundsatz der unternehmerischen Freiheit auf. Hierbei handle es sich um ein zentrales Wirtschaftsgrundrecht, dass auch den von § 59 Abs. 2 ZAG betroffenen Zahlungsdienstleistern zustehe. Dem stehe das Grundrecht der betroffenen Personen auf Achtung und Schutz ihrer personenbezogenen Daten aus Art. 8 der Europäischen Grundrechtecharta gegenüber, sodass an eine sekundärrechtliche Regelung die Anforderung zu stellen sei, beide Positionen im Wege praktischer Konkordanz auszugleichen. Die eine Position für die andere schlicht aufzugeben, wie dies beim ausnahmslosen Einwilligungserfordernis der Fall wäre, komme hingegen nicht in Betracht (Indenhuck/Stein BKR 2018, 136 (139)).

Eine Datenverarbeitung aufgrund grundrechtlich geprägter Interessenabwägung soll daher vor allem in folgenden praktischen Fällen weiterhin zulässig sein: Übermittlung personenbezogener Daten an Rechtsanwälte, Steuerberater, Wirtschaftsprüfer und Gerichte, insbesondere im Zusammenhang mit gerichtlichen Auseinandersetzungen mit dem Kunden, Umsetzung von Maßnahmen zur IT-Sicherheit und Übermittlung von Daten an zentrale Informationsdienste der Kreditwirtschaft wie die SCHUFA (Indenhuck/Stein BKR 2018, 136 (138 f.)).

Darüber hinaus soll sich aus dem Regelungszweck der PSD2 und des ZAG eine **33** Einschränkung hinsichtlich des Anwendungsbereichs von § 59 Abs. 2 ZAG ergeben. Die Norm sei verarbeitungsbezogen zu interpretieren und erfasse nur Datenverarbeitungsvorgänge zur Durchführung von Zahlungsdienstleistungen, Verarbeitungen zu anderen Zwecken hingegen nicht. Eine Einschränkung derart, dass nur bestimmte Datenkategorien erfasst würden, sei aber nicht vorzunehmen, § 59 Abs. 2 ZAG gelte vielmehr für alle personenbezogenen Daten, die im Zusammenhang mit der Durchführung von Zahlungsdienstleistungen verarbeitet werden (Indenhuck/Stein BKR 2018, 136 (138 ff.)).

Sander versteht die „ausdrückliche Zustimmung" als ein Einwilligungserfordernis iSd Art. 6 Abs. 1 lit. a DS-GVO so, dass es für die Verarbeitung personenbezogener Daten durch Zahlungsdienste ausnahmslos einer Einwilligung bedürfe. Eine **34** teleologische Reduktion des Einwilligungserfordernisses sei weder durch Auslegung noch durch richterliche Rechtsfortbildung möglich. Im Ergebnis hält Sander die Regelung in § 59 Abs. 2 ZAG sogar für verfassungswidrig (Sander BKR 2019, 66 (70)).

35   **b) Stellungnahme.** Nach hier vertretener Auffassung überzeugt die Auslegung des Merkmals der „ausdrücklichen Einwilligung" in § 59 Abs. 2 ZAG im Sinne der letztgenannten Auffassung, obgleich für die Praxis in jedem Fall die in der oben genannten Stellungnahme des Europäischen Datenschutzausschusses vertretene Auffassung zugrunde gelegt werden sollte, die für Zahlungsdienstleister und andere Akteure zudem den Vorteil eines größeren rechtlichen Handlungsspielraums mit sich bringen dürfte. Dies gilt zumindest, bis über diese Auslegungsfrage eine Entscheidung der europäischen Gerichte ergangen ist, falls es dazu kommt.

36   Für die Auslegung des Merkmals der „ausdrücklichen Zustimmung" in Art. 94 Abs. 2 PSD2 (und in der Folge des Merkmals der „ausdrücklichen Einwilligung" in § 59 Abs. 2 ZAG) als datenschutzrechtliche Einwilligung im Sinne von Art. 6 Abs. 1 lit. a DS-GVO spricht nicht zuletzt, dass der Gesetzgeber den Wortlaut des Art. 94 Abs. 2 PSD2 nicht buchstäblich übernommen hat, sondern durch die Ersetzung des Wortes „Zustimmung" durch „Einwilligung" eine sprachliche Angleichung an die deutsche Fassung der DS-GVO vorgenommen hat. Es ist insoweit zu berücksichtigen, dass die englische Fassung der PSD2 vom Wortlaut der englischen Fassung der DS-GVO nicht abweicht, sondern in beiden Fällen von „consent" die Rede ist (das erkennt auch die Stellungnahme des Europäischen Datenschutzausschusses an, EDPB-84-2018 vom 5.7.2018, S. 3f.). Gleiches gilt für die französischen Fassungen, die jeweils unterschiedslos vom „consentement" sprechen. Dies spricht aber dagegen, dem Merkmal in der PSD2 eine andere Bedeutung beizumessen als in der DS-GVO, indem man es auf die Erteilung einer Vertragserklärung, die unter Art. 6 Abs. 1 lit. b DS-GVO fiele, erstreckt oder sogar im Sinne einer neuen Erklärungskategorie darauf beschränkt. (vgl. Hoeren/Sieber/Holznagel MMR-HdB/ Bitter Teil 15.4 Rn. 29f.; vgl. Seiler DSRITB 2016, 591 (596))

37   Auch die vorgenommenen Einschränkungen des Einwilligungserfordernisses und deren Herleitung überzeugen nach hier vertretener Auffassung. In der Tat stellen Art. 16 und Art. 8 der Europäischen Grundrechtecharta an den Sekundärrechtsgeber die Anforderung, praktische Konkordanz herzustellen (vgl. Indenhuck/Stein BKR 2018, 136 (139)). Dieser Anforderung wird § 59 Abs. 2 ZAG nur bei einer einschränkenden Auslegung des Einwilligungserfordernisses gerecht. Letztlich besteht die Wirkung des § 59 Abs. 2 ZAG also nach hier vertretener Auffassung darin, die Rechtfertigungstatbestände des Art. 6 Abs. 1 lit. b, e, f DS-GVO in seinem Anwendungsbereich einzuschränken und demgegenüber das grundsätzliche Erfordernis der Einwilligung zu etablieren. Rechtsgrundlage der Verarbeitung ist dann in diesem Fall entweder Art. 6 Abs. 1 lit. a DS-GVO oder § 59 Abs. 2 ZAG iVm Art. 6 Abs. 1 lit. e, Abs. 2, 3 DS-GVO, ohne dass sich hierdurch inhaltliche Unterschiede ergeben.

38   **c) Verhältnis zu § 675f BGB.** Die Gesetzesbegründung zu § 59 Abs. 2 ZAG stellt klar, dass das Erfordernis der ausdrücklichen Einwilligung nicht bedeutet, „dass der Zahlungsdienstnutzer bei jedem Zahlungsauftrag, den er gemäß § 675f Abs. 3 Satz 2 BGB erteilt, aufs Neue und zugleich in das damit verbundene Datenverarbeitung ausdrücklich einwilligen muss". Eine solche ausdrückliche Einwilligung sei allerdings in bestimmten Fällen erforderlich, „wie zum Beispiel im Falle einer Zweckänderung der erhobenen Daten oder turnusgemäß nach Ablauf einer

gewissen Zeitspanne". Im Übrigen seien die datenschutzrechtlichen Vorschriften über die Verarbeitung, Nutzung und Aufbewahrung personenbezogener Daten zu beachten (zitiert nach BT-Drs. 18/11495, 143).

d) Verhältnis zu §§ 675j, 675p BGB. Darüber hinaus stellt sich die praktisch 39 relevante Frage des Verhältnisses zwischen ausdrücklicher datenschutzrechtlicher Einwilligung iSd § 59 Abs. 2 ZAG und §§ 675j, 675p BGB. Die Problematik ergibt sich aus der zivilrechtlich eingeschränkten Möglichkeit, die Autorisierung eines Zahlungsvorgangs zu widerrufen. Es besteht die Gefahr, dass die dort vorgenommenen gesetzgeberischen Überlegungen durch die Möglichkeit eines Widerrufs der datenschutzrechtlichen Einwilligung ausgehöhlt werden könnten, die nach Art. 7 Abs. 3 S. 1 DS-GVO jederzeit mit Wirkung für die Zukunft widerrufen werden kann. Der Widerruf der datenschutzrechtlichen Einwilligung wäre also vor Ausführung des Zahlungsvorgangs stets noch möglich und würde dessen Ausführung (bewehrt durch erhebliche Bußgeldrisiken → Rn. 51 ff.) blockieren.

Unter dem vom Europäischen Datenschutzausschuss vertretenen Verständnis des 40 § 59 Abs. 2 ZAG als spezielle Vertragserklärung, die offenbar den Besonderheiten des Art. 7 Abs. 2 DS-GVO, nicht aber denen des Art. 7 Abs. 3 DS-GVO unterliegen soll, kann dieses Problem nicht auftreten (EDPB-84-2018 vom 5.7.2018, S. 3f.). Die ausdrückliche Einwilligung iSd § 59 Abs. 2 ZAG kann demnach nicht nach Art. 7 Abs. 3 DS-GVO jederzeit mit Wirkung für die Zukunft widerrufen werden. Ob sich in der Praxis hier zukünftig Probleme stellen, bleibt also abzuwarten.

Dem ist im Ergebnis zuzustimmen, um die Zwecke der die Materie spezieller, 41 wenn auch unter einem anderen Gesichtspunkt erfassenden Regelungen der §§ 675j, 675p BGB nicht zu unterminieren. Die Tatsache, dass das Datenschutzrecht eine Querschnittsmaterie ist, die zahlreiche unterschiedliche Rechtsgebiete vom Strafprozessrecht über das Medizinrecht bis zum Recht der Zahlungsdienste beeinflusst, darf nicht dazu führen, dass die in den beeinflussten Materien vorgenommenen spezifischen Wertentscheidungen des Gesetzgebers ausgehebelt werden. Vielmehr dienen Sonderregelungen wie § 59 ZAG nicht zuletzt auch dem Zweck, diese Besonderheiten in das System der allgemeinen Datenschutzvorschriften zu integrieren. Das gilt umso mehr, da die Regelungen der §§ 675j, 675p BGB gerade dazu dienen, der Beschleunigung des Zahlungsverkehrs im Zuge der Digitalisierung und informationstechnologischen Modernisierung Rechnung zu tragen (MüKoBGB/Jungmann BGB § 675p Rn. 6). Diese Zwecke soll das moderne Datenschutzrecht nicht blockieren. Auch wenn man mit den oben genannten Argumenten der hier vertretenen Auffassung folgt, dass es sich bei der ausdrücklichen Einwilligung aus § 59 Abs. 2 ZAG um eine Einwilligung im Sinne von Art. 6 Abs. 1 lit. a, Art. 7 DS-GVO handelt, liegt hier eine Konstellation vor, die eine Beschränkung des Widerruflichkeitsprinzips aus Art. 7 Abs. 3 DS-GVO erforderlich macht. Die Lösung könnte hier über Art. 6 Abs. 1 lit. f DS-GVO, also die Interessenabwägung erfolgen. Es handelt sich dabei aber zweifellos um einen weitreichenden Kunstgriff an der Grenze zur Rechtsfortbildung, der die Frage nahelegt, ob der europäische Gesetzgeber diese Bruchstelle zwischen Datenschutz- und zivilem Zahlungsrecht schlichtweg übersehen hat.

2. Abrufen, Verarbeiten, Speichern

Mit der ausdrücklichen Einwilligung dürfen Zahlungsdienstleister die personen- 42 bezogenen Daten soweit notwendig abrufen, verarbeiten und speichern. Zur Auslegung dieser Merkmale sind ebenfalls die Vorschriften und Begrifflichkeiten der DS-GVO heranzuziehen. Dort umfasst die „Verarbeitung" auch die beispielhaft („wie") genannten Vorgänge des Abfragens und Speicherns personenbezogener Daten. Auch das Abrufen personenbezogener Daten ist von dem Zentralbegriff der Verarbeitung erfasst, denn es würde dem Vereinheitlichungszweck des Art. 4 Nr. 2 DS-GVO entgegenstehen, von so zentralen datenschutzrechtlichen Entscheidungen der DS-GVO wie der Einengung auf einen Vorgangsbegriff der Verarbeitung in Spezialgesetzen abzuweichen. Hierzu besteht auch kein erkennbarer Anlass. Es ergeben sich insoweit keine Unterschiede zu dem in → Rn. 19 ff. Gesagten.

3. Für die Erbringung von Zahlungsdiensten notwendig

43   Das Abrufen, Verarbeiten oder Speichern muss für die Erbringung von Zahlungsdiensten notwendig sein. Der Begriff der Notwendigkeit entspricht dem der Erforderlichkeit im Rahmen der DS-GVO; die von Art. 6 Abs. 1 lit. b–f DS-GVO oder auch § 26 BDSG bekannten Grundsätze sind somit zu übertragen. Besteht eine vergleichbare Möglichkeit der Zweckverfolgung, die ohne Datenverarbeitung auskommt, ist diese grundsätzlich vorzuziehen. Nur wenn für die Datenverarbeitung keine sinnvolle und zumutbare alternative Zweckverfolgung existiert, ist die Datenverarbeitung zulässig (Kühling/Buchner/Buchner/Petri DS-GVO Art. 6 Rn. 15). Die Prüfung dieser Möglichkeiten ist durch den Zahlungsdienstleister nach dem Grundsatz der Rechenschaftspflicht, Art. 5 Abs. 2 DS-GVO, nicht zuletzt im eigenen Interesse zu dokumentieren.

4. Verarbeitung von Daten einer Nichtvertragspartei

44   Zahlungsdienste verarbeiten regelmäßig auch Daten von Nichtvertragsparteien („silent party"). Wenn beispielsweise ein Zahlungsauslösedienst einen Zahlungsvorgang veranlassen soll, so verarbeitet er nicht nur Daten des Zahlungsdienstnutzers, sondern auch Daten des Zahlungsempfängers (wie Kontonummer, erhaltenen Geldbetrag, Überweisungszweck etc) und damit einer Nichtvertragspartei. Sofern sich diese Daten auf eine natürliche Person beziehen, genießen auch sie den Schutz der DS-GVO. Die Verarbeitung der Daten ist damit nur rechtmäßig, soweit sie sich auf eine Rechtsgrundlage aus Art. 6 Abs. 1 DS-GVO stützen kann (Gola/Schulz DS-GVO Art. 6 Rn. 1; NK-DatenschutzR/Albrecht DS-GVO Einf. zu Art. 6 Rn. 1).

45   Wie sich in der Konstellation des doppelten Personenbezugs die Verarbeitung der Daten von Nichtvertragsparteien rechtfertigen lässt, ist nicht befriedigend geklärt. Eine ausdrückliche Regelung beinhaltet die DS-GVO nicht. Für die Verarbeitung solcher Daten wird in der Regel keine Einwilligung nach Art. 6 Abs. 1 lit. a DS-GVO vorliegen, auch besteht kein Vertrag, der die Datenverarbeitung nach Art. 6 Abs. 1 lit. b DS-GVO rechtfertigen könnte. In vielen Konstellationen weiß die Nichtvertragspartei schließlich auch nicht von der Verarbeitung ihrer Daten. Daher wird zur Rechtfertigung das „berechtigte Interesse" nach Art. 6 Abs. 1 lit. f DS-GVO herangezogen (EDPB-6-2020 vom 15. 12. 2020, S. 19; Sander BKR 2019, 66 (72)), sofern keine Daten besonderer Kategorien gemäß Art. 9 Abs. 1 DS-GVO betroffen sind.

46   Der Anwendungsbereich der PSD2 ist allein auf vertragliche Verhältnisse beschränkt (Erwägungsgrund Nr. 87 RL (EU) 2015/2366). Daher ist die PSD2 für Nichtvertragsparteien nicht anwendbar.

IV. Absatz 3: Anwendbares allgemeines Datenschutzrecht

Neben § 59 ZAG finden die allgemeinen datenschutzrechtlichen Vorschriften **47** der DS-GVO Anwendung (vgl. BT-Drs. 18/11495, 143). Dies betrifft allgemeine Datenschutzbestimmungen wie die Regelungen über die Verpflichtung zur Führung eines Verarbeitungsverzeichnisses, die Benennung eines Datenschutzbeauftragten, die Geltung der allgemeinen Grundsätze des Datenschutzes aus Art. 5 DS-GVO oder die Begriffe des Verantwortlichen und des Auftragsverarbeiters.

1. Verantwortlicher, Auftragsverarbeiter, Zahlungsdienstleister

Während die DS-GVO die datenschutzrechtliche Verantwortungszuweisung **48** über die Begriffe des Verantwortlichen (Art. 4 Nr. 7 DS-GVO) und des Auftragsverarbeiters (Art. 4 Nr. 8 DS-GVO) vornimmt (Art. 29-Datenschutzgruppe, Stellungnahme 1/2010 zu den Begriffen „für die Verarbeitung Verantwortlicher" und „Auftragsverarbeiter", WP 169, 6; Monreal ZD 2014, 611 (611); Kühling/Buchner/Hartung DS-GVO Art. 4 Nr. 7 Rn. 1), löst sich § 59 ZAG von diesen Begrifflichkeiten und verpflichtet in seinem Absatz 1 „Betreiber von Zahlungssystemen und Zahlungsdienstleister" und in seinem Absatz 2 „Zahlungsdienstleister".

Dennoch bleiben daneben die datenschutzrechtlichen Kategorien des Verantwortlichen und des Auftragsverarbeiters anwendbar (vgl. Weichert BB 2018, 1161 (1162)). Sie sind unabhängig von den genannten Adressierungen des § 59 ZAG. Daher können Betreiber von Zahlungssystemen oder Zahlungsdienstleister datenschutzrechtlich grundsätzlich je nach Verarbeitungssituation Verantwortlicher oder Auftragsverarbeiter sein. Im Regelfall werden die Normadressaten jedoch datenschutzrechtlich als Verantwortliche tätig werden (Weichert BB 2018, 1161 (1162)).

Verantwortlicher im datenschutzrechtlichen Sinn ist nach Art. 4 Nr. 7 DS-GVO **49** „die natürliche oder juristische Person, Behörde, Einrichtung oder andere Stelle, die allein oder gemeinsam mit anderen über die Zwecke und Mittel der Verarbeitung von personenbezogenen Daten entscheidet". Ein Auftragsverarbeiter verarbeitet personenbezogene Daten nach Art. 4 Nr. 8 DS-GVO demgegenüber allein „im Auftrag des Verantwortlichen" und ist somit für die datenschutzrechtliche Zulässigkeit der Verarbeitung als solche nicht zuständig. Er wird quasi „als verlängerter Arm des Verantwortlichen" tätig. Das wesentliche Unterscheidungskriterium ist die Entscheidungsgewalt über Zwecke und Mittel der Verarbeitung von personenbezogenen Daten, die beim Verantwortlichen liegt (Monreal ZD 2014, 611 (613); Müthlein RDV 2016, 74 (75); Kühling/Buchner/Hartung DS-GVO Art. 4 Nr. 7 Rn. 13). Betreiber von Zahlungssystemen und insbesondere Zahlungsdienstleister können also nur dann Auftragsverarbeiter sein, wenn die Verarbeitung streng nach Weisung des Kontoinhabers erfolgt (Weichert BB 2018, 1161 (1162)). Zu beachten ist auch, dass eine Verarbeitung personenbezogener Daten im Rahmen einer Auslagerung nach § 26 ZAG regelmäßig einen Fall von Auftragsverarbeitung darstellen wird (Weichert BB 2018, 1161 (1163)).

2. Sanktionen nach der DS-GVO

Von besonderem praktischen Interesse ist, dass es aufgrund der begrenzten Mo- **50** difikationswirkung von § 59 ZAG gegenüber der ansonsten anwendbaren DS-GVO auch zu einer Anwendbarkeit der vergleichsweise scharfen aufsichtsrechtlichen Instrumente des neuen Datenschutzrechts kommen dürfte. Denn die daten-schutzrechtlichen Vorschriften des ZAG und insbesondere auch des § 59 ZAG verdrängen die DS-GVO nicht, sondern modifizieren sie in ihrem Anwendungs-bereich lediglich. Darüber hinaus finden jenseits des unmittelbaren Anwendungs-bereichs der datenschutzrechtlichen Vorschriften des ZAG für alle weiteren daten-schutzrechtlichen Fragen ohnehin die Regelungen der DS-GVO Anwendung (→ Rn. 4). Nach hier vertretener Auffassung löst das gemäß Art. 51 Abs. 1 DS-GVO die Zuständigkeit der allgemeinen Datenschutzaufsichtsbehörden aus (zu-stimmend BeckOK DatenschutzR/Spoerr, Grundlagen und bereichsspezifischer Datenschutz, Syst. J Rn. 139).

51   Bei der Verhängung von Geldbußen besteht ein nicht zu unterschätzendes Er-messen der Aufsichtsbehörden. Geldbußen müssen nach Art. 83 Abs. 1 DS-GVO wirksam, verhältnismäßig und abschreckend sein.

„Wirksam und abschreckend" ist eine Sanktion, die einerseits generalpräventiv geeignet ist, Normadressaten von Verstößen abzuhalten und andererseits das Ver-trauen in die Geltung des Unionsrechts bestärken kann (effet utile). Darüber hinaus muss sie spezialpräventiv geeignet sein, den Täter von weiteren Verstößen abzuhal-ten. Die Verhältnismäßigkeit ist ein allgemeiner Grundsatz auch des europäischen Rechts (Kühling/Buchner/Bergt DS-GVO Art. 83 Rn. 50; zur Verhältnismäßig-keit im europäischen Recht vgl. EuGH 27.3.2014 – C-565/12 Rn. 45, ZIP 2014, 1873 (1875)).

Art. 83 Abs. 2 DS-GVO hält einen Katalog von Kriterien vor, die zur Bestim-mung der Bußgeldhöhe herangezogen werden sollen. Geldbußen können nicht nur für unmittelbare Verstöße gegen die DS-GVO verhängt werden, sondern auch für Verstöße gegen Anordnungen, die die Aufsichtsbehörden gemäß Art. 58 DS-GVO erlassen haben. Dabei ist es möglich, bereits einen ersten Verstoß zu ahnden.

52   Gegen die Verhängung von Geldbußen durch die Landesdatenschutzbeauftrag-ten steht den Verantwortlichen über § 41 BDSG der Einspruch nach § 67 OWiG zu. Zuständig ist bei einer Geldbuße von bis zu 100.000 Euro gemäß § 68 OWiG das Amtsgericht, bei höheren Geldbußen gemäß § 41 Abs. 1 S. 3 BDSG das Land-gericht. Das Verfahren folgt den Regeln des OWiG und damit wesentlich denen des Strafverfahrens, § 41 Abs. 2 BDSG, mit einigen Abwandlungen. So kommt bei-spielsweise eine staatsanwaltschaftliche Einstellung des Verfahrens nach § 69 Abs. 4 S. 2 OWiG wegen § 41 Abs. 2 BDSG nur mit Zustimmung der Aufsichtsbehörde, die das Bußgeld verhängt hat, in Betracht.

Allerdings wird die Verweisungsnorm des § 41 BDSG verschiedentlich für weit-gehend europarechtswidrig gehalten (vgl. Kühling/Buchner/Bergt BDSG § 41 Rn. 1, 4 ff., 16 ff.). Insbesondere führe der Verweis dazu, dass die Möglichkeit, Buß-gelder zu verhängen sich unter bestimmten Voraussetzungen wegen § 41 Abs. 1 BDSG, § 9 OWiG zusätzlich zur Möglichkeit der Verhängung gegen ein verant-wortliches Unternehmen darauf erstrecke, auch gegen Angestellte bis hin zu Sach-bearbeitern vorzugehen – und zwar jeweils in der vollen Höhe des Art. 83 DS-GVO also bis zu 10 Millionen bzw. 20 Millionen Euro (Kühling/Buchner/Bergt BDSG § 41 Rn. 12 f.).

53   Neben der Geldbuße als schärfstes Werkzeug der Datenschutzaufsicht ist auf die im Betriebsablauf des Verantwortlichen ebenfalls potentiell erhebliche Störungen hervorrufende Befugnis zum Erlass einer Untersagungsverfügung aus Art. 58 Abs. 2 lit. f Hs. 2 DS-GVO hinzuweisen.

Abschnitt 12. Beschwerden und Außergerichtliche Streitbeilegung

§ 60 Beschwerden über Zahlungsdienstleister

(1) [1]Zahlungsdienstnutzer und die Stellen nach Satz 2 können jederzeit wegen behaupteter Verstöße eines Zahlungsdienstleisters gegen Bestimmungen dieses Gesetzes oder gegen die §§ 675c bis 676c des Bürgerlichen Gesetzbuchs oder Artikel 248 des Einführungsgesetzes zum Bürgerlichen Gesetzbuche eine Beschwerde bei der Bundesanstalt einlegen. [2]Beschwerdebefugte Stellen sind:
1. die Industrie- und Handelskammern;
2. qualifizierte Einrichtungen nach § 3 Absatz 1 Nummer 1 des Unterlassungsklagengesetzes;
3. rechtsfähige Verbände zur Förderung gewerblicher Interessen,
   a) die insbesondere nach ihrer personellen, sachlichen und finanziellen Ausstattung imstande sind, ihre satzungsgemäßen Aufgaben der Verfolgung gewerblicher Interessen tatsächlich wahrzunehmen und
   b) denen eine erhebliche Zahl von Unternehmen angehört, die Zahlungsdienste auf demselben Markt anbieten,
   wenn der Verstoß die Interessen der Mitglieder berührt und geeignet ist, den Wettbewerb nicht unerheblich zu verfälschen.

(2) [1]Beschwerden sind schriftlich oder zur Niederschrift bei der Bundesanstalt einzulegen und sollen den Sachverhalt sowie den Beschwerdegrund angeben. [2]Bei Beschwerden von Zahlungsdienstnutzern wegen behaupteter Verstöße von Zahlungsdienstleistern gegen die §§ 675c bis 676c des Bürgerlichen Gesetzbuchs oder Artikel 248 des Einführungsgesetzes zum Bürgerlichen Gesetzbuche weist die Bundesanstalt in ihrer Antwort auch auf die Möglichkeit zur außergerichtlichen Streitbeilegung nach § 14 Absatz 1 Nummer 4 des Unterlassungsklagengesetzes hin.

Literatur: Götting/Nordemann, UWG, Handkommentar, 3. Aufl. 2016; Fezer/Büscher/Obergfell, UWG, Kommentar, 3. Aufl. 2016; Fritzsche/Münker/Stollwerck, UWG, Kommentar, 2022; Harte-Bavendamm/Henning-Bodewig, Gesetz gegen den unlauteren Wettbewerb, 5. Aufl. 2021; Heermann/Schlingloff, Münchener Kommentar zum Lauterkeitsrecht (UWG), Band 1, 3. Aufl. 2020; Köhler/Bornkamm/Feddersen, Gesetz gegen den unlauteren Wettbewerb, 40. Aufl. 2022; Ohly/Sosnitza, Gesetz gegen den unlauteren Wettbewerb, 7. Aufl. 2016; Peifer, UWG, Großkommentar, 3. Aufl. 2021; Schäfer/Omlor/Mimberg, ZAG, Kommentar, 2021; Walker, Unterlassungsklagengesetz, 2016.

Inhaltsübersicht

I. Vorbemerkungen

1   Der sechste Abschnitt des ZAG gestattet dem Zahlungsdienstnutzer bzw. dem E-Geld-Inhaber (vgl. § 61) sich jederzeit wegen behaupteter Verstöße des Zahlungsdienstleisters oder des E-Geld-Emittenten an die Bundesanstalt für Finanzdienstleistungsaufsicht (BaFin) zu wenden. Die §§ 60, 61 ZAG sehen eine **umfassende Berechtigung zur Beschwerde** vor, die selbst dann statthaft ist, wenn der **Zahlungsdienstnutzer kein Kunde** des Zahlungsdienstleisters ist. Vielmehr genügt, dass eine **interessierte Partei** die Beschwerde geltend macht (vgl. Art. 80 Abs. 1 PSD1; BT-Drs. 16/11613, 55). Das Beschwerderecht besteht **neben** der Möglichkeit eines Verfahrens zur außergerichtlichen Streitbeilegung (§ 14 UKlaG) und dem Recht des Zahlungsdienstnutzers die staatlichen Gerichte anzurufen. Der 6. Abschnitt soll gem. Erwägungsgrund 98 der PSD2 ein leicht zugängliches, adäquates, unabhängiges, unparteiisches, transparentes und wirksames Verfahren zur alternativen Streitbeilegung zwischen Zahlungsdienstleistern und Zahlungsdienstnutzern gewährleisten.

2   **§ 4b FinDAG** erlaubt Kunden und qualifizierten Einrichtungen nach § 3 Abs. 1 S. 1 Nr. 1 UKlaG bei der BaFin Beschwerden über Institute und Unternehmen einzulegen, die der Aufsicht der Bundesanstalt unterliegen. § 4b Abs. 1 aE FinDAG sieht ausdrücklich vor, dass das in §§ 60, 61 ZAG vorgesehene Beschwerdeverfahren dem allgemeinen Beschwerdeverfahren des § 4b FinDAG als Spezialregelung vorgeht (so auch Schäfer/Omlor/Mimberg/Böger Vor §§ 60–62 Rn. 6; Schwennicke/Auerbach/Schwennicke, KWG/ZAG, ZAG § 60 Rn. 7).

3   Neben dem Beschwerdeverfahren wird in Abs. 2 S. 2 auf die **außergerichtliche Streitbeilegung** nach § 14 UKlaG verwiesen (vgl. → Rn. 20ff.).

4   Der zwölfte Abschnitt besteht aus drei Paragraphen, von denen sich die §§ 60, 61 der Beschwerde zuwenden. Die Vorschriften unterscheiden sich vom Wortlaut nur darin, dass einerseits Beschwerden über Zahlungsdienstleister (§ 60) und andererseits Beschwerden über E-Geld-Emittenten (§ 61) reguliert werden. Diese künstlich erscheinende Differenzierung lässt sich historisch darauf zurückführen, dass die Umsetzung der Zweiten E-Geld-RL (2009/110/EG) zeitlich erst nach Umsetzung der PSD1 erfolgte. Der Gesetzgeber hat es insoweit verpasst, im Rahmen der Umsetzung der PSD2 die unnötig kompliziert anmutende Unterscheidung zugunsten einer einheitlichen Beschwerdevorschrift aufzulösen. Zu der Kritik vgl. noch → § 61 Rn. 8ff.

II. Normentwicklung, Zweck und Ziel der Vorschrift

§ 60 geht maßgeblich auf die Vorschriften über das Beschwerdeverfahren der 5
Art. 90 ff. PSD2 zurück und fand sich vor Umsetzung der PSD2 in § 28 aF. Zweck
der Vorschrift ist die Einführung eines Beschwerdeverfahrens für Zahlungsdienst-
nutzer gegenüber Zahlungsdienstleistern. Neben tatsächlichen und potentiellen
Kunden dürfen auch die in Abs. 1 S. 2 genannten Einrichtungen, Verbände und
Kammern Beschwerden bei der BaFin erheben.

Die Vorschrift verfolgt zunächst **zwei Ziele.** Zum einen soll sich der Kunde mit 6
einer **kostengünstigen Variante** einer **Beschwerde an eine Aufsichtsbehörde**
wenden können, die unabhängig von dem Bankenverbund des jeweiligen Kreditinstituts Maßnahmen ergreifen kann. Das zweite, nicht zu unterschätzende Ziel
liegt in der Möglichkeit der BaFin, aufgrund der Beschwerde **Erkenntnisse über**
mutmaßliche Verstöße eines Zahlungsdienstleisters zu gewinnen, um daraufhin
gegebenenfalls aufsichtsrechtliche Maßnahmen zu ergreifen (BT-Drs. 16/11613,
55; BT-Drs. 18/11495, 143).

Im Rahmen des § 60 kommt der **richtlinienkonformen Auslegung** beson- 7
dere Bedeutung zu. Erwägungsgrund 99 zur PSD2 zeigt, dass das Beschwerdeverfahren gewährleisten soll, dass gegebenenfalls gegen die Rechtsvorschriften versto-
ßenden Zahlungsdienstleister **wirksame, verhältnismäßige und abschreckende**
Sanktionen verhängt werden sollen. Im Zweifel sind die Anforderungen an das
Beschwerdeverfahren also nicht allzu hoch zu hängen.

§ 60 gliedert sich in **zwei Absätze.** In Abs. 1 werden Beschwerdegegenstand 8
und Beschwerdeführer benannt. Abs. 2 enthält Formvorschriften und Zuständig-
keitsregelungen zur Einlegung der Beschwerde sowie einen Verweis auf die außergerichtliche Streitbeilegung.

Abs. 3 aF, der die BaFin unter Verweis auf § 24 aF zur Zusammenarbeit mit Auf- 9
sichtsorganen anderer Staaten innerhalb der EU und des EWR im Falle grenzüberschreitender Sachverhalte verpflichtete, ist im Rahmen der Umsetzung der PSD2
gestrichen worden (vgl. → Rn. 23 ff.). Nunmehr normiert § 5 die Zusammenarbeit
mit anderen Behörden und schließt gem. § 5 S. 1 Hs. 1 die §§ 60, 61 ZAG ein. Auch
im Übrigen brachte die PSD2 – von wenigen grammatikalischen und kosmetischen
Anpassungen einmal abgesehen – keine Veränderungen für die Regelungen zur Beschwerde.

III. Beschwerdegegenstand und Beschwerdegegner (Abs. 1 S. 1)

In Abs. 1 S. 1 wird zunächst der **Beschwerdegegenstand** definiert. So kann der 10
Petent (→ Rn. 12) eine Beschwerde wegen **behaupteter Verstöße** eines Zahlungsdienstleisters **gegen aufsichts- und materiell-rechtliche Vorschriften**
über die Erbringung von Zahlungsdiensten erheben. Art. 99 Abs. 1 PSD2 sieht ein
Beschwerderecht bei Verstößen gegen die Richtlinie vor. Aufgrund der gespaltenen
Umsetzung der PSD2 durch das ZAG und die §§ 675c–676c BGB bzw. die Vorschriften des EGBGB, sieht Abs. 1 S. 1 daher konsequent auch ein Beschwerderecht
bei Verstößen gegen die entsprechenden bürgerlich-rechtlichen Vorschriften vor.
Im Rahmen der Umsetzung der PSD2 hat der Gesetzgeber „und" durch „oder" er-

setzt und damit klargestellt, dass kein kumulativer, sondern ein alternativer Verstoß gegen die entsprechenden Bestimmungen des Gesetzes ausreicht (zur Verwendung von „oder" im ZAG siehe auch Danwerth Finanztransfergeschäft S. 157 ff.).

11   **Beschwerdegegner** können nicht nur Zahlungsinstitute, sondern **alle Zahlungsdienstleister** sein. Der klarstellende, aber schon zuvor überflüssige Hinweis in Abs. 1 S. 1 aF auf die Legaldefinition des Zahlungsdienstleisters iSd **§ 1 Abs. 1 Nr. 1 ZAG** ist im Rahmen der Umsetzung der PSD2 konsequenterweise entfallen. § 39 stellt klar, dass auf Institute, die eine **Zweigniederlassung** errichten oder **Agenten** heranziehen, zusätzlich die §§ 60–62 mit der Maßgabe anzuwenden sind, dass eine oder mehrere Zweigniederlassungen desselben Unternehmens im Inland als eine Zweigniederlassung gelten.

IV. Beschwerdeführer (Abs. 1 S. 1 und S. 2)

1. Beschwerdebefugnis des (potentiellen) Zahlungsdienstnutzers (S. 1)

12   **Beschwerdeführer** kann gem. Abs. 1 zunächst jeder **Zahlungsdienstnutzer** sein. Allerdings muss er nicht bereits Kunde des Zahlungsdienstleisters sein. Vielmehr reicht es aus, dass er **potentieller Nutzer** ist (Schäfer/Omlor/Mimberg/Böger Rn. 12 spricht sehr weit von einem „Jedermannrecht"). Dies ergibt sich aus einer richtlinienkonformen Auslegung des Art. 99 Abs. 1 PSD2, der das Beschwerdeverfahren für jedermann eröffnet (so auch die Gesetzesbegründung zur Umsetzung der PSD1, vgl. BT-Drs. 16/11613, 55). Dies erlangt etwa bei Rechtsverstößen des Zahlungsdienstleisters bei der erfolglosen Geschäftsanbahnung praktische Bedeutung. Die Beschwerdemöglichkeit steht nicht nur **Verbrauchern,** sondern auch **Unternehmern** zur Verfügung. Allerdings ist eine Beschwerde eines Unternehmers von vornherein unbegründet, sofern er sich gegen Vorschriften wendet, bei denen der Zahlungsdienstleister und der Unternehmer zulässigerweise Ausnahmen gemäß § 675e Abs. 4 BGB vereinbart haben.

2. Beschwerdebefugnis von Industrie- und Handelskammern (Abs. 1 S. 2 Nr. 1)

13   Zu den Beschwerdeführern gehören auch die in Abs. 1 S. 2 genannten beschwerdebefugten Stellen. Gem. Abs. 1 S. 2 Nr. 1 sind zunächst die öffentlich-rechtlich verfassten Industrie- und Handelskammern beschwerdebefugt, die vor Umsetzung der PSD2 an Nr. 3 aF und nunmehr unerwartet prominent als erstgenannte Beschwerdeführer geführt werden. Über Rückschlüsse auf die praktische Bedeutung lässt sich nur spekulieren (vgl. etwa KG WRP 2012, 993, 1. Leitsatz), da eine Beschwerdestatistik von der BaFin nicht veröffentlicht wird. Es ist jedoch nur schwer vorstellbar, dass die Industrie- und Handelskammern allein quantitativ vor Verbraucher- und Wirtschaftsverbänden Beschwerden an die BaFin übermitteln. Die wichtige Rolle, die Verbraucherverbänden beim Kampf gegen Verstöße und verbraucherschutzgesetzwidrige Praktiken zukommt, wird durch die Aufführung der Verbände (Nr. 2) erst nach den Kammern (Nr. 1) nicht gerecht. Gründe, die den Gesetzgeber zur Reform bewogen haben mögen sind nicht ersichtlich, zumal auch das UKlaG in § 3 Abs. 1 S. 1 und das UWG in § 8 Abs. 3 die Industrie- und Handelskammern erst an dritter und letzter Stelle nennt. Materiell wirkt sich die

Reihenfolge der beschwerdebefugten Stellen folglich nicht aus (so auch Schäfer/
Omlor/Mimberg/Böger Rn. 13).

3. Beschwerdebefugnis der Verbraucherverbände (Abs. 1 S. 2 Nr. 2)

Daneben dürfen gem. § 3 Abs. 1 Nr. 1 UKlaG zugelassene **Verbraucherver-** 14
bände gem. Abs. 1 S. 2 Nr. 2 Beschwerden wegen behaupteter Verstöße der Zahlungsdienstleister erheben. Im Rahmen des Zahlungsdienterechts ist die Lage anders als im Wettbewerbsrecht, wo die Verbraucherverbände lediglich zusätzlich zu
den meistens schon klageinteressierten Mitbewerbern und Verbänden zur Förderung gewerblicher Interessen noch eine spezielle verbraucherschützende Aufgabe
zu erfüllen haben (so im Rahmen des UKlaG: MüKoZPO/Micklitz/Rott UKlaG
§ 3 Rn. 12, dessen Erkenntnisse sich auf § 60 ZAG übertragen lassen). Die qualifizierten Einrichtungen müssen spätestens bei Erhebung der Beschwerde nachweisen, dass sie in dem vom Bundesamt für Justiz geführten Liste der qualifizierten Einrichtungen nach § 4 UKlaG oder in dem Verzeichnis der Kommission nach Art. 4
Richtlinie 2009/22/EG eingetragen sind. Auf der Liste des Bundesamts für Justiz
sind derzeit 71 (eingetragene) Vereine aufgeführt (Stand: 30.8.2022), abrufbar unter: https://www.bundesjustizamt.de/SharedDocs/Downloads/DE/Verbraucher-
schutz/Liste_qualifizierter_Einrichtungen.html. Von diesen Einrichtungen sind
freilich nur wenige satzungsgemäß mit zahlungsverkehrsrechtlichen Fragen be-
schäftigt.

4. Beschwerdebefugnis von Wirtschaftsverbänden (Abs. 1 S. 2 Nr. 3)

Zudem ist **Wirtschaftsverbänden** zur Förderung gewerblicher Interessen die 15
Beschwerdebefugnis gem. Abs. 1 S. 2 Nr. 3 verliehen. Anders als in Abs. 1 S. 2 Nr. 2
hat sich der Gesetzgeber indes nicht für einen direkten Verweis in § 3 Abs. 1 Nr. 2
UKlaG entschieden. Dadurch reflektiert § 60 nicht die Änderungen des Gesetzes
zur Stärkung des fairen Wettbewerbs (BGBl. I 2568), aufgrund dessen in dem bisher
vergleichbaren § 3 Abs. 1 Nr. 2 UKlaG aF mWv 1.12.2021 allein noch „qualifizierte
Wirtschaftsverbände" erfasst sind, die in die vom Bundesamt für Justiz geführte Liste
nach § 8b UWG eingetragen sind. Damit soll dem früheren Missbrauch einzelner
Wirtschaftsverbände begegnet werden, die Abmahnungen primär aus finanziellen
Interessen ausgesprochen haben (BT-Drs. 19/12084, 26f.). Die Regelung des § 8b
Abs. 2 UWG dient gleichwohl als Auslegungshilfe, insbesondere mit Blick auf § 8b
Abs. 2 Nr. 2–4 UWG. Im Übrigen sind die Voraussetzungen des Abs. 1 S. 2 Nr. 3
wie bei § 8 Abs. 3 Nr. 2 UWG idF bis 30.11.2021 auszulegen (vgl. zur Auslegung
des § 8 Abs. 3 Nr. 2 UWG: Ohly/Sosnitza/Ohly UWG § 8 Rn. 95–108; Harte-Ba-
vendamm/Henning-Bodewig/Goldmann UWG § 8 Rn. 374–410; BeckOK
UWG/Haertel § 8 Rn. 169–180, 17. Edition (Stand: 25.3.2022); Köhler/Born-
kamm/Feddersen/Bornkamm UWG 40. Aufl. 2022 § 8 Rn. 3.30–3.50; Götting/
Nordemann/Schmitz-Fohrmann/F. Schwab UWG § 8 Rn. 128–138; MüKoLau-
terkeitsrecht/Fritzsche, 3. Aufl. 2022, UWG § 8 Rn. 529–539; ferner Schäfer/
Omlor/Mimberg/Böger Rn. 17f.).

Ihre Beschwerdebefugnis erhalten die Verbände, weil die Bekämpfung unlauterer 16
geschäftlicher Handlungen auch im **Interesse der Allgemeinheit** und insbesondere im Einklang mit den Vorgaben der PSD2 liegt, deren Ziel die Errichtung eines

grenzüberschreitenden, einwandfrei funktionierenden Binnenmarktes für Zahlungsdienste ist (Art. 3 Abs. 3 EUV und Art. 63 Abs. 2 AUEV iVm Erwägungsgründen 1, 3, 4 zur PSD1, vgl. zu den Zielen der PSD1 Danwerth Finanztransfergeschäft S. 11 ff.). Verbände müssen nach Abs. 1 S. 2 Nr. 3 lit. a „insbesondere nach ihrer personellen, sachlichen und finanziellen Ausstattung imstande [sein], ihre satzungsgemäßen Aufgaben der Verfolgung gewerblicher Interessen tatsächlich wahrzunehmen". Dies ist allein anhand der Zielsetzung des Verbands, namentlich seiner Satzung und tatsächlichen Betätigung, zu ermitteln. Nicht erforderlich ist, dass die Mitglieder den Verband jeweils noch ausdrücklich zur Verfolgung von Wettbewerbsverstößen ermächtigt haben (BGH NJW-RR 2005, 1128 (1130)). Weiter vorausgesetzt wird die tatsächliche Möglichkeit das Wettbewerbsverhalten zu beobachten, bewerten und ggf. abzumahnen (Schäfer/Omlor/Mimberg/Böger Rn. 18).

17   Ihre Legitimation erhalten diese Verbände aus ihrer Funktion der kollektiven Wahrnehmung von Mitgliederinteressen (vgl. zum insoweit vergleichbaren § 8 Abs. 3 Nr. 2 UWG aF: BGH GRUR 1995, 604 (605)). Diese Funktion kann ein Verband nur erfüllen, sofern ihm tatsächlich eine **ausreichende Zahl an Mitgliedern** angehört, deren Interessen von der Zuwiderhandlung gegen die Vorschriften über die Erbringung von Zahlungsdiensten berührt sind und die aus diesem Grund als Mitbewerber beschwerdebefugt sind. Insoweit kommt dem seit 1.12.2021 neugefassten § 8b Abs. 2 UWG (ua mindestens 75 Unternehmer als Mitglieder) Vorbildfunktion zu (vgl. auch Schäfer/Omlor/Mimberg/Böger Rn. 14, 19). Beispielsweise der Bundesverband der Zahlungs- und E-Geld-Institute (BVZI) e.V mit Sitz in Frankfurt a. M. hat nach eigenen Angaben (nur) gut 20 Mitglieder, sollte aber von der Beschwerdebefugnis nicht ausgenommen sein. Mit Blick auf das Zahlungsinstituts- und E-Geld-Instituts-Register nach §§ 43, 44 ZAG, das 73 ZAG-Institute und zwölf E-Geld-Institute aufführt (Stand: 3.9.2022) dürfte die relevante Mitgliederzahl eher im niedrigen zweistelligen Bereich liegen. In jedem Fall erfasst sind die großen Banken- und Sparkassenverbände.

18   Der behauptete Verstoß muss zudem geeignet sein, den **Wettbewerb nicht unerheblich zu verfälschen.** Aus § 3 Abs. 1 Nr. 2 UKlaG wurde dieses Erfordernis im Jahr 2016 gestrichen. Im Rahmen des § 60 hat der Gesetzgeber das Erfordernis aber auch nach der Novelle im Rahmen der Umsetzung der PSD2 beibehalten. Für die Feststellung der Beschwerdebefugnis reicht es aus, dass der Vortrag der beschwerdebefugten Stelle hinsichtlich der Erheblichkeit des Wettbewerbsverstoßes in sich schlüssig ist (MüKoZPO/Micklitz/Rott, 6. Aufl. 2022, UKlaG § 3 Rn. 33). Es obliegt sodann der BaFin unter Berücksichtigung des Vortrages des beschwerten Zahlungsdienstleisters zu prüfen, ob der Verstoß tatsächlich erheblich ist. Dabei hat sie insbesondere Art und Schwere des Verhaltens und den Schutzzweck der verletzten Vorschrift zu berücksichtigen (vgl. MüKoZPO/Micklitz/Rott, 5. Aufl. 2017, UKlaG § 3 Rn. 33).

V. Formvorschriften und Zuständigkeit (Abs. 2 S. 1)

19   Beschwerden müssen **schriftlich** oder **zur Niederschrift** (dazu Schäfer/ Omlor/Mimberg/Böger Rn. 27, 29) eingehen. Zuständig für die Bearbeitung der Beschwerden ist in Deutschland die **BaFin,** die die Aufsicht über die Zahlungsdienstleister übernimmt (vgl. Art. 100 PSD2). Um eine schnelle Bearbeitung zu gewährleisten, stellt die BaFin auf Ihrer Homepage ein **Online-Beschwerdeformular** für die Petenten zur Verfügung. Das Formular befindet sich derzeit unter: https://www.bafin.buergerservice-bund.de/Formular/Banken (Abrufdatum: 1.7.2022). Da das Formular die Eingabe auf Banken zugeschnitten ist und zudem einer Konto- oder Depotnummer zwingend erforderlich, ist es mit Blick auf das Beschwerderecht für jedermann nicht geeignet, sofern ein nur potentieller Kunde ohne entsprechende Geschäftsbeziehung auf diesem Wege seine Beschwerde übermitteln möchte (vgl. hierzu auch Schäfer/Omlor/Mimberg/Böger Rn. 28). Daher empfiehlt die BaFin, die Beschwerde per E-Mail an if@bafin.de zu übermitteln.

VI. Außergerichtliche Streitbeilegung (Abs. 2 S. 2)

Die BaFin selbst kann auf Grund der Beschwerde mit Mitteln des **Verwaltungs-** **20** **oder Ordnungswidrigkeitenrechts** gegen den Zahlungsdienstleister tätig werden. Sie ist dagegen nicht berechtigt, materiell-rechtliche Ansprüche des Zahlungsdienstnutzers gegen seinen Zahlungsdienstleister durchzusetzen. Hinsichtlich dieser materiell-rechtlichen Ansprüche steht dem Zahlungsdienstnutzer (i) das Ombudsmannverfahren, (ii) das Streitbeilegungsverfahren vor der Deutschen Bundesbank bzw. (iii) der ordentliche Rechtsweg zur Verfügung. Auf die bestehende Möglichkeit der außergerichtlichen Streitbeilegung hat die BaFin in ihrem Antwortschreiben an den Beschwerdeführer hinzuweisen. Diese Hinweispflicht ist in Art. 100 Abs. 2 PSD2 ausdrücklich vorgesehen. Die außergerichtliche Streitbeilegung ist in § 14 UKlaG normiert.

Zu beachten ist, dass das **Streitbeilegungsverfahren** nicht nur Verbrauchern, **21** sondern gleichermaßen auch Unternehmern offensteht. Es ist jedoch nur dann eröffnet, **sofern Streitigkeiten über materiell-rechtliche Verstöße** des Zahlungsdienstleisters bestehen.

Die außergerichtliche **Streitbeilegung** ist dagegen **nicht** gegeben, **sofern auf-** **22** **sichtsrechtliche Normen tangiert sind.** Dies steht im Einklang mit Art. 101 PSD2. Diese Vorschrift, die die Mitgliedstaaten zur Einrichtung außergerichtlicher Streitbeilegungsverfahren verpflichtet, unterscheidet zwar auf den ersten Blick zunächst nicht zwischen aufsichts- und materiell-rechtlichen Verstößen. Doch sind die Mitgliedstaaten zur Einrichtung entsprechender Verfahren verpflichtet, sofern Streitigkeiten zwischen Zahlungsdienstnutzern und Zahlungsdienstleistern über **„aus Titel III und IV dieser Richtlinie erwachsende Rechte und Pflichten"** bestehen (vgl. Art. 101 Abs. 2 PSD2). Dies erfasst zum einen gerade die „Transparenz der Vertragsbedingungen und Informationspflichten der Zahlungsdienste" (Titel III) und die „Rechte und Pflichten bei der Erbringung und Nutzung von Zahlungsdiensten" (Titel IV). Zutreffend hat der deutsche Gesetzgeber die Richtlinie insoweit europarechtskonform ausgelegt, als dass sich Streitigkeiten zwischen Zahlungsdienstnutzern und Zahlungsdienstleistern nur dann begründen lassen, sofern auch Rechte und Pflichten des Zahlungsdienstnutzers betroffen sind.

VII. Grenzüberschreitende Sachverhalte

§ 5 iVm §§ 7a–8a KWG regelt den Umgang mit **Beschwerden** im Falle **grenz-** **23** **überschreitender Sachverhalte** (§ 28 Abs. 3 aF). Bei derartigen Fallkonstellationen ist die BaFin zu einer Zusammenarbeit mit der jeweiligen **im europäischen Ausland zuständigen Aufsichtsbehörde** berechtigt.

24   Der BaFin ist es insoweit gestattet, erforderliche Angaben zur Sachverhaltsaufklärung an ausländische Unternehmen weiterzuleiten. Bei der Weiterleitung von entscheidungserheblichen Tatsachen hat die BaFin jedoch § 9 KWG zu beachten. Demnach dürfen Tatsachen, deren **Geheimhaltung** im Interesse des Zahlungsdienstleisters oder eines Dritten liegt, insbesondere Geschäfts- und Betriebsgeheimnisse, grundsätzlich nur dann an die ausländische Stelle weitergeleitet werden, sofern diese einer **Verschwiegenheitspflicht** unterliegen. Völkerrechtlich kann der deutsche Gesetzgeber ausländische Behörden nicht selbst zur Verschwiegenheit verpflichten. Allerdings dürfte nunmehr die Erfüllung der Verschwiegenheitspflichten in sämtlichen EWR-Staaten gegeben sein. Nach Art. 53 Abs. 1 der Eigenkapitalrichtlinie (Richtlinie 2013/36/EU – CRD IV), der Art. 44 Abs. 1 der BankenRL abgelöst hat, sind die Mitgliedstaaten verpflichtet, die Beschäftigten der zuständigen Aufsichtsstellen einem im jeweils nationalen Recht verankerten Berufsgeheimnis zu unterwerfen (vgl. Boos/Fischer/Schulte-Mattler/Lindemann KWG § 9 Rn. 26).

25   **Ausnahmsweise** kann die Weitergabe der vertraulichen Informationen an ausländische Behörden auch dann erfolgen, wenn **keine Verschwiegenheitsverpflichtung** vorliegt. Dies ist der Fall, wenn das **ausdrückliche Einverständnis des betroffenen** Instituts oder des Dritten, dessen geheimhaltungswürdiges Interesse berührt ist, vorliegt. Zulässig ist die Offenbarung aber auch, wenn die **Datenweitergabe gesetzlich vorgeschrieben** ist (§ 41 Abs. 1 OWiG) oder **höherrangige Interessen** dies gebieten. Die Weitergabe in diesen Fällen ist jedoch in jedem Einzelfall durch die BaFin zu prüfen (ausführlich und weiterführend: Boos/Fischer/Schulte-Mattler/Lindemann KWG § 9 Rn. 28 ff.).

26   Eine Zusammenarbeit ist jedoch nur dann zulässig, sofern die BaFin aufsichtliche Maßnahmen für geboten hält (BT-Drs. 16/11613, 55). Demnach darf die BaFin zunächst den Sachverhalt prüfen und erst bei tatsächlich erforderlichen Maßnahmen ausländische Stellen über die Tatsachen unterrichten. Anschließend können auf Grundlage von § 8 Abs. 3 S. 4 KWG Informationen von Auslandsbehörden eingeholt werden, die zur Bearbeitung von Beschwerden, die sich gegen von der BaFin beaufsichtigte Zahlungsdienstleister wenden, benötigt werden (Schäfer/Omlor/Mimberg/Böger Rn. 56). Spiegelbildlich hat die BaFin entsprechende Anfragen von Auslandsbehörden zu bescheiden.

VIII. Hinweispflichten und praktische Umsetzung

1. Hinweispflichten des Zahlungsdienstleisters

27   Damit der Zahlungsdienstnutzer Kenntnis von der Möglichkeit zur Einlegung einer Beschwerde erhält, sind die Zahlungsdienstleister gemäß Art. 248 § 4 Abs. 1 Nr. 8 EGBGB verpflichtet, den potentiellen Zahlungsdienstnutzer bereits **vorvertraglich** seine Beschwerdemöglichkeiten mitzuteilen (vgl. ausführlich zu den **Mitteilungspflichten** und dessen Umfang MüKoBGB/Casper EGBGB Art. 248 § 3 Rn. 3 sowie EGBGB Art. 248 § 4 Rn. 1 f.). Dieser Mitteilungspflicht entsprechen die Banken durch ihre Allgemeinen Geschäftsbedingungen (AGB-Banken) oder durch einen Hinweis im Preis- und Leistungsverzeichnis (so beispielsweise die Sparkassen sowie die Volks- und Raiffeisenbanken). Sämtliche Varianten sind zulässig und erfüllen die Kriterien an die in Art. 248 § 4 Abs. 1 Nr. 8 EGBGB normierten Mitteilungspflichten.

Als Beispiel für die Erfüllung der Hinweispflicht sei hier ein Auszug aus den 28
AGB-Banken auf Grundlage des Musters des Bankenverbands beigefügt:

Nr. 21 AGB-Banken, Stand: September 2021

(…) Ferner besteht für den Kunden die Möglichkeit, sich jederzeit schriftlich oder zur dortigen Niederschrift bei der Bundesanstalt für Finanzdienstleistungsaufsicht, Graurheindorfer Straße 108, 53117 Bonn, über Verstöße der Bank gegen das Zahlungsdiensteaufsichtsgesetz (ZAG), die §§ 675c bis 676c des Bürgerlichen Gesetzbuches (BGB) oder gegen Artikel 248 des Einführungsgesetzes zum Bürgerlichen Gesetzbuche (EGBGB) zu beschweren. (…)

§ 675x Abs. 5 S. 2 verpflichtet den Zahlungsdienstleister weitergehend im Fall 29
der Ablehnung eines Erstattungsverlangens bei einem vom oder über den Zahlungsempfänger ausgelösten autorisierten Zahlungsvorgang nach § 675x Abs. 1 S. 1
BGB auf die Beschwerdemöglichkeiten gemäß den §§ 60–62 und auf die Möglichkeit, eine Schlichtungsstelle gemäß § 14 UKlaG anzurufen, hinzuweisen.

2. Verhältnis zum Ombudsmannverfahren

Neben der Beschwerdemöglichkeit bei der BaFin bieten die Zahlungsdienstleis- 30
ter, insbesondere Großbanken sowie einige Volks- und Landesbanken, noch ein
Ombudsmannverfahren an. Danach dürfen Verbraucher – bei behaupteten
Verstößen gegen § 675f BGB – auch Unternehmer sich an den Ombudsmann des
jeweiligen Bankenverbandes wenden. Der Deutsche Sparkassen- und Giroverband
hat für alle Sparkassen – mit Ausnahme der Sparkassen in Baden-Württemberg –
eine dem Ombudsmannverfahren vergleichbare Verbraucherschlichtungsstelle eingerichtet.

Nr. 21 AGB-Banken, Stand: September 2021 31

(…) Die Bank nimmt am Streitbeilegungsverfahren der Verbraucherschlichtungsstelle
„Ombudsmann der privaten Banken" (www.bankenombudsmann.de) teil. Dort hat der
Verbraucher die Möglichkeit, zur Beilegung einer Streitigkeit mit der Bank den Ombudsmann der privaten Banken anzurufen. Betrifft der Beschwerdegegenstand eine Streitigkeit über einen Zahlungsdienstevertrag (§ 675f des Bürgerlichen Gesetzbuches), können
auch Kunden, die keine Verbraucher sind, den Ombudsmann der privaten Banken anrufen.
(…)

Diese Möglichkeit könnte jedoch dem Zweck dieses Gesetzes zuwiderlaufen. So 32
muss bedacht werden, dass der Gesetzgeber neben dem Zweck, effektive Rechtsschutzmöglichkeiten sicherzustellen auch den Zweck verfolgt, für die BaFin ein
wichtiges Erkenntnismittel über mutmaßliche Verstöße zu schaffen (vgl. → Rn. 6).
Diesem weiteren Zweck liefe es zuwider, sofern durch die Zahlungsdienstnutzer
alternativ das Ombudsmannverfahren gewählt werden würde, das gerade nicht bei
der BaFin, sondern bei den einzelnen Bankenverbänden bzw. bei der Deutschen
Bundesbank angesiedelt ist. Allerdings veröffentlichen die Ombudsleute jährlich
Tätigkeitsberichte, aus denen sich die Anzahl und die Gründe der Beschwerden ablesen lassen. Auch steht allein dem Zahlungsdienstnutzer das Wahlrecht zu, in
welchem Verfahren er eine Beschwerde verfolgen will. Die Gefahr, dass der Zahlungsdienstleister durch Verweis auf das Ombudsmannverfahren der BaFin entsprechende Erkenntnisse verwehren könnte, besteht demnach nicht. Daher kann das
Ziel eines wichtigen Erkenntnismittels über mutmaßliche Verstöße noch in einem
ausreichenden Maße mit Hilfe der veröffentlichten Statistiken der Ombudsleute erreicht werden. Zudem wird der andere **Zweck eines schnellen und effektiven**

Rechtsschutzes durch die dem Zahlungsdienstnutzer geschaffene Möglichkeit, die Beschwerden an unterschiedliche Stellen zu richten, übererfüllt.

3. Recht des Beschwerdeführers gegenüber der BaFin auf Stellungnahme

33   Die BaFin muss zu der eingelegten Beschwerde in **angemessener Frist** unter Beachtung ihrer Verschwiegenheitspflicht Stellung gegenüber dem Beschwerdeführer nehmen (Schäfer/Omlor/Mimberg/Böger Rn. 33, 40; so wohl auch, allerdings ohne nähere Begründung: Ellenberger/Findeisen/Nobbe/Werner Rn. 4). Orientierung für die mit der Entgegennahme, Bearbeitung und Beantwortung von Beschwerden verbundenen Pflichten bieten die EBA-Leitlinien zu Beschwerdeverfahren bei mutmaßlichen Verstößen gegen die PSD2 (EBA/GL/201/13) (Schäfer/Omlor/Mimberg/Böger Rn. 34). Auf die Stellungnahme innerhalb angemessener Frist hat der Beschwerdeführer ein **subjektives Recht.** Dieses ergibt sich nicht unmittelbar aus dem ZAG. Auch die Gesetzbegründung zum ZAG sowie die PSD2 schweigen hierzu. Abs. 2 S. 2 nimmt zwar auf die Antwort der BaFin an den Beschwerdeführer Bezug; eine entsprechende Verpflichtung lässt sich dem Wortlaut indes nicht entnehmen. Vor dem Hintergrund von Art. 17 GG lässt sich aber zumindest mittelbar ein subjektives Recht des Beschwerdeführers ableiten, dass die BaFin zu dem behaupteten Verstoß Stellung nimmt. Noch deutlicher ergibt sich aber insoweit ein **subjektives Recht auf fristgerechte Stellungnahme** aus dem Rechtsgedanken des § 4b Abs. 3 FinDAG. Zum Inhalt der Beantwortung der Beschwerde: Schäfer/Omlor/Mimberg/Böger Rn. 41 ff.

34   **§ 4b Abs. 3 FinDAG**

> [1]Die Bundesanstalt hat gegenüber dem Beschwerdeführer in angemessener Frist zu der Beschwerde unter Beachtung des § 11 Stellung zu nehmen. [2]Bei geeigneten Beschwerden kann die Bundesanstalt auf Möglichkeiten zur außergerichtlichen Streitbeilegung hinweisen.

35   Zwar ist § 4b FinDAG nicht direkt anwendbar und das Beschwerdeverfahren für die Erbringung von Zahlungsdiensten abschließend in den §§ 60 f. ZAG geregelt. § 4b FinDAG regelt andererseits jedoch das Beschwerdeverfahren für alle Beschwerden, die zulässigerweise bei der BaFin als Aufsichtsbehörde – etwa in Versicherungsangelegenheiten – eingehen. Um einen effektiven und schnellen Rechtsschutz auch bei Beschwerden nach § 60 zu gewährleisten, muss die BaFin auch insoweit gehalten sein, in angemessener Frist zu entscheiden. Der **Rechtsgedanke** des später kodifizierten **§ 4b Abs. 3 FinDAG** ist daher auch auf das im ZAG geregelte Beschwerdeverfahren **übertragbar.**

36   Erhält jedoch die **BaFin** durch die Beschwerde Kenntnis über Tatsachen, die eine **Verfehlung** des Zahlungsdienstleisters hinsichtlich **der aufsichts- oder materiell-rechtlichen Vorschriften** über die Erbringung von Zahlungsdiensten aufzeigen, ist sie **zum Einschreiten** und zum **Ergreifen** von geeigneten, verhältnismäßigen und wirksamen **Maßnahmen** berechtigt und von Amts wegen **verpflichtet.** Diese Verpflichtung erstreckt sich nicht alleine auf die Anzeige von Straftatbeständen iSd § 63 oder die Verhängung eines Bußgelds iSd § 64, wofür sie gemäß § 64 Abs. 5 iVm § 36 Abs. 1 Nr. 1 OWiG die zuständige Verwaltungsbehörde ist. Vielmehr ist die Verpflichtung der BaFin weitergehend. Sie ist demnach berechtigt und verpflichtet, alle Maßnahmen zu ergreifen, um die begangene

Verfehlung, die durch die Beschwerde gerügt wurde, zu beheben bzw. beheben zu lassen.

4. Kein Recht des Beschwerdeführers gegenüber der BaFin auf aufsichtsrechtliches Einschreiten

Im Ergebnis ist dem deutschen Gesetzgeber zuzustimmen, indem er dem Zah- **37** lungsdienstnutzer **kein subjektives Recht** einräumen will, die BaFin **zu einem aufsichtsrechtlichen Handeln** gegenüber dem Zahlungsdienstleister zu verpflichten (so in aller Deutlichkeit die Gesetzesbegründungen, BT-Drs. 16/11613, 55; BT-Drs. 18/11495, 143; so auch Schäfer/Omlor/Mimberg/Böger Rn. 7 ff.; Ellenberger/Findeisen/Nobbe/Böger/Rieg Rn. 13; Schwennicke/Auerbach/Schwennicke, KWG/ZAG, ZAG § 60 Rn. 2). Mit einem subjektiven öffentlichen Recht wird die Rechtsmacht eines Bürgers bezeichnet, vom Staat im eigenen Interesse ein bestimmtes Tun oder Unterlassen verlangen zu können. Herrschend hängt die Anerkennung subjektiver öffentlicher Rechte vom Vorliegen eines Rechtssatzes ab, der nicht nur im öffentlichen Interesse erlassen wurde, sondern – zumindest auch – dem Schutz der Interessen Einzelner zu dienen bestimmt ist und diesem die Rechtsmacht einräumt, die normgeschützen Interessen gegenüber dem Hoheitsträger durchzusetzen (BVerwGE 81, 329 (334); BVerfGE 27, 297 (307)). Der Gesetzgeber ist frei darin, welche Begünstigungen er dem Bürger zur individuellen Geltendmachung zuweist (Hoffmann-Riem/Schmidt-Aßmann/Voßkuhle/Masing, Grundlagen des Verwaltungsrechts I, § 7 Rn. 100).

Im Rahmen des § 60 ZAG muss zwischen dem Recht des Zahlungsdienstnutzers **38** auf Einschreiten und seinem Recht auf Bescheidung seiner Beschwerde unterschieden werden. Schon weil die BaFin entsprechend § 4b Abs. 3 FinDAG verpflichtet ist, innerhalb einer angemessenen Frist über die Beschwerde des Zahlungsdienstnutzers zu entscheiden, ergibt sich jedenfalls ein **Anspruch auf Bescheidung der Beschwerde** des Zahlungsdienstnutzers, dem also in jedem Fall irgendeine Art von Bescheid zugehen muss (schon → Rn. 34). Wäre dies nicht der Fall, verlöre die Beschwerde jeden praktischen Sinn.

Ein darüberhinausgehendes **Recht auf Einschreiten** – sei es auf eine konkrete **39** Maßnahme oder auf eine ermessensfehlerfreie Entscheidung – schließt der Gesetzgeber zumindest in der Gesetzesbegründung aus. Aus den übrigen Vorschriften des ZAG lässt sich ein entsprechendes Recht des Zahlungsdienstnutzers sodann auch nicht ableiten. Allenfalls in richtlinienkonformer Auslegung ließe sich eine derartige Rechtsmacht – wie von Winkelhaus in 1. Aufl. angedeutet (→ 1. Aufl. 2014, § 28 Rn. 36) – entwickeln. Anknüpfungspunkt könnte demnach nunmehr Erwägungsgrund 99 zur PSD2 sein, der die Mitgliedsstaaten verpflichtet, wirksame, verhältnismäßige und abschreckende Sanktionen in Folge von Beschwerden durchzusetzen. Ein subjektives Recht des einzelnen Zahlungsdienstnutzers erscheint demnach möglich, im Ergebnis aber **nicht sachgerecht.** Vielmehr tritt hier der Zweck der Beschwerde, die BaFin auf mögliche Verfehlungen des Zahlungsdienstleisters hinzuweisen, in den Vordergrund.

Der **Grundidee der PSD2** folgend, stehen dem Zahlungsdienstnutzer gegen **40** seinen Zahlungsdienstleister im BGB geregelte **Erstattungs- und Schadensersatzansprüche** zu. In diesem Umfang ist er schutzbedürftig. Den Zahlungsdienstnutzer darüber hinaus durch ein subjektives Recht zum Vehikel aufsichtsrechtlicher Maßnahmen zu adeln, wird der PSD2 nicht gerecht. So findet insbesondere Erwägungsgrund 14 zur PSD1 – der bei Winkelhaus in Voraufl. zweifelhaft zur Begründung eines subjektiven Rechts herangezogen wurde (→ 1. Aufl. 2014, § 28 Rn. 36) – in der PSD2 keine Entsprechung mehr. Es bleibt allein der Expertise und Kompetenz der Bundesanstalt überlassen, wie sie mit den Erkenntnissen umgeht. Dementsprechend hat der EuGH entschieden, dass das Beschwerderegime der PSD2 die zuständige Behörde nicht ermächtigen, „Streitigkeiten zwischen Zahlungsdienstnutzern und Zahlungsdienstleistern zu regeln, die aus der nicht erfolgten oder fehlerhaften Ausführung eines Zahlungsvorgangs entstanden sind, wenn diese Behörde ihre Zuständigkeit ausübt, Beschwerden von Zahlungsdienstnutzern zu prüfen" und ggf. auch Sanktionen zu verhängen (EuGH 2.4.2020 – C‑480/18 Rn. 69, BeckRS 2020, 4844).

41   Zudem ist zu berücksichtigen, dass aus dem Rechtsgedanken des § 4b Abs. 3 FinDAG ein subjektives Recht auf fristgerechte Stellungnahme (→ Rn. 32 ff.) auch für §§ 60 f. ZAG hergeleitet wurde. Es wäre widersprüchlich nur in diesem Fall den Rechtsgedanken des FinDAG heranzuziehen, mit Blick auf ein subjektives Recht auf Einschreiten der BaFin allerdings den ausdrücklichen Normbefehls des § 4 Abs. 4 FinDAG zu ignorieren. Für das Heraufbeschwören einer **„Rosinentheorie"** besteht kein Bedürfnis. Eine Schutzlücke des Zahlungsdienstnutzers ergibt sich nicht. Entgegen Winkelhaus in 1. Aufl. 2014 ist daher – in Übereinstimmung mit der Gesetzesbegründung und § 4 Abs. 4 FinDAG – **kein** derartiges **subjektives Recht** gegenüber der Bundesanstalt anzunehmen (zustimmend Schäfer/Omlor/Mimberg/Böger Rn. 10).

5. Rechte der BaFin

42   Die Rechte der BaFin erstrecken sich lediglich auf die ihnen zugewiesenen Rechte aus dem Verwaltungs- und Ordnungswidrigkeitenrecht. Die BaFin selbst besitzt keine Möglichkeit, einen Beschwerdeführer bei der unmittelbaren Durchsetzung seiner zivilrechtlichen Ansprüche zu unterstützen. Insoweit sind die Rechte des Ombudsmannes weitergehend, da sich die Banken dort verpflichtet haben, Schlichtungssprüche bis zu 5.000,00 EUR anzuerkennen. Der Zahlungsdienstnutzer ist daher bei der Durchsetzung seiner zivilrechtlichen Ansprüche günstiger gestellt, wenn er sich direkt an den Ombudsmann wendet. Alternativ steht ihm das Streitbeilegungsverfahren nach § 14 UKlaG offen (vgl. → Rn. 20 ff.).

IX. Sonstige Hinweispflichten

43   Die Europäische Kommission hat unter https://ec.europa.eu/consumers/odr eine europäische Online-Streitbeilegungsplattform mit „Lösungsmöglichkeiten für Ihr Verbraucherproblem" errichtet. Diese können Verbraucher auch für die außergerichtliche Beilegung von Streitigkeiten aus online abgeschlossenen Zahlungsdiensteverträgen nutzen. Entsprechend weisen sowohl die AGB-Banken als auch die Preis- und Leistungsverzeichnisse der Sparkassen sowie Volks- und Raiffeisenbanken auf diese Möglichkeit hin. Im Ergebnis hat der Zahlungsdienstnutzer also ein vielfaches Wahlrecht, ob er den Beschwerde- oder Rechtsweg oder das Streitbeilegungsverfahren oder die Möglichkeit der außergerichtlichen Streitbeilegung wahrnimmt.

§ 61 Beschwerden über E-Geld-Emittenten

(1) Inhaber von E-Geld und die in § 60 Absatz 1 Satz 2 genannten Einrichtungen, Verbände und Kammern können jederzeit wegen behaupteter Verstöße eines E-Geld-Emittenten gegen Bestimmungen dieses Gesetzes oder gegen die §§ 675c bis 676c des Bürgerlichen Gesetzbuchs oder Artikel 248 des Einführungsgesetzes zum Bürgerlichen Gesetzbuche eine Beschwerde bei der Bundesanstalt einlegen.

(2) ¹Beschwerden sind schriftlich oder zur Niederschrift bei der Bundesanstalt einzulegen und sollen den Sachverhalt und den Beschwerdegrund angeben. ² § 60 Absatz 2 Satz 2 gilt entsprechend.

I. Allgemeine Zusammenfassung der Regelung, Zweck der Norm, Normentwicklung

§ 61 in seiner ursprünglichen Fassung als § 28a aF diente der **Umsetzung des** 1 **Art. 13 der Zweiten E-Geld-RL** (Richtlinie 2009/110/EG). Er ermöglicht dem (potentiellen) Inhaber von E-Geld sowie den in § 60 Abs. 1 S. 2 genannten Einrichtungen, Verbänden und Kammern bei der BaFin Beschwerden wegen behaupteter Verstöße des E-Geld-Emittenten gegen aufsichts- oder materiell-rechtliche Vorgaben einzulegen.

§ 61 ist **richtlinienkonform** in der Weise auszulegen, dass die Vorschrift des 2 § 60 entsprechend auf E-Geld-Emittenten **anzuwenden** ist. So führt Art. 13 Zweite E-Geld-RL aus, dass Art. 80–83 PSD1 für E-Geld-Emittenten hinsichtlich der ihnen erwachsenden Verpflichtungen entsprechend anzuwenden ist. Daran hat sich auch durch die PSD2, die zugleich auch der Änderung der Zweiten E-Geld-RL dient, nichts geändert.

Der Gesetzgeber begnügt sich in § 61 weitestgehend mit einem Verweis auf § 60. 3 Der (potentielle) Inhaber von E-Geld bzw. die gem. § 60 Abs. 1 S. 2 befugten Stellen können in gleicher Weise Beschwerden bei der BaFin einlegen. Daher kann nahezu vollständig auf die **Kommentierung zu § 60 verwiesen** werden. Im Folgenden werden daher nur noch die Abweichungen von § 60 dargestellt und bewertet, warum sich der Gesetzgeber zu der Kodifizierung eines eigenen § 61 für Beschwerden über E-Geld-Emittenten entschlossen hat.

Die Änderungen durch die Umsetzung der **PSD2** sind marginal und allein 4 sprachlicher bzw. gesetzessystematischer Natur. So verweist Abs. 1 S. 1 nunmehr unmittelbar auf § 60 Abs. 1 S. 2, sodass in der Folge Abs. 1 S. 2 aF entfallen konnte. Auch der schon bislang überflüssige Hinweis auf die Legaldefinition des E-Geld-Emittenten entfällt. Die Ersetzung der Konjunktion „und" durch „oder" ist in seiner klarstellenden Funktion zu begrüßen (zur Verwendung von „oder" im ZAG siehe auch Danwerth Finanztransfergeschäft S. 157 ff.). Aufgrund der Streichung des § 60 Abs. 3 musste schließlich auch der Verweis in Abs. 2 S. 2 getilgt werden.

II. Unterschiede und Gemeinsamkeiten von § 60 und § 61

5   Zunächst ist festzuhalten, dass **Beschwerdegegner** nicht die Zahlungsdienstleister, sondern vielmehr die **E-Geld-Emittenten** sind. Ist ein **(potentieller) Inhaber von E-Geld Beschwerdeführer**, so hat er im Falle des § 61 schlüssig darzulegen, dass er elektronisches Geld im Austausch gegen gesetzliche Zahlungsmittel durch seine Person erwarb oder zu erwerben versuchte (RegE BT-Drs. 17/3023, 53). Ist dagegen eine beschwerdebefugte Stelle eine der in § 60 Abs. 1 S. 2 genannten Einrichtungen, Verbände und Kammern, kann diese sowohl Beschwerdeführerin bei Beschwerden über Zahlungsdienstleister (§ 60) als auch bei Beschwerden über E-Geld-Emittenten sein (§ 61). Sichergestellt hat der Gesetzgeber diese Beschwerdebefugnis durch einen Verweis in Abs. 1 auf § 60 Abs. 1 S. 2.

6   Wendet sich der Beschwerdeführer gegen ein E-Geld-Institut, kann er seine Beschwerde insbesondere auch wegen Verstoßes gegen Vorschriften dieses Gesetzes einlegen, die ausschließlich E-Geld-Geschäfte betreffen, so bspw. Vorschriften des Abschnittes 6 oder das Zinsverbot nach § 3 Abs. 2 Nr. 2 (so auch Schäfer/Omlor/Mimberg/Böger Rn. 7; Ellenberger/Findeisen/Nobbe/Böger/Rieg Rn. 19; Schwennicke/Auerbach/Schwennicke, KWG/ZAG, ZAG § 61 Rn. 7). Diese weiterreichende Beschwerdebefugnis versteht sich schon allein aus der Tatsache, dass bestimmte Vorschriften ausschließlich E-Geld-Geschäfte betreffen.

7   Keine Unterschiede zwischen § 60 und § 61 ergeben sich im Hinblick auf das Verfahren, behauptete Verstöße bei grenzüberschreitenden Sachverhalten oder im Falle einer außergerichtlichen Streitbeilegung. Hinsichtlich des Verfahrens wird in Abs. 2 S. 1 wortlautidentisch mit § 60 Abs. 2 S. 1 noch einmal dargestellt, dass der Beschwerdeführer seine Beschwerden schriftlich oder zur Niederschrift bei der BaFin einzulegen hat und den Sachverhalt und den Beschwerdegrund angeben soll. Im Übrigen verweist Abs. 2 S. 2 auf die Vorschrift des § 60 Abs. 2 S. 2.

III. Notwendigkeit des § 61; rechtspolitische Überlegungen

8   Der Gesetzgeber entschied sich bei der Umsetzung der Zweiten E-Geld-RL für die **Implementierung eines** eigenen § 28a aF (nun **§ 61**) und **nicht** für eine **Erweiterung des § 60** bzw. § 28 aF auch auf die E-Geld-Emittenten. Insoweit knüpfte der Gesetzgeber an eine unverständlich übliche, wenn auch verbesserungswürdige Gesetzgebungstechnik an, indem er existente Regelungen durch Einfügen einer identischen Hausnummer mit Buchstabenzusatz (§ 28a aF) erweitert. Schon die Einführung des § 28a aF konnte mit Blick auf die Gesetzessystematik nicht vollends überzeugen (siehe dazu Winkelhaus in → 1. Aufl. 2014, Rn. 7 ff. mit entsprechendem Formulierungsvorschlag eines § 28 Abs. 1).

9   Im Rahmen der Umsetzung der PSD2 ist aus § 28a aF § 61 geworden. Insoweit hat es der Gesetzgeber verpasst, eine verschlankende und übersichtlichere Regelung durch Zusammenführung von § 60 und § 61 zu schaffen. Dies ist nicht nur kritikwürdig, sondern vor allem unverständig. Der deutsche Gesetzgeber hat die ZAG-Novelle grundsätzlich sinnvoll genutzt, um sperrige und unnötige Differenzierungen, die sich aus der Umsetzung der Zweiten E-Geld-RL ergaben, aufzulösen. So wurden die zusätzlichen Begriffsbestimmungen für das E-Geld-Geschäft und die Ausnahmen für bestimmte E-Geld-Institute des § 1a aF sinnvoll in die Begriffsbestimmungen des § 1 eingepflegt (mit Blick auf Einzelfragen kritisch: Danwerth

ZBB 2017, 15). Auch § 9a aF, der die Versagung der Erlaubnis für E-Geld-Institute regelte, wurde im einheitlichen Versagungstatbestand des § 12 integriert. Schließlich wurde auch die Sondervorschrift des § 13a aF, der die Sicherungsanforderungen für die Entgegennahme von Geldbeträgen für die Ausgabe von E-Geld regelte, weitestgehend in § 17 überführt.

Lediglich die Differenzierung der § 8 aF und § 8a aF findet sich in Form der **10** §§ 10, 11 auch im novellierten ZAG wieder. Dies erscheint auch wenig kritikwürdig, da eine vollständige Zusammenlegung hinsichtlich des Umfangs der Erlaubnis (§ 11 Abs. 1) und des Inhalts des Erlaubnisantrags (§ 11 Abs. 2) mehr Verwirrung als Klarheit gestiftet hätte. Allein hinsichtlich der § 11 Abs. 3–6 hätte sich ein Verweis auf § 10 Abs. 4f., 7f. angeboten.

Ein Verlust der Übersichtlichkeit und Klarheit des Normbefehls ist anders als bei **11** §§ 10, 11 bei §§ 60, 61 indes nicht zu befürchten. § 61 Abs. 1 verweist und nimmt im Wesentlichen auf § 60 Abs. 1 Bezug; § 61 Abs. 2 entspricht sodann vollständig § 60 Abs. 2. Eine Fusion der beiden Vorschriften war und ist nachdrücklich zu begrüßen. **Folgende Neufassung** des § 60 Abs. 1 wäre bei vollständiger Streichung des § 61 – auch unter Berücksichtigung der Kritik bei → § 60 Rn. 14 (Veränderung der Reihenfolge der Nr. 1–3) – **rechtspolitisch** sinnvoll:

§ 60 Abs. 1-Entwurf 12

[1]Zahlungsdienstnutzer und die Stellen nach Satz 3 können jederzeit wegen behaupteter Verstöße eines Zahlungsdienstleisters gegen Bestimmungen dieses Gesetzes oder gegen die §§ 675c bis 676c des Bürgerlichen Gesetzbuchs oder Artikel 248 des Einführungsgesetzes zum Bürgerlichen Gesetzbuche eine Beschwerde bei der Bundesanstalt einlegen. [2]Dieses Recht steht auch einem Inhaber von E-Geld und den Stellen nach Satz 3 wegen behaupteter Verstöße eines E-Geld-Emittenten gegen die Bestimmungen des Satzes 1 zu. [3]Beschwerdebefugte Stellen sind:
1. qualifizierte Einrichtungen nach § 3 Absatz 1 Nummer 1 des Unterlassungsklagengesetzes;
2. rechtsfähige Verbände zur Förderung gewerblicher Interessen,
   a) die insbesondere nach ihrer personellen, sachlichen und finanziellen Ausstattung imstande sind, ihre satzungsgemäßen Aufgaben der Verfolgung gewerblicher Interessen tatsächlich wahrzunehmen und
   b) denen eine erhebliche Zahl von Unternehmen angehört, die Zahlungsdienste auf demselben Markt anbieten,
   wenn der Verstoß die Interessen der Mitglieder berührt und geeignet ist, den Wettbewerb nicht unerheblich zu verfälschen;
3. die Industrie- und Handelskammern.

§ 62 Streitbeilegung bei einem Zahlungsdienstleister

(1) Ein Zahlungsdienstleister hat angemessene und wirksame Verfahren zur Abhilfe bei Beschwerden in Bezug auf die Rechte und Pflichten von Zahlungsdienstnutzern nach den §§ 675c bis 676c des Bürgerlichen Gesetzbuchs oder Artikel 248 des Einführungsgesetzes zum Bürgerlichen Gesetzbuche einzurichten und anzuwenden (Streitbeilegung bei einem Zahlungsdienstleister).

(2) [1]Die Streitbeilegung bei einem Zahlungsdienstleister findet in jedem Mitgliedstaat und den anderen Vertragsstaaten des Abkommens über den Europäischen Wirtschaftsraum Anwendung, in denen der Zahlungs-

dienstleister die Zahlungsdienste anbietet. [2]**Sie muss in einer Amtssprache des jeweiligen Mitgliedstaates oder in einer anderen zwischen dem Zahlungsdienstleister und dem Zahlungsdienstnutzer vereinbarten Sprache zur Verfügung stehen.**

(3) [1]**Ein Zahlungsdienstleister hat Beschwerden der Zahlungsdienstnutzer in Papierform oder im Falle einer Vereinbarung zwischen Zahlungsdienstleister und Zahlungsdienstnutzer auf einem anderen dauerhaften Datenträger zu beantworten.** [2]**Die Antwort des Zahlungsdienstleisters muss innerhalb einer angemessenen Frist, spätestens innerhalb von 15 Arbeitstagen nach Eingang der Beschwerde, erfolgen und hat auf alle vom Zahlungsdienstnutzer angesprochenen Fragen einzugehen.** [3]**Kann ein Zahlungsdienstleister ausnahmsweise aus Gründen, die er nicht zu vertreten hat, nicht innerhalb von 15 Arbeitstagen antworten, so hat er ein vorläufiges Antwortschreiben zu versenden, das die Gründe für die Verzögerung bei der Beantwortung der Beschwerde eindeutig angibt und den Zeitpunkt benennt, bis zu dem der Zahlungsdienstnutzer die endgültige Antwort spätestens erhält.** [4]**Die endgültige Antwort darf in keinem Fall später als 35 Arbeitstage nach Eingang der Beschwerde erfolgen.**

(4) [1]**Ein Zahlungsdienstleister hat Zahlungsdienstnutzer auch dann entsprechend § 36 Absatz 1 Nummer 1 des Verbraucherstreitbeilegungsgesetzes über die zuständige Verbraucherschlichtungsstelle zu informieren, wenn er über keine Webseite verfügt und keine Allgemeinen Geschäftsbedingungen verwendet oder der Zahlungsdienstnutzer kein Verbraucher ist.** [2]**Verfügt der Zahlungsdienstleister über keine Webseite oder verwendet er keine Allgemeinen Geschäftsbedingungen, sind die Informationen nach Satz 1 im Zahlungsdienstevertrag zu geben.** [3]**Informationen nach Satz 1 müssen auch Angaben darüber enthalten, wo weitere Informationen über die zuständige Stelle zur alternativen Streitbeilegung und über die Voraussetzungen für deren Anrufung erhältlich sind.**

Literatur: Borowski/Röthemeyer/Steike, Verbraucherstreitbeilegungsgesetz, 2. Aufl. 2020; Greger/Unberath/Steffek, Recht der alternativen Konfliktlösung, 2. Aufl. 2016; Hüsemann/ Zilch, Anforderungen an das Beschwerdemanagement – BaFin-Rundschreiben und neue MaComp, Kreditwesen 2018, 663; Krimphove, MaComp, 3. Aufl. 2021; Prölls/Dreher, Versicherungsaufsichtsgesetz, 13. Aufl. 2018; Renz/Hense, Wertpapier-Compliance in der Praxis, 2. Aufl. 2019; Schäfer, Erfolgreicher Umgang mit Wertpapierbeschwerden, 2013; Schäfer/ Omlor/Mimberg, Zahlungsdiensteaufsichtsgesetz, 2021; Tamm/Tonner/Brönneke, Verbraucherrecht, 3. Aufl. 2020; Zilch, Neue aufsichtsrechtliche Anforderungen an das Beschwerdemanagement, CRP 2018, 164.

Inhaltsübersicht

I. Regelungshintergrund

§ 62 ist Bestandteil des zwölften Abschnitts des ZAG, der die unterschiedlichen **1** Beschwerdeverfahren regelt, die dem Zahlungsdienstnutzer zur Verfügung stehen. Während die Regelungen zur Beschwerde gegenüber der BaFin (§§ 60, 61) bereits Gegenstand der PSD1-Umsetzung waren, handelt es sich bei den Vorgaben zum internen Beschwerdemanagement des Zahlungsdienstleisters nach § 62 um ein **durch die PSD2 eingeführtes Novum.**

Lange Zeit fehlte es an ausdifferenzierten rechtlichen Vorgaben zum Umgang **2** mit Kundenbeschwerden im Finanzdienstleistungsbereich, wenngleich die meisten Finanzdienstleister jenseits rechtlicher Verpflichtungen bereits aus Gründen der Kundenbindung regelmäßig auf Beschwerden reagiert haben. Eine Ausnahme bildet insoweit das Wertpapierdienstleistungsrecht, das über eine lange Historie sukzessive angewachsener Regelungen zum Beschwerdeverfahren verfügt (hierzu ausführlich Krimphove MaComp/Schäfer BT 12 Rn. 29 ff.). Auch im Versicherungsaufsichtsrecht existieren bereits seit Längerem aufsichtsrechtliche Leitplanken für das Beschwerdemanagement (vgl. BaFin-Rundschreiben 3/2013 (VA) vom 20.9.2013 – Mindestanforderungen an die Beschwerdebearbeitung durch Versicherungsunternehmen; ferner § 51 VAG). In anderen aufsichtsrechtlichen Bereichen wurde das Erfordernis, ein Beschwerdeverfahren zu installieren, allenfalls rudimentär in den allgemeinen Organisationspflichten geregelt (vgl. § 9a Abs. 1 S. 2 Nr. 8 InvG aF; mittlerweile § 28 Abs. 2 S. 1 Nr. 1 KAGB iVm § 4 Abs. 3 KAVerOV) oder als allgemeiner Bestandteil des Risikomanagements aus der Organisationsnorm im Wege der Auslegung abgeleitet. Mittlerweile lässt sich hingegen feststellen, dass das Thema Beschwerdemanagement bei neueren Gesetzgebungsvorhaben im Finanzdienstleistungsbereich von Anfang an in hohem Detaillierungsgrad mitgeregelt wird (vgl. etwa jüngst Art. 7 Verordnung (EU) 2020/1503 über Europäische Schwarmfinanzierungsdienstleister für Unternehmen inklusive ESMA-Mandat sowie Art. 27 des Vorschlags der EU-Kommission für eine Verordnung über Märkte für Kryptowerte COM(2020) 593 inklusive EBA-Mandat).

Seit 2018 ergeben sich auch für das Zahlungsdienstaufsichtsrecht hinsichtlich **3** interner Beschwerdeverfahren umfangreiche rechtliche Rahmenbedingungen. Neben der Einführung des § 62 anlässlich der Umsetzung der PSD2 zum 13.1.2018 hat vor allem das Rundschreiben der **BaFin** zu den **Mindestanforderungen an das Beschwerdemanagement** („MaBeschwerde") die Rechtslage maßgeblich verändert. Die MaBeschwerde basieren auf den Leitlinien zur Beschwerdeabwicklung für den Wertpapierhandel und das Bankwesen, welche der Gemeinsame Ausschuss der Europäischen Aufsichtsbehörden (Joint Committee of the European Supervisory Authorities) etwa zeitgleich mit der Entstehung der PSD2 veröffentlicht hat (vgl. JC/2014/43 vom 27.5.2014). Diese ESA-Leitlinien zur Beschwerdeabwicklung wurden von der BaFin mit Wirkung zum 5.5.2018 umgesetzt (vgl. BaFin-Rundschreiben 06/2018). Zwischenzeitlich wurden die ESA-Leitlinien zum 1.5.2019 aufgehoben und durch eine aktualisierte Fassung ersetzt (vgl. JC/2018/35 vom 4.10.2018). Die BaFin hatte daraufhin eine Konsultation zu etwaigem Anpassungsbedarf des BaFin-Rundschreibens 06/2018 mit den betroffenen Marktteilnehmern durchgeführt und am 23.1.2020 eine aktualisierte Fassung veröffentlicht. Diese Aktualisierung hatte jedoch für Zahlungsdienstleister keine Ausweitung des Anwendungsbereichs zur Folge (hierzu unter → Rn. 22).

4   Der Regelungsinhalt von § 62 fügt sich insbesondere mit Blick auf die Vorgabe konkreter Bearbeitungsfristen nicht nahtlos in die Bestimmungen der ESA-Leitlinien bzw. deren Umsetzung in den MaBeschwerde (hierzu unter → Rn. 3) ein. Die fehlende Abstimmung beider Regelungen lässt sich wohl durch die zeitliche Parallelität ihres Entstehungsprozesses erklären. Gleichwohl ist diese fehlende Verzahnung zu kritisieren, da sie beim Normanwender Fragen aufwirft und Rechtsunsicherheit verursacht. Das wird terminologisch dadurch verstärkt, dass der deutsche Gesetzgeber in § 62 den europäischen Begriff „Streitbeilegung" zur Bezeichnung des Beschwerdeverfahrens verwendet und diesen durch eine Legaldefinition aufwertet, ohne dass der Begriff im Folgenden für die Rechtsanwendung – jenseits einer Abgrenzung zu §§ 60 f. – Bedeutung erlangt. Gegenteilig ist der Begriff „Streitbeilegung" seit der Einführung des Verbraucherstreitbeilegungsgesetzes für Regelungen im Zusammenhang mit Schlichtungsverfahren belegt (Tamm/Tonner/Brönneke/Berlin § 24a Rn. 11). Da auch andere Aufsichtsgesetze den Begriff des Beschwerdeverfahrens verwenden (vgl. § 28 Abs. 2 S. 1 Nr. 1 KAGB) und um einen Bezug zu den ESA- bzw. BaFin-Leitlinien herzustellen, hätte es sich angeboten, sich am Begriff „Beschwerde" zu orientieren.

5   § 62 Abs. 4 enthält zudem die Verpflichtung der Zahlungsdienstleister, über ihre Teilnahme an Schlichtungsverfahren zu informieren. Diese Regelung steht in keinem näheren Sachzusammenhang zu § 62 Abs. 1–3, außer dass beide Verfahren (Beschwerde und Schlichtung) dem europäisch geprägten und wenig trennscharfen Oberbegriff der alternativen Streitbeilegungsverfahren zuzuordnen sind (vgl. zum Regelungshintergrund und Kritik an der Regelungsverortung → Rn. 60 ff.).

6   § 62 setzt im Wesentlichen Art. 101 PSD2 um (vgl. BT-Drs. 18/11495, 143). Die einzelnen Absätze sind den europäischen Regelungen wie folgt zuzuordnen:

§ 62 ZAG	Art. 101 PSD2	**Wesentlicher Inhalt**
Absatz 1	Absatz 1 Unterabsatz 1	Vorgabe, wirksames Beschwerdeverfahren zu installieren
Absatz 2	Absatz 1 Unterabsatz 2	Vorgaben bei grenzüberschreitender Tätigkeit innerhalb des EWR
Absatz 3	Absatz 2	Vorgaben zur Ausgestaltung des Beschwerdeverfahrens
Absatz 4	Absätze 3 und 4	Hinweispflicht auf zuständige Schlichtungsstellen

6a   Die Europäische Kommission hat am 10.5.2022 eine Evaluierung der PSD2 angestoßen (https://finance.ec.europa.eu/regulation-and-supervision/consultations/

finance-2022-psd2-review_en). Der zugehörige Fragenkatalog enthält auch Abfragen zur Effektivität der Regelungen zum Beschwerdeverfahren (Frage 9, S. 13). Der Evaluationsbericht der Europäischen Kommission (FISMA/2021/OP/0002) wurde am 2.2.2023 veröffentlicht. Er enthält jedoch keine Aussagen zum Beschwerdeverfahren. Es bleibt abzuwarten, ob sich Anpassungen im für Q2 2023 angekündigten Regelungsvorschlag einer PSD3 finden werden.

II. Regelungszweck

Gleich einer Vielzahl bankaufsichtsrechtlicher Vorschriften können auch den **7** Regelungen zum Beschwerdeverfahren gemäß § 62 Abs. 1–3 mehrere Regelungszwecke zugeordnet werden. Das Beschwerdeverfahren dient einerseits dem **Verbraucherschutz.** Andererseits ist es als Bestandteil der Organisationspflichten des Zahlungsdienstleisters auch auf die **Funktionsfähigkeit des Zahlungsverkehrs** ausgerichtet (vgl. zu beiden Regelungszwecken die Ausführungen in der → Einl. ZAG Rn. 11 f.). Die einzelnen Regelungszwecke (vgl. hierzu ausführlich Krimphove MaComp/Schäfer BT 12 Rn. 5 ff.) stellen sich aus Perspektive der Beteiligten wie folgt dar:

Aus **Sicht der Zahlungsdienstnutzer** bietet die Beschwerde eine unkompli- **8** zierte Möglichkeit, ihre Unzufriedenheit über bestimmte Tatsachen zu bekunden und (ggf. konkludent) Abhilfe zu begehren. Die Voraussetzungen für die Beschwerde sind weniger formalisiert als es bei dem ebenfalls zur Verfügung stehenden Verfahren der alternativen Streitbeilegung bzw. Schlichtung oder der Einleitung eines Gerichtsverfahrens der Fall ist (vgl. zu den Wechselwirkungen mit diesen Verfahren → Rn. 75 ff.).

Für den Zahlungsdienstleister entsteht durch die Implementierung und das fort- **9** währende Betreiben eines Beschwerdemanagements zwar Aufwand. Gleichwohl kann die Beschwerde auch aus **Sicht des Zahlungsdienstleisters** positive Zwecke erfüllen. Denn die Beschwerden der Kunden machen den Zahlungsdienstleister auf Defizite aufmerksam, was in mehrfacher Hinsicht nützlich ist. Einerseits kann der Zahlungsdienstleister etwaige organisatorische Mängel frühzeitig abstellen und dadurch einer Entstehung oder Vertiefung sowohl zivilrechtlicher (Haftungs-)Risiken als auch aufsichtsrechtlicher Risiken entgegenwirken. Ferner bietet sich ihm die Möglichkeit, die Kundenbeziehung nachhaltig zu festigen, insbesondere wenn das Beschwerdemanagement hochwertig ausgestaltet ist. Daher kann es für den Zahlungsdienstleister von Vorteil sein, prominent auf Beschwerdemöglichkeiten hinzuweisen.

Wenngleich § 62 keine unmittelbare Verzahnung des internen Beschwerde- **10** managements mit spezifischen Aufsichtsbefugnissen der BaFin vorsieht, erlangt die Vorschrift durch die MaBeschwerde auch aus **Sicht der BaFin** einen besonderen Regelungszweck. Denn aufgrund der Vorgabe zum Führen eines Beschwerderegisters in Ziffer 15 ff. MaBeschwerde hat die BaFin die jederzeitige Möglichkeit, sich von dem Inhalt der Beschwerden Kenntnis zu verschaffen. § 62 ist daher konkretisierender Bestandteil der MaBeschwerde, die auch dem Erkenntnisgewinn der BaFin dienen, ob und wo bei beaufsichtigten Zahlungsdienstleistern Unzulänglichkeiten auftreten oder gar Verstöße vorliegen. Der Zweck gleicht insoweit demjenigen der direkten Beschwerdemöglichkeit des Zahlungsdienstnutzers gegenüber der BaFin über einen Zahlungsdienstleister gemäß §§ 60 f. (vgl. dortige Kommentierung bei → § 60 Rn. 6).

III. Beschwerde (Abs. 1)

1. Beschwerdebegriff

11   Der in § 62 Abs. 1 näher bestimmte Beschwerdegegenstand ist von dem Beschwerdebegriff zu unterscheiden. Während der Beschwerdegegenstand den zulässigen Bezugspunkt der Beschwerde definiert, berührt der Beschwerdebegriff die Frage, welche Qualität eine Äußerung des Kunden aufweisen muss, um als Beschwerde eingeordnet zu werden. § 62 enthält keine Legaldefinition der Beschwerde. Allerdings kann auf die Begriffsdefinition der BaFin in Ziffer 8 MaBeschwerde zurückgegriffen werden. Demnach wird **jede Äußerung der Unzufriedenheit** vom Beschwerdebegriff erfasst.

12   **Abzugrenzen** ist die Beschwerde von reinen Auskunftsersuchen, Verständnisnachfragen oder der einfachen Bitte um Sachverhaltsaufklärung. Eine vergleichbare Abgrenzung nimmt das für den Versicherungsbereich ergangene Rundschreiben der BaFin vor (vgl. Ziffer B.1 BaFin Rundschreiben 3/2013 (VA) – Mindestanforderungen an die Beschwerdebearbeitung durch Versicherungsunternehmen).

13   Für das Vorliegen einer Beschwerde ist es **unerheblich, in welcher Form** das Anliegen des Kunden gegenüber dem Zahlungsdienstleister zur Kenntnis gebracht wird. Das ergibt sich bereits aus dem Sinn und Zweck der Beschwerde und wird zudem durch Ziffer 8 MaBeschwerde klargestellt. Hiernach muss der (potentielle) Kunde insbesondere nicht ausdrücklich den Begriff der Beschwerde bei seinem Anliegen erwähnen. Teilweise wird vertreten, dass die Form der Beschwerde im Rahmen der gegenüber den Kunden kommunizierten Beschwerderichtlinien (hierzu → Rn. 66) eingegrenzt werden könne (vgl. für den Wertpapierbereich etwa Schwark/Zimmer KMRK/Fett WpHG § 80 Rn. 66). Hier wird man unterscheiden müssen. Soweit als Beispiel einer möglichen Eingrenzung auf Einträge bei Social-Media-Auftritten verwiesen wird, kann sich eine Berechtigung daraus ableiten, dass regelmäßig bereits nicht eindeutig ermittelt werden kann, wer sich hinter dem Social-Media-Profil des vermeintlichen Kunden verbirgt. Eine darüber hinausgehende Beschränkung wird vor dem Hintergrund des Wortlauts von Ziffer 8 MaBeschwerde allenfalls als teleologische Reduktion des Tatbestands denkbar sein.

2. Beschwerdegegenstand

14   Der Beschwerdegegenstand wird in § 62 Abs. 1 definiert. Hiernach kann sich eine Beschwerde auf **Rechte und Pflichten von Zahlungsdienstnutzern** aus den §§ 675c–676c BGB oder Art. 248 EGBGB beziehen. Sowohl die europäische Ausgangsnorm des Art. 101 Abs. 1 PSD2 als auch die Gesetzesbegründung zu § 62 Abs. 1 (BT-Drs. 18/11495, 143) scheinen hingegen davon auszugehen, dass die Rechte und Pflichten des Zahlungsdienstleisters den Bezugspunkt bilden. Dieser Unterschied dürfte jedoch kaum zum Tragen kommen. Denn erstens ist durch die eindeutige Bezeichnung der relevanten Vorschriften die Reichweite des Beschwerdegegenstands hinreichend präzisiert. Ferner dürften die Rechte und Pflichten des Zahlungsdienstnutzers regelmäßig mit entsprechenden Pflichten und Rechten des Zahlungsdienstleisters korrespondieren, so dass es unerheblich ist, ob man auf den Zahlungsdienstnutzer oder den Zahlungsdienstleister abstellt.

15   Anders als in §§ 60 f. werden die **Vorschriften des ZAG** nicht als möglicher Beschwerdegegenstand angeführt. Dies dürfte dem Umstand geschuldet sein, dass die europäische Ausgangsnorm des Art. 101 Abs. 1 PSD2 die Beschwerdemöglichkeit hinsichtlich Regelungen der Titel III („Transparenz der Vertragsbedingungen und Informationspflichten der Zahlungsdienste") und IV („Rechte und Pflichten bei der Erbringung und Nutzung von Zahlungsdiensten") der PSD2 anordnet, die primär das (vertragliche) Rechtsverhältnis zwischen Zahlungsdienstnutzer und Zahlungsdienstleister betreffen, das im BGB sowie EGBGB normiert ist. Allerdings finden sich in Titel IV der PSD2 auch Vorschriften, die im ZAG umgesetzt wurden, wie etwa die Regelungen zu Zahlungsauslösediensten gemäß Art. 66 PSD2. Sofern im Einzelfall entscheidungserheblich, kann der Beschwerdegegenstand des § 62 Abs. 1 daher im Lichte der europäischen Vorgaben aus Art. 101 Abs. 1 PSD2 auch Regelungen des ZAG umfassen.

Neben dem Beschwerdegegenstand des § 62 Abs. 1 ist die **BaFin-Definition** **16** **des Beschwerdegegenstands** zu berücksichtigen, welche die BaFin in Ziffer 8 MaBeschwerde – auch in Bezug auf das ZAG – festgelegt hat. Demnach gilt jede Äußerung der Unzufriedenheit als Beschwerde, die eine natürliche oder juristische Person (Beschwerdeführer) an ein beaufsichtigtes Unternehmen im Zusammenhang mit dessen Erbringung einer nach dem KWG, ZAG oder KAGB beaufsichtigten Dienstleistung bzw. eines entsprechenden Geschäfts richtet. Aufgrund der weiten Definition des Beschwerdegegenstands durch die BaFin bzw. die ESA erlangt der unter → Rn. 15 beschriebene Unterschied zwischen dem Anwendungsbereich des Art. 101 Abs. 1 PSD2 und § 62 Abs. 1 keine praktische Bedeutung.

Eine sachgerechte **Eingrenzung des weit gefassten Beschwerdegegen-** **17** **stands** lässt sich über eine teleologische Auslegung des Tatbestandsmerkmals „im Zusammenhang mit" erreichen. Insoweit kann nicht jeder entfernte Zusammenhang mit einer nach ZAG beaufsichtigten Tätigkeit im Anwendungsbereich liegen; vielmehr ist eine aufsichtsrechtliche Relevanz der Beschwerde zu verlangen. Mit der Beschwerde muss also der (implizite) Vorwurf einer Verletzung der im ZAG normierten Pflichten durch einen Zahlungsdienstleister verbunden sein (ebenso zur Konkretisierung des gleichlautenden Tatbestandsmerkmals in Art. 26 DV MiFID2 für den Bereich der Wertpapierdienstleistungen, Krimphove MaComp/Schäfer BT 12 Rn. 99; aA Schäfer/Omlor/Mimberg ZAG/Böger § 62 Rn. 29).

Insbesondere sind daher Äußerungen, die sich auf **geschäftspolitische Ent-** **18** **scheidungen** wie etwa das angebotene Dienstleistungsportfolio, die Öffnungszeiten oder die Filialpräsenz beziehen, nicht als Beschwerde einzuordnen. Dies umfasst auch Entgeltgestaltungen, sofern sich in der Beschwerde nicht der Vorwurf der rechtlichen Unzulässigkeit der Erhebung, Ausgestaltung oder Höhe des betreffenden Entgelts manifestiert. Ferner fehlen auch Unmutsäußerungen, die **reine Ser-** **viceaspekte** wie einen verschmutzten Geldautomatenraum oder fehlendes Papier im Kontoauszugsdrucker betreffen, die aufsichtsrechtliche Relevanz. Gleiches gilt, wenn Zahlungsdienstnutzer einer Anpassung des Zahlungsdiensterahmenvertrags gemäß § 675g Abs. 2 S. 1 BGB widersprechen, da hierin lediglich eine reine Rechtsausübung liegt, welche der Ablehnung nicht zusätzliche Gründe nennt, die für sich betrachtet als Beschwerde qualifizieren.

Schwierig gestaltet sich die Abgrenzung zu Fällen „reiner Rechtsausübung", **18a** wenn es um Rückforderungsansprüche von Kunden aufgrund höchstrichterlicher Rechtsprechung geht, die zahlungsdienstrechtliche Normen berührt. Dies lässt sich am Urteil des BGH zum AGB-Änderungsmechanismus (BGH WM 2021, 1128) verdeutlichen. Die BGH-Entscheidung hatte ua zur Folge, dass Zahlungsdienstnutzer (unwirksam vereinbarte) Entgelte im Zusammenhang mit ihrem Zahlungsdiensterahmenvertrag bereicherungsrechtlich zurückfordern konnten. Wenn die Geltendmachung des Anspruchs keine Unmutsbekundung enthält, sondern die neutrale Aufforderung zur Rückzahlung beinhaltet, erscheint fraglich, ob dieser Vorgang als Beschwerde iSd § 62 einzuordnen ist. Hiernach wären die Anforderungen an den Beschwerdegegenstand erst erfüllt, wenn der Zahlungsdienstleister den Anspruch (teilweise) negiert und der Zahlungsdienstnutzer diese Bewertung gegenüber dem Zahlungsdienstleister in Frage stellt. Eine anderweitige Auslegung der ersten Anspruchsstellung birgt zudem die Gefahr, die Beschwerdestatistik maßgeblich zu verzerren.

19   Ein solches Auslegungsverständnis steht sowohl im Einklang mit dem Beschwerdegegenstand des § 62 Abs. 1, der auf die Rechte und Pflichten der Zahlungsdienstnutzer abstellt und nicht auf im Zusammenhang stehende Sachverhalte Bezug nimmt, als auch mit dem Beschwerdegegenstand der §§ 60f., die ebenfalls nur behauptete Verstöße gegen Bestimmungen erfassen, deren Einhaltung die BaFin überwacht.

IV. Beschwerdebefugnis und Beschwerdegegner (Abs. 1)

20   Anders als §§ 60f. enthält § 62 keine eindeutige Formulierung, wem die Beschwerdebefugnis zukommt. Sowohl aus dem Sachzusammenhang als auch dem Wortlaut der europäischen Ausgangsnorm des Art. 101 Abs. 1 PSD2 wird jedoch deutlich, dass der **(potentielle) Zahlungsdienstnutzer beschwerdebefugt** ist. Es bedarf daher zumindest einer Geschäftsanbahnungssituation oder einer (vor-) vertraglichen Beziehung zwischen dem Beschwerdeführer und dem Zahlungsdienstleister, aus der eine eigene Betroffenheit des Beschwerdeführers resultiert. Eine Popularbeschwerde Dritter ohne eigene Betroffenheit ist unzulässig (aA Schäfer/Omlor/Mimberg ZAG/Böger § 62 Rn. 26).

20a   Weder dem Gesetz noch den MaBeschwerde der BaFin lässt sich entnehmen, ob eine **Stellvertretung** im Rahmen der Beschwerde zulässig ist. Grundsätzlich ist die Einräumung einer Vertretungsmacht in allen rechtsgeschäftlich relevanten Bereichen des Privatrechts möglich. Zwar handelt es sich bei einer Beschwerde nicht um eine Willenserklärung, da sie nicht auf den Abschluss eines Rechtsgeschäfts gerichtet ist bzw. die eintretenden Rechtsfolgen nicht durch den Willen des Handelnden sondern durch das Gesetz bestimmt werden. Es ist jedoch anerkannt, dass die Vorschriften zur Stellvertretung auch bei rechtsgeschäftsähnlichen Handlungen Anwendung finden. Denn diese Handlungen ähneln Willenserklärungen insoweit, als auch sie gewöhnlich im Bewusstsein der eintretenden Rechtsfolgen und oft sogar in der Absicht, sie hervorzurufen, vorgenommen werden (BGH NJW 1967, 1800 (1802)). Ein solcher rechtsgeschäftsähnlicher Charakter ließe sich auch der Beschwerde iSd § 62 zuschreiben. Allerdings ist die Stellvertretung bei höchstpersönlichen Rechtsgeschäften ausgeschlossen. Berücksichtigt man die Definition der Beschwerde als Unmutsbekundung bzw. Äußerung einer Unzufriedenheit enthält dies Elemente einer stark persönlichkeitsbezogenen Handlung, bei der eine Stellvertretung fraglich erscheint. Gleichwohl wird vertreten, dass die Stellvertretung bei der Beschwerde zulässig sei (Krimphove MaComp/Schäfer BT 12 Rn. 118; ebenso in Bezug auf eine anwaltliche Vertretung Schäfer/Omlor/Mimberg ZAG/Böger § 62 Rn. 27).

20b   Selbst wenn man grundsätzlich von der Zulässigkeit einer Stellvertretung ausgeht, kann der Zweck eines bestimmten Prozesses oder Verfahrens ggf. eine Bevollmächtigung ausschließen oder den Kreis der zulässigen Vertreter einschränken (MüKo-

BGB/Schubert § 164 Rn. 114). Diese Wertung lässt sich auf die Fragestellung übertragen, ob **Inkassodienstleister** aus abgetretenen Ansprüchen des Zahlungsdienstnutzers eine Beschwerde iSv § 62 anstoßen können. Beschwerden solcher oftmals dem **Legal Tech** Bereich zuzuordnenden Dienstleister haben in jüngerer Vergangenheit vor allem bei Schlichtungsverfahren stark zugenommen. Im Ergebnis sprechen gute Gründe dafür, deren Beschwerdebefugnis zu verneinen, wobei für die Bewertung im Einzelfall die konkrete vertragliche Ausgestaltung der Abtretung bzw. das Geschäftsmodell des Inkassodienstleisters zu berücksichtigen ist. Denn das Beschwerdeverfahren dient bei Dauerschuldverhältnissen wie dem Zahlungsdienste(rahmen)vertrag dazu, unter Berücksichtigung aller Aspekte der Rechtsbeziehung das für die Fortführung des Vertrags erforderliche Vertrauen zu bewahren oder ggf. wiederherzustellen. Demgegenüber verfolgt der Inkassodienstleister regelmäßig einen eigenen Geschäftszweck und ist mit dem Zahlungsdienstnutzer nur noch insoweit verbunden, als eine ggf. erwirkte Zahlung nach Einbehalt des Erfolgshonorars an den Zedenten weitergeleitet wird. Damit ist von vornherein strukturell ausgeschlossen, dass die Zwecke des Beschwerdeverfahrens Berücksichtigung erfahren. Diese Fälle sollten daher unmittelbar durch Gerichte entschieden werden.

Da der Begriff des Zahlungsdienstnutzers nicht nach der Verbraucher- oder **21** Unternehmereigenschaft unterscheidet (vgl. § 675e Abs. 4 BGB sowie Art. 4 Nr. 10 PSD2), erstreckt sich die Beschwerdebefugnis auch auf **Unternehmer.**

Beschwerdegegner können **alle Zahlungsdienstleister** iSd § 1 Abs. 1 sein. **22** Somit liegen auch Zahlungsauslösedienste und Kontoinformationsdienste im Anwendungsbereich der Norm. Ob diese Dienstleister auch von den wesentlich detaillierteren Vorgaben der ESA-Leitlinien (hierzu unter → Rn. 3) erfasst werden sollten, war Gegenstand einer Konsultation und wurde letztlich durch die ESA bejaht (vgl. JC/2018/35 v. 31.7.2018). Dies blieb jedoch ohne Auswirkung auf das BaFin-Rundschreiben 06/2018, da dieses bereits in seiner Ausgangsversion alle Zahlungsinstitute iSv § 1 Abs. 1 S. 1 Nr. 1 adressierte und daher auch Zahlungsauslösedienste und Kontoinformationsdienste erfasst wurden.

Darüber hinaus unterwirft § 39 sowohl **deutsche Zweigniederlassungen** als **23** auch Agenten von ausländischen Zahlungsdienstleistern dem Anwendungsbereich des § 62 (zum umgekehrten Fall der grenzüberschreitenden Tätigkeit durch deutsche Zahlungsdienstleister → Rn. 29 ff.).

V. Angemessene und wirksame Beschwerdeverfahren (Abs. 1)

§ 62 Abs. 1 verlangt, dass Zahlungsdienstleister angemessene und wirksame Be- **24** schwerdeverfahren einrichten und anwenden. Mit Ausnahme der rudimentären Regelungen des § 62 Abs. 3 lassen sich weder dem Gesetz oder dessen Begründung noch den Bestimmungen der PSD2 Anhaltspunkte entnehmen, welchen Anforderungen ein Beschwerdeverfahren genügen muss, um als angemessen und wirksam zu gelten.

In diesem Zusammenhang sind jedoch die ESA-Leitlinien zur Beschwer- **25** deabwicklung sowie deren Umsetzung durch die MaBeschwerde der BaFin (hierzu unter → Rn. 3) zu berücksichtigen. Vor dem Hintergrund, dass sowohl die ESA-Leitlinien zur Beschwerdeabwicklung die – damals noch geltende – PSD1 erfassen als auch die MaBeschwerde das ZAG in den Anwendungsbereich einbeziehen, erfüllen Zahlungsdienstleister jedenfalls dann die **Vorgabe eines wirksamen Beschwerdeverfahrens** iSv § 62 Abs. 1, wenn sie die Voraussetzungen der Ma-Beschwerde einhalten.

26   Der unbestimmte Rechtsbegriff eines **angemessenen Beschwerdeverfahrens** bildet den Anknüpfungspunkt für die Wertungen des Verhältnismäßigkeitsgrundsatzes. § 62 Abs. 1 ist folglich so auszulegen, dass sich die konkrete Ausgestaltung des Beschwerdeverfahrens nach dem Grundsatz der Proportionalität richtet und daher je nach Größe des Zahlungsdienstleisters vor allem im Umfang variieren darf. Diese Wertung findet sich auch in Ziffer 2 MaBeschwerde.

27   Zahlungsdienstleister müssen insbesondere folgende **Grundsätze bei der Ausgestaltung des Beschwerdeverfahrens** berücksichtigen: Das Verfahren der Beschwerdebearbeitung ist als Teil der Organisationsrichtlinien zu entwickeln und beispielsweise als interne Arbeitsanweisung zu dokumentieren (vgl. Ziffer 10 und 12 MaBeschwerde). Die Beschwerden sind in einem internen Beschwerderegister systematisch zu erfassen (vgl. Ziffer 15 MaBeschwerde). Der Datenbestand an Beschwerden ist fortlaufend zu analysieren, um systematische Probleme festzustellen und zu beheben (vgl. Ziffer 18 MaBeschwerde). Die aus der Beschwerdebearbeitung gewonnenen Erkenntnisse sind in das Risikomanagement einzubeziehen und von der internen Revision zu berücksichtigen (vgl. Ziffer 9 MaBeschwerde). Zahlungsdienstleister haben (potentielle) Kunden in leicht zugänglicher Weise, beispielsweise im Internetauftritt, über das Verfahren zur Beschwerdebearbeitung zu informieren (vgl. Ziffer 19 MaBeschwerde).

28   Eine **Berichtspflicht,** die Beschwerdezahlen und -inhalte systematisiert und periodisch gegenüber der BaFin zu melden, sehen hingegen weder das Gesetz noch Verwaltungsmaßnahmen der BaFin vor. Zwar hatte das Konsultationsverfahren zu den MaBeschwerde eine Allgemeinverfügung der BaFin iSd § 35 S. 2 VwVfG beinhaltet, aus der sich die Verpflichtung ergeben hätte, einen jährlichen Beschwerdebericht einzureichen, der für den Zahlungsverkehrsbereich die Beschwerden nach „Zahlungskonto/Girokonto", „Abwicklung Zahlungsverkehr", „Zahlungskarten" und „Zahlungsdienste" kategorisieren sollte. Nach erheblicher Kritik dahingehend, dass die von der BaFin angeführten Vorschriften des § 24 Abs. 3b KWG sowie § 4 Abs. 1a FinDAG keine Ermächtigung für ein solches Verwaltungshandeln darstellten, wurde die Berichtspflicht jedoch nicht umgesetzt. Bemerkenswert ist, dass das BVerwG zwischenzeitlich für den versicherungsaufsichtsrechtlichen Bereich die Befugnis der BaFin bestätigt hat, aus einer – den vorgenannten Bestimmungen der § 24 Abs. 3b KWG und § 3 Abs. 1a FinDAG vergleichbaren – allgemeinen Ermächtigungsnorm bzw. dem unbestimmten Rechtsbegriff „ausreichende Wahrung der Belange der Versicherten" iSd § 294 Abs. 2 S. 2 VAG eine Berichtspflicht für Beschwerden abzuleiten (BVerwG BeckRS 2021, 21592). Die Begründung des BVerwG wird allerdings mit beachtlichen Argumenten kritisiert und für unionsrechtswidrig gehalten (Bürkle VersR 2021, 1214 (1218f.); ebenso die Vorinstanz VGH Kassel VersR 2020, 819).

VI. Grenzüberschreitende Tätigkeit innerhalb EU/EWR (Abs. 2)

§ 62 Abs. 2 enthält Regelungen für den Fall, dass der nationale Zahlungsdienst- **29**
leister seine Tätigkeit in anderen EU-Mitgliedstaaten oder in EWR-Staaten anbietet. Dies gilt beispielsweise bei der Gründung von Zweigniederlassungen oder auch
bei grenzüberschreitendem Dienstleistungsverkehr.

§ 62 Abs. 2 S. 1 regelt in Umsetzung von Art. 101 Abs. 1 UAbs. 2 PSD2, dass die **30**
nationalen Vorgaben zum Beschwerdeverfahren auch für eine Tätigkeit des betreffenden Zahlungsdienstleisters in anderen EU-Mitgliedstaaten oder EWR-Staaten
gelten. Im Gleichklang hiermit sieht Ziffer 5 MaBeschwerde vor, dass die Anforderungen des BaFin-Rundschreibens nicht nur für Zahlungsinstitute iSv § 1 Abs. 1
Nr. 1 gelten, sondern auch für Zweigniederlassungen deutscher Zahlungsinstitute im
Ausland erfassen. Der Auslandsbegriff umfasst dabei sowohl EU-Mitgliedstaaten
und EWR-Staaten als auch Drittstaaten.

Die Vorgabe, dass die nationalen Regelungen zum Beschwerdeverfahren auch **31**
bei Tätigkeiten im Ausland zur Anwendung kommen sollen, wirft allerdings Fragen
hinsichtlich der für die Aufsicht zuständigen Behörde bzw. des anzuwendenden
Aufsichtsrechts auf. Denn die BaFin hat gemäß § 39 Abs. 3 S. 2 auch die Einhaltung
von § 62 durch Zweigniederlassungen oder Agenten solcher Institute zu beaufsichtigen, die in einem EU-Mitgliedstaat oder EWR-Staat ansässig sind. Bei ordnungsgemäßer Umsetzung der PSD2 im Herkunftsland dieser Institute müsste das dortige
Recht jedoch ebenfalls anordnen, dass die dortigen nationalen Vorgaben zum Beschwerdeverfahren auch bei grenzüberschreitender Tätigkeit in einem anderen
EU-Mitgliedstaat oder EWR-Staat (hier: Deutschland) weiterhin gelten. Dh der
Zahlungsdienstleister muss sich nach den Vorgaben seines Herkunftslands richten,
wird aber durch die Behörde im Aufnahmeland beaufsichtigt. Diese **widersprüchliche Regelungssystematik** ist durch die Vorgaben in Art. 101 Abs. 1 UAbs. 2
PSD2 sowie Art. 100 Abs. 4 PSD2 bereits in der europäischen Richtlinie angelegt.
Sofern sowohl das Herkunftsland als auch das Aufnahmeland die ESA-Leitlinien zur
Beschwerdeabwicklung für den Wertpapierhandel und das Bankwesen umgesetzt
haben (hierzu unter → Rn. 3), dürfte diese Unstimmigkeit der gesetzlichen Vorgaben jedoch keine Konflikte in der Praxis der Aufsichtsbehörden hervorrufen.

§ 62 Abs. 2 S. 2 regelt, dass der Zahlungsdienstleister das Beschwerdeverfahren **32**
bei grenzüberschreitender Tätigkeit in einer Amtssprache des jeweiligen EU-Mit-
gliedstaates oder in einer anderen mit dem Zahlungsdienstnutzer vereinbarten Sprache zur Verfügung stellen muss. Da der deutsche Gesetzgeber in § 62 Abs. 2 S. 1 den
Anwendungsbereich um EWR-Staaten erweitert hat, wird man auch im Rahmen
von § 62 Abs. 2 S. 2 fordern müssen, dass deren Amtssprache vom Zahlungsdienstleister berücksichtigt wird.

VII. Beantwortung von Beschwerden (Abs. 3)

§ 62 Abs. 3 enthält Vorgaben, die Zahlungsdienstleister bei der Beantwortung **33**
von Beschwerden zu beachten haben. Die Regelung konkretisiert daher einen Teilbereich des in § 62 Abs. 1 abstrakt geforderten Einrichten eines wirksamen Beschwerdeverfahrens.

34   Gleichzeitig sind die detaillierten Vorgaben des § 62 Abs. 3 mit den allgemeineren Ausführungen der MaBeschwerde sowie den MaComp in Einklang zu bringen. Dies ist jedenfalls für jene Finanzdienstleister von Bedeutung, die nicht nur Zahlungsdienste erbringen und daher ein Interesse an der Einführung einheitlicher Organisationsstrukturen für das Beschwerdemanagement haben, ohne nach dem von der Beschwerde betroffenen Geschäftsbereich (Zahlungsdienste; Wertpapierbereich; Darlehensgeschäft etc) unterscheiden zu müssen.

1. Form der Beantwortung (Abs. 3 S. 1)

35   Die Beantwortung von Beschwerden hat nach § 62 Abs. 3 S. 1 grundsätzlich in **Papierform** zu erfolgen. Die Regelung räumt dem Zahlungsdienstleister jedoch die Möglichkeit ein, diese Form zugunsten eines anderen dauerhaften Datenträgers iSv § 126b S. 2 BGB vertraglich abzubedingen.

36   Die **Abbedingung** einer Beantwortung in Papierform kann auch über AGB vereinbart werden. Hier bietet sich der Zahlungsdiensterahmenvertrag oder anderweitige Vertragsdokumente an, die anlässlich der Begründung einer Geschäftsbeziehung standardmäßig gegenüber dem Kunden zum Einsatz kommen (in der Praxis der deutschen Kreditwirtschaft zB die AGB-Banken/AGB-Sparkassen oder das Preis- und Leistungsverzeichnis).

37   Als dauerhafte Datenträger, die im Vergleich zu Papier eine höhere Praktikabilität und geringeren Aufwand bedingen, kommt im Wesentlichen die **E-Mail** (und mit stark abnehmender Bedeutung das Telefax) in Betracht. Insbesondere bei Bestandskunden kann erwogen werden, die Kommunikation im Beschwerdeverfahren über das **elektronische Postfach** (hierzu allgemein Zahrte BKR 2017, 279) zu steuern, das der Zahlungsdienstleister dem Zahlungsdienstnutzer zur Verfügung stellt. Das elektronische Postfach bietet gegenüber einer unverschlüsselten Datenübermittlung per E-Mail ein höheres Maß an Sicherheit (zB gegenüber Phishing-Risiken), was wegen der Übermittlung sensibler Daten im Rahmen einer Beschwerde sowie ihrer Beantwortung relevant ist und auch mögliche Konflikte mit den Vorgaben der DS-GVO reduziert.

38   **Beschwerden potentieller Kunden** werden hingegen regelmäßig in Papierform zu beantworten sein, da in diesem Stadium noch keine vertraglichen Vereinbarungen geschlossen werden konnten, die eine etwaige Abbedingung vorsehen.

2. Inhalt der Antwort (Abs. 3 S. 2 und 3)

39   Bei der Beantwortung der Beschwerde hat der Zahlungsdienstleister gemäß § 62 Abs. 3 S. 2 **auf alle Fragen des Zahlungsdienstnutzers einzugehen.** Die Formulierung ist dahingehend auszulegen, dass nicht nur grammatikalisch als Frage formulierte Anliegen der Zahlungsdienstnutzer in der Antwort zu adressieren sind, sondern beispielsweise auch auf etwaige Forderungen einzugehen ist. Ob auf substanzlose Kritik oder Äußerungen ohne erkennbare Anknüpfung an ein aufsichtsrechtlich relevantes Tun oder Unterlassen des Zahlungsdienstleisters einzugehen ist, entscheidet sich bereits auf Tatbestandsebene des Beschwerdebegriffs (hierzu unter → Rn. 11 ff.) bzw. im Zusammenhang mit der Reichweite des Beschwerdegegenstands iSv § 62 Abs. 1 (hierzu unter → Rn. 14 ff.).

40   Zahlungsdienstleistern steht es selbstverständlich frei, jenseits einer rechtlichen Verpflichtung beispielsweise aus Gründen der Kundenbindung zu antworten. Eine solche Vorgehensweise wird durch die BaFin in Ziffer 7 MaBeschwerde befürwortet.

Nach Ziffer 21 MaBeschwerde hat die Kommunikation mit dem Beschwerde- **41** führer in klarer und eindeutig verständlicher Sprache zu erfolgen. Zwar folgt die Formulierung dem Wortlaut von Ziffer 7 lit. b der ESA-Leitlinie. Bei zutreffender Übersetzung der englischen Fassung muss jedoch von dem Maßstab einer **einfachen und klar verständlichen Sprache** ausgegangen werden. In jedem Fall sollte die Beantwortung der Beschwerde bankfachliche oder juristische Termini vermeiden oder diese bei Verwendung zumindest erläutern.

Sofern es bei der Beschwerde (auch) um **unterschiedliche Auffassungen zur** **42** **Rechtslage** geht, hat der Zahlungsdienstleister § 5 Abs. 1 UWG zu berücksichtigen. Hiernach handelt unlauter, wer eine irreführende geschäftliche Handlung vornimmt, die geeignet ist, den Verbraucher zu einer geschäftlichen Entscheidung zu veranlassen, die er andernfalls nicht getroffen hätte. Eine solche irreführende Handlung kann gemäß § 5 Abs. 2 Nr. 7 UWG auch darin begründet sein, dass zur Täuschung geeignete Angaben über die Rechte eines Verbrauchers gemacht werden und der Verbraucher daraufhin beispielsweise die Rechtsdurchsetzung nicht weiterverfolgt.

Allerdings hat der BGH entschieden, dass einer Äußerung die Eignung zur Täu- **43** schung fehlt, wenn es sich für die betroffenen Verkehrskreise erkennbar um eine im Rahmen der Rechtsverteidigung geäußerte Rechtsansicht handelt und dies für ein Kündigungsschreiben bejaht (BGH WM 2019, 960). Diese Wertung lässt sich auf die im Rahmen eines Beschwerdeverfahrens iSv § 62 geäußerte Rechtsauffassung eines Zahlungsdienstleisters übertragen. Der BGH hat jedoch klargestellt, dass § 5 Abs. 1 UWG gleichwohl Äußerungen erfasst, in denen Unternehmer gegenüber Verbrauchern eine **eindeutige Rechtslage behaupten,** die tatsächlich nicht besteht, sofern der angesprochene Kunde die Aussage nicht als Äußerung einer Rechtsansicht, sondern als Feststellung versteht. Ebenso sei eine objektiv falsche rechtliche Auskunft eines Unternehmers, die er auf eine ausdrückliche Nachfrage des Verbrauchers erteilt, zu Irreführung und Beeinflussung des Verbrauchers geeignet (BGH WM 2019, 960). Diese Rechtsprechungsgrundsätze können bei der Beantwortung von Beschwerden durch Zahlungsdienstleister relevant sein.

Betrifft die Beschwerde einen (vermeintlichen) materiellen Rechtsanspruch des **44** Zahlungsdienstnutzers, kann der Inhalt einer Antwort des Zahlungsdienstleisters auch Einfluss darauf haben, ob eine temporäre **Verjährungshemmung** eintritt (hierzu ausführlich unter → Rn. 77).

Sofern der Beschwerde nicht vollständig abgeholfen wird, ergibt sich aus **45** Ziffer 24 MaBeschwerde die Verpflichtung des Zahlungsdienstleisters, in der abschließenden Beantwortung die **Möglichkeiten** des Zahlungsdienstnutzers **zur Aufrechterhaltung** seiner **Beschwerde** darzulegen. Insoweit ist der Hinweis auf eine zuständige Schlichtungsstelle sowie auf das Beschreiten des Gerichtsweges ausreichend. Diese Darstellung steht auch im Einklang mit dem Inhalt von Erwägungsgrund 98 PSD2. Einer Bezugnahme auf das Beschwerdeverfahren bei der BaFin iSv §§ 60 f. bedarf es hingegen nicht, da dieses Verfahren nicht (unmittelbar) auf eine Streitbeilegung im Verhältnis Zahlungsdienstnutzer zu Zahlungsdienstleister ausgerichtet ist und daher einem anderen Zweck dient.

Ist es dem Zahlungsdienstleister nicht möglich, binnen 15 Arbeitstagen nach **46** Eingang auf die Beschwerde zu antworten, muss er gemäß § 62 Abs. 3 S. 3 ein **vorläufiges Antwortschreiben** an den Zahlungsdienstnutzer übermitteln. Das vorläufige Antwortschreiben hat die Gründe, die zur Verzögerung geführt haben, eindeutig anzugeben. Hingegen muss der Zahlungsdienstleister keine Tatsachen angeben, aus denen sich sein fehlendes Vertretenmüssen für die Verzögerung ableitet. Denn die Fristeinhaltung ist eine aufsichtsrechtliche Pflicht, deren Überprüfung der BaFin obliegt. Der Kunde hat auf diese Information – anders als auf die Beschwerdebeantwortung – keinen Anspruch. Nach Sinn und Zweck der Norm muss das vorläufige Antwortschreiben ebenfalls binnen der 15-tägigen Frist erfolgen (zur Fristberechnung sogleich unter → Rn. 49 ff.).

47   Ferner ist im vorläufigen Antwortschreiben der Zeitpunkt zu benennen, bis zu dem der Zahlungsdienstnutzer die endgültige Antwort spätestens erhält. Auch unter Berücksichtigung der Interessen des Zahlungsdienstnutzers ist es vertretbar, unabhängig vom Einzelfall stets das Datum zu benennen, welches sich unter Berücksichtigung der Höchstfrist von 35 Arbeitstagen gemäß § 62 Abs. 3 S. 4 ergibt (zu dieser Fristberechnung sogleich unter → Rn. 54).

3. Fristen für die Beantwortung (Abs. 3 S. 2–4)

48   **a) Beantwortung binnen 15 Arbeitstagen (Grundsatz).** Nach § 62 Abs. 3 S. 2 hat der Zahlungsdienstleister innerhalb einer angemessenen Frist zu antworten. Ungewöhnlicher Weise und im Gegensatz zu den Regelungen der MaBeschwerde belässt es das Gesetz nicht bei diesem unbestimmten Rechtsbegriff sondern legt fest, dass die **Antwort spätestens binnen 15 Arbeitstagen** zu erfolgen hat, um (noch) als angemessen zu gelten.

49   Bei dem **Begriff des Arbeitstages** in Art. 101 PSD2, den der deutsche Gesetzgeber in § 62 Abs. 3 übernommen hat, dürfte es sich um eine fehlerhafte Übersetzung der englischen Richtlinienfassung handeln. Denn die englische Fassung der PSD2 spricht im gesamten Text unterschiedslos vom business day, den Art. 4 Nr. 37 PSD2 legaldefiniert und welcher in der deutschen Fassung als Geschäftstag bezeichnet wird. In europarechtskonformer Auslegung und in Anlehnung an die Rechtsprechungsgrundsätze zum Geschäftstag iSv § 675n BGB (BGH WM 2019, 1017) sind daher diejenigen Tage in die Fristberechnung einzubeziehen, an denen der Zahlungsdienstleister den erforderlichen Geschäftsbetrieb zur Bearbeitung von Beschwerden unterhält. Insoweit dürfte das Ergebnis kaum von demjenigen bei Verwendung des Begriffs „Arbeitstag" abweichen. Zwar ist der Begriff des Arbeitstags im deutschen Recht nicht einheitlich geregelt. Die landesrechtlichen Arbeitszeitverordnungen gehen jedoch mehrheitlich davon aus, dass die Wochentage Montag bis Freitag als Arbeitstag einzustufen sind (vgl. beispielsweise § 3 Abs. 1 AZVO Berlin; § 1 Abs. 2 S. 1 AZVO Sachsen). Dies dürfte im Einklang mit dem allgemeinen Sprachverständnis stehen, dass der Samstag nicht als Arbeitstag gilt. Hätte der deutsche Gesetzgeber eine Einbeziehung des Samstags in die Fristberechnung des § 62 Abs. 3 beabsichtigt, hätte er sich des Begriffs „Werktag" bedienen können, welcher auch Samstage umfasst (vgl. § 3 Abs. 2 BUrlG).

50   Während für den **Fristbeginn** in § 62 Abs. 3 S. 2 auf den Eingang der Beschwerde beim Zahlungsdienstleister abgestellt wird, geht aus dem Wortlaut der Vorschrift („Antwort muss binnen Frist erfolgen") nicht eindeutig hervor, ob das **Fristende** an den Zugang der Antwort beim Zahlungsdienstnutzer geknüpft wird oder ob der Zahlungsdienstleister lediglich den Versand der Antwort binnen der Frist sicherzustellen hat. Sinn und Zweck der Regelung lassen die Auslegung zu, dass sich die 15 Arbeitstage auf die zugestandene Bearbeitungsdauer der Beschwerde durch den Zahlungsdienstleister beziehen. Hierfür spricht auch die Praktikabilitätserwägung, dass es der BaFin bei einem solchen Verständnis ohne weiteres möglich

ist, die Einhaltung der Vorgabe zu überprüfen. Andernfalls müssten Zahlungsdienstleister (bei fehlender Abbedingung der Papierform) den postalischen Zu-
gangszeitpunkt beim Kunden erfassen, um die Einhaltung von § 62 Abs. 3 S. 2 gegenüber der BaFin belegen zu können, was einem unverhältnismäßigen Aufwand
entspricht.

Die **Fristberechnung** erfolgt gemäß §§ 187 Abs. 1, 188 Abs. 1, 193 BGB.　51

b) Beantwortung binnen 35 Arbeitstagen (Ausnahme). Kann der Zah-　52
lungsdienstleister aus Gründen, die er nicht zu vertreten hat, nicht innerhalb von
15 Arbeitstagen antworten, so gewährt § 62 Abs. 3 S. 4 eine einmalige **Fristverlän-
gerung** um 20 Tage auf insgesamt maximal 35 Arbeitstage seit Eingang der Beschwerde.

Für das **Vertretenmüssen** gelten §§ 276, 278 BGB, die auch im öffentlichen　53
Recht Anwendung finden (BeckOGK/Schaub, 1.3.2022, BGB § 276 Rn. 14).
Daher sind dem Zahlungsdienstleister beispielsweise schuldhafte Verzögerungen
aus der Sphäre etwaig eingeschalteter externer Dienstleister (typischerweise IT) zu-
zurechnen, die den Beschwerdesachverhalt ermitteln (vgl. hierzu Ziffer 23 Ma-
Beschwerde).

Bei der **Ermittlung des Fristendes** von 35 Arbeitstagen seit Eingang der Be-　54
schwerde stellt sich abermals die Frage nach dem maßgeblichen Anknüpfungspunkt
für die Berechnung (Versand der Antwort vs. Zugang beim Zahlungsdienstnutzer).
Obgleich § 62 Abs. 3 S. 4 dieselbe Formulierung wie § 62 Abs. 3 S. 2 enthält („Antwort muss binnen Frist erfolgen"), dürfte auf den Zugang beim Zahlungsdienstnutzer abzustellen sein. Denn der europäische Wortlaut des Art. 101 Abs. 2 S. 4 PSD2
stellt eindeutig darauf ab, dass der Zahlungsdienstnutzer die Antwort binnen 35
Arbeitstagen erhalten muss. § 62 Abs. 3 S. 4 ist daher europarechtskonform dahingehend auszulegen, dass dem Zahlungsdienstnutzer die Beantwortung der Beschwerde binnen 35 Arbeitstagen zugegangen sein muss. Die angeführten Ein-
wände hinsichtlich der Praktikabilität einer Überprüfung (vgl. → Rn. 50) sind in
diesem Fall hinzunehmen.

VIII. Hinweis auf zuständige Schlichtungsstelle (Abs. 4)

§ 62 Abs. 4 verpflichtet Zahlungsdienstleister, über die bereits bestehenden　55
Informationspflichten des § 36 VSBG hinaus in bestimmter Art und Weise auf die
zuständige Schlichtungsstelle iSd § 14 UKlaG hinzuweisen. Die Regelung setzt
Art. 101 Abs. 3 und 4 PSD2 um.

Eine ergänzende Regelung ist notwendig, da die Hinweispflichten aus § 36　56
VSBG lediglich im Verhältnis Unternehmer zu Verbraucher greifen, während nach
Art. 101 PSD2 alle Zahlungsdienstnutzer zu informieren sind, diese aber ebenfalls
Unternehmer sein können und nach der Finanzschlichtungsstellenverordnung Un-
ternehmer nicht vom Schlichtungsverfahren ausgeschlossen sind. Entsprechend
dehnt § 62 Abs. 4 S. 1 den **Anwendungsbereich** der Hinweisverpflichtung auf
Unternehmer aus.

Der Verpflichtung aus § 62 iVm § 36 Abs. 1 VSBG genügen Zahlungsdienstleis-　57
ter, sofern sie darauf hinweisen, ob sie bereit oder verpflichtet sind, an einem
Schlichtungsverfahren teilzunehmen. Der Hinweis ist um den Namen der zuständigen Schlichtungsstelle sowie deren Anschrift und Webseite zu ergänzen und kann
zur besseren Verständlichkeit zusätzlich erwähnen, dass dort nähere Informationen

zum Verfahren erhältlich sind (zur fehlenden Verpflichtung aus § 62 Abs. 4 S. 3 sogleich unter → Rn. 62).

58   Der Hinweis ist mit den **AGB** (oder dem Zahlungsdienstvertrag) zu geben und auf einer vorhandenen **Webseite** abzubilden. Diese Vorgaben zum Darstellungsort des Hinweises gelten kumulativ.

59   Da § 62 Abs. 4 auf § 36 Abs. 1 S. 1 VSBG Bezug nimmt und auch in Anbetracht der europäischen Regelung in Art. 101 Abs. 4 S. 1 PSD2, ist die Vorgabe einer **leicht zugänglichen, klaren und verständlichen Darstellungsweise** zu beachten. Eine leichte Zugänglichkeit ist insbesondere bei der Darstellung auf einer Webseite zu berücksichtigen. Hierfür sollten die Hinweise auf die Schlichtungsstelle über eine sachlich nachvollziehbar bezeichnete Rubrik der Webseite (zB Kundenbeschwerden) oder eine intuitive Klickstrecke auffindbar sein und auch als Treffer bei einer auf der Webseite etwaig angebotenen Suchfunktion angezeigt werden.

60   Zu hinterfragen ist, ob die Regelung einer Hinweispflicht auf Schlichtungsstellen im Rahmen des § 62 sachgemäß verortet ist, da sich kein unmittelbarer Bezug zum Beschwerdeverfahren ergibt und auch die Überschrift der Norm eine solche Regelung nicht nahelegt. Die **Unstimmigkeit in der Gesetzessystematik** ist allerdings bereits in der europäischen Richtlinie angelegt, da die Hinweispflicht nicht in Art. 101 PSD2 sondern in Art. 102 PSD2 zu verankern gewesen wäre. Offenbar sah sich der deutsche Gesetzgeber veranlasst, der europäischen Regelungsverortung zu folgen, statt die Regelung in einem eigenen Paragrafen im ZAG zu platzieren oder in das Regelungsgefüge des § 36 VSBG aufzunehmen.

61   Neben der Regelungsverortung ist auch der **Regelungsinhalt von § 62 Abs. 4 kritikwürdig.** Denn der von einem Zahlungsdienstleister eingesetzte Zahlungsdienste(rahmen)vertrag wird regelmäßig ohnehin als Allgemeine Geschäftsbedingung iSv § 305 BGB einzustufen sein, so dass § 62 Abs. 4 S. 2 überflüssig erscheint oder allenfalls deklaratorischen Charakter haben dürfte.

62   Zudem ist fraglich, ob es der ergänzenden Regelung des § 62 Abs. 4 S. 3 bedurft hätte. Denn über § 36 Abs. 1 Nr. 2 Hs. 2 VSBG ist der Zahlungsdienstleister bereits verpflichtet, Anschrift und Webseite der Schlichtungsstelle anzugeben. Damit dürfte aber gleichzeitig die Vorgabe aus § 62 Abs. 4 S. 3 erfüllt sein, den Ort anzugeben, wo weitere Informationen über die zuständige Stelle zur alternativen Streitbeilegung und über die Voraussetzungen für deren Anrufung erhältlich sind. Mit Blick auf die europäische Vorgabe aus Art. 101 Abs. 4 S. 1 PSD2 fehlt hingegen die Umsetzung einer Hinweispflicht auf das Schlichtungsverfahren in (den Räumlichkeiten) der Zweigniederlassung, da eine solche Regelung auch nicht in § 36 VSBG enthalten ist.

IX. Hinweis auf Beschwerdemöglichkeit nach § 62

63   Um Zahlungsdienstnutzer über die Möglichkeit zu unterrichten, dass und wie sie eine Beschwerde einlegen können, existieren zahlreiche Hinweispflichten des Zahlungsdienstleisters.

64   Der Katalog **vorvertraglicher Pflichtinformationen** bei Zahlungsdiensterahmenverträgen enthält in Art. 248 § 4 Abs. 1 Nr. 8 EGBGB die Vorgabe, potentielle Zahlungsdienstnutzer über die Beschwerdemöglichkeiten der §§ 60–62 in Kenntnis zu setzen. Über den Umfang der zu gebenden Hinweise findet sich weder im Gesetz noch in dessen Begründung oder der PSD2 eine Aussage. Zwar legt der Wortlaut nahe, dass der bloße Hinweis auf die Existenz dieser Beschwerdemöglich-

keiten ausreicht. Vor dem Hintergrund der flankierenden weiteren Hinweispflichten aus den MaBeschwerde droht auch kein Informationsdefizit der Zahlungsdienstnutzer. Gleichwohl spricht eine teleologische Auslegung der Vorschrift dafür, zusätzlich in Anlehnung an die Informationspflicht zu Schlichtungsstellen gemäß § 36 Abs. 1 VSBG sowie § 62 Abs. 4 eine Information darüber zu geben, wie und wo die Beschwerde erhoben werden kann oder zumindest wo weitergehende Hinweise hierzu erhältlich sind. Hingegen wird man nicht fordern können, dass alle formalen Voraussetzungen, denen die Beschwerde unterliegt, anzugeben sind. Dies hat der EuGH jüngst für die vergleichbare vorvertragliche Informationspflicht im Verbraucherdarlehensrecht entschieden, deren Wortlaut aber den − im Zahlungsverkehrsrecht fehlenden − Zusatz enthält, dass die Angabe „gegebenenfalls die Voraussetzungen für diesen Zugang [zum außergerichtlichen Beschwerdeverfahren]" abbilden muss (EuGH NJW 2022, 40).

Die Hinweispflicht des Art. 248 § 4 Abs. 1 Nr. 8 EGBGB wird in der Praxis **65** regelmäßig über entsprechende Informationen in den Allgemeinen Geschäftsbedingungen oder dem Preis- und Leistungsverzeichnis der Zahlungsdienstleister abgedeckt (vgl. hierzu das Praxisbeispiel bei BeckOGK/Zahrte EGBGB Art. 248 § 4 Rn. 43.1). Separate vorvertragliche Informationsdokumente sind aufgrund von Art. 248 § 4 Abs. 3 EGBGB nicht erforderlich. Der Zahlungsdienstleister muss jedoch gemäß Art. 248 § 4 Abs. 1 EGBGB gewährleisten, dass die Information rechtzeitig vor Abgabe der Vertragserklärung des Zahlungsdienstnutzers mitgeteilt wird.

Eine wesentlich umfassendere Informationspflicht zum Beschwerdeverfahren des **66** § 62 findet sich in den MaBeschwerde der BaFin. Nach **Ziffer 19 MaBeschwerde** hat der Zahlungsdienstleister auf leicht zugängliche Weise über sein Beschwerdeverfahren zu informieren. Dabei soll der Zahlungsdienstleister insbesondere darauf eingehen, wie die Beschwerde einzureichen ist und wie der Ablauf des Beschwerdeverfahrens ausgestaltet ist. Diese Informationen sind eindeutig, genau und aktuell bereitzustellen. In der Praxis haben die meisten Zahlungsdienstleister Beschwerdemanagementgrundsätze entworfen und das Dokument in ihrem Internetauftritt verlinkt.

Zudem ergibt sich eine besondere Hinweispflicht auf das Beschwerdeverfahren **67** des § 62 aus § 675x Abs. 5 S. 2 BGB. Hiernach ist der Zahlungsdienstleister **im Fall der Ablehnung eines Erstattungsverlangens** des Zahlers hinsichtlich eines vom oder über den Zahlungsempfänger ausgelösten autorisierten Zahlungsvorgangs verpflichtet, auf die Beschwerdemöglichkeiten nach §§ 60−62 hinzuweisen.

X. Rechtsfolgen bei Verstößen

§ 62 selbst enthält keine Rechtsfolgenregelung für Verstöße gegen einzelne Tat- **68** bestände der Vorschrift. Mangels Erwähnung im Katalog des § 64 sind Verstöße auch nicht bußgeldbewehrt. Vor dem Hintergrund, dass die Einrichtung eines wirksamen Beschwerdemanagements den Organisationspflichten und damit § 27 Abs. 1 zuzuordnen ist (vgl. Ziffer 2 MaBeschwerde), kommen bei Zuwiderhandlungen gegen vollziehbare Anordnungen iSv § 27 Abs. 3 S. 1 jedoch Bußgelder bis zu 100.000 EUR gemäß § 64 Abs. 3 Nr. 5 Alt. 2, Abs. 4 in Betracht.

Ob sich **Maßnahmen der BaFin** bei Verletzungen der Vorgaben zum Be- **69** schwerdeverfahren des § 62, konkretisiert durch die MaBeschwerde, auf die allgemeine Eingriffsbefugnis aus § 4 Abs. 2 S. 1 stützen lassen, erscheint fraglich. Dann müssten die Verstöße eine Gefahr für die Sicherheit der dem Institut anvertrauten

Vermögenswerte oder die ordnungsgemäße Durchführung der Zahlungsdienste darstellen (hierzu ausführlich → § 4 Rn. 34 ff.).

70   Bei Verstößen gegen § 62 kann eine **Beschwerde gegenüber der BaFin** gemäß §§ 60 f. erhoben werden.

71   Nach § 14 Abs. 1 S. 1 Nr. 4 UKlaG ist ferner der **Zugang zum Schlichtungsverfahren** einer anerkannten privaten Verbraucherschlichtungsstelle oder subsidiär zum Schlichtungsverfahren bei der Bundesbank gemäß § 14 Abs. 1 S. 2 Hs. 1 UKlaG eröffnet. Sowohl bei einer Beschwerde gegenüber der BaFin als auch der Einleitung eines Schlichtungsverfahrens dürfte es dem Beschwerdeführer jedoch weniger um die ordnungsgemäße Durchführung des Beschwerdeverfahrens iSv § 62 gehen, als vielmehr (primär) um die Klärung des der Beschwerde zu Grunde liegenden Sachverhalts.

72   Hinsichtlich der Frage, ob Verstöße gegen § 62 **zivilrechtliche (Schadensersatz-)Ansprüche** nach sich ziehen, ist zwischen den Regelungen zum Beschwerdemanagement und der Hinweispflicht auf das Schlichtungsverfahren zu unterscheiden.

73   Verstöße gegen die Hinweispflicht auf das Schlichtungsverfahren aus § 62 Abs. 4 können Ansprüche wegen **vorvertraglicher und vertraglicher Informationspflichtverletzungen** begründen. Durch die Verknüpfung mit dem Regelungsinhalt des § 36 VSBG erstreckt sich die dortige Rechtsauffassung des Gesetzgebers (vgl. BT-Drs. 18/5295, 94) auch auf § 62 Abs. 4. Allerdings dürfte der Kausalitätsnachweis eines hierauf beruhenden Schadens schwerfallen (ebenso Borowski/Röthemeyer/Steike VSBG/Steike § 36 Rn. 18). Die Verknüpfung mit § 36 VSBG legt ferner nahe, dass anspruchsberechtigte Stellen iSv § 3 Abs. 1 UKlaG gesetzeswidrige Gestaltungen der Hinweispflicht gemäß § 2 Abs. 1 S. 1, Abs. 2 S. 1 Nr. 12 UKlaG abmahnen können.

74   Ob sich aus Verstößen gegen die Regelungen zum Beschwerdemanagement des § 62 Abs. 1 und 3 **zivilrechtliche Ansprüche** ableiten, wird **in der Praxis keine nennenswerte Bedeutung** erlangen. Das liegt an dem Umstand, dass sich ein etwaiger Haftungsgrund für zivilrechtliche Ansprüche regelmäßig bereits aus dem der Beschwerde zu Grunde liegenden Sachverhalt – dem Beschwerdegegenstand – ergibt. Es ist jedoch nicht auszuschließen, dass eine unterlassene oder verspätete Bearbeitung bzw. Beantwortung der Beschwerde zu einer Schadensvertiefung oder einem eigenständigen Schaden führt. Sofern dieser Schaden mangels Kausalität nicht auf Basis des Anspruchs geltend gemacht werden kann, dessen Sachverhalt Gegenstand der Beschwerde ist, käme ein separater Anspruch grundsätzlich in Betracht. Dann müsste § 62 Abs. 1 und 3 neben seiner Eigenschaft als Organisationsnorm jedenfalls auch individualschützende Funktion beizumessen sein, um entweder einen Anspruch über § 823 Abs. 2 BGB zu begründen oder im Wege der richtlinienkonformen Auslegung als (Neben-)Pflicht des Zahlungsdienste(rahmen)vertrags zu gelten (in diesem Sinne zu rein aufsichtsrechtlich normierten Pflichten von Zahlungsdienstleistern Omlor WM 2018, 57). Ob von einem solchen Anspruch auszugehen ist, hängt auch davon ab, ob man den übrigen Rechtsfolgen, die bei Verstößen gegen § 62 greifen, die von Art. 103 Abs. 1 PSD2 geforderte wirksame und abschreckende Sanktionierung zuspricht.

XI. Wechselwirkung mit anderen Streitbeilegungsverfahren

Die Beschwerde iSd § 62 ist **kein notwendiger Vorschaltrechtsbehelf.** Der 75
Zahlungsdienstnutzer kann daher sowohl parallel als auch ohne vorherige Beschwerde iSd § 62 unmittelbar einen Schlichtungsantrag stellen oder eine Klage zu demselben Sachverhalt erheben. Das Gleiche gilt für mögliche Beschwerden gegenüber der BaFin gemäß §§ 60 f.

Aufgrund dieser **fehlenden Wechselwirkung der unterschiedlichen Ver-** 76
fahren hat das Einlegen der Beschwerde gemäß § 62 auch keine Auswirkungen auf den jeweiligen Fortgang der anderen Verfahren. Umgekehrt kann die interne Beschwerdebearbeitung nicht ausgesetzt werden, wenn der Zahlungsdienstleister beispielsweise zu demselben Sachverhalt aufgrund einer Beschwerde nach § 60 seitens der BaFin zur Stellungnahme aufgefordert wird.

Trotz fehlender Wechselwirkung der Verfahren kann sich durch die Beschwerde 77
eine Auswirkung auf einen ggf. bestehenden materiellen Anspruch des Zahlungsdienstnutzers ergeben. Denn das Beschwerdeverfahren iSd § 62 kann zur **Hemmung der Verjährung** wegen schwebender Verhandlungen über den Anspruch oder die den Anspruch begründenden Umstände gemäß § 203 BGB führen. Der Begriff „Verhandlungen" ist weit auszulegen. Danach genügt für ein Verhandeln jeder Meinungsaustausch über den Sachverhalt zwischen dem Berechtigten und dem Verpflichteten, sofern der Anspruch nicht sofort und eindeutig abgelehnt wird (BGH NJW 2007, 587). Allerdings muss der Gläubiger (hier der Zahlungsdienstnutzer) zur Annahme von Verhandlungen klarstellen, dass er einen Anspruch geltend machen will und worauf er ihn stützt (BGH NJW 2019, 1219 (1220)). Die Beurteilung, ob der Hemmungstatbestand des § 203 BGB vorliegt, wird im Wesentlichen davon abhängen, wie der Zahlungsdienstleister die Beantwortung formuliert.

Abschnitt 13. Strafvorschriften

§ 63 Strafvorschriften

(1) Mit Freiheitsstrafe bis zu fünf Jahren oder mit Geldstrafe wird bestraft, wer

1. entgegen § 3 Absatz 1 Einlagen oder andere rückzahlbare Gelder entgegennimmt,
2. entgegen § 3 Absatz 2 Satz 1 dort genannte Gelder nicht oder nicht rechtzeitig in E-Geld umtauscht,
3. entgegen § 3 Absatz 4 Satz 1 einen Kredit gewährt,
4. ohne Erlaubnis nach § 10 Absatz 1 Satz 1 oder ohne Registrierung nach § 34 Absatz 1 Satz 1 Zahlungsdienste erbringt,
5. ohne Erlaubnis nach § 11 Absatz 1 Satz 1 das E-Geld-Geschäft betreibt oder
6. entgegen § 49 Absatz 1 Satz 2 dort genannte Gelder hält.

(2) Mit Freiheitsstrafe bis zu drei Jahren oder mit Geldstrafe wird bestraft, wer

1. entgegen § 21 Absatz 4 Satz 1 erster Halbsatz eine Anzeige nicht, nicht richtig oder nicht rechtzeitig erstattet oder
2. entgegen § 31 E-Geld ausgibt.

(3) Handelt der Täter fahrlässig, so ist die Strafe in den Fällen des Absatzes 1 Freiheitsstrafe bis zu drei Jahren oder Geldstrafe und in den Fällen des Absatzes 2 Freiheitsstrafe bis zu einem Jahr oder Geldstrafe.

Literatur: Achenbach, Aus der 2015/2016 veröffentlichten Rechtsprechung zum Wirtschaftsrecht, NStZ 2016, 715; Altmeppen, Insolvenzverschleppungshaftung Stand 2001, ZIP 2001, 2201; Altmeppen/Wilhelm, Quotenschaden, Individualschaden und Klagebefugnis bei der Verschleppung des Insolvenzverfahrens über das Vermögen der GmbH, NJW 1999, 673; Ellenberger/Bunte, Bankrechts-Handbuch, 6. Aufl. 2022; Eggers/van Cleve, Einziehung in Hawala-Verfahren – §§ 73 ff. StGB bei Verstößen gegen das ZAG, NZWiSt 2020, 426; Fett/Bentele, E-Geld-Aufsicht light? – Das Gesetz zur Umsetzung der Zweiten E-Geld-Richtlinien und seine Auswirkungen auf E-Geld-Institute, WM 2011, 1352; Huth, Hawala-Banking als Herausforderung für Polizei und Justiz, GWuR 2021, 90; Kremer/Altenburg, Leichtfertige Geldwäsche durch Online-Zahlungsdienstleister, ZWH 2020, 101; Lösing, Unerlaubtes Erbringen von Zahlungsdiensten durch eine natürliche Person, WuB 2016, 377; Mimberg, Erlaubnisfreier „Schein-Zahlungsdienstleister" – Eine neue Kategorie des Zahlungsdiensteaufsichtsrechts?, RdZ 2022, 12; Schäfer, Zivilrechtliche Folgen unerlaubter Zahlungsdienste oder unerlaubten E-Geld-Geschäfts, RdZ 2021, 43; Scholz, GmbHG, 12. Aufl. 2021; Venn, Unerlaubtes Erbringen von Zahlungsdiensten: Zur Strafbarkeit von Finanztransaktionen des sog. „Hawala-Bankings" durch natürliche Personen, ZWH 2016, 206; Wagner FS K. Schmidt, 2009, 1665; Weiß, Strafrechtliche Risiken des unerlaubten Erbringens von Zahlungsdiensten, WM 2016, 1774; ders., wistra 2016, 160; ders. RdZ 2022, 98.

I. Hintergrund, Auslegung, Systematik und zivilrechtliche Sanktionen

1. Europarechtlicher Hintergrund und Historie

Weder die PSD1 noch die Zweite E-Geld-RL forderten ausdrücklich strafrecht- **1**
liche Sanktionen bei Verstößen gegen aufsichtsrechtliche Normen. Art. 103 Abs. 1
S. 2 PSD2 fordert nun aber wirksame, angemessene und abschreckende Sanktionen
bei Zuwiderhandlungen (RegBegr., BT-Drs. 18/11495, 144; Schwennicke/Auer-
bach/Schwennicke Rn. 1; Schäfer/Omlor/Mimberg/Meier Rn. 6). Art. 21 Abs. 2
PSD1 setzt diese voraus („unbeschadet des Verfahrens zum Entzug der Erlaubnis
und der strafrechtlichen Bestimmungen sehen die Mitgliedstaaten vor, …"). Der
deutsche Gesetzgeber hat die strafrechtlichen Vorschriften für bestimmte Verstöße
gegen ZAG-Normen dem § 54 KWG nachgebildet (RegBegr., BT-Drs. 16/11613,
57; Schäfer/Omlor/Mimberg/Weiß Rn. 1; Ellenberger/Findeisen/Nobbe/Böger/
Rieg Rn. 3). Daher sind rechtliche Ausführungen zu § 54 KWG übertragbar (Schä-
fer/Omlor/Mimberg/Weiß Rn. 8). Im Rahmen des Zweiten E-Geld-RLUG hat
der deutsche Gesetzgeber sodann die Sanktionen bei bestimmten Verstößen gegen
Vorschriften des ZAG (und Vorschriften des KWG) verschärft gegenüber der ursprünglichen Fassung des ZAG von 2009 (zur Historie auch Schäfer/Omlor/Mim-
berg/Weiß Rn. 1 ff. mwN). Das Höchststrafmaß für den unerlaubten Betrieb eines
Zahlungsdienstes, den unerlaubten Betrieb des E-Geld-Geschäfts (zuvor in § 54
KWG geregelt), sowie die unerlaubte Entgegennahme von Einlagen und Ausgabe
von Krediten wurde von drei auf fünf Jahre erhöht. Das Höchststrafmaß für die ent-

sprechenden Fahrlässigkeitstaten hat der Gesetzgeber von ein auf drei Jahre angehoben (vgl. hierzu auch Fett/Bentele WM 2011, 1352 (1362); Fischer/Schulte-Mattler/Lindemann KWG § 54 Rn. 2). Der Gesetzgeber erhoffte sich hierdurch eine erhöhte Aufmerksamkeit der Staatsanwaltschaften für Straftaten nach § 31 aF (sowie auch § 54 KWG) (RegBegr. Zweites E-Geld-RLUG, BR-Drs. 482/10, 111). Dies wurde im § 63 übernommen, wobei das ZDUG II die Strafnorm neu geordnet und an die übliche Regelungstechnik im Nebenstrafrecht angepasst hat (RegBegr., BT-Drs. 18/11495, 144), ohne sie inhaltlich zu ändern. Ergänzt wurde die Sanktion des Verbots für Zahlungsauslösedienste, Gelder des Zahlers zu halten (vgl. auch Ellenberger/Findeisen/Nobbe/Böger/Rieg Rn. 2).

2. Auslegung

2   Zur Auslegung aufsichtsrechtlicher Normen sowie zur hier befürworteten gespaltenen Auslegung von aufsichtsrechtlichen Normen einerseits und den daran anschließenden strafrechtlichen und bußgeldrechtlichen Sanktionsnormen andererseits vgl. → Einl. Rn. 42ff., insbes. → Einl. Rn. 45.

3. Systematik, Normadressaten

3   Der Gesetzgeber des ZAG hat in den §§ 63, 64 bzw. bereits in den §§ 31, 32 aF dieselbe abgestufte Vorgehensweise gewählt, wie sie im KWG angelegt ist. Besonders schwere Verstöße werden mit Geld- oder Freiheitsstrafe sanktioniert, weniger schwere Verstöße als Ordnungswidrigkeiten mit Geldbußen bis zu 1 Mio. EUR. Entsprechend § 55 KWG hat der Gesetzgeber auch die unterlassene Insolvenzanzeige im ZAG mit Strafe bedroht. Dies ist auch deshalb folgerichtig, weil bei Instituten die strafbewehrte Insolvenzantragspflicht des § 15a InsO gem. § 21 Abs. 4 S. 1 durch die Anzeigepflicht gegenüber der Aufsichtsbehörde ersetzt wird.

4   Mit Beschluss vom 28.10.2015 entschied der BGH, dass Normadressaten des § 31 Abs. 1 Nr. 2 aF nur **Unternehmen und nicht natürliche Personen** sein können (BGH NStZ-RR 2016, 15 (16); zustimmend Achenbach NStZ 2016, 715 (717); offen gelassen in BGH NStZ-RR 2019, 112 (113)). Dies folge insbesondere aus der Definition des Zahlungsinstituts der § 1 Abs. 1 Nr. 5 aF, die ausdrücklich nur Unternehmen, nicht aber natürliche Personen adressiere. Dem kann so **nicht gefolgt werden.** Ausdrücklich adressieren nämlich sowohl § 63 Abs. 1 Nr. 4 und Nr. 5 sowie die Erlaubnisnorm des § 10 Abs. 1, die Registrierung nach § 34 Abs. 1 und die Erlaubnisnorm des § 11 Abs. 1 jedermann („wer"). Man kann dies den materiellen Institutsbegriff im Unterschied zum formellen Institutsbegriff des § 1 Abs. 1 Nr. 5 aF (nunmehr § 1 Abs. 1 S. 1 Nr. 1) nennen (Weiß WM 2016, 1774 (1775f.)). Die Tatsache, dass nicht jedermann eine Erlaubnis erteilt wird, dh natürliche Personen keine Erlaubnis beantragen können (§ 12 Nr. 1), bedeutet nicht, dass sich das Verbot nicht auch gegen natürliche Personen richtet (vgl. BaFin, Strafnorm für Zahlungsdienste: Stellungnahme der BaFin zu BGH-Beschluss, Veröffentlichung vom 17.2.2016; Weiß WM 2016, 1774 (1775f.); Weiß wistra 2016, 160; Lösing WuB 2016, 377 (379); Venn ZWH 2016, 206; Huth GWuR 2021, 90 (91) mwN; so nun auch RegBegr. ZDUG II, BT-Drs. 18/11495, 144; Schäfer/Omlor/Mimberg/Weiß Rn. 28, 49). Dem folgt die auf das Verbot Bezug nehmende strafrechtliche Sanktion in § 63 Abs. 1 Nr. 4 und Nr. 5 (ebenso Schäfer/Omlor/Mimberg/Weiß Rn. 28; Weiß wistra 2021, 448; Ellenberger/Bunte BankR-HdB/Allgayer § 11 Rn. 820f.; vgl. auch RegBegr., BT-Drs. 18/11495, 144). Dagegen sind

§ 63 Abs. 1 Nr. 1–3 sowie auch § 63 Abs. 2 Nr. 1 als Sonderdelikte einzuordnen, die den formellen Institutsbegriff voraussetzen (RegBegr., BT-Drs. 18/11495, 144; ebenso Schäfer/Omlor/Mimberg/Weiß Rn. 28; ähnlich Ellenberger/Bunte BankR-HdB/Allgayer § 11 Rn. 820f. für Abs. 1 Nr. 1–3). Diese Ge- und Verbote sind jeweils tatbestandlich an Institute des ZAG gerichtet; eine Begehung durch „jedermann" kommt nicht in Betracht.

Sofern das Institut in der Rechtsform der **juristischen Person oder als teil-** **5** **rechtsfähige Personengesellschaft** geführt wird, kann es **nicht selbst straf-** **rechtlich verantwortlich** sein; strafbar können sich dagegen nach § 14 Abs. 1 und Abs. 2 StGB die handelnden Leitungspersonen machen (im Einzelnen → Rn. 23). Dem Institut selbst kann in einem solchen Fall eine Geldbuße nach § 30 OWiG in Höhe von bis zu 10 Mio. EUR auferlegt werden. Gem. § 130 OWiG kann der Inhaber eines Instituts und gem. §§ 9, 130 OWiG können die vertretungsberechtigten Organe bzw. Mitglieder solcher Organe oder die vertretungsberechtigten Gesellschafter eines Instituts wegen Verletzung ihrer Aufsichtspflicht belangt werden, wenn eine Straftat nach § 63 bei gehöriger Aufsicht hätte vermieden werden können. Die strafrechtlichen Sanktionen der genannten Verstöße treten dabei neben die weiterhin möglichen Maßnahmen der Aufsichtsbehörden, insbes. Maßnahmen nach §§ 7 und 8 iVm § 17 FinDAG, der die Mittel des Verwaltungszwangs nach dem Verwaltungsvollstreckungsgesetz eröffnet. Weiterhin folgen gewisse aufsichtsrechtliche Maßnahmen, insbes. die Möglichkeit der Abberufung von Geschäftsleitern gem. § 20 Abs. 3, aus der Verurteilung wegen einer Straftat gem. § 63 oder einer Ordnungswidrigkeit gem. § 64.

4. Zivilrechtliche Sanktionen

Für die Parallelnorm des KWG, namentlich § 54 KWG, ist anerkannt, dass **6** er Schutzgesetzeigenschaft iSd § 823 Abs. 2 BGB hat (BGH NJW 1994, 1801; NJW-RR 2006, 630; WM 2006, 1896 Rn. 12f.; NJW 2010, 1077 Rn. 13; NJW-RR 2011, 347 Rn. 10; 2011, 350 Rn. 8; VersR 2012, 1038 Rn. 11; Fischer/Schulte-Mattler/Lindemann KWG § 54 Rn. 3; MüKoBGB/Wagner § 823 Rn. 570). Es ist allerdings jeweils im Einzelfall die Schutzrichtung der verletzten Norm und die Art der Verletzung zu ermitteln, sodass nicht in jedem Fall eine Schadensersatzpflicht greift (LG Essen NJW-RR 2002, 303 (304); ohne Differenzierung bei Schwennicke/Auerbach/Schwennicke Rn. 3; Schäfer RdZ 2021, 43 (48) mwN „Verbote mit Erlaubnisvorbehalt des ZAG […] Schutzgesetze"; vgl. → § 10 Rn. 95f.).

Die Schutzgesetzeigenschaft der Insolvenzanzeigepflicht wird im Rahmen der **7** Parallelvorschriften der §§ 55, 46b KWG überwiegend abgelehnt, da diese nur das Verwaltungsverfahren zur ordnungsgemäßen Durchführung der Insolvenz, nicht aber die Insolvenzgläubiger schützen solle (hM: vgl. Park/Gercke/Stirner Kapitalmarkt-StrafR KWG § 55 Rn. 3; Fischer/Schulte-Mattler/Lindemann KWG § 55 Rn. 2); allerdings ist im Rahmen von § 15a Abs. 4 InsO anerkannt, dass die Insolvenzantragspflicht und deren Strafbewehrung sehr wohl die Vermögensinteressen der gegenwärtigen und künftigen Gläubiger der Gesellschaft schützen (MüKo InsO/Klöhn § 15a Rn. 322; Scholz/Tiedemann GmbHG § 82ff. Rn. 30; s. auch BGHSt 9, 84 (86)); auch im Zivilrecht ist die Schutzgesetzeigenschaft des § 15a InsO zwar str., jedoch (BGHZ 29, 100 (102ff.); BGHZ 75, 96 (106); BGH NJW 1994, 2220 (2222); ferner nur Wagner FS K. Schmidt, 2009, 1665 (1666ff.); MüKo BGB/Wagner § 823 Rn. 161; dagegen Altmeppen/Wilhelm NJW 1999,

673 (678 ff.); Altmeppen ZIP 2001, 2201 (2205 ff.)). Es spricht demgemäß viel dafür, die Insolvenzanzeigepflicht ähnlich zu behandeln.

8   Die zivilrechtliche Haftung trifft neben dem Institut auch den Geschäftsleiter
wegen § 14 Abs. 1 StGB (BGH VersR 2012, 1038 Rn. 19) und § 31 BGB (ausführlich MüKo BGB/Wagner § 823 Rn. 536). Der Geschäftsleiter haftet gesamtschuldnerisch mit dem Institut gem. § 840 BGB. Sonstige leitende Mitarbeiter kommen
ebenfalls als zivilrechtlich Haftende in Betracht, wenn sie beauftragt iSd § 14 Abs. 2
StGB sind.

9   Zur zivilrechtlichen Wirksamkeit gem. § 134 BGB von Geschäften, die entgegen §§ 3, 49 oder ohne Erlaubnis gem. §§ 10, 11 abgeschlossen werden, vgl.
→ § 3 Rn. 9 und → § 10 Rn. 53 (vgl. auch Schäfer RdZ 2021, 43 (44 ff.)).

II. Tatbestand (Abs. 1, Abs. 2)

1. Verstöße gegen § 3 (Abs. 1 Nr. 1, 2, 3), Verstöße gegen § 10 und § 11 (Abs. 1 Nr. 4, 5) sowie Verstöße gegen § 49 (Abs. 1 Nr. 6)

10   **a) Schutzgut.** § 63 Abs. 1 Nr. 1–6 stellen den Betrieb des Einlagen- oder Kreditgeschäfts iSv § 1 Abs. 1 S. 2 Nr. 1 oder Nr. 2 KWG unter Überschreitung des in
§ 3 für Institute erlaubten Rahmens sowie die Erbringung von Zahlungsdiensten
oder E-Geld-Geschäfte ohne Erlaubnis unter Strafe. **Schutzgut** dieser Vorschriften
ist ebenso wie in § 54 Abs. 1 Nr. 2 KWG die Effektivität der staatlichen Aufsicht
und das Vertrauen in die Funktionsfähigkeit dieser Aufsicht (vgl. Fischer/Schulte-
Mattler/Lindemann KWG § 54 Rn. 17; Schwennicke/Auerbach/Schwennicke
Rn. 1 und KWG § 54 Rn. 1; Schäfer/Omlor/Mimberg/Weiß Rn. 57; Ellenberger/
Bunte BankR-HdB/Allgayer § 11 Rn. 819). Die Strafbarkeit dient der Durchsetzung des in §§ 10, 11 und 34 enthaltenen präventiven Verbots mit Erlaubnis- bzw.
Registrierungsvorbehalt sowie der Durchsetzung der Einhaltung der Grenzen des
erlaubten Einlagen- und Kreditgeschäfts in § 3 (vgl. Schwennicke/Auerbach/
Schwennicke Rn. 1; vgl. zu § 63 Schäfer/Omlor/Mimberg/Weiß Rn. 6 f.). § 63
Abs. 1 Nr. 1–3 schützen auch den Einzelnen vor unlauteren Einlagen- und Kredit-
geschäften von Instituten (Schäfer/Omlor/Mimberg/Weiß Rn. 29, 32, 34).

11   **b) Objektiver Tatbestand des Abs. 1 Nr. 1, Nr. 2 und Nr. 3.** Strafbar ist es
für Institute bzw. deren von § 14 StGB erfasste Leitungspersonen, Einlagen- oder
Kreditgeschäfte unter Überschreitung der Grenzen des § 3 zu betreiben. Hierzu sei
insgesamt auf die Kommentierung zu → § 3 Rn. 1 ff. verwiesen. In diesem Zusammenhang ist streitig, ob auch Verstöße gegen zivilrechtliche Ausführungsvorschriften für Zahlungsvorgänge (dazu → § 3 Rn. 56), sowie Verstöße gegen die Sicherungsvorschriften der §§ 17, 18 zu einem Überschreiten der Grenzen des § 3 – und
mithin zu einem strafbaren Handeln – führen können. Bei gravierenden Verstößen
gegen die Sicherungspflichten für Kundengelder sowie die Ausführungsfristen soll
die Strafnorm einschlägig sein (Ellenberger/Findeisen/Nobbe/Böger/Rieg Rn. 6,
8). Dies erscheint aber vor dem Wortlaut der Strafnorm zweifelhaft; denn weder
§ 63 Abs. 1 Nr. 1 noch Nr. 2 verweisen auf die Sicherungsvorschriften der §§ 17, 18
oder die Ausführungsvorschriften der §§ 675s oder 675t BGB.

12   **c) Objektiver Tatbestand des Abs. 1 Nr. 4 und Nr. 5.** Eine Strafbarkeit nach
Abs. 1 Nr. 4 Als. 1 iVm § 10 Abs. 1, Abs. 1 Nr. 4 Alt. 2 iVm § 34 Abs. 1 oder Abs. 1
Nr. 5 iVm § 11 Abs. 1 kommt nur bei Vorliegen der Voraussetzungen einer Erlaub-

nis- bzw. Registrierungspflicht in Betracht (vgl. Ellenberger/Findeisen/Nobbe/Böger/Rieg Rn. 9; Schäfer/Omlor/Mimberg/Weiß Rn. 37; Luz/Neus/Schaber/Schneider/Wagner/Weber/Richter Rn. 11). Dies gilt unabhängig von der Frage, ob eine Erlaubnis erteilt werden kann, was im Fall natürlicher Personen durch § 12 Nr. 1 ausgeschlossen ist (dazu → Rn. 4). Anknüpfungspunkt ist hierbei nicht der Wortlaut des § 1 Abs. 1 S. 1 Nr. 1 (Ellenberger/Findeisen/Nobbe/Böger/Rieg Rn. 9); dieser beträfe auch nicht erlaubnispflichtige Geschäfte (Schäfer/Omlor/Mimberg/Weiß Rn. 37). Die Tatbestandsverwirklichung setzt im Rahmen von § 10 Abs. 1 voraus, dass Zahlungsdienste gewerbsmäßig oder in einem Umfang, der einen in kaufmännischer Weise eingerichteten Geschäftsbetrieb erfordert, im Inland erbracht werden. Auch Nebentätigkeiten können erfasst werden (Schäfer/Omlor/Mimberg/Weiß Rn. 44 mwN). Der Plural „Zahlungsdienste" impliziert keine Notwendigkeit wiederholter Verstöße (vgl. nur Schäfer/Omlor/Mimberg/Weiß Rn. 41; aA Luz/Neus/Schaber/Schneider/Wagner/Weber/Richter Rn. 7), ebensowenig ergibt sich ein Bedeutungsunterschied der Verben „erbring[en]" (Nr. 4) und „betreib[en]" (Nr. 5) (Schäfer/Omlor/Mimberg/Weiß Rn. 40; aA Luz/Neus/Schaber/Schneider/Wagner/Weber/Richter Rn. 87). Im Rahmen des § 11 ist allerdings eine derartige gewerbsmäßige oder einen gewissen Umfang erreichende Tätigkeit im Rahmen des E-Geld-Geschäfts nicht erforderlich (Schäfer/Omlor/Mimberg/Weiß Rn. 55; Luz/Neus/Schaber/Schneider/Wagner/Weber/Richter Rn. 23). Das „Erbringen" kann weit verstanden werden und soll nach einer Ansicht auch allgemeinere Tätigkeiten wie „Werbung, Planung, Einrichtung und Wartung der eingesetzten IT, kaufmännische Berechnungen sowie Rechnungslegung" umfassen, sowie Zahlungsdienste unter geheimem Vorbehalt (Schäfer/Omlor/Mimberg/Weiß Rn. 43 f., 55; vgl. BVerwG BeckRS 2009, 35960 Rn. 26; Schäfer/Omlor/Mimberg/Weiß Rn. 55; Luz/Neus/Schaber/Schneider/Wagner/Weber/Richter Rn. 23; KG BeckRS 2021, 24301 Rn. 35 zum Vorbehalt; kritisch Mimberg RdZ 2022, 12 (16)). Ein Ende der Tätigkeit ist mit finalem Abstellen der Tätigkeit anzunehmen (Schäfer/Omlor/Mimberg/Weiß Rn. 44). Die Tatbestände des Abs. 1 Nr. 4 und Nr. 5 sind auch nicht verwirklicht, wenn die Tätigkeit im Rahmen einer erteilten Erlaubnis liegt; Verstöße gegen etwaige Auflagen reichen nicht für die Strafbarkeit (Fischer/Schulte-Mattler/Lindemann KWG § 54 Rn. 18; Schäfer/Omlor/Mimberg/Weiß Rn. 50, 56; Luz/Neus/Schaber/Schneider/Wagner/Weber/Richter Rn. 13); hier kann aber eine Ordnungswidrigkeit gemäß § 64 Abs. 3 Nr. 3 vorliegen. Ist der Erlaubnisbescheid dagegen nichtig, so liegt der objektive Tatbestand der Strafnorm vor; es könnte aber der Vorsatz entfallen und auch keine Fahrlässigkeitsstrafbarkeit gegeben sein, wenn die Nichtigkeit nicht erkennbar war (vgl. Fischer/Schulte-Mattler/Lindemann KWG § 54 Rn. 18; Schäfer/Omlor/Mimberg/Weiß Rn. 52). Bei Aufhebung einer bestehenden Erlaubnis wäre die Strafbarkeit erst mit Bestandskraft des Aufhebungsbescheids bzw. bei rechtskräftiger Abweisung der Anfechtungsklage gegeben (Ellenberger/Findeisen/Nobbe/Böger/Rieg § 31 Rn. 10; Schäfer/Omlor/Mimberg/Weiß Rn. 52; Luz/Neus/Schaber/Schneider/Wagner/Weber/Richter Rn. 12). Eine rechtswidrige Erlaubnis bewirkt allerdings einen Ausschluss der Strafbarkeit (Schäfer/Omlor/Mimberg/Weiß Rn. 52).

In der Praxis spielten Fälle der **Bargeldauszahlung in Spielhallen** eine Rolle. **13** Dort wurden Transaktionen über EC-Cash-Terminals getätigt, bei denen es nicht um die Bezahlung einer Ware oder Dienstleistung des Spielhallenbetreibers, sondern um die reine Bargeldauszahlung durch diesen zur Nutzung an Spielautomaten ging (BGH ZWH 2015, 303; LG Berlin 17.11.2015 – 572 Ns 4/15; LG Stuttgart

7.3.2013 – 6 Qs 2/13 letztere zitiert nach Weiß WM 2016, 1774 (1777); Weiß wistra 2014, 249 ff.; Ellenberger/Findeisen/Nobbe/Böger/Rieg Rn. 11 mwN; Schäfer/Omlor/Mimberg/Weiß Rn. 53 mwN; Weiß RdZ 2022, 98 (99)). Auch kann sich eine Strafbarkeit nach § 63 Abs. 1 Nr. 4 wegen verbotenen Finanztransfergeschäfts (§ 1 Abs. 1 S. 2 Nr. 6) für **Finanzagenten** ergeben, die Gelder (häufig aus unlauteren Geschäften) weiterleiten (OLG Hamm WM 2018, 590; OLG Düsseldorf NJW 2021, 1936 m. Bespr. Mimberg BKR 2021, 185; Weiß RdZ 2022, 98 (100)) oder eine solche Weiterleitung nur vortäuschen (KG BeckRS 2021, 24301; Mimberg RdZ 2022, 12). Auch **Hawala Banking** (→ § 1 Rn. 134) ohne Erlaubnis führt zur Strafbarkeit nach § 63 Abs. 1 Nr. 4 wegen verbotenen Finanztransfergeschäfts (§ 1 Abs. 1 S. 2 Nr. 6) (BGH NJW 2021, 2979 (2980); WM 2016, 461 f.; Weiß RdZ 2022, 98 (100)). Ähnliches gilt für nicht unter Ausnahmebestimmungen des § 2 Abs. 1 fallende Zahlungsabwicklungen im Zusammenhang mit **Online-Vermittlungsplattformen** (Lieferheld: LG Köln K&R 2011, 813 m. Komm. Terlau = WM 2012, 405; dazu Hingst/Lösing BKR 2012, 334; Weiß RdZ 2022, 98 (101)), **Forderungseinzug** durch Rechtsanwälte namens ihrer Mandanten, sofern dies nicht erlaubnisfreies Inkasso ist (→ § 1 Rn. 137), sowie die **Zahlung** von Arbeitsentgelten, Lohnsteuern und Sozialversicherungsbeiträgen durch Steuerberater für ihre Mandanten, sofern dies nicht freigestellt ist (→ § 1 Rn. 140), (dazu Linner/Frey DStR 2010, 1153; Ruppert DStR 2010, 2053; Weiß RdZ 2022, 98 (101)) oder die sog. **Barmittelverwaltung** durch Heimbetreiber für die Heimbewohner (Stellungn. D. BReg, BT-Drs. 19/12849, 7; Weiß RdZ 2022, 98 (101)).

14   Wer als Agent iSv § 1 Abs. 9 Zahlungsdienste für ein zugelassenes Institut durchführt oder wer als E-Geld-Agent iSv § 1 Abs. 10 im Namen eines zugelassenen E-Geld-Instituts beim Vertrieb und Rücktausch von E-Geld tätig ist, macht sich nicht wegen Verstoßes gegen § 10 oder § 11 strafbar; ebenso wenig ist strafbar, wer als in- oder ausländische Zweigstelle eines zugelassenen Instituts handelt. Fehlen dagegen im Fall des Agenten die Voraussetzungen gem. § 25 Abs. 1 (Anzeige), § 34 Abs. 1 Nr. 3 (Registrierung) oder im Falle des E-Geld-Agenten die Anzeige gem. § 32 Abs. 1 iVm § 25 Abs. 1, so könnte die dennoch ausgeübte Tätigkeit als Agent oder als E-Geld-Agent einen strafbaren Verstoß gegen § 10 bzw. § 11 darstellen, wenn der Agent sich nicht über das Vorliegen der Voraussetzungen vergewissert hat und billigend in Kauf nimmt, dass Anzeige und/oder Registrierung fehlen könnten (ähnlich zu bewusster Fahrlässigkeit Fischer/Schulte-Mattler/Lindemann KWG § 54 Rn. 28). Jedoch wird man idR das Merkmal des § 10 „als Zahlungsinstitut" bzw. das Merkmal des § 11 „als E-Geld-Institut" bei solchen Tätigkeiten im Namen eines Instituts verneinen müssen. Nach einer anderen Ansicht kommt eine Strafbarkeit bei fehlender Erlaubnis oder Anzeige nach § 14 Abs. 2 StGB als Beauftragter des Instituts oder als Gehilfe in Betracht (Schäfer/Omlor/Mimberg/Weiß Rn. 48). Mangels Erfassung in § 64 liegt in solchen Fällen auch keine Ordnungswidrigkeit vor. Wird im Inland eine Zweigstelle eines im Ausland zugelassenen Instituts tätig, das in seinem Heimatstaat keinerlei Aktivitäten entfaltet, so dürfte die Tätigkeit der inländischen Zweigstelle nicht wegen Missbrauchs des europäischen Passes strafbar sein (so aber BGH wistra 1996, 61), da und insoweit die Rechtsprechung des EuGH die Niederlassungsfreiheit anerkennt (Fischer/Schulte-Mattler/Lindemann KWG § 54 Rn. 20 unter Hinweis auf die EuGH-Rechtsprechung im Fall Centros, EuGH EuZW 1999, 216).

15   **d) Objektiver Tatbestand des Abs. 1 Nr. 6.** Durch Abs. 1 Nr. 6 wird nunmehr das ausdrückliche Verbot des § 49 Abs. 1 S. 2 für Zahlungsauslösedienstleister,

Gelder des Zahlers zu halten, strafrechtlich sanktioniert. Das Verbot gilt nur im Zusammenhang mit der Erbringung des Zahlungsauslösedienstes, dh nicht dann, wenn der Zahlungsauslösedienstleister, der ggf. über eine weitergehende Erlaubnis zur Erbringung anderer Zahlungsdienste oder gar als CRR-Kreditinstitut verfügt, andere Zahlungsgeschäfte oder andere Geschäfte im Rahmen seiner Erlaubnis tätigt (iE zustimmend Schäfer/Omlor/Mimberg/Weiß Rn. 57; insgesamt vgl. Kommentierung zu → § 49 Rn. 1 ff.). Gleichzeitig könnte das verbotswidrige Halten von Geldern den Tatbestand des Einlagengeschäfts verwirklichen und so zur Strafbarkeit nach § 54 Abs. 1 Nr. 1 oder Nr. 2 KWG führen, wobei hierfür die Erlaubnis nicht vorliegt; demgegenüber soll Abs. 1 Nr. 6 lex specialis sein (RegBegr. ZDUG II, BT-Drs. 18/11495, 144; auch Ellenberger/Findeisen/Nobbe/Böger/Rieg Rn. 13; Schäfer/Omlor/Mimberg/Weiß Rn. 98; → Rn. 29). Gerechtfertigt wird die Strafvorschrift für Zahlungsauslösedienstleister mit der im Vergleich zu Kontoinformationsdiensten größeren „Nähe zu den Kundengeldern" (Ellenberger/Findeisen/Nobbe/Böger/Rieg Rn. 14).

2. Verstoß gegen § 21 Abs. 4 S. 1 Hs. 1 (Abs. 2 Nr. 1) und gegen § 31 (Abs. 2 Nr. 2)

a) Objektiver Tatbestand des Abs. 2 Nr. 1. § 21 Abs. 4 S. 2 ersetzt für Institute die Insolvenzantragspflicht des § 15a Abs. 1, 2 InsO durch eine Anzeigepflicht gegenüber der BaFin. Entsprechend der Strafbewehrung des unterlassenen Insolvenzantrags gem. § 15a Abs. 4 InsO stellt § 63 Abs. 2 Nr. 1 das Unterlassen der Anzeige unter Strafe. Zum Schutzgut der Anzeigepflicht und der Strafnorm des § 63 Abs. 2 Nr. 1 vgl. → Rn. 10. Die Anzeigepflicht betrifft den Fall des Eintritts der Zahlungsunfähigkeit oder Überschuldung, in letzterem Fall auch über § 15 Abs. 2, Abs. 1 InsO hinaus im Falle „einer natürlichen Person als haftenden Gesellschafter" (Schäfer/Omlor/Mimberg/Weiß Rn. 61). Die Anzeige bei drohender Zahlungsunfähigkeit gem. § 21 Abs. 4 S. 1 Hs. 2 ist verpflichtend, wird aber nicht von § 63 Abs. 2 Nr. 1 unter Strafe gestellt; es kommt jedoch eine Strafbarkeit nach §§ 283 Abs. 1 Nr. 8, 14 StGB in Betracht (Schäfer/Omlor/Mimberg/Weiß Rn. 61). Die Begriffe der Zahlungsunfähigkeit und Überschuldung werden rechtsgebietsübergreifend parallel behandelt (detailliert Schäfer/Omlor/Mimberg/Weiß Rn. 62). Die Anzeigepflicht besteht bis zur Überwindung der Insolvenz; der Strafbarkeit entfällt nicht nachträglich und auch nicht durch Eröffnungsantrag der BaFin (Schäfer/Omlor/Mimberg/Weiß Rn. 63). Überdies muss die Anzeige ohne schuldhaftes Zögern erfolgen, also regelmäßig sofort nach Eintritt der Insolvenz (Schäfer/Omlor/Mimberg/Weiß Rn. 64; Luz/Neus/Schaber/Schneider/Wagner/Weber/Richter Rn. 35). Zuletzt hat sie auch „richtig" zu erfolgen, also gesetzlichen Vorgaben zu entsprechen und die Prüfung durch die BaFin zu ermöglichen (→ § 21 Rn. 26; Schäfer/Omlor/Mimberg/Weiß Rn. 65). **16**

Tatbestandsmäßig ist die Verletzung der Anzeigepflicht durch einen Geschäftsleiter; hierbei kommt es auf die Wirksamkeit seiner Bestellung nicht an (Erbs/Kohlhaas/Häberle § 55 Rn. 2; Fischer/Schulte-Mattler/Lindemann KWG § 55 Rn. 2), auch eine Abberufung oder Niederlegung „bei oder kurz vor Insolvenz" entbindet nicht von der Anzeigepflicht (Schäfer/Omlor/Mimberg/Weiß Rn. 63). **17**

b) Objektiver Tatbestand des Abs. 2 Nr. 2. Nach § 31 ist es E-Geld-Instituten verboten, E-Geld über natürliche oder juristische Personen auszugeben, die im Namen des E-Geld-Instituts tätig werden. Tauglicher Täter des § 63 Abs. 2 Nr. 2 **18**

iVm § 31 ist allein das E-Geld-Institut. Ein selbständiger Gewerbetreibender, der im Namen eines E-Geld-Instituts beim Vertrieb und Rücktausch von E-Geld tätig ist, wird dagegen in § 1 Abs. 10 als E-Geld-Agent definiert (vgl. im Einzelnen die Kommentierung zu → § 1 Rn. 103).

19   Die Norm befasst den Rechtsanwender nicht lediglich mit dem – mittlerweile geklärten (vgl. oben Kommentierung zu → § 1 Rn. 349) – Problem der Abgrenzung zwischen Ausgabe und Vertrieb. Ausgabe von E-Geld lässt sich nämlich definieren als die Übertragung des die monetäre Werteinheit beinhaltenden digitalen Datensatzes mitsamt einer den Aussteller bezeichnenden Kennung und Abschluss eines die Verpflichtung der ausgebenden Stelle begründenden Geschäftsbesorgungsvertrags mit abstrakt-genereller Weisung oder Hervorrufen des zurechenbaren Rechtsscheins desselben (vgl. oben Kommentierung zu → § 1 Rn. 216 ff.). Bei allem Streit, der im Einzelnen herrscht, ist nach allgemeiner Ansicht das Entstehen der rechtsgeschäftlichen Verpflichtung der ausgebenden Stelle entscheidend (vgl. oben Kommentierung zu → § 1 Rn. 270 f.).

20   Die Formulierung in § 31 ist höchst unglücklich (bereits der Fall in § 23a aF, daher ist die Literatur übertragbar – so auch Fett/Bentele BKR 2011, 403 (406 f.)), da sie nicht etwa lautet, die Ausgabe von E-Geld **durch** einen E-Geld-Agenten sei verboten (was folgerichtig wäre, weil die Ausgabe den zugelassenen Instituten selbst überlassen bleiben muss). Vielmehr verbietet der Tatbestand dem E-Geld-Institut die Ausgabe **„über"** den E-Geld-Agenten (dies wurde im Rahmen des ZDUG II nicht angepasst). Die Formulierung eines rechtsgeschäftlichen Handelns „über" eine dritte Person beruht unmittelbar auf der deutschen Fassung von Art. 3 Abs. 5 S. 1 Zweite E-Geld-RL. Die englische Fassung lautet dort „through agents", was als „durch" übersetzt eher Sinn ergeben würde. Versteht man nämlich Vertrieb von E-Geld richtigerweise als vermittelnde Tätigkeit des E-Geld-Agenten bei der Ausgabe von E-Geld (so zB RegBegr. Zweites E-Geld-RLUG, BT-Drs. 17/3023, 41; vgl. auch oben Kommentierung zu → § 1 Rn. 103) oder noch konkreter die Ausgabe von E-Geld durch Vermittlung des E-Geld-Agenten im Namen des E-Geld-Instituts (so Fett/Bentele BKR 2011, 403 (406 f.); vgl. oben Kommentierung zu → § 1 Rn. 103), so ist diese Formulierung zur Formulierung des § 31, Ausgabe von E-Geld „über" den E-Geld-Agenten, erfasst (so auch Fett/Bentele BKR 2011, 403 (406)). Das Ergebnis der Auslegung ist, dass § 63 Abs. 2 Nr. 2 eine in § 1 Abs. 10 als erlaubt gekennzeichnete Tätigkeit des Vertriebs von E-Geld unter Strafe stellt (aA Schäfer/Omlor/Mimberg/Weiß Rn. 67, wonach der Anwendungsbereich der Norm „der Einsatz eines nicht im Register eingetragenen E-Geld-Agenten für den Vertrieb" sei).

21   Eine Umdeutung des Verbots des § 31 im Rahmen der richtlinienkonformen Auslegung in ein Verbot der „Ausgabe für Rechnung des E-Geld-Instituts" (aber im eigenen Namen des Agenten) mag im Rahmen von § 31 diskutabel sein (so der Vorschlag zu § 23a aF von Fett/Bentele BKR 2011, 403 (406)). Eine solche richtlinienkonforme Rechtsfortbildung (hierzu → Einl. Rn. 39) verbietet sich jedoch aufgrund des Bestimmtheitsgrundsatzes im Rahmen von Strafrechtsnormen, so dass sie jedenfalls nicht den Straftatbestand des § 63 Abs. 2 Nr. 2 erfassen würde (gespaltene Auslegung; hierzu → Einl. Rn. 45; im Ergebnis so auch Fett/Bentele BKR 2011, 403 (406 f.)). Im Ergebnis dürfte es deshalb bei der derzeitigen Fassung des § 31 so sein, dass eine Strafbarkeit gem. § 63 Abs. 2 Nr. 2 nicht in Betracht kommt (aA Ellenberger/Findeisen/Nobbe/Böger/Rieg Rn. 16).

3. Vorsatz

Für die Verwirklichung von § 63 Abs. 1 und Abs. 2 ist Vorsatz erforderlich (§ 15 **22** StGB). Ein dolus eventualis reicht dementsprechend aus; im Rahmen von § 54 Abs. 1 Nr. 2 KWG wird anerkannt, dass ein vorsätzlicher Verstoß gegen § 32 Abs. 1 KWG bereits dann vorliegt, wenn jemand es für möglich hielt, erlaubnispflichtige Finanzdienstleistungen iSd § 1 KWG zu erbringen und dies billigend in Kauf nahm (BGH NJW-RR 2011, 348 Rn. 20; Ellenberger/Findeisen/Nobbe/Böger/Rieg Rn. 17). Dabei muss er lediglich im Sinne einer „Parallelwertung in der Laiensphäre" verstanden haben, dass er Finanzdienstleistungen anbietet (BGH VersR 2012, 1038 Rn. 21; Ellenberger/Findeisen/Nobbe/Böger/Rieg Rn. 17, „dass es sich um eine unerlaubte Handlung handelt"). Im Grundsatz ist lediglich erforderlich, dass der Täter alle Tatbestandsmerkmale kennt, aus denen sich die Erlaubnispflicht ergibt; hält der Täter seine Tätigkeit dennoch für erlaubnisfrei, so liegt lediglich ein Verbotsirrtum iSv § 17 StGB vor (BGH WM 2012, 1333 Rn. 21; KG BeckRS 2013, 7202; Fischer/Schulte-Mattler/Lindemann KWG § 54 Rn. 26f.; Beck/Samm/Kokemoor/Rosinus/Wiesner-Lamethin KWG § 54 Rn. 61). Gerade für Geschäftsleiter ist die Unkenntnis von Geboten und Verboten im Allgemeinen fernliegend (Schäfer/Omlor/Mimberg/Weiß Rn. 69; siehe auch Anforderungen in § 12 Nr. 5), vergleichbar auch in Fällen des Abs. 1 Nr. 4 und 5 (Schäfer/Omlor/Mimberg/Weiß Rn. 69). Im Falle von Tätigkeit im Bereich von höchstrichterlich nicht geklärten Rechtslagen, Grauzonen oder bei dem Versuch der Umgehung von Verboten liegt die Ablehnung eines Verbotsirrtums nahe (Schäfer/Omlor/Mimberg/Weiß Rn. 80; BVerfG NJW 2006, 2684 Rn. 25). Eine fehlerhafte Entscheidung der BaFin über einen Zweifelsfall (§ 4 Abs. 4 S. 1 und S. 2) lässt weder den Tatbestand noch den Vorsatz der Straftat entfallen; eine solche Entscheidung bindet lediglich sonstige Verwaltungsbehörden (§ 4 Abs. 4 S. 3), nicht aber die Strafgerichte (ähnlich Weiß RdZ 2022, 98 (99); vgl. aber → Rn. 2). Bei gewissenhafter, eigener Prüfung des Täters liegt jedoch dann idR ein unvermeidbarer Verbotsirrtum (§ 17 S. 1 StGB) vor (auch Ellenberger/Findeisen/Nobbe/Böger/Rieg Rn. 17; vgl. nur BGH NJW 2012, 3177 Rn. 23; NJW-RR 2018, 1250 Rn. 28; Kohlhaas ZgKW 1961, 1156; ebenso Schwennicke/Auerbach/Schwennicke KWG § 54 Rn. 17). Wenn der BaFin allerdings ein unrichtiger oder kein vollständiger Sachverhalt übermittelt wurde, lässt dies auf Vorsatz schließen (Schäfer/Omlor/Mimberg/Weiß Rn. 82). Ein Tatbestandsirrtum nach § 16 Abs. 1 StGB wäre bei Unkenntnis über erlaubnispflichtige Geschäfte eines anderen Geschäftsführers oder aufgrund falscher Angaben hinsichtlich des Bestehens einer Erlaubnis denkbar, kann aber zur fahrlässigen Begehung gem. § 63 Abs. 3 führen (Schäfer/Omlor/Mimberg/Weiß Rn. 70; → Rn. 25f.). Grundsätzlich ist bei Kenntnis auch an eine Strafbarkeit als Mittäter durch Unterlassen zu denken, §§ 25 Abs. 2, 13 Abs. 1 StGB (Schäfer/Omlor/Mimberg/Weiß Rn. 84).

4. Täter, Teilnehmer

Ein Strafrecht der juristischen Person oder der (rechtfähigen) Personengesell- **23** schaften gibt es in Deutschland nicht; deshalb ist das als juristische Person oder Personengesellschaft verfasste Institut trotz anders lautenden Wortlauts des § 63 Abs. 1 und Abs. 2 danach nicht strafbar; hier kommt lediglich eine Ordnungswidrigkeit nach § 30 OWiG in Betracht (→ Rn. 5). Strafrechtlich verantwortlich sind dagegen in erster Linie die Geschäftsleiter eines Instituts, dh die vertretungsberechtigten Organe oder einzelne Mitglieder solcher Organe, sofern das Institut als juristische Person verfasst ist, oder die vertretungsberechtigten Gesellschafter, sofern es sich bei dem Institut um eine Personengesellschaft handelt (Weiß RdZ 2022, 98 (104), nach § 14 StGB). Diese können sich auch durch ihre Garantenstellung nach § 13 Abs. 1 StGB strafbar machen (Schäfer/Omlor/Mimberg/Weiß Rn. 84). Neben diesen kommen auch Personen der zweiten Leitungsebene eines Instituts in Betracht, die Leiter von in- oder ausländischen Niederlassungen, die idR den Tatbestand des Beauftragten iSv § 14 Abs. 2 Nr. 1 StGB erfüllen (vgl. nur Schönke/Schröder/Perron/Eisele StGB § 14 Rn. 31 f.). Auch ein sog. Generalbevollmächtigter dürfte in der Regel unter § 14 Abs. 2 Nr. 1 StGB zu erfassen sein (vgl. nur Schönke/Schröder/Perron/Eisele StGB § 14 Rn. 31; Fischer/Schulte-Mattler/Lindemann KWG § 54 Rn. 23, 25). Der BGH spricht sich auch für die Erfassung von Mitwirkenden an Hawala-Systemen als Mittäter aus (BGH BeckRS 2022, 20799 Rn. 26). Die strafrechtliche Verantwortlichkeit gem. § 14 Abs. 1 und Abs. 2 StGB besteht auch dann, wenn die Übertragung der Vertretungsbefugnis oder die Beauftragung des Niederlassungsleiters oder Generalbevollmächtigten im Einzelnen unwirksam ist (§ 14 Abs. 3 StGB). Wer als Mitarbeiter eines Instituts nicht von § 14 Abs. 1 oder Abs. 2 StGB erfasst wird, kommt ggf. als Teilnehmer einer Straftat zu § 63, dh als Anstifter nach § 26 StGB oder Gehilfe nach § 27 StGB, in Betracht (Fischer/Schulte-Mattler/Lindemann KWG § 54 Rn. 25; Schäfer/Omlor/Mimberg/Weiß Rn. 84). Es gelten insoweit die allgemeinen Grundsätze (vgl. nur Schäfer/Omlor/Mimberg/Weiß Rn. 85 f.). Kunden des Instituts sind in der Regel weder Anstifter noch Gehilfen, wenn es sich um eine „notwendige Teilnahme" als Geschädigter handelt (LG Essen NJW-RR 1992, 303; Reischauer/Kleinhans/Brogl KWG § 54 Rn. 13; Schwennicke/Auerbach/Schwennicke KWG § 54 Rn. 15; Beck/Samm/Kokemoor/Rosinus/Wiesner-Lameth KWG § 54 Rn. 51) und sofern ihr Beitrag nicht darüber hinausgeht (vgl. nur Schäfer/Omlor/Mimberg/Weiß Rn. 87).

5. Versuch

24   Der Versuch ist nicht strafbar, da es sich bei § 63 um ein Vergehen handelt (§ 23 Abs. 1 StGB, § 12 Abs. 2 StGB) (Schäfer/Omlor/Mimberg/Weiß Rn. 88). Im Übrigen gelten zu Vollendung und Beendigung die allgemeinen strafrechtlichen Grundsätze (Schäfer/Omlor/Mimberg/Weiß Rn. 88 ff.).

III. Fahrlässigkeit (Abs. 3)

25   Eine fahrlässige Begehung ist gem. Abs. 3 strafbar. Eine Fahrlässigkeitsstrafbarkeit kommt hier vor allem im Bereich der Irrtümer in Betracht. So könnte ein selbständiger Vermittler von Geschenkgutscheinen (bspw. Tankstelle oder Einzelhandel) irrig annehmen, diese Geschenkgutscheine würden nur von dem herausgebenden Einzelhandelsunternehmen akzeptiert, sodass aus seiner Sicht die Tatbestandsmerkmale des E-Geldes gem. § 1 Abs. 2 S. 3 nicht erfüllt wären. Hier kommt eine Fahrlässigkeitsstrafbarkeit in Betracht, wenn er sich nicht ausreichend über die Struktur des Geschenkgutscheins informiert hat. Ein anderes Beispiel wird in der KWG-Literatur für Vermittler gebildet (Fischer/Schulte-Mattler/Lindemann KWG § 54 Rn. 28): im Rahmen des ZAG würde dies bedeuten, dass ein Agent oder ein E-Geld-Agent sich vor Beginn seiner Tätigkeit für das Institut nicht ausreichend vergewissert hat, ob das betreffende Institut seiner Anzeigepflicht gem.

§ 25 Abs. 1 bzw. § 32 Abs. 1 iVm § 25 Abs. 1 nachgekommen ist und er (fahrlässig) denkt, alles werde schon seine Richtigkeit haben (vgl. auch → Rn. 14). Es gelten insgesamt die allgemeinen Grundsätze zur Fahrlässigkeit (Schäfer/Omlor/Mimberg/Weiß Rn. 71 ff. mwN). Prokuristen soll keine Erkundigungspflicht zur Erlaubnis des Geschäftsführers treffen (Schäfer/Omlor/Mimberg/Weiß Rn. 73; vgl. BGH NJW 2012, 3177 (3181).

Irrtümer über die Erlaubnispflicht bei übriger Kenntnis aller Tatumstände sind **26** als Verbotsirrtum iSv § 17 StGB einzuordnen. Ein vermeidbarer Verbotsirrtum iSv § 17 S. 2 StGB kann Vorsatzstrafbarkeit nach sich ziehen. Ein Irrtum über die Erlaubnispflicht dürfte allerdings dann unvermeidbar sein, wenn das Institut bzw. der Täter eine Auskunft der BaFin gem. § 4 Abs. 4 S. 1 und S. 2 bspw. zu einer Erlaubnispflicht eingeholt hat und hierauf einen negativen Bescheid (keine Erlaubnispflicht) erhält. Zwar bindet die Auskunft gem. § 4 Abs. 4 S. 3 nicht die Strafgerichte; jedoch handelt es sich hierbei um eine Expertenauskunft, auf die das Institut bzw. der Täter sich verlassen darf (→ Rn. 22). Ähnlich ist es wohl auch bei anwaltlichen Gutachten zur Erlaubnispflicht (Schäfer/Omlor/Mimberg/Weiß Rn. 81 mwN „vorzugsweise […] BaFin […] hilfsweise […] spezialisierter Rechtsanwalt oder Hochschullehrer"); in der strafrechtlichen Rspr. und Lit. ist anerkannt, dass die Auskunft einer verlässlichen Person die Vermeidbarkeit des Irrtums ausschließen kann; verlässlich ist insoweit eine „sachkundige, unvoreingenommene Person, die mit der Erteilung der Auskunft kein Eigeninteresse verfolgt und die Gewähr für eine objektive, sorgfältige, pflichtgemäße und verantwortungsbewusste Auskunftserteilung bietet" (Schönke/Schröder/Sternberg-Lieben StGB § 17 Rn. 18; vgl. OLG Frankfurt a. M. NStZ-RR 2003, 263; BGH NJW 2000, 2368; OLG Braunschweig NStZ-RR 1998, 251). Eine solche Auskunft ist regelmäßig dann gegeben, wenn ein hinreichend qualifizierter Rechtsanwalt ein angemessen detailliertes Gutachten erstellt hat (BGH NJW 2007, 3079; NStZ-RR 2009, 14; Schönke/Schröder/Sternberg-Lieben StGB § 17 Rn. 18; weitergehend Fischer/Schulte-Mattler/Lindemann KWG § 54 Rn. 28 [mit Verweis auf Park/Janssen, Kapitalmarkt-StrafR, 3. Aufl. 2013, KWG § 54 Rn. 39 f.; vgl. jedoch Park/Gercke/Stirner Kapitalmarkt-StrafR KWG § 54 Rn. 72, Irrtum sei nicht selten unvermeidbar, „vor Aufnahme der Tätigkeit ausreichend[e] Erkundigungen": ausreichend, wenn Anfrage bei der BaFin gestartet, obschon deren Antwort noch auf sich warten lässt oder weitere Klärung erfordert). Unzureichend sollen die vorbehaltliche oder bloß mündliche Auskunft, mangelnde Rechtsprechungsnachweise, Gefälligkeitsgutachten, lückenhafte, widersprüchliche Gutachten oder Auskunft von „Gewerbebehörde, einem nicht mit dem Bankaufsichtsrecht vertrauten Rechtsanwalt, einem dafür unangemessen hoch bezahlten Hochschullehrer, dem Syndikusrechtsanwalt oder Justiziar des Unternehmens oder dem Rechtsberater eines auf die Belange der Mitglieder ausgerichteten Verbands" sein (Schäfer/Omlor/Mimberg/Weiß Rn. 81; vgl. BGH-Rspr., BeckRS 2019, 38531 Rn. 21; NJW-RR 2017, 1004 Rn. 13; NJW 2017, 2463 Rn. 30; 2017, 1487 Rn. 58 f.; NStZ 2013, 461 (461 f.); NJW 1995, 204 (205)). Rechtsänderungen erfordern eine Erkundigung bereits ab Bekanntwerden (Schäfer/Omlor/Mimberg/Weiß Rn. 81).

IV. Rechtswidrigkeit, Schuld

27   Rechtfertigungsgründe sind im konkreten Zusammenhang kaum begründbar (vgl. Schäfer/Omlor/Mimberg/Weiß Rn. 76). Es gelten die allgemeinen Anforderungen zur Schuld (vgl. Schäfer/Omlor/Mimberg/Weiß Rn. 77 f. mwN).

V. Konkurrenzen

28   Grundsätzlich handelt es sich beim unerlaubten Erbringen von Zahlungsdiensten um einen einheitlichen Tatvorgang (Schäfer/Omlor/Mimberg/Weiß Rn. 92; BGH BeckRS 2022, 20799 Rn. 28; NStZ 2020, 169 f.; NJW 2018, 3467 Rn. 13 f.; 2004, 375 (378); BeckRS 1996, 8042). Sofern nicht nur gelegentliche Verstöße zur Entgegennahme von Einlagen erfolgen, besteht eine tatbestandliche Handlungseinheit für sämtliche Einzelgeschäfte (Schäfer/Omlor/Mimberg/Weiß Rn. 93; BGH NStZ 2022, 35 Rn. 21). Tateinheit besteht gegebenenfalls zwischen unerlaubten Zahlungsdiensten und unerlaubten Bankgeschäften oder E-Geld-Geschäften im Falle einheitlicher Mittel bzw. Planung und Kontrolle unabhängig vom Kundenkreis (Schäfer/Omlor/Mimberg/Weiß Rn. 94). Wenn Gelder verzögert umgetauscht und verzinst werden, liegt Tateinheit von Abs. 1 Nr. 1 und Nr. 2 vor, welcher dann eigenständige Bedeutung hat (Schäfer/Omlor/Mimberg/Weiß Rn. 96).

29   Zwischen § 63 Abs. 1 Nr. 1, Nr. 2 und Nr. 3 iVm § 3 und § 54 Abs. 1 Nr. 2 KWG iVm §§ 32 Abs. 1 S. 1 sowie 1 Abs. 1 S. 2 Nr. 1 und Nr. 2 KWG kann grundsätzlich Spezialität angenommen werden (so wohl auch BGH NStZ-RR 2019, 112 (113); Schäfer/Omlor/Mimberg/Weiß Rn. 95 ff. [Gesetzeskonkurrenz]; so jedenfalls Ellenberger/Findeisen/Nobbe/Findeisen, 2. Aufl., § 2 aF Rn. 84), da § 63 ein besonderer Tatbestand nur für Institute des ZAG ist und im Übrigen die Tatbestände weitestgehend (mit Ausnahme des Merkmals gewerbsmäßig bzw. Erfordernis eines kaufmännisch eingerichteten Geschäftsbetriebs bei E-Geld-Instituten) identisch sind. Sofern kein formelles Institut vorliegt, greift § 54 Abs. 1 Nr. 2 KWG (Schäfer/Omlor/Mimberg/Weiß Rn. 95, 97). Auch das Halten von Geldern nach §§ 49 Abs. 1 S. 2, 63 Abs. 1 Nr. 6 ist spezieller zu § 54 Abs. 1 Nr. 1 und 2 KWG (→ Rn. 15).

30   Andere verwirklichte Straftatbestände können va ein Bandenbetrug oder gewerbsmäßiger (Banden-)Betrug nach § 263 Abs. 3 S. 2 Nr. 1 oder § 263 Abs. 5 StGB sein, wobei die Tateinheit dabei in Abhängigkeit vom Betrugsgeschehen zu beurteilen ist (Schäfer/Omlor/Mimberg/Weiß Rn. 99). Denkbar sind auch andere tateinheitliche Straftaten wie § 261 StGB, §§ 29 ff. BtMG, § 89c Abs. 1 Nr. 1 StGB, § 129a Abs. 5 S. 1, § 129b StGB, § 18 Abs. 1 Nr. 1 AWG (Schäfer/Omlor/Mimberg/Weiß Rn. 100; vgl. BGH NJW 1997, 3323 (3324); BeckRS 2020, 468 Rn. 11; 31; NStZ 2007, 644; Kremer/Altenburg ZWH 2020, 101; kritisch zum generellen Vorwurf bei Hawaladaren Eggers/van Cleve NZWiSt 2020, 426 (429)). Tateinheitlich können auch unrichtige Angaben in einer Insolvenzanzeige sein, § 283 Abs. 1 Nr. 8 StGB, während eine vorherige Verletzung der Verlustanzeigepflicht aus § 84 GmbHG, § 401 AktG regelmäßig tatmehrheitlich ist (Schäfer/Omlor/Mimberg/Weiß Rn. 101).

31   Eine Strafbarkeit zB nach § 63 Abs. 3 verdrängt nach § 21 Abs. 1 S. 1 OWiG die Ordnungswidrigkeit nach § 130 OWiG (Schäfer/Omlor/Mimberg/Weiß Rn. 75). Hierzu auch → § 64 Rn. 31.

VI. Rechtsfolgen

Neben der im Gesetz bestimmten Strafe sind im Grunde Berufsverbot (§ 70 **32** StGB), Einziehung (§§ 73 ff. StGB), va des Taterlangten (§ 73 Abs. 1 S. 1 StGB auch § 73b StGB), und Unternehmensgeldbuße (§ 30 OWiG; → Rn. 5) möglich (ausführlich Schäfer/Omlor/Mimberg/Weiß Rn. 105–115). Eine Verurteilung kann im Rahmen der Zuverlässigkeit nach § 35 Abs. 1, 7a GewO oder § 12 Nr. 4, 5 beachtlich werden (siehe nur Schäfer/Omlor/Mimberg/Weiß Rn. 116; vgl. → § 12 Rn. 13–23). Außerdem → Rn. 6 ff.

§64 Bußgeldvorschriften

(1) Ordnungswidrig handelt, wer einer vollziehbaren Anordnung nach § 7 Absatz 1 Satz 2 Nummer 1, auch in Verbindung mit Satz 4, oder nach § 20 Absatz 1, 3 oder 4 zuwiderhandelt.

(2) Ordnungswidrig handelt, wer vorsätzlich oder leichtfertig
1. entgegen § 2 Absatz 2 Satz 1 oder Absatz 3, § 28 Absatz 1 Nummer 4 bis 10 oder Absatz 2 oder § 38 Absatz 1 Satz 1 eine Anzeige nicht, nicht richtig, nicht vollständig oder nicht rechtzeitig erstattet oder
2. entgegen
   a) § 22 Absatz 1 Satz 1 oder 3 oder Absatz 2 Satz 1 oder 2 einen Jahresabschluss, einen Lagebericht, einen Prüfungsbericht, einen Konzernabschluss oder einen Konzernlagebericht oder
   b) § 29 Absatz 1 Satz 1, auch in Verbindung mit Absatz 2, jeweils in Verbindung mit einer Rechtsverordnung nach Absatz 3 Satz 1 oder 2, einen Monatsausweis
   nicht, nicht richtig, nicht vollständig oder nicht rechtzeitig einreicht.

(3) Ordnungswidrig handelt, wer vorsätzlich oder fahrlässig
1. entgegen § 8 Absatz 1 oder § 19 Absatz 1 Satz 1 eine Auskunft nicht, nicht richtig, nicht vollständig oder nicht rechtzeitig erteilt oder eine Unterlage nicht, nicht richtig, nicht vollständig oder nicht rechtzeitig vorlegt,
2. entgegen § 8 Absatz 5 Satz 1, auch in Verbindung mit Absatz 6, oder § 19 Absatz 1 Satz 4 eine Maßnahme nicht duldet,
3. einer vollziehbaren Auflage nach § 10 Absatz 4 Satz 1 oder § 11 Absatz 3 Satz 1 zuwiderhandelt,
4. entgegen § 19 Absatz 3 Satz 1 eine dort genannte Maßnahme nicht oder nicht rechtzeitig vornimmt,
5. einer vollziehbaren Anordnung nach § 21 Absatz 3 Satz 1 oder § 27 Absatz 3 Satz 1 zuwiderhandelt,
5a. entgegen § 27 Absatz 1 Satz 1 und 2 Nr. 5 über keine angemessenen Maßnahmen, einschließlich Datenverarbeitungssysteme, zur Gewährleistung der Einhaltung der Anforderungen des Geldwäschegesetzes und der Verordnung (EU) 2015/847 verfügt,
6. einer vollziehbaren Anordnung nach § 27 Absatz 2 Satz 1 in Verbindung mit § 6a Absatz 1 oder § 25i Absatz 4 des Kreditwesengesetzes zuwiderhandelt,

7. entgegen § 27 Absatz 2 Satz 1 in Verbindung mit § 24c Absatz 1 Satz 1 oder § 25i Absatz 3 Satz 1 des Kreditwesengesetzes ein Dateisystem nicht, nicht richtig oder nicht vollständig führt,

8. entgegen § 27 Absatz 2 Satz 1 in Verbindung mit § 24c Absatz 1 Satz 5 des Kreditwesengesetzes nicht gewährleistet, dass die Bundesanstalt Daten abrufen kann,

9. entgegen § 27 Absatz 2 Satz 1 in Verbindung mit § 25i Absatz 1 des Kreditwesengesetzes die Sorgfaltspflichten nach § 10 Absatz 1 des Geldwäschegesetzes nicht erfüllt,

10. [aufgehoben],

11. einer vollziehbaren Anordnung nach § 27 Absatz 2 Satz 1 in Verbindung mit § 25i Absatz 4 des Kreditwesengesetzes zuwiderhandelt,

12. entgegen § 27 Absatz 2 Satz 1 in Verbindung mit § 8 Absatz 1 des Geldwäschegesetzes erhobene Angaben oder eingeholte Informationen nicht, nicht richtig oder nicht vollständig aufzeichnet,

13. einer vollziehbaren Anordnung nach § 27 Absatz 3 zur Verhinderung und Unterbindung von Verstößen gegen die Verordnung (EU) 2015/847 zuwider handelt,

14. entgegen § 52 Absatz 1 und 3 einem Zahlungsauslösedienstleister oder einem Kontoinformationsdienstleister den Zugang zu einem Zahlungskonto nicht gewährt,

15. entgegen § 54 Absatz 1 Satz 1 die Bundesanstalt nicht, nicht richtig, nicht vollständig oder nicht rechtzeitig unterrichtet.

(4) Die Ordnungswidrigkeit kann in Fällen des Absatzes 1 mit einer Geldbuße bis zu einer Million Euro, in Fällen des Absatzes 3 Nummer 1 und 2 mit einer Geldbuße bis dreihunderttausend Euro und in den übrigen Fällen mit einer Geldbuße bis zu hunderttausend Euro geahndet werden.

(5) Verwaltungsbehörde im Sinne des § 36 Absatz 1 Nummer 1 des Gesetzes über Ordnungswidrigkeiten ist die Bundesanstalt.

Inhaltsübersicht

I. Hintergrund und Systematik

1. Europarechtlicher Hintergrund und Historie

Ebenso wie § 31 ZAG aF (nun § 63) beruht auch § 32 ZAG aF (nun § 64) nicht **1** unmittelbar auf der PSD1 oder der Zweiten E-Geld-RL; Art. 21 Abs. 2 PSD1 (nun Art. 23 Abs. 2 PSD2) enthielt vielmehr den allgemeinen Auftrag an die Mitglied-staaten, sicherzustellen, dass ihre zuständigen Behörden bei Verstößen gegen die Rechts- und Verwaltungsvorschriften auf dem Gebiet der Kontrolle oder der Ausübung der Tätigkeit von Zahlungsinstituten gegen die Zahlungsinstitute oder diejenigen, die tatsächlich die Geschäfte leiten, Sanktionen verhängen können. Einzelne Tatbestände des § 64, die Sanktionen für Verstöße gegen das Geldwäscherecht beinhalten, beruhen auf Art. 58 der 4. GeldwäscheRL, die in ähnlicher Weise wie Art. 23 Abs. 2 PSD2 angemessene Sanktionen fordert. Durch das Zweite E-Geld-RLUG hat der Gesetzgeber eine Vielzahl zusätzlicher Bußgeldtatbestände in § 32 ZAG aF geschaffen; dies ging einher mit der Verschärfung auch der strafrechtlichen Sanktionen im Rahmen des Zweiten E-Geld-RLUG (vgl. Schwennicke/Auerbach/Schwennicke § 64 Rn. 1; hierzu Kommentierung → § 63 Rn. 1). § 64 entspricht im Wesentlichen dem bisherigen § 32 ZAG aF; der Bußgeldrahmen wurde verschärft und der bisherige § 33 ZAG aF (zuständige Verwaltungsbehörde) wurde als Abs. 5 in § 64 integriert (RegBegr. ZDUG II, BT-Drs. 18/11495, 144; ausführlich dazu Schäfer/Omlor/Mimberg/Weiß Rn. 1 ff.). § 64 dient mithin der Umsetzung der Art. 23 Abs. 2, 103 Abs. 1 S. 2 PSD2, die wirksame, verhältnismäßige und abschreckende Sanktionen für Verstöße gegen aufsichtsrechtliche Bestimmungen fordern (Ellenberger/Findeisen/Nobbe/Böger/Rieg Rn. 1; Schäfer/Omlor/Mimberg/Weiß Rn. 6).

2. Systematik

2   Zur Systematik des Zusammenwirkens von strafrechtlichen und bußgeldrechtlichen Sanktionsvorschriften des ZAG vgl. oben Kommentierung zu → § 63 Rn. 3. Zuständige Verwaltungsbehörde nach § 36 Abs. 1 Nr. 1 OWiG ist die BaFin (§ 64 Abs. 5; → Rn. 30; so auch schon RegBegr., BT-Drs. 16/11613); diese ist demgemäß befugt, Ordnungswidrigkeiten gemäß § 64 zu verfolgen und die vorgesehenen Geldbußen zu verhängen. Neben Ordnungswidrigkeiten gemäß § 64 können auch solche gemäß § 30 OWiG oder nach § 130 OWiG wegen Verletzung von Aufsichtspflichten verwirklicht sein. Eine vergleichbare Bußgeldvorschrift für Kredit- und Finanzdienstleistungsinstitute findet sich in § 56 KWG. Die zu dieser Norm ergangenen Ausführungen von Rechtsprechung und Schrifttum können weitgehend übertragen werden (Schäfer/Omlor/Mimberg/Weiß Rn. 7). Innerhalb des Tatbestandes des § 64 sanktioniert Abs. 1 die besonders schweren Verstöße, die mit einer Geldbuße von bis zu 1 Mio. EUR belegt werden können; hier ist gemäß § 10 OWiG Vorsatz erforderlich; fahrlässiges Handeln wird in diesem Fall nicht sanktioniert. Von mittlerer Schwere sind Verstöße gegen § 64 Abs. 3 Nr. 1 und Nr. 2, die mit einer Geldbuße von bis zu 300.000,00 EUR bei vorsätzlichem oder fahrlässigem Handeln sanktioniert werden können. In den übrigen Fällen liegt die mögliche Geldbuße bei bis zu 100.000,00 EUR. Bei Verstößen gegen § 64 Abs. 2 wird nur Vorsatz oder Leichtfertigkeit erfasst. Die in § 64 Abs. 3 aufgeführten Verstöße können dagegen auch bei (leichter) Fahrlässigkeit geahndet werden.

II. Tatbestand

1. Zuwiderhandlung gegen Weisung für die Abwicklung, Abberufungsverlangen, Tätigkeitsuntersagung (§ 64 Abs. 1)

3   In Ergänzung zur strafrechtlichen Sanktion des § 63 Abs. 1 Nr. 4 und Nr. 5 betrifft § 64 Abs. 1 Alt. 1 die infolge der unerlaubten Tätigkeit ergangene Abwicklungsverfügung und Weisungen im Hinblick auf die Abwicklung (zur Wirkung der

Verfügung vgl. oben Kommentierung → §7 Rn. 31). §64 Abs. 1 Alt. 2 befasst sich demgegenüber mit der Durchsetzung des statt einer Aufhebung der Erlaubnis gemäß §13 Abs. 2 ergangenen Abberufungsverlangens oder der Tätigkeitsuntersagung für die oder den Geschäftsleiter bzw. Mitglieder des Verwaltungs- oder Aufsichtsorgans eines Instituts (vgl. Ellenberger/Findeisen/Nobbe/Böger/Rieg Rn. 5; zu §20 ausführlich vgl. oben Kommentierung → §20 Rn. 9 ff.; Schäfer/Omlor/Mimberg/Weiß Rn. 13 f.). Die Anordnung der BaFin ist ein Verwaltungsakt. Da dem Gesetz die genauen Voraussetzungen für den Erlass zu entnehmen sind, stellt die Abhängigkeit der Ahndbarkeit vom Adressaten des Verwaltungsakts keinen Verstoß gegen Art. 103 Abs. 2 GG dar (Schäfer/Omlor/Mimberg/Weiß Rn. 15). Der Ahndbarkeit steht eine fehlende Rechtmäßigkeit nicht entgegen. Erst die Nichtigkeit des Verwaltungsakts lässt die Ahndbarkeit entfallen (Schäfer/Omlor/Mimberg/Weiß Rn. 16). Die Vollziehbarkeit richtet sich nach den Regelungen des Verwaltungsrechts, insbes. nach §80 Abs. 2 S. 1 VwGO. Ein Handeln zuwider einer Anordnung kann dann angenommen werden, wenn ein durch die Anordnung Verpflichteter die unerlaubten Zahlungsdienste oder E-Geld-Geschäfte nicht wie angewiesen abwickelt, nicht auf die Abberufung eines unzuverlässigen oder ungeeigneten Verantwortlichen hinwirkt oder die ihm untersagte Tätigkeit fortsetzt (Schäfer/Omlor/Mimberg/Weiß Rn. 17).

2. Anzeige der Nutzung einer Ausnahmebestimmung, Zweigniederlassung, Heranziehen von Agenten, sonstige Anzeigen (§64 Abs. 2 Nr. 1)

Neu eingefügt im Rahmen des ZDUG II wurde als §64 Abs. 2 Nr. 1 Alt. 1 die **4** Sanktionierung der unterlassenen Anzeige nach §2 Abs. 2 S. 1 (bei Nutzung einer der Ausnahmebestimmungen des §2 Abs. 1 Nr. 10 lit. a und lit. b sowie §2 Abs. 3 (bei Nutzung der Ausnahme des §2 Abs. 1 Nr. 11). Die erstere ist einmalig bei Überschreiten der in §2 Abs. 2 S. 1 festgelegten Grenzen zu erstatten; die letztere erstmalig bei Inanspruchnahme der Ausnahme (vgl. dazu die Kommentierung in → §2 Rn. 160, 166). Ob die danach jährlich zu erfolgende Mitteilung nach §2 Abs. 3 Alt. 2 auch eine „Anzeige" iSd §64 Abs. 2 Nr. 1 Alt. 1 ist, mag bezweifelt werden (so Schäfer/Omlor/Mimberg/Weiß Rn. 21); dagegen spricht der Wortlaut.

Weiterhin belegt §64 Abs. 2 Nr. 1 Alt. 2 einen Teil der in §28 Abs. 1 und Abs. 2 **5** geregelten Anzeigepflichten mit Geldbuße: (1) Erwerb oder Aufgabe einer bedeutenden Beteiligung, Erreichen, Über- oder Unterschreiten von Beteiligungsschwellen von 20%, 30%, 50% der Stimmrechte oder des Kapitals sowie die Tatsache, dass das Institut Tochterunternehmen eines anderen Unternehmens wird oder nicht mehr ist, sobald das Institut von der bevorstehenden Änderung dieser Beteiligungsverhältnisse Kenntnis erlangt (§28 Abs. 1 Nr. 4); (2) der Verlust in Höhe von 25% der Eigenmittel (§28 Abs. 1 Nr. 5); (3) Verlegung der Niederlassung oder des Sitzes (§28 Abs. 1 Nr. 6); (4) die Einstellung des Geschäftsbetriebs (§28 Abs. 1 Nr. 7); (5) das Entstehen, die Änderung oder die Beendigung einer engen Verbindung zu einer anderen natürlichen Person oder einem anderen Unternehmen (§28 Abs. 1 Nr. 8); (6) die Absicht, sich mit einem anderen Institut iSd ZAG oder des KWG zu vereinigen (§28 Abs. 1 Nr. 9); (7) die Absicht des Instituts der Auslagerung sowie Vollzug der Auslagerung (§28 Abs. 1 Nr. 10); gleichfalls bußgeldbewehrt sind die Anzeigepflichten, die im Voraus zu erfüllen sind; jede wesentliche Änderung der zur Sicherung von Geldbeträgen nach §17 getroffenen Maßnahmen (§28 Abs. 2

S. 1); jede wesentliche Änderung der Absicherung, wenn ein Institut eine Absicherung im Haftungsfall gemäß § 16 oder § 36 aufrechtzuerhalten hat (§ 28 Abs. 2 S. 2).

6 § 64 Abs. 2 Nr. 1 Alt. 3 sanktioniert die unterlassene, unrichtige, unvollständige oder nicht rechtzeitige Anzeige der Absicht zur Errichtung einer Zweigniederlassung in einem anderen Mitgliedstaat der Europäischen Union oder einem EWR-Staat oder des Heranziehens von Agenten (§ 38 Abs. 1 S. 1); ein Unterlassen ua der Anzeige gemäß § 38 Abs. 2 (Absicht, im Wege des grenzüberschreitenden Dienstleistungsverkehrs tätig zu werden) wird dagegen nicht sanktioniert.

6a Wann die Erstattung der Anzeige als nicht richtig, nicht vollständig oder nicht rechtzeitig anzunehmen ist, ergibt sich aus der jeweiligen Gebotsvorschrift (Schäfer/Omlor/Mimberg/Weiß Rn. 25). Durch die alternativen Tathandlungsmöglichkeiten kann letztlich jedes Abweichen von dem gebotenen Tun eine Ahndung nach sich ziehen (Schäfer/Omlor/Mimberg/Weiß Rn. 27).

3. Regelberichte (§ 64 Abs. 2 Nr. 2 lit. a und lit. b)

7 § 64 Abs. 2 Nr. 2 sanktioniert Verstöße gegen die Pflicht zur Einreichung von Regelberichten bei der BaFin und bei der Deutschen Bundesbank (Jahresabschluss, Lagebericht, Prüfungsbericht, Konzernabschluss, Konzernlagebericht, lit. a, näher dazu vgl. oben Kommentierung → § 22 Rn. 16 ff. oder Monatsausweis, lit. b, näher dazu vgl. oben Kommentierung → § 29 Rn. 13 ff.). Ordnungswidrig ist es, diese nicht, nicht richtig, nicht vollständig oder nicht rechtzeitig einzureichen. Bereits vom Straftatbestand des § 332 Nr. 1 bzw. 2 HGB und mithin nicht von Abs. 2 Nr. 2 lit. a erfasst, ist das Übermitteln eines auf- oder festgestellten Abschlusses, in dem die Verhältnisse unrichtig oder verschleiert wiedergegeben werden (Schäfer/Omlor/Mimberg/Weiß Rn. 28). Im KWG ist die entsprechende Pflicht gemäß § 56 Abs. 2 Nr. 11 KWG bei Verletzung zu ahnden (vgl. auch Schäfer/Omlor/Mimberg/Weiß Rn. 29).

4. Auskünfte und Vorlage von Unterlagen bei Verdacht des Erbringens unerlaubter Zahlungsdienste oder unerlaubten E-Geld-Geschäfts bzw. Zuwiderhandlung gegen sonstiges Auskunftsverlangen (§ 64 Abs. 3 Nr. 1)

8 § 64 Abs. 3 Nr. 1 wurde im Rahmen des Zweiten E-Geld-RLUG als § 32 Abs. 3 Nr. 1 ZAG aF eingefügt und durch das ZDUG II zusammengelegt mit § 32 Abs. 3 Nr. 4 ZAG aF. Mit Geldbußen bis zu 300.000,00 EUR (früher für Nr. 1 ZAG aF 150.000,00 EUR bzw. für Nr. 4 ZAG aF 50.000,00 EUR) wird gem. § 64 Abs. 4 geahndet, wenn ein Unternehmen auf Verlangen der BaFin oder der Bundesbank bei Verdacht der unerlaubten Erbringung von Zahlungsdiensten oder des E-Geld-Geschäfts oder im Rahmen der allgemeinen Aufsicht über Institute Auskünfte nicht, nicht richtig, nicht vollständig oder nicht rechtzeitig erteilt oder eine Unterlage nicht richtig, nicht vollständig oder nicht rechtzeitig vorlegt und erforderlichenfalls benötigte Kopien nicht anfertigt (zur Auskunfts- und Herausgabepflicht ausführlich vgl. oben Kommentierung → § 8 Rn. 24 ff.; vgl. oben Kommentierung → § 19 Rn. 9 ff.; Schäfer/Omlor/Mimberg/Weiß Rn. 30 f.). Unter den Tatbestand fallen grds. weder die Vorlage einer bereits vorhandenen unrichtigen Unterlage auf Verlangen, noch ein fehlender Hinweis auf die inhaltliche Unrichtigkeit (Schäfer/Omlor/Mimberg/Weiß Rn. 32). Jedoch kann die Pflicht zu vollständigen Vorlage auch die Bekanntgabe der für die inhaltliche Unrichtigkeit maßgeblichen Unterlagen umfassen. Zudem ist der Tatbestand verwirklicht, wenn die inhaltliche Richtigkeit schlüssig behauptet oder die unrichtige Unterlage erst nach dem Verlangen zum Zweck der Vorlage erstellt wird (Schäfer/Omlor/Mimberg/Weiß Rn. 32). Das Auskunftsverweigerungsrecht nach § 8 Abs. 5 bzw. § 19 Abs. 4 berechtigt weder zur unrichtigen, unvollständigen oder verspäteten Auskunftserteilung noch zur Verfolgungsvereitelung (Schäfer/Omlor/Mimberg/Weiß Rn. 33).

5. Mangelnde Duldung von Maßnahmen bei der Ermittlung wegen unerlaubter Zahlungsdienste oder wegen unerlaubten Betreibens des E-Geld-Geschäfts bzw. mangelnde Duldung sonstiger Prüfungen, Betretungen oder Besichtigungen (§ 64 Abs. 3 Nr. 2)

§ 64 Abs. 3 Nr. 2 wurde durch das Zweite E-Geld-RLUG als § 32 Abs. 3 Nr. 2 **9** ZAG aF eingefügt und durch das ZDUG II zusammengelegt mit § 32 Abs. 3 Nr. 5 ZAG aF. § 64 Abs. 3 Nr. 2 Alt. 1 sanktioniert die mangelnde Duldung sowohl durch das Unternehmen, gegen das ermittelt wird, wie auch durch andere Unternehmen oder Personen, bei denen Tatsachen die Annahme rechtfertigen, dass sie in die Anbahnung, den Abschluss oder die Abwicklung von Zahlungsdiensten oder des E-Geld-Geschäfts einbezogen sind (§ 8 Abs. 5 S. 1, auch iVm Abs. 6; zur Duldungspflicht vgl. oben Kommentierung → § 8 Rn. 50). Zu dulden sind danach ua Besichtigung, Durchsuchung sowie Sicherstellung von Gegenständen. § 64 Abs. 3 Nr. 2 Alt. 2 betrifft das Recht der BaFin oder von ihr Beauftragter, insbesondere der Bundesbank, bei Instituten auch ohne besonderen Anlass gemäß § 19 Abs. 1 S. 2 und S. 3 Prüfungen vorzunehmen und deren Geschäftsräume zu betreten und diese zu besichtigen (zur Duldungspflicht vgl. oben Kommentierung → § 19 Rn. 18). Während die Prüfung selbst als Realakt einzustufen ist, ist die Prüfungsanordnung mit enthaltener Duldungsverfügung als anfechtbarer Verwaltungsakt anzunehmen (Schäfer/Omlor/Mimberg/Weiß Rn. 35). Auch hier bedroht § 64 Abs. 4 einen Verstoß gegen die Ordnungswidrigkeitsvorschrift des § 64 Abs. 3 Nr. 2 mit Geldbußen bis zu 300.000,00 EUR (früher für Nr. 2 ZAG aF 150.000,00 EUR bzw. für Nr. 5 ZAG aF 50.000,00 EUR).

6. Zuwiderhandlung gegen Auflagen nach § 10 Abs. 4 S. 1 oder § 11 Abs. 3 S. 1 (§ 64 Abs. 3 Nr. 3)

Im Rahmen einer Erlaubnis gemäß §§ 10 und 11 kann die BaFin Auflagen erlas- **10** sen. Ein Verstoß gegen diese Auflagen führt nicht dazu, dass die Erbringung des Zahlungsdienstes oder Erbringung des E-Geld-Geschäfts als unerlaubt und deshalb als strafbar gemäß § 63 Abs. 1 Nr. 4 oder 5 anzusehen ist (vgl. oben Kommentierung → § 63 Rn. 10; Schäfer/Omlor/Mimberg/Weiß Rn. 37). Der Verstoß gegen solche Auflagen kann (lediglich) mit einer Geldbuße von bis zu 100.000,00 EUR gem. § 64 Abs. 4 sanktioniert werden. Eine Strafbarkeit nach § 63 Abs. 1 Nr. 4 oder 5 kann nur dann angenommen werden, wenn die BaFin die Erlaubnis gem. § 10 Abs. 4 S. 2 auf das Erbringen einzelner Zahlungsdienste beschränkt hat und die Tätigkeit außerhalb dieser erfolgt (Schäfer/Omlor/Mimberg/Weiß Rn. 37).

7. Einberufung von Versammlungen, Anberaumung von Sitzungen, Ankündigung von Gegenständen zur Beschlussfassung gemäß § 19 Abs. 3 S. 1 (§ 64 Abs. 3 Nr. 4)

11   Im Rahmen ihrer Aufsicht darf die Bundesanstalt gemäß § 19 Abs. 3 S. 1 von Instituten verlangen, dass diese Versammlungen einberufen, Sitzungen von Verwaltungs- und Aufsichtsorganen anberaumen oder die Ankündigung von Gegenständen zur Beschlussfassung vornehmen (vgl. oben Kommentierung → § 19 Rn. 27 ff.). Bei dem sich gegen das Institut gerichteten Verlangen handelt es sich um einen Verwaltungsakt. Wird einem solchen Verlangen nicht oder nicht rechtzeitig nachgekommen, so kann die BaFin gegen die Geschäftsleiter des Instituts bei Vorsatz oder Fahrlässigkeit ein Bußgeld in Höhe von bis zu 100.000,00 EUR verhängen. Wann eine verlangte Maßnahme als nicht rechtzeitig vorgenommen anzunehmen ist, richtet sich nach der von der BaFin gesetzten Frist (Schäfer/Omlor/Mimberg/Weiß Rn. 42).

8. Zuwiderhandlung gegen vollziehbare Anordnung zur Vermeidung des Insolvenzverfahrens oder zur Vermeidung der Erlaubnisaufhebung, Anordnungen zur ordnungsgemäßen Geschäftsorganisation (§ 64 Abs. 3 Nr. 5)

12   Nach § 21 Abs. 3 S. 1 kann die BaFin zur Vermeidung eines Insolvenzverfahrens oder zur Vermeidung der Erlaubnisaufhebung verschiedene Anordnungen treffen, insbesondere die Annahme von Geldern und die Gewährung von Darlehen verbieten, ein Veräußerungs- und Zahlungsverbot an das Institut erlassen, Schließung des Instituts für den Verkehr mit der Kundschaft anordnen und die Entgegennahme von Zahlungen, die nicht zur Tilgung von Schulden gegenüber dem Institut bestimmt sind, verbieten (vgl. oben Kommentierung → § 21 Rn. 17 ff.). Eine Zuwiderhandlung kann die Bußgeldpflicht des § 64 Abs. 4 nach sich ziehen.

13   Anordnungen gemäß § 27 Abs. 3 S. 1 beziehen sich dagegen auf Institute, die sich nicht notwendigerweise in einer Krisensituation – wie sie § 21 Abs. 3 voraussetzt – befinden. Sofern die Bundesanstalt eine unzureichende Geschäftsorganisation eines Instituts feststellt, kann sie Anordnungen nach § 27 Abs. 3 S. 1 treffen, die für eine ordnungsgemäße Geschäftsorganisation geeignet und erforderlich sind (Schäfer/Omlor/Mimberg/Weiß Rn. 44). Ein Zuwiderhandeln gegen solche Anordnungen wird ebenfalls mit Geldbuße sanktioniert.

8a. Angemessene Maßnahmen zur Einhaltung des GwG und der Geltransferverornung gemäß § 27 Abs. 1 S. 1 und 2 Nr. 5 (§ 64 Abs. 3 Nr. 5a)

13a   Der Tatbestand des Abs. 3 Nr. 5a wurde mit Wirkung zum 1.1.2020 durch das Gesetz zur Umsetzung der Änderungsrichtlinie zur Vierten EU-Geldwäscherichtlinie v. 12.12.2019 eingefügt (BGBl. 2019 I 2602 (2625)). Die Gesetzesänderung soll der Bedeutung angemessener Maßnahmen nach § 27 Abs. 1 S. 1 und 2 Nr. 5 bei der Gewährleistung der Einhaltung der Anforderungen des GwG und der Vierten Geldwäsche-RL Rechnung tragen (RegBegr., BT-Drs. 19/13827, 1 (112)). Maßnahmen sind dann angemessen, wenn sie der Risikosituation des Instituts entsprechen und das Institut in die Lage versetzen, sowohl Geschäftsbeziehungen als auch einzelne Transaktionen, die als zweifelhaft und ungewöhnlich anzusehen sind, zu erkennen (RegBegr., BT-Drs. 19/13827, 1 (112)). Durch diese von der Gesetzesbegründung vorgegebene Definition wird dem verfassungsrechtlichen Bestimmtheitsgrundsatz genüge getan (Schäfer/Omlor/Mimberg/Weiß Rn. 47).

9. Zuwiderhandlung gegen vollziehbare Anordnungen nach § 27 Abs. 2 S. 1 iVm § 6a Abs. 1 KWG oder § 25i Abs. 4 KWG (§ 64 Abs. 3 Nr. 6)

Diese Bußgeldsanktion in Form des § 32 Abs. 3 Nr. 8 ZAG aF wurde mit dem **14** Zweiten E-Geld-RLUG eingefügt. In der neuen Fassung als § 64 Abs. 3 Nr. 6 wird besagte § 32 Abs. 3 Nr. 8 ZAG aF mit § 32 Abs. 3 Nr. 10a ZAG aF kombiniert; das dürfte wohl ein Redaktionsversehen sein, da diese Norm auch in Nr. 11 angesprochen ist (ähnlich Schäfer/Omlor/Mimberg/Weiß Rn. 48 „folgenloses Versehen des Gesetzgebers").

Hat die BaFin den Verdacht, dass die von dem Institut angenommenen Einlagen, **15** sonstige dem Institut anvertraute Vermögenswerte oder eine Finanztransaktion der Vorbereitung einer schweren staatsgefährdenden Gewalttat, der Finanzierung einer terroristischen Vereinigung dienen oder ggf. dienen würden, kann die BaFin bestimmte Anordnungen treffen (§ 27 Abs. 2 S. 1 iVm § 6a Abs. 1 KWG). Eine Zuwiderhandlung gegen eine solche Anordnung wird mit Geldbuße sanktioniert, wenn sie vorsätzlich oder fahrlässig erfolgt.

10. Organisationspflicht zur Führung einer Datei mit Kontendaten (§ 64 Abs. 3 Nr. 7)

§ 64 Abs. 3 Nr. 7 hat der Gesetzgeber in der Fassung des § 32 Abs. 3 Nr. 9 ZAG **16** aF im Rahmen des Zweiten E-Geld-RLUG erlassen. Im Rahmen der Organisationspflichten eines Instituts gemäß § 27 wird ihm durch Verweis des § 27 Abs. 2 S. 1 auf § 24c Abs. 1 S. 1 KWG auch die Pflicht zur Führung von Dateisystemen über Kontendaten auferlegt. Gemäß § 27 Abs. 2 S. 1 iVm § 25i Abs. 3 KWG haben E-Geld-Institute zudem Dateisysteme zu führen, in denen alle an identifizierte E-Geld-Inhaber ausgegebenen und zurückgetauschten E-Geld-Beträge mit Zeitpunkt und ausgebender oder rücktauschender Stelle aufgezeichnet werden (dazu → § 27 Rn. 125). Ein Verstoß gegen diese Organisationspflicht wird bei Vorsatz oder Fahrlässigkeit mit Geldbuße sanktioniert.

11. Gewährleistung des automatischen Abrufs von Kontendaten durch die BaFin (§ 64 Abs. 3 Nr. 8)

§ 64 Abs. 3 Nr. 8 wurde in der Fassung des § 32 Abs. 3 Nr. 10 ZAG aF im Rah- **17** men des Zweiten E-Geld-RLUG eingefügt. Ein Institut hat im Rahmen seiner Organisationspflichten nach § 27 entsprechend § 27 Abs. 2 S. 1 iVm § 24c Abs. 1 S. 5 KWG zu gewährleisten, dass die BaFin die gemäß § 24c Abs. 1 S. 1 KWG zu führende Datei über Kontodaten jederzeit und automatisch abrufen kann (sog. Kontenabruf, vgl. Schäfer/Omlor/Mimberg/Weiß Rn. 50). Der Tatbestand ist schon dann verwirklicht, wenn ein Abruf zwar noch möglich ist, aber nicht mehr entsprechend den Bestimmungen der BaFin erfolgen kann (Schäfer/Omlor/Mimberg/Weiß Rn. 50). Es ist fraglich, ob entgegen dem eindeutigen Wortlaut auch ein Verstoß gegen § 24c Abs. 1 S. 6 KWG erfasst ist. Danach hat ein Institut dafür Sorge zu tragen, dass ihm Abrufe nicht zur Kenntnis gelangen. Wäre die dort normierte Pflicht lediglich eine Bestimmung der BaFin, wäre ein Verstoß vom Anwendungsbereich der Norm umfasst. Es lässt sich mithin annehmen, dass der Verstoß gegen die gesetzliche Pflicht erst recht von Abs. 3 Nr. 8 erfasst ist (Schäfer/Omlor/Mimberg/Weiß Rn. 50).

12. Erfüllung der Sorgfaltspflichten durch E-Geld-Institute (§ 64 Abs. 3 Nr. 9)

18   § 25i KWG wurde neu gefasst im Rahmen des 4. Geldwäsche-RL-UmsG. Über § 27 Abs. 2 S. 1 gilt er auch für Institute des ZAG; er sanktioniert die Nichterfüllung von Sorgfaltspflichten des § 10 Abs. 1 GwG bei der Ausgabe von E-Geld. Deshalb kann diese Bußgeldsanktion nur für E-Geld-Institute zum Tragen kommen, da Zahlungsinstitute kein E-Geld ausgeben dürfen (wenn sie es dennoch tun, sind die Geschäftsleiter strafbar gemäß § 63 Abs. 1 Nr. 5; dazu und auch im Übrigen zu § 25i KWG idF des 4. GeldwäscheRL-UmsG vgl. → § 27 Rn. 96 ff.; Schäfer/Omlor/Mimberg/Weiß Rn. 51). Identifiziert ein E-Geld-Institut seinen Vertragspartner im Rahmen der Ausgabe von E-Geld nicht oder nicht vollständig, so wird dies sanktioniert. Es kommt darüber hinaus auch die Verwirklichung einer der Bußgeldtatbestände des § 56 Abs. 1 Nr. 15–20 GwG in Betracht. Erst durch Abs. 3 Nr. 9 werden jedoch erweiterte Sorgfaltspflichten nach § 27 Abs. 2 S. 1 iVm § 25i Abs. 1 KWG, bei denen die Schwellenwerte des § 10 Abs. 3 Nr. 2 GwG wegfallen, erfasst (Schäfer/Omlor/Mimberg/Weiß Rn. 52).

13. Führung von Dateien als E-Geld-Institut (§ 64 Abs. 3 Nr. 10 aF)

19   Abs. 3 Nr. 10 wurde mit Wirkung zum 26.11.2019 durch das Zweite Gesetz zur Anpassung des Datenschutzrechts an die Verordnung (EU) 2016/679 und zur Umsetzung der Richtlinie (EU) 2016/680 (Zweites Datenschutz-Anpassungs- und Umsetzungsgesetz EU – **2. DSAnpUG-EU**) aufgehoben. Der Gesetzgeber wollte Abs. 3 Nr. 7 und Nr. 10 so zusammenfassen und im Hinblick auf § 25i präzisieren (RegBegr., BT-Drs. 19/4674, 331 zu Nummer 3; Schwennicke/Auerbach/Schwennicke Rn. 1).

14. Anordnungen der BaFin wegen Geldwäscherisiken beim E-Geld-Geschäft (§ 32 Abs. 3 Nr. 11)

20   Die Vorgängernorm des § 32 Abs. 3 Nr. 10a ZAG aF hat der Gesetzgeber ursprünglich im Rahmen des GeldwäschePrävOptG erlassen. § 25i KWG, der gemäß § 27 Abs. 2 S. 1 auch auf Institute, genauer auf E-Geld-Institute (vgl. Schäfer/Omlor/Mimberg/Weiß Rn. 48), anwendbar ist, regelt die Sorgfalts- und Organisationspflichten beim E-Geld-Geschäft. Nimmt ein Institut vereinfachte Sorgfaltspflichten gemäß § 25i Abs. 2 KWG wahr, so kann die BaFin einschreiten, wenn sie den Verdacht hat, dass die Voraussetzungen für die vereinfachten Sorgfaltspflichten nicht (mehr) vorliegen. Sodann kann die BaFin einschreiten, wenn sie den Verdacht eines erhöhten Risikos der Geldwäsche, Terrorismusfinanzierung oder sonstiger strafbarer Handlungen hat. Handelt ein Institut solchen Anordnungen der BaFin gemäß § 27 Abs. 2 S. 1 iVm § 25i Abs. 4 KWG zuwider, so ist bei vorsätzlichem oder fahrlässigem Handeln der Bußgeldtatbestand verwirklicht.

15. Aufzeichnungsgebot nach Geldwäschegesetz (§ 64 Abs. 3 Nr. 12)

Die Vorschrift des § 64 Abs. 3 Nr. 12 führt den Wortlaut des § 32 Abs. 3 Nr. 13 **21**
ZAG aF fort, der im Rahmen des Zweiten E-Geld-RLUG erlassen wurde. Den
Verweis auf § 8 GwG (vormals in § 22 ZAG aF enthalten) gibt es in § 27 nicht
mehr. Der Bußgeldtatbestand des § 64 Abs. 3 Nr. 12 geht deshalb ins Leere. Es
kommt allein die Verwirklichung des Bußgeldtatbestandes gemäß § 56 Abs. 1 Nr. 9
GwG in Betracht. (Anders Schäfer/Omlor/Mimberg/Weiß Rn. 54: Für die nach
§ 2 Abs. 1 Nr. 3 verpflichteten E-Geld-Institute gelte § 8 Abs. 1 GwG jedoch gem.
§ 27 Abs. 2 S. 1 iVm § 25i Abs. 1 KWG auch unterhalb der eigentlichen Schwellenwerte des GwG. Um dies trotzdem ahnden zu können, sei § 64 Abs. 3 Nr. 12 notwendig.)

16. Zuwiderhandlung gegen vollziehbare Anordnungen zur Verhinderung und Unterbindung von Verstößen gegen die 2. GeldtransferVO (§ 64 Abs. 3 Nr. 13)

Nach § 27 Abs. 3 (nach Schäfer/Omlor/Mimberg/Weiß Rn. 55 wollte der Ge- **22**
setzgeber auf § 27 Abs. 4 verweisen; das kann aber im Rahmen einer Bußgeldvorschrift mangels lex scripta nicht ausschlaggebend sein) kann die BaFin Anordnungen treffen, die geeignet und erforderlich sind, um die Anforderungen an eine
ordnungsgemäße Geschäftsorganisation iSd § 27 Abs. 1 zu erfüllen. Ein Teil dieser
Pflichten des Instituts nach § 27 Abs. 1 betrifft die Einrichtung interner Verfahren
und Kontrollsysteme, die der Einhaltung der Pflichten aus der GeldtransferVO dienen (§ 27 Abs. 1 S. 2 Nr. 4 Alt. 3). Wenn ein Institut gegen vollziehbare Anordnungen der BaFin diesbezüglich, dh die Geschäftsorganisation im Hinblick auf die
Compliance mit der GeldtransferVO, verstößt, droht eine Bußgeldpflicht. Damit
ist die GeldtransferVO gegenüber der PreisVO, der SEPA-VO und der MIF-VO
besonders hervorgehoben.

17. Gewährung von Zugang zu einem Zahlungskonto gegenüber einem Zahlungsauslösedienstleister oder Kontoinformations-dienstleister (§ 64 Abs. 3 Nr. 14)

§ 64 Abs. 3 Nr. 14 sanktioniert die Pflicht von kontoführenden Zahlungsdienst- **23**
leistern (zum Begriff → § 1 Rn. 432), gemäß § 52, der wiederum an die Pflichten
nach §§ 45, 48, 50 anknüpft, den Zugang zu Zahlungskonten (dazu → § 1 Rn. 35)
zu gewähren. Diese im Rahmen des ZDUG II erstmals eingeführte Pflicht und die
entsprechende Bußgeldbedrohung stellen einen wesentlichen Bestandteil der von
der PSD2 ausgehenden Öffnung der Zahlungskonten für Drittanbieter dar (hierzu
die Kommentierungen zu §§ 45 ff.). Im Gegensatz zu den übrigen Tatbeständen des
§ 64 soll Abs. 3 Nr. 13 nicht vor aus den Zahlungsdiensten resultierenden Gefahren
für Dritte schützen, sondern Wettbewerbsverstöße verhindern (Schäfer/Omlor/
Mimberg/Weiß Rn. 56). Die Bußgeldsanktion wird aber vielfach als unzureichend
angesehen und es wird eine zivilrechtliche Flankierung gefordert (dazu → § 45
Rn. 4, → § 48 Rn. 7 ff., → § 50 Rn. 5). Kontoführende Zahlungsdienstleister dürfen nur unter den engen Voraussetzungen des § 52 den Zugang zu Zahlungskonten
verweigern.

18. Unterrichtung der BaFin über schwerwiegende Betriebs- oder Sicherheitsvorfälle (§ 64 Abs. 3 Nr. 15)

24   Die PSD2 hat für alle Zahlungsdienstleister neu eingeführt die Unterrichtung der Bundesanstalt über schwerwiegende Betriebs- oder Sicherheitsvorfälle (siehe auch Schäfer/Omlor/Mimberg/Weiß Rn. 57). Die Pflicht ist in § 54 verankert und wird in den dazugehörigen Leitlinien (vgl. → § 54 Rn. 18) ausgeführt. Der Bußgeldpflicht nach § 64 Abs. 3 Nr. 15 unterliegen deshalb alle Zahlungsdienstleister.

III. Täter einer Ordnungswidrigkeit, juristische Personen, Gesellschaften, Aufsichtspersonen, Teilnahme

25   Ein Institut, das **als juristische Person oder rechtsfähige Personengesellschaft** verfasst ist, kann nur im Rahmen von § 30 OWiG zu einer Geldbuße herangezogen werden. Eine persönliche Vorwerfbarkeit scheidet bei juristischen Personen und Personenvereinigungen aus, sodass diese im Rahmen von § 30 OWiG fingiert wird (Bohnert, OWiG, 3. Aufl. 2010, § 30 Rn. 2; Schäfer/Omlor/Mimberg/Weiß Rn. 9).

26   Durch § 14 Abs. 1 S. 1 OWiG wird das Verhalten jedes an einer Ordnungswidrigkeit Beteiligten als ordnungswidrig eingestuft (vgl. Schäfer/Omlor/Mimberg/Weiß Rn. 63). Um eine fahrlässige Ordnungswidrigkeit selbst zu begehen oder aber sich an der Ordnungswidrigkeit eines anderen zu beteiligen, muss der Täter sämtliche Tatbestandsmerkmale erfüllen (BGH NJW 1983, 2272; dazu ausführlich Schäfer/Omlor/Mimberg/Weiß Rn. 64 ff.). Ebenso wie das Strafrecht in § 14 StGB rechnet das OWiG in § 9 OWiG bestimmten handelnden Personen, die nach § 64 in Verbindung mit den jeweiligen Aufsichtsnormen bestehenden Pflichten des Instituts zu; in vielen Fällen adressiert § 64 diese Personen, Geschäftsleiter und andere Personen, auch unmittelbar (siehe auch Schäfer/Omlor/Mimberg/Weiß Rn. 9). Gemäß § 9 Abs. 1 OWiG ist jemand ua verantwortlich, wenn er als vertretungsberechtigtes Organ einer juristischen Person oder als Mitglied eines solchen Organs oder als vertretungsberechtigter Gesellschafter einer rechtsfähigen Personengesellschaft handelt; in diesem Fall werden ihm die besonderen Eigenschaften bzw. Pflichten der juristischen Person oder Personenvereinigung zugerechnet. Eine ebensolche Zurechnung erfolgt gemäß § 9 Abs. 2 OWiG bei jemandem, der vom Inhaber eines Betriebes oder einem sonst dazu Befugten beauftragt ist, den Betrieb ganz oder zum Teil zu leiten oder ausdrücklich beauftragt ist, in eigener Verantwortung Aufgaben wahrzunehmen, die dem Inhaber des Betriebs obliegen. Da sich die Verhaltensvorschriften des § 64 mithin teilweise unmittelbar an natürliche Personen richten, ist der Kreis der tauglichen Täter deutlich weiter als bei § 63 (Schäfer/Omlor/Mimberg/Weiß Rn. 10).

27   Bei Verletzung von das Institut treffenden Pflichten können gemäß § 130 OWiG neben Geschäftsleitern oder Beauftragen iSv § 9 OWiG oder auch allein der Inhaber eines Instituts oder die in § 9 OWiG genannten vertretungsberechtigten Personen oder Beauftragten wegen Verletzung einer Aufsichtspflicht gemäß § 130 OWiG zur Verantwortung gezogen werden. Gemäß § 14 OWiG haften auch Beteiligte, insbesondere Anstifter und Gehilfen, selbst, wenn ein besonderes persönliches Merkmal iSv § 9 Abs. 1 OWiG, zB besondere Pflichten des Instituts, nur bei diesem vorliegen kann.

Es ist zwischen dem materiellen und dem formellen Institutsbegriff zu unterscheiden (Schäfer/Omlor/Mimberg/Weiß Rn. 11; zur Unterscheidung siehe Kommentierung → § 63 Rn. 4). Bei § 64 Abs. 1 iVm § 7, Abs. 2 Nr. 1 iVm § 2, sowie Abs. 3 Nr. 1 und 2 iVm § 8 stehen gerade unerlaubte Geschäfte bzw. die Institutseigenschaft in Frage, mithin ist hier von dem materiellen Institutsbegriff auszugehen. Im Übrigen gilt aufgrund der Voraussetzung einer Erlaubnis oder laufenden Beaufsichtigung der formelle Institutsbegriff (Schäfer/Omlor/Mimberg/Weiß Rn. 11).

IV. Vorsatz, Leichtfertigkeit

Der Begriff des Vorsatzes des OWiG entspricht demjenigen des § 15 StGB (Boh- **28** nert, OWiG, 3. Aufl. 2010, § 10 Rn. 1) (insofern wird auf die Kommentierung zu → § 63 Rn. 18 verwiesen; kritisch zur gesetzgeberischen Entscheidung, wann Vorsatz und wann Fahrlässigkeit zu fordern ist Schäfer/Omlor/Mimberg/Weiß Rn. 61).

Leichtfertigkeit ist eine gegenüber der normalen Fahrlässigkeit gesteigerte Nach- **29** lässigkeit gegenüber den Verhaltenserwartungen des Rechts (Bohnert, OWiG, 3. Aufl., § 10 Rn. 18; vgl. nur Fischer StGB § 15 Rn. 35). Leicht fahrlässige Begehung verwirklicht im Fall, dass leichtfertiges Begehen gefordert wird (so § 64 Abs. 2, aber nicht § 64 Abs. 3), den Tatbestand der Ordnungswidrigkeit nicht (Schäfer/Omlor/Mimberg/Weiß Rn. 59). Verwirklicht ein Beteiligter nicht selbst alle Tatbestandsmerkmale bzw. scheidet eine Zurechnung nach § 9 OWiG aus, kann eine leichtfertige oder einfach fahrlässige Begehung nicht angenommen werden (Schäfer/Omlor/Mimberg/Weiß Rn. 60). Hat der Täter nicht mindestens in laienhafter Parallelwertung eine hinreichend deutliche Vorstellung über das Bestehen eines behördlichen Verbots oder Gebots, kommt ein Tatbestandsirrtum in Betracht (so BGH NJW 2020, 2652 (2653) zu einem vereinsrechtlichen Betätigungsverbot; Schäfer/Omlor/Mimberg/Weiß Rn. 62 der das nicht nur für das Bestehen, sondern auch für den Umfang eines Verbotes annimmt, dazu aA BGH NJW 2020, 2652 (2653)).

V. Versuch, Vollendung, Beendigung

Der Versuch einer Ordnungswidrigkeit nach § 64 ist gem. § 13 Abs. 2 OWiG **29a** nicht ahndbar. Zur Vollendung und Beendigung vgl. oben Kommentar → § 63 Rn. 24; Schäfer/Omlor/Mimberg/Weiß Rn. 67 f.

VI. Rechtswidrigkeit

Die Rechtswidrigkeit ist in der Regel durch das den Verstoß gegen das in Bezug **29b** genommene Verbot bzw. Gebot indiziert, eine Rechtfertigung gem. §§ 15, 16 OWiG muss wohl ausscheiden (Schäfer/Omlor/Mimberg/Weiß Rn. 69). Die Vorwerfbarkeit entfällt bei einem Irrtum nach § 11 Abs. 2 OWiG (Schäfer/Omlor/Mimberg/Weiß Rn. 69).

VII. Zuständige Verwaltungsbehörde (Abs. 5)

30 § 64 Abs. 5 (§ 33 ZAG aF) regelt durch Verweis auf § 36 Abs. 1 Nr. 1 OWiG die sachliche Zuständigkeit für die Verfolgung von Ordnungswidrigkeiten nach dem ZAG; sachlich zuständig ist die BaFin (Ellenberger/Findeisen/Nobbe/Böger/Rieg Rn. 27). Dies steht im Einklang mit Art. 20 Abs. 2 ZDRL (Ellenberger/Findeisen/Nobbe/Böger/Rieg Rn. 28). Damit ist die BaFin zur Verfolgung von solchen Ordnungswidrigkeiten und zur Ahndung dieser Ordnungswidrigkeiten durch Bußgeld gemäß § 35 Abs. 1 und Abs. 2 OWiG zuständig, soweit nicht die Staatsanwaltschaft oder das Gericht zuständig ist. Die Zuständigkeit kann sich dabei gemäß § 38 OWiG auf damit zusammenhängende Ordnungswidrigkeiten erstrecken, beispielsweise Ordnungswidrigkeiten nach § 30 OWiG oder § 130 OWiG (Schäfer/Omlor/Mimberg/Weiß Rn. 85). Die Staatsanwaltschaft kann nach § 42 Abs. 1 S. 1 OWiG die Verfolgung einer Ordnungswidrigkeit, die gemäß § 42 Abs. 1 S. 2 OWiG mit einer verfolgten Straftat zusammenhängt und deren Übernahme gem. § 42 Abs. 2 OWiG sachdienlich ist, übernehmen (zur Zuständigkeit der StA ausführlich Schäfer/Omlor/Mimberg/Weiß Rn. 86).

VIII. Konkurrenzen

31 Wer an einer Ordnungswidrigkeit nach § 63 beteiligt ist, kann nicht zusätzlich nach § 130 OWiG belangt werden (Schäfer/Omlor/Mimberg/Weiß Rn. 71). Die Ahndung einer Ordnungswidrigkeit tritt gem. § 21 Abs. 1 S. 1 OWiG bei gleichzeitiger Verwirklichung hinter die Ahndung einer Straftat zurück (Schäfer/Omlor/Mimberg/Weiß Rn. 72). Die Tatbestände des Abs. 2 Nr. 1 entfalten keine Sperrwirkung gegenüber § 63 Nr. 4 (RegBegr., BT-Drs. 18/11495, 118). Die Verwirklichung mehrerer Tathandlungsvarianten des Tatbestandes stellt nur eine Tat dar, die lediglich auf mehrere Weisen begangen wird (Schäfer/Omlor/Mimberg/Weiß Rn. 73).

IX. Rechtsfolgen

32 Bei Verstoß gegen § 64 kann gem. § 1 Abs. 1 OWiG eine Geldbuße verhängt werden. Das Mindestmaß bestimmt sich nach § 17 Abs. 1 Hs. 1 OWiG, das Höchstmaß ist gem. § 64 Abs. 4 vom verwirklichten Tatbestand abhängig (Schäfer/Omlor/Mimberg/Weiß Rn. 78 f.). Gegen juristische Personen oder Personenvereinigungen kann gem. § 30 OWiG eine Unternehmensgeldbuße festgesetzt werden, deren Höchstmaß sich gem. § 30 Abs. 2 S. 2 OWiG nach dem Höchstmaß der Geldbuße für die begangene Ordnungswidrigkeit bestimmt (Schäfer/Omlor/Mimberg/Weiß Rn. 80 ff.). Eine Einziehung von Tatobjekten oder -werkzeugen ist gem. § 22 Abs. 1 OWiG bei § 64 nicht möglich. Jedoch kann gegen den Täter, sofern er durch die Tat etwas erlangt hat, gem. § 29a Abs. 1 OWiG die Einziehung eines Geldbetrags bis zu der Höhe angeordnet werde, die dem Wert des Erlangten entspricht (Schäfer/Omlor/Mimberg/Weiß Rn. 83).

§ 65 Mitteilung in Strafsachen

[1]Das Gericht, die Strafverfolgungs- oder die Strafvollstreckungsbehörde hat in Strafverfahren gegen Inhaber oder Geschäftsleiter von Instituten sowie gegen Inhaber bedeutender Beteiligungen an Instituten
oder deren gesetzliche Vertreter wegen Verletzung ihrer Berufspflichten
oder anderer Straftaten bei oder im Zusammenhang mit der Ausübung
eines Gewerbes oder dem Betrieb einer sonstigen wirtschaftlichen Unternehmung, im Fall der Erhebung der öffentlichen Klage der Bundesanstalt
1. die Anklageschrift oder eine an ihre Stelle tretende Antragsschrift,
2. den Antrag auf Erlass eines Strafbefehls und
3. die das Verfahren abschließende Entscheidung mit Begründung
zu übermitteln. [2]Ist gegen die Entscheidung ein Rechtsbehelf eingelegt
worden, ist die Entscheidung unter Hinweis auf den eingelegten Rechtsbehelf zu übermitteln. [3] § 60a Absatz 1a bis 3 des Kreditwesengesetzes gilt
entsprechend.

I. Hintergrund

§ 65 (in der ursprünglichen Version des § 34 ZAG aF, die fast identisch mit dem **1**
§ 65 ist) ist an § 60a KWG sowie § 341 KAGB, § 34 VAG, § 122 WpHG angelehnt
und soll durch die Informationspflichten von Gerichten, Strafverfolgungs- und
Strafvollstreckungsbehörden gegenüber der BaFin eine wirksame Aufsicht über Institute sicherstellen (RegBegr. ZDUG, BT-Drs. 16/11613, 57). § 60a KWG wurde
erlassen, da der Gesetzgeber der Ansicht war, dass auch sonstige Strafverfahren
Rückschlüsse über die Zuverlässigkeit oder fachliche Eignung von Inhabern oder
Geschäftsleitern von Instituten oder von Inhabern bedeutender Beteiligungen an
Instituten oder deren gesetzliche Vertreter zulassen können (RegE Justizmittei-
lungsgesetz, BT-Drs. 13/4709, 35). Durch die Informationspflichten nach § 65
kann die BaFin gegebenenfalls erst in die Lage versetzt werden, aufsichtsbehördliche Maßnahmen nach § 4 Abs. 2, § 7 Abs. 1, § 13 Abs. 2, § 20 Abs. 1–3, § 21
Abs. 1–3 zu ergreifen (Schäfer/Omlor/Mimberg/Weiß Rn. 3). Dabei bildet § 65
die notwendige Rechtsgrundlage für die Übermittlung personenbezogener Daten
unter Ausgleich der Interessen der Allgemeinheit an einer wirksamen Aufsicht und
dem Selbstbestimmungsrecht des Einzelnen (Schäfer/Omlor/Mimberg/Weiß
Rn. 3). § 65 ist dabei vor dem Hintergrund des § 13 Abs. 1 Nr. 1 EGGVG (Schä-
fer/Omlor/Mimberg/Weiß Rn. 4) die speziellere Norm gegenüber den Regelungen der §§ 12 ff. EGGVG über Mitteilungen in Strafsachen (Fischer/Schulte-
Mattler/Lindemann § 60a Rn. 2 zur Parallelvorschrift im KWG). Soweit die
§§ 12 ff. EGGVG darüber hinaus allgemeine Bestimmungen enthalten, gelten diese
im Umkehrschluss aus § 12 Abs. 1 S. 2 EGGVG auch für die Datenübermittlung
nach § 65 (näher dazu Schäfer/Omlor/Mimberg/Weiß Rn. 4). Ergänzend zu beachten sind seitens der Staatsanwaltschaft und des Strafgerichts bei Mitteilungen
nach § 65 S. 1 und 2 sowie S. 3 iVm § 60a Abs. 1a S. 1 und Abs. 2 KWG die MiStra
(Anordnung über Mitteilungen in Strafsachen in der ab dem 1.8.2022 geltenden
Fassung vom 1.5.2022 (Fundstelle: BAnz. AT 20.7.2022 B1)) sowie bei dem Akteneinsichtsrecht nach § 65 S. 3 iVm § 60a Abs. 3 KWG die §§ 474 ff. StPO über
die Akteneinsicht im Ermittlungs- und Strafverfahren (Schäfer/Omlor/Mimberg/

Weiß Rn. 5). Gemäß § 147 Nr. 2 GVG haben die Staatsanwaltschaften auch die RiStBV (Richtlinien für das Strafverfahren und das Bußgeldverfahren vom 1.1.1977 geändert mit Wirkung vom 1.12.2021 durch Bekanntmachung vom 8.11.2021 (Fundstelle: BAnz. AT 24.11.2021 B1)) zu beachten. Mitteilungspflichten im Zusammenhang mit Steuerstraftaten von Inhabern oder Geschäftsleitern von Instituten sowie Inhabern bedeutender Beteiligungen von Instituten oder deren gesetzliche Vertreter bestehen im ZAG, anders als in § 8 Abs. 2 KWG, nicht. Sollten also solche Steuerstraftaten nicht bei oder im Zusammenhang mit der Ausübung eines Gewerbes oder dem Betrieb einer sonstigen wirtschaftlichen Unternehmung entstanden sein, bestünde hier eine Informationslücke.

II. Strafverfahren wegen Verletzung von Berufspflichten oder anderer Straftaten (S. 1 und S. 2)

1. Zweck

2   Die vom ZAG normierten Zuverlässigkeitsanforderungen an Inhaber und Geschäftsleiter von Instituten, Inhaber bedeutender Beteiligungen an Instituten sowie deren gesetzlichen Vertreter sind nicht nur im Zeitpunkt der Übernahme der Position zu erfüllen, sondern auch während der gesamten Zeit, in der die Person diese Stellung inne hat. Als zuständige Aufsichtsbehörde muss die BaFin daher über eintretende Veränderungen stets informiert bleiben, im Fall strafgerichtlicher Verfahren soll diese Information durch Strafverfolgungsbehörden oder Strafgerichte erfolgen (Schäfer/Omlor/Mimberg/Weiß Rn. 6).

2. Voraussetzungen

3   Die Mitteilungspflicht nach § 65 S. 1 und S. 2 greift ein bei bestimmten berufsbezogenen Straftaten, ohne dass es auf den Verfahrensabschnitt ankäme. Ein Bußgeld- oder Ordnungswidrigkeitenverfahren genügt dagegen nicht (Schäfer/Omlor/Mimberg/Weiß Rn. 7). Die öffentliche Klage ist dabei nicht technisch zu verstehen (Ellenberger/Findeisen/Nobbe/Böger/Rieg Rn. 3). Mindestens ein Beschuldigter des entsprechenden Verfahrens muss zu den genannten Personen gehören (näher zu der Ermittlung der Stellung des Beschuldigten Schäfer/Omlor/Mimberg/Weiß Rn. 9), es gelten die Begriffsbestimmungen des § 1, wobei aufgrund des Bedürfnisses der Erweiterung der aufsichtsbehördlichen Entscheidungsgrundlage von einem materiellen Institutsbegriff auszugehen ist, so dass auch Institute erfasst sind, die noch nicht über eine Erlaubnis verfügen (Schäfer/Omlor/Mimberg/Weiß Rn. 8). Maßgeblich ist, ob die benannte Stellung zum Zeitpunkt der Mitteilung schon und noch inne gehabt wurde, Mitteilungen zB betreffend vorgesehene oder abberufenen Geschäftsleiter sind nicht durch S. 1 geboten, können allerdings unter S. 3 iVm § 60a Abs. 2 KWG fallen (Schäfer/Omlor/Mimberg/Weiß Rn. 8).

4   Nicht notwendig ist, dass die Straftat gerade im Zusammenhang mit der Ausübung des Gewerbes als Zahlungsinstitut oder als E-Geld-Institut steht; vielmehr geht es um Straftaten bei oder im Zusammenhang mit der Ausübung jeglichen Gewerbes durch die benannten Personen oder bei oder im Zusammenhang mit dem Betrieb einer sonstigen wirtschaftlichen Unternehmung (Schäfer/Omlor/Mimberg/Weiß Rn. 11). Dies erlaubt den Schluss, dass der Täter sich als Geschäftsleiter oÄ eines Instituts nicht besser verhalten wird (Schäfer/Omlor/Mimberg/Weiß

Rn. 11). Straftaten, die im rein privaten Bereich fußen, beispielsweise eine Verletzung von Unterhaltspflichten gemäß § 170 StGB, würden hiervon nicht erfasst.

Dass § 65 trotz seiner Anlehnung an § 60a Abs. 1 KWG und im Vergleich mit **5** den Regelungen in § 341 Abs. 1 S. 2 KAGB, § 334 Abs. 1 S. 3 VAG, § 122 Abs. 4 S. 2 WpHG, keine Einschränkung hinsichtlich Fahrlässigkeitsdelikten kennt, dürfte ein schlichtes Versehen sein (Schäfer/Omlor/Mimberg/Weiß Rn. 12); eine Übermittlung sollte deshalb auch bei Fahrlässigkeitstaten geboten sein, ohne dass es auf eine Verhältnismäßigkeitsprüfung durch das übermittelnde Gericht oder die Behörde ankäme (Schäfer/Omlor/Mimberg/Weiß Rn. 12).

3. Zur Mitteilung verpflichtete Stellen

Die Strafverfolgungsbehörde, die das Verfahren bei Gericht anhängig gemacht **6** oder die Anklage vor Gericht vertreten hat, das Gericht selbst und die Strafvollstreckungsbehörde (nach § 152 Abs. 1 StPO, § 451 Abs. 1 StPO regelmäßig die Staatsanwaltschaft) sind die zur Mitteilung verpflichteten Stellen (Schäfer/Omlor/Mimberg/Weiß Rn. 13f.).

4. Gegenstand der Mitteilung

Gegenstand der Mitteilung sind die Schriftstücke, mit denen das Strafverfahren **7** bei Gericht anhängig gemacht wird, nämlich die Anklageschrift (§ 170 Abs. 1 StPO, § 200 StPO), die Antragsschrift im Sicherungsverfahren (§ 414 Abs. 2 StPO) und der Antrag auf Erlass eines Strafbefehls (§ 407 Abs. 1 StPO, § 409 StPO), nicht jedoch der Antrag auf Übergang ins Strafbefehlsverfahren (§ 408a StPO), der Gefahr vorzu-tragsschrift für das beschleunigte Verfahren (§ 417 StPO) ebenso wenig wie die Antragsschrift im selbständigen Einziehungsverfahren (§ 435 StPO) (Schäfer/Omlor/Mimberg/Weiß Rn. 15). Daneben sind das Strafverfahren abschließende Entscheidungen mitzuteilen (näher dazu Schäfer/Omlor/Mimberg/Weiß Rn. 16) sowie bei gerichtlichen Entscheidungen nach § 65 S. 2 darauf hinzuweisen, ob diese rechtskräftig ist oder ob noch ein Rechtsbehelf eingelegt worden ist. Der engere Begriff „Rechtsmittel" wurde im Rahmen des ZDUG II gegen den weiteren Begriff „Rechtsbehelf" ausgetauscht. Die Mitteilung dient dem Zweck, der Gefahr vorzubeugen, dass strafgerichtliche Entscheidungen fälschlicherweise bereits für endgültig wahrgenommen werden (Schäfer/Omlor/Mimberg/Weiß Rn. 17). Aufgrund des Hinweises ist für die BaFin zudem erkennbar, ob und welche erforderlichen Maßnahmen etwaig im Zusammenhang mit dem Verfahren ergriffen werden können (Ellenberger/Findeisen/Nobbe/Böger/Rieg Rn. 6).

5. Zeitpunkt und Form der Mitteilung

Die nicht im Ermessen stehende Mitteilungspflicht setzt unverzüglich ein, sobald **8** die Anklage durch Übersendung an das Gericht öffentlich erhoben wurde bzw. wenn das Urteil Angeklagten und Staatsanwaltschaft übersandt wurde (Schäfer/Omlor/Mimberg/Weiß Rn. 19). Die Schriftstücke sind grundsätzlich vollständig mitzuteilen, beispielhaft ist eine Übersendung ohne Entscheidungsgründe oder eine Teilschwärzung nicht statthaft (Schäfer/Omlor/Mimberg/Weiß Rn. 20). Davon ausgenommen können der Übermittlung allerdings Übermittlungsverbote nach § 12 Abs. 3 EGGVG oder § 30 Abs. 1 AO, § 78 Abs. 1 S. 3 SGB X entgegenstehen (Schäfer/Omlor/Mimberg/Weiß Rn. 20). Eine Zweckbindung hinsichtlich

der Verwendung ergibt sich aus § 19 Abs. 1 EGGVG. Das Offenbaren und/oder
Veröffentlichen der Daten kann sowohl strafrechtliche als auch datenschutzrechtliche Folgen haben (näher dazu Schäfer/Omlor/Mimberg/Weiß Rn. 22).

III. Mitteilungspflichten über die Einleitung eines Ermittlungsverfahrens (S. 3 iVm § 60a Abs. 1a S. 1 KWG)

9   Durch den Verweis auf § 60a KWG kommt es zu einer zeitlichen sowie inhaltlichen Erweiterung der Informationsmöglichkeiten der BaFin (Ellenberger/Find-
eisen/Nobbe/Böger/Rieg Rn. 7). Lediglich in Strafverfahren, die Straftaten nach
§ 54 KWG zum Gegenstand haben, ist die BaFin bereits über die Einleitung des Ermittlungsverfahrens gemäß § 65 S. 3 iVm § 60a Abs. 1a S. 1 KWG zu informieren.
Diese Informationspflicht erstreckt sich nach dem Gesetzeswortlaut allerdings nicht
auf Straftaten gemäß § 63, da § 65 S. 3 lediglich auf § 60a Abs. 1a bis Abs. 3 KWG
verweist, der wiederum nur Straftaten nach § 54 KWG erfasst. In Fällen des § 54
KWG soll die BaFin also bereits bei Bestehen eines Anfangsverdachts in die Prüfung
einbezogen werden und ihre aufsichtsrechtlichen Befugnisse darauf ausrichten können (RegBegr. 4. FinFöG, BT-Drs. 14/8017, 130). Die zeitliche Vorverlagerung
der Mitteilung rechtfertigt sich durch die mit Blick auf die §§ 7, 8 höhere Wahrscheinlichkeit aufsichtsrechtlichen Einschreitens (Schäfer/Omlor/Mimberg/Weiß
Rn. 23) und sie soll Schwachstellen bei der Zusammenarbeit zwischen Strafverfolgungsbehörden und BaFin beseitigen. Bereits der Anfangsverdacht einer Straftat soll
der BaFin Gelegenheit geben, für die Solvenz eines Instituts relevante Beschuldigte
einer genauen Prüfung zu unterziehen (BT-Drs. 14/8017, 130; Schwennicke/Au-
erbach/Schwennicke KWG § 60a Rn. 5). Zur Mitteilung verpflichtet ist die Staatsanwaltschaft (Schäfer/Omlor/Mimberg/Weiß Rn. 25), die nach Nr. 6 Abs. 2 S. 1
MiStra neben dem Sachverhalt auch die zugrundeliegenden Beweise mitteilen soll.
Um der Gefahr zu begegnen, dass die Verwendung der Ergebnisse durch die BaFin
zur Kenntnis des Beschuldigten oder Dritten führt und dadurch eine Gefährdung
der Ermittlungsergebnisse entsteht, lässt § 60a Abs. 1a S. 1 aE KWG die Zurückstellung der Mitteilung zu. Eine Zurückstellung kann auch erfolgen, wenn bereits bei
Verfahrenseinleitung von einer zeitnahen Einstellung ohne umfangreiche Ermittlungen auszugehen ist (Schäfer/Omlor/Mimberg/Weiß Rn. 25).

IV. Anhörung vor Einstellung eines Ermittlungsverfahrens (S. 3 iVm § 60a Abs. 1a S. 2 KWG)

10   Im Rahmen des ZDUG II wurde durch § 34 S. 2 ZAG aF weiterhin die Pflicht
der Staatsanwaltschaft eingeführt, die BaFin zunächst zu hören, bevor sie ein Ermittlungsverfahren einstellt (§ 65 S. 3 iVm § 60a Abs. 1a S. 2 KWG. Dies gilt unabhängig von der Art der Einstellung (Beck/Samm/Kokemoor/Rosinus/Wiesner-
Lameth KWG § 60a Rn. 9), etwa mangels hinreichenden Tatverdachts, § 172 StPO,
aber auch nach den Opportunitätsvorschriften §§ 153, 153a StPO (Schäfer/Omlor/
Mimberg/Weiß Rn. 29 f.). Dies dient dem Abgleich von im Strafverfahren gewonnenen Ergebnissen mit den Feststellungen der BaFin (RegE BT-Drs. 17/3023, 66).
Die Staatsanwaltschaft hat der BaFin im Rahmen der Anhörung neben den tatsächlichen und rechtlichen Erwägungen auch die zugrunde liegenden Ermittlungs-

ergebnisse mitzuteilen (Schäfer/Omlor/Mimberg/Weiß Rn. 32). Die BaFin erhält dadurch die Möglichkeit, der Staatsanwaltschaft nochmals sachdienliche Hinweise oder rechtliche Wertungen zur Kenntnis zu bringen (zur Parallelvorschrift § 122 WpHG: BeckOK WpHR WpHG § 122 Rn. 2). Während der Verstoß gegen die Anhörungspflicht die Bestandskraft einer erfolgten Einstellung nicht berührt (Luz/Neus/Schaber/Schneider/Wagner/Weber/Richter Rn. 3 aE), so kann ein neues Vorbringen der BaFin dagegen bei rechtlicher Möglichkeit Anlass zur Wiederaufnahme geben (Schäfer/Omlor/Mimberg/Weiß Rn. 33)

V. Sonstige Mitteilungspflichten (S. 3 iVm § 60a Abs. 2 KWG)

Gemäß § 65 S. 3 iVm § 60a Abs. 2 KWG sind der BaFin auch solche Tatsachen **11** aus dem Ermittlungsverfahren mitzuteilen, die auf Missstände in dem Geschäftsbetrieb eines Instituts hindeuten und deren Kenntnis aus Sicht der Strafverfolgungsbehörden oder Gerichte für aufsichtsrechtliche Maßnahmen der BaFin erforderlich ist (Schäfer/Omlor/Mimberg/Weiß Rn. 36). Die Missstände müssen weder Verstöße gegen Vorschriften des ZAG noch Straftaten darstellen (Schäfer/Omlor/Mimberg/Weiß Rn. 36). Die Mitteilungspflichten aus § 65 S. 1 bzw. S. 3 iVm § 60a Abs. 1a S. 1 KWG entfalten daher keine Sperrwirkung dahingehend, dass bezüglich anderer als der dort genannten Personen oder bei andersartigem Verdacht keine Mitteilung gemacht werden dürfe (Schäfer/Omlor/Mimberg/Weiß Rn. 34). Ausreichend ist, dass Tatsachen auf die Missstände hindeuten, auch die bloße Möglichkeit des Einschreitens der BaFin wird als ausreichend betrachtet (so Schäfer/Omlor/Mimberg/Weiß Rn. 37, 38). Die Norm lässt der Stelle allerdings einen gewissen Spielraum („soll"), sodass die Mitteilung zu unterbleiben hat, wenn die zur Übermittlung verpflichtete Stelle erkennen konnte, dass schutzwürdige Interessen des Betroffenen oder Belange der Strafrechtspflege (Schäfer/Omlor/Mimberg/Weiß Rn. 42) einer Übermittlung entgegenstehen. In diesem Rahmen ist auch zu berücksichtigen, wie gesichert die zu ermittelnden Erkenntnisse sind (Emde/Dornseifer/Dreibus/Möhlenbeck KAGB § 341 Rn. 6). Dagegen ist der Grad des bestehenden Tatverdachtes nicht maßgeblich, wobei er mittel- oder mittelbar Bedeutung erlangt, insoweit er für die Eröffnung des Hauptverfahrens Berücksichtigung findet und die dort gewährte Öffentlichkeit für die Gewährung von Akteneinsicht streitet (Schäfer/Omlor/Mimberg/Weiß Rn. 53). Maßgeblich für diese Einschätzungen ist die Perspektive und Kenntnis der übermittelnden Stelle (Emde/Dornseifer/Dreibus/Möhlenbeck KAGB § 341 Rn. 6). Verpflichtet werden durch die Vorschrift Strafgerichte, Strafverfolgungsbehörden sowie Strafvollstreckungsbehörden, wobei entgegen dem Wortlaut der Vorschrift bei zweckgerichteter Betrachtung nicht nur die Kenntnisnahme der Tatsache im Strafverfahren, sondern auch in Anzeigesachen oder in Prüfvorgängen vor Verfahrenseinleitung unter die Norm fällt (Schäfer/Omlor/Mimberg/Weiß Rn. 41). Die Übermittlung bzw. Verwendung bestimmter Daten unterliegt ggf. Einschränkungen nach der StPO (dazu näher Schäfer/Omlor/Mimberg/Weiß Rn. 44) und die BaFin hat nach einer Prüfung der Erforderlichkeit die sich als nicht erforderlich erweisenden Daten zurück zu senden (Schäfer/Omlor/Mimberg/Weiß Rn. 45). §§ 20, 21 EGGVG regeln im Zusammenhang einschlägige Unterrichtungspflichten (Schäfer/Omlor/Mimberg/Weiß Rn. 46, 47).

VI. Akteneinsichtsrecht

12   Das Akteneinsichtsrecht soll der BaFin bereits vor Abschluss des Ermittlungs-
oder Strafverfahrens ermöglichen, über die Notwendigkeit von aufsichtsrechtlichen
Maßnahmen zu entscheiden (RegBegr. 4. FinFöG, BT-Drs. 14/8017, 130). Die
Vorschrift ist in Verbindung mit §§ 474 ff. StPO zu sehen (Schäfer/Omlor/Mim-
berg/Weiß Rn. 49, zum Umfang des Akteneinsichtsrechts näher Schäfer/Omlor/
Mimberg/Weiß Rn. 51, 52, 54). Wie auch § 65 S. 3 iVm § 60a Abs. 2 KWG (s.
oben) steht das Akteneinsichtsrecht unter dem Vorbehalt, dass schutzwürdige Interessen des Betroffenen nicht überwiegen dürfen, wobei betroffen derjenige ist, dessen Daten übermittelt werden (Schäfer/Omlor/Mimberg/Weiß Rn. 53, wohl aA
zur Parallelvorschrift § 122 WpHG BeckOK WertpapierhandelsR/Kämpfer/Tra-
vers WpHG § 122 Rn. 3, wonach betroffen nicht nur der Beschuldigte, sondern
alle Rechtsträger einschließlich Zeugen oder Dritte sind). Eine Anhörungspflicht
des Betroffenen wird ausscheiden, soweit durch die Anhörung der Untersuchungszweck oder die Maßnahmen der BaFin gefährdet werden (Schäfer/Omlor/Mim-
berg/Weiß Rn. 56). Die Akteneinsicht kann durch Übersendung erfolgen, vorzugswürdig erscheint aber die Übersendung einer Doppelakte mit Kopien oder
eines Datenträgers mit den eingescannten Akten (Schäfer/Omlor/Mimberg/Weiß
Rn. 59).

VII. Datenübermittlung seitens der BaFin

13   Die Datenübermittlung ist in § 95 Abs. 1 StPO, § 161 Abs. 1 StPO geregelt, wobei das Offenbarungsverbot der Bediensteten der BaFin durch § 6 S. 2 ZAG iVm § 9
Abs. 1 S. 4 Nr. 1 KWG durchbrochen wird.

VIII. Rechtsbehelfe

14   Die Mitteilung nach § 65 S. 1 oder 3 iVm § 60 Abs. 1a S. 1 oder Abs. 2 KWG
sowie die Entscheidung über die Gewährung von Akteneinsicht nach § 65 S. 3
iVm § 60a Abs. 3 KWG sind als Justizverwaltungsakte nach § 22 Abs. 1 EGGVG zu
klassifizieren, gegen diese ist der Rechtsbehelf des Antrags auf gerichtliche Entscheidung statthaft, § 23 Abs. 1 bzw. 2 EGGVG, zuständig ist ein Strafsenat des
OLG, § 25 EGGVG (Schäfer/Omlor/Mimberg/Weiß Rn. 63, 64).

Abschnitt 14. Übergangsvorschriften

§ 66 Übergangsvorschriften für Zahlungsinstitute, die bereits über eine Erlaubnis verfügen

(1) ¹Zahlungsinstitute mit einer Erlaubnis gemäß § 8 dieses Gesetzes in der bis zum 12. Januar 2018 geltenden Fassung dürfen die Zahlungsdienste, für die ihnen diese Erlaubnis erteilt worden ist, bis zur Bestandskraft der Entscheidung der Bundesanstalt nach den Absätzen 3 oder 4, längstens jedoch bis zum 13. Juli 2018, weiter erbringen. ²Für sie ist dieses Gesetz in der bis zum 12. Januar 2018 geltenden Fassung insoweit weiter anzuwenden.

(2) ¹Hat ein Zahlungsinstitut nach Absatz 1 die Absicht, Zahlungsdienste gemäß seiner Erlaubnis auch über den 13. Juli 2018 hinaus zu erbringen, so hat es diese Absicht spätestens zwei Wochen nach Inkrafttreten dieses Gesetzes der Bundesanstalt schriftlich anzuzeigen. ²Spätestens vier Wochen nach Inkrafttreten dieses Gesetzes hat das Zahlungsinstitut die Angaben und Nachweise gemäß § 10 Absatz 2 Satz 1 Nummer 6 bis 10 sowie alle Angaben und Nachweise entsprechend § 10 Absatz 5 bei der Bundesanstalt und der Deutschen Bundesbank einzureichen.

(3) Entscheidet die Bundesanstalt nach Prüfung der gemäß Absatz 2 Satz 2 eingereichten Angaben und Nachweise, dass eine Erlaubnis gemäß § 10 als erteilt gilt, so trägt sie das Zahlungsinstitut in das Register gemäß § 43 ein und teilt dem Zahlungsinstitut die Entscheidung mit; ab diesem Zeitpunkt ist auf das Zahlungsinstitut nach Absatz 1 dieses Gesetz in der ab dem 13. Januar 2018 geltenden Fassung anzuwenden.

(4) ¹Lassen die eingereichten Angaben und Nachweise eine positive Gesamtbewertung nicht zu oder hat das Zahlungsinstitut keine Anzeige nach Absatz 2 Satz 1 erstattet oder keine Unterlagen nach Absatz 2 Satz 2 eingereicht, so stellt die Bundesanstalt fest, dass die Erlaubnis nach § 10 nicht als erteilt gilt. ² § 13 Absatz 3 ist entsprechend anzuwenden.

(5) Wird dem Zahlungsinstitut im Sinne des Absatzes 1 keine Erlaubnis nach Absatz 3 erteilt, so macht die Bundesanstalt das Erlöschen der Erlaubnis mit Bestandskraft seiner Entscheidung im Bundesanzeiger und im Zahlungsinstituts-Register gemäß § 30 dieses Gesetzes in der bis zum 12. Januar 2018 geltenden Fassung bekannt.

I. Grundkonzeption des § 66, Normzweck

§§ 66–68 enthalten Übergangsvorschriften und fokussieren sich auf die Frage, **1** ob eine unter der Ägide des ZAG 2009 erteilte Erlaubnis nach § 8 ZAG 2009 weiter Geltung hat bzw. wie eine solche Erlaubnis in eine Erlaubnis nach § 10 ZAG überführt werden kann. Die Vorschrift setzt **Art. 115 PSD2** um, der jedoch keine detaillierten Vorgaben macht, sondern nur anordnet, dass die Mitgliedsstaaten ab dem 13.1.2018 das neue Recht anwenden. Allerdings ergibt sich aus Erwägungsgrund 105 PSD2 der Auftrag, nationale Übergangsregelungen zu schaffen, die es einem Zahlungsinstitut ermöglichen, ihre vor dem Inkrafttreten der Umsetzungsgesetze zur PSD2 erteilte Erlaubnis auf Basis des alten Rechts „für einen bestimmten Zeitraum fortzusetzen".

2   Der deutsche Gesetzgeber hat diesen Auftrag in § 66 umgesetzt, indem er eine **als Maximalfrist ausgestaltete Übergangsperiode von anderthalb Jahren** geschaffen hat, in der die alte Erlaubnis fort galt (Abs. 1 S. 1). Diese Periode endete spätestens am 13. 7. 2019. In dieser Übergangsphase waren auf diese Institute auch weiterhin die Vorschriften des alten ZAG von 2009 anzuwenden, sofern noch keine neue Erlaubnis erteilt war (Abs. 1 S. 2). Um in den Genuss dieser Übergangsvorschrift zu kommen, waren die unter der Ägide des ZAG 2009 lizenzierten Zahlungsinstitute allerdings verpflichtet, binnen zwei Wochen nach Inkrafttreten des Gesetzes am 13. 1. 2018 der BaFin ihre Absicht anzuzeigen, ob sie ihre Tätigkeit als Zahlungsinstitut über den 13. 7. 2019 hinaus fortzusetzen gedachten (Abs. 2 S. 1). Zudem mussten sie binnen einer Frist von vier Wochen nach Inkrafttreten des Gesetzes die Angaben und Nachweise gemäß § 10 Abs. 2 S. 1 Nr. 6–10 sowie alle Angaben und Nachweise entsprechend § 10 Abs. 5 einreichen (Abs. 2 S. 2). Die maximale **Länge der Übergangsfrist** von 18 Monaten scheint sich an Art. 105 Abs. 4 PSD2 zu orientieren. Danach wurde die Anwendung der Regelungen zur starken Kundenauthentifizierung um 18 Monate hinausgeschoben, wobei diese Frist freilich erst mit dem Inkrafttreten der auf Art. 98 PSD2 gestützten delegierten VO zu laufen begann.

3   Mit der Anzeige und der Einreichung der Unterlagen lag der Ball im Feld der BaFin, die nunmehr ein Prüfungsverfahren einzuleiten hatte. Gab sie dem Antrag statt, wurde das Zahlungsinstitut in das neue Zahlungsregister (§ 43) eingetragen. Ab dem Zeitpunkt des Zugangs dieser **positiven Entscheidung** bei dem jeweiligen Zahlungsinstitut galt für dieses das ZAG 2018 und nicht mehr das ZAG 2009 (Abs. 3). Wurde die Entscheidung abgelehnt, musste das Zahlungsinstitut abgewickelt werden (Abs. 4 iVm § 13 Abs. 3 ZAG und § 38 KWG). Diese Verpflichtung galt ab der **Bestandskraft** der Entscheidung der BaFin, sodass die Übergangsfrist bis zum 13. 7. 2018 nicht ausgeschöpft werden konnte, sondern vielmehr als **Höchstfrist** zu qualifizieren ist. Entsprechendes galt, wenn das Zahlungsinstitut keine Anzeige nach Abs. 2 S. 1 gemacht oder keine Unterlagen nach Abs. 2 S. 2 eingereicht hatte. Das Erlöschen der Erlaubnis war in dem alten, auf § 30 ZAG 2009 gestützten Register einzutragen (Abs. 5).

4   Der **Normzweck** des § 66 lässt sich zum einen dahin beschreiben, den bestehenden Instituten einen maximal 18 Monate während Bestandschutz bei Fortgeltung des alten Rechts zu gewährleisten. Damit wird wettbewerblichen und verwaltungsrechtlichen Bedürfnissen entsprochen (RegE BT-Drs. 18/11495, 144). Anderseits verfolgt Abs. 2 aber auch das Ziel, die bestehenden Zahlungsinstitute möglichst zeitnah in das neue Recht zu überführen. Hiervon legen die kurzen Fristen für die Anzeige der Absicht zur Fortsetzung der Tätigkeit über den 13. 7. 2019 hinaus und zur Einreichung der erforderlichen Unterlagen von zwei bzw. vier Wochen ein beredtes Zeugnis ab. De facto konnte ein Zahlungsinstitut diesen Anforderungen nur genügen, wenn es bereits vor Inkrafttreten des ZAG mit der Vorbereitung auf die „Reakkreditierung" begonnen hatte.

5   Der **Anwendungsbereich** des § 66 ist auf Zahlungsinstitute iSd § 1 Abs. 1 S. 1 Nr. 1 begrenzt (zu den Details → § 1 Rn. 9 f.). CRR-Institute iSd § 1 Abs. 1 S. 1 Nr. 3 (→ Rn. 17 ff.) und andere privilegierte Zahlungsdienstleister iSd § 1 Abs. 1 S. 1 Nr. 4–5 sind nicht erfasst. Für E-Geld-Institute iSd § 1 Abs. 1 S. 1 Nr. 2 gilt die Übergangsvorschrift in § 67.

II. Anforderungen an das vereinfachte Reakkreditierungsverfahren (Abs. 2)

Abs. 2 eröffnete den bereits unter der Geltung des ZAG 2009 zugelassenen Zah- **6** lungsinstituten eine vereinfachte Form der „Reakkreditierung". Diese mussten nicht erneut einen vollständigen Zulassungsantrag stellen. Vielmehr genügte es, wenn die in **§ 10 Abs. 2 Nr. 6–10 genannten Unterlagen** eingereicht wurden. Damit entfiel insbesondere die aufwendige Erstellung einer Beschreibung eines Geschäftsmodells sowie eines Geschäftsplans mit einer Budgetplanung für drei Jahre (§ 10 Abs. 2 Nr. 1 und Nr. 2). Ebenso war es nicht erforderlich zB die Beschreibung der Unternehmenssteuerung und der internen Kontrollmechanismen einzureichen, die ebenfalls erheblichen Aufwand erfordern. Der Verzicht auf die § 10 Abs. 2 Nr. 1–5 und Nr. 11–17 genannten Unterlagen rechtfertigt sich daraus, dass diese bereits bei der ersten Zulassung nach § 8 ZAG 2009 vorgelegt werden mussten. Nur die Unterlagen in § 10 Abs. 2 Nr. 6–10 sind durch die Umsetzung der zweiten Zahlungsdiensterichtlinie neu ins ZAG aufgenommen worden, sodass sie bisher noch nicht vorlagen.

Im Einzelnen handelt es sich um die Beschreibung der Verfahren bei Sicherheits- **7** vorfällen und sicherheitsbezogenen Kundenbeschwerden (Nr. 6), die Beschreibung der vorhandenen Verfahren für die Erfassung, Überwachung, Rückverfolgung sowie Beschränkung des Zugangs zu sensiblen Zahlungsdaten (Nr. 7), die Beschreibung der Regelungen zur Geschäftsfortführung im Krisenfall (Nr. 8), die Beschreibung der Grundsätze und Definitionen für die Erfassung statistischer Daten über Leistungsfähigkeit, Geschäftsvorgänge und Betrugsfälle (Nr. 9) sowie eine Beschreibung der Sicherheitsstrategie (Nr. 10). Wegen der Anforderungen an diese Unterlagen und des Rückgriffs auf die ergänzende Beschreibung in **§ 2 Abs. 8–12 ZAGAnzV und Guidelines der EBA (EBA/GL/2017/09 Ziff. 4.1 Leitlinie 9–13)** ist auf die Erläuterung bei § 10 zu verweisen (→ § 10 Rn. 51 ff.). Ferner waren unter Umständen Angabe nach § 10 Abs. 5 erforderlich. Dies war dann notwendig, wenn sich Umstände gegenüber dem ursprünglichen Antrag nach § 8 ZAG 2009 geändert hatten (zu den Details → § 10 Rn. 82 f.).

Die nach Abs. 2 S. 1 erforderliche **Anzeige** bei der BaFin ist als ein Antrag auf **8** Erlass eines begünstigenden Verwaltungsakts zu qualifizieren, sodass insoweit die allgemeinen verwaltungsverfahrensrechtlichen Grundsätze gelten (→ § 10 Rn. 84 ff.). Diese Anzeige musste der BaFin nach § 31 VwVfG, § 187 Abs. 2 S. 1 BGB bis zum Ablauf des 26. 1. 2018 zugehen. Für den Zugang gelten die allgemeinen Vorschriften. Die Anzeige musste schriftlich erfolgen, Textform genügte insoweit nicht. Die Unterlagen mussten der BaFin bis zum Ablauf des 9. 2. 2018 vorgelegt werden. Diese **Frist** wurde nur dann gewahrt, wenn die Unterlagen innerhalb dieses Zeitraums auch der Bundesbank zugegangen waren.

III. Positive Entscheidung der BaFin (Abs. 3)

§ 66 enthält keine genauen Vorgaben zum **Prüfungsumfang** der BaFin. Aller- **9** dings besagt Abs. 1, dass sich die Prüfung auf die „gemäß Absatz 2 Satz 2 eingereichten Angaben und Nachweise" bezieht. Dies könnte man dahin verstehen, dass die BaFin allein diese Unterlagen auf ihre Vollständigkeit und Plausibilität prüfen

durfte. Demgegenüber spricht Abs. 4 S. 1 und die Begründung des Regierungsentwurfs von einer positiven Gesamtbewertung durch die BaFin (RegE BT-Drs.
18/11495, 144), was man als vollumfängliches Prüfungsrecht aller Voraussetzungen
für die Erteilung einer Zulassung interpretieren kann. Richtigerweise dürfte aus
dem Verweis auf § 10 Abs. 5 ZAG folgen, dass neben den neu einreichenden Unterlagen alle zum Fortbestehen einer Lizenz notwendigen Voraussetzungen geprüft
werden durften. Hatte die BaFin aber zB bei der Erstzulassung die Unterlagen nach
§§ 10 Abs. 2 Nr. 1 und 2 nicht beanstandet, konnte sie nun nicht die Fortgeltung
der Lizenz mit der Begründung verweigern, dass die Unterlagen nicht ausreichend
seien. Dies ergibt sich auch aus der Formulierung, dass die Erlaubnis nach § 10 „als
erteilt gilt".

10   Gibt die BaFin den Antrag auf Reakkreditierung statt, gilt die Erlaubnis nach
§ 10 als erteilt, womit zum Ausdruck gebracht wird, dass die alte Erlaubnis unter
Anwendung des neuen Rechts fort gilt. Das neue Recht ist ab dem Zeitpunkt des
Zugangs der Mitteilung durch die BaFin anzuwenden (Abs. 3 Hs. 2). Im konkretisierenden Zugriff bedeutet dies, ab Beginn des auf den Zugang folgenden Tages
(§ 31 Abs. 2 VwVfG). Die durch die BaFin vorzunehmende **Eintragung in das
Register gem. § 43** hat insoweit nur deklaratorische Bedeutung.

IV. Ablehnende Entscheidung der BaFin (Abs. 4, 5)

11   Fällt die Prüfung negativ aus, da die eingereichten Unterlagen keine positive Gesamtbewertung (→ Rn. 9) zulassen, stellt die BaFin fest, dass die Erlaubnis nach § 10
als nicht erteilt gilt. Insoweit handelt es sich um einen **belastenden Verwaltungsakt,** der gerichtlich überprüft werden kann (Details → § 10 Rn. 89). Entsprechendes gilt auch für den Fall, dass das Zahlungsinstitut keinen Antrag gestellt hat oder
die geforderten Unterlagen nicht (vollständig) eingereicht hat.

12   Die BaFin hat diese Entscheidung dem Zahlungsinstitut nicht nur mitzuteilen,
sondern auch in das alte nach § 30 ZAG 2009 zu führende Zahlungsregister einzutragen und im Bundesanzeiger bekannt zu machen. Voraussetzung hierfür ist
aber, dass die ablehnende Entscheidung bestandskräftig, also unanfechtbar (→ § 10
Rn. 89) geworden ist.

13   Zusätzlich kann die Bundesanstalt bestimmen, dass das **Zahlungsinstitut abzuwickeln** ist (Abs. 4 S. 2 iVm § 13 Abs. 3). Ob die BaFin die Abwicklung anordnet, steht in ihrem pflichtgemäßen Ermessen. Die Abwicklungsentscheidung ist
dem Zahlungsinstitut bekanntzugeben, es handelt sich um einen eigenen, über die
Mitteilung nach Abs. 4 S. 1 hinausgehenden belastenden Verwaltungsakt, der gesondert angefochten werden kann. Das Abwicklungsverfahren richtet sich nach
§ 38 KWG. Wegen der Einzelheiten → § 13 Rn. 36 sowie Schwennicke/Auer-
bach/Schwennicke § 38 Rn. 8 ff.

V. CRR-Institute

14   § 66 ist allein auf Zahlungsinstitute iSd § 1 Abs. 1 S. Nr. 1 anwendbar (→ Rn. 5).
Für CRR-Institute und sonstige Zahlungsdienstleister nach § 1 Abs. 1 S. 1 Nr. 4, 5
ist keine vergleichbare Übergangsvorschrift vorgesehen. Sie ist auch von daher nicht
erforderlich, als die weitergehende KWG-Lizenz vor dem Inkrafttreten des neuen

ZAG nicht berührt wird und sich somit kein Bedürfnis für die Vorlage neuer Unterlagen ergab.

§ 67 Übergangsvorschriften für E-Geld-Institute, die bereits über eine Erlaubnis verfügen

(1) ¹E-Geld-Institute dürfen im Rahmen der Erlaubnis, die ihnen nach § 8a dieses Gesetzes in der bis zum 12. Januar 2018 gültigen Fassung erteilt worden ist, das E-Geld-Geschäft bis zur Bestandskraft der Entscheidung der Bundesanstalt nach den Absätzen 3 oder 4, längstens jedoch bis zum 13. Juli 2018, weiter betreiben und so lange auch die Zahlungsdienste weiter erbringen. ²Für sie ist dieses Gesetz in der bis zum 12. Januar 2018 geltenden Fassung insoweit weiter anzuwenden.

(2) ¹Hat ein E-Geld-Institut nach Absatz 1 die Absicht, Geschäfte gemäß seiner E-Geld-Erlaubnis auch über den 13. Juli 2018 hinaus zu erbringen, so hat es diese Absicht spätestens zwei Wochen nach Inkrafttreten dieses Gesetzes der Bundesanstalt schriftlich anzuzeigen. ²Spätestens vier Wochen nach Inkrafttreten dieses Gesetzes hat das E-Geld-Institut die Angaben und Nachweise gemäß § 11 Absatz 2 Satz 1 in Verbindung mit § 10 Absatz 2 Satz 1 Nummer 6 bis 10 sowie alle Angaben und Nachweise entsprechend § 11 Absatz 4 bei der Bundesanstalt und der Deutschen Bundesbank einzureichen.

(3) Entscheidet die Bundesanstalt nach Prüfung der gemäß Absatz 2 Satz 2 eingereichten Angaben und Nachweise, dass eine Erlaubnis gemäß § 11 als erteilt gilt, so trägt sie das E-Geld-Institut in das Register nach § 44 ein und teilt dem E-Geld-Institut die Entscheidung mit; ab diesem Zeitpunkt ist auf das E-Geld-Institut nach Absatz 1 dieses Gesetz in der ab dem 13. Januar 2018 geltenden Fassung anzuwenden.

(4) ¹Lassen die eingereichten Angaben und Nachweise eine positive Gesamtbewertung nicht zu oder hat das E-Geld-Institut keine Anzeige nach Absatz 1 Satz 1 erstattet oder keine Unterlagen nach Absatz 2 Satz 2 eingereicht, so stellt die Bundesanstalt fest, dass die Erlaubnis nach § 11 nicht als erteilt gilt. ² § 13 Absatz 3 ist entsprechend anzuwenden.

(5) Wird dem E-Geld-Institut im Sinne des Absatzes 1 keine Erlaubnis nach Absatz 3 erteilt, so macht die Bundesanstalt das Erlöschen der Erlaubnis mit Bestandskraft der Entscheidung im Bundesanzeiger und im E-Geld-Instituts-Register gemäß § 30a dieses Gesetzes in der bis zum 12. Januar 2018 geltenden Fassung bekannt.

§ 67 hat die Aufgabe, eine § 66 vergleichbare Übergangsvorschrift für E-Geld-   **1** Institute aufzustellen, die ihre Lizenz bereits auf Basis des früheren § 8a ZAG 2009 erhalten hatten. Der **Normzweck** ist somit derselbe wie derjenige des § 66 (→ § 66 Rn. 4). Auch Regelungsstruktur, -gehalt und Konzeption sind mit § 66 identisch. § 67 unterscheidet sich von seiner Schwestervorschrift in § 66 allein dadurch, dass er auf E-Geld-Institute, E-Geld-Geschäfte und die hierfür jeweils geltenden Vorschriften Bezug nimmt. Der Gesetzgeber hat die Aufnahme einer gesonderten Vorschrift für übersichtlicher gehalten, um nicht alle entsprechenden Vorschriften über Zahlungsdienstleister und E-Geld-Institute in einer Vorschrift doppelt nennen zu müssen.

2   Hinsichtlich der **Einzelheiten** kann also vollumfänglich auf die **Erläuterungen zu § 66** verwiesen werden. Auch bei Abs. 2 S. 1, der hinsichtlich der beizubringenden Unterlagen zunächst auf § 11 Abs. 2 S. 1 verweist, ergibt sich kein Unterschied zu § 66, da § 11 Abs. 2 S. 1 auf § 10 Abs. 2 S. 1 Nr. 6–10 weiterverweist. Auch der in Abs. 2 S. 2 in Bezug genommene § 11 Abs. 4 weist eine identische Struktur wie § 10 Abs. 5 auf. Unterschiede ergeben sich also auch insoweit nicht. Versagt die BaFin die Fortführung des E-Geld-Geschäfts, ist dies im E-Geld-Register nach § 30a ZAG 2009 bekannt zu machen.

§ 68   Übergangsvorschriften für bestimmte Zahlungsdienste und für die starke Kundenauthentifizierung

(1) **Unternehmen, die vor dem 12. Januar 2016 im Inland Zahlungsauslösedienste im Sinne dieses Gesetzes in seiner ab dem 13. Januar 2018 geltenden Fassung erbracht haben, dürfen diese Tätigkeit bis zum Inkrafttreten der §§ 45 bis 52 sowie des § 55 im Inland insoweit weiter unter den vor dem 13. Januar 2018 geltenden Voraussetzungen ausüben.**

(2) **Unternehmen, die vor dem 12. Januar 2016 im Inland Kontoinformationsdienste im Sinne dieses Gesetzes in seiner ab dem 13. Januar 2018 geltenden Fassung erbracht haben, dürfen diese Tätigkeit bis zum Inkrafttreten der §§ 45 bis 52 sowie des § 55 im Inland insoweit weiter unter den vor dem 13. Januar 2018 geltenden Voraussetzungen ausüben.**

(3) **Kontoführende Zahlungsdienstleister dürfen bis zum Inkrafttreten der §§ 45 bis 52 sowie des § 55 Zahlungsauslöse- und Kontoinformationsdienstleistern den Zugang zu ihren Zahlungskonten nicht verweigern, weil sie die Anforderungen der §§ 45 bis 52 sowie des § 55 nicht erfüllen.**

(4) **Bis zum Inkrafttreten des § 55 erfolgt die starke Kundenauthentifizierung nach Maßgabe des Rundschreibens der Bundesanstalt 4/2015 (BA) vom 5. Mai 2015, abrufbar von der Internetseite der Bundesanstalt.**

(5) [1]**Ein Unternehmen, das ab dem 13. Januar 2018 Zahlungsdienste anbietet, die nach diesem Gesetz in der bis zum 12. Januar 2018 geltenden Fassung noch erlaubnisfrei waren, und diese Dienste auch ab dem 13. Januar 2018 weiter anbieten will, hat innerhalb von drei Monaten ab dem 13. Januar 2018 einen Erlaubnisantrag nach § 10 Absatz 1 oder einen Registrierungsantrag nach § 34 Absatz 1 zu stellen.** [2]**Wird der Erlaubnisantrag oder Registrierungsantrag rechtzeitig und vollständig gestellt, ist dieses Unternehmen bis zur Bestandskraft der Entscheidung über den Erlaubnisantrag oder Registrierungsantrag durch die Bundesanstalt insoweit weiterhin erlaubt tätig.**

**Artikel 15   Zahlungsdiensteumsetzungsgesetz: Inkrafttreten,
            Außerkrafttreten**

(1) [1]**In Artikel 1 treten die §§ 45 bis 52 sowie der § 55 des Zahlungsdiensteaufsichtsgesetzes 18 Monate nach dem Inkrafttreten des delegierten Rechtsakts nach Artikel 98 der Richtlinie (EU) 2015/2366 des Europäischen Parlaments und des Rates vom 25. November 2015 über Zahlungsdienste im Binnenmarkt, zur Änderung der Richtlinien 2002/65/EG, 2009/110/EG und 2013/36/EU und der Verordnung (EU) Nr. 1093/2010**

sowie zur Aufhebung der Richtlinie 2007/64/EG (ABl. L 337 vom 23.12.2015, S. 35; L 169 vom 28.6.2016, S. 18) in Kraft. [2]Das Bundesministerium der Finanzen gibt den Tag des Inkrafttretens des delegierten Rechtsakts im Bundesgesetzblatt bekannt.

(2) Artikel 2 Nummer 3 sowie die Artikel 6 bis 13 treten am Tag nach der Verkündung in Kraft.

(3) Artikel 5 tritt einen Monat nach der Verkündung in Kraft.

(4) Im Übrigen tritt dieses Gesetz am 13. Januar 2018 in Kraft. Gleichzeitig tritt das Zahlungsdiensteaufsichtsgesetz vom 25. Juni 2009 (BGBl. I S. 1506), das zuletzt durch Artikel 18 des Gesetzes vom 23. Juni 2017 (BGBl. I S. 1822) geändert worden ist, außer Kraft.

I. Grundkonzeption des § 68, Normzweck

§ 68 enthält drei unterschiedliche Übergangsvorschiften. **Absätze 1 und 2** adres- **1** sieren Zahlungsauslöse- und Kontoinformationsdienstleister, die bereits vor dem Inkrafttreten der zweiten Zahlungsdiensterichtlinie entsprechende Dienstleistungen erlaubnisfrei erbracht haben und gewährt ihnen einen gewissen Bestandschutz bis zum Inkrafttreten der Vorschriften über die starke Kundenauthentifizierung in §§ 45–52 sowie 55 ZAG. In dieser Zeitspanne dürfen sie ihre Dienstleistungen weiterhin erlaubnisfrei anbieten. Mit diesem Bestandschutz korrespondiert die Anordnung in **Abs. 3**, wonach die Zahlungsdienstleister des Zahlers in dieser Zeitspanne den Zahlungsauslöse- und Kontoinformationsdienstleistern als dritten Zahlungsdienstleistern den Zugang zu den Zahlungskonten nicht mit der Begründung verweigern dürfen, dass sie noch nicht die Anforderungen an eine starke Kundenauthentifizierung beachten. **Abs. 4** stellt klar, dass bis zum Inkrafttreten des § 55 ZAG am 13.9.2019 die Grundsätze im BaFin-Rundschreiben vom 5.5.2015 (BA 4/2015) zu den Mindestanforderungen an die Sicherheit von Internetzahlungen (MaSI) weiter Anwendung finden (Omlor RdZ 2020, 20 (22)), was vor allem für Zahlungsauslöse- und Kontoinformationsdienstleister Bedeutung hat und insoweit auch konstitutive Wirkung entfalten kann (→ Rn. 9).

Eine etwas andere Stoßrichtung verfolgt **Abs. 5**. Er adressiert Dienstleister, die **2** Zahlungsdienste anbieten, die bis zum Inkrafttreten des nun geltenden ZAG erlaubnisfrei waren, nunmehr aber erlaubnispflichtig sind. Für den Fall, dass diese Dienstleister innerhalb von drei Monaten nach dem 13.1.2018 einen Erlaubnisantrag nach § 10 bzw. einen Registrierungsantrag nach § 34 Abs. 1 gestellt hatten, durften sie ihre bisher erlaubnisfreie Tätigkeit bis zur Bestandskraft der Entscheidung der BaFin weiterbetreiben und galten insoweit als erlaubt. Abs. 5 dürfte ebenfalls vor allem Zahlungsauslöse- und Kontoinformationsdienstleister vor Augen haben (aber noch → Rn. 7).

Der **Normzweck** des § 68 besteht also in erster Linie darin, einen begrenzten **3** Bestandschutz für Zahlungsauslöse- und Kontoinformationsdienstleister, die bereits vor dem 12.1.2016 erlaubnisfrei tätig waren, zu gewähren (RegE BT-Drs. 18/11495, 144f.; Ellenberger/Findeisen/Nobbe/Böger/Dietze Rn. 10ff.). Abs. 3 hat auch die Aufgabe, den Wettbewerb zwischen Zahlungsauslöse- und Kontoinformationsdienstlern zu stärken. Mit Abs. 5 soll zudem ein zeitnaher, transparenter Übergang in das neue Recht gewährleistet werden (RegE BT-Drs. 18/11495, 145). Daneben wird mit Abs. 4 der Zweck verfolgt, die Anwendung der Mindestanforderungen an die Sicherheit von Internetzahlungen (MaSI) bis zum Inkrafttreten der §§ 45–52, 55 sicherzustellen. Mit Abs. 1, 2, 3 und 5 wird **Art. 115 Abs. 5 PSD2** umgesetzt. Die Vorschrift ist enger formuliert, als die EBA die Vorgabe in der PSD2 interpretiert (ausführlich zum Ganzen Ellenberger/Findeisen/Nobbe/Böger/Dietze Rn. 16 ff.). Da sich die deutsche Umsetzung aber mit dem Wortlaut des Art. 115 Abs. 5 PSD2 deckt, liegt kein Umsetzungsdefizit vor.

II. Bestandschutz für Zahlungsauslöse- und Kontoinformationsdienstleister (Abs. 1–3)

4   Der durch Abs. 1 und Abs. 2 vermittelte Bestandschutz ist **zeitlich begrenzt.** Zum einen musste das Unternehmen mit der Erbringung der nunmehr erlaubnispflichtigen Tätigkeit als Zahlungsauslöse- oder Kontoinformationsdienst bereits vor dem 12. 1. 2016 begonnen haben. Mit dem Inkrafttreten der zweiten Zahlungsdiensterichtlinie am 13. 1. 2016 bestand nach Ansicht des Gesetzgebers kein berechtigter Vertrauensschutz mehr. Es kommt auf das Erbringen der Tätigkeit an, nicht etwa auf die Gründung des Dienstleisters oder seine Eintragung in ein Handelsregister. Da die Vorschrift nur Unternehmen adressiert, muss diese Tätigkeit einen gewerblichen Umfang entfaltet haben (→ § 1 Rn. 10). Die Tätigkeit muss zudem im Inland (→ § 10 Rn. 9 ff.) erbracht worden sein. Dass die Dienstleistungen zudem auch im Ausland angeboten wurden, schließt eine Anwendbarkeit nicht aus.

5   Der **Bestandschutz** nach Abs. 1 und Abs. 2 **endete** mit dem Inkrafttreten der §§ 45–52, 55 ZAG. Letzteres ergibt sich aus Art. 15 Gesetz zur Umsetzung der zweiten Zahlungsdiensterichtlinie (ZDUG) vom 17. 7. 2017. Maßgeblich ist insoweit das Inkrafttreten der auf Art. 98 ZDRL gestützten Delegierten Verordnung (EU) 2018/389 vom 27. 11. 2017 zur Ergänzung der Richtlinie (EU) 2015/2366 (...) durch technische Regulierungsstandards für eine starke Kundenauthentifizierung und für sichere offene Standards für die Kommunikation (RTS). Insoweit kam es nach Art. 38 Abs. 1 RTS auf den Tag nach der Verkündung im Amtsblatt der EU an, der am 13. 3. 2018 erfolgte. Auf diesen Zeitpunkt folgte nach Art. 15 ZDUG eine achtzehnmonatige Übergangsfrist, sodass der Bestandschutz mit Ablauf des **13. Septembers 2019** endete.

6   Mit **Abs. 3** wird eine gewisse Vorwirkung des § 50 Abs. 1 Nr. 2 und den entsprechenden Regeln in der RTS bezweckt, wonach der Zahlungsdienstleister eines Zahlers einen Zahlungsauftrag iSd § 675f Abs. 4 S. 2 BGB, der von einem Kontoinformationsdienstleister übermittelt wird, ohne Benachteiligung zu behandeln hat, sofern nicht objektive Gründe für eine abweichende Behandlung bestehen. Zwar bringt Abs. 3 **kein allgemeines Diskriminierungsgebot** wie § 50 Abs. 1 Nr. 2 zum Ausdruck. Er hindert den Zahlungsdienstleister aber daran, die Aufträge mit der Begründung abzulehnen, dass sie nicht den Vorgaben der §§ 45–52, 55 genügen. Es geht hier insbesondere um die Vorgaben aus § 55. Sehr wohl kann der Zahlungsdienstleister des Zahlers aber den über einen Zahlungsauslösedienstleister übermittelten Zahlungsauftrag aus anderen sachlichen Gründen zurückweisen, etwa da den Vorgaben der MaSI nicht genügt wird. Dass diese bereits in der Übergangsphase galten, ergibt sich nicht zuletzt aus Abs. 4.

III. Bestandschutz während des Antragsverfahrens (Abs. 5)

Abs. 5 S. 1 zielt auf **Zahlungsdienstleister, die erstmals** durch das Inkrafttre- 7
ten des ZAG 2018 **aufsichtspflichtig wurden.** Hierzu zählen vor allen Konto-
informations- und Zahlungsauslösedienstleister, uU aber auch Unternehmen, die
das Akquisitionsgeschäft iSd § 1 Abs. 1 S. 2 Nr. 5 betreiben (→ § 1 Rn. 88 ff.). Diese
sollten mit Abs. 5 zu einer zeitnahen Stellung eines Erlaubnis- oder Registrierungsantrags angehalten werden (RegE BT-Drs. 18/11495, 145). Für den Fall, dass der
Antrag bis zum 12.4.2018 gestellt wurde, galt die Tätigkeit dieser Institute weiterhin als erlaubt. Dieser Bestandschutz wurde also während des Antragsverfahrens bis
zu dessen bestandskräftigem Abschluss gewährt, also auch für die Zeit nach Inkrafttreten des ZAG 2018 bis zur Antragsstellung. Die gegenüber §§ 66 Abs. 1, 67 Abs. 2
großzügige Frist erklärt sich daraus, dass die bisher nicht regulierten Unternehmen einen höheren Aufwand für die Antragsstellung hatten, also solche Institute,
die bereits unter dem ZAG 2009 zugelassen waren.

Voraussetzung für diesen temporären Bestandschutz war jedoch, dass der An- 8
trag nicht nur fristgerecht bei der BaFin eingegangen, sondern auch vollständig war,
also alle nach §§ 10, 34 Abs. 1 geforderten Unterlagen enthielt (Abs. 5 S. 2). Wegen
der weiteren Einzelheiten ist insoweit auf die Erläuterungen zu §§ 10, 34 zu verweisen (→ § 10 Rn. 29 ff.; → § 34 Rn. 14 ff.). Der **Bestandschutz endet** mit Eintritt
der Bestandskraft, also der Stattgabe bzw. Ablehnung des Antrags und dem Verstrei-
chen der hierfür vorgesehenen Rechtsmittelfristen bzw. dem rechtskräftigen Abschluss eines verwaltungsgerichtlichen Verfahrens. Als Rechtsfolge ordnet Abs. 5
an, dass die Tätigkeit weiterhin als erlaubt gilt. Damit wird kein Vorliegen einer
Erlaubnis fingiert, sondern der Dienstleister wird vielmehr allein so behandelt, als
sei er weiterhin noch ohne Erlaubnis legal tätig. Dies schließt eine Aufsicht durch
die BaFin in der Übergangszeit nicht aus.

IV. Bekräftigung der MaSI-Grundsätze bis zum 13.9.2019 (Abs. 4)

Abs. 4 hat **nicht allein klarstellende Funktion** (so in der Tendenz aber Ellen- 9
berger/Findeisen/Nobbe/Böger/Dietze Rn. 21). Die MaSI Grundsätze galten ausweislich der entsprechenden Q&A der BaFin nicht für dritte Zahlungsdienstleister
(vgl. BaFin, Fragen und Antworten zu den Mindestanforderungen an die Sicherheit
von Internetzahlungen (MaSI) vom 5.5.2015 Antwort zu Frage 1e). Für den Fall,
dass ein Zahlungsauslösedienstleister oder ein Kontoinformationsdienstleister eine
starke Kundenauthentifizierung freiwillig anbot, musste er nach dem Inkrafttreten
des ZAG 2018 bis zum 13.9.2019 die Vorgaben der MaSI beachten. Eine Pflicht zur
Verwendung einer starken Authentifizierung bestand in diesem Zeitraum allerdings
nicht. Wegen der Einzelheiten zu den Vorgaben in den MaSI → § 55 Rn. 24 ff.

Sachverzeichnis

Die fetten Zahlen verweisen auf die Paragraphen, die mageren Zahlen auf die Randnummern

Sachverzeichnis

Sachverzeichnis

Sachverzeichnis

Sachverzeichnis

Sachverzeichnis

Sachverzeichnis

Sachverzeichnis

Sachverzeichnis

Sachverzeichnis

Sachverzeichnis

Sachverzeichnis

Sachverzeichnis

Sachverzeichnis

Sachverzeichnis

Sachverzeichnis

Sachverzeichnis

Sachverzeichnis

Sachverzeichnis